·社科大讲堂系列丛书·

社科大讲堂

经济学卷上册

主　编○刘迎秋

副主编○文学国

经济管理出版社
ECONOMY & MANAGEMENT PUBLISHING HOUSE

图书在版编目（CIP）数据

社科大讲堂·经济学卷/刘迎秋主编．—北京：经济管理出版社，2010.9
ISBN 978-7-5096-1086-2
Ⅰ.①社…　Ⅱ.①刘…　Ⅲ.社会科学—文集②经济学—文集　Ⅳ.①C53②F0-53

中国版本图书馆 CIP 数据核字（2010）第 173996 号

出版发行：经济管理出版社
地　　址：北京市海淀区北蜂窝 8 号中雅大厦 11 层
邮　　编：100038
电　　话：（010）51915602
印　　刷：世界知识印刷厂
经　　销：新华书店
组稿编辑：陈　力
责任编辑：陈　力　李晓宪
责任印制：黄　铄
责任校对：蒋　方　陈　颖　郭　佳

720mm×1000mm/16　94.5 印张　1800 千字
2011 年 3 月第 1 版　2011 年 3 月第 1 次印刷
定　　价：260.00 元（上、下册）
书　　号：ISBN 978-7-5096-1086-2

社科大讲堂

陳奎元題

《社科大讲堂》丛书

前　　言

“社科”，是社会科学的简称，现代的学术范畴。随着经济社会的发展，“社科”已经成为人们经济生活、政治生活、社会文化生活以及国际交流等方面的一个不可或缺的组成部分。现代市场经济的快速发展使越来越多的人认识到，即便你对数、理、化非常精通，但是对“社科”却一无所知，那么，说你基本上还是“现代文盲”，可能不会过分。道理很简单，在现代市场经济条件下，一个不懂“社科”的人，要想理解现代市场经济及其发展过程中的众多纷繁复杂的经济社会现象，把握其运动、发展、变化的规律，哪怕这个规律是最简单的、最基本的，虽然不是根本不可能的，但一定是十分困难的，起码是要付出较多代价的。这也是为什么当代很多发达国家更重视社会科学家参与国是的一个重要原因。也正是由于社会科学家的国是参与，才较大幅度地提升了这些国家的治理及其运转质量与效率，加快了这些国家经济社会的发展和国民福祉的提升。当代国际政治和经济关系的发展经验也反复表明，一个国家在世界民族之林的感召力、影响力甚至领导力的大小，通常也是与这个国家的领导核心成员是否具备较高的社会科学修养和素质正相关的。

“大讲堂”，则是近年来才在中国流行起来的一个古典色彩十分浓重的现代概念。到目前为止，较为有名的类似概念，除了中央电视台的“百家讲坛”外，还陆续出现了北大的“世纪讲堂”、清华的“卓越讲堂”、南开的“南开讲堂”，等等。“讲堂”的英文表达是 Lecture Room 或 Lecture Hall，以表讲话、上课、传经授业的专门场所之意。实际上，此类传经授业的讲习场所自古就有。如据《后汉书·翟酺传》记载，“光武初兴，愍其荒废，起太学博士舍、内外讲堂，诸生横巷，为海内所集”，即“讲堂”早在古代社会就已经是讲学授业的一种重要方式。以后的历朝历代都少不了以“讲堂”做讲学授业之功。在历史上，类似的讲堂有很多。例如，清末民初曾有过著名的北洋陆军讲武堂和云南陆军讲武堂等。到了 20 世纪二三十年代，还出现了类似于讲堂的广州农民运动讲习所（该讲习所于 1924 年 6 月 30 日由林伯渠建议、由彭湃担任主任，7 月 3 日正式开学），更有过在董必武等支持和帮助下于 1927 年 3 月由毛泽东创办的武昌中央农民运动讲习所。到了当代，特别是随着中国市场经济的发展和国力的强大，为适应经济社会发展的需要，为满足人们对经济社会大转型时期出现的各类重大问题释疑解惑的迫切要求，“大讲堂”更是应运而生，并迅速成为名家云集、学子求知、有识之士实现思想碰撞与交锋的一个新的学术园地与场所。

这里奉献给广大读者的这个“社科大讲堂”，既是中国社会科学院研究生院学科前沿讲坛或名家讲坛的别称，又是云集各路学科带头人和理论大师学术思想与见解的再说。这个讲堂不仅囊括了多年来研究生院成功开设的“经济学前沿”、“法学前沿”、“史学理论与前沿”、“国际问题前沿”、“文学—文化前沿”、“马克思主义、哲学、宗教学前沿”等课程，而且进入这个讲堂传经授业的均为中国社会科学院各研究所的学术大家和来自海内外的学界名流。这些讲坛以学术前沿性为主旨，同时强调学科内容的系统性。进入这些讲坛传经授业的专家教授的讲解更是主题鲜明、内容广博、深入浅出。正如读者在这套书中能够看到的，其中有很多讲演者的阐述和分析，虽然已经时隔几年，但现在读来都仍然具有非常重要的理论价值和现实指导意义。

“社科大讲堂”这个概念不是我们中国社会科学院研究生院的发明，而是经济管理出版社的编辑们在总结、比较各类讲坛、讲堂的基础上提出来的。把中国社会科学院研究生院开设的上述前沿课程统称为“社科大讲堂”的想法一经他们提出，便得到了研究生院及各教学系的普遍响应与认可，“社科大讲堂”也就成了中国社会科学院研究生院开设的六大类前沿课程的总称。说来也是，在中国，有能力以此类形式十几年如一日长期举办这么多学术前沿专题报告的，可能也只有中国社会科学院研究生院。

中国社会科学院研究生院是 1978 年 8 月经邓小平、叶剑英等老一辈党和国家领导人亲手圈阅批准设立的、直属于中国社会科学院的高级专门人才培养基地。她既是我国最早成立的人文社会科学研究生院，也是我国人文社会科学学术大家最为集中的研究生院。研究生院秉承“实事求是、艰苦奋斗”的延安精神和“笃学、慎思、明辨、尚行”的校训理念，以更好地承担起中国社会科学院的“三个定位”（即马克思主义的坚强阵地、哲学社会科学研究的殿堂、党中央国务院的思想库智囊团）要求为主旨，在研究生培养教育上做出了重要贡献。到 2010 年 7 月为止，由研究生院培养和授予硕士、博士学位的研究生共 8300 多名（其中，博士学位 3000 多名，硕士学位近 5000 名，专业硕士学位 600 多名）。数量虽远不及其他大学，但成才率极高。这些高级专门人才学成分赴祖国各条战线后，大都成长为我国政界、学术界、经济界的中坚力量和重要骨干。中国社会科学院研究生院也因此而扬名海内外。

30 多年来，研究生院始终以培养优秀高级专门人才为己任，既高度重视研究生培养的政治质量和成才方向，又高度重视研究生培养的学术水平和实践能力。长期开设学术前沿讲座课，目的就是试图通过这样一种形式，着力开拓研究生的学术视野与思想境界，提升研究生的认识问题和分析问题的能力，指导研究生跟上时代发展的步伐，成为中华民族伟大复兴的真正国之栋梁。集中国社会科学院六大学科片的优质教授资源，选聘国内外学术机构和名牌大学的著名学者参加，常年开设六大学术前沿讲座，是研究生院的一个创造，也是研究生院研究生学术研究能力和实际工作能力得到进一步提升的特别机制。30 多年来，已有数千名（次）专家学者先后在这个大讲堂上分别就自己所长发表了深邃而精彩的学术演讲。今天呈现给广大读者的这套《社科大讲堂》，就是这些专家学者所做精彩学术讲演内容的密集压缩版。考虑到讲演内容的时限性特征，经与经济管理出版社认真协商，最后决定，《社科大讲堂》第一辑共八卷讲演稿的起讫时间选定为 2004 年至 2009 年。

《社科大讲堂》第一辑共八卷，即《哲学卷》、《政治学卷》、《史学卷》、《法学卷》、《文学卷》、《经济学卷》、《社会学卷》和《国际问题卷》。

《哲学卷》涉及中国哲学、西方哲学、马克思主义哲学、科技哲学、经济伦理学、文化哲学等多个专业方向。收录到这一卷的，既有哲学基本原理的讲述，又有关于哲学研究方法论的介绍；既有对哲学发展历程的回顾，又有对哲学学科发展方向的展望。兼顾哲学学科基本原理的讲述与前沿问题的研究是《哲学卷》的一大亮点。

《政治学卷》则围绕如何建设中国特色社会主义民主政治这个主题，收录了 10 位学者所做精彩讲演，内容主要涉及民族问题、中国社会主义道路、中国政治体制建设和公共政策等，不乏尖锐、深刻的研究与讨论。

《史学卷》更有自己的特色。它汇集了中国史、世界史、考古学等领域的前沿研究成果和不同理论观点，展现了中国社会科学院历史研究所、近代史研究所、考古研究所、中国边疆史地研究中心以及有关大专院校等学术研究机构众多专家学者在各自研究领域的最新学术成果。通读这一卷，可收到一卷在手便可通古识今的效果。

《法学卷》关注的是我国当前法制建设过程中遇到的一系列热点、难点问题，诸如私有财产保护问题、死刑存废问题、社会公平问题以及权利平等及其保护问题等等。中国社会科学院法学所及院外有关专家学者以其深邃的理论分析和精彩的课堂讲演，分别做了深入浅出的分析与阐述，无论读者从事什么职业，此卷均值得一读。

《文学卷》收录的讲演稿涉及范围较为广泛，讲演者中不仅有中国社会科学院文学所、语言学所、少文所、新闻所、外文所的专家，还有教育部语言文字应用研究所等著名学术研究机构的专家学者。有关中国古典文学、现代和当代文学、文艺批评、民族文学理论、外国文学、新闻学、语言学等文学的各个领域的最新研究成果，基本上都在这里得到了较为充分的展现。

《经济学卷》是在众多国内外知名经济学家在研究生院所做学术报告基础上经整理最后形成的。这一卷收集的是这些专家当时所从事的理论研究的最新成果。这些成果涉及中国经济发展和体制转型过程中的一系列重大理论问题、难点和热点问题，可以说是百家争鸣、精彩纷呈、深入浅出，具有很高的学术理论价值和实际指导意义。

《社会学卷》共收录了9位学者的讲座内容，主要包括当前中国社会分层、城镇发展与新农村建设、社会保障、公共支出和社会政策等社会学研究的最新成果。除上述内容外，这一卷还收录了有关专家对“超级女声现象”的分析与解读和关于民间戒毒问题的人类学研究等讲演成果，似可为有兴趣的读者另眼一睹。

《国际问题卷》是我院“国际问题前沿”课程各路大家所做讲演的选编。“国际问题前沿”课程是我院国际教学部开设的学部专业基础课，也是我院的品牌课程之一。参与这一课程讲座的专家学者来自中国社会科学院国际学部八个研究所和中央有关部委及海内外知名大学，均为当代国际问题研究专家。读者阅读这一卷，不仅可以更清晰地看到这些专家学者们对国际问题所具有的真知灼见和深邃思考，而且可以由此更深刻地了解和把握时政热点，更正确地分析和认识国际形势的发展及其变化趋势。

今年，我们编辑出版《社科大讲堂》第一辑，既是对过去六年来我院“前沿课程”的一个总结，也是对我院研究生学术前沿教育的一次展现。从2010年开始，我们将采取每年编辑出版一辑的方式，尽可能及时地将我院最新前沿讲座成果呈现给广大读者。

在即将结束这个前言的时候，我想再在这里强调指出两点。第一，由于这套《社科大讲堂》所辑内容均是根据在我院前沿课堂上所做讲演稿整理而成的，虽然我们在编辑出版前也请所有参与讲座的专家学者做了校改，但仍然难免存在这样那样的缺点和不足。力求做到全书内容阐述精练、深入浅出、通俗易懂，力争使广大读者从中领略讲演者的思想魅力，是我们编辑这套《社科大讲堂》的一个重要目标。希望本书的广大读者能够从中获益。

第二，虽然我们的编委会对入选文章进行了严格筛选和认真编辑，但由于其中很多内容是演讲者对新时期面临的新问题所做的理论思考与探索，其个人观点未必能够得到他人认同。这就要求我们的广大读者能够以独立思考的精神指导自己的阅读，并由此展开更深入的讨论与批评。我们相信，善意的、建设性的讨论与批评比被动地接受更重要、更具建设性、更有助于我国人文社会科学事业的发展和中华民族伟大复兴的实现。

最后，借《社科大讲堂》第一辑付梓出版之际，我要在这里再次对为本书编辑出版做出努力、付出辛勤劳动的全体编委、经济管理出版社领导和责任编辑、研究生院各教学系秘书等参与编辑工作人员以及参与讲演稿修改定稿的全体专家学者们表示诚挚的谢意！祝我们的《社科大讲堂》越办越好！

中国社会科学院研究生院院长

刘迎秋

2010 年 12 月 8 日于北京小倦游斋

DIRECTORY

目录

社科大讲堂 SHEKE DAJIANGTANG 经济学卷

上册

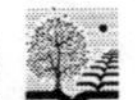

下册

科学发展观与中国和平崛起

吕　政

吕政

男，1945 年 7 月出生于安徽省金寨县，经济学博士，研究员。中国社会科学院学部委员、经济学部副主任，中国社会科学院工业经济研究所原所长，中国社会科学院研究生院博士生导师，中国工业经济学会常务副会长，国家有突出贡献的专家，国家“十一五”国民经济与社会发展规划专家委员会委员，国家能源政策专家委员会委员。

主要研究领域：工业发展理论与政策。代表性的著作有：《中国能源工业发展现状与前景》、《治理整顿的任务和措施》、《“八五”及九十年代我国经济发展的基本思路》、《产业政策的作用范围及其实现问题》、《论提高工业素质》、《九十年代以来我国工业增长的新特点》、《需求约束条件下的工业增长》、《从工业大国走向工业强国》、《中国国防工业军转民问题研究》、《国防工业的发展及其现代化》、《中国能成为世界工厂吗?》、《正确认识中国在国际分工体系中的地位》、《论工业的适度增长》、《论公有制的实现形式》、《对深化国有企业改革的再认识》、《中国与俄罗斯经济体制改革的比较分析》等。

很高兴能到研究生院与同学们进行交流。社科院的研究人员应该深入研究现实经济当中的一些问题，而不能“述而不作，论而不证”。我今天讲的主题是科学的发展观和中国的和平崛起。主要讲三个问题：一是科学发展观的含义，为什么要提出科学发展观；二是当前我国经济运行中存在的一些突出问题；三是21世纪我国的战略机遇期与和平崛起。

一、科学发展观的提出与基本要求

根据近年来我国社会经济发展的经验和教训，在经济工作中，出现了一些违背科学和客观经济规律的问题，而且带有普遍性。这些问题主要表现为，将追求短期GDP的高速增长作为社会经济发展的唯一目标。在追求GDP高速增长的过程中，往往不顾资金和资源条件，甚至以牺牲群众和农民的利益为代价，或把GDP的增长作为实现政绩的手段。从理论上来说，转向市场经济以后，企业应当是资源配置的主体，而事实上，在体制转轨的过程中，政府仍然发挥着资源配置的主导作用。政府的作用在很大程度上决定着当地经济发展的方向和成就。虽然从总体上而言，我国已经建立起了社会主义市场经济体制，企业也成为资源配置的主体，但是，从现实经济生活的观察中不难发现，地方尤其是中西部地区经济的第一推动力仍然是政府。如果政府是积极有所作为的，当地的经济就发展得比较快；相反，经济则可能出现问题。但是，政府的积极性可能被滥用，也可能使当地的经济发展并无明显的起色。

在转轨过程中，政府在地方经济发展中的主导作用是十分明显的。我国现在的体制特点决定了政府在经济发展的过程中必然追求短期行为。在任期制的政府运转体制下，政府追求的目标是任期内的利益最大化。而经济主体所要追求的目标是投资的利益最大化。在政府主导型的经济体制下，经济主导者的行为目标与经济本身的运行目标并不是完全一致的。在这种情况下，如何规范各级政府的行为、树立科学的发展观，对于中国经济的发展至关重要。以前有很多“走读”的乡长，家在县城，办公在乡镇，现在出现了“走读”的市长、书记，这些领导人并没有“为官一任，造福一方”的长期打算，干几年再换一个地方。经济越落后的地方，官员的调动越是频繁。这样，政府官员个人追求政绩的短期行为往往以牺牲经济发展的长远利益为代价。因此，树立科学的发展观，首先是对各级党政官员提出要求，要用科学的发展观来指导和规范各级领导的行为，减少经济工作中的失误。

什么是科学的发展观呢？如果要给出定义，我认为，科学发展观就是从国情出发，按照社会生产力发展的客观规律和要求推动社会经济发展的思想认识和指导方针。科学的发展观最基本的要求应当包括以下五个方面：

（1）必须认清当代中国社会发展的基本矛盾仍然是人民群众日益提高的物质文化生活水平的要求与落后的生产力发展水平之间的矛盾。发展是硬道理，是解决这一问题的根本途径。

（2）发展必须坚持以人为本，发展的根本目的是为了提高人民群众的物质文化生活水平。以人为本并不是很容易做到的。比如，现在各地往往以房地产开发建设的情况作为衡量发展的重要尺度，实际上现在的房地产开发并没有体现以人为本的理念。开发商是追求利润最大化的，往往是在一块土地上尽可能地提高容积率，从而增加利润，而几乎没有考虑像采光、通风、隔音等人性化的要求。现在对开发商的建筑技术要求标准并不高，或者是对开发商的不合法行为不予深究。房地产开发过程中出现的问题，看起来是开发商的责任，实际上是政府的监管不到位。

（3）科学的发展观必须依靠科学技术的进步，讲求投入产出的效益。我认为，现在需要改革或调整对地方政府政绩考核的指标体系。有的媒体提出“抛弃GDP”，这种说法过于片面。合理的做法应当是，在GDP这项综合性的指标之外再设立其他一些配套指标来考核地方政府。比如说，当地企业利润额的增长、人均收入水平的增长、财政收入的增长、社会保障覆盖面的情况、社会保障资金的积累情况以及就业与失业率。增加这样一些衡量人文与社会经济发展的效益指标，作为GDP指标的细化和补充。单纯地追求GDP是比较容易做到的，比如，“半拉子”工程，道路挖了再填、填了再挖都是在增加当年的GDP。每年的GDP增长率如此高，但人们实际感受到的物质文化生活水平却没有得到同样程度的提高，这说明了GDP的增长是以大量的投入为代价的，并没有带来相应的真正的社会福利。因此，需要有一些新的考核指标。

（4）实现可持续性发展，经济发展不应以过度消耗自然资源和牺牲环境质量为代价。

（5）必须兼顾效率与公平，使社会各个阶层都能分享经济发展的好处，实现社会公正。新一届政府的政策导向更加关注弱势群体，有人对此提出疑问，担

心这是否意味着重新歧视富人群体或对富人不再重视。我认为这种担心是多余的。政府要维护社会公平，必须关注弱势群体。从大政方针来看，我国对于富人的基本政策并没有发生变化。而且，现在正在修改宪法，要把保护私人合法财产权列入宪法。分享社会发展的红利，并不是指利益的平均化，但现在的问题是收入分配的严重不公。社会学所的研究表明，我国的基尼系数已经超过了0.45；此外，必须正确处理发展、改革和稳定的关系。改革为发展奠定有效的制度基础，稳定为发展和改革创造更加有利的社会环境，各种社会经济的矛盾主要应该通过发展来解决。

二、当前经济运行中的突出矛盾

2003年的经济增长超出了人们的预期，GDP增长率为9.1%，工业增加值增长17%，外贸进出口分别增长了32%和34%，外汇储备增长了40%。2003年虽然遇到了像“非典”这种突发的困难，但是依然保持了经济的高速增长。这种经济的高速增长有客观必然性的一面。经过1998～2001年国内有效需求不足的阶段，从2002年开始，中国的经济进入了新的高速增长的周期。同时，经济的高增长也存在政府主导的投资扩张冲动的因素。2002年党的十六大提出到2020年翻两番，包括中央政府在内的各级政府都要推动经济增长，以实现这一目标。

我们认为，当前经济运行中存在的主要问题是：

（1）工业的高增长不具有可持续性。2003年工业增加值增长了17%，是1994年以来增长最快的一年。比较理想和平稳的增长比例是工业增加值的增长速度比GDP的增长速度高3～4个百分点，但2003年的情况是高出了8个百分点。这属于超常增长，不具有可持续性。

（2）工业的增长建立在固定资产投资高速增长的基础上。2003年全社会固定资产投资增长了26.7%，投资总额达到55118亿元，是1993年以来固定资产投资增长最快的一年。根据过去20年的经验，固定资产投资增长率与GDP增长率的比例保持在2.5∶1左右比较合理。如果这个比例超出3，就说明经济过热。低于2，则说明国内有效需求和投资不足。1992年，这一比例是3.14∶1，按当年价格计算，固定资产投资增长了44.4%；1993年这一比例是4.57∶1，固定资产投资增长了61.8%。1992年和1993年出现了投资过热的问题，到1994年整顿金融秩序，抑制通货膨胀。1999～2001年固定资产投资增长率有了明显的下降，最低是1999年下降到5.1%，2000年为10.3%，2001年为13%，固定资产投资增长率与GDP增长率的比例都在2以下，而2003年固定资产投资增长了26.7%，固定资产投资增长率与GDP增长率的比例达到了2.93∶1，接近于3∶1。

人们通常说经济学是一门历史科学，可以与过去的经验进行比较。1992 年、1993 年出现经济过热，2003 年的情况与这两年的投资情况相类似。因此，固定资产投资的高速增长导致了投资品价格的大幅度上涨。直到 2004 年 1 月份，39 个工业行业中，有 28 个行业的价格继续上涨。比如铁矿石涨 35.8%，焦炭涨 34.7%，氧化铝涨 35.7%。2004 年，国家已经开始采取措施来控制信贷资金的规模。

（3）中国的高速增长是建立在能源和原材料的高消耗基础上。2003 年中国的钢材消耗量占全世界钢材消耗总量的 20%，水泥消耗量占世界水泥消耗总量的 50%，发电量占世界总量的 13%。石油进口量为 8000 万吨，进口的矿石占世界矿石出口量的 50%。消耗的能源总量相当于美国能源消耗量的 60%，相当于日本的 3 倍。2003 年全国 23 个省市出现了拉闸限电的现象。我们在 20 世纪 90 年代认为中国经济已经告别了短缺，特别是基础设施和投资品都不存在供不应求的问题。但近两年尤其是 2003 年却突然出现了电力、煤炭、运输紧张的问题，说明我国还没有真正、稳定地告别短缺，特别是仍然存在基础产业的供给不足的问题。

（4）出现了低水平的重复建设。对于这一问题，中央政府与地方政府的看法不一致。地方政府有自身的难处，地方政府为了实现 GDP 的增长、扩大就业、保持财政收入的增长，必然需要投资扩张。但是，不可能在每个地方都搞技术密集型产业，而是有什么项目就上什么项目。在市场经济下，没有重复建设就没有竞争。我们要限制的是低水平的重复建设。所谓低水平的重复建设，是指新建项目的生产规模、工艺和技术装备水平，落后于现有企业的平均水平，它并不能增加新产品的供给，而是加剧了产业内的过度竞争，浪费了上游环节的投资品。中央政府通过加强宏观调控，限制土地、信贷规模、加强审批等手段来限制低水平的重复建设。低水平重复建设最严重的行业依次是钢铁、氧化铝和电解铝、汽车、医药、纺织。近年来钢铁价格上涨得很快，从 2900 多元/吨上涨到 3800 元/吨，即使是不具备规模效益的钢厂也能盈利，成为各地方纷纷上马的项目。目前我国的钢铁生产能力已经超过了 2.7 亿吨，在建规模是 8000 万吨，准备建的规模还有 5000 万吨，到 2005 年，中国的炼钢能力将达到 3.66 亿吨，占全世界钢材生产总量的 1/3。2010 年将达到 4.45 亿吨，超过世界总量的 40%。

随着经济结构的变化和技术的进步，单位 GDP 对钢材的消费量是下降的。1990 年单位 GDP 消费钢材 13 万吨，2000 年下降到 1.45 万吨。2010 年中国 GDP 总量大约在 18 万亿～20 万亿元，按每亿元 GDP 消费 2000 吨来计算，3.6 亿吨可基本满足需求量。当前的重复建设造成了几大缺口：一是矿石缺口。国际市场的矿石价格之所以大幅上涨，是由于需求量很大，其中 50% 都被中国进口。现在进口的矿石不到 1.5 亿吨，预计到 2010 年，将要进口 3.4 亿吨矿石。二是能源

缺口。三是水资源的缺口。目前我国每炼1吨钢，综合的淡水消耗量是15吨，韩国是3.6吨，德国是3.2吨，我国最先进的生产企业宝钢是5吨。我国钢铁工业的1/3集中在华北地区，华北地区的生产能力已经超过7000万吨。但是，我国华北地区尤其是钢铁生产大户地区河北的缺水程度最严重。我们认为，今后最有效率的钢铁企业应该集中在不缺水和运输发达的沿海地区。以上是资源矛盾，除此之外，还存在结构性矛盾。现在的问题不是总量，而是谁来生产。1985年中国有110家钢铁厂，现在已经达到了280家，规模不经济的企业占多数。如果按照规模经济的要求，全国可以保留30家大型钢铁企业，每家的生产能力达到1000万~2000万吨。资源密集型的产业，没有大规模的生产就没有效益，应该使生产要素向优势地区和优势企业集中。但我们恰恰缺乏资本向优势地区和优势企业集中的机制，仍然用小生产的方式搞大工业生产。再比如氧化铝。我国之所以缺电，是因为铝的耗电量太大，铝的生产耗电量占我国整个电力消耗的6%，炼1吨电解铝需要1.4万度电。钢铁工业和有色金属工业的盲目发展，加剧了能源供求矛盾。另外就是纺织业。1997年限产压锭，从4400万锭压到3800万锭，现在已经达到6000万锭，超过1997年限产压锭时的80%。这表明2003年的高速增长确实是由一定程度的盲目冲动拉动的。再比如汽车，汽车行业的主要问题是暴利。汽车的暴利大大损害了消费者的利益，维护了跨国公司在中国的利益。前两年，汽车业利润的80%来自于上海大众汽车公司，德国大众汽车公司占其50%的股份，相应地要分享一半利润。现在大家开始反思，汽车行业已经高度开放和国际化，为跨国公司所控制。这种高关税保护下的高利润是各地争上汽车项目的主要原因。

究竟如何治理低水平重复建设呢？一是应该通过强化竞争机制，通过优胜劣汰淘汰落后生产力，这往往是以投资成本的沉没和损失为代价的。二是转向市场经济以后，并不等于没有市场准入规则。市场准入规则包括技术经济指标、环境保护指标、新建企业的起始规模指标。三是要解决信息不对称问题，包括现有企业生产能力的利用率、产销率、行业的平均利润率、企业的景气程度、同类产品的国际竞争的状况。因为单个企业难以了解全局的市场供求信息，从而可能造成投资决策的盲目性。四是提高商业银行对固定资产投资信贷的判断和监管水平。目前商业银行还未能适应投资主体多元化和资金来源以信贷资金为主的状况，对产业的分析能力还不够。信贷人员面对的客户是工商业客户，必须懂得产业分析，否则就难以做出正确的信贷决策。

（5）开发区过多过乱。我国的第二次工业化与第一次的初步工业化存在共同的特点：虽然表现形式不同，但本质一样。初步工业化是通过工农业产品的“剪刀差”以牺牲农民利益为代价，为工业化积累资金，而第二次工业化阶段仍然出现了以牺牲农民利益为代价的现象，只不过现在的手段是侵占农民的土地，从而使相当多的农民丧失了土地。虽然我国的工业化是在社会主义条件下进行的，但与资本主义“羊吃人”的工业化在形式上没有区别。当前加快工业化进程中突出的问题是“三无”（无土地、无职业、无社会保障）农民问题。目前，全国的“三无”农民总数在2000万人以上。城市扩张和开发区、工业园区的建设是侵占土地的两大主要原因。现在全国共有3837个开发区，国务院批的有232个，占6%；省政府批的有1019个，占26.6%；其他2586个开发区都没有按规定进行审批，总面积达3.6万平方公里，相当于中国台湾岛的面积，其中闲置的土地面积占43%。目前已经清理了2400多个开发区。我认为，首先，开发区既要整顿，又不能“一刀切”，要总量平衡、动态管理、空间置换相结合。总量上不再增加开发区的数量，但并不是所有的开发区都不能再扩张。要控制县以下特别是乡镇一级的开发区，因为大部分乡镇不具有开发和项目集中的机制，取消这些开发区。在一个县或地级市的范围内实现总量的平衡，总量上不允许耕地面积的减少，不允许开发区面积增加，将工业项目集中到县及县以上的中心城市，从而置换出耕地面积。其次，中国香港土地批租的办法不适合内地。我国从深圳等沿海地区开始，采取了政府主导下的土地协议转让办法，转让时间一批就是70年、50年。必须对现行的土地征用的补偿办法进行根本性的调整，基本指导思想是由一次性补偿改为长期补偿。长期补偿分为两类：第一类是基建征用的土地，农民可以以土地入股的方式从基建项目未来的收入中分红；第二类是工商业开发用地，可以向农民租用土地，而不是一次买断。每年向农民支付租金，包括为农民缴纳社会保障基金。这样，农民虽然失去了土地，但是没有失去收入来源和社会保障。

（6）经济增长与社会发展不协调，这是2003年在“非典”爆发以后突然感受到的问题。一是城乡发展的不协调。城市化的进程越来越快，而农村依然落后。二是地区发展不协调。这一问题在理论上存在争议。有一种观点认为生产要素向优势地区集中是提高资源配置效率的一种有效手段，而且是市场机制作用的必然结果。比如，美国的几个大地区所创造的GDP占美国GDP总量的60%，日本的东京、大阪等地区所创造的GDP占日本GDP总量的70%，韩国仅首尔一个城市的GDP就占全国GDP的30%。从市场机制和生产要素配置效率的角度来看，集中化的趋势是不可避免的。但从全国的均衡和协调发展来看，又应该尽可能地避免过度发达与过度不发达的不均衡。在市场机制的作用下，西部的生产要素仍然在向东部流动。当前，既要看到发展不均衡，生产要素继续向长江三角洲、珠江三角洲和环渤海地区集中的必然性，又要思考在这种必然性中间，如何进行有效的逆向调整，实现地区经济发展的平衡。三是经济增长与卫生教育体系建设的不平衡。20世纪60年代，毛泽东曾把卫生部称为“城市老爷卫生部”，

因为当时农村缺医少药。而这种状况直到当前并无明显改善，甚至进一步恶化。现在的问题不是缺医少药，而是卫生缺乏有效、合理的分配机制。占人口总数70%的农民享有的公共卫生资源仅占20%，30%的城市居民则享有80%的公共卫生资源，教育体系的发展也是不平衡的。对于中西部的基础教育，应该免去所有的学杂费，所有教师的工资都由中央财政转移支付来承担。总之，提出科学的发展观，强调经济与社会发展的协调问题正是由于现实经济生活中遇到了以上问题。

三、中国的和平崛起

（1）关于21世纪战略机遇期的含义。它可以从以下几个方面来概括：一是经过几十年的发展，为中国走向工业化和现代化奠定了比较雄厚的物质技术基础。前几年有个日本学者提出疑问，认为中国近些年来的经济增长是受2008年举办奥运会这一因素的影响，奥运会结束之后，中国经济可能开始走向萧条。我认为，中国与其他举办过奥运会的中小国家完全不一样，奥运会对中国经济的拉动作用以及奥运会结束对中国经济的负面作用都是微不足道的，这一点可以从统计数据得到证明。按照北京市的规划，2004～2008年，北京市用于奥运会场馆建设的直接投资是290亿元，用于奥运会配套的市政工程建设的直接投资是2400亿元，两项合计2690亿元，平均每年投资538亿元，而这一数字只相当于2003年全国固定资产投资额55518亿元的0.9%。而且由于2003年以后全国固定资产投资额还将以20%的速度增长，因此这一比例还会不断缩小。举办奥运会不需要举全国之力。而且，2003年全国各类建筑企业竣工总面积（不包括农民自建房屋）为14亿平方米，而未来5年间新建的奥运会场馆面积是2500万平方米，只相当于全国建筑企业一年竣工面积的1.78%。这说明，奥运会举办对我国这样大国的经济增长的影响是很有限的，因此，奥运会结束也不会对中国经济产生多大负面影响。二是为中国走向工业化和现代化奠定了市场经济的制度基础。经过二十几年的改革，初步建立了市场经济的新体制。三是虽然世界上仍然存在许多摩擦和矛盾，但和平与发展仍然是当今世界的两大主题。我国拥有一个相对和平的国际环境。与20世纪80年代的情形相比较，当前我国与欧美的关系及与周边国家的关系普遍有所缓和。历史说明中美对抗对两国都不利。我们应当抓住当前这一有利的时机来发展经济。四是与发达国家相比，科学技术的差距在逐步缩小。比如说，大规模集成电路，世界先进水平为0.18微米，中国已经达到0.25微米，最近正在开发0.09微米的新技术。精密机床的制造能力大大提高，我国精密机床的技术水平已经与世界先进水平接近。五是对外开放进入了一个新的发展阶段。我国以加入世界贸易组织为转折，从政策性开放转向稳定的、与国际接轨的制度性安排。五是利用外资和参与国际市场的分工的程度以及出口规模都相当大。六是中国的人口虽然已经转向低增长，但劳动力的供给依然是相对充足的，到2020年之前仍将处于青壮年劳动力接近于无限供给的阶段。2003年我国的人口增长率是6.01‰，到2030年，中国的人口峰值接近14.39亿人。在这20年间，青壮年劳动力的供给依然是相对充足的。总之，如果抓住了这20年的机遇，我国的综合国力将有一个大的飞跃。

（2）关于和平崛起的含义。胡锦涛总书记访问欧洲和非洲、温家宝总理访问美国的时候，都强调中国未来要走和平崛起的道路，这是向世界表明，中国的强大不会对任何人构成威胁。过去，所有实现工业化的国家都不是和平崛起的，而是掠夺、侵略、战争或冷战崛起的。正如马克思所说的，资本的积累是一个充满了血与泪的过程。和平崛起是相对战争或冷战崛起而言的，它可以这样来定义，在和平与开放的条件下，主要依靠自身的努力，使中国从一个经济落后的发展中国家转变为新兴的，与大国地位相称的经济强国、科技强国和军事强国。最近有人认为中国仍然处于“冷和平”状态，所谓冷和平，是指冷战虽然已经结束，但冷战的阴影或惯性并没有真正结束。以美国和日本为代表的发达国家，并不希望中国真正的崛起。既不希望中国太衰落，也不希望中国太兴盛，对中国的发展实行的是牵制的战略，在今后的20年必然经常性地制造一些政治和外交上的麻烦，在经济上实行贸易摩擦，在技术上对中国实行高科技转让的严格限制。最近，以法国、德国为代表的欧盟国家主张解除对中国的武器禁运政策，但仍然遭到了美国的反对。而且，美国对中国的民用高科技的出口限制也十分严格。当然，虽然冷和平没有成为共识的判断，但仍然需要重视这种观点中反映出的我国未来发展中面临的国际环境的风险与不确定。

（3）和平崛起的基本要求。它包括经济总量、科技实力、企业竞争力、军事实力、外交参与和发言权、金融竞争力、教育与劳动力的素质、文化的吸引力和感召力等几个方面。

第一，经济总量的目标。到2020年，以2000年的不变价格来计算，实现GDP翻两番。从最近几年经济增长的势头来看，实现这一目标并不是很困难。但是，仍然存在一些问题，尤其是能源的“瓶颈”约束问题。从现在到2020年，可以把中国的经济增长分为两个阶段。一是从现在到2010年。当前正在制定“十一五”的发展规划。到2010年，中国年均GDP增长8.1%，总量达到19.5万亿元。二是2011～2020年。平均每年GDP增长6.2%左右，以2000年的不变价格来计算，GDP总量将达到35.8万亿元或36万亿元。按现行汇率，相当于4.5万亿美元，但也只相当于日本目前的总量水平或超过日本，居世界第二位。但如果按照购买力平价或真正的物质产品的生产总量，将大大超过日本和德国，

接近于美国，或者是主要的物质产品生产总量都要超过美国，目前我国已有100多种工业产品的生产总量居于世界第一位。再看进出口规模。目前我国已经进入了不必要追求出口高增长的发展阶段，我国的进出口增长率只要保持与GDP增长同步，就可实现到2010年中国的出口规模比现在翻一番，即从4300多亿美元到8600多亿美元，要超过目前美国的水平。而且，中国的出口也不必完全以追求创汇为目标，而是保持进出口贸易平衡略有结余。2001年中国外汇储备水平远远超过日本，居世界第一位，目前已达到4000多亿美元。假使每年平均增加500亿美元，7年就要增加3000多亿美元，到2010年，外汇储备就可超过7000亿美元。和平崛起的基础是经济总量、经济规模和经济发展的水平。我国的经济增长以第二产业为主，占到40%之多，而美国经济增长部分的70%来自于服务业，只有20%来自于第二产业。虽然人均水平要低于美国，但许多产品的总规模已经超过美国。

第二，科学技术的目标。可以概括为缩小差距，重点突破，局部领先，在研发能力、科技成果转化为生产力的能力、科研队伍的整体水平这三个方面都应该大大缩小与世界先进水平的差距。

第三，形成一大批具有国际竞争力的大型企业和企业集团。国家的实力在于经济，经济的实力在于企业。目前，在制造业的世界500强当中，美国企业占57%左右，日本企业占25%左右，两国企业合计超过80%。我国经过20年的努力，在制造业至少应该有20%的企业挤入世界500强。

第四，发展战略性产业，形成最具有竞争力的，能够与发达国家相匹敌的一些产业。最近，中科院发表了一份报告，指出未来20年中国的战略产业是哪些产业，怎样发展这些产业。同时还提出了中国“产业空洞化”问题。我认为，这里指的“产业空洞化”与经济学上的“产业空洞化”的含义不同。经济学上的“产业空洞化”是指产业从国内转移到海外带来的国内就业的下降、有效需求不足和收入的减少。而中科院提出的“产业空洞化”是指由于核心技术的缺乏而导致的产业空洞化。表面上产业发展规模很大，但核心技术却操纵在跨国公司手中。这种空洞化比经济学上的空洞化更为危险。经济学上的空洞化对资本输出国和地区虽然也有负面影响，但毕竟使GNP增加了，新创造价值中的一部分还是留在了国内。不在国内生产不意味着不能增加国内的国民收入，相反可能会增加更多的收入。但是，如果没有核心技术，那么国内企业永远处于为跨国公司打工的地位，受制于人，赚的是小钱。现在需要研究的是未来如何避免这种意义上的产业空洞化，解决途径就是发展战略产业，掌握核心技术。对于什么是战略性产业，自然科学家与经济学家的理解不完全相同。所谓战略性产业，是指在国民经济体系中占有重要地位，对国计民生、国家经济安全、军事实力和军事安全有重大影响的产业。按照这一定义，可以列出许多战略性产业。比如粮食、能源、成套装备的制造、航天航空、核工业都属于战略性产业，这样就造成了战略性产业的多元化，从而失去了重点。科学家认为应该从这些产业中筛选出关系到国家经济安全和军事安全的重要产业。选择标准有两条：第一条是日本学者提出的“小原基准”，即收入需求弹性系数基准。就是根据消费需求的增长率与收入的增长率的比值来考察某个产业是否为战略性或主导性产业。当某种产品的需求增长率与收入增长率的比值大于1时，表明该产业是快速成长的产业，应当作为战略性产业。典型的如汽车，2003年国内汽车行业的需求增长率超过了30%，分母既可以用国民收入增长率，也可以用居民收入增长率，最后的比值都远远大于1。再比如电力，2003年电力需求增长15%，GDP增长9%，两者比值也大于1。第二条是生产力基准。由于生产力发展的不平衡性，在每一个阶段，科学技术进步并转化为现实生产力最快的部门应当作为战略性或主导产业。科学家们采用的标准是第二个。当然，还应该补充一条标准，就是对国民经济全局有重要影响。战略性产业应该服务于和平崛起这一总体的战略目标，既要发挥劳动力便宜的比较优势，又要增强自身的技术和竞争优质，在技术密集型产业方面与发达国家缩小差距。我国是在人口多、资源条件有限的情况下实现工业化、城镇化和现代化的，在发展过程中面临着一系列矛盾和困难，资源约束、重大技术装备的技术水平比较落后是未来面临的主要制约条件。战略性产业必须着眼于解决这些矛盾和困难。根据以上要求，“十一五”中长期规划筛选出以下产业作为战略性产业，包括干线飞机、大功率的航天运载工具、海洋工程装备的制造能力、智能化的装备制造业，包括精密机床、汽车生产线、半导体、芯片生产线、大规模的成套设备、生物工程和医药的开发、制造。发展这些产业，需要重新思考“两弹一星”的经验在今天的作用。“两弹一星”的经验可以概括为“自力更生、协同攻关”，“艰苦奋斗，集中国家财力办大事”是其倡导的主要精神，这些在今天仍然是有效的。但是，发展战略性产业不能采取“两弹一星”的产业组织方式。一般说“集中力量办大事”，而我认为“分散才能办大事”。只有高度的专业化分工才能降低成本，才能产生大批量生产和复制的能力。而且，不能仅仅依靠国家财政的力量。

第五，加强国防工业与军事力量，这是和平崛起的必要条件。对于国防工业与军事力量应该到达什么水平，官方的概括为“打赢高技术条件下局部战争”。打赢的基础是先进军事装备和制造水平，具体目标是拥有战略武器的威慑力量，包括核武器、洲际导弹、航天技术、电子对抗战的能力。就常规武器而言，应该缩小与美国的差距。军事工业的组织方式应该形成“寓军于民”的方式，才能形成扩张和带动能力，大力培育制造军工产品的民用企业。

第六，提高对外开放水平。①我国利用外资已经进入了一个新的阶段，应该从以数量为主转向以提高质量和效益为主。外资弥补的是资本和技术两大缺口，现在国内的主要矛盾是技术缺口。当前，内资的固定资产投资额已高达5.5万亿元，每年增速高达20%，用不了几年就能超过10万亿元的规模。而且，银行的状况是存大于贷。②关于“走出去”战略。老牌资本主义国家的崛起主要依靠战争，通过战争来掠夺资源和占领海外市场。时代不同了，中国不会采取战争手段实现经济扩张。我国通过互惠互利的政策机制以及和平的方式“走出去”，开辟资源供应来源，开拓国际市场。当前，我国缺乏有效实现“走出去”战略的制度安排，也就是走出去必须忠于所有者。现实是，很多国有资产被国有企业的内部人以海外投资或经营的名义转移到海外并被私人侵占。③对外开放应该避免拉美化。拉美化表现为以下几个特点：跨国公司控制国家经济命脉、出口以原材料和初级产品为主、产业分工在国际分工链中以代工为主、外债高筑。我国在实现和平崛起的过程中应该重视吸取拉美国家工业化过程中的教训。

整理人：王晓光

（文章来源自《学术讲座荟萃》第16辑，2004年3月11日）

完善社会保障制度的思考

王延中

王延中

男，1963年生，山东东平人，法学、社会学博士，研究员。中国社会科学院监察局局长、劳动和社会保障研究中心主任，中国社会科学院研究生院学术委员会委员，中国社会科学院社会学所学术委员会委员。兼任卫生部卫生政策与管理专家委员会委员，新型农村合作医疗技术指导组专家委员会委员，国务院城镇居民基本医疗保险试点评估专家委员会委员，中国社会保险标准化委员会委员。

主要研究领域：劳动和社会保障、中小企业、工业经济、城乡关系。出版学术著作10余部，主要有：《中国的劳动社会保障问题》、《WTO与中小企业发展战略》、《经济组织与城乡发展》，《基础设施与制造业发展关系研究》（合著）、《诸城企业改革探索》（合著）、《中国工业现代化问题研究》（合著）、《中国产业结构变动趋势及政策研究》（合著）、《中国乡镇工业发展的政策导向研究》（合著）、《中国劳务市场的组织与管理》（合著）、《中国的工业化与城市化》（合著）、《中国卫生改革与发展实证研究》（合著）、《课题制研究》（合著）等。主持编写社会保障绿皮书《中国社会保障发展报告》（2001、2004、2007），组织编写《繁荣发展哲学社会科学》、《义乌奇迹的文化探源》、《文明厦门》，参与组织大型丛书《列国志》等。发表学术论文100余篇，英文文章或研究报告10余篇。研究成果中，获中国社会科学院优秀成果奖、全国青年哲学社会科学优秀论文奖、中国社会科学院应用决策信息奖等10余项部级优秀成果奖。

2004年被国务院评为享受政府特殊津贴待遇的专家和中国社会科学院优秀共产党员；2007年被国家人事部授予“新世纪国家级百千万人才工程人选”称号。

非常高兴能够同大家探讨有关中国社会保障制度改革问题，有的同学可能对该领域并不是很了解，有必要首先界定一下基本概念和基本内容，然后围绕中国社会保障制度的改革谈一下个人的看法，当然，有些看法是有争议的，仅作为学习过程中的探讨，并不作为定论。

一、基本概念和基本内容

社会保障制度是社会主义市场经济的一项基本制度，是用以解决社会成员和社会劳动者面临的风险，用以防范社会风险的制度安排。社会风险包括很多方面，诸如生病、晚年丧失劳动力、工伤、怀孕期丧失的工资收入、贫困（基本生存线需要）、未来发展机会的缺乏（如贫困地区孩子上不起学），但像自然灾害、战争等，还不属于社会风险。一言概之，防范社会风险，解决生存和发展的需要，统称社会保障制度的安排。用以防范社会风险和促进社会发展的社会保障制度可分为三个层次。

（一）第一层次是社会救助

如果社会成员的收入水平达不到社会公认的最低收入标准，社会有义务、有责任帮助他达到此标准，这标准称为“贫困线”。社会救助就是把其差额补足给贫困社会成员，使其收入达到贫困线以上，这是社会保障制度的主要内容之一。此外，社会救助还包括对自然灾害如地震、洪灾、旱灾、火灾等临时的灾害救济。在中国，还有一次性战略措施“扶贫开发”。“扶贫开发”与“救助”有关，但不完全相关，待会儿再讲。

（二）第二层次是社会保险

社会保险主要针对有劳动能力的经济人员，在其劳动期间，为防范劳动风险和未来的风险而做出的制度安排。如工伤事故发生后，为了补偿工伤造成的损害，雇主和雇员事先要交纳一定的保险金作为工伤保险基金，用以防范工伤风险，此外还有医疗保险。但最主要的是养老保险，养老保险是劳动年龄阶段的劳动者不能享受的，劳动者和雇主交纳一定比例的保险金，等到法定的退休年龄后，才有资格领取退休金。我国法定退休年龄规定：公务员、事业单位有高级职称者为60岁，一般劳动者男性60岁、女性50岁，特殊行业可能50岁就可以退休。

生育保险。妇女在生育时有半年产假和一定时间段的哺乳期，在此期间，由于雇主不能解雇雇员，并且必须发放工资，需要的收入来源即为生育保险。

失业保险。目前的在职并不意味将来的就业，失业在市场经济条件下是一种非常普遍的现象。当然失业比例较稳定，但随经济波动，也会有些变化。失业人群是进入社会救助层次，还是得到比社会救助更高的待遇，有个选择的问题，如果仅仅社会救助发生作用，对劳动者的激励就不够，即如果劳动者不工作可以得到社会救助，与工作一段时间失业后得到同样数额的社会救助的话，劳动者宁愿选择不工作，显然这种制度安排的激励功能不充分，因此高于社会贫困线的待遇，成为一项必要的制度安排，即失业保险。失业保险的保障待遇和水平高于社会救助水平。失业保险的运营机制如下：根据劳动者以前的工作年限和行业性质综合考虑，给予高于社会贫困线的待遇。在此期间，也需要满足一定要求，如积极寻找工作机会。

国外还有护理保险，针对老年人而设。老年人行动迟缓，生活无法自理，因此需要护理保险。我国尚不存在此项制度。

社会保险与社会救助相比，有三个特点：一是针对劳动者，有的国家把覆盖对象扩展到劳动者和其家属；二是需要交费；三是符合必要条件。

（三）第三层次是社会福利

针对服务项目，如在儿童上学时提供免费的班车、午餐、义务教育的投入，这在发达国家很常见，再如提供给老年人的待遇，残废人等亦有一些待遇，如公共卫生的照顾。

关于社会保险的概念，还有些争议。最早“社会保障”这词是出现在罗斯福新政期间，“social security act”即“社会保障法”，主要是针对老年人的，因此美国人认为社会保障即养老保障。而欧洲学者无此概念，只有“社会福利”即“social welfare”，此概念包括上面的三层次内容。因此“社会福利”概念外延较大。在与国外学者探讨问题时，必须先弄清其概念的内涵，如社会保障基金在美国指实行先收先付或基金积累制都是可以的。而在中国，社会保障基金不一定是基金积累制，可能是先收先付制，例如失业保险是典型的先收先付制，即根据个人需要决定收费率。社会救助也不是基金积累制，而是财政出钱的。

二、中国社会保障制度的分析

我国现在进入社会保障制度完善的时期，先做简要回顾，再对存在的问题做详细分析，以明确以后改革的目标。

（一）社会保障制度的简要回顾

其中有些项目自古就有。“社会救助”自古存在，如洪灾时政府开仓赈济，还有寺庙施舍。因此说人类采取防范社会风险措施较早，但其成为正式制度时期较晚。新中国成立不久，经济体制剧烈变化，国有经济、集体经济等公有制经济出现，社会救助正式制度化了。典型的社会救助制度，在农村称“五保户”制度，五保户内容包括保吃、保住，保衣，保医，保葬，保学。五保户针对的是鳏寡孤独等弱小群体，他们无劳动能力、无赡养人员、无经济来源，救助形式可以分散，亦可集中，既有“养老院”、“福利院”的集中形式，也有在家中派人照顾的分散形式。

社会保险制度在新中国成立前有过萌芽，在根据地、沿海近代工业存在过，但没有正式形式。新中国成立后，由国营企业提供公职职工的所有社会保障。这种制度在改革时遇到严重困难。市场经济条件下，企业破产、兼并、重组成了常态现象，企业再也不能为职工提供持续性的保障，一种社会化的新的保障制度安排有了产生的必然性。

当然，过去还有些福利项目，如优军优属、优抚安置、残废人安置。在计划经济下安排较好，过去社会保险针对国企职工，社会福利和社会救助针对特定人群。改革是20世纪80年代初，随着国有企业制度变化，主要针对国有企业职工。改革过程如下：

1986年《国有企业待业制度规定》是针对合同工出现待业情况做出的规定，是对待工期间的保障制度，当时由于不承认“失业”现象，无“失业保险”内容（到1993年才承认了失业）。但覆盖范围较窄，仅是正式工、合同工。

后来国有经济出现困难，看病、住房都出现问题，如医疗报不了账。医疗改革、住房改革呼声很高，于是出现了一些试行改革措施，如中国人民保险公司出台的《集体企业职工的养老保险制度规定》，集体企业不仅包括三类职工，如正式工、合同工、临时工，而且包括非国家投资的集体企业，如街道企业、国有企业下属的劳动服务公司（大集体）以及再投资的二级集体企业、服务合作企业的职工，总计两三千万人。中国人民保险公司让这些人参加自己的保险项目，包括医疗、失业、养老。这种尝试做出了开拓性贡献，为以后的改革奠定了基础。

真正突破是在20世纪90年代初，党的十四届三中全会提出并确定从计划经济走向市场经济的总体规划，其中相配套的是“社会保障制度”。在社会保障制度方面结合中国国情和国外经验，提出了一个方案，其核心是“社会保险”，“社会保险”中最关键是“养老保险”和“医疗保险”。当时是这样规定的：中国要建立城镇职工的以社会统筹和个人账户相结合的基本养老保险和基本医疗保险制度。针对对象是城镇职工，项目是“养老保险”和“医疗保险”，方式是社会统筹和个人账户相结合。怎样将社会统筹和个人账户结合起来成为当时探讨的焦点，操作方案不一，其来源有两个：一是中央部委对有关问题不同的理解，二是地方对目标模式不同的理解。主管部门是劳动部和体改委，体改委与劳动部思路亦不一样：劳动部主张大统筹小账户，即统筹资金比例大于个人账户比例；体改委从劳动力年轻且丰富的角度，提出大账户小统筹，即多存钱到个人账户。两条思路争执不下，先选地方试点。最后折中方案：社会统筹基金稍高于个人账户。

经济环境大变化发生在20世纪90年代中期，投资高涨，通货膨胀出现，于是中央政府采取降低投资率，压缩投资量，控制通货膨胀的紧缩性政策。国有企业又出现了经营困难，1997年的亚洲金融危机导致中国出口受阻，国有企业亏损非常高，为了摆脱困难，国有企业实行了“减员增效，结构调整”。裁员有两种形式：一是提前退休，包括内退或进养老保险体系；二是待业和下岗，这些改革措施需要资金支持。退休需要退休金，下岗需要下岗资金，这些都来自社会保障，由于其建立时间不长且不完善，因此对社会保障的压力非常大。为了社会稳定，1997年国务院出台了《关于建立城镇职工基本养老保险制度的决定》，明确规定城镇职工养老保险金的建立和使用的基本程序，企业交费20%，其中一部分12%进入社会统筹，另一部分8%进入个人账户。个人交费3%进入个人账户（每两年提高一个百分点）：1999年个人交费4%，企业划入个人账户减少1%，达7%。到2007年，个人交费可以达到8%进入个人账户，企业拿3%到个人账户，17%到社会统筹。

但问题出在“支”上，怎样支出？个人账户和社会统筹共用一个账号，1998年、1999年，国有企业大量职工下岗，社会统筹不够用，就用了个人账户的钱，出现空账问题。巨大风险有两个：其一，具有个人账户的职工到退休时无钱可使；其二，制度没有可持续性。在中国，社会保障不仅要发挥防范市场经济中社会风险的作用，还要承担转型过程中补救国有企业亏空的重担。显然，这种制度很难持续下去。在这种情况下，理论界、政府官员提出中央政府如何完善社会保障制度的理论难题。肯定不能推翻原制度重设新制度，因为政府信誉来自于持续

的稳定性的制度的供给。只能完善这项制度，而且有可能有必要完善。如何完善呢？以往政策制定程序是先试点后推广，这样做有助于减少制度实施的成本，探索有推广意义的制度模式。辽宁作为试点省份，其方案基本要点是完善社会保障体系而不仅限于养老保险，还包括失业问题、生活保障问题、中央政府对地方的转移支付问题。具体对辽宁社会保障制度完善试点的要点如下：①对个人账户和社会统筹明确定位。个人账户是为了防范未来风险，不能随意动，但降低比例为8%。企业不再为个人账户交钱，企业交的钱进入社会统筹，解决目前的养老金发放，不够的部分由中央财政补足。②做实“个人账户”。即补足个人账户已被用掉资金。③切断个人与企业终身劳动关系，推进下岗向失业并轨。1997年，国务院颁布关于下岗职工的制度，下岗职工进入再就业中心，身份与失业有差异的，不仅不用交失业保险，而且提供各种机会就业鼓励创业，三年出中心进入社会，当时压力很大，又延迟三年。但辽宁试点决定下岗职工直接进入社会保险，在中心的尽早出中心，但解除保留在中心的劳动合同也是要花钱的。中央财政补助一部分钱用于解除在中心的劳动合同。④完善最低生活保障，失业保险年限24个月，进入最低生活保障。对辽宁试点评价总体是肯定的。

（二）中国社会保障制度改革的评价

1. 与社会主义市场经济体制相配套的社会保障基本框架基本建立

这里的“相配套”亦可以称为“相独立”。传统概念上把社会保障制度称为一种配套制度，即为了建立社会主义市场经济体制，为了国有企业改革，必须建立此项制度，与社会主义市场经济体制相协调相补充。应该看到社会保障制度是市场经济体系的一个基本组成部分，任何市场经济国家都存在社会保障制度，而不仅是配套的制度。但我国社会保障制度的产生发展是围绕“配套”来改革的，目前越来越认清：其功能并不仅仅是“配套”而且是一项基本制度。不管怎么说，从无到有，从不完善到逐渐完善逐渐独立的社会保障体系，其基本架构已经完成了。过去企业包办一切，而现在职工的社会保障由社会解决。基本构架就是社会救助层面的最低生活保障线，社会保险层面的五大保险制度（养老、医疗、失业、生育、工伤），社会福利层面还在逐渐发展。

2. 对过渡措施的评判

不能单纯讲“社会保障制度”本身怎么样，而在建立社会保险制度过程中，此项制度的确发挥了很大的作用。比较典型的是两个“确保”。第一个“确保”是确保离退职员的养老金的发放，即对无劳动能力的职员、有劳动能力但无劳动岗位的职工的养老金的发放，而且规定每年以一定幅度提高（朱镕基任职期间）。第二个“确保”是确保国有企业下岗职工基本生活费用的发放，在我国由计划经济体制过渡到市场经济体制期间，在剧烈经济波动以及外来冲击的情况下，对两个受损的基本群体予以一定的利益补偿。“三条保障线”实际上是“两个确保”加上“最低生活保障”，“最低生活保障”过去在农村称为“五保户”，在城市为“鳏寡孤独”的弱小群体。其定义范围非常窄，即其无劳动能力、无经济来源、无赡养人口。现在出现了一些有劳动能力但无经济收入的人群，如下岗职工，以前的定义范围显然不适用了，于是扩大了范围，只要收入状态达不到当地的最低生活保障线，就有资格得到最低生活保障。1998 年国务院颁布的《关于建立城镇居民最低生活保障制度的决定》规定这个范围扩大到有劳动能力的人。许多专家认为这个保障线是建立社会保障最后防线，否则，下岗职工就会陷入贫困，而贫困不是进行现代化建设的目标。我们就要建立的小康社会不是一个贫困社会，因此给予贫困人口一定的保障。贫困线或最低生活保障制度就是解决这些弱势人群的最后一道防线。有人称为“最后的安全网”。

关于国有企业下岗职工的制度。为了缓解失业的冲击，实行了国家财政负担、企业负担、社会保障部门负担“三三制”，即财政占 1/3、企业占 1/3、社会保障部门占 1/3，以解决转轨时期下岗职工的基本生活保障问题。

“扶贫攻坚”问题。1978 年有关部门测定，贫困人口为 2.5 亿人（衣食不保者）。随着改革的深入，农村的贫困人口逐渐减少，到 1993 年，贫困人口降至 7000 万人。当时，中央提出“八七攻坚战略”，用八年时间解决 7000 万人的脱困问题，并专门设立“国务院扶贫办公室”负责 200 多亿元的专项脱贫资金，解决贫困人口的脱贫问题。1993 ~ 2000 年，按目标应该完全解决贫困问题，但是实际上尚未彻底解决，还有 2000 万 ~ 3000 万贫困人口。当然贫困人口概念也有变动，就国际比较而言，中国在扶贫方面做得较为出色。我们所谓的“扶贫”不是最低生活保障，而是用一定资金建设项目，完善基础设施或生活生态环境的治理，主要是项目开发式，不同于最低生活保障。我们称为“积极扶贫措施”。存在争议的是，到底这些投资项目是否达到预期的目标？怎样看待过渡期的临时措施？总体上，我认为应该肯定。

3. 关于“社会保障制度”本身的问题

我国确定的社会保障制度基本框架有些理念设想并不一定落后，之所以这样认为，是因为它与国际社会保障制度的发展趋势是相吻合的，同时它同中国实际情况相一致。这些基本理念是否能变成实际是一回事，但这种设想是可取的。如养老保障主张实行多支柱体系，1993 年提出多层次社会保障制度，具体在养老

制度表示为多支柱的养老保险制度，即靠几种制度组合来解决养老保障问题。基本的养老保险制度有两项制度：统筹制度和个人账户制度。前者是解决当年需要养老金的离退休人员的需要，而在职职员，即建立新制度后尚未退休的人称为“中人”，已经建立个人账户了，在退休时，不仅可以得到社会统筹的部分，而且可以得到个人账户中的资金。在当时，还提出“企业补充养老保险”，国家鼓励企业在力所能及的条件下，为本企业职工建立补充养老保险。可以放人保险公司，也可以企业自己建立。此外还有“家庭养老”，规定子女有赡养老人的义务。所以中国养老保险问题是多层次多支柱的概念。这是为了避免发达国家在人口老龄化以后，只有一个“社会统筹制度”的困境，其收费会越来越高，会影响企业成本和国际竞争力。关于这个问题还存在争议，养老金的增加是否影响企业成本和竞争力，但至少经济学家是这样认为的。统一的先收先付的“社会统筹”养老保险制度面临越来越大的人口老龄化的压力，处境更为艰难。不管持什么样的主张，都存在着确定性的共识：老龄化的趋势对社会保障的压力非常大。虽然中国人口年龄结构较年青，为了应对将来的人口老龄化，“多支柱”养老保障出台了。在基本养老保障基础上，建立个人账户，企业养老保险，同时采取“家庭保障”几方并举的措施，这种理念还是比较可取的。

关于我们建立的基本制度的目标，如养老、医疗制度目标是“低水平”。中国是发展中国家，正在走向现代化过程中，逐渐解决温饱，进而达到小康水平，到 2002 年，人均收入再翻两番，达 3000 美元。在此过程中，人均收入还会增长。相比之下，发达国家人均年收入 30000 美元尚且在养老保障方面遇上极大压力。在我国人均收入普遍低水平情况下，其社会保障水平肯定是较低的，这种判断还是明智的。提出“广覆盖”目标，因为社会保障不同项目是解决不同人群特定需要的，整个社会保障体系确保全体社会成员和劳动者都处于社会保障的安全网之内。这是最基本的要求，也说不上是“理想模式”。另外提出“可持续”目标，指社会保障基金在经济上能够支撑下去。这种基本理念也是可以被认可的。

失业保障和促进就业相结合的积极劳动政策。西方所谓的“welfare”，是工作后才得到的一种福利，我国也实行失业保障与积极就业政策相结合的保障措施。

值得肯定的地方还是不少的，如在 2003 年“非典”期间出台的“公共卫生应急系统”也属于社会保障的范畴。2004 年“非典”的出现没有引起恐慌，不得不归功于该体系的出台，它可以把“非典”或其他紧急事件对我国经济运行的影响控制在一定的范围内。

4. 面临的问题和需要完善的地方

（1）保障网没有做到“全覆盖”。中国社会保障制度建立已经有10多年，虽然提出“广覆盖”的目标，但是目前尚没有达到，这是非常大的问题，我们应该确保每个社会成员都处在社会保障的安全网内，但很多游离在网外，这些人群主要是农村人口。农村人口占全国人口2/3以上，很多农村几乎不存在社会保障体系。现在比较突出的是“失地农民”，即“三无”（无土地，无就业岗位，无社会保障）农民。他们的土地征用后，补偿金不足以提供持续生存能力的需要。关于“失地农民”数量存在着争议，但是最保守的估计也有几千万人口。农民要不要、能不能建立社会保障，这是值得研究的问题。

（2）保障的水平苦乐不均。社会保障的资金是有限的，只有几千亿元，不到1万亿元，某些制度对某些人群保障水平过度，对另一些人群保障水平不妥，不仅存在无社会保障的人群，而且有社会保障的人群也有“苦乐不均”。不仅地区差距大，而且城乡差距大，不同类别的社会身份差别亦大，像较好的行业如垄断行业，其职工保障水平较高，竞争性行业和劳动行业社会保障水平低。

（3）社会保障基金，尤其是“养老保险基金”不可持续性。辽宁试点显示是具有可持续性。但目前面临的问题是：辽宁试点能否推行？2004年中央要求在吉林和黑龙江推广辽宁试点方案，对推广试点方案不抱有信心的学者认为，辽宁试点有中央补贴在里面。靠中央财政注入很多省份，如老工业基地、西部大开发的12个省市区及落后省份，其补助数额将巨大到中央财政不能承受的地步，不仅要静态计算，而且要动态计算，不仅算现在，而且算过去。过去社会保障欠账中有几万亿元的漏洞需要堵上，2003年的中央财政收入才2万多亿元，显然即便是社会保障的欠账也无法补上。有人认为，如果现金不足，就用国有资产补足，关键是国有资产如何变现，过去曾设想通过“国有股减持”变现，但“国有股减持”引起波动非常大。社会保障制度要有一个经济的运行机制，本来就有漏洞，制度性缺陷使漏洞更加扩大。辽宁试点基本是在补漏洞，分开社会统筹和个人账户后，亏空的部分由中央财政补足。如果推广开来，中央财政显然不能承受。但是一个可注意的现象是发达地区自1997年以来个人账户积累金额达1000多亿元，“省际统筹”决定了省份不能互相调用，而贫困地区个人账户亏空。中央于是决定建立“全国社保基金理事会”。管理全国社会保障基金。怎样运作？股市、金融市场、资本市场非常关注，“1000亿元资金”走向令人关注。基本制度思路是：社会统筹与个人账户分开，社会统筹亏空，由其资金补足。但是资金来源何处？国有资产如土地、矿山可能成为来源之一，但如何运作，又是一个难题。

（4）多支柱体系的难产。虽然设想多支柱，需要长时间才能建立。目前只有社会统筹和个人账户，个人账户要到几年或十几年才能用起来，目前只靠社会统筹来支撑。资本市场关注的另一热点是企业年金，过去叫“补充养老保险”。2002年原劳动和社会保障部颁布了一个《发展企业年金的决定》进行了改名，上个月，又颁布两个文件《企业年金实行办法》和《企业年金管理办法》，主要目的是建立企业年金这个支柱。这个支柱从1995年开始建，积累资金达600亿元。美国的企业年金是其社会保障制度的主要支柱，我们也希望企业年金成为主要支柱。

（5）关于中国社会保障制度的改革建设问题。1993年建立社会保障基本制度以来，每过两三年就会出现反复。1993年颁布基本制度，1995年原劳动部制定一个决定，1997年国务院汇总。1997～2000年，进行完善试点。在改革重点和难点上，调来调去，不知道重点应放在何处。是否建个人账户存在争议，后来建立基本养老和基本医疗账户。既然要建，就是大小的问题，接着是空和实的问题，即个人账户是空的还是实的问题，在变实的问题解决以后，下一步是如何变实，这些问题的着手是围绕养老问题来解决的，过去围绕国有企业的职工，现在的养老围绕城镇企业的职工。还有很多城镇劳动者，目前城镇就业人员达2.5亿人，其中参加基本养老保险的只有1.5亿人，包括离退休人员4000万人，剩余的未包括在基本养老保险之内，今后怎么办？

国有企业职工除了固定工外，灵活就业人员交费非常困难。理论界有人认为：既然说困难太大了，有些项目就别建了。因为不是所有发展中国家都把所有社会保障项目建全。如失业保险，不可能做到人人交纳失业保险金，并解决其失业问题，特别是农村流入城市的劳动力。

有的学者认为不仅失业保险，而且养老、医疗都不能建立起来。养老金漏洞大的原因是，交钱人少，花钱人多。现在已有4000万人花这个钱，但交纳方面存在很大问题，其中很多人应该交而不交，譬如城市有1亿多人没交。另一现象是应交而未足，如应该按工资总额的20%交，却按基本工资的20%来交，有人测算工资总额与基本工资比例为2∶1。还有的是虚报人数，如有的企业雇佣100人，却按30人的标准交。因此有的学者建议只需要建立社会救助，其余的交由市场解决。显然，对政府责任，对下步改革的方向都存在着争议。尽管如此，我国还要坚持尽可能全面的社会保障制度。

还有一个问题关系到医疗保健体系。过去的模式曾被推崇为发展中国家解决医疗保障的一个典型模式，但现在我国医疗保障体系却是问题最大的项目之一。医疗费在2002年为5300多亿元，占当年GDP的5%。发达国家一般达7%～8%，医疗费的总额已经很大。但不仅老百姓看病看不起，而且出现了公共卫生事件，如艾滋病和SARS，上报的艾滋病达80万例之多，艾滋病不仅难治，而且影响大，有人测算，中国艾滋病发病将占全球比例非常高。我国医疗各环节问题很大，如过度的检测，医疗风险由患者承担，虚高的药价，医生不负责任。住院数量、门诊量都比过去下降，出的钱多了，而得到的医疗服务少了，说明医疗体系效率极为低下。有的人有病无钱去看，有人因生病而成为贫穷人口。有调查表明：农民的贫困人口50%以上因病致贫。还有一个问题是保障项目的衔接问题。

怎么解决社会保障的缺口？在过渡期，社会保障“体制性缺口”很大，即旧体制没有资金性积累，我们不能把“体制性缺口”推移下去。我们还面临“发展性缺口”，很大一部分人尚未进入社会保障体系。有的学者认为通过扩大覆盖面解决体制性缺口，通过农村流入城市的劳动力交纳养老保险费，因此弥补当期的城市缺口，却出现了农村缺口，政府的精力于是又放在农村的养老问题。“大循环”观点是否可行，尚可争议。

如何通过国有资产变现解决历史欠账？即使解决了历史欠账，下一步如何解决投资问题。个人账户的资金如何投资，辽宁在两年期积累100多亿元，如果全国按8%交纳个人账户，一年达2000亿元，积累40年的话将是非常大的数额，如果遇上经济危机会缩水很多。资金积累制的风险是遇到大的通货膨胀和经济危机，对资金的保值增值压力非常大。

我国目前社会保障制度目标是低水平的保障，但是现实中往往有破坏它的政策，如基本保障水平越来越高，不仅破坏了“低水平”的原则和目标，而且造成了政策的不可持续性。因此任意决策、任意改变资金支付的办法的临时性政策应该改变。政府无权改变资金用途，特别在市场经济产权明晰的条件下，资金的投资权利应该转移到有能力承担责任的投资主体上来。这个问题应及时解决。

在社会救助方面，政府应加大力度，提供市场不能提供的公共品，而很多基本保障是公共品，像公共卫生、最低生活保障等，政府应统筹安排，财政不能变成“吃饭财政”、“投资财政”。如英国财政预算1/3用于社会保障。我国财政用于社会保障有二：一是社会救助，二是政府公务员、国有事业单位职工的养老医疗等，应该尽快改革。

（6）目前完善中国社会保障制度的重点。

第一，辽宁试点的推广，推广到吉林省、黑龙江省，进而推广到各省，如果中央财政能够支持，试点会很快铺开。

第二，社会保障基金一体化建设问题。劳动力跨地区跨行业流动，其个人账户跟随转移。“省际统筹”或“市际统筹”割裂了其流动性。如何实施？

第三，医疗保险个人账户的取消或保留问题。个人交2%，单位交6%，计

占其工资总额的 8%。个人交纳的进入个人账户，单位交纳的 6% 的 30%，即 1.8% 进入个人账户，个人账户占 3.8%，社会统筹占 4.2%。与养老保险不同，医疗保险个人账户管理非常麻烦，今天存明天可能取的方式造成管理成本非常高，有的学者认为应该取消。

整理人：钟宏武

（文章来源自《学术讲座荟萃》第 17 辑，2004 年 4 月）

宏观经济形势分析的理论框架

余永定

余永定

男，1948 年生，广东台山人，牛津大学经济学博士。中国社会科学院学部委员，中国社会科学院世界经济与政治研究所原所长（1998 ~ 2009）、研究员、博士生导师，中国世界经济学会会长（2003 年至今），中国人民银行货币政策委员会原委员（2004 年 7 月 ~ 2006 年 7 月），摩洛哥哈桑二世科学技术院外籍院士。

主要研究领域：宏观经济、国际金融、世界经济。1981 年以来发表学术论文数百篇，专著（含主编、合著）10 余部。享受国务院政府特殊津贴专家、孙冶方经济科学奖获得者。

今天我将同大家讨论中国目前的宏观经济问题，但讨论的重点不是宏观经济形势本身，而是分析宏观经济问题的理论框架。经济问题，特别是宏观经济问题是人人都有看法，都可以说上几句的问题。经济学家可以发表意见，大街上卖白菜的老太太也可以发表意见。经济学家在经济学界，鱼龙混杂、鱼目混珠是最容易、也是最常见的。受过训练的经济学家和一般人对某一经济问题可能持有相同观点，经济学家同一般人的区别不一定在于看法不同。一个受过严格训练的经济学家同一般人的区别在于，经济学家是根据一定的理论框架提出问题、分析问题和找出解决问题的办法的。任何人在试图发现和提出问题的时候，早已形成了某种“先验”结构。这种“先验”结构是前人或你自己此前从实践中提炼出来的。对于经济学家来说，这种“先验”结构就是他所应用的经济理论。爱因斯坦说：“理论物理学的完整体系是由概念、被认为对这些概念是有效的基本定律，以及用逻辑推理得到的结论这三者所构成。这些结论必须同我们的各个单独经验相符合。”经济理论的结构也基本如此。我们在提出一个问题和分析这个问题时，我们实际上已经有了一个处理这个问题的“框架”。我们应该尽可能从这个框架出发讨论现实问题。今天我主要同大家讨论如何在标准宏观经济学理论的框架指导下思考当前的宏观经济问题。同时，我知道大家对写论文也是比较关心的。研究生院一些同学写论文有一个缺陷：把写论文当作编教科书。题目很大，如论我国金融改革之发展，或论什么什么，都是这种性质的。写论文应该有一个明确的主题，一个或少数几个打算论证的观点、论题（propositions），而后对这些论题加以论证，而不是编一本百科全书、编一本教科书。所以在下面的讨论过程中，我也尽可能给大家以提示，譬如，哪些问题值得深入探讨，哪些问题可以作出一篇论文。

一、分析宏观经济形势的基本框架

首先我们可以看看当前中国的经济形势，目的是讨论所谓的中国潜在经济增长速度。现在我们在谈中国经济是否过热的时候，经济学家都在拿中国的经济增长速度和潜在的经济增长速度做比较，如果实际经济增长速度低于潜在经济增长速度，那么就可以认为我国经济增长速度还不是过快、过高，不是经济过热。一般而言，经济学家都是以此为出发点来考虑经济增长速度是否适度问题的。这里首先需要明确什么是潜在经济增长速度？一般来讲，我们可以把它理解为在不导致通货膨胀的情况下，所能达到的最快的经济增长速度。在讨论经济增长时，我们又必须涉及一对概念：供给和需求。此时，你大脑中必须有两条线：一条是总供给曲线；另一条是总需求曲线。对于没有经济学训练的人来说，他脑子里是不会出现这两条线的。对于他来说，供给同供给量、需求同需求量是没有区别的。在总供给曲线和总需求曲线背后有一系列的经济理论，譬如我问你：是直线也好、是曲线也好，总需求曲线为什么是向下倾斜的？你可能会说，价格越高，人们的需求（量）越少。那么，我告诉你，你的回答是错误的。因为你把微观经济学的需求曲线和这里的总需求曲线混同了。实际上，这条向下倾斜的总需求曲线内涵十分丰富，包含了许多宏观经济学的概念和理论，是从一系列假设和理论中推导出来的。如果大家看过我编的《西方经济学》，你可以看到我用了很大篇幅来讲解为什么会有这么一条线。同样的说法也适用于总供给曲线。总供给曲线的推导更为复杂。它反映了复杂的经济机制。你必须把这些机制弄清楚了，才能推导出一条向上倾斜的供给曲线。西方经济学标准教科书中的那种推导，我认为是非常不完全的。许多假设仅仅在工具主义的意义上是可以接受的。例如，在标准教科书中对总供给曲线的推导，都隐含地假设总体是个体之和。总体和个体之间没有性质的不同，只有数量的不同。这种假设在很多情况下是不成立的。如果代之以其他假设，这条曲线的形状可能变得相当复杂。如果大家有兴趣，可以看看我在《经济研究》上发表的论文《通过加总求出的总供给曲线》。我的一位学生进一步发展了这条曲线，他的推导更复杂、更符合实际，总供给曲线形状存在各种可能的形状。为什么我要讲这个问题呢？因为总供给曲线的形状直接影响需求管理政策的有效性。有这样的总供给和总需求曲线，我们就有了一个分析框架。但是，这还不够，因为我们研究的是一个动态经济问题。所以，你在脑子中还得想着总供给曲线和总需求曲线同时在移动。方向可能相同也可能相反。在同向移动时，它们的移动速度可能一样，也可能不一样。提出这个问题有什么实际意义呢？我给大家讲一个例子，几个月前，一位外国经济学家问我：你们中国每年的经济增长速度都是8%，怎么会有通货收缩呢？这有什么难以理解的呢？我说，中国的总供给曲线和总需求曲线都在向右移动，但是总供给曲线移动的速度比总需求曲线移动快，物价就下来了。比较高的经济增长速度和物价下降有什么矛盾呢，一点矛盾都没有！他一听，连说明白了。他是一个比较有名的经济学家，怎么会提出这个问题呢？实际上，他忘记了总供给曲线和总需求曲线可以同

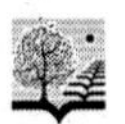

时移动，所以就提出了一个愚蠢的问题。我们在讨论中国经济问题时，必须注意所讨论的是静态的当期问题还是动态的两期或两期以上的问题。此时，这两条线就动起来了。这样来讨论宏观经济问题，我们的分析就是在一个理论框架下进行的，卖白菜的老太太是没有这个本事的。你们的学习就是要建立起非常清楚的概念，牢固地掌握基本定理。遇到实际问题时，就把问题放到这个框架里进行分析。这是我要说的第一个问题。

现在回到潜在经济增长速度上。大家一般都理解这是在零通货膨胀下所能实现的最大的经济增长速度。这里可以稍微补充一下，不一定是零经济增长速度。如果总供给、需求曲线增加，且总需求曲线增加得比总供给曲线快，此时，曲线交点不但向右移动，而且向上移动。而这就意味着物价上涨。我们所关心的并不是这一次性的物价上涨，因为通货膨胀是持续、普遍的经济增长，所以从数学概念上来讲，物价水平对时间的导数应该是正的，这时是通货膨胀，有个通货膨胀率。如果仅仅是一次性的物价上涨，那不叫通货膨胀。譬如，今年与去年相比，如果物价上涨完了，不再上涨，那就不是通货膨胀；还有一个概念是即使物价水平在不断上涨，但这种上涨的速度是给定，譬如5%，物价速度以每年5%增长，那么这也不是很可怕的事情，可怕的是通货膨胀率不断增长，或加速的通货膨胀。所以从数学上来看，此时物价对时间的二阶导数是正的。我想强调的是物价的一次性上涨没有什么关系，10%甚至100%都没有关系，因为涨完就不再涨了，这叫（一次性）物价上涨。通货膨胀则意味着物价的持续上涨，如果上涨幅度不大，譬如5%以下、3%以下，那么这不是可怕的，3%左右是我们所希望的，没有通货膨胀反倒不好。我们希望有一点通货膨胀，譬如欧洲中央银行，他们有个通货膨胀目标，希望的通货膨胀幅度为2%。这是第二个概念——通货膨胀。如果这个通货膨胀率是个常数，且不太高，这没有关系。第三个概念是加速度的通货膨胀。通货膨胀的加速度到底是多少？如果通货膨胀的加速度是正的，那就比较危险了。今年2%、明年3%、后年4%，或者今年10%、明年100%、后年1000%，那么没几年这个国家就会陷入到严重的恶性通货膨胀之中。这是我们所要担心的。所以，我们这里的潜在经济增长率是通货膨胀率保持在一个较低的稳定水平（或数值）时，所能达到的经济增长速度，我们可以把它理解为潜在的经济增长速度。我想应把这个概念给大家说清楚：对应于一个比较低的通货膨胀率的我们所能达到的最高的经济增长速度叫做潜在的经济增长速度。我这个定义和一些同志的定义稍微有所不同，就是我容忍了一定程度的通货膨胀率，并没有定义为零通货膨胀率下的经济增长速度。那么从这个定义出发，中国的潜在经济增长速度到底是多少呢？还是看不出来。当然了，从图上看，经济增长速度在9%～10%时，中国的通货膨胀率并不是太高的，这可能是潜在的经济增长速度。

我们还需要去计算，标准的计算方法早已有之。虽然不同的人计算出来的结果不太一样。但是在中国经济学界，把9%作为中国潜在经济增长速度应该是没有太大争议的。

二、增长和通胀关系的几个重要问题

前面所讲的就算是我的开场白吧！我们国家现在面临一个什么样的问题呢？决策者所考虑的是经济增长、就业和通货膨胀之间的关系。我们往往把经济增长和就业更为紧密地联系起来，认为这两个是一回事（其实并不尽然）。这样来讲，决策者面临的就是在经济增长和通货膨胀之间做出一个最佳选择。可以说，从2003年3月份，SARS发生之前，中央领导就对经济增长和通货膨胀之间的关系表示了担心。在这之前，我国并没有这种担心，一心一意希望经济增长速度上去，因为当时是通货收缩，通货膨胀率是负的，所以大家不太考虑通货膨胀的问题。实际上2002年第四季度我国经济增长就开始出现了过快增长势头。与此同时物价出现了上升的苗头，但当时大家都拿不准这种恢复是暂时的还是趋势性的。政府领导向经济学家提出了我们的宏观经济政策是否该做些调整的问题。当我们开始考虑经济增长和通货膨胀之间的关系时，我们脑子里应该马上出现这么几个概念：第一个是菲利浦斯曲线，它是关于就业和通货膨胀之间的关系的理论，这种理论在20世纪五六十年代得到了充分的利用。西方国家政府在制定宏观经济政策时，主要的理论依据就是菲利浦斯曲线，它要在通货膨胀和就业之间做一个权衡。但是后来情况发生了变化，在20世纪70年代后期、80年代，弗里德曼提出了菲利浦斯曲线所反映的通货膨胀和就业之间的替代关系只是在短期内存在，长期内并不存在。我引用林肯的一句话“you can not foul all people all the time”。你能骗人于一时，但你不能永远骗人。他的基本思想是工人们对物价的感觉是比较滞后的，他只感觉到工资上涨了，并没有感觉到物价的上涨，所以他会努力干活。实际上，经过一段时间后，他发现物价也上涨了，他就不好好干活，他就要求企业家涨工资，等等。那么，通过降低实际工资而推动经济增长的这种刺激就没有了。这就是弗里德曼的思想，菲利浦斯曲线在短期内有效，但在中长期并没有效果。后来又有了“合理预期”学说，根据这种理论，人们都是非常聪明的，根本就不必等着受骗。当政府实施刺激性政策导致时，他们通过计量经济模拟分析，早算出实际工资是多少，他不会受骗上当、平白无故多干活。所以该理论认为菲利浦斯曲线在短期内也不存在。这是一种理论上的结果，但是在实际经济中，特别是在20世纪90年代，人们又发现就业、经济增长和通货膨胀之间确实还是有一定替代关系。当然，至于替代程度复杂到什么程度，那是另

外一回事。但是，这种关系是存在的。所以，西方国家政府还是要在就业和通货膨胀之间做出抉择。如果大家稍微注意一下实际的经济情况，你看看美国、看看欧洲，一旦出现通货膨胀，这些国家都会采取紧缩性的货币政策，让经济增长速度降下来。为什么呢？害怕通货膨胀。相反，当经济增长过低时，它们就要采取一种扩张性的政策。最近，格林斯潘说美国已经彻底摆脱了通货收缩的阴影。那么，对他来讲，有可能会升息了。因为你摆脱了通货收缩的阴影，物价就有可能上涨了。他就会调整以前旨在刺激经济增长、增加就业的非常扩张性的货币政策。欧洲也是这样。日本呢，由于通货收缩非常厉害，根本就没有必要考虑通货膨胀的问题，所以日本继续采取扩张性的财政、货币政策，特别是货币政策来刺激经济增长。所以，我想强调的是虽然菲利浦斯曲线有些缺陷，但是直到现在，我们还应该说在经济增长和通货膨胀之间、就业和通货膨胀之间依然存在一个tradeoff，政府在这里必须做出选择，必须在两难之间做出选择。①

另外一个非常重要的是就业和增长之间的关系。刚才我把就业和增长混为一谈了，因为在某种条件下，你可以把它们混为一谈：经济增长速度高，就业就多。但是两者之间并不是一种线性正向关系，它不是那么简单的。一般情况下，我们认为经济增长速度比较高时，就业机会也比较多，就业就增加了。但是由于技术变化的复杂性，美国就出现了一种情况，从 2003 年到现在，美国经济增长速度是比较快的，但是新创造的就业并不是很多，所以是 jobless growth。当然了，最近又发生了一些变化，就是说经济增长带来的工作岗位增加的现象已经开始出现。也就是说，不管具体的关系有多么复杂，不管滞后时间到底有多长，还是可以认为，有经济增长就有就业增加。反过来，如果没有经济增长，就业就很难增加。就政府来讲，你至少有两个目标：一是经济增长的目标，另一是维持物价稳定的目标。你必须在两者之间做出选择。不能说由于出现了通货膨胀苗头就刹车，不管经济增长，反之，也是这样的。我给大家再说一个更为具体、更为专业的分析框架。我们的决策者要在经济增长和通货膨胀之间做出选择，分析框架很简单，但是非常有用。为了回答中国能否在保持较高经济增长速度的同时避免通货膨胀恶化的问题，我们可以在古典主义的理论框架下考察通货膨胀与总供给和总需求关系的动态路径（Sargent，1979）：

$$\frac{dp}{dt}=\alpha\ (Y^d-Y^5) \tag{1}$$

式中 p，t，Y^d，Y^5 分别代表物价、时间、总需求和总供给，α 为一正常数。从式（1）可推出：

---

① 由于资产价格的上涨，可以吸收大量的货币供应，货币供应对物价的影响变得十分曲折复杂。

$$\frac{d^2p}{dt^2}=\alpha\frac{d\ (Y^d-Y^5)}{dt} \tag{2}$$

式（2）的含义是，通货膨胀率的增长率等于供不应求缺口的增长率。当过度需求缺口的增长速度为零时，通货膨胀率的增长率为零（但通货膨胀率一般不为零）。这个公式的含义是非常清楚的，当总需求 Y^d 大于总供给 Y^5 时，物价就要上涨，这是最基本的出发点。由于 Y^d 与 Y^5 两者包含共同的解释变量、且互为解释变量，如果给出式（1）和式（2）的具体函数形式，Y^d 与 Y^5 的动态路径将十分复杂。事实上，我们很可能要对一个微分方程组求解。为了简化分析，这里我们仅仅分别对总需求和总供给的动态路径做独立分析，并将 Y^5 当作潜在产出（potential output）或总供给能力（aggregate supply capacity）来处理。

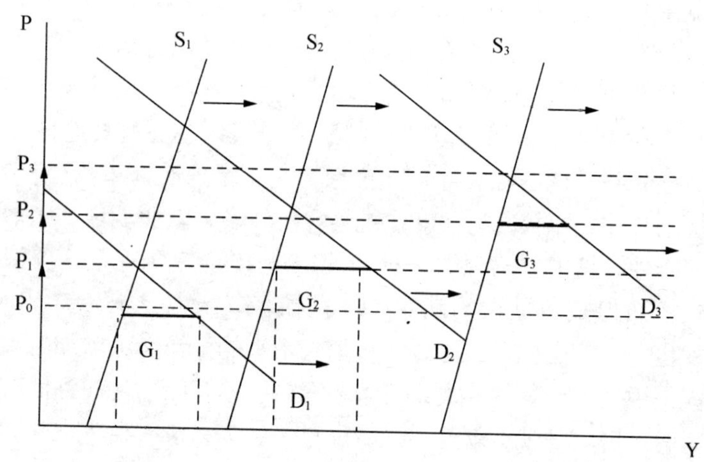

图 1　总供给和总需求的增长速度和物价上涨

从图 1 可以看出，由于总供给曲线的移动速度和总需求曲线的移动速度相同（图中，总供给和总需求曲线每次移动的速度可以是不相同的），供不应求缺口未发生变化（$G_1=G_2=G_3$），物价的上升速度①保持不变（由 P_0 匀速上升到 P_3），因而通货膨胀率不变。物价水平的一次性上升不足虑，物价水平的持续上升也不足虑，令人担忧的仅仅是物价水平的加速上升。而通货膨胀率的加速则是总需求的增长速度持续高于总供给的增长速度造成的。我们关心的是物价的上涨速度是否上涨，即通货膨胀率的加速度是否为零。如果我们能确定今年的通货膨胀率是 3%，明年是 3%，后年仍然是 3%，那我们将非常高兴，根本没必要去担

① 物价上升速度与通货膨胀率还不是同一个概念，前者是 ΔP，后者是 ΔP/P。

心通货膨胀，我们所需要的就是一个比较低的稳定的通货膨胀率，因为有一定的通货膨胀对一个发展中国家来讲是有好处的，或者说为了消除这个低的通货膨胀率所付出的代价是太高了，是不值得的。这样一种观点在发达国家也成立，譬如欧元区的货币政策目标就是2%以下的通货膨胀率。对于发展中国家来讲，只要通货膨胀率是一位数就可以了。对于中国这个比较害怕通货膨胀的国家来讲，3% ~5%就可以了，0或负的通货膨胀是不好的。我们已经经过了6年的通货收缩了。利用这个公式，我们就可以讨论当前宏观经济形势了。

我国宏观经济是过冷还是过热？著名经济学家厉以宁教授说中国经济怕冷不怕热，这是他的基本命题。吴敬琏教授说中国经济已经过热。这些都是些形象化的语言。在课堂上，我们需要用一种更加学究气的方式来看待这个问题。对于宏观经济形势的正确提法，我认为是这样的，在上期，2003年总需求增长速度突然显著提高。物价出现正增长后，本期政府宏观经济政策目标是否应转为抑制和防止通货膨胀，这是我对问题的提法。实际上，我正在使用一个两期的动态模型来分析宏观经济问题，因为上期和本期。在两个星期前的改革和发展研讨会上，世界银行的经济学家第一句话就是“In order to analyze Chinese market economics situation, you need to use a two - periods model”，这和我的想法不谋而合。实际上，受过经济学训练的经济学家是会不谋而合的。

在给出上述分析框架之后，我们的问题是在上期2003年总需求增长速度突然显著提高物价水平明显上升之后，在本期2004年政府宏观经济政策的主要目标是否应该转向防止通货膨胀？第一眼看去答案似乎应该是肯定的，宏观经济政策的主要目标应该是通过抑制总需求的增长以便防止通货膨胀率的进一步上升，但实际情况比表面看上去的要复杂许多。在暂时不考虑政府宏观经济政策作用的前提下有三种最基本的可能性需要进一步分析：①本期总需求的增长速度不变，总供给的增长速度等于总需求的增长速度。在这种情况下，通货膨胀率将不变，经济增长速度将维持在与上期相同的较高水平上。②本期总需求的增长速度不变，总供给的增长速度低于总需求的增长速度，在这种情况下通货膨胀率将上升，经济增长速度将下降（由总供给的增长速度决定）。③本期总需求的增长速度下降，总供给的增长速度高于总需求的增长速度，在这种情况下，通货膨胀率下降，经济增长速度下降（由总需求的增长速度决定）。

容易看出，对应于上述三种情况，我们可分别得到：稳定增长、通货膨胀率上升但经济增长速度下降（其极端情况是滞胀）、通货膨胀率和经济增长速度同时下降（其极端情况是通缩）。经济可能出现通货膨胀率和经济增长速度的各种组合。总而言之，我们不能简单地得出结论。这里最关键的因素是上期投资所决定的本期总供给的增长速度。如果2003年中国经济增长最重要的来源是消费需求的增加，今年情况将如何？我会毫不犹豫地说，今年通货膨胀将更加严重。但是，如果说上期经济增长主要是投资增加，本期会有什么情况，那就很难说了。1997～2003年，我国供给充足，宏观经济所面临的是需求约束。这是典型的凯恩斯主义问题。只要有需求，我们就有经济增长，在这种情况下，分析经济增长时，把国民收入分为几大块，然后求每块的增长速度是多少，然后该增长速度乘以该块在国民收入中的比重，就得出当年的经济增长速度。但是，应该记住这仅适用于存在需求约束的情况。一旦经济情况发生了变化，你就不能简单地用这个公式计算增长速度。大家应该能算出去年经济增长速度中，各块对经济增长的贡献度。譬如，投资对经济增长的贡献是多少？大概是47%～50%吧。我所要强调的是，现在我国经济已经进入供给约束的状态，不是需求约束了。此时，我们在分析中国经济问题时，就要使用多期，但至少是两期的动态分析。短期静态分析和动态分析区别是什么？关键在于要知道投资和消费在经济增长中作用的区别。大家在谈刺激总需求时，总是说投资需求、消费需求，此时，投资在我们眼中只是从需求方推动经济增长的一个要素。在这种情况下，投资需求和消费需求有区别没有？当经济处于需求约束时，我们做短期静态分析，只要有需求，就有供给、就有增长的时候，投资和消费对经济增长的作用有没有区别？没有区别！因为我们所谈的是短期的有效需求，无论是投资需求还是消费需求，总之是把钱花掉了，就能刺激有效需求。但是在动态情况下，你要仔细区分投资和消费。消费的东西意味着东西消耗了，投资的东西意味着它的价值被保留下来，而且形成一种创造价值的能力。它对来年的供给有着重要作用，而消费是没有这种作用的。当然，消费需求对人的素质提高是有影响的、有帮助的，譬如用于加强体质、用于旅行等，它与人力资本有关。在计划经济下，总是把人们的消费需求压缩到最低限度，把投资需求增加到最高限度，这样就造成了一大批先进的重型机器和一些没有文化的工人，这两个结合不好，最后还是影响经济建设。但这些不是这里我们要讨论的问题。我强调的是，投资需求和消费需求是不一样的，消费的增长只代表需求的增长。投资的增长不但代表当期需求的增长，而且代表接续期供给的增长。

总的来讲，除非我们不但知道本期总需求增长速度同上期相比有什么变化，而且对本期总供给增长有明确的判断，否则，我们无法判断经济形势。那么，在什么情况下，我们才能对本期总供给有一个明确的判断呢？我们必须对上期的投资和上期的投资效率有明确的判断。否则，我们无法回答本期政府的宏观经济政策是否应该转向抑制通货膨胀。总供给曲线向右移动的速度，可以简单地归为两个因素：一个是投资率，另一个是资本—产出率，当然更确切的是哈罗德—多马模型，它所讲的是经济增长率＝投资率/资本—产出率。这个模型不考虑需求约

束。供给方决定了经济的增长速度。根据上期的资料来分析本期的总供给增长速度时，我们可以用哈罗德—多马模型这个简单框架。看上期的投资率和资本—产出率是多少，我们就能知道经济增长的速度是多少，就能知道今年的总供给曲线移动的速度是多少。从去年数据来看，投资增长速度很快，从简单的哈罗德—多马模型来看，它有助于提高今年（也可能是明年、后年等）的总供给增长速度。我们还要看资本—产出率。资本—产出率是个效率的概念，是资本效率的概念。去年资源在行业之间的配置是有一些问题的，譬如在汽车产业和房地产产业的大量投资，还有在各地政府推动下的所谓“经济开发热”等，都可能导致资源配置的恶化，资本生产率的下降。这样一种下降会抵消上期投资对本期有效供给增加的积极作用。对中国来讲，一个非常重要的特点是银行贷款，去年的银行贷款确实比以往高了，它为去年的投资热提供了货币条件。

一方面，我们不要因投资增长速度比较高，就简单得出一定要通货膨胀的结论。去年的投资可能会转化为今年的生产力，会加速总供给曲线向右移动的速度。另一方面，我们要看到如果去年的投资效率比较低的话，资本—产出率会上升，那么总供给可能没有什么提高，那么经济运行就可能出现问题了。可以做些非常简单的判断，但这种判断是非常不可靠的，因为缺乏（计量）实证分析，这是需要计算的。在经济理论研究中，第一步是给出理论的解释（把观察到的现象纳入一个已经总结出的一般性命题中），第二步是给出（计量）实证分析的结果。但是从直觉可以判断，①从短期来看，由于投资到产出的滞后期可能比较长，去年的投资到今年可能还没有形成生产力。那么，今年的通货膨胀率（年初是1.2%，现在据说是不到3%）在下半年可能还会有所上升，即2004年通货膨胀率有可能超过3%。②从中期来看，由于在2003年总需求增长的主要推定因素是投资需求的增长，在以后数年内，如2005~2006年，中国生产能力的增长速度可能会有较大提高，因而除非总需求的增长速度进一步提高或出现对供给方不利的外部冲击，中国通货膨胀形势在未来数年内严重恶化的可能性不大。20世纪90年代各国的经验证明投资过热导致的是生产过剩、通货收缩，而不是通货膨胀。③从长期来看，如果部门结构失衡，企业生产效率低下、资源枯竭、环境恶化等问题长期得不到解决，中国经济增长的黄金时期就将归于终结（总供给增长停滞）。与此相关。由于金融体系不健全，M2/GDP比过高，一旦由于某种冲击如不良债权急剧增加，地方政府财政状况突然恶化，石油价格飙升和其他外部冲击等，中央财政状况将严重恶化。此时，政府就将不得不通过铸币税和通货膨胀税解决财政危机，中国就将真正出现严重通货膨胀；如果居民可以自由地把本币兑换为外币，中国就将陷入恶性通货膨胀、货币危机和金融危机。

刚才我是从总供给和总需求的对立关系来讲通货膨胀的可能性的。实际上，仅仅从这个角度来谈通货膨胀是不行的。通货膨胀肯定和供需缺口的形成有关，但不仅仅由这个缺口决定，它有很多独立的机制。在这里，我想特别强调一下，目前原材料价格、钢铁价格、有色金属价格、电解铝价格、煤炭价格等上升比较快，但最终产品譬如汽车、彩电等很多消费品的价格增长速度并不快。这是一个比较重要的现象。它意味着上游的厂家很难把物价转移到下游的厂家，如果这些最终产品（粮食是个特殊问题）价格波动不大的话，那你就没有强烈的愿望和理由去要求老板涨工资。那么，作为生产重要组成部分的工资成本就不会上升，在这种情况下，通货膨胀预期就不会真正形成起来。所以，在目前形成通货膨胀预期的那些因果链条还没有形成、或者说还在形成过程中，这也是我不太担心通货膨胀的理由之一。也就是说，形成通货膨胀不是那么简单的。我们可以在报纸上看到钢铁价格上涨了，煤炭价格上涨了，因而就会造成通货膨胀的文章，这是没有学习过经济学的人的话，通货膨胀的形成需要一系列的环节。缺少这些环节，通货膨胀是不能形成的。所以，当你看到要形成通货膨胀的文章时，就要随着他的逻辑去转转，看缺少什么。教科书写了什么，他所说的和教科书有什么区别，这种区别又应该如何解释，你应该相信谁，这是一种很好的练习。在这里，我要强调的是目前原材料价格的上升，很可能会导致不良债权的产生。因为成本上去了，销售价格并没有太大变化，这意味着利润将下降，或亏损，那么你将向银行贷款，形成大量的坏账。所以我现在担心的不是通货膨胀，而是大量的不良债权又一次产生，而这对中国经济的长期稳定增长影响很大。另外，我在这里也说了，通货膨胀的产生需要物价指数的上涨、工资的上涨、产品成本上涨、通货膨胀预期形成等一系列环节。

三、中国的货币政策和其他一些重要问题

下面说点理论问题。我刚才说的这些东西，虽然非常简单，但是你会发现有许多具体问题是可以进一步研究，甚至可以写一篇论文的。我们需要首先建立一个语言模型；其次再将其转化为数学模型；最后建立计量经济模型。

刚才我讲的是总的形势问题，顺便讲些方法论的问题，接下来我讲讲中国的货币政策问题和其他一些应该关心的问题。中国当前的货币政策存在的问题是什么？货币政策在不同的国家有不同的目标，在有的国家是多重目标，在有的国家是单一目标。比如对欧盟来讲，它基本是单一目标，保持物价稳定，通货膨胀率高于2%。紧缩货币，低于2%，则放松货币。美国是经济增长和通货膨胀兼顾，一般来说，如果觉得通货膨胀要发生了，联邦储备委员会会提高联邦基金利息率，当然这里边有很多复杂的操作过程。对中国来讲，货币政策目标有很多，其

中一个非常重要的目标是保持汇率稳定。如果大家学好了蒙代尔—弗莱明模型，知道开放经济条件下的宏观经济学原理，你就会知道在当前情况下，要同时实现两个目标：一个是人民币汇率不变；另一是通货膨胀率保持在适度水平（譬如3%），那么此时非常容易顾此失彼，使得宏观货币政策难以实行。为什么这样？举例来说，中国由于结构性问题，储蓄大于投资，必然表现为中国经常项目的顺差。与此同时，由于中国保持比较高的经济增长速度，外国投资者看好中国的投资收益，所以我们出现了双顺差，经常项目顺差和资本项目顺差。在理论上，纯粹浮动汇率下，外汇储备应该为零。但是，在固定汇率下，同时又存在结构性顺差的国家，则必然会出现外汇储备不断增加的情况。为什么呢？双顺差意味着美元不断流入中国。在外汇市场上，人民币经常处于供不应求的情况。如果央行不加干预，人民币将升值。如果不想让人民币升值，央行就需要不断地购买美元，使两者处于均衡状态。但这样做的结果必然是外汇储备的不断增加。而外汇储备的增加意味着货币供给的增加。如果不希望让货币政策太松，那么就需要做对冲政策。中国先是通过销售国债，对冲由于购买美元所带来的过多流动性。现在央行国债已经卖光了，已经无国债可卖了，于是又发明了一个央行票据。但是由于商业银行对央行票据的需求是有限的，因而这种方法也无法无限使用。在最近一段时间，商业银行对央行票据的认购积极性已经下降，而商业银行的超额准备金率则处于相当高的水平。在实行货币紧缩之后超额准备金率居高不下甚至上升，这一事实说明央行并未能成功地控制基础货币的发放。可以说，只要坚持固定汇率，央行就难以有效执行适度从紧的货币政策。当然，基础货币数量的变化、银行信贷的变化和广义货币数量的关系是复杂的，基础货币的增加并不一定导致货币供应量的相应增加。但是，由于存在大量超额准备金，商业银行随时都可以相应增加信贷发放，从而导致通货膨胀形势恶化，一旦这种情况发生，除非恢复信贷控制和采取行政干预手段，信贷扩张将是难以控制的，事实上这种情况正在发生。在2002年以前，我国处于通货紧缩，不在乎能不能冲销。但是一旦国家进入通货膨胀阶段，将反对通货膨胀作为目标，那么维持人民币汇率稳定就要和这个目标相矛盾。这将使中央银行左右为难。人民银行既想提息，又不敢提，因为一提，外资进来得更猛烈。如果放弃了盯住人民币的目标，中央银行就可以专注于对付通货膨胀。

由于中国经济目前所面临的主要问题是结构问题，由于维持事实上的固定汇率制度是当前货币政策的主要目标之一，由于中国地方政府对银行体系的影响力和中国企业的非市场化目标和行为，中国货币政策的独立性受到严重限制，有效性受到严重削弱。搞得不好，中国可能不得不回到窗口指导、信贷控制、行政干预的老路上去，以实现防止通货膨胀、改善投资和生产结构的目标。

财政政策我仅做简单讨论。中国目前所面临的主要问题还是失业问题。一方面中国必须保持9%，至少8%以上的经济增长速度，否则中国社会稳定无法维持。另一方面由于中国存在严重的结构性问题，我同意中央银行抽紧银根，实行偏紧的货币政策。那么在这种情况下，我认为中国的财政政策应该是扩张性的，不必太担心中国的财政状况。否则的话，我们会把事情搞得更糟糕。使用比较扩张性的财政政策来抵消偏紧的货币政策对经济的影响，使我们的经济能保持高的增长速度，同时防止结构进一步恶化，这是比较理想的情况。

下面我讲讲中国经济增长的中长期问题，这里有很多问题大家都可以做进一步研究。在分析中国的经济增长前景时，我们集中在供给方面，哈罗德—多马模型，这里经济增长速度等于劳动生产率增加速度加上劳动力增长速度。在分析供给约束性问题时，一般用哈罗德—多马模型，在分析需求约束问题时，一般用第二个公式。美国潜在的经济增长速度是3.5%，这是因为生产率增加速度为2.5%，劳动力增加速度为1%。中国不能用这个公式，因为劳动力供给十分丰裕，增长的制约是资本的供给。我们需要使用哈罗德—多马模型。中国的储蓄率很高，增量资本—产出率很高，假设投资率为40%，资本—产出率为4，那么中国经济增长速度大约为10%。当然这要仔细地计算。总而言之，中国的经济增长前景还是不错的。

2003年以来，中央领导多次同经济学家座谈，开会讨论中国经济形势。目前中国面临的几个大问题是：①失业问题。②农村问题。③收入不平等问题。④不良债权问题。⑤社保体系不健全问题。大家应该关心这些问题。

温家宝总理说当前中国的经济工作是就业优先，中国就业形势是什么样呢？大家知道去年新增劳动力为1400万人，与此同时还有很多下岗待业的工人，有几百万人，农民工进城也有几千万人，每年有很多人找不到工作。那么我们创造工作的能力是多少呢？去年我们创造了高于800万个就业岗位，当时GDP增长9.1%，如果今年GDP增长降下来，那能创造多少岗位呢？中国今年创造岗位的目标是900万个。大家读研究生也是怕找不到工作吧。有经济学家提议扩招学生，但不能一直扩招。你只是把今年的失业问题向后推四年罢了。总而言之，就业形成了很大的压力，而且在未来十几年里，这种压力不会下降。中国要想成为一个工业化国家，则必须把6亿多的农村人口转移出去，每年要创造很多的就业岗位，否则无法实现城市化、工业化。

农村问题是个老问题。中国城市的土地属于国家的，农村的土地属于集体。许多经济学家认为土地不能分给农民，那是最后一层保障体系，至少可以有饭吃。这种观点不无道理。但我同时担心，这样做未必能保护农民的利益。土地不经过农民同意都让村干部卖了，而且连最基本的补偿都没有。从制度经济学来分

析，那就有更多的理论可分析。你们可以好好研究研究。最近温总理说，他最担心的是中国出现无地、无业、无保障的“三无”农民，这是对中国社会稳定的巨大威胁。还有一个问题就是如何使农民的收入增加？这是一个非常严重的问题。城市居民收入是农村居民收入的3倍多。日本则是农民收入是城市居民收入的1.2倍，美国也差不多如此。凡是发达国家，农民的力量大，收入水平高。中国农村人口收入增长太慢，而城市太快。另外，农民身上的负担又比较重、太多了。费太多了，税倒是其次。这和中国社会制度有关，基层组织人员太多，而且腐败，吃农民。另外一个问题是，农村公共品太缺、太次了，惨不忍睹。以前把血吸虫消灭了，当时靠群众深埋钉螺，发动群众，现在血吸虫回来了，怎么办？发动群众，需要资金，谁出？这边是奢侈浪费，那边是饿肚子、生病，这样的社会是不健全、不稳定的。年轻人应该关注这些社会问题，应该有些激情。

不良债权问题是比较严重的问题。目前据说是15%，我怀疑这个数字是不准确的。为了解决不良债权，中国政府采取了一系列措施。比较著名的一个措施是1998年中国政府注资2700亿元，提高资本充足率。后来建立资产管理公司，债转股10000亿元。最近则是注资450亿美元给两个银行。现在大概还有2.4万亿元不良债权在银行账本上。对这个问题该怎么看待呢？它反映了银行分配资金的无效性，也反映了企业使用资金的无效性。西方国家过度夸张了我国不良债权，的确，比较严重，但也不像他们那么夸张。在解决这个问题时，一个是资本充足率问题，一个是不良债权的减少问题。资本充足率是巴塞尔协议所规定的，我国银行的所有制是国家所有，银行的信誉就是国家的信誉，银行的人是否负责并不在于充足率够不够。我个人认为资本充足率对我国银行作用不大，真正需要进行的是体制的改革、经营管理的改革等。对于中国来讲，我们现在有能力对付不良债权。除了核销（核销后由资产管理公司低价出卖）和国家注资以外，没有什么好办法。害怕的是现在把资本充足率补上了，过两年又不够了。譬如这一轮投资肯定会产生大量不良债权。所以，肯定需要改革，这里提醒大家不要在所有制改革和经营管理改革上犯教条主义错误。这里不要认为私有化就可以万事大吉。英国撒切尔夫人批评俄罗斯私有化，说俄国人太急、太快；还说英国20世纪80年代的私有化只是巩固政府所指派的管理者改善国有企业经营管理所取得成果的一种方式，否则坏毛病还会死灰复燃。股份制和私有化是有一定的好处，但不是灵丹妙药，要改革好，就需要涉及制度、文化、精神面貌，甚至道德、宗教等。拉美不是私有化了吗？结果呢？非常糟糕。

另一个大问题是收入不平等问题。基尼系数反映了贫富差距。像塞拉利昂为0.6，中国2000年为0.46，现在有人说超过了0.5。这种现象确实需要制止了，邓小平先生说的一部分人先富起来，而后大家共同富裕。所以在一些人富裕之后，需要在政策上做些调整。发达国家存在着贫富不均，但比中国小。现在应该缩小差距，减小差距。

还有一个问题是社会保障制度问题。你们现在还不担心这个问题，但你们以后可能会担心这个问题。以前中国的社保体系是现收现付，当时我在工厂工作时，一个月40多元的工资，相当多一部分钱用于支付那些退休工人了。当我退休时，那些在工厂干活的人也应该给我支付。这个制度原来是有效的，但是如果一个国家出现人口老化的现象，这样一种现收现付的制度是无法执行的。另外中国又处在一个变革的时期，许多企业都解散了，过去靠单位，现在单位没有了，怎么办？目前中国社保制度是一种混合体。个人和单位都给社保账户交钱，而后投资，等退休后，取钱享用。但是，目前资金不足，我的钱已经被挪用了，我退休时该怎么办呢？

如果我们的财政状况比较好，譬如不良债权、社保基金等均可以通过财政解决。但是外国人不看好我国财政，因为我国政府的累积债务与GDP的比值较高。会不会出现经济危机，最重要的是看这个比值。中国是20%，日本是160%。西方人认为我们计算不对，因为各种隐性债务特别多。譬如解决地方财政问题、不良债权等。但是这个比值随时间而发生变化，随时间推移会下降，为什么这么说呢？如果我们有较高的经济增长速度，同时对财政赤字加以控制，那么都可以慢慢解决。我们也不必过于悲观，该使用扩张性财政政策就使用扩张性财政政策。现在港口、电力、煤炭生产出现缺口，可能就是前些年担心财政赤字而不敢建设所造成的，现在都成了“瓶颈约束”。

这20年经济增长是最重要的，同时我们也不能盲目乐观而不注意克服其他问题。总而言之，只要你的政策正确，中国经济是能够健康发展的，希望大家在这个过程中为国家经济增长做出贡献。

整理人：盛逖

（文章来源自《学术讲座荟萃》第17辑，2004年4月22日）

中国市场经济地位问题

李晓西

李晓西

男，1949年生，重庆江津人，教授。北京师范大学学术委员会副主任，经济与资源管理研究院院长，中国社会科学院研究生院教授、博士生导师，教育部社会科学委员会经济学部召集人，国家社会科学基金评审专家，国务院批准享受政府特殊津贴专家和北京市优秀教师。曾任国务院研究室宏观经济研究司司长。

主要研究领域：一是宏观经济，包括财政、金融、价格与通货膨胀；二是对外开放，包括引进外资的理论与实践；三是经济体制改革诸方面；四是区域经济。

主要著作：《现代通货膨胀理论比较研究》；《经济“怪圈”之谜——对经济改革的哲学分析》；《宏观经济学：转轨的中国经济》获北京市优秀图书一等奖和第13届中国图书奖；2003年主持完成的商务部委托课题《2003中国市场经济发展报告》获北京市第八届哲学社会科学优秀成果一等奖和“第十一届孙冶方经济科学奖”著作奖；英文版《2005年市场经济报告》“Assessing the Extent of China's Marketization”由英国阿什盖特出版公司（Ashgate Publishing Ltd）在2006年年底出版发行；教育部人文社会科学重大课题《货币和财政政策效果评析》获国家新闻出版总署“三个一工程”的原创著作奖。

一、1978～2004年：中国市场经济快速成长

1978年，中国开始对计划经济体制进行改革。1979年，农村推广家庭联产承包责任制，农户被给予充分的生产经营自主权。1984年，中国做出了经济体制改革的决定。1992年10月，中国明确提出建立社会主义市场经济体制的改革目标。2002年党的十六大向世界宣布，社会主义市场经济体制已初步建立。中国将坚持改革开放，不断完善社会主义市场经济体制。

经过26年的努力，中国经济的市场化进程已经取得了举世瞩目的成就。

首先是政府职能从服务于计划经济转向服务于市场经济，市场在资源配置中发挥了基础性作用。生产什么、生产多少已由生产者根据市场需求自行决策，市场主体在经营活动中获得自主权。政府逐步从直接的大量的企业管理中退了出来，成为宏观管理和社会管理者。

其次是多种所有制经济共同发展的格局基本形成。国有企业市场化程度大大提高，规范化改制力度不断加大。“产权明晰、权责明确、政企分开、管理科学”是国有企业改革的重要原则，人事、劳动、分配三项制度改革，促进了劳动力要素的自主流动和工资率的自主形成。垄断行业改革与重组已取得阶段性成果。国有企业市场化程度大大提高，基本按照市场规则运行，转制成为市场主体。非国有经济已成为支撑国民经济的重要力量。中国政府采取措施鼓励外商直接投资，大批外商投资企业发挥了重要作用，进出口总额新增加部分外商投资企业所占比重达63%。欧美有许多世界著名的跨国公司，如摩托罗拉、西门子、阿尔卡特、诺基亚和飞利浦等，都在中国市场获得了巨大成功。中国市场化改革为它们开拓中国市场提供了强有力的制度保证，它们是中国市场经济发展的见证人。

最后是市场体系逐步完善。金融市场从无到有并日趋完善，劳动力市场近年来发展快速，房地产市场稳步发展，技术市场、信息市场逐步形成。商品、生产要素和服务品的价格绝大多数由市场形成，利率市场化初见成效，以市场为基础的、有管理的浮动汇率制度有效地发挥着作用。中介组织的发展明显加快，已初步形成了有多种机构类别、多种组织形式和多种服务方式的中介组织体系。市场的管理与监督也在不断改善与加强。

特别要指出的是，在中国，市场经济的法律体系已基本建立。这些年来，通过四次修改宪法，已明确了“国家实行社会主义市场经济”，确立了各种市场经济主体的平等地位。根据市场经济发展的需要，制定了一系列法律，确立了市场规则，规范了市场主体行为，明确了国家管理经济的职能。

2003 年 10 月，中共十六届三中全会通过了《关于完善社会主义市场经济体制若干问题的决定》（以下简称《决定》）。国内外反应强烈。舆论普遍认为，《决定》是指导中国今后一个时期经济体制改革的纲领性文件，对推进改革开放和现代化建设具有重大而深远的意义。外电评论：中国的改革将进入一个崭新的阶段。

《决定》明确提出建立和健全现代产权制度，认为产权是所有制的核心和主要内容，包括物权、债权、股权和知识产权等各类财产权。建立归属清晰、权责明确、保护严格、流转顺畅的现代产权制度，依法保护各类产权，保障所有市场主体的平等法律地位和发展权利。产权制度的完善，有利于资本流动和重组，推动混合所有制经济的发展；有利于增强企业和公众创业创新的动力，形成良好的信用基础和市场秩序。

《决定》提出大力发展和积极引导非公有制经济，特别强调要清理和修订限制非公有制经济发展的法律法规和政策，消除体制性障碍。同时规定：“放宽市场准入，允许非公有资本进入法律法规未禁入的基础设施、公用事业及其他行业和领域。非公有制企业在投融资、税收、土地使用和对外贸易等方面，与其他企业享受同等待遇。支持非公有制中小企业的发展，鼓励有条件的企业做强做大。非公有制企业要依法经营，照章纳税，保障职工合法权益。改进对非公有制企业的服务和监管。”这些政策的出台必将大大拓宽我国非公有制经济发展的空间。

《决定》明确提出进一步完善社会主义市场经济体制，更大程度地发挥市场在资源配置中的基础性作用，加快转变政府职能、建立现代产权制度和形成社会信用制度等目标，把中国导向一个更有效率的现代市场经济。

二、从美国反倾销相关法规看市场经济标准

当人们说某些国家是市场经济国家，自然会引来一个问题：什么是市场经济？什么是标准的市场经济或者说什么是市场经济标准？否则，怎么会得出某些国家是或不是市场经济国家的结论？

1. 美国商务部对非市场经济国家判断

美国商务部所指的非市场经济国家是指不按市场成本和价格规律进行运作的国家。它对市场经济有六个法定要求［19U. S. C—1677（18）］或者说是具体标准：一是货币的可兑换程度；二是劳资双方进行工资谈判的自由程度；三是设立合资企业或外资企业的自由程度；四是政府对生产方式的所有和控制程度；五是政府对资源分配、企业的产出和价格决策的控制程度，要求该产业的产品数量和价格决策没有政府介入，所有重要的产品投入都是以市场价格支付的；六是商业部认为合适的其他判断因素。此外，美国商务部还特别关心出口国的出口管理：一是在法律上，政府是否对该企业的出口活动进行控制。包括：①与各个企业的经营和出口许可有关的限制规定。②任何对企业减少控制的立法。③政府其他任何减少对企业控制的措施。二是在事实上，政府是否对该企业的出口活动进行控制，商务部通常要考虑以下因素：①出口价格是否由政府确定或须由政府同意。②出口商是否有权协商合同条款并签订合同或其他协议。③出口商在选择管理层时是否不受政府限制而有自治权。④出口商在分配利润和弥补亏损上是否有独立的决定权。

可以看出，美国对市场经济标准的法律规定，是根据反倾销中影响公平贸易因素而归纳的，具有很强的针对性。美国与欧盟以及加拿大提出的市场经济标准有一定的区别，美国直接提出国家的市场经济标准问题，而欧盟和加拿大主要是讲企业和行业的市场经济标准问题。

2. 从美国市场经济标准中可归纳出市场经济五大要素

根据现代经济理论对市场经济的主要概括，从国内外市场经济发展的历史和现实出发，借鉴美国、欧盟、加拿大反倾销对市场经济标准的法律规定，我们认为在判断是不是市场经济国家问题上，有五方面特别重要，也可从中概括出五条带共性的标准。

（1）政府作用问题。欧美等国关心的问题有：政府对自然资源、资本和人力资本资源的占有、分配与控制问题，政府对国民经济运行的控制和管理权限问题，政府对生产（谁来生产、生产什么、生产多少、为谁生产）的控制（涉及企业的产权制度、利润分配与破产机制）问题，政府对国际和国内贸易的控制问题，政府对中介组织的控制（如商会和行会）问题等。归根到底，资源是由政府配置还是市场配置？资源的使用和定价是市场决定还是政府决定？政府是否尊重和保护经济主体在经营方面的自主权利，是否对企业有不公平的对待？这些问题用一句话讲，是政府作用问题，或更准确地讲，是市场经济中的政府作用及政府与企业的关系问题，我们将这一条概括为“政府行为规范化”。

（2）企业权利与行为问题。美国商务部关心企业的产出数量和价格决策有没有政府介入，企业有没有自主的经营和出口权，有没有选择管理层、分配利润和弥补亏损的独立决定权，有没有协商合同条款并签订合同的自主权，尤其关心出口企业的这些权利。欧盟同样关心企业决定出口价格和出口数量的权利，关心企业有没有符合国际财会标准的基础会计账簿，关心企业是否有融资和向国外转移利润的权利，有没有开展商业活动的自由权。加拿大政府有关机构除关心上述方面外，还关心企业所有制形式及国有企业改制情况等。归根到底，他们关心企业在产销活动中，行为是市场化的还是行政化的。概括地讲，这一条要害是讲企业权利和行为，我们概括为“经济主体自由化”。

（3）投入要素的成本与价格问题。美国商务部关心一国政府对资源分配的控制程度，关心产品投入是否以市场价格支付；欧盟关心市场能否决定投入要素的价格，关心企业成本的真实性；加拿大政府有关机构关心国有企业要素价格包括原材料、能源、劳动力成本以及产品数量、价格是如何确定的。总之，欧美等国对企业投入方面的生产要素如原材料价格、劳动力工资等是否是市场价格，都是很关心的。这完全是可以理解的，因为投入品价格关系到产出品成本，直接影响产品价格，这与反倾销是直接相关的。因此，任何进口国对出口国的产品，都会特别关注其成本的真实性和其价格形成的规则。这可归结为“生产要素市场化”。

（4）贸易问题。欧美等国关心贸易活动包括国际贸易和国内贸易中，交易活动是自由的还是被压制的？市场基础设施和市场立法及司法是否健全？市场中介是否具独立性？起什么样的作用？贸易政策中的企业定价是否是自主的？政府是如何管理出口和出口企业的？企业是否有商业活动的自由。总之，关心贸易环境与条件，我们概括为“贸易环境公平化”。

（5）金融参数问题。欧美等国特别关注反倾销的被调查国利率和汇率是否由市场形成？本币是否可兑换或可兑换程度？利率在不同企业、内贸、外贸部门及不同产业中是否有差异？企业金融状况是否不受前非市场经济体制的歪曲？企业是否有向国外转移利润或资本的自由？企业换汇及存汇方式是否有自主权？等等。概括地讲，他们关心利率和汇率这两大金融参数的形成和适用范围中的公平性，进而涉及这些参数形成基础即金融体制的合理性问题，这里将其归纳为“金融参数合理化”。

3. 根据五大要素，测度2001年的中国市场经济程度

20世纪70年代末以来，中国就开始了改革开放。2001年中国市场化程度如何？是否达到市场经济五大因素标准？下面，我们简介中国市场经济发展程度的

测度结果。

根据市场经济五大因素标准，借鉴美国传统基金会研究所经济自由化测度评价，我们在五大因素基础上，确定了11个子因素，在11个子因素下确定了33个变量指标。通过对变量指标设等评分，汇总评估，得出中国市场经济发展程度的重要结论（见表1）。

表1　中国市场经济程度测度指标及评分

	指标名称	1992年	2000年	2001年	2001年得分
1	政府消费占GDP的比重（%）	13.11	13.09	13.58	2
2	企业所得税（含费）平均税率（%）	37.35	29.36	30.92	3
3	政府投资占GDP的比重（%）	2.24	3.54	3.90	3
4	政府转移支付和政府补贴占GDP的比重（%）	5.12	6.70	7.36	3
5	政府人员占城镇从业人员的比重（%）	17.86	14.39	13.90	3
6	非国有经济固定资产投资占全社会固定资产投资的比重(%)	31.95	49.86	52.69	3
7	城镇非国有单位从业人员占城镇从业人员的比重（%）	39.03	65.00	68.09	2
8	非国有经济创造的增加值占GDP的比重（%）	53.57	60.62	63.37	2
9	非国有经济税收占全社会税收的比重（%）	33.00	57.72	64.42	2
10	非国有经济进出口总额占全部进出口总额的比重（%）	27.45	54.59	55.04	3
11	财政对国有企业的亏损补贴占GDP的比重（%）	1.67	0.31	0.31	2
12	经营者由市场选聘的企业比例（%）	7.90(1993)	79.98*	89.22	2
13	拥有决策自主权的企业比例（%）	54.90(1993)	90.46*	93.14	2
14	分地区常住人口与户籍人口数之差占户籍人口的比重（%）	1.39	2.35	2.57	3
15	行业间职工人数变动率（%）	2.14	5.20	4.96	3
16	工资由雇主和雇员自愿谈判的企业比例（%）	70.20(1993)		81.35	2
17	资本形成总额中外资、自筹和其他资金所占比重（%）	57.27	74.69	75.28	1
18	外方注册资金占外商投资企业总注册资金的比重（%）	59.75	69.68	71.11	1
19	城镇土地使用权的拍卖面积占土地使用权出让面积的比例（%）	5.70	13.34	12.00	3
20	社会消费品零售总额中市场定价的比重（%）	94.10	96.80	97.30	1
21	农副产品收购总额中市场定价的比重（%）	87.50	95.30	97.30	1
22	生产资料销售总额中市场定价的比重（%）	81.30	91.60	90.50	2

续表

	指标名称	1992 年	2000 年	2001 年	2001 年得分
23	平均关税税率（%）	43.20	16.40	15.30	4
24	从国际贸易中获得的税额占进出口额的比重（%）	2.33	1.91	1.99	3
25	违反不正当竞争法规的案件立案查处率（%）		87.82	80.90	3
26	知识产权案件中立案查处率（%）		79.57	86.29	2
27	非国有银行资产占全部银行资产的比重（%）		24.59	26.74	4
28	非国有金融机构存款占全部金融机构存款的比重（%）	19.50	26.58	32.22	3
29	三资、乡镇、个体、私营企业短期贷款占金融机构全部短期贷款的比重（%）	7.08	14.85	15.74	4
30	最近五年通货膨胀率的平均值（%）	9.94	1.86	0.34	1
31	各种金融机构一年期贷款利率全距系数（%）		60.00	60.00	3
32	资本项下非管制的项目占项目总数的比例（%）			28.00	4
33	人民币对美元汇率与新加坡本金无交割远期汇率月平均差偏离度（%）		1.68	0.55	2

注：* 指本数据是根据 1997～2001 年均值估测出来的。

在五大因素分值基础上，我们得到中国市场经济程度的总评分：2.51 分，反映了中国市场经济程度既不是最好，也不是最差，处于中等偏好状态，或者说比较自由和市场化程度较高的状态。如果折算为百分比，近似为 69%。是市场化程度较前有进步但与欧美等国比较还有较大差距的一种状态。

4. 中国市场经济测定的可信度分析

我们的测算结果是否可信、可靠？

测度结果的可靠性主要是指市场化测度中客观成分有多大比重，主观成分是否具有充分的依据。具体体现为四个方面，即测度指标选择的代表性和客观性、评分标准的科学性、因素和指标权重确定的合理性、测度结果的可比性。

（1）力求指标体系具有代表性和客观性。我们在选择测度指标时，强调其独立性、可量化等，这都是保证指标的代表性和客观性的重要依据。没有独立性，指标互相兼容，就不能多方面进行测度，就等于指标个数减少。而测度指标的一定规模是必需的，指标太少，不能反映市场经济程度。我们认为，测度指标的规模，至少在 30 条以上。就这一点而言，加拿大弗雷泽研究所用的 23 条指标判断自由化指数显得单薄了。这一点他们也意识到了，现已将指标增加到了 37 个。测度指标的可计量，不仅是一个测算中的技术问题，也关系到客观性。可计量的

指标，就需要有系统的统计资料为基础，这比专家评分或问卷调查的客观性、准确度更高一些，涉及面更全面一些。本报告所选用的指标绝大部分来自国家统计局和有关国家部门的统计分析指标。

为使指标体系具有客观性和代表性，我们特别注意了如何使指标具有国际可比性。我们在对经济市场化进行测度时，吸收了美国传统基金会和加拿大弗雷泽研究所两个研究机构具有较强可测性的经济自由度指标 13 个，占全部测度指标的 40%。这些指标包括："政府消费与 GDP 的比率"、"企业所得税的平均税率"、"政府人员占城镇从业人员的比重"、"财政对国有企业的亏损补贴与 GDP 的比率"、"经营者由市场选聘的比例"、"具有决策自主权的企业比例"、"产品市场定价的比例"等。由于经济市场化和经济自由度的高度相关性，因而使我们的市场化测度指标体系具有了国际的可比性。

（2）力求评分标准具有科学性。得分的科学性，取决于评分标准的科学性。在本报告的评分标准中体现了两个特点：一是大量借鉴国际上通行的标准，有些市场化测度指标是借鉴美国传统基金会的标准，并且统计口径基本相同。这类指标的评分直接采用传统基金会的评分方法。如企业所得税平均税率、平均关税税率、最近五年通货膨胀率的平均值等。这里的科学性，实质上是指国际社会的可承认和可接受性。二是从客观实际出发，在较长时期的指标比较中确定测度年份的分值。我们在进行市场化测度指标评分时，运用 1992 年、2000 年和 2001 年的指标比较来决定分值，使测度年的分值有一个相对客观的基础。同时，评分时，也请专家尤其是统计专家一起来讨论，以克服评分标准的主观随意性，同时还大量运用国际对比的方法，对中国测度指标值进行分析和评估。这些做法，都提高了评分标准的科学性。

（3）力求因素和指标所确定的权重具有合理性。从理论上讲，指标体系同一层次上各构成要素和指标并不具有同样的重要性，因而要按其重要程度对其加以区分，赋予不同的权重。赋权的形式有主观赋权法和客观赋权法两种基本形式。主成分分析法是客观赋权办法，也是最初我们拟采用的办法。但是，本报告最后还是采取了简单的主观赋权形式。因为，一是客观赋权本身出现了问题，加拿大弗雷泽研究所在 2002 年报告中，首次放弃了多年坚持的主成分分析法，转而运用简单平均方法。因为当两个测度指标存在自相关时，主成分分析法同样很难收到好的效果。而美国传统基金会一直采取的是简单赋权法。二是因为在操作中，我们发现所选择的因素和指标的划分是基本对等的，在实际中很难人为地划出其重要性的差别。

（4）在与国内外同类测度结果比较中感受可靠性。20 世纪 90 年代末期，国内市场化进程研究多项结果，其平均值接近 60%。如果考虑中国近些年市场化进程较快，因此，69%的测算结果是具有可信度的。在与国际上相关成果的比较中，我们也看到，不论是美国传统基金会、加拿大弗雷泽研究所、洛桑国际管理学院和世界经济论坛，还是一些专门研究中国经济问题的著名学者，他们的多项成果均反映了中国经济进步的基本趋势，比如加拿大弗雷泽研究所自由化指数测度结果肯定了中国市场化的进程。他们的指数分值是从0到10，越高越自由，而中国经济自由化指数从1980年的3.65上升到2000年的5.28，反映了越来越自由的趋势。

（5）测算结果与美国传统基金会测算中国自由化指数的结果是否矛盾？根据美国传统基金会的评价结果，中国2000年的自由化指数是3.55分，在156个国家和地区中排第127位，属于经济不太自由的国家。而按照我们的测度结果，中国的市场化程度是2.51分，属于已建立起市场经济体制的国家。由于我们的测度主要采取了美国传统基金会的方法，因此，对结果出现的差异有必要进行分析。

对两种测度结果的差异，我们提出五点想法，供国内外朋友参考。

（1）两个测度结果是不同时间的。2.51反映的是中国2001年的市场化指数，3.55反映的是中国2000年的经济自由化情况。由于2001年是中国加入世界贸易组织的第一年，市场化进程很快，因此，我们测算的中国2001年经济市场化程度较高是可以理解的。

（2）两种测度方法都只能是近似性的测度方法，本身不是很精确的，因此，用精确数值比较差异，要结合区间概念进行定性分析。我们看到，在美国传统基金会的评分等级中，3.55是中间偏下的一个等级；而我们按美国传统基金会评分方法得出的中国市场化程度为2.51，属于中间偏上的一个等级。因此，如果不考虑这两种指数的经济含义的差别，它们在分值分布区间的差别是不太大的，都属于中间等级区间。

（3）测度指标选择的不同。美国传统基金会测度指标中主观定性指标比较多，比如腐败、劳动保健、黑市、环境安全等。他们自己也承认，其部分指标的客观性和透明度受到限制。我们的测度指标绝大多数是有系统统计资料支持的量化指标，客观性相对高一点。

（4）分值计算中存在问题。美国传统基金会在评价中国的自由化程度时，对中国新发生的变化有时视而不见。比如，中国的贸易政策、政府干预、管制、产权等四项因素，连续九年的得分一直没变，这显然不符合中国市场化改革的现实。实际上，正是由于这几个方面的改革，中国近年来取得的成就尤其突出。中国市场化方面的进步，理所当然应反映在指标分值上，进而反映到总体测度结果上。这一方面，我们愿意与国际相关机构包括美国传统基金会研究人员加强交

流，增进共识。

三、中国市场经济 2002～2003 年的新进展

1. 政府管理为市场经济服务

2002～2003 年，政府管理体制进一步改革，管理职能向服务市场经济迈出一大步。生产什么、生产多少已由生产者根据市场需求自行决策，市场在资源配置中发挥了基础性作用。

（1）政府规模继续缩小。2002 年国务院组成部门由原来的 40 个压缩为 29 个。2003 年 3 月，新一届政府上任后，又对机构进行了改革，除国务院办公厅外，国务院组成部门由上届政府的 29 个减少到 28 个，国务院议事协调机构和临时机构由 33 个减到 27 个。行政人员大幅度裁减，全国省级政府精简人员编制 7.4 万名；市、县、乡各级党政群机关精简编制 19.4%，共计 89 万人，清理超编人员 43 万人。

（2）政企行政性关系进一步脱钩。2003 年 3 月国有资产监督管理委员会成立。国资委是国有资产的出资人代表，而非行政机构。《企业国有资产监督管理暂行条例》颁布。该条例提出切实保障企业经营自主权、不得干预企业生产经营活动的要求，以法规形式控制了政府对国有企业的干预，明确了中央政府和地方政府只履行出资人职责，确立了国有企业分立、合并、破产、产权交易等方面的基本制度。采取推动企业兼并重组、彻底放开国有中小企业等方式，在更大范围内实施国有资本的流动与重组。国有企业实行股份制改造和公司制改革力度加大，积极引入非公有资本，加快推进产权多元化。2003 年以来，国资委已批准 48 户中央直管企业的产权和资产出让行为，涉及国有资本及权益 225 亿元。2004 年 1 月 8 日，国资委和财政部共同发布《企业国有产权转让管理暂行办法》。《办法》规定了企业国有产权转让的机构、条件和方式，完善了产权交易市场体系。

（3）政府对企业生产活动直接干预基本取消。截至 2001 年，工业品除卷烟、食盐以及木材、黄金和天然气某些环节实行指令性计划外，全部由市场调节生产。农业生产方面的指令性计划已全部取消。在社会商品零售总额、社会农副产品的收购总额和生产资料销售总额中，政府定价的比重分别从 1992 年的 5.6%、10.3%、19.8% 下降到 2001 年的 2.7%、2.7%、9.5%。2002 年和 2003 年，开始实施的五个价格法规对重要的公用事业和公益性服务等的定价行为进行了规范，其中《制止价格垄断行为暂行规定》特别规定，经营者不得以低于成本的价格倾销，政府及其所属部门应当依法保护经营者的定价自主权，不得对市场调节价进行非法干预。

（4）政府对经济活动管理中的行政审批项目大幅减少。各国政府在管理经济和社会事务的各种具体项目上，均有是否许可的批复，作为一种管理手段，通常被称为项目的行政审批。在计划经济条件下，政府行政审批范围过大。作为政府职能转变和依法行政的突破口，近两年中国在取消行政审批项目的改革方面取得阶段性成果。2002 年 10 月，第一批取消 804 项审批项目，涉及国务院 56 个部门和单位。其中涉及经济管理事务的 567 项，占取消项目总数的 70.5%。在取消的项目中，不符合政企分开、政事分开原则的 236 项，占取消项目总数的 29.4%；可以通过市场机制解决或用其他手段替代的 216 项，占 26.9%；不符合世贸组织规则和“入世”后我国政府所做承诺的 39 项，占 4.9%。2003 年第二批又取消审批项目 406 项，另将 82 项做改变管理方式处理，移交行业组织或社会中介机构管理。通过减少审批事项，简化审批环节，企业投资经营环境得到明显改善。

2. 企业市场化程度进一步提高

我国企业从总体上看，已成为具有自主性的市场主体。国有企业规范化改制力度不断加大，已转制成为市场主体；非国有经济已成为支撑国民经济的重要力量；大批外商投资企业发挥了重要作用，欧美许多世界著名的跨国公司，如摩托罗拉、西门子、阿尔卡特、诺基亚和飞利浦等，都在中国市场获得了巨大成功。

（1）非国有企业发展迅速，作用越来越大。2002 年，非国有经济对 GDP 的贡献率达到 66.23%，比 2001 年又提高 2.86 个百分点；预计 2003 年会达到 69%。2002 年底，城镇从业人员中非国有部门所占比重从 2001 年的 68.09% 增加到 71.09%；全社会固定资产投资中非国有部门投资所占比重从 2001 年的 52.69% 增加到 56.60%，预计 2003 年会达到 60%。截至 2002 年底，全国登记的个体工商户为 2377.49 万户，创造产值 7967.61 亿元，比上年增长 8.85%；私营企业为 243.53 万户，创造产值 15338 亿元，比上年增长 24.53%；2002 年全国新设立外商投资企业 34171 家，比上年增长 30.72%；2003 年全国新设立外商投资企业 41081 家，比 2002 年又增长 20.22%。

（2）国有企业实现按市场规则经营或实施破产。大型国有企业集团改制进展加快，2002 年底，全国 2627 家企业集团（其中国有及国有控股企业集团 1684 家）中，已有 2019 家企业集团母公司改为公司制企业，占全部企业集团的 76.86%。从产品销售和定价看，国有企业基本上都要根据市场供求和生产成本来决定。2002 年，全年共实施关闭破产项目 533 项。2003 年，国有企业退出工作继续稳步进行。根据中国企业家调查系统于 2003 年 8～10 月进行的调查，私

营企业、股份有限公司、有限责任公司、外商及港澳台投资企业“已经或正在兼并”国有企业的比重分别为10.3%、11.7%、9.9%和5.2%。

(3) 支持在市场经济中成长起来的中小企业加快发展。2002年6月29日，第九届全国人大常务委员会第28次会议通过《中华人民共和国中小企业促进法》，自2003年1月1日起施行。该法借鉴国际通行做法和有益经验，围绕中小企业发展的重点、难点问题，在资金支持、创业扶持、技术创新、市场开拓、社会服务等方面做出了明确规定，以法律的形式规定了中小企业的权利和政府扶持中小企业发展的制度措施，为全面推进中小企业的发展奠定了法律基础。

(4) 按市场规则规范上市公司。2002年1月7日，中国证监会和原国家经贸委联合发布《上市公司治理准则》。该准则阐明了中国上市公司治理的基本原则、投资者权利保护和实现方式，以及上市公司董事、监事、经理等高级管理人员所应遵循的基本的行为准则和职业道德等内容，对上市公司提升治理水平起到了根本性的推动作用。2002年11月，财政部、国家工商总局、国家外汇管理局、证监会、中国人民银行等部门联合发布《合格境外机构投资者境内证券投资管理暂行办法》(2002年12月1日起施行)、《关于向外商转让上市公司国有股和法人股有关问题的通知》、《利用外资改组国有企业暂行规定》(2003年1月1日起施行)等政策规定，解除了自1995年9月以来实行的“暂不允许向外商转让上市公司国有股和法人股”的政策禁令。

3. 生产要素主要依靠市场进行配置

2003年10月中共十六届三中全会《关于完善社会主义市场经济体制若干问题的决定》明确提出“创造各类经济主体平等使用生产要素的环境”，为彻底消除所有制歧视提供了制度依据。

(1) 劳动力和工资决定的市场化程度显著上升。劳动力资源配置通过各种形式的劳动力市场，工资根据供需情况由供需双方决定。2002年9月，中国劳动力市场网站正式开通，全国90个城市实现了市区内实时联网。户籍制度管制全面放松，劳动力自由流动加快。根据全国农村固定观察点办公室的抽样调查，2002年全国外出就业的农村劳动力达9400万人，比2001年增加约470万人，增长幅度超过5%。用工单位自主决定工资，截至2003年8月，平等协商、集体合同制度覆盖的基层单位达127万家，覆盖职工达9500万人。国有企业在劳动力引进和使用上，同样遵循市场规则。2003年，国务院国有资产监督管理委员会出台《中央企业负责人经营业绩考核暂行办法》，国有企业可以灵活决定员工的工资分配。国资委直接管辖的189家特大型国有企业采用市场方式向国内外公开招聘管理者。

（2）国有企业使用的能源及原材料进价，已经是市场价格。以消费量最大的能源——电力为例：通过电力体制改革，电价已市场化。2002 年 2 月 10 日，国务院批复“电力体制改革方案”；12 月 29 日，新组建和改组的 11 个电力企业集团（公司）正式挂牌成立。2003 年 3 月 20 日，国家电力监管委员会正式成立，并与国家工商管理部门共同制定和颁布了《购售电合同（示范文本）》，从而规范了电力交易的合同关系。电力行业实行政企、政资、政监分开，建立市场体系。企业与电力公司之间已是市场关系，电价是双方之间的合同价格。

（3）土地资源取得要通过市场。强化了 1998 年通过的《土地管理法》的执行力度。《土地管理法》规定，国有土地和农民集体所有的土地，可以依法确定给单位或者个人使用。使用土地的单位和个人，有保护、管理和合理利用土地的义务。依法登记的土地所有权和使用权受法律保护，任何单位和个人不得侵犯。20 世纪 90 年代出台的《中华人民共和国城镇国有土地使用权出让和转让暂行条例》还规定，国家按照所有权与使用权分离的原则，实行城镇国有土地使用权出让、转让制度；中华人民共和国境内外的公司、企业、其他组织和个人，除法律另有规定者外，均可依照本条例的规定取得土地使用权，进行土地开发、利用、经营。同时明确指出：依照本条例的规定取得土地使用权的土地使用者，其使用权在使用年限内可以转让、出租、抵押或者用于其他经济活动。合法权益受国家法律保护。

（4）资金配置市场化程度大为提高。反映企业自主投资能力的国内贷款、自筹资金占全社会固定资产投资比重等指标呈上升趋势。2003 年，国内贷款占全社会固定资产投资的比重快速增长到 24.4% 的历史最高值。企业自筹资金占全社会固定资产投资的比重则从 2002 年的 45.7% 增长到 2003 年的 47.8%。各类企业在证券市场融资有新进展。现已允许外资企业在中国 A 股市场上市。截至 2003 年年底，境内 A、B 股市场共有上市公司 1287 家，市价总值 42457.71 亿元。

4. 贸易环境进一步改善

（1）履行“入世”承诺，改善贸易条件。我国根据“入世”后大幅度削减关税的承诺，自 2002 年 1 月 1 日起已大幅降低了 5000 多个税目商品的进口关税，实际关税平均水平由 2001 年的 14% 降至 2002 年的 12%。2003 年进一步降低了关税总水平，有 3000 多个税目的税率有不同程度的降低。全年的实际关税平均水平为 11%。根据有关加入《信息技术协定》（ITA）的承诺，2003 年已将部分信息技术产品的税率降至零。同时，根据承诺，2002 年取消对 20 种共 213 个税目商品的进口配额许可证管理，其中 6 种纳入关税配额管理。2003 年，又取消 4 种共 31 个税目商品的进口配额许可证管理。使进口配额许可证管理商品由

2001 年的 32 种减少到 8 种。履行服务贸易开放的承诺，保险、旅游等服务产业还提前开放。

（2）国内市场进一步开放。中国按照“入世”承诺进一步开放国内市场，放宽市场准入，允许外商设立从事佣金代理、批发、零售和特许经营服务的合营公司，从事除烟草及其制品、食盐、书报杂志、药品、农药、农膜、化肥、原油、成品油以外商品的进口和批发、零售业务。截至 2003 年 10 月底，有 200 多家外商常驻代表机构获得《外国（境外）水路运输企业在中国设立常驻代表机构批准证书》，分销服务领域新设立外商投资企业 734 家。法国家乐福（CARREFOUR）公司、法国欧尚（GROUPEAUCHAN）公司、日本吉之岛（JUSCO）公司、英国百安居（其母公司为 KINGFISHER，中译为翠丰集团）公司等先后进入中国市场进行经营。非国有经济的市场进入限制已取消。2003 年 10 月中共十六届三中全会通过的《关于完善社会主义市场经济体制若干问题的决定》，第一次提出非公有制企业在投融资、税收、土地使用和对外贸易等方面与公有制企业享受同等待遇。目前，国家法规除对必须垄断的少数行业（如武器制造、黄金生产等）明令禁止非国有经济进入和对部分行业有一些前置审批的限制规定外，对非国有经济已经没有特殊的限制性规定。

（3）中介组织发挥了作用。多种专业的中介机构应运而生，中介组织体系不断完善，成为市场经济运行机制的主要组成部分。中国商会和行业协会的作用随着政府职能的转变逐步得到加强，为政府和成员单位提供了服务。目前全国各地由企业自愿建立的同业公会、行业商会组织 2000 多个，它们相对集中于非公有制企业和其他中小企业；由政府部门组建的全国性行业协会 300 多家。国外相关中介机构进入中国市场形成高潮，目前中国已经批准了 16 个国家的 115 家律师事务所驻华代表处和 35 家香港律师事务所驻华代表处。来自欧美等国的多个行业协会，以各种形式进入中国，并开展活动。

（4）融资环境进一步改善。一是外资银行经营人民币业务地域不断扩大，资产不断增加。2003 年 10 月末，在华的外资银行资产总额已经达到了 466 亿美元，比 1998 年提高了 36%。二是在已放开银行间同业拆借、债券回购、现券交易、利率贴现和转贴现、国债和政策性银行金融债券发行、外币贷款等利率的基础上，近两年利率市场化取得重要进展。2002 年农村信用社贷款利率浮动幅度由 50% 扩大到 100%，存款利率最高可上浮 50%。2003 年 12 月 10 日，中国人民银行决定，从 2004 年 1 月 1 日起扩大金融机构贷款利率浮动区间。三是完善人民币汇率形成机制，改进外汇管理。延长银行间外汇市场交易时间，实行双向交易，完善外汇市场运行。适当放宽外汇管制，允许各类企业开立经常项目外汇账户，在上年度经常项目外汇收入 20% 的限额以内保留外汇，实现限额内的意愿结汇。允许移民、非居民的国内资产兑换汇出。放宽对企业和居民用汇限制，将个人自由携带外币现钞进出境的限额提高到5000美元。

5. 市场经济法制建设有重大进展

中国公平贸易的法制环境已初步形成。《宪法》已明确“国家实行社会主义市场经济”，确认了各种市场经济主体的平等地位，确立了市场规则，已形成完整的市场经济法律体系。从加入世界贸易组织（WTO）到2003年年底，废止、修订、制定涉及中央与地方两级政府的法律、法规和规章超过20万件，我国经济贸易法律制度更加完善和透明。

（1）创造了公平贸易和市场准入的法制环境。近两年，立法机构已经对《中外合资企业法》、《中外合作企业法》和《外资企业法》等三个关于外商直接投资的基本法律及实施细则进行了修订，修订内容包括外汇平衡条款、“当地含量”条款、出口业绩要求和企业生产计划备案条款；新的《指导外商投资方向规定》和《外商投资产业指导目录》已于2002年4月1日起开始实施。新《目录》将原禁止外商投资的电信和燃气、热力、供排水等城市管网首次列为对外开放领域，并进一步放宽了对外商投资的股权比例限制。两年来，外汇管理部门进一步完善了合格境外机构投资者制度，改进境外投资外汇管理，简化审批手续，取消汇回利润保证金要求，放宽企业购汇对外投资限制，允许外商直接投资企业在国内资本市场上市融资，允许国际金融机构在国内发行人民币债券，允许移民、非居民的国内资产兑换汇出。近两年继续实施鼓励投资、刺激消费的税收政策，如外商投资企业追加投资享受企业所得税优惠政策，外国投资者再投资退还企业所得税政策等优惠政策。

（2）维护市场公平贸易的法规基本形成，《反垄断法》和新《破产法》将按法定程序通过后出台。我国现行法律法规中已有一系列反垄断法律规范，分布在不同的法律之中。这些法律主要有下列三个方面：一是《反不正当竞争法》有反垄断规范。该法规定6种行为属于纯粹的不正当竞争行为，5种行为属于垄断行为。二是有关法律规定的反垄断行为。《价格法》规定的不正当竞争行为中，有三种属于垄断行为，即相互串通操纵市场价格的行为、低价倾销行为以及价格歧视行为。《招标投标法》除在相关条款中详细规定了串通招标投标行为外，还规定禁止招标人对潜在投标人的歧视待遇和其他限制投标人竞争的行为。三是地方性法规规定的反垄断行为。目前已经有20余个享有立法权的地方立法机关制定了《反不正当竞争法》的实施条例或实施办法。这些地方性法规针对联合操纵市场的垄断行为，做出专门的限定。早在1986年《企业破产法（试行)》便已颁布实施。新《破产法》草案已形成，正在征求意见，将会通过法定程序

出台。

（3）法规制定和执行的透明度提高。根据中国加入WTO有关透明度的承诺，自2001年12月11日中国成为WTO成员之日起，中国世界贸易组织通报咨询局即正式开展工作。2002年1月1日，中国世界贸易组织通报咨询局在原外经贸部政府网站公布了《中国政府世贸组织通报咨询局咨询办法》（暂行）和《中国政府世贸组织通报咨询局咨询办法登记表》，就提供有关贸易咨询的范围、方式和时限向公众做了明确说明，咨询方式为书面形式，咨询问题将在30个工作日内得到答复。1月14日，由商务部、其他部委以及相关研究机构的WTO专家和学者组成的中国政府世贸组织通报咨询局专家组开始向各国驻华使馆、中外企业和个人等提供相关咨询服务，此外，商务部开通了WTO咨询网站，并汇编成《中华人民共和国进出口贸易管理措施》（2003）。在国内，法规的公开和透明要求已有专门的法律。2003年8月27日第十届全国人民代表大会常务委员会通过《中华人民共和国行政许可法》，将于2004年7月1日起施行。第五条明确规定：有关行政许可的规定应当公布；未经公布的，不得作为实施行政许可的依据。

四、美国商务部关心的其他问题

1. 中国“入世”的议定书第15条已经就“价格可比性”等相关问题做了为期15年的要求，中方对此有何不同意见

中国加入世界贸易组织时，主要贸易伙伴因多种原因，在中国加入世界贸易组织文件中坚持加入了几项对中国贸易不利的条款，即有效期为12年的“特定产品过渡性保障机制”条款，持续15年的“确定补贴和倾销时的价格可比性条款”（“非市场经济条款”）和到2008年年底终止的“纺织品特别限制措施”。

“非市场经济”条款存在明显问题，因为不能反映中国产品的实际情况，客观上鼓励了一些国家运用“市场经济条款”作为贸易保护主义的手段。在反倾销中，不能公平对待中国企业的问题。把第三国的成本说成是中国的，把真实的低成本说成是虚拟的高成木，因而把反倾销定得高到众多中小企业都根本负担不起的程度，使很多企业失去了正常的市场机会，甚至造成破产。这对中国的企业、对这些企业众多员工是不公平的。

事实上，承认一国市场经济地位，只是使调查更简单些，更客观些。对东半球一个企业的成本价格进行调查，不需要在西半球来找成本资料。所有的企业经济活动都是有记录的。不设会计的企业，是没有竞争力的企业，也是长不大的企业。中国企业财务情况不用与第三国比较，是完全可以调查清楚的。

2. 地方税收体制是否为某些类型的企业提供不同的待遇，包括地方政府对非国有企业征收的地方税和国家税的详细情况

中央政府对地方税种采取统一的立法和税收政策。税收法律由全国人民代表大会制定。中央税和全国统一实行的地方税立法权集中在中央。根据中国法律的规定，省、自治区、直辖市人民代表大会及其常务委员会、民族自治地方人民代表大会和省级人民政府，在不与国家的税收法律、法规相抵触的前提下，可以制定某些地方性的税收法规和规章。省一级政府拥有的立法权包括：①在一定的幅度内可以自行确定营业税中娱乐业的适用税率。②对因自然灾害或意外事故而造成损失的企业可以酌情减免其应缴纳的资源税。③对未在资源税税目上列明的原矿可以确定开征或减缓征收。④在民族自治区，政府有对区内企业实行定期减免企业所得税的权力。⑤地方政府对个人所得税也具有一定限度的减免权力。此外，屠宰税和筵席税的开征停征权在地方。

地方政府对国有企业和非国有企业实行统一的税收政策。一般来说，工业、商业企业应当缴纳增值税，交通运输、建筑安装、金融保险、服务等类企业应当缴纳营业税，农业生产者应当缴纳农业税，盈利的企业应当缴纳企业所得税。此外，生产应税消费品的企业应当缴纳消费税，采矿企业应当缴纳资源税，转让房地产的企业应当缴纳土地增值税，企业的生产、经营账册和签订的各类合同应当缴纳印花税，拥有房产、车辆、船舶的企业应当缴纳房产税和车船使用税。

地方税收体制对企业提供不同待遇，近些年主要体现在对外商投资企业和外国企业的税收优惠上。各地政府对内地企业征收的3%地方所得税，对外商投资企业予以免征，以吸引外资。对在经济特区、国家高新技术产业区、国家级经济技术开发区设立的企业按15%的税率征收企业所得税，对在沿海开放地带和各省的省会城市设立的企业按24%的税率征收企业所得税，对设在中西部地区生产鼓励类产品的外商投资企业、出口型外资企业等实行减免税政策，这些税率，均大大低于国内企业33%的所得税税率。

地方政府税收，除了对外商投资有优惠，对某些非国有企业也有适当的照顾。以北京为例，北京中关村科技园区内的高新技术企业（不分所有制）享受一定的优惠。如新技术企业自开办之日起，三年内免征企业所得税；北京市高新技术企业购买国内外先进技术、专利所发生的费用，允许加速折旧，经税务部门批准，可在两年内在成本中摊销，以此可减少企业上缴的所得税；对安置“四残”（盲、聋、哑、肢体残疾、智残、弱视）人员占生产人员总数35%以上的私营企业，暂免征收企业所得税；凡安置“四残”人员占生产人员总数的比例超过10%未达到35%的，减半征收企业所得税。

3. 会计法的实际实施，尤其是公司遵守该法程度的详细情况

中国于1985年就制定了《会计法》（1993年、1999年两次修订），1992年发布了《企业财务通则》和《企业会计准则》以及13项行业会计制度和10项行业财务制度。2000年6月又发布了《企业财务会计报告条例》，2000年12月发布了《企业会计制度》。至此，基本上形成了以《会计法》为核心的会计法规体系，并在许多方面与国际会计准则取得一致或协调。

上述法规制度中，2000年12月财政部公布的《企业会计制度》所规定的会计核算与国际会计准则基本一致，并打破了所有制和行业界限，建立了国家统一的会计核算制度。新制度从2001年1月1日起在股份有限公司范围内执行，外商投资企业从2002年1月1日起执行，国有企业从2002年逐步开始推行。

企业在以下四方面贯彻执行《会计法》：一是完善记账规则，规范会计信息的生成和披露，严格执行财政部印发的《会计基础操作规范》，使证、账、表的业务处理及会计档案管理的每一个环节都达到标准规范的要求。二是确立单位负责人为本单位会计责任主体的责任制度，强化企业负责人的法律意识。三是努力提高会计人员的业务素质，为贯彻落实《会计法》提供人员保障；建立健全会计人员的岗位责任制。四是加快会计电算化和会计网络建设，提高会计信息质量。通过在微观层面上贯彻落实《会计法》，保证会计信息的真实性和完整性。

政府加强了对各经济主体执行《会计法》的检查：2001年财政部制定了《关于贯彻实施〈会计法〉加强会计监督的意见》。从2001年起每年组织开展全国性的《会计法》执法检查，检查内容包括各单位会计信息的合法性、真实性，从事会计工作的人员是否具备从业资格，内部会计监督和内部控制制度的建立、执行情况等。对于违反《会计法》的单位及有关责任人员依法进行处理，并把一些典型案例公之于众，以形成巨大威慑和警示力量。

除财政部外，中国证券监管、银行监管、保险监管、审计、税务等部门也依照有关法律、行政法规规定的职责，对有关单位的会计资料实施定期和不定期的监督检查，这种政府多方面的协同监管有力地促进了中国《会计法》的贯彻实施。

保证《会计法》执行的一个重要方面，是加强对会计执业人员和中介机构的监督。为更好地发挥会计师事务所、注册会计师的社会监督功能，提高会计师事务所、注册会计师的职业素质和执业质量，财政部门按照《注册会计师法》的规定，进一步加强和规范了对注册会计师行业的监管，并认真开展年检工作，清理不符合条件的机构和人员；同时，中国注册会计师协会建立了包括业务报备制度、谈话提醒制度、诚信档案制度、自律惩戒制度、执业质量检查制度在内的行业自律监管体系。财政部还分别会同中国人民银行、中国证券监督管理委员会对从事金融相关审计业务和执行证券、期货相关业务的会计师事务所实行许可证管理。

为不断提高会计行业的国际化水平，中国政府多年来坚持在此领域扩大对外开放力度。2002年有近20个国家和地区的1万多名境外考生参加了中国注册会计师资格考试，其中405人通过考试，已申请成为中国注册会计师协会会员。同时，中国政府还允许设立境外会计师事务所常驻代表机构，设立国际会计师事务所中国成员所，或设立中外合作会计师事务所。没有中国注册会计师资格的外籍会计人士，可以在这些机构工作。根据中国会计服务贸易的承诺，中国政府允许外籍中国注册会计师以合伙制或有限责任制形式在华设立执业机构。目前，有关部门正在研究允许获得中国执业注册会计师资格的外籍会计师与中国内地执业注册会计师设立合伙制会计师事务所，允许完全由境外职业人员控制的独资会计师事务所的规定也有望在近期出台。

4. 中国为加强知识产权而实际采取的步骤

从20世纪80年代开始的20多年来，中国在知识产权保护方面做了许多工作，取得了长足发展，主要表现在以下四个方面：知识产权保护的法律法规体系基本完善；强化了知识产权的司法保护；建立保护知识产权的行政机关，加强行政执法；积极参与国际合作。

完善知识产权保护的法律体系。中国从2000年起先后修改了《专利法》、《商标法》、《著作权法》、《计算机软件保护条例》以及相应的实施细则，并制定了《集成电路布图设计保护条例》、《奥林匹克标志保护条例》、《驰名商标认定和保护规定》、《集体商标、证明商标注册和管理办法》、《专利实施强制许可办法》（2002年）等法律法规，已经建立了比较完备的知识产权法律制度，完全符合TRIPS协议，甚至在某些方面超过了其保护水平，使我国逐步成为世界上保护知识产权最有力的国家之一。中国落实知识产权方面承诺的工作已在WTO过渡审议机制中得到各成员国的肯定。

强化知识产权的司法保护。在知识产权的司法保护方面，中国的《专利法》、《商标法》、《著作权法》等几部主要的法律规定了知识产权保护的内容、权利取得的程序和民事、行政救济手段，中国《刑法》1997年修订后专门设立了一节规定侵犯知识产权罪，最高刑期为7年。

中国司法机构加强了知识产权案件的审理，保护先进文化成果，促进科技进步。中国各级人民法院已经建立起专门的知识产权审判庭，相继开展涉及植物新品种、商业秘密、计算机软件、网络环境下侵犯著作权、商标权、专利权等案件

的审判工作。在诉讼中，法院可以采取财产保全和证据保全的临时措施。中国法院五年来（1998～2002年）共审结知识产权案件23636件，比前五年上升40%。

建立保护知识产权的行政机关，加强行政执法。中国的知识产权执法保护有行政和司法两个平行的渠道。对于侵犯知识产权的行为，权利人可以向行政主管机关申诉，行政机关也可以依职权进行查处。知识产权行政主管机关可以采取的救济手段包括停止侵权的禁令、罚款等。

机构设置上，在原有的国家版权局、国家工商行政管理总局的基础上，又成立了国家知识产权局，分别负责著作权、商标权和专利权的规章制定和行政执法工作。同时，公安机关、海关总署、新闻出版总署也承担着相应的执法职能。各执法部门还注意加强相互间的协调配合，有力打击了假冒侵权行为。

中国各级地方政府也积极采取跨地区的行动对假冒侵权行为进行打击。环渤海经济区、华东三省一市、东北三省都建立了商标执法网络，这些网络对行政执法行为的跨地区协调和配合发挥了一定作用。

近年来，中国政府不断加大对知识产权保护的执法力度。2002年，全国共查处商标侵权假冒案件39105件，罚款总额达2.14亿元，移送司法机关追究刑事责任59件共78人；全国各级版权行政管理机关共受理案件5000件，收缴各类盗版品6790万余件；全国知识产权局共受理专利纠纷案件1442件，结案1291件，分别比2001年上升了33%和31%；全国海关共查处进口或者出口侵权货物案件518起，比2001年全年查获的案件数量增长57%，有力地打击了侵害知识产权的行为。

积极参与国际合作。中国相继参加了一些主要的知识产权保护国际公约、条约和协定（如《保护工业产权巴黎公约》、《商标国际注册马德里协定》、《保护文学和艺术作品伯尔尼公约》、《世界版权公约》、《专利合作条约》等），并与一些国家签订了双边保护知识产权的协议（如，1992年6月30日，中欧双方签订了有关保护知识产权的会谈纪要。1998年9月24日与法国签订的《中华人民共和国政府和法兰西共和国政府关于知识产权的合作协定》）。

中国政府高度重视保护外国知识产权权利人的合法权利，在知识产权保护上给予外国权利人国民待遇。

5. 金融行业的法律实施情况，特别是有关政府干预的条件和模式以及现有的监管机构和其行为

20世纪90年代中期以来，中国金融法制建设取得了重大进展，相继颁布了大量的金融规章和规范性文件，逐步建立了以《中国人民银行法》、《银行业监督管理法》、《商业银行法》、《保险法》以及《证券法》为基本法律，其他法律、

行政法规和规章为主体的多层次的金融法律体系。2002 年以来，中国制定或修订了一系列的重大金融法规，清理了一批与世界贸易组织原则和“入世”承诺不相符的法律法规。

随着金融体系的发展和金融法制的逐步完善，中国人民银行作为中央银行的独立性有了很大提高。根据《中国人民银行法》，中国人民银行相对独立性的立法保证主要体现在三个方面：一是政策制定的独立性。《中国人民银行法》第七条规定：“中国人民银行在国务院领导下依法独立执行货币政策，履行职责，开展业务，不受地方政府、各级政府部门、社会团体和个人的干涉。”中国人民银行行长由全国人民代表大会决定，行长领导中国人民银行的工作，法定权限内依法独立执行货币政策和履行其他职责。二是资金关系上的独立性。《中国人民银行法》第二十九条规定：“中国人民银行不得对政府财政透支，不得直接认购、包销国债和其他政府债券。”这是解决中国人民银行与财政融通资金关系的法律依据，从而使中国人民银行彻底摆脱了作为财政附属物的地位，独立地执行国家金融政策。三是财务独立性。《中国人民银行法》第二十九条规定：“中国人民银行实行独立的财务预算管理制度。”

2003 年 12 月通过了《银行业监督管理法》，并以此建立起一个有效的银行业监管体系。第五条规定：“银行业监督管理机构及其从事监督管理工作的人员依法履行监督管理职责，受法律保护。地方政府、各级政府部门、社会团体和个人不得干预。”中国银监会独立于其他国家机关包括国家行政机关，独立于地方政府和社会团体，依法独立履行监管银行等金融机构及其业务活动。中国银监会明确提出四个监管理念：一是管法人，将银行机构作为一个法人整体进行监管；二是管风险，增强银行机构识别、监测和控制风险的能力；三是管内控，严格监管银行机构内控制度建设和执行情况，培养银行防范风险的自律意识；四是提高透明度，通过真实披露信息，约束经营者的行为。

证券和保险的监管机构早已经建立，证监会对证券市场的监管，从依靠政府管理转变为倡导市场自律，从强化审批权转变为向市场“放权让利”。中国保监会“以偿付能力为中心”的监管思路已清晰。保险业监管部门开始强调由管制型监管向服务型监管转变，为保险公司服务，切实保护被保险人利益，以保证保险业高速、健康发展。

金融业的法律实施过程中，一个重要问题是，如何处理好金融管理部门与国有银行的关系，处理好金融监管和金融运行的关系。在 2003 年的报告中，已提供了这方面的进展情况。这里强调指出一个事实，就是中国国有银行虽然在金融市场上份额仍为首位，但情况已有很大变化。一是国有商业银行在贷款上已没有了所有制歧视，是以效益为导向的。因此，近几年对私有企业贷款大幅上升。二

是非国有银行或民营银行成长很快。现已有11家股份制银行（其中包括民营的中国民生银行）资本规模增长速度远远高于国有商业银行。中国民生银行总股本中的民营股本占比为70.03%，深圳发展银行总股本中社会公众持股比例占比为72.43%。112家城市商业银行中绝大部分有民营企业参股，参股比例已占到城市商业银行总股本的30%以上。目前，渤海银行正在筹建中，浙江商业银行也在重组过程中。而上万家农村信用社在改制中也开始承担市场信贷的重担。三是中国国有独资商业银行股份制改革进程加快，目前选择了中国银行、中国建设银行进行股份制改革试点，创造条件并选择有利时机在境内外上市。

五、结论：中国是发展中的市场经济国家

1978～2001年，中国经历了一个改革开放的过程，一个快速市场化的进程，一个由传统计划经济转向市场经济的历史性转轨过程。在议会里，多数人赞成通过就可成为法律；在判断是否是市场经济国家方面，多数领域或某领域大部分市场化，就可以判断这个国家从整体上已是市场经济国家了。

有人会说，如果说中国的市场化程度为69%，那么余下的31%是什么？换言之，你们讲一只桶盛上了一大半水，我关心的是没盛水的那一部分。

31%是什么？

（1）没有100%的市场经济国家，市场化总是相对的。可以说，发达国家一般是市场化程度在80%～90%，而不是绝对的满分。

（2）任何国家都需要有非市场化的一部分经济，或是公益类的，或是国家管制类的，包括最发达的市场经济国家，因此，这一部分也是在31%中的，是必要的非市场化部分。

（3）有部分的市场化与非市场化是因国家而不同的，同为发达国家，也有这种不同，这是非市场化可以接受的部分。

（4）是应该市场化而没有市场化的部分，这是我们转轨中最需要完成的部分，这一部分，可能要占到31%的一半以上，这正是体制改革的任务所在。

中国是发展中的市场经济国家，这包括两层含义。第一层含义是中国由初级的市场经济国家在向成熟市场经济国家推进。这种含义强调了制度改革与创新，强调了中国经济体制的改革开放和全面转轨。这一层含义是“发展中的市场经济国家”的主要内涵。我们只用了20多年时间来实现计划经济向市场经济的转轨。事实证明，市场经济的核心是市场规则的确立，而建设市场经济的速度则与制度目标选择直接相关。20多年前，中国之所以没有发展市场经济，是因为最初没有选择市场经济。在中国周边的国家和地区，一些新兴的工业国家和地区，因为

选择了市场经济，几十年时间就已完成了自然经济或农业经济向工业经济的发展，同时也完成了统制经济向市场经济的转轨。市场经济作为各种经济形态中最自由发展的经济，只要你选择了它，其发展是很快的，尤其是在经济全球化背景下。

第二层含义是讲中国作为一个发展中国家实行了市场经济制度。这一层解释与“发展经济学”所讲的“发展”一词理解是一致的。“发展中的市场经济国家”，强调了从经济发展角度来理解这一概念的含义。发展阶段确实与经济制度有很大关系。市场经济制度是经济发展到一定阶段和程度才产生的，因此，经济发展水平与经济制度有一定的关系，虽然不是等同的关系。发展程度高的国家，确实实行市场经济制度也更容易；或反过来讲，实行市场经济制度，也有助于经济发展。当然，“发展”与“发达”，虽然主要是经济发展程度的区别，但也内含着制度上的区别。从这一层含义出发，我们看到自己经济发展水平与发达国家的差距，我们还需要继续努力，保持经济快速稳定健康地增长，早日实现经济的现代化，也为全面实现市场经济制度打好物质基础。

显然，发展中的市场经济国家，是从发展与改革结合的角度来判断一个国家经济制度的。同时，在这里“发展”与“改革”也是相辅相成的：经济发展到一定程度，才能建立和健全市场经济制度；市场经济制度的全面建立，是推动经济快速发展的重要体制基础。

总之，中国国民经济主要已按市场经济规则运转了，市场经济标准临界线早已突破了。这是中国人全力投入改革开放的结果，是世界范围内各种经济力量交融、激励和相互支持的结果。中国愿与各国共享改革与发展的成果。

（文章来源自《学术讲座荟萃》第 17 辑，2004 年 4 月 29 日）

公共财政建设：在理想与现实之间抉择

高培勇

高培勇

男，1959年生，天津市人，经济学博士，教授。中国社会科学院财政与贸易经济研究所党委书记、副所长，中国社会科学院研究生院财贸经济系主任。兼任国务院学位委员会学科评议组成员，国务院关税税则委员会专家咨询委员会委员，劳动和社会保障部专家咨询委员会委员，中国国际税收研究会副会长，中国财政学会常务理事，中国审计学会常务理事，中国城市金融学会常务理事，北京市财政学会副会长。

主要研究领域：宏观财政税收理论、财政税收政策分析。出版学术著作20多部，主要有：《当代西方财政经济理论》、《国债运行机制研究》、《市场化进程中的中国财政运行机制》、《公共经济学》、《中国税费改革问题研究》、《政府债务管理》、《共和国财税60年》等，并主持编写中国社会科学院财政与贸易经济研究所《中国财政政策报告》（年度）、《中国财政经济理论前沿》（双年度）。

曾先后获得北京市哲学社会科学优秀成果奖、教育部人文社会科学优秀成果奖、国家社会科学基金优秀成果奖、国家优秀教学成果奖、中国社会科学院优秀成果奖等数项奖励。

1997年入选北京市“百人工程”；1998年入选教育部“跨世纪优秀人才培养计划”和人事部“百千万人才工程计划”（第一、二层次）；同年获国务院政府特殊津贴。

一、公共财政建设的意义

我们先用几个方面的事情来做一个背景透视，看看目前公共财政建设的背景状况。

我们需要注意的第一个背景是，每年一度的全国财政工作会议在北京召开，不同于前几年，这次会议是上届政府带有总结性意义的一次会议。上一届政府主管中国财政工作的最高领导人是李岚清副总理，他为此准备了一个讲话，讲话几易其稿，光是大大小小的讨论会就不下五六次，而且他给这个讲话定了调，他说要讲就讲公共财政，不仅要讲实际工作还要讲理论，要对五年的工作做一个系统的总结，题目最后就定为"健全和完善社会主义市场经济下的公共财政和税收体制"（这个题目有点问题，因为，税收体制是公共财政的一部分，在这里相提并论是为了体现税收的重要性）。在这个报告中，李岚清副总理讲了两个方面的问题：一方面是五年的成绩，就是他主持财政税收工作做了哪些事情，包括三条，第一是收入增长，即财政收入增长速度是前所未有的，这无须多说；第二是积极财政政策的实施，大家也都知道1998年后宣布实施积极财政政策，财政政策开始全面介入宏观调控；第三是公共财政框架的建设（从我们的角度来看，这三个方面并不是同一层面上的问题，收入增长和积极财政政策的成效都可以纳入公共财政框架的建设。所谓的公共财政政策，不仅包括收入和支出，也包括通过收入和支出所要实现的政策目标，所以，谈到过去五年的成绩时，只可以归结为一点，就是公共财政框架的构建取得了相当的成就）。另一方面是代表上一届政府对现在一届政府今后的财政工作提出一点展望，可以归结为一句话，即要在既有的公共财政体制框架基础之上，进一步完善公共财政体制。把这个报告两方面放在一起，我们感到，如果说上一届政府在财政税收领域还做了一些事情而且还做得不错的话，做的主要的事情就是公共财政体制的建设工作。

需要提醒大家注意的第二个背景是，2003年10月份举行的党的十六届三中全会。在这个会议上通过《关于完善社会主义市场经济体制若干问题的决定》，这个决定要管20年，整个重要战略机遇期都要按这个决定所描绘的去进行。在这个决定中，我们也试图去寻找有关财政税收体制方面的内容，我们发现，从财政税收体制的角度，有关内容按关联程度可以分为三个层次。

第一个层次，是直接相关的，直接说的就是财政税收工作，有三条。第十七条提到国家宏观调控体系的时候，讲这个体系有三大手段构成，包括国家计划、财政政策和货币政策。而且对财政政策的目标做了明确的说明，一是促进增长，二是优化结构，三是调节收入分配，这是对中国财政政策运作方式和方向做的第一次清晰的描述。还有第二十条，讲的是分步实施税收制度的改革，这无须多说，讲的直接就是财政收入方面的调整问题。第二十一条讲的是财政管理体制的改革，主要是财政支出方面的事项，以及把财政的收入和支出连在一起的有关的制度安排。

第二个层次，是密切相关的，讲了三个方面的事情。第十二条讲的是农村税费改革，税费改革本来就是属于财政税收领域。第二十九条讲的是收入分配制度的改革，讲到收入分配，市场化的改革是一个重大的分水岭，在此之前，收入分配方面的事情和财政收支无关。最后是第三十条，讲的是社会保障体系的问题，不用多说，社保体制从来就不能脱离财政税收体制。

第三个层次，是有连带关系的，没有直接说。比如第四条，推行公有制的多种有效实现形式；第五条，大力推行非公有制经济的问题，也不能没有相应的财政制度的配合；再比如第三十七条，中央和地方政府之间的体制划分问题，这个体制划分主要还是收入和支出体制划分的问题。把这三个层次放在一起，实际上也是暗含着一条主线，说到底讲的依然是公共财政的建设。

第三个背景是 2003 年 11 月底举行的中央经济工作会议。每年的经济工作会议都要给来年的宏观经济政策定调，这次也不例外，不过这次主要讲的是财政政策方面的事情。大家可以看到，这次经济工作会议有关财政工作方面的可用三句话描述。第一句话，讲的是保持宏观经济政策连续性和稳定性，讲的是扩大内需，讲的是继续实施积极的财政政策，实际上是在描述今年财政工作的目标。第二句话，讲的是国债和新增资金的投向问题，这句话最能代表财政工作的规律性。原因在于，财政每年的盘子有两万多亿元，看似规模很大，但实际能调整的空间是很小的，往往不能触及存量，只能触动一些增量。增量是什么呢？第一是发行的国债，发行的国债部分要用于还债，剩下部分可以调整。第二是新增财政收入，这一增量是可以调整的，增量投向可表明工作的重点。第三句话，讲的是保证国家重点建设的资金需要和支持重大改革举措的出台，是对以往积极财政政策后续的事情做些了断，如对以往建设继续投入，以避免出现烂尾工程等。这三句话放在一起仍然讲的是公共财政领域的事情。

第四个背景是 2003 年年底召开的全国财政工作会议。财政部拿出一个思路，

是2004年工作思路，这个工作思路内容有多方面。一是做大一个蛋糕，指的是财政收入和GDP，工作重点放在转变支持经济发展方式，规范和完善分税体制，特别是前一个方面，强调支持经济发展方式和以往不同。二是用活两大存量，这里讲的是长期建设国债和粮食风险基金问题，讲的是按照科学发展观的要求，按照五个统筹的目标去做相应的改进。三是三项制度改革，有税制改革、农村税费改革和预算管理制度的改革，这就是要贯彻以改革促增长，以改革促发展。四是完善四项制度，有收入分配、社会保障、教育体制、公共卫生体制等。这个工作思路的主线，依然是公共财政体制。

第五个背景就是科学发展观的背景和树立问题。从2004年2月下旬以来，关于科学发展观讨论在全国非常热烈，比较确切的表述，无非为三句话，①坚持以人为本。②实现全面、协调、可持续发展。③实现经济、社会和人的全面发展。讲到人的发展，无非讲的是人的两个方面需要的满足，一是私人的个别需要，如吃、穿、住、用，可通过市场系统来满足。二是属于生存环境、公共环境方面的需要，比如说受教育、国防安全、社会治安、公路建设，称为社会公共需要，是通过政府系统来满足，因此，我们才有政府和市场两大系统，彼此协调，共同致力于满足人的需要。这里强调的以人为本，是政府系统满足人们需要的制度架构的建设。所谓全面、协调、可持续发展，表面上说的是城乡等协调发展，深入来说，仍然说的是政府建设和市场建设的同步发展，所有系统的不协调最后都体现在政府系统建设的薄弱上。这些方面放在一起，基础和主线依然是要通过公共财政制度建设来推进。

二、公共财政的含义

什么是公共财政？它是怎么来的？我们先大体上看看我国公共财政建设的基本脉络。

国内第一次出现公共财政这个词是20世纪80年代初期，中国财政经济出版社翻译出版了一本小册子，作者是美国经济学家阿图·艾克斯坦，名为《公共财政学》。我们看到以后很吃惊，因为以前大家没有看到公共财政这样的字眼，但也许当时大家仅仅把它看做是译名的调整，因为以往大家往往都称为财政。

第二次，是在20世纪90年代初期，那时大家谈到税收方面的事情时，议论比较多的是财政困难，表现为两个事情：一是收入锐减，财政收入占GDP的比重逐年下降，一年一个百分点，甚至高达近两个百分点，无法去阻止它。二是财政支出与年俱增。解决困难无非两个办法：要么提高收入，要么削减支出，但财政收入提高难，那就想办法削减支出，但号召容易，落实难，就需要理论支撑。

理论界提出中国在搞市场化取向的改革，对照市场经济制度的国家，我国财政支出规模偏大，具体表现为项目偏多，能否按照西方财政支出的架构为参照来检验中国财政支出架构，从而达到削减财政支出项目，进而达到缩小财政支出规模的目的。这样的设想被采纳，但当时由于意识形态方面的原因，不宜用西方财政这样的字眼作为中国财政改革的参照系，就用公共财政这样的字眼，即要用公共财政支出的架构来改善公共财政支出格局。

第三次，是1994年税制改革，这是一次意义重大的改革，提出了统一税法和公平税负等，有它深刻的背景，即中国由计划经济向市场经济体制转变。

第四次，是1998年到1999年期间，那时使用频率较高的词是税费改革，要做的事情并非是要把费改成税，而是要规范政府的收入行为和政府的收入机制，只是要用税这种相对规范的形式把所有的政府收入覆盖其中。讲到规范就需要规范的参照系，这个参照系，它不是别的，依然是公共财政。

第五次，是在1998年底全国财政工作会议上，这次会议具有划时代的意义，由李岚清副总理代表党中央宣布，中国财政改革和发展的目标已经定位了，那就是要建设公共财政的体制框架。需要注意的是，以前有关公共财政的提法，也都是限于财政制度的某个方面，从全局的角度提，这是第一次。

最近的一次，是在2003年10月举行的中共十六届三中全会上，它表明财政税收的改革就是要完善公共财政体制。它的基本判断就是，经过过去五年的建设，中国的公共财政体制基本框架已经基本构建起来，需要做的是沿着这个方向去完善。

目前的现实，则是令人啼笑皆非的。尽管大家都认为公共财政很重要，财政改革的目标是建设公共财政，但就什么是公共财政，人们还不是很清楚，起码一个对应性的概念，还难以为人们所熟知。我们见到几种解释，但这几种都不是公共财政的本义。第一种解释，很多人，甚至是具有相当社会影响的人，在谈到什么是公共财政的时候，往往只是做简单的替换，把原来用财政字眼的地方全部换成公共财政；在学界也如此，过去用财政理论表述的东西，现在用公共财政来表述，谈到财政收入，现在叫公共财政收入，谈到财政支出，现在叫公共财政支出。在很多的文献中都是这样，以至于许多老教授不同意使用公共财政这个词，认为是同义反复，是画蛇添足，因为大家向来都认为财政是政府的事情，而政府是公共部门最集中的体现。这种解释当然不是公共财政的本义。第二种解释，许多人把国家财政和公共财政对应起来，认为公共财政就是要替代国家财政，但国家是个集合的概念，什么是国家财政，它是中央政府和地方政府各级财政的统称。我国有五级政府，五级政府财政的总称就是国家财政。而公共两个字绝不是集合的概念，它是定性的概念，它表明这个国家财政的性质是公共的。因而两者之间并不能互相替代。第三种解释最为广泛，很多人认为公共财政就是调整支出

结构，因为在计划经济时代，我们国家的财政，作为优越性的标志，称之为生产建设型财政，而现在公共财政就是要把本来用于生产的资金转为公共领域。如果事情是这样，问题就再简单不过，根本就无须大动干戈，但事实上谈公共财政是整个制度理念的变化。还有其他说法，就不用多说了，如把公共财政理解为西方财政的代名词。

我们只能从26年来中国财政制度变革的轨迹中去寻求在我们的生活当中发生了什么，从而给公共财政下定义，这和市场化的改革是一样的。我们说中国的改革是市场化取向的改革，怎么来的，改革之初并没有宣布，26年后回过头去看，总结这段历程，原来每一步的改革不管具体安排如何，它的方向是朝着市场化的目标来的。

我们也要看26年来中国财政税收体制每一步的改革都是朝着什么地方迈进的，我们来观察几件事情。

第一，政府坐标的变化。过去我们说政企不分也好，政府管企业也罢，政府的目标是紧紧盯住国有企业。为什么呢，因为那时中国经济构成中，国有经济比重相当大。1978年所有制构成中，国有经济占56%，集体经济占43%，两者合起来就是99%。现在，政府做事情，它眼睛盯的不仅仅是国有制，而是扩展到包括国有制在内的多种所有制，因为，在经济构成中，国有制经济已经下降到只有20%了，其他的占80%之多。

第二，是伴随着政府坐标变化的财政收支格局的变化。考察任何一个国家的财政制度，只要注意三个要素就可以了，即收入结构、支出结构及通过收入和支出所要实现的政策取向，把握这三个方面就可以把握一个国家财政制度的全貌。我们看这26年间中国的财政在这三个方面发生了怎样的变化。先看收入结构，1978年，来自于国有单位的占86.8%，加上集体经济，几乎是清一色的公有制构成，在这样一种制度架构下，政府的钱显然基本上是从国有制或集体所有制那里获得的，可以说，中国财税部门所做的事情不过是取自家之财。而2002年收入构成中，来自于国有企业的比重已经降到32%，收入是多元化的架构，可用取众人之财来描述。支出结构情况也类似，改革之初，支出基本去向也是国有经济，财政是不向非国有制经济单位拨付的，现在情况就有很大的不同，支出是多样化的格局，由办自家之事变为办众人之事，这也是一个相当大的变化。那么，财政收支结构这种变化的政策取向是什么呢？最实质的一条就是由阶级性转向公共性，由国有财政转向公共财政。

说到这里，我想大家对公共财政的本义已经有所了解。我们还可以得到一个判断，即经济的市场化也必然带来财政的公共化。可以看到，市场化取向的改革和财政公共化的改革，两者是相辅相成、同时发生的。在对中国26年的财政变化做一个梳理之后，现在不妨给公共财政下一个中国化的定义，那就是以满足社会公共需要为口径界定财政职能范围，并以此构建政府的财政收支体系，它的灵魂就是社会公共需要。

三、公共财政的基本特征

公共财政作为一个制度，从总体上讲是要满足社会公共需要的，社会公共需要是它的灵魂，作为制度它有其内在的要素。下面我们深入地解释一下，内在的要素至少可以概括为三个方面，①着眼于满足社会公共需要，也就是它的公共性。②立足于非营利性。③规范性，即收支行为的规范性。

第一个基本特征是着眼于满足社会公共需要。公共财政的职能范围是以满足社会公共需要为口径界定的，这里的职能范围指的是财政的职能范围，意味着它不是以满足于某个阶级、某种所有制、某个利益集团为口径界定，这体现一种公共性的特征。过去不是这样说，过去是说以满足无产阶级的利益需要为特征的，财政是要支持国有制经济的发展，财政是为广大劳动人民群众服务的。而今强调的是满足整个社会公共需要。再深一步讲，这里说的财政职能范围，透视出政府的职能范围，因为财政的拨款就意味要支持政府去做哪些事情，所以说，财政的职能范围就是政府的职能范围，强调的是一个公共化的政府。那么什么是社会公共需要？它是社会作为一个整体的需要，所有的社会成员都包容在内，可以具体化为：生产和提供公共物品和服务、调节收入分配以及促进经济稳定增长。特别需要说明的是第二方面，原来调节收入分配不属于财政的职能范围。调节收入分配是社会稳定发展的要求，这不仅是穷人的需要，也是富人的需要。此外，在市场经济条件下，法律和行政手段对收入分配的调节功能是有限的。

第二个基本特征是立足于非营利性。收入与支出安排一定要沿着非营利性轨道进行，而不能把钱转手到营利性领域当中去，这条和既有的思维定式有激烈的冲突。在过去，会把财政的钱作为投资的基础，作为投资的手段来用，政府扮演投资人这样的角色。这种思维定式，在市场经济条件下，就错位了，原因在于，计划经济条件下，政府和企业是不分的，但市场经济条件下，谈到政企分开，主要讲的是角色的分离，企业是着眼于营利，政府是谋求公共利益的最大化，两种不同目标的行为主体，一旦行为出现交叉，行为就会扭曲。所以说，公共财政的投入是没有产出的，钱本身不再回来，不可能有营利，即使有也是很少，这是不同于企业的，企业的资金流动是循环的运动，这和政府的职能非营利化取向是有关系的。还附带说三件事情：一是权钱交易问题，如果说，政府涉及营利性组织，权钱交易就会发生。二是纳税人纳税是为了购买公共服务，把钱用于办企业，

本身就是对纳税人权利的一种侵犯。三是口号上提要国民待遇，但要落到实处，这需要前提，就是政府和不同的所有制之间保持等距离的关系，怎样才能等距离？如果政府把钱用于营利性的领域，用于国有企业，就不可能制定公平的政策。

第三个特征是收支行为的规范化，也就是说财政的运作要讲规矩。这里讲要有规矩，这就意味着过去不那么有规矩、讲规矩和守规矩。为什么过去没有规矩，因为那时取的是自家之财，办自家之事。但现在是取众人之财，办众人之事，必须有规范化的运作，说到底是三件事情。一是要以法制为基础。不管是收入还是支出，都要建立在依法运行的基础上，比如收入，政府一定要先立法，后征收，不能想怎么收就怎么收。新一届政府已提出要建立一个法制化的政府，而公共财政恰恰是和法制化的政府相关的。二是全部的收支都要纳入预算。中国政府现在的预算收支并不能覆盖所有的政府收支，除了预算内还有预算外的，预算内的只占60%左右，还有40%是游离于预算之外的。政府预算既不是隐私也不是机密，必须要公开化。三是财政税务部门要统揽政府所有收支。现在是哪个政府部门都有自己收支的职能，这就出现一个问题，财政部门和各政府部门职能有交叉。而财政部门的作用就在于使各政府部门的权钱分离，所以，可把财政部门形象地比喻为横在企业居民和政府间的一堵墙，这堵墙挡的是什么，挡的是企业居民和政府间钱上的往来，但留下的是事务上的往来，使政府更好地提供服务。

四、公共财政的历史与现实意义

（1）推动政府职能格局的转变。计划经济时代的政府，它的典型特征是，它要促进经济的发展，是一定要上项目去投资的。多年的改革历程告诉我们，政府职能格局的调整是非常难的，始终没有走出要上项目去投资的思维定式，经济过热也好，投资膨胀也好，很大程度上归因于各级政府。在公共财政概念的提出并围绕公共财政的建设做了一系列的工作的时候，这种状况已经有所扭转。近来进行多次关于公共财政的研修班，使大家都明白一件事情，即公共财政的一个突出的表现是，从竞争性领域退出去，向全社会提供公共产品和公共服务。只要知道公共财政是为了全社会的发展，而不仅是国有企业的发展，这就会对上项目去投资形成强有力的制约因素。特别是在最近科学发展观的形成、五个统筹的提出、科学政绩观的界定，也使各级政府知道公共财政意味着什么，上项目去投资的行为尽管仍在做，它的势头已经大为减弱。在过去的几年中，已经初步见到公共财政建设推动政府职能转变的成效。

（2）推动政府收支行为的规范化。中国的政府收支行为问题，历来是个老大难问题，说政府收支不等于财政收支是一件事情，政府收支拍脑袋去界定也是一件事情。从1998年后，借搭建公共财政这个平台之机，随着许多措施的出台，政府的收支行为已经得到了很大的改观。不妨看几个例子。①费改税和农村的税费改革，尽管进展有点慢，费作为政府随意推出的一种财政收入形式已经不得而行了。②国库集中支付的变化。如社科院的拨款，有两大变化，只拨数字不给钱，结算账户只能有一个。意义何在？一是可集中使用政府的资金，二是政府的支出透明了。③政府采购，监督对象更为集中了。④部门预算，由财政部和各部门分别提交给全国人大，对外说是细化科目，但并不是总账和分类账的关系。⑤收支两条线，但这是过渡性措施，这个措施对遏制乱收费有效果。

（3）推动社会主义政治文明。我们讲公共财政说的是公共服务型政府的收入和支出问题，只要政府的职能是公共服务性的，其收支行为也就是公共服务性的。从20世纪70年代末之后，在全世界的公共领域所发生的一件大事，就是新公共管理运动，它最突出的特征就是把政府部门的职能和行为放在市场化的条件下进行重新思考和定位，定位结果就是政府部门也是因需和应需的部门，从理论上可以界定为公共物品服务业。公共财政平台的搭建有了非同小可的意义，一是预算监督的重要性大家看得更清楚了。二是税款在相当大的程度上就是公款的代名词了。三是政府的支出可以理解为公共物品的支出和服务，而且是等额的。四是税负轻重问题也有了一个尺度。五是依法治税。过去主要是讲纳税人要依法纳税，后来扩展到税务机关，说税务机关要规范收税行为，但这是一个断裂的链条，完整的链条是包括纳税、征税到用税这样一个完整的过程。所谓依法治税，应体现在这个完整过程之中。从这几个方面可以看出公共财政对一个国家政治文明建设所应该起到的推动作用。

五、基本结论

我今天给大家描述的是公共财政的一个理想化的目标，就是说我们知道应该向何处去，应该做些什么，但我们脚下这块土地的现实又不是完全这样，而且，理想化的目标最终能否完全实现也难说。我们只是在理想与现实的抉择当中找某种平衡，尽管好多事情该做但不能做，至少现在不能做，但只要知道方向在何处，我们今天做的每一件事情是在逼近这个目标而不是偏离这个目标，中国的公共财政建设便是有希望的。

整理人：盛逖

（文章来源自《学术讲座荟萃》第17辑，2004年5月13日）

循环经济的几个基本问题

齐建国

齐建国

男，1957 年 7 月出生于河北省迁西县，中共党员。中国社会科学院数量经济与技术经济研究所副所长、研究员、博士生导师。1996 年赴英国牛津大学做访问学者。兼任中国社会科学院中国循环经济与环境评估预测研究中心主任，重庆工商大学经济与贸易学院名誉院长。

主要研究领域：技术创新，知识经济与循环经济，经济分析与预测。1990 年获得国家科技进步二等奖（软科学），1996 年获得国家科技进步二等奖（软科学），2000 年获得中国社会科学院优秀科研成果三等奖，1993 年被评为中国社会科学院十佳优秀青年，1997 年开始享受政府特殊津贴。主要代表作有：《技术进步与产业结构研究》、《技术创新——国家系统的改革与重组》、《知识经济与管理》、《现代循环经济理论与运行机制》等。

大家好！

我今天要讲的问题是中国为什么要推进循环经济。循环经济是在 20 世纪 90 年代末从德国引入中国，从 2000 年，尤其是 2001 年以后在国内逐步发展起来的一个概念。从党的十六届三中全会以后，尤其是"科学发展观"、"五个统筹"这些新的发展思想和发展战略提出来以后，循环经济已经成为我国下一步要推进的一个重点。最近，国家领导人一直在讲大力发展循环经济。以下我们结合当前中国经济的发展趋势，来介绍一下循环经济的内容以及为什么要推进循环经济。

一、中国经济增长问题

首先，1978 年以来中国经济的增长呈现出三个周期。1978 年改革开放初期的增长速度还是较快的，到 1981 年、1982 年有一个调整，之后出现经济增长的高峰，1984 年经济增速到达顶点，超过 15%。1986 年政府试图使过热的经济增长"软着陆"，即对过热的经济进行调控，主要是控制投资，但当年的"软着陆"并没有成功，1987 年经济增速更快。到 1988 年经济改革试图搞"价格闯关"但没有成功，1988 年 7 月北戴河会议提出"价格双轨制并轨"，引起抢购和市场恐慌。1989 年发生的"政治风波"将中国经济拉到了低谷，也说是经济"硬着陆"。由于政治的原因引起了经济增长的大幅度滑坡，1989 年和 1990 年两年的经济增长速度达到了改革开放以后的最低点，低于 4%。1991 年极左势力有所抬头，改革开放出现了倒退的思潮。于是当年就有了小平同志的"南方谈话"。"南方谈话"之后，经济增长速度迅速提高，当年达到了 14.2%。1993 年、1994 年出现了新的过热，通货膨胀率达到历史最高水平，1993 年居民消费价格增长速度达到了 25.7%。当时的经济过热包括投资热、股票热、房地产热、开发区热，带动中国经济进入了非常严重的结构性危机的状态。1993 年 6 月份，时任副总理和中国人民银行行长的朱镕基同志组织对经济进行调控。这次吸取了以往的教训，没有采取"硬着陆"，而是采取了其他一些措施，比如适当控制国家投资的项目，非法拆借的贷款限期收回等。经过调整，中国经济开始平稳回调，从过热状态向正常的状态恢复。一直到1996年实现了经济“软着陆”，中国经济的增长从原来的14.2%调到了9.6%，平均每年降一个百分点，供求关系趋于平衡。之所以将1996年称为“软着陆”，是因为经过各方面的分析和测算，中国经济的潜在增长能力应该在9%～10%，这个速度能够充分利用各种资源，使居民生活水平不断提高，尤其是大量的就业问题能够在高速增长中得到解决又不至于引起过高的通胀。我们希望通货膨胀控制在5%左右，作为一个赶超国家，与经济增长相匹配的适度通货膨胀是有利于经济增长的。1996年的通货膨胀是6%多一些，接近于理想的5%，所以说经济实现了“软着陆”。政府希望经济在这一水平上稳定增长，因此1997年采取了财政和货币适度从紧的政策，但没有想到的是，当年发生了“东南亚金融危机”。我国对东南亚出口占出口总量的36%，“东南亚金融危机”对我国的出口产生了很大的影响，从而引起了库存激增。

“东南亚金融危机”爆发于1997年下半年，中央政府虽然采取了相应的对策，但收效不大。到1998年，由于形势基本上没有缓解的迹象，而且还有恶化的趋势，为了保证经济的快速增长，中央提出了“保八”，即经济增长实现8%的目标。1998年下半年，形势比较严峻，中央采取了积极财政政策以扩大内需，增加了1500亿元的国债，但其效应局限于两个季度。1998年第四季度，经济增长速度从7%上升到9.2%。但是1998年全年经济增长速度依然下滑到了7.8%。为了捍卫人民币稳定，也为了保持港币的稳定，1999年中央政府决定继续增发国债，实行积极财政政策。1999年中国经济增长速度降到了7.1%，是改革开放以来除去1981年、1989年和1990年以外的一个最低点。当然，7.1%在发达国家是一个非常高的速度。美国经济在20世纪90年代持续十年的增长，平均增速在1995～1998年这段最高的时期内，也不过3.8%。但对于中国来说，低于8%的经济增长就会导致严重的就业压力。因此2000年中央政府继续采取积极财政政策，经过几年的积累，2000年经济增速有所升高，当年经济增速为8.4%，2001年为8.3%，2002年提升到9.1%。2003年增速较高，达到10%。中国经济增长速度从1992年开始达到一个新的高峰期，经过长时间的下调，1999年达到最低点，从2000年开始又进入了一个新的增长期，处于一个上升的阶段。

当然，对这个阶段如何判断，现在经济学界存在一些分歧。第一种观点认为2003年经济增长速度达10%表明经济过热了，投资增长速度太快，去年超过40%，今年第一季度国有及国有控股部门投资增长速度超过了50%。这样的投资增长速度不但是世界少有的，也是中国改革开放以来最高的。基础原材料、能源价格飞速增长。第二种观点认为只是局部过热，比如房地产、钢铁、水泥、电解

铝等。目前在建的钢铁规模是8000万吨，正好是美国一年的钢材产量，去年产量达到了2.2亿吨。我以为目前经济总体上还没有过热，因为零售消费品的价格依然没有明显的回升，上游产品的价格上升没有传导到最终产品，最终消费品市场依然供过于求，市场竞争非常激烈。从另外一个角度来说，说明某些领域在过去长时期超额利润过大。钢材在涨价，汽车在降价，但为什么还有很多省份在组建新的汽车组装厂，就是因为过去汽车行业的利润率太高了。现在是一个合理价值转移的过程。第三种观点认为中国经济根本不热，中国经济就是应该高速增长。现在的通货膨胀率第一季度为3.5%，即使达到5%也不可怕。只要是市场有需求的高增长，就应该保持下去。政府投资主要投向于基础性领域，大量竞争性的产品主要是由企业通过贷款来投资，如果市场有需求，企业愿意投资，政府就不应该过多地干预。到了5月份，更多人倾向于认为中国经济有些过热。中央政府调控的力度也有所增加。实际上，从2003年下半年开始，中央政府就已经开始了微调，包括提高银行贷款准备金率。现在主要从控制土地、整顿小矿山入手。

2003年党的十六届三中全会以后，中央政府提出了新的发展战略思想，全国人大二次全会提出“坚持以人为本，树立和落实全面、协调和可持续发展的科学发展观”，还提出了“五个统筹”。

总之，改革开放的一个新的高潮已经来临，中国经济已经进入了一个新的增长期。科学发展观的内涵是十分丰富的。温总理在今年省部级干部培训班上的讲话中，对“科学发展观”和“五个统筹”都做了非常详细的阐述，实际上包括政治、经济、社会等各领域非常广泛的内容。今天我主要是从经济学的角度来谈。在经济发展领域谈科学发展观，我个人理解，就是要处理好速度与质量、效益的关系，处理好经济增长与生态保护的关系，实现人口、资源、环境的协调发展，追求物质文明、精神文明、政治文明、生态环境文明的统一。生态文明是在新时期提出来的新问题。这一概念早已有之，在当前的发展趋势下，将其摆到与物质文明相提并论的高度，最终目标是实现人民群众生活质量不断提高，社会安定祥和。一个发展观是在发展领域的世界观，发展观需要有方法论来落实。循环经济就是为现阶段落实科学发展观而提出的，我总结了当前经济发展的五大特征，用以解释循环经济的提出。

二、当前中国经济的五大特征

中国经济经过20多年的改革开放和持续的高速增长，到2003年，人均GDP是9030元，按当前汇率计算，相当于1090美元。根据国外专家的研究，当人均

GDP达到1000美元以上，一国的经济发展就进入了快速转型阶段。当然，这项研究指的是20世纪70年代的美元。与70年代相比，现在的美元已经贬值很多，前面说的是按汇率来计算。如果按照购买力计算，保守的估计当前人民币对美元充其量也就是4:1左右，政府不主张按照购买力平价来计算，因为如果官方承认购买力平价，中国的年人均收入就会超过2000美元，不再属于低收入国家，国际组织对中国的援助的优惠政策就取消了。世界银行、国际货币基金组织各自有自己的估计，对人民币与美元的比值从2:1到5:1不等。即使按照70年代的美元计算，我们的年人均GDP也能达到1000美元。这说明，中国已经跨越了农业经济的发展阶段，进入了快速工业化阶段，这个阶段有它的特点：

（1）从人均收入水平和产业结构的产出特征来看，中国的经济发展跨越了罗斯托所说的起飞阶段和成熟阶段，进入了一个大众消费阶段。

在西方经济学当中，产业结构可以用就业结构来表示，也可以用产出结构来表示。在西方国家，产出结构与就业结构基本上是一致的。比如美国农业占整个经济的比重为2%多，就业的比例也是2%多一些。这意味着各个部门的相对生产率基本上是平衡的。中国则不一样，农业的产出结构为15%左右，而农业部门就业比率接近50%。这是因为我国农业部门的劳动生产率较低。所以，用不同的指标来衡量产业结构，显示出经济发展水平阶段的差异很大，这是因为我国二元结构特征十分明显。依据钱纳里等学者对经济发展的判断标准，中国也已经进入到了工业化四个阶段中的第三个阶段。这四个阶段分别为起步、起飞、加速和成熟，这里的成熟与罗斯托所说的成熟内涵不一样。进入加速阶段的主要标志是人均收入水平能够满足食品、住房和穿着的需求，汽车进入大规模生产和家庭的消费，家用电器快速普及，也就是进入了大众消费时代。总体上而言，我国实现了小康社会，但是收入差距较大，还有一部分人连温饱问题还没有解决。这是从第一个角度——从收入水平来看的。

从第二个角度来看，作为一个具有二元结构特征的国家，我国劳动力的供给接近于无限的过剩。现在农村的剩余劳动力估计有1亿多人，美国的劳动力总数也才只有1.5亿人。劳动力过剩与先进技术的无限供给两者在压缩型的工业化过程中激烈地碰撞。由于我国大量引进劳动力节约型的先进的科学技术，经济增长对劳动力的依赖在不断下降。这样的碰撞就使得我国的经济在高速增长的情况下，失业率在不断上升。这是一个矛盾。如果不采取先进的生产技术体系，就不能降低成本，提高质量，产品在国际市场上就没有竞争力。但是，大量劳动力需要就业，解决这个尖锐的矛盾只能靠加速经济的发展，扩大经济规模来实现。

从第三个角度来看，城市化的加速发展必然带来国民经济的快速增长。过去我国城市化与工业化是脱节的，而发达国家的城市化与工业化则是孪生姐妹。随

着城市化与工业化水平同步提高到一定程度，工业化水平稳定在一定水平上，城市化水平继续提高。我国工业占GDP的比例在1978年就已经接近50%，但当时的城镇人口占人口总数的比例只有18%，两者相差30个百分点。今天我们发现中国经济继续增长的动力应该是城市化。前九个“五年计划”都没有提到城市化，只有第十个“五年计划”才提出了城市化问题。城市化带来了两个转移：一是农村人口向城市转移，人口由低生产率区域向高生产率区域转移；二是劳动力向非农业产业转移，即由低生产率部门向高生产率部门转移。显然，这两个转移都将促进中国劳动生产率的提高，从而带来人均收入水平的提高，使国内需求有一个持续的增长。从以上三个角度来看，中国经济已经进入大众消费时代，经济增长具有内在的动力。

（2）重化工产业主导将是未来时期我国经济高速增长的基本特征。但这种增长带来的问题是经济增长与生态环境保护之间的矛盾将会更加尖锐，新的结构矛盾的压力将会增大。未来一个时期国内投资和消费都将对重化工产业形成强大的需求拉力。在投资领域，城市化是主要的领域之一。城市化需要建设基础设施和住宅，对重化工产业形成巨大需求。与此同时农村人均收入水平提高以后，为改善生活质量，就需要加强农村的基础设施建设，这也将对重化工产业形成巨大需求。在消费领域，居民消费的增量主要集中在汽车、住房等以重化工产品为基础的产品上。这些特点决定了经济增长对能源、钢铁、有色金属、水泥、化工等高耗能、高污染排放产业的依赖性将会很强。从出口需求来看，我国出口的高新技术产品缺乏自主知识产权。大量机械设备等产品出口，也对重化工产品形成很大需求。重化工产业的高速增长对资源和环境都产生了巨大压力。下列一组数据可以说明我国确实已经进入重化工业主导的阶段。我国的钢材产量1978年是3178万吨，1980年是3700万吨，2000年是1.28亿吨，2003年是2.2亿吨。2000~2003年四年的时间内，钢铁产量增加了近1亿吨。估计2004年钢铁生产能力将达到2.6亿吨。钢材的生产需要消耗大量的水、煤，也对运输提出了很高的需求。但是，需要指出的是，为了降低成本，新建的钢铁厂采用的都是较落后的生产技术。现在新建一个200万吨钢铁厂投资需要20亿元左右，按照现在的投资回报率，2~3年就可以收回。水泥的产量1978年是6500多万吨，2003年已达8.6亿吨，是原来的十几倍。家用电器中，家用电冰箱的产量1978年是2.8万台，2003年是2243万台。空调1978年产量仅为200台，2003年则已高达4993万台。彩电生产能力在20世纪80年代末90年代初达到了5000多万台，2003年产量为6541万台。当前我国的彩电生产能力可以满足全世界的需求量。发电从1978年的2500多亿度增加到当前的19000多亿度。汽车总产量从1978年的15万辆上升到444万辆，家用轿车已经突破200万辆。现在已经成为汽车第四大生产国，到2010年可能跃居第一。但是，重化工业迅速发展是以生态环境透支为代价的。由于生产技术体系相对落后，企业不执行环境保护法，我国的经济增长中有2/3是在对生态环境透支基础上实现的。我国七大地表水系COD（化学需氧量）的容量是800万吨，但2000年地表水中的COD已达到1445万吨，严重超标。一级水是矿泉水，二级水可直接饮用，三级水经处理后形成自来水，需烧开才可饮用。这三类水所占的比重只有29.5%。四类水占17%，五类水占18%。辽宁省地表水80%以上是劣五类水。海水分五类。我国近海的超四类水已经达到26%，四类11.5%。要保证空气质量为二级，二氧化硫的排放量应该控制在1200万吨以内。2000年实际排放为1995万吨，2003年已经超过2200万吨。20世纪60年代我国近海岸每年发生5次赤潮，70年代为10次，80年代为50次，90年代为350次。就单位产出的耗能而言，日本是最节能的国家，如果日本是1，那么我国是11.5，说明我国的能源利用效率只有日本的1/11。以上数据反映出我国在经济增长的同时面临着新的压力，这种压力我称为新的结构危机。传统的结构危机是指运输能力、电力供给、钢铁供给的不足，在现代的市场经济条件下，产业产出的供给危机完全可以由市场来解决，但是新的结构危机即人类的经济发展与大自然生态环境之间的结构失衡是无法通过市场自动调整的。过去的生态环境是作为一种自然赐予的无价值资源，在经济学的研究之外，不被视为一种生产要素。过去被认为是非劳动产品的资源现在已经成为经济内部的生产和生活要素，它们的供给是日益短缺。符合人们健康要求的良好的自然环境已经不再是天然的产物，需要我们不断地再投入、再生产。缺乏良好的生态环境已经成为制约经济发展的重大问题。1998～2003年，我国用于环境治理的投资达5500亿元，这就是一种新的经济成本。每年因为环境污染造成的经济损失相当于GDP的6%～8%。美国的一个经济学家将这种建立在牺牲环境为代价基础上的经济增长称为“环境泡沫经济”。

（3）二元经济结构将会长期存在，生态环境问题会加剧二元结构导致的社会矛盾。城镇居民人均纯收入与农村居民纯收入的比值1978年为2.56，2003年为3.3。在收入差距不断扩大的情况下，生态环境的破坏加剧了二元经济结构造成的生活质量的差距。生态环境是一种天然财富，但经济的增长减少和破坏了天然财富，这种财富的减少对于富人和穷人而言是等比例的。富人对因环境变恶劣而带来的影响还可以通过私人财富来弥补，而穷人是无法弥补这种损失的。因此，生态环境不仅是一个经济问题，在很大程度上是一个政治问题。

（4）区域发展的差距将会继续存在，而且缩小地区差距的难度将会加大。1978年东部地区的经济总量占全国经济总量的比重为48.59%，到2003年为57%，上升了7个百分点；中部地区从31%降到27%，下降了4个百分点；西

部从20.5%下降到16%，下降了4.5个百分点。经过几年的西部大开发，现在西部的人均GDP已经比中部地区多了几元。过去认为西部地区落后，就要加快西部的经济发展。西部大开发也正是基于这一意图。但是，我国的水资源、气候资源、地理地貌等决定了西部地区不适合高密度地发展经济。中国的地势是西高东低，季风西北风居多，水和大气主要从西部过来。如果西部地区高度地发展经济，一旦西部的水和大气等环境遭到严重破坏，那么东部再搞环境保护也无济于事。西部的草原也已经过度放牧，土地过度开采也导致了沙漠化。西部地区的人口密度和农业开发程度已经超过了自然承载力。西部地区城市化水平低，农村人口比例大，东西部差距在很大程度上是城乡差距在地域上的反映。西部地区尤其是西北，作为我国生态环境的屏障，其生态气候的特点决定了不能再过度发展传统农业和发展污染性的产业。这样，由于生态环境的制约，地区差距缩小的难度将会更大。这就需要进行战略调整。

（5）中国经济对国外资源的依赖程度会不断增大，贸易摩擦将日益上升，这要求中国由经济大国向经济强国转变。到2003年，中国已成为世界第一大钢铁、家电、服装等生产国，当然前提是我国是人口第一大国，人均产量并不很高。尽管人均产量并不是很高，但这么多总量的第一已经引起世界恐慌了。我们在产量猛增的同时，面临着两个问题：一是对资源和能源进口依赖上升。我国铁矿石对进口的依赖已经达到了50%，到2010年可能达到60%~70%。石油进口很快就要达到50%。二是高技术产业核心技术的空心化，抑制国内的产业结构升级，使得民族经济的竞争力较弱。所以，中国的企业必须降低能耗，同时要加速自主知识产权技术的研制与开发。我国已经是世界经济大国，2002年我国经济总量世界排名第六，2003年排名第七。1978年我国贸易进出口总额是206亿美元，出口98亿美元。2003年进出口总额为8510亿美元，出口为4382亿美元。我国当前的年GDP约12万亿元，进出口总额接近于1万亿美元，即8万多亿元人民币，外贸依存度达70%多。当然，韩国的外贸依存度更高，达到120%。因此，对外的依赖程度增大正在成为一个新的趋势。

上述经济发展的五大特征表明中国经济社会在快速发展的同时，进入了一个急剧的转型期。在这个时期，需要解决过去积累起来的一系列社会经济矛盾，包括经济与社会发展的不平衡，地区之间收入差距的不断扩大，经济增长与自然生态环境之间的新结构危机，民族经济发展受制于跨国公司的技术垄断，等等。解决这些问题需要大量的投入。因此，坚持以经济建设为中心，促进经济增长仍然是党和政府在相当长的时期内的一项重要的任务。这就决定了我们必须在高增长中转型，同时也必然面临着经济增长带来的巨大的生态环境的压力。在这种情况下，必须走出一条新型的经济增长道路，循环经济是一种势在必行的经济模式。

三、什么是循环经济

循环经济这一概念最早是美国经济学家鲍尔丁在研究宇宙飞船时提出的一个类比概念。他把地球经济类比为宇宙飞船经济。地球就好像是一只孤立的宇宙飞船，其生产能力和净化污染的能力都是有限的，在这样的经济中，人必须在循环的生态系统中找到他的位置。在宇宙飞船中，食物和水都是循环使用的，但不是无限循环的，每循环一次，都会变少，因为食物和水都是耗散结构。地球在宇宙中与宇宙飞船在太空中是一样的，地球上的资源是有限的，因此必须循环使用。循环经济这一概念主要是针对日益遭受破坏的自然生态环境和人类自身发展的可持续性提出的。人类是具有理性的，不但要考虑当代人的生存，还应考虑子孙后代的生存。1970 年 4 月 22 日，美国举行了地球日大游行，标志着人类开始高度关注环境污染问题。实际上，污染的问题在 20 世纪四五十年代就已经提出来了，但当时世界上只有少数几个工业化国家，大部分国家都是农业国家。70 年代环境问题日益突出。1972 年 6 月 5 日联合国召开人类环境会议，通过了一个《人类环境宣言》。1992 年里约热内卢环发大会提出“可持续发展”。2002 年约翰内斯堡会议再次研究可持续发展，提出了《国际行动共同纲领》。国内对于可持续发展的关注主要还是从里约热内卢会议以后开始的。从学术角度看，1972 年，罗马俱乐部发表了第一份研究报告——《增长的极限》，向世界发出了警告。如果世界人口、工业化污染、粮食生产和资源消耗以现在的趋势继续下去，这个星球上的增长极限将在一百年内发生。后来不少人提出质疑，认为罗马俱乐部的研究模型太简单，没有考虑到技术进步的因素。后来罗马俱乐部又发表了《超越的极限》，考虑到技术进步，这一极限可能向后延迟一些。国内学者以华中理工大学的褚大健为代表，他较早地将循环经济的概念引入了国内。循环经济这一概念在国际上并没有广泛流行，它主要在德国和日本比较受到重视，它们主要从环境污染的治理着手。日本提出循环型社会，2000 年进行了循环型社会的立法。德国在 20 世纪 90 年代进行了循环经济立法。美国等一些国家主要依靠环境保护立法体系来解决环境问题。

从国内来看，国家环保部门 2000 年开始倡导发展循环经济。江泽民同志在 2002 年全球环境基金成员国大会上提出“只有走以最有效利用资源和保护环境的循环经济之路，可持续发展才能得以实现”。胡锦涛同志在 2003 年中央人口资源环境座谈会上提出“要加快转变经济增长方式。将循环经济的理念贯穿到区域发展、城乡建设和产品生产中去，使资源得到最有效的利用”。温家宝同志在

2004年中央人口资源环境座谈会上提出2004年重点抓的五项工作，第三项是“保护生态环境，大力发展循环经济”。可见，高层已经认识到发展循环经济的重要性了。当前我国从学术界到实际工作部门也都已经行动起来对循环经济进行研究。2000年以来，全国批准建立了七个生态经济试点省。辽宁是第八个试点省，称为循环经济试点省，已正式得到批准。现在包括河北、陕西在内的一些省份结合贯彻“科学发展观”和“五个统筹”，正在做循环经济的规划。

但是，国内对循环经济的认识还存在不少问题。这里有几种典型的定义：第一种观点认为循环经济是针对工业化运行以来高消耗、高排放的线性经济而言的。工业化的特征是大规模生产、消费和排污，这样的模式产生的环境问题需要通过发展循环经济来解决，从自然资源到产品、用品到再生资源反馈式的流程。所有的原料能源都在这个过程中得到最合理的利用，从而使经济活动对自然环境的影响控制在尽可能小的程度。第二种观点认为循环经济是在人类生产活动过程中，控制废弃物的产生，建立起反复利用自然资源的循环机制。把人类的生产活动纳入到自然循环中去，维护生态平衡。第三种观点总的来说大同小异，提出循环经济要求“运用生态学的规律来指导经济活动”。这种提法存在问题，后面会讲到。第四种观点与上述观点类似，指出循环经济是“使经济系统和谐地纳入自然生态系统的物质循环过程”。第五种观点认为循环经济就是按照自然生态物质循环方式运行的经济模式。上面的几种观点都强调经济学按照生态学的规律运行。生态学里面有很多观点和角度，从哲学、伦理学的角度来研究人与自然的关系，纯粹的自然主义者认为大自然的任何事情都不能改变。经济学对生产力的定义是人类改造自然、征服自然的能力。如果按生态学的规律指导经济活动，那么经济活动就不存在，经济也无法发展了。之所以生态学所理解的循环经济在实践中难以推行，原因在于没有按照经济学的规律去指导经济活动。虽然国家对环境进行了这么多年的投入，但环境问题仍然越来越严重。这里面当然有经济发展阶段的问题，我们国家处于重工业发展阶段，但重工业发展并不必然污染环境。发达国家已经跨过重化学工业阶段，但是其人均资源的消耗量依然没有减少，只不过将污染的产业转移到了发展中国家，通过高科技、知识产权来换取这些资源。现在存在的问题是，循环经济作为一种经济形态，涉及经济运行规律、生产关系。过去搞循环经济试点省，所有的规划都只是从技术上论证要建多少生态项目，但是缺乏一套很好的经济运行机制来落实。我认同的关于循环经济的观点是循环经济作为一种新的生产方式，它是在生态环境成为经济增长制约要素的条件下，以全体成员福利最大化为目标的一种新的经济形态，是建立在环境要素有偿使用基础上的资源消费→产品→再生资源的闭环式物质流动模式。资源消耗的减量化再利用和资源再生化都仅仅是其技术经济范式的表征，本质是对人类生产关系进行调整，其目标是推进经济持续性发展。应该将循环经济作为一种生产关系来理解，要求制度变迁。既然自然的生态环境已经是一种要素，就应该定价，就应该进入市场流通，这必然改变原来社会经济中的价格体系，从而引起物质利益关系的变动。比如，过去老百姓的土地被占用、被污染，不能获取对损失的补偿。在循环经济条件下，就要通过立法来保障获取补偿的权利。这实际上就是生产关系的变化。而再利用、再循环都只是表面的技术特征。还有一种观点将知识经济融入了循环经济。总之，目前国内经济学界、环保学界、技术学界、政府部门对循环经济的认识并不一致。因此需要对循环经济进行更深入的研究。

以上的观点可以分为三大类：第一类观点从人与自然的角度去定义循环经济，主张人类经济活动尊重自然生态规律。从某种角度来看，这种观点是正确的，因为经济活动要遵从自然规律。但是否一定要遵从生态规律，这点值得怀疑。从这个角度出发，将循环经济的本质视为尽可能地少用和循环利用资源。在国外，减少使用资源是通过市场来解决的，比如提高污染收费。但在我国，落实污染收费困难重重。第二类观点从生产的技术范式来定义循环经济，主张清洁生产和环境保护，使生产过程的技术范式从资源的消费——形成产品——废物排放的这样一个开放的过程和一种物质流动模式转向所谓资源消耗——形成产品——形成再生资源的闭环型流动模式。但是，闭环型是不可能完全实现的。能源消费具有耗散结构，资源从被消耗到形成新资源需要很漫长的过程，已经超出了经济学研究的范畴。这种定义下的循环经济技术特征表现为资源消耗的减量化、再利用和资源的再生化。本质是生态经济学，核心是提高生态环境的利用效率。这种观点认为循环经济是一种新型的经济形态，但这里所说的经济形态实际上是技术层面上的物质循环模式，没有涉及生产关系和生产要素问题。第三类观点认为循环经济是一种新的经济形态，将其看成一种新的生产方式，认为它是在生态环境成为经济增长制约要素、良好的生态环境成为一种公共财富的新的技术经济范式。这里提到的公共财富，与道路等公共品不同，水、空气等资源具有流动性、跨时性和跨区域性，其产权难以界定，是一种非常特殊的公共品。国内对循环经济的认识存在的最大误区就是没有认识到循环经济实质上是要调整人们的生产和利益关系。比如，地方政府从地区财政收入和就业角度考虑，就可能不顾环境污染对老百姓的损害，并与不符合环保要求的企业合谋来应付国家检查。这里就涉及各种利益关系。

生态环境本身对污染有一种自我净化的能力，但是污染超过一定程度后，这种自我净化能力就丧失了。超过了这种自然的净化能力和循环能力，对人类的健康就会产生不利的影响。在这种情况下，自然界的生产能力下降了。生态环境具有明显的二重性质。在自然物质形态上，是一种自然的产物，是没有价值的人类

共有的生存条件。在社会形态上，是人类生产和生活的稀缺要素，具有社会性。从客观规律来讲，由于大自然的净化能力是有限的，环境容量是一定的，循环经济的发展具有一种客观必然性。经济发展到一定阶段，人与自然界在进行物质循环交流的过程中必然遇到由于资源和环境的有限性而导致的生活质量的提高和环境变化的矛盾，这其中有很多的问题需要探讨。总之，不同时代人的生活质量是不同的。农业经济是温饱社会，土地所有权是人类矛盾的焦点；工业经济下有更高层次的需求，需要消耗更多的人造品，从而需要发明科学技术。在资本主义社会中，环境作为一种公共要素被人随意占用从而引发了利益冲突；社会主义生产关系不同于资本主义社会，但是，就生态环境而言，社会主义的国有企业和资本主义私有企业污染环境所产生的后果是没有区别的。因此，传统意义上的生产资料公有制在可持续发展问题上既没有解决效率问题，也没有解决可持续问题。应该说，循环经济是适合于社会主义市场经济的一种模式。亚当·斯密时代存在“钻石与水”的悖论。但是随着人口的增加，经济和现代科学技术的发展，水的价值越来越高。水是人类生活生产中最重要的物质，循环利用的可行性最大。不同国家在不同的经济发展阶段，环境污染的程度不同，可以用库兹涅茨倒U曲线来描述。当然，这条曲线是否存在没有更多的实证来支持，但理论界一般都承认。随着人均GDP的提高，单位产出释放的污染强度不断增大，到工业化中期到达顶端，也说是工业化的高峰——重化工阶段污染强度是最强的。这一阶段过去之后，单位产出排放的污染逐渐降低，就如发达国家现在的状况。比如，美国钢材消耗最多的年份达到1.4亿吨，那时美国的总人口为2亿多，人均年消耗量为650公斤左右，现在美国处于信息社会，钢铁业是夕阳产业，现在人均年消耗钢材为300公斤。即使到了2050年，中国像美国现在一样发达，按人均年消耗量300公斤算，那时中国的人口约15亿，总的需求量也将为4.5亿吨。美国在20世纪70年代以后就逐渐将高污染产业向发展中国家转移。发达国家基本就是在这样一个环境中实现倒U曲线的。倒U曲线在发展中国家会不会存在呢？答案应该是肯定的。虽然发展中国家在经济发展的过程中，单位产出的污染释放量也是在上升的。但是，发展中国家有后发优势，即在人均1000美元时使用的生产技术与发达国家在人均1000美元时的生产技术是不同的。也就是，我们国家现在生产钢铁与美国在人均1000美元时生产钢铁的技术发生了巨大的进步，单位钢铁的排污量是不一样的。由于引进了发达国家先进生产技术体系，在相同的阶段我国同样的产出排放的污染更少。但这并不意味着科技进步可以完全解决污染问题。实际上，对于人类可持续发展而言，技术进步是一把双刃剑。它一方面使单位物质产品产出的消耗下降；另一方面随着人均收入水平的提高，它使得每个人消耗的物质资源在上升。

四、如何发展循环经济

发展循环经济应该采取哪些政策呢？从党的十六届三中全会以来，理论界不断地有人在批判“GDP 至上”的观点，并提倡使用绿色 GDP 来统计经济。这里面当然存在很多问题。也不能彻底否定 GDP。因为没有 GDP 的增长，就没有收入的提高。我们需要在实现 GDP 增长的同时保护环境。

（1）必须转变“GDP 至上”的观念，这就要求各级政府在制定“十一五”规划时，把发展循环经济、推进可持续发展作为一个宗旨。从国家全局的角度有必要制定区域可持续发展指数，作为对地方经济发展业绩评价的一种重要参数。现在许多部门正在研究这一问题。

（2）需要立法。借鉴发达国家的经验教训，尽快进行循环经济的立法。

（3）在政策层面，要建立有利于循环经济发展的政策体系。把发展循环经济的外部效益和外部成本内部化。为了促进企业主动进行环保和资源循环利用，政府应该建立起“污染者治理、受益者补偿”的机制。

（4）信息公开，媒体监督，社会参与。

（5）要加强理论研究，探索循环经济模式。

（6）建立经济增长与生态环境的监测评估预警系统，为决策提供科学依据。

（7）积极参与国际合作，引进先进技术，提高循环经济效率。

（8）根据我国人口资源分布不均衡，各地区经济发展水平差异巨大的国情，以及保护生态环境的紧迫性和跨地域、跨流域、跨行政区域的这样一些特点，要走全国一盘棋的道路，推进全国资源的统一规划和经济的重新布局，对区域功能定位根据整体发展的要求进行重新研究。

最后是九个优先领域：第一，要优先进行制度的框架设计，使生态环境作为生产要素进行流通；第二，要立法；第三，要对生态环境和基本资源的价值进行评估，确定价格体系；第四，要首先选择能够增加就业和产生再生资源的部门优先发展；第五，以具有较成熟技术体系支撑的短缺资源循环利用为突破口，采取诱导政策和强制技术标准相结合的措施，促进资源的循环节约使用；第六，以污染大户和重点排污行业为控制对象，强制它们降低消耗；第七，要根据不同区域的特点有重点地选择发展循环经济；第八，实行排污收费；第九，加强技术体系的研究。

谢谢大家！

整理人：王晓光

（文章来源自《学术讲座荟萃》第 17 辑，2004 年 5 月 20 日）

企业发展战略和自生能力

林毅夫

林毅夫

男，1952年生，北京大学中国经济研究中心教授，世界银行高级副行长兼首席经济学家，第七、八、九、十届全国政协委员，第十一届全国人民代表大会代表，中华全国工商业联合会副主席，第三世界科学院院士。

1986年毕业于美国芝加哥大学经济系，获博士学位。曾担任国务院农村发展研究中心发展研究所副所长，国务院发展研究中心农村部副部长。1994年创立北京大学中国经济研究中心，并担任主任至今。林毅夫教授是国内外知名的经济学家，在国内外有众多兼职，并担任众多国际学术期刊的编委，是国家发展和改革委员会"十一五"规划专家委员会委员，教育部社会科学委员会委员，北京市"十一五"规划工作专家咨询委员会委员，国家信息化领导小组咨询委员会委员，北京市人民政府专家顾问委员会委员，世界银行首席经济学家顾问，亚洲开发银行行长"名人顾问"，国家人事部中青年有突出贡献专家，1993年起享受国务院有特殊贡献专家津贴。2005年当选全国劳动模范。2007年10月31日在英国剑桥大学马歇尔讲座，成为登上国际经济学界顶级讲坛的第一位中国学者。2008年2月，由世界银行行长佐利克提名，担任世界银行高级副行长兼首席经济学家，任期4年。

林毅夫教授有著作16本，其中《自生能力、经济发展与转型：理论与实践》荣获教育部第四届中国高校人文社会科学研究优秀成果奖一等奖，北京大学第十届人文社会科学研究优秀成果奖一等奖，首届张培刚发展经济学研究基金会优秀成果奖；《中国的奇迹：发展战略与经济改革》被翻译成6种语言出版；《制度、技术与中国农业发展》与《再论制度、技术与中国农业发展》分别获1992年度及2001年度孙冶方经济科学奖。还有多本著作分别获得北京市第4、5、6届哲学、社会科学科研著作奖。1992年发表于《美国经济评论》的《中国的农村改革及农业增长》一文，被美国明尼苏达大学国际粮食与农业政策研究中心授予1993年度最佳政策论文奖，2000年被美国科学信息研究所评为1980～1998年内发表于国际经济学界刊物上被同行引用次数最多的论文之一，获颁经典引文奖；《技术变迁与收入在农户间的分配：理论和来自中国的证据》获《澳大利亚农业与资源经济学杂志》1999年度最佳论文奖（1999年6月第43卷第2期）。1997年获得澳大利亚农业和资源经济学会颁予的约翰·克劳夫爵士奖（每两年从国际农业经济学家中选出一位）。

这几年我谈得比较多的是发展战略和比较优势，后来又提出一个概念叫自生能力，我对发展战略的阐述是在对企业自生能力的认识上面建立起来的。任何理论都来自于对现象的总结，我在研究中国改革和发展的问题当中有很多迷惑，通过解释这些迷惑，然后把它们总结成我前面经常提的这些概念。

中国改革从1978年开始，开始的改革思路并不是要对社会主义计划经济体系进行根本改变，当时只是认为原来的计划经济有问题，需要进行一些改进。1978年和1979年时改革的主要目标是希望通过对原来体制的改进经济可以发展快一点，老百姓的生活可以好一点。当时小平提出的目标就是希望在改革开放政策下，20年翻两番，平均每年增长7%。从这种角度来看的话，从1978年到20世纪80年代末这个目标已经完成得相当不错，1978~1990年平均每年的国内生产总值达到9%，比小平同志翻两番所要求的7%高了两个百分点。1990年时GDP跟1978年的时候相比已经增加了2.8倍，小平同志讲的翻两番的第一个十年应该是翻一番，结果增加两倍还多。

改革加上开放，1978~1990年，我们对外开放的成绩也是非常显著的。在这12年的时间里，我们对外贸易的人均增长速度就达到15.4%，12年的时间里，我们的对外贸易增长是5.6倍。1978年的时候我们国内对外贸易总额是206亿美元，比中国台湾地区的对外贸易总额还要少。但经过12年的对外贸易的快速扩张，到1990年的时候对外贸易总额已经超过了1000亿美元。改革开放的效果是非常好的。在这段时间里面，我们老百姓的收入也增加得非常多，尤其是当时农村收入增长特别快，农民人均纯收入平均起来每年增长9.9%，比当时城里人的可支配收入增长还要快。城市里当时每年的增长速度是5.9%，城乡收入差距在缩小。从这些指标来看，我们可以讲1978年小平同志提出改革开放的目标是全面达到了。可是在20世纪80年代末90年代初呢，在一些国际会议上对中国的改革并不看好，普遍的说法是前十年你们是比其他东欧国家的改革早走了一步，到现在为止看起来好像绩效也很不错。但他们普遍对中国的看法不好有两个方面：一方面，现在你们不是要向市场经济体制过渡吗？市场经济体制的一个基本的制度安排是私有化的产权，没有私有产权怎么进行市场经济？另一方面，说计划经济是比市场经济没有效率的，这是大家有目共睹的，有争议的是，计划经济不如市场经济，双轨制比计划经济更糟，是你能想到的所有制度安排中最差的一个制度。因为他们认为在双轨制之下必然会导致贪污腐化的普遍化，由于这样的利益格局，在双轨制当中受益的阶层就会妨碍计划经济体系向市场经济体系进一步的转变。当时国际上很多学者主张这种看法，认为中国经济可能随时会崩溃，会形成像拉美国家一样的权贵阶层掌握经济资源，然后妨碍经济的进一步发展，造成收入分配的恶化等一系列的问题。当时国际上普遍看好苏联、东欧的改革，因为苏联、东欧的改革一开始的时候就是按照现在经济学里最基础的制度安排，如“休克疗法”，大爆炸式的改革方式，这种方式基本上有三个内容：一是价格的全面自由化，价格完全由市场来决定，资源完全由市场来配置。二是全面的私有化，把所有的国有企业私有化。因为价格全部放开了，资源全部由市场配置，微观主体会不会对价格有反应。如果你是国有企业，赚的钱不是自己的，就不见得会对价格起反应。只有全部的私有化，企业才会对价格起反应。三是政府应该维持宏观稳定，平衡预算，否则会引起通货膨胀。在通货膨胀很高的状况下，价格信号就会失掉资源配置的功能。这是现代经济学认为合理的做法。当时提出“休克疗法”的很多大学教授是参与苏联、东欧改革设计的，他们认为这个改革会有一些转型的成本，开始的时候可能会使整个国民经济有一些下滑，但是有良好的体制，很快经济就会复苏，会提高效率，会进入快速发展。20 世纪 80 年代末 90 年代初的普遍看法是虽然苏联、东欧起步比中国晚，但是由于有比较好的体制安排，很快就会赶上中国的经济发展。但是现在十多年的时间过去了，苏联、东欧进行“休克疗法”后，经济出现了崩溃，急遽下滑，特别是前苏联的国家。同时在转型的时候，前苏联、东欧国家普遍发生恶性通货膨胀。进行大规模私有化的国家在改革中表现都不好，跟中国一样没有进行大规模私有化的国家表现最好，那就是波兰。我们现在看，从 90 年代中国的改革当中确实也出现了不少问题，甚至这些问题跟当时的经济学家的预测有相同的地方，比如国有企业改革没有完成，地区经济差距越来越大，农民收入和城市居民收入的差距不断扩大等。但是中国经济并没有像苏联、东欧一样出现崩溃，从 90 年代到 2004 年，我们的国民经济平均每年还是以 10.1% 的速度在增长，对外贸易也同样是以 15.2% 的速度在增长，国民经济又翻了两番多，对外贸易也增加了五六倍以上。整个国内的收入水平都提高非常多，同时也对世界上的经济稳定和发展做出了贡献。中国改革和发展的情形是当时世界上没有预测到的。理论应该解释现象和预测现象，理论来自于现象，然后必须回归到现象。当时做预测的都是大师级的教授，还有诺贝尔经济学奖获得者，为什么会对中国和苏联、东欧经济发展的预测产生这么大的偏差，我想有两个可能性：一个就是他们不懂经济学；另一

个就是理论有问题。既然他们都是大师，可以拿到诺贝尔经济学奖，不能说不懂经济学，那么就是到现在为止的经济学没有办法帮助我们真正了解转型的国家当中问题的实质是什么。

现代经济学来解释转型当中的问题到底有什么不足？为什么会出现这么大的偏差呢？实际上任何理论体系，自然科学、社会科学体系都建立在一些简化的暗含的假设上面，因为理论不是真理，它只是对现象的解释，总是想捕捉现象背后最重要的原因，然后建立一个体系来说明、预测这个现象。一个理论体系通常都是建立在几个明的假设和几个暗含的假设上面，我发现现代经济学有一个暗含假设：企业是有自生能力的。自生能力的概念就是说在一个开放竞争的市场中，一个正常管理的企业不需要外在的扶持和保护就可以获得市场上大家可以接受的预期利润率。从此定义上来说，如果一个正常管理的企业，在竞争市场上不能获得预期利润率，那就不会有人去投资。基本上这个概念是暗含的，认为如果企业只要能管理好，企业就一定能赚钱。这是现代主流经济学中不自觉地做出的一个暗含假设，在这样的一个暗含假设下，大家推导出一个企业不赚钱的话那一定是管理有问题，管理问题一般是公司治理问题，产权安排问题，国家对市场的不当干预的问题。我们看到在转型中国家确实都存在上述问题：国有企业公司治理有很大问题，国有企业的产权有问题，厂长（经理）就没有积极性去管理企业，再加上国家对市场的干预所造成的竞争不充分和竞争条件不平等，这些现象是确实存在的。而现在主流经济学假定企业是有自生能力的，如果公司不赚钱那就是公司治理问题、产权安排问题、国家对市场的不当干预的问题。如果接受了这个理论体系再来看一个国家的企业自然得出的结论就是必须改善公司的治理，必须明晰产权，必须减少国家对市场的干预。“休克疗法”是在这样的理论体系下的必然结果。但事实上转型中国家的很多企业实际上是没有自生能力的，即使有最好的管理，在开放的市场中也是没法生存的，因为这些企业是不符合经济的比较优势的，我们大部分的国有企业是资本密集的重工业，而我们是一个资金稀缺的国家，所以资本密集的重工业不符合我们的比较优势，但符合发达国家的比较优势，所以在开放竞争的环境中我们的企业一定没法生存。因为国外资本密集型产业的产品的主要成本来自资金，发达国家资金价格比我们低，产品成本就比我们低，而我们国家资金稀缺，资金价格就高，成本就高，那么在开放竞争的情况下如果没有外来的扶持，企业就无法生存。对于上述这一点，可以举日本的农业为例。日本农业基本上是小农经营，所有权和经营权是合一的，不存在管理问题。但如果没有政府的保护，日本的农业早就垮了，因为它不符合经济的比较优势，日本粮食价格是国际价格的八倍，如果没有政府的保护，在开放竞争条件下日本的农业是没法生存的。

其实很多转型中国家的企业在开放的市场中只能靠保护补贴。我曾与蔡昉合著《中国的奇迹》一书，当时还没有自生能力这个概念，但整个书的体系就建立在这个基础上。传统计划经济体系中有所谓三位一体，发展目标就是重工业优先，而我们的比较优势在于劳动力密集型产品。当发展的战略目标与现实要素禀赋发生矛盾时，怎样来处理，当时我们提出要把宏观价格信号扭曲，人为压低利率、汇率，压低各种投入要素的价格，给重工业的发展提供低的成本。但这些价格信号扭曲后，对资金、外汇和原材料一定会出现供不应求，市场就无法靠供给和需求的竞争来达到平衡，那就无法保证这些要素会优先用来发展重工业。所以首先必须有计划，把各种产业分等，按优先顺序以国家行政手段来配置资源。在价格信号被扭曲，国家用计划方式来配置资源，市场竞争被取消的条件下，对企业的微观环境一定要进行干预，因为企业是全民所有的，但经营权在厂长、经理手里，两权的分离就会带来信息的不对称，如果给企业一定的自主，企业一定会利用这种信息不对称为自己谋利。如果信息不对称无法克服的话，给厂长、经理太多自主权就等于给以权谋私创造条件。扭曲价格信号的另一目的就是解决资金动员的问题，因为在资金稀缺状况下投资资金密集产业就牵涉到资金动员问题。当时的生产活动主要在农业领域，如何将这些农业剩余集中投资在重工业，如果靠税收的话，成本太高，所以就靠价格信号扭曲将所有剩余集中在已经投资的企业，如果企业是私有的话，那政府对剩余就没法掌握，无法要求私营企业将这些剩余投资到重工业，因为重工业的利润回报不如轻工业，所以只能实行国有化支配这些剩余。国内大多认为国有经济的三位一体是照搬原苏联的经验，是因为我国没有发展工业的经验，其实也是从我国具体国情出发所做的选择。因为我们面临的问题和苏联是相同的。政府干预市场来优先建立某些产业是“二战”后新兴独立国家普遍采取的方法。当时认为要赶上发达国家，必须有发达国家的产业，所以重工业优先发展是“二战”后发展中国家的共同目标，这些国家面临的要素禀赋条件都要求政府用保护补贴和动员资源的方法来建立重工业。综上所述，靠这种传统的三位一体，政府对价格信号的扭曲，对资源配置的干预等方式是可以帮助发展中国家将重工业建立起来的，但进行了这么多干预后，企业的自主权受损，出现效率低下、积极性不高的问题，同时也会出现公司治理、产权、政府干预以及“裙带关系”等问题。裙带关系如何产生呢？在资金稀缺的国家优先发展资本密集产业，面临的问题就是选择哪些企业去投资，与政府有密切关系的企业就会得到关照。投资后国家给这些企业很多保护补贴，对企业来说，在没有自生能力的状况下无法用改善经营管理来盈利，就只能靠政府给予更多的保护政策。这时，企业的所有者就会利用与政府的关系游说政府提高关税，增加保护补贴，也就是上述所提到的“裙带关系”。其背后根源与政府所要优先发展的

企业无自生能力问题联系在一起，这是转型中国家的普遍现象，也是发展中国家的普遍现象。

人对客观世界的认识总是受到一定的理论和意识形态制约的。从现有理论出发来看问题时难免会有局限，如主流经济学体系中暗含的假设就是企业有自生能力，这对解释西方发达市场经济国家的企业来说是合适的。固然前面提到了日本的农业，但日本的农业在经济中所占比重仅有4%，96%的经济基本是参与市场竞争的，在市场竞争中存活的就是有自生能力的企业。对发达国家来说，大多数产业都是如此。当然理论是解释大多数现象，所以主流经济学体系的这一暗含假设用来解释西方发达市场经济国家的企业来说是合适的。但用此理论体系来分析其他国家时，就会出现问题。理论是用来了解现象分析现象的，但同时也限制了我们的思维，如在现有理论框架下，企业有问题就一定是企业自身的管理问题，于是当我们用此框架来看发展中国家的企业时，就只锁定企业管理问题，但却忽视了这些问题在相当程度上是内生问题，内生于企业没有自生能力。这一理论体系不仅影响了市场经济国家著名的经济学学者，也影响了发展中国家经济学家对问题的认识，如科尔奈，他是国际上最具影响的来自社会主义国家的经济学家。他发现苏联、东欧一些国家的企业一旦发生亏损，就会向政府索要更多的补贴，政府的预算就没有约束，于是他提出了著名的预算软约束理论，但当他分析预算软约束产生原因时，却追溯到社会主义国有制问题，预算软约束产生的根源就成了产权问题，只要实现私有化，国家就没有责任给企业保护补贴，预算软约束问题就会解决。但东欧国家私有化以后，预算软约束的问题并没有解决，《东欧十年改革经验》和《世界发展报告（1996）》中都提到东欧许多大型企业私有化以后向国家索要的补贴不但没有减少而且增加。所以现在来看根源还在于企业没有自生能力，没有自生能力就无法在竞争中存活，而企业没有自生能力主要是由于国家投资决策问题，所以责任在于国家。企业管理没问题，还是没法盈利，那只能向政府要补贴，因为责任在政府，政府只能给。而且从激励机制角度来看，私有化后要的保护补贴会更多，因为私人收入会增加。所以我认为在转型经济中问题的根源是国家要发展的企业不符合比较优势，所以没有自生能力。其他的产权问题、治理问题、国家干预问题基本是内生的现象，如果只关注这些问题就会治标不治本。如私有化后预算软约束继续存在，在此情况下“休克疗法”提出的三个目标是不自洽的。第三个目标是平衡政府预算，第二目标却是私有化，前面已推论私有化后企业向国家要的保护补贴只会更多，而且向国家要保护补贴的借口是继续存在的。而且政府用的钱反正是国家的，企业来索要补贴时难免会有贿赂行为，所以企业就更容易出现寻租行为，但私有化后政府的税收能力大大下降。在国有制状况下，政府的税收来自企业的收入，政府和企业同本账，企业的剩余就能掌握在国家手中。转型后，政府与企业分别核算，政府要去收税，但税收能力要经过一段时间才能建立，在税收能力下降的状况下还要增加保护补贴，就会出现财政赤字，政府要维持开支只能多发行货币，这样就会出现恶性通货膨胀。根据这套理论设计的改革不仅在苏联、东欧是无效的，在我国也一样，国内改革25年来真正有效的措施不是政府设计的，而是自生的，如被国内外学者讨论最多的成功的经验是家庭联产承包责任制和乡镇企业，但这不是政府的功劳而是农民的。政府的许多改革措施，尤其是国企改革20多年来，国有企业状况是每况愈下，我认为主要是对国有企业的改革没有对症下药，只关注一些公司产权、治理等内生问题，如果不解决其外部限制问题，改革只能是次优。企业在有自生能力状况下尚有可能亏损，何况在企业自身能力还未解决的状况下许多原来由国家承担的社会负担转移到了企业，如退休和冗员问题。这些都是政策性负担。有政策性负担就有政策性亏损，而政府应该对政策性亏损负责，所以就要继续给保护补贴，这样国企的改革是不会有效的。发展中国家“二战”后都是推行重工业，这些产业不赚钱就会出现许多银行坏账问题、裙带资本主义问题、金融危机，最后可能会出现经济发展停滞。当这些国家出现问题后就要向国际货币基金组织和世界银行寻求援助，国际货币基金组织一般也用主流经济学理论框架来分析这些问题，于是看到许多产权问题、治理问题、银企关系问题、政企关系问题，于是在给援助时就会根据华盛顿共识要求这些国家企业进行改革，华盛顿共识基本是建立在现代主流经济学基础上的，认为一个有效市场经济体系应该有一个条件差。当很多国家拿了援助真正按华盛顿共识进行改革却常常会出现经济崩溃，像印度尼西亚。于是出现阳奉阴违的现象，拿了援助又怕崩溃而不进行改革，同样没有效率。

2002年，世界银行前任的一位专家威廉·比斯特写了《The Lost Decade》一文，将20世纪80~90年代比作一个迷失的年代。他发现80年代后，许多发展中国家出现了危机，然后按华盛顿共识进行改革。虽然从指标来看，改革是有成效的，现代经济学的一些指标都得到改善，如教育提高了，产权明晰了，银企关系改善了，但他发现发展中国家普遍发展低效，与六七十年代经济平均增长速度2.5%相比，进行改革后，增长速度为零。为何如此呢？我个人认为按华盛顿共识进行的改革基本上没有对症下药。从前面的分析可知，主流经济学理论体系用来解释发达国家的现象基本是合适的，但并不适合解释转型中和发展中国家的情况。既然不合适，这一理论体系就应该修正。现代主流经济体系在马歇尔1890年出版《经济学原理》时，基本就已完善。但理论体系的建立首先要进行许多抽象的假设，而在解释具体现象时需要不断改善。按马歇尔的理论，制度是不应存在的，最有效的制度安排是市场。而科斯在1937年写了《企业的性质》一文，

认为企业制度是需要的，因为在企业内部物品不是按照市场方式来交易而是通过命令来交易，因为市场交易是有交易费用的，并非所有物品通过市场交易就是最有效的。以科斯的理论为基点出现了许多现在所谓的新制度经济学。后来对马歇尔的理论体系又有进一步修正，按马氏理论，市场所有的信息都是充分的。但其实信息是有成本的，所以市场的信息不是充分的，最早提出这个问题的是芝加哥大学的一位教授斯蒂格勒，后来的埃克洛和斯蒂格里茨又改进了这一理论。所以作为一个理论体系，初建时总是从最简单的假设开始，当此理论不能很好地解释一些现象时，就要推翻其中的一些假设，这样理论才能更好地解释现象。现在解释企业转型问题时，我认为自生能力不应作为一个暗含的假设，而应还原为一个具体因素放在理论框架中进行考察。我认为如果自生能力概念提出后，对发展经济学和转型经济学就会有改变。如现在发展经济学的目标基本是提高收入水平，要提高收入水平就要提高劳动生产率，提高技术和产业水平，所以就必须发展资本密集技术密集产业。但如果从自生能力角度看，就会发现这样的目标定位是错误的，一个国家的产业结构和技术结构是内生于国家的要素禀赋结构的，产业结构和技术结构应是根据国家的要素禀赋结构做出的某种选择。所以如果我们的要素禀赋没有得到提升，仍要发展与要素禀赋结构不相适应的资本密集技术密集产业，那这批企业就是没有自生能力的，于是就会出现前述的国家保护补贴以及随之而来的一系列问题。所以我们的发展目标应是如何尽快提高国家的要素禀赋结构，然后产业结构和技术结构才能升级。而尽快提高国家的要素禀赋结构就只能按比较优势来发展产业。在每个阶段都根据不同比较优势来发展，企业在国内外市场上才有竞争力，才能创造更多的剩余，要素禀赋结构就能不断提高。同样，认识到自生能力这一概念后，就会认识到赶超要付出一定代价，因为赶超就必须对市场进行干预，对制度进行扭曲。而且也会看到在改革过程中渐进双轨制的改革是比较科学的。如果用“休克疗法”，那些没有自生能力的企业就成问题，但不可能让这些企业都破产。原因之一是战略上的理由。这些企业大都是在先进的行业，是国家力量的基础，从政治上来说，如果这些产业垮了，国家的总体现代化水平就下降。原因之二是从就业来说，企业垮了就会产生巨大的失业问题，带来许多社会问题。所以国家就要继续给予保护补贴。如果用“休克疗法”，保护补贴反而会增加，效率却降低。但如果用双轨制改革的方法，保护那些没有自生能力的企业，同时放开一部分，让有比较优势的企业参与市场竞争，这样既维持稳定又取得快速发展。

对一个理论体系的改进目的在于能更好地解释现象、解决问题。我们的改革怎样才能完成计划经济向市场经济的转型。改革中存在的问题确实很多，如金融问题，四大国有银行坏账问题，证券市场投机炒作以及贪污腐败问题，地区生活差距扩大问题，还有就是国有企业的问题。这些问题其实都直接或间接地与国有企业有关，如银行坏账问题就是由于贷款给国有企业又无法收回。对国有银行1994年曾有五大改革，首先就是银行商业化，目标是利率市场化，但事实上银行利率和贷款无法完全放开，其原因就是国有企业贷款需要低利率保护。再来看资本市场的问题，股票市场投机和炒作问题如此严重的原因是上市国有企业基本没有业绩，那股票就如吴敬琏老师所述只能作为赌场投机的筹码。基金同样如此，企业不赚钱，基金无法分红，但基金资本充足，所以基金不只是投机而且要进行炒作。其他如贪污腐败问题的主要根源就是国家对经济的干预。一是对价格的干预，二是对市场进入的干预。对价格的干预表现在国家干预银行的利率以保护国有企业，为了得到低利率贷款企业就会有行贿，于是导致贪污腐败。对市场进入的干预就是国家给国有企业垄断地位，于是企业为了拿到这种进入的许可与政府官员之间就会出现行贿受贿现象。地区生活差距的扩大也和国有企业有关联。我国地区间的比较优势很明显：东部地区是制造业、中部是农业、西部是矿产资源，而国家为了补贴国有企业就会人为压低农产品和矿产资源的价格，那就相当于中部和西部在补贴东部，地区间的差异就会扩大。所以我们在改革中出现的问题都与没有自生能力的国有企业有关，如果国有企业改革不成功，我们就很难完全实现市场经济的转型。那怎样来改革国有企业呢。过去试行了很多措施。我个人认为必须使国有企业实现在竞争市场中不需要国家保护补贴只要有正常管理就能获取利润这样的目标。现在妨碍其在正常管理情况下无法获得可接受利润的原因之一就是战略性负担，即它所在的产业是不符合比较优势的。原因之二就是社会性负担，国企在发展过程中为解决城市的就业出现严重的冗员问题，在改革前对企业是没有负担的，因为是统收统支，但改革后这部分负担就转移到企业。还有就是退休养老保险问题也一样，1979年后，退休老工人的负担逐渐转移到企业上。这两者都是政策性负担，有政策性负担就有政策性亏损，政府就必须给予保护补贴，然后就会出现预算软约束问题。所以国企的亏损最终还是政府亏损。那要解决预算软约束就只能先卸下企业的政策性负担，消除企业索要保护的借口。方法就是裁减冗员，退休工人由社会保障体系负责，让政府直接负担。因为企业索要的保护补贴一定会高于实际所需的，所以政府如果剥离企业的政策性负担，直接来承担反而能减少亏损。关于战略性负担的解决之途，我在书中提到要将这些国企分为四类，根据国有企业产品的性质来区别对待。第一种是企业的产品关系到国防安全问题，那就只能由财政拨款支持。第二种就是它的产品与国防安全关系不大，但有很大的国内市场，企业是由于资金稀缺而没有自生能力，那就让这些企业直接利用国际资本，到海外上市或与跨国公司形成联营建立海外企业。第三种就是企业产品已经老化，没有国内市场，那就无法吸引外来资

本，所以只能转产，可以生产劳动力密集型的有国内市场的产品。而且国有企业在工程设计和管理方面相对于民营企业还是有优势的，因为1978年以前清华、北大的优秀毕业生都会去国企，如四川长虹、嘉陵等都是军工转民用的成功范例。第四种就是完全没有比较优势的国企，那就只能是破产。我个人认为第一种、第四种企业较少，大多是第二、第三种的。在此状况下，只要将这些企业的政策性负担和战略性负担剥离，就能真正培养企业的自生能力。只有国有企业改革成功，前面提到的金融改革、贪污腐败问题、地区收入差距才能解决。原来的社会主义计划经济体系下培植的企业是不符合比较优势的，在市场竞争中是没有自生能力的，如果我们不将外生的问题即企业是不符合比较优势这一问题彻底解决，那对内生问题的解决只能是隔靴搔痒。向市场经济过渡的成功决定于我们战略思想的转变。

任何理论体系建立时必须是简化的，从马歇尔开始，假定交易费用为零，信息是充分的，企业是有自生能力的，作为一个大的理论框架，这些假设都是合理的。但用这一理论体系来解决复杂的经济现象时，就必须根据具体问题来放宽其中简化了的假设，将它还原为现实。如考察国外金融市场问题时就必须有信息成本和信息不对称的概念，才能看清这些现象。同样，我们在解释经济转型问题和发展问题时，就要有企业自生能力的概念，否则对现象的分析就是不正确的。

整理人：盛逖

（文章来源自《学术讲座荟萃》第18辑，2004年6月3日）

农村人口基本健康保障指标的政策含义[①]

朱　玲

① 本讲座的基本素材来源于朱玲研究员主持、中国社会科学院经济研究所课题组承担的一项课题，在此收录了该课题的研究报告。课题组主要成员：中国社会科学院经济研究所朱玲研究员、魏众副研究员；农业部农村政策研究中心蒋中一研究员。本报告由朱玲执笔。在报告形成过程中，国家疾病控制中心的陈春明教授、陈君石教授和龚向光博士曾提供指导或参与讨论。高梦滔博士绘制了图片，博士生金城武和翟鹏肖协助收集资料。课题得到福特基金会北京办事处资助。谨在此一并致谢。

朱玲

女，1951 年生，安徽寿县人，研究员。中国社会科学院经济研究所副所长，中国社会科学院研究生院教授委员会执行委员、经济系主任、教授、博士生导师，国务院学位委员会学科评议组（理论经济学组）成员。

主要研究领域：发展经济学、收入分配与社会保障。主要著作有：《中国乡村改革与农民收入》，《以工代赈与缓解贫困》（与蒋中一合著）；《经济转型与社会发展》（与冒天启等合著）；《市场化与基层公共服务——西藏案例研究》（与王洛林等合著）；《减轻经济全球化下的健康脆弱性》（与魏众等合著）。

一、问题的提出

在21世纪开始的时候，中国政府提出全面建设小康社会的战略目标。这个目标最初是通过执政纲领文件表达出来的，其组成部分主要是定性的内容而非定量的指标。① 因此，国内一些研究机构和学者都曾试图通过设计指标体系，量化有关全面建设小康社会的战略目标。这种努力虽然是必要的，但对于衡量标准的确定和目标的量化还是远远不够的。在城乡差别巨大和地区差距显著的情况下，发展目标和衡量标准的确定需要经过基层社会、地方政府和中央政府之间的充分协商，才有可能避免目标脱离实际，从而获得广泛的认同。这一点，在欧盟的社会保障促进经验中可以找到支持。欧盟的做法是，首先，通过成员国之间的协商机制提出社会保障目标。其次，从成员国现有的社会保障制度中抽取统一的衡量标准。最后，通过定期发布统计信息，激励成员国根据各自的国情，调动各自的社会力量，动用各自的行政和财政手段，以不同的方式向着共同的目标努力。② 中国的国情与欧盟及其成员国相比虽然千差万别，但是欧盟的经验对于中国这样内部差异有天壤之别的大国有着不可忽视的借鉴意义。基于这种理解我们认为，对小康社会衡量标准的研究，可以作为多方协商的知识准备。在协商一致的结果达成之前，这些研究至少可以向公众提供有关中国社会经济发展状况的信息。

目前发表的一些对小康社会指标体系的研究结果，体现了中央政府关于全面建设小康社会的设想所具有的特点：其一，强化了对社会发展目标的关注；其二，将农村发展作为重点。③ 国家统计局出于对城乡差距的考虑，设计出3套标准，用以衡量农村、城市和全国小康生活水平。每套标准包含十多个指标，农村

① 参见：江泽民在中国共产党第十六次全国代表大会上的报告第三部分《全面建设小康社会的奋斗目标》，新华社2002年11月17日消息，www. china. com. cn/chinese/zhuanti/233870. htm。

② 周弘：《欧盟社会标准化工程在社会保障制度改革中的意义》（Social Benchmarking in European Union and its Implications for Social Security Reform），《人口科学》2003年第2期，第10~16页。

③ 温家宝：《为推进农村小康建设而奋斗》，《人民日报》2003年2月8日，www. china. org. cn/chinese/PI-c/272567. htm。

指标共16个，分成6类，即收入分配、物质生活、精神生活、人口素质、生活环境、社会保障与社会安全。① 国务院发展研究中心建议的标准由4组16项指标构成，涵盖经济、社会、环境和制度四个方面。② 各省/区的研究机构根据当地政府提出的现代化时间表或小康社会目标，构建了相似的指标体系。可是，尽管设计者们力图用尽可能精练的指标体系表达尽可能多的内容，这些体系还是不足以反映全面建设小康社会战略目标的丰富内涵。即使按照这些体系的分类指标来考虑，每一类别中存在的缺憾都显而易见。例如，健康指标只包括"平均预期寿命"和"安全饮水"2项，"社会保障"类别里没有医疗保险和救助的位置，等等。

产生上述缺陷的直接原因在于，指标体系的结构过分"单薄"。如果借鉴计算机窗口程序菜单所具有的多层次金字塔式结构，就有可能解决小康社会指标体系的设计困难。欧盟和美国的卫生目标即具有这类多层面的结构特征。美国1990年的国家卫生目标包括预防服务、健康保护和健康促进三个方面。每个方面又细分为5个焦点领域，这15个焦点领域进而涵盖了总计226个量化的子目标。随着美国人口疾病模式的变化，2010年的国家卫生目标调整为28个焦点领域，扩展成467个子目标。如此庞大的指标体系由上百个卫生组织的专家合作起草，有近10个联邦政府部门提供数据，还有600多个科研教育机构、数目更多的非政府组织和公众参与咨询。③ 相形之下，中国小康社会目标的量化和衡量标准的制定过程还远未完结，还有大量工作需要做。

我们的研究，既不是为了制定小康社会的健康标准，也不是为了规划国家卫生目标，而是为了筛选一套政策敏感指标，用以反映政府对改善农村人口基本健康保障状况的努力程度。虽然这与小康标准和国家卫生目标的制定并不矛盾，但本项研究目的的确定主要是出于以下考虑：

第一，在2003年SARS灾害发生之前的20多年间，政府对经济增长的追求远胜于对健康领域发展的关注。在投资公共卫生、调节医药和保险市场以及针对贫困群体开展医疗救助方面，政府的作用都在减弱。与此相联系的结果是，公共卫生服务萎缩，城乡医疗资源分配不均等加剧，医药价格飞涨，普通居民特别是农民及其家庭成员看不起病的案例日益增多，以至于因病致贫现象影响到社会稳定。当然，决定人口健康状况的因素是多元的、复杂的，政府维护公共健康安全的努力只是其中之一。然而，有鉴于政府在中国社会经济中依然起主导作用，筛

---

① 国家统计局小康研究课题组：《全国农村小康生活水平的基本标准》，中国网2002年12月30日，www.china.org.cn/chinese/zhuanti/254469.htm。

② 国务院发展研究中心：《详细解读全面建设小康社会指标体系的16项指标》，《经济参考报》2004年3月12日，www.china.org.cn/chinese/zhuanti/515664.htm。

③ The Office of Disease Prevention and Health Promotion, U.S. Department of Health and Human Services, 2000, "About Healthy People", in the Healthy People 2010, www.healthypeople.gov/About/developed.htm。

选国民基本健康保障指标的工作至少有助于公众获得信息，从而监督政府并促进公共卫生政策的改善。在计量指标统一、统计程序一致和信息公开透明的条件下，这些指标还能用作政府之间实行激励和监督的工具。

第二，所谓基本健康保障，指的是那些使全体社会成员得以满足最低健康需求从而降低健康风险的制度。最低或曰基本健康需求所涵盖的内容，取决于特定时期和特定地域的社会成员对健康维护条件的底线所达成的共识。对于那些未能获得基本健康维护条件的群体，政府有责任动用行政或者财政手段予以援助，以防止他们陷入边缘化和被社会排斥的境地。农村、农业和农民在中国社会经济中处于不利地位，大多数农村人口特别是农民及其家庭成员属于健康脆弱群体。①因此，农村人口基本健康保障指标对于显示中国的实际情况更具代表性。

由研究目的所决定，我们必须在指标筛选过程中回答以下问题：

- 当前农村人口的基本健康需求主要包括哪些方面？
- 哪些数量指标反映最基本的健康需求？
- 所选指标是否政策敏感？
- 指标的含义是否简单、明确、便于公众理解？
- 与指标相关的数据收集是否相对容易？

二、基本健康保障指标结构

在中国，人们往往把健康保障（health protection）等同于医疗保险。然而在大多数农村人口依然难以便捷地获得可靠的公共卫生服务和基层卫生服务的情况下，这种理解就显得有失狭隘。这里所说的健康保障指的是具有减轻乃至消除健康脆弱性作用的公共行动。② 这样的公共行动只有在居民户、社区/社群和国家层面上同时展开，才有可能达到维护群体和个人健康安全的目的。这其中，政府的参与是不可或缺的。正因为如此，健康保障属于公共政策领域，并体现为一系列具有维护健康安全作用的制度安排。这些制度的具体功能，一是预防疾病或者说规避健康风险，二是减轻疾病带来的损失，三是应对灾难性的后果。在可供健康保障领域使用的资源极其有限的条件下，社会承担的责任只能限定在基本健康保障水准上。

设计和运行良好的公共卫生制度、基本健康保险和医疗救助制度，能够分别从

① Zhu Ling, 2004, Restructuring Basic Health Protection System in Rural China, in China & World Economy, Volume 12, Number 1, pp. 75 – 98.

② 这个定义从 Burgess 和 Stern 有关社会保障的论述引申而来。“脆弱性（vulnerability）”，指的是欠缺经济和生命安全保障措施的社会群体或成员，在面临老龄、患病、伤残和其他灾害风险时的状态。参见 Burgess, Robin and Nicholas Stern, 1991, “Social Security in Developing Countries: What, Why, Who, and How?” in Ahmad et al., Social Security in Developing Countries, Oxford: Clarendon Press for Wider, pp. 45 – 46。

规避健康风险、减轻疾病负担和应对灾难性后果的角度，保障社会成员至少享有满足其基本健康需求的物品和服务。因此，我们首先循着这三条脉络筛选基本健康保障指标，然后考虑与健康维护密切相关的物质和制度基础设施指标。无论如何，我们都会选择一个开放型的指标体系，以便随着社会经济条件和疾病模式的变化而添加或者删减指标，同时方便指标使用者根据各自的经验和知识修正体系。与此相关，我们选择的指标既有表现健康结果（health outcome）的，如产妇死亡率和婴儿死亡率；也有反映健康维护措施的，如儿童计划免疫率；[①] 还有缺少基线数据或者有待于进一步研究设计的指标，例如农民工常见职业病发病率，等等。此外，正因为这里筛选指标的目的是方便社会各界监督政府行为，我们只能尽量选择一个精练的指标体系，而不可能穷尽基本健康保障这一概念所包含的方方面面（参见图1）。

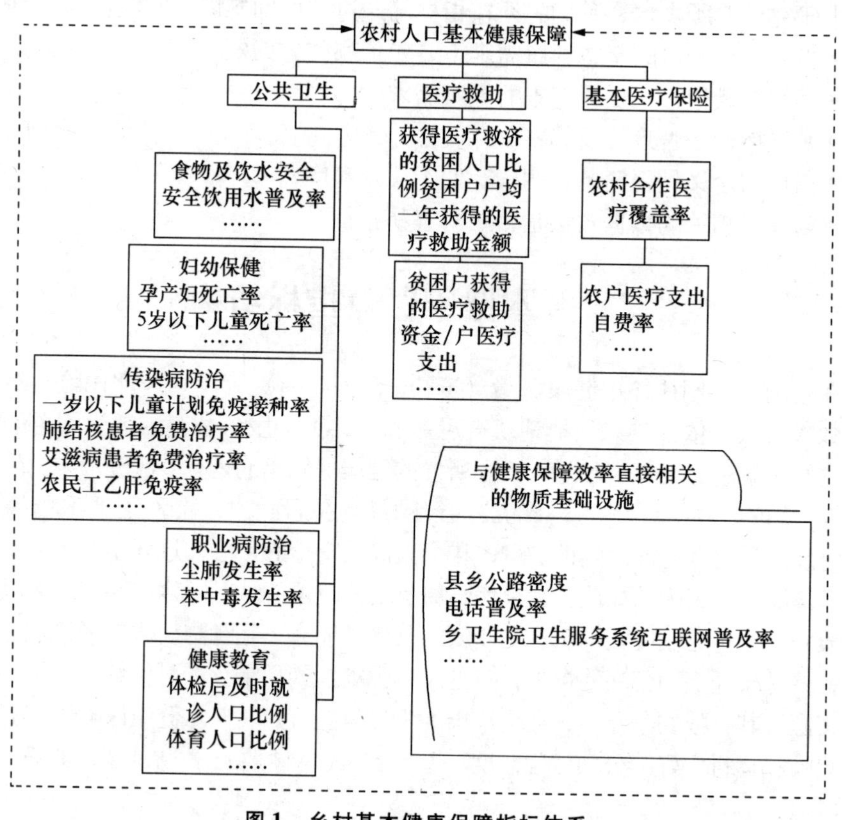

图1　乡村基本健康保障指标体系

---

① 卫生专家提出的小康社会健康目标即为健康维护过程和结果指标的混合，例如：平均期望寿命达到75～79岁，计划免疫五苗接种率逾95%，医保覆盖农村50%、城镇80%，饮用清洁水比例达99%以上，等等。参见罗刚：《我国小康社会健康素质评价指标出台》，《健康报》2003年11月14日，http://www.china.org.cn/chinese/PI-c/442331.htm。

三、对所选指标的解释

（一）重点领域的优先序

首先，需要说明的是，这里对构成指标体系的三个重点领域所作的排序，体现的是根据政府行政和财政力量的强弱所作的优先性选择。其次，这三个领域所包含的可观察和可计量的指标，主要是从消费者的角度挑选的，用来反映农村人口多种基本健康需求的满足程度。

在基本健康保障领域中，公共卫生占据最优先的位置。这样排序的根本缘由在于，公共卫生服务所具备的以预防为主降低公共健康风险的功能，无可争议地赋予其自身纯公共品的特色。因此，即使是能力较差的政府，也必须承担起维护公共健康安全的使命。在贫困地区县乡政府的财力难以维持公共卫生制度运转的情况下，就需要省级和中央政府通过财政转移措施，援助基层政府履行这一基本的政府职能。

公共卫生服务的对象是所有社会成员，医疗救济的对象则主要是社会中最贫困的群体。救济的目的，在于避免弱势群体陷入难以生存的境地。这是人类通过社会包容、社会融合实现整体生存的需要。从这个角度来看，救济弱势群体实质上也是向全社会提供一种公共品。中国的救济行动虽然历来都有社会团体和个人自愿参加，但是民间组织开展活动的地域和筹集的资源还很有限。因此，政府一直履行着社会救济的功能，并且积累了丰富的经验。在社会经济转型期，原有的正规和非正规保险制度难以覆盖所有群体，也不足以应对弱势群体和个人所遭遇的风险。这就更需要救济措施来应对那些被正规和非正规保险制度所遗漏的风险、或曰“残余”（residual）的不安全现象。有鉴于社会救济的根本意义在于防止弱势群体边缘化，因而其目标人群一般都经事先严格定义，使受益者的资格一方面取决于所遭受的灾难打击，另一方面与其面临的社会排斥相联系。进一步讲，这样做也使救济制度的运行相对简单从而易于管理。

根据我们的田野调查，2001 年一些地方政府在难以推行合作医疗保险制度的情况下，选择了医疗救济制度。例如，浙江绍兴县将当时的合作医疗基金结余改作医疗救济基金，补助处在最低生活保障线以下的住院老人。[①] 贫困地区的政府虽然在财政和行政能力方面都比不上绍兴，但是也有成功管理医疗救济项目的

① 绍兴县政府根据各乡镇发展程度划定三类农村最低生活保障线，2001 年的标准为：经济发达镇，年人均净收入 1560 元；中等镇，1260 元/人；山区镇，1080 元/人。根据这个标准，当年全县需要提供最低生活保障的农村人口共计 5050 人。

经验。例如，中国扶贫基金会通过云南丽江县政府，对当地农村的贫困孕产妇提供生育援助；世界银行通过陕西镇安县政府，对秦巴项目区贫困户中罹患重病的主要劳动力和老人提供医疗救济，等等。2003 年年底，中央政府下拨资金，由民政部在全国范围内组织对有大病患者的农村五保户和贫困农民家庭实行医疗救助。可以预见，在保证资金来源的前提下，各地政府运用现有的组织资源，就能够建立起与当地经济社会发展水平和财政支付能力相适应的农村医疗救助制度。

根据中央政府的决定，浙江省、湖北省、云南省和吉林省从 2003 年 7 月起试行“新型农村合作医疗制度”。这项制度本质上是一种社会医疗保险制度。中央政府对中西部试点省提供了前所未有的强大制度支持和财政补助。仅就合作医疗基金的筹集而言，最低筹资规模为每个参保人每年 30 元。这其中，中央政府、地方政府和参保农户各承担 1/3。筹集的基金主要用于补助农民及其家庭成员的住院费用。很明显，新制度的设计原则以健康人群和患病人群分担灾难性风险这一保险原理为基础，其设计前提在于假定该制度将会有农村人口最广泛的参与，其设计目标是对参保人提供机制性的经济保护，防御由大病风险引起的收入打击和支出危机。与医疗救济相比，这种机制不仅能够减少收入打击发生后的补救工作量，而且还能给农户带来更多的安全感。在这个意义上，合作医疗保险可以视为最有效的健康风险管理机制。可是以往在上海、江苏和广东等发达地区进行的类似试验表明，建立这样一种制度，并使之可持续，既需要法律的强制和政府的推行，又要以透明、高效的基金管理和规范的医疗保健服务为前提，还需要保险意识在农村广大居民中的普及。因此，它是一种行为主体多元、决定因素复杂和管理成本较高的制度。

目前，在贫困地区推广这样一种制度，时机还不成熟。原因在于，那里不仅欠缺上述大多数前提条件，而且公共卫生供给不足、基层医疗服务质量欠缺可靠、农户支付能力薄弱、地方政府财政困难并且行政效率低下。这一点，不仅为 20 世纪 90 年代卫生部组织的贫困县合作医疗制度试验所印证，而且也在一些国际组织的卫生援助项目中得到检验。项目伊始，试验区的制度在外来资金和技术管理援助下得以建立和运行。项目结束之后，制度便在试点县接二连三垮台。即使获得上级财政和行政支持的新试点贫困县，例如云南省玉龙县，眼下仅仅两个因素，即管理费用陡增地方财政负担和占农村人口将近 1/3 的贫困群体难以支付保费，就足以危及制度的可持续性。①

① 截至 2004 年 1 月底，玉龙县筹集合作医疗基金将近 450 万元。据估算，管理人员工资和计算机系统的运行费用一年约需 77 万元，相当于基金总额的 17%。该县农村总人口为 19.71 万人，其中年人均纯收入在 625 元以下的绝对贫困人口占 29%（5.72 万人）。参见高梦滔：《云南省玉龙纳西族自治县新型农村合作医疗试点情况调研报告》，2004 年未发表的打印稿第 3、17、18 页。

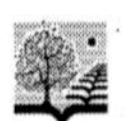

就建立制度和使之可持续而言，后者不仅难度更大而且更加重要。首先是因为，以往合作医疗制度的失败动摇了老百姓对制度本身的信心，从而对农户的参保决策产生消极影响。可以说，在那些缺少制度连续性的地方，如今越发难以使制度可持续。反之，制度越有连续性，就越是可持续。在上海嘉定和江苏吴县等地，合作医疗制度从人民公社时期一直延续下来，筹资水平从当年的人均5角钱提高到目前的百元以上。参保村民非但没有因为筹资额增加而退出，整个制度反倒因为提供更具吸引力的受益包而愈益稳固。其次是因为，当前由中央政府出面推行的新型合作医疗制度实质上投入了国家的信誉，一旦出现可持续性危机，就会损害政府的公信度。因此，我们对基本医疗保险制度的迅速推广持谨慎态度。

进一步讲，新型合作医疗制度的实施规则本质上由中国当前的社会经济条件所决定。然而，某些现行基本规则不但与已有的社会医疗保险理论和实践相悖，而且对于在中等发达地区甚至在发达地区实现制度的可持续性，也是莫大的挑战。第一个关键性的挑战，来自中央政府强调的农户自愿参保原则。社会医疗保险区别于商业保险的一个根本特征，是借助法律手段强制所有国民履行参加基本医疗保险的义务，以便尽可能保证在大规模人口中分散风险。这种制度设计，既针对保险供给方的逆向选择行为（排斥最需要保险的高风险人群），又预防来自保险需求方的道德风险（患病时参保，痊愈后退保）。中国的现实是，政府以往曾对农民采取过多种强制性措施，在二者关系中埋下了一些矛盾的种子。仅就近年来向农民征收的税费而言，不少收费项目不但超出了大多数农民的承受能力，而且所筹款项的使用也不透明，由此导致矛盾尖锐甚至影响社会稳定。这也许正是高层决策群体明知社会医疗保险需要强制性却又选择自愿原则的一个根本原因。可是其结果必然是制度风险加大，参保人群规模缩小（参见案例1）。

案例1　自愿参加原则下的道德风险

云梦县是湖北省试点县之一。全县总人口将近58万人，其中持农村户口的人口49.7万人，常住农村人口30多万人，出外打工经商者10多万人。2003年，全县农民家庭人均纯收入为2925元。同年7月，该县开始推行新型合作医疗制度。截至2004年4月1日，参保人口达22万人。制度运行不到一年，医保基金已经透支。表面看来，这是因为医疗费用的实际补偿规模超出事先的预期。深层原因在于，常住人口中许多没病的人不参保，经常害病的人来参保。典型的例子就是有个人去年报销了4000元，到今年缴费的时候就退保了。湖北其他试点县也发生相似情况。长阳县的参保率在制度开始运行的前半年达95%，到后半年就下降到87%。这些退出的人多半都曾生病而且已经得到医药费报销。还有一些农户在缴费截止日期之前拒绝在参保合同上签字，截止期之后生了病又来要求参加。除此而外，公安县还出现了没有参保的病人冒名顶替参保人住院的案例。针对这些现象，管理部门采取了一些预防和惩罚措施，从而不得不增加组织成本。

（案例中的文字根据朱玲2004年4月16~20日的访谈记录整理。信息提供者：云梦县卫生局董局长和县合作医疗管理办公室周主任、公安县卫生局长魏天俊和合作医疗办公室主任廖远芬、长阳县合作医疗办公室张宏毅）

对制度可持续性的第二个关键性挑战，来自对保险赔付范围的界定。根据中央政府的指导意见，合作医疗基金对参保人群医疗费用的补偿采用大病统筹为主、兼顾小额费用补助的方式。① 小额医疗支出与发生概率大、就诊费用低的小病相联系，运用基金对其补偿不仅增加了农民的报销手续，而且陡然增大管理费用。在筹资规模不变的条件下，这样做必然导致大病医疗支出补偿比例降低。大病发生概率低但医疗费用高，因此对患者及其家庭的收入和消费流程可能产生灾难性的打击。这正是借助保险方式由大规模参保人群分担大额医疗费用的意义所在。可是中国大多数农民经济状况不宽裕，如果缴纳了保费而受益概率较低，他们参保的积极性就会大打折扣。出于同样的经济原因，农村中低收入群体往往患小病而不求治，并由此拖成大病。因此，补偿小额医疗费用的积极意义，还在于促使农民家庭增添健康预算并提高医疗服务使用率。可见，采用现有的补偿模式，一方面是由于大多数农民的愿望和行为使然，另一方面也是制度管理群体出于提高参保率的追求不得已而为之。

问题是，既然每个农户都把缴纳的保费多半用在自家的医疗支出上，大病风险则主要靠中央和地方财政的补助金来应对，合作医疗保险实质上岂不是近乎于政府救济或福利制度吗？况且，这还是附加了昂贵的管理费用的制度。更值得注意的是，这一制度很可能还不似完全的救济制度那样能够瞄准最贫困的人口。合作医疗制度通行医疗费用共付原则，穷人往往由于难以承担大额医疗费用的自付部分而减少使用医疗服务，因此得到的补助部分实际上不如非穷人多。那些放弃

---

① 参见国务院办公厅2004年4月转发卫生部等部门的《关于建立新型农村合作医疗制度的意见》第3条“必须坚持农民自愿参加的原则”；第10条“合理设置统筹基金与家庭账户”。www.gahzyl.com/news/default.asp? id=26。

使用服务的穷人甚至可能得不到补助的好处（参见案例2）。当然，在基金主要来自于个人缴纳保费的发达地区，这个问题并不严重。可是在中等发达和欠发达地区，则还需要进一步的制度创新来解决问题。这也是我们根据制度推广难度把基本医疗保险置于公共卫生和医疗救济制度之后的一个原因。

不过，我们对三种制度所作的排序，并不仅仅是主观的政策选择。这种优先序列还是对这些制度产生的历史逻辑和现实状态的一种反映。相对于医疗救济和保险，公共卫生服务外部性最强。良好的公共卫生服务能够普遍减少疾病的发生，故而有可能减轻救济和保险支出的压力。医疗救济不但能够部分地缓解穷人的生活困境，而且还有可能帮助他们进入基本医疗保险制度，从而既扩大参保人口规模，又减轻贫困家庭的脆弱性。因此，在那些最不发达的地区，如果三种制度都运转低效，那就表明需要转而采用稳扎稳打步步为营的策略，选择制度建设和运行成本较低的制度，作为改善农村人口基本健康保障状况的起点。

案例2　“每人出3元钱买份大病保险”

长阳县高家堰乡金盆村卫生员老黄在公社时期担任赤脚医生，最近把卫生员的位置传给了儿子小黄。2003年11月村里实行合作医疗，有80%以上的农户参加。按本县政府规定，参保人缴纳的10元钱当中，3元划归大病统筹基金，7元存入家庭账户用于门诊费用报销。如果本年度未报销门诊费，可以结转下年度使用。小黄负责把参保户缴纳的钱（10元/人）一并上交乡卫生院。此后这些人家找他看病拿药，他便填写报表，按照每人报销不超过7元的标准，从卫生院把钱领回来。有些村民即使一年不害病，也要根据门诊报销封顶线来取药，一次将家庭账户上的基金用光。这种现象在湖北省的试点县普遍存在。例如公安县麻毫口镇工农村的村民文守华，2004年4月因多年的肾结石病痛住院动手术，得到合作医疗住院基金补偿900多元。此前他的家庭账户上还有2003年余下的20多元钱。老文认为，把原打算用于医药支出的钱收回来有点儿不吉利，就在村卫生室折成常用药品拿回家了。长阳县磨市镇三口堰村的汪姓农民全家4口人都健康，老汪则干脆把家庭账户上一年的款项全部变现了（28元）。

金盆村的村民黄龙香并不急于报销门诊费用，她认为报销住院费用更划得来。黄龙香一家属于村里的高收入户。她在村口开小卖部，丈夫有退休金，儿子用一辆“东风”牌大货车跑运输，儿媳是全劳力，孙子不满3岁。除了丈夫买商业医疗保险外，她全家都参加合作医疗。黄龙香还做善事，为村里一对无亲生子女的老年夫妇（82岁的曾庆柱和80岁的杨成秀）代缴了合作医疗基金。

她告诉笔者："这等于是每人出 3 元钱买份大病保险，很划算。"黄龙香的孙子有个病症，她打算待小孩稍大些就去县医院做手术。她觉得即便报销比例低于乡卫生院也没有关系，因为县医院大夫的医术肯定高明些。

与黄龙香家相比，三口堰村的谭丛指一家可就没有那么多的选择自由了。他家常住人口 3 人，夫妇俩都年过花甲，老母亲现年 83 岁。长子几年前因病亡故，次子几乎是入赘媳妇家，因为那家没有儿子。现在，年轻的夫妇一起去了汕头打工，把孩子放在外公家。老谭夫妇耕种 4.2 亩地，现金收入主要靠每年卖一头猪，此外，儿子每年给他们 200 元。谭家是村里公认的贫困户，所以本县的马县长给他们 3 位老人代缴了合作医疗基金。虽然老谭长期坐骨神经痛，妻子杨氏也患腿疼 5 年了，老母亲更不健康，可是他们都没有去看过病，也不知道看病能报销多少。

（案例中的文字根据朱玲 2004 年 4 月 18～20 日的访谈记录整理。信息提供者：公安县麻毫口镇工农村村民文守华、长阳县磨市镇三口堰村村民刘昌菊、高家堰乡金盆村卫生员老黄和村民黄龙香；蒋中一未发表的田野工作报告《湖北省长阳县农户调查》）

（二）指标选择的理由

前面已经强调指出，图 1 列举的 21 个指标是为了方便公众监督政府行为而筛选的，它们不可能充分显示政府在基本健康保障领域中应当采取和已经采取的行动。这些指标在图中最多分成 4 个层次，它们还可以根据使用者的意图进一步细分和延伸。公共卫生、医疗救济和基本医疗保险形成第 2 层次。第 3、第 4 层次的指标虽然在图形上有位置先后之分，但它们相对于同一制度所表达的政策含义却没有主次之别。构成这两个层面的焦点领域（例如食物和饮水安全）及其包含的指标（例如安全饮水普及率），几乎都指向各自领域中最基本的公共行动，当然这也不排除某些指标的内涵有相互重叠的地方。

在我们的指标体系中，公共卫生指标形成了一支重头脉络，这也是对公共卫生优先地位的一个写照。在它的 5 个分支中，食物和饮水安全标题下列出的指标却并未涉及食物。直接原因是我们还未找到任何一个具有普遍性的指标，来衡量消费者的食物安全。近年来劣质食品和低营养食品引发的消费者受害事件层出不穷，从而把食品卫生执法推向公众关注的焦点。实际上对于维护食品安全而言，仅有执法是不够的。依据发达国家现有的经验，除了在生产和流通环节现场监测食品卫生外，至少还需要建立一整套食品回溯制度，把食品从生产者的田野到消

费者的餐桌这一过程中的所有环节都标示出来，以便从任何一个环节都能识别食物成品或半成品的直接生产者。除此而外，国家还采用大量食品保障和营养干预措施来强化食品安全。相形之下，中国在这一领域的基础性制度建设方面还有许多空白，值得我们在指标选择过程中予以确认。

关于农村居民饮水安全，《卫生统计年鉴》包含了全国和分地区的时间序列统计信息。① 在1995、2000和2003年，全国农村人口中饮用自来水的人口比率分别为43.2%、55.2%和58.2%。与此相对照，陕西的数字为37.2%、35.3%和26.6%。这显然可以引导公众对该省的反方向变化多问几个为什么。据我们了解，农村自来水供给系统的水源，在很大程度上依赖河流或者山泉。陕西地区近些年来严重的旱情，成为当地农村自来水饮用人口比率下降的一个重要原因。

“孕产妇死亡率”和“5岁以下儿童死亡率”是反映妇幼保健状况的经典指标，不仅具有国际可比性，而且很容易从国家卫生部公布的统计信息中查寻。孕产妇和儿童属于健康高风险群体，导致其中个体死亡的原因是复杂的。但是针对这两个群体的生殖健康服务，无疑可以有效地降低死亡率。例如，自1998年始，西藏自治区政府在执行联合国儿童基金会援助项目的过程中，对每一个来自农牧民家庭的住院分娩产妇补助20元钱，对产妇的护送人员补助10元（这一点，在笔者对拉孜县农牧妇女的访谈中得到了确认）。1998~2002年，仅这一条激励措施，就使农牧区的住院分娩率从13%提高到28%。此间新法接生的推广和产前产后服务的改善，明显地导致农牧区生殖健康指标发生变化：② 1998年，孕产妇死亡率和新生儿死亡率分别为7‰和91.8‰。2000年，这两个比率相应下降到4.06‰和29‰。

传染病防治仅仅是疾病控制的一个方面，慢性非传染性疾病的危害在社会转型期逐渐加重。但是在中国农村特别是在欠发达农村，传染病依然是危及公共健康安全的一个最重要的因素。我们在邀请一些乡镇卫生院的院长对现有的农村公共卫生项目排序时，他们几乎都把儿童计划免疫、乙肝疫苗接种、急性传染病监测和管理排在了第1~3的位置，而把慢性病预防纳入健康教育领域，置于孕产妇保健和食品卫生管理之后。得益于他们的启发，我们依据对疾病早发现早治疗的原则，列出4种反映传染病防治措施的指标。

目前政府统计部门定期发表的信息仅限于儿童计划免疫率和法定报告传染病

① 卫生部统计信息中心：《卫生统计摘要》（2004），第82~83页，www.moh.gov.cn/statistics/digest04/s82.htm。

② 有关西藏农牧区生殖健康的信息，来自2003年7月30日笔者对自治区卫生厅妇幼保健处次尕先生的访谈。

的发病及死亡率，没有涉及成人免疫和传染病患者治疗方面的指标。[①] 这里之所以强调观测农民工免费接种肝炎疫苗以及农村艾滋病和肺结核患者免费治疗的状况，是因为病毒性肝炎和肺结核目前在我国发病率较高（参见表1），艾滋病也有流行的危险。面对这三种疾病，农村劳动力都是高危群体。特别是进城做工的农村劳动力，流动性强，生活环境差，患病和传播疾病的可能性更大。多年来，农民工群体一直是被城市公共卫生服务体系遗忘的角落。2003 年“非典”危机过后，北京市政府决定实施百万农民工免费接种乙肝疫苗项目，这标志着历史的重大进步。到目前，大多数农民工虽然生活在城市，但在种种制度性障碍阻隔下并未融入城市，而是每年像候鸟一样往返于城乡之间。故而尽管有关农民工免疫的信息必须在城市收集，但把这一指标纳入农村统计，正是出于对当前农村劳动力迁移特征的考虑。实施免费治疗艾滋病和肺结核项目，对于帮助农村患者尤其是低收入患者及时就诊和减轻他们的疾病负担，有着不可估量的决定性作用（参见表2）。2004 年以前，这类项目主要借助国际卫生援助进行。最近，中国政府开始拨出专款实施艾滋病和肺结核免费治疗项目。因此，收集有关项目执行状况的统计信息可谓正当其时。

表1　2002 年青海省共和县新增传染病一览

	甲、乙类传染病	其中：肺结核	病毒性肝炎
新增患者总数	284 人 = 100.0%	132（46.5%）	65（22.9%）
新增患者特征：（%）			
性别：男性	84.0	70.5	66.2
女性	36.0	29.5	33.8
合计	100.0	100.0	100.0
年龄：1～19 岁	32.7	10.6	18.5
20～44 岁	56.3	75.0	73.8
45 岁以上	11.0	14.4	7.7
合计	100.0	100.0	100.0
农牧民/患者总数（%）	34.5	53.8	26.2

注：笔者根据共和县防疫站 2003 年 1 月 7 日上报的统计表摘编而成，同期共和县人口共计 13 万。

① 参见卫生部统计信息中心：《卫生统计摘要》（2004），第 74、79 页，http：//www.moh.gov.cn/statistics/digest04。

表 2　2002 年青海省农牧区常见传染病患者平均治疗费用估计

主要病种	海晏县	共和县	兴海县大河坝乡（藏药治疗）
肺结核	传染期病人：免费外援药品服用 6 个月	免费外援药品 6 个月 若住院：3000 元/次	免费西药 3 个月， 辅助藏药：40 元×12 月
肝炎	5000 元/年*	2000 元/年	20 元/月：0.5～5 年不等

注：表中信息来自于笔者 2003 年 7 月 16～24 日在青海省农牧区的田野调查。访谈对象：海晏县防疫站工作人员王莲、县医院院长张永寿；共和县卫生局长航旦、沙珠玉乡耐海塔村卫生员王月祥；到共和县城走亲戚的兴海县大河坝乡卫生院医生才让旦正。

*注意：2002 年青海农牧民家庭人均纯收入仅为 1710 元，相当于全国平均水平（2476 元）的 69%（参见青海省农村社会经济调查队：《农村住户抽样调查资料提要》（2003），打印手册第 7、19 页）。

在农村工业化、城市化和城市经济迅速增长的过程中，农村劳动力的空间转移和行业转移规模不断扩大。农村劳动者从事的全业和兼业活动早已多样化，可是我们只选择了尘肺和苯中毒发生率这两个指标，显示政府监督工业企业消除职业病危害的效果。原因在于，近年来城镇里或者发达乡村中的非农有毒有害工作岗位，几乎都转移给来自中等发达和欠发达地区的农村青壮劳动者。问题是，地方政府对农民工的劳动环境和工作条件监督不力。更有甚者，一些地方官员为了谋求高速经济增长而姑息那些漠视职业健康的企业家。因此，尘肺成为从事采矿、冶金、建筑和纺织等劳动的农民工群体中的常见病。苯中毒对靴鞋箱包制造业工人、尤其是女工健康的威胁，也是怵目惊心。根据职业病防治法的规定，用人机构有义务定期对职工进行体检，并向当地卫生行政主管部门报告职业病患者信息。① 但是在劳动保护监督不力的情况下，此类统计极少发布。这里列举的 2 种职业病指标，未必对所有地区、行业和职业适宜。可是从搜集和公布这两类信息做起，必将有助于促进劳动保护信息的透明化。各地劳动和卫生行政部门尽可以根据当地情况选择其他指标，用以监测对劳动者危害最大的职业病防治情况。

健康教育是采用非医疗方式预防疾病的低成本—高效益手段之一。它的有效性取决于受教育者个人行为的改变。因此，我们没有选择表现教育服务供给方活动的指标，例如做过多少次健康知识讲座、发放了多少宣传资料，等等，而倾向于从观察与健康教育相联系的消费者行为的角度，寻找具有代表性的指标。在此栏目下列举的 2 个指标反映了这种倾向，可是当前不容易收集相关数据。“体检

---

① 周安寿：《职业病定义与范畴》，http：//www. safe001. com/zhiye_ bing/jiangzuo/001. htm，2001 年；杜海岚：《尊重生命保护劳动者健康》，http：//www. chinalaw. gov. cn/jsp/contentpub/browser/contentpro. jsp? contentid = co8828018888，2004 年。

后及时就诊的人口比例”，简短地表达了如下算式：“经体检知晓患病并就诊人数/体检人员建议就诊的病人数。”根据笔者从西藏和湖北调查中得到的信息，合作医疗制度提供的受益包涵盖免费体检。在这个前提下，参保农民及其家庭成员一般都踊跃接受体检。如果查出大病隐患，他们多半会遵照医嘱去看大夫。基于这种考虑，围绕这个指标收集数据并公布统计信息，至少可以促进农村体检服务的发展。

“体育人口比例”这一指标，既可以用来监测健康教育效果，估算这个因素对控制慢性病和改善国民体质的影响，又能够部分地反映体育资源在城乡之间、地区之间以及在职业竞技和大众健身活动之间的分配状况。1997 年和 2001 年，国家体育总局组织了两次全国抽样调查。从 2000 年起，总局还组织五年一次的国民体质监测。① 这是迄今为止有关体育人口比例的最具权威性的数据来源。总局对体育人口有明确定义：每周参加体育活动不低于 3 次，每次活动时间 30 分钟以上，具有与自身体质和所从事的体育项目相适应的中等或中等以上负荷强度者。体育总局的调查报告表明，2000 年我国 16 岁以上的体育人口达到 18.3%，比 1996 年的 15.5% 增长了 2.8 个百分点。在根据职业分组的样本人口中，农民的体育人口比例最低。② 如此看来，定期公布农村居民、特别是农民的体育人口比例，对于推动政府在分配全民健身计划资源时向农村和农民倾斜，无疑有积极作用。

在农村现有的健康安全屏障中，亲朋邻里互助、商业保险、合作医疗保险、政府、社会团体和村委会救济的因素都有。但是对大多数农户而言，亲朋邻里互助或者说私人借贷，还是一种最常用的维护家庭经济安全的工具。因此，图 1 涉及的 5 个医疗救助和保险指标只能部分地显示农村人口的健康保护情况。这些指标的作用，主要在于针对医疗救助与合作医疗机制，分别衡量农村人口的受益面和受益程度，例如“贫困人口获得医疗救济的比例”和“医疗救济占贫困户全年医疗支出的份额”，等等。这 5 个指标的计量，多以农户为单位；相关的统计信息，多半还需要借助抽样调查收集。

这里需要特别说明的是，整个指标体系没有包括专门反映健康保障不平等的指标。但是，只要根据人口的社会经济特征分类，所有这 21 个指标几乎都能直观地或者部分地表达某个方面的不平等的现象。例如，中国社会科学院经济研究

---

① 国家体育总局体育信息中心：《2005 年国民体质监测方案将出台》，www. chinasfa. net/zfgw/gmtz/2005ngmtz. htm。

② 国家体育总局：《中国群众体育现状调查结果报告》，www. chinasfa. net/zfgw/gmtz/zgqztyxzdcjgbg. htm，2002 年。

所对2002年居民收入的抽样调查结果表明，[①] 城市样本户（6800户）年人均医疗支出约726元，自费率将近59.1%；这两个数据在农村样本户（9200户）那里分别为118元和100%。城乡医疗支出不平等由此一目了然。

在我们的指标体系里，物质基础设施指标被用来衡量特定地域基本健康保障制度的技术环境。眼下归入这一栏目的3个指标只涉及交通和电信条件。借助地区援助措施改善贫困村庄和乡镇的交通和电信条件，不仅有利于提高健康保障效率，而且还可能减少健康不平等的现象。例如，广东顺德一带所有的村庄都通柏油路，所有的居民户距离最近的卫生室都只有5分钟的摩托车路程。相形之下，云南丽江的贫困山村不通公路也没有电话，且不说孕产妇的保健程序难以落实，即便是村里的青壮年突患急病，也很难及时就医（参见案例3）。可见，增强农村贫困群体的健康安全并不仅仅取决于卫生服务因素，它还有赖于村级综合基础设施条件和社会服务能力的改善。

案例3　交通和电信困难影响生育安全

云南省丽江县（现部分贫困乡划归新成立的玉龙县）以往孕产妇死亡的直接原因，一是无钱就医或住院分娩，在家由婆婆或丈夫用旧法接生造成事故；二是交通不便，发生意外时因路途延误而失去抢救机会；三是本人缺乏孕产期保健知识，对孕期并发症没有及早就治，以至于分娩时发生生命危险。

在国内外扶贫组织的援助下，这个县的妇幼保健系统利用贫困户医疗补贴措施增强了产妇分娩安全。但是妇幼保健服务还是很难及时地延伸到那些不通公路、距离乡卫生院和行政村都很远的自然村。拉什乡南尧村就存在就医难的问题。南尧分为上下两个自然村。上南尧为彝族村，下南尧为纳西族村。村行政机构、小学、卫生室和妇幼保健员都设在下村，上村还没有通电、通公路、通电话，下村到上村需要走4个小时。上村的产妇若去乡卫生院分娩，就需要村里人先用担架抬到下村，然后换乘汽车前往。

（案例中的文字根据朱玲2001年10月7~10日在云南省丽江县的田野调查笔记整理）

互联网的使用在县级卫生机构已经普及。不过，在农村卫生服务与合作医疗管理网络中，乡镇卫生院处于连接县级机构和村卫生室的枢纽地位，合作医疗试

① 参见魏众：《中国居民医疗支出不平等研究》，2004年未发表论文。

点县的乡镇管理办公室多半也设在卫生院。因此，互联网在乡镇卫生院的普及，对于改善基层健康服务和健康保障管理具有重要作用。当然，公社时代的合作医疗制度并无互联网辅助也可以正常运行。可是那时候的农村健康服务种类不多，合作医疗基金规模也很小，整个制度借助公社和生产队行政系统运行，管理工作比现在要简单得多。当前的健康服务与合作医疗基金管理产生的信息量之大，早已今非昔比。使用计算机信息管理和互联网信息传递手段，不但有助于节约管理成本和提高信息传递速度，而且便于信息公开和公众监督。在湖北省公安县乡镇卫生院一级，网络信息宽带传输已经普及，乡镇卫生院之间、县乡两级管理机构之间的信息交流都在网上进行。参保农民中还未见有使用互联网的人，但是他们却直接受益于互联网的普及。因为基于计算机和互联网技术支持的自选医院制度，使他们得以在全县范围内自由选择医疗机构，从而促进了医疗机构之间的服务质量竞争。

四、结论

本报告尝试借助文献和案例研究，建立一个有关农村人口基本健康保障状况的指标体系，以便公众监督政府在减轻农村人口特别是贫困群体的健康脆弱性方面所做的努力。

首先，这些研究表明，如同健康并非仅由医疗服务决定一样，基本健康保障也不单单是卫生机构的事情。维护和改善农村人口的健康安全，需要在居民户、社区/社群和国家层面上同时展开公共行动，更需要个人的主动参与。因此，政府必须在基本健康保障领域发挥主导作用，并不意味着政府为所有的保障项目支付账单。

其次，设计和运行良好的公共卫生、医疗救济和基本健康保险制度，能够分别从规避健康风险、减轻疾病负担和应对灾难性后果的角度，保障社会成员至少享有满足其基本健康需求的物品和服务。这三种制度构成基本健康保障领域的重点。它们之间的优先顺序，本质上由社会经济发展水平和地方政府的能力所决定。在地方政府的财政和行政能力都很薄弱的欠发达地区，强化公共卫生和医疗救济制度，对于减轻农民家庭尤其是贫困户的健康脆弱性，是最具可行性的选择。

最后，这里选择的指标一般都对政策敏感，相关数据易于收集，相关信息评估简便。由此而构建的指标体系是开放性的，它可以随着时代的进步而变化，也可以根据使用者的需要而调整。现在列出的21个指标，几乎都指向重点领域中最基本的公共行动。目前，有些指标的相关数据难以收集，恰恰表明它们所衡量

的制度运行不够有效，而且公开性、透明性较差。这些基本健康保障制度中的薄弱环节，包括食品安全、重大传染病免费防治、职业健康保护、健康教育和与农户医疗支出相联系的第三方付费制度。

（文章来源自《学术讲座荟萃》第 18 辑，2004 年 6 月 10 日）

企业竞争力研究的理论和方法

金　碚

金碚

男，1950年生，江苏吴江人，经济学博士，研究员。中国社会科学院工业经济研究所所长，中国经营报社社长，《中国工业经济》、《经济管理》和《中国经济学人》（China Economist 英文·双月刊）主编，中国社会科学院研究生院教授委员会委员、工业经济系主任。

主要研究领域：产业经济学、竞争力经济学、企业理论与实践。出版学术著作30多部，主要有：《宏观筹资与经济发展》、《发展中国家的经济发展战略》、《中国工业化经济分析》、《中国工业国际竞争力——理论、方法与实证研究》、《何去何从——当代中国的国有企业问题》、《中国工业化的道路》（韩文）、《产业组织经济学》、《国有企业根本改革论》、《报业经济学》、《竞争力经济学》、《新编工业经济学》、《竞争秩序与竞争政策》、《资源与增长》、The International Competitiveness of Chinese Industry（《中国工业的国际竞争力》英文版）等，并主持编写中国社会科学院工业经济研究所《中国工业发展报告》（年度）、《中国企业竞争力报告》（年度）。

研究成果中，获全国精神文明“五个一工程”著作奖、中国社会科学院优秀成果奖、中国图书奖、孙冶方经济科学奖、首届中国出版政府奖等18项国家级和部级优秀成果奖。

1991年被中国人民大学授予“做出突出贡献的博士学位获得者”荣誉；1994年被中国社会科学院评为“中青年有突出贡献专家”；同年被国务院评为享受政府特殊津贴待遇的专家；1996年被国家人事部评选为国家“重点资助优秀留学回国人员”；1997年被国家教育委员会和国家人事部评为“全国优秀留学回国人员”。

今天与大家交流的是企业竞争力研究的理论与方法。当前竞争力研究非常热门，我是从1995年开始研究这个问题的，当时国内关注这个问题的学者还比较少，现在几乎人人都在讨论竞争力。竞争力有各个层次：国家竞争力、产业竞争力、企业竞争力、产品竞争力、地区竞争力等。但国际上对竞争力的研究对象是有争论的：哪种主体是可以讨论其竞争力的？我们研究的竞争力是什么竞争力？

譬如国家竞争力或地区竞争力，国际学术界就有争议。克鲁格曼认为这个概念没有意义，是误导，国家之间不是竞争的，而且竞争的后果与企业竞争也不一样，一个国家竞争力不强或者竞争失败后能破产吗？能倒闭吗？国家的目的不是追求竞争力，而是提升人民生活福利，国家层面没有什么竞争力。因此，讨论国家竞争力是一种误导，是让国家之间去争夺。另外一种观点认为国家是有竞争力的，国家竞争力可以相互比较。当然比较过程中也出现了不少问题，比如说，瑞士洛桑的国际管理学院做了一个国家竞争力的研究，对国家竞争力的排序出现了这样一个有趣的现象：2003年芬兰的国家竞争力最强，美国第二；有些年份还出现过新加坡第一，中国香港是第一或第二。为什么芬兰、中国香港等大家感觉上不是最强的国家（或地区）能排到第一？进一步讲国家竞争力究竟是什么？这些问题我们今天不讨论，感兴趣的同学可以参考有关的文献。

我们今天重点讨论的是产业和企业的竞争力。对这个问题几乎没有什么争论，即产业和企业是可以讨论竞争力的，特别是企业，在市场经济条件下，企业的竞争力至关重要。从1995年开始，我们开始在产业/企业竞争力方面做了相关的研究，以下是中国社会科学院工业经济研究所和中国经营报社曾完成的一些有关竞争力的著作和成果：《中国工业国际竞争力——理论、方法与实证研究》（重点研究产业竞争力）、《竞争力经济学》（从理论上探讨竞争力）和《中国企业竞争力报告》（对中国企业竞争力进行量化分析，在此基础上再做专家分析，每年出版一本，目前社会科学文献出版社出了2003年版和2004年版）。大家可以把这些书作为参考书目。下面我们讨论有关企业竞争力的几个问题。

一、企业竞争力研究的现实背景

第一个问题是，我们在什么样的情况下、什么样的现实背景下来讨论企业竞争力。企业竞争力不是一个完全抽象的理论，它的研究需要理论基础，但它也是一个非常现实的问题，研究企业竞争力要关注工业化这个大背景。那么人类二三百年的工业化历史有什么特点呢？

1. 近二三百年，全世界经济增长显著加快

工业化以前，人均 GDP 几乎没有增长，1600～1820 年，全世界人均国民生产总值年均增长率为 0.04%。工业化加速时期，1820～1990 年，全世界人均国民生产总值年增长率为 1.21%。增长速度非常快。

2. 经济增长非常不平衡

1820 年全世界处于工业化早期（只有少数几个国家实现了工业化），世界最富裕的 30 个国家（西欧和西欧移民国家）人均国民生产总值与最贫穷的 30 个国家（非洲撒哈拉沙漠以南的国家）的差距为 3∶1。1990 年，全世界处于工业化中后期，世界最富裕的 30 个国家人均国民生产总值同最贫穷的 30 个国家的差距为 20∶1，而且这个数字还在继续扩大。这说明工业化是一个局部现象，并没有在全世界均衡发展。从竞争力角度来看，就是在有的国家、有的地区产生了竞争力很强的产业和企业，使得这些国家和地区能够富裕，而另外的国家就是不富裕，就是竞争力偏弱！

以上是一个大背景，现在我们来看中国的工业化。

1. 中国工业化是人类工业化进程中的一个非常独特的现象

当今世界 200 多个国家（地区）中，大致有 64 个实现了工业化，这些国家的总人口占全世界人口总数不足 20%。就是说，人类经过二三百年的时间，有 60 多个国家分批实现了工业化，这些国家的总人口占全世界人口总数还不到 20%。而中国有 13 亿人口，占世界人口 21% 以上。也就是说，中国正在进行的工业化，将在几十年时间内，使 13 亿的中国人进入工业化社会，使全世界工业社会的人口翻一番。这是一个意义极其巨大的世界历史事件。其中最重要的一点是以前的工业化是一个个国家分别实现工业化，每个工业化的经济体的人口规模是几千万。英国在工业化初期有 1000 多万人口，到工业化完成时有 3000 多万人口，比较大的国家是美国，在工业化初期时有 5000 多万人口，到工业化基本完

成时有7000多万人口。中国不一样，中国是一个巨大的经济体，有十几亿人，这十几亿人是一个统一的国家，将一同进入工业化社会。因此，中国工业化过程中出现的现象是人类社会上从未出现过的，非常奇特，中国产业和企业发展所表现的竞争状态也是人类历史上非常少见的。

2. 在现行国际经济规则下，依靠低价工业品生产和出口来实现经济资源的国际配置

我们知道，在工业化过程中，西方强势国家提出两点主张：第一就是自由贸易，自由贸易的含义就是商品的自由流动，商品可以突破国界自由流动；第二就是发达工业化国家都要求资本的自由流动。人类之所以发生两次世界大战，从经济上讲就是要解决这两个问题：商品自由流动和资本输出自由化，两次大战就是列强争夺市场和投资场所。两次大战也不能解决问题，于是各国就坐下来讨论世界到底应该是什么样的。最后，各国的共识是不要用打仗来解决这些问题，而是建立一些国际组织，各国坐下来讨论国际政治经济的秩序是什么，经济活动的国际规则是什么。于是就有了联合国从政治上保证国际经济的稳定，国际货币基金组织从金融角度来保证国际经济的稳定，此外，当时就试图建立一个非常重要的组织——世界贸易组织（WTO），通过这个组织协调各国降低关税，开放国门，实现自由贸易，实现经济资源的国际配置。但是，要实现自由贸易是很难的，很长时间内利用《关贸总协定》作为一个临时性措施来协调各国降低关税。到了20世纪90年代，世界贸易组织才正式成立起来。这个组织就是要解决商品和资本自由流动的问题。

这里还有一个令人困惑的问题：在发达国家工业化的早期除了自由贸易理论、自由投资理论以外，还有一个移民自由理论，即要求人也可以自由流动。从经济学理论来看，人也是生产要素，人的自由流动可以实现更高的经济效率。早年确实是这样的，这样才有了美国、加拿大、澳大利亚等移民国家。但是很遗憾，国际经济规则是发达国家制定的，它们说现在没有移民自由这一条了（中美恢复外交关系时，美国指责中国违背人权，禁止移民就是证据之一，邓小平就说：行啊，你美国需要多少，1年2000万还是1年3000万？卡特总统说：算了，算了，我们不谈这个）。现在，WTO仍在讨论所谓的“自然人的国际流动”问题，但这个问题很难谈下去。因此，现行的国际经济秩序如果从纯粹的经济效率来分析是很奇怪的：商品和资本可以自由流动，技术虽然有点障碍，但也都同意可以自由流动，就是人不可以。大家可以想到，所有的工业化国家，在完成工业化的过程中，必然实现经济资源的国际配置，没有国家可以在封闭的条件下实现工业化，那么在这样的规则下中国怎么办？能不能不遵守这个规则？如果把人口输送出去，其他国家会说你非法移民。在这种情况下，中国工业化的独特性质决定了，在相当长的一段时期内，中国产品的最大优势是“低价格”。我们实际上就是用大量生产和出口工业品的方式来实现资源的国际配置，通俗来讲，中国的很多工业品的出口就是劳动力的出口：我们自然人出不去，就只有生产出东西后，把东西卖出去，相当于劳动力出口。所以，在中国的工业化过程中，有些非常奇特的现象，我们进出口比重相当高，很早就达到了40%以上，我们出口形式是加工贸易，我们出口产品中50%以上是加工贸易。什么是加工贸易呢？就是“境内关外”，原料免税进来，生产出产品后免税出口，相当于一些工人在公海上生产，赚取一些加工费。

3. 尽可能利用中国廉价资源，成为跨国公司实现资源全球配置的重要战略措施

中国资源的国际配置，是以国际贸易为主的国际分工方式向以国际投资为主的国际分工方式的转变。国际贸易为主是指基本上通过商品的交换实现资源的国际配置，降低关税，贸易额很大。中国作为一个大国，处于当前的发展阶段（人均GDP为1000美元左右），就对外商直接投资采取如此宽松的政策，这在世界历史上是非常罕见的。英国、法国、德国、日本等国家在工业化初期时，对外商直接投资都非常谨慎。韩国在1997年金融危机以前，对外商直接投资的限制很严格，合资企业的外资比重不能超过50%，金融危机以后，为了得到国际货币基金组织的贷款，不得不放宽外资进入韩国的限制，才不得不放弃了对外资的比重限制。

但中国不一样，20世纪80年代在制定《中外合资企业法》时，对中外合资企业中外资比重就没有限制上限，独资也可以。因此，中国对国际资本进入本国市场采取了宽松的政策，中国参与国际分工方式也是以吸引国际投资为主。我们在研究产业竞争力时常常讲的比较优势，其经济实质在中国发生了根本的转变。比较优势理论的基本假定是生产要素不流动，劳动力、资本都不流动，假设商品自由流动，在这个前提下才能说中国劳动力丰富，美国的资本雄厚。而现实是资本在大规模地跨国流动，而且流动障碍越来越少，国际资本和跨国公司可以到中国来采购廉价的要素：采购中国的劳动力、采购中国的土地、采购中国的自然资源，来中国享用中国的比较优势。目前，中国出口产品（出口产品的背后是比较优势理论在起作用）中50%以上是外资企业生产的，因此，中国是跨国公司不可不进入的战场。

前几年，中国收入水平低，没有汽车产业的潜在市场空间，日本和美国的汽车企业都没有进入中国，只有德国大众进来了。结果大众在全球亏损，只有在中

国市场盈利，在中国赚了最多的钱。四五年以前，我们同德国戴姆勒—奔驰汽车的管理人员交谈：奔驰什么都好，唯一不好的就是太贵。他们说：我们就是要贵，优质优价！我们又问他们：大众都进来了，你们会在中国设厂吗？他们说：我们不会。我们的战略就是在德国或者其他发达国家生产出高价的奔驰车，再出口到中国。结果不到几年，奔驰就迫不及待地要进入中国市场。

我们访问日本汽车企业时也问他们：当时你们犹豫不决，结果德国、美国的企业进入了，你们现在还到中国去投资吗？他们回答：一定要去。我们又问：你们以前做的市场分析报告不是说中国市场赚不到钱吗？他们回答：赚不到钱也要去，这个市场不得不去。结果日本企业到中国投资生产汽车赚到了很多钱。

所以，众多跨国公司进入中国市场使中国的比较优势发生了巨大变化。在加入 WTO 时，谈判关税。设置关税的理论依据是保护本国的幼稚产业，在本国产业比较幼稚的时候，关税可以保护这些产业，当然随着这些产业的发展，应该逐步降低关税。在加入 WTO 进行关税谈判时，一般人以为是中国积极要求减缓关税降低的速度，而外国积极要求降低关税，实际这只是一个方面，外国公司也在为关税减让进行争论和斗争。比如美国的通用和福特就在争论：通用要求不能减让关税，而福特要求立刻把关税减下来。其原因在于：通用已经在中国设厂了，保护关税就保护了它在中国的合资厂，而福特当时还没有进来，降税就能降低其进入中国市场的成本。所以关税保护的对象就很复杂了：既保护了中国的幼稚产业，也保护所有在中国投资的外国企业。

外资企业在中国赚了很多钱，重要原因之一就是中国的保护关税！以汽车为例，全球来看，汽车是高度竞争的产业，生产能力过剩，全世界的汽车销售利润率大约在 5% 左右，在中国设厂的外国公司，2003 年的平均利润率为 16% 多，赚得最多的是广州本田，它的销售利润率是 24% 多。因此，跨国公司肯定到中国来，在中国市场上可以赚更多的钱。我们现在从理论上分析中国的比较优势所发生的变化（参看图 1）。

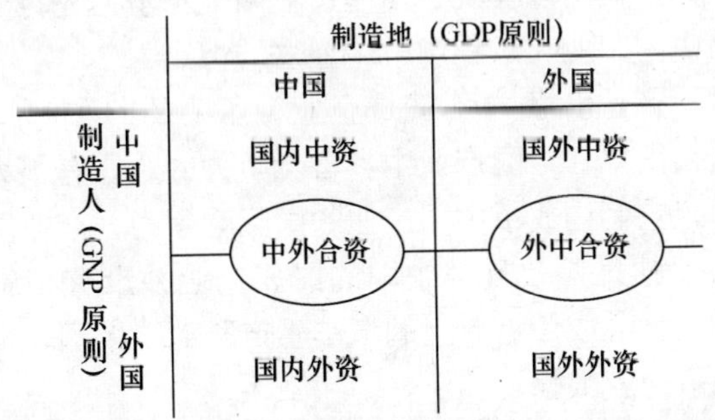

图 1　中国市场的竞争态势

图 1 上方显示的制造地原则（GDP 原则），只要在中国生产的就算中国的，最左边是制造人原则（GNP 原则），就是收入和利润归谁。这两个维度有四个组合：第一种是左上角，国内中资，制造人和制造地都是中国，就是国内企业在国内制造，GDP 和 GNP 都归中国。第二种是左下方，国内外资，就是国外企业在中国生产，GDP 归中国，一部分 GNP 归外国。例如，日本企业在中国得到的利润，日本人在中国拿到的工资在 GDP 上归中国，在 GNP 上归日本。中外合资企业处于国内中资和国内外资之间。第三种是右上方，国外中资，中国企业到了国外就成了外资，在国外生产就成了别国的 GDP，但一部分 GNP 归中国（中国人所得的收入和企业利润）。第四种是右下方，国外外资，这无论 GDP 还是 GNP 都与中国无关了，当然中国还可以与外国企业在国外合资，形成外中合资。右边企业生产的产品可以进口到中国市场来，这样在中国市场形成了一个独特的现象：产业竞争力与企业竞争力的偏离。

4. 产业竞争力与企业竞争力的差异

统计指标显示，20 多年来，中国产业的国际竞争力（以国际市场占有率来表现）迅速提高，从图 1 来看，就是左边一列（国内中资、中外合资、国内外资）在增长，改革开放之初，中国生产的产品在国际市场上的份额为 1% 略强，不到 2%，现在占 5% 以上，很快要突破 6%。有学者甚至估计 20 年以内，左边一列（国内中资、中外合资、国内外资）所生产的产品要占到全球份额的 1/4（其中包含了对人民币币值变动的估计）。因此，中国产业的国际竞争力提高是很快的。

但是，产业的国际竞争力在统计意义上的提高并不同时表明企业的国际竞争力有同样程度的提高。比如说，日本的公司加工电器，到中国来投资，在中国生产的产品算中国的 GDP，但它的部分收入和利润（GNP）归日本。因此，不能做这样的推理：中国家电产业的国际竞争力很强，中国家电企业的国际竞争力也就很强。用显示性指标分析可以发现，中国产业国际竞争力先行于中国企业国际竞争力的提高，这是中国工业化过程中一个显著的特点。

从理论上来讲，产业竞争力不就是企业竞争力的总和吗？这在理论上是对的，但是现实不这么简单，中国产业中具备竞争力的企业有很大一部分是国外独资公司或合资公司，它们构成了中国产业的国际竞争力，产业国际竞争力的提高很大程度是它们的“绩优”表现，中国的民族企业并没有相应地快速提高。以汽车为例，中国很快就会成为世界上的汽车生产和消费大国，但我们不能说中国汽车企业的国际竞争力就很强。

下面，用图 2 来概括中国现实市场上出现的竞争状况。

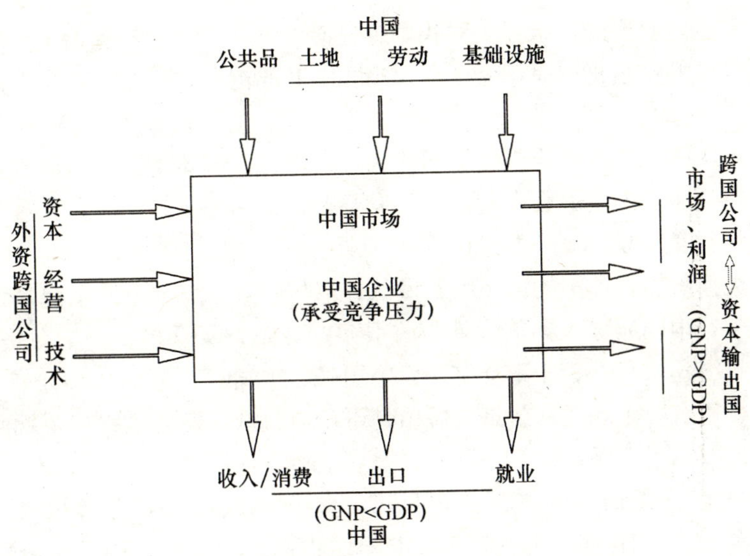

图 2　中国现实市场上的竞争状况

中国以吸引国际投资的方式参加国际竞争。中间方框是中国的市场和中国的企业，左边是外资跨国公司，它们主要向中国投入了资本、经营和技术，上方是中国，主要投入了公共品（法制、政府的管理）、土地、劳动和基础设施；结果，中国得到了收入和消费，出口和就业增加（下方所示），但是下方的小括弧很重要：中国的 GNP < GDP；外国跨国公司得到了市场和利润，因为在中国 GNP < GDP，而从全球来看，GDP = GNP，所以，外国（资本输出国）的 GNP > GDP，比如日本，日本的 GNP 比 GDP 大很多，因为日本的海外投资很大。由此日本有学者认为，日本公司的对外投资致使日本失业率增加，贸易摩擦比较严重。在江苏召开的一个“国际制造基地”的学术会议上，美国加州地区制造业商会的会长讲到，中国要成为世界制造业基地，江苏省要成为制造中心，这很好，但话锋一转，说你们也要考虑考虑别人，不能光考虑自己，因为中国的迅速发展，仅加州地区就丧失了 30 万～40 万个就业岗位。当然这主要是加州制造业生产率低下所致，日本所讲的也是同类问题。我提出了我们也是有赢有亏的，在这种模式下，中国确实解决了就业，但日本拿到了利润，那么就业和利润究竟哪个更重要呢？日本学者认为就业更重要。GDP 是和就业密切相关的，GNP 和财富密切相关，你要的是就业还是财富？GNP 与 GDP 的关系可以引申出一系列问题，比如中美之间的贸易摩擦。美国反对中国，对中国不友好，要制裁中国，这时与中国站在一条战壕上的往往是外国的资本家。他们说中国很好，不要怪中国。对中国意见最大的却是美国的工会，美国的劳联、产联是反对中国的主力集团之一，也就是我们的阶级兄弟对我们意见最大。为什么呢？因为工会的利益在这里。以前我们讲全世界无产者联合起来，现在的情况很微妙，不是无产者联合起来，而是“全世界资产者联合起来”，当今世界的经济秩序和WTO就是资产者的俱乐部，全球开放就可以赚更多的钱。所以，我们要清醒地认识到：世界的经济规则主要是资本主义强国制定的，你要参加国际分工就要承认和遵守国际资本主义市场的竞争规则。

中国如何缓和与美国的关系呢？做法也很巧妙。中美的矛盾主要是贸易逆差和投资逆差，中国领导人到美国就带着很多的订单，买飞机，一买就是几十架，美国的飞机公司很高兴，一定会有人说中国好、中国好。

此外，还有一个问题，就是人民币是否升值，从长期看也就是要就业还是要财富的问题，如果人民币升值，所有中国人口袋的钱都升值了，人均GDP将由当前的1000美元升到2000美元或3000美元，因为人均GDP是算出来的，由人民币折成美元，升值后我们的人均GDP肯定提高。但是人民币升值会导致中国产业的竞争力减弱。

世界银行有个专家认为，根据他的计算，200年一个轮回。200年前，中国生产的产品占全球的27%，比1/4还多。然后就衰落了，最低是在1945～1949年跌到1%左右，一直持续到改革开放以前。改革开放后，GDP又直线上升，去年占到了5%强，今年可能达到6%。他计算了一下，到2020或2025年前后，中国的GDP要占到世界的25%。计算方法是这样的：首先，根据中国的增长率（8%～9%）和世界的增长率（1%～2%）来递推到2020年得出中国的GDP；其次，中国人民币将升值，现在人民币对美元是1∶8，5年内升到1∶5.2，20年后升到1∶2.8，这样中国GDP将占到全球的1/4。人民币升值的根据是类比日本，日本在签署“广场协议”时，汇率是美元∶日元=1∶360，日本现在人均GDP已经上升到2万多美元，这个过程中日元升值（从1∶360上升到1∶120）对日本人均GDP增长是有重要贡献的，如果日元不升值，仍按1∶360计算，那么日本的人均GDP连1万美元也不到！人民币汇率也可以按照这个速度上升，20年后也可以升到1∶2.8，这样中国的GDP就将占到世界的1/4。当然，这只是他的一家之言，未来的现实可能并不像他所描述的那样，但是，他的说法在逻辑上是有一定道理的，即工业化国家人均GDP的增长与本币升值直接相关。

前面我们讨论了企业竞争力的宏观特征，下面我们总结一下（参见表1），中国的工业化将经历的三个阶段。

第一个阶段是成长的幼稚期，其基本特点是产品的低质低价，技术水平低，竞争手段主要是模仿性竞争，是一个稀薄的市场。

第二个阶段是经过20多年的成长，越来越多的产业进入成熟期，成熟期的一

表1　工业化阶段特征

	幼稚期	成熟期	强壮期
一般特征	低质低价 （或低质高价）	物美价廉	优质名品
技术特征	低技术水平	成熟的技术（先进设备） 和强大生产能力	技术控制和核心技术创新
产品特征	低档次、低附加值； （或低档次、高利润）	高性能—价格比， 低附加值	高附加值 强大的品牌声誉
竞争特点	模仿竞争	成本—价格竞争 质量—规模竞争	差异化竞争 “后制造”竞争
市场状态	稀薄市场	饱和市场	稳固市场

般特点是物美价廉，技术特征是成熟的技术（先进的设备）和强大的生产力，产品的特征是高性能—价格比，价格低，性能不错，但附加价值还比较低，这个阶段的竞争特点主要表现为成本—价格竞争和质量—规模竞争。这个阶段产品质量有了明显提高，但价格仍然很低，低到外国人觉得不可思议。举个例子，浙江义乌小商品市场，产品价格低得不可思议。一个漂亮的女式时装包，买一个要100元左右，买10个就20元一个，买20个就15元一个，15元一个怎么能生产出来呢？拉链、扣子等基本的材料和人工也不只15元啊？这个包在国外卖多少钱呢？我们去意大利，最便宜的包（摆在地摊上黑人卖的）也要卖80欧元，样式和中国的也差不多，在中国却只要几十元人民币。法国的路易·威登箱包非常有名，在香港卖最便宜的要6000～8000元人民币，如果在义乌做呢，最多就几百元钱，所以，路易·威登不到中国来投资，否则自己的牌子就砸了！所以我国现阶段的重要特点就是：（超低的）价格竞争、（合意的）质量竞争、（超大的）规模竞争。规模竞争使得做一个小的产品也能赚大钱，有几个做吸管的厂，一个管也就赚几厘钱，但规模非常大，全世界都用它们的产品，效益非常好。

第三个阶段是强壮期，其特点是优质名品，有核心技术的创新能力，产品附加价值高，特别是有强大的品牌声誉，我们离这个阶段还有相当的距离。即使我们竞争力最强的产业，比如纺织服装业，也还有很长的路要走。技术没有问题，世界名牌都在中国生产，但不代表中国强大。说哪个国家的服装好，大家想到的都是法国、意大利，不会是中国。这对研究竞争力有很大的启示：就是品牌对企业竞争力有决定性的正效用。而什么是真正强大的品牌呢？一个简单的概括就是“骂不倒的品牌就是强大的品牌”！中国最好的品牌也经不起骂！南京的冠生园月饼过去很有名，但媒体一宣传这个老牌子就土崩瓦解了！看看国外的品牌，其强大就在于雷打不动。大家都在骂麦当劳“垃圾食品”，还有人要起诉它，没有人说麦当劳有营养，麦当劳也没有说自己有营养，但是没有用，麦当劳仍然强大无比；也有人批评可口可乐，不就是糖水吗，也没有用，可口可乐照样立于不败之地；中国人将奔驰车砸掉，大家还是说奔驰车好，这些就是真正强大的品牌，而中国几乎没有这样强大的品牌。所以，中国的工业化离第三阶段还很远。

二、竞争力研究的对象和意义

1. 企业竞争力现象的历史条件

竞争力是一个历史现象，在开放的市场经济条件下，在工业化社会里，存在竞争关系谈竞争力才有意义。竞争的实质是替代性和差异性的关系。有竞争关系的产品，一定是因为它们之间有替代性。替代性越强，差异性越小，比如说汽车和服装的差异性太大，它们之间就没有竞争。替代性越强，竞争性就非常强，竞争的关键就是价格，谁的价格便宜，谁的竞争力就强，它是成本竞争。如果产品的差异性非常大，差异大到没有任何替代性，那么企业之间也就不存在竞争关系，我们就称它们是非竞争性的产业，比如饮料和麦克风之间就没有竞争关系。

竞争的难点就在于产品之间既具有替代性又有一定的差异性，这时，就产生了差异性竞争，可口可乐和娃哈哈是有一定替代性的，你可以自由选择，但是二者之间又有差异，所以竞争中既有成本竞争又有差异竞争。这就是迈克尔·波特讲的成本竞争和差异竞争，这是产业经济学的一个基本原理。

2. 竞争力为什么如此重要

工业社会是效率至上的社会，追求效率是一个中轴原则，竞争是实现效率的根本途径和方法。除了特殊场所和时期，竞争是提高效率最有效的手段，提高某一产业的效率就是构造一个竞争的氛围。总之，竞争力是生存之本、发展之本、福利之本。

3. 什么是企业

企业是一种组织。按照西方经典的理论，认为企业是对市场的替代，用企业替代市场来配置资源、组织资源。替代市场来配置资源的组织有很多，譬如军队、政府等，那么企业同其他组织的差别是什么呢，就是在生产和提供产品或服务的同时企业还要产生利润。追求利润就是企业与其他组织的最大区别，此外，企业还是一种高效率的组织形式。追求利润和高效率同时整合到企业这个主体中，这与人们脑海中先验的错觉是相悖的。

人们认为，一种产品（或服务）如果由企业来生产肯定比由政府来生产要昂贵。因为企业是追求利润的，产品（或服务）的价格中就必然包括利润，而政府不追求利润，那么产品（或服务）的价格中就没有利润，所以，政府生产的产品其价格必然比企业生产的产品价格要低。然而，事实恰恰相反，企业不仅能赚到利润，其效率还要比不产生利润的组织的效率高，其标志就是价格还要低，诀窍就在企业是竞争的。看病就是这样，人们一般认为私营的医院肯定比公立的医院贵，因为私营的医院要赚钱，所以医院不能私营。这种看法对不对呢？从理论上讲，可能是对的，但事实不是这样。我在江苏南通看到一个大规模的私营综合性医院，英文叫 RICH，其医疗服务的内容、条件、水平与公立医院不相上下，医务人员的水平也很高，它的价格与公立医院一样，有些服务价格还要低于公立医院，而且它的服务质量明显高于公立医院。因此，由竞争性方式来提供的产品（或服务）的价格就很贵的理论适用范围越来越小。譬如地铁，全世界的地铁（中国香港除外）都在亏损，原因就在它不竞争。北京的地铁从 0.5 元涨到 3 元仍然在亏损，我认为就是涨到 50 元也仍然会亏损。因为它不竞争，就不知道它的成本到底是多少，一张地铁票卖多少钱是合理的，所以，只有竞争才能让价格降下来。又比如说彩电，10 年前，我们根本不知道 21 英寸的彩电的合理价格是多少，当年的价格是 2000 多元，没有人能想到，现在这样的彩电只能卖到几百元。

所以，企业是一种高效率的组织形式，美国发现以前由政府做的事情由企业来做往往效率更高。连监狱都可能是这样，政府关一个犯人要花很多钱，但是监狱商业化经营后，由公司来办监狱要便宜很多，照样达到以前的管理水平。美国到伊拉克打仗很多事情由公司来做。所以，企业效率高，而且还能赚钱（不赚钱它也不会干），企业就是这样的组织。

4. 什么是企业竞争力

在市场经济中，企业竞争力最直观地表现为一个企业能够比其他企业更有效地向消费者（或者市场）提供产品或者服务，并且能够获得自身发展的能力或者综合素质。

所谓“更有效地”是指，以更低的价格或者消费者更满意的质量持续地生产和销售；所谓“获得自身发展”是指，企业能够实现经济上长期的良性循环，具有持续的良好业绩，从而成为长久生存和不断壮大的强势企业。

通俗地讲，企业竞争力的第一层意思是说企业能更有效地提供产品和服务，也就是说企业的市场占有率高，其提供的产品（或服务）好，消费者能接受，企业的规模大、销售收入高。第二层的意思是说，企业能持续获得利润。

三、企业竞争力研究的学术原理

竞争力研究最早始于经济学，后来学者们发现仅仅使用经济学的方法不够，还要使用管理学的方法。迈克尔·波特最早研究竞争力，他是一个经济学家，他最初使用产业组织的方法来研究产业和企业竞争力，后来认识到仅仅使用经济学的方法是不够的，于是又综合使用了管理学的方法。下面我们先介绍经济学研究竞争力的原理。

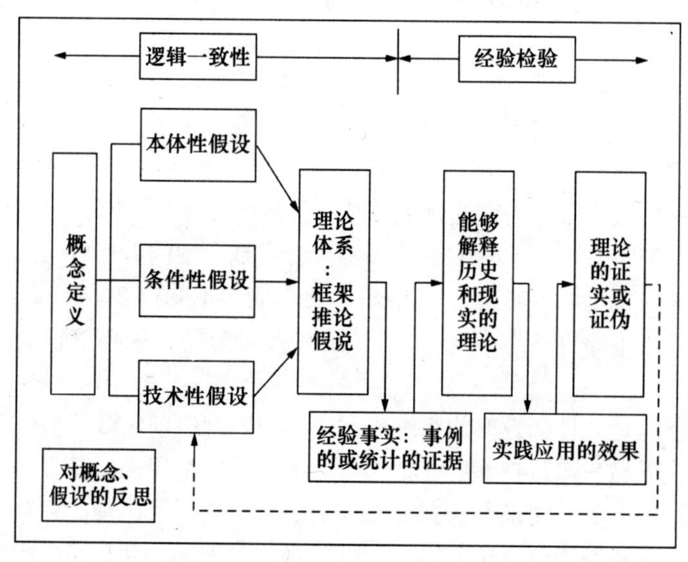

图 3　经济学的研究原理

经济学的理论构架和逻辑构架如图 3 所示。从左边开始，首先是概念定义，然后做一系列的假设：本体性假设、条件性假设和技术性假设。在这些假设的前提下，会形成理论体系，包括框架、推论和各种假设。主流的经济学（包括西方经济学和马克思经济学）都要求逻辑的一致性，而且是演绎的逻辑。马克思主义经济学的理论逻辑并不复杂：从商品、价值、使用价值、劳动二重性、竞争性市场等假设开始，就可以像数学一样推演下去，推演出整个理论体系。西方经济学也是一样，从供给、需求几个最基本的假定开始，可以推演出整个理论体系。所以，有的经济学家开玩笑说："只要知道供给需求，鹦鹉也能推出整个经济学。"这就是说，经济学是演绎的逻辑，它遵循逻辑一致性的原理，但是仅仅这样是不够的，有了理论框架后，必须经过经验的检验，要能够解释历史和现实，根据是

否能解释历史和现实来证实或证伪。然后，回到图的左边，对概念、假设重新反思。经济学之所以是社会科学"皇冠上的宝石"，就是因为在社会科学中，只有经济学可以比较彻底地使用演绎逻辑，这与数学很类似，数学就是从 1 + 1 = 2、1 + 2 = 3 等基本的假定开始，推演出整个理论体系。这些假定可以修改，比如计算数学就不是 1 + 1 = 2，而是 1 + 1 = 10（二进制），这又可以推演出另一个体系。数学和经济学在演绎逻辑上的类同性，使经济学可以使用复杂的数学，有了"第二数学"的说法，可以用数学的语言把整个经济学的理论体系表达出来。但是经济学最后还是要经过实践的检验，再来反思概念、假说是否正确。我们写作经济学论文也是这样，逻辑推理必须严密，符合一致性原理。下面我们看看管理学（参见图 4）。

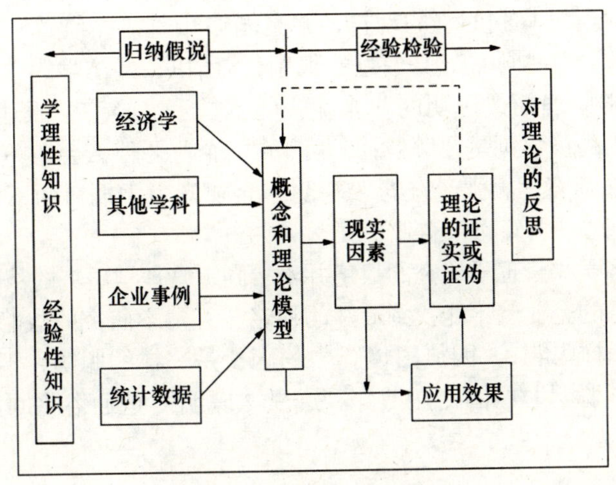

图 4　管理学的研究原理

管理学与经济学不一样，它是利用学理性知识和经验性知识，用各种知识（经济学的知识、其他学科的知识、企业事例和统计数据）通过归纳假说归纳出概念和理论模型，这些概念和理论模型最后也要通过经验检验，用实际来证实或证伪其理论，然后再对其概念和理论进行反思。所以，虽然部分使用演绎逻辑，但管理学主体上是归纳逻辑，管理学不能像经济学一样，找到几个基本的概念推论出管理学，这条路是行不通的！只能利用各种知识、各种经验，归纳出一个概念，再构造理论模型，最后到实践中应用该理论。所以，经济学和管理学在逻辑上是有很大差别的。

1. 经济学的基本假定和竞争力理论的方法论逻辑

经典的经济学所进行的研究和分析是以假定“企业同质”为基本逻辑前提的，即假定企业就是一个个相同的“原子”，都具有经济人理性，精于计算，并按微观经济学所描述的原理和方法进行决策和行动。

但竞争力研究的目的却是要解释“企业异质”，即为什么有些企业竞争力强，有些企业竞争力弱；或者，什么样的企业能够具有长久的竞争力，什么样的企业一定不会有竞争力。

2. 经济学说：不要用“聪明”和“愚蠢”来解释企业之间的实质差别

经济学以理性主义为基础：经济学假定每个人和每个企业都是足够聪明的，至少都具有做对自己有利的事的动机，并且能够知道“如何做”对自己最有利的事（除非受到条件的限制，如信息的限制）。所以，经济学的主要研究对象是那些懂得经济学原理的“聪明的”企业，而不是不懂经济学原理的“愚蠢的”企业。而竞争力经济学则是要解释：“聪明的”企业为什么会各不相同，为什么有的“聪明”企业竞争力强，有的“聪明”企业竞争力弱。而不必解释为什么“聪明”的企业比“愚蠢的”企业更强。

比如，经济学和管理学研究的战略并不相同，管理学研究的战略是有聪明和愚蠢之分，愚蠢的企业就不能找到最好的战略，经济学研究的战略（如博弈论）中每个企业都一样聪明，“囚徒困境”中的囚徒是一样的聪明，不是一个“笨”的囚徒和一个“聪明”的囚徒在博弈。这里“聪明”是通俗化的说法，就是做出正确决策的能力。

3. 管理学说：企业之间的根本差别就是有的聪明，有的愚蠢

管理学认为聪明的企业不仅能干出事业来，而且能赚钱：事业是干出来的，利润是想出来的。只会干事的不一定能赚钱。与之类似，有学者研究发现，努力工作的民族不一定是富裕的，劳动时间短、工作条件好的民族还可能是富裕的。管理学认为：聪明的企业淘汰愚蠢的企业，就是企业竞争的历史。但是管理学有个缺陷，就是没有人能够告诉你如何成为聪明的企业，得靠你自己的悟性。所以，世界上成功的企业没有两个是完全相同的，成功企业的经验不能完全复制：麦当劳、沃尔玛的成功历程都不能简单照搬。竞争力研究也面临同样的困境：就是没有人能告诉你，具体怎样做才能有竞争力！

4. 从经济学到管理学：竞争力的解释范式

如表 2 所示，经济学理论体系是一个从抽象到具体，即逐步放松假设条件

的逻辑框架。对竞争力可以不同的假设条件为前提，从不同层面进行分析和研究。经济学的各个分支学科都可以对竞争力研究做出贡献，但由于各分支学科的假设前提和分析工具不同，所以，所关注的影响竞争力的主要因素也有一定的区别。

表 2　从经济学到管理学：竞争力的解释范式

学科方法	基本假设条件	假设条件放松的方向	影响竞争力的主要因素
一般微观经济学	同质企业和匀质市场，要素流动无障碍	最抽象的企业、市场和要素供求关系	成本、价格、生产要素配置、分工、供求
产业组织经济学	企业同质但存在市场结构差异和要素流动的结构性障碍（壁垒）	从匀质性市场转变为非匀质性市场	成本、价格、规模、产品差异、企业市场地位、企业间关系、博弈策略、信息
国际经济学（发展经济学）	存在关税、汇率等国际经济差异和要素国际差异及流动障碍	从无差异无界限的一元空间转变为存在国界区隔的多元空间	关税、汇率、要素国际差异和国际流动、经济开放度、国际分工、经济发展水平
区域经济学和区位经济学	存在区位差异、要素禀赋差异和要素区际流动成本	从无成本差异的一元空间转变为存在区位成本差异和要素价格差异的多元空间	区位特征、自然资源、交通通信成本、要素成本、空间网络关系、产业集群
管理经济学或企业经济学	存在实质性企业内部结构差异和行为差异	企业从“原子”型的“黑箱”转变为复合体型的“白箱”	企业战略、企业组织、组织行为、企业家行为、管理能力
制度经济学和政府管制经济学	存在企业产权制度差异、经济体制差异和政府干预	从无制度差异、无政府干预转变为存在制度差异和政府干预	产权制度、治理结构、国有企业、政策环境、政府管制
超越经济学（引入非经济学的研究方法——经济学与管理学的结合）	个人和企业存在观念、伦理、价值观和知识水平等方面的深刻差异	从经济人的严格理性主义转变为超越理性主义的行为假定	企业理念、价值观、企业文化、企业伦理、信仰、社会人文条件（信任）

对竞争力因素的研究实际上是一个从“黑箱”理论到“白箱”分析的过程。并且超越经济学，进入管理学的领域。

5. 企业竞争力的各种分析框架（模型）

企业要找到决定和影响竞争力的各种因素：首先要找到概念和分类；其次去发现各种相关性，就是这些因素和实际业绩（市场占有率、利润率等）有什么相关性；再次去找各种显示性指标和分析性指标；最后形成理论判断和推论，来形成解释竞争力因果关系的理论。此后再用这个理论判断和分析去找影响企业竞争力的因素。各种分析框架都是使用上述的逻辑方法（见图5）。

比如迈克尔·波特的竞争五力模型（见图6）和钻石模型（见图7）。

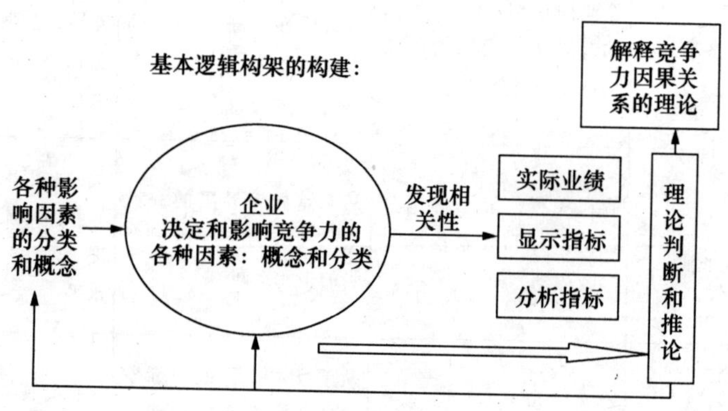

图5 企业竞争力的基本分析框架

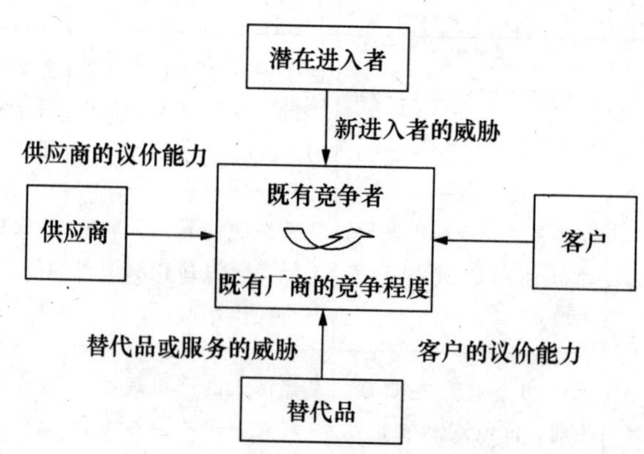

图6 迈克尔·波特竞争五力模型

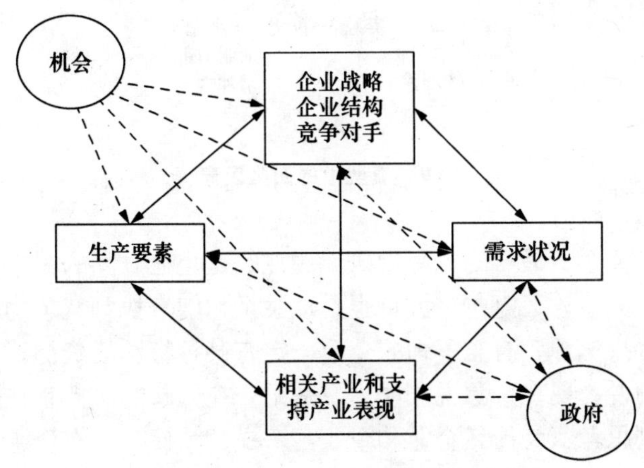

图7　迈克尔·波特的钻石模型

总而言之，上述理论在方法论上主要使用的是经济学和产业经济学的方法。另外一种模型是找到影响总体竞争的各种因素。以斯莱文（Slevin）、科文（Covin）的影响总体竞争力的12因素模型为代表：战略/方向；人力资源政策与实践；企业内部各单位之间的沟通；全面质量管理；产品/服务的开发与改善；营销与销售；客户关系；过程改善；参与管理；组织结构；文化；国际竞争（E. Cell：《企业家精神：全球化、创新与发展》）。

下面将研究竞争力的基本逻辑关系总结如图8所示。

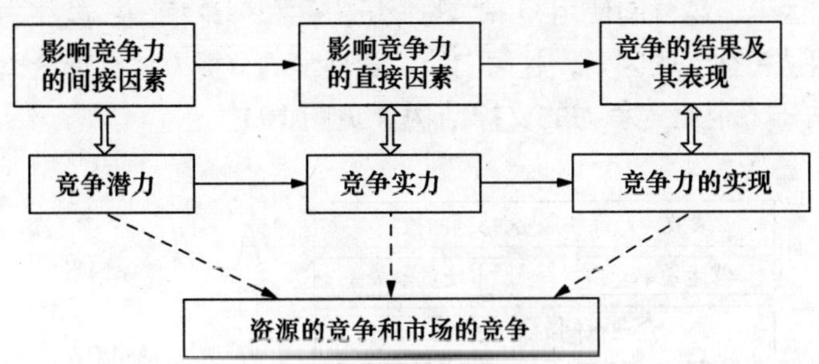

图8　研究竞争力的基本逻辑关系

图8右上角是竞争的结果及其表现，向左走是影响这个表现的直接因素（图中上），再找到影响竞争力的间接因素，间接因素体现了企业竞争力的潜力，直接因素体现了竞争力的实力，竞争潜力和竞争实力都归结为竞争力的实现（份额高、利润大），而竞争主要在两个方面：一个是争夺市场；另一个是争夺资源。所以，归根到底，竞争就是资源的竞争和市场的竞争。

在上述的模型中，需要寻找很多的因素，这些因素如图9所示。

关系——资源——能力——理念
企业外部　　　　企业内部
物理性　　　　精神性
经济学　　　　管理学

图 9　模型中的四类因素

最左边的是关系，最早的竞争力研究关注的是企业之间的关系以及企业和市场、政府之间的关系，迈克尔·波特也是从关系角度来找到竞争力的因素；以后逐渐发展到去寻找资源，有竞争力的企业一定有某种特殊的资源；再往后，资源说发展到了能力说，现在资源说和能力说是结合在一起的。大家在研究企业竞争力时，必须时刻思考：为什么企业和企业不一样，为什么你有资源，我没有？你有廉价的劳动力，我也应该有啊！你有技术资源，我也应该有啊！而且一般的能力也没有排他性，比如说资本，你可以融资，我也可以融资。问题就逐步推演到我们必须找到一种特殊的能力，它在市场上是买不到的，以此来彻底解释竞争力。如果它可以买得到，就是你有我也有，即使我没有，也可以买来（比如技术），你有优秀的管理人员、技术人员，我也可以有。那么最核心的竞争力因素既买不到，又不能模仿。那么什么东西是买不到，又无法模仿（至少短期内是这样）的呢？就是核心竞争力，或者叫核心能力。核心竞争力是一种学识，是“知道怎么做”的能力。在这个学识中，核心又是企业的理念，企业理念是企业差异的最深刻、最根本的因素。所以，如图 9 所示，越往左边，越是企业的外部，越是物理性的因素，越倾向使用经济学的分析方法和理论框架；越往右边，越是企业的内部，越是精神性的因素，越倾向使用管理学的分析方法和理论框架。

下面归纳一下企业竞争力的支撑结构（见图 10）。

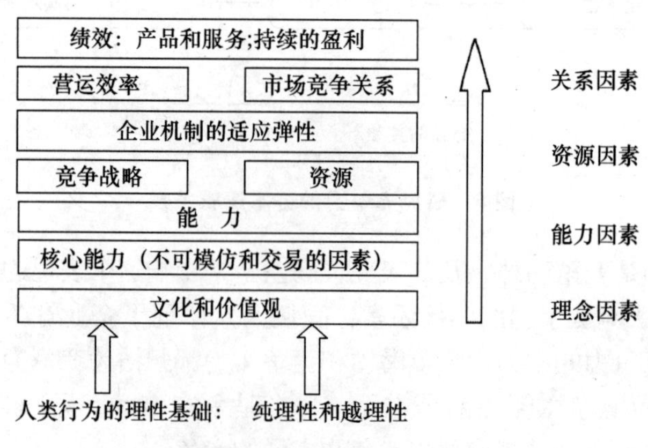

图 10　企业竞争力的支撑结构

图10的右边是影响企业竞争力的四大因素：关系因素、资源因素、能力因素和理念因素。左上方是绩效，更有效地提供产品和服务以及持续盈利是企业竞争力的直接表现，支撑企业绩效的是企业的营运效率和市场竞争关系。经济学以前只研究市场竞争力关系，并假定企业的营运效率是一样的，管理学主要研究运营效率。而如何取得好的运营效率和市场竞争关系呢，需要企业机制具有适应弹性，企业在市场里能找到合适的定位。按照波特的说法，就是要进入一个好的产业，并走到该产业的上端，成为该产业中的优秀者。企业机制要有良好适应弹性，就需要竞争战略和资源来支撑。而要很好地利用资源并找到合适的竞争战略，就需要企业具有相应的能力，能力中的核心能力（不可模仿和交易的因素）支撑着战略，并高效率地配置资源，最终提高绩效。核心能力怎么会有不同呢？因为植根于不同的文化和价值观。人类文化和价值观又有什么不同呢？这样，竞争力研究就深入到人类行为的理性基础：纯理性和越理性的基础。

讲到这里，我向同学们提出几个值得深度思考的问题：

（1）任何的结果（或表现）都是有原因的吗？就是说企业的表现是否一定会有一个原因来决定这个结果？这是一个带有哲学含义的问题，世界上是否存在没有原因的结果？如果认为一切结果都有原因，就是决定论，如果认为有了结果不一定有确定的原因，叫非决定论。

（2）任何整体都可以由组成它的部分来说明吗？是不是说竞争力在各个层面上的表现都可以由次一层级的因素来说明呢？如果是，我们可以构造出竞争力的模型；不是，我们将选择其他的方法。

（3）决定竞争力的因素最终可以归于一些最基本的因果元素吗？竞争力最后可以分解为最基本的因素吗？感兴趣的同学可以参考有关文献，如“进化经济学”，讲的是层级因果关系推演出一种现象或突变出一种现象。

四、企业竞争力行为基础和管理原则

1 行为基础假定：纯理性和越理性

有人说经济学家不讲道德，实际不是这样，只是经济学家一般不研究道德！经济学假定企业是纯理性的。纯理性是指：不以任何非理性因素（例如，民族、宗教、文化、观念等）为转移，通过合乎逻辑的利弊得失权衡和可行方式，以实现自身利益最大化的目标。纯理性的核心是“趋利避害”的（个人主义）算计。

现实生活中，人不仅是纯理性的，还存在越理性。越理性是指：基于一定的价值观和意识理念，通过合乎逻辑的可行方式，以实现合乎理想的（通常也是社会认同的）目标。越理性的核心是以核心价值观为基础的核心理念。

从一定意义上可以说，纯理性是世俗的理性，越理性是信仰的理性。在企业竞争力的研究中，这两个因素所起的作用是非常深刻的，为什么会产生有竞争力的企业，为什么会产生工业化的社会，有的学者（如马克斯·韦伯）认为西欧产生工业革命、资本主义革命，最早产生最有竞争力的企业，就是因为在那个地方产生了价值观的革命，价值观的革命就是新教的改革。过去按照基督教的教义，"富人要进天堂就如骆驼要钻进针眼那么困难"（在马克思的著作中也讲过这样的话），意思是追求财富是不道德的，富人是进不了天堂的，为富不仁，无商不奸！新教革命将这个观念给打破了，追求财富也是上帝的旨意，企业家去追求财富与普通人工作一样都是上帝给予你的使命，即追求财富是正当的！这样就解决了一个问题，即赚钱不是为自己赚的，也不是为自己的子女赚的，是执行上帝的旨意，要不断地赚钱，要不断地执行上帝给予的旨意。此外，还要节欲，要节制自己的欲望，不能像过去的贵族那样过奢侈的生活、搞复杂的礼仪将自己的财富挥霍掉。这将不符合上帝旨意。这又从观念上解决了企业的积累问题，资本要不断积累，不能挥霍。不能把企业利润作为个人财产，最后作为遗产给自己的子女，而是社会的。尹明善，一个著名的民营企业家，曾告诉我说：他经过研究发现，世界上优秀的企业家几乎后来都成了慈善家。有一些学者做过专项研究，在基督教社会中，成功企业家的财富作为遗产的大约只占10%，90%是捐掉的。巴菲特已经决定自己死后，将自己的财产建立基金，回馈社会。比尔·盖茨的遗产也不超过其总财产的1%，这不是个别现象。并非这些人特别高尚，也并非这些国家的遗产税特别高（税制也是人制定的，有钱人完全有能力改变这些税制），而是一种理念。这些理念根本上解除了企业发展过程中追求利润、利润积累、做大做长久所遇到的思想桎梏。目前，国内的一些大企业家在思考"赚钱干什么?"，从纯理性的角度讲，有些命题是有逻辑矛盾的，比如企业要做成"百年老店"，这就要求企业家考虑100年以后的企业利润最大化，这与企业家的个人利益没有什么关系。从个人理性角度来讲，企业家最多考虑到儿子、孙子，不用考虑到世世代代，根本用不着建立一个世世代代的企业，所以，企业用不着长寿，企业家死掉，他的企业就关掉，后来人再兴办新的企业，不用搞什么长寿企业！从纯理性的角度来讲，人考虑最多的是自己，至多扩大到家人，不必扩大到全社会，否则，个人利益也就不是个人利益了。所以，用纯理性的逻辑难以解决"人为什么要无止境地赚钱"、"为什么要建立百年老店"、"为什么要把利润最大化作为企业目标"这样的问题。

下面，我们不再讨论这些哲学问题，就来考虑现实生活中，企业到底在追求什么？

2. 企业的行为目标是什么

企业是以营利为目的的经济实体，持续盈利能力是效率的经济表现。但是，为什么最具有竞争力的企业都说“我们并不以追求利润最大化为唯一目标”？有学者研究过，近50年来，世界最强的企业有一个共同特点，就是都说“我们并不以追求利润最大化为唯一目标”。

那么，以什么为目标的企业更具有竞争力呢？外国的管理学家问了世界上15000个各个国家的企业的高层管理者这样一个问题：“你认为在你所在的企业或你的国家，追求利润最大化是否是唯一的目标？”美国回答“是”的比例最高，达到了40%（赞同这一观点的最著名的经济学家就是弗里德曼，他认为企业就是追求利润，企业有其他目标就是对市场经济的破坏）。欧洲的国家回答“是”的比例比较低一些，最低的是法国，只有16%～17%。全世界最低的是日本，只有8%的企业经营者认为利润最大化是企业的唯一目标（见图11）。

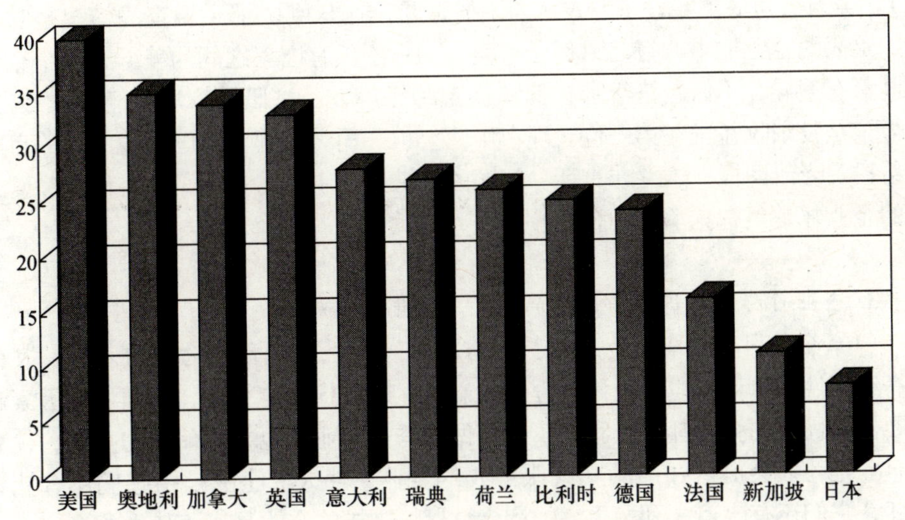

图11 追求利润最大化是否是企业的唯一目标

表3所示的是科特勒在《国家营销》一书中所引用的“企业追求的目标”。每项追求的分值为0～3，括号内是该项追求的重要性排名。美国认为最重要的目标是投资回报，第二位是股东收益（相当于利润最大化），市场份额是第三位。日本企业和韩国企业的一个共同特点是认为“股东收益”不重要，日本企业和韩国企业都认为市场份额很重要，美日韩企业都认为投资回报很重要，美国是第一位、日本是第二位、韩国是第三位。但对股东收益（利润最大化的经济根

表 3 企业目标比较

目标项	美国	日本	韩国
投资回报	2.43（1）	1.34（2）	1.23（3）
股东收益	1.14（2）	0.02（9）	0.14（8）
市场份额	0.73（3）	1.43（1）	1.55（1）
产品组合	0.50（4）	0.68（5）	0.19（6）
经营效益	0.46（5）	0.71（4）	0.47（5）
财务结构	0.38（6）	0.59（6）	0.82（4）
产品创新	0.21（7）	1.06（3）	1.24（2）
企业形象	0.05（8）	0.20（7）	0.12（9）
工作条件	0.04（9）	0.09（8）	0.15（7）

源），美国认为很重要，东方人认为不很重要，这与刚才那个调查的情况是吻合的。这表明企业追求的行为目标是有差异的：不仅有国家之间的差异，每个企业之间都有差异，不像经济学那样简单假定为经济人。按照经济学的经济人假定，就应该是股东收益排在第一位。现在中国上市公司老总都说自己企业的第一目标是给投资者以回报，这并非真话。问题的关键是追求什么目标，具有什么经营理念的企业才是具有竞争力的企业？

3. 企业目标及取得竞争优势的方式与文化价值观的关系

（1）企业目标及取得竞争优势的方式以纯理性和越理性为双重基础。其中既有纯理性的算计，也有受到越理性的影响，越是优秀的企业，越理性的因素越重要。最优秀的企业都说，我们不仅要做优秀的企业，也要做伟大的企业，优秀的企业是为社会提供好产品（或服务）的企业，伟大的企业是指它们还有社会责任，它们还有比追求利润更高的社会目标，这样的企业是真正伟大的企业。一般人认为这仅仅是宣传，但深入研究表明，不是这样，这些企业确实在这样做，因为一个大企业不能靠谎言领导众多的员工。

（2）确立同社会文化及价值观相一致的企业目标和方式，更有助于增强企业的竞争力。在中国培育出真正具有竞争力的企业是一个非常大的挑战。这是因为，中国多年的发展也没有形成真正商业文化的价值观，到现在为止，中国的商人和企业家很难用企业自身的业绩和成就来证明自己的价值，得到社会的认同。这是很大一个问题。如果在国外调查“谁最有价值？谁地位最高？”在美国第一是沃尔玛的老总，第二是微软的创始人比尔·盖茨，第三是新闻集团的老板默多

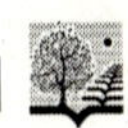

克。美国总统则排在很后。我们中国人一定不会这样认为。

我有一个“比尔·盖茨猜想”。它就是：如果比尔·盖茨是中国人，他在中国创立了一个与微软一样成功的企业，那么他今天在中国会是什么身份？比尔·盖茨在美国的身份是大学肄业生，他的母校不承认他是该校的毕业生，因为他没有完成学业。他就是微软的总设计师、创办人，他不需要其他的什么头衔来为自己添光彩，他的商业业绩足以让他获得巨大的社会认同。但是，他如果是中国人，那么就一定会希望有，而且社会也一定会给他另外的身份，例如，起码是许多大学教授或名誉教授、博士生导师、两院院士，全国政协副主席大概都不止，因为，荣毅仁曾经当到国家副主席。这说明，企业家做出成就后社会怎样认同他，在不同的社会文化中是大不相同的。在中国历来有两种现象常常为人们津津乐道甚至广为颂扬：一种是“官商”，给你一个“官”是对你的褒奖，是社会对你的认同。了不起，你当官了，因为商业上有成就，所以给你官做，做官是对你的社会评价，是商人在商业之外去找社会认同，或者社会用商业之外的东西来表明对成功商人社会地位的肯定。另一种是“儒商”，就是要表示你不是成天赚钱，骨子里不是商人而是文人。我们在晋商、徽商的院子里都可以看到，他们希望获得的社会认同是：赚钱都是他们初级的追求，他们真正是要搞学问，要学琴棋书画，是儒家，如果自己做不到，就让子孙去做。学术作为一种业余爱好，提高个人修养无可厚非，但为什么要去当“儒商”呢？而且，“儒商”为什么就似乎可以脱去商人的气味，比商人更高尚呢？“儒”就是搞学问，那是另一种行业的标准，为什么要用另一个行业的标准来表明商人自己的社会地位和社会价值，进而得到社会认同呢？因为实在是找不到其他的替代途径了吗？这与西方有很大差别，西方商人就是以商业业绩、以商业本身做到最强乃至改变人类的生活方式来实现自身的价值、得到社会的认同。而在中国只能用“官商”和“儒商”来褒奖和认同一个商人。这样，中国企业和商人的文化价值观怎能让中国企业做到有竞争力呢？据说现在有些民营企业家开始比了，过去比赚钱，现在不比赚钱了，因为已经赚了很多钱，赚了钱也很痛苦，赚了钱也不受尊重。有企业家抱怨：会议是我们赞助的，参加会时，官员有人接送，前呼后拥，关怀备至；还有学者，因为是来讲课的，也是很受尊重，组织者以礼相待；而我们是出了钱的，反而没人搭理，凭什么这样冷落我们？这就体现了社会认同的标准，他们为了赢得社会认同，就比你是“政协委员”吗？你是“人大代表”吗？你的位置是“处级”、“局级”还是“副部级”？尹明善已经是副部级了，还享有相应规格的公房、公车，感觉一定很不错啦！政府和社会也感觉到只有这样才算没有亏待这些有成就的企业家。

所以，中国还没有形成一个有效的商业价值观来支撑中国企业形成自己的核心竞争力（核心理念）。这是摆在中国企业家、企业界乃至全社会面前的重大问题，中国是一个基本上没有宗教信仰的国家，没有办法从宗教信仰中去寻求自己的价值观，那么，我们又从哪里寻找我们的价值观呢？而价值观又是决定企业竞争力真正长久和深刻的因素。这一问题值得中国企业界以至整个社会认真深刻地思考。

整理人：钟宏武

（文章来源自《学术讲座荟萃》第19辑，2004年9月23日）

对现阶段我国经济发展的思考

王振中

王振中

男，1949年生，山西平定人。中国社会科学院经济研究所副所长、研究员、经济学博士、博士生导师。1993年起享受国务院颁发的政府特殊津贴。现兼任《经济学动态》主编，中华外国经济学说研究会副会长，中国《资本论》研究会副会长，中国地方志指导小组成员等。

主要研究领域：经济学基础理论、国际贸易与国际投资、转型经济。主要著作有：《非过剩资本型国家海外直接投资的理论思索》、《经济特区与出口加工区的比较研究》、《资本难道真的没有旗帜吗》、《实施替代种植，争取国际援助，彻底肃清毒品对人类的危害》、《在澜沧江—湄公河次区域经济合作中，我国应尽力摆脱"大国小角色"的状况》、《关于成立"9+1区域经济合作组织"，促进区域经济一体化的建议》。1999年起主编《政治经济学研究报告》（每年一本）。

这次讲座主要讲三个大的问题：我国现阶段经济发展的态势，科学发展观对经济发展的影响，关于中国的全球战略部署。

一、探讨我国这次宏观经济调控的背景

这一次的国家宏观调控措施出台有非常清楚的背景。这次宏观调控出台的措施无论在经济界或经济学界引起的争论和思考都特别强烈，尽管如此，我觉得应该清楚这届政府实施宏观调控的背景，以及它的动机和目标是什么。在评价2004年的宏观调控的时候，大家一定要注意2004年1月13日温总理所强调的四大注重及两大着力。四大注重：第一，更加注重搞好宏观调控。第二，更加注重统筹兼顾。第三，更加注重以人为本。第四，更加注重改革创新。两个着力：着力解决经济运行中的突出矛盾，着力解决关系人民群众切身利益的突出问题。这些应该说没有什么秘密。这是2004年1月13日温总理在人民大会堂五千人大会上的讲话。应该说通过这四大注重和两个着力，我们能够看出来，这次宏观调控的目标以及它要达到的一些基本目的应该是比较清楚的。如果有人问，这次宏观调控和以往有什么不同，我觉得这六句话应该是值得我们深思的。应该说宏观调控从1992年以来，就成为中国政府首先考虑的非常重要的问题。

大家都知道，1993年9月18日，江泽民总书记在人民大会堂接见了中国社科院的学者以及海外的学者。在那次接见中，江泽民总书记就提出了他特别关注的四个问题：第一，我们国家实行对外开放了，怎么能有效地防止苍蝇蚊子进来？实际上讲的是中国对外开放过程中，怎么能够对西方文化中一些不良的东西进行有效抵制。第二，他说我们国家的城市化过程，肯定是农村人口向城市大量转移，如果农业的技术更加提高，转移的人口就更加多。那么这个转移的过程所呈现的各种矛盾我们怎么解决？第三，国有企业改革问题，他认为现在国有企业改革面临着很多很突出的问题。他说：我当过厂长，也当过书记，现在的厂长、书记和我那时候不一样。当时他举了一个突出的例子：宝钢和鞍钢。他说鞍钢的总经理李华中在宝钢干得很好，为什么到鞍钢就不行了呢？他问了一下李华中：

鞍钢真正需要多少人？李华中说，10万人。江总书记又问：那么鞍钢现在是多少人？李答：将近50万人。总书记说如果只需要10万人的话，剩下的40万人怎么办。这就给经济学家提出了第三个问题。第四，宏观调控。他特别强调在中国经济运行中怎么搞好宏观调控，特别是不能急刹车，而要点刹车。大家如果要是注意的话，就会发现，从1993年9月18日开始，国内外的经济学家不断给中国政府出主意，说这个问题怎么解决，那个问题怎么解决。其实都是围绕上述问题展开的。

为什么讲这个背景？从1993年以来直到现在，应该说江泽民这一代领导人和胡锦涛这一代领导人考虑的宏观调控，应该说是连贯的。特别是1992年以后，我国经济体制改革的目标发生了巨大变化，就是提出了社会主义市场经济。但是社会主义市场经济怎么搞，大家都没有经验。但是这次所提出的四大注重和两大着力等几条，大家注意了，这可是过去历次宏观调控没有提过的。注重统筹兼顾，注重以人为本，还有着力解决关系人民群众切身利益的突出问题，这是上届政府没有明确提出的观点。所以我们来评论，或者来探讨这一届政府宏观调控的一些问题的时候，我觉得这是应该注意的背景。

大家应该都知道，2004年6月18日我们在人民大会堂召开了一个非常大的国际研讨会，卢卡斯和莫里斯这两位经济学家也参加了这次会议，总理还接见了我们。应该说这次邀请并接见正好是我国宏观调控非常关键的时期，因此对于这次接见，很多人通过各种渠道来探听，我们的总理对这次宏观调控有什么看法。在这次接见之前，我去机场接卢卡斯的时候，在路上卢卡斯问我中国经济的情况，我就简单地介绍了一下。后来在这次接见的时候，他就特别问到温总理，根据我所了解的情况，中国的通货膨胀率只不过是3%左右，但是你们却采取了非常强硬的宏观调控措施，他说，你一定是遇到了什么其他问题。温总理的回答非常明确，你说得完全对，确实是这样。他就把他当前遇到的要着力解决的几个问题向外宾做了介绍。

当然对这次接见许多学者在猜测。我说不用猜测，卢卡斯当然是新自由主义的，但是新自由主义里面各种人物的观点也是不一样的。不要听说这个人是新自由主义的就全面否定，这是不对的，在科学上是不严谨的。因为大家都知道，虽然卢卡斯也是芝加哥学派的代表人物，但他和弗里德曼两个人的观点是完全不一样的。尽管卢卡斯也反对政府出台政策，但他的三个核心观点对我们是有启发的。第一，如果政府出台政策，它的政策必须是透明的。第二，这个政策必须是连续的。第三，这个政策要有利于市场化的发展。我觉得这个人的观点是对我们有启发的。不能够因为这个人是属于哪一派的而完全否定这个人的观点，那是非常肤浅的。这次接见后，或者说通过这次接见，我们讨论宏观调控的时候，需要

考虑四个方面的问题：第一，此次宏观调控的背景究竟是什么？第二，此次宏观调控的目标是什么？第三，此次宏观调控的手段是什么？第四，此次宏观调控的启示是什么？应该说要回答第四个问题，首先，需要对前面三个问题搞得比较清楚。

在这次接见中，我们明白了这次中央政府采取宏观调控措施要解决的是三个问题，特别是温总理谈到，我们软着陆的含义是在经济速度不减慢的情况下，解决三个问题。第一，农业要出现重大转机，保障 13 亿人的生计。第二，固定资产投资要降下来，特别是高耗能和高污染企业。第三，影响经济生活的不健康因素要缓解。

二、农业要出现重大转机，保障 13 亿人的生计

这一段话是非常重要的。有的人说，农业问题没有必要那么紧张。我们完全可以到国际市场解决中国的粮食问题。这仅仅是一种假设。我是 1989 年 5 月离开北京的，整个“六四”期间都待在国外。应该说我们了解的情况要比国内人多一些。特别是 1989 年 5 月以后，中国开始出现一些混乱，时值春耕时期，当时的中国政府就已经预测到会有一些情况影响我国的粮食安全，所以在美国期货市场上交易了大量的粮食合约，这种举动把国际粮价抬高了。所以说中国对粮食问题从来不敢掉以轻心。毛主席在世的时候，曾经讲过我们国家经济发展的基础是农业。大家都佩服张培刚，张培刚老教授 1948 年就在哈佛大学获得了经济学的优秀论文奖，那是我国学者唯一获得该奖的人。他之所以能获这个奖，最重要的一点就是他在该文中谈到，一个国家在工业化的过程中，决不能牺牲农业而发展工业，否则工业化是实现不了的。他那篇论文出来之后，确实非常轰动。到现在为止，农业仍然是非常大的问题。从 1948 年 GATT（也就是我们讲的关贸总协定）开始，到现在的世界贸易组织（WTO，1995 年 GATT 转成 WTO），在这半个世纪中各个国家谈判谈得最艰苦的是什么？是农业问题。你要跟这些搞农业的，特别与那些视农业为生命的国家去探讨的话，感触会非常深。有的外国学者说，你学过英文吗，我说学过。他说你知道 agriculture（农业）是什么意思吗，拆开来是 agri - culture，也就是说农业的根是文化。这个学者的话很有道理，因为许多国家（包括我们国家）长期处于农业文化的氛围中。日本对农业的保护是相当厉害的，美国大米长期进不了日本市场。日本人的宣传非常聪明，说日本人的肠子和美国人不一样，吃了美国的大米要闹肚子。所以在农业方面的斗争相当激烈，不要那么书生气。我们后面还要讲“三农”问题，这里先点一下。总之，这次的宏观调控中农业问题必须要出现重大转机，这是这场 10 年来也未听到的农业大讨论的根本动力源。

三、固定资产投资要降下来，特别是高耗能和高污染企业

目前煤电油的运输长期紧张，这样下去不行。固定资产投资调整要达到的最终目标是什么，就是在解决经济问题的时候不要伤害经济整体。我觉得这段话含义特别深。我们对我们国家的经济速度不要怀疑。我们国家的经济速度一定是比较高的，但坦率地讲，我们还没有达到理论上的高度，我们这几年平均速度也就9.2%。这9.2%的速度与历史上的韩国、日本相比，都不是很高。但问题在这里，尽管我们有这样的速度，但增长过程中出现的问题却相当多，这是我们需要注意的。我们现在所谈的成绩都是经济增长的成绩，而我们谈的问题都是经济发展的问题，它们完全是两个概念。所以我们在宏观调控的时候，不能以20年前的西方理论来处理现在的中国经济。目前中国经济增长速度高不高？高，但它产生了一系列问题，就是现代西方经济学所讲的经济增长并不等于经济发展。

控制固定资产投资过快增长。这是因为2003年以来固定资产投资比2002年增长了26.7%。这是1994年以来的最高增速。2004年也增长得非常快，上半年就增长了28.6%，这还是4月份采取了宏观调控措施，第二季度比第一季度回落了很多的结果。我们尤其要重点关注的是投资结构问题，固定资产投资里面，钢铁业的投资是相当惊人的。因此，在整个固定资产投资中，钢铁业的生产引起了我们国家政府的高度重视。2003年钢铁我们生产了2.3亿吨，同时进口3700万吨，另有8000万吨的在建生产能力。目前我们国家每年从国外进口铁矿石1.5亿吨，澳大利亚和巴西的进口铁矿价格上涨了一倍，这样下去资源将难以维系，而且它造成了运输、电力的紧张。2003年电力增长了15%，已经高于GDP增长速度，但还是有十几个省在拉闸限电。所以我们这一次的宏观调控中，对六大行业（包括钢铁、水泥、氧化铝，还有房地产）的固定资产投资进行限制是有道理的。

仅仅从钢铁生产来看，我们国家钢铁业的生产能力已经相当高了，年生产能力已经超过了美国和日本的总和。但应该说，这种生产能力有相当一部分是靠国外资源支撑着。好多人都把希望寄托在澳大利亚的恰那（Channar）铁矿，这个铁矿我参观过，是靠不住的。拉闸限电到2004年是最明显，上海外滩晚上是黑糊糊的，周围的大楼都不敢开灯。我们最美丽的人间天堂——西湖晚上也没灯了。说明电力紧缺已严重影响到老百姓的生活。

有一种现象，学过经济学的同学都知道，就是只对某一局部有利而对全局不利的现象，叫合成谬误。应该说从2003年到现在，我们国家经济生活中出现的合成谬误，不仅非常显著，而且它所引起的后果是相当严重的。为什么这么说？

经济高速增加的技术基础其实相当薄弱。这里以钢铁为例。大家可以看看我们工业经济所搞的《中国工业发展报告》（2003 年），这个报告做得非常好，通过这个报告，可以把我们国家的经济发展看得一清二楚。在这个报告里，我们仅仅拿中国和日本来比，我们国家的钢铁业规模很大，但钢材的结构升级应该说是相当滞后的。特别是在高附加值的表面处理板方面，我们国家基本上处于空白，而日本在这个高附加值的产品中占了 14%。所以我们会看到一个矛盾的情况：一方面总规模很大；另一方面进口规模也很大，贸易赤字相当显著。我们国家钢铁业的贸易赤字从 1992 年以来一直存在，这就是我们国家的现实。增长速度很快，但技术基础相当薄弱。

为什么专门谈日本的例子，应该说在东亚地区，将来和中国竞争得很厉害的就是日本。20 世纪 60 年代有个雁形飞行形态理论，说东亚的经济发展跟一个大雁一样，那个大雁是日本，两个翅膀是谁呀，一个是我们讲的“四小龙”；另一个是“新兴的四小龙”，如泰国等国家，雁尾巴是中国，现在他们不敢说了。但是我们一定要清楚，虽然最近 10 年日本经济确实在下滑，但是日本的技术含量是非常高的。这一次的雅典奥运会，大家要注意，不要以为日本没有赚到钱。整个一个安全证件，是日本一家企业生产的。雅典奥组委在全世界采购，唯独这家日本企业的产品任何人不能仿制，因此它的防伪技术特别高，这种技术是值得我们研究的。洗衣机也是这样，我们的海尔也开始生产不用洗衣粉的洗衣机了，那个技术是谁发明的，是日本三洋公司。回过头来看钢铁业，包括粗钢方面，西方七国是非常发达的，粗钢在这些国家里，有些是稍微减弱，但大部分都在增加绝对产量。

世界上没有夕阳产业，只有夕阳技术。我们过去的宣传里面对夕阳产业说得太片面了，哪有什么夕阳产业？纺织业是夕阳产业吗？不是。钢铁业是吗，矿业是吗，石油产业是吗？都不是。20 世纪 70 年代以来西方用它们雄厚的技术基础改造了这些产业。所以大家如果注意的话，你会发现在 IT 产业的评价方面，我一直是比较慎重的。我们对 IT 产业的评价绝对不能以纳斯达克的股价和波动来评价和看待这个产业，那是错误的。因为大家知道，从 1993 年以后，整个世界经济和理论界发生了重大变化。理论界发生了两个重大变化：一是斯蒂格里茨的《经济学》。为什么斯蒂格里茨的这本书人家非常看重。就是在他之前，整个西方经济学只分为两块：宏观、微观。当然有人说还有第三块，发展经济学。但大体来说是两块，但斯蒂格里茨这本书出来后，就完全把这种格局打乱了。他认为生硬地将宏观、微观分开对于经济学理论是错误的。因此他把宏观、微观糅在一起。这就是为什么他这本书在 1992 年首版后又出了第二版，而且畅销得很。他在研究方法和世界观上引发了巨大的改变。二是经济学的基础理论发生了重大转折。过去我们讲经济学的理论基础是价格理论，到现在为止，国内的很多经济学家还在坚持价格理论，我说这落伍了。自从信息经济学和博弈论出来以后，经济学的基础理论是信息理论，价格仅仅是无数种信息中的一种。由此，人们对世界的看法发生了根本改变。大家会看到，我们的生活就是一个搜集信息、处理信息和传播信息的过程，我们五千年来，整个的经济活动都是纵向地搜集信息、处理信息和传播信息，这也就是工业化时期以前的整个传统社会的总体情况。自18世纪英国工业革命开始以后，到1993年以前，人们经济生活中，传播信息的方式主要是以横向为主，但是同时并存着纵向。为什么是横向为主？18世纪英国工业革命之后，整个世界的横向联系更加紧密了。1993年以后互联网才开始商业化，这个时候人们搜集处理传递信息的方式网络化了，这种方式的改变，应该说整个对于人们的理念、社会秩序和社会制度产生了重大影响。比尔·盖茨为什么曾经发生过失误？就是因为他以为计算机不可能网络化，他就只生产Windows95、Windows98，到1995年他突然醒悟到坏事了。因此，他要捆绑浏览器（结果美国司法部又控诉他垄断）。所以连比尔·盖茨这样一个非常重要的商人对IT产业的网络化发展的判断都出现过误差，你就可想见这是多么大的变化。所以不要因为纳斯达克的暴跌暴涨就认为信息技术基础已被摧毁。这种IT产业的发展对我们的生活的影响是翻天覆地的。现在美国征求选民的意见，许多选民的意见都是在互联网上进行。现在的沟通方式与过去完全不同了。1989年之后，有人说社会主义完全失败了。大家注意到没有，波兰的一个原来经济所的所长，他在共产党执政期间是受迫害的，波兰共产党被推翻以后，他反而坚信马克思主义。为什么，他有一条谈得特别深刻。他说IT产业的产生，会使资本主义的生命线彻底被摧毁，也就是资本主义的雇佣劳动制度会完全被摧毁，我觉得他谈得特别深刻。因为从IT产业产生之后，人们都在讨论企业的本质是什么。如果我们集中在一起完全是为了剩余价值、为了利润的话，那么就可以通过各种方式来挣钱，没有必要集合在一起。如果这种概念成立的话，那么许多固定资产投资，尤其是工厂建设的投资会大大减弱，没有必要非集中在一个空间，大家回家挣钱就可以。那人和人之间的联系又会发生变化，任何人之间的接触是通过网络接触，而不是见面接触。这一系列的改变都会对我们的社会经济生活产生重大的影响。所以我们对夕阳产业和夕阳技术一定要有一个比较清醒的认识。

在这次钢铁业的调整中，大家目标都集中到“铁本”项目。有的说“铁本”不该下。包括这次我到广东的几个大学去，学生提出，“铁本”下来会影响就业，等等。“铁本”是江苏的一个小老板搞起来的。为什么叫“铁本”，因为他是捡破烂出身的，捡废钢铁，他想以废钢铁为本搞起来这个公司。大家注意看，这个公司的投资规模是100亿元，但是分拆了20个项目立项贷款。这完全是商人和地方政府合谋的结果，从商业银行的贷款纪律来看，是不允许的，这要出大

事。这次“铁本”下马，引起了商业银行的高度关注。我们某个商业银行就根本不知道这么多款都贷给了他一个人。这说明我们商业管理中存在着巨大漏洞，为什么，因为我们信息汇总不起来。为什么信息汇总不起来？我们的信息化技术太差。我们银行现在连通存通兑都做不到。我们跟国外的差距非常明显。银行存款是不能随便到外地各个银行点去取的，这就是因为网络的联系技术很差。到现在为止，实行实名制效果很差，原因是我们没有信息技术支撑，想掌握你的信息掌握不了。银行说你存款要用实名，这一个实名他用了10个，有什么用？各大商业银行之间是相互封锁的，这样的一种网络没有办法掌握经济信息。所以这个铁本项目拆成20个项目贷款。当地政府不服，说各地都是这么干的。可能各地都是这么干的，但你撞到枪口上去了。而且，我为什么谈到温总理的两个着力？我们这次圈地和以往不一样。我们1978年以后第一次圈地，1992年第二次圈地，为什么这一次圈地引起的矛盾特别多。因为你已经涉及群众的基本利益了。这次“铁本”项目，被拆迁的人已经没有地方可居住了。就这一条你就过不去。有人说，“铁本”项目应该治，但不能这么治，应该用价格信号。“铁本”项目能够用价格信号解决吗？解决不了。价格信号并不能解决所有的问题。拖欠农民工工资能用价格信号解决吗？解决不了。原来讲拖欠农民工工资问题时，我们都是觉得包工头太坏了。你看，那么多工人给他搞建筑，结果他把工人的工资拿着就跑了。其实不是那么回事，温总理在五千人大会上讲了，问题在于政府，是当地政府、地方政府好大喜功，投资规模过大造成的，不是几个包工头造成的。这次宏观调控如果完全要用价格来解决，我觉得这是幼稚病，不可能的。

但是“铁本”项目的争论并没有结束。第一，“铁本”小老板仍然在监狱里面继续指挥自己的企业，所以我不知道他那手机是怎么送进去的，怎么在监狱里面指挥自己的企业投资。第二，非常令人震惊的一个问题，同样是在4月份，我们砍了“铁本”，另外一个外资企业的钢铁厂开工了，同样是在江苏，因此人家不服气呀。这个不服气我倒是非常理解，我也在思考这个问题。为什么同样一个政策，老外跟咱们就不一样。他为什么不一样？这个外商说，我这个投资技术高，小老板说我那技术也不差。我们去看，为什么同样一个调控措施对不同的企业，对我们本土企业家和对整个外商企业家的效用和作用都不一样，这是这次我们宏观调控应该引起注意的一个问题。

四、影响经济生活的不健康因素要缓解

快速经济增长中的问题，高投入低产出的现象非常严重。与国际水平相比，中国火电供电能耗高出22.5%，大中型钢铁企业可比能耗高21%，水泥综合能

耗高出45%，这是最高的。原因是75%的技术都是世界上淘汰的落后技术。机动车百公里油耗比欧洲高25%，比日本高20%，比美国高10%。所以现在好多人暂时都不敢买了。原来说还是欧Ⅱ标准，现在好多人说政府最好定下来，到2008年什么标准合适，欧Ⅱ的我现在不敢买了，我得买欧Ⅲ的。而且进口的轿车也有问题，根本没有考虑污染问题。为什么我们的车前几年要装化油器，我们曾把德国人弄得非常尴尬。我们根本没有欧洲标准啊。上海大众轿车是1979年和德国人谈判的，谈了五年，1984年达成的协议是，技术转让给我们。一旦在中国建立合资企业，德国必须停止在德国生产桑塔纳。这是当时我们谈判的条件。当然我们觉得自己很赚了。实际上这个谈判本身就有问题。因为从发达国家的实证来看，一个车型从成熟到衰落就6年。当然1984年我们觉得很吃香。自1984年起桑塔纳在中国生产了将近20年，你从整个的轿车统计来看，桑塔纳这个车只在中国生产。到前几年我们说不行，污染，我们要达到欧Ⅱ标准，要加化油器，结果找德国厂商找不到了。德国厂商说，化油器当时很吃香，现在早就没有了。我方说，没了你就给我建呀，我们生产不出来。现在我们需多花3000元加装化油器，司机说，没测之前我给它拆了，不好用，检测的时候我再给它加上。这有什么用呀？可见汽车污染问题我们根本就没有考虑。甚至可以说，我们根本连理念都欠缺。

争论2004年宏观调控的人都应该考虑一组非常重要的数字，甚至可以说，通过这组数字，每个人都应该写出自己的答案和分析。从这里面我们可以看出来宏观调控的背景是什么，2003年中国的GDP占全球的4%，但它的能源消耗占世界的比重高得惊人，消耗了世界7.4%的石油，31%的原煤，27%的钢铁，25%的氧化铝，40%的水泥，34.6%的铁矿石，18.8%的电解铝，19.9%的铜，20.15%的锌。哪一个国家是这样的生产格局？大家去看一看、查一查整个发达国家的一些统计数据。当消耗了31%的原煤的时候，它的GDP是多少？它的人均GDP是多少？它消耗了世界上34.6%的水泥的时候，这个国家的生产应该是一个什么状况。就这么一个数据，我觉得完全可以看出来中央政府对我国宏观经济发展的担忧。

那么有人说了，这个生产格局造成的生产"瓶颈"，完全能够依赖世界市场解决。我要打一个问号，能吗？说我们缺石油了，世界市场给我们，现在对我们最大的威胁是什么，石油。我们的总理为了中国的石油，几乎跑遍了全世界。谁都要卡我们，日本要卡我们，美国人要卡我们，俄罗斯人也要卡我们。中国最突出的轿车产业，要靠石油支撑来跑。为了俄罗斯的输油管道，斗争得多么激烈。我给外交部党校上课的时候，专门讲这个石油问题。我们的外交官都清楚，我们现在面临的都是些什么问题。中国目前的这种格局已经影响了世界的生产。这种

格局能不能完全依靠世界市场解决？我说不能。特别是2004年的争论非常激烈。我们为了缓解国内的生产，要减少焦炭的出口，结果和欧盟发生了非常激烈的争论，欧盟提出了抗议要制裁我们。欧盟说你要减少焦炭出口会影响它的生产。这个事情本身也说明，友谊是形式的，而利益是真实的。这个可千万别忘了。中国地质研究院的研究报告说，未来20年，中国现有资源的供应将不可持续，经过20年，中国实现工业化，石油、天然气、铜铝矿的累计需求量至少是目前储量的2.5倍，并且预测了2020年的对外依存度。这些报告应该引起我们的高度关注。

五、我国经济发展中值得思考的两个问题

（一）1994年克鲁格曼关于亚洲经济奇迹终结的论断的启示

我们的经济增长速度很高，但技术基础薄弱，以及高投入低产出，这使我们又想到20世纪90年代克鲁格曼事先对我们的忠告。这是非常有影响的一篇文章。为什么有影响？就是因为当时在亚洲国家争论非常多，21世纪是谁的世纪？中国说是中国的世纪，后来印度说是印度的世纪。东南亚的国家不太敢说，它们说是亚洲的世纪。这时候克鲁格曼就出来了，他说，不对，你去想一想，20世纪60年代在美国和苏联之间出现过一场争论，当时赫鲁晓夫在出席联合国大会的时候，脱掉鞋子敲桌子说，苏联要埋葬美国。当时苏联的人造卫星水平要远远高于美国。讲了这种话以后，美国人心里就很慌。这时候美国的两位学者运用数量经济学和计量经济学，对苏联建国以后到讲这话的时候的历史数据进行了统计分析，发现苏联的经济增长模式是高投入低产出，这种模式长不了。这篇文章的出现给美国人打了气。克鲁格曼引用这个历史典故说明现在的情况和60年代是完全一样的。你别看亚洲国家在叫唤，包括新加坡在内它们的经济增长模式都是高投入低产出的。有人说克鲁格曼90年代初就意识到亚洲金融危机了，这是不对的。他没有意识到亚洲金融危机。他只是看到了亚洲这种经济增长模式的局限性。

实际上他讲的这句话，在1997年他又讲了一次，你们亚洲国家想一想，近20年来哪一项技术发明是你们的？当然不包括日本。在这20年的经济增长中，我们的生产方式中，是偏重于“三来一补”，那么“三来一补”里面，最主要的两个方式是CKD和SKD。所谓CKD是全散，就是全靠散件组装。比如讲轿车是1万个零件，我跟你合资建厂以后，这1万个零件完全运到中国来，你去攒去。SKD是半散，为了保持对关键技术的控制，这1万个零件不全运给你，只给你1000个，为什么变成1000个了？是因为有好些零件我组成1个了。这两种转移

方式不一样。特别是制造业，这是发达国家控制对发展中国家技术转移的手段。如果转移的技术是民用、军用的，国外转移的方式肯定是SKD。如果在这整个过程中我们都偏重于这两种方式的话，我们的技术创新能力就很弱。包括电冰箱的压缩机，我们自主开发的能力很弱。而日本，同样一个技术，通过十年的引进和消化，完全可以独立创造。所以1994年克鲁格曼对亚洲经济奇迹终结的论断对我们是有启示的。这其实也是这届政府注重制度改革和创新的缘由。对我们国家来讲，制度创新和技术创新都相当关键。我们应该思考的问题是我们国家经济发展的双层模式转换到现在为止没有彻底解决。中国社科院的学者刘国光同志组成的课题组从1986年开始研究这个问题到1988年出书。谈到中国的双层体制转换，一个是经济增长方式是从外延型转向内涵型，然后经济运行方式的转换要从计划转向市场。2004年社科院重大课题的设计和招标中，国务院研究室的领导说，你们能不能够研究一下为什么我们国家的经济增长方式还没有转变过来。确实，从中国社科院学者的成果出来到现在为止已有16年，这个问题仍没有解决。我们国家的经济增长方式还是外延型的。整个国家的技术基础非常薄弱，高污染的情况相当严重。这是国务院研究室布置给社科院的课题。我觉得在座的研究生也面临着解决这个问题的一个很好的机会。

（二）开展土地市场治理整顿

应该说从1992年到现在，对中国经济生活影响最大的一个产业就是房地产。从2003年开始，对中国的地产商人来讲，已经不是什么原理正确不正确的问题了，而是这种原理对他有利还是对他不利的问题了。在中国的经济发展过程中从来没有像房地产业发展这么突出，斗争这么激烈。

2003年央行有一个121号文件。房地产商说这个文件不好。甚至跟这个文件相同观点的被说成是政治阴谋。相关文章在《经济学动态》上发了，他们很生气，说这个人讲的是政治阴谋。然后国务院有个18号文件，这些人说这个文件好得很，就好像我们亲自参与写作了一样。在我们国家的生活中没有发生过这样的事情，2003年出现了。一直延续到2004年，出现了一个所谓“八三一”大限。就是在2004年8月31日以前，原来协议出让土地的，在8月31日之前把手续办全了，“八三一”以后就不批了。这个政策的出台也是迫不得已的。但隐藏的问题相当严重。那么为什么房地产商对央行非常反感？作为我们的学生一定要清楚其中的来龙去脉。整个的情况是这样，2003年2月，央行公布了2002年货币政策执行报告。在这个报告里面披露了这样一组数据，说它检查了2001年6月到2002年9月的房地产信贷业务，共15个月，抽查了20901笔，贷款总额1648亿元，抽查的结果是9.8%的贷款违规，1/4的贷款总金额违规，总金额达

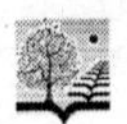

到366亿元，这是央行所掌握的房地产投资的背景，于是央行发出了《关于进一步加强房地产信贷业务管理的通知》，所谓银发121号文件。

这个文件内容共有七条，反对者们也承认，这个报告只有两条是新的，其他五条都是重申。这两条是什么？一条是规定商业银行只能对主体结构已封顶的住宅提供按揭贷款。过去北京是正负零。这块地皮我拿到了。比如说地基是三米，如果地基建设和地面齐平之后，不管你的商业楼是盖50层、100层，都可以从商业银行贷款。这就是正负零，没有任何风险。现在规定不行了，你盖20层、50层封顶了才能给你按揭贷款。许多人说，这下完了。这是一条最新的规定。

第二条规定，买第二套及以上住宅的个人首付款比例及贷款利率都有提高。对这一条我认为反对者有一半道理。但是很多人就说了，你管那第二套干啥，我觉得这个可以商量。但有一条，央行的人非常清楚，有相当一部分人购房已不是消费行为了，而是投资行为了。大家如果到三环那里去看，号称城中的香格里拉，对面是富力集团购买的一块地，面积是40万平方米，它花的地价是32亿元，它的房地产的起价是8700元/平方米，其中有一个人买了70套。这明显是投资行为。因此央行说对买第二套住宅进行限制也不是没道理的。同时还规定，严格防止建筑施工企业使用银行贷款垫付房地产开发项目，并规定商业银行不得向房地产开发商发放土地出让金的贷款。房地产商往往在打时间差。他把房地产开发手续拿到手后，先到银行去抵押贷款，开发商再拿着抵押贷款付土地出让金，这么一转手是零风险。假设真正要开发，那开发手续完后，建筑商会争这块地。那开发商会说，你们谁要这块地你们争，这个建筑开发的资金我不管。然后建筑施工怎么办，建筑商再向银行贷款来开发这块地皮。开发到和地面相平了，正负零了。这个时候银行又开始发放按揭贷款，一直到这楼盖成了。风险留给银行，商人拿走利润。所以在中国，房地产开发商没有跳楼自杀的。特别是中国房地产开发的资金70%～80%资金来自银行，目前银行资金大约有4000亿元陷在房地产项目里面。

有一个研究报告引用了新加坡的一家报纸公开揭露的数据，说中国有3万多家房地产开发商在疯狂地炒地皮，其中有3000家在北京。平均每5000家居民就有1家房地产开发商。这是一个可怕的经济定时炸弹。到2003年6月25日，审计署又做了审计报告，抽查了建行广州地区八家支行的楼宇案件，发现十有八九问题是十分严重的。这个案子最近已经判了。现在虚假都到了什么程度，房地产商叫自己的职工到银行按揭贷款，结果根本没有客户能买到这房子。那么与如此混乱的房地产市场相连的当然是土地问题。所以这也是我们温总理回答外宾提问时说要解决的一个问题。截至2004年8月，全国撤销各类开发区4813个，原来我们公布的数据是6000多个，占开发区总数的70.1%。合计开发区用地面积

2.49 万平方公里，占原有规划面积 64.5%，已退出土地 2617 平方公里，复耕 1324 平方公里。我们全国开发区的面积 3.6 万平方公里。我们国家两大岛屿，第一大岛屿台湾岛 3.8 万平方公里，海南岛是 3.3 万平方公里。我们搞的开发区比海南岛大，相当于台湾岛。

更为关键的是大量占用耕地。我 2004 年“五一”去北京郊区度假，一听说你是北京城里来的，又是搞经济的，农民马上来找你，说你给我们反映一下情况。我们到北京告状，公安局把我们给押回来了。不是说土地承包 30 年不变吗？现在已经 6 年了，还有 24 年，但开发商把地给收走了，每年只给 1000 多元作为补偿，24 年以后再把地退给农民。你想那开发区整个地面都打了水泥，怎么退给农民？所以这一次圈地运动为什么引起那么多问题。我们温总理很清楚，有些地方由于乱搞开发，出现了“三无”农民（无地、无就业机会、无社会保障），当时温总理讲是 4000 万。4000 万什么概念，澳大利亚全国才 2000 万人。由于乱开发，把 4000 万人搞成了“三无”农民。那你想一想这社会能安定吗？所以这种乱开发是不行的。1993 年我去过台湾，台湾新竹一个小小的科技园产值大于我们 52 个高新开发区。回来我写了一个“1:52”。这种乱开发不行，好多地是荒的。这样一来，我们农业受影响，而且“三无”农民的问题没法解决。

所以党的十六大以后一直在争论说就业第一。那是有些学者听到风声了。其实当时我们正在争论。为什么到现在为止我们没有写就业第一，很简单，我们做不到，后来上面采取了大家的看法，就是做不到就不要提。为什么这一次宪法修改没有迁徙自由？因为目前做不到。如果迁徙自由，必须要满足两条：第一条要取消户籍制度；第二条是所有人来到这个地方，那么你的福利就要涵盖所有的人。真正的迁徙自由要满足这两条，我们目前做不到。所以这次宪法修改没有涉及迁徙自由。说明这届政府是实事求是的。做不到就绝对不讲空话！现在政府的任何政策都是经过认真考虑的。回到乱开发问题上，它牵扯到这样两个问题：第一，土地开发商和地方官员的勾结。第二，我们的土地管理法已经不起作用了。我们国家的法律基础是什么？我们国家的法律基础是成文法。我们的成文法很不容易制定出来后，还没有人执行。我们的法律基础是很薄弱的。我们制定了 2010 年全国土地利用开发计划，但是这个总体规划有用吗，谁听你的。某一个省说本省土地已经开发完了。我们讲以法治国，我们还没有真正做到。中央工委“三个代表”宣讲组要我去参加宣讲，其中有一条是讲全球化，然后说要吸收全球的整个优秀文化，我说你要加一条，中华文化本身就是优秀文化，我们差的是法治，不是文化。法治这两个字 1915 年在中国就出现了。陈独秀说，西方国家和中国的文化的差异，其中一条是法治。在西方，不仅社会关系是契约关系，而且家庭中也是契约关系，看来我们的祖先已经理解得很深刻了。

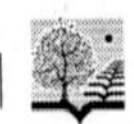

在北京，土地出让采用三种方式：竞标、投标、协议出让。现在非常盛行的是协议出让。这会产生两个问题：一是"猫腻"特别多；二是价格要比竞标投标的价格低得多。2002 年 7 月到 2002 年 11 月北京突击土地协议出让的面积是 1992 年到 2002 年土地协议出让的土地面积的总和。就这一个数据背后隐藏着什么问题？这背后隐藏的政治问题和经济问题是相当严重的。而这协议出让的 1 亿多平方米土地分布在哪里？一个是地虫；另一个是大的房地产开发商，这些企业有的是北京市政府下属的企业，有的是和政府关系比较密切的企业。我们学经济的都知道，土地是财富之母，劳动是财富之父。在纪念邓小平诞辰 100 周年之际，我们认真纪念了吗？小平同志在世的时候，1987 年搞过一次试验。1987 年在深圳搞过一次土地公开拍卖。当时李铁映带领 17 个沿海城市的市长和中外记者参加拍卖。这是一个非常好的方式，一是价格卖得合适；二是比较透明。但 17 年过去了，这种公开拍卖的土地出让方式并没有成为主导方式，协议出让还是最主要的土地出让方式，所以我说纪念邓小平我们没有好好纪念呀。这反映了什么问题，需要我们深思。

这不是一个简单的扭曲的政绩观造成的。有人说这是因为官员腐败，因为人都是经济人（长期以来，搞制度经济学的人说，不要相信政府都是好人）。这两个原因是不是完全能够解释土地行为的混乱？我觉得不是。其中还有一个非常重要的原因，我们县乡财政的困境。包括广东这样的富省，一半县乡的财政都是赤字。1997 年前后，我们一段时间老讲中国最大的危险是金融危机。1997 年之后，美国有一个非常有名的学者，汉语讲得非常好，他叫拉迪，他说中国最大的问题不是金融危机，而是财政危机，这话讲得非常深刻。县乡级公务员的工资不能及时得到发放，教师的工资不能及时发放等这些都是财政危机的表征。通过这样的土地开发，很多的地方政府得到大量的资金注入。现在这些土地开发的权力又上收了，这对我们基层政权的运作会产生极大的影响。县乡财政困境和土地开发的问题密切相关，县乡财政困境的造成又和我们的体制密切相关。县乡财政的钱被省级财政调用，拨款往往被省级政府截流。这些问题的解决是需要下大力气的。

六、关于人民群众的切身利益问题

这届政府强调群众利益无小事。现在经济增长中的突出问题之一就是漠视弱势群体利益，这是这次我们宏观调控的一个重要背景。我们从 1949 年成立中华人民共和国以来，天安门前还没有发生过自焚。2003 年 9 月 15 日安徽城镇居民朱正亮在天安门金水桥自焚。原因是当地城镇拆迁把人家搞得都无家可居了。

2003年出现了一个新情况，我们的贫困人口，没有减少，反而增加了80万人。安徽、陕西、黑龙江，返贫人口超过200万人。1993年我们在云南、贵州地区就发现了返贫现象，当时我们就提出来要注意返贫问题，因为他们的抗灾能力太弱，只要有灾难就不行了。联合国的标准是一天消费一美元，还有一个标准是一天消费两美元。而我国的贫困标准是一年637元。相对比，我们的标准相当低。除了收入水平，我们还有好几项数据（包括不能获得卫生设施的人口比重、不能获得安全用水的人口比重等）都低于联合国的标准。现在我们的重点仅仅集中在人均收入上。

我们必须清楚的是，第一，我们的贫困标准和国际上是不一样的。第二，我们的贫困标准是相当低的，当然这个标准是逐年增加的（前几年我们是625元/年，现在我们是637元/年）。贫困人口和其他人口的收入差距在加大。现在怎么解决中国的贫困问题，大家使用了各种招数。包括世界银行在内的许多援助机构，说我们不想把钱给你们省里面，不想给你们县里面，我们想直接落实到具体个人。我们跟他说这不行，只要给到个人手里，那些人就拿去喝酒吃肉了。有些地区的原始共产主义风气非常浓厚，吃完一家没关系，再去吃另外一家，所以谁都富不起来。这是他们的民族文化习惯，没有办法。原来我们就觉得这种扶贫的方式有问题。我觉得香港某个NGO组织创造的经验值得关注，它首先成立社区，每个人都参与，给参与者选举权，再选举出管理这笔资金的人，然后制订计划，帮助个人发展，这个方式值得我们高度关注。但是中国的情况相当复杂，不能一概而论。

后面两个问题由于时间关系就不讲了。

整理人：钟宏武

（文章来源自《学术讲座荟萃》第19辑，2004年9月30日）

中性财政政策与政府赤字和政府债务

刘迎秋

刘迎秋

男，1950 年生，南开大学经济学博士。中国社会科学院研究员，中国社会科学院研究生院院长、教授、博士生导师，中国社会科学院民营经济研究中心主任，南开大学、中山大学、西南财经大学、山东大学、北京交通大学、河南大学、吉林省社科院等多所大学和学术研究机构兼职或客座教授，国家社科基金评审委员，享受国务院政府特殊津贴专家，中国社会科学院院级突出贡献专家。

主要研究领域：宏观经济运行与中国经济发展、国民经济学。主要著作有：《总需求变动规律与宏观政策选择——中国（1952～1990 年）经验的理论分析》、《中国期货市场：起步·转换·发展》、《中国经济增长：格局与机理》、《次高增长阶段的中国经济》、《中国民营企业竞争力报告》（No. 1～5）、《中国非国有经济改革与发展 30 年研究》、《利率、债务率、汇率与经济增长》等。

当前，中国经济生活中的热点问题集中在三个方面：一是物价出现持续性上涨，二是固定资产投资出现局部过热，三是宏观政策的基本取向如何。这里的宏观政策包括财政政策、货币政策、产业政策等。今天，我们讨论财政政策，重点是当前我国政府正在实施的中性财政政策。

中性财政政策，是一种不同于扩张性或紧缩性财政政策的过渡性宏观调控政策。2004 年第二季度开始实施结构性紧缩政策以前，我国实施的是扩张性财政政策。我国政府是于 1998 年春季开始实施扩张性财政政策的。之所以实施扩张性财政政策，是由当时的宏观经济形势决定的。

从外部需求角度看，众所周知，1997 年 5 月下旬，随着泰国泰铢的大幅度贬值引发了一场几乎席卷了整个亚洲的金融危机。这场危机波及东南亚多数国家和地区，除了中国香港之外，几乎所有波及的国家和地区都全面放弃了固定汇率制，从而导致这些国家和地区的货币大幅度贬值。这些国家和地区本币对外大幅贬值，意味着其出口竞争力相对上升。国际投机资本是于 7 月下旬开始冲击香港的。由于当时的香港刚刚实现回归，为保卫香港利益，维护国际经济秩序的稳定，中国政府宣布人民币不贬值。这一决策确实起到了打击国际投机资本、维护香港经济繁荣的目的，但是，由于中国出口产品结构与东南亚国家的相似，人民币对外不贬值的直接结果，就是中国的外贸出口开始出现大幅度收缩。根据国家海关总署的统计，1995 年之前中国的外贸出口增长速度曾创下了保持 23% 以上的纪录，1997 年下降为 21%，1998 年进一步降至 0.5%，收缩速度是相当快的。[①] 这意味着外部需求出现了大幅度收缩。

从内部需求看，当时我国国内需求也出现了大幅度收缩。例如，鸡蛋从 3.6 元一斤，下降到了 3.2 元一斤，2.6 元一斤，1.6 元一斤；29 寸彩电从 3600 元一台降到了 2600 元、1900 元甚至 1600 元。几乎所有商品的价格都在下降。直到 1997 年 10 月份之前，政府和学界还一直在讨论“钱从哪儿来、人往哪儿去”的问题。但是，到 10 月份以后，不仅出现了企业贷款需求下降、银行存款大于贷

① 参见国家海关总署网站：http：//www.customs.gov.cn/tongjishujv/a/Page1.htm。

款的现象，而且还出现了城乡居民个人也不愿意花钱、储蓄持续大幅度上升的现象。当时，全社会范围的需求下降已经成为一种不可逆转的趋向。

于是，到1997年11月中央经济工作会议召开之前，政界和学界讨论的热点开始转向“人往哪儿去、钱往哪儿投和谁来投资”的问题。随后，中央于1998年3月下发了3号文件，首次明确提出了外需不足的情况下着力启动内需的十六条方针。十六条方针，是在人民币汇率不变、周边国家和地区本币普遍贬值的情况下，中国政府的一种政策取向。这一政策核心，就是从原来的主要依赖外部需求带动转向主要依靠内部需求拉动。这是一种在企业和个人都不愿意花钱的情况下政府不得已而实行的政策。这一政策的实质实际上是凯恩斯主义的扩张政策。1936年凯恩斯出版了他的《就业利息和货币通论》。在这部著作中，凯恩斯首次对传统的经济学教条提出了挑战，并在此基础上明确提出了“有效需求不足”理论，阐明了政府干预经济的必要性以及在企业和个人需求均不足的情况下政府花钱创造需求的必要性理论。1998年我国最大的政府建设工程——三峡电力枢纽工程，实际上就是在这样一种背景下得以通过和开始启动实施的。与此相一致，修建高速公路、高速铁路、机场以及城市公用基础设施、农田基本建设、农村电视接收网络等，也是在这种形势下提出的。政府成了花钱的主体。在政府手头没有那么多钱的情况下，一个基本办法就是改造政府建设性债券。第一年（1998年）发行建设性国债1000亿元，1999年分两次增发1100亿元，2000年继续增发至1500亿元，2001年保持1500亿元不变，2002年1500亿元，2003年是1400亿元，2004年调整为1100亿元。①

总之，在1997年亚洲金融危机的冲击下，由于我国人民币不对外贬值，由于我们不得不主要依靠内需，由于企业和城乡居民个人都不愿意花钱，我们不得不采取政府主动花钱以带动内需的办法。这样的政策也就是所谓扩张性政策。当时，官方称其为积极的财政政策。积极的财政政策实施了6年，直到2003年SARS期间因汽车市场需求的突然增加和扩张性财政政策带动企业和民间需求增加的效应逐渐显现，在国内首先出现了钢材市场需求大幅度增加和钢材价格的大幅度上涨，加上政府建设性投资和商品房建设的持续增长，到2003年第4季度，钢材、电解铝投资过热以及国有资产投资增长过快的问题便暴露出来了。其直接表现形态是钢材、建材等物价的持续上涨，以及与此相伴而生的农副产品价格的上涨。持续时间长达6年之久的通货紧缩开始退出历史舞台。这就带来了宏观经济政策取向的大调整。现在的问题是，财政政策调整的方向是从扩张直接转向紧缩，还是中间有一个过渡？从我国现阶段的实际情况来看，直接从扩张转向紧

① 参见财政部长历年政府预算报告。

缩，可能是不现实的。因为虽然物价连续几个月上涨3%左右，但始终未超过6%。在这种情况下，政策操作直接从扩张转向紧缩，可能是过急的，从而是不适当的。一个更为明智的选择，就是从扩张转向中性。

一、中性财政政策及其含义

（一）中性财政政策是个规范经济学概念

中性财政政策这个概念不是中国人的发明。实际上，在经典的宏观经济学中，关于宏观调控的财政政策，通常归纳为三种类型：扩张性财政政策、紧缩性财政政策和中性财政政策。但需要注意的是，中性财政政策始终没有被作为主要政策而被各国政府长期使用。这就是说，三种政策是有差别的。扩张性财政政策的实质是增加政府的支出、减少政府收入两大方面。在我国，与政府支出有关的业务部门是财政部，与政府收入有关的业务部门是国家税务总局。国外不是这样，税务局只是财政部下属的一个分支单位。与减少收入相关的政策形式包括减税（如减企业所得税、个人所得税、营业税、关税等）。至于增加政府支出，在西方国家，其典型形态是转移支付和扩大公共开支这两大项。公共开支涉及公务员工资、办公设备及政府事业性支出（如航天飞机、原子弹、艾滋病防治与研究等）。我国现行财政还不能叫公共财政，还是一种转轨过程中的公共财政与资产财政合一的准公共财政（财政资金中还有相当一部分是用于经营性和盈利性建设项目支出的）。紧缩性财政政策刚好与扩张相反，就是减少政府支出、增加政府收入。我国政府把1998年后实施的财政政策叫作积极的财政政策也不是毫无道理。当时的财政政策就是既有扩张的一面，又有紧缩的一面。如1999年GDP增长速度最低时曾达到7.8%，而同期财政收入的增长速度却是其两三倍，最高的年份曾达到过20%多。这表明中国的宏观经济运行多么复杂，作为其基础的体制是多么需要进一步深化改革。与前两种不同的第三种政策，就是中性财政政策。所谓中性财政政策，一个最简单的表述，就是力图实现财政收支的基本平衡。在我国，早在2003年就首先提出并使用这个概念讨论我国宏观经济政策取向的，是著名经济学家刘国光。2004年5月，中国财政部长金人庆也开始使用这个概念。

（二）学术界对中性财政政策的不同解释

归纳起来，国内学术界对中性财政政策大体有四种不同解释。第一种解释，讲中性是对现实政策取向和内容的一种表述：从瞄准和追求扩张转为减少赤字、逼近收支平衡。这种解释的重点在于强调中性政策操作的核心是不给经济运行带来扩张效应。第二种解释，认为中性的要义在于两点：一是在总量上，政策的取向是既不扩张也不紧缩，预算收支基本平衡，不搞赤字；二是在结构上，政策的取向是有保有压，重点发展短缺行业，同时抑制偏热行业。这种观点遇到的一个挑战是，中性是不是就不搞赤字？如果是，当前我国实施的政策还能不能叫或者说是不是中性。第三种解释，认为中性的本质在于承认扩张性财政政策已经“功成”，需要“隐退”，实行无为而治。第四种解释，认为根本不存在什么中性财政政策，存在的只能是结构性财政政策。

我认为，不能否认中性财政政策存在的可能性，更不能否认中性财政政策存在的必要性、现实性。中性财政政策在本质上是经济运行走向不甚明确时期政府在财政手段上的一种不作为政策，或者说，就是政府既不实施扩张又不实施收缩的政策。因此，中性财政政策本质上是一种过渡性政策。在金人庆于 2003 年 7 月 23 日召开的“宏观经济形势与财政政策专家座谈会”上，我提出了这一观点，并将中性财政政策定义为“是政府不作为时期的一种过渡性财政政策”。

总之，学术界对什么是中性财政政策的看法很不相同。尽管如此，有一点大家的看法却是一致的，即在我国现阶段，原来所实施的那种扩张性财政政策应当宣告终结，并代之以新的政策取向。

（三）中性财政政策概念的提出意味着什么

中性财政政策概念的提出意义重大。它表明当前我国宏观政策将随着经济走势的变化而做出相应调整，其取向将发生一定程度的迁移。

当前我国宏观经济走势出现了哪些重大变化呢？可以归纳为三大转机：

（1）固定资产投资需求大幅度上升，彻底改写了过去几年一起困扰我们的通货紧缩和固定资产投资不足的局面。从 1997 年开始，我国固定资产投资增长率连续 5 年不足 15%，2002 年甚至出现了负增长 8.8%。2003 年 2 月出现高速增长，达 37.5%，全年增长 29.5%。[①] 2004 年第一季度增长率继续大幅度上升，达到了 47.8%。从第二季度开始，中央启动宏观紧缩措施，到 9 月份固定资产投资增长降为 29.9%。以钢铁业投资的大幅度扩张为标志，我国民间投资开始出现大幅度上升。民间投资大幅度上升，是启动内需的一个必然结果，也是我们所企盼的。

（2）物价，特别是生产资料价格也出现了大幅度上升趋势。不过，对于物价要做具体分析。要看到，到 2004 年第二季度为止，商品零售价格增长幅度并

① 数据来源：据中国人民银行统计司编《中国人民银行统计季报》2004 年第 1 期第 6 页提供的数据计算。

不大。按累计同比计算，仅上升3%；消费价格累计同比则为4.1%。[①] 即使按当期同比计算，消费价格也仅上升到5.2%，远低于1994年分别高达21.7%和24.1%的水平。[②]

（3）GDP再次出现高增长。从1998年到2002年我国GDP平均增长不足8%，2003年上升为9.1%，2004年第一和第二季度分别达到了9.3%和9.7%，中国社会科学院秋季预测报告预测全年GDP增长率为9.4%，超过我国GDP潜在增长率（大约为9%）水平，就是说，存在着0.4个百分点的通货膨胀压力。我们曾分析论证指出过，进入21世纪以后的15~20年，我国经济将处于一个国民经济的次高增长阶段。这个阶段的GDP增长率大约会维持在7.5%上下加减1.5个百分点范围之内。据此，我认为，超过9%的经济增长率能否长期持续，是值得怀疑的。

中性财政政策的提出，意味着宏观政策正在适应宏观经济形势的变化做出相应的调整。当前，一个最重要的调整就是，财政政策不能再继续其普遍扩张的实质了。所谓“积极的财政政策”，要从扩张转向不扩张。有些领域要有所收缩，特别是重复建设项目、豪华住宅建设项目以及具有“软预算约束”性质的耐用消费贷款、大学生助学贷款和新建大学园区贷款等。但是，还有一个重要方面，就是有些领域仍需要继续扩张。比如，电力、部分特殊钢材（6毫米以上中厚钢板）、棉花（从2003年9月初1.35万元/吨上升到11月1.8万元/吨）以及高级专门人才的供给等。

不扩张不等于收缩，收缩不等于不考虑结构。商务部对2004年下半年600种商品跟踪调查的结果显示，到2004年上半年，在我国商品市场上，基本平衡商品共154种，占25.7%，比上半年增加2.7个百分点（注意，2002年之前，基本平衡的商品不超过5%，经常是98%以上的商品处于供大于求状态）；供过于求的商品有446种，占74.3%，减少2.7个百分点；没有供不应求的商品。不过，注意，这个估计也不够准确。6毫米以上中厚钢板的进口价格比国内市场价格低500~600元，每吨棉花的价格在两个月内上涨了近5000元，均表明在我国已经出现了短缺即供不应求的局面。商务部统计的600种商品中没有把刚才所说的这些商品包括进去。如果包括进去，所反映的物价走势会更加准确一些。这就是说，目前我国商品市场上的基本情况是有余有缺。

既然客观存在着结构性短缺问题，既然不再实行过去那种积极的财政政策了，现在要实行什么政策？实施紧缩政策行吗？回答显然是否定的。继续实施扩张政策行吗？肯定也不行。那么，选择什么政策才是适当的呢？当前条件下，唯

---

① 参见《经济参考报》2004年10月27日所载统计表《九月份中国宏观经济运行分析报告》。

② 参见国家统计局编：《中国统计年鉴》（2004），第295页。

一的选择就是使财政政策中性化，也就是“骑墙看账本”，先看一看再做决定。

如果上述判断正确的话，接下来我们遇到的另一个问题就是：中性财政政策需要实行多长时间？政策中性化后是不是财政赤字就不复存在了？如果还得有赤字，那么，在中国这样一个特殊的发展时期，多少赤字是合适的？

二、中国政府财政赤字与政府债务状况

（一）我国债务与赤字及其变动情况

我们先看一下当前我国债务与赤字及其变动情况。如果按 9.4% 的增长速度计算，2004 年我国 GDP 将达到 12.7 万亿元。这一年仍需新增债务发行 7022 亿元。为什么要新增发债务 7000 多亿元呢？原因在于我国目前的债务还本与付息的负担很重，实际新发行建设性国债仅 1100 亿元。我国内外债务余额，我估计到年底大约是 2.5 万亿元左右，内外债余额净增额即全额赤字，仍然保持在 3198 亿元的水平。这就是我们所说的中性财政政策的第一个含义，即赤字规模不再扩大。前面提及过，学术界一种观点认为，如果财政政策的取向是紧缩性的，3198 亿元的赤字就应该有所减少。财政部长金人庆的解释是减少不了。这是因为，一是有些支出项目是事先给定了，例如债务利息支出的规模已经达到很高的水平，最高时达 2000 多亿元；再就是有些已经上马的建设性支出项目也不可能因为总体经济运行从扩张转向收缩后就能够立即停下来；还有些支出是已经做出的安排，减少会造成利益的摩擦和矛盾。因此，财政政策的中性，重要的一条就是赤字规模不再扩大，但暂时还不能缩小。本来 1994 年颁布实施的《中华人民共和国预算法》明确规定，债务还息应从财政收入支付，但由于我们的财政还是一个“吃饭财政”，还不起这笔利息，因此，还必须通过发新债的办法偿还。这就是说保持 3198 亿元赤字规模不变，就已经是紧缩性的政策取向了。现在的问题是，2003 年发行建设性国债 1400 亿元，2004 年减少到 1100 亿元，2005 年能不能再减少？能减少多少？我的估计是还能减少一些，但减不了多少。因为，建设性国债规模可以减少，但到期债务必须靠发新债去还，因此总债务仍然减不下来。这就是说，在宏观经济运行转入自动扩张期后，政府债务规模和赤字率高低问题，仍然是一个十分重要的问题。有人提出零赤字率。能实现吗？如果不能，赤字率多少才是合适的？债务率呢？下面我介绍一下关于这个问题的研究思路，具体内容大家可以看《经济研究》2001 年第 8 期上刊登的拙作。

（二）确定赤字率和债务率的《马约》“标准”

关于赤字率和债务率的确定，一种产生过广泛影响的思路认为，可以参照

《马约》“标准”。《马约》原称《欧洲经济与货币联盟条约》（Treaty on European Union）。因为这是一个在荷兰南部小城 Maastricht 签订的，因此，人们又将其称为《马斯特里赫特条约》（Maastricht Treaty），简称《马约》。这是由最初准备加入这个联盟的 12 国首脑从 1991 年 12 月份开始一直到 1992 年 2 月 7 日最后签署的一个条约。条约明确提出用 10 年左右的时间、经三个阶段，在欧洲建立一个统一的经济与货币联盟，实行欧洲统一货币——欧元。签署条约时，由于诸如意大利这样的一些国家均面临着严重的通货膨胀和高债务率、高赤字率的威胁，而高赤字率的本质含义就是货币不稳定，高债务率的本质含义就是政府的收入预期不稳定。为避免给联盟成员国带来外部不经济，条约明确规定这类国家暂时不能加入条约。为了确定一个加盟的标准，起草《马约》的专家们提出了一条“指导线”（guideline），即加入条约的基本条件：年财政赤字率不能超过 3%、政府债务率不能超过 60%，以及汇率波动不能高于 12 国平均值等。1998 年我国政府明确提出要通过扩大内需的办法推动国民经济实现持续快速增长，因此遇到了一个发多少建设性国债从而国债规模到底多大和赤字率到底多高才合适的问题。当时的中国社科院财贸所所长刘溶沧等人，论证提出了“国际公认警戒线”的论断，认为可以参照《马约》标准，确定我国债务率和赤字率。

他们的这一套看法和建议一经提出，就得到了绝大多数人的认可。但在我看来，这可能是一个误区，特别是把《马约》标准作为我国的财政政策指导线，我认为是不妥当的。首先，《马约》的“标准”带有明显的区域特征，将其泛国际化不妥当。把旨在用于指导特定经济区域或者说“联合的经济国家”的经济政策泛国际化，不是《马约》的本意。其次，《马约》“标准”的设定前提也有局限。20 世纪 80 年代末 90 年代初，欧洲很多国家都面临着赤字率过高、债务率过高、通货膨胀率过高以及与此相关的汇率变动幅度过大等问题。如何解决？由于南、北、西欧各国各有各的问题和利益，很难形成统一意见。动议签约的当年（1991 年）年底，12 个成员国的赤字率均值约为 4.3%、政府债务率均值为 61.7%。经谈判，在“相互妥协”（compromise）的基础上，不无“武断”（arbitrarily）地确定了一组比上述均值分别低 1.3 和 1.7 个百分点的“参照值”和“指导线”。这条指导线所以成立的前提是：目标通货膨胀率和目标经济增长率分别始终为 2% 和 3%。有鉴于此，这组“标准”也就不可能具有普遍适用性。为避免“一刀切”可能带来的弊端，《马约》未把话说得很死，而是给各成员国的实践留下了一定的余地。一方面，在条约正文中没有使用“指导线”（guideline）这个词，也没有列出“指导线”的具体指标。另一方面，条约正文中反而强调指出：不管是计划的还是实际的赤字率和政府债务率，都不要超过（exceeds）“这个参照值”（the reference value）；如果由于某种原因暂时超过了，就要尽快采取措施使其接近（remains close）“参照值”。显然，照搬《马约》标准是有点形而上学了。

对待《马约》，只能批判地借鉴。我认为，值得借鉴的主要是两点：

（1）《马约》“标准”的提出示范性地表明，在现代市场经济条件下政府对经济的积极干预仍然是必要的。欧洲地区各国间既有联合的要求，又存在众多矛盾，要实现统一对外目标，就需要有一个“准政府”，超经济强制地协调有关事务。《马约》就是实现这样一种超经济强制的产物。例如，《马约》规定，在一定期限内，若某成员国的赤字率和债务率达不到“参照值”（one or both）要求，欧盟委员会将提出调查报告，一方面令其限期改进（to an end within a given period），另一方面还要严格限制其增发政府债券或国库券并附加罚款（to impose fines）约束条件。

（2）《马约》确定“指导线”的方法也是值得借鉴的。虽然通过直接求取一定时期不同国家债务率和赤字率的均值，然后令其作为一般的和原则性的指标来指导具体经济实践，过于实证与直白，缺乏理论与逻辑的支持。但是，在暂时找不到其他更合适的方法之前，这也是一个退而求其次的选择。

10 年来，欧洲许多国家（包括欧盟成员国和预备成员国）过高的通货膨胀率和过高的赤字率已经得到和正在得到扼制，国民经济也获得了较为稳定的持续发展。这表明，《马约》提出的这组标准，对于减轻政府债务负担、抑制过高的通货膨胀所发挥的作用是积极的和有效的。有成效的东西，必然有存在的道理和价值。因此，对待《马约》，不照搬其“标准”，但可借鉴其求取“标准”的方法。

三、我国政府赤字率和债务率的确定

我国政府赤字率和债务率的确定，必须考虑如下三点：

（1）必须遵循科学的理论规范，有科学的理论支撑。一个没有理论支撑的研究是不可能得出有说服力的分析结论来的。

（2）必须有严格的逻辑基础。大量科学研究实践表明，理论研究所得出的结论是否正确，是否有说服力，首先不在于结论本身，而在于形成结论的逻辑。逻辑的科学程度和合理程度，在客观上规定着结论的正确程度和可信程度。

（3）理论研究的逻辑结论必须符合实际，必须从一个国家的具体国情出发。这就是说，一个正确的理论结论应是理论、逻辑与实践的有机联系与统一。我们之所以反对照搬《马约》“标准”，不在于它提出的“标准”是高了还是低了，而在于这些“标准”由以形成的逻辑是纯粹经验的，是暂时适用于欧盟国家的。为探讨和说明适用于当前我国国民经济发展实际的赤字率和债务率，就必须从纯

粹经验研究的框架中跳出来，寻找一个更为坚实的理论支撑和逻辑基础，并力求由此得出更为科学的理论结论。

（一）财政政策理论的一般均衡模型

1. 弥补赤字的两种办法

弥补赤字的办法有两种，一是直接向中央银行借款，即以货币融资的形式弥补政府赤字。通过货币融资弥补政府赤字，将直接增加基础货币的供给，在其他条件给定的情况下，过多的货币供给必然表现物价水平的大幅度上升。物价水平的上升，在短期内，对政府来说并不是一个“坏消息”。因为，政府可以从中得到一个额外的通货膨胀税（extra tax/income on inflated values）和铸币税（seigniorage），但从国家长远发展和社会长期稳定的角度看，这个消息就不见得是“好消息”了。正因如此，1994 年 3 月 22 日第八届全国人大第二次会议通过的《中华人民共和国预算法》才明确提出：在中国，原则上不允许中央政府的公共预算出现赤字，即使是中央政府的建设性预算出现赤字，也不允许用货币融资的办法进行弥补，而只能通过向社会借款的办法来弥补。于是就有了第二种弥补政府赤字的办法：直接向公众借款即以债务融资的形式弥补政府赤字。

在理论上，政府的赤字性债务支出的最大规模，也就是储蓄大于投资的差额（ΔS）。政府向公众借款对国民经济的影响是复杂的。在资源接近充分就业、失业率也接近凯恩斯“自然失业率”的情况下，如果存在赤字，弥补赤字的道路可以有三：一是从外部获得赠与或无偿援助，这不会影响国民经济的均衡运行；二是向中央银行借款，这会对民间投资产生“间接挤出效应”；三是向社会借款弥补赤字，这会对民间投资产生“直接挤出效应”。在资源未充分就业、非自愿失业大量存在且私人部门投资热情又不高的情况下，用增发国债即向社会借款的办法扩大政府赤字支出，会产生弥补民间投资需求不足、为未来民间投资创造更好的外部环境的投资带动效应。

2. 政府财政预算恒等式

在这里，我们假定政府向社会借款是有带动效应的，是有效率的行为；假定存在着社会储蓄大于社会投资，政府可以从社会借到钱，人们有多余的钱借给它用；假定整个社会经济运行是处于通货紧缩状态的，即通货是不膨胀的。在这些假定前提下，我们可根据经典宏观经济学所阐述的总供求关系得出下面一系列的关系式。

（1）财政赤字等于政府收入减去政府支出。$G - T = \Delta G$。式中，ΔG 表示财政赤字，G 表示政府支出，T 表示政府收入。

（2）在不考虑对外经济关系的情况下，社会总需求是由消费（C）、投资（I）和政府支出（G）三部分构成的。其中，政府支出是 Y_d 中的一部分，即 $Y_d = C + I + G$。

（3）与上述条件相同的情况下，总供给也分别由消费（C）、储蓄（S）和政府收入（T）三部分组成。其中，政府收入是 Y_s 中的一部分，即 $Y_s = C + S + T$。

（4）在市场可以出清的条件下，总供给与总需求不仅是相等的（$C + I + G = C + S + T$），而且是恒等的，即 $C + I + G \equiv C + S + T$。

如果在上述恒等式两边同时消去 C，可得出下式：

$$I + G \equiv S + T$$

注意，该式成立的一个基本前提是 $\Delta G = \Delta S$。其中，ΔS 代表储蓄大于投资的差额。

（5）政府预算的原始模型。将上式移项，即有 $G - T \equiv S - I$。

但在实际经济生活中，ΔG 正好等于 ΔS 是困难的。如果 ΔG 不等于 ΔS，则此等式将变为不等式，即 $G > T$，其差额为 ΔG，ΔG 也就是通常所说的政府赤字，出现了双缺口：$G > T$，$S > I$。

在政府收入和民间投资需求给定的情况下，恢复均衡的办法是引入赤字和债务等经济变量。能否引入，取决于两条：一是看国民经济运行过程中是否存在多余的储蓄；二是看政府能否通过债务发行的方式，将滞留在金融系统内的不活动性存款转化为活动性投资。

在理论上，赤字与债务的最大极限规模，也就是能够弥补上述“双缺口”的规模：当年的赤字规模不能超过储蓄大于投资的余额，当年新增发的债务不能超出当年全社会净储蓄增加额与当年存贷差增加额之和。根据这样一种逻辑，可以得到如下预算恒等式：

$$D_t = D_{t-1} + N_t - P_t$$

式中，N_t 代表当年（第 t 年）新发行政府债务，它等于同期投资－储蓄缺口 $I < S$，即 $N_t = S_t\ (I) = I_t - S_t$。$D_t$ 代表当年（第 t 年）年底政府债务余额，它等于上年底债务余额（D_{t-1}）加上当年新发行债务减去当年到期债务本息（P_t）。以上述预算恒等式为基础，可推演出两个赤字模型：全额赤字模型、基本赤字和均衡利率模型。

3. 全额赤字模型

如果令 H_t 代表政府当年赤字，它等于政府预算支出与预算收入的差额，H_t

=G（B）=G－T. 这里 H_t 就是所谓全额赤字（overall deficit）。注意，全额赤字的一个突出特点就是包括到期债务利息支出。

上述预算关系用等式表示就是：

$$N_t - P_t = H_t$$

也可将上式另行表述为：

$$D_t - D_{t-1} = H_t$$

上式两边同时除以 GDP_t，移项后即可得到下式：

$$d_t - d_{t-1} = -\frac{\Psi}{1+\Psi_t}d_{t-1} + f_t$$

如果用 Δd_t 代表本期债务率与上期债务率的差额，则有下式：

$$\Delta d_t + \frac{y_t + \pi_t}{1 + y_1 + \pi}d_{t-1} = f_t$$

上式中，π_t 代表通货膨胀率。

如果政府债务率不变，则可得到短期均衡全额赤字率：

$$d_t = \frac{1 + y_t + \pi_t}{y_t + \pi_t}f_t$$

上式表明，在给定通货膨胀率和正 GDP 增长率的情况下，较高的赤字率会导致较高的债务率。如果给定赤字率，则实际经济增长率与通货膨胀率间将存在一种负向相关关系。

4. 基本赤字与均衡利率模型

如果赤字中不包括政府债务利息支出，则这时的赤字就是基本赤字（basic fiscal deficit）。在讨论基本赤字关系时应注意两点：一是到期债务的利息支出总是由新发行的政府债务弥补的；二是新发行债务是到期债务本金、到期债务利息与新增债务之和。

如果用 B_t 代表基本赤字，则基本赤字额（B_t）等于同期新发行债务（N_t）减去同期到期政府债务（P_t）和同期到期债务利息支出（i_t），即

$$B_t = N_t - P_t - i_t$$

它的另一种表达式是：

$$H_t = i_t + B_t$$

其中，到期利息支出 i_t 等于第 t 期利率 r_t 乘以到期债务 D_{t-1}，即

$$i_t = r_t D_{t-1}$$

上式两边同时除以 GDP_t，再将全额赤字率关系代入，经调整后便有下式：

$$f_t = r_t d_{t-1} / (1 + y_t + \pi_t) + b_t$$

式中，b_t 代表基本赤字率（$b_t = B_t / GDP_t$）。

同样，如果假定理想的债务率 d^* 、本期和前期债务率等均不变，即

$$d_{t-1} = d_t = d^*$$

我们可得到一个如下式所示的目标均衡实际利率（the target real interest rate）：

$$r_t = (f_t - b_t)(1 + y_t + \pi_t)/d^*$$

这个等式表明，目标均衡实际利率与理想的均衡债务率负相关，与全额赤字率与基本赤字率差额正相关，与实际经济增长率和通货膨胀率正相关。

（二）对均衡债务率参考值的初步分析

1. 基本假定

为便于展开分析，我们必须对近期我国经济成长的均衡条件做出一系列假定：一是 GDP 目标均衡增长率为 7.5%；二是目标通货膨胀率为 3.0%。做出上述假定的主要根据是，一方面，我国国民经济发展正处于"次高增长阶段"，实际经济增长率不会太高，但也不会过低。另一方面，市场经济发展与体制建设在客观上也要求一定程度的通货膨胀率。

2. 对基本赤字率的初步估计

估计均衡赤字率要比估计均衡债务率困难得多。虽然从理论上说，政府赤字并不是没有成本的。但在一定条件下，比如政权比较稳定的情况下，政府通过赤字进行融资的成本却是很低的。因此，运用规范经济学的成本—收入分析方法，还很难解决合理赤字率的确定问题。如前所述，我不赞成把《马约》提出的"标准"直接作为指导我国财政政策实践的主要参照与依据。但是，在未找到一种更合理的确定合理债务率和赤字率方法之前，借鉴《马约》确定其"标准"的方法，可能还是必要的。《马约》估算其"标准"方法，说白了，就是从经验数据中求取平均值的方法。借鉴《马约》的方法，关键是看能不能找到一组代表性国家的相关数据。

世界银行曾提出过一组包括 32 个国家的 1980 年和 1990 ~ 1998 年政府赤字率的统计数据。这组数据就如同一份世界范围的随机抽样。为了尽可能削弱抽样不足所带来的样本缺陷，可对这组数据进行分组处理：第一组，先计算 32 个国家的总平均值，为 2.39%；第二组，再求取人均 GDP 收入超过 2 万美元的发达国家的均值，为 3.43%；第三组，求取人口过 1 亿的国家的均值，为 3.49%；第四组，求取人均收入低于 1000 美元的发展中国家的均值，为 4.37%。由此，我们便得到一组数据（四个不同的均值）。在这四个不同的均值中，两个大致相

等，一个是3.43%，一个是3.49%，可将其合二为一，约作3.5%。其他两个均值取小数点后一位数字，为2.4%和4.4%。这样，我们就得到了一个2.4%～3.5%～4.4%的赤字率变动区间。可以将这个变动区间再做分组：2.4%～3.5%，3.5%～4.4%。根据宏观经济运行和国民经济周期波动规律，在经济高涨期内，赤字率应当尽可能低一些，政策作用的方向是零赤字率；相反，在经济衰退期内，赤字率就应当尽可能高一些，政策作用的方向是较高的赤字率有助于消除通货紧缩趋势。如果上述政策操作方法论正确的话，我们便可由此得到高低两个赤字率变动区间：2.4%～3.5%和3.5%～4.4%。

3. 对均衡债务率的估计

如果以7.5%为GDP均衡增长率，以3%为均衡通货膨胀率，则根据前述全额债务—赤字均衡模型，在赤字率为3.5%和4.4%的情况下，我们将得到一高一低两种均衡债务率：较低水平的均衡债务率36.8%和较高水平的债务率46.3%。在我国经济仍然未能走出低谷，通货紧缩的阴影仍然存在的时候，明智选择是较高的赤字率变动区间。只有到了国民经济进入繁荣期后，我们才能选择较低的赤字率变动区间。为了防止政府债务的“挤出负效应”，在我国国民经济衰退接近尾声、国民经济运行进入高涨期后，如现在，赤字率的控制区间可逐渐改做低位选择，即取2.4%～3.5%作为全额赤字率的控制区间。

4. 对均衡名义利率的估计

根据前述目标均衡利率（the target real interest rate）等式：

$$r_t = (f_t - b_t)(1 + y_t + \pi_t) / d^*$$

在给定目标均衡赤字率边界的情况下，不难得到目标均衡实际利率。在赤字率为3.4%，债务率为46.3%的条件下，均衡利率应当为2.3%。在赤字率为2.4%，债务率为36.8%的条件下，均衡利率应当为3.0%。由于理论与政策分析的基本框架已经确立，因此相关的边界实际上都是不难确定的。

5. 几个基本结论

通过上面的分析，可以得到几个基本结论：①未来若干年内（即10～15年，或者说到2020年前后），我国基本赤字率的控制区间应当是2.5%～3.5%，全额赤字率的控制区间应当是3.5%～4.4%。2004年我国政府赤字率是2.4%，与我们的上述估计存在一定差异。这说明我们的理论分析与具体实践之间还不能直接画等号，还需要很多有待研究的中间环节。②未来若干年内，我国均衡政府债务率控制目标应当是36.8%～46.3%。目前，我国政府债务率还远未达到这样一个水平。③未来若干年内，我国均衡名义利率应当是2.3% ~3.0%。这里名义利率一般规定为基准利率，将来我国的改革方向是，基准利率由中央银行来确定，市场利率由商业银行自己确定。

以上所述，只是我的一家之言。由于政府债务和赤字问题是从传统体制转向现代市场经济体制过程中不可回避的一个基本理论和实践问题，涉及国民经济运行的方方面面，比较复杂。作为一家之言，提出来与大家共同讨论，以期将这个问题的讨论进一步引向深入，并在此基础上使我国宏观经济政策选择与操作的方向更加明确，效率也更高。

整理人：乔为国

（文章来源自《学术讲座荟萃》第21辑，2004年10月21日）

中国改革攻坚的重大战略转变

邹东涛

邹东涛

男，1949 年 11 月生，陕西省汉阴县人，中共党员，经济学教授，博士生导师，世界生产力科学院院士，中组部直接联系的知识分子。先后就读于西北大学物理系和经济管理学院，两次进中共中央党校学习。在京先后任国家体改委经济体制改革研究院副院长兼国企改革试点办公室副主任，中国社会科学院研究生院常务副院长兼政府政策系主任，社会科学文献出版社总编辑，特聘中央财经大学中国发展和改革研究院院长。

自 1978 年以来长期不懈跟踪中国经济体制改革研究，已出版《经济竞争论》、《十字路口上的中国》、《中国经济体制创新》等著作 20 余部，主编教材《宏观经济学》、《社会主义市场经济学》、《世界贸易组织教程》等，发表学术论文近 1000 篇，主编《世界市场经济模式》、《哈佛模式全书》、《中国改革攻坚丛书》等 150 余卷。提出“解放思想，黄金万两；观念更新，万两黄金”、“制度更是第一生产力”、“经济学的国民性”、“做中国猫，抓中国鼠”等影响广泛的观点。

今天的讲课内容是一个比较大且较宏观的题目，这个题目是以我主编出版的“中国改革攻坚丛书”的总序为基础的。中国改革进行26年了，我们有责任、有必要、有义务对中国的改革情况有一个基本的了解。2003年年底，党的十六届三中全会做出了《关于完善社会主义市场经济体制若干问题的决定》，提出了改革攻坚和完善社会主义市场经济的任务，今后的若干年在改革方面我们的任务主要就是四个字——改革攻坚。前不久，刚刚召开的党的十六届四中全会又做出了《关于增强党的执政能力的决定》，把党的执政能力问题提到了一个重要的议事日程。2004年春天中共中央发出了《关于进一步繁荣发展哲学社会科学的意见》这个重要文件。哲学社会科学者应进一步加强对改革理论和改革实践的双重探索，为新的时代关于改革攻坚和增强党的执政能力等重大历史使命做出自己应有的贡献。

一、中国经济体制改革为什么能够稳操胜券

20世纪70年代后期的中国，是政治上、思想理论上发生了巨大社会变动的中国，是社会主义事业经历了20多年艰难曲折的中国，是经过了10年“文革”全局性混乱之后何去何从的中国。社会主义的优越性蒙上了一层厚厚的阴影，从而产生了“四大危机”：信仰危机、信心危机、信任危机、信誉危机，即对马克思的信仰危机、对共产主义伟大事业的信心危机、对社会主义革命和社会主义建设的信誉危机、对党和政府的信任危机。这“四大危机”直接向中国共产党的先进性、中国共产党的执政地位提出了挑战。在“四大危机”面前，中国共产党还能成为领导我们事业的核心力量吗？社会主义事业还有前途吗？马克思主义旗帜还能高高飘扬吗？中国别无他途，只有改革这一条路可走。这是生死攸关时刻唯一可选择的道路。

如果我们对过去26年的改革进行一个全面的回顾和深刻的透视，那么，改革的脉络、轮廓及其规律性，就清晰地展示在我们的面前：从改革的进程来看，是从农村走向城市；从改革的程度来看，是从简单走向复杂；从改革的方式来

看，则有三种情况：一是自下而上的改革，二是自上而下的改革，三是上下结合的改革。

中国的改革首先是农民的饥饿逼出来的，因此，农村的改革就自然成为我国经济体制改革的起点。中国农村的改革首先是几亿农民的贫穷和饥饿逼出来的，是农民在生死线上冒着巨大的政治风险自己创造出来的，其次是逐步被领导机构、被上级承认。

所有制的改革和非公有制经济的发展，也是自下而上地发展起来的，因为所有制的改革并不是中央主动提出的，而是非公有经济以一种顽强的生命力自发地、在原有公有制经济的缝隙中生长起来的。从萌发的第一天起，就受到各方面的怀疑甚至压制，后来逐步放宽政策，逐步地成长，现在成为社会主义市场经济的重要组成部分。显然，所有制改革和非公经济的发展也是自下而上进行的。

当农村家庭联产承包责任制取得巨大成功之后，改革就自然地延伸到城市。以搞活国有企业为中心的城市经济体制改革，是典型的上下结合式的改革。职工希望通过改革提高工资和奖金水平，地方和中央政府都希望通过国企改革增加地方财政收入，稳定和增加就业岗位，进而稳定社会。这项改革迄今还没有完结，路程还比较漫长。

与改革相并列，而且当改革改不动而对改革起“倒逼”作用的开放，则是“自上而下”进行的。因为无论是经济特区的建立，还是中国加入世界贸易组织的谈判，都是首先由中央政府决策，其次从上到下贯彻实施的。

审批制度是在改革开放的过程中生长出来的一个怪胎。在原有的计划经济条件下，一切按照国家计划进行生产。当原有的计划体制打破以后，一些政府部门保留或新设置一些审批权力，审批制度的改革也必须自上而下地进行。如果中央政府和各部委不发文件，审批制度就不可能取消。政治体制改革是自上而下的，这首先是因为政治体制改革具有极大的风险性和不确定性，如果不自上而下，则可能带来社会的不稳定。

客观地说，当中国改革开放的帷幕刚刚拉开的时候，如何确保改革稳操胜券，也没有充分的思想准备，因而提出了“摸着石头过河”。曾有人指责我们是“瞎子摸象”。但正是“摸着石头过河”，我们摸出了门道，到达了胜利的彼岸。在错综复杂的国内国际环境中，为什么我国的改革开放事业能够稳操胜券？这在世界上被称为“中国之谜”。怎样解开“中国之谜”呢？

（1）从政治层面上看：①我国存在一个强有力的政党以及在这个党领导下的强有力的政府，尤其有一个富有权威的中央政府。这是中国改革开放走向成功的重要政治前提。②我国人民群众与党和政府有着密切的血肉联系，坚决支持党

和政府领导的改革开放的伟大事业，这是改革开放取得伟大成就的坚实基础和铜墙铁壁。③坚持社会主义初级阶段理论，始终把经济建设放在中心地位，这是把改革开放大业不断推向前进的可靠保证。

（2）从思想理论层面上看：①坚持解放思想、实事求是的思想路线，一切从中国国情出发，解决破除教条主义和本本主义。②大胆学习和引进国外的学术、思想和经验，吸收和借鉴人类社会的一切文明成果，但绝不搞“西教条”、“洋教条”。马克思主义是我国指导思想的理论基础，但整个世界和中国的实践发生了巨大变化，如果将马克思理论紧锁在19世纪，中国的改革一步也迈不出去。比如，马克思在《资本论》中反复强调资本主义经济是商品经济（马克思不使用“市场经济”这个词）最高阶段和最后阶段，当生产力高度发展了，资本主义消灭了，商品和货币就消亡，就在全社会实行计划经济。但我们的改革对象却是计划经济，改革目标却是建设社会主义市场经济。再比如，马克思、恩格斯一再强调指出，未来社会是实现全社会的公有制，无产阶级革命归结为一句话，就是消灭私有制。但在改革中发展最快的是非公有制经济。这些都表明，如果改革谨守本本主义和教条主义，我们的改革一步也走不下去。

（3）从改革开放的战略层面上看，我国改革开放自始至终认真处理好了以下三大关系：①正确地处理了改革、发展、稳定三者之间的关系。②正确地处理了效率与公平、先富后富与共同富裕的关系。③正确地处理了物质文明建设和精神文明、法制建设的关系。

（4）从改革开放的战术和策略层面上看；①不搞强制性制度变迁，而搞诱致性制度变迁；②不搞“激进式”改革，坚持“渐进式”改革。世界各国在研究中国改革的过程中，如果对前面几点有不同的看法，有分歧，而渐进式改革和诱致性变迁则是公认的。

今日中国改革的“薄冰”已经踏过，旧体制的“坚冰”已经打破，新体制的构架已经初步形成。经过20多年之探索，今日之改革与早中期已经有了很大的不同。

第一，从改革的宽度和幅度看，已经从过去的单项突破发展到整体推进。

第二，从改革的深度来看，已经从过去的机制转换发展到制度创新。

第三，从改革的操作方式来看，已经从过去的政策推进发展到法律规范。

第四，从改革的指导思想来看，已经从过去的“摸着石头过河”发展到“划着船过河”或“顺着桥过河”。

第五，从改革的理论认识水平来看，正在不断地从改革的“必然王国”向改革的“自由王国”迈进。

二、必须对改革攻坚的时空条件有一个理智、清醒的认识

要进行改革攻坚，就必须高屋建瓴地深刻分析改革攻坚面临的新的历史条件。对于理性的、成熟的领导者、政治家、思想家来说，不仅要看重过去改革成就之辉煌和经验之丰富，更要关注今日之问题和未来之挑战。我们宁可把问题看得复杂些，而不能看得简单些；宁可把困难想得多一些，而不能想得少一些；宁可把道路想得曲折些，而不能想得平直些。今日的改革与起始时期相比，固然是宽松多了。但从另一个角度来看，恐怕又要复杂得多、严峻得多、苛刻得多。

中国的经济体制改革，是从易到难、从外围到内核的方式推进的，经过26年的改革，好改的、容易改的差不多都改过了，该啃的“肉”基本上都啃完了。留给现在和今后改革攻坚的任务，大都是难度较大的环节和问题，是啃硬骨头。这正是“改革攻坚”的题中应有之义。

我国当前和今后改革攻坚的对象和内容发生了多方面的变化。经济体制改革的对象是原有的计划经济旧体制，但原有的计划经济旧体制不可能是永远没完没了的存量。改革开放的过程是一个不断地“破旧立新”的过程，每一改革时点建立的新体制因素，在实践中都存在着对这种新体制的不断检验。其检验过程有两种情况：第一种情况是，当实践证明这种新体制因素符合生产力发展的需要，它就会继续保存和完善；第二种情况是，当实践证明这种新体制因素符合了一段时间生产力发展的需要，但后来又成为进一步发展生产力阻碍因素时，客观上则要求再革除这种“新体制”因素。对这种新体制因素我们可称为“过渡性体制”。这样，可以把旧体制分为两个亚类：一是“旧的旧体制”，即改革开放之前的计划经济体制；二是“新的旧体制”，即改革开放过程中的“过渡性体制”。随着改革时间的延续和改革程度的加深，“旧的旧体制”逐步减少了，而现存的旧体制大多属于“新的旧体制”。改革攻坚的对象，既包括“旧的旧体制”，但大量的则是“新的旧体制”。这就要求在今后的改革中，不断探索对不同的旧体制改革的途径、方法和举措。

在改革过程中客观上存在着两个规律：一个是“改革收益递减规律”；另一个是“改革成本递增规律”。在改革开放早期，改革的成本比较低，由于那时人们的收入水平非常低，国家对人民也具有“还账”责任，该成本一般都由国家支付。随着改革的深化，难度越来越大，成本就越来越高，国家已不能完全支付，逐步下移到地方、部门和个人支付。无论是“改革收益递减”，还是“改革成本递增”，都会使人们对改革产生消极和“利差”的预期，从而对某些改革的

举措产生疑虑，从而减少参与和支持改革的热情。

在21世纪继续推进改革开放，说到底是要进一步促进经济和社会发展，但我国当前和未来一个时期的发展还面临着一系列严峻问题。例如，①地区经济发展不平衡，特别是东西部差距还比较严重，在短时间还不可能解决。②“三农”问题比较突出，农民收入增长缓慢，一些家庭甚至返贫。③收入差距出现拉大趋势，分配制度不完善，社会财富越来越严重地向少数人集中，弱势阶层无论是经济地位还是社会地位都被严重边缘化，这引起了低收入阶层、低收入地区、低收入行业的人不满。④就业问题十分严重，一些下岗和失业人员觉得似乎是改革砸了他们的饭碗。⑤严重的腐败现象是人民群众最为不满的问题。经济社会转型期的不确定性增加了人们的心理负担。

随着改革的不断深入，人民群众的理性预期发生深刻变化，对改革的期望值也会越来越高。由于各种问题的存在，以至于产生对改革的不满和“骂声”。一方面，人们普遍承认改革开放带来的巨大变化；另一方面，有些人、有些社会阶层也在对改革发泄怨气和不满。实际上，在改革开放的整个过程中，都在某种程度上存在着群众的意见和“骂声”。早在20世纪80年代后期，就有“端起碗吃肉，放下碗骂娘”之说。当时有许多人特别是领导干部对此很不理解，觉得在60年代人们即便是勒紧裤腰带也是“端起碗喝稀汤，放下碗歌颂党”；现在有肉吃了，反而骂娘，真是人心不古、贪心不足了。

应该以实事求是的态度来看待这些怨气、不满和“骂声”。首先应该看到，人民群众能够宣泄自己的怨气和不满是社会进步的表现，表明随着改革开放的深入，民主气氛增强了。还应该进一步看到，人民群众的怨气、不满和“骂声”还可能是社会进步和发展的动力。要看到，经济社会发展的过程，就是人民群众意见的产生→解决→再产生→再解决……的过程。因为人民群众的意见和不满，在一定意义上反映了改革进程和我们工作中的不足和缺陷，认真倾听这些意见和“骂声”，着力于解决当前社会存在的一些突出问题，就能够推动经济社会的发展。

同时，要加大对改革攻坚的宣传力度，使全社会都了解，任何历史发展过程都不可能是十全十美、尽善尽美的，旧的问题解决了，还会产生新的问题。问题的产生→解决→再产生→再解决→……这个过程永远不会完结，这就是历史发展的辩证法。

三、实现改革攻坚的重大战略转变

20多年前，中国共产党和中国人民经过认真总结历史经验，在“什么是社会主义？怎样建设社会主义？”的反思中探索经济社会发展规律，在政治上、思想上、经济实践上实现了“三大战略转变”：政治方面实现了从“以阶级斗争为纲”向“以经济建设为中心”的转变；思想路线方面实现了从教条主义和“两个凡是”到“实践是检验真理的唯一标准”的转变；在经济体制改革的实践方面实现了从“计划经济体制”向“社会主义市场经济体制”的转变。今天，要完善社会主义市场经济体制，理智、清醒地把握和富有成效地推进改革攻坚，也必须进一步深入探索和不失时机地实现新的重大战略转变。

1. 从“政府主导”向“市场主导”的战略转变

在世界上，大多数第二次世界大战后实行赶超战略的国家和地区，在走向市场经济道路的一段时间内，实行的都是政府主导型市场经济，一般也都取得了经济起飞的积极成效。如南美洲诸国、亚洲“四小龙”等，而以亚洲最为典型，故世界上把这种模式叫做“亚洲模式”。中国是从典型的计划经济走向市场经济的。在这个过程中，政府在资源的垄断、对国民经济决策和调控方面保持了较大的权力，尤其是在计划和价格控制范围大幅度缩小过程中，又保留或新设置了许多资源和项目审批权力，使得中国的“政府主导型市场经济”的特色尤为明显。自20世纪90年代以来，几个因素大大冲击和挤压了中国社会主义市场经济的政府主导力量。一是民营经济的超常规发展大大增强了市场的自控和主导力量。二是加入世界贸易组织谈判的国际压力使中国在关税、政府补贴等方面进行调整，逐步与国际接轨。三是近几年我国审批制度改革的攻坚也迈出了较大的步伐。加入世界贸易组织之后的几年中，由于中国的体制性因素和激烈的国际竞争，在国际贸易中也经常遭遇摩擦，蒙受了不少损失。美国、欧盟等从自身的利益出发，在“中国的市场经济地位”问题上发难，以此挤压中国的国际贸易、经济增长与和平崛起。我们固然不能跟着这些国际势力的指挥棒转，但我们自己对于我们所走过的市场经济道路要认真回顾总结和向前开拓，在完善社会主义市场经济体制过程中实现从“政府主导”向“市场主导”的战略转变。

2. 从“笼统公有制主体”向“适应性多元所有制结构”的战略转变

所有制是生产关系和一定的经济体制的决定性环节。无论社会制度的变迁还是经济体制的转轨，所有制的变革都处于中心地位。一方面，在改革的理论探索中，争议和分歧最大的是所有制；另一方面，在改革的实践中，取得成就最大的也是所有制。可以说，所有制改革是我国整个经济体制改革的“珠穆朗玛峰”和“马里亚纳海沟”，即在经济体制改革大系统中，高不过所有制改革，深不过所有制改革。尽管我们在理论上早已达成了这样一种共识：生产力标准是判断所

有制优劣的根本标准，我国经济体制改革的成功，首先取决于所有制改革的成功。但实际上，“姓社姓资”、“姓公姓私”的争论从来没有中断过，以至于所有制改革一直成为改革的重大“险区”和“雷区”。党的十五大第一次明确指出：“公有制为主体、多种所有制经济共同发展，是我国社会主义初级阶段的一项基本经济制度。”党的十六大用两个“毫不动摇”排比句，即“必须毫不动摇地巩固和发展公有制经济”，“必须毫不动摇地鼓励、支持和引导非公有制经济发展”，“各种所有制经济完全可以在市场经济中发挥各自优势，相互促进，共同发展”，把非公有制经济和公有制经济放在同等重要的位置上，从而否定了公有制经济与非公有制经济的主从关系。党的十六届三中全会第一次提出允许非公有资本进入法律法规未禁入的基础设施、公用事业及其他行业和领域。现在，我国各地的改革实践已经明显地显示出这样一种规律：哪个地方经济发达，首先是因为那里民营经济发达；哪个地方经济不发达，首先是因为那里民营经济不发达。在我国经济发达的东部和南部沿海省市，非公有制经济超过公有制经济早已成为不争的事实。因此，我们在所有制改革方面应该不失时机实现这样的重大战略转变：从“笼统地坚持公有制为主体”转向“在自然垄断行业、社会公益行业和与国家宏观调控密切相关的行业以公有制为主体，在竞争性行业则逐步实行非公有制为主体”。这些都表明，我们在公有制理论上需要进一步与时俱进和创新。一是“公有制优越性”的内涵要与时俱进和创新。过去我们认为，无论什么行业、什么产业、什么规模的经济，公有制都具有绝对的优越性，绝对适应生产力的发展。实践已经证明，这种认识是形而上学的、绝对化的。实际上，不同的所有制，对于不同的行业、产业和不同规模的经济，其适应性和优越性是不一样的。以生产力标准来判断，公有制经济并不是“放之四海皆优越”；非公有制经济也并不是“放之四海皆恶劣”。对于不同的行业、产业和不同规模的经济，公有制经济与非公有制经济，其适应性、优势和优越性的发挥是不一样的。对于竞争性行业，特别是竞争性中小企业，公有制特别是国有企业，显然不具有优势、优越性或只具有较低的优势、优越性。而非公有制经济对于竞争性行业特别是竞争性中小企业，则具有比较明显的优势和优越性。对于弱竞争、非竞争行业，非公有制经济则不具有积极性更说不上优势了，而必须由国有企业承担。这些不只是中国的实践，而且是世界各国的历史实践都已经证明了的。二是“以公有制为主体”的内涵也要与时俱进和创新。迄今为止对公有制“主体”的内涵基本上是从“数量”上来理解的。实际上，在市场经济体制下，各种不同的所有制经济，其发展数量及其比例关系是不能人为地规定的，而是由市场竞争决定的。凡是符合市场需要的，就必然能得到发展壮大；凡是不符合市场需要的，自然就会萎缩淘汰。这是不以人的意志为转移的。如果要人为地去规定甚至限制某种所有制经济的数量，只会限制以致破坏生产力的发展。因此，“数量型公有制为主体”要不失时机地走向“功能型和质量型公有制为主体”。现在，我国经济发达的东部和南部沿海地区，非公有制经济超过公有制经济早已成为不争的事实，不能总是“此地无银三百两”。因此，我们在所有制改革方面应该从“笼统地坚持公有制为主体”向“适应性多元所有制结构”转变。在自然垄断、社会公益和与国家宏观调控密切相关的行业以公有制为主体，在竞争性行业则逐步实行非公有制为主体。

3. 从“效率优先，兼顾公平”到“市场主要管效率，政府主要管公平”的战略转变

如何处理公平与效率的关系，既是一个古老的难题，又是一个全世界的实践，世界各国都在为处理好这一难题而努力。传统的社会主义理论在效率与公平的关系上有两个重要特点：一是认为社会主义经济制度可以创造比资本主义高得多的劳动生产率。二是高度强调社会公平，特别是收入分配公平。而实践中的计划经济体制，出现的普遍难题和顽疾是经济效率低下，从而造成经济短缺下的普遍贫穷。因而，进行经济体制改革所要解决的首要问题之一是经济效率问题。但社会主义又不能忽视、更不能放弃公平，因为这有悖于社会主义的理想。因此，改革伊始，我国就正确地提出了“效率优先，兼顾公平”的方针。应该说，这一方针的提出，对于改革开放过程中正确处理效率与公平的关系，让一部分人和一部分地区先富起来，从而激励效率；在社会财富不断增加中维护公平，从而维护社会主义原则，都起到了积极的作用。但在改革开放 20 多年后，我国无论是经济效率的增加，还是收入差距状况，都有了较大的变化。一方面，随着经济效率的提高，社会财富有了巨大增加；另一方面，收入差距也有了较大的扩大，产生了巨富大款和社会弱势阶层，从而产生了新的社会矛盾。固然，我们不能一般地反对收入差距，因为收入差距是市场机制的重要内容，是激励效率的重要杠杆。但收入差距过大，则会影响社会公平和社会稳定。社会主义不是要消灭收入差距，而是要调节收入水平过分悬殊，取缔非法收入，保护低收入者的基本生活。一方面，切不可忽视收入差距过大可能带来的负面影响；另一方面，又不能过分渲染收入差距问题。要正面提倡勤劳致富和促进共同富裕，但要防止“仇富”思想的产生。把收入差距控制在多大程度，既有利于保持经济效率，又不损害社会公平和影响社会稳定，这不仅与各国的经济发展水平和总的收入状况有关，也与各国的历史文化传统有关，没有一个统一的尺度。总的指导思想是，绝大多数国民能够接受的收入差距，就可视为在社会公平区间之内。在有着“不患寡而患不均”传统文化的中国，我们在效率与公平的关系方面要与时俱进。“效

率”主要是市场的任务，“公平”主要是政府的任务。随着市场机制的基本确立，“效率优先，兼顾公平”要不失时机地转变为“市场主要管效率，政府主要管公平”。

4. 从“整体上搞活国有经济”向“整体上搞活国民经济”的战略转变

20 世纪 80 年代中期党的十二届三中全会提出了经济体制改革的中心环节是“搞活国营企业”。80 年代中期以后，随着经济体制改革的深化，在理论上提出了国营企业的“两权分离”，即所有权和经营权的分离，并实施了承包制。于是，“国营企业”的提法就被“国有企业”的提法所取代。相应地，“搞活国有企业”就取代了“搞活国营企业”。这一字之差，反映了改革理论探索的进展和改革实践的发展。到了 90 年代初中期，尤其是 1993 年党的十四届三中全会以后，有了“从整体上搞活国有企业”的提法，就是对有发展潜力和发展前景的国有企业，能搞好的则下决心、下工夫去搞好；而对那些没有发展潜力和发展前景又扭亏无望的国有企业，再不要去搞“抢救运动”，干脆让其“安乐死”。改革理论和改革实践只要有一点突破，一系列突破就会接踵而来。有了“从整体上搞活国有企业”这一提法，于是随之有了“从整体上搞活国有资本”、“从整体上搞活国有经济”等一系列提法。而一旦有了“从整体上搞活国有资本”的提法，进一步就有了“资本经营”、“资本重组”的改革实践。但以上所有提法，都囿于一点，即“国有企业”。20 多年改革实践已经证明而且还将继续证明，全面搞活国有企业是“有心栽花花不开”。随着经济体制改革的不断深入，“国退民进”的趋势正在进一步发展，非公有制经济“无心插柳柳成荫”，正在超常规发展，把改革的思路长期囿于“国有企业”，将会阻碍改革攻坚的步伐。国民经济，从生产和再生产的总过程来看，是一国生产、流通、分配、消费过程的总和，也是物质生产部门和非物质生产部门的总和；从经济单位所有制的结构来看，是各种各样所有制经济的总和。改革开放打破了过去旧体制中所有制结构及其实现形式的简单框架，不但初步形成了国家所有、集体所有、个人所有、私人所有、港澳台所有、外国资本所有以及其他形式所有的“多元所有制群”，而且还初步形成了公司制企业、集团企业、集体企业、合作企业、合资企业、合伙企业、联营企业、业主制企业等“多元企业组织形式群”。在完善的社会主义市场经济中，我国经济无论在整体上还是在主体上，不再是“国有经济”，而是“国民经济”。无论国有经济，还是非国有、非公有制经济，都是我国国民经济整体的不可缺少的重要组成部分。我们的改革攻坚，不仅仅是要搞活国有经济，而是要在整体上搞活国民经济。因此，“从整体上搞活国有经济”就应当及时向“从整体上搞活国民经济”转变。“国有经济”到“国民经济”一字之改，反映了我国改革攻坚的新突破。

5. 从"GDP增长发展观"向"科学发展观"的战略转变

发展是硬道理，坚持改革和发展并重，紧紧抓住以经济建设为中心，是改革开放取得巨大成功的基本经验之一，也应该是改革攻坚和完善社会主义市场经济体制的基本原则。但走过改革发展20多年的中国，无论是对改革还是对发展，都有了更新更深的认识，小康社会建设和科学发展观的提出就是这方面的一个重大成果。人类发展观有一个不断进步、不断拓展的过程。第二次世界大战之后，从殖民地半殖民地解放和独立出来的贫穷落后国家面临的首要任务是发展经济，消除贫困，改善民生，增强国力。大多数发展中国家都确立了以GDP增长为目标的发展战略。这种在"经济的"就是"合理的"观念支配下的发展政策，导致了资源浪费、贫富悬殊、产业畸形、生态恶化、债台高筑等问题。而平民教育、劳动保护、社会福利、医疗保健、城乡协调等与人民利益息息相关的因素，都被经济快速增长的代价牺牲掉了。党的十六届三中全会提出的"坚持以人为本，树立全面、协调、可持续的发展观"，客观上要求尽快走出简单的GDP崇拜，实现从"GDP增长发展观"向"科学发展观"的战略转变。

6. 从"以经济建设为中心"向"以制度建设为中心"的战略转变

在改革开放之前，由于我国长期实行"以阶级斗争为纲"，无休止地搞政治运动，严重破坏了经济建设，也制造了大量冤假错案，使社会矛盾蕴如火山。因此，党的十一届三中全会果断地停止了"以阶级斗争为中心"的政治口号，转向"以经济建设为中心"。这一伟大战略转移的历史意义和现实意义无论怎样赞扬都不为过。随着社会主义市场经济体制的基本形成，经济发展的动力已经逐步从"政府主导"转向了"市场主导"，政府的职能逐步从微观经济领域转向宏观领域，从市场的参与者转向宏观调控者和国家管理者。在这种条件下，在国家和政府层面上再继续强调"以经济建设为中心"，就不太符合改革攻坚的客观要求。实际上，改革开放20多年来，国家所做的事情并不在于直接去从事经济和经营活动，主要做的就是"制度建设"，从经济体制改革的角度说，就是着力建设社会主义市场经济体制。当社会主义市场经济体制完善了，无须国家或政府去坚持"以经济建设为中心"，而是这种体制或制度的能量足以让整个社会的积极性、主动性、创造性充分发挥，使社会财富充分涌流。市场的这种力量比1000个政府更有效。在改革攻坚和完善社会主义市场经济体制中，政府自身的任务要不失时机地实现从"以经济建设为中心"到"以制度建设为中心"的战略转变。政府只要全心全意"盯住制度"，"以经济建设为中心"的任务就能实现。政府

从具体的经济建设事务脱开身来，专注于制度建设，任务不是更轻了，而是更重了。因为一个国家、一个社会、一个政党制度建设的内容包括许多方面，而且制度建设的所有任务都比经济建设更复杂、更具有不确定性和风险性。这样就引出了下面的话题：改革攻坚、全方位改革与党的执政地位。

四、改革攻坚与政治文明

我国的改革是以经济体制改革为起点和基础的，但经济体制改革的进一步深化遇到了“瓶颈”，这就是政治体制和思想文化等方面改革的滞后。因此，改革攻坚涉及的不是某一个方面的改革，而是全方位的改革。中国的社会主义改革，必然是经济、政治、社会、文化的全方位改革，因为中国旧体制的弊端，存在于经济、政治、社会、文化的各个方面，这些弊端又相互联系，相互影响。因此，对中国社会的“诊断”和“治疗”，不能像西医那样头痛医头，脚痛医脚，而要像中医那样，进行全面的辩证治疗。

我国全方位改革，应该有全方位改革的总体目标模式，这就是通过改革攻坚，全面实现社会主义物质文明、政治文明和精神文明。

我国在改革开放伊始，就及时地、正确地提出“两个文明”，即物质文明和精神文明建设并举的任务。改革开放首先是要解决中国物质上贫穷落后的问题。但物质文明并不是人类社会活动的全部内容，也不是我国改革开放的全部内容，建立在物质文明基础上的精神文明，可以折射出比物质文明更为灿烂的光芒。

在人类历史发展过程中，不仅要不断地创造物质文明和精神文明，同时又要拓展和保护这种文明。那么，靠什么来拓展和保护社会文明呢？这只能是政治文明。

党的十六大在“两个文明”基础上加上“政治文明”。相应地，2004 年全国十届人大二次会议正式把“政治文明”写入《宪法（修正案）》，这是我国改革开放 20 多年的必然成果。“三个文明”的提出和入宪，为改革攻坚和全方位改革奠定了坚实的理论和法律基础。

建设社会主义政治文明必须进一步加快政治体制改革。由于政治体制改革具有较大的不确定性和风险性，因此，我国过去的改革在政治体制改革方面持非常谨慎的态度，经济体制改革相对超前些，政治体制改革则相对滞后些，这种经济体制改革的“理性超前（激进）”和政治体制改革的“理性滞后（保守）”，是过去的条件决定的，也是改革取得巨大成就的重要条件。中国改革的成功、执政党地位的稳固和中国社会的稳定正是得益于改革的这种非平衡配套。要知道，社会的变化往往是非理性的，而且是难以控制的。当年苏联的戈尔巴乔夫首先从政治体制方面打出了公开化、民主化的口号，得到了世界各资本主义国家的拥护，也获得了社会主义国家共产党领导人唯一一个诺贝尔和平奖。当这个诺贝尔和平奖在戈尔巴乔夫的口袋里还没有暖热时，苏联解体了，戈氏下台了，进入了历史的博物馆。我国今后固然要进一步加快政治体制改革的步伐，但这种加快仍然要以社会政治稳定为前提，因此，可以预见，我国的政治体制改革也必将走一条渐进式的道路。

一个完备的法制体系是政治文明的基本内容，也是完善的社会主义市场经济体制的根本游戏规则。世界经济发展史证明，自发的市场机制不可能实现“帕累托最优”，只可能出现“坏的市场经济”。从计划经济体制向市场经济体制的成功转轨，实际上是从人治规则向法治规则的转轨。

但政治体制改革又不等于法制建设，其主要内容包括四个：一是法制建设；二是权力结构和制衡的改革；三是吏制的改革；四是行政体制的改革。权力结构的改革是政治体制改革的核心，其主要任务是，建立系统完备的权力监督制衡机制，使权力的运作高度透明，以防止有人利用公共权力谋私腐败。

吏制问题，即干部特别是领导干部的选拔、任用和淘汰问题，是全党和全国人民特别关心的问题。我国这些年出现的“跑官”问题、“数字升官”、“虚假政绩升官”问题，引起党员和人民群众的普遍不满，这当然存在着干部队伍的道德教育问题，但更重要的是干部人事制度问题：是钦定制还是民主选拔制；是任人唯亲还是任人唯贤；是任人唯庸还是任人唯能。

政治体制改革的目标，是要通过权力的监督制衡、吏制的改革和行政机构的改革，实现社会主义民主。但需要明确指出的是，经过政治体制改革所建立的政府是一个民主高效廉洁的政府，而并不是一个弱政府，更不是要削弱中央政府的权威，而是要有利于强化这种权威。

强化中央政府的权威与加强党的执政地位是密切联系在一起的。对于我国这样一个发展中的、幅员辽阔、民族众多、情况复杂、变数很多的国家，要实现民族团结、国家统一和富强，加强党的执政地位和强化中央政府的权威极其重要。一个强有力的执政党及其中央政府，不仅有利于防范民族分裂主义、地方分庭抗礼和地方保护主义，而且对国民的团结奋斗具有心理上的强化和凝聚作用。社会心理学的研究表明，经济发展水平较低的国家搞市场经济，国民心理往往是离散的，如果有一个强有力的执政党及其中央政府站在前台，使国民经常了解本国的经济状况和社会经济奋斗目标，就可以从心理上影响离散的人群，使国民团结在政府的周围，为消灭贫穷和推进经济发展而奋斗。

中国过去曾经历了数千年“分久必合，合久必分”的动荡历史，这种周期性的历史震荡给社会、给人民带来了巨大的灾难。要避免这种恶性周期，必须要

有一个富有权威的执政党及其中央政府。必须了解这样一个客观规律：一个国家任何时候都同时存在向心力和离心力。执政党及其中央政府强大时，向心力大于离心力，国家统一、完整、稳定和富强；否则，则离心力大于向心力，国家四分五裂。要排除离心力这种潜在的分裂力量，必须保持一个强有力的富有权威的执政党及中央政府。

从整个世界范围来看，国家的地域统治范围同其他国家的政治、经济权势影响范围是交织在一起的，这种相互依存把各国不平等地连为一体。而在愈演愈烈的国际竞争中，一些国家总想把祸水和不幸引向别的国家，尤其有些发达国家总想把祸水和不幸引向中国，从而抑制中国的崛起。在这种世界格局中，一个国家只有执政党和中央政府富有权威，才能带领人民凝聚在一起坚强地屹立于世界民族之林。

但这种高效的、富有权威的、强有力的执政党及其政府，只是解决“市场失灵”的产物，绝不是取代市场的产物，决不是要与过去一样，直接替代市场去参与微观经济活动全过程，而要从微观经济活动中坚决解脱出来并有效地转移到宏观社会经济方面来，建立“国家一企业一市场”的三面体，使政府和市场的职能各归其位，使其不应有的职能得到转变，而使其应有的职能得到强化。

五、改革攻坚与党的执政能力

苏联、东欧共产党政权垮台，马克思主义旗帜落地。今天俄罗斯的经济发展水平远远低于改革前的苏联水平。西方资产阶级政治家和理论家曾发现了这样一个“客观规律”：改革是共产党政权、社会主义制度和马克思主义的掘墓人。在中国，改革攻坚会不会成为中国共产党政权、中国社会主义制度和马克思主义旗帜的掘墓人呢？如果中国共产党发动和领导的改革出现了苏联、东欧的那种情况，就表明中国共产党的改革失败了。实践证明，中国的改革使中国的经济发展了，从而进入了和平崛起的伟大时代，以至于英国学者向全世界发出了“北京共识”的宣言，而且中国共产党的执政地位也巩固了。在我国不断进行改革攻坚时，党的十六届四中全会做出了《关于增强党的执政能力的决定》，这表明了我们的执政党在风风雨雨中、在国内外的经验中不断地走向成熟、走向理性。

我们的改革是要建立社会主义市场经济，经济要发展，人民要富裕。一般说来，对于一个执政党来说，人民富裕了，经济发展了，政权也就巩固了。但又不能太简单地认为，只要改革了，只要建立了市场经济，只要生产力发展了，只要人民富裕了，执政党的地位就自然地巩固了。这种想法是一种天真烂漫的幼稚病。苏联、东欧经济落后，很自然共产党垮台了。但也有另外的例证：在中国台湾的国民党，是在台湾经济起飞、民众富裕、政治走向“开明”后垮台的；印度的人民党并不是在印度经济最困难的时候垮台的，而是在印度经济发展比较好、人民收入增长比较大、社会治理较好的情况下垮台的。我们在这方面要广泛地总结世界各国的历史经验。过去的巴西、秘鲁、玻利维亚，它们曾经有强权的政府推进改革、推进发展，发展起来后，推进改革的政府或政党下台。韩国也是一样的。中国共产党在改革攻坚的时候超前地提出党的执政地位和执政能力问题，这表明中国共产党的高度理性和成熟。

执政党的执政地位问题，亦即“坐江山”问题，是任何执政党都高度重视的重大问题，因而也应该是哲学社会科学高度关注的重大现实问题。

任何政党，在没有取得执政地位时，千方百计地要成为执政党；而在取得了执政地位之后，又千方百计地要巩固执政地位。任何执政党，除非万不得已，决不会自动退出历史舞台，把江山拱手让给别人。中国共产党的江山是党领导中国人民长期艰苦卓绝、流血牺牲打出来的。谁打江山谁坐江山，这在古今中外都是天经地义的事情。

问题在于，第一代打天下的“开国领袖”坐江山具有绝对权威，不容挑战，而和平年代的接班人坐江山就容易受到质疑和挑战。尤其是全球化、民主化、多元化的世界潮流，对共产党的执政地位潜伏着深远的挑战。流行于世界并对青年一代产生广泛影响的新自由主义，对政治和思想文化的多元化也起着推波助澜的作用。对此，我们决不能掉以轻心，而必须高度重视，认真研究，以求实精神思考和探索执政党执政的客观规律。

要巩固党的执政地位，增强党的执政能力，必须认真研究政党的执政规律。一个政党能不能长期执政，不是由政党的主观愿望决定的，而是由一系列内外部条件决定的，即由执政党内外力量对比决定的。

我们不妨先研究一下宇宙运行的规律。比如，太阳系中的十大星球都具有自己的质量和能量，都具有万有引力，都想主宰这个星系，而不想被别的星球所主宰。这样，每个星球对其他星球都具有两种力量：向心力和离心力。哪个星球能够获得其他星球的向心力而控制其离心力，取决于其万有引力的大小，而万有引力的大小又取决于星球的质量。为什么太阳具有绝对的“执政地位”成为恒星，其他九大星球都成为行星围绕太阳转，是因为太阳的质量绝对大，其万有引力绝对大。而九大行星又都能够从太阳获得光和热的能量。

社会也是一样。一个社会具有各种社会力量，各种社会力量都具有自己的能量，而且都具有主宰社会的愿望和追求，这就会产生追求执政地位的竞争。不要设想各种社会力量会自发地拥戴某种社会力量执政。至于哪个社会力量能够执政并巩固其执政地位，就看哪个社会力量能够在执政竞争中胜出，而决定胜出的基

本因素是实力的大小。当实力足够大时，社会的向心力就大于离心力，在野的社会力量就可以上台执政，执政的社会力量就可以巩固政权。相反，当实力不够大时，社会的离心力就大于向心力，在野的社会力量就不可能上台执政，执政的社会力量也会丢失政权。研究执政党的执政规律，从根本上来说是要探索执政党的执政能力和执政实力。

“三个代表”重要思想从理论上揭示了执政党执政规律：要巩固党的执政地位，必须得到人民群众的拥护。为此，执政党必须最大限度地促进生产力的发展，必须最大限度地促进先进文化的发展，必须最大限度地代表人民群众的根本利益。但“三个代表”重要思想是一个总的、高层次的纲领性原则，必须在实践中把这个总的纲领转化为可供操作的平台。从这个意义上来说，执政“规律”必须进入执政的执行渠道，必须转化为执政实力。只有现实的“实力”，才是真正的“能力”。那么，执政党的执政实力包括哪些方面呢？

（1）民心实力。中国古代的政治家就深刻地总结出了一条执政铁律：民可以载舟，亦可以覆舟；得民心者得天下，失民心者失天下。民心实力是任何政党取得政权和巩固政权的首要的、根本的实力。在中国共产党与国民党的斗争中，为什么中国共产党从小到大、从弱到强取得了政权，是因为赢得了民心；而国民党却从大到小、从强到弱失去了政权，因为它失去了民心。中国共产党要想在和平执政时期永远巩固执政地位，必须不断地壮大自己的民心实力。要真正地得到民心的支持，必须不断提高人民的生活水平，切实解决群众的困难，使广大人民群众得到看得见的实惠。从这个意义上说，民心实力在很大程度上也就是“惠民实力”。但“惠民实力”并不是民心实力的全部内容，执政党必须使人民感到亲和，人民群众对执政党越亲和，其向心力就越大。这就是说，亲和也是一种实力，即“亲和实力”。而要使人民群众感到亲和，行政必须“三贴近”：贴近人民，贴近实际，贴近生活。更重要的是要加强勤政和廉政建设，扩大政治民主。要知道，廉政在改善党的社会形象、增进党的亲和力方面具有极其重要的作用，因而可称为“廉政实力”。而这首先要靠制度的保证。

（2）人才实力。古今中外，一个组织、一个政党，夺取政权依靠人才，巩固政权同样依靠人才。刘邦任用韩信，战胜了最大的竞争对手项羽，赢得了政权，建立了西汉。故有“得一人者得天下”之说。遵义会议之后，中国共产党之所以能够转危为安，不断发展壮大，成为执政党，除了政治路线正确之外，就因为有以毛泽东为首的一批优秀人才成为党的领袖。

执政活动是执政党的基本任务，这一基本任务归根结底是通过人担负和进行的。能够执政的人绝不是一般的人，而必须是优秀人才。中国共产党要能够有效地用好权执好政，必须聚集一大批优秀人才。因而，人才实力就成为用好权执好政的极其重要的实力。在革命战争时期，党能不能选好用好一个优秀指战员，决定着一场战役的胜负；在和平执政时期，党能不能选好用好优秀执政者，也决定着执政的好坏优劣和执政的前途。

为此，党必须把社会上的优秀人才最大限度地吸引到党内来。中国共产党是中国工人阶级的先锋队，应当把工人阶级中的优秀分子吸收到党内来；中国共产党又是中华民族的先锋队，应当把中华民族中的优秀分子吸收到党内来。不仅仅是吸收，更重要的是知人善任，要使真正的优秀人才为巩固党的执政地位有用武之地。凡是优秀人才，总具有一定的社会能量，这种能量如果不能为执政党所使用，就可能被别的组织利用；或者自造组织，成为执政党的负面力量。过去有个说法“人才的浪费是最大的浪费”；这说得很不够，更准确地说：“人才的浪费不仅仅是浪费，更重要的是增负，即增加竞争对手。”例如，如果一个企业的优秀人才流失到别的企业，就成了自己的竞争对手。中国共产党的人才选拔制度是通过组织部门执行的，因此，组织部门的工作对于选拔优秀人才是个关键。过去有个说法“中国富不富，关键在组织部”，例如选好一个省委书记，可以造福和稳定一个地方。同样，今天我们也可以说“党的执政地位是否巩固，关键也在组织部”，如选好一个部门领导，可以大大强化一个部门的工作。这些在理论上好解决，在实践中也有了很大进步。但仍存在着一些问题，主要是选拔优秀人才的机制、制度还有待进一步改革和完善，例如怎样避免在人才选拔中的“汰优择劣”问题？怎样避免人才选拔中较优秀者容易被“腰斩”、而较中庸者容易“胜出”问题？虽然这种情况不一定具有普遍性，但制度的设计要能够为巩固党的执政地位保护和使用好每一个优秀人才。

（3）经济实力。“民心”问题，大部分是人民内部矛盾。人民内部矛盾在一定条件下还可能激化，而解决人民内部矛盾主要依靠“人民币”。人民不能贫穷，大多数人口的贫穷是社会动乱和政权不稳的最大危机。越来越多的人进入中产阶层，是执政党执政地位的最大稳定器。搞好民心工程，增进民心实力，是以社会财富为坚强后盾的，经济不发展，一切都是无源之水和无本之木。为此，执政党和政府要长期把经济建设作为一切工作的中心，要长期把发展生产力作为第一要务，调动一切社会资源，调动一切社会积极性，使社会财富充分涌流，并藏富于民。

（4）财政实力。社会生产出来的财富经过分配和再分配形成各个方面的收入，包括个人可支配收入和国家（政府）可支配收入等。国家的可支配收入即财政收入。人民要富裕，政府也不能穷，因为执政党和政府要管理大量的社会公共事务：国家安全、国际交往、社会秩序、公共产品、社会保障、救灾赈贫、民族团结等。社会经济越是发展，社会公共事务的范围越宽、量越大，而处理好社

会公共事务是执政党执好政的重要条件。社会公共事务问题处理不好也会形成“人民内部矛盾”，在一定的情况下矛盾还可能激化，解决这一矛盾同样主要依靠“人民币”。财政收入分为中央政府的财政收入和地方政府的财政收入。社会公共事务主要是压在中央政府肩头的。缺钱的市长、省长难当，缺钱的总理、总书记更难当。一句话，缺钱的执政党难以执政。要执好政，就必须在经济不断发展和人民生活不断提高的同时，使国家的财政实力特别是中央政府的财政实力不断增加。执政党和政府的财政实力取之于民，归根到底要用之于民，成为协调和化解社会矛盾的重要物质力量，这样，回过头来看，又增进和强化了执政的民心实力。

（文章来源自《学术讲座荟萃》第20辑，2004年10月28日）

破冰而出的中性财政政策

高培勇

高培勇

男，1959年生，天津市人，经济学博士，教授。中国社会科学院财政与贸易经济研究所党委书记、副所长，中国社会科学院研究生院财贸经济系主任。兼任国务院学位委员会学科评议组成员，国务院关税税则委员会专家咨询委员会委员，劳动和社会保障部专家咨询委员会委员，中国国际税收研究会副会长，中国财政学会常务理事，中国审计学会常务理事，中国城市金融学会常务理事，北京市财政学会副会长。

主要研究领域：宏观财政税收理论、财政税收政策分析。出版学术著作20多部，主要有：《当代西方财政经济理论》、《国债运行机制研究》、《市场化进程中的中国财政运行机制》、《公共经济学》、《中国税费改革问题研究》、《政府债务管理》、《共和国财税60年》等，并主持编写中国社会科学院财政与贸易经济研究所《中国财政政策报告》（年度）、《中国财政经济理论前沿》（双年度）。

曾先后获得北京市哲学社会科学优秀成果奖、教育部人文社会科学优秀成果奖、国家社会科学基金优秀成果奖、国家优秀教学成果奖、中国社会科学院优秀成果奖等。

1997年入选北京市“百人工程”；1998年入选教育部“跨世纪优秀人才培养计划”和人事部“百千万人才工程计划”（第一、二层次）；同年获国务院政府特殊津贴。

我今天想谈一谈中国宏观经济政策中的一个重要部分，就是财政政策从2004年到2005年的走势问题。宏观经济形势不是我们今天所讨论的重点，我们的重点在于分析“破冰而出的”那五个字的含义，我想把有关财政政策抉择过程中的那样一种艰难跟大家做个交代。大体上，我今天要讲这样几个问题：一是中性财政政策产生的背景；二是对过去6~7年的财政政策的实践做一个基本的交代，目的是为我们讨论下一步的财政政策安排搭建一个逻辑平台；三是讨论一下在财政政策抉择过程当中我们面临的一些制约因素；四是将讨论在宏观财政政策决策过程中，财政政策所面临的转机；五是我们给出几个基本判断；六是我们讨论一下财政政策可能发生的一些变化。一共是这六个方面的问题。

一、中性财政政策产生的背景

“中性财政政策”一词第一次出现是在2004年5月27日。这一天，在上海举行的“全球扶贫大会”已近尾声。财政部部长金人庆应邀到会致辞。因为大家对宏观经济政策非常关注，在金部长致辞之后，记者始终抓住他，不停地追问。主要问题是：宏观经济形势已经发生非常大的变化，但是中国的财政政策一直延续1998年以来的做法，即积极的财政政策。为什么在发生深刻变化的宏观经济环境面前，在其他方面的宏观经济政策已经做出了相应调整的背景下，财政政策依然处于那样一种以不变应万变的状态当中？在记者的一再发问之下，金人庆部长指出，随着宏观经济形势的变化，宏观经济政策也将做出相应的调整，这种调整主要是财政政策将由“积极”转向“中性”。由于这是自1998年以来在中国财政政策称谓上发生的重大变化，它不仅在经济界，而且在全社会，都激起了强烈反响。至此，关于中国财政政策取向问题的种种疑惑，仿佛一下子尘埃落定。5月27日对于中国的宏观经济政策而言是一个重大的转折点。

其实，大约从2003年下半年开始，特别是在前三季度GDP增长8.5%的统计结果发布之后，中国财政政策的取向便成了人们关注、议论的焦点问题之一。的确，无论认定经济全面过热，还是强调局部或部分过热，抑或坚持不要轻言过热，中国经济步出了持续数年的低迷状态而呈现出快速增长、甚至全面扩张的势头，已经是不争的事实。伴随着宏观经济环境的变化，连续实施了6年之久的积极财政政策需要进行重大调整，已经在不少人的预期之中。

然而，事情的进展又颇有些出人意料。先是于2003年末召开的中央经济工作会议做出了继续实施积极财政政策的决策。继而，2004年3月份举行的十届全国人大二次会议又根据实施积极财政政策的思路，确定了2004年财政收支的预算盘子。后来的一段时间，虽然方方面面、上上下下反经济过热的声浪越来越猛，财政政策始终没有脱出继续“积极”——扩张的轨迹。即使在货币当局数次动用反通胀的看家本领——提高法定准备金率的情况下，面对社会各界的企盼和责难，财政部门仍然态度暧昧，似有“任凭风云变幻，我自岿然不动”的气势和风度。

5月27日的讲话之后似乎财政政策已经有了明确的描述，这样一种描述不仅限于新闻界、经济界，而且在政府的经济工作部门它已经进入到了操作性的筹划阶段。在5月27日之后，7、8月份两次召开专家座谈会，在这期间财政的厅局长分片召开了讨论会。因而我们说，宏观经济政策的变化特别是财政政策的变化在一定条件下出现了。我们十分熟悉它，特别是在2003年10月党的十六届三中全会所通过的《关于完善社会主义市场经济体制若干问题的决定》当中，对于财政政策更是给出了明确的定位。《关于完善社会主义市场经济体制若干问题的决定》的第十七条第一句话是这样给财政政策定位的：“要进一步完善国家计划和宏观财政政策、货币政策等相互配合的宏观调控体系。”这实际上由给中国的宏观调控体系及财政政策在宏观调控体系当中的地位做出了明确的规定。从中可以看出，中国的宏观调控体系大体上是由三个部分组成的，财政政策是其中的一个手段。可是，当我们把三个不同的手段放到一起进行审视，并且试图加以区分的时候，我们可以看到国家计划的主要任务是规定着宏观调控的方向和各种宏观调控手段致力的目标，只有财政政策和货币政策是通向这一方向、走近这一目标的、可以依赖的两个手段。因此；我们又可以说，如果单就操作手段而言有两个，那就是财政政策和货币政策。可见财政政策在宏观调控体系中的地位是怎样的。《关于完善社会主义市场经济体系若干问题的决定》的第二句话是：“财政政策要在促进经济增长、优化结构和调节优化收入分配方面发挥重要功能。”这明确规定了财政政策的目标。在这里，对财政政策的目标的描述是从三个角度进行的：促进经济增长、优化结构和调节优化收入分配。应当说，在此之前，大家比较认同的表述就是促进经济增长，又叫宏观调控。优化结构和调节优化收入分配纳入到财政政策的视野里，这是第一次。这是有它的特殊背景的。因为最近这些年来，优化结构和调节优化收入分配越来越仰仗于财政政策，越来越发现它不

是其他别的什么手段所能替代的。财政政策的目标已经被大大拓宽。已经从单纯地作为一个宏观调控的手段拓展到三个目标的兼容上来。《关于完善社会主义市场经济体制若干问题的决定》的第三句话是“完善财政政策的有效实施方式”。它不是简单地扩大需求，也不是简单地缩减需求。在正式讨论之前，有必要对过去6年基本的财政政策做一个基本的交代。

二、积极财政政策：过去6年的实践

通过对实施了6年之久的积极财政政策实践做一个基本交代，为本文的讨论搭建一个逻辑平台，显然是必要的。

1. 积极财政政策的含义

从1998年开始实施的积极财政政策，尽管人们始终对“积极”二字是否准确抱有异议，但无论官方和学界，在积极财政政策等于扩张性财政政策这一点上，都是颇为认同的。原任财政部部长项怀诚曾用“政治智慧”解释“积极”二字的由来：在1997年9月召开的党的十五大和1998年3月举行的九届全国人大一次会议确定实施“适度从紧”的财政政策后不久，改弦更张为扩张性的财政政策，人们很可能一时难以接受。出于避免引致不必要震荡的考虑，便采用了其本意在于扩张需求的所谓积极财政政策的模糊说法。因此，就其含义而言，积极财政政策就是扩张性财政政策的代名词。

2. 积极财政政策的内容

在6年的积极财政政策实践中，尽管每年的举措或重点都有不同程度的变化，由初期的主要依靠增发长期建设国债加大重点基础设施建设投入，到后来扩展至包括支持国有企业技改、提高城镇低收入居民基本生活保障水平、增加公职人员工资以及停征固定资产投资方向调节税等各个方面，但归结起来，其最基本的内容，就是通过增发长期建设国债来扩大财政支出，并以此带动内需，实现经济的较快增长。因此，就其内容而言，积极财政政策可以概括为“增债＋扩支”。但是国债的发行主要有三个目的：还旧债、弥补一般性财政赤字和实施积极的财政政策。举个例子，在2004年，中国国债发行的总规模是7022亿元。其中，3824亿元用于偿还到期的国债，2098亿元是弥补一般性的财政赤字，1100亿元适用于实行积极的财政政策。大家可以看到即便我们今天就宣布不再实施积极的财政政策，而且是彻底地不再实施，我们依然要发行国债，而且要发行相当多的国债。积极财政政策只不过是在既有国债发行规模的基础之上拓展而增加发行的那一笔国债。所以，并不意味着不实施积极的财政政策，国家就不再发行国债了。

3. 积极财政政策的成效

对于实施6年的积极财政政策成效，固然可以从多个角度、多个侧面去一一列举，比如，重点基础设施建设得到了加强，产业结构调整得到了推动，区域生产力布局得到了调整，投资环境得到了改善，国有企业改革得到了支持，等等。但总体上说，其最基本的成效，还是体现在它对国民经济增长的拉动效应上。正是在拉动了内需、进而拉动了GDP的增长这一点上，凸显了积极财政政策的功效。因此，就其成效而言，计量分析的结果表明，积极财政政策拉动了GDP年均大约1.8个百分点的增长。

4. 积极财政政策的成本

任何事情都是效益和成本并存的。6年之久的积极财政政策实践，也使我们付出了昂贵的代价。抛开其他方面的成本不说，单就国债规模以及其他相关指标而言，以下的几组数字不能不进入我们的视野：①长期建设国债累积发行额8000亿元。②为补充国有商业银行的资本金而发行的特别国债，2700亿元。③国债余额，由1997年末的6074.51亿元增加至26635亿元。④国债负担率，由1997年末的8.2%提升至22.8%。如果再考虑到未列入预算而又实际发生的政府债务和国有债务，上述的各项指标还会大幅度调增。

三、两难之中的次优选择

应当说，在中国，无论学界还是官方，对于宏观经济学的基本原理并不陌生。通胀来了，要紧缩。通缩来了，要扩张。作为宏观调控两大手段之一的财政政策，要通过在财政收支上实施紧缩或扩张的反周期操作，来发挥它的宏观调控功能。对于这些基本的常识，人们早已到了烂熟于心的地步。问题在于，当把这些表面看似常识范围内的东西应用于现实的操作时，就会发现，在连续实施了6年之久的积极财政政策的中国，有关财政政策取向问题的抉择，并非如此简单。

其实，早在2003年末召开的中央经济工作会议之前，面对宏观经济环境由冷趋热的变化，在如何为来年财政政策定调的问题上，决策层就颇费了一番周折。其中的原因，倒不仅仅是那时人们关于经济形势“热”与“冷”的判断尚不明晰，看法不一，即便是认准了，意见一致了，抉择起来也会左右为难，进退维谷。

1. 退出之难

比如，如果人们认定经济形势已经“过热”了，那么，以“增债+扩支”为基本内容的积极财政政策就应刹车而“适时退出”。但是，一旦取退出之策，原来可能沉在水底的一系列难题便会一下子浮出水面：①在过去的6年中，全国各地利用中央举借的长期建设国债收入以及地方和银行的配套资金，兴建了一大批重点建设工程项目。这些项目，有些完工了，还有不少尚在建设之中。根据粗略的测算，即便不再开工新的项目，仅完成这些在建工程项目所需的后续资金投入，起码要以8000亿~10000亿元计。积极财政政策的退出，将会使这些在建工程项目的后续资金来源失掉既定渠道的支撑。搞不好，就会成为烂尾工程或半截子工程。②在过去的6年中，我们一直从正面论证积极财政政策分别拉动了1.5、2、1.7、1.8、2和2个百分点的经济增长。反证的结果便是，没有积极财政政策的拉动，这几年的GDP增幅至少要下调11个百分点。这意味着，只要积极财政政策言退，依过去6年的情形计，此后至少年均2个百分点上下的经济增长率便会因此失掉支撑。③在过去的6年中，作为积极财政政策实践的一个副产品，在中国，已经形成了一批与积极财政政策命运绑在一起的地区、产业、部门和人群。这些特定地区、行业、部门和人群所享有的既得利益，有赖于积极财政政策的维系。它（他）们既然同积极财政政策共进退，那么，随着积极财政政策退出，既得的利益格局便会随之打破。且不说各方面既得利益的牵扯肯定要阻碍退出的进程，由此带来的不稳定因素，也会在某种程度上威胁到经济社会的稳定发展。例如，西部大开发和“三农”问题的解决都是依靠政府的积极的财政政策来支撑，这种中央财政的支撑不能停。

2. 继续之难

换一个角度，如果大家认定经济形势依然“偏冷”、并未“过热”，那么，继续实施积极的财政政策便是必要的。然而，财政政策的“继续积极”，也会矛盾重重：①前面说过，连续实施6年之久的积极财政政策，已经给我们留下了数额高达8000亿元的债务，加上用于单纯弥补赤字的国债和属于借新债还旧债用途的国债，三个方面性质的国债相加，到2003年末，整个中国国债的余额已经高达26635亿元，占GDP的比重已高达22.8%。积极财政政策的继续实施，无疑会进一步加大既有的国债规模及其负担率。由此蕴涵着的财政风险以及其他方面的风险，恐怕不能回避也回避不了。②实施6年之久的积极财政政策实践，已经使财政支出的不断扩张内生为经济进一步增长的必要条件。经济增长对积极财政政策所形成的这种依赖，在边际效应递减规律的作用下，事实上已经在逐步加深。这“增债+扩支”运作模式的继续实施，只能在取得拉动经济增长效果的同时，进一步加大经济增长对财政支出扩张的依赖。长此以往，其结果不言自明。③实施积极财政政策的期间越久，与其相伴相生的既得利益格局就会越加强化。它的继续，当然要给予其相关的地区、产业、部门和人群带来“继续”的利益，从而获得暂时稳定之效。但与此同时，很可能因此走上这种既得利益格局的不归之路。一旦将来维系“增债+扩支”运作模式的各种条件不再存在，既得利益格局打破之后带来的不稳定因素，肯定会极大地危及经济社会的稳定发展。

3. 两难之悟

退也不是，进也不是。在这种两难的抉择处境中，寻求财政政策的作用空间并使之同整个宏观经济政策的作用方向相一致，便成为抉择财政政策取向的关键所在。令人欣慰的是，凡事皆有利弊。逆境的挤压，倒是有助于让我们悟到一些平时不大容易悟到的东西：①以往的积极财政政策实践在取得一系列骄人成就的同时，也有不少缺憾。政府投资的单兵突进未能如所预期的那样带来民间消费需求的真正活跃，又为此付出了国债规模急剧膨胀和经济增长形成了对财政支出扩张的严重依赖的成本，就是一个例子。这启示我们，即使要继续着眼于拉动需求，也要对以往“成本高、效益低”的积极财政政策既有模式做出相应的调整。②在21世纪前20年的重要战略机遇期，要实现GDP翻两番、全面建设小康社会的目标，国民经济必须以每年平均不低于7.18%的速度增长。同时，现实的中国也需要经济增长提供的空间来解决诸如增加就业、调整结构之类的事情。尽管经济社会协调发展的新理念相对降低了经济增长的重要程度，但是，在一个相当长的时间内，我们还必须追求较高的经济增长速度。鉴于政府投资依然是带动中国经济增长的重要力量，鉴于中国的经济增长已经离不开对财政支出扩张的依赖，这就意味着，起码在短期内，财政政策还要在相当程度上继续致力于扩张需求。③弥补“非典”过后凸显出来的公共卫生、西部开发、农村发展、东北老工业基地等方面的欠账也好，保持经济社会的协调发展也罢，都是要花钱的，都是要以钱去铺路的。这笔钱数额很大。钱从何来？财政收支安排的规律通常是增量调整，存量动不得。每年3000亿元左右的财政收入增量固然可填上一些缺口，但不能完全解决问题。今后的收入增长空间，又是个未知数。因此，增发国债依然是必须依赖的一个收入来源渠道。④即使宏观经济形势的变化要求宏观经济政策做出重大调整，积极财政政策必须要退出，也要有个“渐退”的安排。积极财政政策毕竟实施了6年之多，在很多方面表现出刚性特征。因此，正如进军必须一鼓作气、退兵则要缓缓而行，不能辙乱旗靡的道理，积极财政政策的退出安

排，必须是安全的、稳妥的、瞻前顾后的。⑤回顾26年来我们走过的历程，可以看到的一个重要事实是：支撑中国经济持续高速增长的因素固然很多，但是，一个最为根本且在传统体制下找不到对应物的因素，在于体制的改革。这一点，恰好印证了发展经济学的基本原理——制度变革是经济增长的动力和源泉。因此，要保持经济持续稳定快速发展的良好势头，可以也应当着眼于“以改革促增长，以改革促发展”。通过财政支持改革的举措安排，实现推动经济增长的目标。

4. 次优选择

注意到上述的基本事实和认识，可以得到的基本判断是：在当前的中国，财政政策的选择难有最优，只能在两难的抉择中寻求次优。先后于2003年末和2004年初举行的中央经济工作会议和十届全国人大二次会议所做出的有关财政政策的决策，显然就是一种次优色彩浓重的选择。这种次优的选择，可以做以下的概括：在保持积极财政政策扩张方向不变的前提下，着手以“降低扩张力度，调整支出投向”为主要着眼点的结构性微调。①所谓保持扩张方向不变，就是财政政策仍然要致力于扩张需求，仍然要保持其对经济的扩张性。为此，在2004年的财政预算中，仍旧安排了3198亿元的赤字、1100亿元的长期建设国债发行计划。无论财政赤字，还是长期建设国债，都是以扩张为基本方向的积极财政政策的标志物。②所谓降低扩张力度，就是根据经济形势的变化，相机逐步减少基于实施积极财政政策目的而安排的财政赤字和长期建设国债规模。在2004年的财政预算中，虽然仍旧安排有3198亿元的财政赤字，但由于这一规模同2003年的安排持平，并且，相对于其增加的分母——2004年的GDP——而言，赤字率已经调减；虽然仍旧安排有1100亿元的长期建设国债发行计划，但相对于2003年的1400亿元的发行规模而言，已经调减了300亿元。只不过，为了换取各方面对调减长期建设国债发行计划的让步，财政预算又付出了调增基本建设支出50亿元的代价。因此，两项抵冲，净效应是调减250亿元。③所谓调整支出投向，就是将长期建设国债的发行收入，由过去主要用于重点建设工程项目扩展至几个方面投向的兼容。在以往，长期建设国债的发行收入同重点建设工程项目支出之间基本是一列“直通车”。在2004年的财政预算中，长期建设国债发行收入被用于三个领域：在建重点工程项目的后续投入、填补以公共卫生为代表的公共项目欠账，以及支持启动拟议进行或亟待进行但主要由于钱的制约而迟迟未能启动的重大改革事项。

四、财政政策所面临的转机

我们首先来印证一下中央经济工作会议所通过的决议。2003年召开的中央经济工作会议有关财政政策的描述可以归纳为三句话。第一句话是“保持宏观经济政策的连续性和稳定性。继续坚持扩大内需的方针，实施积极的财政政策和稳健的货币政策”。这是告诉大家财政政策实施的方向依然倾向于扩张。第二句话是“国债和新增财政资金的使用，要重点向‘三农’、西部大开发、东北地区等老工业基地建设、生态建设和环境保护、扩大就业、完善社会保障体系和改善困难群众生活等方面倾斜”。这实际上告诉大家，重视和发展什么都要靠增量发展。这里不是说增量都给谁，而说向某些方面倾斜。这凸显了财政政策的规律性。但是它所能动用的全部资金来源无非就是国债新增部分，没有其他来源。第三句话是“同时，还要保证国家重点建设项目的资金需要，支持重大改革举措的出台”。这句话就涵盖了两个方面的投向，一个是在建工程，另一个是支持改造。

再来印证一下2004年财政部和国家税务总局界定的工作思路，也就是这一年它们要干哪些事情。在年初的工作安排中，这样一种工作思路被高度概括为：

（1）要做大一个蛋糕：转变支持经济发展方式。过去讲做大一个蛋糕是指财政如何来扩大支出，财政如何去给企业以税收优惠，从而做大GDP这个蛋糕。但是在这里强调的是，转变支持经济的发展方式。它要贯穿的是以改革来促增长、促发展的这样一种思维方式、一种思路，或者叫财政政策的是实施方式。过去财政、税收和经济增长之间的关系往往就是财政扩大支出带动投资，财政实施税收优惠刺激投资这样两种实施方式。但是当把这样一种实施方式和对过去26年中国经济高速增长的这样一种规律的归结放到一起的时候，可以看出改革是支持经济增长的重要因素。因而做大一个蛋糕，实际上是要以改革来促经济增长，以改革来促经济发展。

（2）要盘活两大存量：长期建设国债和粮食风险基金。长期建设国债的使用、方向做出了调整。粮食风险基金在这一年当中也出现了一些变化。

（3）要推进三项改革：税收制度改革、农村税费改革和预算管理制度改革，都是中国当前最急需优先启动的改革，都需要财政大量投资。

（4）完善四项制度：收入分配制度、社会保障体系、教育体制、公共卫生体制。通过这些分析就可以对2004年财政政策的走势有一个更好的了解。

即使财政政策做出了上述的调整，但是从2004年1月以来，财政政策的运作实际上是处于一种相当尴尬的境地。舆论上有非议，实践上有矛盾。财政部门始终在探求如何做出调整。最根本的操作就放在了如何冲破种种的障碍上去了。转机发生在2004年4月份。4月份的经济指标方方面面都显示出中国经济形势已经进入到新一轮的经济增长中了。特别是固定资产投资的增长速度创了纪录，令人大吃一惊。大家在认识上比较统一了。在那样一种形势面前，把财政政策的“逆向调节”问题一下子凸显了出来。在固定资产投资规模如此之大的情况下，

财政上还在增加长期建设国债的发行，搞重点基础设施的建设，怎么会做出这样一种所谓的“逆向调节”的举措来呢？因而，对于积极财政政策进行调整的呼声越来越高了。于是，在那样一种政策背景下，中性财政政策的概念就应运而生了。

五、四个基本判断

1. 必需的调整

当前财政政策调整的难点在于我们已经脱离了增量调整的轨道，而进入到了存量调整这样一种状态中去了。1998年，党中央决定实施积极财政政策，增发国债，扩大财政支出的时候，很少听到反对之声，很少受到某些因素的阻碍，为什么？因为那属于增量调整的空间范畴，大家都得到了好处，至多是分得不均。所以在实施扩张性财政政策的时候往往比较顺畅。但是，一旦当经济形势由冷趋热，主要矛盾发生变化的时候，实施紧缩的财政政策的时候，我们所涉及的问题就不是增量了，而是触及存量了。一旦涉及存量，政策的调整难度就加大。可以预计，当我们进入下一轮的经济增长周期的时候，一段需要财政政策再次走上扩张性的轨道的时候，遇到的阻力不会很大；反之，则阻力很大。“破冰而出”主要是指冲破各种既得利益集团的阻挠。但是，无论如何，在眼前的经济形势下，财政政策不做出相应的调整是不行的。由“积极”转向“中性”恐怕是必需的。至于2005年会做出怎样力度的调整将取决于两件事情：一是形势的发展状况；二是对利弊的权衡。

2. 适当的称谓

给宏观经济政策定名主要考虑两个方面：一个是它的致力方向是什么，另一个是它的内容是什么。以前我们曾经使用过“适度从紧的财政政策”、“积极的财政政策”、“稳健的财政政策”等。除了“适度从紧的财政政策”外，从“积极的财政政策”和“稳健的财政政策”很难看出财政政策的具体走向、内容。“扩张财政政策”、“紧缩财政政策”和“中性财政政策”一般得到了广泛的认同。相对而言，以往的表述比较含糊。现实的状况是，我们的财政政策既不是继续扩张的，也不是改行紧缩。我们能做和已做的事情过去是一心瞄准扩张、全力追求扩张，而现在是适当减少扩张、逐步逼近中性。所以，中性可能是关于现实财政政策取向和内容的适当表述。

3. 贴切的提法

宏观经济政策肯定要调整，但是怎么调整在表述上有不同的提法。财政政策的调整迄今为止至少有三种提法：淡出、转型和转向。

“淡出”的字义，在于慢慢地退出。把它放在积极财政政策的实践上，可以理解为财政政策要逐渐脱离扩张的轨道。就现实的财政政策调整来看，逐渐脱离扩张轨道固然是其应有的动作，但除此之外，脱离扩张轨道之后的着力方向也应进入视野。“淡出”有了前一层含义，后一层的内容则未能同时体现出来。

“转型”原用于描述制度的转轨，或说两种制度体系之间的转轨运作。而财政政策的调整，无论致力于扩张，还是致力于紧缩，抑或致力于中性，只不过是财政政策在取向和内容上的一种相机抉择，只不过表明财政政策着力方向的相应变化，将“转型”用之于财政政策调整，既难免有“小题大做”之嫌，又容易同制度层面的转轨相混淆，甚至弱化制度层面转轨的相对重要性。

“转向”本身就是一种调整或变化的意思，将其应用于财政政策，可以理解为财政政策着力方向的调整或财政政策取向的变化。同“淡出”相比，它既有脱离以往扩张轨道的意义，也涵盖了着力方向调整的内容。同“转型”相比，它既区别于制度层面的转轨动作，又可将财政政策的相机抉择意义凸显出来。而且，从财政政策的变化规律看，它也为今后财政政策的周期性调整预留了空间——伴随着宏观经济形势的周期性变化，财政政策可相应做周期性转向，或实施扩张，或实施紧缩，或致力于“中性”。

4. 渐进的过程

中性财政政策的本来含义就是财政收支保持平衡，不对社会总需求产生扩张或紧缩的影响。就当前宏观经济调控的主要任务而言，对中性财政政策的基本要求，就是不给经济运行带来扩张性的影响。但是不管怎么讲，现实中的财政收支运作不可能实现完全意义上的平衡。即便在理论层面上，中性财政政策也只是一种理想化的说法。所以，“中性”不过是财政政策追求的一个目标，或者是财政政策致力于实现的一种境界。实行中性财政政策，不会一蹴而就，可能要经历一个相当长的过程。起码我们不能指望财政收支安排在经历了长达 6 年的扩张之后，一下子走向平衡。

（1）现实中面临的诸多问题，就似一针可信手拈来的清醒剂。2004 年的财政收支盘子已在年初确定且运行了半年之久，将高达 3198 亿元的财政赤字规模大幅度压缩下来，或者将全年 7022 亿元的国债发行规模大幅度压缩下来，既不符合实际，也难免对经济社会发展带来较之不采取压缩行动更大的负面影响。

（2）同财政收支有关的每笔数字的背后，都有既得利益的牵涉。即便抛开存量调整的企图而专注于增量，在国家利益被部门利益、地区利益、集团利益和个人利益严重肢解的今天，它的调整，肯定要经历各方利益主体阻挠甚至演化为

激烈矛盾冲突的多重磨难，稍有不慎，就可能中途夭折，或者被打折扣。

(3) 制约财政政策转向调整的若干因素，并未随着对经济形势的日趋明朗而消失，亦不会随着中性财政政策的提出而削弱。在长达6年的积极财政政策实践的惯性作用下，它们的存在和运转，对于财政收支的调整，无论如何是躲不掉、绕不开的一道乃至数道坎儿。

(4) 同以往相比，这一轮的经济扩张呈现出许多新特点，对于它的诊治，显然还拿不出可称之成熟的药方。迄今为止，中央关于宏观调控措施的定调是不搞一刀切，不走回头路，不踩急刹车；既反通胀，又防通缩；既要控制部分行业盲目投资和低水平重复建设，又要切实加强和支持经济发展。整体宏观调控措施的推进尚且如此难以把握，有别于以往单纯的反通胀或防通缩的财政政策，中性财政政策须兼容两个方面的目标，其操作艺术更须花费相当大的气力去探寻。

诸如此类的例子，还可举出许多。故而，权衡利弊，瞻前顾后，比较恰当且可行的选择是，在保持财政收支本身和经济社会全局平稳运行的前提下，通过“渐进”性的一系列安排，逐步降低现实财政收支安排的扩张力度，逐步逼近中性财政政策的效应境界。

六、可能的作用空间

随着财政政策由“积极”转向“中性”的基调确立下来，我们现在应当具体做些什么?

这一轮财政政策转向的艰难经历，使得我们痛切感受到现实财政政策决策的复杂性。既要适应宏观经济环境的变化，又要平衡各方面的利益关系；既要立足于财政收支本身的运行，又要照顾左邻右舍并同货币政策、国家计划等调控手段相衔接；既要针对某一方向专门实施反周期操作，又需兼容多方目标、多管齐下斟酌行事；既需寻求现实矛盾的治标之举，又需着眼于长远的制度建设；等等。因此，财政政策“中性”举措的谋划，空间狭小，的确是一项复杂而庞大的系统工程，这主要包括以下六个方面：

1. 在支持重大改革举措出台中追求“中性”

应当看到，在当前的中国，说整体过热也好，言局部过热也罢，其最根本的原因，无非要归结到体制缺陷和结构失衡两个方面。而且，其最终的解决，都要依赖于改革举措的到位和市场体制的完善。时下的经济过热现象，系经济周期和政治周期的双重作用所引致，就是一个为人们所广泛认同的例子。因而，财政政策转向“中性”的过程要同市场化的改革进程相衔接。在推进改革、深化改革的棋盘上，谋划“中性”举措。

回顾中国26年来的改革历程还可看到，财政改革一直是整体改革的开路先锋，始终扮演着为推进整体改革“铺路搭桥”的角色。改革启动初期如此，进入到制度创新阶段是这样，完善市场经济体制仍要依赖于财政改革的推动。鉴于中国财政在支持改革方面的传统和经验，也鉴于当前财政收支存量——包括既有赤字——调整的难度和风险，在着眼于降低扩张性的财政宏观调控安排中，将新增财政收入和国债收入重点投向于支持重大改革举措的出台，就是一个既十分适当又一举多得的举措。①避免在财政收入增长和财政支出膨胀之间形成“直通车”，不为人为抬高财政支出规模预留任何空间。②用在支持改革举措出台上的支出同政府的其他支出相比，带来的扩张效应相对较小。③在“以改革促增长，以改革促发展”的旗帜下，实现财政支持经济增长方式的转换。④加快体制转换步伐，铲除各种行政性手段借这一轮调控之机“复归”的土壤。

2. 在结构优化中控制或压缩支出规模

在经历了6年之久的积极财政政策实践之后转而实施中性的财政政策，力求控制或压缩财政支出的规模是当然之举。但是，必须注意到，我们是在国民经济结构和财政支出结构“双失衡”的条件下追求“中性”目标的，一方面是总需求过度扩张和经济增长过快，另一方面是投资需求过度和消费需求乏力以及工业增幅迅速和服务业发展迟缓并存；一方面是财政支出规模总体膨胀，另一方面是“三农”支出、社会保障支出、生态工程建设和能源交通建设等项目严重欠账。在如此的背景下控制或压缩财政支出规模，只能坚持“有保有控”——支出总量控制下的结构性调整。这就要求我们以“区别对待”的思维，安排好各种财政支出的进退，或向某些项目倾斜，或适当压缩某些项目支出，或严格控制某些项目支出。比如，相对减少扩张色彩浓重的基本建设支出并相对增加旨在实现“五个统筹”目标的公共事业项目支出；严格控制单纯消费性且呈迅速膨胀之势的行政经费支出并适当增加公共性明显且相对短缺的科教文卫支出；适当压缩带有鲜明计划经济体制色彩、以“行政审批”手段拨付的支出并相应增加对推动市场化改革有利、对减少“行政审批”有功的各种与支持改革有关的支出，等等。顺便说一句，这样做，也符合作为中国财政改革与发展目标的公共财政制度建设的要求。

3. 迅速启动新一轮税制改革

按常理讲，须付出减收成本的新一轮税制改革方案的实施，其所产生的效应是扩张性的。实施它，特别是在这个当口儿实施它，显然同中性财政政策的初衷

相悖。但是，注意到这几年的中国税收一直处于高增长状态，并且，税收的高增长已经在相当程度上支持了财政支出的急剧膨胀。2004 年上半年的税收增长幅度已经高达 26.2%，并且，照这个势头走下去，全年的税收增长额将达 5000 亿元上下。我们对于增加出来的这部分税收收入的投向，就不能不给予特别关注了。如果不做任何特意的安排，那么，在当前的各种体制性缺陷的作用下，以往的情形仍会再现。5000 亿元上下的税收增长额，肯定会“直通”为财政支出的膨胀额。如果那样的话，不仅有违于中性财政政策的目标，而且会通过抬高财政支出和税收基数为将来的控制和压缩财政支出规模行动设置障碍。将这种特殊的中国国情同新一轮税制改革的可能效应联系起来，利弊权衡，孰轻孰重，结论是不言自明的。

从新一轮税制改革方案本身来看，制约其迟迟未能付诸实施的最重要因素，就是担心收入振荡，财政负担不起。2004 年又加上了一条：可能产生扩张效应而形成“逆向调节”。根据上述的分析，既然可能的扩张效应同税收增长“直通”为财政支出的不适当膨胀比起来已经变得相对次要，那么，利用税收高速增长所带来的收入增量为启动新一轮税制改革“买单”，就是一个追求“中性”的势在必行之举。进一步看，在以往支撑中国税收高速增长的因素中，除了经济增长之外，其他的诸如政策调整、物价上涨和加强征管所带来的增收效应，都是难以持续的。方方面面的分析已经表明，目前正是中国税收增长的巅峰阶段。联想到新一轮税制改革早晚要启动，早启动肯定比晚启动好。抓住眼下的收入增长“旺季”，将已经绘就的新一轮税制改革蓝图尽快加以实施，以税制结构的率先优化为整体经济体制改革的进一步深化打开通道、铺平道路，又是我们一再论证过的值得追求的目标。

4. 立足于做好货币政策的“配角”

财政政策的转向是加强宏观调控、发挥财政政策的宏观调控作用的必然要求。但这并不意味着财政政策要像过去 6 年那样，继续扮演宏观调控的“主角”。在宏观调控体系中，货币政策更适宜于总量调节，财政政策更适宜于结构调节，以及反通胀实践更须货币政策担当“主角”的道理，在此不必赘述。需要再三强调、必须时刻牢记的一个基本事实是，6 年之久的积极财政政策实践的惯性作用加上各种体制性缺陷的惯性作用，大大挤压了当前的财政政策作用空间。奢望财政政策在抑制或防止经济过热的舞台上继续扮演“主角”，绝对不是现实的思维。因此，在中性财政政策和紧缩性货币政策所形成的现实“搭配”中，前者是“配角”，后者是“主角”。前者要立足于“配角”，对前者起“补充”或“托底”作用。

5. 进一步加强税收征管

加强税收征管和堵塞税收流失的意义，早已到了人们烂熟于心的地步。税务部门以往的加强税收征管行动，已经带来税收实际征收率的迅速提升，从而大大拉近了制度税负和实际税负之间的距离，也已通过各种传媒让人们广为知晓。这里需要指出的是，在财政政策转向“中性”之后，加强税收征管的意义又多了一层——压低非政府部门的可支配收入，减少经济运行中的扩张因素。因此，进一步加强税收征管，把该征的税尽可能如数征上来，又是一个同中性财政政策目标相一致的常规举措。

6. 尽可能压缩财政赤字和国债发行

2004 年的财政税收的增长、财政收入的增长可能达到 5000 亿 ~ 6000 亿元，这是和 2003 年同期数字相比。换一个口径，按预算口径，打入预算的税收增长是 1800 亿元。我们把这个数字扣除掉之后，超预算增长是 3200 亿元，我们取的是最小值 5000 亿元。而我们 2004 年的赤字是 3198 亿元，两者抵消，我们说 2004 年按理讲是可以没有赤字的。实际上，在中性财政政策提出之后，我们也一再呼吁这件事，即干脆用超预算增长的这部分直接用于弥补财政赤字，这是再好不过的宏观经济政策安排。因为现在我们面临的问题是经济过热，面临的最大威胁是通货膨胀。在这个时候，财政上本应该做这件事情，而实际上又可以做这件事情，为什么不做呢？我们一直在倡导这件事情，但是现实不允许这样做，也没做出这样的安排。国债要发长期建设国债，依然要发，赤字不变。那么这 3200 亿元就得赶紧给它找新的去向，做出的决策是 3200 亿元还是要把它转化为支出的。关键是要投向哪里的问题。这就是有关财政收支安排的体制性缺陷，受利益格局的左右。因为现实有矛盾，各种各样的矛盾左右它，政绩思维也在左右它。几个方面放在一起，这样一个可能做的事情、本来应该做的事情现在做不了。但不管怎么讲，往前看，还是有可能的。比如，如何统一思想，如何完善体制，如何走出怪圈。我们可能做的就是尽可能压缩 2005 年以及此后的赤字。

整理人：王磊

（文章来源自《学术讲座荟萃》第 21 辑，2004 年 11 月 4 日）

中国经济体制改革过程的制度经济学分析

杨瑞龙

杨瑞龙

男，1957 年生，江苏昆山人。1990 年 7 月毕业于中国人民大学，获经济学博士学位。现任中国人民大学经济学院院长、经济学教授、博士生导师，教育部“长江学者奖励计划”特聘教授，英国杜伦大学客座教授。兼任北京市经济学总会常务副会长，教育部经济学教学指导委员会委员。

主要研究领域：社会主义经济理论、制度经济学、企业理论、非均衡经济学等。已出版《宏观非均衡的微观基础》、《现代企业产权制度》、《企业的利益相关者理论及其应用》、《国有企业治理结构创新的经济学分析》等多本专著，在《经济研究》、《中国社会科学》发表学术论文 200 余篇。曾获经济学最高奖——第八届和第十届孙冶方经济科学奖，中国高校第三届人文社会科学优秀成果一等奖，中国高校第四届人文社会科学优秀成果三等奖，北京市第三届、第四届、第六届、第八届哲学社会科学优秀成果一等奖，第四届吴玉章人文社会科学优秀奖，教育部高等学校出版社优秀学术著作奖等。

被选拔为国家人事部“百千万人才工程”第一、二层次人选，国家教育部“跨世纪优秀人才培养计划”人选，北京市“有突出贡献的科学、技术、管理专家”，获北京市“优秀共产党员”与“优秀教师”称号，获教育部“青年教师奖”，享受国务院政府特殊津贴。

很高兴到中国社科院研究生院来与大家进行一些学术交流，今天我讲的题目是《中国经济体制改革过程的制度经济学分析》。我试图用制度经济学的分析框架对我国的市场化过程给出实证性的分析。

一、对激进式改革方式的评论

所谓市场化过程是指从传统计划体制向市场体制的转变过程，这个过程已经实际发生了，要用制度经济学的框架对这个过程进行实证性的描述，就需要定义这个过程。我主要是从资源配置方式角度来定义市场化过程，我认为市场化过程是资源配置方式从等级规则转向产权规则。

在传统计划经济体制下，我们的资源配置也是有规律可循的，这个规律就是等级规则。也就是说，我们首先构建一个层层隶属的金字塔形的等级构架，再界定每一个行为人在这个等级构架中所处的位置，然后再进一步界定与这个等级位置相适应的资源配置权力。也就是说，你所处的等级越高，你的权力越大。如果你是部长，那么可以审批1亿元的项目，如果是一个局长，能审批3000万元的项目，如果是一个处长，能把各种报告分门别类，进行呈递先后顺序上的排队，如果是一个科长，可以决定这个报告收还是不收，如果是科员，可能什么权力都没有。所以，在计划经济条件下也充满着激烈的竞争，但这个竞争是等级的竞争，要想在这个体制中拥有资源配置权力，就要在这个等级构架中竞争到相关的位置。所以，计划经济条件下的竞争就表现为等级的竞争。计划经济也是按照等级来界定游戏规则，任何东西都要讲等级。

这些东西外国学者是难以理解的，比如，我们的喜筵要讲等级，我们企业有级别等。为什么在计划经济下我们的企业要讲级别呢？是为了有规律可循。一个部长级别的厂长在分配稀缺资源时就能参加由总理主持召开的计划分配工作会议，这个会议上最低的投资额度有可能就是5亿元。如果你是一个科级企业，那么就能参加县处级计委主任召开的计划分配工作会议，会议上可分配的资源最多可能就是300万元、500万元。所以，想要拥有更多的资源，就必须竞争更高的级别，没有级别是不行的。所以，当我们看到一个地区以等级来配置资源，那么我们可以认为这个地区的计划经济成分比较重。

上面讲的是等级规则。那么我们所说的建立一个市场经济体制，从资源配置角度来讲，就是市场在资源配置中起基础调节作用。如果要让市场机制起基础性调节作用，就必须确定一个最根本的规则，这个规则就是产权规则。资源配置遵循一个产权规则，资源配置权力的大小与所拥有的资产数量正相关。在市场化条件下，拥有的资产越多，所拥有的资源配置权力越大。当我们走上市场化道路，产权明晰化、产权的有效界定和有效保护就是应有之义了。从这个意义上来说，中国自从走上了市场化道路，产权明晰化就是一条不归之路。你愿意，这个过程就在阳光下进行，你不愿意，这个过程就在黑暗中进行。不管是在阳光下进行还是在黑暗中进行，最终结果都是产权明晰化。阳光下进行就是公开叫卖资产，黑暗中进行就是私下交易。

现在“郎顾之争”所争的就是产权明晰化的方式，但是郎咸平揭示的现象其实中国的经济学家（包括我在内）早在10年前就已经在严格的经济学框架中讲清楚了。1995年，我在《经济研究》上发表了一篇文章《国有企业股份改造的理论思考》，在该文中，我证明在委托一代理框架下国有资产流失是不可避免的。郎咸平的新义不外乎在于用一个具体的案例证明了这一点。所以，郎咸平说的是大家都知道的一个事实，这个事实到现在已经非常严重，严重到触犯了民意。但他试图用大国家主义来解决国有资产流失和国有企业效率问题，看来并非是一张很好的药方。因为，无论是理论还是实践都告诉我们这样一个事实，当政府扮演所有者角色时，国有企业很难与市场经济具有兼容性。

总之，产权明晰化是市场经济的应有之义。我们今天要讨论的问题是中国如何完成等级规则向产权规则转变的。

我们知道，苏联、东欧国家完成这个过程采用的是符合主流经济学逻辑的方法，这个方法可以简要概括为“华盛顿共识”。“华盛顿共识”包括政治、经济等多方面的内容，支撑它的是民主化基础上的经济自由主义思想。按照这种理论逻辑，等级规则向产权规则转变的最优选择就是激进式改革，俄罗斯采用的就是这种激进式的改革，这种改革可以概括为以下三个特点。

1. 在政治上选择民主化

所谓民主化就是多党制，“华盛顿共识”认为所谓集权国家走向市场经济最大的障碍就是一党制（一党专政），一党专政是等级构架的基础，要走向市场化就必须打破等级构架，打破等级构架最简单的方法就是实行多党制。

2. 在经济上全盘私有化

全盘私有化是有条件的，没有政治上的民主化就没有经济上的全盘私有化，如果有一个前提性的政治民主化过程，肯定可以把私有化定性为一个合理合法的过程，苏联和东欧国家就是采取法律的形式，将产权量化到个人，这个过程就是合法的。

3. 在经济政策上采用“休克疗法”，“休克疗法”可以称为“一揽子改革方案”

这个“一揽子改革方案”简单说就是控制货币、放开价格的一揽子改革方案。这是激进式改革最后的入手点，因为一个自由的价格体系对于市场配置资源是必不可少的。要有自由的价格体系，就要有明确的市场主体，这通过私有化来完成；要有私有化主体，就要求等级规则退出历史舞台，这又通过民主化来实现。所以，最终结果是全面私有化的时候，所有企业都与政府割断关系，面临硬性预算约束。控制货币供给总量，是为了防止转型过程中发生严重的货币通胀。一夜之间把价格全部放开。价格一旦放开，企业就接受市场考验了，因为通过私有化，企业已经与政府脱离关系了。企业面临市场考验时，价格又放开了，也就形成了竞争机制。这个时候，企业的生死完全取决于自己了，如果能苏醒过来，那么就成为市场主体；如果醒不过来，在放开价格一瞬间醒不过来（因为你的成本高于市场价格），你就死掉。通过这种激进的方法一夜之间就完成了从等级规则向产权规则的转变。这种逻辑是符合主流经济学的。我们中国是没有采取这种方法的。

二、中国渐进式改革方式的特点

从一个高度集权的计划经济体制向市场经济体制的过渡，中国选择了一条自上而下的渐进式改革道路。那么这种自上而下的渐进式改革道路我们中国人用了一句比较通俗的话来概括：中国的改革是在中国共产党的领导下有计划、有步骤地推进。这个过程把它简单描述为自上而下的改革道路，这种改革道路有什么特点呢？通常来讲，有以下几个特点。

1. 利用已有的组织资源推进改革，即先经济体制改革，然后再政治体制改革

我国与俄罗斯不一样。俄罗斯在改革的时候，把等级规则推倒，再确立一个新规则，中国没有采取这种“推倒重来”的做法。中国在改革的起始阶段是保

留原有的等级构架，不仅保留原有的等级构架，而且借助原有等级构架中的行为人来推进市场化进程。如果你原来是省长、部长，你就继续当省长、部长，而且你是这个阶段改革的领导人，这与俄罗斯的“推倒重来”不一样。因此，中国的改革总是体现为先经济体制改革，再是政治体制改革。

据此，有些外国学者老是批评中国没有政治体制改革，他们认为转型国家的改革最大障碍就是政治体制，没有政治体制的改革，不可能有经济体制的改革，所以，中国的改革要成功，首先要解决政治上的问题，其次要解决经济上的问题。但是，我们的改革是在共产党领导下有步骤、有计划地进行，如果要动政治关系，改革肯定就进行不下去了。要想改革在现有的框架下进行下去，毫无疑问要先进行经济体制改革。回顾中国的改革史，在每个横断面上，看到的仅仅是经济体制改革：企业怎么改、价格怎么放开、自主权怎么下放等，在改革的横断面上几乎看不到主动提出的政治改革方案，这不等于说中国没有发生实质性的政治体制改革。如果你把中国的改革连续起来看，常常会发现伴随着经济利益的多元化，政治结构呈现多元化趋势，这个过程也是实际发生的，但是，这个实际发生的政治体制改革并非预先规划好的，而是事后作为经济体制改革的结果显现出来的。

中国的改革之初，控制中国机械企业的有7大机械工业部，现在呢，一个都没有了。去查阅中国的政府机构改革史，能否查到关于中国机械行业的政府体制改革呢？不能啊！那怎么会就没有了？这完全是利用已有的组织资源，让这7个机械工业部门领导改革，当然，要让它们领导改革，就不能触动它们的利益，就先搞一个利润留存制度：首先，企业与政府的关系仍然不变；其次，财政部和机械部等主管部门与企业核定一个利润基数，与企业签订一个协议，如果企业完成的利润超过核定的利润基数，多余的部分就由政府与企业进行分成。这个利润留存制度使原来的7个机械工业部的权威一点没有减少，企业却有了激励机制，它可以增加利润，增加部分可以自己分配，这么一改，存量部分还是像以前一样，只有听部长的，但增量部分，企业就可以阳奉阴违，可以不听主管部门的了。相对来说，这7个机械工业部在用等级制度配置资源时出现了缺口。这个缺口是有放大机制的，它会反过来弱化等级制度配给资源的权威性。这种权威性的减弱，使这些部门在下一轮的政府机构改革中谈判能力会降低。随着谈判能力的下降，自然而然地就将7个机械工业部合并为一个机械工业委员会（比部长级别大一些）。然后再由机械工业委员会来领导企业改革，要继续改革，要往前走，怎么办呢？就搞承包责任制，所有权是我的，经营权在承包期内是你的，谁来拥有、运用经营权呢？我说了算。什么才算完成承包基数，算不算完成承包基数，都是我说了算，也就是说，在签订承包合同和兑现承包合同的时候，还是机械工业委

员会说了算。但是在承包期内，承包人就阳奉阴违了，对我有利，我就听你的，对我不利，我就搞一些其他的名堂。这样一来，也会动摇机械工业委员会的权威性，使其在下一轮的政府体制改革谈判中谈判力下降，随着谈判力的下降，机械工业委员会下调为部级，称为机械工业部。这样以前的7个机械工业部转变为1个机械工业部。这时，又由机械工业部的部长来领导改革，怎么改呢？就是搞股份制改造，把企业资产评估一下，折合成国有股份，在企业里引入多元化投资主体，变成一个混合所有制企业。在这个股份制公司里，机械工业部部长所控制的股份，仍然是大头，由于他一股独大，所以，他可以任命董事长、总经理，可以任命董事会成员，可以制订公司的大政方针。从道理上来讲，可以影响到企业的管理。但是，当一个司长或处长调出去担任董事长时，调任前说，一定听你的，到任后，就屁股指挥脑袋了。对我有利，就听你的，对我不利，就我行我素。要让董事长听机械工业部部长的，双方就要进行交易了。这样，主管部门的权威就进一步下降了。下降以后，在下一轮的政府机构改革中它的谈判力又下降了，机械工业部又改组为机械工业总局了，下调为副部级单位。这时，再由机械工业总局领导进一步改革，怎么改呢？就是有进有退。有所为有所不为，你养得起就养，养不起就放，最后，实在没有办法，就把好的留下来，把差的放掉。这样，机械总局的谈判力又下降了，最后机械总局就成了国家经贸委下属的一个机械司了。再由机械司慢慢改，改成机械处了，再改成机械科、机械员，最后就改没了。

这个过程中国每时每刻都在发生，上面仅仅是我举的一个案例。所以，国外学者在标准的经济学框架中无法清楚认识中国的市场化进程。未来真正的创新性的经济学应该在中国就是因为中国每时每刻都在发生标准经济学框架难以解释的事件。毫无疑问，中国的民主化进程是发生了，但它与激进式改革不一样，它不是作为改革的前提，而是改革的结果。当然，我们也可以称之为“撞击反射”。所以，中国的政治改革每天都在发生。20年前你能想象到中国政府在SARS面前有如此高的透明度吗？如果没有20年改革的积累，可能出现这样一种透明的状况吗？中国在20年前、30年前发生的事件可能比SARS更为严重，大多数是人家不知道的，这都是民主化进程，这种民主化进程与激进式改革中的民主化进程完全是不一样的，国外学者是不能理解的。

2. 增量改革，即在不触动既得利益格局的前提下推进改革

有了前面的论述，大家对渐进式改革的第二个特点就比较容易理解了。激进式改革是“推倒重来”，是整体转向市场经济，我们是增量改革，即在不触动既得利益格局的前提下推进改革，原来的等级构架保留了下来，而且等级构架中的

在位者是改革的领导人。那毫无疑问，这种市场化是不能触动原有等级构架中在位者的利益，只能触动什么呢？就是等级构架之外的利益，就是增量！所以，中国的改革几乎每一项都是增量改革。我们经常讲的“老人老办法、新人新办法”，老人就是等级构架中的人，老人不能动，等级构架以外的人就是新人了。住房制度改革就非常明显，以年限一划，以前的人按照级别和工龄来享受住房补贴。2000 年以后的就不管了，给你 800 元的补助你自己找房子吧！新人对这个制度如果有意见，到其他单位一看，都是这样。新人就只能接受这个制度。随着时间推移，老人越来越少，最后全部是新人，就都遵循新办法了！

现在基本上都遵循增量改革这个办法，企业改革也是这样。我们常常讲“国有企业越改越死”。国有企业相比改革前是越来越有活力的，但为什么效益越来越差呢？这是与增量改革联系在一起的。以前的国有企业是“手脚被绑住的老虎”，虽然它们的手脚被绑住了，但是有肉放到它们嘴边，它们不动都可以吃饱。现在老虎还是老虎，肉还是这么多肉，但是，给你放出几个个体经济和乡镇企业这样的“老鼠”。通常意义上“老鼠”肯定干不过“老虎”，但“老虎”手脚被绑住了，老虎睡着了，老鼠就来吃肉了，老虎不能动，只能用胡须来赶老鼠，胡须怎么能赶走老鼠呢？赶不走啊！于是老鼠越来越多，最后没办法了，只有放权，把老虎的前爪放开，也就是通过引入利润留成制度给国有企业放权让利。但此时老鼠就变黄鼠狼了，个体经济以前是卖大饼油条，积累到一定程度，它要开饭馆了，要与大宾馆竞争。大宾馆中间环节猫腻很多，采购等过程中都有猫腻。民营经济没有，老板当饭店经理，老婆负责采购，钱在一个口袋里，不会有猫腻。老虎又竞争不过啦！这时没办法，只有继续放权让利，把所有的爪子都放出来，也就是国有企业开始实行承包经营责任制。但这时黄鼠狼也升级了，变成野狗了，外资企业进来了，三资企业长大啦！老虎两个爪子放出来都干不过，只有把四个爪子都放出来。也就是只有搞股份制改造了。股份制改造是一股独大，就是用一个铁圈拴住老虎的脖子，系在树上，把手脚放出来，老虎可以在一定范围内自由活动，但还是不能跑出去，只能护住活动范围内的肉，但是范围以外的资源就无能为力了，这些增量资源就成了其他所有制企业的“肉”了。所以，越改越死，无论放开一个爪子，还是四个爪子，最后完全放开，在一定范围内自由活动，老虎都始终吃不饱。最后实在要饿死了，只能有所为有所不为，把老虎的项圈也解开，让它自己出去找肉吃。这就是增量改革。

最典型的增量改革就是双轨价格，国外学者怎样也不能理解，中国在改革之初吴敬琏等经济学家认识到有效的价格体系是市场机制发挥资源配置作用的关键性条件，后来，厉以宁、董辅礽等认为如果没有敏感边际行为的市场主体，自由的市场价格体系是无法起作用的，也就是说，如果要形成真正有效的价格体系，

国有企业改革就要到位，把权力放开。如果不能创造这些条件，就一下子放开价格，就会损害领导改革的计委、物价局、物资局、财政部等部门的利益，它们就不干了。怎么办呢？在国有企业改革还没有到位，有关部门享受固定价格利益，而且这些部门又是改革领导人的时候，怎么把价格市场化？这个难题就是获诺贝尔经济学奖的经济学家也想不出来，不在中国这块土地上他是想不出来的。中国想了一个办法，虽然这个办法有很多后遗症，但是现在来看，没有比这种办法更好的办法了。就是一种产品搞两种价格，即实行双轨价格制。

举例来讲，过去一个钢厂计划产量 50 万吨，那么计委给它下达指标并配备相应资源，完成计划指标后，钢材就交到物资局去，钢的价格由物价局来定，譬如 1500 元/吨，扣除成本后会留下一个账面利润，例如 1 亿元，全部交到国家财政部。如果需要扩大生产，需要投资，就再打报告，投资计划得到批准后，财政给你拨款，这是过去的一种关系。从表面上看，这是一种固定价格，但这个 1500 元/吨的固定价格与计委、财政部、物价局、物资局的利益都紧紧联系在一起，国外学者给我们开的药方是放开价格，实际是没法放的，一旦放开，就是把这些主管部门的权力都给削弱了，它们肯定不干。那么怎样让这些部门都愉快地接受价格市场化，让它们的利益不受伤害呢？中国的学者和政府官员设计出了价格双轨制，就是说，在一切照旧的基础上进行增量市场化。这个钢厂生产 50 万吨的钢材并产生 1 亿元的利润，一切都不变，国家与企业签订一个协议，你的产量如果超过 50 万吨，多余的部分可以自己拿到市场上交易，不用交到物资局了！超计划的增量产品在市场上的交易价格由企业自己定，只要有人愿意买，你爱卖多少钱就卖多少钱。存量部分一切照旧，50 万吨钢和 1 亿元的利润都要照旧交给国家。为了鼓励企业增加产量，还必须引入一个利润激励机制，双轨制是用增量部分的自由定价权（市场价格常常高于计划价格）来激励企业增加产量，但是如果企业不能分享增量部分市场化产生的利润，企业也不会有积极性增加产量，所以，引入了利润留存机制。国家根据企业过去的统计指标，认定你 50 万吨产生 1 亿元的利润，就把这 1 亿元的利润作为基数利润，财政部与企业达成协议，企业实现的利润在 1 亿元以内，全部上交财政部，如果超过 1 亿元，财政部与企业进行分成，这个分成比例是可以谈判的，3/7 分成，或 4/6 分成，这个就是所谓的利润留存制度。

这个制度出台后，国有企业增加产量的积极性就解决了，企业发现增加产量对自己有利，因为增加产量，增量产品的市场价格肯定比计划价格更高，利润就可以增加，而基数利润是一定的，而且分成比例也是不变的，利润增加得越多，留利部分也就越多，而留利部分的使用权、支配权是归厂长所有的。过去厂长造个厕所、发点奖金、搞个技术改造都要打报告，现在不用啦！留利部分可以自己支配，厂长经理很高兴，愿意接受这种制度。那么计委愿不愿意接受价格双轨制呢？计委也愿意。计委发现以前要让企业完成预定的任务很麻烦，因为企业没有动力完成预定任务，就需要计委天天盯着企业。现在用不着天天管着企业，企业要想占有留利部分，必须先完成计划基数，计委发现自己根本用不着管企业了。最终计委发现企业的产量每年都在增加，用不着管理。财政部愿不愿意呢？它也愿意。以前要让企业上交预定的利润，就老要查账，要天天逼着企业厂长，现在不用了，只要厂长交足利润基数，就可以自由支配超额利润了，所以，财政收入也年年增加。物价局呢？它也愿意。它发现存量产品的定价权仍然在它手上。物资局呢？它也愿意，它发现存量产品的分配权仍在它手上，而且它发现双轨制能显示资源的稀缺性，如果钢材的市场价格为3000元，物价局以1500元的计划价格向某个经济主体调拨物资，那么就是每吨钢材给了这个经济主体1500元的好处，那么向受益的经济主体索取相应的好处也就名正言顺了。以前产品出来是没有流通过程的，直接进入了下一道生产工序，但是现在有5%～6%的增量产品进入了流通领域。这小小的5%～6%的市场价的存在使物资局的老局长发现“哟，这有机会啊”，他退下来后，就与副局长的家属和自己的子女成立一个什么“红光贸易公司”，这个公司总是能找到理由从老局长提拔的新局长手里拿到计划批件。你这样干，那财政局的某个副部长的七大姑八大姨也可以成立一个“红旗贸易公司”，计委的局长的同学的哥哥也可以成立“山峰贸易公司”啦。20世纪80年代中期，伴随着价格双轨制，“长江贸易公司”、“黄河贸易公司”等中介公司满地都是，个个与政府主管部门都是有关系的！所以，大规模的权钱交易发生在价格双轨制时期。计划价的产品批给的这些公司都是中间机构，并没有进入生产过程，这些中介公司拿到计划产品后却是以市场价出售给最终的生产企业的，这样一来，表面上看，只有5%～6%的产品实行市场定价，最终实际可能有50%～60%的产品以市场价售卖给生产企业。

原来企业要钢材是因为生产需要，所需型号也是固定的，批量和型号都要申报给物资局，生产手表的需要1号钢材，生产话筒的只需要2号钢材就能满足需要了。双轨制产生以后不一样了，1号钢材和2号钢材的计划价是一样的，都是1500元/吨，而市场价格就大不一样了，1号钢材要卖3500元/吨，而2号钢材卖3000元/吨，但是生产话筒的企业关系更硬，它到物资局申报的就不是2号钢材了，它要的是1号钢材，没有本事的手表厂拿不到1号钢材，2号钢材也要。结果，价差的存在使许多生产型企业拿到的批件可能并非生产所需要的材料，为了解决这个问题，在20世纪80年代中期，就在很多地方成立了生产资料交易市场（有的地方称之为调剂市场，有的叫串换市场）。很多企业拿着与生产计划不相吻合的计划批件到这些串换市场去交易。毫无疑问生产手表的企业和生产话筒

的企业进行交易，通过交易，手表厂如愿以偿拿到了1号钢材，话筒厂拿到2号钢材，那么交易时以什么价格进行结算呢？按照市场价格来结算，结果，没有几年，5%的市场价把95%的计划价打败了。谁打败的呢？等级构架里的人把它打败了。在打败过程中进行利益补偿，这个利益补偿过程就产生了腐败问题。当年，物资局是实权部门，小科长能把大厂长支配得一愣愣的，乡镇企业为了拿到计划批件，就走关系，送的礼物堆了很多。到现在，最破败的部门就是物资部门了。大家可以发现，在最初的改革设计中并没有想要淘汰这个部门，但是现实做出了抉择，这个部门最终退出了历史舞台。当然，这个过程也导致了严重的腐败。

3. 先试点，后推广。即先在局部范围内取得改革的经验，然后再在全局范围内推广改革经验

俄罗斯和东欧改革都没有这种做法，中国的改革是在等级构架保持不变，借用等级构架来推进改革，先是从下到上表达改革要求，然后中央政府按照自己的约束条件和目标函数来筛选改革要求信息设计一套行政改革方案，然后自上而下地落实改革。这么一种先自下而上，再自上而下的过程使中央政府扮演了一个非常重要的角色，它不仅是改革的决策者，而且是改革风险的承担者。对于中央政府来讲，面临一个非常痛苦的选择，就是怎样保证改革的过程是不可逆转的，又怎样保证风险是可承担的。大家可以参考罗兰的《转型经济学》一书。对于中央政府来讲，如果某项改革威胁到政权稳定，中央政府是不会选择这个改革的。但是，中央政府是缺乏能力判断改革风险的，这与能力欠缺和信息不对称有关；每个基层和地方企业在表达自己的改革要求时，会把有利于自己的信息不断放大，把不利于自己的信息掩盖起来，中央政府在制订改革方案时面临信息失真问题，很难判断改革方案全面推行到底会产生多大的后果，有很大的不确定性。怎么来解决这个问题，就是试点，找个企业、地区来试一试，看一看到底有多大的收益和成本，判断改革的收益能否垫付改革支出的成本。如果收益大于成本，就全面推行该项改革方案。这种方法又出现了另一种问题，就是改革试点常常容易成功，改革的推广常常很难成功，原因就在于试点所产生的成功是有严重的扭曲性的。试点的成本和收益不等于全面的成本和收益。

例如，深圳改革很成功，20年的时间把一个边陲小镇变成一个现代化的大都市，深圳市的领导老喜欢把自己比喻为中国改革的排头兵。好像是因为深圳的改革意识领先于其他地方的改革意识导致了深圳的改革成功。我认为这个判断是不全面的，深圳改革的成功主要归功于改革之初邓小平同志在南海之滨画了一个圈。这个圈画在深圳了，如果画在北京上地了，北京上地也不是现在这个样子。

因为在圈内它可以享受特殊体制和优惠政策，这些特殊体制和优惠政策是别的地区不能模仿的，它可以减税，给优秀人员涨工资，突破外汇、外资管制的力度，等等，这样，在这个人为创造的优惠区域内，创造了高的投资回报收益率，同样投资在特区内和特区外的回报率是不一样的，而这种高的投资回报率是由行政垄断来完成的。这个高的投资回报率就转化为租金。所以，改革试点为什么成功，非常简单，是因为有租金在那里，而租金源自什么呢？就是改革的优先权！改革优先权是伴随着租金，有了租金就很容易吸引资源进入，比如北京辛苦培养的人才当时在其他地方也就 150 元/月，到了深圳就有一套房子和 600 元/月的收入，他能不动心吗？西部很多地区拖欠教师的工资，把资金转移到深圳去修建了大楼，深圳最初就是这样发展起来的。这些能简单用改革意识来解释吗？

推广为什么难以成功呢？道理很简单，推广以后人人都能享受优先权了，人人都能享受优先权后，租金就等于零。改革能否成功，就完全要看改革本身所带来的成本和收益比了。这样，我们就不难理解为什么西部大开发雷声大雨点小了。因为西部大开发无非就是西部享受与东部一样的特殊体制罢了。当西部和东部享受一样的优惠条件时，租金就等于零了，而西部在自然禀赋条件上的差距，使西部还是难以竞争过东部。所以，这个时候西部大开发能否取得实质性效果就取决于两个条件：一个是中央政府能不能给钱，现在看来中央政府给的钱有限，只能撒芝麻，造个机场、修个马路罢了。另一个是让西部享受比东部更优惠的政策，或者对东部进行控制，中央能这样做吗？对中央来讲，一单位政策投资也有预期收益的，也有税收回报的考量，一单位的政策投资投到上海、深圳可能有 50 元钱的税收回报，投到西部可能只有 10 元钱，差额是很大的，那么中央会把所有的优惠政策都投到西部去吗？不会的。所以，西部大开发的难度要远远大于我们的想象。但西部大开发至少表明中央没有地区倾向性，对东西部都一视同仁。

上面我简单描述了中国的渐进式改革历程。下面，我们继续讨论这种渐进式改革有没有可能达到改革的彼岸，确定产权规则，有没有可能借用这种渐进式改革最终完成我们改革的目标，建立市场经济体制？中国的经济学家面临一种很大的痛苦，就是当你熟悉西方经济学，接受了西方主流经济学、新制度经济学、产权经济学、新古典经济学的理论范式后，很难在这种改革方式中逻辑一致地推导出渐进式改革成功的可能性。

新制度经济学告诉我们，什么是制度呢？制度就是一系列的约束规则，为什么存在一系列的规则呢？因为市场不完全，存在正的交易费用。所以呢，一个合理的制度安排有助于降低交易费用，提高资源配置效率。所以，制度和效率是有关的，这是制度经济学给我们的一个结论。一个制度的演化是和资源配置的效率

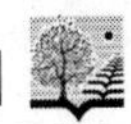

联系在一起的。

一个制度是如何演化的呢？按照新古典主义制度经济学的框架（就是诺思、科斯的一系列理论），制度是在经济人和资源稀缺性的假定条件下形成制度供求均衡的分析框架。然后呢，在这个制度供求均衡的分析框架里来探索制度内在改变的过程。

制度为什么会变化呢？是因为人们对制度是有需求的。什么因素会导致人们对制度有新的需求呢？比如市场规模的变化，市场规模变化会导致人们对制度产生需求，比如股份制为什么会产生，最重要的因素就是市场规模扩大了，以前的自然人企业制度不能满足这种扩大了市场规模的要求，所以，需要把小资本整合为大资本，从而催化出股份制。此外，还有什么因素呢？就是要素和产品相对价格的变化。私有产权为什么产生呢？按照诺思的说法，就是人口模型。相对于我们的需求而言，当资源不具有稀缺性的时候，资源的价格就为零，不稀缺的原因就是人口稀少。后来随着人口数量的增加，资源相对人的需求来讲，就变得稀缺了。资源一旦变得稀缺，资源就会有价格，一旦资源有了价格，对资源进行产权界定是有利可图的。例如，早期加拿大的印第安人打猎，猎场是没有产权界定的，后来美国商人到加拿大收购皮毛，皮毛的价格就涨了，这时，印第安人就开始打架了，皮毛收购价格越高，架就打得越厉害！架打到最后，就开始划定范围了，你们部落在那个山头打猎，我们部落在这个山头打猎。所以，当制度需求的因素发生变化的时候，会改变人们收益预期的变化。这种收益预期的变化，会使人们发现改变一种制度规则会对自己有利可图。

但是，这种改变制度的要求能否如愿以偿？还有一个重要的因素，就是制度供给的意愿与能力。什么因素决定制度供给的意愿与能力呢？比如说，制度遗产、传统文化、技术条件、社会科学知识等，这些因素都能决定一个现实的制度安排能否出现。按照诺思的说法，只要制度供给和需求的因素发生变化，就会导致制度非均衡的产生，这种制度非均衡的产生必然存在一个潜在的制度收益。我们讨论的前提是一个以私有产权为主体的社会，每一个私有产权主体都能对这种非均衡的制度状态有一种敏感的感受能力，都是具有敏感边际行为的个体，每个个体都是严格按照成本收益的原则进行选择，制度非均衡产生的时候，微观主体必定会做出反应。在制度非均衡的条件下可能会产生制度企业家，这些制度企业家就构成了利益行动集团。它们会先发起行动，去享有这个预期收益，新的产权形式就会出现，随着这种新产权形式的出现，人家都会模仿，人们会提出对产权提出保护的要求，这时掌握暴力机器的国家就出来对产权进行界定和保护，这样，一个新的制度就诞生了。这就叫做需求诱导型的制度变迁。

诺思在书中描述了很多西方案例，比如英国工业革命等，都是按照这个逻辑来演进的。诺思后来针对制度变迁过程中，并非所有参与制度变迁的人都是非常理性的人，可能追求财富最大化也可能追求价值目标最大化，那么怎么解决这个问题呢？诺思创立了所谓意识形态理论。参与制度变迁的不仅仅是个体，还有组织，那么诺思又创造了国家理论，把国家引入到制度变迁框架里。诺思应用的是新古典主义的经济学，新古典主义的经济学采用的是短期均衡分析，而制度变迁是一个长期的过程，那么怎么在一个短期均衡分析中解释一个长期变化呢？诺思引入了一个路径依赖理论，不断完善但不改变新古典经济学的基本框架，这个大家可以参阅诺思的相关著作。

我们运用这种标准的新古典主义制度经济学模型来解释中国的渐进式改革时会很痛苦，痛苦在哪里呢？就在于按照这种模型来解释中国的渐进式改革在理论上是没有一种必然性的。道理很简单，等级规则和产权规则是冲突的，现在我们选择的方法是用等级规则来确立产权规则，产权规则一旦确立后肯定会否定等级规则，它面临一个逻辑上的障碍就是我们所讲的“自己给自己挖坟墓”的问题。所以，如果不在中国搞调研，简单接受西方主流经济学的分析框架来分析中国的实践，得出的结论往往是不可能。不想放弃以前的等级构架，想要创立产权构架是不可能的，因为新的产权构架积累到一定程度会采取暴力方式摧毁以前的等级构架。20 世纪 90 年代初，在苏联和东欧先后发生的就是这种情况，戈尔巴乔夫开始也想搞渐进式改革，搞到一定程度就顶不住了，爆炸了，出来一个叶利钦，团结工会等，如果不爆炸，改革肯定走不下去。渐进式改革有个极限，要么爆炸，要么倒退，没有第三条道路。这就是西方标准经济学理论对渐进式改革的分析，结论就是渐进式改革不可能成功！

但是中国改革绩效（最简单的方法就是用 GDP 的增长来衡量）没有出现西方主流学者所说的爆炸或倒退，而是在持续地增长，20 多年的快速增长，很多年份是以两位数增长，所以，坚守西方主流理论的学者觉得不可理解也无法解释，就称之为“中国经济增长之谜”。也有的学者因为无法解释这个现象，就认为中国经济没有增长，是假增长，就出现了所谓“中国经济增长崩溃论”、“中国统计数据虚假论”，说中国没有出现百分之十几的增长，这种增长是统计数据的增长，不是实际的增长，主因是地方官员有政绩冲动，假报数据。我跟国外学者说，你们认为中国统计数据有假，这一点都不假，我们好多地方官员是为了政绩，虚报数据，水分很大。但是，你对中国情况还是不了解，你只看到了一方面的假，这是多报数字的假，中国还有另一方面的假，就是少报数字的假。好多外资企业、民营企业为了少纳税、少张扬，少报数字。外资企业为了转移利润，盈利也要做成亏本。我们的民营企业也是这样，纳税比较差，它们在隐瞒利润。有些发达地区的政府官员也有少报数字的，比如一个市长任期 3 年，3 年内政绩增

 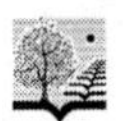

长的连续性很重要，去年10%，今年搞到28%，是很出彩，但是明年能不能再搞到30%呢？没有把握啊，有可能今年当了英雄，明年就成了狗熊。还有一种情况，与同级地区相比，自己的增长速度过于突出，可能“出头的椽子先烂”，一个是同僚的嫉妒，另一个是明枪暗箭一起飞来，实在难防。有的市长一到10月份就要到下面去摸摸数字，去年10%，今年到13%就可以了，还要派出暗探，到邻近地区去摸摸底，如果大家差不多，就少报两个月，留到明年再用，保证明年的可持续增长。这样看来，究竟是少报的数字多还是多报的数字多，现在很难说清楚。总之，统计数字是有水分，但是中国的增长仍是实实在在的。

如果你掌握的一个现有理论没有大的问题，你观察到的现象是实实在在的，如果你能将这个现有理论修改一个变量，引入一个条件，把现象纳入进去，解释清楚，那么你对这个理论肯定是有贡献的，你写出来的文章肯定有人引用。想当初，凯恩斯以前的经济学坚持局部均衡论和一般均衡论，就是说一个充分竞争的市场会自动出清，后来凯恩斯研究发现实际情况不是这样，即使市场机制有效运行市场也不能自动出清，原因是过去的理论都将需求视为价格的函数。凯恩斯发现人们对某种物品是否有需求首先取决于收入，在收入约束一定的前提下，需求才取决于价格。这就由单一决策规则转变为双重决策规则，再引入有效供给和有效需求概念，决定有效需求的又有三个心理规律。有效供给与有效需求达到均衡，行为人既没有能力又没有意愿改变这种均衡状态的时候，经济处于均衡状态，但还存在非自愿的失业，后来我们称这种均衡为非瓦尔拉斯均衡，这种均衡存在非自愿失业的问题。这样，修正后的经济理论就能解释即使市场机制有效运行仍可能出现非自愿失业这个现实问题，为国家干预提供了政策依据，这是非常大的贡献。

后来，科斯发现以前讲市场机制配置资源是最有效率的，但是在工厂里配置资源的并不是由市场机制调节，而是厂长经理的命令。他发现市场机制要有效配置资源必须满足一个基本条件就是交易费用等于零，实际上交易费用不可能等于零，市场与企业就是一种替代关系，这就是科斯的企业性质一文的主要内容和贡献。我们做研究的思路也是类同的，我的解释是中国地方政府可能是解决刚才所讲的“自己为自己挖坟墓”这一逻辑难题的切入点。因为在西方的理论中，政府和企业是此消彼长的关系，政府的行为由等级规则来界定，市场由产权规则来界定，等级和产权，政府与市场是完全对立的，用等级规则确定产权规则是内在不可能的。但是为什么在中国就有这样一种可能性呢？因为中国出现了一个新行为主体——地方政府，这是西方没有研究的。我是国内最早将地方政府引入制度变迁分析框架的学者之一，并提出了新的制度变迁方式假说。这几年，这个领域研究的人越来越多，这是中国最具有理论创新性的地方。

三、改革方式的转化，地方政府的自发制度创新

1. 财政包干体制的实行与地方政府行为的变化

要在等级制内创立产权规则，确定产权规则的核心问题就是让企业成为行为主体，要让企业成为主体，就要让等级构架里的人认同。因此，你就不可能选择私有化的路径，私有化是将以前掌握在国家手中的权力一次性全部转移给企业，如果要保持原有的等级构架通过私有化路径向企业放权是不可能的。因此，中国的渐进式改革只能通过一种行政性放权的路径给企业放权。

行政性放权就是中央政府通过选择，把权力下放到下级政府，下级政府经过选择把部分权力下放给企业和再下一级政府，再下一级政府经过选择，再把权力下放给企业和自己的下一级政府，我们把这称作行政性放权，行政性放权是通过等级构架里的不同等级的政府把权力下放给企业，为此就必须建立激励机制，激励地方政府向企业放权的积极性，使地方政府发现给企业放权比不放权合算，否则政府是不愿意放权的，因为天下没有一个政府会认为手里的权力就像烫手的山芋一样太多了，要赶快放掉。政府都是追求预算规模最大化，权力越多越好。中国三年自然灾害的时候曾有过一次大规模向地方政府放权，但是当时没有放出一个市场来，因为当时没有建立一个地方政府给企业放权的激励机制。而 20 世纪 80 年代开始的行政性放权怎么最终放出一个市场来呢？因为建立了这样一个激励机制——财政包干体制。

中国早期实行的是统收统支的财政体制，地方政府和当地经济发展之间没有内在关联，收多少就交多少，用多少再打报告，和当地经济发展没有关系，地方政府就是一个纯粹性政治组织，没有经济功能。后来中央承受很大的财政压力和放权压力，进行了财政体制改革。在 20 世纪 80 年代初期，逐步实行财政包干体制，也可以称之为“分灶吃饭”的体制。以某某省为例，以前是收多少交多少，用多少就打报告，财政包干以后，前三年核定每年上交中央 50 亿元（基数），然后再确定中央给该省的预算拨款为 5 亿元/年（基数），然后财政部与该省签订协议，如果该省完成 50 亿元的财政收入，中央就拨给该省 5 亿元的预算规模。如果该省财政收入超过 50 亿元，超过部分中央与该省分成，分成比例可以谈判。

这种“分灶吃饭”的财政体制出现以后，地方政府可支配的预算规模不仅仅取决于与中央政府的讨价还价，还取决于当地的经济发展水平。地方经济越发达，地方可支配的预算就越大，地方可支配的预算越大，就越有能力搞形象工程，比如建一个大广场；更有办法为民服务，比如搞个绿化带、行人大道、路

灯、公园、种树种花等，人民会说你好；可支配预算大，就能搞开发区，招商引资，招商引资成功了，就业机会就多了，老百姓就有钱了，宾馆、餐饮等第三产业也就发展起来了，就业机会也就更多了，老百姓更有钱了，地方也就安定了，地方可支配预算也就更多了，这时首长就可能到你这过年了，首长肯定更愿意到一个社会安定、经济繁荣，没有人到政府门前静坐示威的地方过年，这些地区的干部也就更容易得到升迁。

因此，财政包干后，中国出现了一个非常重要的现象就是地方与地方之间的竞争。而地方与地方之间的竞争出现了一个可度量的指标，就是GDP，我们老是批评地方政府过于看重GDP，它们实际是没办法，不是它们喜欢GDP，而是不把GDP搞上去不行！从此，地方政府由过去的纯粹政治组织转变为具备政治、经济双重职能的组织。中国地方政府首脑和美国加州州长施瓦辛格的行为是完全不同的。施瓦辛格关心移民、基础设施、公共安全、堕胎等问题，在他的报告中几乎没有经济发展的问题，他也管不着。看看中国的市长报告，可能更像董事长报告，10年前，市长报告就是市长报告，是总理报告的缩写本，现在再看市长报告，它一头一尾是市长报告，反映上级的指示与要求，安排本地全局性工作。首尾两个内容加起来，也就是1/3左右，报告中间部分讲什么呢？本地如何发展，怎样招商引资，如何选择主导产业，怎么搭好台，怎么让企业唱好戏，企业怎么重组，这一部分内容与集团公司董事长的报告几乎没有什么差异。集团公司董事长也就是研究这些战略设计。为什么我们的市长报告像集团公司董事长的报告呢？因为在市长眼里，本地所有的企业，不管是公有制还是私有制，不管是中资还是外资，在市长脑海里，都是我的子公司，因为我都是这些企业的剩余分享人，我管辖的企业都发展了，创造的税收越多，自己留成分享的财政预算越多，因此，市长对它们的关心是发自内心的关心，不是假关心，是真关心。按照现代企业理论，一个主体参与利润的分享，就是风险承担者，它是有动力把企业搞好的。所以，可以用企业的契约理论来解释地方政府的行为。到今天，中国的改革在地方这一层面，姓公姓私早就不是问题，对于地方政府来讲，不管你是公有还是私有，不管你是中资还是外资，只要搞好了，给我交税了，都是好样的，搞不好都是狗熊！

虽然搞经济学研究一般不要随便创造概念，但是我在研究过程中发现，如果没有新概念，就无法描述地方政府官员，所以，我用“政治企业家”这个新概念来描述地方政府官员。中国现阶段的地方政府官员既不像政治家，也不像企业家，他在政治系统内行动，但行为准则和行为方式都像企业家，这个政治企业家的最终目标是政治升迁，当然在这个财政包干的条件下，地方与地方之间的竞争非常激烈，他为了实现自己的政治目标，必须实现地方经济发展这个中间目标。

本地经济发展有两条路走：一条是最大限度利用本地资源，进行更多的积累，这种方法耗时很长，而地方政府官员的行为受任期约束，都是短期化的，都是考虑2～3年能否升迁，所以，在短期化条件下如何完成升迁目标呢？怎样让GDP快速增长呢？另一条是求助于外部资源。这样就不难解释地方政府官员都热衷于招商引资，因为招商引资是短期内最有效提升GDP的办法，本地方要通过自我积累，最多年增长2%，如果把波音公司、松下电器引进来，不费吹灰之力就可以成倍增长。招商引资就成为本地经济发展最简便的方法。

那么怎样才能招商引资呢？一种是让企业觉得到这个地方来比到其他地方更能挣钱，另一种是让企业觉得到这个地方来比到其他地方更安全。什么办法使企业觉得这里更挣钱呢？试点权，改革优先权，搞个特区、搞个开发区、搞个加工贸易区，等等。一旦拿到这个政策，这个地区的产权界定和产权明晰化就将优于其他地区，就能获得租金。产权安全是什么呢？就是产权保护，改革优先权是产权明晰化，投资安全就是产权保护。这样一来，政治升迁转化为经济发展，经济发展转化为招商引资，招商引资转化为产权明晰化和产权保护。所以，产权明晰化和产权保护并不是地方政府官员本来所喜欢的，但是地方政府之间相互竞争条件之下，为了实现政治升迁不得不搞产权明晰化和产权保护，这就是中国特有的机制，这可能并非政策制定者有意做这样的设计，但据我研究其内部就是这样的逻辑关系。并不是政府官员喜欢搞产权明晰化和产权保护，而是他不搞产权明晰化、不搞产权改革、不搞产权先行的话，其他地方搞了，政治升迁就是人家的事了，所以，地方官员要竞争更高的政治职位这个稀缺性资源，就必须发展地方经济，发展地方经济就要招商引资，招商引资就要拿到改革优先权，并对产权进行保护。怎样搞产权保护？怎样在产权明晰化和产权保护中比他人先行一步？最好的办法也就是拿到改革优先权。

怎样拿到改革优先权呢？第一种办法是戴帽下达。当年邓小平在南部指定画了4个圈，深圳、厦门、珠海、汕头四个经济特区，20世纪90年代初是浦东开发区，浦东在上海。第二种办法是在改革方案中竞争优先权，比如中国要搞10个沿海开放城市，要搞10个经济技术开发区，要设立股票交易所，要搞10个资本结构优化城市，要搞100个现代企业制度试点，这就是试点权，地方政府就要去竞争。所以，衡量一个地方政府官员优秀不优秀，指标很简单，就是看你能不能搞到改革优先权。你能不能先行啊？现在发展好的地方都是先行的。所谓发达地区和不发达地区的差别就是发达地区老搞试点，不发达地区老搞模仿，老搞推广。推广就已经是剩菜剩饭了，试点地区早就把肉吃掉了。所以，在已有的改革方案里面竞争优先权是另一种方法。第三种办法就是暗中模仿改革试点权，因为有地方拿到了试点权就证明这个方法在政治上是没有风险的，因此，地方要模

仿，好多发达地区在中央发文说可以推广的时候，它们早就搞完了。南方流行一种抽屉文件，只对下不对上，搞个模仿，做一下变通，打打擦边球。擦边球是地方政府推进市场化的一种方式，没有擦边球就没有中国的市场化，注意，这是实证分析的结论，我并没有说擦边球好还是不好。擦边球就是一种制度创新，大家都不打擦边球，都在等文件，那就无法推动改革了。第四种办法是地方政府自发制度创新，所谓地方政府自发制度创新，就是地方政府做那些上级政府既没让它们干，又没让它们不干的事情，我将这种活动定义为地方政府的自发制度创新。财政包干体制转换为地方政府行为后，地方政府为了捕捉潜在制度收益，捕捉潜在制度收益是最有利于地方发展的，它就会从事那些上级既没让它们干，又没让它们不干的事情。有人讲，为什么广东比东北发展快，是因为广东到中央都是问，你什么事情不让我干？只要不属于不让干的事情，它们都去做。东北为什么相对落后呢？据说东北当初到中央去说，你让我干什么我就干什么。

2. 地方政府自发制度创新的事后追认

那么，地方政府的自发制度创新为什么会产生？因为中央政府睁一只眼闭一只眼，认同地方政府的制度创新行为。那么为什么中央最后还会承认这种自发制度创新？经过研究，我发现，如果把中国改革分为两个阶段，那就是改革的事前授权阶段和改革的事后追认阶段。中国的早期改革是下面有改革要求，向上打报告，中央形成改革方案，形成改革试点权，大家去竞争改革试点权，这种事前授权我们可以概括为“先有文件，后有改革”。到了20世纪90年代中后期，中国改革基本转向事后追认阶段。事后追认可以概括为“先有改革，后有文件”。大家可以观察，中国目前文件中的改革方案，没有一个是在现实中找不到的，都是实践中制度创新的总结！先有广东的“靓女先嫁”，才有文件上的“抓大放小”；先有改革中的股份制改造，才有文件中的“投资主体多元化”和“混合所有制”；先有顺德、诸城的股份合作制企业，才有文件中的“放活国有中小型企业”。那么，为什么自发制度创新会发生在地方政府？为什么地方政府的自发制度创新会得到事后追认？

我曾做一个江苏昆山自费开发区如何最终变成国家级正式授权的开发区的案例分析报告，在这个案例中，我发现了地方政府自发制度创新的事后追认的现象。昆山是我的家乡，昆山比较有名的是周庄和阳澄湖大闸蟹，现在更有名的是昆山经济技术开发区。我研究的昆山经济技术开发区当初完全是偷偷干的，也就是“自费开发区”，但后来却变成了国家级开发区了。为什么昆山想搞这个开发区，没有得到国家授权它又是怎样搞成的呢，搞的过程中上级领导实际都知道，为什么还睁一只眼闭一只眼，最后还承认了它呢？

财政包干体制可以解释第一个问题。20 世纪 80 年代初江苏实行了财政包干体制后，江苏就开始搞层层财政包干，省里和苏州地区签订财政包干合同，苏州就和下属 8 个县区签订包干合同，合同一签完，下面的 8 个县区就开始排排座了。对于苏州来讲，财政大户就坐前排，最前是常熟的书记、县长坐前排，中排是纳税中户吴江、吴县坐了，纳税小县昆山、太仓就自然坐后排了。一个会开下来，主持会议的地委书记、区署专员讲完后，时间不多，总要听众表个态，当然是坐在前排的常熟讲了，讲的都是一些"书记好、专员好，好在这里，好在那里"等捧场的话，这些话实际大家都会讲，但是只有前排的有机会讲啦。所以，自然在领导心目中留下好的印象，前排讲完后，时间所剩不多，就要简单说了，中排的就讲，"领导好"，但好在哪里没有时间说清楚了，效果当然也就比前排的差一些，中排说完后，一点时间都没有，都到吃饭时间了，后排的一点机会都没有啦。结果，后排的连说领导好的机会都没有啦，还有机会升迁吗？包干体制一搞以后，昆山政府着急啦，不发展不行啦，不发展一点机会都没有啦！不发展，自己这个位子就要坐到老，不甘心啊！

（1）"先做不说"。昆山想发展就想到上海了，怎么把上海企业引到昆山来，当时流行的是"横向联合"。昆山试图借助这种横向联合方式把上海的企业引到昆山来，所以，就在昆山城东划了一块土地，牌子一挂，搞一个加工工业区。但搞这种跨省市横向联合在当时是有一定难度的，需要经过更高一级的政府审批。如果自发搞，上级没有让你这样做啊，当然上级也没有让你不这样做！一个地方政府要是受利益驱动做一些上级没让他做，也没让他不做的事，那是不能打报告的，打报告就是让领导难堪——不签你就做不成了，签了你出问题我还要负责任啦！不打报告并不是不说，而是在非正式场合说，领导答非所问表示领导听见了，领导甚至会说"我没听见啊"，这等于表态"你去干吧"。干成了领导说我早知道啊，于是分成加提拔，干不成领导就说我不知道啊，于是你要承担风险。什么叫"政治企业家"，熊彼特早就定义了"他有敏锐的眼光，能发现潜在制度收益，敢于冒风险率先捕捉这个潜在的制度收益"。于是，地方政府在发现潜在制度收益时，一般会先做不说，文件没有禁止做的，就去做吧！

昆山政府搞这个经济技术开发区来促进与上海企业的横向联合，当时的文件规定，与上海企业的联合是跨省区联合，要审批，合资建工厂的协议书要审批，昆山作为一个县，报告层层上到国家经委，再层层下来，100 个图章盖下来也做不成。所以，在当时的政治制度框架内是做不了这些事的，昆山是这样处理的，先给省、市领导打招呼，领导说"我没听见"，然后他们跑到国家经委，很幸运，当时国家经委的某个主管领导是昆山人，就要求他给家乡开个口子，领导也说"我也没有听见，只要不做国家禁止的事就行"。国家和江苏省的工作做通

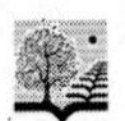

后，再跑到上海。上海作为企业所在地不同意是一定干不成的，也很幸运，上海市经委当时的主要负责人是昆山人，县长就带着这个主任的亲属到上海，说我要怎么怎么样，这个领导也没法拒绝，就说只要不损害上海的利益，就可以搞，我就当没看见，没听见。这样一个圈子走下来，昆山终于把上海第一家企业“某某电视机厂”引到了昆山加工工业区。问题是怎么打擦边球呢？文件规定的是“合资建设工厂的协议书”要打报告，没有说“合作建设工厂的意向书”要打报告，所以，第一个擦边球文件就是“江苏昆山与上海某某电视机厂合作生产××电视机工厂的意向书”。意向书与协议书的内容是一样的，但是文字不同，意向书不用审批啦。

昆山人很擅长招商引资。现在招商中经常使用的“你挣到钱了吗?”就来自昆山。昆山引进了某某电视机厂后，还盯着某某自行车厂等大企业，怎么让这些企业到昆山来呢？就是让已经落户的电视机厂挣钱挣发了。昆山人投资，你上海人当厂长，管财务，你拿走多数利润，昆山睁一只眼、闭一只眼。第一个项目昆山实际是亏大了，昆山的战略就是赔，赔到某某自行车厂长坐不住了，结果果然坐不住了，因为上海某某电视机厂最差一条生产线落户在昆山后，挣的钱是该厂所有生产线中最多的。所以，一个电话其他上海企业就来了。结果，昆山第一家赔大了，第二家也赔了，第三家赔少了，第四家持平了，第五家挣小钱了，第六家挣大钱了，开发区两年就成规模了。然后，当初国家开始搞沿海开放城市和沿海经济技术开发区，如天津、大连等。昆山是个小县，肯定无法直接从中央那里直接拿到建立开发区的优先权。但经过几年与上海的横向联合，昆山有了进行自发制度创新的经济实力。于是，昆山悄悄地与上级政府打个招呼，就自己翻牌了，把“昆山加工工业开发区”改为“江苏昆山经济技术开发区”，上级领导也是说“我没听见啊”，结果昆山开始模仿大连等地的经济技术开发区，进行更大规模的招商。

但是搞自费开发区几年后，开发区有了一定的规模，这时就需要获得合法的身份以得到有效的产权保护。这就像当初是一个只需喂口奶的孩子，没有户口没有关系，但当他长大后要上幼儿园和小学，没有户口就会产生问题。因此，自费开发区搞大后也要产权保护了，但不能直接说，更不能直接打报告，这就到了“做了再说”的阶段。

（2）“做了再说”。昆山开发区成长到一定规模后，就要说了，但不能跟有审批权的人说，昆山是怎么说的呢？

第一个是通过专家说。中国的经济学家还是一个不错的职业，有一些经济学名家一天到晚地跑会是干什么呢？一个是拿信封，另一个就是要说，对一些上面没让做但经济主体做了的行为说“好”，地方企业愿意搞个课题，让一个博导带几个博士，做一下总结，写个一二三四五，得出一个结论，这就是中国特色的社会主义模式，然后画几条曲线，做几个图表，就说这是与国际惯例接轨。然后呢？杂志和增刊上发发，实现双方利益最大化。

第二个是通过媒体说。这也很重要，因为专家说非常有限，只能在小范围内产生影响，要让大众认识你，就要依靠媒体。大家可以调查一下，中国最富的群体除了企业家以外，就是媒体了，特别是名报的名记，他们是先富起来的一群人。这些人也是跑会，有的甚至一天跑三四个会，跑了会要写报道。昆山也是这样，一般是在金秋 10 月，阳澄湖大闸蟹成熟的时候，就开招商引资会，会前还要开媒体见面会，就是让各方面的媒体都来报道，当然来了以后，除了路费报销以外，还有一个信封，然后给你一个会议材料（报道素材），会后再到阳澄湖吃大闸蟹，吃完再给一个装了大闸蟹的荷包。记者回去后，昆山专门有四五个人盯着这些媒体：首先看有没有报道，如果根本没有报道，明年就不请你来了；如果稿子写作不认真，是在普通版发的，明年请你来，但是来了还是在大厅里报道；如果有些记者进行了发挥，并在重要版面发了，那么明年这些记者就会列入专门的名单，专门发通知，专门接你，不在大厅报道，而在房间里报道，大厅报道和房间报道的最大差别就是信封的厚度不一样了。没几年工夫，媒体上就到处是昆山的正面宣传稿件。

第三个是需要名人说。当时有一个担任重要领导职务的名人顺道到昆山来考察，他在解放前对昆山是比较了解的，以前昆山条件很差，是个落后的农业县，血吸虫病肆虐。现在昆山没要国家一分钱，平地搞出了一个规模很大的开发区。前几年，昆山开发区就达到每天吸引 1000 万美元的外资到账，每天 1000 万美元的出口，每天 1000 万元人民币的财政收入，一个六七十万人的县城有这样的成绩很难得。领导很激动，就一个电话打到人民日报，说有这么好的地方你们为什么不来调查呢？于是人民日报的新闻部领导来采访了，这个新闻稿后来在人民日报头版发了。这样，昆山政府的领导就拿着人民日报的头版到特区办公室（副部级）要求列席参加每年召开一次的开发区工作会议，并争取发言机会。因为，《人民日报》头版已经发表了报道，开发区的效果也不错，于是就同意昆山开发区作为列席代表出席会议。昆山代表的发言还是让与会者大吃一惊，尽管昆山开发区没有得到国家的批准，但它的经济总量列到全国开发区的前三或是前四位。这样说完后，昆山开发区很好就路人皆知啦，但还不是向上打报告的时候，因为这还只是大家说你行，最终还要国务院工作会议的 8～10 个人说你行你才行，还需要事前做领导的工作。

（3）领导题词或批示。怎么做领导工作呢？就是找领导批示，从地下转到地上。中国领导为什么到处题词，为什么美国的布什总统不题词呢？是因为没有人

需要他题词。中国领导人题词却非常重要，它是非正式的产权保护形式。因为地方政府做了“上级部门没有让你做的事”，任何一个主管部门过来就可以“名正言顺”地把它搞死。怎么让这种有效率但是没有得到正式法规保护的产权得到良好的保护呢？最好办法就是领导题词，一个副总理管四个部，他一题词，这四个部谁敢来找你的麻烦？所以，现阶段领导题词是产权保护的有效形式。有些领导字写得不太好，还在到处题词，可能是这个领导懂潜规则或者好说话。因为现阶段需要题词来保护地方政府自发的制度创新，这些创新是得不到正规制度的保护的，需要领导题词来保护。

昆山的自费开发区也需要领导题词。其中一个难题当然是怎样把领导请到昆山来。知道领导到上海了，通过关系请领导到昆山来，领导一来，到开发区一看，通常都挺感动，因为没拿国家一分钱，还上交如此多的利税。在领导最高兴的时候，当地政府的就请领导题词，大部分领导都不会拒绝。但是比较难的是怎样让他在题词中写到昆山开发区，不写出来就没有什么用，怎么办呢，就让领导在一张不是白纸的纸（纸上写的是“为昆山开发区而题”）上题词，题词的真正含义已经很清楚了，就是表明领导对这个开发区是认可的。题词裱好后送给该领导主管的各个部门看，看完后就提要求，如下次发文件是否也该发给我呢？正式成员参加的会议我是否也可列席参加呢？等等。这个时候基本“水到渠成”了，基本都可以获得主管部门的同意。于是，就可以开始下一阶段的“先上车，后买票”了。

（4）“先上车，后买票”。中国早期的改革是中央政府主导型的，地方政府没有财权，也就没有改革的动力，中央政府找到专家学者进行制度设计，再层层推广下来。后期的改革中，地方政府有了自主财权，就开始在中央政府几条基本准则内主动创新，改革成功后再寻求中央政府的追认。中央政府最终是否会容忍和追认地方政府从事的自发制度创新活动，取决于以下几个条件：

第一，地方经济实力决定谈判实力。这也是为什么绝大多数制度创新发生在东部沿海，不是因为西部没有这个意识，而是经济总量上不去，没有经济实力就没有谈判实力。

第二，权威扩散化程度。为什么昆山开发区没有在20世纪80年代得到承认，行政管理中的委托—代理模型告诉我们，随着权力的下放，权威就开始扩散，因此，权威扩散化程度与地方政府自发制度创新能力是成正比的。

第三，从新产权中获得的收益大于保护旧产权的成本。地方政府为追求潜在制度收益而逐渐改变的制度结构中，中央政府从中获得的收益是否大于维持对进入权管制的成本。

昆山的案例告诉我们，只要改革的成果显著，通常都会被追认，这就验证了制度经济学中著名的所谓“无名氏”定理，即当统治者发现臣民更多的自由能激励更多的财富，并且给统治者增加了的财富可以抵消统治者放弃独裁所增加的不安全感时，臣民的自由便会经双方约定而增加。中央政府肯定是希望拥有权威的，但是当它发现能从地方政府的制度创新中分享更多的财税收入时，它就会与地方政府进行谈判，下放更多的权力给地方政府，这就导致了中国的市场化过程。

下面我们要讨论的是，标准的经济学告诉我们，只要政府行为多一点，市场就要少一点，政府与市场之间是替代关系，那为什么中国会发生在地方政府主导的改革中会导致更大程度的市场化呢？

3. 地方政府自发制度创新的效率导向

前面讲到了地方政府目标的转化，地方政府官员是寻求政治升迁的，在“分灶吃饭”的财政体制下，形成一种可度量的地方与地方之间的竞争。为了在竞争中取胜，地方政府不得不促进地方经济发展，为了促进经济发展它不得不营造良好的投资环境，为了营造良好的投资环境它不得不进行产权界定和保护。这样就形成了地方政府与地方政府之间的竞争约束和激励，作为政治企业家的地方政府官员不得已去追求一个更好的产权界定和产权保护，这就导致一个市场化过程，在这个过程中，地方政府与企业之间的关系不能用标准经济学中的企业政府关系来度量。

在标准经济学里，政府与企业是冲突，在中国现实中，企业与政府有冲突但是也有依赖。地方政府对企业有依赖，为官一任，就是要吸引更多企业，促进地方经济发展，否则自己的位子坐不长；反之，企业对政府也有依赖。到今天为止，改革优先权和自发制度创新的事后追认权仍在等级构架内进行分配，换句话说，在分配改革优先权时，企业不是一个谈判主体。因此，企业想要获得改革优先权，获得改革租金的话，必须与当地政府进行联合。所以，常常看到地方政府官员（市长）和企业家（董事长）联手到国家部委要政策（谈判优先权），谈的时候董事长没有资格，市长去谈，谈的时候需要条件，董事长就来签单，这就是现阶段特有的政府与企业之间的关系，它们之间既有冲突又有依赖。

一般看地方政府与企业之间的关系可以判断这个地方的市场化程度，从政治企业家和经济企业家喝酒的方式就可以观察到这个地方的市场化程度。到落后地区，公开场合开大会时，官员就比企业家位置高，可以训斥企业家。开完会，门一关，喝酒时也是企业家主动敬酒，常说的话就是“全靠你支持，我干了，你随意”，市长也就舔一舔。发达地区在公开场合等级也是很清楚，官员就是比企业家高一点，到喝酒时就不一样了，企业家敬酒时，官员也会站起来，把酒喝干，

后来还回敬。再到更发达的地区，在公开场合就是官员和企业家平起平坐了，开完会吃饭，先起来敬酒的是市长，董事长干了，反过来再敬酒。我是从经济学角度来看喝酒，来验证中国在特定阶段的政府与企业之间的关系。这个关系不能简单用西方标准经济学的政府与企业之间的关系来度量。

四、结论

一个中央集权型的计划经济国家有可能成功地向市场经济体制渐进过渡的现实路径是：改革之初的中央政府主导型的改革方式逐步向地方政府主导的改革方式转变，并随着排他性产权的逐步确立，最终过渡到与市场经济内在要求相一致的需求诱致型改革方式，从而完成向市场经济体制的过渡。

1998 年我在《经济研究》第 1 期发表的一篇文章中提出了中国制度变迁方式转化的三阶段论，我是在案例研究的基础上把一个理论框架提出来的。发表的时候我用的是标准经济学词汇，中央政府主导的制度变迁我用的是"供给主导型的变革方式"，地方政府主导的制度变迁我用的是"中间扩散型的制度变迁方式"，企业主导的改革我用的是"需求诱致型的制度变迁方式"。我认为这三种方式是先后替换的过程，在这个替换的过程中，地方政府的功能呈现倒"U"形特征：刚开始，地方政府完全执行中央政府的政策，功能很弱，然后为了调动地方政府积极性，搞财政包干，地方政府功能开始增强，形成地方政府与地方政府之间的竞争，这个过程中产权明晰化进程加快，这个时候地方政府功能增强、产权明晰化程度和市场化程度是同向的，在地方政府功能攀升到倒"U"形的极点时，各种所有制形式的地方企业都长大了、独立了，政府职能又要开始弱化了，需要为这些企业提供服务。昆山除了"让外商赚到钱"以外，还有一句"不对外商说不"，如果地方政府对企业的服务不到位，企业就跑到其他地方去了。这时，企业开始扮演主体，就回到了标准经济学所描述的需求诱致型的制度变迁模式。

我讲的这三个阶段，通过引入地方政府官员这个特别的行为主体，在新制度经济学的框架解释了渐进式改革有可能成功的特殊路径。这里，分析框架是制度经济学的框架，只是引入了地方政府，我这个解释是实证性的分析，只是解释改革在什么条件下会发生，不是说明改革会造成什么样的后果，对谁有好处，对谁有坏处，我没有讲，这是规范分析的内容。当然引入规范分析，我们就可以对这个模型进行评判，中国改革有很多好的地方：启动快，阻力小，等等。

当然，这种改革也有很多问题，腐败是这个模型中最让人头痛的问题，中国经济为什么没有倒退或爆炸，是引入了地方政府官员这个新的行为主体，让他一只脚踩在政治里，一只脚踩在经济里，政治和经济的矛盾从外在矛盾转化为这些官员内心的冲突，这时候，政治多一点，还是经济多一点，或者说等级规则多一点，还是产权规则多一点，由我们的市长在内心里平衡，在内心里交易。在交易中，毫无疑问，他的很多行为可能是合理不合法或者合法不合理的。特别是他控制很多资源，在这种情况下，最怕的就是市长有爱好，立场又不坚定。只要有爱好，就有人来运作你，找你批地，分配改革优先权时，向他们靠拢。所以，从这个角度来讲，市长如果没有高度警惕性和自我约束能力，稍不留神就可能被糖衣炮弹打中。所以，根据这个模型所揭示出来的经济学道理，反腐败就必须要天天讲、月月讲，反腐败要动真格的，要适当采取强硬手段震慑腐败分子。

模型中还会有一个问题，就是地方保护主义，地方与地方之间的竞争会产生地方保护主义。总的来讲，没有一个改革模式是绝对好的，也没有绝对坏的，所以，改革模式是相对而言，俄罗斯改革同样有好的，但也有很多负面的东西。所以，改革路径的选择无非是权衡利弊，在中国现阶段选择渐进式改革方式可能是更适合中国的国情，也可能是代价相对比较小的。

整理人：钟宏武

（文章来源自《学术讲座荟萃》第21辑，2004年11月11日）

深化国有企业与国有资产管理体制改革

周绍朋

周绍朋

男，1946 年生，河南新蔡人，教授。国家行政学院经济学部教授、原主任。兼任中国社会科学院研究生院教授、博士生导师，中国人民大学教授、博士生导师，中国社会主义学院教授，公共经济研究会副会长，中国工业联合会理事，中国企业联合会常务理事，中国管理现代化研究会常务理事，中国城市发展研究会理事等。1992 年开始享受国务院政府特殊津贴。

主要研究领域：社会主义市场经济理论、宏观经济分析、企业改革和企业管理。单独及与他人合作出版《企业经济学概论》、《新世纪的国有企业改革与国有资产管理体制研究》、《中国企业制度改革研究》、《中国政府经济学导论》、《政府经济管理》、《宏观经济政策协调研究》、《国有企业改革与发展》、《社会主义市场经济概论》、《公共财政简明读本》、《中国转轨时期的政府经济职能》等专著、教材、考察报告 20 多部，发表论文 300 多篇，10 多次获全国、中国社会科学院和北京市优秀论文、论著奖。

国有企业、国有资产管理体制改革是一个老问题。我国的整个经济体制改革就是从企业改革、扩大企业自主权入手的。中央的一系列文件都把国有企业改革作为整个经济体制改革的中心环节。党的十二届三中全会明确提出增强国有企业，特别是国有大中型企业的活力，并把它作为中国经济体制改革的中心环节。但直到现在，有些问题在理论上还有很大的争议，实践操作上也还存在不少问题。

《经济参考报》上有一篇题为《国企改革改制五大问题亟待解决》的文章，讲到五个问题，其中法人治理结构不规范就是一个很重要的问题，另一个是股权结构不合理。首先我想这两个问题应该颠倒过来。第一是股权结构不合理，第二才是法人治理结构不规范。股权结构决定法人治理结构。至于后面三个问题：成本过高——当然，改革是要有成本的，到底怎样是高怎样是低，很难说；另外行为随意性大也值得研究；借机逃避债务，这跟国有资产流失差不多。国有资产在改制当中确实有流失的现象，但也确实有很多企业在改制前就已经没有了国有资产所有者权益了。换句话说就是资产负债率超过100%，这些企业本来就没有什么国有资产可以流失。所以，中国改革当中有很多问题很复杂，在不了解中国的企业、不了解中国企业改革的情况下，争论也就没有意义了。

我概括了一下，提出几个问题，与大家共同讨论研究。

一、我国国有企业改革的最终目标

企业制度最基本的内容就是产权制度，即企业的财产制度或资本组织形式。现在，我们已经完全有条件按照企业的财产制度和资本组织形式来对我们的企业进行分类。

在党的十四大以前，国有企业改革的方式是放权让利。以至党的十四大以前的那段改革可以概括为：基本上还是在计划经济体制的基本框架下，对企业进行扩大自主权的改革，并不涉及企业制度的变化。党的十四大提出整个经济制度改革的最终目标是建立社会主义市场经济体制。党的十四届三中全会按照党的十四大建立社会主义市场经济体制的目标，提出了社会主义市场经济体制的基本框架，就是“一个基础，五个支柱，或五个方面的体系和制度的建设”，其中一个很重要的就是现代企业制度的建设。那时就提出我国企业改革的最终目标，是要建立现代企业制度。但后来发现把所有企业的改革目标都确定为建立现代企业制度是不可行的。

党的十五大提出对国有中小企业采取兼并联合、出售、股份合作制等不同改革形式。形式不同，企业改革的结果就不同，改革后企业的性质也就不同。对大中型企业的改革和发展，党的十五大提出“三年两大目标”。第一个是改革目标：绝大多数大中型骨干企业初步建立现代企业制度；第二个是发展目标：实现国有企业的脱困。大中型企业的改革和小企业的改革被分开了。

现在我们的改革遇到一个很重要的问题，所有的大企业都说要建立现代企业制度，但根据我国的国情，根据建立社会主义市场经济体制的需要，还要保留一些国有独资企业。这里涉及国有独资企业能否建立规范的现代企业制度问题。

二、已经取得的改革进展离最终目标还有多远

目标先明确，很多争论的问题才能明白。根据最近的资料，从面上看，就是瞄准建立现代企业制度进行公司制改革的面，涉及的已经相当广泛了。但从质量上看，离现代企业制度的质的规定性要求，我们还差得很远。

三、独资企业能不能建立规范的现代企业制度

如果不能，把独资企业和产权多元化的、竞争性行业的企业一块儿来建立现代企业制度，能不能达到目标？前面讲到股权结构不合理决定法人治理结构不规范，法人治理结构最不规范的就是独资企业。独资企业谈不上股权结构，甚至可以说独资企业不是真正意义上的公司制企业。

四、深化国有企业改革的重点和难点

当前和今后国有企业改革的重点和难点是“一个减少，两个规范”。

“一个减少”，就是减少竞争领域里的国有独资企业，现在的国有独资企业还太多，独资企业是不可能建立现代企业制度的；“两个规范”是指规范股权结构，规范法人治理结构。如果把国有企业改革的重点和难点界定在“一个减少，两个规范”上，那么存在的主要问题就是“一个太多，两个不规范”。

五、影响国有企业改革继续深化的深层次矛盾和原因

如提高国有资本的运营效率与国有资产管理中委托代理链条太长问题，企业冗员太多与社会保障制度不健全问题等。要研究这些问题，解决这些问题，而不要进行一些毫无意义的争论。邓小平同志早就说过：我们不要争论，现在争论的一些问题早已发生多年了。正如前面讲过的，有些企业已经没有所有者权益，没有净资产了，又不让它破产，怎么办？

还有一个问题，原来在计划经济时期我们的企业不是独立的真正意义上的法人，政府对国有企业是承担无限责任的。在承担无限责任的情况下，遗留下来的很多问题，尤其是资不抵债问题，地方财政又没有能力解决，这些企业的出路在哪里？还有实现企业股权结构多元化、分散化、合理化与发挥国有经济的控制力问题，坚持党管干部的原则与建立适应现代企业制度的企业选人用人新机制问题，等等。这些问题不很好解决，国有企业改革就很难深化。

六、党的十六届三中全会《决定》与企业改革有关的理论和政策突破

（一）关于公有制的实现形式

党的十六届三中全会《决定》中有一段话，在理论上有比较大的突破。过去虽然我们也讲股份制，但是在党的重要文件上提出“使股份制成为公有制的主要实现形式”，这还是第一次。

过去对股份制有疑虑，对它的性质一直争论不休，党的十五大报告指出：股份制是现代企业的一种财产组织形式，它本身并没有公有或私有的问题，主要看控股权掌握在谁手里。如果是国有资本控股，或集体资本控股，就带有明显的公有制性质。过去尽管说不争论这个问题，但对这个问题还有疑惑。

党的十六届三中全会提出使股份制成为公有制的主要实现形式，这个结论做出以后，经济学界讨论过多次。有一个观点：从字面上看，国有资本、集体资本参与的混合所有制，肯定是公有制的实现形式。有的同志问：如果没有国有资本、集体资本参与的混合所有制，比如说一般的非国有投资的股份制或上市公司是什么性质的？有的认为应该是公有的，因为有那么多的投资主体，投资主体多元化。有的认为不是，如果那些没有国有资本或集体资本参与的混合所有制经济也是公有制的话，那么欧洲的、美国的、其他资本主义国家的股份制是什么呢？

那不是混淆了社会主义与资本主义的区别了吗？

有一种这样的提法：看股份制跟什么基本社会制度相结合，如果跟社会主义制度相结合，就是公有制。但是什么是社会主义？小平同志强调社会主义的本质就是解放生产力，发展生产力，消灭剥削，消灭两极分化，实现共同富裕。一个深层次的问题在于生产社会化要求资本的社会化，这是一个人类社会发展的客观规律。马克思在《资本论》中分析说："资本主义的一个基本矛盾，就是生产的社会化同生产资料私人占有之间的矛盾。"也就是说，生产社会化要求资本社会化，但是资本还是资本家私人占有，这个矛盾在马克思看来是资本主义自身无法解决的。在分析了剥削的性质后，最后提出的口号是剥夺剥夺者。他把生产力比喻成社会的内核，生产关系是一个外壳，外壳应该适应内核的发展，而内核是最积极、最活跃的因素，它的发展是不以人的意志为转移的。如果外壳不能按照内核的发展要求来调整自己，最后的结论是外壳要爆炸，剥夺者被剥夺。这其中的规律就是生产的社会化要求资本的社会化。

至今为止，人类所创造的资本社会化的形式，主要有两种：

一种是我们计划经济的国有制。它把全部的资本都收归国有以实现最大的社会化，在全社会范围内由政府通过行政手段，采取指令式计划的形式配置资源。显然它是符合社会化要求的，但实践证明不可行，因为资源配置的效率非常低。这是因为没能很好地划分政府和市场的关系，应该由市场来配置资源的领域却由政府来配置。政府配置资源低效率在于它在分配制度上采用的是平均主义，没有差别，过分强调所谓的公平，公平和效率的关系处理得不好。计划经济下劳动者穿一样的衣，吃一样的饭，干一样的活，人们是没有积极性的，也是没有效率的。

另一种是股份制。它通过有限责任公司或股份有限公司和上市公司的形式，把分布在不同区域、不同部门、不同所有者手里的资本有效地组织起来。大的跨国公司把分布在不同国家的资本也通过不同的公司形式组织起来，更是一种资本的社会化形式。

（二）关于加快非公有制经济的发展

对于非公有制经济的发展，如民营经济——我反对用民营企业这个字眼。改革到目前这个阶段，我们不应该再朦胧地提什么民营经济、民营企业，这是一个很不科学、很不规范的概念，应该摒弃这些概念了。民营是谁经营、谁所有？过去很多民营企业家说："我们没有法律地位。"过去当然没有。我们现在有关企业的四部大法，前两部是所谓的"两法并存"——《中华人民共和国公司法》和《中华人民共和国企业法》。这两部法是一个层次的法律，有的企业改制了，有的没有改制；有的执行公司法，有的执行企业法。第三部是《中华人民共和国

合伙企业法》，第四部是《中华人民共和国个人独资企业法》。在这四部法律中，无论是合伙企业还是个人独资企业，都没有说民营企业。

我主张按企业的财产制度和资本组织形式划分企业类别。因为企业制度的核心就是企业的财产制度和资本组织形式。现代企业制度是适应现代化大生产和市场经济客观要求的财产制度和资本组织形式，这个制度决定企业的一切制度。蒋一苇教授认为：经济制度就是人们管理经济的方式和方法。从宏观的角度来讲，我们管理经济的最基本的方式就是资源的配置方式。资源的配置方式决定整个社会的经济体制和经济形态，解决经济学和人类社会生存发展的最基本问题。从微观上看，企业的制度是什么？管理企业的最基本的方式和方法就是采取什么样的财产制度和资本组织形式，这就是现代企业制度。

要建立社会主义市场经济体制，采取市场在资源配置当中发挥基础性作用的经济形态和经济体制，只有国有制企业的改制是不够的，还要有非国有经济的发展。过去国有制的出资人是国家，国家出资就造成一种在管理上把全社会的企业都当作是一个企业的状况。所以在国有企业之间生产资料的调拨是无偿的，企业不是一个真正意义上的法人。没有非公有制经济的发展，只有公有制企业的改革，是无法建立起完善的社会主义市场经济体制的。在国有制内部，怎样来解决大家是一个出资人、一个市场主体的矛盾呢？就是要通过确立法人地位，确立企业的法人财产权，使最终出资人都是国家，但法人财产权不同的企业能够按照商品交换的原则进行交换。

“企业国有资产”的提法不科学，党的十六届三中全会决定要大力发展混合所有制。在一个企业当中本身就有不同性质的投资主体。企业国有资产就涉及企业的财产是谁的。从第一个层次上讲，如果从法人财产的角度来讲，企业的财产首先是企业的，任何人的投资一旦进入企业，就变成企业的法人财产，法人财产是一元化的，是一个整体。从第二个层次上讲，就是企业是谁的。从出资人财产权角度讲，企业是出资人的。如果投资者是一个，就是独资企业；如果是多个，就是投资主体多元化的有限责任公司或股份有限公司。把国家投入混合所有制企业的财产还作为国有资产单独来管理，那是不科学的，甚至是不可能的。

所以应当把资产与资本相区别，应当从国有资本的角度加强国家对企业投资的监督与管理，应当重视国有资产的净值、净资产和原始价值与实际价格的监督与管理。我们现在号称有 12 万亿元的国有资产，是根据国有资本的原值计算出来的，其中包括 7 万多亿元经营资本和 4 万多亿元非经营的资产。如果把资产和资本的概念区分开，所谓经营性国有资产就是国有资本。如果把负债也考虑进去，重视净资产的监督与管理，就会给人以另外一个概念。特别是欠发达地区，资产负债率有的超过 100%。这种不良资产越多，不是越有活力，而是越影响经济和社会的发展。

对非公有制经济的发展，我们过去总是担心。原来是有益补充，后来是必要补充，党的十四大提出非公有制经济是社会主义市场经济的组成部分，党的十六届三中全会提出是促进我国社会进步的重要力量。据了解，20世纪90年代初，在厦门的工业经济领域中，国有经济创造的增加值就已经不到GDP的10%。现在，对非公有制经济发展的体制性和政策性障碍被逐渐清除，非公有制经济在投资、税收和土地使用等方面与其他企业应享受同样的待遇。

在市场经济体制下，不同的行业有不同的准入条件和规则。在市场经济公平竞争的条件下，除法律特别规定外，你有什么能力，就进入哪个行业。比如说办银行，这是一个特殊的行业，特殊在它吸收存款、发放贷款，涉及的相关利益主体特别多，没有足够的资本金，办银行风险是很大的。

制度决定机制，机制决定活力，活力决定效率，效率决定发展。要从企业制度上解决经营管理问题。企业的创新包括：制度创新、技术创新和管理创新。其中制度创新决定其他两项创新。

（三）关于建立现代产权制度和社会信用制度

产权制度是所有制的核心，所有制要通过产权表现出来。要建立归属清晰、权责明确、流转畅通、保护严格的现代产权制度，这是从社会产权制度的角度来讲的。没有现代产权制度的建立，市场主体就不可能完善起来；而没有完善的市场主体，就没有所谓的市场经济。

同时，还要重视建立以道德为支撑、产权为基础、法律为保障的社会信用体系。

（四）关于加快行政管理体制改革

党的十六大以后，中央越来越重视行政体制的改革。要在继续把企业改革作为整个经济体制改革中心环节的同时，把行政管理体制改革放在一个更加重要的地位。具体应从以下几个方面入手：

（1）要继续实行政企、政社、政资分开。过去政府管了很多不该管、管不了、也管不好的事情。要把这些事情按照建立社会主义市场经济体制的要求交给各个方面。

（2）要加快行政审批制度改革，规范政府的权力。行政审批制度改革的核心就是规范政府的权力，依法办事、科学行政、民主行政。

（3）要准确界定并全面履行政府职能，没有准确的界定就无法全面履行。

（4）政府的改革要以人为本，最终形成行政规范、运转协调、公正透明、

廉洁高效的行政管理体制。

抽象地讲，政府的职能就是弥补市场失灵。具体地讲，主要包括：经济调节、市场监管、社会管理、公共服务四个方面。经济调节主要是宏观经济调控，可以运用经济手段、法律手段和行政手段。市场经济条件下主要是运用经济手段和法律手段。经济手段主要是两大政策：财政政策和货币政策，这方面的权力掌握在中央政府手里，所以宏观调控权在中央，不要层层搞宏观调控。地方政府搞所谓宏观调控是因为它们不愿放弃在计划经济体制下形成的政府配置资源的权力。所以就造成一种误区，层层宏观调控。地方政府在宏观经济管理上应当无条件地执行中央政府的宏观调控政策。市场监管就是制定市场规则，监管市场秩序，这对于中央和地方政府都是非常重要的。社会管理是政府最主要的职能，比如社会治安、文教、卫生、科技，等等。这些领域发展得相对落后，一是由于投入少，二是管理上存在问题。公共服务就是政府要提供公共产品和劳务，这是政府最主要的义务和职责。

公共服务、准公共产品的收费应该不高于成本价。提供公共产品和劳务的企业就是公共企业，它们是不应以营利为目标的。引起公共物品供应不足，其原因一方面是政府财力不足；另一方面是公共财政体系不健全，财政开支又包括了太多非公共物品的领域。一定时期，在政府因财力不足而无法提供充足的公共产品的情况下，可以利用市场机制的手段来提供某些准公共产品。

七、国有企业改革中存在的问题与进一步深化改革的措施

（一）国有企业改革中存在的问题

1. 仍然存在国有资产出资人缺位与越位并存的现象

国有资产出资人主要具有四项权利与职能：一是资产收益权，二是按照法定程序参与重大决策，三是按照法定程序聘请经营管理者，四是转让股权。国有资产出资人的四项职能要与政府的四项职能分开。由于国有资产监督管理机构还在建设和不断完善中，所以国有独资、国有控股和国有参股企业的国有资产出资人尚未到位，在企业的重组中仍存在国有资产流失现象，同时有关政府部门对企业的行政干预仍然过多。

法人制结构不规范，一个重要的原因就是企业的各级干部都还是任命的，这是个深层次的问题。关于国有资产监督，在 1998 年就设置了稽查特派员。按照当时的公司法，我们进行改制的企业有了所谓的法人治理结构，有监事会，但因

为行政级别的原因，监事会是不起作用的。过去我们实行一元化的领导，是按政府管理的办法来管理企业的。在公司制的情况下，两权分离，两个层次的两权分离，利益主体多元化，需要有一个治理结构来处理这些关系，其中一个重要的问题就是在公司治理结构中，有关方面要有一个有效的源自利益主体不同而形成的有效制衡。

2. 股权结构不合理

股权结构决定法人结构，股权结构又受融资结构的影响。融资手段单一，企业没有直接的融资手段，股权就很难实现多元化。即使是改制的上市公司，很多情况下也是内部人控制下的国有股一股独大。规范的上市公司，要有几个大股东，一般不要搞绝对控股，但股权也不能太分散。太分散，则治理结构很难建立。而国有资本太集中，外面派来的国有出资人不到位，众多的小股东不能发挥作用，就产生了内部人控制。内部人控制不一定是坏事，它是一种现象。如果内部人觉悟都很高，内部控制有利于快速决策，但这是不现实的，没有制衡就会出问题。

3. 法人治理结构不规范

法人治理与企业管理是有区别的。企业管理是面向所有企业的，任何企业都有管理问题。管理有二重性，既要处理生产关系的问题，又要处理生产力的组织问题。法人治理就是公司治理，公司制企业才有治理问题。它的治理不处理人与自然的关系，只处理生产关系。关于治理问题的产生，公司制企业产生以后，出现了出资人的财产权与法人财产权，以及法人财产权与经营权的两个两次分离。由于两个两次分离，产生了两个层次的信息不对称和利益不一致。那么，治理就是要通过建立一个能够有效处理投资者、经营者、广大职工以及其他利益相关者之间的利益关系的一个组织框架，这个框架能够有效地制衡，使其各负其责，各行其职，代表各方利益，这就是法人治理结构。

治理的核心是什么呢？治理要达到的目标是什么？有两个核心的内容：第一，信息的披露制度，解决信息不对称的问题。第二，激励约束机制，解决利益不一致的问题。通过这两个手段，把不对称的信息尽可能地对称起来，把不一致的利益尽可能一致起来，充分调动方方面面的积极性，为广大股东创造利益。只有这个核心的内容弄清楚了，才能知道怎样规范治理结构。法人治理结构不规范具体表现在以下三个方面：

（1）法人治理结构不健全。法人治理结构有四个方面：股东会、董事会、监事会、经理层，这是公司制的核心。独资企业没有股东会和股东大会，法人治

理结构是不健全的。

（2）有关机构产生不规范。股东会产生董事会、监事会，董事会聘请经营者，经营者行使用人权，形成权力机构、决策机构、执行机构、监督机构有效制衡的机制，但实际中机构产生是不规范的。

（3）董事会等机构权责不到位。出资人的权力不到位，尤其是董事会两大权力不到位。一是重大的经营决策权不到位，二是聘请经营者的权利不到位。要分类深化企业改革，能建立现代企业制度的企业要规范，不能建立的就不建。

4. 母子公司关系不顺

首先要确定母子公司的几个关系。

（1）母子公司在法律上是平等的关系。

（2）母子关系的本质是投资与被投资的关系。

（3）在市场经济条件下，企业不应有行政的隶属上级，但必须有明确的出资人。

现实中存在两个问题：一是有些企业的母公司不仅行使出资人的权力，而且用行政指挥的办法来管理子公司。既然子公司是一个独立的法人，与母公司在法律地位上是平等的，不应有一级法人、二级法人、三级法人之分，母公司要通过其出资人代表进入子公司董事会，进行决策。二是控股母公司没有对子公司的控制权。有些集团先有子公司，后有母公司，往往会产生这些问题。

5. 存续企业改革滞后

我国企业的改革通常采用两种方式：①剥离出去，一些公司大而全或小而全，把一些单位剥离出去，然后上市。②拿出来，一些企业整体不景气，但部分单位效益好，拿出来转制或上市。剥离出来的企业仍挂在母公司的名下，这就形成了一大批存续企业，它们是企业改革最后的堡垒，通常历史包袱重，现代企业制度未建立，管理水平相对落后，而且通常同母公司一起以一个大股东的身份出现在改制企业面前。下一步的改革重点就是要深化存续企业改革。这项改革关系到改革、稳定、发展的关系。可以采取以下方式：①资产效益好的可以再上市。②有的可以卖掉。③通过外资并购等。

改制企业的国有投资直接由出资机构代表，减少委托一代理层次。委托一代理层次越多，成本越高，风险越大。有的国有企业搞不好跟这个有关。企业内部组织结构趋于扁平，外部也要减少层次。

（二）进一步深化国有企业改革的措施

采取多种途径进一步实现企业股权结构的多元化、分散化、合理化。

（1）进一步规范公司法人治理结构。

（2）加强上市公司的治理与监管。

（3）加快存续企业改革。

（4）建全企业退出机制，加快企业重组与破产。

八、国有资产管理体制改革

（一）原有国有资产管理体制存在的弊端

1. 没有专门的国有资产管理机构，国有资产出资人缺位

机构是体制的运行载体，但是机构不等于体制，有了机构并不代表体制就完善了。有了机构还必须准确界定它的职能。各个机构的职能界定好了，还要考虑上下左右的关系。因此要做到：①准确界定职能。②按照职能的要求设置机构。③对各个机构准确定位，并确定好上下左右的关系。

2. 权力、义务和责任不统一，管资产和管人、管事相脱节

机构很重要，但仅仅有国有资产管理机构是不够的。管人、管事、管资产能不能结合，结合的效果如何，在理论界都是有争论的。“三管”中管什么最重要？这次国有资产管理体制改革的中心就是资产管理，根据资产选派出资人代表。因此，管资产最重要。

原有资产管理体制可以概括为：国家统一所有、分级管理、委托经营。这种体制表面上很合理，但实际上是无法贯彻到底的。

（二）改革和完善国有资产管理体制的措施

1. 国有资产出资人与公共管理职能分开

这次改革的宗旨就是政府的四项基本职能与企业出资人的四项基本职能分开，国有资产出资机构既不是政府，也不是企业，而是国务院特别设立的专司出资人职能的机构。

2. 管企业变为管资产

过去企业都是单一所有制，现在是混合所有制企业越来越多，必须由管企业

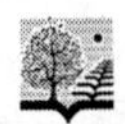

变为管资产，即从国家投资国有资本的角度，对企业进行有效的监督和管理。

3. 政府职能覆盖全社会

在这种体制下，不管哪一级政府，政府的四项职能，都要覆盖整个社会，对整个社会的市场主体实行一样的职能。过去的政府主要是对国有企业进行管理。

4. 各类市场主体在接受政府管理，特别是经济管理方面都享受“国民待遇”

新的体制可以概括为：国家统一管理，分级履行出资人职责，直接派出资人代表。国有资产管理必须在法律、法规、政策方面统一，包括制定《国有资产法》等；实行中央政府与省市（地）两级地方政府三级出资人制度，县以下不设国有资产监督管理机构。

新体制更加有利于非公有制经济的发展，更加有利于中小企业的发展，更加有利于县域经济的发展。科学发展观中“五个统筹”，最重要的统筹是城乡统筹。我们建设小康社会和实现工业化的难点在农村，农村之所以落后，有历史的原因，主要是国有经济不在农村，而过去又限制非公有制经济的发展。要解决城乡统筹问题，首先要在县以下大力发展非公有制经济。县级以下政府不设国有资产监督管理机构，意味着县以下的政府不再管理国有资产投资，如果有经营性国有资产投资，出资人要上移；县以下政府要全心全意地搞好投资环境建设，做好服务，更好地履行政府职能，吸引各种投资主体来投资。

上述体制建立起来以后，除了少量的国有独资企业以外，绝大多数企业都应当是有限责任公司、股份有限公司和上市公司。

整理人：范三国

（文章来源自《学术讲座荟萃》第21辑，2004年11月18日）

经济波动、体制改革与长期发展

樊　纲

樊纲

男，1953年生，经济学博士。1982年由河北大学经济系（七七级）政治经济学专业毕业，同年考入中国社会科学院研究生院经济系，主攻“西方经济学”专业，1985～1987年赴美国国民经济研究局及哈佛大学访问研究，1988年获经济学博士学位，同年进入中国社会科学院经济研究所工作，1992～1993年任《经济研究》编辑部主任，1994～1995年任经济研究所副所长。兼任北京大学汇丰商学院、中国社会科学院研究生院经济学教授。1996年起创办中国经济改革研究基金会国民经济研究所并任所长。2006年起兼任中国深圳综合开发研究院院长。

主要研究领域为宏观经济学、转轨经济学和发展经济学。发表中、英文学术论文100余篇，专著9部。2004年被法国奥弗涅大学授予荣誉博士学位。2005年和2008年连续两次被英国《外交政策研究》与《观点》杂志评选为“世界最受尊敬的100位公共知识分子”之一。

今天跟大家交流近两年来宏观经济方面一些有争议的问题，在讨论这些问题的过程中讲一些宏观经济学的基本理论。

一、经济过热不过热

第一个问题当然是经济到底是过热不过热。有一个说法，投资增长很快，消费增长不快，农民收入很低，增长不快，所以不能说经济过热，需求过大。这个观点这些年很流行。

这中间的被混淆的理论问题有以下几个：

第一，需求不是需要。

需求是有支付能力的需要，讲需求讲的是购买力，农民穷不是农民有钱了不消费，是因为农民穷，没有钱，也就没有购买力。但是农民没有购买力不等于整个经济没有购买力，不等于别的人没有购买力，不等于信贷扩张没有使投资者的购买力有了很大的扩大，不等于整个经济的购买力就与我们的供给能力相适应。讲供求关系失衡讲的是总供求关系失衡。讲总需求一定要注意是购买力的观点，农民的购买力来自他的就业和收入，没有就业和收入就没有购买力，这不同于前两年有人所讲的，农民不消费是因为没钱，其实根本的问题从来是农民没钱，没有就业，所以消费水平很低，但是，农民的消费水平很低、购买力很低，农民的购买力只是整个总需求的一个组成部分。这就涉及下一个问题：总需求的构成。

第二，从短期供求关系来讲，投资需求就是最终需求。

总需求包括三个部分，即消费、投资和净出口，可以把政府消费（公共消费）计入 C，如果不考虑进出口，只讲国内需求，那就是消费和投资两个部分。从长远来讲，投资是为了形成今后生产更多消费品的能力，但从短期来讲（宏观经济学的问题都是研究短期的问题），从当前的供求关系来讲，投资需求就是最终需求。投资需求所产生的东西，是若干年以后要用的，但是它在今年就退出了市场，它不像中间产品，中间产品变成了今年的最终产品，而所形成的固定资产投资本身就是今年的最终产品，它在今年退出市场，在今后几年、几十年逐步消费。而且要注意到的是，在我们的投资中，很多属于公共消费品，城市道路、绿化带、公园等，都是这一类。就算是典型的生产性投资品，只要是固定性投资，在今年来讲，它也是最终产品，因此，投资是总需求的重要组成部分，现在占到全国 GDP 的 40%。

在消费正常增长的情况下，投资多增长一块，整个总需求就多增长一点。我们的消费增长说是不快，其实也是每年 8% ~9% 的速度增长（实际增长率，即扣除价格因素），这是一个正常增长的速度。出现不正常增长的一般都是投资增长。

上面讲的是第二个问题，即总需求的结构。分析总需求的时候，不能仅仅看消费需求，现在还是有很多学者一谈需求就是消费需求，整个需求中重要组成部分是投资需求。

第三，在总需求当中，最活跃的部分、波动最大的部分是投资需求。

历来国内外带动经济波动的主要就是投资的大波大动。消费基本稳定，就是在 1997 年、1998 年这个萧条期也是基本稳定的。唯一的低谷是 2003 年的二季度，那是“非典”造成的。到 2004 年二季度又有一个高峰，不过据说那是统计口径调整造成的。

变动最大的部分历来是投资，天下的经济波动主要都是投资波动造成的，宏观经济学分析到最后也都是分析投资波动对经济的影响，当然消费也要研究，但消费研究的是边际消费倾向递减等等。美国最近的经济波动也是由于 IT 产业的投资波动造成的，最近唯一一次由消费带动的波动是在韩国，叫做“信用卡景气”，就是在 2000 ~ 2001 年，韩国银行大力推行信用卡，以各种宽松条件发行新卡，结果出现了用新卡付旧卡账的做法，出现了信用卡泡沫。泡沫一定会破的，现在韩国还在清理这次信用卡泡沫。韩国现在经济增长情况不是很好，如果没有中国经济高速增长带动了对韩国产品的需求，它的经济还是不景气的。所以，天下历次经济波动绝大多数是由投资波动引起的，很少是由消费波动引起的。为什么呢？

一个比较表面的原因是投资往往可以借助信贷扩张，可以比较快，比较大。投资可以取得贷款，消费呢，很大一部分不能得到贷款（比如日常消费部分），只有少部分耐用品消费可以得到贷款（比如住房、汽车、家电等），由于大部分消费品不能得到贷款，所以它比较稳定。而投资贷款波动就比较大。

但是毕竟在总消费中，耐用消费品是所谓的“大件”，如住房、汽车、家电等，往往会在总消费中占据重要的位置，而这部分耐用消费品也是可以得到贷款的。因此，仅以是否能通过信用扩张这一个因素并不能说明为什么消费波动不大，或消费贷款波动不大（最近由于制度缺陷等原因，汽车消费贷款波动较

大），投资贷款的波动却可以很大？这里最根本原因其实在于：人们对消费品能给自己带来的回报（utility），给自己带来满足的预期是稳定的。一所房子，一辆汽车会给自己一生带来的满足的主观判断基本是稳定的，当然也会由于偶然因素影响到自己的偏好（preference）发生变化，但基本还是稳定的，而对投资回报的预期却是会大波大动的。这是最根本的差别。

凯恩斯解释经济波动用的主要因素就是预期波动，他用了一个概念，叫做企业家的“动物精神”（animal spirit）。什么叫动物精神呢？就是今天我高兴了，认为未来非常美好，就加大投资，多数人这么想，市场就开始积聚“人气”。人气是什么意思？那是说光企业家乐观还不行，还得有贷款人、银行家也乐观。银行家要相信企业家所讲的那个美好明天的故事，才会贷款给企业家，投资才能扩张。而今天我又不高兴了，认为前景黯淡，就不投资了，加上企业家的动物精神还会相互传染，大家都不投资，银行都收缩贷款，于是衰退就出现了。

凯恩斯这个解释中非常正确的是投资的大小取决于资本家对投资的预期。这甚至关系到对资本的评价，关系到如何出售国有资产等，但我们这里只讲宏观经济问题。投资的目的是为了未来的回报，而回报的预期是会大波大动的，投资回报的预期波动比消费者对消费品回报的预期波动要大得多，所以需求波动也大得多。再加上投资基本可以用信贷来扩张，所以可以波动得很大、很快。

因此，分析宏观经济情况首先要分析投资的变化，成天只看消费就要出错了。

相关联的，还有很多混淆的观点，比如有人讲现在投资率太高了，消费率太低了，说我们去年的消费率只有50%多，太低了。因此结论是，应该扩大消费，而不是仅仅扩大投资。在宏观经济已经过热的情况下，再要扩大消费率，这个政策会是什么结果？那一定就是更加过热。这种错误观点出现的前提就是对总需求理论上概念混淆。去年的消费率低，不是因为人们没有消费，消费仍以10%的速度增长，而是因为投资增长太快了，消费率才相对下降了。所以，消费率太低不是因为消费太少，而是因为投资太多了。因此，问题是要怎么控制住投资，而不是怎样去刺激消费。如果在经济已经过热的情况下，再去刺激消费，经济不是更热了吗?！所以，对问题的判断将决定最后的政策取向。我们去年的消费率只有50%多，降到了历史最低点，是因为去年的投资增长是历史最高的，甚至高于1992年！1992年的投资增长速度（名义增长率）达到了60%，生产资料价格指数已经到了40%多，扣除价格上涨因素后，实际增长率也就26%多。在扣除生产资料价格上涨因素后，2004年一季度投资增长速度达到了41%，为历史最高点，导致了总需求的扩大。

以上是第一个大问题，过热不过热要看总量，看投资，而不是仅看消费需求。

二、没有通货膨胀是否就没有经济过热

第二个争论是价格不上涨，消费品价格很低，经济就不过热。2002 年刚走出通货紧缩，2003 年“非典”以后，消费品价格更是下降。有人就讲，没有通货膨胀怎么会有经济过热。这里的问题在于，如果总需求扩大的原因是生产投资的扩大，在相当长的一个时期内不会影响到消费品价格。

1. 宏观经济波动首先变动的不是消费品价格，是投资品价格；生产品价格的上涨在相当长的一个时期内不会影响消费品价格

如果总需求的扩大主要是由于投资需求的扩大所决定的，那么宏观经济波动时首先发生变动的不是消费品价格，是投资品价格。2001 年以来，生产资料价格一直上涨，而消费价格基本稳定。那么，生产品价格上涨与消费品价格上涨是什么关系，当前生产品价格上涨是否会拉升消费品价格呢？

第一，生产资料价格的上涨会逐渐影响到消费品价格的上涨，因为会发生“成本推动”。现在可以说正在发生这种情况。

第二，消费品价格要上涨，只有成本上升还不行，需求也要上涨，需求不上涨，消费品价格也很难上涨。成本上升后，如果人们不去购买消费品，那么只是供给量减少，价格也可能不会上升。

人们对消费品的需求怎样才会上升呢？

如果随着投资的增长，就业在增加，工资总额扩大的话（注意，因为我国劳动力非常丰富，一般工人的工资率在短期内不太可能会上涨），消费需求才会增加，这时再加上供给的成本增加，才会有消费价格的上涨。在中国，过去的经验是投资增长 3 ~ 4 个季度以后价格增长才会逐步转移到消费品上。其他国家价格传导机制可能更快一些，这个周期更短一些，因为市场经济较为完善。我们中国 1992 年、1993 年那次过热时，中间就隔了很长的时间，一年多时间过去了，生产资料价格指数已经上涨了 40%，消费品价格还没有上涨，当时有些经济学家就此认为中国经济与其他国家不一样，不会过热。美国也曾发生过类似“高增长，低通胀”的情况，美国人还称其为“新经济”，后来发现一点也不新，也是一个泡沫。

还要看到的一点是，原材料价格上涨，消费需求扩大，也不一定就马上发生消费价格上涨。我国多数消费品过去生产能力是过剩的，全世界都有很大的过剩生产能力，生产供给弹性比较大，受资源限制相对较小，消费品价格上涨在全球

生产能力过剩、消费品价格紧缩的背景下确实不是一件容易的事情。所以，我们这次的经济过热没有高额通货膨胀的危险。但是，到现在也有了4%、5%的通胀率。当然这与粮食价格上涨有关，但是仔细分析一下，粮食价格上涨与投资波动也有紧密关系，投资增长、生产资料（包括农用生产资料）价格上涨以后，首先会导致粮食价格上涨，然后生产资料价格上涨对消费价格的压力才会明显体现出来。

现在一个有争议也是大家正在观察的问题，粮食价格上涨因素消失后，基础生产资料（油、电、煤、水、钢材、水泥等）价格上涨，对消费品价格的影响会不会逐步体现出来？基础生产资料价格，我们可以看到它在逐步走高，生产资料价格指数已经在10%以上了。消费品价格在4%～5%。我个人对此不太乐观，这些生产品价格的上涨，多多少少会对消费品价格产生影响，有些生产品本身也是消费品（如煤、电、水、油等），它们的价格本身就包含在消费价格指数当中。所以2005年我们可能还会有一定的通货膨胀。

还有一些阻碍消费品价格上涨的因素。美国多年来消费品价格没有上涨，其实也是两个因素：技术进步和制度改革。20世纪80年代以后，美国上下对技术进步都很重视，每年有3%左右的生产率增长，导致成本下降。而更重要的制度改革，就是全球化——生产外包，到全世界、到中国去生产，这大大降低了生产成本。生产率的提高和生产成本的下降可能会抵消经济过热时消费需求上涨对最终消费品价格上涨的压力。美国人所自夸的“新经济”，其实就是这么回事，它并没有改变经济规律，它只是各种经济因素的新的组合。

目前，这几个因素也在中国起作用。我们的技术进步和体制改革也在起着压低消费品价格的作用，但这不等于经济没有过热，也不是说没有通货膨胀的经济过热就没有破坏力。但是这却说明了一点，那就是仅用消费品价格指数来判断经济形势，判断经济是否过热，是不全面的，是会犯错误的。

2. 生产资料价格比较容易上涨

为什么生产资料价格容易上涨呢？一方面是我们的投资规模上涨后，对生产资料的需求扩张很快；另一方面是生产资料的供给受资源供给的制约，供给弹性较小。这一次，生产资料的供给不仅受中国的资源供给限制，还受全世界资源供给的限制。并不是说全世界的资源存量不足，而是说生产能力不足。从长期来看，只要各个产业的投资到位、生产能力扩大，供给不成问题，价格也会降下来。但是要新开矿山、新建油田、新增加资源供给能力是需要一定时间的，在这一段时间内，供求之间就有缺口，价格就会上涨。结果就是中国的经济过热导致全球原材料价格上涨，铁矿、铜、钴等有色金属都上涨。石油大概四五年以内的供给瓶颈无法解决，因为过去油价提高不快，各个环节，从勘探、采掘、加工、运输到仓储，能力都不足，要改善这些生产能力，加大投资，需要两三年甚至更长的时间，这段时间内，就会出现短缺，价格就容易上涨。消费品属于制造业，用原材料不多，供给弹性较大。但生产资料，尤其是原材料的产能扩张就难一些、慢一些，就容易出现供给瓶颈，价格也就容易上涨。

3. 观察宏观经济波动要关注投资品价格指数等宏观经济变动的先导指数

所以，要观察宏观经济波动，首先要看投资的波动和投资物品的价格波动。我们从2003年二季度末开始讨论经济过不过热的问题，二季度是“非典”，正是中国经济处于低谷的时期，我们就开始讨论这个问题，为什么呢？就是这些先导指数（投资增长率和生产资料价格指数）显示了经济的过热趋势。当时（2003年二季度末）是什么趋势呢？即使出现了“非典”，投资增长速度不是下降，反而继续提高，从一季度的27%增加到28%，扣除价格因素还有24%，这个趋势就值得我们关注。如果指数现在很高，但已经开始向下走了，那就应该考虑向下走会怎样。反之亦然。所以，要关注这些经济变动的先导指数，由此分析经济变化的趋势。

三、供求失衡的后果

1. 潜在供给能力是判别供求失衡的标杆，是分析一切供求现象的前提

要研究总供求关系是否失衡，首先要研究供给问题，而且首先要研究的概念是“潜在总供给”（potential gross supply）。潜在总供给有两个重要含义：①当前社会的总供给能力或生产能力，总的供给能力中就一定有结构问题，结构问题又会引出其他问题。②如果经济以潜在规模的速度增长，这种增长是可持续的，是供求平衡的增长，也是比较有效率的增长，如果经济增长速度高于这个速度，或低于这个速度，都是动态无效率的。

总的供给能力一定有结构问题，如果某些部门生产能力特别低，会成为整个经济增长的瓶颈，这就要应用经济学的另一个重要原理，就是供求关系、经济结构上通常所说的“短边决定”，也就是由经济结构中最严重的产业瓶颈，决定着总供给能力的大小，形象地说就是“木桶原理”——最短的木板决定木桶的盛水量。任何经济中，都有短边，而且随着需求变化，短边也是不断变化的，我们当前的短边是什么呢？显然是电力供给。不管电力紧张是由什么因素决定的，是个人的错误决策，还是上一个周期过剩的电力供给能力产生了一个“三年不建电

厂”的决定，还是错误预期（没有预期到中国经济到了2000年后，耗能巨大的重化工业开始在全世界有了竞争力，有了高速度的增长），只要电力生产能力在当前是给定的并成为瓶颈，它就是当前总供给能力的短边。电的例子说明了生产能力受结构影响，受瓶颈制约。

理解这个问题的一个关键点是宏观经济学中所说的总供给，是“短期”的，也就是说在一定时期内要假定生产能力是给定的，扩张起来需要时间。从长期来讲，要提高潜在生产能力，是需要投资周期的，建电厂、修煤矿至少要三四年的时间。因此，就当前来讲，供给能力是给定的，在理论上也要假定是给定的。这个潜在能力在短期内是很难改变的。我们在微观经济学讲供求关系都有短期、长期分析，道理是一样的，宏观经济中各个部门生产能力的扩大也有长短期之分。

不过，生产能力是给定的，经济增长率却是波动的，也就是说，并不是一成不变的。这里的道理就在于，即使在短期内，总供给也是有一定弹性的，不是完全没有弹性的，这个弹性就是短期供给曲线的变化，生产能力会在一定幅度内提高或下降。向下有弹性就是指实际生产能力低于潜在生产能力，有闲置的生产能力，存在闲置的设备和失业人口，这显然是无效率的，是浪费。向上有弹性就是实际生产能力高于潜在生产能力，加班加点、过度开采、过度利用、推迟大修，用一切短期内可以调整的办法来过度利用现有生产能力，这也是无效率的。最近煤矿为什么老是出事故，这两年煤矿的设备检修都推迟了，“煤电油运”紧张，中央政府要组织各部门开全国供给大会。交通部为了保证运煤，对运煤车的超载要适当放一马。从经济学角度看，超载是无效率，是私人成本转化为社会成本，属于外部不经济。因此，短期内生产能力也是有弹性的，但是这种弹性本身就是供求关系失衡、经济过热的表现。

所以，要重视潜在供给能力，它是我们分析的标杆（benchmark），是我们分析一切供求现象的前提。

在不同国家、同一国家的不同阶段，潜在总供给是不一样的。比如潜在增长率，美国是4%，上一个季度是3.4%，比较接近4%，为什么呢？生产率增长3%，人口增长1%，潜在增长率就是4%。我国的潜在增长率是8%~9%，我们的投资率比较高，除了技术进步、人口增长，我们的储蓄率比较高，所以我们特殊的潜在增长率现在是8%~9%，过两年又可能是9%~10%，也可能变成7%~8%。所以，潜在生产率是动态变化的。

怎么判断中国目前阶段的潜在增长率是8%~9%？宏观经济学的很多研究，比如TFT（全要素生产）、技术进步的贡献、投资、生产函数都是为了计算经济实体的潜在生产率，因为它是标杆，所以分析经济是否过热，首先要找到这个标杆。

除了各种计量模型，处理各种历史数据以外，从经验上判断，从现象的角度来看，这几年的经验是：如果中国增长率是7%以下，通货紧缩就要来了，9%以上，通货膨胀就要来了。8% ~9%既没有通货膨胀也没有通货紧缩，是理想状态和可持续的状态，所以，这可能就是中国高速平稳增长时的速度。这也是宏观调控的目标。

2. 当前的总供求失衡是典型的总量失衡导致的结构失衡

讲完供给，我们回到总供求关系。过热不过热，我们就看总供求关系。

如果是总需求大于总供给，也就是经济过热，当然首先要看是否出现供给的紧张。这两年，我说判断经济热不热，不是看增长速度有多高多低（速度低也不代表不过热），而是看（比如说）停不停电，2003年全国24个省、市、自治区停电，2004年26个省、市、自治区停电，福建很多地区一星期停5天电，浙江一星期停4天，江苏3天，广东2天，全国大停电，供求关系还不过热？

有人讲，电的问题是我们以前的政策错了，我们要是没有电的问题，就没问题了。如果我们假设中国沿海一天电都不停，开足马力生产，那么，下一个瓶颈是什么？可以想一想，即使我们这样停电，全球的钢材、有色金属的供求关系都因为中国的过量需求而非常紧张（有外电报道，伦敦街头下水道的井盖都丢了，为什么？中国要进口废钢材!），假如中国不停电，全国开足马力生产，那么别说伦敦井盖丢了，纽约的井盖都得丢了。

又有人说了这是结构问题，不是总量问题。当前最大的结构问题是什么？缺钢材、缺水泥、缺电解铝。为什么缺的是这些原料？还不是因为投资规模非常大，大家都要用钢材、水泥、电解铝，开发区、大学城等基础设施建设都要用这些原材料，所以，才有了钢材、水泥、电解铝的短缺，都要上项目，都要用电、用煤，才出现了能源短缺。这次是典型的总量失衡导致的结构失衡。而且，事实上每次总量失衡一定有一个特殊的结构失衡，但因果关系是不同的。

判断是结构失衡还是总量失衡，二者的政策含义差别很大，如果是结构失衡，那么政策调整就不管总量，只去管结构，以调整产业政策为准，去年就是没有下大力气去管总量，只管结构去了，这个不许投，那个不许投，但还是管不住。2003年年中，钢铁行业开了一个全行业大会，论证我们不过热。2003年钢铁投资增长速度是110%多，还认为不过热，说我们投资了这么多，生产能力扩大这么多，价格却还在上涨，利润还在上涨，需求还在上涨，当然不过热。实际原因是投资还在以40%的速度增长，有投资就有需求，这个产业就有利润，就有新增投资，如果根源在总量，而不去管总量，去管行业，当然这些部门不服气，事实上也很难管得住。

即使首先是一个部门过热，如果也引起了总需求的扩大，就可以演化成一个宏观问题。有时宏观经济波动，就是一个部门先热起来的，IT泡沫就是IT产业的扩大，带动宏观经济的变化，形成了一个大的泡沫。历史上的许多周期、许多泡沫，比如汽车泡沫、房地产泡沫、航空泡沫、塑料泡沫等都是一个产业、技术形成后出现一个大的周期。历史上第一个经济周期是荷兰的“郁金香周期”，是一个花导致的宏观经济波动。这次的特点是，一方面，总投资的需求，特别是基础设施部门的投资需求带动了钢材、水泥、电解铝；另一方面，也是由几个部门独立热起来的，比如纺织，因为加入世界贸易组织，大家一致看好纺织产业，于是投资、投资。纺织协会的人统计，有半年时间纺织投资增长速度达到600%，后来发现需求没有这么大，美国、欧盟对我们进行反倾销，西班牙烧我们的鞋，需求不像过去想象的那样无限增长。汽车行业的过热也是相对独立的，一方面是中国人的生活水平提高到一个相应的层次；另一方面是2000年开始汽车消费信贷，也带动很大的需求。因此，即使没有基础设施部门庞大的投资需求，汽车、纺织等部门也会拱起一块泡沫来。

所以，有没有结构问题？有。但有的结构问题本身会导致宏观总量的失衡，都要在宏观上加以调节。但是，无论如何，宏观经济波动第一个现象就是总供求的失衡，可以显示为普遍的通货膨胀，普遍的供给不足，也可以体现为某些部门的具体问题，首先就体现在投资品部门的供求紧张，这是总供求失衡的第一个表现，也是经济过热的第一个问题。

3. 总供求一旦失衡，会加速演进

总供求失衡的第二个表现就是供求关系失衡会加速演进。一旦需求大于供给的缺口形成，从经济内在趋势讲缺口会进一步扩大，如果出现过热，出现通货膨胀，价格越上涨，人们越是“买高不买低”，需求越大，缺口越大，投资也越多，投资越多，需求又增大，价格越是上涨，如此恶性循环。

一旦出现紧缩，出现了供给大于需求的缺口，大家就越不投资，需求就越是不足。一旦看到过剩生产能力，大家就更是不投资，越不投资，需求越下降，价格也就下降。这样，就更不投资，又形成一个恶性循环。

因此，失衡会加大，缺口也会加大。所以，分析宏观经济要看动态趋势，而不能看现在的状况是什么。这种动态关系是我们建模型所缺的东西。一旦在模型中加入T（时间）变量，考虑上一期对下一期的影响，模型就大了，求解就难了。但是，动态趋势非常重要，抑制那些趋势的发展就成了调控的内容。西方市场经济建立后，形成了一些内在稳定器，比如资本市场的价格变化、累进税、期货市场等。即使这样，仍不稳定，以美国为例，也会出现大泡沫。而中国的经

济，很多变量都“变”不起来，比如利率，到现在都还不动，资本市场也不能起到“晴雨表”的作用，现在体制使经济信号根本传导不开，那么现有经济体制中的经济稳定器就更少了。自动稳定器越少，缺口向上、向下放大的效应就更大，是否能够打断变动趋势就成为宏观政策面临的一个重要的问题。

4. 过“热”形成的大量过剩生产能力导致经济过“冷”，导致“硬着陆”，效率损失最为严重

总供求关系失衡的第三个后果，也是更重要的一点，那就是生产能力的过剩和经济危机。如果存在经济过热，总供给能力不可能迅速扩大，那么短缺就会持续一段时间，这段时间这种供求状况就会引起过度投资，形成下一期的过剩生产能力，这是经济过热导致的一切问题中最严重的一个。因此，经济过热的问题不是过热的状态，而是这种过热的状态对未来的影响：当前价格高涨，利润很高，短期内生产能力不能扩大，这样引起投资的过度增长，过度投资就形成了下一阶段的生产能力，生产能力的增长会超过实际消费能力和实际消费需求的增长，形成过剩生产能力。这是真正最让人担心的问题。

以美国为例，在这样一个发达的市场经济实体中，也发生了 IT 泡沫。其中的一个现象就是投资扩大铺设宽带，当时宽带不多，大家对宽带的需求也很旺盛，于是宽带投资增长、相关的设备投资增长。最后发现，铺下去的宽带 100 年也用不完（当然也有人认为是 50 年用不完），这就是过剩生产能力。一旦发现需求增长速度并没有这么快，过剩生产能力已经形成，那么一切投资都会瞬间停下来。宽带服务能力过剩，生产宽带的设备能力也过剩，一切有关投资都过剩了，大家都不投资，经济就开始衰退，新一轮经济周期就开始了。我们的纺织也是这样，加入世贸发现订单迅猛增长，于是预期未来的订单也会这样超高速增长，于是大量投资，以更大的生产能力迎接更多的订单，但单个厂商面临的需求不仅取决于全球市场消费总需求的多少，还取决于其他生产者的生产能力，而其他国家的生产者会想方设法降低对中国厂商的实际需求量。中国纺织品的出口增长到影响国外同行的生计，贸易保护主义就会跳出来阻碍你，限制你的实际需求量。结果，全世界无产者联合起来反对“中国制造”。现在全世界针对中国纺织品的反倾销案件有好几百件。过去几年，我国汽车销售增长速度达到 50% ~60%，就按 50% ~60% 的速度增加投资，结果实际需求并没有这么多，当然当前还有一些短期问题在影响汽车的需求，比如加入世界贸易组织，汽车贷款调整等，但是长期来看，汽车需求也不可能以 50% 的速度增长，今后 10 年最多以 20% ~30% 的速度增长（这也是一个很快的速度了），现在多年按 50% 的速度增加投资，过剩生产能力由此形成。最后，形成衰退，价格下降，通货紧缩，失业增加，社会问题

增多。所以，有的经济学家讲中国经济不怕热，就怕冷，宏观经济最怕的就是冷。没错，但问题是那个冷是怎么来的？一切冷都是因为过热造成的！都是因为过热时产生的过剩生产能力才有了衰退和通货紧缩，有热才有冷。所以，怕冷要研究"冷"怎么来的。所有的经济衰退都是前面出了一个泡沫，前面经济过"热"，所以，才叫经济周期。而且过热时的效率损失比如过度开发、过度生产时的效率损失是小数，真正大的效率损失是"热"时形成的生产能力到了"冷"的时候根本不用，大量设备闲置，这就是"硬着陆"，这是最大的浪费，最大的无效率。怎么来的呢？就是过热时的过度投资导致的，一切宏观问题都是针对这个问题。走出衰退时采取的扩张性政策就是要减少损失浪费，使闲置的机器设备和失业的劳动力运转起来，减少效率损失。以上是供求关系失衡导致的诸多问题。

四、市场经济、经济波动与宏观政策

1. 经济波动不是计划经济的特殊产物，市场经济也有经济波动

有人讲，我们改革了，私人成为投资主体，花的是自己的钱，会在乎投资收益，不会出现过度投资，就让他们自生自灭，不用管他们了。这个观点涉及几个问题：

（1）经济波动不是计划经济的特殊产物，市场经济本身会有经济波动，历史上发生过的经济波动绝大多数是市场经济下的经济波动，而不是计划经济下的经济波动。搞计划经济的目的之一其实是要消除经济波动，当然实际结果是计划经济也没有消除波动，计划者要是出现错误，波动就比市场经济下的波动更大。

（2）计划经济常常伴随国有制，一搞国有制，花的是大家的钱，就出现了投资饥渴，容易出现过热。搞市场经济，私有产权对投资扩张还是有约束作用的。因此，计划经济确实比市场经济更容易出现波动。

但是并不等于市场经济就不会出现经济波动，西方市场经济已经很发达，但还是在波动。

2. 要不要政府调控

现在有种极端的说法，就是不要政府管经济。对此，我们不做理论论证，只需要回顾一下历史，1930 年以前，人类市场经济中从来没有政府，从来没有宏观调控意义上的政府，从来没有宏观经济调控政策，所以，1930 年以前可以说就是无政府的年代。当时是一个什么样的历史状况呢？从 18 世纪、19 世纪直到 20 世纪初，七八年就来一个循环，叫做商业周期。经济危机频繁发生，两三年

的投资、过热，然后是两三年的危机，然后是两三年的萧条，危机时期典型现象就是砸机器、倒牛奶。这些年我们也砸了机器、倒了牛奶，砸的就是纺织机，3000 万锭砸了 1000 万锭，前两年乳业波动时也倒牛奶。为什么砸机器、倒牛奶呢？强制消灭过剩的生产能力，通过危机的方法消灭过剩的生产能力，实现供求平衡，使经济重新增长。到了 1929 年全世界经济大萧条，就不仅是砸机器、倒牛奶，就什么都砸了，消灭了全世界 50% 的生产能力，最后才实现供求平衡。以上就是无政府的市场经济。历史上很多思想家和伟人都在思考怎样解决这个问题。社会主义、计划经济怎么来的，就是因为无政府主义下经济周期问题太多，马克思和恩格斯就是看到七八年来一次的砸机器、倒牛奶不像话，看到这些芸芸众生搞的无政府主义不像话，就设计了计划经济和社会主义制度。

资本主义也在寻求解决这个问题的方法，1930 年大萧条以后，产生了凯恩斯主义，搞宏观政策，基本想法是什么呢？就是保留私有制和市场经济，但要搞宏观调控。宏观经济就是这样产生的，它是建立在经济波动、经济危机的基础之上的，是有了大萧条以后才有了凯恩斯的宏观经济政策，才有了格林斯潘在那里调控利率，发达市场经济国家都有宏观调控。没有宏观调控，回到原始市场经济，七八年来一次?！我们现在建立市场经济，有后发优势，其他国家几百年试错后总结出来的宏观经济政策，我们可以拿来就用，少了很多损失，可以加速增长。现在却还有人提出不要这些政策，要从头走一遍。很多人唱自由市场经济高调。在国际会议上常常有人讲你们不用宏观调控，你们的企业需要经历这些市场波动，优胜劣汰，才能成长。我作为中国经济学者不能这样说，我们可以放任中国市场，让它波动，但是在中国运行的不仅仅是中国的企业，包括你们经验丰富、老奸巨猾的跨国企业，它们都经历了几百年的市场波动，经验非常丰富，还有钱雇首席经济学家。企业的经济学家干什么？就是研究宏观经济（包括产业经济），防范经济波动和市场风险的。我们中国都是弱小企业、中小企业，是第一代企业家，对风险没有切身体会，好不容易经历一次亚洲金融危机，也只是看看别人受罪，我们自己还没有成熟的风险应对机制，要是让中国大波大动，优胜劣汰的话，首先淘汰的就是中国企业。大家只要观察在波动中各种企业的行为，就能看出有经验和没经验的区别，有市场波动意识和没市场波动意识的区别。在一个市场经济初级阶段，各种机制还不健全，企业家没有应对市场波动经验的情况下，不要宏观调控，肯定会出大的危机与萧条。

3. 什么时候调控

第二个问题就是什么时候进行调控？现在还有人在讲，中国经济还没有太热，你让它热一热再说，你不要着急。去年讨论经济过热的时候，就有企业家抗

议，我们刚过两天好日子，你们这些书生就谈论过热。这里要讲清楚一个问题，就是宏观经济政策干什么？宏观经济政策的目的就是熨平波动，减小波动的幅度，如果已经到了波峰，还需要政府来调控吗？很多人反对宏观调控的理由其实就是政府行动太慢，总是到了高峰的时候再调整，常常是雪上加霜，不仅没有熨平波动，反而放大了波动，这就是政策滞后。宏观经济调控最怕就是太慢、太晚，就是怕等到经济再热时才行动。要熨平波动，一个重要前提就是早早采取行动。就是要在经济还没有热起来，趋势刚刚形成的时候，就要采取行动，开始反周期操作，才能实现微调，实现"软着陆"。所以，要看趋势，在通胀趋势开始形成之时就要讨论降温，早早采取行动。这次宏观形势之所以比较乐观就是因为政府行动相对快一些。我们以经济学者谈论经济过热，到政府采取实际政策的时间为标准来测度政府的政策后滞，这次"后滞"是 3 个月。我们是在 2003 年 6 月开始讨论这个问题的，货币当局在 9 月就采取了紧缩政策，调高储备金率等，10 月开始清查开发区，清查违规用地，力度不大，但起了相应作用，12 月到 2004 年一季度就采取更加严厉的措施。所以，这次相对来讲，还是没有太热，如果以 42 度算最热的话，中国经济在 38 度就开始采取降温措施了，不到 39 度，就开始降温了，政策上讲也不用大动干戈了，如果到了 42 度，可能就要打针动手术了，38 度吃点感冒冲剂就管用了。总的来讲，这次过热不是特别严重。

20 世纪 90 年代初的过热调控大概晚了 1 年半到 2 年，产生过热迹象到政府采取紧缩措施，已过了 1 年半，就热得厉害，增长率到 14%，通货膨胀率达到 22%。那是新中国成立后最高的通胀率，当时就是迟迟没有采取调控措施。其背景是邓小平同志南方谈话刚完，"发展是硬道理"，大家都不敢搞宏观调控。

进一步的问题是如果经济下滑，也要早早采取行动，上一个周期的重大失误就是通胀时的调控晚了 2 年，后面对付紧缩时的政策又晚了 2 年。什么意思，1995 年底宏观调控就已经到位了，1996 年就应该调整政策了，但当时把紧缩性的控制总需求当成了一个长期国策，一直到 1997 年 10 月，中国人亲眼看到了通货紧缩，看到了价格指数的绝对下降。到了 1998 年初才开始实行扩张性的财政政策，开始扩大内需。这样，前面晚 2 年，后面又晚了 2 年，20 世纪 90 年代整个一个大波动，损失很大，大在哪呢？我们看看最实际的问题——就业问题（这也是中国未来最大的问题），80 年代中国非农就业增长平均每年 1700 万人，现在每年创造新增就业 1200 万人，90 年代经济过热时，每年创造就业 2000 万人左右，但是在萧条期大幅下降，最后算总账，整个 90 年代每年新增就业人数平均每年仅 800 万人，刚刚够解决城市人口的新增就业，所以，90 年代农民进城获得的就业靠的就是国有企业职工下岗，国有企业下岗 2500 万人，农民进城了一部分，这个大的波动造成了大的效率损失，成果就少（当然改革需要危机，萧条也推动了改革)。

成功的宏观调控还会出现一些假象。假设调控非常成功，国内投资从20%以后都没有了，就往下走了，那么就看不到经济波动本身的结果，就会认为没有经济波动了。甚至得出一个反面的结论，就是因为宏观调控才导致经济下滑。因为宏观调控，银行坏账开始增加，失业开始增加，等等。这就成了经济下滑是政府调控的结果，因为政府采取行动，经济下滑了，于是银行坏账开始增加，失业开始增加。在国际会议上也有人问道，你们失业很严重，如果宏观调控，失业增加怎么办？但这里的问题是，假如不调控，让经济继续热下去，最后会有多少失业？最后会有多少过剩生产能力？会出现多大程度的衰退？经济学研究的永远不是十全十美的方案，而是可替代的方案！替代什么呢？调控的替代方案是什么？就是不调控，不调控就是经济的大波大动，是更多的坏账、更多的失业、更多的中小企业破产。过剩生产能力背后是一批企业，消灭过剩生产能力就是消灭一批企业。中国一搞宏观调控，中小企业就受到影响，这是中国特有的制度原因，一缩紧银根，就没有一大批中小的、地方的、民营的银行为一大批中小的、地方的、民营的企业服务。结果，一搞银根紧缩，中小企业首当其冲，受到影响。但是，如果调控及时，经济波动没有发展起来，这些企业受到影响，还不至于破产，如果经济大波大动，那么从市场规律来讲，首先破产倒闭的也肯定是中小企业，大企业有一万个方法抵御危机，抵御能力比小企业强。如果政府放任不管，那么现在经济增长速度可能是14%，可能更高，那么泡沫越大，萧条时间越长。日本就是现实的例子，泡沫破灭，15年还没有缓过来。如果不采取有效的措施，使经济平稳增长，那么损失更大。但是，早采取行动，经济没有大波动起来，小的波动罪过都加在政府头上了，大家都看不到另一个可能性（alternative）了。我们经济学家要揭示的就是这个“另一个可能性”，要解释如果不采取宏观调控政策，会出现什么样的结果。所以，搞宏观调控的机会成本是大萧条，中国很可能陷入大萧条，如果不想出现这种局面，只好痛苦做出现在的选择，就避免不了大的调整。以房地产为例，我不认为中国房地产有很大的泡沫，在这次经济过热中，它发展却基本正常，2003年很多部门投资增长50%以上，房地产投资增长只有26%，跟前两年基本持平。为什么说26%是正常速度呢？这是因为这些年我们引进了住房贷款制度，这种一次性的制度调整使中国消费需求上了一个很大的台阶（这个调整不是简单的政策调整，它是一个制度调整），这个调整使我们的需求转向，对住房的需求开始增长，导致需求结构有很长的调整期，在这个大约持续10年的调整期内住房贷款在总贷款中的占比会不断增加，那么房地产以20%左右的速度增长就是正常增长。它发没发生过泡沫和问题呢？已经发生过了，由于住房贷款制度的出台，2001年、2002年住房增长速度很快，到2002年

下半年出现了一些泡沫：空置率提高，坏账增加。因此，2003 年初，央行出台 121 号文件，房地产业那时恨之入骨，群情激愤，群起讨伐，骂得狗血喷头，因为所有房地产商的利益都受到影响。骂完了，现在回头一看，由于大家都做了调整，泡沫就没了，虽然受了影响，但这两年来，没有听说卖楼盘的事情，也就是中小房地产开发商没有倒闭，都挺过来了，而且有了更大的发展，这就叫“软着陆”。这就叫调整得比较及时，这个政策有很多无法操作，也许有蠢的地方，但是，它基本方向是对的，达到了政策的目的，这就是早调控的结果，较好实现了“软着陆”。

4. 宏观调控永远应该是一个短期政策，要相机抉择

这是第二方面的问题，要不要调控？什么时候调控？调控一定要早，可以小步调。宏观调控永远是短期政策，永远是“相机决策”，永远不是一个“永远要采取的政策”。宏观经济问题本质上是短期问题，是在给定供给能力的前提下，对供求关系进行调整，防止经济波动，其目标是长期的稳定，动态的效率，但是它要处理的问题是如何熨平短期的波动。永远要相机决策，永远要随时调整，以前讨论五年计划、财政淡出等，你怎么知道明年就不要做相应调整呢？宏观调控永远存在，调控的方向和力度，2004 年、2005 年就可能有很大的不同。绝对不能有长期的固定不变的宏观政策。一年可以调个十次八次，及时微调，及时才能微调。

5. 调控手段：市场手段还是行政手段

第三个问题也是争论最大的问题，就是怎么进行调控？怎么用市场手段？怎么用行政手段？

确实现有的制度设计，使政府最容易想到行政手段，不会用、也不习惯用市场经济的调控手段。近两年也确实出现了过度采用行政措施的状况，但是，中国现阶段也还确实需要采取行政手段，是因为对于中国某些行为主体而言，只有行政手段才起作用（effective），市场手段不起作用。有人讲，我们应像格林斯潘那样调整利率，运用经济变量来控制经济。可我们很多行为主体连本金都不还，调整利率又起什么用?！采取行政手段是因为经济主体中还有大量行政主体，采取市场手段调控，它们根本不会做出反应。地方政府、国有企业、国有银行在很大意义上都是行政主体，它们还是会在一定程度上不考虑预算约束和盈亏平衡。现在比较难的是我们既有一批行政主体，又有一批市场主体，那么采取行政措施会伤害市场主体，采取市场措施，对行政主体又不起作用。这是过渡时期双重经济体制下的特殊困难，但现在还不能不用行政措施，不能“唱市场经济高调”，正

确的提法应该是不断改革，创造市场经济的机制，创造市场经济的环境，创造市场调节手段得以作用的制度，才能最终采取经济手段来调节经济。

有人又据此提出，我们通过改革实现经济稳定，这句话往长了说，是对的。但是改革是长期的事情，而宏观调控就是短期的事情，当年就得把供求紧张关系给缓解了，把需求给降下来，等着改革，靠改革稳定宏观经济，要猴年马月才行？比如土地问题，使用的是行政措施，而且体制都变了，土地审批权又集中到中央（re - centralize），回到省级。先用行政命令要求半年不能新批用地，最近刚解禁。一解禁，制度变了，以前县一级批地，现在要到省一级批地。这是什么道理？这里面有深层次的制度原因（不仅仅是经济原因），中国几千年的中央集权制度，中央集权就是地方政府对中央负责，也由中央任命，不是地方自治的民选政府。只要中央集权，几千年的政治智慧的结晶就是干部要轮换，待太久要么是地方割据，要么是腐败。可以搞轮换就决定了每一届地方政府都只有 5 年的任期，只管 5 年的事情，就会行为短期化，抓眼前利益，就会尽力把地都批出去，换来更多的钱，干更多的事情，下一届政府有没有地批，怎么换钱都不是它的事了。地方政府批了地可以搞建设，开发商得到地后就去银行贷款，土地是银行贷款扩张的基础，国土资源已经成为宏观变量了，然后就拼命批地来换钱，钱再用来搞建设。现在全国都是要把 20 年的地批完，要把 20 年的事情集中到这 5 年来做。城市化、大都市，长远说对不对？都对，都是为了地方的发展，可都集中到这 5 年完成，结果一方面投资规模过大；另一方面这些地粗放使用，没有集约化经营。开发区都是花园式的开发区，大马路，小楼房，甚至还送地，于是大家都在拼命圈地。只要当前有现金流，地方政府就会如此行为。这是中国几千年的政治制度所致，一个几千年文明的大国要搞市场经济，制度是中央集权制，这是一个客观现实。要通过改革把中央集权制给改了，再追求宏观稳定，猴年马月的事情了。所以，现在将土地重新中央集权化是有一定道理的，这与中央集权制的政治制度相兼容。长远来讲，你要想地方自我约束，就要改政治制度。我们很多制度与这个制度有个相互兼容的问题，不兼容，就会出乱子。大家还在讨论地方政府能否发债。地方政府不是一个行为主体，不是一个自负盈亏的行为主体，发债了谁来还钱？中央政府还钱？这样会导致宏观经济波动，所以，在《预算法》中规定地方政府不能发债。但是，虽然在财政上管住了地方政府，金融分权又出问题，又把银行的决策权收回，进行金融集权管理，接着又把质量监督、纪律检查、工商管理都一统到底，最后就是土地管理一统到底。这是一个制度兼容的问题，这是本次宏观调控所表现出的一个新问题，是一个有意思的、值得探讨的问题。在目前的政策体制下，收回来是有兼容性的（concurrence），相互体制不协调就出乱子，但是长远的发展肯定是分权，我们这么大一个国家，如果一直搞中

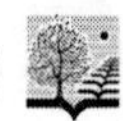

央集权，肯定是大的无效率。所以，现在为了克服宏观波动的无效率，又出现其他方面的无效率。确实要通过改革来进行机制调整，但是在改好以前，在过渡时期，运用有些行政手段进行调整还是必要的。所以，不能唱高调，不能脱离中国的制度环境讨论政策措施。

当然这里会有一些过分的东西，例如打一个电话，要求全国一个星期不能贷款。当然政策制定者也没有认为这是一个好的东西，所以，仅仅是打个电话，他连文字都没有留下，将这作为紧急措施来运用。还有一些有意思的现象，说明政府也是不得已而为之。发改委2004年4月刚清查了铁本事件，7月公布了投资体制改革的方案，从此以后私人投资就不管了！因此，用行政手段来调控宏观经济，会有一些效率损失，但是要看到，宏观调控的目的是追求动态效率，它也许会损失一些其他方面的效率，这要通过其他方面的改革来克服。经济学上要求有一个问题就要有一个政策来处理，不能指望一个政策解决多个问题，也不能要求一个政策不损害其他方面的效率，没有其他方面的影响（side－effect），当然要减少其他方面的影响。不过在分析宏观经济问题的时候，先要把经济学讲的其他效率问题都抽象掉，仅仅讲动态效率问题。这类同前两年政府扩大内需的政策，有人质疑政府花钱跑冒滴漏，效率损失很大，上的项目不对又夹杂腐败。但是抽象地从宏观动态效率的角度看，无论怎样花钱，只要钱花在中国，就扩大了内需。当然我们要从投资体制改革、干部制度改革这些方面来约束宏观经济调控政策的负效应。但是在体制没有改好之前，不能看到经济下滑，不采取任何政策，那才是政府的错。想象一下，政府已经做了很多坏事，在经济波动时，见死不救，不提供它应该提供的公共服务，那就是一个更错、更坏的政府，宏观调控是政府的职能，如果它不执行这个职能，其他职能又没执行好，就是一个更失败的政府。

结语

中国经济经不起大波大动，需要一个长期稳定的发展，使企业都有发展的机会，使经济水平提高，使就业持续增长。我不同意让市场经济自由波动，实现所谓的优胜劣汰，弱肉强食。我们是落后的国家，有人压着我们，我们又有后发优势。我们明知道自由放任下去会有什么样的结果，还愣是走下去，不利用可以利用的后发优势，这是傻！有人压着你还这样做，这是错！如果不平稳增长，差距就更大，中国这样波动折腾几十年，就更完了，更没出路。

当然，怎么调控，怎么做得更好，包括怎样使有些变量变起来，让行政手段和经济手段更有效地结合起来，都是值得研究的问题，尤其要关注某些利益集团能拿到贷款，就反对利率调整的做法，这些都是值得探讨的问题。

宏观经济要稳定增长，靠市场自发波动是实现不了的，因此当前的体制环境下，行政干预是不可避免的。当然，随着政策制定者、参谋者、执行者对宏观经济学更加了解，在政策执行的时机选择上，在具体政策组合上，都会有不断的改进。

现在有些教科书是在发达国家背景下写的，我们看这些书要想想这些书写成的背景是什么，它们几百年来是怎样走过来的？同时要区分它们与中国市场经济发展阶段的差异。现在宏观经济学教科书讨论的很多问题和提供的政策选择，比如财政政策、货币政策、货币规则都是市场经济很发达、很完善的西方国家的规则，它们已经不需要采取其他手段，只要控制住几个经济变量就可以调控宏观经济了，但是它们仍然出了不少问题。全球化的背景下，落后国家有很多特殊问题，这些发展经济学讨论的问题又和宏观经济学搅在一起，只有理解这些问题，才能全面理解我们面临的很多现象和特殊问题。

整理人：钟宏武

（文章来源自《学术讲座荟萃》第22辑，2004年12月2日）

中国国有企业渐进式改革：历史、现状与展望

郑海航

郑海航

男，1945 年生，山东潍坊人。1968 年毕业于中国人民大学，1978 年考入中国社会科学院研究生院，攻读并获得该院首届经济学硕士、经济学博士学位。

1981～1997 年在中国社会科学院工业经济经济研究所任研究室主任、研究员、博士生导师，主编《中国工业经济》，其间两次赴日本明治大学作高级访问学者。1997 年 10 月调任首都经济贸易大学副校长，兼任《经济与管理研究》、《首都经济贸易大学学报》主编、工商管理学院学术委员会主任、教授、博士生导师。主要社会兼职：中国企业管理研究会副会长，中国工业经济学会副会长，中国企业联合会常务理事，全国企业管理创新成果评审专家，首都企业改革与发展研究会会长等职。

主要研究方向为产业组织、企业组织与现代企业制度。

代表性学术成果：《国有企业亏损研究》获首届“蒋一苇企业改革与发展学术基金奖”和“孙冶方经济科学基金奖”；《中国企业理论五十年》、《中国企业家成长问题研究》分获第六、十届北京市哲学社会科学优秀成果二等奖和教育部人文社会科学优秀科研成果二等奖。

2001 年被评为“北京市有突出贡献的科学、技术、管理专家”。

我的 PowerPoint 上打出的职务是中国企业管理研究会的职务和首都经济贸易大学的职务，实际上我最重要的、最基本的一个职务是中国社会科学院研究生院的教授和博士生导师。1978 年，我考入中国社会科学院，很幸运地成为中国社科院第一届硕士生。今天很高兴能坐在这里，同我们院的博士、硕士生们一起讨论我这 20 多年来经常研究的一个问题——国有企业改革。

大家在看到这个题目——“中国国有企业改革历史、现状与展望”后，不同的人可能会有不同的反应。年龄大的老同志可能会因为经历过，所以感到很亲切；而一些年轻的同学可能会觉得这个题目没有什么意思。但是在我看来，“酒是陈的香”，回顾一下历史对指导我们的现实还是会很有启示的。

现在经常有人在议论这样两个问题，一个是如何评价中国过去的国有企业改革情况；另一个是怎么评价我们正在进行的国有企业改革，特别是我们国有企业的产权改革。

大家知道，前一阶段香港中文大学的郎咸平教授对我们一些上市公司的问题、MBO 问题提出了质疑，由此引起了一场人们都很关注的争论，有人称“郎顾之争”、“郎周之争”或者是“郎咸平风波”。我在人民大会堂主办了一场“当代经理人的成长、企业百强排序大会”，请郎咸平和一些与他观点相对立的学者来演讲。中央电视台的“对话”节目主持人来主持了大会，他说目前在中国理论界是“郎烟四起”。对于这场争论，不同的人有不同的看法。其中有的学者说，当前是产权改革，或者说国企改革最危险的时候，说中国正处最危险的关头，就像当时叶利钦在俄罗斯实施全盘私有化，造成一塌糊涂的那个时刻。当然也有的学者认为这是耸人听闻，不符合现实。这里而不管什么观点，都涉及这样一个问题“怎么评价国企改革，怎么评价过去的和现在正在进行的产权改革”。我个人，作为一个学者的看法有三句话。第一句话是“来之不易”，我们过去和现在取得的成绩来之不易；第二句话是“问题不怕”，我们存在问题，但是我们不怕，这些问题是在前进中的；第三句话就是“坚定不移”，坚定不移地按照党的十五届四中全会和党的十六大所确定的国有企业改革的方向，坚定不移地走下去。

从这些问题出发，我想结合我们的历史和现实，介绍一些情况，给大家讲一些故事，同时也谈一下我自己的一些看法。不用再介绍了，刚才主持人已经介绍了，1978 年我在中国社会科学院工业经济研究所读研究生。我的导师蒋一苇对我说："你在国有企业工作了 10 年，你就研究企业问题吧!"当时我们 20 多个研究生，分成两部分，一部分学工业经济，另一部分学企业管理，我就分到了企业管理，跟着我们所长，也就是我的导师蒋一苇从 1979 年开始一直研究和参与国有企业的改革。我想着重讲述三个大的方面：一是历史回顾；二是国有企业经过这样近 30 年的改革，所取得的成就和现状；三是对今后深化改革的一些看法。

一、中国国有企业改革的历史

大家知道国有企业改革是从 1979 年开始，当时赵紫阳在四川首先进行了"百家企业扩权试点"，当时蒋一苇导师带领我们满腔热情地去四川，参与和进行调研，并对"扩权"改革进行宣传。"扩权"是什么意思，现在已经很清楚，但是在刚刚改革的时候并不明确。权本来就是企业的，应该还给企业。但是当时，权都在政府手里，要政府把权力拿出一部分让给企业，对政府领导和部门来讲，就像割他们身上的肉，因为权力包含着钱、资金，等等。所以这个矛盾一开始就非常地激烈。从四川调研和开展"百家企业扩权试点"回来之后，《人民日报》邀请蒋一苇导师在《人民日报》发表了一篇特约评论员文章，题目叫做《要勇于跨出经济体制改革的第一步》。这篇文章蒋老师自己也很赞赏，也是一篇突破性文章。国有企业改革从 1979 年起，已经有 25 年，但是学术界对问题的研究并不是从 1978 年、1979 年突然开始，对国有企业的体制和中国的经济体制的思考实际上还要再上推 25 年，也就是 20 世纪 50 年代。所以我带领我的博士生做了一个课题，叫做"中国企业理论 50 年"，讲 50 年企业理论的发展。这个课题作为专著，获得了北京市二等奖和教育部的全国人文社科二等奖。当时我提出了一个观点，力求尽量客观地概括中国 50 年来政界、学者们对国有企业改革思路上认识的推进和突破。我把它概括为三个时期：第一个时期是 1979 年以前 30 年，叫做"朦胧期"；第二个时期叫做"探索期"，从党的十一届三中全会以后一直到 1992 年，可以说是摸着石头过河的 13 年；第三个时期叫做"突破期"，也就是从 1992 年召开党的十四大，确定了社会主义市场经济体制框架，1993 年召开了具有历史意义的党的十四届三中全会，制定了关于建立社会主义市场经济体制的决定以后，一直到现在。现在党的十六大又制定了完善社会主义市场经济体制的决定。1993 年这个决定第一次非常明确地提出了建立现代企业制度，所以是一个重大的突破。下面我想就这三个时期简要地给大家介绍一下国有企业改

革理论的发展。

首先是“朦胧期”。“朦胧”是我起的名字，当时中国社科院和北京市哲学社科规划办有人问：“共产党领导还能朦胧吗?”我说：“不要上纲上到那儿，我的意思是说，在国有企业改革应该怎么走方面，我们的认识经历了由糊涂、朦胧到清晰的过程。”“朦胧期”中，国有企业改革缺乏系统的理论做指导——实际上不能叫改革，应当叫思考，可以说没有找到一个明确的方向。这个时期，最高领导人毛泽东同志带领的各级领导和理论家针对国有企业乃至整个国民经济缺乏活力的问题进行了思考。在毛泽东的主持下，曾经尝试进行过经济体制两次大的主要调整。为什么进行这种调整？是因为毛泽东他老人家认为这种体制存在问题，苏联高度集中的计划经济体制有问题。所以我们在进行思考的时候，首先要考虑一个本原性的问题，就是为什么要进行改革？为什么要进行经济体制改革？为什么要进行国有体制的改革？这就涉及对原来经济体制的一种评价，也就是对原来高度集中的计划经济体制的评价。

在改革的时候，许多学者包括我自己，从1978年读研究生开始，连篇累牍地评价高度集中的计划经济体制所存在的一系列弊端，例如说“大锅饭、铁饭碗把人养懒了，没有积极性”等。其实任何事物都是有其两个方面，有它利的一面，也有它弊的一面。高度集中的计划经济体制应该说是有好的地方，尤其表现在战争爆发时期和初创时期。大家知道，我们在1953年抗美援朝结束后，实施了第一个“五年计划”，那时候中国真是一穷二白，连罐头的铁皮都不会造，更不用说造汽车、飞机。我们就是通过高度集中的计划经济体制，在第一个五年计划内，全国人民勒紧腰带，节衣缩食，从苏联引进和购买156个项目，然后可以说三五年之内，就在中国一穷二白的基础上，建起一个初步的、近代的工业体系。过去不能造汽车，现在有解放牌汽车了，过去不能造飞机，现在有飞机厂，也能造飞机了，这就是计划经济体制的一大功劳。我们不能因为需要批判计划经济体制，就把它说得一无是处。我们在建立计划经济体制的时候，初衷是非常美好的。我们建立高度集中的计划经济体制，把所有的生产资料收归国有，依据是我们老祖宗马克思的理论。但是，马克思的理论是针对他那个时代——19世纪中期。马克思是在1856年写下了《资本论》，在《资本论》中建立了科学的研究体系，并且在理论中充满了对无产阶级的感情——特别是机器大工业那部分。当时经济学相关专业一定要读协作、工场手工业、机器大工业关于企业从头到尾的发展以及它们内在的关系。关于机器大工业引用了大量的资料，当然这些材料可能并不是马克思老人家亲自去调研的，因为没有这么多的时间，但是马克思引用了大量的第二手材料。这些材料有点像我国20世纪80年代的部分乡镇企业，现在电视还经常播出的小煤窑。那种草菅人命、乱用童工和压榨妇女，非常残酷的、血淋淋的。为什么使用童工呢？因为引进了机器，机器不需要力气，简单的操作即可，成年人就没有了优势，而在工资方面，成年人是 2 先令 6 便士，而用童工是 1 先令 6 便士，这样就大大降低了成本。资本主义初期的原始积累的血淋淋的场面和镜头，给了马克思非常深刻的印象，因此他讲“资本从头到脚每一个毛孔都流着血和肮脏的东西”。这反映了什么？反映了马克思对资本主义社会非常深刻的分析和痛心疾首的批判。他依据了当时的空想社会主义思想作为他的理论基础，在这样的基础上加上马克思的科学分析，使空想社会主义变成了科学的社会主义，他所设想和创造的都是非常美好的东西。不仅马克思所处的那个时代资本主义存在这样的弊端，现在的资本主义社会同样存在这样的问题，例如物欲横流、假冒伪劣、尔虞我诈、坑蒙拐骗等，这些都是客观存在的。在这种情况下，马克思提出了怎么解决社会名义上平等，但实际上不平等的问题。针对资本和劳动分离的情况，马克思提出了怎样使生产资料和劳动者结合的问题。他认为解决了这个问题，就解决了资本主义的一切不平等问题，因此他主张无产阶级夺取政权，把全部生产资料收归国有。然后统一对社会进行计划，使劳动和生产资料直接结合。

这个设想是非常好的，列宁和斯大林等首先进行了实践，紧跟着毛泽东也领导着中国共产党进行了实践。但是理想归理想，路还是要一步一步地走。现在我们还没有达到这个阶段，要达到这样一个理想的社会——由物统治人，变成人统治物，以人为本；由物欲横流、道德沦丧变成精神文明统治着整个社会和人心，要经历一个长期的历史过程，所以中国共产党经过大量的挫折之后，总结了教训，回过头主张发展社会主义市场经济。我们讨厌物欲横流、讨厌物统治人，但是目前在社会主义市场经济中还要承认它，还要允许它存在，因为我们必须要经历这样一个过程。也就是说，高度集中的计划经济体制也是有深厚内涵的，依据了马克思的理论以及列宁和斯大林的实践经验，而不是毛泽东等领导人一时的头脑发热。如果把这个过程放长了，那么不仅是美好的，而且是非常科学的。高度集中的计划经济体制，在我们批判其弊端的时候，还要看到它有利的方面和长远的科学性。我去韩国考察的时候，韩国的教授十分迷惑，说：“你们为什么总批判高度集中的计划经济体制，我们还很羡慕你们，你们的经济发展得这么快，是不是因为你们既借用了市场经济的优越性又发挥了共产党政权的集中统一的优势，所以你们才发展这么快？”我说你们韩国过去实行的也是高度集中的体制，不过是在卢泰愚、金泳三和金大中时候才开始过渡到民主体制。他们的教授这样回答：“我们通过这几年实践发现，我们从独裁体制过渡到民主体制从时机上看，有些早了。”我问你们应该晚几年？再晚 10 年？他说：“晚 10 年太多了，如果当时再晚三五年，韩国的经济发展会更厉害。”可见，在不适时的时候，如果过早

地把集中或者说独裁体制一下子过渡到民主体制，那么在得到了民主带来的收益的时候，会付出一大块民主的成本。我在韩国大学考察的时候，正好赶上他们行政人员罢工、游行示威。校长会见我的时候，我说："你们学校的行政人员有着很强的敬业精神。晚上给他们做报告的时候，晚上 9 点多钟，他们全在办公室，我一进办公室，他们马上就笔直地站起来。现在他们的敬业精神和在罢工当中所产生的活力反映了你们的体制还是很有生命力的。"但是对于罢工，校长还是很恼火的，他说："感谢郑校长的赞扬，不过就罢工而言，我们倒还是希望把罢工送给你们中国吧！"

我们在思考问题的时候，一定要一分为二地考虑，高度集中的计划经济体制是有利也有弊的。但是今天的主题是讲计划经济体制的弊端，因为如果没有弊端，那么我们就不用改了。计划经济体制的弊端不是暂时的，而是一个制度层面的问题。1956 年我们把计划经济体制建立起来了，但是建立起来以后，却发现经济缺乏活力。经济没有了活力，整个经济就很难发展了。毛泽东非常着急，因为当时的目标是"改变一穷二白，超英赶美"，这样他就一直在思考这个问题。年轻的同学可能不了解当时政府对企业高度控制的程度，如何把企业当成附属物和算盘珠子，我给大家举一个我亲身经历的例子。我在 1978 年上研究生之前已经大学毕业 10 年了，在这 10 年里，首先插队锻炼了一段时间，然后就被分到了一个军工厂。国有企业本来就是高度集中的，而军工厂更加高度集中。我从一开始基建就进厂，一直到大批量生产，后来 1978 年考上研究生。那时候没有奖金，奖金是修正主义，我上研究生以后才有奖金，奖金一个月是 10 多元，这对工厂工人来讲是非常多的一笔钱，因为一个月工资才 38 元。我大学毕业后，北京工资 46 元，那里 43 元。企业在基础建设的时候，有些设计不完全合理，有一个车间少一个厕所，计划处就提出要再建一个厕所。后来总工程师就说："不行！你们要增加厕所，必须要经过兵器工业部批准，否则就是违反纪律，我总工程师也要受处分。"在那个时候，我们可以看到，企业连建一个厕所的投资权力都没有。直到 1979 年，我们厂的劳资处长到北京来看我。我问你到北京来干什么？他说："我到部里来审批加班费。"一个企业的加班费必须要到部里来批准，大家想想，这样的企业能够叫做企业么？难怪改革开放以后，日本一个著名的经济学家小宫龙太郎，在中国转了一圈以后，说："中国没有企业，有的只是制造工厂。"其实这一点没有冤枉我们，因为中国的企业也仅仅是起到了制造工厂和制造车间的作用。在这种情况下，整个企业包括部级的企业、副部级的企业，企业的厂长可能调到部里当副部长，甚至当部长，尤其是大企业。当时就企业的经营权来讲，企业厂长只算得上一个车间主任。因为当时国家对国有企业实施的是"统收统支，统购包销"，企业什么都不用管，只管生产、只管制造就可以了，制造的所有的东西都“统购包销”，并且所需要的所有资源都是由政府提供，“人财物”都是由各个部门下达给企业，例如财政部、物资部、劳动部。这是部属企业，是重点保证的大企业，而普通的企业，要什么没有什么，没法生产，只能是等着。改革开放以前就是这样的一个形势，这样就造成了整个经济没有活力。大家知道的解放牌汽车，在当时不要说个人，就是哪个单位想要买一辆解放牌汽车，都要经过层层审批。当时我们工经所蒋一苇所长除了研究方面很了不起以外，并且创建了一个出版社，也是中国社科院唯一的一个所属出版社。别的出版社都是院里管的，但是他的这个出版社是所管的，并且是国家级出版社。出版社当时需要一辆汽车，不过局级下面的出版社没有购买汽车的指标，蒋老师也很会想办法，正好当时我们刚刚总结完首钢的经验，给首钢搞了个改革项目，二汽一把手黄正夏很眼红，也想实施这个改革项目。于是就去找蒋一苇老师。蒋老师就带着我们去做调研，为二汽搞这个改革项目。项目搞完以后，二汽的厂长批了一个条子。当然并不是送一辆汽车，因为那时没有咨询费，现在好几十万元值不上那时这辆汽车的。批个条子的作用是可以让你买一辆汽车。给了一个指标已经非常不容易了，因为物是受政府控制的，企业无权。

在这种体制下，党中央也对这些问题进行了探索。在探索中，中央感到管企业的权力都统一到中央来，这样地方没有积极性，认为经济没有活力的根源是在这里。所以从 1958 年搞了一次中央把企业下放给地方，1961 年又收上来，1969 年又搞了第二次中央把企业下放给地方，这两次下放实际上陷入了“一统就叫，一叫就放，一放就乱，一乱就收，一收又叫，叫了又放”的恶性循环。20 世纪 50 年代末到改革开放以前，中央基本陷入了这样的一个恶性圈子。改革的思路基本上是对中央政府和地方政府之间的集权和分权进行调整，也就是说在政府的范围内来调整权力关系。所以，整个改革解决不了问题，并且陷入了怪圈。中央政府和地方政府的权力改革都不涉及下面的企业，中央集权管理也好，地方政府分权管理也好，企业都还只是一个附属物，还只是一个算盘珠子。形成这个怪圈的根源在于没有抓住要害，因为要害不是中央所认为的政府与政府之间关系的问题，而是企业与政府之间关系的问题。这个现在看来非常简单的问题，在当时并没有被认识清楚，需要我们几十年的思考、几十年的痛苦。为什么？因为在当时看来，高度集中的计划经济是既定了的，计划经济就是社会主义，动摇了计划经济就是动摇了社会主义，这是不得了的问题，所以学者谁也不敢碰这个问题。谁要碰了，马上就会戴一个帽子，说你“动摇和破坏社会主义的体系”，这是很要命的。这就是“朦胧期”。

有没有学者去碰这个问题？有！就是我们大家都很熟悉的、已经去世的、原中国社会科学院经济研究所的所长——孙冶方。孙冶方在 1978 年、1979 年以前

就提出了这个问题，说我们是不是不应当仅仅思考中央政府和地方政府之间的关系，还要思考一下政府和企业之间的关系。而且他认为更重要的是政府和企业之间关系的问题，经济没有活力的原因关键在这里。这是非常正确的，但是在当时这个观点被视为异端邪说。

1978 年党的十一届三中全会召开以后，邓小平同志提出“解放思想，实事求是”，这样孙冶方的思想得到了弘扬，得到了更多的学者和人民的认可，把政企之间的关系作为改革的切入点，作为要害，这也就进入了改革探索期。在探索期当中，实际上也就是新旧体制此消彼长，渐渐地、一步一步地过渡，充分体现了我们中国渐进性改革的一个特点。这段时期的指导理论除了孙冶方的开创性理论以外，还有蒋一苇老师的“企业本位论”。蒋一苇在 1979 年发表了自己最为得意的“企业本位论”，也是当时获大奖，并且使蒋一苇老师能够被任命为第一批研究员的重要依据。蒋一苇的“企业本位论”分析了中国搞社会主义经济体制的几种模式，最后提出了我们改革的理论和思路。他讲中国搞社会主义经济体制大致有三种模式，第一种叫“国家本位论”；第二种叫“地方本位论”；第三种叫“企业本位论”。所谓“国家本位论”是指把国家当成一个大锅、大工厂，“统收统支，统购包销”，计委主任是这个大工厂的计划科长，经委主任是这个大工厂的生产调度科长，财政部长是这个大工厂的财务科长，所以是一个全国的大锅饭。“地方本位论”把全国一口大锅变成全国各地方 30 口大锅。不过“国家本位论”也好，“地方本位论”也好，都没有把企业作为经济的重点。他专门提出，企业是国民经济的基本单位，企业是国民经济活力的源泉，企业是生产力的所在地，所以我们应当搞“企业本位论”。在这篇文章里，蒋一苇认为企业是一个能动的有机体，而不是一个算盘珠子或者是一块砖头，它本身是有经济生命的，能够增值的，能呼吸、能吐纳，有经济生命，有生命周期。他还认为企业有独立的经济利益，因为企业是独立的商品生产者和经营者，国家和企业、政府和企业应当实行政企职能分开。这就是蒋一苇老师的一套理论。这套理论在袁宝华、张劲夫等领导看完以后，很赞成，思想很快得到了统一，大家取得了共识——我们要想改革首先要改革企业，我们必须从企业开始，自下而上地推动全面的改革。我们前面提到的是两位有代表性的经济学家，还有许多其他的经济学家在这个方面都进行了大胆积极的改革探索。在我们那本《中国企业理论 50 年》书中，对这些积极探索的学者们都进行了记载。

邓小平、胡耀邦等领导人非常重视中国社会科学院为代表的经济学家的意见。也就是从那时候开始，在中央开座谈会，或者有重大问题，通常都会交给社会科学院等研究部门进行讨论。实际上，通过理论的指导，中国开始了 13 年国有企业改革的探索。探索期大体分为五个阶段：

第一阶段，以1979年四川进行的“百家企业扩权试点”为起点，开始了以扩大企业自主权为主要内容的改革。从逻辑上来讲，先是扩权，然后实行经济责任制。实际上，这是运用经济学或者管理学的有关原理，将国家原来掌握的计划权、资金权、物资支配权下放给企业。但是我们必须要注意，任何的主体、任何的管理的运行必须是权利和责任是对等的、对称的，否则就会出问题，这是基本原理。下放给企业权利的时候，国家必须马上定下企业的责任，否则国家的财政就会出问题。所以我们在进行改革的时候必须要注意权利和责任的对等，在给放权的时候同时也必须定责。1982年，首钢率先实行了经济责任制。

第二阶段，随着改革的深化，又进行了新的探索，就是“利改税”的探索。在“利改税”之前，首钢每年上交递增7.2%的利润，二汽模仿每年上交7%，但这样也会存在很多问题，比如说上交利润不规范，没有法律的约束。交税与上交利润不同，利润不交厂长照样当，可是税就不同了，它是法定的，不能违背，不交就犯法。于是，“利改税”使企业由上交利润变成了上交税。现在没有上交利润的说法了，只有股东分红，20世纪90年代以后实行“统一税率，公平税负”，国有企业一样按同样的税率上交。进行这种改革的初衷是好的，但是当时也存在问题。各位可能不知道，计划经济体制下不同的企业、不同的行业之间的肥瘦差别是极大的。往往是越辛苦的行业，越没有利润可言，例如煤炭，山西人说“我们倒霉就倒霉在倒煤上”，国家制定的价格本身就低于成本。还有许多其他行业却正好相反，比如说手表，成本可能只有10元，但是在市场上必须卖100元。这种情况下，“利改税”，交税怎么交？这很难办，不但是赵紫阳难办，就是在座各位让哪位去当总理都没法办。最后只能实行“抽肥补瘦”吧，对那些客观原因造成的、利润极高的、很肥的行业在统一的税率基础上再加一个调节税。结果调节税又把由于主观的努力带来的利润和由国家定价等政策性原因带来的利润相混淆了。按道理来讲，国家定价带来的超额利润理所应当由调节税给抽走，例如说手表行业。但是还有很多利润的不同是由经营水平不同造成的，这样的利润同样也被抽走了。因此许多企业嗷嗷叫，甚至是骂娘，说：“你们这是鞭打快牛啊，我越干得好、越卖力，你抽得越多，第二年我就不干了。”后来中央觉得这也是个问题，“利改税”就不了了之了，也就是“破产”了。

第三阶段，国家实施“拨改贷”。这个初衷也是好的，财政部给你拨款，企业是不要白不要，白给我钱还能不要？所以各个厂长都想方设法到上面要钱。那个时候可能因为毛泽东打击贪污、受贿的力度较大，也可能是从20世纪50年代起搞运动搞的，所以那些干部没有到部里去大搞贿赂，塞给你几万元或几十万元，但是的确有人去联络感情的，给你送点儿土特产，例如苹果什么的，来拉拢感情，所以叫做“跑部钱进”，就是指谁跑到部里面的次数越多，钱进来的数量

越多。当时客观的机制就是鼓励你拼命地去和部里领导套关系。把钱拿回来以后，就不计工本，极大浪费。我在的那个军工厂就是这样，当时我们正准备同苏修打仗，实际上在珍宝岛我们已经和苏联打了一仗。在那种情况下，我们国家的现状是“枪多炮少”、炮里面是“炮多弹少”，而我们的产品正好是军工里面短线的短线——炮弹，因此国家对我们企业重点照顾，基本上是要什么给什么，包括德国很先进的设备。但是买来了以后，装到山洞里面，没有用了，浪费极大。好多职工把板子、木材捡到宿舍去，做箱子，做家具，每个男员工都会木工。国家感到纯拨款的效率非常低，因此想改成贷款，贷款是有借有还的，并且借得越多，利息越高，希望这样就会形成一个内在的自我约束。例如各位贷款买房子，尽量少借，因为借了以后利息是很厉害的。这就是“拨改贷”的目的，不再直接财政拨款，而是经过银行贷款，叫做“拨改贷”。但是效果怎么样？效果不好。为什么效果不好？比如说个人要贷款买一套房子，我们要好好合计一下——几年还完，能5年还完，绝不20年还完；贷30万元就能行，绝不贷50万元。但是为什么对于企业效果就不好呢？企业是能贷多少就贷多少，甚至是能多贷就不少贷，因为企业的机制还是老机制，贷款和个人的利益不挂钩。对于厂长来说，干上4年就下台了，我把项目搞上去就是我的纪念碑、我的政绩，至于还款，是下一届的事情或者说还不知道是谁的事情呢，因此存在这种短期心理行为、短期偏好。原因就是老机制，所以最后“拨改贷”也没有达到企业自我约束，提高资金利用效率的目的，而且还带来了一个新的问题。国有企业所有的资金都是由贷款带来的，有的企业效益好——例如20世纪80年代电视机、洗衣机厂等，因此贷款很快就还完了，最后的结果就是国家一分钱也没有投资。所以企业的老总说：“你们要给我们讲讲，国家一分钱也没有投资，企业的钱全是我自己滚出来的，为什么要叫做国有企业呢？财产怎么能是国家的？是我们企业的！”当然权在国家手里，国家不让转成非国有，企业说也没有用。但是企业讲的是有道理的！国有企业没有一分钱的国有资本金，而企业的性质是由资本金来决定的。这样就造成大量的没有国有资本金的国有企业。

第四阶段，在全国推行承包制。北京叫做“两挂一包”，其基本原理跟首钢的经济责任制是相类似的，但是不同的是，中小企业可以个人承包或者是几个人承包，或者叫做集体承包。国有企业和经委部门、局等国家机关签订协议，在全国全面开展承包。在承包的时候既负责向国家上交利润，同时也要负责企业的技术改造，这样就避免把利润都发了奖金，企业被分光吃净。技术改造必须达到什么水平，在承包的4年内通过自己积累要完成哪些技术改造，实现哪些产品的更新等，有一套全面的考察体系。这样相对使政府和企业之间的关系分得清楚了，给了企业有史以来最大的自主权和积极性。但是问题仍然存在，随着改革的深人，计划经济体制开始松动，国家定价越来越少，市场定价越来越多，但是价格的变动却没有反映在承包当中——市场是瞬息万变的，但是承包是按照既定的价格来核算每年多少利润，上交多少。当价格猛涨的时候，承包人捞了一把，这样还不至于破坏了承包制度；但是市场价格下跌，承包人付出更大的努力还完成不了承包的指标，处在无利的状况，这时候他就要毁约，甚至卷上钱逃跑。另外承包也存在短期性的问题，在承包期内，加大马力生产，机器磨损很厉害，也不更新，不留后路，更不用说什么环保、可持续等社会问题。承包制还有一个缺点，就是政府和企业一对一的谈判，一年签一次协议或者三年签一次协议，成本太高，扯皮是没完没了。并且从信息经济学角度看，企业和政府在信息拥有方面存在严重的不对称，企业属于信息的优势方，而政府可能对企业的情况一无所知。企业是追求利润的经济主体，而政府是一个政治主体，考虑的主要不是经济利益，而是安定，甚至包括官员个人的升迁等。在这种信息不对称的情况下，又是这样不规范的一对一谈判，显然不是一种长远的、规范的体制改革方向，承包制只能是一个过渡性的制度。

第五阶段，建立现代企业制度。既然承包制只能是一个过渡性的制度，那么应该往哪里过渡呢？学者们的研究结果是，往股份制和公司法人制度方向过渡。这个探索一直到 1992 年确定建立社会主义市场经济体制以后，尤其是 1993 年在明确建立现代企业制度以后，在理论界的争论才开始告一段落。在之前许多人认为搞股份制不是改革，而是搞资本主义复辟。

这 13 年实际上走过了五个阶段，这五个阶段一步一步向前，理论上研究，实践上摸索，邓小平同志讲是“摸着石头过河”。实际上，“摸着石头过河”就是我们说的渐进式改革的一种形象通俗的表述。我们回忆一下渐进式改革的过程，实际上从哲学的角度去思考一下很有意思。

刚才给大家讲了我们国有企业从 1979 年到 1993 年的渐进性改革，这些渐进性改革的策略和方法很有意思，有些学者对此进行了总结，大致可以归结为“十个先，十个后”。第一是 1978 年首先进行农村改革，然后进行城市改革，这个很重要，也是邓小平比戈尔巴乔夫高明的地方，先要老百姓吃饱肚子。戈尔巴乔夫在苏联人面包还吃不饱的时候，就要搞政治改革，搞什么透明，搞什么民主化，最后搞得一塌糊涂。第二是“先农村，后城市”。第三是在城市里面，先进行企业改革，后进行政府机关改革。第四是在企业里面，先放权，然后改制。第五是企业改的时候，“先改增量，后改存量”。在这里存量既指资产的存量，也包括人员的存量，改革的时候实行“老人老办法，新人新办法”，通过承认和维护企业原有那部分人的利益不受到侵犯，以减少改革的对立面。第六是在解决富余人员问题上“先下岗，后失业”，这也是很巧妙的。我们在同外国的学者进行交流

的时候，我们说下岗，他们不可理解，问："怎么下岗还没失业呢?"实际上是失业了，我之所以说没失业，是因为员工下岗了，但是在法律上还是企业的员工，只不过离开了工作岗位，也不给他们开工资了。当社会保障还不健全的时候，需要先下岗，后失业。之所以这样是因为：首先，下岗员工能够拿到一部分下岗费，解决基本的温饱。其次，给他一个将来能够再上岗的希望，这样他不会上街游行示威。如果我们突然"一刀切"下来，规定3000人全部失业，那么这3000人就算不到市长那里去静坐，也会到厂长办公室去静坐。第七就是"先沿海改革，后内地改革"，我们先在沿海比较发达的地区进行试点，然后再在内地进行推广。第八是"先试点，后规范"。第九是"先经济改革，后政治改革"。第十是"先量变，后质变"。量变达到一定的程度，也就是对计划经济的冲击和改革积累到一定程度，就一下子质变，变成了市场经济体制。

1979~1993年是一个渐进式改革的探索，1993年突破以后，从1993年或者说是1992年到现在，这又经过了十几年，到目前为止，实际上市场经济体制和现代企业制度基本建立起来了。有时着急还不行，最典型的是20世纪80年代，进两步退一步，主张改革的学者或者是上面的领导把改革向前推进几步，但是马上有一股反对的力量，反对你的理由非常充分，力量也非常大，结果是改革只能后退一步，稳上一段时间，然后马上又掀起一轮，就是这样。探索期十几年的改革和突破期十几年的改革，都是渐进式改革，从扩权改革到定责改革，再到确定利益分配的改革，从浅层次的推进到深化改革，深化改革则是从"责权利"相结合的改革到确立企业法人财产权的改革。

确立企业的法人财产权是一次重大的突破。确立了现代企业制度以后，一方面法律上保留股东的最终所有权；另一方面企业拥有了法定的经营自主权，包括对企业资产的占有、使用和处置的权利。法人财产权真正确立之时也是现代企业制度建立之日。建立起法人财产权以后，我们就要深化股权的改革和所有权的改革，由原来的一个股东变成多个股东，由股东相对集中变成股东分散，也就是现在正在进行的产权改革。由"责权利"统一的改革，到法人财产权的建立，再到股权和所有权结构的变革。通过这样的过程，使中国从高度集中的计划经济下国家所有制演变为市场经济体制下混合所有制，实现了根本的制度创新。

这里面我想给大家提一个这样的问题，我们能不能像俄罗斯那样，搞激进式改革，或者说"休克疗法"，我们为什么要搞渐进式改革，为什么只能搞渐进式改革？大家思考这个问题。现在大多数人都承认中国改革是成功的，虽然改革本身也存在种种问题，但是整体上是成功的。那为什么我们只能走这条路，能不能走别的路？我的回答是，从中国的国情出发，只能走渐进式改革的路子，否则可能会全盘皆输。原因主要有两个方面，第一是经济原因。毛泽东讲中国是"一穷二白”，而且经历了10年“文革”的浩劫，国民经济到了崩溃的边缘。就拿我自己来说吧，1968年大学毕业，挣四十几元的工资，一直持续了七八年，后来好不容易转正，能挣到五十几元，结果五十几元就一直再没有涨。也没有房子住，不但我没有房子住，蒋一苇这样的大学者——新中国成立之初就是机械部研究室主任，不过后来被打成右派整下去了，也没有房子住。他回到北京以后，当上所长了，带着老伴和小孙子就住在办公室，在我们工经所二层的办公室。蒋一苇老师的办公室有一个床，办公室隔壁就是老伴和小孙子住的地方，他老伴是工经所的资料室主任。就那样用小煤油炉煮米饭吃，没有房子。大学者都这样，你可想工人住房是怎么样的状况，生活是什么状况。因此中国处在经济崩溃的边缘，这时候你搞激进式改革，会是什么样的后果？尤其是中国国情里面有一个突出的城乡二元结构的特征，在北京等大城市，大学者还是这样的条件，那么农村、西部的农民过的更是不得温饱的日子。在这样一个典型的城乡二元结构的社会里，如果搞“休克疗法”，无异于把一大批工人农民推向极端贫困的深渊，那么不起来造反才怪。所以从经济上看，只能搞渐进式改革，而不是“休克疗法”。还有一条也是很重要的原因——思想上的原因。长期的计划经济体制已经形成一种思维定式，如果你动这个计划经济体制，你就是反社会主义。一直到1982年，党的十二大开完了以后，中国社会科学院一个老副院长在《人民日报》发过一篇文章，讲计划经济带来了成本高、效率低、浪费大的问题。在现在看这是很自然的说法，但是在当时却不是这样。当时马上有人安排中央研究室一个很重要的经济学家在《人民日报》头版头条发表文章，实际上是专门批判他的，题目是《指令性计划是社会主义的本质特征》。大家想想，中央委员讲的话，都会受到那样的批判，并且还被迫赶紧做检查，在这种情况下，谁敢进行“激进式”改革啊？邓小平在中国有最大的权威，但是也不敢贸然地进行“激进式”改革。一直到了1989年，邓小平出来讲话，前一天在讲话时说“要坚持计划经济和市场经济相结合”，但是第二天《人民日报》在发表他的讲话时，把市场经济改成了市场调节，成了“坚持计划经济和市场调节相结合”。究竟是头一天邓小平讲话说走了嘴呢，还是怕这样发表出去会引起党内更大的混乱。所以想想，连邓小平那么有权威的领导，都不敢贸然在报纸上发表市场经济的提法，别人更不敢了。因此如果在1978年、1979年刚开始改革的时候就抛出市场经济的说法，那么不用说全国，就是在党内也会乱成一锅粥，那时候能不能进行改革都会成问题了。所以中国只能是进行渐进式改革，如果是搞“休克疗法”，只能适得其反，带来大的动乱，甚至是民族的灾难，这就是我对渐进式改革问题的思考和意见。

中国只能搞渐进式改革，这是我们回顾国有企业改革历史所得到的第一点启示。另外还有两点启示。一个启示是理论界不断发展的企业理论，对国有企业改

革起到了历史性的指导作用。我举了孙冶方、蒋一苇两人，其实还有马洪、刘国光、吴敬琏、历以宁等一大批经济学家，包括现在很活跃的张卓元、江小涓等年轻人，他们对整个经济体制的改革起到了很大的理论推动作用，这是非常重要的。另一个启示也是一个历史的结论——建立现代企业制度是中国国有企业改革探索50年的必然选择。只有现代企业制度，也就是公司法人制度，才是与市场经济体制相匹配的微观基础。为什么只能是公司法人制度才能够和市场经济体制相匹配？搞承包制就不能和它匹配呢？因为市场经济体制是同过去的体制有着本质的不同，它要求一切生产要素要在市场上进行等价交换，通过等价交换才能实现资源的自由流动和优化配置。大家知道，要实行交换，交换主体对交换客体必须要能说了算。用于交换的商品，企业或者拥有最终所有权，或者是拥有独立处置权，否则就无法进行。过去的扩权或者承包制，企业没有法人财产权，只有公司法人制度才保证了企业的法人财产权。法人财产权，说得白一点就是，你们兜里的钱交到我这里以后，你们就没有支配权了，我花的不是我自已的钱，而是你们的钱。没有钱的人可以合法地花别人的钱。只有拥有独立的法人财产权，才可以在市场上进行独立的交换。所以只有公司法人制度才能成为市场经济的微观基础，并与之匹配。以上是国有企业历史回顾和我们得到的一些启示。

二、国有企业改革的现状和展望

下面，对现状和展望，我想简单地给大家讲一下，大家有问题还可以提一下。从国有企业改革的现状，我们可以了解到，经过近30年的改革达到了什么样的水平。总的来讲，可以说我们已经基本建立了社会主义市场经济体制。第一条，国有企业和政府的关系逐步符合市场经济的要求了。第二条，国有企业已经基本上获得了充分的自主经营权。第三条，国有企业进行产权改革越来越深入，而且基本建立起来现代企业制度。第四条，国有企业过去只是引进外资，而现在开始走出去，参与国际分工。这是一个基本的框架。政府和企业的关系，我们举个例子来具体说明，比方说指令性计划，政府对企业采用指令性计划进行控制。1978年是无所不包的指令性计划，1999年有95%由市场调节，到2000年就由原来1980年的120种减少到12种。现在中央、国家政府来定价的只有13种，比如重要的中央储备物资、国家专营的食盐、部分化肥、药品、教材等。这就是一个改革的重大成绩，所以说我们基本建立起了市场经济体制。另外，财政将国有企业的拨款大幅度地下降。20年前80%是国家财政拨款，现在国家投资投到国有企业不到20%，而且成立了将国有企业人事、财务、事务、经营都统一在一起的国资委和国资委下面的国有企业控股公司。再举一个例子，土地管理和政府行为越来越规范，我觉得这是一个重大的进步。实行土地的公开招标和拍卖，制定行政许可法，改变过去政府权力至上，权力无所不包，一切都要经过政府批准的状况，通过法律来限定政府的职责范围。明确规定不需要政府批准的有：公民和法人可以自己决定的，不需要政府批；市场竞争机制能够有所调节的，不需要政府批；行业组织和中介组织能够自律管理的，不需要政府批；政府机关事后监督可以解决问题的，也不用批。这些都是重大的推进，保证了企业真正成为主体。改革的目标就是使企业实现我们概括的“四自两体”——自主经营、自负盈亏、自我约束、自我发展、市场主体和法人主体。经过这样一些改革，现在的国有企业尽管还存在一系列问题，包括上市公司还存在多种不规范的问题，但是同30年前相比，已经是天翻地覆的变化了。大家看一下资金的变化，政府的拨款增加很少，而企业的自筹资金却大幅度增加。在产权改革和建立现代企业制度方面，我可以用很多的数据来说明问题，说明市场经济体系基本建立，说明国有经济比重的变化，国有企业数量的变化，上市公司数量的变化和国有企业控制力怎样体现。总之一句话，我们现在的企业，或者说改革后的国有企业，基本上成为市场经济的微观主体，整个市场经济体系基本建立起来了。

在这里，我给出大家一些需要研究和思考的问题：第一，国有企业存在的依据和合理性。第二，国有企业目标的两难选择——就是社会目标和商业目标，这二者应当如何衡量，尤其是一些生产公共产品的企业和一些垄断性产业的企业。第三，划分国有和非国有的界限的依据。还有两个很重要的问题，就是我们正在通过改革探索来解决的国有企业出资人到位和国有企业的治理结构和公司治理问题。我们要坚定不移地坚持国有企业改革的方向，同时要从制度上防止和减少中饱私囊，损公肥私。现在，有些人巧取豪夺，利用国有资产流动的过程来掠夺和非法占有国有资产，这个问题很复杂，但是我们绝对不能因为有流失就不让国有资产流动了。“流水不腐，户枢不蠹”，国有资产只有在流动当中才能得到优化配置，所以有的学者说：“坐失比流失更可怕。”

我20世纪90年代在中国社会科学院主持了首届重点招标课题“国有企业亏损研究”，后来我获得了蒋一苇基金奖和孙冶方基金奖。我在全国进行调研时发觉，好多省长和市长，宁愿让企业一直亏损，小窟窿变成大窟窿，小雪球滚成大雪球，直到企业破产，而不会早一点采取措施。为什么会这样呢？因为要是早一点采取措施，整治这个企业，就会有一批职工下岗，造成不稳定的形势，会给他的政绩抹黑，影响仕途。因此，许多领导眼睁睁地看着好企业变成亏损企业，微亏企业变成巨亏企业，变成全省的一个财务大包袱。所以我们一定不能让资产“坐失”，企业“坐死”，不能因噎废食，停止产权改革。改革方向就是要措施透明、公开公平，通过市场公开交易来实现反对腐败，通过健全法制来反对腐败。

方向就是把股份制作为公有制的主要实现形式，并且股份制要建立多种类型的混合经济，实现产权多元化。包括垄断性产业也可以这样，例如深圳在供水、地铁、天然气等行业引进各界的战略投资者，包括国外的战略投资者。对此，国家并不要求绝对控股，相对控股就可以。当然竞争性行业中，效益好的，国家也不一定完全退出来，因为可以增加国家的收入，国家可以通过参股来搭非国有企业的便车，实现国家利益。

完善公司治理结构中，还有一条就是要完善国有资产的管理体制。这些问题留给大家思考，就是我们为什么要建立新的国有资产管理体制？一是为了提高国有资产的效率。从根本上讲，就是要解决出资人到位的问题，使企业变成了国有控股和国有参股有限责任公司和股份责任公司。国有资产应该怎么管，有什么机制能够使国有企业实现出资人到位问题？现在通过探索，提出了“三个三的管理机制”和新的董事会试点，就是讲中央政府、省政府、地方政府建立三级国有资产管理体制，每一级里面又有三个层次的国有资产管理框架，这三个层次是国资委、中间层、企业。中间层非常重要，中间层同国资委的区别在于中间层是一个经营性的公司，是一个投资公司、资产经营公司，而国资委是一个特设机构，而不是一个经营性的公司。要想实现国有资产保值增值，只能靠中间层。有的同志可能会提出来，把所有的权力都放手给中间层，会不会导致中间层干涉企业的日常经营自主权呢？如果真是剥夺了下面企业的经营自主权，那么又会出现什么情况呢？企业不是又回到了25年前了吗？实际上，在制度设计的层面，我们已经解决了这个问题，至于在操作层面能不能解决这个问题那是另外一回事。在制度设计上，大家注意中间这个层次叫做国有控股公司，可以是国家的投资公司、国有资产经营公司以及原来的工业总公司，还可以是我和现在国资委副主任邵宁一起主持的课题所提出的大型企业集团。作为经营机构，中间层经营的是资本，而下面的企业经营的是资产，资本的经营权在中间层，而企业生产经营的自主权在企业，中间层绝对不能去剥夺它，如果剥夺就属于“越位”。我们“不要错位、不要越位、不要缺位，要做到到位”。实际上，从制度层面上我们已经解决了，只是在操作层面上没有得到完全保证。但是我们要知道，如果理论解决了，那么操作将只是一个完善的过程。所以，中间层是国资管理的一个重要部分。另外我们必须要搞国有资本的预算。财政部搞的是公共预算，通俗地讲叫做“吃饭财政”，而国资委搞的是“经营预算”，安排国有资本的再投资，使国有资产不断地保值增值。只有做好国有资本的经营预算，新的国资管理体制才能高效地运行。

整理人：原磊

（文章来源自《学术讲座荟萃》第22辑，2004年12月9日）

中国城镇劳动力市场主要趋势分析

张车伟

张车伟

男，1964 年生。现任中国社会科学院人口与劳动经济研究所副所长、研究员、博士生导师。兼任中国社会科学院社会保障研究中心主任，中国社会科学院人力资源研究中心秘书长、副主任，中国社会科学院研究生院人口与劳动经济系主任。

目前学术兴趣为劳动经济学。

“新世纪百千万人才工程”国家级人选。享受国务院政府特殊津贴。

获得的主要奖励包括：第十一届孙冶方经济科学论文奖；中国社会科学院优秀科研成果二等奖和三等奖；全国人口和计划生育软科学特等奖和一等奖；农业部软科学二等奖等；中国优秀青年人口学家奖。

今天，我主要讲中国的就业形势。就业是随工业化和城镇化而出现的问题，主要是指城镇的非农业就业。下面我主要分析我国城镇就业问题。具体讲四个方面的内容：一是经济增长和就业的关系，二是劳动供给和需求形势分析，三是劳动力市场的主要结果，四是几个应该关注的就业问题。

一、经济增长和就业的关系

从经济数据上来看，我国近年来的经济增长似乎跟就业没有太大的关系。我们看到，自20世纪90年代中期以来，我国经济一直保持高速增长，反观就业却出现了较大困难，就业形势异常严峻。新古典经济学认为经济增长一定伴随着就业增长，经济增长速度快，就业将大规模扩张，失业率也随之降低。菲利普斯曲线研究的就是失业率与通货膨胀之间的关系（从某种意义上讲，通货膨胀也是一个代表宏观经济景气程度的指标），结论就是二者有负相关关系。此外，其他一些理论也都证明了就业与经济增长的密切关系。为什么我国经济增长和就业之间的关系与经济理论预期不符呢？

要回答这一问题，需要从我国特殊国情谈起。我们知道，就业和经济增长之间关系的经验证明是以市场经济体制为前提的，但中国长期实行的是计划经济体制，目前正处于计划体制向市场体制过渡阶段，把从市场经济中得出的结论套在当前的经济上显然不合适。

在计划经济体制下，资源通过指令或者计划来配置。在市场体制改革深化以前，我国劳动力市场改革滞后。在用计划配置劳动力资源的情况下，经济增长和就业之间不一定密切相关。计划体制所追求的最主要目标是公平，而就业是实现这一目标的主要手段。实现公平就意味着要平均分配经济增长的收益，手段之一就是让每个人都有一份工作，消灭失业。回顾历史，在1949年新中国成立之时，失业非常严重，城镇失业率达到30%，极大威胁着社会稳定，这也是新中国面临的严峻考验之一。新中国实行了一种与旧中国完全不同的配置资源的方式：计划经济体制。在这种体制下，大量兴建项目和工厂产生的对劳动力的需求通过计划来满足。在20世纪50年代初期，新中国一方面经济快速发展，掀起社会主义建设高潮；另一方面就业同步快速增长。在这一时期，应该说计划经济发挥了非常好的作用：在创造极大社会财富的同时，让大家都有活干，都有饭吃，而且人人平等，人人高兴。正因为有这样一段好日子，人们也就得出了一个结论：社会主义好，不会有失业。失业这个词在政府文件中不再存在。

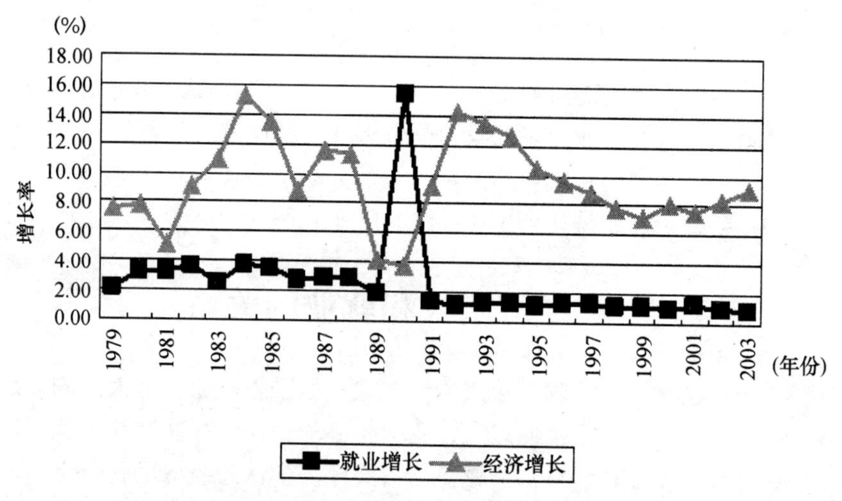

图1　中国就业增长和经济增长变化

直到1990年后，失业这个词重新为大家所认识。我们知道，失业是西方经济学的重要基石，西方经济学的目的就是要解决失业，凯恩斯最著名的文章就是研究失业和利率的关系，还有很多著名经济学家也是从失业角度来研究经济。现实经济和经济理论中最重要的两个要素就是劳动和资本，二者缺一不可，所以，失业在现实中和理论中都是非常重要的。

中国由于20世纪50年代初期实行计划经济后取得了短暂繁荣，就认为消灭了失业，不再提失业。在这个时期，即使城镇青年找不到工作，也不叫失业，而被称为待业。这种用计划配置劳动力资源的方式存在很大问题，最突出的就是效率低。虽然从理论上来看计划手段也能实现配置有效资源，但实践上从来没有成功过。为什么会如此呢？一个主要原因就是信息收集问题。计划手段有效配置资源的前提是计划者知晓所有的需求和供给信息，根据这些信息，计划者理论上来说就可以找到有效配置资源的手段和方法，其配置结果可能比市场手段的配置更有效率。但是，掌握所有的供需信息事实上是不可能的。

那么，市场体制怎么看待这个信息收集问题呢？它认为不知道也不可能知道所有的供需信息，一旦微观主体需要配置资源，就由微观主体相互间自由交易，

进行调整。虽然市场经济体制也会存在信息收集问题（就是交易成本），也可能由于信息收集问题导致“市场失败”，导致资源的低效率配置，但是，从实践结果来看，“市场失败”导致的效率损失远不及“计划失败”导致的效率损失大。

应该说，计划经济体制的初衷是很好的，要一举消灭失业，并用自己的手段解决这个问题，但结果是这一体制极大地损害了效率。计划配置资源的结果是，生产和需求不匹配，经济停滞，无法创造就业。在这种情况下，大量新增加劳动人口又要工作，怎么办？结果只有通过“知识青年上山下乡”这种逆工业化的方式将城镇新增就业人口赶到农村去，这表明计划体制已经到了崩溃的边缘。

用人制度是计划体制下的核心制度，要触动这样的制度是非常困难的，也是非常危险的，所以，我国劳动力市场改革滞后于产品和其他要素市场改革。在农村改革取得重大成就以及在资金、土地、技术等其他要素市场改革不断推进的时候，劳动力市场改革并没有大的进展。例如，大学生分配就是一例，2002 年以前，都是计划派遣，直到最近这两年，才开始真正的市场化。从 20 世纪 90 年代中期劳动力资源开始真正的市场化改革，而大规模的市场配置劳动力资源始于 90 年代末期，国企改革导致大规模裁员才真正表明市场配置劳动力进程的加快。

现在，我们可以解释为什么从 20 世纪 90 年代中期开始，我国经济增长和就业没有同步。首先是因为人力资源配置体制的改革，过去没有用市场来配置人力资源，就未处于效率最优的均衡点上，过去的就业存在着“虚假”的成分，现在要回到效率最优点上来，这时就会有很多人失去工作，即使经济增长创造了很多就业岗位，但并不足以抵消裁减的就业岗位，从统计数字上里看，经济增长表现为和就业增长不同步。其次是一些具体的原因。比如与这个过程密切相关的结构问题，过去的生产结构与需求脱节，人力资源配置存在一定程度的扭曲，比如大量资本密集型、技术密集型的行业发展过快，吸纳的劳动力有限，由市场配置劳动力后，这部分专业化劳动力有可能失业。还有一个原因就是数字问题，我国统计数字包括经济增长的统计和就业的统计一直备受质疑。前几年国际上也有学者对我国经济增长速度表示怀疑。我认为我国前几年可能高估了经济增长速度，直到 2003 年，我国才开始真正地增长。就业形势有根本性好转的依据是从 2003 年我国就业真正开始增加，而且是第二产业的就业开始增加，我国 2004 年第一次出现了单位就业人数的增加，在沿海还出现了以前从未出现的农民工短缺问题。农民工短缺也是理论界无法想象的，因为大家都认为我们的劳动力供给近乎无限，据此，我认为从 2003 年开始中国经济真正开始增长，进入了一个新的增长周期，李扬等学者则是从资本角度来研究同样的问题。

从西方经济理论和实证来看，经济增长和就业增长是正相关的，而从我国改革的历史来看，尤其是最近几年，从统计上二者没有显现出应有的关系，但是这并不能说明理论是错误的。

下面我给大家提出一个问题，你是否同意实行就业优先的政策。现在很多学者和政策制定者都支持这种观点。这种看法的背景就是我国的经济增长成果没有惠及所有的人，尤其是大量下岗失业的人没有享受到经济增长的好处，成为一个严重的社会问题。那么，是否就应据此提出从经济增长优先转向就业优先呢？

我们看看国家相关政策文件的提法：2003 年中央经济会议提出要把就业放到经济工作的突出位置。我认为这个提法是合适的，就业固然非常重要，但是并不意味着一定要实行“就业优先”的政策。计划体制实际上就是一种极端的就业优先制度，这一制度的弊端前面已经谈过了。在已经市场化的体制下，“就业优先”就意味着通过产业政策鼓励吸纳劳动密集型产业发展，当然，鼓励劳动密集型产业发展的政策从吸纳劳动力角度来讲是对的，但是市场经济环境下对产业政策的对错判断应该是看它是否弥补了市场不完善（市场失灵）。如果我国的市场经济发展确实出现了背离（我国资源禀赋的优势）劳动密集型产业的趋势，那么提出“就业优先”是有道理的。但是，实际情况是没有任何证据证明我国已经出现了背离劳动密集型产业的趋势，而且根据我的观察，我国近年来已经在向最大限度利用劳动力的方向发展，一个显性的指标就是劳动密集型产业占比上升，据此，我认为没有必要去干涉我国的产业结构，市场化本身就会向着比较充分利用劳动力的方向发展，我国再用人为政策来干涉这个过程，就会出现类似计划经济体制的效率损失。

因此，究竟是“增长优先”还是“就业优先”，首先要判断中国经济是否已经在充分配置劳动力。如果这种机制已经存在，再提“就业优先”，那就会扭曲产业结构，带来效率损失。我国现在“就业很重要”的提法是很慎重的，我认为只要提“充分就业”就可以了，这样就没有效率损失，因为在市场经济体制下谈充分就业，就是要素得到充分利用（而不是过度利用），这时，有没有失业完全是市场的结果，这种结果不要去干预为好，一旦干预可能带来效率的损失。

以上，是经济增长和就业增长的关系，下面谈谈我国城镇劳动力的就业形势。

二、劳动供给和需求形势分析

要谈中国劳动力供需形势，就必须研究中国的人口形势。现在国家组织大批专家研究人口发展战略，就是研究中国面临的人口形势。由于计划生育政策

的实施和社会经济的快速发展，我国生育率的下降非常迅速。现在仍然有很多人认为我国是一个人口快速增长、人口太多的国家，资源环境的承载力已经到了极限，但如果具体分析，情况并非如此。第五次人口普查发现，总和生育率（描述育龄妇女的生育水平，用来代替原有的终身生育率，由于截面调查无法度量这种过程数据，所以就用总和生育率来替代之，总和生育率将特定时点上全体妇女的生育率综合起来，以一个数字来表示。实际上，它就是假设一个妇女在整个育龄期都按照某一年的年龄别生育率进行生育）只有1.22，这意味着一对夫妇平均只生育1.22个孩子，这一数字太低了，以致很多人都不相信。在人口学上有个生育的更替水平，什么是更替水平？所谓更替水平也就是说如果生育率保持某个水平，人口总数将会不增不减，这样的生育水平是多少呢？是2.14，也就是说平均每对夫妇至少要生育2.14个孩子（略大于2，考虑女童比例和未成年死亡率）才能实现总人口的静止。在中国要达到更替水平的数字也许还会更高，因为我国的性别比不平衡，男的多，女的少。我国实际的总和生育率已经大大低于更替水平，世界上也只有少数最发达的国家才如此，例如，欧洲就面临着生育率不足的问题，我在韩国参加了一个国际会议——“东亚国家人口转变对经济的影响”，韩国和日本生育率也很低。日本从20世纪70年代开始就鼓励妇女生育，用了很多政策组合（补贴、假期等），没有产生什么作用。韩国以前像中国一样，控制人口，现在也很着急，准备明年向议会提交提案，鼓励妇女多生孩子。

我国目前的生育率已经降到跟发达国家一样的低水平。当然很多人认为人口普查得到的总和生育率是一个被严重低估的数字（低年龄段漏报），真实的生育率水平应该在1.7~1.8。我个人不认为会达到1.8这么高的水平（如果总和生育率相差0.1个点，就意味着全国一年就相差100万左右的新生儿）。通过用教育部的学龄儿童数据进行比对分析，我国真实的总和生育率水平可能在1.5~1.6。因此，我们现在的生育水平已经降到很低是一个不争的事实。对于这样的生育水平，我其实是有担心的。如果总和生育率维持在2.1的更替水平上，那么人口的数量和结构都将持续不变，这对于经济社会发展来说是一个理想状态。但如果生育率过低并持续下去，那么，终有一天人口会负增长。假如中国保持1左右的总和生育率，那么，100年后，中国人口可能就会消失。当然如果总和生育率高于2.1，人口就会一直增长，地球也就装不下了，就会出现可持续问题，这实际上也是我国提出计划生育的原因（在提出计划生育以前，中国的总和生育率达到了5.8）。

当然，中国的低生育水平与亚洲邻国日本、韩国以及新加坡等相比并不例外，现在的问题是，要把生育率降下来似乎有很多办法（就是不让生），但是要鼓励生育就没办法了（这不是危言耸听，世界发达国家的经验已经证明了这一点）。

生育率的变化还会导致年龄结构的变化，老龄化加剧，老人多了干不了活，创造不了财富，需要社会赡养。中国目前的老龄化速度很快，我国目前65岁以上的人口已占到人口总数的7%，人均收入不到1000美元。而世界发达国家进入老龄化社会时人均收入已达到5000～6000美元。我担心的是“还没富就已经老了”，这就如同一个家庭，都是老人，谁来挣钱？当然现在还不用担心，还有一段黄金时期。

我国目前劳动年龄人口增长速度仍然比较快，每年有1000万人左右进入劳动力市场，从20世纪90年代开始，中国就出现了劳动年龄人口增加速度远远超过人口增加速度的情况，这种年龄结构变化短期内会导致劳动力市场供过于求。从长期来看，劳动年龄人口是影响中国经济增长前景的重要因素，我认为中国改革开放以来的经济快速增长与这样一种年龄结构密切相关。国外把年龄结构快速变动导致的某一时期内劳动力供给非常丰富的现象称为“人口红利”，正确的说法应该称为“人口机会窗口”。日本、韩国在经济高速发展时也出现过这样一个时期，劳动力资源丰富，劳动力成本低，在世界经济分工中能快速占领低端劳动密集型产品市场，我国过去20多年的经济增长正好也印证了这一点。我国当前最大的竞争优势就是劳动力便宜，今后能否保持这一优势在一定程度上和人口结构的变动密切相关。根据国家统计局的最新预测，如果按1.8的总和生育率，到2006年，中国每年新增劳动力仍为1000万人左右，2006年以后开始递减，减少到2013年，15岁以上的人口就不增长了，2013以后，15岁以上的人口就是负增长，虽然总人口还是在增长（老年人在增长），但劳动力人口就不增长了。

以上是总的人口形势。在具体分析城镇劳动力供给时，还要考虑农村劳动力向城市的转移。现在城市劳动供给主要依靠的就是农村劳动力向城市的转移。刚才讲的生育率是全国的生育率。如果分为城市和农村，城市的生育率远远低于农村，北京市的总和生育率只有0.7，上海在10年前就开始人口负增长，发达地区和不发达地区人口形势大不一样。正因为如此，人口生育政策的调整对不同地区应有所不同，我的看法大致是在发达地区希望能鼓励生育（学校无人上，设施浪费严重），而不发达地区则要求继续控制生育。从总体上看，城市早就是生育不足，如果没有农村劳动力向城市转移，城市早就面临劳动力短缺了，城市经济也难以持续增长。如果把北京的民工都赶回去，很多活都没人干了，大家就没法在这继续学习了。例如，前几年的春节，民工都回去了，送奶的没了，扫地的没了，城市很多功能都瘫痪了。

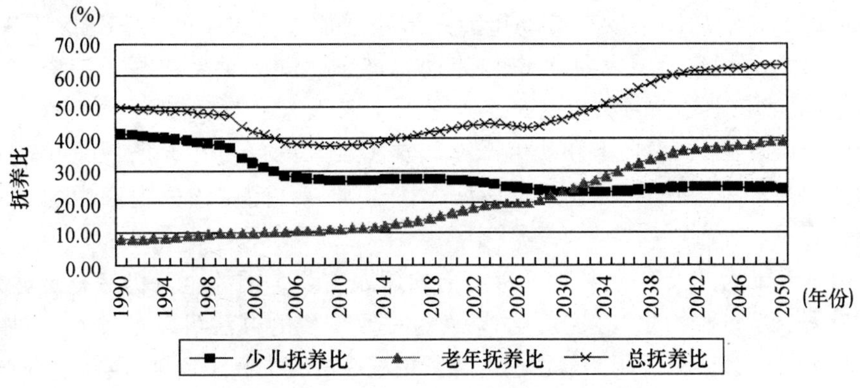

图 2　快速人口转变的“红利”与“负债”

幸运的是，我国幅员辽阔，有很多农村劳动力。劳动力转移和城市化是一个很大的问题，它关系到中国长期的经济发展。城市和非农部门的快速增长依赖于合格的劳动力供给，而这又主要依赖于农村是否有足够的劳动力向城市转移。以我国目前的土地资源禀赋条件，必须“把农村问题拿到农村外来解决”，所以，要赶快把农民都吸纳到城市里并居住和安定下来，不应让他们再来回迁徙。他们老了，城市还会要他们吗?！回到农村他们也生活不下去，他们一辈子在城市打工，农活根本不会干！这些人怎么办？这是一个大的问题。从根本上来讲，“三农”问题的解决不转移农民不行！2004 年大家看到农民增收，这主要是政策的导向，是免税政策和提高粮食收购价实现的。从长远来看，依靠农村自身解决“三农”问题很困难：农业的低收益导致农民穷，消费启动不了，农村发展就没有资金来源，农业效益还能提高吗?！我国土地生产率已经非常高，土地难以再榨出更多的油，要提高农业的比较收益，必须以劳动力转移为前提。我国这两年城镇化速度很快，这是一个好的趋势，应该继续加快。

现在回到城镇劳动力市场的分析上来。实际上，城镇劳动力供给是否会出现短缺在很大程度上要依赖于农村劳动力的转移速度。我这里想再提出一个问题：如何判断劳动力的短缺？现在长三角、珠三角都出现民工荒，是否就能据此判断中国进入了劳动力短缺时代呢？如果现在没有，那么将来什么时候会出现劳动力短缺？

应该说，我国目前仍然是劳动力供大于求。据估计，农村剩余劳动力有 1.5 亿 ~2 亿人，短期内吸纳不完，很多人口学家因此认为中国不可能出现劳动力短缺。我认为劳动力是否短缺，与经济发展密切相关，更重要的是它不是一个数量问题，而是一个结构问题。现在对劳动力供大于求的总体判断是没有问题的，但是如果放在劳动年龄人口净增加趋势减少的大背景之下来看，这必然会推动工资上升。从工资与劳动生产率之间的关系来看，工资应等于边际产品。根据我在辽宁的调研，中国所有工人（包括民工）的工资都不等于边际产品，大大低于其劳动生产率，农民工拿的就更少，所以，我在一篇文章提出先不要讨论中国是否应该让人民币升值，而应该先提高中国工人的工资。

目前劳动力并没有出现真正意义上的短缺主要是因为企业仍然有足够大的应对空间。从企业的角度来看，如果通过提高工资的办法可以招收到需要的工人，那么就不会出现问题。从目前的实际情况来看，提高工资并不会对企业造成严重冲击，工人的工资太低，资本家拿走的太多，提高工资并不会对企业产品的成本产生实质影响！鉴于此，我认为现在的农民工短缺并不是真正意义上的短缺，企业有能力通过提高工资（也应该提高工资）来解决劳动力短缺。工资一提高，马上就有人。事实也是如此。沿海将工资提高到1000元，农民工都回来了。

综上所述，可以看出，如果劳动生产率的提高速度远远大于工资提高的速度，劳动力短缺就很难出现。那么什么样情况下会出现劳动力短缺呢？如果劳动生产率的提高速度慢于工资的提高速度，那么有朝一日，成本就会等于生产效率。在这种情况下，如果成本继续上升，就会出现真正意义上的劳动力短缺。因为这种情况下企业的成本压力非常大，再通过提高工资来解决劳动力短缺问题就变得不可能，雇一个人就意味着赔一份钱，这样下去，企业必然倒闭。因此，如果有办法使劳动生产率的增长速度快于工资的增长速度，那么在相当长的时期内，就不用担心劳动力短缺问题。那么，劳动生产率的提高依靠什么呢？对，当然是创新。从根本意义上来讲，效率提高要靠创新（技术进步）！为什么发达国家人口在减少，生活质量却没有降低，这就是因为创新和技术进步。我国还处于模仿阶段，没有占有创新所带来的超额剩余，现在的状况是外国人拿大头，中国人拿小头——工资。以后的问题就在于如何提高我国的生产效率，如果效率提高不够快，那么劳动力短缺将会提前到来。

我国目前正处于经济快速发展的黄金期，经济增长创造的就业岗位很多，但有了岗位并不能保证农民工一定能工作。如果缺乏相关技能，即使有就业岗位，他们也难以找到工作。因此，通过培训提高这些农民工的劳动技能，在一定意义上就是扩大就业的具体途径。我甚至提出人力资源开发实际上也是扩大就业的手段之一。因为经济增长所创造就业的数量是“外生的”和“给定的”，中国经济发展所创造的就业岗位并不是我们自己能够决定的，也不是中国所能决定的，而是世界范围内配置资源的结果。但供给什么样的劳

动力则是我们说了算，如果发现存在劳动力结构问题，我们能做的就是改变劳动力供给结构以满足需求的变化，需要什么样的工种就赶快培训什么样的工种，否则即使有这样的就业岗位我们也只能干着急，失业问题仍然解决不了。

综上所述，我国城镇地区今后是否会出现劳动力短缺是一个复杂的问题，需要做大量研究。从绝对数量来看，今后城市劳动力的主要来源就是农村劳动力，农村劳动力的转移速度决定了局部地区是否会出现劳动力短缺。再看裁员的问题，从1998年到现在，国有企业裁员一大半，从5000多万人减少到2000多万人，再加上集体企业的裁员，整个国家裁掉5000多万人，现在这个大规模的裁员过程已经结束，这意味着一方面劳动力供给压力与过去相比有所减弱；另一方面就业需求不断增加，过去我也认为中国经济增长创造的有效需求是增加的，但是如前所述，我国的经济增长和就业之所以没有表现出理论上的关联性，其原因就在于我国以前的许多就业岗位不是经济发展所真正需要的，很多是冗员，并非有效就业和充分就业，市场化改革后需要裁掉他们，这也就是前几年经济增长不能带动就业增长的原因。到现在，就业几乎都是有效就业了，这之后的经济增长就应该如理论分析那样带动就业增长。因此，从需求来讲，以后的经济增长能创造更多的有效就业岗位，总体就业形势会有所改善。所以，我认为中国就业的严峻形势可能已经过去了，诸多学者也同意这个观点。从图3可以看出，非农就业的弹性从2002～2003年开始上升，这可以证明今后几年就业形势会好转。当然中国目前的就业形势仍很严峻，下面我给大家讲讲中国劳动力市场的几个结果。

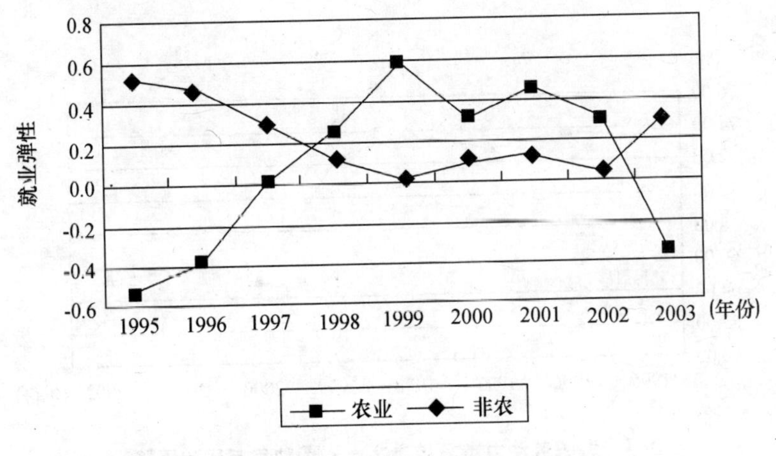

图3　就业弹性变化与就业形势

三、劳动力市场的主要结果

当前的就业形势依然严峻，体现在以下几个方面。

1. 近年来劳动参与率在下降

首先声明一下，图 4 可能存在一些问题，比如 1999 ~ 2000 年出现大幅度下降，这很难解释。但是城镇劳动参与率下降这个总体判断还是站得住脚的。劳动参与率是指在劳动年龄人口中有工作的人和没工作的人总和所占的比例，劳动参与率 = （就业人口 + 失业人口）/劳动年龄段的总人口。在计划体制下，我国的劳动参与率一直非常高，甚至妇女的劳动参与率也很高，这在国际上是得到高度评价的。印度有学者甚至认为印度赶不上中国的原因就在于印度妇女很多不就业，这个大逻辑是不错的，工作的人多，创造的财富当然多。记得我国曾有学者说，解决失业问题的一个办法就是降低劳动参与率，我绝对不能苟同这样的看法。因为虽然劳动参与率与失业率有一定关系，但无论如何也得不出降低劳动参与率来降低失业率的结论，这个逻辑是错的。降低劳动参与率就是减少经济活动人口，经济活动人口指的是愿意出卖劳动力的人，不愿意出卖劳动力的人叫非经济活动人口，也可称为退出劳动力市场的人，包括一些有所依靠、不用劳作就能生存，而且也不想工作的人。经济学者从来不会认为减少经济活动人口是一件好事，这实际是在浪费劳动力资源，同时增加了整个社会的负担。但在过去几年，尤其是 1998 年以后，我国的劳动参与率是在下降的，这在一定程度上说明我国就业问题的严重性。

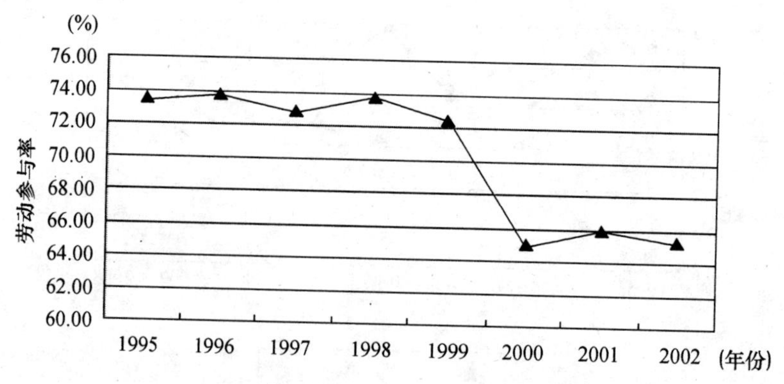

图 4 城镇劳动力市场结果之一：劳动参与率的下降

2. 严重的失业问题

表1　城镇劳动力市场结果之二：严重的失业问题

年份	登记失业人数（万人）	调查失业人数（万人）	登记失业率（%）	调查失业率（%）	作者估算的调查失业率（%）	作者估算的失业率上限（%）
1990	383		2.5			
1991	352		2.3			
1992	364		2.3			
1993	420	740	2.6	4.4		
1994	476	680	2.8	3.9		
1995	520	790	2.9	4.0		
1996	553	815	3.0	4.0	4.0	
1997	577	980	3.1	4.6	4.5	5.49
1998	571	1450	3.1	6.6	5.0	6.22
1999	575	1397	3.1	6.2	5.6	7.56
2000	595	1907	3.1	7.6	5.9	18.28
2001	681	1407	3.6	5.6	6.5	15.26
2002	770	1620	4.0	6.1	7.0	16.57

城镇登记失业率从1995年的3%持续上升到2003年上半年的4.3%，2004年9月份统计比2003年下降了0.1%，我认为已经非常不容易了。这是官方公布的失业率，当然不是经济学意义上的真正失业率，因为它没有按照失业的三个标准来判断失业，失业的三个标准是：①没有工作，不愿意工作不是失业。②找工作，而且有找工作的具体行为，美国甚至将找工作分为积极行为和消极行为，只有积极找工作的才算失业。③能否到岗，如果有个工作，但明显不适合你干，你无法到岗，那么你也不能叫失业。

讲清楚失业率后，我们来看看劳动参与率和失业率的关系：如果不把没有工作的人定义为失业，那么这部分人群就成为退出劳动力市场的人，这样劳动参与率的分子就减少了。由此可以发现劳动参与率下降的原因有两个：一是不想干了，主动退出劳动力市场；二是长时间地积极找工作，也没有结果，最后放弃了，如果现在去统计这部分人，他们就属于“没有工作、又不找工作”，将被划归为退出劳动力市场的那部分人群，这部分人实际上比失业者还差，劳动经济学称这部分人为“discouraged worker”（受挫的劳动者）。如果劳动参与率的下降是由于第二个原因（受挫的劳动者），那么这样的下降肯定比失业率上升更严峻，因为失业者还有就业的愿望，而这些受挫劳动者连愿望也破灭了。如果在受挫劳动者增加的情况下失业率又在不断上升，那么这将是一种最严重的劳动力市场结果。我国过去几年恰好就是这种情况：劳动参与率下降的同时，失业率不断上升，而且不同地区的差异很大，沈阳的失业率达到20%（按三个标准的调查失业率），更为严重的地方则达到了30%。中央关注失业问题是非常必要的。前面我讲了很多乐观形势，但是那些都需要一段时间，短期趋势仍是劳动力供大于求，失业率比较高，劳动参与率在下降。结合多方统计结果，我国城镇的调查失业率在7%~8%，大城市超过10%，这与欧洲失业严重的国家类似，但并非转轨国家中最严重的。

3. 平均工资在上升

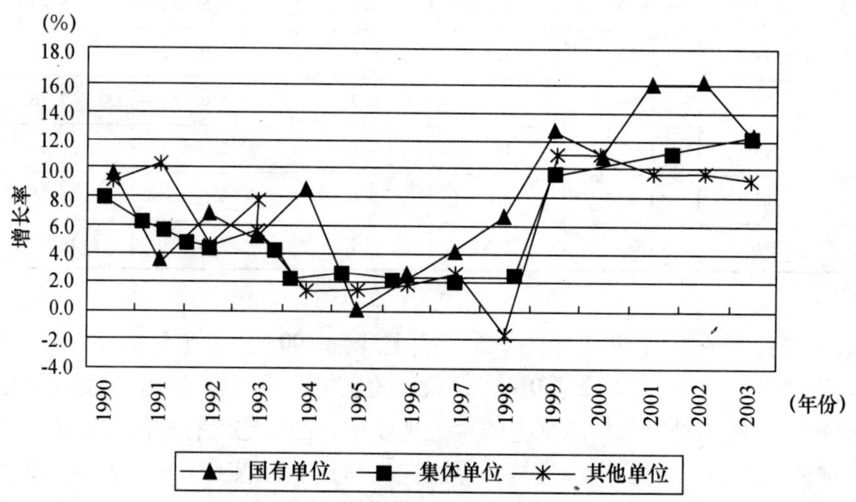

图5 劳动力市场结果之三：平均工资的上升趋势

这一点与劳动参与率降低和严重失业的结果有些矛盾之处。从理论上讲，严重的失业应使工资下降，但是工资还在上升，其原因有：①体制原因，很多部门的工资决定机制是刚性的，今后的工资决定机制应该更加市场化。②以上分析的是正规就业的平均工资，非正规就业人员（如农民工）的工资在改革开放20年来没有显著增长，而且高端收入的快速提升可以拉动平均工资上涨，甚至抵消掉

低端的工资下降。③劳动力市场的结构性矛盾，劳动力市场的高端供不应求（才有高端工资上升）。我国的劳动力总量很大，但是高端人才不多，满足不了市场对高技能人才的需求，近年来教授、专家、技工的工资收入飞涨就是很好的例证，深圳还出现了技工工资比研究生高的情况，甚至还要从日本进口这类人才，高端人才市场是供不应求；同时，低端人才市场又是供大于求。这个结构性矛盾也是劳动力市场中收入差距扩大化趋势的体现。因此，从整个国家来讲，就是要改善劳动力供给的结构，提高低技能劳动者的素质，才能充分利用中国劳动力资源优势，才能为国家发展提供持久动力和源泉。

劳动力市场的其他现象就无法再谈了，比如非正规就业等，就不再展开。

四、几个应该关注的就业问题

1. 就业数量与质量

提高就业质量和扩大就业数量的统一。目前就业形势严峻，所以，如何扩大就业是最紧迫的问题。不过，我认为随着就业总量矛盾的逐渐减轻，应该把就业质量放在重要的位置，不仅要为劳动者提供就业岗位，更要提供优质的就业岗位。我国目前的很多就业岗位就不能算是优质就业岗位，这些就业岗位工作条件恶劣，对工人工资过度压榨，缺乏劳动保护和社会保障，几乎可以类比马克思所提的资本原始积累阶段资本家对工人的压榨，这种状况是不可持续的。由于低端劳动力市场仍是供远大于求，所以这个问题短期内难以靠市场解决。在劳动经济学中，最低工资理论产生的部分原因就是为了解决这个问题，当然这又涉及要不要设置最低工资的争论。我个人认为应该有最低工资，因为在劳动力供大于求的市场上，资本家作为需方有部分垄断的权力，可以人为压低雇佣工资，甚至支付低于均衡点的工资。国外有很多相关理论，大家可以研究，中国也是研究这个问题的很好的试验场。

不主张最低工资的人认为这会阻碍效率，当然也有学者不这样认为，提出了诸多买方垄断模型、工作搜寻模型等，认为最低工资不但不会减少就业，而且会增加就业。美国经济学家 David Card 2000 年写了一篇文章来讨论最低工资。这篇文章影响了新泽西州的立法。他比较研究了设立最低工资的州和没有设立最低工资的州的就业差异。我认为我国经济如果持续发展下去，肯定能创造更多的就业岗位，政府不但要追求就业数量的扩张，也要提高就业的质量。国际劳工组织提出了“体面就业”，劳动者不应满足于低层次、无保护、无保障的就业，不但人人应有一份工作，而且应有一份稳定的、有保障的工作，这样的就业目标才是国家福利的目标，才能体现经济水平的发展。我国过去做得远远不够，主要原因就在于劳动力市场中存在极大的不平等。

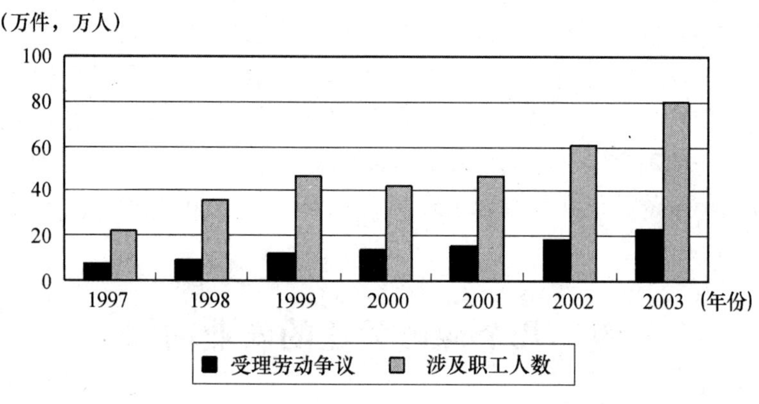

图6 就业数量与质量

2. 劳动力市场不平等问题——几类弱势群体

劳动力市场中有几类弱势群体：①城镇下岗职工。②非国有部门、中小企业和第三产业中的非正式就业者。③进城务工的农民。④失地农民。其中得到最好保护的是城镇下岗职工，我们设计的城镇三条保障线（下岗生活补贴、失业保险和最低生活保障）针对的就是城镇下岗职工，但只涵盖部分下岗职工，也就是国有企业的下岗职工，而集体企业的下岗职工并没有涵盖在内。其他弱势人群在劳动力市场内基本上缺乏保护。当然资本家很高兴有这样的状况，既没有裁员限制，又不用考虑医疗、养老、失业等社会保障的支出，劳动力成本当然会低，劳动力优势当然容易发挥，但这种模式在世界上是很罕见的。

3. 灵活、适度的劳动力市场保护

如果把劳动力完全视为一种资源并从效率的角度来考量，那么就是越灵活越好，任意雇佣和任意解聘最好。从各国的经验来看，如果劳动力配置过于灵活也会损伤效率，在国外这叫 job stability，即工作的稳定性是有助于提高效率的。可以举一个极端的例子。日本过去采取的终身雇佣制是经济学研究的热点问题，这与劳动经济学中劳动灵活配置将实现最优效率的论点是不同的，日本的终身雇佣制是劳动稳定性有助于提高效率的例证。当然日本是一种极端情况。不过在欧洲，研究也发现过度灵活不利于提高效率。因此，我认为我国的劳动力市场发展

也不应该追求完全的灵活性，当然，只有保持适当的灵活性才有充分利用市场配置劳动力资源的条件。我认为应该将适当灵活性和适当的劳动保护结合起来，不能让最低端的劳动力没有任何保护，从而受到赤裸裸的剥削。好的制度应该怎样建设？我国正处于一个十字路口，非常艰难。目前几乎所有的城市保障制度都没有覆盖农民工，农村没有任何社会保障，这些问题呼吁了很多年都没有得到解决。今后若干年内如何将农民吸纳到城市中去是中国发展的重大问题，城市化不是将人转移到城市中就完事，而是要让这些留在城市中的人真正成为城市的一部分，要避免发生拉美国家以及南亚国家大城市所出现的贫民窟等“城市病”。这就涉及一系列保障性措施如何配套，需要大家深入研究，提出对国家发展有意义的建议。我们不能对后代犯严重错误，这是大家应该肩负的使命。

4. 解决就业问题的关键在哪里

我认为解决中国就业问题的关键就是解决劳动力市场的结构矛盾，就是改变劳动力的供给结构，大力开发人力资源，大力提高农村受过基础教育的人群的素质，这就是中国现在就业问题中最应关注的问题。值得欣喜的是中国自上而下都意识到了这个问题，劳动部门甚至向世界银行贷款进行农民工培训，使劳动力的需求和供给有效连接起来，实现“在城市有工作，而且稳定工作”的目标。农业部2003年出台了“阳光工程”，教育部、科技部也有相关项目。这表明大家对这个问题有了共识。

面向未来，中国工业发展很快，但还是一个农民大国，我国工业占GDP的比重很高，但是农民仍然占总人口的60%，所以，解决中国的发展问题还是要解决农民问题。只有把农民问题解决好，中国才能进入一个健康、持续发展的轨道上来。如果把农民的优势完全发挥出来，那中国必将复兴！

整理人：张霞

（文章来源自《学术讲座荟萃》第22辑，2004年12月16日）

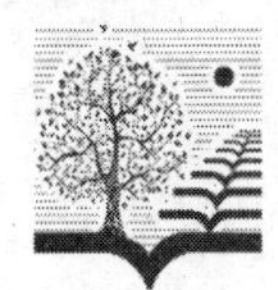

我国民营经济发展的理论与实践线索

刘迎秋

刘迎秋

男，1950年生，南开大学经济学博士。中国社会科学院研究员，中国社会科学院研究生院院长、教授、博士生导师，中国社会科学院民营经济研究中心主任，南开大学、中山大学、西南财经大学、山东大学、北京交通大学、河南大学、吉林省社科院等多所大学和学术研究机构兼职或客座教授，国家社科基金评审委员，终身享受国务院政府特殊津贴专家，中国社会科学院院级突出贡献专家。

主要研究领域：宏观经济运行与中国经济发展、国民经济学。主要著作有：《总需求变动规律与宏观政策选择——中国（1952~1990年）经验的理论分析》、《中国期货市场：起步·转换·发展》、《中国经济增长：格局与机理》、《次高增长阶段的中国经济》、《中国民营企业竞争力报告》（No. 1~5）、《中国非国有经济改革与发展30年研究》、《利率、债务率、汇率与经济增长》等。

党的十六大提出了一个非常重要的概念，叫做“两个毫不动摇”。其中，一个是毫不动摇地巩固和发展公有制经济；另一个是毫不动摇地鼓励、支持和引导非公经济发展。“两个毫不动摇”已成为我国经济制度建设的一个基本方针、基本指向和基本实践。要在中国建设小康社会并实现现代化，要使中国成为一个中等发达国家并使人民走向共同富裕，两个毫不动摇就不可偏废。今天我们要讲的是第二个毫不动摇，即毫不动摇地鼓励、支持和引导非公经济发展，主要介绍“毫不动摇地鼓励支持引导非公有制经济发展”的理论依据、实践依据、历史线索、总体走向及发展面临的主要矛盾以及实现民营经济大发展的基本选择。

2005 年 2 月 24 日，国务院颁布了《关于鼓励支持和引导个体私营等非公有制经济发展的若干意见》（以下简称《若干意见》）。《若干意见》的出台源于 2004 年春天著名经济学家厉以宁通过全国政协报给温家宝总理的一份调研报告。报告是由他组织几位专家通过对辽宁非公有制经济发展现状进行调查后写成的，主要分析和阐述了当前我国民营经济发展遇到的困难及需要解决的问题。温家宝总理收到报告的当天即做出批示：“要组织力量，研究关于鼓励、支持非公有制经济发展的有关政策。”随后，国务院研究室和国家发改委共同牵头，成立了一个由 20 多个部委参加的《若干意见》起草小组。起草小组在调查研究基础上，最终形成了 2005 年年初由国务院原则通过的《若干意见》。

《若干意见》的出台表明，从 2004 年第二季度开始的宏观调控并不是针对民营经济的。2004 年 3 月下旬，物价指数和固定投资增长率等指标公布以后，国务院审时度势，决定实施宏观调控，将原来实施的积极财政政策和稳健货币政策转向紧缩性宏观政策。实施宏观调控以后，为控制钢铁投资过快增长和违规侵占农民耕地，国务院决定叫停江苏“铁本”，同时提出提高企业投资的自有资本金比率以及严格控制土地审批等。在这种情况下，难免出现认识上的误区，甚至认为这次宏观调控就是针对民营企业的。出现这种看法并不奇怪。因为，“铁本”确实是一个民营企业，而且很多民营企业创建过程中占用的土地往往是未经国土资源部审查批准的。因此，一旦严格土地审查制度，清理滥占农民的土地，必然涉及新生的民营企业。这就会给大家带来一个印象，好像这次宏观调控的重点就是民营企业。显然，这种看法是不对的。正因如此，温家宝总理才委托曾培炎副总理在青岛主持召开了一次鼓励支持引导非公有制经济发展的座谈会。召开这样一次座谈会，除了征求对《若干意见》讨论稿的意见外，一个重要含义就是要指明，这次宏观调控并不是针对民营经济的。调控的直接指向是国民经济的结构性失衡，重点是抑制钢铁、电解铝和以水泥为代表的建材投资的过快增长，目的是防止煤、电、油、运过度紧张，造成国内物价的恶性上涨。后来，温家宝又专程到温州召开座谈会，进一步征求意见。这就是《若干意见》出台的前前后后。

在国务院《若干意见》发表的当天，一篇以“答记者问”形式的大块文章见诸报端，题目是“毫不动摇地支持、引导非公经济发展”，它也是2005年“两会”代表热烈讨论的一个主要话题。今天，我想与大家在一起讨论的还是这个话题，重点是讨论和阐明“毫不动摇地支持非公经济发展”的理论和实践线索。

一、毫不动摇地支持非公经济发展的理论来源及其实践依据

（一）马克思主义经典作家的看法

马克思主义经典作家，包括马克思、恩格斯、列宁等，对于非公有制经济，基本都持否定态度。1848年《共产党宣言》正式出版，向全人类阐明了共产党人的一个非常重要的理念——消灭私有制。马克思说：人们很可能会把共产党人视为“幽灵”，然而就是这样“一个幽灵在欧洲上空徘徊”着，并郑重地向世人宣布，他们的宗旨就是要消灭一直被认为神圣不可侵犯的私有制。

以马克思主义为指导的共产党人为什么要宣布其基本纲领就是消灭私有制呢？一个根本原因就在于，私有制不仅造成了生产的社会化与生产资料过度向个人集中的矛盾，而且造成了个别部门生产的有组织性与全社会生产无政府状态的矛盾，从而造成了社会资源的巨大浪费，给国民经济福利带来了不可估量的损失。因此，必须消灭私有制，然后用一个能够避免上述两大矛盾的“自由人联合体”代替之。在他们看来，这种自由人联合体，不仅要实行生产资料的公有制，而且全部经济过程都是有计划、按比例、均衡协调进行的，人与人之间除了在消费资料上存在差别外，互相之间不存在根本利害冲突，人们只凭个人能够向社会提供的劳动领取相应的一份消费资料。对于如何消灭私有制，他们也做了大量研究。马恩关于社会主义从空想到科学的论述以及《反杜林论》中关于社会主义基本框架结构的分析和《哥达纲领批判》关于剩余劳动的“六项社会扣除”等，

一直被后人视为经典。

"消灭私有制"的第一次试验是"巴黎公社"。巴黎公社存在了70多天。一直到马克思去世之前，他没有能够见到比"巴黎公社"更长的试验。俄国"十月革命"后，列宁做了第二次关于"消灭私有制"的试验。列宁所领导的俄国社会主义革命的理论基础是马克思主义。他在马克思、恩格斯理论基础上系统阐明了《国家与革命》、《帝国主义论》、《论国家》等理论，并进行了"战时共产主义"实践。为应对14国入侵，列宁领导的"战时共产主义"实行的是"余粮征集制"。然而，实践很快表明，这条路行不通。对农民余粮进行无偿征集挫伤了他们的种粮积极性，粮食供给必然出现严重短缺。形势迫使列宁对这种政策进行反思，最后在《论粮食税》一文中他明确提出，不能再用征集农民余粮的办法来解决苏维埃政权的粮食问题了，必须改行"粮食税"。这一改，实际上就是承认了农民的财产所有权和剩余索取权与支配权，同时也在此基础上保证了政府的收入权。这是列宁对马克思主义经典的一个重大发展。当然，由于实践的局限，列宁还不可能全面解决如何建设社会主义的问题。因此，当时他仍把依附于社会主义的"小生产"——即农民——看作"像汪洋大海，每日每时在产生着资本主义"。这是因为，在他看来，农民拥有少量土地和生产工具，一旦有了一点儿剩余以后，他们就会把这些剩余产品拿到市场上去卖，并由此形成一定程度的积累。有了积累以后，他们就有可能扩大自己的生产规模。生产规模扩大以后，他们就有了雇用别人的可能，于是他也就有了凭借生产资料私人占有获得对别人剩余劳动的支配权和相应的剩余索取权。随着私人生产规模的扩大，他们也就从原来的小生产变成了规模较大的"资本主义生产"，于是资本主义也就从他们之中产生了。因此，列宁同马恩一样，坚持认为在无产阶级夺取政权以后，必须高度重视改造小生产。否则，社会主义就无法长期生存。《列宁在一九一八》那个电影曾有一个代表农民利益的农民跑到克里姆林宫与列宁辩论的情节，其核心是讲粮食是农民种的，不能用抢的办法解决苏维埃政权的粮食问题。正是通过实施"粮食税"等"新经济政策"才使"面包没有了"的局面迅速得到了解决。然而非常遗憾，没有等到俄国社会主义实践充分展开，列宁就与世长辞了。

后来继承列宁掌握"布尔什维克"领导权的是斯大林。斯大林在如何建设社会主义问题上主要做了以下几件事：一是第一次提出并开始实施国民经济五年计划；二是在农村搞集体农庄即集体所有制；三是在城市全面实行全民所有制；四是只承认消费资料是商品、生产资料不是商品；五是除了消费资料外，生产资料统统实行按计划统一调配和无偿调拨。由于当时国际环境的限制，斯大林的社会主义实践实际上变成了一种由政治支配的军事经济体系。苏联与美国搞军备竞赛，进一步加重了苏联国民经济体系的重工业化倾向和军事主导特征。到目前为止，俄罗斯的消费品供给仍然高度依赖欧美以及中国，表明苏联的社会主义实践并不符合经济发展的客观规律。马克思主义经典作家所设想的代表人类社会发展一般趋势的"共产主义"，一旦被脱离实际地运用于实践，必然会产生糟糕的结果。这种实践既不能保证社会生产力的持续健康发展，也不能保证无产阶级政权的巩固和发展。毫无疑问，军事共产主义和高度集权在战争期间和战后重建阶段是必要的和可行的，但是，一旦跨越了这样一个阶段之后，再这样搞下去，就会给经济社会的发展带来巨大危害。因此，必须选择建立在市场基础上的国民经济体系和制度。

（二）传统体制下的社会主义经济实践

1978 年邓小平提出改革开放之前，我国基本上遵循的是苏联搞的斯大林模式，其内在缺陷是把马克思主义所描述的人类最终目标直接当作目前的经济实践。在实践中，我们没有像列宁、斯大林那样，对资本家的财产采取全部没收的办法，而是采取了赎买的方式。到 1969 年底，中国政府对民族资本家的赎买欠款全部还清。我国所实行的赎买政策，一个突出特点是，国家不是完全剥夺民族资本家的财产，而是承认民族资本家对其财产的所有权，然后通过对其资产支付利息的办法实现赎买，同时通过这个办法把民族资本家改造成为能够自食其力的劳动者。经过"一化三改"后，1958 年开始又搞"大跃进"和"人民公社化"。从此，我国开始走上搞"一大二公"的道路。到 1978 年底，全国城镇仅保留了个体劳动者 15 万人，占同期城镇职工总数的 0. 16%，其经济活动总量占同期 GDP 的比重更小，不会超过 0. 1%。①

在 1978 年党的十一届三中全会之前，我们始终坚持的是单一公有制，并且是以全民所有制为主导的公有制。农村虽然实行的是"三级所有、队为基础"，但其本质倾向是强调"小集体"过渡到"大集体"，"大集体"再过渡到"全民"。然而，在生产力发展水平比较低的阶段，搞单一公有制必然使整个国民经济走进死胡同。实际上，到 1976 年我国经济已经基本上处于崩溃的边缘：一个农村劳动力在生产队干一年活，到年底，除了能够分到一点儿口粮外，几乎拿不到什么钱，有的还要给生产队倒贴钱。为什么会出现这样一种结果呢？一个根本原因在于这里边存在一个"集体行动的逻辑"和经济学所讲的劳动与闲暇的替代。只要人们能够"搭便车"，只要人们能够在"大帮轰"中得到更多的闲暇，人们就不会做付出更多劳动的努力，从而也不会做出从事更多劳动的选择。这就是说，在能"搭便车"的时候，人们会积极地选择"搭便车"。在收入水平给定

---

① 根据国家统计局编《中国统计年鉴》（1984）（中国统计出版社 1984 年版第 107 页）提供的资料计算。

且要在闲暇与劳动之间做出选择的时候，人们必然更倾向于选择闲暇。在干好、干坏一个样的劳动环境中，人们必然会内在地倾向于选择干坏。

此间，理论上的一个重要偏差就是“四人帮”提出了所谓“宁要社会主义的草，不要资本主义的苗”的理论和政策主张。这种理论和政策主张甚至成了当时的主流指导思想。注意，这里的草和苗既指事也指人。对于其含义，可用一个例子来说明。在“四人帮”看来，如果一个人的学习很好，有一手好技术，干什么能干成什么，但就是不大关心政治，那么，这个人就是“白专”，是“资本主义的草”。反之，则是“社会主义的苗”。当时，“社会主义的苗”的“杰出”代表就是“白卷先生”张铁生。1973 年，张铁生在参加高考时只会答理化试卷中的三道小题，其余全不会。眼看进大学门的愿望全部泡汤，他便在答卷上写了一段抱怨不愿意误工备考和因此失去上学机会的话。此言一出即被“四人帮”看中，《人民日报》还为此发表了评论员文章，他也因此成为当时的“英雄”，不仅得到了江青、王洪文的接见，甚至还成了当时的铁岭农学院党委副书记。

通过这样一场较量，“贫穷”便成了社会主义的代名词，搞社会主义建设就要搞“一大二公”，就是“只要社会主义的草，不要资本主义的苗”。在这种思想的指导下，我国经济发展必然出现缓慢甚至停滞。对此，可从表 1 的数字看得一清二楚。

表 1　1978 年、1952 年中国经济发展情况

1978 年（汇价为 1：1.68）	1952 年（汇价为 1：2.26）	1978 年是 1952 年的倍数
GDP 为 3624 亿元， 相当于 2152.53 亿美元	GDP 为 679 亿元， 相当于 299.85 亿美元	1978 年是 1952 年的 7.18 倍
人均 GDP 为 379 元， 相当于 225.11 美元	人均 GDP 为 119 元， 相当于 52.55 美元	1978 年是 1952 年的 4.28 倍
非农业居民户均消费 405 元， 相当于 240.56 美元	非农业居民户均消费 154 元， 相当于 68.01 美元	1978 年是 1952 年的 3.54 倍
农业居民户均消费 138 元， 相当于 81.97 美元	农业居民户均消费 65 元， 相当于 28.7 美元	1978 年是 1952 年的 2.85 倍
城乡居民户均消费 184 元， 相当于 109.29 美元	城乡居民户均消费 80 元， 相当于 35.33 美元	1978 年是 1952 年的 3.09 倍

资料来源：《中国国内生产总值核算历史资料（1952～1995）》，第 27、28、42 页；《中国金融统计（1952～1996）》，第 206 页。

从表 1 可以看出，由于体制上的原因，从 1952 年到 1978 年的 26 年，中国经济的发展是十分缓慢的，水平也是比较低的。而在此期间，中国的台湾地区经济的发展却十分迅速。例如，按官方汇价计算，到 1952 年底，大陆的人均 GDP

是52.55美元，而台湾为196美元，高于大陆100多美元。到1988年，也就是蒋经国去世那一年，台湾人均GDP已高达5829美元，大陆的人均GDP仅为364.04美元。[①] 台湾人均收入比大陆多出来的那5000多美元是从哪儿来的？台湾人口少、地理位置好可能是一个重要原因，但是，更根本的原因是什么？我们认为是体制，是体制性差异带来了收入的巨大差异。为什么这么说？因为1956年之前，台湾经济也是非常糟糕的，人均收入一直在200美元以下徘徊。当时主持经济工作的是蒋介石，蒋介石是国民党的领袖。国民党是一个什么样的党呢？它早先信奉三民主义，原本主张"联俄、联共、扶助工农"，从而也接受共产国际的一些要求。正因如此，从1947年开始，蒋介石在台湾搞过两件事：一是没收所有资本家的资本归国有（当时的工业资本主要是日本的资本），二是进行土地改革，将所有土地收归国有。当时，蒋介石在台湾搞的土地改革是没收地主的土地收归国有，而解放区搞的土地改革是没收地主的土地归农民所有。差别是显而易见的。这就是说，蒋介石实际上是在台湾搞了一个高度集权的国家垄断资本主义。结果怎么样呢？就是台湾经济的日益衰退，几乎到了难以为继的程度。正因如此，蒋介石才不得不让蒋经国出来主持台湾经济工作。蒋经国是莫斯科大学经济系毕业的，在许多重大经济政策问题上与蒋介石有不同的看法和主张。蒋经国出来主持台湾经济工作之后，他就明确提出，如果让他主持经济工作，就必须满足他的一个基本要求，那就是从政的人不能经商、经商的人不能从政。对于他的这条要求，蒋介石不仅同意了，而且做出了他个人只从政不经商的选择。孔、宋、陈等几大家族是既想经商又想从政，但由于只能做一种选择，他们实际上被迫退出了政坛。蒋经国主持台湾经济工作后，除了继续坚持《公营事业转归民营条例》的基本政策主张外，他还于1960年颁布了《奖励投资条例》。[②] 这个条例的颁布，进一步推动了台湾民营经济的迅速发展。到1980年，台湾人均收入已经由20世纪40年代末的50多美元上升为2300多美元。1992年台湾人均收入首次达到了10506美元，是大陆（296.3美元）的35.46倍。[③] 到2002年大陆人均GDP达到994.4美元时，台湾人均GDP已经达到了12900美元，台湾仍然是大陆的13倍。目前大陆人均GDP已经超过了1200美元。在一个人口多达13亿的发展中大国，人均收入能够超过1200美元以及大陆与台湾人均收入差距明显缩

---

① 根据中国国家统计局国民经济核算司编《中国国内生产总值核算历史资料（1952～1995）》第28页（东北财经大学出版社1997年版）和中国人民银行调查统计司主编《中国金融统计（1952～1996）》第206页（中国财政经济出版社1997年版）提供的资料计算。

② 魏萼：《台湾：迈向市场经济之路》，上海三联书店1993年版。

③ 根据国家统计局编《中国统计年鉴》（2002）第51页（中国统计出版社2002年版）和中国人民银行调查统计司主编《中国金融统计（1952～1996）》第206页（中国财政经济出版社1997年版）提供的资料计算。

小的一个重要原因就是大陆进行了体制改革。如果没有体制改革，比如还沿着改革开放前的道路走下去，大陆的人均收入水平可能还要继续在几百美元的水平上徘徊，与台湾的差距可能还会更大。

我讲上述这个例子是想说明，过去我们走了斯大林道路，经济必然陷入缓慢发展的困境。台湾也曾走过一段类似于斯大林的道路，因此它也经历了一个经济缓慢发展甚至临近崩溃的困难时期。由于蒋经国出来主持经济工作后改变了台湾经济发展的路径和走向，才带来了台湾经济的繁荣和迅速崛起。因此，我们认为，大陆与台湾人均收入水平的差异，首先是体制选择上的差异，1956 年大陆完成了“一化三改”，1957 年开始搞“大跃进”，1958 年又搞“公社化”，此间蒋经国搞的却是“非跃进、分权化、民营化”。这两个选择的方向是完全不一样的，结果当然也不会一样。走集权化道路，必然要压制个人的主动性、积极性和创造性，因而经济必然陷入萧条与衰退；走民营化道路，必然会激励人们的主动性、积极性和创造性，因而国民经济会走向繁荣和快速发展。

（三）改革开放后民营经济发展的启示

在中国，人们思想的转变也经历了一个过程，邓小平理论也是逐渐被人们接受的。1978 年 12 月 18 日召开的党的十一届三中全会明确提出了改革主张。但是，当时的全会公报并没有把改革开放和发展非公有制经济提到今天这样的高度。当时的基本政策主张是“改革、调整、巩固、提高”。但是，党的十一届三中全会确立了邓小平的领导地位，从而才有了实践中的改革开放。邓小平思想是在改革开放过程中逐渐形成并发挥作用的。在这个过程中，民营经济也获得了很大发展。发展的结果就是：“资本主义的草”成了“社会主义市场经济的重要组成部分和促进社会生产力发展的重要力量”。多种这样的“草”，不仅不会危害社会主义，反而会带来三个“有利于”：“有利于繁荣城乡经济、增加财政收入，有利于扩大社会就业、改善人民生活，有利于优化经济结构、促进经济发展。”一句话，就是有利于国家走向繁荣、社会走向发展、人民走向富裕。不仅如此，多种这样的“草”还“对全面建设小康社会和加快社会主义现代化进程具有重大的战略意义”。

民营经济的发展确实推动了国民经济的迅速发展。看一下表 2 提供的统计数据就一目了然了。改革开放后的 28 年，各项经济指标的增长均明显快于改革开放前的 28 年，而且增长质量也高于改革开放前的 28 年。此间各项经济指标高速增长，民营经济的发展功不可没。它对我们的一个重要启示就是：必须“毫不动摇”地大力发展民营经济。

表2 2003年与1978年各项经济指标对比

2003年年底的统计指标（汇率为1∶8.23）	是1978年的倍数
GDP是136515亿元，相当于16587.48亿美元	7.71倍
人均GDP是10502元，相当于1276.08美元	5.67倍
城镇居民人均可支配收入为9422元，相当于1144.84美元	4.76倍
农村居民人均可支配收入为2936元，相当于356.74美元	4.35倍

资料来源：根据《中华人民共和国2004年国民经济和社会发展统计公报》（《经济日报》2005年3月1日第2版）有关数据计算。

（四）结论：发展民营经济就是发展社会主义

2002年秋季，我在社科院主持召开过一个研讨会。研讨会上形成了一个共识，就是“发展民营经济就是发展社会主义”。对此，《经济参考报》做了大块文章报道，题目直接使用的就是“发展民营经济就是发展社会主义”。发展民营经济就是发展社会主义这个结论是正确的，具体表现在以下几个方面。

1. 发展民营经济不违背马克思主义的根本宗旨：人民富裕

马克思认为，共产主义理想的实现必须满足两个条件：一是“财富的极大涌流”；二是人们的道德情操极为高尚，谁也不会把自己不用的东西或公有的东西拿到自己家里去。马克思认为实现共产主义需要一个过程，最终目标则是人们共同富裕。发展民营经济并不违背马克思主义的上述根本宗旨。马克思之所以说私有制不好，是因为私有制把对劳动有支配作用的生产资料集中到了少数人手里。

2. 发展民营经济就是解放生产力

直至20世纪80年代末，在我国吃粮是要凭“粮票”的。大约是在80年代末90年代初，随着粮食供给的增加，粮票才被陆续取消。在80年代初、中期之前，我国一直是一个粮食严重短缺的国家。“民以食为天”，我国则年年闹粮荒。由于缺粮，因此，那个时候什么都处于短缺状态。

1980年以后，在邓小平理论指导下，我国开始在农村全面推行“联产承包责任制”。结果，短短几年工夫，便出现了“卖粮难”、“卖猪难”、“卖棉花难”等一系列过去不曾有过的现象。所有这些现象都说明了一个问题，就是“东西多了”。而过去，我们干什么都是要排队的。科尔奈的名著《短缺经济学》讲的就是短缺与排队。为什么要排队？因为短缺，所以必须排队。排队是有规则的，所以就有了不参加排队的“灰市”和“黑市”。经过近20年的改革开放，到1996

年实现“软着陆”和1997年渡过亚洲金融危机，我国国民经济发展出现了重大变化，开始出现“过剩经济”。我们的市场不再是一个短缺性市场，无论是高档商品还是低档商品，不管是吃的还是用的，可以说应有尽有。为什么会出现这种情况？一个重要原因就是有了民营经济，就是解放了个性和解放了生产力。

3. 发展民营经济就是发展生产力

改革开放前我国仅有15万个体劳动者，现在我国个体工商户已达3600万家，雇工超过8人的民营企业则多达370多万家。在民营经济中就业的人数已近一个亿。民营经济活动已经占到整个国民经济活动的一半以上。我国国民经济发展水平也已达到世界第六位，很多指标已经走在了世界前列。目前，在世界市场上，几乎找不到多少人们偏好购买的商品不是“中国制造”的了。中国实际上已经成了世界经济的一部重要发动机。难道所有这一切还不足以表明，我国生产力正是因为民营经济的大发展才获得了如此巨大的发展吗？

4. 发展民营经济就是提升生产力

民营经济提升生产力的一个典型例子就是一个生产雷达的民营企业的实践。它们攻克了国有企业无法攻克的难题，制造了能够探测到比原有军用探测技术高一倍以上的雷达，填补了我国军事技术上的空白。为什么民营企业能够攻克这样的技术难题呢？主要原因之一，就是民营企业拥有企业的知识产权，为了获得更加丰厚的利润，它们会放弃休息和睡觉，它们会持之以恒地进行探索，它们会在高回报的刺激下冒更高的风险，去开展研究与探索。现在，比较一下规模以上民营企业和国有企业就会发现，很多民营企业的组织结构和技术结构不仅是高的，而且是相当领先的，其中有很多是国有企业无法相比的。因此，大力发展民营经济，实际上就是在大力提升生产力。

5. 发展民营经济就是全面建设小康社会

发展民营经济，就是发展全民参与的经济。自助、自议、自主、自理，一切都靠自己做主，自己的事自己决定、自己办，如此等等，对劳动者来说，就是自我解放，就是自求发展，就是自己直接奔小康。

6. 发展民营经济就是完善社会主义生产关系

过去，企业想让民工干什么，民工就得干什么。现在，随着市场经济的发展和规则的完善，企业必须尊重民工。2004年开始出现的“民工荒”，从一个侧面反映了民工主权意识的上升，也表明民营经济的发展正在走向成熟。这也是与

"建设和谐社会"思想相一致的。如果没有民营经济的充分发展，就不能建成"和谐社会"，相反，很可能使我国仍处于"单边社会"的状态。

二、我国民营经济发展的历史线索

我把民营经济发展归结为四个基本阶段。

（一）1978～1989年，禁区全面打破、个体经济获得迅速发展、私营经济开始得到认可的阶段

1978年党的十一届三中全会第一次明确提出了"一定范围的劳动者个体经济是必要补充"的论断。这里要注意两个方面：一是个体经济，而不是私营经济；二是必要补充。

1979年党的十一届四中全会通过的《关于加快农业发展若干问题的决定》，第一次明确提出"决不允许把它们当成资本主义经济来批判和取缔"的观点和政策。

1982年五届全国人大二次会议通过了《中华人民共和国宪法》修正案，把"一定范围的劳动者个体经济是必要补充"写进了宪法。这是改革开放以后第一次修改宪法，也是第一次以法的形式明确肯定了个体经济的合法地位，肯定了"国家保护个体经济的合法权利和利益"。

1987年10月召开的党的十三大及其报告第一次以党的正式文献形式做出了"'私营经济'是社会主义公有经济必要的和有益的补充"的论断。当时规定雇用工人达到或者超过8个人就属于私营企业。为什么规定雇工8个人以上而不是10个人以上或15个人以上呢？其理论来源是马克思的《资本论》。马克思在阐述货币转化为资本的过程的时候，曾举了一个例子。这个例子说，在给定剩余价值率和资本有机构成的情况下，只要资本家雇用8个工人，就可以在给定的时间内使其货币转化成为资本。对于马克思来讲，这只是一个为便于分析所做的随意假定。然而，在我国，马克思这个假定竟成了界定一个企业是否是私营企业的雇工人数标准。不过，无论如何也要有个标准。有了标准，才便于分类和进行管理。当时，大家之所以认同这个标准，其意义可能也仅在于此。

1988年4月召开的七届全国人大一次会议，通过了新的《宪法》修正案。这是改革开放以来第二次修改宪法。这次修改宪法，一个主要方面就是把私营经济作为社会主义的有益的和必要的补充写进宪法，第一次以国家根本大法的形式确立了私营经济在我国的合法地位。

（二）1989～1991年，强调清理整顿，民营经济出现收缩的阶段

1989年，个体工商户户数增长率为-14.2%，从业人员增长率为-15.8%，注册资本金仅增长11.2%，比上年（32.2%）下降了21个百分点，产值增长率更是比上年下降了60.3个百分点（仅为8.3%）。1989年是非常重要的一年，当时即使没有“六四”政治风波，国家也会对私营经济进行清理整顿。这是因为，1988年出现抢购风潮后，1989年仍存在较为严重的市场混乱，因此需要进行清理整顿。“六四”政治风波后，人们对发展民营经济的认识也出现了波动，认为发展民营经济就是发展资本主义的思潮有所抬头，因此有一种彻底清查个体、私营企业偷税漏税等历史问题的要求。这就必然会带来民营经济发展的徘徊。

1990年虽有所回升，但回升幅度很低，私营企业户数增长率仅为6%多一点，从业人员的增长率仅为7%多一点，注册资本金的增长才恢复到22.9%的水平。到1991年，私营企业户数增长率为9.9%，从业人员增长率为8.2%，注册资本金增长率为29.5%，产值增长率为20.5%，大部分指标仅恢复到1988年的水平。

（三）1992～1996年，民营经济波动成长阶段

1992年春邓小平发表“南方谈话”。小平“南方谈话”非常重要，深得人心，因此被人们誉为中国改革开放以来的“第二个春天”。为什么人们这么重视他的这些谈话？原因之一是这些谈话内容早在1991年他在上海过春节时就讲过了，是符合我国国情和民意的。“南方谈话”基本上是上海谈话的重复、补充和进一步发展。1991年邓小平在上海的谈话精神，在《解放日报》上以“黄甫平”名义分别通过三篇文章予以发表。文章明确提出“要以改革的态度，振奋精神，敢冒风险，敢为天下先，走前人没有走过的道路，做改革开放的‘带头羊’”；强调“计划和市场只是资源配置的两种手段和形式，而不是划分社会主义和资本主义的标志，资本主义有计划，社会主义有市场”；指出“对于这类被称为造就‘社会主义香港’的尝试（指保税区、免征出口税等——引者），如果我们仍囿于‘姓社还是姓资’的诘难，那就只能坐失良机”。然而，某些人不愿意接受黄甫平的观点。《求是》、《高校理论战线》、《真理的追求》等杂志甚至连续发表署名文章，针锋相对地讲“实行改革开放必须区分‘姓社还是姓资’”，讲“计划是社会主义的本质特征”、“股份经济是资本主义的特有产物”，把强调生产力的

决定作用视为“庸俗生产力论的翻版”，对黄甫平大加批判。[①] 显然，当时邓小平的理论观点和政策主张并未得到某些人的认可。于是第二年的 2 月 18 日，小平同志不畏 88 岁高龄，乘坐火车，从北京出发，途经武汉，开始了他的南方谈话与反击过程。在武汉火车站他就开始讲改革的胆子应该再大一点，讲如果没有 1985 ~ 1988 年的那次跳跃，中国经济就不可能得到后来的发展，动乱来得可能还会更加严重。小平南方视察的第二站是广州，然后是珠海、汕头，最后是深圳。他的谈话精神由《深圳日报》以评论员名义连续发表。在北方，田纪云副总理在中央党校讲课，集中传达小平南方谈话精神，也大讲“发展是硬道理”，讲“改革的胆子要再大一点，搞改革不要首先问姓资还是姓社”。当时中央党校制作的田纪云讲话录像带可谓“灼手”，被各地纷纷派人来排队购买然后予以传达。后来中央发文正式全面传达了邓小平“南方谈话”。理论界称小平同志的这次谈话是中国历史上的“第二次北伐”。这次“北伐”直接指向的是那些说“搞改革就是要问姓资还是姓社”的人和那些讲“计划是社会主义的本质特征，市场是资本主义的特有产物”的人。此后不久，江泽民在中央党校讲话，第一次以党的总书记名义明确提出在我国要建立“社会主义市场经济体制”。

1992 年秋党的十四大召开，明确了建立社会主义市场经济体制的总目标，同时把小平“南方谈话”精神写进了十四大文献，成为全党和全国人民共同认可的一个基本行动纲领。

1993 年 11 月党的十四届三中全会通过《关于建立社会主义市场经济体制若干问题的决定》，首次明确提出“鼓励”非公有制经济发展政策。但思想认识上的混乱仍然存在。1996 年春夏之交出现的批判厉有为在中央党校的学习体会文章和后来出笼的几封“万言书”，是当时思想界出现混乱的主要表现。其中第三封“万言书”，把强调“民营不但要占主体地位，而且要构成国民经济的主要基础”的观点视为“否定社会主义，主张资本主义”。[②] 这篇文章点名批判了近 60 位学者，其中也包括鄙人在内。其实，他们点名批判我的那篇文章，是于 1994 年春我提交在海南召开的第一届全国私营经济研讨会的一篇论文，会后在中国社科院经济所午餐会上又做了进一步讨论，然后进一步修改，最后才发表在同年《经济研究》第六期上的。“万言书”批我批得实际上是“驴唇不对马嘴”，因为我根本不否定社会主义，更不主张资本主义。然而，那篇批判文章确给民营经济的发展及其理论研究带来了很大破坏力。此间，江泽民先后发表两篇署名文章：一篇是《领导干部一定要讲政治》；另一篇是《关于讲政治》，均发表在

① 马立诚、凌志军：《交锋》，今日中国出版社 1998 年版，第 168 ~ 181 页。

② 参见互联网上署名为魏鸣的《1992 年以来资产阶级自由化的动态和特点》（1997 年 1 月 9 日）一文。

《人民日报》上。两篇文章分别分析了领导干部要讲的政治及其全部含义。这两篇文章对于我国民营经济发展具有重大影响。1997 年 7 月，北戴河会议讨论股份经济问题和 9 月召开党的十五大，进一步为我国民营经济发展指明了方向。7 月底《光明日报》、《经济参考报》约我写的一篇关于股份制的文章，很快于 8 月 4 日、5 日分别见报，着重阐明的就是“股份制是生产力和生产关系的载体”，“一个股份制企业到底属于什么性质，主要是看它的产权结构，看由谁来控股”。①

（四）1997 年到现在，民营经济持续健康大发展阶段

1992～1996 年，民营经济在波动中发展，与当时思想理论上的认识存在波动有关。

1997 年 9 月召开的党的十五大第一次把非公有制经济纳入我国基本经济制度。

1999 年 3 月 5 日九届全国人大二次会议在宪法修正案首次明确肯定了“国家在社会主义初级阶段，坚持公有制为主体、多种所有制经济共同发展的基本经济制度”，“法律规定范围内的个体经济、私营经济等非公有制经济，是社会主义市场经济的重要组成部分”。

2001 年江泽民的“七一”讲话和 2002 年 11 月党的十六大报告进一步明确提出两个“必须毫不动摇”，强调要“鼓励、支持、引导”，要“放宽国内民间资本的市场准入领域”，“完善保护私人财产的法律制度”。

2003 年 10 月党的十六届三中全会进一步明确提出要大力发展非公有制经济，并做出了《中共中央关于完善社会主义市场经济体制的决定》，十届全国人大一次会议审议通过了《修改宪法的建议》，明确了“国家依照法律规定保护公民的私有财产权和继承权”的要求。

2004 年春天温家宝总理批示研究制定鼓励引导非公经济发展的政策并先后召开了一系列重要座谈会和讨论会，深化研究和制定相关政策。

2005 年 2 月 24 日正式颁布实施《国务院关于鼓励支持和引导个体、私营等非公有制经济发展的若干意见》，标志着我国民营经济大发展的“第三个春天”已经到来。②

---

① 刘迎秋：《漫谈股份制》，《光明日报》1997 年 8 月 4 日；《股份制：公有财产的有效实现形式》，《经济参考报》1997 年 8 月 5 日。

② 刘迎秋：《民营经济的第三个春天》，《中国证券报》2005 年 3 月 8 日第 A05 版。

三、我国民营经济发展的总体走向及其面临的主要矛盾

（一）我国民营经济发展的总体走向

1. “三分天下”格局早已形成

根据国际金融公司2000年进行的一次调查，国有经济部门、集体部门、民营经济部门经济活动总量分别占同期GDP的37%、30%、33%，三部门太体上是“三分天下”。民营经济占整个国民经济的比重由原来的不足0.1%，到2000年已经超过了30%。这是一个很重要的变化。

2. 国民经济结构迅速向“平分天下”格局转变

根据国家工商行政管理总局提供的最新数字，到2004年11月底我国新增私营企业77.89万户（2003年为57.02万户），累计达到374.78万户，注册户数超过以国有和集体所有制为主的内资企业。注册资本金5.07万亿元。累计登记个体工商户2325.98万户，注册资金5219.28亿元。

表3　2003年年底中国民营企业数量及规模

注册资本金	户数	比上年增加
100万元以上	58.37万户	16.83万户
100万~500万元以上	44.72万户	11.98万户
500万~1000万元	8.46万户	3.1万户
1000万元以上	5.18万户	1.75万户
亿元以上	1165户	507户

资料来源：国家工商行政管理总局办公室编：《工商行政管理统计汇编（2003）》，第76页。

如表3所示，我国多数民营企业的经营规模仍在500万元以下，但企业数量迅速增长，特别是亿元以上的企业增长速度更快。

另据全国工商联统计，到2003年年底，其会员企业中营业收入超过1.2亿元的私营企业已有1562户，其中有进出口经营权的有1024户。

若把国有控股企业全部计入国有工业企业，则到2003年6月国有工业企业增加值将占全国工业增加值的44.4%，集体工业占7.5%，港、澳、台资占

26.6%，私营工业占21.5%。这就是说，此间非公有制工业所占比重为48.1%。若剔除国有控股企业，则同期纯国有工业仅占全国的18.1%。根据控股的含义，如果只将51%的国有控股工业计入国有范畴，则国有工业比重应为31.5%。即非公有制工业应占48.1%+12.9%=61%。若把“戴红帽子”（指企业注册时名义上是集体企业或者乡镇企业，但实际上却是私人企业）现象考虑在内，按10%~20%进行调整，则可得出三大部门占GDP的比重已分别是33%、15%、52%的估计。①

如果认可上述分析，则经过近28年的发展，特别是经过近十几年的发展，个体、私营等非公有制经济不断发展壮大，已经成为社会主义市场经济的重要组成部分和促进社会生产力发展的重要力量，公有与民营“平分天下”的格局已经形成。

3. 民营经济活动已经成为全面建设小康社会的重要基础

2003年，民营经济单位共缴纳工商税收2435亿元（不包括戴“红帽子”企业），占同期全国税收总额（20450亿元）的11.91%。

全年共有261.57万名下岗失业人员在民营企业实现了再就业，占全国下岗失业人员（800万人）的32.65%。在民营经济单位的从业人员已经接近甚至超过了1亿人。民营经济的成长为我国民众提供了大量就业机会。“就业是民生之本”，如果连就业问题都解决不了，那还谈什么全面建设小康社会呢？显然，到目前为止民营经济已经成为我国全面建设小康社会的一个重要基础。

（二）当前我国民营经济发展面临的主要矛盾

1. 思想上和体制上的障碍仍然存在

《若干意见》明确指出，“要以邓小平理论和‘三个代表’重要思想为指导，全面落实科学发展观，认真贯彻中央确定的方针政策，进一步解放思想，深化改革，消除影响非公有制经济发展的体制性障碍”。这意味着还有那么一部分人的思想没有得到解放，影响民营经济发展的体制性障碍还存在，还需要进一步解放思想和继续深化改革。

2. 民营企业平等竞争地位尚未全面确立，政策上的歧视还远未消除

内外税制合并受阻，表明民营企业参与市场平等竞争的地位还未全面确立。

---

① 刘迎秋：《大棋局：“国退民进”及其走向》，《广东社会科学》2003年第2期，第29页。

我国加入世界贸易组织的各项承诺，到2006年12月11日就应当全部兑现，再经过一个过渡期，也就是到2012年，我国将全面融入国际社会。但是，现在的问题是，政府给外国企业的税收优惠仍优于内资企业，内资企业将继续承受较高的赋税压力。而在内资企业中，民营企业与国有企业的赋税又不同。国有企业的平均营业税率为3.5%、所得税率为11.89%，民营企业则分别为4.31%和13.31%。除此以外，对民营企业主的财产性收入还要实行双重征税，等等。这种情况表明，到目前为止民营企业仍未获得平等竞争的国民待遇和市场地位。另外，《若干意见》虽然已经颁布，但基础产业和垄断行业进入问题的真正解决也仍面临诸多困难。

3. 民营企业融资渠道狭窄、融资难问题仍未得到解决

据统计，2003年全国乡镇企业、个体私营企业和三资企业短期贷款仅占同期银行全部贷款的14.4%，中小企业股票、公司债券发行仅占同期直接融资额的1.3%。民营企业融资成本也高，在民间融资不放开的情况下，在贷款利率下浮限制、上浮放开所造成的成本负担均要由中小企业等民营企业承担的情况下，现行地下民间融资必然给民营企业发展带来较高的融资成本。民营企业融资难问题的解决尚需时日。

4. 民营企业发展的外部环境仍不够宽松

（1）民营企业的发展缺乏良好的社会服务。

（2）政府对民营企业的监管还勤于服务。

（3）各种收费与摊派仍广泛存在。按国务院《若干意见》的要求，在这些方面还需要进行认真清理。

5. 民营经济内部的矛盾日渐突出

首先，民营企业之间的矛盾与冲突。恶性竞争、相互拆台现象仍普遍存在。对许多民营企业来说，同行仍然是冤家。

其次，企业内部所有者与管理者间的矛盾与冲突。据调查，目前我国50.5%的企业是企业主配偶做管理，26.7%由投资者自己担任管理者，16.8%由亲属担任，5%由邻居或同乡担任。按此估计，民营企业外聘经理仅占1.5%。家族式管理的局限仍在一定程度上阻碍着民营企业的持续健康发展。

最后，企业内部所有者、管理者与一般雇员的矛盾与冲突。企业内工人的权利得到充分尊重还需要做更大努力。

四、实现我国民营经济大发展的基本选择

国务院颁布《若干意见》后，民营经济一定会实现更大发展，并且会进入我国民营经济发展的“第三次浪潮”和“第三个春天”。

（一）要为民营经济大发展创造更加宽松的环境

（1）要进一步深化经济体制改革，并在此过程中完善和落实鼓励支持引导民营经济发展的具体政策措施。《若干意见》已经明确提出的“36条”还需要进一步细化，并制定相应的细则和具体措施，才能保证得到贯彻和全面落实。

（2）要进一步加强法治，通过法治处理和解决好民营经济主体与其他经济主体间的矛盾与冲突。市场经济是法治经济。民营经济要获得持续健康发展，更需要法治提供保障。

（3）要选择有效缓解和化解机制，处理和解决好民营经济主体间的矛盾和冲突。作为老板应当有自己的商会，作为经理应当有自己的联谊会或联盟，作为工人则应当有自己的工会，同样，作为农民则应当有自己的农会。这些方面的有机组合与制衡，便构成缓解和化解民营经济发展过程中各种矛盾与冲突的有效机制。

（4）要尽快改变当前存在的政府职能缺位、越位、错位状态，积极探索政府的合理让位，为民营经济的生存与大发展创造更好和更加宽松的政府支持与服务环境。

（二）要提倡民营企业内部机制创新，着力培养企业家精神

民营企业内部机制创新的最大亮点是家族企业制度创新。要根据实际需要选择企业治理结构和管理机制，不要轻易否定家族制，但要探索家族企业现代化。家族制的实质是以最小的信任成本支出换取最大的企业经营收益。要实现家族企业治理结构的创新，实现信任机制与经营机制的有机结合，实现家族企业的现代化，寻求企业的更大发展。

企业家是企业（enterprise）的人格化（entreprencurship）。进取、冒险、胆识和创见，是企业家的本质与精神。企业家精神，说到底，就是不断进取和创新的精神，包括不断追求产品创新、技术创新、市场开拓与创新、企业组织与制度创新、团队合作与不断进取精神的创新，等等。

（三）深化融资创新，建立有效支撑民营经济大发展的资本扩张机制

银行不愿意把钱贷给中小企业，是因为给中小企业发放贷款的成本远远大于

大中型企业。如何解决这个问题?

(1) 鼓励创建民营商业银行，以形成支持民营经济发展的正规融资机制，降低民营经济单位的融资成本。

(2) 选择有竞争力和具备条件的民营企业在国内资本市场上市融资，同时支持有条件的民营企业到海内外资本市场上市融资。

(3) 提高民营企业抵押贷款能力，包括《若干意见》中已经明确提出的提高民营企业信用贷款的能力。

(4) 鼓励民营企业积极运用消费信贷机制，让有市场的产品通过各种合法与有效途径更多、更快地进入市场。

(5) 建立健全正常的民间融资规则和制度，使民间融资得到规范发展，以此来支持处于创建过程和成长过程的民营经济获得更快和更健康的发展。

(四) 鼓励技术创新，积极发展适用技术，培养民营企业长期发展后劲

要区分先进、适用、好用技术和有害技术，首先让民营企业进行有效的技术选择，其次也要由政府对其选择进行必要的规范。

(五) 发展新型市场关系，运用网络技术，推动民营经济实现更大发展

在世界贸易组织规则下，企业谋生存、求发展的关键还是一个企业能够生产什么、生产多少和进入什么市场以及如何进入市场的问题，是一个企业运用什么手段、通过什么路径创造什么样的市场形式以及企业的产品如何在市场上顺利得到实现的问题。因此，要鼓励民营企业创造和开发新型市场关系和市场流通手段，让更多的人认可和接受本企业的产品。要充分利用信息、数字和网络技术，推动民营经济实现更大发展。

整理人：原磊

（文章来源自《学术讲座荟萃》第23辑，2005年3月10日）

当前我国经济运行的突出问题和对策思考

曹玉书

曹玉书

男，1948 年生，黑龙江省双城县人，教授、博士生导师。第十一届全国政协委员，中国宏观经济学会副会长，中国西部发展研究院院长，中国社会科学院研究生院、北京交通大学和浙江大学教授、博士生导师，中国施工企业管理协会会长，原国务院西部地区开发领导小组办公室副主任。

主要研究领域：宏观经济、产业经济学。主要著作有：《宏观调控机制创新》（曾获国家计委机关科研成果一等奖）、《进一步推进价格改革，完善社会主义市场经济》（获薛暮桥价格研究奖）、《论转变经济增长方式》、《论经济成长新阶段》等。

曾主持的重大课题包括：世界银行与国家计委合作项目《关于中国服务业的研究》，亚洲开发银行与国家计委合作项目《中国西部大开发战略研究》，联合国开发署与国家计委合作项目《中国石油发展战略研究》，国家计委专项软科学基金研究课题《我国加入世界贸易组织前后的应对措施》、《关于实施走出去战略的研究》（获国家发改委科研成果一等奖）。

一、当前我国经济运行的总体情况

当前我国经济运行的总体情况是相当不错的，至少有三个特点：第一个特点是经济保持了平稳较快的发展；第二个特点是拉动经济增长的国内需求，即投资和消费都呈现着强劲的增长态势；第三个特点是市场物价总水平保持了基本稳定。

（一）经济保持平稳较快增长态势

从亚洲金融危机开始，我国经济增长进入一个相对较低的增长阶段，在摆脱这个阶段之后，随之又进入新一轮的经济增长周期，2003 年经济增长率达到 9.3%，2004 年增长率为 9.5%，目前看来，我国仍然在这个较快的增长轨迹上前行。由于对 GDP 每一个季度统计一次，2005 年第一季度的数据还没有出来，我们还不能得出经济发展的结论，但是用另一个辅助性指标，即工业增长速度同样可以说明情况。2005 年 1 ~ 2 月，全国规模以上工业同比增长 16.9%，比 2004 年 12 月份的 14.9% 高了 2 个百分点，比 2004 年同期上升了 0.3 个百分点。这表明，目前经济增长是相当不错的，而且工业增长率是在 2004 年增长比较快的基础上的进一步增长，可以认为，目前整个经济是呈现平稳较快增长的态势。

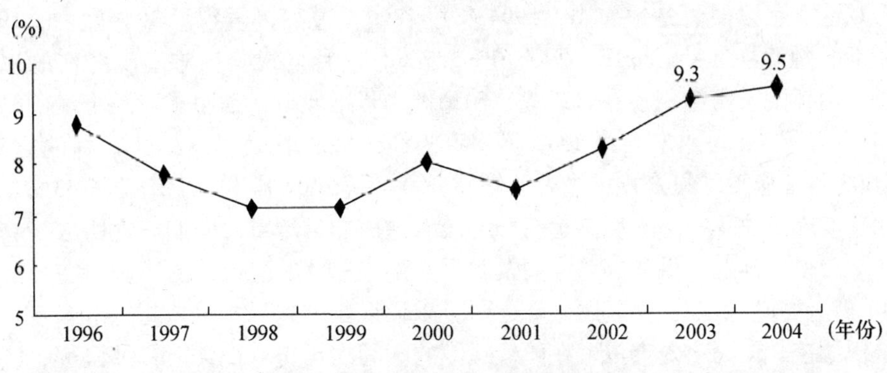

图 1　国内生产总值增长率

图1中的曲线基本上是比较平稳的，在2004年1~4月份略为高一些，国家实施了宏观调控后走势就比较平稳。目前以16%以上的较高速度运行，如果持续下去，将是非常好的一个态势。

（二）投资和消费均呈现强烈的增长态势

首先看投资。在中国现阶段，不论理论上怎么思考、怎么争论，离开投资的拉动，要保持比较快的经济发展态势，要实现工业化、城镇化和现代化都是不可能的。投资对经济增长的拉动十分重要，不能因为控制固定资产投资过快增长就否认了投资的作用，投资不增长不行，投资过快增长当然也不行，究其原因，一是难以为继；二是投资和消费不能形成良性循环。目前看来，固定资产投资的增长态势较好。

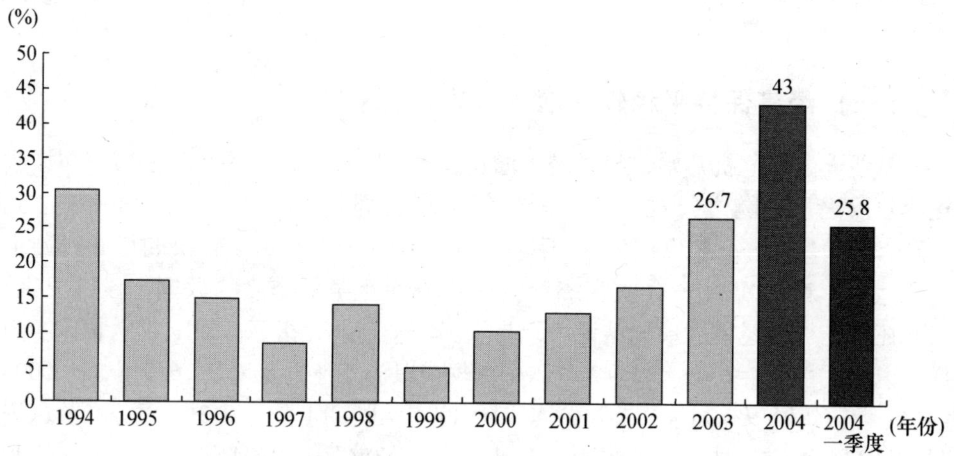

图2 我国固定资产投资增长情况

从图2可以很清楚地看出，1994年投资增长过高，达到了30%左右，1997年亚洲金融危机时又过低了，只有6%~7%，这种低投资很难实现经济的快速增长。由于国家实施积极的财政政策和稳健的货币政策，摆脱了亚洲金融危机和内需不足所带来的冲击，到2002年，我国经济增长就处于一个比较好的态势，但2003年又出现了投资规模过大的倾向，特别是2004年一季度增长了43%，这样的速度就过快了，但在经济运行中并没有造成非常严重的问题。之所以没有造成非常严重的问题，就是因为中央及时果断地采取了宏观调控的措施，在经济生活中一些倾向性、苗头性问题出现之时，采取果断措施，及时地防患于未然，通过宏观调控，使固定资产投资在比较适度的区间内增长。社会上有种误解，认为宏观调控就是要控制固定资产投资，有的甚至认为投资越低越好。这种理解是错

误的，投资不能降得过低，过低的话经济怎么增长，经济不增长又怎么能解决就业问题？所以固定资产投资保持在一个适度增长空间，对整个中国的发展是非常必要的。2004 年，我国全社会固定资产投资增长 25.8%，这个增长速度对支持我国整个经济发展是相当不错的，2004 年工业品价格上涨幅度是 5.6%，扣除工业品价格涨价的因素，实际投资量的增长幅度是 19.1%。根据以往我国经济发展的实践经验，在工业化加速时期，投资增长在 20% 以内是比较合适的。所以中央认为宏观调控取得了明显成效。根据 2005 年 1～2 月份的统计数据，城镇固定资产投资增长率是 24.5%，对这个数字，社会上有两种评论，一种认为这个数字比较高，因为 2004 年的基数高，2004 年 1～2 月份的增长幅度是 51%，2005 年在 51% 的基础上又增长了 24.5%，其中，占整个固定资产投资近 30% 左右的房地产投资，其增长幅度达 29%，所以有的方面认为固定资产投资增长过快了，要对固定资产投资进行调控，调控的切入点应该是房地产。最近有关部门在贷款、税收政策上正在研究一些措施，央行已上调了房贷利率。还有一种意见，认为 24.5% 的增长速度如果扣除工业品增长的 5%，还是 20% 左右，应该是比较平稳正常的。我认为投资增长幅度在总体上看是一个趋向正常的发展态势，因此在宏观调控的总体政策上，既不要加大油门，也不要踩急刹车，要坚持一如既往的宏观调控政策，尤其是要强调坚持有保有压、区别对待，在某些方面采取某些调控动作。

其次看消费。我国消费增长的刚性很强，一般来说，增长率比较平稳。从图 3 可以看出，这条曲线有一个非常大的波动，这个波动是名义增长率，即 1993 年、1994 年时物价上涨率超过了 20%，最高涨幅达到了 27.9%，所以消费超过了 50%，形成了这个波峰。扣除价格因素后，一般情况下，消费增长率是比较平稳平缓的，一般在 10% 左右。目前看来，消费增长情况总体来看是好的，实际增长率超过了 10%，2005 年 1～2 月份实际增长率 11.7%，比 2004 年进一步看好。图 3 中柱状是消费绝对量，即社会商品零售总额，随着经济的发展、社会的进步，它总是在增加的，增长速度也较快。

（三）市场物价总水平保持了基本稳定

如图 4 所示，市场物价在 1993 年、1994 年有个波峰，其余年份都比较平稳。1997 年亚洲金融危机时，居民消费价格指数一度出现了负增长。摆脱通货紧缩影响后，2003 年物价趋向正常，2004 年物价总水平上涨了 3.9%，在可以承受的范围之内。2005 年 1～2 月，消费物价上涨水平是 2.9%，2 月份上涨了 3.9%。对这个 3.9%，社会上有议论，怀疑是不是开始出现通货膨胀的问题，全国居民消费价格总水平从 1 月份的 1.9% 上涨到 2 月份的 3.9%，上涨幅度很大。其实不

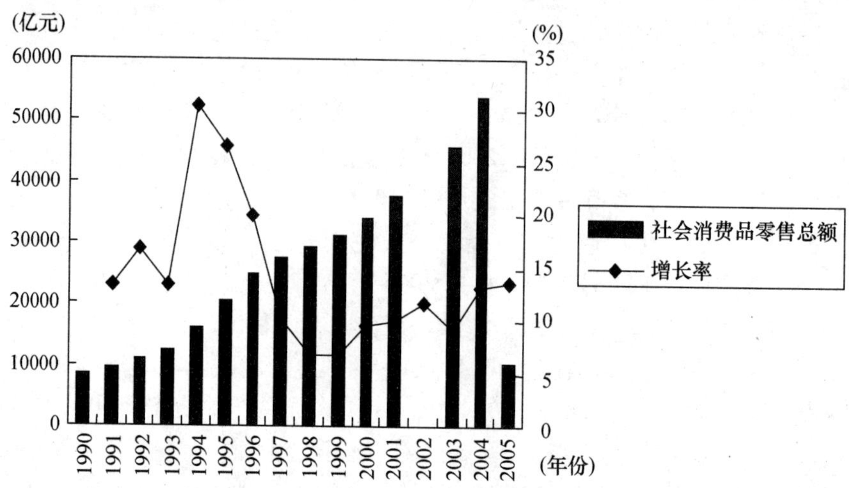

图3 社会消费品零售总额及增长率

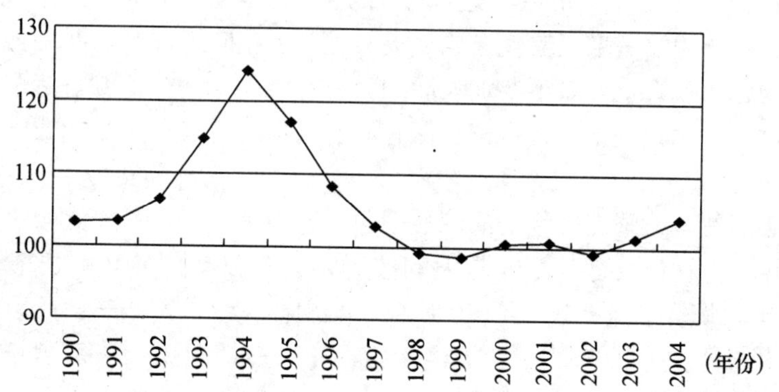

图4 居民消费价格指数

然，2 月份之所以物价上涨较多，主要是受春节影响，有季节性因素。2004 年春节在 1 月份，2005 年在 2 月份，春节期间大家都出去购物；由于一些农民工回家过年，卖东西的商贩也相对较少，一些副食品、蔬菜等价格上涨较多，带动了整个物价的上涨。到 3 月份，消费物价会降下来，因为新涨价因素的影响只占 50%，还有 50% 是滞后影响，新涨价因素是 1.5%，滞后影响也就是 1.5%，3 月份国家出台了诸如汽油等商品价格上调等措施，这对整个消费物价影响是微乎其微的。从目前来看，可以很有信心地说，消费物价将会保持基本稳定，2005 年居民消费价格总水平的计划指标是 4%，如果不发生天灾人祸等特殊情况，一般不会突破这个指标。2004 年的价格指数走了一个上抛物线，原因是粮食价格上涨使 2004 年 4 月开始出现物价大幅度上涨，一度上涨了 28%；随后在宏观调

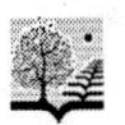

控中改善了粮食供给，年底物价就降了下来，2004 年 12 月物价上涨 1% 左右，到 2005 年的 1、2 月份比 2004 年年底又有所上升。所以说，物价总水平是基本稳定的。

以上是经济运行的基本面，总体情况是相当不错的：经济保持了平稳、快速的增长；支撑经济增长的投资和消费态势强劲；在快速增长的同时，市场物价稳定。

二、当前经济运行中存在着的一些矛盾和问题

经济生活中面临的主要问题有七个方面：金融风险、资源约束严重、科技人才制约、二元结构、社会稳定压力、通货膨胀或通货紧缩、生态环境问题很严重等。下面，主要谈谈其中议论比较多的三个问题。

（1）金融风险问题。关于金融风险问题，过去主要关注两个方面，一方面是银行呆坏账比重较大；另一方面是我国的金融体系由于以国有经济为主，体制不完善、机制不健全、竞争力不强。从当前情况看，还有一个突出的因素，就是外汇占款所造成的金融风险。这一点理论界研究得比较多，也是国内外各方面都很关注的问题。所谓外汇占款就是我国大量的外汇储备需要基础货币去兑换，所以就占用了人民币。2004 年底，国家外汇储备达到 6099 亿美元，比 2003 年年底增加了 2067 亿美元。在现有的外汇体制下，为了稳定汇率，央行对凡是进入中国的外汇都要用人民币去收兑，这样就形成了外汇占人民币占款的问题。目前之所以有这么多的资本账户，其中一个因素是热钱流入国内。这里面主要是因为国际上的一些投资基金看到美元贬值、人民币可能升值，就把外汇兑成人民币，然后等人民币升值后再兑回美元，从中获取投资的超额利润。比如现在 1 美元可兑换 8 元多人民币，将来等人民币升值了，假设升值成 1 美元兑 4 元人民币，用 8 元钱可换 2 美元，这样在很短时间里就赚了一倍的利润。当然这只是他们的想法，能不能实现则另当别论。为了解决 6000 多亿美元外汇储备的问题，中央银行要么增发基础货币，要么以发行一些票据的方式来兑冲外汇。而票据发出去以后，就增加了货币的流动性，进而增加了整个金融的不稳定性。

（2）资源约束问题。我国从总体上看是个资源大国，但人均资源占有量却很小。根据国家资源环境委员会的数据，我国 40% 以上的资源供不应求。最突出的是几种资源供求状况十分紧张：一是水资源；二是石油资源；三是主要矿产品资源。资源短缺已成为影响整个经济发展的突出矛盾。

（3）社会稳定问题。影响社会稳定有两个方面的问题，一方面是就业压力大；另一方面是收入分配不公。其中较突出的是收入分配不公。收入分配不公造

成了一些社会成员心理上的扭曲和社会上的一些不稳定因素。现在看来，收入分配主要存在几大差别：地区之间收入差距很大。从农村角度来看，全国农民人均纯收入最高的是上海，最低的是陕西，两地的差距1980年是2.79倍，目前差距被拉大到4.25倍。再看城镇，城镇居民人均收入最高的四个地方是上海、北京、浙江和广东，最低的是宁夏、青海、贵州和甘肃，最高的省、市人均收入是16683元，最低的则只有7377元，相差一半以上。城乡差距大，农民收入只有城镇居民收入的1/5。高收入群体和低收入群体之间的差距大，现在最富的10%的家庭和最穷的10%的家庭相比，人均可支配收入相差8倍；最富裕的10%的家庭占有全部财产的50%，而最穷的10%的家庭收入只占全社会财产的1%。

以上三个问题，社会上议论较多。但最突出的矛盾、与经济发展和经济运行关系最直接的矛盾和问题是资源约束。如果资源约束问题解决不了，那么整个经济发展将是无源之水，无本之木。如果解决好资源约束问题，保持持续、较快的发展速度，金融风险就可以在发展中化解，收入差距等社会问题也可以随着发展逐步解决；如果资源约束问题解决不好，整个经济不能发展，金融风险中那些潜在的矛盾就会暴露出来，影响社会稳定的矛盾会进一步加剧。从当前来看，资源约束问题突出表现在煤、电、油、运的供需紧张上。

三、当前经济运行中最突出的矛盾是煤电油运

关于煤、电、油、运供需紧张的矛盾有四个基本观点：第一个观点是缺电严重，人们感受最为直接；第二个观点是电的背后是煤；第三个观点是煤之所以矛盾这么突出，又受运力不足的约束；第四个观点是煤、电紧张又反过来加大了本来就紧张的原油供给的压力。

（一）人们直接感受最强烈的是缺电

我国从2003年开始出现拉闸限电。2003年有23个省份拉闸限电，2004年有24个省份，2005年1月增加到25个省份，2005年2月由于春节期间许多企业放假，用电相对减少，拉闸限电省份减少到18个。山西、内蒙古西部和浙江的电网拉闸次数较多且时间较长；湖北、湖南和四川缺电矛盾特别突出，主要是水电比重较大，一旦天旱缺水、水源供应不足，水电就相对出力较少，影响了电力供给。到2004年底，国家电网公司有17个电网出现拉闸限电情况，累计拉闸限电16万条次，造成损失40亿千瓦时，即40亿度（拉闸限电一次也要损失一部分电）。2005年1~2月，全国完成发电量3484亿度，同比增长10.4%，但我们还是感受到了电力紧张，特别是在用电高峰的夏天。之所以拉闸限电，是因为电

力供给和电力需求之间存在缺口，并且这个缺口在扩大。根据电监会的数据，2004年电力缺口达3500万千瓦，相当于整个发电装机容量的8%，即我国缺8%的电，于是有些地方或相当一些地方会出现拉闸限电。据预测，2005年仍然存在这个缺口。但由于统计角度不同、数据不同，对2005年电力缺口的预测不尽相同；但总的都认为2005年可能还会有缺口，一些地方还可能出现拉闸限电，特别是在夏季的用电高峰。有人说，之所以出现电力供不应求，主要是由于政府曾经作出三年不上电站的决策。这确实是议论较多的问题，也是一个需要认真思考的问题，涉及整个电力发展和政府决策之间的关系。首先应该说明，政府从来没发过一个红头文件要求三年不上电站，也没在任何会上做出决定。但考虑到电力发展要遵循市场经济规律，考虑电力供给和需求的关系，1997年、1998年政府提出要控制电力发展。1993年，电力需求旺盛，发电量超过发电装机的增长率，这时的基本政策趋向是电力作为基础产业要适度超前，要打破能源交通瓶颈，到1995年，电力需求和发电量基本持平。但随后出现了1997年的亚洲金融危机和国内有效需求不足的问题，国外金融危机和内需不足的双重压力，使我国整个经济发展处于一个比较消沉的阶段。这个阶段我国GDP增长率较低，投资有一年只增长了2%；但电站一旦建好就要开始运营，在这种情况下，出现了电卖不出去的现象。1998年，二滩电站建成，其装机容量为800万千瓦，但没人买电，因为当时经济增长下降、电力消费下降，电就过剩了。作为电力调控政策，政府提出要适当节制电力的发展。当然电力建设并没有完全停止，电力装机一直在以1000万千瓦的规模往前发展；1998年发电装机容量比1997年增加了2148万千瓦，1999年增加2055万千瓦，2000年增加1929万千瓦，2001年增加1796万千瓦，每年增长至少1700万千瓦以上，相当于丹麦全国40%的总装机容量。2003年后，我国经济发展摆脱了亚洲金融危机的影响，国内有效需求不足的情况也得以改善，经济发展情况好转，用电量从2001年开始增加，增长幅度达到10%，到2004年发电量增长了15%以上，从那以后每年的发电量即电力需求增长在15%左右，这从世界各国来看，都是比较罕见的。电力需求之所以大幅度增加，最主要的是经济增长的内在动力很强、经济增长速度很快，特别是2003年第四季度以后，我国固定资产投资增长较快，加上耗电行业较多，就出现了电力供不应求的问题。由于电力建设需要一个周期，即使加大电力建设力度也有个滞后期。从2003年开始，全国装机容量增长是相当大的，2003年新投产的装机容量是3483万千瓦，2004年新投产4930万千瓦，但这个增长幅度只有12%左右，没有电力消费增长幅度那么大，可它有一个滞后期；2004年，电力装机增长幅度就很大，特别是2005年，达到了15%，而电力消费可能会有所缓解。下一步电力供求关系如何变化很值得研究，这就是社会上议论较多的会不会出现电力供过于求的问题。目前看来主要矛盾还是缺电问题。

（二）电的背后是煤

煤是我国的主体能源，我国已探明的煤的保有储量相当丰富，超过了1886亿吨。剩余可采储量是1145亿吨，可开采100年；人均储量是世界平均水平的79%，在我国所有矿产品中，煤是首屈一指的。

我国煤炭行业的发展经历了三起三落，过去煤矿是一个弱势产业，煤炭行业有好几轮都出现供过于求；现在由于电力快速发展，在电力中火电所占比重很大，有3/4，所以用煤就很多，2004年用煤达到10亿吨。电力的强劲增长拉动了煤炭需求，现在电煤严重供不应求，最严重的是2004年4月份，存煤只有700万吨，仅国家电网一天就用煤130万吨，再加上社会上的电网，一天要用煤200多万吨。由于煤炭供应紧张，煤矿企业超能力生产，结果造成了煤矿安全事故不断发生。之所以发生严重的安全事故，一个原因就是煤炭生产严重供不应求，煤矿超能力生产，2004年产煤19.56亿吨，比2003年增长13.2%，但仍然供不应求，因此煤矿就开足马力超能力生产，而现在矿井的技术改造还跟不上，矿井中有安全保证的占12亿吨，另外7亿多吨没有完全的安全生产保证能力，于是造成生产过程中安全事故屡屡发生。

（三）电、煤供给受运力不足的约束

目前我国铁路运输处于超负荷状态。判断铁路是否超负荷的指标为请车或装车满足率（即你请100台车，给你60台，就算60%），1999年受亚洲金融危机冲击、经济增长不景气的时候，高达71.7%，到2004年，只有35%，是1999年的一半。铁路运输紧张，公路运输也紧张，公路存在治理超载的问题，这在2004年有一段时间是热点话题。高速公路对运煤汽车收费偏高，运煤的大卡车如果按规定运煤，就没钱可赚，于是20吨的车就拉30吨、40吨，造成一些不应该发生的事故，当然也包括国家有关税收流失等问题，因此国务院决定治理公路超载，这对运煤有一定的影响。

（四）煤、电紧张又进一步加大原油短缺的压力

从新中国成立到1993年以前，我国是原油出口国，我国的外汇主要靠出口原油获得。1993年以后，原油有出口也有进口，且进口大于出口，形成了净进口国的格局。我国原油本来就紧张，由于电力供不应求，许多地方被迫用小柴油机发电，进而加大了原油供应的压力。以杭州为例：杭州虽然也缺电，但工业开发区里的企业和政府签有合约，政府要保证企业的基本生活条件和基本生产条

件，包括保证水、电，否则政府就要赔企业钱，所以某些地方政府宁可花钱买柴油机发电保证企业的生产，这也比赔企业的钱要少得多。因此进一步加大了本来就紧张的原油压力。

以上是关于煤、电、油、运紧张的基本情况。可以归纳为四句话：最突出的是缺电；电的背后是煤；煤又受运力制约；电的紧缺又加大了原油的压力。

四、电力紧张的原因

关于电力紧张的原因，需要从供给和需求两个方面进行深入分析。

（一）供给方面

从供给角度看：一是总量不足；二是结构原因。从总量上看，前面已做了分析；从结构上看，首先是时间结构。电力和其他商品有很大的不同，电力有即时性，不能存储，这种特性对电力供给是很大的挑战。停电也不是整天停，而是在用电高峰停。电力还有个空间结构，有的地方电力富余，有的地方则很紧张。还有一些人为因素，一些地方为了保障本地供给，即使本地电网电多了，也不把电向网外发送，防止用电高峰时本地区没有电，因此地区之间的电力调配也是个问题。电力还存在水火结构问题。比如湖北前段时间缺电，就是由于湖北水电比重较大，一旦上游水源不足，电就发不出来，但火电又补充不上去，在正常年份没问题，但在干旱时就有问题。2004 年福建也遇到了类似的问题，由于遇到旱灾，水电站发不出电。

（二）需求方面

电力需求的快速增长有客观的合理性和必然性：我国处于新一轮经济增长周期，各方面投资的积极性很高，所以就大量用电，这有一定的合理性；同时我国正在加快工业化和城镇化，这就需要上一些新的项目，需要用电。任何一个国家要完成振兴的历程，就必须要耗费能源，特别是一个大国。此外，我国居民消费结构也在升级，20 世纪 80 年代的主要消费品是冰箱、彩电等，消费是千元级的；现在主要是住房和汽车，是 10 万元级的。消费结构升级对电力的需求是一个很强劲的推动因素。消费结构升级、工业化和城镇化加快发展都是经济社会发展所需要的，是合理的。这些方面所造成的电力需求应该尽量给予满足。与此同时，还有一些值得研究的问题：第一个是造成电力需求过多过快增长的经济增长方式粗放的问题，包括电力的浪费。第二个是经济结构不合理的问题，上了一些用电过多的项目。对这个问题应从两方面看，1998 年扩大内需的时候电多了，就鼓励上一些项目来用电；现在也需要不断地自我调整。比如电解铝，宏观调控的时候就希望控制它，尽量不要上新项目，但也不是完全不上，对于技术含量高的、相对省电的项目还是应该发展。还有很多类似的产业，比如铁合金等，也都是这个道理。第三个是世界制造业转移，有很多加工业都转到中国，而这些加工业都需要用电，要把中国建成世界的加工厂，就得耗费一定的能源。电力的消费在工业化的过程中应该呈一个倒“U”形，就是说在工业化加快时期，耗电多，到一定程度后又会平缓，再往后会降下来。现在要修路、造房子，所以用电多，将来公路修好了、房子造好了，用电就少了，就会持平了，再往后主要靠第三产业推动经济增长时，用电就下降了，所以电力消耗并不像有些人说的 2005 年增长 15%、2006 年增长 15%，永远以这么高的速度增长。随着经济的发展，缺电问题还是会得到解决的。

五、对策思考

今后一个时期是我国经济发展的黄金期，也是各种矛盾的凸显期。从电力角度讲，对企业家而言，既是电力发展的黄金期，也是风险期，机遇和风险并存。这种机遇和风险就是对未来电力供给和需求的判断。从 2005 年的电力供求预测情况来看，仍然存在着电力缺口；但缺口可能比 2004 年要小，电力供求紧张的矛盾可能会有所缓解。一个很重要的变化就是电力供应的矛盾由电力装机（电站建设）不足转为由于煤炭供应满足不了电站需求而导致电站发电不足；另一个是发出电后电网输不出去，就是电网建设滞后于电源建设。针对这些问题应采取的对策，我认为主要有以下几个方面。

（一）更新发展观念

电的供需之间有缺口是发展中的问题，应该通过更快、更好的发展来解决。如果不发展，就不会缺电；如果人们的生活质量没有提高、消费结构没有提高，也不会缺电。社会发展也拉动了电力的发展，所以说是电力发展的黄金期。在发展中出现电力供不应求的矛盾，也需要在加强需求侧管理的同时，通过加快电力建设来解决缺电的问题。电力是基础产业，需要适度超前发展。电力的供需衔接，电、运、煤的供需衔接更多的是企业负责，政府主要发挥促进的作用，在规划、审批、服务上都应该起到一个促进、引导的作用，这是一个基本的发展理念。

（二）千方百计增加电力供给

电力供给的潜力很大。我国有丰富的水力资源、煤炭资源，核电、风力发电

的能力和其他发电的能力都很强。2004 年投产的装机容量是 5100 万千瓦，新开工 6500 万千瓦，2005 年肯定会超过 2004 年，按照电力规划，到 2010 年，电站装机容量要达到 6.9 亿千瓦；到 2020 年，装机容量将达到 9.5 亿千瓦，超过现在美国的装机容量（美国现在的装机容量是 9.1 亿千瓦）。为了保证电力供给，要加强调度，利用境外资源，解决结构和其他方面的问题。总之，通过采取一系列措施，中国在保障电力供给上是很有信心的。但在电力供给上还要防止出现严重的供过于求。适当超前，供略过求是可以的；但严重的供过于求造成的损失就很大，要防止出现严重的供过于求。

（三）切实加强需求管理

在加强需求管理上也有一个基本理念，就是如何认识经济发展和电力等资源约束的关系，在确定经济发展速度、确定所要上的项目时，必须考虑是否有电等其他资源的支撑。现在一些人认为，既然政府让企业上了项目，为什么不保证供电，这实际上是计划经济的观念，在市场经济条件下，当初上项目时就要考虑是否有电。外商在考虑要不要投资时，首先考虑的是水、路、电能不能保证；我们在研究经济发展思路时，也应该树立这种理念。处理好经济发展和资源支撑的关系，二者既互相支撑、互相促进也互相约束，这是一个基本关系。加强需求侧管理，首先要转变增长方式，那种粗放经营、浪费严重的增长方式，无论如何都要抛弃。中国需要加快发展，但应该是高质量的发展，而不是粗放式的发展；要优化产业结构，大力发展技术拉动型的产业。为了解决电力问题，应建立一些应急机制，比如说应急预案。从国家角度来看，主要做“迎峰度夏”应急预案，就是夏季用电高峰时的工作预案，要排好拉闸的先后顺序，保证关系广大居民生活和要害部位的用电，比如交通红绿灯、中央电视台等北京要害地区。还要建立长效机制，包括价格机制，对于那些高耗电、社会效益不好的产业，电价就高；节电的产业，电价就可以较为便宜。负责能源管理、电力管理的部门也在研究节约用电的具体措施。比如照明，科技部正在组织研究采用半导体照明的重大课题，将来可以使照明节约用电 60% ~70%，从而缓解电力紧张。电力的供给、资源的供给，都会随着科学技术的进步，以一些现在意想不到的办法解决，在长远发展的思路和规划上要研究这些问题。

（四）坚持标本兼治

所谓标本兼治，主要是解决一些体制障碍。在电力供给和电力需求方面还有一些体制上的问题。电力体制改革刚刚推进了两三年，方向很明确，即实行厂网分开、竞价上网，但从目前进展情况来看，厂网虽然分开，但分得不是很彻底；

竞价上网正在研究，还没有实施。这些问题有待于通过进一步深化改革，加以解决。例如煤和电，煤是放开了，通过市场运行；而电是国家定价、政府管理，如何解决煤、电价格矛盾，也有待于通过进一步深化改革进行探索。作为一种新手段，国家鼓励煤矿和用户签订中长期的合同，希望能够使双方保证供给。价格问题也是困扰煤、电企业的又一个矛盾。这些问题，都有赖于进一步深化改革去解决。

整理人：朱昊炜

（文章来源自《学术讲座荟萃》第23辑，2005年3月24日）

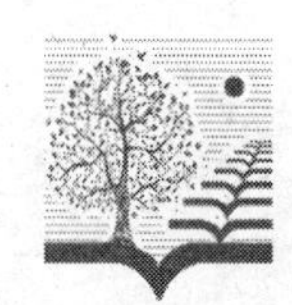

经济发展的分析框架

周天勇

周天勇

男，1958 年生。1980 年从青海省民和县考入东北财经大学投资系，1984 年毕业留校，1989 年考取东北财经大学汪祥春教授博士研究生，1992 年获东北财经大学经济学博士学位。1994 年调入中央党校任研究室副主任、教授至今。社会兼职有：北京科技大学博士生导师，中国城市发展研究会副秘书长，中国小城市发展促进会副会长，国家行政学院、中国社会科学院研究生院、东北财经大学兼职教授，国家发展与改革委员会价格咨询专家。

主要研究领域：社会主义经济理论、宏观经济、经济发展和增长、劳动经济、金融风险、城市经济、农业经济等。

发展经济学在西方经济学的框架里面主要是研究结构转型的。微观经济学和宏观经济学是静态经济学，静态经济学是研究在一个横截面上的经济运转，比如说宏观经济学研究一个年度内的物价高低、失业率高低、总供给和总需求等。后来哈罗德·多马在20世纪40年代末把宏观经济动态化，研究各个年份之间的经济增长情况。因此，把原来的马歇尔和凯恩斯的静态经济学转化为动态经济学。但是哈罗德·多马等人的经济增长理论是强调总量的，他们假定结构不变。后来，刘易斯等人开始研究一个国家在一个动态过程中的结构转型问题。所以，发展经济学在西方经济学中是专门研究结构的。后来又有学者发现，整个经济生活中变迁的因素还有制度。发展经济学不研究制度，它就研究工业化怎样从传统的农业结构转向工业结构。但是制度经济学就认为不管是完成结构转型的，还是没有完成结构转型的，这些国家都存在一个制度变量，所以最后形成一门制度经济学。

发展经济学的发展实际上从40年代末贯穿整个20世纪，人们对它的框架基本上没有变动。这个框架如果简单地说就是刘易斯在博士论文中关于二元经济的分析，就是首先假定一个社会有两个部门：传统的农业部门和现代的工业部门。在传统的农业部门中存在着大量的、富余劳动力，这些劳动力的边际收益率为零；反过来在现代的工业部门中，劳动的边际收益率非常高。这样劳动力不断地从传统的农业部门向工业部门转移，在转移过程中，刘易斯认为有三条收入线：第一条就是城市的工资线；第二条是在农村中的仅够温饱的收入线；第三条就是从农村到城市中的劳动人员的收入线。实际上在现在的中国就是这样一种情况。他认为即使在低于城市的合理工资水平以下，在农业剩余劳动力的工资线上，这个国家有无限的劳动力供给。所以他的模型叫劳动力无限供给模型。这样农业剩余劳动力就源源不断地向工业转移，如果农村的剩余劳动力转移的差不多了，就会形成两个局面，一个就是农业部门的劳动生产率提高，改变了原来的边际劳动生产率为零的状况。随着现代化的进程，农业的劳动生产率就和工业一样了。这个时候工业内部的两条工资线逐步合一，而且工业和农业部门中劳动力的收入基本上相等了。这个时候刘易斯认为这个国家的工业结构转型就完成了。这就是刘易斯的发展经济学的分析框架。

整个20世纪90年代以来的发展经济学基本上都是遵循着刘易斯的分析框架。刘易斯的这个分析框架发表以后，先是拉尼斯·费金汉对其进行了修改，后来乔根森又进行了修改，但是都没有跳出他的框架。对刘易斯的这个模型的最具颠覆性的论证来自于托达罗。他认为，劳动力流动到城里是有风险的，而且他能否找到工作是有一个概率问题。在这种情况下，不像刘易斯的模型，到城市就可以找到工作。他认为，如果按照刘易斯的模型来推进工业化，会产生一些问题，一是城市的失业越来越严重；二是他认为国家要拿出钱来发展农村，减缓农村向城市的劳动力转移。这实际上就是对刘易斯的加速工业化的理论的一种反面的意见。事实上，从中国和其他发展中国家的经验来看，发展农村得不偿失，而且问题越来越严重。第一个问题是发展农村的时候，农村的生育成本非常低，直接成本和机会成本都非常低。这直接会导致农村越扶贫，人口就越多。许多城市化非常高的国家的人口是负增长，但是非常穷的国家的人口都是高速增长。就是因为城市里的生育机会成本很高。贝克尔有一个家庭经济分析，他进行过论证。就是说实际上并不是说人们的收入提高以后，人们就愿意生孩子。而是越穷的家庭越愿意生孩子，因为他们的生育成本和机会成本太低。这是一个问题。第二个问题就是发现发展农村的聚集效益太低。经济学上如果讲范畴的话，有规模与不规模，集中与分散，实际上经济发展如果从空间角度上讲，就是人口、生产、生产要素在地理上集中的一种过程。经济发展是什么？如果从量上讲，就是人均国民生产总值增加的过程；从结构上讲，就是农业社会转向工业社会的过程；从地理空间上讲，就是人口、资源的集中过程。为什么呢？就是经济学原理上讲，集中以后有聚集效应，分散投资的成本比较大。所以第二个问题就是分散带来的巨大的浪费。第三个问题是越是分散的经济所用的土地越多，造成的污染越不容易治理，对环境破坏越严重。要是从土地的利用率和产出来看，规模越大的城市土地的产出就越高。从对环境、生态的压力来看，到底是集中的压力大，还是分散的压力大，应该是后者的压力大。

今天要讲的是，刘易斯的这个框架为什么很多人不理解，为什么会出现托达罗对他的反击，为什么会出现“文化大革命”中的上山下乡，为什么到今天还有一些农村要大力发展第三产业，村村通，城乡一体化，鼓励大学生到农村去，到西部去，去当村长？还有这种东西？这些东西和经济学的原理是相悖的。为什么还有这些东西？就是因为人们对于经济发展的过程，没有经济学上的概念。我个人觉得刘易斯的发展经济学的分析框架是有缺陷的。

一、转移经济

托达罗的模型认为农民到城里找工作是有风险的，而且去得越多，城里的工

资提高得越快，吸引农村的人来得更多，这样失业的人也就更多。所以他就提出一个反刘易斯的模型。但是发展农村从经济学上讲也有一些不合理之处，我觉得应当提出一个转移经济的概念。从经济学上理解，转移经济非常好理解。跨地转移经济，a 地和 b 地，a 地某种要素向 b 地转移的时候，b 地的边际收益率高于要素转移出来的 a 地，这种状况可以称为跨地的转移经济。肯定是 b 地的边际收益率大于 a 地，对 b 地是有利的。有可能出现两种情况，对 a 地来说，一种是劳动力的边际收益率为零，或者转移后它的剩余劳动生产力提高了；另一种是 a 地和 b 地的边际收益率都是正，但是 b 地的收益率要高于 a 地。在这种情况下，如果劳动力要素从 a 地流出的话，对 a 地的发展可能是不利的。

跨地转移经济的提出主要是因为经济发展中常常发生静止的不经济和跨地逆转移的不经济现象。静止不经济就是人不出去，比如说党的十六大以前，中央对农村问题的解决就是考虑怎么调整结构，而不是考虑农民（剩余劳动力）怎么出去。这几年各级政府都转变了观念。跨地逆转移的不经济指的是比如现在还有人提出西部大开发，人才要往西部去，等等。我个人觉得，当然这从政治上是合理的，但是从经济学上讲是不合理的，它是要素的逆转移。比如说上海的工资线是 2000 元，而青海等地是 800 元，而且收入的预期增长东部也要快于西部。2004 年是农民收入增长最快的一年，增长了 6.8%，但城市还是 7% 左右。在这种情况下，让大学生到农村去，是不合理的。因为收益率肯定是城里比农村高得多。另外，从价值判断上讲，你是愿意农村的隐性失业多一点呢，还是城市的显性失业多一些？过度的转移不经济是由市场来调节还是由政府来调节？关键问题在这里。市场调节就是如果农村过度转移以后，如果找不到工作，就偷、摸、抢，最后法律打击比较严，他偷不着了，干脆回家算了，这就是市场调节。政府调节就是不让你进来，哪些行业不让你干，必须要有暂住证、务工证，这就是政府调节。我觉得在城里找不到工作是不是回家应该是他自己的事情。当然还有其他领域中的转移经济，比如说交通资源条件引致的转移经济，地区发展差距引致的转移经济，地区产业衰退挤出性的转移经济。英国的格拉斯哥原来是英国的第二大城市，但是现在随着产业的衰退，这个城市逐步衰退，它解决工业衰退非常重要的方式就是衰退地区的人口向新兴产业地区转移，政府没有必要向格拉斯哥市投资非常多的钱，以振兴格拉斯哥。反观我国，也存在着老工业基地衰退的问题，比如说东北，但却提出了振兴东北。政府给它调整产业来容纳人，还不如走人。但是我们的麻烦在于社会保障不行，不是全社会的保障，人口流动不了，还有户籍等问题。所以，我觉得东北人跑一半到广东，东北就振兴起来了。农村也是，你是让农村走人，还是要对农村加大投资发展起来？用人口流动来解决这个问题，还是用投资来解决具体差距？我觉得还是要用转移经济来解决这个问题，而不能把赌注下在投资上，走人才是最好的办法。还有要素价格引起的转移经济。比如说，日本的产业为什么到中国有经济性，就是因为要素价格的原因。

转移经济看起来非常简单，但是非常重要。刘易斯在分析二元结构的时候他只分析了两部门的要素收益率的不同，但是我觉得转移经济是一个非常广泛的概念和分析范畴，可以用来分析老工业衰退的问题，农村和城市的问题，梯度性的产业转移的问题，等等。只要一个地方的人口、资源跑到另一个地方，收益率比原来的地方高，都可以看作是转移经济。如果你的办法是违背转移经济的，肯定是不对的。

二、从分散到聚集的经济发展

聚集经济现在有很多人在研究，像佩鲁、达文特研究过发展极、增长极这些理论，一些产业组织理论的研究者也研究过产业群。但是经济发展和聚集经济到底有什么关系？人类最早的、最为落后的、最为分散的聚集就是体现在洞穴的散居、采集方面，漫山遍野跑，住在山洞里或者树洞里。后来就稍微有一点集中了，把吃不了的牲口养起来，把吃不了的东西种下来，变成种植业了，人们就集中起来了。后来作坊小工业、小商业又从农业中分工出来，在一些交通便利的地方，形成新的产业。城市最早就是城堡，要是从经济学角度分析，比如说一个城市有很多王公贵族，要是雇人来维持安全的话，成本很高，后来发现干脆弄个城墙算了，由于当时攻城手段的局限，这样就安全了。支付修城墙的成本要远比雇人包括被人灭国的机会成本要低得多。所以城堡的出现从经济学上讲是降低获得安全成本需要的结果。但是手工业为什么要集中到一块，就是为了节约分工协作的费用，而且外部性也很厉害。这就是聚集经济。

聚集经济能够节约交易成本、协作成本，还有外部性。所以，经济发展的定义从结构上讲，是一个从传统的农业经济向现代产业经济转移的过程，但是从空间上讲，是一个人口、要素、企业、市场、基础设施不断地在地理上集中的过程，也就是从分散经济到集中经济的过程。所以在任何时候，所谓的经济发展要大力发展农村都是不对的。经济发展实际上就是消灭农村、消灭农民的过程，什么时候没有农民了，这个国家就完成现代化了。当然是现代意义上的农民，不是传统意义上的农民，消灭传统意义上的农村和农民，这就是实现了现代化，就实现了经济的发展了。没有一个有95%农民的国家实现了现代化。

聚集经济和规模经济一定要区分。规模经济从产业组织学上讲，是指一种产品在一定生产规模上，企业的利益最大，生产成本最小。但是聚集经济不是，聚

集经济的形成非常复杂。比如说，一个有5万人的小城，最后聚集到20万人，它的经济性可能主要是分工协作费用的降低、信息搜寻费用的降低、谈判费用的降低、基础设施的共享、环境污染处理的规模化，等等。这一系列原因的一种综合的一种经济，叫做聚集经济。聚集经济可能有这么几个方面：一是不同产品生产在地理上的集中有利于解决分工成本，分工使生产专业化，提高劳动生产率，节省了运输、仓储等费用；二是购买者和需求者在地理上的集中使得各种产品的复合交易成本大大下降；三是人口和消费在地理上的集中为一些产业的发展提供了最低的市场经济规模。为什么农村不能大力发展第三产业，就是因为没有最低的消费规模。发展第三产业为什么要人口集中，为什么在城市里？因为，首先，城市里的人自己做家务劳动的成本太高。其次，很多基础设施、公共服务设施和管理资源可以共享。

当然也有聚集不经济，比如说聚集区内由于人口、生产、物流等集中过度，交通发生拥挤，由于人口集中，废气、垃圾、污染也集中，生态环境质量大大降低，而且各种社会问题也被集中起来了。另外聚集经济可能导致生产要素价格上升，导致企业和居民的生产和生活成本增加。聚集不经济的另一方面，就是政府提供公共产品的成本也加大。比如说管理一个城市，基础设施要增多，还要负责治安、消防。政府对于提供公共产品有一个最佳的提供范围和管理半径。国民经济研究所的王小鲁等建立了一个模型，用计量经济和数学的方法对规模收益和外部成本进行定量分析，得出了一些结论。但是我认为他的分析解释不了很多现象。他认为，100万~400万人的城市规模是最佳的城市规模，更多地发展这一规模段的城市将会大大提高经济效益。因此，他们的政策建议是应当把一些有条件的城市加速发展成100万~200万人的规模优化的城市。他们是怎么分析的？就是说在城市规模初始扩大阶段，规模边际收益递增要比规模边际外部成本增加快，这样城市规模扩大到一定阶段后，规模边际收益开始递减，而规模边际成本递增，所以最后超过400万人就不规模了。这里的外部成本是用这样一些变量来表示的，一个是财政支出，比如说非营利性的城市公共基础设施和投资管理成本、城市社区公共事务管理成本以及环境治理投资等，他认为这些可以看成是为消除城市的外部性而必须付出的成本。另一个就是大城市的高物价，他说这导致生活费用上升，生活质量下降。问题就在于：第一，财政支出并不全部是消除城市外部效应的一种支出，城市支出中可能分为消除外部性效应的财政支出，比如说污水处理、环境整治等由于城市病发生的财政方面的开支。还有与消除负效应无关的正效应的财政支出，比如学校、公园、路灯、城市交通管理等。第二，中国的行政管理效率非常低，甚至政府的行为和开支成本本身就给社会形成负效应。我最近算了一下，行政公务运转需要的费用大约占国家总支出的35%以上，而美国的公务运转费用仅为总支出的10%，日本更低，为2.4%。中国政府的很大一部分公务运转费用被消耗掉了，没有被用于消除城市负效应上，或者说它的存在本身就是城市的负效应。另外，人口和劳动力要素与政府公共资源的区别是，前者是政府配置的，后者是市场机制调节的。所以，不能笼统地说北京的最佳人口规模到底是多少。你说是400万人，那么其余1100万人的生活质量不如济南？那不可能。所以聚集经济和聚集不经济的均衡分析，从理论上无法证明两个难题。第一个难题是不能证明一些特别大的都市，其聚集不经济会大于聚集经济，也不能说明所有的城市都会恒定在一个优化的规模阶段。第二个难题就是，它不能证明小规模的城市有没有其存在的规模合理性。按照聚集经济的理论，全国的人口、生产力都会向一个地方集中，那样全国就会没有乡村，没有小城市，没有中等城市，全是大城市。但是现实生活中这些城市是存在的。所以，我认为用聚集经济和聚集不经济来研究所谓的城市的最优规模，在理论上是行不通的。

我觉得聚集经济和聚集不经济理论没有考虑到现代的交通、信息、物流等形成的网络经济。如果说一个国家是静止的，没有网络来沟通这些结点，那么聚集经济和聚集不经济的均衡点肯定是最优规模。但是一旦引入交通、通信，这种分析就不成立了。这是因为我们正在经历一个从封闭的乡村和城市结构向开放的、互联的城市网络结构的转型。刘易斯在分析的时候认为存在传统的农业部门和现代的工业部门两个部门，但是我觉得他的比较大的缺陷就在于没有考虑经济发展的网络状、空间状。如果单纯按照聚集经济和聚集不经济，这个分析结论肯定是错误的。所以必须考虑现代经济发展的网络问题。

三、网络经济

对于网络经济的认识是不一致的。目前大部分网络经济的定义都与互联网有关，通常是“基于信息和数字技术而形成的经济”。狭义的网络经济是指计算机和互联网经济。有的学者也叫“网络化的金融、商业、交通等服务业”。乌家培认为网络经济就是有别于游牧经济、农业经济、工业经济的信息经济、知识经济。所以，又叫数字经济。但是如果把网络经济的分析方法引入经济发展的分析研究的话，这些定义都有它的片面性，都没有从网络经济的一般性、空间性和复合性方面来看待网络经济的内涵。从空间上讲，分析二元结构人口和生产力的网络转型，需要对网络经济的内涵重新定义。原始社会、奴隶社会、封建社会、游牧经济、农业经济、城市手工业和低级商业经济都是在相对小的自然和封闭的体系中存在，从空间上讲，这些经济状态都可以称为互不联系的、隔离式的、散点

式的经济。

那么，什么叫网络经济？第一，网络经济就是要素向由线和结点组成的网络投入的转移，使其边际收入递增，即要素增加的网络经济。第二，网络内部的要素，如劳动力、资本、技术和设施等从边际收益的某一结点向另一边际收益高的结点转移的时候，或者网络线路被优化整合，网络的总体收益就会递增，这也是一种网络经济，就是网络内要素转移和线路被整合形成的内生性的网络经济。第三，流动物在网络中、在市场或者合理运送价格的条件下以优化的线路进行流动时，它的成本最低，形成网络交换和流动的经济性。这些我觉得都应该被称为网络经济。这就是一般意义上的网络经济，而不是单纯指互联网或者数字技术形成的网络经济。比如说，在网络经济下，输电线路怎么配置，它的线路最优化的时候，它的损耗最小，供给的电力最多，这就是电力配给上的网络经济。

网络经济的形成有三个元素：互联线、在网线上的流动物和被联结的结点。从经济的成本和收益的角度，我们提出一些假说。

第一个假说就是当点与点之间的距离较小，或者说虽然距离较远，但是点与点之间流动物的量足够大的时候，网络投入的成本低于网络获得的收益，网络才能存在。反之，网络就不会存在。例如，从南京到无锡的高速公路，运输量很小，但是从无锡到上海的运输量非常大，所以现在要扩充路宽。但是在青海，格尔木到西宁之间的高速公路，两个结点之间的运输量太小，所以就不经济。如果按照正常的市场运作，这个网络体系形不成。但是国家出于多方面的考虑，投入资金修起了这条公路。就是说，网络的形成是有经济原因的，如果不赚钱，肯定不会形成。如果将时间因素考虑进来，当网络交流的时间所费的机会成本小于人们利用这些时间提供其他的某种生产服务而带来的收益，或者享受休闲而获得消费正效应的时候，网络就会形成。所以，由于网络节约了分工和协作的时间和成本，使得不同规模的结点在网络的联结下都具有了其存在的经济性。这就是过去的聚集经济和聚集不经济的均衡分析无法解释的问题，但它可以由网络经济来解释。这样就可以对于二元结构的转型，引入一个新的分析方法。

第二个假说是如果下一层结点的流动物在一般情况下，以上一个结点为中心集中进行交流，那么它的成本小于网络中所有同等结点之间的互流。比如说，一个县城，它管了十个镇，这十个镇都是同等的结点，那么在互相交流的时候，是以县城为中心交流最经济，还是以镇之间的互相交流更经济？肯定是前者更经济。因此引出这个假说，即如果各个分散的下一个等级的结点的交往必须到上一个结点来进行的话，交易费用是最低的。为什么会出现城市，会出现一个区域内的中心性的城市，就是这个道理。所以，一个大区域的网络结构，就是乡村围绕小集镇，小集镇围绕小城镇，小城镇围绕小城市，小城市围绕中等城市，中等城市围绕大城市。杨小凯在《超边际分析》中对这个问题有所论证。也存在反面的网络不经济的情况，例如，网络的结点规模小，线路流量低，此时这样网络的投入成本大于网络的运营收益，造成不经济，这是其一；其二，网络线路过度拥挤，可能会发生堵塞的不经济。就是说结点间的线路非常窄，但是流量特别大，所以就导致时间加长，机会成本太大，因此导致了不经济。此外，还有网络的流动量过大，供给太小，导致网络流动过多的不经济。网络也会发生结点之间非中心、远距离、小规模互联互交的不经济。

现在城市体系是一个网络复合体，有公路网、高速公路网、铁路网、电力网、油气管道网、水运网、航空运输网、自来水网、邮政服务网、商业网、固定电话网、移动通信网、闭路电视网、金融服务网、互联网等，它实际上是一种空间的复合网络体系。这样我们就可分析各个城市最优规模集，各个层次的城市的最优规模和其网络体系。这样，就可以把一个城市放在网络体系中来分析它到底经济还是不经济。一个城市的最优规模取决于它在城市网络体系中的位置和功能。如果是一个体系中最大的经济中心，集中交换流出物的规模就要大一些，因此它的最优规模的边界范围就比较大。而处在经济体系次级和次级中心结点上的城市就要小一些。所以，网络对时间和交易成本的节约使得过去必须集中在一起时才能够出现的聚集经济，现在可以由分散布局的、规模不等的数个城市的网络经济所弥补，这才是最重要的。对于这个问题的分析一定要跳出聚集经济和聚集不经济范式的桎梏。

还有一个假说认为不同规模等级城市和城镇的交易者对某种商品的越层交易通常是不经济的。一种商品根据它的特性有一个经济交易范围，如果一个消费者不在经济交易范围内购买这种商品，那就不经济。越层交易就是越过经济交易范围进行的不经济交易。比如说，面包这种商品，它的交易范围较小，在小镇里面交易就是经济的，如果越层交易，到中等城市去交易就是不经济的。所以，为什么城市会分层次，就是因为某种商品的集散是有一定的范围的，不能越层交易。越层交易通常是不经济的。

如果城市的网络体系是放射状存在的，那么为什么会出现棋盘式的存在呢？比如，南阳和襄樊，按照城市放射状体系的理论假说，应该是南阳需要交易的就到郑州去，襄樊需要交易的就到武汉去，那么末梢之间就没有联结的网络，这样是合理的。但是为什么南阳和襄樊之间又有一条路来连接它们呢？实际上，由于一些下述原因，城市网络体系是放射型体系和网格状体系的复合体。一是两个体系中的低端末梢里很近的小镇和小城市之间可能不通过体系的上一级中心来交流，比如说，湖北北部和河南南部交界的两个县城之间，很多交换就可以不通过郑州和武汉进行交换。二是城市间的分工协作，比如钢铁和制造业城市之间的协

作，它们的交换没有必要通过上一级城市来交换。三是运输距离、时间和成本方面的原因，如济南、石家庄之间的交换就没有必要通过上一级的北京去交换。所以，这就解释了一个问题，即从动态的结构转型的经济角度讲，在整个城市的网络体系发展的长时间的过程中，每个网络结点上的城市的最优规模是动态变化的。总的趋势是，每个层级结点上的城市最优规模都是从相对小到相对大，规模都在扩大。到城市化完成以后，相对达到静止。也不排除一些交通位置、资源条件都发生变化而衰败的城市，它的规模是从大往小变化。当工业化和城市化完成的时候，人口和生产力网络体系的末梢结点——乡村可能会趋于消亡。就是一些乡村变为小城镇，另一些因为分散、不经济而衰败，人口和生产要素流出，集中到小城市和小城镇中。所以，一般来看，二元结构转换过程中的城市网络体系的变动过程，根据聚集规模的不同，都市、特大城市、大城市、中等城市、小城市、小城镇、小集市、乡村，从大到小其边际收益率一级大于一级。各个结点的要素收益率的不同实际上就是经济发展从分散的乡村到集中的城市，从封闭的农村到开放的城市互联网络结构转移的动力机制，导致人口不断地向城市集中，最后形成网络体系中的各种大、中、小城市的最优规模，在各个结点中形成的一种投入产出关系。假如说，乡村和小集市已经消失的时候，也就是实现了都市、特大城市、大城市、中等城市、小城市、小城镇的网络体系的资源流动的各个结点资源配置的均衡。

四、政策结论

一个国家在经济发展方面存在着不同的思路，第一种思路是不让要素流动，甚至是让要素从利用率高的地方向利用率低的地方流动，就是用静止不经济和逆转移不经济来解决城乡发展差距。第二种思路是转移乡村、不发达地区、老工业地区的富裕要素，使其向要素利用率高的地方流动，并辅之加大乡村、不发达地区和传统工业地区公共产品投入，降低政府税费水平等思路来解决问题。这是两种不同的思路。在第二种思路中，在国际经济关系中是不让产业转移，实行保护政策，还是让产业转移，然后利用各自的比较优势，调整产业结构，实行自由贸易，来实现利益的最大化，也是两种不同的思路。在发展经济学中实际上包含两种不同的思路，即经济学中的计划经济思想和市场经济思想，新古典主义和凯恩斯主义，就看你怎么分析问题。比如我这里通篇给出经济发展的一个分析框架，实际上这个框架的基础就是市场调节，要素要自由流动，包含着一种新古典主义的分析方法。

在经济发展过程中，政府和市场的作用是需要划分的。从市场机制的调节来看，比如说逐利性的要素流动，聚集和形成网络是由它的边际收益率，比如说工资、利润等来调节的。要素的收益率，将分散的要素向空间上集中调节，将互相隔离的要素向互相开放和联结的网络状调节，将稀疏的网络结构向密集的网络结构调节。因此从实践上讲，过去的严格控制大中城市发展，城市人口向农村的逆转移，例如上山下乡，城乡分割的户籍制度，阻碍农村人口向城市流动。如今乡村工业化，村村通，农村大力发展第三产业，还有人才通过行政的方式向不发达地区转移，对已经衰败并且投资收益率比较低的地区进行大规模的投资等，从转移聚集网络这种经济的角度来看，都是逆发展性质，都是投资大、收益递减的，不合算的。

缩小城乡之间的差距、发达地区和不发达地区之间的差距、新兴工业地区和老工业地区之间的差距，最主要的措施还是要促进要素流动，特别是人口和劳动力的流动。如果乡村、不发达地区、老工业基地的人口向城市、发达地区和新兴工业地区流动，闲置的劳动力就得以利用，发达地区的工资水平得到抑制，最终两地的要素收益率基本平衡。同时，乡村规模化农业的发展，西部和老工业地区企业和市场的发育兴旺，加上中央各级政府对乡村、边远地区和老工业地区普遍服务、公共产品的提供支持，再建立一个完善的社会保障体制，这才是缩小差距的战略性的思路。但是政府在经济发展过程中，要注意其发挥作用的范围。不是说转移经济、聚集经济、网络经济，政府都不用管。农村和边远地区所需要的普遍服务和公共产品不能因为分散、距离长等原因，政府就不予提供，这是不对的。普遍服务也有一个规模经济的问题，比如说北京的邮政就赚钱，新疆有些地方可能就不行了。所以，对于这种亏损性质的运输、能源和邮政，国家应当核定其成本和收益以后，作为发展边远和少数民族地区的普遍服务，应当给予财政补贴。再一个，农村的教育、卫生体系、基本的基础设施，市场是不会提供的，需要国家提供。但是国家提供这些产品的标准不能太高，一方面要考虑到农村衰败的趋势；另一方面要适度地鼓励人口集中，集中提供这些产品。

整理人：王磊

（文章来源自《学术讲座荟萃》第23辑，2005年4月28日）

中国金融改革和发展中需要深入研究的几个问题

王国刚

王国刚

男，46 岁，江苏无锡人。1988 年毕业于中国人民大学，获经济学博士学位。1988 ~ 1994 年任南京大学国际商学院教授，其中在 1992 ~ 1993 年任江苏兴达证券投资服务有限公司总经理，1993 ~ 1994 年任中国华夏证券有限公司副总裁。1994 年至今在中国社会科学院金融研究中心工作。现任中国社会科学院金融研究中心副主任。被 10 多个政府部门聘为高级经济顾问，被 40 多家企业聘为独立董事、董事或投资顾问。

主要研究领域：资本市场、公司金融等理论与实践问题。已出版《中国证券业的理论与实务》、《中国企业组织制度的改革》、《资本市场导论》、《进入 21 世纪的中国金融》等著作 26 部，发表论文 400 多篇。

一、金融体系

（一）货币与金融

1. 货币

政治经济学给“货币”下的定义是，货币是充当一般等价物的特殊商品。货币世界与商品世界相对立，货币是与商品相独立的一个实物。西方经济学给“货币”下的定义是，货币是交换的媒介物。货币也是一个实物。

但是，如果货币真是一种独立的实物，疑问也就产生了：因为本来在商品流通中“媒介”由谁来拥有，是无关紧要的；而实践中并非如此。不论是个人还是机构，都不会在不获得等价实物的条件下，无偿地将货币交付给对方（除非捐赠）。

事实上，货币由个人拥有时，是个人资产的一部分；归企业拥有时，则是企业资产的一部分。那么，货币与资产究竟是什么关系呢？可以说，货币是资产的一种功能。具有货币功能的资产，称为货币资产。关于货币与资产的关系在下一点关于金融概念的分析中会有进一步的说明。

2. 金融

在20世纪80年代，中国基本没有金融概念。进入90年代以后，金融概念逐渐普及，教科书上通常只把金融简单地解释为“资金融通”。什么是“资金融通”，基本没有进一步的解释。但只说资金融通，显然是不够的。比如，一个商店出售一件商品，获得资金，发生了资金融通，这也称之为金融吗？你可能辩解说这里面有实物交换，因此，不属于金融；那么，我们不用实物资产，比如进行咨询服务的企业，协议规定服务开始之前应有一定比例的酬金先到账，这里并没有实物，这种交易可以称之为金融吗？答案是否定的。细想金融中的各种交易，可以发现，所有交易都集中在一个点上，即资产权益。交易的对象是资产的权力和利益，且交易的目的不仅仅是为了获得资产本身，更是为了获得资产权益的未来收益。比如，购买股票，是为了以后每年作为股东可以分享公司利润，不是为了获得以前的利润；购买债券，是为了获得债券发行人承诺的未来的各种回报。这样的特点就使金融交易，与商品、劳务的交易目的是为了获得当前的使用价值，区分开来。

所以，金融的定义应该是，以资产权益为基础为获得这些权益的未来收益而进行的权益交易。现实中，企业发行股票、债券，获得资金，就被称之为金融行为。

3. 货币、资产与金融

货币是资产的一种功能，这种资产叫货币资产。举个例子，100 元置于家中不会有任何增值，但是如果存入银行，就有利息收益，所以，资产和货币的区别不仅在于资产有明确的所有者，而货币不需要有明确所有者，而且在于货币本身没有增值功能而资产却具有增值功能。比如，中国人民银行所印刷的人民币，在没有发行时没有价值，而当其通过再贷款等渠道发给商业银行时，这些人民币就成为商业银行资产的一部分，这时，人民银行和商业银行之间建立起以债权债务关系为基础的资产关系。在资产关系的基础上，才随之产生一系列的收益问题。因此，各家金融机构经营的是金融产品而不是货币。有些教科书上认为，“商业银行是经营货币商品的机构”，这一提法显然是不准确的。

4. 货币政策与金融政策

既然货币和金融不是一个概念，货币政策也就不等于金融政策。但这两个概念常被混为一谈。宏观经济学中明确指出宏观政策包括财政政策和货币政策，并非是包括财政政策和金融政策。但是，一旦金融与货币相混淆，就会从货币政策具有调控功能引申出金融政策具有调控功能，从而金融政策也是宏观政策的错误结论。

货币政策调控具有一个非常明确的目标——币值稳定，在封闭系统内达到币值稳定就是要使物价稳定，开放系统内还包括汇率稳定。宏观调控中，货币政策会涉及中间目标、调控机制、传导机制，金融政策则不会涉及。如工农中建四大国有商业银行的改革就属于金融政策，其中不存在宏观调控。此外，货币政策是总量政策，通过调控货币的投放量来调控总量，不具有调整产业结构的功能，而金融政策更多的是微观政策，具有结构调整的功能。如信贷政策就具有微观性。但是，某些金融政策也可能具有货币政策的含义，即一些微观政策具有对宏观政策的影响力。

（二）金融体系

1. 金融体系的构成

一种是从金融体系构成要素的角度进行结构划分，西方学者早期提出了三个要素：金融市场、金融产品和金融机构；20 世纪 80 年代以后随着金融创新，对原有金融制度的突破和对风险的监管，又加入了金融制度和金融监管，金融体系成为由五要素构成；在中国体制改革的环境下，加入“金融体制”，最终成为六要素。

另一种是从金融体系结构的角度分为三层：第一层是金融体系的基础结构，主要是指金融制度或金融体制；第二层是金融市场，金融产品、金融机构就属于这一层面；第三层是金融监管。有时还对金融产品进行了细分，基础性的金融产品叫做基本金融产品，衍生出的称为这些金融产品的上层建筑。

2. 金融体系的覆盖面

金融体系覆盖了整个实体经济，其内在机理是实体经济部门中各种资产权益的外化，即资产权益与实物资产相分离，成为独立的交易对象。由于金融是一种资产权益的交易，而所有部门的经济活动，从企业部门、政府部门到家庭部门都可能发生资产权益的交易，因此，只要有资产权益的地方就可能存在金融体系。之所以说是“可能发生”，是因为只有当这种资产权益与实物资产相分离时，才形成金融。比如，政府部门不发行债券，资产与权益就没有分离，这时，不存在金融，但是，一旦其发行了国债，导致资产与权益分离，就产生了金融。再比如，家庭资产不采取未来收益的处理方式不会形成金融，当有了按揭，今后需要源源不断支付本金和利息时，金融也就产生了。现在讨论金融，较常把金融面与实体面对应，但实际上金融比实体面大，金融不仅覆盖金融面甚至可以说它覆盖着整个国民经济。何谓金融覆盖金融面？比如，国有商业银行发股上市，其发行股票是金融活动，因这一活动表明商业银行的股权资产和股权权益相分离，这样就出现了金融覆盖金融面。金融体系覆盖了各类金融机构。这是不言而喻的，不再详述。

二、利率体系

（一）利率的内涵

利率是金融资产的基本价格。

关于利率，2004 年以来，有人认为美联储的联邦基金利率上升，中国的存款利率也应该随之上升。这种说法，就相当于服装价格上涨，彩电的价格就应该上涨。可见，这样的推断是站不住脚的。既然利率是金融资产的基本价格，那么有多少种金融资产，就有多少种利率。把两种不相关的金融资产放在一起讨论利率关系，就相当于把不相关的商品放在一起讨论价格关系一样。

正如价格在商品市场中是配置资源的基本机制，利率也是金融市场中配置金融资源的主要机制。

（二）中国的利率体系构成

中国的利率体系大致由以下五个体系构成：

（1）人民币存贷款利率体系。其中存款利率，包括活期利率、定期利率、零存整取利率；贷款利率，包括短期贷款利率、一年期贷款利率等。

（2）央行存贷款利率体系，包括法定存款准备金利率、超额准备金利率、再贷款利率、再贴现利率等。美联储的联邦基金利率就属于央行利率体系。当美联储会议决定调高联邦基金利率 0.25 个百分点时，这属于美联储自己的行为，不直接影响市场，对市场直接影响的是联邦再贴现利率。再贴现利率与联邦基金利率变动趋势一致但幅度不同，因为联邦再贴现利率不仅取决于美联储意愿还受到金融市场的严重影响。联邦的再贴现利率调整后，各家商业银行根据日常资金供求状况、自身资产状况、客户特点等自主决定利率变动。由此，说明了以美国联邦基金利率做出调整为依据，要求中国存贷款利率也要进行相应调整的说法，是没有道理的。

（3）外币存贷款利率。中国的外币存贷款利率没有跟随国际利率变动，其中有两个原因，一是我们的资本账户没有开放，因此，外币存贷款不是通过国际间的资本流动决定的；二是中国当前外币过多，外汇储备在 2005 年第一季度就已经多达 6500 亿美元，加上企业、居民在银行中的外币存款，总额大概会超过 8000 亿美元。在中国外汇需要减持的情况之下，外币存款利率不能随国际利率上调。

（4）证券和票据发行市场的利率，包括国债、金融债、企业债、央行票据等利率。此类发行市场利率的决定通常会考虑存贷款利率，因为，它们之间有相关性。

（5）金融市场交易的利率体系，包括资金拆借、国债回购等。

这五大利率体系在市场经济条件下，其内部有一个相关性，从理论上来讲，这就会发生某种套利行为，通过套利使得利率体系之间的收益和风险大致平衡。但在中国目前的条件下，套利的可能性很小。因为我们的利率是由行政机制

决定的，并没有套利的内在机制。在我国，市场利率的实现是一个相当长的过程。

三、物价上升与利率走势

从2003年到2005年，在利率负增长的情况下加息的呼声很高。2004年在加息呼声中存款利率上调了0.27个百分点，至此没人再提负利率，差距达3个百分点的利率为何只加了0.27就似乎满足了要求？实际上对加息的强烈要求只不过是一种情绪。

（一）加息的理由

首先来看，负利率为什么要加息？主张加息者试图运用西方理论予以论证。

根据一：负利率会引致通货膨胀。其原理是在物价上涨的条件下，贷款利率与物价上涨率相互抵消，结果是获得贷款的资金成本为零或者说是资金成本下降，由此，将促使企业大量申请贷款，增加投资，拉动需求；需求增加进一步对物价产生影响，使得通货膨胀更加严重，负利率随之加剧，企业借钱加倍，投资不断增加，导致恶性循环，这一理论似乎正确。但是在中国，企业取得贷款并非易事。贷款最基本的是需要抵押，抵押物是有边界的。如果可供抵押的净资产只有1000万元，就没有可能拿到3000万元、5000万元贷款，因为企业已经没有偿还能力。更何况，中国还有严格的审贷，比如限制资金用途。对中国企业来说，当前的资金问题不是利率高低，而是资金可得不可得。所以，这种理论是脱离中国实际的。如果将眼界放到其他国家，也可以看到，银行不会随便发放贷款，因为抵押贷款、担保贷款是基本的。因此，负利率并不引致滥发贷款，也就不存在由此引致的所谓恶性通货膨胀问题。

根据二：负利率会引致银行的流动性风险。原因是，负利率使得居民存款大量减少，转向投资股票、债券等金融工具；由于银行已将原有存款大量转化为贷款，这样，在新增存款不足的条件下，就可能发生流动性风险；如果存款人再将原有存款中的一部分提出，用于购买股票、债券等金融工具，就可能发生提款挤兑，最终使得银行倒闭，整个社会的经济稳定受到严重影响。因此，负利率必须解决。仔细分析这一理论，就会发现有很多漏洞。在中国，多年来，政府、企业都在发行债券。例如，2005年5月25日开始发行七年期350亿元的国债。那么，居民购买国债后，350亿元流向哪里呢？实际上，政府将这笔钱又存到银行，只不过从“城乡居民储蓄存款”变成“财政存款”而已，因此，银行总账上只是存款结构调整，没有存款额的减少。

2004 年 1 年期定期存款的利率为 1.98%，八九月份物价指数上涨 5.3%，大致的负利率是 3.7%，同时，在金融市场中可供投资者购买的金融工具非常少，股票一路下落，基金贬值，政府国债大多也是卖给机构，在这种情况下，居民持有的现金几乎只有两种选择：放在家中与存入银行，居民当然会存入银行。因为放在家中的贬值是 5.3%，而存入银行的负利率只有 3.7%。更不用说，对众多城乡居民来说，存款的第一目的是保障货币资产的安全性。因此，中国的实际情况是，在负利率条件下，存款依然不断增加。2004 年新增储蓄存款达到 1.3 万多亿元。在 1995 年，全国城乡居民储蓄存款 2.96 万亿元，当时 1 年期储蓄存款利率是 10.98%，从 1996 年到 2002 年 2 月存款利率连续 8 次下调，直至 1.98%，然而，储蓄存款却上升到 2004 年底的将近 12 万亿元。可见，负利率在中国不会引致储蓄减少。

根据三：负利率引致一国资金大量外流，严重影响经济发展。这一理论在中国也不对。首先，中国的资本账户没有开放，而且就算开放账户也未必发生资金大量外流。比如日本从 1993 年泡沫经济破灭到今天就未发生资金大量外流。主要原因是：①资金向国外转移中首先会发生许多手续费，其次资金转移中存在机会成本。②购买境外的金融资产，其风险是不可避免的。面对繁多的金融产品，进行金融理财需要的是一个团队，要对海外金融产品进行投资也必须要依靠专业团队。个人是没有能力做好金融理财的。所以，日本、韩国都没有因为负利率而发生资金大量流向国外的现象。

中国乃至亚洲实践，与欧美的教科书所讲是不一样的，不能简单拿欧美教科书的理论来评论中国乃至亚洲的现象。

（二）通货膨胀与通货紧缩

在加息的讨论中有一个很重要的概念——通货膨胀，我们需要思考一下为何 2003 年 7 月还在大谈通货紧缩，到了 2003 年的 8 月就变为通货膨胀，对于膨胀与紧缩的衡量标准是什么？通货膨胀的含义是货币发行量过多引致的物价上涨，通货紧缩是指货币发行不足引致的物价下降。2003 年 7 ~ 8 月没有新的货币政策出台，货币供应量怎么能够从多突然变到少呢？实际上，这里犯了大错。

中国从 1998 年后随着商品市场供过于求的格局全面形成，市场上的竞争越发激烈，商家竞争的基本手段就是降价，由此，导致物价下降。但这绝不是通货紧缩。中国自新中国成立到 1998 年的近 50 年中，深受供不应求的困扰。经过 50 年的努力，特别是 20 年的改革开放，出现了买方市场。但这却引起了一些人的焦虑，要治理通货紧缩，治理的目标难道是要使市场重新回到供不应求？中国不是通货紧缩，而是市场格局的总体变化，中国不是有效需求不足，而是有效供给

不足。所谓有效需求不足指的是商品供应充足，但由于人们货币持有量不足，无购买能力。但中国居民每年有1万多亿元的资金存入银行，并非有效需求不足。1996～2000年，凡是用20世纪90年代中期以后高新技术生产的产品，销量十分可观。1996～1997年，销量增长率最大的是VCD机，两年销售总量高达7000余万台。此后，手机销量增长率也相当快，人们求新求异，频繁更换手机，可见其消费能力。所以，通货紧缩的提法是错误的。商业银行的存贷差不断扩大，从1995年的3000多亿元的存差一路涨到2005年第一季度的7万多亿元，可见商业银行绝对不是没有货币，货币供应量不足引致通货紧缩的判断是错误的。

再来看通货膨胀的提法。物价上涨主要是由粮食缺口引起，从2000年开始粮食种植面积就一路下滑，从17亿多亩减少到2003年的14亿多亩，粮食产量从1999年的1万多亿公斤减少到2003年的8000多亿公斤。2003年8月，粮食歉收引致粮价大幅上涨。可见，是供不应求导致价格上升，并非所谓的通货膨胀。这样的价格上涨通过反通货膨胀的货币紧缩政策显然是解决不了的，粮食价格不会回落。

粮食缺口又引起了2003年11、12月的大争论，有两种观点：一种是必须马上动用国库的粮食平抑粮价；二是运用市场机制，用两到三年时间让粮价上涨50%，大致上接近1997年的水平。两种选择中，可取的显然是用市场机制调动粮食生产积极性，解决种植面积和粮食产量的大幅减少。

（三）加息不是目的

既然负利率对中国经济没有大的影响，微量的加息也不解决任何实质问题，那么，动用这一工具显然是没有必要的。利率调整所发生的成本是巨大的，在决定调整0.27个百分点的当夜，所有商业银行都要加班加点赶在第二天开业之前把所有的新利率表做出，当夜编制，当夜从总行下送到每个网点；所有的大型公司财务核算也必须改动，市场投资全部重新计算成本，设计方案，如此等等，总成本以上亿元计。

2004年10月28日，中国人民银行出台了《关于调整人民币存贷款基准利率的通知》（以下简称《通知》）。需要注意的是，这里的用词是“调整”不是提高，是“基准利率”，不是以前的“法定利率”。因为基准利率是一个市场概念，市场中的某一系列利率形成有一个基准利率，因此，运用“基准利率”一词，表明了这个《通知》的主题是推进利率市场化改革。《通知》共有四段话，第一段：提高1年期存贷款基准利率0.27%，其中存款利率从原来的1.98%提高到2.25%，贷款利率从原来的5.31%提高到5.58%；第二段：贷款利率以基准利率为底线上限全部放开；第三段：存款利率以基准利率为上限，下限全部放开；

第四段：商业银行等金融机构应该根据自己的经营状况、客户状况、市场需求等自主地决定存贷款利率。可见，这一文件的实质是推进利率体系改革，而不是简单的加息。中国利率体系的根本问题，不是加息，而是市场化改革。

2005 年 3 月 17 日，按揭贷款利率调高，这实际上也是一次利率改革，向市场利率的一次迈进。但为何由行政部门提出而不由商业银行自己做出决策？道理在于，按揭贷款是银行中质量最好的贷款，谁都不愿意率先将按揭贷款利率上调，因为上调利率意味着退出市场，所以，只好由行政部门、监管部门做出这一决定。

四、资本市场

（一）资本市场的概念和资本市场体系

在中国，资本市场似乎已经成了股票市场的代名词，但资本市场是指配置资本性资源的市场。

资本市场体系包含两个层面，我们这里讲的资本市场是狭义资本市场，广义资本市场指金融市场，我们在这里把金融市场分为货币市场和资本市场两层。资本市场分为证券市场和非证券市场。

证券市场中又分两个层面，一是基础性证券市场，包括公司债券、政府债券和股票等市场。政府债券又分为中央政府债和地方政府债，在美国称为联邦政府债和州政府债。由这三种基础性证券又衍生出很多证券类产品，包括投资基金、基金证券、可转换债等。证券类衍生产品的典型特征是其本身是有券的，并且有发行市场。二是交易类的衍生产品，包括远期、互换、期货、期权等，这些都是在交易过程中产生，所以，本身没有券，也没有发行市场，只是一种交易方式。现在国际上讲的金融衍生产品主要是交易类。

按每年的融资额计算，美国公司债券每年的融资额占到三大基础性证券的 70% 以上，政府债券大致占到 20% 多，股票只占 5% 左右，最多也不超过 10%，所以，在三大基础性证券中，股票并不占主要地位。如果把证券类和交易类的衍生产品放在一起，股票市场每年的融资额不到整个证券市场的 1%。按交易概念，即使按照数据公开的交易，股票市场交易额也可能不到总交易额的 10%，再考虑到不公开的交易数据，那股市的交易额占的比例就更低了。大量的政府债、公司债、基金证券的交易都是在无形市场中交易的，期权、期货、互换等的每年交易额在数十万亿美元。世界上没有一个国家在资本市场体系中由股票市场占主导地位，在中国股票市场占的比重也很低。

非证券市场中的很多交易，没有券也没有标准化交易，如公司并购资产、重组财务、项目融资等，但它们属于资本市场的范畴。

（二）中国股市备受关注的原因

（1）股票市场起伏比较大。债券市场的利率限制了其价格的最高点，假定三年期债券年利率为5%，那么，三年中利率最高额是15%，上限已经确定，下限即是本金，浮动空间通常就在15%之内。股票市场没有这样的上下限，可以跌破面值，理论上也可以无限上升，浮动空间很大。另外债券市场采用无形交易，达成的协议常常是不公开的，而股票市场是个公开市场，满足了媒体炒作的需要。很强的刺激性加上媒体的关注，使得很多人关注股票市场。

（2）股票市场的上市公司数据是全公开的，信息透明，为从事研究的学者提供了不违法的可自由使用的公开数据，所谓的公司治理结构研究大多建立在这些基础上。但要注意上市公司在任何一个国家的企业中所占的比重都是很小的，只是因为数据公开，可供研究做文章。

（3）从监管部门看，由于上市公司的数据公开，易于监管，再加上媒体炒作，因此，上市公司一旦有违法行为，全社会就都知道了，其他的企业即使有违法行为也不太容易引起关注。

所以，上市公司、股市影响力大。

（三）企业债券与公司债券

在中国，企业发行的债券可分为企业债券和公司债券。到目前为止，我们发行的债券基本是企业债券。企业债券原来的定义是国有大型企业发行的债券，公司债券是有限责任公司和股份有限公司发行的债券。

首先，它们的主体是不一样的。2000年之前，企业通过发行债券所筹集的资金，其用途应是国家计委、省计委审批的固定资产投资项目。国有企业发行的债券，20世纪90年代中期以前，通常是由当地的财政部门作担保的，因此，当时的《企业债券发行公告书》通常都注明批准部门和作担保的财政部门以及筹集资金所投向的项目，可见，企业债券是在国有经济体系内部运行的。但是，当债券到期需本息兑付时，有的企业没有资金兑付本息，就产生了应该由谁来兑付的问题。发债企业认为，项目既然由政府部门指定，并且经过审批，又由财政部门担保，就应当财政部门支付本息；而财政部门认为，国有企业已经实行了“自主经营，自负盈亏”，所以，应当由发债企业支付。这一争执的结果就是谁都不愿兑付债券本息。如果是按照公司债券，企业无力兑付本息时，有两个解决办法：召开债权人会议由债权人决定如何解决，或者公司进入破产清算。但是，国有企业不准破产，债权人会议也无从召开，造成一片混乱。2000 年后，在整顿的基础上，取消了地方批准企业债券的权利，审批权归入中央国家计委，企业仍然只能投资于政府审批的项目。

此外，2002 年前还规定一次性发行企业债券的数额不得少于 10 亿元面值，企业债券所募集的资金占固定资产投资的比重不高于 20%，根据这两个数字，可算出投资项目的资金需要量最低额是 50 亿元。由于国家计委审批投资项目的审批权是 2 亿元，超过 2 亿元的投资项目需要由国务院审批，这决定了企业很难取得债券发行权。2002 年后，企业债券有了一些调整：①企业债券的资金投向放宽，其中，最典型的就是中国移动发了一笔企业债券，所筹资金用以收购全国其他的电讯机构。②发行企业债券的企业类型由原来的国有独资大型企业扩展到国有控股的有限责任公司和股份有限公司。③允许规模有所调整，从 10 亿元降到三四亿元。但企业债券的发行管理基本贯彻的还是 1993 年的《企业债券管理办法》，并没有按照 1994 年《公司法》第六章规定的公司债券执行。

公司债券和企业债券有很大的差别。按《公司法》规定，公司净资产超过 6000 万元的都有资格发行公司债券，但是，到今天几乎没有一家公司发行公司债券。所以，在中国目前条件下，要积极推进公司债券。公司债券的用途应该由发行者自己确定，至少可以在五个方面做选择：固定资产投资，技术改造和技术更新，补充资本金，公司并购，调整资产结构和其他方面。

（四）企业贷款难的原因

首先，要明确企业贷款不是把贷款额以现金形式从银行中取出，只是把钱划入企业在贷款银行的户头，所以，企业在银行中的大部分存款是通过贷款途径获得的，这叫做派生存款。现在很多企业为什么贷不到款？

银行的钱是存款人的，是居民的而不是国家的，银行要为居民的财产负责。中国目前的 25 万亿元存款中接近 50% 是属于城乡居民的储蓄存款。日本泡沫经济破灭以后，规定在银行的个人存款实行比例兑付，例如，1000 万日元及其以下的全额兑付，超过 1000 万日元的部分实行比例对付，不能给予兑付的部分用以冲销银行的不良贷款，所以，当银行系统出现危机时，最后将是存款人“埋单”。

其次，作为市场经济正常的商业性贷款，商业银行有自己的贷款原则。在西方国家中，一个企业如果其净资产有 1 亿元，那么，在任何一个时点，各家银行给予这家企业的贷款余额加总起来，一般不超过净资产的 40% ~60%。这是贷款银行考虑到企业还债能力做出的选择。贷款多少涉及抵押资产的多少，企业的库存（由半成品和产成品两部分组成）是不能抵押的，无形资产也是不能抵押的，另外，专用设备也不能作抵押品，所以，可作抵押品的只有两类：不动产和通用

设备。如土地、厂房、通用机床、汽车等。

如果净资产1亿元的企业，获得贷款4000万~6000万元，由此，资产负债率就达到20%~30%，再加上在正常商务往来中的债权债务，由此，大概资产负债率在40%~50%。但中国现在的情况是，绝大多数企业的资产负债率都达到了75%以上，即净资产已经抵押了三遍，银行如果再提供贷款资金，由于企业已经没有抵押物，就意味着贷款可以不还。银行为了资金的安全，可以说是忍着巨大的损失，宁愿支付大量的存款利息也不随便放款，这并非银行故意难为企业。

当前，为企业拿不到钱而鸣不平的大有人在，但是，这些人很少考虑到，有多少企业还不了银行贷款所带来的贷款损失，这种情形继续下去又将给城乡居民存款造成什么样的损失。

（五）股票市场

中国股票市场从2003年11月开始上扬，走到了2004年4月7日的1783点，这是近一两年来的最高点。在4月7日以后的技术性回调的过程中，宏观经济紧缩的行政性措施开始下达，从而使得整个市场收紧。收紧后的问题是资金严重匮乏，股票市场应该是一个长期资金的市场，但是，在中国股票市场中资金大多是短期的。我们曾估计，短期资金大概占整个股票市场的50%左右，后来发现市场中大概70%左右是短期资金。作为短期资金流动性太大，因此，宏观层面一紧缩，短期资金马上撤出。

股市的资金，从机构投资者来讲，大概有三类机构：一是基金管理公司，管理一批证券投资资金，这个资金是相对长期的。二是证券公司，其投资又分为两类：一类是证券公司自有资金的投资；另一类是代客理财投资。自有资金中相当大的部分是短期资金，代客理财的资金几乎全部是短期的。三是非金融机构，包括上市公司和一些非上市公司。

在资金收紧后，首先出问题的是非金融机构，全国最典型的就是德隆集团，原来号称可以控制700亿元资金。但是，2004年5月，德隆的资金链就断了，与德隆类似的一批非金融机构投资者也纷纷出现危机，由此，股市下滑。接下来，证券公司也开始出问题，比较典型的就是国债回购，出了600多亿元（也有人说是1000多亿元）的窟窿。到2004年9月13日，国务院开会谈到资本市场的问题，讲了五个要点，9月14日股票市场开始有所回升，从1260余点开始上升。当时市场普遍认为这轮上升可以到1500点，甚至是1600点。不料到9月30日出了一个通知要求证券公司把委托理财账户的账全部并入公司账户内（以前的委托理财账是单独设立的），这一通知后接着是长假所以没有引起大的震动。10月8日开市，开始执行证监会的决定，股市就开始一路下滑。因为原来的委托理财账户由于股市的持续滑落处于严重亏损状态，并入证券公司的账户后，使证券公司发生严重亏损，甚至资不抵债，由此，证券公司的投资全线溃退，一些证券公司因此而陷入经营困境甚至倒闭，有些证券公司勉强拿自己的净资产填补亏损漏洞，导致净资产所剩无几，原来号称上百亿元资产的证券公司，在账户合并后，净资产只剩下几亿元，甚至是几千万元，这又随之造成证券公司高层管理人员的辞职。

再来看基金管理公司的情况，到 2004 年 3 月底基金公司可操作的现金资产只剩 100 多亿元，也无法支撑起股市。

因此，长期资金不足是引致股市下落或难以回升的主要原因。

2004 年 9 月以后，一批海外机构和所谓专家开始讲一些不清不楚的话。例如，有人称股票下滑是因为原来泡沫太多，现在是理性回归的必然结果，还没有到底。但是，哪个国家在宏观紧缩时，股市不回落，如果股价回落就叫做理性回归，那么，我们是否可以得出这样一个结论：每当宏观紧缩时，股市就下落，进入理性回归；每当宏观放松时，股市上涨，又进入形成泡沫过程？这显然是不对的。这就相当于说，大米在 20 世纪 80 年代初的时候大概 1 斤是 0.1 元多，便宜的是大概八九分钱，现在是在 2 元左右，这里边存在泡沫，因此，未来某个时间大米还会回到 0.1 元左右。这显然是荒谬的。价格上涨理论上有很多刚性，简单地用泡沫概念就是不清不楚。打个比方，泡沫有像肥皂泡这样易破的，也有用于包装的硬泡沫，一百年也不会破灭。

关于股市还有人说中国不会运作股市，因此不应该拥有股票定价权，应该把定价权交给国外，而且采用了“一价定理”予以证明。该定理是说，在没有其他干扰的条件下，一只股票在全世界各地的交易价格应该是完全一样的，那么，它从发行市场开始价格就会是完全一样的。这也是很荒唐的。以隔夜拆借利率为例，隔夜拆借是时间性最短、交易量最大的，如果全世界要“一价”，隔夜拆借利率早就应该“一价”了，但实际上 1994～2003 年，各国的隔夜拆借利率没有一样的。这么大的差距，为什么不能套利，因为现实中有种种障碍。理论上的所谓“套利”，是抽象了众多条件而言的，可一旦回到实践中，还需要将这些条件加上。

股市价格由三个要素组成：一是股票的价格和任何商品的价格一样，它的决定权是主权范畴，是不能交给别的国家的，因为交给别国以后，价格差就将造成国民财富的流失。中国的任何定价权都不能随便交与国外。二是讨论股票定价权的人，可以说是别有用心的，因为中国股市的平均市盈率（除去亏损公司）当时已经在 20 倍以下，而从纽约 2000 多只股票中挑出的 30 只形成的道琼斯工业指数市盈率也就在 20 倍，中国怎么会比它差呢？在这样的背景下，一些国外的

投资机构说中国应该去掉50%的国家风险，剩下10倍，这才是合理价格。但是，在讨论人民币汇率升值时，他们就不讲中国的人民币汇率也应该计算50%的国家风险，因此，人民币汇率应当贬值。国外的很多机构与个人的评论都是把所有的事情切开，逻辑混乱，一切理论都是为了自己的利益。他们讲市盈率应该去掉50%，是看好中国市场，希望以低成本进入。比如，中国的利率低于美联储，资金会流向美国，对于汇率的影响就应该是升值压力减轻，他们却只字不提。三是大谈中国股市应该跟随国际股市走，但国际股市是由超级大国的机构投资者操纵的，发行市场由他们定价。2004年还提出了"A + H"，即在中国香港和中国内地同时同价发行，但是中国内地价格跟中国香港价格走，而中国香港股价是由海外机构投资者决定的。

中国股市现在最重要的三件事是：①稳定，给投资者一个喘息的机会。②解决资金，让新的投资者能够进入市场。③在此过程中逐步让投资者的预期和价值体系有一个新的形成。只有解决了这三件事，股市今后的走向才能明了。

整理人：张蒽

（文章来源自《学术讲座荟萃》第26辑，2005年5月26日）

中国区域经济若干理论前沿问题

魏后凯

魏后凯

男，1963 年生，湖南省衡南县人，研究员。中国社会科学院城市发展与环境研究中心副主任，中国社会科学院研究生院城市发展系主任、教授、博士生导师，中国社会科学院西部发展研究中心主任，国家社会科学基金评审委员。

主要研究领域：城市与区域经济学、产业经济学。主要学术著作有：《中国产业集聚与集群发展战略》（2008）、《市场竞争、经济绩效与产业集中》（2003）、《中国外商投资区位决策与公共政策》（2002）、《走向可持续协调发展》（2001）、《中国地区发展》（1997）、《区域经济发展的新格局》（1995）等。在《中国社会科学》、《经济研究》等发表中英文学术论文 200 多篇。

1993 年被评为中国社会科学院优秀青年、中央国家机关优秀青年；2001 年被国务院评为享受政府特殊津贴待遇的专家。主持或参与完成的科研成果获 20 多项省部级以上奖励。

最近几年，我们一直在思考区域经济的理论前沿问题。关于什么是前沿问题，目前学术界有不同的理解，如有的人把它理解为热点问题。我个人认为，前沿问题应该是现实经济中比较重要，但至今在理论上仍没有解决的问题。从这一角度出发，前沿问题的范围就比较广泛。最近，我们完成了一个关于区域经济学重点学科的研究报告。在该报告中，我们归纳出了当前我国区域经济学所面临的十大理论前沿问题。当然，这十大理论前沿问题只是我们挑选出来的区域经济理论前沿中的一部分。下面我首先介绍一下这十大理论前沿问题。

第一个问题是区域的边界和生命周期问题。前些年，南开大学的一个博士生在论文中曾写过这方面的内容，从理论上探讨区域的边界究竟在哪里。实际上，这个问题至今并没有完全弄清楚，比如我们过去的综合经济区划方案五花八门，有八大区、九大区、六大区等不同的分法。各个学者的划分都不一样，所以会出现这种情况，一个关键的问题就是这个区域的边界到底在哪里，从理论上并没有认识清楚。与此相联系的就是区域的生命周期问题，虽然国内外已有学者进行过探讨，但至今也没有认识清楚。

第二个问题是开放条件下的区域增长理论。现在我国的经济在日益全球化，进入我国的外商投资在不断增长。目前，中国的对外贸易依存度已经很高了，在这样一种情况下，我们需要一种新的区域增长理论，也就是开放条件下的区域经济增长理论。在后面，我将要专门谈论这个问题。过去传统的一些增长理论，比如新古典区域增长理论，大都不能很好地解释我国的现实经济现象。

第三个问题是区域经济一体化的利益协调机制。当前我国区域经济一体化的进程在不断加快，并出现了一些经济合作组织，世界经济的区域化和全球化也在逐渐加快，但是这种一体化、全球化的利益分配肯定是不平等的。比如经济全球化问题。究竟什么叫全球化？全球化这个概念是从发达国家、发达经济的角度提出来的一个概念。全球化究竟“化”到哪里去呢，主要是化到以美国、欧洲为中心的经济体系中去。在这种全球化经济体系中，发达国家得到的利益比较多，我们得到的利益比较少。最近我们做过一个研究，就是经济全球化与中国的地区差距问题。结果发现，改革开放以来中国经济全球化的迅速推进，主要是由沿海地区的经济全球化来带动的。也可以说，中国经济的全球化在某种程度上就是沿海少数地区的全球化。广大的中西部地区在中国经济全球化快速推进的过程中所获得的好处是很少的。

第四个问题是新型区域产业分工问题。也就是说，随着经济全球化和一体化的快速推进，国际和区际产业分工发生了很大的变化，出现了由部门间分工向部门内产品间分工和同一产品的产业链分工转化的趋势，即由传统的产业分工向新型的产业分工转变。

第五个问题是区域竞争力的形成机制和机理。比如，现在有很多机构都在对区域竞争力进行评价，一些机构搞了近百个指标，但是每个机构评价的结果都不一样，差异很大。所以会出现这种情况，主要是一些评价指标体系缺乏理论依据，一些人拿了一大堆指标来进行评价，然后得出一个所谓的评价“结果”。由于到底什么是区域竞争力我们并没有搞清楚，只是拿了一大堆指标来进行分析评价，结果我们所得出的结论，究竟是区域竞争力还是综合实力、发展水平、可持续发展能力等，并不太清楚。

第六个问题是区域竞争、区域营销和管治。区域竞争问题现在研究得已比较多了，重点就是区域竞争是否应该存在，竞争的主体究竟是谁，它的理论基础和合理性问题。还有就是区域营销，区域营销就是把企业的营销思想延伸到城市，延伸到区域上来。作为一个地区的行政长官，他应该对该区域的形象建设有一个总体的构想，并把区域营销或推销出去，提升区域的品牌价值。区域管治问题是一种新的思维和理念，目前已引起学术界的极大兴趣。在城市规划学界，一般翻译成城市治理。

第七个问题是产业集群的识别、风险和衰退问题。

第八个问题是企业的迁移和产业的转移问题。

第九个问题是企业的空间扩张行为及空间组织。这个问题一直没有引起我们的重视，过去我国的企业，属于一个公司、一个地方、一个工厂，就是我们建立一个企业就在一个地方进行生产，可能就只有一个工厂。但现在一些企业，特别是国外跨国公司是多分支企业。也就是说，一个公司可能在世界各地有分支机构，有很多工厂，从公司的总部、研究开发、产品设计到零部件的生产制造，再到市场营销，整个产业链的每一个环节都可以选择在不同地方进行。这样，在企业内部就存在一个企业经济活动的空间组织问题。

第十个问题是中央区域政策及其效应评价。

上述十个问题是我们挑选的比较重要的理论前沿问题，但是今天我着重讨论当前我国现实区域经济中亟待研究解决的若干理论前沿问题，主要包括五个方面的问题：①区域经济的不平衡增长问题。②新型产业分工理论。③企业迁移与产

业转移问题。④产业集聚与产业集群政策。⑤中央区域政策及效应评价。

一、区域经济的不平衡增长问题

应该说，区域经济的不平衡增长问题并不是一个前沿问题，但是这个大的领域下还有很多问题目前没有研究清楚，属于理论前沿问题。我们在探讨这个问题之前，先了解一下改革开放以来，我国区域经济增长的一些态势。比如，按照“十一五”规划思路，可能采取四大区域的划分方法。这样，我们可以把中国分为东部10省（市）、东北3省、中部6省和西部12省（区、市）。我们可以测算各个地区的GRP（地区生产总值）增长速度。过去我们叫GDP，现在国家统计局采用GRP。这里面关键原因就是各地区GRP加总数和国家统计局发布的数据相差很大。我们从统计年鉴可以看出，31个省（市、区）生产总值数要远远大于国家统计局的GDP数据。31个省（市、区）发布的地区生产总值增长速度都要高于国家统计局发布的GDP增长速度。而且这个增长速度的差距越来越大，2004年相差3.9个百分点。也就是说，我们把31个省（市、区）的生产总值加总，扣除物价上涨的因素之后，推算的全国各地区生产总值的平均增长速度要高于国家统计局公布的GDP增长速度3.9个百分点。这里面就有问题，我们过去的一些国家主管部门，就闹过这方面的笑话。比如说比较东北地区生产总值占全国的比重，它就算错了。它拿3省的地区生产总值相加，然后同全国国内生产总值相比，这个比值就很高了。一些国家级主流媒体也是如此，说西部12个省（区、市）的增长率都高于国家统计局发布的全国GDP增长率数据，所以我们东西差距在缩小，实际上这是错误的。虽然我国各地区统计局发布的GRP增长率数据都要高于国家统计局公布的GDP增长速度，但是我们东西部之间的差距还是在不断扩大，原因在于采用了两种不同的统计指标来比较。现在很多大学教授，包括中国社科院的教授都把这个问题搞错了。在比较地区增长速度的时候，总是用地区GRP的增长速度和全国GDP的增长速度来比较。

从图1可以看出，我国地区GRP的增长波动很大。大体上各个地区增长波动都是一致的，发展较快的是东部10省（市）。从最近几年的情况看，中部、西部、东北地区的增长速度都要低于各地区平均水平。从最近两三年的情况来看，中部的增长速度最低。大概以2002年为界，这以前，东部地区增长速度最快，东北地区、中部地区其次，西部地区最低。这以后，西部地区的增长速度在国家西部大开发战略的推动下，速度有所提升，超过了中部地区，2003年甚至超过了东北地区。由此我们可以看出，我国地区经济增长格局在发生变化，也可以看

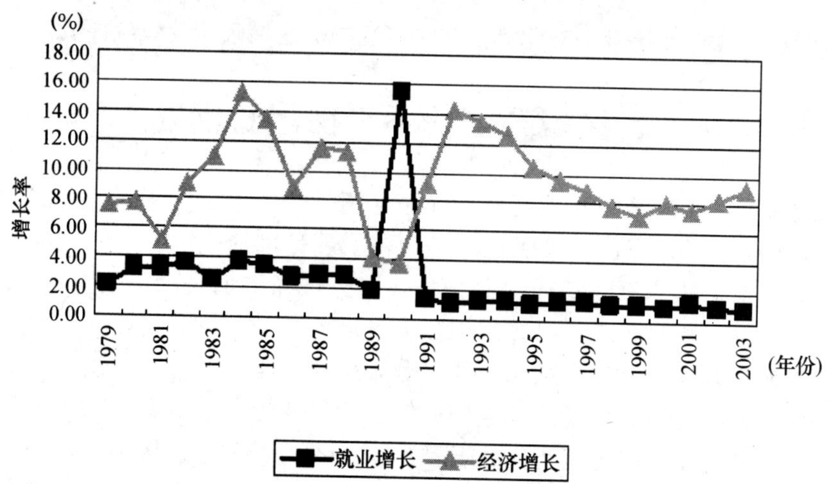

图1　中国各地区的增长态势

出在我国沿海地区，南方和北方发展是不平衡的，东北3省的老工业基地在不断衰退，相当于美国的东北部地区。例如从制造业的份额来看，1980年是15.6%，2001年下降到8%，下降了近8个百分点，同时制造业的总产值年平均增长只有7.6%。再看山东、江苏、浙江、福建、广东5个新兴工业基地，之所以称之为新兴工业基地，主要是因为改革开放以后，它们的工业增长速度比较快。这些地区1980年占了全国制造业总产值的25.4%，2001年上升到了50.4%，其增长速度达到了14.8%。可以看出，东北老工业基地的份额在不断下降，沿海新兴工业基地的份额在上升，这说明沿海地区尤其是新兴工业区的制造业竞争力在不断加强。

由于地区经济增长的不平衡，我们可以看出全国地区生产总值在不断向沿海地区集中。东部10省（市）生产总值占全国各地区生产总值的份额在不断提高。其他3个地区都在下降，只是下降的程度不一样。有时候，我们讨论中国的区域经济时常想到一个问题，现在经济情况比较好的只有东部地区，其他地区都面临许多问题。现在的问题就是仅凭沿海地区的经济发展能不能带动广大的其他地区的经济发展，实现区域经济的协调发展，实现地区差距的不断缩小，这个难度是比较大的。

从各地区人均生产总值的差距可以看出以下几点：

（1）地区差距的鸿沟在不断加大，出现了“马太效应”迹象。东部沿海发达地区的水平继续上升，中西部不发达地区的经济发展仍然较慢，地区发展差距不断扩大。这些主要是市场机制作用的结果。假如我们以全国各地区的人均生产总值作为基点，可以看出，只有沿海地区的人均生产总值相对水平在提高，其他

地区都在下降。这些反映出地区差距在不断扩大。另外，我们从东部、中部、西部三大地带人均收入加权变异系数也可以看出，东西部地区的差距从20世纪60年代开始就在逐渐扩大。从20世纪90年代小平同志南方谈话以后，我们东西部地区差距扩大得很快（见表1）。

表1　各地区人均GRP及相对差距的变化

年份	人均GRP相对差距（%）			西部地区人均GRP相对水平
	西部与东部间	西部与中部间	西部与各地区平均水平间	
1995	57.3	17.8	36.5	63.5
1996	57.7	20.4	37.4	62.6
1997	58.4	21.9	38.3	61.7
1998	58.9	20.7	38.4	61.6
1999	59.9	20.4	39.2	60.8
2000	58.6	21.6	39.1	60.9
2001	60.9	21.7	40.5	59.5
2002	61.3	21.4	40.9	59.1
2003	61.8	20.2	41.1	58.9

（2）在20世纪60年代“三线”建设的时代，当初国家把大量的资金投向中西部地区，其目的是为了阻止地区差距的扩大。但是，我们可以看出，尽管如此，国家的“三线”建设仍然没有有效阻止地区差距不断扩大的趋势。通过测算各地区的相对差距，我们也可以看出，这些年来，我国东西部地区的人均GRP差距确实在不断扩大。通过测算各地区人均GRP的泰尔系数，发现31个省（市、区）的地区差距大体呈倒“U”字形。但从1990年起，这种地区差距开始不断扩大。我们发现，这种地区差距的扩大主要是由三大地带之间的差距扩大引起的。而三大地带内部各省市间的差距在不断缩小，这种现象我们称之为“俱乐部趋同”现象。另外，我们从省际人均GRP差距也可以看出，最高的是上海，2003年超过5600美元；最低的是贵州，只有435美元。通过计算，最高地区的人均生产总值是最低地区的13倍。可以说，我国是世界上人均生产总值地区差距最大的国家之一。

近年来国内外研究的重点问题主要包括四个方面：①探讨FDI、出口、人口流动、技术溢出和扩散、企业迁移和产业转移等对区域增长的影响。②研究基础设施、规模报酬递增、集聚经济、产业集聚和产业集群等与区域增长之间的关系，尤其是衡量它们对区域增长的影响。③考察和衡量人力资本、教育、技术创新和制度变迁等因素对区域增长的影响，并试图把教育、技术和制度等因素引入区域增长模型。④研究不同地区的经济增长波动以及区际增长的传递机制。

我以为当前区域经济领域需要研究的前沿问题主要有以下六个：

第一，中国区域高速增长的资源和环境代价问题。从 1978 年到现在，很多人都认为中国区域经济呈现出高速增长的态势，有的人甚至称之为“中国的奇迹”。但是，我国区域经济的高速增长是以大量地消耗资源，牺牲环境为代价的。我们对土地、水、矿产、能源消耗和环境污染的代价应该有个科学的测算。

第二，中国区域增长的资源保障和资源环境承载能力问题。现在的“十一五”规划思路主要是根据我国资源和环境承载能力的大小来划分不同的类型区域。比如，沿海珠三角、长三角地区可能是调整优化区域，有些地区可能是重点开发区域。但是，目前国内对我国区域增长的资源保障和环境承载能力研究得比较少。

第三，人力资本、教育与中国区域增长问题。实际上，我们是可以将人力资本和教育引入增长函数来测算其对区域经济增长的贡献的。

第四，创新、制度变迁与中国区域增长问题。制度变迁问题实际上很重要，国外的很多学者包括中国的一些在美国、日本的学者都在研究这方面的问题。他们将制度变迁引入生产函数，来衡量其对区域增长的影响。

第五，社会资本与中国区域增长问题。社会资本是 1980 年国外的社会学家提出的一个概念，后来大家觉得社会资本与人力资本、物质资本都有很大的关系，而且可能对经济增长起到很重要的作用。所以目前有不少学者在探讨这方面的问题。

第六，劳动力和要素流动与中国区域增长问题。例如，人口迁移、劳动力流动对中国区域经济增长究竟有哪些影响。这是值得深入研究的。

二、新型产业分工理论

首先，谈一下关于产业结构趋同的问题。现在国内关于这方面的文章很多，而且国家有关部门也同意这样一个判断，即改革开放以来，中国地区产业结构出现了趋同现象。人们普遍认为，产业结构趋同不好，可能会加剧过度竞争，导致重复建设等，所以国家有关部门开始采取措施制止产业结构趋同。当然，所有研究判别产业结构趋同的标准，是 20 世纪 80 年代联合国工发组织提出的产业结构相似系数。

产业结构相似系数有其理论前提，就是地区之间的分工为一种部门之间的分工。但是，这种只存在“部门间分工”的假设在当今经济社会中并不成立。而

且，相似系数方法是一种静态的分析方法，它是以过去的结构作为判断未来结构的合理性的标准。比如说，过去中西部地区很落后，就发展能源、原材料产业，和沿海地区相比，其产业相似性很低。现在中西部地区工业化推进了，除了能源、原材料外，还有电子等其他新兴产业。实际上这是一种产业进步，但是按照前面的标准，产业结构趋同了，相似性系数提高了。这种判断是不正确的，因为过去的结构是不合理的。所以我们认为，按照联合国的相似系数测算的产业结构趋同是一种误导，它只是一个行业结构的趋同。这种行业结构的趋同是一个国家地区经济发展的趋势。并且，产业结构趋同并非意味着地区间分工和专业化的弱化。

其次，谈一下区际产业分工的演变。产业分工的演变可以分为三个阶段，第一个阶段就是部门间的分工，就是不同的地区发展不同的产业。这种专业化我们称之为部门专业化，它是在经济发展早期阶段的产业分工问题。第二个阶段是产品之间的分工，就是不同地区都在发展同一个产业部门，但其产品是不一样的，这种专业化叫做产品专业化。第三个阶段是产业链分工，即虽然很多地区都在生产同一产品，但是各个地区发展产业链的不同环节和阶段。国外又称之为功能分工，国内也称为产品内分工。

把区际产业分工分成三个阶段后，我们可以看出，随着经济的发展，产业地区分工和专业化在不断深化。即由部门间分工到部门内产品间分工，再到同一产品的产业链分工（产品内分工）。由于专业化分工的深化，地区产业结构的演变出现了趋同与趋异并存的趋势。从大的方面来看，产业部门间出现一定趋同，结构相似系数提高；但同时部门内、产品内出现趋异，分工在不断深化。

例如，浙江纺织服装工业的85%集中在绍兴、宁波、杭州、嘉兴、温州、湖州地区。经过仔细研究后发现，其产品是不一样的。宁波的产品主要是男装，有服装企业1600多家，其中西装生产能力460万套，衬衫生产能力6200万件，是大规模、大品牌的西装、衬衫生产与销售基地。温州的产品主要是男装、休闲服，有服装企业2000多家，年产5万套西服企业200多家，销售额超亿元的有10家。杭州的产品主要是女装，有生产企业约1000余家，年产女装1000多万套，销售产值超过10亿元。湖州的产品主要是童装，是全国最大的童装生产销售基地，全国市场占有率达15%。嵊州的产品主要是领带，有领带企业1000多家，年产领带2.5亿条，占全国总产量的80%，占世界总产量的33%。从国外研究来看，Duranton和Puga（2002）认为，[①] 产业结构趋同与区域分工深化可以并存。一方面，近年来美国城市的部门专业化在不断弱化，即出现了产业结构趋

① Duranton, G. & D. Puga, From Sectoral to Functional Urban Specialization. Cambridge, MA.: National Bureau of Economic Research, 2002.

同的趋势，而其功能专业化则在逐步提高，城市间产业分工在进一步深化；另一方面，大城市的经营管理职能在不断加强，而中小城市的生产制造功能在逐步强化。

如表2所示，我们可以将一个企业分成若干个价值链，包括从总部、R&D、产品设计、原料采购、零件生产、装配、成品储运、市场营销到售后服务。价值链的每一个生产环节都可以选择在不同的地区进行投资。在这种情况下，随着区域经济一体化的加快，在大都市圈内可能出现一种新型的产业分工格局。例如，大都市中心区（如北京、上海等）搞公司总部、研发、设计和营销，大都市郊区和其他大中城市发展高技术和先进制造业，其他城市和小城镇专门负责进行一般制造业和零部件的生产。

表2 企业价值链区位分工格局

价值链	区位								
	A	B	C	D	E	F	G	H	I
总部	▲								
R&D	△	▲							
产品设计	△		▲						
原料采购				▲	△				
零件生产					▲				
装配			△			▲	△		
成品储运			△			△	▲		
市场营销	△							▲	
售后服务	△		△		△		△	△	▲

在该领域，下面一些问题是当前需要研究的前沿问题：①产业链分工推进的理论基础和源泉。②制约产业链分工发展的主要因素，这些因素可以采用抽样调查的方法进行研究。③中国的区域产品间分工问题，包括衡量方法、变化趋势及其影响。④中国的区域产品内分工（产业链分工）问题，包括衡量方法、变化趋势及其影响。⑤模块化问题，实际上是一种新的产品内分工。比如，微软公司生产的视窗软件，由微软公司进行总体设计和开发，然后分成若干个模块，分包到世界各地，最后再由微软公司进行总集成。这实际上是一个全球化的产品内分工问题。

三、企业迁移与产业转移问题

企业迁移（firm migration）就是企业再区位（relocation），这是广义的理解。企业迁移可分为三种类型：一是完整迁移。即关闭企业现有区位的生产活动，将其迁移到一个新区位中。单区位小企业经常采用。二是部分迁移。即企业的部分活动迁出，建立分厂，大企业经常采用。三是转包合同。

企业迁移是产业转移的微观基础，而产业转移是企业迁移的统计结果。过去我们对产业转移研究比较多，但对企业迁移研究比较少。企业迁移问题不能简单狭义地理解为企业的搬迁，广义的企业迁移包括企业新增加投资的空间扩张等。

产业转移是某些产业从一个国家或地区转移到另一个国家或地区的过程。按地域范围分为国际产业转移、区际产业转移和城乡产业转移。按转入区与转出区发展水平差异分为水平转移和垂直转移。水平转移指某些产业在发展水平接近的地区之间的转移。垂直转移指某些产业在发展水平相差较大的地区之间的转移。垂直转移又可分为梯度转移（由发达地区向发展中地区的转移）和反梯度转移（由发展中地区向发达地区的转移）。按投资性质则可分为存量转移（把现有的机构搬迁到一个新的地区）和增量转移（通过新建或者购并等途径，把投资建设的重点转移到新的地区）。按产出增长情况则分为绝对转移（由于产业转移导致转出区产出量绝对额的下降）和相对转移（由于产业转移导致转入区和转出区之间相对份额的变化，尽管转出区产出量仍在增长，但其相对份额已经趋于逐步下降）。

下面讲一下产业转移的新趋势。从国际产业转移来看，其新趋势有以下四个方面：①由发达国家向发展中国家的产业转移在加快。产业转移的技术层次在不断提升。②由单一制造业转移扩展到整个产业链的转移。包括生产制造、研究与开发、设计、中试、公司总部、采购中心、营销中心的转移。③国际产业软转移（服务或脑袋产业转移）的趋势显著。④国际产业转移从单纯考虑劳动力、土地成本转向考虑综合商务成本。从国内转移来看，呈现出以下三个趋势：①由珠江三角洲向长江三角洲和环渤海湾地区的转移加快。②沿海地区产业开始向中西部内地转移，尤其是江西、安徽等地。③大城市由市中心区向郊区和周围地区的转移在加快。如“退二进三”、“退居进商”战略等。

对于产业转移的趋势不断加快，我们可以从理论上予以解释。主要从两个方面来看，首先，从微观角度来看，企业的迁移对于企业来说实际上是其活动空间的扩张。例如一个企业要增长，可能需要空间扩张，但是在原地投资不能达到这种目的，而到异地投资便是一种空间的扩张。当这种投资达到一定规模，便会出现产业的转移。其次，从企业的外部环境来看，产业从一个地方转移到另一个地方，其因素我们可以归为三个方面：一是来自转出区的推力因素（push factors）；二是来自转入区的拉力因素（pull factors）；三是促使企业留在现有区位的阻力因素（keep - factors）。

谈到产业转移，现在大家研究的一个重要案例便是外商投资的“北上”趋势。中国加入世界贸易组织后，外商在华直接投资总量迅速增长，产业领域不断扩大，技术层次有所提高。但外商在华直接投资并没有向中西部地区迅速推进，反而进一步向沿海地区集中，并出现了“北上”的趋势。即FDI由珠江三角洲向长江三角洲和环渤海地区转移。1992年，珠江三角洲实际利用的外商直接投资占各省市区的比重为33.6%，到2003年下降到14.8%；而同时，长江三角洲实际利用的外商直接投资比重却由20%上升到了39.7%。关于FDI“北上”的原因，大致有四个方面：

（1）地理扩散——外商投资过去高度集中在东南沿海地区，因此由东南沿海向其他地区转移扩散是很自然的。

（2）经济腹地——外商在长江三角洲地区投资设厂，不仅可以充分利用上海的金融服务、现代物流、科技人才以及港口等条件，而且可以接近中国内地尤其是长江流域广大消费市场，实现产品出口和内销的低成本。

（3）科技人才——以上海为中心的长江三角洲地区科技教育力量雄厚，各类人才汇集，拥有一批高素质、低成本的产业工人，以及良好的文化氛围；环渤海尤其是京津地区的科技教育力量、产业工人素质也要好于珠江三角洲。

（4）政策优势——对珠三角而言，一些外资企业的优惠政策逐渐到期；对长三角而言，实行浦东开放开发以来，拥有更优惠的政策。最近，国家又实施了东北振兴战略，加快天津滨海新区和环渤海地区开放开发等。

从我国的情况来看，现在有很多大企业和在华跨国公司，公司的总部都在向上海、北京等大城市迁移。国外也是一样，在美国的早期阶段，其公司的总部也是很集中的，后来总部才逐渐走向分散。现在的日本、英国、法国、比利时、澳大利亚、韩国等，公司的总部基本上都集中在少数国际大都市。德国的公司总部要相对分散一些，主要受其城市体系、经济和文化特点的影响。由于这些企业的总部、研发中心、公司的营运中心都集中在国际大都市，从发展的观点看，一些大都市有可能成为国际或国内区域性的管理控制中心。管理控制中心是指那些跨国公司或全国性大公司总部及地区性总部相对集中的城市。像纽约、伦敦、巴黎等都是国际管理控制中心。从长远看，今后我国一些交通方便、信息和金融服务业发达的中心城市，如北京、上海、广州、青岛、大连、武汉等，将逐步发展成为主要的管理控制中心。近中期，上海和北京有可能发展成为全国性的管理控制

中心，远期则有可能发展成为区域性的国际管理控制中心。

从跨国公司在中国设立的研发机构来看，截至2002年8月，全球82家跨国公司在华设立研发机构共有119家。其中，北京49家，占41.2%；长江三角洲的上海15家，苏州12家，杭州1家，合计占23.5%；其他城市，深圳5家，西安3家，成都和广州各2家，青岛1家。

从上面可以看出，我国的产业转移在加快，这种产业转移不单纯是制造业的转移，包括公司总部的迁移和研发中心的转移等。前段时间，科技部做了一个调查，发现现在很多大企业都在北京建立了自己的研发中心。

根据我的经验，当前该领域需要研究的问题主要有以下七个：①各地区综合商务成本的测算。②企业迁移的决定因素。可以采取抽样调查及建模的方法进行研究。③迁移补贴对企业迁移的影响。同样可以采用抽样调查及建模方法。④企业迁移的溢出效应和区域影响。⑤公司总部区位及其迁移规律。⑥R&D机构的区位及迁移问题。⑦如何建立中国的管理控制中心。

四、产业集聚与产业集群政策

什么叫产业集群？现在很多管理学、经济学、规划学、地理学、政治学等学者都在研究这个问题，根据我的意见，产业集群是指大量的相关企业按照一定的经济联系集中在特定的地域范围，形成一个类似生物有机体的产业群落。产业集群不等于产业集聚，或者说产业地理集中，产业集聚是产业集群的必要条件，但不是充分条件。比如美国的硅谷是一个产业集群，美国的128公路则是一个产业集聚。根据研究发现，硅谷到现在为止仍然保持强劲的增长态势，而128公路则在不断衰退。正因为此，学界都非常重视对产业集群的研究，因为其相对于非集群有更强大的竞争力和生命力。

一般来说，产业集群主要有三种类型：一是传统产业集群，如意大利的新产业区；二是高新技术产业集群，如美国的硅谷和印度班加罗尔软件产业集群；三是资本与技术密集型产业集群，如日本的大田、德国南部的巴登—符腾堡等。

当前我国产业集群主要存在以下六个方面的问题：①各地区对产业集群发展还不够重视。许多地区重视工业园区化，但不重视集群化。②产业集群发展水平和层次较低，绝大部分集群仍处于初期发育阶段，可以称之为“准集群”。③各地产业集群仍主要依赖低成本优势。④外来企业与地区经济没有有机地融合为一体，游移性（loose－foot）产业较多，没有解决“落地生根”问题。⑤社会化的网络组织不发达。⑥集群内企业缺乏技术创新能力。

当前该领域需要研究的前沿问题主要有：产业集群的识别方法；集聚与集

群对竞争力的影响（包括增长、创新、生产率等）；产业集群的风险性问题；产业集群的衰退问题；虚拟产业集群问题；产业集群政策。下面我重点讲四个问题。

第一个问题是产业集群的识别问题。现在我们看到有大量的关于产业集群的文章，但是这些研究都是假定研究的对象是产业集群，然后再归纳其特征、竞争力、创新力等。我们的问题是为什么能够假定其研究对象就是一个产业集群，产业集群的识别标准是怎样的。当前，已有学者提出了一些集群识别方法，但都没有得到认同。第一种是哈佛大学波特的识别方法，这种方法实际上是一种误导，他把产业集群延伸到国际和国家层面的做法，实际上是混淆了集群与主导产业的概念。由此，在国内有不少学者把集群理解为主导产业，一些省甚至提出要打造若干产业集群或产业群。第二种是投入产出方法，没有空间意义。显然，没有空间意义、缺乏产业集聚的肯定不是产业集群的概念。

第二个问题是产业集群一定会提升竞争力吗？这实际上是我们研究产业集群问题的一个基本假设。既然是假定，那么我们就应该建立模型来论证它是否成立。所以我们的思路就是产业集聚在市场力量和政府规划与政策的作用下，通过产业“集群化”过程，便有可能形成一个产业集群。产业集群的竞争优势主要表现在产业集群的竞争力和创新力方面，而这两方面对区域产业竞争力又有很重要的影响。最近一两年，我们的研究小组主要是在研究产业集聚和集群是否有利于提高生产率、有利于提高增长率、有利于刺激创新等问题。现在这些成果马上就要出来。

第三个问题是产业集群的风险问题。任何一种经济现象都有它的风险，但是我们应该研究如何减小这种风险。产业集群的风险主要来源于四个方面：一是结构性风险，主要源于产业结构单一；二是周期性风险，因为集群、产业、产品都具有一定的生命周期；三是环境的变迁，包括要素成本上升和新竞争者的出现；四是贸易保护主义，主要是产业集群产品出口份额和国际市场占有率较高，容易在欧美诱致新的贸易壁垒和新贸易保护主义。

第四个问题是产业集群的衰退问题。由于环境的变化，某些集群可能会走向衰退，并被新的集群所取代。产业集群的衰退主要来源于：一是由于过度竞争出现的“柠檬市场”效应，例如 1995 年浙江永康小五金集群保温杯产量的下降。二是企业竞争优势的丧失，如景德镇日用陶瓷工业的衰退。三是环境变化导致的企业迁移，如从东莞向苏州的 IT 企业迁移。

五、中央区域政策及效应评价

当前有关中央区域政策争论的一个焦点，就是“十一五”期间我国区域政

策的地域框架问题。“十五”计划期间，我们是根据东部、中部、西部三大地带来划分的。现在我们的想法是，“十一五”计划首先应该按照四个大的区域即东部地区（10省、市）、中部地区（6省）、东北地区（3省）和西部地区（12省、区、市），对全国的区域经济发展和生产力布局进行统筹安排，这是第一个层次。第二个层次是实行区别对待、分类指导。第三个层次是建立和完善区域协调发展机制。最近我发表的一些文章，对这一点已进行了阐述。

统筹安排全国区域发展的总体布局，又包括四个层次：

（1）继续实施西部大开发。重点是完善基础设施和生态环境建设，大力推进特色优势产业发展，搞好资源综合开发利用和产业链延伸，培育一批具有竞争力的特色优势产业群，推进新型工业化和新型城市化进程。

（2）振兴东北地区等老工业基地。着重加大改革开放的力度，加快国有企业重组改造和产业转型步伐，积极发展民营经济，培育接续产业，重点支持能源原材料及后续加工、装备制造业、农产品精深加工和高新技术产业发展，大力推进新型产业基地建设。

（3）促进中部地区崛起。要立足资源和劳动力优势，进一步完善农业商品生产基地和能源原材料基地建设，积极抓好农产品加工转化和资源深度开发，大力发展劳动密集型产业，并依托大中城市发展高新技术产业，促进产业升级和经济快速发展。

（4）鼓励东部地区率先发展。重点发展高新技术产业和资源消耗小、附加价值高的出口产业，大力推进经济结构调整和产业升级，提升区域综合竞争力和自主创新能力，促进区域可持续发展。

当然，仅从总体上进行布局还不够，我们还需要实行区别对待、分类指导。当前，可以考虑按两个路径来划分经济类型区：一是按区域问题的性质和严重性划分关键问题区，如发展落后的贫困地区、结构单一的资源型地区、处于衰退中的老工业基地、财政包袱沉重的粮食主产区、各种矛盾交融的边境地区等，以此作为国家援助和支持的地域单元；二是按地区资源和环境的承载能力划分不同类型的功能区，以此作为国家区域调控和促进人与自然和谐发展的地域单元。这样的功能区主要有五种类型：

第一类是调整优化区域：对于那些经济开发密度较大、资源环境压力日益突出的区域，如珠三角、长三角等地区，重点是提高工业化和城市化的质量，提升经济发展层次和综合竞争能力，优化和改善空间结构，创造良好的人居环境，防止经济过度集聚，避免出现“膨胀病”，促进区域可持续发展；

第二类是优先开发区域：对于那些资源环境承载能力较强，经济开发密度不大，目前已具备大规模开发条件的区域，要大力推进工业化和城市化进程，实行优先重点开发，引导人口、要素和产业合理集聚，形成新的产业和城镇密集带；

第三类是潜在开发区域：对于那些资源环境承载能力较强，但近中期尚不具备大规模开发条件的区域，重点是搞好基础设施建设，加强资源和环境保护，合理控制经济开发强度，为今后大规模开发创造条件；

第四类是生态脆弱区域：对于那些生态环境脆弱，不具备大规模开发条件的区域，应按照保护优先、适度开发的原则，实行退耕还林还草，加强生态环境整治，鼓励生态性移民，大力发展特色经济，实现人与自然的和谐发展；

第五类是自然保护区域：对于那些依法设立的各种自然保护区，要实行强制性保护，有的还要实行抢救性保护，严禁从事不符合其发展方向的各类开发活动。

当前，在中央区域政策方面，我们需要从理论上进行深入研究的前沿问题主要有：①中央区域政策的目标抉择，究竟是效率还是公平？事实上，市场机制主要体现效率原则，其作用相当于锦上添花；政府干预主要体现公平原则，其作用相当于雪中送炭。②问题区域的划分，包括问题区域的类型、标准、范围等。③功能类型区的划分，包括功能区的类型、标准、范围等。④转移劳动力还是转移资金？主要是一个成本效益的比较问题，究竟是考虑人的繁荣还是地域的繁荣？比如，过去实施沿海地区经济发展战略，优先发展沿海地区，主要是就资金转移劳动力；后来国家实施西部大开发战略以及最近提出促进中部地区崛起，则是就劳动力转移资金，在中西部就地创造更多的就业岗位。这两种战略事实上是一个成本效益的比较问题，需要进行全面的综合比较分析。⑤国家防治大城市膨胀病的政策。主要是时机是否成熟？在“十一五”时期国家要不要实施这一政策。在政策手段上，要不要采取欧美国家过去的“胡萝卜 + 大棒”的做法？还是单纯采取“胡萝卜”的政策？⑥中央区域政策的评估方法，尤其是各种中央区域政策的后评估问题。⑦国家区域政策的整合。如何建立统一的中央区域政策？⑧促进中部崛起的国家援助政策问题。

整理人：梁峰

（文章来源自《学术讲座荟萃》第 26 辑，2005 年 6 月 16 日）

经济学前沿导论

刘迎秋

刘迎秋

男，1950年生，南开大学经济学博士。中国社会科学院研究员，中国社会科学院研究生院院长、教授、博士生导师，中国社会科学院民营经济研究中心主任，南开大学、中山大学、西南财经大学、山东大学、北京交通大学、河南大学、吉林省社科院等多所大学和学术研究机构兼职或客座教授，国家社科基金评审委员，享受国务院特殊政府津贴专家，中国社会科学院院级突出贡献专家。

主要研究领域：宏观经济运行与中国经济发展、国民经济学。主要著作有：《总需求变动规律与宏观政策选择——中国（1952～1990年）经验的理论分析》、《中国期货市场：起步·转换·发展》、《中国经济增长：格局与机理》、《次高增长阶段的中国经济》、《中国民营企业竞争力报告》No.1～5、《中国非国有经济改革与发展30年研究》、《利率、债务率、汇率与经济增长》等。

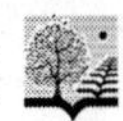

今天是经济学前沿课的第一讲，由我主讲，题目定为“经济学前沿导论”。作为导论，我想重点介绍三个问题。第一个问题，讲一讲为什么要开这门课；第二个问题，讲一讲如何学好这门课；第三个问题，讲一讲学些什么，重点介绍我对一些重大宏观经济问题的看法，以期引起大家的进一步思考，并作为经济学前沿课的一个入门。

一、为什么要开这门课

为了说明为什么要开这门课，我想让大家先看一些经济统计图表。

表1是1978～2005年中国宏观经济运行的主要指标。这里的指标包括人均GDP增长率、外汇储备额及其增长率、汇率等。人均GDP增长率，有时候高于GDP的增长率，有时候低于GDP的增长率；物价指数、消费价格指数，在不同的年份也有很大变化；外汇储备由20世纪70年代末80年代初的1亿多元，增加到现在的8000多亿元；汇率，经过几次大的调整，从70年代末的1.68到1980年的1.5，然后到1994年初贬值为8.71，目前出现缓慢升值，达到了8.10左右。宏观经济运行中有很多类似的指标。这里我们把它们汇总成了这样一个表，大家看过这个表后有些什么感悟呢？宏观经济运行指标为什么是这个样子？或者说，从中我们是否能够发现一些规律性的东西呢？

图1是宏观经济运行曲线，主要是两个增长率指标的变动曲线。其中，一条是GDP平减指数曲线。GDP平减指数是一个综合物价指数，即消费价格、商品价格、生产资料价格和进出口价格等各类价格的综合。另一条是GDP增长率曲线。图中还有一条较平滑的曲线，我们把它叫做移动平均线。这三条曲线是我们经常看到的。问题是，通过观察这几条曲线，你能对中国经济运行做出什么样的概括呢？

表1 1978~2005年中国宏观经济指标

项目＼年份	1978	1979	1980	1981	1982	1983	1984	1985	1986	1987	1988	1989	1990	1991
GDP/P	10.2	6.1	6.5	3.9	7.5	9.3	13.7	11.9	7.2	9.8	9.5	2.5	2.3	7.7
GDP	11.7	7.6	7.8	5.2	9.3	11.1	15.3	13.2	8.5	11.5	11.3	4.2	4.2	9.1
RPI	0.7	2	6	2.4	1.9	1.5	2.8	8.8	6	7.3	8.5	7.8	2.1	2.9
CPI	0.7	1.9	7.5	2.5	2	2	2.4	9.3	6.5	7.3	8.8	18	3.1	3.4
外汇储备（亿美元）	1.67	8.4	-12.96	27.08	69.86	89.01	82.2	26.44	20.72	29.23	33.72	55.5	110.93	217.12
汇率	1.68	1.56	1.5	1.71	1.89	1.98	2.33	2.94	3.45	3.72	3.72	3.77	4.78	5.32
全社会固定资产投资	22	4.6	11.4	5.5	28	16.2	28.2	38.8	22.7	21.5	25.4	-7.2	2.4	23.9

项目＼年份	1992	1993	1994	1995	1996	1997	1998	1999	2000	2001	2002	2003	2004	2005
GDP/P	12.8	12.2	11.4	9.3	8.4	7.7	6.7	6.1	6.2	6.5	6.9	7.1	7.5	7.8
GDP	14.1	13.1	12.6	9	9.8	8.5	7.8	7.1	7.2	7.2	7.4	8.1	9.5	8.9
RPI	5.4	13.2	21.7	14.8	6.1	0.8	-2.6	-3	-0.4	-0.8	-0.3	1.9	2.8	2.4
CPI	6.4	14.7	24.1	17.1	8.3	2.8	-0.8	-1.4	1.5	0.7	-0.4	3.2	3.9	3.4
外汇储备（亿美元）	194.42	211.99	516.2	735.97	1050.49	1398.9	1449.6	1546.75	1655.74	2121.65	2864.1	4032.5	6099	8000
汇率	5.51	5.76	8.61	8.35	8.31	8.29	8.28	8.28	8.28	8.28	8.28	8.28	8.28	8.28
全社会固定资产投资	44.4	61.8	30.4	17.5	14.8	8.8	13.9	5.1	10.3	13	16.9	26.7	25.8	20.4

注：1978~1983年的CPI为城市居民CPI，非全国居民CPI。汇率为年平均值。2005年各项指标取自中国社会科学院春季报告，其中，GDP/P和外汇储备额、汇率为本人估计值。

资料来源：中国人民银行统计司：《中国金融统计》（1997-1999），中国金融出版社2000年版；中国人民银行统计司：《中国人民银行统计季报》（2004年第四季度）；中华人民共和国统计局：《中华人民共和国2004年国民经济和社会发展统计公报》；中华人民共和国统计局：《中国统计年鉴》（2002），中国统计出版社2002年版，第664页；中国人民银行调查统计司：《中国金融统计》（1952-1996），中国财政经济出版社1997年版；中华人民共和国统计局固定资产投资统计司：《中国固定资产投资统计资料》，中国统计出版社1987年版。

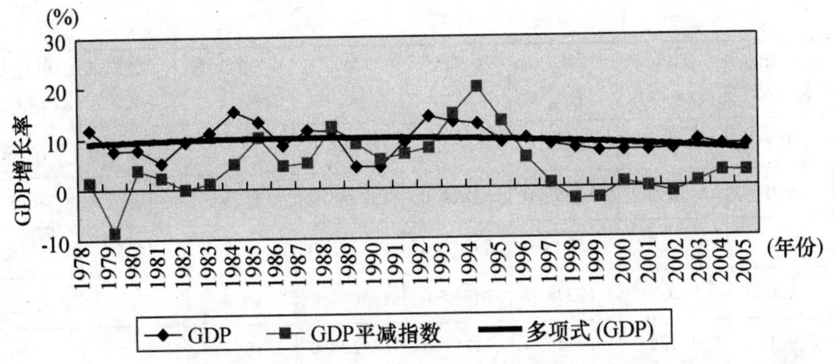

图 1　1978～2005 年我国宏观经济运行状况

表 2 是货币供给与经济增长轨迹。其中，M_0、M_1、M_2 是几个最重要的指标。按照费雪方程，在一个完善的市场经济条件下，假定货币流通速度不变，则 GDP 增长率加物价增长率就等于货币供给增长率。但是，问题是，通过观察这个表我们不难发现，GDP 的增长率加上物价的增长率并不等于货币供给的增长率。即使考虑到货币流通速度，将其增长率减去，仍存在一个货币流通速度变化本身所解释不了的缺口。那么，这个缺口是个什么现象？再有，不同年份 M_1 和 M_2 的增长率也不同，这种不同也是有经济学意义的，有时 M_1 高于 M_2，有时 M_1 低于 M_2，这种时高时低的现象所表明的是一些什么性质的问题呢？

表 2　1985～2003 年度相关宏观经济指标

年份	GDP 增长率（%）	CPI（%）	M_0（亿元）	M_1（亿元）	M_2（亿元）	M_1 增长率（%）	M_2 增长率（%）	GDP 增长率（%）+CPI 增长率（%）
1985	13.5	9.3	987.8	3862.5	4884.3	14.6	17.8	22.8
1986	8.8	6.5	1218.4	4790.0	6261.6	24.0	28.2	15.3
1987	11.6	7.3	1454.5	5596.9	7664.5	16.8	22.4	18.9
1988	11.3	18.8	2134.0	6629.7	9288.9	18.5	21.2	30.1
1989	4.1	18.0	2344.0	7185.1	10919.9	8.4	17.6	22.1
1990	3.8	3.1	2644.4	6950.7	15293.4	-3.3	40.1	6.9
1991	9.2	3.4	3177.8	8633.3	19349.9	24.2	26.5	12.6
1992	14.2	6.4	4336.0	11731.5	25402.2	35.9	31.3	20.6
1993	13.1	14.7	5865.0	16280.0	34880.0	38.8	37.3	27.8
1994	12.6	24.1	7289.0	20541.0	46924.0	26.2	34.5	36.7
1995	9.0	17.1	7885.0	23987.0	60751.0	16.8	29.5	26.1
1996	9.8	8.3	8802.0	28515.0	76095.0	18.9	25.3	18.1
1997	8.6	2.8	10178.0	34826.0	90995.0	22.1	19.6	11.4
1998	7.8	-0.8	11204.0	38954.0	104499.0	11.9	14.8	7.0

续表

年份	GDP 增长率（%）	CPI（%）	M_0（亿元）	M_1（亿元）	M_2（亿元）	M_1 增长率（%）	M_2 增长率（%）	GDP 增长率(%) + CPI 增长率(%)
1999	7.1	-1.4	134565.0	45837.0	119898.0	17.7	14.7	5.7
2000	8.0	0.4	14653.0	53147.0	132488.0	15.9	10.5	8.4
2001	7.3	0.7	15689.0	59872.0	158302.0	12.7	19.5	8.0
2002	8.0	-0.8	17278.0	70882.0	185007.0	18.4	16.9	7.2
2003	9.1	1.2	19746.0	84119.0	221223.0	18.7	19.6	10.3

资料来源：《中国统计年鉴》相关各年卷，www.nbc.gov.cn。

图 2 是 1981～2004 年中国净出口额增长率。净出口额增长的年份就是所谓外贸顺差的年份，这时资金是净流入的。净出口额增长率比较高，表明外部需求强度比较大；净出口额增长率比较低，则表明外部需求强度比较小，内需强度比较大。图 2 中 1997 年的净出口额是负的。这是因为那一年出现了亚洲金融危机，周边国家货币纷纷贬值，而我国政府宣布人民币不贬值，结果使我国货币币值高估，导致我国出口产品价格相对较高，出口总量迅速下降，以至于出现了净出口额的负增长。负增长也好，正增长也罢，它们所反映的是一种什么关系？

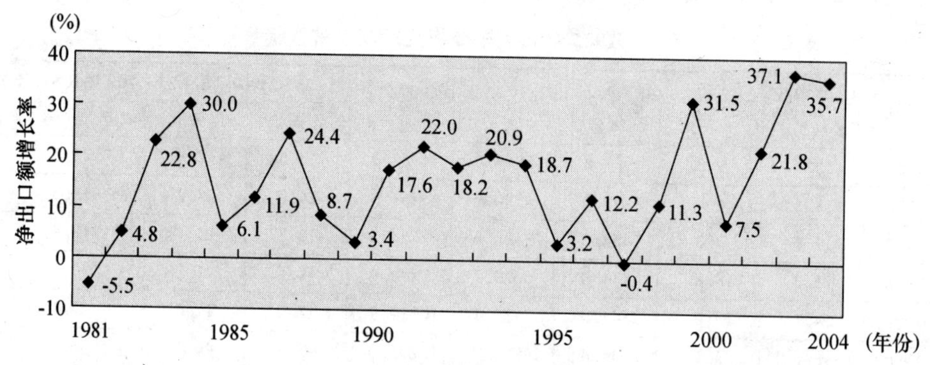

图 2　1981～2004 年全国净出口额（%）

表 3 是 1980～1998 年世界主要国家中央政府财政赤字变动情况。这是由世界银行公布的一个世界主要国家政府赤字率的统计表。统计的结果表明，我国赤字率大约在 1.5～2.2，最高时达 3 个多百分点。世界总平均赤字率大体是 2 点多；其中，人口超过 1 亿的国家，全世界一共有 6 个，这些国家的赤字率都较高，达到了 3 个多百分点。赤字率的高低变动表明经济运行的哪些问题？

表 3　典型国家中央政府财政赤字（盈余）占 GDP 比重

	1980 年	1990 年	1992 年	1993 年	1994 年	1995 年	1996 年	1997 年	1998 年	再平均
中国		-1.90	-2.20	-2.20	-1.90	-1.70	-1.60	-1.50		-1.86
世界平均	-4.83	-2.37	-2.64	-2.68	-2.12	-1.91	-2.20	-1.09	-1.78	-2.40
上亿人国家平均	-4.37	-3.79	-3.43	-4.60	-3.80	-2.64	-2.90	-3.16	-3.25	-3.55
高收入国家平均	-4.33	-0.771	-4.39	-5.08	-4.89	-4.23	-3.45	-1.67	0.02	-3.20
低收入国家平均	-5.58	-4.84	-3.96	-5.04	-4.51	-3.90	-4.00	-3.48	-5.48	-4.42

注：低收入国家指 1998 年人均 GNP 不足 1000 美元的国家，包括中国、印度、印度尼西亚、巴基斯坦、巴西、缅甸、斯里兰卡等；高收入国家指 1998 年人均 GNP 达 20000 美元以上的国家，包括美国、加拿大、日本、澳大利亚、英国、法国、德国和意大利等（但未将收入水平较高的城市国家新加坡列入）；上亿人国家指1998 年底人口超过 1 亿人的国家，包括中国、印度、印度尼西亚、美国、日本、巴西、巴基斯坦。

除了上述举例的几个图、表外，在日常经济生活中我们还会遇到很多其他指标。比如，一个指标是最近议论比较多的基尼系数。中国的基尼系数已经达到了46%，超出了国际警戒线。基尼系数比较高，表明社会不同阶层的收入差距比较大。于是有学者提出，当前在我国要特别注意防止出现收入差距过大现象。但是，对此，也有学者不以为然。他们认为，基尼系数比较高，是经济发展过程中必然出现的一个正常现象，不意味着一定会发生动乱。肖灼基在最近一期的《理论前沿》上发表答记者问，以问答的形式说明了他主张用发展的办法来解决当前我国基尼系数过高的问题，而不能相反，用限制发展的办法来解决这个问题。现在的问题是，你怎么看待当前我国基尼系数较高的问题？如何结合其他指标改进我国的收入分配关系？怎样通过这些指标来分析和揭示经济运行和波动的深层原因及其发生波动的机理？等等。

另一个指标就是人口增长的数量和规模。像中国这样一个人口大国，经历了20 多年的改革，30 多年的人口控制，应当说目前中国的人口数量已经得到了控制。学术界对我国人口问题有两种不同看法：一种观点预测，到 2030 年前后我国人口将达到其增长的最高峰，总量将达到大约 16 亿人。另一种观点预测，我国的人口永远达不到 16 亿人，而在达到 16 亿人之前就会出现一个人口骤然持续减少时期。与这样一个时期的出现相联系，我国劳动力供给也将出现一个极度短缺的时期。如果到 2030 年我国人口能够达到 16 亿人，则我国劳动力市场将继续有一个长达 20 年的无限供给过程。如果到 2030 年之前人口不是增长而是下降的，那么，我国有劳动能力的人口数量将会下降，人口老龄化问题也会日趋严重。在这种情况下，我国经济增长格局会发生一些什么样的变化呢？如果有变化，我国现在所拥有的竞争优势——劳动力成本低和市场规模大——会发生一些什么样的变化？

经济学前沿就是要教大家如何通过观察分析经济现象，理解和把握其中蕴涵的本质关系，特别是教大家如何把握经济现象本质、逻辑和方法。而对于广大学者特别是学生来讲，掌握分析问题的方法比仅仅记住理论研究的结论要重要得多。因为，如果逻辑和方法不正确，则结论不可能是正确的，尤其在无法经过时间检验的情况下更是如此。具体来讲，我们开设经济学前沿这门课的目的主要有以下六个：

1. 开拓研究生的学术视野

每年能够应邀登上我们这个讲台做报告的学者大约是30多位。这30多位学者均是我国著名经济学家。他们大都是马克思主义经济学家，但在学术上可能分别属于不同的思想流派。因此，通过这门课的学习，我们可以听他们从不同角度对我国经济发展过程中遇到的一些重大理论和实践问题进行分析与阐释。

在我国，有人喜欢把属于不同思想流派的经济学家分为左派或右派。其实，学术思想是不能简单地用左派或右派加以区分的。当然，不能把经济学家简单地分为左派或者右派，并不表示他们在学术思想上不存在观点和视角的差异。例如，在改革理论与实践问题上，我国就有不同的流派。国内学者倾向于称刘国光教授为改革的稳健派，而倾向于把吴敬琏称为改革的市场派；至于肖灼基，在我看来，他应当是属于改革的激进派。这些经济学家对于中国经济体制改革和理论与实践有其不同观点和看法，是正常的，也是有助于改革理论和实践发展的。也正因如此，他们才分别从不同角度对我国改革做出了突出贡献。通过听这些人的讲座，可以使我们了解不同学术思想，掌握不同研究方法，从而有助于开拓我们的学术视野。

2. 提升研究生的学术水平

特邀登台讲授的专家都是国内一流的著名学者，他们在各自的研究领域均有其独到的学术见解和理论建树。例如，江小涓常年从事外国在华投资研究，朱玲则是一位长期从事农村贫困问题研究的权威学者，蔡昉对劳动和就业方面的研究处于国内领先水平，汪同三对于统计和计量方法十分熟悉，刘树成多年从事中国的经济周期研究，而李扬在金融方面、高培勇在财政方面的造诣更是高人一筹。在理论经济学方面，樊纲和林毅夫的功底十分扎实，他们对理论经济学的思考和

讲解会对我们的学习和研究产生重要的启发作用。

我们的研究生在参与这门课学习的时候，一方面要注意通过听讲学习这些老师思考问题和分析问题的方法，了解他们的学术观点是按照一种什么逻辑以及怎样得出来的；另一方面，课后还要注意认真阅读一些经典著作，打好自己的理论基础，提高自己的理论功力，提升自己的学术水平。

通过听主讲教授讲解，还要特别注意他们都读、用哪些经典经济学论著。有些经典论著是我们经济学专业的学者必须读的。如果这些经典你没有读过，甚至连看都没看过，摸也没摸过，那么，按照我国已故著名金融学专家、南开大学经济学教授钱荣堃先生的说法，无论你获得了多高的学位、有多高的职称，都仍不能被称为经济学家。我在20世纪80年代攻读博士学位时，魏埙教授就要求我们除了读好《资本论》等马克思主义经典论著外，还必须读好凯恩斯的《就业、利息和货币通论》、马歇尔的《经济学原理》、张伯伦的《垄断竞争理论》、罗宾逊的《不完全竞争经济学》、斯拉法的《用商品生产商品》、哈罗德的《动态经济学》、多马的《经济增长理论》、曼斯菲尔德的《微观经济学》、D. K. H. Begg的The Rational Expectations Revolution in macroeconomics、P. M. Lichtenstein的An Introduction to Post - Keynesian and Marxian Theories of Value and Price、M. C. Sawyer的The Economics of Michal Kalecki等一系列西方经济学经典论著。

提升我们的学术水平，一个重要的方面是提升我们的阅读水平。要善于对阅读过的东西进行归纳与总结，特别是要培养自己的理论抽象力，即能够把一本书中内容很多、很复杂的理论抽象为十分简单明了、通俗易懂的几句话，并把它讲出来。只有这样，才算是真正读懂了这本书。比如，很多人读过奥尔森的《集体行动的逻辑》，但你能否告诉我，在这本近20万字的书中作者讲了一个什么道理，你能否用一句话把它说出来？这也是反映一个人的学术水平的重要指标。

3. 夯实我们的理论研究功底

做理论研究的学者，如果没有足够深厚的理论功底，那么产出的产品就无法给人足够的信息，无法让人感受到逻辑的力量，无法给人新的启发。理论创新应当是以原有理论为基础，对新逻辑的阐发和对新信息的传递，进而能够给人一种启发。我们有时候看到一些论文，感觉很肤浅，就像一碗凉水一样，没有任何味道。什么原因呢？就是因为里面没有什么理论功底渗透其中。

4. 提高研究生的理论研究能力

随着经济学前沿这门课学习的展开，我们会发现，这门课的主要功能就是培养和提高大家进行学术研究的能力。例如，在自由市场中广泛存在着讨价还价现象，如果运用经济学的分析方法对此进行分析，它就会成为一个非常复杂的经济学模型，并且是涉及众多经济学原理的复杂模型。如果将我国的自由市场与外国的自由市场做一比较，将国家统一定价市场与黑市做一比较，则会得出一些新的理论结论。早在20世纪80年代的中后期，我国理论界阐发了一种新的理论，叫做“灰市场理论”。这是一个经著名经济学家樊纲系统化和理论化的理论。通过对处于“黑市”和“白市”之间的那个“灰市”进行理论分析和逻辑展开，樊纲阐明了“灰市场”运行的内在逻辑与机理，醒人耳目。他因此获得了孙冶方经济学奖。能够看到大家在日常生活中经常遇到却不知其所以然的问题，并能够通过深入的理论思考和逻辑分析使之形成理论，这就是能力，即学术研究的能力。通过这门课的学习，我们就是要引导大家形成这种能力。

5. 形成社科院研究生院的学术风格

中国社科院研究生院研究生的学术风格与各研究所研究人员的学术风格大体是一致的，但与北大、清华、南开、复旦等经院派学者的风格大不一样。北大、清华、南开、复旦的某些经院派学者喜欢做假定，而有时候这些假定条件与现实条件相差甚远。因此，他们的研究成果往往具有基础性，但不能直接用于解决我国的现实问题。社科院的研究人员在分析问题的时候往往愿意从实际出发，重在解决实际问题。因此，目前国内模型做得最漂亮的不是中国社会科学院的学者，但最有助于解决我国现实问题的却是我们社科院的学者。中国社会科学院学者的学术风格是“面对复杂现实问题，给出具体解决方案”。我们的研究生通过参与这门课的学习，直接听我们的教授讲他们是从什么角度、运用什么方法、采用什么逻辑，揭示出了一些什么道理，一定会从中悟出并形成我们自己特有的学术风格。继承并发扬前人研究成果，在传统风格基础上加上现代分析工具的运用，就一定会产生更多更好的学术成果。

6. 结识更多一流“经济学大家”，造就一流经济学人才

我们这门课是开放性的，我们不仅要特邀上面介绍的那些国内一流学者登台讲演，还要经常邀请国际知名学者登台讲演。上学年我们就先后邀请了原苏联“休克疗法”设计者、哈佛大学教授杰弗雷·萨克斯来我院讲学。他主要讲授了国家经济发展的“地理约束”问题。本月（2005年9月22日下午），我们还将邀请曾经对中国现代经济学的成长起过重要推动作用的美国著名计量经济学家邹至庄来我院做学术报告。他是普林斯顿大学的教授。我们还准备邀请拉迪、克鲁格曼等美国著名经济学家给大家讲课。通过邀请国内外一流经济学家登台给大家做报告，就是让大家直接领略他们的学术风范、了解他们的学术思想，结识更多

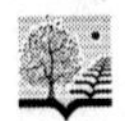

一流的“经济学大家”。

中国社科院研究生院博士生导师、硕士生导师与学生之间的联系十分紧密，基本上是“一带一”式的师徒关系。这是与高校不同的。之所以采取这种方式，是由我们的客观条件决定的，我们的学校规模小，学校的办学条件也较差，导师多，招生名额少。我们大体上是一位导师平均三年带两位学生，师生比例不经济，但对于学生来说，这又是一个得天独厚的优势，学生可以与导师之间有更多的深层次交流机会。它不仅有利于学生学习理论知识，而且有利于学生了解自己的导师，更有利于学生学业水平的提高和研究能力的拓展。

二、如何学习这门课

如何学习这门课，我想重点强调如下五点：

（1）既要高度重视这门课程，又要珍惜这门课程给大家深入学习和把握经济学前沿提供的这样一个机会。之所以要大家重视这门课，是因为它将集中讲解近期我国经济学界关心和讨论的最前沿的理论与实践问题，从而可以把我们带到经济学的最前沿。之所以要大家珍惜这门课所提供的机会，是因为我们邀请的这些经济学家大都具有双重身份：既是经济学家又是领导干部。他们或者是部级领导，或者是所级领导，同时还是经济学博士生导师，均是海内外有相当影响的经济学家。平时大家很难与他们见面，更难于直接听他们的讲解。这门课能够给大家提供这样一个直面学习的机会，难道不是很难得的吗？

（2）既要以谦虚谨慎、认真好学的态度坚持听课，又要防止不懂装懂、甚至仅凭个人爱好或道听途说确定自己是听老师讲还是报个到就走，甚至出现请同学代签到的现象。学而知不足，不学常自满。在学习面前谦虚、认真比什么都重要。有了这个精神，就没有学不好的东西。毫无疑问，就是老师的讲解也不可能做到每一句话都能够让你耳目一新。但是，如果因为你在听某一节课时感到收获不像想象的那样大，你就不再以积极主动的精神来听课了，那你就大错特错了。因为，当你感觉到某节课不解渴时，实际上你的水平已经进入提升状态了。如果这时你放弃听课，这种提升的过程就可能因此而终结。这对你来说，可能是一生都无法挽回的损失。我主持研究生院教学科研的两年来，经常听到有反映说我们有些同学不来听课，有的则是来了坐一会就溜了，有的则请同学代签到（因为学籍管理规定每门必修课的缺课量不许超过 4 次）。这类现象已经引起了我们的重视。我分析，出现这类现象可能有两种原因：一种是确实有的老师讲得不够好（或者是内容方面存在不足，或者是讲授方法不够吸引人），另一种是我们的同学盲目自满（自以为是，好像老师讲的那些东西自己全懂了）。但是，必须承认，突出的问题不是老师讲得不好，而是我们的少数同学存在盲目自满情绪。请大家记住，盲目自满，缺少谦虚谨慎的态度和精神，在学海中是很难有所收获和成就的。混是可以的，但在这种态度下，真正成才是很难的。

（3）既要有参与意识，又要肯于以批判的精神和商榷的态度参加这门课的学习，切不可站在被动接受知识的立场上加入这门课的学习队伍。参与意识和批判精神是我们院开设前沿课程的一个特色和提升我们的研究生创新能力的一个重要机制。参与的方式很多，包括课堂上向老师提问、参加课堂讨论以及课后与老师商榷与沟通甚至与老师合作开展有关问题的研究，等等。这里批判的精神和商榷的态度至关重要。你能不能带着批判的精神和商榷的态度参加这门课的学习，是你在这门课的学习中是否有主动性，是否能够通过参加这门课的学习得到理论功力的提升和学业水平的提高的一个重要前提和基础。因为要真正具备审视与批判甚至商榷的能力，不做事先的学习与探索，是根本做不到的。

（4）既要善于带着问题参加学习，又要注意发现老师阐述本身存在的逻辑矛盾和主要问题，并通过讨论和思考来提升自己的思辨与创新能力。在听课的时候，一定要敢于对老师所讲论题提出质疑。最好的质疑，是能够提出有难度的问题，甚至是能够难倒老师的问题。列宁讲过“提出问题比解决问题更加重要”。大量理论研究的实践表明，一个问题得到科学的阐释、形成明确的结论之后，那个问题往往显得非常简单。而真正能够在人们已经习以为常的逻辑框架内提出问题，是需要有相当理论功力和逻辑基础的，理论研究的起点和难点均在于正确地提出问题。因此，在听课的时候，我们一定要随着老师的讲解进行认真思考，争取提出比老师所阐述的结论更重要的深层问题。能够提出这类高难度问题，既是学生的成功，也是老师进一步展开深入研究的起点。

（5）既要勤于思考，又要勇于突破，特别是要学会占领学术发展的制高点，形成独立见解，写出高质量课程论文。如前所述，在课堂上勇于提出质疑，既需要勇气，又需要理论功力和逻辑展开能力。而所有这些，最终又要表现在能否通过讨论形成自己的系统的独立见解以及这种见解的文字形态（学术论文）上。

要写出高质量的学术论文，就不仅必须有自己的独立见解，还必须有自己的科学的并且是充满逻辑力量的阐述。社会科学研究过程中，我们必须善于观察，勤于思考，并在这个过程中以创新的精神发现和解决问题。在实际经济生活中，需要研究和解决的问题比比皆是。理论研究中的难题也非常多。这就要求我们在参加这门课的学习过程中，通过学习和借鉴前人的理论研究成果，真正站在学术发展的制高点上，运用新的逻辑，阐明新的学术观点，得出新的科学结论，写出新的高质量学术论文。

三、学什么

在这门课的学习中我们学些什么？这是大家普遍关心的一个问题。在这里，我想做如下三个方面的介绍。

（一）功力能力方面的学习

在功力方面，我认为可以着力从以下三个方面提高自己：

（1）学主讲教授的研究方法。如果要对经济学研究方法进行归类的话，可以说是多种多样，既有研究方法，又有分析方法，还有叙述方法。如果仅就研究方法而言，最基本的也是最主要的，是大家熟悉的实证分析方法和规范分析方法。实证分析方法的核心在于回答“是什么”的问题；而规范分析方法的核心在于回答“为什么”的问题。其中，规范分析特别强调理论假定，即以一些必要的理论假定为前提，然后再在此基础上展开规范分析，并通过这种规范分析回答“为什么会是这样而不是那样”的问题。

从问题的解决与理论阐述的角度看，不同教授往往愿意使用不同的思考问题、解决问题和阐述问题的方法。通过参加这门课的学习，特别是通过直接听主讲教授讲解他们所阐述问题的逻辑以及在阐述中他们所使用的方法，我们不仅可以对主讲教授所使用的方法本身进行比较，而且可以从这种比较中悟出更多的方法论道理，形成我们自己的研究方法和叙述方法。

（2）学主讲教授的叙述逻辑。如前所述，研究问题的逻辑和叙述问题的逻辑是不一样的。在马克思那里，他关于资本的研究和理论的叙述在方法和逻辑上是颠倒着的：研究是从具体到抽象，叙述是从抽象到具体。这是社会科学研究与阐述的一个基本方法论路径。不管是谁，只要你从事的是社会科学研究，你要将研究深入进去并把研究的成果叙述出来，就只能是采用这样一个逻辑和方法。因此，我们也必须掌握和学会运用这个逻辑和方法。

另外，也要注意，不同问题的形成条件和机制不同，其演变与发展的逻辑也必然不同。不同人对其演变和发展逻辑的认识不同，由此形成的理论结论也必然不同。只有那些符合事物本来规律及其内在逻辑的研究结论才会形成较强的解释力和说服力。

除了需要认识和揭示事物发展变化内在规律及其逻辑外，还有一个叙述方面的语言逻辑问题。我曾从综合研究能力提升的角度给研究生院的同学推荐过需要细读的5本书。这5本书都不是什么新书，多数是20世纪80年代中期前出版的，属于老书。其中一本叫做《九评》，是20世纪60年代中共中央批判苏共中央的九篇文章汇编。我推荐研究生读这本书的目的不是叫大家看它的结论，而是要让大家学习这本书中所表现的思想逻辑、语言逻辑和叙述逻辑，学习这本书如何在辩论中抓住对方存在的逻辑错误，切实驳倒对方。

（3）学主讲教授的思想真谛。理论界的多数学者能够严肃认真、扎实学问，因此很多人最终成长为学术名人。但是，也确有些学者理论功底不深，学问不大，问题肤浅，研究和阐述均缺乏逻辑力量的支持，常常以时髦的形式哗众取宠。我认为，这种现象是永远不值得我们推崇和效仿的。因此，在我们的前沿论坛上，我们是不会请这样的人登台讲演的。我们要以严肃认真、扎实学问的态度，投身到这门课的学习和研究之中，特别是要通过这门课的学习领会和掌握主讲教授的思想真谛，提升自己的理论修养，涵养自己的学识与能力。

（二）知行能力的学习

关于知行能力，我认为以下四点是必须加以强调的：

（1）从实践中进行抽象和总结，并使其上升到理论的能力。要学习和形成把人们司空见惯的经济现象进行抽象并使其上升为理论的能力。例如，我们注意到，对于人身意外伤害，西方发达国家与我国的处理方式和结果存在很大不同。在西方发达国家，一个人遇到意外伤害后，从保险公司得到的赔偿要比我国多得多。我们本来是强调“以人为本”的，但是，一旦遇到事故，却常常表现为人的价值不如物的价值。比如，一个人被车撞伤甚至致死了，得到的赔偿往往很少，特别是没有购买人身保险的个人，得到的赔偿更少。在西方发达国家，几乎不存在这样的问题。在那里，如果一个人被汽车撞伤了，他所得到的赔偿往往是我们的十倍甚至几十倍。为什么会是这样？这是经济发展到一定阶段的产物。在经济发展的较低阶段，人与资本相比，资本更显得稀缺一些，这时候，人的价值往往低于资本的价格。但是，当经济发展达到一定高度之后，资本变得相对充裕、人变得相对稀缺的时候，劳动力和资本的比率才会发生根本性变化，劳动力富余才会向资本富余转变，人才会显得相对昂贵，人的价值才会得到相对提升。这时，一旦一个人受到意外伤害，他就会得到较多的赔偿。“以人为本”则会在这时得到较充分的体现。这就是说，在经济发展还处于较低阶段的时候，我们强调“以人为本”，目的在于强调经济社会发展的根本目的和意义，而不在于我们是否已经达到了西方发达国家的福利水平。这是两个完全不同性质的问题。我们参加这门课的学习，就是要提高我们从实践中抽象和归纳理论并使之更加完善的能力。

（2）把理论与实践结合起来以揭示事物发展内在规律的能力。在参加这门课的学习过程中，要注意学习主讲教授如何实现理论和实践的结合，并由此揭示

事物发展规律的能力。要注意分析不同事物之间的联系，从中找出其发展变化的内在规律。我在从事博士学位论文研究过程中，曾把1978～1989年我国经济增长率和通货膨胀率两个指标放在同一个二维坐标上进行分析比较，其中，纵轴代表经济增长率，横轴代表通货膨胀率。这两个指标的交点在坐标上是有规律的分布的，将其连接起来，可以看到一条曲线。我将这条曲线称为总需求变动的供给效应曲线。通过分析这条曲线发现，曲线斜率大的年份，经济增长率上升幅度也较大，斜率较小的年份，经济增长率上升幅度也较小。在曲线的低端，曲线斜率较小，经济增长率上升幅度也较小；在曲线上端，曲线斜率重新下降，经济增长率上升幅度明显下降，曲线斜率达到零以后，通货膨胀率继续大幅度上升，但经济增长率开始大幅度下降。这是不是一条规律？如何论证和阐明这条规律？由于数理功力的限制，我在当时只是做了实证性描述，真正通过理论模型将其阐述清楚的工作，我想，它实际上已经留给在座的各位同学了。我希望你们能够通过更深入的研究，特别是运用数理方法，通过建立理论模型，更加系统地分析和阐明这个由我最早提出的理论假说。

（3）透过复杂经济现象揭示其本质与变化机理的能力。在未来的10年或更长的时期内，我国经济还会保持较快增长势头，但增长的推动力将发生变化。改革开放的27年来，我国经济增长的推动力主要来自体制，同时也有外部推动的作用。例如，在1984年之前，我国老百姓吃粮凭粮票、吃肉凭肉票、吃油凭油票、吃糖凭糖票，连买火柴都要凭副食本限量供给，几乎一切消费都要凭票排队购买。短缺与排队，是当时我国国民经济的一个常态。但是，由于在邓小平理论和路线的指导下，从1980年开始中央肯定了安徽凤阳小岗村包产到户的经验，并将其提升到“联产承包责任制”的高度。结果，经过几年实践，我国农村便出现了卖粮难、卖猪难等一系列供给过剩现象。这是什么原因导致的呢？只有透过现象揭示其本质，才能正确地把握我国经济运行的机理，实现我国国民经济的持续快速发展。目前我国经济运行出现了一些新的现象。增长率虽然很高，平均收入水平也在持续上升，但贫困人口数量仍然很大，收入差距过大问题，城乡矛盾不减问题，民工荒问题，工人下岗待业问题，大学生就业难问题，等等，预示着我国经济发展开始进入一个新的阶段，增长的动力在发生变化。这时，特别需要理论来阐释这种变化，以揭示其内在机理。

（4）运用经济学一般原理解释人们在日常生活中无法确切回答的问题的能力。在17～18世纪之前，人们一直崇尚哲学，并认为那是科学之巅。通过哲学可以解决人类生活中的很多问题。但是，随着经济社会的发展，哲学的显学地位逐渐被经济学代替了。经济学之所以能够成为近现代的显学，一个重要原因是它有助于解释和说明与我们日常经济生活密切相关的现象，回答其他社会科学所无法回答的问题。我们作为经济学研究生，已经具备了相当的经济学基础，进一步深入学习经济学前沿这门课，就是要提升我们运用经济学原理，解释和解决人们在日常生活中经常遇到又无法回答的问题的能力。这是社会对经济学者提出的一种特殊的能力要求。

（三）能力学习例证：我对几个宏观经济指标的理解与解释

1. 正确把握当前我国经济发展所处阶段是理解和解释宏观经济运行指标的基本前提

我认为，当前我国经济仍处于次高增长阶段：在未来10年或更长一段时期内，我国增长率将大体稳定在7.5%上下，波动不超过1~1.5个百分点的较高水平。由于平均而言它要比过去曾实现的平均高达9.6%的持续高增长“低一个层次”，因此，我们称其为“次高增长阶段”。

正确把握经济社会发展所处阶段十分重要。邓小平曾将当前人类社会所处阶段归结为“和平与发展”的阶段，这与当年毛泽东的估计完全不同。当时毛泽东提出“备战、备荒为人民”，即认为随时都可能爆发全球性战争。由于对发展阶段的理解和估计不同，政策的选择也就产生天壤之别。按照邓小平关于发展阶段的估计，我们就必须抓住机遇，发展自己，经济强大了，一切事情也就好办了。实践证明，邓小平的估计是正确的。正是由于我们有了这个估计，才有了后来我国经济的持续快速发展。国外一个著名学者来中国讲学，明确提出未来全球经济将主要由4~6种货币来支配，其中，除了美元、欧元等货币外，人民币将是一种非常重要的货币。这个例证表明，对经济社会发展阶段的估计是多么重要。

我曾经对中国目前所处阶段做过一个估计，认为随着1997年亚洲金融危机的爆发，我国经济发展将从原来的持续高速增长阶段转向“次高增长阶段”或者说“较高增长阶段”。这里的所谓“次高增长阶段”，是说它既不是一个“低增长阶段”，也不是1997年发生亚洲金融危机之前的“超高增长阶段”。1997年之前我国曾经历了一个近20年的“超高增长时期”，经济增长率平均高达9.64%。1997年亚洲金融危机之后，我国经济发展开始进入“次高增长阶段”。这个阶段的突出特点是：均衡经济增长率大约为7.5%，国民经济将围绕这样一个均衡增长水平，在上下波动1~1.5个百分点范围内持续增长。这个阶段主要有以下几个突出特点：

（1）人均收入持续增长，产业结构持续调整。与西方处于后工业社会的发达国家不同，我国产业结构将一直处于调整过程，且还将持续一个相当长的

时期。

（2）内涵式、集约型持续增长将逐渐代替外延式、粗放型增长，经济增长质量将持续提升。经济增长质量不断得到提升，高技能劳动力短缺现象将在我国出现。这是一个客观规律。随着经济的发展和社会富裕程度的提高，一个国家的劳动力成本必然随之上升。劳动力成本上升本来就是判断一个国家富裕程度的指标之一。然而，劳动力成本较低，却是一个发展中国家经济能够持续获得高速发展的重要基础之一。随着劳动力成本的上升，资本的稀缺度将相对下降，劳动力的价值将相对上升。在这种情况下，企业必须从外延转向内涵、从粗放转向集约。这是一个规律。

（3）内需为基、外需导向的产业构造仍继续支配我国国民经济发展格局，但民族企业的国际竞争力明显上升。观察一下我国国民经济的统计指标是有益的。到2004年年底，我国经济的外向依存度已经达到了70%。这在全世界都是非常高的、排在前列的。但是，我国的外向依存不是建立在我国民族工业外向发展基础上的，而是建立在大量外资推动基础上的。正因如此，才有了近年来所谓“中国已经成为世界加工厂”的说法和现实。应当看到，我国目前的外向依存还不是一种孤立的外向依存，还是有一定内需基础的外向依存。但是，如果我们不注意产权保护和技术开发，这种外向依存的增长方式是不能长久的。我们一定要站在全球发展和民族经济发展的高度来看待这个问题，通过深化改革，强化产权保护，提升我国民族企业的国际竞争力，推动我国国民经济实现一个更长时期的持续、快速发展。

（4）以经济往来关系为基础的物质利益矛盾开始显现，中国经济发展格局面临新的变化。当前我国经济社会发展正处于一个新的转换期。人与人之间的经济往来关系日趋复杂，以此为基础的物质利益矛盾逐渐显现，如何全面分析和解决这些矛盾和问题，不仅是对经济学的一个考验，也是对其他学科的一个考验，同时也是对我们党执政能力的一个考验。党的十六届四中全会提出研究执政党的执政理论，提高我们党的执政能力，正是从这个意义上讲的。这也从一个角度表明，当前我国经济发展格局正面临着新的变化。

2. 观察和分析宏观经济运行必须正确把握的几个重要指标

（1）通货膨胀率：平均为3%，不超过6%。这将是今后若干年内实现我国国民经济持续较快增长和实施有效宏观政策操作的一个核心数量指标。这是由我国国民经济市场化和货币化进程、我国市场需求结构与供给结构以及我国总需求变动的供给效应等一系列客观条件和实践决定的。在我国，通货膨胀率低于3%的年份，往往是总需求下降幅度大于总供给下降幅度的年份；而通货膨胀率高于

3%的年份，又常常是推动总供给增长的边际投入成本明显上升的年份；一旦通货膨胀率超过6%，总供给增长的边际投入成本还会成倍放大。据此，我们认为，3%～6%的通货膨胀率，就是我国宏观经济政策的“无作为区间”。提出这样一个区间的主要理论依据就是前述总需求变动的供给曲线。

（2）失业率。这里讨论的失业率是指自然失业率。对失业率的讨论一般是从菲利普斯曲线出发的，但是用菲利普斯曲线解释中国问题的时候，会产生很多问题。因此我们采用另外一种办法，就是统计实证的方法。通过统计实证，我们分析得出，中国的自然失业率大约为6%。一定要把自然失业率控制在6%左右，力争登记失业率不超过4%，不允许实际广义失业率（包括显性失业率、隐性即在职失业率和潜在失业率）超过10%，是今后若干年内实现我国国民经济持续较快增长和实施有效宏观政策操作的另一个核心数量指标。失业是市场经济条件下产业发展及其结构变动的必然派生物。一定程度的失业是抑制劳动成本上升、保证市场有效运行的重要条件。但是，过高的失业率则会破坏市场均衡，影响经济发展。因此，必须把失业率控制在一个适度的范围之内。这是实现我国市场经济健康运行和经济社会稳定发展的客观要求。

（3）消费率。消费对宏观经济稳定和国民经济的持续增长具有非常重要的意义。通过统计实证和回归分析，我们得出了这样一个结论：如果我们要使国民经济增长率维持在6%～9%，最终消费增长率就必须控制在6.1%～10%；要使经济增长率保持在6.0%以上，就必须使最终消费增长率维持在2.96%以上；要保证经济增长率持续维持在7.5%的水平，就必须使最终消费增长率维持在不低于4.40%的水平；要确保最终消费对GDP增长的应有贡献，就必须使最终消费增长率达到6.1%以上；10%是今后一个相当长的时期内我国最终消费增长率的最高限。

（4）投资增长率。为实现我国市场经济的持续健康较快增长，还必须有一个合理的投资增长率。根据改革开放以来20多年的经验，通过统计实证和回归分析，我们得出的一个结论是：改革开放以来，我国投资每变动1%，GDP就相应变动0.4%。在这种情况下，要保证7.5%的均衡经济增长率，合理的投资增长率就是18.64%；要实现9.6%的潜在经济增长率，合理的投资增长率就必须达到20.65%。因此，可将18.6%的投资增长率设定为保证我国国民经济持续均衡增长的一个基本控制目标，而将20.7%视为投资增长率的控制上限。这就是说，要使我国经济持续处于“次高增长阶段”，投资增长率就应当控制在18.6%～21%。在实际经济运行过程中，如果投资增长率已经处于18.6%～21%，政府就应当处于“无作为”状态；否则，就需要进行宏观调控的政策操作。

（5）货币供给增长率。为实现我国市场经济的持续健康较快增长，还需要有一个合理的货币供给增长率。在市场经济条件下，货币供应量变动与经济增长之间是显著正相关的。根据20世纪80年代中后期至90年代前半期的我国经济发展的经验数据和9.64%的GDP年均增长率实绩，结合我国体制特点（市场化程度还比较低）和货币供求关系（特别是货币流通速度持续下降），可得到一个相当于同期GDP增长率1.77~2.05倍的货币供给增长率区间。如果未来若干年内我国均衡经济增长率为7.5%，在市场化进程仍在继续和货币流通速度继续下降的情况下，货币供给的增长率区间就是GDP增长率的1.95~2.43倍。由于准货币是暂时不被使用的货币，因此，它在货币构成中的比重，直接决定着货币流动性的大小。这就不难理解为什么M2增长率明显高于M1年份，必然是经济景气循环趋于恶化的年份；M1增长率明显高于M2的年份，则大都是经济景气循环趋好的年份。根据这样一个特点和规律，在经济景气循环的高涨期内，政策操作要着力于货币供给增长率的低倍数选择；而在经济景气循环的衰退期内，政策操作要着力于货币供给增长率的高倍数选择。前一组控制指标值已经20世纪90年代的实践验证，表明基本准确；后一组指标还没有得到很好的验证，尤其是2.43倍的指标还需要实践的检验。但是，我国国民经济转向全面工业化的过程中，货币供给的增长与GDP增长之间确实存在一种接近于2倍的倍数关系。

请大家注意，根据“费雪议程”，这里出现了一个问题，即存在一定数量的“迷失的货币”。其意在于，货币供给的增长率减去通货膨胀率应当等于经济增长率。但我国的经济事实却不是这样，即便假定货币流通速度为零，仍然不能回答为什么会存在“迷失的货币”。那么，货币供给增长率大于通货膨胀率加上经济增长率的那部分货币迷失到什么地方去了呢？经过研究，我们认为可能是由于如下七个方面而迷失的：一是国民经济货币化本身。印钞机要运转，这就需要使用货币，而这在统计指标中是反映不出来的。经过统计，我们得到这样的结论，货币化程度每增长1个百分点，货币需求增长0.81~0.95个百分点。二是地下经济。地下经济有很多是需要货币来交易的，例如有些私营企业卖出一批商品，而购买者也是私营企业，不需要发票，在这种情况下，这种经济活动就无法被统计。三是地下金融。地下金融不通过银行系统来实现，这些交易也无法在统计中得到反映。农研中心调查发现全国农户户均借款余额为1806元，按2亿户计，为4000亿元。有人估计地下钱庄洗出的钱约占GDP的2%。四是房地产、股票市场的炒作资金。随着房价的上涨，温州人开创了一种新的投资方式，就是大批量买房，然后选择适当时机卖出。这些货币可能也无法在国民经济统计中得到全面反映。有人估计，仅温州炒房团支配的投机资金就有上千亿元；而在股市上就有6660.4亿元（2002年）的炒作资金在流通。五是银行的净损失。有人估计目前银行不良贷款累计已达1.7万亿元，其中很大一部分是彻底坏死无法收回的银行资产净损失。六是人民币的外流。现在人民币被全世界看好，表现在我国周边国家的企业和个人大量持有和储藏人民币。由于人民币还不可自由兑换，不是世界货币，于是便出现了人民币在国外的大量被窖藏现象，人民币外流倾向相当坚挺。七是经济运行过程中出现的资本收益的大量汇出，上述资金的净流出被一些学者称为“资本外逃”。究竟是否“资本外逃”还可讨论，但属于货币迷失的一个方面当是无可争议的。

总之，完善的市场经济条件与环境下，费雪方程式应当是成立的，而中国目前存在一个缺口，从而才有了货币供给增长与GDP增长之间大约为2倍的关系。有了这样一个指标，我们观察中国宏观经济运行就有了一个依据：如果M1或者M2的增长率低于GDP增长率的两倍，且低得比较多，就意味着当前货币政策过紧；反之，如果M1或者M2的增长率高于GDP增长率的两倍，并且高得比较多，则意味着当前货币政策过松。

（6）债务率和赤字率。目前人们对此的关注程度下降了。其原因是从2004年开始我国财政收入出现超计划近4000亿元现象。财政富裕了，偿债能力增强了，赤字率下降了，因此人们的关心程度也下降了。但事实上，中央财政富裕了并不代表地方财政也富裕了，许多地方财政的赤字率仍然非常高。税收增长20%多，而经济增长9%左右，税收增长速度持续多年高于经济增长速度。按照拉弗曲线，税收越高，经济主体的活跃能力越弱，经济增长率就会越低。所以，我们应当探讨一个合理的税收增长率。虽然目前我国财政收入持续增长，赤字率也明显下降，但我国的债务问题并没有解决。因为，官方统计债务率、或然性债务率以及潜在债务率相加以后，数值仍然非常大。许多国有企业工人下岗，他们的工资问题、劳保问题还没有彻底解决。为使我国市场经济实现持续健康较快发展，保证全面建设小康社会目标的顺利实现，当前尤其需要做好政府债务率和赤字率的选择与操作，不能直接照搬《马约》提出的债务率和赤字率标准。要从我国实际出发，以均衡债务率和赤字率模型为基础，比照其他国家实践，揭示我国债务率和赤字率及其合理选择区间。根据债务—赤字模型，在GDP均衡增长7.5%、通货膨胀率为3%的情况下，基本赤字率的控制下限应为2.5%、上限为3.5%，全额赤字率的控制下限应为3.5%、上限应为4.4%。从赤字率派生出来的政府债务率，其均衡目标值则可控制在下限36.8%、上限46.3%以内。要根据经济景气循环状况实施政策操作。在经济景气循环高涨期内，政策操作要着力于指标控制的下限；在经济景气循环衰退期内，政策操作要着力于指标控制的上限。

（7）外汇储备和汇率。经过改革以后，人民币不再仅仅盯住美元，而是盯住“一揽子”货币，叫做有管理的浮动。不管怎么说，人民币汇率保持不动是不能持续的。经验表明，发展中国家大都崇尚固定汇率，而发达国家更崇尚浮动汇率。但是，经济发展到一定程度以后，不管是发展中国家还是发达国家，都会逐渐由固定汇率制改行浮动汇率制，或有管理的浮动汇率制。根据目前我国宏观经济运行条件，人民币还会继续升值，原因在于持续存在的贸易顺差，国际收支也有较多的结余。

除了汇率的形成机制外，还有一个问题，就是很多人提出的“那么多的外汇储备有无必要”？众所周知，我国外汇储备中有70%是以美国国债形式存在的储备，美元一旦发生贬值，就会造成我国外汇储备的缩水。这显然是对我国不利的。那么，到底持有多少外汇储备是合适的呢？从外汇需求的角度看，维持正常进口用汇是1120亿~1680亿美元，偿还对外债务用汇是230亿~345亿美元，外商投资的利润汇出大约用汇是448亿~672亿美元，政府干预汇市用汇是600亿美元，民间用汇（出境旅游、留学、就医等）大约是400亿~600亿美元。粗略计算，我国每年大约需要2798亿~3897亿美元的外汇储备。这就是说，目前我国外汇储备比实际需求多了一倍。有人说外汇储备多了有助于稳定人民币币值。其实，多出来的这些外汇储备并不能解决人民币币值稳定问题。因为，相对于世界市场上每天多达2万亿美元的货币流通总量来说，一年多出来4000亿美元的外汇储备实在是太少了。人民币的币值稳定与否，最根本的不在于外汇储备，而在于国内经济规模和经济运行质量。只要国内政局稳定、经济技术领先、产业结构合理，人民币币值不但是稳定的，而且还会成长为真正的世界货币。

同学们，在行将结束今天讲座的时候，我想告诉大家，作为一名经济学家，让我最感欣慰的是，学习和运用经济学解决实践中的问题，真是一种享受！经济学的学习过程是让人激动的。这不仅是因为经济学已经成为当代的显学，甚至被萨米尔森称为“社会科学的皇冠”，而且是因为，我们在座的各位已经加入到了经济学研究的队伍并摘到了这颗皇冠的一半。我希望通过经济学前沿这门课的学习，大家能够在摘取另一半皇冠的道路上更进一步。

最后，我想用我喜欢的两句话结束今天的讲座：

“纷繁的经济喧嚣是由多重音符组成的，我们的责任是发现和归纳那些有用的音符并使之成为音乐。”

“一个发达的民族一定是一个具有良好经济学修养的民族，其经济学修养不仅表现为精于从交换中感悟收益原则、从竞争中理解效率准绳、从市场选择中实现经济社会发展，还表现为善于从挫折中汲取教训、从成功中找到差距、从矛盾中发现未来。”

发现和归纳这些音符、推进和加强我们这个民族的经济学修养的任务已经历史地落在了在座的各位肩上。相信通过大家积极参加这门课的学习，并肯于思索、勤于感悟，一定能够由此去更好地发现和创造未来。

整理人：原磊

（文章来源自《学术讲座荟萃》第27辑，2005年9月15日）

企业财务分析与评价

戚聿东

戚聿东

男，1966年生，吉林东丰人。1998年毕业于中国社会科学院研究生院工业经济专业，获经济学博士学位。现为首都经济贸易大学工商管理学院院长、二级教授、博士生导师。主要社会兼职：商务部WTO新一轮多边贸易谈判专家咨询组成员，《中华人民共和国反垄断法》审查修改专家顾问委员会成员，国家发展和改革委员会价格政策专家组成员，中国企业联合会职业经理人资格认证委员会副主任，中国工业经济学会副理事长，中国企业管理研究会副理事长，北京市社会科学界联合会常委，首都企业改革与发展研究会秘书长，山东大学博士生导师，吉林大学、暨南大学、东北财经大学、江西财经大学、浙江财经学院等兼职研究员、兼职教授，国家自然科学基金项目、国家社会科学基金项目通讯评审专家，教育部人文社会科学计划项目评审专家。曾连续两届担任乐凯胶片股份有限公司独立董事兼审计委员会主任，现担任华夏银行独立董事兼关联交易控制委员会主任，中通客车独立董事兼审计委员会主任，浙江稠州商业银行独立董事。

主要研究领域：产业组织、公司治理、财务管理。主持国家社科基金重大项目1项、重点项目1项、一般项目1项，主持和参与省部级以上项目10余项。出版著作5部，在《经济研究》、《管理世界》、《改革》等上发表论文130余篇。研究成果获教育部人文社会科学研究优秀成果二等奖、三等奖，蒋一苇企业改革与发展学术基金优秀论文奖，北京市哲学社会科学优秀成果二等奖等。

先后被授予北京市优秀青年知识分子、北京市高等学校优秀青年骨干教师、北京市高等学校学科带头人、北京市新世纪社科理论人才百人工程培养人选、北京市属高校拔尖创新人才、北京市教育创新标兵、新世纪百千万人才工程北京市级人选、北京市属高校高层次人才、北京高校优秀共产党员、国务院政府特殊津贴专家等荣誉称号。

中国社会科学院研究生院博大精深的人文底蕴给了我受益终身的教义，三年中我学到了完整的经济学理论框架，打下了扎实的理论研究基础，给我今后的研究工作提供了充分的指导。但是，我感觉研究生院在对学生实践能力的培养上还有不足，尤其在越来越多的研究生院毕业生走向政府、银行、证券机构和大型企业集团的现实情况下，研究生院的课程在操作性与应用性上略显不足。所以，本人就讲一个实用的题目——企业财务分析与评价。该题目完全是应用性、操作性的，有助于我们在进入企业、银行等金融机构后更为直接地了解企业的实际情况。

说实话，讲这个题目对于我自己也有一定的难度。因为对博士生来说，讲企业财务分析至少要32个学时，如果将其浓缩成两个小时的讲座，我们就只能抓住一些框架性、纲要性的东西。我想，这只是为大家开个头，今后大家需要我来研究生院讲课，我会随叫随到（甚至可以停掉我学校的课）。我认为，中国社会科学院研究生院除了要关心诸如制度演进、人类走向的大命题之外，也应该研究诸如上市公司如何作假、我们如何对其进行审计、管理的艺术性等小命题，了解作弊与反作弊、避税与反避税等实用问题会使我们的知识结构更加完美。因此，今天在母校如此庄重的学术场合，我就讲讲企业财务分析与评价这样的小问题。

“企业财务分析与评价”，这一题目分为两个部分：一是对企业财务报表的理解；二是对企业的财务分析与评价。由于一个企业80%以上的财务信息反映在其财务报表上，可以说，对企业财务报表的分析是了解企业财务状况的最佳途径。如果你到一个企业，你不去了解能够反映企业80%经营状况的财务报表，而去掌握企业其他方面的资料必定是十分间接的。

对企业财务报表的分析与评价首先要看懂资产负债表、利润表与现金流量表，要理解、熟悉这三张报表的本质是什么。

财务报表中有很多项目，其中有很多排序，按什么排序。比如递延税款借项5000万元，它是很重要的资产，但是难以想象（比如固定资产，它是实际存在的）它是怎么形成的？来自何方？用于什么？再比如资本公积金3000万元，同样可以问它是怎么来的？诸如此类，每张报表都有三五十项这样的科目。我在实际给企业做的内训中，发现其实这一块是很薄弱的。很多企业内部的操作人员都知道财务账目该怎么做，但是为什么会是这样的？很多人都不清楚。很多企业老总让 CFO 解释，结果越解释越糊涂。

因此，财务知识很重要，我们在这里假设大家财务知识是缺乏的。我觉得理解是基础。如何看懂？应该注意很多知识不是孤立的，财务报表中的信息也有很多联系。企业贷款时，银行最关心的是偿债能力；企业发行股票时，最关心的是盈利状况；CFO 或者经理人关心的是现金流转，要的是现金流。张瑞敏也说过类似的话，只要有现金流，哪怕负债，企业还是能继续运转的。海尔的状况就是这样。

当然在财务分析中，单项分析是不够的。我总是试图从最简单的现象，概括出最一般的道理，因为万事相通。财务是操作性很强的，如果延伸就是一个一般性的东西，是一个更为一般的方法论的东西。我不会就财务论财务。单项分析方面包括综合分析、趋势分析、平衡计分法。目前企业财务虚假状况很严重，特别是 1300 多家上市公司，这让外部人觉得很可恨。我曾经帮别人做债转股方案，结果很快就有人说“戚老师，这账不对……”。关于作弊与骗人的道理是相同的，我们需要花一段时间来讲，而且我们还要找出背后的制度成因。

我们首先要理解这三张财务报表。

一、资产负债表

（一）资产负债表的三种理解

（1）资产 = 权益。其原理是：资产 = 负债 + 所有者权益，一个“丁”字形，左右是恒等的。我的问题是：为什么恒等？有人说这是公理，是会计的做账基础。过去有人理解的是资金来源等于资金运用。但是资产在产权上归属谁？我们可以抽象成两类人：债权人和所有者，所以权益也就分解为这两种人的权益。即债权人权益和所有者权益。他们之间有什么区别？很明显是两种契约。一类是股票之类的，不还本，给剩余，风险大，是一种不确定的剩余索取权；另一类是债券之类的，到时候还本，给固定利息，是一种确定性的收益权。理解这一点对公司治理逻辑的理解非常关键。现在在财务报表中对此重新命名，把债权人权益命名为负债，所有者权益不变，于是得到我们现在知道的会计恒等式。因此资产负债表其实是产权关系表。报表左边的资产主要是从形态功能上说的，右边的权益指的是产权属性，因此两者是同一事物的两个属性，所以肯定相等。

（2）资产 = 资本。报表的左边没什么问题，再看报表的右边，即产权属于

 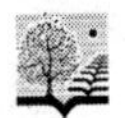

谁？这就引出资本的概念，即资产 = 资本，或者资金。资本还是强调资产的产权属性，属于谁？属于债权人，就是借入资本；属于所有者，就是自有资本，也就是所有者权益，这更容易理解。因此资产负债表就是资产资本表——这比目前的这个名字更加科学。

（3）投资 = 筹资。“投资”包括“经营”与“狭义的投资”（见图 1）。狭义的投资指构建公司的长期资产，“经营”指构建公司的短期资产。财务上的“长、短”，大致以一年划分，一年以上的为长期，一年以内的为短期。长期资产即收回期在一年以上的资产，其具体包括固定资产、无形资产、长期投资等，构建长期资产的结果就形成了企业的长期资产；构建短期资产形成企业的短期资产，在财务上称为“流动资产”。因而，一年以内的资产加上一年以上的资产在逻辑上就完整了（见图 1）。所以，所谓资产负债表就其形成过程来看就是一个“投资筹资表”，资产负债表是静态的，从动态的形成过程来看分别是投资和筹资，表 1 的左侧是投资，右侧是筹资。从这一意义上说，资产负债表是“投资筹资表”并不为过。

投资 = 筹资 = { 筹集借入资本——负债
筹集自有资本——所有者权益 }

投资 = { 经营→构建短期资产→短期资产（流动资产）
投资（狭义）→构建长期资产→长期资产 }

图 1　投资

（二）资产的本质及内容

资产的本质是能够带来未来现金流量的投入。也就是说，资产都是企业投入的，企业投入的目的是为了“收回”。不管期间的过程是多么的曲折、复杂，最终的形态是“现金流”。所以，作为企业，不要去炫耀你的资产，资产越多，投入得越多，不能收回的可能性不也就越大吗？不良资产不就可能越多吗？因此，分析问题要看目的、看本质。资产是能够带来未来现金流量的投入，但是，带来未来现金流的速度并不一样。现在，我们就根据变现的速度——“变现性”对资产进行分类。根据变现的快慢，总共将资产分为五类：流动资产、长期投资、固定资产、无形资产及其他资产、递延税款借项。其中，流动资产指凡是一年以内能够收回的投入；长期投资包括为股票、债券、建立子公司所做的投资，如果长期投资中买了一笔五年期的还有一年到期的债券（其符合流动资产定义），那么就归为流动资产，所以流动资产的明细项目中还包含“一年内到期的长期债券投资”一项（见图 2）。递延税款借项为资产性项目。

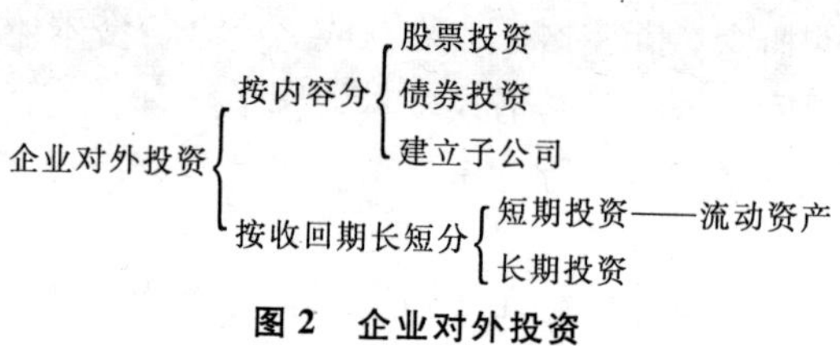

图 2　企业对外投资

对资产的核算并不容易，好比问“你们家有多少资产”，你能说出来吗？对资产的计价也比较复杂。举个例子，我当年以 20 万元买了一辆汽车，原计划使用 10 年，现在用了 5 年，资产净值还剩 10 万元，可现在 1 万元也卖不掉，那么这该如何计价呢？房子也有增值、折旧的因素。朋友欠我钱，可他失踪了、找不到了，这就形成企业坏账了吧！假如说，你能完全统计出你家有 200 万元财产，可这 200 万元财产真的都属于你们家吗？如果车与房是 80 万元买的，可当时是如何筹资的呢？“借钱买的，现在还没还。”所以，假如说 200 万元财产中包括负债形成的部分，比如其中还有 60 万元没还，因而 200 万元资产构成中有 60 万元相当于企业的负债，140 万元相当于企业的所有者权益，即净财富。

（三）负债的内容

我现在给大家一个“右侧”简表，帮助大家理解（见图 3），如果说“左侧”按变现性排序，那么“右侧”就可以理解为按“到期日”排序。

- 负债（债权人投资）
  - 流动负债（一年内到期）
  - 长期负债（一年以上到期）
- 所有者权益（所有者投资）
  - 原始出资
    - 实收资本 = 注册资金 = 资本金 = 股本 = “本”（企业初始状态的本钱）
    - 资本公积
  - 追加出资
    - 盈余公积
    - 公益金
    - 未分配利润

图 3　负债

首先，在考察负债时，我们不仅要看其总量，更要看其构成。比如说，一个企业资产负债率是 80%，乍看起来没问题，可具体探究起来，一般是有问题的。一个企业资产负债率是 95%，大家通常认为其偿还能力很差，但是就 95% 负债的期限结构来讲都是 30 年到期，对该企业的偿债能力在短期内并不会构成威胁。所以“债务问题本身并不可怕，可怕的是‘到期日’”。一旦企业把到期日记混了，就会给企业带来很大的麻烦，一系列问题会由此产生。因此，在确定债务总

额的基础上，一定要了解债务结构。如果一个企业的长期债务较多，至少我们在做年度分析的时候这都不构成问题，因为这总是要到某一具体的年份才涉及偿还的。

其次，“实收资本”——企业初始状态的本钱——一定等于企业的“注册资金”，等于企业的“资本金”，还等于“股本”（即上市公司的实收资本），还等于一个“本”字——政府文件中的“无本不能搞建设”中的“本”就是此处的“实收资本”。实收资本在企业中的意义主要有两点：一是产权界定的初始依据；二是利润分配的基本依据。经济学中的“谁出资、谁所有、谁受益”可以对象化、具体化为“谁出多大比例的实收资本，谁就享有多大比例的净资产产权，谁就能够以多大比例享有每年对净利润的分配权”。

在现实中，企业实收资本的构成常常是十分混乱的，企业的产权纠纷隐患多和实收资本有关，包括国家目前的很多政策都是在此混乱的框架下执行的。我们讲，企业的实收资本占企业的总资本比例一般为20% ~40%。困难的是，我们国家很多国有企业的实收资本三四十年都为零，这十分麻烦。1979 年以前我国企业的基本建设都是财政拨款，1979 年以后改为“拨改贷”，其本意是好的，有利于提高资金的使用效率，但是忽略了一个本质问题——完全用“拨改贷”资金兴建的国有企业，一旦其把本金利息余额全部还给了建设银行，那么这个企业的产权是谁的？可见，这不仅仅是效率、风险控制等运行层面的问题。产权到底归谁？讲该企业是“国有企业”就不大合适了吧。这个问题非常复杂。1994 年，国务院在处理这一问题时，讲了两点理由：第一，这些企业当初在成立的时候，如果不直接注册为“国有企业”，国家也不会贷给你这些款项；第二，更重要的是，你们之所以得到这笔贷款，完全是靠着国家强大的信用担保的。第一条，“拨改贷”使用的前提就是国有企业，私企、外企没份，可企业的性质是由“实收资本”来决定的，从头至尾国家的“实收资本”为零，凭什么把它们注册为“国有企业”呢？怎么能把“债权人”与“出资人”合一呢？对待历史遗留的问题，正确的态度是想办法解决、重新规范，而不是历史上错了的现在就对了——没这道理。因此，第一条理由是站不住脚的。第二条，“更重要的是，你们之所以能得到这笔贷款完全是依靠国家的强大信誉担保的”。当时，我也以为这条挺对，但一反思发现存在问题。这句话的意思是：当初企业可担保的资产是零，他们是靠着国家的信誉担保而获得贷款的。打个比方，我借你 5 万元，我找了个抵押人来担保，你找你的“哥们儿”来做这个抵押人。我与抵押人是担保关系。我与你是借贷关系，倘若我没还钱，则抵押人来替我还钱，并把我的资产收为己有。现在的前提是“我还了”，则借贷的关系消失，担保关系也就消失了。不能说，担保人在我还钱的情况下，我的资产还是担保人的。可见，第二条理由很诱惑人，说得很对。但是“无关”，与产权界定毫无关联，没还好办，问题是我还了，你还谈什么担保关系呀？我把这种方式一概界定为“杨钰莹思维方式”——“不要问我太阳有多高，我会告诉你我有多真”一样的思维。这是讲“拨改贷”。1995 年我国搞资本结构试点，降低负债比例，就是要增资减债。每年政府工作报告中都有“将当时使用拨改贷资金而无力偿还的企业，将其本金利息余额转为国家投资”，这就叫“贷改投”。“贷改投”从财务上讲是对的，其实是针对无力偿还的企业。我的问题是“还了的”企业怎么办？答案是“还了就还了”，大家看到，还与不还都是国企，还的白还，没还的不用还了，这公平吗？与“贷改投”同一原理，是“债转股”。债转股不涉及产权，但有些国企的国家出资为零，或出资很少，投资远远不够。此时与其说企业欠银行的贷款，还不如说国家欠企业的资本金。所以，由实收资本混乱而出现的问题对企业十分麻烦，毕竟它是产权界定的依据，是利润分配的基本依据。

二、利润表

负债和所有者权益表明债权人与所有者各自对企业的出资，出资的目的都是为了索取回报。资产负债表披露以后，告诉所有者和债权人，企业占有了所有者自有资本和债权人借入资本一年的时间，二者的产权状况已给予了充分的揭示。问题是二者的资本为企业占有一年后，企业给予其多大的回报呢？倘若关心以上的信息，则应考察“利润表”。

利润 = 收入 - 成本 - 所得税。财务上需要具体到什么收入、什么成本。就利润的性质而言，不论其如何分割、弥补、提取、支付，百分之百归所有者，并不改变利润的产权性质。债权人的回报事先约定好了，没必要再披露。所有者的报酬风险大、不确定，应单独披露。所以，利润表就成为“给所有者回报状况的报表”。

利润怎样核算，包括我们一般所指的“企业利润”是如何计算出来的，以及如何缴税，缴税后又如何分配，未分配利润的去向如何体现的，即利润的来龙去脉。

利润的名词很多，比如说净利润、利润总额、税前利润、息税前利润、营业利润、主营业务利润、其他业务利润等。现实中，利润总是具体的。比如，白粉笔的主营业务利润 2 亿元，但广告费等营业费、管理费以及对外投资的亏损并未统计其中。所以企业中的最大一部分利润首先是主营业务利润，其次是营业利润，最少的是利润总额。总之，企业的利润总是具体的，绝不可抽象地问“企业利润”是多少。

三、现金流量表

（一）现金流量表的功能一

举一个例子（见表1），假如一个企业的资产包含货币资金和短期投资，并且将二者统称为现金，期初现金300万元，期末只有100万元，减少了200万元。那这200万元现金哪去了？第三张表即现金流量表就是解决这一问题的。产生现金流动的四个具体途径：一是经营活动（A），二是投资活动（B），三是筹资活动（C），四是汇率变动（D）。由表1看出，四个具体现金流动的途径就给出了现金的具体动向。

表1 资产负债表

	1月1日	12月31日
货币资金（万元）	70	30
短期投资（万元）	230	70
合计	300	100

现金流量表与资产负债表的关系。还是用上个例子：－200＝A＋B＋C＋D。所以现金流量表的功能之一是："解释资产负债表中货币资金和短期投资的变动数（期末余额－期初余额）及其变动途径的报表。"

（二）现金流量表的功能二

利润是权责发生制（即以权利、责任是否发生为基础来确认收入、成本、税收、利润）。所以根据权责发生制，有了收款的权利，原则上就确认为收入类；有了付款的责任，原则上就确认为成本类。与现金收支毫无关系。这样核算出的利润并不可靠，并不反映其结构、质量。比如，一个有100万元利润的企业，资产负债率不高，也可能很快就破产，我把它称为"黑字破产"。

传统破产是赤字破产。资不抵债。黑字破产不同，账面上有利润，负债率也不高，一旦发生坏账，货款收不回来，下年进货无款，又无新的筹款来源，该企业只有歇业，长期处于歇业就"歇菜"。对这样的不是由于资不抵债，也不是由于亏损，恰恰相反，有利润，资产负债率又很正常，但利润没有转化为现金，导致下一轮财务活动或再生产活动无法展开，从而使企业长期处于歇业状态，我们就称之为黑字破产。你说利润能说明问题吗？所以，以后一定要注意，不要过分看重利润。三年脱困说的也是利润，即使三年脱困是真实的，也没有什么好炫耀的。按照黑字破产的逻辑，有利润的企业除非把利润转化为现金，否则照旧会发生破产。可见利润的质量十分重要。因此现金流量表的第二个功能就是反映“利润表中净利润质量的报表”。现金流量表中将净利润调节为“经常活动现金流量”，以净利润为起点加上15个项目就为经营活动的现金流量。例如，赊销500万元，按权责发生制增加销售收入也增加了利润，此时现金并没有增加，那就得从利润中把这笔款项去除。同样赊购1000万元，成本增加利润减少但是现金并没有减少，所以应将这笔款项加回。把类似这样的15个项目全部加回，就形成了企业的经营现金流量。所以，在利润与现金流量之间就存在着很精确的数量联系。

可见现金流量表是解释前两张报表的报表，并不孤立。与资产负债表的关系就是其功能一，与利润表的关系就是功能二。不易确定导致现金流入（出）的原因，按我的一个办法，非常简单，即只要是右侧引起的一律是“筹资”，左侧分为两部分，上半部分流动资产引起的叫“经营”，下半部分长期投资引起的一律叫“投资”（见表2）。所以处置固定资产、流入现金涉及长期资产，是“投资”引起的流入；发行股票、债券，右侧引起的即“筹资”引起的流入。股利与利息稍微麻烦一些，但加一个“为什么”就易于区分了。比如说，得到股利，为什么得到股利？我买股票了，即“投资”引起的现金流入；支付股利，为什么呢？那是我发行股票了，属于“筹资”引起的现金流出。

表2　现金流入（出）的原因

资产	所有者权益+负债
经营 （流动资产）	筹资
投资	

四、分析报表时应注意些什么

常规的财务指标，包括银行、国家的宏观经济部门等用的指标，如上市公司每股收益、净资产收益率，决定了中国证监会是否允许企业再次发行股票、配股。但根据上述的分析，即使使用如每股收益、净资产收益率等指标，企业也很容易作假。一些大的公司和银行，在其工作总结中甚至没有一句反映现金流量的情况，这就反映出工作尚未深入到这一程度，当然可能是有意回避。还有些著名

公司，大讲特讲如何以几千万元自有资本起步发展到数百亿元的总资产。一个是总资产的概念，另一个是净资产的概念（自有资本），注意，自有资产=净资产=所有者权益，那么数百亿元的总资产扣除负债还剩多少？它的负债率是95%，固定资产大都是租来的，扣掉的话，政绩就不会如此突出了。隐患就在现金流，特别是经营现金流。往往越是著名的企业，在这方面的问题就越严重；越是题材多的公司，越可能借此隐瞒一些实情。所以不管是什么类型的企业，特别是上市公司，委托一代理关系依然存在。上市公司作弊总是有一定的制度背景，有一定的条件指标，有一定的诱因。

综合分析，所有的指标都可以做，如果大家了解了财务的本质，比如盈利能力，利润的本质就不仅仅是一个权责发生制的问题了。举一个最简单的例子，利润=收入-成本。成本有很多项目，包括主营业务成本、管理费用、期间费用、折旧，等等。折旧是微不足道的。比如说个简单现象，说个最简单的折旧方法——平均年限法。每年折旧额=（资产原值-净残值）/计提年限。原值就算确定的市场价格。比如8000万元，但我被骗了，其实3000万元就可以买到，这货比三家价格差就已经出来了。但这儿我们假设这不是主要的，问题在残值。比如计提年限是10年，这残值是多少，要10年后才知道。但这不行，现在必须知道，那就有个术语——预估。预估，8000万元原值，说得极端一点，不如我预估10年后残值是7000万元。这样上面的公式分子小了吧，在分母不变的情况下，折旧明显减小，利润就上去了，业绩就来了。业绩来了有什么好处？国企3年脱困了。就国企来说，国企老总因为目前的制度，业绩好了，就可以升迁；从普通职工来说，业绩好了，工资、奖金就多了，这是现实好处；上市公司业绩好了，就可以再融资了。再走另一个极端，我预估净残值是0，仍然假设分母不变，年折旧大了，成本高了，利润少了，业绩没了。这没关系，企业少缴税了，所得税不交了。这是私企和外企经常干的。动机不同，私企和外企一般是一类的，避税是主要的。所谓全球范围内配置资源，税收是第一位的。动机不同，连残值都不同。因此，国家统一的会计制度规定了净残值率为原值的3%～5%，给你个区间。我们完整地理解它，超过这个区间也不是不可以。超出这个区间的部分，由企业自行确定，并报财政部门备案。备案就行了。根据会计政策一致性，一经选择，最好别改，但也不是不能改，必须进行说明。你看许多上市公司都改，今年3%，明年5%，是做出了说明，但是广大股东们懂吗？它是完全免责的。为什么为了小小的净残值这样费心费力？里面道理很深，不一样啊，它极大地调节了利润水平。特别是固定资产比重大的企业，汽车、钢铁、飞机制造等，固定资产动辄几百亿元，那么净残值率差一个百分点，影响利润少则百万元、千万元，多则上亿元。

因此单项指标分析，比如盈利能力、偿债能力、现金周转能力等，都可以通过各种方法做出来。业绩往往只是建立在各种不同的选择方法上。短期来说，企业之间的业绩只是因为你我的选择方法不同，比如净残值率不同。这样任何一项单项指标都有局限。

（一）如何衡量偿债能力

衡量偿债能力有很多指标，什么流动比率、速动比率、资产负债率、利息保障倍数，等等。我们下面分别讲。

（1）要注意资产的质量与结构。以流动比率为例。流动比率 = 流动资产/流动负债，这是教科书上告诉我们的。流动资产从定义上来说就是一年内能变现的资产，但是我们要深入其内部结构，质量差别很大。

我们由资产负债表的顺序从上往下数：第一类是货币资金；第二类是短期投资；第三类是应收款项，包括应收账款、应收票据、预付账款等，质量已经开始打折扣了。预付账款好不好变现？如果对方没诚信怎么办？很多企业是两头受挤，应收账款收不回来，预付账款也是。再到存货，存货有很多特点。①企业经营销售是关键，存货从正常意义上来说是不好变现的。②种类极其繁杂，它有原材料、在产品、产成品，等等。另外，从对方发货开始到我出货这段期间，甭管是什么形态，都是存货。比如企业说我有存货两亿元，审计机构来审计，说怎么仓库没有。企业说不是啊，刚从沙特启动准备运回来，这完全成立。种类特别多，比如一种产品要 10 种原材料，如果有 10 种不同的产品呢？明显原材料种类将会非常多。③定价同样极其繁杂，相同原材料不同时间、不同地点的计量都是不同的。我们注意到，随着产品的销售，原材料要转入主营业务成本，减少资产。在转成本的时候，如何计价？有多种方法，什么先进先出法、后进先出法等。不同的方法肯定会影响到一段时期的成本，从而影响利润。一个企业产成品存货单一产品 2 亿元，是什么呢？过期的日历、挂历。这意味着什么？废纸一堆。继续往下，待摊费用，钱已经花出去了，还未转入成本；再往下，待处理流动资产损失。待处理就是未查明，一旦查明，就必须核销，资产减少，减少利润。但未查明就挂账，这样的资产还能不能变现？明显是画饼充饥，毫无意义。还有其他项，它是个筐，想装就装。一般来说，这里面问题很多，特别好调。这样看，仅仅是一个流动资产，一旦了解它的内部构成，就有了质量差别，真正好变现的就那么几个。

（2）要注意的是时间差变量。我们同样举例来说，比如 12 月 29 日当日，流动资产 1000 万元，流动负债 500 万元，流动比率是 2，还不错。但 CFO 不满意，因为明年还要贷款，银行肯定要审查，这个分指标太低，会拖后腿。怎么办？很

简单，还掉100万元，这样流动比率变成2.25；不满意，再还100万元，流动比率变成2.67；全还完，无穷大，说明偿债能力无穷大。假如最后决定还掉200万元，这样报表体现的流动比率是2.67。第二年4月17日去贷款，银行肯定要审查最近三年的流动比率之类的，比如去年2.67，前年3.2，比率很不错，得到了高分，可能最后就得到了贷款，还看不出什么问题。虚假在哪儿？企业1月2日又把还的钱给借回来了，流动比率又回到原值。这个案例就是聪明地利用了资产负债表的天然弱项——它是特定时点的情况——年末12月31日下午5时的情况，这当然有问题。一旦制成，就代表一年，这现实吗？

（3）要注意的事项是债务结构，了解其债务的期限结构。哪些是马上要还的，哪些不着急，哪些债权人不好惹等。

（4）要注意的是资产是否被抵押出去了，这点也很关键，因为表上看不出来。比如流动比例是100或者1000，但是全部抵押出去了，或者你前面有一大帮债权人比你优先，这就毫无意义了。

（5）要注意负债问题。目前好像没有负债，但随时随地可能发生。

（二）利润率指标

这一点可以充分说明上市公司作弊、国企作弊、私企作弊、全世界企业都在作弊。我总结了作弊的动机、成因和方法。

（1）委托—代理关系。委托人和代理人目标不一致。利润是委托者需要的，而且全都归委托者。代理人想，你不是拿利润考察我吗？我就拿这个来应付你。委托人追求利润是天经地义的，但代理者有自己的想法。研究之后，我感觉代理者是规模偏好，追求规模最大化。世界500强，应该是世界500大，衡量指标都是营业额、资产额。规模大对代理者更有好处，可以提高他们的价值感、人力资本价值、在职消费水平，并且规模与品牌、社会影响力都是相互联系的。当然规模大也会带来规模经济优势、提高利润水平，但是主动追求利润与主动追求规模附带增加利润是有区别的。

（2）信息不对称——委托人知道得再多也没有代理人多。

（3）所选择的指标一定是上级考核的指标。利润率是董事会、银行、国资委等都要考察的指标，往往还和企业高管的年薪挂钩。利润率肯定不是一个客观的量，不管是什么类型的利润率的指标，比如资产收益率、净资产收益率、每股收益等，都是可以做出来。怎么做？根据利润公式，肯定要虚增收入，虚减成本。

虚增收入典型有以下几种：①提前确认收入。一笔委托款，委托开发产品，两年后才能完成，但是全计入当年收入，违反权责发生制。②年底发货，来年初退货，都是玩时间差。年底发货，增加收入；来年初，又发生退货，只要当年财务报表做出来就行，为什么？肯定有动机。比如上市公司配股的条件，净资产收益率连续三年超过10%。假如2002年这个值是10.5%，2003年是10.8%，2004年却变成9.2%。如果不进行操作，肯定要失去机会，因此企业必然不惜牺牲下一年的利润来确保今年的利润指标。我们看看中国上市公司的报表，很多都是10.01%、10.001%之类的，这就是中国上市公司的“10%”现象。③是合理利用会计政策，比如上面讲的什么折旧、待摊费用之类的。④关联交易，即以高价出售商品、提供其他业务、转让长期投资、虚假罚没收入等。⑤政府配合，提供假补贴收入。⑥就是犯罪了，制造假销售合同。

虚减成本典型有以下几种：①成本回避。从前应收账款要计提坏账准备，不管比例多少，肯定要影响利润的。因此可以互相帮忙，先还回去，两天后又借出去。还了，应收账款少了，不提坏账准备；借出去属于资金往来，不是应收账款而是其他应收款，不提。后来2001年会计制度变了，其他应收款也要计提坏账准备。但是类似的缺口太多，不可能全部堵上。八项计提的准备企业可以自行判断，什么资产减值准备之类的，要提吗？企业看着办。②转移，实质是互相帮忙。今年的广告费你先帮我摊了，以后我帮你。这就是所说的关联交易。关联交易形形色色，非常复杂。成本、收入都可以通过关联交易进行操作。虽然规定了30多种关联方，但是还是有很多难以察觉。比如杯子应该卖2元，但卖2.5元，好像看不出什么，如果卖30元，这就是赤裸裸的关联交易。这些产品还好察觉，有参考价格，但更多的是没有参照价格，比如包装物、提供技术指导、出租固定资产、提供技术劳务等，没有参照，10万元行，100万元也行。

我们从以上种种的财务分析回到现实中来，看到现实中存在的问题是如此之多。为什么呢？经济学给了我们很好的解释。人人都是经济人，人人都追求自身利益的最大化，其中还掺杂着利益集团。在做财务分析时，指标的选择、权重的选择都充满了主观性。我把利益集团定义为最一般的概念：只要是相同属性的，不管是有意还是无意，都会是利益集团。比如我说女同志很笨，那么在场的所有人立刻分为两部分，女同志都恨我了。党派当然也是利益集团，这个定义是很一般的。由于利益集团的存在，最后的决策必定是各种利益集团之间讨价还价的结果。书本上的最优、均衡往往是在种种约束条件下所求的均衡、最优，这种决策毕竟是在课本上、黑板上做的决策，现实中是不存在的。在现实中，谁力量大，谁声音大，谁就占优势——规则是非中性的。因此我们在审查会计报表时，除了技术层面外，一定要注意背后隐藏的利益集团，这样理解会更深刻，即使我们无力改变某种状况，但心态会平稳、正常多了。

由于时间关系就讲到这儿。如有时间我很希望找个企业具体案例，看看他们在综合打分、信贷调查时，如何通过那些貌似公平、中性的规则，获得他们自己的主观利益偏好。

讲得很不系统，也不美，但是很真。谢谢大家。

整理人：魏恒

（文章来源自《学术讲座荟萃》第27辑，2005年9月22日）

关于中国工业化的若干战略问题

金　碚

金碚

男，1950年生，江苏吴江人，经济学博士，研究员。中国社会科学院工业经济研究所所长，《中国经营报》社社长、《中国工业经济》、《经济管理》和《中国经济学人》（China Economist英文·双月刊）主编，中国社会科学院研究生院教授委员会委员、工业经济系主任。

主要研究领域：产业经济学、竞争力经济学、企业理论与实践。出版学术著作30多部，主要有：《宏观筹资与经济发展》、《发展中国家的经济发展战略》、《中国工业化经济分析》、《中国工业国际竞争力——理论、方法与实证研究》、《何去何从——当代中国的国有企业问题》、《中国工业化的道路》（韩文）、《产业组织经济学》、《国有企业根本改革论》、《报业经济学》、《竞争力经济学》、《新编工业经济学》、《竞争秩序与竞争政策》、《资源与增长》、The International Competitiveness of Chinese Industry（《中国工业的国际竞争力》英文版）等，并主持编写中国社会科学院工业经济研究所《中国工业发展报告》（年度）、《中国企业竞争力报告》（年度）。

研究成果中，获全国精神文明"五个一工程"著作奖、中国社会科学院优秀成果奖、中国图书奖、孙冶方经济科学奖、首届中国出版政府奖等18项国家级和部级优秀成果奖。

1991年被中国人民大学授予"做出突出贡献的博士学位获得者"荣誉；1994年被中国社会科学院评为"中青年有突出贡献专家"；同年被国务院评为享受政府特殊津贴待遇的专家；1996年被国家人事部评选为国家"重点资助优秀留学回国人员"；1997年被国家教育委员会和国家人事部评为"全国优秀留学回国人员"。

今天我讲座的主题是“中国工业化的若干战略问题”。之所以选择这个题目，主要有两个方面的原因：一是希望给同学们简要介绍目前经济学界、管理学界关注的和正在讨论的关于中国经济改革、社会发展中的一些问题。从客观角度讲，这些问题是没有现成的答案的，但是这些问题都是与中国现实情况密切相关的。二是希望大家听了我的讲座之后能思考一些问题。比如中国目前正在制定“十一五”规划，“十一五”规划与前面十个五年计划最主要的理念区别就在于“科学发展观”，那么什么是科学发展观？为什么需要科学发展观？总之，今天的讲座是一个提问题的讲座。我给大家提出了很多问题，这些问题学术界一直没有定论，同学们如何看待这些问题，以后怎样研究这些问题，对中国的发展、对中国工业经济的发展都将是十分有益的。另外，也希望本讲座可以帮助大家开拓更广阔的思路，这也是选题的原因之一。研究生阶段的学习一是开拓思路，二是探讨问题。以下若干主题在一定程度上会有些松散，但都集中讨论了中国工业化进程中的一些重大问题，并且涉及许多其他相关学科。当然今天我们将重点探讨经济学领域，虽然有很多问题实际上已经超过了经济学和管理学的范畴。

导论：世界工业化和经济全球化

人类有几千年的文明史，但世界经济的前期发展速度极其缓慢，直到最近的二三百年，经济增长才明显加速，这一时期便是工业化阶段。1600～1820 年，即整个世界的工业化前期，由于世界经济的不平衡发展，有的发达国家正处于工业化过程中，有的业已完成了工业化。在这一阶段，世界人均国民生产总值的年均增长率是 0.04%，速度极为缓慢。1820～1990 年，发达国家进入工业化中后期，整个人类处于工业化时期的阶段，世界人均国民生产总值的年均增长率为 1.21%，经济发展速度明显加快，这是工业化进程的第一个显著特征。然而这一加快并没有发生在地球的每一个角落，而只是发生在局部地区——西欧和西欧移民的国家和地区。处在工业化过程中的世界经济发展表现出了极端的不平衡性：1820 年，世界最富裕的国家人均国民生产总值同最贫穷国家的差距为 3:1（此处指最富裕的30个国家和最贫穷的30个国家之间的比较），可见该时期发展的差距不是特别大，相对平衡；到了工业化后期的1990年，世界最富裕的国家人均国民生产总值同最贫穷国家的差距是20:1。到了21世纪，这个差距仍在继续扩大，可见工业化进程的第二个显著特征就是经济发展差距在扩大，经济发展不平衡。这一不平衡为什么会产生？在何种机制下产生？为什么会有的国家发生了工业化，而有的没有或者很缓慢？为什么工业化率先发生于西欧和西欧移民国家？学术界对于这些问题存在着诸多解释，其中最基本的（也是直接的）原因是：在那些率先工业化的国家或地区出现了资本主义市场经济。至于为什么在那个地方产生了资本主义市场经济而不是在别的地方，同样有很多解释。我们暂不予以探讨。我们可以思考：人类几千年的文明到了二三百年前产生了一种机制——资本主义市场经济，这种机制推动人类进入工业化过程，那么它有多大的力量推动多大的经济体进入工业化过程呢？它并没有推动全人类几十亿人口同时进入工业化过程（见表1）。

表1 主要发达国家工业化时的人口

国别	工业化时间		人口（百万）	
	开始时	基本完成时	开始时	基本完成时
英国	18世纪70年代	19世纪70年代	15.5（1821年）	27.4（1876年）
法国	1830年资产阶级革命胜利	19世纪末20世纪初	35.9（1851年）	39.0（1901年）
德国	1848年资产阶级革命	19世纪末20世纪初	35.6（1851年）	56.9（1901年）
美国	1860年至南北战争	19世纪末20世纪初	32.2（1861年）	77.6（1901年）
日本	1868年明治维新	1920年	34.8（1872年）	49.9（1911年）

英国在工业化初期，仅有1000多万人口，在工业化基本完成时达到2000多万人口；法国工业化初期，拥有3000多万人口，基本完成时增长得不多，为3900万；最大的经济体是美国，但它在工业化初期，也仅只有3000多万人口。可以说，在中国、印度、巴西尚未进入工业化阶段之前，资本主义市场经济的力量推动的经济体大致是几千万人口，所以必然导致经济上差距的出现。接着，我们看看经过二三百年的工业化，地球上究竟有多少人进入了工业社会？据统计，现在大概有60多个国家和地区经过二三百年的时间逐个进入了工业化社会，他们基本上都是几千万人的经济体，甚至还有几百万人的。这60多个国家和地区的人口总和大概不到12亿人。也就是说，在二三百年的历史中，60多个国家相继实现工业化，但工业社会的人口还不到全世界的20%。

中国是个非常独特的国家，拥有13亿人口，是个巨大的、超级的经济体，而且还是一个统一的、实行中央集权的国家。倘若这13亿人口几乎（我们希望是）同时进入工业化进程，那么这个过程需要多长时间呢？大概几十年，最长也不超过一百年。中国的工业化意味着在短短几十年间，要使世界工业社会人口翻一番还要多。这样一个工业化过程，在人类历史上还从未发生过。所以在中国的工业化过程中，必然会出现人类工业化史上从来没有出现的如此尖锐的问题。这样一个超级经济体，将由市场经济体制来推动（过去我们寄希望于计划经济这一手段，当然过去也没有这么多人口，来推动这样的经济体发展）。上文说过，以前市场经济在推动其他国家工业化时，它的力量实际上仅尝试过推动小到几百万、大到几千万人口的经济体，所以市场经济在推动十几亿人口进入工业化时，它所产生的问题必然是极其复杂的。例如工业化中经济的不平衡问题。那个时候造成了巨大的差距，发生在全球整体上的差距。到目前为止，如何解决几千万人口经济体之间的不平衡性问题，人类并没有解决，或者说是还没有办法解决——比如如何解决欧洲和非洲之间巨大的差距。虽然联合国召开会议，要求发达国家援助，这种援助就可以解决这种巨大的不平衡吗？当然对于这些国家，他们国内没有多大的差距，有的仅是国际之间的差距，但这毕竟是市场经济所造成的。而中国还有一个统一国家内部十几亿人之间的差距，这种差距通过什么方式去解决，人类还没有尝试过，也不知道如何解决。但是中国碰到了，必须解决。总而言之，中国的工业化过程是非常特殊的，中国未来将遇到一系列极其独特、复杂的问题。今天我们将在有限的时间里尽可能多地讨论一些问题。其中一些我估计大家比较熟悉的问题将仅做简要的论述，而我认为大家可能不太熟悉的问题将重点展开论述，这不可避免地会产生主次和深浅的问题，请大家注意。

一、中国是否应该主要发展劳动密集型产业

这是最基本的经济理论问题，每个国家的发展都要靠比较优势。

1. 中国这么大的一个经济体，比较成本优势对资源配置和产业结构选择到底起多大作用

毫无疑问，中国是一个人力资源丰富，劳动力近乎无限供给的国家。那么中国无限的劳动力供应是否对产业选择有长期的决定性影响？理论界存在诸多争论，有的学者认为就应该以劳动密集型产业为主，有的学者认为不能这样，因为中国是一个大国，有种种理由。但是无论怎样，没有人争论该不该发展劳动密集型产业，只是在争论应不应该主要依靠它。

2. 以发展劳动密集型产业为主，对中国经济发展是否会产生严重的不利影响

有的人认为这是比较优势，以此为主不会给中国经济、社会的发展带来太大的问题；有的学者则认为仅仅依靠它，会产生一系列不利影响。

3. 中国的劳动力是不是低成本的资源

有的学者认为这很明显，中国劳动力资源丰富，劳动力是低成本资源；有的学者并不认为如此，因为中国的劳动力素质低、效率差，不见得有成本优势。接下来的问题是，这种低成本优势（如果具有所谓的低成本优势）能够持续多久？特别是正在制定“十一五”规划，那么需不需要转折，一些学者认为不需要，还没达到转折的时候；有的学者则认为有必要转折。上述问题很容易就涉及具体的政策制定问题。比如说最低工资是不是应该大幅提高？劳动保障、劳动环境、工作条件的标准是否应该提高？如果这些都提高了，中国还有没有低成本的优势呢？现在是否就应该注重劳动者权益、报酬、保障？这是不是意味着低成本的丧失，企业能承担得了吗？

当前很多地区，包括原来依靠轻工业、一般加工业的地区，如广东、江苏、浙江都出现了明显的重化工业增长势头。这是工业化发展到一定阶段通常认为必然经历的产业升级的过程。进入了重化工业阶段，是不是意味着劳动力的低成本优势走到了一个转折点？这对中国来说是一个巨大的难题。中国目前提倡科学发展观和新型工业化，这很难抉择。如果走重化工业道路，是否会影响劳动力成本优势的发挥，从而影响就业？中间的一系列作用过程很复杂。

4. 中国丰富的劳动力资源，可以增强中国企业的竞争力，还是增强国际资本的竞争力

中国的工业化道路很独特。从国际视角看，一个大国，处于中国目前的发展水平，人均国民收入 1000 美元（前几年还只有几百美元）的时候，几乎没有一个国家敢于对外资如此大规模地开放，而基本上都是保护的。中国不同，早在 20 世纪 70 年代，至少在法律上就确立了中外合资企业对外资的股权比例没有上限。而韩国，在 1997 年之前还不允许外资比例超过 50%（仅在金融危机时，以不对外资设限为条件获取 IMF 援助和贷款）。德、法甚至美国和日本，在它们还处于类似中国的这一阶段时，几乎都是保护的。中国不是这样的，中国是开放的。中国的企业可以利用中国丰富的劳动力资源，外资进入同样也可以利用。经济理论中的比较利益理论的前提假设——要素不流动，商品流动；劳动力不流动，资本也基本不流动——这样才会产生一国劳动力、资本等要素禀赋多寡的比

较。在这个前提假设下，美国资本资源丰富就该发展资本密集型产业，中国劳动力资源丰富就应发展劳动密集型产业。但这个理论在中国不太适用，因为大量的外企涌入中国（一是劳动力引诱；二是市场引诱）。那么谁才是劳动力密集型？谁才是资本密集型？

很多类似的问题经过深入思考，会发现具体问题与理论是不太相符的。以这次欧盟和中国的贸易摩擦为例。欧盟向来以比较利益理论为基础，原来是取消限额，后来发现进入欧洲的中国产品太多（短期增长70%～80%），那么要设限。欧盟真正从事纺织品的制造商和工人其实人数很少，根据政府管制理论中的一个命题："人数少的集团在政治上往往声音比较大。"大的集团中的个体往往有"搭便车"的心理，结果大家都不主张。这些少数的制造商和工人说受到中国冲击了，失业了，结果影响了政策取向，限制了中国。但实行以后，发现不是这么回事。大量的东西运到港口进不去，因为配额用完了。进一步发现这些东西是欧盟自己公司的，不是中国的，是欧洲在中国的企业生产的。不是像前面所说的理论那样，是中国的企业、中国工人生产以后卖到欧洲的。一段时间后，报纸报道：欧洲买不到裤子了。于是几个国家紧急召开会议，与中国紧急磋商，取消限制。这表明，中国这样巨大的国家使得世界所谓的比较优势格局产生了很大的变化，这个变化是原来大家没有料到的。

二、工业化的技术来源和技术控制

1. 中国工业的发展主要依靠模仿、引进西方发达国家的技术，还是要强调发展拥有自主知识产权的技术

不可否认，中国工业技术的主要来源是西方国家。工业化是个世界现象，中国作为一个后发的发展中国家，它的技术来源于西方，那么是否强调发展拥有自主知识产权的技术？理论上，当然要，但是强调到多大程度？可能不同历史阶段程度不同，这个问题在部门之间、学者之间争议很大。比如原来的外经贸部和科技部就有不同意见。学者中一部分认为就应该引进，因为引进成本低廉，自主开发虽然收益高，但是投入大，风险高，现阶段不如模仿和引进，目前中国还没有足够实力。"十一五"规划中很强调自主创新。那么怎么样自主创新？中国工业技术创新发展到底走哪条路？这些问题都很难回答。比如汽车产业，它到底应该怎么办？

2. 同外国跨国公司合作，参与跨国公司的全球生产链体系，会不会影响长期的发展呢

这个问题也没有什么定论。联合国工发组织的一位专家曾经这样说：“联合国这么多国家，我发现唯有中国对世界500强到本国投资表现得如此欢欣鼓舞。”也许中国不忘自己是个大国，外资进入没有什么关系，但别的国家担心的是后续的问题，因为跨国公司不是来帮助你发展的，它们是从自身的全球战略出发来考虑的。比如沃尔玛，以前在世界上声誉不太好。在美国，它不进入大城市，专门进入中小城市。美国人说它破坏了小城市的商业生态，小城市到处是沃尔玛的超市和产品，文化差异也给消灭了。进一步他们认为沃尔玛采取低成本战略，侵犯劳工权益，比如不准成立工会。我认为，中国可能不一样，第一，中国市场如此之大；第二，可以限制沃尔玛之类的跨国公司进入大城市。另外，500强都来了，它们自身之间也会有竞争，这会削弱它们的市场力量。

3. 对于一国的产业发展，技术控制是否具有决定性的意义，短期内丧失技术控制权会不会导致长期的技术依附

有的学者认为不会，因为上端的技术层面也是竞争的。比如汽车，中国目前短期内没有什么技术，技术被控制。在和外商合资时，外国和我们签订协议时对技术也卡死了。但是实际情况是没有一个大公司可以垄断。既然有竞争，中国就有机会。当然也有学者比较悲观，认为中国小轿车行业从此失去了发展机会，甚至深入到了某些具体企业的作为。比如二汽，二汽的做法虽然改善了二汽的财务状况，效益也好了，但是有人认为二汽还存在吗？都被外国人控制了。再往下深入到技术层面，瞄准技术开发来控制技术甚至控制品牌，其中存在经济选择问题，而又很难有一个理想的答案。

4. 如何看待技术开发的高投入、高收益、高风险，及其同目前中国加工制造的相对低投入、低收益、低风险之间的关系

中国如何选择？两方面兼备当然最好，但是经济学是选择（有选择就有放弃），都要是不可能的，即使是中国这样巨大的经济体。“十一五”规划把技术提到了很高层面，如自主开发、自主品牌等，但是现实中特别是企业层面的决策是十分困难的。中国也有一些好的企业（比如华为），但在全国范围仍然是凤毛麟角。学者们得出了很多研究结论，如中国企业不重视技术开发，没有开发意识，没有控制力和控制权。其实他们不是没这个觉悟，没想通。关键是他们有这个能力吗？可以承担风险吗？能有这么大的投资吗？确实很艰难。中国企业的技

术开发都不行，我们不能简单得出结论说他们都做错了，这不符合经济学的基本逻辑——每个人都是理性的。他们都希望这样，他们也都是理性的，所有人不重视技术研发，这表明中国是不是就处于这样的阶段或者中国的宏观政策存在问题？管理学可以有这样的逻辑说他们都做错了，经济学不行，大部分企业不这样做，都没投入研发，他们仍然理性。那么关键是为什么要这样理性？理性是不是到了转向的时候了？政府是否应该通过某些政策、制度设计来帮助、促使企业理性转向自主开发技术、控制技术的道路？这个问题，我们应该从政府和企业两个层面继续研究。

三、“中国制造”产品的大幅度增长具有怎样的经济意义

1.“中国制造”产品的大幅度增长，是否表明中国产业竞争力和企业竞争力的增强

我们在研究产业和企业竞争力的时候，往往主要看市场份额。如果从份额上看，毫无疑问，中国的地位是大幅度提高了。改革开放前中国占世界的比例是百分之一点几，现在是百分之四五，特别是在欧美和日本，中国制造的产品的份额迅速提高。这里有一个问题：“中国制造”是什么意思？中文意思比较模糊，英文翻译有两种：“made in China”和“made by China”。“made in China”统计学上对应的是GDP，“made by China”对应的指标是GNP。如果是前者，中国肯定是迅速增长，如果是后者，肯定没有那么快，因为中国有大量的外企。比如一个日本的电子企业到中国投资生产，其产品肯定是“made in China”，那么是中国企业的竞争力提高了吗？很显然不是，是日本的企业竞争力提高了，因为它利用了中国的廉价资源和市场。

2.“中国制造”产品的大幅度增长是否意味着中国工人抢了其他国家工人的饭碗

有人玩笑似地描绘了中国一个乐观而又奇怪的情景：中国政府支持跨国公司到中国，带着中国工人，去抢夺美国工人的饭碗。美国媒体经常就是这样宣传的，说中美之间有摩擦，中美经济关系很紧张。我认为，紧张大可不必，因为美国和中国的企业利益是拴在一起的。确实也有利益不一致的地方，美国的工人兄弟们、工会肯定认为饭碗被抢过去了，这也可以理解。但是跨国公司的业务在增长，支持他们利益的集团会替中国说话，比如说不能把美国的失业问题归咎于中

国，所以很少有跨国公司支持政府制裁中国。但中小企业、商会之类确实一直反对中国，支持制裁中国。

3. “中国制造”产品的大幅度增长对国际市场价格水平的影响

“中国价格”现在已经成为国外一个专有名词，外国人觉得不可思议。举一个简单的例子，浙江义乌。一个名牌女包“路易斯·威登”，在中国香港至少得8000多港币。我有个女同事在法国买了一个坤包，很便宜，折合人民币也就5000多元吧。一次去新闻出版署办事，我让一位石副处长猜这个包的价格。石副处长说：“我估计也就50多元吧。”后来她解释说：“我是义乌人。在我们那儿50多元的包就很不错了。”另外一次，我去了义乌一个卖包的商店，就问店主：“价格是多少?”对方说：“你要几个?”“我要一个。”“一个不卖。”对方很干脆。接着我又问：“有什么牌子?”“你想要什么牌子?”后来有人告诉我应该说要买几个样品，这样对方才卖给你。我照着这个方法行事，店主说：“20元一个。”我觉得很便宜，决定多买几个，对方一听：“多买几个，15元也行。”

义乌的交通不方便，但是那里外商云集。在瑞士，有很多小店兜售工艺品、表、挂钟之类的，价格都在20瑞士法郎左右，估计这样的东西在中国肯定要不了10元。长绒毛玩具在中国十分便宜，所以外国大商家肯定欢迎这样的货物，但是外国的小商店、夫妻店受到了这样的产品的冲击，肯定无法生存。所以“中国价格”确实对世界产生了巨大的影响，也肯定会在外国政府的政策上有所反映。当然不同的外国人会有不同的反应。有的会提出要和中国讨论一下竞争政策的问题，如何竞争。他们认为自己和中国人的思想和行为都是不同的。欧洲人认为他们工作是为了生活，所以他们得有时间工作，也得有时间生活，生活的时候不能工作。比如说很多地方周末商店、饭馆都不能开门。在欧洲的一些中小城市周末就是这样，偶尔碰见个中餐馆，也是“take away”。欧洲人认为中国人是“为生产而生产”，恨不得商店一周七天天天营业。欧洲只有一些夜间连锁店可以晚上开门，要是都营业就是不正当竞争。如果欧洲人像中国人这样，就无法生活了。因此必须和中国讨论竞争秩序、规制和社会责任的问题。我曾经和温州烟具协会的副会长多次讨论，此人向我们介绍外国人怎么样限制我们：两美元以下的打火机必须安装一个保护儿童的装置——这其实是个技术壁垒。外国人希望通过这种办法来提高一下中国打火机的价格，但是中国人太聪明了，一个小点子就解决了。最后，我们的官司也打赢了，认为我们的产品都是两美元以下的，控方产品都是10美元以上的，没有造成实质性损害。可是，官司赢了之后，我们也要反思。大家试想，全世界这么多打火机生产国家和企业，而中国浙江就占据了全世界市场的百分之七八十，应该考虑一下别人怎样存活。

因此，很多国家认为自由贸易也要有竞争秩序和规则。中国工人的工资不能太低，生产条件要符合环保标准，还要有社会责任认证，其中一条就是工人每周加班不能超过多少小时。只有劳动成本高点，产品价格相应贵点，才有起点展开公平竞争。世界贸易组织下一个话题就是竞争政策问题。这最早是由欧洲人提出来的，开始美国不同意，广大发展中国家也不同意，因为发展中国家就是劳动力便宜。中国也提出要进行谈判。商务部就此召开讨论会时，我们的意见是姿态要高，但是涉及具体的协议、条款时，我们必须慎之又慎。

4. “中国制造”产品的大幅度增长，中国国民是否获得了相应的利益和福利

这在“十一五”规划中已经体现了有关的思考。有的人形象地说：中国人真伟大，我们日夜工作，加班加点，不惜污染环境，生产了大量的廉价商品，提供给全世界人民，自己没得多少。感兴趣的同学可以对此做一研究，卖到外国100美元的商品，中国到底得了多少？国外对此有过计算。中国竞争力比较强的纺织服装业，如果卖到欧洲是100美元，根据日本人的计算，中国大概得到了19美元多，不到20美元。一些高新技术中国得到的更少，大约10美元不到。我曾经和一位日本学者讨论过。日本学者认为很多日本企业到中国来，使得日本出现了产业空洞化。我的回答是：这些日本企业到中国来，是为了得到利润和市场。这一点他也承认。我接着反问他觉得是就业好还是财富好，他回答还是就业好。我说，这是你们学者的看法，日本的大企业会说还是财富好。这就是不同利益集团的区别。

我反复强调中国是一个庞大的经济体，它进入工业化进程对世界的格局产生了巨大而又深刻的影响。很多事情不能责怪中国人，而是世界经济的秩序造成的。工业化有个逻辑：资本主义市场经济，要求自由贸易，资源全球配置。工业化最先在西欧和西欧移民国家发生后，由于它们人口少，必然首先要求自由贸易，其次要求投资自由化，最后是自由移民，这三个基本要求（自由贸易、投资自由、移民自由）导致了两次世界大战和鸦片战争。但是什么规则一旦运用到中国都要变。当年中国和美国邦交恢复和联合国合法席位的恢复，卡特政府指责中国违反人权，因为中国反对自由移民，移民是人权。邓小平说，好啊，我们不反对，那么你们美国每年需要多少呢？3000万人还是5000万人？这个话题才就此打住。世界贸易组织也有一个议题：自然人的国际流动。既然商品、资本可以流动，人当然也可以。如果不准移民，怎么会有美国、加拿大等国家。但是他们现在是限制移民，有非法移民。这一切都是发达国家在制定规则，中国该怎么办？当然只能让资本进来，生产产品来出口。因而中国出现了所谓的“加工贸易”，就是进出口都不收关税，“境内关外”。我把它形象说成相当于在公海上生产。

综上我们所谈到的，这一切都是世界格局的产物，这是世界工业化、经济秩序所造成的，当然在某些方面中国企业也不能做得太过分。而且外国一直在施压，让人民币升值，让中国不要过分鼓励出口，要扩大内需。但是从总的大经济格局看，这些事情都很难解决。

四、中国工业化的资源和环境代价

这个问题也非常重要。工业化没有不消耗资源、不影响环境的。

（1）关键是，中国和世界的资源（石油、水、土地等）能否支撑中国按照发达国家的方式（技术路线、大众消费模式）实现工业化？

这个问题很尖锐。中国如果必须走不同于发达国家的工业化道路，是否有客观根据？是改变技术路线，还是改变大众消费模式？美国人是石油换农业（大量土地和机械化），当然有竞争力。中国农业当然不能这样做，我们没有那么多石油和土地。与此类比的是，中国在工业化方面能否走不同的路线？能不能不走大众消费的模式？美国人开汽车，我们不开。

（2）现在，绝大多数地区都把加速投资发展制造业作为实现工业化的基本战略，这是否会对资源和环境产生难以承受的压力？

（3）强调资源节约和环境保护对中国产品国际竞争力的影响。资源节约、环境保护的标准应该处于什么样的水平才符合中国国情？我在前面讲竞争政策也涉及了。环境标准高点好还是低点好？我们还需要竞争力。当两者有一定矛盾时，怎样平衡？

（4）中国可以在多大程度上容忍发达国家向中国“转移污染”？这里转移污染并不都是贬义。各国的标准不同，有的产业在发达国家不符合标准，但是不违反中国现阶段的环保标准。这在法律上、理论上都是可行的，那么对这种企业我们能够在多大程度上可以接受？这是个很现实的问题。现在外国人有两个方面的考虑：一方面，要求中国保护环境，他们倒不是为中国人的福利着想，而是怕中国人以牺牲环境为代价来增强产品竞争力；另一方面，他们也反对中国人保护环境，因为他们要转移一些已经不符合他们本国标准的产业。举个简单例子，中国曾经限制焦炭出口，这就遭到了一些国家的反对，说中国是不正当竞争。因此对于这些情况，我们不能感情用事，要权衡利弊。

五、大规模引进外资对国家经济安全的长期影响

对这个问题，本次讲座不做更深入的讨论。

（1）大型跨国公司同中小型外资企业对华投资战略有没有差别？跨国公司是不是会“吃掉”中国企业，控制甚至垄断中国市场？

学者们对此的看法是有差别的。前面提到的那位联合国工发组织的专家就说：为什么其他国家不像中国这样对跨国公司的进入欢欣鼓舞，因为大的跨国公司如可口可乐，都有自己的全球战略，它们往往不会满足于赚钱，它们要垄断某个产业，“吃掉”当地企业。

（2）现在外资大量进入，将来如果中国的投资环境和市场状况发生变化，是否存在外资企业大规模撤离中国的可能？

现在外商进入是因为中国投资环境较好，成本便宜。那么将来中国进一步发展，这些资源的价格肯定会上涨，到时候会不会产生外资企业大规模撤离？有学者持乐观态度，认为他们如果撤离会撤到哪儿呢？认为他们无处可去。但现实中，在地区这个层面上已经有这样的担心了。比如珠三角担心会转移到长三角，上海担心这些外企会转移到苏州、浙江。

（3）如果一个产业被外商投资企业所控制，会不会对中国的国家安全造成严重危害？

一般认为这会对国家安全造成危害，当然同样也存在不同声音。更进一步，敏感领域，或者特殊时期，国家面临非常状态时，外商投资企业会不会配合中国政府的政策举措？有的人认为外企不会和政府配合。持反对意见方则以 SARS 为例，认为当时外商对政府的支持不比国企少。

六、中国实行贸易保护政策的实际作用是什么

中国现在是越来越不保护，当然有的地方还是要保护。贸易保护与比较优势理论一样都有理论前提，根据逻辑推论出什么情况需要保护。有一个基本理论是要保护幼稚产业，等它成长起来，就不再保护。

（1）那么，贸易保护对象是谁？

什么是“民族企业”、“本国企业”、“中国企业”？德国大众、美国通用设在中国的企业按照定义也是中国企业，是本土企业。所以倘若对此保护，就不是保护幼稚产业了，而是不论强弱都保护了。如此，“民族企业”或者“民族产业”这样的概念还有没有实际意义？

（2）贸易保护的根据是什么？

中国对外开放具有“外商投资主导”特征，所以，中国的贸易保护政策，不仅保护了中国企业，也保护了外商企业。这样，“保护幼稚产业”的理论根据就不存在了。例如中国在准备调低汽车关税的时候，国企不敏感，最敏感的是通

用汽车这样的公司。那么，贸易保护（例如汽车产业的保护）的根据究竟是什么？

（3）中国巨大的制造成本优势和市场空间，是否能避免更彻底的自由贸易政策的负面影响和冲击？

有人很乐观，认为中国很特殊，许多外国认为是问题的，到中国就不是问题。比如沃尔玛，中国市场这么大，要想完全控制还是不太可能的。

七、为吸引外资，各地之间为改善“投资环境”的竞争，可能导致怎样的后果

经济理论基本上有这样一个框架：企业是竞争的，政府是垄断的。所以企业要创新，创新的含义是想尽办法改变，熊彼特所谓“破坏性创造”，只要法律不禁止都可以做；政府是制度的制定者，是规制者，只能做法律上允许的事情。但中国不是这样。

（1）中国的地方政府在工业化过程中的强烈作用，是中国工业化的一个显著特点。

政府主导地区经济发展，甚至存在“政府主导性”投资，这是中国工业化过程的一种弊端还是必然？我们经常指责“政绩工程”。更深刻的是，政府是否仅仅只是一个垄断的规制者？现实中，中国地方政府之间是竞争的，外国人说中国的市长像一个大公司的董事长，这很有道理。中国的政府有企业行为。各地方政府竞争的经济实质是政府利用手中不能流动的资源去争取流动的资源。如果说他们有竞争行为，主导发展，那么他们手里有哪些资源，如何利用这些不流动的资源？例如吸引外资，最重要的是土地，早先还有税收政策。

（2）那么如何评价各地的土地批租政策？

比如一块临街的土地，其作价是10万元，相同或类似的土地换一个地方可能会降到8万元，一直这样竞争下去，可能最后是零价格。税收也是这样。所以税收政策制定权才会上收，地方政府减免的只有留给地方的那一块。

（3）如何评价为吸引外资而实行的税收减免政策？

（4）如何权衡短期利益和长期利益：各地之间的优惠政策竞争会不会导致长期利益的牺牲？

现在很多权力都被上收，如果一点都不给，地方政府就没什么作为了。就我的观点，我认为中国的地区工业化还是非常依赖地方政府的推动。那么它应该允许有什么手段？这些手段的作用机制很简单，比如改善投资环境，很多就是降低价格，是价格竞争。关于这个问题，我们还需要进一步研究，不能一味指责，要

有客观的态度。

八、中国工业化的政策意向是就业优先，还是财富（效益）优先

这涉及一系列的问题。也就是现阶段工业化的取向最重要的是什么？什么都要当然好，“十全大补”，但这是不可能的，这也是个选择。

（1）鼓励产业发展的优惠政策主要向高附加值企业（例如高技术企业）倾斜，还是向高就业企业倾斜？是向大企业倾斜，还是向中小企业倾斜？

鼓励企业做大做强，资源向它们流动。这是一种思路。另一种思路就是考虑中小企业，因为中小企业的就业效应可能更好，而且竞争性更好。从国际上看，政策的一般倾向是中小企业，因为大企业已经很有竞争力了，再倾斜可能是不正当竞争。市场来调节竞争，政府多关注就业。

（2）人民币汇率是否应该适当低估？

这包含了很多因素，最重要的是就业和财富之间的权衡。要更多考虑就业，当然低估点好；考虑财富，可以升值。外国一个专家曾经和我交流。他认为，中国是200年一个轮回。100多年前，中国的产值是世界的1/4强。200年后，大概2020~2025年，中国又将是世界的1/4。接着他向我阐述了理由，两个方面：一方面，现在中国的发展速度和世界平均发展速度的比较，中国的是8%~9%，世界的是2%左右；二是人民币升值。人民币现在是8元多兑1美元，估计5年之内能升到5元多兑换1美元。20世纪80年代是360多日元兑1美元，现在是100多日元兑换1美元，这样日本的比重才提升得如此之快。那么中国可以吗？我认为很难确定，正是因为以上说的这个权衡。

（3）是否鼓励中国企业对外投资？中国企业对外投资的目的是什么：获取资源？提高企业效益？转移生产能力？造就大型企业？寻找比中国更优越的发展空间？

走出去可能会影响就业，这是显然的。我认为必须要目的清楚，同时我认为目前的第一要务是获取资源。中国工业化到了这一阶段，外国投资中国有得有失，反过来我们也要考虑对外投资的得失。

九、以怎样的方式处理和解决工业化过程中的经济不平衡矛盾

（1）从世界范围看，人类至今未能解决工业化所产生的经济不平衡矛盾。

中国如何解决这一极为困难的问题？

世界范围没有解决这个矛盾，小范围如一个国家、地区有解决了的，但是几千万人口的大经济体以及经济体之间的差距还无法解决。有个办法就是非商业化资金，那么，非商业化资金（例如，财政转移支付、国债资金等）在多大程度上可以解决地区不平衡？为此会付出多大的效率代价？在理论上，非商业资金的效率提高很困难，通常它都比商业化资金低，这在理论上没有什么疑义。

（2）城乡差距、财产差距、收入差距的急剧扩大，是不是中国工业化不可避免的代价？这样的差距扩大趋势是否具有收敛性？

在中国的工业化过程中，城乡差距、财产差距、收入差距急剧扩大是不是中国工业化不可避免的代价？我们知道，世界工业化过程中间，财富差距的扩大、收入差距的扩大、地区（国家）之间差距的扩大在某种程度上是工业化的代价，那么中国是不是也要付出代价，我们能够付得起多大的代价？这样一种差距扩大的趋势是不是具有收敛性？理论上有两种解释：一种理论认为，倒“U”字形理论，即差距发展到一定程度就会自然在市场机制下收敛；另一种理论认为，差距不会收敛，而且还会不断地扩大，那么政府就要采取手段来解决。

（3）中国工业化过程中同时存在两个巨大的差距：一是中国经济发展水平同发达国家的差距；二是沿海发达地区经济发展水平同内地的差距。在政策取向上，尽快缩小这两个差距中的哪一个差距更具有迫切性？

同时缩小两个差距是不现实的，因为我国的资源是有限的。沿海地区讲“率先实现现代化”，西部讲“大开发”，中部地区讲“崛起”。但是，政策应该有所倾向，如果任由市场机制来调节，那么，这一差距从世界范围来看没有收敛趋势，在中国目前也尚未看到倒“U”字的可能性出现，所以，应由国家干预和国家倾斜政策，最后国家政策还应有一个最基本的趋向——国家的战略是什么？

十、工业化进程中的国有企业和民营企业

（1）如何评价国有企业：效率、竞争力、控制力、社会目标？

目前，对中国的大多数产业，特别是战略性产业，具有较强的实力、竞争力的企业的社会目标的实现如何来评价？这些企业到目前为止基本上都是国有企业或国有控股企业。那么国有企业除了追求效率、市场竞争之外，应不应该承担特殊的社会政策目标？是不是和民营企业一样，只要求竞争、赚钱，只要纳税就行？还是说，还要有其他的社会政策目标呢？比如说国防、经济控制力等。

（2）从发展趋势看，中国工业化的主要推进力是不是国有企业？国有企业在国民经济中的合理比重是多少？

中国工业化过程的推进，虽然对不同地区可能有所不同，但我们应有一个总体的考虑。

（3）如何评价民营企业和家族企业？

世界上大多数的民营企业都是家族企业，中国民营企业的大发展是否意味着家族企业（或者类家族企业）将成为中国工业化过程中的一种主要企业形态？

（4）大企业、中小企业、外国跨国公司，在中国工业化过程中的作用。在政策意向上，应该鼓励大企业还是中小企业的发展？

十一、中国工业化时期的商业文化和价值观

本问题解释了工业化很重要的一个方面。上文讲过，地球上的工业化现象发生在西欧，那么为什么在西欧会出现工业化现象？很多解释，如气候的问题、地理区位的问题、资源的问题、政治的问题，等等，但是其中有一个十分有影响的解释——西欧出现了现代商业文明的理念，这一文化和观念的革命使西欧率先产生了资本主义市场经济。具体讲，天主教对圣经的解释有一句话“富人要进天堂比骆驼钻进针眼还难”，为富不仁的富人死后进不了天堂，赚钱是不道德的；宗教革命后，新教的产生改变了这一观念，新教认为“商人赚钱是正当的”，因为“他执行上帝的使命”，赚钱和“敬业”是一样的；商人追求利润是正当的，而且，他们赚了钱以后还要执行上帝的使命——进行再投资继续创造利润，不能如贵族一样肆意挥霍。这一过程表现了两个方面的意义：一是追求利润本身是合理正当的；二是积累投资理念的重大作用，不断地积累、投资、追求利润的理念推动了西方市场经济的萌芽、建立和发展。

基于上述观点，在中国的特定环境约束下，在中国的社会、经济背景下，还有如下的一些问题需要进一步讨论：

（1）以利润最大化为唯一目标是不是增强企业竞争力的必要条件？

在经济学上，企业被假定为“以利润最大化为目标”，那么，现实中是否也是如此？许多研究表明现实中的企业行为并不符合经济学的上述假定。

（2）企业员工、经理、所有者、国家……谁以利润最大化为目标？企业为什么要以利润最大化为目标？

当企业员工、经理、所有者、国家都参与到企业的运营当中时，他们是否都以利润最大化为目标？如果企业利润归所有者，那么所有者行为的目标便是企业利润最大化。但是，国家为什么以企业最大化为目标呢？是否可以说，企业利润最大化对企业的所有参与者都有好处呢？这属于商业价值观层面的问题。

（3）在现实社会中，利润最大化是否真的成为企业和各个利益相关者的行

为目标？

（4）中华文明的财富观、商业价值观。

刚刚讲过，国外的商业价值观是：追求利润，但并不将利润传给子女。西方的商业文明本身具备一个“评价机制”——一个企业家只要其经营有方，他就会得到社会认同。所以，比尔·盖茨在美国的社会地位的评价绝对高于总统（估计美国总统难以进入前10名）。这一现象出现的根本原因在于西方社会业已存在的“社会认同标准”。中国的商业文明自古以来就不存在对商人或企业家的评价标准，而且认为商业成就本身不能得到类似西方文明中的社会认同。相反，当一个企业家有所作为（商业成功）时，首先社会认为他应该弃商从政，混个一官半职；其次社会表扬企业家为“儒商”，认为该企业家除了做商人之外还应该是“学者”。基于此，中国的许多民营企业家在商业有所成就后还要去追求一个能够得到中国社会普遍认同的“头衔”，比如当博士、做博导，之后就是政协委员、人大代表……下面，大家可以思考这样一个问题——我称之为“比尔·盖茨猜想”：如果比尔·盖茨在中国创造了一个类似微软的企业，那么他现在在中国是什么人？他在美国只是一个大学肄业生，没有学位，他在中国是什么呢？如果社会对一个以企业利润最大化为目标的商人的评价与其商业成就无关，那么商人还有什么动力去维持企业的长久发展，还有何动力去创办“百年老店”？中国的工业化如何能持续、快速地推进呢？所以，树立中国的商业价值观——商人的终极评价——是十分重要的，它决定了企业家的行为，决定了企业究竟有没有长久的竞争能力，也决定了一个国家工业化的前景。

谢谢大家，今天就到这里。

整理人：陈志

（文章来源自《学术讲座荟萃》第28辑，2005年10月13日）

当前中国的“三农”问题形势与政策走向

韩 俊

韩俊

男，1963年生。现任国务院发展研究中心农村经济研究部部长、研究员。兼任中央国家机关青联常委，第九届全国青联常委，中国农业经济学会常务理事，农业部软科学委员会委员及专家组成员，青海省人民政府科技顾问，西北农林科技大学兼职教授、博士生导师，浙江大学兼职教授。

主要科研工作及获奖情况：近年来曾主持和参与过《中国农村经济形势分析与预测》（农村绿皮书）、《中国农业发展年度报告》（农业白皮书）、《中国农村工业化道路》、《三元经济结构与中国现代化发展模式》、《农村剩余劳动力转移研究》、《邓小平的农业思想研究》、《中国农业如何实现第二个飞跃》、《中国农村改革与发展道路研究》、《粮食流通体制改革研究》、《农村股份合作经济研究》、《邓小平经济思想与中国农村改革与发展》、《农业与回民经济周期关系》、《中国农产品加工业发展研究》等一系列重大课题的研究工作，并获得国家社科基金优秀成果奖1项，全国青年优秀社会科学成果专著奖1项，中国社科院优秀科研成果三等奖1项，中国社科院青年优秀科研成果二等奖2项，农业部软科学优秀成果三等奖3项。

非常高兴到研究生院来和大家进行交流。每年都来给大家讲一次，每年的题目都是一样，都是“中国的‘三农’问题与政策走向”。每年讲，都感觉到这个题目如果讲抽象的理论和概念，对大家没有什么吸引力。我所在的这个单位是一个政策性的研究机构，所以我今天就结合我们国务院发展研究中心农村经济研究部最近两三年开展的一些调研课题，结合最近几年我参与的中央一些农业政策的讨论，了解的一些情况，多给大家讲一些情况，共同地和大家来探讨一些问题。

一、两个重大判断

我们的“三农”政策，大家首先会想到2003年、2004年中央连续发了两个一号文件，20世纪80年代初曾经发过五个一号文件，加起来是七个一号文件。在中国，中央一号文件实际上和法律差不多，国外都是立法，我们最高的就是中央文件，在中央文件里面最高的就是一号文件。在两个一号文件的背后实际上有两个重大的判断：

第一个判断就是党的十六大第一次提出来要统筹城乡经济社会的发展。党的十六大以后《人民日报》曾经约我写过一篇文章，文章的题目是《统筹城乡发展是解决“三农”问题的重大战略》。当时我认为中央关于“三农”问题的所有表述里面，统筹城乡发展这几个字的含金量是最高的。党的十六大以后在2003年召开的中央农村工作会议上，胡锦涛第一次明确地讲，解决好“三农”问题是全党工作的重中之重。每年中央必开的会议就两个：一个是中央经济工作会议，另一个是中央农村工作会议，是每年雷打不动的两个会议。中央农村工作会议召开之后，新华社发了通稿，对外还要发英文稿，“重中之重”要用英文表述出来，他们就请教我们，你们说的“重中之重”是什么意思呢？译成英文怎样才能把你们的意思准确表达出来呢？跟他们讨论之后，他们说能不能用 top of priority，大家都知道 priority 是优先的意思，最顶级的优先，这就叫重中之重。后来觉得这也不是很准确，因为将来可能还有重中之重之重。后来就想了一个词，叫 priority among priority，这还是比较准确的，重中之重嘛，优先里面它是最优先的。

为什么说“三农”问题是中国的重中之重？很多人问我，我的回答是因为“三农”问题在中国是难中之难。我想在座的可能专门研究“三农”问题、学习“三农”问题的同学还不是很多。那你说中国现在面临的问题不多吗？每一个领域都有许多难题。国有企业的改革问题，我们改了这么多年，“郎顾之争”一出，国有企业就成了一个很大的问题了，是不是改错了？今后怎么改呢？金融的问题是不是中国面临的一个很大问题啊？我们存在着一种系统性的金融风险。我们的汇率制度怎么改革？我们的金融怎么开放？我们的社会保障是不是一个很大的问题呢？也是一个很大的问题。就说医疗体制改革吧，我们国务院发展研究中心写了一份报告，就说中国的医疗体制改革基本上是不成功的。这个判断引起了全社会甚至全球范围内的关注。

但是相对于“三农”问题来讲，我觉得这些问题都不难。为什么“三农”问题是难中之难呢？什么叫解决好“三农”问题？解决好“三农”问题有两层含义：第一层含义应该让农民和城市居民一样能够平等地享受基本均等化的公共服务。这是对现代政府的一个基本要求。公共财政建设的一个基本目标就是要让人人享有均等化的基本公共服务。将来要让农民享受到教育、医疗、社会保障及其他方面的均等化的公共服务。这是一个非常大的课题。更高的一个目标是什么呢？第一层含义是要消除城乡之间巨大的收入差距。基本消除城乡之间的收入差距，也就是说要让农民和市民一样过上水平大致相当的生活。谈何容易啊！我们现在的城乡差距，如果讲一连串的数据那会显得苍白无力。城乡收入差距，城市去年是农村的3.23倍，大家可以感受一下中国的城乡差距有多大。你看一下最发达的几个大都市地区，你再看一下最落后的农村地区。它们的差距有多大呢？城市可以说是日新月异，到处都是很繁华很繁荣的景象，甚至到处都是富丽堂皇、金碧辉煌。农村呢？特别是最近10年，农村的变化特别是中西部农村的变化，只要大家到农村走一走，变化真的不大，而这10年城市变化真是非常之大。所以我认识的许多外国专家，到了北京、上海、深圳，他们一看，说你们中国怎么能算是发展中国家呢？我说你到中西部地区看一下。我们现在讲五个统筹，城乡差距这是大家公认的，地区差距的核心也是城乡差距。你说成都市，它和广东沿海、杭州的城市差距到底有多大呢？城市居民的生活收入水平差距没有多大。但是成都的农村和浙江的农村相比，那差距是非常之大啊！

我们的城乡差距在过去十几年一直在持续地扩大，而且现在我们看不到这差距有任何缩小的迹象。所以在中国要真正让农民和市民那样享受到比较好的公共服务，真正要把城乡这种差距不断扩大的趋势给扭转过来，最终让农民和市民过上同样的生活，绝对不是10年、20年可以达到的目标。如果城乡之间的这种差

距不缩小，那全面实现小康社会的目标怎么能实现呢？中国怎么可以建设成一个和谐社会呢？中国怎么可以成为一个真正现代化的国家呢？那么同学们可以想一想，有哪一个问题能够在20～30年的时间里，持续性地必须受到关注。只有“三农”问题！所以说“三农”问题是中国的重中之重，那么这个定位，用这种重中之重的概括，来确立“三农”问题在我们国家现代化建设中的战略地位，我认为一点都不过分。

那么重中之重的另一层含义呢？我认为就是新的一代中央领导集体对解决好“三农”问题在政治上做出的一种政治承诺。大家想一想，胡总书记讲了，“三农”问题是全党工作的重中之重。温总理也讲了，是全部工作的重中之重。如果重中之重的问题我们过5年、过10年还没有破题，我们就没有给老百姓交一个满意的答卷。重中之重已经成为本届政府一个标志性的提法，是所有的话语里面含金量最高的。

第二个重要判断就是两个取向的重要判断。两个取向是2004年胡锦涛总书记在十六届四中全会上正式提出来的。他讲，从各个国家工业化发展的历程来看，在工业化的一定阶段，农业支持工业，为工业提供积累，是一个普遍的取向。但是当工业化发展到相当程度以后，工业反哺农业，城市带动和支持农村，这也是一个普遍的取向。2004年中共中央召开的经济工作会议上，胡锦涛总书记又明确地讲了一句话，中国从总体上来讲，已经到了以工支农、以城带乡的发展阶段。2005年温家宝总理在他所做的政府工作报告中，明确地讲要坚持实行以工支农、以城带乡的方针。“十一五”规划建议提出，要把解决好“三农”问题作为全党工作的重中之重。继续坚持多予少取放活的方针，坚持以工业反哺农业、以城市带动农村的方针。大家可以想一想，社会保障、金融、国有企业改革这些其他方面有没有这些标志性的提法、这些口号。搞“三农”问题研究的人就是善于不断地总结一些新的概念、新的提法、新的口号及一些标志性的提法，用这些提法去统一大家的思想。

中国是不是到了工业反哺农业、城市带动农村的发展阶段呢？应该说在经济学界是有不同认识的。有的专家讲中国绝对不能用工业去反哺农业。反哺用英文怎么翻译呢？我经常到国外去开会，请教了许多外国朋友，有四个词可以来翻译。形象地讲叫feed，工业哺育农业。另外一个词叫support，工业支持农业。另外一个词叫aid，援助。还有一个词叫subsidize，补贴。一些专家讲中国还没有到工业反哺农业的发展阶段，主要是把反哺的含义理解为两个方面：一是对农产品实行价格补贴；二是对农民实行直接的收入补贴。我查看了所有的领导讲话、所有的政策性文件，中央所讲的工业反哺农业或工业支持农业，绝对不是讲通过对价格的支持，通过直接的收入转移来支持农业。我国2004年财政支农资金是

2626 亿元，占我国全部财政支出的 10%，2004 年的财政支出是 26000 亿元。我们 2004 年对种粮农民的直接补贴是 116 亿元。2004 年我们制定了粮食最低收购价的政策，但这个政策没有启动。因为市场的粮价比我们确定的最低收购价还要高，所以说粮价的补贴方面我们没有掏钱。

中央所讲的工业反哺农业、工业支持农业，主要还不是讲收入的直接补贴或者价格的直接补贴。主要是讲用工业部门上缴的利润，拿出我们的一部分财政收入来支持农村的公共品提供。有一次开会，一位教授说中国绝对不可以工业反哺农业。我说我们在讨论这个问题之前先要把概念讲清楚，什么叫工业反哺农业？你们所理解的工业反哺农业就是收入直接补贴、价格直接补贴，这个我也反对，中国绝对没有这个能力，通过直接的收入转移来解决农民问题，更不可以通过一个很高的价格支持政策，来维持农民的一种高收入水平。这是绝对不可行的。那么中国有没有到了工业反哺农业的阶段呢？最近许多学者试图总结国际经验，得出一个结论来。其实你可以看一下，国外也没有一个定义。现代化的标准是什么呢？有的专家可能做过一些概括，但是什么时候开始反哺农业？城市什么时候可以带动农村？没有一个普遍的标准。只能从自己国家的国情出发，人民币升值以后我们 2005 年的人均 GDP 达到 1500 美元。我们农业的 GDP 占全部 GDP 的 14.5%。我们的城乡收入差距可以说在全世界是最高的国家之一。只有非洲极个别的几个国家的收入差距比我们大。我说还有什么样的理由认为中国还没有到工业应该支持农业和城市应该带动农村的发展阶段呢？这也是一个重大的判断。一个是统筹城乡发展，重中之重；另一个就是两个取向。

二、两个底线

温家宝总理前不久讲话，说中国的农业政策还有两个底线：第一个底线是家庭承包经营制度，这个底线不能突破。你经常可以听到一些专家讲，说农业要搞现代化，一家一户怎么可以搞现代化？我们一家一户的农民平均土地规模只有 7.6 亩，全国 2.2 亿农户，93% 的农户土地经营规模不到一公顷。所以我们一到国外感到非常眼馋。我刚刚从加拿大回来，一个种粮农民的土地规模大约一万亩，最低的规模也是三四千亩。接近一万亩是一个比较经济的规模，我国一个种粮农民最多也就一公顷，东北多一点就是两三公顷。我们到巴西、阿根廷一看，一个农场平均在两三万亩。在美国西部的一个种粮的农民，农场规模也在五六千亩。所以几年前美国副总统戈尔到北京来访问，为了让他了解中国的情况，大使馆请了几个人。我在使馆与他们共进晚餐，同桌的就是戈尔的太太，她对中国的计划生育、对中国的农村问题非常感兴趣，她就问你们生几个孩子呀？我就说

one couple one child（一对夫妇一个孩子）。另外她问你们农村的土地是谁的？我说我们的地很难说清楚是谁的。农民说我们的法律规定土地是属于集体的，农民有的说是国有的，有的说是村里的，有的说是干部的。我说这是我们正在解决的一个问题，在法律上真正保护农民的权益。我说我来自农村，她问：“你的农场有多大?”我说我的农场只有半公顷。我说我们中国93%的农场规模不大，不到一公顷。她听了半天说你能不能 confirm 一遍？我说你可能感到非常吃惊，如果让戈尔先生到中国来管农业，他会非常地绝望。为什么会绝望呢？这么小的农场，怎么办呢？她听了以后的确非常震惊，中国每个农民的土地规模不到一公顷，中国农民怎么能活呢？所以说中国农民是全世界最勤劳的农民，所以我们中国要扩大对美国制造业的出口来增加就业，这也增进了美国人的福利。

许多人认为农场这么小，怎么搞农业现代化？从全世界来看，农业就是适合搞家庭经营，大家学经济学都知道什么叫信息不对称，什么叫监督成本，什么叫搭便车。农业为什么适合搞家庭经营？我们不能说工业适合搞家庭经营，但农业就是适合搞家庭经营。因为农业的监督成本非常高。电视机的零部件都是标准化的，监督非常容易，而农业是一个连续的过程，它的对象是有生命的动植物啊，每一个环节对下一个环节影响非常大。在人民公社时期，生产队长敲钟敲半天，大家集合起来说要“上坡”，就是要到地里干活了。头50米大家干得都非常积极，到了中间100米大家都坐在那里聊天了。到最后生产队长来了，大家再干。磨洋工、吃大锅饭，最后的100米大家再干得积极一点。农民怎么能不受穷呢？如果是家庭经营的话，丈夫不需要监督妻子，老子也不需要监督儿子。监督成本非常低，家庭信息是完全对称的。所以说农业最适合搞家庭经营。

改革开放以后，20世纪80年代初我们搞了五个一号文件，后来我们又搞了两个一号文件，一共是七个一号文件。90年代中央每年还发一个关于“三农”问题的文件。我曾经问一个乡镇干部，中央从改革开放以来发了那么多的文件，在农民眼里，他们认为最有价值的是什么？农民认为这些文件有几个是最重要的？这个干部就跟我讲，第一个是80年代的，农民印象最深的是“搞包干到户，分田到户不是资本主义”。在20世纪60年代，搞分田到户，毛泽东说是小脚女人，是资本主义呀，包括杜润生在内都受到批判。所以从1982年开始的五个一号文件就回答了一个问题：包干到户，分田到户是社会主义，不是资本主义。包干到户是分开单干，把田交给农民。90年代我们发了10个关于“三农”的中央文件，农民记住的最重要的一句话就是：把土地的权利长期交给他们了。1993年的中央文件说30年不变，1998年江泽民讲30年以后也没有必要再变。新世纪以后，我们又发了几个文件，农民印象最深的就是一句话：我种田不交税了！

20世纪80年代的土地政策是把地交给我们了，90年代的土地政策是把土地的长期权利交给我们了，21 世纪我们的农业政策就是说我们种地不交税了！这都是农民期盼的大事啊！农业政策可以写成四十条、五十条，在农民眼里就这几条最实惠。我们改革开放以来，政策之所以得到农民的欢迎，就是把地交给农民了，把土地的长期权利交给农民了。但这种权利还不能受到法律真正的有效的保护。所以温总理在答记者问时说，要把土地的经营权长期交给农民，永远不变。这是一个很大的需要研究的问题，土地本来就应该是农民的。新中国成立以前农民依附于地主，新中国成立以后建起了人民公社，农民又依附于公社。在人民公社时期，农民就像一颗棋子，农民的财产权、迁移权等许多权利都被剥夺了，他们只有磨洋工、吃大锅饭的权利。所以中国的“三农”政策，家庭联产承包制度是一条底线，绝对不可以突破。不但不可以突破，而且交给农民的权利要进一步明确界定清楚。我后面还要展开讲。

第二个底线是粮食安全。中国这么大的一个国家，我们的粮食安全是我们的一个重要国策。否则就是对老百姓不负责任，否则就是对世界不负责任。改革开放以来，我们的粮食从来没有出过问题，但这个话我们还要说。每年都要讲，政府的重要文件都讲要确保粮食安全。像美国、加拿大这样的粮食出口国家非常在乎我们的确保政策，跟我们讲，你们加入世界贸易组织后，为什么还要讲要确保粮食安全？我们就跟他讲，你不要太在乎我们的提法。我们讲粮食安全，首先概念和你们不一样，在中国大豆还算作粮食呢，20 世纪 90 年代中期前中国还出口大豆呢，我们现在已经进口 2200 万吨大豆了。全世界大豆的贸易量就 6000 万吨，我们把全世界 1/3 可交易的大豆都买来了。我们中国吃的大豆 60% 都靠进口，你说我们担不担心我们的粮食安全呢？中国的粮食自给率是 95%，如果把大豆也算作粮食，我们 2003 年的粮食自给率只有 84%。我说粮食基本自给是一个非常有弹性的概念，中国坚持的是一种差别化的政策。比如说玉米、小麦，中国的进口会越来越多。而大米，是中国的主要口粮，世界上有哪一个国家敢说，中国的大米我们包了？如果中国的大米自给率降到 80%，我们把全世界可出口的大米都买来都不够我们吃的。所以中国的粮食安全实际上是口粮的安全。

三、三条主线

归纳一下，我们新时期“三农”政策有三条主线（支柱）：

（1）工业反哺农业，其核心是公共财政要覆盖农村。

（2）城市带动农村，其核心是让农民变为产业工人、变为市民。

（3）城乡互动，其核心是挖掘农村内部潜力，建立良性城乡关系。

（一）工业反哺农业，公共财政要覆盖农村

前段时间，财政部长金人庆讲：“公共财政的阳光要普照农村，公共财政的雨露要滋润农村。”过去农村就是村事村办、乡事乡办、以支定收。要让公共财政的阳光普照农村，就必须让公共财政的太阳升起来，这太阳就是农村公共财政制度。这才能从根本上解决村事村办，乡事乡办，以支定收的利益分配格局。农村公共财政制度的建立有两个要件：一个要件是对农民少取；另一个要件是对农民多予。对农民少取，这几年我们推进了农村税费改革，中国的税赋制度从公元前594年开始（田赋），到2006年就整整2600年了。从2006年起全国免征农业税了。为什么要推进农村税费改革，为什么要取消农业税？从2001年起，我们研究部的同志，花了一年时间，选择了三个县，一个县一个县的调查，题目就叫“县乡财政与农业负担”。第一个县我们就写出了10万字的19篇调研报告，直接送中央领导同志案头，这份材料让高层决策者了解了农村财政和农民负担最真实的状况。

我们调查一户大约是半天到一天的时间，一部分人调查学校；另一部分人调查农民，我们调查了70多户完整的农户记录，我们后来把这些最翔实的材料写了一个分析。这份材料最核心的就几句话，农村的税费制度是一种累退性的税收制度。农村的税费就是根据田亩根据人口来平摊的，跟每家每户的收入没有关系。每个村农民纯收入是多少，那都不是统计出来的，都是上头规定出来的。我们的调查结果是，500元以下的税费率大约是33%，5000元以上的税费率大约是2%～3%。其他调研的计算结果和我们的结论也是基本一致的。所以说中国当前农民的负担非常沉重，小规模的土地经营几乎是无税可征。而且农民的这点收入就是他的生存收入。现代国家的税收制度不能对老百姓的生存收入征税。所以我们当时建议将所有的税费去掉，只留单一的农业税。然后逐步降低农业税税率，直至最后全部取消。

“九五”期间（1996～2000年），农民的税费总计是7000亿元。从2000年开始实行农村税费改革，到2005年底，中央和地方掏了2449亿元。如果财政有钱，支持改革比支持什么都好，支持税费改革比什么都得分，这可是载入史册的一件大事啊！2449亿元，中央财政掏了75%。整个“十五”计划期间从(2001～2005年)，农民税费负担不会超过3500亿元。“九五”是7000亿元，“十五”是3500亿元。大家要问，财政才掏了2500亿元，怎么减了3500亿元啊？很多乱收费特别是义务工和积累工，或者是全部取消或者是比原来轻多了。所以农民的减负在“十五”期间绝对不会低于3500亿元。对富裕的农民来讲这算不了什么，但是对贫困的农民来讲，这真是他们生活中的一件大事。这个改革是非常值得的。税费改革从2000年到2004年，中央用于农村税费改革的资金占中央财政支农资金的比重是11.7%。我们支持粮改的钱比支持税费改革的钱要多得多，但粮食流通体制改革并没有取得税费改革这样的效果。

2006年“皇粮国税”就终结了。有的人就说我们要和你们搞农业研究的人辩论。农民凭什么不交税？都是公民，凭什么就让农民不交税？为什么要对农民优待？为什么要给农民恩赐？农民为什么要特别对待？我到处讲，取消农业税，不是对农民的恩赐，不是对农民的优待，是给农民一个国民待遇。农民是不交农业税了，农民其他的税交不交呢？农民不单是务农呀，农民去务工经商，他交不交税？农民购买了各种生产资料，我们有没有给他抵扣？没有抵扣。世界上有哪一个国家对农产品征税，而且我们不是对农业的净收入来征税，我们是对土地的总产量征税。我们对土地农产品总产出征收8.4%的税。如果农业的利润率是10%，征8.4%的税，那么基本上把土地的剩余全部都征走了。如果计算劳动力成本的话，农业的纯收益根本不到8.4%。温家宝总理在2002年提出，农村税费改革的目标是要按照建立公共财政体制和现代税制的要求，取消不应该由农民承担的各种不合理的税费，最终统一城乡税制。温总理这就提出了三个重大的命题，一是公共财政体制，二是现代税制，三是统一城乡税制。当时大家想这句话是什么意思呢？总理肯定比我们看得要远。现在看来，农村要建立公共财政制度。按照现代税制，农业税就不是一种现代税制。说穿了，它是一种地租不是一种税收。统一城乡税制，温总理讲，千万不要着急，条件远远没有成熟，一定要给农民一个长期的休养生息的机会。为什么千万不要着急呢？农民2004年每个月的收入是245元，每月务农的收入是88元，那我们还着急跟农民去征什么税呢？他一个月的收入就88元，如果按现金收入算的话，每个月农民务农的现金收入也就六七十元呀。还不到10个美金呢。我们凭什么去跟农民征新的税种呀。我们新中国成立以来从农民那里拿得已经够多的了。所以说，要让农民休养生息。我不知道我讲了这番话之后，大家理解了没有。为什么中央决定要最终取消农业税？我认为它对农民来讲，不是恩赐，不是优待，它是真正给农民一种国民待遇。公共财政要覆盖农村，更重要的是要解决对农民的多予问题。少取从税收的角度已经解决了，对农民的多予后面我讲几个问题。

比如说教育问题，我到处宣扬一个观点：中国的重中之重是“三农”，农村的重中之重是教育。我们的“三农”政策不能见物不见人，一说发展农业就是修路搞水利，就搞这工程那工程。农村从根本上来讲，是要开发农村的人力资本，要发展农村的教育。这两年我们做了大量的调查，每年都要做一些专题调查。

第一个问题，农民的教育负担重。义务教育阶段现在在搞一费制，小学阶段

每学期的各种费用大约是 90 元，初中阶段大约是 120 元。如果按照这个负担，农民感觉到是完全可以承受的。但在一费制之外，许多学校还在收取其他的费用。我们最近做了 2000 多个农户的入户调查，我们算了一下，农民要养活一个小学生，所有的费用一年加起来是 1200 元，养活一个初中生大约是 1500 ~ 1600 元，养活一个高中生一年大约得 5000 多元，养活一个大学生大约是 12000 元。农民教育负担最沉重的是非义务教育阶段。在某些贫困县，农村考上大学的有 1/3的家庭是交不起学费的。一年 10000 多元，养活一个大学生四年得五六万元。

第二个问题，农村和城市的差距是老师的结构非常不合理。我们在安徽调查，任课的公办老师一个月工资是 1200 元，代课老师一个月的报酬是 200 元。我去西藏调查，公办老师一个月工资是 2000 多元，代课老师一个月是 200 多元。由于教师结构的不合理，还要聘一些代课老师。城里的英语、音乐、生物这些课程都有专职老师，但是在农村，叫借教。几个学校合用一个英语老师，一个教计算机的老师。

第三个问题，也是最大的问题，就是教育的投入体制不合理。我们过去的教育投入叫分级办学，就是农村的学校主要以乡政府为主。从 2002 年中央提出农村教育要实行两个转变：一个是由以农民为主转变为政府为主；另一个是由以乡政府为主转变为县政府为主，建立以县为主的农村义务教育管理体制。2002 年我们对以县为主的农村义务教育管理体制进行调查，一个县长对我讲，什么叫以县为主，在我这，县就是农村。结果是农村教育以农村为主，城市教育以政府为主。他说义务教育把乡政府压垮了，再过五年要把县政府压垮。以县为主还是城乡分割的一种观念，后来温总理就明确地讲，以县为主绝对不可以理解成为投入以县为主。那么事实上，现在以县为主就是投入以县为主。大家可以研究一下，真正把义务教育放到基层政府的国家非常之少。所以我们当时提出，农村义务教育应该是中央和省政府为主。2005 年全国农村税费改革会议上，温家宝总理讲，农村义务教育现在面临的突出问题是省和中央承担的责任还不够明确，所以税费改革的过程中，取消农业税以后，要确保农村义务教育的投入。

2005 年 5 月我们农村部的同志在安徽两个县做了大量的调查，看了许多学校，有一位校长讲得非常深刻，他说现在的农村义务教育，基本上成了学校的义务，不是家长的义务，不是国家的义务，是我学校的义务了。这个初中校舍改造欠了 46 万元，工程队老板老来找呀，有时候就把学校大门给锁了。乡政府就说你也是本乡人，不要背个骂名嘛。最后就和学校达成了一个 15 年的还款协议，每年还 3 万元。学校全部的杂费收入是 13 万元，根本入不敷出呀。这个校长就反问我，税费改革以后搞一费制了，是好事呀。但中央给的钱只够发国标工资的。我学校的欠账太多了。我这个房子是1963年盖的，是危房呀。同学们还在这上学呢。我欠了这么多债，没人替我还。我这个工资也没有全部包起来。一定要给领导带一句话，很多教育部门的领导说农村义务教育的问题已经解决了，远远没有解决，缺口太大了，最难的是学校。在北京听说，税费改革以后，基层政府财政收入锐减，基层政府的运转遇到很大困难。我们在两个县详细测算了2000~2004年税费改革以后，政府的财政收入减了多少？最好的宁国减了4.52%，最差的一个县减了11.3%。你到乡里问，现在保工资保运转没有问题。你到村里问，现在好多了，现在不用收税收费了。最难的是学校。

所以我觉得教育作为最基本的公共品，应该是最优先保证的一个领域。农村税费改革以后，我们要让公共财政的阳光照到农村，首先要让公共财政的太阳在学校升起来。“十一五”规划的建议讲进一步巩固和发展农村义务教育，对农村免杂费。本届政府取消农业税，这是载入史册的一件大事。公共财政的钱，一定要有重点要有优先序列，每三五年，政府一定要干一件大事。取消农业税以后，政府干什么样的大事农民最欢欣、最高兴呢？就是要让老百姓感觉到种地不交税，上学不交费。这就是本届政府给农民办的两件大事。我到许多国家，很少听说有上小学要交钱的。连非洲的国家都在搞义务教育。我去孟加拉国、巴基斯坦都是说教育要免费，当然它的教育质量也不一定高了，但这是一种理念。

教育问题上，第一，一定要树立一种观念，就是教育的追赶一定要优先于经济的赶超。我们的“三农”政策不能见物不见人。我们的职业教育也是短腿，所有的孩子都奔着上大学，上不了大学这学可能就白上了。我们职业教育完全受到忽视。最近我看到一本书，讲英国后来为什么工业化落伍了，日本和德国为什么成为工业强国呢？英国是一个贵族国家，进入19世纪以后就不重视职业教育，但是日本和德国就特别重视职业教育，这本书的解释就是英国之所以工业衰落跟它不重视职业教育有关系。

第二，中央和省政府在发展义务教育方面应该承担更大的责任，这个很明确。你说甘肃的省政府发展了义务教育培养了人才，全到广东打工去了。这就是教育的外部性呀。以县为主，县与县之间的财政能力差距这么大，要实现教育的公平性，怎么能实行以县为主呢？所以说，中央和省政府将来应该承担更大的责任，承担主要的责任。

第三，就是加快实行免费的义务教育。中国完全有能力，不用咬牙、不用跺脚。在税费改革之前，各种税费加到一块1300多亿元，我们咬了咬牙、跺了跺脚，就把农业税给免征了。农村义务教育支出，按照教育部的核算，每年大约是1200多亿元，其中中央和地方财政性的投入大约是1000亿元，跟农民收的学杂费是200多亿元。最近财政部算了一下，把各种各样的收费考虑在内，大约需要

500亿元就可以实行真正的免费义务教育了。我们现在对西部地区的贫困家庭实行“两免一补”。对592个国定贫困县实行“两免一补”（免除学杂费，免除课本费，对住宿的学生实行补贴）。其实我们的财政现在是2.6万亿元，到“十一五”末可以达到4万亿元。真正实行免费的义务教育对我们的政府来讲还有什么困难呢？我们非常遗憾地看到，好像教育部门要求实行免费义务教育的呼声还不如教育部门以外的同志。我就不解，我就问一个学校的校长，一个县教育局局长，为什么你们不去呼吁实行免费义务教育？他们给了我一个非常正确的答案，就是教育部门不相信公共财政的阳光能够滋润到自己头上，它更相信我跟学生家长要钱比跟财政要钱容易得多，我为什么要搞免费的义务教育？这就是一个县教育局局长和中学校长给我的答案。最后一句话就是政府要以父母之心来办教育。

（二）城市带动农村，让农民变为产业工人、变为市民

我前面讲过，城市带动农村，最重要的就是要给农民转化为产业工人创造更多的条件，为农民转化为市民创造更宽松的环境。中国改革开放以来经济结构最深刻的变化就是有两亿多农民从生产率较低的农业转移到生产率较高的非农业生产部门。大家都知道刘易斯的二元经济论。农业的边际劳动生产率是零，所以传统农业的剩余劳动力供给是无限的。但同时他又讲，工业化有一个转折点。中国从改革开放到现在我们一直处于劳动力无限供给的阶段。现在正在经历这个转折点。这个转折点的标志就是熟练劳动力价格的上升带动非熟练劳动力价格的上升。有两亿多农民从生产率较低的农业转移到生产率较高的非农业生产部门，这对GDP的贡献是非常大的。有人做了测算，对GDP的贡献率是20%。有1.2亿农村的劳动力进入各类城镇，其中76%进入地级市以上的城市就业，包括其子女，在城市居住半年以上的有1.65亿人，光流动儿童就有2000多万人。乡镇企业吸收了1.3亿人。刚才我说有两亿人，这两者加起来不是2.5亿人吗？其实大部分进入了沿海地区的乡镇企业，就是说外出就业农民和乡镇企业就业农民有一个重复的计算，大约四五千万人。所以保守的估计，有两亿农民离开土地，进入非农业部门就业。我们现在跨省流动的劳动力有5000多万人，20世纪90年代初只有几百万人。农村30岁以下的青壮年劳动力50%转移出来了。

改革以前农民就是棋盘上的棋子，改革就是恢复了农民的活性。农民有了相对自由流动的权利。中国目前的城市化率接近42%。但这是把城市中转移劳动力计算在内的，他们的子女80%是不会回农村的，但他们自己年老时80%还是要回农村的。因此有人说中国的城市化率远没有达到42%，有很大水分。如果按照户籍算，我们的城市化率只有28%。这么多人进来对我们的社会管理体制是一个非常大的挑战，所以温家宝总理前不久讲，要深层次地研究农民工问题。

农民工是一个有争议的名词，“十一五”规划用的“外出务工农民”，农民工最宽的概念既包括进城就业的农民，也包括就近转入乡镇企业仍然保留农业户籍的农民。

农民工问题的深层次问题是什么呢？我们研究归纳了一下，就是农民进得了城，但留不下。为什么留不下呢？城市对农民工经济上接纳，社会上排斥。深层次的问题还表现在农民工的合法权益没有得到真正的保护。比如说全国的农民工签订劳动合同的不到20%，农民工参加工伤保险的不到15%。我认为党的十六大以来，我们对农民工的政策真的发生了非常大的变化。我们农村部在过去10年持续性地对农民工问题进行调研。前几年我们专门调查了农民工进城的办理证卡收费问题。调查结果出来我们自己都大吃一惊。所有的证卡加起来是500多元。那么我们调查为什么要办证？为什么要收费？深圳暂住证的收费加起来320元，总共有334万人，一年是10亿元。调查表明，公安部门可以从中获取76元，计划生育部门、劳动部门都可以拿到30多元。这些资金实行的是“收支两条线”，先交到财政，然后由财政返还。例如，广东一个县每年这样的收入是6700万元，其中接近一半的钱返回给这些部门，这样地方政府办证的热情很高。劳动部门办一个证要185元，工本费很少，但却没有给农民工提供任何就业信息、培训，工资讨不回来也不帮助追讨，凭什么收费？我们的调查报告说收费完全是为部门谋福利，根本没有起到促使有序流动的作用。2003年我们当时的建议是取消所有的证卡。2004年取消这些不合理的证卡收费，为农民工节省了56亿元，2005年就业证也取消了，只有暂住证、计划生育证。卫生证国务院只允许收5元的工本费，但北京有的地方仍然要交100多元。因为办证要考试，要买教科书，要培训，而考试只是一般的标准答案，互相抄，但是钱得交，这是一种强制性培训。如果是强制的话，是公共品，应该由政府埋单，但现在是农民工自己埋单。

从2001年我们对收容遣返进行了个案研究，方法很简单，找个民工子女学校，出个作文题目——“父母在北京的打工经历”，让小学五六年级的小学生写。他们会讲述家长的故事，如果文中说自己的父母被收容了，我们就去做访谈，询问他们是怎么被收容的。结果报告的结论是，被收容的人群中99%的人都是好人。这些都有完整的故事，我们全部保留了。接着我们将160份作文精选了20份送到中南海，领导们都感到非常震惊。小学五六年级的孩子已经感受到社会的不公，对他们的歧视——农民工子女的心灵已经受到了创伤。从前在北京需要就业证、身份证、暂住证，差一个都可能被收容。我们的报告说收容遣返制度扩大到三证不全的农民工，造成了对他们的权利的粗暴侵犯和践踏，这个社会影响非常大。北京曾经每年有15万人被收容，上海十二三万人，20世纪80年代

只有一两万人。大家都知道“孙志刚事件”，它使得国务院在最短时间内取消了收容遣返的条例，目前全国有700多个救助站。

我们这几年同时在调查农民工的教育问题，这也是非常现实的问题。北京有400万农民工，2005年秋天入学的小学生中有1/3是外来人口子弟。如果没有他们，北京恐怕有两万名小学教师要下岗。大家到北京四环附近看看，很多学校90%的学生是外来民工子女。北京还有400多所民办的民工子女学校。过去对这些民工子女要收借读费，高的3000元，低的800元。为什么要收这个费呢？因为教育体制是城乡分割的。北京市核定教育公用事业费、人头费等，是按北京户口。比如朝阳区，只要招一个北京户口的学生，就拨1460多元的人头费。2005年北京拿出8600万元来补助各县区，各县区也要掏钱。北京有26万名左右的外来民工子弟处于小学阶段。学校招了40%～60%的外来学生，财政局一分钱不给，当然要向家长收费。所以说城乡分割的义务教育体制不改，就不能责怪学校收费。近年我们一直建议一定要把外来民工子弟的教育纳入流入地政府的公共财政支出范围，2005年中央规定所有学校不能收外来农民工子女的借读费。但是仍然有很多问题。我参观过一个最好的外来民工子弟学校，学校的地是从农民那儿租来的，房子是东借西借包括学杂费建起来的，老师工资、公用经费肯定也是学杂费中给解决的，但是这些学生都是收入低的外来人口的孩子，财政没有给一分钱。昨天晚上中央台“对话”节目请来了北京“行知”学校的校长，他是北京民工子弟学校中最早的校长。主持人问他：你有没有想向财政要，韩部长不是说“公共财政阳光”要照到你们身上吗？他回答说：我想都不敢想，只要给我合法的地位，不要说我非法办学，我就谢天谢地啦。像这样的民办学校他们专门招收民工子弟，承担了政府应该承担的义务教育的职能，政府就应该购买公共服务，应该给他们支持。如果北京市共有6万名民工子弟，需要多少钱？6亿元够了吧？北京市每年的财政支出是900多亿元。目前大量的外来人口涌入城市，咱们的市长应该树立一个理念：我不仅仅是有城市户籍的市民的市长，更是城市全体公民（包括外来人口）的市长。我被邀请去论证北京一些区县的相关规划，没有几个区真正考虑本区还有几十万或者上百万外来人口。城市经济发展、教育医疗、住房等诸多规划，都没有考虑外来人口。然而我们还有400万人也在城市生活。规划却都是按常住人口做。

另外一点就是，我们说的turning point——转折点。耐克公司的加工厂，美国一线工人每小时的最低工资是16美元，墨西哥是4美元，中国是0.5美元。中国不能老是强调咱们劳动力廉价，每天可以干12个小时，不给保障，这是对农民工不负责任的表现。中国农民缺乏工会，如果有的话，工资会十几年保持不变吗？沿海出现的“民工荒”，大家可以深入下去，对中国制造业的工资水平进行国际比较研究。为什么会出现"民工荒"？有的学者说是"技工荒"。据我们调查，70% ~80%的地区是招不到最不熟练的劳动力，最缺乏18~25岁的年轻的非熟练劳动力。50%的农村30岁以下的劳动力已经从农村出来了，25岁以下的60%或者70%的人都出来了，中国正接近劳动力无限供给转为有限供给的转折点。以后农民工收入会提高到每小时1美元、2美元、4美元或者更高。但是收入必须有保障。比如社保如何解决？目前广东农民工参加社保的人数最多，2004年430万人，但每年有100多万人退保。原因是农民工的社会保障在省际不能转移。农民工必须交够16年才能享受养老的待遇。他能待在一个省市16年吗？干了5年就可以退保，但是企业交的那部分不能退，所以留在社保机构补偿城市的社保。因此有人说，农民工社保在广东是"提款机"。如果说劳动力的工资永远这么低，最基本的保障永远没有，这将成为中国发展的一个很大的社会问题。

中国已经步入老龄社会，农村的老龄比例比城市还高。所以说，农民工问题是个非常大的研究问题。解决农民的就业问题不是说农民全进入城市。目前的城市化率大约是42%，如果每年提高一个百分点，到2020年，中国还有6亿~7亿农民；到2030年还有5亿农民。因此解决农民就业问题，还是要两条腿走路。沿海地区之所以发达，是因为80% ~90%的企业在县和县以下的城市。如果只是发展地级以上的城市，企业都进城市，农村必然凋敝。"十一五"规划提出要推进社会主义新农村建设，借鉴了韩国所谓的"新农村运动"。到2030年，还有5亿农民。城市到处金碧辉煌，农村不能凋敝，其本身还有建设问题。所以我认为新农村的建设是在城市化健康推进的同时，把发展战略做得更全面。不能光说必须减少农民，让农民离开农村才能让农民富起来。留在农村的5亿农民怎么办？也要给他们找出路，要发展现代高效农业、发展非农产业、中心镇、服务业、基础设施，等等。这都是新农村建设的重要内容。

（三）城乡互动，挖掘农村内部潜力，建立良性城乡关系

第三个支柱是深化农村改革，促进农村经济的全面发展，激发农村内部的发展活力。关于"三农"政策，温总理提出了六字方针"多予，少取，放活"，前面说的只是"多予"和"少取"。真正的放活要靠深化农村改革，要靠城乡配套改革。

（1）土地制度改革。它包括三个层面：

第一是土地是谁的？宪法说是农民集体的。集体是什么？有的说是村民委员会，有的说是村集体经济组织。人民公社瓦解后不存在这样的集体经济组织，村里是行政组织。集体组织在中国没有法律地位。农民说土地可能是国家的，政府

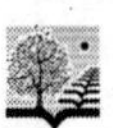

的，反正不是我的。我认为最终要解决的是土地定权的问题，只有土地定权，农民才能定心。大家都知道“人无恒产者无恒心”。在研究韩国的时候，韩国、日本包括中国台湾的农民是怎样进城的？他们都带着土地资产进城，而目前我们的农民没有把土地看成是个人的财产。所以温总理说要把土地的经营权永远交给农民。土地怎么样定权？怎么样使土地的主人真正是农民？如果农民真正感到自己是土地的主人，那么它解放生产力的作用肯定比家庭承包责任制更大。

第二是土地的征用。城市化、工业化这么快，大量占用土地。过去10年间，每年合法的占地是300万亩，包括非法占地每年大约是500万~600万亩，占用的大部分是城郊的好地。每年300万~500万人失地，全国因为征地失地的农民可能是4000万~5000万人，完全失去土地的起码是1000万人以上，这些农民“种田无地，就业无岗，创业无钱，社保无份”，农民还说“告状无门”。现在征地，农民的土地变为国家的、企业的非农用地，必须经过“compulsory acquisition”——强制征用的法律程序，包括农民盖房子。浙江在搞“新农村运动”，房子盖得和城市无区别。但是他们没有房产证，因为土地没有变性。要拿到房产证，必须要可交易。农民必须把集体的土地卖给国家，交一笔土地出让金，国家把集体的土地再出让给农民，农民才可以盖房子，才可以交易。农民说：这个理说不清，祖祖辈辈的宅基地盖了房子要拿到房产证必须先交给国家，国家再出让给我。但法律就是这样规定的。所以说，取消农业税后，最大的矛盾、引发农民上访最多的一个问题就是征地问题，核心就是补偿标准太低，征地范围太宽，给失地农民的保障水平太低——所谓“三太”。北京郊区一亩是3万元，但农民是拿不到这么多的；浙江1998~2002年平均是1.2万元每亩，这已经很高了，但农民说买一头奶牛都要1.6万元。所以说法律没有真正把土地看作是农民的财产。现在根据近三年常年产量的30倍进行补偿，江苏定的平均，一亩是1.8万元，最高是5.4万元。所以说房地产征地，比如3万元就被政府征用到手，政府一出让，可能超过100万元。这方面的研究还不够。

我们和世界银行合作了一个课题，调查了7个省，研究土地出让制度。我们从农民那儿征来的土地有三种处置方式：一是行政划拨，这也要交钱。二是协议出让，所有的工业、高科技用地都必须协议出让。比如需要100亩，价格是老板和政府谈。中国所有重大腐败都和协议出让有关。这块地值30万元，我可以只收你10万元。协议出让不是市场化的方式。因此各省出现了竞争，出现了大量的“零地价”。政府白给确实损失了，比如损失了5000万元，但企业以后缴税可能有一两亿元。协议出让压低了工业发展的成本，这是新时期农业支持工业的一个很重要的方式。前几年没有什么老板认为土地是很大的成本。三是“招拍挂”，所有房地产用地，旅游、商业用地都必须通过这种方式。调查发现，地方政府这几年城市发展最重要的资金来源是来自土地。第一项是招拍挂的土地。浙江的土地出让价中，农民补偿款占7%，各种税费大约占10%，也就是说每卖100万元的土地，政府净收80万元。土地储备中心储备的土地，除了卖还可以抵押贷款。央行研究了土地储备中心存在的金融风险，大量城市把这看作是“第二财政”，比如拿地必须给政府多少钱，用于开发区。所以土地问题不仅仅是农民内部的事情。土地征用改革从中央看思路很清楚，但实行起来非常困难，这本质是城乡利益格局的调整。我算了一下，每年征用300万亩，每亩多给农民2万元的补贴，就是600亿元。20世纪90年代土地出让金收入是上万亿元，农民拿到的微乎其微。土地是城乡利益矛盾的焦点。

第三是宅基地。《中华人民共和国物权法》目前的草案对农民土地权利的规定被认为是非常保守的。它规定农民的房屋不能跨村转让，这远远落后于现实。未来农村的房地产市场空间非常之大。有的人会说是担心农民流离失所，大可不必。只有农民成为土地真正的主人，他们可以抵押贷款，这才有感觉。如果他们没有房产证，就会突然明白自己的权利实际上是残缺不全的。

（2）金融问题。第一个是现在商业银行大量退出农村，只有信用社。我们就此做了调查，2000多户，130多个村的有效问卷。统计表明，农民有贷款需求的占60%，其中真正借过钱的占50%，借钱的农民中到金融机构办理的占其中的40%，也就是说，中国农民从正规金融机构获得的资金只有20%，并且都是3000～5000元的小额贷款。如果是3万元、5万元，土地、房屋都不能抵押，牛当然也不行，只能担保，因此农民很难贷到钱。现在农村经济发展的最大制约是金融的制约。世界上没有哪个国家是商业银行去支持农业，农村需要合作金融、小额信贷。中国应该有政策性金融和中长期的政策性信贷支持。第二个是信用社的改革。我记得2002年信用社改革之前，信用社的资本充足率-8%，当年亏损1200亿元。2002年改革以来，到2005年年底资本充足率将达到4%，信用社也开始盈利。央行行长周小川说信用社改革是“拿钱买机制”。改革以前信用社有3300亿元的资不抵债额，中央准备拿出1500亿元票据或者专项贷款来支持信用社，条件是资本充足率变正。这唯一要提防的是增资扩股。我调查了4个省。地方上认为这是天上掉馅饼，可以弥补一半的坏账，因此职工、存户等都必须入股，财政还保息，目的是拿到央行的资金。现在改革已经对信用社脱困产生了一定影响，2005年上半年央行票据是990亿元。所以说第一是脱困，第二是转变机制，推行合作金融，道路还很遥远，还要提高对农民贷款的覆盖面。不能说改革后，农民还只能借3000元、5000元的贷款，否则改革是失败的。

（3）农村有两项非常重要的改革。一是提高农民的组织化程度。在中国，只有农民和在座的男士没有自己的组织，其他所有人和行业都有。要鼓励和引导

农民发展自己的合作组织，千万不能代替农民来选择，一定要让农民自主地发展研究会、协会、合作社等，只要是农民的“collective action”——集体行动来解决他们共同的问题，我觉得政府就应该支持。二是乡镇政府的改革。我们最近两年撤掉了9600多个乡（镇），另外是精简机构。湖北搞的是“党政一肩挑”，他们叫“人大政协全取消”。这个改革是非常有意义的，个别地方实行乡（镇）长的直选。这涉及中国的基层民主制度的建设，党政关系的重构，中国行政构架的重构，意义非常重大。我特别强调：第一，一定要保证基层有政府，保持稳定。第二，一定要保证政府手上有“几把米”，造福于民。第三，一定要和整个行政体制改革同步。第四，有的人觉得不如干脆撤销乡政府，与由老百姓民主选举乡政府相比，我坚定支持后者。乡（镇）政府改革最根本的方向就是推动中国最基层的民主进程，老百姓直接选乡长，这样的治理问题才能真正破题。

好的，今天就讲到这儿。谢谢。

整理人：朱孝忠

（文章来源自《学术讲座荟萃》第29辑，2005年10月20日）

经济学热点分析

刘国光

刘国光

男，1923 年 11 月 23 日出生于江苏省南京市。1941～1946 年在云南昆明国立西南联合大学经济系学习，毕业考入北平（现北京）清华大学研究院，旋即转到天津南开大学经济系任助教。1948 年 9 月转到南京中央研究院社会研究所任助理研究员，1951 年被派往苏联莫斯科经济学院国民经济计划教研室当研究生，1955 年毕业并获副博士学位。回国后，进入中国科学院（现为中国社会科学院）经济研究所从事研究工作，历任助理研究员、研究员、所学术秘书、研究室主任、《经济研究》杂志副总编和主编、副所长、所长等职务。1981～1982 年兼任国家统计局副局长。1982～1993 年任中国社会科学院副院长，其间在中国共产党第十二次、第十三次全国代表大会上当选为中央委员会候补委员。1993 年 11 月起，任中国社会科学院特邀顾问。1993～1998 年 3 月任全国人民代表大会第八届常务委员会委员。兼任北京大学、浙江大学、东北财经大学、上海财经大学等大学教授。1988 年被波兰科学院选为该院外国院士。

【主持人刘迎秋教授的开场介绍】 我们很荣幸能够在经济学前沿课第七讲中，请来了中国经济学界泰斗，中国社会科学院特约顾问，中国社会科学院原副院长，中共十二届、十三届中央候补委员，全国人大常委会委员，波兰科学院外国院士，俄罗斯科学院荣誉博士，获得2005年首届中国经济学杰出贡献奖的著名经济学家刘国光教授来我院做学术报告。

刘国光教授目前已经年过80，却仍然是活跃在理论前线的经济学家和思想家。他长期从事经济理论研究，为中国的经济学建设、经济建设、中国的改革开放做出了突出贡献，在我国乃至于世界都享有很高的学术声望。他的许多著述被海内外学者广泛引用，他的许多学说得到了中央、地方、社会和学术界的广泛赞誉，他的许多陈述被我国政府、党中央政策所采纳，至今依然影响着中国的改革开放和经济发展。

前不久，刘国光教授在接受教育部社会科学研究中心的采访中，就中国经济学教学和研究的问题谈了一些自己的看法。这些看法引起了社会各界的广泛重视，并且导致了一些争论。今天我们请刘国光教授到研究生院来，就这些问题为我们做直面的讲解和陈述。刘国光教授的讲话整理稿已经被教育部社会科学研究中心的资料、中国社会科学院的要报、经济研究等多家刊物刊登和转载。

今天刘国光教授将与我们进行面对面的交流。现在，大家以热烈的掌声欢迎刘国光教授为大家作报告。

几个月以前，在教育部社会科学院研究中心的一次谈话上，我就目前经济学教育和研究中存在的一些问题随便谈了几点自己的看法，这些看法也是我近年思考的结果。在我将这些观点表达出来以后，引起了广泛的争论。我的意见不一定正确，但是既然研究生院的领导要我来就这些问题进行一下交流，那么我就谈谈自己的看法。我今天的演讲内容主要涉及九个方面。

一、当前经济学教学与研究中西方经济学的影响上升、马克思主义经济学的指导地位削弱和边缘化的状况令人担忧

首先声明的一点是，我这里讲的经济学范畴是指理论经济学或者说是政治经济学，是基础理论层面的问题，不是指部门经济学或者应用经济学。部门经济学和应用经济学的一些操作层面问题，不在我讲述的范围之内。为什么我要做这个声明呢？因为有人说我的涉及面太广，所以为了避免这种情况，我要对今天讲述的问题做一个范围的限定。

一段时间以来，在经济学教学与研究中，西方经济学的影响上升、马克思主义经济学的指导地位被削弱和被边缘化，这种状况已经很明显了。在经济学的教学和研究中，西方经济学现在好像成为了主流，很多学生自觉不自觉地把西方经济学看成我国的主流经济学。我在江西某高校听老师讲，学生听到马克思主义经济学都觉得好笑。在中国这样一个由共产党领导的社会主义国家，学生嘲笑马克思主义的现象很不正常。有人认为，西方经济学是我国经济改革和发展的指导思想，一些经济学家也公然主张西方经济学应该作为我国的主流经济学，来代替马克思主义经济学的指导地位。西方资产阶级意识形态在经济研究工作中和经济决策工作中都有渗透，对这个现象我感到忧虑。

二、造成当前西方经济学影响上升、马克思主义经济学的指导地位下降的原因

存在这种状况有内外两方面的原因。外部原因是：①以美国为首的国际资产阶级亡我之心不死，中国社会主义是美国继苏联之后又一个要消灭的目标，这个目标是既定的，所以美国不断地对我们进行西化、分化。②社会主义阵营瓦解之后，世界社会主义运动处于低潮，很多人认为社会主义不行了，马克思主义理论不行了。③中国由计划经济向社会主义市场经济转变，一些人因此误认为马克思主义经济学不行了，只有西方经济学才行。

内部原因比较多，总的说来，新形势下我们对于意识形态斗争的经验不足，放松了警惕，政策掌握失误，特别是教育部要负相当的责任！具体说来有以下几点：

（1）高等院校经济学的教育方针不明确，目标不明确。到底是以马克思主义经济学为指导来教育和培养学生，还是双轨教育，即马克思主义经济学与西方

经济学并行。现在许多人都讲"双轨制"，北京大学经济学院院长几年前就讲现在实行"双轨制"，学生因此疲于奔命，很苦。学生既要学马克思主义政治经济学，又要学西方经济学。表面上看是并重，实际上是西方经济学泛滥。并重的结果是马克思主义经济学的地位下降，西方经济学的地位上升。一些高等学校在经济学、管理学等学科的本科生、研究生教育中取消了政治经济学的课程，只要求掌握没有经过科学评论的西方经济学的原版教材。一些学校的研究生比如经济专业、管理专业的研究生，入学考试不考马克思主义政治经济学，只考西方经济学。这是教育方针的问题，而这样的教育方针是根本错误的！

（2）教材问题。马克思主义政治经济学要与时俱进，现在的教材也在改进，这几年大有进步，特别是抓了马克思主义基础理论研究和建设工程，但是还不够成熟，数量也不多，没有引起学生广泛的兴趣。同时，西方经济学教材大量流入。人民大学有一个"工作室"，专门做这个事情，当然它也是很有贡献的，引进外国文献也是好的，但是它大量引进西方经济学教材的版本，冲击国内经济学的教学。有一位教授说，从20世纪90年代中期开始，中国经济学教材开始发生比较重大的改变，中国经济学教育从以政治经济学即马克思主义经济学为主，向以西方经济学为主发生着转变，如今，西方经济学已成为主流的经济学教育体系，因为教材的改变反映出教学重点的改变。有同志说，世界上没有一个国家像中国这样高频率地引进外国经济学教材。他说，传统经济学教学模式转型的主要标志就是西方经济学的理论、教学体系和教材的运用，其中很重要的是教材的运用。这说明我们现在经济学教学模式已经转型了。

（3）教师队伍、干部队伍的问题。"海归"派回来很好，可以充实我们的经济学队伍，充实我们关于西方经济学的知识，这是好的一面。但是他们中的一些人没有经过马克思主义的再教育，就进入教师队伍和研究人员队伍，不经过评论、原本原汁地介绍西方的东西，却是有问题的。有些原来在国内接受过马克思主义的教育，出去后把马克思主义忘了；有些理工科的学生出国学经济、学管理，其中很多人没受过马克思主义的教育。上海复旦大学一个研究所的所长，他希望这个局面越来越好，认为送出去培养是中国经济学提高最快的办法。他说，训练有素的"海外军团"回流浪潮将加快，不断充实到内地主要大学经济学教学队伍里，势头势不可挡。我认为他的这个说法是有问题的。没有经过马克思主义再教育，没有受过训练，就走上讲台的这种做法弊端很大。另外，我们自己培养的马克思主义政治经济学教师队伍在不断萎缩，高校对马克思主义经济学教师队伍的培养和投入很少，奖励也很少。奖励也只有海外人奖励搞西方经济学的。这个情况是很糟糕的。孙冶方奖是国内的，虽然受到重视，但毕竟实力有限。

干部队伍问题，比如对党校省部级干部班的教育，如果让主张以西方经济学为主流的教师去教他们，那会是个什么样的结果，可想而知。现在干部的思想也在变，虽然很多干部不是学西方经济学出身的，但是也在受影响。地方一些干部在国企改革问题上，在公有制和私有制的问题上，在维护群众利益的问题上，都站在我们共产党的对立面，比如在房地产领域都是在维护开发商的利益，把老百姓的利益完全置之脑后，这就是受影响的表现。还有，一些地方提拔干部，规定必须到哈佛大学、肯尼迪学院进修才能提拔。这些都不是很正常，这是崇拜西方。

(4) 领导权问题。领导权很关键。现在有的领导权不在我们手里。高校的校长、院长以及系、研究室、研究所的主任、校长助理等，还有主要部委的研究机构的领导，到底是不是马克思主义者，我相信他们中大多是马克思主义者，但是有的领导权被篡夺了。中央一再强调，社会科学单位的领导权要掌握在马克思主义者手中。我觉得应该检查一下，现在到底掌握在什么人手中。比如北京某大学一些领导岗位，由西化色彩很浓的人担当。我不知道是什么原因，这些人为什么这么受重用？我觉得领导权一定要掌握在坚定的马克思主义者手里。因为一旦掌握在非马克思主义者手中，那么教材也变了，队伍也变了，什么都变了。复旦大学张薰华教授对这个状况很担心，他说只要领导权掌握在西化的人手中，他们就要取消马克思主义经济学，排挤马克思主义经济学。所以我说一定要注意，各级领导必须是真正的马克思主义者，而不是红皮白心。

我上面讲到的四个问题，我想中央也注意到了，但是高教部门没有检查，没有落实。

三、关于意识形态领域两个相互联系的倾向性问题

最近，中国社会科学院院长陈奎元同志分析了当前意识形态领域存在的两个相互联系的倾向性问题：一个是两种迷信、两种教条主义，一个是“左”倾、右倾问题。我觉得他分析得很有道理。所谓两种教条主义，一个是迷信、空谈马克思主义，而不是与时俱进地发展马克思主义；一个是迷信、崇仰西方发达国家的、反映资产阶级主流意识形态的思想理论，把西方某些学派、某些理论或者西方国家的政策主张奉为教条，向我国思想、政治、经济、教育、文化等各个领域渗透。上述两种教条主义，第一种教条主义还是存在的，但是在当前不是主要的，其影响在下降。马克思主义者吸取了过去的经验教训，都在不同程度地向现代化的方向努力，力求与时俱进，进行理论创新。而第二种教条主义即西方教条主义在意识形态领域和经济社会中的影响力在上升。比如在经济学领域，北京大学出版社出版的《经济学是什么》这本书竟然只讲西方经济学，不讲马克思主

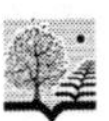

义政治经济学，把马克思主义经济学排除在外，这实际上是否定马克思主义经济学，其流毒很大。西方经济学思想的影响上升是当前的主要危险。我们国家是共产党领导的社会主义国家，这是我们历史的选择，是最基本的国情。坚持中国共产党的领导，实行社会主义制度，必须以马克思主义为指导，包括经济学和经济领域要以马克思主义政治经济学为指导，一切淡化或者取消马克思主义的企图都会削弱共产党的领导，改变社会主义的方向，或者改变颜色，即共产党还在领导，但是已经变色了。所以这是一个主要的危险。因此我们不能把经济领域里的东西看淡了。

陈奎元同志指出的另一个倾向性的问题，即“左”倾和右倾问题，这个问题与两种教条主义的倾向有联系。他说，从改革开放到现在20多年的时间里，我们在思想领域始终把克服“左”的教条主义当做主要任务，已经取得了决定性的成果，在思想理论领域和改革开放的实践中，来自“左”的干扰已经日渐式微，当前突出的倾向性问题是资产阶级自由化的声音和倾向正在复苏，并且在顽强地发展蔓延。陈奎元同志提出的问题很值得我们重视和关注。反“左”、反右并不是长期不变的，“左”和右发展下去都能葬送我们的社会主义，所以应该有“左”反“左”、有右反右。目前主要的倾向是什么，要不要提出反右防“左”，这个问题我觉得是很重大的问题，中央应当考虑，特别是在经济学领域。

四、关于马克思主义政治经济学与西方经济学的关系问题

马克思主义政治经济学与西方经济学的关系问题是个有争论的问题。现在我们的大学里有两门基础经济学或者基础经济理论，即马克思主义的政治经济学和西方经济学，事实上是双轨制，这是根本错误的。关于政治经济学与经济学的分野，我很同意中国人民大学卫兴华同志的分析。他说，无论从经济理论的发展史看，还是从经济学发展的层次看，并不存在政治经济学和经济学的严格区分。从一定意义上说，政治经济学就是经济学，或者简称为经济学，经济学就是政治经济学。马歇尔的“经济学”他自己说就是政治经济学，斯蒂格利茨、萨缪尔森等的经济学实际上也是政治经济学。但是不同的政治经济学或者经济学在体系、理论框架、理论观点等方面有差异性，比如有马克思主义政治经济学或经济学和非马克思主义政治经济学或经济学的差别。马克思主义政治经济学与非马克思主义政治经济学的差别，就是马克思主义经济学与非马克思主义经济学的差别。也就是说，政治经济学与经济学没有什么差别，但是有马克思主义与非马克思主义的差别。习惯上我们所称的西方经济学是指非马克思主义的经济学或非马克思主

义的政治经济学，但因为马克思主义经济学或马克思主义政治经济学也是从西方来的，所以把西方经济学称作非马克思主义经济学更合适一点。

至于马克思主义政治经济学（或经济学）与西方政治经济学（或经济学）在我国经济学教学和理论研究中的关系，如果说中国是一个马克思主义指导下的社会主义的国家或者社会主义市场经济的国家，那么这种关系就应该很明确，即马克思主义经济学应该是指导、是主流，西方非马克思主义经济学应该是参考、借鉴。前者是指导，后者是参考；前者是主流，后者是借鉴。在这个问题上有两种意见，一种是以上海财经大学程恩富为代表的，他说，不能把现时期世界主流经济学即西方经济学当做我国社会主义国家的主流经济学，后者必然是与时俱进的马克思主义指导下的现代政治经济学；另一种是以北京大学林毅夫为代表的，他最近在一个关于中国经济学发展与回顾的研讨会上说，党的十四届三中全会确定了建立社会主义市场经济的目标以后，市场经济体系中有关经济学的内容在教育界基本被承认，这就是现代西方主流经济学。他说，不管在教学人数上还是教育内容上，到现在应该承认西方主流经济学在中国的主导地位。上述两种意见是尖锐对立的。如果西方经济学真的在中国成为主流、主导的地位，取代了马克思主义政治经济学，那长远的后果可想而知。不管你主观意愿如何，不管你愿意不愿意，最终要导致改变社会主义的发展方向，取消共产党的领导，或使她变色。

我认为，两门基础经济理论的观点不能成立，应该是一门基础经济理论，即用与时俱进的、发展的马克思主义政治经济学作为经济学教学的主体、经济研究的指导思想和经济政策的导向，不能是双轨的。当然，对于西方经济学中反映社会化大生产和市场经济一般规律的理论，只要不违反社会主义原则，我们要尽量吸收、借鉴到与时俱进的马克思主义经济学理论中来，作为马克思主义经济学的消化了的组成部分。

新的马克思主义政治经济学的内容体系应该包括这样一些内容：一是政治经济学的一般理论；二是资本主义经济；三是社会主义经济；四是微观经济；五是宏观经济；六是国际经济。当然中间有许多交叉、重复，逻辑上怎么处理、体系上怎么编是另外一个问题。这样我们就可以把西方经济学的精华，把西方经济学当中反映市场经济一般规律的内容吸收进来，作为与时俱进的马克思主义政治经济学的一部分新的内容。至于西方经济学的体系和其他内容，可以开设一些课程比如西方经济思想的课程、西方经济思想流派的课程、西方经济思想专著的课程等来对专门的学生介绍，但是我们不要突出这些内容，因为对我们有用的东西已经吸收进马克思主义经济学中来了。

总之，我主张只能有一门基础经济理论，即马克思主义经济学，要单轨，不能双轨，这是个教育方针的问题。

五、正确对待西方经济理论和新自由主义经济学

西方的非马克思主义经济学或者西方非马克思主义政治经济学，由古典的西方政治经济学发展到现代西方经济学。古典的西方经济学有科学的成分，也有庸俗的成分，其科学的成分被马克思主义政治经济学所吸收。现代西方经济学也有科学的成分，有反映现代市场经济一般规律的成分，也有反映资产阶级意识形态的成分，如私有制永恒、经济人假设等。其科学成分值得我们借鉴和学习，但其基于资产阶级意识形态的理论前提与我们根本不同，所以整体上它不适合于社会主义的中国，不能成为中国经济学的主流、主导。在西方经济学当中曾经居于主流地位的新自由主义经济学，其研究市场经济一般问题的分析方法有不少也可以借鉴、学习，我们不能完全否定它，但是新自由主义经济学的核心理论是我们所不能接受的。

西方主流经济思想特别是新自由主义经济理论的前提和核心理论大体上包括：①经济人假设。认为自私自利是不变的人性。这个假设是我们所不能接受的。马克思主义有“社会人”和“历史人”的人性理论，当然也不否定私有制下人有自私自利的一面。②认为私有制是最有效率的，是永恒的，是最符合人性的，是市场经济的唯一基础。这不符合历史事实。③迷信市场自由化、市场原教旨主义，迷信完全竞争的假设和完全信息的假设。其实这些假设是不存在的，比如所谓的信息完全的假设就是不可能的，消费者的信息不如生产者，垄断者的信息优于非垄断的大众，两者在市场上是不平等的。④主张政府作用最小化，反对国家对经济的干预和调控。大约是以上四点，可能还可以举出其他几点来。这几点同马克思主义、同社会主义、同中国的国情都格格不入，自然不可以为我所用。这里我就不一一分析了，因为这四点每一点都可以做一大篇文章。

对于西方非马克思主义经济学的正确态度，早在改革开放初期的1983年，我国研究西方经济学的权威学者——北京大学的陈岱孙先生就提出了几个观点：①因为社会经济制度根本不同，所以西方经济学作为一个整体不能成为我国国民经济发展与改革的理论。②在若干具体问题的分析方面，西方经济学的确有可以为我们参考借鉴的地方。③由于制度上的根本差异，甚至在一些技术性的具体问题上，我们也不能照搬西方国家的某些经济政策和措施。④对外国经济学说的内容的取舍，根本的原则是以我为主，要符合我国的基本国情。他说，我们既要承认外国经济学在其推理分析、计算技术、管理手段等方面有若干值得参考借鉴之处，又不能盲目推崇、生搬硬套。陈先生讲的这几条，有很重要的现实意义。而北大现今某些头面经济学者，却不再提陈先生的主张了。有许多我们尊敬的学者都受过西方经济学的教育，比如陈岱孙，还有中国人民大学的高鸿业、北京大学的胡代光等，他们在如何对待西方经济学理论的问题上是一致的。我的西方经济学的知识很少，他们是专家。但是我在接受马克思主义的启蒙之前，在西南联大也接受过正规的美式的西方经济学理论教育，新中国成立前半殖民地市场经济的体验我也是有的。我们感到，西方经济学虽然有用，但整体上不适合于中国，适合中国的一定是与时俱进的、不断创新的马克思主义经济学。现在有一些年轻的经济学家，他们西方经济学的根底很不错，可以说不比推崇西方主流经济学的人士差，他们根据中国的情况，不主张在中国推崇西方主流经济学。我觉得他们的路子是对的。

有些人不愿意别人批评新自由主义，说什么批评者把新自由主义当成了一个筐，什么都往里装。其实新自由主义经济学也包括一些有用的东西，我们不是一概否定它，我们否定的是它的理论前提和核心理论，我们不能让它来指导、主导中国经济的改革和发展。为什么要讳言新自由主义呢，如果你是真心实意地为中国特色的社会主义市场经济贡献力量的话，如果你也是不赞成新自由主义的理论前提和核心理论的话，你就不必担心批评新自由主义会伤及无辜。如果你赞成他们的理论前提和核心理论，那你自己就跳进框框，怪不得别人。令我纳闷的是，这种言论也来自官方体改研究会组织的论坛。

马克思主义者对西方经济学向来是开放的，但曾经一度不开放，那是错误的，是“左”倾，是教条主义。马克思主义过去是开放的，现在也是开放的，马克思主义本身就是开放的，但有些西方经济学者不是这样对待马克思主义，张五常就是这样一个人，他要把马克思主义埋葬，并且钉上最后一个钉子。很多人到现在还在吹捧张五常，一些党校、大学请他来讲学，怎么能够把给马克思主义钉钉子的人请过来，到处吹捧，这是什么道理！

六、经济学教育是意识形态的教育还是分析工具的教育

经济学的教育既是意识形态的教育，也是分析工具的教育。但是那些提出中国经济学要以西方经济理论为主流的人认为，经济学的教育不是意识形态的教育，而是分析工具的教育。一些人还提出经济学要去政治化。他们提出这样的问题是不奇怪的。但我们要明确经济学是社会科学，不是自然科学。自然科学没有意识形态的问题，没有国界的问题，没有什么资产阶级的天文学与无产阶级的天文学、中国的天文学和世界的天文学之分，因为自然科学主要是分析工具的问题。但社会科学不同，它反映不同社会集团的利益、不同社会阶层阶级的利益，

不可能脱离不同阶级、不同社会集团对于历史、对于制度、对于经济问题的不同看法和观点。马克思主义政治经济学一点也不讳言意识形态的问题，同时也非常注意分析方法和叙述方法。可以说，马克思主义经济学既是意识形态的，又是注重方法的。西方经济学作为社会科学事实上脱离不了意识形态，脱离不了价值观念，虽然它极力回避意识形态问题，宣扬所谓抽象的中立，但是经济人假定不是意识形态的问题吗？宣扬私有制永存不是意识形态的问题吗？宣扬市场万能不是意识形态的问题吗？这些都是它的前提。所以经济学教育不能回避意识形态，经济学也不能去政治化，去政治化的实质是去马克思主义化。把这个问题放在明处，不是更科学一点吗？

北京大学某一位教授就主张，经济学教育不应该是以意识形态为主的教育，而应该是以分析工具为主的教育，他特别强调逻辑方法包括数学逻辑的教育。当然，逻辑方法是很重要。数学在经济学当中只是一个辅助工具，这在经济学的明白人当中都是有共识的。但是逻辑方法是不是经济学唯一的方法？我们知道，马克思主义经济学讲的研究方法和叙述方法有两套，即历史方法与逻辑方法，马克思主义经济学是历史方法与逻辑方法的统一。《资本论》就是历史方法与逻辑方法的统一。就是研究和叙述经济学要有逻辑的规律次序和历史的规律次序，要有一个历史的价值判断，而且要把两者统一起来，即在强调逻辑抽象的同时，还要强调历史的实感、质感、价值判断。

我在 1983 年带中国社会科学院的一个学者访问团去纽约，当时福特基金会组织我们和美中经济学教育委员会开了一个座谈会，会上我跟普林斯顿大学华裔教授邹至庄先生有一个交锋。他说，到美国学习经济学的中国理工科出身的留学生很快就能适应，因为理工科出身的学生逻辑接受能力强，而文科出身的就不适应，所以美国大学的经济学教育招的主要应该是理工科的中国留学生，而不招学文科出身的。我当时就反对这个说法，我说经济学不仅仅是一门逻辑的科学，它也是一门历史的科学，学习经济学或研究经济学只会逻辑抽象的方法而没有历史的方法、没有价值判断是不行的。会上争论很激烈，这场争论到现在还在继续。北大这位教授提出中国经济学不能搞意识形态教育，经济学教育要以传授工具方法为主，而方法里头要以逻辑为主，不提历史方法。而我们马克思主义政治经济学就是既要历史方法，又要逻辑方法，政治经济学要历史方法与逻辑方法的统一，不能只是个逻辑的方法。在这里我顺便讲一下，这个美中经济学教育委员会是美国几个大学组织的，旨在促进互派留学生和学术交流，通过福特基金会慢慢地贯彻它的目的，当然它也做了一些好事，比如它帮助培养了一批经济学人才，介绍了一些西方经济学的知识，对我们社会主义市场经济是有用的，但是另外一方面它也做了西化中国的工作，它相当成功地达到了自己的目的。

七、关于经济学的国际化与本土化的问题

在关于经济学教学模式的讨论中，现在沸沸扬扬地提出了所谓国际化与本土化的问题。有人提出经济学没有国界，说基本的经济理论是反映人类共同的规律，没有什么东方经济学、西方经济学，没有什么各个国家的经济学。北京大学就有人明确提出这个观点。他们说，所谓经济学的国际化与本土化的问题，实际上是一般理论与特殊问题的关系，国际化就是指一般理论，本土化就是指特殊问题；国际化就是向一般理论接轨，向西方理论接轨，本土化就是要考虑中国的特殊情况。还说，不能因为有特殊情况就否认有一般理论，因为一般理论是放之四海而皆准的，西方经济理论是放之四海而皆准的。这些都是盲目崇拜西方经济学的说法。

从一定意义上说，马克思主义是“国际化”也是“本土化”的。马克思主义与中国具体实际相结合是一个老问题，我们永远都需要努力。问题是他们讲的国际化、本土化是排挤马克思主义的。他们讲的是西方经济学的国际化与本土化，是用西方非马克思主义理论来代表放之四海而皆准的一般理论，代表普遍规律。这些人不反对西方经济学的本土化，也不反对联系中国的实际，其中有些人还是主张应该有中国经济学，但主张按照西方的模式来建立中国的经济学，比如清华大学某教授就说，可以有中国特色的经济学派，但是其理论框架是和西方经济学一致的，是西方经济学的分支。有些人则根本反对建立中国的经济学。对此，中国人民大学有同志说，国际化不是中国经济学教育的全部内容。他认为，要构建中国经济学的教育体系，西方主流经济学和西方发达国家并不是中国教育变革的唯一模式。马克思主义经济学在这个过程当中应该扮演什么角色，西方经济学在这个过程当中应该扮演什么角色，二者分别应该处于什么地位，是需要研究的。我认为他的说法看起来是一种客观的说法。当然，我们主张马克思主义经济学应当成为主导，西方经济学只能是借鉴。

我再顺便谈一个问题，就是现在中国经济学界有一部分人对诺贝尔奖很有兴趣。他们认为，诺贝尔经济学奖是唯一能代表经济学世界先进水平的奖项，因此获得诺贝尔奖是中国经济学界奋斗的目标。有的人还以一种先行者的口气说，我们这一代不行了，赶不上诺贝尔奖了，但是一定要培养下一代、再下一代去获得诺贝尔奖。他们说，我们要向经济学的世界先进水平前进，包括拿诺贝尔奖。又说，诺贝尔经济学奖代表西方主流经济学理论的成就，要拿诺贝尔奖，首先就要掌握西方主流经济学。

对于诺贝尔奖特别是自然科学的诺贝尔奖，我们要肯定它的意义。经济学的

诺贝尔奖获得者也有在市场经济的一般理论、方法或者技术层面做出贡献的经济学家，以及像印度人亚马森这样有人文关怀的诺贝尔经济学奖获得者，是值得我们尊重的。但是，诺贝尔奖从来不奖给马克思主义经济学者，诺贝尔和平奖就更不用说了，因为社会科学有意识形态性，评奖者有政治上的偏见，有意识形态的偏见，因此诺贝尔奖不是我们追求的目标。当然，如果我们有些学者的经济学研究和理论，在不违反社会主义原则的前提下，能够获得诺贝尔奖，这也不是坏事，但是我们不必吹捧这个奖，更不能把它作为我们经济学教育的奋斗目标。这里我再强调一下，就是诺贝尔奖获得者是值得我们尊重的，许多获奖者没有意识形态的偏见。我并不是排斥诺贝尔奖，我只是说我们不要追捧它。

八、中国经济改革和发展以什么理论为指导

这是一个重大的问题，是涉及中国向何处去的问题。有人认为，建立和建设现代市场制度，没有西方的理论为指导，这一艰巨的历史任务是不可能完成的。还说，我国的经济体制改革一直在黑暗中摸索，只有在受到西方经济学原理的启迪，并运用它来分析中国的问题后，才提出了应当发挥市场的作用、建立商品经济的主张。我很尊重说这句话的经济学者，但是我不同意他的这个观点。

（1）中国经济改革和发展是以西方理论为指导的说法是不符合实际的。中国共产党领导的经济体制改革，从党的十一届三中全会提出计划与市场相结合，到党的十一届六中全会确认了商品生产和商品交换，到党的十二大提出计划经济为主、市场调节为辅，到党的十二届三中全会提出中国社会主义经济是公有制基础上的有计划的商品经济，到党的十三大提出有计划的商品经济是计划与市场内在统一的体制，国家调控市场，市场引导企业，到党的十三届五中全会又提出计划经济与市场调节相结合，最后到党的十四届三中全会提出建立社会主义市场经济为我国经济体制改革的目标。从党的十一届三中全会到十四届三中全会，其间经历了曲曲折折，主要是我们中国人总结我们中国的历史经验教训，也参考了外国的历史经验教训，包括苏联的历史经验教训，在以与时俱进的马克思主义为指导下，目标一步一步明确起来。在这一过程中，我们看不出西方经济理论有什么指导作用。这是非常明显的。在这个过程中，邓小平同志起了相当大的作用，他1979年在接见美国不列颠百科全书的副总编、1985年接见美国企业家代表团时，就提出过社会主义为什么不可以搞市场经济。1992年他从理论上阐明了计划与市场是方法和手段问题，不是社会主义与资本主义的选择的问题，不是姓“社”姓“资”问题，但是社会主义与资本主义的界限还是要讲究，但不是在手段问题上讲究。这些重要的创见都不是西方经济理论，怎么可以说中国改革是在西方

理论的指导下进行的？再从参与、形成中国经济改革理论的老一辈经济学家来说，薛暮桥、孙冶方、顾准、卓炯等一大批探索社会主义条件下商品经济、市场经济有功劳的开拓者，都是坚定的马克思主义者，他们不是受西方理论左右的人。后来的经济学理论工作者虽然受了西方经济理论的影响，但是他们中的大多数也是坚持马克思主义的。受西方影响比较大的中青年的经济学工作者的大多数也能够以市场经济的一般理论为社会主义服务。只有少数人用自由化、私有化为暴富阶层代言，来冲击马克思主义，干扰社会主义经济建设。应该说，这些人起的是干扰的作用，而不是指导中国经济改革的作用。我想，这些人倾向用西方经济学取代马克思主义经济学，这是个历史的插曲、历史的误区，经过努力，可能引导他们走向正确的道路。

（2）中国经济改革与发展是以西方理论为指导的说法会误导中国经济改革和发展的方向。因为，中国要建立的是社会主义的市场经济，而不是资本主义的市场经济；要坚持公有制为主体、多种所有制经济共同发展的基本经济制度，而不是私有化或者不断向私有化演变；要坚持宏观调控下的市场调节，而不是市场原教旨主义，主张市场万能论，把国家的一切正确调控说成是官僚行政的干预；坚持为保证效率而适当拉开收入差距，同时要强调社会公平、福利保障，而不是极力扩大社会鸿沟，为暴富阶层说话。要做到这些，都需要马克思主义的政治经济学来指导，而不能用西方经济理论特别是新自由主义经济理论来指导。一旦中国经济改革和发展由西方新自由主义指导，中国的基本经济制度就要变，势必走向“坏的资本主义市场经济”的深渊。只要经济基础变了，共产党最后就掌握不了政权，私有制的代表就要掌握政权。现在我国的房地产商是咄咄逼人呐！发了那么大的财还对政府这也指责那也指责，就很说明问题。中国的改革一旦由西方理论特别是新自由主义理论来主导，那么表面上或者还是共产党掌握政权，而实际上逐渐改变了颜色，那么对大多数人来说，这是一个噩梦一样的危险。

九、克服经济学领域一些倾向性问题的意见

这个问题应该好好地做文章，因为这个事情太重要了。我只讲几点。

（1）教学方针要明确。教育部要管这个事情。现在我们要明确，只有一个经济学基础理论课程，而不是两个。马克思主义政治经济学是唯一的经济学基础理论课程，西方经济学是作为吸收、借鉴的部分。西方经济学作为体系，作为学派和学术名著来介绍，我们还是需要的，需要向专门的学生介绍，但是不要突出它。

（2）教材。要加强马克思主义基础理论研究工程的建设，要吸收各方面的

专家，包括坚持马克思主义的学者和西方知识比较多的学者，这样便于我们吸收、借鉴西方的东西，当然要经过改造。我们还要鼓励多种马克思主义政治经济学教材的写作和创新，鼓励对马克思主义经济学做专题研究，包括政治经济学的体系、方法和具体的理论问题，都要进行专题研究，在专题研究的基础上才能形成教材。马克思主义经济学教科书要有多种，不应该只有一种。马克思主义可以是多学派的，但是必须是马克思主义的学派。对西方经济学教材和名著，我们要组织有质量的马克思主义的科学评说，而不是教条主义的评说。只要在教学方针上明确不能以西方经济学教材为主，就可以有效地扭转局面。

（3）队伍。我们欢迎西方留学的“海归”派回来充实我们对西方经济学的知识，充实我们对市场经济一般的知识，但是对于这些同志要进行再教育，特别是理工科出去的，过去没有接受过系统的马克思主义教育，要进行马克思主义的教育。对那些过去接受过马克思主义教育的，回来后有必要进行重新教育。不经过再教育的“海归”派，可以从事其他工作，但是不能从事教师的工作，不能从事决策研究的工作。土、洋出身的学者教员在待遇上应该一律平等。党校的教员更要慎重选择，特别是党校的中高干部培训班的教员一定要慎重选择。否则我们的干部队伍受影响西化了，在实践中搞私有化，导致经济领域都变色了，而中央还不知道。

（4）领导权。确确实实地要检查一下我们的高校领导干部，是不是掌握在真正的马克思主义者手中。这是个很重要很重要的问题，不能够等闲视之！在这个问题上，教育部不能太马虎了！因为关系到国家的命运。总之，领导岗位一定要掌握在马克思主义者手里。当前要切实地检查和清理，因为不仅仅是教育系统，包括国家的财经系统的一些领导岗位特别是一些研究机构的领导岗位还掌握在非马克思主义者手里。

今天我们谈的主要是理论领域的问题，教育领域的问题，意识形态领域的问题。马克思主义不能被人取代，意识形态不仅仅是在政治、法律、军事、文化领域，经济本身也有意识形态问题，而且非常非常重要。基础变了，上层建筑也要跟着变。这个马克思主义的基本道理，我恐怕有些人还不明白。

【主持人刘迎秋教授的简单总结】感谢刘国光教授为大家做了一次非常精彩的演讲，他让我们在座的每一个人都受益匪浅。刘国光教授长期从事理论研究，曾任中国社会科学院经济研究所所长、国家统计局副局长、中国社会科学院副院长。在此期间，刘国光教授经常参加我们党和国家的重大理论研究工作和重大政策制定工作，他被誉为中国理论经济学的代表人物。刘国光教授被称为中国改革的稳健派，为中国的改革做出了很多贡献。

刘国光教授今天报告的主要内容是关于经济学教育和研究的九个重大问题。他前不久还有一个重大问题的研究，就是社会的公正和效率问题，大家可以查阅有关资料，并进行进一步探讨。刘国光教授今天讲的都是一些深层面的问题，这些问题关系到中国理论经济学的发展方向，关系到中国经济体制改革的方向，关系到中国经济社会发展的方向，问题很大，涉及的面很广，需要深入思考的内容很多，还需要我们在座的每一位同学进行深入的研究和思考。

今天这个报告会，我们研究生院党委和研究生院院长办公会议高度重视。中国社会科学院党组成员、研究生院院长武寅同志，研究生院党委书记晋保平同志，研究生院副院长李进峰同志，研究生院副院长王清海同志，各处（室）的负责人以及许多院内职工和院外人员都参加了这个报告会。会后希望大家对今天报告谈到的问题进一步研究，有需要进一步探讨的同志可以通过刘国光办公室转达。最后，让我们以最热烈的掌声向刘国光同志表示感谢。

整理人：原磊

（文章来源自《学术讲座荟萃》第28辑，2005年10月27日）

中国的疆域变化与走出农本社会的冲动

——李约瑟之谜的经济地理学解析①

文贯中

① 谨向陈志武、田国强、Gary Reger、Ron Edwards、徐滇庆、罗宁、张信、葛剑雄、俞宣孟、孙道天、华民、张军、李韦森、林双林，2004 年 6 月 21 日北京大学中国经济研究中心和耶鲁大学管理学院国际金融研究中心联合举办的中国经济史国际研讨会、2004 年 8 月 21 日上海世界中国学论坛以及 2004 年 8 月 25 日复旦经济学院座谈会的所有出席者深表感谢。陈安、杨涛和谭景辉帮助提供资料，特此感谢。对本文遗留的错误笔者承担一切责任。

文贯中

男，1946 年生于上海，原籍湖南。现为美国三一学院经济系教授，1978 ~ 1979 年任中国社会科学院原情报所英语翻译，1982 年获复旦大学硕士，1983 年为芝加哥大学访问学者，1984 年起在该校经济系专攻农业和发展经济学，1989 年获该系博士学位。曾任教于复旦大学、纽约市立大学，并曾在哥伦比亚大学兼课。现为上海财经大学特聘教授，并兼任该校高等研究院农业与城乡协调发展研究中心主任，清华大学政经研究中心特邀教授和复旦大学经济思想与经济史研究所特邀研究员。1995 ~ 1996 年任留美经济学会副会长，1999 ~ 2000 年任该会会长，现为《中国经济评论》（China Economic Review）和《中国经济》（季刊）等的编委，并为《经济观察报》的专栏作家。

长期以来研究中国的农地制度，农业全要素生产力，大饥荒成因，土地制度对城市化、普遍就业、城乡收入差、汇率扭曲以及比较优势等的影响，并较早地用经济地理学的方法对李约瑟之谜做了新的探索。

一、引言

（一）李约瑟之谜与林毅夫论发明模式

林毅夫（Justin Lin，1995）发表的题为《李约瑟之谜》的论文对探索李约瑟之谜是一次极为精彩的努力，因而十分牵动人们的视听，引起包括笔者在内的许多人对这些问题的重新思考。他指出，不同的发明模式可导致不同的技术进步的速度。在基于试错的经验积累的模式下，中国自古以来的庞大人口使中国在创造、发明上有天然优势。但是，在基于重复试验的发明模式下，实验频率，而不是人口规模，成为决定科技进步快慢的主要因素。中国因没有转换发明模式而失去在创造、发明上的人口优势，逐渐落后。他的贡献在于区别了不同发明模式中的主要变量，分别为人口规模和实验频率。两者都要通过不断试错才能发现新的技术或知识。但前者没有理论指导，只靠经验积累，因而依赖人口规模和时间；后者有理论指导，通过重复实验排除事前假设的各种可能，能比较迅速地找出最好的结果。因此，实验的频率变得至关重要。

在基于实验的发明模式未被普遍采用之前，他的假设对古代文明中技术进步的快慢具有较强的解释力。例如地理大发现之前的澳大利亚，由于人烟稀少，知识的取得和积累极为困难。当地的土著虽然在几万年前便抵达澳洲，但一直停留于狩猎和采掘阶段，连农业革命和文字也未发生（Cook，2003，第四章）。林毅夫在将李约瑟之谜的谜底推进一步的同时，也留下一系列有待回答的问题。首先，林毅夫的理论以中国自古以来人口便为世界第一作前提，没有说明为何中国自古以来便有这样的生产力维持庞大的人口。如果人口的规模得益于先进技术，那么就有技术和人口规模何者为先的问题。其次，林毅夫的理论没有解释为什么欧洲后来忽然找到了用重复试验取得发明的新模式，因而开始了欧洲领先的时代。再次，林毅夫的理论似乎难以解释为何中国于宋朝这么一个战祸频繁，国土逐渐沦丧，乃至后来人口都逐渐减少的年代（南宋以后），却出现技术进步和制度创新的高峰。最后，林毅夫的理论无法回答为何在明、清两朝，特别是清朝中期之后，在人口几倍于宋朝的情况下，科技进步和制度创新即使不和欧洲相比，仅和宋朝或之前相比，也显得格外冷清和萧条。

（二）李约瑟之谜的全面表述

鉴于李约瑟对中国科技史研究的杰出贡献和在学术界的崇高地位，所以由他提出的为何中国文明由领先而落后的疑问自然引起中西方人士的普遍关注。他的谜题激发了人们无穷的好奇心和丰富的联想，引来无数学子的潜心研究。然而，在引述李约瑟之谜时，出现各种版本，原因是李约瑟本人对同一谜题因场合不同而有不同的表述。例如，林毅夫的文章（1995，第271页）对李约瑟之谜是这样引述的：第一，中国为何曾经领先其他文明；第二，中国为何现在不再领先世界。这一版本的好处是精练，但容易使人以为中国自古便领先世界，只是近代才落后。李约瑟终其一生，用等身的著作向世人宣示，在长达1400多年间中国因拥有包括四大发明在内的一系列傲世的科技发明而领先世界。但是，作为尊重事实的科学家，他同时也明确界定了中国领先世界的时期和性质。李约瑟在《传统中国的科学》一书的引言中则对自己的千古之问作如下表述：其一，“为何现代科学，即伽利略时代的‘新的，或者说实验性的’哲学只兴起于欧洲文化，却不见于中国或印度文化呢?”其二，“为何在科学革命前的大约14个世纪中，中国文明在发现自然，并将自然知识造福于人类方面比西方有成效得多?”（李约瑟，1981，第3页）。① 这里，李约瑟将中国的领先期明确界定为科学革命（一般以16世纪的哥白尼革命为其发端）前的大约1400年期间，即公元2世纪到15世纪之间。李约瑟并明确指出，中国领先的是将自然知识（natural knowledge）应用于增进人类的福利。和其他非欧洲文明一样，中国也没有产生现代科学思想和科学方法，亦即李约瑟说的“实验性的哲学”。他所指的自然知识相当于我们今天说的实用技术，而不是科学理论和科学方法。

今天探索李约瑟之谜，无法回避以下四个子问题：第一，为何中国在公元2世纪之前并未领先世界；第二，为何在其后的14个世纪期间中国仅在实用技术方面走到了世界的前列；第三，为何从16世纪起，中国即使在实用技术方面也再度落后；第四，为什么现代科学，也即实验性的哲学，只产生于欧洲文化

① 原文分别为“…the question of why modern science, the ‘new or experimental’ philosophy of the time of Galileo, had arisen only in European culture and not in Chinese or Indian.”以及“…a second question hiding behind that first one: namely, how could it be that the Chinese civilization had been much more effective than the European in finding out about Nature and using natural knowledge for the benefit of mankind for fourteen centuries or so before the scientific revolution?”见J. Needham所著“Science in Traditional China”, Cambridge, Massachusette: Harvard University Press, 1981.

之中。

在研究李约瑟之谜的众多文章中，由于忽视了李约瑟之谜的第一个和第四个子问题，也就回避了中国为何自公元2世纪之前即使在实用技术方面也未领先世界的问题。根据对李约瑟之谜的这种片面理解，对谜底的探索容易事倍功半，甚至误入歧途。而且，许多人研究李约瑟之谜，真正的兴趣在回答工业革命为何没有在中国发生。为了回答这一问题，同样无法回避为何科学革命未能在中国发生的问题。因为这是工业革命发生的最重要的必要前提之一，也是李约瑟之谜所问的重点。欧洲恰恰在16世纪左右发生了这么一场科学革命，加上其他必要条件，使工业革命最后成为可能。所以，要彻底回答李约瑟之谜，不能回避科学革命为何没有发生在中国的问题。

（三）地理禀赋对经济研究的重要性

在当代经济学家中，Krugman最强调地理对经济的重要性。例如，他在《地理和贸易》的专著（1991）中，多次批评经济学对地理的忽视和漠视。著名的赫克谢—俄林理论也是用基于各国要素禀赋的天然差别解释国际贸易的由来。这些都说明地理对经济学来说是十分重要的。但是，正像Krugman指出的，由于地理因素具有难以数量化的含义，因而往往被略去不提。① 他并指出，虽然大部分经济学家继续把经济看作仅仅由偏好、技术、要素禀赋所决定，他本人却更认同路径依赖的思想，即经济由历史和偶然事件所决定。②

如果接受遗传基因理论所推论的人类的共同祖先来自非洲中南部，那么，当人类走出非洲时，都处于采掘和狩猎阶段。在社会形态和发展阶段上并未有显著的分化。他们应该处于差不多的起跑线上，不应有文化、历史、社会制度和经济发展程度的明显区别。他们在迁往世界各地的过程中，会因一些随机的原因在不同的地理环境中停留下来。他们其后发展出来的经济—社会形态的不同显然主要由所处的不同的地理环境所塑造。文化、制度、传统、技术等显然不是最终的外生变量或初始条件，它们是后来才逐渐产生，并随经济的发展而发生变化的。所以，对远古时期的人类祖先来说，唯一外生给定，而且基本不变的初始条件便是他们刚好身处其境的地理环境。因此，各民族历史上所处的地理环境的不同应该是解释他们后来踏上不同的演化道路的终极原因。

在经济学上，一件很重要的工作是找出对作为消费者的个人或作为生产者的

---

① 例如，Krugman指出，引进地理因素，特别是地理位置，就会涉及规模报酬递增问题，这对一般均衡理论作为基本假设的规模报酬不变构成棘手的数学挑战。经济学家往往假设经济体是没有距离和位置的点而已，以回避这一难题（Krugman，1991，第2~3页）。

② Krugman，1991，第99~100页。

企业家所面对的预算约束条件。同样，对于研究一个民族或社会来说，找出其所处的地理环境带来的明的、暗的约束条件，同样至关重要。明的有人口约束、水资源约束、耕地约束等。这些因素决定人口规模的上限和人口压力。地理环境带来的暗的约束条件包括历代的疆域变化、地下资源、拥有出海口还是地处内陆、与其他经济中心的距离等。如果用地理位置概括这些条件，那么地理位置决定了商品可通过海路还是陆路运输，及其运输成本的高低，并决定来自其他文明中心的知识和信息的传递速度的快慢、传递成本的高低和传递量的大小。如果一国远离其他文明中心，任何知识都需从头发现，进步自然就要大大慢于有直接借鉴机会的民族。在对开放的好处没有理性认识之前的古代，国际贸易是导致对外开放、获取海外先进知识和技术的天然渠道。这一渠道的畅通与否显然也是和地理位置直接相关的。下文会指出，古希腊文明的后来居上便得益于其独特的地理位置。

基于以上讨论，这里对本文中频频出现的地理禀赋作如下定义：地理禀赋是包括地理位置（与海洋的距离，离主要文明中心的距离等）、地表和地下的自然资源以及气候条件等在内的一个综合性概念。

（四）本文的主要假设和结构

本文的中心假设是，李约瑟之谜所包含的四个子问题可主要用地理禀赋来解释。引进地理禀赋这一假说，是因为这一假说不但具有林毅夫假说的全部解释力，而且可以进一步回答林文中并未回答的遗留问题。在这个意义上，本文是对林文的补充和发展，并希望在澄清基本历史事实的基础上促进对李约瑟之谜的进一步研究。

本文结构如下：第二节讨论近代以前地理禀赋对文明演变的重大作用以及为何科学革命发生于古代希腊。第三节用赫克谢—俄林定理和内生增长理论探讨地理禀赋与内生型城市化的关系，和古希腊发生科学萌芽的必要条件。第四节介绍宋朝以来中国地理禀赋的变化与社会形态变化之间的关系，和缺乏科学革命的必要条件的原因。第五节总结对李约瑟之谜的四个子问题的回答。

二、地理禀赋和古文明兴起的时间和形态

（一）古希腊文明和现代科学的萌芽

李约瑟问道，为何中国只是在科学革命之前的大约 1400 年期间领先世界，是基于两个事实：第一，中东诸文明的崛起早于中国文明至少 2000 ~ 3000 年。例如，拥有城市和文字的苏美尔文明兴起于大约距今 7000 年前。有文字记载，

有城市遗址的中国文明则兴起于大约3500～4000年前（Cook，2003，第7章和第9章）。中国文明史有可能根据考古发现向前再推上千年。但是，在中国文明兴起之前，中东地区已经先后崛起过一系列灿烂的古文明。苏美尔之外，古埃及文明和巴比伦文明也早于中国文明，已经是不争的事实。同期的中国尚在蒙昧状态中摸索，当然无从领先世界。第二，古希腊文明的全盛期相当于中国的春秋战国时期。当时古希腊全境拥有不过几百万人口。然而，人口规模不大的古希腊在人类的几乎一切活动领域，例如天文、数学、航海、贸易、殖民、哲学、艺术和社会组织方面，均获得杰出成就（孙道天，2004，第一章），并埋下现代科学思想和方法论的种子。例如，生活于公元前6世纪的毕达哥拉斯提出大地球形说，据此，公元前3世纪的埃拉托色尼用几何方法巧妙地算出地球的周长，提出地球表面大部分是水面的观点，并创立经纬网，绘制出基于大地球形说和经纬网原理的世界地图（张箭，2002，第一章）。又如，科学家和发明家阿基米德发现了浮力定理，计算球体、圆锥体和其他立体的计算公式，并在深刻理解杠杆原理的基础上，发明螺旋提水机械和使罗马海军溃不成军的撼船机械（詹姆斯和索，1999，第5章）。古希腊的大型公共建筑则体现了古希腊人对平面几何和立体几何的深刻掌握和对美的深刻理解。基于解剖学的希腊医学则提供了现代医学的雏形。这些发明、创造都需经过反复的实验和论证。可以说，古希腊的哲人科学家在人类历史上第一次系统地涉及了物理、数学、天文、航海、地理、几何、逻辑、医学和政治学等基本理论和方法论，形成一个批判性的科学思维的传统。他们实际上已经初步懂得用实验的办法，也即重复试错或证伪的办法从事抽象思维和发明创造。不少哲人有自己的实验室，在今天，他们一定会被视为科学家。“这样，希腊人就创造了一整套锐利无比和确切严密的批判方法。……近现代西方科学的思维创造力，始终同他们的哲学发展紧密相关，而它们的原创基因不在别处，就在希腊哲学。”（杨适，2003，前言第3页）在这个意义上，古希腊已经初步掌握了基于重复实验的发明模式。古希腊的成就远远超越同期拥有几千万人口的所有农业文明。这也是为什么李约瑟谨慎地指出，中国领先世界的时期仅为科学革命发生之前的1400年内（1981，第3页）。

（二）地理禀赋，早期文明与希腊文明之间的先后承接

上面指出，地理禀赋对古代人类的发展走上不同道路一定起了主要的作用。以时间而言，文明之所以最早出现在今天中东一带，和这一地区独有的地理禀赋有关。中东作为人类祖先从非洲迁居他洲的必经之路的第一站，正好有尼罗、底格里斯和幼法拉底等大河，广阔的河谷平原正好濒临地中海。由于属地中海气候，当地旱季正好处于植物生长期的夏天，雨季却在气温较低的冬天，使当地的

植被以草原为主，天然生长有各种多籽的一年生草本植物，并能支撑较易驯养的大型食草动物，却使森林难以蔓延（Diamond，1997）。如此优越的环境，在当地以采掘和狩猎谋生的原始人类较他处能更快学会培育作物、驯养动物，并无需金属利器便能大量垦荒。这便是该地最早孕育出农业文明的原因。7000年前以城市为核心，拥有文字和相当文化的苏美尔文明便诞生于两河流域（Grove，1997，第28~29页）。地球的其他地方虽有草原，但不是太冷，便是太干，或有培育前途的一年生草本植物不够丰盛，因而使这些地方（包括中国在内）的农业革命较中东地区要晚。

除古希腊文明外，其他主要的古文明最后都发展出可观的农业。它们拥有农业赖以发展的大河、辽阔的平原和由此支撑的庞大人口，并在知识和技术上都取得各自杰出的成就（詹姆斯和索，1999）。所以，林毅夫的文章（1995）的假设可以用来解释包括中国在内，其他基于农业并拥有庞大人口的古代文明取得相应技术成就的原因。

但是，古希腊所在的巴尔干半岛的南端既无辽阔的平原，又无一泻千里的大河，因而无法支撑庞大的人口，却能取得杰出的成就。这一事实是无法为林毅夫假说所解释的，从下面的分析可以看出，地理禀赋假设能够解释这一事实。

继苏美尔文明而起的巴比伦文明，对周边的埃及文明和波斯文明发生渗透。波斯文明传播于小亚细亚地区；埃及文明则对位于相隔不远的东地中海上克里特岛的米诺斯文明发生影响。希腊本土文明在对邻近的米诺斯文明和小亚细亚文明的消化、吸收的基础上成长起来。如此众多的文明相距如此之近，崛起如此之早，交往如此之密切，形态如此之不同，使后起的古希腊文明不用像中国文明、玛雅文明和印加文明等几乎什么都要从头再来，而是可以站在许多巨人的肩上，高屋建瓴，兼收并蓄，迅速吸取其他文明经历几千年的努力才取得的优秀成果。例如，腓尼基人发明的拼音文字，便为希腊所模仿。拼音文字的采用，立即打破了在使用艰深晦涩的象形文字的社会中特权阶层对知识和教育的天然垄断，使知识的传播、积累和提高的速度大大加快（孙道天，2004，第一章）。后来希腊城邦中的市民有较高的素质和参与城邦事务的能力，和拼音文字带来的教育的普及，人们表达能力和理解能力的提高是分不开的。希腊文明是在吸收中东古文明几千年的成果的基础上迅速崛起，其起点一开始便很高，使同期的中国文明难以称雄世界。中国称雄世界要等公元2世纪后，那时希腊已为罗马帝国吞并几百年，罗马帝国本身开始岌岌可危，中国才有机会脱颖而出，领先世界。

（三）地理禀赋和希腊的社会—经济形态

以上所述当然还只能解释地理位置为何能使原来处于蒙昧状态中的古希腊人

如此迅速地追上当时的先进国家，因而一开始便有极高的起点（荷马的英雄史诗充分反映了这一点），却仍无法解释为何古希腊文明后来在知识、技术和科学方面竟又将其他古文明远远抛在后面。这要比借助后发优势，追上先进民族，和它们并驾齐驱难得多。要解释其中的原因，希腊的地理禀赋仍是主要的解释变量。在其地理禀赋的影响下，古希腊发展出独特的社会—经济形态。巴尔干半岛多崇山峻岭，仅沿海有零星小块盆地。这种地形有利于希腊城邦的长期存在。各城邦既能借助周边的高山自卫，又能借助港口与海外互通有无。由于腹地有限，单个城邦难以崛起以兼并他国，因而难以抑制其他城邦的自由发展。各个城邦多以开拓海外殖民地的方式扩张，以减少境内人口压力。因此，市民与外部世界有积极的经贸互动关系（斯塔夫里阿诺斯，1999，中译本，第202页）。居于城中从事工商活动和智力活动的居民的比例即使以今天的标准看也算很高。例如伯罗奔尼撒战争爆发前的雅典总人口为40万人，至少有1/3的人口居于城中（崔连仲，1997，古代卷，第214页）。另据Bairoch（1999，第6页）估计，希腊全境的城市化水平在古典时期高达20%～30%，分别为中国在20世纪80年代和90年代的水平。所以，希腊的地理禀赋使其社会—经济形态和同期以农立国的文明有显著区别。

更值得注意的是，以雅典为代表的城邦在政治制度上频繁地进行旨在扩大民众参政的改革，最终建立了民主政治体制。改革一般通过修改宪法的办法和平进行，限制和废除世袭君主，改由民选执政官管理城邦，并又逐渐缩短其任期，以防权力的过于集中引起滥权和腐败。希腊城邦走上这条道路，是和当时其他农业文明的又一大区别。以雅典城邦为代表的民主制度，使人民在追求真、善、美的过程中，很少束缚和禁区。加上识字的容易和教育的普及，古希腊人普遍养成对自然、对人生、对社会的各类问题追根刨底的习惯。可贵的是，他们并非胡思乱想，而是遵循已经发展得十分完善的形式逻辑作严格的推理和归纳。在民主体制下，公民崇尚以理服人的风尚，不接受未经验证的所谓“绝对权威”。哲人的理论都要经得起相互之间的反复诘难和验证。这种证伪过程只会迅速暴露谬误，接近真理。这是古希腊的科学思想进步迅速，推理严密，体系完整，发明创造频繁，最后远远超出同期文明的原因。建立于这种工商、海外贸易、民主政体和科学思辨之上的古希腊文明，在短短几百年间便建立起人类历史上第一个真正意义上的科学传统，并在思辨和实验的基础上奠定了近代科学的基础。这是其他文明始终没有达到的高度。

恰成对比的是，一些拥有大河平原的文明，由于没有天然屏障，虽能支撑庞大的农业人口，却在寻求社会稳定的内在动力的驱使下，孕育出大一统的专制王朝。和农业文明直接接壤的自由城邦，例如雅利安人入侵印度后所建立的城邦，便无法像在希腊那样长期存在，不久都为当地拥有庞大人口的君主国所并吞（斯塔夫里阿诺斯，1999，中译本，第211页）。腓尼基人一度建立的独立城邦，也不得不臣服于周边的专制帝国。

中国春秋战国时期散布于华北平原的各国也无自然边界，因而无法长期存活。这段人才辈出、思想活跃的辉煌时期，毕竟为大一统所替代。即使在思想相对比较活跃的这段时期，由于学者、策士们不得不以掌握大权的帝皇将相为诉求对象，探索真理的环境和希腊的民主城邦不可同日而语。例如，古希腊强调的是在真理面前人人平等，师生之间鼓励自由辩论。执政者面对民众的问题必须实事求是地回答，不能以势压人。这种环境下，理性容易勃兴，谬误无法长存，因而能较快逼近真理。然而，在专制制度下，帝皇将相的只字片语，或老师的信口开河，往往被不加验证地奉为真理，阻碍人们去伪存真。①

当然，希腊的地理禀赋的负面影响是，林立的城邦内斗不已，辉煌的古典希腊时期最后还是先后为由马其顿帝国和罗马帝国建立的大一统局面所替代。古希腊社会巨大的创造力逐渐凋零，所积累的知识逐渐成为一种遥远的记忆，要到文艺复兴时代才被重新发现。中国在世界舞台上开始崭露头角，成为一个在实用技术领域内长期领先世界的民族。

三、要素禀赋理论和内生城市化

（一）赫克谢一俄林理论和疆域变化对城市化的含义

如何解释古希腊的超常规科技成就呢？希腊城邦腹地狭小、局促，和其他古文明拥有的辽阔疆域恰成对比。两者的社会一经济形态也恰成对比。前者面向城市、面向工商、面向海外贸易、面向民众；后者自给自足、闭关自守、人口分散、王权至上。两者在发明模式上和技术进步的速度上也有鲜明的差别。前者基于思辨、实验，追求体系的完整和逻辑的严密；后者基于经验，依靠直觉，缺乏理论指导。对比两者，可以看出，古希腊文明的成就显然和它的城邦形式、海外贸易和民主政体是分不开的。

赫克谢一俄林理论虽然是有关国际贸易的理论，但对城市的内生型崛起也有

---

① 例如，孔子和学生颜回论道终日，颜回默默听着，竟然没有提任何问题请教或诘难孔子（见刘真所编《四书读本》第191页）。这种全盘照收，毫无批判的态度还受到孔子的高度赞扬。其实，孔子的话很多是经不起推敲的，不合逻辑的，或需要前提条件才能成立。然而，孔子认为，为人只要仁厚便可，将口才称之为“佞”，斥之为会令人憎恨的东西，贬为无用之物（同上，第85页）。孔子的语录传之后代，一直被奉为圭臬。这种追求知识的态度和方法与中国的专制社会形态是分不开的，对逼近真理，建立科学思辨的传统是极为有害的。这种求学的态度在辩论成风，以求真为目标的古希腊是难以为人接受的。

启示。他们的理论指出（Krugman 和 Obstfeld，2002，第 4 章），如果某个民族的要素禀赋发生变化，要素在生产部门之间的分配也会发生变化。例如，一个民族如果获得大片土地，不但新增土地会全部进入土地密集型部门，而且本来用于劳动密集型部门的一部分土地和劳动也会流向土地密集型部门。根据这一理论，一国的疆域扩大，人口不变，或疆域不变，人口减少，会造成农业这一典型的土地密集型部门的扩张。后者的扩张会使人口分布变得分散、运输成本上升、信息传递困难、分工难以深入，因而城市化水平下降。恰成对比的是，如果一国疆域缩小而人口不变，或疆域不变，但人口增多，在技术给定的情况下，像手工业和商业这样的劳动密集型部门相对农业部门会获得扩张。由于劳动密集型部门所需土地很少，所用劳动很多，自然造成人口的聚集，形成城市。显然，希腊城邦的崛起，和每个城邦的腹地有限，无法像平原国家那样扩张，但人口不断增长，比较优势移向劳动密集型产业，所以造成人口的愈益密集，工商外贸的愈益发展。这样，无形中享受到下面要讨论的集聚效应的各种好处。

（二）经济增长的终极源泉和内生型城市化

经济增长的终极源泉只有三个。它们分别为投入的简单增长、技术进步和制度创新。第一种增长源泉受到禀赋的限制，无法永续。技术进步和制度创新则是更有效的两种增长途径。技术进步表现为生产力可能性边界的向上外移，制度创新表现为产出由生产力可能性边界之内移向边界。但制度创新的意义更为深远，不但将经济推向边界，而且通过促进技术进步，不断将边界外移。制度创新是使技术进步内生化的主要途径。

所谓内生型增长指的是通过不断促进技术进步和制度创新达到经济的繁荣，而不是简单地通过依靠已有的技术、制度和单纯增加各种投入，或通过外来财政的转移达到本地经济总量的增长。因而内生型增长是可持续的，因为它不依赖于疆域的大小和自然资源的丰饶。城市要在经济中扮演持续的推动作用，必须是内生型的城市。

城市提供内生增长的最佳环境。亚当·斯密强调密集的人口为广泛的分工提供客观环境。工商型的城市环境会聚集大批的能工巧匠、专家学者。城市比较便捷的交通、通信条件便于他们的接触、来往、交流、切磋，因而容易产生思想的火花，导致技术进步或制度创新。近年来，以杨小凯（1991；1999）为代表的一些经济学家对劳动分工和内生增长之间的关系作了进一步的研究。结果表明，城市提供的人口空间分布形式为分工的日益细化提供最佳环境。城市环境中人口和企业的密集造成同行的激烈竞争，加速技术进步和制度创新。同时，内生型的城市由于依靠工商业得以繁荣，因而比较愿意支持有利于产权保护的法规和制度安排，比较愿意给市民经济活动的空间。

内生增长理论十分强调人力资本的外溢效应（Lucas，1988；1993）。Barro（1990）则指出，生产性的公共财产对经济中的私人厂商产生正的外部性而成为内生经济增长的源泉之一。城市中的基础设施是这方面的最好例子。各行各业通过集中，得以分摊昂贵的基础设施的成本，从而大大降低平均生产成本。

（三）内生型城市加民主政体——科学萌芽的必要条件

内生型城市化的好处还可列举许多，而且可以用来解释古希腊的杰出成就。在人类漫长的历史上，内生型城市化的崛起的最典型例子，就是古典希腊时期。这种城邦文明的出现，并非人类自觉选择的结果，而是地理禀赋巧合的结果，得益于巴尔干半岛的地形和濒临地中海东北岸的地理位置。这种进退自如的地理位置，使古希腊既能很快学到周边文明已经积累几千年的成果而迅速达到当时世界技术水平的前沿，又能利用爱琴海和地中海的屏障在相当长的时间内保卫自己免遭专制帝国的并吞。[①] 同时，古希腊通过地中海的航运，在没有高速公路和其他基础设施的情况下组织环地中海的国际分工，攫取贸易增益。其社会制度又允许人民自由追求真理，有助于理性思索的进展，科学萌芽的产生。

简言之，古希腊的地理禀赋使它采用城邦民主的政体和面向工商与外贸的经济形态。古希腊的这种社会—经济形态正好使它无形中获得城市的集聚效应，即内生增长的源泉。所以，内生型的城市化和民主制度应该是古希腊产生科学萌芽的必要条件。

（四）中世纪的科学革命

西欧作为古罗马帝国的一部分，受到古希腊文明的深刻熏陶。公元1400年后，以意大利为代表的西欧出现具有古希腊城邦某些特点的城市中心，较少受农业腹地的居民的牵制，享有独立的政治和自由的经济，面向工商和海外贸易。有的城市，例如威尼斯，建于海岛之上，完全没有农业腹地，也不和大陆接壤，因而较少受农业社会的传统力量的掣肘，在后来的文艺复兴中起了特别大的作用。这些地理条件对工商业的发展和独立市民阶层的崛起十分有利。与此同时，拜占庭帝国，亦即东罗马帝国面临奥斯曼帝国的不断入侵。在康士坦丁诺普尔（今日的伊斯坦布尔）被土耳其人攻克的前夜，一些僧侣携带大批古希腊哲人的抄本经意大利一些城市逃往西欧，为科学革命和文艺复兴及时提供了精神食粮和现成的智慧。科学革命和文艺复兴其实是在重新发现古希腊的科学成就和文化成就的基

---

① 关于希腊对波斯帝国的力量悬殊，惊心动魄的长期抗争，参见孙道天（2004，第5章）。希腊城邦最后被位于其北，以农立国，同文同种的马其顿征服（孙道天，2004，第8章）。

础上兴起的。林毅夫的文章中提到的在16世纪欧洲找到了用实验从事发明、创造的新模式，其实是对古希腊早已掌握的发明模式的重新发现和改进。

欧洲文化中的这一古希腊基因，是离不开古希腊的地理禀赋的，也是中国文明所一直缺乏的。相比之下，中国的地理禀赋既使中国远离其他文明中心，难以获得其他文明的智慧和成果，又因拥有广袤的平原、风调雨顺的气候、周期性减少的人口，使中国有沿着农本社会的道路自我延续的极大的空间。主要朝代中，只有宋朝是个例外。

四、宋元明清的疆域变化和社会形态变化

（一）历代疆域和人口的变化

中国主要朝代中，疆域最小的是宋朝。北宋建国时北方边界已被推到长城以南。南宋更丢失了淮河以北的所有平原。南、北宋都未能控制贵州、云南两省和广西的一部分。另外，宋朝丧失的疆土大多为平原，使疆域内可耕地含量大减。长江以南虽有许多冲积平原，但面积和华北平原与淮北平原不可相提并论，且多为丘陵或高山所隔。要将丘陵开发为梯田需大量的人力和时间。与宋朝不同的是，宋朝以后各朝的初期，人口锐减，可耕地含量最高的那部分领土却大增或基本保持不变。例如，元朝的疆域中包括整个华北和东北，并控制了西南、内外蒙古和西伯利亚。明朝的疆域虽较元朝为小，但失去的是可耕地含量很小的内外蒙古和西伯利亚，却在保有南宋的全部可耕地之外，还保有重要的农耕区华北、东北和整个西南。这对中国继续沿农本社会的道路自我延续，提供了良好的客观环境。清朝在明朝的疆域基础上，进一步建立了对内外蒙古的控制，开拓了西北，并巩固了对东北的控制（谭其骧，1982，第6、7、8册）。其中东北和西北两大地区由于有大片可耕地，显著缓解了中国在清中期之后的人口压力。

中国人口由公元9世纪初（唐朝）的5000万人逐渐增加为公元13世纪初（南宋中期）的1.15亿人。唐朝之后中国虽短暂地分裂为五代，但其间人口没有发生逆向变化。这和元、明、清三朝更替时北方人口锐减的情况有很大的区别。元朝全期人口一直呈下降趋势。明朝早期也未能扭转这一趋势。直至公元1400年后人口才开始上升，并在公元约1500年前后（明中期）人口才又首次超过宋朝，并于公元1600年达到1.6亿人的历史高峰。然而，明末清初人口再次锐减大约2000万人（Ropp，1990）。

（二）疆域变化和农本社会的回旋空间

对基于农业的社会来说，领土中可耕地含量的高低是至关重要的。历代记载

的耕地面积起伏很大，极不精确。鉴于土地一经开垦，很难人为破坏。需要时，抛荒的土地可以较快恢复。一般来说，一国的耕地面积应该比较稳定。如果前朝已经达到某一耕地面积，后朝记载的耕地面积有明显变化，只有三种可能：①疆域变化，因而所含耕地变化。②人口减少，因而实际利用的耕地减少。③统计数字不准。例如，根据梁方仲（1980）的统计，隋朝的耕地达 19.4 亿亩，比面积大大扩张的清朝还多，令人不解。又如，明朝初年的耕地仅为 3.67 亿亩，但短短 12 年内便扩大到 8.51 亿亩，同样令人不解（表 1）。

表 1　历代耕地面积

公元年份	朝代	耕地（百万亩）	人均耕地（亩）
2	汉朝	827	13.88
105	汉朝	732	13.74
589	隋朝	1940	—
726	唐朝	1440	34.78
976	北宋早期	295	—
1021	北宋早期	524	26.33
1066	北宋中期	440	15.12
1083	北宋晚期	462	18.49
1381	明早期	367	6.13
1393	明早期	851	14.05
1426	明中期	412	7.94
1502	明中期	623	12.23
1578	明晚期	701	11.56
1602	明晚期	744	20.64
1655	清早期	388	27.63
1661	清早期	527	27.51
1701	清早期	599	29.33
1734	清中期	890	32.54
1887	清晚期	912	2.41

资料来源：梁方仲，1980。

由于本文考虑的是中国沿农本社会自我延续的可能性的大小，最能反映这种可能性的，应该是包括已耕地、可迅速复耕的抛荒地和具有开发潜力的未耕地在

内的可耕地总面积。既然历史记载的耕地面积无法反映中国农本社会自我延续的空间的实际大小，本文用历朝的疆域作为中国农本社会自我延续所需空间的近似上限。由于历朝的疆域比较容易确定。一旦确定，我们可以看出历朝沿着农本社会的道路自我延续的空间的大小。例如，如果取隋朝的耕地面积为基数，那么，与隋朝疆域相近的明朝的耕地的上限就应该接近14.4亿亩（梁方仲，1980），而不是明晚期的7.44亿亩。

由以上分析可见，宋朝处于中国历史上的人口高峰期，疆域却是各主要朝代中最小者。宋朝在人口激增的同时，对领土中可耕地含量最高的部分（亦即华北平原、淮北平原和关中平原）的控制却逐渐减少，所以面临的人口压力一定超过前朝，也超过从元朝到清朝中期的整个时期。然而正是在宋朝，中国以影响深远的科技发明而著称于世界。“火药、罗盘、活字印刷术以及胆铜法、火柴等，大都是10世纪末到11世纪发明创造的。这些发明创造是宋朝手工业生产发展极为显著的标志”（漆侠，1999，第32页）。林毅夫的文章（1995）中所引的中国的技术发明也大多发生于10～13世纪的宋朝。这使人不禁发问，一个面对外族的连年入侵而不能自保的朝代，为何在经济、技术、文化和制度创新上却有如此的成就？什么原因导致宋朝在丧失大片成熟耕地的不利条件下，获得空前的经济繁荣和技术突破？

（三）城市化水平和城市形态的显著变化

很明显的一点是，宋朝的疆域和人口的逆向变化，使中国无法像前朝那样简单地沿着农本道路自我延续。面对极大的内外挑战，宋朝的社会形态发生了深刻的变化。

表2　中国历代城市化水平

战国（300BC）	15.90%
西汉（2AD）	17.50%
唐（745AD）	20.80%
南宋（1200AD左右）	22.00%
清（1820AD）	6.90%
清（1893AD）	7.70%
近代（1949）	10.60%
近代（1957）	15.40%

资料来源：赵冈，1995，第76页。

首先，宋朝的城市化水平达到空前的高度，处于当时世界的领先地位。由表2可以看出，自战国到宋朝的1000年间，中国城市化水平逐渐提高。特别是宋朝，不但拥有汴京和杭州号称当时世界上的最大城市，而且拥有长江下游的和浙江、福建沿海的许多繁华城市，苏州、南京、杭州、宁波、泉州等都是闻名中外的贸易城市，或活跃的国际港口（Gernet，1962；斯波义信，1975）。

宋朝城市的形态也和前朝，特别是汉唐有极大区别。汉唐的城市主要为官僚性或军事防御性的，城市的商业活动必须服从政治或军事的考虑。[①] 这样的城市管理对物资交换，信息流通和人际互动所造成的障碍是可想而知的。宋朝取消了对商业活动限于在坊市内进行的规定，也废除了对商业活动的时间限制。宋朝的城市工商业、服务业按行业组成，成为行团，并获得官方的承认。这在宋朝之前是闻所未闻的。官方并鼓励尚未成立这种行团的行业尽快组织起来，目的是摊派行役和征收行钱（陈智超、乔幼梅，1998）。和欧洲的行会（guilds）不同的是，宋朝的行团保护同行的商业或工艺秘密，也不强求结果的平等。所以，宋朝的行团虽然必须接受官府的管理，不像欧洲的行会比较独立自治，但宋朝的行团却允许同行的自由竞争，保护他们的知识产权和财富（陈智超、乔幼梅，1998）。

宋朝的城市相互之间联系密切。活跃的城市商品经济必然波及广大农村。许多农户成为替市场生产的专业户，大规模种植经济作物。宋朝的手工业、矿业、军工、造船、陶瓷、制盐、纺织、造纸、印刷、建筑等行业的成就最为显著。例如，宋朝的金银铜铁的产量不但远远超过唐朝，而且明清两代也无法望其项背（陈智超、乔幼梅，1998）。

（四）政府对民间外贸的开放

宋朝政府出于对关税收入的重视，积极发展对外贸易，对民间商人和来华贸易的外商给予方便和奖励（黄纯艳，2003，第84～85页）。宋和辽、金、西夏有边境贸易，和东北亚、东南亚、南亚、中东、东非等地有海上贸易。宋朝进出口的商品达400多种。从史料来看，宋朝进口土地密集型产品，以弥补土地不足，出口劳动密集型或技术密集型产品。所以宋朝和各国的贸易十分符合贸易理论所示的方向。

海外贸易本质上是一个高风险和高回报率的经济活动，需要很多制度创新和

---

① 当时商场必须位于官方设置的矩形的坊市内。坊市四周有围墙和可以锁闭的大门，既有市吏把守，又有军兵巡逻，定时开闭。坊市关闭后，商业活动便算结束（陈智超、乔幼梅，1998）。入夜后，不但城门紧闭，而且城内实行宵禁。大街的民居不得有门窗。居民住宅的大门必须开设在大街两边的小巷里，称为“里”或“坊”，也有围墙和大门，有专门的官吏把守，按时开闭。坊里仅为居住之地，不得经商（杨宽，2003，第237～238页）。

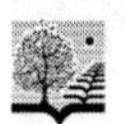

技术创新。这只有在民间积极参与下，才有可能。[①] 海外贸易是由政府垄断还是有民间参与，决定了为何15世纪时的海洋霸主葡萄牙和西班牙先后走向没落，为何英国取而代之（陈志武，2003）。宋朝政府由于自身比较虚弱，对城市工商业的控制和海外贸易的管制采取的形式和汉唐相比，更符合市场经济的原则。例如，宋朝政府对工商和外贸的管理主要出于征税的动机，而不是出于官府垄断商业利益的动机。为了获得更多的财政收入，宋朝政府给予民间更多的自由从事国内外的贸易。特别是宋朝的对外贸易，由于严格限制华而不实、得不偿失的纳贡贸易，实际上将对外贸易的空间的相当部分让渡给民间。这就给民间自发推动市场制度的演进提供了比较广阔的空间。当时民间的各行各业对海外贸易抱有极大兴趣，并正在探索集资和股份的渠道。若能坚持下去，这些做法可能导致融资和集资的新制度，至少会使中国成为一个开放的系统，通过输入世界各地的新产品，得以了解世界上的新技术、新知识，乃至新制度。这自然解释了为何宋朝的技术进步特别频繁。当然，当时的技术进步并非科学革命。对最终能否导致本土性的科学革命的发生的问题，至少可以说，根据古希腊的经验（借鉴周边先进文明的机会，城邦，外贸和民主政体），宋朝的外贸和城市化是有助于科学革命发生的社会形态变化。由于远离地中海，自然无从获得对其他古文明优秀成果的借鉴和对古希腊科学传统的了解。

（五）地理禀赋的变化和中国重返农本社会

宋朝向工商社会的演变因地理禀赋的再次变化而中断。宋朝之后的每次政权更迭，土地相对人口都有显著的增加。根据赫克谢—俄林模型，这种逆向变化会使土地和劳动从劳动密集型部门流向土地密集型部门，导致城市化的下降，向工商社会演进的出现严重逆转。

元朝统治者虽没有实行海禁，却有执行重农主义政策的客观基础和主观动力（黄仁宇，1999，第174页）。大批因长期战乱而荒芜废耕的土地被收归国有，或被分封给皇公贵族，以便集中人力物力，迅速屯田开荒（陈智超、乔幼梅，1998，第651页）。大规模进行的屯田又分军屯和民屯，以解决因人口锐减造成的劳动短缺。这样做导致人口流向农村，特别是流向商品经济落后的北方。与此同时，元统治下工匠的身份无异于工奴，没有人身自由（陈智超、乔幼梅，1998，第696~697页）。元统治者对民间经济的剥削和恐怖统治也是历代少见的

① 例如，海外贸易所需资金庞大，周转的速度缓慢，包含极大的自然或人为的风险。为了解决融资的困难，并帮助化解投资风险，股份制和股份有限公司便应运而生，并带动其他金融制度的诞生和完善。这种股份有限制度正是市场机制的重要内核。如果没有海外贸易巨额利润的刺激和各行各业民间力量的积极参与，技术创新和制度创新是不可想象的，也是无法持续的。

（黄仁宇，2002，第179页）。尽管元朝的统治者在主观上没有限制海外贸易，对城市的工商业也是鼓励的，但是元朝的要素禀赋和对工商业的管理制度都无法导致科学革命的发生。由于欧洲尚未发动重新发现古希腊的文艺复兴运动，古希腊关于科学的思想和方法论也不可能传入中国。

明朝同样有实行重农主义政策的厚实的客观基础。根据陈智超和乔幼梅（1998，第24～25页），“明代初年人口分布，以东南沿海一带最为密集……江淮以北是人口疏阔地区……湖广、广东整个说来还是尚待开发。边远的辽东都司、陕西行都司等九边地区，西南、云贵以及四川周边一带，明初还处在荒僻榛莽的状况”。“明初曾由政府组织迁民。从苏、松、嘉、湖、杭前往临濠，从山西迁民于北直隶、山东、河南等，是几次最大的行动。尔后官方移民渐少，人口自发流动依然继续，犹以‘人稠地狭’的江西、浙江、福建以及苏、松等地区输出人口为多”。江南居民开始是遭强迁，后来是自愿迁往农村。人口和财富的这种流向，自然无助于中国这块最富庶、最有活力的地区向工商社会的演进。

明朝的郑和虽七次下西洋，然而代表的只是一种政府的垄断行为，并不以市场经济中最重要的牟利为原则。民间的外贸活动因受到海禁而无法成长。一旦郑和的财政后台和政治后台明成祖去世，这种违反商业原则的远洋因失去政府的资助而寿终正寝（费正清，1994，第142～143页）。这场早于西欧的远洋对明朝的市场制度、商业制度、金融制度和明朝的科技发明几乎没有留下任何痕迹，令人遗憾。

明朝中期后随着人口的增长，江南一带人地矛盾尖锐化，中国社会再次产生向工商社会过渡的内在冲动。然而，明朝向工商社会演变的条件要较宋朝更为欠缺。明朝的疆域毕竟较宋朝大许多，疆域内的可耕地的含量也远远高于宋朝。由于地瓜、玉米和马铃薯等土地节省型作物的传入和推广，南方和西南的丘陵，甚至山区也成为可观的农业区，可以支撑大量人口。广阔的回旋空间使明朝可以长期实行海禁而不影响国力和民生。强盛的国力使明朝有财力将海外贸易重新纳入朝贡体系。在缺乏民间和海外直接交流的情况下，海外的新知识和新技术既难以流入中国，流入后也难以被广泛接受（利马窦，2001）。明朝的社会体制十分专制，僵化（艾德荣，2005）。明朝中期后的中国从总体上说不再领先世界。晚明时期在人口压力下虽有向工商社会演进的可能，满族入关使中国人口再次锐减的同时，也极大地开拓和巩固了中国的北方、西北和西南疆域，特别是农耕条件良好的东北疆域。这种人地比例的变化使推行重农主义的客观条件大为改善，使农本社会的延续十分平滑。清朝后期人口压力再次升高时，世界的新格局已经俨然形成，中国和欧洲先进国家的差距也已显著拉大。显然，元朝以后中国的疆域变化十分不利于中国向工商社会的演变，更无从创造科学革命的必要条件。

五、结束语

本文用地理禀赋假说回答李约瑟之谜的四个子问题：第一，为何中国在公元2世纪之前并未领先世界；第二，为何在其后的14个世纪期间中国仅在实用技术方面走到了世界的前列；第三，为何从16世纪起，中国即使在实用技术方面也再度落后；第四，为什么现代科学，亦即实验性的哲学，只产生于欧洲文化之中。用人口规模能够解释农业文明中技术进步的快慢，但无法解释农业文明为何首先崛起于中东，其次再崛起于其他地区。人口规模也无法解释现代科学思想和方法的萌芽为何产生于境内布满崇山峻岭，因而无法支撑庞大农业人口的希腊半岛。如果改用地理禀赋，则既能解释不同农业文明崛起的时间差，又能解释古希腊独特的城邦文明形式如何为科学思想和方法的萌芽的最初产生提供理想的环境。

古希腊林立的城邦相互竞争，既是优点，也是缺点。这些城邦先后为潜心模仿其长处的周边国家马其顿帝国和罗马帝国所征服。在大一统下，希腊城邦的原创性逐渐凋零。但马其顿帝国和罗马帝国毕竟心仪希腊文明的灿烂，对其达到的智慧也深为佩服，尽力继承，模仿希腊文明除民主制度之外的其他遗风，因而在公元2世纪前，欧洲犹能保持领先世界的地位。这是对第一个子问题的回答。

对第二个子问题的回答如下。公元2世纪后，罗马帝国内部的腐败日甚一日，外部又面临蛮族的相继入侵，国势逐渐衰退，在技术进步方面的优势逐渐丧失。与此同时，中国的基本农耕地区到秦汉朝时已明确纳入中国的版图，为中国其后2000年的农本社会奠定了坚实的基础和广阔的回旋空间。经过汉朝约400年的和平发展，中国的人口到公元2世纪，亦即汉朝晚期，已达6000多万人，成为世界上人口数一数二的大国。相对已经开始凋零的罗马帝国，汉朝的人口优势日益发挥作用，使中国得以在技术上脱颖而出，开始领先。

其中宋朝这段时期技术发明特别频繁，又是和地理禀赋的变化引起的中国社会形态的变化直接有关。宋朝的城市化水平提高，工商业和海外贸易繁荣，民间得以参与外贸，海内外的知识和信息可以互通。这些都说明，宋朝正在向工商社会演进。城市带来的集聚效应，海外贸易带来的增益，外来思想和知识带来的启发，对宋朝科技发明一定有正面的影响。所以，中国当时并非仅仅和世界同步，而是超越了世界水平。但是，中国领先的始终限于实用技术，并无科学理论作后盾。

关于第三个子问题，即为何欧洲重新走到世界前列的答案，要从两方面来说明。第一，西欧作为古罗马帝国的一部分，有着古希腊文明的基因。公元1400

年后，以意大利为代表的西欧重新出现具有古希腊城邦特点的城市。它们较少受农业腹地的居民的牵制，享有独立发展的政治和经济的自由，例如威尼斯。第二，拜占庭帝国的首都康士坦丁诺普尔被土耳其人攻克的前夜，僧侣们携带古希腊抄本经意大利逃往西欧，为科学革命提供及时的智慧。科学革命其实是在重新发现古希腊的科学萌芽的基础上发生的。这一基因在欧洲文化中的复活，使欧洲迅速走到世界的前列。

中国虽然在宋朝的特殊地理条件的作用下向工商社会做过一次冲刺，但在元、明、清的地理条件下，又舒舒服服地退回自古以来便驾轻就熟的农本社会旧路。公元1500年后，正当缺乏腹地的西欧国家将眼光转向海洋和新大陆之时，中国却因获得广大的新边疆而将眼光转向内陆，在人口增长的同时，人口的空间分布却越来越散，信息流通和商品交换的成本越来越高，这必然导致社会分工和城市化水平的降低。正当欧洲城市化进展迅速，工商社会逐渐成形，技术进步因而日益加速的时候，中国的城市化不进反退。据 Lo and Yeung（1998）的统计，中国以世界第一的人口，1500年后的400年间，竟然未能有任何城市位列世界十大城市。城市化的严重倒退使中国丧失了集聚效应和内生增长的重要源泉。上文指出，中国的地理禀赋自古代起便使中国采取专制政体，不可能自发产生古希腊的那种现代科学的萌芽。宋朝之后的地理禀赋变化再度使中国陷于农本社会而无法自拔。所以，中国的地理禀赋不可能导致本土性科学革命的发生，事实上也没有产生。当欧洲重新发现古希腊的科学思想和科学方法后，中国必然又落后于欧洲。这是对李约瑟之谜的第三个子问题的回答。

对第四个子问题其实已经在上面的字里行间回答了。明确地说，根据古希腊的经验，科学革命需要的必要条件中，自由、民主、开放的工商型城市的存在、相互的竞争、人才的流动、思想禁区的废除等，是至关重要的。有这样的城市，这样的社会环境，才会产生对科学的内在兴趣，追求和认识真理的素质和勇气。纵观中国历史，春秋战国时期和宋朝似乎向这个方向靠拢一些，其他时期都是皇权至上。科学的萌芽既然只产生于古希腊，古希腊正好位于欧洲，后人也便将科学的萌芽归之欧洲。

回顾各个文明的兴衰消长，有两点似乎很值得注意。第一，中东和地中海的地理禀赋形成众多而异质的文明，不但对古希腊文明的独特形式的崛起影响深远，也是后来欧洲能够走到世界前列的深层原因。可见多元性和异质性的重要。第二，在赞赏中国文明在高度隔绝的地理环境中能取得如此辉煌成就，并具有高度的独创性和延续性的同时，也应理性地认识到中国文明长期实施大一统和与世隔绝之后，文化基因有趋于单调的先天缺陷，并严重缺乏科学传统和民主精神。中国文明由落后到领先到再落后，和地理禀赋有极大的关系。今天，全球化的浪

潮席卷全球，地理禀赋的影响会逐渐消退，但文化传统和历史沉淀根深蒂固。中国想全面赶上世界的先进国家，要引进的知识、技术和制度还有很多。任重而道远，只有深刻认识本身文明的优点和缺陷，虚怀若谷、兼收并蓄，才能有备无患地应对 21 世纪更大的挑战。

参考文献：

［1］Bairoch, Paul, 1999. Cities and Economic Development. Chicago: University of Chicago Press.

［2］Barro, Robert J., 1990. "Government Spending in a Simple Model of Endogenous Growth", Journal of Political Economy, 98, s103 – s125.

［3］陈智超、乔幼梅：《中国历代经济史》，中国台北文津出版社，1998 年版。

［4］陈志武：《太平洋贸易能否带来长久繁荣?》，《新财富》，2003 年 11 月。

［5］崔连仲：《世界通史》（古代卷），人民出版社，1997 年版，第 214 页。

［6］Cook, Michael, 2003. A Brief History of Human Race. New York: W. W. Norton & Co.

［7］Gared Diamond, 1997. Guns, Germs, and Steel, New York: W. W. Norton.

［8］艾德荣（Ronald A. Edward）：《权威结构，产权和经济停滞：中国的案例》，1995 年版。

［9］费正清：《费正清论中国（China, a New History）》，中译本，中国台北正中书局，1994 年版。

［10］傅筑夫：《中国经济史论丛》，三联书店，1980 年版。

［11］Gernet, Jacques, 1962. Daily Life in China on the Eve of the Mongol Invasion 1250 – 1276, London: Ruskin House.

［12］Grove, Noel, 1997. National Geographic Atlas of World History. Washington, D. C.: National Geographic Society.

［13］顾朝林：《经济全球化与中国城市发展》，商务印书馆，1999 年版。

［14］黄纯艳：《宋代海外贸易》，社会科学文献出版社，2003 年版。

［15］黄仁宇：《资本主义与二十一世纪》，三联书店，1999 年版。

［16］Krugman, Paul R., 1991. Geography and Trade. Leuven, Belgium: Leuven University Press.

［17］Krugman, Paul R. and Obstfeld, Maurice, 2002. International Economics, Theory and Policy, 5th edition. New York: Addison – Wesley.

［18］李剑农：《宋元明经济史稿》，文心图书公司，1957 年版。

［19］利马窦（Mattew Ricci）：《利马窦中国札记》，广西师范大学出版社，2001 年版。

［20］梁方仲：《中国历代户口，田地，田赋统计》，上海人民出版社，1980 年版。

［21］林毅夫（Lin, Yifu Justin），1995, The Needham Puzzle: Why the Industrial Revolution Did not Originate in China. Economic Development and Cultural Change, Vol. 43, Jan.

［22］刘真编：《四书读本》，中国台南综合出版社，1979 年版。

[23] Lo, Fu-chen and Yeung, Yue-man ed, 1998. Globalization and the World of Large Cities. United Nations University Press.

[24] Lucas, Robert J., 1988. On the Mechanism of Economic Development. Journal of Monetary Economics, 22, 3-22.

[25] Lucas, Robert J., 1993. Making a Miracle. Econometric, 61, 251-271.

[26] Needham, Joseph, 1981. Science in Traditional China. Cambridge, Massachusette: Harvard University Press.

[27] 潘士远、史晋川:《知识吸收能力与内生经济增长》,《数量经济和技术经济研究》,2001年第11期,第82~85页。

[28] 漆侠:《中国经济通史》,经济日报出版社,1999年版。

[29] Ropp, Paul S., 1990. Heritage of China, Berkeley and Los Angeles: University of California Press.

[30] 斯波义信(Yoshinobu Shiba), 1975. Urbanization and the Development of Markets in the Lower Yangtze Valley. in Crisis and Prosperity in Sung China, ed. By John Winthrop Haeger, Tucson, Arizona: The University of Arizone Press, pp. 13-48.

[31] 斯塔夫里阿诺斯(Stavrianos, L. S.):《全球通史——1500年以前的世界》,中译本,上海社会科学出版社,1999年版。

[32] 谭其骧:《中国历史地图集》,中国地图出版社,1982年版,第六、七册。

[33] 杨宽:《中国古代都城制度史研究》,上海人民出版社,2003年版。

[34] 杨小凯、黄有光:《专业化与经济组织——一种新兴古典微观经济学框架》,张玉纲译,经济科学出版社,1999年版。

[35] 赵冈:《赵冈城市发展史论集》,中国台北联经出版事业公司,1995年版。

(文章来源自《学术讲座荟萃》第28辑,2005年10月27日)

营养、健康与经济发展

张车伟

张车伟

男，1963年生，现任中国社会科学院人口与劳动经济研究所副所长、研究员、博士生导师。兼任中国社会科学院社会保障研究中心主任和中国社会科学院人力资源研究中心秘书长、副主任，中国社会科学院研究生院人口与劳动经济系主任。

目前学术兴趣为劳动经济学。

享受国务院政府特殊津贴。“新世纪百千万人才工程”国家级人选。

获得的主要奖励包括：第十一届孙冶方经济科学论文奖；中国社会科学院优秀科研成果二等奖和三等奖；全国人口和计划生育软科学特等奖和一等奖；农业部软科学二等奖等；中国优秀青年人口学家奖。

同学们，上午好，非常高兴能与各位交流。我今天讲的主题是营养、健康与经济发展，内容有以下四个方面：第一是人力资本与经济发展关系的一个简要导言；第二是营养、健康与经济发展第一层面的关系，是传统的观点；第三是营养、健康与经济发展关系研究的最新发展；第四是结合我们国家的实际，谈谈战略。

一、导言：人力资本与经济发展

1. 人力资本：现代经济增长的源泉

营养、健康是人力资本的一部分。从世界各国的经验看，人力资本的积累、进步是每个国家尤其是发达国家经济发展最重要的源泉之一。发达国家很难再依靠物质资本增量的投入来实现经济的增长，更多是依靠技术进步和劳动生产率来促进增长。这主要靠人实现，不是靠人的数量，而是依赖人的创造来实现。前几年美国经济学家批评中国经济不可持续，其中一个重要论据就是中国的全要素劳动生产率很低，基本为零。经济增长基本上是靠物质资本和劳动力数量的增长来维持，而这些都是有极限的。就我来看，一个国家财富和竞争力大小与人力资本积累是密切相关的。如果一个国家人力资本积累水平很高，即使自然资源贫乏，仍然很有竞争力，也可能很富裕。反过来说，自然资源很丰富、禀赋好的国家不见得就有竞争力，原因可能是人的发展不够好，没有足够的人力资本积累。

2. 为什么中国经济改革能够成功

向大家提一个问题：中国改革开放乃至中国经济腾飞最重要的条件是什么呢？与发展中国家对比，我们可以得出很多启示。拿印度为例子，印度和我们国家国情类似。印度认为自己是市场经济，但是经济发展步履蹒跚，当然它也在增长，但不是在腾飞。腾飞指经济到了一个阶段加速发展，跨人新阶段。很多亚洲的发展中国家都是市场经济，所以看来体制不是最重要的原因。中国的腾飞不能仅仅归于市场，因为那些国家认为自己的市场、政治制度比中国更好，中国有的东西相比它们是缺乏的。

那到底是为什么呢？我的个人观点是：这与计划经济年代实行的大规模人力资本投资和积累有很大关系。1949 年后我觉得最伟大的一项改革是土地制度改革，它使得每个人有了起码的人力资本投资和积累的条件。再举印度的例子，印度贫富差距很大，许多穷人“房无一间，地无一垅”，吃饭都很困难。再让孩子上学，拥有好身体去劳动，很难做到。因此人口多不是优势，反而是发展的障碍，创造的东西不够消耗或者被消耗完没什么积累，不能进行物质资本和人力资本的再投资。从这个意义上说，虽然计划经济体制对物质资本的投资走了很多弯路，甚至有很多破坏，但是涉及人力资本投资，对全国老百姓来说这种计划体制无疑给每个人提供了受教育的机会和起码的医疗保健。1949 年以后中国的人均受教育水平飞速发展。中国人的健康状况飞速改善。20 世纪 30 年代人的预期寿命是 35 岁，而 1949 年后迅速提高。到了改革开放初期，无论受教育年限和健康水平，中国都达到了世界中等发达国家的水平。这意味着一旦有好的制度，可以与物质资本结合的话，那么物质创造才能真正迸发能量。反观从前人们可能有好的身体，但是浪费在进行破坏的活动上。中国在 1978 年的初始条件是：制度不好，物质也不行，但是具备一点，就是人力资本的积累已经比较好了。从这个意义上说，中国经济起飞与过去人力资本积累、从一个人口大国转向人力资源大国的转变是分不开的。随着市场经济的发展，人力资本的作用越来越大，再加上外资快速流入，中国经济保持较高速增长，这是不可逆转的，前景是光明的。

3. 人力资本、市场与不平等

进入市场经济，人力资本在收入分配中的作用越来越大。很多问题都与人力资本有密切关系，其中最大的就是市场经济条件下，人力资本对个人收入分配的决定作用。何谓分配有效率，就是个人的收入水平与本身的人力资本积累水平是分不开的。计划体制没效率，那是因为不管贡献大小，分配都是一样，这样的体制无疑无法持续。市场经济解决了效率问题，分配是由个人的特征、人力资本水平决定的。在这种条件下，我们国家出现了收入不平等，而且越来越严重，越来越明显。问题是：市场经济能自动解决吗？你对今后的不平等的预期是怎样的？我个人觉得如果不干预，只是由市场来发挥力量的话，差距还会扩大。为什么？下面用一个简单的推导说明一下：

$$Y_i = f\ (H)$$

这里收入我们用 Y_i 代表收入，是人力资本的函数，H 代表人力资本。衡量收入差距，有很多指标，如詹森指数、基尼系数等。但是所有的东西，衡量的核

心都是测量差别，是个体和均值的差别。指标的分解都是想解决这个。接下来是个最简单的指数：$var(logY_i) = M^2 var(H_i)$，M是人力资本回报，如果全国一样，就是个常数。但是在中国M不是一个常数，希望市场充分好，M是常数，个人每接受一年的教育在任何市场都获得同样回报。这样的结果非常好。那么人力资本决定了你的差别。但在中国不是这样，而且在不同人群、部门都是不同的。首先男女之间是有区别的，不同区域，不同部门也是有差别的。如果进了垄断部门，那么同样文化程度的人，垄断部门的收入会很高，而且我国的劳动力市场还不完善。如果M不是常数，再继续分解。注意H、M都有均值，它们都是随机变量，变成以下复杂关系：

$$var(logY_{ir}) = \mu_M^2 var(H_{ir}) + \mu_H^2 var(M_r) + var(H_{ir}) \cdot var(M_r)$$

也就是收入差别不仅与人力资本有关，还与人力资本回报有关。可以看到，不同区域的劳动力市场不平等，会加剧收入分配的不平等，我国的现实确实如此，东、西部差别很大，中国劳动力一体化的进程还很艰巨。如果不进行干预，这种不平等会加剧差距。我的看法是：问题很严重，国家需要出台政策去弥补市场的缺陷。那么怎样才能达到帕累托改进呢？如果不损伤效率，应该是什么办法呢？税收肯定影响效率。我刚从北欧回来，它们高福利的核心是对能力强的人征重税，很多有钱人都跑到美国去了，这肯定影响效率。咱们国家到这个阶段了吗？我觉得有个办法是：让穷人的人力资本水平提高，这应该是正途，但需要花大力气。这也是发展中国家的根本出路。有些办法可能是暂时的，具有明显效果的，但不是长远之计。长远之计是关注穷人和人力资本水平低的人，他们是穷人并不是说他们自身不行，比如印度的那些人，不是不聪明，问题是他们饭都吃不饱，人力资本积累对他们来说，是某种意义上的奢侈品。不积累一定财富，是做不到人力资本投资的。另外一个例子是，新中国成立前，老百姓都很穷，上不起学，没有办法进行起码的人力资本积累。现阶段的中国也有这样的问题，很多穷人不能积累，越不能积累，在市场经济的作用下就越会被抛下，越落越远，丧失机会——这也就是所谓的“马太效应”——富的越富，穷的越穷。穷人无法让子女受更好的教育，永远得不到体面的工作、收入，永远是贫困的陷阱——这也是贫困陷阱的含义，一旦落入，很难自拔。一个国家和社会也是如此，比如非洲的一些国家，它们仍然处于“陷阱”。我们国家所以腾飞，就是已从“陷阱”中拔出来。

二、营养、健康：长期经济发展水平的度量

那么如何进行人力资本积累？过去更多是关注受教育程度，实际上，人力资本是个多维度的指标，包括知识、能力、健康，甚至道德观念也应该包含在里

面，构成一个总体。20 世纪 80 年代以前的研究更多关注教育和培训，80 年代以后一般认为健康也是重要的人力资本。从前的发展模式更多的是把营养、健康的改善看作是经济发展的目的，收入是为了获得更好的健康，是这样的思路，见图 1。

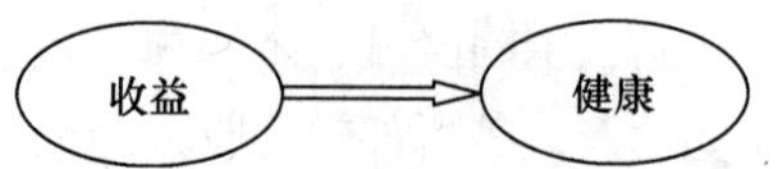

图 1　健康与经济发展：传统模式

衡量健康的指标有多个维度：比如营养摄入，热能和蛋白质的摄取等；体质特征指标如身高、体重和体质指数（BMI）；疾病状况指标；还有自我评价的身体状况，如日常活动能力指数等。这些都是研究健康和收入之间关系的指标。回到刚才的传统观点，20 世纪 90 年代，福格尔成为诺贝尔奖得主，他的贡献是研究历史上经济发展与健康的关系，即经济发展可以改善健康。过去很多人不相信这个。日本人过去很矮，但现在日本年轻人的平均身高已经超过了中国年轻人的平均身高。营养、健康不断改善，会使得身体素质不断提高，从而可以度量长期经济发展的成果。福格尔主要研究整个世界特别是欧洲历史上，营养状况的改善和经济发展之间的关系。他发现随着经济发展，人的身高和身体素质不断提高。表 1 的内容来自于福格尔的研究成果。

表 1　六个欧洲国家成年男性身高估计值　　单位：厘米

年代（1/4 世纪）	英国	挪威	瑞典	法国	丹麦	匈牙利
18 - Ⅲ	165.9	163.9	168.1	—	—	168.7
18 - Ⅳ	167.9	—	166.7	163.0	165.7	165.8
19 - Ⅰ	168.0	—	166.7	164.3	165.4	163.9
19 - Ⅱ	171.6	—	168.0	165.2	166.8	164.2
19 - Ⅲ	169.3	168.6	169.5	165.6	165.3	—
20 - Ⅲ	175.0	178.3	177.6	172.0	176.0	170.9

就研究结果看，法国当时应该比较穷，看来欧洲人不是生来就高。有人对中国古代人口身高也做过研究，一个德国教授测量了兵马俑的身高。我们知道，兵马俑是按照当时士兵的实际身高做的，他们的身高应该能反映当时士兵的实际身

高。测量的结果是，兵马俑的平均身高是175厘米，这是个很高的数字，要知道这是2000年前的情况。即使考虑到征兵时会有身高的限制，但要找到这么多身高都在175厘米左右的人足以说明当时的社会很发达，经济发展水平已经比较高。

因此，身体健康很重要。身体健康当然与吃的食物是密切相关的。我们可以看表2。

表2　世界主要地区每人每天卡路里供给量　　单位：卡

时期	1961～1963	1969～1971	1979～1981	1988～1990
所有发展中国家	1940	2117	2324	2473
非洲	2117	2138	2180	2204
拉丁美洲	2363	2502	2693	2690
近东	1825	2029	2245	2442
其他发展中国家	2116	2292	2425	2626
所有发达国家	3031	3216	3289	3404
北美	3054	3235	3330	3603
欧洲	3088	3239	3371	3452
大洋洲	3173	3287	3157	3328
前苏联	3146	3323	3368	3380
其他发达国家	2545	2722	2821	2975

另外，随着不同时期的变化，人均营养摄入量也在变化。同时，不同国家的差距还是比较大的。比如非洲国家摄入水平很低。再看我们国家营养与收入之间的关系，农村和城市之间有很大差别。营养状况的改善什么时候最重要呢？5岁之前最重要。国际上衡量发展水平的指标往往采用5岁以下儿童的营养状况，这是通用的指标。由儿童的体重、低体重比例、生长的迟缓比例，可以判断整个国家的营养健康状况。研究表明，5岁以下的营养决定了人一生的发育状况。而且从发病状况看，小的时候营养不好，成年后得病的概率就大。

早期的研究往往把营养和健康看成是经济发展的目的。在农业经济研究中，很早就有人开始测量食物和营养需求是否有弹性。早在20世纪60年代，学者们就曾争论食物需求弹性是否会随收入水平提高而下降的问题？以及营养需求弹性

表 3 1998 年中国不同收入居民营养素摄入状况（标准人日）

按收入分布状况分组							
营养素	10%以内	10%～25%	25%～50%	50%～75%	75%～90%	90%～100%	平均
城市							
热能（卡）	2261	2356	2318	2537	2482	2536	2419
蛋白质（克）	64.3	69.3	71.8	79.9	78.1	79.5	74.4
脂肪（克）	68.6	74.1	75.3	81.0	78.7	82.6	77.1
脂肪热比（%）	27.6	29.0	29.0	28.4	28.0	29.4	28.6
农村							
热能（卡）	2020	2332	2366	2572	2674	2825	2471
蛋白质（克）	60.4	66.3	70.2	75.3	77.6	76.3	71.6
脂肪（克）	32.8	42.5	45.1	48.7	54.6	60.1	47.3
脂肪热比（%）	15.2	16.9	17.8	17.4	18.7	19.5	17.6

表 4 中国 5 岁以下儿童营养状况

	低体重率		Z 评分		生长迟缓率（%）		Z 评分	
	城市	农村	城市	农村	城市	农村	城市	农村
1992 年	6.5	20.0	-0.36	-0.90	11.4	39.8	-0.47	-1.82
1998 年	2.7	12.6	0.05	-0.79	4.1	22.0	-0.05	-1.12

变化和食物需求弹性的变化是否一致？对于贫困地区来说，上述问题的研究很有意义。因为收入增加后，我们当然希望可以改善营养状况，增加身体素质，但问题是贫困地区的人们并不见得这样做。增加的收入不一定用于食物消费，在这种情况下，营养当然不会得到改善。我在中国贫困地区做过类似的研究。从图2 可以看到食物与消费支出关系很密切，表明这些地区收入增加后，食物消费增加了，所以食物需求弹性很高。图 3 是非参数估计的图，弹性一开始比较高，然后下降，这也符合常识。还可以看到，穷人吃的东西比较便宜。穷人一个卡路里热量的价格与富人相比是不同的，消费的东西不一样：穷人粗糙，富人精致。

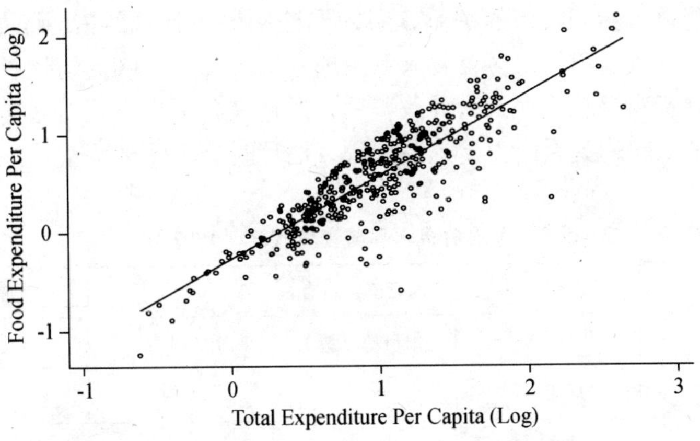

图2　食物消费支出与总消费支出关系散点图

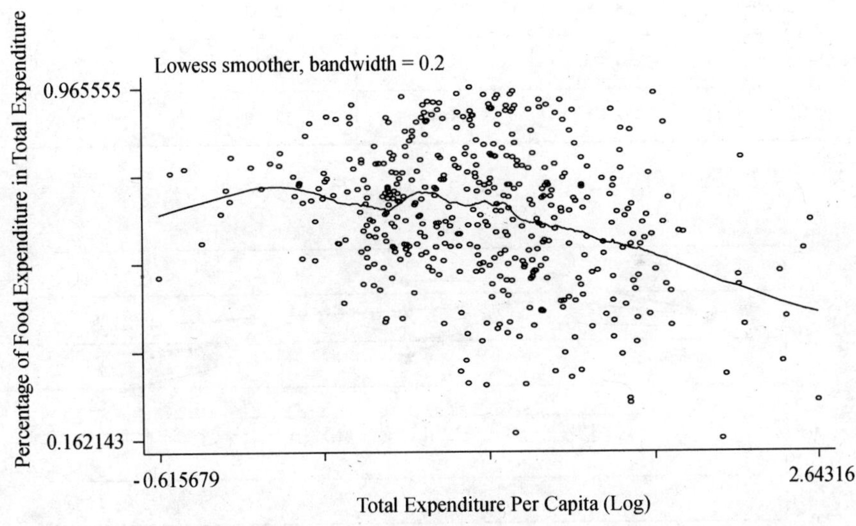

图3　恩格尔系数与总消费支出（非参数估计）

从图2、图3可以看出，消费支出增加，营养状况不见得改善。食物需求弹性会随收入增加而增加，但到了一定程度会下降。营养需求的变化是不同的，估计起来非常复杂，因为营养与收入之间的关系是一种相互的关系。要估计营养的需求弹性，从技术上看，有很多问题需要解决。我们需要知道一块钱的收入增加会改善营养状况，改善多少，其他因素的影响必须要剔除掉。我们可以看到，收入从100元增加到200元，同时，食物消费从1公斤增加到1.5公斤，这时我们的营养状况改善了50%。那么，食物消费的增加是收入增加造成的吗？还是有别的原因？测量营养与收入的关系，必须要控制很多其他因素，比如人口多寡、受教育程度高低或者不同地区食物来源组成不同等都要控制。同时最复杂的关系是：收入影响营养需求，那么营养改善后，反过来会影响收入。这样的关系最复杂，测量时是双向的关系。由于这些原因，估计时非常困难。

表5　人均消费水平与营养状况（1997年）

人均消费水平分组	人均营养素占有量			营养不足程度
	热能（卡）	蛋白质（克）	脂肪（克）	（ri－ki）/ri
最低1/5组	1607.37	49.76	26.46	30.12
次低1/5组	1948.52	58.69	31.45	23.52
三低1/5组	2377.19	69.41	47.07	11.53
四低1/5组	2628.78	79.40	52.63	11.13
最高1/5组	2780.90	84.99	58.53	7.98
平均	2267.07	68.41	43.19	16.89

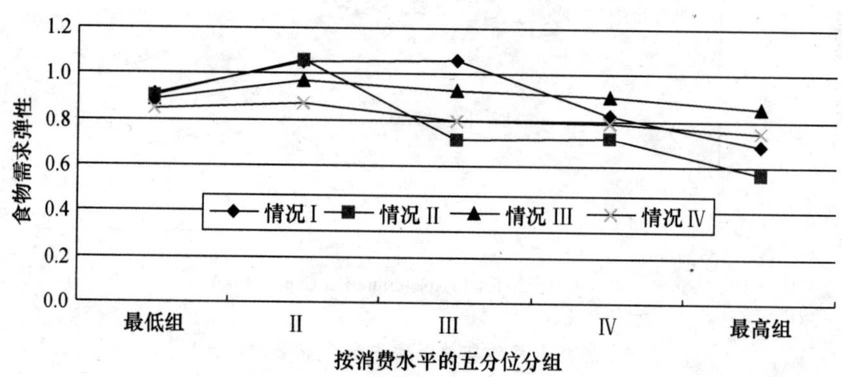

图4　食物需求和消费水平

收入是个内生的变量，也就是模型本身内部的变量所决定的，是模型内部之中生长的。内生性的产生有很多原因：比如有“omit variable”，被省略的变量会造成内生，有些变量可以被省略，有些变量不能省略。控制的变量比如说是人口数量，这肯定会影响收入，还影响营养，不能忽略，一旦忽略，则估计有偏。还有一类是测量误差，比如本项研究中，营养状况需要被调查单位报，那么富人与

穷人之间是有差别的。富人往往倾向于被研究者低估，穷人往往会被高估。因为，穷人可能经常去别人家蹭饭，自己却忘记了，穷人更可能会漏报。由此可见，简单的回归要考虑到许多关系，必须测量确实的关系。图 4 是不考虑变量内生性的影响估计结果，通过简单的 OLS 回归，可以看弹性的变化。当控制着内生性影响后，所估计的降低了一半还多。

我的研究发现，在中国的贫困地区，总体来说，食物需求仍然具有弹性，弹性在 0.74 左右，这说明贫困地区还没有跨越温饱；食物需求与总消费的关系是非线性关系。最穷的 1/5 的人口，食物支出弹性为 0.69，最高收入的则是 0.56；营养需求弹性则很低，食物增加没有同比例增加营养。如果用克服内生的模型来估计它，总体的是 0.14。不控制的是 0.24。由于内生性，OLS 是高估了营养状况。再从不同收入的分组来看，高收入组弹性更低。这意味着收入增加后，食物增加和营养改善是不同比例的。收入增加后，钱往往用到改善食物的质量和口味上。比如说原来是自己磨的面，收入提高后去街上买面，支出增加了。另外，品种的改善也并不见得更有营养。总的来说，中国贫困农村人口普遍是营养知识缺乏，不知道怎么做能提高自己的营养水平。改善他们的营养状况，不仅仅需要有资金扶持，更要有政策干预。

小结一下，正如上面所说，在中国的贫困地区，随着收入的增加，家庭虽然将更多的支出用在食物消费上，但食物消费的增加并没有带来营养状况同等程度的改善。贫困地区食物消费的这种模式是一个应该引起充分重视的问题。因为，总体来说，贫困地区的家庭都不“富裕”，总体的营养摄入水平并不高。在这种情况下，食物消费支出增加在很大程度上被用在改善食物的“质量”，必然会对改善这些地方的营养状况产生不利影响。而当贫困人口处于一种“绝对”的贫困状态时，营养需求相对缺乏弹性会极大地限制经济增长对缓解贫困的作用。因此，对于中国尚没有解决温饱问题的贫困人口来说，国家似乎有必要实施一定程度的营养干预措施，从改善营养入手加快贫困地区的发展。例如，可以考虑在贫困地区实施一些项目，一方面保证家庭必要的营养素摄入水平；另一方面则需要引导这些贫困地区的食物消费模式向着更具营养的方向转变。

三、营养、健康与经济发展：新的模式

营养、健康是经济发展的结果的观点是传统的观点。现在国际上新的看法是：营养、健康不仅是结果和目的，其本身也是人力资本一部分，对收入的影响越来越明显，这目前也是经济学研究很热门的领域。

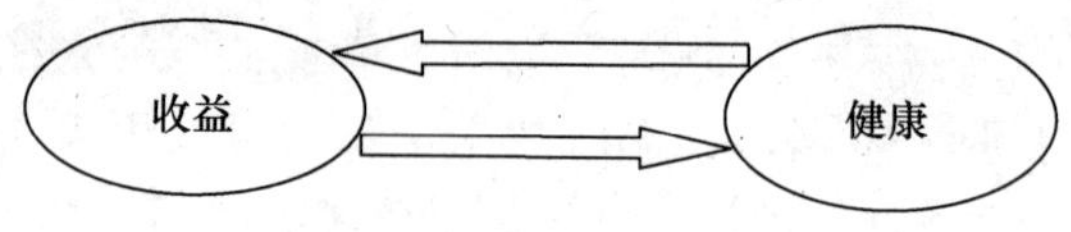

图 5　健康和收益的关系

营养、健康会怎么影响经济？有多少途径？我简要总结有以下三点：第一是生产率效应，尤其在农村很明显。脑力劳动比如下围棋，中国人从前老是输给日本人，有人说咱们体力不如人家，可见，脑力必须以体力为基础。第二是对教育的影响，健康能提高教育程度。营养状况好的儿童学习能力强。所以营养状况可以有很多影响，还比如对投资的影响。劳动力的素质提高了，肯定包含了身体素质的提高。否则投资也来不了，因为劳动力不具备生产的起码的条件。第三是人口红利，人口红利指的是人口结构快速转变中，劳动人口占总人口的比例比较高，这主要是因为健康状况改善导致死亡率下降所产生的，这在以后的篇幅中将详细论述。

1. 首先是生产率的影响

我这里介绍一点我自己的研究成果。在图 6 中，我们可以看到营养和土地生产率之间的非线性关系。当营养水平比较低的时候，生产率也低，增长以后会达到高的水平，并且很稳定。我具体测量了贫困地区不同健康指标，比如卡路里；BMI（体质指数），算法是体重除以身高的平方，体重的单位是公斤，身高是米。正常值在 18.5 ~25.5。18.5 以下被定义为绝对贫困，因为贫困研究最早的定义是从营养角度而不是收入角度。超过 25.5，是肥胖，也不好。还有因病损失的工

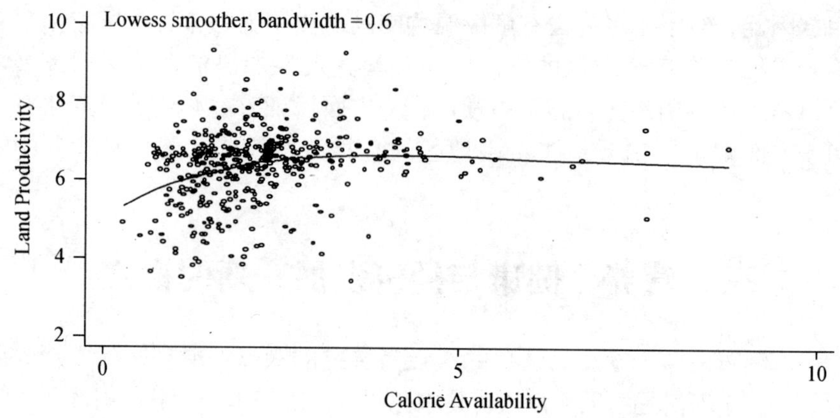

图 6　卡路里拥有量与土地生产率关系的非参数估计

作日，我也测量了。我的研究发现是：每增加1000卡路里摄入，收入会增加1051元；BMI在转折点前，每增加1收入增加246元；如果家庭平均每个人生病一个月，基本上就没收入了，达到2300元钱。下面是具体详细的结果（见表6、表7）。

表6　重要营养和健康指标的边际影响和弹性——健康指标为家庭劳动力的简单平均

健康变量	计算依据的源方程	总边际影响（元）	总弹性	边际影响为零的拐点	转折点之前的边际影响（元）	转折点之前的弹性
卡路里（1000卡）	表3，模型3	1051.73	0.57	3.12	1534.30	0.68
BMI（统计上不显著）	表3，模型3	246.15	1.25	31.17	246.15	1.25
BMI－男	表3，模型5	180.81	0.92	—	—	—
因病损失工作时间（月）	表3，模型3	－2300.10	－0.15	—	—	—

表7　重要营养和健康指标的边际影响和弹性——健康指标为家庭劳动力的加权平均

健康变量	计算依据的源方程	总边际影响（元）	总弹性	边际影响为零的拐点	转折点之前的边际影响（元）	转折点之前的弹性
卡路里（1000卡）	表4，模型3	571.19	0.31	2.77	1119.53	0.47
BMI	表4，模型3	177.28	0.87	23.57	190.63	0.96
BMI－男	表4，模型5	311.16	1.52	—	—	—
因病损失工作时间	表4，模型3	－6475.00	－0.15	—	—	—

在“简单平均法”模型中，卡路里摄入对产出的影响展现了一种边际影响趋近于零的非线性关系，其边际影响为零的转折点约在家庭人均卡路里拥有量为3128大卡的水平。卡路里拥有量每增加1000卡，家庭种植业收入将会增加1051元，卡路里拥有量每增加1%，种植业收入会相应增加0.57%。在达到边际影响为零的转折点之前，卡路里拥有量每增加1000卡，家庭种植业产值将增加到1534元，这时卡路里拥有量的产出弹性为0.68，即卡路里拥有量每增加1%，种植业收入会相应增加0.68%。在“加权平均法”模型中，营养和收入之间的关系没有发生实质的变化。所不同的是，边际影响为零的转折点下降到2770大卡，

总弹性下降为0.31，达到边际影响为零的转折点之前的边际影响和前一个模型基本相同，为1119元，弹性为0.47。

BMI的影响展现了和卡路里相似的模式，它也是一种边际影响趋近于零的“非线性”关系。在“加权平均法”的模型中，BMI总的边际影响为177元，总弹性为0.87，边际影响为零的转折点为23.57，达到边际影响为零转折点之前的边际影响为190元，弹性为0.96。考虑到BMI的正常值应在18.5~25.5，这里估计的边际影响为零的转折点为23.57，这一数字并不高。这说明在这些贫困地区，劳动力的BMI总体水平比较低，也进一步说明这些地方确实是营养仍然匮乏的地区。

2. 人口红利

我国的经济发展中还有一个现象，就是人口转变非常快。在20世纪五六十年代中国人口增长很快，现在已经大大降低。2000年人口普查的结果，使得很多专家觉得生育率如此低是有问题的。日本、韩国都是低生育率国家，韩国曾经也实行过计划生育政策，但现在韩国议会提出鼓励生育的政策。我们的计划生育作为国策还在继续实行，从经济增长看以后可能会出现负面影响。现在的情况是，伴随着人口快速变化，出现了有利经济发展的人口结构，这也是中国成功的一个条件。中国劳动力便宜，不完全是人口数量巨大，更重要的是劳动年龄的人口比例高，相应负担的消费人口少，所以成本就低。设想一个家庭如果老人和孩子多，那么如果工资低就养不活全家，所以劳动力成本就会变得很高。我们是在经济发展时候拥有了比较好的人口结构，从而劳动力成为我们的比较优势。劳动力不能在国际间自由流动，国外的资本可以进入中国，生产的产品可以出口，这样，我国劳动力资源的比较优势就发挥出来了。我在辽宁做过一个课题，测算资本和劳动的生产率。测算的结果是中国的资本收益率和其他国家差不多，但是劳动生产率和劳动工资的差别极大。当然中国近两年劳动生产率的增加远远高于劳动工资增长率，这在以后我将进一步谈到。实际上，资本和劳动的关系，是维持经济发展的条件，也是各种利润最重要的来源。

目前中国处于发展的最好时期，千载难逢，这一时期今后恐怕也不会再来。在人口转变过程中，初期是高死亡率、高出生率，就是低水平的人口增长。随着经济增长，死亡率下降，下降速度远远快于生育的下降的速度。这就是人口转变的过程。到最后，死亡率很低，出生率很低，又是低水平人口增长。谈及人口转变的意义，作用机制很复杂，转变过程中有可能出现“人口爆炸”。

中国在1949年以前平均预期寿命是35岁，往往一个妇女一辈子可能生育七八个子女，但最终存活下来的可能很少。1978年以后中国劳动力的负担逐步降

低，现在基本接近最低点，当然以后将上升。我们把劳动力负担下降到最低点这样一个时间段称为“人口红利”期。再看周围国家，或是放眼欧洲，可见各国的经济起飞都与人口结构相关。比如韩国和日本，日本也是劳动力结构最好的时候开始腾飞，只是时间上比中国提前了30年。100多年前，欧洲也是如此，其发展速度相对我们缓慢。欧洲的人口转变是内生的、自发的，发展中国家则部分因为输入了外生的技术而形成的。举个例子，大多数改善人类健康的发明都是在欧洲发生或者出现的，比如基础医疗条件的改善，传染病治疗和预防等。从前肺炎也是致命的疾病，抗生素的出现挽救了很多人的生命。因此，健康的改善非常重要。图7简要表示了人口转变的过程。初始阶段出生率和死亡率都很高，接着死亡率下降得极其迅速，使得这两者之间有个差，从而人口得以高速增长——出现所谓“婴儿潮”的现象。随着婴儿一天天长大，直至变成劳动力，就要解决就业等问题，因此“人口红利”也未必都是好事，现阶段也许很好，促使经济腾飞，但他们终究有老的一天，等这些青年人变成老人，他们会变成纯消费的一族，产生很大的医疗保障问题，问题就会很多也很严重。现阶段，我们国家的“婴儿潮”一代都进入了劳动力阶段。从图8可以看到结构的变化，目前中国处于负担最轻的时候。

既然产生了人口红利，那么会怎样影响经济发展？如果没有人口红利，经济是平稳的状态；如果突然变成劳动力极其丰富的状况，经济发展肯定会受益。怎么受益？一般有以下两种效应：一是经济效应，即工作人口和储蓄人口的数量相对于需要抚养人口数量的增加而带来的效应；二是行为效应，指健康的改善和为退休所做的储蓄（及投资）而带来的效应。回想20年前，我们国家根本没有什么积累，现在我国居民储蓄存款每年都在增加，现在已超过了10万亿人民币，这些都和良好的人口结构有关。这两种效应一个是直接的，一个是间接的效应，使得我们中国获益良多。如哈佛大学曾做过跨国数据估计，结论是：预期寿命每增长10年意味着人均收入年增长率额外增加1个百分点。在“东亚经济奇迹”中，人口红利的贡献约为1/3，每年2个百分点的增长是因为人口结构的变化。

我们再和印度对比，印度也发生了类似的人口转变，但是没有我们早。20世纪90年代初期，印度非常担心人口继续增长，因为当时出生率非常高。过了十几年后，印度的生育水平在不断降低。下面有两国的对比。20世纪60年代，印度人均收入还比中国高，当时都不到200美元。一直到20世纪90年代，我们才超过印度，随后两国差距越来越大。我们知道，一旦经济进入起飞阶段，是个加速的时期，但到目前还没看到印度经济有起飞的迹象。原因是什么？当然很复杂。人口年龄结构可能起关键的作用。可以将图9、图10合并来看。生育率有几

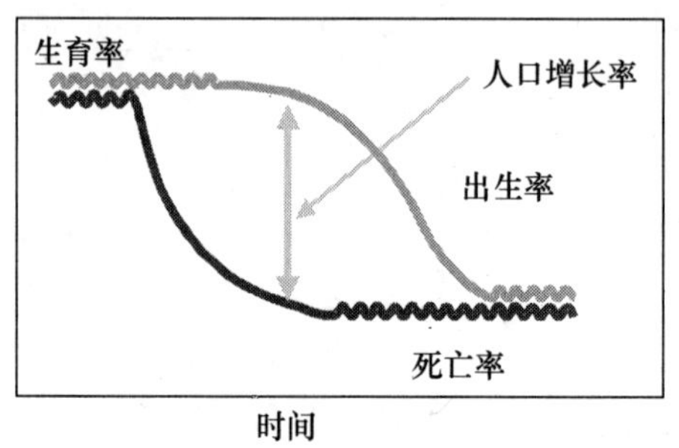

图 7　人口转变过程

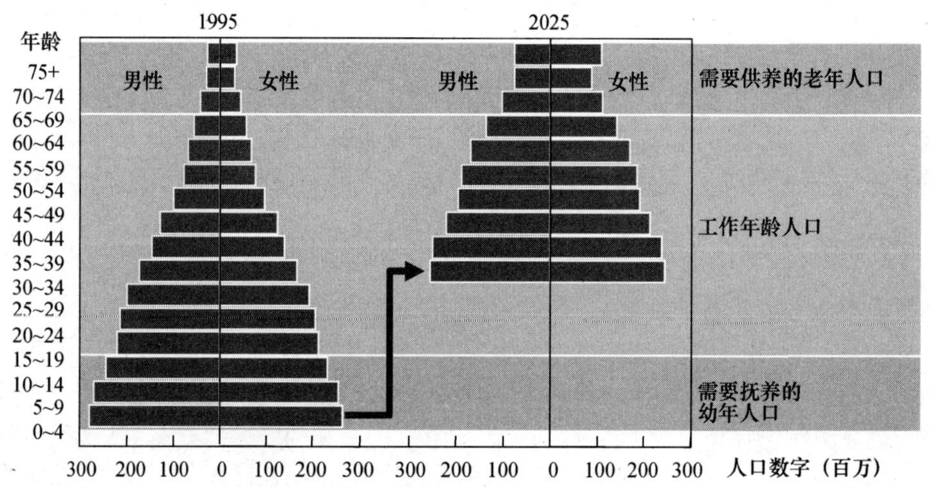

图 8　人口转变与人口红利

个指标，我们用的是总和生育率——“total fertility”，即把现在进入育龄期的妇女每一年的生育率加总，比如 20 岁的妇女可以算一个生育率，21 岁也有一个生育率，把所有年龄在育龄阶段的妇女生育率加总就可以得到总和生育率。当然这个指标不是真正的每个妇女一辈子的生育数，最准确的是等妇女们完成生育史再计算并平均，但这个数比较难计算，因为只能观察年老妇女的生育史。不过，总和生育率已经比较接近实际，它比较容易度量。但它有个假设：即处于生育期的妇女要重演上一代的妇女生育行为。中印两国一对比，我们可以看出，中国的生育率下降非常迅速。这导致了劳动年龄人口的抚养比的变化，目前中国的劳动力负担非常低。

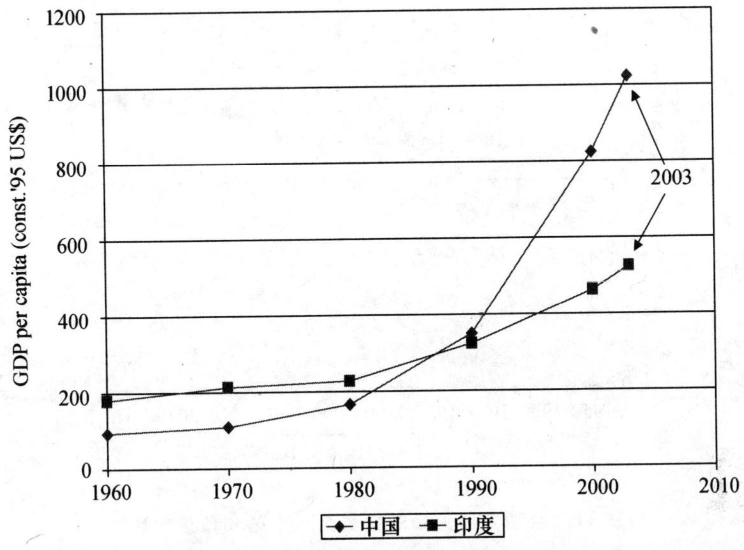

图 9　人均收入变化：中国与印度的对比

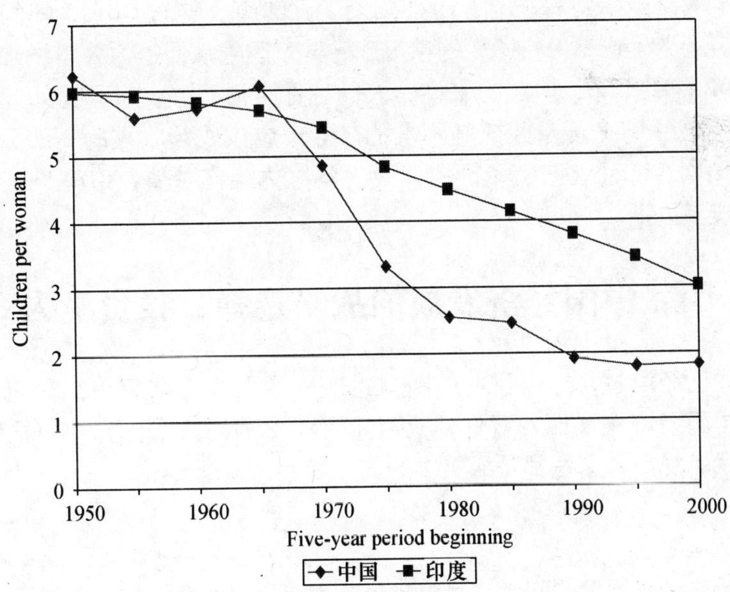

图 10　生育率的变化：中国与印度对比

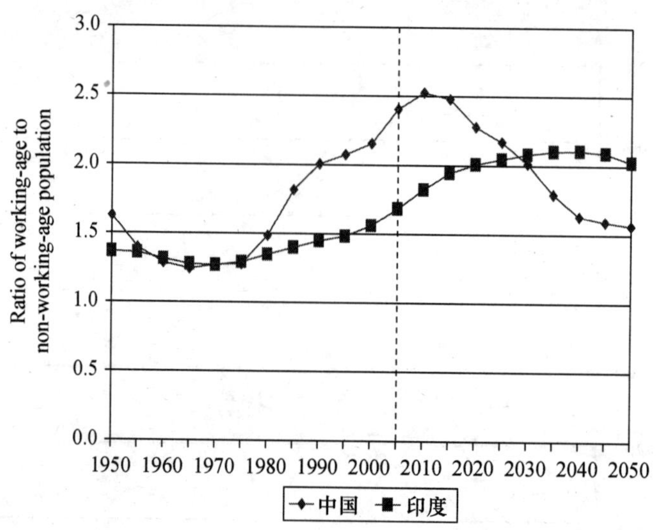

图 11 劳动年龄人口的抚养比：中国和印度对比

正是因为健康对经济发展的影响，关于 GDP、健康与财富的观点发生了很大变化。一些发达国家的 GDP 增长现在已经比较慢，但与健康、福利联系来看，中国和它们的差距不是缩小了，而是拉大了。健康改善与 GDP 之间的关系是这样的：在劳动者生产率保持不变的情况下，健康改善从而退休人口增加，可能会使人均 GDP 有所下降，但总的来说，人们也许生活更好。正因为如此，许多经济学家认为光用 GDP 衡量收入是不准的。健康应该成为收入的一部分。“全收入”包括预期寿命（统计生命价值）及人均国内生产总值，GDP 只是全收入的百分之一或者更少。

四、中国经济发展的战略选择：投资于人

导言中已经说过，中国目前的所有这些问题到底怎么解决？我们首先要明确，当前中国经济发展面临着许多挑战，下面罗列的肯定不完全包括所有的问题，但就我的观点，这些都是深层次的。

1. 收入差距

我认为这是最严重的问题。可以预见，如果没有干预，收入差距会进一步扩大。在破坏秩序之前，这种差距不见得就会损失效率，但问题如果继续扩大，未来必然会对经济造成深层次的伤害。应该说，收入差距从根本上来说和人力资本差别有关。目前人力资本差距在扩大，无论是教育、营养和健康的差别都是在加

剧，这方面还缺乏具体的研究。在贫困地区，很多学生辍学，根本上不起学；农村的医疗保障与从前相比，不仅没有改善反而是变糟了。许多城市出现了很多家庭“因病致贫”的现象。如果是这样的话，从根本上来看，收入差距将会继续拉大。卫生部的卫生状况调查表明，城市中30% ~40%的贫困是“健康致贫”，这是最主要的原因。我到过很多地方调查，比如在资源枯竭城市调查，我很困惑的倒不是收入的绝对低水平，目前最可怜的人群是“贫病交加”，这真是非常恶劣的情况。

2. 积累与消费的关系

这是基本的层面，它们之间的关系目前依然是扭曲的。一方面投资率超过60%，另一方面消费的作用却一直在下降。这是一个非常大的问题，是中国特有的。所以很难回答的是：这会伤害中国经济吗？中国经济还在高速增长。从理论上看，增长的三驾马车本质都是消费，只不过主体不同，有的是个人消费，有的是政府消费，有的则是被国外消费者消费。个人消费在市场经济条件下是很重要的，它往往同时也体现了福利水平，还反映了人力资本的积累。究其原因，与收入差别产生的原因是一致的。就我的看法，目前整个国家分配扭曲，这是与人力资本差距有关的，也与人力资本投资机制有关系。我们的市场环境还有待优化，我们的劳动力市场规制也不完善。国民收入的初次分配就是生产要素分配，现在这其中的工资性的分配量在下降。实际生活中，沿海地区老板对工人的残酷剥夺是令人触目惊心的。这是因为资本谈判能力太强，劳动力的地位太弱。另外，保护劳动者地位的东西还太少，比如劳动方面的法律法规，更新的周期太长，无法跟上现实情况的发展。更深层次进行分析，这不是因为人力资本收益率的下降，关键是低人力资本存量的人太多，所以这些人无法得到更高的报酬，谈判力也弱。

3. 人口老龄化的挑战

前面所说的“人口红利”将来是要偿还的，这必须关注，否则一旦过两年情况有变就晚了。根据预测，中国到2013年劳动力负担将达到最低点，劳动力的净增加率是零，也就是一阶导数变为零。所以说中国的战略期还有10～15年，我们必须在此期间内解决那些深层次的问题。否则以后就难以解决。

怎么解决这些问题呢？过去我们中国是“重物不重人”，比如GDP的考核体系已经使得官员们的“政绩观”很有问题，因为投资于人的结果是长期才能看到，而且还难以观察。所以说，中国必须转变战略取向，现在的现实是中国所有有关人的投资无论是数量、变化率都在下降。党中央提出科学发展观非常英明和及时，我们必须从根本意义上扭转过去的方向。实施投资于人的发展战略，这也是我们去年研究制定中国的人口发展战略时向党中央提出来的，国家有关部门也已经讨论过了。最新的“十一五”规划建议非常明显地倾向于人的发展。我认为这才是国家解决问题的正途，当然实行起来非常困难，需要付出极大的努力。无论是教育、营养和健康或是社会保障，我们的一个取向应该是主要向穷人投资，而且国家不投资是不行的。人力资本提高，收入分配就会发生变化，比如库兹涅茨的“倒 U”曲线，中国应该尽力、尽快走向拐点。人力资本上去了，也可以解决投资和消费的关系。有钱了，就可以促进消费；同时可以让国家从容应对老龄化，现在必须投资于人——这是一种积极的老龄化，可以弥补年龄增长带来的效率的损失。我们在与欧洲的经济学家进行探讨时，他们也是这样想的。

总的来说，用人的发展去推动经济的增长，这是个相互促进的关系，不是对立的。限于时间，今天就讲到这儿。谢谢。

整理人：陈志

（文章来源自《学术讲座荟萃》第 29 辑，2005 年 11 月 3 日）

宏观调控的三种可能结果

汪同三

汪同三

男，1948年生，湖北蕲春人。中国社会科学院学部委员，中国社会科学院数量经济与技术经济研究所所长、研究员、博士生导师，《数量经济技术经济研究》杂志主编，中国数量经济学会理事长，中国国际工程咨询公司专家委员会专家，国家社会科学基金评审委员，国家自然科学基金评审委员。

主要研究方向：数量经济学理论与方法、经济模型、经济预测。主要著作：《宏观经济模型论述》、《技术进步与产业结构——模型》等。1992年起为《经济形势分析与预测》蓝皮书每一年度课题总报告执笔人，1998年起为此项目执行负责人，又于1999年开始出版经济蓝皮书"春季报告"。主编《中国社会科学院数量经济与技术经济研究所经济模型集》（2001年版）、《数量经济学前沿》（2001年版）、《21世纪数量经济学》（自2001年起每年一卷）。

1989年获"中国社会科学院科技成果"一等奖、孙冶方经济科学奖；1992年获中国社会科学院研究生院优秀博士论文奖，并获中国社会科学院第二届优秀成果特别提名奖；1993年享受政府特殊津贴；1994年被评为有特殊贡献专家；1990年、1996年两获"国家科技进步"二等奖。

很高兴今天能够来研究生院为大家做讲座，其实我们也是师兄弟的关系，因为我的硕士学位和博士学位都是在中国社会科学院研究生院攻读的。

2003 年 11 月，胡锦涛总书记和温家宝总理在中央经济工作会议上，针对宏观经济运行中存在的问题，提出要进行一轮新的宏观调控（Macro Regulation）。此次调控截至目前已经接近两年，可以看出其成效确实是比较显著的。2003 年，中国 GDP 增长率为 9.4%；2004 年，中国 GDP 增长率为 9.5%；2005 年前三个季度为 9.4%，估计全年的 GDP 增长率也会在 9% ~9.5%。世界上还没有其他一个经济大国能够像中国这样，连续三年将 GDP 增长率保持在这样高的水平。仅从这一点就可以证明，中国的宏观调控取得了非常重要的成绩，但是，我们还不能说宏观调控已经取得了彻底胜利。本轮宏观调控依然存在三种可能结果，表述如下：第一种结果是可以比较成功地、比较好地实现软着陆（Soft Landing）；第二种是可能出现某种程度的硬着陆（Hard Landing）；第三种可能结果是先产生一些效果，但很快出现某种程度的反弹（Rebound）。为什么说有这样三种可能的结果呢？这是根据改革开放 20 多年以来我国历次宏观调控的经验而做的总结。

一、宏观调控历史回顾

因为在历史上有过类似的经历，所以要看出此次宏观调控的结果，我们有必要先回顾从 20 世纪 70 年代末 80 年代初改革开放以来宏观调控的历史，大家请看图 1。在图 1 中有两条曲线，一条是实线，就是 GDP 的增长曲线；另一条是虚线，是通货膨胀率。我们研究的时间跨度从 1978 年开始，一直到 2004 年。

1978 年党的十一届三中全会标志着“文化大革命”的彻底结束和改革开放的开始。从 1978 年改革开放以来的 20 多年来，我国一共进行了六次宏观调控。

第一次：1978 ~1979 年，改革开放之初。

第二次：1985 ~1986 年。

第三次：1988 ~1989 年。

第四次：1993 ~1994 年。

第五次：1998～1999年。

第六次：2003～2005年。

在这六次宏观调控中，有两种不同性质的调控：一种指的是1998～1999年的这一次宏观调控。面临的问题是经济比较冷，需要“升温”。另一种是剩下的五次调控。面临的问题是都是经济过热，需要“降温”。

2003～2005年的这次宏观调控还没有结束，1978～1979年的宏观调控有其特殊的历史背景，1985～1986年、1988～1989年、1993～1994年这三次宏观调控具有比较典型的意义，所以下面我着重分析这四次宏观调控。

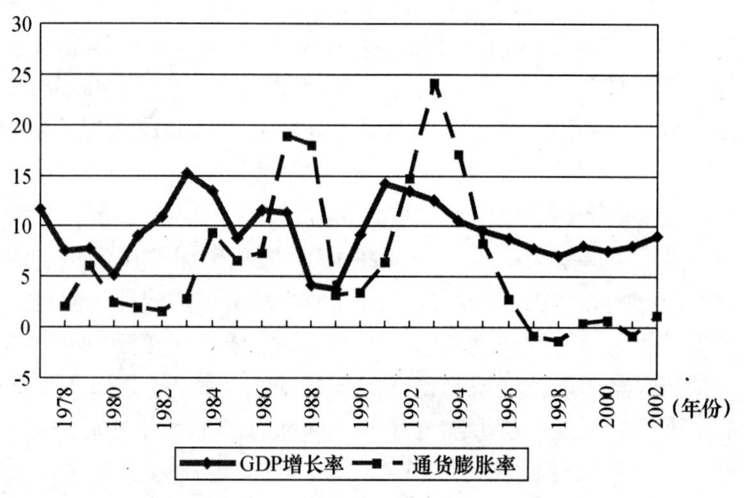

图1 改革开放以来的宏观调控

1.1978～1979年的宏观调控

1978年党的十一届三中全会提出党的工作重心转移到经济建设上来，并将改革开放作为我国的基本国策。党的十一届三中全会是我国经济发展的一个重要转折点，但是不幸的是，改革开放刚开始就出现了一次经济过热。这次经济过热并不是由改革开放引起的，而是华国锋同志的工作失误造成的。华国锋同志在政治上有着很大的功劳。在一些老同志的支持下，粉碎了“四人帮”，并且让邓小平同志来主持工作。但是在经济上，华国锋显得有些不成熟。“文化大革命”给中国经济造成了极大损害，为了挽救中国经济，华国锋采取大规模引进的方法，而这种方法很快地引起了经济过热。1978年，中国的GDP增长率为12%。面对这种情况，陈云同志认为应当采取一些措施。那时候虽然出现了一定的通货膨胀，但是与现在相比，程度是非常低的，所以在采取了一些措施以后，这次通货

膨胀很快就得到了治理。

2. 1985～1986 年的宏观调控

中国的改革开放首先是从农村实行家庭联产承包责任制开始的。此次改革，并没有直接触动生产力，它只是对当时已经严重束缚农村经济发展的生产关系做出了调整。当时中国农村实行的是人民公社制度，所谓“三级所有，队为基础”，大家一起吃大锅饭。这种制度严重束缚了农村生产力的发展。而家庭联产承包责任制的内涵就是“交足国家的，留够集体的，剩下的都是自己的”。改革大大调动了农民的积极性，农业生产得到了快速发展，而且绝大多数人从中得到了好处。不仅农村人口，城市人口很快也享受到了改革的成果。其中一个表现就是：布票、油票、粮票等票证制度的取消。于是农村改革的成功促使改革向城市发展。在进行城市改革的时候，主要借鉴农村的改革经验，那时候，有一些小国，例如荷兰、匈牙利等，对此进行了探讨，但是很不完整、也不成熟，不适合中国。

家庭联产承包责任制改革的核心实际上就是一个“包”字。因此，20 世纪 80 年代前期进行城市改革的时候最主要的办法也是“包”，例如首钢的承包制。企业完成计划任务后，可以自由支配产品，获得一定收入，这就大大调动了工人的积极性。承包制在企业的应用虽然在一定程度上促进了生产力的发展，但同时也出现了一些问题。由于当时企业的生产目的就是要超产，于是应运出现了一个较低的计划价格和一个较高的市场价格，也就是说企业在完成国家交给的任务以后，可以将剩余的产品拿到市场上，以一个较高的市场价格出售。企业在市场出售产品所获得的收入可以用来改善生产条件、提高员工福利、发放奖金等。在当时，因为物质奖励比较少，所以发放奖金是一个很有效的激励方法。承包制对于生产有很好的促进，但是引发了价格双轨制。价格双轨制的出现引发了一系列的经济、政治和社会问题。在政治上，价格双轨制成为腐败的根源；在经济上，引起了通货膨胀。在图 1 中我们可以看到在农村改革以后，虚线（通货膨胀率）仍然不断地上升。我们应当注意的是实线（GDP 增长率）上升的同时，虚线（通货膨胀率）也上升了，也就是说引发了通货膨胀。

出现了通货膨胀，怎么办？在 80 年代初期、中期的时候，虽然中国已经改革开放了，但是还是计划经济体制。针对这种经济过热，陈云同志提出了“鸟笼理论”，即宏观经济好比一只鸟，如果向上飞，则经济增长，但是如果乱飞，则会出现过热现象，为了使经济健康发展，我们应该将“鸟”装在笼子里，控制其动向。于是在 1985 年经济出现过热以后，陈云同志便采取“鸟笼理论”进行治理，其所谓的“鸟笼”由货币供给、投资、贷款构成。当经济过热的时候，我们采用“鸟笼理论”进行治理，就是抽紧贷款、抽紧投资、抽紧货币供给。在计划经济体制条件下，这种方法非常有效，因此采取了一系列措施之后，经济开始降温。但对于政府的措施，很多企业开始叫苦不迭，由于当时绝大多数企业都属于公有制，而公有制企业是政府的“亲生子女”，所以在企业经营遇到困难的时候，政府很快便停止了此次宏观调控。这样，到1987年的时候虽然形势稍好一点，但是大家可以看出来过热的经济和比较高的物价水平并没有回到合理的水平，而是出现了一次反弹。在1988年、1989年出现了更为严重的通货膨胀，1989年通胀水平已接近20%。综上所述，对1984～1985年的通货膨胀治理是一次不成功的“软着陆”。

通货膨胀在中国不同时期有着不同的表现形式。在旧中国，蒋介石为了补充巨大的军费开支，大量发行金圆券。那时候，货币贬值达到了惊人的地步，通货膨胀的表现形式就是：产品价格的飞速上涨。在计划经济体制下，通货膨胀出现了一种新的表现形式，那就是：供给满足不了需求。在商店里，东西并不贵，还经常降价，但是就是买不到，必须要靠票证来分配。这是一种隐性通货膨胀。改革开放以来，通货膨胀又以物价上涨为主要特征。由于在新中国成立几十年当中，老百姓没有对付显性通货膨胀的经验，所以真的通货膨胀来临以后，大家都不知所措，进行大规模抢购。而当抢购来的货物出现问题以后，又变得人心浮动，很可能会影响社会安定。

3. 1988～1989年宏观调控

1989年上半年以前，中央虽然对通货膨胀采取了一系列的调控措施，但是宏观调控效果极其微弱。真正对这通货膨胀治理产生效果的还是1989年下半年以后，新一代的领导集体所采取的措施。当时，新一代领导班子包括江泽民、乔石、李鹏、李瑞环和姚依林五个人，其中姚依林同志专门负责经济工作。姚依林是陈云同志的“好学生”，在主持宏观调控工作时，同样采用了陈云同志的“鸟笼理论”，采取一刀切措施：控制货币供给、控制投资、控制贷款，绝大多数项目被停止。这种方法产生了明显的效果。大家可以从图1看到1990年的时候，通货膨胀得到了有效的控制，通货膨胀率在1989年是17%～18%，而到1990年的时候下降到只有4%左右。从控制通货膨胀来讲，效果非常明显，但是我们看到中国的GDP增长率也从1989年的11%、12%下降到了1990年的不足5%，所以这次治理通货膨胀是一种“硬着陆”。中国是人口比较多的国家，每年新增的劳动力比较多，而我们的经济效益却比较低，因此经济必须要维持一定速度的增长才能解决这些社会问题。当经济增长率降到不足5%的时候，就会产生很多的问题：在20世纪90年代初始之期，社会流行词语是市场疲软、三角债这样的

词。这种局面一直持续了两年，直到 1992 年才有所好转。1992 年，邓小平的“南方谈话”中提出了“发展是硬道理”。

4. 1993 ~ 1994 年的宏观调控

邓小平同志提出“发展是硬道理”以后，中国掀起了一轮新的经济增长高峰。在图 1 中，我们也可以看到，1992 年以后，全国经济发展加快。但是，不幸的是，GDP 增长率上升的同时，通货膨胀以更快的速度上升，通货膨胀率到 1994 年急剧上升到近 25%，达到历史最高水平。在 1993 年 6 月份，中央发布“十六条措施”，进行一轮新的宏观调控。这一轮宏观调控，导致了中国经济增长速度连续七八年的下降。所以，我认为邓小平“南方谈话”的最大贡献不在于提出“发展是硬道理”，而在于指出“资本主义也有计划，社会主义也有市场”。为什么这么讲呢？党的十四大提出要搞社会主义市场经济以后，经常有人问，尤其是外国记者经常问：中国为什么要说搞社会主义市场经济，而不仅仅说搞市场经济？其实答案很简单：因为我们是社会主义国家，所以要搞社会主义市场经济。但是这种提法，是经过了很多的斟酌与探索的。中国在社会主义建设中，没有过多的成功经验可供借鉴，可以说是“摸着石头过河”。80 年代初期，中国虽然提出了改革开放，但是还是“计划经济为主，市场经济为辅”。到了 80 年代中期，我们提出了社会主义商品经济。就是这种提法也遭到了很多人的反对。所以，1992 年邓小平同志提出的社会主义市场经济的构想，是很有开创性的，也是有针对性的。正因为邓小平提出建设社会主义市场经济，党的十四大才能够明确指出“改革开放的目标是建立社会主义市场经济”。其意义是非常重大的。

1996 年底，中国 GDP 增长速度还保持在 10% 左右，而通货膨胀也由原来的 25% 降到了 10% 以下，因此，这轮可以称为一次比较漂亮的“软着陆”。这次“软着陆”在世界范围看，都是很值得称赞的。为什么这轮宏观调控会这样成功呢？一个重要原因就是我们没有像以前一样，单纯地依靠“鸟笼理论”，而是主要依靠市场、依靠改革。党的十四大以后，中国明确了改革的目标就是要建立社会主义市场经济体制。党的十四届三中全会通过了一个非常重要的文件：《关于建立社会主义市场经济体制若干问题的决定》。与党的十一届三中全会一样，党的十四届三中全会也是一个具有里程碑意义的会议。《关于建立社会主义市场经济体制若干问题的决定》进一步说明了中国应当如何建设社会主义市场经济体制。例如，金融方面，成立了建设银行、工商银行、农业银行和中国银行四大商业银行和国家开发银行、国家农业发展银行和中国进出口银行三个政策性银行；财政方面，实行分税制，并且不允许财政透支，只能用国债的方式进行；人民币汇率开始并轨；外贸开始出现代理制等。中国的各种改革措施，促使了这次宏观调控的成功。

总之，从改革开放以来已经进行的五次宏观调控，确实出现了三种不同的结果。第一种就是1985年、1986年的时候，宏观调控没有到位，最后出现了反弹；第二种就是1988年、1989年的调控，虽然通货膨胀得到了有效的控制，但是经济增长速度的下滑很明显，出现了“硬着陆”；第三种就是1993年、1994年的宏观调控，到了1996年的时候，实现了一个比较好的“软着陆”。

二、本轮宏观调控的三种可能

1996年以后，我们希望中国进入新一轮的经济高增长时期。但是由于亚洲金融危机的影响，以及国内需求不足，出现了通货紧缩问题，价格水平的不断下降导致经济增长速度不断下降。对于GDP的计算有三种方法：一是生产法。GDP等于三个产业增加值之和。二是使用法，或者支出法。GDP等于总投资加上总消费，再加上净进口。三是收入法。GDP等于政府收入加上居民收入，再加上企业收入。其中收入法是非常理想的，但是不具有可操作性。生产法主要用于生产导向的经济中，中国目前就是使用这种方法。支出法主要用于市场导向的经济中。通过支出法，我们可以看到：拉动经济增长的动力主要是消费、投资和进出口。在20世纪90年代中期，中国这“三驾马车”对GDP增长的贡献大概是各占1/3。而在当时，中国60%的出口以及80%的劳务输出是到亚洲国家。亚洲金融危机爆发以后，亚洲各国国内的生产受到了严重的影响，进而对中国经济造成了严重影响。于是中国从1998年开始采取扩张性的财政政策，但是政策已经有些滞后了。另外，为了保护港币，中国坚持人民币不贬值，所以从1998～2001年中国一直挣扎在通货紧缩的边缘上。通货紧缩对经济的影响是非常不利的。因为通货紧缩会影响到人们的投资预期，使人们大幅度减少投资，进而影响经济发展。

1998年，中国实施的扩张性财政政策是一种投资导向的政策，这种政策能够在一定的时间内促使经济快速上升，到2003年第一季度，经济增长率超过了10%。后来由于“非典”的原因，使2003年的经济增长速度受到了抑制，第二季度经济增长率跌到了6.4%。在这种情况下，国家为了保证在“非典”影响下，经济依旧能保持适度增长，只能靠增加投资，所以就适度地放松了贷款和投资。结果到了2004年，经济又出现了某些不健康、不稳定的因素，导致某些部门的过热现象。2004年11月底的中央经济工作会上，胡锦涛总书记和温家宝总理讲话，指出水泥、电解铝、钢铁等部门投资过热，会影响整个经济的运行，因

此开始进行新一轮的宏观调控。现在来看，这种宏观调控的效果还是非常明显的。

有人问我，你讲宏观调控有三种可能，那么就中国此次宏观调控来讲，各种可能发生的概率会有多大呢？我在2004年就提出了：宏观调控“软着陆”的可能是40%；“硬着陆”的可能是20%；反弹的可能是40%。现在看来，“硬着陆”发生的概率在增加。这是因为，中国2005年的宏观调控和2004年的宏观调控有很大的区别，2005年面临的困难更大。具体来讲，2004年宏观调控的方向是明确的，就是将过热的经济降下来，而2005年的宏观调控面临的问题更加复杂了：既有出现“硬着陆”的可能，也有出现反弹的可能。这个形势到了2006年将会更加明显。但是总体来讲，目前我国宏观调控的方向是防止反弹。

1.“软着陆”

要想实现比较好的“软着陆”有两个条件：

（1）持以时日。宏观调控不是短期能够解决的问题，因为我们的经济运行经常出现波动，所以宏观调控是长期的任务，要持以时日。中国1985～1986年的宏观调控正因为坚持的时间太短，只搞了一年，所以会出现反弹。为了让宏观调控能够产生效果，必须要坚持足够长的时间。

（2）深化改革。大家可以看到，1993～1994年宏观调控为什么到1996年实现了“软着陆”，关键在于邓小平同志在南方视察的时候提出了建设社会主义市场经济体制，使得我们在党的十四大上明确了改革方向。在党的十四大和党的十四届三中全会明晰的市场经济改革方向的精神指导下，我们全面配套地进行了综合改革。正是由于党的十四大以后进行的全面深刻的改革保证了第三次宏观调控的成功，在1996年的时候实现了比较好的“软着陆”。所以这一次要想实现比较好的“软着陆”，一个更重要的条件就是要继续深化改革。目前，中国也具备一些比较好的条件：党的十六大提出了全面建设小康社会。这是一个非常重要的概念。中国在20世纪80年代初的时候，提出国民经济翻两番，这是针对当时的经济状况提出的政策，重点强调经济发展。这种强调经济发展的政策取得了非常好的效果，中国经济在80年代和90年代取得了突飞猛进的发展。但是这种单纯追求经济增长的政策到了90年代中期以后就出现了问题。中国许多结构性问题恶化了：居民收入差距扩大、城乡差距扩大、产业结构恶化、投资和消费比例结构恶化等。这些问题让我们不得不回头反思：中国的政策应当做哪些调整。在这种情况下，党的十六大提出了要全面建设小康社会，让人们认识到除了经济之外，还有其他事情。什么是小康社会？通俗地讲，就是让老百姓过上好日子。但是让老百姓过上好日子绝不仅仅是经济问题，而是一个综合性问题。胡锦涛同志提出

“立党为公、执政为民”的方针；温家宝同志提出“以人为本”的方针。如何才能实现以人为本呢？我们现在提出了和谐社会，社会主义和谐社会有诸多内容和要求。譬如，需要树立科学发展观，即城乡和谐发展、区域和谐发展、经济社会和谐发展、人与自然和谐发展、国内发展与对外开放和谐发展等。另外，党的十六届三中全会通过了重要的文件《中共中央关于完善社会主义市场经济体制若干问题的决定》。党的十六届五中全会又通过了《关于国民经济和社会发展“九五”计划和2010年远景目标建议》。这是中国社会主义市场经济条件下的第一个中长期计划，是一个跨世纪的发展规划。这些改革措施，将指导我们的宏观调控取得好的成果。

2. “硬着陆”

出现“硬着陆”的可能也是存在的，主要有以下几方面的表现：

（1）投资增速是否回落过快。投资增速回落太快也会引起“硬着陆”。

（2）不良贷款是否增加。不良贷款的增加可能引发“硬着陆”。

（3）就业状况是否改善。就业状况得不到改善，可能会导致“硬着陆”。

（4）企业的债务问题是否恶化。企业的债务拖欠问题有可能导致“硬着陆”。

（5）企业的资金特别是民营企业资金是否会发生困难等。

3. 反弹

最后一种可能性就是出现反弹，宏观调控虽然取得了一定的成效，但是如果放松会出现反弹。出现反弹也有这样两个条件：一个是制度条件，一个是资金条件。制度条件是什么呢？就是各地发展当地经济的积极性。表1列出了2004年上半年全国各省、市、自治区GDP增长速度，全国的GDP的增长率是9.7%，后来修正了一下大概是9.8%（表1中没有标示出来），但是30多个省、市、自治区的增长是多少呢，除了湖南是9.4%、辽宁是9.2%低于全国，其他的都是两位数的增长。

表1 地区发展经济的“积极性”（各省、市、自治区2004年GDP增长率）

地区	增长率（%）	差值	地区	增长率（%）	差值
全国	9.7		河南	13.9	4.2
北京	13.3	3.6	湖北	11.9	2.2
天津	12.3	2.6	湖南	9.4	-0.3
河北	14.1	4.4	广东	15.1	5.4
山西	14.1	4.4	广西	12.8	3.1
内蒙古	15.7	6	海南	10.3	0.6

续表

地区	增长率（%）	差值	地区	增长率（%）	差值
辽宁	9.2	-0.5	重庆	12.4	2.7
吉林	10.8	1.1	四川	13.5	3.8
黑龙江	10.6	0.9	贵州	11.2	1.5
上海	14.8	5.1	云南	12.0	2.3
江苏	15.1	5.4	西藏	10.6	0.9
浙江	15.5	5.8	陕西	13.1	3.4
安徽	13.5	3.8	宁夏	10.6	0.9
福建	10.5	0.8	青海	11.8	2.1
江西	12.0	2.3	新疆	12.9	3.2
山东	15.2	5.5			

国家统计局公布的2004年全国GDP增长率是9.7%，这说明各地都存在着强烈的加快自身发展的积极性，这种积极性跟目前的政治体制、跟政绩考察的办法是有联系的，这是可能出现的一种制度条件。

还有一个就是看它的资金条件，资金条件就是说要反弹的话怎么才能反弹，必须有多的投资，要想有多的投资就必须要有多的资金，有钱才能出现反弹。现在要看有没有这样的资金，有没有这样的钱。现在我们有很多钱，第一是财政的，第二是银行的，第三是民间的。

第一笔钱来自财政，具体情况见图2和图3，从图中可以看出，2004年以来的财政盈余是明显增加的，2003年的月度财政有的是盈余，偶尔有小量赤字，而2004年每一个月都是盈余，财政现在盈余大概是数千亿元。

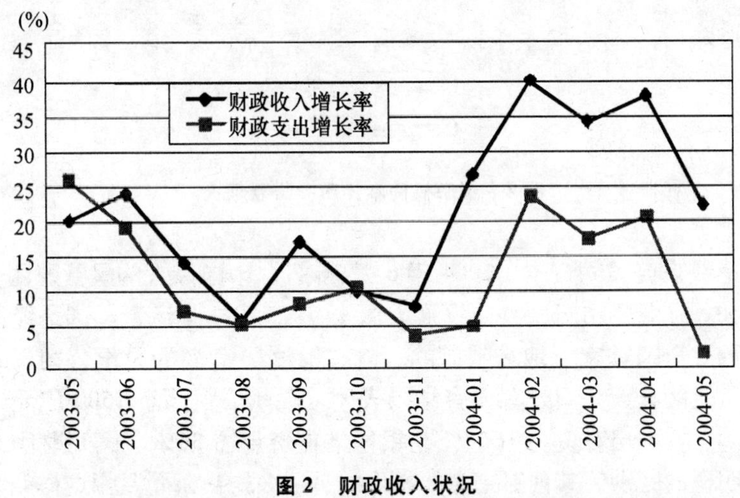

图2　财政收入状况

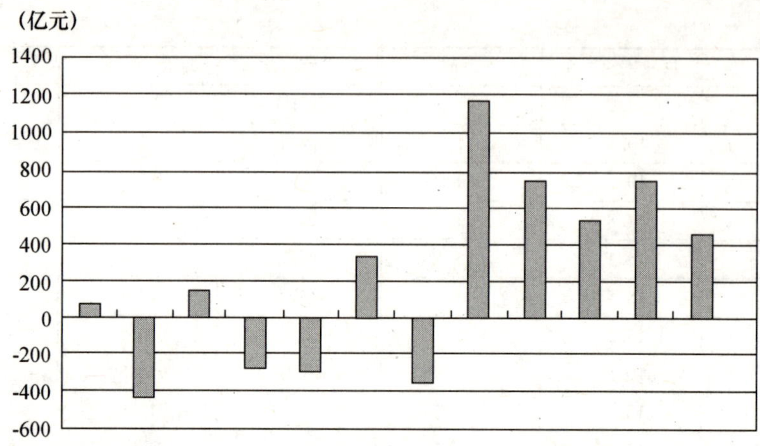

图 3 财政结余

第二笔钱来自银行，从图 4 可以看出来，存款的增加速度比贷款的增加速度快，银行的存贷差持续扩大。

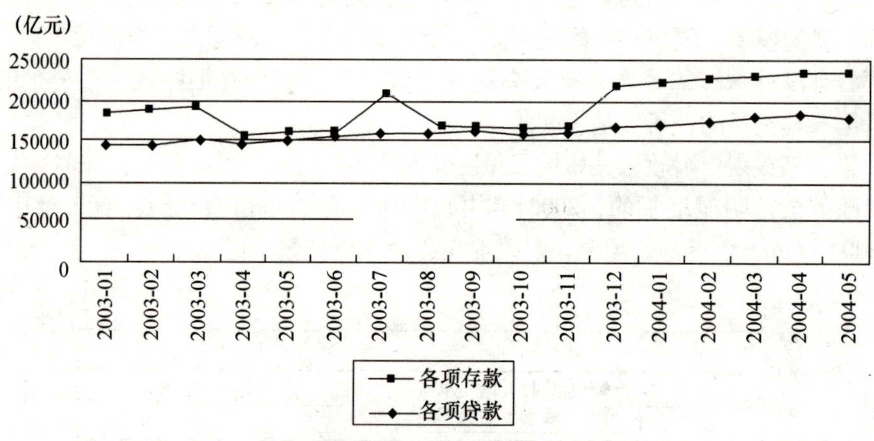

图 4 金融机构本外币存贷款情况

第三笔钱来自民间资本。2004 年 6 月 16 日，中国最大的民营财团——中瑞财团控股公司在温州市新城大道发展大厦 17 楼正式挂牌运营。这是经国家工商总局核准的、全国首家无地域限制的、以“财团”命名的股份公司，它标志着我国民间资金的壮大。同时有调查结果表明，温州的财团有 1500 亿元这样规模的资金实力，其中自有资金占 58%，银行借贷资金占 36%。民间财团和其他财团有一个明显的区别，其他财团主要操作的是别人的钱，而温州这样的财团操作

的是自己的钱。国家对于这笔钱进行控制是非常困难的。所以现在讲，如果出现反弹是有它一定的制度基础和一定的资金基础的。针对这种情况，温家宝总理提出，我们目前的首要任务应当是防止反弹。

三、需要进一步思考的两个问题

通过今天的回顾，我希望大家对宏观调控能有一些更深刻的认识。至少需要对两个课题进行思考：

（1）2003 年以来的宏观调控有一个重要的经验就是“有保有压”——对于一些过热的部门要“压”，对一些不足的部门要“保”。例如，“保”农业，“压”一些过热的部门。这种做法非常有效。但是按照传统的教科书，经济过热是一种经济总量的问题，即总需求超过了总供给。而我们这一次成功的经验恰恰是在结构上做文章。所以，需要大家思考的就是：宏观调控究竟是一种总量的问题，还是一种总量和结构均有的问题？

（2）宏观调控到底是一个短期的事情，还是一个长期的任务？按照我们以前的理解，只有经济运行出现问题的时候，才需要进行宏观调控，是一个短期的问题。而根据我们的经验，自中国改革开放以来已经经历了六次宏观调控。所以，宏观调控是否不再是一个短期行为，而是会贯穿整个社会主义建设的初级阶段的长期行为？

整理人：原磊

（文章来源自《学术讲座荟萃》第 29 辑，2005 年 11 月 10 日）

经济发展中的收入差距与政府公共政策

樊　纲

樊纲

男，1953 年生，经济学博士。1982 年由河北大学经济系（七七级）政治经济学专业毕业，同年考入中国社会科学院研究生院经济系，主攻“西方经济学”专业，1985～1987 年赴美国国民经济研究局及哈佛大学访问研究，1988 年获经济学博士学位，同年进入中国社会科学院经济研究所工作，1992～1993 年任《经济研究》编辑部主任，1994～1995 年任经济研究所副所长。并兼任北京大学汇丰商学院、中国社会科学院研究生院经济学教授。1996 年起创办中国经济改革研究基金会国民经济研究所并任所长。2006 年起兼任中国深圳综合开发研究院院长。

主要研究领域为宏观经济学、转轨经济学和发展经济学。发表中、英文学术论文 100 余篇，专著 9 部。2004 年被法国奥弗涅大学授予荣誉博士学位。2005 年和 2008 年连续两次被英国《外交政策研究》与《观点》杂志评选为“世界最受尊敬的 100 位公共知识分子”之一。

在来研究生院之前，我就一直琢磨究竟该讲点什么。由于今天在座的不仅仅包括经济专业的学生，而且还包括大量的其他专业学生，所以今天我们就讲一些当前的热点问题，尤其是网上讨论的热点问题吧。

目前中国经济学在研究水平上，落后于西方发达国家。对中国经济学来讲，唯一有自己特色的研究就是：分析落后国家，或者说发展中国家这个概念对中国的含义是什么、对中国的挑战是什么？这个问题非常重要，跟我们的生活密切相关，也关系着中国的未来走向。当然，国外对此也有研究。拉美许多国家之所以失败，都是因为没有很好地理解这个问题。对于这个问题的研究，目前还存在大量的误解。

一、中国收入差距的现状

现在中国的收入差距呈扩大的趋势，2003 年的基尼系数官方统计数字已经达到了 0.448，见表 1。而几个研究小组的测算已经达到了 0.5 以上。

表 1　收入差距扩大趋势

	1990 年	2003 年
基尼系数	0.341	0.448
城乡收入差距（倍）	2.57	3.23
行业收入差距	1.76	4.63

当然，国际上也有基尼系数比我们高的国家，例如巴西、南非、拉美等，见表 2。

表 2　国际比较

	基尼系数
巴西	0.601
南非	0.583
巴拉圭	0.580
中国香港	税前 0.51；税后 0.43

二、中国收入差距有可能继续拉大的理论依据

目前，中国的基尼系数大约为0.5，巴西等国家已经达到了0.6左右。但是，值得我们警觉的是，中国的收入差距有可能继续拉大。

1. 库兹涅茨曲线

图1中的曲线，我们称之为库兹涅茨曲线，曲线的形状说明了这样一个道理：经济发展要经历一个收入拉大的过程，然后才能逐渐由不平等趋向于平等。

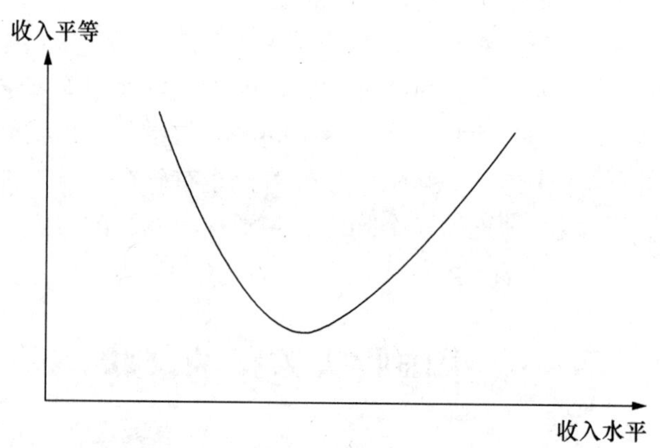

图1

据我的观点，我认为中国目前没有到达谷底，并且在近期也无法到达谷底，中国收入差距还处于继续拉大的阶段。

2. 体制改革与收入差距

（1）腐败问题。目前人们谈到收入差距，首先想到的就是腐败问题，如强取豪夺、偷税漏税、贪污、不法经营。腐败问题是造成中国收入差距的重要原因，但是什么造成了腐败？是因为发展的过程中制度不健全。特别是中国正处于体制转轨过程中，产生了许多体制的真空和制度的不兼容，更加容易产生腐败。从历史的眼光和国际的比较来看，大部分国家在发展过程中都经历了腐败的过程。马克思曾经说：资本来到人世间的时候，每一个毛孔都滴着血和肮脏的东西。客观讲，腐败决不是中国独有的现象。甚至可以说，与一些腐败问题严重的国家相比，中国的腐败问题还是较轻的，并且中国民主制度正在进一步发展，政府、媒体、群众对腐败问题的监督与制约也逐步加强。

腐败是一个必须解决的问题，但是我们应该是从制度的层面来解决，而不是仅仅依靠道德。中国人的道德并不比西方国家差，之所以出现腐败是因为制度的问题。举例来讲，经常有人说，中国人欠账不还。而事实上，在住房贷款方面，中国人的还款率是世界最高的，达到了90%多。国有银行之所以出现大量的坏账，是因为国有银行的制度导致了企业的“道德沦丧”，这是一个制度问题，而不是道德问题。

（2）行业差距问题。从表1我们可以看出：中国目前的行业差距在扩大。目前，工业中不同产业之间、工业和服务业之间的差距很大，重要原因是垄断性行业的存在。

第一，资源产权制度。垄断性行业往往是资源性行业，而从道理上讲，在任何国家，资源的所有权属于全民。山西最近几年培养出数百万个百万富翁、数十万个亿万富翁，其中的原因就是：中国在制度上还没有建立起资源的所有权制度。

过去，计划经济体制下，国家会将公有的资源交给一个国有企业来开采，不管多少利润，都归国家所有，例如大庆。后来，进行了利税体制改革，所有的企业都交纳33%的所得税，所有的利润都归企业所有，留在企业使用，工资奖金福利同利税挂钩。在这种情况下，行业的差距开始出现。并且，某些资源的涨价促使了企业利润的增加，例如石油等，结果这些行业的工资、奖金的分配就大大地超过了其他行业。这样就出现了很多问题，例如大庆下岗职工虽然拿着全中国最高的下岗补贴，但是也因为与在职员工的收入差距扩大而抗议、闹事。现在，企业不但进行利税改革，而且要进行产权改革，要进行资本重组，外资要进入企业。在这种情况下，外国人开始持有中国资源性行业的资产，中国私人也开始持有原归全民所有制资源的资产。于是，全民拥有的资源涨价以后，产生的收益被少数人所获得。总之，中国关于资源的产权制度，迄今为止并没有建立起来，资源开采型企业没有为开采权付费。

第二，资源开采的大量浪费。全民所有制资源的占用导致了某些人的暴富，而收入差距的扩大又进一步导致了资源开采的浪费。许多煤矿主采用“撇脂”的方式，只开采最富的矿，同时对生产安全也没有给予充分的重视。

第三，定价扭曲。从逻辑上讲，由于资源开采型企业没有为开采权付费，所以国家为了减轻这些企业的暴利行为，就要求资源开采型企业以较低的价格提供资源，这样就导致了价格的扭曲。中国目前的资源价格偏低，而由于资源价格的偏低，导致资源型效率很低。另外，不同的利益集团在能源定价问题上争来争去，例如，2004年的煤炭订货会开了一星期，但是最后也没有商议出来一个大家接受的煤炭价格。

第四，解决办法。①为资源开采权付费。国家可以将一块面积的资源开采权卖给个人，允许个人开采该领域的矿产资源。这种付费不一定是一次性的，也可以是分期付费。事实上，国外也就是这么操作的。②规定在价格产生波动的时候，政府与企业的分担方法。当资源价格上涨的时候，政府应当通过提高资源税和开采权付费的方法，增加对资源企业的收费；当资源价格降低的时候，政府可以通过降低资源税和开采权付费的方法，减少对资源企业的收费。

（3）中国的特殊问题。由于中国人口过多，所以，虽然劳动力的转移已经很快了，但是还是会经历较长时间。在此过程中，会导致收入差距，包括城乡差距问题、地区差距问题、贫富差距问题、弱势群体问题等。这些问题归根到底，都是因为中国从农业社会向工业社会转型尚未完成，并且人口众多，经历的时间会较长。中国改革开放 27 年，也是经济高速增长的 27 年，取得了世界上最伟大的成就——转移了 2 亿 ~2.5 亿农民。当然，这 2 亿 ~2.5 亿农民既包括从农村转移到城市里的那部分人，也包括依然留在农村，但是主要收入已经不是农业，而是工、副业的那部分人。按照规模计算，中国的土地数量大约需要 7000 万 ~8000 万人来耕种，如表 3 所示。

表 3　中国农业劳动力的现状与未来　　单位：百万人

	可耕地总面积（平方公里，2000 年）	农业劳动力人数（2000 年）	农业劳动力人均占有耕地（平方公里）	按日本农业劳动力人均占地计算的中国农业所需劳动力	按日本目前农业劳动力占总劳动力比重计算（5%）	中国人口规模稳定之前新增农村劳动力（按年增长率 1%）	中国最终应转移出的农业劳动力（以日本的情况为参照系）	
							按人均耕地计算	按农业劳动力比率算
中国	1263947.6（13.31%）*	353（50%）**	0.0036	94.3	35.0	80.0	340	400
日本	45456.5（12.13%）	3.39（5%）	0.0134					

注：* 占国土面积比率。* * 占总有劳动力比率。

资料来源：World Factbook，2002. http：//www.cia.gov/cia/publications/factbook/fields.

按照日本的数据，我们认为如果将农业的多余人口转移出去，那么农业的人均收入应当与工业的人均收入大致相等。而中国的情况是，人太多，土地有限，所以，农民人均收入大大降低。目前，中国农村是40%的劳动力创造了不足13%的GDP。为了提高农民的个人收入，就必须将30%左右的劳动力从农村转移出来，具体来讲，要转移的农民大约为2亿~2.5亿人。最近，中国的人口学家们预计：到2030年中国人口会达到高峰，大约为14亿人。这与原来的估计（到2050年中国人口会达到高峰，大约为16亿人）相比，形势要好很多。这样就大大减轻了创造劳动就业的任务。我认为，解决“三农”问题的唯一办法就是将农民从农村转移出来，使农民不再是农民。“三农”问题说到底是使大多数农民不再是农民的问题，是工业化、城市化问题。

目前，中国农村的收入格局是怎样一种情况呢？平均来讲，打工者每年的收入大约为7000~8000元人民币；农村劳动力每年的收入大约为3000元人民币；农村人口年均收入大约为2000元人民币，其中还包括了外出打工人员汇回来的钱。从全国来看，中产阶级所占的比例大约20%。一位社会学家评论中国目前的格局为一种倒“丁”字。

每年中国还能够创造多少个新增的“非农”就业呢？我认为大约为1000万个，如表4所示。其中300万个左右是为城里的应届毕业生留下的，但是城里的新增就业正在减少；剩下的700万个左右的就业岗位是为农民留下的。对农民来讲，通过结构的调整和劳动力的转移从农村进入城市，收入也大约会从3000元涨到5000元。按照这种速度转移下去，中国完成工业化，最少还需要20多年，甚至30~40年。另外，许多发展中国家都还在抱怨中国造成了自己的“产业空洞化”，所以，在未来几年里，中国能够通过吸引投资而实现的就业增长将十分有限。

表4　就业供给：非农就业增长速度下降　　单位：万人

	平均每年新增非农就业	GDP增长率每个百分点平均创造的非农就业
80年代	1740	170
90年代	790	98
2001年	1287	176

如果中国农村有大量劳动力没有转移出来，那么就会不断有大量的劳动力涌向生产要素市场，这就造成了劳动力市场的供求关系中，总存在供大于求的情况，进一步导致已经转移出来的劳动力工资也无法上涨，而这一部分人也成为一种弱势群体。五六年以前，中国沿海地区一个打工者的月工资大约为500~600

元，而经过许多年以后的今天，他们的工资依然是500～600元。中国之所以在某些地区产生了“民工荒”，是因为当地的生活费用早就超过了民工的工资。对民工来讲，实际工资下降，根本就赚不到钱，当然不再去了。在未来的20年里，农民工的工资不会有很大的上涨，而GDP增长的主要部分都会被少数的城里人拿走，他们的工资会上升。虽然农民的处境没有恶化，但是中国的收入差距会进一步拉大，基尼系数会增加。其中的原因是：没有达到充分就业，农民工没有足够的讨价还价能力。库兹涅茨曲线之所以呈现倒U形，也是因为这个原因，而中国的特殊国情就是农业人口特别多，转移起来需要的时间特别长。韩国和中国台湾人口较少，国内和地区市场较大，因此20年后达到充分就业，然后才实现收入增长。

三、收入差距拉大可能产生的后果

中国未来20～30年是收入差距继续拉大的时期，在这种时期下，社会很容易出问题，各种矛盾会很多。即使没有人绝对收入下降，但是由于收入差距拉大，人们也会产生不满情绪和不平衡心理。这种道理很简单，我就不再赘述。我下面讲另一种导致社会崩溃的可能性——民粹主义。我们来举个例子，说明什么叫“拉美陷阱”。“拉美陷阱”有三个现象：①收入差距大。②经济停滞。③民族工业落后，被跨国公司占领。那么，“拉美陷阱”是如何形成的呢？

拉美是在私有制农业社会的基础上发展起来的。在拉美，原来的财产分配就很不平等，并且没有经过无产阶级革命的国有化，因此，财富的积累几百年延续下来，贫富差距最初就很大。开始工业化以后，由于土地私有制导致了大量的农民失去了土地，涌入了城市，进而产生了城市的“贫民窟”。在政治上，拉美原来是一种军政权。由于军政权过于专制，就被人们给推翻了。然后，拉美开始实行民主制度，实行了西方发达国家推行的政治制度。因为知识分子要求实现公平的社会分配，所以政府就引入了发达国家已经开始实行的社会保障制度和社会福利制度。但是由于拉美在经济结构、收入水平等方面远远不如发达国家，导致了政府公共债务大幅度增长、财政赤字大幅度增长。为了弥补财政赤字，政府就大量地举借外债，结果导致货币不断贬值，金融危机不断发生，巨额通货膨胀成为一种普遍现象。

另外，从社会来看，40%～50%的人或者在农村，或者是城市贫民；或者失业（失业率达到了20%～30%），或者工资非常低。这些人都要靠政府补贴。欧洲和北美发达国家对农民也有补贴，但这是一种可持续的补贴，因为98%的劳动力在补贴2%的农民。而拉美国家是50%～60%的劳动力补贴40%～50%的人

口，这种补贴一定是不可持续的。这种情况下，高额的税收、高额的财政赤字、一次一次的金融危机导致了民族企业的倒闭。不管拉美国家政府如何配置民族企业，在这样的环境下，也只有跨国公司才能够生存下来。进一步来讲，由于一次一次的金融危机、民族企业的倒闭，导致了经济发展的停滞，也导致了创造就业机制的停滞，使得没有得到就业的40%～50%人口成为永久的问题。“失去的十年”是就业增长的停滞，这样贫富拉大也就会成为永久的现象。

在拉美，民众要求提高社会福利的呼声很高，在这种情况下，政府为了获得选票，做出了一个又一个的承诺，承诺改善社会福利（印度也同样如此，结果财政赤字占GDP的10%）。结果，正是这种民粹主义的政策，延缓了收入差距问题的解决，因为它耽误了就业创造机制的建立。补贴不能从根本上解决贫富差距问题。

中国有时候也同样遇到类似问题。某学者宣称香港医疗制度非常完善，主张全国都要向香港学习。但是，他没有考虑到，中国每年的GDP全部拿出来也不够建立完善的医疗保障制度。作为政府来讲，必须要考虑自身的收支平衡，通过实现经济增长，扩大就业，从根本上解决收入差距问题。我们应当看到，在中国现阶段想解决收入差距问题是非常难的。政府必须在两个方面做出权衡：一方面，采取些措施来缓解收入差距产生的矛盾，防止矛盾越来越尖锐；但另一方面，这又很容易做过了，容易陷入民粹主义。目前，大家都在谈论要提高最低工资，保证蓝领工人的权利等。他们是值得同情，但是，如果他们的工资增长过快也可能导致还没有转移出来的农村劳动力转移不出来。政府在考虑问题的时候，既要考虑已经转移出来的农民工收入水平，也要关注那些还没有转移出来的农民问题。中国如果无法将剩余的那些农民成功转移出来，那么，那部分农民将会成为中国经济灾难的根源。公共政策不应当损害创造就业的过程，而对现阶段的中国来讲，如果支出和税收太高，都会损害到再就业的过程。中国能否持续发展，充分就业问题是长期的根本性问题。

四、政府要在资源有限的条件下缩小分配差距

我国在发展的过程中要经历一个相当长的不平等阶段。有人会问如果真是这样，岂不是会积攒更多的民怨？权利分配不公平的问题是不是会更难解决？我认为，面对现实，需要我们寻找社会收入差距拉大的原因和解决问题的办法。学者、媒体，包括政府，要为这个社会带来更多的理性思考，而不是情绪化的分析。情绪化分析，历史上很多，现在也很多。新的、难的问题是怎么在其他国家和我们国家的历史上，在经历过这些平等和不平等，发展和不发展的历史经验教

训中，为我们这样一个大国，为我们这样一个大的难题做更深入的思考。

解决不平等难题的尺度就是实现社会公平，社会公平要求政府最大限度地为老百姓提供公共产品，让老百姓的生活有基本保障。但是，现在显然没有完全做到这一步。比如，公共财政并没有真正实现为民所用。

公共产品的确是一个好东西。它不仅带来社会的和谐，而且能实现我们对社会公正的追求。对穷人，意味着有了更加平等和受惠的机会，使他们有一个更加平等的发展机会。对富人，平等也是一个好东西，如果社会的收入差距拉得太大，社会的不满情绪太高，甚至出现社会紧张、社会动乱，这对富人财富的增长、对于富人本身的财富也是一种坏东西。但是，我们必须进行更理性更细致的分析。

怎么解决不平等的差距？现在一个大的趋势是越来越多的呼声要求政府做事情，要求政府提供这个那个保障，给这个那个钱，转移这个支付那个。这在一定程度上是对的。过去这么多年来，由于贫穷，由于我国 25 年才增长到人均 1000 美元的 GDP，我们往往忽视基于经济增长的社会平等和社会保障等事情，对弱势群体的需求和诉求有所忽视。加上没有一套完整机制，政府做的事情比较少，解决的问题也确实比较少。要增加政府要做的事情，在政府职能转变过程当中，有学者提到一个重要内容就是从单纯追求经济增长向提供公共服务转型。公共服务就是提供公共产品，增加政府支出。政府确实需要做一些事情，现在确实是需要学习去补这门课，扭转不公平格局。

但是，我们要看到解决收入差距问题不仅仅是政府要做的事情。政府补贴能够做的事情是非常有限的。什么是根本问题？根本问题是我们的体制存在弊病。现在大家一提到收入不平等，马上会转到对腐败和不公正的批判。这是对的，我们不平等是因为这些造成的。但是，不仅包括这些，还有其他的问题。比如资源的问题，在国有企业很多不公平的收入当中，因为使用资源没有付费，反而成为企业的利润，这样的企业与没有占有资源的企业相比就产生收入差距。因此，需要我们思考制度上的均等问题。改革制度不一定需要多花钱，我们要通过改革制度来促进社会的平等和公正。

没有经济发展，没有就业创造，就无法解决收入差距问题。经济的增长和就业的创造才是根本的东西。因此，我们的注意力不能仅仅集中在收入分配上，更要思考体制的改革和经济的增长问题。这是我们作为一个落后大国必须思考的一个根本性的问题。这也是政府职能转变的一个重要内容，对政府来讲也是一种挑战。

政府一定要根据自身经济的情况，做自己该做的，并且也能做的事情。集中力量，把有限的事情做好。这其中，政府需要一系列的公共政策，但是这些公共

政策要满足两个条件：一是要量力而行，二是要用有限的资源解决最重要的问题。经济学能够给出两个最重要的问题：

（1）尽量保证不使任何一种人群生活绝对水平下降，这是一种帕累托标准。例如，在农村，大病的社会保障。农村许多家庭的贫困化——绝对生活水平下降，都与家里出了一个病人有关。政府应当考虑如何帮助那些急需帮助的人？帮助农村得了大病的人，对他们实施医疗保障，以避免这部分人返贫。对一些弱势群体进行救助，比如灾荒的救助，恐怕是目前最需要做的事情。把钱花到最需要的地方，使社会达到相对的平等。但是，要想在全社会的范围推行低保，却是一件很困难的事情。

（2）机会均等。做到了机会均等，也就是实现了市场经济下的公平。政府围绕机会均等做出一些事情是很有必要的，例如，边远地区的基础教育。对于农民来讲，如果没有文化，可能根本就无法融入工业化当中，根本就没有进城打工的能力。但是，解决边远地区的基础教育问题并不简单。它不仅仅是一个经济问题，还涉及教师等其他问题。

我们既要关注社会差距的问题，要求政府多支出一点东西；又要注意经济条件的制约，政府如果花太多的钱，做超出自己能力的事，就可能导致财政赤字。这并不是无稽之谈。我们刚刚开始进入收入差距拉大的时期。在社会进入这个阶段后，社会紧张的诉求将会越来越大。我们学者的责任不是等事情发生以后才放“马后炮”，而应该在问题发生之前进行努力，避免一些问题的发生，使这个社会真正稳定、持续、和谐地发展。

总之，收入份额差距问题并不是像表面看起来那么容易解决，而是在今后几十年里需要不断被重复，不断被讨论的问题。我们必须从发展的全过程，从根本上思考这个问题。它会涉及很多理论和领域，也不能仅仅靠照搬别国的做法。学者的作用不是要煽动民众情绪，而是带给群众理性。只有这样，我们的社会才能更平衡一点，更健康一点。

整理人：原磊

（文章来源自《学术讲座荟萃》第30辑，2005年12月29日）

转型时期的卫生问题与健康公平

王延中

王延中

男，1963年生，山东东平人，法学（社会学）博士，研究员。中国社会科学院监察局局长、劳动和社会保障研究中心主任，中国社会科学院研究生院学术委员会委员，中国社会科学院社会学所学术委员会委员。兼任卫生部卫生政策与管理专家委员会委员，新型农村合作医疗技术指导组专家委员会委员，国务院城镇居民基本医疗保险试点评估专家委员会委员，中国社会保险标准化委员会委员。

主要研究领域：劳动和社会保障、中小企业、工业经济、城乡关系。出版学术著作10余部，主要有：《中国的劳动社会保障问题》、《WTO与中小企业发展战略》、《经济组织与城乡发展》、《基础设施与制造业发展关系研究》（合著）、《诸城企业改革探索》（合著）、《中国工业现代化问题研究》（合著）、《中国产业结构变动趋势及政策研究》（合著）、《中国乡镇工业发展的政策导向研究》（合著）、《中国劳务市场的组织与管理》（合著）、《中国的工业化与城市化》（合著）、《中国卫生改革与发展实证研究》（合著）、《课题制研究》（合著）等。主持编写社会保障绿皮书《中国社会保障发展报告》（2001、2004、2007），组织编写《繁荣发展哲学社会科学》、《义乌奇迹的文化探源》、《文明厦门》，参与组织大型丛书《列国志》等。发表学术论文100余篇，英文文章或研究报告10余篇。研究成果中，获中国社会科学院优秀成果奖、全国青年哲学社会科学优秀论文奖、中国社会科学院应用决策信息奖等10余项部级优秀成果奖。

2004年被国务院评为享受国务院政府特殊津贴的专家和中国社会科学院优秀共产党员；2007年被国家人事部授予“新世纪国家级百千万人才工程人选”称号。

20 世纪 70 年代末以来，中国逐步从传统的计划经济转变为社会主义市场经济体制。经济体制的剧烈变革极大地解放和发展了中国的生产力。经过近 30 年的快速经济发展，中国的经济总量和人均 GDP 在世界上的位置明显提前。尽管中国经济体制的深层改革任务（如大中型国有企业改革、金融体制改革等）还很艰巨，但可以说中国的经济体制改革已经取得了举世瞩目的重大成果。然而，在如何建立与社会主义市场经济体制相适应的卫生事业等公共服务方面，尽管中国也进行了艰苦的改革尝试，并取得了一定的阶段性成果。但从整体上看，效率和公平性在某种程度上甚至出现了下降的状况。

我国目前发展的不协调体现在多个方面，集中体现在城乡之间、地区之间、经济社会之间、人和自然之间、国内发展与对外开放之间的不平衡。中国共产党第十六次全国代表大会确立新的科学发展观，目的是解决上述几个方面的不协调，实现五个方面的统筹发展。卫生事业和健康保障问题曾经是中国计划经济时期的重点发展领域之一，在经济改革过程中卫生事业随着体制的转变出现了一些新情况、新问题。比如，由于医疗费用快速上涨引发的看病贵、看病难问题已经成为人们普遍关注的经济和社会热点问题。本文在叙述经济转型过程中的卫生事业面临的挑战和问题的基础上，着重探讨问题的成因和根源，在完善社会主义市场经济体制的背景下对如何增强卫生发展的公平与效率、充分发挥医疗卫生和健康保障在建设和谐社会中的作用提出一些意见和建议。本文分为以下三部分：一是经济转型对健康保障提出的挑战与突出问题；二是中国健康卫生保障体制“三项改革”的进展与困惑；三是促进卫生发展、健康公平与和谐社会建设的建议。

一、经济转型对健康保障提出的挑战与突出问题

在计划经济体制下中国卫生事业和健康保障的主要任务是解决“缺医少药”的问题。由于国家重视、指导思想明确、公共卫生体系比较健全，中国在经济发展水平较低、医疗卫生资源相对短缺的情况下，尽可能为大多数城乡居民提供最基本的健康保障，曾创造了卫生保健领域的中国模式。

改革开放以来，伴随着经济运行体制和社会组织体系的转型，传统的以单位或社区为依托的健康保障模式面临着很大的挑战。

在公共卫生体系方面，中国曾经动员政府和人民群众的力量，通过大规模的爱国卫生运动、健康教育运动，有力地整治了卫生环境，同时加大了对传染病、地方病的控制力度，比较好地贯彻了“预防为主”的卫生发展战略。改革以后，爱国卫生运动失去了组织基础，政府对公共卫生事业的投入难以维持机构的正常运转，基层医疗卫生机构甚至很多公共卫生机构走向商业化或市场化，影响了公共卫生职能的发挥，“预防为主”事实上变成了“口号”。中国公共卫生问题的频繁发生暴露出经济转型之后公共卫生事业的困境。

在医疗卫生体制方面，改革开放以来医疗卫生机构在市场化的宽松体制下得到了快速发展，医疗服务的供给能力全面提高，除极少部分人口稀少、交通不便的贫困地区外，基本上克服解决了“缺医少药”的问题。但是，市场机制的导入又缺乏有效引导及监管，导致医疗卫生领域的扭曲服务和低效，极大地增加了医疗卫生费用和城乡居民的医疗负担，出现了日益严重的“看病难、看病贵”问题。

从结果看，改革以来中国居民健康水平提高幅度与医疗费用快速增长不相匹配。改革以来尤其是20世纪90年代以来医疗费用持续高速增长，远远高于同期GDP及城乡居民收入的增长幅度。1978～2003年卫生总费用年均增长12.09%，高于同期GDP平均增幅近3个百分点。1998～2003年，城市居民年均收入水平增长8.9%、农村增长了2.4%，而年医疗卫生支出城市、农村分别增长了13.5%和11.8%。医疗服务费用增长速度超过了人均收入的增长，医药卫生消费支出已成为继家庭食物、教育支出后的第三大消费。2003年卫生总费用达6584.1亿元，卫生总费用占GDP比重5.62%，而1980年医疗总费用占GDP的比重仅为3.17%（见表1）。值得关注的是医疗费用占城乡居民家庭收入的比重迅速攀升到10%以上，由于相当数量的城乡居民尤其是农村居民缺乏医疗保障，成为自费医疗群体，迅速高涨的医疗费用已经成为城乡居民的巨大经济负担（见表1）。

与医疗费用大幅度攀升相对应的是城乡居民的健康状况没有太大改善，有些健康指标甚至出现下降局面。从新中国成立到1981年，中国内地居民人均寿命从35岁增加到67.9岁，几乎增加一倍。1981～1990年从67.9岁增加到68.6岁，到2000年增加到71.4岁。后20年人均预期寿命增幅明显下降。同时，城乡居民的患病率不断上升。2003年国家卫生普查显示，调查地区居民两周患病率为143.0‰（城市为153.2‰，农村为139.5‰）。其中调查地区居民慢性病患病率为151.1‰（城市为239.6‰，农村为120.5‰）。此外，近年来重大传染病（如SARS等）发病率出现上升势头。1995～2004年，法定报告传染病从176.24/10万上升到235.85/10万，发病率和死亡率上升（见表2），其危害和潜在风险加大。

表 1　中国医疗费用的增长情况

项目＼年份	1980	1990	1995	2000	2001	2002	2003
卫生总费用（亿元）	143.2	747.4	2155.1	4586.6	5025.9	5790.0	6584.1
占 GDP 比重（%）	3.17	4.03*	3.69	5.13	5.16	5.51	5.62
全国人均卫生费用（元）	14.5	65.4	177.9	361.9	393.8	450.7	509.5
城镇人均卫生费用（元）		158.5	401.3	813.0	841.2	987.1	1108.9
农村人均卫生费用（元）		38.8	112.9	314.9	244.8	259.3	274.7
城镇人均卫生费用占居民收入比重(%)		10.4	9.4	12.9	12.3	12.1	12.2
城镇人均卫生费用占居民消费性支出比重（%）		12.4	11.3	16.3	15.8	16.4	17.0**
农村人均卫生费用占人均纯收入比重（%）		5.7	7.2	14.0	10.3	10.5	10.5
农村人均卫生费用占人均生活消费支出比重（%）		6.6	8.6	18.9	14.1	14.1	14.1**

注：*根据世界银行测算，1990 年中国卫生总费用占 GDP 比重为 3.5%，见《1993 年世界银行发展报告：投资与健康》，中国财政经济出版社，1993 年版，第 1 页。**根据国家统计局住户调查资料，城乡居民医疗保健支出占居民生活消费支出的比例要明显低于表中统计测算数据。比如，2002 年和 2003 年，城镇居民医疗保健支出比重分别为 7.13% 和 7.31%，农村居民分别为 7.08% 和 7.34%。而在 1990 年和 1995 年，城镇居民为 2.01% 和 3.11%，农村居民为 5.06% 和 4.94%。见《中国统计年鉴》（2004），中国统计出版社，2005 年版，第 359 ~ 385 页。

资料来源：卫生部：《2005 年中国卫生统计提要》，第 31 页，城乡居民收入数据见相关年份《中国统计年鉴》。

表 2　1990 ~ 2004 年法定报告传染病发病率及死亡率

年份	发病率（1/100000）	死亡率（1/100000）	病死率（1/100000）
1990	292.22	1.15	0.40
1995	176.24	0.34	0.19
1996	167.05	0.34	0.21
1997	192.11	0.33	0.17
1998	194.80	0.31	0.16
1999	197.63	0.27	0.14
2000	185.98	0.26	0.14
2001	188.62	0.29	0.15
2002	180.14	0.35	0.20
2003	192.18	0.48	0.25
2004	235.85	0.53	0.22

资料来源：卫生部：《中国卫生统计年鉴》（2005），第 77 页。

与上述问题相联系，20世纪90年代以来卫生资源的利用效率及公平性均呈下降趋势。公平与效率的关系问题一直是经济学研究的核心问题之一。在现代经济增长过程中，公平与效率的关系大体可以分为四种类型：经济效率上升，社会公平程度提高；经济效率上升，社会公平停滞甚至弱化；经济效率下降，社会公平提高；经济效率下降，社会公平下降。第一种情况最为理想，但往往需要一个相当长的发展周期。第二、三两种状况在一定程度上反映了不同发展时期经济社会政策的导向或重点，也是可以接受的。第四种情况是最难以接受的。中国为克服计划经济时期的"平均主义"，在经济体制改革中确立了"效率优先、兼顾公平"的改革与发展方针。这一政策对经济发展产生了积极作用。但是，把这一政策应用到市场失灵的经济尤其是社会发展领域，如果没有相应的政府作用尤其是严格的市场监管，其结果在公平性下降的同时未必导致效率的提高，卫生行业恰恰不幸成为效率与公平均下降的典型领域。从1993年以来的国家卫生服务调查，清楚地反映出卫生领域并存的"市场失灵"与"政府失效"问题。经过20多年的快速增长，医疗设施和设备有所改善，但是城乡居民的就诊率不断下降。城乡居民两周就诊率在1993年分别为19.9%和16.0%，在2003年分别为11.8%和13.9%；年住院率在1993年分别5.0%和3.1%，在2003年分别为4.2%和3.4%。医生人均诊疗人数和医疗机构病床使用率总体上看也呈下降趋势。从公平性角度看，不同地区的卫生资源差距日益扩大，不同人群的城乡与不同人群之间卫生服务利用的差异在扩大。中国总体上克服了"缺医少药"的局面，但在部分边远地区，卫生资源不足，居民就医不方便。贫困地区有18%的家庭距最近的医疗机构超过了5公里，有1/4的家庭到最近的医疗机构的时间在30分钟以上。导致医疗资源利用效率下降的主要原因是医疗费用的上升，使相当多的经济困难群体放弃了医疗机构提供的医疗服务。2003年调查显示，就诊率比1998年下降了18.4%（城市下降27.1%，农村下降15.4%），患者中去医疗机构就诊的占51.1%，自我医疗占35.7%，未采取任何治疗措施的占13.1%。患者未就诊比例为48.9%（城市为57.0%，农村为45.8%）。"看病贵"对城市和农村低收入人群的影响更为严重。未采取任何治疗措施的门诊患者中，38.2%是由于经济困难；应该住院而未住院患者中，70.0%是由于经济困难。城乡低收入人群应住院而未住院率的比例达到了41%，远高于一般收入人群。1993～2003年，城乡居民未就诊率、未住院率呈逐步上升的趋势，收入越低，未就诊比例越高，未就诊增加的幅度越高。由此可以看出，城乡卫生服务利用率下降主要归因于低收入人群应当就医而无钱就医。这是中国近年来居民收入差距日益扩大在卫生领域的直接反映。经济不平等性程度的提高也从卫生服务公平性的下降中体现出来。世界卫生组织在全球卫生公平性排序中中国位居倒数第四位的数据，在一定程度

上反映出中国卫生公平性下降的事实。

二、中国健康卫生保障体制“三项改革”的进展与困惑

为了迎接挑战经济转型过程的健康问题，中国政府采取了一系列的政策措施。20世纪80年代主要采取市场化的手段遏制公费医疗费上涨并为医疗卫生事业的发展筹集资金。90年代尤其是中期以来，由于市场化后医疗费用上涨的速度更加迅猛，越来越多的人难以就医，政府采取了以加快医疗保障制度、医疗卫生体制和药品生产流通体制改革为核心内容的三项制度改革。这一时期出台的比较有代表性的政策法规包括：《中共中央、国务院关于卫生改革与发展的决定》(1997)、《国务院关于建立城镇职工基本医疗保险制度的决定》(1998)、《国务院体改办等部门关于城镇医药卫生体制改革指导意见》(2000) 等。

2000年7月，国务院在全国城镇职工基本医疗保险制度和医药卫生体制改革工作会议上明确提出同步推进城镇职工基本医疗保险制度、医疗机构和药品生产流通体制三项改革。2001年9月，在青岛召开的全国城镇职工基本医疗保险制度和医药卫生体制改革工作会议肯定了一年来城镇职工基本医疗保险制度、医疗卫生体制和药品流通体制“三项改革”取得的进展，[①] 提出要继续推进改革。2002年10月，《中共中央、国务院关于进一步加强农村卫生工作的决定》，提出在农村建立适应市场经济要求与农村经济发展水平的卫生服务体系和新型农村合作医疗制度，对政府加大农村卫生投入做出了承诺。2003年突发的SARS（非典型性肺炎）危机使政府不得不把卫生工作重点放到公共卫生应急机制问题建设方面。2003年国务院公布施行了《突发公共卫生事件应急条例》。同时，加大了对城乡公共卫生体系及农村新型合作医疗试点的政府投入。

1998年以来，中国城镇医疗保障制度建设发展迅速。主要体现在城镇职工基本医疗保险覆盖面的扩大。到2004年末，参加基本医疗保险的人数为12404万人，其中参保的在职职工9045万人，参保退休人员3359万人。为了缓解城镇贫困居民的医疗负担，2005年4月国务院办公厅转发了民政部、卫生部、劳动保障部、财政部《关于建立城市医疗救助制度试点工作的意见》，推进医疗救助制度试点工作。针对农村居民看病难、看病贵而又缺乏医疗保障的状况，中国自

---

① 2000~2001年，城镇职工基本医疗保险制度框架初步建立，基本医疗保险覆盖人数已达4800多万人，占全国应参保人数的30%。医疗卫生体制改革已经全面启动。城镇医疗机构的分类登记工作基本完成，大多数地区开展了住院费用一日清单、医院药品收支两条线管理、医院后勤社会化、病人选医院选医生、药品集中招标采购等方面的改革试点。整顿药品市场秩序取得较大成果。取缔药品无证经营8600多户，药品零售连锁经营也快速发展，全国已有药品零售连锁企业300多家，连锁门店5100多个。来源于青岛会议材料。

2003年开始进行新型农村合作医疗制度的试点。中央和地方政府从财政资金中拿出一部分资金，农民以家庭为单位自愿参加，以解决参保农民的大病为主。到2005年6月底，全国已有641个县（市、区）开展了农村新型合作医疗试点工作，覆盖2.25亿农民，其中有1.63亿农民参加了合作医疗，参合率为72.6%；全国共补偿参加合作医疗的农民1.19亿人次，补偿资金支出50.38亿元。[①] 虽然这已经超出了三项改革中职工基本医疗保险的规定，但也意味着医疗保障范围的逐步扩大。

医疗卫生体制和药品生产流通体制的改革继续推进。但是，遇到的问题与困惑可能大于进展。目前中国政策制定部门、理论界、普通民众对医疗卫生体制改革的意见分歧很大，这还涉及中国医疗卫生体制及健康保障的发展走向，值得进一步关注。

中国健康卫生体制改革的一个困惑是如何看待中国医疗卫生体制的改革方向。不论是理论界还是实际工作部门，虽然都认同改革的总目标是“建立适应社会主义市场经济要求的城镇医药卫生体制”，但对于这一体制的内涵却有不同的理解。一种观点认为：除承担公共卫生职能的医疗卫生服务机构以外，其余机构要从原来的计划管理体制转变为市场化的经营主体，逐步实行卫生服务领域的产业化和市场化。这在经济体制改革过程中逐步成为理论界的主流倾向，政府有关部门在卫生体制改革的有关文件中对医院实施分类改革、一些地方对卫生院实施“产权”改革、允许和鼓励民间资本及外资进入医疗卫生服务系统，都在某种程度上反映了这种倾向。2003年末全国登记注册的28.3万个医疗机构（不含村卫生室）中，国有（8.5万个）和集体（4.9万个）性质的占47.3%，私营（13.6万个）、合资（60个）等性质的占52.7%。从数量上看，非国有、集体经济性质的医疗机构已经成为多数。根据卫生部等部门的分类，上述机构中非营利性医疗机构（13.5万个）占47.5%，营利性医疗机构（14.6万个）占52.5%。在大多数非国有、集体性质的卫生机构尤其是营利性卫生机构中，其行为模式逐步趋同于一般性的企业，即走向市场导向和营利导向。在那些仍保留国有和集体性、甚至分类确定为非营利性质的医疗机构中，由于公共投入不足和整个医疗市场的竞争压力，其主体行为也已经部分市场化，甚至主要以营利为目的了。应该说，中国改革以来医疗卫生服务的产业化、市场化走向是十分明显的。另外一种观点认为，尽管国家和社会不能也不必要把全部医疗服务全包下来，市场在医疗卫生服务中的自我调节作用不能忽视，但是卫生发展和医疗卫生服务机构不能盲目提

① 2003年中国首批启动的试点县（市、区）有304个，2004年增加到333个，2005年做到每个地（市）至少有一个试点县。卫生部网站：《全国新型农村合作医疗试点工作取得明显成效》，http://www.moh.gov.cn/index.aspx，2005.9.16。

倡产业化，更不应过分强调市场化。其主要理由包括：①医疗服务市场供方和需方之间存在严重的信息不对称，不是一个完全竞争的市场，市场机制不可能发挥充足的作用，更不能有效配置卫生资源，在医疗服务中如果鼓吹市场论将会导致严重的健康不公平。②医疗卫生领域过分强调市场化导致医疗服务既不公平，也没效率，容易导致价格与监管方面的双重扭曲。③在卫生体制改革中商业化、市场化的走向违背了医疗卫生的事业属性、部分公共产品属性和社会公平要求。现代社会没有任何政府完全放任市场力量解决医疗卫生服务问题。

经过20多年的改革探索和理论总结，目前我国在医疗卫生领域改革问题上尽管依然存在一定分歧，但至少卫生主管部门已经认识到实践中的“市场化过度”道路不可取。实践证明，医疗卫生体制改革可以借鉴但不能简单照搬套用一般商品（甚至药品）生产领域的市场化改革经验。公共卫生必须由政府承担责任，政府应当保留甚至完善一些布局合理、可及性程度高、费用低廉、以社区为依托的公立医疗卫生机构，主要解决贫困人口（可以给予适当医疗救助）和一般居民大众的基本医疗问题。另外，对于具有医学新技术研究领域等也应给予适当的一定财政补贴和政策支持。当然，任何一个社会也无法承受由于医疗技术进步导致的巨额医疗费用问题，在基本医疗需求之外的其他医疗服务项目，可以在区域医疗卫生规划的指导下逐步通过市场化、产业化的方式去发展。在医疗卫生机构方面政府与市场可以进行分工，都应发挥积极作用。政府的作用应当主要集中在公共卫生领域和基本医疗领域，因而政府在卫生体制改革过程中应当“抓小放大”，抓公共卫生，抓社区医疗，抓预防保健。但是，如何把上述意见贯彻到卫生发展和改革的具体实践之中，还需要进一步的探索。

另外一个值得关注的问题是如何实现“三项改革”的相互配套问题。“三项改革”同步推进的意见在改革试点探索取得了一定的进展，但从整体上看成效有限。卫生体制方面的具体改革思路面临着重大调整。政府对医疗机构加大医疗费用补偿可以在一定程度上减少城乡居民医疗费用的支出比重，如果不从根本上改革医疗机构的运行机制，医疗费用的上涨势头依然难以控制，长此以往公共资金也难以支撑。同时，目前药品生产尤其是流通环节中的问题太多，药品虚高定价、过多的医疗费用浪费，[①] 抬高了药价，降低了效率，加大了人民群众的负担。如何对这一市场成分比较高的领域进行切实有效的监管，我国还没有找到真正有效的办法和途径。医疗保障，尤其是城镇职工基本医疗保险，虽然近年来发展较快，但覆盖范围依然不到城镇劳动力总数的50%。自费医疗群体的大量存

① 施建祥引用卫生部门的估计数据认为，我国各种形式的医疗浪费约占全部医疗费用支出的20%左右。见施建祥：《中国医疗保险发展模式论》，中国物价出版社，2003年版，第19页。引自马军生等：《完善我国医疗保险基金监管体系的思考》，《中国卫生经济》2005年第10期。

在，成为“三项改革”难以取得根本成效的重要标志。

应该说，我国城乡居民的健康保障问题与过去相比固然有不少进步，但离建立与社会主义市场经济体制相适应、符合经济发展阶段并能够保障人民群众基本健康需求的健康保障体制的目标还很遥远，还有许多值得研究和探讨的理论与实践问题。

三、促进卫生发展、健康公平与和谐社会建设的建议

1. 发展卫生事业和促进健康公平是建设和谐社会的基础性工程

健康权是宪法赋予公民的基本权利，也是人权的重要内容。健康状况的改善是一个国家、社会发展进步的直接体现。医疗卫生问题是人类生存发展必须解决的最基本问题之一。因此，解决好卫生问题是关系到经济社会的协调发展，关系到广大人民群众的生活水平和生活质量的提高，关系到发展的目的和一个国家乃至民族的未来。自党的十六届四中全会的决议中明确提出建设社会主义和谐社会以来，和谐社会已经成为中国未来发展的重要目标。刚刚闭幕的党的十六届五中全会明确提出“十一五”时期要在构建和谐社会方面取得新进步。卫生事业和健康公平在和谐社会建设进程中担负着重要使命，在一定程度上是和谐社会建设的重要基础之一。事实上，发展卫生事业，促进健康公平本身就是和谐社会建设的重要内容。

发展卫生事业具有促进经济增长的作用。在统计指标中，卫生支出被统计为消费支出，卫生经费被认为不创造财富的财政负担、社会负担及家庭负担。由于卫生弹性系数一般大于 1,① 卫生负担呈不断上涨趋势。的确，在收入增长缓慢的大量中低收入群体中，医疗费用的高速增长越来越超出其负担能力，医疗费用本身已经成为制约他们获取医疗服务的巨大障碍。但是，从全社会来说，医疗费用应当视为对居民的健康投资。作为个人来讲，健康投入应当成为人力资本投资的重要组成部分。因病致贫、因病返贫的家庭也是由于家庭主要劳动力丧失了健康并因此失去了主要经济来源。由此可见，健康投资对家庭与社会来说都是必不可少的基本支出，也是经济发展的重要动力。新中国成立之后中国经济发展的一个重要因素就是国家和社会对健康投入的增加与广大人民群众健康状况的不断改善，包括人均寿命的增长，传染病、地方病的大规模控制，患病人群的下降与普遍健康状况的改善。世界卫生组织也认为，扩大关键卫生服务的覆盖面，每年可

---

① 根据于德志测算，1978～2003 年我国人均卫生费用相对于人均 GDP 的平均弹性系数为 1.29。见于德志：《我国卫生费用增长分析》，《中国卫生经济》2005 年第 3 期。

以挽救数千百万人的生命，减轻贫困，刺激经济发展并促进全球的安全。①

健康公平具有调节收入分配，促进社会公平、和谐、稳定作用。关于健康和公平分别有各种各样的定义或解释。② 把健康公平作为重要的经济社会发展内容和发展目标，主要强调广大人民群众能够得到国家和社会提供的基本医疗卫生服务，而不论通过什么样的方式、途径或过程。从结果公平的角度看，虽然不是每一个社会成员都有同样的支付能力，但健康权作为一项基本人权实际上应当作为一个公共目标，而不是任由其他力量侵蚀这项基本权利。如果某些社会成员因个人、家庭等原因无法享受这项基本权利，国家或社会有责任和义务帮助人们得到健康方面的基本保障。维护健康公平，意味着国家与社会对于没有能力获取基本医疗保障的贫困群体给予一定的帮助，这是社会保障职责的重要体现，因而发挥着社会保障调节收入分配、缓解贫富差距、促进社会和谐的作用。当然，要发挥上述作用，关键是看能否实现健康公平本身。

卫生发展和健康公平是保障城乡居民健康的两大支柱，两者不可偏废。如果

---

① 世界卫生组织宏观经济与卫生委员会的报告认为，全球用于最不发达国家传染病干预的投资只有140亿美元，可以每年预防800万人的死亡，获得3.3亿残疾调整生命年（DALY）。根据保守估计每个残疾调整生命年获得563美元，3.3亿残疾调整生命年的直接经济利益达到每年1860亿美元，并且有可能高出几倍。见世界卫生组织宏观经济与卫生委员会：《宏观经济与卫生》，人民卫生出版社、世界卫生组织，2002年版，第9页。

② 关于健康的定义，世界卫生组织认为，健康不仅仅是身体没有疾病，而且还要具备心理健康、社会适应良好和道德健康。具体有以下几点：（1）有足够充沛的精力，能从容不迫地应付日常生活和工作压力，而不感到过分紧张。（2）态度积极，乐于承担责任，无论事情大小都不挑剔。（3）善于休息，睡眠良好。（4）能适应外界环境的各种变化，应变能力强。（5）能抵抗一般性的感冒和传染病。（6）体重得当，身体匀称，站立时头肩臂的位置要协调。（7）反应敏锐，眼睛明亮，眼睑不发炎。（8）牙齿清洁，无空洞，无病感，无出血现象，齿龈颜色正常。（9）头发有光泽，无头屑。（10）肌肉和皮肤富于弹性，走路轻松协调。（11）道德高尚，有良好的公德，有道德修养。（12）对自己、对他人的健康负责任。工作、生活、娱乐等以不影响、不损害别人的利益和健康为前提。（13）不侵占、偷窃他人物品和作品、研究成果。（14）不吸毒、不淫乱。这是国际卫生界关于健康的一般定义。中国学者傅连暲认为健康的含义应包括如下的因素：（1）身体各部位发育正常，功能健康，没有疾病。（2）体质坚强，对疾病有高度的抵抗力。（3）精力充沛，能经常保持清醒的头脑，精神贯注，思想集中。（4）意志坚定，情绪正常，精神愉快。美国社会学家沃林斯基结合生理模式、社会文化模式、心理模式确定了健康状况的三维观念，提出了八种特定的健康类型。见沃林斯基：《健康社会学》，社会科学文献出版社，1999年版，第146～149页。关于公平的定义，诺贝尔经济学奖获得者阿马蒂亚·森认为公平的内涵是“实质自由和可行能力”的结果公平。社会学家往往从社会平等的角度理解公平问题，把社会公平理解为起点公平、程序公平和过程公平。经济学者一般从收入平等的角度看待公平问题。也有一些经济学家从更宽泛的角度理解公平问题，比如张曙光认为，仅从收入、效用、福利角度看公平只能是结果公平，考虑的主要是实质公正，但不够完整，还应当从起点平等考察公平，即考虑机会平等或权利平等，这是形式公正、程序公正。除此之外，还应当考虑过程公平问题，它考虑的主要是主体性和参与性，这是把起点公平和结果公平化结合起来的重要途径。见张曙光：《经济学家如何讲公平》，引自姚洋主编：《转轨中国：审视社会公正和平等》，中国人民大学出版社，2004年版，第635、659页。

说改革以来我国在利用多种渠道筹集卫生发展资金、促进卫生发展方面取得了较大的进步，今后卫生事业依然需要相当的资金和人力、物力的投入，以确保卫生资源总量随着经济发展不断增长，为保障居民健康提供物质基础。在社会主义市场经济条件下，政府在卫生投资领域不应该也不可能是单一主体，要借鉴改革以后多渠道筹集卫生发展资金的有益经验，继续吸收社会、个人甚至外资进入卫生领域。在总的医疗资源有限的情况下，用于投资的医疗资源不是越多越好，不能成为有效需求的投资也是一种浪费。因此，卫生投资应当更有规划、更符合经济发展水平实际需要和实际承受能力，而不是完全由市场来引导。事实上，社会投资渠道不足虽然是中国医疗卫生领域面临的一个问题但还不是主要问题，最主要还是健康公平性太差、医疗资源利用效率下降的问题。提高卫生资源利用效率尤其是健康保障的公平性，关系到卫生事业的健康发展尤其是广大中低收入群体基本医疗的主要矛盾，应当成为建设和谐社会的基础性工程。

2. 提高健康公平性政府责无旁贷

目前人们对健康公平的目标没有疑义，关键是如何实现健康公平的目标。从指导思想上看，关键是发挥政府在医疗卫生服务及健康保障方面的主导作用。这是由于医疗卫生服务保健和医疗保障是“市场失灵”比较普遍的领域，完全依靠市场机制是不行的。纵观世界各国特别是发达国家医疗卫生服务和医疗保障的历史，几乎都有一个由自由市场调节向集中社会统筹的发展过程。完全依靠自由市场调节是不行的，政府的作用是无可替代的。

公共卫生是面向区域内全人群、全社会提供的卫生服务，是一项人人均应享有的最基本的医疗卫生服务，是覆盖面最大、公益性最强、收效最好的社会事业和公共产品，也是一个社会整个医疗卫生保障体系的基础。在公共卫生领域，市场失灵的状况更加严重，如果没有政府与社会的干预和介入，其投资难以满足实际需要，而且导致卫生资源使用的严重不公平和整体性低效率。公共卫生服务机构的过度有偿服务和市场化，完全没有认识到由于健康的人力资本价值在人类新发展阶段的重要性，也没有认识到健康状况容易相互转化的后果。非传染病也能导致传染病的连带发生，个体或小范围的传染病在频繁的人口流动作用下也能导致区域性、全国范围乃至国际性的公共卫生事件（如 SARS 和高致病性禽流感等）。这不仅造成严重的后遗症，而且需要花费更多的医疗费用。这是中国从自己的经历中得出的经验教训。公共卫生作为公共的医疗保健服务具有巨大的外部效应，必须要有市场之外的力量来干预、协调和整合。公共卫生预防保健和一定程度的医疗保障制度建设，是政府难以推辞的基本职责。

政府在医疗卫生三项改革中起着主导作用。三项改革是为建立与社会主义市

场经济体制相适应的卫生保障体制的重大尝试。受各种因素制约，三项改革还只是在某些方面取得了一定进展，继续改革的任务依然十分艰巨。扩大医疗保障的覆盖面需要政府强力推动，深化城镇职工基本医疗保险制度、城镇居民医疗救助制度、农村新型合作医疗制度改革需要进一步解决影响上述制度健康发展的问题。医疗体制的改革更是任重而道远，关键是医疗卫生服务的微观运行主体如何在自身利益与社会利益、短期发展与长远发展之间取得平衡。这需要政府的投入机制作为基础，合理的政策加以引导，严格的监管进行规范。医药生产与流通领域是三项改革中市场化程度最高的，也是市场机制与政府管制结合最密切的领域之一。由于医疗卫生体制的改革还不到位，医药生产与流通领域的改革纠缠在扭曲的医疗卫生体制问题上，很多企业还没有真正成为医疗产业的独立主体，缺乏健康发展的基础和后劲，无法与世界医药界的大型企业进行竞争，为我国城乡居民健康提供的物质技术保障还不能满足实际需要。

政府是国家及区域卫生事业发展规划的制定者和实施者。三项改革还只是一个阶段性的改革目标而不是卫生发展和健康保障的全部。政府在解决卫生问题、保障人民健康方面的任务方方面面，所有这些问题的解决都离不开政府发挥领导作用，在很多领域都要发挥主导作用。在一些市场、社会、家庭、社团及个人能够也更容易更好地发挥作用的卫生领域，政府当然不应像计划经济时期那样越俎代庖，但却担负着为其创造环境、规范行为、进行监管、促进发展等方面的作用。可以说，卫生问题涉及国家与民族的生存发展长远目标，现代社会的政府在这方面担负的主导作用及责任是责无旁贷的，不论计划经济还是市场经济都是如此。

3. 促进卫生发展与健康公平的若干建议

（1）继续加大财政对卫生事业尤其是公共卫生事业的投入和在医疗总费用中的比重。政府财政对卫生方面的投资绝对额是逐年上升的，2003 年以来政府卫生投资占卫生总经费的比重也有所上升，但从改革以来的卫生经费构成看，政府预算卫生支出比重呈明显下降趋势，个人卫生支出比重明显上升（见表 3）。从国际上看，不论是发达国家还是中等收入水平国家，甚至很多低收入国家，政府及社会卫生支出都占卫生总经费的绝大部分。由于卫生发展尤其是健康公平仅仅靠市场是不够的，而且缺陷很多。解决问题的关键之一是加大政府对卫生事业的经费投入。增加政府卫生投入不仅是绝对值的适当增加，而且包括占卫生总经费比例的上升。这样才能使群众自己负担的有关费用降下来。这对那些没有经济承受能力患者的基本医疗需要是一个有力保证，也是维护健康公平的最有力措施。“个人医疗卫生费用由个人还是由政府负担决不是钱来自左口袋还是来自右口袋的问题。如果医疗卫生费用主要由政府负担，穷人能够享受起码的医疗卫生服务，就会从根本上有利于提高全民族的健康水平和社会的福祉。”① 在控制医疗经费过快增长的前提下，根据国际经验和中国国情，力争在“十一五”时期使政府卫生支出占卫生总经费的比重大约翻一番，政府卫生支出、社会卫生支出与个人卫生支出占卫生总经费的比重各占1/3左右。随着卫生经费支出结构的调整，卫生事业的公共性质及健康保障的公平性将明显提高。

表3 政府、社会、个人卫生经费的比重结构 单位:%

年份	1980	1990	1995	2000	2001	2002	2003
政府	36.2	25.1	18.0	15.5	15.9	15.7	17.0
社会	42.6	39.2	35.6	25.5	24.1	26.6	27.2
个人	21.2	35.7	46.4	59.0	60.0	57.7	55.8

资料来源：卫生部：《2005年中国卫生统计提要》，第31页。

（2）深化医疗卫生体制的改革，使医疗卫生服务提供者的主体部分回到事业性质而不是产业或企业性质。在卫生体制改革过程中，尽管从卫生资源的产权看，主体依然是以公有甚至国有性质为主，但绝大多数包括相当数量的国有、集体性质的医疗卫生机构由于财政投入不足并在“产业化”的口号下行为发生了很大的变型，过多追求机构的商业化、市场化利润而失去了事业单位的本质属性，其行为越来越像商业机构或类似于企业。这显然是重大的行为扭曲。医疗卫生服务机构作为公立机构，尤其是医务人员作为事业单位工作人员，应当扭转过多追逐商业利益的倾向，从而使医疗卫生服务提供者的主体部分回到事业性质而不是产业或企业性质。如何在市场经济条件下做到这点，应当逐步实行医疗卫生服务机构业务项目的收支两条线管理，从根本上切断其通过服务项目的市场化收益渠道。

（3）加强对医药生产流通产业和医疗卫生服务提供者的行为监管，提高其进入门槛和运行的违规成本。由于医疗费用的日益高昂，单纯依靠政府卫生投入甚至社会卫生投入显然是不够的。事实上，一些超出基本医疗需求的医疗服务，最好的约束是个人付费制度。在这种情况下，还应当允许甚至适当鼓励发展一些市场化的医疗卫生服务机构。由于中国人口众多，医疗需求复杂多样，医药卫生产业的发展必不可少。同时，卫生事业机构也要参照市场价格进行成本核算。这

① 王绍光：《中国公共卫生的危机与转机》，载吴敬琏主编：《比较》（第7辑），中信出版社，2003年版，第62页。

一切都离不开医疗市场的发展。但是，作为典型的信息不对称的不完全竞争市场，加上医疗卫生服务人命关天，任何国家都需要对这一市场进行十分严格的管制。不论是服务机构还是相关人员，对其行为都应当进行严格的规范。对于违规行为要加大惩处力度和进退出壁垒。

（4）努力提高医疗卫生资源的利用效率。仅仅扩大卫生投入总量而不提高卫生资源利用效率，将使财政和社会无法承受，不能带来城乡居民健康状况的好转。中国医疗卫生系统费用不断上升、效率持续下降的局面不能继续持续下去，必须进一步深化卫生体系的改革。要成立“深化卫生领域改革”的专职机构和专家咨询委员会，加强卫生改革的领导，研究新形势下卫生改革的整体思路和发展规划。要研究制定符合中国实际的区域卫生规划，在卫生设施、人员配置等方面真正发挥引导和监督作用。要整合卫生资源，强化公共卫生体系的统一管理，改变传统体制不同医疗卫生系统或部门相互隔离和封锁的局面。要深化和切实推进药品生产流通体系和医疗卫生服务体系的改革，加强对药物生产、流通和医疗卫生服务主体的监管，严格卫生监督执法和查处力度。要发挥卫生规划在卫生资源配置中的作用，通过适当收缩政府对城市卫生领域的投资，扩大政府投资在农村卫生和城市社区工作中的主体或主导作用。通过加大农村卫生事业尤其是西部地区农村卫生事业的政府投入，提高农村卫生尤其是全国公共卫生事业的社会性、公益性和福利性，引导医疗资源从“重治疗、轻预防”向预防保健方向转化。积极探索公共卫生投入体制的改革，逐步把向医疗卫生服务机构投资转变为向城乡居民提供或购买公共卫生服务，根据医疗服务效果提供经费补偿，激励医疗卫生服务机构从营利导向转向保障居民健康导向。要真正改变医药合一体制，对公共卫生机构的财政补偿应足以满足基本需要，促使公共卫生机构及医疗服务主体优先提供或发展基本医疗服务。中央要加大对西部地区的公共卫生和农村卫生事业的转移支付，切实解决当地“缺医少药”问题。引导动员医务人员向西部地区转移，加大卫生技术人员培训，提高卫生服务水平。

（5）加大医疗保障制度尤其是医疗救助制度的强制性推行力度，为社会贫困群体提供最基本的医疗卫生服务。在市场经济条件下，政府干预医疗卫生领域除进行直接的财政投入外，建立比较完善的医疗保障制度也是最主要的措施之一。同时，这也是提高卫生公平性的关键措施之一。中国城乡医疗保障制度建设已经取得很大进展，但其覆盖面还十分有限，有关管理制度还有待进一步完善。特别是农村医疗保障和城乡医疗救助体系的发展十分急迫。由于中国城乡之间、地区之间的巨大差别，短期内将这么大规模的农村居民全部由新型合作医疗包下来是不现实的。政府在保障和推进公共卫生服务和新型合作医疗的同时，要以大病统筹为重点，继续探索不同类型的农村医疗保障制度。要减少医疗保障制度的管理成本，提高医疗保障基金的利用效率和公平性。一方面，对于广大农民来说，疾病威胁主要是大病威胁。因此把新型合作医疗的着眼点放在保大病上的做法是适当的，可以有效防止目前最突出的因病致贫、返贫现象。另一方面，在自愿参保前提下的保大病就不可避免地降低覆盖率，起付线越高，收益面越窄。农村新型合作医疗要在保大病的基础上，探索大小兼顾的保障模式。在大病保险基金的管理上，可以引进商业保险公司的运作管理模式，确保基金的有效利用。这实际上是一种半商业性质、半社会保障性质的医疗保险，中外都有类似的做法。鉴于城镇基本医疗保险和农村新型合作医疗覆盖范围窄的特点，要加快建立城乡医疗救助制度。医疗救助是医疗保障制度的一个组成部分和整个社会保障体系的重要内容，也是为贫困人口提供一定的福利性医疗保障的有效措施，对他们摆脱因病致贫和因病返贫具有重要作用。对区域内、地区内的农村贫困人口，要实施医疗救助计划。可以把医疗救助计划与整个社会保障体系有机结合起来，如借助农村最低生活保障制度的标准，确定实施医疗救助的对象范围。这样既可以真正使贫困者得到救助，又方便可行，减少组织成本。总之，医疗保障制度建设要发挥政府主导作用，又要按照农民的实际需求和承受能力，在尊重农民意愿的基础上，建立起多层次、多类型的医疗保障体系。

（6）动员广大民众尤其是社会公益组织参与爱国卫生运动，切实解决经济社会变迁过程中面临的急迫卫生问题，如流动人口的卫生服务，大规模公共卫生事件的处理，新型现代传染病的控制，日益严重的精神健康问题等。建立医疗保障体系要注意将医疗保障与以预防保健为主的公共卫生紧密结合，以充分发挥有限的医疗卫生资源的最大效益。大多数国家医疗保障的范围都包括疾病治疗、预防保健、健康护理等项目。随着国家对公共卫生投入的加强和医疗保障制度的完善，医疗卫生服务要以基层社区服务为基础，努力提高基层医务人员的培训质量和业务水平，切实解决人们抛开社区盲目向大医院集中的问题，使预防为主真正贯彻落实到实处。同时，要加大对主要新型传染病的防治力度，处理好突发性公共卫生事件。针对流动人口的卫生问题，要逐步将其纳入所在社区管理与服务的新机制。要动员社会力量和公民个人参与公共卫生建设。绝大多数公共卫生问题与居民的认识与行为密切相关，通过公共参与，不仅可以扩大公共卫生资源，而且可以在参与过程中进行更有效的健康教育，促进卫生环境建设和公民卫生行为的改变。

参考文献：

［1］保罗·J. 费尔德斯坦：《卫生保健经济学》，经济科学出版社，1998 年版。

［2］陈佳贵，王延中：《中国社会保障发展报告（2001～2004）》，社会科学文献出版社，2004 年版。

[3] 马军生等:《完善我国医疗保险基金监管体系的思考》,《中国卫生经济》2005 年第 10 期。

[4] 施建祥:《中国医疗保险发展模式论》,中国物价出版社,2003 年版。

[5] 王绍光:《中国公共卫生的危机与转机》,载吴敬琏:《比较》(第 7 辑),中信出版社,2003 年版。

[6] 王延中:《试论国家在农村医疗保健中的作用》,《战略与管理》2001 年第 3 期。

[7] 沃林斯基:《健康社会学》,社会科学文献出版社,1999 年版。

[8] 世界卫生组织宏观经济与卫生委员会:《宏观经济与卫生》,人民卫生出版社、世界卫生组织,2002 年版。

[9] 于德志:《我国卫生费用增长分析》,《中国卫生经济》2005 年第 3 期。

(文章来源自《学术讲座荟萃》第 31 辑,2006 年 3 月 9 日)

《资本论》与社会主义市场经济专题

刘迎秋

刘迎秋

男，1950年生，南开大学经济学博士。中国社会科学院研究员，中国社会科学院研究生院院长、教授、博士生导师，中国社会科学院民营经济研究中心主任，南开大学、中山大学、西南财经大学、山东大学、北京交通大学、河南大学、吉林省社科院等多所大学和学术研究机构兼职或客座教授，国家社科基金评审委员。享受国务院政府特殊津贴专家，中国社会科学院院级突出贡献专家。

主要研究领域：宏观经济运行与中国经济发展、国民经济学。主要著作有：《总需求变动规律与宏观政策选择——中国（1952－1990年）经验的理论分析》、《中国期货市场：起步·转换·发展》、《中国经济增长：格局与机理》、《次高增长阶段的中国经济》、《中国民营企业竞争力报告》（No. 1～5）、《中国非国有经济改革与发展30年研究》、《利率、债务率、汇率与经济增长》等。

一、为什么要开设《资本论》与社会主义市场经济专题这门课

我想主要是以下四点理由：

第一，学习马克思《资本论》是因为《资本论》仍然值得我们学习。

2002年春天，研究生院一位硕士研究生心出异想，要征集影响研究生院博士生导师的五本书，并试图通过这种方式实现一次教师与学生间的互动。对此，我非常支持，并高兴地应邀写下了曾经影响过我的五本书。其中，我推荐的第一本书就是《资本论》。在荐书意见中我说："这本曾经影响了世界1/3以上人口的理论巨著，不仅是一部经济学经典，同时也是一部哲学、历史学乃至文学经典。反复读这部书，不仅可以从中获得经济理论与知识的全面修养，而且可以得到学术研究与理论阐述的逻辑及方法的全面修养，还可以得到只有专门研读哲学、历史学和文学专著才能得到的其他各种重要修养。从获得各种修养的角度读《资本论》，可得趣味无穷之效。"这也是我把《资本论》列为五本之首的一个重要原因。

实际上，与马克思同时代的以及后来的非马克思主义者都是非常重视马克思及其理论的。例如，马克思《资本论》第一卷出版问世不久（1872年），一位叫莫·布洛克的学者就曾在《经济学家杂志》上发表文章说："马克思先生通过这部著作而成为一个最出色的具有分析能力的思想家。"①

当代著名经济思想史学家和创新理论发明人约瑟夫·熊彼特（Joseph Alois Schumpeter，1883～1950）曾在集他"四十年思考、观察和研究"的《资本主义、社会主义和民主主义》（中译本，商务印书馆，1979年版）一书的第一篇，以"马克思的学说"作为篇名，系统阐述了他"这个非马克思主义者"对马克思的系统看法。面对同行的众多"批评"、"指责"甚至"反对意见"，他首先大讲特讲了一通对"先知的马克思"、"社会学家马克思"、"经济学家马克思"、"教师马克思"的评述：

"大多数智力或想象的创作，经过一段时间，短的不过饭后一小时，长的达

① 转引自马克思：《资本论》第一卷第二版跋，人民出版社，1972年版，第19页。

到一个世代，就完全湮没无闻了。有些却不。它们遭受了晦蚀，但又复活了，不是作为文化遗产中不可辨认的成分而复活，而是穿着自己的服装，带着人们看得见摸得着的自己的瘢痕而复活了。这些创作，很可以称之为伟大的创作——我们的定义把伟大和生命力联结在一起，是没有弊病的。按这个意义来说，伟大这个词无疑适用于马克思的道理。我们用复活来说明伟大，还有额外的好处，因为借此可使它独立于我们的爱憎之外。我们不必相信一个伟大的成就，必然是光明的源泉，或者在根本宗旨上在细节上必然都是无过失的。正相反，我们可以认为它是黑暗的动力；我们可以认为它是根本错误的，也可以认为在不论多少论点上不同意它，对于马克思理论来说，这种非难或甚至精确的反驳，由于不能致命地毁损它，只起了显示这个理论力量的作用。"① 这就是说，一个正确的理论，不仅可以给人类和她的信奉者带来足够的精神食粮，而且可以从根本上征服她的敌人并因此而表现出不可湮灭的伟大生命力！

正是由于马克思主义所特有的这种"伟大生命力"，人们才把"千年伟人"的桂冠于20世纪末无可争议地戴到了马克思的头上。众所周知，关于"千年伟人"的评选，较有影响的先后共四次：

第一次是英国剑桥大学文理学院的教授们于1999年在校内进行的关于谁是人类纪元第二个千年的"千年第一学人"的征询和推选。投票结果是：马克思位居第一，而似乎早已被习惯公认第一的爱因斯坦却屈居第二。

第二次仍然是在1999年秋季，是由英国广播公司（BBC）组织的。它以同一命题在全球互联网上公开征询，经过一个月的投票与汇集，结果仍然是马克思第一，爱因斯坦第二。②

第三次是英国的最大新闻机构路透社组织的。这次是在1999冬季。路透社同时邀请政界、商界、艺术界和学术界的各路名人，就"千年伟人"开展评选。这次评选采取的是由他们提出一个有39名候选人的名单，然后让这些人投票。结果，爱因斯坦仅以一分领先于甘地和马克思，成为遥遥领先的"三大伟人"。马克思的千年伟人形象并未发生任何动摇。③

第四次是2005年7月14日英国广播公司（BBC）的广播四频道在"我们这个时代"栏目中搞的"谁是现今英国人心目中最伟大的哲学家"调查。调查结果，马克思仍以27.93%的得票率荣登榜首，位居第二的是苏格兰哲学家大卫·休谟（得票率为12.6%），柏拉图、康德、苏格拉底、亚里士多德排在后边，黑

① ［美］熊彼特：《资本主义、社会主义和民主主义》中译本，商务印书馆，1979年版，第9页。

② 戴翼飞：《西方社会重新认识马克思》，http：//news.xinhuanet.com/banyt/2005－08/29/content_3417235.htm。

③ 靳辉明：《千年伟人马克思》，http：//www.edu.cn/20020510/3025882.shtml。

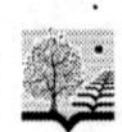

格尔的名字竟未进入前20名。

一年内搞了三次，加上后搞的共四次，但始终没有能够把马克思这个名字从“千年伟人”中抹掉，足见马克思之伟大。

当然，说马克思是“千年伟人”并不意味着他就是“千年之神”。我非常赞同熊彼特所说，“每当马克思的名字在下面的书页中出现时，我们不会高唱‘呵，全能的主’”。[①] 但我们必须承认马克思之伟大。

马克思之伟大，不仅在于他在理论上科学地回答和阐明了其他许多人没有或者不能回答的问题，而且在于他系统地分析和揭示了其他许多人没有或者不能揭示的人类经济社会发展的客观规律。马克思的这种伟大表现在他的全部学说中，特别是集中表现在他的《资本论》中。因此，我们不仅要学习马克思的《资本论》，还要研究和运用马克思的《资本论》。这就是我们与马克思主义的敌人的不同立志。

早在马克思正式出版《资本论》后不久，“资产阶级的博学的和不学无术的代言人，最初企图像他们在对付我以前的著作时曾经得逞那样，用沉默置《资本论》于死地。当这种策略已经不再适合时势的时候，他们就借口批评我的书，开了一些单方来‘镇静资产阶级的意识’”。[②] 彼得堡于1872年出版的《欧洲通报》(5月号，第427~436页) 发表专谈《资本论》的文章说：“如果从外表的叙述形式来判断，那么最初看来，马克思是最大的唯心主义哲学家，而且是德国的即最坏的唯心主义哲学家。”[③]

当然，被敌人否定的，并不意味着我们就一定要肯定。在正常条件下，敌人的态度不应当是我们判定是非的标准。特别是在客观规律的揭示和理论的研究上，更是如此。就马克思的《资本论》而言，时过150年，境迁十万八千里，现在我们是否还可以继续肯定从而需要继续学习和研究呢？回答这个问题的标准，仍然是看它所阐述的基本理论是不是科学的。如果是，特别是其中有很多原理现在仍然是有效和有用的，我们就不仅要继续对其给予肯定并进行学习和研究，而且要结合实际对其加以发展。在这里，唯一不能的，就是随意地、不加分析和不加区别地对它施以盲目否定，特别是全盘否定态度。决不能像卫兴华教授曾经指出过的“没有系统地、认真地学习过马克思的《资本论》，却发表一些不切实际的评论”的那些人那样：他们随意否定马克思的《资本论》和整个马克思，但实际上他们否定、批评的却是“被歪曲和失真的马克思”。[④]

---

① [美] 熊彼特：《经济分析史》中译本第二卷，商务印书馆，1992年版，第11页。

② 马克思：《资本论》第一卷第二版跋，人民出版社，1972年版，第18页。

③ 马克思：《资本论》第一卷第二版跋，人民出版社，1972年版，第20页。

④ 邹东涛、岳福斌：《经济中国之〈资本论〉与中国》，中国经济出版社，2004年版，第31页。

在当代，否定马克思的资产阶级学者虽然仍大有人在，比如著名的张五常，但实际上为数并不多。美国哈佛大学博士、麻省理工大学教授保罗·A. 萨缪尔森（1915～）的论述也证明了这一点。他在著名的《经济学》（1976年第十版）教科书第一章开篇的两个自然段不到200字的经济学200年发展史叙述中，总共提到了三位经济学家，其中，第一位是亚当·斯密，第二位是约翰·梅纳德·凯恩斯，第三位便是马克思。不仅如此，他还是客观地承认了“十亿人，约占世界人口的三分之一，把《资本论》看成是经济学的真理”。①

著名经济学家熊彼特则在著名的文字浩瀚的《经济分析史》中进一步指出，“马克思的经济学乃是这个时期（指马克思时代——引者注）的一般经济学的重要组成部分”。“在某种程度内，对于每一个作家来说都是如此：全体总是比各个部分的总和要多一些，但只是在马克思的场合。”相反，“因为他的看法的总和，作为一个总和，是贯彻在每一个细节之中的，对于每一个研究他的人，不论是朋友还是敌人，这正是使之在心智上感到迷人的泉源”。②“马克思的理论有两个超越于技术之上的特点。而这两个特点是不受时代限制的。一个是他的‘经济表’。……另一个特点更为重要。马克思的理论具有一种为其他经济理论所没有的意义，即它是进化的：它企图揭示这样一种机制，仅仅由于这种机制的作用，不借外部因素的助力，就会把任何一定的社会状态转变为另一种社会状态。”③

可见，世界各国著名学者都是以科学态度对待马克思的。在这种情况下，我们没有理由不认真学习、研究、继承和发展马克思。

当然，我们所处的时代毕竟不同于150年前了。因此，我们必须把《资本论》的学习、研究、继承和发展同我国社会主义市场经济体制改革和市场经济建设的实践紧密结合起来。这也是我们把这门课叫做“《资本论》与社会主义市场经济专题”的一个基本原因。这门课既是从2001年秋季我院开始开设的《资本论》课的继续，又是对它的发展。说是它的继续，主要是因为这门课所要介绍的基础理论和主要理论线索仍然源于《资本论》，我们准备讲授的14个专题，其基础仍然是《资本论》。说是它的发展，主要是因为这门课不是就《资本论》讲解《资本论》，而是要紧密结合我国市场经济体制改革和市场经济发展实践，特别是结合我国市场经济改革与发展实践中曾经遇到和还可能遇到的一些重大理论与实践问题，从理论层面展开较为深入的分析与阐述。

第二，学习《资本论》有助于我们更深刻地理解为什么要在我国建立社会主义市场经济体制。

---

① ［美］萨缪尔森：《经济学》中译本（上册），商务印书馆，1982年版，第1～2页。

② ［美］熊彼特：《经济分析史》中译本第二卷，商务印书馆，1992年版，第8～9页。

③ ［美］熊彼特：《经济分析史》中译本第二卷，商务印书馆，1992年版，第20页。

在《资本论》第一卷第一篇序言中，马克思明确指出，“本书的最终目的就是揭示现代社会的经济运动规律”。① 根据马克思所做阐述，随着资本以及财富和贫困的不断积累，资本主义必然要走向灭亡，并被一个更高级的社会形态所代替。这是一个不依人的意志为转移的客观规律。但是，正如马克思在序言中所说：“社会经济形态的发展是一种自然历史过程。”② “一个社会即使探索到了本身运动的自然规律，它还是既不能跳过也不能用法令取消自然的发展阶段。但是它能够缩短和减轻分娩的痛苦。”③这是因为，“无论哪一个社会形态，在它所能容纳的全部生产力发挥出来以前，是决不会灭亡的；而新的更高的生产关系，在它的物质存在条件在旧社会的胎胞里成熟之前，是决不会出现的”。④

正是在上述理论的指导下，我国才在反复“试错”或者说“摸着石头过河”的过程中找到了社会主义初级阶段理论，从而才在大胆探索和改革实践中确立了建立社会主义市场经济体制的伟大目标。不读《资本论》，我们就不了解马克思有关发展阶段理论的上述深刻见解，从而就不可能达成社会主义初级阶段和建立社会主义市场经济体制的共识。

江泽民同志在党的十五大报告中强调：“我们讲一切从实际出发，最大的实际就是中国现在处于并将长时期处于社会主义初级阶段。”“面对改革攻坚和开创新局面的艰巨任务，我们解决种种矛盾，澄清种种疑惑，认识为什么必须实行现在这样的路线和政策而不能实行别样的路线和政策，关键还在于对所处社会主义初级阶段的基本国情要有统一认识和准确把握。”⑤

第三，学习《资本论》还有助于我们更深刻地理解在我国建立什么样的市场经济体制。

经验和理论均表明，在我国现阶段和我国政体下，为切实保障广大劳动人民的根本利益不受侵害，我们只能选择建立社会主义市场经济体制，而不能选择非社会主义市场经济体制，更不能倒退到传统计划经济体制中去。

非社会主义市场经济体制在中国行不通。1840 年后的中国历史，包括清朝后期李鸿章领导的洋务运动，康有为、梁启超、谭嗣同领导的戊戌变法以及孙中山领导的辛亥革命均以失败告终，充分表明在中国根本不可能建立资本主义的市场经济体制。正如毛泽东在《新民主主义论》一文中指出的：“帝国主义侵略中国，反对中国独立，反对中国发展资本主义的历史，就是中国的近代史。”⑥

---

①③马克思：《资本论》第一卷，人民出版社，1972 年版，第 11 页。

② 马克思：《资本论》第一卷，人民出版社，1972 年版，第 12 页。

④ 《马克思恩格斯选集》第二卷，人民出版社，1972 年版，第 33 页。

⑤ 江泽民：《高举邓小平理论伟大旗帜，把建设有中国特色社会主义事业全面推向 21 世纪》，载《十五大以来重要文献选编》（上），人民出版社，2000 年版。

⑥ 毛泽东：《新民主主义论》，《毛泽东选集》第二卷，人民出版社，1991 年版。

倒退到传统计划经济体制中去也不行。这倒不是因为我们从骨子里不喜欢原本在抽象意义上有那么多优越性的计划（例如，它可以集中财力干大事，可以避免比例失调、防止资源浪费，等等），而是因为我们必须像马克思在《资本论》里所指出的那样，要清醒地认识到，“这里涉及的人，只是经济范畴的人格化，是一定的阶级关系和利益的承担者。……不管个人在主观上怎样超越各种关系，他在社会意义上总是这些关系的产物”。[①] 就是说，任何个人都不是超自然、超社会、超历史的，恰恰相反，都是具体的和在一定的社会关系之中的。要看到，在我国社会主义初级阶段，人同样始终是经济范畴的人格化。我们不能设想社会上的人都会如同雷锋那样行为做事。因此，我们必须从我国社会主义初级阶段的角度看待人，用社会关系的范畴理解人。只有这样，我们才不会“把人们心中最激烈、最卑鄙、最恶劣的感情”用“紫衣黑袍”遮掩起来（以上均为马克思的《资本论》用语），从而我们才能够像马克思所说的那样，不会因为人们有那些恶劣的情感和卑鄙的心理而“要个人对这些关系负责”。明白了这一点，我们才能够深刻理解为什么在我国国有煤矿出现矿难后必须由国务院出面干预才能有效保护矿工的利益，同时我们也才能够深刻理解为什么在我国私人小煤矿出现矿难后很多矿主会不顾工人的死活而封井逃逸，进而我们才能理解在我国要建立的市场经济体制既要冠以社会主义又要明确它不可能完美无缺，由此我们才能真正理解为什么我们要不断加强党的建设和坚持反腐倡廉、努力构建党风廉政建设长效机制的深层原因。

第四，学习《资本论》尤其有助于我们深刻理解在我国怎样保证所建立社会主义市场经济体制健康运行。

很多人喜欢说《资本论》是批判的经济学，属于“破坏一个旧世界”的革命学说，因此，对于我们搞社会主义市场经济没有借鉴和直接指导意义。实践证明，这种看法是似是而非的。

要搞并且要搞好市场经济，就不能不承认产权的独立性和建立在产权明晰基础上的剩余索取权的存在及其对于国民经济持续增长的激励作用，从而也就不能不承认资本的本性。但是，这绝不意味着要在我国全面恢复早已在20世纪50年代初就废弃的资本主义制度及其全部市场关系。实际上，老牌资本主义国家也不再实行那种传统的、缺乏人性的、纯粹以剥削人和奴役人为基础的经济体制了。这就是马克思在《资本论》中已经精辟分析和指出的，“现在的社会不是坚实的结晶体，而是一个能够变化并且经常处于变化过程中的机体”。[②] “现在的统治阶级，不管有没有较高尚的动机，也不得不为了自己的切身利益，把一切可以由法

①②马克思：《资本论》第一卷，人民出版社，1972年版，第12页。

律控制的、妨害工人阶级发展的障碍除去。”① 资本主义国家尚且如此，更何况我国呢！我们搞改革，建立更加完善的社会主义市场经济体制，一个重要方面，就是要按照马克思早已分析和阐明了法制与产权的关系，继续探索和深化国有企业的改革。竞争性领域的国有企业实行股份制，垄断领域的国有企业实行所有权和经营权相互分离，国有企业出资人主要把持剩余索取权，经营者主要持有经营收益权，等等，所有这些改革探索均可以从马克思的《资本论》中找到理论根据。

不仅如此，要搞好市场经济，就不能不借鉴在资本主义社会原本就有且行之有效的市场经济规律与原则，包括社会必要劳动时间决定规律、价值规律、资本循环与周转规律、简单再生产和扩大再生产规律、国民收入按要素贡献分配的规律以及等价交换的原则、复杂劳动等于倍加简单劳动的原则、级差收益原则、比较优势原则，等等。违背了这些规律和原则，市场经济就难于健康运行，国民经济就难于获得发展，国民经济福利也就难于得到应有提升。而这些原则在马克思的《资本论》中也都做了深入的分析和阐述。学习《资本论》，显然有助于我们正确地认识和遵循这些行之有效的原则，理解和运用这些不依人的意志为转移的客观规律。

另外，要搞好市场经济，还必须深入研究和借鉴市场经济国家发展的成功经验和失败教训，包括既要实施积极的政府干预和宏观调控，又要避免资本主义市场经济的各种弊病，如建立在“商品拜物教”基础上的物对人的支配、建立在把交换价值当作商品来保持基础上的人对货币的无止境追求以及建立在资本积累基础上的财富与贫困的两极不断分化，等等。随着社会主义市场经济的发展，这些原产于资本主义市场经济的矛盾和问题也会暴露或者以新的形态表现出来。为科学有效地克服和解决这些矛盾和问题，我们就必须学习和研究《资本论》，从中汲取营养。

总之，虽然在《资本论》中马克思没有使用过市场经济这一概念，但它所分析和阐述的“商品经济”、“商品社会”及其全部理论，实际上都是针对市场经济而言的。虽然当今世界已经根本不同于马克思时代，我国社会主义市场经济发生和发展的基础与环境也与马克思时代的英国、法国、德国、美国等根本不同，但是，正如马克思所说：“工业较发达的国家向工业较不发达的国家所显示的，只是后者未来的景象。”② 在社会主义市场经济体制改革探索和市场经济发展过程中遇到的问题，我们大都能够从马克思的《资本论》中找到有用的解题钥匙。

---

① 马克思：《资本论》第一卷，人民出版社，1972 年版，第 11 页。

② 马克思：《资本论》第一卷，人民出版社，1972 年版，第 8 页。

二、马克思《资本论》的研究对象及其方法

研究对象和方法是从事社会科学研究过程中必须首先解决的两个基本问题。对于这一点，我们的很多学者不大注意，特别是我们的一些年轻学者，更较少注意这一点。他们常常表现出马克思那个时代的法国人的特点："急于追求结论，渴望知道一般原则同他们直接关心的问题的联系"，而不愿意做扎实的理论分析和实证研究，很难做到"不畏劳苦沿着陡峭山路攀登"。[①] 这也是为什么有很多原本很有前途的学者中途改辙，要么弃学经商，要么搁笔从政，最终无法达到科学研究光辉顶点的一个重要原因。

因此，在开始学习《资本论》与社会主义市场经济专题的时候，我们有必要给大家简要介绍一下马克思《资本论》的研究对象及其方法。

1. 马克思《资本论》的研究对象

马克思在《资本论》第一版序言中曾明确指出："我要在本书研究的，是资本主义生产方式以及和它相适应的生产关系和交换关系。"[②] 马克思就是这样定义他的研究对象的。

然而，后来由苏共中央编辑出版的《政治经济学教科书》，第一次把政治经济学的研究对象定义为生产关系。此间，在苏联还出版了斯大林署名的《苏联社会主义市场经济问题》。在这本书中，斯大林明确把生产方式定义为生产力和生产关系的总和。这样一来，就引发了关于马克思主义政治经济学的研究对象的争论，即到底是研究"生产方式"还是研究"生产关系"？

如果大家有兴趣的话，可以翻一翻20世纪60年代，特别是70年代至80年代初中期我国经济学界在这个问题上的讨论。主张政治经济学的研究对象是生产关系的，更多的是受了斯大林的影响。由此推衍出来的理论，不可避免地陷入"革命"和"斗争"的旋涡之中，成为当时条件下开展党内外阶级斗争的主要理论武器。

20世纪70年代后期，由南开大学政治经济学系编辑印刷内部发行的《社会主义政治经济学》白皮书受到严厉批判，以及后来由南开大学经济研究所谷书堂主编、由陕西人民出版社正式出版的《政治经济学（社会主义部分）》（即北方本）得到社会普遍认同，连续修订再版将近10版，成为改革开放以后各高校认可的必读教材，评为国家优秀图书。比较两本书，之所以有这么

---

① 马克思：《资本论》第一卷，人民出版社，1972年版，第26页。

② 马克思：《资本论》第一卷，人民出版社，1972年版，第8页。

大反差，原因固然很多，其中一个重要原因，就是前一本书极力鼓吹以生产关系为对象并由此推衍出了以阶级斗争为纲的理论主线；后一本书强调以生产方式为对象并由此推衍出了以发展生产力为目标和以经济建设为中心的理论主线。这两本书的命运，反映了学术界关于马克思主义政治经济学研究对象争论的命运。

实际上，关于研究对象，马克思本人在《资本论》中早已说清楚了。可是，我们的一些学者非要在马克思《资本论》出版之前的其他著作中找到更能够符合他们的政治意愿的解释。于是，他们找到了1859年马克思出版的《政治经济学批判》。他们的目的就是要用1859年的马克思代替1867年的马克思，用《政治经济学批判》中提出的“面前的对象，首先是物质生产”以及人们在生产和再生产过程建立的生产、分配和交换的诸种社会关系及其相互关系，代替马克思在《资本论》中已经交待清楚的“我要在本书研究的，是资本主义生产方式以及和它相适应的生产关系和交换关系”。① 通过回顾这一段学术争鸣史，似乎可以让我们清楚地看到，理论研究本身的政治要求是多么尖锐！

如果我们不尊重马克思在《资本论》中做出的关于本书研究对象的概括，我们就无法理解“本书的最终目的就是揭示现代社会的经济运动规律”② 这个目标是否还能实现。毫无疑问，经济运动规律的本质内容不能不是生产关系运动的规律，但是，如果以为只要知道了生产关系运动和变化，就可以揭示其本质，就等于理解了经济运动规律，那就大错特错了。因为，在实际经济生活中，脱离了生产力的生产关系是不存在的，生产关系发展和变化的规律始终是附着在生产力及其发展和变化的规律之上的。也正是基于这样一个原因，马克思才在《资本论》开篇头一句话醒目地指出：“资本主义生产方式占统治地位的社会的财富，表现为‘庞大的商品堆积’，单个的商品表现为这种财富的元素形式。因此，我们的分析就从商品开始。”③

直到党的十四大召开，我国很多政治经济学教科书不仅失去了读者和销路，而且最终使这门“最古老的艺术，最新颖的科学”④ 变成了“沉闷的科学”。之所以如此，研究对象上出现偏差是一个重要原因。这个教训一定要汲取。一旦我们汲取了这样一个教训，我们就可以在《资本论》与社会主义市场经济专题的学习中有一个明确的研究对象，我们也就可以清楚地理解和把握马克思的《资本

① 马克思：《资本论》第一卷，人民出版社，1972年版，第8页。

② 马克思：《资本论》第一卷，人民出版社，1972年版，第11页。

③ 马克思：《资本论》第一卷，人民出版社，1972年版，第47页。

④ [美] 萨缪尔森：《经济学》中译本（上册），商务印书馆，1982年版，第1页。

论》并不仅仅是一个“批判的”和“革命的”学说，它同时也是一个“正面阐释的”和“建设的”学说。

2. 马克思《资本论》的方法

我们要学好《资本论》并在此基础上学好《资本论》与社会主义市场经济专题，了解马克思《资本论》的方法，包括他的研究方法和叙述方法非常重要。因为，方法是入门的向导。它不仅是入《资本论》这个门的向导，也是入《资本论》与社会主义市场经济专题这个门的向导，同时还是入经济研究这个门的向导。

首先，唯物辩证法是马克思《资本论》的最基本的方法。大家知道，唯物辩证法是马克思在进行政治经济学批判也即《资本论》研究与创作过程中由马克思首先创立的。

马克思做出过三大理论贡献：第一是唯物辩证法，第二是剩余价值论，第三是历史唯物论。这三大理论贡献是与他对政治经济学的批判以及《资本论》研究与创作分不开的。甚至可以说，没有政治经济学批判和《资本论》研究与创作，就不会有马克思的唯物辩证法，从而也就不会有后来的两大理论创新和贡献。

马克思的《资本论》公开出版后，一些学者曾责备马克思是在“形而上学地研究经济学”，甚至认为“就理论本身来说，马克思的方法是整个英国学派的演绎法，其优点和缺点是一切最优秀的理论经济学家所共有的”。① 但是，这没有说明别的，只是说明他们根本不懂马克思及其辩证法，更不理解其研究方法和叙述方法的联系与区别。因此，马克思才说他们这些人“对《资本论》中应用的方法理解得很差”。②

马克思指出，早在《资本论》正式出版前三十多年，也就是在黑格尔辩证法还很流行的时候，自己就“批判过黑格尔辩证法的神秘方面”。③ 但是，在《资本论》研究中，他所使用的恰恰是“辩证法”。他甚至说在这个意义上宁愿公开声称自己“是黑格尔的学生”。不过，请注意，马克思所使用的“辩证法”“从根本上来说，不仅和黑格尔的辩证法不同，而且和它截然相反”。④这主要是马克思把黑格尔关于思维“是现实事物的创造主，而现实只是思维过程的外部表现”的哲学信条彻底颠倒过来了，并首次分析和阐明了“观念的东西不外是人的头脑并在人的头脑中改造过的物质的东西而已”。⑤正是在这样一种方法论的指导下，马克思才透过纷繁复杂的社会经济现象，深刻揭示了资本主义的发生、发

---

①② 马克思：《资本论》第一卷，人民出版社，1972年版，第19页。

③④⑤ 马克思：《资本论》第一卷，人民出版社，1972年版，第24页。

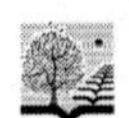

展及其最终走向灭亡的历史必然性及其经济运动规律。

其次，马克思的研究方法又具体表现为从具体到抽象、从局部到整体、从个别到一般的方法。正如马克思所说："研究必须充分地占有资料，分析它的各种发展形式，探寻这些形式的内在联系。"① 因为"分析经济形式，既不能用显微镜，也不能用化学试剂。二者都必须用抽象力来代替。而对资产阶级社会来说，劳动产品的商品形式，或者商品的价值形式，就是经济的细胞形式"。因此，马克思的分析就从商品开始。

所有研究，成功与否，最终都取决于研究者的抽象力。如果你知道从现象、从具体的和典型的事物入手，比如你知道一切真知灼见和科学的、原创性的理论研究成果，最初都是首先从实践中，从对现实生活的调查研究中发现和总结出来的，但是，你如果没有抽象力，你不能从杂乱无章的纷繁现象中抽象出规律性的东西来，你的研究就不会产生具有深刻理论意义的成果。这里，抽象力具有特别重要的意义。我们学习马克思，就是要学习他的这种抽象力，锻炼和提升自己的这种抽象力。"只有这项工作完成以后，现实的运动才能适当地叙述出来。"②当然，这里的所谓抽象力，又是以深厚的理论功力为基础的。

最后，马克思的叙述方法则是从抽象到具体、从一般到个别。刚才我们说马克思运用抽象法进行《资本论》研究，其入手是从资本主义生产方式及其社会财富开始的。马克思先看到的是资本主义的生产方式，接着看到的是资本主义社会财富的表现形态是"庞大的商品堆积"。同古典经济学家一样，他还看到了资本主义的分配在实践中采取的是萨伊的"三位一体公式"。不仅如此，林木盗窃案，英国工厂中女工、童工以及大多数工人的生活状况，他都看到了。他的研究就是从这里开始的。经过深入的调查研究之后，马克思运用唯物辩证法建立起了自己的叙述逻辑框架。虽然马克思的全部理论，"就其要点来说是斯密一李嘉图学说的必然的发展"，③ 就其理论本质来说，它却是根本不同于斯密一李嘉图学说的。只要翻开斯密《国富论》和李嘉图的《赋税原理》我们就不难发现，他们的理论阐述，无论是在形式上，还是在内容上，或是在方法上，都是不可与马克思同日而语的。

马克思明确指出："我所使用的分析方法至今还没有人在经济问题上运用过。"④ 马克思的《资本论》共三卷。第一卷研究"资本的生产过程"。第一篇，他首先从商品、商品的二因素和生产商品的劳动二重性入手，展开自己的理论叙述；然后再在此基础上进一步分析和阐述商品的交换过程和商品

---

①② 马克思：《资本论》第一卷，人民出版社，1972年版，第23页。

③ 马克思：《资本论》第一卷，人民出版社，1972年版，第19页。

④ 马克思：《资本论》第一卷法文版序言，人民出版社，1972年版，第26页。

的流通，并由此阐明了货币的起源，从而为资本的产生奠定了理论基础。接着，第二篇，通过分析劳动力的买和卖，彻底解开了资本总公式及其内存矛盾。然后才是对资本主义的剩余价值生产过程的分析。这种分析则是先从绝对入手，再进入相对，最后再进入工资的决定和资本的积累过程分析。

继分析和叙述资本的生产过程之后，马克思开始转向资本的流通过程（第二卷）。在对这个过程分析与叙述中，马克思先是阐述资本的形态变化及其循环（货币资本—生产资本—商品资本和资本的循环过程），然后阐述资本的周转（周转时间和次数—固定资本和流动资本—资本周转和剩余价值的流通），最后再阐述社会总资本的再生产和流通（无积累的简单再生产和有积累的扩大再生产）。显然，相对于前面关于生产过程的分析，流通过程所包括的理论内涵就显得更具体了。

从第三卷开始分析和叙述“资本主义生产的总过程”。先分析和阐释工业资本中的剩余价值向利润的转化和利润向平均利润的转化、利润率下降规律，再分析商业资本和生息资本（银行资本）以及与此相关的收入分配过程即利润怎样分为利息和企业主收入以及超额利润转化为地租，最后作为理论归纳和总结，集中分析各种收入及其源泉以及由此反映出来的分配关系、市场竞争和价值规律、利润率平均化和产业资本家与地主阶级之间的矛盾与冲突。

所有这一切均清晰地表明，马克思的方法是从抽象到具体。除了这种方法之外，马克思还特别重视历史和逻辑相统一的方法。不过请大家注意，在马克思那里，这个方法是以服从唯物辩证法为前提的。正因如此，在《资本论》第三卷的叙述中，马克思不是按照历史顺序先从商业资本的分析开始，而是先从工业资本开始，然后再分析商业资本和银行资本。这表明，在马克思看来，工业资本要比商业资本更具生产性，而且这也是与马克思所认定的流通不创造价值的观点在逻辑上完全一致的。

总之，马克思《资本论》的根本方法是辩证法。辩证法贯穿于马克思理论的每一个重要环节，正因如此，熊彼特才评论说，在马克思那里“全体大于各部分总和”的定理不适用了。因此，了解马克思的方法论，不仅有助于我们理解马克思及其理论，也有助于我们结合实际进行经济理论研究。从这个角度看，说马克思的《资本论》不仅是一部经济学著作同时也是一部哲学著作，是一点儿都不过分的。

三、学习《资本论》与社会主义市场经济专题应注意的几个问题

究竟怎样才能学好《资本论》与社会主义市场经济专题这门课？不同人会有不同看法和意见。大家还可以利用课间就此展开讨论。

由于这是一个试验，因此，我们开设这门课时，没有将其定义为必修课，而是定义为选修课。按选修课安排，目的是给学生一个更大的选择性。学校不强迫你学，老师也不要求你一定要学。但是，这并不意味着这门课不重要。

如前所述，这门课之重要，实际上是其他课程所不可比拟的。我们生活在一个以马克思主义为指导思想的国度内，即使在座的各位中有人不想成为理论经济学家，但是，既然你师出名门（中国社会科学院研究生院），如果你过去没有学过《资本论》，现在你仍然根本没有接触过《资本论》，你更不知道《资本论》与社会主义市场经济有什么关系，那么，你要成为能够参与我国经济实践乃至学术讨论的一员，你就是被动地学一点儿马克思和《资本论》也是必要的。况且，大多数情况下，我们的学习并不是建立在这样一种被动状态基础上的。

20 年前，南开大学的一位老师——钱荣堃教授曾这样教诲我们：作为一名经济学家，如果你一辈子都没有读过《通论》，你就永远不要妄称你自己是经济学家！

同样，现在我要说，如果你想成为一名从中国社会科学院研究生院大门走出来的经济学硕士和博士，你连《资本论》都没有摸过，更没有读过，那你就没有理由称你是党中央国务院智囊团、思想库里培养出来的精英！如果将来你还在理论战线工作，新闻媒体称你为××经济学家时，你也一定要纠正他一下，说由于你还没有读过《资本论》，因此最好暂时不要用“经济学家”来称谓自己。

那么，要学习好这个专题，我们应当注意些什么呢？

我想就主要的方面而言，需要提请大家在学习中注意以下四点：

第一，要下工夫读原著。我们说过了，你读过没有读过《资本论》，首先看你是否翻开原著看过、读过了。不要自己没有认真读原著，也不知道马克思到底在原著中说了些什么，就人云亦云，甚至不求甚解、鹦鹉学舌。我赞成卫兴华教授的意见，不管是坚持还是反对马克思《资本论》，前提是你首先要做到先读、先看《资本论》。否则，你坚持或者反对的可能原本就不是马克思主义。

第二，要结合我国社会主义市场经济体制的改革和建设读原著。改革和建设中遇到的问题层出不穷，我们一定要学会理论联系实际，学会用学到的书本上的东西解决实践中遇到的问题。一定要把理论与实际结合起来。只有这样才能使我们的学习收到事半功倍的效果。

第三，要展开积极而广泛的讨论。不要怕存在问题，也不要怕自己的想法与一般人不一致。在科学上来不得半点虚假。不懂，不要装懂。不理解，不要装理解。不会，不要装会。总之，不懂、不理解、不会都不是问题。要是我们什么都会，还当学生和学者干什么！但是，在不懂、不理解、不会的时候，一定要不耻下问，一定要善于思考，一定要肯于钻研，一定要勇于探索，一定要积极参与讨论，一定要勤于做出总结。一定要在讨论过程中，及时动笔把听到、看到、想到的好思想、好观点、好看法、好思路记录下来，再在此基础上进行总结、归纳和提高。这是使自己不断获得进步和提高的一个重要机制。我们要学会使用这个机制。

第四，听课过程中要敢于提出问题与教师进行更深入的讨论。这门课共十四讲，分别由来自于中国社科院、中央党校、中国人民大学、清华大学的七位教授主讲。这些老师多为国内《资本论》研究与教学中的知名教授，在《资本论》与社会主义市场经济问题的研究上均有较深的造诣。我们要求这些老师一定要从这门课的性质出发，讲好它。同时，我们也希望听讲人能够继续发扬“经济学前沿课”的挑战精神，敢于和善于给授课教授提出难度较大、层次较深的理论和实践问题，进行深入的研究和讨论。这不仅是对老师的挑战，也是对自己的挑战。因为，如果你提出的问题过于浮浅，那么，同学不满意，你也不会从中获益。相信，通过参加这门课的学习与讨论，大家一定能够从中获得更多裨益！

（文章来源自《学术讲座荟萃》第31辑，2006年3月15日）

关于产能过剩的看法

曹玉书

曹玉书

男，1948 年生，黑龙江省双城县人，教授、博士生导师。第十一届全国政协委员，中国宏观经济学会副会长，中国西部发展研究院院长，中国社会科学院研究生院、北京交通大学和浙江大学教授、博士生导师，中国施工企业管理协会会长，原国务院西部地区开发领导小组办公室副主任。

主要研究领域：宏观经济、产业经济学。主要著作有：《宏观调控机制创新》（曾获国家计委机关科研成果一等奖）、《进一步推进价格改革，完善社会主义市场经济》（获薛暮桥价格研究奖）、《论转变经济增长方式》、《论经济成长新阶段》等。

曾主持的重大课题包括：世界银行与国家计委合作项目《关于中国服务业的研究》，亚洲开发银行与国家计委合作项目《中国西部大开发战略研究》，联合国开发署与国家计委合作项目《中国石油发展战略研究》，国家计委专项软科学基金研究课题《我国加入世界贸易组织前后的应对措施》、《关于实施走出去战略的研究》（获国家发改委科研成果一等奖）。

目前，关于产能过剩问题，社会各界广为关注。这里，就此谈一些看法。

一、何为产能过剩

所谓产能过剩，本义是指一种商品出现全行业总供给严重大于总需求。

所谓一种商品，一般是指一类，比如钢铁、煤炭、原油、纺织等，不是指该类商品繁多的结构性品种，比如钢铁里面的线材、板材等。但是也不绝对排除某一商品的细类，比如铝，则可分为氧化铝、电解铝、铝制品。

所谓全行业，一般是指国内市场。但在全球化的背景下，也要考虑国际市场。

所谓总供给，一般是指已形成的生产能力，包括正在运营的能力和闲置能力，但不应包括作废的生产能力。

从供给的角度看，有两个值得注意的问题：一是供给的虚伪性。要区分有效产能和无效产能。中国钢铁工业协会秘书长罗冰生认为，对产能过剩必须做科学的具体的分析，不能简单地单独把设备数量加在一块，就称其为产能，因为钢铁行业是多工序连续作业的，而且还有多方面的配套，要各方面综合条件具备，才能实现生产。二是产能的边际性。从全世界的情况来看，由于市场的变化，产能能够发挥85%左右就是正常的。

所谓总需求，一般是指有购买力的、现实的有效需求。没有购买力的、潜在的、未来的需求另当别论。总需求需要预测，但不是一种“理论”。

总的讲，产能过剩，是一个宏观的概念、一个动态的概念、一个实践的概念。所谓宏观的概念，是指“全”行业；所谓动态的概念，是指在不同时期、不同条件下，会有不同的结论；所谓实践的概念，是指产能的现实性而非理论性，当然不排除对产能的预测。

二、一些行业产能过剩的特征

若干行业出现的产能过剩，有以下三个特征：

（1）阶段性过剩。总的看，产能过剩是在不同行业之间相继出现的。就单个行业而言，产能过剩具有一定的阶段性特征。就是说，某个行业或某几个行业的产能过剩问题解决了，新的过剩行业又出现。这可以说是市场经济的规律。回顾改革开放的历程，我国从卖方市场向买方市场演进的过程，也可以说是一些行业产能过剩的演进过程。20 世纪 80 年代，是家电行业产能过剩；90 年代，是纺织行业产能过剩；进入 21 世纪之后，又出现电解铝、水泥、铁合金、电石、焦炭等行业产能过剩，现在汽车、钢铁也面临产能过剩的挑战，还有电力、煤炭也存在可能过剩的问题。产能过剩的这一特征表明，产能过剩是在消费结构的调整和升级、工业化和城镇化的推进过程中产生的；产能过剩出现持续性规律，基本上是此起彼伏的；目前已经出现的过剩行业不少，还有一些潜在过剩的行业，应防止行业产能过剩过于集中出现。

（2）结构性过剩。从各行业看，有些行业过剩，有些行业不足。目前已经或可能出现产能过剩的行业有 11 个，但是，装备制造业、高技术产业和现代服务业还有待加强。从一些产能过剩的行业看，有的品种供过于求，有的品种仍然短缺。比如钢材，我国炼钢能力，2004 年底为 4.2 亿吨，2005 年底达到 4.9 亿吨，当年钢产量 3.52 亿吨，目前在建能力 7000 万吨，拟建能力 8000 万吨，“十一五”中期，产能可能突破 6 亿吨。2005 年钢表观消费量为 3.5 亿吨。钢铁行业产能过剩的后果已经显现：一是价格大幅回落。2005 年底钢材价格综合指数为 94.2，比年初下降 24.8%，盘条、钢筋等建筑用钢材每吨平均价格在 3000 元左右，同比下降 12% 左右，中板、薄板的价格降幅在 20% 以上。二是利润增长幅度持续下滑。2005 年，钢铁行业利润仅增长 1%，增幅回落 78 个百分点。三是产成品库存增加较多。2005 年底，生铁、粗钢、钢材产成品库存分别比年初增长 80.1%、109.5% 和 51.7%。随着产能的大量释放，产能过剩的问题可能会凸显出来。在总量可能过剩的同时，钢材结构很不合理：在现有产能中，低水平产能占 40%。其中，300 立方米以下的小高炉炼铁能力 1 亿吨左右，占总能力的 20%；20 吨以下的小转炉和小电炉炼钢能力 5500 万吨，占总能力的 12%。部分高附加值产品仍然不足。冷轧硅钢片、轿车用钢板、高档家电钢板等高附加值产品需要进口。

（3）相对性过剩。我国是发展中国家，总体发展水平和居民生活水平还不高，广大低收入居民的消费需求由于购买力水平低和社会保障体系不健全而难以得到满足和充分释放。一些行业的供给并不是绝对超过需求，而是有效需求不足。特别是广大农村存在着巨大的潜在需求。如果潜在需求大量释放，则产能过剩问题会发生很大变化。比如汽车行业，目前争论很大。从供给看，争论在于是否把无效产能计算在内。何谓“无效产能”？是指闲置设施，开工不足；还是指

只有一个批号，设备早已报废，事实上不能再行运营？如是前者，则属产能，因为只要有市场，就能投入生产；如是后者，则不应再列入既有产能，因为即使有市场，它也无法生产。据国家发改委的数据，目前，我国已形成整车每年生产能力798万辆（国家统计局说是869万辆）。2005年，我国生产汽车570万辆，增长12.5%；汽车企业开工率71%（按国家统计局的更低），其中轿车73%。目前在建产能220万辆企业正在酝酿和筹划的新上能力800万辆，陆续建成后总产能将达到1800万辆。从销售情况看，最近三年增长1.17倍，2005年销售575万辆，增长13.5%，其中轿车278万辆。按每年增长10%匡算，到2010年汽车销量近1000万辆。之所以说是相对性过剩，第一，并不是我国的汽车绝对多得没人去坐了，而是居民目前的实际购买力还未达到心想事成的水平，随着居民收入的增加，汽车需求也会增加，总供求关系会发生新的变化。据国家统计局预测，未来10年我国轿车市场处于快速增长时期，乘用车需求将保持15%的增长，轿车需求增长速度大体相当于GDP增长率的1.5倍。第二，我国汽车市场总需求570万辆，与日本大体相当，位居世界第二，但是，人均汽车占有量相当低，农村尤其突出，现实市场有限，潜在市场巨大。第三，还有一个中国市场与国际市场的关系因素。这是一个重要因素。在经济全球化的背景下，汽车市场不应也不可能囿于国内市场。目前，我国汽车市场已成为世界汽车市场不可分割的重要组成部分。2005年，汽车整车进口16万辆，下降10%；出口16万辆，增长110%。这种出口大幅度增长远远大于进口的态势如果得以保持，则意味着我国汽车销售市场在空间上具有巨大的扩展余地。如果这样，汽车的供需平衡还要重新估计。

有些行业是短期过剩，长期不足。比如煤炭，目前潜存着产能过剩的问题。由于电煤供应紧张，煤炭连续三年产能迅速扩张，2003年、2004年、2005年前三季度，煤矿基建投资同比分别增长290%、60.8%、76.8%。目前看，实际产能已超过需求，出现电厂存煤超过正常水平的现象。预计2006年，国内煤炭需求2.17亿吨，煤矿生产能力3亿吨左右，即或考虑出口因素（2005年出口8000万吨），煤炭产能过剩的压力也已显现。当然，从长期看，煤炭资源仍属有限，不能简单地绝对地说供过于求。

比如电力，从供给来看，2004年全国发电装机4.42亿千瓦，2005年底将突破5亿千瓦。目前在建电力项目2亿千瓦左右。预计2006年新增发电装机超过8000万千瓦，到年底总装机容量将达近6亿千瓦。2006年电力供需缺口将比前两年大幅度下降，预计为900万千瓦，而2004年和2005年缺口分别为3000万千瓦和2500万千瓦。目前看来，由于推行转变经济增长方式，强化节电降耗，未来几年用电量增速曲线将呈回落态势；而发电装机在建项目陆续投产，发电能力增速呈上升态势，二者之间形成剪刀差，这意味着可能出现供大于求的局面。

三、一些行业产能过剩的原因

造成一些行业产能过剩，原因是多方面的。

1. 买方市场的反映

改革开放以来，随着社会主义市场经济体制的建立，我国买方市场逐渐形成。20世纪90年代以来，我国的消费品一直保持着供大于求的格局。进入21世纪以来，供大于求的行业也在逐渐向更多的领域延伸。在买方市场条件下，市场机制的作用得到充分发挥。市场通过价格竞争实现利润，以利润的增加吸引生产要素转移，生产要素过多集中于某一行业，一旦过于超过市场需求，就产生了产能过剩。比如水泥和电解铝，由于城镇化和工业化加快推进，需求急剧增加，价格成倍上涨，投资迅速膨胀。2001～2003年水泥行业投资连续3年增长1倍以上，年固定资产投资规模最高达425亿元。2004年国内水泥市场需求不到10亿吨，而生产能力12.5亿吨。2004年投资增幅回落，2005年下降5.1%，投资趋于理性。

电解铝的情况也是如此。前几年电解铝价格大幅度上涨，电解铝项目大量上马，到2005年底产能将超过1000万吨。目前在建电解铝能力112万吨，拟建能力140万吨。如果这些项目建成投产，预计“十一五”后期可达1300万吨。而电解铝的国内消费量，2004年刚超过600万吨，2005年也就700多万吨。

2. 产业国际转移的影响

随着全球化趋势的深化，世界性产业重组步伐加快。发达国家利用掌握先进技术和既有发展基础的优势，把能源消耗多、环境污染重、附加价值低的产品大量转移到国外，而集中各种生产要素，发展高新技术产业和附加价值高的产业。我国在承接国际产业转移的过程中，由于种种原因，一些地方集中新上了许多发达国家转移出来的能源消耗多、环境污染重、附加价值低的产业。比如铁合金，我国是世界铁合金的生产、消费、出口大国，三者分别占世界的40%、30%、30%。目前，我国共有铁合金生产能力2200多万吨，在建能力161万吨，拟建项目123万吨。这些项目建成后，总能力将达2497万吨。2004年国内表观消费量688万吨。2010年需求量1200万吨。2004年铁合金产量867万吨，同比增长35.95%；出口219万吨，增长20.3%。但是，这种高耗能、高污染产品的出口，

越来越受到社会各界的反对。

电石的情况也是如此。由于电石生产具有高耗能、高污染的特点，在国际上电石法渐被取代。但是，我国2004年底国内电石生产能力1600万吨，是当年实际产量（802万吨）的2倍。而目前在建和拟建的项目仍然不少，到2010年产能将超过2000万吨。届时国内电石需求量只有1370万吨。

3. 体制机制等深层次原因

在经济快速发展过程中，有的地方政府和企业，在新上项目时，对发展规划、产业政策、市场供求情况掌握得不好，急功近利，盲目攀比，把投资规模和增长速度作为评价政绩的主要指标，有的甚至违反客观规律、直接干预企业活动，跟风投资，盲目扩张。财税体制还有待进一步完善，地方财权事权不匹配，致使一些地方政府强化了增加投资的内在冲动。国有商业银行还没有完全成为真正的金融企业和市场竞争主体，对风险的控制制度不健全，缺乏严格的问责制，潜存着信贷风险。资本、土地、淡水、能源等重要生产要素价格形成机制改革不到位，价格杠杆难以有效发挥作用，不能抵制反而助长了盲目投资。国有企业产权不清、责任意识不强。一些重要行业市场准入标准不健全。由于地方保护主义，致使依法行政、依法监管大打折扣。

四、若干行业产能过剩的对策思考

1. 要充分估计若干行业产能过剩的严重性和危害性

（1）有些行业效益下降。水泥，2005年前10个月，全行业实现利润同比下降60.6%。规模以上水泥企业亏损面超过40%。电解铝，2005年上半年，占总能力80%的86家独立电解铝企业，盈利同比下降72.6%；亏损企业亏损额5亿多元，亏损面63%。铁合金行业平均开工率只有40%左右，亏损面50%。2005年，钢铁行业利润仅增长1%，增幅回落78个百分点。

（2）影响就业和社会稳定。水泥行业企业总数5034家，2005年亏损1851家，亏损面达36%，比上年增加8个百分点，涉及一二百万人下岗失业。

（3）增加金融风险。电厂、钢厂等行业的资金有相当部分来自银行。一旦这些行业产能严重过剩，就会增加银行的呆坏账。从历史上世界经济危机的教训看，爆发危机的导火索往往是一些重要行业资金链断裂造成金融信用崩溃。

（4）影响经济增长。已经出现和可能出现产能过剩的行业，在整个国民经济中占有重要地位。比如钢铁和汽车是经济增长的支柱产业，电力和煤炭是重要的基础产业。如果这些行业产能过剩问题不能得到很好解决，必将对经济发展产生重大不利影响。

（5）加剧资源紧张。资源紧张是中国未来发展的重要瓶颈。而一些行业出现产能过剩，必然是对资源紧张的雪上加霜。目前我国铜的产能超过300万吨，但原料69%需要进口。钢铁工业所用的铁矿石50%来自进口，全球新增铁矿石量的90%以上用于我国的消费，钢铁工业耗能2亿吨标准煤，耗用新水近40亿吨。再比如铜，2004年全国铜加工消费精铜320万吨，但国内铜矿资源仅能供给100万吨，进口依存度69%。铝土资源，按目前氧化铝产能估算，现已探明储量仅能用10年。

（6）造成环境污染。电石、焦炭、铁合金等都是高污染行业，对环境造成严重危害。如电石，95%的生产装置为内燃式或敞开式炉型，每生产1吨电石平均排放8000~9000标准立方米烟气。

2. 一些行业产能过剩没有改变我国经济发展的基本面

对若干行业出现的产能过剩，要理性分析，既要充分估计其严重性和危害性，也不宜估计过重，贸然改变宏观经济政策的基本取向。

在方法论上，要改变计划经济体制下总供给与总需求绝对平衡的观念，正视市场经济条件下经常出现供大于求的现实。要接受买方市场，习惯买方市场，利用买方市场。应该树立新的理念：适度的供大于求，会有利于竞争，充分竞争有利于技术进步，有利于提高质量和效率，有利于产业升级和社会生产力的发展。纺织、家电等行业，也曾出现过产能过剩。主要是通过市场机制，优化了产业结构，增强了国际竞争力。从家电来看，经过激烈的竞争，打造出不少有竞争力的品牌，发展势头相当好。从纺织来看，近五年来，纺织工业产值年均增长15.8%，纤维加工量2416吨，占全球36%，纺织品贸易占全国贸易总额的23%。行业的运行质量改善，效益提高。2005年规模以上纺织企业实现利润增长30%以上，劳动生产率每人一年44600元，比2000年提高30%。由于市场机制的作用得以发挥，一度出现的投资增长过快问题目前基本解决。截至2005年12月底，纺织行业规模以上企业完成固定资产投资1609亿元，同比增长34.3%，增速比年初下降78个百分点。

在价格和效益评估上，不仅要看某个行业，而且要看全社会，要看总水平。就利润而言，①有些行业利润下降是理性回归。②利润总是在各行业之间转移的。③目前工业利润总体情况是好的，同比增长22.6%，且是在上年同期增长近40%的高增长基础上攀升。就价格而言，①价格波动是供求关系的反映。②有人认为，出现产能过剩，表明存在“通缩”。这是不符合实际情况的。目前并无通

缩，经济增长率高，总体效益好，2005 年规模以上工业利润增长，物价总水平稳定，工业品出厂价格同比上涨 5%。

在预测发展前景上，要树立可以解决问题的信心。一些行业产能过剩对经济和社会发展的不利影响是存在的，而且不能低估，但是这并没有改变我国经济发展的基本面。目前，我国经济社会发展势头总体是好的。从发展趋势看，我国还在加快发展，工业化、城镇化进程加快，社会需求潜力巨大。一些行业的产能过剩是在发展中出现的问题，应有信心在发展中得到妥善解决。

从有利条件分析，政府有相当强的调控能力，包括财力连年大幅度增加和宏观管理经验不断丰富；市场机制的作用和企业的自我调节能力和适应能力不断增强。

3. 变挑战为机遇加快实现科学发展

一些行业产能过剩所暴露出来的问题，充分证明实现科学发展的必要性和紧迫性。应以解决产能过剩问题为契机，更新发展观念，创新发展模式，提高发展质量，切实转入科学发展的轨道。

（1）积极推进结构调整。产能过剩是挑战，也是机遇。要紧紧抓住这一机遇，发挥市场产品供过于求和产品的资源和环境约束两个“倒逼”机制的作用，推进结构调整和产业升级。这些产能过剩的行业，大都属于市场调节领域，应尊重经济规律和市场法则，物竞天择，优胜劣汰。几年来，结构调整成效明显。①淘汰落后生产能力取得进展。已淘汰落后水泥生产能力 5000 多万吨；取缔和关闭土焦、改良焦能力 2500 多万吨，淘汰小机焦 1000 多万吨；基本淘汰了电解铝自焙槽工艺；一些落后的小钢铁企业已经停产、半停产。②兼并重组步伐加快。鞍钢与本钢实现了初步联合，武钢、鄂钢、柳钢完成了重组；中铝集团通过兼并重组，电解铝生产能力占全国的比重由 2004 年的 9.6% 提高到 2005 年的 27.2%；吉林铁合金公司兼并了辽阳铁合金厂；安徽海螺集团并购了 5 家中小水泥企业，产量超过 5000 万吨，居世界第 6 位。③产品结构逐步改善。钢材板带比达 39%，比 2004 年提高 5.3 个百分点；新干法水泥产量占全部产量的 40%，提高 7 个百分点；大机焦比重为 76%，提高 40 个百分点。

（2）加快经济增长方式转变。比如可以促进发展循环经济。以焦炭为例：目前国内焦炭实际消费量 2 亿吨，而生产能力近 3 亿吨，扣除淘汰落后能力外，每年仍有 1000 多万吨的在建和拟建能力，产能过剩明显。价格，2004 年 4 月，国内焦炭价格涨到每吨 1500～1600 元，出口价格 400 美元。2005 年以来，价格下跌，10 月下旬，国内市场价格跌到 1000 元，出口 130 美元。要大力发展循环经济。目前发达国家的焦炭主要用于钢铁冶炼，其中 95% 的焦炭生产能力作为钢铁企业的配套设施进行布局。焦炭生产过程中产生的煤气、余热、焦油等能够在钢铁生产过程中得到充分利用。我国钢铁企业用焦量占焦炭产量的80%左右，但只有33%的生产能力布局在钢铁联合企业内，67%的焦炭生产能力为独立焦化生产企业，除少数作为城市煤气供应的市政配套设施外，大部分集中在煤炭产区，远离产品用户，难以实现煤炭资源的综合利用。因此要积极探索钢铁工业发展循环经济的道路。

（3）提高产业集中度。例如钢铁工业，应鼓励有实力的大型企业集团，以资产资源和市场为纽带，实施跨地区、跨所有制的兼并、联合重组，促进钢铁行业提高产业集中度。巩固鞍钢和本钢重组的成果，结合首钢搬迁改造，促进与河北省钢铁企业的联合重组。总结宝钢与上海冶金企业重组的经验，推动其他大型钢铁企业进行跨地区的联合重组。

（4）提高工艺技术水平和竞争力。在产能过剩的行业，新投资的项目往往是竞争力强的。比如水泥，原有生产能力中，70%是立窑等落后产能；而新上项目，90%为新型干法水泥，且以大型生产线为主。新型干法水泥的比重，2005年比2003年翻了一番，达到40%以上。

4. 政府要不断改善宏观经济管理

（1）保持经济政策的连续性和稳定性。有一种观点，认为目前不少行业产能过剩表明，需要调整“双稳健”的财政和货币政策。这种观点是不能赞成的。显而易见，如果放弃“双稳健”政策，转为刺激性、宽松性宏观经济政策，后果将助长投资规模出现新的膨胀。有人认为，一些行业产能过剩，会导致投资下降，并造成全社会“投资萎缩”。实际情况是，目前在建规模很大，新开工项目大幅度增加。2005年前三季度在建规模22.4万亿元，前10个月，新开工项目14.7万个，计划投资总规模增长28.5%。我国正处于加快推进工业化、城镇化进程之中，需求很大，且经济增长处于上升期，需要投资支撑。投资膨胀的机制依然存在。而且社会资金积累规模很大，银行大量存差，有继续扩大投资的条件。实践表明，在供不应求的情况下，低水平品种有得以继续生存的空间。只有在供过于求的情况下，才能进行比较充分的竞争，发挥市场机制的作用，更好地进行结构调整。

（2）区别对待，适度微调，有保有压。主要政策目标是防止行业产能过剩严重恶化，特别是要防止出现过于集中同时出现，防止重要行业出现资金链断裂。在宏观调控政策上，应在充分发挥市场机制作用的基础上，更加注重运用经济和法律手段，包括完善行业规划，以增强银行贷款、供地、环评的科学性；制定相应的市场准入标准，包括环保、能耗、水耗、资源综合利用和安全质量技

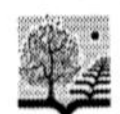

术、规模等标准，以促使新上项目提高质量和水平。

区别对待、有保有压，是宏观调控成功与否的关键。“压”要有力，“保”要坚决。“压”，包括：原则上不批新上钢厂项目；每年淘汰立窑水泥产能5000万吨；淘汰敞开式和产能低于1万吨的小电石炉，300立方米以下炼铁高炉和20吨以下炼铁转炉、电炉；淘汰达不到规模和安全标准、不具备整合改造条件的小煤矿；淘汰5000千伏以下矿热炉、100立方米以下铁合金高炉；逐步关停小油机和5万千瓦以下凝气式燃煤小机组。“保”，包括：支持汽车生产企业加强研发体系建设，开发具有自主知识产权的技术；支持大型钢铁集团的重大技改和新产品项目，加快开发冷轧钢片技术，提升汽车板生产水平，推进大型冷热连轧机组本土化；支持高产高效煤炭矿井建设和提高煤矿安全整体水平的技术改造等。

（3）研究建立对在竞争中败下阵来的破产企业实施救助的办法和机制。它包括对下岗职工进行培训，给以信息引导，帮助企业解决银行贷款呆坏账问题。

（文章来源自《学术讲座荟萃》第31辑，2006年3月16日）

制度逆向安排：劳力剩余、失业严重和分配不公的深层症结

周天勇

周天勇

男，1958 年生。1980 年从青海省民和县考入东北财经大学投资系，1984 年毕业留校，1989 年考取东北财经大学汪祥春教授博士研究生，1992 年获东北财经大学经济学博士学位。1994 年调入中央党校任研究室副主任、教授至今。社会兼职：北京科技大学博士生导师，中国城市发展研究会副秘书长，中国小城市发展促进会副会长，国家行政学院、中国社会科学院研究生院、东北财经大学兼职教授，国家发展与改革委员会价格咨询专家。

主要研究领域：社会主义经济理论、宏观经济、经济发展和增长、劳动经济、金融风险、城市经济、农业经济等。

中国目前和未来存在着农村剩余劳动力转移压力大、城镇失业严重和收入分配差距越来越大的经济和社会难题。从农村劳动力的剩余看，据经济普查，2004年对乡镇企业缩水后的中国劳动力三次产业就业比例为59:21:20，此就业结构为日本1915年时的水平，韩国1965年时的水平，中国台湾1955年时的水平。按照2004年人均GDP水平和GDP的三次产业结构衡量，就业结构与生产结构的偏差：农业劳动力高15%~20%，工业低6%~9%，服务业低8%~12%。不包括在城镇务工的11000万农民工，农业产业中还剩余15000万劳动力。从城镇就业形势来看，如果按照1990年的城镇人口从业水平推算，2005年城镇人口实际失业率已经达到17.74%。① 由于人口动态规模巨大，今后5年中，农村剩余劳动力转移、城镇新增劳动力、企业改革和产业调整劳动力、消化往年失业等四大就业压力，需要每年平均提供2400万个就业机会。如果不进行大的政策调整，每年劳动力就业缺口将达900万~1100万个，2010年时将在城镇积累1亿左右的失业劳动力。而从分配差距来看，中国发展研究基金会专家们的结论是，衡量收入分配差距的基尼系数，在中国已经达到被认为容易发生潜在社会动乱的0.45，收入分配差距过大，出现了社会不公平。②

农村剩余劳动力能不能从农业转入城市的第二和第三产业，城市的就业容量能不能理想地扩张，分配差距怎样缩小，社会公平怎样实现，很关键的就是政府的制度安排是不是有利于和促进劳动力的转移和就业容量的扩大。而中国目前政府的有关制度安排和供给与劳动力需要转移和就业的有关制度需求，存在着相当尖锐的矛盾和冲突，一些制度和政策实际是一种阻碍就业结构转型和就业容量扩大的逆向安排。只有对症调整发展道路、修改制度和设计出台政策，才能从根本上缓解中国的就业不足问题，实现中国社会初次分配的平衡。

---

① 中国城镇人口从业率从1990年的56.44%下降到了2005年的48.6%，如果按照1990年城镇人口从业水平，2005年城镇应该工作而没有工作的劳动力为2005年城镇人口56300万×7.8%=4413万人，这部分劳动力形成的城镇失业率为4413万÷（27376+4413）=13.88%，再考虑加上1990年全国第四次人口普查的市镇待业率3.86%，中国2005年实际的城镇人口失业率可能为17.74%。

② 中国发展研究基金会：《中国人类发展报告（2005）》，中新社2005年12月16日新闻报道。

一、不同制度安排下就业结构转型与容量大小的比较

传统的发展经济学对发展中国家的劳动力转移和城镇失业问题做了大量的研究。早期的发展经济学家们虽然观点不同，但是大多数发展经济学家认为，只要农村剩余劳动力不断从农业向城镇产业转移，城镇产业及资本利润的积累、投资和规模扩大，会持续地吸收劳动力就业，不会形成大量劳动力失业的局面。但是，20世纪60~70年代，许多发展中国家在独立后，其经济有增长而无发展，农村中由于人口增长、耕地减少和农业的技术进步，形成越来越多的隐性失业；而在城市中，农村向城市流动的劳动力得不到有效的吸收，也形成了巨额的显性失业人口。1973年时，整个发展中国家失业与就业不足的总比率高达29%，其中非洲为38%，亚洲为28%，拉丁美洲为25%。[①] 因此，托达罗建立了人口从农村向城市流动的模型，认为收益差别引导下农村劳动力大量地向城市流动，会在城市形成大量的失业人口，建议实行限制城市发展、减少农村义务教育支持、加大对农村的其他发展投入，减缓和阻止农村人口向城市的流动。到了2000年，全球劳工总数为30亿人，其中完全失业的人口约为1.6亿人，处于失业或半失业状态的人口则高达10亿人，相当于全世界劳动人口总数的30%，其中大部分在发展中国家。

上述不同的经济理论是不是正确，主要是看就业结构变动的历史是不是符合其描述和政策含义。从历年世界性的统计数据看，各国经济发展进程中劳动力就业结构的变化为：第一产业比例不断下降；第二产业比例先是急剧上升，再是上升速度放慢，后来呈下降趋势；第三产业比例则是持续上升，并且速度加快；当一个国家的现代化接近完成时，劳动力在第一产业中就业的比例在5%左右，在第二产业中就业的比例在30%左右，而在第三产业中就业的比例在65%左右，就业比例将会处于相对均衡和稳定的状态中。这是一个规律性的变动趋势，并不以人的意志为转移和改变。需要探讨的是，为什么有些国家和地区在就业结构转型过程中，农村隐性失业程度低，没有发生严重的城镇失业问题，而有些国家和地区农村隐性失业程度高，或者城镇失业人口规模很大，失业率居高不下，并且由此而贫富差距较大？

（一）经济发展：不同体制就业结构和容量的同阶段比较

为了有个清楚的对比，我们先来看经济发展阶段实行市场经济体制、经济自

① 托达罗：《第三世界的经济发展》，中国人民大学出版社，1988年版，第310页。

由和出口导向型发展战略的国家和地区，在二元结构转变期间，其就业结构转型和就业容量的动态变动情况。

（1）日本：1920、1930、1940、1950、1960、1970、1980各年，劳动力就业三次产业结构的变动为：55:21:24、50:20:30、45:26:29、48:22:30、33:29:38、19:34:47、11:34:55，60年中，从事农业的劳动力比例下降了44个百分点；从人口向城市流动看，日本1910年左右在基本完成以纺织工业为中心的轻工业产业革命的同时，重化工业迅速发展，港口工贸城市和滨海工业区相继出现，人口向横滨、阪神、东京和北九州集聚，第二次世界大战后，日本城市人口在总人口中所占的比例，1950年恢复到战前水平的37.3%，1960年提高到63.5%，1970年达到71.4%，1975年又上升到75.2%；[①] 人口向城市的大量流动，并没有形成严重的失业问题，1935、1950、1960、1970、1980各年的失业率仅为4.6%、1.2%、1.1%、1.2%、2.0%，日本在20世纪50~80年代国内劳动力相当缺乏，特别是有些行业工人十分短缺。

（2）韩国：1960年，从事农业、林业和渔业的劳动者占总劳动力的66%，到1998年，这一数字已下降到12.2%，2004年更是下降到7.5%；第三产业的比例却由1960年占总劳动力的28.3%上升到了1998年的68.2%。虽然城市化水平提高很快，1960、1965、1981、1988、1990、2003各年的比率为28%、32%、56%、69%、74%、84%，人口向城市的快速流动并没有造成大量的失业，1964、1970、1975、1980、1985、1990、1995各年的失业率分别仅为7.4%、4.5%、4.1%、5.2%、4.0%、2.4%、2.0%。1965年以后，除了1997年亚洲金融危机的影响期，韩国就业增长率一直高于劳动力增长率，而失业率呈逐渐降低的趋势。

（3）中国台湾地区：农业中就业劳动力的比例从1950年的60%下降到1980年的20%，2004年更是下降到了7%，第二产业就业保持在35%，服务业就业上升为58%，农业就业比重54年中下降了54个百分点；中国台湾的城市化速度也较快，从1950年时的40%以下上升到1993年的78%，但是其失业率1953、1955、1960、1965、1970、1978、1980、1985、1988、1995各年仅为6.29%、5.79%、6.12%、5.20%、3.01%、1.67%、1.24%、2.91%、1.69%、1.80%，[②] 中国台湾20世纪50~60年代工业化进程中，失业率在5%~6%的范围内，而到70年代至亚洲金融危机之前，失业率一直在1%~3%范围内。在相当多的年份中，劳动力的需求大于劳动力的供给，劳动力供给短缺。

① 马裕祥：《日本城市化及其中心城市的空间结构模式》，《浙江经济》1997年第3期。

② 董向荣：《浅析台湾和韩国在缩小城乡差距方面的努力与成就》，www.snzg.net，2005年12月27日。

中国是典型的发展中大国，在20世纪50~70年代，既有计划经济的特征，对经济的行政管制程度较高，国有和集体经济比重较大，实行的又是进口替代的重化工业优先发展的战略。1950、1955、1962、1965、1970、1975各年，劳动力就业三次产业结构的变动为：86:6:8、83:9:8、82:8:10、82:8:10、80:10:9、77:14:9；而中国内地农村人口下降比率，1949、1955、1962、1966、1970、1975、1980各年分别为89.4%、86.5%、80.7%、82.0%、82.6%、82.7%、81.0%。中国内地解放后32年间城市人口的比重只上升了8.4个百分点，农村劳动力很少向城市流动；劳动力第三产业就业比率32年间只从解放初的8%上升到9%；城镇失业率在1958~1977年没有统计数据，1949、1955、1957、1978各年城镇失业率为：23.6%、10.1%、5.9%、5.3%。中国内地农业劳动力就业比例在解放后的30年中，只降低了10个百分点。在20世纪80年代，与日本、韩国和中国台湾地区比较，这些国家和地区已经基本完成就业结构转型时，中国内地劳动力的就业结构还在工业化初始阶段传统型的高位状态上徘徊。虽然城镇失业率不算很高，但是，农村中劳动力过剩问题日益突出。1962年开始，特别是1966~1979年，有1776万城镇初高中学生毕业陆续到农村去就业，还有200万左右的在职干部到农村农场性干校和公社生产队务农。如果没有户籍制度阻隔农业剩余劳动力向城市转移，没有城镇职工长期的低工资制度，没有城镇知识青年和在职干部到农村就业，中国1950~1980年的城镇失业率将高达30%左右。

（二）就业转型和扩张困难：计划、管制和进口替代工业化的必然结果

在对发展中国家的劳动力转移和就业问题研究的文献中，不论是发展中国家就业的乐观派，还是悲观派，从宏观均衡角度，或者从微观均衡视点，或者从传统部门到现代部门的结构思路，都忽视了制度安排不同与就业转型速度、城镇就业容量多少之间的关系，并且从刘易斯到托达罗，包括马克思的近代大机器工业和工人失业理论，考虑的都是经济发展初期劳动力从农村传统农业向城市第二产业的转移，近代工业模式中劳动力的就业，没有区分城市中第二产业和第三产业在资本有机构成上的不同，没有考虑大规模企业与微型和中小企业的不同，以及两种产业和两类企业在不同工业化阶段其转移吸收劳动力能力的不同。实际上，20世纪60~70年代中，许多发展中国家严重的农村劳动力过剩和城镇失业，与它们实行的计划经济、行政管制和进口替代工业化战略密切相关，问题在于在这种战略和体制下微型和中小企业及第三产业不能得以理想地发展。

计划经济、行政管制、国有制和进口替代工业化发展战略，是在农村加速农

业破产，在城市抑制就业容量扩大的体制和工业化战略，其结果是就业结构转变缓慢、就业容量不能扩张，或者限制人口流动的户籍条件下在农村形成大量的隐性失业，或者放松人口流动则在城市中形成大量的显性失业。

（1）计划经济体制中，所有的投资项目必须得由中央计划机关批准，劳动力就业的场所——企业规模和数量，特别是微型和中小企业形成的数量受到计划的控制；由于产供销和企业的财务由计划供应、调拨和控制，服务于企业销售、采购、中介、资金、房地产等体系和第三产业很难充分分业发展，专业分工不能细化和深化，行业、产业难以增多，就业领域受到限制。

（2）企业诞生受到严格的行政审批、许可、注册、登记等制度的限制。改革开放以前，在中国能容纳大量就业的资本有机构成较低的个体工商户逐步地被取消，中小私营企业逐步地被改造，吸收劳动力失去了最基本的就业组织单元。在其他发展中国家，能创造大量就业的创业和投资企业的注册登记，政府各部门的审批环节也多达十几项到几十项，甚至百余项，一个中小企业的开业申办往往需要半年甚至一两年时间；而一个投资项目的开工，其审批往往需要一两百个环节，耗时一年以上，甚至五六年之长。

（3）在中国，改革开放以前，国有和集体经济，大部分为工业企业，其规模要求大、资本有机构成高并且逐步上升，其企业的组织和体制成本较高，因而，只能在长期低工资制度下维持城镇的高就业，但是就业容量还是有限。

（4）进口替代工业化战略，政府的注意力放在大规模工业企业的发展上，利用农业价格剪刀差来积累工业化所需要的资金，这样，一是农业萧条容易剩余甚至挤出更多的劳动力。二是可利用的外部资金，特别是直接投资数量很少，或者几乎没有，不能利用外资扩大产业来增加就业。三是进口替代工业化战略需要发展重化工业，重点是资本有机构成较高的工业企业，需要的资本较多，但投资所能吸收的劳动力就业规模却小。

（5）实施计划经济体制和进口替代工业化战略的结果必然是城乡在经济上割裂，制约城市化的进程，抑制能大量容纳劳动力就业的第三产业的发展。在这种体制和工业化战略实施中，往往出现资本有机构成很高的重化工业企业与当地农村毫无经济联系的现象。① 在限制人口流动的发展中国家，城市化的水平推进很慢，第三产业得不到发展；在允许人口流动但实行进口替代工业化战略的国家，则由于轻工产业比例小，农民破产后到城市里就业没有就业机会。20 世纪 50 年代后期到 70 年代，许多发展中国家学习苏联的体制，有的实行计划经济、国有制和进口替代的工业化战略；有的虽然不实行计划经济体制，并容许私人经

① 在中国，国有企业办后勤和社会，与当地经济和农民没有经济上相互交易的关系，这种情况非常普遍。

济发展，但是行政管制较严格，并且实施的是进口替代的工业化战略。因此，从体制上和工业化战略道路上看，结果必然是农村中形成大量的隐性失业，或者在城市中形成严重的失业问题。

很明显的一个例子就是巴西的工业化。其特征为贪大求快，盲目发展资本密集型大企业，造成国内很高的失业率。对于后发展国家来说，劳动密集型产品出口阶段对于经济的健康发展十分重要：能吸收大量的劳工，带来广泛的现代化动员与技术普及，较广泛地分配经济增长带来的财富，等等。巴西越过劳动密集型产业的发展，不仅未完成出口导向的转变，形成的资本和技术相对密集的产业结构也是畸形的，被称之为“资本密集的进口替代附带出口繁荣”，在这种模式中，出口创汇难以支持进口原料和资本货币的需求，于是靠国际贷款来维持生产。这样既背上了沉重的外债包袱，又使廉价劳动力的优势得不到发挥，广大人民被排斥在经济发展过程之外，高失业成为巴西一大严重社会经济问题。[①] 发展中国家农村劳动力过剩和城镇失业严重，一个非常重要的原因，应当是体制失效和进口替代工业化战略的失败。

（三）就业结构转型和容量扩张：市场体制加出口导向工业化战略

东亚的日本、韩国、新加坡、中国台湾、中国香港等国家和地区，在其经济发展过程中，就业结构得到了稳步和快速的调整，城市化快速推进，城市失业率较低，它们实行的是一种能顺利转移农村和农业劳动力，并且大量创造就业机会的市场经济体制和出口导向的工业化战略。

（1）市场经济体制下，经济决策自主，使民间资本能大量地投资于项目，兴办企业，企业规模也较容易扩大，吸收劳动力转移和容纳劳动力就业的企业数量能快速增加，规模能快速扩大；而商品、劳动力、资金、房地产等市场的发育和发展，使整个经济的分工越来越深化和细化，在第二产业发展的同时，市场体制为第三产业发展提供了制度上的保证。

（2）政府宽松的市场准入体制，使个体和私营经济投资和创业较为容易，能大量吸收和容纳就业的个体、微型和中小企业在数量上发展迅速；而个体、微型和中小企业又为第二产业的分工细化及第三产业的充分发展，提供了专门化和精细型的中小单元组织形式。

（3）这些国家和地区实施出口导向的工业化战略，一是避免了发展中国家资本和技术稀缺而劳动力过剩的劣势，发挥了劳动力丰富和便宜的比较优势，尽可能地利用农业中转移出来的劳动力和城镇中新增的劳动力，使劳动力尽可能得

---

① 何清涟：《“巴西病”的教训》，《南方周末》1998 年 4 月 6 日。

到就业。二是出口导向的工业化在发展中国家收入水平较低、国内消费市场有限的阶段，产品出口竞争，为国内产业的发展拓展了国际市场，出口拉动国内产业发展，使就业机会扩张。三是利用外资避免了国内发展的资金缺口，不需要通过损害农业来积累工业化的资金，使农业挤出劳动力的压力反而减小，并使得国内城市劳动力就业需要配套的设备厂房等资金得到了补充。

（4）市场经济体制下，资金、人口、技术等要素要追逐聚集收益而向城市流动和集中，分工细化和深化，个体、微型和中小企业发展，使城乡经济之间良性循环，城市化进程得到较为健康的推动；而城市化条件下，由于人口和市场的集中、家务劳动的分工和细化、企业分工和协作的强化、城镇职工收入水平的提高等，又为第三产业的发展和扩大就业容量提供了聚集、市场规模和收入水平等条件。因此，市场化、城市化和出口导向工业化互为条件、相互依赖、相互促进，实现了良性互动，形成了吸收转移劳动力和扩张就业容量的体制和战略路径。

以上分析说明，并不是经济增长速度高，就业结构就容易转型，失业率就低。一个国家或地区，其就业结构转型快慢，就业容量扩张理想与否，决定于投资和创业的活跃和企业的数量，决定于分工的深化和细化，决定于城市化的程度，决定于第三产业的发展，而这又与其宏观整体的资源配置方式、所有制结构和工业化战略有着很高的正相关关系。

二、发展中国家就业幻觉与规律的偏差

观念和意识是经济发展制度因素的一部分，这种观念和意识常常决定着就业战略的取向和政策的制定，进而影响到就业结构的转型和容量的扩张。发展中国家一些学者和决策者解决就业的思路往往受其想当然意识的影响，而就业幻觉所支配的就业战略和政策常常与就业的内在规律和变动趋势不相一致。

（一）发展中国家的就业幻觉与战略及政策误区

发展中国家怎样解决就业问题呢？从观念和意识上讲，决策者往往存在着这样的幻觉和意识：

(1) 发展中国家的高层和地区领导，为了赶超发达国家，都有很深的大工业和大企业情结，认为兴办大规模的企业，将企业做大，既促进经济的发展，又可以吸收劳动力就业。特别是中国这样的国家，过去由国家投资兴办大企业，改革开放后，部门和地方领导也有很强的促使工业和企业做大意识，加上中国目前的税源和财政分税体制，企业越大，地方收入越有保证和越多，地

方领导更是偏重于大企业的发展。而大工业和大企业，有一个规律是，随着工资、社保等成本的上升和技术进步，其资本有机构成不断地提高，相对多的投资吸收越来越少的劳动力工作，甚至越来越多的工业产业还绝对地挤出富余的劳动力。如中国 20 世纪 90 年代国有工业企业大量下岗，除了其他原因之外，其资本有机构成提高和技术进步挤出相对和绝对富余的劳动力，是非常重要的原因。[①]

中国目前实际上重视特大和大型企业的发展，忽视并歧视微型和中小企业的发展。在特大、大型、中小和微型等不同规模企业生态结构系统中，特大和大型企业与微型和中小企业生存和发展的环境差异较大。①在政府政策方面，由于政府鼓励做大做强，实际工作中忽视微型和中小企业的生存，特大和大型企业能享受的政府政策性照顾和争取到的各种政策优惠要比中小企业多得多。②在利用政府关系和其他社会资源方面，特大和大型企业法人的社会和政治地位要比微型和中小企业高，在获得土地等资源方面比微型和中小企业有优势，抵御和承受政府各机构收费、罚款和吃拿卡要的能力比微型和中小企业强。③在融资方面，中国金融体系的特征是银行集中度较高，几家到十几家银行垄断了全国的资金市场，特大和大型企业有雄厚的资产，因此，银行贷款的绝大部分投放给它们；而微型和中小企业可以抵押的资产微薄，担保体系又不完善，为其贷款服务的中小银行很不发育，在资金市场上很少能获得贷款融资。1996 ~ 2002 年，国有和集体经济，其贷款余额为每就业职工平均 2. 49 万 ~ 7. 03 万元，而个体私营经济贷款余额，按就业职工人均只有 1200 ~ 2500 元。[②] 并且，给个私贷款的绝大部分，主要是贷给私营企业中实力雄厚、可抵押资产较多、规模较大的企业，一般个体、微型和中小企业，几乎不可能从银行体系中贷到款。

（2）政府主导解决就业意识，力图用政府本身和政府所办的事业解决就业。如增加和扩大党政机关单位，并且发展教育、卫生等行政性的事业。特别是当社会就业不足时，听到的是政府花钱开发公益和事业性岗位来解决就业。党政机关的经费经常挤占教育、卫生、文化、传媒等事业的经费，使后者经费不足，而且由于机关办后勤，教育、卫生、文化、传媒等事业的行政管制色彩较为明显，其效率较低，没有商业交换及成本价格机制的约束和激励，本来可以大量容纳就业

---

① 很多人将东欧、拉丁美洲、中国等地国有企业大量地减少职工，造成失业率上升，归因于国有企业改革。这有一定的片面性。国有企业由于有体制成本，一般是大中型的企业，在特别小的企业中由于无法分摊国有组织成本而很难实行国有。但是，大中型企业，其资本有机构成逐步地提高，技术要不断地进步，相对和绝对使用的劳动力越来越少，这是一个规律。这样，顺应这个规律，企业进一步发展，需要相对和绝对减人；不顺应这个规律，不主动改革减人，企业最后在利润减少和工资成本上升挤压下破产，则更需要全体失去工作。因此，国有经济减人，是改革顺应规律作用的结果而已。

② 周天勇著：《中国：经济运行与结构转型》，东北财经大学出版社，2006 年版，第 29 页。

的并且会良性发展的第三产业，没有发展的商业动力，被萎缩在行政体制和单位内部。

特别需要分析的是，发展中国家的中高层领导，甚至一部分学者也认为，基层农村和欠发达地区是就业容量最大的地方。每当由于体制抑制和政策失误导致城市失业率较高时，便将眼光转向基层农村和欠发达地区，希望在那里能拓展和获得更多的就业机会，试图制定政策促使劳动力向那里流动。在农村，就业机会萎缩和劳动力被挤出是一个经济发展过程中不可抗拒的规律。其经济学意义上的理由在于：①从农村的第一产业看，只能向外减少劳动力，不可能增加劳动力的就业。主要是因为容纳劳动力就业的耕地数量日益绝对减少；农业投入资本的增加，使农业的资本有机构成逐步提高，相对和绝对使用的劳动力越来越少；农业的技术进步也使农业需要的劳动力越来越少。②分散发展工业的不经济，使农村大力发展工业受到限制。农村市场容量狭小，使工业的分工和协作受到限制；工业产业对规模经济要求较高，分散的农村工业规模太小，分摊成本较高；对地理上分散的各个农村的工业企业进行道路、电力、供水等配套，其共享性较差，投资较大，对于投资方来讲，规模不经济，而对于企业来说由于条件不配套而外部不经济；特别分散的农村工业由于污染分散，加上管线、运营和维护等投资相对较大，其控制和处理没有经济上的可行性。虽然中国20世纪80～90年代，利用计划经济的低价和市场的高价格局，利用计划供应和市场需求的缺口，利用国有工业企业体制僵化和忽视市场的机会，农村乡镇工业得以兴起和发展，吸收了大量的农业剩余劳动力就业。但是，进入20世纪90年代后期，农村分散工业的不经济和造成的环境污染日益显现。乡镇企业结构要调整，农村工业企业要进入园区，集中到城市，从而获得发展的聚集经济效应，已经成为一个趋势。③第三产业不可能在农村得到充分的发展。这是因为农村的低收入使得农户家务劳动的机会成本较低，有关的家庭劳动不可能分工外化为服务业；由于人口分散，形不成聚集的消费市场，使一些服务业在一定的地域范围内没有达到盈亏平衡点的需求规模；农村的产业关联不复杂，分工和协作单一并且产业链条较短，其中的中介等服务业很难发展。简言之，通过发展农村来大规模增加就业，实际是一种不可能实现的想法。

目前许多学者想通过学习日本、韩国和中国台湾地区分别在20世纪60～80年代进行的新农村建设，来缓解农村劳动力向城市的转移。[①] 甚至一些学者还论证了要让农民在农村就业和居住，不要到城镇中来的途径和政策。[②] 实际上需要

① 温铁军：《如何建设新农村》，《中国经济大讲堂》，www. CCTV. com，2005年10月15日。

② 杨团：《就地多元化是促进中国农民现代化的社会政策选择》，2005年9月7日在全国政协21世纪论坛上的发言，见《农民日报》2005年9月28日报道。

中国学者注意的是：①虽然日本、韩国和中国台湾地区分别在20世纪60～80年代进行了新农村建设运动，但是，农村农业中劳动力并没有因此而停止向城镇流动和转移，农业劳动力的比率还是在持续地下降，城市化的水平在不断地上升。②这些国家和地区的农民在工业化的进程中，与中国失地农民不同的是，由于土地是私有的，在城镇扩大和结合部的地区，土地财产进入建设和房地产市场为他们提供了脱离农业，或者兼营其他非农业的资本，从纯农户演化成小工厂、小店铺、小房地产所有者企业的较多。③这些国家和地区农民在工业化和城市化的进程中，虽然农业耕种的土地规模稍有扩大，但是农业收入占其总收入的比例越来越低，从事非农业所占的收入比例越来越高，大多都在城镇中兼有工作和微型及中小企业，目前这些国家和地区农民总收入中只有1/5来自于农业经营。④从人均GDP、就业结构、城市化水平等指标来看，中国目前进行的新农村建设，在发展阶段上比日本、韩国和中国台湾地区提早了20年以上。因此，需要反哺的农业人口相对比例大，提供反哺的城市人口相对少，财力薄弱，建设资金需要量大，是中国这次新农村建设的难点。

一些学者忽视和很少讨论的城市化过程中存在的一个重要的问题是，大量的基础设施是政府投资，大量的产业投资是大企业投资，而微型和中小企业在中国的城市中没有较好的生态空间，不可能像日本、韩国和中国台湾地区那样良性地吸收农业中转移出来的劳动力，进而形成严重的失业问题。这不得不逼迫战略研究者和政策制定者将缓解就业压力的出路无奈地转向发展农村来减缓人口流动和转移方面。

许多学者和政策制定者忽视了一个关键方面，从日本、韩国和中国台湾人口密度比我们还大的国家和地区的结构转型经验看，如果在城市中积极鼓励投资和创业，大量地发展微型和中小企业，会不断地吸收农村剩余劳动力的转移，不仅不会发生严重的失业问题，而且会出现劳动力短缺的情况。因此，城乡能不能统筹发展，关键在于城市中能吸收大量劳动力就业的微型和中小企业是否能得以大量的发展。

认为可以通过开发欠发达地区将一部分人口和劳动力转移到那里去的理由是，欠发达地区往往地域辽阔、人口密度小、可开发资源和可开发耕地多。实际上人口和劳动力的地理容量和经济容量是有区别的。决定劳动力失业率高低的是一个地区的经济容量，而不是地理容量。就业的经济容量主要取决于：国内市场和国际市场对这一地区产品和服务的需求强度；本地的企业结构、生产规模和经济竞争力；分工和协作的发展程度；城市化水平决定的经济聚集程度；市场是不是活跃；耕地的开发则取决于水资源多少、山地还是平地、气候条件是不是适宜。如果没有市场需求，没有大量的企业，没有城市化形成的第三产业，气候和

水资源等不具备开发的条件，地理面积再大，也不可能实现大规模的就业。因此，想通过人口和劳动力从发达地区向不发达地区逆向流动的方式来解决失业问题，总体上也是不可能的。

总的来看，中国20世纪60～70年代，大量的大中专学生和城市初高中知识青年，到农村去务农，到欠发达的边远地区工作，“文化大革命”结束时，知青几乎全部返城；80年代以来，去欠发达地区工作的干部职工，或者本人，或者子女，有相当多的人往东部回流；而且，目前来看，中国边远地区由于企业数量相对少，城市化水平低，服务业不发达，市场需求规模小，大学生毕业后就业比东部困难得多，已经形成了一个非常突出的社会问题。

（二）就业转型和容量扩张一般规律及其经验

从日本、韩国和中国台湾地区的情况看，实际上与发展经济学家们设想的劳动力从农村传统农业到城市大工业中就业的模式有所差异。首先，从前面的分析中可以看出，从城市的产业结构上讲，工业化开始时，城市中第二产业提供的劳动力就业岗位较多，第三产业较少，随着时间的推移，第三产业提供就业的比例上升，超过第二产业。其次，从吸纳就业的方式来看，从第二产业的大工厂为主渠道，逐步变化为灵活就业、微型企业就业和中小企业就业为主。这两点是早期的发展经济学家们没有想到的，也是马克思在撰写《资本论》时所没有考虑到的。

目前一个统计上的规律是，不论是发达国家，还是发展中国家，一是其全部企业的99.5%以上是中小企业；二是微型和中小企业平均就业人数为9～15人。然而，实行市场经济体制的发达国家和地区，其每千人口微型和中小企业的数量平均在40～55个；全部劳动力在灵活职业、微型和中小企业中就业的比例在65%～80%范围内。而生产力水平低的发展中国家，特别是行政管制程度较高的国家，每千人口微型和中小企业的数量远远低于发达国家和地区的水平，并且在灵活职业、微型和中小企业中就业劳动力的比率也要远低于发达国家和地区的比例。

我们来看日本、韩国和中国台湾的情况。日本1960年时，资本不满5000万日元的中小企业53.4万家，占全部企业总数的97.8%，当时中小企业数量少，每千人口拥有企业数量包括大企业为5.8个，劳动力在大型企业中就业比例较高；到了2000年，中小企业共508.9万家，占企业总数的99.7%，每千人口企业数量为41个，从业人员4168万人，占总就业人员比重的72.7%。韩国1958年时，中小企业数量只有12128个，每千人口中小企业数量为0.5个，1964～1976年，韩国推行大企业发展战略，中小企业相对萎缩，自1977年后，[①] 特别

① 徐剑峰、朴姬福著：《韩国中小企业》，东方出版社，1995年版。

是亚洲金融风暴以后，韩国积极地发展中小企业，到了2004年，人口为4829万人，企业数量为280万个左右，每千人口企业数量将近58个，微型和中小企业就业的比率占总就业的80%。20世纪40年代末到50年代初，是中国台湾中小企业的发育阶段，虽然数量不多，但据统计，1952年中国台湾形成的私营中小企业数量已经超过了公营企业。① 每千人口企业数量不到4个；到了2001年，中小企业数量为107.8万家，占岛内全部企业的98.18%，每千人口企业数量48个，就业人数为728万，占全部就业劳动力的比率为74%。可以看出，一个国家或者地区，如果要正常地实现其就业结构的转型和容量的扩张，全部人口每千人平均拥有的企业数量，绝大部分是中小企业，随着经济的发展过程，需要不断上升，这是一个规律性的趋势。

（三）中国：每千人口拥有企业水平倒退和太低

中国在其经济发展过程中，20世纪50年代初时，公营企业还很少，1952年有私营工业14.95万户，私营商业430万户，私营饮食业83万户，共计528万户企业。② 按照当时的人口，每千人9个私营企业。从每千人口拥有企业数量上看，比同阶段上的日本和中国台湾地区还要多，但是，当时企业劳动力平均规模与日本60年代企业和中国台湾50年代企业相比，就业人数规模要小得多。③ 我们来看国有和集体企业就业的变动情况。到1978年开始改革开放时，中国没有私营企业，城镇有15万个体劳动者。1978年到90年代初，我们在发展个体、私营经济时，仍然将其作为公有经济的补充来对待。从80年代中期国有企业资金财政拨款改贷款，集体企业也负债大发展，虽然企业数量和人数规模各自在90年代初和中期达到了历史最多的水平，但也给银行造成了大量的呆账、坏账，这里不再赘述。从它们对就业的贡献看，1996年，216万个国有企业容纳的就业为8298万人，平均规模38人，2004年时国有企业减少到了17.9万家，只有2000万职工，平均规模上升到112人；集体企业1991年最多时容纳3628万人就业，1994年546万个集体企业中就业人数为3285万人，平均规模6人，2004年集体企业减少到34.3万个，只剩下897万职工就业，平均规模上升为26人。国有和集体企业，从20世纪90年代初中期最多时就业12000万人，2004年时，减少到了不到2900万人，20年左右的时间中总共减少了9100万个工作岗位。国有和集体企业就业容量大规模收缩，除了其他原因外，一个很重要的原因是，技术进步和职工工资的不断上升，企业的资本有机构成提高，一些企业破产倒闭，一些企业绝

① 陈乃醒：《台湾中小企业发展概览》，《中国工业经济》1995年第2期。

② 胡修干等著：《中国私营经济研究报告》，浙江人民出版社，2004年版，第6页。

③ 我认为可能包括大量的个体经营户，实际企业数量可能远小于这个数据。

对减人；另外，从制度经济学分析，其大量减少的原因在于，国有和集体的企业形式，其体制、组织和管理成本较高，无法在微型和中小企业中分摊。

因此，20世纪90年代中期开始，从所有制上讲，非公有制的个体工商户、微型和中小私营企业的发展，成了既吸收城市新增劳动力就业，又转移农村剩余劳动力，还要吸纳国有和集体下岗职工再就业的唯一领域。从2004年当年新增就业的837万人看，私营企业449万人，占新增就业的53.6%；有限责任公司175万人，占新增就业的20.9%；个体工商户144万人，占新增就业的17.2%；而国有企业不但没有增加就业，反而减少了166万个工作岗位，集体企业也减少了103万个工作岗位。2004年全年新增劳动力的91.7%被个体、私营和有限责任公司等非国有和非集体经济所吸收。

但是，由于所有制结构调整的困难、行政管制太强和政府各部门收费越来越多，即使20世纪90年代以来对个体、私营和有限责任公司等经济成分的发展原则性政策上越来越宽松，到目前为止，中国每千人拥有的企业数量低于日本和中国台湾地区50年代和60年代的水平，企业数量的发育和发展还处于工业化的开始阶段。从工商局提供的数据看，中国1994年，私营企业数量为43万户，就业人数为332万人，平均规模为7.7个人；城镇个体工商户为720万户，就业人数为1225万人，平均每户就业1.7人。根据2004年全国经济普查的情况来看，全国2004年企业数量为325万个，就业劳动力为16668万人，每个企业就业规模51人，其中私营企业198.2万个，就业人数3700万人左右，平均规模为19人；按照13亿人计算，每千人口拥有企业仅为2.5个，虽然规模稍微大一些，但是每千人口拥有企业数，低于中国大陆1952年水平，也低于1960年日本每千人4.5个和中国台湾1952年4个的水平。2004年个体工商户3921.6万户，就业人员9422.4万人，每户规模2.4人，我们将其大部分比照为国际上的自由职业者，或者有一定技能和少量资产的特殊的灵活就业者，并且考虑其中够中小企业规模的假如为个体经营就业者的10%，按照国际上中小企业平均12人规模，可折算78.5万个中小企业。即便加上，中国2004年每千人口拥有企业数量也仅为3.1个，也低于日本、韩国和中国台湾地区同发展阶段的水平。与目前发达国家和地区平均每千人口拥有40~50个企业的水平，差距在15倍左右。2004年全部在第二和第三产业中就业劳动力的15.5%在党政社团事业单位就业，27.5%以个体经营形式就业，约10%在大型企业就业，只有约47%在微型和中小企业中就业，这与国际上65%~80%的劳动力在中小企业就业偏差也很大。这也证明，中国目前中小企业在数量上的发育和发展非常不足。

这里我们依次来看根据2005年经济普查反映的中国各地区每千人企业数量，上海12.4个、北京9.32个、天津5.7个、浙江5.4个、江苏3.7个、广东3.3

个，其余省市区都在每千人3个以下，其中贵州、云南、广西等省区在1.5个水平以下；从事第二、三产业的个体经营户，最多的地区是浙江，每千人达58.5户，最少的省市是贵州和上海，为每千人19户左右，但是上海每千人企业水平为全国第一位。从其他统计数据的对照可以看出，每千人企业和个体经营户较多的地方，是经济较为发达、农业劳动力就业比例较低、城镇实际失业率不高、能大量吸收外地劳动力就业、城市化水平较高的地区；反之，则是经济不发达、农业劳动力就业比率高、城镇实际失业率高、向外挤出剩余劳动力、城市化水平较低的地区。

由于城市中个人创业和投资活动的不活跃，使相对少的微型和中小企业能吸收的劳动力有限，2004年经济普查对乡镇企业缩水后的中国劳动力就业三次产业的结构为59:21:20，此就业结构为日本1915年时的水平，韩国1965年左右水平，中国台湾1955年的水平；按此结构推算，2004年真正的城乡人口比例大约在36:64，[①] 城市化水平也处于韩国和中国台湾地区20世纪60～70年代的水平。按照2004年人均GDP水平和GDP的三次产业结构衡量就业结构偏差：农业劳动力高15%～20%，工业低6%～9%，服务业低8%～12%；而城市人口的比例偏差为低10%～15%。城市化相对于经济发展和工业化水平低，使经济缺乏第三产业正常发展的人口集聚条件，导致了第三产业吸收农业剩余劳动力的困难。

有的学者认为，中国城镇化超速。比较日本、韩国和中国台湾地区的城市化，[②] 我觉得这种看法是片面的，需要两方面分析这种现象。实际上中国目前的城镇化，行政管辖统计人口城市化超前，把许多区内农村农业人口统计了进去，实际工作居住人口城市化滞后，在城市中有长期住房及稳定工作的人口比统计反映的少；规划圈地城市化超前，许多城市规划面积很大，城市圈地而不建，经济内容城市化滞后，创业活力不足，企业数量相对较少，市场繁荣度低。简言之，实际上是行政推进的城市化超前，市场调节的城市化滞后。

三、政府规制体制和行为对创业和就业容量扩大的严重影响

20世纪70～80年代，特别是80年代末和90年代初，一些原来实行计划经济体制、国有经济比重较高、实施进口替代工业化战略的发展中国家在资源配置

---

① 按照公安部统计的非农业户口人口，2004年城市化水平接近30%，按照国家统计局数据为41.76%。公安部数据中不包括农业户口在城镇中务工和居住的人口，统计局数据中包括行政性市镇管辖的农村从事农业的人口，因此，实际的城市化水平估计可能在36%左右。

② 21世纪经济报道记者采访周一星：《“十一五”警惕城镇化超速》，中经网，2005年10月24日。

方式方面向市场经济转轨，在所有制结构方面，或者转向私有制，或者转向多种所有制共同发展，也大都采取了出口导向的工业化发展战略，至今，虽然在就业结构转型和扩张就业容量上取得了一些成效，但是，结果并不十分理想，体制转轨国家的失业率居高不下，[①] 体制和结构双转型国家的城镇失业压力则更大。中国虽然改革开放以来 GDP 高速增长，但是，GDP 的形成中投资的比率较高，工资等形成的比率较低，即工资分配率较低，增长的内容是大企业的产出和公路、电站等社会性和基础性的内容，这种增长方式对持续就业的贡献较小，形成高增长而低就业的局面，人民生活水平随着经济的增长并不如日本、韩国和中国台湾转型时期提高的快，其根本原因就在于广大劳动者能参与就业和分配的微型和中小企业，与国际同期转型国家和地区相比，数量太少。为什么中国等国体制的转型和战略的调整在就业、提高人民生活水平和公平分配等方面没有获得满意的成效呢？我认为需要从政府和社会观念、行政规制、部门利益、政府和部门行为等微观制度层面去探讨其症结。

微型和中小企业虽然对国民经济就业的贡献很大，但是，与大型企业相比，有其自身的特点：从资本有机构成看，为劳动密集性，全部收入中劳动收入的比例很大；利润相对于大企业水平较低，微利的企业很多；由于规模很小，抗风险能力较弱，分摊各种政府高税收和多种收费及各种社会成本的能力较低；并且在微型和中小企业生态结构中，每年注册登记的企业数量较多，停业、关闭和破产的企业也较多。由于这些特点，在微型和中小企业发展与一国就业水平，包括公平分配之间，政府体制和行为有着显著的促进或者抑制作用。

（一）政府规制越严，创业活力越被窒息，失业越严重

企业是社会生产经营的组织形式，在国家制度存在的条件下，其诞生和运营往往有政府准入和管理的规制制度。因此，企业法人的诞生数量，企业在运营中生死多少，除了决定于创业者、资金、市场、经营管理水平等因素以外，很重要的一个方面决定于政府对微型和中小企业的准入和管理等规制体制。政府规制程度与就业水平关系的一个规律是，政府对企业诞生准入的门槛高、环节多、时间长，则创业困难，微型和中小企业数量就少，就业水平就低，失业率就高；如果对企业诞生准入的门槛低、环节少、时间短，则创业活跃，微型和中小企业就多，就业水平就高，失业率就低。

从市场经济程度较高的国家看，企业资本金等标准门槛低，注册登记时间

① 东欧一些体制转轨国家的失业率一般在 9% ~15%，有的国家甚至达到 20% 以上，市场经济和私有化在一个阶段中并没有给其带来失业率降低的结果，其原因并不能归于向市场经济的调整，后面的研究说明，问题在于政府机构和公务员的微观规制和行为没有按照市场经济的要求进行转变和规范。

短、经营范围方式等限制少，注册登记前置审批和许可环节少，公务员寻租行为受到约束。因此，其每千人企业数量在40～55个，除了经济发展阶段外，更重要的是与政府规制和政府行为有着密切的关系。日本从20世纪50年代开始陆续制定了《中小企业安定法》、《中小企业基本法》、《中小企业协同组合法》等一系列法规。韩国也制定了《中小企业事业调整法》、《中小企业基本法》、《中小企业基准法》、《中小企业振兴法》和《中小企业购买法》，以保护微型和中小企业的发展。① 而许多发展中国家，还有体制转轨国家，其失业率高的原因是：对企业注册登记的资本金额度等标准门槛设立标准较高，经营范围限制较严，注册登记前置审批和许可环节较多，从申请到批准的时间较长，对运营中的企业检查等干扰较多，而且各个环节的公务员寻租行为较为盛行，结果极大地增加了微型和中小企业投资、创业及运营的风险和成本，微型和中小企业创业和经营的环境恶劣。

特别是体制转轨的一些国家，计划经济时期，政府职员住房，子女就学、就业和出国，家庭就医等个人的利益方面，要么有供给制和福利制的保障，要么出国等这样的个人利益受到限制，与此相关的部门利益也没有基础，意识形态方面强调奉献。因而，虽然所有制方面的限制使微型和中小企业诞生和发展，但是，公务员寻租和部门设置寻租机制的情况却很少。但是，向市场经济体制转轨过程中，公务员住房等利益逐步地被商品化和市场化，审批和许可设置的项目越多，通过权力寻租的机会就越多，寻租获利的收益水平也就越高。也就是说，体制转轨中的国家，虽然计划经济向市场经济转轨，单一所有制向私有制或者多种所有制转轨，但是，政府微观的行政规制体制和行政行为没有转变，而且还在市场经济条件下，向寻求更多的权力和利益方面倾斜和强化。这就是为什么许多体制转轨中的国家，虽然体制在转轨，但是投资和创业困难，微型和中小企业诞生和生存环境较差，失业率高居不下的最重要原因。

世界银行《2005年世界发展报告》以“改善投资环境，促使人人收益”为题和主要内容，专门研究了政府政策和行为与促进就业及减少贫困的关系。报告认为，政府的政策和行为，在营造投资环境中发挥着关键作用。政府的政策和行为通过对成本、风险以及竞争壁垒的影响，决定企业面临的机会和激励机制。世界银行的调查和研究，总结起来表明，企业的成本表现：一是政府直接的税费多少和高低，影响到企业的预期和现实利润。二是因基础设施不可靠、合同执行方面的困难、犯罪、腐败以及监管等方面造成的成本，可达销售额的25%，亦即企业通常缴纳税款的三倍以上。在不同的国家，这些成本的水平和结构相差很

---

① 佚名：《东亚：精心扶持中小企业》，www.sme.gov.cn，2002年5月23日。

大。三是成本还体现在行政及服务的时间和效率方面。世界银行对企业的调查凸显出货物在海关清关和安装电话线所需时间，以及企业用于对付官员所需时间方面，存在很大的差异。注册一家新企业所费时间各不相同，澳大利亚只需2天，海地则需200天以上。四是为了顺利审批、缩短时间用于贿赂部门、机构和官员方面的攻关费用。[①] 特别是微型和中小企业，由于其规模较小，不能分摊这方面的成本，很难诞生、发育和发展。因此，失业率、创业和投资活动、微型和中小企业数量、政府规制和行为四者之间呈高度的相关关系：一个国家，政府准入和管理规制越严，管理机构和公务员寻租行为越多，失业率越高，贫困人口越多。

从中国的情况看，在投资、创业、准入、企业运营等政府规制和管理方面，虽然对企业审批项目进行了大幅度的清理，但是，一是创业准入的门槛高、环节多、时间长的问题仍然存在，一些在国外不应该纳入管理的非正规个体和微型企业，也要注册登记。二是投资项目改为核准和审批制后，企业反映发改委以外各部门的规定没有配套改变，并且从土地、规划、环保、银行、海关等有关部门通过有关审批后再到发改委核准和备案，比原来的审批制时间还要长。三是能不能批准很大程度上仍然决定于与办事机构和公务员的关系，由于政府各种规定的弹性太大，并交叉重复和矛盾，能批准可以找一千个理由，不能批准也可以找一千个理由。四是对企业随意检查太多，而且政府执法部门也太多，容易或者已经形成机构或者公务员为寻租而恶意进行检查和执法的局面。

从中国企业法人和个体工商户增长情况看，按照统计局普查数据，1998年企业法人为262.8万家，2004年为325万家，1999～2004年，关闭与新增相抵后，只增加了62.2万家，一个拥有13亿人口的发展中大国每年仅增加10万家法人企业。每个企业按大中小和微型统算，如果平均吸收20人就业，年平均由企业增加的就业关闭与新增相抵后，年新增企业解决的就业每年只有200万人。企业吸收就业的功能，在中国很弱。而根据国家工商局的登记统计，1999年时个体工商户为3160万户，2004年时，下降为2350万户，1999～2004年在工商局登记的个体工商户减少了770万户，平均年减少128万户。[②] 当然，工商局的统计中缺少一部分实际上没能管理的非正规个体经营户，但是，可以看出，无论是微型和中小企业数量，还是个体工商户数量，在现行的行政规制和管理体制及政策下，增加速度异常缓慢，甚至会萎缩。

① 世界银行：《2005年世界发展报告》，世界银行和牛津大学出版社，2006年版。

② 张厚义等：《中国私营企业发展报告》，社会科学文献出版社，2005年版，第11页。

（二）政府税费和相关成本越高，创业活力越低，就业越困难

供给经济学派的拉弗等人研究过企业税负水平与政府税收规模之间的关系：即政府对企业规定和所收的税率有一个平衡点，当所定的税率高于临界点时，政府所收的税收不仅没有增加，反而减少。因为高税率导致新拟进入的投资者，由于税率太高，而不投资项目；原有的企业由于税率太高，利润太低，甚至亏损，进行积累再投资的能力下降，不愿意扩大企业生产和经营规模；一些企业可能由于政府的税率太高，发生亏损而倒闭。这样，企业生产和经营规模扩大缓慢，劳动者就业机会增长不快、工资增长缓慢，甚至出现失业，政府在生产、流通和所得等方面所能征收的税收就相对和绝对减少。① 世界银行《2005 年世界发展报告》也强调，政府直接的税费多少和高低，影响到企业的预期和现实利润，进而影响到投资、创业和经营。② 因此，政府对投资、创业和企业的税费率越高，投资、创业和经营越受到抑制，每千人企业数量就越少，失业率就越高；反之，每千人企业数量就越多，失业率就越低。这是一个规律，不能视而不见，更不能违背规律行之。

中国投资、创业和企业经营目前实际的税费负担很重。

（1）正税税率较高。①与大部分市场经济国家税收主要来自于个人和消费不同的是，中国税收主要来自于企业生产和经营。②企业所得税率较高，为 33%，一般的发展中国家在 25% 以下。③一些微型和中小企业，企业征收企业所得税，业主又要征收个人所得税，重复征税。④虽然正在试点改革，但是，绝大部分地区企业设备厂房等固定资产投资不能进行税收的抵扣。世界银行专家认为，政府收入比较规范，人均 750 美元左右的国家，最佳税负只需维持在 18% 左右。发展中国家的宏观税负一般在 16% ~20% 的水平，明显低于我国，如 1990 年泰国为 21.3%，印度为 20.5%，韩国为 18.5%。③

（2）政府各部门的收费和罚款较多。政府收费的部门有：工商管理、质检、城管、劳动、交通、公路、卫生防疫、教育、消防、环保、林业、土地、规划、建设、人防、公安、交管、民政、人事、计生、街道办事处等，不收费的政府部门没有几个。2005 年进入统计的预算外资金可能超过 5000 亿元，没有进入统计的预算外资金，也收了 5000 亿元。这些所谓“合法”收费罚款、乱收费、乱罚款，有相当部分来自于个体工商户、微型企业、中小企业身上。如果仅仅按照税收计算，2004 年 GDP 税负率仅为 15.1%；加上政府征收的社

---

① 周天勇著：《效率与供给经济学》，经济科学出版社，1996 年版，第 11 ~17 页。

② 世界银行：《2005 年世界发展报告》，世界银行和牛津大学出版社，2006 年版。

③ 周天勇：《2005：宏观调控的重点应是扩大就业》，《中国经济时报》2004 年 12 月 9 日。

保费，上升为18.7%；再加上预算外收入，则实际的GDP税费负担率为25%，到了发展中国家的上限。[①] 但是，需要说明的是，与许多国家税收大部分来自于个人所得税、消费税和房产税，小部分来自于公司所得和营业税不同的是，中国GDP中由党政事业社团及公务员收入和消费形成的比例较高，而且其大部分机构收入和消费并不征税，特别是公务员和事业单位职员提供的个人所得税在整个税收中的比例很低，大部分税收和收费集中来自于企业和个体工商户。因此，可以说中国企业和个体工商户税费负担特别沉重，比一般国家的企业要重50%左右。

（3）企业和个体工商户用于应付行政审批、执法、融资的灰色和黑色成本较高，主要支出于执法中的吃拿卡要、疏通行政审批许可和融资关系中的贿赂。[②] 2005年银行发展报告指出，投资环境政策是企业、政府官员和其他利益集团寻租行为的一个引诱目标。腐败会增加业务经营成本。腐败蔓延到政府高层时，则可能导致政策严重扭曲。世界银行的调查表明，发展中国家的大多数企业预期在与官员打交道时要对他们行贿，因此许多企业将腐败列为对其运作最严重的障碍。“俘获”以及庇护者一扈从关系反映了在政策制定中的不公平信息分布和对决策的影响，因此也会导致政策严重扭曲，使政策向某些集团倾斜，从而损害其他集团的利益。市场受到限制，产权分配不均，金融市场也受到扭曲。[③] 其中，政府的高税率，从体制上讲，源自于中国税收制衡上，不是纳税人—纳税人代表—政府之间的协商制，而是政府主导制定和颁布制；而个体工商户和企业的灰色及黑色支出，主要应归因于立法的部门化，部门权力利益化，机构和公务员的不依法行政，以及执法没有监督。

这里着重需要讨论的是，财政体制中部门收费的下达任务、收支两条线、超收奖励和罚款分成制度，行政与利益相结合，执法与收费相关联，非常显著地激

---

① 小商小贩每月向税务部门缴纳50元左右的税，但按规模大小不等向工商管理部门每月大约要交150～350元的工商管理费，向工商或者城管要交每月150～300元的场地费，工商户和私营企业年审时还要交一大笔年审费，还有办照费、个体私营企业协会费、订报订刊费、办班培训费等，一年工商系统收取的各种收费和罚款，估计在500亿元以上。其他还有食品卫生系统办理《卫生许可证》收取300多元，餐具检验费几百元；质检部门办理QS认证要1万多元，锅炉检验1000多元，地磅检验2000多元，机构代码证要150元；药检部门办理《药品零售许可证》、《医疗器械经营许可证》等，需要几百元到上千元不等；卫生部门办理《医疗机构执业许可证》、《执业医师许可证》，证照费几百元，另外资料费还要收几百元；等等。中国政府各部门，只要与企业的开业、运营、管理有关，无不千方百计向个体工商经营户、微型和中小企业收费，或者罚款。

② 郑州市政府委托民间机构完成的一项调查显示：2005年，当地企业用于与政府部门“搞关系”的非正常支出，比2004年几乎翻了一番。陈君：《2006中国民企摆脱歧视关键年》，《法制早报》2006年1月22日。个案请见张贵峰：《从老板过年账单反思节日腐败》，《中国经济时报》2006年1月27日。

③ 世界银行：《2005年世界发展报告》，世界银行和牛津大学出版社，2006年版，第24页。

励着政府各行政办事和行政执法机构和公务员收费罚款立法行为，以及行政管理和执法收费和罚款的行为，政府各部门巧立名目和想方设法收费及罚款，成为个体工商户、微型和中小企业沉重的负担，对个体工商户、微型和中小企业造成的各种税外收费和罚款规模估计在3000亿元以上，甚至更多，如果按照2万元可以解决一个劳动力就业，仅政府收费和罚款失去的就业机会就达1500万个。改革开放以来，中国各级财政，特别是地方财政，对许多行政部门和行政性事业单位实行了经费完全自收自支、财政拨款和自己筹集相结合、允许党政机构办企业补充经费、全额财政拨款等体制。20世纪90年代后期对党政机关办企业进行了清理，此项改革较为彻底；后来又对行政性收费进行了清理，但是，由于许多收入项目已经进入了供养机构和人员的支出，财政又无力也不想弥补，量大的收费并没有被清理掉；而财政进行的所谓的“收支两条线”改革，实际上将许多不合理的行政性收费合法化了，成为个体工商户和企业固定的负担。同时，各级财政又希望通过各机构多收行政性收费和罚款来增加财政收入，因而普遍实行了超收奖励、罚款分成的体制。这样，许多行政性机构为了超额完成收费和罚款任务，正式和非正式地（如口头）确定目标和下达任务，并与行政办事和执法人员的工资奖励等挂钩，导致各行政部门和行政事业性机构立法时设置较高收费和罚款标准，行政和执法时以收费罚款任务和机构及公务员利益为动力，并且各部门各机构重复收费和罚款，这一目前世界上可能是中国特有的财政—部门收支体制已经使个体工商户、微型和中小企业的生存环境相当恶化。比如，前面所述的企业数量增加缓慢无不与行政性收费罚款体制有关；而在工商局登记的个体工商户从1999年时的3160万户减少为2004年的2350万户，其统计的就业人数也从最多的1999年的6241万人减少到2004年的4587万人。[①] 而2004年统计局经济普查数据为，个体经营户3921.6万户，个体经营人员9422.4万人，比工商局数据分别多1571.6万户和4835万人。这说明，在工商局注册登记导致的企业规费成本太高，使许多个体工商户成为非正规个体经营户。如果将其纳入工商局的正规管理，估计至少还要减少1000万个体经营户和2400万人的就业机会。

特别需要指出的是，政府各部门对于微型和中小企业越来越多的收费和罚款动力，也越来越多地形成于1994年以后中央与地方的分税制改革逼迫。地方政府的财政收入占整个财政收入的比重逐年下降，从1993年的78%下降到2004年的42.7%；中央政府的财政收入占整个财政收入的比重却明显上升，从1993年的22%上升到2004年的57.2%。而地方政府的财政支出占整个财

① 张厚义等：《中国私营企业发展报告》，社会科学文献出版社，2005年版，第11页。

政支出的比重却没有相应的变化，一直在70%左右的水平上波动。特别是县乡级财政在整个财政收入中所占的比重更低。地方政府用43%左右的相对财政收入支撑了70%的相对财政支出责任，与分税制改革前地方政府用68.4%的相对财政收入仅仅支撑59%的相对财政支出责任恰恰相反。这说明我们的分税制在明显提高中央政府财政收入的同时，给地方政府带来了一定的事权与财权不统一、收支不平衡等问题。由于从开支来源结构上看，中央与省靠税，市（地）靠税、土地和收费，而县、乡开支的30%甚至50%只能靠收费和罚款来维持。这样在县域经济中，收费、罚款越多，个体工商户、微型企业和中小企业越少；个体工商户、微型企业和中小企业越少，由于税费来源少，向他们的收费、罚款就越重，甚至向过路的汽车等打主意，让路政、交管、城管等上路收费和罚款；越是这样，县、乡经济越是投资少、生意少、创业难、就业机会少，其失去了吸收附近农村剩余劳动力的功能，使剩余劳动力过度向大中城市转移和流动。

总之，我估计，在中国，由于政府过度的行政规制，加上税费太重，抑制创业和企业活力，每年丧失的个体经营户在180万户左右，失去就业机会430万个；丧失的微型和中小企业在50万户左右，失去的就业机会在600万左右。两项共计每年损失900多万个就业机会。

四、战略和体制后果：剩余劳动力积累、失业、收入差距扩大加剧

就业和收入分配是社会稳定和居民富裕的基础。劳动力供给压力大、就业前景严峻，居民之间的收入分配差距越拉越大，将是中国“十一五”期间，乃至21世纪前20年需要认真解决的重大经济和社会问题。那么，目前不利于微型和中小企业发展的战略、体制和政策如果不进行调整、改革和更新，劳动力过剩、城镇失业和分配不公平的局面还会更加恶化。

（一）战略失衡的后果：资金流程扭曲和就业容量狭小

前面已经分析，新中国成立以来计划经济、国有制主导和优先发展重化工业的进口替代工业化，是一种不能较好吸收劳动力就业的体制和发展模式。虽然各种不同产业和不同规模的企业，其资本有机构成不同，但是，一般来说，只有一定的劳动手段的投入，才能形成产业和企业就业容量。因此，资金在特大、大型、微型和中小企业中的流动和分配，决定了各自创造就业机会的能力。这里我们再来分析大企业主导发展、城市微型和中小企业吸收劳动力能力较弱格局下的

资金和劳动力的流程。

首先，全社会的资金大部分向特大和大型企业流动和集中，往微型和中小企业流动的资金流量很小，甚至枯竭。由于民间投资、创业受到抑制，居民收入的储蓄大部分进入银行或者资本市场，而偏好于特大和大型企业的垄断性的银行体制，以及偏好于企业规模的资本市场，又保证了居民收入储蓄的绝大部分进入银行和购买股票，资金通过银行信贷通道和资本市场通道源源不断地进入特大和大型企业。而个人投资和创业活动的不足，使居民使用收入的一部分，直接流入微型和中小企业的资金渠道不畅，加上垄断性银行和资本市场体制对微型和中小企业不愿意供给信贷，导致全社会流向微型和中小企业的资金实际上接近于枯竭。在广东、浙江、福建等地，居民收入储蓄的一部分通过非正式的民间借贷渠道流向了微型和中小企业，促进了这些地方的投资、创业和就业。

企业规模结构的失衡，还导致零售商品供给过剩和需求不足。由于大企业生产规模越来越大，所用的劳动力越来越少，如果没有微型和中小企业大量吸收劳动力，增加工资性收入来消费特大和大型企业生产的产品，则会发生物质性产品的供给过剩和需求不足。[①] 20 世纪 90 年代后期到现在，中国经济零售消费品价格持续低迷，甚至负增长，就说明了这点。

其次，从劳动力流程看，特大和大型企业总体上挤出劳动力，微型和中小企业吸收劳动力的能力较弱，于是农村的剩余劳动力被积累起来，并且城镇失业规模越来越大。按照世界性就业规律，特别是日本、韩国和中国台湾地区的经验，农村剩余劳动力转移、城镇新增劳动力、结构调整和体制改革挤出劳动力，随着产业结构的变动，其越来越多的劳动力，即65% ~80%的劳动力，要向微型和中小企业集中；但是，由于实际实行的是促进特大和大型企业发展，忽视、歧视和抑制微型及中小企业发展的战略，特大和大型企业技术进步、资本有机构成提高吸收劳动力能力较弱，甚至挤出劳动力，总体上，一般规律下其边际劳动力吸纳值也只有 15%，特别是目前，其边际吸收劳动力的能力目前在中国是负值，或者接近于负值；而微型和中小企业虽然吸收劳动力的边际贡献在 90% 左右，但是与劳动力转移和就业供给压力相比，按照日本、韩国和中国台湾地区的经验，中国大陆目前微型和中小企业吸收劳动力水平几乎低一半左右。每千人微型和中小企业水平太低，又使产业和企业不能理想地吸收劳动力转移、就业和再就业。于是，在农村就业不足的剩余劳动力越积越多，在城镇劳动力的失业问题则越来越严峻。见表 1。

---

① 关于大工业企业资本有机构成提高会造成生产过剩的问题，马克思在他的《资本论》中进行了深入的研究。但是，现代经济中微型和中小企业的发展，特别是第三产业的发展，吸收了大工业企业减少下来的劳动力，其工资支出平衡了大工业生产形成的供给，使国民经济发生生产过剩的可能性大大降低。

表 1　中国大陆与日本、韩国和中国台湾地区农业劳动力比例和城市化

国家和地区	农业劳动力占总就业的比例				城市化水平			
	1950 年	1970 年	1990 年	2004 年	1950 年	1970 年	1990 年	2004 年
日本	48	19	7.1	5**	37.3	71.4	77	79
韩国	66*	48.2	17.9	7.5	28	50.2	74	84
中国台湾地区	60	17***	12.8	7	40	—	78	—
中国大陆	86	80	65	59	10.6	17.4	26.4	36

注：*为 1960 年数据，**为 2002 年数据，***为 1975 年数据，数据来源见参考文献。

（二）失业和分配差距扩大：中国可能会滑向拉美陷阱

2005 年经济学家和社会学家们对社会的公平问题予以激烈的讨论。许多学者忧虑，如果不采取措施，中国会步拉丁美洲一些国家收入分配不公、差距较大、贫富两头极端化的后尘。代表性的看法为："效率优先，兼顾公平"的口号现在就可以开始淡出，逐渐向"公平与效率并重"或"公平与效率优化结合"过渡。并且提出了从税收调节、调整财政支出结构、建设社会保障、消除政府和强势集团侵犯农民和城市居民利益等方面控制和缩小收入分配差距的思路和政策建议。① 当然，对于城乡、居民、地区等三大收入和发展差距拉大问题的解决，除了上述措施外，许多社会学家和经济学家从不同的角度进行了讨论。有的认为，要重点发展农村，控制城市化超速，来控制和缩小城乡收入差距；有的还提出要反思市场经济、国有经济改革和鼓励发展非公有制经济的得失，加大计划调节力度，重振国有经济，并限制非公有制经济的发展。从而解决经济和社会中的公平问题。

我觉得，关键需要讨论的问题是：导致收入分配不公平，还有没有其他的更深层和更具有主导性的原因？中国未来的经济和社会，究竟实行什么样的最主要的发展战略、经济体制和政府政策，才能最有效地控制住收入分配差距拉得过大，甚至有效地缩小收入分配差距。

东亚一些国家和地区为什么在结构转型过程中，失业率低，收入差距拉得不大，并且得到了控制？而拉美一些国家为什么反之？从比较研究的方法着手，需要讨论日本、韩国、中国台湾等东亚国家和地区发展道路和体制与拉丁美洲一些国家发展道路与体制的不同。前面我们已经从数据方面分析了日本、韩国和中国台湾中小企业发展的情况，在东亚这些国家和地区的结构转型过程中，微型和中

① 刘国光：《进一步重视社会公平问题》，《经济参考报》2005 年 4 月 19 日。

小企业发展较为充分，失业率较低，劳动生产率较高，职工工资和小业主所得分配的较多并增长较快；而后者则以特大和大型企业为主，微型和中小企业发展相对不充分，中小业主相对较少，特大和大型企业所有者资本分配率较高，失业率较高，工资和微型及中小业主在GDP分配中的比率要比日本、韩国和中国台湾地区低。我们来看东亚日本、韩国和中国台湾地区与拉美一些国家失业率的比较。

表2 东亚与拉美一些国家和地区失业率的比较

国家和地区	1980～1982年	1990～1992年	1994～1997年	2000～2002年
日本	2.0	2.2	3.4	5.4
韩国	—	2.5	2.6	3.1
中国台湾	1.4（1981年）	1.7（1988年）	1.8（1995年）	3.0（2000年）
阿根廷	2.3	6.7	16.3	19.6
巴西	2.8	6.5	6.9	9.4
智利	10.4	4.4	5.3	7.8
秘鲁	—	9.4	7.7	8.7
委内瑞拉	5.9	7.7	10.3	15.8

资料来源：世界银行：《世界发展指标（2000）》、《世界发展指标（2005）》，中国财政经济出版社，2000、2005年版；中华人民共和国国家统计局编：《中国劳动工资统计资料（1949～1985）》、《中国劳动工资统计年鉴》（1990）、《中国统计摘要》（2002），中国统计出版社，1987、1990、2002年版。

从拉美的发展看，从20世纪60年代开始，除了优先发展重化工业的进口替代工业化道路外，对于企业资本，特别是国外资本实行了国有化改革，但是许多国有国营企业效率较低，长期亏损，导致生产下降，使财政负担加重，赤字猛增，并由于其垄断地位使本国非国有资本处于不利的竞争地位，总的造成投资下降、资金外流。而且，在拉丁美洲一些国家中，创业和投资的政府规制障碍很大，严重影响企业的诞生和发展。一位拉丁美洲问题专家德索托（H. de Soto）在其名著《另辟蹊径》（The Other Path）中记述，在秘鲁申办一家小工厂要走完的程序清单，打印出来就有30米长。① 企业规模结构中，特大和大型企业相对多，每千人微型和中小企业相对比日本、韩国和中国台湾地区少，这是拉美经济发展模式的一个特点。其结果就是其失业和半失业人口多，中等收入人数比例低，贫困人口多。比如，1979年墨西哥只有12万家企业，每千人企业的数量只

---

① 薛兆丰：《企业家精神的量度》，博客网，2004年12月9日。

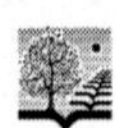

有1.73个，失业和半失业劳动力占总劳动力比率为14%。① 我们来看亚洲和拉丁美洲一些国家和地区工业领域里的中小企业和就业的比较。

表3　东亚与拉美部分国家和地区工业领域里的中小企业和就业比较表

国家或地区	就业占整个就业的比重（1）	工业产值占整个工业产值的比重（2）	劳动生产率指数（3）=（2）/（1）
韩国1990年	61.7	44.3	0.72
中国台湾1991年	56.5	40.9	0.72
巴西1985年	41.3	24.0	0.58
墨西哥1986年	38.0	17.1	0.45
智利1984年	45.4	22.3	0.49
哥伦比亚1984年	34.8	17.4	0.50

注：韩国中小企业雇工人数低于300人，其他国家或地区低于100人。转引［德］蕾吉娜·克瓦尔曼、耶尔格·梅耶尔－施塔莫尔：《中小企业的生存性促进：着眼点及互补性》，载德国技术合作公司编：《德国中小企业促进政策分析与评估》，中国经济出版社，2002年版，第8页。

资料来源：隆武华：《中小企业资本形成与创业板市场建设论纲》，2003年4月7日，深证综研字第0071号。

被研究公平与效率关系的学者们所忽视的是，每千人微型和中小企业数量与在微型和中小企业就业的劳动力比例，与一国和一个地区分配差距的大小和贫富不均程度存在着很高的反向相关关系。在东亚上述国家中，除了公务员等其他分配外，分配的格局为：少量的大资本所有者的分配，大资本企业的高管和部门经理层的分配，特大和大型企业职工分配，微型和中小企业业主分配，规模稍微大一些的中等企业的高管和部门经理层分配，微型和中小企业职工的分配等，形成一个从高到低的收入层级。结果：高收入的人数相对少一些，中等收入人数较多，低收入和绝对贫困的失业人数很少。反映在贫富差别上，其基尼系数就要比每千人微型和中小企业水平低的国家和地区低。但是，当重点发展特大和大型企业时，一方面大资本所有者、高管和部门经理的分配比例要比微型和中小企业多的国家和地区高，特别富裕的阶层人数规模相对大、收入水平相对高；另一方面，由于每千人口微型和中小企业数量水平低，微型和中小企业业主等中间收入阶层人数少、收入水平低，特别是由于微型和中小企业数量少，其失业率较高，低收入和极低收入的贫困和绝对贫困的人口较多。因此，收入的两极分化特别严重。

① 张根森等：《拉丁美洲经济》，人民出版社，1986年版；复旦大学拉丁美洲研究室：《拉丁美洲经济》，上海人民出版社，1986年版。

收入分配差距在一国的经济发展过程中，有一个先扩大后缩小的过程。对于这一规律，已经有王小鲁、樊纲等学者进行了深入的研究。① 这种观点是对的。但是，如果在同样的发展阶段上，每千人微型和中小企业多的国家和地区，不公平的局面可以显著得到改善，其分配差距要比每千人微型和中小企业少的国家和地区小一些。见表4。

表4 东亚和拉美一些国家和地区基尼系数比较

国家和地区	1950年	1975年	2000年
日本	31.0	34.4	30.3（1997年）
韩国	34.0（1953年）	39.1（1976年）	31.6（1998年）
中国台湾	55.8（1953年）	28.0（1976年）	31.9（1997年）
巴西	53.5（1960年）	35.2	59.1（1998年）
智利	45.6（1968年）	53.2（1980年）	57.1
阿根廷	41.2（1953年）	35.3（1972年）	52.2（2001年）
委内瑞拉	42.0（1962年）	43.6（1976年）	49.1（1998年）
中国大陆	55.8（1953年）	26.6	44.7（2001年）

资料来源：中国经济体制改革基金会联合专家组：《收入分配与公共政策》，上海远东出版社，2005年版，第5页。

可以看出，收入分配不公和贫富差距有各方面的形成原因，但是每千人微型和中小企业数量水平低，是为什么拉丁美洲一些国家比东亚一些国家和地区贫富差距较大的最基础和最深层次的原因。

经济和社会发展道路上的“拉美陷阱”概括起来就是：在传统农业占很大比重的情况下，走进口替代的工业化战略，优先发展重工业，借债发展特大和大型企业，微型和中小企业数量少，这样剩余劳动力的比较优势无法得到发挥，中等收入人口比例少，失业人口较多，贫困和绝对贫困人口较多，财富集中在少数人手中；农村的农民破产，到城市里找不到工作，在城市边缘形成贫民窟；而较早的民主化进程，又迫使政府给大量的失业者、低收入者提供与国力和财力不相适应的社会保障；于是外债和财政赤字居高不下，通货膨胀严重，金融潜伏着危机，或者发生动荡。

在收入差距扩大方面，中国大陆目前的情况也不例外。腐败、税收和公共财政体制不当形成的问题政府可以逐步地改变。但是，在发展道路、体制和政策上鼓励“做大做强”，并忽视和歧视微型和中小企业的发展，导致的最基础和深层

① 中国经济体制改革基金会联合专家组：《收入分配与公共政策》，上海远东出版社，2005年版，第5页。

次的收入差距拉大，则是失衡的发展道路、管制和收费体制，以及对微型和中小企业歧视性的政策造成的。中国目前微型和中小企业就业比例比拉丁美洲同阶段可能要高一些，却比日本、韩国和中国台湾地区的同发展阶段上低 18 ~ 33 个百分点。我认为，如果不改变目前重视特大和大型企业发展，忽视、歧视和抑制微型和中小企业发展的战略、体制和政策，中国在未来的发展中，缺乏相当数量的中等收入者，并且因大量劳动力的失业，低收入和绝对贫困的人口也将增多，在分配差距方面必定会像拉美一样，陷入急剧扩大的困境。

五、结论和政策含义

从上面的分析可以看出，要解决就业这一最关键的民生问题，并使得收入分配差距不要拉得过大，中国经济社会的发展战略需要平衡和调整，最关键的是促进微型和中小企业的发展，鼓励投资和创业，在一些阻碍微型和中小企业发展的关键的政府管理体制上要进行改革，并且需要出台一些相应的政策。

（一）就业和社会和谐取向的经济发展战略

从上述分析可以看出，关于市场调节效率、政府解决公平这样的理论和思路有一定的片面性。实际上，政府可以提供公平，市场通过配置资源也会形成基础性的公平；市场失效会导致不公平，政府失误也会造成不公平的后果。但是，在政府体制和政策公平对待特大、大型、中型、小型和微型企业时，资源、创业者和劳动者在企业规模结构中的合理分布，使国民收入初次在高收入、中上收入、中等收入、中下收入、低收入等阶层中合理分配，国家税收和财政转移支付，对高收入和低收入的阶层再进行公平性的调节和分配，从而实现社会的公平。但是，由人民积极投资、创业和自主就业，以及合理的企业规模结构形成的初次较公平的分配，是内生和基础性的公平，即市场内生性的公平。这种公平的特点是效率与公平共生，是社会再次公平的基础，这种公平有它的效率性、可持续性，以及供给与需求的平衡性。而政府对微型和中小企业歧视性的战略、体制和政策，往往造成企业规模结构不合理形成的初次分配的不公平，即政府抑制市场性，或者扭曲投资、创业、就业机会形成的不公平。对于这种政府干预市场形成的基础性的不公平，政府用特大、大型企业所交的税进行转移支付来实现公平，一是由于抑制了投资、创业和自主就业这样一些活力，经济生活的效率将越来越低。二是由于需要保障的人口比例太高，有限财力对于过多的公平需求没有可持续性。三是极易形成财政赤字，积累较多的内债和外债，引发严重的通货膨胀。从日本、韩国、中国台湾地区与拉丁美洲一些国家经济发展的对比，完全可以得出这样的结论。

因此，为了避免跌入拉美陷阱，可能正确的战略思路是，通过进一步完善市场经济体制，彻底改革计划经济遗留的体制，发挥市场经济分工协作细化深化形成更多就业机会的作用，发展非公有制经济毫不动摇，鼓励投资和创业，大力发展微型和中小企业，使人民的创造和创业能力得到充分发挥；积极健康地推进城市化进程，在城市中主要依靠微型和中小企业吸收转移进来的农村剩余劳动力，调整整个国家人口的城乡结构和产业的就业结构；坚持出口导向的工业化道路，利用外需使丰富的劳动力资源得以较为充分地利用，逐步降低第一产业劳动力的就业比例。通过微型企业和中小企业的发展，一方面，很多人创业，人人得到就业，社会财富在初次分配时就做到了公平，把农村人口的数量减少，也把失业和低收入及绝对贫困人口减少到最低程度；另一方面，财政税源增多，国力增强，虽然转移支付的农村和失业及其贫困人口相对减少，但是国家通过再分配实现公平的能力却大大增强，通过国家强有力的转移支付，实现高水平的公共服务、转移支付和社会公平。

从战略平衡的思路看，要处理好这样一些重大的关系：①既要重视特大和大型企业的发展，鼓励企业做大做强，形成一批技术水平高，在工业体系中起骨干作用，在国际上有竞争力的大企业；根据中国人口众多、劳动力剩余、就业压力很大的国情，又要重视微型和中小企业的发展，鼓励投资和创业，形成做多做小的格局，使人民乐业安居，使市场充满活力。②既要支持农村和农业的发展，在不超越生产力水平和国力的前提下，加大对农村公共设施、公共服务和农业产业的投入；又要按照人口城市化和产业就业结构变动的客观规律，健康地推进城市化，在城市中大力发展微型和中小企业，发展出口导向型的制造业，转移农村剩余的劳动力。③既要强调自主技术创业，加快产业的技术进步，提高国民经济整体的竞争力；又要考虑到众多劳动力的素质，考虑技术可能对劳动的替代，发展适度和中间技术产业，使技术进步不影响劳动力的就业。④既要看到中国人口众多，国内消费市场潜力较大，从而努力扩大内需，降低国民经济对外的依存程度；又要考虑中国虽然人口众多，但收入水平较低，并且劳动力资源剩余这一国情，积极开拓国际市场，通过外需使剩余劳动力资源得到充分利用，拉动国民经济增长。在这样一些重大的战略关系上，任何片面的取向，都会造成国内劳动力资源的大量闲置，形成严重的失业局面，并且会使收入分配差距急剧拉大。

（二）发展微型和中小企业关键性的一些制度安排和体制改革

能不能使微型和中小企业有一个长足的发展，根治失业和缓解社会不公平问题，关键在于政府有关体制的改革和行为的规范，包括需要一些政策的出台。这

些改革因为涉及政府各有关部门的利益，难度相当大。2005 年出台的国务院鼓励非公有制经济发展的 36 条，包括以前出台的《中小企业促进法》，从实施的情况看，个体工商户和私营企业主反映原则性强、操作性不足，没有具体落实的实施细则，也没有政府各部门的配套规定，实际上没有起到促进非公有制经济，特别是个体经济、微型和中小企业发展的作用。因此，就微型和中小企业发展需要的制度安排来看，主要需要从准入、运行管理、规制、收费和罚款、执法方式、银行、土地等方面切实进行配套和具体的体制改革。

1. 放宽对微型和中小企业创业和经营的政府限制

按照世界许多国家通行的规则，允许非正规个体经营户和微型及中小企业发展，以降低它们与政府规制和行为有关的成本，增加非正规就业的容量。取消个体工商户的称谓，一部分划为自由职业者，对于擦鞋修鞋、小商小贩等劳动，不再进行注册登记，也不备案，劳动者依法劳动，照章纳税；对于一些 5 人以下、销售额和服务额在一定规模以下的微型企业，一般的也不再进行注册登记，只实行备案制度，目前的一部分个体工商户划归微型企业进行备案管理；对于一部分销售额服务额和资本金规模不大，不需要特殊进行限制的中小企业，实行非登记制度，但企业开办需要备案；一部分够中小企业规模的个体工商户，不需要进行注册登记管理的，也划归备案管理；需要注册登记的中小企业（包括目前少量的达到规模的个体工商户），注册登记时间规定在一个工作日之内，否则视作违法，并减少中小企业注册登记的前置审批，不得超过 3 个环节；放宽对注册资本金、场地、经营范围等方面的限制；将目前工商管理部门中的个体私营企业监管司处科改为中小企业监管司处科。

凡国家法律、法规无明令禁止的投资领域，都允许民营经济进入；实施民间投资项目登记制，对符合产业政策、环保和安全生产要求，可自行平衡资金的中小民间投资项目，改审批为登记备案。

2. 减轻税费，废除抑制微型和中小企业发展的收费罚款体制

能不能彻底消除微型和中小企业发展的体制障碍，最关键的环节是能不能将政府和政府各部门的繁多收费和罚款予以改革和根除。只有将权力与利益相分离，将行政和执法与收费和罚款合理分离，才能使政府的有关部门真正执政为民，才能使部门和个人利益驱动权力的冲动得到有效约束，才能使政府变得清正、廉洁、高效，才能使微型和中小企业发展有一个公平和良好的体制环境。因此，需要进行以下改革：

（1）在城镇中开展费归税、费改税，清理收费和乱罚款的改革。将农村的

费改税改革引入完善城市市场经济体制的改革之中，取消纯公共服务和社会管理类的各种收费，除了准公共服务收费外，将居民、工商户和企业的税负定在一个合理的水平上，对居民、工商户和企业只征取税收，不再收取税外费，废除各种收费，大幅度减少罚款，极少量的罚款需要由社会听证制度来认可，并接受社会各界的监督。城镇费归税和费改税改革和界定后，政府及政府各部门再进行收费，应当视作违法，城镇居民、工商户和企业，有权予以抵制。

（2）废除目前政府各部门和授权的事业单位行政性收费和罚款自收自支和收支两条线体制，凡是政务、法务、军务，以及需要政府供养的提供公益性服务的事业单位，都应当由政府预算经费供养，禁止通过向居民、工商户和企业收费和罚款筹集经费，供养自己。

（3）财政不允许对政务、法务、军务，以及提供公益性服务的事业单位，留有预算缺口；严禁通过给收费和罚款政策，让有预算缺口的机构和单位自己弥补经费不足；特别是严禁设立财政没有经费而拥有收费和罚款的权力和政策的政府机构和公益性事业单位。

（4）考虑到执法监督者向被管理者收费的不公正性，以及居民、工商户和中小企业多年的积怨，各级政府和财政应当尽快解决目前工商行政、质检、公安、法院等系统通过收费和罚款维持和补充其经费的不合理体制问题。废除不合理的收支两条线体制，这些执法和司法部门由财政全额供养；在制度设计上，法院和其他部门，法律允许的诉讼和罚款收入多少，与其利益毫无关系；设置收费和罚款项目，包括重大的罚款事项，应当接受社会的监督，有的应当通过社会听证许可。

（5）下决心理顺中央财政和各级地方财政的事权和财权关系。应当遵循这样三个原则：第一，各级政府应当是本级财政有多少钱办多少事，不能靠收费和罚款来多办事。第二，有多少钱就供养多少机构和人员，不能靠收费和罚款来供养吃“皇粮”的机构和人员。第三，从中央到地方，各级政府的事权和财权应当划分和界定清楚，不能收钱的不管事，管事的没有钱而去乱收费和乱罚款。①

另外，从税收方面看，对于微型和中小企业的税收要从公平税负入手，促进其发展，主要应做到三个方面：一是形成一套税法统一、税负公平、分配关系规范的税收制度，保证微型和中小企业与其他经济享有同等税收法律、法规的“权利”、“待遇”，杜绝和避免因经济性质的不同而受到不公正、不公平的歧视，特别是避免对微型和中小企业所得和个人所得的重复征税。二是及时、准确地掌握微型和中小企业的经营动态，对其纳税主体的经济信息进行全方位的论证、核算，从税收负担的纵向公平与横向公平的不同角度进行比较，直至确定最为合

---

① 周天勇：《政府行政和执法零收费：体制改革和职能转变的关键》，《中国经济时报》2004 年 3 月 4 日。

理、公正、公平的税收负担。三是将确定公平的税负，同落实促进微型和中小企业发展的优惠政策有机结合起来，公平税负并不排斥税收优惠政策，相反，正是公平税负在税收征管领域的进一步深入和细化，它可以进一步建立规范、公正、合理的税收分配关系。①

3. 清理审批，推进一站式办公、电子政务和集中执法

清理政府各部门和各授权行政性事业单位的各种审批事项，大规模废除一些不必要的审批和许可项目。为了最大限度制约政府机构和授权行政性事业单位及其公务员寻求部门和个人利益，应当在全国各地强制推行“一站式”行政办公服务，对一些非审批不可的，将事项集中到统一的大厅，工商、城建、国土、环保、交通、质检、税务、公安、消防等部门集中公开办公，如特别特殊不能的，如海关等部门也在机构中设立办事大厅，使内部各机构一站式公开办公。办公大厅内装置摄像监控系统，各办事机构和公务员，在限定工作日内完成各种手续的审批工作，如不能完成的，应问责于办事机构和公务员。

建设电子政务，对微型和中小企业有关的审批和许可等事务能进行网上审批的，尽可能纳入统一的网上审批程序。整合政府各部门和各行政性事业单位的资源和业务，统一对外服务的形象，共享和利用政务资源，规范和优化政府现有业务流程的规范，实现政府有关委办局审批服务统一申报，统一反馈，统一调度，信息交换和信息共享，从而加强对部门、行政性事业单位和公务员的监管，提高其办事效率，改进其服务质量。

因为目前条条与块块执法分属于不同的部门，并且各自有自己部门法的依据，所以地方集中执法受到法律方面的限制。发展微型和中小企业，需要完善中央和地方结合和统一的执法体制，在市县城市管理领域、农业和文化卫生领域，推行行政相对集中处罚权和综合执法，解决部门权能交叉、多重多层执法、执法扰民问题。清理、修改、废止不合法、不合理的行政管理规范，精简和统一行政执法主体，调整和界定行政执法权能，健全便民、高效的行政执法程序。成立各地中央部门和地区部门相结合的统一集中和唯一的行政执法局，行使市容、环保、卫生、绿化、规划、土地、建设、市政、工商、质检、食品安全等方面的执法职能。

4. 形成促进微型和中小企业发展的金融体制

在微型和中小企业发展较快的地区，地下金融基本上是公开的，有规范、有秩序，拥有成熟的商业模式，甚至比银行的信用好。应当在全国各地选点进行民

---

① 欧阳初祥：《运用税收手段促进民营经济发展的思考》，www. Jxjjds. com，2006 年 1 月 26 日。

间借贷合法化、规范化的试验。如果当地各类企业和居民个人投资入股、资本金达到1亿元人民币并且符合《商业银行法》的有关规定，央行可以同意试验在这些地方组建新的为中小企业贷款的商业银行。再就是将有条件的农村信用社改造成为农村社区服务的农村合作银行，切实增加地方民营经济的金融供给。地方性中小银行应以民间资本构建的股份制为主，本着“明确标准、放松管制、细化监管、鼓励竞争”的原则，建立和完善中小商业银行的市场准入和退出标准、风险管理制度、竞争规则以及监管办法，对所有出资人一律给予国民待遇，保证中小银行在良好的市场环境中公平竞争。

建立产业投资基金和风险投资基金。鼓励和扶持微型和中小企业，尤其是高科技微型和中小企业的发展，培育产业投资和风险投资的资本市场。放宽设立产业投资基金、风险投资基金的各种限制，并加大基金规模，引导闲散的民间资本多渠道、多形式地进入产业投资基金和风险投资基金，同时鼓励产业投资基金和风险投资基金向微型和中小企业投资。

完善贷款担保办法，改革抵押制度。一是建立微型和中小企业信用评估体系和个人信用制度，形成完整的企业资信档案，为银行信贷选择提供依据和服务。二是多渠道筹措担保基金，健全以市区财政出资的担保基金为主、各微型和中小企业出资的互保基金为辅、营利性担保公司为补充的担保体系，多形式地为微型和中小企业提供银行贷款担保。三是与银行共同研究完善贷款担保办法，开发包括固定资产贷款在内的各种适合微型和中小企业所需的贷款品种，满足微型和中小企业扩大投资，开拓市场，发展经营的要求。改革信用等级评价制度，使中小企业与大企业在信用等级方面有相对平等的地位，同时要从实际出发，对符合条件的企业要发放信用贷款。改革贷款抵押制度。当前非公有制企业可作抵押的就是固定资产（实质上仅是土地和厂房），建议在合适的时候将合同、应收账款以及原辅材料，甚至技术、特别许可、商标、品牌也列为银行贷款的可抵押项目。

5. 土地制度的改革

近期来看，需要创造公平、公正、公开的大中小企业土地市场环境；简化微型和中小企业新增建设用地审批手续；科学规划，合理调整，设立中小企业园区，给微型和中小企业调剂用地；微型和中小企业新增建设用地统一纳入年度计划；根据城镇规划和集约经营的要求，对现有建设用地进行位置和权属调换，整合和盘活土地资源；允许集体土地进入用地市场，充分利用集体土地建设用地；严格把关，对能扩大就业的微型和中小企业在土地缴费上适度优惠。① 而彻底的

① 佚名：《解决广东民营企业用地难现状的八大建议》，中华人民共和国国家统计局网站，2005年4月21日。

改革主要为：

（1）取消集体土地所有权，考虑国土主权，确立国家对全部土地终极和强制所有权。根据不同用地类型，分解土地国有权的所有、占有、使用、使用权处置等内容。对于工商、服务等企业性用地，实行国家所有、企业占有和使用、使用者可以处置使用权的体制，土地资源市场化分配；对于已经由投资者使用的劣质地，实行国家所有、投资者占有和使用的制度，国家划拨和优惠出让。在用地政策上，对特大和大型企业与微型和中小企业公平对待，甚至为了促进微型和中小企业发展，实行更加灵活的政策。

（2）实行土地使用年期财产权制度，并延长有关土地使用的期限。对于已经由投资者使用的耕地、林地、牧场、“四荒”，[①] 对于已经和拟投资改造沙漠、秃山、退化草原、戈壁的用地，对于城市居民住宅用地，实行999年使用期制度；工商、服务等企业性用地，实行99+99年期制度；农民对土地的使用年期财产权，不因其转移到城市和城镇和户籍地点及性质发生变动而丧失；土地的年期使用权，根据所余时间的长短和对土地的投资大小，可视为一种有价值的财产。国家要从保护私人财产的角度出发，合理规定使用年期终止时财产的继承、归属和补偿，以及土地使用权的续租。较长时间的土地年期使用权，其功能之一是抑制政府部门设租的权力。

（3）发挥市场机制对土地资源配置的基础性作用。第一，土地对于一些微型和中小企业来说，是生产要素；对于居民来说，是生活资料；在市场经济体制中，土地使用年期是商品。放开土地和房产的交易，形成土地使用年期财产权和房产的出租和交易市场。乡镇和城镇企业的土地年期使用权，居民的房产，都可以进入出租和交易市场，并可以抵押融资。第二，发展土地使用权和房产交易出租交易中心、土地价格和房产价格评估事务所、土地和房产经纪公司、房地产同业协会、房屋物业管理同业协会等中介组织和同业协会，将政府的一些管理职能转移给这些中介组织和同业协会，将政府直接管理变成中介管理和同行业自律。[②]

总之，只有在上述战略方面进行平衡，并对一些涉及部门权力和利益的行政审批、许可和收费及罚款进行彻底的改革，特别是毫不留恋和毫不留情地废除目前各政府行政机构和行政性收费事业单位财政确定和下达收费任务、收支两条线、超收奖励、罚款分成的体制，再在执法、融资、土地等方面放宽事前管理、加强正当的监督、进行政策优惠，才能给微型和中小企业创造一个公平和良好的投资、创业和经营环境，才能使城镇吸收农村剩余劳动力的能力大大增强，才能

---

① 农村已经承包的耕地、林地、牧场、“四荒”等，根据既定格局，减人不减地，增人不增地。

② 周天勇：《中国土地制度的困境与其改革的框架性安排》，载周天勇等：《中国政治体制改革》，中国水利电力出版社，2004年版。

从根本上解决中国现在和未来严峻的失业问题，才能从投资、创业、就业等基础的方面实现社会基本的公平。

参考文献：

［1］中华人民共和国国家统计局：《第一次全国经济普查主要数据公报》（第一、二、三号）新华社2005年12月6日发布。

［2］中华人民共和国国家统计局：《中国统计年鉴》（2005），中国统计出版社，2005年版。

［3］中华人民共和国国家统计局：《中国统计摘要》（1994、1997、1998、2002），中国统计出版社，1994、1997、1998、2002年版。

［4］中华人民共和国国家统计局：《中国劳动工资统计资料（1949～1985）》、《中国劳动工资统计年鉴》（1990），中国统计出版社，1987、1990年版。

［5］世界银行：《1983年世界发展报告》、《1990年世界发展报告》、《2005年世界发展报告》，中国财政经济出版社，1983、1990、2005年版。

［6］日本矢野恒太纪念基金会：《日本一百年》，中国时事出版社，1984年版。

［7］张厚义等：《中国私营企业发展报告》，社会科学文献出版社，2005年版。

［8］黄孟复主编：《中国民营经济发展报告》，社会科学文献出版社，2004年版。

［9］刘桂珍：《中国所有制改革20年》，中州古籍出版社，1998年版。

［10］中国经济改革研究会联合专家组：《收入分配与公共政策》，上海远东出版社，2005年版。

［11］陈舜英等：《经济发展与通货膨胀——拉丁美洲的理论和实践》，中国财政经济出版社，1990年版。

［12］张根森等：《拉丁美洲经济》，人民出版社，1986年版。

［13］复旦大学拉丁美洲研究室：《拉丁美洲经济》，上海人民出版社，1986年版。

［14］周天勇：《中国：经济运行与结构转型》，东北财经大学出版社，2006年版。

［15］周天勇：《突破发展的体制障碍》，广东经济出版社，2005年版。

［16］周天勇：《中国政治体制改革》，中国水利电力出版社，2004年版。

（文章来源自《学术讲座荟萃》第32辑，2006年4月13日）

中国经济的增长与波动

——站在新的历史起点上

刘树成

刘树成

男，1945 年生于上海，籍贯河北省武强县，研究员。中国社会科学院学部委员、经济学部副主任，中国社会科学院经济研究所原所长，第十一届全国政协委员，中央马克思主义理论研究和建设工程《马克思主义政治经济学》教材课题组首席专家，国家“十一五”规划专家委员会委员。

主要研究领域：宏观经济学、数量经济学、政治经济学。主要著作有：《中国经济的周期波动》、《中国经济周期波动的新阶段》、《繁荣与稳定——中国经济波动研究》、《经济周期与宏观调控——繁荣与稳定Ⅱ》、《中国经济增长与波动 60 年——繁荣与稳定Ⅲ》等。

1992 年获国务院“政府特殊津贴专家”荣誉。1999 年获“国家级中青年有突出贡献专家”荣誉。

1978年改革开放以来，中国经济的增长与波动发生了许多新变化。这些新变化，也成为中国经济未来发展的新的历史起点。2006年3月经全国人大通过的《中华人民共和国国民经济和社会发展第十一个五年规划纲要》（以下简称《纲要》）指出："面向未来，我们站在一个新的历史起点上。"本讲稿旨在探讨改革开放以来中国经济的增长与波动所发生的新变化，以及未来如何保持经济的持续较快和平稳增长。

一、中国经济增长与波动的新变化

改革开放以来中国经济的增长与波动所发生的新变化，或者说我们当前所处的新的历史起点是什么呢？我们可以概括为"三个提高和一个增强"：整体综合国力明显提高，人均收入水平明显提高，国际经济地位明显提高，经济增长的稳定性明显增强。

1. 整体综合国力明显提高

我们以GDP总量为代表，来考察整体综合国力的提高。1978年改革开放之初，中国GDP总量为3624亿元人民币（见图1）；经过8年努力，到1986年上升到1万亿元的水平；又经过5年努力，到1991年上升到2万亿元的水平；20世纪90年代中期以后，GDP总量每年不断提高，到2001年上升到10万亿元的水平；2005年，上升到18.23万亿元。扣除价格因素，2005年GDP总量是1978年的12倍，在长达27年中，GDP年均增长9.6%。

2. 人均收入水平明显提高

现以中国人均GDP为代表，来考察人均收入水平的提高。改革开放之初，1981~1987年，中国人均GDP始终停留在300美元以下（见图2，按当年汇率计算）。

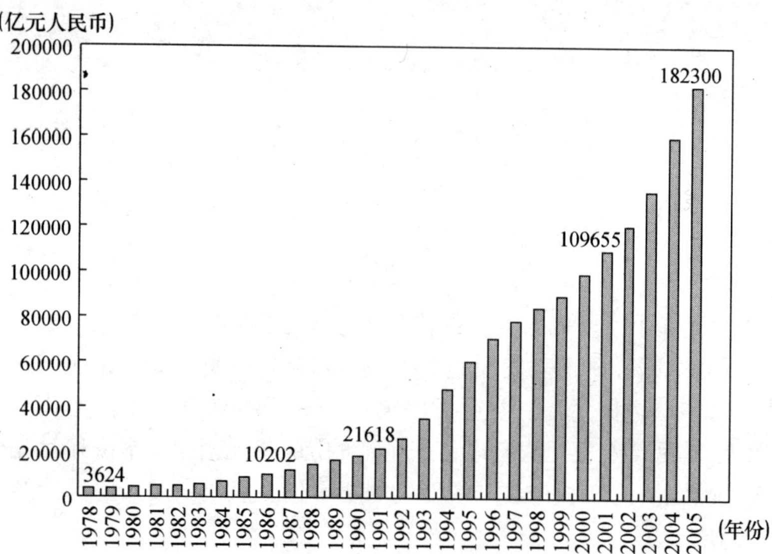

图 1 中国 GDP 总量（1978～2005 年）

资料来源：历年《中国统计年鉴》。

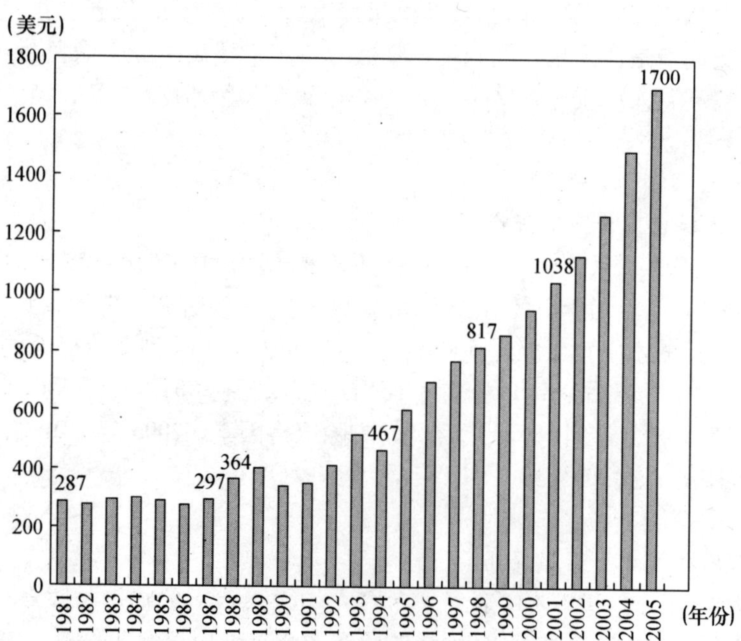

图 2 中国人均 GDP（1981～2005 年）

资料来源：根据历年《中国统计年鉴》GDP、人口、汇率资料计算。

1984 年 5 月 29 日，邓小平同志在会见巴西总统菲格雷多时提出："现在中国还很穷，国民生产总值人均只有三百美元。我们的目标是，到本世纪末人均达到八百美元。八百美元对经济发达国家来说不算什么，但对中国来说，这是雄心壮志。"①

同年 6 月 30 日，邓小平同志会见日本客人时，再次说：

"我们提出四个现代化的最低目标，是到本世纪末达到小康水平。这是一九七九年十二月日本前首相大平正芳来访时我同他首次谈到的。所谓小康，从国民生产总值来说，就是年人均达到八百美元。"②

1988 ~ 1994 年，人均 GDP 上升到 300 ~ 400 美元的水平；20 世纪 90 年代中期以后，每年不断提高，1998 年上升到 817 美元，实现了小平同志改革开放之初的伟大战略构想；2001 年突破 1000 美元，2005 年又上升到 1700 美元。

3. 国际经济地位明显提高

以中国 GDP 总量在世界上的排位来看，1978 年为第 10 位，2000 年上升到第 6 位，2005 年上升到第 4 位（前三位是：美、日、德）。

随着改革开放的不断拓展，中国对外经济联系不断扩大。现再以中国进出口贸易总额在世界上排位的提高，来进一步考察中国国际经济地位的提高。1978 年改革开放之初，进出口贸易总额仅为 206 亿美元，2005 年上升到 14200 亿美元（见图 3）。中国进出口贸易总额在世界上的排位：1978 年为第 27 位，1990 年上升到第 16 位，2000 年为第 8 位，2001 年为第 6 位（前五位是：美、德、日、法、英），2003 年为第 4 位，2004 年超过日本，成为世界第三大贸易国。

4. 经济增长的稳定性明显增强

现以改革开放前后经济增长率（GDP 增长率）的波动态势相比较，来考察中国经济增长稳定性的增强。新中国成立以来，从 1953 年起开始大规模的工业化建设，到现在，经济增长率共经历了 10 次周期波动（见图 4）。

其中，从 1953 ~ 1976 年"文化大革命"结束，共经历了 5 个周期。在前 5 个周期中，曾有三次"大起大落"。每次"大起"，经济增长率的峰位都在 20% 左右。1958 年为 21.3%，1964 年为 18.3%，1970 年为 19.4%。每个周期内，经济增长率的最高点与最低点的峰谷落差，即波动幅度，在第 2 个周期内最大，高达 48.6 个百分点；最小的峰谷落差也在 9.9 个百分点（见表 1）。

---

① 《邓小平文选》第三卷，人民出版社，1993 年版，第 57 页。

② 《邓小平文选》第三卷，人民出版社，1993 年版，第 64 页。

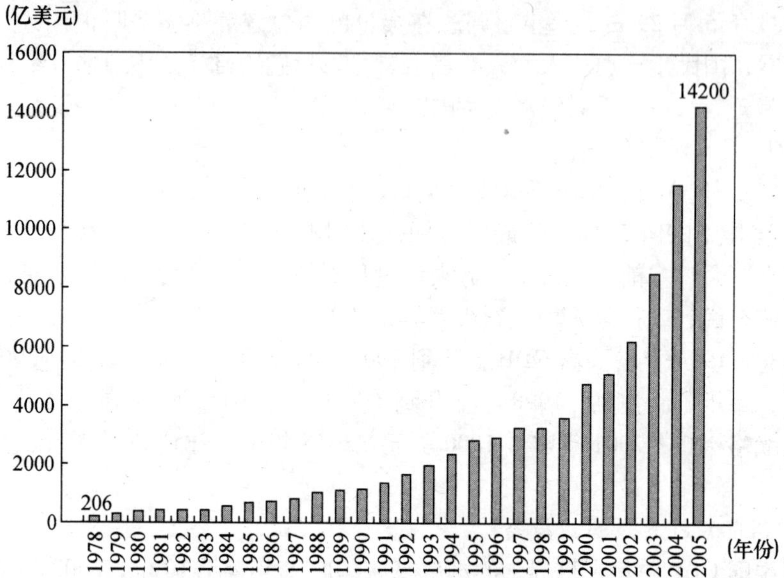

图 3　中国进出口贸易总额（1978～2005 年）

资料来源：历年《中国统计年鉴》。

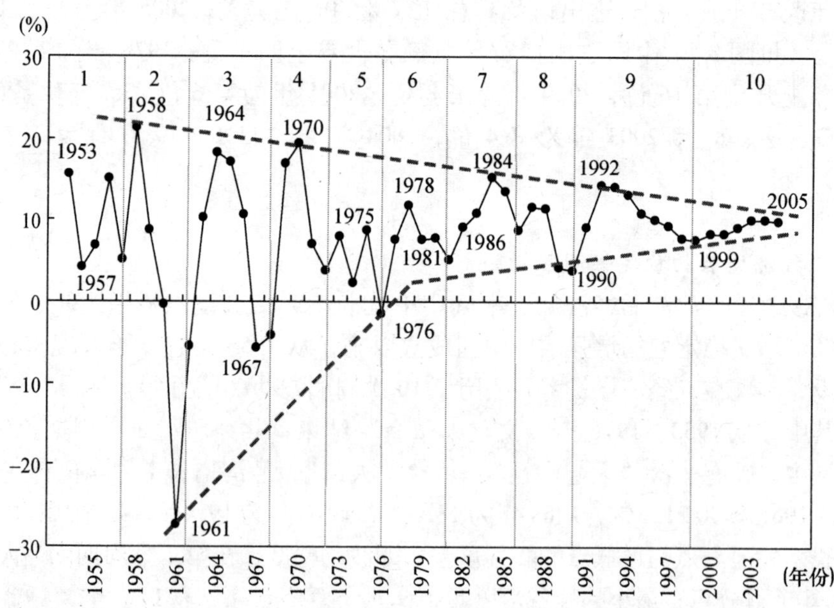

图 4　中国经济增长率波动曲线（1953～2005 年）

资料来源：历年《中国统计年鉴》。

表1　中国各经济周期内经济增长率的峰谷落差

周期序号	起止年份	峰谷落差（百分点）
1	1953～1957	9.9
2	1958～1962	48.6
3	1963～1968	24.0
4	1969～1972	15.6
5	1973～1976	10.3
6	1977～1981	6.5
7	1982～1986	6.4
8	1987～1990	7.8
9	1991～1999	6.6
10	2000～2005	（正在进行）

1976年"文化大革命"结束后和1978年改革开放以来，又经历了5个周期。其中，已有的4个周期高峰的经济增长率都在11%以上。1978年为11.7%，1984年为15.2%，1987年为11.6%，1992年为14.2%。就已有的4个周期看，峰谷落差均已降至6个或7个百分点左右（见表1）。

总的来看，改革开放以来中国经济增长率的波动呈现出这样一种新态势：峰位降低、谷位上升、波幅缩小。

在1991～1999年的第9个周期中，谷底年份（1999年）的经济增长率为7.6%。随后，2000年、2001年的两年，经济增长率分别回升到8.4%和8.3%，从而进入新一轮经济周期。到目前，第10个经济周期经历了3个时段：①2000年和2001年的2年，是本轮经济周期上升阶段的初期。②2002年、2003年和2004年的3年，经济增长率逐步上升，分别为9.1%、10%和10.1%，这3年是本轮经济周期上升阶段的加速增长期。③接下来，2005年，经济增长率在高位略有微调，为9.9%，是本轮经济周期加速增长后的适度高位平稳运行期。第10个经济周期已连续6年在适度经济增长区间（8%以上，至10%左右）的范围内快速而平稳地运行，这在新中国成立以来的经济发展史上还是从来没有过的。

中国经济增长稳定性的增强也可以从国际比较中看出。在1996～2005年的近10年间，中国经济增长率较为平稳地保持在7.6%～10.1%（见图5和表2）。泰国在亚洲金融危机中首当其冲，1998年经济增长率猛降到-10.5%，1999年和2000年刚刚略有恢复，2001年又呈下降之势，经济增长率降为2.2%。韩国经济在亚洲金融危机中也受到重创，1998年经济增长率猛降到-6.9%。日本经济在20世纪90年代一直处于低速状态。在亚洲金融危机的冲击下，1998年日本经济增长率降到-1.8%，1999年为-0.2%。美国在2001年结束了自1854年有经济周期记录以来历史上最长的一次经济扩张，也就是结束了20世纪90年代长达10年的经济扩张（1991年3月~2001年3月，共历时120个月），陷入经济衰退。2001年美国经济增长率降到0.8%。俄罗斯经济受亚洲金融危机的影响，1998年降为-5.3%，2001年以来处于5%~7%。印度没有受到亚洲金融危机的冲击，1996~2003年，经济增长率在4%~7%，2004年、2005年上升到8%以上。

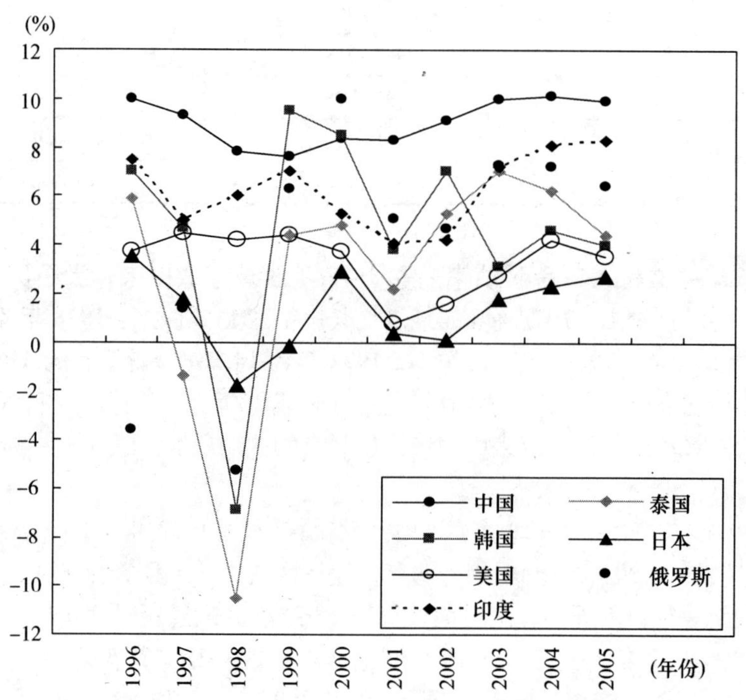

图5 有关国家经济增长率波动曲线（1996~2005年）

表2 有关国家经济增长率 单位:%

年份	中国	泰国	韩国	日本	美国	俄罗斯	印度
1996	10.0	5.9	7.0	3.5	3.7	-3.6	7.5
1997	9.3	-1.4	4.7	1.8	4.5	1.4	5.0
1998	7.8	-10.5	-6.9	-1.8	4.2	-5.3	6.0
1999	7.6	4.4	9.5	-0.2	4.4	6.3	7.0
2000	8.4	4.8	8.5	2.9	3.7	10.0	5.3
2001	8.3	2.2	3.8	0.4	0.8	5.1	4.1

续表

年份	中国	泰国	韩国	日本	美国	俄罗斯	印度
2002	9.1	5.3	7.0	0.1	1.6	4.7	4.2
2003	10.0	7.0	3.1	1.8	2.7	7.3	7.2
2004	10.1	6.2	4.6	2.3	4.2	7.2	8.1
2005	9.9	4.4	4.0	2.7	3.5	6.4	8.3

资料来源：IMF. World Economic Outlook，September 2004，September 2005，April 2006.

二、实现经济周期波动在适度高位的平滑化

经济周期波动在适度高位的平滑化，是指经济在适度增长区间内保持较长时间的平稳增长和轻微波动，使经济周期由过去那种起伏剧烈、峰谷落差极大的波动轨迹，转变为起伏平缓、峰谷落差较小的波动轨迹。

为了保持经济在未来持续较快和平稳增长，实现经济周期波动在适度高位的平滑化，围绕《中华人民共和国国民经济和社会发展第十一个五年规划纲要》的贯彻落实，需要解决好以下六大热点问题：

热点之一：建设社会主义新农村

统筹城乡经济社会发展，建设社会主义新农村，是我国现代化进程中的重大历史任务，事关全面建设小康社会和现代化建设全局。按照“生产发展、生活宽裕、乡风文明、村容整洁、管理民主”的要求，坚持从各地实际出发，尊重农民意愿，扎实稳步推进新农村建设。

在建设社会主义新农村中，首先要发展现代农业，巩固和加强农业基础地位，促进粮食生产稳定发展，确保国家粮食安全；同时，要加强农村基础设施建设，调整国家投资方向，把国家对基础设施建设投入的重点转向农村；还要全面推进农村综合改革。

热点之二：建设创新型国家

资料表明，由于我国自主创新能力不足，我国的企业和产业正面临新技术和知识产权的严峻挑战。①在高新技术产业中，外国公司拥有的知识产权占绝对优势。据统计，在通信、半导体、生物、医药和计算机行业，外国公司获得授权的专利数占60%～90%。②一些加工制造能力较大的行业，因缺乏自主知识产权而导致缺乏竞争力。如我国的DVD生产能力世界第一，却没有自己的核心技术，出口受到外国企业知识产权的制约，被征收较高专利费，廉价劳动力优势被削弱。由于缺乏核心技术，我国在生产手机、计算机和程控数控机床时，不得不付

出相当于价格20%、30%、40%的高昂专利费用。③技术装备的对外依存度较高，越是高技术设备越依靠进口。

我国已进入必须更多地依靠自主创新来推动经济社会发展的历史阶段。要以建设创新型国家为目标，全面增强自主创新能力。要在一些重要产业，尽快掌握核心技术和提高系统集成能力，形成一批拥有自主知识产权的技术、产品和标准。

热点之三：建设资源节约型社会和环境友好型社会

目前，我国经济增长方式在很大程度上仍然是“四高一低”（高投入、高能耗、高物耗、高污染、低效率）的粗放型增长方式。这种增长方式受到土地、淡水、能源、矿产资源和环境状况的严重制约，难以为继，亟待转变。以2004年为例，我国GDP占全世界GDP总量的4.4%，而原油、氧化铝、钢材、铁矿石、原煤、水泥的消费量则分别占世界消费总量的7.4%、25%、27%、30%、31%、40%。目前，我国主要矿产资源的对外依存度迅速上升，原油的40%、铁矿石的50%以上、氧化铝的60%以上都要依靠进口。

2005年初，瑞士达沃斯世界经济论坛公布了最新的“环境可持续指数”，在全球144个国家和地区的排序中，中国位居倒数第12位。

我们要加快建设资源节约型社会和环境友好型社会。在《纲要》中，作为约束性指标规定：主要污染物排放总量减少10%，单位国内生产总值能源消耗降低20%，单位工业增加值用水量降低30%。

热点之四：构建社会主义和谐社会

要保持长期的和谐、稳定的社会环境。努力扩大就业，健全社会保障体系，缓解收入分配差距扩大的趋势。收入差距包括城乡间的收入差距、地区间的收入差距、行业间的收入差距、不同群体间的收入差距、不同体制单位间的收入差距。改革开放以来，我国居民收入普遍提高，居民基本生活普遍改善，但各种收入差距在客观上具有一定的扩大趋势。以城乡间收入差距为例，1978年，城镇居民人均可支配收入为343.4元人民币，农村居民人均纯收入为133.6元人民币，前者是后者的2.57倍。2000年，城镇居民人均可支配收入上升为6280元人民币，农村居民人均纯收入上升为2253.4元人民币，前者是后者的2.79倍。2005年，城镇居民人均可支配收入上升为10493元人民币，农村居民人均纯收入上升为3255元人民币，前者是后者的3.22倍。要合理调节收入分配，更加注重社会公平，不要使收入差距的扩大影响社会稳定，影响居民消费的增长。

热点之五：毫不动摇地推进改革开放

目前，制约我国经济平稳较快发展、导致经济出现大起大落的体制性或机制性障碍还远远没有消除。

要加快政府自身改革。大力推进行政管理体制改革，切实转变政府职能，已成为当前我国全面深化改革的关键。要继续推进政企分开、政资分开、政事分开、政府与市场中介组织分开。各级政府要加强社会管理和公共服务职能，不得直接干预企业的生产、投资等经营活动，不要成为推动经济过热的根源。

要继续深化国有企业改革，引导民营企业制度创新，解决目前国有企业和民营企业都存在的软预算约束问题和自主创新能力不强的问题。

推进生产要素和资源性产品的价格改革，建立反映市场供求状况和资源稀缺程度的价格形成机制，更大程度地发挥市场在资源配置中的基础性作用，提高资源配置效率。长期以来，我国的生产要素价格和资源性产品价格受到国家管制，严重偏低和扭曲，极不利于资源节约和经济增长方式的转变。

改革开放是决定中国命运的重大决策。我们要毫不动摇地坚持改革方向，不断完善社会主义市场经济体制。

热点之六：继续搞好宏观调控

稳定政策，适度微调。稳定宏观经济政策，主要是继续实施稳健的财政政策和稳健的货币政策。保持宏观经济政策的连续性和稳定性，正确把握宏观调控的方向和力度，注重区别对待、分类指导，有针对性地解决经济发展中的突出矛盾。

坚持扩大内需的战略方针，重点是扩大消费需求，调整投资与消费的比例关系，增强消费对经济发展的拉动作用。保持固定资产投资适当规模，坚持有保有压，优化投资结构，防止投资过快增长。要谨防新一轮的投资和经济过热。就近期的 1~3 年看，有几件"大事"，如 2006 年是实施"十一五"规划的第一年，各地、各部门上项目的积极性很高；2007~2008 年又逢党政换届；2008 年在中国举办奥运会等，这些因素集中起来有可能推动投资和经济增长的新一轮"大起"。

推进部分产能过剩行业调整。进行这项调整，要综合运用经济、法律和必要的行政手段，充分发挥市场机制的作用。主要措施是：认真贯彻国家产业政策，严格市场准入标准，控制新增产能；推动企业并购、重组、联合，支持优势企业做强做大，提高产业集中度；依法关闭那些破坏资源、污染环境和不符合安全生产条件的企业，淘汰落后生产能力；通过调整投资结构、扩大消费需求等措施，合理利用和消化一些已经形成的生产能力。这项工作涉及面广，政策性强，要积极而有序地进行。

在国内经济发展态势良好和经济波动趋于平缓的情况下，防范国际外部冲击是一个需要高度重视的问题。今年，国际经济环境中存在的不确定性主要有：一是国际原油价格居高不下，持续高位运行，会给世界经济带来不利影响，尤其是对发展中国家的冲击影响更大。二是我国面临的国际贸易摩擦逐渐增多。目前，我国外贸依存度（进出口总额占 GDP 的比重）很高，由 1978 年的不到 10%（9.8%），上升到 1990 年的 30%，又上升到 2000 年的 44%，2004 年高达 60%，2005 年仍会高达 60% 以上。我国经济增长对外贸的高度依赖隐含着国际风险。三是人民币升值压力仍然很大。

我们国家正站在新的历史起点上，朝着全面建设小康社会的目标阔步前进。我们要坚定信心，共同努力，把“十一五”规划的宏伟蓝图变为美好现实，谱写社会主义现代化事业的新篇章。

参考文献：

[1]《邓小平文选》第三卷，人民出版社，1993 年版。

[2]《中华人民共和国国民经济和社会发展第十一个五年规划纲要》，《人民日报》2006 年 3 月 17 日。

[3] 刘树成：《经济周期与宏观调控》，社会科学文献出版社，2005 年版。

[4] 刘树成、张晓晶、张平：《未来中国经济周期波动分析》，载王洛林主编：《中国战略机遇期的经济发展研究报告（2005～2020）》，社会科学文献出版社，2005 年版。

[5] 刘树成：《2006 年中国经济发展的背景条件分析》，载刘国光等主编：《中国经济前景分析——2006 年春季报告》（经济蓝皮书春季号），社会科学文献出版社，2006 年版。

（文章来源自《学术讲座荟萃》第 33 辑，2006 年 5 月 11 日）

中国商品住宅市场发展中的几个金融问题

王国刚

王国刚

男，46 岁，江苏无锡人。1988 年毕业于中国人民大学，获经济学博士学位。1988～1994 年任南京大学国际商学院教授，其中在 1992～1993 年任江苏兴达证券投资服务有限公司总经理，1993～1994 年任中国华夏证券有限公司副总裁。1994 年至今在中国社会科学院金融研究中心工作。现任中国社会科学院金融研究中心副主任。被 10 多个政府部门聘为高级经济顾问，被 40 多家企业聘为独立董事、董事或投资顾问。

主要研究领域：资本市场、公司金融等理论与实践问题。已出版《中国证券业的理论与实务》、《中国企业组织制度的改革》、《资本市场导论》、《进入 21 世纪的中国金融》等著作 26 部，发表论文 400 多篇。

商品住宅市场中的问题，在内容上丰富且复杂，在此，我们难以一一论及，只能就其中的几个问题，谈一点个人的看法。

一、房地产与商品住宅市场

房地产是一个内容宽泛的范畴。从市场角度上讲，房地产市场包含两部分：地产市场和房产市场。在中国，严格说来，没有地产市场，在中国城市中各种房屋的地归国家所有，在操作上是属于各个城市政府的，即由各个城（镇）政府对土地的使用进行规划。哪些土地是公共用地，哪些是工业用地（如建厂房用地），哪些是商业用地，哪些是住宅用地等，不是由市场机制决定的，而是由政府规划决定的。城市政府的土地规划，常常是非透明的，同时，又时常变化，例如，某块地原来准备是作为公共用地，后来又改为了住宅用地，所以，地产的大部分是无法进入市场交易的。在这种背景下，讨论地产市场比较困难。

房产不是我们研究的对象，因为房产大致由工业厂房、商业用房、写字楼和住宅等构成，它们各有自己的价值形成机制，不能笼统地研究，更何况，现在很少有人研究工业厂房、写字楼等的金融问题。最近几年，学界和媒体“炒”得比较热的是住宅，因此，我们今天不讨论房产，而讨论住宅。但是，住宅又分为商品住宅和非商品住宅。非商品住宅是厂矿、单位和个人等自建的住宅，我们把这一部分剔除出去，剩下的是商品住宅。我们以下讨论的边界就是商品住宅市场。

二、金融体系的简要情况

商品住宅市场有很多不同的研究角度，金融是一个重要方面。中国商品房开发的两头都与金融有关：一头是开发商的资金来源和资金使用；另一头是购房者的资金来源和资金使用。关于商品房市场，最近两年“炒”得比较热的也是与金融有关的内容。

第一个讨论的问题是整个金融面的基本情况。在 2006 年 3 月之前有一个大概念，金融面上有人称之为“宽货币紧信贷”。这一用语的含义是，M2 货币发行的非常多，而企业面资金非常紧，比较典型紧缺的是发生在 M1 上。简单地说，M1 由 M0（即基础货币）加上机构活期存款构成的。机构活期存款主要来源于三个方面：一是每天的营业收入，即营业收入以现金的形式存入银行；二是从银行获得的贷款，当这笔贷款还没有使用出去时，在企业的银行账户上记为活期存款；三是企业发行的各种证券（如股票和债券等）所募集的资金，在尚未使用之前，以活期存款方式存在企业的银行账户上。此外，还有一些数量较小的活期存款种类，可以忽略不计。M2 的构成是，M1 加上准货币。准货币包括机构定期存款、居民储蓄存款和其他存款（如财政存款等）。从 2004 年以来，出现了 M2 增长率和 M1 增长率之间的“剪刀差”现象，M2 快速上行，而 M1 增长率较低。2005 年底，M2 的数值接近 30 万亿元，而 M1 的数值只有 10 万亿元多一些，二者比例大约是 3:1。2006 年第一季度，M2 同比增幅达到 18% 左右，而 M1 仅为 12% 左右，两者之间的缺口达到 6 个百分点，因此，M2 与 M1 的绝对值进一步扩大。这种绝对值的扩大，意味着大量的货币没有转化为经济运行中的现实资金，企业面资金严重紧缺，而货币面资金相对宽松。这两者的差别产生一个问题，就是宏观面和微观面的判断差别太大，导致我们对一系列问题的理解产生分歧，而这些分歧又导致中国经济运行中的政策选择处在两难状态。

与 M1 和 M2 对应的一组数据是，存款余额和贷款余额之间的差额，即“存差”。到 2005 年底，存款余额和贷款余额的差额达到 9 万多亿元；2006 年第一季度又增加了 7000 多亿元。这么大的存差是否意味着资金过剩和资金效率降低？关于这一点，2006 年 2 月份，中国人民银行出了一份报告——《中国货币政策执行报告》（2005 年第四季度），认为“存差”并不意味着资金过剩，理由有四个。

第一个理由认为，“存差”现象的存在，是因为商业银行等金融机构购买了大量的有价证券，由此，使它们从存款方面吸收的资金不必都以贷款方式发放出去，因此，仅计算存贷款余额，就出现了“存差”。这个理由的解释是成立的。随着金融改革深化、金融市场发展以及金融机构市场化运作的展开，必然会发生金融机构运用大量资金购买各种证券的现象。到 2005 年底，主要的商业银行（包括国有商业银行和股份制商业银行）持有的有价证券平均占它们资产总额的 20% 左右，高的达到 25%，低的也超过了 10%。和过去相比，的确有了很大的增加，这没有疑问。与大型跨国商业银行相比，如花旗、汇丰、大通等，中资商业银行持有证券类资产的比重还是比较低的，它们通常达到 30% ~40%。但是，问题不在这里。目前可供商业银行等金融机构购买的所有有价证券余额，无论是

在2005年底还是2006年3月份，都远远没有“存差”的数额那么大。比如说，2005年底“存差”数额是9万多亿元，而同期国债余额总量仅有2万多亿元、金融债余额总量1万多亿元、央票（中央银行发行的票据）余额2万多亿元，三者加起来也仅有5万多亿元，还有3万多亿元的缺口，所以，这个理由成立，但解释不充分。

第二个理由认为，现在企业等机构发放工资大多通过银行账户发放而不是发放现金，居民的消费结算也有相当多的运用账户结算（如水电费、电话费等通过银行划账结算），这样，就使资金在银行账户上表现为存款，形成了“存差”。这个理由是不成立的，因为银行的基本职能就是吸收短期存款，发放相对长期的贷款，即存短贷长。如果认为因为居民存款中的活期部分比例提高，存差就将增大，那么，岂不意味着，随着金融深化的发展，资金效率将是降低的，这显然不符合发达国家的实践结果。

第三个理由认为，近年来，商业银行进行了大量不良资产处置，使得贷款资产的数额减少了，而存款不可能对应减少，由此，形成了“存差”。这一理由是不成立的。按照资产负债表的要求，左栏与右栏必须相等。左栏的“不良资产”减少了，右栏的负债或者所有者权益也应当减少。这不可能出现，由于左栏减少了“不良贷款”，右栏不变，从而发生“存差”的现象。1999年以后，国有商业银行大规模处置不良资产大致有两次：一次是1999年划出了13000多亿元的不良资产，由金融资产管理公司按照账面值购买；另一次是在进行公司制改革过程中，2004年中期，仅建行和中行就划出了2700亿元左右的不良资产。不论从时间上还是从方式上，都不构成“存差”的理由。

第四个理由认为，银行体系用人民币资金购买了大量的外汇，由此，仅就存款余额与贷款余额计算，就出现了“存差”。最近几年，我国外汇储备数额增长很快，需要大量的人民币对冲，因此，这一理由成立。但是，到目前为止，没有公布过对冲外汇储备增加额的人民币结构。有人说过，是通过发行基础货币对冲的，但是央行近几年来并没有大量增发基础货币；也有人说，是前几年提高了1%法定存款准备金率，增加的法定存款准备金对冲了200亿美元左右的外汇储备；还有人说，央行2003年以来通过发行央行票据，运用由此收回的人民币来对冲外汇储备增加额。这些理由都成立，也是实践的操作过程，但是，它们对冲了多少“存差”，没有公布的具体数据。由此，就说不清究竟“存差”的大量存在是否意味着资金过剩？

我们认为，中国金融面上存在着资金过剩现象。具体的衡量指标是超额准备金。超额准备金相对于法定准备金而言。法定准备金具有收紧和放松银根的作用，后来又产生了两个功能：一是商业银行等金融机构之间的头寸清算，银行之间每天进行的头寸余额结算是在法定准备金的账户上进行的；二是保障存款人的利益，进行存款救助。与法定准备金相比，超额准备金是一笔缺乏实际金融功能的资金。在金融体系中，超额准备金率在2005年底达到4.17%，绝对额大概有1.3万亿元；2006年3月底下降到3%，绝对额接近1万亿元。这笔资金实际上是过剩的资金，没有实际的金融用途，因此，可以说，中国存在着资金过剩现象。

三、资金过剩背景下的经济运行难点

鉴于2006年第一季度新增贷款1.26万亿元，超过央行预期全年新增贷款2.5万亿元的50%，一些人认为，目前出现了“宽货币、宽信贷”格局，这将引致经济过热和投资过热，而2006年第一季度GDP增长率10.3%和投资增长率26%以上的状况，也似乎印证了这一认识。如何看待这个现象是值得研究的。将资金过剩现象带入经济运行，可以发现一系列政策难点：

（1）产能过剩。从2005年下半年开始，一些人就疾呼要着力解决产能过剩问题，中央有关文件中也提出了解决产能过剩要求。按照一些人统计和媒体披露，已经发生产能过剩的产业大致有钢铁、有色金属等7个产业，即将发生产能过剩的产业大致有电力等4个产业。如何解决产能过剩？主要有四条路径：①淘汰。如果过剩的产能是属于技术落后、耗能过度、污染严重、缺乏市场等情况的，最简单的办法就是将它们淘汰，或者简单“砸掉”，由此，也就没有必要讨论“产能过剩”问题。20世纪90年代后期，我国曾砸掉了3000万纱锭，因此，已有经验。②补充流动资金。如果过剩的产能是属于依然可用的，只是相关企业缺乏流动资金而开工不足，那么，可以将过剩的资金贷款给这些企业，由此，既有利于解决产能过剩，又有利于解决资金过剩，是一个可选择方案。但是，它遇到一个难题，即它将使GDP增长率更加提高，由此，经济过热问题更加严重；或者说，如果要抑制经济过热，使GDP增长率不高于10%，这种方式就不能采用。③投资短线产业。产能过剩中有一种情况是，由于某些产业的产能短缺引致其他相关产业的产能难以有效发挥，即经济学中的短边规则，由此，解决问题的方法是，加大对短线产业的投资力度。但鉴于2006年第一季度的投资增长率已达26%以上，一些人认为有着投资过热（或投资过热迹象），这一方法的采用也遇到困难。④将过剩的产能转移到海外。一方面，这不是一朝一夕之事；另一方面，诸如钢铁、水泥、电力等一系列产能也还有为资产特点所决定的难以转移问题。因此，我们实际上陷入了资金过剩和产能过剩却又难以寻找到有效解决方案的困境。

（2）物价波动与通胀、通缩的关系。自1998年以后，通货紧缩就成为一些人描述中国经济运行的一个突出用语；2003年8月以后，有人又转而提出了“要防止通货膨胀”；2004年，鉴于物价上涨率达到5.3%，这些人强调“要抑制通货膨胀”；2005年3月份，由于物价上涨率回落到1.8%，他们再次提出要防止通货紧缩。如今，一些人鉴于经济运行中出现的石油、铜、铁矿石、金、住房和股票等的价格上涨，强调“涨声一片”，主张要警惕和防范通货膨胀；一些人鉴于经济运行中出现的家电、煤炭、钢铁、汽车、纺织品和农产品等的价格下落，强调“跌声一片”，主张要警惕和防范通货紧缩；一些人鉴于前面这两种情形的同时存在，提出既要防止通货膨胀又要防止通货紧缩。由此，给货币政策的选择出了一个大难题：如果是通货膨胀，应实行紧的货币政策；如果是通货紧缩，应实行松的货币政策；那么，什么是既紧又松的货币政策？不知道。实际上，这些物价波动与货币政策没有直接关系，也不是调整货币政策所能解决的。

1998年的物价下落，是由买方市场形成所决定的，不是由货币不足所引致的。试想一下，在99%以上商品供过于求的条件下，商家竞争的第一选择是什么？当然就是降价，由此，自然引致价格负增长。这种价格下落与货币供应多少没有关系，不是通货紧缩。2003年8月以后乃至2004年的物价上涨，主要是由粮食的严重供不应求所引致的，与货币供应量也没有直接关系，不是通货膨胀。随着2004年夏季以后的粮食丰收，农产品价格涨幅回落，由此，消费价格指数呈下落走势，这依然与货币供应量没有直接关系，不是货币现象。因此，不要简单认为，凡是价格波动都是货币的问题。

从2006年的物价波动来看，一方面，石油、铜、铁矿石、黄金等的价格上扬，主要是国际市场的各种因素所引致，这与中国的货币政策有何关系？换句话说，中国的货币政策松紧能够决定国际市场中的这些商品价格走势吗？实际上，中国只能是这些商品价格上扬的接受者，我们不可能也没有力量抗衡国际市场的商品价格走势。至于房价、股价的上涨各有不同的原因，也不能简单用货币政策一概而论。另一方面，家电、煤炭、钢铁、汽车、纺织品和农产品等的价格下落是由这些商品的具体市场状况决定的，主要原因是供过于求，因此，也不能简单用货币政策松紧进行解释。

2006年又提出了“扩大内需”的政策。一些人认为，扩大内需的主要问题是，有效需求不足，因此，解决有效需求是关键。但实际上，中国并不存在有效需求不足问题。从内需角度说，有效需求可分为有效投资需求和有效消费需求。“有效需求不足”的命题是凯恩斯在20世纪30年代提出的。当时的背景是，在经历了20世纪30年代初的大危机之后，美国存在着严重的失业问题，由于居民手中缺乏货币，无法购买消费品，所以，相关企业难以恢复开工，由此，又引致了与其关联产业中的企业难以开工。为了恢复经济，凯恩斯提出了解决这一问题的政策措施。所谓有效需求不足，指的是具有货币支付能力的购买力不足。但中国经济运行中并不存在这种情况。

从城乡居民消费来看，到2005年底，全国城乡居民储蓄存款余额已高达14万亿元，比2004年底净增了2.1万亿元；到2006年4月份已突破15万亿元。这恐怕不能说，就总体而言，中国存在着具有货币支付能力的购买力不足吧。有人认为，这些储蓄存款是居民用于解决未来养老、教育、医疗、结婚、购房等需要的，不能计入先期的有效需求范畴。这种说法不能成立。首先，当初凯恩斯所讲的“有效需求不足”中没有这些扣除？其次，如果这些内容需要扣除，那么，还有哪些内容需要扣除？例如，炒股、旅游等是否也要扣除？扣除这再扣除那，究竟有效需求应包含哪些内容就处于混乱状态。最后，对任何家庭来说，是现期生存更重要还是未来发展更重要？没有现期生存，哪来未来发展？20世纪90年代中期以后，中国的实践状况是，每个热点产品一旦问世，就在短短的1~2年时间内进入了饱和期。这说明，中国城乡居民有着极强的购买力，并不存在有效需求不足。值得强调的是，在社会零售商品总额增长率达到13%的背景下，继续扩大消费需求并以此来支持GDP增长率是有相当大难度的。

从投资需求来看，在强调投资依然过热的条件下，说投资需求不足恐怕是没有道理的。内在机理是，如果满足了不断扩大的投资需求，岂不意味着投资更热。一方面要抑制投资过热，另一方面又要扩大投资需求，这种政策主张是相互矛盾的。在GDP增长率中，投资增长率的贡献度在80%以上。现在要将它压下来，又要保证GDP增长率不明显下落，这是相当困难的。

中国实际上存在的是有效供给不足。从一般消费品来讲，是21世纪的最新科技生产的产品，严重供给不足；从投资供给来讲，是具有商业化前景的投资项目供给严重不足。正是这些供给不足，才引致了城乡居民储蓄存款巨额且快速增长，才引致了资金过剩和产能过剩的并存格局形成。这同时决定了中国的经济要真正扩大内需，必须把眼光回过来，发展商品住宅。商品住宅既是投资品又是消费品。对于每一个家庭而言，它是家庭中价值量最大的实物资产。

四、商品住宅的主要特点

商品住宅的特点可以从两个方面进行分析：一是经济技术特点；二是统计特点。从经济技术特点方面看，可以概括为以下几个方面：①商品住宅是个性化商品。每套商品住宅在价格、地点、面积、楼型、结构、朝向、设施、楼层、环境等方面均有很大差异，因此，不能像一般的标准化商品那样直接进行比较。这决

定了商品房住宅不能做均价比较。例如，商品住宅的涨价问题，即使所有商品房销售的价格都没有改变，但是销售的结构改变了，商品住宅的销售均价就会改变。假设低档房2000元/平方米、中档房4000元/平方米、高档房6000元/平方米，一月份的销售结构是低档房卖20%、中档房卖50%、高档房卖30%；二月份的销售价格变为低档房卖50%、中档房卖30%、高档房卖20%，销售均价就下降了；三月份的销售结构又变为高档房卖50%、中档房卖30%、低档房卖20%，由此，销售均价又上升了。但实际上，各类商品住宅的价格都没变。②它是一个家庭中价值量最大的实物资产，是最终产品，不是中间产品；同时，既具有消费品的特征，又具有投资品的特征。③它是主导性支柱产业。要把商品住宅产业提到"主导性支柱产业"的地位上来。因为它不是一般的支柱产业，它导向着很多支柱产业和非支柱性产业。产能过剩中的产业大多与商品住宅相关，如钢铁、水泥、有色金属、玻璃等。对商品住宅的理解不能仅仅停留在建房上，实际上，一方面，有了住宅就要有道路、商业、各种线路和管道等诸多设施。这些基础设施建设也都需要有钢铁等各种建材。另一方面，有了住宅就要装修，还要增添各种家庭用品，从锅碗瓢盆到家具、衣服等，甚至还有家庭摆设（如养花、养狗等），一些家庭还买车。因此，商品住宅带动着几十个产业上万种产品。城镇化问题，最主要的问题包括三个方面，即修路、盖房、有人。安居乐业，安居才有乐业，这是和谐社会以人为本的最基本的条件。

商品住宅的统计特点有两个方面：①同质可比。同一地理位置是可比的，但其他方面又决定了它不可比。假设一栋10层的板楼，这栋楼的第10层和第1层是不能比的，因为它们的位置不同，这就是每层楼价格不同的原因。同一栋楼的不同楼层都不同质，更不用说塔楼和复式结构了，朝南的和朝北的不一样，房间的规格不一样等，都是不同质的。最近的房子，建筑材料也有所改变，有些材料因为环保问题不许再用了。过去的房子都是毛坯房，2004年之后要求精装修的房子增加了，房子自然就不一样了，因为多了一道装修，是需要成本的。②不同质不可比。不同地理位置不可比，这里面差别很大。例如，北京三环一圈，东三环、北三环和南三环就不能比，甚至南二环都比不上东三环。

2005年5月以后，不少人认为，随着七部委文件的落实，商品住宅绝对价将呈下落走势，因此，对房价的继续上涨不能理解。实际上，自20世纪80年代价格改革以来，我们曾经采取了一系列政策平抑物价、促使物价走稳。这些政策所强调并不是物价的绝对值下落，而是涨幅下落。从房价来看，在相当长一段时间内，就全国总体而言，降价的可能性主要有四种：一是涨幅下降。例如，由20%降到10%，但其绝对值是上升的，只是上升速度减缓了。2005年5月~2006年5月的12个月间，房价变动主要表现为这种涨幅下落。二是地理位置下降。例如，原先6000元/平方米在三环、四环之间，现在转移到了五环、六环之外；如果到通县、昌平等地也许5000元/平方米也能买到。由此，房价降低以地理位置降低为前提，其后续代价是交通费增加和时间增加。三是住宅面积下降。例如，原先花80万元可以买一套120平方米的住宅，现在花70万元买了一套90平方米的住宅。四是房型降低。例如，原先花80万元可以买一套120平方米的板楼住宅，现在花70万元买了一套120平方米的塔楼阴面住宅。这些房价下落，反映了商品住宅不可比的特点，也反映了商品住宅的价格走势。

五、中国商品住宅市场分析

在商品供过于求条件下，人们逐步习惯了用买方市场的思维来考虑问题，这是正常的。但商品住宅市场是一个供不应求从而未成熟的市场，由此，形成了一个思维方式与现实状况的反差。

中国商品住宅市场是在2003年以后才真正起步的。在1999年以前，虽然也有一些商品住宅出售，但它并不成气候。当时对绝大多数在公有经济部门（包括政府部门，事业机关和企业等）中工作的人来说，等待单位分房是获得住宅的主要方式。即便家中存款已具备购房能力，也要几代人挤在一套不大的房子内。试想一下，一套房的价值几十万元，工薪收入每年几万元，那有多大的差额；同时，如果我们祖孙三代人住在一个20平方米的小房子里，正是分房的好理由。因此，在这种条件下，谈不上全国性的商品住宅市场问题。1999～2001年展开了公房改革，将公房改为具有私人产权的住宅。在这个期间，商品住宅市场依然没有起步。因为大家都忙于购买自住房，同时，商品住宅市场的很多相关政策制度也没有出台（如存量房的出售政策等）。2002年公房改革收尾，很多人还期待着新的公房分配，同时，也确实还有一些单位在分房。2003年以后，大多数人确认了不再有单位分房，这才开始考虑自己解决住房问题，所以，商品住宅市场的展开也就是3年多的时间。

商品住宅是由三部分构成的，即新建房（又称“一手房”）、存量房（又称“二手房”）和出租房。但一些人和媒体着力讨论的基本局限于一手房。在西方市场经济成熟的国家，出租房占商品住宅的比重大约在35%，一手房和二手房只占65%左右，而中国现在的情形是，商品住宅市场不成熟，一手房和二手房却占商品住宅市场的80%以上。在这种状况下，还在不断地强化“买房”，只讨论“买房”，不讨论“租房”，这恐怕不是一种科学的态度。

作为一个不成熟的市场，商品住宅市场的首要表现是供不应求，即卖方市场。在供不应求的条件下，只考虑市场是不可能成熟的。内在机理是，消费者处

于无选择状态，商家生产什么都能卖得出去。消费者在市场上购买商品，只考虑两个关系，即价格和数量。在目前的价格条件下，只考虑所能购买的商品数量，而无力考虑质量等方面是否符合要求。因为在供不应求的状态下，存在着买方竞争，如果你不购买，会有其他消费者购买，根本没有选择的余地。这个特点导致了下面一系列现象的发生：①价格上涨。尽管我们可以列一系列的因素解释住房价格的上涨，如土地、原材料用工等价格上涨引致成本增加，但这些都不是最主要的原因。因为这些因素带来的涨幅不大，真正大的还是需求，而且那些因素可以计算，但供求缺口导致的价格上涨难以直接计算，需求的突然膨胀带来的价格上涨很难控制。②利润较高。价格上升了而成本增加不大，当然利润会相对比较高。③投资增长率较高。利润高会吸引更多投资。所谓资源有效配置，市场机制通过价格调节资源配置，利润高会导致投资转移到这个产业，投资增长就会比较快。投资会导致供给增加，改善供求关系，随着供求缺口的减小，价格就会回落。④各种损害消费者权益的事件会增加。既然商品房市场供不应求，就存在和供不应求伴生的一系列在道义上大家不能容忍不能接受的现象，例如，囤房、降低住宅质量、虚假宣传、不履约等。不成熟就需要监管，这些损害消费者权益的事件应当加强监管，并予以纠正。

六、空置房问题

2004 年以后，在商品住宅市场展开中，空置房现象引起了人们的广泛关注。的确，如果一方面住宅价格快速上行，另一方面空置房比例快速提高，那么，这种矛盾状况是很难持续的，由此，将引致一系列问题发生。因此，媒体拿空置房进行“炒作”，一些经济学家也拿空置房“说事”。按照一些人计算，2005 年空置率达到了 26%，远远高于国际警戒线 10% 水平，由此看来，情况非常严重。如何看待空置房和空置率，需要弄清以下价格问题：

（1）空置率没有国际警戒线。商品住宅属不动产范畴，即在国与国之间是不可流动和交易的，因此，不存在空置房的国际警戒线。一些人所讲的空置率警戒线是美国的，不是国际的，也不是两个国家之间所达成的协议。美国的空置率警戒线为 10%，达到 10% 或者超过 10% 就要防止商品住宅市场的危机。2005 年中国商品住宅的竣工量大概是 3.8 亿平方米，实际卖出将近 4 亿平方米，把前些年留下来的 1000 多万平方米也卖掉了。2005 年底未销售出去的商品住宅大概是 8000 多万平方米，8000 多万平方米和 4 亿平方米对比大概是 20%，如果和 3.8 亿平方米对比，这个比例还会高一点。这是强调中国商品住宅存在高空置率的人计算的方法。他们甚至将商品房中空置房与商品住宅的当年竣工量进行比较，得出空置率达到26%的结论。但商品房是由写字楼、商业用房和商业住宅三者构成的，将商品房中的空置房一律计为商品住宅的空置房是不科学的。需要指出的是，这些人搬来了美国的“空置率”概念，却没有将其内涵搬来，由此，产生了计算上的失误。

（2）空置房的计算时间。美国的计算方法是，一个商品住宅楼盘从开始销售这一天算起，一年内没有卖掉的部分计入空置房范畴。例如，从2006年7月份开始卖的商品住宅，到2007年7月份还没有卖掉的剩余部分，计入空置房。中国的计算是按照每年12月31日为时间边界，在这一天所有没有卖掉的商品住宅都计入空置房。如果有一个楼盘在12月20日开始销售，那么，其中相当大的部分在12月31日没有卖出，就计入到空置房之中。所以，在计算时间上，中国与美国大相径庭。这是计算中的分子方面。

（3）分母差别。在中国，空置率中的分母是当年商品住宅竣工量，但在美国却是所有住宅存量。假定2005年12月31日，全中国城镇有存量住宅100多亿平方米，由此用8000万平方米的空置房进行计算，空置率就只有0.8%，远低于美国的10%警戒线，更低于所谓的26%。用美国的比例而不把它的计算内容引进来，这恐怕不利于把问题弄清。

（4）空置房不等于报废房。空置房主要是待销房，是购房者看得见摸得着的待售住宅，它对于保障购房者的选择权具有积极重要的意义。试想，如果全社会不存在空置房，一套都没有，购房者到哪里买房？又怎么挑选？商品住宅市场中不存在一定数量的空置房，实际上就意味着购房者处于无选择状态，即每套住宅或每个楼盘一开始销售就被抢购一空，这对购房者有利吗？如果商场应该把所有的货物都卖光，工厂也应该把库存清除干净，以此类推，工厂的那些原材料、煤炭等动力库存都不应该存在，这样，整个国民经济怎么运行？因此，不能简单看空置房。

七、房价收入比问题

一些人强调说，在发达国家中，房价是年工薪收入的3～5倍或者5～6倍，而中国房价收入比达到10倍甚至更高，因此，中国的商品住宅价格存在泡沫，应予以抑制。“房价收入比”这个概念是来自联合国人居中心的，他们在1990年发布的对全球100多个城市的结论是，房价收入比在3～6倍。要使用“房价收入比”概念，首先要清楚联合国人居中心的“收入”和“房价”的含义。

联合国人居中心调查的采样对象是房价中位数和家庭收入中位数，不是平均数。中位数也不一定是中产阶级群体的平均数，至多只是抽样调查中样本的平均

数，因此，不能用全社会工薪阶层的平均收入计算。

在联合国人居中心的概念中，家庭收入指各种税前收入，包括工资收入、养老金、商业活动收入、租金收入和实物补贴，是一个综合的概念。但是，在中国，一些人在讨论房价收入比时，只用工薪收入，而且常常是只计算工资表上的工薪收入，由此，口径大大缩小。研究家庭收入的人都知道，工资表上的工薪收入和家庭收入是两个不同的概念。工资表的工薪收入中不直接记录公积金、医疗保险、失业保险等内容，也不反映一个家庭的储蓄存款利息收入、购买国债的利息收入，还不反映诸如讲课收入、稿费收入及其他收入。一个突出的现象是，2005 年全国城乡居民的储蓄存款净增加了 2. 1 万亿元，如果用工资表上的工薪收入计算，即便没有任何花费支出，全国职工工资总收入也没有这么多。因此，如果采用联合国人居中心的范畴，就要用其规定的内容，不能自己编一套，否则，不可比。

再讲房价。在联合国人居中心的计算中，房价是指在自由交易条件下的市场价格，一方面，那些非市场化的交易，如公房出售，集资建房等，不在计算范围内；另一方面，交易住宅，不仅包括新建住宅，而且包括存量住宅。但我们一些人在讨论房价时，只是新建住宅，不包括存量住宅。这是不对的。在统计口径极不对称的情况下，使用联合国人居中心的抽样调查统计数据，会扰乱人们的正常判断。

1998 年，联合国人居中心各国城市住房价格与家庭收入之比和城市住房租金与收入之比，有了重大变化。其中指出，到 1998 年发达国家的房价收入比达到 5. 8 倍，而亚洲国家的房价收入比高达 11. 3 倍，均高于 1990 年调查报告中披露的 3 ~ 6 倍。一个简单的事实是，如果房价收入比只有 3 ~ 6 倍，那么，就不需要 20 年的按揭贷款，这个市场不会形成，因为居民自己的积蓄在几年内就能购得一套房子。

“居者有其屋”是一些人拿来说事的一个命题。似乎要实现“居者有其屋”，就应达到人人买得起商品住宅，即“居者有私屋”。这是一个误解。居者有其屋，是指无论自己购房还是租房，所有的居民都有住房，没有人流浪街头，这就是居者有其屋的含义，而不是一些人主张的“居民拥有私人产权的房子”。实际上，中国目前持有城镇户口的居民家庭，都有可住的房屋，并无哪个家庭已在露天住了几个星期，因此，已经实现了居者有其屋。所不同的是，一些人希望改善居住条件，有个面积大一些、朝向好一些、上班近一些、设施完备一些的住房。事实上，在任何国家和任何时候，总有一部分居民处于流动状态，他们可能不需要固定的住宅，只需要出租房；另一方面，也总有一部分居民暂时买不起住宅，需要租用房屋。值得指出的是，出租房由政府集中提供不是最优选择，因为需要租房的人，其工作地点是相当分散的，应根据就近租用原则，由房屋富裕者提供出租房。从这个意义上讲，居民家庭拥有第二套房用于出租也是合理的。

八、商品住宅的供求缺口

为什么彩电、冰箱、肥皂、火柴等商品没有人囤积，没有人炒作？这些消费品在20世纪80年代可是抢购和囤积的重点。原因是，它们已经处于供过于求的市场格局中，囤积炒作已不可能涨价。房价上涨的主要原因是供求缺口太大。人口学家估算到2025年中国人口将达到15亿人，如果按照14亿人、城镇人口占总人口的比重达到55%，则城镇人口将达到7.7亿人左右。按照城镇每户家庭3人计算，城镇家庭户数大约为25670万户，如果在未来20年，每户家庭需要住宅90平方米，则需要有231亿平方米住宅。但2003年底，城镇存量住宅不足90亿平方米，按此计算，需要新建住宅140亿平方米以上，即每年平均需要新建住宅7亿平方米以上。再加上由于城镇改造、危房改造等，每年大约有1亿平方米以上的住宅拆迁，由此，每年需要新建住宅9亿平方米以上，但去年新建住宅只有4亿平方米，所以有90%多的居民户没有住房可买。中国住房的缺口还不止这些，原因有四个方面：一是新建住房中有一部分是旧房改造工程。二是流动人口住房，例如家庭和工作不在一个城市，住房需求增加，还有外籍工作人员的住房需求。三是家庭结构改变，如单亲家庭增加，住房需求增加。四是如某些单位和企业大量异地购房，作为办事处使用。2004年中国登记结婚数量为860万对，假定城镇的比例为40%，有344万对，每个家庭在未来20年内需要商品住宅90平方米，那么，每年就需要3.1亿平方米。由此，新建住房大致上仅够满足这些人的需求，所以，商品住宅的供需缺口是非常大的。但这些估算仅仅是需要量，不是需求量，还没有考虑居民的支付能力，我们经济学和金融学中需要讨论有没有货币支付能力。

从需求量方面看，到2005年底，全国城乡居民储蓄存款余额达到14万亿元。这些存款中有相当大的部分是用于未来养老、教育、医疗、结婚等用途的，但也有一部分是用于购买房屋的。用于购买住宅的比重有多大，没有人进行过调查。在发达国家中，居民收入中的30%左右用于解决居住问题；在我国，有人说大约在15%以上。如果假定城乡居民储蓄存款余额中有10%是准备用于购房的，那么，它的数额大致在1.4万亿元。2005年，商品住宅销售额为9000多亿元，假定这些住宅都是居民购买的，那么，1.4万亿元意味着可以直接购买2005年商品住宅销售量的1.5倍左右，再加上已销售部分的购买资金，那么，大致上2005年购房资金是销售额的2.5倍。如果1.4万亿元全部选择按揭贷款方式，在

首付款20%的条件下，1.4万亿元意味着可以购买2005年商品住宅销售量的7.5倍，由此，2005年购房的需求量大致为当年销售额的2.5~8.5倍。这就不难理解，商品住宅供给缺口有多大了。

九、着力增加商品住宅的供给量

在供需缺口如此大的情况下，政策选择就应该大量增加供给，否则，供需缺口会越来越大，住宅的市场价格还将继续上扬。用政策力量控制市场价格，只能暂时抑制涨幅，不可能长久，也不可能从根本上改变价格的形成机制。只要政策一放松，市场价格又将发生“报复性”反弹。从这个角度来说，2005年出台的政策是有不足的。在暂时抑制需求增长，不让它增长过快的同时，应该及时增加供给，而这一政策却是同时抑制需求和供给，这种思维的前提是这个市场是买方市场（或者说是供过于求的成熟市场）思维。在供过于求的市场，使用这种控制方法，可以消除求过于供的部分。但在供不应求的商品住宅市场，使用这种方法，将会加大供不应求的缺口。要改变这种状态，一方面要坚决治理这个市场，对诸如囤积房屋、欺诈销售、降低质量、欺骗消费者等行为必须强化监管力度。另一方面，必须扩大供给，用尽可能多的手段增加住房供给，才能稳定市场。否则，大家只能接受工资没有房价增长快的现实。应该说中国这一轮的房价上涨是不应该的，确实涨得太快，根本无法以百分比计算，涨价幅度高的，一次性每平方米涨幅超过千元。从这个意义上讲，着力扩大住宅供给量，促使这个市场的供需缺口缩小，价格涨幅下降，应是政策的重心所在。在供给量增加的条件下，随着供求格局的改变，商品住宅的绝对价格下降也是可能的。但是如果增大住宅供给力度的话，只能接受价格继续上涨的走势，这对于消费者、政府、开发商和银行等各个相关主体都是不利的。

（文章来源自《学术讲座荟萃》第33辑，2006年5月11日）

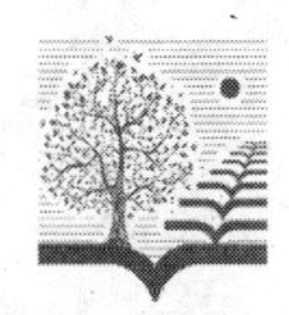

分位数回归导论

管中闵

管中闵

男，1956 年生于中国台湾省台北市。1989 年取得美国 University of California、San Diego 经济学博士学位，随后于 University of Illinois、Urabana - Champaign 担任经济系助理教授（1989 ~ 1995），1995 年升任长聘（tenured）副教授。1994 年担任中国台湾大学经济系正教授，1996 年辞去 University of Illinois 教职，1999 年转任中国台湾“中央研究院”经济研究所任研究员（1994 ~ 2004）、特聘研究员（2004 ~ 2009），并担任两任经济研究所所长（2001 ~ 2007）。2009 年 2 月转任中国台湾大学财务金融系特聘教授与“台大讲座”教授迄今。

主要研究领域：计量经济计量理论，时间序列分析，经济预测与金融实证分析。在国际主要学术期刊上发表多篇论文，并担任多份国际学术期刊编辑委员，包括 Econometric Reviews, International Journal of Forecasting, Journal of Econometrics 等。曾多次获得中国台湾各种学术研究奖项，包括“国科会”杰出研究奖两次，“教育部”学术奖，杰出人才发展基金会的杰出人才奖两次，并于 2002 年获选为中国台湾“中央研究院”院士。

1. Introduction

In empirical studies, researchers are typically interested in analyzing the behavior of a dependent variable given the information contained in a set of regressors (explanatory variables). A standard approach is to specify a linear regression model and estimate its unknown parameters using the method of ordinary least squares (OLS) or least absolute deviation (LAD). It is well known that the OLS method computes parameter estimates by minimizing the sum of squared errors and leads to an approximation to the *mean* function of the conditional distribution of the dependent variable. The LAD method, on the other hand, minimizes the sum of absolute errors and yields an approximation to the conditional *median* function. Although the mean and median are two important location measures that represent the "averaging" behavior or "central" tendency of a distribution, they provide little information about the tail behaviors of that distribution. As far as thc entire conditional distribution is concerned, it is not satisfactory to characterize only the conditional mean and/or median behaviors.

A breakthrough in regression analysis is the guantile regression approach proposed by Koenker and Bassett (1978). This approach permits estimating various quantile functions of a conditional distribution, among them the median (0.5th quantile) function is a special case. Each quantile regression characterizes a particular (center or tail) point of the conditional distribution; putting different quantile regressions together thus provides a more complete description of the underlying conditional distribution. This analysis is particularly useful when the conditional distribution is heterogeneous and does not have a "standard" shape, such as an asymmetric, fat-tailed, or truncated distribution. For example, Powell (1986) studied quantile regressions for censored data. Quantile regression has gained much attention in the literature recently; see Koenker (2000) and Koenker and Halleck (2001) for recent reviews and Koenker (2005) for a thorough study of this topic. This note serves as a brief introduction to the estimation and testing methods for quantile regressions.

This note proceeds as follows. In Section 2, we introduce the concept of conditional quantiles. We discuss quantile regressions and its estimation method in Section 3 and establish the large sample properties of the quantile regression estimator in Section 4. Large sample tests are derived in Section 5. Section 6 provides some estimation results on Taiwan' s family income determination with mating effects. This application illustrates how the quantile regression estimates may be different from the OLS estimate.

2. Quantiles and Conditional Quantiles

Let Y be a random variable with the distribution function FY and θ be a real number between zero and one. The θth quantile of FY, denoted as qY (θ), is the solution to FY (q) = θ, i. e.

$$qY(\theta) := F_Y^{-1}(\theta) = \inf\{y: FY(y) \geqslant \theta\}.$$

Thus, 100θ% (100 (1 − θ)%) of the probability mass of Y locates below (above) qy, (θ). Special quantiles of FY are, e. g., the first quantile gY (0.25), the second quantile (median) gY (0.5), the third quantile qY (0.75), and percentiles gY (0.01), gY (0.02), ..., gY (0:99).

Analogous to the least – squares problem, the θth quantile of FY can also be obtained by minimizing the following objective function with respect to q:

$$\theta\int_{y>g} |y-q|\, dF_Y(y) + (1-\theta)\int_{y<g} |y-q|\, dFY(y)$$

$$= \theta\int_{y>g} (y-q)\, dF_Y(y) - (1-\theta)\int_{y<g} (y-q)\, dF_Y(y).$$

To see this, observe that the first order condition of this minimization problem is

$$\begin{aligned} 0 &= -\theta\int_{y>g} dF_Y(y) + (1-\theta)\int_{y>g} dF_Y(y) \\ &= -\theta[1-F_Y(q)] + (1-\theta)F_Y(q) \\ &= -\theta + F_Y(q). \end{aligned}$$

Which implies the solution must be, by definition, the θth quantile of FY.

When Y has the conditional distribution $F_{Y|X}$ (y), its θth quantile can be defined similarly as $Q_{Y|X}$ (θ): = $F_{Y|X}^{-1}$ (θ). $Q_{Y|X}$ is a function of X and solves.

$$\min_q \left[\theta\int_{y>g} |y-q|\, dF_{Y|X}(y) + (1-\theta)\int_{y<g} |y-q|\, dF_{Y/X}(y)\right] \tag{1}$$

Note that $Q_{Y|X}$ (0.5) is the conditional median which represents the center (point of symmetry) of $F_{Y|X}$; for θ close to zero (one), $Q_{Y|X}$ (θ) labels the left

(right) tail of $F_{Y|X}$. If $Q_{Y|X}$ (θ) is a linear function $X'\beta$, unknown up to the parameter vector β, (1) is equivalent to the following minimization problem:

$$\min_{\beta}\left[\theta\int_{y>X'\beta}|y-X'\beta|\,dF_{Y|X}(y)+(1-\theta)\int_{y<X'\beta}|y-X'\beta|\,dF_{Y|X}(y)\right] \quad (2)$$

The resulting solution to (2) is denoted as β_θ, from which we obtain the θth conditionalquantile $Q_{Y|X}$ (θ) $=X'\beta_\theta$.

3. Quantile Regression

Given the data $(y_t, x'_t)'$ for $t=1, \cdots, T$, where x_t is $k\times1$, consider the following linear specification:

$$y_t = x'_t\beta + e_t$$

This specification can approximate a particular conditional quantile of *Yt* provided that β is estimated properly.

3.1 The Method of Quantile Regression

In view of (2), the θth quantile regression estimator of β can be obtained by minimizing its sample counterpart, i. e., the average of asymmetrically weighted absolute errors with weight θ on positive errors and weight (θ − 1) on negative errors:

$$V_T\ (\beta;\ \theta):\ =\frac{1}{T}[\theta.\sum_{t:y_t\geqslant x'_t\beta}|yt-x'_t\beta| + (1-\theta)\sum_{t:y_t\geqslant x'_t\beta}|yt-x'_t\beta|] \quad (3)$$

For 0 = 0.5, 2 times (3) is exactly the objective function for LAD estimation:

$$V_T^m\ (\beta):\ =2V_T\ (\beta;\ 0.5)\ =\frac{1}{T}\sum_{t=1}^{T}|y_t-x'_t\beta|. \quad (4)$$

Hence, a regression estimated via the method of LAD is a special case of conditional quantile regression and is usually referred to as a "median regression."

Let ρθ denote the so-called "check" function such that ρθ (a) = θa if a > 0 and ρθ (a) = (θ − 1) a if a ≤ 0; see Figure 1. We can then write (3) in a compact form:

$$\begin{aligned}V_T\ (\beta;\ \theta)\ &=\frac{1}{T}\sum_{t=1}^{T}\rho\theta\ (yt-x'_t\beta)\\&=\frac{1}{T}\sum_{t=1}^{T}\ (\theta-1_{\{yt-x'_t\beta<0\}})\ (yt-x'_t\beta),\end{aligned}$$

Where 1A is the indicator function of the event A. The first order condition of minimizing (3) is

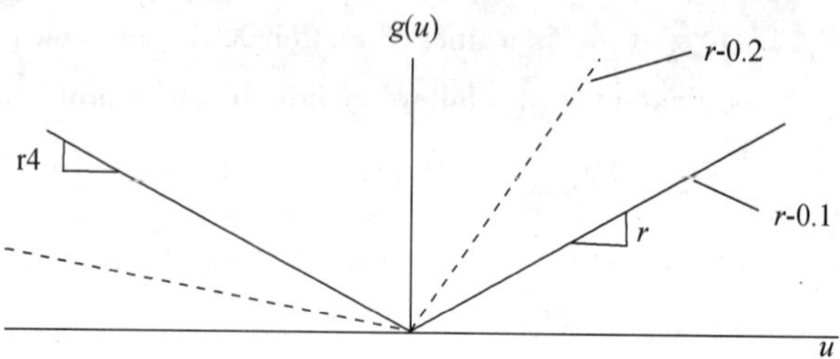

Figure 1 Check functions with θ = 0.2, 0.5, 0.8

$$\frac{1}{T}\sum_{t=1}^{T}\varphi\theta\ (yt - x'_t\beta):\ = \frac{1}{T}\sum_{t=1}^{T}x_t\ (\theta - 1_{\{yt - x'_t\beta < 0\}})\ = 0 \tag{5}$$

Except at $yt = x'_t\beta$ the derivative is not defined. Solving (5) for β we obtain $\hat{\beta}\theta$ the θth quantile regression estimator of β For θ = 0.5, 2 times (5) is precisely the first order condition of (4):

$$\frac{1}{T}\sum_{t=1}^{T}x_t\text{sgn}(yt - x'_t\beta) = 0 \tag{6}$$

Where sgn (a) = 1 when a > 0 and sgn (a) = − 1 when a < 0. It is clear that the LAD estimator is precisely the solution to (6).

Once $\hat{\beta}\theta$ is obtained, the estimated quantile regression hyperplane is computed as $x'_t\hat{\beta}\theta$, and quantile regression residuals are $\hat{e}_t(\theta) = yt - x'_t\hat{\beta}\theta$. The more quantile regressions we estimate, the more we can say about the shape of the conditional distribution. If, for example, the median regression line differs from the mean (OLS) regression line significantly, this distribution would be asymmetric. Moreover, the conditional distribution would be skewed to the left if the upper quantile lines are close to each other, relative to the lower quantile lines, It is found in many applications that the estimated quantile regressions may be quite different across quantiles. This suggests that the regressors may have distinct impacts on the dependent variable at different locations of the conditional distribution. Such results usually lead to interesting empirical interpretations. Remark: Consider the asymmetric Laplace (double exponential) density:

$$f\ (e;\ \theta) = \theta\ (1 - \theta)\ \exp\ \{\rho\theta\ (e)\}$$

See Koenker and Machado (1999), Johnson, Kotz, and Balakrishnan (1995) also discussed other forms of the Laplace distribution. Thus, the quantile regression estimator $\hat{\beta}\theta$ can also be viewed as the quasi − maximum likelihood estimator based on the asymmetric Laplace density function.

3.2 Computation of the Estimator

The quantile regression estimator $\hat{\beta}\theta$ is not easy to compute because it does not have a closed form. It can also be seen that the objective function (3) is not differentiable everywhere so that standard numerical optimization method is not readily applicable.

In practice, the quantile regression estimates are usually computed by solving a linear programming problem. To see this, write the linear specification as

$$yt = x'_t\beta + et = \sum_{j=1}^{k} x_{t,j} \left(\beta_j^+ - \beta_j^-\right) + \left(e_t^+ - e_t^-\right)$$

Where β_j is the jth coefficient of β such that $\beta_j^+ = \max(\beta_j, 0)$ is its positive part and $\beta_j^- = -\min(\beta_j, 0)$ is its negative part. Thus, $\beta_j = \beta_j^+ - \beta_j^-$; similarly, $e_t = e_t^+ - e_t^-$. Let e^+ be the vector of e_t^+, e^- the vector of e_t^-, and

$$z = \left[\beta^{+'}, \beta^{-'}, e^{+'}, e^{-'}\right]'$$

a $2(k+T)$ – dimensional vector of non – negative elements. We can then write the linear specification as

$$y = Az = X\left(\beta^{+'} - \beta^{-'}\right) + \left(e^{+'} - e^{-'}\right)$$

Where y is the $T \times 1$ vector containing all yt, X the $T \times k$ matrix with the tth row x′ t, and, $A = [X, -X, I_T, -I_T]$ is $T \times 2(k+T)$. Setting

$$e = [0', 0', \theta 1', (1-\theta) 1']'$$

Where 0 is the k – dimensional vector of zeros and 1 denotes the T – dimensional vector of ones, it follows that the objective function (3) is $c'z/T$. Minimizing (3) is thus equivalent to minimizing $c'z$ with respect to z, subject to the constraint that $y = Az$ and that z contains only non – negative elements.

To solve the linear programming problem, Barrodale and Roberts (1974) designed a simplex – based algorithm for LAD estimation, which was subsequently extended by Koenker and d' Orey (1987) to quantile regression estimation. Koenker and Park (1996) also extend the interior method of Karmarkar (1984) to quantile regression; Portnoy and Koenker (1997) combined the interior method with a preprocessing approach to estimate median regression. Recently, Hunter and Lange (2000) introduced the majorize – minimize algorithm; Chernozhukov and Hong (2002) proposed the generalized Laplacian estimator. We will not discuss the technical details of those algorithms in this note, however.

3.3 Algebraic Properties

First note that when xt contains a constant, (5) implies

$$\theta = \frac{1}{T}\sum_{t=1}^{T} 1_{\{\bar{\varepsilon}t(\theta)<0\}}$$

the proportion of negative residuals among all residuals. Thus, there are Tθ observations lying below the estimated quantile regression hyperplane. When $\theta = 0.5$, the number of negative residuals must be the same as that of positivc residuals, as they ought to be.

We now write the objective function V_T (β; θ) in (3) as V_T (β, θ, y, X). It is easily verified that for $c>0$,

$$cV_T\ (\beta;\ \theta,\ y,\ X) = VT\ (c,\ \beta,\ \theta,\ cy,\ X)$$

Thus, when y_t changes its scale to $y_t^* = cy_t$ with $c>0$, the quantile regression of y_t^* on x_t yields the new estimator that changes proportionally: $\hat{\beta}_\theta^* = c\hat{\beta}_\theta$. For $c<0$,

$$-cV_T\ (\beta;\ \theta,\ y,\ X) = V_T\ (c\beta;\ 1-\theta,\ cy,\ X)$$

Because $y_t^* = cy_t$ changes sign so that positive and negative errors switch. The new quantile regression estimator based on y_t^* on x_t is now $\hat{\beta}_{1-\theta}^* = c\hat{\beta}\theta$ for $c<0$. It follows that for $\theta = 0.5$, the quantile regression estimator is scale equivariant, in the sense that $\hat{\beta}_{0.5}^*0.5 = c\hat{\beta}_{0.5}^*$, regardless of the sign of c. Moreover, given γ,

$$V_T\ (\beta;\ \theta,\ y,\ X) = VT\ (\beta+\gamma;\ \theta,\ y+X\gamma,\ X)$$

This shows that when y_t has a location change: $y_t^* = y_t + x'_t\gamma$, the quantile regression estimator of y_t^* on x_t is location equivariant in the sense that $\hat{\beta}_\theta^* = \hat{\beta}_\theta + \gamma$.

Another important properties of quantile is its equivariance to monotonic transformations. To see this, let h be a nondecreasing function. It is clear that

$$\mathrm{IP}\ \{y \leqslant a\} = \mathrm{IP}\ \{h\ (y)\ \leqslant h\ (a)\}$$

So that the θth quantile of h (y) is h of the θth quantile of y, i. e., qh (y) (θ) = h (q_y (θ)). Note that the expectation operator does not share this property because IE. [h (y)] ≠ h (IE (y)), except that h is an affine function.

Similar to classical regression analysis, we may want to construct a goodness-of-fit measure for quantile regression, Let $\hat{\beta}_\theta = [\hat{\beta}_{\theta,1}\hat{\beta}'_{\theta,2}]$ denote the quantile regression estimator for

$$y_t = x'_t\beta + e_t = x'_{t1}\beta_1 + x'_{t2}\beta_2 + e_t$$

A constrained specification is

$$y_t = x'_{t1},\ \beta_1 + et$$

With the quantile regression estimator $\hat{\beta}_{\theta,1}$, To measure the relative contribution of the additional regressors x_2 at a specific quantile, Koenker and Machado (1999) suggested using

$$1-\frac{V_T\ (\hat{\beta}_{\theta,1},\ \hat{\beta}_{\theta,2};\ \theta)}{V_T\ (\hat{\beta}_{\theta,1},\ 0;\ \theta)}$$

Where $V_T\ (\beta_1,\ \beta_2;\ \theta)\ = T^{-1}\sum_{t=1}^{T} p_\theta\ (y_t - x'_{t2}\beta_2)$. In particular, when x_{t1} is the constant one and x_{t2} are remaining regressors, the quantile regression estimator of the constrained specification is the sample quantile of y, denoted as $\hat{q}\theta$. A measure of goodness – of – fit at the quantile θ is thus

$$R^1\ (\theta)\ = 1-\frac{V_T\ (\hat{\beta}_\theta;\ \theta)}{V_T\ (\hat{q}_\theta,\ 0;\ \theta)}$$

Which is bounded between 0 and 1. Clearly, $R^1\ (\theta)$ measures the relative proportion of the variation of the dependent variable, in terms of the weighted absolute errors, explained by the regressors other than the constant term.

4. Large Sample Properties

Koenker and Bassett (1978) showed that when x_t are nonstochastic, together with other regularity conditions, the quantile regression estimator $\hat{\beta}_\theta$ is consistent for β_θ and asymptotically normally distributed when it is suitably normalized; see also Bassett and Koenker (1978) . Powell (1984, 1986) allowed x_t to be stochastic and used a different approach to establishing these properties. In this section, we follow the UC Berkeley lecture notes of Powell (2002) and sketch the asymptotic distribution result under the framework of the GMM (generalized method of moment); see Newey and McFadden (1994) for more general treatment.

Recall that given k moment conditions $\mathrm{IE}\ [m\ (w_t;\ \beta_0)]\ = 0$, the unknown parameter vector β_0 (k × 1) can be estimated by solving the sample counterpart of this moment condition:

$$\frac{1}{T}\sum_{t=1}^{T} m(w_t;\beta)$$

Let $\hat{\beta}$ denote the resulting GMM estimator. Then under quite general conditions, $\hat{\beta}\xrightarrow{IP}\beta_0$. Suppose that $T^{-1}\sum_{t=1}^{T}\nabla\beta m\ (w_t;\ \beta)$ obeys a uniform law of large numbers such that

$$T^{-1}\sum_{t=1}^{T}\nabla\beta m(w_t;\hat{\beta})\xrightarrow{IP}G_0 = \mathrm{IE}[\nabla\beta m(w_t;\beta_0)]$$

Where G_0 is nonsingular. Then, it can be shown that

$$\sqrt{T}(\hat{\beta} - \beta_0) \overset{A}{\sim} N(0, G_0^{-1} \sum{}_0 G_0^{-1}) \tag{7}$$

With $\sum{}_0 = \mathrm{IE}[\nabla \beta m(w_t; \beta_0)]$, Note that the theory of GMM is also able to deal with a more general case that there are q (over - identifying) moment conditions with q > k, Our setup suffices for subsequent discussions.

Assume that $(y_t, \chi'_t)'$ are i. i. d, random vectors, Taking expectation of the first order condition (5) we have

$$\frac{1}{T}\sum_{t=1}^{T} \mathrm{IE}[\varphi_\theta(y_t - x'_t\beta)] = \mathrm{IE}\{x_t[\theta - \mathrm{IE}(1_{\{y_t - x'_t\beta<0\}}|x_t)]\}$$

Note that IE $[1_{\{y_t - x'_t\beta<0\}} \mid x_t] = F_{y|x}(x'_t\beta)$, which is just θ when β is evaluated at β_θ. This leads to the moment conditions:

$$\mathrm{IE}\ [\varphi_\theta\ (y_t - x'_t\beta_\theta)] = 0$$

The quantile regression estimator that solves (5) is thus a special case of the GMM estimator.

In the light of the asymptotic distribution result (7), we must evaluate the matrices G_0 and $\sum{}_0$. When integration and differentiatian can be interchanged, we have

$$\begin{aligned} G\ (\beta) &= \nabla_\beta \mathrm{IE}\ [\varphi_\theta\ (y_t - x'_t\beta)] \\ &= \nabla_\beta \mathrm{IE}\ \{x_t\ [\theta - F_{y|x}\ (x'_t\beta)]\} \\ &= -\mathrm{IE}\ [x_t x'_t f_{y|x}\ (x'_t\beta)] \end{aligned}$$

Let $e\ (\theta) = y - x'\beta_\theta$. Evaluating the expression above at $\beta = \beta_\theta$ yields

$$G(\beta_\theta) = -\mathrm{IE}[x_t x'_t f_{e(\theta)|x}(0)]$$

It is also easy to see that, conditional on x_t, $1_{\{y_t - x'_t\beta_\theta<0\}}$ is a Bernoulli random variable with mean θ and variance $\theta\ (1-\theta)$. It follows that

$$\begin{aligned} \sum(\beta) &= \mathrm{IE}\ [\varphi_\theta\ (y_t - x'_t\beta)]\ \varphi_\theta\ (y_t - x'_t\beta)'] \\ &= \mathrm{IE}(x_t x'_t \mathrm{IE}\ [\ (\theta - 1_{\{yt - x'_t\beta<0\}})^2 \mid x_t]) \end{aligned}$$

When $\sum(\beta)$ is evaluated at $\beta = \beta_\theta$,

$$\sum(\beta_\theta) = \theta(1-\theta)\mathrm{IE}(x_t x'_t)$$

Analogous to (7) we arrive at the following asymptotic distribution result:

$$\sqrt{T}\ [\hat{\beta}_\theta - \beta_\theta] \overset{A}{\sim} N\left(0,\ G\ (\beta_\theta)^{-1} \sum(\beta_\theta)\ G\ (\beta_\theta)^{-1}\right)$$

Clearly, $\sum(\beta_\theta)$ can be easily estimated, whereas $G\ (\beta_\theta)$ is more difficult to estimate because it depends on the conditional density $f_{e(\theta)} \mid x$.

A typical simplifying assumption is to postulate that the conditional density is the

same as its unconditional counterpart, i. e. , $f_{e(\theta)\mid x}(0) = f_{e(e)(\theta)}(0)$, a nonstochastic number. In this case, (8) simplifies to

$$\sqrt{T}\ [\hat{\beta}_\theta - \beta_\theta] \overset{A}{\sim} N\left(0,\ \frac{\theta\ (1-\theta)}{[f_{e(\theta)}(0)]^2}\text{IE}\ (x_t x_t')^{-1}\right)$$

For the LAD estimator $\hat{\beta}_{0.5}$ we have

$$\sqrt{T}\ [\hat{\beta}_{0.5} - \beta_{0.5}] \overset{A}{\sim} N\left(0,\ \frac{1}{4\ [f_{e(0.5)}\ (0)]^2}\text{IE}^{(x_t x_t')^{-1}}\right)$$

Note that the asymptotic variance - covariance matrices in these cases still involve the unconditional density function f_e and hence are not easy to estimate. In practice, f_e is typically estimated by a nonparametric kernel estimator or by bootsrtapping. We omit the details.

5. Hypothesis Testing

In this section we discuss large sample tests for quantile regression parameters and their limiting distributions. We shall focus on the linear hypothesis: $R\beta_\theta = r$, where is a pre - specified $q \times k$ matrix with full row rank, and r is a. $q\ \times 1$ vector of hypothet values. We consider the Wald and likelihood ratio tests. The rank score test will not be discussed: see, e. g. , Gutenbrunner and Jureckova (1992) and Cutenbrunner et al. (1999).

5. 1 Wald Test

Similar to OLS regressions, the Wald test for quantile regressions is to check whet her $R\hat{\beta}_\theta$ is sufficiently "close" to the hypothetical value r. In what follows we assume t $f_{e(\theta)\mid x}\ (0)\ = f_{e(\theta)}\ (0)$ such that (9) holds with the asymptotic covariance matrix

$$D_e = \frac{\theta\ (1-\theta)}{[f_{e(\theta)}\ (0)]^2}\text{IE}\ (x_t x_t')^{-1}$$

We also assume that a weakly consistent estimator for $f_{e(e)}\ (0)$ exists and denote it $\hat{f}_{e(\theta)}\ (0)$.

From (9) we have under the null hypothesis

$$\sqrt{T}R\ (\hat{B}_\theta - \beta_\theta)\ = \sqrt{T}\ (R\hat{\beta}_\theta - r)\ \overset{A}{\sim} N\ (0,\ RD_\theta R')$$

By a weak law of large numbers, $M_T = T^{-1}\sum_{t=1}^{T} x_t x'_t$. is consistent for IE $(x_t x'_t)$. The weakly consistent estimator for D_θ is $\hat{D}_\theta = \theta\ (1-\theta)\ \hat{f}_{e(\theta)}\ (0)^{-2} M_T^{-1}$. It follows that

$$\widehat{\Gamma}_{\theta}^{-1/2}\sqrt{T}\ (R\hat{\beta}_{\theta}-r)\overset{A}{\sim}N\ (0,\ I_{q})$$

Where $\widehat{\Gamma}_{\theta}=R\widehat{D}_{\theta}R'$. Taking inner product of the left – hand side we obtain the Wr statistic:

$$W_{T}\ (\theta)\ =T\ (R\hat{\beta}_{\theta}-r)'\widehat{\Gamma}_{\theta}^{-1}\ (R\hat{\beta}_{\theta}-r)\overset{A}{\sim}\chi^{2}\ (q)$$

Under the null hypothesis. In particular, we can test the ith coeffcient, $\beta_{\theta,i}$, being z by the t test:

$$\sqrt{T}\hat{\beta}_{\theta,i}/\sqrt{\hat{d}_{\theta}^{ii}}\overset{A}{\sim}N\ (0,\ 1)$$

Where $\hat{d}_{\theta}^{ii}$ is the ith diagonal element of $\hat{D}_{\theta}$. Apart from the asymptotic covaris matrix, these tests are virtually the same as those for OLS regression.

5.2 Likelihood Ratio Test

Another large sample test can be constructed by comparing the values of the constrained and unconstrained objective functions. Such test is a likelihood ratio test because, as discussed in Section 3.1, the objective function of quantile regression is essentially the likelihood function based on the asymmetric Laplace density:

$$f\ (e;\ \theta)\ =\theta\ (1-\theta)\ \{\rho\theta\ (e)\}$$

The likelihood ratio test is also referred to as the quantile ρ test by Koenker and Machado (1999). Let $\hat{\beta}_{\theta}$ and $\hat{\beta}_{\theta}$ be, respectively, the constrained and unconstrained quantile regression estimators for β. Also let $\hat{V}_{T}\ (\theta)\ =\ V_{T}\ (\hat{\beta}_{\theta};\ \theta)$ and $\hat{V}_{T}\ (\theta)\ =\ V_{T}\ (\hat{\beta}_{\theta};\ \theta)$ be the corresponding objective functions. Then, –2 times the log – likelihood ratio is

$$2[\hat{V}_{T}(\theta)-\hat{V}_{T}(\theta)]=2\sum_{t=1}^{T}[\rho\theta(yt-x'_{t}\hat{\beta}_{\theta})-\rho\theta(yt-x'_{t}\hat{\beta}_{\theta})]$$

Koenker and Bassett (1982) show that for median regression,

$$CR_{T}^{m}=\frac{2\ [\hat{V}_{T}^{m}-\hat{V}_{T}^{m}]}{[2f_{e(0,5)}^{(0)}]^{-1}}\overset{A}{\sim}\chi^{2}\ (q)$$

Koenker and Machado (1999) tested this result to quantile regression and obtain

$$CR_{T}\ (\theta)\ =\frac{2\ [\hat{V}_{T}\ (\theta)\ -\hat{V}_{T}\ (\theta)}{\theta\ (1-\theta)\ f_{e(\theta)}^{(0)}]^{-1}}\overset{A}{\sim}\chi^{2}\ (q)$$

It is, however, not clear from the paper how these tests should be computed in prance. It seems that the likelihood ratio tests should be computed with $f_{e(\theta)}^{(0)}$ replaced by a consistent estimator $f_{e(\theta)}^{(0)}$.

6. An Application

In this section we present some quantile regression results on Taiwan's family income determination. A major purpose of this study is to investigate whether the effect of assortative mating (i. e, like marrying life on social status) on family income is homogeneous across the quantiles of the conditional distribution. These results are taken from Tsai and Kuan (2005), in which more details can be found.

In this analysis, the dependent variable is log of family income. There are three types of regressors: status, mating and family characteristics. The status variables includes educational status (as measured by the maximum of husband's and wife's years of schooling) and occupational status (as measured by the maximum of husband's and wife's ISEI score). The ISEI scores ranging from 10 to 88, was constructed by Ganzeboom et al, (1992) to rank different occupations. There are also 4 dummy variables characterizing different types of mating: ①educational homogamy (husband and wife with an equal education). ②educational hypogamy (wife with a higher education). ③occupational homogamy (husband and wife with an equal ISEI score). and ④educational hypogamy (wife with a higher ISEI score). The family variables include dummy variables for two – earner family, one – earner (wife) farmily, farming family, and self – employment. The reference group is thus a one – earner (husband), non – farming, and non – self employed family with educational hypergamy (husband with a higher education) and occupational hypergamy (husband with a higher ISEI score).

The data are taken from the samples of Panel Study of Family Dynamics (PSFD) in Taiwan surveyed in 1900 and 2000 (website: psfd. sinica. edu. tw). The sample being analyzed consists of 1214 families where the primary respondent was born between 1945 and 1963. We do not report all estimation and testing results but instead focus only on some variables of interest. The readers are referred to Tsai and Kuan (2004) for the details of all results. To illustrate, the OLS estimates are plotted in dashed line together with their 95% confidence intervals (horizontal lines) in Figure 2. In each figure, we also plot the corresponding quantile regression estimates at 19 points of the conditional distribution (0. 05, 0. 1, …, 0. 9, 0. 95 quantiles) with their 95% confidence intervals (shaded areas).

It can be seen that, while the OLS method underestimates the effects of educational status for the conditional income distribution between the first and third quartiles, the quantile estimates are not much different from the OLS estimate because they all fall in the confidence interval of the OLS estimate. On the other hand, the quantile estimates of the effect of occupational status remain stable for qunatiles below 0. 4, but they increase with quantiles afterwards and exceed the confidence interval of the OLS estimate for quantiles above 0. 9. This shows that the effect of occupational status exerts a large effect on upper income quantiles, but such effects are underestimated by the OLS method.

Similarly, the quantile estimates for the parameter of educational homogamy are positive and all close to the OLS estimate. This shows that, relative to the family with educational hypergamy, educational homogamy does improve on family income, but such effect is homogeneous across conditional income distribution. The quantile estimates for the parameter of occupational homogamy tell a different story, however. First, they are not significantly different from zero for quantiles below 0. 4. That is, occupational homogamy is not helpful for improving family income relative to the family with occupational hypergamy at lower income quantiles. Second, they are significantly different from zero for quantiles after 0. 4, showing a positive effect on family income due to occupational homogamy. Yet the OLS method is unable to reveal such effect for quantiles on and above 0. 9. Therefore, occupational homogamy does not have a homogeneous effect on income across quantiles, and it contributes very significantly for upper income classes. Note also that the quantile estimates for educational and occupational hypogamy are not significantly different from zero, showing that there is not much difference between hypergamy and hypogamy.

For other variables, quantile estimates may also be quite different from the OLS estimate, It is interesting to find that a two - earner family exerts a larger effect on lower income quantiles but a smaller effect on upper income quantiles. It can also be seen that self - employment has a positive effect at upper quantiles but results in a negative effect at lower quantiles, For the former variable, the OLS method gives an intermediate estimate; for the latter variable, the OLS estimate is not even significant. These estimation results clearly indicate that the OLS method may not describe income determination properly and may even deliver misleading results, especially when a variable has quite different effects at the two tails of a conditional distribution.

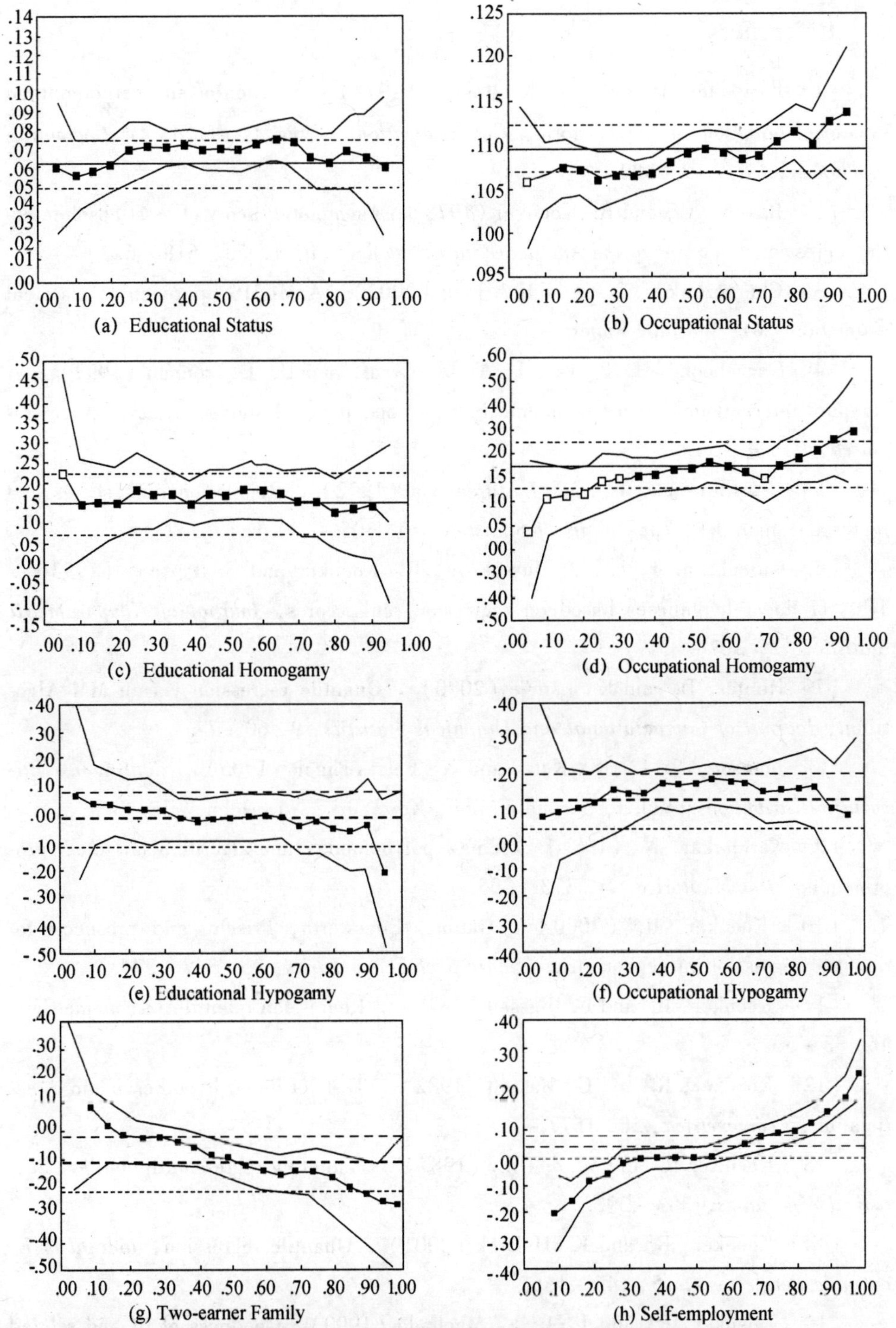

(a) Educational Status

(b) Occupational Status

(c) Educational Homogamy

(d) Occupational Homogamy

(e) Educational Hypogamy

(f) Occupational Hypogamy

(g) Two-earner Family

(h) Self-employment

Figure 2 The OLS and QR estimates and their confidence intervals

References

[1] Barrodale, I. and F. D. K. Roberts (1974). Solution of an overdetermined system of equation in the L_1 norm, *Communications of the Association for Computing Machinery*, 17, 319 – 320.

[2] Bassett, G, and R. Koenker (1978). Asymptotic theory of least absolute error regression, *Journal of the American Statistical Association*, 73, 618 – 622.

[3] Chernozhukov, V. and H. Hong (2002). A MCMC approach to classical estimation, MIT Working Paper.

[4] Ganzeboom, H. B. G., P. M. de Graaf, and D. J. Treiman (1992). A standard international socio – economic index of occupational status, *Social Science Research*, 21, 1 – 56.

[5] Gutenbrurmer, C. and J. Jureckova (1992). Regression rank scores and regression quantiles, *The Annals of Statistics*, 20, 305 – 330.

[6] Gutenbrunner, c., J. Jureckova, R. Koenker and S. Portnoy (1993). Tests of linear hypotheses based on regression rank scores, *Journal of Nonparametric Statistics*, 2, 307 – 331.

[7] Hunter, D. and K. Lan&e (2000). Quantile regression via an MM Algorithm, *Journal of Computational and Graphical Statistics*, 9, 60 – 77.

[8] Johnson, N. L., S. Kotz, and N. Balakrishnan (1905). *Continuous Univariate Distributions.* Vol. 2, Second edition, New York, NY: John Wiley Sons.

[9] Karnlarkar, N. (1984). A new polynomial – time algorithm for linear programming. *Combinatorica*, 4, 373 – 395.

[10] Koenker, R. (2000). Galton, Edgeworth, Frisch, and prospects for quantile regression in econometrics, *Journal of Econometrics*, 95, 347 – 374.

[11] Koenker, R. and G. Bassett (1928). Regression quantile, Econometrica, 46, 33 – 50.

[12] Koenker, R. and G. Bassett (1982). Tests of linear hypotheses and e_1 estimation, *Econometrica*, 50, 1577 – 1583.

[13] KoenKer R. and V. d'Orey (1987). Computing regression quantiles, *Statistical Algorithms*, 383 – 393.

[14] Koenker, R. and K. Hallock (2001). Quantile regression, *Journal of Economic Perspectives*, 15, 143 – 156.

[15] Koenker, R. and J. A. F. Machado (1999). Goodness of fit and related

inference processes for quantile regression, *Journal of the American Statistical Association*, 94, 1296 - 2009.

[16] Koenker, R. and B. J. Park (1996) . An interior point, algorithm for nonlinear quantile regression, *Journal of Econometrics*, 71, 265 - 283.

[17] Newey, W. K. and D. McFadden (1994) . Large sample estimation and hypothesis testing, in R. Engle and D. McFadden (eds.), *Handbook of Econometrics*, Vol. 4, pp. 2111 - 2245: Amsterdam: North Holland.

[18] Portnoy, S. and R. Koenker (1997) . The Gaussian hare and the Laplacian tortoise: Computability of squared - error versus absolute - error estimators, *Statistical Science*, 12, 279 - 300.

[19] Powell, J. (1984) . Least absolute deviations estimation for the censored regression model, *Journal of Econometrics*, 25, 303 - 325.

[20] Powell, J. (1986) . Censored regression quantiles, *journal of Econometrics*, 32, 143 - 155.

[21] Powell, J. (2002) . Lecture notes on quantile regression. Department of Economics, UC Berkeley.

[22] Tsai, S. - L. and C. - M. Kuaa (2005) . Heterogeneity in the determination of coupled earnings: A quantile regression analysis on income inequality, Working Paper, Institute of Sociology, Academia Sinicc.

贸易顺差与贸易摩擦

裴长洪

裴长洪

男，1954年5月15日出生于山西省阳城县。1970年1月~1971年12月“上山下乡”成为插队知青，1972年1月~1973年8月福建省龙岩龙江化工厂锅炉工，1976年毕业于厦门大学经济系，1981年于中国社会科学院研究生院经济系毕业，获经济学硕士学位，1997年于对外经济贸易大学国际经贸学院毕业，获经济学博士学位。1994年8月~1996年12月任中国社会科学院财政与贸易经济研究所研究员、所长助理，1997年1月~1997年11月任中国社会科学院外事局副局长，1997年11月~2003年1月任中国社会科学院外事局局长、中国社会科学院研究生院博士生导师，2003年2月~2004年9月任浙江省杭州市人民政府副市长。2004年9月任中国社会科学院财政与贸易经济研究所所长。社会兼职：1996年9月起任中国社会科学院国际投资研究中心副理事长，1997年9月起任联合国教科文组织中国委员会委员，1999年12月起任哈尔滨市政府经济顾问，2000年12月起任联合国教科文组织所属国际社会科学理事会执行委员。

主要研究领域：国际贸易。

同学们上午好！今天我讲的题目叫“贸易顺差与贸易摩擦”，主要讲一讲2005年以来中国对外贸易的情况和问题。因为我们这个课程是前沿课程，所以我的有些看法也不一定完全准确，也不一定就具有权威性，我只是把它们提出来，作为问题，供大家思考和研究。

一、背景

2005年中国对外贸易的情况和前几年有类似的地方。从2001年12月11日中国加入世界贸易组织以来连续4年中国的对外贸易高速增长，都是两位数以“2”字头、“3”字头的增长，2002年、2003年、2004年、2005年都是这样的速度，看来2006年还会是这样的速度。中国加入世界贸易组织以后的外贸增长速度让全世界都目瞪口呆，我们中国自己的官员、学者也都始料未及。

2005年我国的进出口贸易总额达到了14200亿美元，居世界第三；美国第一，进出口贸易总额26370亿美元；德国第二，进出口贸易总额17448亿美元。日本在2003年就已经被中国甩到后面去了，日本那时候是1万多亿美元，中国是1.1亿美元，2005年与我们的差距就更大了。2005年我国进出口贸易总的情况是：进出口总额14200亿美元，增长23.2%，其中出口额7620亿美元，增长28.4%；进口额6601亿美元，增长17.6%，创1000多亿美元空前纪录的贸易顺差。

所以在未来的若干年，中国的进出口贸易总额超过德国，甚至超过美国，都已经不再是神话。有人预言到2010年中国就是世界第一了。这个可能性是存在的。总之，中国对外贸易增长之快在世界贸易史上罕有其匹，这是我们要讨论这个问题的背景。

二、特点

2005年中国对外贸易有哪些特点呢？

（1）加工贸易依然领先。加工贸易增长快于一般贸易，这已经不是2005年我国贸易的特点，而几乎是从20世纪90年代开始15年来中国贸易的特点。在我们的海关统计里，贸易方式主要分为两大类：一类是一般贸易；另一类是加工贸易。贸易方式指的是什么呢？一般贸易指的是，生产所需的原料、零部件等在国内采购，在国内生产，然后出口。加工贸易指的是，生产所需的原料、零部件等是从外国进口来的，在国内生产，然后出口。按照关税政策的不同加工贸易又分成进料加工贸易和来料加工贸易。来料加工贸易指的是，原料、零部件等从外国进口，不计价，海关也不计征关税，在国内加工以后就出口。进料加工指的是，从外国进口来的原料、零部件等要计算价格，由企业支付，但是海关也不计征关税。所以加工贸易实际上可以看做是一种关税政策，它是一种关税问题。2005年我国一般贸易增长21%，其中出口增长29.3%，进口增长12.7%；加工贸易增长25.3%，其中出口增长27%，进口增长23.6%。这说明国内产品对海外市场依赖度提高，同时对国际原料进口需求下降。

（2）机电产品出口增势不衰。为什么要讲这个特点呢？因为它涉及中国出口结构的变化。改革开放以来中国的出口结构经历和正在经历三个变化。第一次变化是：在改革开放以前，中国的出口产品是以初级产品为主，主要是农产品、矿产品，工业制成品比重很低，那时候中国的进出口贸易额很低，像1978年只有几百亿元，和现在14000亿元、15000亿元根本是没法比的。改革开放以后的10年间，即整个20世纪80年代，中国的出口结构完成了从以初级产品为主向以工业制成品为主的转变。第二次变化是：90年代的10年间，中国的出口结构在工业制成品范围内完成了从以轻纺产品为主向以机电产品为主的转变。第三次变化是：从21世纪开始，我们正在经历的一次转变，即从以一般的机电产品为主向以高新技术产品为主的转变。

2005年机电产品出口4267亿美元，增长32%，占全国出口总值56%。其中，机械及设备出口1497亿美元，增长26.7%；电器及电子产品出口1723亿美元，增长32.9%。

（3）高新技术产品出口增速持续。2005年高新技术产品出口达2182亿美元，增长速度为31.8%，占总出口比重已达到28.6%。2006年前五个月，高新技术产品进出口仍然增长迅速，已经占这五个月贸易总额的33%。

这里要讲一下我们说的高新技术产品是按照OECD海关统计的产品目录来划定的。OECD海关统计的产品目录对什么样的产品算高新技术产品有一个分类，我们就是按照这个分类来把我们的某项产品划定为高新技术产品。比如笔记本电脑，按照OECD海关统计的产品目录，我们把它界定为高新技术产品。但是，笔记本电脑在中国的生产环节，未必是高附加值的生产环节，可能还是附加值比较

低的生产环节，也就是说，我们现在正在进行生产的高新技术产品生产，大多数是高新技术产品中低技术、低附加值的部分生产加工，虽然产品是高新技术产品，但是并不等于我们有高新技术。

（4）传统的大宗商品出口没有受到大的妨碍。现在社会上大家很容易得到这样一个印象，就是现在的贸易摩擦很严重。这对于我们的出口，尤其是传统的大宗贸易商品的出口有没有影响？不能说没有影响，但是影响不太大，这从下面的数字就可以反映出来。比如服装，这是最传统的了，2005 年出口为 739 亿美元，增长 19.9%；纺织品出口 411 亿美元，增长 22.9%。当然传统大宗贸易商品出口的增长速度是低于我国平均的出口贸易增长速度的，但是在贸易史上，我们这种两位数的增长速度已经是非常快的了。再比如鞋类出口 190 亿美元，增长 25.3%；塑料制品出口 113 亿美元，增长 22.9%；旅行用品及箱包出口 73 亿美元，增长 17.2%；等等。

这些传统的大宗贸易商品的出口增长依然很快，就有一个问题要引起大家的关注，这就是我们原以为这种低技术、劳动密集型的产品在国际市场上已经饱和了，没有需求了，现在看来也不完全是这样。就从这些产品直到目前的出口情况来看，世界市场的需求，第一，可能会逐渐增加和提高；第二，这种需求也可能会发生转移，比如说对供货来源地，原来是从另外一个地方，现在转移到中国来了。所以我们原来的判断，就是我们出口结构的调整要考虑到世界市场需求的变化，这个不错，但是不是说低技术、劳动密集型的产品在国际市场上就没有需求了，恐怕不完全是这样。

（5）初级产品进口增长势头回落。我国的进口产品中初级产品占的比重很大。在中国的进口结构中，有两大类产品的比重是不断提高的，一类是初级产品；另一类是机械设备。2005 年进口初级产品占总进口额的比重大约是 1/4，就是 20% 左右，就是说进口的货物中有 1/4 是初级产品。2005 年进口初级产品 1477 亿美元，增长 26%，占进口总值的 19.4%，增势回落 1.5 个百分点。

初级产品中有一部分是农产品，大多数是燃料和矿产品。其中，进口铁矿砂 2.8 亿吨，增长 32.9%，这说明国内的钢铁生产势头还很旺。但是石油进口是回落的，2005 年进口原油 1.3 亿吨，增长势头只有 3.3%。进口原木和锯材增长 9.3%，增速都有回落。今年汽油涨价了，同国际市场接轨了，恐怕跟我们进口的石油的量也有很大关系，因为现在石油进口主要是三大公司垄断，到底中国石油的价格反映的是国际市场的石油价格呢，还是反映的中国的市场结构，这也是需要研究讨论的问题。另外，进口大豆 2659 万吨，增长 31.4%；工业制成品中，汽车和钢材进口下降。

三、新情况和新问题

2005 年发生了一个新的情况，就是出现了六大贸易伙伴，这六大贸易伙伴的双边贸易额都超过了 1000 亿美元。

在这六大贸易伙伴中，排位第一的当然是欧盟。欧盟是 2004 年成为中国的第一大贸易伙伴的，双边贸易额达到 2173 亿美元，增长 22.6%。传统上日本一直是中国最大的贸易伙伴，这个地位一直维持到 2003 年。2004 年发生了一个变化，就是欧盟跃居第一位。当然欧盟有一个东扩的问题，从原来的 15 国扩大到 25 国，但是新增加的欧盟 10 国与中国没有什么双边贸易，所以东扩对于欧盟从中国的第二大贸易伙伴变成第一大贸易伙伴没有什么影响。这在中国人看来没有什么，但是日本人却是很当一回事的。去年这个时候，日本开日本国内的第 54 届国际贸易学会，请了三个外国人去参加他们这个学会，第一个是中国人，我被请去了，去解答为什么日本从中国的双边贸易伙伴第一变成了第二；第二个是美国人，讲航空市场开放问题；第三个是韩国人，讲东北亚的经贸合作问题。我就跟他们讲，为什么你从第一变成了第二呢？主要的原因是日资在华企业的经营战略发生了变化，原来日资在华企业是把中国作为生产加工地点，产品全部返销到日本，在贸易上就表现为中国对日本的出口。但是现在日本企业发现中国市场很大，而且中国人的需求无论是数量还是档次都在提高，所以日资在华企业现在把中国作为市场在经营，东西要在中国卖，慢慢地产品返销到日本的比重就不断地下降，这样就变为中国对日本出口的增长速度下降。这一部分的下降就使整个双边贸易额的增长势头下降。但是日本对华的出口，就是中国从日本的进口，依然增长速度是很快的，所以我们对日本依然是小额的贸易逆差。那么有没有解决的办法呢？我跟他们讲，你们要想继续保持第一，就必须继续增加对中国的投资，到中国中西部去投资，把中国的中西部再变成你们的生产加工基地，这样才能提高中国对日本的出口。很遗憾，日本不仅没有重新跃居第一，到 2005 年从第二又变成了第三，美国变成了第二。

2005 年美国与中国的双边贸易额达到 2116 亿美元，增长 24.8%。日本第三，中日贸易额 1844.5 亿美元，增长 9.9%。接下来是中国香港特区、东盟和韩国。

2005 年中国与韩国贸易首次超千亿美元，特别是进口增长 23.4%，中国对韩贸易逆差超过 300 亿美元。韩国一下子变成中国的第六大贸易伙伴。这个现象非常值得关注，因为单从单个民族国家来看，韩国实际上是第三。欧盟是国家集团，有 20 多个国家，东盟也是国家集团，也有 10 多个国家。韩半岛是一个只有

10万平方公里的小国，而且中韩建交很晚，1992年才建交，双边贸易一下子超过1000亿美元，成为中国最重要的贸易伙伴之一，不可小看。而且对韩国我们基本上是连年的贸易逆差，2005年达到300亿美元。

中国与东盟的贸易也是逆差，中国从东盟的进口增长很快，东盟已经成为我国的第三大进口来源地。中国同台湾省的贸易也是逆差，顺差的只有香港。

2005年还出现了一个新的问题，就是首次出现了一个1000亿美元的贸易顺差。

从历史上看，1998年曾经是我国贸易顺差最高的年份，当时的贸易顺差额是434亿美元。即便是加入世贸组织以后，我们的贸易额持续快速增长的这四年间，我们的顺差一般也就是250亿美元、350亿美元。2004年，按照海关统计，我们的顺差是350亿美元，但是我们的国际收支统计不是这个数字，这两个数字不一样。大家注意观察，将来写论文涉及这个问题时要把这两个数字做一下比较。海关统计2004年是350亿美元的顺差，而我们的国际收支统计中的货物贸易这一栏里面顺差却是500亿美元，多出了150亿美元。这两个数字都是中国官方做出的统计数字，但是不一致，这就反映出许多问题，这都需要做研究。按照我主观的想法，我认为海关的统计较为可信，因为国际收支统计主要是根据资金流来统计，它不一定要对应货物流，也就是可能是资金流和货物流的不对应造成了最终统计数字的偏差，这个问题当然可以讨论了。但是不管怎样，在过去这些年份里就没有出现过很高的贸易顺差，但是2005年一下子从200多亿美元增加到1000亿美元。我个人看，不应该简单地把它看做是个别年份的进出口不平衡所造成的，我的一个判断是，当然这个判断还要论证，中国可能提前进入日本经济曾出现的巨额贸易顺差和经常项目顺差、巨额外汇储备的发展阶段。这个当然也是可以讨论的，因为我们讲的是前沿问题。

从2006年前5个月的情况看，发展态势和2005年是相似的，进出口增长速度依然很快，出口增长速度更快，快于进口增长速度。在过去的这5个月中，进出口贸易额达6478亿美元，比去年同期增长24%，出口增长速度25.8%，进口增长速度22.1%，贸易顺差已经达到468亿美元，比去年同期增长41%。对美国贸易顺差超过300亿美元，对欧盟顺差200亿美元。

贸易顺差问题在国际上非常令人关注。在国内，老百姓、群众、居民感觉不到，只是可能会感觉人民币汇率是不是变了，因为贸易顺差和人们的日常生活没有太大的关系。但作为政府来讲，这个问题应该很谨慎，因此对外的说法也应非常慎重。2006年的政府工作报告，关于这个问题几易其稿。中国社科院也有些老师参加了政府工作报告的起草，2006年春节后，2月6日，温总理召开专家座谈会，咱们院里是陈佳贵副院长和我去了，那时候政府工作报告关于贸易顺差就剩下两三行字，当时的表述是“努力改变进出口不平衡状况，适当增加进口，缩小贸易顺差”。后来在座谈会的时候，我提了一个意见，我说贸易顺差可能缩小不了，如果这样写了，将来万一做不到就很难办。我个人的判断是缩小不了，当然当时在场的领导都没说什么，因为吸收这些意见的应该是起草者，就是写字的那些人，不写字的人听听也就罢了。后来连这段话也没有了，就是整个政府工作报告关于贸易问题说得非常含糊，其原因、其背景就是这样。但是我们可以含糊，但美国人不含糊，他会说你的贸易顺差太多，你的人民币汇率低估，要升值，反正要缠住你。国际社会是很关注这个问题的。这是2006年前5个月的情况，看来2006年1000亿美元的贸易顺差可能仍然要保持，刚刚5个月就468亿美元，而且其中2月过春节，出口量非常少，后面的出口量会越来越多。

四、贸易顺差

我们怎么认识贸易顺差呢？2005年中国首次出现1000亿美元的贸易顺差，作为我们研究问题的人来讲，要好好地思考这个问题。

大家都看过西方的宏观经济学，西方宏观经济学讲储蓄和投资的关系是一个恒等式，即储蓄等于投资：$S=I$，当储蓄与投资不相等的时候，如当储蓄大于投资的时候，$S=I+(X-M)$；当储蓄小于投资的时候，$S=I+(M-X)$。所以从理论上说，贸易顺差是储蓄大于投资的必然结果，表现为中国国内资源的流出。

在实际中我们还可以做一些考察，比如说我们这样的贸易顺差到底是多还是不多呢？如果做一个国际比较，2005年贸易顺差比中国多的国家也还有。贸易顺差列前三位的是：德国第一；沙特第二，当然它是石油出口国了；俄罗斯第三；中国只是第四。所以现在有一种说法，就是所谓的“全球经济失衡”。全球经济失衡说的就是这件事，就是个别国家，特别是亚洲国家，出现大量的贸易顺差；美国、北美还有欧洲的一部分国家持续的贸易逆差。当然这个说法能不能成立也可以研究。中国的贸易顺差中有51%是来源于外商投资企业，其中加工贸易的顺差最多，是1424亿美元，高于顺差总额。但是尽管我们的贸易是顺差，我们的国民收益却未必是最高的，因为我们的加工贸易利润一般只有3%～5%。比如一台笔记本电脑平均出口美国的售价大约是700多美元，但中国企业只能得到15美元左右的利润，这是什么原因呢？这是因为我们从事的生产是低附加值的生产。所以贸易顺差看起来似乎是我们赚了很多钱，从理论上它也反映了我们资源的流出，但是从实际上观察，我们的国民收益并不高。

从我国宏观经济的实际情况来看，确实也有这样的现象，就是我们的投资率很高，但储蓄率更高。上一讲刘树成老师给你们讲经济周期，可能重点讲了投资

增长的问题。中国确实投资增长很快，但是储蓄增长更快。我们以2005年为例，2005年全国新增的储蓄存款2万多亿元人民币。全国的居民储蓄存款已经超过了15万亿元，就是人均1万元，当然这些储蓄不是分散的，而是主要集中在发达地区和高收入阶层，再加上企业存款就更多了。所以说中国人不穷，中国人很有钱，新增的储蓄存款就有2万多亿元人民币。但是，新增贷款却只有1万多亿元人民币，2005年连贷款计划都没完成。这说明银行存在大量的存差，就是储蓄很多，贷款却放不出去。因此，贸易顺差从经济生活实际来看，也反映了以实物形态的资源流出，是国内经济实际情况的对外表现形态，也即国内经济不平衡的对外表现。当然，我们的贸易顺差反映的资源流出主要是劳动要素，因为我们出口的产品，不管是高新技术产品，还是传统大宗商品，劳动力要素还是主要的，是构成附加值的主要来源，因此从我国的要素禀赋来看，目前的顺差对我们是有利的。虽然现在全世界都在讲贸易自由化，而唯一不能流动的是人口，尤其是中国人流不出去，所有的地方都针对中国制订新移民法。我们的人流不出去怎么办呢？人流不出去就只好借助于商品流出去。

从国际经验来看，也能找到类似的现象。日本从20世纪80年代末期到21世纪初，投资率增长速度经常处于停滞状态，储蓄率高于投资率，因此长期出现大额贸易顺差和经常项目顺差，通常保持在1000亿美元上下，而这个时期日元正处于持续升值的阶段，尽管如此，日本贸易顺差的势头却难以遏制。日本的银行长期以来都是零利率，资金价格最低，最近说日本要告别零利率时代，但究竟什么时候开始还没有确切的信息。1985年美国人强迫日本人签订日元升值的“广场协议”。1985年以前日元对美元的汇率是360:1，签订“广场协议”以后，日元不断升值，一度升到了80:1，现在稳定在110:1左右。当然话说回来了，就算美国人再强迫日元升值，如果日元升值完全不符合日本的民族国家利益，日本也决不会答应，也就是说日元升值也未必就一定是完全地被动的。在这样一个长期升值的过程当中，从理论上讲，应当是日本贸易不平衡的状况得到改善才对，但是日本的贸易不平衡状况却始终没有改变，而且越来越严重，怎么解释这种现象？只有两个理由可以解释：一是日本的制造业（这里指货物贸易，还不包括服务贸易）太厉害，太能适应日元升值的变化，能够迅速改变产品结构，适应新的市场需求。那么现在人民币升值，我们怎么办？那就要求我们的企业改变产品结构，改变产业结构，以适应人民币的升值。但是制造业改变产品结构就要求技术变化，日本的技术变化在这20年间有这么快吗？比如说现在日本的汽车，电器，当然有变化，不能说没有变化，但是我看翻天覆地的变化也没有，革命性的变化也没有。但是日本的企业比中国的企业更能适应汇率的变化，这一点是肯定的。二是国内经济发展不平衡，投资率低，储蓄率高，资源在流出，所以进出口不断增加。这就是日本的历史经验。现在美国人一直压迫中国人民币升值，实际上人民币现在已经升值了3.17%，跟去年7月份相比。即便人民币不断升值，如果国内经济的这种状况不改变，就是储蓄率远远高于投资率的状况不改变，那么我想我们的出口增长速度快于进口增长速度的发展趋势依然会保持，大额贸易顺差的现象不会消失。

那么我们怎样来判断贸易顺差的利弊呢？现在我们出现了一个大额的贸易顺差，国际社会都很关注，我们自己怎样来看待这个问题？当然这种事情肯定是有利有弊的。过去我们没有钱，改革开放之初，我估计动用500万美元的外汇储备可能都要国务院的领导批，现在可能一个县的支行行长就敢批，所以我说这首先是好事情。先有了，然后我们再看太多了好不好，太多了总比没有要好。现在外汇市场是供大于求，外汇储备快速增多，现在中国的外汇储备已经是世界第一，已经超过日本。通常我们担心的问题是这是否会引发通货膨胀？由于外汇过多，就要多发行人民币，因为外汇市场上多余的外汇是被中央银行买下来了。中央银行是银行间外汇市场最大的购买者，它的购买价格实际上就是官方汇率，因为没有多少人参与，没有交易者。谁应该持有外汇，应该持有多少外汇，都是中央银行制定的，这里面的交易者很少，剩下的外汇就要央行全买单，它的这个购买价格实际上就左右了我们现在的汇率，央行愿意是多少就是多少，愿意8.3就8.3，愿意8.0就8.0。实际上现在人民币汇率依然是计划价格，因为中央银行是最大的购买者，它想出多少价就出多少价。央行一方面要购买进外汇，一方面要放出人民币，基础货币的投放要增加，按照教科书的说法就会引起通货膨胀。从统计数字上看，消费价格现在没有出现大幅上涨，甚至连小幅上涨都没有；工业原料价格在上涨，住房价格在上涨，一部分服务业收费价格在上涨，大概变化就是这样。我们现在用统计物价的方法作为观察通货膨胀的工具，其实究竟这种方法好不好、对不对现在还是一个问题。要按照原来我们的统计指标、选择项目来看，消费价格没有出现上涨，蔬菜、粮食、日用消费品等的价格都没有上涨。我们能够感觉到的是房价在上涨，汽油价在上涨，但这样的商品在整个日用品中占多大的权重，也还没有一个具体的计算办法。总体来讲，由于购买外汇造成的人民币增发、基础货币投放增加，没有成为我们国内价格大幅度上涨的原因，目前还没有来自这方面的压力。

剩下来的问题就是美元储备资产有没有风险。我们手里攥了一大把美国人印的花花绿绿的纸张，不就是一张纸嘛！可是我们把它买进来就是一种资产，是一种金融资产，这种金融资产有没有风险？肯定是有的，因为美元对比西方主要货币来讲是在贬值，而且从长期趋势来看，它可能还会继续贬值。为什么石油价格不断上涨，当然原因有很多，比如欧佩克组织的国际政治考量和世界经济考量，

很重要的一个原因就是美元在贬值，按照美元贬值的幅度，它的石油价格的供求关系就要变动，因为石油输出国主要赚的是美元，美元贬值，我的石油价格肯定要变。如果美元在贬值，那么我们手里拿了这么多美元就是有风险的。

至于储备规模应当是多少合理，这个问题也已经争论很久了。记得我在1995年写过一篇文章，发表在我们院的要报上，那时候我们的外汇储备有500亿美元，我的意思是要研究这个问题。当时还是朱镕基当总理，朱镕基就批给了国家计委，说社科院一个学者提了一个问题，这个问题确实要研究，你们计委要好好研究一下。当时国家计委政策研究室还找我，说我们一起研究一下这个问题。现在都8000亿美元了，也没研究出来，到底是多少合适也没搞明白。现在你们看的教科书有一个说法，就是说外汇储备至少要能够应付3个月的进口量，有的写的是要半年的进口量。按照这个说法，中国现在每月的进口量大约是在1000亿美元左右，那就是说，要么3000亿美元就够了，要么6000亿美元就够了，现在是8000亿美元明显地是太多了。但是你们看的教科书有一个问题，就是它们都是老外写的，都是老外的观点翻译过来的，3个月、6个月都是人家的说法，它们总结的都是发达国家的经验，而且因为它们的作者是美国人、英国人，所以他们所依据的都是美国、英国的实际情况，而美国、英国持有的都是硬通货，他们的硬通货没关系，不够了就印嘛，我们不行，我们印人民币谁认呀？所以他们的3个月、6个月是在他们的基础上，他们的国家里，他们的实践中写成的，他们没有总结和思考发展中国家的经验和需要，当然更没有总结和思考像中国这样一个特殊的发展中国家的经验和需要。所以储备规模应当是多少才合理，不要轻信外国人的说法。我个人的看法，不要说8000亿美元，10000亿美元、15000亿美元也没有什么了不起，中国国家太大，多大的数字拿13亿人一除都没有分量了，都很可怜，多小的数字拿13亿人一乘都让人害怕得要命，所以我们不要轻信外国人，我们自己的问题恐怕还要我们自己来解决。当然外汇储备也不是越大越好，也不能大得无边，究竟多少才好，要从中国的实际情况，从现在经济全球化加速发展的背景来研究，从中国成为一个世界贸易大国的事实出发来研究。

现在我们仍然需要适当扩大进口。扩大进口的条件，第一个是国内需求，没有国内需求，进口扩大不了，国内要有需求就要有一定的投资增长率。今年一季度为什么进口增长速度加快了呢？这就和我们的投资速度加快了有很大关系。我们今年一季度投资增长率回升到29.9%，又接近30%了。第二个是支持自主创新的关键技术设备的引进和专利的购买，自主创新不是关起门来创新。第三个是对资源性产品扩大进口和加大储备。我看前不久《经济日报》还登了一则消息，讲我们的石油战略储备基地正在建设之中，第一个石油战略储备基地是在浙江的一个地方。第四个是要实现上述目标还需要一定的体制条件和政策措施。现在我们的体制条件和政策措施还不到位，从体制上来讲，我们现在需要扩大进口的很多产品都是垄断产品，比如资源性产品，刚才我讲的石油进口现在是三大石油进口公司垄断，中石化、中石油、中海油，进口渠道都是特许经营，国内的分销也是这三大石油公司操纵。这样的市场结构对扩大进口是不是有利？这样的市场结构下出现的价格是不是合理？它反映的是国际市场需求，还是国内市场结构？这些都值得打问号。现在我们对出口的研究固然不够，对进口的研究就更不够，尤其是对资源性产品进口的研究就更更不够。这些问题涉及的是体制改革，而体制改革很难改，容易改革的现在都改完了，现在我们说要坚持改革的方向不动摇，这个话说得很对，但是要真正做到不动摇也不是喊两句口号的事情，现在既得利益都已经很稳定了，要想动摇它很不容易，都是与虎谋皮，所以现在改革已经进入攻坚阶段了。另外出口有促进，但进口没有促进，所以企业没有进口需求。

长期以来我们对出口促进的措施研究得很多，一个是人民币汇率的基本稳定和必要弹性；还有一个是出口退税政策的完善。出口退税政策老外就不知道了，老外讲中国的外贸不平衡都讲是人民币汇率的问题，其实人民币汇率的作用根本没有老外以为得那么大。中国的外贸企业在跟老外谈价格的时候，一般只考虑产品成本和汇率成本，而不考虑利润，其利润来自于国家的出口退税，这个只有做贸易实务的人才知道，当然加工贸易企业是另外一种情况。所以中国的外贸出口是靠财政政策支持的，2005 年我们的出口退税是 3374 亿元人民币，出口退税是一个值得研究的大问题。换句话说，2005 年中国 1000 亿美元的外贸顺差，按照官方现行汇率计算，其中有 400 亿美元是财政花钱买来的。现在出口退税的规模越来越大，这样的规模能不能持续？2005 年外贸增长 20% 多，2006 年估计还是这样，2007 年如果没有大的变化应该也还是这样，那么国家能不能 1000 亿美元、1000 亿美元的这样花下去呢？这是要研究的问题，这既是财政问题，又是外贸问题。

五、贸易摩擦

贸易摩擦和贸易顺差有连带关系，我们的大背景是贸易增长速度飞快，世界贸易的航道就这么宽，我们现在一下子变成了一个大胖子，占了航道很大一部分地方，当然和别人会有碰撞了，出现贸易摩擦也就很正常了。

近年我国与别国贸易摩擦的表现形式有很多。据世界贸易组织统计，2000 ~ 2004 年国际上对华反倾销 234 起，占全球反倾销案件总数的 16.6%，我国已经成为世界各国的头号反倾销目标国。2005 年上半年，11 个国家和地区对我国发起 20 起反倾销和 1 起保障措施调查。2005 年前 10 个月，发展中国家对我国发起

贸易救济调查29起，占案件总数的66%。2004年加拿大对我国发起1起反补贴调查。

那么到底是什么原因引起的这些贸易摩擦呢？我想有两大方面原因。一方面是宏观原因，比如贸易保护主义的存在，贸易保护主义会同贸易自由化成为一对长期存在的矛盾，这反映了国际垄断资本与经济全球化矛盾的一面；再比如我们同民族国家也存在经济利益的矛盾，意识形态是抹平不了这些矛盾的，这反映了中国和平崛起与各国经济利益矛盾的一面；再比如世界经济协调机制的不完善，这个世界确实一方面在全球化，出现了许多超民族国家的组织，像世贸组织、欧盟等，但这些超国家的组织毕竟不是一个民族国家，各个国家的经济运行是没办法协调的，它们所谓的协调只是事后裁定。

另一方面，从微观层面的原因来看，第一，我们确实增长速度太快，我们自己都始料未及，整个世界经济要为我们做出调整，它们反应不过来，特别是某些产品，比如纺织品。第二，中国加入世贸组织承诺了三项不利条款：一是非市场经济地位，这个要延续到2016年12月10日；二是特定产品过渡性保障机制，这个要延续到2013年12月10日；三是纺织品特别限制措施，要延续到2008年12月31日。纺织品特别限制措施的主要内容就是，2005年1月1日世界纺织品贸易配额取消，纺织品实行全球贸易自由化，但是对中国且慢，中国的纺织品出口以2001年为基数，每年增长幅度不能超过7.5%。这个正好让美国人抓到了一个把柄，2005年一季度我们有二十几种纺织品增长速度何止是7.5%，五个7.5%也有了。美国人说我们的增长速度太快了，违反了纺织品特别限制措施，摩擦就出现了，这就是摩擦的直接导火线。

现在的问题是对于反倾销、特定产品过渡性保障机制调查、反补贴等贸易摩擦所使用的武器和手段，我们要怎么看？首先它是一个规则，是世贸组织的一个规则，在人家那里叫“贸易救济措施”（Trade Relief），Relief是缓释、缓解的意思，是一个很好的字眼。贸易救济措施可以有数量限制、关税惩罚、禁止进口，它针对的是：影响公平竞争，即价格倾销、扰乱市场，威胁产业安全；影响消费者利益，即对进口国的环境、生态、居民健康造成不利影响；以及保护知识产权和倡导生产者负担社会责任等。世界贸易组织的规则高举了三面旗帜：第一面叫做生产者公平竞争；第二面叫做保护消费者利益；第三面叫做保护知识产权。围绕着这三面旗帜，所有的工具和手段都是可以采用的，这个人家叫做贸易救济。我们现在已经加入世贸组织了，我们现在需要考虑的就是世贸组织的规则，这些规则也是我们承诺的，这些规则对谁都适用。当然再公平的规则也有不公平的地方，比如说保护消费者利益，我们的消费者利益、发展中国家的消费者利益和发达国家的消费者利益显然是不一样的，标准是不同的。比如在我们这里噪音比较大也不算什么，在人家那里就是问题，影响消费者的利益，技术标准就高了，技术标准高了对发展中国家就不利。但是规则只有一个，现在我们只能说人家对我们滥用，不能说人家不该使用，使用是都可以使用的。但是，滥用和不滥用之间的标准又很模糊，有时候标准也不合理，这是我们面临的一个挑战。现在问题又多出来一个，发达国家要求我们负担起生产者的社会责任，生产者的社会责任就不仅仅是生产者公平竞争问题，保护消费者利益问题了，它涉及生产者的很多的价值观念，比如人道主义观念，不能使用犯人和未成年人进行生产，否则就是不人道的。

中美纺织品服装贸易争端现在已经告一段落，结局很好。2005 年第一季度闹得很凶，到 2005 年 11 月 8 日签署谅解备忘录。这个谅解备忘录的签署很出乎我的意料，美国人一下子又变得这么和蔼可亲起来。因为双方谈判后，调查产品的品种从 24 种，涉及金额 63 亿美元，变成了 21 种，涉及金额仅 35 亿美元；基数也变了，原来是 2001 年，现在变成 2005 年了，2006 年以 2005 年实际进口量为基数，2007 年和 2008 年均以上一年协议量为基数；增长幅度也放宽了，过去是 7.5%，现在 2006 年变成了 10% ~15%，2007 年是 12.5% ~16%，2008 年为 15% ~17%，全面突破 242 条款 7.5% 的增幅限制。当然我们商务部的领导为谈判做出了很艰巨的努力，做出了巨大的贡献，这是我方一方面。那么对方为什么突然有这么好的姿态了呢？只能证明当初我的判断，中美的贸易摩擦是政治问题，不是经济问题。我们和所有国家的贸易摩擦绝大多数是民族国家间的经济利益矛盾，唯独和美国不是，中美的这种贸易摩擦，将来的汇率摩擦，很大程度都是政治问题。美国是选票政治，它的当权派要依靠很多利益集团支持，中国纺织品出口并不是直接损害美国本国的纺织企业的利益，它本国的纺织企业已经很弱小了，也不值得它保护，那它为什么那么起劲呢？一个原因是其他国家有压力集团，比如中美洲也把美国作为它最大的纺织品市场，中美洲那些国家在美国的实力是很强大的，中国的出口多必然要损害它们的利益。还有一个原因是中国的纺织品贸易确实是突破了 242 条款，这时候美国政治需要美国当权派和中国闹矛盾，因为它要向“台独势力”、反华势力献媚，以表示它不亲共、不亲华，这时候它就表现得穷凶极恶，抓住一个小题目就要做文章。而这个事情过去之后，它也要找补回来，也要向中共暗送秋波，要维持利益平衡，因为太得罪中国，波音公司也不干，花旗银行也不干。胡锦涛主席到波音公司去访问，波音公司的资产阶级和无产阶级都在那儿欢迎，为什么？我们买了好多波音飞机呀！波音全球最大的客户、最大的买主来了。所以中美之间的经贸摩擦就是这样，反正是好也好不到哪去，坏也坏不到哪去，都要演戏，作秀，该吵架我们就跟它吵，也破不了，该好就好，双方都有利嘛。

现在的新动向是贸易摩擦问题依然存在，虽然有所缓和，但新的形式层出不穷，比如技术性贸易壁垒，2005 年有 71% 的出口企业和 39% 的出口产品遇到此类问题。技术性贸易壁垒的理论依据是保护消费者利益，你的技术标准不过关、不环保，等等。还有就是保护知识产权，美国用它的 337 条款，不单是对我们，对很多国家都发起知识产权调查，1986～2004 年，对我国发起 337 调查 39 起，占调查总数的 13%；2005 年上半年 5 起，占总数 11 起的 45%，继续位居受调查国首位。知识产权争端在未来会成为贸易摩擦的一个重要的表现形态，在这方面我们的企业可能还准备得不够。2006 年 2 月 14 日，美国贸易谈判代表办公室公布了对美中贸易政策的评估报告。这个报告总体上对中美贸易是肯定的，报告认为中美贸易对双方都是有利的，但是对我国市场开放程度和知识产权的态度强硬，要求我们继续扩大开放市场，它所说的开放市场主要是指的服务业市场，特别是金融领域。

另外一个贸易摩擦的新动向是，2005 年又出现了一个贸易竞争规则的争端。2005 年中国 6 家维生素企业在美国遭受反垄断诉讼，告我国企业操纵出口价格。中国现在是维生素 C 的生产和出口大国，这个东西很便宜，我们几个维生素厂就能抢占美国很大一部分市场份额，市场份额越大价格谈判能力就越强。

2006 年的外贸形势估计依然是高速增长，预计进出口贸易增长仍将超过 20%，出口增长依然快于进口增长，贸易顺差仍将超过 1000 亿美元。

支持高增长的主要因素有很多了。比如世界经济依然温和增长，预计 2006 年将达到 4.3%，与 2005 年持平；世界贸易增长将略高于 2005 年，IMF 预计世界贸易量可增长 8%，世界贸易组织预计可增长 7%；跨国直接投资继续回升；等等。还有国际经贸环境总体是有利的，虽然贸易摩擦仍将不断发生，但对贸易增长总体态势不起逆转趋势的阻碍作用。国内的支撑因素有：工业生产能力对海外市场的需求进一步提高；出口退税的增加抵消了人民币升值的不利因素；配额问题大于人民币升值压力；加工贸易比重大，不受国内限制因素的制约；进口增长受国内宏观经济环境约束和其他原因影响，增长仍将低于出口。

这些基本趋势将会印证这样几个判断：①在劳动力无限供给条件下，高储蓄、高投资必然促进出口贸易快速增长。②在上述条件下，加上储蓄大于投资，必然出现贸易顺差扩大的倾向。③中国将较快接近日本贸易高增长与贸易顺差超千亿的发展阶段，这可能成为常态，经常性状态，如同投资高增长一样。我们需要研究的两大问题是：①关于转变外贸增长方式的问题。②中国作为贸易大国如何与贸易伙伴互利共赢、与世界经济平滑协调的问题。

中国作为贸易大国崛起，中国经济与世界经济的平滑协调已经提到议事日程上来了。过去我们讲参与经济全球化，参与世界经济事务，那仅仅是一种愿望，现在应当说这已经提到议事日程上来了，只不过国际社会上可能有人还不愿意看到这样一个事实。实际上，从中国是一个贸易大国这样一个前提出发，确实我们的生产对国际市场的依赖会越来越加深，我们需要和人家对话，需要和人家协调。同时，国际社会对我们的消费依赖也在加深，目前这个现象虽然还没有被很多人认识到，但是会越来越被国际社会所认识。我就举这样一个例子，去年中国有些出口到欧洲的产品被压港，后来又被放行，不是因为中国政府去谈判了，而是因为这些国家的政府迫于国内的压力自行解禁，这正说明国际社会对中国产品的消费依赖也在加深。这种双向依赖的加深表明，实际上我们对世界市场不是单方面的需求，人家对我们也有需求，既然是这样，那么我们就必须进行协调，必须进行生产、消费、流通各个环节的和谐衔接，这样才能使世界经济平稳地发展。这个道理可能国际社会上很多人还没有看到，有些人是不愿意看到，但是没有办法，这是事实。我们只需要保持这样一个增长的势头，对国际社会、对世界市场的渗透不断地加深，将来他们早晚要认这个账，要认这个账，我们就要有一个协调我们双方不同经济体的平滑协调机制。

（文章来源自《学术讲座荟萃》第34辑，2006年6月8日）

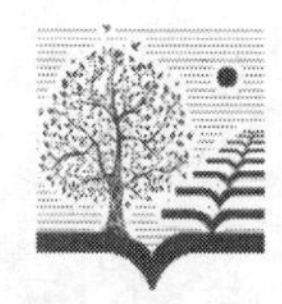

市场化改革与收入分配

李　实

李实

男，1956 年生。中国社会科学院研究生院教授，北京师范大学京师学者特聘教授、收入分配与贫困研究中心主任，德国劳动研究所（IZA）研究员，浙江大学经济学院兼职教授，天则研究所学术委员会委员，北京大学经济与人类发展研究中心学术顾问，世界银行、亚洲开发银行、联合国开发署、国家发改委等机构的项目专家。

主要研究领域：发展经济学与劳动经济学，主要学术专长是收入分配、贫困和劳动力流动研究。

主持国家社会科学基金、国家自然科学基金、中国社会科学院的重大项目、一般项目多项，国外基金会资助项目多项。出版中（英）文著作 8 部，在国内外发表学术论文 50 多篇。

一、市场化改革与收入差距扩大：问题提出

这个问题是最近一年多大家一直争论的问题。在争论过程中有不同的观点，也形成了许多派别，如所谓的“左”派、右派和中间派。这些不同的派系对收入差距的扩大提出了各种各样的观点，特别是对于扩大背后的原因，他们都试图从自己的理念出发来加以解释。很多人看待收入差距扩大问题都是从自己的感觉和经验出发，而不考虑全国的代表性。

第一种观点认为整个收入差距的扩大和市场化改革是密切相关的。甚至有些人进一步推论，把市场化改革作为一个原因，即认为收入差距的扩大、贫富悬殊以及分配不公是由市场化改革造成的。

在这种观点中，有一些说法十分有代表性。例如，认为收入差距扩大和市场化改革密切相关的人认为，在当前社会中，各种复杂尖锐的矛盾层出不穷，社会两极分化日益严重，广大人民尤其是工人、农民利益受到严重侵害，国企职工已经从主人翁地位沦为雇佣工人，农民工连最基本的权利都得不到保证，普通群众的看病难、上学难、就业难看不到解决的希望。这些问题不是孤立的、个别的、偶然的，而是全方位的，涉及社会方方面面，其原因是改革的根本方向出现了问题。他们把这些问题和整个改革方向和过程联系在一起。于是他们认为，由于分配关系的改变，造成了收入差距扩大和分配不公的状况。而且基尼系数已经超过了国际公认的警戒线。在这种背景下，他们提出了许多再分配的政策建议，调整二次分配的功能，例如，要实行累进税，开征遗产税；停止目前拉大国企管理层和普通职工之间、国家公务员和普通百姓之间收入差距的措施；加大对普通群众教育、医疗和低收入阶层的财政补贴，加大社会保障体系的建立。这样的观点对市场化改革直接提出了挑战。

第二种观点认为整个市场化改革遵循的是效率优先的指导思想，在很大程度上忽视了公平。效率优先，这种市场化改革的指导思想在某种程度上扩大了收入差距。在效率优先的情况下，大量的农田被征用，即将收割的农作物被铲除，许多农民一夜间流离失所。效率优先并没有增加就业。在效率优先的旗号下，国有企业的管理者收购卷走了国家财富，也没有增加就业，还制造了几千万的下岗职工。大量的城市房屋被拆迁，美好的家园没有了，许多人沦为城市贫民。大量的污染企业被当作宝贝引进来，虽然增加了就业，但工人工资的增长幅度远远低于 GDP 增幅，远远不能抵消污染企业给他们带来的环境、农业和人民健康的损害。造成这些问题的根本原因在于决策起点的不公和过程的不公，这是社会最大的不公。所以，他们提出要旗帜鲜明地反对效率优先，而提倡公平优先。

第三种观点是把收入差距扩大进一步归结为是由于一部分人暴富引起的，将矛头指向一些富人。他们认为许多富人最初的财富来源是不合法的，为了使他们的财富合法并使他们的财富有所保障，这些富人们开始向权力逼近，尽可能地和民众拉开距离。这样富人可以通过权力换取对财富的安全保障。

以上三种观点是一派的观点，他们都认为收入差距的扩大和市场化改革是密切相关的，而且把市场化改革认为是收入差距扩大和贫富悬殊的重要原因。还有一派对此持有不同的观点，他们认为中国当前的现实——资源配置、收入增长机会、收入差距扩大既不受效率原则的支配，又不受公平原则的支配，而是由权力原则决定的。市场化改革本身对于收入分配的差距没有直接的影响。问题在于在市场化过程中，政府的权力干预太多了，造成了市场的扭曲，政府权力部门利用这种扭曲为自己谋求很多私利，权力和资本的勾结造成了收入差距过大。有些学者通过研究得出结论：收入差距扩大的根本原因在于我国的经济体制不是完全的市场经济体制，而是一种权力经济，如果实行竞争的市场经济，收入差距会有所缩小，而不是扩大。所以，他们认为现在的问题在于市场改革还不配套，还不到位，还不完善。在这种情况下，整个政策目标不是放慢市场化改革，而是要加快，同时要进行其他方面的制度改革。同时，重要的是通过市场化改革来削弱行政权力的空间，减少权力导致的市场扭曲。

以上这两派截然不同的观点：一种认为收入差距扩大与市场化或者市场化过程相关；另一种认为并非如此，而是由于市场化过程中存在着很多权力干预、市场扭曲造成的结果，即收入差距扩大和各种不公平分配的现象。

二、当前收入分配的几个特点

对于以上不同的观点，应该如何看待？市场化改革对收入分配不公和收入分配差距扩大应该负什么样的责任？怎么看待它们之间是什么关系？怎样理解它们之间的关系？

如果想要理解这个收入分配的问题，首先要知道它具有的特点，特别是最近

几年收入分配和收入差距出现的特点。只有对这些特点有所了解，才能和改革过程中出现的相关制度和政策结合起来加以考虑，从而更好地理解收入差距变动与市场化改革之间的关系。我们将当前收入分配的特点归纳如下。

（一）收入差距全方位扩大

从城市内部来看，收入差距的指标很多，最常用的是基尼系数。基尼系数有很多优点，很重要的一个优点就是直观意义很强。基尼系数的取值在0~1之间，0和1代表两个极端的情况，0代表绝对平均分配，1代表极端不平等分配。1988年我们第一次调查时城市内部的基尼系数是0.23（现在除了北欧少数几个国家基尼系数在0.2~0.25外，一般国家的基尼系数都在0.3左右），它是比较低的，因此20世纪80年代末城市内部收入分配比较平均，当时讨论较多的是大锅饭或者平均主义问题。当时很多涉及分配制度改革的中央文献中很多都着重强调打破平均主义。平均主义的分配方式同当时以国有企业为主、政府对企业内部工资进行严格控制的经济体制相关。而到2002年我们做第三次调查时，得出的基尼系数是0.33，比1988年扩大了50%左右，和一般的市场经济国家水平接近。第二个指标是把所有的人按收入从高到低排序，然后将它们十等份，通过比较最富人群组和最穷人群组之间的收入比例，看看贫富收入差距。1988年最富10%人群和最穷10%人群的收入相差4倍，2002年上升到10倍。

从农村内部来看，20世纪80年代末期农村内部的收入差距比较大，因为农村内部自然条件差异比较大，当时东部沿海要比西部富裕得多。而地区内部的收入差距并不十分明显，因为当时非农就业刚刚开始，农民收入主要靠农业，不会造成太大的差距。因此，当时农村内部较大的差距（农村内部基尼系数达0.32，比城市高将近10个百分点）主要来自地区之间的差距。到2002年，基尼系数上升到0.37，这时收入差距扩大不仅仅是地区差异的扩大，也是地区内部差异的扩大，原因就在于非农就业和农业就业之间收入存在差异（非农就业收入远远高于农业收入；非农就业收入不是均匀分布，而且农业收入较低、不稳定）。这就是相当于库兹涅茨倒U形假设提出的问题，即从传统部门到现代部门转变过程中造成的收入差距扩大。同时，农村内部最高收入组和最低收入组的收入比例，从1988年的8.6倍上升到2002年的11倍。

从全国情况来看，调查数据显示1988年基尼系数为0.38（这在全球范围来看不是很高，是可以接受的），到2002年上升到0.45，被认为超过了0.4的国际警戒线（虽然以0.4为国际警戒线缺乏依据，也缺乏权威性，因为各国情况不一样。但是，无论如何，基尼系数达到0.45是比较高的）。如果以其他国家的数据为参考，超过0.45的国家，亚洲只有菲律宾达到0.47。根据联合国、世界银行等国际机构公布的数据，印度的基尼系数为0.42。对此，很多人不能理解，因为到了印度可以随处看到富人区和贫民窟的鲜明对比的景象，很容易留下贫富悬殊的印象。相比而言，我国的穷人主要在农村，由于人口流动受到限制，贫富差距相对于印度是隐性的。实际上，我国贫困地区的人民生活更困难，他们不仅住在破屋危房里，而且家产几乎一无所有。他们的家产价值被称为是“一百元不买，一百元不卖”（没有人愿意出100元买他们的家产；他们也不愿意以100元卖出，因为他们以同样的价钱根本买不到这些必需的家产）。

（二）城乡之间的差距非常突出（这可能是有中国特色的情况）

城乡之间的差距可以从三个方面说明：①城乡之间的绝对收入差距。基尼系数可以算出绝对收入差距，只是较少应用。国家统计局每年都会公布城乡居民平均收入的统计数字（未做可变价格的调整，因为城乡之间价格差异较小），据此可以算出绝对收入差距。从1996年开始，农民的收入增长变得非常缓慢，而城市居民收入是加速增长，城乡之间的绝对差距越来越大。1991年城乡收入相差大约1000元，到2002年相差达到6000多元。②城乡之间的相对收入差距。20世纪90年代初期相对收入差距不大，2.2倍相对于改革开放初期（1978年为2.6倍）是小的，相对收入差距刚开始是上升的，1994～1997年有个下降的过程。这同农民的收入增长是相关的（主要来自农产品价格的提高），农民的收入增长超过城市居民，造成相对差距的缩小。然而，好景不长，随后1997年农产品价格下跌，加之农民其他收入增长缓慢、外出打工机会减少，同时，外资投入、非国有企业的发展以及国有企业的减员增效，城市居民收入增长迅速，城乡收入相对差距急剧扩大。2003年达到最高的3.2倍，此时要改变这一趋势变得非常困难。而且从现有情况看，农民收入增长明显低于城市收入的增长，因此城乡之间的差距在未来几年还会拉大。③城乡之间的差距在全国收入差距中的重要性，即城乡收入差距占全国收入差距的比重。把收入差距分解为城市内部的差距、农村内部的差距和城乡之间的差距，然后比较这三部分在全国收入差距中所占的比重。通过分析，我们看到1995～2002年城乡之间的差距对全国收入差距的解释力（对全国收入差距的影响）从38%提高到43%，而且还一直在上升，已经超过城市内部差距和农村内部差距成为全国收入差距的主要影响因素。

而从东部、中部、西部三部分来看，城乡之间的差距在不同地区对整个地区收入差距的影响是不同的。在东部，城乡之间的差距影响不是很大，而西部地区城乡差距影响最大（西部地区城乡之间收入差距占当地收入差距的60%）。造成这一情况的原因，是由于西部地区城市的收入主要靠国家财政支撑，西部地区城市居民的收入来自国家机关、事业单位的工资，这是国家财政支持的。而当地的

农民收入却很低，随着每次公务员工资提高，西部地区城乡之间的收入差距会进一步拉大。

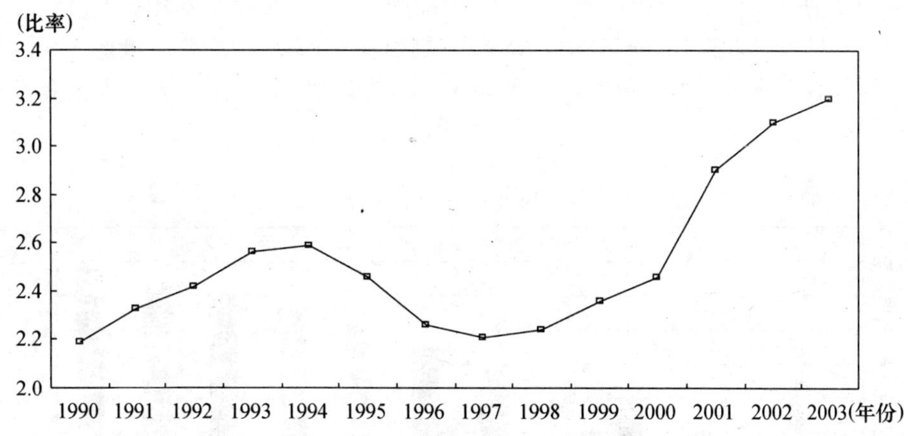

图 1　中国城乡之间收入差距的变化（1990～2003 年）

（三）地区之间的差距日益明显

20 世纪 90 年代中期之前地区之间的差距主要表现为农村内部的差距，城市内部收入的决定很大程度上是由计划体制决定的，所以城市内部的地区差距比较小；从 90 年代中期开始城市内部的地区差距变得越来越明显（这可能和 1994 年实行的分税制有关，因为实行分税制之后企业的工资是受市场决定的，而国家机关的工资决定受制于地方财政、单位的创收能力和小金库，发达地区、财政收入多的或者有创收能力的单位会想方设法把财政收入转化为个人收入，其结果发达地区和不发达地区的工资水平差距就越来越明显）。最近几年，地区差距又进一步扩大，北京、上海、广东、深圳与中央国家机关统一的公务员制度脱钩，实行了公务员“3、5、8、1”工资制度，而西部地区受制于财力的限制只能逐步地增加。考虑到影响收入差距的因素很多，包括地区因素、文化程度、年龄、资历、工作经验、职业、技术以及所在部门，要单独测算地区因素对收入差距的影响到底有多大，可以先做一个收入函数，囊括各种影响因素，然后把特征变量的收入回报分解，看收入差距由哪些因素引起。分析结果表明，地区变量对收入差距的影响在 1995～2002 年在 32%～42%，因此，地区差异对收入差距的影响远远大于教育对收入差距的影响。

（四）教育收益率的提高带来的不同文化人之间的差距不断扩大

这也是改革开放以来积极教育投资的原因，也和市场化改革相关。教育收益率表示多接受一年教育工资的增长幅度。1991 年时教育收益率不到 3%，到 2002 年时教育收益率接近 8%，基本与发达国家的水平相当。教育收益率不断提高，说明在其他条件不变的情况下，高学历和低学历的人收入差距不断扩大。近几年由于高校扩招，教育收益率有所下降，但是教育收益率增长的总趋势是不会改变的。而且教育收益率是递增的，即学历越高，增长越明显，这也更拉大了高学历者和一般人的差距。

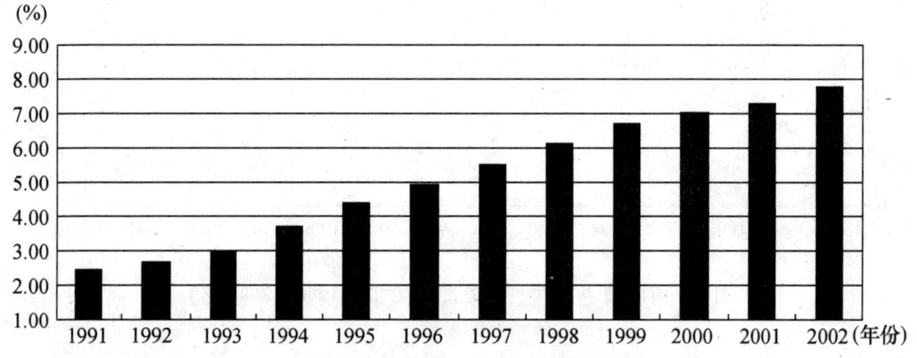

图 2　城镇居民个人教育收益率

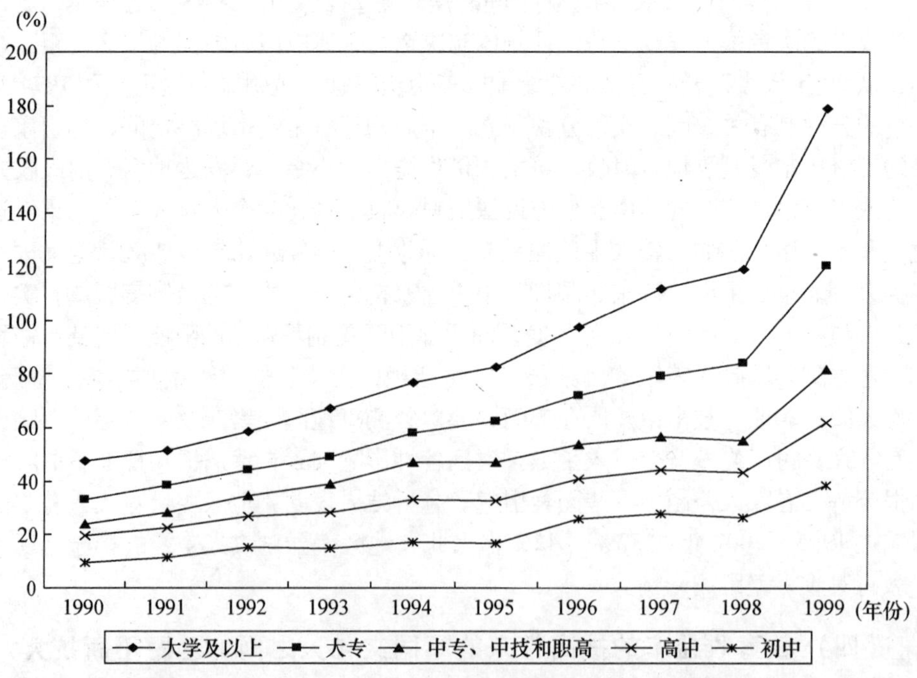

图 3　1990～1999 年城镇个人受教育程度的收益率

（五）竞争部门和垄断部门之间的收入差距不断扩大

现在部门之间的收入差距扩大是收入分配不公的一个很重要的原因。从不同部门工人之间收入差距的变化曲线来看，不同行业之间收入差距扩大的趋势更加明显。这一过程同市场化改革的过程是不一致的，因为市场在不断完善过程中，地区、行业差距应该不断缩小。当然不同部门的人力资本禀赋是不同的，有可能会造成以上行业差距，但是一般趋势应该是行业差距不断缩小或者是比较平稳的趋势。单独从垄断部门（以电力、煤气、交通运输、金融、房地产为例）的工资增长来看，与制造业相比（设置为基准1）。20世纪90年代初，除了电力行业较高外，其余都相差不多。到2002年，金融增长跃居首位，比制造业高出80%（还有其他福利）。因此，相对于竞争部门，垄断部门的工资增长是很快的。

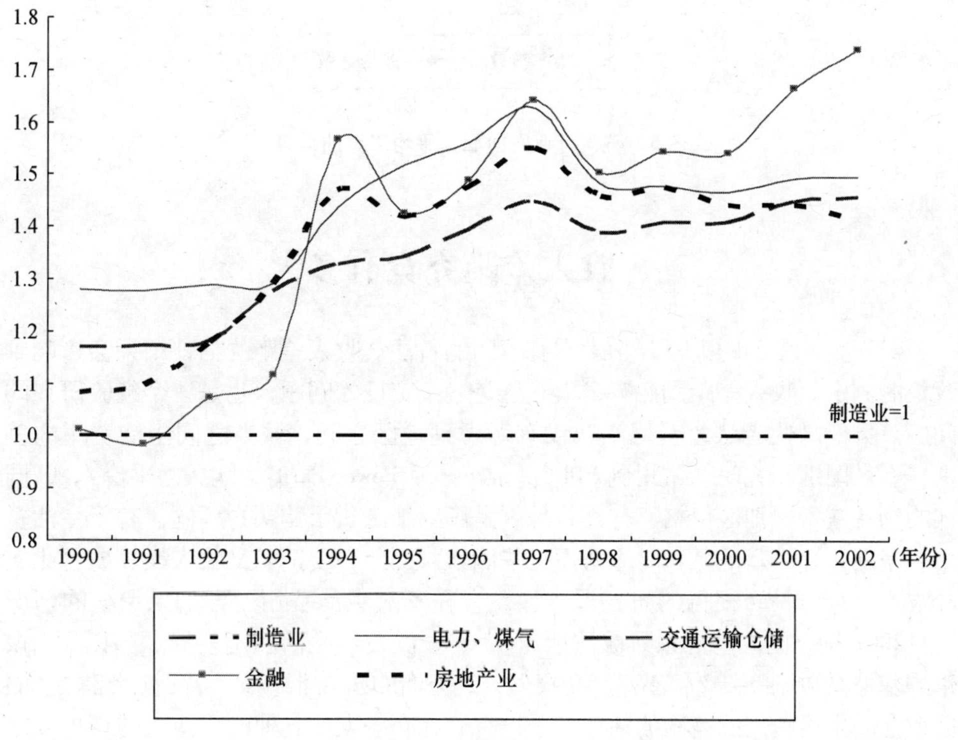

图4　竞争部门和垄断部门之间的收入差距

为了实现不同部门可比性，我们引入人力资本变量，在可比的基础上做进一步分析。1995年，垄断部门与竞争部门的工资总差距为10%，但其中9%来自市场分割；到2002年，垄断部门与竞争部门的差距扩大到48%，市场分割造成的影响达到59%。这其中除了市场分割的影响，还有劳动时间的差异（-11%的影响），这也反映了工资率的差异。

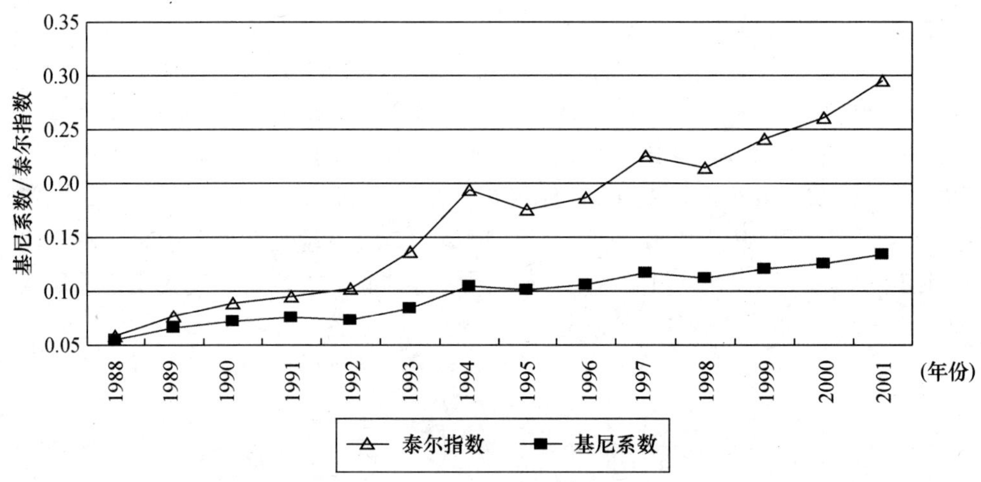

图5 不同行业之间职工平均工资的差异

三、收入差距究竟有多大

对于收入差距的大小，学术界有不同的看法。收入差距的估计结果会影响到政策的制定。收入差距到底有多大，这是一个实证的问题，也是一个经验研究的问题。批评高估者认为基尼系数没有考虑到地区之间、城乡之间生活费用的差别。在做国别研究时，常用到PPP（Purchasing Power Parity，购买力平价），即同样的物品在不同地区价格不一样，也就是不同地区货币购买力不同。有了生活费用的差别，计算基尼系数时应考虑这些因素。因此，要把名义收入换算成可比实际收入。一份世界银行的研究报告显示，在不对生活费用差异加以调整的情况下，2001年全国的基尼系数被估计为0.447，而在对生活费用差异调整以后，该年的基尼系数则降低为0.395。在我国，这方面的研究非常少，特别是地区之间、城乡之间生活费用的差距的估计几乎没有。而有些人用其他的方式来估算地区之间、城乡之间生活费用的差别，同样的100元，在农村可能有120元的购买力，用相关估计来调整收入差距的估计。调整之后，1981～2001年全国城乡差别和地区差别应该比调整前低3%～5%，基尼系数达到0.396。这说明价格指数的调整对基尼系数的计算产生很大的影响，因此，很多人利用此结论推断我国的基尼

系数是高估的，这样（低于0.4）也就不用特别担心，还可以继续高速增长，还可以继续“效率优先”、“不要公平”，等等。

同时，也有人提出收入差距有低估的问题。低估的证据有两种：第一，所有的抽样调查，无论官方的调查，还是民间的调查，尤其是城市的收入调查中存在着高收入群体中的代表性不足的情况。调查中由于高收入群体的机会成本问题，高收入群体参与调查的比重偏低。这就造成城市内部收入差距的低估，以及城市收入水平低估，也造成全国收入差距的低估。第二，要估计全国的收入差距，必须考虑城乡之间收入的可比性。很多人认为，城镇居民可支配收入主要统计的是城市居民的货币收入，而货币收入不能完全反映城市居民的生活水平。除了货币收入外，城市居民还有很多其他暗收入，或者社会福利、补贴等。通过相关资料估计，2002年城市居民除货币收入外的暗收入大约为3600元，而农村居民大概为250元，相差十几倍。如果考虑到暗收入，城乡居民之间的收入差距会更大。另外，很多暗收入只能估计出一个平均值，进行全国收入差距估计时要考虑这些暗收入是如何分布的：在暗收入平均分布时城市内部收入差距缩小，城乡之间收入差距扩大；在暗收入分布和明收入分布一致时，城市内部的差距不变，城乡之间的收入差距扩大，这时算出的基尼系数为0.49。

如果把以上两方面相反的因素同时考虑，估算出的基尼系数为0.44，接近于现在的基尼系数（0.45）。

四、市场化改革和收入分配的关系

收入差距扩大的原因非常复杂：整个国民经济转型过程中，发生了很多变化，这些变化在很大程度上影响到收入分配的变化。要对收入差距变化的问题有好的理解和解释，就必须对经济本身，体制的问题、运行的问题、现实的问题和政策的问题等有好的把握。由于收入分配的问题涉及每个人，它是整个经济运行的结果。正如马克思所说，分配关系是由生产关系决定的，现代西方经济学认为分配关系是各种力量博弈的结果。所以，影响收入差距的因素非常复杂。如果回答这样一个问题：市场化改革对收入差距的影响有多少？市场化改革是多种力量相互作用而形成的一种状态。市场化本身，市场的发育、发展都是一个过程。改革是一个由上到下推动的过程，政府起到主导和控制的作用，在很大程度上也是一个干预的过程。市场化改革过程中，市场化因素生成的过程、政府的干预和政策制度的作用交织在一起，它们会影响收入分配的关系、过程和结果，要把这些因素单独分离出来是很困难的。我们的分析框架是把收入差距分解为城市内部的差距、农村内部的差距、城乡之间的差距、部门之间的差距和不同人群之间的差距，然后分析各个不同的差距发生变化受什么因素的影响，这样可以把笼统的问题细化。政府因素，我们把它归结为制度、政策、政府官员行为的总称，不是单纯的政府部门；市场本身是市场运行机制对市场的作用；另外，除了考虑收入差距大小问题，还考虑差距扩大过程中有无公平的问题。有些差距，是符合市场经济要求的，我们认为它是公平的差距，其他为不公平的差距。在不公平的差距中，政府的行为对于城乡之间收入差距扩大起到更加重要的作用。

通过上述分析我们知道，在中国居民收入差距扩大的过程中，政府因素所产生的作用是主要的，也是主导性的。

（一）中国城乡之间的收入差距是与传统的“重工轻农”和“重城轻乡”的发展战略的选择密不可分的

在农村改革开放初期，市场机制的引入，一度使得城乡之间的收入差距出现较大幅度的下降。然而，随着后来城乡体制分割性的日益严重，这包括对农村劳动力流动的限制，对农村劳动力非农就业的歧视，公共财政资源和社会资源向城镇的过度倾斜，从而导致城乡之间居民收入差距越来越大。城乡之间的差距更多的是和政府的历史行为相关，同城乡分割的制度相关。而在整个发展战略上又是重工轻农、重城轻乡的战略，包括基础建设投资、公共产品的提供方面等都是如此，农村劳动力流动又存在很多限制性政策。从这个意义上来说，城乡之间的差距主要原因是政府因素，市场因素产生的影响很小。

（二）地区之间的收入差距及其扩大在很大程度上也是体制性因素和政策性因素造成的

包括政府投资在内的大量的投资资金流入一些较为发达的地区，加上外资的涌入，导致了发达地区与落后地区的经济增长上的差异。然而，在地区经济发展不平衡的过程中，中央政府与地方政府之间的财政分配体制，受到地方利益格局的制约，并没有起到有效的再分配功能，以缩小地区之间可支配财力的差别。再加上地方政府的地方保护主义的政策，生产要素的自由流动的障碍，特别是劳动力就业的自由选择受到不同程度的限制。这些因素都在不同程度上阻碍了市场机制对地区之间收入差别的调节作用，使得地区之间经济发展水平的差异和居民水平的差距不仅没有出现缩小的迹象，反而变得越来越大。长期城乡分割的制度，地区之间、城乡之间对动态要素流动的限制，特别是地方保护主义带来的各方面的影响。还有就是税收、税制，在过去相当长的时间内，都带有非常强的累退性，而不是累进的。这样，税负不是起到缩小收入差距的作用，而是扩大收入差距的作用。

（三）由于受到部门利益的制约，市场化改革的进展在部门之间出现明显的不平衡

一些部门不愿意放弃自身的垄断利益，利用部门的影响力来延迟市场化改革的进程，或者只是选择更加有利于部门利益的“改革方式”，极力抵制不利于部门利益的改革方式。而且，在现行的分配体制下，垄断部门的垄断收益和企业利润很容易被转化为部门职工的收入和福利。垄断部门利益的保护，虽然很多人提出打破垄断部门的垄断，但是由于垄断部门都是大企业、大公司，它们有很大的影响力，要打破它们的垄断很困难，由此造成部门之间收入差距扩大。还有公共服务，由于取决于地方财力，所以造成这样的结果。然后，官员腐败。不知道是否同市场化改革有关，不过，最近有一著名学者提出官员腐败就是市场化造成的，因为计划经济时代没有腐败问题。我个人认为是同政府监管有关，即政府缺乏良好的监督、管理体制，具体同市场化改革的相关性有待探讨。

（四）市场机制的问题

首先，市场机制很重要的问题是市场扭曲，而市场扭曲可能带来贫富悬殊的问题。市场扭曲会带来暴利机会，这些机会会被少数人所利用，而不是共享，这样就会造成巨大的收入差距。其次，市场化改革和整个经济结构调整造成的一部分人收入下降。由于下岗、企业减员增效问题，很多人失去了过去稳定的职业和收入，这个过程是一个所有制调整，也是经济结构调整。这一方面同市场化改革有关，另一方面原因是我国的社会保障体制改革的滞后，同时政府也没有积极应对。中国台湾原来也是有很多国有企业，后来转化为私营企业，拍卖过程都会减员，但是这些裁退人员都得到非常好的补偿，甚至很多退休工人得到的退休金远远高于原来正常退休所应得的退休金。而大陆政府对此缺乏足够的重视，将所得资金都用在修建广场、马路上了，而不是用在社会保障上。

（五）资本和劳动收益的失衡问题

之所以提出这样的问题，是因为现在比较低端的劳动力市场，尤其是以农民工为主体的劳动力市场供大于求，这在某种程度上同我国城乡巨大的收入差距相关。存在这样的收入差距就会造成大批农村劳动力涌入城镇低端劳动力市场，而且他们能接受的工资是很低的。他们主要根据自己在农村务农的机会成本来判断自己接受的工资待遇，因此劳动力市场供给的竞争非常激烈。企业内部资本和劳动力之间权力不平衡，很多地方政府对外资企业、港台企业采取纵容的态度，出现了很多工资被人为压低、工作条件苛刻、工作环境恶劣的情况。在劳动力的基本权益缺少法律和政策的保护下，在劳动力没有能够代表自己利益的组织的情况下，劳动力的相对不利地位会更加凸显。在与单个而又分散的劳动力对抗中，资本会显示出其强势的力量，这在很大程度上会影响到劳动与资本的分配关系，甚至影响到劳动力的就业地位和工作条件。对于中国来说，以农民工为主体的非技术工人正是处在这样一种状态。在农村大量过剩劳动力和农业就业收入非常低下的情况下，他们在城镇务工的机会成本是非常低的，而务工所带来的收入对于改善其生活状况变得尤为重要。为了家庭的幸福，为了子女的未来，在资本面前“忍辱负重”也就成为一种无奈的选择。

总之，将收入差距的扩大不加分析地归结为市场化改革不是一种实事求是的态度。通过上述分析，不难看出，在个人收入差距扩大的诸多因素中，传统计划体制遗留下来的一些制度和政策，在部门利益和地方利益驱使下新形成的有悖于市场体制规则的制度和政策，政府对市场缺失和市场扭曲采取的不作为态度，对资本节制和劳动保护的不足，成为了最为重要的因素。市场化改革进程所引发的收入差距的扩大，既有公平的成分，也有不公平的成分，而后者又是与政府的不当行为——过度作为和不作为行为——密不可分的。

（文章来源自《学术讲座荟萃》第34辑，2006年6月15日）

关于金融稳定的几个问题

何德旭

何德旭

男，1962 年生，湖北潜江人，研究员。中国社会科学院数量经济与技术经济研究所副所长，中国社会科学院研究生院教授、博士生导师。

主要研究领域：宏观经济政策、金融理论与实践。主要著作有：《中国金融创新与发展》、《中国投资基金制度变迁分析》、《中国金融服务理论前沿》等。

2004 年，何德旭被国务院批准为享受政府特殊津贴专家；其成果多次荣获中国社会科学院、中国金融学会等优秀科研成果奖。

一、问题的提出

金融稳定问题的提出乃至引起人们的广泛关注，有国际和国内两个方面的背景。

从国际背景来看，20 世纪 90 年代以来，出现了此起彼伏的国际金融危机，如 1992 ~ 1993 年的欧洲货币危机、1994 年的墨西哥金融危机、1997 ~ 1998 年的亚洲金融危机等，许多国家相继出现了金融动荡，造成了巨大的经济损失，有的甚至引发了政治和社会危机。

在这种背景下，各国政府和国际金融组织越来越重视金融风险的评估和金融体系的稳健性建设，着力提高防范金融风险、抵御金融危机的能力。许多国家的金融监管部门在放松管制、追求效率与公平的金融监管趋势下开始强调金融稳定的重要性，并将其作为新的政策目标。因此，金融稳定事关政治、经济和社会稳定，金融稳定的重要性日益凸显。

在这样的背景之下，各国中央银行针对金融稳定的政策报告就充分地体现了这方面的显著变化，特别是自 20 世纪 90 年代那些重大国际金融危机过后受害国中央银行的反应。比较明显的是，英格兰银行在 1996 年发布了英镑危机后的第 1 期金融稳定评论报告；韩国中央银行、欧洲中央银行分别在 2003 年、2004 年发布了首期金融稳定报告；更明显的是，国际货币基金组织（IMF）自从 2002 年开始将过去的国际资本市场报告和新兴市场融资报告合并成半年期的《全球金融稳定报告》，对全球金融市场发展进行评估，提醒人们认识并关注全球金融体系中潜在的脆弱性因素，防范金融危机，推动全球金融稳定与 IMF 成员国经济的可持续增长。

2006 年 4 月 11 日，IMF 发布了最新的也就是 2006 年上半年的《全球金融稳定报告》。该《报告》对当前全球金融总体稳定情况做出了基本判断：全球化和金融创新增加了资本市场为经济主体提供信贷的渠道，特别是随着大型机构投资者的不断出现和信用风险转移工具的快速发展，商业银行能更加有效地管理其信用风险，并能将信用风险输送分散给更广泛的投资者来承担。从这个判断和评估来看，这个报告对全球金融稳定的评估并没有给予很高的评价，也就是说还存在着一定的金融不稳定因素。正是基于此，《报告》对全球主要金融风险进行了分析，例如金融市场发展过程中的主要周期性风险，特别是那些源于高利率（或高通胀率）的风险，以及各类债务人的信用质量恶化和国际经济失衡突然崩溃带来的风险；随着资本市场的发展，金融创新工具的不断涌现，信用衍生工具和结构性信贷市场的发展对金融稳定及信贷周期变化的潜在影响和挑战；新兴市场国家主权债务的投资者构成的变化，及其对这些国家抵御负面冲击能力的影响等。

从国内方面来看，2003 年 5 月，中国银监会成立、金融监管职能从中国人民银行分离出来之后，中国人民银行专门设立了“金融稳定局”。这样一个局的职能是：协调银行、证券和保险业发展；评估金融系统风险，研究实施防范和化解系统性金融风险的政策措施；协调金融风险处置中的各方面关系；参与有关机构市场退出的清算或重组工作；负责金融控股公司和交叉性金融工具的监测；承办涉及运用中央银行最终支付手段的金融业重组方案的论证和审查工作；管理金融风险处置或金融重组中以中央银行最终支付手段所置换的资产。从这样一些职能可以看出，中国人民银行的“金融稳定局”，就是一个防范、化解和处置金融风险、维护金融稳定的机构。

2003 年 12 月 27 日，十届全国人大常委会第六次会议通过了《中华人民共和国中国人民银行法》（于 2004 年 2 月 1 日起施行）。新修改的《人民银行法》对人民银行的主要职责进行了调整，由原来的“制定和执行货币政策、实施金融监管、提供金融服务”调整为“制定和执行货币政策、维护金融稳定、提供金融服务”。可见，新修订的《人民银行法》也把维护金融稳定，作为一个非常重要的职能。这也是人民银行的金融监管职能脱离出来以后的一个非常明显的变化。

2005 年 11 月，中国人民银行首次发布了《中国金融稳定报告（2005）》，对我国金融稳定的发展状况进行了评估，并且提出了构建我国金融稳定长效机制的关键性对策。《报告》还对我国金融市场的发展与金融稳定、金融业的发展与金融稳定、宏观经济的变化与金融稳定乃至金融的全面对外开放与金融稳定的关系等，进行了具体的分析。

2006 年 3 月 14 日，第十届全国人民代表大会第四次会议批准的《中华人民共和国国民经济和社会发展第十一个五年规划纲要》，第一次明确提出了“维护金融稳定和金融安全”。

从这几方面的情况来看，最近几年，从国务院到人民银行，再到银监会，乃至于一些具体的金融机构，都把金融稳定作为一个非常重要的方面来考虑。

二、金融稳定：内涵之争

金融稳定的概念提出以后，国内外理论界出现了关于金融稳定的一些争论。特别是在金融稳定的内涵方面出现了一些不同的观点。这里我们看看几种有一定代表性的观点。

第一种观点认为，金融稳定是指金融体系能够承受冲击，把存款配置给投资领域和经济活动不受冲击积累过程带来的破坏性影响。如加拿大学者亚历山大·莱就认为，金融稳定意味着金融体系具有很强的抵御金融风险和冲击的能力。

第二种观点是从金融体系的要素的角度对金融稳定做出的一种界定。这种观点认为，金融稳定包括关键性的金融机构保持稳定，公众有充分信心认为该机构能履行合同义务而无需干预或外部支持；关键性的市场保持稳定，经济主体能以反映市场基本因素的价格进行交易，且价格在基本面未变化时短期内不会大幅波动。再具体一些，金融稳定包括：货币供求均衡从而币值（通货）稳定；资金借贷均衡从而信用关系和秩序稳定；金融体系中的关键机构在无外界援助或干预下能够履行合同义务；金融市场稳定从而使金融资产价格稳定并能够反映经济基础因素；国际收支平衡从而汇率基本稳定；金融体系内部不同系统之间协调，金融结构稳固并与经济和社会及其发展阶段有良好的适应性。在这样的金融稳定的状态之下，金融运行处于平和状态。

第三种观点是从金融的职能方面做出的界定。这样一种观点认为，金融稳定是指一种稳定的状态，在此状态下，金融体系能够良好地履行其配置资源、分散风险、便利支付清算等经济职能（德意志银行，2003）。我们看到，中国人民银行发布了《中国金融稳定报告（2005）》基本上接受了这样一种观点。类似的观点还认为：金融稳定是金融体系能够跨行业、跨时间地有效配置资源，评估和管理金融风险、吸收风险的一种状态。只要金融体系能够抗击内外冲击导致的不平衡，继续履行提高实体经济运行效率的职能，金融体系就处于一系列不同层次的稳定状态中。

第四种观点是从金融风险的角度提出来的。这种观点认为，维护金融稳定要着力关注系统性金融风险，以免金融危机的爆发。在经济生活中，只要存在不确定性，风险就存在，就可能对金融稳定造成威胁。十国集团强调，系统性金融风险是指某一事件引发的金融体系的经济价值损失或信心丧失及其不确定性的提高，可能足以对实体经济产生巨大的负面影响。从金融风险的角度，金融稳定是金融风险的定价、配置和管理机制运行良好并改进经济绩效的一种状态。金融稳定是对金融风险的抑制和否定。

第五种观点是从金融不稳定的角度对金融稳定做出了界定。这种观点认为，金融稳定即指不存在金融不稳定的状态。金融不稳定是指金融资产价格波动或者金融机构无法履行合同义务而可能破坏经济表现的情形。金融不稳定源于信息对金融体系的冲击，受到冲击的金融体系不能正常履行其配置资金的能力，资金不能投入到最有生产效率的投资项目。在金融不稳定的状态之下，它可能损害特定金融机构和金融市场的运转，致使其不能为其他经济实体进行融资，还可能损害家庭、公司和政府部门，引发或加重经济衰退。金融不稳定具有以下特征：一些重要的金融资产价格严重偏离经济基本面，金融市场的正常运行及信贷的提供出现严重扭曲，总支出严重偏离（或可能严重偏离）经济生产能力。

第六种观点是从金融危机的角度对金融风险做出了界定。这种观点认为，金融稳定是不会出现金融危机或不存在引发金融危机的因素。金融系统中爆发危机集中表现为：全部或大部分金融指标急剧地、短暂地和超周期地恶化；对金融市场潜在的严重破坏，损害市场有效运行能力，并对实体经济产生较大的负面影响；当金融市场中的逆向选择和道德风险问题累积得太严重以至于金融市场不能够有效地在储蓄者和有生产性投资机会的人们之间融通资金的程度时爆发危机；金融体系和金融制度出现混乱和动荡。

通过对以上六种观点的分析，我们可以看到，从金融不稳定性到金融危机有一个积累演化和蔓延的过程。金融危机的爆发以金融不稳定性积累到一定程度为条件。所以，金融不稳定性不一定必然导致金融危机，但金融危机的发生必然是金融不稳定性遏制失败的极端结果。

由这些争论我们还可以得到一些启示：①金融稳定的含义十分广泛，与金融体系各组成部分均有关联，涉及金融基础设施、金融机构和金融市场等，需要用系统的观点来分析。②金融稳定与货币稳定、银行稳定密不可分。③金融稳定不仅要求不发生大的金融危机，也要求金融体系自身能够抵御并消化一定的不平衡。④评判金融稳定应以其对实体经济的影响大小为标准。⑤金融稳定是一个全局的、综合的、连续的、动态的概念，不是一个局部的、离散的、静态的概念，并不需要每一个金融机构在任何时候都保持最优状态。

讲到这里，我们还有必要区分与金融稳定相关的几个概念：一个是金融风险。狭义的金融风险是指金融机构贷出款项，可能遭受损失的危险性（可能性），包括信用风险、市场风险、国家风险、操作风险等。另一个是金融危机。金融危机的经典定义（戈德史密斯）是指，全部或大部分金融指标——短期利率、资产（证券、房地产、土地）价格、商业破产数和金融机构倒闭数——的急剧、短暂和超周期的恶化。金融体系和金融制度的混乱和动荡，主要表现为：强制清理旧债；商业信用剧减；银行资金呆滞，存款者大量提取现钞，部分金融

机构倒闭；有价证券行市低落，发行锐减；市场利率迅速提高，金融市场动荡不宁；本币币值下跌等，包括货币危机、银行危机、债务危机等。还有一个是金融安全。金融安全是指不存在金融风险或不存在明显的金融风险的一种金融运行状态，在这种状态下，宏观经济健康运行，货币和财政政策稳健有效，金融生态环境不断改善，金融机构、金融市场和金融基础设施能够发挥资源配置、风险管理、支付结算等关键功能，而且在受到内外部因素冲击时，金融体系整体上仍然能够平稳运行。

三、中国金融稳定的评估

在对金融稳定做出一个明确的界定之后，接下来的问题是对金融稳定做出评估。近年来，世界各国和一些国际经济组织都推出了一些方法来对金融部门的稳定状况进行评估。

首先，国际货币基金组织和世界银行 1999 年 5 月推出了“金融部门评估规划”（简称 FSAP），对成员国和其他经济体的金融体系进行全面评估和监测。这一规划主要关注成员国金融部门的系统性风险及金融脆弱性问题，通过采取金融稳健指标、压力测试、标准和准则评估等三种分析工具，评估一国的宏观经济，衡量宏观审慎监督的效果，判断金融体系的脆弱性和承受损失的能力，判断金融基础设施和金融部门监管的完善和有效程度，控制其主要的危机及风险源，提供有关政策措施的优先安排，增强一国金融体系的稳健性。

其次，欧洲中央银行（ECB）专门成立了金融稳定性评估工作组，通过银行体系健康性的系统指标、对银行体系有影响的宏观经济因素、蔓延因素等来判别金融稳定状况。

再次，十国集团新兴市场经济金融稳定工作组 1997 年 4 月发表了一份关于新兴市场金融稳定性方面的工作报告，将金融稳健性指标分为：法律及司法框架；会计、披露和透明度；利益相关者的控制和机构的治理；市场结构；监管与规制当局；社会安全网的设置等。

最后，随着新制度经济学的逐渐兴起和研究的深入开展，人们开始从制度层面探讨金融稳定的框架，涉及金融稳定的管理架构、监管机构的独立及金融体系标准的执行与金融稳定等问题。在金融稳定制度框架的构建方面，主要包括六个方面：规则的制定、监测和管理、激励结构、市场约束、政府干预、公司治理。

事实上，可以从很多方面来对中国的金融稳定进行评估，比如，宏观经济与金融稳定、中央银行与金融稳定、货币政策与金融稳定、金融监管与金融稳定、金融体制改革与金融稳定、金融对外开放与金融稳定等。今天，我们主要从金融风险程度和金融机构准入两个视角来看一看我国的金融稳定状况。

（一）从金融风险的角度看我国金融稳定状况

1. 从金融风险看金融稳定：步骤与措施

从金融风险的角度看我国的金融稳定状况，可以通过以下步骤，并采取相应的措施：第一，对金融风险进行监测，密切跟踪和分析宏观经济环境、金融市场、金融机构、金融基础设施和金融生态环境及其变动情况。第二，按照有关评估标准和方法，评估和判断宏观经济环境、金融机构、金融市场、金融基础设施和金融生态环境对金融稳定的影响。第三，根据评估和判断的结果，采取应对措施。在金融运行处于稳定状态时，充分关注潜在风险，采取预防措施；在金融运行逼近不稳定的临界状态时，采取救助措施，对有系统性影响、财务状况基本健康、运营正常、出现流动性困境的金融机构提供流动性支持，并通过重组和改革，转换机制，促使这些机构健康运行；在金融运行处于不稳定状态时，积极迅速采取危机处置措施，对严重资不抵债、无法持续经营的金融机构，按市场化方式进行清算、关闭或重组，强化市场约束，切实保护投资者利益，维护经济和社会稳定。当然，从本质上讲，我们还是要针对金融体系的薄弱环节，及时推动经济体制、金融机构、金融市场、金融基础设施和金融生态环境方面的改革，通过全方位的改革促进金融稳定。

2. 对中国金融稳定程度判断的几种观点

（1）中国人民银行行长周小川认为，目前中国金融危机并不是处于危险性比较大的时期，亚洲金融危机后中国政府采取了一系列的措施整顿金融秩序，处置金融风险，深化金融改革，因此，现在是明显减少金融风险加剧的阶段。同时，金融危机有其突发性和不可预测性，过去的问题重视了、解决了，新的问题又出来了。所以，目前中国尽管表面上的金融危机不明显，但不能说不用担心了，我们始终要高度警惕，要不断寻找可能对新的金融体系产生危害的苗头，发展健康的金融业微观基础。

（2）著名经济学家吴敬琏教授认为，中国金融危机并未消除。他的理由是：第一，外资银行对内地银行体系造成的冲击，在于新的储蓄存款一旦被外资银行分流，四大国有商业银行不再拥有稀释其不良资产的手段，可能诱发金融危机。第二，商业银行不良贷款率虽有所下降，但并不足以使政府高枕无忧。因为：它没有计入仍然悬在四大资产管理公司账上的1.4万亿元不良资产；不良贷款率的

下降并不直接说明贷款质量的提高；在新增贷款中，还有多少会成为不良贷款，现在还很难说；拨备不足更增加了金融风险。第三，制造金融黑洞的机制并未消失。因此，在2006年向外资银行完全开放人民币业务和2012年中国人口老龄化到来之前，必须建立适合于现代市场经济的金融体系：一是加速推进现有的四大行的改制，二是积极创建新的民营银行（在对外开放前，先实现对内开放）。

（3）亚洲开发银行中国代表处首席经济学家汤敏认为，在未来的20年中，中国经济出现金融危机的概率几乎是100%。汤敏指出："国际经验表明，在一个国家的人均GDP处于500美元至3000美元的发展阶段，往往是经济容易失调，社会容易失序，心理容易失衡，社会伦理需要重建的关键时期。我国经济与社会正步入这样一个危机多发时期。众多的可能出现危机的领域中，金融业首当其冲。"从经济转轨的国家的经验来看，"经济转型过程中必须付出巨额成本：原民主德国的转型是靠原联邦德国付出了巨额财政金融支持才得以顺利完成；苏联转型的成本靠的是极高的通货膨胀把国家对国民的储蓄与社会保险的债务勾销，靠的是近十年的经济负增长来支付的；在我国，这笔转型的成本，通过国有企业的亏损、破产、逃债等各种形式在会计账面上基本是沉淀在国有商业银行的不良资产上。这就使得我国的金融业十分脆弱"。

（4）张卫星认为，未来20年内中国至少将要发生3次较大规模的金融危机；金融危机高发期为2005~2007年上半年；金融危机初始模式可能是中规模的爆发，这次爆发大规模、激烈性金融危机的可能性不大；中国的金融危机将是以复合型危机的形式登场，可能包含有债务危机的特征、货币危机的表现、银行危机的踪影。债务危机可能成为金融危机的导火索，如证券市场和证券公司的债务风险、地方政府的金融债务以及国企改革的衍生债务、房地产行业的债务等。

（5）2004年7月，美国知名经济学家瑟罗（Thurow）教授在上海出席中国金融年会时表示：中国的金融危机难以避免，只是不知道什么时候爆发，我们也无法对危机做预防。他强调，中国必须建立一种能经受得住破产的金融架构。再早一些时候（2001年、2002年下半年），国外特别是一些美国经济学家还有许多关于中国金融危机的判断和说法。

我们看到，基于同样的事实，不同的人得出了不同的判断和评价。导致分歧的原因可能有这样几点：一是关于金融危机的界定、判定标准、危机的程度等存在差别；二是对金融实际的运行状况并不完全了解；三是对中国政府和金融监管当局解决金融问题的能力认识不一致。我们要充分认识我国政府和中央银行有着非常强的处理金融风险和金融危机的能力，而现实中很多人都低估了这方面的能力。

总体上看，周小川行长的评价还是比较客观的。我们认为，到目前为止，中国金融稳定性（稳健性）正在显著增强，并不存在爆发大规模金融危机的可能性，但存在的多方面的潜在的金融风险不可忽视。这是对于我国金融稳定程度的一个基本判断。

中国金融稳定性显著增强，有一些显著的标志：良好的政治经济环境、中央及时有效的宏观调控政策和很强的调控能力，为金融稳定提供了坚实的基础；基本上平稳运行的金融市场，促进了金融稳定；历史或传统体制遗留的金融风险正在逐步得到化解，有效地维护了金融稳定；金融体制改革成效显著，金融机构总体稳健运行；金融基础设施和金融生态环境日益改善，金融稳定机制正在形成和完善等。

3. *影响中国金融稳定的主要风险因素*

在强调中国金融稳定性正在显著增强的同时，丝毫不能忽视我国金融还存在的一些风险。这些风险主要包括：

（1）金融企业的不良资产问题。金融企业的不良资产问题主要表现在：国有商业银行的呆坏账和股份制商业银行、城市商业银行和农村信用社的不良资产。近年来，在对金融企业的不良资产存量的化解过程中，我们支付了巨额的成本，损失严重。同时，在不良资产的存量化解之后，又出现了一些新的不良资产。也就是说，导致金融企业出现不良资产的环境并没有得到明显的改善。另外，原先被银行认为比较好的行业和企业，随着经济结构的调整，出现了产能过剩的情况，在这样一种背景之下，金融机构投放的贷款就有可能变为新的不良资产。2005 年以来，一些商业银行已经出现了这方面的问题。

（2）股市困境、券商坏账问题。尽管 2006 年上半年我国的股市出现了一些好转的迹象，但是还没有从根本上完全扭转股市低迷的状态。特别是许许多多的证券公司在股市不好的情况之下，再加上自身的经营管理不善，也造成了比较多的坏账。2005 年券商全行业出现亏损，问题券商数量庞大。所以，证监会采取了很多措施，化解证券公司的不良资产，并且通过注资和兼并重组的方式，对证券公司进行了清理和整顿。但是，到目前为止，仍然有很多证券公司还存在着大量的坏账，还面临着处置坏账的难度。在这样一个市场背景之下，证券公司如何在激烈的市场竞争中谋求生存和发展，是我们面临的一个不小的难题。

（3）地方政府债务问题。尽管我国现行的《预算法》等有关法律，严格禁止地方财政出现赤字和地方政府举债，但事实上，各地区、各层级的地方政府都在不同程度地举债度日，而且所负债务的种类之多、负担之重，已达到十分严重甚至惊人的程度。造成这一问题的主要原因是，在我国，地方政府一般向上一级

政府负责，所以潜意识也会认为欠债也是为了国家（上级政府）欠债，反正最后上级会来解决问题。其实中央政府并没有这样的财政预算。

（4）农村金融风险问题。随着近几年的改革，农村金融体系发生了比较大的变化，一些大的金融机构，特别是国有金融机构都已经从农村退出了。农村剩下的就是农业银行和农村信用社。由于这两大金融机构要面向广大的农村提供金融服务，在农民偿还贷款的能力比较弱、信用比较低的背景之下，中国农业银行在农村的资产状况大面积恶化，“一逾二呆”比率远远高于其他国有银行。这尽管与农村金融机构的经营管理水平有关，但是更主要的还是农村经济的环境并不是太好，支持农村的一些政策落实不是很到位。所以，一方面制约了农村的发展，另外一个方面也导致农村的商业性金融机构沉重的负担。这个问题已经引起了中央的高度关注，中央十分重视对农村金融体系进行改革。其中，改革的一个非常重要的前提和基础，就是要在最近几年较好地化解农村金融机构存在的风险。

4. 金融风险形成的原因

金融风险形成的原因主要有以下几个方面：

（1）忽视了金融的产业特征。金融既是一种制度，也是一个产业。当金融是一种制度时，金融机构就是社会大众金融资产的管理机构；当金融是一个产业时，金融机构就是资本市场的供给者，也就是从事金融业务的公司。金融产业与一般制造业不同，具有及时、敏感与脆弱等产业特性。由于忽视了金融的产业特征，而过于重视其制度特征，所以金融的计划性、垄断性、政策性一直很强，缺乏生机与活力。到目前为止，我国尚没有一套非常明确的金融产业发展政策，缺乏明确的发展导向。金融产业如何发展，金融机构如何设置，为哪些主体服务都没有明确的界定。这也是金融机构存在风险的一个重要原因。

（2）重金融改革，轻金融发展。在金融的改革过程中付出了比较高昂的成本和代价，而效率却很低下。存在着为改革而改革的现象，重形式、轻实质；不算成本、不计代价、不顾后果，没有把重心或落脚点放在金融发展上，为金融的稳定和发展制造了一些不必要的障碍。其实，金融改革只是为金融发展创造条件。

（3）忽视了金融发展的紧迫性。长期以来金融发展十分缓慢，既不能满足金融自身的需要，也不能适应经济发展的需要。也就是通常讲的，金融改革出现了滞后的局面。近些年，无论是与发达国家相比，还是与一些发展中国家相比，我国金融发展的速度都是比较慢的。从金融服务业的增加值占 GDP 的比重来看，我国的比重大大低于发达国家。此外，我国金融发展对其自身的支撑也存在不足，主要表现在金融业自身的发展无法消化其自身所面临的一些风险，这也是金融业发展滞后的一个重要表现。在金融业发展滞后的背景下，金融业一旦出现风险，就必须借助外力的帮助，特别是借助中央银行和财政的力量，来化解发展过程中面临的风险。

5. 化解金融风险、维护金融稳定的措施

要化解金融风险，维护金融稳定，我们可以借鉴国际上的一些经验和做法，如：问题严重的金融机构必须及早处置，该破产的就要破产，否则问题积聚会影响整个金融的稳定；要尽早敦促有问题金融机构的整改，特别是处理不良资产，以减少金融机构的破产，降低社会成本；对存款人、投资人只能进行有限保护。如果对投资人、存款人过度保护，会使他们不关心金融机构的经营健康与否，不关心金融产品的风险，从而产生较大的道德风险；当金融机构的管理者制造了大量的不良资产，使金融机构破产之后，应该严格追究其责任。即使金融机构尚未破产，在其整改的过程中，也应该追究当事者的责任；要完善金融的法律法规，维持金融市场的正常秩序。在这一点上，至少有四方面需要加强：一是明确主要金融业务的法律关系；二是建立存款人、投资人、投保人的有限保护制度；三是完善金融业破产的法律依据；四是建立金融机构经营的及时纠正机制。

这里特别要指出的是，加强金融监管对维护金融稳定具有十分重要的意义和作用。金融作为一个高风险的行业，化解风险、保持稳定的一个十分重要的方面就是加强金融监管。最近一些年，我国在金融监管机构的完善和金融监管体制的改革方面已经取得了一些新的进展。已经出台了一系列法律法规，逐步建立和完善了我国的金融监管法律框架，使我国金融监管逐步走向依法监管的轨道；建立和完善了金融监管的组织体系，确立了金融监管的主体，并借鉴国际经验，改进金融监管方式，针对潜在的和已经暴露的金融风险采取了一些防范和化解措施。同时，也要看到，我国的金融监管也还存在着明显的缺陷，比如，缺乏整体性的监管政策框架，各金融监管机构之间不能进行有效地监管协调，重市场准入管理、轻持续性监管，重合规性监管、轻风险监管，重外部监管、轻内部控制，重人治、轻法制的现象也还严重存在。这些都成为制约我国金融稳健发展的不可忽视的因素。从全球发展趋势来看，金融监管正在进行四个方面的转变：从分业监管向混业监管转变，从机构性监管向功能性监管转变，从单向监管向全面监管转变，从封闭性监管向开放性监管转变。为了更好地、更有效地防范和化解金融风险，保障金融稳定，为我国金融发展创造宽松的条件，必须尽快提高我国金融监管的水平。基于此，有必要根据我国金融市场发展状况及时清理和完善现有的法

律法规，尤其是加强我国金融业市场准入、业务规范、行业竞争、市场退出和金融网络化、电子化等方面的立法工作。同时，还要及时更新金融监管理念，明确金融监管的内容，实行金融监管模式、金融监管手段、金融监管内容等方面的创新，以使我国金融监管从传统的合规性监管向经营性风险监管和功能性监管转变，从单纯维护金融安全监管向兼顾金融安全和提高金融业核心竞争力方面转变，从外部监管向内外结合型监管转变。另外，还要建立和完善金融业信息披露制度，统一量化监管标准，完善金融机构的非现场监管。当然，完善金融监管队伍的建设，提高金融监管人员的素质，也是稳定改善和加强我国金融监管的重要步骤。

在此基础上，我们还要重点通过金融发展，维护我国的金融稳定，化解已有的和将要发生的金融风险。要通过深化改革、加强法制建设等来化解金融风险；但从根本上，金融危机、金融风险、金融问题只有在金融发展的过程中或条件下才能得到根本解决和处置。没有进步、没有发展，是不可能解决金融问题的。所以，必须把金融发展放在更加重要和突出的地位，关键是加快金融的发展。当然，要通过金融改革、金融创新来促进金融发展；要在化解风险、保障稳定与安全的前提下发展金融。特别要强调的是，金融发展不是简单的设置金融机构、扩大规模、增加人员等“量”的增长，而是要通过“质”的提高，即通过效益的提高、素质（管理、技术）的提高，来促进金融业的发展，从而在这样的基础之上，增强金融业对经济增长的贡献，增强金融业在经济发展和金融稳定运行中的作用。

（二）从金融机构准入的角度看我国金融稳定状况

1. 两个故事

故事1：巨资用于关闭、清算金融机构。

中国人民银行研究局的焦瑾璞副局长算过一笔账，近几年来，政府替关闭清算的金融机构和商业银行不良资产“埋单”，总共花了人民币5万亿元。主要用于：①1998年，财政部发行2700亿元特别国债，补充四家国有商业银行资本金。②1998年治理金融“三乱”，中央银行给各省补贴资金，花了2000亿元左右。③清算海南发展银行（40亿元）、广国投（380亿元）和处置城市信用社的风险。④从四大商业银行剥离1.4万亿元不良资产。⑤四大资产管理公司从央行再贷款6700亿元。⑥运用外汇储备向中行、建行注资600亿美元。⑦股改中核销不良资产和免税（超过1万亿元）。⑧这几年，给农信社兑付票据1700亿元，又给农信社专项补助200亿元。⑨还有个别属于政策性的补助，接近2000亿元。

⑩这两年还处理了一些处于风险中的证券公司（包括南方证券80亿元、鞍山证券15亿元、新华证券14.5亿元等）。

国际著名评级机构标准普尔2006年2月22日在北京发布了一份名为《中国50大商业银行》的研究报告，得出了类似的结论。报告估计，从1998年到现在，中国政府总共花费了大约3.57万亿元用于重组或关闭境况不佳的金融机构。

尽管这个数字有所出入，但是有一点可以肯定，就是最近几年在关闭、清算不良金融机构，化解不良资产方面，我们付出了巨额的成本和代价。3.57万亿元相当于中国2004年国内生产总值（GDP）的22.3%。如果按照5万亿元来计算，相当于15万亿元GDP的1/3。应该说，这个代价是巨大的，触目惊心！

这笔巨额资金主要来源于国债、外汇注资、央行票据和央行再贷款等。为了关闭清理各类金融机构和推进国有商业银行改革，央行多次履行最后贷款人的职能。尽管通过这样的方式，对暂时缓解金融机构的支付危机、消除存款人及其他债权人的恐慌心理、稳定金融市场发挥了重要的作用，但是，这种方式带有明显的计划经济色彩，效率低下，并且可能会引发财政困难、央行不良资产增加、通货膨胀和道德风险等一系列严重后果，进而难以维持金融稳定。并且，这种方式严重扭曲了中央银行“最后贷款人”的角色和再贷款职能。与国外比较规范的再贷款相比，央行再贷款的利率低、期限长、范围宽、限制松，所以，基本上不是一种规范的再贷款方式。

故事2：沃尔玛办银行——准入难。

前不久，美国零售业巨头沃尔玛申请成立产业银行，招致美国社会各界的一片反对声。2006年4月份，美国联邦存款保险公司两次召开听证会，这是美国联邦存款保险公司成立73年以来的首次和破天荒的。10日、11日两天的会议有70多名代表参加，代表覆盖范围广泛，包括国会议员、银行业官员、工会、消费者和社区组织以及各种便利店、零售店、杂货店、房地产商和农民代表。

人们反对沃尔玛办银行的原因主要有两个方面：一是沃尔玛银行获准成立以后，会进一步加强其在零售业的垄断地位；二是沃尔玛银行如获准成立，将要处理1.4亿美元的信用卡、借记卡以及该公司大量的电子转账支付业务，最后势必会发展成带有零售分支机构的全方位银行，而这将对当地银行构成巨大打击，进而给美国的金融稳定带来威胁。

在美国的历史上，已经有过零售业办银行的先例，并且这种产业银行的运转十分健康。但是沃尔玛提出办银行的申请之后，却遭到人们的反对。从这一事例，我们可以看出，一方面美国的金融监管当局在银行准入方面非常注重新机构的准入，另一方面，在新机构的准入方面，它可以通过很多方式，如召开听证会，听取大家的意见。

美国对银行准入进行严格审批的目的，是为了降低银行破产的发生率，防止不稳定因素（如财力不足；不合格的管理人员或过度竞争）进入银行体系。在美国，银行审批制尽管不能保证每个银行被批准开业后一定能妥善经营，但是这已被证明是减少进入银行体系的不稳定机构的有效办法。

当然这也是美国的历史教训中得到的经验。19 世纪中叶美国曾试行自由放任的银行审批制（“自由银行”时期）。州是唯一的银行审批当局，联邦政府不过问审批事务。许多州银行执照几乎是自动颁发的。大批投机者涌入银行业，最后导致了大批银行的倒闭。20 世纪 70 年代，银行审批标准再度放松，发放了大量的银行执照。结果，80 年代大批银行破产。

基于历史的教训，美国审批当局在审查设立银行的申请时一般考虑四个因素：①银行盈利的前景（申办之中的银行能否成功并且具备盈利能力）。②银行管理层人选的资格。③银行资本结构的充足性。④将由该行服务的社区的需要和方便程度。

发起人还需要提供详细的业务计划，如银行管理层人选的个人情况和财产情况；预编的银行财务报告和对在建银行的财务和运作前景的估计；关于对金融工具、服务项目的需求以及目标市场的现在竞争情况等。如果这一社区已经存在很多的金融机构，银行审批当局就不会批准再成立金融机构。

2. 几点启示

从前面的两个故事中，我们能够得到一些启示：

（1）5 万亿元也好、3.57 万亿元也好，这些巨额支出尽管不全是用于重组或关闭境况不佳的金融机构，而且，这些金融机构出现的问题也不完全是由于准入把关不严造成的，但毫无疑问，与金融机构准入制度缺陷及其执行过程中的偏差有密切关系。所以，如果我们能够严把金融机构准入关，是能够在一定程度上减少金融机构的不良资产，减少不良金融机构的数量，进而促进金融稳定的。

（2）尽管《商业银行法》、《证券法》、《保险法》等对金融机构设立（准入）的条件都有明确的规定，但是这些规定并不是十分具体和有效的。以设立商业银行为例，应当具备下列条件：有符合法律规定的章程、有符合法律规定的注册资本最低限额（设立全国性商业银行的注册资本最低限额为 10 亿元人民币设立城市商业银行的注册资本最低限额为 1 亿元人民币；设立农村商业银行的注册资本最低限额为 5000 万元人民币等）、有具备任职专业知识和业务工作经验的董事和高级管理人员、有健全的组织机构和管理制度、有符合要求的营业场所和安全防范措施以及与业务有关的其他设施等。但这些规定并不足以有效规范（约束）金融机构的准入。

（3）我国金融机构准入方面还存在着一些突出问题，主要表现在以下几个方面：一是对金融机构业务范围及其变化规定得不够具体全面；二是对金融机构的设立标准规定得过于原则化；三是审核标准上内外有别（缺乏透明度），从而不利于统一的市场准入制度的建立；四是对金融机构人员准入上的重视不足；五是缺乏对准入程序的系统规定。

（4）在我国金融机构的准入方面，从本质上来看，有关部门是把金融机构的准入作为一种廉价资源或优惠政策在使用；没有把金融作为一个产业来对待或发展。从历史上来看，这样做的直接结果，是造成秩序混乱，最后不得不付出巨额的处置成本。

（5）在目前各种内外部条件和环境之下，银行市场准入监管的重点，关键在于对现有银行主体的整合与细分，通过“扶优扶强”，鼓励几家大银行“做大做强”，增强竞争实力。同时要通过兼并重组，调整并优化中小商业银行的结构，促进银行自身的功能定位和多层次银行体系的建立。所以，在金融机构的准入方面，应该把重点放在结构调整、解决银行同质化的问题上，而不在于引入新的增量主体。

（6）金融机构准入作为金融监管的第一道防线，在促进金融稳定中发挥着至关重要的作用。因此，必须严把金融机构准入关。关键是要按法律制度办事，并妥善处理好原则性与灵活性、公开与透明、需要与可能等的关系。同时，金融机构准入时，应该在更广泛的层面征求意见，而不是仅从部门或地区的角度来考虑；建立责任追究制度，防止机构设置的随意性和集体决策、无人负责的现象。另外，要建立相应的配套机制，特别是金融机构正常的退出机制。可以说，如果没有一个正常的退出机制，金融机构的有效准入将大打折扣，并对金融稳定造成很大的影响。

3. 几道难题

从金融机构准入方面，维护金融稳定还存在一些难题：①在全面开放条件下，如何解决外资金融机构准入、民营金融机构准入、农村金融机构准入、城市中新的金融机构准入的问题。②如何构建有效的金融机构市场退出机制，包括设立存款保险制度。③如何构建一个金融中介的垄断与竞争的格局。④如何设计金融机构的组织结构，并提高组织结构的效率。⑤如何确定金融机构的最优数量与适度规模等。

四、金融稳定理论深化研究的方向

在金融稳定理论领域，许多问题的研究才刚刚起步，还有待深入研究。

（1）在金融稳定基础理论的研究方面，需要增强对金融稳定基础性理论的分析、挖掘和提炼，进一步廓清相关概念，进一步构建新的分析框架，以期得出一些有价值的结论。

（2）在金融稳定的实证研究方面，要切实提高对金融稳定进行数量分析的水平和精确度，建立更完善的衡量金融稳定性的模型，以进一步增强对金融稳定政策框架和有效性的理解。

（3）从我国的实际情况出发，还要重视全面开放条件下金融风险与金融稳定问题的研究。

（4）要加强对制度及制度变迁与金融稳定关系的研究，尤其是对于处在转轨经济过程的中国来说，这有助于提高对国内金融改革与发展相关重要问题的解释力。

（5）注重对构建金融稳定长效机制的对策研究，这也是一项长期的任务。

（文章来源自《学术讲座荟萃》第34辑，2006年6月22日）

破除政治经济学 ABC 的迷雾

刘福垣

刘福垣

男，1944年9月2日生于黑龙江省依安县。1970年毕业于中国人民大学经济学系，1981年获中国社会科学院硕士学位，留该院农村发展研究所工作，1986年破格晋升副研究员，1988年起任副所长。1989年获中国社会科学院博士学位，1993年任国务院特区办公室研究室副主任，1995年6月起任宁波市副市长，1997年任国家发展和改革委员会（原国家计委）经济研究所所长，1998年7月至今任国家发展和改革委员会宏观经济研究院副院长，2003年10月起兼任国家发展和改革委员会经济体制与管理研究所所长。

主要研究领域：宏观经济运行、国民经济发展战略、中国对外开放战略、中国经济体制改革研究。

大家好，我今天给大家讲“破除政治经济学 ABC 的迷雾”。现在大家手里拿的这本书是中国人力资源研究会的教材，一共印了 2 万本，专门赠送给学习经济学的学生。在这本书中，我的观点是要破除公有制加按劳分配等于社会主义的迷雾。这本书里包含了“七破三立”，即破除 7 个迷雾（7 个矛盾，包括生产力、所有制、按劳分配、社会保障等），树立 3 个观点，即树立马克思主义的科学发展观、树立科学社会主义的新概念、建立符合国情的调控体系。我将分两个部分讲，第一部分概括地讲发展问题，第二部分讲改革问题。发展问题重点是讲发展观，改革问题重点是讲改革观。

一、发展问题

在讲第一个大问题之前，我先给大家提一个思考题。不知道大家注意没有，2005 年的 5 月 9 日是欧洲战场反法西斯胜利 60 周年纪念日，普京在莫斯科红场召开了一次大会，全世界各国政要都去了，包括我国的胡锦涛主席也去了。我从凤凰台的报道中发现，主席台上坐着的政要表明，60 年前的发达国家还是发达国家，包括三个战败国，其中有遭受了两个原子弹轰炸的日本。60 年过去了，当时建国的发展中国家仍然是发展中国家，没有一个发展中国家变成发达国家。这个问题不知道大家想过没有，为什么 60 年中两代人的努力没有使国家走上富强之路，包括曾经在一二十年中维持了两位数高增长的拉丁美洲。我认为，一个核心问题是发展观问题，是我们这些发展中国家不知道发展为何物，大家都上了富人的当。富人给穷人设计的发展经济学实际上描述的都是大国发展过程的模型，都是从事后推过来的。人均 GDP 等现代化指标体系使得所有发展中国家都没有逃出这个框架，我们就像陷入人家的八卦阵出不来。

一直到 2003 年 8 月 14 日，温家宝总理在行政学院的国家干部大会上的讲话才第一次提出要转变发展观。现在过了 3 年多，我们的发展观转变得怎么样了？我可以毫不客气地说，我们报纸上讲的是科学发展观，许多人脑子里还是科学增长观。我们这 13 年把邓小平讲的“发展是硬道理”误解成“增长是硬道理”，至今还没有幡然醒悟。温总理讲话之后，我们紧接着用了1~2年的时间筹备“十一五”规划，这是提出科学发展观之后的第一个“五年规划”。规划做完之后，我看了从中央到地方的40多本规划，甚至包括北京市的规划。它的前提整体思路是我帮着做的，主报告是我亲自动笔写的。但我非常遗憾地告诉大家，最后形成的文本我没有看到一个是发展的规划，基本上都是增长的规划。也就是说，在增长和发展的关系上，3年多没有绕出来。我认为这也正常，60年都没有醒过的一个梦，怎么3年就能反省过来呢？

好多人对发展观的转变没有接受准备，我们这27年平均9.6%的增长，全世界一片叫好声，甚至有些国家都有恐慌的感觉，在那散布“中国威胁论”。我们好端端的2003年为什么要转变发展观呢？相当多的人没有准备，不知道我们中国在发展观上出现了问题。因为经过了这50年，特别是“文化大革命”的训练，现在我们的领导人对政治问题不是“搞运动”、就是“整人”的做法已经相当了解。从胡锦涛担任总书记到2003年转变发展观，一直采取比较平和的、讲道理式的方式。既不“搞运动”，也没批判谁，更不换人。我们现在正赶上高增长的局面，全世界都觉得形势非常好，自己为什么要转变发展观呢。大家都知道，“治大国若烹小鲜”。一个大国的发展观的转变不是一件小事，很多人没有准备。为什么？因为这些年我们迷途于GDP拜物教迷雾。大家都知道，在现在的宏观经济指标中，最核心的指标是GDP。现在的局面是，GDP高增长能遮掩任何问题，地方干部只要GDP上去了，政绩就有了。这主要是我们的发展观念中毒太深，到今天为止，相当多的干部还不知道发展为何物。

我们大家现在是研究生，搞研究一定要踏踏实实地尊重科学、尊重客观规律。当然，将来为政府部门起草文件就要尊重领导，领导要你怎么写就可能怎么写。但我们现在要多思考，到底发展观是怎么回事？中宣部理论局的科学发展观读本，一共有55000字，它还是没有分清增长和发展。充其量不过是科学的增长观，即全面协调、可持续地增长。它里面有一句这样的话，“我们要提高发展的质量”，党的十六届五中全会里也有这样一句类似的话。大家想一想什么是发展，发展就是质变，所谓提高发展的质量就是同义语的反复。应该是提高增长的质量，提高发展的速度。我们这27年把增长问题说清楚了，不管算得准不准，大致上是平均9.8%的增长率。那么，发展呢，根本没有量的概念。这就说明我们中国人，以及所有发展中国家的政要和学者都盲目地照抄西方经济学的理论。大家考研需要考西方经济学，本科学的是西方经济学，现在学校里灌输的还是西方经济学。但是西方经济学经过了一二百年资本主义的发展，从私人资本主义阶段到社会资本主义，人家发展的是一个成熟的理论体系，它论述的是成熟经济体的运行规律。

我们中国是一个发展中国家，我们的发展问题还没有解决。我们不研究一下，什么是发展问题能够搞清楚吗？我们现在把自己叫做中国特色的社会主义市场经济，就是说我们是个社会主义国家，我们承认我们的生产力比别人落后，但是我们的社会制度要比人家先进，这在理论上能讲得通吗？所以我这本书的第一章就是要破解生产力的迷雾。为什么呢？因为在我们脑海中，生产力和生产关系是两个不同的概念，生产力决定生产关系。实际上，我告诉大家，生产力和生产关系是手心和手背的关系，你们回去可以仔细读这本书。这二者是分不开的，没有生产关系是不可能有生产力的。二者谁都不能比谁先进，因为人和物相结合才能形成生产力，而生产关系是二者的结合方式。结合和结合方式是不能分开的，所以在我这本书的公式中，生产力、生产关系、生产方式不是 A 加 B 等于 C 的关系。如果这个迷雾不破除，我们就搞不清楚发展和增长的关系。

我们党校的教员解释不了为什么资本主义腐而不朽，从机器大工业到互联网，一直到现在开发宇宙空间，资本主义怎么能够容纳这么高的生产力呢？它的生产关系不变的话，生产力能变吗？我们过去说资本主义是腐朽的、垂死的，就要灭亡了，掘墓人已经准备好了，我们当时甚至在大街上喊口号“还有四分之三的阶级弟兄生活在水深火热之中，等着我们去解放”。当时我们是坐井观天，现在已经全方位开放了，都走出世界了，那四分之三的人生活得怎么样了，特别是欧美的工人生活得怎么样了？如何解释这个问题，理论不研究彻底，只能自己糊弄自己。如果这些事情不搞清楚，中国的事情很难办。

我不想像老师那样给大家一个个地分析概念。我首先要讲我们为什么是发展中国家，还要讲社会主义国家为什么是社会主义国家，中国的特色是什么？中国特色、社会主义、市场经济这三个概念的科学内涵和相互关系要解释清楚。一个有 7000 多万人的大党，自己不能说服自己怎么能说服别人呢。在这个问题上我们要结合中国的实际。在第一个问题上，我们不按照概念讲，而是要首先告诉大家，为什么中国是个发展中国家。这就要给中国一个准确的时空定位，破除我们现在对中国的一些不正确的定位。比如说，我们 2006 年上半年经济增长 10.9%，很多人马上说中国的经济过热了。官方虽然没有明确说，但是 4 月 18 日已经开始采取紧缩措施，派了调查组前去调查清理 1 亿元以上的大项目。10.9% 热，那么 8% 热不热，什么样的增长率正好呢？我们现在有一些人有个“三八”逻辑。GDP 增长 8% 最好，物价增长 3% 正好。GDP 增长超过 8% 就过热，低于 8% 就过冷；物价超过 3% 就是通胀，低于 3% 就是通缩。中国经济发展的这些年，许多经济学家一开口不是通胀就是通缩，一会儿是愁眉苦脸，通货紧缩挥之不去；转眼又是通货膨胀来了。甚至我们的前统计局局长也曾经在报纸上发表大作，说中国经济既有冷又有热，既有通胀也有通缩，人民币既有升值的压力也有贬值的压力。之所以会这样，是因为我们的理论没有理清。脑子里想的是西方经济学那套理论、那套模式，然后一看中国的现实，又解释不清楚。在实际工作中，就像看温度计一样，你要把摄氏当华氏，那是用人家的眼光看我们的实际情况。原因在于，我们和人家的发展阶段不同。不给中国准确的时空定位，连自己姓什么都不知道。

我曾经到日本讲学，上午有人说“中国威胁论”，下午就变成“中国崩溃论”了。他们这种观念很深人，就是要把中国妖魔化。上午的“中国威胁论”是这样的，那年中国GDP增长率还没有校正过来，校正过来是10.2%，他们说你们9.8%的GDP增长率，我们才1.8%，日本的工业都被你们掏空了，日本很危险。我解释说：你们这种说法不对，因为我们9.8%是人均不到1500美元的9.8%，你那1.8%是人均3.8万美元的1.8%，二者不可比，我们不在一个发展阶段上。速度是没法比的，我们可以拿生活中最通俗的例子来说，一个五六岁的孩子，叔叔大爷半年没见着，一见着发现这孩子长高了一个头，大家都很高兴。如果这孩子没长，还得问问家长，你们孩子是否有病啊，赶紧看看大夫去。反过来说一个成年人，同事们半年没见着，发现长高了一头，那不成妖精了吗？

欧美、日本和中国不在一个发展阶段上，欧美、日本的发展问题解决了，是一体化的现代化生产方式。而我们中国的发展问题还没有解决，还是二元结构的生产方式。这样的情况下，我们GDP增长10.9%就过热了吗？我们上半年解决了600万人的就业问题。按照这样的速度发展，全年可以解决1200万人的就业，在别的国家这是一个天文数字，但在中国这仅仅是农民一年的出生人数。在计划生育下，农村一年的人口出生数就等于澳大利亚的总人口。一年要是不提供这么多就业，就是负发展。表面上看来，中国风景独好，其实2006年上半年整个亚洲的增长达到6%多，印度达到了9%多。为什么欧洲才1%、2%、3%呢，人家是成熟的经济体，这种增长率是相当了不起的，有些国家甚至能够维持非负增长就不错了。我们的市场经济才发展了30来年，还相当于儿童团阶段，如果发展得慢了肯定有问题。到底GDP增长多少才好呢，不能靠嘴巴来说。必须正确定位中国的经济发展阶段，是儿童团阶段、青少年阶段还是中老年阶段呢？根据什么来给中国定位呢？那就是矛盾排队。因为在哲学理念中，主要矛盾的主要方面决定事物的性质。一定要发现中国经济社会的主要矛盾，然后把矛盾分开，因为主要方面才决定事物的性质。把中国的矛盾进行排队就能准确定位中国的发展阶段，我没有时间展开论述，详细情况请大家看书。

中国经济社会有哪些矛盾，我抛砖引玉，给大家讲讲“十五”规划是如何阐述的。“十五”规划中总结了四个层次的矛盾，可能大家只记得“十一五”规划建设和谐社会、以人为本的思想了，而忘了“十五”规划。实际上，“十五”

规划就没有真正执行，以 2003 年为分隔线，中途变局。“十五”规划的主题主线是中国经济结构的战略性调整，很多地方大员可能都忘了这个主题。即使有人想起了这个主题，你还可以进一步问他进行的是战略性的调整还是战术性的调整、调整的结果怎么样。可以说，这 5 年我们进行的都是战术性调整。

“十五”规划提出的四个层次的矛盾对我们分析中国经济是很有帮助的，“十五”规划的这一段写得非常精彩，但是缺少“临门一脚”，没有说明哪一个层次的矛盾是主要矛盾。这四个层次的矛盾是：第一个层次的矛盾是产品结构的矛盾，即总供给和总需求的矛盾（当时是需求严重不足）；第二个层次的矛盾是产业结构的矛盾；第三个层次的矛盾是地区结构的矛盾；最高层次的矛盾是城乡矛盾；这四个层次的矛盾是由表及里排列的，论述得相当精彩。但是没有说明谁是主要矛盾，而且把产品矛盾排在第一，所以从中央到地方都把着眼点放在解决总量矛盾上。当时的观点是中国克服了短缺经济，进入了剩余经济阶段，而且是买方市场，所以物价下降、通货紧缩挥之不去。于是，中央政府下决心采取凯恩斯主义的积极财政政策。主要包含三大措施：发行 1500 亿元的国债，到 2006 年已经连续多年了，还没有停止发行；第二大措施是八次降息；第三大措施是采取出口退税等手段大力促进出口。这三大措施取得了一定的效果，把 GDP 连续几年维持在 7% ~8%，但是这种增长有点力不从心。2001 年底，朱镕基总理在经济形势报告中说：我们明年的经济定在 7%，但是能否达到 6% 都不一定。结果 2002 年第一季度就达到了 8.3%，大出意料。这就说明，按照人家的那套指标体系很难说明中国的问题。

有很多学者把经济波动都看成是经济周期，大家知道，任何事物的发展都不是直线的，并不是任何波动都是经济周期。我几次发表文章，论述中国没有经济周期，只有政治周期。经济周期是真正完成市场化之后，由私人占有和生产社会化这一矛盾决定的周期，是有规律的，而我们中国还没有到这一阶段。中国出现的是政治周期，每当政府换届时，特别是地方政府换届和中央的党代会重合可以算得上是“天文大潮”，对经济增长的拉动更大。这种波动是政治周期，因为我们市场配置资源的作用还没有占主体地位。

所以当时我们对第一个层次矛盾的判断是失误的。实际上，没有总量矛盾，只有结构矛盾。任何时候，产品的价值一般分为三个部分。第一部分是实现了的价值，即变成了货币的产品价值。第二部分为剩余，即产品的库存和积压。我们的统计局只能告诉大家这两部分，而遗漏了第三部分（产品的短缺）。五年过去了，统计局和商务部的资料表明，605 种产品依然是大量积压，几乎没有短缺的。剩余代表过去，短缺代表未来，客观上这不是一对矛盾。从逻辑上来说，有多少供给就有多少需求，二者是等量的。因此没有总量矛盾，即使有的话也只是个永恒的矛盾，永远碰不到，不能当成主要矛盾。在这个问题上大家要明白，即使从1997年东亚经济危机以来中国物价连续下降，出现所谓的通货紧缩，我们中国也没有资格谈剩余。当时我就写了一篇文章破除通货紧缩的迷雾，我认为有多少剩余必有多少短缺。而且恰恰是有多少短缺才产生多少剩余，剩余是由短缺造成的，但是我们的统计局没有告诉我们有什么短缺。

我认为有三大短缺，即我们今天老百姓所说的“三座大山”。

第一座大山是社会保障。社会保障应该是一种财政买单的公共品，由政府的税收收入来支付。从价值量上来说，中国这个产品现在的有效量大约为两三千亿元。与我们18万亿元GDP来比，它确实很小，但是它是一个社会必需的平衡器。在按要素分配的前提下，必然产生两极分化，因而需要一个社会平衡器。我们的社会保障逐渐市场化了，而它是最不能市场化的产品。我们现在的社会保障是强制储蓄，是商业保险而不是社会保险。老百姓的保障不可靠，只有增加储蓄，导致中国的储蓄率达到37%。从经济学上说，存款不能转化为贷款就会造成失业，因而中国人的勤俭攒的是失业。我们现在的存差达10万多亿元，并存在大量的失业，没有资格谈过剩。经济有病，但不是“冷热病”。我们的经济绝对没有过剩，从人均量上来说，产品很少，问题的症结在于老百姓没有正常消费。社会保障不到位，是我们内需不足的最根本原因，是诸种矛盾的总根源。所以我们必须要解决社会保障问题，这是建设和谐社会的关键。社会保障主义就是社会主义，社会保障度就是社会和谐度，社会保障到什么程度社会就和谐到什么程度。

统计局没有统计这种公共品的短缺，而正是这种短缺造成了剩余。我们采取的措施都不是很到位，无奈之下只好采取“送礼性”出口，让外国人消费，租、税、费、息全送给外国人了。反过来，我们的农民工一天劳动十几个小时却只得到很少的工资，因为老板把租、税、费、息都送给外国人了，只有依靠压榨劳动力。社会保障缺位使农民工具有“隶工”的性质。农民工是中国当代真正的产业工人，他们创造了GDP的40%～60%，但是他们的社会身份一半是工人一半是农民。作为一个工人，他只拿到劳动力价格的一半，说明这里面有超经济的剥削。从经济总量上来说，中国的GDP已经超过英国，居第四位。但是仔细一看，这个大巨人拄着根大拐杖，上面写着“三外”（外商、外资、外贸），中国GDP的60%～70%是由进出口支撑的。过去我们说“美帝国主义是纸老虎”，现在的中国在欧美日眼中是“纸老虎”。只要踢倒你的拐杖，你注定倒地。所以它们不断地制造贸易摩擦，不断要求人民币升值、要求中国货物涨价，等等。别人都知道中国过于依赖外贸，这个软肋谁都敢捅，连巴西和墨西哥都因为一个小拉链而跟着起哄。反过来，与日本比较一下，日本“贸易立国”的口号很响，GDP的

量也比中国大，但是 GDP 中的净出口只占 15%，85% 是内销。再看美国，人均达到 4 万美元，22% 是净出口，78% 是内销。我们过于依赖外国市场，所以小泉敢在“8·15”公然参拜“靖国神社”。人家心里有数，即使天天参拜，你中国人也得和它开展贸易；即使从不参拜，韩国人也不会买日货。我们不能抵制日货，因为 80% 的日货是中国的劳动力制造的，抵制日货就等于制造失业。现在中国经济高度依赖欧美日，特别是美国，它们的经济波动必然会影响中国。之所以会这样，就是因为社会保障不到位，自己老百姓不消费。如果社会保障到位了、城市化门槛没有了、1.8 亿农民工转变为城市居民了，这个市场不比得上一个欧洲市场吗？农民的消费水平只有城市居民的 1/4，如果现在的农民消费水平达到城市居民的一半，这点商品根本就不够。所以社会保障才是第一大短缺。

第二座大山是教育短缺。我们的教育严重短缺，是个教育净进口国。我们出国念书的孩子的年龄已经越来越小。欧美大国首都的教育占 GDP 的 1/3 多，依靠教育出口赚了发展中国家一大笔钱。泱泱中华文明古国的教育变成这个样子，教育改革是基本失败的。从我 1953 年开始念书的时候就开始试验，到今天还没有成功。义务教育非但不义务，反而分成三六九等，光是择校费等费用就不菲，耽误了两代人。例如我们单位的那些年轻人，一个月才发 1500 元，我还得给他们做思想教育工作。我要求他们目前工作应该挣“本钱”，不要讲代价，等到了解经济运行之后，再给地方、企业工作挣“现钱”。按照正常逻辑来说，这种话没有错。但他们当场就说，我们更愿意要现钱，我们租两居室房子就要把工资花光，孩子进幼儿园就得交 6000 元，以后每月得交 2000 元。他们只好到处挣点小钱，但到最后自己什么也没有，职称也评不上。这种局面不能全怨他们自己，政府不到位也具有一定的责任。义务教育是政府应该提供的公共品，家长不应该为此负担。我们现在才刚开始取消农村孩子的义务教育收费，几十年才转变过来。政府征收了 3 万多亿元的税收，应该承担这个责任。没有社会保障和义务教育，一切都是空话。按理来说，社会保障应该是第一财政预算，义务教育应该是第二财政预算。晚修一条路、晚盖一栋楼，啥都有了。为什么不多花钱给孩子们解决义务教育？在这个问题上把教育的责任推给县财政，很多县财政收入的 60% ~ 70% 都不够小学教员的工资。这种做法是“中央请客，地方买单”，好几次工资改革中的工资上涨，很多县根本就落实不了。中央财政的财政预算出了大问题才造成这种局面。

第三座大山是住宅短缺。大家毕业之后就会马上面临着住宅问题。50 年内，住宅业都会是个高盈利产业。因为我们在城市化的初期阶段，有几亿人口要进城。现在就说住房过剩了，实际上真正给老百姓盖的房子、给产业工人盖的房子还没有动工呢。现在的房子是给有钱人盖的，而且把有钱人也估计过高了。看看我的书大家就知道，真正打工一族的工资里面不可能包括房价。我们的产业工人挣的只是必要劳动创造的价值，没有资格买房子，因为大家的工资里面只包括房租这一部分。我们现在的政策是房租甚至比工资还高，这是中国独一无二的现象。租两居室的房子1200多元，拿的工资才700~800元。经济适用房让农民工不交房租白住他们都不敢住，因为物业费、水电气、冬天的取暖费加在一起比工资还高。应该是这样的情形：挣工资（V）的人租房子，买房子的是挣企业主收入（M）的那部分人。现在让大家都买房子，把银行、土地全都套进去了，国家风险非常大。大家想想，房价能不贵吗？大家都骂开发商黑心，其实政府应该承担很大的责任。地和税都是政府拿在手上，所以中央出台的文件根本就没法执行。因此房价越压反而越高，踩着油门想刹车根本行不通。最大的油门是地方政府，它要经营城市首先就是经营土地，而且政绩来自于卖地。地方政府预算外收入的60%~70%是土地。房价越来越高的原因就在于此。如果地租不能当税用，地方政府立马就慌了。租是全民资产的收入，不是税。我们现在的各级政府把租当成零花钱了，但是为纳税人服务只能动税，凭什么动用租啊！所以说土地批租侵犯了全民的所有权，侵犯了十几届政府的经营权。不解决这个问题，光是发文件根本没人听。一些退休的老同志发感慨：这几年的宏观调控到底是谁调控了谁啊，是地方政府调控了中央政府还是中央政府调控了地方政府，是政府调控了市场还是市场调控了政府。

这“三座大山”不搬掉，需求不足问题没法解决。什么经济周期呀，通胀、通缩等，在中国根本就不存在，因为我们的物价不是真物价。什么叫通缩、通胀呢，那是政府的政策产物，如果政府故意大量发行钞票那才是通胀，没有故意发行钞票不可能通胀。故意回笼货币才是通缩，我们喊通缩最厉害的时候，政府8次降息加一次利息税、1500亿元国债，哪来的通缩。物价下降是生产结构的调整，根本不是通货紧缩。物价上升在一定范围内也是结构调整。既然我们要搞市场经济，怎么能物价一波动就说不是通胀就是通缩呢？物价下降就托上来，物价一上升就压下去，这是在忙什么呢？水多了加面，面多了加水，这还叫宏观调控吗？搬去这“三座大山”是政府的责任。我们现在政府的作为根本不是宏观调控，宏观调控是总量调控，等我们有了经济周期才会有真正的宏观调控。

我们现在的主要矛盾不是它，我们真正的主要矛盾是什么呢？我们知道，产品结构背后是产业结构，产业结构后面是地区结构。这三个层次的结构全逆转了，我就不详细具体说明了。这些矛盾还是属于要素配置层次的矛盾，真正的诸种矛盾的总根源是我们中国工业和农业两种生产方式的矛盾。中国的主要矛盾可以用太极图的阴阳圆来描述，中国工业和农业生产方式的矛盾不是先进和落后的矛盾。为什么呢？用阴阳来表示说明它们是两个时代的生产方式。660个城市的

工商业已经现代化了，已经和欧美日没有实质的差别了。我们看欧美日全球一体化，阳面已经一体化阴面了。我们有些城市提出率先现代化，这是上了人家的当。现代化划时代的标志是什么呢？现代化的生产方式是劳动力转化为商品、货币转化为资本。在新创造的商品价值（V+M）中，毛利润（租税费息）超过了50%才是现代化的生产方式，这种生产方式以剩余价值为目的。

大家看看我们现在每年出版一本的《中国现代化报告》，里面有很多现代化指标，我可以不客气地说，没有一个是现代化指标。现代化是一种生产方式，是指GDP是用什么方式生产出来的，价值是如何分配的，剩余价值归谁占有。剩余价值归社会占有才是现代化，剩余价值都分散了就不是现代化。我们660个城市的生产方式和欧美日没有实质的差别，要说差别那就是先进和落后的差别。我们现在对现代化的理解如同对城市化一样，都理解偏了。中国现在的城市化进程越来越慢，城建快了并不是城市化加快了。很多人把城市化理解为城建了，其实，城市化要"化"的对象是"三农"，是要"化"农民为市民。城市化的核心是"市"，是要以空间代替时间。我们现在理解的城市化就是城建，所以有人说城市化过快了。真正的城市化不但不占地，还要节约土地。我们现在是两头占用土地。如果我们正确地搞社会主义新农村建设，我预测未来30年内可以腾出3亿亩土地。中国的土地问题是由于我们错误的城市化战略造成的，农民没有进来多少反而把地给占了。现代化同样如此，只有"现"字，现代的划时代的标志没有出现。发展中国家60年没有改变命运，原因在于都在抓"现"字，忙着达标。现在我们的达标行为多普遍啊，"百强县"达标，"城市竞争力"达标，连大学院校都在忙着达标。

我们现在不讲发展为何物，发展是生产方式的转换，是阴阳两面的转化。我们现在的小农耕作方式太落后，连自给自足都达不到。2005年底的农民人均纯收入是3254元，和城市居民的可支配收入没有可比性。后者是前者的3.2倍，这是一种倒退，因为改革前只有2.3倍。农民的这些收入包括了所有的收入，而且主要来源于非农产业。就全国而言，打工收入占43%。大城市郊区农民打工收入占60%以上，中央政府的财政转移收入占3%～5%，家庭的经营收入占3%～5%，真正来自农业的收入不到40%。中国的农业连自给自足都不可能，但我们直到现在才开始不向农民收税。农民不是纳税人，他们没有税基，农户从农业得到的剩余价值率是-46.99%。现在农民的状态非常被动，27年GDP增长率高达9%，但是农业增长是负的。从1981年到现在，农用耕地不断被侵占，而且强壮的农村劳动力都到城里打工了。这几年的一号文件都大力提倡保护农民，但是既没有保护农民也没有保护农业。总之，没有剩余价值就没有现代化的生产方式，剩余价值的大头不被社会占有就没有社会主义。

我们说在学习韩国建设社会主义新农村，但韩国和日本的农村既不是资本主义新农村，也不是社会主义新农村，可以说根本不是原来意义上的农村，而是绿化祖国、养活老人的特殊工具。人家90%多的人都进城了，剩下的老人不愿意进城，看管那些因城市化而天天升值的私有土地。日本的各级政府大力补贴农业生产，农村使用相当小巧、精尖的机械设备，但是依靠这种高保护绝不是新农村的发展方向，这种小农生产方式不是现代化的生产方式。真正爱护农民，就得解放农民，让农民能够享受城市文明的成果。不能迫使小农进一步把土地分散，这种生产方式还会促进人口的激增。农民需要生育男丁来从事小规模的农业生产，农民追求生儿子是一种理智的选择。中国的办法只有慢慢地减少农民，使阴阳线从阳面推向阴面，这就要求每年至少解决2000万个就业岗位。我们憧憬2020年实现小康，已经不到14年了。小康是个什么概念呢？应该是“衣食不愁，略有剩余”。现在农业要达到这种地步，至少得把四户的地给一户种，也就是说有三户得进城。这就意味着一年需要转移2800万农民，每年至少要解决2000万左右的就业岗位。2006年上半年才创造了600万个岗位，所以中国现在是负发展。发展中国家醒不过来一个梦，都是以为GDP增长就是发展了。增长的势头好只能算是科学增长，真正的发展是阴阳圆的阳线向阴面扩展，两种生产方式的转化才是发展，用现代化生产方式代替小农生产方式才是发展。

所以必须加速城市化。我把人口城市化率看成中国的发展动力，城市化发展的速度看作中国的发展速度。GDP增长9%多，但发展的速度只接近0.44%。我们面临的问题是“高增长低发展”，农村甚至负发展。如果照这样发展下去，不转变发展观的话，中国的情况可能会失控。尽管每个个人由于所处的地位不同而可能感觉不同，但是整体结构已经失衡。从中央政府“重温两个务必”到新的发展观，如果能够逐步解决社会保障，我们还有希望。所以“十一五”时期是决定中国命运的时期，如果一不留神，没有解决社会保障问题，我们可能倒退到封建资本主义，100年都回不来；如果落实全会的精神，真正解决社会保障，建设成和谐社会了，那中国就进入了中国特色的社会主义市场经济。现在我们正在十字路口，处于关键时期。我们现在的城乡发展差别太大，城市已经达到了发达国家的水平，但是农村还处于非常落后的状态。

我们必须解决基本问题，不要试图就地消化农民。如果及时地把农村剩余劳动力转移到城市，农村早就现代化了。中国现在不是农业落后，而是工业和城市化落后。这种分散性的工业化不利于第三产业的发展，从而阻碍了农村剩余劳动力的转移。近几年来，个体私人经济非但没有增加反而减少了，说明就地消化农民的难度越来越大。从根本上来说，只有减少农民才能富裕农民，减少农户才能改变农业的生产方式，改变生产方式才能改变人口规律。这样的发展才能把阴阳

圆一元化，统一城乡生产方式才是真正找到了“体”。现在的主要矛盾是两种生产方式的矛盾，只有统一生产方式，才会出现市场经济的规律，才能有所谓的宏观经济调控，我们必须通过改革来解决这个矛盾。

我讲的第一个大问题主要是针对发展的理念，要破除生产力发展的迷雾、破除现代化的迷雾、破除社会保障的迷雾，使我们懂得中国的发展应该是这样，最后才能得出“以人为本”的发展观。最本质的是要解决农民问题，所谓的“以人为本”就是要改变农民的社会地位和分工角色。按照“以人为本”的发展思路，中国现阶段是个农民国家、发展中国家，中国现阶段的主要任务是加速解决就业问题。一切有利于就业的方针政策都是好政策，不利于就业的政策就是坏政策。人必须劳动，劳动关系是人类最重要的社会关系。要解决就业现在就得解决社会保障，提高人们的消费信心、创造就业岗位。

二、改革问题

第二大部分我笼统地概括为改革问题。这个问题我主要讲破除公有制加按劳分配这一公式。这些年来，我们在对社会主义的认识上存在很多争议。共产党人一定要知道社会主义是什么才能发展社会主义。什么是社会主义，这是个很难的问题。1989 年之后，苏联和东欧发生了剧变。当时我们在中国香港开会，国际上对社会主义的前途一片悲观，中国台湾一些学者甚至提出要用“三民主义”统治中国。对于这个尖锐的问题，我当时坚决反对，我说社会主义是不会失败的，苏联和东欧的剧变不是社会主义的失败，它们是假社会主义。判断各种主义和各种所有制不能停留在字面，核心要看剩余价值（M）归谁占有。剩余价值大部分归私人占有就是私人资本主义，剩余价值大部分归社会占有就是社会主义，剩余价值全归社会占有就是共产主义，社会主义就是从资本主义到共产主义中间的过渡阶段。我的观点很鲜明，社会主义和资本主义没有谁战胜谁的问题，二者不是战胜的关系，而是一条路上的不同路段。社会主义是资本主义的高级阶段，是共产主义的低级阶段，它既包括资本主义的特点又包括共产主义的特点。

要解决这个问题，必须破除我们的传统公式。我们现在坚持公有制，有人说我们的国有企业改革是以国有资产的严重流失为代价的，到现在还没有改革好。其实“国有企业改革”这个概念就错了，我在 20 世纪 80 年代初就写过这种文章。改革的对象是政府而不是企业，改革的内容是国有资产的运营管理体制。当时我就提出了只有国有资产没有国有企业，我的根据是破除所有制的迷雾。我们常说的所有制，简单地说就是生产资料（C）归谁占有。这个所有制只是财产关系的法律用语，终极所有权归谁占有呢？对我们社会生产方式转换、社会发展有意义的所有制应该是企业所有制，是生产关系的所有制。这个所有制是由人和物的结合方式来决定的。按照这样的理解，在中国除了集体经济之外，没有公有制经济。国有企业也不是公有制企业，例如，宝钢用的生产资料是全民的，但它不是全民所有制企业。在规范的意义上来说，如果它能坚持把剩余价值（除了租税费息之外的企业主收入）也交给国家了，我们就称其为国家资本主义企业。为何还要叫资本主义企业，因为劳动力转化为商品了，货币转化为资本了，生产目的是为了剩余价值。宝钢从总裁到工人都是全国人民的雇员，他们没有资格按劳分配。

如果实行市场经济了，只能按要素分配。在非集体经济之外实行按劳分配必然导致工资侵犯利润和产权。为什么有些垄断产业的工资高，因为我们现在的分配关系不是按要素分配，是打着按劳分配的幌子来瓜分国有资产。按劳分配只能在集体经济内部进行，因为集体经济的前提是等量占有，大家对生产资料具有等量的占有和支配权利，劳动力没有转化为商品。由于大家的占有是等量的，所以不能按资分配，只能按劳分配，个人的劳动贡献会因劳动能力和劳动时间的不同而不同。按劳分配是集体经济内部的一种分配方式，指等量占有、等量扣除、按劳分配。什么叫等量扣除呢，就是说，对社会公益的负担要等量扣除。我们原来的集体经济并没有等量扣除，把按劳分配搞成了“按劳分亏”。由于生产队没有经营自主权，大部分天生都要亏本。在亏损的条件下，按劳分配没有等量扣除，谁干得多谁就亏得多。

集体经济的亏损不是其自身的毛病，而是各级政府严格控制了集体经济的生产、分配、流通和消费。最后我们用“大包干”替代了集体经济，等于退回到解放前。真正的集体经济是不会垮的，而是越来越好的，华西村就是社会主义新农村的样板。但是它只是社会主义的经济成分，因为它只包含了那一小部分人。我们现在有些公有资产是被部分人占有了，而外国的有些私有制在微观上剥削但却在宏观上通过税收等方式让全社会占有大部分剩余价值。我们判断一个国家的性质，不能从微观上去判断，应该从全社会创造的剩余价值的总量来判断，剩余价值的大部分归社会占有了就是社会主义国家，如果大部分归私人占有了就是私人资本主义。所以，现在所谓的生产资料公有制并不决定企业的性质，关键看企业的劳动力是不是商品、剩余价值落在谁的手里。剩余价值落到奴隶主手中是奴隶主义，落在地主手中是封建主义，落在资本家手中是私人资本主义，落在全社会手中是社会主义。

怎么证明剩余价值归社会所有呢？我们现在中央财政已经拿到 3 万多亿元，可能快接近 4 万亿元了。加上国有资产，这个数量已经不少了。但问题在于归政府占有和归社会占有还有差别。为资产阶级、少数既得利益者服务的是资产阶级政府，它会把资源用来镇压工人、侵略和发动战争。怎么才能判断一个政府是全

民的政府呢？主要看社会公共品是否由政府提供，“三座大山”被推翻了没有。如果社会保障能够做到全覆盖，使大家都没有后顾之忧，过上现存生产力允许的体面生活，那就说明剩余价值归社会占有。按照这个标准来看看人家欧洲，它们GDP的35%已经归社会占有用来进行社会保障了，如果把GDP换成剩余价值，这个比例将超过60%，北欧都已经达到了70%。这是什么性质的国家，布莱尔称之为第三条道路，他说这是社会市场经济、社会资本主义。欧洲为什么“二战”之后的社会保障搞好了，因为它的殖民地都独立了，国内的阶级矛盾不断尖锐化，不能不改变现状。所以和平演变是它自己的演变，它自己的生产关系发生了变化，否则它不能在从机器大工业到互联网的三次大浪潮中维持这么高的生产力。生产关系变了，剩余价值的分配方式和分配结果变了。这能够鼓励消费，就连美国也是这样，美国财政预算中的60%用于社会保障，美国上个月的储蓄率是-0.5%，而我们是37%。他们不但不存钱反而敢借钱消费，因为他们有社会保障！

欧美资本家并不像我们的暴发户，他们经过很多代人的经营，逐渐认识到还是马克思说得对。资本家是资本的人格化，由社会赋予其积累的职能。资本家从被迫贡献转化到自觉贡献，是整个社会生产方式达到的新境界，是因为生产社会化已经成为矛盾的主要方面，是市场经济中长期斗争的结果。如果工人没有社会保障，工人不敢消费，剩余价值就不能实现，而且资本家的资本也可能不安全，因为工人可能会制造社会动乱。现在大家应该明白，为什么2000年底欧洲把马克思奉为千年伟人。正是当年流放马克思那帮人的后代把马克思选为千年最伟大的思想家，因为规律告诉大家，马克思是对的，资本家就是在为社会积累。欧美社会的中产阶级占了社会多数，真正的大资本家也不像中国这样炫耀性消费。所以，不仅我们的生产力比人家落后，我们的社会生产关系也比人家落后，我们必须加快发展，积极转变。

1993年我带领深圳访问团去过南美，在秘鲁看到一种动物，墨西哥也有这种动物。从微观上看这种动物像羊，但是它长得像骆驼那么大。你既不能说它是羊，也不能说它是骆驼，只能说它是驼羊。我们的社会主义，从微观上看企业存在私人剥削，但是整体上不能说是私人资本主义。我们既不是资本主义也不是共产主义，我们是社会主义。它怎么变化的呢，是基因层次发生变化。社会的基因就是分配，按要素分配嫁接一个按需分配的社会保障。社会保障是按需分配因素，真正的社会保障有一个保障标准，确保人们过上体面的生活。我们现在的社会保障是按等级制度分配，保障范围太小，8亿名劳动者只有1.6亿名能得到保障，而且该保障的人没有得到，不需要保障的反而能够领取社会保障。有些人拿多了，有些人拿少了，例如医疗，80%的医疗费被800万名干部（公务员加上像我这样的事业单位工作人员）花了。真正的社会保障应该是按需分配，按照保障标准和支付能力之间的差距进行补贴。一点共产主义因素，再加上资本主义因素，二者相结合形成了一个新的物种——驼羊，社会主义就是“驼羊”。

社会主义从一个方面看像资本主义，从另一个方面看是共产主义，但它既不是资本主义也不是共产主义，它就是社会主义。这才是正确对待中国特色的社会主义市场经济的态度。中国特色是什么？我们现在把中国特色都当一个框，好的坏的都往里面装。初级阶段的中国特色尤其如此，外国没有的优点称为中国特色，现在克服不了的缺点也称为中国特色。其实不然，中国特色不是人多、不是穷，也不是共产党领导，不是我们主观上要建设社会主义。面对市场经济而言，真正的中国特色是我们在毛泽东时代积累的巨额公有资产，我们的工人、农民在面向市场的时候不是真的一无所有。这才是中国特色，唯一的特色。俄罗斯也有，但是被叶利钦取消了。从法律上不能说叶利钦是错的，从社会主义计划经济过渡到资本主义，把原来的公有资产量化到个人，从法律上是对的，但从战略上来说他是错的。

邓小平领导我们改革，没有进行量化。我们在座的具有公民权的人都是中国公有资产的主人，我们不是除了两只手以外一无所有。我们花费了那么大的代价打下这块红色的土地，公有制的土地才很值钱，而且是越来越值钱。改革前的那28年计划经济大家基本上都是义务劳动或半义务劳动，剩余价值都被国家拿走了。实际上那时候我们形式上是计划经济，但本质上是国家资本主义。全社会的国家资本主义，因为剩余价值都归国家占有了，工人是半义务劳动，农民更是半义务劳动。当时种的粮食便宜，但我们以更低的价格收购了。这种“剪刀差”每年达到一两千亿元，28年拿了多少啊。直到1985年才解决，邓小平主政时把粮食价格涨了四倍半才解决，可见原来亏欠了农民太多。工人、农民是半义务劳动，解放军是义务劳动。当时养的兵是现在的好几倍，逢山开路、遇水架桥，军人做出了极大的牺牲。1979年改革，公有资产没有量化到个人。按照正常逻辑，市场经济按要素分配，应该是量化到个人的。既然没有量化，我们公有制也还存在，失业、养老全靠个人是不合理的。

所以我提出四句话，叫做“一步到位、全覆盖、高保障度、全国统一纳入财政预算”的社会保障。如果不一步到位，就是否认公有资产的存在，老百姓就不敢消费，我们直到现在还在做社会保障账号。我们的社保养老金亏了5万亿~8万亿元。我到日本讲学，上午驳倒了他们的“中国威胁论”，下午就来了“中国崩溃论”。他们的论据是：你们中国的计划生育把人口结构搞成了“421”结构，养老保险亏5万多亿元，现在进入老年社会了可人均GDP还不到1500美元，我们日本进入老年社会时人均GDP是28000美元。他们说中国“国未富人先老”，不崩溃才怪呢。我当时说不对，我们中国政府是最有钱解决社会保障的政府，我

们只是把应该划入社会保障账号的资金记到公有制账号上了。我们国有资产有多少？远不止现在国有企业的那十二三亿元，那只是一个零头。我们660个城市建成区的2.6万平方公里土地，按1300元/平方米的最低价格出售，可以达到39万亿元。我们那么多煤和矿山值多少钱啊？现在的煤老板就是靠掠夺公有资产而发财的，因为他们交的税只是开采费而已。煤的所有者还在沉睡，煤是全民的，包括大庆的石油也是全民的，现在的不合理体制造成了这些行业的暴富。

如果现在我们不一步到位，就等于否认公有资产的存在。我们的公有资产不下200万亿元，具有十足的社会保障能力。我们现在不是有无能力的问题，而是是否改变思路的问题，是两种社会保障制度的选择问题。我们有这个本钱，资本集聚也达到了一定的规模，我们必须转换国有资产的运营体制，实行有偿使用，只要交全了租金和利息，剩余的都是企业经营者的。我们现在什么都想要，到头来什么也没有得到。社会主义不要停留在虚假的表面上，确保剩余价值的大头归全社会占有就行了。社会主义本身没什么中国特色，但是“中国特色”这四个字不能丢，因为中国实现社会主义和市场经济的道路应该有特色、其前提应该有特色，我们不用走私人资本主义道路。我们从邓小平改革开始就一步到位搞社会主义市场经济和社会主义现代化，这是我们的特色，因为我们有公有资产，大家不是一无所有，必须一步到位。

第二句话是“必须全覆盖”。不包括谁就等于否定了谁的所有权。现在我们只覆盖了1.6亿人，真正受益的是我们这些吃财政饭的人。大多数工人、农民没有覆盖，等于剥夺了他们的公有资产主人的身份。现在有些学者说工人、农民排在社会末尾，是弱势群体，当然这是实事求是。一个有7000多万名党员的大党领导的工人、农民，一个有巨额公有资产的工人、农民，一个有300多万子弟兵保卫的工人、农民，却在这个国家是弱势群体，这不是阴阳颠倒了吗？工人、农民应该是国家的主人，因为整个巨额资本是大家的。怎么才能改变这种局面呢？要确保他们即使失业也能过上体面生活，没有后顾之忧。做到这一点是非常容易的，光是公有资产的利息和租金部分就能绰绰有余。但是我们的财政总是叫穷，虽然高楼大厦不断地建设，但是一说到社会保障就没钱了。实际上，社会保障才是诸问题的焦点，才是建设和谐社会的关键。

（文章来源自《学术讲座荟萃》第37辑，2006年10月12日）

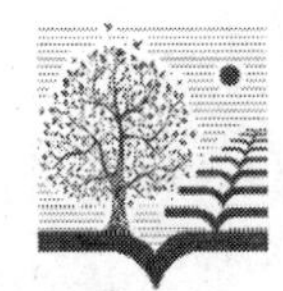

提高开放经济水平的三项政策

裴长洪

裴长洪

男，1954 年 5 月 15 日出生于山西省阳城县。1970 年 1 月 ~1971 年 12 月“上山下乡”成为插队知青，1972 年 1 月 ~1973 年 8 月福建省龙岩龙江化工厂锅炉工，1976 年毕业于厦门大学经济系，1981 年于中国社会科学院研究生院经济系毕业，获经济学硕士学位，1997 年于对外经济贸易大学国际经贸学院毕业，获经济学博士学位。1994 年 8 月 ~1996 年 12 月任中国社会科学院财政与贸易经济研究所研究员、所长助理，1997 年 1 月 ~1997 年 11 月任中国社会科学院外事局副局长，1997 年 11 月 ~2003 年 1 月任中国社会科学院外事局局长、中国社会科学院研究生院博士生导师，2003 年 2 月 ~2004 年 9 月任浙江省杭州市人民政府副市长。2004 年 9 月任中国社会科学院财政与贸易经济研究所所长。社会兼职：1996 年 9 月起任中国社会科学院国际投资研究中心副理事长，1997 年 9 月起任联合国教科文组织中国委员会委员，1999 年 12 月起任哈尔滨市政府经济顾问，2000 年 12 月起任联合国教科文组织所属国际社会科学理事会执行委员。

主要研究领域：国际贸易。

同学们上午好。今天讲一下提高开放经济水平的一些政策。党的十六大以来，针对如何提高我国的对外开放经济水平，党和国家陆续出台了一些政策，这些政策集中地表述在党的十六届五中全会决议，即《对十一五规划的建议》中。2006年全国人大通过的《十一五规划建议》采纳了党中央的《对十一五规划的建议》的主要内容。其基本内容在《十一五规划纲要》里都有全面的表述。概括起来，有三项主要的政策：第一，转变外贸增长方式。第二，继续积极有效利用外资，提高利用外资的水平。第三，实施走出去战略，鼓励中国企业扩大海外经营。概括起来说，党的十六大以来，关于提高开放经济水平的一些政策主张、政策思路，基本反映在这三项政策中。这三项政策的含义以及基本思路是什么，不论是学术界还是政府都在不断的研讨探索之中，我把我的学习体会和一些看法和大家做一些交流。

一、转变外贸增长方式

转变外贸增长方式包括两个部分：出口贸易、进口贸易。目前，学者和报纸杂志讨论的多是出口贸易。很少有探讨进口贸易的文章，关于进口的学术观点也比较少见。下面分两个部分来谈谈我的看法。

1. 转变出口贸易增长方式的必要性

（1）国际分工档次低、产品附加值低、收益少。我国国际分工地位比较低，产品的附加值很低。普遍看来，劳动密集型产品在我国境内加工的附加值与商品总价格比值不到10%。比如在我国沿海加工的耐克鞋，离岸价十几美元，而出厂价大概不到一美元，产品附加值很低。再比如一些所谓的高新技术产品，如笔记本电脑，产品目录显示是高新技术产品，但在我国组装后的出厂价大概只有十几美元，而在美国可以卖到150多美元。2006年我国的出口贸易达到8000亿美元，再加上进口贸易额，2006年对外贸易额达到1.7万亿美元。虽然我国出口贸易的总值很惊人，但是其中能够成为中国国民收入的部分很低。

(2) 70%以上的出口加工企业集中在高耗能、高污染、高排放行业。这些行业耗水、耗电，而且对生态环境有影响。以至于形成了高排放、高污染、高投入、低收益这样一种“三高一低”的现象。

(3) 低价竞争引起贸易摩擦。中国商品在世界上最有竞争力之处在于低价格。过度依赖低价格容易引起贸易摩擦。外国人很难理解中国商品怎么会有这么低的生产成本，一有市场纠纷，就指责我们是倾销。挤占了人家的一些市场份额。比如说去年中美的贸易摩擦。涉及的产品不是大宗的产品，而是纺织品中很小类的产品，但是增长速度确实非常快。因为 2005 年 1 月 1 日全球纺织品配额取消，世界各大纺织品出口国都想占领美国和欧洲的市场。因此一哄而上，都往美国去。中国的商品确实出口过去的太多。远高于加入世贸组织时限定的 7% 的增长速度。当然中美贸易摩擦有很多别的原因，但这毕竟是一个理由。

低价格的原因在于我们的劳动力成本很低。这些行业生产进入门槛很低，技术门槛很低，产能扩大非常快，而且价格很便宜。

低廉的价格挤占了中美洲市场，引起美国当权派的恐慌。虽然中国产品数量很大，但是总价值量很低，只有 20 亿 ~ 30 亿美元的金额。但是却使中国表现出一种商品出口侵略者的形象。

(4) 过度低价格、低工资引发劳资矛盾。过度地依赖低廉的劳动力使劳动力的价格过低，而且工资背离劳动力价格的现象普遍。前两年的“民工荒”表现出的实质就是农民工对工资背离劳动力价格的一种抗议。在中国特色社会主义条件下，劳资关系怎么处理，怎么达到相对和谐，是我们面对的一个问题，也是处理人民内部矛盾的重要方面。

2. 转变出口增长方式的措施

转变出口增长方式的难度很大，且主要在于生产环节。生产环节技术性比较强，企业自主性比较强。主要措施有：提高技术水平、降低消耗；改善产品质量和结构、实施品牌战略；加工贸易转型升级，提高国际分工位次。

流通环节中企业的自主性有一些作用，但是政府部门行业协会的他律行为也有重要影响。目前我国企业之间激烈的竞争，常常是亏本换市场，把我国商品价格压得很低。商务部要做些工作，以提高企业的自律水平。现在商务部对一些商品，特别是容易集中出口的产品征集出口税，比如纺织品征集出口税。还有就是设一些自动配额，进行招标。但是这些办法的有效性不是很乐观。在这方面，我们应该学习日本、韩国的企业。在日本和韩国，汽车行业自动形成价格联盟，共同抵制进口汽车，所以外国企业发现日本汽车市场进入不了。而我们的出口企业比较分散，互相拆台，缺乏自我组织精神和自我组织能力。需要政府出面做一些

工作。目前，政府、企业与海关联系共同组成的服务性的行业协会，实行三位一体的反倾销机制搞得比较成功。

流通环节要做的事情还有一个是基础设施条件。目前我国基础设施条件远远落后。我国出口贸易量大，运输量很大，但是过度依赖海洋运输。欧美国家的潮流是航空运输，以航空为主。而我国以海运为主，依赖港口、码头。而且，远洋运输运力差距还很大。另外金融保险服务也滞后。比如说中国银行的信用证在国际上信用等级不高，因为行政干预很多。

3. 避免五个认识误区

（1）避免把转变增长方式理解为转变增长速度。在经济学界有这样一种看法，我国经济的增长主要靠外需。这几年我国经济的增长一是靠投资拉动，一是靠外贸出口。所以要提高内需特别是消费对增长的贡献。但是提高消费对增长的贡献比提高外贸增长方式的难度大。内需拉不动，只能靠现成的外需。

（2）避免理解为不要劳动密集型产业，只要高新技术产业。因为无论是劳动密集型产品还是高新技术产品都有高技术生产环节和低技术生产环节，都有资本技术密集的生产环节和劳动密集的生产环节。现阶段在我国生产的产品，包括高新技术产品（按照 OECD 海关目录统计的高新技术产品），比如说笔记本电脑，大多数只是组装，做硬盘，做鼠标，没有掌握到核心技术，从事的也是劳动密集型环节。传统产业也有高新技术环节。比如说轻纺产品，核心技术在于服装设计款式，在于模板。我国企业从事的只是按照指定的模板加工。要素禀赋中我国的劳动力最丰富，资本要素和技术要素只在少数地区相对便宜。根据要素禀赋论，转变外贸增长方式不是大家都去生产笔记本电脑，都去生产汽车。每个产品都有可供发展的空间，都有高技术和相对新的比较优势要创新的环节。而不是说要改变产品的生产方向。无论是在实际工作中还是在学术研究中，明确这一条都是很有意义的。

（3）避免只重货物出口，忽视服务贸易出口。我国服务贸易落后，这和我国服务业相对落后有关系。服务业怎样创造和培育比较优势是我们面临的一个新问题。学术上在这个方面研究不多。怎样培养服务贸易的竞争力，提高服务贸易的水平。

（4）避免只提转变出口增长方式，忽视进口增长方式。进口增长方式转变问题更大，但是无论是在研究上还是在实践上都是薄弱环节。

（5）避免不分地区、行业、企业特点搞一个模式。实际上在很多地方，比如说我国的中西部地区，现在讲转变贸易增长方式还为时过早，这些地方连粗放式增长都没有。关键是要吸引企业，促进开发。真正要转变贸易增长方式的地区是沿海发达地方。

到底要抓什么，地方政府应该做什么呢？对所有的企业提出降低消耗的要求。劳动力消耗不降低，其他的都要降低：水、能源、土地。降低一点也行。有点本事的企业弄点新技术来改善改善产品质量，改变改变产品结构。产品结构要倾向于高级化。再好一些的企业要搞品牌，培育品牌。培育一个品牌不容易，需要几十年到上百年的时间。这只有少数的企业能做到。要选择分工，不要大包工。更少的企业才谈得上加工贸易转型升级。转型升级是指跨国公司委托加工生产 OEM（加工生产的上游是设计研发，下游是物流营销）向上游发展或是向下游延伸。在产品的价值链中，通常来说，委托生产加工，也就是制造环节附加值最低。上游或是下游都比制造环节附加值高。能否这样发展要看企业自身的实力和跨国公司是否愿意。

4. 转变进口贸易增长方式

（1）要避免价格风险。我国进口结构主要有两类产品：第一类是资源性产品，包括农产品。第二类是机器设备。资源性产品，特别是石油、矿产品在国际市场上是涨价的趋势。我观察原油价格的指标是看美国的国际收支。美国的国际收支一旦不好，原油价格就会上涨。原因很简单。美国国际收支不好，美元就有要贬值的预期。而石油输出国赚的主要是美元。面对美元贬值，输出国有两条补偿途径：一是减产，使供需失衡以控制价格。二是人为提高石油价格。只有这样才能平衡以美元计价的石油供需。石油价格涨跌实际上是美国人在操作。当然还有别的因素，但是这是判断石油价格的基本依据。这对我们来说是一个挑战。我国除了煤炭不需进口之外，其他能源和原料都依靠进口，而且进口量越来越大。我国石油 40% 靠进口，铁矿砂、铝矾土、铝锭等都需要大量的进口。能源进口在将来是我国的一个大宗贸易品。这就存在了价格风险问题。而且现在我国只能是做现货贸易。国际上一些发达国家，对资源性产品和一些大宗商品的进口，或者是股权控制，如在国外拥有矿山或是油井，用股权来抵扣利润，价格比较稳定。或者是做期货，期货又涉及海外经营，我国经营能力不行，没有经验。因此进口贸易方式转变首要目的是规避价格风险。任务很艰巨，基本上还没有破题。

（2）重复引进问题。过去我国引进一套技术设备，却不会学习对方的技术诀窍，不会消化吸收再创新，这种能力很弱。这就造成进口贸易对国民经济增进的效率很低。这种增长方式不是直接的，是间接的，这是一种虚增，对我们来说是不利的。在这方面，日本、韩国相对我们有很大优势。日本、韩国汽车以前也都是引进的，但是现在他们弄出了自己的品牌，靠的是消化吸收再创新。

（3）如何降低流通环节的成本。在我国贸易实务中，我国在这一块的成本

高于很多国家。对产业经济增进的效益比较有限。

转变进口贸易增长方式，国家要提供哪些体制和政策的保障呢？

（1）体制改革，打破资源性产品的垄断，引进竞争。目前我国进口贸易增长速度不如出口贸易增长速度快，而且在进口贸易领域里增长方式粗放。这些现象首先和体制有关。比如说能源，在我国都是由垄断部门控制。拿石油来说，只有三家公司——中石油、中石化、中海油控制进出口贸易渠道和国内的分销体制。因为没有竞争，它们不需要去考虑价格风险。可以高来高走，进口价格高，在国内价格定高些就可以了。这种垄断的市场结构的价格完全由供应商控制，竞争不起作用。但是这三个企业都是纳税大户，谈判的砝码比较重，所以打破垄断不容易。已完成的电力改革就是把一个正部级的公司切割成了 11 个副部级的公司。外资、民资都可以建电厂，这样可能比过去好一些。但是电网公司还是公司垄断经营的，还是国有企业独资部门，所以电老大本质上没有变。而且电监会仍旧认为电力部门现在很难管。这样的改革行不行，很值得探讨。

（2）贸易方式多样化。我国现在大多数都是现货贸易，要扩大期货贸易，扩大股权贸易。贸易方式单一是造成我国处于被动局面的一个原因。

（3）建立引进先进技术设备的激励机制。过去有引进先进技术设备免征关税的优惠，后来又取消了。现在讲自主创新，但是自主创新关键的技术设备还得引进，至少是要引进一部分然后再配套。在经济全球化的条件下，技术要素的流动是非常正常的。但是我们现在没有这样的激励机制，企业不愿意去进口。企业也不愿意去搞自主创新，因为创新风险大，成本大。结果这几年技术创新全成了科研院所的事了，比如中科院正在炮制的国家创新工程。写成了的论文只能拿去评奖，跟企业的生产，跟经济联系不多。目前，我们将自主创新叫做以企业为主体的自主创新，实际上就是针对前几年自主创新的方式有偏差提出来的。

二、继续积极有效利用外资，提高利用外资水平

1. 外资的争论比外贸要多，我们要避免几个认识误区

（1）统计数据有问题。持有引进外资过多的观点的人的主要论据是：从改革开放以来我国引进的外商直接投资已经 6000 多亿元了。其实 6000 多亿元是流量的累计额，但是有些不再发生功能的投资量也计入了流量。比方说，有些企业的生命可能很短，有些合资企业中的股份可能被中方买走了，也可能撤资了。但这些仍被计入了流量。这在国际上是不通用的。国际上通用的是存量，也就是还在发生功能的投资量。这一两年商务部才开始统计存量。存量大概只有流量的一

半，3000亿美元，所以现在的统计数据容易夸大我们所引进的外资规模。

（2）除了看绝对量，还要看人均水平。按人均水平来说，中国人均水平很低。中国人口很多，分母很大。而且，我国真正有外资的地区只有沿海地区，又在少数几个地市。江苏只在昆山；广东只在珠三角。即便按沿海的人均来算，水平也不高。所以在数量规模上要有一个全面的看法。

（3）国内不缺资金和外汇，为何还要继续引进外资？议论最多的是我们现在不缺资金——全国的金融机构存款32万亿～33万亿元，居民储蓄15万亿元，企业存款17万亿元，很多银行是存差行。外汇也不缺，现在外汇储备年底要到1万亿元了。过去说引进外商直接投资（FDI）是因为两缺口——发展中国家要起飞，没有资金，没有外汇。而现在为什么还要引进外资？原因是我国储蓄转化为投资的渠道有阻隔，钱都在银行里面，企业没钱。经济学原理中讲，储蓄转化为投资有两个渠道：一是直接渠道——资本市场，直接融资。二是间接渠道——银行贷款，商业合同行为。银行贷款受到国家建设规模的控制，受到各种行政上的干预。直接融资，资本市场很不景气，直接融资的渠道非常窄，企业融不到资，也没有风险投资这种机制。很多行业的资本形成能力很差。

比如说服务业，发展落后，要发展就要增加资本形成能力，但是怎样增加呢？谁又去投资呢？既缺投资主体，也缺投资客体。因此，我们的储蓄不是资本，没有形成资本的机制。资本是什么呢？按照马克思的说法，是雇佣劳动关系，也就是就业。根据西方的跨国工资理论，FDI是供应链、价值链关系，是市场关系，是跨国公司内部贸易关系。这种市场关系，雇佣劳动关系是储蓄所没有的。通过引进FDI，我们既建立了雇佣劳动关系，又建立了市场关系。FDI是功能性的资本，而我们储蓄没有功能性的作用。所以，我们常常看到的是，国内的钱跑到国外旅行一圈变成外资回来了。这种怪现象是对我国国内融资体制、投资体制的一种批评，一种抵制。说明我们的储蓄资金的利用效率太低。我们的储蓄很难转化为投资，传导机制不顺。这是我们的问题。在这种条件下不利用外资，经济增长、人民的福利水平提高、财政收入提高，都实现不了。

2. 大胆利用外资

（1）利用外资并购是国际直接投资新趋势。现在利用外资和过去有所区别，过去绿地投资很多，因为那时的产业转移主要是制造业产业转移。现在国际投资潮流有所变化。从21世纪以来，国际直接投资潮流发生了两个最明显的变化，一个是转向服务业，比重越来越高；另一个是国际直接投资越来越倾向于用跨国并购的方式，来取代绿地投资。原因是世界产能过剩。企业并购作为外资利用方式的一种新形式，到20世纪90年代以后，愈演愈烈，甚至有一年跨国并购占国

际直接投资流量的90%。

（2）正确看待引进外资带来的产业安全问题。比如2005年徐州工程机械厂的并购案，就引起了多方的争论。我们怎么看这些事情呢？过去引进外资，争论的是姓社姓资的问题。邓小平回答了这个问题。现在讨论的问题是产业安全问题。怎样看这个问题呢？实际上产业安全问题是存在的，包括绿地投资也有产业安全问题。可以说在不同的时期，不同的产业发展水平有不同的产业安全问题。比如说在一个产业发展水平很落后的条件下，市场经济商品经济都很落后的情况下，可能外商来建一个玩具厂也有产业安全问题。产业发展水平比较先进的情况下，这种情况就不会发生了。所以它是与经济发展水平，我们所处的时代，经济开放不开放，经济全球化，发展情况有关系的。产业安全究竟什么是不安全呢。我认为，除非涉及国家机密、核心机密，比如说，军事生产和国防领土安全有关系的，都不存在这个问题。

（3）不在股权比例，要看资产评估和市场结构。有些人担心，如果外商并购了一个产业的排头兵，把市场垄断了，民族资本就进入不了这个行业了，就没有竞争结构了。这个问题主要是监管问题。首先要有一套反垄断法，防止市场垄断；并且制定规则，防止国有资产流失，防止无形资产被低估。安全措施有两类，一个是准入问题，一个是监管问题。所以把这两个问题解决了，那么安全问题是可以解决的。只不过我国目前的监管办法比较薄弱，没有经验，反垄断法也没有出台。而且反垄断法在不同行业实施细则也很复杂很具体。每个垄断的实施细则不是一朝一夕的事情。所以国家几个部委的办法就是提高准入门槛，联合发文。一旦制定了具体的规定，也还是可以规范外资并购的作用和方向的。

（4）利用外资并购可以实现互利共赢。比如银行引入战略投资者，有人反对，为什么把中国最优良的资产卖给洋人呢？为什么不卖给民族资本呢？这不是卖国主义吗？这是狭隘的民族主义。民族资本不懂银行管理。我国银行引进战略投资者，吸引资金是次要的，主要是引进先进的管理技术，还有就是引进品牌，这都是民族资本给不了的。这样还可以促进大国之间的经贸关系的发展。

3. 提高利用外资水平的措施

服务业吸收外资面临很多问题。第一是准入问题。很多行业都不许进入。但是2006年是加入世界贸易组织过渡期的最后一年，2007年很多过渡性的保护措施都没有了，准入门槛会大大地降低。除此之外，我们的政策环境怎样吸引外资？过去制造业吸引外资有个抓手——开发区。对外资优惠最大的是开发区的土地比较便宜。但是服务业往往不在开发区，就在城区。有什么办法让人家来呢？得有一套体制的环境和新的政策环境。

三、实施走出去战略，扩大海外投资与经营

1. 必要性

（1）扩大出口商品的海外市场，避免原产地限制。目前我国外贸出口总价值量很大，但是其实附加值很低。所以在国际贸易上比较被动。怎样避免原产地的限制呢？可以让企业在外面也设一些加工点，哪怕去外国包装一下，将原产地变成印度、马来西亚或者东欧国家。这需要企业走出去，去建立这样的加工或制造的基地，把一定的原产地的压力转移到海外去。这是很有必要的。当然这会遇到很多问题，比如地方政府不愿意自己的企业跑掉，不愿意资金外流。

（2）增加和改善资源性产品的海外供给，实现两个市场、两种资源的合理统筹。我国资源性产品对海外供给的依赖性越来越大。石油就不用讲了。按照我们的经济增长水平，按照我们的生产总值的规模，资源性产品进口大国的帽子我们是戴定了。欧洲的发达国家，法国、英国的石油储备，通常能用 150 天，美国是按照 350 天来储备的。而我国的石油储备只有 20 来天，只是刚刚开始建立，进口量还不够。这样一种状况迫使中国要走出去，要去海外勘探，开采，要去开采中东的石油，中亚的石油，其他还有一些非洲国家，印度尼西亚等的石油。还有运输问题，还要由陆地运输。用海上运输的话还要考虑运输线，要和东盟国家搞好外交关系。

我国企业走出去是必要的。

（1）贸易顺差不断增加带来了国际收支平衡问题。我国的贸易顺差越来越大。2005 年是 1020 亿美元的贸易顺差，世界瞩目。贸易顺差将在中国成为经常性的状态。另外一个是固定资产投资居高不下，2006 年 1500 亿元。怎么看这件事情呢？首先这是好事，是正常的事。说明我们的劳动力要素在海外实现的价值多了。但是也不是越多越好，过头了也会不利。比如增加人民币基础货币的投放，对通货膨胀有压力；银行的流动性太强，流动性过剩；金融监管、宏观调控等难度加大，都是不利的一面。

怎么办呢？减少外贸顺差规模就要迅速增加进口。迅速增加进口的渠道有：①增加需求。投资需求要增加，目前的 28% ~29% 的投资增长速度还是平衡不了贸易。难道要把速度升到 40%？很难说。②出口激励政策也不好变。比如说取消出口退税的话，出口企业就会全倒闭了。③人民币汇率，不能一下子升到 6 元，也会带来很大问题。我国目前有一万亿美元的储备，如果人民币升值，则意味着对外汇储备的自我贬值。

（2）贸易顺差增加的必然性。在这些大的政策不容许改变的条件下，贸易

顺差是必然的。我有两个判断：①在中国劳动力无限供给的情况下，在高储蓄高投资的情况下，出口贸易速度是必然的。②在劳动力无限供给的情况下，储蓄大于投资的情况下，贸易顺差是必然的。这个判断引自西方经济学储蓄投资的原理。这个说的是理论，实际生活验证了这个理论。储蓄大于投资。

（3）解决贸易顺差不断增加的两种思路。解决方案有两个，第一，消极的方案。减少出口，出口退税取消，外贸企业死掉，工人失业。还有就是外商投资也别引进了，因为我国贸易顺差的一半是外商投资企业制造的。第二，积极的思路，即资本流出。经常项目流入的多，资本项目就要出去的多。我们现在是经常项目和资本项目都顺差，出去的少。美国正相反，它的国际收支平衡靠资本项目。它的调解很有效，一是靠利率，二是2004年出台了《本土投资法》，吸引本国资金回流。在本土投资税收优惠。

2. 如何实现走出去

实行GNP核算体系，逐渐用GNP核算体系来观察中国经济国际化的水平，实现从GDP到GNP的跨越。GNP的核算体系是用来计算本土居民收益的核算体系。发达国家一般是GNP > GDP，而我们现在单纯地用GDP来考核我们的经济增长和国民财富是不准确的。GDP反映的行政区管辖范围内财富的增加值，但不反映其利益分配水平。可能GDP很高，但是国民收益并不高。比如说外商投资企业在我国境内创造的财富，计入GDP，但是有一部分财富不属于我国。率先实现经济国际化的最重要的标志是海外投资经营，而不只是出口、外商投资。我建议，用GDP观察全国的经济总量和经济发展水平。但对地方政府更多应用GNP考核，这样可以使其鼓励企业走出去。将来中国人在海外要经营矿山，开发油田。用GNP的核算体系来考察中国经济国际化的水平，商务部统计一年就20多亿美元，联合国贸发会议的统计30多亿美元。“十一五”期间计划达到500亿美元，能否达到，我持怀疑态度。因为企业没有受到激励，政策保障不到位。外交工作也没有配合企业走出去这一经济战略。

在鼓励企业走出去方面，目前我们面临的一个问题是，投资主体应该是谁呢？国企在国外投资一般都失败了，民企又太小，没有胆量，没有知识水平，人才也不够，我们的金融、保险服务也都跟不上，外交配合也跟不上。所以，政府要建立海外投资和企业的工作机制，建设金融、信用等服务体系，设计必要的政策激励，鼓励企业走出去。

（文章来源自《学术讲座荟萃》第37辑，2006年11月9日）

社科大讲堂

经济学卷下册

主　编○刘迎秋
副主编○文学国

图书在版编目(CIP)数据

社科大讲堂·经济学卷/刘迎秋主编.—北京：经济管理出版社，2010.9
ISBN 978-7-5096-1086-2
Ⅰ.①社… Ⅱ.①刘… Ⅲ.社会科学—文集②经济学—文集 Ⅳ.①C53②F0-53

中国版本图书馆CIP数据核字(2010)第173996号

出版发行：经济管理出版社
地　　址：北京市海淀区北蜂窝8号中雅大厦11层
邮　　编：100038
电　　话：(010) 51915602
印　　刷：世界知识印刷厂
经　　销：新华书店
组稿编辑：陈　力
责任编辑：陈　力　李晓宪
责任印制：黄　铄
责任校对：蒋　方　陈　颖　郭　佳

720mm×1000mm/16　94.5印张　1800千字
2011年3月第1版　2011年3月第1次印刷
定　　价：260.00元（上、下册）
书　　号：ISBN 978-7-5096-1086-2

DIRECTORY

目 录

社科大讲堂

SHEKE DAJIANGTANG

经济学卷

上册

下册

农村医疗救助效果分析

魏　众

魏众

男，1968 年 3 月生，天津市人。现任中国社会科学院经济研究所经济思想史（发展经济学）研究员、研究室主任。

主要研究领域：发展经济学和卫生经济学研究，主要学术专长是经济分析和经验研究。2000 年出版《中国居民收入分配的实证分析》（合著），近年来，参与和主持多项国家级和省部级课题的研究工作并多次参与国际合作课题的研究工作。在《经济研究》、《中国人口科学》、《中国农村观察》、China Quarterly 等中、外学术刊物上发表中、英文论文 30 余篇，多篇被国内外学术刊物转载。

中国目前的农村卫生体制改革在很大程度上受到了世界银行的卫生Ⅷ项目的影响，很多理念都来自这个项目。由于该项目的实施发生在中国决定进行农村卫生体制改革之前，先期的一系列研究和工作是由卫生部主管的。

2006 年 10 月，在农村卫生工作方面，中共中央国务院发布了《中共中央国务院关于进一步加强卫生工作的决定》。至此，医疗救助制度首次被官方文件纳入到农村医疗保障制度的框架中来，随后，农村医疗救助制度的推行指派给了民政部门负责。

卫生Ⅷ医疗救助项目和农村特困人口医疗救助项目的区别主要有：①主管部门不同。卫生Ⅷ项目是由卫生部负责的，而农村特困人口医疗救助项目则是由民政部负责实施的。②资金来源不同。卫生Ⅷ项目的资金主要由世界银行和 DFID（英国发展部赠款项目）提供的，而农村特困人口医疗救助项目的资金来源是中央或地方财政。③覆盖人口和覆盖范围不同。卫生Ⅷ项目覆盖了中西部省份的部分县 5% ~8% 的农村人口，农村特困人口医疗救助项目则覆盖了全国 1/3 县 1.5% ~3% 的农村人口。④设计目标不同。卫生Ⅷ项目的设计目标是提高贫困人口医疗服务利用能力，而农村特困人口医疗救助项目是为了通过恢复健康和劳动能力解决因病致贫和因病返贫的问题。

两个项目的共同点是：①救助对象、比例与就诊机构。他们的救助对象一般都是本地区农业人口中最贫困的人群，救助对象以户为单位而非以人为单位，设立定点医院和持卡就医，开展合作医疗的试点乡减免救助对象参加合作医疗的费用。②特困救助对象的确定程序。首先本人在村委会报名，然后村委会召开村民代表大会，按照报名户的贫困程度排序，确定特困救助的覆盖范围，初步确定的救助人员名单向全村村民张榜公布，公布之后，由村里填写救助对象的申报表，盖章后报给乡里，乡里审核盖章后再报给县里，县里审核完毕后制作 MFA（Medical Financial Assistance）卡，最后将 MFA 卡发到救助对象手里。在每一年度，乡里的主管部门都要对救助对象进行审核。

农村医疗救助的研究构成主要有两部分：一是受卫生部国外贷款办公室委托，对世界银行卫生Ⅷ项目中的医疗救助试点项目进行评价，该研究为卫生Ⅷ项目的结项评估；二是受卫生部农村卫生司委托，对我国政府推动的农村医疗救助制度进行评估。该研究作为合作医疗中期评估报告的一部分，提交国务院。

对于卫生Ⅷ项目，我们于2004年11月至2005年4月在重庆的巫溪、云阳，山西的榆社、左权和甘肃的康乐、岷县采用抽样调查的方式进行了调查，而对于特困人口医疗救助项目，则是在2006年4月与农业部农研中心合作在安徽、浙江、云南、山东、四川、陕西、湖北、湖南每省的各一个县进行了典型调查。

卫生Ⅷ项目县卫生项目和医疗救助资金筹集的主要特征如表1所示：

表1

县名称	项目覆盖	医疗救助的资金来源	MFA 抽样比例
巫溪	卫生Ⅷ项目、H8SP	卫生Ⅷ项目、H8SP	25%
云阳	卫生Ⅷ项目	卫生Ⅷ项目	25%
康乐	卫生Ⅷ项目、H8SP	卫生Ⅷ项目、H8SP	25%
岷县	卫生Ⅷ项目、H8SP	卫生Ⅷ项目、H8SP	25%
左权	卫生Ⅷ项目	自筹	8%
榆社	卫生Ⅷ项目	自筹	8%

以上简要介绍了我国农村医疗救助的现状，下面将分析和说明农村医疗救助研究中发现的主要问题。

一、农村医疗救助制度的效果分析
——基于卫生Ⅷ项目的研究

该项研究的宗旨是评估世界银行在华贷款卫生Ⅷ项目执行过程中对农村特困群体实施医疗救助（Medical Financial Assistance，MFA）的效果。目的在于，发现问题、总结经验，为在全国范围内提高现行医疗救助制度的有效性，提供政策建议和决策参考依据。该研究有三个重点研究的问题：第一，医疗救助项目执行过程中是否瞄准了预定的目标群体？第二，医疗救助项目在多大程度上提高了贫困人口利用医疗服务的能力？第三，医疗救助项目在多大程度上缓解了疾病负担对贫困户经济安全的打击？

抽样调查使用分层抽样的方法，最终调查了1206户住户样本，其中，救助户与非救助户调查样本分别抽取了269户与937户，救助对象占全部样本（以户为计算单位）的22.31%；从个人样本来看，全部个人样本总数为4536人，救助户与非救助户所覆盖的个人数量分别为931人（占20.52%）和3605人（占79.48%）。

样本户统计结果如图 1 所示。

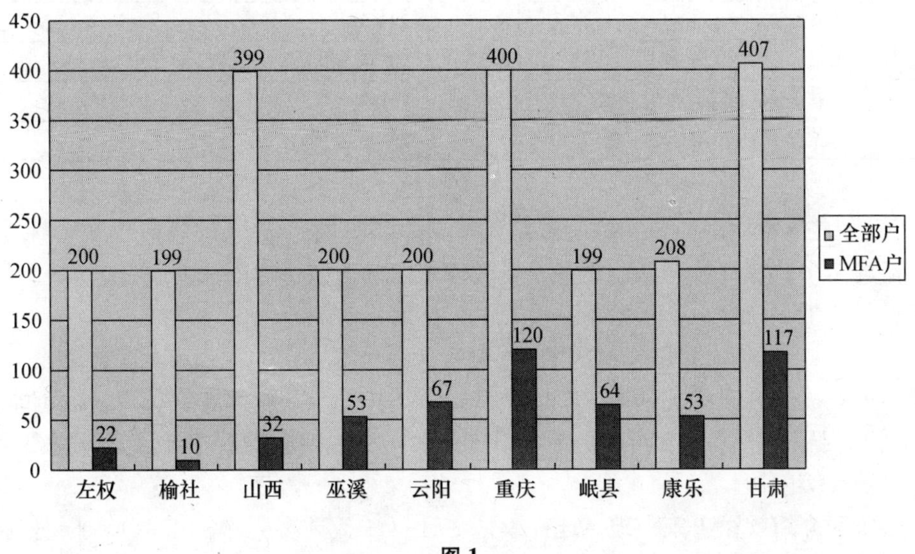

图 1

样本个人统计结果如图 2 所示。

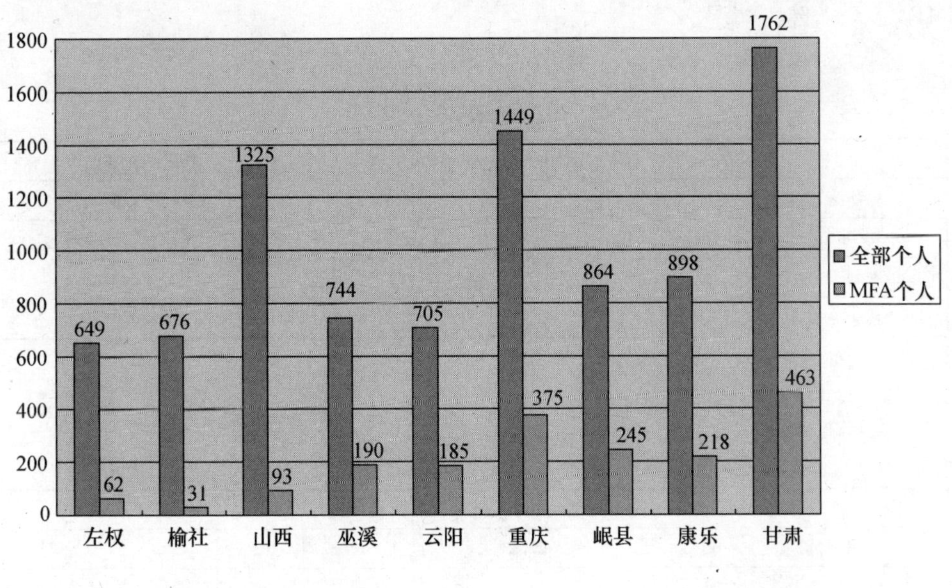

图 2

对比组比较：健康与贫困。

表 2

	非 MFA 组（%）	MFA 组（%）
贫困家庭且家中有重病人	22.63	45.72
贫困家庭但家中无重病人	10.57	7.81
家中有重病人但不是贫困家庭	36.82	37.55
家庭无重病人且不是贫困家庭	29.99	8.92

从表 2 结果分析可知 MFA 覆盖人群基本特征有：老年人口多、病人多；鳏寡孤独者多；农林牧渔从业者多；受教育程度低；担任过干部的少，但参过军的多；收入低、财产少、借债多。

另外，通过 logit 概率分析得出影响受益者资格认定的主要因素有：①收入越低、家庭成员健康状况越差，特别是家有常年丧失劳动能力者的农户，越可能被 MFA 项目覆盖。②这表明，决定农户或个人得到医疗救助的主要因素一是贫穷，二是被疾病困扰。

下面介绍就医决策和地点选择模型估计（二元或多元选择模型）。此模型将是否就医、就医地点作为因变量，其自变量有医疗机构特征、村医服务提供能力与药店、乡镇卫生院、县医院距离等；个人及其所处家庭的收入财产状况；年龄、性别、婚姻状况、受教育情况、职业特征等；个人医疗保障状况：NCMS，MFA；个人健康情况。

对比组患病情况与就医决策情况（见表 3）：

表 3

	非 MFA 组（%）	MFA 组（%）
患病人口比例	29.1	37.6
其中，贫困人口患病比例	29.4	37.9
患病人口中就医比例	79.7	80.3
其中，贫困人口就医比例	77.0	80.0

1. 不同保险制度下就医地点选择

表 4

	无任何保险（%）	合作医疗（%）	医疗救助（%）
自我保健	23.2	22.5	21.0
村卫生室及个体诊所	41.6	31.5	31.1
乡镇及中心卫生院	20.3	39.6	37.3
县医院及以上	14.8	6.4	10.5

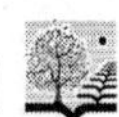

调查得知，商业保险和其他保险覆盖率为3.5%；合作医疗的覆盖率应为32.3%；医疗救助覆盖率估计为6.5%；其中，约1%的人群同时被合作医疗和医疗救助覆盖；被各种医疗保障覆盖的农村家庭占全部家庭的比例约为41.3%；而占样本地区多数的58.7%家庭未被任何医疗保障覆盖。

根据各项统计结果，得出MFA和非MFA两组患者的就诊率均在80%左右。而对个人是否就医的选择模型（Linear Possibility Model，LPM）估计结果为：无论是医疗救助还是合作医疗都有助于提高患病人群的就诊率，但这个效应不具有统计意义上的显著性。

2. 贫困患者对医疗机构的选择

对样本人群就医地点选择的估计（见表5）：

表5

	村卫生室	乡镇卫生院	县医院
健康指标	1.2611	0.8067	2.5733
人均纯收入	0.0001	0.0001	0.0001
成年非劳动力数量	-0.0693	-0.3520	-0.1234
医疗救助覆盖	-0.3730	0.6446	0.1769
合作医疗覆盖	-0.1819	0.8184	-0.5941
药店距离	-0.1022	0.0176	-0.0391
村医服务能力	0.0318	-0.0001	0.0435

对贫困人口就医地点选择的估计（见表6）：

表6

	村卫生室	乡镇卫生院	县医院
健康指标	1.3091	1.7896	2.1396
人均纯收入	0.0004	0.0017	0.0009
成年非劳动力数量	0.0331	-0.4380	0.0329
医疗救助覆盖	-0.1060	1.4778	-1.0548
合作医疗覆盖	0.1398	0.5398	-0.2256
药店距离	-0.0346	-0.0489	0.0050
村医服务能力	0.0834	0.1636	-0.0032

利用多值选择的logit模型（Multinomial Logit Model，MLM）分析贫困患者对医疗机构的选择的结果是，医疗救济制度显著地促使贫困患者选择乡镇卫生院。

因为救助制度规定，患者在乡镇卫生院就诊发生的医药费用，报销比例高于在其他医疗机构就诊，这对患者选择就医机构具有决定性影响，贫困人口对于报销比例的反应尤为敏感。

3. 重大疾病就医选择

重大疾病是指：①在此期间累计花费超过 1000 元或经过住院治疗的每种病伤。②其他 1998 年以来久治未愈的疾病。

重大疾病就医选择见表 7。

表 7

	非 MFA 组（%）	MFA 组（%）
自我保健	5.6	1.0
村卫生室	25.5	26.2
乡镇卫生院	39.3	66.9
县医院	66.2	37.2
全体样本	100.0	100.0

不同保险制度大病治愈率比较见表 8。

表 8

	样本比例（%）	治愈率（%）
无医疗保险	65.3	27.9
合作医疗	15.5	27.8
医疗救助	18.0	20.7
商业保险和其他保险	3.1	52.0
合计	100.0	

4. 医疗救助对家庭的影响

医疗救助对家庭经济安全的影响体现在两个方面：一是是否有助于缓解疾病冲击对于家庭消费的影响（包括对消费路径与消费结构的影响，在横截面数据下我们只能考虑消费结构是否发生变动）；二是是否有助于缓解疾病导致的家庭收入损失。

医疗救助对于家庭消费结构可能具有的两个影响机制分别是：①医疗支出与其他消费支出之间具有替代性，有效的医疗救助制度将有利于降低这种替代性；

②在医疗资源有限的情况下，医疗资源将偏向于在家庭中具有强势地位的成员。有效的医疗救助制度增强了家庭的医疗资源，有助于改善处于弱势地位的家庭成员对于医疗资源的利用能力。研究医疗救助对于家庭消费结构的方法是用 Working－Lesser 支出函数（常用于研究家庭消费结构或家庭内部的资源配置结构的函数）进行分析。使用 Working－Lesser 支出函数分析的结果是：医疗救助制度的推行对于降低医疗支出与非医疗支出之间的替代性、改善家庭成员之间医疗资源分配的不均等，均具有显著改善作用。可是，如果居民遭受严重的伤病，现有医疗救助制度不能够完全化解健康风险对居民消费行为的冲击。

使用收入函数对医疗救助、合作医疗与居民收入的分析结果为：医疗救助与合作医疗对居民收入能力的恢复并无显著作用。这一现象背后的事实主要在于，目前医疗保障制度中的费用补偿原则，针对的是医疗费用的数量，而并非是疾病导致的居民收入能力损失。因此，医疗救助制度只能缓解家庭的财务风险而非收入冲击，这可能是由以下三个原因造成的：①补偿依据为疾病而非劳动能力，患有重病者比更具劳动能力者更容易获得救助。②补偿“标的”为医疗费用而非收入能力。③健康损失可能具有不可修复性。由此便可以得出一个推论，如果把贫困理解为消费现象，则医疗救助具有较为显著的效应；如果把贫困理解为收入能力，医疗救助在贫困减缓方面效果不显著。

5. 总结发现

MFA 项目覆盖的群体既有贫困人群，又有健康脆弱人群，该项目有助于改善贫困人群利用医疗服务，特别是利用乡镇卫生院服务的能力，另外，MFA 有助于减轻疾病负担对贫困人群家庭经济的冲击，有助于防止那些遭受灾难性疾病打击的社群、家庭和个人边缘化乃至难以生存。在民政部门推行医疗救助项目的过程中，大量吸收了卫生Ⅷ项目中的 MFA 子项目的制度设计理念，并参考借鉴了 MFA 项目的实施经验。MFA 项目的示范作用，是对中国政府在全国范围内建立医疗救助制度的一个巨大贡献。

但是，由于其救助金额相对于其医疗费用而言尚且微小，加之现行救助制度对于恢复患者收入能力尚无显著作用，MFA 项目还不足以阻止暂时贫困转化为长期贫困，也难以预防相对轻微的贫困转变为深重的贫困，并且救助基金总量不足，管理成本也缺少经费支持。

6. 政策建议

要明确不同政策目标，将救助对象区分为一般贫困人口、主要劳动力、大病重伤者三类；改进甄别医疗救助对象的常规机制，探索简便易行且能及时发现急需救助者的程序；确定中央财政和地方财政筹集医疗救助基金的责任，加大救助力度并且对医疗救助制度的长期性效果展开追踪研究。

二、新型合作医疗和特困人口医疗救助相结合的制度评介

现阶段我国特困人口医疗救助的实施情况是：在制度运行之前民政部进行的农村医疗救助基线调查发现，农村有2542万人（其中五保户570万人，特困户1972万人）“不救不活”的特困人口，其中因病致贫、因残致贫的比例平均为49.18%，其中患大病人数的比例为3%～15%。截至目前，全国已有31个省（自治区、直辖市、生产建设兵团）（除西藏外）出台了实施农村医疗救助的意见、办法和方案；在实施新型农村合作医疗的地区，农村医疗救助工作方案大都采取了资助农村特困人口参加新型农村合作医疗的方式；全国绝大多数县（县级市）开展了农村医疗救助工作。

在机构设置上，医疗救助实施的各县，大多成立了医疗救助的领导小组，负责筹资和决定政策等主要问题。由于医疗救助覆盖的人群有限，单独成立一个管理机构的运行成本显然较高，所以截至目前，县级民政系统采取了较为符合实际的做法，即指定一个科室在本职工作之外增加了农村医疗救助制度的负责工作。通常这一机构大多是县民政局救济救灾办公室或民政局下设的低保（局）中心，乡级事务由乡民政办统管。

被救助对象主要有以下几种：民政部门给予定期定量救济的“三无”（无法定赡养人、无劳动能力、无生活来源）人员和其他特殊救济对象中的患病者；因自然灾害而致伤病的农村灾民，历来是救灾中的医疗救助对象；享受最低生活保障家庭；伤残军人，孤老复员军人及孤老烈属等重点优抚对象中的病患者；因患大病重病，经各种互助救助帮困措施后，个人自负医疗费仍有困难且影响家庭基本生活的低收入家庭中特困人员。

医疗救助资金来源渠道主要是财政拨款、彩票公益金以及社会捐助，其中财政拨款又分为中央财政拨款和地方财政配套。从实际情况来看，绝大部分来自财政拨款，彩票公益金占了一定比例，而社会捐助几乎没有。根据有关规定，特困人口须凭救助卡在定点医疗机构就诊，或接受预防保健服务，就医处方必须遵循公布的基本药物目录。但从调研的情况来看，由于民政系统对医疗服务细节不够熟悉，所以无法按照基本医疗服务目录办事，而大多是根据报销单据，扣除起付线后，按一定的比例给予补偿。

就目前情况看，第一批最先开展新型合作医疗制度试点的县刚历时3年，有些调查县在2004年才开始试点工作，而开展农村特困人口医疗救助制度（以下

简称医疗救助）一般要晚于新型合作医疗制度开始运作的时间；两个制度运作的时间都不长，结合到一起运作的时间还要更短些，运作只有1~2年的时间，因此要对这样两个复杂制度的运作和结合状况做一个结论性的评介，是比较仓促的。因此，对于新型合作医疗制度更深入的研究还有待进一步的观察。

现阶段对于新型合作医疗制度的调查方式主要有三种：听取县乡二级主管干部的汇报和参阅相关的文件；在乡镇的合管办、卫生院、村医处走访和考察制度落实的情况；入户访问受益农民和未受益的农民。调查县基本上都能够按照统一的规范模式来建设新型合作医疗制度，从对新型合作医疗制度性质的认识和要实现的政策目标，建立组织机构和设定各个机构相互之间的职责，制定运作的规章制度，设置信息管理系统，根据运行的结果调整管理方式等，都能达到制度化的基本要求。但是，医疗救助制度的制度化程度并不高，人为因素的介入也比较多，医疗救助金的使用往往不够充分，经常发生年度资金沉淀较多的状况，也有个别县发生了基金出险的案例，医疗救助基金发放的平衡和调整，更多地取决于当事人的主观判断，而且被救助对象知晓率相对来说也不高。

基于新型合作医疗制度和特困人口医疗救助各自的缺点和不足，我们提出了将二者进行制度结合，这样做的原因主要是，如果要在县里单独建立一个医疗救助制度，和新型合作医疗制度一样，就需要配置相当的人力和资金，但它服务覆盖的人群只有农村人口的5%，人均成本显然是太高了，因此较好的办法就是把两个制度结合起来运作。但是，目前将两种制度结合也存在一些问题，一是卫生系统和民政系统的干部都没有接受过较为系统的培训，因此对制度的理解都存有偏差。二是由于民政局多年来执行的工作模式，比较强调以奉献精神和社会责任感来激励干部，因此对制度化的思维方式，接受的训练相对要少一些，这是在两套制度结合运行中出现不够密切配合的主要原因。

在新型合作医疗的制度设计中，为了抵消参合人群的“逆向选择”倾向和保证补偿基金的安全，所以规定了起付线、补偿比和封顶线，它们同时也是新型合作医疗制度设计中很关键而且也是十分灵敏的操作杆。因为特困人口家庭的收入很低，他们可能筹不够越过起付线的钱，付不出开始需要共付的医药费，因而被迫放弃就医，就不能够得到参加新型合作医疗给予报销的好处。那么，如何跨越这个高门槛呢？以安徽省岳西县为例，他们从五保户500元的年度补助金中拿出100元作为医疗补助基金，以乡镇为单位统筹使用，帮助五保户越过门槛就医住院。参照这个补充制度设计，可以推广到特困人口。现在农村的特困人口的年度补助金很多地方都不到200元，再从中提取医疗救助基金实在是勉为其难，因此可以考虑在交过参合费后，民政局把余下的特困人口医疗救助金分成两个部分，一部分用于帮助特困人口越过起付线的补助；另一部分用于特困人口就医支付共付费用的补贴。

两种制度的结合取决于部门协作的效率，一般说来，新型合作医疗制度和农村特困人口救助制度的结合点就是在民政局给特困人口交付参合费上，但是大多数的县新型合作医疗的大病补偿和民政局的二次救助是各管其事，在运作上并没有更多的协调。针对两种制度结合过程中产生的一些主要问题，我们提出了四项政策建议：①把新型合作医疗和医疗救助结合起来运作，是完善农村医疗保障制度建设中一个运作成本比较低的制度安排，很多县里自觉地选择了结合起来运行的决策，无疑是看到了这个长处。②要使得两个制度结合得较好，要解决的问题是，必须先把新型合作医疗的制度建设做得很扎实，这是完善农村医疗保障制度的基础。③对于民政局来说，当前的工作就是要进一步提高特困人口医疗救助的制度化程度，这是两个制度结合运行的思想基础。④必须增加农村特困人口救助基金的投入力度。

（文章来源自《学术讲座荟萃》第37辑，2006年11月16日）

我国经济安全与产业安全研究[①]

赵　英

① 这次学术报告讲稿，引用了由我撰写的专著、研究报告的内容以及我主持完成的《提高产业竞争力与维护国家产业安全》、《开放环境中的国家经济安全》等课题的某些成果。参加这些课题的研究人员有李海舰、刘勇、谢小霞、倪月菊、杨丹辉、周维富、王燕梅、刘峰、董利等。讲稿引用了他们的成果，在此表示感谢，如有错误由我承担。

赵英

男，1952 年生，江苏徐州人，研究员。中国社会科学院工业经济研究所研究员，中国社会科学院研究生院教授、博士生导师，国家经济风险研究中心主任，享受国务院政府特殊津贴专家。

主要研究领域：产业经济学、国家安全战略。主要著作：《新的国家安全观——战争之外的对抗与抉择》、《中国经济面临的危险——国家经济安全论》、《超越危机——国家经济安全的监测预警》、《中国产业政策实证分析》、《大国世纪——超级产业与大国政治》、《大国天命——大国利益与大国战略》、《细微处的日本》、《大国之途——21 世纪初的中国经济安全》、《中国制造业技术标准与国际竞争力研究》等。

一、国家经济安全与产业安全

我们讨论产业安全首先有必要明确国家经济安全、产业安全的概念。只有明确了概念，才能够深入、准确地讨论问题。

什么是国家经济安全？国家经济安全严格地说是一个政治经济概念。对国家经济安全迄今未形成比较统一的定义。美国、日本等发达国家的政治家、战略家对经济安全的理解主要是从国家经济利益、国家安全需要出发，从战略、政策层面予以阐述和理解的。美国前总统克林顿于 1993 年 1 月 18 日提出："我国政府的外交政策将建立在三个支柱基础上。首先，我们将把经济安全作为我国对外政策的主要目标。"美国政府及理论家认为：美国的国家经济安全就是国家的经济利益要有足够的安全保证；美国的国家经济发展不能受到外来的威胁；经济安全本质上是"经济适应变化的能力"，国家经济体系的国际竞争力。从霸权国家的地位出发，美国政治家、学者认为，经济安全是美国在世界上霸权地位的保证和体现。美国战略学家福斯特（Gregory D. Foster）把"经济权力，包括国际贸易、金融、投资等因素的操纵和利用"作为国家权力的重要组成部分。最近，美国总统布什关于美国的能源不能受他国胁迫的讲话，也体现了美国政府对于国家经济安全的看法。

日本政府对于国家经济安全的看法是：由于日本既无资源，也无能源，同时依靠国际市场。因此日本要通过保证海外资源、能源的供给和国际市场的开放，维护国家的经济安全。

由于俄罗斯处于衰败阶段，因而其战略家忧国忧民，对于国家经济安全给予了更多的关注与理论研究。苏联著名学者 B. K. 先恰科夫对国家经济安全的定义是："可以把经济安全的本质规定为经济和政权机构的一种状态，在这种状态下，国家利益的捍卫，政策的社会目标，足够的国防潜力，甚至在内外过程发展不利的条件下都能得到保障。换句话说，经济安全不仅仅是捍卫国家利益，而且还是政权机构建立旨在实现和维护本国经济发展的国家利益，保证社会政治稳定的决心和能力。"俄罗斯经济学家、战略家对经济安全的研究与理解，相对中国学者的研究与理解更加宽泛，把社会安全与经济安全紧密联系在一起："社会经济安全是国民经济的一种状态。在这种状态下，能够保障社会的快速发展，保持经济和社会稳定，拥有抵御内部和外部不良因素影响的强大国防能力。"俄罗斯学者认为，保证国家安全首先要保证国家的经济安全，对俄罗斯而言，经济安全首先是保证国家经济正常运行。由于俄罗斯学者对国家经济安全的定义是出于转型国家的特殊感受，因而对我国更有借鉴意义。

我国学者对国家经济安全比较一致的定义是：国家经济安全是指一个国家的整体经济竞争能力；一个国家经济整体抵御外部各种侵袭、干扰、危机，稳定发展的能力；一个国家经济得以存在，并且不断发展的国内、国际环境。

不论对国家经济安全做出何种定义，有三个关键词包括其中：国家经济利益、发展与安全。也即国家经济安全问题必须体现国家的核心利益、整体利益与国家整体发展有战略关系，同时又必须由国家以各种手段予以维护。由此可以看出，不是任何国家利益都可以提到国家经济安全层面来认识与操作的。国家经济安全相对应的是国家重大经济利益。能够提到国家经济安全层面来认识，并由政府制定公共政策，甚至采取强硬手段予以支持的，只能是国家经济利益体系中的重大国家经济利益。这些重大经济利益关系到整个国家、全体民众的生存与发展甚至关系国家兴衰。只有涉及关系整个国家、全体民众的生存与发展甚至关系国家兴衰的重大经济利益受到侵袭、破坏时，才能做出"已经危及国家经济安全"的判断。

通过严格限制"国家经济安全"的内涵与外延，可以在理论、政策层面清楚地界定何为"国家经济安全"，抑制我国当前存在的对经济安全问题认识过于泛化的状况。国家经济利益的客观存在，是研究国家经济安全，制定国家经济安全战略的基础。正是由于国家整体经济利益，才能使经济问题上升到国家公共政策层面，才能使经济安全问题成为政府和国家领导人在政治层面考虑的问题。

由国家经济安全的概念，我们进一步推导产业安全的概念。产业安全是指在对我国国民经济发展起着巨大推动作用，维持国家生存、人民正常生活所必需，对维护国家安全密切相关的战略性产业、战略性企业、战略性产品领域中，保持国家、民族资本的主导权；促进有关产业国际竞争力的提高；通过培育和支持关系整个国家经济发展的战略产业，维护与获得我国经济长久发展的能力。明确产业安全的概念，可以使政府从维护国家经济安全角度出发采取的战略行为与从维护市场经济秩序角度出发采取的市场调控行为，在理论上、政策上有所区别。

战略产业主导权表现为：本国资本对战略性产业的控制力；重要战略性产品的控制力；政府对战略性产业内部重要企业重大投资和发展方向的控制力；关键技术的掌握。

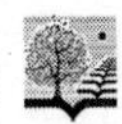

判断产业与国家安全的标准既要考虑产业自身的技术经济特征、作用，也要考虑该产业发展所可能带来的外部效应。综合起来，考虑产业安全主要有如下标准：是否与国家安全密切相关；是否与人民生活的最基本需要密切相关；产业的技术层次；产业关联度（对其他产业的波及效果，对就业的带动，对经济增长的推动作用等）；对生态环境的影响；是否具有自然垄断产业的特征；是否是重要的战略资源等。

在这里我想引用美国里根政府的交通部长戈德施米特在美国汽车工业处于日本汽车进口严重冲击下的1981年给里根总统的一个报告，来进一步说明发达国家政府如何看待、对待经济安全、产业安全。他在报告中说："汽车工业是我国工业的核心，连同钢铁、橡胶、铝、玻璃和电子工业，对我国以及其他国家的经济发展具有重大影响。""由于其规模和影响，汽车工业在奠定我国各项目标中起着主要作用。这些目标是：为国民提供就业机会，能源保护，并且最为重要的是国家安全。我国汽车工业的未来必然面临着一系列国内、国际重大问题。这些问题涉及：为国民提供何种就业机会和工作种类；我国能源的自给能力；我国的全球战略地位（这取决于我国的经济实力）；我国在正在演变过程中的国际经济关系中的竞争地位。""这首先是向我们的国家的挑战，使我们认识到我国自身的利益，并且采取行动以维护国家安全。我们不希望争论的最后结果是从狭隘的观点出发制定政策，而希望着眼于一些国家安全的主要问题。我们的自身利益和国家安全能否接受一种允许我国工业基础持续衰退，丧失就业与技术的政策？这种政策会造成我们越来越多地从外国购买制成品，而我们输出服务业与原材料。"美国政府把日本汽车工业对美国汽车工业的挑战看成是政治经济的挑战，在里根政府施加的巨大压力下，日本政府不得不对美国汽车市场采取了所谓"自愿限制"汽车出口的政策。政府在经济安全、产业安全中的作用由此可见。

从上面的例证中我们可以看到，产业安全是国家经济安全的核心，产业安全是国家经济安全的基本体现，国家经济安全战略与政策要以产业安全为具体出发点和着力点。关注与管理产业安全是政府对经济进行管理的重要内容之一。

当前产业安全问题在我国日益引起重视，是因为随着我国对外开放程度日益增加，外资深入我国各个产业的各个环节，使我国在利用外资发展的同时，也带来了一系列问题，随着我国利用外资规模不断扩大，我国工业规模的扩展非常明显，但是在许多产业中产生了明显的技术依赖与跨国公司的控制。在我国成为世界工厂的同时，如何使我国经济走可持续发展之路，如何使我国成为世界工业强国，由"中国制造"变为"中国创造"，使我国经济获得长期自我发展的国际竞争能力。我国面临的产业安全问题进一步复杂化，如何制定产业安全战略与政策，面临着全新的情况。正因为如此，探讨产业安全问题从理论到实践都具有极为重要的意义。

在产业安全层面制定与推进国家经济安全政策，是国家经济安全战略的具体化，因而也更加困难。困难一：如何界定政府干预与发挥市场机制的边界；困难二：政治与经济利益、政治与经济手段的判断；困难三：如何与国际有关规则接轨；困难四：在准确判断国家利益前提下，利益集团的协调；困难五：如何在产业安全与产业绩效，扶植、支持企业与市场公平竞争之间保持平衡。

产业安全从政策操作层面看，主要涉及以下重要问题：

哪些产业需要政府予以保护与支持；哪些重要企业需要政府予以保护与支持；政府如何选择予以保护与支持的产业与企业；政府对重要产业与企业中跨国购并的规制。

二、当前我国经济安全总体形势的判断

1998 年中国社会科学院工业经济研究所《国家经济安全监测与预警》研究课题组推出了对国家经济安全进行量化分析的预警方法与模型。《开放环境中的国家经济安全》课题开始后，我们在原有基础上，对指标、数据进行了充实和修改，各指标的取值主要采自本项研究子课题的研究成果，对我国 21 世纪初的国家经济安全状况进行了总体评价。评价结果是，在总体上我国国家经济安全态势基本维持在 20 世纪 90 年代末的水平上，但某些指标有所下降。例如，能源、矿产资源、生态环境等方面。这些方面的安全等级下降，在很大程度上是由于我国在 21 世纪初经济规模迅速扩大所致。这说明，我国已经经受住了加入世界贸易组织后的冲击，加入世界贸易组织对我国经济安全的影响，从总体上是有限的。

用本课题量化方法与模型对我国 2015 年的经济安全状况进行了预测分析。

根据量化计算结果进行预测分析：2015 年时，我国国内经济子系统、国际经济联系子系统、社会与政治环境子系统及整体经济系统都处于“基本安全”状态，但同时有关指数也表明我国国内经济子系统、国际经济联系子系统、社会与政治环境子系统及整体经济系统的“基本安全”程度并不高。

国家防务子系统是唯一处于“安全”状态的子系统，但其指数接近“安全”状态的分数下限，已经处于“基本安全”状态的边缘了。

从生态环境子系统的指数看，该子系统处于“不安全”状态，说明改善我国生态环境任重而道远。

“基本安全”的程度不高，主要是由于能源、矿产资源对外依赖增加；外贸依存度过高；金融系统有待改革与健全；信息系统有待增加安全度等造成的。从总体看，则是由于我国经济规模加速扩大，经济体制仍然处于转折过程中，导致

了“基本安全”程度不高。

产业安全也是处于基本安全状态。

2004 年中国商品进出口贸易总额达 1.1 万亿美元，成为全球第三贸易大国。2006 年上半年我国高新技术产品进出口额为 2353.6 亿美元，同比增长 30.6%，占全国外贸出口总额的 29.6%，均创历史最高水平。其中，高技术产品出口 1234.7 亿美元，同比增长 32%，占外贸出口比重为 28.8%；进口 1118.9 亿美元，增长 28.95%，占外贸进口的 30.5%。

机电产品进出口总额达到 4393.9 亿美元，同比增长 28.7%，占全国外贸总额的 55.2%。其中机电产品出口 2439.9 亿美元，增长 30.5%，占外贸出口比重的 56.9%；进口 1954 亿美元，增长 26.5%，占外贸进口的 53.2%。我国汽车工业 2007 年出现出口大于进口的历史性转变后，今年出口仍然在高速增加。今年 1～5 月仅天津口岸出口的汽车就达到 2.84 万辆，价值 3.15 亿美元。分别比去年增长 68% 和 1.7 倍。

通过计算同主要贸易伙伴间的贸易竞争力指数可以看出，中国对美国、欧洲、日本、中国香港等主要出口市场的指数均在不同程度地向 1 趋近，表明中国对这些国家（地区）的贸易比较优势正在不断增强。中国商品进出口贸易及其竞争力的显著提升，表明中国左右全球贸易总量的范围和程度急剧提升。这是国家经济安全在国际贸易领域提升的重大标志。

融入全球经济体系，参与国际经济分工，这是国家经济安全在生产领域提升的重大标志。据统计，中国电子信息产品制造业规模已居世界第三位。中国制造的电视机、DVD 视盘机、移动电话、显示器、程控交换机、空调器、集装箱、光学元件、小家电等产品的出口数量和金额均居全球首位。目前，中国制造业总量居世界第四位，有 172 类产品的产量居世界第一位，是名副其实的“制造大国”。

经济全球化进程中，中国目前在生产环节最有国际竞争力。从国际分工角度看，中国成为世界工厂是符合比较优势原则和竞争优势原则的。丰富而廉价的劳动力和巨大的市场是中国最具优势的自然禀赋；完善的工业基础设施和配套能力及九年义务教育培养出的普通技能劳动力、大学教育培养出的高技能劳动力，则可以说是中国较好的后大禀赋。这些因素决定了中国在制造业上既有比较优势，又有竞争优势。一个国家最佳贸易类型就是生产并出口自己既有比较优势又有竞争优势的产品。因为一国只有生产并出口自己有比较优势的产品，才能用较小的国内成本换取更大收益，扩展现有资源约束下可获商品总量；而一国只有生产并出口自己有竞争优势的产品，才能使企业有利可图。因此，从比较优势来看，在贸易自由化和资源配置全球化背景下，大多数工业产品在中国制造是符合经济规律的。从整体竞争战略考虑，成为世界制造工厂也应该是中国经济一定时期发展的战略趋势。

经济实力是决定国家经济安全的基础。1978～2003 年，中国国内生产总值实现了年均 9.4% 的快速增长。2005 年，中国成为世界第四大经济体。如果按照“购买力平价”估计，中国在经济总量上赶上美国的时间将大大缩短。

我国比较完整的产业体系开始在东亚产业分工中起着重要带动作用，成为全球重要产业链条中不可缺少的组成部分。

我国的大企业开始走向世界，兼并发达国家的企业。例如，联想购并 IBM 的 PC 部分。

三、我国经济安全存在的主要问题及原因

（一）我国经济安全面临的主要问题

外资并购我国企业的基本趋势及问题。目前看来，尽管跨国大规模并购在中国刚开始，但它已经预示了中国利用外资出现的若干重大变化。①从合资合作转向收购兼并。20 世纪 80 年代，外商对华投资主要采用直接投资资金和实物的形式设立“三资”企业，90 年代以后，收购、兼并国内企业则成为外商对华投资的形式之一，即从新建企业转为并购企业。股权控制成为外资对我国产业进行控制的最重要的方式。外商利用其资本实力一般采用投入大量注册资金或增资扩股等方式，迫使中方放弃多数股权或稀释中方股权比例，从而达到占据合资企业多数股权，控制国内企业，进而达到控制某些产业的目的。外资在中外合资企业中的持股比例有不断增大的趋势，直至完全控股。在某些领域、某种程度上形成了市场垄断。外商独资是外国资本控制国内产业的另一种形式。另外，外资通过兼并收购及系列投资方式对同一产业的企业进行一体化控制，在我国某些产业形成垄断。我国企业与跨国公司相比整体实力弱、技术能力与海外营销能力差，因此兼并重组大多是以非对等合并进行的，合并后中方在企业中处于被动接受安排的地位。技术研发部门往往被取消，市场也受到限制。②从一般并购转向重点并购。所谓重点并购，一是重点并购国有大型企业，二是重点并购盈利企业。③从分散并购转向集中并购，即外商有目的地并购同一地区所有国有企业或者并购不同地区同一行业的骨干、龙头企业，这里，外商与其说是与国内骨干、龙头企业合资，倒不如说是外商在中国花钱买“市场份额”。④从参股外销转向控股控市。20 世纪 90 年代以前，在新建立的中外合资、合作企业中，外商一般参股，而且在合同中有产品外销率的规定。90 年代以来，大型跨国公司来华投资剧增，

它们往往一开始就要求控股。即使一开始控不了股，它们也要在合资经营过程中增资扩股，由于中方缺乏增资能力，外方则由参股变为控股。控股，包括合资控股、收购控股和增资控股，其进一步发展则是控制中国市场。⑤从资金输出转向品牌输出。20 世纪 80 年代外资主要是以资金（包括设备在内）方式进入中国市场，90 年代以来，外资开始以品牌方式进入中国市场，主要方式有：外国品牌直接取代中国品牌；收购中国品牌，然后打入“冷宫”；有些实力稍弱的外资在合资时要求中方将商标转让给合资企业，然后利用中方的销售渠道推销标有外国商标的产品，待外资商标知名度提高后，逐步减少直至停止对中方商标的使用；跨国公司凭借其强大的销售网络和广告宣传，排挤和打压国产品牌在消费者心目中的地位，利用客户对其品牌的认同以及由此产生对价格敏感性的降低使其得以避开竞争，解除替代品的威胁。一些国有企业一开始时低价“卖牌合资”，经过一段合营时期，中国品牌逐渐退出市场。家电、轻纺产业中这类例子已经很多。⑥从合资合作转向独资经营。在选择投资形式时，外商出于长远考虑，更愿意接受和采取独资经营的形式，从而使得近年来外商独资经营企业在项目个数、协议金额和实际投资方面的增长速度均超过了中外合资经营和中外合作经营这两种形式的企业。⑦从产业资本转向金融资本。产业资本技术先进，一般追求长期利益；金融资本投机性强，容易追求短期利益。⑧从中小资本转向跨国公司。20 世纪 80 年代，以港澳台地区中小资本为代表的外资在中国外资进入中占据绝大比重，90 年代以来，欧美日大型跨国公司进入日趋增多，它们具有投资额大、系统投资和产业控制等诸多特点。

自主知识产权问题。中国的某些重要产业、许多大型企业核心技术“空心化”问题严重。如，中国的装备制造业尚未摆脱依靠技术引进和模仿创新的模式，没有形成自主知识产权的技术体系。许多在国民经济中发挥重要作用的产业以及主导产品的设计、生产，往往不是建立在自主知识产权的基础上，而是依靠外国技术和装备进行生产。一些已形成一定国际竞争力的产业和产品，对国外技术、零部件仍有很强的依赖性，产业的核心技术和关键零部件仍由国外公司控制。由于目前国际产业专业化分工已经由产品分工演化为零部件、加工环节的分工，导致某些重要的产业，国内产业链条断裂。跨国公司在并购中采取“斩首”策略，取消技术开发中心，取消自主品牌。影响了我国民族工业、政府对某些战略产业的控制。

市场换技术的政策的局限性越来越明显。由于自主创新能力弱，我国经济的长远发展存在较大问题。

装备制造业中，高端与低端问题不大。军事工业、垄断性产业未完全放开，我国的军事工业长期受到霸权国家的制约与封锁，有自力更生进行研发的传统，并且取得了极大成就。低端产业具有相当的国际竞争力，但是装备工业中间部分问题突出。

对战略性矿产资源领域的准入，战略性资源的出口管制，没有给予充分重视，没有从国家整体安全、经济安全角度进行长远谋划。在战略性资源进口方面没有话语权。在战略性资源开采、使用上不能完全市场化，必须从国家整体战略出发，制定经济发展与安全保证一体化的战略。有些战略性资源就是要由国有大企业进行有计划的开采。这些国有大公司应当是肩负国家使命的“国策公司”。

（二）经济安全重大问题产生的原因

从大历史角度看我国对外开放中的经济安全、产业安全问题，要有一个历史基点，那就是中国目前与发达国家之间的相互合作、冲突与斗争，都是基于后起的发展中大国既要利用发达国家以及以他们为主构筑的国际政治、军事、经济秩序和“游戏规则”体系，以获取利益；同时又面临着虽然自身力量薄弱，又要打破既得利益国家在各方面的垄断，以获取充分的发展空间、地位与利益的问题。由于中国是一个特殊的发展中大国，国家利益、国家力量与地区差异决定了中国在某些领域、某些地区实际上已经具有了与发达国家进行某种程度抗衡的实力，同时在整体上仍然具有发展中国家都具有的弱点。这就决定了中国在相当长一段历史时期内对外开放的态势。一方面，中国要承认目前的国际政治、军事、经济秩序及“游戏规则”体系，因为中国也要利用其获得国家经济利益，从某种意义上说，中国在这一体系中也是既得利益者；另一方面，中国不会满足于发达国家尤其是霸权国家的既有国际利益格局安排，要改变、修正，甚至推翻原有安排，在国际利益格局中体现自己的意志。选择和平崛起之路，决定了中国利用、改变、修正原有国际政治、军事、经济秩序以及“游戏规则”是相当长的历史过程。在这一历史过程中，中国将在既有利益格局中与发达国家合作、博弈，逐步增加影响力。

从世界工业进程和国际分工看，中国崛起实际上是世界制造业格局的重新调整与布局。在这一进程中，中国既面临着如何平缓地取代发达国家原来承担的角色的问题，也面临着传统制造业大国与后工业化国家之间的利益冲突与争夺的问题。由于中国工业化的空前规模，因而导致了世界资源的重新分配。中国面临的一系列经济安全问题，从根本上源于此种历史地位。

从我国经济发展趋势看，中国毫无疑义将成为世界工业强国。中国与发达国家的利益争夺，中国的国家安全态势，不仅源于工业化国家与后工业化国家之间的冲突与矛盾，也源于产业资本与金融资本之间实力、利益获取方式的不对称。中国经济在产业发展领域可以显示自己的实力，在竞争中获得较大利益，但是可

能在金融领域失败，遭到金融资本的巧取豪夺。从日本“泡沫经济”的重大挫折，韩国在金融危机中的境遇，可以得出深刻的教训。

我国正处于重化工业阶段，工业规模急剧扩大，对海外资源、能源的需求迅速增加，使产业安全环境趋于严峻。

从大历史角度看，未来 30 年中国的主要经济安全问题是：由于经济规模扩大，导致能源、资源方面的风险增加；由于海外经济利益增加，导致区域、全球范围内经济安全问题增加；由于经济利益多样化，导致威胁国家经济安全的途径与方式增加；由于国家财富存在形态变化迅速，导致国家经济安全观念及维护国家经济安全的战略、政策、手段必须及时变化与调整。

我国产业整体组织能力下降，国家的产业宏观调控能力下降。企业与政府之间进行战略协调的能力与机制弱化。由于实力弱小、分散的企业在巨大的跨国公司冲击下，无力应对。由于外资一般都是以获得超额垄断利润为目的来制定其发展战略，不会兼顾东道国的利益，其行为往往会与我国一些产业政策和宏观调控政策的主旨相悖。随着我国计划经济体制下形成的以行政部门为主的产业组织管理体系的瓦解，我国企业处于各自为战的状态，具有产业上下游调控能力的企业很少。而发达国家的大型跨国公司一般都有庞大、完整的全球研发、生产、销售体系乃至强大的政治背景，我国政府在控制其活动方面往往处于弱势，导致企业难以应战，政府宏观调控失灵。在政府官员中还存在着对国有企业不分重点、地位与作用，一卖了之的认识。政府与企业缺乏战略协调。加入世界贸易组织后，世界贸易组织规则以法律的形式也迫使一国政府对整个国民经济的宏观调控能力减弱，增加了货币政策、财政政策、汇率政策之间的协调配合难度，致使东道国产业政策调控效力的再度弱化。从另一个角度看就是东道国的产业控制能力下降。

我国许多产业从全球产业分工来说，处于产业链条的中低端，缺乏发展的主导权。

自主创新能力比较差。缺乏自主知识产权。在对外开放引进资金与技术的同时，已经形成了相当程度的技术路径依赖。我国工业的主要核心技术严重依赖国外。众多大中型企业核心技术“空心化”问题严重。许多在国民经济中发挥重要作用的产业，其主导产品的设计、生产，往往不是建立在自主知识产权的基础上，而是依靠外国技术和装备进行生产。一些已经形成一定国际竞争力的产业和产品，产业的核心技术和关键零部件仍由国外公司控制。

企业实力差，形态落后，经营能力低下。当今时代，利润的核心环节不在制造而在研发与销售。我国企业往往只在生产制造环节具有相对优势，在“微笑曲线”的两端缺乏竞争力，甚至受制于跨国公司。其表现在：

（1）国有企业改革仍然有待完成。

（2）制造业与服务业的分化与重组有待深入。

（3）市场规则不健全（例如，《反垄断法》至今仍然没有）。

（4）在某些领域没有控制。例如在战略性矿产资源的开发方面。

四、制造业对外开放中的经济安全问题分析

（一）制造业对外开放的最新状况和未来趋势

制造业一直是我国利用外资的重点，截至2003年，制造业利用外资占全部利用外资的70%以上，尚未出现比重明显下降的情况。包括港澳台投资在内的制造业“三资”企业的比重近3年来也呈持续上升状态，制造业“三资”企业占全部制造业资产的比重从2000年的24.48%上升到2003年的28.16%，产品销售收入的比重从2000年的30.29%上升到2003年的33.96%，我国制造业的外资依赖程度已经很高。近年来，我国制造业引进外资呈现出以下特点：

（1）从行业来看，外商投资的重点向资本技术密集型产业转移。“三资”企业比重增长最快的产业集中在石油加工及炼焦业和以普通机械制造业、专用设备制造业、电子及通信设备制造业、仪器仪表文化办公用机械制造业为代表的装备制造业。其中，作为我国制造业中规模最大的电子及通信设备制造业，同时也是“三资”企业比重最高的产业，2002年“三资”企业总资产占全行业的57.45%，销售收入占全行业的73.92%；2003年进一步上升到63.25%和78.27%。而一些劳动密集型的传统产业，如服装、皮革等行业虽然“三资”企业的存量较高，但占全行业的比重下降很快。

（2）从外资进入方式看，独资企业比重迅速上升。自1998年开始的这一趋势近年来呈现出加速的状态。1998年，合同外资金额中外商独资企业所占的比重首次超过合资企业；1999年，实际使用外资金额中，独资企业金额首次接近合资经营企业金额；2000年，独资企业实际使用外资金额超过合资企业12.08个百分点；到2003年，实际投资于独资企业的金额达到合资企业的2.17倍。

（3）外资进入中，由跨国公司主导的国际垂直分工的特征日益显著。外商投资企业成为我国商品进出口和技术引进的主体。2002年，外资企业出口占我国出口总值的53.47%，进口占我国进口总值的55.83%，技术引进占全部技术引进合同金额的77.58%。尤其是外资比重最高的电子及通信设备制造业，既是进出口额最大的产业，同时也是技术引进金额最高的产业，其技术引进金额占当年全部技术引进金额的一半以上，约90%的技术引进合同是摩托罗拉、爱立信、三星、诺基亚、西门子、菲利普、三菱、惠普、东芝、日立等跨国公司与其在国

内的独资或合资企业签订的。这些企业在进口大量高附加值的零部件、组件和技术的同时，出口低附加值的零件和最后组装完成的成品。

总体来看，今后几年我国制造业对外开放将继续朝以下方向发展：首先，开放规模继续扩大。按照入世既定的开放步骤，2005 年全部的非关税措施都将取消，信息产品实行零关税，绝大多数的商品贸易也将在 2005 年达到约束税率。在投资方面，随着限制和禁止投资领域的进一步缩小以及对外资企业的各种要求的取消，外资进入我国制造业也将保持一个长期的增长。制造业在今后相当长时期内仍会是我国开放度最高的产业，但由于入世加速了原本较为封闭的制造业以外的其他产业领域的开放进程，我国对外开放的重心将有所偏移。其次，近几年已经显现的一些趋势将得到进一步强化，如外资进入资本技术密集型产业的趋势、独资化的趋势等，而跨国公司在华势力的增强对这些趋势的强化起着重要推动作用。随着全球化深入发展，国际贸易与跨国投资的融合越来越密切，而我国制造业开放的扩大将为跨国公司综合运用贸易和投资手段、将我国制造业纳入其垂直分工体系获取在华最大利益创造良好的条件。最后，从政策主导型开放向制度型开放转变。入世使我国制造业既有的约束与鼓励并存的开放政策遭到了破坏，为遵守世贸组织规则，我国以往鼓励内资企业发展、限制商品进口和约束外商投资的手段大部分都将废止。但入世并不是单纯地依照世贸组织要求修改国内规则，而是要在新的规则环境下，设计使用新手段继续促进国内产业发展。在既有保护政策取消的条件下，我国将逐步修改同样过时的优惠政策，探索建立新形势下更加稳定、统一、透明、可预见的开放制度。

（二）制造业对外开放的经济安全分析

制造业安全是国家经济安全问题在制造业领域的体现，首先是指制造业领域的国家利益不受侵犯，包括总体上具备较强的国际竞争力和充足的、自主的未来发展空间；其次还应该通过发展制造业，尤其是制造业中的战略性产业，保障国家整体的安全，尤其是军事安全。

制造业对外开放之所以会引发经济安全方面的考虑，主要是由于随着对外开放程度的不断扩大，国外商品和投资大量进入国内市场，一国的制造业越来越深地被纳入国际分工体系之中，从而导致以下问题日益凸显：从国际分工中能够获益多少的问题，就业机会的增减问题，未来产业发展主导权（主要涉及技术制高点）的问题，以及与国防密切联系的战略性产业如航空航天、核工业等的自主发展能力的问题。

（1）看看我国制造业能够在国际分工中获得多少利益。一国的制造业在国际分工中的获益程度主要取决于国内制造业行业的国际竞争力，以及东道国在产业增值分配中所得的比例。改革开放以来，资金、技术、管理、经营理念等多种生产要素的引进，以及在开放所带来的竞争的推动下，我国制造业的国际竞争力获得了很大的提升。但目前我国有竞争力的产品还基本上集中在低附加值产品领域，绝大多数产业在国际分工中都处于产业链的末端。无论是属于劳动密集型的服装、玩具业还是属于高技术产业的信息产业都存在以下情况：我国企业由于缺少核心技术和核心产品，严重依赖国外的技术创新，盈利水平受到限制和挤压。劳动密集型产品是我国传统的大宗出口产品，其中一些行业虽然“三资”企业比重较高，但大多是中国香港、中国台湾的中小资本，欧美日等国跨国公司进入的很少。但作为主要出口目的地的西方发达国家在我国入世谈判时对此类产品的市场开放条件较为苛刻，再加上此类产品的国际竞争激烈，贸易摩擦频起，国内企业获利空间极其有限。在一些国内市场较大的资本密集型产业，外资凭借强大的资本技术优势，通过收购国内骨干企业和新设投资抢占市场份额，与内资企业争利。而在高技术产业领域，则是直接通过产品链条内的垂直分工，在我国投资进行低附加值零件的生产和整机装配，同时进口凝聚技术精华的高附加值部件。在外资企业产值已经占到半数以上的我国高技术产业领域，企业的工业增加值率反而低于制造业的平均水平。

同时，如果外资企业控制权掌握在外方手中，客观上就存在外方侵占中方利益，利用转移价格虚亏实盈逃避纳税的可能。随着我国外商独资企业增加和大量合资企业控制权向外方转移，这种情况就不再是一个可以忽视的问题。在对外开放中获益少，其后果对国家而言就是发展缓慢和不断趋于落后，GDP 增长没有带来相应的经济福利增长。对企业而言就是缺少资金积累，仅求生存，缺乏发展后劲。

（2）未来产业发展主导权问题。在国际分工中的地位相当程度上取决于所处的技术层次，尤其是在资金密集型和技术密集型产业，谁占据了技术制高点谁就能在未来发展中掌握主动权。谁掌握产业核心技术，谁就在产业链中居于核心地位，对产业分工、利润分配、相关产业发展，握有主导权，并且可以通过产业关联，对国民经济产生巨大影响。分工地位低并不可怕，关键在于技术层次是否能够不断提升。一国的技术发展如果受控于外国资本，在关键技术领域没有话语权，其国际分工地位、竞争力水平的提高就会受到抑制，失去未来产业发展的主导权，发展空间日益狭小。

我国实施对外开放，一个主要目的就是通过进口国外的设备和引进外商投资提升国内产业的技术水平，但这一目的能够在多大程度上实现受多重因素的影响，其中最重要的还是受国内企业制度、现有技术水平等制约的国内企业的技术吸收能力，以及国外厂商的技术转移意愿，尤其是后者。在我国前 10 余年的技

术引进中，大部分采用进口关键设备、成套设备、生产线的形式，尽管引进了一批填补空白的先进技术和设备，但由于重硬件引进轻消化吸收，引进的结果只是具备了相应的生产能力和固化在设备中的技术，而对带动国内相关技术升级的效果不大。近几年，软技术的引进在技术引进中的比重迅速提高，但技术引进的主体已经转向了外资企业。尽管有研究表明，跨国公司在华投资企业的技术转移层次已经有了很大的提高，但跨国公司转移高层次技术是以其对企业具备足够的控制权为前提的，跨国直接投资本身就是为了保持技术优势、防止技术扩散而出现的，否则采取技术转让的方式可以更轻松地从技术优势上获利。因此，国外资本技术转移层次的提高仅仅是为了应对我国市场竞争而提高其投资企业获利能力的举措，既不可能转让最前沿的尖端技术，也不可能通过技术扩散提高其他国内企业的技术水平。此外，国外资本的强大势力还会在一定程度上对东道国技术进步的努力形成打压。一是利用国内企业的资金困难收购行业内骨干企业，将其纳入自己的生产体系，从而使国内技术最先进的企业丧失自主发展的可能；二是吸引行业内的优秀人才进外资控制的投资企业或研究机构，冲击国内多年来形成的科研队伍；三是运用贸易和投资等多种手段遏制东道国企业技术升级的努力，对于国内不能生产只能依靠进口的产品，不仅抬高价格而且设立种种限制，一旦国内企业开发出相应技术就通过直接投资大幅度降低价格抢夺市场。因此，面对国际竞争对手强大的技术优势和资金实力，开放经济有可能对发展中国家资金技术密集型产业的技术升级产生抑制作用，使其永远在国际分工中处于较低的技术层次，丧失未来发展的空间。

（3）与国防密切联系的战略性产业的自主发展能力问题。航空、航天、核工业等关系到国家的军事力量和国防安全，是一国国力的象征，也是作为一个大国必须由政府支持发展的产业。因此，战略性产业与其他产业不同，本身不存在因产品进口、外商投资而引发的经济安全问题。我国的这类产业内，国有和国有控股企业占绝对地位，虽然也有部分合资企业，但基本上从事"军转民"产品和通用性边缘产品的生产。同时，各国都对战略性产业技术、关键配套技术实施严格的封锁。2003 年 10 月 15 日我国成功发射和安全返回的"神舟"5 号载人飞船的设计制造，就是在受到发达国家联手封锁和制约的情况下，完全依靠我国自己的技术完成的。对外开放对战略性产业的影响主要是通过其上游产业、配套产业起作用。科学技术信息的传播、人员的交流，也起了一定作用。战略性产业是各种现代尖端技术的集成，需要依靠强大和先进的产业体系的支撑，而这些支撑产业中的尖端技术产品及技术又往往由于属于军民两用技术，可能被用于战略产业而处于禁运状态。因此，国内关键支撑产业的技术水平，如数控机床行业、集成电路行业就在很大程度上决定了战略性产业的自主发展能力。支撑产业落后，或导致战略性产业难以自主发展，或使其发展受到严重阻滞。

因此，制造业对外开放具有双重作用，既能够扩大市场空间，又可能压缩市场空间；既能够引进资金和“适用”技术，又可能阻碍自己的（先进）产业和技术的发展；既能够通过引入外来竞争者提高现有企业的活力，又可能由于过分悬殊的力量对比，使国内骨干企业大量被吞并或“挤出”。[①] 当我国制造业对外开放的进程发展到今天，在肯定开放对经济增长、产业升级的巨大推动作用的同时，应该开始更加关注开放中日益显现的不利于国家经济安全的趋势。如果任由国外资本来整合国内企业，控制产业链条，不受任何限制地运用贸易和投资两种手段获取在华最大利益，那么我们就会既让出了市场也没有得到技术；既没有从国际分工中获得多少利益，又丧失了未来产业发展的空间；同时在与国防密切联系的战略性产业的发展上受制于人。

总体来看，制造业对外开放对国家经济安全的影响在实际中朝哪一个方向发展，取决于多层次因素的综合作用，但最关键点还在于技术，在于是否能够不断提升技术层次和是否占据了关键技术的制高点。在这里，制度的作用退居其次，制度通过对技术的产生、技术的产业化及技术应用过程的效率的影响发挥作用。在相当程度上，产业安全是以技术领先为前提的，落后才是最大的不安全。

衡量制造业对国家经济安全的影响时，一些行业的重要性要远远高于其他行业。而从经济安全方面考虑，以技术与效率（主要决定于制度）的孰轻孰重为标准，就可以把制造业按照在经济安全方面的重要程度大致分为以下几类：第一类是影响程度最高的产业，即前面提到的与国防密切联系的战略性产业如航空、航天、核工业以及武器制造业等，在这些行业，关心技术和产品能否生产及其先进程度要远远高于关心其产出效率，是没有条件创造条件也要上的行业。第二类是重要性仅次于第一类的产业，主要是装备工业，这类产业不仅为第一类产业提供生产条件和主要元器件，而且也是整个制造业和国民经济各个产业的基础。在这类产业中，一方面，是否掌握核心技术、尖端技术至关重要，如生产最先进数控机床的能力、集成电路的水平，这里技术重于效率；另一方面，作为庞大的在制造业中占据相当比重的产业，受效率影响的产业的整体竞争力和增值能力也极其重要。第三类是其他具有较强重要性的产业，包括重要的上游原材料工业，如钢铁、大化工；以及产业链条长、关联性强的产业，如汽车工业。这类产业中技术的有无和效率的高低同等重要，如果在这类产业受制于人，将对许多产业甚至整个国民经济产生巨大的负面影响，以及造成国民财富的大量流失。第四类是对国家经济安全影响较低的产业，主要指一般消费品制造业，如食品、饮料、服

---

① 这方面最典型的例子是我国多次试图与跨国公司合作，在发展大型客机上走出一条路来，但由于跨国公司的战略封杀，不仅没有成功，而且延误了时间。

装、日用化学等行业，这类行业技术的先进与否不会对国家经济安全产生影响，主要是通过其竞争力和增值能力影响在国际分工中的获利，间接对国家经济安全起作用，在这类行业效率相对更为重要。第一类产业本身的对外开放程度很低，因此，制造业对外开放对经济安全的影响，主要是指后三类产业的对外开放对这些产业本身以及第一类产业和整个国家经济安全的影响，其中第二类产业（装备工业）的对外开放所产生的影响最为重要。

装备工业是为国民经济提供技术装备的生产制造部门，主要指机械电子行业中生产消费类产品以外的行业。按照国家统计局的现行产业分类，为国民经济各部门提供技术装备的工业部门主要有：普通机械制造业、专用设备制造业、电气机械及器材制造业、电子及通信设备制造业、仪器仪表文化办公用机械制造业。2002 年，这 5 个行业的资产合计占制造业的 23.89%，销售收入占 25.31%。

受时间限制，这里我们重点分析装备工业对外开放对国家经济安全的影响。衡量经济安全的指标不能简单地照搬对外开放的指标，否则就等于说越开放越不安全。按照前面论述的思路，总体来说，我国装备工业在国际分工中的获益程度越高、掌握的技术制高点越多，装备工业的对外开放就越有利于促进国家经济安全。下面，我们将初步选取一些指标衡量装备工业的对外开放对国家经济安全的影响。由于不同指标所代表的经济含义的侧重点不同，在指标的选取中我们尽可能全面以避免以偏概全得出错误的结论，但同时也产生了一些指标量化困难和国际比较困难的问题。

竞争力水平是决定一国制造业在国际分工中获益程度的重要因素，这里选取产品的国际、国内市场占有率和工业增加值率三个指标表示。

（1）国际市场占有率。我国装备工业目前在国际市场中所占份额较小。1998 年我国机械产品出口额占世界机械产品出口总额的比重仅为 2.3%，目前估计提高到 4% 的水平。虽然这一比重提高较快，但还是大大低于美国、德国、日本等装备出口大国 12% ~17% 的水平。

（2）国内市场占有率。从国内市场来看，我国装备工业一直无法满足国内市场的要求。近几年，装备类机械电子产品的进口持续增长，且数额较大。尤其是在高精度、大型成套装备领域，进口设备占据了国内市场的主要份额，90% 以上高档数控机床、100% 的光纤制造装备、85% 的集成电路制造设备、80% 的石化设备、70% 的轿车工业装备依赖进口。

机床是一国机械制造业发展水平的重要标志。我国机床的国内市场占有率在整个装备工业中也处于较低的水平，2002 年，我国机床工业产值达 260 亿元，产量居世界第四；机床消费则超过 59 亿美元（约合人民币 488 亿元），首次超过美国，跃居“世界第一”。消费超出产值 220 多亿元的部分自然是靠进口填补，据海关统计，2002年我国进口金属加工机床31.5亿美元，相当于当年出口额的10倍。

（3）工业增加值率。我国装备工业的工业增加值率远低于发达国家的水平，在我国装备工业中所占比重提高很快的“三资”企业，其工业增加值率甚至低于全部规模以上企业的水平。这表明，我国机电产品的产值和出口迅速增长仍然是靠大量低附加值产品支撑的，即市场的扩大并没有带来中国企业获益的同比例增加。

（三）投资开放中的利益分配

竞争力水平主要是从贸易的角度决定一国制造业在国际分工中的获益程度。投资的开放中也同样存在利益分配问题。如从外资企业国内配套分析，如果大量投资品、中间投入品大量国际采购，产业链在国内延伸有限，那么这一部分利益将转移国外，失去对国内相关产业及就业的带动作用；从外资企业增加值分配分析，工业增加值主要涉及职工工资、利息支付、税收上缴，以及税后利润分配，这些利益中有多少留在了国内，又有多少通过合法和不合法途径转移到了国外，既决定于税收制度、外资政策和股权结构等硬的规则，同时企业的实际控制方也拥有相当大的操纵空间。

（1）外资企业的国内配套情况，可以用国产装备占全部投资的比重、生产所用国产外购件占全部外购件的比重衡量。由于缺乏统计数据的支持，只能对我国装备工业外资企业的国内配套情况做大致的推定。在投资品方面，由于外资企业的技术水平普遍高于内资企业，可以推定其对投资品的技术要求也高于国内平均水平，前面已经提到绝大部分的高档数控机床、光纤制造装备、集成电路制造设备都依靠进口，因此，在国内装备工业产品目前的竞争力水平下，外资装备工业企业本身的投资品需求至少在高端领域要依靠进口。在中间投入品方面，“三资”企业产值比重占70%以上的电子及通信设备制造业，同时也是中间投入品进口最多的产业，2002年，我国进口集成电路263.78亿美元，是所有进口商品中金额最大的一个品种，而出口只有43.16亿美元。

（2）外资企业增加值的分配情况，可以用国内职工工资总额、国内利息、各项税费总额、中方权益增加值之和占工业增加值的比重衡量，但同样缺乏完整的统计数据的支持。目前已有的一些研究和统计从其中的某一角度提供了数据。国家统计局1991年关于全国最大300家企业经济比较统计中，引用广东省财政厅普查资料表明，中方投资占实收资本的比重为49.1%，而分享利润仅为29.89%（杨永华，1999）。外资企业的平均税收负担也低于内资企业。按照《中国对外经济贸易年鉴》提供的数据，1992年，外商投资企业的工业产值占全

国的比重为7.09%，各项税收占全国的4.25%；虽然其后以外商投资税收为主的涉外税收的增速一直高于全国工商税收总额的增长速度，但上述两个比重还是存在较大差距，2002年分别达到33.37%和20.52%。

（四）技术层次提升情况

技术层次的提升不同于技术水平的提高，技术水平提高反映的是与历史情况相比的纵向趋势，技术层次的提升则是指与其他国家和地区的横向对比中具有相对上升的趋势。技术层次的提升预示着我国在未来产业发展中能够占据更多的主动权，相反则是始终跟随在别国的后面，受外国资本技术转移意愿的左右。对外开放对我国装备制造业以及整个制造业提高技术水平的作用是无疑的，但技术层次提升的实际作用需要根据不同产业、不同产品的情况具体分析。

（1）产品进出口价格对比的变化趋势。由于技术层次相当程度上反映在产品的价格中，因此，我们选择同类产品出口价格和进口价格来分别代表国内产品和国外产品的价格，以进出口价格对比的变化趋势来间接反映我国装备工业技术层次的提升情况。

仍以金属加工机床为例，我国出口机床的平均单价从2000年的68.25美元下降到2002年的56.39美元，而同期的进口单价从18045.80美元上升到25380.24美元。悬殊的价格对比是因为在我国数量庞大的出口机床中，只有不足5%的数量是传统意义上的金切机床，95%以上的数量是台钻、砂轮机、抛光机等小型工具类产品。但传统意义上的金切机床出口单台价格也从1997年的每台平均1800美元下降到1998年的1126美元。表明我国金切机床不仅技术水平与国外存在很大差距，而且至少到目前为止技术层次也没有出现显著提高。

（2）外资企业在国内重点骨干企业中所占比重，反映了国内技术层次提升主体的控制权掌握在谁的手中。近年来，我国制造业中外国资本收购国有重点骨干企业的趋势愈演愈烈。

（五）高端产品的技术水平与发达国家的差距

装备工业的高端产品与国防需求密切相关，在服务于国防工业的同时，技术的民用化又使这些产品的应用领域迅速扩大，成长为新兴产业或带动传统产业改造升级。数控机床和集成电路是装备工业中应用范围最广的、地位最为重要的高端产品。机床是机械工业的基础，数控机床则代表了机床工业的发展方向；集成电路是电子信息产品的核心部件，是信息时代的基础产业和技术制高点。

（1）数控机床。总体来看，我国数控机床行业的技术水平与发达国家相比落后10~20年。数控机床行业的技术水平可以用生产的数控化水平（数控机床占全部金切机床的比重，反映行业相对规模）、产品结构和在产业链条中所处位置等几个指标体现。

第一，金切机床的数控化水平。我国金切机床的数控化水平与发达国家差距悬殊。美国是数控机床的发源地，日本、德国是目前世界数控机床最主要的生产国，数控机床行业两个占据绝对垄断地位的企业就分别是日本的法那克和德国的西门子。1997 年日本、德国的机床产值数控化率就达到了 70% 以上，美国为 53.51%，而我国 2001 年才刚刚超过 20%。沈阳机床厂是我国最大的数控机床生产企业，目前的产值数控化率低于 50%。

第二，数控机床的产品结构。按照技术层次，数控机床可分为高级型（高）、普及型（中）、经济型（低）三种。虽然近几年我国数控机床产品开发加快，一批反映当前世界数控机床发展潮流的高档次数控机床问世，如直线电机驱动加工中心、五轴车铣复合中心、五轴龙门加工中心等，但总体来看国产的数控机床中经济型的仍然占绝大多数。目前世界数控机床消费趋势已从初期以数控电加工机床、数控车床、数控铣床为主转向以加工中心、专用数控机床、成套设备为主，这正是我国机床行业的弱项。

第三，在产业链条中所处位置。数控机床主要由机械部分和数控系统两部分组成，其中技术竞争的焦点在数控系统，控制部件的价值占整个数控机床的 85% 左右。而我国国产普及型、高级型数控机床仅有的市场份额中，所用数控系统的 90% 以上依靠进口。

（2）集成电路。我国微电子科技水平与国际水平的差距至少 10 年。集成电路行业的技术水平可以大致从产业规模、产品技术层次和在国际垂直分工中所处位置三方面来考察。

第一，产业规模。近年来中国集成电路产业规模持续快速增长。2002 年，在全球零增长的形势下，中国集成电路产量为 96.3 亿块，同比增长 51.4%；产值达到 1470 亿元，比上年增长 22.5%。与此同时，集成电路的进口额也达到 263.78 亿美元，同比增长 55.18%，国内生产远远不能满足需求。我国成为世界第三大集成电路市场的同时，产值却不足世界的 10%。2002 年，我国集成电路产值占 GDP 的比重达到 1.44%，但与台湾 5% 的水平相比还有很大的距离。

第二，产品技术层次。目前世界集成电路大生产的主流技术正在向 12 英寸 0.18 微米过渡。按照国际水平，在我国生产的晶片大多数属于较低档的技术，比世界主流科技落后了 5 年左右，2001 年，我国的半导体总产能当中，只有 1/4 集成电路制造企业有能力生产标准型 200 毫米晶圆，有 70% 以上的公司还在使用 0.35 微米及以上的制作工艺，与世界主流技术 0.18 微米制程技术还差一个档次。

第三，在国际垂直分工中所处位置。集成电路是一个完整的产业，包括集成

电路设计、芯片制造、封装和测试、集成电路专用设备和专用材料制造，以及集成电路的应用开发和信息服务。目前，美、日、欧等发达国家基本上垄断了设备技术；韩国、新加坡、我国台湾在制造领域占有重要的份额；而我国虽然在设计和芯片制造领域发展很快，但目前劳动密集型的封装测试领域产值仍然占最大份额。

（六）市场结构

在经济学中，已经有相当成熟与实用的工具可以使用。外国政府也制定了有关监测指标。美国政府司法部在进行并购裁定时主要运用赫芬达尔指数。行业集中率是判断市场结构最常用的指标。它是指某一产业规模最大的前几位企业有关数值（销售额、增加值、资产额、职工人数等）占整个市场或行业的份额。根据市场结构状态，政府可以从经济政策意义上考虑对购并采取何种政策、措施。

（七）对产业链的控制力、影响力

（略）

五、如何建立对外资并购和国家经济安全进行有效管理的机制

通过规制控制大型跨国公司。重要企业的控股权之争关系到国家经济安全。然而，纵观迄今为止在中国本土上建立起的十几万家合资企业，虽然在许多企业中中方占股权的一半以上，但中外合资企业的控制权多半掌握在外方手中。实践表明，控股并不一定能控制住企业。而且，大型跨国公司投资具有上下游一体性、规模性、集中性等特点，往往处于控股地位。我国绝大部分企业在与跨国公司嫁接中追求控股权的想法也是不现实的。然而，放弃股权控制并非意味着放弃其他控制。无论是从发达国家还是发展中国家的实践看，政府通过规制控制大型跨国公司已经成为行之有效的办法。因此，我国亟须探索和建立政府规制控制体系，其中必须树立以国际惯例为主流的发展思想，按照国际惯例运作。

规制包括充分利用国际规则，保护自己的产业；制定我国战略产业需要的规则以保护有关产业。例如，我们可以利用世贸组织规则和争端解决机制，处理与有关成员的贸易纠纷，合理保护国内产业和市场。加入世贸组织以来，我国出口商品反倾销、保障措施的应诉率和胜诉率显著提高。在应对世贸组织有史以来最大、最复杂的案件——美国“201”钢铁保障措施案中，我国第一次运用世贸组织争端解决机制，获得胜诉。

中国对外开放实践表明，有竞争的格局是最安全的。20 世纪 80 年代乃至 90 年代前期，中国曾实行“以市场换技术”的引资策略，但实际效果不理想。其主要原因是，一些规模大的外商投资企业处于行业垄断地位。进入 90 年代后期以来，大量跨国公司的进入使得中国某一产业形成了有若干家大型外商投资企业相互竞争的格局，这时，外商才开始转让先进技术，一些跨国公司也开始了将研究与开发本土化的起步。因此，竞争是转让技术和提升结构的最有效的手段。“十五”时期，随着我国的进一步开放，特别是加入世界贸易组织之后，亟须加快反垄断法、公平竞争法等有关法律的立法工作，维护市场的正常秩序，防止垄断，使我国规范跨国公司在华投资行为的方式更加符合市场经济的惯例。

在制定国家对跨国公司的并购规制时，不仅从市场垄断角度考虑，更重要的是从国家安全、国家经济安全角度予以考虑。实际上，美国、俄罗斯等国家的政府，在制定有关法规时更多的是从国家安全、国家经济安全出发的。

从世界经济发展的历史来看，几乎所有通过赶超发展起来的国家都在赶超过程中对本国新兴产业实施了严格保护，包括美国、日本以及后来的韩国。在美国制造业崛起初期，政府通过关税法案对制造业予以了保护，从而形成了从英国引进资金和技术但排斥英国产品的基本格局。1913 年美国已经是世界第一经济强国，制造业关税税率仍然高达 44%。日本在具体政策上则采取以引进技术为主，排斥外资直接进入企业的做法。我国目前面临的国内外形势与这些国家当年的情形已经有了很大不同。我国在仍属于发展中国家的阶段已加入了世贸组织，2002 年工业品平均关税已降至 11.4%，并成为大国中出口依存度和外资依存度最高的国家。虽然现实已不允许我国采取同样做法发展制造业，但为消除开放对国家经济安全的威胁，促进我国制造业健康和可持续发展，国家政策必须在完善开放政策方面有所作为。

美国、欧洲与俄罗斯，都有对外资进入的产业规制。

美国：军事工业及与军事有关的产业、飞机制造业、沿海船舶运输业、矿产资源业、能源工业、微电子业、汽车业、农业、核工业、国内航空业、大众传播业。

日本：汽车业、能源工业、高新技术产业、钢铁业、造船业、棉纺工业、石油化工业。

韩国：汽车业、能源工业、电子业、钢铁业、造船业、建筑业。

俄罗斯：飞机制造业、能源工业、军事工业、造船业、宇航业、矿产原材料工业、核工业、造船业、机械制造业。

英国：国防工业、电子业、能源工业。

加强对外资企业的监督管理。发达国家政府对外资企业通过法律法规进行严

格管理。例如，美国1990年颁布的《外国直接投资和国际金融统计改进法》规定，在美国投资的外国企业必须经常披露有关经济活动。要在对内外资企业实行同样的国民待遇的基础上，加强对外资企业生产经营所涉及的各个方面的监管，防止其利用我国市场经济的不完善以及技术资本优势垄断市场，侵蚀我国的经济利益。一是要建立起完善的监管体系。监管应该在企业生产经营的所有领域全面展开，包括工商注册时外方实际资金的到位情况，土地占用时出让价格，劳动用工中中方职工权益的维护，商品进出口的管理，以及企业的纳税情况，等等。尽管目前我国工商、税务、海关、土地管理等部门都对外资企业承担着监管的职责，但执法部门多，职能交叉的同时，监管部门之间配合不够，没有形成系统管理，存在大量"管理真空"地带。二是监管手段的转变。目前各个部门集中组织的年检是监管的主要手段，存在很大的漏洞。监管手段应该向制度化发展，建立在公开、透明、可预见的制度之上，减少随意和人为的因素，使违规成为容易被发现和代价巨大的行为，对外资企业形成足够的事前威慑作用。三是对外资进入的领域进行监控，对外资进入重要领域的比重、环节，及时监控。

调整现有的外资优惠政策。我国现有的制造业外资优惠政策主要体现在减税让利等方面，在对外开放的初级阶段发挥了积极作用，但在开放程度已经很高的今天，优惠政策所带来的积极效果正逐步减弱，并对国内的内资企业形成了事实上的不平等竞争。随着我国投资环境的逐步改善，国内市场不断扩大，由此形成的对外资的吸引力已经大于各种优惠措施。考虑到政策的连续性，我国目前的外资政策还没有出现大的变动，但调整引资法规是一个大的趋势。目前吸引和利用外资的各类优惠政策、倾斜政策应该逐步向国民待遇和与市场准入转变，取消对外国投资者的超国民待遇，对所有境内企业实行统一、公平、合理的政策，依靠立法保护、完善市场体系来吸引投资者。在大的政策没有调整之前，应该首先对法律层次较低的部门规章进行整理，严格监督优惠政策的实施范围和实施情况，同时清理各级地方政府超越法律权限给予外资的各项优惠措施。

加速国有企业的改革与发展。新中国成立以后建立起的我国完整的制造业体系，其精华部分都集中在国有大型骨干企业，这些企业是我国提升制造业技术层次和追赶国际先进水平的物质基础和载体。目前这些企业面临的问题是由于体制上的原因和历史形成的负担，而没有发挥出核心企业和龙头企业的作用，对这些企业需要进行转制和扶持而不是简单地将其推向外国资本的怀抱。使重点国有企业发挥出技术开发和组织生产供销运营的龙头企业的作用。首先，促进重点国有企业转制、减负。通过实施产权多元化引进多元投资主体，使企业在获得资金注入的同时，以产权结构的变革带动企业经营机制的转变；承认政府对企业职工的隐性负债，由政府承担一部分的历史负担。其次，对外资并购重点国有企业、研究机构实施引导。目前许多地方认为外资并购能够使产品有销路、技术有进步，彻底解决企业的生存问题，因而把吸引外资并购国有企业作为政府甩包袱的一种手段予以大力支持。这种行为过于短视且缺乏全局观念，至少应该对外国资本并购重点国有企业和重点国有研究机构采取慎重态度。中央政府应该在充分论证的基础上，明确一定时期内哪些产业领域内、哪种情况的国有企业应对外资并购的政策。即使是鼓励外商投资的产业领域，也不能把产业的发展完全寄托于外资企业。最后，加大对重点国有企业技术进步的支持。目前我国的重点国有企业已经具备了较强的市场观念，充分意识到技术进步对企业提高竞争力的重要作用。目前企业技术进步的“瓶颈”一方面在于资金实力方面缺乏对高额技术投入的支持（大型成套、成线设备的中试投入就可能需要上千万元）；另一方面就是由于技术差距和国外的技术封锁和打压造成的追赶困难。目前重点国有企业在提高技术水平方面做了很多努力，如开展产学研联合，引进国内外专家；参与国家重大建设项目的打捆招标，通过为跨国公司配套学习制造技术；与国外大公司合作制造成套设备，中方企业担任总成套，由外方设计并提供质量控制、质量标准等，但困难也很大。政府应该在继续加强目前已有的对设在重点企业的国家工程中心、企业技术中心提供资金和税收支持外，同时考虑在更多的方面给予支持，如促进国内技术联合攻关、对产品市场进入方面支持等。

国家对制造业的支持，要从重视主机，转向关键零部件，关键技术，关键材料、技术标准。日本的“中场产业”概念，通过控制关键零部件、关键材料、关键技术、关键矿产资源，掌控产业主导权，获得高额利润。转变重视系统总成，忽视关键零部件、关键材料的传统政策与认识。通过建立技术标准，保护国内市场，限制低技术、破坏生态环境的污染项目进入我国。

继续扩大开放，形成充分竞争的市场环境。打破跨国公司的垄断，改善我国企业的竞争态势。一是消除内资企业发展的体制障碍，形成有效的国内竞争群体；二是应充分理解跨国公司的决策方式和投资战略，并为其提供完善的法规体系、平等的政策环境和宽松有序的监管体制；三是刺激跨国公司投资企业之间开展竞争，在我国市场上创造公平竞争的环境。实践证明跨国公司投资企业之间在国内市场的竞争不仅有助于促使其加快技术转让步伐，而且还将有效防止外资企业垄断国内市场，获得超额利润。

防止恶意购并。金融市场上金融资本出于短期盈利目标，进行购并。对产业资本的购并行为与金融资本的购并投资行为予以区别。在证券市场对重要产业的股票购买情况进行监测。日本政府就是这样做的。美国的多数州的《接受控制法》规定：如果一位股东在未经一家公司管理人员许可的情况下，获得了此公司的股份，法律有权强加给此公司一定时间的“等待时间”。规定了股东最多能够

获得的股票和接受活动的限制。

实行有管制的自由贸易政策。尽管世贸组织以自由贸易为宗旨，但它又允许成员在其规则下，对贸易和国内产业成长进行有限但有效的扶植和管理。目前，美国、欧盟、日本等发达国家已普遍建立了管理贸易的政策体系；由于受制于有限的国内市场容量和弱小的高新技术产业，战略贸易理论和管理贸易政策在发展中国家的实用性相对较小。中国作为工业部门较为健全、制造业生产和出口能力不断扩张的发展中大国，部分行业的规模经济已经或正在形成，加之跨国公司进入后一些行业已经出现了垄断竞争或寡占型的市场结构，因而，我国有条件也有必要实行更有利于产业成长和竞争的进出口管理体制。同时，加入世界贸易组织后，我国虽然分享了多边贸易体制带来的各种权利，但也需要承担相应的义务。伴随着国内市场开放程度的提高和贸易壁垒的拆除，国内产业面临着国际竞争的巨大压力，而在出口激励手段受限的情况下，国内高技术产品出口必将遇到一定困难。因而，实行纯粹的贸易自由化战略将很难满足中国工业化和现代化的中长期目标，而着眼于形成动态比较优势和提高产业国际竞争力，在世界贸易组织规则下，实施有管理的贸易自由化战略则是我国的现实选择。这一战略的核心在于把低调的产业保护、灵活规范的进口限制和温和的出口鼓励政策相结合，突出政府对产业结构调整的积极干预，通过综合运用世界贸易组织允许的关税、反倾销与反补贴、保障机制、政府采购、合理补贴、国内竞争法规等一系列政策手段，使我国总体贸易制度定位趋向中性化，具体政策手段趋向弹性化、柔性化。

在经济全球化不断深化的今天，对外贸易和直接投资的结合越来越紧密，已经成为同一经济主体为获取利益而交替使用的两个最主要手段。在新的环境下，我国应打破以往主管部门之间的界限，在制定开放政策时更加关注外贸政策与产业政策的协调。如进口设备免税政策就阻碍了国内装备制造企业的市场进入，对国内装备工业发展产生了负面影响。在许多国家重点项目的设备采购中，全套进口国外设备可以免除进口环节税，而国内自行研制设备的进口配套件（约占总价的1/3）不免税，以合作生产方式进口的零部件、配套件、图纸、软件不免税，人为地缩小了国产设备与进口设备的实际销售价格差距。再加上国有用户偏爱进口产品，在国内产品与国际水平尚存在一定差距的情况下，片面追求高档高价的进口装备和材料，导致国内装备制造企业丧失了很大一片国内市场。此外，还有钢铁、化肥等重要原料和生产资料的进口，应充分考虑进口激增对国内生产企业和下游企业的综合影响。为此，应该建立针对此类问题的跟踪调查研究机制，协调政策的制定，在对外开放的同时，注重鼓励技术水平够用、适用的国内产品，以保护相对处于弱势的国内企业的发展。

使产业链条向我国延伸。从我国产业的发展看，计划经济时期，高关税的保护使得在相当长时间内，企业利用市场环境而安于进行小规模、高成本生产，并取得超额利润。原有的计划经济环境中，依靠政府主管部门行政力量组织的产业链条在开放环境中已经不复存在。跨国公司逐步把我国企业融入其产业链条，在全球重新布局。应当说，导致中国出现产业安全问题的主要原因不是缺乏产业保护，而是由产业组织不合理、产业内企业技术联系被割裂等影响企业及行业竞争力的因素造成的。产业链条不完整，使我国企业必然要在相当大程度上依赖跨国公司。进行大规模产业整合，延伸产业链条，重建各行业内部以市场为导向的技术联系，既可以扩大就业，也可以提高产业整体竞争力和增加抗风险能力，是实现产业安全性的重要途径。

制定国家管制的战略性产业、重点企业、重点产品与技术名单，对外资购并进行规制。可分成：禁入、禁控、禁购几个层次。名单宜严不宜宽。非战略性产业中，有战略性企业、战略性产品。根据经济发展状况，产业结构变动情况，企业在产业链条中的地位，技术变化情况，进行动态调整。对关系国家安全的战略性产业根据不同情况规定不同的进入规制。有些可以个案处理。在中国企业处于弱势状态下，以政府行政手段进行某种程度的干预，仍然是必要的。例如，日本普利司通公司购并沈阳轮胎厂，合同中承担了继续向我国装甲车供应轮胎的义务。资本是趋利的。加强企业与政府之间的沟通，发挥行业协会的作用。

建立政府、协会、战略研究机构与企业的利益、战略与政策的战略协调机制与机构。在研究长期的国家经济安全战略问题基础上，制定产业安全战略。

发达国家政府针对所谓的“中国威胁”，尤其是国家经济安全方面的“威胁”，纷纷设立专门的机构。例如，2000 年美国议会设立了专门的美中经济与安全评议委员会，该委员会每年向国会提供一份关于美中经济关系及经济安全问题的报告。美国“美中经济与安全评议委员会”2004 年的报告中指出：“美国政府（美国外商投资委员会）对中国和其他外国投资者收购美国公司的情况进行评议的过程只关注这些投资所带来的传统的国家安全问题，而没有考虑美国的广义的经济安全利益。”“国会应当修订适用于美国外商投资委员会的法律，以扩展国家安全的定义，把对国家经济安全的潜在影响作为一个评议的标准考虑进去，还应要求政府将美国外商投资委员会的主席职位从财政部长担任改为由商业部长担任。”①

2006 年 2 月 15 日，美国贸易谈判代表波特曼表示，美国将建立一个专门机构，监督中国在贸易承诺上的执行情况。建立执行办公室乃空前之举，即便在 20 世纪 80 年代美、日贸易冲突多发期，美国也没有设立针对特定国家的工作组。

---

① 美国美中经济与安全评议委员会：《美中经济与安全评议报告》（2004 年）。

波特曼指出，新设的执行办公室将搜集有关中国贸易政策的更多信息，主要集中在补贴、监管透明度，以及对电信、金融服务及医疗保健行业的市场准入等方面。波特曼还计划在中国安排一位高级贸易官员，以协调美国对华政策，从而提高 USTR 的谈判能力。

日本经济产业省内设立有专门搜集、监视中国对外贸易、投资情况的机构，并定期出版有关刊物。2006 年 4 月，日本外务省决定在内部设立“日中经济室”，作为负责与中国经济谈判和构建对华经济战略的专门机构。“日中经济室”将率先在亚洲大洋洲局内以 5 人编制展开工作。外务省还考虑将来把“日中经济室”升格为课。

我国也应当考虑设立有关专业机构。

建立跨部门的跨国投资、购并审查委员会。全面审查购并带来的影响（包括就业、技术流失或流入，对产业链条的影响，对军事工业的影响等等）。

从全球化、区域化角度考虑产业安全。国家经济安全问题是位于经济与安全大领域结合部的问题，既涉及国家经济发展的方向、战略，又涉及国家安全战略的制定和军事力量的发展，是国家发展经济与维护安全两大职能的结合。这就构成了对政府宏观经济管理方式、管理体制的挑战。例如，我国的原油日益需要从国外进口，21 世纪我国的能源安全究竟是依靠改变能源结构来解决，还是依靠进口；如果依靠进口，发展海洋军事力量，就是势在必行。类似的战略问题，需要政府经济管理部门与安全部门密切协商，在长远发展战略中予以协调。应当承认，我国政府有关部门在某些经济安全问题上有些协调，但是与我国经济发展的需要与经济安全的需要相比，仍然远远不够；与发达国家政府已经实施的管理协调方式相比，也远远不够。在日益融入国际经济体系后，许多政府管理方式要与国际规则接轨，实现某种意义上的国际化，这也对政府宏观管理方式、宏观管理体制形成了挑战。

随着中国经济日益融入世界经济体系，中国遇到的许多经济安全问题属于区域性、全球性问题，要在区域和全球范围内予以解决。因此中国政府对有关国家经济安全问题的管理，制定有关的政策，必须尽量考虑国际规则，必须考虑国际合作。中国也可以通过参与制定国际规则来维护自己的国家利益，维护国家经济安全。这就使中国政府的政策制定方式和着眼点不能不发生巨大变化。

经济安全问题对经济发展战略、产业政策的制定，国家安全战略与政策的制定，提出了挑战。经济安全问题的存在，要求在制定国家经济发展战略、产业政策时充分考虑安全问题；同时也要求政府在制定国家安全战略时必须以经济安全方面的要求为基本前提条件。两大领域的战略、政策的融合不可避免。

中央政府负责制定国家经济安全战略，是否意味着地方政府（省、自治区、直辖市一级政府）对此可以无所作为或者仅仅限于执行中央的战略呢？不是。

第一，中央制定的国家经济安全战略，虽然从整体上反映了整个国家维护经济安全的需要，但是需要地方政府根据自己的情况予以实施落实。由于我国幅员广大，地区间自然禀赋、经济社会发展程度以及地缘位置存在着极大的差异，因此仅仅限于被动地执行中央的有关战略是远远不够的，必须根据中央的战略与本地区的实际情况，制定自己相应的经济安全战略。

第二，各地区由于对外开放的程度不同，对外开放的区域不同，因此面临的可能的经济、政治风险形式与种类也会有很大不同，甚至有可能与国家面临的经济安全问题有很大差异，这就需要有关地方政府在维护本地区经济安全方面负起更大的责任。例如，韩国对我国的大蒜进行制裁，受到损失最大的是山东省；日本对我国的大葱进行制裁，受到损失最大的也是山东省；这就需要山东省政府在发展外向型农业的同时，对有关经济安全问题有所研究与重视，并且制定有关的政策。又如，广东省与香港的金融联系是十分紧密的，易于受到世界与香港金融危机的影响，也需要制定有关政策。

第三，由于各地区的经济发展水平不同，产业结构不同，因而在经济转轨过程中面临的经济安全问题也存在很大差异。例如，沈阳这个重工业城市、老工业城市自90年代末以来就面临着下岗人员激增的压力。这些问题如果不根据本地实际情况制定相关政策，不仅将影响本地区的稳定，还将向全国蔓延，成为全局性的问题。

第四，由于各地的资源分布不均衡，资源的对外依赖程度不同，因此有些地方在资源方面的经济安全问题会相当突出，对这些地方的经济发展具有战略性影响。因此这些地方的政府应当在制定本地区经济发展计划时对经济安全问题予以充分考虑，这样才能保证本地区经济的持续、稳定发展。

第五，境外的突发事件将会对我国相邻地区产生重要影响，危及经济安全，这也需要地方政府因地制宜制定有关对策。

综上所述，地方政府也要积极关注与研究经济安全问题，把经济安全问题作为保证本地区经济发展的重要条件来对待。根据本地区的经济发展和对外开放特点，加强本地区的经济安全研究工作。顺便需要指出的是，在我国地方研究机构中，缺乏经济安全的政策研究。经济安全研究与经济发展研究相脱节的现象比较严重，这一状况应当尽快予以改变。

（文章来源自《学术讲座荟萃》第36辑，2008年11月24日）

中国现代流通服务业影响力研究

宋　则

宋则

男，1951 年生，辽宁凤城人，研究员。中国社会科学院财政与贸易经济研究所流通产业研究室主任，中国社会科学院研究生院财贸经济系教授、博士生导师。主要社会兼职：商务部专家，全国标准化委员会委员，国家哲学社会科学基金项目通讯评委，中国物流学会副会长，中国商业经济学会常务理事，中国市场学会常务理事，中国物流与采购联合会常务理事以及多所大学客座教授。

主要研究领域：致力于中国市场经济、市场体系、居民消费、现代服务业、流通创新等理论和政策研究，并为工商企业、主管部门和地方政府经济发展提供咨询。自 1981 年以来，先后在国内外报刊发表学术论文、译文、研究报告 400 余篇，个人学术专著 4 部，与人合作著作多部，主持和参与国家、部委级科研课题 30 余项，总研究成果逾 400 万字。先后主持国家级课题 3 项，一是国家社科基金项目《工农业产品库存滞销的近期对策研究》（1998～1999）；二是国家社科基金项目《中国加入世界贸易组织过渡期消费政策研究》（2000～2001）；三是国家社会科学基金项目《中国现代流通服务业影响力研究》（2007～2008）。主要代表作：《中国经济改革的市场体制》，《生产资料流通新论》，《中国经济发展前沿报告》，《中国流通创新前沿报告》，《流通体制改革攻坚》。

1993 年 10 月被授予国务院"国家有突出贡献专家"荣誉证书，并享受国务院特殊政府津贴。

一、结合重大主题，深入研究现代流通服务业的影响力

1. “现代流通服务业”是传统商业的现代表述

现代流通服务业是现代服务业的基本组成部分，是支撑和促进国内贸易和国际贸易（一体化）的载体，是实体经济中与商品交换直接关联的产业经济活动的总和。现代流通服务业包括为第一产业提供服务的农产品流通业，为第二产业提供服务的工业生产资料（资本品）流通业，以及为城乡居民提供生活服务的消费品流通业。从专业化、社会化角度考察，现代流通服务业包括第一、第二产业自我衍生、自我服务的自设采购、分销、物流服务机构，也包括第三产业中专门从事采购、分销、物流活动的服务机构（批发业、零售业、物流业等）。而这两类理论上划分的现代流通服务业机构在现实生活中存在形式复杂多样，呈现动态化，并不存在绝对清晰的边界。它们之间既有联系，也有区别，更有交叉，从而导致统计口径上和政策研究中的宽窄差异。其中，第一、第二产业中的相关自我服务占有较大比重，但在分工深化进程中，正在不断被剥离、外包，转化为独立的社会化、专业化的现代流通服务业。

从上述分析可知，第一、第二、第三产业及其涉外经济活动都涉及现代流通服务业的问题，而从理论、体制、政策和技术等层面研究和促进现代流通服务业的发展，加快商品市场体系建设、优化产供销流程、增进城乡居民消费，是中国经济发展前沿的重大命题，是现代流通服务业研究的基本任务。

因此可以说，“现代流通服务业”是传统商业的现代表述。多年来在“商业”的名义下，中国实际从事的是对整个现代流通服务业问题的研究，远比通常理解的计划经济部门化痕迹、色彩的“商业”问题要广泛丰富得多。改称现代流通服务业更符合实际情况，更符合时代特征，并且可以避免继续造成歧义和误解。

2. 结合重大主题，深入研究现代流通服务业的影响力具有重要意义

在本报告中，现代流通服务业影响力是指现代流通服务业支撑或改变国民经

济、社会生产和居民生活原有状态的能力。或者表述为：国民经济、社会生产和居民生活对现代流通服务业的依赖程度。即由于现代流通服务业的发展，使整个国民经济及其重要组成部分，所发生的总量与结构的变化。这种影响能力或依赖程度的大小、强弱，取决于相关的管理体制、运行机制、产业政策和行业整体技术水平、管理水平、企业状况，等等。

现代流通服务业要同时关注紧密联系的两类问题。一是如何“有位”，即现代流通服务业自身如何发展、自身的前途命运问题；二是如何“有为”，即在中国 系列重大时代主题面前，如何充分发挥现代流通服务业影响力的问题。“有为才能有位”。不言而喻，第二类“有为”问题是第一类“有位”问题的重要基础，决定第一类问题的方向和前景。但迄今为止，业内人士的主要注意力，大多局限于第一类问题，忧心忡忡于自己的前途命运和眼前的种种困局。

这种精神状态和本末倒置的思维逻辑应当改变。随着分工深化和经济全球化进程加快，作为现代服务业重要组成部分的现代流通服务业对优化产业结构、优化经济流程、增进消费、扩大就业等多向性的影响力不断增强，如何充分发挥这种影响力，以提高经济运行质量，节能降耗、降低综合成本，成为新世纪国内外关注的重大前沿问题，也是事关现代流通服务业的商机和有为的根本问题。

实际情况是，新时期凭借技术创新，现代流通服务业对于提高国民经济运行质量、优化国民经济流程、调整国民经济结构、扩大国内需求、增进社会总福利等全局性的积极影响力越来越明显。

我们从研究中发现，现代流通服务业的影响力首先是在宏观、全局层面，而不是一般行业性问题，其社会、经济价值极为可观。中国面临的重大主题如落实科学发展观、构建和谐社会、实现全面小康、转变增长方式、建立节约型社会，以及随之而来的化解风险、调整结构、优化流程、节能降耗、扩大就业、提高收入、增进消费、促进公平、生态环保等，都不仅需要财政政策、货币政策和收入分配政策，而且需要加快发展现代流通服务业、强化其影响力的相应政策。在新时期，率先改变市场体系缺失、流通服务业落后的状况，已经成为低成本解决种种深层次难题的新途径。发展壮大现代流通服务业最强的针对性和最大的社会价值在于，有望为我国在“十一五”时期创造性地贯彻中央一系列战略意图，突破存量困扰，切实解决国民经济存量中“结构扭曲、流程紊乱、高耗低效、消费瓶颈、信用缺失”五个老大难问题，从而带来数万亿元的巨额社会、经济效益。因而不仅具有长期的战略意义，更有立竿见影的近期效果。

根据我们的测算思路，在未来5~10年，从市场、流通入手优化结构、优化流程、节能降耗、增进消费、突破存量困扰，潜力巨大，前景可观，有希望从经济存量中斩获至少“5万亿~6万亿元”巨额实效，从而促进国民经济结构和流

程发生重大积极变化。即：依托市场化资源配置机制，可消除至少 2 万亿元的产业结构性损失；加快经济节奏，可额外节省至少 1 万亿元的流动资本占用；提高物流效率，可额外降低至少 1 万亿元的物流成本；排除增进消费的非收入制约，可额外化解至少 1 万亿元的购买力存量；强化流通服务业诚信，可消灭逃废债务、商业欺诈、制假售假、商业贿赂、撕毁合同等造成的经济损失 8000 亿 ~ 10000 亿元。为此，紧密结合中国这一国情和现状，对现代流通服务业影响力的关键问题进行精确性、可比性、对策性与可操作性研究，是最为紧迫的任务，也是极富吸引力和挑战性的重大时代主题，因而是我们今后研究工作的主攻方向。

按照这个开创性的新思路，我们进一步认为：

（1）为有效化解存量，科学发展观具体落实到市场、流通领域，需要建立动态化的“新财富观”。“发展是硬道理”，但问题已看得越来越清楚，即真正困扰我国可持续发展的关键和难点首先在于存量，而不是增量。强劲而低效的外延式增长之害，使人们不得不重新审视经济增长、财富增长质量和终极目的的评价问题。衡量增长质量和最终目的的新财富观：不仅要看我国每年生产了多少物质产品，还要看为得到这些产品付出了多少代价，更要看这些已经被生产出来的产品中有多少是真正处于实际发挥效能的状态，即看有效产品率的高低。而在当今国际国内分工日益加深的场合，不经过市场、流通的检验过程，社会财富只不过是观念的、想象中的存在，并不会带来任何效用和效益（马克思语）；社会财富存量既定以后，货畅其流，消灭耽搁迟滞、库存积压和断档脱销，努力使所有经济环节和领域趋近于“流畅平滑”、最为经济合理的有效状态，就是社会财富实际效用和总福利的真实增长，就意味着社会生产效率提高和人民生活得到实惠；反之，则是社会财富实际效用和总福利的虚假增长。假如缺乏“关注存量效能”的新财富观，科学发展观在实践中就是不完整、有缺陷的。

（2）活跃的经济应当是充满动感的经济。现代流通服务业的强大影响力就在于增强中国国民经济的流动性，最大限度地减少各种形式的“财富的沉淀和静止、资源的闲置和浪费”，低成本突破“存量困扰”，促进中国增长方式的转变。以往主要依赖外延扩张形成经济增量来解决各种问题和矛盾、促进发展的政策思路，即“增量解决法”，虽然曾经发挥了重要作用，但其政策效应在逐步衰减，已经不能适应新时期中央关于转变增长方式、走内涵式发展道路的战略意图。经济越是快速增长，“总量块头”越是增大，就越是考验化解原有经济存量的能力，就越是需要依靠“存量解决法”来寻求改革攻坚式的突破。现代流通服务业的强大影响力就在于最大限度地减少各种形式的“财富的沉淀和静止、资源的闲置和浪费”，提高所有时点中实际发挥作用的社会产品所占比重，最大限度消灭闲置、损失和浪费。这是评价流通效率和国家综合竞争力的根本性指标之一，也是现代流通服务业问题首先属于宏观经济范畴的重要理由。

（3）概括而言，现代流通服务业的影响力具有“双优”的本质和功能。即：在时间上“消灭耽搁迟滞、库存积压和断档脱销”，加快节奏、优化经济流程；在空间上“消灭无效生产、优化资源配置，优化产业结构”。这是从时间继起和空间并存两个视角所做出的最高概括，并具有很强的现实针对性和政策含义。而基于这两点，凭借最新理论、知识和技术创新，寻求最佳解决方案，修复加速复杂化的经济体系，正是强化现代流通服务业的影响力的真正由来，也是发达国家对此倍加珍视，舍得投入，不断探索的真正原因。

（4）我们将注重把理论主张转化为政策思路和行动方案，推动中央主管部门实施相互关联、切实可行的政策措施和行动计划。即：要把强化现代流通服务业的影响力同中国面临的重大主题紧密联系起来，成为强大的突破存量困扰、提升第二产业的能力；培育农村市场、反哺第一产业的能力；优化产业结构和优化经济流程的能力。在实践中，还要将这种影响力具体分解、落到实处。即：通过开展以市场化为主导的产业结构优化行动，强化现代流通服务业消灭产业结构性损失的能力；通过开展以信息化为主导的流程优化行动，强化现代流通服务业加快流动资本周转的能力；通过开展以物流合理化为主导的节能降耗行动。强化现代流通服务业降低物流成本的能力；通过开展以增进消费为主导的商品畅销行动，强化现代流通服务业增加农民收入、增进农村消费的能力以及排除非收入制约、化解购买力存量的能力；通过开展以服务至上为主导的诚信商业行动，强化现代流通服务业降低反欺诈成本的能力；通过开展以深化企业产权制度改革为主导的流通技术创新行动，强化现代流通服务业同跨国巨头竞争与合作、应对全面开放的能力。

二、充分发挥现代流通服务业带动工业经济的影响力，突破工业存量困扰，优化结构、优化流程

1. 切实控制增量、盘活存量事关“十一五”规划成败

“一季度动向”值得警觉和深思。自2005年下半年以来，中央一系列重要会议文件和“十一五”规划纲要出台，我国经济增长方式中讲求质量、创新、节能、环保和社会公平等积极因素开始发挥作用，但毕竟启动时间较短，现实影响力还比较微弱，强大的传统增长惯性仍然处于主导地位。

2006年第一季度情况显示：GDP同比增长10.2%，固定资产投资同比猛增27.7%，高于上年同期4.9个百分点，增速依旧过快，信贷也增加过多。其中，

虽含有合理因素，但仍然不乏片面追求和盲目攀比增长速度的倾向，“外延式、拼增量”的势头及其治理效果实难令人放心。

强大惯性及其最新动向显示，①我国经济增长方式从粗放到集约、从不可持续到可持续的转变是一场全面深刻的变革，比预想的要更复杂、更艰难。②贯彻落实中央一系列战略意图和“十一五”规划的要害问题越来越清楚了。这就是切实要下大决心打破已被凝固化的地方、部门利益格局，防止继续出现种种有意无意的七折八扣、拖延干扰。

经验和研究显示，“十一五”时期中国面临的重大主题都首先同不断累积、乱象丛生、质量不高、绕不过去的经济存量困扰有关。落实科学发展观、构建和谐社会、实现全面小康、转变增长方式、建立节约型社会，以及随之而来的化解风险、调整结构、优化流程、节能降耗、扩大就业、提高收入、增进消费、促进公平、生态环保等，都有一个实质性的共同点：如何优化、降解、盘活累积延续多年、已被视为“既成事实”的经济存量中的矛盾和问题。

2. 存量困扰在第二产业显得尤其突出

以往主要依赖外延扩张形成经济增量来解决各种问题和矛盾、促进发展的政策思路，即“增量解决法”，虽然曾经发挥了重要作用，但其政策效应在逐步衰减，已经不能适应新时期中央关于转变增长方式、走内涵式新型工业化发展道路的战略意图。工业经济越是快速增长，“总量块头”越是增大，就越是考验化解原有经济存量的能力，就越是需要依靠“存量解决法”来寻求改革攻坚式的突破。而从积极的态度出发，目前工业领域种种触目惊心的损失、浪费状况刚好反衬出、折射出“腾出手来挤压存量”的潜力巨大，今后工作思路的主要注意力迫切需要从“靠加法、拼增量”转变为“靠减法、解存量”。而如前所述，现代流通服务业的影响力和天然优势，就是突破工业存量困扰，优化结构、优化流程。

3. 开展以市场化为主导的产业结构优化行动

回顾我国工业发展历程，可以很明显地发现一条相同的轨迹。即以严重的重复建设、资源浪费、能源高耗、环境污染为代价，求得了一时的经济增长，却也换来了产业落后、结构失调、产能过剩、库存积压和银行坏账，致使实际能够发挥作用的社会有效产品所占比重十分低下。其中，仅仅由粗钢、焦炭、水泥、汽车、电解铝、铁合金、建材、化工产品等重化工业带来的直接和间接经济损失，最保守的估计，也要在2万亿元以上，且问责无门。

以往的宏观政策实施效果已经证明，总量调控历来是政府的强项、市场的弱项，而结构调整历来是市场的强项、政府的弱项。追溯我国经济结构扭曲的原因，原本是政府与市场的角色颠倒所致，是政府弱项阻碍了市场强项之过，而绝非有人指责的是所谓“市场之过”。如果结构调整的市场化基础继续缺失，依然凭借行政会议、红头文件直接调整经济结构，则我国一轮又一轮由政府弱项主导，并总是指望以每年有限的增量来调整产业结构巨大存量的政策思路，将越来越难以奏效。为此，通常所说的宏观调控，要有中国特色、中国气派，就要有独到的针对性。在从排斥市场体制向依靠市场体制转变的过程中，中国同一般市场经济国家的最大区别在于现代流通服务业和市场体系这一传导产业、传导机制的严重缺失；在此背景下，最应当警惕的是由政府越位、垄断集团操控、裁判员教练员运动员监督员“四位一体”所导致的“市场变异”或“伪市场调节”。为此，应当从三个方面着手调整政策实施的方向和力度。

（1）我国的结构调整要从政府主导型向市场主导型转变，加快培育现代市场体系，壮大现代流通服务业应当作为新时期结构调整的主导思想。目前，由于网络技术和供应链管理的兴起，产业结构实现竞争性升级调整、高效率运作在技术上已经不是问题，关键在于外部体制和政策环境，在于改善从计划经济体制延续至今的纵向化、条块分割、九龙治水的行政管理体制。要着力解决政企不分、行政垄断、地区保护等顽症，现代流通服务业要率先从政府主导型体制向市场主导型体制转变，切实实现企业自主经营，行业（协会）自治管理。同时，要尽快出台反垄断法和相应的执行机制。

（2）在依靠通常的财政、货币政策求解中国难题的同时，更应该强化现代流通服务业的影响力和市场体系的疏导、中介功能。最新迹象表明，作为市场配置资源的“人格化”表现，企业竞争性的商业订单机制及其流通渠道资源已经对产业结构优化调整和市场配置资源能力明显增强；凭借贴近市场和了解消费信息的优势，现代流通服务型企业已取得对上游制造商、供应商的支配地位。在这种背景下，要给市场以机会，保护公平竞争的环境，改变“保姆心态”和包办式思维习惯，从战略高度重新定位现代流通服务业，不应再继续有意无意地把它当做次要产业来看待。为切实促成发展思路和增长方式的转变，中国必须将主要注意力从以往侧重于制造业转向现代流通服务业，寻求和探索解决原有诸多问题的新途径。

（3）要鼓励现代流通服务业向第一、第二产业渗透，紧密结合当代重大主题，提供化解系统风险、消除“跑冒滴漏”的周到服务。结构优化只能更多地依托市场配置资源机制来寻求彻底解决，实行市场化、竞争性的商业订单机制和流通渠道建设，促使商品和生产要素高效率自由流动，促进区域分工深化进程，改变地区之间产业结构高度趋同、放大的自然经济体系的状况，改变国内商品和

要素市场分割、封闭、垄断、无序以及价格信号扭曲的局面。尤其要对行政主导下的产业进入冲动极为强烈而淘汰退出机制严重缺失所导致的一轮又一轮低水平重复建设和严重的结构性损失，实行釜底抽薪、断其后患。

4. 以信息化为主导的流程优化行动

保守估计，通过加快经济节奏，提高资本周转速度，我国全社会工商企业可节省至少10000亿元的流动资本。由于周转缓慢，导致企业流动资本占用的增长幅度远远高于GDP的增幅。据跟踪分析，由于资本效率和周转速度下降，1999年同1992年相比，仅国有独立核算工业企业就白白蒙受了8400多亿元的隐性经济损失。目前，我国企业资本周转速度同过去相比虽然略有改进，但同发达国家的差距还在继续拉大，特别是2005年工业流动资本周转速度又出现减慢趋势。相比之下，日本经济尽管经历了战后最长的“平成不景气”时期，但其制造业流动资本年平均周转率始终保持在7.5~8次，[①] 周转速度是中国同类企业的4~5倍。2004年末，我国国有及规模以上非国有工业企业流动资本占用达到86884.71亿元，如果流动资本年平均周转速度从2004年末的2.16次提高到3次，则周转时间可缩短48天，同等经济规模下可节省流动资本11280亿元。

同流动资本周转速度对应的另一种指标是库存率。20世纪90年代以来，美国、德国、日本制造业库存总额平均只占销售总额的1.3%~1.5%；批发零售业库存总额平均只占销售总额的1.14%~1.29%。由此可以看出，随着经济运行节奏的不断加快，流动资本处于沉淀状态的比例很小，进一步印证了周转速度普遍较快的现实。[②] 在市场竞争越来越激烈的今天，减少商品库存量是企业获得新的竞争优势的一项可行的战略。[③] 调查显示，美国71%的制造商利用这一可行的战略，已经使商品库存时间从最初的2个月下降到了1.2个月；而汽车、电子产品和零售企业的周转时间已经从20世纪80年代的27天，缩短为90年代末的12天。[④]

上述分析表明，通过发挥现代流通服务业的影响力，加快经济节奏和消除迟滞耽搁来挖掘竞争优势和开发利润源泉，已经成为新世纪宏观经济运行的突出特点。以制造业流程优化为主导的经济节奏的较量正在全球范围内展开。表现在微观主体层面就是提高科技含量、加快资本周转、控制库存、精确采购、周到销售、降低成本、推行供应链一体化，等等。为了促进中国工业领域的流程优化，

---

① 宋则：《中国经济发展前沿报告》，经济管理出版社，2002年版，第72页。

② 参见《国际统计年鉴》（2000），第689、692页。

③ 威廉·佩赛克：《控制库存商品量使经济稳定下来》，美国《华尔街日报》，1997年8月29日。

④ 查尔斯·巴彻勒：《供应链中的后勤工作在公司议程中有更重要的作用》，英国《金融时报》，1998年12月1日。

充分发挥现代流通服务业的影响力，需要注重以下四个方面的内容：

（1）要努力促成国民经济实现“第三个转变”。中国不仅面临经济体制和经济增长方式的“两个转变”，而且迫切需要发挥现代流通服务业的影响力，塑造传导机制，提高流通效能，以加快经济节奏、加快商品流通和资本周转为核心，促进工业经济从静态化、慢节奏、高成本、低效率向动态化、快节奏、低成本、高效率的“第三个转变”。突出强调“第三个转变”，是从中国的实际状况和面临的历史任务出发提出来的，有很强的针对性和现实性，既不是画蛇添足，也不是对“两个转变”的简单重复。时至今日，工业经济各行各业、各部门、各地区无不叫喊“资本不足”、“资金短缺”，与此同时却又放任经济节奏的缓慢、迟滞，任凭已经投入的巨额资本沉淀不动或隐性闲置。现在看来，中国工业经济的主要问题并不是表面上看到的“到处缺钱”，而是循环太慢，缺少“动感”，几个钱不顶一个钱。

（2）在新财富观指导下，历来比较重视周转速度和流通成本的现代流通服务业，包括现代批发业、零售业和物流业要发挥市场中介的影响力，积极推动工业和工业品流程的优化整合，实行“三个改变”。一要改变工业品流通渠道行政化、孤岛化，商业资源各起炉灶、重复建设，信息传递受阻，货不对路，产、供、销脱节，脱销积压并存，流程支离破碎，成本高昂，效率低下的局面；二要改变我国原有的高度集中、条块分割、纵向管理的工业经济体制，把制造业从一个个非市场化的封闭型车间孤岛中释放出来，真正成为市场主体；三要改变我国工业企业在国际市场、国内市场无渠道、无品牌、无订单、无技术，处处受制于人、勉强微利经营甚至亏损经营的状况。与此相关，解决就业问题要有长远战略考虑和方案储备，而不应当过于看重拼数量生产和粗放式出口对扩大就业的暂时贡献。

（3）发挥现代流通服务业的影响力要关注非主流工业经济的流程优化，以批发商的培育为重点，规范、发展、改造、提升有中国特色的商品交易市场。目前，中小私营企业、产业集群和商品（批发）交易市场三位一体，已经形成我国主流视野之外强大的第二经济，在活跃地方经济、繁荣商品市场方面扮演了重要的角色，甚至发展成地方工业经济的支柱和特色产业，其中江浙一带的小商品批发市场最为引人瞩目。在持续关注并研究这一经济现象的基础上，要充分发挥民营经济讲求动态化，机制活、成本低、效率高的特点，以及它对国民经济流程优化的促进作用。

（4）流程优化的前提是利益关系的优化调整。即以“等量资本获取等量利润”这一市场化的公平原则，推动流程中相关各方，特别是零售商和供应商、工业企业和现代流通服务业企业结成“利益共赢体”，改变目前因为利益冲突而轻

易损毁流程的状况。具体而言，就是促进流程中的各个利益主体包括制造商、供应商、经销商、消费者等的利益关系趋向公平、公正、合理、稳定，使原有的松散型、节点状资源，以共同受益为主线优化整合成平滑的链式资源。

5. 以物流合理化为主导的节能降耗行动

提高物流效率，改变粗放格局，可降低至少1万亿元的物流成本。根据中国物流与采购联合会的统计，2005年，我国社会物流总额达48万亿元，同比增长25.4%，绝大部分来自采掘加工制造业，由此引起的货运、仓储和物流管理活动所付出的社会物流总成本高达3万亿元，[①] 占当年GDP的比重为21%。物流成本在历经多年徘徊后虽然有微幅下降，但仍大大高于同期发达国家9~11个百分点。

从全球看，成本削减的重点和注意力，正在从余地越来越有限的制造环节向空间广阔的流通环节转移。以此为依托展开"经济节奏的较量"，正在成为新世纪最值得关注的新动向和新主题。原来理解的产品生产时间和生产成本发生了新的结构性变化，即在越来越大的程度上被物流时间和物流成本所取代，[②] 物流成本占产品销售价格的比重平均高达30%~40%，[③] 已经成为吞噬企业利润的巨大"黑洞"。

推算得知，在现阶段，我国物流成本占GDP的比重每降低1%，就可节能降耗1600亿元以上；在此基础上，如果我国能达到当前发达国家的物流成本平均水平（10%~12%），则每年可节约物流成本14000亿~16000亿元。为了实现这一目标，需要发挥现代流通服务业的影响力，从以下几个方面采取措施：

（1）将快速发展我国现代物流业、推行物流合理化、高效化纳入节能降耗、提高国民经济质量的"总盘子"，"十一五"期间要明确将社会物流资源优化整合、工业企业物流绩效改善作为主攻方向。在我国，物流的主要问题不是出在引发人们过多指责的批发、零售业等现代流通服务业，而在于制造业，突出表现在工业企业"大而全、小而全"及其普遍"自办物流"的低效格局。在历年的社会消费品零售总额和工业生产资料投资品销售总额中，工业企业自采自销比重高

---

① 这尚不包括社会物流活动所带来的负外部性，诸如环境污染、交通事故等。关于物流外部性的统计目前在国内外都是一个难点，但外部成本随着经济成本增加而增长的趋势是毋庸置疑的。随着物流合理化、高效化，在经济成本降低的同时，外部成本也会随之减少。

② 根据中国香港贸易发展理事会（2002年）公布的数字，中国企业的物流成本占生产总成本的40%，物流时间占整个交货周期的90%。

③ 吉布森（Gibson）2001年研究指出，中国的企业平均物流成本占了制成品总成本的30%~40%。安德鲁·坦泽（Andrew Tanzer）同年在全球福布斯论坛上发表文章称，与供应链有关的成本可能占了中国批发价格的30%~40%，而相比之下，美国只有5%~20%。

达70%；在社会总产品中，工业生产资料产品占75%，工业品物流总值占社会物流总值的85%以上，这些产品的市场流通绝大部分是在工业企业之间直接进行的。目前，对工业企业自设的采购、库存、储运、销售机构所造成的巨额投入，以及成本和效率状况几乎难以统计，原因在于游离于市场交易之外的非社会化物流运作在全部物流活动中所占比例过高。这个深不见底的巨大黑洞正是中国物流效率低下、流程恶化的要害所在，也是改善潜力之所在。根据对第三方物流市场的调查，工业企业通过外包物流服务，平均可以节约39%的物流成本。[①] 这对大多数处于微利状态的生产型企业而言，诱惑无疑是巨大的。

（2）要积极稳妥地发展第三方物流市场，防止重复建设。针对我国现代物流业发展滞后、格局散乱、家底不清的状况，有必要就目前的物流资源进行全面的普查摸底。重点是各地区、各部门、各行业仓储设施和运输能力的种类、结构、分布、水平、闲置状况以及探讨其现代化升级改造、存量重组的可能性等，以便为制定宏观决策和发展战略提供可靠依据。要坚决制止各地巧立名目，采取违背物流规律的“大办”物流产业的倾向。对配送中心和物流园区等“第三方物流”领域的投资行为，应当采取最严格的政策措施，加强指导和规划，注重存量重组、升级改造，避免铺新摊子，滥占土地、滥上项目。

（3）改革物流体制，降低跑空率。“十一五”期间，要以大幅度降低跑空率、提高综合效率为近期目标，改变物流资源条条块块分割，铁路、公路、水路、海运、航空、管道各自为政的物流管理体制，以市场化为基础，优化整合现有物流资源存量，使各类车辆平均跑空率从目前的40%，下降至20%，明显缓解能源、道路资源短缺的压力。

（4）加强物流成本核算的基础性工作。上述物流状况同成本核算、监控缺失有直接关系。随着产业分工的细化和产业链条的拉长，导致物流时间、物流成本在产品总时间和产品总成本中所占比重不断提高，使得物流成本核算不仅越来越重要，而且越来越复杂，对物流成本状况的客观描述越来越困难。中国物流成本信息近年来虽已开始分析发布，但统计核算的基础工作与核算能力相当薄弱，统计口径、数据来源和解释评估能力含糊笼统，物流研究和信息数据分析处于一个个“孤岛状态”，准确性及其来龙去脉很难令人放心，监测调控更是严重缺失。倘若这种状况得不到率先改变，将会严重阻滞“十一五”期间节能降耗、降低成本的总进程。中国迫切需要符合自己要求、经得住推敲的、可靠的物流成本核算体系和真实数据的支撑。

为此，一是要加强合作，通力攻关，建立科学合理的宏观物流成本分析框架

① http：//www.ebworld.com.cn/html/2004－10－22/20041022134800.asp。

和数据库，并由权威机构定期发布物流成本评估报告。对数据信息发布要建立问责制，改变“数出多门、估计推测、随意发布、依据缺失”的状况。发布机构有责任、有义务对数据信息形成过程、统计框架、统计口径、来龙去脉以及缺失不足等做出合乎逻辑的解释。二是要尽快统一中国微观物流成本的核算规则和方法。即建立协调机制，确定物流成本指标，统一核算方法，加紧数据搜寻，切实强化物流信息管理，充分发挥行业中介组织的作用。三是要加强对现行国民经济统计体系中的物流管理数据接口研究，同时改革企业会计准则，推进物流成本科目的试点。考虑到从物流成本核算到物流管理所产生的巨大经济效益，建议在企业会计科目中增设物流成本项目或者分立的运输成本、库存成本、物流管理成本项目。提出相应的数据剥离方案、专项补充调查和分析测算方法。四是要开展对物流成本分行业、分地区、分类别细化考察。以领先企业为基础确定标准化数据。五是要在具备科学可比性的前提下，加强物流成本实际状况的国际比较和国际交流，加强国内物流成本实际状况变动的实时跟踪监测，从中提炼出进一步降低物流成本的政策和措施。

三、充分发挥现代流通服务业反哺第一产业的影响力，培育农业市场化基础，增加收入、促进消费

建设新农村是中国几代人的理想和愿望，付出了艰苦努力和巨大代价，取得了相当大的成绩和成功经验。但是，也有过不少惨痛的失败和深刻的教训，不得要领、盲目蛮干，走了许多冤枉的弯路，造成了巨大损失。在新时期、新形势下，建设新农村一定要牢记历史经验和教训，要有新思路，拿出大手笔，尤其要尊重农民意愿，按照市场经济规律“牵牛鼻子”，“四两拨千斤”用巧劲、办巧事，决不能再干违背规律、违背农民意愿、自作聪明、自以为是、包办代替、吃力不讨好“抬牛腿”的蠢事。新思路可能有很多，也需要不断探索，但“新时期新农村建设要从市场、流通入手”，壮大现代流通服务业，培育农业市场化基础的思路，最关键、最重要。因为，在新时期，反哺“三农”固然需要直接补贴、给钱给物外援式的输血机制，但重要的是发挥现代流通服务业发达影响力，形成内生式的造血机制。

1. 培育农村经济的微观基础是万事之本

中央一系列“三农”利好政策为何得不到有效落实？从宏观层面来讲，有历史原因、制度原因、体制和政策原因等；从微观层面讲，根本原因是“主语缺失、主体缺失”，即文件中一个接一个的“要”怎样怎样，而最终由“谁”去

"做"，去变成行动、落到实处，却是模糊不清。结果是"说得多、做得少"，"指手画脚的人多，埋头苦干的人少"。在整体上，农村经济没有形成良好的微观基础，即农村经济里，没有能够形成像城市工业经济里的居民和企业那样，具有独立承担市场风险、经营风险和民事责任的能力、充满活力的市场主体，农民在整体上依然处于组织程度最低的颗粒状的散沙形态，而没有形成黏土状的抱团形态。这是中央一系列"三农"利好政策得不到有效落实的根本原因。

培育农村经济的微观基础具有重大意义，要摆在新时期最重要的战略地位。在农村经济的多种微观基础中，农村合作经济组织是最适合国情的组织形式；推动、唤醒农民行动起来，大面积创办真正属于自己的农村合作经济组织的时机已经成熟。所有有关农村的经济政策，都要从"外在于三农"的包办代替模式，彻底转变为"内在于三农"的内生性自主模式，从千方百计"替"农民办实事，转变为提供条件允许农民组织起来，依靠真正属于自己的组织，自己动手办好自己的实事。换句话说，中国的政策要点，需要从"他组织"转变为"自组织"，要从为"三农服务"，"替农民办实事"的包办政策，转变为促使农民"自己组织起来，为自己服务，办好自己的实事"的自主政策。政府需要做的"实事"，就是创造条件、提供服务，就是尊重农民的创造，总结农民的经验，制定政策、程序和办法，例如合作社登记注册办法，内部组织管理办法，以及合作社优惠政策等，为农民创建完全属于自己的合作组织创造条件。同时，要促使它始终保持经济独立和农民自治，改变农村行政机构与经济组织极度混淆、机构臃肿、人员庞杂的状况。

2. 构建城乡一体化交换体系和现代流通服务体系是重中之重

由于自然风险、市场风险和加工、储运、保鲜等多方面的原因，农产品的供求关系比工业品更加脆弱，农产品滞销积压对"三农"（农业、农村和农民）造成的损失更为严重，农产品最迫切需要建立畅通、高效的流通体系。目前农村卖粮难、卖棉难、卖猪难、卖蛋难、卖菜难、卖果难依然程度不同地存在，同时工业品也出现大面积滞销积压，这种状况的背后反映的是同一个问题，即新时期以市场协调为基础的工农、城乡互为供求的一体化关系还远不够牢靠，甚至彼此脱节，这就要求创建畅销体系，解决"三农"问题需要新思路和新对策。

发展中国家的主要特征之一就是农业不发达、农村经济落后、农民收入、生活水平较低，极度分散的小农户与大市场的矛盾比较尖锐，城乡市场发育的差别过大。工业品滞销积压不全在城市和工业本身，还主要因为农村市场对工业品需求容量的相对狭小，以及农村不断涌现的初级产品得不到城市和工业及时充分的吸收。城乡交换关系的紊乱和"双重滞销"的产生，更反映出城乡之间迫切需

要寻找新的交易支撑点。

从这个角度观察，便不难发现，城市市场、大量工业品滞销积压，在很大程度上是因为人们对新时期农村市场的研究、开发滞后；将农村市场作为建立畅销体系和现代流通服务体系的重要启动点，不仅可以大大缓解工业品滞销积压，而且可同时缓解农产品的滞销积压，从而把“全局走活”。因此，除了增加农民收入等原有思路以外，政策的要点是，建立城乡一体化、多种经济成分参与现代流通服务体系，运用经济杠杆促进城乡产品购销重新活跃起来。

3. 充分发挥现代流通服务业的影响力，切实使“万村千乡”市场工程成为新农村建设的有效实现形式

“万村千乡”市场工程是目前发挥现代流通服务业影响力的重要体现，是新农村建设中培育农村经济微观基础和城乡一体化的有效实现形式，是成为低成本、高效率、增收入、促消费的新型载体。同时，“万村千乡”市场工程也是商务部主导的一项重要举措。为防止重蹈覆辙的单纯政府行为，商务部会同许多部门组织进行了大量细致的前期调研，目前已经取得“农民得实惠、企业得市场、政府得民心”的初步实效和经验，2006 年 3 月在江苏扬州召开全国现场会以后，“万村千乡”市场工程已经在全国逐步展开。如何切实“把好事办好”，关键在以下六点：

（1）提高农民的参与度。促使农民自己组织起来，参与农村现代流通服务体系的建设。同培育农村经济微观基础和发展合作组织紧密结合，通过培训机制，提升土生土长的个体商户、夫妻店，使农村剩余劳力、农村生意人成为农家店的主体，并且切实使农民受益。

（2）提高现代流通服务业企业的参与度。根据现代流通服务业在城市迅速发展、竞争激烈而农村严重不足的强烈反差，从城乡一体化和建立畅销体系的角度重新考虑现代流通服务业资源的合理配置，要鼓励商贸服务企业发展连锁式经营，突破城乡、所有制和主管部门的界限，向农村多渠道延伸、渗透，设立网点。这样既可以改变城市现代流通服务业千军万马挤独木桥的过度竞争局面，又可以发挥其影响力，将城市的商业意识、商业经验、市场信息、技术知识向农村广为传播，加快农村商品化、市场化进程。要鼓励城市各类现代流通服务业企业，以资产为纽带，自愿互利地加入进去，成为内在于“三农”的、紧密型的合作伙伴。

（3）提高“良性循环”度。在实施“万村千乡”市场工程中，要使农村流通服务业网点尽快完成从输血到造血的转变，形成以低成本支撑的长效机制。对此，需要后续跟踪研究解决的经济核算等问题还有很多。

（4）提高政府的扶持度。在实施“万村千乡”市场工程中，对企业微利模式或保本模式要采取相应的政策保障。在启动阶段，要提高公益性投资的质量，要处理好公益性和经营性的关系，资金、用地、用水、用电等对应的政策要配套、完整、稳定。另外，推进“万村千乡”工程要避免“一刀切”，要充分估计东中西部农村经济发展的不平衡性，对中西部地区条件暂时不具备的，“万村千乡”工程可以先行在乡镇一级尝试开办“中心示范农家店”，以便总结经验，稳步推进。

（5）提高内涵的扩展度。不断调整结构，增加涉农服务项目，提高服务质量。

（6）提高渠道资源整合度。整合渠道资源，降低“涉农产品”的物流成本至关重要。包括种养殖业的农产品、满足农民需求的工业消费品和农用生产资料等在市场流通过程中发生的各种费用。据初步了解，我国农产品流通方式陈旧落后，市场风险巨大，由此造成的直接、间接的实物损耗和价值损失高达30%。与此同时，农民需要的工业消费品和生产资料质次价高，物流成本占较大比重。结果导致“出村的贱，进村的贵”，“里外里”算下来，“剪刀差”在不断扩大。可见，降低物流成本和缩小“剪刀差”，对于增进农民收入、降低生产和生活成本、促进生产和消费，以及实施新农村战略意义重大、实效显著且立竿见影，值得认真对待、拿出切实可行的措施。为此，要整合流通服务业资源，促使现有的各自为政、互不相属的供销社系统、邮政系统、企业系统等，整合成农村采购和农村销售一体化的流通体系，注重资源存量提升、调整，避免重复建设、另起炉灶，消灭各自为政、多头储运造成的“跑空率”，显著降低交易成本和物流成本，切实解决“出村的贱，进村的贵”这一“剪刀差”问题。

（文章来源自《学术讲座荟萃》第37辑，2006年12月21日）

经济史与经济学如何“双赢”

——“源”“流”之辨

董志凯

董志凯

女，1944 年生，天津市人，研究员。中国社会科学院经济研究所研究员，中国社会科学院研究生院教授、博士生导师，中国经济史学会会长，中国社会科学院中国现代经济史研究中心主任。

主要研究领域：中国现代经济史。

1994 年被中国社会科学院评为“中青年有突出贡献专家”；同年被国务院评为享受政府特殊津贴待遇的专家。

第一部分　年轻学子为什么要学习经济史

先讲一个小故事：有一些数学非常好的经济学博士，他们做经济数学模型的能力很强，但是常为寻找研究的题目发愁，不断发问：谁能告诉我一个可研究的问题？其实答案很简单：去读经济史吧，那里的问题比比皆是，可以研究和探索的问题数不清。

这是为什么呢？简单地说，理由可以有四方面：

一、经济学关系每个人，经济学理论来自经济史

恩格斯曾经简练地将科学与历史画等号，这不是没有道理的，因为任何科学理论均来自对历史经验的总结。作为社会科学工作者，研究的对象是中国和世界。如果只研究中国，不研究世界，就会落后世界潮流；如果只研究世界，不研究中国，就会脱离中国国情。研究世界和研究中国，基本内容就是相关历史。研究经济学就要研究世界和中国经济的历史。

二、只有能够说明经济史的经济理论才是有意义的

刘国光 1983 年带社科院的一个学者访问团去纽约，当时福特基金会组织他们和美中经济学教育委员会开了一个座谈会，会上他跟普林斯顿大学华裔教授邹至庄先生有一个交锋。邹说，到美国学习经济学的中国理工科出身的留学生很快就能适应，因为理工科出身的学生逻辑接受能力强，而文科出身的就不适应，所以美国大学的经济学教育招的主要是理工科的中国留学生，而不招学文科出身的。刘国光说经济学不仅仅是一门逻辑的科学，它也是一门历史的科学，学习经济学或研究经济学只会逻辑抽象的方法而没有历史的方法、没有价值判断是不行的。实际上，这种分歧由来已久。半个多世纪以前，林语堂在中西方人士比较时就分析过抽象逻辑与历史常识的关系，认为西方一些学者多了逻辑少了常识，而中国一些学者则相反。缺少逻辑的学者往往被认为是研究不够深入，但是少了历

史常识的逻辑则可能百无一用，甚至误入歧途。[①]

从理论上看，“历史的理由”与“逻辑的理由”并非决然分开的，然而，逻辑的结论常常要受到历史的“强硬”的修正而表现为历史进程的“曲通”形式却是为许多中外历史现象所证明了的。只有理论逻辑与历史经验结合起来，我们的理论才能有发展、有意义。

三、盲目搬用国外经济理论会产生误导作用

由于中国是发展中国家，中国的历史与现实决定了中国要建立的是社会主义的市场经济；要坚持公有制为主导、多种所有制经济共同发展的基本经济制度，而不是全盘私有化；要坚持宏观调控下的市场调节，而不是主张市场万能论；要坚持为保证效率而适当拉开收入差距，同时要强调社会公平、福利保障，而不是极力扩大社会鸿沟。要做到这些，都需要从中国国情出发的马克思主义的政治经济学来指导。50 多年来，中国经济社会从半殖民地半封建走上了新民主主义、社会主义道路；从以阶级斗争为纲、计划经济转向以经济建设为中心、社会主义市场经济；生产力水平也进入了工业化的中级阶段。当前，价值观念正在向着以人为本、全面小康、和谐社会转化。其中的经验教训丰富多彩，既有学习和借鉴国外经济理论的成效，也有盲目搬用的误导和教训。

四、获得经济学成就的人大都得益于经济史

诺贝尔经济学奖常常与经济史学关联。仅 1971 ~ 1993 年诺贝尔经济学奖获奖学者中就有 7 位是直接研究经济史而成为大家的。[②] 在我国，老一代的经济学

---

① 参见林语堂：《生活的艺术》，北方文艺出版社，1987 年版。

② 1971 年诺贝尔经济学奖得主是美国经济学家西蒙·库兹涅茨。他的思想方法是美国的制度学派思想方法。其特点是非常强调收集各国的历史经济材料，运用结构分析或制度分析的方法来研究社会经济及其发展趋势。1972 年诺贝尔经济学奖得主是英国经济学家约翰·希克斯。他从当研究生起，就从一些最著名的经济史学家那里受到教益。1969 年，他出版了《经济史理论》一书，立意从对经济史的概括中得出“具有普遍意义的结论”。1973 年诺贝尔经济学奖得主是美国经济学家沃里西·里昂惕夫。他率先提出的投入—产出理论正是建立在对美国经济史的研究基础之上。1974 年诺贝尔经济学奖得主是瑞典经济学家冈纳·缪尔达尔，他阐述的经济周期理论，是建立在对经济史上周期分析的基础之上的。1979 年诺贝尔经济学奖由美国发展经济学家威廉·刘易斯和西奥多·舒尔茨共同获得。前者的《1919 ~ 1939 年经济概论》（1949）、《热带贸易概论：1883 ~ 1965 年》（1969）都属于经济史著作。舒尔茨之所以获奖是由于提出了人力资本理论。这一理论是他在研究 20 世纪初到 50 年代美国农业史中提出的。1993 年的诺贝尔经济学奖授予两位经济史学家诺思和傅戈，这件事的本身就反映了当代经济学界对经济史学及它与经济理论关系的认识。参见王振中、李仁贵主编：《挑战诺贝尔奖的经济学大师们》，中国经济出版社，2003 年版。

家如马寅初、陈翰笙、王亚南、孙冶方、薛暮桥、许涤新、严中平、巫宝三等都是吃透了中国的“昨天”，才对中国的“今天”提出明确、清晰的认识。

正如不学医学史并不影响其做手术，但永远只是一名匠人。要想成为好的医生，就应该学习医学史。同样，要成为国家的栋梁之才，就应该学一些经济史。

中国人向来讲史学，常说要有史才、史识与史德。

（1）史才：贵能分析，又贵能综合。须能将一件事解剖开来，从各方面去看。如汉末黄巾之乱，可以从政治的、社会的、经济的，以及学术思想民间信仰种种角度去看，然后能析理造微，达到六通四解、犁然曲当的境界。另一方面要有综合的本领，由外面看来，像是绝不相同的两件事，或两件以上的事，要能将它合起来看，能窥见其大源，能看成其为一事之多面，这种才智即是史才。

（2）史识：须能见其全，能见其大，能见其远，能见其深，能见人所不见处。历史是全体性的，并非真个有一件一件事孤立分离而存在。只是我们分来作一事一事看。如一块石的坚与白，并不能分，只是我们自己的看法与把捉法把它分了。若我们能如是来看历史，每件事便都能见其大。而且历史只是通体浑然而下，无间断、无停止地在向前。我们若能如是来看历史，自然能见其远。又要能看出每一事之隐微处，不单从外面看，须能深入看。这样的见识即是史识。要之，果尚专业，务近利，则其人决不足以治史。能崇公业，图远利，其人始得入于史。中国人自上古即发明史学者在此，西方人近代始有史学亦在此。

（3）史德：有了史才与史识，又更须有史德。所谓德，也只是一种心智修养，即从上面所讲之才与识来。要能不抱偏见，不作武断，不凭主观，不求速达。这些心理修养便成了史德。

我们如能兼备上述三条件，自可研究历史有高深卓越的造就。[①] 我们从事经济史研究，正可训练我们分析和综合的头脑，正可增长我们的心智修养，正可提高和加深我们的经济学见识和智慧。正如著名经济学家 J. A. 熊彼特在传世巨著《经济分析史》开篇说，经济分析有三项基本功：历史、统计、（经济）理论。其中历史最重要，“如果一个人不掌握历史事实，不具备适当的历史感或历史经验，他就不可能理解任何时代（包括当前）的经济现象”。

五、学习经济史可以积累对中国经济问题的“实感”

积累对中国经济问题的实感。“实感”这个术语是朱玲教授提出来的。[②] 她

① 钱穆：《中国历史研究法》（节选），《北大史学论坛》，http: //www. hist. pku. edu. cn/club/index. asp，2007 - 06 - 17。

② 朱玲：《实地调查基础之上的研究报告写作》，《经济研究》2007 年第 1 期。

说很难确切定义，只举了两个例子：农村政策研究的前辈杜润生先生就是一位"实感"丰富的人。对于改革开放前的农村缺粮状况，他并未做过统计。然而谈及这一问题，他非常清楚："国家不得不每年调运救济粮，因贫困地区交通不便要靠农民长途背运，路上就吃掉多半，国家耗费很大，农民所得不多。"因此建议："在贫困地区搞包产到户，让农民自己包生产、包肚子，两头有利。"另一位典型人物是薛暮桥先生，虽然他没有对城乡居民收入分配做具体研究，但是从他对城市职工工资制度的讨论中可以看出，他洞悉当时分配制度的特点："国家对职工的物价补贴和房租补贴，合起来与职工的工资数额大体相等。因此实际上中国实行的是半工资、半供给制。"这一判断，后来在我们经济所的收入分配数据分析中得到了经验支持。两位前辈这种敏锐的实感一方面来自于他们以往的调查研究，另一方面出自于他们在经济政策部门工作中获得的浓厚的信息"熏陶"。朱玲对于一些分析工具先进，但与现实中的关键变量无缘的作品评价说：这些文章，充其量可以算作数理统计练习，而决非经济研究成果。余永定教授将此类做法斥为"伪回归"、"假检验"；朱玲则更直率一些，认为"这只是作者缺少专题调查、经济实感薄弱和社会阅历稀少的一个后果"。而学习经济史恰恰有助于增加社会阅历，有助于经济实感的形成。毕竟不可能每个人都事事做调查和亲身经历，经济史正是前人经验的具体生动的体现。

随着中国改革的进展和取得成就，中外越来越多的学者（如林毅夫、诺思）认同中国经济充满难以用现有理论解释的新现象。例如，我国从1978年开始的改革开放以双轨制为特征进行，这是无先例的，也是当时备受怀疑的；又如在1998年出现通货紧缩，物价年年下降的情况下GDP增长率仍居世界各国之冠，而能源利用不增反降；再如我国多种经济成分并存、以公有制为主体的经济体制；等等。我国的经济学教育以向学生系统介绍发达国家现有的经济学理论为主，许多受过现代经济学教育的学生，碰到国内的经济问题时，就试图从国外现有的理论中去找现成的答案。由于没有现成的答案，于是就出现了一种生硬的拼盘式的研究成果：国外理论 + 中国实例或模型 + 经验结论，三者之间缺乏融会贯通。

这可能是一个难以完全跨越的过程。但是如果停留了就难以发展和创新。

有人提出：中国经济学家如能以规范的方法来研究中国本土的问题，取得的成绩就会是能够对经济学科的发展做出贡献的国际化成果。什么是规范的方法？什么是中国本土的问题？希望今天的报告能够引导大家去探索。

六、经济史研究的重要性正在得到越来越多的认同

教育部2006年10月就经济学教育中将经济史列为重要内容专门召开了会

议。社科院从2007年在经济学研究生课程中开辟了《经济史专题讲座》，作为研究生选修课。

近年来，一些学者的专著中也明确提出了这个问题。如［日］冈崎哲二著、何平译的《经济史上的教训——克服危机的钥匙存在于历史之中》。[①] 该书以作者写作时日本经济在金融、政府、企业三个领域面临的现实问题为出发点，以一个个小专题的形式，通过对日本经济发展过程中曾经遇到的类似问题的处理的分析和论述，指出历史上曾有过的教训。并指出，克服危机的钥匙存在于历史之中。

经济史为什么常研常新。这不仅仅因为新鲜史料的挖掘，更重要的是人的认识随着时代的变化在发展，即使是对经典的重温也会有新的启示。“只要是严肃的学术研究，因不同的理解与不同的写法而形成各自的特色，都可以从不同的方面丰富和完善经济史这门学科。即使现在或将来，也不可能只有一种理解、一种模式、一种写法，而只能是百家争鸣、百花齐放”。[②]

中国的问题也是如此，其中许多题目可以从经济史研究中寻找答案，以当前研究的热点建设和谐社会为例就有六个方面离不开现代经济史的研究：

1. 总结我国现当代经济变革与社会和谐关系的经验教训

经济发展与社会发展要达到一种动态的协调，其实现具有阶段性特点。能否使两者协调起来以至达到同步，取决于政策方针以及实施机制能否与时俱进，顺应发展阶段的要求。制度的惯性作用体现于：人们过去对制度做出的选择，决定了他们现在可能的选择，制度变迁中历史在起作用。在社会主义计划经济时期，面对冷战的险恶国际环境，中国要实现工业化，解决建设独立自主的国民经济体系问题，通过最大限度地集中财力物力，压低消费水平，在20世纪80年代初基本完成了这一使命；随着国内外形势的变化，改革开放面临的主要问题是改变资源配置方式，提高激励机制和经济效益，在20世纪末我国建立了社会主义市场经济体制，提前完成了国民经济翻两番的任务；在社会主义市场经济体制初步建

---

① ［日］冈崎哲二：《经济史上的教训——克服危机的钥匙存在于历史之中》，新华出版社，2004年版。作者冈崎哲二教授，1958年生于日本东京。毕业于东京大学经济学部，继而又攻读东京大学研究生院经济学研究科博士课程，获经济学博士学位。冈崎教授主要致力于比较制度分析等经济理论、日本经济史的研究。在日本及欧美学界享有盛誉。其主持撰写的《现代日本经济体系的源流》，明确提出日本式经济体系形成于第二次世界大战期间，从而引发20世纪90年代日本学术界的大争论（另一相对立的观点是，主张现代日本经济体系源于战后的一系列改革过程）。冈崎教授作为这一观点的旗手，受到日本学界的广泛重视。这一观点成为90年代日本寻求自由化改革的出发点，改革的方向就是在新的形势下摆脱这种在战时形成的经济体系，增强日本的经济活力。由于这一观点的提出，冈崎教授确立起他在日本经济学界牢固的地位。

② 参见袁行霈：《中国文学史·总序论》第一卷，高等教育出版社，2005年版，第4页。

立的条件下，尽管激励机制的问题仍然存在，但是已经不是改革开放进程中的主要矛盾。新的挑战和问题主要表现在一部分人群先富与一部分人群尚没有脱贫，以及少部分人群陷入绝对和相对贫困，从而产生机会和结果的不平等现象。在激烈的竞争压力下，如何做到以人为本，实现人与自然的和谐，维系人与人之间的诚信关系等，有大量的经验教训向历史研究提出挑战。

2. 在工业化进程中处理城乡关系、工农关系、劳资关系中经济协调与社会和谐的经验教训

在2004年9月召开的十六届四中全会上，胡锦涛同志明确提出“两个取向”的重要论断，即：在工业化初始阶段，农业支持工业、为工业提供积累是带有普遍性的取向；在工业化达到相当程度后，工业反哺农业、城市支持农村，实现工业与农业、城市与农村协调发展，也是带有普遍性的取向。在同年12月初召开的中央经济工作会议上，胡锦涛再次强调：我国现在总体上已到了“以工促农、以城带乡”的发展阶段。这是从以工业化为中心的被动调整向以人为本、以科学发展观为指导的主动调整的转变过程。“两个取向”的重要论断是新形势下破解协调城乡关系、建立和谐社会这一难题的钥匙，也从全局和战略的高度概括总结了国内外历史极为丰富的经验和教训，为现代经济史研究提出了重大的课题。又如“公私兼顾，劳资两利，城乡互助，内外交流”这一新中国成立前夕中国共产党提出的发展新民主主义经济的基本政策，其重要内容之一是“协调”，就是它承认矛盾的必然性和可化解性。不仅提出了“公私兼顾、劳资两利”和“分工合作，各得其所”，而且通过实践证明：实现“兼顾”和“两利”的思想和政策是动态的、在一定条件下是可能的。在处理矛盾时，按照客观形势的具体情况有不同的侧重点。其中的丰富经验教训至今仍有深刻的现实意义。目前，我国公共服务在城市、小城镇、农村之间的差距已经拉开，城市公共服务在绝大多数指标上领先于小城镇和农村地区，在28项公共服务的具体比较中，在“文体设施建设”、“社保政策落实程度”、“就业信息交流”和“就业培训状况”等几个方面，农村居民的评价都大大低于城市居民，而只有在“创业环境”这个方面，农村居民的感受要好于城里人。① 这方面的研究对于城乡和谐环境的造就很有价值。

3. 在分配、就业和社保领域的社会公平方面有大量历史课题有待深入研究

在构建和谐社会的过程中，对我国居民就业、收入分配、社保等方面的历史与现状进行研究，并为政策制定者提供参考是现代经济史学者义不容辞的责任。

① 《中国青年报》2007年1月1日。

就分配领域而言，研究内容包括社会公平与收入平等的关系，收入差距与经济增长之间的关系，收入差距与社会稳定的关系等。实现社会公平和社会和谐需要在很多方面下工夫，其中一个重要的方面是社会成员具有享受公共服务的平等的机会。这包括平等的受教育权利和享有医疗保障的权利，后者涉及健康和医疗保障问题。随着金融领域改革的深入，信贷所受制约的不同也将成为城乡二元历史及其发展趋势研究的重要方面。通过这些方面所处阶段、条件进展的研究，有助于提高社会公平程度，对于社会和谐有重要意义。

4. 研究政府投资领域中缓和与“熨平”波动的经验教训，有利于促进和谐发展

历史经验表明，中国经济增长的每一次大起大落，都与投资规模过大密切相关。而以政府主导的行政投资扩张对每一次投资波动都起到推动作用。为了正确认识政府投资的规律和特征，要按照党中央关于构建社会主义和谐社会的原则和要求，落实科学发展观，在运用经济、法律、行政手段的同时，继续深化体制改革，从制度和体制上解决软预算约束问题，消除形成政府投资冲动的机制；要加强对各种专项基金使用的管理；要认真研究解决大学等事业单位不顾偿还能力举债搞建设的问题；认真研究解决垄断行业的国有及国有控股企业的利润上缴和合理使用问题。从各个方面规范政府、国有企事业单位的投资资金来源和投资行为，确保固定资产投资合理增长，促进经济平稳较快发展。

5. 探索对外贸易与中外经济合作中如何赢得社会和谐的时机和条件

中外经济关系在我国和谐社会建设中的作用体现为多方面，其中包括：外贸促进国民经济持续稳定增长，不仅使国内众多产品拥有更广阔的市场，带动国内产业和企业的发展，还通过进口机器设备、中间品等硬件技术的转移，并伴随技术服务咨询、技术人才培训、组织管理技能和企业家精神培养等软技术的渗透和扩散，使国内企业在获得技术效应、学习效应的同时，注重技术开发和创新机制的动态培育，带动全要素生产率的不断提高，加快国民经济结构调整与优化，为我国提供大量就业岗位，成为解决“三农”问题的有效途径。我国中外经济关系史内容丰富、曲折生动，从20世纪50年代的反封锁禁运，到六七十年代的从东西方成套设备引进，及至改革开放以来的全方位开放、加入WTO，融入全球化的世界经济格局，经验教训颇为深刻，在改革开放以来的不同时期，我国曾经制定了以质取胜和市场多元化、大经贸、科技兴贸等外贸发展战略。随着冷战时代的结束，外交档案陆续公开，这方面的研究成果正在呈现异彩纷呈的局面。

6. 注意体制和行业史研究中的服务意识、社会责任与社会和谐的关系

中国现代经济史研究对于和谐社会建设的关系不仅体现在宏观经济史领域，在中观和微观经济史研究领域也有充分的空间有待开发。譬如各类企业史，商会、行会的历史，金融业、商业、服务业、旅游业以及资本市场等的历史研究。在各类企业历史的研究中，国有企业积极创建和谐企业、主动承担社会责任是促进社会主义和谐社会建设的必然要求。其他经济成分的企业史从社会和谐的角度，也要注意体制史研究中的服务意识、社会责任与社会和谐的关系。以金融业而言，所谓服务型金融，就是指金融业要增强主动性的服务意识，积极运用金融资源为经济效率和社会公平服务，并从中拓宽持续经营的盈利模式。通常可以由几个原则来衡量：一是需要资金的各类企业和个人，是否都得到了适当的金融支持；二是在金融运行中，是否为社会主体提供了足够的金融便利；三是金融发展能否带来广泛的财富效应和福利改进；四是金融是否服务于全球化下的国际战略。关于国有企业改革的社会化取向、民营企业发展及社会责任的发挥，垄断行业与国家和社会的关系，也都有大量从历史角度要作的课题。

综上所述，中国现代经济史研究与社会和谐发展有着密切的关联，不仅在回溯历史经验教训中能够得到新的启迪，而且对于当前和未来的政策和法规建设也能够产生借鉴作用。

《经济史上的教训》一书译者何平教授在序言中谈及关于中国经济学的现状问题时介绍了哥伦比亚大学教授、诺贝尔经济学奖得主罗伯特·蒙代尔关于中国经济学的水准的评价：在经济数学和经济计量学领域，他给中国同行打分是 A，价格理论是 A^-，宏观经济学的打分不高于 B，经济史和经济学派是 C 或者 C^+（参见《国际人才交流》2003 年第 5 期第 7 页）。在日本，许多从事当代经济金融理论研究的东大经济学部教授都写有漂亮的经济史论著。中国目前的现实是，从事经济史研究的学者较少关注经济理论的最新发展，从事经济理论研究的学者无暇顾及经济史的研究。考虑到蒙代尔教授对中国经济学同行的评分和在国外的实感，将经济史与经济理论同时加以重视，有其合理的地方。

现在这个问题，我概括成“双不赢”，正逐步得到改善。同国际水平相比，我国的经济史研究还远远不够。林毅夫就说过，诺贝尔经济学奖应该颁发给最能清楚说明中国改革开放历史的人，中国还没有这样的人，所以还没有赢，要实现“双赢”，我们就要有所作为。我想，不会用很长时间，目前我国经济学界，经济史与经济学“双不赢”的状态，会有所改变的。

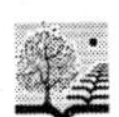

第二部分　研究近现代经济史要注意的十个关系

一、与制度和体制的关系

我国近代著名的历史学家钱穆先生曾说：“历史本身就是一个变，治史所以明变。”“如何研究历史，贵能从异求变，从变见性。”①

在近现代的150余年中，由于中国处于世界性的战争与和平交替、社会制度大变革、以科学技术的飞跃发展带动人类社会迅速进步的伟大时代，又时时处于前两种变革与发展的中心和前沿。因此，中国近现代史、特别是1949年以来的中国现代经济史就成为内容十分丰富、特点十分突出、令人瞩目的研究领域。近现代中国历史的第一个显著特点是：社会经济制度变革频繁、深刻。150年中，就全国范围而言，在社会制度方面，我国经历了封建社会、半封建半殖民地社会、新民主主义社会与社会主义初级阶段四种社会制度；就局部而言，则还有原始氏族公社、奴隶与农奴制度、殖民地制度，等等。在经济体制方面，既经历了随社会制度变革形成的经济体制的变更，包括半封建半资本主义的经济体制、新民主主义经济体制、社会主义经济体制；又经历了同一社会制度下不同经济体制，如社会主义社会制度下的计划经济体制与市场经济体制，等等。其中尤以20世纪80年代以来中国从社会主义计划经济体制向社会主义市场经济体制的改革史无前例、举世关注。社会经济制度的变革又与中国社会生产力的状况呈现相辅相成的因果关联。第二个特点是：这些变革与世界的联系如此密切，以至变革的每一个阶段、每一个步骤都直接或间接地具有国际背景，以及他国的作用与影响。因此，我们对中国现代经济史的研究视野，包括指导思想、研究对象与研究方法都离不开这两个特点。

首先，中国现代经济史的研究不能脱离制度变革。中国近现代经济史的特点表明，个人行为离不开制度的制约、激励和保护。如果仅从孤立的个人而不是社会的个人出发考察经济问题，就会把历史和时间排除在经济学视野之外。从现实的社会整体结构中的个人出发考察问题，则必然要考虑经济发展和制度变迁的历

---

① 钱穆：《中国历史研究法》（节选），《北大史学论坛》，http://www.hist.pku.edu.cn/club/index.asp，2007－06－17。

史延续性。把制度作为分析对象，分析制度的产生、发展和变迁，揭示制度的动态性和历史性，这也是马克思主义经济学与现代西方的制度经济学与产权经济学的一个共同点。①

譬如，从诺思的制度变迁理论来看，它既不是孤立地研究制度及其变迁，也不是孤立地研究经济增长，而是通过对经济史的一些考察，分析了产权制度的成立和变革、人的动机和行为、经济增长、国家兴衰、意识形态等及其相互之间的联系。②

从哲学的角度看可以认为经济体制的研究具有一般的意义：我们现在说是和谐。重要的就是不要为所欲为，不要越俎代庖。它实际上讲的是一种自然秩序，或理解为自然的道德秩序。政治秩序的合法性最后都可以归结为一种道德秩序；经济秩序也是如此。在经济生活中，当我们被置于一种关系之中的时候，正义、自由从来都不是指单个人的自由、正义或和谐，它就指在关系当中，怎么样使关系的各方，都能够各居其位，各行其是，各成其是。这种自由与秩序的合法性、行为的正当性密切相关，既要有合理的经济体制和制度，更重要的是建立信用和保障信用。资本主义得以出现，全赖信用与资金的流通、集中，在这中间信用比资金更重要。而信用要靠国家法律和公权力的维护和保障。③

在中国现代经济史的研究中，经济体制是一个重要研究对象。中华人民共和国成立50年来，实行过三种经济体制：新民主主义经济体制、社会主义计划经济体制和社会主义市场经济体制。每一种经济体制均包含着对于产权制度、经济运行机制以及多种生产要素的政策发生巨大变化；从而使经济运行展现出不同特点。如新民主主义经济理论不是直接来自于经典著作的现成结论，而是中国共产党和毛泽东在领导中国革命和建设根据地经济的长期实践过程中，把马列主义的普遍原理与中国国情相结合，独创的全新的经济学说；据此理论中国革命根据地，特别是新中国成立初期的经济工作取得了奇迹般的成功；近年来的经济改革进一步证明多种经济成分并存、计划市场相结合的运行机制是符合中国国情的。以上种种情况，使得半个多世纪之后，对于新民主主义经济体制的研究成为中国现代经济史和国史研究和一个热点。

在对经济体制的研究中，要历史地看问题。黑格尔讲："存在即是合理。""合理"的含义是说：每一件事都有其存在的理由和根据。用经济学的术语来讲，就是每一件事都有它赖以产生的约束条件。至于这个理由、根据，或者说约束条件好不好，我们喜欢不喜欢，那是另外的问题。历史现象即使在后人看来是

① 参见黄少安：《现代产权经济学的基本方法论》，《中国社会科学》1996年第2期。

② 吴承明先生谈经济史研究方法问题，2004年6月8日。

③ 参见陈家琪：《哲学意识中的人类命运》，《文汇报》2007年5月13日。

那么荒诞不经，但是放在当时的历史背景中总还是“事出有因”，有其“合理的”一面。因此，要“具体问题具体分析”。但是，这种要求决不等于我们的视角与评价还要停留在当年的水平上。由于历史研究的目的是为了今日与未来，所以必须立足于新的基点。近年来在经济史学界重提考茨基的“商品经济是前资本主义社会中‘唯一的革命因素’”的观点，以及在研究中注重商品与市场、经济结构、区域与环境的趋势反映了这一指导思想。在对于中国的“新民主主义经济体制”、工业化战略、经济调整与经济波动等一系列历史问题的研究中，均从探索社会主义经济的角度做了新的开拓，既反映了理论对于研究方法的指导作用，也体现了中国现代经济史研究与时俱进的特点。

二、与社会史的关系

20 世纪初，历史研究的范围进一步扩大，不仅从内容上扩大了历史研究的对象，摒弃了狭隘地只研究人物（尤其是精英人物）、事件，代之以包括生态、地理、经济、社会、政治、科技、文化在内的“全面历史”，而且从方法论上沟通了史学与社会科学的联系。19 世纪中叶由马克思、恩格斯所创立的唯物史观对经济史的产生和发展起到了不可低估的作用。经济史在历史研究中逐渐占据了“优先地位”。经济要素分析和数据资料更加受到重视，以经济学理论研究经济史的论著逐渐独立出来，形成了专门的经济史。如克拉潘（John H. Dapham）的《现代英国经济史》、《1815—1914 年法国和德国的经济发展》，汤普逊（Jamas. W. Thompson）的《中世纪经济社会史》，桑巴特（Warner Sombart）的《现代资本主义》，熊彼特（Joseph A. Schumpeter）的《资本主义、社会主义和民主主义》均以其不同的经济史学理论而颇负盛名。

西方经济史发展起来之后，又经历了从单纯经济史到经济史与社会史相结合的发展历程。它使经济史走上了健康发展之路，而且它所取得的成就也在不断地推动着其他史学领域的发展。其实，经济与社会本来不可分离，只有将经济因素置放于社会整体历史的变迁中进行考察，才能使经济史的研究走向全面而深入。我国现代经济史与社会发展、政治变革的关系十分密切，以至到了不考虑社会政治因素就不能全面理解经济史的程度。吴承明指出，中国经济史研究有三大学派：一派偏重典章制度的演变；一派偏重经济理论的分析与阐述；一派兼顾社会和文化思想变迁。就现代经济史的研究来看，各家研究侧重有所不同，但三大学派分化至今还不明显。这可能是由于制度、政策在现代的作用很大，种种方式的研究都离不开；经济理论和数量分析在各种研究中都在采用。近年来，非经济因素中研究得较多的是政府和文化。吴老说：“中国封建政府对促进经济发展和障碍社会现代化的效率都远大于西方中世纪王朝。”[①] 实际上，近现代以来，中国政府对于经济社会的主导作用也须臾未减弱，即使在1978年以来市场化取向的改革之后也是如此。这形成了现代经济史研究对象的一个特点。

三、与自然环境、天文、地理的关系

将保护环境作为基本国策后，“天人关系”是经济史研究中说得越来越多的一个话题。我国自古以来就十分重视“天人合一”。从哲学基础看，老子讲“人法地，地法天，天法道，道法自然”；庄子讲“天地与我并生，万物与我为一”；荀子在《天问》中写道：“天行有常，不为尧存，不为纣亡。”这些思想有其自然科学基础，正是基于该时期数学、天文、地理的进展，先贤们才能理论概括出这些思想。[②] 在现代经济史中，这方面的经验教训是很多的。譬如在水利方面，人类文明大都诞生于大河两岸；而文明的衰落，却又与大河流域生态的破坏息息相关。在新中国成立初期的156项建设中，最失败的就是三门峡电站的建设。对此，周恩来、陈云都有过反省。1964年6月10日，周恩来接见以越南水利部部长何继晋为首的越南水利考察团，介绍了我国水利工作上的四条经验教训：①都江堰这个有历史的工程是成功的，但我们利用得不好，没有很好研究总结这个历史经验。②三门峡工程上马是急了一些，对一些问题了解得不够，研究得不透，没有准备好，就发动进攻上马，革命精神有，但是科学态度不够严格，二者没有很好结合。我们历史上治黄是最重要的问题，还没有将历史经验加以科学总结。③治淮工作中犯了地方主义、分散主义的错误，治水要从上游到下游照顾全局，要有共产主义风格，有时要牺牲自己救别人。要让干部和农民都有所认识。④密云水库搞得太快，负担太重，三年建成急了一些。水库容量大，迁移人口多，淹地多，虽然工程是成功的，但是有偶然性。[③] 仅就水利建设的短短一席话，却涉及历史与现实、地方与全局、规划与施工、引进吸收与自我消化等多方面的问题。我国经济建设中用在水利上的财力、人力投资极大，但史书中写的不多。[④] 水利涉及的问题不仅在工程建设本身，还有思想认识、制度以及引进外资、对待专家学者的态度等问题。再如农业方面，有了化肥、农药、地膜和拖拉机等能源和物质进入原有的闭合式体系，传统农业变得更加开放了，开始进入一个更大的

---

① 《吴承明集》，中国社会科学出版社，2002年版，第349页。

② 参见石元春：《从农业发展历史看科学与人文的互动》，《光明日报》2006年1月26日。

③ 参见中共中央文献研究室编：《周恩来年谱（1949－1976）》中卷，中央文献出版社，1997年版，第647页。

④ 福建师大的高峻教授写了一部新中国成立初期的水利史，是一个良好的开端。

循环系统。带来的结果是：高投入、高产出、高成本和高资源环境的代价——人类与自然的关系面临新的问题。在后工业文明时期，如何构建一个人与自然、科技与人文双重良性互动的状态，取决于三个条件：一是除了化肥、农药、农机、电力以外，是不是还有新的科技驱动；二是开放式的循环能不能持续下去；三是新的人文环境能不能构建。我们可以通过观念和战略思想的转变，构成工业文明时期农业与人文的良性互动。例如，继承传统的农业理念，即“天、地、人合一”的思想，利用现代科技手段把非良性的农业循环模式转变为良性的循环模式；或通过科技管理进步，使农业科技生产与自然的非良性互动转化为良性互动。①

人类对待自然，历来有各种各样的态度。有人划分为四个阶段：第一阶段是畏惧自然，第二阶段是崇拜自然，第三阶段是藐视自然，第四阶段是尊重自然。② 这样划分不一定准确，各个阶段也很难精确分界。但这种划分大体上反映了认识过程，“尊重自然”是一个进步，正在成为越来越多的人的共识。在经济史特别是现代经济史的研究中也将得到越来越多的体现。例如：如何评价“三年困难”，国家气象局根据气象历史资料进行了分析，1959～1961 年，气候总的来看对农业十分不利。从气象灾害造成的损失来看，1959 年和 1961 年为损失偏重年份，1960 年为严重年份。③ 三年经济困难的主要成因，1978 年前曾片面地完全归咎于“天灾”。但近年来国内外又有文章认为这三年根本没有自然灾害，“人祸”即决策错误是唯一的原因。最近用计量方法分析当时农村因灾减产、因决策错误减产、因高征购而减少粮食存量之间的比例状况。结论是：从农业粮食减产因素看，自然灾害略大于决策错误；从农村一个时期集中缺粮因素看，决策错误远大于自然灾害。④ 这样对问题的认识就更加全面可信了。

20 世纪 80 年代以前，中国大陆经济史研究偏重生产关系，着重于批判封建剥削和帝国主义经济侵略，力图解决私人资本与雇佣劳动之间的对立关系，等等。20 世纪 80 年代以来，随着经济体制改革和对外开放的进展，国内研究环境改善，资料来源逐渐丰富起来。中国现代经济史研究大量选题注重于体制——虽然仍然是生产关系，却将生产力与生产关系结合起来研究了。21 世纪以来，一方面由于社会经济文化的发展对中国经济史研究不断提出新的要求，另一方面也由于研究人员思想逐步解放，视野日益扩大；在中国现代经济史研究中，研究领

---

① 参见石元春：《从农业发展历史看科学与人文的互动》，《光明日报》2006 年 1 月 26 日。

② 参见唐锡阳：《以科学的态度对待科学》，光明网 2005 年 2 月 24 日。

③ 张海东、张尚印、李庆祥：《对我国 1959～1961 年气候条件的分析与评估》，《当代中国史研究》2004 年第 1 期。

④ 陈东林：《从灾害经济学角度对“三年自然灾害”时期的考察》，《当代中国史研究》2004 年第 1 期。

域的拓展尤其明显。

从国外学者的研究中也能得到许多这方面的启示。彭慕兰的《大分流》一书的研究方法是把前人研究中比较重要、影响比较大的观点收集起来，分门别类，对每一项进行区域性比较分析。作者提出了英国唯一的一个优势——煤，如何成为工业革命的新能源。但作者强调的并不是煤的使用或煤的产量，而是英国煤矿的地理位置以及地质状况。认为英国煤矿位于经济发达的核心地区，运输费用低廉，使煤可以大量推广。而中国当时的煤矿分布于山西，与江南和岭南的经济发展核心区距离遥远。另一方面，英国煤矿含水大，开采时需要不断抽水，导致蒸汽机的发明。中国山西的煤矿相反，地下相当干燥，经常遇到的问题是煤层自燃，需要通风技术解决这一问题。因此，即使中国的煤矿能够有大发展，这种通风技术也不能产生像蒸汽机那样重大的作用。从而作者将西欧的先进视为大自然的恩惠。① 这种方法也给予我们以启示。

目前，越来越多的有识之士认识到中国生态环境的破坏和环境污染已经很严重，正在给中国经济的长远发展造成难以估量的危害。因此有人说，我国正处于像当年放弃“以阶级斗争为纲”那样放弃单纯以 GDP 为中心的发展目标。在这个探寻科学发展观的过程中，绿色 GDP 自然就成为人们的新期望之一。绿色 GDP 是从传统 GDP 中扣除了经济增长导致的灾害、环境污染和资源浪费之后的净产值。把经济增长与它所付出的“生态成本”联系起来，对经济的增长与发展就会有新的认识。我国在 1998 ~ 2002 年的 5 年间 GDP 年均增幅 7.7%。但斯德哥尔摩环境研究所与联合国开发计划署共同编写的《2002 年中国人类发展报告》指出，环境问题使中国损失 GDP 的 3.5% ~ 8%。近些年我国的荒漠化扩展、耕地流失、草地退化、水资源短缺加剧等，无不说明我国生态维持经济增长的负荷已达到极限。② 这在现代经济史中应该予以足够的反映。

四、与宏观经济、微观经济的关系

研究历史的方法有两种：第一种是由上而下，自古到今，循着时代先后来做通体的研究。第二种研究历史的途径，就是自下溯上，自今到古，由现代逆追到古代去。只把握住现代史上任何一点一方面，无论是政治的、社会的、经济的、思想的，等等，任何一事实一问题，都可据我们眼前的实际问题循序上推，寻根

① 参见史建云：《“大分流”带来的启示》，国学网——中国经济史研究，2003 年 12 月 31 日。

② 参见樊云芳：《绿色 GDP 离我们究竟有多远?》，《光明日报》2004 年 6 月 8 日。

究底地研究，也可明白出这一事变之所以然来。① 我们今天研究经济学的宏观和微观问题，探索其与历史的关系，往往是从第二种方法来的。

现代经济学将宏观和微观分开来写，分别为宏观经济学和微观经济学。宏观经济从一个国家总体角度观察，以经济总量指标来衡量经济活动。微观经济主要指家庭、厂商（企业）和市场等单个经济主体及其相互关系。② 而经济史研究的对象是国民经济，它是各种经济活动的总称，它包括相互联系的各个层次、各个环节、各个部门、各个地区。既包括宏观一面，也包括微观一面。例如，研究中国现代经济史不能不研究历次宏观调控，研究的主要对象涉及国民经济生产（包含就业）、分配（包含收入）、交换（包含价格）、消费（包含储蓄、投资）等各个环节。同时不能不研究农村的土改、合作社、人民公社、家庭联产承包，城市的国企、民企、股份制企业等微观层面管理体制的变革和效益。③

当然，经济史也可以写专题史，分别撰写宏观、微观不同内容的历史。近年来，中华人民共和国经济史出版已有多部，有简明的，有多卷的；有侧重用于教材的，也有侧重研究和分析的；有按时序阶段撰写的，也有按专题撰写的。其中包含了宏观和微观的重要史实。同时，专题史也繁花似锦，如企业史、行业史、部门史、阶段史，等等。

总之，作为中国现代经济史的专业研究人员和有志于此的学者，面对着广阔的研究领域，需要了解宏观经济与微观经济之间错综复杂的因果关系，才有可能在科研和著作过程中如庖丁解牛般得心应手。

五、与生产力布局、区域经济的关系

经济史的研究对象应该包括整个社会经济生活，而且，应该通过经济史的研究来解释各种社会历史现象。所以，经济史学科的研究范围应当加强区域经济史的研究。社会经济史的区域性研究，近几十年来已成为国际性学术潮流，方兴未艾。例如，布罗代尔在《地中海与腓力二世时期的地中海世界》一书中所用的理论和方法，就被许多国家的经济史研究者视为圭臬。由于中国社会历史发展在地域上严重的不平衡性，区域性研究具有更大的学术价值。各个地区的经济史研究者都要注重本地区社会经济发展历史的研究，因地制宜，因人制宜。对于青年

---

① 钱穆：《中国历史研究法 》（节选），《北大史学论坛》，http：//www. hist. pku. edu. cn/club/index. asp，2007－06－17。

② 参见刘树成主编：《现代经济辞典》，凤凰出版社、江苏人民出版社，2004 年版，第 429、1038 页。

③ 在宏观和微观之间，目前还有人提出中观一说，主要指部门和行业进入、退出的研究。

学者来说，研究区域经济史也是打好基础的重要途径。①

经济发展的历史总是在一定的区域范围内发生和变化的。不同区域在自然、经济、文化、历史方面存在着差异。我国经济发展水平的区域差异有显著特征，即从西部到东部存在一个由低到高的梯形结构。而人均资源的分布则从西到东递减。如何对资源不均匀分布且不完全能自由流动的现实社会空间中的多种经济现象进行描述、分析，也是中国现代经济史不可推卸的责任。

在现代中国的不同时期，经济区划、区域规划、城市规划都有所不同。譬如，我国在20世纪50年代曾经建立大区行政体制、经济协作区；在90年代第七个五年计划时期曾将全国划分为五个一级经济区、19个国土重点开发区，等等。② 在不同时期实施了不同的区域开发战略。譬如均衡发展、非均衡梯度发展、跨地区经济一体化（80年代）。具体政策如工业基地建设、中西部开发、三线建设、特区开发区重点建设以及大区的相对独立经济体系的建设，等等。区域生产布局关系到正确处理生产发展、人口增长、资源开发利用与环境保护，关系到社会效益、经济效益和生态效益的统一。半个世纪以来，我国区域生产布局中有丰富的经验教训。目前这方面的研究还相当薄弱，有待于开发和深入。

六、与中外经济关系研究，以及与中外经济比较研究的关系

从更加宏观的角度，中外经济关系也是一种区域经济关系。可以说，中国现代经济的体制、方针政策，经济发展的各个阶段的效率、效益均离不开中国与世界的关系。从新中国成立初期的处理旧中国经济遗产、西方世界的封锁禁运、20世纪六七十年代的半封闭、80年代以来的改革开放都是这样。简单地认为我国改革开放以前是“闭关锁国”，即与世隔绝，不必考虑外部关系与影响，既不符合实际，也会产生误导，得出错误结论。

目前的中国近现代史开始于鸦片战争。它标志着国际环境对于中国的影响空前剧烈了。因此，中国的生产力变化、制度的变更无一不与世界相关联。在研究中国经济历史时必须深入探讨世界市场、外国对华投资、对外贸易以及国际政治经济环境。20世纪90年代以来的经济史则不能不考虑中国的海外投资了。以为“闭关锁国”就成为与世隔绝的孤岛，这种看法既不符合历史真实，也不利于研究的深化。

要了解中国必须认识世界。受主客观条件的限制，过去我们在这方面有缺陷

① 傅衣凌：《谈史学工作者的知识结构和学术素养》，《文史哲》1987年第2期。

② 刘树成主编：《现代经济辞典》，江苏人民出版社，2005年版，第835～836页。

（窝里斗的特点与此有关，“人多地少蛋糕小”，目前我国总体实力居世界第4位，而人均GDP第110位①）。

在世界各国密切交往的时代，对于本国经济历史的研究和评价必须兼顾纵向与横向双向比较。纵向比较有益于认识本国的经济发展与社会进步；横向比较有益于借鉴他国的经验与教训，并且对本国发展的速度与效益得出更加客观的评价，避免盲目自满与故步自封，从中辨识前进的方向与增加革新的动力。德川时代的日本是典型的封建社会，同时代的中国也是典型的封建社会，可是后来两个国家却走上了不同的发展道路。有的人用地理环境的差异来解释这种不同。但关键还是在于内在的经济因素。日本的资本积累比较集中，三井、住友等财阀从德川时代就开始集中资本，并投资于生产领域。中国虽然也有徽州、山西、宁波等地较大的商人集团，但他们都从事金融、专卖和高利贷活动，几乎与生产没有联系。我们还可以比较中国与欧洲的不同。意大利的威尼斯商人靠航海业发达起来，中国从广东、福建、浙江到山东都有许多海商，但由于财力十分分散，没有产生威尼斯商人那样的影响。从事中国社会经济史研究的同志要多读一些欧洲经济史和日本经济史的著作。通过比较研究，我们将发现中国社会历史发展的许多特殊性，对这些特殊性的研究，又将有助于我们更好地说明整个人类社会的发展进程。②

对于比较性研究要反对两种倾向：一种是过分强调本国的特殊性，对于任何比较性研究均采取排斥或漠视的态度；另一种为一概不承认比较性研究需要一定的条件，不顾本国的社会历史文化特点与经济背景，导致比较研究的结果没有说服力，也缺乏科学性。

这件事情要做好不易。因为我们受到资料局限、知识局限，往往不敢去做或者做不深。譬如，麦金森写了一部《世界经济千年史》，国务院研究中心主任王梦奎2004年就此做了个比较，他从中体会说：研究中国经济要注意“人均”发展水平和人均资源占有。1820年中国人均GDP相当于世界平均水平的90%，1900年降为43%，1950年降为21%，2001年上升到59%，仍未达到1820年所占的比重。人均占有量同人口数量有关，中国人口1820年占世界36.6%，1870年占28.2%，1913年占24.4%，1950年占21.7%，1973年占22.5%，1998年占21%，总体看呈下降趋势，但一直高于经济总量所占的比重。现在，中国经济总量在世界位次前移，说明有比较大的经济实力和发展潜力；但人均占有量低于世界平均水平，说明仍是比较穷的国家。③ 这样的看法就比较客观。

① 国家统计局副局长徐一帆在第十四届世界生产力大会上的讲话，中国新闻网2006年10月10日。

② 傅衣凌：《谈史学工作者的知识结构和学术素养》，《文史哲》1987年第2期。

③ 王梦奎：《世界千年经济史中的中国》，《中国经济时报》2004年8月10日。

七、与统计和计量的关系

研究经济史要有三个基本功：历史、统计与经济理论，最重要的还是历史，若无史感则不能了解任何时代的经济，包括当代经济。诺思的著作分成两部分，前面是理论部分，讲得很清楚，但后面分析历史时，却涉及大量非经济因素，如战争、疾病等。新制度学派理论已注意到国家作用，加入了国家理论，这一点对分析中国问题是重要的。计量分析的局限性大，需要假设许多不变的条件，如假定价格、制度不变，这不符合历史。随着信息业的发展和统计数据的丰富，计量分析有可能用得更多。

数学与计量分析更重要的是提供一种思维方式。数学为人类和社会提供了可靠的有效思维方式——归纳与演绎相结合的思维方式。归纳与演绎的思维方式本来是一般科学（不仅是自然科学）的思维方式，但是她在数学中具有最明确的形式，数学是她的最好的载体，而且可以说她是由数学研究而发生、发展的。数学的思维和素养也有利于人们形成遇事能从根本点出发进行有条理的分析思考，有助于形成实事求是、不人云亦云、不盲从、不迷信权威的作风。当然数学的思维方式应用于其他科学和社会问题还有一个迁移的过程。几千年来，人们在实践的各种层次上完成了这种迁移过程。在我们提倡素质教育的今天，应该通过数学教育帮助人们更自觉地完成。①

经济现象多半可以计量，并常表现为连续的量。在经济史研究中，凡能计量的都应尽可能做计量的分析。定性分析只给人以概念，要结合计量分析才能具体化，有时并可改正定性分析的错误。经济史的计量分析应用统计学方法、计量经济学（econometrics）方法、计量史学（cliometrics）方法。三者功能不同，而主要是统计学方法。统计是计量分析的基础，计量经济学、计量史学也都要以成系列的统计资料为依据。经济史需要有时间序列的统计，这些统计常是根据个体（家庭、农场、企业）的记载和小范围的调查资料，加工估计而成；直到近代，才有国家布置的报表统计制度和国情普查制度。18 世纪清政府颁行的各州府逐月陈报的粮价单以及雨雪粮价折，是一种很早的表报制度，在世界上亦属先进，但仅限于粮价。1912 年开始发表的农工商部统计表，包罗甚广，但错误严重，且申报单位逐年减少，人多弃而不用。我国比较完整的表报统计制度始于 1961 年，在此以前，经济史研究所需统计，大约除海关统计外，基本上都是经过加工的估计数据。但是，不能忽视估计。表报调查有其局限性。即使最先进的国家，

① 参见严士健：《让数学融入我国文化传统》，《光明日报》2007 年 5 月 8 日。

农业经济统计也还是依靠估算，国民生产总值的统计也有相当部分是估算资料。同时，历史认识有相对性。加工的估计数据，只要选样、加权和推论合理，其质量并不比直接调查为差，且因估算时可照顾全局和环境条件，效果可能更佳。历史统计主要是研究经济现象演变的趋势和速度，因而更重视相对值或比较值，这通常是用指数表达。一个变量用指数表达，即使其绝对值不够精确，亦不影响趋势和速度的正确性。长期的指数并可用阶段平均或移动平均法，以概括缺少数据的年份。用曲线图表达与用指数有同等效用，并可从形象上突出历史研究要找出经济发展的转折点和极限的要求。至于速度，一般用年或月平均增长（负增长）率表达。19 世纪以后，一国（或一地区）的总体经济大都是用国民生产总值即 GDP 和人均 GDP 来表达了。GDP 包括全部物质和服务的净产值，也包括消费（分配）、投资（储蓄）、产业结构以及出口数值，是最完整的宏观统计，经济的兴衰和结构变迁一览无余。在我国，已有国家统计局按照国际标准（SNA 制）制定的自 1952 年迄今的 GDP 统计（1977 年以前是由旧制改估数），并为现代史研究所通用。1952 年以前，经众多学者的努力，已有 1850 年、1887 年、1914 年、1931～1936 年、1949 年的 GDP 估计。惟我国治近代史者尚不习惯引用。又世界经济组织发展中心首席经济学家 A. 麦迪森所估之东汉（50 年）、宋（960 年）、元（1280 年）、明（1400 年）的 GDP，恐怕难以取用，麦氏也自称他的估计只是“猜测性的”（guesstimated）。

计量经济学兴起于 20 世纪 30 年代。最早是投入—产出分析，继而有回归分析、相关分析，以及系统论、控制论、信息论、博弈论等分支学科。计量经济学方法是建立一个或多个数学模型，找出参数或系数来确立各种经济变量的平衡关系，从模型中推导出指定变量的预测值，用以做出判断和决策。模型之可以做出预测，都是以过去的统计数据为根据，反过来看，便可用它来考察历史上经济变动的因果关系。不过，计量经济学方法之用于经济史研究的主要是回归分析和相关分析两种。其他，如投入—产出是一种很完善的分析方法，但其模型（平衡表）所需项目过繁，历史统计资料难以满足需要。如抛开其计量模型，单用投入—产出原理来分析一个部门或地区的经济史，我国史家曾有人尝试过，系统论、控制论方法是 20 世纪 40 年代新兴的科学研究方法，我国史学界曾有一个用系统论、控制论研究中国封建社会史的热潮，但都因缺乏数据未能建立政治、经济、文化等系统功能的平衡表和矩阵模型，未见成效。至于信息论、博弈论，兴起更晚，为目前时尚的经济学说，近十年来有四次诺贝尔经济学奖授予这两论的学者。惟信息论、博弈论方法是探讨微观经济学中对抗性的竞争与决策，一般不涉及经济史问题。①

数学的引入无疑使经济学研究别开生面。但是，数学化也使经济学面临危机：运用数学模型分析经济现象不可避免地会出现变量征引不足的问题。这是因为，分析一个经济问题往往比推算围棋的套路还要困难。影响经济发展的变量无穷无尽而且互为因果，任何在变量上的粗暴取舍都可能使最终结果变得荒诞不经。经济学不仅要考虑道德问题，还要考虑政治问题、军事问题甚至外交问题。这使得经济学无法像物理学或化学那样得出精确的结论。所以，一直有经济学前辈鼓励人们用定性分析与定量分析相结合的方法研究经济现象，鼓励人们用传统经济学知识来分析复杂的经济问题。在一位经济学家的著作中，甚至直接将经济学称为解释之学，因为在他看来，经济学只是解释经济现象，而不是预测经济现象。不过，预测未来是人类固有的冲动。数学模型的建立恰恰为经济学预测未来提供了便利的工具。②

现在系统科学的发展进入到了研究复杂性阶段，靠单一的学科难以解决。发展的趋势至少有两个：一个是从定性到定量的深入发展；另一个是多学科交叉综合的不断突破。从定性到定量的深化发展反映了数学方法越来越普遍，而交叉综合的突破实际上反映了系统思想和方法的重要性，这一现象的背后，体现的是世界在本质上的统一性。科学的深入发展需要还原论方法，但这种研究到一定程度还得考虑综合方法，因为许多复杂问题是不可分割的整体，需要从微观到宏观的系统综合。可以说，创新性的研究成果来自于严格的逻辑论证和翔实的经验支持，后者是靠历史研究支撑的。③

八、与资本、劳动的关系

资本这一范畴，在半个多世纪以来是中国现代经济史的重要课题。可以说，1993 年中共十四届三中全会毅然使用“资本”范畴，标志着对“资本”认识的新高度。那么在经济史的研究中对这一问题的阐述不应该回避，要有一个说法，是此前不存在还是掩饰或偷换了概念？与此相应的还有劳动、劳动力、劳动力市场以及就业问题在中国现代经济史中的地位和作用。与资本相关的财政、金融，投资融资体制、资本市场等一系列相关的历史需要研究；与劳动相关的就业、工资、收入分配、收入差距等一系列相关的历史也需要研究。这些范畴在计划经济时期与社会主义市场经济下的内涵和作用有何区别？经济学理论需要通过经济史

① 参见吴承明：《经济史：历史观与方法论》第八章第一节，国学网 2007 年 2 月 10 日。

② 乔新生：《经济学向何处去》，《人民日报》2003 年 12 月 12 日第九版。

③ 参见张宇燕：《关于“经济学大家”的断想》，《光明日报》2005 年 7 月 5 日。

的阐述得到发展。

九、与原始档案资料的关系

（一）研究领域从发现新资料开始

在历史研究领域，任何一个有意义的研究，都是从发现新资料或者对原有史料的重新整合开始的。史学的价值及其品格首先就表现为要认真看原始材料，只有充分运用了原生态的史料，史学著作才能经得起时间的检验，仅仅依靠或主要靠别人利用过的“二手货”是难以获致真正有价值的学术成果的。真实历史的构建是从尽可能详尽地占有历史资料入手的，它们之间形成了“原生态史料——原生态历史——原创性理解或解释”的路径依赖关系。档案对史学研究的重要性是难以用语言来表达的，只要是长期、严肃地从事具体研究的人都会知道，档案是具体研究课题的生命，现在也许不需要再做任何解释了。时下流行的“原生态”一词借用到历史研究中来，“原生态”的提法切中时下学术界某些论著不重视发掘史料、不重视运用原始资料的浮躁之风。现在我们用史料最大的缺陷、当然也是最方便的就是用电脑。电脑储存、电脑检索，确实很方便，但不一定容易消化。由于没有弄清楚史料在整个历史资料中的位置，往往不了解上文和下文，它的来龙去脉没有弄清楚，就凭这个按自己的框架、自己的思路去拼凑，结果使得写出来的论著与真实的历史相去甚远。史学的价值及其品格首先就表现为要认真看原始材料，仅仅依靠或主要靠别人利用过的“二手货”，是难以获致真正有价值的学术成果的。现在学术界弥漫着急功近利之风，有些人写文章根本就不注意收集原始资料，往往自己先有了结论，再去找材料印证，有的甚至不是自己掌握一套完整的材料，而是从别人那里将材料转引过来。先有观点，后找材料，不仅忽视了史料的原生态，而且颠倒了史学研究中论点与史料之间的逻辑关系。我们提倡对于一些重要的史料必须读原文、读原本，文本是必不可少的，尤其要考虑文本的完整性，必须知道这些材料是从哪儿来的、背景是什么。历史学和地质学有很多相近的地方。史料的发掘如同矿藏勘探，不是你知道这个地方有铁矿就行了，对于铁矿的位置，处于哪个矿层，矿脉怎么样，周围的环境怎么样，古生物遗存情况如何，包括当时的水陆情况都要弄清楚。只有这样，才能开展有价值的勘探。只有充分运用了原生态的史料，史学著作才能经得起时间的检验，保持它的生命力。顾炎武曾用“采铜于山”形象地比喻对资料的考订与排比。[①]

① 章开沅：《商会档案的原生态与商会史研究的发展》，《学术月刊》2006 年第 6 期。

有学者提出，学术原创体现在三个层面，即质料层、结构层与理念层，并将三者之间的关系比喻为“肉”、“骨”、“魂”的一体化，须臾不可分离。① 对于历史研究来说，质料层就是史料的原生态，结构层就是时下学界所津津乐道的范式问题，即方法创新，理念层原创则体现为一种新观念或新概念的提出与运用，旨在更合理地分析、更科学地解释历史的演进过程，从而为现实社会的变革提供借鉴。

（二）整合——将材料变成建筑

欧几里得《几何原本》的问世，开创了科学界的一代新风。而《几何原本》的内容大多是沿用前人的，欧氏的贡献在于创立并运用公理方法，将前人的知识“材料”整合成“一座建立在巩固基础上的巍峨大厦”。门捷列夫也采用他人积累的知识“材料”，建立了以他的名字命名的知识“大厦”——门捷列夫周期表。上述两个实例，都是采用一种使知识整体化的方法，将他人所备的“材料”建筑成“知识大厦”，使一个领域的知识发生了从“材料”到“房屋”的质变。这种质变，不是“材料”的本质发生了变化，而是这些“材料”之间的结构形式发生了变化。诚如一位西方学者所说：“搜集材料尽管是重要的一步，但它并不是发生科学突破的主要一步，最重要的一步，则是出现在把彼此脱节的一些事实形成一个整体，从而显现出一个新的格局的时候。”在搜集了大量资料的基础上，经济史研究在于将其系统化。现代科学研究的基本特征是自然科学与社会科学汇流而一体化。仅科学研究发生从“分析为主”到“整合为主”的变化。资料将发生从材料到“建筑”再到“总体建筑”的变化，因而“建筑”艺术——思维和研究方法显得较过去更加重要。②

如果我们考察最新发展起来的科学成果如量子力学、复杂性科学、生态学等，考察它们对自然界中事物的认识，就会发现复杂性现象所呈现的复杂性不是简单性的线性组合，更不可能被简单性所覆盖，是不可以还原为简单性的，对此必须探讨新的研究方法。社会科学更是如此，当我们将某一模型回归，看到其与经验类似而兴奋不已时，实际上并未真正地还原，因为已经将大量生动丰富的要素屏蔽掉了。对于有机性方面的研究，一是要使历史和时间参与到相应的说明和解释中去；二是要承认某些经验性——情感、意志、语言、智能、文化等，并对这些方面展开研究；三是承认并识别某些整体性要求，并对这些方面展开研究。面对经济、社会、生态等领域日益增加的复杂演化系统来说，简单机械的整合所

---

① 邹诗鹏：《学术原创的三个层面》，《光明日报》2005年11月1日。

② 参见王克强：《将知识“材料”变成“建筑”——欧几里得与门捷列夫方法论浅探》，《光明日报》2004年5月14日。

具有的局限尤为明显。整合的过程需要注意其中的运行和演化。①

十、如何处理“厚积薄发”与“短平快”的关系

这里有一个如何认识“厚积薄发”与“短平快”的关系问题。前者的目的是“打好基础出精品”，后者则有助于“造势和弥补眼前的不平衡”。如何处理二者之间的关系在于各人的目标和潜力。

经济史研究注定是一场持久之旅。如果与企业发展比喻，最近，贝恩咨询公司分析了7个发达国家的7500家上市公司在1996～2000年间的表现，结果表明，只有1/6的公司在国际性扩张中实现了持续盈利。俯瞰众多企业国际化的成败经历，可以窥见，在这场考验人性和智慧的旅程中，小聪明可能让企业摔大跟斗，看似若愚的大智慧更能让你笑到最后。这一点可能与经济史研究有相似之处。决心从事经济史研究的人一定要有长线思维、长远打算。

中国“系统的经济史是20世纪早期学习西方建立起来的”。20世纪二三十年代关于中国社会性质的论战，对中国经济史研究客观上起到了促进作用，这也是中国学界以马克思主义为指导研究中国经济史的开端。王亚南的《中国半封建半殖民地经济形态研究》、许涤新《官僚资本论》、陈翰笙《帝国主义工业资本与中国农民》等都是这一时期的经济史代表作。1949年后，中国经济史研究有了进一步的发展，一大批经济史资料的整理出版，不仅开拓了中国经济史研究的领域，而且使一些专题研究取得了丰硕的成果，但就经济史的理论建设而言，还相对有限。由于中国现代经济史研究的主要对象是中华人民共和国经济发展和制度变迁历史，而这段历史不仅时间跨度在不断延长，目前已经从20世纪70年代末本学科兴起时的30来年延长到今天的56年；同时内容也日益丰富。特别是随着改革开放的深入，当西方经济学的“西学东渐”浪潮过去，注重实证研究逐渐成为经济学的主流以后，近年来中国现代经济史研究呈现逐渐升温的现象，许多研究现实问题或对策性的论著，也更加关注其“历史渊源”。这就对本学科的研究和发展提出了更多的需求和更高的要求。有一系列问题需要进一步研究清楚。譬如：怎样认识马克思主义关于生产关系必须与生产力相适应理论与正确评价20世纪50年代建立的计划经济体制。如果从历史与逻辑的一致性角度看问题，需要说明当年单一公有制和计划经济建立与改革开放及今日经济体制的关系；又如，怎样认识中国经济发展道路的选择问题，怎样认识中国经济体制的社会主义性质，怎样认识新中国成立以来政府主导型的发展模式等；再如关于经济

① 参见《科学研究的新路径——整体论》，《光明日报》2007年7月17日。

效益与社会公平问题。这些都需要从历史的角度进行总结。回顾历史，从50年代的社会主义改造到“大跃进”；从60年代的“包产到户”、“托拉斯”到“文革”期间的批判所谓的“资产阶级法权”；从80年代的“让一部分人先富起来”到90年代的“863扶贫计划”、建立社会保障制度以及最近减免农业税、工业反哺农业等，都反映出中国共产党和政府长期在探索和调整有关政策，以实现效益和公平二者兼顾的目的。目前，改革开放已经历了1/4世纪，在取得巨大成就的同时，新的问题层出不穷，我们对计划和市场的认识在实践中不断升华，研究和撰写经济改革史提上了议程。怎样认识和评价新中国55年来出现的诸多问题，既需要经济史研究的努力，也需要理论界的努力。经济史问题的研究关系着中国经济学和中国经济的未来。

中国现代经济史研究的薄弱环节主要有两个方面：①尚缺乏大量深入细致的实证研究，这一方面与有关档案开放不够有关，另一方面也与不少学者不愿意做长期艰苦的资料收集和积累工作有关。②比较研究不足。新中国55年来的经济发展与制度变迁，既不是孤立于世界进行的，也不是缺乏必要的参照物。但是由于做中国现代经济史研究的学者多缺乏对同期外国情况的了解，因此看问题的深度和研究方法、视野都受到局限。

在这个信息爆炸、令人浮躁的社会环境中，要学习吴承明等先辈的思想和学风，我用一句IT业名人的话自勉：用微积分的办法做经济史。学过数学的人都知道，计算直线的长度比计算一条曲线的长度要容易得多。为了求得一条曲线的长度，把这条曲线细分成若干条细小的直线，再把这些直线的长度加起来，这就求得了曲线的长度。这个思想就是高等数学里的微积分。做研究的过程就是求解一条曲线长度的过程。每一个实实在在的课题就是组成经济史曲线的直线段。目前在社会科学界有一种浮躁的风气。博览群书，坐冷板凳收集资料，厚积薄发似乎已经过时了。其实不然，好的学风和方法才能创造出优秀的成果，而好的学风和方法需要在继承的基础上创新。在现代经济史的研究中，在挖掘史料的基础上，改进结构，整合与兼容相关学科的理论和方法，实现观念与理论的创新，是我们的任务和使命。

此外，还有一个写作的文风问题。孔夫子曾经指出：“质胜文则野，文胜质则史。”说的是：朴实多于文采，则流于粗野；文采多于朴实，又未免虚浮。这使人联想到人们关于写作文化散文的两种忧虑：一是担心写作者把文学作品当成学术著作来写，只是停留在史料的复述上，而不能触及历史烟尘背后的人性、人生的真谛，弄得质实而无文采；再就是担心放言纵笔，夸夸其谈，而影响到作品的科学性。从当前经济史写作发展的态势上看，这两种担心并不是无谓的。可以说，两种倾向都存在。在运用史料、组织素材过程中，如何能够以现实的关怀和

当下的期望视野，以个人的、民族的主体意识，通过对历史的阐释展现更加开阔的精神视野和思维空间，是我们写经济史也应努力的方向。①

参考文献：

[1] 张培刚：《经济分析史》中译本序言，载［美］熊彼特：《经济分析史》，商务印书馆，2005 年版。

[2] 吴承明：《经济史：历史观与方法论》，2001 年 9 月在中国社会科学院研究生院讲座稿，《中国经济史研究》2001 年第 3 期。

① 参考王充闾：《黄裳先生与学者散文》，《文汇报》2006 年 7 月 2 日。

传统经济评价之一：经济重心与区域经济发展

魏明孔

魏明孔

男，1956年9月24日生，甘肃皋兰人，历史学博士。现任中国社会科学院经济研究所研究员、经济史研究室主任，中国社会科学院研究生院博士生导师。兼任中国商业史学会常务理事，中国唐史学会理事等。

主要从事中国经济史的研究和教学工作。

区域经济发展是历史的动态过程。我国经济重心的南移并非一蹴而就，而是经历了一个漫长的过程。这个过程大体说来，是由南北朝时期开始的，到唐代中后期大体完成。在这个过程中，长江中游的开发无疑是一个值得关注的现象，其为我国经济重心的南移的一个过渡。

长期以来，我国经济重心在黄河中下游地区，北方地区的经济，不论农业、手工业和商业，都明显地占有优势。相对而言，南方地区的经济要相对落后一些。但是，这种状况在唐代却发生了比较大的变化。经过魏晋南北朝和隋及唐初的不断开发，南方地区的优势逐渐发挥出来，及至中唐以后，南方地区的经济逐渐超过了北方。经济重心的南移，是我国经济史上的一件大事，它反映了区域经济开发的深度和广度，且对我国政治重心的变迁也产生了不可低估的影响。

一、中唐之前南北经济的消长及重心所在

我国历史上的经济南北消长及重心所在，只是就整体而言的，并非说在经济重心南移之前，北方的任何方面均超过了南方。在手工业的有些方面诸如铜镜制造、造船业、陶瓷业等，在隋代和唐代前期南方地区就比较发达，系这一领域的生产中心。

（一）学术界关于经济重心讨论之现状

关于我国古代经济重心的研究，目前学术界方兴未艾，出现了一些对我们颇有启发的观点。这里有必要就其中有代表性的观点做一简要介绍。

有的观点认为，我国经济重心南移完成于六朝，六朝时江南经济在农业、工业和商业等方面都已经超过了北方地区；[①] 有的学者指出，中国古代从东晋以至北宋末年为经济重心向南转移的过渡期；[②] 有的著作强调，直到唐代中叶以后，南方作为全国经济重心的地位大体确立，这一变局的形成，长江下游的进一步开

① 罗宗真：《六朝时期全国经济中心的南移》，《江淮学刊》1984 年第 3 期。

② 桑原骘藏：《由历史上观察中国南北》，载《东洋史论丛·白鸟博士还历纪念》，1925 年版。

发无疑至关重要，但这时长江中游的长足开发，却为根本上改变中国古代经济社会发展以黄河流域为重心的格局，添加了一个关键的砝码；[①] 有的专家则认为，中国古代经济重心南移的起始点为唐代安史之乱以后，经济重心南移至北宋后期已接近完成，至南宋则全面实现了。[②] 这些富有创见性的观点，是今天认识我国经济重心的主要依据。

关于我国古代经济重心的变迁问题是牵涉面广、理论性强且非常复杂的重大研究课题。经济重心南移的完成经历了一个比较长的演进过程，但从整体上看，说中唐以后经济重心南移基本完成，是能够站住脚的。史料和我国社会经济发展的历史趋势支持了这一观点。

（二）隋代南北手工业经济的状况

经过东汉末年以来的政治、经济、文化、军事、民族、人口流动等一系列的发展变化，南方地区社会经济由于大量北方人口的南迁和先进生产工具的引进有了长足的进步，但就整体状况而言，隋代全国经济重心在北方无疑。但是，隋代北方经济呈现继续发展的势头，南方经济则有奋起直追的态势。这是一个新的特点。

关中系隋代京师之所在，当时这里的社会经济比较发达。史称关中百姓“去农从商，争朝夕之利，游手为事，竞锥刀之末”。[③] 可见隋代关中地区手工业和商业都比较活跃。今河北地区居民“务在农桑”、“人多重农桑”，个体小农业家庭副业手工业相当发达。“魏郡，邺都所在，浮巧成俗，雕刻之工，特云精妙，士女被服，咸以奢丽相高，其性所尚习，得京、洛之风矣”。[④] 社会经济在全国名列前茅。正因为黄河流域社会经济比较发达，所以就有“户口岁增，诸州调物，每岁河南至潼关，河北自蒲坂，达于京师，相属于路，昼夜不绝者数月”[⑤] 的记载。这些源源不断运往京师的调物，包括大量的手工业品，而其中黄河流域的产品占有绝大部分。黄河流域系隋王朝财赋重心之所在，隋政府所从事的声势浩大的在全国范围内开展的“大索貌阅”，实际上其重点就在黄河下游的山东地区：“是时山东尚承齐俗，机巧奸伪，避役惰游者十六七。四方疲人，或诈老诈小，规免租赋。”通过对山东地区的重点“貌阅”，即“户口不实者，正长远配，而又开相纠之科。大功已下，兼令析籍，各为户头，以防容隐”。这次“大索貌

---

① 牟发松：《唐代长江中游的经济与社会》，武汉大学出版社，1989 年版。

② 郑学檬：《中国古代经济重心南移和唐宋江南经济研究》，岳麓书社，1996 年版。

③ 《隋书》卷 29《地理志》上。

④ 《隋书》卷 30《地理志》中。

⑤ 《隋书》卷 24《食货志》。

阅”对于隋政府来说收到了明显成效：“于是计账进四十四万三千丁，新附一百六十四万一千五百口。”[①] 在传统社会，人口的增加对社会经济的贡献是不言而喻的。

与黄河流域相比，隋代长江流域及其沿海地区的社会经济要显得逊色得多，“江南之俗，火耕水耨，食鱼与稻，以渔猎为业，虽无蓄积之资，然而亦无饥馁”。因社会经济比较落后，其消费水平也就显得比较低，“尚淳质，好俭约，丧祀婚姻，率渐于礼”。[②] 长江中游的荆州地区“男子但著白布裈衫，更无巾绔；其女子青布衫、班布裙，通无鞋屩。婚嫁用铁钴铁鏻为聘财”。[③]这种穿戴风俗固然与当地的气候、地理和传统有关，但作为手工业主体部分的纺织业比较落后，不能不说是其中的一个重要原因。就整个南方经济来看，当时并非国家的财赋所倚之重心。炀帝时贯穿南北大运河的开凿，在当时首先不是基于经济方面考虑的，而是首先基于政治、军事方面的因素，当然也有隋炀帝热衷于幸游江南的用意在内，而不见有包括手工业品在内的江南财赋源源不断运往京师的记载，这与我们在后面将要论述到的唐代的情形迥然不同。

尽管如此，并不是说隋代南方地区社会经济一点起色也没有，这里只是说明其较北方还要落后一些，而其本身也还是有了比较大的发展。或者说，隋代南方地区的经济横向比较是落后一些，纵向比较则有了长足的发展。今四川地区的纺织业自汉代以来就比较发达，隋代仍然保持着强劲的势头。这里水陆所凑，货殖所萃，“人多工巧，绫锦雕镂之妙，殆侔于上国”，[④] 是人人皆知的史料，说明四川地区的手工业在全国占有一定地位。即使长江中游的豫章地区，这时亦出现了“一年蚕四五熟，勤于纺绩”的新气象。这里“亦有夜浣纱而旦成布者，俗呼为鸡鸣布”。[⑤]这种“鸡鸣布”的出现不但对当地的纺织品数量的增加和质量的提高意义重大，而且对周边民族地区也产生过影响，这在前面已经有所介绍。除了纺织业以外，隋代南方地区其他手工业部门也有一定程度的发展。扬州、鄂州、益州，是隋代铸币业的重要基地；[⑥]扬州地区的铜镜、铜屏风饮誉国内外[⑦]。同时，扬州的造船业在当时相当出名，炀帝幸游所用船只就是在这里生产的。“杨玄感之乱，龙舟水殿，皆为所焚，诏江都更造，凡数千艘，制度仍大于旧者”[⑧]。在很短的时间内就能制造出如此数量多、质量高、规模大的龙舟，足以说明扬州地区造船业基础非常雄厚，系全国造船业的中心。这些情况已经充分说明，隋代南

---

①⑥ 《隋书》卷24《食货志》。

②③⑤ 《隋书》卷31《地理志》下。

④ 《隋书》卷29《地理志》上。

⑦ 《通鉴》卷183隋炀帝大业十二年（616年）十二月条。

⑧ 《通鉴》卷182隋炀帝大业十一年（615年）十月条。

方部分地区的手工业经济有了比较大的进步，其后来者居上的势头已初现端倪。

（三）中唐之前北方社会经济优势的保持与南方的急起直追

中唐之前，就手工业生产来说，仍基本上保持着隋代的格局，即北方地区系全国手工业经济重心之所在，这从各种手工业尤其作为手工业经济主体的纺织业的生产情况可以清楚地看出。

唐高祖代隋后，“仍置钱监于洛、并、幽、益等州”，长江流域铸币地除益州外，还有桂州监，[①] 北方仍有铸币的基本场所。铸币业以外的其他金属铸造业，同样是北方地区较南方地区占有优势。而作为封建社会手工业经济主体的纺织业，更是北方明显占有优势。当时手工业经济重心在北方地区，是无可争辩的事实。

史称唐玄宗天宝（742～756年）年间“中国强盛，自安远门西尽唐境万二千里，闾阎相望，桑麻翳野，天下称富庶者无如陇右”，[②] 这说明唐代前期我国黄河上游地区蚕桑丝麻业比较发达，也是纺织手工业从整体上重心在北方的最后见于史书记载，尤其陇右地区更是如此。实际上，我国在中唐以前纺织手工业比较发达的地区一直在黄河中下游。河北诸道调赋中，“相州调兼以丝，余州皆以绢”，河南道“陈、许、汝、颍州，调以絁绵”，“余州并以绢及绵”。[③] 据学者最新研究成果表明，黄河下游所有51州均生产绵绢，即均为蚕桑丝绸区。[④]

在讨论唐代前期纺织业时，不得不重点讨论河北定州的情况，因当时这里的纺织业在全国首屈一指。据上引史书可知，唐代定州所产绢为四等，在八等之中当亦属比较好的产品。据《新唐书》卷39《地理志》三载：

> 定州博陵郡，上。本高阳郡，天宝元年（742年）更名，土贡罗、绸、细绫、瑞绫、两窠绫、独窠绫、二包绫、熟线绫。

其中进贡质地精美、在全国独树一帜的两窠细绫14匹。[⑤] 定州上贡的纺织品不管数量和质量及品种，在当时全国都属名列前茅，尤其这些上贡丝绸品，均系质量优美的高级奢侈品，这反映出定州纺织业之发达。正因为唐代定州纺织业发达，才有了唐玄宗开元（713～741年）时期定州何明远“赀财巨万，家有绫机五百张”[⑥] 的记载，而这样的记载却不见于其他地区。另外，据《安禄山事迹》卷上称，安禄山为了筹集反唐的资本，曾违法与少数民族及外籍商人在河北地区做买卖，而定州地区的纺织业发达，正是对“胡商”最有吸引力的地方，而那

① 《旧唐书》卷48《食货志》上。

② 《通鉴》卷216唐玄宗天宝十二载（753年）八月条。

③ 《唐六典》卷3《户部尚书》。

④ 卢华语：《唐代桑蚕丝绸研究》，首都师范大学出版社，1995年版。

⑤ 《元和郡县图志》卷18《河北道·定州》。

⑥ 《朝野佥载》卷3。

位"主官中三驿"的何明远，"专以袭胡为业"，正是向少数民族及外商出卖定州绫，才有厚利可图，而成"赀财巨万"者。所有这些，充分说明唐代前期定州纺织业的盛况。①

但是，黄河流域的纺织业及其他手工业在开元时期已呈现滑坡的趋势，正如玄宗于开元二十五年（737 年）三月敕文所言："关辅庸调，所税非少，既寡蚕桑，皆资菽粟，常贱粜贵买，损费逾深。"② 纺织业已非昔日所比，开始出现了衰落迹象，而北方手工业经济在全国所占比例的减小，意味着南方手工业经济的发展及在全国所占比例的提高。这种情况在向我们昭示，唐代经济重心的南北易位，已经指日可待。

二、中唐以后手工业经济重心南北易位的完成

隋及中唐之前，社会经济发展的态势是：北方地区社会经济在历史的基础上有了长足的进步，仍然保持着社会经济重心的地位。南方地区手工业则奋起直追，逐渐有后来者居上的势头。安史之乱使北方经济遭受严重摧残，相对来说，南方地区在社会生产秩序方面要稳定得多，而长期以来的北方人口的南移与生产技术和工具的引进，使南方地区的开发达到黄金时代，南方地区的社会经济终于压倒北方，我国手工业经济的重心南北易位在中唐以后完成。

（一）中唐以后南北手工业经济比较

中唐以后我国经济重心发生了根本性的变化，这就是北方经济在原来的基础上继续发展，而南方经济则超过了北方居于领先地位，南北经济重心的易位最终完成。应该指出的是，中唐以后我国社会经济的南北易位，并非意味着北方经济变得萧条，只是与南方比较而言显得在整体方面要落后一些。

反映中唐以后南方经济发展的史料相当丰富，《旧唐书》卷 105《韦坚传》中的记载非常典型：

> （韦）坚预于东京、汴、宋取小斛底船三二百只置于潭侧，其船皆署牌表之。若广陵郡船，即于栿背上堆积广陵所出锦、镜、铜器、海味；丹阳郡船，即京口绫衫段；晋陵郡船，即折造官端绫绣；会稽郡船，即铜器、罗、吴绫、绛纱；南海郡船，即玳瑁、真珠、象牙、沉香；豫章郡船，即名瓷、

① 《太平广记》卷 243"何明远"条引《朝野佥载》。参见巫宝三：《试释关于唐代丝织业商人的一条史料》，《中国经济史研究》1996 年第 2 期；魏明孔：《唐代私营作坊手工业之管见》，《中国经济史研究》1998 年第 2 期。

② 《旧唐书》卷 48《食货志》上。

> 酒器、茶釜、茶铛、茶碗；宣城郡船，即空青石、纸、笔、黄连；始安郡船，即蕉葛、蚺蛇胆、翡翠。船中皆有米，吴郡即三破糯米，方文绫。凡数十郡。驾船人皆大笠子，宽袖衫，芒屦，如吴、楚之制。先是，人间戏唱歌词云："得体纥那也，纥囊得体耶？潭里船车闹，扬州铜器多。三郎当殿坐，看唱《得体歌》。"①

韦坚是天宝元年（742 年）任陕郡太守、水陆转运使的，他因"以转运江淮租赋，所在置吏督察，以裨国之仓廪，岁益钜百"而得到玄宗器重。② 韦坚主持运进京师的数百只船中盛装南方地方手工业特产，是天宝二年（743 年）之事。这次声势浩大的船运队，"其船皆署牌表之"，这何尝不是一次巨大的南方地方手工业精品的展览会！从这些按南方数十郡标牌手工业产品的展览会中可以看出，天宝（742～756 年）年间南方手工业精品甚多。《旧唐书》作者如此重笔记载南方手工业精品，民间歌谣尽情歌颂扬州的手工业产品，韦坚大张旗鼓地在京师宣传南方手工业精品等，这绝非《旧唐书》作者的夸张之词，也不是百姓有意重此轻彼，更不是韦坚个人对南方的情有独钟，而是说明这一时期南方手工业生产在全国已经处于领先地位，其产品代表着全国的最高水平。韦坚的这次南方手工业精品展览活动充分反映了南北手工业经济消长的历史进程，也说明南方手工业经济将要超过北方地区成为不可逆转的态势。

《唐国史补》卷下记载，唐代宗大历（766～779 年）年间浙江东道"风俗大化，竞添花样，绫纱妙称江左矣"。这样，黄河流域曾出现的"齐纨鲁缟车班班，男耕女织不相失"的个体小生产农业及其家庭副业手工业的繁荣局面，只是留给诗人向往开元盛世的主题，而诗人对现实手工业品的讴歌重点，则由黄河流域转向南方地区。如白居易《红线毯》认为宣州线毯质量远在太原和四川之上，成了朝廷的重要贡品："太原毯涩毳缕硬，蜀都褥薄锦花冷，不如此毯温且柔，年年十月来宣州。"白居易在另一首《缭绫》中描写了吴越地区的高级丝织品——缭纱，"缭纱织成费功绩，莫比寻常缯与帛"，系奉诏贡品，"天上取样人间织"。缭绫在唐代后期是官府所需的高级奢侈品，如敬宗在长庆四年（824 年）九月"诏浙西织造可幅盘绦缭绫一千匹"。③ 这种缭绫据当时宰相李德裕讲，"所织千匹，费用至多"，"文彩珍奇，只合圣躬自服"，④ 系高级丝织品中的精品。元稹《阴山道》诗中亦讲，吴越地区生产的缭绫，"十匹素缣工未到"。这样的记载举不胜举。

---

① 可参见《旧唐书》卷 48《食货志》上；《新唐书》卷 53《食货志》三。

② 《旧唐书》卷 105《韦坚传》。

③ 《旧唐书》卷 17 上《敬宗本纪》。

④ 《旧唐书》卷 174《李德裕传》。

从上引材料不难看出，唐代中后期南方地区纺织业有了突飞猛进的发展，其产品质量和数量均已经超过了北方地区。据常贡材料统计，唐代前期长江下游18州进贡的丝织品有19种，唐代后期则有38种之多，品种增加了一倍。其中以越州、宣州、扬州、润州等地区的发展变化最为突出。如越州前期仅仅有白编、交绫、十样花纹绫等三种，后期则有宝花、花纹等罗，白编、交绫、十样花纹绫，轻容、花纱、吴绢等九种。尤其唐德宗贞元（785～805年）以后，“凡贡之外，别进异文吴绫及花鼓歇单丝吴绫、吴朱纱等纤丽之物，凡数十品”。[①] 处州开元（713～741年）时只贡葛、苎布等三种粗纺品，唐宪宗元和（806～820年）年间进贡品则包括小绫、纱、绢等约十种，其中包括高级丝织品在内。[②] 宣州开元（713～741年）时仅仅有白苎布一种纺织贡品，“自贞元（785～805年）后，常贡之外，别进五色线毯及绫绮等珍物”，其进贡的纺织品可与“淮南、两浙相比”。[③] 苏州在唐代后期土贡的纺织品中有丝葛、丝绵、八蚕丝、绯绫、布等。润州后期贡衫罗、水纹、方纹、鱼口、绣叶花纹等绫及火麻布。[④] 如此琳琅满目的纺织品，已使北方地区难望项背。

具有悠久历史传统的今四川地区的丝织业，在唐代中后期依然保持着强劲的势头。《通鉴》卷218唐肃宗至德元年（756年）记载，益州每年“贡春彩十万匹”，其中包括罗、绸、绫、绢等丝织品。安史之乱爆发后玄宗出逃四川时，正是靠这些数量可观的春彩赏赐军队，才稳定了在四川的局势。成都地区农业和手工业都比较发达，故在当时有“扬一益二”之美誉：

> 大凡今之推名镇为天下第一者，曰扬、益。以扬为首，盖声势也。人物繁盛，悉皆土著，江山之秀，罗锦之丽，管弦歌舞之多，伎巧百工之富，其人勇且让，其地腴以善，熟较其要妙，扬不足侔其半。[⑤]

唐代人卢求在《成都纪胜》中的这种评价不一定客观，而扬州和益州在唐代社会经济都比较发达，二者难分轩轾，应该说是没有什么疑问的。同时我们从卢求的这段关于成都与扬州的评论中可以清楚地看出，在历史上具有“天府之国”美称的成都地区，在唐代中后期大多数人们的眼中，其经济富庶的程度已经让位于扬州地区，“扬一益二”的格局已经形成并且成为不可逆转的事实。

中唐以后南方手工业经济除了纺织业如上所述在全国处于领先地位外，其他手工业的情况也大体如此。如金属加工业在中唐以后明显地超过了北方地区。这

① 《元和郡县图志》卷26《江南道·越州》。
② 《元和郡县图志》卷26《江南道·处州》。
③ 《元和郡县图志》卷28《江南道·宣州》。
④ 《新唐书》卷41《地理志》五。
⑤ 《全唐文》卷744卢求《成都纪胜》。

方面的记载非常多，并且在地下考古中已经多次得到证明。法门寺出土的唐代金银器，是不可多得的精品。这些制作精美的金银器，除了由京师官府作坊文思院制作的外，有相当部分是唐代后期由“浙西”进奉皇室的贡品，从而体现了南方金银器加工技术在全国处于无可取代的重要地位。其中如最有代表性的鎏金鸳鸯团花双耳圈足银盆，盆口成花瓣形状，底衬阔叶石榴组成大团花，盆底饰鸳鸯相戏，探头于花丛，形象生动自然。壁部饰有站立于仰莲座上鼓翅欲飞的鸳鸯，周围用流云点缀，花纹缜密，是我国迄今发现的金银器皿中最大最精美的珍品。这件口径460毫米、重155两的银盆，盆外底壁錾有“浙西”二字。①

陶瓷是与上至宫廷，下至庶民的日常生活关系密切的手工业品，唐代中后期南方地区瓷器制造业发展迅猛，是全国陶瓷尤其高级陶瓷生产的重要基地，其产品源源不断地供给北方地区。生活于唐代中后期的陆羽在《茶经》卷中《四之器·碗》中，对瓷器有如下比较：

> 碗，越州上，鼎州次，婺州次，岳州次，寿州、洪州次。或者以邢州处越州上，殊为不然。若邢瓷类银，越瓷类玉，邢不如越，一也；若邢瓷类雪，则越瓷类冰，邢不如越，二也；邢瓷白而茶色丹，越瓷青而茶色绿，邢不如越三也。晋杜毓舛赋所谓器择陶拣，出自东瓯。瓯，越也。瓯，越州上，口唇不卷，底卷而浅，受半升已下。越州瓷、岳瓷皆青，青则益茶，茶作白红之色；邢州瓷白，茶色红；寿州瓷黄，茶色紫；洪州瓷褐，茶色黑，悉不宜茶。

陆羽是我国历史上著名的茶叶专家，其所著《茶经》系有关茶叶生产、加工和饮用的经典著作。陆氏对瓷器质量标准的评价主要根据饮茶之效果，这难免有失偏颇，但他毕竟提出了一个可供我们今天评价当时瓷器的参考标准。尤其值得一提的是，唐代后期饮茶之俗风靡全国，陆羽对瓷器的评价标准，想必为当时朝野所认同。按陆羽在《茶经》中所列举的瓷器，即使越瓷和邢瓷不分轩轾，则寿州瓷、洪州瓷等，均在长江流域，瓷器生产的基地在南方无疑。正因为如此，越瓷在唐代后期颇受人们的青睐，其市场价格远在其他瓷器之上。如嵊县升高二村出土的一件瓷罂，腹部标明“元和拾肆年（819年）四月一日造此罂。价值一千文”数字。这样一件制作并不算精致的瓷器，在越瓷中属于一般产品，而价格却高达千文，这与晚唐岳州窑生产的青瓷注子标价仅仅“五文”相比，悬殊很大。越窑在当时具有很高的声誉，其产品已经作为一种贵重的商品在市场上

---

① 韩金科：《法门寺与法门寺文化》，《文博》1993年第4期《法门寺研究》专号；李发良：《法门寺志》，陕西人民出版社，1995年版。

流通。①

除此之外，中唐以后南方地区的造船业也在历史的基础上有了进一步的发展。南方地区的船运业，在隋及唐初就比北方地区发达，这是由南方河流湖泊资源丰富的自然条件所决定的。但是，中唐以后造船及其船运业的繁荣景象却是以前未曾有过的。中唐以后除了因漕运带动官府造船业的发展外，民间造船业及其船运业也有了长足的发展。另外，人人皆知的大历、贞元（766～805年）年间俞大娘超级大型船，就是一个典型的例子。据《唐国史补》卷下记载，"有俞大娘航船最大，居者养生送死嫁娶悉在其间，开巷为圃，操驾之工数百"，已经突破了"大船不过八九千石"的限制。这时的帆船的制造进步也比较大，"扬子、钱塘二江者，……舟船之盛，尽于江西，编蒲为帆，大者或数十幅"。南方造船业的如此盛况，在以前很少见于史书记载。刘晏在《致元载书》中称：

天下诸津，舟航所聚，旁通巴汉，前通闽越，七泽十薮，三江五湖，引控河路，兼包淮海，弘舸巨舰，千舳万艘，交贸往来，昧旦永日。②

贞元（785～805年）年间，萧洞玄"自浙东抵扬州"时，看到的是"舳舻万艘，隘于河次，堰开争路，上下众船，相轧者移时"③的情况。日本僧人圆仁于文宗开成三年（838年）也在扬州见到了如此现象："江中充满大航船、积芦舡、小船等不可胜计。"④由上可知，唐代中后期官私造船业都相当发达，船运业成了南方地区经济活跃的重要支柱之一。尤其重要的是，造船业的发展还带动了当时南方地区农业、商业和交通运输业的繁荣，其意义远远超过了造船业本身。

（二）中唐以后社会经济重心南移的完成

经过数百年社会经济的发展变化与消长，到唐代中后期，南方地区在农业、商业和手工业各个方面，均已超过了北方地区，成了全国经济的重心所在与主要财赋来源之地，南北经济重心易位终于完成。这一过程比较长，以至于对于我国经济重心南移完成的时间至今众说纷纭，莫衷一是，通过对前面的史料分析后不难发现，唐代中后期经济重心的南移基本完成是能够站住脚的。需要在这里强调的是，中唐以后手工业经济重心南北易位以后，并非意味着北方的手工业经济处于萧条衰落的状况，而是在历史的基础上仍然有所发展，只是其繁荣的程度较后

① 参见朱伯谦：《古瓷中的瑰宝——秘色瓷》，载《首届国际法门寺历史文化学术研讨会论文选集》，陕西教育出版社，1992年版。

② 《册府元龟》卷498《邦计部·漕运》。

③ 《太平广记》卷44"萧洞玄"条引《河东记》。

④ 《入唐求法巡礼行记》卷1。

来者居上的南方手工业经济显得逊色而已。在这里，我们要特别注意北方手工业经济的横向比较与纵向比较之间的差异。

据记载，"天宝之后，中原释耒，辇越而衣，漕吴而食"。[①] 这当然有藩镇割据的因素在内，但也清楚地表明，南方地区变为国家农产品和手工业产品主要来源地已经成为定局。杜牧曾说，浙东"机杼耕稼，提封九州，其间蚕税鱼盐，衣食半天下"。[②]"今天下以江淮为国命"，[③] 已成了中唐以后的社会现实。现实主义文学家白居易和韩愈等人均在自己的文章里表述了这一重大的社会变化。如白居易指出，"当今国用，多出江南；江南诸州，苏为最大"；[④] 韩愈则是这样表述的："当今赋出于天下，江南居十九。"[⑤] 长江中游的湖州，其经济发展也令人刮目相看："其贡桔柚纤缟茶苎，其英灵所诞，山泽所通，舟车所会，物土所产，雄于楚越，虽临淄之富不若也。"[⑥] 当时人们对经济重心南移的议论很多，其中李白《为宋中丞请都金陵表》，[⑦] 最能反映唐代后期南北经济的变化和南北经济重心易位完成的社会现实：

> ……今自河以北，为胡所凌；自河之南，孤城四壁。大盗蚕食，割为洪沟，宇宙哓哓机，昭然可睹。臣伏见金陵旧都，地称天险，龙盘虎踞，关扃自然，六代皇居，五福斯在，雄图霸迹，隐轸犹在。咽喉控带，萦错如绣。天下衣冠士庶，避地东吴，永嘉南迁，未盛于此。
>
> 臣又闻汤及盘庚五迁其邑，典、谟、训、诰，不以为非；卫文徙居楚邱，风人流咏。伏惟陛下因万人之荡析，乘六合之诪张，去扶风，万有一危之，近邦就金陵，太山必安之，成策苟利于物，断在宸衷。况齿革羽毛之所生，楩楠豫章之所出，元龟大贝，充轫其中，银坑铁冶，连绵相属，铲铜陵为金穴，煮海水为盐山。以征则兵强，以守则国富……

北方地区因长期战乱，社会经济遭到严重破坏，相对来说，南方地区社会比较安定，经济发展具有一定的社会环境。这一点当然是非常重要的。另外，自东汉以来的长期开发，使南方经济的潜能充分发挥了出来，北方地区的经济优势在中唐以后已经不复存在。李白文中所言，正是南北社会经济变化的反映，是南北经济重心易位过程完成的表述。但是，李白关于迁都的论述却不得要领。随着我国古代经济重心的南移，政治重心也在发生着变化，而政治重心的变动，是一个

---

① 《文苑英华》卷901吕温《韦府君神道碑》。

② 《全唐文》卷748《李纳除浙东观察使兼御史大夫制》。

③ 《文苑英华》卷660《上宰相求杭州启》。

④ 《白居易集》卷68《苏州刺史谢上表》。

⑤ 《韩昌黎集》卷19《送陆歙州诗序》。

⑥ 《全唐文》卷529顾况《湖州刺史厅壁记》。

⑦ 《全唐文》卷348李白《为宋中丞请都金陵表》。

非常复杂的问题，它除了受社会经济的影响外，还受到当时政治、军事、民族、地理环境和国际关系等因素的制约。这样，我国古代政治中心的变动没有循着与经济重心南移相一致的方向，而是呈现东移的趋势。尽管如此，我国经济重心的南移与政治中心的东移在唐代中后期已经成为不可逆转的历史事实。

三、经济开发与经济重心变迁的启示

区域经济发展会引起经济重心的变迁；经济重心变迁会引起政治中心的相应变化：我国经济重心的变迁大体上呈现由北向南的趋势，而政治中心则呈现由西往东的态势。

区域经济发展不平衡和谋求区域经济平衡发展，是古今中外一切民族、国家所共有的客观和主观实践。今天的西部开发战略的制定和实践当然也不例外。西部是我国文明的发祥地之一，令世人自豪的周秦汉唐就是在西部关中平原立国的，我国先进的经济文化首先是通过西部而逐渐走向世界的。一部西部社会经济史，实际上就是一部西部开发史。但是，西部开发并非一帆风顺，而是多有曲折，其中既有西部开发的辉煌历史，也有西部的落伍惨剧。

西部开发是一个动态的历史过程。西部大开发是国家于20世纪90年代提出的调整区域经济结构、缩小地区间经济差距的一项重大发展战略。中央政府关于西部开发战略决策的制定，是我国经济生活中的一件事关全局的战略抉择，已经并将继续对我国经济社会的发展产生不可估量的深远影响。在举国上下全力进行西部开发的背景下，制定西部开发的规划并付诸实施，固然是非常重要的，而从历史的高度认真汲取西部开发的经验教训也是不可或缺的，这无疑会使西部开发沿着健康的方向发展，使西部社会经济得到和谐和持续发展，尽量避免走弯路。中国历史上，曾经有六次西部开发的高潮，主要包括：①周、秦、汉、唐的西部开发：以西部作为经济重心而向周围拓展。②隋唐时期的西部开发：以西部作为对外展示经济强国实力的窗口。③清代的西部开发：国内民族矛盾和国际压力下的对边疆地区优势的利用。④抗日战争时期的西部开发：战时经济下战略大后方昙花一现的经济繁荣。⑤20世纪50~70年代的西部开发：既照顾均衡发展原则，又是准战时经济环境下的立国方略。⑥20世纪90年代末开始的西部开发：一个全新意义上的战略大调整。我国历史上西部开发可分为前后截然不同的两个阶段，一是隋唐之前的以西部开发作为当时全国经济的立足点，其开发或者以西北为中心向其他地区拓展，或者以西部开发为样板向别的地区推进。二是隋唐以后的西部开发，是在西部地区经济明显落后于东部和中部的形势下的开发，这一时段的开发已经失去了前面所说的优势，只是尽量缩小与比较发达地区差距的开发。因此，我国经济重心的变迁，对西部开发的影响非常深远。

区域开发过程中有一些经验和教训值得我们今天汲取。这就是经济重心的南移有非常复杂的原因，其中的一个不可忽略的原因是当时对于诸如关中地区的西北地区的开发过度，使得这里的生态环境受到了严重破坏，土地承载庞大的军队和官吏已经比较困难。以至于我们今天的西部开发中，有人认为西部自古以来就比较落后，实际上这是一种误解，周、秦、汉、隋、唐的国都在西部的关中地区，当时这里是全国的政治、经济和文化中心是毋庸置疑的历史事实。

（文章来源自《学术讲座荟萃》第 39 辑，2007 年 3 月 13 日）

浅谈历史学中的经济与经济学中的历史

董志凯

董志凯

女，1944 年生，天津市人，研究员。中国社会科学院经济研究所研究员，中国社会科学院研究生院教授、博士生导师，中国经济史学会会长，中国社会科学院中国现代经济史研究中心主任。

主要研究领域：中国现代经济史。

1994 年被中国社会科学院评为“中青年有突出贡献专家”；同年被国务院评为享受政府特殊津贴待遇的专家。

一、问题的提出

学科壁垒在学术界是一个毋庸置疑的事实，这取决于学科发展的细化和人们知识结构的有限性以及信息数量的急遽增加、现行的教育制度等方面，而其中人为的学科壁垒则也是一个值得关注的趋势，且其有进一步强化的可能。人文科学、社会科学和自然科学之间的壁垒，是不言而喻的；即使自然科学中的不同学科、社会科学中的不同学科之间存在着壁垒，也是可以理解的。这里指出的是同一个学科也存在着不可逾越的壁垒，甚至存在着不亚于天书的难度。其中最典型的一个学科就是众所周知的经济史。至于一个学科内部因研究方向不同而表现出的陌生感，更是在所难免。“明史不清，清史不明”，虽为戏言，却反映的是历史学研究者中存在的一个无可争议的事实，而这种情况在其他学科中也是普遍存在的。但是，据我所知，同一学科中存在着不可逾越鸿沟的学科，当非经济史莫属。

同为经济史，经济学院的经济史研究的是经济学中的历史，而历史系的经济史则主要关注的是历史学中的经济。因此便形成了两者之间的差异甚至隔阂。

需要说明的是，我之所以提出今天这样一个命题，并不是说本人在这一方面做得比较好，或者说在这一方面比较自觉，而是因为我因工作的需要，就是在我主持编辑《中国经济史研究》工作时，与两个方面的经济史科研教学工作者均有一定的接触，因此感触比较多。因此，我们有必要就历史学中的经济和经济学中的历史，做一些介绍，以期对此有比较清晰的认识，同时希望得到同学们的批评。

二、经济史研究和教学现状

在我国目前的学科设置中，经济史既作为理论经济学一级学科下的二级学科（另外有政治经济学、世界经济学、西方经济学或外国经济学说、比较经济学、发展经济学、中国经济思想史、外国经济史、生产力经济学、消费经济学、国民经济学），同时也作为历史学一级学科中的二级学科专门史之一（专门史除了经济史外，尚有文化史、地方史等），故涉及至少两个一级学科。这种情况在其他学科中并不多见。但是，历史学科下的经济史和经济学科下的经济史，在研究者的知识结构、学术背景、论著规范、学生来源、理论方法等方面存在着极大的差异，这种差异并不亚于其他不同学科之间的差异（随便举例说明，如果你把历史系经济史的优秀毕业论文匿名让经济学院的经济史专家评价，可能得到的等级是比较低的，甚至都不能过关；反之亦然。这种情况在我们参加博士生、硕士生答辩时时常发生）。

现在的问题是，历史学中的经济史与经济学中的经济史，往往把自己封闭在各自的圈子内，以至于同一所大学的经济学院或经济系的经济史研究者或教学者和历史文化学院或历史系的经济史教师或研究者相互没有专业上的来往，在教学、研究生培养、学术交流、资料购置、研究成果的利用和传播、成果评价等方面大有老死不相往来之嫌。现在的学术生态也对这种壁垒非常不利，有的学校要求博士必须在一级刊物或者核心刊物上发表文章，我们社科院在这方面的要求比较合理，只要导师认为合格就可以，不做以上要求，因为好文章未必发表在好刊物上。现在的评价标准基本上是看论著的标签，即在何种刊物上发表或在哪一家出版社出版，据说有的地方在评奖时只是对号入座而已。一些单位的职称评定也是如此。这严重影响了学科发展。在经济史学界，夜郎自大的现象明显存在。历史学的经济史是以占有资料、考据完善与经济学的经济史比高下。经济学不擅长这方面，则是以自己的理论修养和完善的理论模型与其比高下。如果将社会经济史与经济史严格区别开来，则使其壁垒进一步增加，而这在实际上是存在的，且有进一步凸显的趋势。从这个意义上看，现在的经济史似乎可以分为加上社会经济史学派而为三派。实际上，学科壁垒在我国尤其凸显，当与时下的教育体制直接有关。现在高中生就已经分成文科生与理科生，大学和研究生教育都围绕着专业，使得学生的知识结构存在着难以弥补的缺陷。应试教育的结果是知识结构不合理，具有拔苗助长的情况，如我国的青少年在国家奥林匹克数学等竞赛中屡屡得奖，而我国的科学家（包括经济学在内）距离诺贝尔奖还有相当的距离。

经济史学科壁垒使得这一学科的发展受到了比较大的影响，与国外学术界比较，我国的经济史学科没有发展起来，即使在一些著名大学，经济史也没有作为经济学院的必修课，历史学科同样遇到了这样的问题。经济史是一个弱小的学科在我国基本是普遍存在的，研究人员青黄不接的现象没有得到缓解，而经济史研究和教学人员或转向社会学或社会史、文化史研究，或者说相当一部分经济史研究和教学人员从事现实经济的教学和研究工作。经济史作为必修课，在欧洲大部分国家是在历史学院设置，也有少数在经济学院设置的；在美国，则主要在经济学院设

置，也有在历史学院设置的。而在我国，经济史作为必修课，也只在南开大学（经济学院）、厦门大学（经济学院、人文学院）、清华大学、云南大学（历史系）、南京师范大学（历史系）等院校设置，设置的院校非常少。像北京大学经济学院这样的经济史研究的重镇，目前只有一位经济史教授。至于经济学院没有经济史的教师，或者说在历史学院没有经济史的教师的情况，更是普遍存在的现象。

因此，经济学在我国是一个显学，而经济史则是一个例外。这与欧美的情况的反差是比较大的。

三、主要原因分析

就现在两个不同学科的经济史之间的壁垒来说，原因是非常多的，其中不可忽略的原因有：研究对象不同，依据资料不同，研究方法不同，学术背景不同，研究成果的规范不同，评价标准不同。

1. 学科设置

与高考教育体制关系很大，在高中就分文理科对知识的全面掌握非常不利。要加强经济史的教育，并提议成立经济史教学研究会，目前这项活动正在酝酿之中。提议考试既要加强理论教育，又要增加历史学方面的要求。但现在更难做到，因为教育部收回了部分研究生考试的出题权限，据说以后要逐渐推广。那么专家随机抽样，不同学科背景的专家强调不同的内容，这使得壁垒进一步加深。

2. 教学和研究人员构成

理论经济学中最弱势的就是经济史了，研究人员也是青黄不接。好多已经在经济史方面取得成就的、崭露头角的人员又转向社会史或者现实经济。欧洲大部分国家，将经济史作为历史课。在美国，经济史主要设在经济学院。在我国，将其作为必修课的大学是凤毛麟角，作为选修课的也不是很普遍。清华大学的经济学院和历史系都开经济史，云南大学的历史系和经济系都开。南京师范大学在历史系也开经济史，但是以社会发展学院的名义开。北京大学的经济史是非常强的，但是就目前来说，研究人员非常少。经济学在我国是一个强势学科，但是经济史非常薄弱。

经济学泛指研究人类各种社会生产和经济活动，研究社会生产力的发展及其规律，研究社会生产关系的产生、演变及其规律的学科。经济学按其研究对象不同，可以分为政治经济学、部门经济学、生产力经济学、数理经济学（计量经济学）、世界经济学（发展经济学）、微观经济学等。

经济学要求建立不受时间和空间限制的普遍理论体系，而史学则侧重于一个时代个别国家或地区的研究。20 世纪 30 年代经济危机以后，经济学界转入宏观经济和经济周期的研究，20 世纪 50 年代又转入经济发展和长期性增长的研究，使得经济学家重视历史尤其经济史的研究，这就在西方出现了经济学和历史学的结合。经济史研究的基本要求是实证，即求是，无征不信，实证主义即考据是经济史学的第一原则。

另外，夜郎自大的心态在经济史学科中是存在的，历史学的经济史以占有资料、考证完善与经济学的经济史比短长；同样，经济学的经济史则以自己的理论和完善的模型与公式之长，比历史学科的经济史之短。真正的出路是两者扬长避短，而不可取的是以己之长比他之短。现在学术界普遍存在的一个现象是，自己研究的领域都是最重要的，甚至自己掌握的资料、利用的方法、得出的结论，都不允许他人进行评论。

3. 特点

经济史作为一门学科，是 19 世纪晚期从历史学中分立出来的，这是因为当时经济学已经发展成为一门系统的科学。我国经济史的分立过程相对要晚，约在 20 世纪前期。那么，经济史到底是属于历史学系统呢还是属于经济学系统呢？从已经出版的经济史著作来看，其风格、体例和论证方式不尽相同，有历史学的经济史著作，也有经济学的经济史著作。吴承明先生认为，这些均不是原则问题，两种类型的经济史并存大有好处，可以收到互补的成效。他认为重要的是经济史与经济学的关系问题。① 现在的问题是学术界这两种类型的经济史大有相互封闭乃至对立的势头。

历史与现实的区别：长时段与短时段；已知的或未知的。经济史作为历史上的一种经济现象或经济活动，其必然遵循着历史的一些基本规律和原则，其中包括历史是不能重复的，历史事物具有单一性和相对性，不能如同自然科学那样用普遍规律或模式（模型）进行推理研究。

有人说是今天之前的就是历史，这样除了正在进行的或规划的外，都是历史的范畴。

实际上从学术研究上看，主要是研究方法的区别和研究目的的不同，至于结论则不是非常重要的，更不是研究者所追求的目的，否则就成为先入为主犯下经济史研究之大忌。

经济学研究的是效益最大化，讨论的是边际效益，而历史学中除了论述人类

① 吴承明：《中国经济通史总序·历史实证主义与经济分析》，经济日报出版社，2000 年版。按标题是作者在《吴承明集》（中国社会科学出版社 2002 年版）中加的。

演进的规律、总结经验教训和增加人们的知识外，价值判断是非常重要的，因此处在各自背景条件下的经济史，其差别存在是不言而喻的。但是，现在的研究表明，所谓社会经济的发展与否，主要看其生产资源是否配置合理。这就包含了价值判断在内。尤其在经济欠发达地区或国家的经济决策中更是如此，这样才能避免重走别人老路，才有可能缩短与发达国家的差距，充分发挥后发优势。

研究中国经济，如果我们具有中国传统经济史的知识背景，对于国民的文化、习俗、消费观念、财富观等有比较清楚的了解，就会对今天的一些经济现象做出比较准确的把握。《管子》、《论语》、《史记·平准书》、《史记·货殖列传》等书，是我国历史上有关经济史记载的重要源头，虽然比较难读，一般学者借助注释本是完全可以读懂的，而且一定会使你受益无穷。我国历史上的“以末致财，用本守之”的观念，表现出以至于新中国成立以前包括商人、官僚、知识分子的土地投资的偏好。而今天土地非私有化成为一项基本国策，即使如此，我国的房地产价格的居高不下也与此有一定的关联，是在特殊社会环境下土地投资偏好的一种特殊情况。尽管这一方面的原因非常复杂。再比如，今天我国居民的消费中教育投资占非常高的比例，甚至出现了农村砸锅卖铁甚至卖血供给子女上大学，城市居民中出现债台高筑而供给子女出国留学，至于一些官吏为此而不惜身败名裂的巨大代价。这是因为在我们的传统社会中，“万般皆下品，惟有读书高”的思想在我们的观念中根深蒂固。另外，现在的公务员考试非常热，甚至出现了一个比较好的岗位数十乃至数百人参加竞争，在就业出现多元化选择的今天，也充分体现了官本位对我们民族的深刻影响（记得20年前我给学生的建议：一流的学生从政、经商，我当时预料这种情况需要提倡10年左右，看来我的估计是不准确的）。再如我国是四大发明的故乡，而在世界近代工业化过程中中国却落在后面，最后成为西方列强和日本坚船利舰进攻的对象。

就研究方法而论，司马迁提出的“究天人之际，通古今之变，成一家之言”的学术思想，就是探索人与自然的和谐关系，探索人与社会的和谐关系，以及在学术研究中遵循求同存异的追求。这样的思想，在我们今天的经济史研究中仍然具有重要的参考价值。

四、展望

现在经济史学界的研究，反映出对于国计民生、国家的发展战略的自觉意识。历史上的“三农”问题研究、环境史研究、区域经济、企业发展史、传统经济评价等，均有所突破。但是，传统的观念和理解仍然占有很大的市场，如《中华大典》在24个典中设置的有关经济方面的典是《经济典》、《工业典》和

《农业典》，实际上一些重要的经济领域被忽视，在一定程度上反映出重生产而忽视流通和消费的传统观念。

经济史即经济学中的历史与历史学中的经济，之所以出现隔阂甚至封闭，是因为在学术资源重新整合、中国学术与国际接轨的同时又要保持中国学术特色（越是民族的越是国际的）的学术阵痛的必然，如果不渡过这一难关，也许会出现早产，也可能是胎死宫内。因此，阵痛是必要的，现在的问题是我们一定要面对现实，不能回避，更不能后退。

任何经济现象都是一个过程，有其继承性和延续性。传统经济和现代经济的关系莫不如此。从我国传统经济的发展轨迹来看，近代以来选择国家资本主义是一个理性的选择。从这个意义上着眼，任何经济现象都不失为广义上的经济史。

经济学和史学的传统研究方法，诸如考据、调查、统计、比较、定性研究等，在中国经济史研究中仍然属于最基本的研究手段，有重要的作用。现在学者们所运用的研究方法进一步多样化，如经济计量学方法、发展经济学方法、区域经济学方法、比较方法、社会学方法等逐渐采用，对推动中国经济史深入研究起着很好的作用。不同学科和背景的经济史之间在研究方法、资料利用、信息沟通、成果评价等方面取长补短、相互借鉴，对于推动经济史研究是非常重要的。在这里需要说明的是，经济史研究"无定法"是值得我们遵循的，经济史研究主要根据所选研究对象而确定所应该采取的研究方法。根据经济学理论对所研究课题的适应性和能够依据的材料的可能性，可以选取某种理论的某一点，也可以选择多种理论，还可以采取经济学理论与历史学研究方法同时或交叉使用。其中，选用某种理论，主要是启发性的而非实证性的。

经济学现象和经济学理论，为我们了解经济史提供了视角和途径，正如人体解剖是猴子解剖的一把钥匙一样。同样，历史学为经济史的考证、资料积累和选择提供了重要的方法论。

历史学中的经济学和经济学中的历史学，作为一个相对独立的学科，理应相互学习和借鉴，形成具有优势的学科。

参考文献：

[1] 吴承明：《市场 · 近代化 · 经济史论》，云南大学出版社，1996 年版。
[2] 吴承明：《中国的现代化：市场与社会》，三联书店，2001 年版。
[3] 吴承明：《经济史：历史观和方法论》，《中国经济史研究》2001 年第 3 期。
[4] 李伯重：《中国经济史应当怎样研究》，《中国经济史研究》2006 年第 2 期。

（文章来源自《学术讲座荟萃》第 39 辑，2007 年 3 月 13 日）

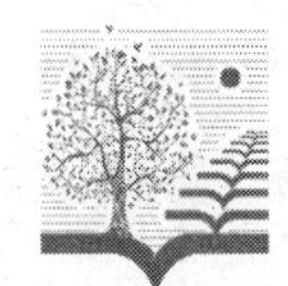

中国宏观经济形势与“十一五”规划

卢中原

卢中原

男，1952年生，河南济源人，研究员。国务院发展研究中心副主任，北京师范大学兼职教授和博士生导师，国家行政学院兼职教授。

主要研究领域：宏观经济和中长期发展。主要著作有：《无法回避的冲击——市场发育在中国》、《构筑现代经济的核心——面向新世纪的中国金融改革》、《宏观经济运行和中长期发展》、《改革时代的经济学思考》、《全球视野下的中国经济》等。

2001年被国务院评为享受政府特殊津贴待遇的专家；2006年2月为中央政治局第29次集体学习讲解有关专题；2007年5月当选为中共十七大代表。

今天我准备给大家讲两个方面的内容：第一个方面是中国当前的经济形势以及一些相关看法；第二个方面是向大家介绍“十一五”规划。由于这门课是专题讲座性质的，我不准备多讲理论上的东西，而侧重于一些政策实践和个人研究体会。

一、2006年以来中国经济形势的特点

（1）经济平稳快速增长。自2002年中国经济进入新一轮上升期以来，连续四年，经济总量都达到了10%以上的增长速度，农业发展势头也比较良好，粮食生产连续三年丰收。中国的粮食生产，从新中国成立以来一直逃不脱“两丰两平一歉”的怪圈，2004年以来的连续三年丰收突破了这种循环。实际上1998年以来，粮食生产就出现过连续几年丰收。中国经济稳定增长的背后，农业生产发展得比较平稳确实是功不可没。值得一提的是，2004年中国的粮食生产获得了特大丰收，780亿斤。新中国的粮食生产只要达到了300亿~400亿斤就算是很大的丰收，因此2004年的丰收的确是特大的。而且在特大丰收的基础上，又连年增产100亿~200亿斤，这是不容易的，保证了食品供给和粮食市场价格的稳定，支撑了经济的快速增长。

（2）物价基本稳定。2006年的消费物价指数为1.5%，2007年1、2月份比2006年同期有所上扬，但这并不意味着全年的上扬趋势，因为这两个月份时逢春节，有着季节性因素。如果宏观调控当局察觉到通胀的压力，政策上有所紧缩，物价上扬的态势还会有所回落。因此目前来看物价水平还算基本稳定，年初略有上扬。

（3）投资增速高位趋稳。2006年全年的投资增速是24.5%，2007年1~2月份累计是23.4%，比2006年同期回落了3.2个百分点。2006年年初，国家发改委对投资增速的预期调控目标是16%，而我们的预测是不会低于25%，最低不会低于20%，介于二者之间是比较正常的。国家宏观调控部门定的预期目标之所以会比较低，是为了给各地一种导向，不至于引起层层加码。2007年年初

的投资增速百分比若是和2006年10月份相比，还是上扬的，但是一种恢复性上扬。2006年10月份固定资产投资增速大约是在10%以下，第一季度曾高达27%～28%，国家采取了紧缩措施，到了第四季度投资回落的就很猛。但是对于中国经济的加速发展阶段，投资的大起大落并不是件好事，投资应该满足工业化、城市化加速发展的需要。因此投资的稳定状态是比较好的。2007年以来总的来看投资增速是高位趋稳的，投资结构还在进一步调整。2003年、2004年，我国曾出现了局部地区、局部行业的投资过热，2003年中央政府曾提出了控制钢材、水泥、电解铝三个行业的投资。大家开始意识到控制一些过热的行业盲目增长，但同时还有一些“短腿”的行业则需要促进其加速增长，比如涉农产业、基础原材料产业，以及交通运输这样一些为工业化、城市化服务的第三产业。不要以为第三产业发展就会导致投资减少，实际上在中国加速发展的经济中，基础设施类的第三产业是会带动大量的投资的。因此投资的稳定、持续是很重要的，同时还必须包括投资结构的优化，比如教育、科研、公共卫生等公共服务类的投资都是需要加快的。

（4）消费需求稳中有升。2006年社会消费品零售总额实际增幅为12.4%，按当年价格计算是14.7%。为什么说是“稳中有升”？消费需求在近些年始终是小幅上涨。最近几年我们对于投资与消费的关系讨论得比较热，就是由于中国经济增长中，投资拉动的作用比较大，而消费的拉动作用显得比较弱。如果从两者的增速来看，投资是25%左右，而消费只有百分之十几，自然后者较弱。但是跟消费自身相比，这一增速是并不慢的。1996年以来的10年间，消费的实际平均增幅是9%～10%，2006年更是超过了这一平均数字。前不久国务院发展研究中心举办了一个“高层发展论坛”，已经举办了八届，与会的都是国际上的商务巨头和一些卸任的政府高官，比如财政部长、国防部长等，他们退休后会选择当教授或者开办自己的投资顾问公司。这些人很关注中国，每届论坛都会出席并受到中国总理的接见。当他们谈到中国的消费拉动乏力，扩大内需应该多考虑消费问题时，温总理回答，中国2006年的居民消费增长率达到14.7%，已经快于GDP的增速。因此不能总是简单地将消费与投资作比较。即使考虑了实际可比数字，12.4%的增速也表明了消费的增长速度并不慢。我们可以看到当前中国很多老百姓都要买房买车，几个月换一部手机的现象——当前的消费实际上是很旺盛的。

在20世纪90年代，中国城乡居民的消费开支增长速度是世界上最快的。因此尽管同投资的拉动效果相比，消费的效果比较弱，但不能由此忽视消费实际上的快速增长势头。消费作为一种个人、家庭行为，国家不能像调节投资一样去直接调节消费。好比通胀是风筝，政府可以通过拉紧线来抑制通胀；但治理通缩就

比较困难了，刺激消费往往出现“强按马头不喝水”的情况，所以只能靠拉动投资来获取短期效果。1998 年曾提出“投资、消费双拉动”，但事实上消费的拉动效果还是比较弱的。由于穷人的边际消费倾向比较大，因此曾有人提出学习日本和欧美的做法，向穷人发送消费券，类似于免费的食品券来刺激他们消费。但当时我国政府没有采纳这种建议，主要还是采取了补贴的方式。居民消费的刺激是需要高明的制度设计的，应该说目前这一方面还有着很大的政策空间。但如果过分注重消费的刺激，过分打压投资的积极性，对国民经济的快速发展也会产生不利影响，因为如上文所讲，经济的加速过程是需要一定增幅的投资与之相适应的。从数字上看，2006 年中国的投资率达到了历史最高点，消费率相应达到了历史最低点。如果将中国目前的投资率、消费率与世界其他国家对比就会发现，中国的消费率甚至低于世界上一些最不发达的国家。但这与中国社会的消费实际很不相符，中国老百姓对于家用电器、房屋、汽车等的消费需求当然要高于那些最不发达国家，并且中国是世界上消费开支增长最快的国家。所以说不能仅仅依据某一种数字，还要看社会生活的实际情况。中国的消费率是在中国经济迅速增长的大背景下，由于消费增速比较平稳，相比投资的迅速增长，自然占到的份额就比较低，但老百姓的消费结构升级及消费开支的快速增加是一个不争的事实。因此中国的消费需求是稳中有升的，加上投资需求，中国的内需是很旺盛的，这不是单纯的辩护，而是有数字依据的。纵然不看数据，大家知道，理论是灰色的，生活之树常青，从日常的生活中也可以感受到这种实际情况。

（5）就业持续增加，城乡居民收入持续提高。2006 年预计城镇新增就业人口是 900 万人，实际增加将近 1200 万人。剔除物价因素，城乡居民收入分别增长了 10.4% 和 7.4%。对于这些要做一下对比，1994 年以来，城乡居民实际收入的平均增幅分别大概是 9% 和 4%，这体现着城乡居民收入的差距在拉大，因为后者增幅要明显小于前者。而 2004 年，由于粮食生产的特大丰收，使得当年城乡居民收入的实际增幅差距缩小，分别为 7.2% 和 6.8%；如果长期保持这种态势，则城乡居民收入差距会逐步缩小。但是由于农业的劳动生产率太低，农民仅仅依靠种粮，增收的路子越来越窄，如果持续的粮食丰收带来粮价下跌，农民增收的幅度就会放缓，这也是粮食连年丰收的一个客观结果。所以 2006 年两者的增收幅度差距又出现了扩大，但也比 1994 年有所收窄。这种增幅差距的变化不会很稳定，倘使某一年出现了缩小的趋势，第二年也还会出现反弹，这也是中国农业所面临的问题之一。

（6）经济效益明显改善。2006 年财政收入大幅度增加，工业利润的增幅比较高。这两条是经济高速增长的重要绩效。2006 年年初预计财政收入增加 5000 亿元，实际执行超出了 2000 多亿元，且不去谈预算的科学性，这种财政超收还是体现了经济效益的提高。2006 年工业利润增幅 31%（这是指国有企业和年销售收入在 500 万元以上的非国有企业），如果将所有工业企业计算在内，全部利润增幅可能会低一些，估计在 20% 左右。即使是这样，财政收入与工业利润也都高于名义 GDP 增幅。由于同时物价水平比较低，这种效益的改善就体现了居民从经济高速发展中得到较多的实惠，可以说中国目前的经济状况呈现了一种良性循环。我在很多场合提到，中国经济已经打破了计划经济时期的那种恶性循环，就是顺口溜中所说的“工业报喜、商业报忧，库存积压、财政虚收”。那种排队凭证购买物品的年代已经过去了。那个时候，工业也是年年高速增长，但市场商品紧缺，不能满足老百姓的日常需求，大量产品生产出来却销售不出去，不能转化为经济效益，财政的增收有大量水分。而今天的一切是发展市场经济带来的。

（7）经济的对外开放度不断深化。我们不单讲对外依存度，实施开放型经济是中国的一个发展方向。2006 年中国外贸总额 1.76 万亿美元，2005 年开始超过 1 万亿美元，这是一个重要的标志性台阶。目前中国外贸总额达到了世界第三位，GDP 达到了世界第四位，实际利用外资将近 700 亿美元，超出前几年的预测，也体现了中国的投资环境与投资前景都被外资所看好，当然还有较高的投资回报率的考虑。

二、中国经济发展中面临的一些突出性问题

（1）投资总规模偏大，部分行业产能过剩的情况有所发展。2006 年曾有过这样一个概括：“三过一高”，指的是投资增长过快、信贷增长过猛、贸易顺差过大，资源环境代价过高。投资增幅虽然出现了回落，但由于中国在建投资规模始终很大，再加上新建投资项目，而违规开工的又很多，投资总体增长仍然过快。值得忧虑的是地方政府干预投资的新形式，主要依靠违规批地、强制拆迁以及绕开环评。过去地方政府对投资的干预，主要是依靠开办国有企业、靠财政补贴、靠税收优惠、靠直接干预国有商业银行的贷款；现在的民营经济发达了，许多地方政府转而采取新的方式如强制拆迁等来干预投资。重庆的“最牛钉子户”事件就体现了这种现象。除此之外，违规批地的现象也比较严重，2006 年有关部门调查表明，全国范围违规批地占到了新建项目用地的 60%。绕开环评也很严重，北京圆明园的开工事件就说明了这一问题。据国家环保部门的统计数字，全国新开工项目中 50% 以上是没有经过环评的。统计年鉴上所载通过环评的项目达到 98%，仅指另外那些不到一半的申报了环评的新开工项目，这说明，那些预计通不过环评的项目都索性纷纷直接开工。河南的“华夏第一龙”事件就

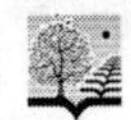

反映了这一现象。

这些都是投资增速反弹背后的隐患。由于累积很多，在建项目投资就很大，追加资金就会拉动银行中长期信贷的增加，同时也会导致部分行业产能过剩的情况有所发展。现在产能过剩的行业，已从2003年的钢材、水泥、电解铝三个行业扩大到包括铁合金、汽车，甚至手机等，已经从原材料行业延伸到加工制造业。如果产能过剩的行业越来越多，而国内需求又不足，就必然导致扩大出口，从而导致中国内需、外需之间的不平衡。因此投资增长过快的隐忧是非常值得关注的。

（2）货币信贷增长偏快。银行资金流动性过剩是一个比较专业的经济学名词，借用银行业的职业说法，比较接近“头寸”的概念。计划经济时代可以用货币发行量和流通中的货币量来表示，但在市场经济中，货币化的程度越来越深，M1和M2要分别来看。最近几年M1的增长很快，它是流动性比较直接的一个指标；M2的增幅也处于一种高水平的状况。而且，中长期贷款的增幅比较大。为什么是这样一种情况？一个重要的原因是银行的存贷款利率差比较大，大概是在3.6%，利差一大，银行放贷的积极性就会很高，特别是中长期贷款，往往建设项目有着政府信誉的担保。货币信贷很宽松与投资增速过快相互作用，银行资金流动性过剩的背后是投资总规模过大的事实。如果国家关紧固定资产投资的信贷闸门，信贷资金流向实体经济的可能性会减少，那么它就会转而流向虚拟经济，比如股市，从而推高股价，增加资产价格的泡沫，扩大股市固有的风险。

（3）国际收支的盈余性失衡。主要是贸易顺差过大、外汇储备过多。长期以来，我们熟悉的是一种逆差性失衡，而现在是一种双盈余性的失衡（贸易顺差和资本净流入所导致）。作为一个发展中国家，中国的外汇储备世界第一，银行存款盈余（存款大于贷款的差额）达到十几万亿元人民币。这是一种资本过剩的现象，一般在发展中国家不会出现，也不符合发展经济学中的“资本大推动”理论。改革开放初期，中国由于资本稀缺，的确符合一般发展中国家的发展经历，大力引进外资；而现在中国已经超越了这一阶段，产生了大量的资本盈余，对吸引外资的态度也审慎了许多。多年来我们用外汇储备大量买入美国国债，当然在1998年亚洲金融危机以后的经济低迷时期，这一投资还是很值得的。在现阶段它的投资回报率就已经低于国内的投资回报率了，导致中国外汇资本配置的效率降低。目前的国际收支“双盈余”，从积极的角度来讲，体现了近些年来中国经济增长的强劲势头以及国力的增强，中国在世界上的主权信用借款的评级也不断被提升。同时近年来中国民营经济的发展也吸引了国际上的关注。

从消极的角度来讲，“双盈余”也带来了新的矛盾和问题。主要是产生了结汇渠道的大量人民币投放，也就是在银行结汇环节由央行投放等额人民币兑换外汇。现在一年增加2000亿美元的外汇储备，按1:8的汇率来计算就增加了16000亿人民币的投放。这样市场上的资金流动性膨胀，通胀的压力就会比较大。如果人民币汇率是自由浮动的也可以调节这种压力，但是如果汇率不能有灵活的起伏，就使得人民币有升值的压力。而且国内的通胀压力和人民币的币值稳定也会很难协调。我们已经遇到了资本流动、外汇汇率的固定性以及货币政策的自主性三者不可兼得这一个“铁三角”的矛盾。央行近些年的货币政策就已经感到受到了一些制约。这是“双盈余”在国内导致的新矛盾，在国际上则为反对中国汇率政策的声音提供了口实，认为人民币被中国政府低估。这种政治上和外交上的压力，也反映在外国对中国的海外并购设置障碍以及近些年甚嚣尘上的“中国威胁论”。但这些情况，并非如他们所讲只要中国调整汇率就可以马上解决的。

中国出现的这种对外贸易顺差过大现象，有着很多中长期的原因，包括世界生产结构的调整、国际产业分工变化，以及中国的比较优势、生产特性符合了世界贸易中的一些趋势等。如果这些趋势性的问题没有发生根本性的改变，单靠调整人民币汇率去转变“双盈余”的局面是很难的。我曾经建议商务部外贸司的司长，应当向国外说清这样一个道理：当前国际产业分工向价值链分工的转变已经越来越明显了，国外大量的制造业生产将转移到中国，不久以后跨国公司还会将一些产业价值链的高端部分也转移到中国，因为中国的比较优势是越来越明显的。不光是劳动力的成本低，还有技术人才、管理人才和基础设施条件比较好，特别是信息基础设施比较发达，后面这些条件往往是其他的发展中国家所不具备的。这就吸引跨国公司将研发中心、地区总部纷纷搬到中国来，就如目前的北京、上海等城市中已经落户的研发中心。中国的加工贸易还会占到很大的比重，目前占到了57%，由于价值链分工是追逐附加利润的，所以在今后的中国市场，会有越来越多的制造业高端企业，加工贸易附加值会逐渐提高。在国际产业分工向价值链分工转化的趋势下，仅凭借中国政府的汇率政策，对于这种中长期的、结构性的结果是很难迅速改变的。因此，我们也要意识到中国面临的问题的长期性和复杂性。

中国外汇储备的现状，通过历史比较才可以发现它的重要影响。1975年邓小平率领中国代表团参加联合国大会，中国大陆的全部中国银行只调出了1000美元的现金，代表团中，每位成员只发了3美元的零用费。但是16岁就留学法国的邓小平知道这些钱是不够付小费的，所以最后是邓小平拿出了自己的生活费。大家可以看出在那个时期的中国，外汇是多么的紧张。20世纪80年代中国出现了比较严重的物价上涨，当时的中国领导人考虑动用外汇储备进口一些物资来平抑国内的物价，但遭到了一些老同志的反对，仍然是因为中国的外汇储备太金贵了。到了1998年，朱总理代表中国政府承诺人民币不贬值，中国靠什么承

诺？当时只有1300亿美元的外汇储备，这是一件很不容易的事。现在我们拥有1万多亿美元的外汇储备，居世界第一。从上述这几个典型的年份的对比，我们就可以明白中国在短短的30年间达到了1万多亿美元的外汇储备是很了不起的。但这种巨大成就的背后也存在一些新的问题：中国是一个发展中国家，是一个穷国，面对着如此多的外汇储备就会产生一个怎么保值增值的问题，这是一个新的挑战。

（4）农民增收的难度加大。这个问题也是一个长期性的问题。上文提到，中国城乡收入差距的缩小发生在20世纪80年代中期，那是农民增收最快的一个时期。实施农村家庭承包经营，农民的生产积极性一下子释放出来，劳动生产率空前提高。但是这只是把表层的潜力释放了出来，中国经济现代化中的很多深层次的问题还没有解决，因此再从更深的角度挖掘就不是一件容易的事。因此农民的增收放慢的问题又逐步显现出来，城乡居民收入差距马上就迅速扩大。从曲线图上我们可以看出，从20世纪80年代中期这种收入的差距先是一直缩小，然后在80年代后期又开始迅速扩大，到现在达到了最大。中国农民增收难的问题，从根本上说是由于中国农民的数量太多，劳动生产率太低，即使比过去有所提高也远远低于发达国家，甚至明显低于许多发展中国家。农产品的单位生产应该说是很精细的了（云贵一些地区甚至在岩石缝中种植粮食），人口密集地区的粮食生产一直是精耕细作，但并没有根本改变农业劳动生产率低下的状态。

在这种情况下如何实现进一步的增收？而且，粮食生产成本还在提高。近些年国际原油价格飙升，最高一度曾达到74美元一桶。国际上预测50～60美元一桶的高油价时代从此开始，回落不下去了。在这种背景下，农业的一些生产资料，包括农药、化肥、柴油等与化工相关的就会受到石油价格的影响。农民目前的粮食生产成本，仅化肥一项，每亩地大约增加了20～30元人民币。而连续三年的粮食丰收之后，粮食价格可能是要下跌的。当然事情也许并不会这么简单，比如国际粮食价格提升了，国内粮食价格就有可能被一路带高。还有市场波动的因素，也有可能使粮价升高。2006年年底到2007年年初粮食价格就有提高，现在已经降了下来。这一次的粮价升高主要是因为国际粮价的拉升，尽管国内的供给很大，但国际粮价将国内粮价带了起来。同时除了一般粮食需求，还有一些非食用的工业加工需求的刺激，比如使用玉米来生产乙醇，从而提高附加值，这样就会对玉米的需求有所增加。这些都会使得国内工业用粮的需求增加。再加上2006年有一个很重要的因素，就是中储粮公司对粮食市场的集中敞开收购，一下子就把粮食价格抬高了。这些说明了粮食的价格是由很多因素决定的，包括国内国外的。但是，由于种粮成本的实际增加，再加上粮食价格的波动空间有限，农民依靠粮食生产来进一步增收的难度是很大的。

2004年出现的农民大幅度增收现象，有特殊的因素，主要是中央取消农业税，对农民实施直接补贴的力度比较大，政策比较到位。比如说五年减免农业税，但是三年间有28个省份的农业税已经减完了，2006年只剩下三个省份还在征收农业税，但税率也从5%降到3%。取消农业税对农民来说是一件非常好的事，减负就是增收。这届政府承诺五年减免农业税的目标已经提前一两年实现。再靠这一政策达到减负增收，效果就不会很明显了。农民未来增收难度增大，只有依靠城市化、工业化将农民大量转出来，让他们在城市里就业，或者进入非农行业中就业，才能从根本上进一步解决当下面临的增收难题。但是，剩余在农村中的人员怎么办？因此国家就提出了“新农村建设”。一方面转出农村的劳动力；另一方面实施“新农村建设”。这些都是从根本上解决农民增收难问题的战略性选择。这些也是每一年的经济工作中都需要考虑的。

（5）资源环境代价过高。目前中国经济高增长、低物价，经济效益不错，但是存在着过高的资源环境代价。早在“九五”时期，中国政府就提出了转变经济增长方式，十多年过去了，到了“十一五”又重提这一转变，说明经济增长方式的转变是很缓慢的。当然一些方面的成效已经出现，改革开放20多年来，中国单位GDP的污染排放和能耗的强度是在降低的，技术进步、市场化改革、体制创新等对经济增长的贡献在逐步增加，这些都是应该肯定的。但必须清醒地看到，我国能耗和排放总量是在扩张的，导致资源环境的代价前所未有地在加大。因此在学习科学发展观中，人们反复强调中国当前严峻的资源环境形势。按照规划，“十一五”期间，单位GDP能耗要降低20%，平均每年就要降低4%，2006年即使改变了过去一直上升的趋势，但没有达标，说明了能耗和环境资源问题的严重性。同时污染也在加剧，2006年的主要污染物排放总量是在增加的。看来，在“十一五”的开局，能耗和环境指标都没有达标，可能按年度来分解指标难以落实，于是对节能降耗和减少污染的标准就做了一个缓冲，规定五年平均达到一个总的标准。当然各地的水平不一，有些统计数字也掩盖了污染很严重的现象。

在中国经济发展的现阶段，能源禀赋以煤为主，物理利用率较低，污染治理难度大，节能减排的很多技术还不成熟，目前还很难达到发达国家对于能耗和环境的要求水平。这是一个中长期问题，但为什么也要放在年度经济形势分析中讲呢？我曾经给国务院参事室的参事们做过讲座，一位院士提出了一个问题，质疑为何宏观经济调控的年度形势分析中没有涉及资源环境问题。我当时解释，宏观经济的调控是需要几个月就见成效的短期问题，而资源环境问题是属于多年的中长期问题。那是当时的普遍看法。现在我们对这一问题越来越关注了，因为从另一个角度看，中长期问题也是由年度的经济问题累积下来的。实现经济增长方式

的转变，必须在每一年都要扎扎实实地取得进步，避免因短期经济波动而放弃努力。

事实上，在经济下滑或经济上升期，都可能出现忽视增长方式转变的倾向。例如2003年的“非典”冲击。大家知道，2002年中国经济刚刚走出低谷，到了2003年第一季度突然出现了“非典”。这时候担心的是刚走出低谷的经济再次被打压下去，大家不愿看到经济出现大的起伏。因此国家鼓励固定资产投资，2003年第一季度，固定资产投资增幅跃升到50%。按照市场经济发展的规律，发达国家一旦出现经济低迷，往往是经济结构调整最为剧烈的时期。但是到了中国情况就会不一样。各地经济都力争要走出低谷，除了少数必须停产的工程项目之外，大家都纷纷上马新的投资项目，很少去关注经济增长方式的转变。到了经济过热时，由于各地的许多项目已经通过审批，担心越来越高的地价，还都是纷纷乘势而上，依然很少去关注增长方式的转变。本来在经济低迷的时候，正好是调整经济结构的时期，各地却都要力争走出低谷；经济过热的时候，如果贯彻国家有保有压的政策措施，也可以利用这一时期扭转经济粗放增长的偏向，但是各地纷纷抓住机遇，乘势而上，因此很容易错过转变增长方式的机会。因此，年度经济形势分析不能再像以前一样只关注短期的经济波动，而环境与资源的问题已经越来越成为我们在分析年度经济形势中的一个热点，每年都无法回避。

（6）群众切身利益问题反应依然强烈。这一类关系到人民群众切身利益的问题，包括生活环境、交通、看病、子女就学、收入差距、居民住房等方面。其中居民住房问题是2007年两会期间被加上去的，原因是两会代表激烈、尖锐地提出了这一问题的迫切性。个人感觉，2007年政府工作报告中关于经济社会发展中存在问题的分析还是比较详细、比较展开的，单独列了四条。这种不回避问题的态度实际上有助于树立一届政府良好的形象，因为坦率地提到了相关的问题，才表明政府对它们有了比较清醒的认识。在中央社会主义学院讲课的时候，我就对各民主党派学员讲到了存在的种种问题，课后的反应是肯定的。大家认为国务院政策研究机构对一些问题有了充分的认识，从一个侧面表明中央政府对存在的问题和老百姓的意愿有了实际的关注，注意到问题才会去解决问题。

三、对2007年中国经济运行走势的预测

我认为2007年经济运行基本上还会处于一种比较高速的状态。2007年一二季度是一种高起的状态，三四季度可能会有回落，但大体上的状况不会变化很大。2006年的第二季度经济增速曾经冲高到了11.3%，然后第三、第四季度回落。我们的模型预测2007年的经济走势和2006年将非常相像。我开始对这种相

像很奇怪，询问了做模型的专家，课题组也进行了讨论，他们的意见是由于投资、工业利润、出口，特别是第一季度的出口长势很强劲，贸易顺差甚至比2006年同期增长了200多亿美元。很多企业都在预测人民币的升值趋势和中国的出口退税政策调整。由于国家限制高能耗、高污染、资源型产品的出口，很多这样的企业都在争取最后的出口退税，纷纷加快出口，比如钢材企业的出口在第一季度的增长势头就很猛。它们的增长就会拉动工业的增长、投资的增长。预计2007年第三季度之后的经济增速回落，主要是因为人民币汇率升值的效果会逐步显现，出口会随之回落，像第一季度这样的大幅增加不太会延续下去。总之，下半年出现经济增速回落的可能性很大，而上半年则不一定，很可能继续走高。全年的经济增长会是一种高位趋稳的态势。

这是从模型的预测结果来看的，当然这也是基于一种经验和理论的看法，毕竟联立方程是要基于经济理论和以往的经验来设立的。以前我们宏观部的中国宏观经济模型中曾加入股票市场对宏观经济的影响，我的观点是将其剔除掉。因为以往的中国股市是完全反常的，缺乏参考价值，放在中国宏观经济模型中就是有些书生气了。中国的股票市场在什么意义上应该与我们的宏观经济有关联呢？那就是在财富效应对居民消费行为的影响上，与消费方程有关。股市行情缩水，消费减少；股市行情大幅上涨，消费增加。这是中国股市以往充其量的影响。包括北师大的学者设计的模型框架，我也提过类似意见，提出资产价格、资产市场的作用不要被高估，因为其中股票市场与宏观经济的联系可能是完全相反的，或根本不相关。当然以后中国的股市随着自身的健康发展，可能会产生正常联系，对经济的运行影响加大，那是以后我们需要关注和调整的。中国的经济模型预测大致是这样的一种情况。重要的是对模型中的影响因素的分析，因为影响因素实质上是构造模型的基础。

这里可以向大家解释一下对经济增长潜力的认识问题。比如说我们过去使用的一种经济增长长期趋势线，是怎样得来的？比较简单的理解是一段时期以来的平均值。但是用新中国成立以来的年度增长来做简单平均，就不是科学的做法，因为这其中有着计划经济和市场经济两种截然不同的经济运行机制，需要分段来分析。预测未来中国的经济增长，最好或只能用改革开放以来的年度数据经济模型预测。1978年以来我国经济的年均增长率在9.6%，过去许多人赞同经济增长合理区间是低限8%，高限10%，认为一旦出了这个区间，中国的经济就出现了异常，不是过冷就是过热。但是今天，这样一个长期趋势线可能需要做出调整。2005年国家统计局做了一项经济普查，发现我们漏统了2300多亿元人民币，主要来源于民营经济和第三产业。当然也有专家指出，由于小企业和个体户的会计水平较低，还有很多个体服务业经济没有被统计上来。这足以说明中国的经济增

长潜力，调整以后的经济增长区间的高限肯定是要调高的。最近连续四年中国经济增长超过10%，就是这种调整的结果。过去曾经怀疑中国的GDP增长水平被高估，现在看来，非但没有被高估，反而是一直以来很多项目被漏统了、低估了。这就不符合中国市场经济发展的现实，因为有很多民营经济、个体经济和服务业发展了，但是没有被准确纳入以往统计。2005年的经济普查做出了新的统计，并不是一种虚假的数据。

2007年年初的时候，日本内阁府的经济研究所所长来华访问，这是一个类似于国务院发展研究中心的机构，都是为政府高层决策机构服务的智囊。他提出的第一个问题就是，中国2006年上半年GDP增速达到了11.3%，是不是一种过热？我始终认为不能仅依据GDP的增速来判断中国经济热与不热，要参照其他一些重要的指标。我告诉他，2005年普查结果证实中国经济的增长潜力在扩大，原有统计存在着一定程度上的低估。这样他就明白了为什么中国经济增长即使超过了10%，也不能算做过热。所以说，中国的经济发展潜力很大，可以支撑中国未来长期的发展。

此外，居民消费结构的升级拉动了产业结构的升级，包括中国城镇化、工业化的加速。居民消费结构的升级怎样理解呢？主要是指从过去以吃穿为主的温饱型消费结构，上升为以居住、出行、交往条件为热点的小康型消费结构。比如上文说的买房买车、几个月一换手机，这些就是消费结构升级、恩格尔系数下降所带来的必然变化。因为基本生存的问题解决了，居民就需要向这些领域转移他们的支付能力。根据国际经验，特别是日韩这一类相像的东亚经济模式的经历，这种情况将持续10~20年。因此，中国的这种发展还要至少持续10~20年，因为居民消费结构的转变也需要这段发展时间，更何况城镇化、工业化的过程还没有完成。而且，中国国内的民间投资日趋活跃。

除了这些因素，还有区域经济的增长出现了新的特征，按照通俗的说法是“东方不亮西方亮，黑了南方有北方”。这种情况从2005开始就有所显现，中西部的投资和GDP的增速明显上升，快于东部。当然这也是由于它们的基数还比较小，同时还有中央政府的区域经济政策的促进作用，即西部开发、中部崛起、东北等老工业基地振兴和东部率先发展。这种四大板块协调发展的区域战略，当然要比仅依靠一个东部来拉动全国经济的时候要好得多。目前东部地区的经济依然要占到全国经济的50%以上。尽管中西部的拉动力还不及东部地区，但是如果各地经济都有自身的经济增长点，就是对预测中国经济长期增长的一个很重要的支撑点。广东、福建这些传统增长快的省份地区的经济增速有所减缓，但是山东、江苏以北地区的经济增长速度开始加快，这是得益于东北等老工业基地的振兴，包括辽宁这一沿海省份的振兴带动。这也是一个好的现象。因为广东、福建的快速发展主要得益于改革开放的政策，现在这种政策带来的影响已经逐渐被扩散，改革开放的范围已经在逐渐扩大。以人民币业务为例，之前只是在经济特区有开放人民币业务的窗口，现在的人民币业务已经没有了地域限制和内外资限制。这种越来越普遍的体制创新必然会使各地都出现自身的经济增长点。

还有，中国2007年将要召开党的十七大，向十七大献礼本身也是拉动经济增长的一个重要因素。所有的这些都可以作为预测中国经济持续增长的理由。这些拉动因素只要不导致经济过热，都是应该肯定的。而2006年作为“十一五”规划的开局，中央政府提出要开好局、起好步，各地纷纷乘势而上，因此2006年第一季度的投资就增长很快。这种劲头一旦把握不好，就容易出现过头的增长。当然又不能过分地打压，因为实施新的五年规划毕竟应该开好局。2007年党的十七大召开，又是面临类似情况的一个年份，胡锦涛总书记讲要发挥好、保护好、引导好各个方面加快发展的积极性，我理解应当充分重视和努力做到经济增长的速度、质量和效益的统一。各地的经济发展水平差距很大，有些时候在描述经济发展状况时也要注意遣词，不要以“落后地区”的字眼来挫伤当地经济发展的积极性，可以代之以“欠发达地区”或“发展中地区”。我以前在学习发展经济学时，遇到过辨析字句的问题，英文缩写LDC，我们当时翻译成“不发达国家”（Less Developed Countries），后来在商务印书馆校对时，被提醒到这里不应该如此翻译，联合国大会上关于这个字眼曾经有过激烈的争论，发展中国家都不同意被说成是“不发达国家”，因为这种否定的字眼给人一种毫无希望的感觉，因此最终统一为“欠发达国家”或“发展中国家”。这样说来，国内的说法当然也应该随之修正为“欠发达地区”或“发展中地区”，政策的用语是需要注意准确性的。

以上介绍的是一些推动中国经济发展的有利因素。下面再分析一些影响经济增长的收缩性因素，也就是说，有可能使经济回调的一些因素。

第一个收缩性因素是短周期因素，就是在短期内会影响经济的回调。在上半年不会很明显，但是在下半年会有所体现，我刚才已经做过一些分析。第二个收缩性因素是目前市场对投资的约束力在不断增加，大家不能再像之前一样一窝蜂地去追风某个项目，这也是近些年政府很少再以行政力去强制发展某些项目的原因。如果市场看跌，那么企业会自主去调整投资组合。这些在下半年会有所体现。而且，部分行业的产能过剩会导致企业的利润下降，企业生产的积极性减弱，会影响工业的增速。这是可能导致经济回调的另一个收缩性因素。第三个收缩性因素是国际石油价格走高会导致国内一些产业的生产成本上升，从而放慢整个经济增长的速度。第四个收缩性因素是中国主要贸易伙伴的进口需求正处于收

缩期，从2004年开始它们的进口增速达20%以上，到了2006年已经回落到了10%，这样就会使中国的出口增速减缓。

总体来看，中国的外部环境还是比较有利的。最近两年一些国际机构对世界经济的预测都偏于保守，实际增幅都比预计的增幅要乐观。也因此，国际货币基金组织每一年都在调高它的预测，它预测2007年世界经济的增速是4.9%，比2006年的5.2%略低，我认为它的预测还比较客观；世界银行的预测总是比较偏低，大概低一个百分点以上，也有人认为这是由于它的统计数字依据的是购买力平价。再加上世界的制造业还在加速向中国转移，刚才提到中国主要贸易伙伴的进口增速虽然在放缓，但是它们的进口总量仍然是在增加的，所以说中国发展面临的外部经济环境还是比较良好的。

根据这样一种综合的分析，我们预计2007年中国的经济增速大概在10%左右，当然这是留有余地的，在第一、第二季度的数据出来后，预计它会高于10%，甚至在10.5%左右，现在看来上半年经济增速回调的可能不是很大。预计全年消费物价的涨幅在2%左右，投资的增幅预计在25%左右，消费需求的增幅会继续稳步提高，实际的增长会超过13%，进出口增幅大概在20%左右。

从中长期来看，就是2007年以后，中国的经济增长速度会趋于放缓、回落，但落幅也不会很大。因为2008年有一个奥运会，尽管奥运会对全国经济的拉动效果不会很明显，因为它只是在北京召开，但是它使得大家对经济的预期会很好，这对经济增长的前景就很重要。2005年我们预测中国的经济在2009年会回落到低谷，很多企业家就很担心自己的企业会受到影响，实际上低也不会低于8.5%，甚至可能会高于9%。我估计“十一五”期间我国经济增速不会低于9%，因为最近两年的经验数据都在10%以上。预测数与实际数字存在的差额是为经济预测留有一定的余地。

2007年，国家宏观调控的四大基本目标是：

第一，经济增长速度预计为8%。很多人会有疑问，这与上述预测之间有2~2.5个百分点的误差怎么解释？既然国家的预期目标年年低于实际值，这种预期还有什么意义？首先说，国家提出的预期目标并不是指令性的，而是宏观层面导向性的，为了使中国经济平稳增长，以防止地方的层层加码。比如我们对经济增速的预测在9%~10%，就会建议中央政府公布预期调控目标在7%左右，这是一种多年积累的经验，主要是为了防止过热。2007年国家把预期增长目标调高为8%，既考虑到经济发展的整体布局，比如能源、电力、交通的承受力，也吸取了各方面的意见，更为积极一些，是一种用心良苦的引导目标。

第二，城镇就业预计不低于900万人，跟2006年相当。失业率控制在4.6%，2006年的失业率是4.2%，2007年估计也还会低于4.6%，但是，我国政府公布的失业率不是依据国际上的调查失业率数据来预测，而是依据有关机构的登记资料分析，是登记失业率的概念。

第三，物价总水平保持基本稳定，消费价格指数控制在3%以内，我们的预测是2%以内。2006年国家预期调控目标是在4%以内，实际结果在1.5%，2007年控制在3%以内应该说没有什么问题。

第四，国际收支不平衡状况得到改善。目前实现国际收支的基本平衡可能比较困难，在“十一五”期间是有可能做到的。2007年要使国际收支失衡得到改善也并不容易达到，需要经过艰苦努力。

四、如何应对当前的经济形势

（1）要深化改革，特别是关键领域的改革，来巩固国家宏观调控的成果。宏观调控明显起到了保持经济快速稳定发展的成效，但是由于有些改革不到位，包括一些考核标准的不健全，往往会导致一些地区和行业盲目追求速度，这就要依靠关键领域的深化改革，靠制度创新来巩固改革的现有成果，防止新一轮行政主导的投资热。

（2）要继续实施双稳健的财政、货币政策。这一政策基调目前不需要做大的调整。同时，应该深化金融改革，健全证券市场的制度建设，包括提高上市公司的质量等，以此来稳定股票市场价格，抑制资产市场的泡沫。目前银行存贷款的利差过大现象也应该予以调整。居民存款的实际利率已经是负值了，今年人代会、政协会议“两会”期间，有一些代表提出要取消利息税。我个人认为应该取消，至少应该变为累进税率，特别是目前的负利率情况下，这种利息税的征收就更不合理了。而大幅提高存款利率也不现实。目前的贷款利率上限已经放开了，但是下限还没有放开，不能够适当下浮，应当考虑扩大下浮幅度，以缩小存贷款利差。

（3）要努力减轻国际收支失衡状况，应该尝试多管齐下。我个人认为，汇率政策、引资政策、进出口政策都应该有所调整。引资政策要限制外资进入某些领域，比如并购、房地产等行业，有些限制是必须要做出的。还有，怎样调整进出口政策来优化进出口结构，缩小贸易顺差，怎样鼓励进口，怎样进一步限制“两高一资”（高能耗、高污染、资源型）产品的出口等，都是需要研究的。

（4）要加大对“三农”的支持力度，促进农民增收。

（5）要改革资源价格的形成机制，健全市场准入制度。以此防止投资过热，促进经济增长方式的转变。市场准入制度作为一种行政手段是一种必要的补充。

过去中国的行政手段用得有些过多，经常是政府直接干预企业的微观经济指标，比如成本、利润、产能的规模经济等，实际上这些指标是不需要行政审批的。政府的行政干预应该转移注意力，将审批的重点放在能耗、污染、质量、技术、安全等涉及社会公共利益的方面，这一类的市场准入制度中国一直以来是很薄弱的。这些标准需要进一步完善并且严格执行，而且不应区别民企、国企还是外企，应当一视同仁——这样才会形成正常的市场竞争。

（6）要稳定住房的正常需求，增加住房供给总量，改善住房供给结构。居民正常的住房需求要得到满足，包括信贷、土地供应，重点应该加快建设满足低收入群众需要的廉租房，以及增加满足这一类住房保障制度需要的供地，此外还有政府相关的财税政策、补贴政策，等等。房价怎样稳定？有一种说法是在市场经济下，房价应该交由市场机制去自行解决，不需要政府干预。我认为中国的房价问题必须是政府宏观调控的内容，因为住房既是消费品又是投资品，当然宏观调控一定要主要依靠经济手段。由市场机制调节的住房供求关系，主要是满足大多数有支付能力的人群的住房需求，这需要进一步发展房地产市场机制，在此基础上完善宏观调控。除此以外的另一部分住房是不属于宏观调控的，而是属于社会保障的，针对低收入群众的。过去我们将这一部分内容忽略了，将它们混淆于宏观调控针对的住房市场，这就导致一些政策的出台收不到预期的效果。现在应当明确住房保障制度与房地产宏观调控的不同性质，没有支付能力的穷人需要住房保障，而不应当处在宏观调控的范围内。这是我们目前对住房问题已经认识得比较清楚的一件事。

五、“十一五”期间我国经济社会的发展

关于中长期发展的题目，下面我简单介绍一下。

经过“十五”期间（2001～2005年）的改革和现代化建设，中国经济社会发展站在一个新的基础之上。由于有了这个新基础，“十一五”期间（2006～2010年）我们面临着很多新机遇、新要求。

（1）经济增长态势转入了上升的通道。2002年以后，中国经济摆脱低迷状态，进入新一轮上升期。这样，如何延续平稳快速的经济增长就成为“十一五”期间面临的新问题。中国的人均GDP在2006年达到了1900美元以上，位于下中等收入国家的中间状态。中国经济总量排在世界第四位，但是人均水平仅位于世界第120位以后，所以中国的现代化任务还很艰巨。我不赞成单纯用购买力平价来计算中国的经济实力，因为这样一计算中国的经济总量和人均国民收入就被高估了。事实上从北京周边郊县的拆迁就可以看到，国内经济发展水平的差距极

大，用购买力平价计算中国实力很容易掩盖这样的严峻现实。进入"十一五"期间，中国的经济增长仍处于比较明显的上升区间，今后需要稳住这种发展态势，以使中国的人均GDP得到稳步提高。

（2）中国经济的增长空间空前地扩大。这主要得益于经济增长过程中的结构变动。在我看来，主要是近些年消费结构的变动、产业结构的升级和城市化。在"十五"计划的5年间，中国的城市化水平提高了将近7个百分点；而1953~1978年的25年间，中国的城市化水平仅仅提高了5.4个百分点，由此可以看出最近几年中国经济的强劲拉动力。另外，中国城乡居民的消费增长并不慢，2005~2006年，中国的消费品零售总额仅用两年时间就增加了1万亿元。而在以前，消费品零售总额要提高1万亿元需要5~6年，甚至7~8年。随着居民收入的增长，这个时间越缩越短。这就是消费结构的升级所拉动的，因为现在住房、汽车都是十万元级、百万元级的耐用消费品。这是巨大的消费需求所决定的增长潜力。

（3）中国的改革开放进入新阶段，体制条件有了新的变化。市场经济已经初步建立，人民币汇率体制在逐渐完善，特别值得称道的是，争论多年的股权分置改革在2006年也基本完成。大家知道，股市的扭曲主要是由于这种基本制度的不完善。体制创新，还反映在向计划经济核心部分发起攻坚，主要是对于垄断行业的改革，目前铁路、电信、电力和民航等垄断行业都开始向民间资本开放；此外政府职能的转换也有新的进展，一个突出标志是《行政许可法》的出台。对外开放进入新阶段，主要是指中国加入世贸组织的过渡期完结。2004年中国"入世"的三年过渡期完结，2007年全部过渡期结束。以往采取的传统的贸易和投资保护措施都不能或很难再用了。电信、金融等服务贸易的开放都已经开始兑现，例如外资四大银行开始经营人民币业务等。这样一来，从服务质量、服务水平等方面开始对内地银行业形成一些挑战，促使其提高竞争能力。对外开放的新情况会逼着我们国内的改革继续深化。

（4）我们具有了新的发展目标和发展理念。全面建设小康社会，要使经济更加发展、科教更加进步、政治更加民主、生态更加良好和生活更加殷实等，已经成为国家经济社会发展的大战略。科学发展观和构建和谐社会两大战略构想的提出，应该说是发展理念的重大飞跃，对2020年实现全面小康社会的目标是战略性的指南，对2050年中国建成中等发达国家，始终有指导意义。

这是中国新时期经济发展的四个新基础，我们应当充分运用这些有利条件，按照新的发展目标来规划我们的行动。而我们面临的突出矛盾也是很尖锐的，我概括为五大挑战：

第一，资源环境压力日益加剧。我们的人均资源拥有水平很低，但资源消耗

又很高。环境质量“总体在恶化，局部有改善”，这一局面要维持很长时间，一二十年都有可能。工业化、城镇化的加速还会加大对资源环境的压力，这也是中国发展的硬约束。在这种硬约束下要基本实现工业化，显著提高城镇化水平，是一个很大的挑战。从人均的角度比较，我国最丰富的煤炭也低于世界平均水平。资源消耗在全世界的比重很高，而GDP只达到全世界的5%。主要矿产品对国际市场的依赖越来越高，特别是石油，将来不仅仅是经济问题，而且会成为国家的战略安全问题。中国目前的陆上石油主要靠中亚运来，海上主要靠马六甲海峡，一旦发生国际动荡，中国的石油供应会遇到很大的威胁。我曾经询问过一个中科院的院士，一旦发生这样的情况该怎么办？他回答说回到煤炭。但是这就意味着酸雨、粉尘等问题，也加大了转变经济增长方式的难度，因此解决这一问题极为迫切。

第二，中国的低水平盲目投资会发生反弹，这与体制改革的不深入不彻底有关。这个矛盾已经越来越暴露了，财税体制、投资体制、土地管理体制、资源价格体系等改革都不到位。比如说资源的有偿使用就很不到位，那么多小煤窑的暴发户都是从何而来？国家的资源税不完善，矿产的开采权没有经过拍卖，这其中就产生了暴利。政治领域的改革与经济领域的改革不协调，也会使投资出现反复的膨胀。因此，我们必须通过不断深入的改革去弥补这些漏洞，以保证经济增长处于快速平稳的状态。

第三，社会事业发展的滞后。我认为最要紧的问题是公共资源配置的严重失衡，公共卫生和义务教育领域的资源配置严重不足；而对非公共的、不需要国家去扶持的领域，政府反而投入太多。农村基础教育、教师工资、危旧房改造投入不足；基本医疗卫生保障、防疫、农村医疗薄弱。而大量属于公共资源的经费投到哪里去了？主要是少数大城市和少数高等院校。这是非常不公平的一种现象。高等教育不是一种义务教育，不需要国家一包到底，如此配置只会让学生扎堆于个别学校。只有放开供给，保证办学机会的公平，才会让学子拥有公平的求学机会。一些人主张解决基础医疗问题，总想回到计划经济时代，但是计划经济没有把农民和民营经济包下来。实际上医疗服务市场也可以有引导地敞开，只有扩大供给，才能从根本上解决一些难题。但是我们经常出现一些伪市场化，例如在医院实行科室承包。这种内部“市场化”的行为势必会扭曲医患之间的关系，弱化医疗道德上的约束。举例来讲，日本的全民医疗，我曾经询问他们，私人医疗机构能不能按照市场供求收费？回答是不可以，因为是国家统一定价。医疗收费是非市场的，但是可以向私人开放医疗服务市场。比如说允许私人设立医院诊所，鼓励把医疗计分的统计、医疗器械的维修和医疗清洁卫生发包给社会，减少医院的内部成本。这才是真正的市场化。

其他的社会问题，主要体现在社会矛盾比较复杂、社会群体的呼声越来越多样化，但缺乏协调机制。再有就是人口态势比较严峻，性别比失调、三大人口增长高峰叠加，也就是老龄人口、总人口和适龄工作人口的增长高峰都会在未来的十几年出现，带来社会保障和就业的空前压力。另外城乡的贫困问题也比较明显。按照国内的扶贫标准，即每年人均680多元的收入，我国尚有2300万贫困人口；按照世界银行的标准，即人均每天1美元，我们有1.3亿~1.5亿贫困人口。再加上刚刚脱贫、很容易返贫的人口还有五六千万，即使按照国内较低的扶贫标准，贫困人口的数字也是很大的。

第四，区域经济协调发展的挑战日益严重。我们要发展市场经济，而市场经济的内在规律是生产要素按照回报率自由流动。中国有些地区的经济现在看起来还比较落后，资本、技术、人才会继续流走，与富裕地区经济上的差距会越来越大。过去人们过于关注经济上的区域份额，各区域的经济结构十分类似。市场经济客观上要求生产要素进行专业化的分化重组，流向最具有比较优势的地区，这必然使地区差距显现出来。这种区域分工的分化重组，会使得纺织服装类工业大批从上海流向昆山、江浙一带，但是上海也不必因此惊慌，因为它正在经历产业结构升级，吸引高端产业的集中。中国的区域政策应当关注当地的社会福利水平和公共服务水平。目前这些方面还远未达到均等化，财政转移支付的力度还很不够。中国的资源价格不合理，中西部地区的生产效率显得较低，并不能如实反映当地的贡献，也不能表示当地没有努力。随着要素价格的合理化，区域差距的状况可能会发生新的变化。经济差距应当由市场去调节，而地方的公共服务和人民的福利水平才是地方政府和中央政府应该真正去关注的。中西部想发展，当地的医疗保障、子女就学和养老等公共服务水平应该和全国大体相当，这才会吸引生产要素的流入。

第五，外部经济环境的不确定和不稳定因素在增加。没有加入世界贸易组织之前，我们还可以关起门来自己解决问题，但是面对着世界自由贸易体系，动不动就会面临着各种各样的贸易摩擦、贸易壁垒。这需要一种平常心，抓住自身的比较优势，改变自身经济的运行机制，增强自身经济的灵活性、适应性和抗风险能力，来应对诸多的新型贸易壁垒，比如技术壁垒、绿色壁垒、企业社会责任标准，等等。这些都会影响到中国的招商引资政策和对外贸易的条件。此外世界经济的任何波动都会直接影响到国内的经济，特别是石油价格与国际的接轨，会使这种波动迅速传导到国内。只有把这些不利因素逐渐化解掉，才有利于中国经济的稳步发展。

六、“十一五”规划的精髓、主要目标和任务

“十一五”规划是落实科学发展观的第一个五年规划，它的主线是要求把各项发展切实转入科学发展的轨道，突出强调行动转轨。这就是“十一五”规划的根本精髓。那么如何落实呢？

基本要求，或简称24字方针：“立足科学发展、着力自主创新、完善体制机制、促进社会和谐。”

七大目标：①到2010年人均GDP比2000年翻一番，前提是优化结构、提高效益、降低消耗。人均GDP比2000年翻一番，这个很容易达到，年均增长7.5%就可以，而我们可以达到甚至高于8.5%，问题就在于能否优化结构、提高效益、降低消耗，这才是要害。②提高资源利用效率，单位GDP耗能必须要降低20%，工业增加值耗水降低30%，主要污染物排放降低10%，生态环境恶化得到基本遏制，耕地减少得到有效控制。③关于自主创新的要求。④关于体制完善的要求。⑤关于社会领域的要求，包括教育、社会保障、扶贫等。⑥老百姓生活要改善，老百姓的呼声要得到充分的重视。⑦关于精神文明法制建设、社会治安、安全生产等构建和谐社会的要求。

大家可以看到，这七大目标只有一个是经济增长方面的，其余都是围绕着协调发展和可持续发展来要求的。如何达到这七大目标，我这里给大家列出了八项任务：

（1）新农村建设。这个提法有新意，新在战略高度新，体现了统筹城乡发展的战略方针，并不是局限于农村，而是要以城带乡、以工补农，促进城乡协调发展。强调国家的财政资金要向农村倾斜。另外，还强调农村的制度创新和组织创新。前者指保障农民的土地权利，后者主要是指农民的生存和发展权利的保障，比如进城务工人员和家属的医疗保障，还有农村的经济组织、维权组织的完善，培育新一代的农民来建设新农村，等等。

（2）全面增强自主创新能力，促进产业结构的升级。提出了原始创新、集成创新和消化吸收再创新。自主创新并不排斥对外开放，集成创新需要外资合作，而消化吸收再创新更是离不开吸收国外的先进技术。

（3）健全区域协调互动机制，形成区域协调的合理格局。健全市场机制、合作机制、互助机制和扶持机制，逐步实现公共服务的均等化。主体功能区是一个新的亮点，体现了区域空间规划、国土资源规划的新理念，原则是根据资源的承载能力、现有的开发程度和未来的发展潜力，划分四类功能区：重点开发、优化开发、限制开发和禁止开发，这里的禁止开发指的是禁止开发重工业和城镇，最后形成人口与自然、经济社会的协调发展。这些都需要政策措施的跟进，比如生态环境的补偿，甚至可以牺牲 GDP 来保证资源环境。

（4）建设资源节约和环境友好型社会，开发与节约并重，节约优先。同时消费方式也要健康文明，有利于资源和环境的保护，不能大搞炫耀性和挥霍性的消费。

（5）深化改革，提高对外开放水平。这里强调要完善落实科学发展观的体制保障。加快行政管理体制的改革，减少政府对资源分配的干预，重点转向公共服务，加强社会管理、市场监督。推进国有企业改革，发展非公有制经济。深化财税、金融体制改革，向着有利于落实科学发展观的方向推进，包括一些很细的税收制度的改革，例如开征资源税、环境税，减少增值税等，都会有利于促进科学发展。对外开放的新思路是实施互利共赢战略，减少周边国家对中国的猜疑，真正让贸易伙伴国体会到一种互利共赢，比如东盟“10 + 3”所提出的贸易自由化和投资便利化，等等。

（6）深入实施科教兴国和人才强国战略，强调优化人力资本的开发。我强调一点，就是要重视基础教育的开发以及注重发展多层次的高等教育，包括职业教育，不宜简单地否定高等教育市场化和产业化。因为高等教育不是义务教育，因而可以由政府、社会和市场多方面来办学，扩大高等教育的供给和选择机会。不断完善我国的教育体系和相关政策，从而逐渐提高人力资本对中国经济发展的贡献。

（7）构建和谐社会。重点是扩大就业、完善社保体系、理顺分配关系、发展社会事业、认真解决人民群众最关心、最直接、最现实的问题。关于构建和谐社会，社会各阶层的看法不一，但最重要的是要大家都有饭吃、都有工作，这样才能改善生活，分享经济社会发展的成果。政府对于低收入群体，要通过社会保障制度来实现必要的结果均等，理顺分配关系讲的也包括这个问题。最后要注重防范和化解社会矛盾。这个顺序是很重要的。此外，还应注意尽力而为、量力而行。现在一年有 3.93 万亿元的财政收入，决定了政府不能推诿责任，但也要实事求是，循序渐进，不宜贸然吊高胃口。

（8）综合的任务，包括民主政治和精神文明建设、国防和军队建设、香港澳门的繁荣稳定要保持、两岸关系要发展、祖国统一大业要推进、周边环境要维持良好，以保证中国利用好新世纪头 20 年的战略机遇期。

（文章来源自《学术讲座荟萃》第 39 辑，2007 年 4 月 5 日）

清朝前期的财政

史志宏

史志宏

男，1949 年生，北京市人。1982 年毕业于北京大学历史系，获历史学硕士学位；1988 年毕业于中国社会科学院研究生院经济系，获经济学博士学位。现任中国社会科学院经济研究所研究员，中国社会科学院研究生院教授、博士生导师，中国经济史学会古代经济史专业委员会理事。

主要研究领域：中国经济史，专长明清及近代财政史、农业史。主要著作有：《清代前期的小农经济》、《中国经济发展史》（明清卷）、《清代户部银库收支和库存统计》、《晚清财政：1851～1894》等。

曾在英国伦敦大学亚非学院（SOAS）、荷兰莱顿大学汉学研究院做访问学者并从事合作研究。1993 年起享受国务院颁发的政府特殊津贴。

本系列讲座的内容是晚清财政，共四讲。第一讲为清代前期财政。清代财政的基本制度形成于清前期，对这一时期财政相关制度的把握有助于了解晚清时期中国财政的变化。

一、财务行政

(一) 财务行政机构

1. 主管全国财务的户部

中国自唐朝以后，以户部总掌全国户口、土田及财赋收支之政令，清代因之。清设户部始于太宗天聪五年（明崇祯四年，1631 年），以贝勒一人总理部务，部官设满、蒙、汉承政及参政、启心郎等。崇德时分参政为左、右，并增设理事官、副理事官。顺治元年（1644 年）入关以后，依汉制改承政为尚书，左、右参政为左、右侍郎，下设郎中、员外郎、堂主事、司主事、司库、司务等官。与明朝不同的是，清朝职官实行满、汉缺并置，某些特别岗位或另设蒙古、宗室缺。入关前贝勒总理部务之制，于顺治元年停止。雍正以后，又时以亲王、大学士兼理部务，然皆特简，不常置。

当时的户部，兼有现在的财政部、民政部职能。清末官制改革，户部改称度支部，其原来所管的民政事务析出，另设民政部掌管。户部是国家财政的最高主管机构，户部尚书相当于现在的财政部长。

户部内部，按省设置江南、浙江、江西、福建、湖广、山东、山西、河南、陕西、四川、广东、广西、云南、贵州十四个清吏司（较明代增加江南一司）。这十四个清吏司是按照清初布政使司的行政建置（沿袭明代）设立的。后来江南分为江苏、安徽二省，陕西分为陕西、甘肃二省，湖广分为湖北、湖南二省，分别设布政使司（江苏设苏州、江宁两个布政使司），其钱粮事务仍由户部的江南、陕西、湖广三司分别管理。直隶初以近在京畿，不设布政使，至雍正二年

(1724年) 始设。直隶钱粮事务，在户部归福建司管。户部十四司除管理各该省钱粮事务外，还分别兼管一部分全国性事务，如云南司管漕政、山东司管盐课、贵州司管关税等。

十四司之外，户部还设有井田科、八旗俸饷处、现审处、饭银处、捐纳房、内仓等，也是办理政务的职能机构。又有南档房、北档房、司务厅、督催所、当月处、监印处等机构，负责管理文稿档案及部内行政。

户部直辖的机构有：钱法堂及宝泉局，掌钱币铸造。银库、缎匹库及颜料库，即所谓“户部三库”（相当于现在的国库）。此三库在雍正以前是户部直辖机构，派司员管理。雍正以后，专门设立管理户部三库衙门，派王公大臣管理。光绪二十八年（1902年），裁省管库大臣，三库重归户部管理。户部改度支部后，银库改称金银库，仍由部直辖；缎匹库和颜料库归库藏司管理。另外，掌管漕粮积储及北运河运粮事务的仓场衙门、掌征收货物通过税的各地榷关，也都是户部的隶属机构。

2. 各省地方的财务机构

清代在省一级，总督、巡抚之下，设布政使司和按察使司，分别掌管一省民政和司法。明代为三司，布、按二司之外，还有都指挥使司，负责军事。清代取消都司，仅设布、按二司。布政使司掌管民政，包括财政事务。凡一省户口、田亩、仓储、库藏之统计与上报，各州县岁征田赋与杂税之报拨及运解京、协各饷，地方存留经费之支出，每年照例之钱粮奏销等事，均由布政使主持。因此，布政使是一省财政的最高主管官员。总督和巡抚在明代原非固定的地方行政长官，但到明朝后期已经普遍设立，清朝沿置，成为总管各省军政事务的最高长官（总督管一省或二三省，巡抚管一省），被视为“封疆大吏”。简单地说，在一个省里，督、抚统揽大局，但具体办事的是布政使和按察使。布政使是从二品官。总督本职为正二品，但通例加尚书衔，加衔后为从一品。巡抚本职为从二品，但多兼兵部侍郎衔，加衔后为正二品。

布、按二司之下设有“道员”。道员本非实职，而是作为布、按二使的佐官，派到地方监督行政。以布政使左右参政、参议衔驻守一定地方者称“守道”，以按察使副使、佥事衔分巡一定地方者称“巡道”。又有因事而设之道员，各以所办之事命名，如督粮道（粮储道）、盐法道、管河道等。乾隆十八年（1753年），裁各道参政、参议、副使、佥事等系衔，定为正四品官，道员始成实职。道员的职掌，大致而言，守道辅佐布政使，有管钱谷事务的责任，巡道则主掌刑名。其另兼某衔者，兼管其衔所应办之事，如江西粮道由巡道兼。守道并非各省均设。有守道的省，设1人到3人不等。

省与基层州县之间，设府或直隶州作为中间层级。府的印官称知府，从四品；州的印官称知州，正五品。在府、直隶州这一级，钱谷刑名均由其印官总掌之。在一些特殊地方，主要在民族地区，有直隶厅的设置，地位略如府及直隶州，直辖于布政使。厅本是府的分防机构，其长官为通判或同知。

县或州（散州）均为直接面对百姓的地方基层行政单位，辖于府或直隶州（直隶厅）。县的印官为知县，正七品官；散州长官亦称知州，从五品。另有散厅。州县官也是钱谷刑名兼管。县衙内部，通常设有吏、户、礼、兵、刑、工六房，如中央之六部具体而微，以典吏（县各数人或十数人）分房办事。

上述普通行政系统各机构之外，漕运、盐务、关税等专门财务另设机构管理。

漕运机构。漕运为清代要政之一。设漕运总督1人总掌漕政，俗称“漕台”，驻山东临清。有漕各省均设有粮道。每年由州县征收的漕粮，运军收兑后，由本省粮道押运至山东临清，再由山东粮道及漕运总督督押，沿运河至通州交仓，供京师王公百官及八旗兵丁食用。漕船过天津后，漕督例入京觐见述职。

盐务机构。清朝实行食盐专卖，盐税是清前期除田赋外最大的税收。各省设盐政（一般由督抚兼）。具体管理盐务的是都转盐运使司或盐法道，下设盐务分司、盐课司、批验所、巡检司等机构。

榷关。有“户关”和“工关”之分，分隶户、工二部。户关设于京师及外省各水陆要津、商旅辐辏之处，主要在沿运河及长江两条线上。榷关由监督管理（津海关为海关道）。各关监督除少部分由户部派司员充任外，大部分由地方官兼充。工关不多，一般由所在户关兼管。

关于清代中央及地方行政机构的设置、沿革及职掌，可以参考张德泽的《清代国家机关考略》一书（中国人民大学出版社1981年版）。

（二）财政体制及管理制度

清前期对国家财政实行高度中央集权的管理体制。具体说，就是以户部为全国总中枢，不分中央财政和地方财政，实行统收统支、全国一盘棋的制度。各省按照户部的统一政令征收赋税，又在户部的统一运筹安排下开支中央及地方的各项经费，各省没有财务自主权，无论收支均听命于户部，并接受户部的监督。

上述高度中央集权的财务管理，通过存留和起运、冬估及春秋拨、京饷和协饷以及奏销和考成等一系列财务制度，来加以实现。

1. 存留和起运

清制，各省州县所征赋税（地丁、杂赋等），除本州县按例留支的小部分外，其余都尽数报解布政使司库（亦称藩库）；布政使司汇总全省钱粮，除去本省照例留支，其余均听候户部调拨，或运解邻省，或上解中央。上述钱粮流动，各处预留即为“存留”，解出则称“起运”。盐课、关税征收后，也都有存留、起运。盐课、关税的起运原则是“尽收尽解”，即除去征收机构的照例存留，要全部报解中央的户部银库。

2. 冬估和春秋拨及京饷、协饷

“冬估和春秋拨”是各省每年征解到司库的钱粮的例定拨款程序，即解到藩库的钱粮，各省不能随便动用，而要上报户部（报拨），由户部统筹全国情况，统一调度。所谓“冬估”（亦称“冬拨”），就是每年冬天（农历十月），各省布政使要预估来年本省应支官兵俸饷数目，造具估册咨送户部。至来年春、秋二季（分别在二月、八月），再两次造具库存银两实数册咨送户部，分别称为“春拨”和“秋拨”。户部根据各省春、秋二季报册，除核准其动支上年冬估册所开本省官兵俸饷外，以其剩余部分，分别指拨京饷和协饷。“协饷”是各省之间以有余补不足的拨款；“京饷”指解送京师的拨款。当时京饷的指拨原则是，除去省际协拨，地方全部剩余都要报解京饷。各省接到户部拨款咨文，即应按照所拨数目，在规定的期限内将钱粮解出。上述拨款制度，自雍正初年形成定制，以后没有什么变化。

3. 奏销和考成

奏销是清前期中央对各省的财务收支实行监督和审计的制度。所谓“奏销”，就是各省每年的钱粮收支，都要按照规定的时间，向户部报送详细册籍，同时奏报皇帝。户部根据国家规定的条例，对各省所报之册详加审核，合例后覆奏准销，不合则按款指驳，令其更正。奏销有常例，有专案。常例是经常收支的奏销，如地丁、漕粮、盐课、关税等之奏销，均每年循例进行，有固定的期限、款目和报册格式。专案奏销为用兵之军需、专兴之工程、灾荒之赈济等特别动支款项的奏销，多于全案完成后专案造报；迁延连年者则分别年份，分次造报。奏销款项有有定额者，有无定额者。凡经制项目，入有额征，动有额支，解有额拨，存有额储，皆依定例而审核之。其无定额之项目，征无额者尽收尽解，支无额者实用实销，拨无额、储无额者随时报拨、报储，奏销时皆循据旧案入销。

考成与奏销相伴。清代，凡岁课，经征之官及督征之上司官皆按所属钱粮完欠之多寡定其殿最，分别奖惩，各有定例。如地丁钱粮考成，康熙以后定制：当年赋税，州县卫所官按经征之数计，督催之道、府、直隶州按所属之总数计，督抚及布政使按全省之总数计，各总作十分考成，分别议叙或议处。凡当年赋税全

完者，除由二三官征完并署任不久者不予议叙外，经征之州县官及督征之各上司官，直至督抚，各按所完钱粮的数目等级（如经征州县按5万两以下、5万两以上、10万两以上为等差），分别予以记录或加级奖励。如未能全完，经征州县未完不及一分，停升并罚俸一年；一分，降职一级；二分至四分，递降至四级，皆戴罪催征；五分以上，革职。督催之布政使司、道、府、直隶州，未完不及一分，停升并罚俸半年；一分，罚俸一年；二分，降职一级；三分至五分，递降至四级，皆戴罪督催；六分以上，革职。巡抚未完不及一分，停升并罚俸三个月；一分，罚俸一年；二分，降俸一级；三分，降职一级；四分至六分，递降至四级，皆戴罪督催；七分以上，革职。

清代各种考成条例很多，分门别类，各朝规定也不完全一样。以上只是举例。

（三）仓、库制度

“仓”和“库”是各级政府保管所征钱粮的处所，仓储粮，库储银钱及各种物品。仓、库是财政由收到支的必不可少的中间环节。清前期，为了有效保管各项钱粮，建立了完整的仓、库体系，规定有严格的保管和出纳制度。仓、库制度，也是当时财政管理的重要内容。

仓之在京师者，有京、通仓，存储解京漕粮，用于支放官禄兵米并供京师灾赈、平粜等项之需；另有内仓，主要供应内务府等衙门所需白粮。在京外，运河沿岸设水次七仓，各省省会及府、州、县治设常平仓，或兼设预备仓，所储用于平粜及灾荒赈济。此外，乡村市镇设有社仓、义仓，为民间设立，功用与常平仓相同。社、义仓虽非官仓，但乾隆以后，各地官府介入其管理很深，甚至官为拨粮存储，纳入地方官考成，已具有半官仓性质。为特别群体设立的粮仓有滨海近灶之地的盐义仓、东三省的旗仓以及直省驻军地方的营仓、沿边卫堡的边仓等，均各有规制。

京师之库有内务府广储司六库及户部三库；京外，有盛京户部银库，各将军、都统、副都统、城守尉库，各省布政使司库、按察司库，督粮道、河道、兵备道库，盐运使司、盐法道库，监督库，分巡道、府、直隶州及民族地区分防厅库，以及州、县、卫、所库等。

各省库中，以藩库最为重要，被称为一省钱粮之总汇。各省藩库自雍正五年（1727年）以后，建立司库封储制度，以应对不时之需。所谓司库封储，就是各省按距京远近及财政状况，各准酌留银数十万两作为财政准备金。这笔钱，由督抚及布政使在藩库共同封存，不准随便动用；需用之时，题明动支，事后请部照数拨补（贵州因路远偏僻，准其遇有急需，一面动支，一面题请拨补）。雍正八年，又定府、州库分储之制，令各省核定应存银两数目，分存府及直隶州库，所属州县遇有急切公务，可具文请领，该府州立即给发。州县办理完竣，据实开报，府州转申布政使、督抚核实，岁终造册，咨部查核。

二、财政收入

清前期的财政收入主要来自田赋、盐课、关税、杂赋几项税收。其中，田赋称“正赋”，是国家最重要的税收。其他税课，广义上均称“杂赋”，与正赋相对，不过，因盐课和关税数量较大，均另设专官征管，一般不将其包括在狭义的“杂赋”概念之内。税收之外，“捐输”即卖官鬻爵也是国家重要收入来源之一。已故北京大学许大龄教授的《清代捐纳制度》，即为研究清代捐纳制度的经典之作。

（一）田赋

田赋是征于土地的税收，但并非所有土地都征收田赋。田赋征于民田，即属于民间所有，可以自由买卖、继承、转让的土地。民田之外，清代另有“旗地”、“屯田”、“官田”等在法令上属于“官有”的土地，这些土地一般不负担国家的赋税和差徭。（胡如雷《中国封建社会形态研究》一书，对中国封建时代土地的“国有”、“私有”问题，做过很好的政治经济学的分析和研究。）征于民田的田赋，有“地丁”和“漕粮”两个主要部分，前者征银，后者以征收实物为主。

1. 地丁

地丁或称“地丁钱粮”，是清代田赋的主体部分。此项税收，在清初原分地、丁两项，分别向土地和人丁（16～60岁的成年男子）征收。清初征收的丁银兼具人头税与代役银双重性质，源自明后期的一条鞭法改革。一条鞭法虽将过去的里甲、均徭等徭役折银并实行了赋役合并，但未废征丁。就大多数地方而言，明代的一条鞭法改革只是实行了部分的赋役合并。当时没有并入田赋，仍然保留向人丁征收的徭役银，沿袭下来就成为丁银。丁银又称“丁徭银”、“徭里银”，源出于此。清初丁银之征，一般而言，北方地区丁银中代役银的比重较高，故征得较高；而南方则因大部分徭役银已并入田赋征收，故征得较轻，更具象征意义的人头税色彩。康熙五十二年，皇帝六十大寿，向全国颁发“恩诏”，宣布以康熙五十年丁册为额，“滋生人丁永不加赋”。雍正以后，各省先后实行摊丁入地，将丁银并入地亩田赋征收，从此地丁合而为一。地丁征额，乾隆以后大约

为每年2900多万两（其中并入的丁银为300余万两）。

地丁正税之外，另有随征耗羡。加收耗羡的理由是民间以散碎银两纳税，但按规定需将其熔铸成统一规格的元宝（一般为50两一锭的纹银，福建例解10两小锭），才能解运交库，这一过程会有折耗（“火耗”），而且解运亦需费用，故而加征。但各地官府往往在实际耗费之外多取盈余，以补地方政费之不足，甚至用于中饱官吏私囊。加征耗羡在清初原不合法，但朝廷予以默认。雍正时实行“耗羡归公”，各省规定加征标准，所征之银提解司库，国家则用这笔钱发给官员养廉并充地方公费。乾隆时期，各省耗羡亦纳入奏销，每年征额约为300多万两。

2. 漕粮

漕粮征于江苏、安徽、江西、浙江、湖北、湖南、山东、河南八省，岁额400万石。其中，330万石输京仓，称“正兑”；70万石输通仓，称“改兑”。漕粮虽原额以粮米计，但实际有部分系折银征收，称“折征”；又有将原定本色改收其他实物的，称“改征”。折征有临时和常例之分：临时折征是因一时特殊情况如遇灾或运道梗阻而改折，其后仍复旧制，不为定例；常例折征为固定改折，主要有“永折米”和“灰石米折”两种名目。永折米除江西、浙江外，其余六省各有定额，总共36万余石，按每石折银5~8钱不等征收，价银归入地丁报解户部。灰石米折原为江苏、浙江两省漕粮中给军办运灰石之米，顺治时改为征银解部，由工部按年支取，备办灰石。此项无多，每年仅数万石，折银平年5.7万余两，闰年6.2万余两。由于折、改等原因，清前期每年实征漕粮米仅在300万石上下，如乾隆十八年（1753年）实征正兑米275万余石、改兑米50万石有奇；嘉庆十七年（1812年），实征正兑米256万余石、改兑米42万石。

普通漕粮之外，在江苏苏州、松江、常州、太仓四府州及浙江嘉兴、湖州二府另征“白粮”（糯米），随漕解运，供内府奉祭、藩属廪饩及王公百官食用。白粮原额21.7万余石，乾隆后实征10万石左右；其余征收折色、民折官办或改征漕米。

漕粮也有随征耗费，谓之“漕项”，用补漕运、仓储折耗并充各项经费之需。漕项的名目很多，如“随正耗米”、“轻赍银”、“易米折银”、“席木竹板”、“运军行月钱粮”、“赠贴”等等，均属漕项。正式的漕粮附加税之外，随漕加征的费用还有给运军作漕运帮船开销的各种“帮费”和经征“漕总”、“漕书”及地方刁徒勒索的各种“漕规”等，名堂繁多，征数往往过于漕项。例征的漕项以及不断加增的种种额外漕费和陋规使国家每征正漕一石，税户往往要出数石完纳，成为农民的一种苛重负担。

关于清代漕粮征收和漕运制度，可参看李文治、江太新著《清代漕运》一书，中华书局1995年出版。

（二）盐法和盐课

清前期盐法仍沿袭明代，以纲法为主，即政府颁发盐引（行盐凭证）给特许专商，商人纳课承引后在指定的盐场按规定数量购盐，然后运至指定的地区销售。纲法的最重要特征是引岸制和特许专商制。引岸为划定的行盐地界。清朝前期有11大盐区，所出之盐均有固定的销售地界，是为引岸，彼此不能越岸行销。如山东产的盐只能卖到山东、河南、江苏和安徽北部一带。特许专商制是政府授予若干资本雄厚的大盐商以贩盐专利，由其总领盐引，统率一般运盐商人行盐并向政府纳课。这些大盐商因其为众商之首，故称“总商”，都在政府行盐纲册上登记注册，世代承袭。普通运盐商人称“散商”，不直接享有贩盐专利，而是要先向有“根窝”的总商购买窝单，经由总商具保，才能购盐贩运，其所纳课由总商代缴，一切费用亦由总商摊派。运商之外，另有在盐场收盐的商人，称“场商”，亦为盐商之一种，其所收盐转卖给运商。

盐课征收以引课为主。户部每年颁发定额盐引，商人承引后，根据引数购盐贩运并向政府纳课，销完盐后仍将盐引缴回，户部核对后注销。另外，盐课还包括场课，即向盐场征收的课税。盐课有正课（正税）、杂课（附加税）之分。杂课指正课以外的一切附加征收，如户部刷办盐引之纸朱银、商人领引及告运之领告费银、各地以种种名义加征的盐务行政费（官钱银、公务银、公费银等）、缉私费和各种浮收杂征、官帑发交盐商生息收取的帑利等等，均属盐杂课范畴。

清前期盐课的征额，乾隆中期以后为每年750万两。不过实征不到此数。乾隆、嘉庆年间，盐课实征数只有500万两左右。当时遇有国家庆典、皇帝南巡、战争等大的额外支出，盐商“报效”数额很大，而国家也就往往以减免盐课给予回报。

（三）榷关和关税

1. 榷关

清初税关分为户关和工关两种，多仍沿明代设立，沿运河和长江分布。税关数目，光绪《大清会典》记载的户关有24个，工关有5个。实际数目比这要多。如户关，24个关仅是贵州司管的，但还有一些不归贵州司管，加起来有30多个。工关比较少，但也有十几个，大多在北方，专税竹木（商旅辐辏之地也税船货）。

2. 关税

清前期关税之征以货物通过税为主，通行舟船处所兼征船钞。通过税按货物数量，从量或从价计征。船钞通称“船料”或“梁头税银”，按船只的梁头大小征收。关税税则由户部颁定，刊木榜于关口孔道。自雍正、乾隆以后，货税税率大体在值百抽五左右，但因为有种种附加征收和陋规，实际税率远超过名义税率。

清前期对于来华贸易的外国商船货物，在指定的贸易口岸征税。初设有粤海、闽海、浙海、江海四关，开于康熙二十四年（1685 年），并颁布有海关征税则例。乾隆二十二年（1757 年）以后，对外贸易限定于广州一地，遂只剩粤海关仍征洋货关税。鸦片战争前，粤海关所征关税约为每年 150 万两左右。

关税在清初不十分受重视，康熙时年征额不过 100 多万两。雍、乾以后，考核渐严，各关不但报解“正额”，而且报解“盈余”，亦定以额数。又定收入比较之法，初为与上年比较，乾隆四十二年（1777 年）改为“三年比较”，即以当年收数与前三年收数最多的年份比较，若有短绌，由关员赔补（此例于嘉庆初停止）。乾隆以后，每年解部关税户关为 400 余万两，多时达到 500 余万两，工关为 40 万两上下，各关巧立名目滥额私征不报部者不在其内。

（四）杂赋

清前期征收的杂赋主要有芦课、渔课、茶课、矿课、契税、落地税、牙税、当税等，大都所征不多，从几万两到十几万两不等。全国杂赋总数，约每年 100 多万两。

（五）捐输

捐输或称捐纳，也是清代财政收入的重要来源之一。清代税收，无论田赋地丁还是盐课、关税，大都有固定岁额，很少变动。然而国家岁出除经常性开支外，还常有临时支出，如遇用兵、赈荒或兴办较大工程时，都要额外支出经费。逢此种情况，“岁入有常”的清政府通常采取两种办法应付，一是动用以往的财政节余，再就是依靠捐输。

所谓“捐输”，就是让有钱人出钱买官，国家卖官鬻爵。捐输有暂行事例和常例报捐两种。“暂行事例”系因军需、赈荒或兴办工程等特开之捐例，因事而开，期满或事竣即停。“常例”也叫现行事例，为按定制随时进行的捐纳。

清代自康熙初为平定三藩筹饷而大开捐例（此前也有，但范围不广），历朝沿行。乾隆时期，每年常例捐银约为 300 万两。嘉、道时期，据记载，自嘉庆五年至道光四年（1800～1824年），江苏藩库共收捐监银376万两，安徽收174万两，合计各省总数，在5000万两以上。因事特开之捐收银更多。如乾隆时的豫工、川运两次捐例每次收银都在1000万两以上；嘉庆时的川楚事例收银3000余万两，衡工例收银1120万两；其他如工赈、土方、续增土方、豫东诸例，收银也都有数百万两。

捐纳之外，清代还常有盐商、洋商（广东十三行商人）等富商巨贾的遇事"报效"，以乾隆时为最多，军需、河工、庆典皆有之，多的达银数百万两。这也是当时政府为应付额外开支而采取的一种筹款方式。

三、财政支出

（一）军费

军费是清前期国家岁出的最大宗，分为经常军费和战争经费两类。经常军费有一定数额，主要用于八旗和绿营兵饷的支出。清入关以后，八旗兵额包括京师禁旅和外地驻防都在内，总共为20万人左右。绿营兵连京师巡捕营合计，康熙时约近60万人，乾隆以后超过60万人，嘉庆时最高额达到66万余人。八旗、绿营每年的兵饷开支，乾隆中约为银1700余万两，乾隆后期达到2000万两以上，约占财政总支出的50%。嘉庆、道光时期清政府财政困难，屡有裁兵节饷之议，但效果有限。

战争经费是临时性支出，称为"军需"。与"经制支出"的兵饷不同，军需费用没有定额，支出多少全视战争需要而定，事后专案奏销。乾隆以后，清政府屡次进行内外战争，耗费巨大。仅据《清史稿》记载的乾隆十二年至道光十年间（1747～1830年）十余次大的军事战役报销军需款统计，总额已达38272万两以上，平均每年455万余两，相当于其时岁入的十分之一左右。

（二）官俸及养廉

官俸即官员俸食，养廉是官俸之外按官员品级另行支给的津贴。清代官俸有八类，分别为宗室俸、公主格格俸、世爵俸、文职官员俸、八旗武职俸、绿营武职俸、外藩蒙古俸及回疆俸，各分别等级规定俸额。俸有支银，曰"俸银"；有支米，曰"禄米"（通常指宗室世爵所支者）或"俸米"（官员所支）。作为正薪，清代官俸不高。如文职官俸，正、从一品官仅岁支俸银180两，京官另支俸米90石（在外文职无俸米），即一品大员也不过每月俸银15两、俸米7.5石；品级最低的从九品官及未入流者，更仅岁支银31.5两，京官另支米15.75石，

平均每月银2.6两余、米1.3石余。武职官俸，在京者同文职，外官低于同品文职。八旗驻防官员在正俸外另有按规定的家口数（如将军、都统40口，副都统35口，协领30口，等等）支给的口粮，每口每月给米2.5斗；绿营官在俸银外另支“薪银”、“蔬菜烛炭银”、“心红纸张银”等，其数额高于俸银。乾隆以后，在京文职于应得正俸外，另加增一倍赏给“恩俸”。

官俸之外另给养廉银是雍正以后实行的制度。清初因官俸低，地方官普遍在田赋正额外加征耗羡，以其盈余各级朋分，大部分入于私囊，虽不合法，但政府予以默认。雍正二年（1724年）以后各省实行“耗羡归公”，各级官员在原支正俸外，按官位高低加给数额不等的津贴，谓之“养廉银”。养廉银的数额各省不同，大体上，总督、巡抚岁给1万~2万两，以下布政使、按察使、道员、知府、知州、知县等按级递减，知县少的给500~600两，多的达2000余两。养廉制度最初仅实行于各省文职，后来八旗及绿营军官也先后得到养廉。

乾隆时期，全国文、武职养廉银支出约为每年400余万两，俸、廉总数则要超过500万两。

（三）行政经费

行政经费包括各级衙署按例支取的“公费”、“役食”及各种名目的公务开支。公费是官员的办公费用，按品级支给，每月给银1~5两不等，实际是官员的一种俸外津贴。役食是衙署官役的工价饭食，按月或按季、按年发给。公务开支包括衙署的办公费如心红纸张银、经费银等，还包括一些特别的支出，如表2中的内务府、工部、太常寺、光禄寺、理藩院等衙门的祭祀、宾客备用银，兵部的馆所钱粮，刑部的朝审银，钦天监的时宪书银，各官牧机构的马牛羊象刍秣银，等等。各省支出中的祭祀、仪宪及一些赏恤、杂支等款，亦属此类。清前期的行政费开支数额不大，不计各省外销，总数大约为每年百余万两。

（四）驿站经费

清代为传递文书，由京师至各省乃至边地交通要道设置驿、站、台、塘、铺等机构，以供应过往官员和传递文书的兵役中途食宿及夫马车船之需。驿站经费包括夫役工食、牛马价银、车船费、驿舍租银及过往官员兵役人等的廪给口粮等项，均于田赋内编征，每年约计200万两，由兵部、户部会核具题奏销。

（五）廪膳膏火及科场经费

清代各省府、州、县、卫学及八旗均设有一定名额的廪膳生，官给银米作为生活补贴，是为“廪膳”，或称“廪银”、“廪粮”。

"膏火"也是官给的学生生活津贴，国子监、八旗官学及各省学校、书院的学生均可按例领取，如国子监六堂内班肄业生每人每月领膏火银1两，外班肄业生每人每月领2钱，八旗官学生之满洲、蒙古籍者每人每月领1.5两，汉军籍者每人每月领1两，等等。

科场经费是用于科举考试的支出，包括科场供应费、主考官川资、花红筵宴银、旗匾银、坊价银、公车费等，每年不下20万两。

（六）工程费

工程费包括用于坛庙、城垣、府第、公廨、仓廒、营房等的营造和修缮支出，但最多者为河工支出。河工主要为黄河及运河的修治，也包括南北其他河流的疏浚治理。清代于各河事务设河道总督总理，下设管河道及管河同知、通判、州同、州判等官分理。河工费有经常费和临时费两种。经常费用于"岁修"和"抢修"，各有规定数额，一般不允许超支。临时费用于"大工"和"另案"。大工指堵筑漫口、启闭闸坝等非常有的工程；另案为新增工段，不在岁修、抢修之内的工程。大工和另案工程无经费定额，临时根据情况具奏兴工，工竣题销。嘉庆时，每年开支的河工另案经费约为银200万两，是河员虚报浮销的一大利薮。

河工之外，江浙海塘工程也每年需费不少。海塘岁修于每年大汛后进行，经费由江浙二省拨解，工竣由该管地方官申报督抚咨部题销。雍正、乾隆时大力整治江浙海塘，经常一处工程之费即达数百万两。

凡兴建工程由工部管理。在京工程由各衙门报工部勘估兴办，工价银超过50两、料价超过200两者奏请皇帝批准，工、料超过1000两者奏委大臣督修。各省工程在1000两以上的，有例案可循者随时咨报工部，年终汇奏；无例案可循者须先经奏准，再造册报部审核估销。

（七）采办和织造费

采办和织造费也是清政府的经制岁出项目。采办的物品主要有颜料、牛筋、黄蜡、白蜡、桐油、纸张及茶、木、铜、铁、铅、布、丝、麻等，各依土宜在各省采买，于正项钱粮内支销。乾隆时此项开支，每年约为银12万余两。织造经费用于江宁、苏州、杭州三织造处供办御用和官用的绸缎、绫罗、布匹及祭帛、诰䌷等物。乾隆初，三织造处每年支销工价、水脚、机匠口粮等项银10余万两。

采办和织造经费不完全是国用开支，其中相当一部分为皇室内用开支。前述行政、工程等费中，也有些属皇室用费。不过，在清前期，内廷用费从国库开支的尚属有限，大部分还是在内务府收入中解决，与同、光时期的情况不同。当时的内务府用费也较节俭，乾隆时的岁支仅约为银60万两。

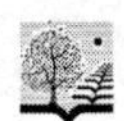

（八）保息及救荒支出

此为社会救济支出，时称“赏恤”。清代的社会救济分为两类，一类称“保息之政”，另一类称“救荒之政”。这两类救济的施予对象和制度规定不同，经费支出的特点也不同。

1. 保息之政

保息之政是对鳏寡孤独、残疾无告、弃养婴儿、节孝妇女等社会特殊群体的救助和抚恤，包括恤孤贫、养幼孤、收羁穷、安节孝、恤薄宦、矜罪囚、抚难夷等内容。保息经费是各地方的经常性支出，大都有一定的数额或规定标准。动用款项一般也是固定的，或在正项钱粮内动支，或于生息款（发官款交商生息）内解决，也有的来自于士民捐助。

2. 救荒之政

指发生自然灾害情况下的社会救济。主要措施有：救灾、蠲免、缓征、赈饥、借贷、平粜、通商、兴土工、返流亡、劝输。

救灾。遇逢川泽水溢、山洪爆发及地震、飓风等突然性灾害，以致淹没田禾，损坏庐舍，死伤人畜的时候，政府采取紧急措施救助，谓之“救灾”。救灾自乾隆以后有一定成规。如直隶的水灾救济定例规定：水冲民房，全冲者，瓦房每间给银一两六钱，土、草房每间给银八钱；尚有木料者，瓦房每间给银一两，土、草房每间给银五钱；稍有坍塌者，瓦房每间给银六钱，土、草房每间给银三钱；瓦、草房全应移建者，每间加给地基银五钱，每户不得过三间。淹毙人口，每大口给银二两，小口给银一两。地震、飓风等灾一般比照水灾例办。实际执行中，也常有奉特旨不拘成例的情形。

蠲免。荒歉之岁，按照灾情轻重，免征部分额赋，叫做“蠲免”，也叫“灾蠲”，以别于因国家庆典、皇帝巡幸、用兵等而实行的“恩蠲”。蠲免之实行与否及蠲免多少，根据被灾分数确定。乾隆以后定制，被灾五分即为成灾，可蠲免额赋十分之一。被灾六分以上至十分，分别蠲免十分之一至十分之七。凡蠲正赋，随征耗羡相应蠲除。如题准蠲免时额赋已征，应免之数在下年征收时扣除，名曰“流抵”。漕粮非奉特旨，例不因灾蠲免。此外，因蠲免只及田主，不及佃户，康熙时特别规定：田主遇灾蠲免，“照蠲免分数，亦免佃户之租”。后改定为：“业户蠲免七分，佃户蠲免三分。”

缓征。即将应征钱粮暂缓征收，于以后年份带征完纳。缓征的适用比蠲免要广。勘不成灾（被灾分数不足五分）例不予蠲，但一般缓征。乾隆四十六年

(1781 年)，更规定成灾五分以上州县之成熟乡庄一体缓征。漕粮漕项等例不蠲免的项目、民间借贷的官口粮籽种及各项民欠等，也都有缓征之例。成灾者，蠲免所余及未完旧欠概予缓征。缓征钱粮，乾隆以前在下年麦后起征，下年又无麦则缓至秋后。乾隆初改定：被灾不及五分缓征者，仍缓至次年；被灾八、九、十分者，分三年带征；五、六、七分者，分两年带征。而实际上，因连年歉收，或因积欠过多，无法征收，往往不得不一缓再缓，至有积至十数年不能完者。积年旧欠实在征收无着的，也有时特旨豁除。

赈饥。灾年发仓储向饥民施米施粥叫“赈饥”。与蠲、缓不同，赈饥的对象不是“有田之业户”，而是“务农力田之佃户、无业孤寡之穷民”。“凡有地可种者，不在应赈之列”。清制，地方官于勘灾同时，即应清查户口，将应赈人口造具册籍，分别极贫、次贫，给发印票，以为领赈凭据。开赈时，地方官及监赈各员分赴灾所，发放米谷；米谷不足，折银钱给之，叫“折赈”。赈济时间长短，视灾情及受赈之人贫困等级而定，短时一两个月，长的五六个月。勘灾用费报销、散赈手续、官员奖惩等，雍、乾以后，也都有严密的规定。

借贷。指灾荒后或逢青黄不接时向农户贷放口粮、籽种。清代各省府州县乡普遍设立常平及社、义等仓，所储米谷用于赈、贷、粜等。灾荒时三者并行，平年只行借、粜。借贷一般在春耕夏种，民间乏食缺种时进行，秋收后征还。所借除口粮、籽种外，地方官府还往往出借供雇耕牛用的“雇价”、供养牛用的“牧费”等；口粮、籽种亦有折银钱给贷者。平年所借加息征还，歉岁所借免息。个别省份如广东、福建等，向不加息。

平粜。常平仓谷主要用来平抑粮价，“米贱则增价以籴，米贵则减价以粜”。一般在每年春夏间粜出，秋冬时籴还，存七粜三，既接济春荒，又出陈易新。遇岁歉米贵之年，允许多出仓储，减价平粜。歉岁粜卖遇仓储不足时，发库帑籴客米接济，再不足则截留漕粮以济之，同时鼓励富户零星出粜，严禁奸商势豪囤积射利。

通商。荒年乏食，米价腾贵时，禁邻省遏粜，允许并鼓励商贾运贩米谷至灾区，以济官米之不足，谓之“通商”。通商是与平粜相辅而行的一项措施，目的也在平抑粮价。为鼓励商贾往歉收地方运粜，乾隆元年（1736 年）规定，往被灾地方运粜的米船免征官税。外洋之米，乾隆时也鼓励商贾贩进，减税以招徕之。此外，有时还官为招商，给以护照及正项钱粮，令其往灾区运粜，所得利息，商人自取，官府只于米价平后收回原本。

兴土工。在灾荒年景，由地方官相时地之宜，发官帑兴作工程，召集饥民佣赁糊口，以此作为赈济的一种方式，亦称“以工代赈”。以工代赈工程的工价一般按半价给发，但也有时准给全价。

返流亡。灾年饥民外出逃荒，清政府的基本对策是尽量防止，规定地方官于灾后即应出示晓谕，令其毋远行谋食，轻去乡土。已经外出者，则令所过州县量行抚恤，并劝谕还乡，以就赈贷，称之为“返流亡”。雍正时，制定有对外来流民的留养则例，规定各地方于冬寒时动用常平仓谷赈恤外来流民，至春暖再动支存公银两资其返籍。但这个制度实际行不通，且多弊端，故自乾隆以后，除对老弱无力者仍予留养、资遣外，对一般投奔亲故或往丰收地方觅食者，并不强制执行。

劝输。灾荒之年，政府鼓励官绅士民出粟出银助政府救荒，视其所输多寡，官予加级纪录，民予品衔或花红匾额旌奖，名之曰“劝输”。捐输条例各朝不尽相同。大体上，捐米谷至数百石，官即可以纪录加级，民即可以顶戴荣身；捐数少者，给予花红匾额。

上述措施互相补充，遭逢重大灾荒时往往同时实行，因之而支出者即为救荒经费。救荒与保息不同，一是开支浩大，二是没有固定数额，支出多少视灾情而定。救荒经费一般由地方库储支出，事竣奏销，但也常由户部特拨专款，还往往截留漕粮。清前期，救荒是国家一项大的支出，几乎年年都有，往往动辄花费白银数十万两乃至数百万两。

四、收支大势

（一）顺治至康熙前期

从入关到平定三藩叛乱并收复台湾之前，清王朝的统治尚未稳固，一方面连年战争，军费开支浩大，另一方面经济凋敝，政府岁入较明代大幅度减少，故财政相当困难，“岁支常浮于入”。这是清初财政总的特点。

（二）康熙中期至乾隆时期

以康熙二十年（1681年）平定三藩叛乱、二十二年台湾郑氏降清为标志，清王朝终于确立了对全国的统治。此后一直到乾隆时期，为清王朝的全盛时代。这一时期，社会安定，经济逐步恢复并进一步发展，出现了历史上空前繁荣昌盛的局面。与此相联系，清王朝财政的收、支也逐步走上正轨，收入增加，支出岁有常额，清初收不抵支的局面根本改观。这一时期在经常项目的收支上，大体每年出入平衡且有盈余；遇有临时额外支出如用兵、工程、赈恤等，或动用历年节余，或采取“捐输”“报效”等方法筹款，总的来说未出现大的财政困难。

处于清王朝鼎盛时代的乾隆时期，随着国力增强，铺张奢侈之风渐起，康熙时的皇帝躬亲节俭、雍正时的严核国家度支情况已不复可见。乾隆一朝皇帝巡幸、寿典、对内对外用兵（所谓“十全武功”）、河工、赈恤等，用帑之多远过前代，其中仅历次用兵军需所耗，即达银1.2亿两以上，河工糜帑亦多达数千万两。然而国家的岁入亦较前增加。乾隆时岁入地丁、耗羡、盐课、关税、杂项税课及常例捐输银总共4000多万两（特开之捐例及商人报效等临时性入款不在内），经常项目的岁出为3000余万两，收支相抵后的盈余常在1000万两以上。兹以乾隆三十一年（1766年）的出、入数字为例，列表如下，以见其时收支规模的大概。

表1　乾隆三十一年（1766年）的各项收入及其占岁入总数的百分比

项目	银数（万两）	占岁入总数的百分比（%）
地丁	2991 +	61.62
耗羡	300 +	6.18
盐课	574 +	11.83
关税	540 +	11.12
芦课、渔课	14 +	0.29
茶课	7 +	0.14
落地杂税	85 +	1.75
契税	19 +	0.39
牙、当等税	16 +	0.33
矿课（有定额者）	8 +	0.16
常例捐输	300 +	6.18
共 计	4854 +（5）	100

资料来源：《清史稿》卷125《食货六》，中华书局标点本，第3703页。按此表数字又见魏源《圣武记》卷11，但魏书未标明数字年份，且地丁银数误作2941万两（《清史稿》记载与《清朝文献通考》同）。经与各书核对，是年数字原有万位以下数，《清史稿》皆略作“××万两有奇”。

表2　乾隆三十一年（1766年）的各项支出及其占岁出总数的百分比

项 目	银数（万两）	占岁出总数的百分比（%）
满汉兵饷	1700 +	49.26
武职养廉	80 +	2.32
王公百官俸	90 +	2.61
外藩王公俸	12 +	0.35
文职养廉	347 +	10.05

续表

项 目	银数（万两）	占岁出总数的百分比（%）
京官各衙门公费饭食	14 +	0.41
京师各衙门胥役工食	8 +	0.23
内务府、工部、太常寺、光禄寺、理藩院等衙门祭祀、宾客备用银	56	1.62
采办颜料、木、铜、布银	12 +	0.35
织造银	14 +	0.41
宝泉、宝源局工料银	10 +	0.29
京师官牧马牛羊象刍秣银	8 +	0.23
各省留支驿站、祭祀、仪宪、官俸、役食、科场、廪膳等银	600 +	17.39
东河、南河岁修银	380 +	11.01
更定漕船岁需银	120	3.48
共 计	3451 +	100

资料来源：同表1，第3703～3704页。

乾隆时期的国库储备也是康、雍、乾三朝最充裕的，表3是一些资料关于三朝户部银库存银数的记载。

表3　康熙、雍正、乾隆三朝户部银库存银数

时间	银数（万两）	资 料 来 源
康熙六年	249	上谕档：乾隆四十年正月二十九日军机大臣遵旨查明康雍乾年间户部银库存银数目奏片所附清单
康熙四十八年	5000	《清圣祖实录》卷240，康熙四十八年十一月丙子。按据乾隆四十年军机大臣奏片所附清单，是年末户部银库存银4376万余两
康熙六十一年	800	阿桂《论增兵筹饷疏》，载《皇朝经世文编》卷26。按据雍正元年户部银库四柱册，上年“旧管”数为2715万余两
雍正间	6000	阿桂《论增兵筹饷疏》。按据乾隆四十年军机大臣奏片所附清单，雍正初年银库存银2000万～3000万两，以后逐渐增加，七、八两年均超过6000万两；九年以后又呈下降趋势，十三年数仅为3453万两
乾隆初	3400	《清高宗实录》卷920，乾隆三十七年十一月癸丑
乾隆三十七年	7800	《清高宗实录》卷920，乾隆三十七年十一月癸丑

续表

时间	银数（万两）	资料来源
乾隆四十一年	6000	魏源《圣武记（附录）》卷11《武事余记·兵制兵饷》。按据是年银库四柱册，年末存银数为7466万余两
乾隆四十六年	7800	魏源《圣武记（附录）》卷11《武事余记·兵制兵饷》
乾隆末	7000～8000	魏源《圣武记（附录）》卷11《武事余记·兵制兵饷》，并参见萧一山《清代通史》卷中，第二册，第234页引洪北江文

在财用充裕的情况下，康、雍、乾三朝曾一再实行钱粮蠲免。康熙一朝各种项目的大小蠲免总计不下500余次，所免总数超过一亿数千万两。特别是从二十五年起，几乎每年都对一省或数省"普免"，即免征全部额赋；从三十一年起，逐省蠲免起运漕粮一年；从五十年起，三年之内轮免各省钱粮一周，计共免"天下地丁粮赋新旧三千八百余万"。乾隆朝的蠲免规模更超过康熙时。乾隆六十年间，计共普免全国钱粮四次（十年、三十五年、四十二年、五十五年）、漕粮三次（三十一年、四十五年、六十年），每次分数年轮完，还普免过官田租和各省积欠。其他个别省份、地区、个别项目的蠲免和豁除旧欠数不胜数。有些蠲免且形成为定例，如"每谒两陵及他典礼，跸路所经，减额赋十之三，以为恩例"。一再大规模实行蠲免，也从一个方面反映了当时国家的财政状况。

（三）嘉庆至道光时期

嘉庆、道光时期，清王朝步入了多事之秋，各种社会矛盾日益暴露、激化，天灾人祸不断，正常的税收难于保证，意外开支却有增无已，是以国库日渐空虚，财政窘迫。嘉庆初年为镇压白莲教起义，不仅将乾隆末年国库七八千万两存银消耗一空，而且不得不开"川楚事例"，先后收捐银多达3000余万两。此役耗用军费超过亿两，给清王朝财政以沉重打击，从此再难恢复元气。因国库空虚，嘉庆朝为应付河工、军需、赈务各项额外支出，只能依靠捐输，故自川楚事例以后，各种捐例从未停开，每年所收捐银少则二三百万两，多时超过千余万两。

道光时期的财政困难尤甚于嘉庆朝。嘉庆十七年（1812年），岁入4113万余两，岁出3510万余两，虽收支相抵后的盈余数已较乾隆时大为减少，但仍有600万两左右。而至道光时期，据户部道光三十年（1850年）奏报，此前十余年间，"岁额所入，除豁免、缓征、积欠等项，前后牵算，每岁不过实入四千万上下"，较额征少四五百万两，岁出则"约需三千八九百万两"，收支相抵，已经几无盈余。这还仅是就例内支出而言，实则当时"用款多寡难定。以近十余年计

之，海疆、回疆及各省军务，东、南两河工用，南北各省灾务，统计例外用款，多至七千余万”。计入这些，那就入不敷出了：“入款有减无增，出款有增无减，是以各省封存正杂等项渐至通融抵垫，而解部之款日少一日。……虽经叠次恩发内帑银一千余万两，王大臣议减京外各营马乾、红白赏恤、杂项、减平等款共节省银一千余万两，臣部先后催完积欠银一千七百余万两，又因南粮缺额，京仓支放等款分成改折，而入不敷出，为数尚钜。”户部此折，已将道光朝最后十几年间财政困难的情形说得很清楚了。兹将道光后期的岁入、岁出数字列为表4，以见其时收支的大概。

表4　道光后期岁入、岁出情况

时 间	岁入（银两）	岁出（银两）	相抵余额（银两）
道光十八年	41272732	36209382	5063350
道光十九年	40307372	34787590	5519782
道光二十年	39035229	35805162	3230067
道光二十一年	38597458	37341583	1255875
道光二十二年	38715060	37149811	1565249
道光二十三年	42264528	41904903	359625
道光二十四年	40163854	38651694	1512160
道光二十五年	40612280	38815891	1796389
道光二十六年	39222630	36287159	2935471
道光二十七年	39387316	35584467	3802849
道光二十八年	37940093	35889872	2050221
道光二十九年	37000019	36443909	556110

资料来源：道光十八至二十八年数据北京图书馆藏翁同龢家抄本《岁入、岁出册》，引自《中国近代货币史资料》附录第172页。道光二十九年数据王庆云《石渠余纪》卷3《直省出入岁余表》。按王书卷3《直省岁入总数表》记有道光二十一、二十二、二十五、二十九各年岁入数，同卷《直省岁出总数表》记有道光二十八、二十九年岁出数并附有道光二十一、二十二、二十五各年岁出总数，《直省出入岁余表》记有道光二十五至二十九年岁入、岁出总数，所记各数有的与翁抄本小有差异，有的年份数字各项分数相加之和与所开总数也有差异。

表中数字源出于户部山西司奏销红册，为各省历年奏销总数。由于未扣除省际协拨出入重复数字，岁出数较实际支出要大一些。如据王庆云说，道光二十二年（1842年），甘肃、四川、云南、贵州四个收不抵支的省份总共接受了邻省协拨银约560万两，这些银两“邻省之协拨者既作出数奏销，而受拨省份将所拨之款又作出数奏销”，在总数内重复计算，应当减除，故该年的实际支出应为3150

余万两，出入相抵后的盈余为716万余两。然而这只是各省的出入情形，未包括京师支出在内，而当时京师的支出，主要是靠各省解款。道光后期，京师户部每年支放银九百四五十万两，其来源“除各省例解部款一百二十万，常捐、旗租、减平二百余万外，不敷银两随时奏闻，于盈余省份地丁、盐、关指款拨解部库”。计入京师用款，道光后期全国总计的岁入、岁出实际是没什么富余的，因为各省出入的盈余数，差不多全要用来解京供中央开销。常例收支如此（表4均为常例奏销数），应付起当时层出不穷的例外开支，就只能靠吃库存老本，“是以各省封存正杂等项渐至通融抵垫，而解部之款日少一日”。这种局面，到太平天国起义于道光朝的最后一年（道光三十年）年底爆发以后，终于演变成为清政府一场空前的财政危机，而清前期的封建财政，也就以这场危机为标志而告终结了。

问：清朝的财政是量入为出还是量出为入？

答：量入为出。清代与现代的理财观念不一样。当时每年收入大体固定，经常项目开支亦不轻易变动。中国历史上封建时代的理财思想都是量入为出。清朝的赋税征收，基本是从明代沿袭下来。顺治时国家编制《赋役全书》，规定“悉以万历旧额为准”。以后历朝都守定“不加赋”的祖训。清初赋税征数的减少，是因为入关后百姓流离失散，地亩荒芜，不得不“开除荒亡”，因而实征减少。以后土地开垦，人口增加，征数才逐渐向从明代继承下来的“原额”靠拢。雍、乾以后，已大体恢复明朝的收入规模，变化就不大了。当然，这只是清前期的情况，到了近代以后，情况有所不同。

问：如何知道应征收田赋多少？

答：明初朱元璋时期曾大规模丈量全国土地，编有《鱼鳞图册》，详细登录各州县乡村每块土地的数量、方圆四至以及业主姓名，作为田赋征收的基本地籍依据。清代管理土地，这种鱼鳞册（也叫丈量册）也是基本依据之一。同时各州县都有赋役全书，详载当地土地数额、等次及赋税征则、收数，与鱼鳞册互为表里。当时官府征收赋税，主要就是凭借这些册籍，来确定每户应该纳税多少。又清初因按人丁征收丁银，故每五年编审人丁一次，16～60岁的成年男子均登记入册，以此确定丁银征数。摊丁入地以后，乾隆时停止了人丁编审。上述据以征收赋役的官方册籍，其实都徒具形式，与实际情况差异很大。如鱼鳞册，一次编定之后，往往就极少再对土地进行实际丈量，州县户房所存，都是陈陈相因的积年旧册，是否符合实际情况，实不可问。实际征收时，州县书吏大都另有私册，然皆据为奇货，密不示人。官册所载，上计报官之数而已。

（文章来源自《学术讲座荟萃》第39辑，2007年4月10日）

太平天国起义对清朝财政的影响

史志宏

史志宏

男，1949 年生，北京市人。1982 年毕业于北京大学历史系，获历史学硕士学位；1988 年毕业于中国社会科学院研究生院经济系，获经济学博士学位。现任中国社会科学院经济研究所研究员，中国社会科学院研究生院教授、博士生导师，中国经济史学会古代经济史专业委员会理事。

主要研究领域：中国经济史，专长明清及近代财政史、农业史。主要著作有：《清代前期的小农经济》、《中国经济发展史》（明清卷）、《清代户部银库收支和库存统计》、《晚清财政：1851～1894》等。

曾在英国伦敦大学亚非学院（SOAS）、荷兰莱顿大学汉学研究院做访问学者并从事合作研究。1993 年起享受国务院颁发的政府特殊津贴。

从本节开始，我们讨论晚清财政问题。今天主要分析太平天国起义对晚清财政的影响。

所谓“晚清”，指进入近代以后的清朝历史。此前的清朝，即通常所说的“清前期”，仍然属于“古代”，即传统封建时代，社会性质与以前的明朝、元朝、宋朝等没有根本的区别。但是自从鸦片战争以后，中国社会的性质发生了变化。由于西方资本主义的侵略，中国社会的独立发展被打断了，一步步走上了半殖民地半封建的道路。这是一个大变化，是影响中国社会政治、经济、文化方方面面的大变化。因此以鸦片战争划线，将清朝历史分成两大阶段，前面是古代、传统时代，后面是近代，是完全正确的、合理的。

从世界史的角度观察，“近代”无疑应该从大航海开始，因为自那以后，从西欧发展起来的资本主义开始向全球扩张，逐步把世界各个地方的古代文明都纳入它的发展体系。但是世界各个地方的古代文明进入这个体系的时间先后有不同。就中国来说，直到鸦片战争之前，还是沿着自己以往的道路发展，此后才进入这个体系，开始了自己的近代历史。

在鸦片战争之前，中国是有机会也有能力参与到这个世界近代历史的大潮流中去的。如果那样的话，中国的历史命运会是另外一个样。关于这个问题，这里不能展开讨论。我曾经写过一篇文章，题目是“China’s Overseas Trade Policy and Its Historical Results：1522－1840”，收在 A. J. H. Latham 和 Heita Kawakatsu 合编的论文集“Intra－Asian Trade and the World Market”（Routledge 公司 2006 年出版，伦敦、纽约同时发行）里，有兴趣的同学可以找来看。这篇文章最早是 1998 年在西班牙一次国际学术会议上的发言，题目是“A Lost Chance”，反映了我的观点。文章的中文版分成两个题目：《明及清前期保守主义的海外贸易政策》和《明及清前期保守主义的海外贸易政策形成的原因及其历史后果》分别发表在《中国经济史研究》2004 年第 2 期、第 4 期上，大家也可以参看。

以上关于中国近代史开端时点的看法是从马克思主义历史观来判定的。不是所有人都赞成这样的观点；持相似看法者，其出发点、观察的角度也不一定完全一样。例如在美国学者中，自费正清开始，很长一段时间的主流观点也是主张中国近代历史开始于19世纪条约口岸的开放，但他们的观点是建立在所谓“刺激—反映”论的基础上的，与马克思主义者对历史的分析和解读不同。他们认为如果没有西方的介入，即所谓西方“刺激”，中国不会进入近代，这与早期来中国的许多传教士持有的中国在西方势力进入之前是一个长期“停滞”的社会的观点一脉相承，毫无二致。费正清这一派的观点，后来受到一些年轻学者的挑战，被批评为“欧洲中心论”。新的观点主张从中国自身的角度来研究中国的历史和中国的发展。近年有两部分别得到世界历史学会1999年和2000年年度奖的著作，一部是安德烈·贡德·弗兰克的《白银资本》（Andre Gunder Frank："Global Economy in the Asian Age"），另一部是彭慕兰的《大分流》（Kenneth Pomeranz："The Dreat Divergence：Europe，China，and the Making of the Modern World Economy"），都是很流行的反对欧洲中心论，主张从中国、亚洲自身的角度来解读历史的著作。他们反对欧洲中心论，是有合理因素的，但与马克思主义者反对欧洲中心论不完全一样。马克思主义者反对欧洲中心论，但承认在大航海以后资本主义向全球扩张的历史大潮流中，欧洲处在中心地位这样一个事实。最奇怪的是有些中国学者在批评以往史学界关于资本主义萌芽的研究是受“欧洲中心论”影响时，把马克斯·韦伯抬出来，用韦伯的观点来批评中国资本主义萌芽研究，说是受了欧洲中心论影响。其实韦伯的观点，说欧洲以外不可能产生资本主义，因为没有基督教精神和罗马法传统，才是不折不扣的欧洲中心论。

批评欧洲中心论的学者，一般把中国近代史的开端提得比较靠前，如认为从清朝起，就已经进入近代了。有些台湾学者就是这种看法。

以上是介绍一些不同的观点和争论，不可能展开讨论。我的目的是要说明，我自己的立场是站在马克思主义一边的，主张中国近代史开始于鸦片战争，主张进入近代以后中国就变成了半殖民地半封建社会。我也完全赞成明清时期中国自身发展中已经有了资本主义萌芽，如果没有外国资本主义的侵入，中国也能独立地缓慢发展成为资本主义社会的观点。问题是1840年后中国发展起来的资本主义与原来的资本主义萌芽在发展方向上是不同的，是外国侵略势力进入后，由后者主导的一种历史变化，一种半殖民地、半封建化的资本主义发展，一种在近代资本主义世界体系中逐步沦为依附地位的历史发展方向。

正式开讲今天的主题前，还要解释一个问题，就是既然我主张中国近代史从鸦片战争开始，为什么讲晚清财政又不是从鸦片战争开始，而从太平天国起义开始呢？这是因为：尽管鸦片战争对中国近代历史演变的影响是全方位的、巨大的、深远的，但是从财政史自身角度观察，第一次鸦片战争以后到太平天国起义之前的这10年，清朝财政还没有出现明显的变化，它还在原来的轨道上运行。第二次鸦片战争以后，西方因素对中国财政的影响才逐渐显现出来。西方因素影

 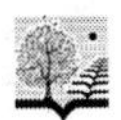

响下的中国财政向半封建半殖民地化方向的演变，到甲午战争、庚子赔款以及清末新政时期，才比较明显地表现出来。太平天国起义对清朝财政的影响不同，是颠覆性的。这之前和这之后，财政管理体制、收支的内容、结构都大不一样，发生了巨大变化。因此，单就财政史来说，从太平天国起义讲起，把晚清财政的开端放在这一时点上，更符合历史的逻辑。两次鸦片战争对清朝财政的影响，我们放到下一节课再讲。

一、太平天国起义引发的空前财政危机

太平天国起义从咸丰朝一直延续到同治朝前期，历时十余年，影响及于全国大部分省份，促成了长达20年之久的全国性的反抗清朝统治人民斗争的大爆发。在太平天国起义期间，皖北、苏北及河南、山东等黄河流域省份有捻军乘势而起，南方的两广、福建及长江流域的湖南、江西、浙江、江苏、上海等地有天地会、金钱会、小刀会等民间秘密会社组织的不断起事，西南云、贵、川等地有李永和、蓝朝鼎起义、号军起义和苗、回等少数民族起义，同治元年以后西北陕、甘等地的回民也起义反清，等等，可谓全国遍燃烽火。这场几乎颠覆了清王朝统治的大动乱，直到光绪初年才告一段落。在这20年中清朝财政陷入严重危机，使得清前期制定的制度难以为继，发生了重大变化。

下面从这20年的军需支出和户部银库收支两个方面来观察当时财政的危机。

（一）咸、同时期的军需支出估计

军需支出特指战争经费，而非经常经费支出。咸、同时期清政府为镇压太平天国及其他人民起义究竟花了多少军费，至今没有准确的统计。这两朝的20余年时间，特别是咸丰至同治初的10余年，是整个清代历史上财政收支状况最为混乱的时期。咸丰时期，各省各粮台几乎没有按照规定做过军需报销。直到咸丰末、同治初，当大局已经基本得到控制，在户部的严催下，各省才开始陆续报销军需。但是，事隔十余年，人事变更，册籍散失，特别是此次军需无论收入还是支出，诸多项目都非经制，不像以往那样有例可遵，有案可循，奏销根本无法依制实行。在清廷的特别允准下，这次军需报销，最后不得不以各省或统兵大臣按年分案开具“简明清单”的形式草草了结，所报往往只是一个笼统的开支总数而无详细的收支细册，其内容更无从核查。户部方面，也从未对各处报来的数字统一汇总。100余年后的我们讨论当时的军需开支，只能根据所见到的有限资料，做一个大致的估计。

关于咸、同时期的军需支出，中国社会科学院已故研究员彭泽益先生曾经根据经济研究所收藏的清代钞档及当时各省督抚、统兵大臣的文集、奏稿等资料，统计出镇压太平军的军需开支总数为银1.7亿余两，镇压捻军的军需开支总数为银3173万余两，镇压西南诸省各族人民起义军需7873.7万余两，镇压两粤及闽台等地各族人民起义军需2233.7万余两，镇压西北回民起义军需1.19亿两，合计总数为4.2亿余两。[①] 彭先生的这个统计，镇压太平军和捻军两项共计为银2亿多两，与刘锦藻的《清朝续文献通考》中“发捻之役，耗至二万余百万”[②] 的说法相差不多。但是在清人王闿运的《湘绮楼日记》中还有另外一种记载，说镇压太平天国“用银二万八千余万、钞七百六十余万、钱八百十八万贯”，镇压捻军“用银一万七百九十余万、钱九百万贯、钞七百万两”。[③] 王闿运是咸丰举人，曾为曾国藩幕僚，著有《湘军志》，他接触到的档案材料应比数十年后著书的刘锦藻更多、更全面。王的数字分别“平洪”和“灭捻”，而且有银有钱有票钞，不像刘的记载只是一个笼统的总数，从这点看，也应当更为可信。用王闿运的记载修正彭先生的数字，可以得到表1。

表1　咸、同时期清政府镇压人民起义军需开支估计

项 目	银数（万两）	占总数百分比（%）
镇压太平天国起义	29169.0	46.2
镇压捻军起义	11940.0	18.9
镇压西南各族人民起义	7873.7	12.5
镇压两粤闽台各族人民起义	2233.7	3.5
镇压西北回民起义	11888.8	18.8
合 计	63105.2	100.0

咸、同两朝用兵24年，算到光绪三年新疆“剿回”结束，则共计用兵27年。这期间的军需开支，按上表的6.3亿两估计总数计算，平均每年为银2300余万两。而实际上，由于6.3亿两总军费仍是较为保守的估计，[④] 同时这期间军

① 见彭泽益：《清代咸同年间军需奏销统计》《中国社会科学院经济研究所集刊》第3集，1981年版；又见史志宏：《十九世纪后半期的中国财政与经济》，人民出版社，1983年版。

② 刘锦藻：《清朝续文献通考》卷74，考8309～8310。

③ 《湘绮楼日记》第七册，光绪四年十月廿四日。

④ 彭先生在做出当时军需总支出4亿余两的估计时，认为考虑到现有奏销材料的缺漏和存在着各种不入奏销的开支，当时的实际军需支出最低估计也不会少于根据现有奏销材料统计的数字的一倍，即最低总数应在8.5亿两左右。这个估计，应该是较为合理的。

需支出最多的时段是咸丰至同治前期的十几年，在这段时间里，据我估计，每年的军需支出不会少于4000万两。[①] 军兴之前道光后期清政府的岁出规模不过4000万两左右，已经捉襟见肘；军兴之后，仅军需一项就使支出规模陡增一倍有多，这给当时财政造成的困难是可想而知的。

（二）户部银库收支所反映的财政大危机

咸、同时期的财政危局在户部银库的收支中也有清楚的反映。根据银库黄册的数据，在太平天国起义以前，银库每年的收支规模约为1000多万两，另有100多万串制钱的收支（清前期官定每制钱1串合银1两），平衡状况为收略大于支，即一般年份均有一定盈余。而起义爆发以后，各地对京师的解款大幅减少，导致一方面银库收支规模变小，另一方面多数年份都收不抵支，出现财政赤字。咸丰时期户部银库收支情况，如表2所示。

表2　咸丰时期户部银库收支情况

时间	收入		支出		盈亏（万两）
	银钱总数（万两）	指数	银钱总数（万两）	指数	
道光朝平均	1359	100	1236	100	123
咸丰朝平均	957	70.4	1035	83.7	-78
咸丰二年	920	67.7	1111	89.9	-191
咸丰三年	564	41.5	984	79.6	-420
咸丰四年	1044	76.8	1047	84.7	-3
咸丰五年	996	73.3	1008	81.6	-12
咸丰六年	922	67.8	914	73.9	8
咸丰八年	–	–	981	79.4	–
咸丰九年	1558	114.6	1335	108.0	223
咸丰十年	940	69.2	1280	103.6	-340
咸丰十一年	711	52.3	658	53.2	53

资料来源：咸丰各年的户部银库大进、大出黄册。合计银钱总数时，咸丰三年以前按每钱1串折银1两计算，以后按每钱2串折银1两计算。

须加说明的是，当时的银库，自从咸丰三年以后，每年收支的货币的内容与此前是大不一样的。咸丰以前，银库每年收支的银都是实银，钱都是制钱；其中

① 这十几年的军需开支不仅仅有镇压太平天国等人民起义的军费，还有咸丰后期第二次鸦片战争即英法联军之役（1856~1860）的支出。后一部分支出亦不是小数，上面的讨论并未考虑进去。

银占90%以上，钱只占百分之几。而到咸丰时期，由于外省解款减少，中央财政发生危机，从咸丰三年起开始铸造大钱，有铜大钱，也有铁大钱，面额有当五、当十、当五十、当百、当五百，甚至当千的；又发行纸币，有以银两计的“官票”，也有以钱文计的“宝钞”。这些大钱、官票、宝钞占当时银库收支的大部分。由于它们都是当时通货膨胀政策的产物，其实际价值远低于官定价值。所以，咸丰三年以后的银库收支，第一，数字并不反映实际价值，后者比前者要小得多；第二，银、钱的比例与以前也不一样，咸丰朝平均，大体情况是各占一半，银数略多于钱数。整个咸丰时期直至同治初年的银库收支中，真正的实银收支实际是非常少的，如表3所示。

表3 咸丰至同治初银库的实银收支及其在进出总数的比重

时间	收入		支出	
	实银数（万两）	占大进银钱总数（%）	实银数（万两）	占大出银钱总数（%）
咸丰三年	48.0	8.5	39.9	4.1
咸丰四年	21.5	2.1	20.7	2.0
咸丰五年	14.2	1.4	15.4	1.5
咸丰六年	15.2	1.6	17.4	1.9
咸丰七年	19.6	—	18.2	—
咸丰八年	17.8	—	23.2	2.4
咸丰九年	18.5	1.2	16.1	1.2
咸丰十年	14.5	1.5	15.1	1.2
咸丰十一年	15.1	2.1	15.2	2.3
同治一年	17.9	—	19.4	—
同汉二年	12.1	—	11.8	1.6
同治三年	18.4	—	17.4	—

资料来源：同治四年三月十三日户部左侍郎皂保奏折附清单。

二、厘金的创办与征收

太平天国起义后不久，清王朝的财政就到了山穷水尽的地步。为了应付这场大危机，清政府动用了一切想得到的财政和金融手段，包括开捐例、铸大钱、发票钞、举借内外债、增加赋税、节缩开支，等等。但是，所有这一切，对于当时庞大的军需开支，都只是杯水车薪，只能“略有小补”，“聊胜于无”而已。真正帮助清王朝渡过财政危机的，是厘金的创办。创办厘金是晚清财政史上的一件大事。厘金作为咸丰时期为解决镇压太平天国起义的军费问题而创立的一项新税

收，不但对清政权渡过空前的财政大危机并最终镇压以太平天国为代表的人民起义，实现所谓的“同光中兴”起了关键作用，而且对清后期的财政体制及收入结构，也产生了深远的影响。

（一）厘金的创办及推行

厘金是地方政府在自筹饷需的过程中创造的。咸丰以前对内对外用兵，筹办军需是中央户部的事。每逢用兵，朝廷专为前线部队设立粮台，委派专员经理钱粮收支。前线所需粮饷，由户部向各省、关指款调拨，各省关按数解送粮台，再由粮台支给部队。所有军需收支，皆由粮台造册奏报，经由户部核销。在这种制度下，统军将领只管打仗，不负责军需供应。咸丰军兴，最初仍采取此种办法。但是战争规模迅速扩大，烽火四起，仅一两年时间便耗尽各省库储，战争的破坏及不断失地又使税收受到严重影响，各省很快便连自己的日常开支都不能保证，当然就更谈不上向外省及各粮台解送户部的拨款了。而此时京师库储之空虚一如各省，同样无力支持战争。万般无奈之下，清政府不得不放任各省及统军将领自筹饷需。厘金就是在这种背景下被“发明创造”出来的，时间在1853年秋末。当时奉旨帮办扬州军务的刑部右侍郎雷以諴为解决军饷问题，在扬州城附近的仙女庙、邵伯、宜陵、张网沟等镇的米行实行“捐厘助饷”，后来又进一步将此法推广到里下河各州县，“捐厘”的商户也从最初仅限米行扩及到“各大行铺户”。厘金之征，以此为始。咸丰五年（1855年）以后，其他省也开始陆续仿行江苏的办法。到咸丰十年，除浙江、云南外的所有内地省份，以及东北的奉天、吉林、西北的新疆等地，都先后实行。同治时期，浙江、云南开办厘金。光绪十一年（1885年），黑龙江开始抽厘。至是，厘金制度推广到了除西藏、蒙古以外的全国所有地区。

厘金之征最初只是战争期间一种临时的筹款办法，并没有打算长久征收下去。但是仗打完以后，厘金已经成为各省地方不可须臾或缺的财源，不可能再取消，因而一直延续征收，终于成为晚清一项支柱性税收。

（二）厘金的种类、征收制度及征收机构

1. 种类及征收制度

厘金有普通厘金与特种厘金两大类。最早抽厘的货品限于日用百货，后来抽收范围扩大，而且盐、茶、鸦片等特殊货品又与普通百货分开，单独抽收。为资区别，普通百货所抽厘金一般称为“百货厘”，特种货品所抽则有“盐厘”、“茶厘”、“洋药厘”、“土药厘”等专门名称（后两种均为鸦片厘金）。在厘金的发展

过程中，一些省还曾将烟、酒、家畜、丝茧等货品从普通百货中分出单独抽收。百货厘是厘金的主体，通常所说厘金，若非专指，多指百货厘而言。

厘金按其征收地点可区分为出产地厘金、通过地厘金和销售地厘金三种；按照性质区分则有出产税性质的厘金、通过税性质的厘金和市场交易税性质的厘金之不同。在初期，厘金只有通过税性质的厘金和市场交易税性质的厘金两种，前者称“行厘”或“活厘”，征于贩运货物的行商；后者称“坐厘”，也称“板厘”、“埠厘”、“铺捐”、“日捐”、“门市月厘”等，在销售地向铺户坐贾征收。第二次鸦片战争《中英天津条约》订立以后，一些有大宗土货出口的省份为弥补洋商以子口税单贩运出口土货造成的厘金损失，开始对某些土货（主要是丝、茶等）实行“先捐后售”，于是又有了在货物出产地向生产者征收的厘金，不过这种出产税性质的厘金在光绪末年筹办统捐以前，只限于有大宗出口土货的一些省份征收，并未推广。与征收出产税同时，从同治初起，一些省份（如江浙等东南各省）又开始以“落地厘金”或“落地税”的名目对华商凭子口税单贩运进口的洋货及在本地自产自销的土货进行征课，而对原来征收的坐厘则渐次予以取消。这种新出现的“落地厘（税）”与通过厘金中原来就有的征于贩运终点地的落地厘金在性质上不同，而类似于后来的所谓“销场税”，可与坐厘同归入“销售地厘金”一类。坐厘在同治以后虽征收范围缩小，但并未完全取消。在一些省份，如广东及东三省，坐厘为其厘金收入的大宗。①

厘金的征收制度各省不同，同一省内不同地区也往往不尽一致。以通过厘金为例，有在货物的起运地一次征收的，有在起运地及到达地各征一次的，还有起运地征收后，于贩运中途再征一次或多次即实行所谓“起验制”的。在起运地一次征收的，所征多以“厘金”或“厘捐”等通用名称之。起运地和到达地各征一次的，起运地所征一般称“起厘（捐）”，到达地所征则多称“落地厘”。实行“起验制”的地方，制度也不统一，有“一起一验”的，有“两起两验”的，还有所谓“遇卡纳捐”的。光绪二十九年（1903 年），清政府整顿厘金，一些原来多次抽厘的省份将各卡厘金并为一税在起运地征收，所征称“统捐”或“统税”。

厘金的征收又有官征和商人包缴两种制度。官征即由政府设立的厘金局卡或兼办厘金的地方官府直接征收，商人包缴是由绅豪富商承办征收并向政府缴纳。就大多数省份而言，官征是通行的办法；采行商人包缴的主要是厘金征收较繁，尤其是以坐厘征收为主的省份。以通过厘金为主的省份中，只有江苏和浙江两省曾较普遍地实行过商人包缴，时间均在光绪末年，此前则为官征。

厘金的税率，早期作为一种临时筹饷办法所征不高，如其名称，大约在 1%

① 以上关于厘金分类的叙述系参考罗玉东：《中国厘金史》第三章第一节，商务印书馆，1936 年版。

上下。后来随着向全国推广并成为经常性税收，厘金在各省财政占有愈来愈重要的地位，税率乃逐渐提高。不过，由于各省自定章程，厘金的征收并无全国统一税率；就在一省之内，也往往因时、因地、因货品而不同，极其纷繁。大要而言，光绪时期，东南各厘金大省的通过厘金，全程税率可高达货价的10%～20%，甚至更高。还有很多额外征收，如各种规费、私征浮收及留难罚款等，其数额有时更超过正税本身。

2. 征收机构

厘金作为战时筹款的产物，是由各省分别推开的，各省自定章程，自设机构，自派征收人员，没有全国统一的制度。各地的厘金征管，初创时多由粮台、军需局、筹饷局等军需机构负责，以后才在各省专门设置厘金局经理。厘金局的名称各省不同，有的称“厘金局”或“厘捐局”，有的称“厘务局”、“税厘局”，还有称“厘金盐茶局”、“牙厘局”，等等。各省厘局的最高机构为“总局”，多设于省城，总管全省厘务。也有在省内分区设置几个总局，互不统属的。总局之下，依照厘务繁简，再设置层次不同的局（厂）、分局（分厂）、卡、分卡（口）及巡卡、巡船、炮船等机构，分布于省内各交通要津及商业口岸，办理抽厘、查验及缉私等具体业务。

厘金总局在行政上隶于各省藩司，由布政使总掌全省厘务。不过许多省在布政使之外，又由督抚另行委任候补道员一名为“总办”（有的称“督办”或“会办”）。总办与布政使同为一省厘务的最高负责人，上行公文联名会详，合称“厘金司道”。总局及其下属各局卡的具体办事人员，中层以上如提调、总巡、委员、司事、文案等，大都从各省候补官员内委充，其中重要税局的“总办委员”之类更往往由布政使秉承督抚意旨札委。厘局职务不是政府机构的正式职官，仅为“差事”，且为“肥差”，多被各省督抚及各厘局主管用以纳置私人故旧、亲信乃至行贿求进之人，捐纳出身者多，正途出身者少，流品极杂。委官之外，又有所谓“委绅”，即委任地方士绅充任厘局职务。如湖南省，用委绅充任分局卡之主办人及各局卡中级办事人员的情况十分普遍。

各省厘局人员编制，并无统一规定，任用人员多少，全在各省厘务繁简。有些厘金大省局卡众多，厘局人员连巡丁差役都计算在内，总数超过千人。如据罗玉东统计，清末江苏省仅苏州、淞沪两区厘金局卡人员数目即达1500余人，江西不算总局人员有1937人，湖南更多达2431人。[①] 全国总计，光绪后期至清末，仅内地十八省即共设厘金局卡2200余处；此前，同治初年数目最多时更估计不

① 罗玉东：《中国厘金史》，商务印书馆，1936年版，第83页，第二十一表。

下3000处。其人员总数，罗玉东估计至少为2.5万~2.6万人，而“事实上所用人数或许要超过此数二三倍亦未可知”。

（三）厘金的收数

厘金是战争期间因中央政府无力筹拨军费，放任各省地方“自筹饷需”的产物，其收支自始至终掌握在各省手里。镇压太平天国起义时期，厘金收入主要用于各省及各军营的军费开支；战后，则主要用于勇营兵饷、局所经费等在传统税收中没有专门为其拨款项目的新增支出。由于收支自始至终掌握在各省手里，厘金与田赋及关、盐等传统税课或曰“经制”收入不同，中央政府并不能实际掌控。不是说清中央政府不曾试图将其像传统税收一样纳入自己的掌控管理之下。事实上，还在咸丰朝厘金刚刚创立不久，户部就要求各省报告厘金的收支数目。同治七年（1868年）还具体拟定了每年的报告期限及报单格式，咨行各省。但是，由于自咸丰军兴以后，各省已经逐渐取得了相当大的财务自主权，户部的规定并没有得到认真执行。咸丰至同治初年，按照户部规定报告过厘金收支的只有个别省份。同治七年以后，虽各省逐渐报告厘金收支，但始终只是形式上的，其不尽不实即使户部自己也心知肚明，只是无力查核，只能听之任之罢了。厘金的官方册报数字不实，与实际差距甚大，这是讨论厘金收数必须首先明确的。

据罗玉东《中国厘金史》一书统计，从同治八年到光绪二十年间的全国厘金收数如表4所示。

表4　同治八年至光绪二十年（1869~1894年）的全国厘金收数 单位：万两

时间	全国厘金收数		时间	全国厘金收数	
	最低	最高		最低	最高
同治八年	1452.7	1469.7	光绪八年	1501.0	1530.0
同治九年	1546.3	1563.3	光绪九年	1335.2	1364.2
同治十年	1531.7	1548.7	光绪十年	1390.1	1420.1
同治十一年	1512.2	1529.2	光绪十一年	1401.3	1434.3
同治十二年	1571.7	1588.7	光绪十二年	1447.9	1480.9
同治十三年	1478.2	1495.2	光绪十三年	1562.0	1595.0
光绪元年	1429.5	1456.5	光绪十四年	1454.7	1487.7
光绪二年	1491.7	1518.7	光绪十五年	1425.5	1458.5
光绪三年	1351.7	1378.7	光绪十六年	1449.4	1482.4
光绪四年	1339.2	1366.2	光绪十七年	1429.8	1462.8
光绪五年	1448.9	1475.9	光绪十八年	1447.4	1480.4
光绪六年	1482.2	1511.2	光绪十九年	1409.8	1442.8
光绪七年	1552.0	1581.0	光绪二十年	1406.9	1446.9

表4的数字是根据各省报部的数字统计的。但作为“总收数”，其实还应计入各省预先坐扣，未在奏销报单中开列的“征收经费”等“外销款”才算完整。此外，还应包括额外征收和贪污的部分。把这些都加进去，厘金的实际征收数很可能有3000万~4000万两，甚至更高。

正是因为有了厘金，以及自第二次鸦片战争以后迅速增加的“洋税”（即海关税）收入，才使清政府不但渡过了军兴时期的财政难关，而且得以应付“同光中兴”时期大量增出的“非经制”开支，如勇营（防军）兵饷、关局经费、洋务新政，等等。

三、中央集权财政体制的动摇

太平天国起义对清朝财政的影响不仅仅局限于厘金的创办以及由此带来的税收结构变化，而且动摇了清前期高度中央集权的财政体制。

（一）中央与各省权力格局的变化

从咸丰、同治时起，中央政府对各省的控制日趋弱化，各省在处理地方事务上不断扩张自主权，从而形成了与清前期迥然有别的“外重内轻”的政治权力格局。

这种变化与清政权在镇压以太平天国为代表的人民大起义时期，无论传统的国家武装力量还是财政体制，都无法支撑这场空前规模的战争，不得不放任各省自募兵勇、自筹饷需直接相关。清前期国家倚靠的武装力量是八旗和绿营。虽然自乾隆以后，清政权镇压国内农民及少数民族起义时就曾多次招募乡勇作战，特别在嘉庆初年平定川楚白莲教起义的过程中，各地的团练乡勇还起过相当大的作用，但这些非正规的军队均为临时暂募，事毕即裁。咸、同时期，八旗、绿营作为王朝武装力量的地位完全衰落，不仅八旗早已无用，即绿营也已腐朽不堪，毫无战力。是以声势浩大的太平天国起义一爆发，各省便纷纷办起团练，招募乡勇协同官兵防堵。咸丰二、三年间，皇帝多次以朝旨形式号召各省在籍官员及地方士绅开办团练。先后而起的曾国藩的湘军、李鸿章的淮军等著名“勇营”就皆由团练而兴，并很快成为镇压起义的清军主力，为挽救摇摇欲坠的清王朝统治立下了汗马功劳。曾、李等一批所谓“中兴名臣”，也因平定人民起义而得到重用，分别成了坐镇一方的封疆大吏。

曾、李这批督抚与以往朝廷委派到各地的督抚不同。以前的督抚虽亦为方面大员，节制所在文武，但并不实际掌握军权。而曾、李这批督抚，其统率的勇营是自己招募、自己训练、自供饷需的队伍，所任用的各级带兵将领皆为其亲信故旧，实际上是私人武装。战争结束以后，勇营的大部分并未像以往的团练乡勇那样予以遣散，而是得到朝廷认可保留下来，转变成正规军队驻防各地，即所谓“防军”。防军是晚清主要的武装力量。虽然在名义上清中央政府有权调动各地防军，但这只是形式上的，实际上仍然是由原为统军将领的曾、李等督抚们及其亲信部下直接控制；不通过他们，清政府对防军的任何调动和使用都不可能实现。倚靠着“兵为将有”的实力地位，曾、李这批督抚自然也就拥有了远较过去的督抚大得多的对于地方事务的发言权，中央政府已不能像过去那样事事专权，不容地方置喙了。

“外重内轻”权力格局的形成还与战时各省的自筹饷需密不可分。自筹饷需极大地扩张了各省的财政自主权，使地方督抚的实力地位在军权之外，又得到财权的支撑。同治三年（1864 年）曾国藩奏称：“前代之制，一州岁入之款，置转运使主之，疆吏不得擅专。我朝之制，一省所入之款，奏明听候部拨，疆吏亦不得擅专。自军兴以来，各省丁漕等款纷纷奏留，供本省军需，于是户部之权日轻，疆吏之权日重。”[①] 曾氏所言“户部之权日轻，疆吏之权日重”，正是军兴以来各省自筹饷需，财权从中央下移各省的结果。

在自筹饷需的过程中，对支持战争起了最关键作用的厘金从一开始就控制在各省手里，不但由各省自定章程，自设机构，自委人员征收，而且其支配使用也权在各省。战后厘金纳入各省每年的奏销不过是例行公事。由于并不摸底，各省对厘金的控制又早已成为既成事实，户部始终也不能像以往支配其他税收那样支配厘金。战后各省奏报厘金，户部根据各省报数从中指拨解款，并不表明中央取得了对厘金的控制权，而仅仅是在传统财务体制仍然得到表面维持的情况下，从地方的既得利益中分得一杯羹罢了。这与战前各省按中央政令征收赋税，按中央安排开支经费及解送京、协各款，“统收统支”，“以有余补不足”，“疆吏不得擅专”的情况，完全不同。

各省还获得了官员任用上的部分人事权。从战争开始，随着筹捐筹饷及后来的报销、善后、筹防，以及各种洋务“新政”的相继举办，各省在原有的机构之外不断增设新的机构。宣统元年（1909 年），度支部奏陈咸丰以来各省机构膨胀的情形说：“国初定制，各省设布政使司，掌一省钱谷之出纳，以达于户部，职掌本自分明。自咸丰军兴以后，筹捐筹饷，事属创行，于是厘金、军需、善后、支应、报销等类，皆另行设局，派员管理。迨举办新政，名目益繁。始但取便一时，积久遂成为故事。”[②] 这些新机构的办事官员不在国家正式职官编制之

---

① 转引自何烈：《清咸、同时期的财政》，台北国力编译馆，1981 年版，第 402 页。

② 宣统元年四月度支部《各省财政统归藩司综核折》，见《政治官报》第 20 册，台北文海出版社，1965 年影印本，第 565 号，第 164 页。

内，因而也就不由中央政府直接委任，而是由各省自委自派。通常总办由布政使或实缺道员兼任，会办以下则从候补道、府、州县及佐杂人员内委充，俗称“差使”。晚清捐例大开，花钱就能得官，各省候补人员充斥，官缺位置远远少于候补官员的人数，所谓吏部“铨选”、“引见”、“发省差委试用”等一套任用官员的手续早成具文，走形式而已。大量候补官员及不断增加的地方自设机构的存在，为各省充分行使自己的用人权提供了条件。即便正式官缺，随着各省实力地位的确立，督抚也可以通过“题调”、“代理”、“署理”等手段来任用自己的人选。晚清时期，吏部对督抚“题调”请求任用的官员，一般很少驳回。

晚清的地方政务也已经大不同于清前期。在传统的行政事务之外，各省办理厘金、洋务、外交、通商、创办新式军需工业、投资民用工商业、编练新军等，皆非旧时所有。这些新的事务，绝少由中央政府统筹推动，基本上是各省自筹自办，督抚掌握着很大的决定权。旧有的行政事务，如征税、治安、刑讼、民政等，随着环境变化，各省也远较以前自主。晚清时期，各省在相当程度上是自治的，督抚就是最高统治者。各省为自己利益而抗命中央或者阳奉阴违的事情，并不鲜见。不但如此，各省对于全局性的国家事务，也日益增大了发言权。同、光时期，皇帝（太后）遇有重大事项需要决策，先由各地督抚议奏，征询他们的意见，争取他们的支持，几成惯例；在直接关系各省利益的事情上尤其如此，鲜少“乾纲独断”。直隶、两江、湖广、两广四督的意见，无论内政还是外交，对于晚清朝廷尤为重要，往往一言九鼎。

关于晚清中央与各省权力消长的变化，当时一些敏锐的观察家已经有所认识。同治中，曾国藩的幕僚赵烈文在一次与曾议及军兴以来统军将领自练军，自筹饷，利权在手的后果时，就指出当时的局面是“一统既久，剖分之象盖已滥觞”。[①]《湘军志》的作者王闿运则将当时的形势与“将富兵横，矛戟森森”的五代相类比，认为“恐中原复有五季之势”。[②] 清末梁启超论及中国财政改革之艰难时，更明确以“十八国”（指内地十八省）来形容其时的分裂局面：“今一议及清理，则各督抚攘臂以争，惟恐中央之夺其橐”，各省之间也“此疆彼界，划如鸿沟，以一国而成为十八国”。[③] 一些西方学者研究晚清的政治权力格局，提出了“地方主义”（regionalism）一词，认为随着清中央政权在19世纪以来的多次大叛乱中遭到削弱，国内一些核心地区的军事及政治势力开始抬头，形成了尽管形式上仍保留在清政府权力体系之中，但已经发挥着部分国家功能的核心地区

① 赵烈文：《能静居日记》，同治六年六月二十九日。

② 王闿运：《湘绮楼日记》，同治九年正月十六日。

③ 参见 Stanley Spector, Li Hung－chang ang the Huai Army, A Study in Nineteenth－Century Chinese Regionalism, pp. 21－43, Introduction by Franz Michael.

的“地方主义”，此乃“中国近代史上的一个重要现象”。这是十分中肯的分析。中国近代中央政权衰弱不振，各省地方分裂割据的局面，虽然其显现是在清王朝被推翻以后的民国北洋政府时期，但是它的酝酿、形成过程，早在清王朝镇压太平天国等人民大起义的咸丰、同治时期就开始了。

（二）财政体制的变化

清前期中央集权的财政体制是以中央政府在政治上的绝对权威来保障的。只有在中央政府拥有足够的政治权威，能够有效控制和约束地方权力的条件下，才有可能虽然地方政府直接征收赋税，但税收的使用却由中央政府说了算，全国一盘棋，统收统支，才有可能地方的一切支出接受中央的审计和监督。正因为如此，这种财政体制也必然随着中央政府权力的式微而动摇。咸、同以后，尽管清前期为保证中央集权而实行的一系列财务制度在表面上仍然维持着，但其执行已经面目全非。中央集权的财政日益向着各省分权财政的方向演变。

1. 奏销制度名存实亡

奏销制度是清前期中央集权体制最重要的财务制度之一。咸丰军兴以后，这一制度受到前所未有的沉重打击。

从军兴开始，直到同治初年对太平天国的军事行动大体结束，除去零星不完整的奏报外，十余年里各省基本停止了军需报销。同治二、三年间，局势渐趋明朗，军需报销才重新提上日程。可是，此次军需报销很难按照以往的报销常规执行。第一，经历了十余年的残酷战争，各地迭遭战火，大量簿册档案毁坏散失，已使报销失去了最原始的依据。第二，历时既久，各省军需大都经过多人之手，有的经办人已经不在，许多账目及办理情形难以查清。第三，历来报销都要依例循案，收支皆有常经，各归各款，而此次战争期间，各省自为出入，一切权宜处置，甲款乙用，乙款丙挪，款目混杂，亏空累累，不能如制之处多多；同时，大量收支出于新创，如收入中之厘金，支出中之勇饷及局所经费等，根本没有定例旧案可资依循。第四，在主管核销的户部方面，随着战争期间财权下移，其对各省的财务实情已经日渐隔膜，此时即便各省详造册籍报销，户部也无能力对之进行真正的审计。显然，按照以往的旧制报销，已然完全没有客观的可行性。勉强实行，除使负责“销算”的部书蠹吏可以借机发财，以及各省于报销时得以借口部费浮销苛敛之外，于了解战时军需实情，毫无助益。考虑到这种情况，经由户部奏请，同治三年（1864 年）七月奉上谕：所有同治三年六月以前各处办理军务未经报销之案，准将收支款目总数分年分起开具简明清单，奏明存案，免其造册报销；其自本年七月起，一应军需，凡有例可循者务当遵例支发，力求撙

节，其例所不及，应酌量变通者，亦须先行奏咨备案，事竣之日，一体造册报销。这样，涉时十余年、数额多达数亿两白银的镇压太平天国军需报销，便以各省及各路统军大臣开具简明收支清单的方式草草了结了。

同治三年户部奏案以后，虽然各省陆续以专案方式就战时军需向中央做了报告，并逐渐恢复了各项例定的钱粮奏销，但只是徒有形式而已，奏销内容的真实性已然完全谈不上。清前期的奏销，固然同样不可避免存在着不尽不实的情形，但在当时高度中央集权财政体制和中央政府拥有足够权威的政治条件下，各省财政无论收入还是支出都只能依例循案，需破例之处要奏请批准，鲜能自行其是，中央对各省财务的基本状况是了解的，奏销不能出大格。而经过咸丰以来的大变动，各省已经获得处理自身财政事务的很大自主权，财政收支的内容也与以前大不相同，而中央政府由于自身权威的下降，对这一切不仅日益不能控制，即对其实在情形也日渐隔膜。在这种情况下，各省出于自身利益，不对中央报告真实情况，而采取敷衍的态度对待奏销，是可以想见的。

咸、同以后各省奏销的不实突出表现在战时及战后新增出的非“经制”收支方面。此类收支是各省获得财政自主权后“自为出入”的产物，收入和支出两个方面中央政府均不得其详，无例可依，无案可循，故各省奏销的自由度很大。外销而不报部款项的大量存在，是晚清时期各省奏销数字不实的最主要原因。

2. 京、协饷制度的变化

自咸丰军兴起，随着中央对各省控制力的减弱，由户部统一分配全国财政资源的京、协饷拨款制度也开始动摇了，最终不得不做出适应新情况的重大改变。

还在战争初起的咸丰元、二年间，迅速蔓延的战火就使各被兵及其邻近省份纷纷奏留奉拨应解京、协饷项，甚至借口军务截留他省过境钱粮，从而使以户部为总中枢的全国财政资源的统一调度完全被打乱。然而来自各省的解款，一向是维持中央政府所在地京师的各项开支的主要保证。户部可以不再要求各省执行省际协款，却不能不筹划各省对中央的京饷解款。为稳定京饷来源，从咸丰六年（1856 年）起，户部不得不改变以往各省全部余款报部候拨、“尽收尽解”的京饷拨款方式，而实行定额摊派办法。新办法由户部于每年冬预先分别派定各省、关下一年份应解京饷数额，奏准以后咨行各省关，令于次年开印起，至十二月初，分批解京供用。摊派的京饷全国总数，最初每年 400 万两，咸丰十年增为 500 万两，次年再增为 700 万两。同治六年（1867 年）起，除 700 万两“原拨京饷”外，每年再增拨 100 万两“续拨京饷”。此后直至清末，户部每年向各省、关摊派总计 800 万两的原、续拨京饷，成为常例。

同治以后，户部指拨各省其他解款，也大多采取设定专项经费，分别向各省定额摊派的方式。以定额摊派取代各省报拨全部余款，这一拨款方式的变化意味着对各省既得财政利益的承认，即只要各省解足所摊派的各专项经费，对其实际收支，中央政府不再过问。

然而既然已经拥有了自主财权，各省在履行自己的解款义务上，就不可能再完全由中央说了算。拥有自主财权的各省，其安排收支，必然要把自己的用款需求放在第一位；至于对外解款，是否解送、解送多少，要取决于其自身的财政状况，甚至在某种程度上还要取决于其解款意愿。晚清时期的京饷及各中央专项经费的拨解过程充满了中央政府与各省之间的讨价还价。在中央政府一方，户部于拨款及催解时总是一再强调所拨款项的重要性及部库的艰难，要求各省顾全大局，"无论何款"、"设法腾挪"，赶紧按数筹解；而在各省一方，则不是置之不理，就是以各种理由推诿、搪塞，于奏报中喋喋申说本省财政如何困难，如何入款短缺，而支出却必不可少，等等。讨价还价的结果，往往是各省在户部一再"奏咨叠催"之下，"挪东补西"、"筹解"若干数目到部，而有了钱用的户部，对于各省的延宕、拖欠行为以及实解数目与奉拨数目之间的差额，也就不再追究，不了了之，再无下文。至下一年，户部拨款仍旧，奏咨行催仍旧，各省也延宕、拖欠仍旧，又进入新一轮的讨价还价，这在晚清，几成例行公事。

各省拖欠京饷及其他中央经费的现象以咸丰至同治初年最为严重。例如京饷，自从咸丰军兴，就极少能按年依限解足。平定太平天国起义及西北用兵结束之后，到光绪初年，情况有所缓解，虽然从未能完全解决。然而到甲午特别是庚子以后，随着巨额战争赔款及外债纷至沓来，清政府失去了几乎全部关税和大部分盐税的支配权，用款却有增无减，在这种情况下对各省的派拨解款，已不再顾及是否确有"的款"可拨，而完全演变成为纯粹的财政摊派，于是不但各省延解、短解甚至不解中央派款的现象再次凸显出来，愈演愈烈，而且终于导致中央与各省均陷入空前的财政危机。这种财政危局，是光绪末年不得不实行财政清理并试图对传统财政体制进行改革的动因之一。而这时，距离清王朝的覆亡，已经为时不远了。

以上，就是太平天国起义以后，清王朝财政发生的一些主要变化。可以看出，这些变化是巨大的，既包括财政收支的内容，也包括国家的财政管理体制。认识这些变化，是正确观察和理解晚清时期许多财政现象的关键。

近代史开端的两次鸦片战争同样是对清朝财政发生了重大影响的事件。这个问题，我们下一讲详细谈。

（文章来源自《学术讲座荟萃》第39辑，2007年4月10日）

关于中国外汇储备管理体制改革的思考

李　扬

李扬

男，1951年生。1981、1984、1989年分别于安徽大学、复旦大学、中国人民大学获经济学学士、硕士、博士学位。1998～1999年，美国哥伦比亚大学访问学者。现任中国社会科学院副院长、学部委员、研究员、教授、博士生导师，清华大学、北京大学、中国人民大学、复旦大学、南京大学、上海交通大学、中国科技大学、中央财经大学、上海财经大学、安徽大学等大学兼职教授，中国人民银行货币政策委员会第三任专家委员（2002～2004年），中国金融学会副会长、学术委员会委员，中国国际金融学会副会长，中国财政学会常务理事，中国城市金融学会常务理事，中国科学院自然科学和社会科学交叉研究中心学术委员会委员。北京、上海、西藏、安徽等省、市（自治区）政府金融顾问。

主要研究领域：货币理论与政策、国际金融、宏观经济、资本市场、财政理论与政策等。

1992年获"国家级有突出贡献中青年专家"称号。1993年享受国务院政府特殊津贴。1997年被选为人事部等国家7部委首批"百千万工程第一、二层次人选"。2002年被国家科技部授予"全国杰出专业技术人才"称号。1990年以来曾5次获得"孙冶方经济科学"著作奖和论文奖，4次获得中国社会科学院优秀成果奖。

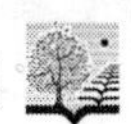

一、引言

改革开放以来，中国的外汇储备曾有过两次高速增长时期。第一次是在20世纪90年代中期。1994～1997年，随着社会主义市场经济体系的初步建立和外汇管理体制的改革，中国外汇储备终于摆脱了十余年低速徘徊的局面，出现了连续四年的高增长。第二次发生在21世纪之初。从亚洲金融危机的冲击中恢复之后，中国经济很快就步入了快速发展的轨道。与此相伴，中国的外汇储备从2001年始重又快速增长；到了2006年4月底，中国外汇储备已跃居世界首位，目前已逾万亿美元。

随着外汇储备的快速增长，担心和争论也纷至沓来。人们或怀疑外汇储备规模的合理性，或诟病巨额外汇储备的投资收益，或指责外汇储备的积累输入了通货膨胀，或认为人民币汇率因此而承受了越来越大的升值压力，如此等等，不一而足。

无独有偶，就在中国为外汇储备的迅速积累而惴惴不安之时，世界上其他国家和地区，除去美国和欧盟这两个在国际储备体系中拥有“关键货币”的经济体，也都出现了外汇储备迅速增加的情况。① 此类现象之所以值得关注，其原因在于：这些国家外汇储备的增加，恰恰是发生在亚洲金融危机之后它们摒弃了实行多年的固定汇率制并转向各种形式的浮动汇率制之时；而我们一向奉为圭臬的外汇储备理论却告诉我们：一国转向浮动汇率制，将大大减少其对外汇储备的需求——理论与现实的矛盾，需要给予合理的解释。

本文旨在以经济和金融全球化为背景来系统分析我国外汇储备管理体制的问题及其改革问题。我们看到，围绕外汇储备增长的问题纷繁复杂，但主要涉及四个问题。其一，外汇储备增长的原因；其二，外汇储备的功能以及由此决定的外汇储备规模；其三，外汇储备增长的利弊；其四，规避外汇储备增长弊端的举措。本文将沿着上述思路来展开论述。

---

① 世界银行：《2005年全球金融发展：动员资金、降低脆弱性》。

二、多因素的综合结果：中国外汇储备增长成因分析

2001年以来，中国国际收支的基本格局是经常项目、资本与金融项目持续保持“双顺差”。从现象上分析，中国外汇储备迅速增长盖归因于此。然而，“双顺差”只是一个结果；它植根于一系列深刻的经济和社会的原因之中。因此，要全面深刻地认识我国外汇储备增长的现象，并对其未来发展的趋势做出有把握的判断，我们必须探讨这些原因。

我们认为，中国外汇储备的高速增长，有如下四个因素在发挥着基础性作用。

（一）贸易不平衡的根源：储蓄/投资格局在各国间的不平衡

中国经常项目持续顺差是全球经济失衡格局的重要组成部分。我们认为：东亚各国（包括中国）与美国之间的储蓄率差异是导致全球经济失衡的根本原因。

2005年9月，国际货币基金组织在《世界经济展望》中分析了全球储蓄和投资的发展变化。[①] 资料显示：1970～1974年，工业化国家基本上是投资缺口（储蓄过剩），而其他国家（包括新兴市场经济国家及石油输出国）则是储蓄缺口（储蓄不足），而且，这两个缺口的规模也大致相当。1974年之后，亦即布雷顿森林体系正式解体之后，情况开始发生变化。那时，世界货币体系陷入混乱，而各国经济发展也参差不齐。大致说来，工业化国家普遍进入经济结构调整时期，而其他国家有的则发展迅速（例如南美各国以及东亚各国），有的则发展停滞（例如欧洲各国及非洲各国）。与此对应，全球储蓄和投资的平衡对比状况也比较混乱：工业化国家的储蓄缺口和其他国家的投资缺口互相交织，而且没有特别明显的趋势。这种状况一直延续到1998年。在此之后，情况又出现了趋势性变化。工业化国家，特别是美国，产生了储蓄缺口；而其他国家，特别是亚洲新兴市场经济体，则产生了投资缺口。在理论和实践中，储蓄缺口与贸易缺口是互为表里的，即储蓄过多会产生贸易顺差，储蓄过少则产生贸易逆差。据此观察，美国的贸易赤字反映的是其国内低储蓄的现状，而东亚的贸易盈余则是其国内高储蓄的表现。所以，从本质上分析，反映在贸易不平衡上的全球经济失衡，事实上是贸易各国国内储蓄率的差异。

---

① 这项研究覆盖了21个工业化国家和25个新兴市场国家；其中，5个国家是石油输出国。鉴于上述46个国家的GDP总和超过了全球GDP的90%，可以说该项研究为从储蓄/投资视角分析全球经济失衡提供了全面而丰富的素材。

（二）贸易不平衡的根源：全球贸易重组步调的差异

20 世纪 90 年代以来，在新一轮科技革命的推动下，全球展开了新一轮的以跨国外包、供应链重组为特征的全球贸易格局的重组。全球贸易格局的重组必然引起各国在国际贸易中的比较优势发生剧烈变化；为适应这一变化，各国在其国内均展开了经济结构的重组。由于各国的重组步调有快有慢，进而导致其在国际贸易中的比较优势此长彼消，各国国际贸易的差额便产生了，并在一定时期内呈现出长期态势。

从本质上说，全球化、跨国外包、供应链重组都可以用垂直化专业分工范畴来加以概括。在国际间，垂直化专业分工有三个前提：商品生产有多个阶段程序；两个或多个国家专业分工于商品生产的某些阶段程序（而非整个程序）；至少有一个阶段程序要跨越国界。换句话说，当一国使用来自他国的中间产品来生产其最终出口产品时，国际间垂直化专业分工就发生了。

为了衡量垂直化专业分工的发展趋势，一些研究者对 9 个 OECD 国家1968 ~ 1990 年的垂直化专业分工贸易额进行了估算，并得到两个重要结果：其一，除日本以外的其他国家，垂直化专业分工贸易占整个贸易的比重是逐年递增的；其二，由于各国的经济结构差异很大，多数国家的垂直化专业分工占其整个贸易的比重较高，而在日本和美国这两个最发达的经济体中，垂直化专业分工贸易占整个贸易的比重则较低。上述结果告诉我们：从总体上说，国际贸易分工的重组是加速的，然而，就其影响而言，经济越是发达的国家，贸易重组对其影响越小。我们用国际上通行的指标，对中国主要工业 1997 年和 2000 年的垂直化专业分工贸易相关指标进行了计算（见表 1 和表 2），并发现了三个重要现象：其一，从总体上说，中国工业的垂直化专业分工贸易占整个贸易的比重有增强趋势，1997 年，中国工业垂直化专业分工贸易在工业贸易中占比 12.5%，该比重在 2000 年上升为 14.4%；其二，在工业各行业中，机械设备制造业、纺织缝纫及皮革产品制造业、其他制造业、化学工业的垂直化专业分工贸易额较大，且垂直化专业分工贸易在其行业贸易中占比也较高；其三，在上述四个行业中，机械设备制造业、其他制造业的垂直化专业分工贸易额和其行业贸易占比有较强的上升趋势。

由于中国在全球贸易重组的过程中步调相对较快，而且，凭借低廉的劳动力成本，已经在加工制造业方面显示出较大的比较优势，所以，中国在工业制成品的出口方面便显示出强劲的势头，并成为贸易顺差长期居高不下的主要原因。

表1 1997年中国垂直化贸易情况 单位：亿元、%

	出口	进口	产出	垂直化分工贸易	垂直分工贸易的贸易占比
食品制造业	733.1	470.6	13792.6	50.0	4.16
纺织、缝纫及皮革产品制造业	3867.6	1205.1	15366.6	606.6	12.0
其他制造业	1379.6	687.4	9884.9	191.9	9.3
炼焦、煤气及石油加工业	177.9	394.5	3237.7	43.4	7.6
化学工业	1514.4	2113.0	15212.2	420.7	11.6
建筑材料及其他非金属矿物制品业	299.5	106.2	8807.4	7.2	1.8
金属产品制造业	1135.4	1156.6	12758.3	205.9	9.0
机械设备制造业	3876.1	4793.2	25546.6	1454.5	16.8
合计	12983.6	10926.6	104606.3	2980.2	12.5

资料来源：《中国统计年鉴》。

表2 2000年中国垂直化贸易情况 单位：亿元、%

	出口	进口	产出	垂直化分工贸易	垂直分工贸易的贸易占比
食品制造业	931.3	581.1	14650.8	73.9	4.9
纺织、缝纫及皮革产品制造业	4458.8	1130.1	17089.2	589.7	10.6
其他制造业	1306.4	1202.1	8925.8	351.9	14.0
炼焦、煤气及石油加工业	226.1	508.4	8321.1	27.6	3.8
化学工业	1919.1	2690.9	21587.2	478.4	10.4
建筑材料及其他非金属矿物制品业	393.6	231.4	6275.1	29.0	4.6
金属产品制造业	1450.7	2052.6	15726.6	378.7	10.8
机械设备制造业	8156.2	8103.1	41629.8	3175.2	19.5
合计	18842.2	16499.7	134205.6	5104.4	14.4

资料来源：《中国统计年鉴》。

（三）资本与金融项目不平衡的根源：国际资本流动

造成中国外汇储备大规模增长的另一重要渠道来自资本与金融项目交易。统计显示，在中国，资本与金融项目持续顺差主要是由FDI流入推动的。英国经济学家邓宁曾经对国际间直接投资进行了比较深入的研究，他认为，对外直接投资是由三类特殊优势决定的。第一类是所有权优势，它主要包括跨国公司独享的利益，如技术、管理、营销、研究开发、产品多样化程度、商誉等因素。第二类是

内在化优势，它主要包括多国体系、组织结构和市场机制等；内在化优势决定了跨国公司投资目的和投资形式，它能使跨国公司利用所有权优势直接到国外进行直接投资，并通过全球化经营降低交易成本。第三类是区位优势，它是指特定地区市场的特殊禀赋，其中主要包括资源与政策等因素。中国是处于转型期的发展中国家，这使得 FDI 获得所有权优势；中国有丰富的劳动力和大量对外商投资的优惠政策，这使得 FDI 获得区位优势——两类优势的齐聚，使得中国对 FDI 具有格外的吸引力。

问题令人困惑之处在于：FDI 的大量流入中国与发展经济学的“双缺口”经典范式是矛盾的。“双缺口”理论认为：发展中国家在面临资源短缺（储蓄缺口）时，引进国外资源（相应出现贸易赤字）是谋求经济快速发展的重要途径；为弥补外汇资金不足，它们自然需要引进外国资本。反观中国，至少从 20 世纪 90 年代中期开始，储蓄过剩（所谓“流动性过剩”正是这一现象在金融领域中的表现）已经成为宏观经济运行的主导现象——在国内资金利用不足的情况下大量引进外资，其经济上的合理性需要认真分析。

在分析这一现象之前，不妨先看一看历史上别国曾经出现过的例子。20 世纪 50 年代和 60 年代，处于战后重建阶段的欧洲、日本同美国之间也曾存在过与当前东亚同美国之间存在的情况。那时，欧洲、日本对美国也存在着长期的“双顺差”，并且也因此引起了美国资本（通过贸易顺差）先流入欧洲、日本，然后又（通过购买美国金融债券的方式）流向美国的资金循环。一些经济学家曾于 1966 年提出了“金融中介论”来对此进行解释。他们指出，在当时条件下，拥有发达长期资本市场的美国向存在“双顺差”的欧洲和日本事实上提供了金融中介功能：首先是美国向欧洲和日本提供长期非流动性资本（包括直接投资），帮助这些地区发展经济；而当欧洲建立了美元账户和官方外汇储备之后，美国又向欧洲借入更富流动性的资本。

我们认为，这一理论目前仍然有解释力。中国的经济发展事实上面对着两套金融体系。一套是相对低效率的国内金融体系。这个体系在动员储蓄方面尚差强人意，但在媒介储蓄向投资转化方面，则显得效率很低。另一套是国外（美国在其中占据主导地位）的金融体系。这套体系在动员储蓄和媒介储蓄向投资转化方面都比国内金融体系更有效率。这种格局便导致了这样一种循环：国内的储蓄首先通过贸易顺差流向国外，相应在国内积累起大量的国际储备，造成资金向外流动，然后再通过各种引进外资的渠道流回国内——通过这个迂回的过程，我们事实上引入了国外效率较高的金融体系，使国内储蓄得到比较充分的利用，从而支持了中国经济的高速增长。

如果这一解释成立，那么，我们便可有如下三个推论。第一，当前中国的

“双顺差”以及相应积累大量外汇储备的现象有其必然性；就这个过程的本质是引入国外高效率的金融体系而言，它也有合理性。第二，这种必然性和合理性只是在国内金融体系较之国外的金融体系存在着较大的效率差距的条件下才是成立的。第三，我们必须通过改革国内金融体系，提高融资效率，才能改变目前这种状况。鉴于此，我们的任务便不是去奢谈引进外资的弊端，而是要加快国内金融体系的改革，缩小与国外金融体系的效率距离，尽快形成一种使得国内储蓄能够在国内通过自己的金融体系（机构和市场）顺畅转化为投资的机制。在这项改革中，尽快对国内外资本实行同等的国民待遇、减少对外国资本的各项优惠（例如税收待遇），尽快改变无条件甚至是以让利为条件引进 FDI（和其他形式资本）的做法，当然是题中应有之义。

（四）外汇储备的快速增长：投机资本和国内居民调整外币资产的行为

除了“双顺差”这一基本经济因素之外，投机资本的动态在中国外汇储备增长中也发挥了不容忽视的作用。近年来，中国国际收支平衡表误差与遗漏项起伏明显；特别是 2002～2004 年，该项目的差额罕见地出现在贷方（表明有未统计的资本流入）。这一现象说明，国际投机资本已经对中国的国际收支和外汇储备的动态产生了不容忽视的影响。

在关注国际投机资本对外汇储备影响的同时，中国居民调整其持有的外币资产的行为对国际储备的影响也需引起重视。在 2004 年初、2004 年 11 月和 2005 年 7 月以后，随着每一次人民币汇率体制改革的消息传出，中国银行系统外币存款都有较大幅度下降。在商业银行外汇头寸受严格限制的结售汇制度下，这一调整无疑增加了中国的外汇储备。鉴于上述两个时期美元都在大幅贬值，人民币受到巨大升值压力，我们判断，外币存款大幅下降与居民资产调整有关；由于在当前的结售汇制度下，居民将手持外币兑出都将被商业银行购买，并最终转换为中央银行的官方外汇储备，可以合理地推断：国内居民调整其手持外币资产的行为，也构成我国外汇储备大幅度增长的不可忽视的重要因素。

（五）小结：外汇储备将长期增长

本节分析的结论是：中国外汇储备的高增长是由多种因素造成的；而且，这些因素多属于制度性和实体性，并具有长期性。这不仅意味着中国的国际收支顺差将长期存在，从而外汇储备增长可能成为一个长期趋势，而且意味着国际收支顺差和外汇储备的增长并不能通过（短期的）政策措施调整予以有效消除。因此，探讨科学、合理、有效的外汇储备管理体制，便显得比以往任何时候都具有紧迫性。

三、外汇储备功能的转变

关于中国外汇储备迅速增长的现象，一个普遍的担忧是：从传统外汇储备功能角度看，中国目前的外汇储备规模已经足够支付进口、偿还短期债务和稳定汇率的需要。在这种情况下，不停地堆积外汇，等于将我们用宝贵的资源换回的资金低成本地交给外国使用。这一看法值得商榷。主要问题在于，它忽视了在金融全球化日益深入的背景下，外汇储备的功能已经发生了重大变化。

要理解20世纪90年代以来浮动汇率制与高额外汇储备积累相伴随的新现象，我们必须从亚洲金融危机的特征以及世界各国的应对之策说起。

发生在20世纪90年代末期的亚洲金融危机，并不起因于各国经济基本面的恶化，而是以国际投机资本对固定汇率制的恶意冲击为主要特征的。经过亚洲金融危机之后，世界各经济体大都放弃了固定汇率制度，转而实行某种形式的浮动汇率制。但是，近期的实证研究表明：这些经济体声称向浮动汇率制度转移，并不意味着他们放弃了对汇率的干预。著名国际金融专家麦金农在对这些经济体的汇率制度做过缜密研究之后，敏锐地指出：在某种程度上，这些经济体向更为灵活的汇率制度转移只是一种假象；从汇率的走势和各经济体的操作实践来看，各种自称自许的浮动汇率制以及管理浮动汇率制等，其运行特征更像盯住汇率制度。[①] 他将此概括为“没有信誉的固定汇率制”。从制度层面上分析，这种汇率制度的基本特征可以概括为三种制度安排的结合，即，公开宣布的弹性汇率制、（出于稳定目的）对汇率的频繁干预、国家持有大量外汇储备。我们认为：这种“三位一体”的安排，是新兴市场经济体在金融全球化的背景下，总结金融危机新特征所做出的理性选择。

所以要公开宣布实行浮动汇率制，为的是使投机资本难以获得关于汇率变动的明确信息，从而大大弱化国际投机资本对一国汇率展开攻击的动力；所以要稳定汇率，是因为，对于非关键货币国家而言，本国货币汇率对关键货币保持稳定，事实上将使得本国经济特别是物价水平获得一种稳定的“名义锚”，从而有助于本国经济稳定增长；所以要保持大量的外汇储备，为的是使货币当局更灵活地干预（而不是像固定汇率制下那样单方向地干预）外汇市场，从而影响国际投机资本的预期，并据以对国际投机资本保持一种“威慑”，使得它们不敢轻易对本国货币汇率进行攻击。从实践效果上看，一国外汇储备水平越高，其“引而不发”的“威慑”作用就越大，国际投机资本对该国的汇率和金融体系就越不

---

① 麦金农：《美元本位下的汇率——东亚高储蓄两难》，中国金融出版社，2005年版。

敢造次。

此外，为缓和货币错配的不利影响，新兴市场经济体往往需要通过增加外汇储备来增强公众对本国货币的信心。在现代信用货币制度下，外汇储备在某种程度上具有金本位货币制度下黄金的功能，一国的外汇储备就类似金本位制度下货币当局拥有的黄金。拥有大量的外汇储备，就意味着该国货币当局发行的信用货币有一种实际价值的资产——外汇储备作为支撑。因而，一国外汇储备越多，居民对该国信用货币的稳定就越有信心，也就越能防止货币替代的发生。发达国家的实践也从另一角度证明了外汇储备在增强货币信心方面的作用。近年来，欧洲央行逐步减少了外汇储备，但同时黄金储备却相应上升。欧元是当前唯一能与美元竞争的国际货币，为增强欧元同美元的竞争力，欧洲央行就不能过分依赖美元储备发挥增强货币信心的作用——增加黄金储备也就成为必然的选择。

总之，自亚洲金融危机以来，虽然广大新兴市场经济体普遍实行了浮动汇率制度，但是，其外汇储备却未如人们依据传统理论而推断的那样大幅度减少，反而大幅度增加，其根本原因就在于，在金融全球化的背景下，新兴市场经济体外汇储备的功能已经发生了根本性转变。

传统的外汇储备功能是与固定汇率制度相适应的。其明显的特点，就是十分强调外汇储备的“务实”功能，即，一旦经济受到不利冲击，货币当局就准备实实在在地用“真金白银”去满足进口、支付债务和干预汇率的需要。在浮动汇率制下，满足上述三项需要的功能是大大弱化了。如今，外汇储备管理的核心在于“保持信心”，具体而言，浮动汇率制下外汇储备管理的目标主要包括：支持公众对本国货币政策与汇率管理政策的信心；通过吸收货币危机冲击以及缓和外部融资渠道阻塞，来克服本国经济的外部脆弱性；提供一国能够偿还外债的市场信心；支持公众和外部投资者对本国货币稳定的信心；支持政府偿还外部债务与使用外汇的需要；应付灾难和突发事件。

外汇储备在“保持信心”方面的作用逐步增大，同时就意味着其作为一国财富的功能得到强化。换言之，追求国家财富的增长，成为外汇储备管理日益重要的目标。实证研究表明，[①] 通过加强科学管理，外汇储备可以取得令人满意的投资收益。2005 年，国际货币基金组织在一份题为《外汇储备的财务成本》的研究报告中，通过对 110 个国家 1990 ~ 2004 年的全部数据进行严格实证分析，得出如下结论：在统计期内，即便将所有的成本（包括机会成本）都考虑在内，除发达国家之外的几乎所有国家的外汇储备都获得了净收益。应当说，较之同期其他任何投资而言，外汇储备的投资业绩都是不逊色的。

---

① David, Hauner. A Fiscal Price Tag for International Reserve. 2005, IMF, WP/05/81.

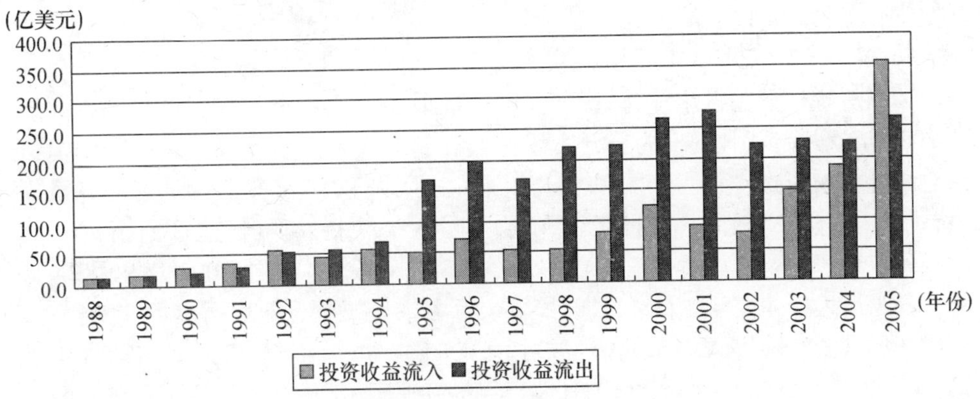

图1　根据国际收支统计来间接观察外汇储备收益

中国的情况也是如此。仔细分析我国的国际收支表，我们可以间接地推断我国外汇储备的收益情况（见图1）。以2005年为例。当年中国净投资收益为顺差91.2亿美元，实现了自1993年以来的首次逆转；其中，投资收益流入356.2亿美元，同比增长92.2%；投资收益流出265.1亿美元，同比增长16.9%。在中国的国际收支统计中，中国的投资收益包括"直接投资项下的利润利息收支和再投资收益、证券投资收益（股息、利息等）和其他投资收益（利息）"。考虑到中国对外投资中官方证券投资（外汇储备使用）占主导地位，可以合理地推断，中国投资收益大幅上升与中国对外资产规模不断扩大（主要是外汇储备增加）密切相关。这间接说明，中国外汇储备的投资收益是令人满意的。

总结以上分析，我们认为：鉴于外汇储备的功能已经从满足进口支付、偿还债务和干预汇率全面转向提供信心并增加国家的财富，鉴于目前我国外汇储备的收益是令人满意的，讨论外汇储备规模的大小，已经没有重要意义。

四、外汇储备增长过快的不利影响

外汇储备功能的转变，并不意味着规模过大的外汇储备不会对一国经济和金融的运行带来不利的结果。相反，如果外汇储备管理体制不能根据外汇储备的功能变化进行"与时俱进"的调整，规模日益增大的外汇储备也会带来一些不利的后果，其中最主要的就是：如果由货币当局独揽外汇资产，它将给国内经济带来货币供应增长过快、流动性过剩，进而造成潜在通货膨胀压力的不利后果。我们看到，这种情况当下正在中国发生。

（一）央行的对冲努力

为了缓解外汇储备增加对货币供应的不利影响，对冲外汇储备的压力，央行从2002年就开始了大规模的公开市场操作。起初，公开市场操作集中于以国债为主的现券卖断操作和回购操作上。然而，由于央行资产负债表中的债券存量相当有限，在经历了一段不长时期的单向操作之后，央行发现自己陷入了无券可卖的尴尬境地。正是在这种情况下，作为一种替代手段，央行于2002年9月24日将公开市场操作中未到期的正回购转换为中央银行票据，然后再用于回购操作。央行票据从此正式进入中国的债券市场。2003年初，鉴于外汇储备又比上年骤增742亿美元的现实，央行认识到，外汇储备的增加可能会持续一个相当长的时期。这意味着，对冲由此引起的货币供应的过度增加，将成为中国货币政策在今后一个较长时期的主要任务。由于可用来实施对冲操作的金融工具依然缺乏，央行遂决定将央行票据作为今后公开市场操作的主要基础。于是，从2003年4月22日开始，央行票据开始了大规模发行，并作为货币市场的一个重要券种被允许在银行间市场上流通。在从那以后的短短4年多时间里，央行票据的发行规模迅速增长，品种也不断增多。目前，其未清偿额已经超过政策性金融债，成为中国债券市场上仅次于国债的第二大品种。

从以上的简短回顾不难看出，央行票据是在我国经济发展和金融改革的特定历史环境下，在中国迅速融入全球经济体系，在国内相关领域改革尚在进行之中，特别是财政政策和货币政策的协调配合机制尚待完善的条件下，为了有效实施货币政策做出的现实选择。在这个意义上，它是具有中国特色的金融创新。

央行票据的产生及发展，对我国金融体制改革和迄今为止的金融宏观调控发挥了重大作用：其一，中央银行由此获得了一种主动、灵活且可大规模操作的金融工具。通过对这种金融工具的买卖，央行实现了在保持其资产规模不断扩大的条件下，通过对其自身负债结构的调整来调整商业银行可贷资金量，从而实施反周期的货币政策调控的积极效果。其二，由于采用了连续滚动发行方式和竞争性招投标机制，并开拓了比较活跃的二级市场交易（银行间市场），央行票据的发行和交易利率逐渐在我国的货币市场上发挥了某种基准利率的作用。在这个过程中，央行票据市场的发展，还在一定程度上推动了我国利率市场化进程的深入。其三，作为一种无风险、规模巨大和交易活跃的基础性金融债券，央行票据市场的发展不仅推动了我国货币市场的快速发展，为各类金融机构实施流动性管理和风险管理提供了有效工具，而且推动了以开发各类金融衍生品为主要内容的金融创新。

（二）央行票据市场进一步发展的困境

但也应当看到，发展央行票据市场，是在我国国债市场发展不充分，其市场

密度、深度和弹性均存在缺陷，从而很难为货币政策操作提供有效基础的条件下，央行为了弱化外汇储备迅速增长之不利影响而做出的“次优”选择，因此，其存在缺陷在所难免，主要表现在以下三个方面。

1. 成本问题

由于央行票据构成央行负债，在其操作过程中，央行需要为其发行的票据支付利息，这便产生了调控成本问题。然而，如果径直将央行票据的利息支出全部归诸调控成本，那是不正确的。在理论上，我们可以从两个角度来衡量央行票据的成本。第一，由于发行央行票据的目的是为了对冲央行因过度买进其他资产（外汇）所造成的基础货币之过度投放，而央行买进的这些资产又是有收益的，所以，分析央行票据的成本，必须将发行央票所支付的利息与其相应增加持有的外汇资产的收益进行比较。第二，在央行的武器库中，还有一种“对冲”工具，这就是提高法定准备金率。因此，我们还可以将央行购买并持有外汇资产的收益同央行提高法定准备金率所须支付的成本（对法定准备金支付的利息）进行比较。做了上述比较之后，对于对冲外汇储备增长的成本问题，显然应有别样看法。进一步，我们还可以对发行央票的成本（央票利率）与提高法定准备金率的成本（法定准备金利率）进行比较。很明显，前者的成本比后者要高。于是，对于近年来央行不断提高法定准备金率的政策操作，我们可以基于成本的比较找到比较强有力的解释。

2. 对市场资金供求和利率的影响

无论其目的为何，发行央行票据总意味着央行增加了市场上对资金的需求；反之则相反。它的这一操作，必然会对市场资金供求和市场利率产生影响。这样，就在央行大量发行央票来收缩流动性的时候，它同时也就成为我国货币市场上最大的做市商。作为做市商与作为调控当局这两种矛盾身份的一体化，无疑增加了央行宏观调控的复杂性，并加重了其在货币政策操作的两个主要对象——货币供应量和利率——之间进行协调的难度。在极端的情况下，倘若央行为了降低其操作成本而对央行票据的利率有所追求，就会有操纵利率之嫌——这显然与央行的市场中立地位和市场稳定功能相悖。事实上，近年来央行票据发行曾出现过若干次流标情况，正反映了市场对央行这种双重身份存在的质疑。

3. 开放经济条件下内部均衡和外部均衡的矛盾

发行央行票据为的是对冲外汇储备的过度增加，其直接出发点在于追求内部均衡。而央行票据市场的供求态势和由之决定的利率走势，又将通过其对人民币资金的供求对比和市场利率之走势的影响，对外汇市场和人民币汇率的动态产生冲击，这便涉及外部均衡问题。不难看出，单一运用发行央票这种手段来同时应付对内均衡和对外均衡两个经常不一致的目标，不免有顾此失彼之虞。举例说，为对冲外汇储备增加而发行央票，固然达到了收紧银根的效果，满足了对内均衡的要求；但银根的收缩将导致人民币利率水平上升，而利率水平的上升，即便没有进一步刺激投机性外汇的进一步流入，至少也没有弱化其流入的动力。

需要指出的是，如果我国依然实行固定汇率制，从而无须顾及汇率水平的变动，这一缺陷并不明显。但是，世界贸易组织过渡期的结束以及汇率形成机制的加快改革，无疑加速了我国发展为开放性大型经济体的步伐，致使这一缺陷日益凸显。

在以上所举的三个缺陷中，第一个缺陷是可以忽略的。因为，所谓成本问题，实在只是财务安排的一个假象——如果把外汇资产和央票负债纳入同一个核算框架中同时考虑，这个问题事实上并不存在。我们在下文中将集中讨论这一问题。真正成为问题的是后两者。出现第二个缺陷的原因，在于央行在央票的操作中不免有自己的利益存在，集做市商与调控者两个相互对立的职能于一身，自然难免冲突。出现第三个缺陷的原因，在于中国日益成长为开放性大型经济体，从而必须同时兼顾对内均衡和对外均衡两个相互联系但经常冲突的目标——将这两项任务挤压在单一的对冲操作和提高法定准备金率的操作之中，已经使得央行陷入左支右绌的窘境，并降低了国家总体的宏观调控效力。

五、外汇储备管理体制的国际经验

通过以上分析可以看出，如果外汇储备管理体制不能根据外汇储备的功能变化进行“与时俱进”的调整，规模日益增大的外汇储备将带来不利的后果。基于这一认识，我们认为，外汇储备管理体制改革的基本任务之一，就是要隔断外汇储备的动态同国内货币供应的僵硬联系。

在探讨改革我国外汇储备管理体制的方略之前，有必要对别国的经验做些比较分析。通过分析美国、英国、日本、欧盟、韩国、新加坡和中国香港特区等国家和地区的外汇管理体制安排，并分析这些国家和地区实践经验背后的理论线索和逻辑关系，我们概括出以下两点认识。

（一）外汇储备持有者问题

关于外汇储备当局的安排，大国和小国有着截然不同的选择。经济开放的大国更倾向于由财政部门或货币当局之外的专设部门持有外汇储备，并相应承担外

汇市场干预和汇率稳定职能；而小国则更多地选择由中央银行直接持有外汇储备，并相应承担外汇市场干预与汇率稳定职能。

对于任何开放型经济体来说，宏观调控的任务均可概括为同时追求对内均衡和对外均衡。但是，因经济规模的不同，从而对内部均衡重要性强调程度的不同，大国和小国处理内外均衡关系的模式存在着重大差异。

对于开放型大国经济来说，由于客观上本国经济的独立性较强，且经济的独立性始终受到强调，宏观调控的基本任务，便是要同时实现内外均衡。然而，经济政策理论（例如“丁伯根法则”）和各国实践均告诉我们：由于一种政策工具只能实现一项政策目标，要实现内部均衡和外部均衡两个经常不相容的宏观调控目标，至少需要两种以上的政策工具。同样已经成为共识的是：在浮动汇率制下，财政政策优于实现对外均衡，而货币政策则优于实现对内均衡。因此我们看到，像美国、英国、日本、韩国之类的大国，均确定了由货币当局负责内部均衡，而由财政当局负责外部均衡的分工。由于外汇储备更多地涉及外部均衡问题，这些国家自然都选择由财政当局来主导外汇管理体制，并负责制定汇率政策。

由财政部门或专设机构主导外汇管理体制的最大好处，在于可以切断外汇储备与基础货币供给之间的直接联动关系，阻隔汇率变动可能对货币政策产生的直接影响。同时，由于隔断了不稳定的外部冲击，货币政策的独立性得到加强，其调控国内经济运行的能力也得到提高。

小型开放经济体的情况则不同。由于它们几乎不存在可以自我支撑的国内经济体系，其经济运行是高度依赖全球市场的。这意味着，小型开放经济的内外均衡具有一致性，基本上不存在所谓的内外均衡冲突问题，也就无所谓内外均衡的职能分工问题。同样由于小型经济体的经济发展高度依赖外部环境，保持汇率稳定，实现外部均衡，在多数情况下总会成为压倒一切的目标。新加坡以及我国香港地区便是适例。这两个经济体事实上都不拥有真正意义上的中央银行，也不存在真正意义的货币政策。如果一定要做比较，那么，它们的货币政策的唯一目标就是保持汇率稳定。在这种情况下，选择由货币当局负责外汇储备的管理，以确保本国基础货币供给与外汇储备的变动保持同步变动关系，是实现汇率稳定和整体经济正常运行的必要条件。

（二）外汇储备资产的多样化

在外汇储备管理模式的选择上，储备规模较大的国家倾向于对外汇储备进行分档管理。其外汇储备管理的目标，在常规的流动性之外，均有一定的收益率要求。

从国际比较来看，外汇储备较少（对汇率干预要求较低）的国家，由于持有外汇资产的机会成本较低，通常采取的是较为简单的管理模式，其储备管理的首要目标大都是维持较高的流动性，对外汇储备的收益性没有太多的要求。而在那些储备规模较大的国家（主要集中在亚洲地区）中，出于提高管理效率的考虑，往往对外汇储备实行了分档管理，在确保外汇储备流动性的前提下，将多余部分进行收益率较高的各种投资，以提高外汇储备的整体收益水平。

比如，从1997年开始，韩国货币当局便将储备资产分为流动部分、投资部分和信托部分三个部分来管理，并对不同的部分设定不同的投资基准。流动部分由美元存款和短期美国国库券组成，每季度根据储备现金流来决定合适的规模，追求高度流动性的目标。投资部分投资于中长期、固定收入的资产，追求收益率目标。以上两个部分的外汇储备均由韩国银行的内设机构进行管理。信托部分同样追求收益率目标，不同的是，这部分外汇资产是委托给国际知名的资产管理公司进行管理的。根据韩国银行的解释，设置这一档的目的，在于提高储备收益的同时，提供一条向国际知名管理公司学习先进投资知识的途径。自2003年开始，韩国进一步成立了由政府全额出资的韩国投资公司（KIC）。从功能设置来看，该公司将作为一个资产管理公司，逐步接受韩国银行和财政部的委托，管理一部分外汇储备资产。

新加坡政府亦然。与韩国不同的是，它不仅将国家外汇储备分出两档，而且该两档的储备分别交由金融管理局和政府投资公司（GIC）来持有并管理，从而实现了机构分离。在这种安排下，新加坡金融管理局持有的外汇储备主要用于干预外汇市场，及作为基础货币发行的保证，目的是维持新元汇率的稳定。而新加坡政府投资公司，作为一家由政府全额出资的资产管理公司，则接受政府管理外汇储备的委托，通过其6个海外机构，在全球主要资本市场上对股票、公司债券、货币市场证券，甚至金融衍生产品进行投资，来实现外汇储备收益的长期增长。

中国香港特区也将外汇基金分为支持组合和投资组合两档来实现分档管理。支持组合为货币基础提供支持，进行外汇市场干预，以此确保港元汇率的稳定。投资组合则保障资产的价值及长期购买力，追求较为长期的投资收益。投资基准由外汇基金咨询委员会制定，其主要内容包括外汇基金对各国及各环节资产类别的投资比重及整体货币摆布。外汇基金雇佣全球外聘基金经理负责管理外汇基金约1/3的总资产及所有股票组合。

值得注意的是，类如美国、英国这样的发达国家，虽然凭借其本币在国际金融体系中居于“关键货币”地位而不保持大量外汇储备，但是，其外汇储备管理也都含有“在保持流动性和安全性前提下争取实现利润最大化”的目标。这

说明，在金融全球化的今天，外汇储备的功能已经发生了很大的变化，它作为一国财富的意义得到了前所未有的强调。

六、立足于全球配置资源的战略高度改革中国外汇储备管理体制

中国外汇储备的迅速增长，是由一系列国际和国内因素造成的。就国际而论，全球经济失衡当推首因；就国内而言，储蓄过剩并造成国际收支顺差，则属根源。特别需要注意的是，大量研究显示：无论是全球经济失衡还是国内储蓄过剩，都是由一系列实体经济因素和体制因素造成的，要在短期内矫正它们绝非易事。这意味着，外汇储备持续增长，将是我们在今后一个较长时期内必须面对的情势。鉴于外汇储备的增长已经成为影响我国经济运行日益重要的因素，并已显示出若干负面影响，鉴于我国现行的外汇储备体制已经不足以应对这种新的复杂局面，改革传统的外汇储备管理体制，创造一个灵活且有效的制度框架，已成当务之急。

（一）根本的任务是建立全球配置资源的战略

面对国家外汇储备迅速增长的局面，人们直观的反应是要将外汇储备“用掉”。我们认为，这种看法是过于简单化的。应当清楚地认识到这样的事实：如果我们当真能够大量购买国外的资源、产品和劳务，亦即为外汇储备找到规模巨大且稳定的非金融用途，外汇储备就不会增长过快了。反过来说，外汇储备之所以增长过快，正是因为我们“用”不出去。在此情势下，简单地为了减少外汇储备而不计成本，甚至浪费地“用掉”我们用国内资源和产品交换而来的外汇储备，肯定是不足取的。

有鉴于此，面对外汇储备不断增长的局面，应当提出的任务是促进外汇储备多渠道使用。综合别国经验和我国的实践，这既包括外汇资产持有机构的多元化，也包括外汇资产投资领域的多样化。

中国的经济发展正站在一个新的历史起点上。在过去近30年改革开放取得巨大成果的基础上，今后的中国经济发展势必更广泛和更深入地融入全球经济的运行之中。因此，更加积极、主动地运用全球的资源来为中国的经济发展服务，或者说，着眼于全球经济运行来规划我国的资源配置战略，应当成为中国经济进一步发展的立足点。毫无疑问，外汇储备管理体制的改革应当被有机地纳入这一全球化发展战略之中。具体而言，我国外汇储备管理体制改革的主要目标是：更加有效和多样化地使用外汇储备，实现商品输出向生产输出和资本输出的转变，

并借此在全球范围内实现我国产业结构优化。

(二) 改革之一：国家外汇资产持有者的分散化

迄今为止，我国依然实行比较严格的外汇管制。在现行的框架下，绝大部分外汇资产都必须集中于货币当局，并形成官方外汇储备；其他经济主体，包括企业、居民和其他政府部门在内，都只能在严格限定的条件下持有外汇资产。这种外汇管理体制是与传统体制下国家外汇储备短缺的情况相适应的；而今的情况是，我们已经开始为外汇储备积累过多及增长过快而苦恼。为适应上述变化，放松外汇管理已经势在必行。近来有关当局提出了要大力推行“藏汇于民”战略，正是适应了这种转变的趋势。

为了便利这种战略转变，我们首先需要对外汇资产、官方外汇储备等相关概念做出更全面、更精确的定义。

在《国际收支手册》第五版的技术性说明中，IMF 的金融专家们将官方外国资产（Official Foreign Assets）定义为一国政府有效掌控的外国资产，并将之分为储备资产（Reserve Assets）与其他官方外汇资产（Other Foreign Currency Assets）两类。其中，储备资产指的是：由一国货币当局掌控，能够便于直接弥补国际收支失衡，或是通过干预外汇市场、影响汇率来间接调节国际收支失衡的外部资产。

在上述定义中，有四个要点需要强调。其一，“货币当局”是一个功能概念，它包括承担发行货币、管理国际储备、管理基金组织头寸等任务的中央银行和其他机构（如财政部和汇率稳定基金等），并不固定地特指某一类机构。其二，“储备资产”包括黄金储备、特别提款权、基金组织头寸、外汇储备和其他债权五类。其中，外汇储备包括证券（债券和股票）、通货、存款和金融衍生产品。作为“储备资产”，要具有“方便使用”的特征，这指的是具有安全性和流动性。其中，安全性是确保储备资产得以长期保值，而流动性则是确保储备资产能够在需要时具有及时无损（或较小损失）地变现的能力。其三，“外部资产”指的是国内居民对非居民的财产要求权，包括债权和所有权。其四，“其他官方外汇资产”是指由一国货币当局和中央政府所掌控的未被归入官方外汇储备的外部资产，它们必须是以外币计值和结算的；必须在需要时可兑换成货币以满足当局的需要；必须代表实际的权利（Claim），而不是广义的融资能力（例如，信用额度和互换额度就不能包括在内）；掌控其他官方外汇资产的“官方”是指货币当局和中央政府，但中央政府的社会保障基金则不被涵盖在内。

上述外汇资产的构成如图 2 所示。

我们认为，我国外汇储备管理体制的改革，就持有主体多元化而言，就是要将原先集中由人民银行持有并形成官方外汇储备的格局，转变为由货币当局（形

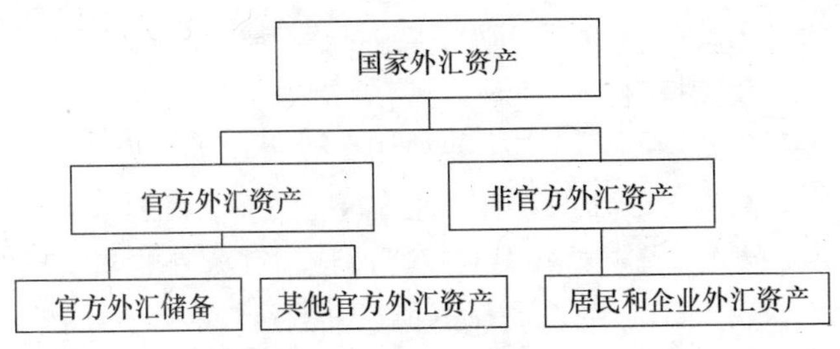

图 2　外汇资产的构成

成“官方外汇储备”）、其他政府机构（形成“其他官方外汇资产”）和企业与居民（形成“非官方外汇资产”）共同持有的格局。这样做的目的有二：其一，通过限定货币当局购买并持有的外汇储备规模，有效地隔断外汇资产过快增长对我国货币供应的单方向压力并据以减少流动性，保证货币当局及其货币政策的独立性；其二，为外汇资产的多样化创造适当的体制条件。

我们认为，汇金公司的设立和有效运行，标志着外汇资产持有主体的多样化进程已在我国展开。只不过，在目前的体制框架下，汇金公司的法律地位并不明确，相应地，它与央行的资产负债关系也未界定清楚。因此，为了进一步推进我国外汇储备管理体制改革，我们需要在整合汇金公司的基础上设立专业化的外汇投资机构，时下被社会广泛关注的国家外汇投资公司便属此类性质。

需要特别强调专设外汇管理机构的重大意义。在经济全球化的大趋势下，设立专业性政府投资公司来管理部分外汇资产，具有积极参与国际金融市场、学习先进金融知识、了解市场最新动态、提升国家金融竞争能力的战略意义。在这方面，新加坡和韩国专设政府投资公司（新加坡的 GIC、韩国的 KIC）的经验值得我们借鉴。

（三）改革之二：与持有主体多样化相配合的外汇资产多样化

一些研究者指责我国的外汇储备都用于购买美国的政府债券，从而造成外汇储备收益的低下。以上分析表明这是不确实的。事实上，自从 20 世纪末期以来，我国外汇储备，无论就其币种而言还是就其资产种类而言，就已经多元化了。因此，所谓外汇资产多样化的任务，就是在原先有效操作的基础上，对官方外汇资产做出明确的功能划分，并确定相应的管理机构，同时规定适当的监管框架。

在总体上，我们应当将国家外汇资产划分为两个部分。

第一部分可称流动性部分，其投资对象主要集中于发达国家的高流动性和高安全性的货币工具和政府债务上。这一部分外汇资产形成“官方外汇储备”，主要功能是用于为货币政策和汇率政策的实施提供资产基础。毫无疑问，官方外汇储备应继续由央行负责持有并管理。

第二部分可称投资性部分，它主要被用于投资在收益性更高的金融资产上。从持有主体上看，其中一部分可交由其他政府经济部门管理，形成“其他官方外汇资产”，主要用于贯彻国家对外发展战略调整，在海外购买国家发展所需的战略性资源、设备和技术，或者在海外进行直接投资，或者购买具有一定风险的高收益国外股票、债券，乃至金融衍生产品。应当指出的是，只要制度设计得当，央行也可以持有一部分非储备的其他官方外汇资产。当然，在账目上，这部分外汇资产应与央行的资产负债表明确地划分开来。其余的外汇资产（非官方外汇资产），应当按照“藏汇于民”的思路，配合外汇管制放松的步调，鼓励由企业和居民购买并持有。

（四）改革之三：划定货币当局持有的“官方外汇储备”规模

外汇储备管理体制改革的必然内容之一，就是将一部分外汇资产从货币当局的资产负债表中移出，形成其他官方外汇资产和非官方外汇资产。这种分割的关键，在于比较合理地确定应由央行持有并作为官方外汇储备的外汇资产的规模。

关于由央行掌握的外汇资产（外汇储备）规模究竟应当有多大，可以有不同角度的测算。根据韩国和我国香港地区的实践，央行掌握的外汇储备规模可以根据以下四项因素来确定。其一，传统的三项外汇储备规模决定因素；其二，根据国内金融市场对外开放程度，依据外资在国内金融市场中投资所占的比重，估计出在最坏的情况下，外资撤出可能造成的不利影响；其三，根据历史经验，计算出本国汇率的波动幅度，估计在最坏的情况下，汇率剧烈波动可能造成的不利影响；其四，根据调控货币供应量的需要，估算出为了使货币当局能够履行其正常功能，需要有多大规模的外汇资产作为其货币发行的准备资产。

综合考虑以上四项因素，大致可以估计出应当保留在央行资产负债表中的外汇储备规模。仔细分析这些决定因素，可以看到，其中有一些因素是相互覆盖的。因此，最适官方外汇储备规模可以根据短边原则予以确定。需要指出，在这里，由央行持有的外汇储备的具体规模并不重要，重要的是应确立决定其规模的原则。

（五）形成“其他官方外汇资产”的融资安排

由货币当局之外的任何机构购买和持有外汇资产，都有一个如何为购买外汇资产筹集资金的问题。这一问题，构成外汇储备管理体制改革的争论焦点之一。

对此，日本财务省多年的实践为我们提供了逻辑清晰且有价值的借鉴。

在日本，官方外汇储备的主要部分是由财务省持有并管理的。财务省通过“外汇基金特别账户”（FEFSA）来管理这笔外汇储备。FEFSA由外币（主要是美元）基金和日元基金两部分构成。当需要购买美元时，则动用日元基金；当需要购买日元时，则动用美元基金。

日本实行浮动汇率制后，由于日元对美元有长期升值趋势，购买美元（相应地卖出日元）便成为外汇市场干预的主要方向，既然运用FEFSA中的日元基金去购买美元成为经常性的操作，所以，为该基金筹集日元，不断充实FEFSA中的日元基金，便成为FEFSA面临的长期任务。

迄今为止，FEFSA筹集日元资金的基本手段是在市场上发行短期融资票据（Financial Bill，FBs）。在法律上，FBs被定义为调节资金余缺的现金管理券，由于这笔负债对应的是等值外汇资产，在经济上具有自我清偿的特征，所以，它不被记为政府债务。换言之，发行FBs，无论其规模如何，均不会增加政府债务。在这里，筹集资金和运用资金的性质和特征，与证券投资基金的发起和运作颇为相似。

更具体地说，日本的FEFSA系统由两部分构成：外汇交易基金和外汇交易基金特别账户。前者是政府交易外汇的基金。根据日本政府预算法，其余额和买卖均不记入政府预算；而后者则由交易产生的利润与损失、在外汇干预过程中产生的利息的收付构成。根据日本政府预算法，后者要记入政府预算的收入与支出项中。

我们认为，日本的FEFSA通过发行FBs来为其持有的外汇储备提供本币资金的融资安排，特别是，日本法律对FBs性质的认定以及相应的制度和预算安排，对我国有着直接的借鉴意义。

从融资技术上分析，我们更加主张发行外汇基金债券（如我国香港金管局的做法）来收购外汇资产。由于外汇基金债券是一种资产支撑债券（ABS），其自偿性更为明晰，其“对冲”的功能也更为显著。

（六）需要有一部外汇管理法

外汇储备管理体制的改革无疑是一项既复杂又具有极强政策性的工作，应当在法律、法规或行政性规章的规范下进行。外汇管理法规的功能是：厘清职责、加强管理、增加透明度和便利监管。我们认为，除了保留相关法律法规中目前仍然适用的内容之外，在外汇管理法（或行政性规章）中至少还应当增添：国家外汇资产的定义和分类；官方外汇储备的管理目标、管理机构、职责、资产构成；其他官方外汇资产的管理目标、管理机构、职责、资产构成；官方外汇储备及其他官方外汇资产之间的关系及预算处理原则；购买和持有其他官方外汇资产的筹资安排；对官方外汇储备及其他官方外汇资产的监管等。

七、简短的结语

从本质上说，外汇储备管理体制的改革，无论涉及多么复杂的内容，最终的结果，都是要将原先由货币当局独揽外汇资产的格局改变为由货币当局、其他政府机构和广大企业和居民共同持有的格局。

这种“藏汇于民”的改革战略一经启动，我们必然就要面对外汇市场参与者增加、外汇交易量增加、外汇交易工具增多以及市场主体决策函数多样化的问题。这种结构的变化，必然会造成人民币汇率波动幅度增大，进而会增加货币当局调控外汇市场和人民币汇率的难度。对此，我们要有充分的准备。质言之，如果我们尚未做好让人民币汇率波动幅度增大的各种准备，外汇储备管理体制的改革就应瞻前顾后，谨慎推动。

（文章来源自《学术讲座荟萃》第39辑，2007年4月12日）

两次鸦片战争对清朝财政的影响

史志宏

史志宏

男，1949 年生，北京市人。1982 年毕业于北京大学历史系，获历史学硕士学位；1988 年毕业于中国社会科学院研究生院经济系，获经济学博士学位。现任中国社会科学院经济研究所研究员，中国社会科学院研究生院教授、博士生导师，中国经济史学会古代经济史专业委员会理事。

主要研究领域：中国经济史，专长为明清及近代财政史、农业史。主要著作有：《清代前期的小农经济》、《中国经济发展史》（明清卷）、《清代户部银库收支和库存统计》、《晚清财政：1851～1894》等。

曾在英国伦敦大学亚非学院（SOAS）、荷兰莱顿大学汉学研究院做访问学者并从事合作研究。1993 年起享受国务院颁发的政府特殊津贴。

上一讲分析了太平天国这一国内因素对晚清财政的影响，今天将要分析两次鸦片战争对晚清财政的影响。发生于太平天国起义之前和起义过程当中的前后两次鸦片战争对清朝财政的影响与近代西方资本殖民主义侵略对中国社会性质的影响是同方向的，即迫使清朝财政由传统的自主封建财政转变成为半殖民地半封建的财政。不过这种变化是逐步发生的。第一次鸦片战争之后，尽管侵略者强加的“协定关税”制度使中国的关税自主权受到破坏，但清朝财政并未立即发生明显的变化。道光朝的最后十年间，清政府财政基本上仍然在原来的轨道上运行。第二次鸦片战争以后，随着新的不平等条约对中国主权，特别是海关行政权的侵夺，以及战后列强与清政府在政治、经济各方面联系的日益密切，西方侵略因素对清朝财政的影响逐渐彰显出来。世纪末的甲午中日战争，特别是庚子八国联军之役以后，因担保巨额对外赔款和外债，关、盐等国家重要税收为外人所控制，清政府不再拥有完整的财政自主权。到了清末“新政”时期，实行财政改革，中国财政的半封建化转变，也开始起步。

一、第一次鸦片战争与“协定关税”

第一次鸦片战争的直接结果，是中英《南京条约》及其附约的订立以及随之而来的仿效中英条约，中美、中法等一批中外不平等条约的相继签订。近代史上第一批不平等条约使中国丧失了许多重要的国家主权，为西方资本殖民主义进入中国开通了道路。以此为开端，中国传统社会改变了独立自主发展的历史航向，一步步驶入了半殖民地半封建的深渊。近代第一批不平等条约对中国主权的侵夺，在国家财政方面，最主要的就是“协定关税”。由于海关税则要由中外“协商”，中国从此丧失了海关关税的自主决定权。

（一）中英《南京条约》及其附约对中国关税主权的侵夺

1.《南京条约》的内容

道光二十二年七月二十四日（1842年8月29日），在兵临江宁（即南京）

城下的英国军舰“汗华晒”号上，由清政府特派钦差大臣耆英、伊里布与英国全权公使璞鼎查（Henry Pottinger）签订的中英《南京条约》是近代史上第一个中外不平等条约，亦称“江宁条约”。虽然只有短短十三款，但对中国主权的侵害却是非常严重的。它的主要内容为：割让香港给英国；对英赔款2100万银元；开放广州、福州、厦门、宁波、上海五处港口贸易通商，英国得以在五口派驻领事等官员管理英人商务；废除行商即公行制度，英商在各口岸“勿论与何商交易，均听其便”；英商在通商口岸应纳进口出口货税、饷费“秉公议定则例，由部颁发晓示”，英货行销内地所经税关不得加重税例；英国驻华官员与中国官员文书往来使用对等平行照会；释放中国各地拘禁的英国及其属国人；赦免与英人往来的中国人之罪并释放“为英国事被拿监禁受难者”。

以上条款，核心内容是打破清王朝的贸易壁垒，按照对侵略者有利的优惠条件进行自由通商。这是当时已经完成了工业革命，成为“世界工厂”，正高举着“自由贸易”大旗在世界各地推销其商品并攫取工业原料的资本主义英国对华政策的中心目标。这一目标英国已经孜孜追求了很长时间。早在乾隆五十八年（1793年），受英国东印度公司派遣率使团来华的马戛尔尼就以英王特使身份，提出了中国割让土地给英国作为通商据点，以及英国派官员驻华照料商务、增开口岸、减免海关税收等多项要求。嘉庆时，英使阿美士德勋爵来华，目的也是谋求通商自由。但这些都被清王朝拒绝。通过鸦片战争，强迫清政府与之订立不平等条约，英国终于实现了其梦寐以求的愿望。

《南京条约》对近代中国历史的影响是极其深远的。割地、赔款、强迫开放通商口岸、不许中国惩治通敌汉奸这些条款使中国的领土完整受到破坏，行政、司法主权受到侵犯。这个恶例一开，西方列强的意志从此介入到中国历史的发展中来。鸦片战争之所以成为标志性的历史事件，就是因为自此以后中国开始丧失独立自主的地位，西方国家可以凭借其强势地位，通过一系列不平等条约对中国主权加以干涉，影响中国的发展方向，使中国逐渐演变成为半殖民地半封建国家。

2.《南京条约》第十条的解读

作为意在打开对华通商之门的条约，《南京条约》在开放通商口岸、废除公行垄断的条款之外，还在第十条无视中国的关税自主权，就制订一部新的海关税则作出了专项规定，此条被视为中国“协定关税”的开始。根据王铁崖《中外旧约章汇编》，此条的汉、英文本分别为：

“前第二条内言明开关俾英国商民居住通商之广州等五处，应纳进口出口货税、饷费，均宜秉公议定则例，由部颁发晓示，以便英商按例交纳。今又议定：

英国货物自在某港纳税后，即准由中国商人遍运天下，而路所经过税关不得加重税例，只可按估价则例若干，每两加税不过分。”

His Majesty the Emperor of China agrees to establish at all the Ports which are by the 2nd Article of this Treaty to be thrown open for the resort of British Merchants, a fair and regular Tariff of Export and Import Customs and other Dues, which Tariff shall be publicly notified and promulgated for general information, and the Emperor further engages, that when British Merchandise shall have once paid at any of the said Ports the regulated Customs and Dues agreeable to the Tariff, to be hereafter fixed, such Merchandise may be conveyed by Chinese Merchants, to any Province or City in the interior of the Empire of China on paying a further amount as Transit Duties which shall not exceed percent.

这一条分前后两部分：前一部分规定应公平制订海关税则并颁发晓示，后一部分涉及内地关税，规定英货离开口岸进入内地以后，沿途所经税关的税收“只可按估价则例若干，每两加税不过分”。一国关税税则的制订属于主权范围，而侵略者却挟战胜之威，强行将其写入外交条约，并且这种规定只及于一方而非双方互惠，其对中国主权的无视可谓到了极点。

有研究者根据条约英文本，指出第十条“在意义上并不含有须经对方同意，或对方有权参与拟订的意思”，因此也就“不能解释为中国放弃了关税自主权”。若仅从文字上看，《南京条约》此条毫无疑问是不能解释为英国要求“协定关税”的。对照英文约文，中文本的“秉公议定”，确实只是“公平制订”的意思。鸦片战争前中英通商，中国关税最为英商诟病指责者，一是税高，二是不透明，行商及海关官员额外需索的随意性大，陋规多。在《南京条约》签订前，英国外务大臣在给英国远征军司令的训令中，也只是指示其要求中国政府降低海关税费，增加透明度，明确规定一征收税额。条约第十条就是按照英国政府这一训示精神规定的，英文约文确实没有要求共同制订税则的意思。但问题是，海关税则是一国主权范围内的事情，税率高低应由国家利益决定，而现在却在中国战败之后被胜利者强行写进了外交条约，并且是只对中国一方做出的规定，这对中国意味着什么，是再明显不过的。而且，历史的事实也是，《南京条约》签订之后，紧接着中英双方就在第二年对落实五口通商，特别是对海关税则进行了后续的外交谈判，而谈判的结果，是英国将其制订的一部税率大大低于以往的新税则强加给了清政府。《南京条约》“秉公议定则例”条款对近代第一个中外“协定”税则的诞生，无疑是起了铺路作用的。第十条后半部分关于英货进入内地所经税关不得加重税例的规定是后来侵略者强加给中国子口半税制度的伏笔，也毫无疑问是对中国关税主权的侵犯。

3.《虎门条约》及第一个协定税则

《南京条约》毕竟是在英国军舰上匆匆拟就的，条文十分简单笼统，具体实行还需要细化。同时侵略者对从此条约中获得的利益还不完全满足，希望通过后续文件，攫取更多的利益。其结果是，道光二十三年八月十五日（1843 年 10 月 8 日），中英双方又签订了《南京条约》的附约《五口通商附粘善后条款》，因此条约在广东虎门签订，所以亦称《虎门条约》。《虎门条约》共计十七条，另附“小船定例”三条。此外，先于《虎门条约》，已于该年七月起在香港公布实施的《五口通商章程》十五条及其所附《海关税则》，也附在《虎门条约》后面，作为善后条款的一部分而正式签署。

中英《虎门条约》及《五口通商章程》在《南京条约》的基础上进一步侵夺中国主权，为英国攫取了更多的利益，其中包括准许英人在通商口岸租地建屋、给予英国片面最惠国待遇、准许英国军舰在通商口岸驻泊以及给予英国领事司法裁判权等项规定，严重损害了中国主权，对近代中外关系的演变产生了恶劣影响。

《虎门条约》与中国近代财政直接有关之处是其强迫清政府接受了近代第一个中外“协定”的《海关税则》。这部以英国代表团翻译、原怡和洋行匹头经纪人罗伯聃所拟草案为基础制订的《海关税则》，与鸦片战争前粤海关所征关税相比，除少数商品的税率有所提高外，大多数进口及出口货物的税率都有较大幅度的降低。

有一点应当澄清，许多教科书提到这个新税则的税率是 5%（即“值百抽五”），并不完全准确。因为这个税则并没有规定进出口关税一律按照 5% 的税率征收。但就多数货物而言，新税则的实际税率确实与之相差不远，有的甚至更低。

新《海关税则》以在当时世界上也属罕见的低税率，为资本主义英国在中国倾销其工业制成品并掠夺工业原料铺平了道路，而对中国国内手工业和商业的发展则造成了沉重的打击。以这个税则为开端，中国从此进入了不能自主决定关税税率的时代，不仅不能利用关税杠杆保护国内手工业、商业及进行对外贸易竞争，而且随着关税自主权的失去，财政主权的完整性也从此不复存在了。

（二）中美《望厦条约》、中法《黄埔条约》与“协定关税”原则的确立

继中英条约之后，美、法两个资本主义国家虽然没有直接与中国发生战争，但也仿效英国，以炮舰武力为后盾，先后强迫清政府与之签订了不平等条约。

1844 年签订的中美《望厦条约》和中法《黄埔条约》虽然是以中英条约为蓝本制订的，但并非其简单的翻版。在这两个条约中，依据“利益均沾”原则，美、法两国不但得到了英国在《南京条约》及其附约中取得的除割地、赔款以

外的所有特权，而且还进一步扩大了这些特权并获取了新的特权。《南京条约》中并没有出现的“协定关税”在这两个条约中都有了明确规定。中美《望厦条约》第二款关于关税的条文除规定“合众国来中国贸易之民人所纳出口、入口货物之税饷，俱照现定例册，不得多于各国，一切规费全行革除”外，还明确规定“倘中国日后欲将税例变更，须与合众国领事等官议允”。这就清楚无误地将“协定关税”文字载入了条约。中法《黄埔条约》在第六款内写明：“如将来改变则例，应与佛兰西会同议允后，方可酌改。”中美、中法两约既开了先例，由于清政府自中英《虎门条约》之后与各国订约都有“利益均沾”的片面最惠国待遇规定，其他签约国也就都同样享有了“协定关税”的特权。这样，清政府要改变关税税则，就必须得到与中国打交道的几乎所有西方国家的一致同意。这对中国的关税主权，毫无疑问是重大的损害；对中国经济、对外贸易以及国家财政，也显而易见具有深远的不利影响。

与中英条约比较，中美、中法两约还都增加了十二年以后双方重新酌议现定条款的规定，为后来列强从中国攫取更多的特权，埋下了祸根。

继英、美、法之后，其他西方列强也纷起效尤，向清政府提出订约要求。清政府一视同仁，于道光二十五年（1845 年）夏准许比利时与中国在现有条约办法下通商。道光二十七年二月（1847 年 3 月），两广总督耆英再次以钦差大臣身份，与瑞典·挪威（当时为联合王国）的谈判代表签订了中、瑞·挪《五口通商章程：海关税则》。于是，凡提出订约要求的西方国家都在“利益均沾”旗号下享受到了对中国的一切特权。

二、第二次鸦片战争与海关行政权的丧失及中国关税主权的进一步被剥夺

海关行政权的丧失始于咸丰初年英、美、法等国乘上海小刀会起义之机，借口履行条约义务，帮助中国政府征收关税，在江海关建立起剥夺中国监督权力、实际全权管理该关的外籍税务司制度。第二次鸦片战争以后，税务司制度被推广到各通商口岸海关。从此，除去名义上的主权，中国海关的行政管理完全由外国人把持。与此同时，通过第二次鸦片战争中新订立的不平等条约，列强进一步完善了协定关税制度，对清政府财政的介入程度也日益加深。

（一）江海关行政权的丧失

1. 小刀会起义与领事代征制

咸丰三年秋（1853 年 9 月 7 日），受长江下游一带蓬勃发展的太平天国运动

影响，上海小刀会首领刘丽川发动起义，很快占领全城，清政府在上海的统治一时瓦解，江海关也陷入了无人管理的混乱局面（苏松太道兼江海关监督吴健彰于事变发生后先避入租界，后逃离上海）。9日，上海英国领事阿礼国借口江海关权力“空缺”，炮制出《海关机构空缺期间船舶结关暂行章程》，宣布从即日起代中国官厅向英商征收海关税饷，英商可用现金或为期40天的期票交纳；期票将来是否兑现，由英国政府决定。接着，美、法两国也宣布实行代征。

阿礼国宣布实行领事代征，表面的理由是遵守条约义务，“保障中国政府的权利不受违反条约的损失”，而实际上是完全从英商的利益考虑出发的。其中之一，就是在当时纷乱的局面之下，一旦英商财产遭受损失，便可以缴纳过关税为由，向清政府要求赔偿。此外，实行代征是用来抵制清政府在内地设关收税的一种手段。阿礼国预料到，一旦失去江海关税收，正急于为镇压太平天国筹措军饷的清政府就很可能在内地设置关卡，向运往上海的货物征税，以弥补江海关税收的损失。这对英商是不利的，因为海关税收有条约的限制，税率低且固定，而中国在内地设关征税，英国难以约束，也不便查考。实行代征制，给清政府以将来收回税款的希望，可以使英国有充分的理由来阻止它在内地征税。至于代征的税款将来是否交还，那要由局势的发展来定，阿礼国并未作出肯定的承诺。代征暂行章程规定由英国政府决定纳税期票是否兑现，就是为以后英国根据局势的变化，按照自己的利益行事留下的后路。

2. 吴健彰恢复征税权力的努力

列强的最终目的是要控制中国海关，领事代征只不过是个幌子。是以当10月间吴健彰重回上海，与各国领事交涉，要求恢复行使职权时，立即被阿礼国一口回绝，提出只有当清军收复了上海县城，中国官员才有资格谈判征税问题。阿礼国还拒绝了吴健彰关于在北新和浒墅两关向运货至上海的中国商人征税的要求，威胁说如果中国政府这样做就违反了条约，英国必将“报复”。

但当时列强之间意见并不一致。英国坚持领事代征，美国则同意恢复吴健彰的征税权力。美国这样做是为与英国抗衡。一直以来，美国公使马沙利就怀疑英国有通过支持太平天国，充当“新政权的保护人”来控制整个长江流域，进而与英国在印度、缅甸的势力联成一片的图谋。而且对当时的中国局势，马沙利也不像英国人那样对清政府控制住局面的能力持悲观看法。在这种判断下，马沙利试图以支持吴健彰来对抗英国，并为日后向清政府索取利益增添筹码。受美国态度的鼓舞，吴健彰通知上海各国领事，宣布将从10月28日起，在租界对面的陆家嘴江面上设立船上临时海关征税，但此举没有成功。10月28日，吴健彰的两只征税船“阿格奈斯号”（Agnes）和“羚羊号”（Antelope）甫经驶抵陆家嘴江

面上的征税地点，那里的法国军舰便以“羚羊号”发炮击中城中法国天主教堂为由，勒令其开向黄浦江上游，而英国军舰则声称征税船停靠租界会招致小刀会的攻击，令其开到苏州河里去。此后，吴健彰又曾试图回到租界内的原官署视事，亦为占领该署的英国“斯巴达人号”水兵所阻。

3. 江海关建立税务司制度

1854 年初，美国人改变了策略。1 月 20 日金能亨根据马沙利的授权通知美商：以后美国货船不必再领取中国海关的结关证件，而直接由领事馆给予船牌离港。接着，美国宣布上海为自由港。美国的这一举动给阿礼国造成巨大压力，使其陷入由英国单独支撑领事代征制的局面，从而受到英国商人更强烈的反对。此时阿礼国接到国内训令，指示其应尽早停止执行临时章程，并应与美国在华代表合作。于是，三国领事又联起手来，一致同意吴健彰自 2 月 9 日起在苏州河北岸设立临时海关征税。

但在当时的局面之下，吴健彰的临时海关实际征不到多少税款。受各国领事的包庇和纵容，外国商人公开的抗税和走私活动十分猖獗。为了能征到税，吴健彰只好到黄浦江的闽行镇及苏州河的白鹤渚设置两个内地税卡，从那里向运往上海的货物征收。此举立即遭到三国领事的一致反对，于 5 月 1 日发出联合照会，指其违反条约。临时海关征不到税，在内地设关又受到列强阻挠，清朝官员试图自行征税的计划终告失败。

实在舍不得放弃上海大宗关税的清朝官员最后只能选择屈服，被迫接受了阿礼国提出的将上海海关置于英、美、法三个条约国家共同控制之下，由三国各派一名代表主持税务的建议。6 月 21 日，美国新任驻华公使麦莲与两江总督怡良在昆山会见，怡良同意撤销内地税卡，并授权吴健彰就关税问题与三国领事谈判。29 日，吴健彰与三国领事达成关于上海海关的八款协议。根据这个协议，由三国领事分别指派英国人威妥玛、美国人卡尔和法国人斯密司出任上海海关“税务司”，共同组成“关税管理委员会”，于 7 月 12 日正式接管苏州河北岸海关的全部税务工作。

新设置的外籍税务司名义上由兼任上海关监督的苏松太道吴健彰委任并“受道台之命工作”，但根据协议，外籍税务司人选要由领事提名，非经领事同意，道台也“不得以任何方式革除或调动其职务”。外籍税务司下辖的华洋职员，则由税务司提出人选，经道台“任命”；非经税务司同意，道台亦不得解除这些人的职务。这就很明白，税务司是处在完全不受中国政府所派海关主管官员管辖的独立地位，中国监督不过是其名义上的上级罢了，实际根本无权对其控制和管理。

协议规定税务司的职责是“监督航运及关税方面正确遵守海关章程及条约规定”，具体包括：“详细检查出口装单和进口舱单、卸岸及装船准单、所纳关税及港口结关单。”为保证其行使权力，协议特别声明：“海关总监督保证，海关专理华事部门不再为任何外籍船只或外籍货主签发卸货或装船准单、完税收据、港口结关单或任何其他正式文件。换言之，上述各项文件未经税务司副署用印者，概不生效。”这就是说，本该由海关监督行使的查验进出口货物、批准装船卸船、核发纳税证明以及批准结关等项权力，现在统统改由税务司行使，监督只有批准的份，中国的海关成了地地道道的由外国人控制的殖民地海关。

（二）税务司制度的全面推广

在江海关建立税务司制度只是西方列强夺取中国海关行政权的序幕。经过第二次鸦片战争，江海关的管理模式被进一步推广到其他海关。

第一次鸦片战争以后，以英、法、美为主的西方列强并不满足已经取得的在华特权，而是一直在窥伺时机，准备对这个“天朝大国”实行进一步的打击，以使其彻底屈服，夺取更大的利益。咸丰朝一开始就爆发的太平天国大起义使清王朝陷入空前危机，这为西方列强实施其图谋提供了机会。夺取江海关行政权，即是对这一机会的利用，但这仅仅是实施其图谋的一部分。与策划控制江海关几乎同时进行的三国谋求“修约”活动，以及随后制造借口，由英、法发动第二次鸦片战争并强迫清政府接受新的不平等条约，才是西方列强利用太平天国起义的机会，进一步侵略中国的最重要活动。

英、法、美三国从咸丰三年（1853 年）起就开始酝酿策划修约。到咸丰四年（1854 年）和六年（1856 年），即中英《南京条约》和中美《望厦条约》各届满十二周年时，就由英国、美国分别挑头向清政府提出，其他两国则给予支持，趁火打劫。对列强在这两次修约中提出的中国全境开放或者长江自由航行并增开通商口岸，以及鸦片贸易合法化、废除内地税、外国公使驻京等一系列全面改变现约的胃口奇大的要求，清政府根本无法接受。列强通过谈判修约的计划，最终未能实现。

谈判桌上没有达到目的，列强便又以战争手段来征服清政府。咸丰六年（1856 年）秋、冬之际，已经从克里米亚战争脱身的英、法两国分别借口“亚罗号事件”和“马神甫事件”，联合向清王朝发动了第二次鸦片战争。战争前后历时四年，清王朝又一次遭受到一连串的军事失败，最后连咸丰皇帝也不得不从京师逃往热河（承德）。其结果是一系列新的丧权辱国的不平等条约的签订。

第二次鸦片战争期间签订的中外不平等条约，主要有中英、中法两个《天津条约》（咸丰八年五月，1858 年 6 月），结束战争的中英、中法两个《续增条约》

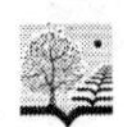

即《北京条约》（咸丰十年九月，1860年10月），以及与《天津条约》同年稍晚签订，作为其补充条款的中英、中法两个《通商章程善后条约：海关税则》。此外，在战争中伪装"中立"并以调停人身份出现，实则趁火打劫的美国，于1858年与清政府签订了中美《天津条约》及中美《通商章程善后条约：海关税则》；另一个趁火打劫的国家，沙皇俄国，也与清政府签订了中俄《瑷珲条约》（1858年）、中俄《天津条约》（1858年）及中俄《北京条约》（1860年）等条约。通过这一系列不平等条约，中国不但再次失去大片领土（对俄国丧失了约150万平方公里的土地，以及割让九龙司给英国），又一次支付巨额战争赔款（赔偿英、法各800万两白银），而且，被迫答允了列强关于公使驻京，增开沿海沿江通商口岸，外国人到内地游历、通商、传教，外国船只在长江自由往来，鸦片贸易合法化，以及确认并扩大领事裁判权和片面最惠国待遇等要求，从而继第一次鸦片战争之后，丧失了更多国家主权。

推广外籍税务司制度，全面夺取中国海关行政权，也由于新的不平等条约而成为现实。咸丰八年夏中英《天津条约》签订之后，按照条约第二十六款关于双方重议关税税则的规定，清政府派员赴上海与英使俄尔金等会商，于十月初（1858年11月）签订了中英《通商章程善后条约：海关税则》。是约第十款规定：

"通商各口收税如何严防偷漏，自应由中国设法办理，条约业已载明；然现已议明，各口画一办理，是由总理外国通商事宜大臣或随时亲诣巡历，或委员代办。任凭总理大臣邀请英人帮办税务并严查漏税，判定口界，派人指泊船只及分设浮桩、号船、塔表、望楼等事，毋庸英官指荐干预。其浮桩、号船、塔表、望楼等经费，在于船钞项下拨用。至长江如何严防偷漏之处，俟通商后，察看情形，任凭中国设法筹办。"

此款中"各口画一办理"、"邀请英人帮办税务"的文字，便是此后英国在各口岸推行税务司制度、夺取中国海关行政权的借口，尽管约文中并没有具体规定各口如何"画一办理"。效法英约，同月签订的中美、中法两个《通商章程善后条约》，也都做了同样规定，只不过把"邀请英人"分别改作了"邀请美国人"及"邀请法国人"字样。

中英《通商章程善后条约》签订之后，自咸丰五年（1855年）起接替威妥玛担任上海海关税务司的英国人李泰国积极活动，策划在其他口岸推广上海的制度。咸丰九年（1859年），经两江总督兼五口通商大臣何桂清同意，李泰国以"总税务司"的名义前往英法联军占领的广州。他草拟了一个海关章程，又策动粤海关监督恒祺照会英国领事，任命英人费士莱为税务司，赫德及马迪森为副税务司；费士莱到任前，先由美国人吉罗福代理。李泰国的这一计划最初遭到美国反对，认为其人事安排歧视美国人，所拟海关章程也有违美国的治外法权。后来美国妥协，同意了李泰国的意见。不过李泰国也在次年正月任命美国驻华公使华若翰的弟弟华为士为汕头税务司，以作安抚。

更大规模的推广新制活动在战争结束后展开。咸丰十年底（1861 年 1 月），即英法联军退出北京后约三个月，经办理“抚局”的恭亲王奕䜣等奏请，清廷设立“总理各国事务衙门”，由奕䜣及大学士桂良、户部右侍郎文祥三人主掌，专门办理外交事务。随即，李泰国被正式任命为“总税务司”。不久李泰国回国看病，在回国前指定粤海关税务司费士莱代理其职务。在英籍总税务司的策划和推动下，镇江、宁波、天津、福州、汉口、九江等口岸于咸丰十一年分别建立起税务司制度。至同治初年，其他各口也都先后建立此制度。

新制度在各海关均设置外籍税务司一人（大多为英国人）；江海、江汉、闽海、厦门、粤海、九龙等重要海关，则于正税务司之外再设副税务司 1～2 人。所有海关税务司人选，均由总税务司决定，直接对其负责。各关内的重要职位，也都聘用外国人，中国人只能从事一般的事务性工作或者充当差役。自从税务司制度建立，各关征税、缉私以及日常行政管理，就全由外籍税务司主持，监督仅为各海关名义上的行政首长，实际权力十分有限。

总税务司对全国海关拥有最高权力，“掌各海关征收税课之事”、“综理全国关税行政与官员任免事务”（见刘锦藻《清朝续文献通考·职官四》）。在名义上，总税务司被置于总理各国事务衙门的下属地位，担任此职的人也仅为中国政府聘任的一名外籍官员，但实际上总税务司是完全独立的，总理衙门并不能对其发号施令。总税务司实行“各口画一”管理，即各海关新设立的税务司皆按照江海关的模式运行，外国商船进入后报关、验货、给予准单、交税等一切事务皆由税务司掌握，税务司各部门除少数对华事务部门外，其负责人皆以洋人为主。税务司建立后，完全按照英国制度管理中国海关，改变了清朝原有的海关运行模式。总税务司署最初设于上海，同治四年（1865 年）迁至北京。总税务司一职，由于最初被任命的李泰国为人狂妄，以及他在为清政府购买兵船一事中的欺诈行为，同治二年（1863 年）返回中国后不久即被解职，改由粤海关税务司赫德接任。赫德任总税务司直到清末，时间长达近半个世纪。

（三）对中国关税主权的进一步侵夺

1. 海关进出口货税及免税品

第一次鸦片战争后订立的海关税则虽然实行了在当时世界上也属罕见的低税率关税，但此后的十几年间，列强对中国的工业品出口并未如他们当初所期望的

那样大量增加，其在对华贸易中的不利地位也未有改观。高度自给的中国国内市场和低成本的国产土货对西方国家的机器工业产品表现出极强的抵御能力。为了打开中国市场，为其倾销工业制成品及掠夺工业原料创造更为有利的条件，列强在1858年的《天津条约》及《通商章程善后条约：海关税则》中，强迫清政府进一步降低了关税水平。

新条约和海关税则以“值百抽五”为中国征收进出口货税的基本原则。由于自咸丰末年以后，即出现了银价下跌引致进口洋货价格上扬的长期趋势，这个税则对进口货的实征税率，其实还不到5%。这种情况，直到四十余年后庚子赔款时，因需以中国关税收入担保赔款，才得以改变，但也仅仅是按当时进口货的现实价值“值百抽五”而已。

新税则还扩大了海关免税品范围，规定：“凡有金银、外国各等银钱、面粟、米粉、砂谷、米面饼、熟肉、熟菜、牛奶酥、牛油、蜜饯、外国衣服、金银首饰、搀银器、香水、碱、炭、柴薪、外国蜡烛、外国烟丝烟叶、外国酒、家用杂物、船用杂物、行李、纸张、笔墨、毡毯、铁刀利器、外国自用药料、玻璃器皿，以上各物进出口通商各口，皆准免税。”

2. 子口半税制度

《天津条约》及新订《通商章程善后条约》还明确规定了洋商货物出入中国内地的子口半税制度。1842年的中英《南京条约》提到英商货物出入内地，“所经过税关不得加重税例，只可按估价则例若干，每两加税不过分”，企图对中国内地税关的征税主权亦加以限制，不过，因当时内地常关税本轻，故次年订立的《五口通商章程》未对英商货物的内地税收作出具体规定。然而到咸丰时，各省为镇压太平天国而创办了厘金，使得内地货物通过税较前加重；尤其各关卡税吏留难勒索，逾例多征，漫无限制，令洋商颇为不满。为减轻洋商货物的内地税负担，中英《天津条约》第二十八款规定：英商在内地买货至通商口岸下载，或口岸洋货运往内地销售，可以在内地税与一次性缴纳的子口半税之间自由选择。即洋商货物进、出内地，可以选择在海关缴纳2.5%的子口税来代替应纳内地税。

子口半税制度从此为各国所援引，成为一项新的协定关税。这一制度大大降低了西方国家在中国推销其商品及运出土货的成本，使西方资本主义对中国经济的影响从此深入到广大内地。这一制度大不利于中国商人与外商的竞争，对中国国内的商品流通秩序造成破坏。实行这一制度不久，便出现了从事国内贸易的华商通过依附洋商或假冒洋商名义，千方百计谋取洋货运销内地的子口税单及洋商贩运土货出口的三联单和运照现象，借以规避国内商品“逢关纳税，遇卡抽厘”的不公正待遇，而拥有子口半税特权的洋商也通过买卖子口单，大获其利。

子口半税制度不但侵夺了中国的内地税主权，还引起了地方政府与中央政府财政上的矛盾。清后期，厘金是地方政府最重要的税收。实行子口税制度后，地方政府的厘金收入大受影响。在这种情况下，有的地方政府采取了降低厘金税率的办法，以吸引洋商放弃子口税而转纳厘金；有的地方则正相反，用加重土货厘金的办法来弥补子口税引致的地方财政损失。前一种情况，无疑更便利了洋货倾销内地；后一种情况，则使土货在与洋货的竞争中，处于更加不利的地位，对中国国内经济发展造成沉重打击。

3. *沿岸贸易税*

早在五口通商刚刚开始时，来到中国的洋商就不仅只在单一口岸从事售卖外国洋货和购运中国土货的进出口贸易，而且还从事沿海口岸间的转口贸易。沿海口岸的货物流通本属中国国内贸易性质，但洋商洋货参与进来以后情况就比较复杂了。在此种情形下应如何处理及征税，1843 年的中英《五口通商章程》未作规定，但是章程写明凡属英货进出口，应“五口一律纳税”，即只要洋货进入某一口岸，就应在该口岸海关缴税。然而在实际中，洋商往往只同意对在该口开仓报验的上岸货物纳税，对转运他口的货物则不愿缴税。清朝官方很快便认可了这一要求。先是粤海、江海两关不对未经报验卸船之货征税，任其转运别口，到 1844 年 4 月，由道光皇帝下谕，各口岸一律实行此制。该年 7 月订立的中美《五口通商章程：海关税则》更将这一规定写入条约，还规定已卸船纳税之货，若该船欲运往别口售卖，实系原包原货者，由该口海关给予牌照，至别口海关免其重缴。这样，洋商就取得了参与中国沿海转口贸易的权利，并拥有只在一口纳税，其他各口免税的优惠待遇。以后，由这一制度引申，一些口岸海关还给进口纳税后又声称其货物转贩外洋的洋商发给证件，作为该商进口别项货物时的纳税凭证，实际就是对复出口至外洋的货物退税。这种做法，完全没有条约依据，是一种约外特权。

洋商在沿海贸易中的特权原只限于贩运洋货，但在实际中很快就被运用到土货的贩运中去，其活动范围也不仅只限于开放口岸，而且还在一些未开放口岸间转贩贸易。洋商还利用中国对外贸易在海关征税，税则较重，国内土货贸易在常关征税，税则较轻的制度，千方百计趋轻避重，同时又要求享有其在海关的免税、退税特权，以取得对华商的竞争优势。

第二次鸦片战争开放长江口岸后，洋商转口贩运土货增多。由于洋商在口岸间转运土货只在出口之海关缴纳一出口税，此后他口不再重征，而华商贩运土货则须逢关纳税、遇卡抽厘，两相比较，十分不公，为稍资平衡，从 1861 年清政府与各国签订《通商各口通共章程》起，对洋商贩运土货在口岸间贸易，除在

出口之海关征收出口税外，至他口海关，再征一复进口税。此项征收，为土货出口税之半，故亦称“复进口半税”。

4. 吨税（船钞）

第一次鸦片战争后，根据中外所订五口通商章程及海关税则，海关废止了过去按船身丈尺征收船钞的办法，改行按载重吨数征税，并议定了征收标准，从而吨税（船钞）也成为海关税收的一项协定关税。当时订立的标准为载重150吨以上的“大洋船”每吨征银5钱，150吨以下之船每吨征1钱。到1858年的《天津条约》，进一步降低了吨税征率，将150吨以上货船每吨纳银数减至4钱，150吨及不足此数之船仍每吨纳银1钱。

5. 洋药税及洋药厘金

经过第二次鸦片战争，侵略者成功地实现了第一次鸦片战争没有实现的将鸦片贸易合法化的目标。光绪十一年（1885年），中英又签订了《烟台条约续增专条》，规定进口鸦片“按照每百斤箱向海关完纳正税三十两，并纳厘金不过八十两”，即每百斤箱鸦片最多交纳110两税收后即可自由在中国买卖。鸦片贸易合法化以后，鸦片税及鸦片厘金成为晚清海关税收的大项。

三、两次鸦片战争以后的海关税收和近代的第一批外债

（一）海关税收的增长

鸦片战争以前，中外贸易规模不大，清政府每年得自海关的税收亦有限。第一次鸦片战争前夕，粤海关每年的税收只有150多万两。然而经过两次鸦片战争，中国对外门户洞开，对外贸易规模不断扩张，海关税收开始迅速增加。表1是咸丰十一年到光绪二十年（1861～1894年）中日甲午战争之前全国海关历年税收总数的统计。

表1 1861～1894年海关税收总数统计

年 份	银数（库平两）	指 数	年 份	银数（库平两）	指 数
1861	5036371	100	1866	8906692	177
1862	7559870	150	1867	8927309	177
1863	8556476	170	1868	9887484	196
1864	8377014	166	1869	9631531	191
1865	7937975	158	1870	9760247	194

续表

年 份	银数（库平两）	指 数	年 份	银数（库平两）	指 数
1871	10717471	213	1883	13603926	270
1872	11605818	230	1884	13738336	273
1873	11181872	222	1885	14178227	282
1874	11910223	236	1886	15263475	303
1875	12171811	242	1887	20081682	399
1876	12572216	250	1888	23094267	459
1877	12293699	244	1889	21929723	435
1878	12455213	247	1890	21984309	437
1879	13196197	262	1891	23126136	459
1880	14346406	285	1892	22808391	453
1881	15052722	299	1893	22066185	438
1882	14488272	288	1894	22797364	453

资料来源：据汤象龙：《中国近代海关税收和分配统计》，《全国海关历年各项税收统计总表》，中华书局，1992 年版，第 63 ~68 页。

光绪二十九年（1903 年）以后，因担保庚子赔款，海关进出口税率实行切实值百抽五，每年关税总额进一步增加到 3000 万两以上，最高年份（1906 年）接近 3500 万两，比 19 世纪 60 年代初，增长了五六倍。

海关税收的增加首先得益于进出口贸易的扩张。由于当时的中国进出口贸易基本是由洋商控制的，所以海关税也绝大部分出自洋商。进出口贸易几乎全由洋商垄断，说明当时对外贸易规模的扩大不过是外国资本主义对中国经济侵略加深的结果，反映出中国正在日益陷入西方的商品输出地和工业原料来源地的半殖民地经济地位。此种背景下的对外贸易扩张和海关税收增加，与一国由于正常的国内经济发展而引致的对外贸易扩张、海关税收增加，完全不是一回事，而是作为战败国被迫开放口岸。

这一时期海关税收的增加，尤其是 1886 年后的增加不完全是因为对外贸易的扩张，而是与鸦片税厘的征收有关。第二次鸦片战争以后，鸦片进口合法化，“洋药税”堂而皇之地成为海关征收的税项之一。鸦片是当时西方对华贸易中利润丰厚而又受到侵略特权保护的主要“商品”，鸦片贸易直到 19 世纪 90 年代以后才逐渐衰落。19 世纪 80 年代中期以前，每年从海关进口的鸦片商品值高达 3000 万 ~4000 万海关两，占中国进口商品总值的 1/3 ~1/2，为进口货值最大的商品。此后，由于其他商品进口增加，这一比例有所下降（但进口绝对值还有所上升），甲午战前约占 1/5。

海关税收的增加还得益于海关的近代化改造。第二次鸦片战争以后洋税务司

制度在各口岸海关的推行及全国总税务司的建立固然标志着中国海关管理自主权的丧失和海关的半殖民地化，但另一方面，也是中国海关近代化的开始。在洋税务司的主持下，清朝海关从组织机构到具体的业务技术管理，都逐渐进行了变革，在报关、验货、稽征、统计、财务、海务、缉私等一系列环节上建立健全了规章制度，许多积年陋弊得到革除，行政效率得到提高。这些变革无疑是服务于西方资本主义列强特别是英国在华的长远商业和政治利益的，但在客观上为中国海关引进了先进的管理经验和制度；对于清政府来说，则是海关税收得到了更加有效的保证。

（二）近代的外债

清前期是没有外债的。举借外债始于咸丰三年江宁失守后，苏松太道吴健彰赊款“借船助剿”。此后，至甲午中日战争前的各次重大军事行动，如镇压太平天国，如左宗棠西征镇压陕甘回民起义及平定新疆，如1874年日本出兵台湾事件，如中法战争，以及其他军政开支筹款，均曾举借外债，总额约计库平银4200多万两。这一时期的外债，多由各省地方官员出面举借，一般数额不大，还期亦短，虽利率普遍较高，且以海关税为抵押，但随借随还，未对国家财政造成严重影响。甲午战争前，所借各债已基本清偿。

光绪二十年甲午中日战争后，开始有中央政府借贷之大额、长期外债，外债与国家财政，关系日益密切，影响亦渐彰显。甲午当年（1894年），总理衙门及地方督抚为筹战费先后借债7次，总额逾库平银4100万两。战后，为偿付对日赔款，又由总理衙门出面，向俄、法、英、德等国银行3次举借巨债，即俄法借款、英德借款及英德续借款，总额计库平银3亿余两。甲午战费借款及战后赔款借款总数，超过战前40年所借外债的7倍多。这些债务，除上海洋商一笔50万两借款外，都是长期借款，最短20年，最长45年。战后，为偿还各债本息，清政府每年需支付银2000余万两。户部无力承担如此巨款，除了部库多方设法外，不得不将应付本息大部分摊派于各省，令其设法筹措，每年按数解足。晚清各省加捐加税，由是而起。庚子之役以后，订立《辛丑条约》，赔偿各国4.5亿海关两巨款，更使每年对外偿款数额又增一倍，达到4200万两上下。甲午后的外债和赔款，不仅将关税抵押净尽，而且将盐税也抵押进去。从此，中国政府的财政，再也不能说是独立自主的财政。

（文章来源自《学术讲座荟萃》第40辑，2007年4月24日）

晚清的财政规模与清末财政改革

史志宏

史志宏

男，1949年生，北京市人。1982年毕业于北京大学历史系，获历史学硕士学位；1988年毕业于中国社会科学院研究生院经济系，获经济学博士学位。现任中国社会科学院经济研究所研究员，中国社会科学院研究生院教授、博士生导师，中国经济史学会古代经济史专业委员会理事。

主要研究领域：中国经济史，专长为明清及近代财政史、农业史。主要著作有：《清代前期的小农经济》、《中国经济发展史》（明清卷）、《清代户部银库收支和库存统计》、《晚清财政：1851～1894》等。

曾在英国伦敦大学亚非学院（SOAS）、荷兰莱顿大学汉学研究院做访问学者并从事合作研究。1993年起享受国务院颁发的政府特殊津贴。

今天这一讲是对前几讲的总结，包括两个题目。首先，讨论晚清财政收支规模的变化；其次，对清末的财政改革做一简要介绍。

一、晚清财政规模

经过太平天国起义和两次鸦片战争，与清前期比较，晚清财政无论财政体制还是收支内容，都发生了重要变化。这些变化，前面几讲都已经讲过。但是还有一个很大的变化即发生在财政规模上的变化，以前没有涉及。本讲，就来重点讨论这个问题。

（一）现有文献关于晚清岁出入数字的记载

讨论晚清的财政规模，离不开现有文献关于当时国家岁出入数字的记载，这是讨论的基础。那么，关于当时国家的岁出入都有哪些记载呢？本讲座的第二讲提到，自从太平天国起义，由于战乱，各省十余年都没有进行正常奏销。起义被镇压下去以后，清廷力图恢复正常的奏销制度，但当时战事还没有完全结束，奏销也难以真正依例实行。所以我们翻遍当时的文献，咸丰、同治两朝20余年间，仅在同治十三年（1874年）有过一次收支记载，此外就再没有全国性的出入统计。光绪初承平后，清廷整理财政，依据军兴以来变化了的情况，重新厘定收入、支出的奏销科目并要求各省从光绪十一年（1885年）起，按年奏报出入各数。这样，从光绪十一年到二十年（1885～1894年），连续十年户部都统计有各省奏销的出入数字，记载在刘岳云的《光绪会计表》中。然而光绪二十年甲午战争以后，数据链条又中断了。直到光绪三十四年（1908年）为“筹备立宪”而清理财政之前，除去个别年份有片段的数字外，再没有出自官方的正式出入统计。不过，有几个当时在华的外国人曾根据所了解的情况，对这十余年间若干年份的出入数字做过估计，可以填补空缺，作为研究的参考，算是聊胜于无。光绪末清理财政以后，各省清理财政局将清理数字上报，光绪三十四年、宣统元年均有详细的收支数字。宣统二年，度支部（光绪三十二年改革官制，将户部改为度支部）在清查财政的基础上，根据各省预算报册，编制出中国历史上第一个近代意义的国家预算——宣统三年岁入岁出总预算；次年，又编制了宣统四年预算。当然，连宣统三年预算都还没有执行完清王朝就被推翻了，清末的预算根本谈不上决算，但这些预算数字，可以作为了解其时财政规模的参考。

以上，是今天能够看到的关于晚清财政收支记载的基本情况，兹择其大要开列于下：

1. 甲午前的出入数字

根据教育世界社光绪二十七年印行的刘岳云编《光绪会计表》，甲午前十年间的岁出入总数有如表1；期间岁入、岁出详数，以光绪十七年（1891年）各数示例，列为表2。

表1　光绪十一年至二十年全国岁出入总数

年份	岁入总数（万两）	岁出总数（万两）	盈亏（万两）
光绪十一年	7709	7287	422
光绪十二年	8127	7855	272
光绪十三年	8422	8128	294
光绪十四年	8839	8197	642
光绪十五年	8076	7308	768
光绪十六年	8681	7941	740
光绪十七年	8968	7936	1032
光绪十八年	8336	7565	771
光绪十九年	8311	7343	968
光绪二十年	8103	8028	75
平均	8357	7759	598

表2　光绪十七年岁出入详数

岁入		岁出	
项目	银数（万两）	项目	银数（万两）
常例征收	4332	常例支出	3709
地丁	2367	陵寝供应等款	9
粮折	426	交进银两	18
耗羡	300	祭祀	34
盐课	717	仪宪	7

续表

岁入		岁出	
项 目	银数（万两）	项 目	银数（万两）
常关税	256	俸食	384
杂赋	181	科场	11
租息	84	饷乾	1794
		驿站	173
		廪膳	11
		赏恤	53
		修缮	221
		采办	403
		织造	103
		公廉	458
		杂支	30
新增征收	3453	新增支出	2527
厘金	1633	勇饷	1827
洋税	1821	关局经费	314
		洋款	386
本年入款	1183	其他	1699
节扣	200	补支	1278
续完	723	预支	174
捐缴	260	解京各衙门饭食经费各项支款	247
总 计	8968	总 计	7936

《光绪会计表》之外，关于甲午战前的清政府岁出入，当时英国驻上海领事馆的官员哲美森（Jamieson）也有过一个估计。他根据甲午前三年有关中国财政收支的京内外奏报，估计光绪十九年（1893 年）清政府的岁入、岁出总数为 8898 万两。①

① 哲美森：《中国度支考》，林乐之译，光绪二十三年上海广学会铅印本，第 20 页。按哲美森估计的岁入项目包括地丁、漕米折价、盐课盐厘、百货厘金、洋关税、常关税、土药税厘、杂税等；岁出项目包括皇室、旗兵、中央行政费、南北洋舰队费、炮台大炮沿岸防御费、满洲防备费、甘肃新疆防备费、协饷、外债费、铁道经费、工程费、关局经费、十八省行政费等。

2. 甲午后至光绪末清理财政前的出入数字

这一时期的数字主要出自当时一些在华的外国人的估计。其中，曾在中国居住二十余年并任领事官的著名英国汉学家庄延龄（E. H. Parker，又译作巴克尔）对甲午和庚子间（1894~1900年）出入总数的估计为：岁入10156.7万两（按其原表分项数字合计应为10832.8万两），岁出10156.66万两。①

庚子之役后，为给进行辛丑条约谈判的各国北京公使团赔款委员会提供索赔参考，总税务司英国人赫德对庚子前夕的清政府岁出入提出了一个岁入8820万两，岁出10112万两的估计。②

庚子后的数字：日本人根岸佶估计光绪二十九年（1903年）的岁入为10492万两，岁出为13492万两；③ 美国人马士（H. B. Morse）估计光绪三十一年（1905年）的岁入为10292.4万两，岁出为13649.6万两。④

上述外国人的估计之外，光绪二十五年，根据盛宣怀的建议，户部曾对光绪二十六年（1900年）的出入做过一个预算，其数字为：包括中央和各省出入款项在内的全国总岁入9826.46万两，总岁出11503.62万两。⑤

3. 清末清理财政后的出入数字

光绪末清理财政，对各省的出入款项包括外销收支进行全面清查，结果为：光绪三十四年（1908年），总计岁入银24191万余两，岁出银24490万余两。度支部在汇查各省确数的基础上，将银、钱不一及平色不齐者一律折合成库平计算，综计宣统元年各省入款26321万余两，出款26987万余两。⑥ 这两个统计均只是各省的岁出入数，未包括中央收支在内。据记载，宣统元年（1909年）的中央入款（中央部门自己征收者，不包括各省解款）为3801万两，出款为9800万两。⑦ 宣统二年底（1911年初），在此次清查的基础上度支部编制出宣统三年全国预算，其出入总数最后经资政院核定议决均在库平银3亿两左右（经常、临时两门合计）。

---

① 刘锦藻：《清朝续文献通考》卷68，《国用六》。按庄氏原表出自其所著 China：PastanfPresent.

② 《帝国主义与中国海关》第九编《中国海关与义和团运动》，科学出版社，1959年版，第64~65页。

③ 刘锦藻：《清朝续文献通考》卷68，《国用六》。

④ H. B. Morse：*The Trade and Administration of the Chinese Empire*（《中朝制度考》，Kelly and Walsh，Ltd.，Shanghai：1908，p. 115）.

⑤ 罗玉东：《光绪朝补救财政之方策》，载《中国近代经济史研究集刊》，第1卷第2期，1933年5月出版。按据罗文，原始数据出自光绪二十五年十月十一日户部预筹二十六年度支折所附清单。

⑥ 刘锦藻：《清朝续文献通考》卷67，《国用五》。

⑦ 吴廷燮：《清财政考略》。

（二）晚清岁出入记载的矛盾及其原因

上述各种晚清时期的岁出入记载，多多少少都有一些问题。如刘岳云《光绪会计表》的“洋税”（海关税）数字就不正确，“照海关统计表，年各短收”，“十四至十九年均少五百余万”。① 按照海关报表数字修正刘表，甲午前的岁入总数实际应该在9000万两左右。几个外国人的估计大多存在一些如数字错漏、重复计算等统计上的问题。我们时间有限，为避免枝蔓，今天不讨论这些问题，而只从宏观上分析这些记载的矛盾及其原因。

检视上列晚清时期岁出入的记载，可以看出，直至清末清理财政之前，无论官方报告的数字还是外国人估计的数字，岁入总数甲午前为8000万~9000万两，甲午后最高估计也只在1亿两左右；岁出数甲午前最多在8000万两上下，甲午后主要因巨额外债、赔款（甲午战费借款、三次对日赔款大借款及庚子赔款）年付本息的增出，增加到1亿至1亿数千万两。而清理财政以后的数字，距甲午不过十几年，距此前的最后一个有估计数字的年份1905年更仅仅只有短短三年，出入数就达到了2亿数千万两，增幅达一倍多；清末预算的数字超出甲午前数字两倍还多。显然，清理财政前后数字间的这种巨大差异是不合常理的。

如何认识和解释清理财政前后数字之间的巨大差异？统计时间的不同显然不是正确答案。甲午至清理财政相隔不过十多年，外国人估计数字的最后一个年份距离清理财政更只有三年，此期间清政府的收入来源并没有大的变化，即便原有来源的收入有所增加，也不可能增出如此之多。支出方面，戊戌、特别是庚子后举办“新政”、“筹备立宪”，以及外债和赔款的偿付等，的确使岁出大增，但也绝没有到致使岁出翻番的地步。清理财政后公布的数字过于夸大也不是正确的答案。此次清理财政以及事后公布的数字当然存在许多问题，但主要的不是夸大了岁出岁入，而是尽管它是一次按要求“和盘托出”式的财政清理，但在当时的制度和吏治条件下不可能做得十分彻底，事后公布的数字与当时各省的实际收支之间，其实也还是有一定差距的。不过，从事后各省清理财政局编写的财政说明书可以看出，此次清理总体上确实比以往任何一次财政清理都要彻底得多，认为其清出了当时各省的大部分收支，是没有问题的。

所以，问题的答案只能是清理财政以前和以后的数字在统计上有所不同。这种不同，不单是指某些比较简单的技术层面的差异，如统计中个别项目的错漏及计不计算中央收支（甲午后的几个外国人估计数一般都包括中央收支这一块，与甲午前清官方报告数仅为各省之数总和在统计口径上不同，此为其间有所差异的

---

① 刘锦藻：《清朝续文献通考》卷66，《国用四》。

主要原因）等，也不仅仅是各省地方官员的刻意隐瞒及中饱私囊的吏治原因，而是由更带根本性的制度层面的原因所造成。只有统计制度上的不同，才有可能造成清理财政前后数字的巨大差别。

那么是什么样的制度性的原因呢？简单说就是“外销”问题。所谓“外销”，就是虽为当时政府每年收支的一部分，但不在朝廷定例之内，不入例行奏销的财政收支。这种“外销”收支，无论清代前、后期，都在各省广泛存在。外销与当时财政的制度设计有关系，也与封建时代的吏治有扯不清的关系，这里不能细讲，只是指出：讨论清代财政规模，仅仅根据政府的正式奏销的数字是靠不住的。不过，在清前期，由于处在中央集权的财政管理体制之下，各省地方财务自主权不大，也由于传统时代政府财政的收入来源、支出内容均有限，外销收支在当时国家财政的整体中还只是处在一个补充的地位。按我个人的估计，清前期外销收支占奏销收支的比重，不会超过20%～30%；占财政整体的比重，自然还要更低一些。在这种情况下，忽略外销的存在对了解其时国家财政的总体规模，影响相对较小。

但晚清的情况不同。自从咸丰军兴，一方面各省与中央政府的关系发生了巨大变化，各省财务自主权日益增强；另一方面，晚清各省的地方事务，如厘金、军需、善后、洋务、通商等，皆非旧时所有；征税、治安、刑讼、教育、善举等项事务，随着时代变化，也与过去有很大不同，如户部所奏，“自咸丰、同治年来，各省出入，迥非乾隆年间可比。近来岁入之项，转以厘金、洋税为大宗；而岁出之项，又以善后、筹防等为巨款”，“出入难依定制”①。在这两方面原因的合力作用下，晚清时期各省的外销收支大为扩张，远非清前期可比。虽然光绪初户部经过整理财政，重新厘定会计科目，将厘金、洋税及勇饷、关局经费等分别以“新增征收”、“新增开支”的名义纳入奏销，但在其时各省财务自主已经有极大发展的条件下，此次财政整理的效果有限。例如“新增征收”中的厘金，甲午前各省每年奏报的数目只有1500万两左右，这与当时人估计的厘金实际征收数存在着至少2～3倍的差距。“常例征收”各项内，自军兴以来的种种加征，尤其是以各种名义增加的杂税捐（有的在正税项下附征，有的单独征收），在甲午前十年的各省奏报中也基本没有反映。岁出中新增的“关局经费”一项，甲午前各省每年的报数只有200万～300万两，仅相当于其时海关一个部门的经费

① 户部《进呈解办年例汇奏出入会计黄册疏》（光绪十年），载《皇朝道咸同光奏议》卷26下。又见刘锦藻：《清朝续文献通考》卷70，《国用八，会计》。

数目①，各省自军兴以后陆续设置的林林总总各种名义的“局所”的开支几乎完全不在其中②。显见，光绪初整理财政以后户部所得到的各省历年报告数字，与各省的实际收支之间相距甚远。考虑到各省财务自主权日益增强、外销收支日益扩张的历史条件，可以断言，当时各省每年按例奏报的数字与各省真实收支之间的差距，较之清前期更要严重得多。

外国人估计的甲午以后几个年份的数字也是如此。仔细分析即可知道，这几个估计虽然从表面看与甲午前的清官方报告数字有所不同，多数都更高一些，但它们其实都还是以甲午前的官方报告为基本依据的，只是在统计口径上有所不同，如一般都计算了中央财政这一块；同时在若干项目上，根据其他资料及估计时段的实际情况做了一些调整，最主要是在岁出中增加了外债及赔款支出，又庚子后的两个岁入估计均考虑了庚子赔款成立后海关税收增加的因素。而在可比口径上，外国人估计的几个年份的数字实际并不比甲午前清官方报告的数字高，后者没有统计的外销收支，它们也同样没有估计进去。正因为如此，它们才与甲午前的清官方数字一样，与清理财政后公布的数字相距甚远，完全不能衔接。

（三）晚清实际财政规模估计

既然清末清理财政之前的岁出入统计都只是不包括外销这一块的奏销数字，远不能反映其时财政的实际规模，对当时财政的实际规模进行估计，就成为一个很有意义的研究课题。

如何着手进行这项研究？我个人认为，首先研究清楚甲午前的实际财政规模是解决问题的关键。这不仅是因为甲午前十年是清末清理财政以前唯一有系统的官方正式收入统计的一段时期，而且因为这个时间段正好处在晚清财政发展中，可以上连清前期、下接清末的中间点。清前期的传统财政以太平天国起义为标志而告结束。咸、同时期，清王朝财政因战争和历史环境的变迁而发生了许多变化。光绪前期，清王朝的财政从咸、同时期的大混乱中以新的面貌重新稳定下来。无论以何种标准衡量，甲午前十年都是晚清时期国家财政状况最好、最为稳定的一段时间。甲午、特别是庚子之变打破了此前的稳定和平衡，清王朝财政重

① 根据各关监督的奏报统计，1885～1894年，海关的关用经费支出，最少的年份为203万两，最多的年份为350万两，见汤象龙：《中国近代海关税收和分配统计（1861～1910）》，中华书局，1992年版，第126～129页“全国各海关历年税收分配统计总表”。

② 关于各省局所经费大部外销而不报部，光绪十六年（1890年）直隶总督李鸿章曾有过一个说明，据称：当时直隶一省，“地方则有清讼、发审、保甲、水利、筹赈、车船、厘金、征信等局，海防则有练饷、支应、军械、机器、制造、电报、船坞、工程等局”，其经费均由地方自筹，并不动支报部正款。见中国第一历史档案馆宫中朱批奏折，财政类，光绪十六年三月二十一日直隶总督李鸿章折。此种情况，当时各省大同小异。

新陷入了混乱和深刻的危机，并最终随着清王朝的灭亡而画上了句号。更重要的是，晚清时期的一头一尾，均有相对可靠的国家岁出入统计：在开端，有道光后期十余年的各省奏销数字——尽管当时的各省报销同样不包括外销，但清前期的外销有限，奏销数字大体可以代表其时的国家财政规模。在末尾，有清末清理财政后的统计——这是一次“和盘托出”式的财政清理，虽然仍不能认为完全彻底，但清出了大部分原来不奏报的收支是可以判定的。有了这样一头一尾的数字，再弄清楚甲午前的真实出入规模，就可形成与头、尾相连的数据链条，从而为分析晚清财政的发展过程，提供方便。

如何研究甲午前的实际财政规模？可以有两种方法：一种方法是依靠文献及档案记载直接估算甲午前各省外销收支的规模，然后将估算结果与官方报告的奏销数字相加，便可得到当时的实际财政规模。然而采取这种方法有很大困难。外销收支是其时各省不奏报的收支，即便户部也只是知其存在而不得其详。现有涉及当时外销收支的史料只能反映个别省份、个别地方的部分、片断的事实，不足以据之拼凑出全国的整体情况。另一种方法是不局限于甲午前的史料，而是充分利用清末清理财政的成果，即以此次清理财政后的统计数字为研究的出发点，结合各种文献记载，将甲午后增加的收支从中剔除，从而推算出甲午前的收支规模。我个人认为，后一种研究路径更为可行，理由是：①清末清理财政的数字从总体看是比较可靠的，完全可以作为估算的初始依据。②清理财政后各省清理财政局均按度支部要求编有本省财政说明书，其中大多对所调查的收支做了较为详细的说明，有的还对一些收支的起源做了历史的追踪，依靠各省财政说明书，可以比较有根据地从清末的收支中清理出甲午后的增加部分。③清末的文献、档案相对更为丰富，有利于进行数字估算。估算出甲午前财政的实际规模后，通过比较这个结果与当时奏销数字之间的差距，自然就可以对其时外销收支的数量有一个基本的判断。

具体的推算过程极其繁复，这里不可能详细介绍。简单地说，推算是从相对比较简单的收入问题做起的。清代各省的财政支出十分杂乱，各地不一，难以一一梳理清楚。而收入则项目有限、彼此界限清楚且前后一致，特别是甲午后历次为摊派外债、赔款及筹办新政而加捐加税的史料记载比较多，通过这些记载，可以大致推断每个阶段各项税收的增加情况，从而可以比较容易地据之推断出甲午前的情况。具体的估算结果见下表：

表3　甲午前收支规模估计　　单位：万两

项目	田赋	盐茶课税	常关税	海关税	厘金	杂税	杂收入	捐输	合计
数额	3500	3000	550	2300	3000	1000	1000	266	14616

依上表的估算结果，甲午前清王朝的实际岁入已经达到1.4亿多两的水平，这个结果应该是比较合理的。由于一些收入，如田赋、厘金，均为按比较保守的估计数字计算，当时真实的岁入规模很可能比这个估算结果还要大一些。当时官方报告的奏销数字，岁入的最高值大概在9000万两左右，两相比较，未进入官方统计的外销数字在5000万两以上，占全部岁入的近40%，占奏销岁入的比例更高达62.4%，远高于清前期20%～30%的水平，反映了咸、同以来各省财政自主权的发展。

甲午前的岁出规模具体难于估算，但当时清王朝财政的整体形势尚好，《光绪会计表》反映的经常项目收支不但基本平衡，而且有一定盈余，因此我认为岁出规模应该与岁入大体相当或者略小一些。依此，估计甲午前的岁出规模大体在1.4亿两。

甲午、特别是庚子以后，清王朝财政形势恶化，巨额外债、赔款接踵而至，中央政府无计筹款，不得不将每年应付本息的大部分摊派于各省，引致各地加捐加税的无节制财政搜刮；为挽救王朝风雨飘摇的命运，又推行编练新军、兴办学堂、巡警、改革司法制度及举办官营工矿铁路等诸项新政，及至覆亡前，还进行了改革官制、筹备立宪的垂死挣扎，这一切都导致财政规模比甲午前更加迅速地膨胀。据我估计，从甲午到庚子后初期（20世纪初），清王朝的财政很可能已经达到至少接近2亿两的规模；到决意“立宪”，开始紧锣密鼓进行“筹备”的光绪末及宣统初年，就更进一步攀升到了3亿两上下的水平①；在出入平衡方面，则与甲午前正好相反，不是收大于支有所盈余，而是每每要为新增开支而百计筹款甚至不惜借债以弥补亏空的赤字财政了。

清前期的财政规模，就经常项目的收支而言，自康熙中晚期经济从明末清初的战乱中恢复以后，就一直是4000万两左右，高峰时期（乾隆中）收入曾达到大约5000万两的水平，支出则前后变化不大。道光末年，收支均在4000万两上下；即便算上外销，大约也不过5000万两左右。晚清财政从这样的规模起步，40多年以后的甲午达到1.4亿余两，接着短短十几年又迈上2亿～3亿两的台阶，变化之快与此前100多年间的相对“停滞”形成鲜明对照。这种不同，说明清前期传统财政“量入为出”的理财方针和“不加赋”的“祖宗之法”，到晚清时期，由于历史环境的变化，已经被统治者放弃，而转变成经常要为不断增加的新开支加赋加税甚至寻求新的税源的“量出为入”了。当然，这种变化对于当时的统治者来说，并不是自觉的，而更多的是为形势所迫。晚清财政发展中的诸多不协调，往往由此而生。

---

① 清末预算的3亿两，包括了官业收入和公债在内。如果不计算这两项，在可比较的口径上，清末的岁入规模约比甲午前增加68.8%，绝对数字为1亿两左右。

二、清末财政改革

最后简单介绍一下发生在清末的财政改革。清末财政改革是当时清廷推行新政、筹备立宪的一部分，是晚清财政史上的重要事件。它包括三个方面的内容：改革财务行政，加强中央集权；清理全国财政，试办财政预算；开设大清银行，建立国家公库制度。

（一）改革财务行政，加强中央集权

自从太平天国起义，随着各省财务自主权逐渐增大，原来高度中央集权的财政管理日益有名无实。尤其甲午以后，由于要分摊中央派解的外债、赔款，以及举办诸项新政，各省百计筹款，省自为政，国家财政不统一的状况更加严重。因而，当庚子后清政府宣布“变法”，在财政方面的首要步骤，就是改革财务行政，加强中央对全国财政的统一管理。

最先是在户部之外又特别设立一“财政处”。光绪二十九年（1903年）三月设财政处的上谕称：“从来立国之道，端在理财用人。方今时局艰难，财用匮乏，国与民俱受其病，自非通盘筹划，因时制宜，安望财政日有起色。著派庆亲王奕劻、瞿鸿机会同户部，认真整顿，将一切应办事宜，悉心经理。”[①] 显见设立财政处的目的，在于“通盘筹划”，整顿全国财政。当时规定：财政处与户部会奏财政事务，衔列户部之上。虽然设财政处后，清理、整顿财政在当时并未实际开展，但这个机构的设置是清末财政改革的先声。到光绪三十二年改革官制，财政处并入度支部。

光绪三十二年（1906年），上年派赴东西洋各国考察政治的五大臣回国，请行“君主立宪”，为清廷所采纳。作为预备立宪的第一步，于九月实行官制改革，户部改称度支部，其所管民政事务析出，另设民政部管理；同时，将原来独立的财政处并入。这以后，全国财政的清理、整顿事宜便归度支部统一主持。依新官制，度支部的职掌为：“综理全国财政，管理直省田赋、关税、榷课、漕仓、公债、货币、银行及会计度支一切事宜，监督本部特设总分各局、厂、学堂，并可随时派员调查各省财政。”

为加强中央财权，财务行政方面还有税务处及督办盐政处和盐政院的设立。税务处是光绪三十二年统一厘定官制以前由外务部、户部分设的一个机构，目的是加强对关税事务的管理，挽回海关主权。当时规定：各关事务除牵连交涉者仍

① 《清德宗实录》卷513，光绪二十九年三月庚辰。

归外务部核办外，凡“关系税务以及总税务司申呈册报各事宜，应径达本处核办”。还规定：“各海关所用华洋人员统归节制。”但这引起了列强抗议，认为“海关有担保外债关系，不能任意变更”。清政府不敢坚持，遂声明海关内部并不更动，即不改变外国人把持中国海关行政的局面。该年厘定官制时，原拟将税务处并入度支部，也因恐触犯洋人而未果。

督办盐政处设于宣统元年（1909 年），意在统一盐政管理。以贝子衔镇国公载泽为督办盐政大臣，“凡盐务一切事宜统归该督办大臣管理”。其产盐各省督抚兼会办盐政大臣，行盐省份督抚均系会办盐政大臣衔，以便就近考核疏销、缉私事宜。虽督办盐政处是为统一全国盐务管理权而设，但多年来各省盐务“自为风气”、“自保藩篱”形势积重难返，仍未能完全摆脱各省分治局面。至宣统三年（1911 年）八月，又改盐政处为盐政院，设盐政大臣一人统管全国盐政及盐务官员。设盐政院后，各省督抚撤去会办盐政兼差；各盐运司、盐道及督销局、盐厘局改为正监督或副监督，均为盐务专官实缺。此一改革仅实行了三个月，至十一月，又以盐政院事简，命裁撤，其事归并度支部办理。

（二）清理全国财政，试办财政预算

清理财政是清末财政改革的重要一步。各省财政积弊甚深，清廷早有彻查之意。光绪三十二年宣布预备立宪以后不久，就有御史赵炳麟奏请由度支部“制定中国预算、决算表，分遣司员往各省调查各项租税及一切行政经费，上自皇室，下至地方，钩稽综核，巨细无遗”，以期全国财政归于统一①。光绪三十四年（1908 年）八月，清廷公布了九年立宪预备逐年筹备事宜计划，以清理财政为财政筹备诸事中最先办理的事项。是年十二月，度支部先后奏定清理财政章程及清理财政办法六条，就统一事权、划分调查年份新旧案界限（光绪三十三年底以前为旧案，三十四年及宣统元年、二年为现行案，此后为新案）、调查方法等做出规定。又决定设立度支部清理财政处及各省清理财政局，“专办清理财政事宜”，具体为：清查、统计各省出入款项，调查财政利弊，并负责财政预、决算的编制及册籍造送、稽核。清理财政处由度支部选派司员分科办事。各省清理财政局除由各该省藩司、度支司任总办外，另由部派正副监理官二人负责稽查、督催。

从宣统元年（1909 年）春起，各省清理财政局先后开局，部派监理官亦陆续到省展开工作。此次清理首先调查了各省岁入、岁出款目及其数额，以前向不报部的外销款一律纳入统计，结果便产生了光绪三十四年各省岁入、岁出总数均

---

① 《光绪政要》卷 32，第 70 页。

达银 2.4 亿余两，远高出以往统计的数字（此统计未剔除各省彼此协款的重复收支数）。虽然这个调查仍未能完全反映各省收支的真实情况，但较之以往的统计，无疑要精确得多。宣统以后的收支，根据清理财政章程的规定，各省应建立月报、季报及年度预算、决算制度，这样在统计规定上比以前完善多了。

《清理财政章程》第十条规定："清理财政局应将各该省财政利如何兴、弊如何除，何项向为正款，何项向为杂款，何项向系报部，何项向未报部，将来划分税项时，何项应属国家税，何项应属地方税，分别性质，酌拟办法，编订详细说明书，送部候核。"据此，各省清理财政局在调查整理的基础上，先后编成了本省财政说明书，对岁入、岁出款目、数额及沿革利弊等项，做了颇为详尽的记述。这也是清末清理财政的一个成绩。

初步查清了各省财政家底之后，从宣统二年（1910 年）起，清政府开始试办预算。这一年，先是各省清理财政局及在京各衙门按照度支部颁定的册式，分别编成各自出入款项预算报告；接着，度支部汇核各省及各部分预算，并以之为基础编制出宣统三年岁入、岁出总预算。这个预算案，经内阁会议政务处集议，交资政院审议。年底，资政院复核修正后，议决通过，奉旨颁行，遂成为中国历史上第一个近代形式的国家预算。

宣统三年预算只是试办，在编制之前，清政府并未制定明确的财政方针。当时各省财政仍然还是各行其是，未能统一，拟议中的国家税和地方税划分也尚无头绪，在这种情况下编制的全国预算，不过是将各省及中央各衙门的分预算数字简单汇总，杂凑拼合，作形式上的统一而已。度支部的预算数，包括经常、临时两门，共计岁入库平银 29696 万余两，岁出 33865 万余两，赤字 4169 万余两；连地方行政经费则岁出共计 37635 万余两，入不抵出 7939 万余两。资政院在覆核时为求得表面上的出入平衡，于岁入增加为 30191 万余两，岁出削减为 26074 万余两，连地方行政经费岁出共计 29844 万余两，表面略有盈余，其实毫无根据，也根本行不通。这个预算实行后，因当年即发生辛亥革命，清王朝被推翻，故没有决算。

宣统三年，在上年编定第一个预算案基础上，清政府还试办了一个宣统四年预算。这个预算根据年初公布的《试办全国预算暂行章程》、《特别预算暂行简章》、《主管预算各衙门事项清单》等文件编制，在方法上较宣统三年预算有所改进，更为接近近代国家预算。此预算总计国家岁入库平银 23395 万余两，岁出库平银 21891 万余两；又岁出另有补助地方经费 1265 万余两、备额外支出预备金 600 万两。地方财政出入及划归"特别会计"的官营事业款项系另行预算，不包括在上述各数内。

（三）开设大清银行，建立国家公库制度

以新式银行代理国库亦为清末财政改革的一项内容。光绪三十年（1904年）筹办户部银行时奏定的《试办银行章程》第二十二条规定："户部出入款项，均可由本行办理。"① 光绪三十四年，户部银行改为大清银行，度支部厘定银行则例，谓"管理官款出入"为"国家银行应尽之义务"，因于新订《大清银行则例》第六条规定："大清银行得由度支部酌定，令其经理国库事务及公家一切款项，并代公家经理公债票及各种证券。"② 宣统二年（1910年）资政院会同度支部订立的《统一国库章程》又规定：国库分为总库、分库、支库三种，总库设于京师，分库设于各省，支库设于地方；凡国库，由度支大臣管理，其保管出纳则由大清银行任之；国家收支各款，均须汇总于国库。以上，均是清末试图建立由特设国家银行统一代理公库制度所做的努力。不过，因其时财政未能统一，各省仍各自为政，故虽户部银行——大清银行设立后经理了一部分官款事务，但仍远谈不上统一的公库制度。当时的各省官款仍多存于各省自办的银行或官钱局、官银号中，私人票号也继续经营着相当一部分官款的存储和汇兑业务。

清末财政改革虽然试图模仿西方资本主义国家管理财政的某些形式，但它没有、也不可能改变清王朝财政的封建主义本质；其所要达到的统一财权、挽救日益严重的财政危机的目标，也没有实现。不过，此次改革作为中国传统财政向近代财政转变的一个开局、一次初步尝试，其积极意义亦不容抹杀。

三、结语

晚清财政的总体演变方向是从中央集权走向地方分权，从全国统一走向省自为政。清前期基本不存在的地方财政，从咸丰时的各省"自练兵"、"自筹饷"开始，到光绪前期已经逐渐形成并日益巩固。甲午后巨额外债和赔款的摊派进一步扩大了各省的财政权力，清末甚至有人用"以一国而成为十八国"（梁启超）的评论来形容其时全国各省的分裂局面。晚清财政的这种变化，与当时国家政治权力结构发生的"外重内轻"变化，方向上是一致的，是后者在财政上的反映。

这里有一个问题，就是19世纪中叶以后中国从集权统一走向相当程度地各省分权自治的历史演变，对于当时中国经济和社会的近代化转型有无影响，是一种什么样的影响？中国经济近代化起步于19世纪60年代开始的洋务运动，与日本的明治维新大体同时，然而两国的命运截然不同：中国不但未能通过兴办洋

① 周葆銮：《中华银行史》，中国台湾文海出版社，1984年版，第7页。

② 周葆銮：《中华银行史》，中国台湾文海出版社，1984年版，第12页。

务、学习西方使自己发展成为独立的资本主义近代化国家，反而沿着从鸦片战争开始的半封建半殖民地的轨道越滑越远，越陷越深；而日本，则经过明治维新，学习西方，迅速脱离了传统的发展轨道，脱胎换骨，到19世纪末已经成为资本主义西方“列强”的一员。检讨中、日不同结局的历史演变轨迹，两国不同的传统经济和社会结构、各异的对待外来文明的文化传统以及两国在西方列强侵略扩张的政治、经济地图上的不同地缘位置和“份量”等，无疑都是值得加以认真分析的原因，——这些，许多比较研究近代中、日不同发展道路的文章都已经谈过了。然而，当时两国的国内政治进程是否也与此有关联呢？在日本，大家知道，其资本主义的维新改革是与“倒幕”、“王政复古”的政治集权化进程相伴随的。正是在一个强大的中央集权的体制之下，日本凝聚全国力量，统一意志，成功地通过维新改革摆脱了殖民地危机，发展起本国独立的资本主义经济并实现了国家的近代化转型。反观中国，与学习西方的洋务运动相伴的，却是国家体制从中央集权走向各省地方分权的分裂趋势。洋务运动基本不是由清王朝中央主持推动，谈不上全国统一的意志和步调，而是省自为政，由一些对西方一知半解的洋务派官僚在其地盘内按其主观意志行事并且往往与其个人利益息息相关。我个人认为，洋务运动与明治维新的这种不同，对于中、日两国学习西方的不同结局，即使不是最重要的原因，也是主要原因之一。

放开视野观察资本主义诞生以后的世界历史，无论在资本主义的原产地西欧，还是后来学习“西方”成功的所谓“后发”国家，其经济和社会的近代化转型，无一不伴随着国家政权集权化的历史过程。政治上从统一走向分裂的同时而经济和社会的近代化转型却得以实现的国家，世界历史上还从未有过。近代世界历史的这个“现实”，能否对我们思考上面的问题，提供一些启示？

以上只是我的个人观点，因为讲解晚清财政必然要涉及当时中国的政治演变和中国从传统向近代化转型的问题，所以顺便提到。我的这个看法与今天所讲的正题无关，但是愿意在结束本系列讲座时提出来供有兴趣的同学做进一步的思考。

（文章来源自《学术讲座荟萃》第41辑，2007年5月8日）

中国现代经济史研究的前沿问题

董志凯

董志凯

女，1944 年生，天津市人，研究员。中国社会科学院经济研究所研究员，中国社会科学院研究生院教授、博士生导师，中国经济史学会会长，中国社会科学院中国现代经济史研究中心主任。

主要研究领域：中国现代经济史。

1994 年被中国社会科学院评为“中青年有突出贡献专家”；同年被国务院评为享受政府特殊津贴待遇的专家。

目前我国的经济学人都很重视应用经济学，但是一般都不记得著名经济学家希克斯（J. R. Hicks）说过的一句话："经济史学是过去时期的应用经济学，后者则是当代的经济史学。"[①] 吴承明先生曾引用19世纪末批判实证主义历史哲学代表克罗齐的思想指出：史学家总是根据当代的兴趣去选择历史题材，评论历史事物。因而得出"一切历史都是当代史"的结论。现实兴趣没有进入过去以前，只有历史档案，现实生活进入档案以后，才出现真正的历史，而这也是历史的功能所在。[②] 如果说，一切历史研究均可以视作当代史的话，那么，中国现代经济史就更是一门与时俱进的学科。如果说经济理论与实际还有一定的距离的话，那么经济史，特别是本国的、现代的经济史与现实经济的实践活动、研究领域可以说紧密地联系在一起。

下面概括介绍近年来中国现代经济史在宏观经济方面研究的情况，我将它们概括为十五个方面，以1978年为界，分为两大部分来讲。第一部分六个方面，第二部分九个方面。最后谈谈中国现代经济史的学科建设问题。

第一部分 1949~1978年

一、关于新民主主义经济

中华人民共和国建立以后，实行过几种经济体制？人们比较熟悉的说法是两种，实际是三种。

---

① 希克斯（J. R. Hicks）：《社会框架——经济学导论》，牛津克拉仑敦出版社。

② 吴承明：《经济史：历史观与方法论》，《中国经济史研究》2001年第3期。

1. 关于新民主主义经济体制的基本特征及性质

大量著作认为：新民主主义经济是一种国营经济领导下的多种经济成分并存的经济体制，通过计划指导和市场机制来规范国民经济的运行。它和第二次世界大战后许多国家通行的混合经济颇为相似，最大的不同在于：社会主义国营经济是通过驱逐帝国主义势力及没收官僚资本而控制了国家经济命脉，是在中国共产党的领导下运行的。①

近年来，对于新民主主义经济体制有新的概括。如将新民主主义的经济体制概括为“本质上是新民主主义国家管理下的新型市场经济”，总体格局为“新型市场经济＋新型民主政治＋新型科学文化”三者的统一。在体制建构与经济发展上，有新颖独特的五大创造：①建构保持五种经济成分共存的多层次经济结构，以适应生产力发展极不平衡而总体上又相当落后的基本国情。②新民主主义国家宏观调控下的市场体系，从微观机制角度看，市场是经济联系的主要中介、资源配置的基础环节；从宏观调控角度看，国民经济总体又有一定计划性。③照顾四面八方的经济政策，公私兼顾、劳资两利、城乡互助、内外交流，以使调节内部矛盾，防止两极分化，走向共同富裕。④灵活多样的国家资本主义形式，以便对私人资本主义建立“发展——利用——限制——改造”四个方面协调一致的经济机制。⑤自主自愿、循序渐进的农业互助合作，以便充分发挥广大农民发展个体经济与集体经济这两种积极性。②

中国社会科学院经济研究所的《中华人民共和国经济史》第1卷全面具体阐述了新民主主义经济体制与运行特色。新民主主义经济从国情出发，在劳资、社会主义与资本主义经济对立的既定认识基础上，补充了其在一定条件下可能并存、兼顾、统一的思想，并提出了切实可行的政策。新民主主义经济使政策选择有了趋利避害的较大空间，为中国特色的社会主义做了探索，为社会主义在中国的长期发展打开了突破口。③

此外，也有一大批文章研究了新民主主义经济运行的特点。如卫兴华在《“过渡时期”多种经济成分并存中的市场与政府》一文中研究了新民主主义时期市场与政府的关系，认为这一时期市场机制对私营资本主义工商业、城乡个体小商品经济起了重要的调节作用，但受到政府有力的干预，私营经济在市场与政府

---

① 周太和主编：《当代中国的经济体制改革》，中国社会科学出版社，1984年版；朱镕基主编：《当代中国的经济管理》，中国社会科学出版社，1985年版；董志凯主编：《1949～1952年中国经济分析》，中国社会科学出版社，1996年版。

② 王东：《马克思主义中国化的伟大五十年》，《工人日报》1999年9月29日。

③ 吴承明、董志凯主编：《中华人民共和国经济史》第1卷，中国财政经济出版社，2001年版。

双重功能中实现资源配置。①

2. 对新民主主义经济体制的历史评价

改革开放以来，越来越多的学者将新民主主义经济体制与社会主义初级阶段联系起来，提出："新民主主义经济实际上就是社会主义经济的一种现实形态，不应继续把它当成不能确立和巩固的暂时的过渡形态"，应该理直气壮地认为：新民主主义经济就是社会主义的初级阶段，"新民主主义就是初级社会主义"。② 我们认为，如果仅就经济成分考察，上述看法有一定道理。如果将生产力与生产关系联系起来全面考察，在我国全面实施新民主主义经济体制的国民经济恢复时期，一是生产力水平十分落后，二是反封建的土地改革尚在进行，三是社会主义公有制经济成分尚未由主导地位演变为主体地位。因此，新中国成立初期的新民主主义经济体制应看作"初级社会主义的雏形"。③ 胡绳提出，新民主主义理论有两个方面是马克思主义原有的书本上没有，又的确符合马克思主义原理的内容，一个是农民问题，一个是资本主义问题。"这个理论……有助于我们考虑建国以后的一些问题，以至今天我们研究社会主义初级阶段理论和实行改革开放政策时，也还可以从中得到某些启发。"④

3. 新民主主义经济形态为何转变为单一的计划经济

对于新民主主义经济体制为何过早结束，学术界的看法颇多，角度不一。比较典型的看法是：由于新民主主义理论在关于"过渡问题"上有缺陷，因此它不仅从理论上看尚不是一种完整的社会形态理论，而且在实践中也难以摆脱苏联的社会主义模式。⑤ 近年的研究对此做了进一步深入的分析。提出 1952 年后党的方针转变的原因在于三个方面：以多种经济成分并存和"四面八方"政策为基础的新民主主义经济体制与优先快速发展重工业的发展战略有些不相适应；苏联不容忍我国长期保持这种不符合传统社会主义理论和苏联模式的社会制度；当时很难突破苏联的社会主义模式。⑥ 市场化进程的中断，切断了中国工业化、现代化和市场化之间的联系，割裂了计划与市场的联系，为"三大改造"急速推进创造

① 卫兴华：《"过渡时期"多种经济成分并存中的市场与政府》，《经济经纬》1998 年第 3 期。

② 周为民：《重新认识新民主主义经济》，《求是》1989 年第 1 期；王占阳：《毛泽东的建国方略与当代中国的改革开放》，吉林人民出版社，1993 年版，第 513 页。

③ 董志凯主编：《1949～1952 年中国经济分析》，中国社会科学出版社，1996 年版，第 17 页。

④ 胡绳：《毛泽东的新民主主义论再评价》，《中国社会科学》1999 年第 3 期。

⑤ 石仲泉：《毛泽东的艰辛开拓》，中共党史出版社，1992 年版，第 135 页。

⑥ 武力主编：《中华人民共和国经济史》上卷，中国经济出版社，1999 年版，第 211 页。

了条件。市场化进程中断也是中国新民主主义经济形态过早结束的深层原因。[①]

其体制的内在矛盾推动着新民主主义加速过渡到社会主义和计划经济。[②] 1950年初，围绕东北富农的争论焦点是能否允许富农经济发展，其实质则是何时开始社会主义步骤。[③] 无论是关于东北富农问题的争论，还是围绕山西省委关于发展农业生产合作社的分歧以及对新税制的批评，毛泽东的一个基本观点是，在新中国成立后，应当触动私有财产，逐步由新民主主义向社会主义过渡。[④] 还有一个更重要的原因是执政能力。新民主主义的八字方针反映了复杂的社会关系。公私兼顾、劳资两利在战争环境与和平环境下处理起来有诸多的不同，需要高超的执政艺术和有效的社会管理能力，而这正是当时多数干部所缺乏的。

二、关于1953～1957年的向社会主义过渡

1. 关于过渡时期总路线

新民主主义革命胜利以后，中国怎样过渡到社会主义？党中央和毛泽东大体的想法是在民主革命胜利后先搞一段新民主主义，大约三个五年计划左右，然后再向社会主义过渡，然而到1952年9月便被"立即过渡"的思想所取代。原因何在？《中国共产党的七十年》指出主要有四个原因，即已经有了相对强大和迅速发展的社会主义国营经济；积累了利用和限制私营工商业的许多经验；积累了在农村中开展互助合作的许多经验；国际环境的重要影响。[⑤] 就毛泽东的思想研究，认为和列宁一样，都是从政治上考虑问题，以"我们的力量"和"力量对比"为尺度来决定政策。新民主主义论，具有政纲与政策两重的性质。[⑥] 即毛泽东提出新民主主义论包含策略的思想，建国以后力量对比变化了，关于新民主主义社会的设想也就相应变化。还有三个原因的看法：一是没有充分认识在中国这样一个半殖民地半封建社会、经济文化都十分落后的国家，需要一个新民主主义社会的充分发展，才能建立社会主义社会，即没有把新民主主义社会作为一个独

---

① 赵凌云：《1949～1956年间中国经济市场化中断过程的历史考察》，《教学与研究》1998年第4期；戴光前：《试析过渡时期总路线》，《当代中国史研究》1998年第2期。

② 薛汉伟、王文章：《新民主主义加速过渡到社会主义的经济学解释》，《教学与研究》2004年第7期；朱佳木：《由新民主主义向社会主义的提前过渡与优先发展重工业的战略抉择》，《当代中国史研究》2004年第5期。

③ 罗平汉：《1950年关于东北富农问题的争论》，《党史研究资料》2004年第1期；张明远：《建国初期东北经济工作的几个问题》，《百年潮》2004年第1期。

④ 戴茂林、赵晓光：《试析"高饶事件"发生的原因》，（福州）《党史研究与教学》2003年第6期。

⑤ 胡绳主编：《中国共产党的七十年》，中共党史出版社，1991年版。

⑥ 王也扬：《历史地看待毛泽东的新民主主义论及其变化》，《中共党史研究》2001年第3期。

立的社会形态。二是工业化的需要。国民经济恢复以后，党和国家决定实行第一个五年计划，努力实现工业化。要实现工业化，就要集中全国的人力、物力、财力，而要做到这一点，就要进行社会主义改造。这是决定提前进行社会主义改造的经济动因。三是"五反"运动的影响。毛泽东原来还一直强调，私人资本主义是有利于国计民生的，应该允许和提倡它的发展。可是后来"五反"运动揭露出资本家那么多罪恶，使人感到资本主义没有什么好处。这也是导致认识改变的一个重要原因。①

2. 关于"三大改造"

"三大改造"的依据是"党在过渡时期的总路线"，因此，对过渡时期总路线的评价与对"三大改造"的评价直接有关。对于这条总路线有三种评价：一是龚育之提出的"既是水到渠成，又是重要发展"；② 二是薛暮桥提出的"基本方向正确，但搞早了或搞急了"；③ 三是林蕴晖提出的"战略思想的重大变更"，认为它离开了我国国情，离开了以发展生产力为中心。④ 对于"三大改造"本身的具体评价，大致有以下几种观点：第一种观点是《中国共产党的七十年》的评价：从方向和路线上来看，对个体农业、手工业和资本主义工商业的社会主义改造毕竟是符合客观需要的，完成这些改造是一件有伟大历史意义的事情；同时指出"三大改造"存在着"四过"，即"要求过急、改变过快、工作过粗、形式过于单一"。⑤ 第二种观点以薛暮桥的《从新民主主义到社会主义初级阶段》一文为代表，刘国光、林蕴晖等人评价为：20 世纪 50 年代党提出在工业化的同时逐步开展对个体农业、手工业和资本主义工商业的社会主义改造是正确的，但是这应是一个相当长的历史过程，1955 年掀起的以消灭生产资料私有制为目标的社会主义改造高潮，建立单一公有制和计划经济体制，则不符合当时中国国情，不利于生产力的发展。⑥ 第三种观点是"三大改造"从根本上讲是搞错了，在当时

① 郭德宏在中国现代史学会 2001 年会上的发言。

② 龚育之：《新民主主义、过渡时期、社会主义初级阶段》，《中共党史研究》1989 年第 1 期。

③ 薛暮桥对这一问题的见解为："在认识上当然是一种深化，也反映了历史的必然，但在实际过程中一再加快前进，导致一些消极的影响，这是一个历史的教训。"见《薛暮桥回忆录》，天津人民出版社，1996 年版，第 216 页。

④ 林蕴晖：《谈谈土地改革后的主要矛盾和过渡时期总路线》，《中共党史研究》1989 年第 2 期。

⑤ 胡绳主编：《中国共产党的七十年》，中共党史出版社，1991 年版。

⑥ 薛暮桥：《从新民主主义到社会主义初级阶段》，《求是》1989 年第 1 期；林蕴晖：《谈谈土地改革后的主要矛盾和过渡时期总路线》，《中共党史研究》1989 年第 2 期。《薛暮桥回忆录》的新看法为：国民经济的社会主义改造适合两方面内容：确立社会主义国营经济的领导地位和在生产资料所有制方面对农业、手工业和资本主义工商业实行社会主义改造。这一过程从 1949 ~ 1956 年，只用了七八年时间。主要失误可以概括为两句话：搞得太快了，搞得过头了。

生产力水平条件下，不应该消灭个体经济和私人资本主义经济。还有的文章谈到，由于总体上忽略了个体经济与资本主义经济改造的本质差异，从而缩小了社会主义改造，尤其是小生产改造的内涵，从而导致了对工业化主体地位的否定。①

除了全面否定的认识以外，都涉及对“三大改造”两重性的认识。随着中国现代经济史研究的深入，一些论文和专著对于农业合作化的背景以及合作化的不同阶段做了具体分析，对于不同行业特点的手工业改造予以了不同的评价，对于资本主义工商业改造的对象、改造的方式与阶段也开始做具体的分析与评价，并且正力求通过微观的实证分析使论证有充分的说服力。② 就“一五”期间的客观经济状况而言，优先发展重工业的工业化战略，决定了建立以高度集中的行政手段管理为主的计划经济体制的需求，这种体制又决定了“三大改造”的必要性及其可能性；同时，“三大改造”的提出与工业化还存在相悖的一面，即脱离生产力水平的改造速度和改造目标。“三大改造”正负两方面的作用在不同年度作用的程度不同。在“一五”期间特别是前四年，积极因素是主要的；1957 年以后，消极因素逐渐占据主要方面，并且这种消极作用随着时间的推移越来越突出。③

对于“三大改造”，研究的热点集中在农业方面。关于 1953 年以后的农业合作化运动及其高潮的评价，一部分论文和专著强调：土改后中国农村耕地少、生产资料严重缺乏，农村中出现两极分化；为发展生产，克服两极分化，巩固工农联盟，促进资本主义工商业的改造，推动中国实现工业化，农村进行社会主义改造是必要的、可能的、正确的。一些文章则认为合作化运动后期违背了自愿互利原则，更多地是靠政治手段进行的，这种单一形式的集体所有制不利于农业生产的发展。一些文章与著作从现在建立社会主义市场经济认识的高度总结“三大改造”的经验教训，指出“三大改造”高潮以后随着单一公有制生产关系的形成，过多地抑制市场机制的作用，对经济发展造成不利影响。④ 还有的学者从政治、思想史的角度对农业的社会主义改造进行了分析。⑤

---

① 路江：《重新认识三大改造》，《经济学周报》1988 年 6 月 24 日；张传贤：《对基本完成社会主义改造历史时期的再认识》，《江西师范大学学报（哲学社会科学版）》1989 年第 1 期；李亚东：《对资本主义工商业改造的评价》，《资料月刊》1990 年第 5 期；祁广森：《“一五”时期党对社会主义工业化问题的探索》，《长白学刊》1993 年第 2 期。

② 陈廷煊：《农业合作化历史回顾》，《当代中国史研究》1995 年第 4 期；高峻：《毛泽东与邓子恢关于农业合作化思想的分歧及其原因探析》，《中国社会经济史研究》1995 年第 3 期；武力：《农业合作化过程中合作化经济剖析》，《中国经济史研究》1992 年第 4 期等。

③ 董志凯：《三大改造对我国工业化初创阶段的两重作用》，《中共党史研究》1989 年第 1 期。

④ 郭书田：《中国农业合作化运动的历史回顾及其经验教训》，《当代农史研究》1996 年第 1 期。

⑤ 徐国普：《建国初期农村权力结构的特征及其影响》，（南昌）《求实》2001 年第 5 期；苑鹏：《中国农村市场化进程中的农民合作组织研究》，《中国社会科学》2001 年第 6 期。

3. 关于计划经济体制

新中国成立50年来所有制结构的变迁，经历了一个由多元到一元又到多元的否定之否定过程。[①] 新中国成立初期面临的国际环境和经济发展水平是决定我国传统计划经济体制形成的主要因素。在资本极度匮乏和生产要素不足的国情制约下，通过建立高度集中的计划经济体制以集中全国有限的人才、资金和投资品进行重点建设，是一个合乎历史逻辑的选择；社会主义实行计划经济的理论要求和当时苏联社会主义建设的成功经验，也成为缺乏经济管理经验的中国向苏联学习逐步形成计划经济体制的理论来源和现实途径。所以说，中国在20世纪50年代之所以选择计划经济体制，除主观认识因素外，当时的工业化压力、资源短缺和政府动员能力强也是重要因素。[②] 1953年，中央制定实施具有统制经济特点的统购统销政策，是为了缓解粮食供求紧张，而不仅仅是为工业发展积累超额资金。这项制度对保持物价稳定取得了极大成功。后经毛泽东理论提升，统购统销政策成为社会主义经济的重要分支。[③] 中国城镇就业政策相应经历了"统一登记、有计划有步骤地分别处理"、"政府介绍和自谋职业相结合"和"国家统包统配"三个阶段，最终形成国家统一安排城镇就业的模式，并带来一系列正负两面效应。[④]

新中国成立初期到中共十一届三中全会以前，中国的宏观经济从总的时间序列上看，可划分为第一个五年计划时期、第二个五年计划时期、调整时期和"文化大革命"时期四个阶段，每个阶段有各自的特点。这个历史时期的经济发展战略是以优先发展重工业为主导，强调发展速度；战略推行的结果虽然成功地建立了一个比较完整的国民经济体系，但在产业结构、积累和消费的关系、增长方式、增长的波动性方面存在不少问题。与此相适应建立起来的计划经济体制对于集中力量搞建设是起了作用的，但从效率上讲是不足的。计划经济发挥了集中全国力量办工业的作用，在极端困难的条件下，初步建立了国民经济的工业体系，在历史上曾发挥了巨大的作用。但存在六个特点或者说问题：4/5的"五年计划"未曾面世；决策科学化难度很大；实施形式过于单一；微观管得过死与宏观计划多变；以"条"、"块"为特征的整体与局部分割；重视基本建设轻视技术改造和设备更新等。[⑤]

---

① 刘国光、董志凯：《新中国50年所有制结构的变迁》，《当代中国史研究》1999年第5~6期。

② 陈甬军：《中国为什么在50年代选择了计划经济体制》，《中国经济史研究》2004年第3期。

③ 刘洋：《统购统销——新中国成立初期统制经济思想的体现》，《中共党史研究》2004年第6期。

④ 梁胜宇：《"一五"时期中国城镇就业政策研究》，《中共党史研究》2005年第1期。

⑤ 董志凯：《我国计划经济时期计划管理的若干问题》，《当代中国史研究》2003年第5期。

三、关于“大跃进”、人民公社运动和经济调整

1. 关于“大跃进”

“大跃进”以探索中国自己的经济建设道路为发端，却造成了新中国成立以来最大的经济波动和最深重的损失。原因何在？近年来一些学者从新的视角提出了一些新的见解。

从体制方面的研究认为，“大跃进”时期体制的变化反映在中央与地方关系的变化、国家与农民关系的调整以及干部激励机制的改变三个方面，导致体制变革的失误与“大跃进”的关系，说明没有经济体制变动为“大跃进”提供基础与支撑，这场狂热的运动很难兴起与持久。① “大跃进”于困难时期出现的原因是非常复杂的，经济体制问题是重要的因素之一，粮食统购统销制度、农业合作化与工商业的社会主义改造、城乡分割体制等经济体制问题都对“大跃进”于困难时期的出现有重大影响。②

“大跃进”发动的现实原因在于：毛泽东发动“大跃进”运动，是基于“走自己的路”的要求，即探索出一条既可以集中资金优先发展重工业，同时又能够维护农民的利益，在较少资金投入的条件下促进农业生产的中国式建设道路；历史原因在于：“大跃进”是大生产运动的再现，毛泽东希望通过发扬革命传统，以人民群众精神力量的发挥来弥补当时资金、物资的匮乏。③

从群众特殊社会心理的角度分析“大跃进”的成因：“大跃进”时期存在几种主要群众社会心理，其中急于求成心理最为普遍而典型。此外还有攀比竞赛心理、“左”比右好的保险心理、妄自尊大的心理、盲目崇拜心理，等等。“大跃进”时期群众特殊社会心理的形成原因主要取决于群体自身的主观因素和非自身的客观因素两个方面所起的作用。④

还有从社会主义阵营的赶超浪潮与中国“大跃进”的关系，指出社会主义阵营的超速浪潮推动了中国“大跃进”的发生。⑤ 也有的文章不同意20世纪50年代出现的赶超思想与“大跃进”运动存在因果关系。所谓赶超时间的缩短使

---

① 高伯文：《从“大跃进”看经济体制变动的负效应》，《中国经济史研究》1999年第1期。

② 李若建：《经济体制因素对“大跃进”与困难时期的影响》，（广州）《开放时代》2001年第8期。

③ 朱地：《也论“大跃进”的缘起——评〈剑桥中华人民共和国史〉的有关论述》，《中共党史研究》2001年第1期。

④ 王光银：《“大跃进”时期群众特殊社会心理探析》，（武汉）《社会主义研究》2001年第1期。

⑤ 刘建国：《社会主义阵营的赶超浪潮与中国大跃进运动的发生》，《江汉论坛》2000年第4期。

得“大跃进”运动不断升级的“双重互动关系”的说法不符合历史。[①]

“大跃进”模式之中还是有其合理内核的。“大跃进”模式的精髓在于群众运动。群众运动的方式不适宜建设工作，“大跃进”运动的结果证明了这一点。可是，将群众运动与经济发展相联系，意味着中国领导人强调中国经济发展的“内源性”，即发展是建立在中国自己内部现有的因素与结构之上的。换言之，是最大限度地调动本国内部资源的发展，是要摆脱对苏联的依附。毛泽东设想的经济发展模式认为：最终决定中国经济—社会发展速度的不是中国的资金和物质资源，而是中国的人力资源。无论对“大跃进”式的人力资源发展政策如何评价，“大跃进”式的发展模式从单纯重视货币资本的意识转化为重视人力资本的意识，强调最大限度地调动本国内部资源的发展，还是有其理论价值的。[②]

袁宝华在《对国民经济的艰苦调整》的回忆文章中指出：中央发动“大跃进”运动，原是想打破常规，加快社会主义建设的步伐，尽快改变我国的落后面貌，但事与愿违，由于基础建设投资过大，职工人数增长过多，又加上连续3年较严重的自然灾害，使我国的经济建设困难越来越大。[③]

大跃进中把人的主观能动性无限夸大，结果事与愿违。在国民心理素质不高、商品经济严重受阻、制度存在严重弊端的情况下，任何一个人都会犯类似的错误。[④]

2. 关于人民公社

农村人民公社在20年的生存中，影响了整个中国的经济和近10亿农民的生活，大多数中国人对此仍记忆犹新。不少研究人民公社体制的文章与探讨“大跃进”的起源及评价相联系，对人民公社体制的研究又多聚集于分配制度、家庭副业生产、公共福利制度等方面，内容非常丰富。仅介绍比较典型的几例。

人民公社制度有三个积极作用：实现了“工占农利”的制度保障；有助于农业生产条件的改善与经济增长；保障了农村社会的稳定。人民公社的缺陷是“没有发展的增长”。制度缺失在于：以户籍、粮食垄断为核心的城乡隔绝政策、高度集中下的分配管理体制缺乏激励机制。[⑤] 但是也有不同认识：认为没有理由

---

① 齐卫平、王军：《再论赶超思想与大跃进运动的关系——兼与吴海红商榷》，《党史教学与研究》2002年第6期。

② 张涛：《“大跃进”运动的发展模式特征及其评价》，《安徽史学》1999年第1期。

③ 袁宝华：《对国民经济的艰苦调整》，《当代中国史研究》2002年第1期。

④ 张国星：《毛泽东发动“大跃进”的经济理论依据》，《党史研究资料》2004年第2期；曹学恩：《大跃进失误》，《陕西师范大学学报》2003年第6期。

⑤ 辛逸：《论人民公社的历史地位》，《当代中国史研究》2001年第3期。

相信中国工业化除人民公社制度外无其他方式可供选择。[①]

林毅夫认为：保持团队成员的自由退出是中国农业合作化维持有效均衡的一个必要条件，一旦这个条件丧失，便会使农村合作团队陷入低效均衡，而这正是中国农业1959～1961年危机产生的主要原因。他根据统计结果显示的相关系数，提出1959～1961年中国饥荒成因，认为人均食物供应量下降10%会导致死亡率上升4.17%，在各省死亡率的变差中，有69.5%是由“食物供应的城市偏向”造成的，有30.5%可由“食物供应量减少”来解释。[②] 尹钛等对此提出质疑，大多数农民一开始就不是自愿加入合作社的，因此林毅夫以“退出权”的存在解释1952～1957年的农业成就值得怀疑。1958年以后中国农业的危机和长期低效当然应该从合作制度去寻找原因。但国家剥夺农民的“退出权”恰恰是合作社成立和存在的必不可少的条件。[③] 如果撇开意识形态和非理性预期等非经济因素，要对中国农业合作化这一制度变迁进行解释是不可能的。

人民公社工资制与供给制相结合的分配制度持续四年之久的原因在于实行粮食供给制、破除家长制的“私有制的最后堡垒”、力图坚持“共产主义因素”。[④]《农业六十条》受到高度评价，其中取消供给制与公共食堂、生产队为基本核算单位30年不变的规定最受社员欢迎，《农业六十条》对避免“文化大革命”对农业更大的冲击起了决定性作用。[⑤]

3. 关于“天灾”、“人祸”关系的历史考察

应当实事求是地对自然灾害和决策错误之间的关系给予结合说明。不承认决策错误，完全归结为“天灾”的说法，及否认有“三年自然灾害”，只说明“人祸”因素，甚至直接说“大跃进”饿死若干万人的说法，都是不全面的。[⑥] 作者通过计量分析，印证了“三分天灾，七分人祸”的提法。分析“大跃进”与困难时期粮食产量、消费与流通，说明饥荒虽然与短缺有关，但更重要的是粮食的使用与分配。一些浮夸严重的地区正好是后来人口损失惨痛的地区。大量出口粮食，拒绝国际红十字会的救援起了雪上加霜的作用。[⑦]

---

① 刘洪波：《试论大公社所有制的变迁与特征》，《史学月刊》2002年第3期。

② 林毅夫：《再论制度、技术与中国农业发展》，北京大学出版社，2000年版；平新乔：《以原创性的研究追求原创性的发现》，《经济研究》2001年第6期。

③ 尹钛：《合作组织的效率：1952～1957年中国农业合作化运动的评价》，《宁波党校学报》2002年第4期。

④ 罗平汉：《人民公社供给制探析》，《当代中国史研究》2000年第3期。

⑤ 罗平汉：《农业六十条探析》，《广西师范大学学报》2001年第1期。

⑥ 陈东林：《“三年自然灾害”与“大跃进”——“天灾”、“人祸”关系的计量历史考察》，《中共党史资料》第77辑，中共党史出版社，2001年版。

⑦ 李若建：《大跃进与困难时期中国粮食产量、消费与流通》，《中山大学学报》2002年第6期。

关于“大跃进”引起的人口变动，美国人口学家科尔教授在1984年出版了《从1952年到1982年中国人口的急剧变化》一书，其中估算我国1958～1963年超线性死亡（非正常死亡）人口约为2700万人（2680万人）。西安交通大学人口研究所所长蒋正华教授在1986年撰写的《中国人口动态估计的方法与结果》专论和有关著作中，估算1958～1963年我国非正常死亡人口约为1700万人（1697万人）。李成瑞对以上两位学者的研究结果做了较为详细的介绍和比较研究，认为所依据的资料具有高度的可靠性，两人所采用的方法也各有其科学依据，但蒋正华所采用的以历年生命表为中心，通过参数估计模型进行细致计算的方法，科学性更高一些。①

4. 关于经济调整

20世纪60年代的国民经济调整使我国经济摆脱了灾难，取得了较好的效益。60年代前期“大兴调查研究之风”和“国民经济调整”同属探索时期中国共产党在遭遇挫折之后，郑重地自省并自纠其缺点错误而采取的重大举措，使全党重新恢复了实事求是的理性传统。其间关于压缩基本建设规模，集中力量建设重点项目，注重设备配套、资源利用；调整经济体制，上收下放给地方的权限，增加农民经营的自主权；制定工业70条，加强企业管理；从西方引进技术和项目等措施值得总结和汲取经验。同时开展的社会主义教育运动，是中共八届十中全会关于阶级斗争的理论在一定范围的实践，是党在探索建设社会主义道路过程中的一次波折。在一定程度上分散了全党搞经济建设的注意力。②

四、关于“文化大革命”时期的经济

对于“文化大革命”时期的研究集中反映的是其对经济的破坏等问题。

“文化大革命”给中国经济带来了巨大的损失，但是如何评价也还有不同认识。一种说法是：经过十年“文化大革命”，“从总体上看，整个国民经济已濒临崩溃的边缘”。《剑桥中华人民共和国史》甚至直接用“经济的崩溃”作为标题来述说中国“文化大革命”时期的经济状况。另一种说法是：整个十年中经济是有所发展的，尽管是缓慢的；“濒临崩溃的边缘”的状况只是指动乱最严重的一两年。如薄一波指出：就1967年“混乱的情况来看，说‘文化大革命’把国民经济推向崩溃的边缘，并不过分”；“应当提出的是，综观1966～1970年这

---

① 李成瑞：《“大跃进”引起的人口变动》，《中共党史研究》1997年第2期。

② 《20世纪60年代前期的“大兴调查研究之风”与国民经济调整》，《当代中国史研究》2002年第6期；《“社教”运动再析》，《当代中国史研究》2002年第3期。

五年乃至1966～1975年这十年的情况，经济还是有所发展的”。[①] 陈东林认为，如果说我们现在一般还不用“经济崩溃”来评价“大跃进”造成的经济状况的话，那么评价“文化大革命”时期的经济，用“整个国民经济濒临崩溃的边缘”也是不太准确的，而认为有所发展，则比较符合事实。[②]

“文化大革命”对中国经济的直接损害包括对物质资本和人力资本的破坏两个方面。有研究推算了“文化大革命”通过缩短学制、停办大学等造成的人力资本存量变化，及其对后来人力资本积累的影响。其估算，“文化大革命”使可能的受教育年限减少了14.3%。人力资本积累方面产生的影响更为深远。[③]

还有文章谈及“文化大革命”期间的成就：对1970年国务院召开的北方地区农业会议给予了高度的评价。[④] 20世纪70年代，中美关系大门重新打开，西方发达国家纷纷同中国建交，为大规模引进成套设备和技术，提供了前所未有的条件和机遇，开始了大规模引进西方先进成套设备和技术。[⑤] 1975年邓小平领导的经济整顿是推进党的工作重心转移的一次尝试，是中国改革开放的历史“先声”。[⑥]

五、关于区域经济与“三线”建设

陈东林的专著《“三线”建设——备战时期的西部开发》（中央党校出版社，2003）通过对比古今中外，将“三线”建设放在历史的长河中评价认为：“三线”建设使我国建立了比较巩固的西部战略后方，初步改变了中国东西部经济发展差距过大的状况，成绩是主要的；同时，在决策、布局、效益、实施等方面也出现了不容忽视的失误和偏差。袁宝华回顾了“文化大革命”期间“三线”建设的物资保障：1964～1974年，在将近10年的时间内，国家把全国计划内50%的投资和40%的设计与施工力量，都投入到“三线”建设，付出了很大代价。对“三线”建设的评价很不一致。但是在广大干部、职工的艰苦奋战中，保证了几百个大中型骨干项目和数目众多的小型配套工业项目的建设，从而使“三

① 薄一波：《若干重大决策与事件的回顾》（下），中共中央党校出版社，1993年版，第1213页。

② 陈东林：《研究“文化大革命”时期国民经济的几点思考》，《中国经济史研究》1997年第4期；《真理的追求》1999年第5期。

③ 蔡昉、都阳：《“文化大革命”对物质资本和人力资本的破坏》，《经济学》（季刊）2003年第2卷第4期。

④ 郑谦：《1970年北方地区农业会议述略》，《中共党史资料》第83辑，中共党史出版社，2002年版；《1970年前后国内形势的几个特点——以1970年北方地区农业会议为例》，《中共党史研究》2002年第5期。

⑤ 程振声：《李先念与七十年代初的大规模技术设备引进》，《中共党史研究》2004年第1期。

⑥ 房维中：《我所知道的〈工业二十条〉起草始末》，《中共党史研究资料》2004年第3期；赵凌云、张建勤：《1975年经济整顿在党的经济工作史上的历史地位》，《党史研究与教学》2004年第5期。

线”企业的许多工业产品的生产数量达到全国产量的1/3左右，使许多偏僻落后的地区迅速发展和繁荣起来，改变了我国工业的地区配置和地方经济面貌。它在当时对我国经济发展和国防事业所起的推动作用，是应该予以肯定的。①

从新中国成立到1978年，中国政府地区经济发展和区域经济布局的基本方针是，利用计划经济体制集中调动资源的能力，重点投资和开发建设内陆地区。人们把这种区域发展战略概括为平衡发展战略。但是，经过20世纪50年代到70年代的建设，沿海地区与内地经济发展的差距不但没有缩小，反而呈继续扩大趋势。其中的经验教训需要认真加以总结。其中最根本的问题是，中央政府集中调动资源建设的以重工业为重点的一批大型重工业项目，没有很好地发挥培育内陆地区经济增长机制和发展功能，因而内陆地区投资效益和经济运行效益低下。②

六、关于工业化与城市化

1. 关于工业化战略

这是一个争论很激烈而且短期不会形成一致看法，并对现实发生影响的大问题。

刘国光所著《中国经济发展战略问题研究》是改革开放以来对中国经济发展战略的历史探索较早的著作。其着重从产业结构的角度对工业化道路问题做了历史分析，进而认为：1953年党在过渡时期总路线中“把优先发展重工业以奠定国家社会主义工业化初步基础作为经济发展的主要战略目标，这是符合当时我国实际情况的，执行的结果也是好的”。“正确处理农轻重关系以实现工业化的道路，就是在优先发展重工业的同时，多发展一些农业和轻工业”。但是在实践上却没有这样做。③ 新中国的战略就是一个强速发展战略：一是要强速；二是要重工业，特点就是突出要快。这样一个经济发展战略的形成，有它的客观背景：一是近百年来落后挨打的教训；二是帝国主义的封锁、包围；三是苏联的榜样。这个经济发展战略，应该说是有成效的，经济发展速度相对来说比较快，我国确实建立了独立、相对完整的工业体系和国民经济体系。这是这个战略比较成功的地方。与此同时，强速发展战略也带来一些具体的问题：一是产业结构，农业、轻工业被挤掉；二是积累与消费的关系，高积累，低消费；三是增长方式是粗放

① 袁宝华：《“文化大革命”期间“三线”建设的物资保障》，《当代中国史研究》2003年第4期。

② 《建国以来区域经济发展的历史与经验研讨会综述》，《经济学动态》2000年第7期；怀国模主编：《中国军转民实录》，国防工业出版社，2006年版。

③ 刘国光：《中国经济发展战略问题研究》，上海人民出版社，1984年版，第143页。

的、外延的；四是总需求大于总供给，就是卖方市场。这四个问题，总的是要快，具体的是产业结构的问题、消费与积累的关系问题、增长方式的问题，以及平衡与不平衡，也就是卖方市场与买方市场的问题。①

林毅夫所著《中国的奇迹——发展战略与经济改革》对“重工业优先发展战略”提出了否定的看法，认为：一经选择了以优先发展重工业作为经济发展战略目标，扭曲的宏观政策环境、高度集中的资源计划配置制度和没有自主权的微观经营机制便相继形成，……与重工业优先发展战略相适应的这种三位一体的经济体制，造成产业结构扭曲和劳动激励不足，表现出抑制经济发展和阻碍人民生活水平改善的效果。因此，要将“赶超战略”转变为“比较利益战略”。② 2004～2005 年进行的关于新型工业化要不要以发展重化工业为主的讨论中，林毅夫等又多次批评“赶超战略”。

朱佳木认为：总体上看，正是优先发展重工业的战略抉择和向社会主义的提前过渡，使中国抓住了历史机遇，加快了工业化的进程。③ 20 世纪 50 年代中国加速推进农业社会主义改造是工业化发展战略的逻辑结果。

2. 工业化、城市化与现代化

随着工业化阶段的推进与改革的进程，关于我国工业化、城市化与现代化的认识有了深入。

我国工业化进程的特殊性有三点：第一，我国是在人均收入水平很低的条件下迅速推进工业化的；第二，我国是在市场化落后的条件下迅速推进工业化的；第三，我国的工业化在计划经济时期打下基础并留下了滞后影响。我国工业化进程的特殊性，给判断目前我国工业化所处的阶段带来了困难。我国的人均 GDP 美元数所反映的工业化阶段，大概只处于钱纳里等人按人均收入水平划分的第一个至第二个阶段之间。我国三次产业的产出结构所反映的工业化阶段，已经处于工业化的中、后期。从工业结构角度看，我国的工业结构高度所反映的工业化水平，只处于工业化的中期阶段。如果以人均收入水平指标为主要依据，以产业结构水平和工业结构高度两个指标为辅助依据，来判断我国的工业化进程，那么，在三个阶段的划分中，我国目前大概处于工业化中期阶段的上半期；在四个阶段的划分中，我国目前大概处于工业化的第二个阶段。④

---

① 刘国光：《改革开放前的中国的经济发展和经济体制》，《中共党史研究》2002 年第 4 期。

② 林毅夫：《中国的奇迹——发展战略与经济改革》，上海三联书店、上海人民出版社，1994 年版。

③ 朱佳木：《由新民主主义向社会主义的提前过渡与优先发展重工业的战略抉择》，《当代中国史研究》2004 年第 5 期。

④ 郭克莎：《中国工业化的进程、问题与出路》，《中国社会科学》2000 年第 3 期。

苏联援助对我国工业化建设的影响是工业化研究的一个重点。"156 项"建设是新中国首次通过利用国外资金、技术和设备开展的大规模的工业建设。在工业基础极端薄弱、建设经验近乎空白的条件下，我国第一代党和国家领导人以高度认真负责的态度开展了建设项目的立项工作。一方面突破了西方资本主义国家的经济封锁，与苏联、东欧等友好国家建立了贸易往来，通过平等互利的贸易协议获得建设所需的资金、技术和设备；另一方面在利用苏联资金、技术和设备的过程中，强调从中国的实际情况出发，要在中国进行设计，要加快消化吸收，尽快培养中国自己的设计技术人才。①

农业劳动力向非农产业转移、农村人口向城市流动，这一城市化的进程是工业化不可避免的现象。但中国大陆的城市化相当缓慢，1950 ~ 1980 年的 30 年中，全世界城市人口的比重由 28.4% 上升到 41.3%，其中发展中国家由 16.2% 上升到 30.5%，但是中国大陆仅由 11.2% 上升到 19.4%，与工业化的速度形成巨大反差。对于这一现象，近年有不少文章做了分析。认为其源于优先发展重工业的工业化发展战略的影响；同时，由于"按劳分配"、"消灭失业"、"男女平等"被作为社会主义基本原则和优越性，政府在城镇始终推行充分就业政策，也使城市吸纳人口的能力进一步降低。②

上山下乡运动持续的 20 余年间，全国共有约 1800 万城镇知识青年被"下放"到农村，而 1978 年，全国的城镇总人口（连同居住在城镇的农村户口住户计算在内）为 17245 万人，城市化率为 17.9%。这一数字低于 1959 年 18.4% 的城市化率，也低于 1961 年 19.7% 的城市化水平，而大致与 1966 年持平。③

城建方针是经济体制和经济发展战略的重要体现，也是工业化、城市化的重要内容。新中国城市建设方针大致经历了四个阶段：新中国成立初期的"变消费型城市为生产型城市"（1949 ~ 1952 年）；大约 1/4 世纪的围绕工业化新建、改建、扩建城市（1953 ~ 1978 年）；改革开放前期的弥补市政住宅"欠账"，加快建设第三产业（1979 ~ 20 世纪 90 年代前期）；20 世纪 90 年代后期开始了提高城市竞争力，经营城市的新阶段（20 世纪 90 年代后期）。半个世纪的曲折经历表明：未来 20 年城市化将加速发展，城市建设方针的探索仍是长期艰巨的任务。

---

① 董志凯：《关于"156 项"的确立》，《中国经济史研究》1999 年第 4 期。

② 武力：《1949 ~ 1978 年中国劳动力供求与城市化关系研究》，《中国经济史研究》1998 年第 3 期。

③ 于云翰：《上山下乡运动与中国城市化》，（广州）《学术研究》2000 年第 9 期。

第二部分　1979～2005 年

一、中国改革的特点、经验与教训

党的十一届三中全会以来中国的经济体制改革已历时 26 年，占了新中国的 1/2 历程，取得的成就举世瞩目，导致中国经济体制改革史作为中国现代经济史的重要课题已摆上了日程。前些年很多文章曾就我国的“渐进式”与俄罗斯的“休克疗法”的不同路径对比分析。近年来的研究则将路径与历史分析联系起来。

1. 改革的起步与阶段划分

中国改革的成功在于正确的改革方法。当我们确定“搭桥过河”的目标时，重要的是桥的形状、材质、承受力及造桥的成本和时间。在这些问题上，国家体改委和中央财经领导小组等组织发挥了巨大作用。①

经济体制改革大致分为三个阶段：初始阶段为 1979～1992 年；1992～2001 年展开全方位的改革与开放；2002 年 11 月召开的党的“十六大”和 2003 年 10 月召开的党的十六届三中全会《关于完善社会主义市场经济体制若干问题的决定》，标志着进入以完善为主题的新阶段。② 如果就经济体制改革做文章，还可以将时钟向前推：如吴敬琏将阶段划分为 1958～1978 年：行政性分权改革；1979～1993 年：增量改革；1994 年至今的“整体推进、重点突破”，全面建立市场经济制度。③ 还有学者认为中国社会主义市场经济发展有六个阶段：1956～1966 年的萌芽阶段；1966～1978 年的受挫阶段；1978～1984 年的恢复探索阶段；1985～1992 年的理论形成阶段；1992～2000 年的体制建立阶段；2001～2020 年的完善成熟阶段。④

关于改革的起步，许多学者都认为：尽管中国经济长期受到“左”的干扰，但农村和中小城市仍然保留了相当数量的个体工商户、集市贸易，其在改革开放以后成为活跃和发展城乡市场的酵母。实践表明，市场经济在形成和发展的过程

---

① 刘纪鹏：《想念体改委》，《中国经济时报》2004 年 7 月 2 日。

② 杨圣明：《中国经济体制改革的历程》，《百年潮》2004 年第 3 期；国家发改委宏观经济研究院课题组：《中国加速转型期的若干发展问题研究（总报告）》，《经济研究参考》2004 年第 16 期。

③ 吴敬琏：《当代中国经济改革》，上海远东出版社；柳红：《回望改革来路驻足风云深处》，《南方周末》2004 年 3 月 18 日。

④ 毛传清：《论中国社会主义市场经济发展的六个阶段》，《当代中国史研究》2004 年第 5 期。

中充满变数，市场经济必须同各国的政治、经济、历史、文化相结合。① 关于改革初期的双轨制，提出于 1984 年，是中国渐进式改革的标志。其有三层含义：一是针对当时一般商品和服务，采取体制内和体制外两种价格机制，1985 年初取消对企业计划外自销产品价格的限制以后，价格双轨制就此迅猛发展起来。二是针对私营企业发展的渐渐宽松的经济政策。三是针对农村“大锅饭”推出了家庭联产承包责任制，粮食批发价格逐步放开。“双轨制”到亚洲金融危机前后的 1997 年终结。② 中国的改革不是依据理论预设，而是诉诸实践和试验，从局部开始，“撞击一反射”式地推进。改革初期，从最初的放权让利到确立“有计划的商品经济”的改革方向，经历了重大的观念和理论的突破，包括激烈的争论。这种突破得益于理论界的不懈探索和领导人的正确决断。国际交往的扩大拓展了人们的视野，为反思中国体制弊端、探寻改革之道提供了多样性的参照物和丰富的思想资源。对改革思路突破最有力的推动，还是实践本身。③

2. 中国经济改革的特点

与苏联、东欧相比，中国经济改革的特点是什么？许多中国的学者认为：中国总体渐进重点突破的改革方式与步骤，实施了“先易后难”、“先外围后攻坚”、力求赢得“瓜熟蒂落，水到渠成”有利时机的策略。美国哈佛大学的帕金斯（Dwight H. Perkins）提出了亚洲型社会主义经济体制改革的三个特点：①经济改革优先于政治改革。②亚洲的社会主义国家比苏联和东欧要穷得多。③改革起步时多数人口从事农业；工业产出多数来自中小工业。赵人伟提出，还可以加上另外三个特点：①计划经济的覆盖率比较低。从苏联学来的经济体制在国民经济的各个部分所起作用的强度是不一样的，作用最大的仅限于工业化了的部分，而对分散的农业和小工业控制程度要低。为中国改革采取渐进方式和先打外围后攻坚提供了一个空间。②改革的起点比苏联和东欧国家低。中国改革前夕的经济带有较多的军事共产主义的供给制因素，经济理论准备之不足以及经济水平低，等等。③同经济发展紧密地结合在一起。中国属于发展中国家，不仅在经济体制的转型上有一个从计划经济向市场经济的转变过程，而且在经济发展的转型上有一个从习俗经济或自然经济向市场经济的转变过程，有一个从二元经济向现代经济转变的过程。④

---

① 陈锦华：《回顾中国社会主义市场经济体制的建立》，《中共党史资料》2004 年第 4 期。

② 柏晶伟：《警惕政府部门滑向新“双轨制”》，《中国经济时报》2004 年 12 月 24 日。

③ 肖冬连：《1978～1984 年中国经济体制改革思路的演进——决策与实施》，《当代中国史研究》，2004 年第 5 期。

④ 赵人伟：《对我国经济改革二十年的若干思考——特点、经验教训和面临的挑战》，《经济社会体制比较》1999 年第 3 期。

3. 中国改革的成就与经验

（1）改革的成就大致概括为五个方面：①在所有制方面，打破了“一大二公”的格局，初步形成了多种经济成分共同发展的多元化所有制结构。②市场机制在重要领域发挥基础性作用，竞争性市场体系的建设有了显著进展，市场化程度有了很大的提高。③在宏观经济管理方面，从直接调控向间接调控的转变取得了重要进展，通过财政、税收、金融、投资等体制的改革，以经济手段为主的间接调控体系已经基本形成。④劳动就业制度和收入分配制度发生了重大变化。⑤全方位、多层次的对外开放格局已经形成。

（2）关于改革的经验教训，则各有侧重。大体可以分为三类：第一类侧重于研究改革进程的经验；第二类侧重于历史的延续性；第三类强调综合合力。

第一类的看法大体可以概括为三个方面：①正确处理改革、发展、稳定的关系，改革和发展（增长）同步进行，两者互相促进。国际许多学者曾认为，不论采取什么方式，在改革的最初阶段，生产水平和消费水平的下降是不可避免的，即改革的初始阶段必须以牺牲经济增长为代价。然而，中国的经验则与上述情况相反，实现了改革和经济的高速增长。②渐进的改革方式，有利于降低改革的成本和风险。③中国的改革是经济主导的改革道路。

第二类强调中国改革的成功得益于一系列有利的初始条件、内部条件和后发优势。

第三类认为经验来自复杂的合力。其认为“大跨越”式改革并不代表失败和混乱（如越南改革）；“渐进式改革”并不必然成功（如20世纪50年代开始改革的南斯拉夫、匈牙利、波兰等东欧国家）；俄罗斯虽然宣称进行“休克疗法”，但并未真正实施。总之，对复杂的由多种合力共同作用促成的社会变革的抽象和归纳必须严肃、认真和忠诚于历史。

关于中国现行经济体制对传统西方经济理论形成挑战。西方有些经济学家认为中国追求的是市场社会主义，指在这种经济体制中政府拥有大部分或全部生产方式，但由市场决定生产要素和产品的价格。相对于西方典型市场经济的四个特征：私有制、完备的法制、崇尚个人主义、多党制，中国经济体制却包含着公有经济与私人经济共存、半法制化、崇尚集体利益和一党制。中国经济发展的实际证明，这四个方面并不意味着没有效率，相反，它们在一定历史时期有一定的效率，这给现代经济理论提出了挑战。①

① 胡琦：《对中国经济改革成功的不同理论解释综述》，《经济学动态》1999年第12期。

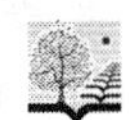

4. 改革历程中的教训

薛暮桥认为1988年的价格“闯关”和20世纪80年代中期至90年代初期对国有企业实行的承包制，是两个值得吸取的教训。他甚至称这两条为“改革的误区”。① 第一，被称为价格“闯关”的激进的价格改革方案是在1988年6月仓促推出的。当时对价格改革的指导思想是“长痛不如短痛”和“一步到位”。但是，当时的宏观经济形势相当紧张：通货膨胀的压力很大（当时的年通货膨胀率为18.5%），双轨价格的摩擦也很严重（该年是我国改革开放20年来计划价格同市场价格之间的差距最大的一年，例如，普通钢材的计划价格每吨是70元，而市场价格是每吨1800元）。在这种情况下，要绕过制止通货膨胀和缓解双轨价格的摩擦这两个条件去搞“一步到位”的价格闯关是脱离实际的。第二，国有企业的承包制。1986年前，国有企业的承包制仅在一些地方和企业试行。1986年12月国务院做出《关于深化企业改革增强企业活力的若干规定》以后，承包制在全国全面推开。其间经历了两轮承包（每轮大约3年）。对于国有企业的承包制，经济学文献中出现过以下三种不同的评价：很高，甚至把它当做改革的战略方向；一般，仅仅把它当做国有企业改革的一个阶段；误区。

此外，苏星的《新中国经济史》总结了1984年下半年至1986年的货币投放过多和紧缩政策的经验教训。该书指出，1985年1月，国务院决定采取措施，抑制通货膨胀。但这次紧缩仅仅实行了9个月就夭折了。直接原因是，紧缩力度大了一些，有些措施出台过急，而且有“一刀切”的弊端。在投资过热、通货膨胀加剧的情况下，不是去坚决制止货币扩张，而是采取行政限价手段，强压物价。许多种类繁多的日用消费品无法限价，因价高利大而盲目发展。促使产业、产品结构恶化，还使许多企业亏损年年增加。

对1993年以来从膨胀到紧缩的评价是与现实紧密联系的一个历史问题。对于通货膨胀到通货紧缩的变化是政策选择还是经济转型？正确判断这一经济现象产生的原因，对于未来经济发展战略至关重要。江晓薇认为：这一变化表明经济发展到了转型期，政策仅仅是起到催化剂的作用。因此，我国经济运行方式由卖方市场转为买方市场，政策作用是表象，经济发展阶段导致发展处于转型期是实质。它表明我国经济已经告别短缺经济，它意味着依靠总量扩张拉动经济增长已经转到更多地需要依靠调整结构来实现经济增长。②

杨启先对经济体制改革的总体研究认为，中国经济改革存在四大不平衡：市场、企业、宏观、分配改革不平衡；改革的推进与思想观念的转变不平衡；经济

① 《薛暮桥回忆录》，天津人民出版社，1998年版。

② 江晓薇：《通货膨胀到通货紧缩：政策选择还是经济转型》，《新华文摘》2000年第7期。

体制与“政治体制”改革发展不平衡；经济体制改革与法律制度建设的发展不平衡。[①] 张神根认为：1992 年以来的经济体制改革具有目标明确，整体、稳步、持续不断地推进和灵活应变三大特点。[②]

胡鞍钢在《中国自然灾害与经济发展》中分析了新中国成立 40 年水利基建投资比重变化及其影响。他指出，由于工程老化失修、基建占地以及人为破坏，1980 年以后全国灌溉一直徘徊，1981 ~ 1990 年灌溉面积保有量净减 282.9 万公顷。1970 年以前，基建投资一般具有 2 ~ 3 年滞后，1970 ~ 1980 年，滞后变为 1 ~ 2 年，即投资第二年成灾率下降。1980 年以后这种滞后效应消失，投资比重变化当年就会反映在成灾率的变化上，“说明农业水利基本建设已十分脆弱，对灾害的缓冲能力已很低”。文中的统计分析也得出类同的结论。[③]

韩朝华认为：使改革的正当性遭受公众质疑的根本原因在于 20 世纪 80 年代以来中国社会中愈演愈烈的行为失序。其主要表现如下：①机会主义[④]商业行为泛滥成灾。这类行为主要有两大类。一类是公然制售假冒产品和伪劣产品；另一类是不守合同，缺乏诚信，坑蒙客户或合作者。②一切以本位利益为重，将自己谋取本位利益最大化的成本转嫁给外部社会或公众。这方面的典型表现是各类经济活动对环境、资源和人体健康的严重忽略。③上有政策，下有对策。面对中央、上级、政府或单位的政策、规定、计划、要求甚至法律，地方、下级、企业或个人采取机会主义的态度，搞“上有政策，下有对策”。④公权私用，腐败成风。这既可以表现为机构行为，也可以表现为个人行为。而且，这种现象并不仅限于掌握较大权力、控制较多资源的官员或机构，在大量基层行政机关的一般工作人员中也不同程度地存在着这类性质的行为。仅仅赋予经济主体追求自身利益的自由并不能造就有效的市场经济体系。始于 80 年代的分权化改革只注重“放权”和“松绑”，很少考虑不同利益主体间的激励兼容问题。因而，这种改革思维实质上内含着一种假定：只要放松了传统的行政集权型体制，允许不同经济主体自发地追求其本位利益，就能自然而然地促进社会的发展，增进社会的整体利益。但中国分权化改革的现实显然没能证实这一假设。中国改革的现实是，决策权力被下放和分散了，社会的利益结构也随之多元化了，但整合和协调多元利益的社会治理机制却没能发展起来，不同经济主体追求自身利益最大化的行为之间难以协调兼容，出现了大量的利益矛盾和冲突。在许多场合，个体追求自身利益

---

① 《北京日报》2002 年 1 月 28 日。

② 张神根：《试析 1992 年以来经济体制改革的特点》，《当代中国史研究》2001 年第 5 期。

③ 徐海亮：《“三五”至“五五”期间的水利建设经济效益》，《“三农”中国》2004 年 9 月 2 日。

④ 现代经济学中所谓“机会主义”行为，主要是指经济当事人在与其他经济主体的交往过程中，凭借于己有利的条件或机会，违背交易合作者的意愿，以损害交易合作者利益的方式谋求自身利益的最大化。

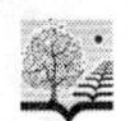

最大化的过程成了其损害他人利益或社会整体利益的过程。随着分权化改革的展开，各种行为失序现象也迅速地蔓延开来，中国社会渐渐地沦入一种源于治理真空的失序状态。面对全社会性的行为失序问题，根本否定个体自利行为的正当性和市场化改革的基本方向是非理性的，回归传统的行政性集权体制更是南辕北辙。真正的出路在于从认识上超越陈旧的市场经济观，充分认清制度建设对于完善市场经济体制的重要性，加快政府的体制转型和职能转换，将中国的市场经济纳入法治化的轨道。①

此外，国务院研究机构发布最新研究报告认为，医疗卫生体制商业化、市场化是完全错误的。目前中国的医疗卫生体制改革基本上是不成功的。这是市场化取向改革以来，第一次由国家研究部门对一个领域改革的否定看法。②

二、中国的多种经济成分与所有制结构

1. 所有制问题的三大突破

对于我国经济成分与所有制结构的探讨将长期是中国现代经济史研究的一个热点。改革以来，对所有制问题有三大突破：第一，破除了“一大二公”或“越大越公越好”的观念，树立了由生产力的性质决定的、以公有制为主体的多种经济形式和多种经营方式并存的所有制结构；第二，破除了过去关于各种所有制间界限分明、壁垒森严的旧观念，确立了各种所有制成分可通过联合、参股、合作等方式互相交融；第三，破除了过去政企不分、两权不分、“越统越好”的旧观念，确立了所有权与经营权适当分离、政企分开。公有制的主体地位和国有制的主导地位，不能只从数量上看，还要看国民经济战略部门是否能由国有制经济控制，更重要的是看公有制经济能否以自己的经营质量和效益的优势，在国民经济中发挥其主体和主导的作用。③

对于所有制改革，近年的研究将其概括为：在所有制形式的选择标准上，突破了唯生产关系论和唯意志论，重新确立了由生产力发展水平及发展生产力的客观要求决定所有制关系的历史唯物主义观；在所有制结构的认识上，突破了单一的公有观念，确立了以公有制为主体，多种经济成分共同发展的思想；在所有制评价的判断上，突破了公“是”私“非”的观念，确立了“非公有制经济是社

---

① 韩朝华：《行为失序与市场经济观》，中国社会科学院经济研究所网页，2007 年 5 月 13 日。

② 国务院发展研究中心课题组：《对中国医疗卫生体制改革的评价与建议》，新华网，2005 年 7 月 29 日，《新京报》2005 年 7 月 30 日。

③ 刘仲藜主编：《奠基——新中国经济五十年》，中国财政经济出版社，1999 年版。

会主义市场经济的重要组成部分"的思想；在公有制的存在形式上，突破了国有或集体所有的简单形式，确立了不仅公有制有多种实现形式，而且同一性质的公有制也有不同存在形式的观念；在国有经济的主导作用上，突破了只看比重大小的量的观念，确立了重控制能力与实际效果的思想；在对公有资产的权力上，突破了权力越集中越好的单一的占有权力，确立了所有权和经营权分离的思想，等等。从总体上说，已初步形成适应社会主义市场经济要求的所有制理论或所有制关系学说。随着对所有制认识上的提高与理论上的突破，我国在实践中采取了一系列措施，使所有制结构从 1978 年以前的单一公有制，逐步形成以公有制为主体，多种所有制成分共同发展的局面。①

2. 国有企业和国有资产管理体制改革

1979 年国企放权让利改革的意义在于：①企业有了一定的经营管理自主权和独立的经济效益。②企业开始重视发挥市场调节的作用，普遍增强了经营观念、市场观念、服务观念和竞争观念。③企业有了一定的发展生产的资金。④涌现出一批有才干的经营管理领导干部。⑤在发展生产的基础上，逐步地改善了职工生活。问题是：①企业的产量、产值、利润、劳动、物资等计划指标仍然是分头下达，互不衔接。②开展市场调节仍然有不少的阻力。③企业参与外贸和外汇分成的规定当时没有兑现。④企业没有支配利润留成资金的充分权力。⑤企业用人的权力也不落实。计算基数不合理，"鞭打快牛"、"先进吃亏"。② 20 世纪 80 年代以来的放权让利含有丰富的产权改革内涵。但是，这种改革未能实现国有企业的产权明晰化，这是行政权既得利益左右中国改革走向的结果。结果是大量国有企业至今未能实现政企分离。③

国有资产管理体制改革可以分为四个阶段：①酝酿阶段：1979～1984 年，农村承包制的成功，直接决定或极大影响了其后国有资产管理体制的改革。②起步阶段：1985～1992 年，国有企业的改革在大面积铺开后尝试了众多的方式，如利税改革、承包制、经营责任制等，但核心的方式还是承包制。③探索阶段：1993～2002 年"十六大"前，突出成就是证券市场的迅速发展和壮大等。④深化阶段。④

20 世纪 90 年代以来，国有经济规模总量始终保持快速扩张态势。1990～2001 年，国有企业总户数减少 1.4 倍，但占用资产总额增加 5.7 倍，年均递增速

① 刘国光、董志凯：《新中国 50 年所有制结构的变迁》，《当代中国史研究》1999 年第 5、6 期。

② 袁宝华：《扩权让利是国有企业改革的突破口》，《百年潮》2003 年第 8 期。

③ 韩朝华：《明晰产权与规范政府》，《经济研究》2003 年第 2 期。

④ 陈明星、李若愚：《"中国资本宣言"背景解读》，《数据分析与政策解读》2003 年第 1 期。

度为14.8%。近10年国有经济产业发展特点：①电子、信息等高新技术产业呈快速成长态势；②石油、电力等基础行业保持快速增长势头；③原材料、机械制造业发展速度减缓；④专用设备、仪器仪表、电机制造及商业经纪、零售、餐饮、批发等行业大批转制；⑤一般加工、森工、外贸行业衰退。国企民营化的内生机制：中国转轨至今没有出现衰退的原因在于国企民营化遵循了“成本差异达到门槛值的先民营化，否则暂维持现状”的内在逻辑，更为重要的是自然发育的私有经济很好的成长降低了各行业国企民营化的门槛值，为加快竞争性行业国企民营化创造了条件。[①]

3. 关于民营资本和中国市场化进程

中国民营经济发展经历了七个时期[②]：①濒亡时代，1949～1956年。②萌芽时代，1979～1982年，第五届全国人民代表大会第五次会议把发展和保护个体经济写入宪法。③观望时代，1982～1988年，私营经济开始出现。国家对超过八名员工的私营企业，持“看一看”的谨慎态度。④承认时代，从1988年第二次修宪起始，1992～1997年，党中央确立把非公有制经济视为社会主义市场经济的重要组成部分。⑤确认时代，1997年9月中共十五大，把“以公有制为主体、多种所有制经济共同发展”确定为我国社会主义初级阶段的基本经济制度。⑥鼓励时代，2001年7月1日，江泽民把私营企业主定位为“有中国特色的社会主义事业的建设者”，在政治上应该一视同仁，平等对待。⑦求同时代，2002年11月，在中国共产党十六大上，中国共产党向民营企业家敞开大门。25年来民间投资发展有五大模式，即：苏锡常的乡镇企业模式；珠江三角洲的海外贸易合作模式；温州的市场自然演进模式；中关村的民营高科技企业模式；一些国有企业的改制发展模式等。[③]

从投资、价格、生产、商业四个方面评价自1978年至今关于中国市场化的总体进展状况，得出的结论是，到1994年中国经济的市场化程度达到65%的水平。董辅礽将市场化归纳为自由化、规范化、法制化、国际化四个方面。习近平认为中国农村经济的市场化程度在1998年达到49%。[④]

① 财政部统计评价司课题组：《我国国有经济分行业发展态势与预测》，《宏观经济研究》2003年第1期。

② 司南、张翔：《中国民营经济发展的七个时期》，《中华文摘》2003年第3期。

③ 转引自陈明星：《我国民间投资已经形成大潮趋势》，《政策动向与数据解读》2003年第11期。

④ 王小鲁：《关于市场化的述评》，《中国经济时报》2003年3月20日。

三、增长发展的阶段划分与历程

1. 对增长发展的阶段划分

在阶段划分上，我国步入一个新的增长阶段，面临重大战略调整。中华人民共和国成立至今的经济增长可以从以下三个阶段研究：国民经济体系的初步形成（简称要素形成）（大致时间为1949～1980年），经济资源的优化配置阶段（简称要素优配）（大致为20世纪的后20年至今），知识和技术创新阶段（简称要素创新）（大致是21世纪的主要特征）。这三个阶段体现的三个层面相互交叉，导致发展战略、经济体制和经济结构的变化。①

还有的学者从发展观的角度研究了三个阶段：1949～1978年的经济增长导向型发展观，1979～1994年的经济发展导向型发展观，1995年至今的经济社会进步导向型发展观。第一代发展观造成了经济发展与经济增长脱节的问题，第二代发展观试图解决这一问题，又产生了社会发展与经济发展脱节的问题，第三代发展观则试图解决这一问题。中国发展观的演变呈现出与社会主义的终极发展目标逐渐契合的趋向。②

2. 产业结构的变化与发展

改革开放以来，产业结构的变化大致分为四个阶段：1978～1984年，农村改革展开与农业迅速发展。1985～1992年，非农产业较快发展的时期。1993～1999年，重化工时代前导时期。2000年至今，进入重化工时代。我国长期存在着能源、交通、通信等产业“瓶颈”对国民经济的制约，经过十几年的发展，我国具备了解决上述矛盾的实力。随着能源、交通、通信基础设施建设的进展，电力、运输车辆、建筑材料、钢铁、有色、石油化工和机械电子等产品和建筑业的需求被带动了起来，并推动了第二产业的发展。③ 对此，吴敬琏、赵晓、刘世锦等有不同看法。

中国已经成为工业大国，但与以重化工为特征的工业强国尚有本质区别。从工业本身结构的演进看，由于消费的重点依次向轻工业、重工业、重化工业产品

---

① 董志凯：《关于新中国经济增长与发展阶段的探索（1949～2004）》，《中国经济史研究》2004年第4期。

② 赵凌云、张连辉：《新中国成立以来发展观与发展模式的历史互动》，《当代中国史研究》2005年第1期。

③ 李佐军：《中国进入重化工时代》，《财富周刊》2004年第4期。

移动，工业发展的秩序就是从消费资料工业到生产资料工业，从农业、轻工业到重工业不断高度化。从这个角度而言，可以认为我国已经超过了农业、轻工业主导的阶段，进入了以重化工业为主导的新阶段。①

新中国有三次重大经济结构战略调整，第一次是“一五”时期，第二次是20世纪60年代的调整时期，第三次是改革开放时期。改革开放时期经济结构的战略调整，尤其是高科技产业和信息产业的兴起，是一次质的飞跃。②

3. 经济增长方式与发展水平

在对增长方式的历史评价上，贬多于褒。第一种看法为：中国20多年的发展造就了经济增长的奇迹，然而中国的劳动生产率与发达国家的差距在扩大。影响效率的因素主要有技术和体制两个方面。从宏观层面看，与效率相关的问题还表现为：①产业结构落后，第三产业占国民经济比例还不到发达国家的1/2，第三产业中高附加值的金融、信用、保险、咨询业的程度较低。②工业布局不合理，矿产资源、运输、人力资源错配。③垄断行业造成缺乏竞争的效率损失。上述问题的存在是中国工业化进程中必然要经历的一个阶段，高速增长和全球化带来的国际竞争使得这个问题变得更为尖锐。③ 自20世纪90年代以来，我国经济存在资本过度积累问题。重要的原因是投资和生产结构问题，使得资本的边际收益率下降，并低于经济增长率。④ 第二种看法为：20世纪50年代初，中国一个中等偏上农民家庭的主要生产资料是“三十亩地一头牛”，其他一些简单农具和运输工具以及灌溉设施，大概相当于“另外一头牛”。后来，农业机械和灌溉设施迅速增加。在70年代，全国兴修水利，平整土地，修筑道路等。综合农业投资和由此形成的固定资产净值的增长率远高于农业增加值的增长率。过去50年的农业生产效率显著下降了。第三种看法为：用不同指标度量经济效率，结果是相反的。过去26年全社会就业人数的增长率平均为2.2%。不考虑土地的话，总投入的增长率不过5%左右；加上不增长的土地，总投入的增长率只有4%左右。这样，总投入的增长只能解释经济增长的一半左右。过去26年中，20世纪90年代中期以前，生产效率的提高非常显著，以后有所放缓，但仍然是在大幅度上升。⑤ 中国经济增长的主要驱动力是资本驱动，而使中国的经济持续高速增长的

---

① 黄群慧：《工业大国已是中国的基本国情》，《北京日报》2005年3月29日。

② 赵梦涵：《新中国经济结构战略调整的历史变迁及宏观政策分析》，《中国经济史研究》2003年第4期。

③ 秦晓：《合理性的代价和陷阱》，《财经》2004年第23期。

④ 雎国余：《关于我国当前经济增长中的“泡沫”问题》，《经济科学》2003年第6期。

⑤ 宋国青：《全社会投资效率在上升》，《财经》2004年10月24日。

根本保证是存在一个高储蓄率或投资率。① 情况表明，靠大量资本投入、大量消耗资源、大量排放污染的低质量的经济增长难以维计。②

中国经济的"人均"发展水平是个很重要的概念，不仅应用于经济产出总量，对于分析资源占有状况同样有用。1820 年中国人均 GDP 相当于世界平均水平的 90%，1900 年降为 43%，1950 年降为 21%，2001 年上升到 59%，仍未达到 1820 年所占的比重。人均占有量同人口数量有关，中国人口 1820 年占世界的 36.6%，1870 年占 28.2%，1913 年占 24.4%，1950 年占 21.7%，1973 年占 22.5%，1998 年占 21%，总体看呈下降趋势，但一直高于经济总量所占的比重。现在，中国经济总量在世界位次前移，说明有比较大的经济实力和发展潜力；但人均占有量低于世界平均水平，说明仍是比较穷的国家。③

四、关于收入分配、就业和社会保障问题

1. 农村内部、城镇内部、城乡之间收入差距的变动

对中国改革开放以来农村内部、城镇内部、城乡之间收入差距的变动情况及其经验测量结果表明：直至 20 世纪 90 年代中期，没有发现中国城镇明显两极分化。90 年代末期，因为出现大量下岗失业人员，不仅部分城镇居民货币收入绝对下降，而且他们原来享有的社会保障和实物性补贴也丧失了。因此，仅用货币收入验证两极分化趋势已经不够了，还必须考虑到城镇居民获取的非货币收入的变化情况，特别是低收入人群的社会保障和福利的变化情况。④

收入分配不平等对经济增长有双重影响，改革开放以来可分为两个时期：1978 ~ 1995 年，收入分配不平等有利于经济增长；从 1995 年开始，收入差距的继续扩大使它对消费和投资的作用走向反面，由过去对经济增长的促进因素转变为制约因素。在 20 多年的改革进程中，收入分配趋于不平等的演变导致经济增长呈倒 U 形轨迹变迁。⑤ 按照 SNA 的支出法计算，在 GDP 中，最终消费率（包

---

① 安立仁：《资本驱动的中国经济增长：1952 ~ 2002》，《人文杂志》2003 年第 6 期。

② 胡鞍钢、郑京海：《中国全要素生产率为何明显下降》，《中国经济时报》2004 年 3 月 26 日。

③ 王梦奎：《世界千年经济史中的中国》，《中国经济时报》2004 年 8 月 10 日；冒天启：《对俄罗斯、中国市场化进程比较的评估》，天则网，2004 年 10 月 15 日；雅诺什·科尔奈：《哈佛大学经济学教授经济转型的比较分析》，《文汇报》2005 年 2 月 6 日；冒天启：《所有制、产权理论研究述评》，《中共宁波市委党校学报》2004 年第 5 期。

④ 李实等：《改革开放以来农村内部、城镇内部、城乡之间收入差距的变动情况及其经验测量》，《经济学》（季刊）2003 年第 2 卷第 2 期。

⑤ 乔榛：《经济增长：一种从收入分配角度的解释》，《学习与探索》2003 年第 6 期。

括居民消费和政府消费）1978年为62.1%，1981年为最高，达到67.5%，1989年为64.1%，2002年最终消费率降到改革以来的最低点58%。我国居民的消费倾向低，有效需求不足，制约着中国经济的增长。① 不同的观点认为，低消费、高投资是现阶段我国经济运行的常态。② 在消费与增长方面存在“三座大山”——社会保障不到位、义务教育不义务、买房难抑制消费率增长影响经济发展。消费率低制约中国的经济，突出影响的是就业。③

中国的社会保障建设大致可分为四个阶段：一是从创建革命根据地后开始的。二是从新中国成立到“文革”前，其显著特征是企业的社会保险具有统筹、互济使用的社会化特征。三是“文革”至1986年。社会保障完全单位化，形成了严重的单位办社会。四是1986年至今，掀开了社会保障制度改革的序幕。社会保障制度建设的重心进一步倾向于城镇弱势群体。④ 另有人认为中国社会是建立在公民权分离的基础上，导致城乡之间在卫生医疗服务和老年保障方面存在完全不同的制度安排。城市居民享受着20世纪50年代初建立的比较慷慨的养老金制度，且待遇标准超过了发展中国家通常的水平。而农村地区却没有正规的老年公共保障措施。⑤

改革开放前，中国城乡关系呈现三个特征：工农产品不能平等交易；城乡之间劳动力不能自由流动；城镇居民与农民权利和发展机会不能平等。改革开放以来随着市场机制的引入，城乡联系显著增强，城乡关系的变化特征主要有：工农业产品交换市场化程度的提高，推动了城乡关系的合理化进程；乡镇企业异军突起，城乡经济相互作用日趋紧密；农业剩余劳动力向城镇大量转移，对城乡隔离体制造成巨大冲击；小城镇大量涌现和迅速发展，奠定了城市化基础。目前城乡发展失衡问题仍十分突出：城乡居民收入差距重新扩大；农村居民内部收入差距也呈扩大趋势；城乡社会发展差距悬殊。⑥

农民收入与负担的研究是一个热点，其包括农民收入增长的波动性、农民收入与农村经济发展的相关性、农民收入从单一走向多元等。农民收入问题在于：①工农产品价格“剪刀差”损害农民利益。20世纪80年代初期，“剪刀差”有所缩小，但到80年代中期以后，“剪刀差”又迅速扩大。只是由于80年代国家与农民资金分配的“取”、“予”格局变化，农民总体上讲是受益的，但实际收

① 董辅礽：《提高消费率问题》，《宏观经济研究》2004年第5期。

② 罗云毅：《低消费、高投资是现阶段我国经济运行的常态》，《宏观经济研究》2004年第5期。

③ 刘福垣：《影响经济发展“三座大山”抑制消费率增长》，《国际金融报》2004年7月9日。

④ 李海鸣：《我国社会保障制度的变迁和改革的难点分析》，《当代中国史研究》2004年第4期。

⑤ 鲁思来、贡森、亚瑟·侯赛因：《中国农村老年保障：从土改中的土地到全球化的养老基金》，《经济社会比较》2004年第4期。

⑥ 韩俊：《中国：由城乡分割走向城乡协调发展》，《中国经济时报》2004年3月19日。

入低并长期停滞。②农民与城镇居民收入来源不公平。[①] 经济学界在“农民负担”问题上有长久而激烈的争论。普遍赞同的观点是，农民负担已经趋于农民可承受心理的极限值，并间接影响了农民从事农业和农村基层社区结构的稳定。负担变化的几个阶段为：①社会主义改造时期（1949～1957年）：积重难返、略有微调。②农业税制改革后（1958～1965年）：高位盘整、深度下挫。③“文革”时期（1965～1975年）：税负缓减、杂负混乱。④改革过渡时期（1976～1988年）：逐步规范、稳中有降。⑤改革启动时期（1989～1998年）：高位运行、起落不定。“增产不增收”的现象已经初见端倪。农民负担问题具有典型的“路径依赖”性。[②] 中国农民收入长期无法上去的一个重要原因，首先是制度安排的结果。从20世纪50年代开始，中国对工农业实行不同的经济政策，使资源配置向城市、工业倾斜。这一战略是中国在工业化初期不得不采取的措施。2003年，中国人均GDP突破了1000美元，应该是工业反哺农业、城乡共同发展的一个重要转折点。农业收入分配1949年以前，地主通过占有土地和其他生产资料，提取土地产量的50%左右（其中包括田赋）。1953年以前的定额提取，农业正税及其附加达到了农业收入的20%左右。1953～1977年形成了国家支配主要剩余的提取体制。农民从集体得到的收入不足以维持生活，必须要依靠额外的劳动来增加收入。1978～1991年重新实行了“定额提取”，1992年后受到来自乡村基层政府的冲击，农民负担不断加重。[③] 1998年的《粮食收购条例》，造成了各地农村税费改革的中断。[④]

2. 就业问题研究

与许多国家相比，劳动力人口在人口中所占比重的指标即劳动力参与率在中国相当高，2000年是84.9%，比世界总体水平73.3%高了11个百分点还多。从性别看，中国的女性劳动力参与率更高。在2000年为80%，比世界总体水平60.7%高19.3个百分点，比中国香港的56.5%高23.5个百分点。中国的劳动力参与率呈明显下降趋势，总体水平从1995年的85.4%降到2000年的84.9%，预计到2010年要降到82.6%，意味着越来越多的中国人步入非劳动力行列。[⑤]

---

① 秦兴洪、廖树芳、武岩：《近50年来中国农民收入变动的五大特征考察》，《学术研究》2003年第11期。

② 张艺雄：《新中国农民负担的阶段性分解与分析》，《中国经济史研究》2004年第3期。

③ 武力：《试论1949年以来农业剩余及其分配制度的变化》，《福建师范大学学报》2004年第3期。

④ 陈桂棣、春桃：《中国农民调查》，人民文学出版社，2004年版；武力、郑有贵主编：《解决“三农”问题之路》，中国经济出版社，2004年版。

⑤ 曾湘泉、李丽林：《劳动力人口在人口中所占比重比较》，《中国人民大学学报》2004年第1期。

3. 社会保障制度变迁

近十几年，中国的社会保障制度改革经历了从自下而上到自上而下、从为国有企业改革配套到成为市场经济五大支柱之一的历程。① 改革开放以来，城市扶贫发生六个重大转变：①从扶持企业到直接救助贫困人口。②从道义性扶贫到制度性扶贫。③从救助制度分立到救助制度整合。④从基本生活救助到综合救助。⑤从消极救助取向到积极开发取向。⑥从依托单位到重视社区作用。②

五、关于中央地方关系与区域经济研究

中国区域差距显著。然而，至今没有统一的区划框架，虽然在1949～1954年全国划分出了六大区，而且于1958～1967年成立了东北、华北、华东、华南、华中、西南、西北七个协作区，但这些大区并不能成为真正的区域经济合作组织。1996年3月17日，八届全国人大四次会议提出在全国建立七个跨省市区经济区域，遭到众多非议，提出西部大开发战略时有关西部的范围更是争论颇大。中国如此广袤的国土只划分为寥寥几个区域是不可能实施真正的区域倾斜政策的。③ 此外，新中国的经济区划进行了三次划分。但都没有把海洋纳入到经济区划中去。中国近300万平方公里的管辖海域和包括中国台湾、中国香港、中国澳门在内的7000多个岛屿都没进入宏观经济部门的规划视野。这是中国国土规划和经济地理研究领域的严重缺陷。具有充分理由将拥有近300万平方公里的管辖海域称为“新东部”。④

新中国各地区经济发展差距的变化可以划分为三个阶段。1952～1978年，经济发展差距在波动中上升。1978～1991年，经济发展差距缩小。1991年达到改革开放以来的最低点，为81.9%。1991年至今，经济发展差距重新出现上升趋势。目前地区差距处于新中国成立以来最严重的时期。20世纪90年代以后差距的扩大主要源于三大区域之间的扩大，区域内差距却缩小。⑤ 影响区域差距的四个因素：投入要素的量和质、要素配置效率、要素使用效率、空间格局变动，不同时期各因素的重要性不相同。⑥ 作为继经济特区之后的第二开放带，国家级经济技术开发区20年来经过艰难创业期（1984～1991年）、高速增长期（1992～

① 郑功成：《中国社会保障改革与制度建设》，《中国人民大学学报》2003年第1期。

② 洪大用：《改革以来的中国城市扶贫》，《中国人民大学学报》2003年第1期。

③ 胡乃武、张可云：《统筹中国区域发展问题研究》，《经济理论与管理》2004年第1期。

④ 国家海洋局原任和现任局长张登义和王曙光：《谈海洋区域》，《中国经济时报》2004年3月9日。

⑤ 胡鞍钢：《中国：走向区域协调发展》，《中国经济时报》2004年3月23日。

⑥ 陈秀山、徐瑛：《中国区域差距影响因素的实证研究》，《中国社会科学》2004年第5期。

1998年)、稳定发展期（1999年后）三个阶段。开发区的格局特点体现出“东部率先”、“中部崛起”、“西部开发”、“东北振兴”几大战略目标。[①] 东北老工业基地今日面临的问题是历史形成的。20世纪后半叶，东北地区基建投资的特点为：国家投资比重高，形成大量国有资产；投资结构偏于重工业；更新改造投资比重低；固定资产交付使用率较高；私人投资与引入外资较少。[②]

草原的消失和加速度扩大的荒漠化，祸起农垦。近30年来，气候对荒漠化形成的影响并不显著，荒漠化主要由人为因素所导致。其中农耕的影响占70%以上，超载过牧的影响占12%。中国的草地与耕地一样，其承包期限也是30年不变，未考虑草原特点。30年期限明显偏短。特别是荒漠化严重地带，更需要长期的承包使用制度。短期承包会导致使用者的短期行为和掠夺式经营。[③]

中国的改革具有明显的地方分权特征。一种观点认为，地方分权促进了市场的竞争；另一种观点认为，地方分割产生了市场扭曲。研究结果表明，地方分割带来的效率损失巨大，中国的改革未竟全功。[④] 学者也探索了制度供给失衡和中国财政分权的后果，认为适度的财政分权有积极的作用，但目前中国财政分权由于制度供给的失衡而远远超过了适度的界限。[⑤]

在20年的改革过程中，西部地区曾面临多次有利的发展机会。如20世纪80年代初期四川等地曾在农村“联产计酬责任制”的改革中走在前列；80年代中、后期“军转民”等改造与挖潜；80年代后期和90年代初期超大型的三峡工程、黄河中上游水利综合开发、西部石油与中部煤田加快发展以及沿陇海线延伸等大规模增量资金的投入主要聚集于西部；在90年代初、中期，与俄罗斯、西亚、东南亚等边境贸易发展成为一个对外开放新高潮；90年代中、后期，小康战略和扶贫攻坚战略的重心也在中西部。但这些机会并未促进西部的普遍崛起。重要原因在于大量存量资源仍停留在旧体制的束缚下。[⑥]

六、对农村改革与城市化的研究

中国在改革开放过程中出现的特有的城乡关系和特有的城乡发展路径，产生

---

① 龚雯：《国家级开发区20年发展启示录》，《人民日报》2004年12月11日。

② 董志凯：《从20世纪后半叶东北基建投资的特征看老工业基地振兴》；傅颐：《二十世纪五六十年代中央对东北工业基地的经略与建设》，《中共党史研究》2004年第5期。

③ 胡一帆、朱晓超：《溯源沙尘暴》，《财经》2004年第7期。

④ 郑毓盛、李崇高：《中国的改革具有明显的地方分权特征》，《中国社会科学》2003年第1期。

⑤ 姚洋、杨雷：《中国财政分权由于制度供给的失衡而远远超过了适度的界限》，《战略与管理》2003年第3期。

⑥ 陈淮：《西部地区曾面临多次有利的发展机会》，《宏观经济研究》2003年第3期。

了中国特有的“三农”问题的理论。目前总的情况是农业问题基本解决，但农民和农村问题还很严重。① 自 1950 年以来，10 次中共中央全会及其农业决议均体现出：处于经济发展与改革的关键时期，中共中央都把农业作为研究主题。② 改革以来农村有两大变革：从僵化的人民公社体制下解放出来；从传统二元社会结构的束缚下解放出来。③

1. 农村土地制度的变迁

新中国农地制度重大变革有四次：第一次是土改，用一种私有制代替另一种私有制，使农民的生产积极性大为提高。第二次即 1953～1955 年的初级合作化，农民把自有的土地和牲畜等生产资料交由初级生产合作社统一使用，入股分红，有限推动了生产发展。第三次是高级合作化，取消入股分红，使产量下降。第四次是在 20 世纪 70 年代末至 80 年代初，推行家庭联产承包责任制同时废除人民公社体制，极大地调动了农民的生产积极性，使中国农民的收入明显提高。第一次和第四次是完全正确的。第二次，组织互助合作，办初级社也要肯定，但否定富农经济、家庭农场的发展，值得研究。第三次改革实际上是走集体农场道路，则不能肯定，至少是消灭私有制太早了。④ 新中国成立后我国农村土地制度变迁是不断寻求效率与公平最佳结合点的过程。股份合作制是一种相对较优的选择，是目前乃至今后一段时期内可以采用的较好的土地制度模式。⑤ 家庭承包经营制度证明了国家从对土地的经营中退出来的正确，但是没有完成土地制度改革，集体所有的法律规定含混不清；没有把土地所有权和农户宅基地所有权归还农民；没有给予农民长期永久的经营使用权和土地处置权，承包农户只是半自主的经营主体；没有将农村集体组织改造为名正言顺的合作经济组织。重建农村统分结合的双层经营体制势在必行。⑥ 中国一些经济学家不能认识到中国农村的股份合作制的制度创新意义。他们反而认为中国农村的股份合作制是非驴非马，不是正规的股份制，不是按照每人出多少钱就有多少股票的形式。结果农业部在 1995 年下发了一个文件，认为股份合作制是无效的，决定停办股份合作制。后来张劲夫

---

① 陆学艺：《中国“三农”问题的由来和发展》，《当代中国史研究》2004 年 5 月第 11 卷第 3 期。

② 郑有贵：《10 次中共中央全会通过的农业决议与当代中国“三农”政策演变》，《当代中国史研究》2001 年第 5 期。

③ 许经勇：《我国农村的两次历史性变革》，中国人民大学报刊复印资料《中国现代史》2001 年第 12 期。

④ 晓亮：《探索土地问题的解决途径》，《中国经济时报》2004 年 10 月 21 日。

⑤ 万振凡、肖建文：《建国以来中国农村制度创新的路径研究》，《江西社会科学》2003 年第 9 期。

⑥ 王景新：《农村土地制度创新与农民组织发展——中改院改革形势分析会观点综述》，中评网，2004 年 5 月 14 日；武春生：《寻找梁生宝》，《读书》2004 年第 6 期。

给中央财经小组写信，才容许继续股份合作制的试验。[①] 新中国农村集市贸易历程曲折。[②]

农民为中国工业化做出巨大贡献，有研究认为，改革前通过剪刀差从农民那里拿走6000亿~8000亿元，而改革后通过农地征用从农民那里集中的资金超过2万亿元。[③]放在世界近代史的大背景下看，一切国家的现代化进程都伴随土地所有权问题的冲突，中国也不可能迈过这个坎。[④]我国土地使用存在三个问题：分散、闲置、非流动性。[⑤]

2. 乡镇企业的历史

在转轨时期，不同地区路径分岔。那些较为彻底摆脱传统意识形态偏好的地方政府将促使民营企业较快获得组织的相对交易效率优势，这是温州模式的由来；那些稍慢摆脱传统意识形态偏好的地方政府会以基层政权的形式参与企业演化过程，因而发展出了具有模糊产权结构的乡镇企业，这是苏南模式的由来；那些固守传统意识形态偏好的地方政府，不能为民营经济发展提供合理的政策环境，是中西部地区民营经济的发展现状。[⑥] 我国关于雇工问题有两次大范围的争论，新中国成立初期关于“党员雇工”问题的争论和改革开放初期关于个体、私营经济中雇工问题的争论。经历了阶级分析法、经济分析法和法律分析法等不同的认识。[⑦] 1994~2000年，乡镇企业的发展速度明显放慢。还出现了亏损面扩大、亏损额增加、债务水平升高的现象。对此，有矛盾的两种解释：困难源于银行的公有性质以及由此引起的企业预算软约束；不同观点则认为，20世纪80年代中后期以来，乡镇企业技术选择偏离比较优势原则，导致投资收益率持续下降。[⑧]

乡镇企业产权制度变革或股份合作制改造是极为复杂和多样化的实践进程：①权力的资本化。②人力资本和社会资本的资本化。③资本向权力的渗透或资本的权力化进程。改制的现实印证了“之所以资本雇佣劳动，是因为资本比劳动更

---

① 崔之元：《如何认识今日中国：“小康社会”解读》，《读书》2004年第3期。

② 马永辉：《新中国农村集市贸易史研究综述》，《党史研究与教学》2004年第6期。

③ 陈锡文：《关于我国农村的村民自治制度和土地制度的几个问题》，国研网，2001年10月13日。

④ 綦好东：《新中国农地产权结构的历史变迁》，《经济学家（成都）》1998年第1期；党国印：《当代历史冲突背景下的农地制度演变》，《中国国情国力》，1998年第9期；董志凯：《党的农村土地政策的变迁及启示——兼议承包制的巩固与股田制的出现》，《中共党史资料》第80辑。

⑤ 范恒山：《农村问题可能是我们所面对的最大经济问题》，中经网《50人论坛》，2001年4月5日。

⑥ 邓宏图：《转轨期中国制度变迁的演进论解释》，《中国社会科学》2004年第5期。

⑦ 张厚义：《中国党政论坛》2001年第9期。

⑧ 谭秋成：《银行体制、预算软约束与乡镇企业目前的困难》，《中国农村观察》2003年第6期。

为稀缺”。经营者及管理阶层在企业中持大股成为一种必然的趋势，也使股份合作企业的“合作”两个字成为一种讽刺。① 20世纪80年代中期以后，大部分农民收入增长减缓；乡村两级政府穷、集体穷。农民兴办乡镇企业是在二元社会结构条件下不得已的做法，农民、环境和资源均付出了很大代价。②

3. 城市化研究正在与工业化发展阶段结合起来

加入世界贸易组织前，我国工业发展战略的演变，基本上是围绕着对外贸易战略、利用外资战略和产业结构战略的转变展开的。而我国产业结构战略的转变，则伴随工业化过程的演进和经济体制改革的推进，大体上经历了1979～1988年扭转片面重工业化倾向、发展以轻工业为主的加工制造业阶段，1989～1991年调整工业内部结构、控制一般加工工业发展、加强基础工业和基础设施的阶段，1992～2001年加快技术密集型产业发展、推动工业结构由高加工度化向技术集约化转变的阶段。③ 从19世纪60年代的“洋务运动”到今天，以国家资本为主来发展现代经济，成为150年来中国工业化的重要特征。以国家资本推进工业化如一把双刃剑，当政府清廉高效，国家资本比重和产业分布合理时，效果是好的；当政府腐败，或者国家资本比重和产业分布不合理，就会产生阻碍作用。④

重工业与轻工业的比率目前约为1.25，可以说已经进入到工业化中期阶段。工业化的中后期也是城市化的高潮阶段。资金目前就有较多剩余，问题是土地极为稀缺。⑤ 从城市体系规模结构、职能结构、空间结构剖析中国城市体系形成的历史演变过程。⑥ 在改革开放初期，城市资源几乎全部被旧体制成分占据。通过“给政策”方式，开发区普遍成为了新体制环境最容易生成的区域。这不仅为大批外资、“三资”、民营等市场经济成分提供了立足的空间，降低了改革的代价；而且为规避新旧体制直接碰撞提供了宝贵的时间错位机会。⑦ 中国的城市化与工业化比率低于世界平均水平及发展水平相近的其他国家，但差距并不像通常所认为的那么严重。产生差距的原因在于：中国的城市化有一定程度的滞后；中国的第三产业比重较低。后一个因素又主要受中国长期以来投资比率过高的影响。⑧

---

① 张晓山、苑鹏等：《中国乡镇企业产权改革备忘录》，社会科学文献出版社，2002年版。

② 陆学艺：《“农民真苦，农村真穷”?》，《读书》2001年第1期。

③ 郭克莎：《加入WTO前我国工业发展战略的演变》，《当代中国史研究》2004年第3期。

④ 武力：《从官营工商业到国有企业改革——中国国家资本演变的历史分析》，多元视野中的中国历史会议论文。

⑤ 王建：《未来十年中国经济发展的制约因素》，《中国改革》2004年第1期。

⑥ 徐正元：《中国城市体系演变的历史剖析》，《中国经济史研究》2004年第3期。

⑦ 陈淮：《中国开发区建设25年》，《中国经济时报》2004年9月6日。

⑧ 李京文、吉昱华：《中国城市化水平之国际比较》，《城市发展研究》2003年第3期。

1978 ~ 1984 年为农村改革推动城市化发展的阶段；1984 ~ 1992 年为城市改革推动城市化阶段；1992 年以后为开发区和大城市建设为主的阶段。[①] 从 1978 年起小城镇发展存在以下问题：认识上城镇概念模糊不清；布局上稀疏不协调；规划上脱离实际；模式上形象趋同；目标上起点低，短期行为；管理上制度不健全、行为不规范。

七、财政、货币政策，宏观调控与投融资体制改革

对金融货币历史的研究成果集中于利率、汇率和体制改革。于 1948 年底出世的人民币，一开始就被外部封锁与内部严厉的外汇管制封闭在中国大陆境内。国际上开始关注人民币始于 20 世纪 80 年代、90 年代之交。经过 10 年改革开放，从国际贸易和对华投资的角度，都要求中国放宽外汇管制，导致 1994 年外汇体制改革。但直到东南亚金融危机爆发之前，人民币所受到的国际关注还主要限定在专业国际组织和国际经济联系领域。而提升为国际普遍关注的重大经济乃至政治问题，是在东南亚金融危机之后。人民币汇率问题一波三折，总的趋势是压力越来越强劲。中国关于人民币完全可兑换的标准提法，多年来"没有确定的时间表"，表明必将走出这一步和审慎定夺两个方面，必须明确并保留最后的"自我防卫"手段。[②] 在不同的经济发展阶段，利率对经济增长的影响也不同。1979 ~ 1990 年，实际利率与经济增长同方向变动。但进入 20 世纪 90 年代后，实际利率逐渐表现出与经济增长反方向变动的关系。资本市场的发育程度与对经济增长的影响是显著的。但影响程度较其他经济变量弱；而金融发展指标对经济增长却产生了显著的负面影响。[③] 中国银行体制的改革，是从"大一统"银行体制到建立和完善中央银行与商业银行体制的制度变迁过程。银行体制的变革的核心有两个方面：完善中央银行制度，建立与市场经济体制相适应的金融宏观调控体系；完善商业银行制度，建立与市场经济体制相适应的、产权明晰的微观银行体系。商业银行的改革大体经历了企业化经营、商业化改革、加强银行内部经营管理、明确股份制改革目标等几个阶段。从大的方面讲，企业制度是银行制度的基础；就银行本身的改革而言，搞股份制只是明晰产权、建立现代银行制度的重要步骤，而不是银行改革的全部。[④]

---

① 国务院发展研究中心"十五"计划研究课题组：《"十五"时期我国城市化发展战略思考》，《市长参考》2001 年第 2 期。

② 黄达：《人民币的风云际会：挑战与机遇》，《经济研究》2004 年第 7 期。

③ 陈柳钦、曾庆久：《我国金融发展与经济增长关系的实证分析》，《经济理论与经济管理》2003 年第 10 期。

④ 刘锡良：《国有商业银行改革值得研究的八个问题》，《政策动向与数据解读》2004 年第 2 期。

过去10年涉及投资体制改革的纲领性文件可分为三类：一是属于方向正确而实际不到位，例如“主要靠市场配置建设资金”，“建立严格的投资决策责任制，强化投资风险约束机制”，等等；二是以建筑业改革混充投资改革；三是经济含义混乱的一些特色措施，在实践中恰恰是这一类措施推行最得力。投融资体制改革滞后，使得一些老的病根未能去除，新的矛盾又在积累。反映出来的明显症候有四个：①国企增加待破产成员，银行增加待处理坏账。②国企缺乏持续投资的能力。③民间投融资障碍重重。④信用缺失。[①] 中国经济是一个靠投资拉动的经济，不仅是由于中国的投资率是世界各国中最高的，而且由于投资增长与经济增长的相关度很高，对经济增长的贡献很大。由于投融资体制的限制，中国投资的效率却比较低，且呈不断降低之势，影响了经济增长的质量。[②]

改革开放以来，中国政府根据经济运行态势和体制环境不同，共进行了五次宏观调控：第一次：1979～1980年；第二次：1986～1987年，此次调控平稳、缓慢、适度；第三次：1989～1990年；第四次：1993～1996年，经济基本实现了“软着陆”，但时间长了一些；第五次：2003年下半年至今，时间是及时的，措施是正确的，力度也比较合适。也正因为如此，已经取得较好效果。[③]

我国公共财政制度在晚清财政转型背景下产生，在民国得到发展，在新中国达到高潮。1978～1994年，中央和地方的财政分配关系有三次重大改革与调整，共同特点是在划分收支的基础上分级包干。1994年的分税制改革具有现代税制的基本内容，又较多地保留了包干体制的痕迹。[④] 至1999年，我国50年经济建设中前30年主要依靠财政拨款，后20年主要靠银行贷款，却很少用财政与货币政策配合调控经济。这一点在21世纪正在成为现实。1994年实施了新中国成立以来规模最大、范围最广、内容最深刻的一次税制改革。[⑤] 刘国光回顾了政府职能转变的过程。[⑥]

八、关于政府经济职能的研究

随着政治体制改革的进展，政府经济职能的历史研究正在丰富起来。1983年，提出了要把追求GDP的经济增长目标转变为在经济增长基础上满足人民日益增长的物质文化需要，使人民获得实惠。20多年来，GDP增长事实上依然作

① 郭励弘：《中国投融资体制改革的回顾与前瞻》，《管理世界》2003年第11期。

② 张曙光：《简议投融资体制改革》，中评网，2004年4月21日。

③ 杨启先：《谈亲身经历：“我眼中的五次宏观调控”》，《国际金融报》2004年8月6日。

④ 单学勇：《合理分权：中央与地方税收关系的必然选择》，《改革》2001年第6期。

⑤ 刘鸿儒：《中国金融体制改革的新思考》，《金融时报》2001年1月20日。

⑥ 刘佐：《社会主义市场经济中的中国税制改革》，《当代中国史研究》2003年第5期。

为政绩考评的主要指标。各级政府在公共服务上偏弱，致使大量社会问题，重重社会矛盾难以得到及时的缓解。实施以人为中心的人类发展战略，或称人本主义的发展战略。新的提法与20世纪80年代初满足人们“基本需要”的“新战略目标”一脉相承。政府职能从经济目标优先向社会目标优先的转变，日益成为时代的课题。①

九、资本与资本市场的研究

中国内地正规的股票市场，是1990年和1991年先后在上海和深圳建立起来的，建立股票市场的初衷主要是为国有企业改革创造条件。但是，国有企业上市后的普遍情形是“一年绩优，二年绩平，三年绩差”。中国沪、深股市的换手率远远高于其他国家的股票市场。在频频的换手中，散户购买股票的主要目的是投机。中国资本市场的根本问题是出售金融契约的上市公司缺乏自力更生能力，无法兑现股票的分红或其他投资回报的承诺。② 从1996年起，全国工业企业的资本收益率基本稳定在6%左右，国有工业企业的资本收益率约低1.5个百分点。③

中国资本市场在计划经济下的特征是政府拥有全部资本，尽可能压低国民消费，高储蓄以实现重工业化。1993年中共十四届三中全会毅然使用“资本”范畴，标志着对“资本”认识的新高度，其意义达到甚至超过民主革命时期纠正对民族资本的“左”倾错误。④

十、中外经济关系研究（略）

尾声　对中国现代经济史研究的呼唤

随着新中国成立后历史的深入研究，特别是改革开放以来，在短短20多年的时间内，中国经济巨大的变革使得中国成为一个千载难逢的经济学实验室。越

① 刘国光：《建国53年来中国宏观经济发展的若干特点——在2003年中国现代经济史年会上的讲话》，《当代中国史研究》2003年第4期。

② 林毅夫：《自生能力与我国当前资本市场的建设》，《经济学》（季刊）2004年第2期。

③ 蒋云赘、任若恩：《中国工业的资本收益率测算》，《经济学》（季刊）2004年第4期。

④ 陈乐一：《中国经济市场化进程分析》，《中国经济时报》2001年6月6日。

来越多研究党史、国史、经济学的学者转向对新中国经济史的研究。与此同时，也有越来越多的经济学者在思考中国经济学的特点及其能否在世界经济理论之林中占据一席之地。

同时，越来越多的学者认为：当代“经济学没有从经济史那里学习到什么”，而是脱离历史和实际，整天埋头制造模型。如此说，中国的经济学则更可以省事，连模型都用不着制造，现成地拿来就是了。但这样的中国经济学必然是幼稚的和苍白的。① 本来经济史、经济学说史，在大学的经济学科中，是专业基础课，但是现在没有得到应有的重视。这和我们主管部门对这方面强调不够、重视不够也有关系。这样一种忽视将来会付出代价的，而且现在已经在付出代价。②

在研究方法上，更趋精细的历史观、长程的历史观、内部取向的历史观和总体的历史观是近些年来中国近现代史研究中表现出的代表着这一学科发展趋势的四种史观。任何谋求成为预言家的人，都需要调整自己的姿态，使自己面对着过去。③

近 20 年来，粗略统计，改革史研究论文不下 3000 余篇、著作 30 余部。一门新的学科——改革史正在蓬勃兴起。按新学科所应具备的各项要素加以衡量，它有资格、有条件成为一门独立的学科。④

苏星则从另一个角度谈了这个问题，他说：“我是研究政治经济学的，为什么要写一部经济史呢？这说来话长。1957 年，在《人民日报》上我写了一篇题为《对研究经济发展规律的一些意见》的文章。文中说：‘有许多文章很少是根据中国统计材料的研究，往往只是用若干事例来证明某些结论：例如社会主义经济规律在社会主义经济中已经直接发生作用，同时对其他经济发生影响；农业合作化和对资本主义工商业社会主义改造的客观依据是生产关系一定要适合生产力性质的规律等。近年来由于这一类文章的泛滥，竟使人发生一种误解，好像写文章、作报告只有加上上述结论，才算做了理论分析。’这段话，批评自己多于批评别人，因为我是始作俑者。当时，我已经觉悟到，研究经济理论，不能这样走下去，应当像毛泽东在《改造我们的学习》的报告中所说的那样：注重研究现状，注重研究历史。”⑤

近年，还有一些经济学家已经预言，21 世纪中国经济学最热的研究将是中国现代经济史。对中国现代经济史研究的需求正在成为越来越多专家学者的共

---

① 刘福寿：《中国经济学患有“贫史症”》，《经济学家茶座》2004 年第 1 期。

② 王洛林同志在中国经济史学会年会上的讲话，《中国经济史研究》2004 年第 4 期。

③ 张剑荆：《中国崛起的世界史意义》，《中国经济时报》2004 年 3 月 22 日。

④ 顾奎相、陈涴：《改革史应成为一门专史》，《求是》2004 年第 5 期。

⑤ 苏星：《我为什么写〈新中国经济史〉》，《北京日报》《读书》专栏 2000 年 3 月 27 日。

识。“当代人不修当代史”已是过时的传统观念。事实上，历史越修越近是一种世界趋势，原因是客观需要。对于中国现代经济史的研究不仅能够让我们更清楚自己由何而来，向何处去，而且能够丰富整个经济学对发展、增长、制度的理解。但是，目前我国经济学教育有一个独特的现象，就是中外经济史被列为选修课，大多数学生没有学过中外经济史。这种状态在中外经济学教育中都是十分独特的，我们已经和正在尝到它的苦果。

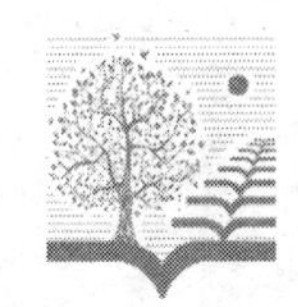

经济史的研究方法

王 珏

王珏

女，1970 年生，云南昆明人。中国人民大学经济学院副教授。

主要研究领域：世界经济史。主要著作有：《增长与变革——20 世纪世界经济》、《世界经济史》（第二卷）、《世界经济》（教材）、《剑桥美国经济史》（上、中、下卷）。

首先介绍一下什么是经济史。经济史是历史和经济学的交叉学科，吴承明老师的说法是："经济史是过去的，我们还不认识的或认识不清楚的经济实践。"希克斯的经济史理论认为："经济史可以看成一个单一过程，即一个可以认识其趋势至少到目前为止的一个过程。"研究这种经济实践和过程的一切手法和工具就是经济史的研究方法。在这里我将首先探讨历史观的问题，然后介绍几种研究经济史的方法，主要包括历史计量的方法、制度分析的方法以及历史的比较制度分析方法。

一、历史主义和非历史主义的历史观

经济史记录的是经济发展的历史，从方法论层面上讲如何记录和看待历史，有两种不同的历史观，即历史主义和非历史主义。20 世纪 50 年代福柯的理论出现之后才有了历史主义和非历史主义的正式提法。福柯认为历史主义的代表人物有康德、黑格尔、马克思、法兰克福学派和哈贝马斯。而非历史主义的代表人物是福柯和波普尔，福柯的理论渊源可以追述到尼采，波普尔的非历史主义体现为证伪，特别是他对历史主义重要的代表人物——马克思的哲学批判。

（一）历史主义和非历史主义的三个命题

历史主义和非历史主义围绕三个命题展开争论：①起源性的问题。②连续性的问题。③总体性的问题。针对每个问题，历史主义和非历史主义都有截然不同的两种看法。

（1）起源性的问题。历史主义者是贯彻着西方理性思想，从因果的角度去看历史，探究事件的起源和原因，追问为什么会发生这个事情，在它以后将会发什么事情。例如，研究英国为什么是第一个爆发工业革命的国家。而在非历史主义者看来，这简直就是一个伪命题。但历史主义学者会认为一个事件的发生一定有它的原因，而且要把原因是什么一一罗列出来，并加以论证。例如，论证英国首先爆发工业革命，第一，因为它技术有创新；第二，资本充裕；第三，因为它的劳动力得到解放；等等。从因果关系出发，分析事件发生的原因，认为未来它也会有联系性的表现。用哲学的语言来讲，特别是用黑格尔的典型语言来讲就是历史的目标和本质是人的自我意识的实现，人的理性和预定的实现。

但是非历史主义更加关注的是偶然性、变化、差异、分歧和偏差。这是什么意思呢？让我们思考一下华盛顿没当皇帝，也没有终身当总统的问题。美国在独立战争之前是英国的殖民地，英国是君主立宪制，当时欧洲大陆很多先进的国家都是有皇帝的，美国很少接触联邦制和共和制。华盛顿本人是大农场主，起初他带着自己庄园的兵抗击英国人，后来是联军的司令，非常受拥戴。美国战胜之后，华盛顿坐船到纽约的哈德逊湾，当时很多美国人聚集在哈德逊湾等待华盛顿的船进港，看见华盛顿站在船上，人们就匍匐在地，山呼万岁，就是拥戴华盛顿当皇帝的意思。但是华盛顿没当皇帝，并且拒绝了第三届总统的诱惑，回到自己的农场喝啤酒、打撞球去了。想想拿破仑，他是要当皇帝的。再想想斯大林、卡斯特罗、毛泽东都提前病逝在国家最高领导人的位置上。很多历史学家猜测过华盛顿为什么不再第三次当总统的原因，利欲淡薄的性格因素具有一定的说服力。设想一下如果将华盛顿换做其他利欲熏心的人，美国的历史会怎么样？所以从这个角度来讲，若认为当时的美国政治民主制度是历史的必然，原因一定有些牵强。很偶然地，华盛顿就是这样一个人，出现在这样的一个历史时期，它的偶然性、变化、差异、分歧和偏差就很能说明问题。因此我们很多时候会讲历史是偶然的。又比如中国明朝，也许正如黄仁宇所说的，万历年间确实出现了一些戏剧性的变化，后来意味着明朝出现衰落的迹象和中国整个的衰落。不论怎样如果万历帝不是那样的一个人，那么明朝大概会是什么样子的？这种情况下中国的历史会因此而改变吗？这种偶然性是存在的，而且这种分歧的道路大概会怎么走？是不是真的像历史主义所分析的那样，因为有若干原因最后一定会得到这个必然的结果？实际上并不是，分析所有原因之后并不一定能得到必然的结论，这个因果关系推不过去。它不是一个充分必要条件。在这种情况下，非历史主义对历史主义的批评是很深刻的。

（2）连续性的问题。历史主义延续了它一贯的找原因的想法，认为历史是因果链条展开的过程。有前面的原因，有后面的结果，所以后面的结果是显而易见的。或者说历史过程中发生的一切都是为了实现在过去已被预订好的目的的。不管多少原因、不管是什么原因，最后英国一定是第一个爆发工业革命的国家。而且最后英国的霸权一定会衰落的，一定会转移到美国的。不论怎样分析整个历史过程，全部都是从因果去找的，主要依据是基于连续性的种种的历史主义观点。这就好像我们在中学学习历史时经常被问到某一历史事件的影响一样，还有因果关系、传统、发展进化、精神状态、时代精神等历史推动的概念。这些熟悉

的词都在讲历史推动这种专业性的术语。我们认为很合乎逻辑，这是我们重要的指导思想，它是文艺复兴时代提出的理性的概念，历史主义与非历史主义的分歧焦点是理性。

非历史主义否认起源，没有因果关系，所以否认历史上实际发生的东西是过去某个本质东西的延续和发展。"历史并非是一个连绵不断的、承上启下的过程、过去并没有因为替现在和未来预订了发展的轨迹而在现在和未来中时隐时现。"既然否定起源，现在根本不可能看到过去的影子。

在福柯的《癫狂与文明》中，他认为西方文化对癫狂的历史并不是连续的。在文艺复兴时代癫狂和理性之间是有对话的。但是到了古典主义时代，癫狂是独立存在的，理性根本和癫狂没有关系。从文艺复兴时代到古典时代，这两个时代是割裂的。后来福柯研究了诊所的历史和知识的历史，他认为诊所、知识的历史和癫狂的历史一样都是断裂的。过去发生的事根本不可能成为现在和未来发展的动力，过去、现在和未来之间没有什么关系。比如玛雅文明中灿烂辉煌的文化似乎都随着玛雅文明的消失而突然消失了，中南美洲的人类并没有继承多少相关的知识和文明，历史在这里也是断裂的。还有我们都知道的圣经，圣经包含新约和旧约。新约和旧约之间有截然不同的地方。在旧约中摩西和大卫这些人，上帝给他们的指令是消灭异族并夺回他们的土地。而在新约中完全看不到这些东西。新约中的上帝和旧约中的上帝判若两人。旧约中上帝仅仅祝福犹太人，在新约中上帝不仅要让犹太人还要让其他人，哪怕是最卑微的那些人都幸福。耶稣是爱，博爱，不再是民族与民族的争斗而是全人类间的爱。由新约和旧约组成了基督教割裂的历史。

非历史主义嘲笑了西方哲学中最基本的概念——理性，认为有据可考的历史、被人类理性统治那么久的历史，分析那么久的历史和历史长河中的人类历史相比是很短的一点文明。现在有完整的史料记载的历史和从远古有人类就开始的文明相比是很短的一点文明。历史主义者不得不承认，我们看到的完全有可能是断裂的历史。

（3）总体性的问题。关于这个问题历史主义进行了很好的演绎，整个世界会因为有这样的原因，所以有这样以后的连续的发展，而且社会的发展和经济的发展总是从低级到高级发展，人类发展与自然界发展一定是从低级向高级发展。总体世界观认为人类总是朝着预先设定的目标从低到高前进。福柯坚决反对这种世界观。他认为总体的世界观太狭隘，他描绘了观念史上发生的突变带来的革命性的后果。他说他"已分离了有意识的进展，理性的目的的或人类思想发展构成的漫长系列"。他怀疑总体论的可能性。

经典的教科书讲人类的社会经济形态经历过原始社会、奴隶社会、封建社会、资本主义社会、社会主义社会、共产主义社会。非历史主义的代表波普尔极力批判这个说法。波普尔认为在没有证明社会主义、共产主义是否存在之前，是不可能证明社会一定会走向社会主义和共产主义的。福柯也很反对从低到高，从原因到结果，连续链条拉开的历史。他认为历史既然是偶然的、断裂的，最后肯定没有最终的目的和最终的结果，不会有什么总体性的进展。

（二）一个历史主义者对两种历史观的反思

我们都是在马克思主义的历史观培养下长大的，早已经习惯了历史主义的方法，但是非历史主义的批判很值得我们深思和反省。

我讲讲研究经济史时的一次体验。我学习计量经济学的时候认为它很有用，在一次研究人口与历代朝代变化的相关关系中，我想验证马尔萨斯陷阱问题，把人口资料与年代拟合，结果不太理想，有偏差，有分歧。这种情况下我忽略偏差，把所需要的数据调整，又把不好的资料、个别年份数据剔除，再一次拟合，拟合的效果很好。又不断地修正数据，最终的效果十分好，就是意味着人口变化与改朝换代间一定有关系。这种经历中我感受到的是理性，就是人对历史的肢解，与非历史主义批判的是一模一样。即你用你自己想的一些东西，既定的想法去解构历史、去肢解历史、去分割历史，不去关心真实的历史是什么，只关心你的理论是否得到验证。不能得到验证，就去找数据哪里出了问题，把偶然、变化、分歧和偏差全部剔除，然后剩下一条光滑的顺顺溜溜的一条线。非历史主义对此的批判切中要害。

那么非历史主义的真实历史到底是什么？福柯的著作《癫狂与文明》中有描述，他认为历史是依据时间最独特的特征，最清晰的表现形式，这样的时间就是充满着机缘的力量、关系的逆转和权力的侵占。福柯把历史主义都解构了，之后要重建一个。立起来的理论主要是通过什么来演绎历史的进程呢？就是机缘的力量、关系的逆转和权力的侵占。人类生活在无数已丧失了的历史当中，既不具目标，也无初始坐标，一切都有可能而且都应该有可能。他认为历史的空间中充杂着一系列杂乱无章的、变动不居的和完全偶然的历史事件，像一个万花筒一样，不停地旋转，呈现出各种独特的景象。

这样的历史研究方式对历史主义者来说是一个非常大的挑战。它打破了过去的研究框架，显得没有主线，杂乱无章。但是，我反思了一点，过去我们过于注重时间而忽略了历史的空间。过于注意时间就会把整个事件束缚在一个平面上，而不去考虑空间层次，实际上空间层次很重要。真正的历史有可能承认进步，但进步从来不是绝对的，也不是历史上规定好的。真实的历史也不是帝王将相的历史，社会有很多阶层，福柯和尼采研究社会底层。如果拓展我们的研究空间，各

种纷繁复杂的事件就能更好地呈现了。

在这里还要再介绍一下历史主义和非历史主义对唯物史观的看法。非历史主义认为，马克思的唯物史观改造了黑格尔关于精神是决定一切的力量的说法，马克思认为人的本质是一切社会关系的总和，他反对黑格尔在普遍精神的基础上把主客体统一起来，而提出应该把整个总体观建立在唯物主义的基础上。但有很多学者，西方学者像约翰·格鲁姆雷认为马克思只是简单地用人类的本质取代了黑格尔的精神本质，只是调和了历史的张力，并没有做过什么特别大的贡献。但也有很多西方学者对马克思的唯物史观给予了高度评价，其中包括福柯。福柯认为马克思的唯物史观是很好的，在历史主义中是发展得不错的，尽管他非常反对马克思的阶级斗争理论，也同意他的将经济的总体性代替了精神的总体性，这也是人们在历史主义与非历史主义的争论中对于马克思唯物观的评价。

以上介绍的是方法论，下面介绍一些具体的经济史研究方法。

二、历史计量分析

这也是一种被大家熟知的方法，甚至被用到了泛滥的程度。因为人们普遍对数字比较信赖，认为描述的东西比较空泛。尽管历史计量的分析方法由来已久，但将其纳入经济史范畴来，并使之成为主流的是新经济史学派的福格尔和诺斯。

福格尔在他的《铁路与美国经济增长》和《美国黑人奴隶制经济》中提出的反事实度量法是不以历史史实为依据，而是根据推理的需要做一个假设，然后分析如果这个历史条件变化了，会是什么结果。传统观点认为铁路对美国经济增长做出了巨大贡献。因为美国如此大的一个国家，若无铁路那么市场连接就不可能。运输成本过高，交易成本过大，经济就不能够发展。用产业观点来看，铁路联动效应很大，铁路产业会带动很多产业的发展，从而扩展市场，扩张需求。福格尔的研究却得到相反的结论。他假设如果没有铁路，美国经济会有多大的增长。文章主要考察美国中东部的一些情况。美国中东部有五大湖，因此考虑用水路和公路代替铁路，那么美国经济到底会增长多少，结论是铁路对美国经济增长的贡献只有3%，而这正是发生在罗斯托所说的美国经济高速腾飞的阶段。同时他驳斥了铁路联动效应很强的观点。联动效应是指向前带动和向后带动了其他相关产业的发展。福格尔计算了铁路向前带动效应——钢轨的生产，发现实际上铁路用的钢轨只占美国钢产量的5%，这是微不足道的，不能得到修建铁路带动了美国钢铁业发展的结论。福格尔这两个结论出来后，一片哗然，与传统观点相反，在学术界引起了很大争议。但是福格尔以反事实假设法将计量分析带入了经济史研究中，并因此在1993年和诺斯分享了诺贝尔经济学奖，颁奖委员会阐述他获奖的理由是用全新的理论和数量方法重新阐述了过去的经济发展进程。

随后，福格尔又研究了美国奴隶制经济。南北战争的目的之一是废除奴隶制，人们普遍认为奴隶制比资本主义所有制效率要低，而且不人道。然而福格尔分析后认为奴隶制效率很高。他的依据是美国南方实行奴隶制的年代里经济速度一点都不低于北方，而且人均收入的（不包括奴隶）提升一点都不比北方慢。这就证明奴隶制与资本主义对经济增长的贡献上无区别。相比之下，南北战争后南方奴隶制被打破，黑奴被解放，而南方经济衰落了，并且持续了很长时间。福格尔通过对比奴隶制废除前后经济发展状况来证明奴隶制是有效率的。这种与传统观点相悖的说法使得大家无法接受，至少在感情上是无法接受的，福格尔饱受非议。但是后来有人研究黑奴生活，发现他们生活待遇很好，最重要的表现是黑人的人口出生率很高。统计研究表明，平均每个美国黑人妇女一生要生 9.24 个孩子。贩奴时代贩卖到美国的黑奴人数远远低于贩卖到中南美洲其他地区的人数，但后来美国黑人人数高于中南美洲地区的人数，这说明美国黑人奴隶制度对黑人很不错，否则如何繁衍生息，并跨越马尔萨斯陷阱呢？

福格尔的反事实度量法还被用来研究美国内战问题。结果表明美国内战是因为算错了。因为在战前人们估算过可以用什么办法来解决这个问题，而南北战争的解决办法实际上是解决奴隶制的问题，方法有两个：一是妥协，关于妥协的意思就是给奴隶主钱，让奴隶主解放奴隶；二是通过暴力革命的方式解决。经过计算后，发现用赎买的方法要向全国人民征税大约 27 亿美元。全国人民指的是自由人，就是白人和部分解放的黑人。而北方要负担 18 亿美元，南方要负担 9 亿美元。若打仗的话，南方和北方各需负担 5 亿美元就能解决问题。但是实际上算错了，最终战争消耗了南方和北方各 20 亿美元。若是当初计算准确，就没有了美国内战。当然还不能忽略一个事实，就是代表废奴的林肯的上任，也促使了南方会率先挑起战争。这种观点同样在学界引起轩然大波，很多学者认为这种反事实计量法将历史研究引入了歧途，美国内战是否爆发完全不是算出来的，历史不能通过计算来讲述。

另一位在历史计量方面做出贡献的是诺斯，大家知道他是制度经济学的代表人物。但诺斯早期做过《1790 到 1860 美国经济增长》和《1600 到 1850 海洋运输生产率变化的原因》，这是历史计量分析方法很好的运用。诺斯运用间接计量法。间接计量法是指把不同口径的数据加以换算使之可以比较，具体换算可以参阅诺斯的论文。他还利用国民收入核算理论，经济增长要素分析方法，计量经济学方法。这些方法是诺斯在做《1790 到 1860 美国经济增长》中分析经典的新古典的分析方法。最古典的几个经济增长要素如资本、劳动力、技术等，把这些经济增长要素分析一下，用国民收入核算、GDP 分析一下，用经济计量分析哪个和

哪个相关，相关系数是多少，之后在过程中发现问题。《1600 到 1850 海洋运输生产率变化的原因》也推翻了传统观点，传统观点认为 1600 ~ 1850 年这 250 年间的变化是因为新的航海技术的诞生，一种新的帆船被设计制造出来使得此时生产率得到大幅度的提高。而诺思则认为劳动生产率的扩大是因为市场的扩大。在 250 年间美国对外开放市场扩大，国外需求扩大，需求扩大才促使美国采用新技术，使用新的帆船。另外还有一个重要的原因是对海盗的肃清。因为海盗的存在，使得人们不得不在船上装上大炮，再雇用炮手，武装运输。海盗的肃清使得人们不再需要大炮和炮手。大炮腾出来的地方可以装载更多的货物，炮手们可以做其他别的事情，因此劳动生产率提高了。诺斯的观点与传统观点不同，意识到技术也许不是经济增长的原因。这也促使诺斯从最早的计量分析转移到制度分析。这种转变也可以看到经济研究的方向。因为计量分析中我们会有疑惑，毕竟，单从数字的比较你怎么能够得到美国不应该爆发内战的说法？兰蒂斯认为："不要以为那些给出估计数字的人最有资格解释它们，即使这些数字是出自他们自己。也不应该由于它们是数字就相信，相信数字是明确无误的。对那些久远的时期来说它们通常不是计量出来的，而只是臆断结果。这些数字屡屡变动，更糟糕的是，这些数字常常非常明显的互相矛盾。在这些情况下，史学家常存疑问，责无旁贷。"所以我认为，历史计量学后来在整个研究中都不能作为一个重要的说明工具、说服工具，只能作为辅助工具和手段，使用计量分析要谨慎。

三、新经济史学派的制度分析

新经济史学派的制度分析包括制度是经济增长的源泉，制度的变迁造成整个社会的经济发展，国家提供制度、意识形态是解决交易费用的一种制度办法。这三个部分构成新经济史学派的制度分析的方法。目前，越来越多的人意识到经济增长的源泉不仅仅是科学技术。新经济史学派认为经济增长的源泉是制度。在经济学教科书中，生产函数不但包括资本、劳动力、土地，随后就提到了制度、自然资源。诺斯与托马斯写的《西方世界的兴起》一书中分析了英国为什么是第一个爆发工业革命的国家，他们认为制度是关键因素，因为英国与其他国家相比制度安排得很完善，已经准备好制度了，其中英国的代议制起到了决定性的作用。国家是提供制度的主体，所以诺斯提出了他的国家理论，国家在符合它的利益时能促进经济增长，不符合它的利益时对于经济增长就变成坏的东西。新经济史学派认为制度变迁的动力是市场的需求以及利益集团的斗争。对后者他采用了经典的经济学分析方法——成本和收益法。制度是经济增长的源泉，制度变迁决定经济发展的道路，国家是制度的提供者，国家在提供制度的过程中，在制度运行的过程中，诺斯提到了意识形态的问题，意识形态是一种降低交易费用的制度安排。

1. 制度成为新古典经济学的新维度

众所周知，诺斯是诺贝尔经济学奖的得主，他的学说很快被纳入了主流，新古典经济学都认为新经济史学派对古典理论做出了重要的贡献。诺斯很快被新古典接受，最关键的问题是诺斯对于新经济史学派的创立和发展并没有违背新古典的框架，他只是在新古典的框架里做了部分的修改。其中一个重要的修改就是经济人假设。当然这个修改还借鉴了其他学者的观点，就是如何从完全理性变成有限理性。人总会犯错误，不能认为人是完全理性的。对这个假设诺斯的贡献不算太大，但他是基于新古典已经认可的一个假设来演绎他后边的理论，来构建他后边的框架。所以新古典是认可他的。诺斯还需要解决另一个问题，就是一旦把制度作为经济增长的源泉，就必须说明制度是如何变成内生变量的。因为若制度是外生变量的话，就不能说明它是经济增长的源泉。外生变量的意思是，制度是不变的或制度是有效的。后来他把制度纳入新古典的分析框架，主要贯穿于长时段的经济史的分析。尤其分析了 1600 ~ 1900 年整个西方世界的兴起。在分析过程中，诺斯把制度内生化。这被认为填补了整个新古典经济学重要的一环——新古典经济学原来的资本、劳力、技术都具备，现在再加上制度，这样空间和维度更加广阔。在这种情况下新古典很欢迎他。在整个的框架没有破坏的前提下增加了一个维度。而且整个的分析方法是收益和成本的分析方法，这完全是正统的经济学分析方法。那么他再讲经济增长，利益集团的博弈。在讲利益集团的斗争如何推动制度变迁的时候，他讲利益集团主要评价它的收益和成本，来决定利益集团的行动。在这种大的框架下，在这个利益集团在作判断的时候，他是一个理性的人，是一个有限理性的人。因此在总体的框架下没有走到马克思那里去，站在了主流经济学的上面。

2. 意识形态的问题

但是有一个问题，在新古典的框架里无法解决的一个问题，这也是诺斯新经济史制度分析中一个致命的问题，就是制度的整体主义和制度的个体主义的分析。新古典经济学的主体是经济人，这个经济人可以是消费者、生产者、要素提供者、要素需求者或者国家，这种主体是遵循着利益最大化规则的统一行动的个体。这种个体分析在遇到大集团行动时就会出现问题，就是个人的成本和社会的成本、个人的收益和社会的收益不相等。这时会出现一个“搭便车”的问题。因为“搭便车”的问题很严重，所以会造成大集团行动不可能。但是诺斯在分

析的时候，他审视了整个历史，他发现历史上每一次制度的变迁都是大集团行动推动的，最起码是党派。在这种情况下，若用新古典经济学个人主义的方法就无法解释，因为制度个人主义必然存在“搭便车”的问题，因为成本太高不可能形成大集团行动。而历史上的任何事件都是大集团行动造成的。那怎么办？诺斯找了个补丁贴上。这个补丁就是意识形态。所以诺斯的几个理论相辅相成，就是国家和意识形态。他把意识形态贴在这个地方，认为意识形态是降低交易成本的一种制度安排，是一种最重要的降低交易成本的方法。

在制度变迁的过程中，像我们国家在建立新中国这样的制度变迁中要流血牺牲和打仗。那么流血牺牲和打仗从个人的理性来讲，没有一个人会去做这种“傻事”。如果按照新古典的办法，对于个人来讲，你比较自己的收益和成本，在丧失生命之后，就什么收益都享受不到了，并且在战争中丧失生命的可能性是很大的，所以如果去参军，去打仗，为了共产主义而去奋斗，还要解放全人类，解放全中国，这种情况在新古典中是根本不可能实现的。人，理性的人，哪怕是有限理性的人，也完全不可能做到这一点，绝对不会去打仗。但为什么会有这种“傻事”发生呢？这就必须要做出解释。诺斯认为，最关键的问题就是意识形态，在这个例子中就是共产主义理想，因为有这个共同的理想，节约了成本。所以大家朝着一个目标努力去行动，这就是意识形态最关键的一个作用。在这种情况下，“搭便车”的问题就解决了，大集团的行动就成为可能。但是这样的说法招致了很多的争议，关键是在新古典的框架下很难解释集体行动。

3. 制度分析的马克思主义解释

有人认为诺斯强调制度是经济增长的源泉与马克思唯物史观中的制度是一样的，实际诺斯和马克思有很大差别。新经济史学派把制度、劳动力、技术和资本放在了同一个位置。但在马克思的理论中，它们不是在同一个位置。马克思强调经济基础和上层建筑，马克思认为经济基础决定上层建筑，所以经济增长的源泉一定是经济基础，绝对不可能是上层建筑。而制度属于上层建筑的范畴。包括意识形态等都是上层建筑。尽管马克思说过他的辩证法，上层建筑对经济基础也有反作用，但是经济基础是决定性的。我们很多学者认为诺斯的很多理论来源于马克思，但若是剖析，最古老的问题到底是唯心主义还是唯物主义，他和马克思是站在不同立场上的。新经济史学派是唯心主义者，而不是唯物主义史观。

马克思和诺斯在制度变迁路径和方式上也有不同论述。诺斯在讲制度变迁路径时讲到路径依赖问题。人们因为各种各样的原因，原来开辟的道路，不可能再开辟一条新的路再重新走，一定是按照原来的路作一定的修正，继续往前走，这就是路径依赖。路径依赖最终的结果是制度变迁的方式一定是渐进式的，所以我们说改革一定要采取渐进式的改革。为什么中国的学者在那时很拥护新经济史学派，就因为我们是渐进式的改革，它符合这种推理。但马克思不主张渐进式改革，很不主张调和，马克思主张革命式的，急风暴雨式的，一定是流血牺牲的这种制度变迁方式。这是完全不一样的。按照马克思的说法，你完全推倒重来一次。按照诺斯的说法，推倒是不可能的，就是修正，然后作转向，就是渐进式改革。因此不可能是急风暴雨式的革命。

马克思讲阶级斗争是历史进步的动力，和诺斯说的大集团行动不一样。马克思讲的阶级，从这个角度我认为诺斯比马克思更明确。马克思讲阶级斗争，把整个社会划分为两个阶级：一个资产阶级；一个无产阶级。但诺斯在划分利益集团的时候，划分的方法更加的灵活，对历史事实的说明更加的透彻，就像对美国1787年宪法的制定中各个利益阶级的细致分析，应该尽可能展示历史进程中的多层面的事实。以上是制度变迁的路径和方式不同的论述。

四、经济史中的比较方法

比较的方法在经济史研究中比较常用。在对经济史进行比较分析的时候，必然涉及比较的标准问题，比较之后要做一个判断。比较的时候不能仅是描述，必须涉及价值判断的问题。那么涉及的价值判断标准是什么？哪个好哪个不好？一般情况下，标准是效率。效率是最重要的一个标准。另外还有稳定性。效率和稳定性是两个重要的标准。还有比较的对象，比较对象是你在选取的过程中，特别是选取历史阶段的时候，两个东西要明确可比才行。若两个东西完全不可比，就完全选错了对象。

1. 加州学派的比较方法

加州学派研究的问题是19世纪前中国经济是否落后于欧洲。加州学派提出至少在1800年以前，中国从经济增长方式上、从制度的优劣上、从市场的广大上，各方面并不比欧洲差，最起码中国的经济并不比它们落后。而且有人甚至认为中国在江南地区比西方要发达，即使到了1750年的时候。比如《大分流》里彭慕兰说："直到18世纪中后期，中国比较富裕的地区相对来说极具经济活力。那种认为中国，或是由于人口压力，或是由于其社会产权关系的性质而相对闭塞且极为贫穷的观点，在我看来完全处于守势地位。"在此他批驳了两种观点：一是中国受到人口的压力，陷入马尔萨斯陷阱。传统观点认为中国在那个时候又陷入到马尔萨斯陷阱中，而彭慕兰认为中国在这个时候已经摆脱了马尔萨斯陷阱，和英国、荷兰没有区别。二是中国的社会产权关系落后。彭慕兰认为在制度方面

中国也并不比西方落后。这是驳斥新经济史制度分析的观点。因此加州学派既不赞同传统观点认为中国在经济增长方式方面落后，也不赞成新经济史的制度分析，认为中国制度落后。

弗兰克认为在1800年以前世界的中心一直在亚洲。他认为中国是白银的集聚地，世界各地的白银都跑到中国来了。在此需要解释的是，弗兰克和沃勒斯坦的世界体系有很大的不同，与我们后来所讲的也有不同。沃勒斯坦认为世界中心、世界边缘和半边缘的划分，是出现在近代以后即1500年、1600年新大陆发现以后。而按照弗兰克的说法世界体系早就有了，自古有人以来就有世界体系。而到1800年以前中国是世界体系的中心。这是他根据白银的流向做出的判断。确实有一些数据是能说明一些问题的，15世纪地理大发现，16世纪欧洲出现了长时间的甚至一个世纪的价格革命，就是出现了长时段的通货膨胀。这个通货膨胀造成的原因是美洲白银的运入，金银运到欧洲造成的。在通货膨胀的过程中，实际上欧洲的对外贸易尤其是对亚洲的对外贸易、对中国的对外贸易都是处于逆差状态。在过去的货币体系下，逆差就要用金银的流出来补，所以当时黄金和白银确实流到了中国。中国在16、17世纪经济很繁荣，市面上的货币很多、钱很多、白银很多，所以确实存在这个问题。但是后来弗兰克讲的等级纳贡的体系，他认为中国是通过纳贡的体系建立了帝国体系，从而成为了世界的中心。这种说法可能有失妥当。我认为整个世界体系的形成就是中心、边缘和半边缘确实应该在地理大发现之后。还有一些学者认为世界经济体系的形成甚至要在布雷顿森林体系之后，离岸金融发生之后。这种争论可能要一直争论下去。若按照马克思的说法世界经济体系的形成应该在工业革命之后。工业革命之后，这些工业国把世界各地作为它的原料的来源地和产品的销售地，通过殖民体系才建立了世界体系。弗兰克则认为早就有了。

另外一个加州学派的学者是王国斌。王国斌的观点是比较中肯的，而且他得到了一些中国学者的认可，著名的吴承明老先生认可他的观点。他认为1800年以前工业生产从未在欧洲经济活动中占有很大比例，而在1800年以后，却有重要的意义。正因为如此，工业扩展的动力问题，才在欧洲经济研究史中占有特殊地位。他主张把欧洲近代以来的工业活动分为三个时期：15世纪后期到16世纪前期的城市手工业时期，16世纪中期和18世纪中期的农村家庭工业时期，18世纪后期到19世纪后期城市工厂机械化时期。从这三个时期来看整个工业发展的阶段，欧洲不是一开始就搞大工业。

在传统上西方认为它们是先进的，东方是落后的，所以东方应该学习西方。后来我们也确实是这么做的，整个工业化的模式还有经济增长方式，我们都努力地学习英美。这叫“欧洲中心论”，不论怎样都是以欧洲为中心的。东西方比较的时候，欧洲是标杆、是先进，东方应该向欧洲看齐，这就是标准的问题。弗兰克和彭慕兰都比较激进，他们认为欧洲不是标准，当时世界的中心不在欧洲而是在中国。所以两派有不同。王国斌中肯之处在于：他是从欧洲的角度来研究中国，然后从中国的角度来研究欧洲。不论怎样，他的角度是值得称赞的，换位思考，使大家都客观一点，都站在对方的角度看一看问题在哪里，优势在哪里。

2. 历史的比较制度分析

历史的比较制度分析是葛瑞夫在比较研究中的一种突破，他利用博弈论的方法将文化纳入了制度分析的范畴，以 11～14 世纪欧洲“商业革命”时期的意大利城市热那亚和地处北非地中海沿岸的马格里布为典型案例，展开历史的比较制度分析的。在对马格里布和热那亚人的文化传统与他们做出的制度选择之间的关系进行了理论和经验的考察后，他得出如下结论：在影响社会制度选择和变迁的诸多因素中，文化不但重要，而且是至关重要。因为，政治、经济和社会方面的种种差异，都可以从独特的文化遗产和文化传统中找到根源。在中世纪晚期的商业革命中，热那亚和马格里布的社会历史进程已经使它们形成了迥异的文化传统。具体说，热那亚形成了以个人主义文化为核心的社会结构，而马格里布则发展成为一个典型的具有集体主义文化特征的社会。这两种不同的文化传统使得热那亚和马格里布人在中世纪晚期诸多事关未来经济长期增长的制度安排上，都做出了截然不同的选择。这些完全不同的制度选择和制度安排表明，在中世纪晚期的商业革命中，热那亚逐渐地建立起了一套足以支持经济长期增长的市场制度、相应的法律体系和保障体制，而马格里布却没有建立类似的制度安排。由这种文化差异而导致的不同的制度选择，就是导致两个社会经济的长期发展走上不同道路的深层次原因之所在。

那么，文化传统又是以何种方式影响了社会对制度的选择呢？格瑞夫的回答是：文化传统作为桥梁和纽带把历史上前后两个制度连接起来，从而决定了社会对多重均衡中某一特定结果的选择，形成了制度变迁的路径依赖性。

以上介绍了目前经济史的一些主要研究方法，这些研究方法中有方法论层面的，比如历史主义和非历史主义的历史观；也有一些技术层面的，比如历史计量方法、历史的比较制度分析等；还有一些经济学方法在历史研究中的使用，比如制度分析、成本收益分析等。希望这几种方法对大家有帮助。

2007 年 5 月 29 日

从传统走向现代

——欧洲资源配置方式转变的历史

王　珏

王珏

女，1970 年生，云南昆明人。中国人民大学经济学院副教授。

主要研究领域：世界经济史。主要著作有：《增长与变革——20 世纪世界经济》、《世界经济史》（第二卷）、《世界经济》（教材）、《剑桥美国经济史》（上、中、下卷）。

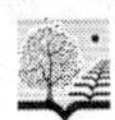

一、传统与现代的区分

区分传统社会和现代社会的标准有很多，学界流行两种标准：一是以技术变革为标准；二是以人口大规模增长为标准。这两种标准我认为都有问题。

第一种标准，如果仅仅以技术变革为标准就无法解释第二次农业革命。1900年以前人类历史经历了两次农业革命，第一次农业革命是游牧型农业向定居型农业的转变，而第二次农业革命实际上是16～17世纪西欧的一些主要国家，包括荷兰、英国等，在农业技术上的一些变革。第二次农业革命中的技术变革有一个很有意思的现象：在15～16世纪，农业技术没有很大的变化，没有出现新的生物上的育种技术，或者新的农业生产工具，也就是说没有新的飞跃性的突破。在这一阶段，它的主要的变化就是把过去的一些先进的方法和工具进行普及。因此，这样的阶段应该不是农业技术的革命，但是人们为什么还要把它算做第二次农业革命呢?

第二种标准，实际就是看是否摆脱“马尔萨斯陷阱”。我们传统观念里认为传统社会就是农业社会，现代社会就是工业社会，而工业要发展必须建立在农业能够养活全部农业人口，而且还能够养活工业人口的基础上，所以农业的生产力水平，也就是人口水平是区分传统和现代的标准。“马尔萨斯陷阱”描述了16世纪以前的世界人口增长情况，人口的增长总是被打断，由于土地的边际生产率是递减的，在人口增长的压力下，不断地增加对土地的投入，但是由于土地的劳动生产率在递减，当我们每增加一单位的劳动力，所获得的生产量不足以弥补新增长的人口的需要，那么此时会出现一个很普遍的现象，粮食不够吃，由此引起战争或者导致大多数人身体的抵抗力下降，从而引发瘟疫。战争、瘟疫作为外力就会打破人口的正常循环，人口增长到一定程度就会停滞，尽管总趋势还是增长，但是非常的缓慢。中国人口的变化也是判定朝代衰荣的标准，人口大规模增长意味着这是个盛世，反之则表示国势衰微。人口作为重要的指标是由于其与农业有着相当大的关系，人口再生产的条件基本取决于农业上土地的产出，因此是否走出“马尔萨斯陷阱”是界定一个国家是否走进现代的标准。

但是，人口增长显然不能说明一切问题，如果从经济学的观点看，应该是资源配置方式的不同，因为经济学是研究资源配置的学问。在传统社会中主要通过行政或军事的手段来配置资源，后来随着市场的发育和成熟，市场成为配置资源的主要手段，当市场失灵的时候，政府可以有所作为，所以在现代社会中市场是配置资源比较好的方式。如果按照资源配置方式的不同考察欧洲历史，我们发现1500～1900年是欧洲社会从传统走向现代的时期，在这一阶段军事和行政配置资源的方式向市场配置资源方式转变。

二、庄园经济与市场经济的较量

1. 庄园经济的瓦解与市场的兴起

欧洲传统社会的基础是庄园经济，如果按照洛克最早的契约性的理论来解释，就是庄园主以骑士的形式为农奴提供安全上的保护，再通过庄园法庭形成法则和惯例，农奴为了要报答庄园主对他的保护，就要将他的一部分劳动成果贡献出来，这种纳贡制表现为两种：一种为劳役制；另一种为地租制。其中劳役制在庄园经济中比较典型，就是一个星期的三四天里，农奴要在庄园主的土地里为庄园主耕作，只有在剩下的几天，农奴才能为自己耕种。因为那时，土地是由国王分发给庄园主，庄园主再把土地划分成若干块长条形的地（这种地称为份地）租给农奴，农奴既要耕种自己的地，又要耕种庄园主的地，特别是在农忙的时候，农奴要先为庄园主耕地。整个庄园中土地会被分为许多部分，一部分是租给农奴的份地，那些份地的契约全部都被保存在庄园法庭里面，世世代代的记录都会保留；一部分是庄园主自己的土地；还有一部分被作为庄园里的公共地，公共地又称共有地，大部分是草地、牧场、森林或是湖泊。在这些公共土地上庄园主和农奴都可以自由进行生产活动，比如放牧、家禽的饲养、打猎等一些相关的活动。还有一部分人是要依靠公共地生活的，他们被称为茅屋农，他们没有得到庄园主的份地，这些人的主要生活来源只能靠公共地。地租制是庄园主不但要求农奴对他服劳役，还要对这些农奴收租。此外，农奴对庄园主还有一些人身依附关系，庄园主掌握着农奴的一些人身权利，比如，当农奴结婚时、迁徙时都要经过庄园主的同意，更严格的还有，庄园主还要对农奴新婚的妻子实行初夜权。可见，西欧的庄园经济和我们国家的地主经济实际上是不同的。有人说这两种经济都是封建主义，这个说法并不全面。

庄园经济是一种自给自足的自然经济，庄园主和农奴的日常消费，都可以通过农奴的劳动提供，农奴为庄园主提供劳动、粮食等，在没有外力影响下是不会

发生什么变化的，无须太多的外界条件来维持。在这种情况下，庄园经济自然解体需要很长的时间，只有当一个庄园的人口不断地增长，庄园现有的土地无法满足所有人的需求，那么就会有一些人只好选择搬出庄园，这些人就会与原来的庄园产生一些天然的联系，在这种情况下就产生了一些简单的交易，这是第一种可能；另一种可能就是军事上的占领，比如，一个庄园主跟另外的一个国王去打仗，宣布对这个国王的效忠，那么这个国王又会分给他另外一块土地，可能与原来的庄园不在一个地方，但离得很近，这时两个庄园之间就会有商品的交换。这些情况下，原来自给自足的经济就有可能被打破，从而形成一种专业化的分工，有可能庄园主会利用他的其中一个庄园专门来种葡萄，利用他的另一个庄园专门来养羊，其他的庄园专门来种粮食。但是这种分工发展得很缓慢，并且不一定会成为系统性的发展方向，但是市场出现后情况就不同了。

地理大发现之后新的商路出现，航线从地中海转移到了大西洋。地理大发现对市场的形成有着不可估量的作用，也许这个地理大发现是很偶然的，也许仅仅是因为西班牙人和葡萄牙人喜爱航海，也许是因为当时土耳其人阻断了东方的商路（但这一假说遭到很多学者的反对，因为在当时土耳其兴盛的时候，东西方的商路还没有被切断），也许是因为马可·波罗的传记使得西方人对东方充满了好奇，才开辟了新的商路，等等可能的原因。新航路开辟最重要的意义在于发现美洲，发现美洲最关键的意义在于形成了市场，市场的形成对欧洲有着深刻的意义。一些加州学派的学者认为，为什么欧洲是第一个产生了新的生产方式的地方，关键在于它发现了新大陆，即实现了市场的扩大。我基本上也同意这样的看法，市场的扩大的作用是巨大的，它瓦解了庄园经济。

在市场中许多商品庄园主都未曾接触过，特别是东方的一些东西，最重要的就是香料，而香料就是人们常说的桂皮、八角等一些调料，因为西方人在此之前没有用过香料，他们的肉菜仅是用盐水煮过而已，所以他们觉得这些香料很贵重，而香料在当时是一种暴利商品，从马来运过去后价格翻了几千倍，利润非常大。当然香料的运输也非常麻烦，由于新航线的路线很长，香料运过去以后也失去香味了。因为新奇，加之运输的困难，使得这些东方的商品更加贵重。所以很长一段时间，西方的贵族都以穿着中国丝绸做的衣服和请客人吃用香料煮过的食物为最大的炫耀。当然还有黄金、白银，尤其是经过马可·波罗的宣扬，更加使得西方对东方充满了诱惑。还有茶叶，他们也是很新奇的，在那里茶叶是被当作药品来卖的，其珍贵程度，不言而喻。在市场上有这么多光怪陆离的商品，是庄园主从未见到过的。市场的诱惑对他起了很大的作用，使他就想去市场买一些新鲜的商品，这时他只能拿农奴上交的农产品来换，但是市场上流通的硬通货一定是黄金或是白银，所以庄园主只好先将农产品换成货币，再用货币购买。此时的庄园主迫切地需要货币，而不再需要农奴为他提供粮食，于是逼迫农奴向他提供货币，农奴就需要先将生产出的作物换成货币再交给庄园主。这时就出现了一个很重要的变革，那就是农奴不再根据庄园主的意愿进行生产，而是根据市场的需要安排生产，这样他们才能更好地利用市场，所以市场成为了资源配置的重要的手段。以上的过程在经济史上的表现就是：最初庄园主把劳役地租折换为货币，叫做折算地租，这样农奴的劳役就免除掉了。之后实物地租逐渐转变为货币地租，资源配置方式就逐渐向市场转移，庄园主拿到货币去市场购买他所需要的东西，这时自给自足的经济就被打破，这就是市场的作用。这就很好地解释了为什么从实物地租转变为货币地租标志着自给自足经济的瓦解和市场在起着重要的作用。

2. 人口、土地价值与庄园经济的瓦解

人口和土地是庄园经济两种主要的投入要素，它们之间存在一种替代关系，也就是边际替代率所体现的二者之间的配置价格，如果劳动力价值比较高，那么人们会选择土地粗放经营；如果劳动力价值比较低，那么人们就更倾向于精耕细作。当时庄园经济人口和土地的替代关系涉及地租交付多少的问题、劳役付出多少的问题以及土地使用期长短的问题。诺思解释得很详细，他说，当劳动力稀少，处在"马尔萨斯陷阱"的时候，劳动力价格相对于土地来说会比较昂贵，那么对于庄园主来说，这时他需要吸引劳动力附着在他的土地上，这样才会使他的土地产生价值，而其中一个比较重要的办法就是延长租约，后来才逐渐发展到世袭土地。这个时期欧洲曾经爆发过大规模的黑死病，据说黑死病是从中国广州去的一个人将病毒带到法国的马赛港，然后传遍了整个欧洲。这场黑死病使得欧洲损失惨重，丧失了欧洲1/3的人口。有一本著名的小说《十日谈》讲述的就是人们在躲避黑死病时发生的故事，那一个时期很多历史事件都与黑死病有关系。其中重要的一件事就是其对土地的影响。当黑死病到来了以后，许多庄园的壮劳动力都死了，农场主为了找更多的人来他的庄园并且稳住农奴们留在这里就延长了租约，同时逐渐废掉了许多人身依附关系，农奴的人格尊严得以提高。另外，还进行的一项举措就是关于租金的变化，指固定货币地租的出现。这一点很重要，因为在16世纪时，由于新大陆的发现，欧洲人、西班牙人和葡萄牙人从美洲运回很多黄金和白银，使得欧洲的经济在很长一段时间处于通货膨胀，甚至长达一个世纪。那么在通货膨胀的情况下最大的受害者就是收取固定货币地租的人，所以通货膨胀导致的这些收取固定货币地租的老贵族势力就衰落了，但同时新贵族也会随之兴起，因此形成了社会力量的新对比。所有这些因素不断推动着欧洲的发展，这就是人口与土地价值的变化使庄园经济内部瓦解的原因。

三、确立土地私有产权的三条道路

市场配置资源的意思就是通过市场完成交易，交易双方都到市场中来，以价格为信号进行交易。这种交易有一个重要的前提，就是产权问题。如果交易人到市场中来，但是并没有该物品的产权，那么交易人就根本没有交易的可能性，即使交易人有市场，由于缺乏产权也就没有交易的可能性。1500～1900 年最重要的产权制度应该是“土地的所有权”。

庄园的土地属于谁？土地的经营权、剩余索取权应该属于谁？按理说是属于国王的，庄园是通过分封形成的。刚开始国王带领他的亲信去打仗，然后将战利品，即土地，分发给那些立过功的人（通常称为“伯爵”。在伯爵与国王之间，还有一种人称为公爵，他们就主要负责国王与伯爵之间的沟通。伯爵们有各自的土地，而每一个伯爵实际上就相当于一个国王，所以在外国的童话中有许多的公主和王子。而中国的封建制情况就完全不同，我们只有一个国王，实行中央集权制，西欧的这种情况类似于中国秦汉以前的情况。推选国王是要许多王在一起商议的，所以西欧在 1500 年以后到处充满了阴谋与斗争、杀戮与联姻）。国王将土地分封以后，土地的所有权就不仅仅属于国王了，因为国王把土地下发，而庄园主经过世世代代的经营，也掌握了一定的剩余价值权，并且庄园主对国王的效忠并不表现在土地上，而是他们自备军需追随国王去打仗。这就不同于中国的“普天之下莫非王土”，对土地所有权界定得很清楚。而且庄园主的剩余索取权要比国王的权力大。同时，庄园主将土地划分为份地租给农奴，农奴将土地使用权世袭下去，也掌握了一定的剩余索取权。因此庄园经济中土地所有权的归属很不明确。国王、庄园主和拥有份地的农奴都对土地有相应的权利。市场形成以后，土地的所有权如果没有清楚的界定，土地就不能作为商品进行交换。所以从传统社会向现代转变的时候，土地所有权的界定问题是十分重要的，它关系到市场能否很完善地发展。

庄园经济瓦解之后并没有解决土地的所有权问题，因为表面上农奴掌握了土地永久的使用权，但是庄园主和国王还是享有该土地的剩余索取权，大量的公共地非常不明确，仅有极少量的小农拥有对土地的完全产权比较清晰。庄园经济瓦解只是庄园经济向小农经济的一个转变，不再依靠庄园主来配置资源、不再存在人身依附关系、实物地租全部变成货币地租、劳役地租全部变成折算地租，还没有达到明确私有产权的目的。1500～1900 年只有少数的国家走上了私有产权明确的道路，列宁将它分成了三种：一是英国式；二是德国式（普鲁式）；三是美国式。在确定土地私有产权时，这是三种最典型的道路。

1. 英国模式

在英国模式中私有产权主要通过两个方面来确定：一是宗教改革；二是圈地运动。

第一方面是宗教改革。当时的欧洲大部分国家是政教合一的国家，国王的权力是教会授予的，人们把教会看得十分神圣。比如在欧洲很多著名的王朝，如果国王不经过教会的加冕，那么政权是没有合法性的，国王需要在大主教面前接受皇冠和权杖。这与我们中国是完全不同的，虽然我们有天子和君权神授的说法，但是在中国没有一个教会能对政权产生如此大的影响。比这更重要的是当时的欧洲有 1/3 的富饶土地属于教会。要明确土地私有产权，至少这 1/3 的土地的问题是必须要解决的。在推动土地产权私有化的过程中，有过这样一个历史事件，虽然可能只是当时国王的一种荒唐做法，但这确实推动了历史的发展。在英国，亨利八世的时候，他基于政治考虑与西班牙公主联姻，但是由于没有男性继承人，亨利八世又想要与西班牙公主离婚，于是他请求罗马教廷的批准。由于西班牙公主是他哥哥的寡妻，他们的婚姻是教会特许的，因此教会不同意他们离婚。于是亨利八世借由当时社会上对教会的民愤，宣布与罗马教廷决裂，先揭发了当时教士与修女的一些不齿行为，并找到了他们私生子的尸骸，当众展览，造成很坏的影响，使百姓支持他的行动。然后收回教会的土地，又以很低的价格将教会拥有的土地卖给有权势的新贵族，从而得到了他们的支持。即使教士、修女曾经举行过武装起义，也在国王的镇压下最终没有形成气候。就这样，亨利八世通过宗教改革轻而易举地扳倒了罗马教廷，同时使得这些土地的私有权有了明确的归属，国王也从中渔利，不但摆脱了教会，还获得了 75 万英镑的巨额收入。新贵族对土地就实行了一种不同于庄园主的管理模式，采取雇佣劳动力来大规模的养羊，即通过市场的力量来运作。

第二方面是圈地运动。在介绍圈地运动时，我们大致把圈地运动分为几个阶段。早在 12 世纪末和 13 世纪初，英国就已经出现了圈地的现象，这与羊毛价格的上涨有着很大的关系。当时在公共土地上放羊，人们都会自觉地遵守一个限额协定，即为了土地肥力每家放羊的数目不能超过一个最高的数。这种限额协定没有强制的惩罚措施，当市场对羊毛的需求量逐渐增加时，人们不再遵守这个规定，过度放牧使得公共土地受到破坏。这时庄园主就企图把地圈起来，只供自家的羊的放养，实际上就是想明确这一部分土地的私有产权。但这种意图遭到了强烈的反抗。到了 14、15 世纪，圈地主要集中在英国中部的一些郡县，圈地成功的土地仅占总面积的 6.03% ，数目比较小，其原因就在于当时农奴的反对比较激烈。因为在 15 ~ 16 世纪以后的英国，正在经历价格革命，由于大量金银的流

入，出现了将近一个世纪的价格上涨。但是并非所有的产品都按照同等的比例上涨，在这之中，农产品的上涨幅度最大。这就意味着拥有农产品最后索取权的人将会获利最大。由于羊毛的利润很大，而农民放羊可以直接得到最大的利润，所以贵族圈地，遭到了很大的反抗。另外当时的英国处于都铎王朝的统治时期，都铎王朝是一个机会主义王朝，统治者考虑到统治成本后，认为镇压起义的成本会很大，因此出台了许多限制圈地的法令。所以在这一时期，圈地的成果并不明显。进入第二时期，即光荣革命以后，17 世纪初的议会圈地开始了，并且进入了圈地现象最严重的一个阶段。据统计，这个阶段圈地的总数是上一个阶段的 13 倍！造成这种现象的原因，其一在于当时出台了一个圈地的新政策，那就是只要庄园主获得该土地所有权人的 4/5 的人员的同意就可以圈地；其二在于农奴的反抗并不如前一个阶段激烈，因为在 16 ~ 17 世纪初，农业的赋税十分繁重，进入 17 世纪以后，农产品价格回落，英国的人口又处于增加的趋势，农民种地收益很少，甚至赔本，所以许多农奴只好无奈地放弃土地，来到城市打工。

延续了几百年的圈地运动最终明确了土地的私有产权，可是私有产权的明确是否一定能提高农业生产率，这个问题在学术界还一直存在争议，至今没有定论。很多人认为，是因为土地产权私有化使得英国摆脱了“马尔萨斯陷阱”，还有学者认为是因为英国在 16 世纪通过羊毛和农产品价格上涨以及自身的积累摆脱了“马尔萨斯陷阱”，不仅仅是由于土地的私有化。这些说法都有一定的道理，很难界定，但我们可以明确一点的是土地产权私有化的明确非常便于用市场配置资源。其中的一个明显的表现就是，土地越来越集中到善于经营的人手中。经过教会改革和圈地运动，英国大部分的土地都明确了所有权，掌握土地所有权的老贵族将土地租给善于管理的管家，管家定期将货币租金交给老贵族，然后管家雇佣农奴进行耕作。这种特殊的租佃方法称为大租佃制，也是资本主义租佃制，即土地的所有权是属于老贵族，经营和使用权是通过租佃和雇佣集中到善于经营和管理的人的手中。还有一部分小农在圈地过程中，掌握了土地的所有权，实行小农经济，然而小农经济从市场资源配置的角度来看是很不稳定的，许多国家都是昙花一现，最终形成大的土地租佃制。在 16 世纪，由于实行这种制度，一些老贵族的实力就衰落了，到 17 世纪时善于经营的新贵族就获取了越来越多的经济剩余价值，由此出现了一个新的阶级——新贵族。很多社会学者认为，这一部分中间阶层的出现是英国第一个爆发工业革命的原因之一。英国用了四五百年的时间，成为了第一个完成土地私有产权的确立、并利用市场配置资源的国家。

2. 德国模式

下面我们来分析一下德国模式。一个很有意思的现象是原本已经瓦解掉的农奴制在16世纪的复兴，其表现为代议制和劳役制复兴，农奴又把自己的土地献给庄园主，并请求庄园主再让其回到原来的庄园，希望庄园主再次给予庇护。其中最重要的原因在于利用市场的成本变高。16世纪时航线彻底西移，在过去，德国地处连接南欧与北欧的枢纽位置，当时有著名的汉萨同盟，德国需要把从东方运来的粮食运送到南欧，供应意大利及其各个城邦。然而新航线西移到大西洋以后，地中海的贸易就衰落了，德国利用市场的成本就比较高，市场就开始萎缩。同时在16世纪时，农产品价格上涨，与英国的庄园主不同，德国的庄园主认为从市场上直接购买农产品价格太高，所以就决定让农奴直接交付农产品。所以新航线的西移，直接造成了德国农奴制的复兴。农奴制不仅在德国复兴了，而且在俄国、波兰等东欧地区都出现了复兴的迹象。另外农奴之所以会同意献地的关键原因在于战争，在此期间，德国爆发了一场持续30年的战争。而战争中，最不值钱的就是土地，农奴为了自己的生命安全，想得到庄园主的庇护，就主动将土地献了出来，使得农奴制再次复兴。通常情况下一个东西的再次复苏往往比原始的更加顽固，就好像第二次感冒的病情往往比第一次的病情要严重。德国的农奴制一直延续到19世纪后才发生了改变。

德国的这种变革要比英国晚300年之久，并且英国的改革是一步步地在事先没有计划好的前提下进行的，没有人为的痕迹，而德国则不然，它是经人设计好后进行的。我们称为强制性制度变迁，基本上它不是自发性的或者诱导性的，而是强制性的。而制造出这一局面的人正是拿破仑，因为拿破仑征服了德国，所以他下令他所征服的国家必须要废除农奴制，于是德国人很不情愿地走上了改革的道路。德国改革尝试了两种方法：一是激进式；二是在激进式失败后采用了妥协和渐进式的改革。最早进行改革的是斯坦因。以下为他的改革方法："从1810年圣马丁节起，废除农奴与地主的依附关系，允许农奴有自由支配财产、自由选择工作和决定婚事的权力。城乡居民可以自由购买贵族的土地，无论地主或农民都可以自由从事手工业或商业。"意思就是一纸命令，令行禁止：农奴制全部废除。这种激进的改革使农奴很不习惯，长期受到管制的他们似乎并未对此产生多少好感，因为他们一下子难以适应自己独立工作。同时这种变革严重触及了庄园主贵族们的利益，他们的庄园没人工作，没人再交给他们粮食，引起了庄园主的极大不满。这些庄园主都是世袭的贵族，他们也被称为容克。容克为了保护他们自己的利益，设计陷害了斯坦因，说他是卖国贼，与拿破仑串通，目的就是为了阻止斯坦因的继续改革，无奈之下，斯坦因只好流亡到俄国。到俄国以后，斯坦因致力于两国的友好交流，所以现在我们看到俄、德两国的关系比较融洽，斯坦因功不可没。然而斯坦因本人的结局却并不理想，最后客死他乡。斯坦因走后，拿破仑的改革并未停止，这里出现了另一个改革的领导者，就是当时的首相哈登堡，

哈登堡的改革手段与斯坦因完全不同，下面我们来了解一下他改革的条款：“附着于这些产业上的一切权利和义务都应通过双方公平合理的物质补偿而解除。”即农奴要解除封建义务，一定要对庄园主有所补偿。实际上就是用钱买土地、用钱买自由。同时哈登堡为了迎合庄园主们的意愿，对这个法令的实施设定了很多辅助方案，比如限制可以赎买的人的资格，规定要赎买的农奴必须付给庄园主当年土地租金的25倍，才可以成为自己份地的所有者。除此之外，在1816年，他又下发了一个命令，就是要赎身的农奴必须拥有一辆双套马车，并且还要保证两三代的农奴都占有这份份地。这些措施无形当中抬高了赎买的门槛。实际上，赎买的条件完全降低是在1848年以后，即欧洲大革命爆发以后，由欧洲革命对此产生的积极作用。这时，农奴只要将自己耕种的份地割一部分给庄园主，剩下的土地就归自己所有，同时他自己也就从庄园主那里赎身了。这种方法称为渐进法，也叫妥协法。这个方法之所以被称为经典，首先因为它是德国人的一个创新，自此以后，欧洲的其他国家凡是进行改革的，都在沿用这种方法。

农奴通过金钱买自由，使得容克积累了大量的资产。有些人认为容克阶级积累了大量的财富后就可以继续进行资本主义的生产。但后来德国成为了两次世界大战的发源地，有很多人认为恰恰是因为这些容克阶级，因为容克的封建性很强，侵略性很强，同时他们掌握了大量的生产能力，控制着国家的军队和外交，是导致德国成为战争策源地的重要因素，同时也是社会的毒瘤。

3. 美国模式

美国式的道路相对比较简单。美国的土地曾经是英国的13块殖民地，土地所有权属于英国国王。美国在独立战争以后，随着不断地向西扩张，国家就逐渐地将土地国有化。然而土地国有化以后，因为人口稀少，没有人来进行耕作，美国人也没有要实行庄园经济的意愿，所以大片的土地就荒芜了。这时就有人在国有的土地上自由耕作，这就是自由占地的运动。美国继续向西扩张以后，为了财政收入，美国政府又将全部土地收回，准备随后卖掉以增加财政收入。但当时很少有人有这么多钱来购买，美国就通过一次次的土地法降低一次性最低购买土地的面积。后来美国的税收体系建立以后，美国政府不再仅依靠卖地来增加财政收入，才开始考虑如何利用这些土地。当时就有很多议员提出，无偿将国有土地分配出去。这种说法实际上很早就被提出来过，杰斐逊就是这种小农经济的倡导者，他理想中的经济是每个人都拥有自己的土地，然后生产农产品再与英国进行工业产品交换，这就是他理想中的美国。后来迫于当时的条件，这个理想没能实现。再后来美国颁布了标志性的法律，使得土地所有权的私有性更加明确，这就是《宅第法》的颁布，就是无偿分配国有土地。这种法令迄今为止还没有在任何一个具有影响力的国家颁布过。在美国南北战争的背景下，当地的美国居民，只要交10美金就可以得到160英亩土地。这一点，在整个土地所有权确立的过程中，都显得尤为特殊，美国公民没有经过激烈的斗争，也没有交纳很多金钱，就得到了土地。其后，美国又形成了大地产的经营模式。这种大地产制与英国大租佃制有所不同。在英国，土地的所有人和土地的使用者是不同的；而美国土地的使用者和所有人大概是同一人。其原因在于，美国的人口稀少，若雇用工人进行生产成本很高，所以美国大多是家庭经营农场，农场主生育很多孩子充当劳动力，即使有农业雇工也大多数是短期的。同样因为人口稀少，当时人们最热衷的事情就是发明农用机器和选种育种，造就了美国比较高的农业现代化水平。美国以它得天独厚的自然环境，从一开始就是以为市场配置资源来准备的，很少有行政命令的影响，因此走了一条与其他国家很不一样的土地产权私有化的道路。

2007年6月5日

通货危机与王朝倾覆

张宇燕

张宇燕

男，1960 年生，经济学博士。中国社会科学院世界经济与政治研究所所长、研究员、博士生导师。

主要研究方向：国际政治经济学，制度经济学。

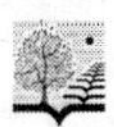

热点问题可以分为两类：一类是近年来突然成为关注焦点的问题，如股市、中美贸易和人民币汇率等；另一类则是在某些理论领域具有独特的重要性且颇有争议的问题。这一讲要谈的货币问题大体属于后者。实际上货币和财政密不可分，尤其是在古代历史中，两者间的联系尤为紧密。此讲的主要目的是向大家阐明货币的重要性。

首先向大家推荐一本书，《货币经济学前言——论争与反思》，作者是加拿大的约翰·史密森教授，由上海财经大学出版社出版。此书把货币问题专门提出来与微观经济学和宏观经济学放在同一层面加以讨论。在主流经济学中，增长理论、就业理论、贸易理论、企业理论等，基本上都属于"无货币"的经济理论。亚当·斯密提出的"斯密增长"主要是从分工、交易、专业化和市场规模角度来展开分析的。李嘉图的贸易理论中根本见不到货币的影子。"哈罗德一多马"增长模型同样如此。索洛的增长模型所涉及的只是劳动和资本的增长以及那个著名的"余值"，其中也不见货币踪迹。至于罗默等人提出的"新增长理论"，同样没有提到货币。无论是在科斯的企业理论中还是在诺斯的新制度经济学中，货币的作用大多是可以忽略不计的。即便是一些金融理论，表面上还提到货币，而实质上也是抛开货币不谈的。这一现象非常有趣，值得深思。

中国古代历史记述的多为帝王将相和才子佳人的言行，其中不乏维护长治久安预防王朝倾覆的攻防谋略与真知灼见，比如贾谊的《治安策》、司马光的《资治通鉴》、顾炎武的《天下郡国利病书》。说到改朝换代这类大变故，古人的讨论大多集中于政治与军事层面，用贾谊那句颇具代表性的话讲就是："仁义不施，攻守之势异也"（《过秦论》）。然而，在阅读了千家驹和郭彦岗所著的《中国货币演变史》（上海人民出版社，2005年版）一书后，我倒是越来越觉得，在解释朝代更迭的基本原因之集合中，还应加上一个因素，那便是通货或币制危机。我甚至觉得，至少从正式并大规模使用纸币的赵宋王朝到因币制崩溃而落荒逃离大陆的蒋家政权（公元960～1949年）的这段历史中，我们大致可以归纳出一个所谓的"千年规律"：通货危机实乃王朝倾覆的最直接且最致命的原因。

尽管没有被列为中国人的"数大发明"之中，但纸币的发明确实是中国人成就的一项，其意义要高于、至少不低于"四大发明"。早在公元前11世纪的西周时期，我们的祖先就使用过以布为币材的“里布”作为交易媒介。“里布”也由此成为人类历史上最早的信用货币。春秋战国时期，民间还发明了可随时兑换家牛的“牛皮币”。汉武帝曾经发行过以鹿皮为币材的“白鹿皮币”，并由此开了以发行信用货币来筹集国用的先河。魏晋南北朝时期实力强大的寺院“柜坊”和豪门大户的“邸店”，其吸收存款后出具的凭证在市面上广为流通，也有效地发挥了纸质信用货币的功能。由于携带方便且官方承兑，李唐政府发行的可异地兑现的汇票一时间成为了具有信用货币特征的纸币，史称“飞钱”。

虽说唐代以前信用货币便在中国有所发展，然而现代意义上的纸币登上历史舞台，还是以宋朝的信用纸币“交子”之诞生为标志的。北宋初期的四川，经济发达，商业繁荣，而流通中的货币却是价值小体积大的铁钱。当时买一匹布要用2万铁钱，重约500斤，需用车载，足见交易成本之高。太宗初年，为降低铁币带来的交易成本，成都16家富商订立契约，联合创立了世界首家发行纸币的私人金融机构“交子铺”，开始发行信用纸币“交子”。与此同时他们还在四川各地设立分铺，以方便交子的使用和兑现。后来由于这些富商们经营不善无法兑现而引起争讼，政府被迫出面干涉。为此曾有人上书，建议废除交子。然而，经过五代十国百年动乱，赵宋亟欲稳定政局，但财政上又捉襟见肘，而发行纸币或可补国用之不足。权衡利弊之后，宋仁宗于1023年设“益州交子务”，翌年发行了世界上第一张官方交子纸币。在一般人眼里，1024年可能无关紧要，但在货币史上，它无疑是可圈可点的一年。

宋徽宗崇宁四年（1105年），赵宋政府改交子为“钱引”，再后来又把民间流通的纸币“官子”和“会子”一律改为官办。有宋一代，纸币发行大多有所谓的“钞本”，即预留一定数量的准备金以备兑换，譬如交子初发时以铁钱为钞本，其数量约为纸币发行额的二成八。这样一来，扣除少量的印制费，交子与钞本间约七成的差额，便以铸币税的形式进了政府的腰包。但是，随着纸币发行额的迅猛增长，钞本越来越显得微不足道。到了12世纪60年代，钞本仅为1/60，最终干脆就无钞本发行。赵宋发行纸币有一独到之处，即所谓“分界”发行，其含义是纸币一定年限（初为三年一界）发行一次，届满以新换旧。由于发行过量，新旧币换算时旧币总是要以多换少。南宋末年，因朝廷滥发纸币，致使物价腾贵，人心惶惶。市面上只见纸币不见大米，十八界会子二百贯甚至买不到一双草鞋。及至被蒙元所灭亡，南宋正式发行了二十余界纸币。如果新旧币按五比一换算，同时假定流通货币总量不变，则南宋160多年的通货膨胀率高达20万亿倍！

如果说赵宋王朝葬身于通货膨胀的惊涛骇浪，那么它的冤家对头金国同样没能逃脱通货膨胀带来的厄运。金国的货币体制可以说是完全照搬赵宋。它于海陵

王贞元二年（1154年）设“交钞库”发行“交钞”。发钞初期和赵宋一样，金王朝大体还照章办事，但随后其滥发钞票之规模则让赵宋自叹不如。13世纪初金国受到宋、蒙的夹攻，唯有发钞方能弥补财政亏空。在毫无节制发钞的同时，金政府还强制民间一切交易必须用钞。尽管贵金属可以保值，但“格雷欣法则”同样适用于那时的金国。在“劣币”交钞的驱逐下，“良币”白银几乎全都退出了流通。面对飞涨的物价，金政府又实行议价或限价政策。结果，坐贾关门，行商绝迹，四民失业，军心涣散，生产者倾族远逃，富家资财化为乌有，时称“坐化”。发钞70年后，金国银与交钞的比价上涨了6000万倍，出现了“万贯唯易一饼”的景况，货币信用体系完全崩溃。又苦撑了十余年，曾经不可一世的金国终被蒙古军队所灭。

金国亡于币制崩坏，赵宋重蹈金之覆辙。蒙古人相继灭掉金、宋，所依靠的最具杀伤力的“武器”之一，便是两国在通货制度上的自乱阵脚。之后，历史以其人之道还治其人之身，又无情地捉弄了入主中原的蒙元统治者。元朝是中国古代史上纸币流通最为盛行的时期。受宋、金影响，元世祖于中统元年（1260年）便印发“中统交钞”和“中统元宝宝钞”。发钞之初，由于殷鉴不远，蒙元王朝特别制定了最早的信用货币条例“十四条画”和“通行条画”：设立“钞券提举司”垄断货币发行；拨足以丝和银为本位的钞本来维持纸币信用；允许民间以银向政府储备库换钞或以钞向政府兑银，同时严禁私自买卖金银；确立交钞的法偿地位，所有钞券均可完税纳粮；明令白银和铜钱退出流通。如此标准的、被后人称为银本位制度的创立，在人类历史上尚属首次。遗憾的是好景不长，主要也是受到巨大短期收益的诱惑和面临连年对外用兵引起的财政压力，元朝政府很快就自坏成法，失信于民，步宋、金之后尘，短短20年后，宝钞便贬为原值的1/10。之后，政府滥发宝钞不已，物价奇贵，元末米价竟比元初上涨六七万倍。结果民怨沸腾，钞法崩溃，元王朝终为红巾军所推翻。

大凡制度一旦确立，便伴随有“制度惯性”。明太祖朱元璋虽然深知元朝倾覆的基本原因之一在于币制崩坏，但出于缓解财政压力、强化中央集权、置贵金属于政府掌控之中、降低交易成本之考虑，同时也出于朱元璋本人的自信性格，明廷于洪武八年（1375年）立钞法，设“宝钞提举司”，颁行“大明通行宝钞”。大明宝钞与宋、金、元纸币的显著区别，在于它的发行不分界、不限时、不限量、不限地区，只出不进，亦即一方面发钞支付军饷和政府采购以及单向兑入金银；另一方面收取租税时却不收宝钞只要白银或搭收少量宝钞。正统七年（1442年）户部设立的“太仓库”即专门储银。在此背景下，随着发行量的扩大，纵有严刑酷法和种种补救措施，朱明终究也抵御不住通货膨胀大潮的冲击。宝钞发行百年后，其值仅为最初的千分之二三，民间视同废纸。彭信威在《中国货币史》（上海人民出版社，1988 年版）中讲到，明武宗 1510 年查抄太监刘瑾家财时，其银竟有二亿五千万两之多。这一方面说明白银在明朝中期的地位和数量，也表明白银便于贮藏并且实际上也被大量贮藏。到了嘉靖初年（1522 年），明廷规定入库一律为金银。这无异于宣判了极不受欢迎之宝钞的死刑。到了张居正主政时期（1572～1582 年），随着“一条鞭法”的施行，明王朝正式建立了“银两制度”。

从信用货币制改弦更张为金属货币制，明廷的基本解释是“从民便”。应该讲这样做不失为明智之举。但同时，晚明经济的白银化也为明王朝的灭亡埋下了伏笔。经济白银化显而易见的优点，在于约束王朝任意创造货币的权力，切断通向恶性通货膨胀之路，为市场带来相对稳定的预期，并以此鼓励投资与贸易。正如万明在其主编的《晚明社会变迁》中所论证的那样，自成化、弘治时期（十五世纪下半叶）开始到万历年间最终完成的经济白银化进程，从相当意义上讲促成了晚明的经济繁荣和社会转型（商务印书馆，2005 年版第三章）。但随之而来的巨大风险，则在于产银很少的大明其通货数量严重依赖于不稳定的海外进口，在于中央政府完全丧失了对货币和信用的控制。据牟复礼和崔瑞德主编的《剑桥中国明代史》（中国社会科学出版社，1992 年版第十章），这种最初存在于理论之中的风险在崇祯十二年（1639 年）变成了事实。这一年夏天，日本德川幕府终止了来自澳门的葡萄牙商人在长崎的贸易；同年秋天，中国人和西班牙人在马尼拉的暴力冲突，也割断了美洲白银流入中国的通道。两条最主要的以丝绸、瓷器和茶叶换取白银之商路突然断绝，诱发了银贵物贱，并使得民间窖藏的白银大幅度增加。结果，一场以突如其来的通货紧缩为导火索的全面经济危机降临了。这场经济危机和天灾、人祸、内乱和外敌一道，摧枯拉朽般地埋葬了朱明王朝。

宋、金、元三朝之灭亡与通货膨胀高度相关，大明之倾覆却与晚明长期的通货紧缩密切相连。面对两个互相矛盾的惨痛教训，经再三权衡，特别是期望迅速控制局势并尽快使社会生活恢复到正常状态，清政府全面承袭了包括明朝嘉靖年间创立的银两制度在内的明朝制度。在《十六世纪明代中国之财政与税收》（三联书店，2001 年版第八章）中，清政府的这一做法被黄仁宇视为“新王朝最大的错误”，“确实是中国的倒退”。和信用纸币相比，银两制度更为原始，属于金属货币中的秤量货币类型，即以金属币材本身的重量、成色及价值为基础来确定的交易媒介和储藏手段。银两制度的核心，是由国家规定作为货币之白银的成色和重量单位，并使之成为处理国家财政收支、民间借贷及相关诉讼等问题的“法货”。

银两制度虽然起源并成形于明代，但其“大发展”却在清代，尤其是晚清。清朝对银两——统称“宝银”——的铸造与发行，均采取自由放任政策。由于各地所铸宝银在成色、重量和流通习惯上各不相同，各地的宝银又都有自己的名

称，再加上市场上广为流通的海外银元和外资银行发行的纸币，因而清朝货币种类众多，度量繁杂，体系混乱，为世界货币史所罕见。清朝的宝银如按成色划分，从纹宝（纹银）到足银（十足银）共有八种，宁波、苏州、上海、天津、成都五城市就分别使用不同成色的宝银。同时，衡量宝银重量的标准，即所谓"平砝"，少说也有一百七十余种，包括库平、关平、漕平、钱平和司马平，等等。鉴于此，在清朝的大部分时间里，全国各大中城市都设有"炉房"和"公估局"，专管熔铸和鉴定宝银。因度量与换算繁难而引起的，是巨额交易成本，其间涉及的欺诈与层层盘剥，则更是司空见惯。仅过高之交易成本对长期经济增长造成的损害，恐怕就是难以估量的。

清代货币体系混乱带来的一个更为可怕的后果，是外商借机大肆掠夺清中国的巨额财富。银元输出和在华发行纸币，是其攫取中国财富的主要金融手段。早在十五世纪，西班牙在墨西哥铸造的银元便开始流入中国。到了清朝，特别是道光（1821～1850年）以后，由于形式、成色、重量规整划一民间喜用，银元逐步从沿海深入内地，并被视同于纹银一两。银元重七钱二分、含银九成，而纹银重一两、成色九三五。两者如"等价"交换，则银元持有者净赚四成四。面对如此厚利，外商大肆用银元套购纹银也就自然而然了。据彭信威考证，清政府曾发觉在外国银币流入的同时有银块流出，甚至有人主张禁止。英国东印度公司的编年史上亦有相关记录。宣统二年（1910年）清政府曾专门调查，结果发现在中国流通的外国银元有11亿元，占清末货币流通量的四成三。仅用银元套购纹银一项，外商便堂而皇之地从清政府榨取了5亿两白银。如果说输出银元套汇赚钱还有贸易做幌子，那么外资银行在华直接发行纸币则算是明目张胆的抢劫了。第一次鸦片战争结束后，英、美、法、俄、日甚至中国香港和中国台湾的政府及私人金融机构，纷纷在中国开办银行，并常常是非法地在华发行纸币，其数额达3.2亿两纹银，占清末货币流通量的一成二。扣除银元贸易和纸币印制成本后，我们便可估算出清朝因币制混乱而被列强巧取豪夺的财富：8亿两白银。此数四倍于甲午战争赔款，1.8倍于庚子赔款（实际的赔款数因时间长和利息高而大大多于条约规定的赔款额），11倍于清末政府年财政收入，约等于鸦片战争以来清廷对外赔款之总和。

经过十多年北洋政府货币银行体系的混乱后，国民党执政伊始便着手整合中国银行业，并于1928年组建了中央银行，且在1933年实施币制改革："废两改元"，即一切公私交易皆用政府统一铸造的银元。尔后，国民党政府又陆续建立了中国银行、交通银行和中国农民银行。此四大银行都享有中央银行的特权，并共同构成官僚资本的金融支柱。虽说"废两改元"结束了清末和北洋政府时期混乱愚钝的旧币制，但新制度仍然以白银为支点，故其脆弱的基础依然未打牢。

当一年后美国实行白银国有、国际市场银价暴涨、中国白银大量外流并引发通货紧缩、财政赤字高居不下时，国民党政府于1935年末推出了“法币政策”，决定由中央银行等垄断纸币发行、白银国有化、法币盯住英镑和美元，即全面回归信用货币制度。尽管这使抗日战争引发的巨额财政赤字得以全部依靠发行法币来弥补，但8年后重庆的物价上涨了1200多倍。为了支撑随之而起的内战和弥补赤字，到1948年8月，法币的发行数额达到天文数字：600万亿元，此数额等于抗战前夕发行额的40多万倍，其间的物价上涨了3000多万倍。至此，法币体系已经土崩瓦解。

值此危难之际，蒋介石孤注一掷，决定采纳财政部部长王云五的方案，于1948年8月19日进行币制改革和经济管制，即发行金圆券，以一定数量的美元做准备金，按一比三百万的比例兑换法币，限期强制收兑民间金银外币，并对商品实行严格的限价销售，以期稳定物价和人心，使经济恢复正常。为此，蒋介石还特派其子蒋经国到上海亲自督导，严查不按“八·一九限价”销售的“奸商”。然而天不遂人愿，相对稳定的物价仅仅维持了两个多月。随着市场信心的瓦解和金圆券发行量的迅速扩大，物价犹如脱缰野马，一发不可收拾。据朱宗震在《中华民国史》第三编第六卷（中华书局，2000年版）中给出的数据，到1949年4月中旬，金圆券的发行量已达7600亿元（另一数字为1.5万亿元），上海的物价指数8个月内竟上涨了200万倍。国民党军队在战场上的失败、蒋家王朝的覆灭与恶性通货膨胀率在时间上吻合得如此之好，看来绝非偶然。美国经济学家弗里德曼夫妇在《自由选择》一书（商务印书馆，1998年版）中谈到国民党在大陆溃败这段历史时，得出的便是这样一个结论。

明代万历朝重臣张居正曾写过一篇著名的奏折，叫《陈六事疏》。开篇他便写道：“帝王之治天下，有大本，有急务。正心修身建极以为臣民之表率者，图治之大也。审几度势，更化宜民者，救时之急务也。”虽说今人不该用时下的标准去评判古人，但我依旧以为，图治之“大本”理应包括设立或选择恰逢其时的货币制度。我们已经看到，自赵宋、金、元，经过明、清，再到民国政府，它们统治中国大陆的终结，均同将“大本”当作“急务”加以对待高度相关。近几年来我一直在关注货币史，相关文献读得越多，我就越发认识到货币在经济长期增长和社会政治稳定两大目标实现过程中的决定性作用。这也恰是我撰写此文的原因。当然，把王朝的更迭仅仅归结于低效或失败的通货制度是欠妥当的。改朝换代的根源有时是个见仁见智的问题。堪萨斯大学的窦德士在《剑桥中国辽西夏金元史》（中国社会科学出版社，1998年版）中就曾指出，元朝寿命之短暂和全球气候异常与自然灾害多发有关。在14世纪至少有36个寒冬，这比有记载的任何一个世纪都多。如果正常年景多一些，元朝很有可能比它实际存在的时间要

长得多。换言之，元帝国过早地分崩离析是因为运气不佳。

比较而言，我更青睐以“货币一制度”二分法作为思考的切入点。在前面所论及的千年历史中，最令我感到震撼和惋惜的，恰巧也是元朝。13世纪60年代，当在元帝国看到一张被印上字的纸竟然能够当钱币使用的时候，欧洲旅行家马可·波罗目瞪口呆了。元朝的货币制度在当时无疑是世界上最先进的。以今天的眼光看，元朝早熟的币制因条件不具备而悲剧性地走向了反面。而众多条件中最关键的，除了健康的货币制度外，便是行之有效的内在约束和攫取外部资源的能力。英国商人集团不失时机地发动“光荣革命”和从事大规模殖民掠夺，并率先建立起现代金本位制度，从而最早地完成了工业化。这是否也可以归结为运气呢？

（文章来源自《学术讲座荟萃》第41辑，2007年6月7日）

新中国固定资产投资历史研究概述

董志凯

董志凯

女，1944 年生，天津市人，研究员。中国社会科学院经济研究所研究员，中国社会科学院研究生院教授、博士生导师，中国经济史学会会长，中国社会科学院中国现代经济史研究中心主任。

主要研究领域：中国现代经济史。

1994 年被中国社会科学院评为“中青年有突出贡献专家”；同年被国务院评为享受政府特殊津贴待遇的专家。

固定资产投资是贯穿我国工业化和现代化建设的基本内容。运用辩证唯物主义和历史唯物主义的方法研究新中国成立以来的投资历史，对各个时期的投资规模、投资结构、投资布局、投资速度、投资效益、投资体制等做分析，关系到经济领域一系列重大问题。诸如，为什么中国一开始就选择了高度集中统一的经济体制和投资体制？“大跃进”中如何从体制改革的探索转到“左”的冲击？20世纪我国三次投资包干、四次投资规模膨胀和五次经济调整的情况；投资概念如何从基本建设投资演变到固定资产投资？改革开放以后建设方针如何从速度型的外延扩大再生产为主转向效益型的内涵扩大再生产为主？投资如何从国家拨款改为银行贷款？又如何从“拨改贷”到建立投资基金制“贷改投”？经济体制改革如何引发出投资主体多元化、投资渠道多源化和投资方式多样化？横向经济联合如何呼唤资金融通，出现资金市场？证券和证券市场是如何发展的？进入21世纪以来，投资问题愈益丰富、尖锐，涉及海内外投资，跨国公司对华投资和中国企业海外投资，以及近年来的投资过热，工业化道路的争论等，可以说涉及宏观资源配置、微观经济管理的各个方面。对以上种种历叙始末，做出分析，是中国现代经济史的重要组成部分。改革开放以来，这方面的研究成果十分丰富。[①] 以下仅从六个方面概要介绍相关成果。

一、固定资产投资与新中国的工业化、城市化与现代化

（一）关于优先发展重工业的投资结构

优先发展重工业的战略是新中国固定资产投资结构的前提。我国实施这一战略达30余年之久。利弊得失，看法不一。

① 曹尔阶：《新中国投资史纲》，中国财政经济出版社，1993年版；夏泰生、李震：《中国投资简史》，中国财政经济出版社，1993年版；田江海：《转轨期的中国投资》，经济管理出版社，1998年版；国家统计局固定资产投资司：《中国投资新视野》，中国统计出版社，1999年版；董志凯、吴江：《新中国工业的奠基石——156项建设研究》，广东经济出版社，2004年版；均是这方面比较有分量的著作。

历史地看待20世纪50～60年代的引进外资、大规模工业化建设，优先发展重工业与中国工业化起步阶段的历史密切相关，是中国的产业结构特征和国内外环境所决定的。[①] 正是优先发展重工业的战略抉择和向社会主义的提前过渡，使中国抓住了历史机遇，加快了工业化的进程。[②] 20世纪50年代中国加速推进农业社会主义改造是工业化发展战略的逻辑结果。在这场运动结束后毛泽东对农业与工业化相互关系的思考有很高的理论价值。[③]1953年在过渡时期总路线中把优先发展重工业以奠定国家社会主义工业化初步基础作为经济发展的主要战略目标是符合当时我国实际情况的，执行的结果也是好的。正确处理农轻重关系以实现工业化的道路，就是在优先发展重工业的同时，多发展一些农业和轻工业。但是在实践上却没有这样做。[④] 新中国的战略就是一个强速发展战略：一是要强速，二是要重工业，特点就是突出要快。这有它的客观背景。强速发展战略带来一些具体问题：一是农业、轻工业被挤掉；二是高积累，低消费；三是增长方式是粗放的、外延的；四是总需求大于总供给。[⑤] 从市场经济一般理论的角度出发，则认为，一经选择了以优先发展重工业作为经济发展战略目标，扭曲的宏观政策环境、高度集中的资源计划配置制度和没有自主权的微观经营机制便相继形成……与重工业优先发展战略相适应的这种三位一体的经济体制，造成产业结构扭曲和劳动激励不足，表现出抑制经济发展和阻碍人民生活水平改善的效果。因此，要将“赶超战略”转变为“比较利益战略”。[⑥] 在2004～2005年进行的关于新型工业化要不要以发展重化工业为主的讨论中，持此观点者再次批评“赶超战略”。

（二）投资结构的转化

随着工业化阶段的推进与改革的进程，学界对我国工业化、城市化与现代化有了进一步认识。金碚认为，我国产业结构战略的转变，伴随工业化演进和经济体制改革推进，大体上经历了1979～1988年扭转片面重工业化倾向、发展以轻工业为主的加工制造业阶段，1989～1991年调整工业内部结构、控制一般加工工业发展、加强基础工业和基础设施的阶段，1992～2001年加快技术密集型产业发展、推动工业结构由高加工度化向技术集约化转变的阶段。[⑦] 发展中国家工

---

① 董志凯、吴江：《新中国工业的奠基石——156项建设研究》，广东经济出版社，2004年版。

②③朱佳木：《由新民主主义向社会主义的提前过渡与优先发展重工业的战略抉择》，《当代中国史研究》2004年第5期。

④ 刘国光：《中国经济发展战略问题研究》，上海人民出版社，1984年版，第143页。

⑤ 刘国光：《改革开放前的中国的经济发展和经济体制》，《中共党史研究》2002年第4期。

⑥ 林毅夫：《中国的奇迹——发展战略与经济改革》，上海三联书店、上海人民出版社，1994年版。

⑦ 郭克莎：《加入WTO前我国工业发展战略的演变》，《当代中国史研究》2004年第3期。

业化过程必然一度表现为发达国家的产业转移。[①] 郭克莎从三个方面分析了我国工业化进程的特殊性。认为从我国三次产业的产出结构所反映的工业化阶段，已经处于中、后期；从工业结构角度看，处于工业化中期阶段；如果以人均收入水平指标衡量，我国目前大概处于工业化中期阶段的上半期；综合各方面因素，我国目前大概处于工业化的第二个阶段。[②] 武力认为，从19世纪60年代的“洋务运动”至今，以国家资本为主发展现代经济，是中国工业化的重要特征。[③] 2006年9月17日茂名百万吨乙烯装置成功投产。它比原计划整整提前了11天！百万吨乙烯工程每提前一天投产，就意味着每天可多增加600万元的净收益啊！国产化新装置不仅实现了一次开车成功，而且投产后迅速度过“磨合期”，保持安全连续运转，打破了过去装置开车后不久即“停工消缺”的惯例，被中国石化集团总经理陈同海称为大乙烯建设的成功典范。茂名新乙烯是一项投资额达81亿元的石化“巨无霸”，是广东省发展支柱产业、加快率先实现现代化的十大工程之一，是中国石化集团推进南方基地建设的“十五”重点项目；而在“产能就是竞争力”的乙烯工业中，其“超一流”霸主地位，至少在今后3年中将无人匹敌：年乙烯生产能力占中国石化的1/6，全国的1/8。茂名100万吨新乙烯工程是中国石化依靠自主创新建设的国内第一个大乙烯工程，并且创造了建设工期最短、国产化率最高、投资成本最低等一系列新纪录。这一实例说明了直到完成了工业化初期阶段之后，能源、原材料等所谓重工业在我国工业化城市化进程中的重要地位。

（三）投资结构对城市化、产业结构的影响

在工业化过程中，农业劳动力向非农产业转移、农村人口向城市流动，这一城市化进程是工业化不可避免的现象。中国的城市化有一定程度的滞后；中国的第三产业比重较低。后一个因素又主要受中国长期以来投资比率过高的影响。中国城市化和工业化关系受制于国民经济中基础因素的影响，在可比较数据的87个国家中，可以得出中国的大城市略显不足的结论。[④] 在1950～1980年的30年中，全世界城市人口的比重由28.4%上升到41.3%，其中发展中国家由16.2%上升到30.5%，但是中国大陆仅由11.2%上升到19.4%。与工业化的速度形成巨大反差。这一现象源于优先发展重工业的工业化发展战略的影响；同时，由于

---

① 金碚：《中国产业发展的道路和战略选择》，《中国工业经济》2004年第7期。

② 郭克莎：《中国工业化的进程、问题与出路》，《中国社会科学》2000年第3期。

③ 武力：《从官营工商业到国有企业改革——中国国家资本演变的历史分析》，多元视野中的中国历史会议论文。

④ 李京文、吉昱华：《中国城市化水平之国际比较》，《城市发展研究》2003年第3期。

"按劳分配"、"消灭失业"、"男女平等"被作为社会主义基本原则和优越性，政府在城镇始终推行充分就业政策，也使城市吸纳人口的能力进一步降低。①1949～1978年经济发展战略所导致的城市化滞后和城乡壁垒也有积极作用：①一方面维持了高积累下的工业体系早日建成，另一方面避免了发展中国家普遍出现的"过度城市化"（高失业率、第三产业过度膨胀和城市贫民窟）。②对工业化和城市化的推进都起到了"蓄之既久，其发必速"的作用。近30年的优先发展重工业，为改革开放以来轻工业和第三产业的迅速发展创造了来自供给、需求两个方面的有利条件。而城乡壁垒又迫使农村优秀人才不得不就地发展非农产业和走上以小城镇为主要依托的城市化道路，从而避免了人口向大中城市集中所造成的严重问题。②

一方面，新中国成立以后在推动城市现代化与城市改造的过程中，无论是传统城市的"变消费城市为生产城市"，还是新兴城市的"充分利用、合理发展"，都更注重城市的生产功能，城市的其他经济功能却不断受到来自国家的限制与削弱。另一方面，新中国成立以来封闭的经济建设环境在将中国的经济循环限制于国门之内的同时，迅速建立起来的计划经济体制又使经济发展的条块分割与地区分割限制了国内不同地区间的经济循环，城市的金融、贸易、流通枢纽功能的发挥丧失了进一步发展的外在环境。这种城市现代化单向突进的发展模式导致我国城市第三产业的发展缓慢，甚至趋于停滞、萎缩。嵌入式的工业发展所带来的城市现代化"超前发展"使城市未能成为推动周边农村地区经济发展的中心，其所能引发的地区城市化更为有限。③

不同看法认为，中国的城市化并没有严重滞后于工业化。城市化率的上升与工业产值比重上升的相关性较低，而与非农产业就业比重变化的相关性较强，中国的问题在于工业化的偏差而不在于城市化的偏差。从理论上说，应当以非农产业的就业比重来衡量工业化与城市化的关系，并以加快服务业发展和就业结构升级作为工业化与城市化协调发展的中心内容。④

---

① 武力：《1949～1978年中国劳动力供求与城市化关系研究》，《中国经济史研究》1998年第3期。

② 李文：《近半个世纪以来中国城市化进程的总结与评价》，《当代中国史研究》2002年第5期；武力：《1978～2000年中国城市化进程研究》，《中国经济史研究》2002年第4期；王海坤：《凝结的历史——中国城市化进程回眸》，《中国经济时报》2002年11月9日。

③ 邱国盛：《1949年以来中国城市现代化与城市化关系探讨》，《当代中国史研究》2002年第5期。

④ 郭克莎：《工业化与城市化关系的经济学分析》，《中国社会科学》2002年第2期。

二、投融资体制变化研究

（一）计划经济体制下的投融资体制

20 世纪 50 年代，我国基本建设投资的前提是：生产力水平低下，人均产值低；资金紧缺，但资产相对集中；西方国家对我国实行经济封锁；我国确立了优先发展重工业的工业化方针。投资管理体制的变化要适应生产力发展的要求；建设规模不能超过国力许可的范围，急于求成必将适得其反；综合平衡应从短线出发。"一五"期间，我国资源供求状况及其配置方式发生巨大变化，这些变化与这一时期的投资过热和经济波动存在必然联系。"一五"时期的投资是个连续大起大落的过程，两次冒进间隔时间短，这在新中国成立以来的投资史上是少见的。由于投资规模过大、增长速度过快，导致生产资料和消费品供求形势全面紧张，促使国家将计划管理的力度和范围不断加大，从而加快了三大改造的步伐，全面建立起了计划经济体制。但自此也形成了追求高速度和外延、粗放型的增长方式。①

"一五"时期国家银行的信贷投资是推进我国三大社会主义改造、促使经济体制发生重大变革的重要工具。这一时期国家银行的工商信贷政策、投资结构、银行与企业的相互关系反映出："一五"时期金融中介为中国人民银行垄断，工商经济成分单一化，国家集资金供给与需求于一身，产生了不将资金当作商品看待的观念。其消极影响在于，一是利率脱离资金的实际供求情况，二是政府作为主要的储蓄者、投资者、资金需求者，对投资风险缺乏强烈的责任感。②

（二）投资拉动型的经济特征

1. 投资率高、经济高速增长、消费水平低

中国经济是一个靠投资拉动的经济，不仅是由于中国的投资率是世界各国中最高的，且在波动中呈现提高之势，而且是由于投资的增长与经济增长的相关度很高，对经济增长的贡献很大。20 世纪 80 年代的投资率平均为 36%，90 年代平均为 38.4%，2002 年固定资产投资与 GDP 的比例为 42.2%，超过了 1993 年最高时的 37.7%，2003 年达到了 47.3%。然而，由于投融资体制的限制，中国投

---

① 董志凯：《20 世纪 50 年代基本建设投资的前提和结构》，《当代中国史研究》2005 年第 6 期；徐建青：《"一五"时期的投资与制度变革》，《当代中国史研究》2005 年第 6 期。

② 赵学军：《新中国成立初期（1949～1957）中国金融机制研究报告》。

资的效率却比较低，且呈不断降低之势，进而影响了经济增长的质量。因此，改革开放25年，我国虽然一直保持了高速的经济增长，但社会财富却没有同步增长，人民的生活水平还相当低。①

2. *以政府为主配置资源*

郭励弘认为中国的投融资改革严重滞后，不仅因为受到国资国企的拖累，而且还因为它既秉承了传统计划经济最核心的内容（即政府配置资源），又在渐进改革过程中衍生出了许多与市场经济不相容的"特色"。改革的根本措施是完善出资人制度，将投融资管理的重点从项目管理转向资本市场管理，从"投"转向"融"。过去10年涉及投资体制改革的文件可分为三类。第一类属于方向正确而实际不到位，例如"主要靠市场配置建设资金"，"建立严格的投资决策责任制，强化投资风险约束机制"，等等。第二类是以建筑业改革混充投资改革。第三类则是经济含义混乱的一些特色措施，在实践中恰恰是这一类措施推行最得力。反映出来的明显症候有四个：①为国企增加待破产成员。②国有企业缺乏持续投资的能力。根据《国际统计年鉴》，制造业的折旧率，日本是11% ~15%，美国是13%左右，德国是29%左右。我们以4%的折旧率要求国企技术创新，搞R&D，打造核心竞争力，去和跨国公司对抗，实在是南辕北辙。③民间投资融资障碍重重。④信用缺失。储蓄难以转化为投资。②

鉴于国家政府在固定资产投资中的重要作用，不少研究将财政体制的演变与投资体制的历史联系起来研究：回顾了我国公共财政制度在晚清财政转型背景下产生，在民国得到发展。在新中国达到高潮的历史。③ 从1998 ~2001年积极宏观经济政策的实施情况来看，它对扩大内需、拉动经济增长是有意义的，但并未达到明显提升经济增长速度的初衷，因为这些宏观经济政策的实施不能克服或解决中国经济现实中存在的八个问题。长期实行积极的宏观经济政策尤其是积极的财政政策会导致经济增长对投资特别是政府投资的过度依赖。政府配置资源的比例越来越高，也会弱化市场配置资源的能力。④我国在历经近30年的改革之后，科尔奈指出的"投资饥渴"问题依旧存在，政府主导的投资冲动依然强势，这与政府职能转换不到位，特别是地方政府投资资金来源和投资行为不规范有很大关系。历史经验表明，中国经济增长的每一次大起大落，都与投资规模过大密切相关。而以政府主导的行政投资扩张对每一次投资波动都起到了推动作用。要正确

---

① 张曙光：《简议投融资体制改革》，中评网2004年4月21日。

② 郭励弘：《中国投融资体制改革的回顾与前瞻》，《管理世界》2003年第11期。

③ 刘守刚：《晚清财政转型与我国公共生产制度的兴起》，《上海财经大学学报》2003年第2期。

④ 董藩：《1998 ~2001年财政政策反思》，《科学决策》2003年第6期。

认识转轨体制下政府投资的特征，其导向性作用很容易引致全社会总体投资规模的扩大，投资速度加快。因此，要从各个方面规范政府、国有企事业单位的投资资金来源和投资行为，确保固定资产投资合理增长，促进经济平稳较快发展。① 中国投资体制更深层次矛盾在于：中央与地方的财政分权架构分税制改革后，地方已不再只是中央在地方的延伸和代理机构，它已经成为了一个有其独立利益的实体，并在中央与地方之间形成了新的财权与事权分配模式。这种模式对于投资体制的影响主要表现为以下三个方面：一是地方政府财权事权不对等诱发中央和地方、上级和下级政府的机会主义博弈。二是政绩考核导向使得经济建设型政府取代公共服务型政府，故此，保障地区经济和金融运行的一系列基础设施和制度基础缺失。三是制度供给的缺失使得地方政府毫无约束地主导资源配置。②

财政投资的特点另谈。

3. 金融调控固定资产投资方式和作用的演变

从1998年开始，我国金融调控的主要工具从信贷规模限额控制这一直接控制手段向通过调控基础货币的供给能力来调整货币供应量的间接调控手段过渡。信贷政策由原来直接控制的“硬手段”转变为体现宏观调控目标和调控意图的“软手段”。伴随着国内外宏观经济形势的发展和服务于金融机构改革的需要，我国固定资产投资的信贷政策经历了三个发展阶段：①1998～2000年：谨慎防范信贷风险、固定资产投资低速徘徊阶段。②2000～2003年：金融机构追求信贷质量和效益、民间投资开始启动阶段。③2004年以来：固定资产投资高增长、信贷紧缩阶段。虽然2004年以来，固定资产投资的信贷政策取得了积极成效，信贷增长和固定资产投资增长偏快的趋势得到了初步控制，但由于投资的资金来源正在多样化，仅凭信贷政策控制，难度越来越大。同时，受货币供给增长的影响，信贷紧缩的难度也越来越大。③

三、基本建设投资的历程

基本建设在我国工业化、现代化历程中具有举足轻重的地位，反映建设历程的成果不断涌现，内容与分析呈现具体、深入、洞察的趋势。这些成果不仅在“当代中国”丛书有关卷（包括《当代中国的基本建设》、《当代中国的固定资产

---

① 陈佳贵：《深化改革，规范政府投资的资金来源和投资行为》，《中国社会科学院院报》2006年11月23日。

② 刘煜辉、徐义国：《投资率高低之争凸显微观与宏观的背离》，《经济学消息报》2006年第52期。

③ 伞锋：《1998年以来投资信贷政策经历的三个发展阶段》，《财经数据解读》2006年第18期。

投资管理》、《当代中国的城市建设》、《当代中国的乡村建设》）以及各个工业部门和地方卷中均有比较全面的阐述；而且还有多种专题研究成果。随着《中华人民共和国档案资料选编》1949~1952年、1953~1957年的21卷出版，形成了一批有关阶段投资研究的成果。①

（一）关于基础设施的投资

当年优先发展重工业并非今日所言的装备制造业，其中相当重要的部分为能源、原材料工业与基础设施的建设。

基础设施投资，特别是水利投资在基本建设投资中占据重要地位。这方面的研究成果与其历史地位不成比例（如洋洋200余卷的"当代中国"丛书没有水利卷），原因在于水利工作难度最大。以黄河而言，毛主席曾发出"一定要把淮河修好"、"一定要根治海河"的伟大号召，但对于黄河，则说"要把黄河的事情办好"。周总理曾感叹"水利比上天还难"。周总理为什么这样说呢？在20世纪50年代至70年代，我国原子弹、氢弹爆炸成功，卫星也顺利进入太空运行，这都是上天的事，而建国后倾力上马的黄河三门峡工程，几经改建，却还有这样那样的问题。这不是治水之难难于上天吗？② 目前，对水利投资的研究走向正在体现。如对1965~1980年的水利建设经济效益进行分析，认为其对于增强国家的总体减灾抗灾能力，改变落后的生产条件，巩固国民经济基础起到了关键的作用；也为以后的经济政策调整、经济发展在一定程度上奠定了物质基础。其中以江苏、山东、湖北、河南、湖南五个水利大省和安徽省具有相当的代表性。③ 1949年以来各地兴建了2000多万处小型农田水利工程。这些小型水利设施控制的农田灌溉面积为4.6亿亩，占总灌溉面积的55%，生产的粮食占全国总量的

---

① 董志凯：《建国头三年基本建设投资特点》，《经济研究参考资料》1989年第5期；《论国民经济恢复时期固定资产投资的几个特点》，《中国经济史研究》1989年第5期；《从50年代的私人投资看建立个人投资主体的合理运行机制》，《投资研究》1991年第3期；《国民经济恢复时期的私人投资》，《中国经济史研究》1992年第9期；《从"机船矿路"到"瓶颈产业"——中国百年投资结构之联想》，《中国经济史研究》1994年第2期；《新中国成立初期外资的引进和利用》，载《辉煌的45年》，当代中国出版社，1995年版；《从住宅问题看我国基本建设投资特点及其历史变化》，《中国经济史研究》1995年第10期；《"大跃进"运动对中国工业建设作用辨析》，《中共党史研究》1996年第12期；《论"一五"工业建设中的市场作用》，《中国经济史研究》1997年第4期；《走农轻重协调发展的工业化道路》，载《纪念"正处"发表40周年论文集》，当代中国出版社，1998年版；《对"一五"建设资金的再认识》，《中国经济史研究》1998年第1期；《国营企业对我国工业化资金积累作出的贡献和牺牲》，《当代中国史研究》1998年第1期；《论20世纪后半叶中国大陆的城市化建设》，《中国经济史研究》1998年第9期；《新中国的经济建设与旧中国的经济遗产》，载《社会主义与中华民族的伟大复兴》，当代中国出版社，1999年版；等等。

② 刘昌明：《说说中国历代的水利问题》，《求是》2007年第9期。

③ 徐海亮：《"三五"至"五五"期间的水利建设经济效益》，《"三农"中国》2004年9月2日。

35%以上。由于当时建设标准低、配套差，后续投入不足等原因，许多地方的小型农田水利设施严重失修，成为提高农业综合生产能力的主要制约因素。[①] 魏廷琤将半个多世纪以来参加三峡工程建设的感受概括为以下几点：①早在20世纪50年代中央就决定兴建长江三峡工程是完全正确的。②三峡工程终于开工建设并发挥作用是革命精神的充分体现。③随着长江的治理开发，现在制约我国发展的能源和环境两大因素，将得到一定程度的缓解。[②]

（二）关于“156项”建设

“156项”建设是新中国首次通过利用国外资金、技术和设备开展的大规模的工业建设。在工业基础极端薄弱、建设经验近乎空白的条件下，国家以高度认真负责的态度开展了建设项目的立项工作。一批研究成果回顾了以“156项”建设为代表，工业建设作为国外技术向中国转移的主要途径的历程。苏联援建的156个成套设备项目建设集中体现了计划经济的基本方法，通过引进成套机器设备、工艺和产品设计，中国工业在原材料、能源、机械、电工、兵器等产业领域较快地形成了生产能力，从而奠定了中国现代技术和工业化的基础。[③]

在固定资产投资过程中，规划和设计对投资效益具有重要的作用。《新中国首都规划初创》、《重建中国——城市规划三十年》、《中国投资建设50年》[④] 等成果对此做了探讨。

（三）关于“三线”建设

从1964~1974年，国家把全国计划内50%的投资和40%的设计、施工力量投入“三线”建设。在艰苦奋战中，保证了几百个大中型骨干项目和数目众多的小型配套工业项目的建设，使“三线”企业的许多工业产品数量达到全国的1/3左右，使许多偏僻落后的地区迅速发展和繁荣起来，改变了工业的地区配置和地方经济面貌。建设“三线”的因素有：①进入20世纪60年代，中国的周边环境进一步恶化，国家安全的潜在威胁加大。②调整工业布局的需要。③“反修

---

① 王韩民等：《小水利关乎大农业》，《求是》2005年第18期；高峻：《新中国治水事业的起步（1949~1957）》，福建教育出版社，2003年版。

② 《对长江三峡工程的历史回顾》，《中共党史资料》2005年第2期。

③ 董志凯、吴江：《新中国工业的奠基石——156项建设研究》，广东经济出版社，2004年版；孙代尧：《20世纪50年代中国急速向社会主义过渡的工业化背景分析》，《思想理论教育导刊》2004年第2期；张柏春、张久春：《苏联援华工业项目中的技术转移》，《中共党史资料》2004年第1期；武力：《1949年以来中国共产党关于工业化道路的认识演进》，《党的文献》2004年第2期。

④ 董志凯：《新中国首都规划初创》，《当代北京史研究》1999年第9期；华揽洪：《重建中国——城市规划三十年》，三联书店，2006年版；曾培炎主编：《中国投资建设50年》，中国计划出版社，1999年版。

防修”的考虑。相对于“外患”来说，复辟资本主义的“内忧”更多是幻化出来的，但似乎又是无法排解的。④在工业化发展战略上优先发展重工业指导思想的影响。正如毛泽东指出：“重点应该放在大仁政上。现在，我们施仁政的重点应放在建设重工业上。要建设，就要有资金。所以，人民的生活虽然要改善，但一时又不能改善很多。……照顾小仁政，妨碍大仁政，这是施仁政的偏向。”⑤以国防工业的优先发展带动工业化进步的规律。这些因素说明“三线”建设有必要性，国民经济调整任务的完成和经济的全面恢复使“三线”建设的全面开展具有了可能性。[①] 围绕“三线”建设的历史研究成果丰富。如《“三线”建设——备战时期的西部开发》通过对比古今中外，将“三线”建设放在历史的长河中评价：它使我国建立了比较巩固的西部战略后方，初步改变了中国东西部经济发展差距过大的状况，成绩是主要的；在决策、布局、效益、实施等方面也出现了不容忽视的失误和偏差。[②] 董宝训认为，[③] 有的研究者从四个方面考察了“三线”建设的缘由：①适应战略转变的需要，确保备战任务的落实。②借鉴了中外现代史上反侵略反压迫战争的经验教训。③改变生产力布局。④作为防止资本主义复辟的重要措施。[④] 高扬文指出，虽然“文化大革命”打乱了“三线”建设的规划，但建设没有完全停下来。冶金工业“三线”建设是成功的。“文化大革命”也冲击了“三线”建设。以攀钢为标志，整个“三线”建设至少耽误了两年到三年。一些成果研究了“三线”建设调整改造的历史：1965～1980年的“三线”建设在我国中西部13个省区的全民所有制单位共投入了2052.68亿元资金，建成了近2000个大中型企业和科研机构。但是，由于历史的原因，许多“三线”企业一直存在着生存条件差、产品无出路、经济效益低等严重遗留问题。20世纪80年代，“三线”建设遗留下来的问题与国内国际形势的变化愈发不协调，国家着手对“三线”建设进行调整改造，主要内容与方式是中观和微观的布局调整、产品结构调整以及一线、“三线”合作等方面；“三线”调整改造具有布局调整为主与其他方式兼顾、政府扶持与企业自谋出路相结合等特点，是在新的历史条件下对过去“三线”建设遗留问题的矫正，是“三线”地区经济、国防建设在新形势下的继续和完善。1986年开始，历经三个五年计划，对“三线”企业布局、产品方向、产业结构和技术改造几

---

① 中国革命博物馆党史研究室编：《近20年三线建设若干问题研究综述》，《党史研究资料》2001年第5期。

② 陈东林：《“三线”建设——备战时期的西部开发》，中央党校出版社，2003年版；袁宝华：《“文化大革命”期间“三线”建设的物资保障》，《当代中国史研究》2003年第4期。

③ 董宝训：《影响“三线”建设决策相关因素的历史透析》，《山东大学学报》（济南）2001年第1期。

④ 王培：《60年代中期中共转变经济建设方针的原由》，《北京党史研究》1997年第1期。

个方面调整改造，改善了外部环境，稳定了职工和科研队伍，促进了企业的技术进步和体制转变，增强了企业市场竞争能力，为西部大开发战略提供了重要准备。①

对于"三线"建设的评价，学术界褒贬不一，可谓仁者见仁，智者见智。有研究者对"三线"建设持完全肯定态度：认为"三线"建设从总体上看不仅没有错，而且是我国国防和经济发展所必不可少的重要措施。有的研究者以辩证的眼光对"三线"建设进行了分析："三线"建设在战略决策上基本上是正确的，而在战术上，即具体地区布局和厂址选择上存在着严重失误。改革开放前30年，我国经济建设重点西移，进行了以追求分散和均衡为主要目标的内地重点建设。从多方面衡量，此次经济建设重点西移在客观上是必然的选择，具有较大程度的合理性，取得了多方面的成绩；主要的失误是经济效率低下。主要原因不在经济布局的宏观方面，而是在中微观方面，即企业和厂矿选址、定点问题出现了严重偏差。② 杨祖义认为，从20世纪90年代初开始，中国区域经济发展开始由非均衡发展转向区域协调发展。区域协调发展战略的形成有着特定的历史与现实背景。1991年和1999年是中国区域战略大调整的转折点，1991年开始强调区域协调发展，1999年正式提出西部大开发战略。随着区域经济政策的制定与实施，中国区域经济格局发生了深刻变化。③ 反对的观点认为，尽管有人说"三线"建设时期国家在落后地区建立了一批重大项目，对于改变当地经济面貌有一定作用，但错误的形势判断，错误的体制构架加上错误的区域布局，使得"三线"大规模投资的机会成本过高，大大延误了中国经济发展的进程。如果"三线"地区的大量投资被安排在其他区域，改革开放前中国经济的发展可能会是另外一种局面。除此之外，"三线"建设延续了"一五"以来重视重工业建设的问题，使西部地区的经济结构矛盾进一步加剧。④

（四）关于陈云的固定资产投资思想

陈云作为我国财经工作的重要领导人，他的经济思想和实践与我国半个世纪的固定资产投资密切相关。在纪念陈云诞辰100周年前后，不仅出版了《陈云文集》、《陈云传》，还披露了一批新的经济史资料，而且在研讨中，形成了一批高

① 高扬文：《"三线"建设回顾》，《百年潮》2006年第6期；黄荣华：《"三线"建设原因再探》，《河南大学学报》2002年第2期；李彩华、陈东林：《走向市场经济的"三线"建设调整改造》，《当代中国史研究》2002年第3期。

② 靖学青：《改革开放前30年中国经济宏观布局及评价》，《中国经济史研究》2004年第1期。

③ 杨祖义：《20世纪90年代中国区域经济发展的历史考察与基本经验》，《当代中国史研究》2006年第3期。

④ 周民良：《西部开发历史进程的回顾与思考》，《经济工作者学习资料》2000年第19期。

质量的现代经济史和中国现代经济思想研究的文章。其中大批成果与固定资产投资相关，特别是具有亲身经历和学有专攻的学者的文章，为新中国固定资产投资史研究做了宝贵的开拓。①

四、区域投资的历史研究

（一）区域发展战略与投资结构的演变

改革开放前后，我国的区域发展战略发生过多次变化。投资的区域结构相应发生明显变化。1978 年以前，我国区域发展总体实施均衡发展战略，投资侧重于中西部。1978 年以来，中央相继提出东部率先开放、沿海沿江建设特区、开发区、“西部大开发”、“振兴东北老工业基地”、“中部崛起”等区域发展方针，投资结构呈现阶段性变化。区域投资的结构变化与中央、地方关系联系在一起，使得区域投资史研究的成果多了起来。

开发西部的历史研究延伸至 19 世纪中叶以后。19 世纪中期以来，龚自珍、魏源、林则徐、左宗棠等纷纷阐发西北开发构想，但真正集构想和实践于一身的为左宗棠。孙中山发展了自鸦片战争以来林则徐、左宗棠、彭英甲等人关于西北开发的思想，以资本主义理念进行通盘筹划。20 世纪三四十年代，南京国民政府的西北开发决策与以往有很大不同，在中央政府的主导和地方政府的配合下推进开发事业。但当南京国民政府的西北开发行为与西北地方军阀的利益发生冲突时，导致先进技术和管理经验落不到实处，资金流失。20 世纪 50 年代初，我国产业布局的思想是“均衡布局论”。“三线”建设成为当代西部大开发的重要基础。1978 年以来，推行以“效率优先”为基本指导思想的区域发展战略。20 世纪末，东西差距不断拉大的现实，又促使人们思考区域均衡发展的问题。西部大

---

① 房维中：《20 世纪 80 年代中国经济的发展历程和陈云的经济指导思想》，《当代中国史研究》2005 年第 3 期；刘国光：《学习陈云同志的经济论著》，《光明日报》2005 年 5 月 31 日；朱佳木：《陈云与中国工业化起步过程中若干基本问题的解决》，《当代中国史研究》1995 年第 3 期；周太和：《陈云与新中国基本建设》；张卓元：《陈云综合平衡思想的重大意义》；苏星：《陈云的西楼会议讲话与调查研究》，《中共党史资料》2005 年第 2 期；卫兴华：《准确把握陈云关于计划与市场关系的经济思想》；熊亮华：《陈云与对外经济交流事业的开创》；陈雪薇：《陈云与 20 世纪 80 年代初期国民经济的调整》；张学兵：《陈云与粮食统购统销政策的制定和实施》；张励、黄金平：《陈云与宝钢建设》；宋林：《陈云与华润》；迟爱萍：《建国初经济工作中的一项重大举措》；王瑞芳：《陈云与统购统销》；贾艳敏：《陈云与 20 世纪 60 年代初的农业恢复》；韩洪洪：《陈云与新中国的橡胶事业》；武力：《陈云与“一五”计划若干问题研究》；吕薇洲：《陈云的经济改革思想与实践》；董志凯：《陈云与新中国的基本建设投资》；董志凯：《陈云与新中国工业化》等（未注明出版者均见《陈云百周年纪念——全国陈云生平和思想研讨会论文集》，中央文献出版社，2006 年版）。

开发战略的实质是区域经济协调发展战略，是我国社会主义市场经济条件下区域经济发展模式的必然选择。①

关于区域政策的演变研究认为：以1978年底中共十一届三中全会和1991年“八五”计划区域政策调整为界，其发展进程可分为三个阶段。以20世纪90年代中期开始明确提出“坚持区域协调发展”战略，并逐渐使之具体化、理论化和系统化为主要标志，区域经济思想多方面展开而走向成熟。中国共产党逐步形成了比较完整的具有中国特色的区域经济思想，具有几个鲜明的历史特点：从偏重于军事政治向以现代化建设为中心和以发展为主题转变；从封闭半封闭式向全开放式转变；从单一计划机制向以市场为导向，运用市场调节与宏观调控双重机制配置资源转变；从片面追求公平向效率优先兼顾公平转变；从区域倾斜向区域互动协调发展转变；从经济发展向经济与社会统筹发展转变。②

（二）西部开发的投资问题

关于“三线”建设和西部大开发关系的研究。研究者认为，西部大开发和“三线”建设有本质的不同。“三线”建设以战略国防方针为指导思想；西部大开发遵循市场规律，谋求经济、文化、环境的综合发展。有的研究者从四个方面对“三线”建设与西部大开发进行了比较。第一，在开发目标和内容上，“三线”建设重点是发展军工和重工，以建立国家的战略后方基地；而今的西部大开发是为了调整区域发展政策，有目标分阶段地推进西部地区人口、资源环境和社会经济的协调发展，逐步形成东西部经济联动的发展格局。第二，开发体制不同。第三，开发导向不同。“三线”建设以资源为导向；西部大开发首先着眼于市场而不是资源。第四，开发布局不同。“三线”建设多数企业建在山区，远离中心城市，并按照分散的原则进行布置；西部大开发依托中心城市，充分发挥中心城市的作用。③ 改革开放前30年，我国经济建设重点西移，进行了以追求分散和均衡为主要目标的内地重点建设，这是必然的选择，取得了多方面成绩。经济效率差的主要原因在中微观方面，即企业和厂矿选址、定点问题出现了严重偏差。1949～1960年国家技术观的演进明显受意识形态的影响，在技术主体上，从重视知识分子的作用到依靠群众运动；技术发展战略从“一边倒”到“独立

① 杨才林：《20世纪中国西北开发思想比较论纲》，《社会科学战线》2005年第2期。

② 高伯文：《中国共产党区域经济思想研究》，中共党史出版社，2004年版。

③ 王庭科：《“三线”建设与西部大开发》，《党的文献》2000年第6期；张才良：《贵州“三线”建设述论》，《党史研究与教学》2004年第4期；靖学青：《改革开放前30年中国经济宏观布局及评价》，《中国经济史研究》2004年第1期。

自主”。①

（三）东北老工业基地的投资问题

围绕振兴东北老工业基地，研究分析了20世纪后半叶东北工业建设投资的历史特点后认为，东北老工业基地今日面临的问题是历史形成的。20世纪后半叶东北地区基建投资的特点为：国家投资比重高，形成大量国有资产；投资结构偏于重工业；更新改造投资比重低；固定资产交付使用率较高；私人投资与引入外资较少。东北工业建设投资的历史特点对振兴东北老工业基地有很多重要的启示。谈振兴，就要尊重东北老工业基地的历史基础，提升基础优势，走新型工业化道路；拓宽融资渠道，增加投资主体；发挥人力资源和技术资源的历史优势，把东北建设成国家经济增长的第四极。②

（四）区域差距与投资效益的关系

对于东西部差距与以往西部开发效益如何？苏少之认为：新中国成立后的近30年里，内地与沿海地区的经济差距仍在扩大。根本问题是，经济布局西移是以国家集中投资和直接调控为主要途径，脱离了当地原有的工业基础，生产要素主要与区外循环，没有很好培育地区经济增长机制和发展功能，因而内地投资效益和经济运行效益低下。赵凌云认为，东西部之间的差距不仅仅是以国民生产总值为代表的总量和生活水平上的差距，更重要的是社会经济发展的性质、水平和阶段上的差距。改革开放20年来，西部地区相对落后的原因是多方面的，最重要的原因是西部地区没有利用市场经济的规律和条件。③ 西部的特殊性在于，它深受中央政府目标函数偏好顺序变化的影响。无论是1949年之后，还是从1949年往前看，中央政府的国家意志始终在塑造西部经济发展的动力过程中扮演了极其重要的角色。当前，西部地区作为中国21世纪能源战略替代地区的角色开始凸显出来。④ 从百年来生产力布局两次向西部大倾斜都是在外部战争环境下逼出来的史实，特别是“三线”建设使大型军工企业集团成为西部各省工业支柱产

---

① 黄英、倪宪章：《中国1949～1960年国家技术观的演进路径》，（广州）《学术研究》2003年第12期；王威孚、王智：《1958～1978：技术革命与文化革命思想的扬抑轨迹》，《学术交流》2004年第1期；苏星：《西部开发的历史经验》，《中共党史研究》2000年第4期；董志凯、吴江：《我国三次西部开发的回顾与思考》，《当代中国史研究》2000年第4期。

② 董志凯：《从20世纪后半叶东北基建投资的特征看老工业基地振兴》；傅颐：《二十世纪五六十年代中央对东北工业基地的经略与建设》，《中共党史研究》2004年第5期。

③ 《“建国以来区域经济发展的历史与经验”研讨会发言摘登》，《教学与研究》2000年第8期；吴江：《建国以来区域经济发展的历史与经验研讨会综述》，《经济学动态》2000年第7期。

④ 孙早：《西部发展中国家的政府意志与市场制度变迁》，《战略与管理》2001年第6期。

业，主张发展国防工业对于启动内需和开发中西部有直接意义。[①] 自2002年西部发展速度首次超过中部以来，中部出现了“水平不如东部，速度不如西部”的局面，中央没有类似西部办的中部办，地方上也没有一个中部六省的统一协调机构。与此同时，中部地区人口众多，却人才匮乏。中部崛起独立前行难度很大，需要其他区域的协调和配合。[②]

（五）城市建设投资研究

城市建设的历史研究是另一类型的区域分析。城市化是工业化、现代化的有机构成部分。工业化的中后期也是城市化的高潮阶段。因此，城市建设资金的筹措、城市建设的投资方针、城市规划与布局、城市基础设施与城市公用设施的投资与发展，都反映了我国工业化的曲折历程和特色，是投资史研究的重要组成部分。改革开放以来，城市建设中增加了特区、开发区建设投资的新内涵，使得这一方面的研究成果丰富起来。新中国城市建设投资大致经历了三个阶段：新中国成立初期的“变消费型城市为生产型城市”（1949～1952年）；大约1/4世纪的围绕工业化新建、改建、扩建城市（1953～1978年）；改革开放前期的弥补市政住宅“欠账”，加快建设第三产业（1979年至20世纪90年代前）。20世纪90年代后期开始了提高城市竞争力、经营城市的新阶段。由于我国对城市的认识曾经偏离了经济发展的一般规律，导致城市发展与建设走了弯路。社会主义市场经济体制的确立使得经营城市、提高城市竞争力的观念初步形成了共识。未来20年城市化将加速发展，城市建设方针的探索仍是长期艰巨的任务。在改革开放初期，城市资源几乎全部被旧体制成分占据。通过“给政策”方式，开发区普遍成为了新体制环境最容易生成的区域。这不仅为大批外资、“三资”、民营等市场经济成分提供了立足的空间，降低了改革的代价；而且为规避新旧体制直接碰撞提供了宝贵的时间错位机会。[③]

五、外国与跨国公司对华投资历程

中国是一个要素结构比例严重失衡的国家，和很多国家相比，我们需要大比例的国际交换来调整失衡的要素结构。一方面，我国很难通过内部的要素组合方

---

① 杨帆：《持续发展中国经济的四大战略措施》，《战略与管理》2000年第6期。

② 国家信息中心经济预测部：《“中部崛起”难以独行》，《宏观政策动向》2006年第22期。

③ 董志凯：《跻身国际市场的艰辛起步》，经济管理出版社，1993年版；董志凯：《新中国城建理念的演进历程》，《中国经济史研究》2003年第1期；王建：《未来十年中国经济发展的制约因素》，《中国改革》2004年第1期；陈淮：《中国开发区建设25年》，《中国经济时报》2004年9月6日。

式实现比较充分的就业目标。另一方面，中国需要更多地引进外资和先进技术。另外，需要通过进一步开放促进中国服务业的发展。因此，引进外国投资对我国有重要意义。①

（一）利用外资思想理念的变化

为什么引进外资的禁区在“文革”结束后很快就被突破了呢？必须从历史和现实当中去寻找答案。第一，利用外资进行我国的经济建设的思想，是我党的一贯主张，早在抗战前夕就已形成并渐趋成熟，而且在“一五”、“二五”和调整时期均实践过，只是由于“文革”的政治运动、“左”的思想的干扰，以及其他一些客观因素的影响，使得这一正确的思想主张未能得到很好的顺利的贯彻，甚至在“文革”期间一度遭到否定。第二，客观形势的迅速发展，使引进外资的因素逐步形成并不断增强。一方面，思想解放对利用外资政策的重新确立起了重要作用；国际形势对我国更加有利。另一方面，在经济上，大规模引进与外汇不足的矛盾越来越突出。与此同时，20 世纪 70 年代以来，资本主义国家经济滞涨，剩余资金急需寻找出路。1977 年、1978 年两年，引进国外先进技术设备、资金的努力和尝试存在一些问题，主要是没有看到引进所需要的条件，在引进问题上存在着盲目性。一批文章也从实证的角度回答了这个问题。②

（二）引进外资的阶段特征

改革开放以来，引进外资可分为三个阶段：第一阶段（1979～1991 年），引进外资的重点是对外借款（外商间接投资）。每年对外借款数量为外商直接投资额的 2 倍。外国企业在华投资处在小规模、试验性投资阶段。第二阶段（1992～1998 年），中国引进外资的重点转变为外商直接投资。外商直接投资数量达到对外借款的 3～4 倍。外商投资开始了大规模、系统化投资的阶段。1999 年以来，中国引进外资的形势出现新的变化。外商面对中国入世前景进行战略调整，投资中国基础原材料和零部件项目并积极准备投资知识密集型服务业，形成在华投资新的高潮。第三阶段开始的第二次外资战略调整出现在 20 世纪 90 年代末直到现在。调整的内容主要有三个方面：①扩大投资领域，投入逐步开放的金融、保险、电信、物流等知识密集型服务业。②投资地域多样化。在继续发挥东部地区

---

① 江小涓：《吸引外资、对外投资和中国的全面小康目标》，《国际贸易问题》2004 年第 1 期。

② 李正华：《“文革”结束之初我国引进政策的重大突破及其原因分析》，《党史研究资料》2001 年第 5 期；董志凯：《建国初期的华侨回国投资》，《华侨华人历史研究》1990 年第 3 期；《建国初期外资的引进和利用》，载《辉煌的 45 年》，当代中国出版社，1995 年版；邢茹玉、陈东林：《新中国对外开放基本国策的开创》，《当代中国史研究》2006 年第 2 期；李妍：《十一届三中全会前夕对外开放的酝酿和起步》，《当代中国史研究》2006 年第 2 期。

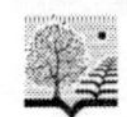

利用外资优势的同时，中国利用外资的地区战略向中西部地区倾斜。③投资方式多样化。入世后，将允许外商采用国际上流行的购并方式设立企业，包括允许进行协议购并、允许进入企业产权交易市场购并、允许进入股票市场开展购并、允许合资企业外方通过股权转让及增资扩股方式购并等。在不少学术研究文章与媒体报道中，常有“中国是世界上吸引外资最多的国家”之提法。其实，就绝对数量而言，中国绝不是世界上吸引外资最多的国家。中国是近年来吸引FDI最多的发展中国家。中国吸引FDI数量的“潜在能力”，其实要高于其在引进FDI的实际表现。中国吸引FDI可分为两个时期：①20世纪80年代初期至90年代中期。在该时期，FDI主要来自中国香港、中国台湾和东南亚，基本上集中在劳动密集型制造业，如纺织、成衣、玩具、低端消费电子产品等。②90年代中期以后。[①] 关于中国三资企业的作用，有研究概括了其成就与代价。成就包括：弥补了中国建设资金的不足；推动了部分产品更新换代；带来了一批先进实用的技术；学习了海外一些先进的管理经验；促进了中国对外贸易的发展；带动了中国国民经济的发展。代价包括：外商资金不到位，外资利用高估外资、低估中资，使中方权益受损；中方饥不择食，给外商来华投资办厂过于优惠的政策，竞相拍卖资产资源，国有资产大量流失；各地竞相出台优惠政策，国有经济受损；跨国公司挺进中国，民族经济逐渐衰退等。[②]

六、投资结构、投资率、投资效率与周期变化

投资与消费是拉动需求、进而推动经济增长的两大杠杆。由于我国经济基础薄弱，GDP总量虽已位居世界前列，但人均GDP至今仍居世界第100位以后。导致我国半个多世纪以来经济增长的主要动力来自投资。但是随着世界经济全球化进程加快，我国进入工业化的中级阶段，投资与消费之间的关系，及其与经济增长的关系的研究多了起来。这一研究又涉及投资结构问题。

（一）投资率与消费率关系研究

近年来，伴随着我国消费率的持续走低和投资率的居高不下以及若干行业的投资“过热”，人们关注消费与投资关系达到了空前的程度。一种看法认为，近年来，关于我国现阶段消费投资比例关系中“消费率偏低”的判断非常流行，其最主要依据是关于消费率的横向国际比较结果。但如果因此得出“消费率偏

① 胡祖六：《关于中国引进外资的三大问题》，《国际经济评论》2004年第3、4期；《中国引进外资三个阶段及相应战略》，《中华工商时报》2001年10月16日。

② 孙学文：《“三资”企业大透视》，当代中国出版社，1998年版。

低”的判断将有害于国民经济的正常发展。从我国实践来看，与世界各国比较我国长期消费率较低。在几十年中，特别是改革开放20多年来经济建设取得巨大成就的背景下，对消费储蓄、进而消费投资比例这一对最重要宏观经济变量做出“不正常”的结论显然有失慎重。另一种看法认为，从20世纪后半叶以来，我国居民的消费倾向低，有效需求不足，从而消费率也低，这使得居民消费价格几乎一直呈下降趋势，制约着中国经济的增长。在GDP中，最终消费率（包括居民消费和政府消费）1978年为62.1%，1981年为最高，达67.5%，1989年为64.1%，2002年最终消费率降到改革以来的最低点，即58%，其中居民消费占GDP的比重也降到45.1%，这样的消费率显然是过低了。① 原因在于，社会保障不到位、义务教育不义务、住宅“三座大山”抑制消费率增长。消费结构低，是发展观扭曲的一种反映。政府把资金投入到物质建设上，投入比重虽大，但有效的投资比率并不高，这些投资大部分投入在基础结构建设中，真正解决人们的吃、穿、用、住、行方面的投资比重并不高，政府贷款银行的资金都用在搞城建，搞美化、绿化、量化工程上，现在这种投资按照原来的系统分析，是不完全属于生产型投资。因为投资结构不合理，最后的结果是带动就业的比重小，合理的投资结构应该带动消费，更能带动就业，这个阶段是生产方式转换阶段，还不完全是增长方式转换阶段。②

（二）投资率与经济波动关系研究

投资率与经济波动、经济周期波动密切相关。近年来学者在探索经济波动规律的同时也在探索投资波动的规律。在发展中国家的工业化进程中，由于消费结构和出口产品结构不断升级，工业化程度不断提高，投资率会随着工业化程度的提高而呈上升趋势，并且会围绕其发展趋势进行周期性波动。中国经济自1950年以来始终处于工业化进程中，与发展中国家工业化时期投资率的一般演变规律一样，中国投资率也不断提高，并且围绕其发展趋势进行周期性波动。只是由于经济结构和发展环境不同，中国投资率与其他国家投资率的周期性波动特征存在较大差别。近年来，中国投资率持续上升，根本原因在于中国居民消费结构和出口产品结构大幅度升级，引致中国经济进入新的重化工业阶段，中国经济运行及投资率也因此进入周期性波动的上升期。1952～1993年共有6个完整的周期，平均波长6.5年，但每个周期的波动幅度存在较大差别，波动幅度最大的时期是1958年“大跃进”以后的两个周期。改革开放之后，除20世纪90年代初经济

① 罗云毅：《低消费、高投资是现阶段我国经济运行的常态》《宏观经济研究》2004年第5期；董辅礽：《提高消费率问题》，《宏观经济研究》2004年第5期。

② 刘福垣：《影响经济发展“三座大山”抑制消费率增长》，《国际金融报》2004年7月9日。

严重过热时期投资率发生较大幅度波动外，其他周期投资率的波动幅度均比较平稳。在投资率不断上升的同时，中国最终消费率和居民消费率不断下降。在各周期中，资本形成总额增长率的波动幅度明显大于 GDP 增长率的波动幅度。1952 ~ 2003 年固定资本形成与全社会固定资产投资之间的正相关关系是高度显著的，全社会固定资产投资每增长 1 个百分点，固定资本形成会增长 0.81 个百分点。①

（三）投资效率研究

第一种看法：全社会投资效率处于上升趋向。20 世纪 50 年代初，中国一个中等偏上农民家庭的主要生产资料是“三十亩地一头牛”；其他一些简单农具和运输工具以及灌溉设施，大概相当于“另外一头牛”吧。后来，农业机械和灌溉设施迅速增加了。在 70 年代，全国到处兴修水利、平整土地、修筑道路等。农业投资和由此形成的固定资产净值的增长率远高于农业增加值的增长率。如果按照农业净产值与固定资产净值的比例来度量农业生产效率，那么过去 50 年的农业生产效率显著下降了。过去 26 年全社会就业人数的增长率平均为 2.2%。不考虑土地的话，总投入的增长率不过 5.0% 左右；加上不增长的土地，总投入的增长率只有 4.0% 左右。这样，总投入的增长只能解释经济增长的 半左右。大致上说，20 世纪 90 年代中期以前，生产效率的提高非常显著，以后有所放缓，但仍然在大幅度上升。②

第二种看法：我国经济自 20 世纪 90 年代以来一直是动态无效率，存在资本过度积累的问题。一方面，我国一直以来就是一个资本匮乏的国家，至今农村还有 2 亿剩余劳动力，在工业部门特别是国有企业中仍然有高达 20% 的冗员，这个时期应当出现的问题似乎不应当是资本过度积累，而应当是资本积累不足。另一方面，我国是世界上吸收外商直接投资最多的国家之一，每年 500 多亿美元，仅次于美国，而外商投资是完全以盈利为目的的，如果说我国出现了资本收益率低于增长率的动态无效率，那外商直接投资的迅速增加就难以解释。对这个问题只能从我国的投资和生产结构解释，原因归结到我国的投资体制上。政府经济活动定位对此有重大影响。③

通过对投资效率变化趋势、投资的构成以及投资效率的国际比较，我国高投资效率形成的原因在于：①20 世纪 90 年代以来，投资率整体水平有所上升，消费率水平有所下降。具体来讲，90 年代以来的平均投资率比 80 年代高出 3 个百

① 李建伟：《中国投资率和消费率的演变》，载刘树成主编：《中国经济周期研究报告》，社会科学文献出版社，2006 年版。

② 宋国青：《全社会投资效率在上升》，《财经》2004 年第 10 期。

③ 雎国余：《关于我国当前经济增长中的“泡沫”问题》，《经济科学》2003 年第 6 期。

分点左右，消费率下降了大约6个百分点。从变化趋势来看，投资率呈现出很强的波动性，相比而言消费率的变化较为稳定。②20世纪90年代末以来，有三方面的因素支持了高投资率：一是对交通、水利基础设施建设、城市公共设施建设投资的比重上升，这也是第三产业投资比重上升的主要原因；二是某些制造业部门投资的短期波动，主要是钢铁、电解铝、水泥、纺织、汽车等行业，这些部门投资增长对整个制造业投资扩张贡献达到了60%左右；三是随着居民收入水平的提高、消费升级和住房制度改革，居民住宅投资的扩张导致投资率上升。③交通运输、邮电和通信及水利等基础设施建设和城市公共设施建设投资都属于非生产性投资，对整个经济不会带来很大的波动性影响，在一定程度上会改善整个经济运行环境，减少交易成本，促进资源更加合理地配置，同时改善人们的生活和生产条件。④居民的购买住宅支出被计入投资而非消费，而这部分投资同样也属于非生产性投资，它也不会对未来的生产能力产生影响，但的确拉动了当期的需求。这对于改善居民的生活条件，推进我们建设全面小康社会的进程起着十分重要的作用。⑤中国是一个较低收入的发展中国家，人口持续增长，城市化水平的快速推进以及人们收入水平的不断提高等因素将使得投资率继续维持在较高水平。但某些部门生产性投资的波动也会带来投资率的一定波动，过度投资将会造成生产能力的过剩和投资效率的下降。[①] 从1996年起，全国工业企业的资本收益率基本稳定在6%左右，国有工业企业的资本收益率约低1.5个百分点。[②]

第三种看法：投资率高低之争凸显微观与宏观的背离。从微观上看，近些年企业（特别是规模以上企业）的盈利水平直线飙升。1998~2005年，国有和规模以上非国有工业企业资产利润率从1.34%上升至6.05%，净资产利润率从3.70%更是强劲上升至14.39%。企业和项目的优良微观盈利前景，似乎印证了近年来投资高速增长的合理性。但从宏观上看，从1994年以来，中国的投资效率指标直线下滑，边际产出资本比率从1994年的0.356下降至2005年的0.211。企业和项目的利润与多因素相关联，如投入的要素价格（土地、资本，更宽泛些甚至可以包括各种税收、准入等行政优惠安排），如果要素价格是扭曲的，是低估的，甚至根本是不算钱的，微观上一个项目的NPV可以立马高得惊人，但宏观上却是很不经济的。[③] 基于物质资本、国际资本、人力资本、自然资本和知识资本的国情综合分析框架，定量计算和分析中国1980~2003年五大资本和总资本的动态变化。结果表明：改革开放以来，知识资本、国际资本、人力资本和物

① 李善同、何建武、段志刚：《对我国投资率的分析》，《经济学动态》2006年第3期。

② 蒋云赟、任若恩：《中国工业的资本收益率测算》，《经济学》（季刊）2004年第4期。

③ 刘煜辉、徐义国：《投资率高低之争凸显微观与宏观的背离》，《经济学消息报》2006年10月29日。

质资本的总量快速增长，增速大大高于同期经济增长率；国际资本和自然资本对总资本的提升做出最大贡献。自然资本在五大资本中是唯一数值为负的资本，而且其绝对量呈迅速缩小趋势。[①] 改革开放以来，我国工业部门一直保持快速的增长速度，但在这快速增长的背后，却存在资本投资收益总体上下滑的问题。中国工业部门在计划经济制度下的价格"剪刀差"优势已不存在，农产品、劳动力等主要投入品要素的价格都有较大幅度的上涨，而由于产出品价格受需求弹性的影响，并不能把这种效应完全转嫁给消费方，从而必然导致投入品要素价格的上涨幅度要大于产出品价格的上涨幅度，从而影响了企业的利润水平。[②]

以上介绍的仅是近20年关于我国固定资产投资研究的部分成果，限于时间和篇幅，还有一些重要问题未全面展开反映，如投资结构、投资方式、私人投资、地方投资、中国企业海外投资以及涉及基本建设实施的大量历史过程研究等。在所探讨的有关研究成果方面，限于笔者眼界，疏漏之处肯定相当多，有待于今后弥补。

2007年5月18日

① 胡鞍钢、王亚华：《中国国情分析框架：五大资本及动态变化（1980～2003）》，《管理世界》2005年第11期。

② 陈仲常、吴永球：《中国工业部门资本利润率变动趋势及原因分析》，《经济研究》2005年第5期。

中国的国家区域政策展望

魏后凯

魏后凯

男，1963 年生，湖南省衡南县人，研究员。中国社会科学院城市发展与环境研究中心副主任，中国社会科学院研究生院城市发展系主任、教授、博士生导师，中国社会科学院西部发展研究中心主任，国家社会科学基金评审委员。

主要研究领域：城市与区域经济学、产业经济学。主要学术著作有：《中国产业集聚与集群发展战略》（2008）、《市场竞争、经济绩效与产业集中》（2003）、《中国外商投资区位决策与公共政策》（2002）、《走向可持续协调发展》（2001）、《中国地区发展》（1997）、《区域经济发展的新格局》（1995）等。在《中国社会科学》、《经济研究》等发表中、英文学术论文 200 多篇。

1993 年被评为中国社会科学院优秀青年、中央国家机关优秀青年；2001 年被国务院评为享受政府特殊津贴待遇的专家。主持或参与完成的科研成果获 20 多项省部级以上奖励。

我今天讲的题目是中国的国家区域政策。讲这个题目，因为这既是一个国家比较重视的问题，可以说，“十一五”以后，国家在区域政策方面有一些大的举措；同时这也是一个综合性的问题，适应性强。我今天主要讲三个问题：第一个问题是当前中国区域发展面临的主要矛盾；第二个问题是对区域发展的若干理论问题的思考，主要是谈有关的区域政策、一些学术界有争论的问题；第三个问题重点谈谈对未来我国国家区域政策的展望，主要是我个人的一些看法。

一、当前区域发展中面临的主要矛盾

当前我国的区域发展面临的矛盾很多，每个人对这个问题的看法也不一样。具体说，当前区域经济发展面临的主要矛盾表现在以下几个方面：

1. 区域经济的不平衡增长

总体上看，目前我国地区经济仍呈现出不平衡的增长格局。不平衡增长是指发展水平较高的地区比发展水平较低的地区发展速度快。也就是说，经济比较发达的地区，其增长速度越来越快；比较落后的地区，或者相对衰退的地区，其增长速度相对来说比较慢，我们把这种现象称为不平衡增长。“十一五”规划，我国把全国划分为东部地区10省（市）、西部地区12省（区、市）、中部6省、东北3省四大板块。对其增长速度进行测算，我们发现，2001～2005年，我国仍呈现出东部地区增长较快，而其他地区增长较慢的不平衡格局。其中，东部10省市GRP增长速度为12.4%，东北3省为10.9%，中部6省为10.7%，西部12省区市为11.1%（见表1）。

表1 “十五”时期各地区GRP增长速度

地区	GRP增长速度（%）
东部10省（市）	12.4
东北3省	10.9
中部6省	10.7
西部12省（区、市）	11.1

这里需要讲明一个问题，那就是各地区发布的GRP汇总数要高于国家发布的GDP。大家都知道，GDP是指国内生产总值，而GRP是地区生产总值。过去，每个地区的生产总值也叫国内生产总值，后来因为全国的国内生产总值和各地区的数据差距很大，国家统计局便要求各地区不再称国内生产总值，而称地区生产总值。过去好多人经常把这两个数据搞错，其实，这两个数据是不可比的。例如，2005年，全国各个省市区的地区生产总值按经济普查的数据进行了调整。调整以后，这个加总的数字比国家统计局发布的全国数字还要高8.5%。再如，我们打开每一年的《中国统计年鉴》可以看出来，几乎每一个省市区的生产总值的增长速度都要高于国家统计局公布的全国国内生产总值的增长速度，只有个别地区例外。在改革开放初期，这种差距并不大，但后来这种差距越来越大。2005年，国家统计局发布的GDP的增长速度最初是9.9%，后来调整到10.1%。但是31个省市区生产总值增长速度汇总以后与国家统计局公布的全国国内生产总值的增长速度的差距还是很大。当前，在统计方面最大的问题就是要解决统计的“掺水问题”，但困难重重。再一个大家意见很大的就是生产总值是两套数字，地方发布的统计数字比国家发布的数字要大得多。这样国家就想出一个办法，就是今后国家要参与到地方的生产总值核算中去。但这也是治标不治本的办法，因为即使统归于一套统计数字，也不能解决统计中的“水分”问题。还有人写文章提到，“十一五”规划，31个省市区制定的增长速度目标都要比国家发展改革委制定的目标高2~3个百分点，而实际上600多个城市制定的增长速度指标又要高于省一级的指标2.0个百分点左右。但这里面地方政府的做法也不是没有道理的，它们只有这样，才能达到全国各地区的平均水平。例如2004年，按照国家统计局公布的数据，GDP的增长速度是9.5%，但是按照31个省市区公布的数据，各地区GRP的增长速度是13.4%，高3.9个百分点，2005年时高出2.9个百分点。所以，在这个问题上也不能完全怪地方政府。

但我们发现，自20世纪90年代以来，我国其他地区与东部地区之间的GRP增长率差距已经在缩小。我们做了一个测算（见表2）。比如“八五”时期，西部地区比东部10省市（不包括广西和辽宁）要低5.8个百分点，“九五”时期低2个百分点，“十五”时期只低1.3个百分点。这说明一个什么问题呢？就是实施西部大开发以后，虽然西部地区增长速度仍然低于沿海，但是过去那种地区差距加速扩大的趋势已得到一定程度的抑制，各地区增长速度的差距在缩小，这也是我们研究的一个结论，说明我们的西部开发还是有成绩的。再从东北来看，“八五”时期，东北地区比东部要低7.1个百分点，“九五”时期要低2.0个百分点，“十五”时期低1.5个百分点，这同样可以得出上述结论。

表 2　西部、东北与东部的 GRP 增长率差距

	西部比东部低	东北比东部低
“八五”时期	5.8 个百分点	7.1 个百分点
“九五”时期	2.0 个百分点	2.0 个百分点
“十五”时期	1.3 个百分点	1.5 个百分点

图 1 表示的是地区生产总值的增长率，从中也可以看出虽然地区经济呈不平衡增长态势，但增长率差距已开始缩小。

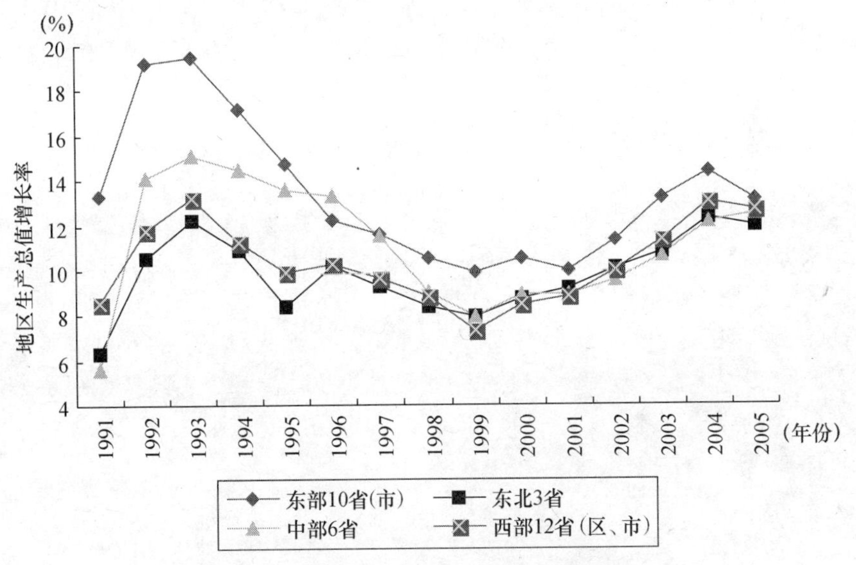

图 1　我国四大板块地区生产总值增长率

从大的区域看，我国区域经济增长的不平衡，主要是东西经济增长的不平衡（见表 3）。

表 3　1979～2005 年地区生产总值平均增长率

地区	平均增长率（%）
东部	12.5
中部	10.2
西部	10.2
东北	9.0

以上讲到了我国东西经济增长的不平衡。另外，我国国土面积比较大，除了一个东西差距问题以外，还有一个南北的不平衡增长问题。过去的时候，我国北部地区的发展水平相对较高。比如甘肃，它在1978年的时候的发展水平要略高于浙江，但现在甘肃根本无法与浙江相比。再如，以前东北地区是老工业基地，是支撑新中国工业成长的第一代主导地区，改革开放以后，我国东南地区一些新兴工业基地增长速度比较快，包括广东、福建、浙江、江苏、山东等。这种差距从下面的比较就可以看出来，东北老工业基地的制造业产值份额在1980年占15.6%，2001年占8.0%，下降了7.6个百分点，1981～2001年的增长率只有7.6%；而新兴工业基地的制造业产值份额在1980年为25.4%，2001年为50.4%，增加了25.0个百分点，1981～2001年的增长率为14.8%。由于这种不平衡的增长，我们说东北老工业基地处于相对的衰退过程中。

以上是我们简单谈谈区域经济不平衡增长的问题。

2. 城乡区域差距不断扩大

其实城乡差距也是一种区域差距。在这个问题上，我个人认为城乡差距的严重性要大于区域差距的严重性。比如我国现在的大城市与西方发达国家的城市没有什么太大的差距，但是我国农村的发展水平要远远低于它们的农村发展水平。

下面我们先来看区域差距。下面的图测算的是我国四个不同区域板块人均地区生产总值的情况，它反映了一种不断扩大的东西绝对差距，我们称为扩大的鸿沟（见图2）。

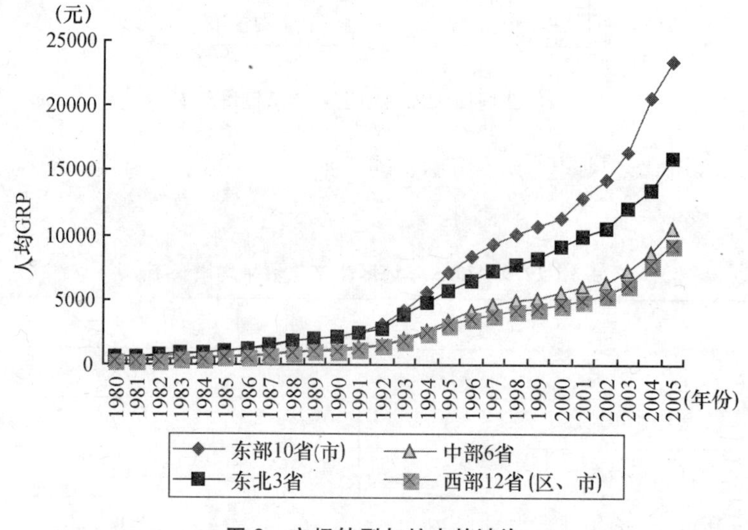

图2 市场转型与扩大的鸿沟

这里必须要说明一点，我国改革开放以来东西部发展的绝对差距在不断扩大，而这种差距的扩大与过去讲的“马太效应”不是一回事。《圣经》中的马太效应是采取一种人为剥夺的方式扩大差距，让有钱的人更有钱，让没钱的人更没钱。而我国出现的这种地区发展差距的扩大，主要是市场化改革、市场经济推进的结果。当然这里存在一个政策导向的问题，即改革开放初期我国的经济发展政策主要强调非均衡增长，主张让一部分人、一部分地区先富起来。从理论上讲，这实际上是把扩大地区差距作为我们的区域政策目标。所以，过去一段时期，中央的区域政策在某种程度上是在鼓励地区差距的扩大。但是世界上很少有国家把扩大地区差距作为中央区域政策的目标，而当时我们的确是如此做的。用历史的眼光看，我认为这种让一部分人、一部分地区先富起来的做法在当时是正确的。小平同志讲，等我们的经济发展到一定的时候，沿海地区要拿出更多的资金，要缴更多的税，来帮助中西部地区发展经济，来缩小地区差距。后来小平同志又进一步阐述了两个大局的思想。后来到20世纪90年代的时候，江泽民同志又根据小平同志的思想，认为加快中西部发展的时机已经到了，国家实施了西部大开发战略。所以说，近年来我国地区差距的扩大主要不是人为造成的，后面我们会讲到，这实际上是市场经济转型的结果，而且现在政府在积极努力缩小地区差距。

图3是我国各个地区人均生产总值的相对水平，从图3中可以看出，自改革开放以来，只有东部沿海地区的相对水平在提高，东北和中西部地区都在持续下降。

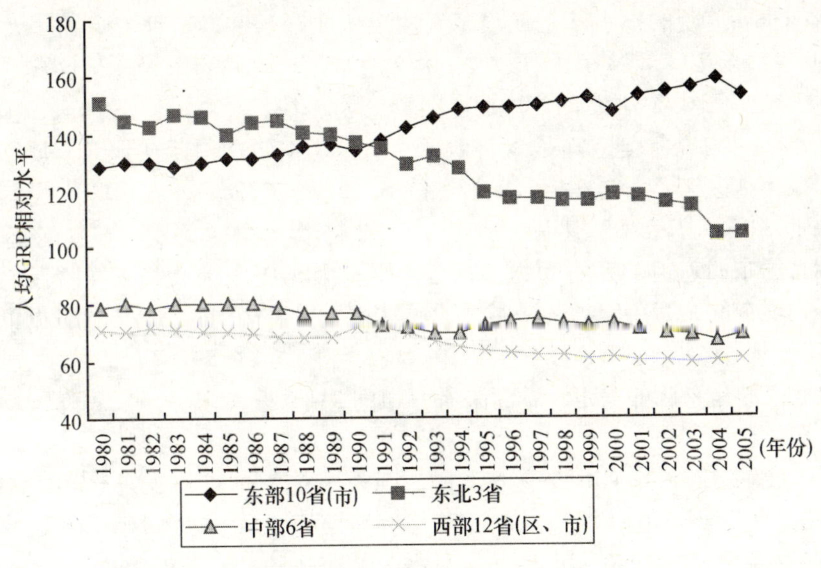

图3　各地区人均GRP相对水平

图 4 反映的是除个别年份外，东西部地区间人均 GRP 相对差距都在不断扩大，但 2005 年已开始呈现缩小的态势。

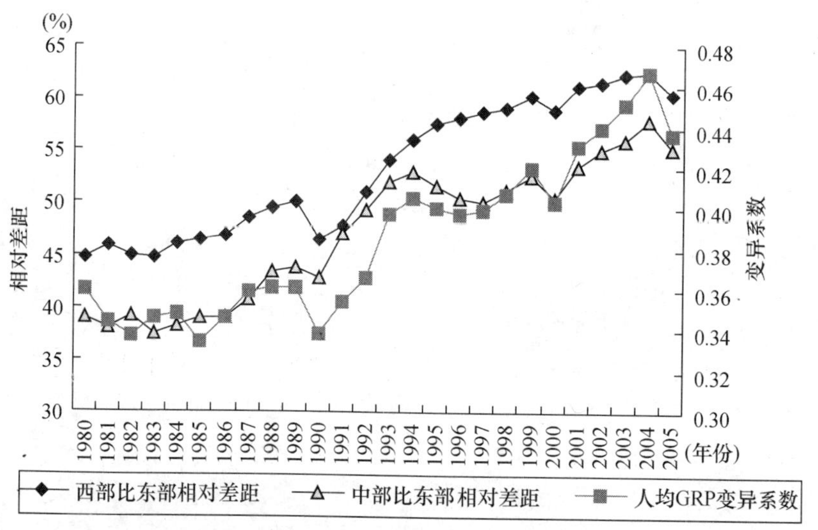

图 4　东西部间人均 GRP 相对差距

这里有个问题，就是地区差距和发展阶段是有关系的。有好多人，包括国外的一些学者，一讲到中国的东西差距扩大，就认为它是改革开放的结果。实际上我国东西差距的扩大不是从改革开放以后才开始的，这种差距的扩大从 20 世纪 60 年代末 70 年代初就已开始。60 年代中期，我们为了平衡地区经济的发展搞了一个“三线”建设，当时把全国划分为一线、二线、三线地区，国家投资了上千亿元的资金支持“三线”地区的建设，主要在中西部地区，此举主要是为了缩小地区差距。这里我们可以看出，在改革开放之前，虽然我们追求公平原则，搞了“三线”建设，但是这并没有阻止东西差距的扩大。这说明当时就有了东西差距扩大的问题，东西差距扩大与历史因素和发展阶段的影响有关系，现在的东西差距扩大是过去东西差距扩大的延伸，是一个历史累积的结果。

上面谈的是东西部差距，下面来看看中国 31 个省（市、区）省际人均收入差距的变化趋势。

图 5 表示省际人均 GRP 差距。我国省际人均 GRP 差距的变动大体以 1990 年为拐点呈“U”形变化，就是说从改革开放初期到 1990 年的时候，省与省之间的差距在不断缩小；1990 年以后，这种省际差距开始扩大。但 2004 年以来已开始缩小。

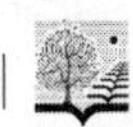

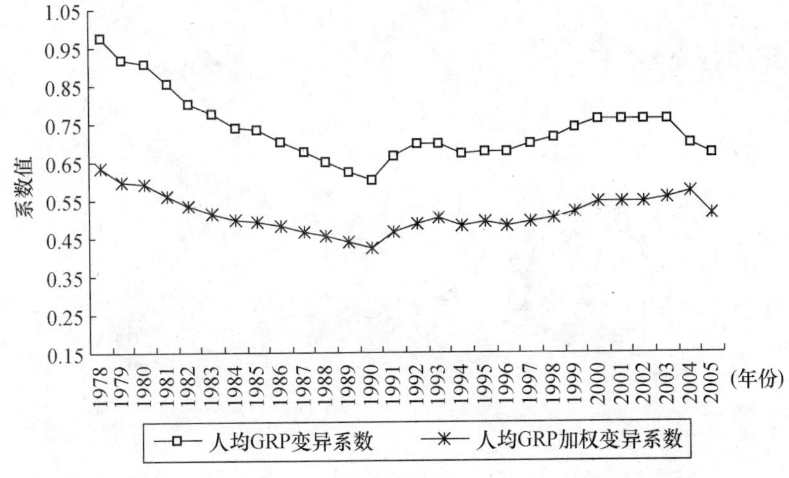

图5　1978～2005年我国省际人均GRP差距的变化

学区域经济学的同学都知道美国学者威廉逊提出的区域收入假说，即地区差距与经济发展水平呈倒“U”形关系。他根据一些国家的经验，认为在工业化的初、中期阶段，地区差距会逐步扩大，到了一定阶段，这个差距会保持稳定，再往后发展，地区差距会缩小。当然这只是一个假说，现在的学者们对其进行了研究，反对与支持的各占50%左右。我国有些学者把这种统计关系称为倒“U”形规律。我认为这是不准确的。

在这里，东西差距在扩大，从1990年以后可以看得很清楚。但为何从改革开放初期到1990年的时候，省与省之间的差距在不断缩小。很多学者对于这个现象很感兴趣，但尚未得到一致的观点。我以为，这主要是一个统计问题。在改革开放初期，辽宁、上海、天津等老工业基地，当时发展水平较高，但增长速度较慢；相反，增长较快的东南沿海地区，如广东、浙江、福建等，当时的发展水平并不高。这样从统计上看，省际差距出现缩小的趋势。

总之，从以上的分析中可以看出我国省际之间的人均GRP差距是扩大的。

中国地区之间的差距，最主要表现在农村之间的差距。现在我国农村地区之间的差距很大，地区之间的差距也主要表现为农村之间的差距。国家统计局发布的一项调查表明，沿海地区实现小康的程度是47.6%，中部地区是24.6%，西部地区只有1.3%。

中国是世界上城乡差距最严重的国家之一，也是世界上地区差距最大的国家之一，这是学术界与政府界都认同的。

图6反映了农村居民人均纯收入省际差距。从农民家庭人均纯收入差距来看，我国农村地区差距的变动大体呈“N”形变化。从改革开放初期一直到1993

年之前，农村居民收入差距在迅速扩大；1993 年之后，出现逐步缩小的趋势；到 1998 年之后又开始扩大，而 2005 年则迅速扩大（见图 6）。

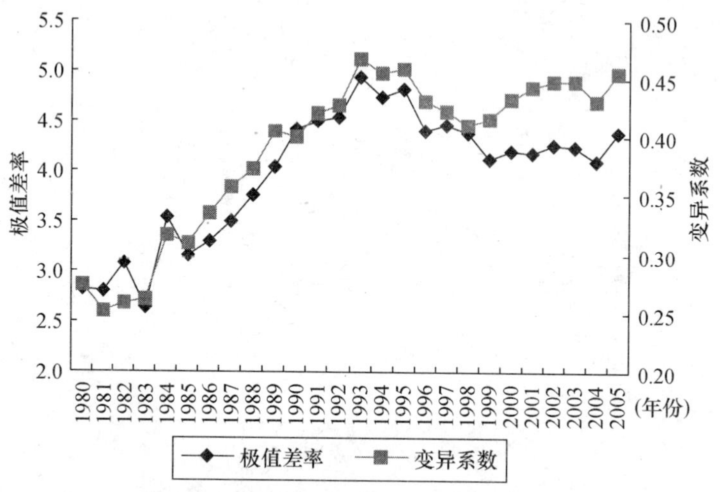

图 6　我国农村居民家庭人均纯收入省际差距的变化

再看一下我国城乡居民收入差距的变化趋势。1984 年以前，城乡收入差距是不断缩小的，当初改革的重点在农村地区，1984 年我国体制改革的重点开始转移到城市地区，后来城乡收入差距才不断扩大。2005 年，城市居民人均可支配收入是农民人均纯收入的 3.22 倍（见图 7）。但城市居民人均可支配收入与农民人均纯收入是不完全可比的。考虑到可比性和福利因素，目前我国的城乡收入差距可能要更大，估计在 4～6 倍。

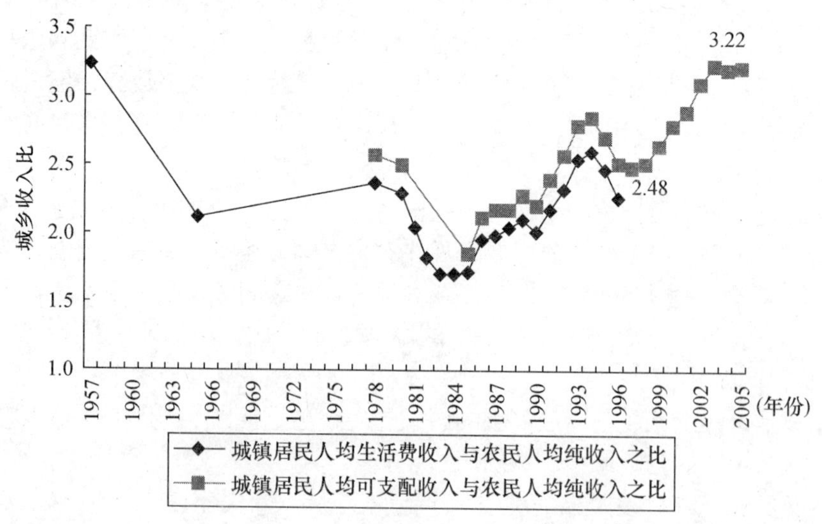

图 7　城乡居民收入差距的变化趋势

3. 人口和经济活动分布不协调

这个问题过去不是很受重视，现在得到了国家有关部门的高度重视。由于中国区域经济的不平衡增长，改革开放以来，全国经济总量和生产力布局进一步向沿海地区集中。从表4可以看出，1980～2005年，东部地区GRP占各地区总额的比重增长了近12个百分点，而东北、中部、西部地区这个比重都在下降。从1999～2005年的变化趋势也可以看出，只有东部地区的GRP比重在不断提高。

表4　我国经济活动分布状况

	1980～2005年（增减百分点）	1999～2005年（增减百分点）
东部GRP比重	+11.9	+3.7
东北GRP比重	-5.0	-1.3
中部GRP比重	-3.5	-1.9
西部GRP比重	-3.4	-0.5

另外，据我们研究，1985～2003年，除烟草制造业外，钢铁、石化、电子信息、纺织等制造业生产能力都在向东部地区集中。为什么钢铁、石化向东部地区集中，主要是因为我们国内的铁矿产、石油资源不能满足生产的需要，现在大量地从海外进口铁矿石、进口石油，这样自然在沿海地区布局比较好。图8反映了我国区域经济的不平衡增长导致经济生产活动持续向东部地区集中的趋势。

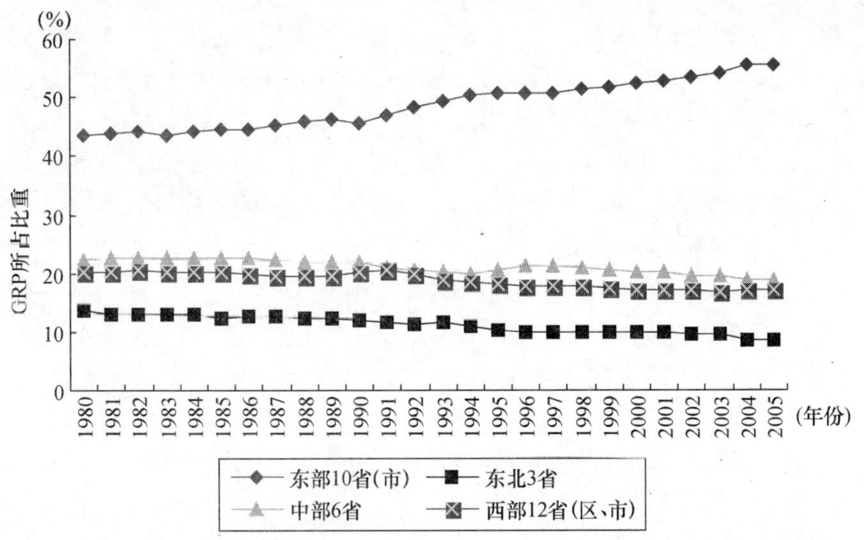

图8　中国各地区GRP占全国各地区总额的比重

上面的分析说明，尽管国家实施了西部大开发和振兴东北地区等老工业基地的战略，但在市场机制的作用下，我国的生产力布局尤其是工业布局仍在进一步向沿海地区集中。另一方面，改革开放以来，中国各大区人口分布却保持相对稳定。由此形成两个不协调：一是工业生产与能源、原材料产地脱节。因为我国的各种能源、原材料主要在中西部，而加工制造生产能力则日益向东部集中。二是就业岗位与人口分布不协调。例如湖南、四川这样的地区有大量的剩余劳动力，却没有更多的就业岗位。就业岗位主要集中在沿海地区，那里却没有那么多劳动力。结果就带来空间资源配置的不协调，导致宏观经济效率下降，如果不改变这种情况，改革开放的成果就难以被广大的人民共享。

下面是我国四大区域人口与生产总值分布的不协调系数：1980～1990 年是 14.6 个百分点；1991～2000 年是 18.1 个百分点；2001～2005 年是 20.3 个百分点。这种不协调造成大规模的民工流动，也造成大规模的资源调动，加剧了全国运力紧张。

4. 空间开发无序问题突出

首先，城市规模不断扩张。现在许多地方一讲城市化就单一地搞规模扩张，单纯的土地城市化，而不是人口的城市化、生活质量的城市化、素质和生活方式的城市化。也就是我们所讲的一些大城市搞扩张、摊大饼，例如北京。据统计，中国现在有 183 个城市要建国际大都市，40 个城市要建 CBD，其中有两个城市的人口才 20 万。

其次，开发区开而不发、盲目扩张。过去一些开发区数量多、面积过大，像淄博高新区 115 平方公里，济南高新区 162 平方公里，大庆高新区规划面积 208.5 平方公里。而根据我们的经验，一个开发区的合理规模应在 15～20 平方公里。过大的规模，只能是一个新城区。按 1 平方公里 1 万人计算，有些开发区实际上是一个特大城市的框架。此外，还有好多地方大建“花园式工厂”，打着生态园区的旗子大搞“圈地运动”。

最后，过密与过疏问题。在沿海有些地区开发过度，如三大经济核心区开发强度过高，几乎快连成一片，而且经研究发现，我们的一些沿海城市的开发强度要比欧美的发达国家还要高（见表 5）。

针对空间结构不合理问题，国家发展改革委总结出了空间结构的“四多四少”。从生产与生态看，生产占用空间偏多，留给生态的空间偏少；从生产与生活看，生产占用空间偏多，用于生活的空间偏少；从城市与农村看，农村居住空间偏多，城市居住空间偏少；从城市内部看，工业空间偏多，居住空间偏少。

表 5　国内外部分地区开发强度比较

地区	开发强度（%）
北京	18
天津	25
上海	29
苏州	20
佛山	30
东莞	38
深圳	40
香港	19
日本三大都市圈	15.6
德国斯图加特	20
法国巴黎地区	21

5. 区域可持续发展问题

首先是缺水问题，我国现在有 400 个城市缺水，其中 130 多个城市严重缺水。

其次是我国现在有很多工业企业呈现出“四高三低”特征。“四高”是能耗高（见图 9、图 10）、物耗高、“三废”排放高（见表 6）、土地消耗高，“三低”是附加值低、技术含量低、自主创新能力低。

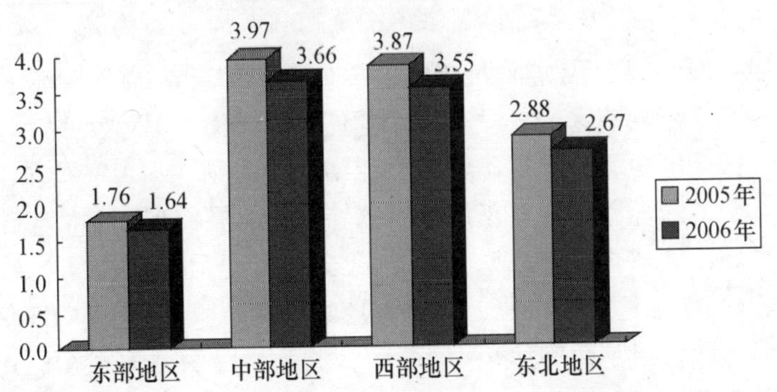

图 9　单位工业增加值能耗（吨标准煤/万元）

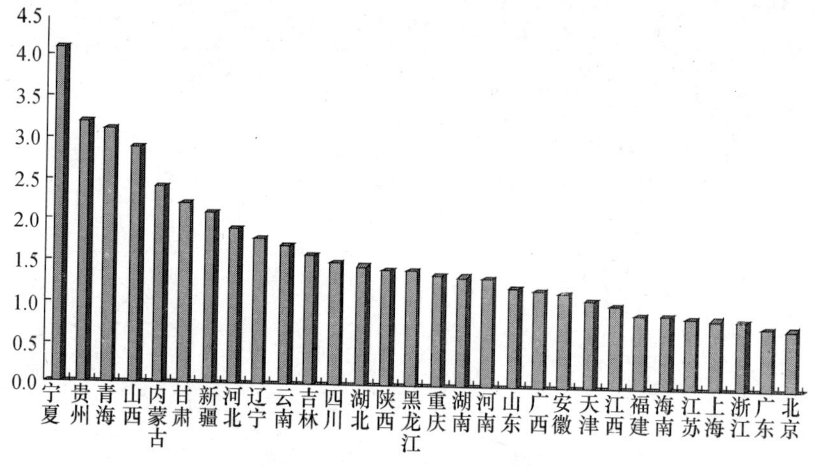

图 10　2006 年单位 GDP 能耗（吨标准煤/万元）

表 6　2005 年单位工业增加值“三废”排放量

	二氧化硫	烟尘	粉尘	废水	化学需氧量	氨氮	固体废弃物
	（公斤/万元）	（公斤/万元）	（公斤/万元）	（吨/万元）	（公斤/万元）	（公斤/万元）	（吨/亿元）
全国	30	13.1	12.6	33.7	7.7	0.73	229.2
东部地区	16.9	4.9	5	27	4.2	0.34	17.1
东北地区	26.4	20.2	11.1	29.8	8.8	0.82	17.5
中部地区	46	26.7	29.8	43.8	11	1.46	621.3
西部地区	75.5	31.3	29.3	55.6	19.4	1.62	908.1

从表 6 中可以看出，我国中西部地区单位产出的“三废”排放量也是很大的，节能减排是中西部地区的一项长期艰巨任务，其潜力是很大的。当然，也应该看到，中西部地区由于受发展条件和产业结构的限制，不可能与东部采用同一标准。因此，节能降耗减排应该考虑地区的特殊性，要有差别化。

最后是区域高速增长主要依靠“土地扩张”，土地利用效率低。例如 2004 年全国 53 个国家高新区每平方公里已开发土地实现销售收入只有 3.03 亿美元，仅相当于中国台湾新竹科学园的 7.9%。高新区的土地利用效率在全国还是比较高的，但与海外的差距仍然很大。

二、对区域发展若干理论问题的思考

1. 新型分工与错位竞争的问题

首先是新型分工的问题。近年来，我国的区域产业分工正在发生新变化，下面是三种不同的区域分工的演变：第一阶段是不同部门的部门间分工，为部门专业化；第二阶段是属于同一部门的产品间分工，为产品专业化；第三阶段是发展同一产品，但进行产业链分工，为功能专业化。表 7 是上述三种区域产业分工的基本类型和特点。

表 7 区域产业分工的基本类型和特点

分工类型	传统区域分工	新型区域分工	
	部门间分工	产品间分工	产业链分工
专业化形式	部门专业化	产品专业化	功能专业化
分工特点	在不同产业之间进行	在同一产业不同产品之间进行	按产业链的不同环节、工序、模块进行
产业边界	清晰	较清晰	弱化
分工模式	以垂直分工为主	以水平分工为主	混合分工
空间分异	不同产业在空间上的分离	同一产业不同产品在空间上的分离	价值链的不同环节、工序、模块在空间上的分离
形成机理	地区比较优势或资源禀赋差异	产品差别、消费者偏好差别、需求的重叠、规模经济	资源禀赋和技术水平差异、规模经济、产业关联经济

新型分工与传统分工有很大的差别，我们更多地应该是转向新型分工。我个人觉得，在现阶段，新型分工更加适合大都市圈的分工情况，如京津冀、长三角、珠三角都市圈等。其中，北京可以采取“控制两头、甩掉中间”的方式，即把总部、研发、设计、培训，以及营销、批发零售、商标广告管理、售后及技术服务等高端环节控制住，把加工制造、零部件及组装甩掉，这样才能利用好北京的优势。

根据我个人的研究，中国最有条件优先发展成为国际性的管理控制中心的只有 3 个城市：中国香港、上海、北京。而能够成为区域性的管理控制中心的城市有广州、青岛、大连、武汉、西安、重庆、成都，等等。

其次是错位竞争的问题。我觉得错位竞争应把握好两点：一是把握好三个错位，即部门之间的错位、产品之间的错位、功能之间的错位。二是把握好从个体竞争到群体竞争。群体竞争包括城市群竞争和产业链竞争。例如城市群的竞争，过去是一个城市和另一个城市的竞争，现在是城市群之间的竞争。例如荷兰兰斯塔德（Randstad)，阿姆斯特丹是空港、金融中心，海牙是行政中心，乌特勒茨是运输物流中心，鹿特丹是海港、工业基地，这四个大城市与二十几个中小城市联合起来，形成一个多中心的大都市圈或城市群，其目的就是与纽约、伦敦、巴黎、东京等大都市竞争。

2. 区域政策目标：效率还是公平

效率与公平的问题在国外已经研究了很多年，但至今还没有取得共识，因为这里有一个利益导向的问题。我国过去在这个问题上，存在一些争论和误区，包括效率优先论、效率公平兼顾论、公平优先论等。当然，我们谈这些是基于这样一个前提，那就是社会主义市场经济，如果还是处于计划经济时代，上面的争论还有一些道理。那么，中央区域政策的目标抉择究竟是注重效率还是公平？我认为，效率原则主要由市场机制来决定，市场机制就是效率原则，它是一种锦上添花。这样，如果在市场机制下，国家制定的区域发展政策要以效率优先，那么这种政策将是多余的，也是没有必要的。在社会主义市场经济条件下，资源配置的效率目标将主要依靠市场机制来实现。中央政府的干预需要更多地注重公平目标，对那些问题严重且自身无法解决，确实需要国家给予援助和扶持的关键问题区域，实行“雪中送炭”，而不是对那些发达的繁荣地区“锦上添花”。这实际上也是欧美发达国家中央区域政策的一个很重要的方面。所以我在这里强调这一点就是要正确处理好效率原则和公平原则的关系，这两者是分开的。中央政府从区域政策的角度来看，就是一个公平的角色。当然，我们这里所讲的中央区域政策应着重关注公平目标，主要是从国家政策导向的角度来讲的，并不是说某个具体的区域政策项目不要效率，这是一个微观（项目）层面的问题。

3. 迁移人口还是转移岗位

刚才我已经讲到了人口和经济活动分布的不协调，为此，我们是把中西部的劳动力迁移到沿海地区，还是把沿海地区的资本转移、扩散到中西部地区，在中西部地区创造更多的就业岗位？这就是两种开发模式的问题：一种是就资本转移劳动力战略模式，这是我们过去采取的方式，在沿海地区创造更多的就业岗位，吸引中西部劳动力进入。刚才我已经讲到它带来了两种不协调：一要资源大调

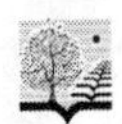

动，二要让劳动力大流动，它的主要弊端是资源大调动，因为大量的资源要从中西部转移到东部，包括能源、矿产、劳动力等。另一种是就劳动力移动资金的战略。就劳动力来转移资金，即在中西部创造更多的就业岗位，吸引沿海资本和企业进入。事实上，这也是一种转移岗位的开发战略。我们的新思路就是鼓励沿海的企业、资金向中西部转移。这样才能让人口、就业岗位的分布与经济的分布相协调。国内外的经验表明，资本的流动比人口迁移更容易，综合成本将更低。

过去我们大量的中西部民工在沿海打工，为沿海地区的经济发展、工业化和城镇化建设做出了巨大的贡献，但是这些“农民工”并未在沿海分享到更多的经济好处。也就是说，共建而没有完全共享。这是与我们构建和谐社会的目标不相符的。因此，我们应该通过户籍管理制度的改革，允许具有固定工作岗位的其他地区人口在东部安家落户，使这些外来人员在为东部繁荣贡献力量的同时也能够分享其利益。所以，我觉得过去实施的“就资金转移劳动力”战略需要及时调整。核心问题就是在中西部创造更多的就业岗位还是将劳动力转移到东部去，这两者可能需要兼顾，需要处理好二者的关系。从发展眼光看，今后将需要注重在中西部地区和东北地区创造更多的就业机会。

4. 关于经济合理集聚的问题

首先，讲一些地区开发强度过高的问题。实际上，任何一个地区都不能满开发或过度开发。现在好多地方政府都有一种错误的想法，即设想在三五年内把新的开发区开发完，结果开发完了，怎么办？扩大开发区、再建一个新的开发区？所以我们要考虑到资源环境容量的限制问题，但是到目前为止，还没有好的方法来解决如何度量资源环境容量的问题。再一个就是如何对开发“度”有个把握？这是很实际的理论问题，急需我们去解决，可惜现在是实际操作走在了理论研究的前面。

其次，讲一讲合理集聚的问题。实际上，我们很多的中央文件，都在提倡促进和引导产业集聚，我觉得这种提法不完全正确，不能说单纯地推动产业集聚，应该是促进和引导产业合理集聚。产业集聚有合理和不合理之分，不合理的集聚主要有两个方面：第一个就是过度集聚，它会导致出现集聚不经济现象，超越承载能力，使人口、经济与资源、环境不相协调；第二个是无效或无关联集聚，例如很多开发区在招商引资的过程中，对企业来者不拒，就好像“一个大麻袋，装着一大堆土豆”，由此出现有企业无产业的情况。

现在还有一些问题没有认识清楚，争论很大。

第一个问题就是过去学者们讨论过的沿海三大都市圈是否需要进一步集聚的问题。有些学者认为实施西部大开发没有必要，因为沿海的承载能力还比较大，甚至测算出沿海还可以容纳6000万~8000万人。我觉得这种观点值得商榷，一是沿海的承载能力是否真有如此之大；二是如此大规模的迁移可不是小问题。西部地区人口占全国的28%，国土面积占全国的70%，即使是在欧美市场经济国家，也不可能更不应该让一大部分国土边缘化和衰落下去。恰恰相反，实施西部大开发，促进区域协调发展，正是中央政府应该承担的社会责任。

第二个问题就是在中长期科技规划区域专项中，为了说明中国的沿海三大都市圈发展空间很大，要进一步地集聚产业、集聚人口，拿日本的三大都市圈来做对比。报告认为，日本三大都市圈（大东京、阪神、名古屋）GDP占全国的70%，而我国三大都市圈GDP仅占全国的35%，所以，我国三大都市圈与世界知名大都市圈还存在较大差距，我国的三大都市圈的发展潜力还很大。但是他们没有考虑到这是不可比的，日本大东京地区面积占全国的9.8%，人口占全国的32.6%，而我国三大都市圈面积仅占全国的3.37%，人口仅占12.58%，但GDP占35.96%。就是说前提条件不一样，得出的结论是不科学的。

除了推进产业合理集聚外，第二个方面是适当进行产业疏导。也就是说，我们要防止某些地区因“过度集聚”而出现“膨胀病”，产生经济“过密”与“过疏”问题，使一些边远地区在经济上“边缘化”。所以我们要合理引导沿海产业转移。自20世纪50、60年代以来，各国政府纷纷采取措施，积极引导产业活动疏散，所以当前可以借鉴英国伦敦、法国巴黎、荷兰兰斯塔德等的经验，要防止过度集聚，关键在于事前预防和引导。目前，国家主体功能区规划已经明确把珠三角、长三角等作为优化开发区域。对珠三角、长三角等地的产业扩散应采取“胡萝卜+大棒”的政策，所谓“胡萝卜”就是我们对沿海转移到中西部地区的产业要给予鼓励，给予支持，给予相应的政策，譬如土地、贴息贷款、税收优惠、加速折旧，等等；“大棒”就是说对进入长江三角洲、珠江三角洲的产业准入门槛要提高。

三、对未来我国国家区域政策的展望

1. 过去中央区域政策存在的问题

第一是过去比较强调效率目标。例如过去各种特殊经济区域主要集中在沿海地区，国家给予它们很大支持，强调效率目标。第二是近年来实施的西部大开发、东北振兴等，主要采取区域普惠制的办法，没有较好体现分类指导的思想。结果实施效果不理想，存在不公平问题。但近年来已有所改变。第三是政出多门，缺乏协调。到目前为止，对于机构的调整与整合，我觉得已经是一个亟待解

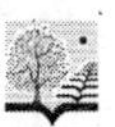

决的问题，现在很多单位、很多学者都在谈论这个问题。我国现在与区域经济政策有关的有西部办、东北办、扶贫办、中崛办、地区司等多个部门，人们调侃说是否东部应该增加个东率办。所以，未来应该有一个机构整合的问题，统筹全国的区域发展与区域政策。当然，机构调整涉及方方面面，难度和阻力较大。第四是受援地区发展还主要是依靠国家投资拉动。

2. 中央区域政策的科学基础

我以为，·中央区域政策的科学基础应围绕三点展开。第一点，中央区域政策应体现公平目标。第二点，根据国际经验，中央区域政策应针对问题区域展开。譬如说贫困地区、粮食主产区、衰退地区、结构比较单一的资源型城市等。当然，国家是否应该加以援助，有两个标准：第一个标准就是这些地区应该属于问题区域，且问题比较严重；第二个标准就是这些问题地方政府自身无法解决，确实需要国家援助。第三点，中央区域政策应体现分类指导的思想，要避免“一刀切”，便于区域调控，以提高政策实施效果。

3. 未来中央区域政策的基本框架

下面谈谈我个人设计的未来中央区域政策的基本框架。2005 年，我曾提出国家“十一五”规划和政策实施的地域单元应该采取“4 + 2”的方案。所谓“4”，就是四大区域，即东部 10 省（市）、中部 6 省、西部 12 省（区、市）和东北 3 省。这四大区域是全覆盖的，它有利于中央从全局的战略高度对全国的区域发展进行统筹规划，统筹安排和部署全国的经济布局。而且，自 20 世纪 80 年代以来，中国曾先后实施了沿海地区经济发展战略、西部大开发战略和振兴东北地区等老工业基地振兴战略，最近又提出要促进中部地区崛起。因此，以四大区域作为地域单元，统筹规划和安排全国区域发展的总体战略布局，将有利于国家区域战略和政策的衔接，便于政策的实施和操作。所谓“2”，就是划分两种不同的经济类型区，实行区别对待、分类指导的方针，以便国家区域调控和中央区域政策的实施。一是按照地区资源和环境的承载能力，划分不同类型的功能区，以此作为国家区域调控和促进人与自然和谐发展的地域单元。二是按区域问题的性质和严重性划分不同类型的问题区，以此作为国家援助和政策支持的地域单元。实际上，国家的“十一五”规划采取的是“4 + 1”方案，首先分成四个大的区域，对全国提出一个国家层面的总体发展战略，并按照主体功能区来实施分类指导。

4. 统筹安排区域发展的总体战略布局

在“十一五”以及今后一段时期内，国家应以西部、东北、中部和东部四大区域为地域单元，统筹规划和安排全国区域发展的总体战略布局。当前，中央已经明确要继续实施西部大开发，振兴东北地区等老工业基地，促进中部地区崛起，鼓励东部地区率先发展，实现东、中、西部地区相互促进、优势互补、共同发展。

（1）推进西部大开发。西部大开发的目标，就是要建设一个经济繁荣、山川秀美的现代化新西部，实现这个目标的难度较大，需要50年左右时间。在“十一五”时期，中国西部大开发将进入到一个以加快工业化和城市化为重点的新阶段。在当前国际竞争与国内竞争日益融合，市场竞争日趋激烈的情况下，西部地区要加快工业化的进程，关键是要大力推进特色优势产业发展。西部特色优势产业的发展，必须突出重点领域和重点区域，走专业化、特色化和集群化的道路，谨防搞低水平重复建设。在产业重点领域上，应重点支持具有优势的现代畜牧业及畜产品加工、特色农业及农产品精深加工、能矿资源开发及深度加工、特色轻纺、中医药、特色装备制造、高新技术产业、旅游业等产业的发展。在产业空间布局上，要依托主要交通干线和中心城市，以高新区、开发区和工业园区为重点，实行重点开发，逐步在西部形成一批具有规模效应和市场竞争力的特色产业带、工业走廊和特色产业基地。在政策支持上，为进一步推进西部大开发，除了进一步抓好现已开工的大型重点工程外，国家要更加重视那些直接联系到千家万户的中小型项目，如农村基础设施、基础教育、人居环境、医疗卫生和文化事业等。中央应将公共服务水平的均等化提到重要的战略高度，以便使各地区居民能够享受水平大体一致的公共服务。同时，为推进西部特色优势产业发展，中央政府需要积极引导国内外民间资本参与西部大开发。假如没有大量的国内外民间资本的进入，要实现建设一个现代化新西部的目标将是一句空话。

（2）振兴东北地区等老工业基地。最近，国务院颁布了《东北地区振兴规划》。东北振兴规划具有五个鲜明特色：一是把规划范围扩大到内蒙古东部五个盟市；二是以老工业基地振兴为主线，是一个振兴规划；三是强调体制和机制的创新；四是重视民生和生态环境；五是以问题为导向，着重解决实际问题。振兴东北老工业基地的总体目标，就是经过10～15年的努力，将东北地区建设成为体制、机制较为完善，产业结构比较合理，城乡、区域发展相对协调，资源型城市良性发展，社会和谐，综合经济发展水平较高的重要经济增长区域。为此，规划提出了“4基地1保障区”的战略定位：即具有国际竞争力的装备制造业基地、国家新型原材料和能源保障基地、国家重要商品粮和农牧业生产基地、国家重要的技术研发与创新基地，国家生态安全的重要保障区。另外需要强调的是，东北的问题不单纯是老工业企业改造的问题，而是经济社会的全面振兴，所以规划提出要实现东北地区的全面振兴。

（3）促进中部地区崛起。国家对中部地区的战略定位是“三个基地、一个枢纽”，即全国重要的粮食生产基地、能源原材料基地、现代装备制造及高新技术产业基地、综合交通运输枢纽。过去中央高层领导说中部地区不设中崛办，但是后来由于来自中部的压力很大，因而设立了中崛办，但是中崛办和西部开发办、东北振兴办不在一个层次上，后两个直属于国务院，[①] 而中崛办设在国家发展改革委。在机构成立以前，主要是由国家发展改革委的地区司在运作。国家促进中部崛起的政策主要是两个比照：对中部老工业基地比照东北，对中部落后地区比照西部。再一个政策就是前些年在山西实行煤炭工业可持续发展试点工作。

（4）鼓励东部地区率先发展。国家在这一问题上出台了许多重大举措。目前，东部一些地区尤其是珠江三角洲和长江三角洲地区，其经济发展越来越受到资源和环境的双重约束，可持续发展的压力日益增大。为此，在“十一五”期间，东部地区应促进产业升级，不能再走高消耗、低附加值，赚取少量加工费的路子。要努力提高自主创新能力，大力发展先进制造业、高新技术产业、高端产业和资源消耗小、附加价值高的出口产业，加快实现结构优化升级和发展方式转变，提高利用外资质量和外向型经济水平，增强国际竞争能力，促进区域可持续发展。最近几年，国家采取的重大举措包括：①海峡西岸经济区，这主要是针对台湾地区而提出的，重点是加强对台合作，促进海峡两岸经济繁荣。②加快滨海新区开放开发，其主要政策是设立天津保税港区，这是我国设立的第二个保税港区，另外一个重要政策就是综合配套改革试验区，这是国务院第一个以正式文件发布的。③上海、深圳综合配套改革。④即将出台的国务院长三角指导意见。我以为，对长江三角洲更多要靠自己，国家主要是给予政策导向。⑤唐山曹妃甸的开发开放问题会不会上升到国家战略层面，也是有可能的。

5. 实行有差别的区域调控与国家援助政策

目前，我们正在开展这方面的研究，还没有形成结论。中国国土辽阔，各地区资源环境和经济社会发展差异较大。要促进区域协调发展，除了统筹安排上述四大区域的总体战略布局外，还应根据不同地区的资源环境和经济社会发展状况，以及各地区所面临的主要问题，进一步划分经济类型区，实行针对性强的差别化区域政策，分类指导和调控各地区发展，避免宏观调控中的“一刀切”现象。

（1）主体功能区。国家对主体功能区划分的依据主要有三个：资源环境承载能力、经济开发密度、发展潜力。按照这三个标准把全国划分为优化开发区

① 现已分别撤销，整合为国家发展改革委西部司和东北司。

域、重点开发区域、限制开发区域、禁止开发区域四类主体功能区。原来在国家发改委提出的“十一五”规划思路中，首先提出了优化整合区、重点开发区、生态脆弱区、自然保护区四类功能区的构想，但这个提法有些问题，不太全面。后来中央关于“十一五”规划的建议进一步提出优化开发区域、重点开发区域、限制开发区域、禁止开发区域的概念。显然，这四种类型的主体功能区的提出，对于落实科学发展观，促进人与自然的和谐发展，强化空间管制和区域调控以及协调经济、社会、人口、资源和环境之间的关系都具有重要的意义。现在国家正在组织开展主体功能区规划，但一个关键问题是如何科学确定这四类主体功能区，这关系到各个地区的切身利益。很明显，如果以省或者地级市作为主体功能区划分的依据，那将显得过于粗糙，也不符合实际情况。如果以乡镇作为划区的依据，虽然能较好地反映各地区的实际情况，有利于政策的实施，但操作难度和工作量很大，而且有可能缺乏数据的支持。另一个关键问题就是资源环境承载能力和发展潜力的测算问题。由于所涉及的变量和因素较多，要科学测算各地区的资源环境承载能力和发展潜力，也并非是一件十分简单的事情。

现在国家已经提出的优化开发区域包括长三角、珠三角、京津冀，这是提高国家竞争力的重点区域。重点开发区域包括中原地区、长江中游、成渝地区、北部湾沿岸、关中地区等，这是未来集聚经济活动、人口的重要区域。在“十一五”规划纲要里面，已经确定了部分限制开发区域，一共22个，主要集中在中西部地区，但是没有列出优化开发、重点开发区域的范围，主要是怕引起争论。另外，在“十一五”规划纲要里面，已经明确了禁止开发区域，包括国家级自然保护区、世界文化自然遗产、国家重点风景名胜区、国家森林公园、国家地质公园等。

现在有四个问题需要明确，一是国家不能依靠划分主体功能区来完全解决区域协调发展问题，划分主体功能区主要是解决人与自然的和谐问题，并便于实行空间管制和区域调控。二是主体功能区的建设是区划、规划、政策、考核“四位一体”，假如没有国家的配套政策，主体功能区规划将很难实施，只能是纸上画画、墙上挂挂。三是对于禁止开发区要实行新的发展模式，不开发不等于不发展、不富裕、不繁荣，要搞“不开发的富裕”、“不开发的发展”、“不开发的繁荣”，这是一种新的发展模式。四是对限制和禁止开发区，它们对国家乃至世界的生态环境保护和可持续发展做出了以不开发为代价的牺牲，所以仅仅实现基本公共服务的均等化是远远不够的，应该考虑在此之外进行区域补偿，但如何补偿，现在还没有一个方案。

（2）关键问题区域。我们认为，除主体功能区建设外，国家还应该按区域问题的性质和严重性划分关键问题区，以此作为国家援助和支持的地域单元。确

定是否给予国家援助的标准，一是必须属于问题区域，而且问题的性质比较严重；二是这些问题本区域自身无法解决，确实需要国家给予援助。为此，在“十一五”乃至更长一段时间内，有必要按照区域问题的性质和严重性划分关键问题区，包括发展落后的贫困地区、结构单一的资源型地区、处于衰退中的老工业基地、财政包袱沉重的粮食主产区、各种矛盾交融的边境地区等，以此作为国家援助和政策支持的地域单元。在此基础上，逐步形成一个科学合理的国家区域援助政策体系。至于民族地区和革命老区，并非是一种单独类型的问题区域，它可以归并到其他关键问题区之中。对于这类地区，在确定关键问题区域时，应该按照同等优先或适当降低标准的原则，在政策上给予相应的照顾。最后介绍一下，国家支持老工业基地城市的判别标准（见表8），这些标准是我们在研究中部老工业基地国家支持政策时提出来的。

表8　国家支持老工业基地城市的判别标准

判别标准	判别指标	具体判别
1. 相对衰退标准	近5年GRP或工业平均增长率	低于各地区平均增速
	城市经济总量占全国的比重	趋于逐年下降
	人均GRP或工业增加值相对水平	趋于不断下降
2. 结构老化标准	传统产业所占的产值比重	较高
	国有企业技术改造投入比重	较低
	国有企业技术装备水平	较低
	新产品销售收入所占比重	较低
3. 社会负担标准	国有企业下岗工人数量	较多
	近3年平均城市登记失业率	较高
	国有企业离退休人员的比重	较高
	国有企业办社会负担	较重
	国有企业债务负担	较重
	社会保险资金缺口	较大
4. 经济转型难度标准	传统的衰退产业所占产值比重	较大
	国有企业所占比重及亏损率	较高
	采掘和原材料工业所占产值比重	较高
5. 资源环境压力标准	因资源枯竭而关闭的矿井数量	较多
	采空区和地表沉陷区面积	较大
	区域性环境污染问题	较突出

续表

判别标准	判别指标	具体判别
6. 战略潜力标准	是否属于全国能源原材料基地	是
	是否属于国家粮食主产区	是
	是否属于重大装备制造业基地	是
	高新技术产业发展潜力	大
	对区域经济的带动辐射作用	大
7. 地方财力标准	人均地方可支配财力	较低

（文章来源自《学术讲座荟萃》第42辑，2007年9月20日）

我国制造业技术标准与国际竞争力①

赵　英

① 本项研究为中国社会科学院工业经济研究所的重点课题，由赵英负责，参加本课题的有史丹、吕铁、张克俊、周维富、刘峰、吕宁、徐朝阳、王焕等研究人员。本讲稿源于该课题的总报告，由赵英撰写。

赵英

男，1952年生，江苏徐州人，研究员。中国社会科学院工业经济研究所研究员，中国社会科学院研究生院教授、博士生导师，国家经济风险研究中心主任，享受国务院政府特殊津贴的专家。

主要研究领域：产业经济学、国家安全战略。主要著作有：《新的国家安全观——战争之外的对抗与抉择》、《中国经济面临的危险——国家经济安全论》、《超越危机——国家经济安全的监测预警》、《中国产业政策实证分析》、《大国世纪——超级产业与大国政治》、《大国天命——大国利益与大国战略》、《细微处的日本》、《大国之途——21世纪初的中国经济安全》、《中国制造业技术标准与国际竞争力研究》等。

加入世界贸易组织（以下简称 WTO）后，我国逐步成为世界工业的制造中心。我国企业大步走向世界，跨国公司加速进入我国制造业，我国工业发展面临的知识产权"瓶颈"日益严重，我国制造业面临着新的国内、国际竞争环境。技术创新是我国制造业发展的"瓶颈"，技术标准则是"瓶颈"的"瓶颈"。在新的国内、国际竞争环境中，技术标准已经成为对我国制造业国际竞争力具有极为重要影响的因素，在某些领域中，技术标准已经成为我国制造业进入国际市场的关键因素。因此，从技术标准角度对我国制造业面临的问题进行深入研究，在理论和实际两方面都具有重要意义。

本课题是中国社会科学院工业经济研究所重点课题。由于本课题要深入研究加入 WTO 后开放环境中，技术标准对我国制造业竞争力的影响，因此本课题在批准后经过了一段观察、调研的时间，在充分调查研究的基础上形成了 10 个分报告（包括对外国有关研究成果的翻译）和总报告。在此期间已有 4 篇文章作为中间成果在《中国工业经济》等刊物上发表。

本项研究包括三部分：

第一部分：技术标准与制造业竞争力一般理论意义上的探讨；技术标准对我国制造业有关产业影响的理论探讨。从整体上对我国制造业技术标准及其对竞争力的影响进行研究与评价。

第二部分：对我国制造业总体技术标准状况、存在的问题，对我国制造业各个技术层次上的代表性产业（汽车工业、机械工业、家电工业、纺织工业、钢铁工业、电子工业）中技术标准对竞争力的影响，进行深入的定性、定量研究。

第三部分：对发达国家政府、企业（跨国公司）在市场竞争中，制定和利用技术标准的政策、策略进行扼要研究，并且分析和研究值得我国政府借鉴的政策措施。在此基础上，提出了我国政府、企业制定和利用技术标准，提高制造业竞争力的路径、战略与政策建议。

从世界工业发展历史看，技术标准既是制造业技术水平、创新能力和竞争力的重要组成部分，又是制造业技术水平、创新能力、管理水平和竞争力不断提高的结果，同时与政府管制也有密切关系。由于技术标准和制造业竞争力之间的关系复杂，进行量化研究存在较大困难；本课题据笔者所见是国内这方面的第一次系统研究；因此在本课题研究中，主要以各个子课题专家进行实证研究为主。在各个产业研究中，除对该产业技术标准的总体状况进行深入细致的分析之外，还进行了技术标准的案例分析。

需要说明的是，本课题虽然选择了制造业不同技术层次上具有代表性的产业进行研究，但是并未包括军工产业或与军工关系密切的产业。因为对这些产业进行研究获得技术标准资料比较困难；同时由于军工产业的特殊性，技术标准对市场竞争的影响方式与一般制造业也有很大不同。因此，本项研究对军工产业中技术标准的问题未做研究。

技术标准基本上可以分为公共性技术标准与私有技术标准两大类。公共性技术标准是政府管理与制定政策的基础，同时具有法律、法规效力，要求具有公正、公开、公平的性质；私有技术标准则往往表现为企业独占的技术、技术专利。但是，在当前全球经济发展中，公共性技术标准由于往往渗透了某些国家、乃至企业的影响，因此对于有关各方的影响并非是均衡的。而私有技术标准又往往由于其影响力大，或被接受为公共性技术标准，或成为事实上的公共技术标准，而带有公共性。但是，一般来说，我们认为，公共性技术标准形成了市场经济运行中的制度、规则，具有公益性；私有技术标准直接影响企业竞争，其作用与公共性技术标准有极大区别。不过由于实际复杂状况，在研究中要具体情况具体分析。由于叙述简便的需要，后面不再赘述。

一、技术标准对制造业竞争力影响的理论探讨

（一）技术标准对市场规则与制度的影响

（1）技术标准构成了市场进入的基本壁垒，改变着市场竞争的基础环境。之所以说技术标准构成了市场进入的基本壁垒，是因为这种壁垒不仅是企业在市场竞争中形成的，也是政府为了消除某些负面外部经济影响（例如，环境污染、影响人民身体健康、对于人民生命安全构成威胁等），对某些产业、产品做出的一般性技术标准规定。这些技术标准实际上形成了市场进入的基本壁垒。政府对于某些产业、产品做出的技术标准壁垒，意味着政府对该产业、产品从政府及民众认可的政治、经济、道德等标准出发，做出了有关产业、产品从事生产时必须付出的劳动时间，必须具有的生产环境与条件，必须采用的技术装备，必须遵守的工艺流程，必须承担的社会责任。继 ISO 9000 质量管理体系标准和 ISO 14000 环境质量管理体系标准之后，国际社会推出了 SA 8000 社会责任国际体系标准。

实际上就是从社会发展角度规范企业的行为，从对产品质量关注扩展到对环境影响关注，再进一步扩展到对人的权利关注，使企业社会责任被赋予了国际标准的形式，从而使企业除必要的技术、生产成本之外，又附加了必须承担的社会责任成本，通过这一标准使企业必须遵守的社会责任国际化。技术标准成为市场进入底线。

对于制造业来说，由于许多产品在使用中具有很高的系统性、相关性，因而技术标准更易于形成高门槛的技术壁垒，使更多实力一般的竞争者被阻挡在市场之外。

（2）技术标准既构成市场进入底线，也成为市场制度重要组成部分对竞争产生重大影响。由于政府通过技术标准对制造业市场准入进行管理，成为政府对制造业进行规制、引导的政策手段之一，因此技术标准成为市场有形制度的重要组成部分。技术标准在市场消费者心目中会逐渐成为对产品接受与消费的心理底线，从而在市场竞争起点上通过技术标准排除了实力达不到起码技术标准的进入者，形成了有限竞争。技术标准成为比较成熟的市场上，引导消费者的无形交易制度和消费重要依据。例如，符合环保绿色标准的工业产品，在市场就会受到欢迎，反之则受到冷遇，甚至被淘汰。技术标准把劣质产品逐出市场，同时使优质产品可能获得高额利润。技术标准的存在，使市场竞争不仅是价格竞争，也是产品水平与质量的竞争。低成本产品，只有在符合同样技术标准的前提下才具有市场竞争力。制造业处于中高技术层次产业的进入者为了通过有形与无形的交易制度，达到技术标准，不得不付出相当高的交易成本。

技术标准之所以成为市场进入底线，还在于当代具有网络外部性的新技术、产品，只有达到临界量的用户接收或使用时，才具有市场意义。技术标准可以把公司内部标准通过网络成为事实上的公共标准，在相当程度上降低了达不到市场临界量的风险，迅速扩展到足以让消费者接受，同时又达到一定经济规模的程度（见图1）。[①] 但是，同时意味着在这一标准之外的技术进入面临着极大技术标准壁垒，在这一标准之外的企业难以进入市场。[②]

（3）在制造业的中高技术层次产业中，技术领先者对技术标准的影响，构成了更高的进入壁垒。由于处于制造业中高技术层次的产业实际上往往由技术领先者制定或引导技术标准，因此技术标准在这些产业中并非仅仅反映从事生产时必须付出的劳动时间、必须具有的生产条件、必须采用的技术装备、必须遵守的

---

① ［德］克努特·布林德：《技术标准经济学——理论、证据与政策》，中国标准出版社，2006年版，第80～81页。

② 微软在中国市场上一开始对盗版听之任之，实际上就是通过其软件形成了一个使用与开发的网络，然后加强其技术版权监督，收获垄断利润，同时在中国市场封杀了类似其他软件的生存空间。

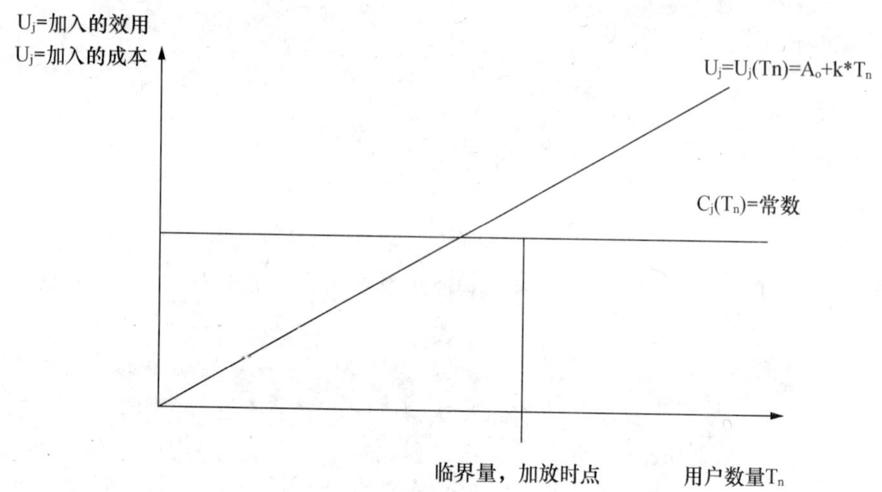

图1　经济主体加入具有网络外部性新技术的临界容量

工艺流程、必须承担的社会责任，从而构成市场进入的底线；而是技术领先者多付出的劳动时间（表现为投入研发的费用等）、必须具有的生产条件、必须采用的技术装备、必须遵守的工艺流程、愿意承担的社会责任，构成由于领先者优势形成的、更高的市场进入壁垒。更高的进入壁垒，对技术水平一般的企业构成了较大的市场压力，使掌握先进技术的企业处于明显优势地位，甚至形成垄断。

（二）技术标准对企业市场竞争力的影响

（1）技术标准是企业的核心竞争力之一，成为企业稳定的获得高额利润的途径。技术创新与技术标准之间存在密切关系。技术创新速度决定了技术标准更新频率。在ICT等高技术领域，技术标准总是来源于最具创新性的技术。另一方面，随着知识产权保护意识的增强，处于技术前沿的研究成果往往都申请了专利保护。技术标准要想反映技术发展的新要求，就必然要包含相关专利技术的内容。

一般来说，技术标准追求开放性、普适性和公益性，力求使社会能够以最小的成本推广使用。专利在法律上是一种具有较强排他性和绝对性的私有产权，专利持有人利用专利权使自身利益最大化，未经授权不允许推广使用。标准与专利的这种利益互斥性，使得早期的标准化组织在制定技术标准时都尽可能地避免将专利技术引入标准中。但是自20世纪90年代以来，专利数量的迅速增长以及专利技术产业化速度不断加快，使专利与技术标准开始从分离走向结合，出现了引人注目的技术标准专利化趋势。技术标准逐步成为企业竞争的利器。

对缺乏专利权的发展中国家的产业和企业来说，技术标准专利化是其在21

世纪遇到的严峻挑战。近年我国一些迅速成长的产业和企业就很大程度上受到这种影响。例如，美国思科公司为达到排挤我国华为公司的目的，拒绝授权华为公司使用其在路由器操作系统中大量使用的私有专利，以阻止华为公司的路由器与其设备互联互通。

超越一般企业技术能力的、独特的技术标准，不仅意味着企业具有强大的技术开发能力、生产能力、经营管理能力，更主要的是构成了企业知识产权的重要组成部分，意味着企业的技术能力和知识财富。在许多企业中，技术标准是以技术专利和诀窍的形式存在的。技术标准往往成为企业市场竞争战略与策略的重要组成部分。企业可以根据自己在市场竞争中的定位、战略、策略，决定技术标准作为竞争手段的运用。由于技术标准往往体现为专利，技术标准可以作为知识产权进行转让，成为交易的重要组成部分。走在技术前列的企业的技术标准，可以成为获得高额利润甚至垄断利润的锐利武器。在产品具有明显网络外部性特征的产业中尤其如此。

在具有明显网络外部性特征的产业中，“发起技术”（sponsored technologies）有类似效应，相应的行业标准参数中往往包含市场参与者的产权。通过各种方式使自己公司特定标准成为行业标准，例如通过利用来自其他商业领域的交叉补贴来降低产品价格，公司可以达到消灭竞争对手而取得垄断地位的目的。① 在具有明显网络外部性特征的产业中，由于网络外部性特征，使技术领先的企业或者处于垄断地位的企业，或者可以通过核心技术的标准，对其他企业的技术进行“锁定”，从而巩固自己的市场地位。这也是许多大公司选择公开技术标准的内在利益驱动力。

技术标准对掌握知识产权的企业来说，意味着对市场的某种权力。其一可以在某种程度上具有对某种产品的市场定价权；其二可以对其他企业的技术路线、产品开发、生产方向产生相当影响，从而对整个产业链条产生重要影响；其三可以影响市场竞争中的游戏规则；其四增强了其与政府监管过程中讨价还价的实力。“在中国，本土企业为了能够拿到惠普、戴尔和沃尔玛的定单，在彼此之间会展开激烈竞争。尽管胜出的企业要按照跨国公司的严格标准进行生产，但大量的稳定的产品需求可以保证其在激烈的竞争中生存下来。结果，惠普利用手中的经济杠杆提高了中国制造商的生产标准，而中国制造商也愿意这样做，因为他们知道，一旦他们达到惠普的要求，他们也就有能力从惠普或索尼那里得到定单”。②

---

① ［德］克努特·布德林：《标准经济学——理论、证据与政策》，中国标准出版社，2006 年版，第 35 页。

② ［美］托马斯·弗里德曼：《世界是平的》，湖南科学技术出版社，2006 年版，第 317 页。

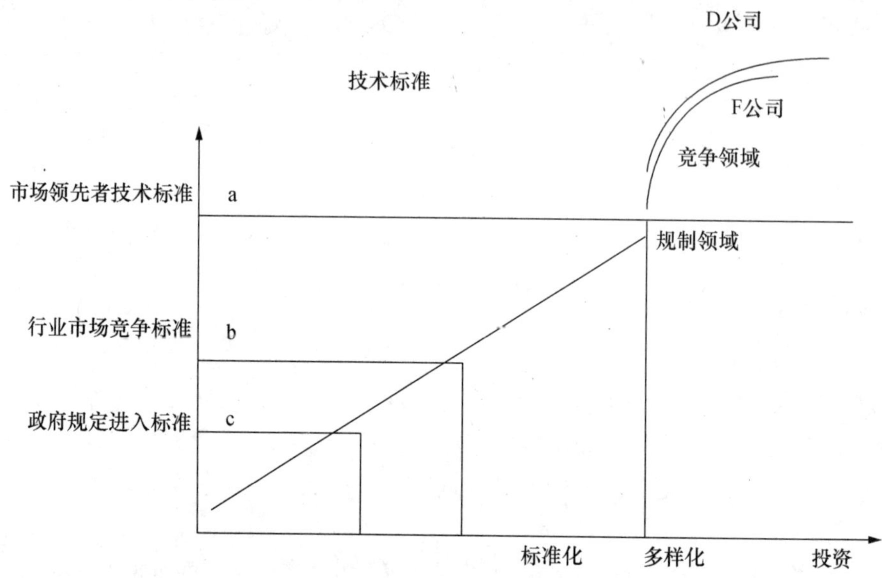

图2　技术标准与企业竞争力的关系①

从图2可以看出，由于技术标准的存在，构成了由政府规制与技术标准形成的多重的产业进入壁垒。技术标准通过兼容，使竞争者之间产品差异化的能力大大降低，从而使产品功能竞争转化为产品价格的竞争。在技术标准制约下，多数企业不得不处于标准接受者的地位，难以进行多样化产品技术创新。行业技术领先企业或垄断企业处于较高的技术标准之上，实际领导着行业技术标准或者使自己的技术标准成为政府规定的技术标准，从而在竞争中处于有利地位，而且较易于进行产品多样化创新，依靠技术标准获得高额利润。

标准化与产品差异化的矛盾造成了功能竞争与价格竞争的分化：掌握核心技术的企业能够在保持一定程度兼容性的同时开发独家扩展功能，并且还能够利用对技术标准的控制限制竞争者开发独创功能；而被动接受别人标准的企业则被限制在相对同质化的市场内，主要竞争工具只能是价格。

"技术标准对竞争的消极影响，主要是由于标准化过程本身资源分布不均所造成的。因此，即使运用一致性原则，大的主导性公司也仍然可以操纵过程的结果以及标准的参数，使标准化收益或成本的分配朝着有利于其自身利益的方向倾斜。"②

（2）在制造业处于中高层次的产业中，技术标准成为跨国公司在区域、全

① 笔者根据日本学者名和小太郎《技术标准对知识的所有权》一书中有关图表进行修改后形成。

② ［德］克努特·布德林：《标准经济学——理论、证据与政策》，中国标准出版社，2006年版，第42页。

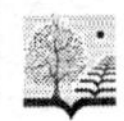

球获得利润，控制产业链条的手段。在制造业处于中高技术层次的产业中，由于技术复杂、产品研发投入巨大、生产体系投入巨大、产品体系具有紧密连接的系统性、规模经济特征明显、需要与相关产业协调发展等原因，因此易于产生技术依赖。随着制造业产业链条和企业生产销售链条的延伸，跨国公司通过技术途径对区域、全球生产销售据点进行控制，成为基本战略手段。技术标准则是其技术控制手段的重要组成部分。跨国公司的技术标准战略在某种程度上已使技术标准从“一种产业和经济的秩序，产业存在的技术方案”，异化为跨国公司进行市场控制、限制竞争对手的工具。技术标准不仅影响着其海外投资企业的研发，而且影响、牵制着产业链条。

（3）国际标准、区域标准对一个国家产业、企业的竞争力有着双重影响。首先，国际标准、区域标准的推进，为世界各国产业、产品创造了统一的市场环境。对中小国家来说，国际标准、区域标准的存在，为这些国家的企业提供了更加广大的市场。其次，有关实证研究表明，国际标准比国家标准对产业内贸易的促进作用贡献更大，国际标准对一个国家出口具有更强的正向作用。最后，技术标准对推动产业、企业技术创新具有更强的正面影响。

但是，技术标准对一个国家产业、企业的竞争力也可能产生负面影响。首先，国际、区域技术标准的制定，由发达国家政府及有关机构或发达国家的企业主导，因此可能使发展中国家有关产业及企业在国际贸易中处于不利地位。目前国际贸易中，99.8%的技术标准是发达国家制定的。[①] 发展中国家不得不处于被动接受的地位。其次，由发达国家政府及有关机构或发达国家的企业主导下形成的技术标准体系，易于形成跨国公司在发展中国家的技术垄断或技术依赖，不利于发展中国家技术创新能力形成。最后，技术标准的主导权，常常转化为跨国公司在发展中国家市场的主导权，进而不利于发展中国家企业在国内市场的竞争。

由于国际标准、区域标准对一个国家产业、企业的竞争力有着双重影响，尤其对于发展中国家产业、企业竞争力有着很强的双重影响，因此发展中国家政府、产业、企业在技术标准方面面临着复杂的选择。对发展中大国来说，由于存在着可以通过利用庞大的国内市场，首先利用低廉的劳动力成本和规模经济效应形成在国内市场上的竞争优势，然后走向国际市场的可能。因此，选择就更加复杂。

技术标准根据产权分析，可以分成公共性技术标准和私有性技术标准（企业所有）两类。公共性技术标准一般来说具有公开、公平等特点，区域性、国际、国家技术标准，属于公共性技术标准，固然由于渗入了参与制定者的利益，肯定有所偏颇，但是与私有性技术标准相比，其谋利倾向相对淡化与隐蔽。

---

① 《机电商报》2005年4月25日，中国国家标准化管理局局长李忠海的发言。

（三）技术标准对政府及区域性组织政策的影响

（1）技术标准是政府扶植本国制造业的重要产业技术政策。制定技术标准是政府对产业进行管理的公共职能之一。政府通过技术标准不仅可以对制造业发展进行公共管理，而且可以通过技术标准对本国有关产业进行支持。例如，政府可以通过制定具有本国特点的技术标准，使本国企业在竞争中处于有利竞争态势。由于大国具有广阔的市场，因此大国政府制定的技术标准不仅促进形成了本国的工业体系，而且形成了具有独特技术特点的、广阔的国内工业品市场。大国的制造业可以依托相对有利的国内市场，形成经济规模，降低成本，获得国际竞争力。这一点对大国工业企业在市场上获得优势，具有重要意义。改革开放以来我国家电、汽车等产业的发展，就证明了这一点。中小国家由于国家规模、市场限制，在很大程度上不能不更多地追随国际标准。

政府还可以出于维护国家生态环境、节约能源资源、维护国家安全等国家目标，通过技术标准使产业技术发展朝着既定方向发展，从而提高整个国家的经济竞争力，使国民经济在可持续发展轨道上前进。

（2）技术标准是各国政府保护本国制造业的主要手段。随着 WTO 贸易规则在全球范围的推广，关税和数量限制作为政府保护措施的作用日益下降，技术标准作为一种保护本国产业的手段得到越来越多的使用，成为非关税壁垒的主要形式。在国际标准化组织中，争夺关键技术标准制定的主导权成为发达国家关注的焦点。技术标准正在成为技术垄断，并进而成为本国获得高额经济利益的重要手段，现在已逐渐演变成国家核心竞争力的关键因素。国际经济和科技竞争正日益演变为技术标准竞争。

国家技术标准是国家主权在经济领域的延伸，是国家实施非关税贸易壁垒的重要手段。随着发达国家的工业日益向发展中国家转移，发达国家的许多产业由于劳动力成本过高丧失竞争力，技术标准成为发达国家常用的影响发展中国家产业发展，并进行贸易保护的手段。如 2003 年欧盟国家就以打火机有关安全标准为由，对中国生产的打火机进入欧洲市场予以限制。据统计，发展中国家受贸易技术壁垒限制的案例，大约是发达国家的 3.5 倍。

技术标准已成为发达国家阻碍我国工业品出口的主要措施。商务部统计显示，2005 年我国有 15.13% 的出口企业受到国外技术性贸易措施的影响，造成出口贸易机会损失达到 1470 亿美元，约占 2005 年全国出口贸易额的 19.29%。纺织产品受直接损失比较严重，机电高技术产品增加成本多，国外技术壁垒影响已

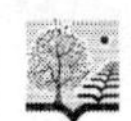

由劳动密集产品向高技术产品延伸。[①]

技术标准作为非关税手段使用时，具有相当大的影响力。一个关键技术标准的使用，可以影响到若干产业的产品进出口。技术标准还经常被作为在政府间，就贸易摩擦问题讨价还价的手段。例如，瑞士、法国、日本等国家曾就钟表出口美国导致的贸易摩擦，对钟表原产地认定，达成统一标准。但遭到美国的反对。[②]

（3）随着经济区域化进展，技术标准往往成为某些区域性组织形成独特的制造业市场，并且对制造业进行保护和扶植的工具。技术标准是推动区域化、全球化的基本技术条件，是形成区域、全球范围内生产体系、贸易体系的重要条件，是使区域内生产力超越民族国家的工具。一旦某个区域执行本区域的共同的技术标准，那么对本区域的企业来说，可以在更大范围内获得规模经济效益，占有更大市场，同时对区域外的企业构成了市场壁垒。区域间经济、科学技术发展差距比较大的情况下，技术标准的区域壁垒作用更加明显。“经过十几年的发展，欧盟逐渐形成了由上层约300个为数不多但具有法律强制力的欧盟指令，下层是上万个、包括具体技术内容、厂商可以自愿选择的技术标准组成的两层结构的欧盟指令和技术标准体系。该体系的建立有效地消除了欧盟内部的贸易障碍，但欧盟同时规定，属于指令范围内的产品必须满足指令的要求并通过规定的认证才可以在欧盟统一的市场流通。因此，这一规定对欧盟以外国家，常常增加了贸易障碍。即使是美国这样的世界头号贸易大国都指责欧盟对美国的激素牛肉和转基因食品等许多出口产品制定的限制性指令，阻碍了美国产品进入欧洲市场，构成了贸易壁垒。”[③]

在国际市场竞争中，产业优势与标准优势，产业主导权与标准主导权相辅相成。围绕技术主导权的争夺，实际上是产业发展主导权的争夺，是产业发展中制度性利益渠道的争夺。技术标准领先者可以获得在该行业中的权威地位，甚至被国际组织授权制定行业标准。技术标准落后者则在竞争中受制于人。为此，2000年德国标准化学会（DIN）82%的工作量花在制定国际标准和欧洲标准上，只有18%是用在制定国内急需的国家标准上。在竞争中谁掌握了技术标准的主导权，谁就掌握了游戏规则的制定，在竞争中处于优势地位。近年来中国DVD机行业由于产品的国际标准由欧美等国制定和控制，中国生产的每件产品需要缴纳一定的专利费用，而且由于国际质量标准形成的技术壁垒，出口遭遇严重挫折，就是明显例证。

① 《新京报》2006年12月27日。

② ［日］渡部福太郎、中北彻：《国际标准的形成和战略》，东京，日本国际问题研究所，2001年版。

③ 杨昌举等：《技术性贸易壁垒——欧盟的经验及对中国的启示》，法律出版社，2003年版，第126页。

二、当代制造业技术标准的特点

（一）技术标准日益网络化

随着当代制造业技术水平的提高，产品的高技术化，制造装备与工艺的电子化，[①] 制造流程与管理方式的网络化，当代制造业技术标准网络化的趋势日益明显。从某种意义上说，制造业技术标准的网络化使制造业系列化、通用化、标准化进入了新阶段。在制造业的中高端，系列化、通用化、标准化必须通过网络化才能够更好地得以体现和推进。制造业技术标准的网络化，不仅表现在硬件的各种接口上，而且通过软件平台得到了强化。软件技术标准在制造业技术标准体系中，占有越来越重要的地位。技术标准网络化使某些专利成为某些产品技术体系中的关键节点和路径，使其他技术专利与标准与其结为一体。

传统产业中，技术标准主要体现为公共利益，制定技术标准并不需要复杂的技术支持，标准与技术专利和知识产权往往是分离的。在技术标准呈现网络化特征的时代，某些标准化组织通过建立标准，可以使专利技术纳入标准体系内部，采用一个标准就必须采用标准涉及的全部专利，体现标准的捆绑效应。随着ICT等高技术产业的发展，制造业网络化不断加速。某些技术标准可能包含着成百上千项的专利，牵涉数十家甚至上百家的厂商。企业通过将专利技术搭上“技术标准便车”，就可成功地将自己的“私权利”包装到“公权利”中，同时通过“公权利”的力量与轨道，使“私权利”得到最大程度的推广和延伸。例如，微软通过其软件的技术标准实际上构成了一个网络化的技术标准专利体系，其他进入者只能在技术标准平台上发展，从而获得了垄断性利益。

（二）知识产权与技术标准结合日益紧密

一般而言，标准中包含的知识产权主要有四种：一是商标权。主要是在标准里面作为符合性的标志，例如DVD的标志等，都有相关LOGO在内，这是标准符合性的标志，一般是作为商标在相关的国家注册，通过商标来发放许可。二是著作权。标准著作权是指标准文本本身的著作权，所有标准都包括这样一个内容，除了国家强制性的标准以外，都是通过著作权保护文本的。三是商业秘密权。企业建立的封闭性事实标准，或者私有协议，往往包括一些商业秘密的内容，这些商业秘密在标准实施特定对象中间获得授权和许可。四是专利权。专利

① 自20世纪70年代以来，机械产品成为机电一体化产品的趋势日益加速。

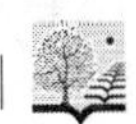

权是涉及最多，也是在标准中最常用、最有效的知识产权。

随着技术标准对制造业企业国际竞争力的影响日益强烈，技术标准对市场竞争起着越来越重要的作用，具有制定先进技术标准实力的企业不仅越来越多地把技术标准作为知识产权的重要组成部分，而且使技术标准成为专利，并尽力使其成为国际标准，以实施自己的竞争战略，抑制对手发展。例如，高通公司将1400多项技术全部申请专利，然后将这一套解决方案申请为国际通信标准，所以高通公司通过标准许可费用、产品专利费用、芯片等三种形式获取巨额稳定收入。

（三）技术标准区域化、全球化进程不断加速

随着经济区域化、全球化的进展日益加速，产业的国际分工日益深化，制造业技术标准的区域化、全球化也取得了较快的发展。同时制造业技术标准区域化、全球化取得的进展，为制造业的区域化、全球化分工、布局创造了条件。这方面进展最快的是欧盟国家，在欧盟范围内形成了一系列技术标准，对世界技术标准产生了很大影响。在 APEC 范围内，亚洲国家也在探求区域技术标准体系形成的路径。区域技术标准的形成，一般来说以该地区主导国家制造业技术标准为核心，反映了一个国家制造业在该地区的实力，能够为该国带来相当的利益，因此区域技术标准形成过程中围绕主导权之争也是常见的。区域技术标准如果反映了发达地区市场的要求，代表了先进技术水平、先进制造理念，就可能成为全球技术标准。

技术标准全球化，是在区域化基础上推进的。技术标准全球化进程中除了有关国家政府、区域性组织的作用外，跨国公司起着举足轻重的作用。

技术标准的区域化、全球化进展，意味着发达国家、跨国公司在区域、全球技术体系中的带动作用更加具有某种“强制性”。面对这种情况，发展中国家制造业面临着两难的选择：一方面为追求技术进步，进入发达国家市场不能不跟随发达国家、跨国公司的技术标准；另一方面又逐步形成了技术路径的依赖，进而在市场竞争中处于不利地位。

（四）政府对技术标准形成与推进发挥着越来越大的作用

由于产业竞争日益表现为技术标准的竞争，技术标准往往关系到一个国家某些重要产业的兴衰，关系到国家的整体国际竞争力，对国家经济利益具有越来越重要的作用。技术标准的制定往往成为区域乃至全球范围内的活动，因而21世纪政府之间围绕技术标准进行的博弈日益激烈。由于本国产业发展的需要，维护国家经济安全的需要，新兴工业化国家政府介入更加必要。对新兴工业化大国来说，由于面临着产品进入国际市场的巨大需要，面临着发达国家日益提高的技术

壁垒，政府尤其有必要介入技术标准的制定与推广。

在国际产业分工发生重大变化，新产业、新技术对产业分工格局发生重大影响，某些重要产业在区域、全球进行转移时，对于技术标准制定权和话语权的争夺就会格外激烈。此时，政府大力介入格外重要，甚至外交也成为技术标准制定权和话语权争夺的必不可少的手段。

（五）技术标准日益成为企业市场竞争战略的重要组成部分

随着技术标准日益成为企业获得稳定的高额利润的来源，锁定市场的工具，有效抑制竞争对手的手段，技术标准被逐步从市场竞争的一般工具提高到企业战略手段的层面。跨国公司越来越多地把技术标准作为其区域、全球调控市场，部署产业链条的重要战略工具。技术层次越高的产业中，技术标准对企业竞争战略的影响越大。

（六）环境保护日益成为制造业技术标准体系中的重要内容

20 世纪中期以来，全球制造业技术标准体系中与环境保护有关的内容逐步增加。随着科技的进步，人们对生存环境质量的要求日益提高，可持续发展的理念逐步为民众与政府接受。发达国家在一般制造业领域逐步丧失竞争力，进入 21 世纪以来技术标准已经成为国际贸易中最主要的技术壁垒手段。通过逐步增加环境保护内容，形成贸易壁垒，既可以得到国内民众的拥护，又具有国际舆论的“合法性”，因此日益严格的“绿色”技术标准，成为发达国家政府重点关注的领域。如，当我国汽车开始进入欧洲，并且即将达到欧 4 排放标准时，欧盟已经推出了实施欧 5、欧 6 排放标准的计划。又如，目前，发达国家涉及纺织服装认证的有 ISO 9000 认证、ISO 14000（GB/24000）认证、测试和标准实验室认可、Oeko－texStandard100 生态标志认证等，尽管有些认证是自愿的、推荐性的，但实际上越来越成为进入有关发达国家纺织服装市场的入场券。

（七）技术标准超越经济范围，成为国家、区域性组织获得国家、区域性利益的战略手段

由于技术标准体系从整体上影响着一个国家在区域内的产业竞争力、区域性组织在全球范围内产业的竞争力，影响着一个国家在某一区域内产业的主导能力、区域性组织在全球范围内的产业主导能力，影响着国家整体经济利益、国家安全与国家经济安全，因而成为国家、区域性组织拓展海外利益的工具。对于重要产业中关键技术标准的主导权的争夺，在相当大程度上已经成为国家间依托于政治、经济乃至军事力量进行的博弈。

我国政府原计划强制实施的国家 WAPI 无线网络标准，在以 INTEL 公司为首的美国商业巨头和布什政府“停止对华芯片销售”的威胁下，2004 年 4 月 22 日，中美两国政府在华盛顿宣布，中方同意美方提出的要求，不在 6 月 1 日最后期限到来之时强制实施 WAPI 技术标准，并将无限期推迟实施 WAPI 技术标准的时间。这一事例，充分反映了技术标准制定方面国家间斗争的残酷。

三、我国制造业技术标准在国际技术标准体系中的整体地位与影响力

根据本课题的各个子课题对我国制造业代表性产业技术标准状况的分析研究，我们把各个产业技术标准在国际技术标准体系中的影响力分为 A、B、C、D 四个等级，从而使对我国制造业技术标准的分析相对量化。

其中，A 级表示可以对该产业的国际技术标准产生主导性的影响，具有可左右该产业技术标准走向的跨国公司，该产业（包括政府有关部门、中介机构及研究机构）参与国际技术标准制定的能力很强；B 级表示对该产业的国际技术标准产生相当的影响，具有可以对该产业技术标准具有一定影响力的企业，该产业（包括政府有关部门、中介机构及研究机构）参与国际技术标准制定的能力较强；C 级表示开始对该产业国际技术标准产生影响，并且有个别企业在某些领域对该产业技术标准产生影响，该产业（包括政府有关部门、中介机构及研究机构）参与国际技术标准制定的能力一般；D 级为对国际技术标准基本没有影响，但由于大量消化吸收了国际技术标准，产业技术标准迅速提高，加速与国际技术标准接轨，该产业（包括政府有关部门、中介机构及研究机构）开始参与国际技术标准制定。根据四个等级我们对研究的产业进行了分类，见表 1。

表 1　我国制造业技术标准在国际技术标准体系中的地位

等级 产业	A	B	C	D
钢铁产业		B		
家电产业			C	
汽车产业				D
机械产业				D
电子通信产业			C	
纺织产业				D

从表1可以看出，我国制造业对国际技术标准体系的影响力，从整体上相当弱。即便是我国已具有某些国际竞争力的产业，其对国际技术标准的影响力仍比较低下。例如，纺织服装产业、家电产业。即便是处于B级的产业实际上对关键技术标准的影响仍然有限。[①] 对国际技术标准的影响力在很大程度上是一个国家相关产业技术创新能力的体现。目前我国制造业技术标准在国际技术标准体系中的地位与影响力，实际上也是我国制造业技术创新能力仍然比较低下的反映，同时也反映出我国是一个制造业大国而不是制造业强国。

从我国制造业技术标准与国际先进技术标准的差距看，我国制造业与国际技术标准在生产制造领域的总体差距约为10~15年；在关键技术、关键零部件制造领域及研究开发领域的差距还要大一些，约为15~20年；有些技术标准尚属空白。

从我国制造业技术标准与国际先进技术标准的比较看，总体上反映了我国制造业与发达国家制造业的差距，尤其是反映了技术水平方面的差距。

表2 我国制造业国际标准采标率

产 业	采标率（%）
钢铁产业	82
家电产业	83
汽车产业	81
机械产业	62
电子通信产业	85
纺织产业	83
船舶产业	88
化工产业	82
制造业总体采标率	46

注：本表数字来自各个分报告及有关年鉴，为2003~2005年数据。

从表2可以看出，我国制造业先进技术标准的推进是以较为开放姿态进行的，通过大量引进、消化吸收国际先进技术标准，获得技术进步仍然是我国制造业技术标准提高的主要因素。从制造业总体看，我国仍处于对先进国际技术标准大量引进、消化吸收阶段。由于我国制造业国际技术标准转化率大大低于采标率，因此我国制造业技术标准实际与先进国际标准的差距还要大一些，我国制造业在技术标准方面仍处于追赶态势，要超越国际先进技术标准并且进而引领技术标准发展的方向，仍然任重道远。

---

① 这些论点是以各个分报告的详尽分析为依据的。

从表 2 还可以看出，具有中国特色的技术标准体系远未形成，对于中国这样一个制造业大国来说，没有形成自己特色的技术标准体系，就意味着成为制造业强国的历史任务远未完成，意味着中国具有的成为世界制造业强国的潜在优势远未得到发挥。

技术标准是制造业国际竞争力的集中体现。从表 1、表 2 可以看出，我国制造业国际竞争力仍然不强；我国制造业技术标准对支持我国制造业企业在国际市场上竞争作用不大；国际先进技术标准固然对我国制造业产生了良好的影响，但是由于其掌握在发达国家政府及跨国公司手中，因而也不可避免地使我国制造业产生了相当程度上的技术路径依赖。如果说技术创新能力和自主知识产权是我国制造业发展的“瓶颈”，那么技术标准由于能够从整体上制约我国制造业技术创新能力和自主知识产权的形成，就成为“瓶颈”中的“瓶颈”。

四、改革开放以来我国制造业技术标准的进展与问题

（一）我国制造业推进标准化取得的进展

1. 建立了基本完整的技术标准体系

改革开放以来，在政府组织与推动下，我国制造业对政府颁布的原有技术标准进行了大幅度的更新，许多原来没有技术标准的领域建立了技术标准，许多新技术领域及时制定了技术标准。到 2005 年底，我国对现行有效的 21575 项国家标准和正在制订过程中的 8511 项计划项目进行了全面彻底的清理。其中，21575 项国家标准中被废止的国家标准 2513 项，占 11.6%；正在制订过程中的 8511 项计划项目中，被终止并撤销的计划项目 3446 项，占 40.5%。同时，国家标准委还对现行有效的 3042 项国家强制性标准进行了清理，其中继续有效的 1034 项，占 34.0%；继续使用但急需修订的 1586 项，占 52.1%；被废止的国家强制性标准 422 项，占 13.9%。[①]

目前我国制造业已基本形成了由国家强制性技术标准、行业技术标准、企业技术标准构成的技术标准体系。

2. 大量采用国际先进技术标准，为我国制造业走向世界奠定了基础

改革开放后我国制造业技术标准体系的逐步完善，是建立在大量引进和借鉴

① Sohu，2005 年新闻栏目。

发达国家和区域组织先进技术标准基础上的。从表2可以看出，我国制造业各个主要产业都已经大量采用了国际技术标准，并且对其中多数技术标准进行了转化。

大量采用和转化国际技术标准，不仅迅速提高了我国制造业的技术水平和制造能力，也意味着我国制造业产品、工艺迅速与国际接轨，成为推动我国制造业走向全球的重要因素。

在我国制造业目前发展阶段，技术标准主要是通过发挥比较优势的作用影响我国制造业国际竞争力的。技术标准增加了产品的通用性和兼容性，增强网络外部效应，从而促使市场尽快达到规模经济。我国制造业的标准国际化为产品开发、设计制造和质量检验提供了重要的技术依据，不仅减少了技术的不确定性，而且大大降低了企业成本和产品售价，强化了中国劳动力成本低廉这一主要竞争优势，强化了我国制造业在制造环节的竞争优势，迅速扩大了国内市场规模，使企业以最快速度实现规模经济，为国际竞争力的提升奠定基础。

例如，我国政府在ICT产业的标准化工作中很早就确立了国际化原则，大量采用国际标准，现有的国家标准和行业标准绝大多数都是参照国际标准制定的。这种务实的做法，降低了我国ICT产品在全球市场上的兼容性风险，不仅有利于节约我国企业和消费者的成本，而且打开了中国产品通向世界市场的大门，对强化我国ICT产业在劳动力密集型产品上的比较优势起到了重要作用。

3. 在制造业某些领域开始对国际标准产生积极影响

尽管我国制造业从整体看对国际技术标准体系影响不大，但也有某些产业开始对国际技术标准体系产生积极影响。据不完全统计，近年来我国钢铁工业组织几百名专家参与30~50个国际标准制修订项目，其中我国作为主要起草国承担了18项ISO标准的制定与修订，扩大了中国在国际标准化组织的影响，对提高我国钢铁产品在国际市场上的竞争力，产生了积极影响。又如，大唐集团代表中国提交的TD-SCDMA无线接口技术规范，被ITU和3GPP接纳为世界第三代移动通信技术三大标准之一以后，由于其背后包含着数千亿美元的巨大商业利益，中外技术标准之争已经引起国内外广泛关注。

我国制造业根据我国国情制定了某些技术标准，并进而影响到国际标准的制定。例如，由海尔等企业推动制定的《防电墙——安全热水器新国家标准》，就对该行业产品发展产生了极大影响。需要指出的是，许多产品由于在中国拥有最大的市场，因而具有中国特色的技术标准，实际上在某种程度上就具有国际标准的影响力。从中国制造业目前的地位和实力看，有能力制定具有中国特色的技术标准，也是国际竞争力的重要组成部分。

4. 技术标准更换速度加快

改革开放前，我国制造业技术标准普遍存在着几十年一贯制的情况。改革开放后，随着管理体制和企业机制的转变，大量引进了国际技术标准，国内市场竞争日益激烈。我国逐步成为世界制造业中心，我国制造业技术标准更新换代速度日益加速。

我国制造业技术标准中的国家强制性技术标准和产业主要技术标准已经基本上得到了更新，企业技术标准的更新换代也不断加速。例如，据不完全统计，仅2002~2004年短短的3年内，我国冶金行业就基本完成制、修订行业技术标准项目233项（产品标准为170项、标样为63项），其中修订139项（不含标样），制定31项（不含标样），从而使我国冶金行业的标准体系有了明显改善，体系更加合理，标准水平有了显著提高，基础技术标准水平已接近或达到国际先进水平。

5. 先进技术标准推动了我国制造业的技术进步与可持续发展

技术标准既是技术进步的成果，又是推动技术进步的重要因素。我国制造业技术标准的提高，提高了我国制造业总体技术水平和自主创新能力，促进了我国制造业可持续发展。

例如，我国在2005年1月1日颁布实施纺织品强制性国家标准GB18401－2003《国家纺织产品基本安全技术规范》，该标准首次将有关纺织品安全性的生态环保要求纳入国家强制性标准，打破了纺织服装行业多年来质量标准一直停留在外观和一般物理指标方面的现状。该标准将纺织产品分为婴儿类、直接接触皮肤类、不直接接触皮肤类3类，对纺织品中甲醛含量的限量要求、禁用偶氮染料、pH值、色牢度和异味等也做了规定，并首次将纺织品毒物测试列入产品检测标准中。

根据国家环境保护总局有关计划，中国将在2007年和2010年分别实施国家第三、第四阶段机动车排放标准。若按计划实施这两项标准，2008~2012年，仅道路车辆就将减少氧化氮排放量180万吨、碳氢化合物220万吨、一氧化碳1600万吨，将给社会带来重大环境效益，并将进一步推动技术升级，有利于相关汽车产品出口。就每台发动机而言，每实施一个新阶段排放标准，其单机污染物排放量就会降低30%以上。与国外先进水平相比，中国生产汽车的排放控制技术水平差距将由2000年的8年缩短到2010年的5年。①

① 新华网，2006年10月6日。

6. 技术标准制定得到了政府和某些企业的高度重视

我国政府有关部门对技术标准的战略意义有了足够重视。例如，科技部已经把具有中国特色的技术标准体系的形成，作为国家中长期科技发展的重要目标之一。政府有关部门也把有关产业国际标准的制定与推进作为重要工作。在国际有关技术标准谈判中，中国政府采取了积极参与，并且根据国情为中国争取更多的利益的态度。例如，为了给我国参与世界车辆法规协调论坛（WP29）以技术支持，国家环境保护总局于2006年10月17日成立了国家机动车环保技术法规专家委员会。国家环境保护总局科技标准司副司长罗毅表示："作为制定我国环保技术法规标准的主要部门，国家环境保护总局应积极参与WP29工作，了解全球技术法规的进程，以便和我国的法规标准相协调，争取早期制定过程的主动权。"① 随着中国经济实力的强大，中国作为世界制造基地的崛起，中国政府有关部门在参与有关谈判时的意见也越来越得到其他国家的重视。

需要特别指出的是，技术标准已被政府部门越来越频繁地用做经济宏观调控的工具。尽管在何种程度、哪些领域运用技术标准作为经济宏观调控的工具有值得研究之处，但是通过技术标准淘汰能耗高、环境污染大的低水平装备、落后产品、落后工艺，无疑推动了产业结构、产品结构、技术结构的调整，对于我国经济可持续发展具有重要意义。

（二）我国制造业技术标准体系存在的问题

1. 与发达国家技术标准相比，我国制造业标准化水平总体较低

我国制造业目前的标准化整体水平与发达国家相差10～15年，在中高技术层次的产业中，技术标准受制于人的被动局面未能根本改变。到2006年，我国只有不足50%的标准技术水平适度超前或符合当前科技、生产、工艺和管理水平，能实质性发挥作用的技术标准所占比例不足65%。国家标准"超龄服役"的现象比较严重，现有21000多项国家标准平均标龄为10.2年，其中9500多项平均标龄长达12年，发达国家标准的标龄一般为3～5年。与发达国家两年以内的修订速度相比，中国的4.5年也显得过长。②

2. 技术标准覆盖面不够全面

我国制造业技术标准在很多领域仍存在空白，尤其在一些高新技术产业领

---

① 《商用汽车》2006年第12期。

② Sohu，2006年9月7日，国家标准委副主任陈刚的讲话。

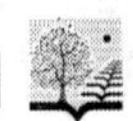

域，经常不得不被动接受发达国家的技术标准。这使得我国企业在这些领域内缺乏相应技术标准的指导，在产业上缺乏主导权，在进入国际市场时处于被动，在维护国内市场秩序时也往往处于无标准可依的状态，在进出口检验检疫时也缺乏相应的标准，不利于维护我国经济利益。

技术标准覆盖面不够，除我国制造业技术水平低、创新能力不足等原因外，政府对有关领域缺乏足够的认识与有效的监督管理也是重要因素。

3. 在国际标准化活动中缺乏话语权

由于我国是制造业后发国家，同时受到资金、语言障碍等因素的制约，我国政府有关部门推动、参与国际技术标准制定的能力有待大大提高。目前在ISO 186个技术委员（TC）、600 个分技术委员会（SC）中，我国只承担了一个TC 和五个 SC 秘书处的工作。① 发达国家却基本上控制了 ISO、IEC 主席和副主席的领导职位，由英、美、法、德四个国家承担的秘书处数就占了总数的 65% 左右。② 我国政府中还严重缺乏既懂技术，又懂经济政策、国际规则的人才。这种状况非常不利于我国标准化工作的发展，同时也减少了将我国技术标准转为国际标准的机会，使我国在国际贸易、国际产业分工的博弈中处于不利地位。

4. 存在技术标准的依赖与锁定

我国企业的技术创新能力还很薄弱，总体上属于技术引进和专利使用国家。在技术标准起重要作用的高技术领域，很多产品的行业标准与国家标准还是空白，国内企业也没有能力提供，这就使大量国外产品通过市场顺利地成为相应产业的事实标准。还有一些跨国企业则有意识地在我国大量申报相关技术标准专利，以期获得该产业的主导权。

由于存在着技术标准的依赖与锁定，大大限定了我国制造业的技术发展方向。技术标准依赖的恶果正在逐步显现。例如，美国有关方面宣布，自 2007 年 3 月 1 日起进入美国市场的彩电必须是数字电视，而且符合 ATSC（美国先进电视制式委员会）标准的技术规范，按照该规范每台电视将收取 23 美元的专利费。我国出口美国的电视每台利润还不到 10 美元。③

又如，我国从欧洲引入 GSM 移动通信标准后，我国移动通信技术发展的路径就基本沿着 GSM 系统标准指定的方向发展，国内通信设备制造商都被“锁定”在 GSM 技术标准上；2001 年我国从美国高通公司引进 CDMA 移动通信系统后，

① 中国温州商会网：《技术壁垒发展动态与对策》2004 年第 3 期。

② 孙敬水：《实施标准化战略——我国应对技术壁垒的有效途径》，《国际贸易问题》2004 年第 2 期。

③ 《新京报》2007 年 1 月 18 日。

引发了对 CDMA 设备与终端的需求，国内一些企业又投入大量资源进行 CDMA 设备与终端的研发与生产。

再如，随着我国大汽车公司纷纷与跨国公司合资，我国的汽车零部件企业逐步分化成四大系统：遵循欧美技术标准的生产厂家，遵循日本技术标准的生产厂家，遵循韩国技术标准的生产厂家，基本遵循我国原有技术标准的生产厂家。四大系统受制于不同的技术标准体系，加剧了我国汽车零部件工业体系分割、分散的状况，严重限制了汽车零部件产业集聚和规模经济效应。整车生产企业也难以在本集团内实现零部件的规模生产，实现零部件的通用化、系列化生产。在产品开发与国产化时也大大降低了我国汽车企业的话语权，汽车零部件认证按照对方技术标准进行检测。技术标准依赖对我国汽车工业自主创新，开发新产品形成了多方面的束缚，使自主创新成本增加，创建自己的产品平台更加困难。

5. 技术标准时效性差

在 19744 项国家标准中，1990 年以前制定的国家标准有 9800 多项，其中 3500 多项已落后于生产发展。另有 1000 多项须进行重大修改，才能满足经济发展和生产发展的要求。① 这也是造成我国技术标准水平总体偏低的重要原因。例如，现行机械产业国家标准中 10 年以上未变的占 15%，企业标准更是远远超过这一水平。又如，国际纺织品 Oeko - Tex 标准 100，目前已实行 2004 年版本，而我国的纺织品技术标准还停留于 2002 年版本。

6. 标准化工作管理体制不够合理

目前我国标准化工作实行统一管理与分工负责相结合的管理体制。国家标准化管理委员会统一管理全国标准化工作。有关行业协会分工管理本部门、本行业的标准化工作。

但是，在技术标准的制定与实施中，存在着条条分割、地方保护的问题。以汽车工业技术标准为例，可以对其产生影响的部门就有国家发展与改革委员会、国家环境保护总局、交通部、公安部、国家标准化管理委员会乃至卫生部等部门。由于部门利益驱动、多头管理，导致重要技术标准出台缓慢，同一领域存在多个标准难以执行。地方政府为了保护本地企业，有时也拒不执行国家强制性技术标准。

7. 技术标准推进手段单一

我国技术标准的推进，过于依靠行政手段。在我国制造业标准化工作中，政

---

① 吴勤堂：《构建以企业为主体适应市场经济的标准化管理运行机制》，《中南财经政法大学》2003 年第 11 期。

府和有关中介机构服务意识不强，不能及时了解企业的需要，服务手段落后，标准信息渠道不通畅，标准用户的知情权得不到尊重，普遍存在管理者不知道标准进度、用户不知道标准内容、制定者不能收到全面的标准信息和反馈意见等现象。

8. 企业标准化意识淡薄

目前，我国企业参与标准化工作意识普遍淡薄。多数企业没有把技术标准提高到企业发展战略的高度来认识，没有认识到技术标准也是企业的宝贵财富。因此许多国家、行业标准并未得到认真贯彻，相当一部分企业没有建立完整的标准体系与标准机构，更有一些企业甚至无标生产。企业在环保安全方面的意识较差，环保法规和标准不完善。例如，我国7万多家纺织企业中，获得绿色认证的仅有18家企业、24种产品。许多厂商仍停留在服装的面料色彩、款式设计、工艺革新的层面上，仍热衷于纺织品服装的多功能效应，很少从环保、安全等方面来考虑，对国际“绿色壁垒”知之甚少，极少有厂商主动将产品送有关部门检测。

9. 企业技术实力差，自主开发能力差

企业通过技术标准获得国际竞争力的前提与基础是自主技术创新能力。由于我国制造业企业普遍自主创新能力较弱，在诸多产业中缺乏对核心技术和关键零部件的掌握，企业规模难以与跨国公司相比。我国企业在技术研发投入上明显落后于发达国家企业，部分企业虽然具有一定的技术研发能力，但是长期以来对技术专利不重视，没有技术专利的支持，技术标准战略就失去了基础，由此导致我国制造业通过技术标准提高国际竞争力的能力低下。

10. 研究、推进与执行技术标准的公共服务体系相对弱化

21世纪初我国进行的科技体制改革中，以市场化为方向，把原来各个工业部所属的科研机构推向市场，这一改革大方向无疑是正确的，效果也是明显的。但是，在改革推进的同时，也有某些需要斟酌之处。我国工业部门原来独立存在的、国家财政支持的技术标准研究机构或者成为不得不依靠技术服务生存的营利性研究机构，或者进入大企业集团从而在相当程度上丧失了为行业服务的公共性、公平性。

即便是在发达国家，从事技术标准制定与基础研究的研究机构，也是由政府财政支持的公共性研究机构。我国制造业中的企业与发达国家相比，在企业规模、技术水平、创新能力等方面均存在甚大差距，在这种情况下，政府对于制造业技术标准形成与推动的作用是非常重要的。因此，公共技术标准体系研究机构

的弱化，对形成我国政府、中介机构、企业、研究机构四位一体的技术标准开发联合体；提高我国制造业技术标准的开发、制定能力，提高我国政府参与国际技术标准制定的能力，是非常不利的。

我国的各个行业协会在一定程度上承担着本行业技术标准的制定、推广与认证工作。但是，由于行业协会现行管理体制所限，某些协会为了生存把技术标准的制定、推广与认证工作作为一个谋利途径，使产业技术标准的制定、执行与推广受到了较大影响。有些中介机构甚至在没有认证资质的情况下通过“认证活动”谋求暴利，扰乱了技术标准推广、认证的正常秩序，产生了严重的负面影响。

我国各个技术标准研究机构在基础研究、技术标准检测等方面的水平、投入、设备、人才培养、认证能力等方面与发达国家相比仍然存在着很大差距。由于技术水平、投入、设备、人才培养、认证能力等方面的差距，使我国制造业中许多技术标准的推行大打折扣。

有实力的企业集团和企业联盟才能对技术标准进行积极的投资开发，而我国制造业企业规模与发达国家企业相比仍然比较小，大部分技术标准来自政府、中介机构或研究机构。例如，机械产业的技术标准就基本上来自机械产业标准研究院等科学研究机构。但是这些政府部门、中介机构、研究机构往往在不同程度上存在着与市场脱节的问题。一方面，由于行政管理和技术管理层次过多，使得标准制定、研究部门难以及时了解来自企业和市场的需求；另一方面，制定标准的协商一致原则受到干扰，标准不能真实、全面反映各方面达成一致的意见，有些标准带有明显的行业倾向和局部利益。更重要的是，企业的意见、市场的需求变化不能及时有效地反映到标准中去，使标准适应性大大降低。

从上面的分析看，我国要形成政府、研究机构、企业、中介机构四位一体的技术标准推进体系，还需要在体制、机制、技术能力等方面做出较大努力。

五、以技术标准提高我国制造业国际竞争的战略与政策

（一）影响制造业技术标准形成的主要因素

在分析、研究以技术标准提高我国制造业国际竞争力的战略与政策之前，有必要首先分析影响技术标准形成的主要因素。

一般来说，影响一个国家制造业技术标准形成的主要因素有：

国内市场规模及市场潜力。国内市场规模，在相当大程度上决定了一个国家有关产业在国内能否实现经济规模，从而实现低成本、大批量的生产，并且在此

基础上走向国际市场。对于后起国家来说，是否具有足够的国内市场规模，是能否获取规模经济效益，从而走向国际市场，并且使自己的技术标准得到国际承认的关键因素。

一项技术标准能否在市场竞争中得到承认，固然取决于该标准的技术是否足够先进，也取决于市场规模。没有足够大的市场规模支持，技术标准不可能达到规模经济，也就难以在竞争中胜出。这两个条件中，市场规模的作用相对更大一些，因为对大部分技术标准而言，在很大程度上解决的是产品兼容、信息的互联互通等问题，技术难度并非高不可攀，能否率先达到规模经济才是决定技术标准生死存亡的关键。

除现实市场规模外，对新兴产业、新产品、新技术来说，市场的潜在规模也至关重要。尤其在IT产业等高技术产业中，新技术、新产品应用在相当程度上是以潜在市场为目标的。潜在市场的可能性空间不仅对企业决策至关重要，对政府做出是否支持某种技术路线、某种产品的发展决策也具有决定性作用。因此，我们把这一指标列为“国内市场规模及市场潜力”。

企业核心能力。企业的技术创新能力、生产、经营管理能力（尤其是企业海外战略能力）是一个国家制造业技术标准能够走向世界，并且影响本行业技术标准发展的基础。

企业规模。一般来说，具有足够规模的企业才有足够的利益驱动力与开发能力，在区域、全球范围内承担技术标准开发与推广的成本及风险（技术模仿），从而获取区域、全球范围内的高额利润。

企业技术标准意识。企业是否意识到技术标准对企业成长、生存与发展的战略意义，对企业是否能够自觉地利用技术标准走向世界非常重要。

产业分工。一个国家有关产业在国际分工中的地位，决定了其在产业技术标准体系中的影响力。如果不具有产业的核心技术和核心产品，那么对于技术标准的影响力将是有限的。

产业链条。一个国家是否具备相对完整的产业链条，是能否形成具有国际影响的技术标准的重要因素。没有相对完整的产业链条，在技术标准制定上就缺乏足够的主动权。

产业组织结构。一个产业内是否存在着垄断或大企业组成的战略联盟，对于后进入企业能否成功地发起挑战，逐步建立自己的技术标准体系，有着巨大的抑制作用。

产业技术创新速度。在技术创新速度快的产业中，新的技术路径、产品不断出现，从而导致产业内企业竞争态势变化迅速，技术标准变化也迅速变化。先行的大企业难以建立相对稳定的技术标准体系，为后来者在技术标准方面发起挑战留出了足够的空间。

政府协调与支持能力。对于发展中国家、新兴工业国来说，由于缺乏在国际上具有巨大影响的企业，政府的大力支持对于通过技术标准形成竞争优势尤为重要。政府的协调与支持能力，包括组织有关企业共同进行技术标准制定与开发的能力，动员国家科研机构制定、研究、开发有关技术标准的能力，组织有关中介机构、企业、研究机构共同制定与实施技术标准战略与政策的能力，政府在有关国际标准组织中的地位与作用，参与有关国际技术标准制定与谈判的能力。

科研体系对技术标准开发与支持的能力，包括技术标准的基础研究能力、开发能力，有关产品的开发能力。

中介组织对技术标准的协调与支持能力。

有利于技术标准形成与推广的法律法规制度。

上述因素全面影响着我国制造业以技术标准提高国际竞争力的战略与政策，成为分析我国制造业如何制定与推动技术标准战略与政策的基本出发点。由于制造业涉及范围广泛，上述因素对于制造业各个产业的影响又有相当差异，因此上述因素对我国制造业制定与推行提高国际竞争力的技术标准战略的影响难以具体予以量化。我们只能根据我国制造业总体情况，[①] 我国制造业技术标准的总体情况，本课题各个子课题对有关产业技术标准状况的分析，进行定性的评价。这种评价因为是针对我国制造业总体情况的，因此对进行战略分析也是比较有现实意义，并且对技术标准战略与政策制定也有参考意义。

我们把各个因素对我国制造业通过技术标准获得国际竞争力的影响分为 A、B、C、D 四个等级。A 为对我国制造业通过技术标准提高国际竞争力非常有利；B 为比较有利；C 为中性的；D 为目前处于不利态势，但是可以通过努力使之转化为有利因素。

表 3 我国制造业技术标准影响因素评价

影响因素 \ 等级	A	B	C	D
国内市场规模及市场潜力	A			
企业能力				D
企业规模				D
企业技术标准意识				D

① 例如，我国制造业进入全球500强的大企业极少，还不存在真正意义上的跨国公司；统计年鉴中我国制造业各类产品的年产量及进出口贸易量等。

续表

影响因素 \ 等级	A	B	C	D
产业分工				D
产业链条		B		
产业组织结构			C	
产业技术创新速度			C	
政府协调与支持能力		B		
科研体系对技术标准开发与支持的能力		B		
中介组织对技术标准的协调与支持能力				D
有利于技术标准形成与推广的法律法规制度			C	

（二）战略分析

综合表 1、表 2、表 3 所反映的我国制造业技术标准状况和上述对影响我国制造业通过技术标准获得国际竞争力的因素分析，进一步分析我国制造业通过提高技术标准增强国际竞争力的战略。

（1）从前面的分析可以看出，我国制造业仍然处于大量引进技术标准，通过引进技术标准获得技术进步，并且通过引进技术标准获得进入国际市场入场券的阶段。在 21 世纪前 20 年这一趋势仍然将继续延续。

（2）无论从我国制造业总体状况、总体技术实力状况、制造业技术标准的总体状况、我国制造业在国际产业分工中的地位等宏观层面分析，还是从企业能力、企业规模、企业技术标准意识等微观层面分析，在 2015 年前我国制造业可能会有越来越多的产业达到表 1 中的 B 级水平，但是达到表 1 所显示的 A 级水平的产业仍然不多。由此决定了我国制造业通过提高技术标准增强国际竞争力的战略与政策目标。

（3）我国制造业微观基础决定了技术创新能力逐步追赶并超过发达国家制造业的水平，要经过相当长时间。技术标准既是企业提高技术水平、创新能力的要素，又是企业技术创新能力的成果。我国制造业选择技术标准战略时要立足于企业技术能力的现实基础。

（4）我国制造业在以技术标准提高国际竞争力方面，虽然存在着诸多不利因素，但是也要看到存在着若干有利因素。首先，我国制造业各个产业几乎都可以依托于规模广阔的国内市场规模及市场潜力。其次，我国制造业主要产业的产业链条相对完整，有利于形成自主的技术标准体系。再次，我国的科研体系、政府支持能力都比较强。最后，我国有利于技术标准推进的法律、法规制度在不断完善。

即便是目前不利的因素，经过努力也可以转化为有利因素。例如，在某些产业中，企业的能力和技术能力已经在逐步提高；我国制造业在国际产业分工中的地位持续提高，有些大企业已经逐步向跨国公司发展；中介组织的行为经过政策性调整可以得到比较快的转变。

（5）通过上述分析可以看出，虽然技术标准体系的形成与提高，一般来说应当以企业为主，但从我国制造业实际情况出发，我国政府、科研机构和中介组织应当起到重要作用。在某些重要产业、重要领域，企业、我国政府、科研机构和中介组织组成四位一体的技术标准推进联合体，是比较现实的选择；在企业之间形成技术标准开发与推广的战略联盟，也是重要的战略选择。

（6）综合各种因素分析，我国制造业在技术标准方面虽然与发达国家存在相当差距，但由于我国是具有相对完整的工业体系、相对完整的科研体系的特大规模国家，因此我国制造业通过技术标准提高国际竞争力，既不能操之过急，又可以跨越一般发展中国家通常要经过的某些阶段，在某些产业、某些领域更快地取得技术标准的话语权，并获得相当影响力。

（三）2010～2020 年我国制造业的技术标准战略

根据上面对我国制造业状况、制造业技术标准状况、影响制造业技术标准形成的主要因素、战略态势等方面的分析，可以对我国制造业 2010～2020 年的技术标准战略做如下概括：

根据我国制造业国际、国内竞争的需要，根据我国国情，在开放、引进过程中融会贯通；先追赶，后超越；先特色，后独创。2010～2015 年以逐步形成具有中国特色的制造业技术标准体系，在某些产业、某些领域形成稳定的对国际技术标准的影响力为战略目标；2015～2020 年以逐步形成与国际制造业先进技术标准体系相当或接近的技术标准体系，在某些产业、某些领域具有比较稳固的对国际技术标准的引导力为战略目标。

下面对这一战略进行深入的解释：

“根据我国制造业国际、国内竞争的需要”，就是说技术标准的提高要以市场需要，我国制造业、产业结构升级、产业发展主导权及整体竞争力的提高，我国国家经济安全程度的提高作为引导。国家、市场的需要，是制定技术标准战略与政策的前提，也是企业推动技术标准提高的基本动力。在提高制造业技术标准进程中，尤其要以市场机制作为主要推动力。但是，从我国国情及维护国家安全、国家经济安全、拓展国家经济利益出发，在某些战略产业、关键技术领域

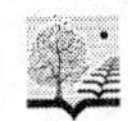

中，政府的直接支持与干预不可避免。

“根据我国国情”，意味着要实事求是，技术标准的制定、推进要与我国制造业微观基础——企业技术状况相结合。既考虑整个国家可持续发展的需要，又考虑企业能力。在区域、全球范围内有关技术标准谈判过程中，既考虑承认和引进国际技术标准带来的利益，又考虑我国企业的实际状况、我国的国情、我国的国家利益。

“在开放、引进过程中融会贯通”，意味着我国制造业技术标准的提高要以开放姿态进行。我国制造业仍需要大量引进发达国家及国际组织的技术标准，同时要在消化、吸收基础上逐步形成具有中国制造业特色的技术标准。具有中国特色的技术标准，绝不是国际标准体系之外的体系，而是要包容国际先进的技术标准，使中国制造业技术标准体系成为国际技术标准体系的重要组成部分。

“先追赶，后超越；先特色，后独创”，是中国制造业技术体系发展的战略步骤与阶段性目标。

2015 年前，中国制造业仍要以赶超、引进为主，并在此基础上形成与国际技术标准水平逐步接近，同时具有中国特色的技术标准体系。中国特色意味着具有了相当的技术标准话语权，同时可以通过技术标准对我国制造业的技术发展、国内市场竞争起到某种支持与保护作用。2015 年前，我国制造业不必刻意追求技术标准的超越，争取用 10 年时间逐步缩小与发达国家 20 年左右的差距。这是因为：

技术标准虽然包含着很多私有利益，但就其本性而言，它主要是一种公共产品。任何企业或个人提出的技术标准，若能被市场广泛接受，必定是因为公共福利的增加远大于该标准推广后可能导致市场垄断造成的福利损失。技术标准作为一项基础技术，具有非常强的正向外溢效应。对发达国家而言，市场竞争和经济增长主要依靠新的技术和产品的推动作用，因而它们研发新技术和新技术标准的动力非常强。但对我国这样的发展中国家而言，采用追赶与特色创造战略，能够以较低成本享受到技术标准的外溢效应。

我国作为一个超大规模的发展中国家，劳动力资源丰富，创新能力不足构成发展的突出“瓶颈”，企业实力有限。企业研发新技术标准，一般需要大量资金投入，并面临巨大市场风险。发达国家资本丰富，创新能力强。跨国公司实力雄厚，能够持续投入研发资金，承担较大风险。我国政府、制造业企业在技术标准战略推进方面，要充分考虑需要（包括国家战略需要、企业发展需要）与能力，不盲目与发达国家、跨国公司争夺技术标准领导权。

虽然中国国内市场规模及市场潜力很大，但经济发展水平还比较低，目前中国制造业中某些高技术产业的市场规模与美、欧等发达国家相比仍有较大差距。

这意味着，即使中国的某项技术标准能在中国立足，短期内也难以打入国际市场。其结果，必然会造成国内市场和国际市场不同技术标准的分割，不利于国内产品与国外产品的兼容，不仅减少消费者剩余，而且妨碍中国产品进入国际市场。

由于发达国家凭借工业革命以来历史积累的科学技术、文化、市场、军事优势，持续巩固和扩大其在技术标准领域的优势，后发国家在技术标准制定中话语权的争夺要付出巨大努力。① 但是由于技术标准导致的传统技术路径、消费传统等方面的依赖，由于技术标准之争成为国家实力的总体较量，后发国家在这方面的争夺，格外艰辛。日本是名副其实的世界经济强国，但是其某些重要产业直至20世纪80年代，仍未在世界技术标准体系中取得应有地位。我国制造业在世界技术标准体系中获得优势地位也需要较长的时间。

基于以上分析，中国2015年前实施追赶与特色创造战略是适宜的。

在2015～2020年，我国制造业可以把超越与独创作为技术标准发展的战略目标，到2020年争取基本实现标准总体水平达到国际先进水平，钢铁、家用电器、纺织、汽车等产业技术标准的水平达到国际领先水平。但是也不是在所有制造业领域中都追求超越、独创与国际领先，要认识到我国制造业技术标准体系是国际技术标准体系的一个重要组成部分。技术标准是当今世界区域化、全球化进程中推进比较快的领域，只有融入国际技术标准体系的国家技术标准体系才有生命力，才能够为其他国家所接收，成为国际技术标准的组成部分，才能够使本国经济在区域化、全球化中获得更大利益。有些本土化、草根性特征非常突出的产业则不必追求国际技术标准。

需要指出的是，我国不少学者、专家、企业家希望技术标准能够成为一种有力的技术性贸易保护手段。② 我们认为，把技术标准单纯作为技术性贸易保护手段来考虑是比较短视的，从技术能力和我国必须遵守国际规则的角度看，为保护而保护的空间也是有限的。从我国国情、市场特点出发，制定具有鲜明中国特色的技术标准，寓保护于发展，是更好的选择。

制定具有鲜明中国特色的技术标准，不意味着形成与世界完全不同的技术标准体系，而是在借鉴国际技术标准的同时，加入中国元素，并且推动其走向世界。在制定标准时，要结合我国国情，结合我国产业的科技水平，结合我国人民的消费特性，以国际标准为依据，并借鉴国外在制定技术标准时的潜规则，制定我国独特的技术标准体系。然而一国的技术标准，如果没有本国自主的专利技术作为支撑，很难形成对本国产业的有利态势，也难以为本国经济带来利益。因此

① 例如，前华沙条约组织国家在加入北约后，在军事装备上就必须采用北约或美国的技术标准。

② 产业内的专家对此尤为感兴趣。

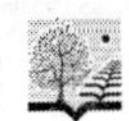

在构建具有中国特色的技术标准体系时，关键在于加入我国自主知识产权的专利技术。

我国的产业标准战略包括以下实施要点：建立基于产业联盟的技术标准形成机制，充分发挥政府在技术标准化过程中的影响和作用，加强技术标准开发与科技研发之间的协调发展，制定和完善与技术标准化相关的知识产权政策，努力提高技术标准的开放程度，在选择与确定技术标准时发挥市场机制的基础作用。

（四）实施我国制造业技术标准战略的政策建议

1. 针对国内市场的政策建议

（1）提高产业、企业的技术创新能力，是提高我国制造业技术标准水平，并进而提高制造业国际竞争力的根本。提高我国产业、企业的技术创新能力是推动我国制造业技术标准提高水平，应对国外技术贸易壁垒的根本途径。我国技术标准的形成与制定，要由“国家主导”逐步转变为“企业主导，国家支持”，使企业真正成为我国技术标准开发与推进的投资和实施主体，充分发挥企业在技术标准开发创新中的主导地位。

具体措施包括：将技术标准开发体系作为国家科技创新体系的重要组成部分，使技术标准开发体系与科技研发体系成为一个有机整体；建立与科研项目配套的标准化研究机制，以及以市场为导向并满足标准开发需求的科研支撑机制；鼓励企业以自主创新成果为基础建立起拥有专利技术的企业标准；支持有较强国际竞争力的相关企业，将各自的自主创新成果通过专利联盟等方式形成产业联盟标准，并以此为基础积极参与国际标准的市场竞争；加强产业技术标准研究机构的研究力量，使产业技术标准研究机构真正成为面向全行业的公益性服务机构，为此政府财政应当给这些机构必要的支持。

（2）加强自身技术性贸易措施体系建设。健全完善的技术性贸易措施体系，不仅能保护人民健康安全、动植物安全和环境的清洁卫生，保护民族产业，而且还同时对外表现为强大的自卫和反击能力，能够对国外的保护主义者起到一定威慑作用，使其不敢任意对我国实施歧视性技术贸易措施。然而目前我国的技术性贸易体系还不完善。首先，要加速填补我国标准体系的空白领域，争取形成完善的标准体系。其次，要集中修订我国的一些落后技术标准，提高其水平，使其与国际接轨。再次，要协调好技术法规、技术标准、检验检疫、认证体系等的关系，使其能协调运作，构成强大的技术性贸易体系。当然，在进行制、修订时，要及时跟踪国外技术标准动向，结合我国自身技术特性，逐步建立高水平的技术标准，以保持我国特定技术标准的先进性。同时，还要加快我国有竞争优势的产业和某些高新技术产业等领域的技术标准的研究和制定，并争取使其成为国际标准，以占领国际竞争的战略制高点。

强化技术标准的组织实施和监督管理，加强进出口检验检疫。对内要改进和完善检验检疫和通关机制，进一步加强对产品生产环境、生产过程、加工工艺和出口产品的检验检疫工作，限制破坏环境和不符合检疫检测标准的产品出口，保证我国出口产品的安全、卫生，提高我国企业形象和效益。

对外要加强进口商品的检验检疫，严禁可能危害消费者安全、健康，污染环境的不合格商品入境。同时对给予我国企业以歧视性待遇的国家，以相似的方法施加于其特定产品上，以对其形成威慑作用，维护我国利益。

（3）加快技术标准信息网络建设，做好有关信息的收集、整理、研究和传递工作，建立预警机制和快速反应机制。由于技术性贸易措施的复杂性和动态性，及相关信息收集比较困难等原因，企业（尤其是中小企业）往往难以及时把握信息，这就要求政府在收集并处理信息方面发挥重要作用。政府应该充分利用各国的 WTO/TBT 咨询点及驻外经商、科技参赞处等机构收集、跟踪国外有关信息，组织人力及时整理、研究，建立国外技术壁垒信息中心或数据库，及时发布预警信息，为企业提供国外技术性贸易措施最新信息，建立技术性贸易措施预警机制和快速反应机制。技术标准信息网络尤其要注重针对中小企业需要，开展服务。

（4）积极推行国际技术标准，获得进入国际市场的通行证。理论分析表明，技术标准具有在相当程度上促进竞争，降低不同公司获取信息及技术成本的不对称性，进而使这些竞争性公司在某些领域处于同一水平上，有利于后发国家、企业技术进步的作用。在我国采用国际先进标准是政府重要的技术经济政策，也是技术引进的重要组成部分。我国的产品只有积极采用国际标准和国外先进标准，才有可能在国际市场上突破技术壁垒，提高国际竞争力。

国际标准，不仅包括产品性能质量标准，也包括国际管理标准、环保标准及安全与卫生方面的国际标准。当前，各国都力求本国的质量体系认证制度向国际标准靠拢，并获得国际普遍承认，以打破技术壁垒。我国政府应当加强标准、检验等方面的国际互认工作，为企业产品出口提供国际通行证。

我国企业要加强质量认证工作，从而跨越技术贸易壁垒，要尽可能等同采用国际标准，加大在标准收集、分析研究、组织攻关、制定标准、数据验证、组织生产过程中人力、物力、财力的投入，尽早取得国际市场通行证。有条件的企业要积极采用条码技术。

（5）理顺我国政府的技术标准制定与管理体系。在技术标准战略推进中，政府必须形成分工合作的工作体系，各机构围绕共同目标有效配合，克服目前存

在的条条分割的弊病。

（6）逐步提高国内市场的技术标准，以消费者为中心，提高国际竞争力。增强消费者安全、健康消费意识，环境保护意识，引导消费者正确消费。不仅可以从源头上引导企业技术创新，促进我国制造业技术标准的持续提高，还有利于形成具有中国特色的技术标准体系。为了提高我国制造业国际竞争力，政府和中介机构必须通过舆论宣传、法律法规、行政手段，逐步提高国家强制性技术标准的水平，增强消费者健康、安全消费及环保意识，引导消费者提高消费水平和优化消费结构，通过市场机制迫使企业积极开发和应用新的技术标准。

政府通过持续提高国内市场的强制性技术标准，淘汰落后企业、落后装备、落后工艺、落后产品，促进产业结构升级，产业技术水平提高，为新技术标准的开发与普及创造市场环境，也为企业开发、应用新技术标准提供动力。根据我国情况，政府要逐步提高对进入我国外资的技术标准要求，防止高能耗、高污染、水平低的生产能力向我国延伸。

（7）推广与采用国际标准要符合我国国情。采用国际标准和国外先进标准是我国加入世界贸易组织后履行 WTO / TBT 协议的一项基本义务。新形势下采标工作已成为企业在市场竞争中生存发展的基础条件。但是被采纳的国际技术标准的水平应该与我国的技术发展水平及企业现状相适应。盲目推进国际技术标准，一方面可能加重广大企业的负担；另一方面也是技术标准的“高消费”，不利于推广实施。因此，应该充分考虑国际标准和国外先进标准与企业实际情况的磨合度，适合的才是最好的。

在本土性突出的产业中（例如，中草药），要抓紧制定技术标准，并推动其走向世界。

（8）制定有关法律法规抑制垄断。针对标准控制者运用锁定效应或滥用专利权等限制市场竞争的行为，公平竞争政策着力点是通过立法保证竞争者能够进入市场，抑制掌握系统标准的企业利用既有优势阻碍竞争的能力。值得注意的是，最近 10 多年来，标准专利权运作主体已经由单个企业发展成为专利联盟（patent pool）的形式。① 专利联盟是指由若干个专利所有者形成的正式或非正式的战略联盟组织，其目的在于能够分享彼此之间的专利技术，以及统一对外进行专利许可。由于专利联盟在组合互补技术、降低交易成本、清除障碍专利和避免昂贵的法律诉讼等方面具有增进社会福利的效果，目前多数发达国家的竞争政策允许其存在。另一方面，专利联盟的一些行为，如索取高额使用费、限制使用和分配市场等，也会对市场竞争产生严重阻碍作用。考虑到发展中国家作为技术赶

① 2007 年 3 月 1 日，我国企业在彩电出口美国时，要面对 ATSC（先进电视制式委员会）标准的技术规范，这一技术标准的背后，就是国外各大企业的专利技术联盟。

超者或技术追随者的背景，政府公平竞争政策应将以法律阻止国际专利联盟在其国内市场上滥用知识产权作为重点。

（9）建立战略同盟。技术标准的形成机制是产业标准战略的核心问题。技术标准的形成机制主要有市场机制、组织机制、政府主导机制和寡头垄断机制。从我国情况看，目前很多企业的技术创新能力，特别是能够影响产业技术标准的创新能力很薄弱。如果像美国那样主要采用市场驱动方式，虽然技术上有可能采用最优标准，但结果却很可能是跨国公司已获得知识产权保护的事实标准进一步控制我国的高技术产业。有鉴于此，我国技术标准的形成机制可考虑采用一种将市场机制、组织机制、政府主导机制的优势结合起来的混合机制。

产业联盟作为组织机制的一种形式，具有影响用户预期、支持相关企业进行互补产品开发、采用有利于市场渗透的定价策略等作用，有利于率先建立规模化的用户安装基础，有利于进行技术标准和专利技术的谈判，有利于在技术标准的市场竞争中赢得领先优势。建立基于产业联盟的技术标准形成机制，尤其值得重视。

长期以来，欧洲和日本等国政府一直认为，技术研发的合作，尤其是在技术标准确定前的研发合作是必要的，由政府牵头组织研发合作可以集中人力、财力联合攻关。高技术产业的技术创新过程主要集中在系统和产品系列方面，单个企业独自开发面临较大难度，而通过一些涉及产学研或企业间合作的 R&D 计划，就更有可能在技术生命周期的早期阶段促进关键产品要素标准化。在欧洲和日本等国家，这种以标准化为目标的联合研发计划相当常见。

由于我国制造业企业技术创新能力普遍比较低，存在着众多基本上没有 R&D 活动的中小企业，我国更应当组织政府、企业、科研机构、中介组织四位一体的技术标准开发战略同盟。

（10）政府通过各种政策手段对技术标准的发展予以支持。对我国这样一个具有巨大市场优势，同时又处于技术赶超阶段的国家而言，政府在技术标准化过程中的作用，除通过产业技术政策支持与技术标准开发相关的 R&D 计划，制定竞争政策规制跨国公司滥用知识产权的行为之外，还应该有更多的发挥空间。例如，政府可以有选择地对一些以国内企业为主的产业联盟给予财政税收等方面的支持。在数字电视产业的技术标准竞争中，中国数字电视产业联盟等组织就得到了政府大力支持。此外，在市场需求方向不明的情况下，政府需求就成为决定标准存亡的关键因素。因为这时对各种技术标准来说，谁能够最先获得大量用户进而达到临界容量，谁就最有可能成为产业的事实标准。如果能够适时地充分发挥政府采购的影响，就会较大程度地提升我国技术标准的市场竞争力。

政府支持政策并非一般地给予制造业，而是重点支持与国家安全、国家整体

经济利益密切相关的战略产业，公共性、基础性的关键技术，关键产品的技术标准开发、制定与推广。

产业技术标准工作是基础性、公益性事业，需要必要的财政投入。为了实现技术标准战略目标，对国家技术标准研制项目，尤其是我国主导制定的国际技术标准项目，国家应提供稳定的财政资金支持。

政府还可以通过财政税收手段对技术标准的开发、推广、使用予以支持。例如，根据不同产业、不同情况，对技术标准的开发、运用予以财政支持。对于国家安全、国家经济安全具有重要意义的产业、重要技术领域，国家可以考虑通过财政拨款予以支持；对于某些关系到我国重要产业发展全局的关键技术标准（例如，新一代互联网）的开发与应用，可以通过政府采购或予以部分财政拨款的形式予以支持；对于具有重大经济利益的技术标准，可以考虑通过税收减免予以支持。通过政府财政支持，逐步建立和完善高水平的与国际接轨的质量、计量技术机构。

建立标准出版、标准认证收益反馈制度，提取一定比例经费，定向投入标准制、修订工作，作为国家财政经费的重要补充。设立技术标准发展基金，积极引导鼓励企业赞助国家、行业标准的研制工作。

（11）加大对知识产权的保护，鼓励企业申请知识产权，增强企业知识产权意识，增强企业通过技术标准获得竞争优势的意识。在技术标准专利化趋势下，是否拥有自主知识产权不仅影响企业在技术标准制定过程中的地位，而且也决定了企业使用技术标准的成本。从根本上说，我国企业要想改变面临的不利局面，就必须开发和拥有更多与未来主流标准相关的专利技术。我国的各类标准制定机构，包括政府、产业联盟和企业都应该强化知识产权意识，制定和完善与技术标准化相关的知识产权政策，以达到提高我国企业的技术标准竞争力和降低技术标准使用成本的目的。要加大对知识产权的保护力度，充分保护知识产权申请人的合法利益；妥善处理国家标准中涉及专利的问题，促进国家标准合理采用新技术，保障专利权人的合法权益；以公正、公开、公平的原则制定技术标准。

2. 针对国际市场的政策建议

（1）政府在应对国外技术壁垒的工作中要发挥主导作用。随着我国成为世界制造业大国，通过技术标准阻止我国产品进入国际市场已成为发达国家政府最常用的手段。据国家质量监督检验检疫总局《中国技术性贸易措施年度报告》（2006）显示，2005 年我国出口欧盟产品遭受技术性贸易措施的直接损失达到 101.5 亿美元，美国、日本的技术性贸易措施给我国出口产品造成的损失分别为

67.2 亿美元和 29.6 亿美元。①

针对发达国家政府的技术性贸易措施，我国政府要及时为企业提供相关信息，积极推动与支持企业参加国际标准的制订；积极参加国际标准化活动，努力构建有利于我国经济利益拓展，有利于我国制造业发展的国际标准体系；积极参加区域、全球新技术标准制订的过程，并提出有利于我国企业的合理建议；积极抵制国外带有歧视性的技术性贸易措施，维护我国企业合法利益。对于构建我国的技术性贸易措施这一职能来说，政府则需要做好有关法律、法规、政策的制定，关乎安全、卫生及环保的关键领域的法规、标准的制定和实施，相关政策的实施、检验检疫以及有关主体行为的协调等工作。与此同时，主要依靠标准化协会专业协会及有关的其他中介组织来制、修订技术标准，这样不仅能减轻政府的负担，同时可以使技术标准的应用更加符合国际惯例，提高技术标准的实用性。

（2）把争取在国际标准制订过程中的话语权和影响力，作为我国技术标准战略的重要目标。当前最紧迫的任务，是动员和组织我国产业界、企业界加入世界主要技术标准组织，增加在这些组织中中国代表的席位，支持和鼓励中国企业参与发达国家跨国公司的技术标准合作研究活动，逐步积累技术标准研发和推广经验。2015 年前，我国政府的国际标准化活动重点是积极参与、影响国际标准的制定，维护与拓展我国的经济利益，而不是争取国际标准的主导权。

不要刻意在最前沿的技术标准领域向发达国家挑战。目前，发达国家在技术方面对我国仍拥有极大优势，同发达国家竞争最前沿的技术标准，不仅技术风险极大，而且可能导致政府间的政治冲突，在市场推广方面胜出的可能性也不高。

我国政府要积极参与各种国际标准化活动，积极参与和承担 ISO 秘书处的工作，使我国的意见和要求充分反映到国际标准中去；建立与国外权威认证机构的相互认证机制，以降低企业认证费用。

应从国际贸易角度来开展标准化活动，而且还要及时掌握国际标准动态及其指定背景，细致分析、合理采纳。还要认真研究发达国家标准化的动态。争取将我国制定的水平较高的标准纳入国际标准中，或在国际标准化组织制定标准期间充分反映和体现我国的意见和利益。

随着经济全球化的发展，技术标准也要在全球范围内进行协调，技术法规和标准化不仅是国际技术组织讨论的内容，而且也成为多边贸易谈判的重要议题。为此，我国政府应当在 WTO 规则框架下，一方面为企业、为社会提供信息指导和技术援助，为调整和完善对外经济发展模式服务；另一方面为多双边工作提供技术支撑，增强参与经济全球化和维护国家经济安全的能力。

---

① 《北京青年报》2006 年 12 月 31 日。

目前，我国政府对于区域性经济组织中的技术标准化活动，[①] 更应当予以高度重视。要清醒地认识到，区域内技术标准体系的形成，影响着区域内产业分工，影响着我国制造业在区域内的发展，影响着我国的区域性利益。我国制造业在国际技术标准体系中的影响，首先要通过区域技术标准体系予以体现。

为了争取我国在国际标准组织中的话语权，有必要培养大批既懂技术，又懂经济甚至懂外交的复合型人才。在有关国家技术标准谈判中能够组成由技术人才、外交人才、经济管理人才形成的团队。历史经验表明，精干的人才与团队，是后起国家参与国际技术标准制定游戏的必备条件。

（3）技术标准联盟应当作为我国参与区域、全球标准竞争的主要形式。当某几项国际标准相互竞争时，我国不能坐等其中的一项胜出以后再跟进，而应当在这几项标准还处于研发和市场推广阶段时就主动地选择合作伙伴，利用它们的相互竞争，使中国的利益最大化。

（4）技术标准的建立要遵循开放的原则。欧洲在 GSM 标准的研发和制定过程中，项目是对全球招标的，美国的 Motorola 和高通公司就对 GSM 标准做出了重大贡献。技术标准的研发和推广，需要极高的规模经济，在几乎封闭环境下发展起来的标准，技术上是没有生命力的，在市场推广过程中也会因为得不到足够支持而失败。我国制造业技术标准制定不能排除国际合作，包括在区域性、全球性组织中的合作，与跨国公司的合作，关键在于我国是否能够获得更大利益。由于我国市场规模庞大，被我国采用的技术标准，其市场规模会急剧扩大，在全球市场的影响力会大大增强。我国决定采用何种技术标准，有时可以直接影响相互竞争的几种国际标准在全球市场的竞争态势。因此，我国应当充分利用这一优势，通过与具有技术优势的合作伙伴联合，加速获得在中高技术层次产业中技术标准制定的话语权，从而获得更大利益。

（5）采取必要措施绕开技术壁垒。面对国外技术壁垒，我国企业可采取多种措施灵活应对。首先，可以拓展营销渠道，实施多元化市场战略。目前我国出口商品近 75% 销往美国、欧盟和日本，出口市场过于集中，容易由于某个国家的技术壁垒，使我国企业遭受较大损失。因此我国企业应通过各种途径积极开拓海外市场，培育新的贸易关系增加营销渠道，实施多元化市场战略。在扩大市场的同时也降低了遭受技术性贸易壁垒的风险。其次，可以通过合资、收购、兼并和投资等手段，在贸易对象国境内从事生产经营活动，从而有效地避免遭受对方的一些歧视性技术壁垒。最后，也可以通过引进外国投资的方式，充分利用对方的技术、生产标准以及品牌和营销渠道等资源，跨越技术壁垒。

---

① 例如，APEC 范围内的技术标准化工作。

(6) 积极利用WTO相关规定及争端解决机构维护我国合法权益，对国外的歧视性技术措施予以坚决的回击。WTO争端解决机制是WTO的重要法律制度之一，适用于WTO成员国之间各种贸易争端的解决，对维护发展中国家的利益，抵制发达国家的各种歧视性贸易措施有重要作用。政府有关部门应逐渐熟悉和掌握争端解决机制的程序与步骤，积极利用争端解决机制及WTO中关于发展中国家优惠待遇的规定，维护我国利益。

要深入研究世贸组织有关规则及目前国际竞争的潜规则。当前国外技术壁垒对我国出口造成极大损害，一个很重要的原因就是我们没有充分了解并学习利用规则（包括潜规则）。因此，必须深入研究WTO/TBT、WTO/SPS等相关协议的条款，充分把握我国在国际贸易中的权利和义务及特殊待遇等，充分研究利用相关条款维护我国合法利益的各种方法。同时也必须认真研究其他国家运用这些规则的方法及技巧，学习其设置技术性贸易壁垒的各种手段，并结合我国具体情况加以运用。

（文章来源自《学术讲座荟萃》第43辑，2007年9月27日）

中国城镇居民收入差距对消费影响的动态效应分析

李雪松

李雪松

男，1970 年生，江苏宿迁人，研究员。中国社会科学院数量经济与技术经济研究所副所长，中国社会科学院研究生院教授、博士生导师。

主要研究领域：中国宏观经济分析与预测，经济政策与模拟。代表作为：李雪松、[美]海克曼：《选择偏差、比较优势与教育的异质性回报：基于中国微观数据的实证研究》；李雪松：《高级经济计量学》。

2004 年被中国社会科学院评为十大“优秀青年”；2007 年荣获孙冶方经济科学奖。

我今天的讲座内容分为两部分：第一部分是关于我和娄峰同志合写的一篇文章，这篇文章是《中国城镇居民收入差距对消费影响的动态效应分析：基于面板数据和状态空间模型的实证研究》，这是今年春天写出来的。第二部分是中国当前宏观经济形势分析。第一部分内容因为用“面板数据和状态空间模型”，今天我把其中的机制、其中的过程和其中的基本思想和主要结果给大家做一些介绍。在《中国当前宏观经济形势分析》里主要讲一些定性分析，这些内容相对来说属于现实经济问题，比较好理解。因为现在我们中国经济发展很快，但在快速发展过程中也面临很多问题，需要我们加强宏观调控的力度和进一步深化改革才能使宏观调控搞得更好，使改革开放进一步深入下去，来维持中国经济的快速有效的增长。

一、中国城镇居民收入差距对消费影响的动态效应分析：基于面板数据和状态空间模型的实证研究

这一部分内容是对收入差距和消费的关系进行研究，实际上影响消费的因素一般都有收入差距这一项。我们学习《经济计量学》要树立一个重要的理念，建立一个经济计量模型要在经济学理论基础上来建立，今天也不例外，我们要建立收入差距和消费的关系计量模型也要建立在某个经济学理论基础上，即使这个理论目前可能存在争议。实际上，现在对同一个问题的经济学理论由于存在不同学派、不同学者，难免有不同的解释、不同的处理方法，以及在不同的国家、不同的时期会有不同的适用的经济理论。但建立经济计量模型时，都得遵循某一种经济理论，这样的经济计量模型才能成为有源之水，否则，经济计量模型解释变量可能就太随意了，模型可能不符合经济学原理。所以大家建立经济计量模型一定要符合经济理论，这样的模型在理论上才能立得住。理论上立不住，模型的意义也自然大打折扣。即使是时间序列模型，用其他解释变量解释时，也要基于经济理论；即使是协整的模型也应基于经济理论。只有自回归的模型，即用自己的变量解释自己，才不需要太多的经济学理论指导，但也得要符合经济计量的理

论。所以要建立一个经济计量模型，就要使它基于一种经济理论。本文使用1991～2004年中国的分省数据，通过构建面板数据的静态模型、动态模型和状态空间模型，实证分析了我国城镇居民收入差距对消费影响的动态效应，模型采用广义矩方法及卡尔曼滤波算法进行估计。结果表明，消费的持久收入弹性远高于暂时收入弹性，收入差距对消费具有显著的负向效应，城镇居民基尼系数的绝对值每增加0.01，消费平均减少约0.35%。收入差距对消费影响的效应大小会因经济结构、消费预期及经济周期的变动而发生波动。20世纪90年代初期到中期，适当的收入差距有助于扩大城镇居民的消费，但从1996年起收入差距对消费影响的负向效应开始显现。1998～2004年城镇居民基尼系数的绝对值每增加0.01，消费减少在0.35%～0.55%波动。为了扩大内需和促进消费，必须把提高居民收入的重点放在提高持久收入而非暂时收入上面，同时要采取有力措施，努力缩小城镇居民的收入差距。

现在让我们回到今天的讲座主题。20世纪90年代以来，我国城镇居民的收入差距不断扩大。收入差距对我国扩大内需特别是扩大消费需求有怎样的效应？这些效应是否会发生波动？以下我们来对这些问题进行一一解答。

中国的消费增长比投资增长要慢很多，消费率一直在下降，投资率一直在上升，使得投资长期偏高，消费长期偏低，也使得中国投资消费结构失衡越发严重，所以我们要研究中国的消费，如何刺激消费，扩大内需，使得中国经济平衡发展，是中国下阶段的一个重要任务。关于收入差距与消费需求的关系，在现有的西方消费理论中找不到现成的明确结论，它们的关系隐含在消费函数逻辑推理的背后。研究现代西方消费理论一般都从凯恩斯的消费函数理论开始。凯恩斯在《利息与货币通论》中首次将消费与收入差距相联系，凯恩斯认为收入差距是影响消费倾向的重要的客观因素，收入差距有可能通过降低消费倾向，使消费需求降低。凯恩斯虽然认为收入差距影响消费需求，但并没有进行详细的讨论。这里我们还要说一下计量经济学建模，根据凯恩斯消费函数理论，收入和价格是影响消费的重要因素。所以要建立一个消费函数模型，至少要把收入和价格包含在模型解释变量当中。除此之外，我们还需研究收入差距对消费的影响，所以，我们在模型中还要加入收入差距这一因素。中国这些年收入差距一直在扩大，不论是城乡居民收入差距，城镇内部居民收入差距，还是农村内部居民的收入差距，根据世界银行估算，中国现在的基尼系数已达到0.47，而国际的警戒线是0.4，可见收入差距之大。我们的研究资料主要还是城镇内部居民收入差距，这用基尼系数衡量，没有全国的基尼系数大。那么，到底收入差距对消费需求的影响是正的还是负的，这是个实证问题。对此，凯恩斯之后的消费理论，由于对收入差距和消费间关系的看法不同，大体上可以分为两个学派。第一个学派，以凯恩斯之后

的 Kaldor（1955）等为代表的新剑桥学派，认为收入差距太大会降低消费需求；第二个学派，以 Blinder（1975）、Musgrove（1980）等为代表的新古典主义者，认为不合理的收入差距会增加更多消费需求，收入平等会减少消费需求。两派观点不同，主要是因为研究的时期不同、国家不同。但两派都认为收入差距影响消费，只是正负不同，这是实证问题，就需要经济计量学来研究。21 世纪以来也有最新的文献对收入差距和消费的关系做了阐述，比如：美国的 Blinder（2002）用美国 1967 ~ 1992 年的时间序列数据分析，结果表明缩小收入差距并不会增加消费；Valley（2003）等的研究表明消费和经济发展水平以及收入差距都存在显著的关系；Musgrove（2005）的研究表明，高收入国家城镇收入差距对其消费影响显著，而低收入国家城镇收入差距对其消费影响并不显著，这也表明在不同国家，有不同结论。我们也可以借鉴这些经验理论来看看中国的收入差距对消费有什么样的影响。关于我国城镇居民收入差距和消费问题的研究，不少学者从不同的角度，应用不同的方法，得到了许多有益的、启发性的结论。国内的李军（2003）研究认为，在中国目前的发展阶段，收入差距过大和收入水平低都是影响消费不高的重要因素；还有张沂等（2003）认为城镇居民收入差距的扩大对总体的消费倾向有明显的抑制作用；再有陈乐一（2005）认为收入差距是消费需求不足的主要原因，扩大消费需求，提高消费水平，必须千方百计增加普通城乡居民尤其是低收入者的实际收入。

我们这篇文章在两个方面不同于其他学者的研究。第一，我们采用中国近年来各省公开的数据，我们分别构造消费与收入差距的面板数据模型：静态模型和动态模型，对于动态模型我们不能用普通的最小二乘法来估计，要采用广义矩方法来进行估计。第二，因为我国正处于改革和转型时期，收入差距对消费的影响可能并不是一成不变的，到底是正是负，会随着经济结构、消费预期，以及经济周期的变动而变动，所以，我们采用状态空间模型和卡尔曼滤波算法，可以刻画收入差距对消费影响的动态变化轨迹（即每一年影响多少）。本文使用的全国分省数据包括北京、上海、天津、广东、江苏、浙江、山东、福建、海南、吉林、辽宁、湖北、湖南、江西、安徽、内蒙古、四川、广西、贵州、陕西、青海、宁夏、新疆、西藏等 24 个省（区、市），其余省（区、市）由于统计资料暂不满足而没有纳入研究范围，数据来源于 1992 ~ 2005 年各省（区、市）的统计年鉴。

为了度量我国城镇居民的收入差距，我们采用了基尼系数的指标。基尼系数及计算基尼系数的方法是意大利经济学家基尼（Gini）在洛伦茨曲线的基础上提出的，是反映居民收入分配差距程度的综合性指标。基尼系数值越小，表明收入差距越小（收入分配越均等）；基尼系数值越大，表明收入差距越大（收入分配越不均等）。基尼系数的计算方法有多种，比如几何计算法、间接拟合法、曲线拟合法等。出于便易性和检验性方面的考虑，我们采用了几何计算法。计算公式为：GINI＝2Sa，其中 Sa 表示洛伦茨曲线中绝对平均线与实际收入分配曲线之间的面积。

表 1　代表性年份分省（区、市）的城镇居民基尼系数（几何计算法结果）

年份	北京	上海	天津	广东	浙江	江苏	山东	福建
1991	0.1714	0.1603	0.1708	0.2123	0.1588	0.1622	0.1565	0.1852
1995	0.2188	0.2194	0.2329	0.2280	0.2032	0.1905	0.1820	0.1947
2000	0.2335	0.2286	0.2652	0.2582	0.2489	0.2629	0.2230	0.2532
2004	0.2759	0.3125	0.3076	0.3599	0.3047	0.3532	0.2964	0.2871
年份	海南	吉林	辽宁	湖北	湖南	江西	安徽	内蒙古
1991	0.2049	0.1842	0.1603	0.1719	0.1878	0.1935	0.1607	0.1930
1995	0.2630	0.2241	0.2078	0.1939	0.2021	0.2134	0.1926	0.2179
2000	0.3075	0.2333	0.2561	0.2477	0.2452	0.2422	0.2532	0.2602
2004	0.3319	0.2836	0.3049	0.2587	0.2864	0.2730	0.2871	0.2864
年份	四川	广西	贵州	陕西	青海	宁夏	新疆	西藏
1991	0.1884	0.1776	0.1943	0.1852	0.2023	0.1938	0.2494	0.2035
1995	0.2192	0.2088	0.2333	0.2142	0.2178	0.2129	0.2727	0.2100
2000	0.2790	0.2506	0.2356	0.2725	0.2342	0.2535	0.2727	0.2608
2004	0.3305	0.2838	0.2894	0.2879	0.2856	0.2959	0.2879	0.2749

运用这种算法，表 1 给出了代表性年份分省（区、市）的城镇居民基尼系数的测算结果。1991～2004 年，各省（区、市）城镇居民基尼系数持续增加，收入差距不断扩大，特别是 2000～2004 年增幅较大。这表明：20 世纪 90 年代初期到中期，我国城镇居民整体的贫富差距尚属比较合理，但近几年来我国城镇居民之间的贫富差距呈现逐步扩大的趋势。

我们这篇文章的余下部分是这样安排的：第二部分，首先建立城镇居民收入差距与消费之间关系的静态面板数据模型，分析城镇居民收入差距与消费之间的定量关系；第三部分，由于普遍存在的“棘轮效应”，在引入了消费惯性影响的情况下，运用动态面板数据模型和广义矩方法再次考察了城镇居民收入差距对消费的影响，并与没有引入消费惯性影响下的静态分析结果做比较；第四部分，考虑到中国经济结构及居民消费预期的周期性变动，着力捕捉模型参数的变化轨迹，通过状态空间模型及卡尔曼滤波算法来进行分析，以便把握各个变量以及城镇居民收入差距对消费影响的动态效应；第五部分是简短的结论。

静态面板数据模型说明：①影响消费需求的因素很多，主要有收入因素、物价因素、收入差距因素、地区差距因素、消费观念差异因素，等等。在考察收入差距对消费需求的影响关系时，必须考虑其他因素的影响。我们建模时，把收入因素和物价因素作为解释变量，而面板数据的变截距模型则可以用来反映那些由于地区风俗差异、地区消费观念差异等相对稳定因素所导致的消费差异的影响。②在确定收入因素对消费影响的函数关系时，我们选择了弗里德曼持久收入的消费理论作为基础。这样做的理由是：我国社会保障建设相对薄弱，城镇居民的消费更加关注长远利益，其消费的增减不会像绝对收入假说描述的那样完全取决于同期收入的变化；同时，居民收入的大幅度提高及金融资产的快速积累，也使多数城镇居民家庭具备了跨时消费的条件。根据弗里德曼的持久收入的理论，收入可分为持久收入和暂时收入两类：持久收入用 t 期、t-1 期和 t-2 期这相邻三期的可支配收入的算术平均值来度量；暂时收入用现期收入与持久收入的差值来度量。

静态面板数据模型是在不考虑上期消费对本期消费影响的情况下，考察收入、物价、收入差距以及其他因素对消费的影响。静态面板数据模型估计结果见表2。

表 2　模型（一）中变截距 F_i 的估计值（时期：1993～2004 年）

地区	北京	上海	天津	广东	浙江	江苏	山东	福建
F_i 值	0.984	0.9811	0.9428	0.973	0.8989	0.8679	0.837	0.9076
地区	海南	吉林	辽宁	湖北	湖南	江西	安徽	内蒙古
F_i 值	0.9192	0.9007	0.9319	0.9029	0.8973	0.7934	0.8634	0.8798
地区	四川	广西	贵州	陕西	青海	宁夏	新疆	西藏
F_i 值	0.8995	0.9015	0.8723	0.9226	0.889	0.9311	0.8416	0.9027

通过对固定系数、变截距以及变系数模型的比选计算和对随机效应和固定效应的豪斯曼检验，我们选取了固定效应的变截距模型。对模型（一）进行估计可得：

$$\begin{aligned} LEXPD_{it} = & 0.7838LINCP_{it} + 0.0291LINCT_{it} - 0.0404CPI_{it} - 0.3262GINI_{it} \\ & (29.744) \qquad (5.041) \qquad (-2.612) \qquad (-2.414) \\ & - 0.0249D1998 + 0.0734D2002 + F_i \\ & (-2.693) \qquad (4.868) \end{aligned} \tag{1}$$

其中：$LEXPD_{it}$是第 i 省 t 时期的城镇居民消费的自然对数；$LINCP_{it}$是第 i 省 t 时期的城镇居民持久收入的自然对数；$LINCT_{it}$是第 i 省 t 时期的城镇居民暂时收

入的自然对数；CPI_{it}是第 i 省 t 时期的消费价格指数；$GINI_{it}$是第 i 省 t 时期城镇居民的基尼系数，用来衡量城镇居民收入差异；F_i 代表第 i 省的固定效应或随机效应水平，用来反映那些由于地区差异而对消费有显著影响但本身很难量化的影响因素；Dt 为时间虚拟变量，用来反映各省随时间而变化的因素对消费的影响；u_{it}代表第 i 省 t 时期的随机误差项。

静态面板数据模型估计结果分析：①从收入角度来看，方程（1）表明，居民消费的持久收入弹性和暂时收入弹性分别为 0.7838 和 0.0291。决定我国城镇居民消费的最主要因素是持久收入。城镇居民持久收入每增长 1%，引起消费平均增长 0.7838%；城镇居民暂时收入每增长 1%，引起消费平均增长仅为 0.0291%。当前我国消费的持久收入弹性远高于暂时收入弹性。若从收入影响的角度来提高居民的消费水平，必须把提高收入的重点放在持久收入部分，而非暂时收入部分。②城镇居民消费与价格水平成反向关系。从数量上看，消费价格指数每增加 1 个单位，城镇居民消费将减少 4.04%。③虽然时间虚拟变量 1998D 和 2002D 前的系数值都不大，但均显著。1998D 项前的系数为负，这与 20 世纪 90 年代中后期东南亚金融危机的影响以及我国当时的住房改革增加了居民的未来支出预期从而减少当期消费有关。2002D 前的系数为正，说明在 2001 年以后，随着国家一系列社会保障措施的出台，城镇居民的消费心理逐渐趋于稳定，消费总体有所增加。从表 2 中的截距值大小来看，北京、上海和广东的固定效应较大，说明这三个地区的自主消费水平较高，与这三个地区较好的经济发展状况是一致的。④方程（1）的估计结果表明，城镇居民收入差距对消费有显著的负向影响。从数量上看，收入差距（用基尼系数来衡量）前面的系数为 -0.3262，说明基尼系数的绝对值每增加 1 个单位，城镇居民的消费平均将减少 32.62%。也就是说，城镇居民的基尼系数的绝对值每增加 0.01，消费平均将减少约 0.33%。Musgrove（2005）的研究结果表明：高收入国家的城镇收入差距对其消费影响显著；而低收入国家的城镇收入差距对其消费影响不显著。与 Musgrove（2005）的研究结果不同，1993 ~ 2004 年，我国城镇居民收入差距对其消费存在显著的负向效应。

从以上模型结果可以看出各个解释变量前的参数与经济学理论相符，拟合比较好，我们可以说这个模型估计方程是很好的。

动态面板数据模型说明：静态模型没有考虑前期消费对当期消费的惯性影响。然而，由于居民的当期消费会受到自己过去消费习惯的影响，增加消费容易，减少消费难，普遍存在“棘轮效应”。如果消费在时间上存在路径依赖，则省略滞后的消费变量会导致遗漏变量误差，估计值就是有偏差和不一致的。为了反映这种动态关系，有必要将过去的消费也作为解释变量，采用动态面板模型。

加入被解释变量的滞后项后，我们采用 Arellano 和 Bond（1988，1991）的系统广义矩估计方法（GMM），来克服内生解释变量随机性的问题，并选用解释变量的滞后一期值作为工具变量。动态面板数据模型是在考虑上期消费惯性对本期消费影响的情况下，考察收入、上期消费、物价以及收入差距对消费的影响。动态面板数据模型估计结果：

$$\begin{aligned} LEXPD_{it} = {} & 0.5266LEXPD_{i,t-1} + 0.3397LINCP_{it} + 0.0109LINCT_{it} - 0.0770CPI_{it} \\ & (9.4731) \qquad (7.5598) \qquad (6.5065) \qquad (-2.0154) \\ & -0.3470GINI_{it} - 0.0224D1998 + 0.0336D2002 + F_i \\ & (-4.0315) \qquad (-2.9941) \qquad (3.7012) \\ \bar{R} = {} & 0.9895, \ F = 3677.3, \ DW = 1.8832 \end{aligned} \tag{2}$$

表 3 模型（二）中变截距 F_i 的估计值（时期：1993~2004 年）

地区	北京	上海	天津	广东	浙江	江苏	山东	福建
F_i 值	0.5467	0.5561	0.5258	0.5393	0.5068	0.4862	0.4719	0.5086
地区	海南	吉林	辽宁	湖北	湖南	江西	安徽	内蒙古
F_i 值	0.5224	0.5090	0.5239	0.5011	0.5022	0.4500	0.4769	0.4979
地区	四川	广西	贵州	陕西	青海	宁夏	新疆	西藏
F_i 值	0.4988	0.5037	0.4896	0.5211	0.4942	0.5176	0.4765	0.5074

动态面板数据模型估计结果分析：①消费的棘轮效应显著，滞后一期的消费对当期消费具有显著的正向影响。从数量上看，城镇居民上期消费每增长 1%，引起当期消费平均增长 0.5266%。②在引入了消费惯性影响的情况下，城镇居民消费的持久收入弹性和暂时收入弹性都有明显降低。在没有引入消费惯性影响的静态模型（一）中，居民消费的持久收入弹性和暂时收入弹性分别为 0.7838 和 0.0291。而在引入了消费惯性影响的动态模型（二）中，居民消费的持久收入弹性和暂时收入弹性分别降低到 0.3397 和 0.0109。动态模型的估计结果同样证明了我国城镇居民消费的持久收入弹性大大高于暂时收入弹性。③对比方程（1）和方程（2），可以看出，方程（2）中基尼系数变量的参数估计值为 -0.3479，而方程（1）中基尼系数变量的参数估计值为 -0.3262。这表明：在动态模型中，当引入了消费的惯性影响后，收入差距对消费影响的负向效应将更大。基尼系数的绝对值每增加 1 个单位，城镇居民的消费将减少 34.79%。或者说，城镇居民基尼系数的绝对值每增加 0.01，消费平均将减少约 0.35%。

状态空间模型说明：静态面板数据模型（一）与动态面板数据模型（二）都是用来分析城镇居民收入差距对消费影响的平均效应。由于我国正处于经济体制转轨时期，经济结构和居民的消费预期变动较大。尤其是20世纪90年代，我国在加快一些重要领域改革的同时，配套的社会保障措施一时难以跟上，影响了城镇居民的消费预期，因此人们势必会不断调整消费与收入的长期均衡比例，我国城镇居民消费函数中的各个参数可能不再是稳定的常数。为了捕捉并刻画这些参数的变化轨迹，从而更准确地把握各种因素对我国城镇居民消费影响的动态效应，我们运用状态空间模型（State Space Model）及卡尔曼滤波（Kalman Filter）算法进行实证分析。假定状态空间模型形式如下：

$$LEXPD_{it} = \phi_1 * LEXPD_{i,t-1} + \mu_1 * LINCP_{it} + \theta_1 * LINCT_{it} + \lambda_1 * CPI_{it} + \gamma_1 * GINI_{it} + \varepsilon_{it}$$

$$\phi_1 = \phi_{t-1} + \upsilon_{1t} \quad \mu_t = \mu_{t-1} + \upsilon_{2t} \quad \theta_t = \theta_{t-1} + \upsilon_{3t} \quad \lambda_t = \lambda_{t-1} + \upsilon_{4t}$$

$$\gamma_t = \gamma_{t-1} + \upsilon_{5t} \tag{3}$$

状态空间模型由观察方程和状态方程构成，其中随机误差项 ε_{it} 与 υ_{1t}，υ_{2t}，υ_{3t}，υ_{4t}，υ_{5t}均为白噪声过程，彼此不相关。上面第一个方程是观察方程，表征我国城镇居民消费与前期消费、收入、物价以及收入差距之间的关系。其中，参数 Φ_t，μ_t，θ_t，λ_t和 γ_t 为状态变量，其变化体现了未包含在模型中的潜在因素（比如经济结构、消费预期及经济周期的变动）对变量之间关系的影响。

状态空间模型估计结果（见表4）。

表4　状态空间模型估计结果

年份	$\hat{\phi}_t$	$\hat{\mu}_t$	$\hat{\theta}_t$	$\hat{\lambda}_t$	$\hat{\gamma}_t$
1994	0.7174	0.2825	0.0332	-0.2061	0.1621
1995	0.5667	0.4941	0.0449	-0.2511	0.1115
1996	0.4183	0.5217	0.0281	-0.2633	-0.0322
1997	0.3745	0.4339	0.0233	-0.2369	-0.3011
1998	0.6063	0.4116	0.0191	-0.1452	-0.5024
1999	0.5447	0.3019	0.0127	-0.0918	-0.4671
2000	0.6158	0.2731	0.0252	-0.1009	-0.5319
2001	0.4079	0.3493	0.0409	-0.0917	-0.4365
2002	0.2475	0.4154	0.0358	-0.0466	-0.3693
2003	0.5786	0.2971	0.0373	-0.0559	-0.4034
2004	0.9802	0.4235	0.0466	-0.0608	-0.4148

卡尔曼滤波方法可把前一时刻的预测误差及时反馈到方程中去，从而提高估计的精度。运用卡尔曼滤波算法，表4给出了参数 Φ_t、μ_t、θ_t、λ_t和 γ_t 的动态估

计结果。

1996～2000年，消费的持久收入弹性总体呈现下降的趋势。说明这段时期随着人们对未来医疗、教育、住房等预期消费的增加，持久收入对当期消费的影响有所降低。2001～2004年，随着人们消费预期的变化，消费的持久收入弹性有所回升。

消费的暂时收入弹性有升有降，它的波形图与20世纪90年代以来我国经济周期波动的形状相似，而经济周期波动与人们的消费预期及结构变动是密切相关的。在经济周期的低谷时期，消费的暂时收入弹性低迷；在经济周期的景气阶段，消费的暂时收入弹性高涨。然而，消费的暂时收入弹性毕竟远低于消费的持久收入弹性。

物价对城镇居民消费的影响是负向的，物价高时，城镇居民的消费偏低。1994～1997年，物价对城镇居民消费影响的负向效应较大；1998～2004年，物价对城镇居民消费影响的负向效应减弱，与这一时期我国物价水平总体波动较小有关。

1994和1995年，收入差距对消费的影响呈微弱的正向效应，适当的收入差距有助于扩大城镇居民的消费。从1996年起我国城镇居民收入差距对消费影响的负向效应开始显示一个临界点。

1998～2000年，负向效应进一步放大。1997年东南亚金融危机爆发，人们对经济的发展前景感到担忧，因此1998～2000年我国城镇居民的收入差距对当期消费的负向影响达到最大。1998与2000年，基尼系数的绝对值每增加1个单位，城镇居民的消费将减少50%以上。或者说，城镇居民的基尼系数的绝对值每增加0.01，消费平均减少约0.5%。

2001～2004年，随着经济的逐步复苏，人们对未来经济的发展前景开始恢复信心。同时，国家对社会保障逐步加大了支持力度。随着消费预期的改善，城镇居民收入差距对消费影响的负向效应略小于1998年与2000年。2001～2004年负向效应在高位上趋于稳定：基尼系数的绝对值每增加1个单位，城镇居民的消费将减少40%左右，即城镇居民的基尼系数的绝对值每增加0.01，消费平均减少约0.4%。

综合起来看，自从1996年我国城镇居民的收入差距对消费的负向效应首次出现以来，随着经济结构、消费预期及经济周期的改变，收入差距对消费影响的负向效应的大小会发生一定的波动。在大多数年份里，该负向效应都非常明显，在经济周期的低谷阶段，收入差距对消费影响的负向效应会加倍显现。

总体实证结论：

为了考察收入差距对消费需求的影响，我们在持久性收入消费理论的基础上，运用中国分省面板数据，建立了静态模型、动态模型和状态空间模型，在模型中考虑了收入及物价等外生变量对消费的影响。

（1）实证分析的结果表明，中国城镇居民收入差距对消费具有显著的负向效应。城镇居民的基尼系数的绝对值每增加0.01，消费平均将减少约0.33%。当引入了消费的惯性影响后，收入差距对消费影响的负向效应将更大：城镇居民的基尼系数的绝对值每增加0.01，消费平均将减少约0.35%。

（2）收入差距对消费影响的效应大小会因经济结构、消费预期及经济周期的改变而发生波动。1998～2004年，城镇居民基尼系数的绝对值每增加0.01，消费减少在0.35%～0.55%波动。

（3）在各种分析框架下，我国消费的持久收入弹性都远高于暂时收入弹性。为了扩大内需和促进消费，必须把提高收入的重点放在提高持久收入而非暂时收入上面。同时要采取有力措施，努力缩小城镇居民之间的收入差距。

二、中国当前宏观经济形势分析

当前经济形势总体良好，但在快速发展中存在着一些问题。大体有以下几个特点：

（1）工业增速处于持续高速运行的状态。根据我们对中国当前宏观经济形势的分析，我们认为，我国工业增速处于持续高速运行的状态。具体情况如图1所示。

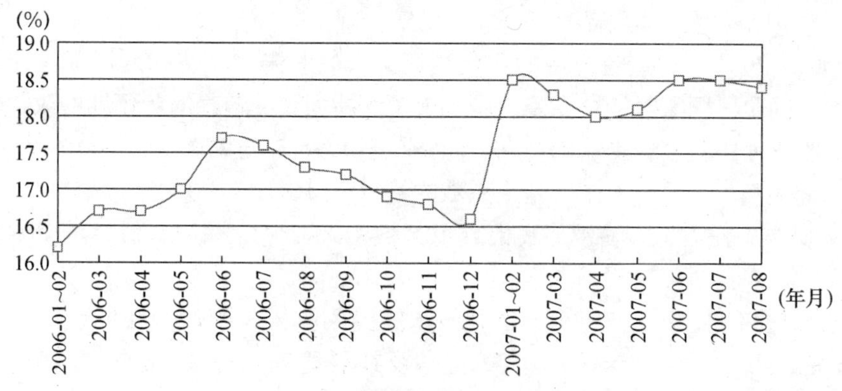

图1 工业增加值月度实际增长率

（2）经济由偏快转向过热更加明显。企业目前自有资金较多，另外，固定资产投资增速加快，出现反弹趋势如图2所示。

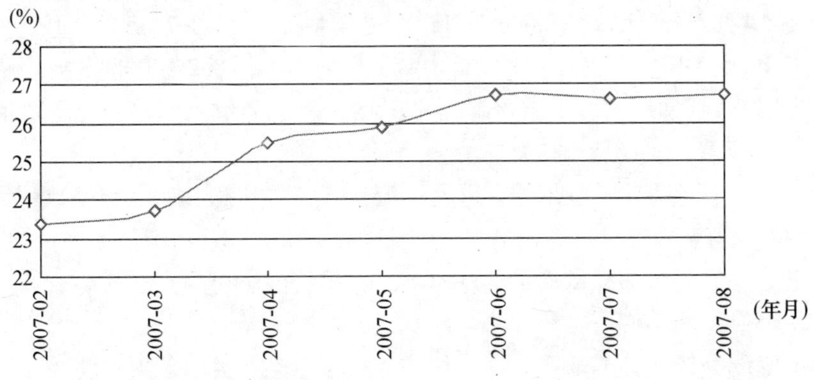

图 2　城镇固定资产投资月度名义增长率

（3）对外贸易顺差快速增长，顺差继续扩大。2004 年中国贸易顺差 320 亿美元，2005 年和 2006 年则分别达到 1019 亿美元和 1775 亿美元，比 2004 年分别增长了 218% 和 453%。2007 年 1～8 月份数据统计显示，贸易顺差已达到 1617 亿美元，预计全年贸易顺差将达到 2500 亿美元以上。贸易顺差过大就会导致贸易摩擦大量增加，资源环境更加紧张，节能减排任务完不成，人民币升值压力进一步加大。

（4）消费品价格上涨。2007 年以来 CPI 如图 3 所示。

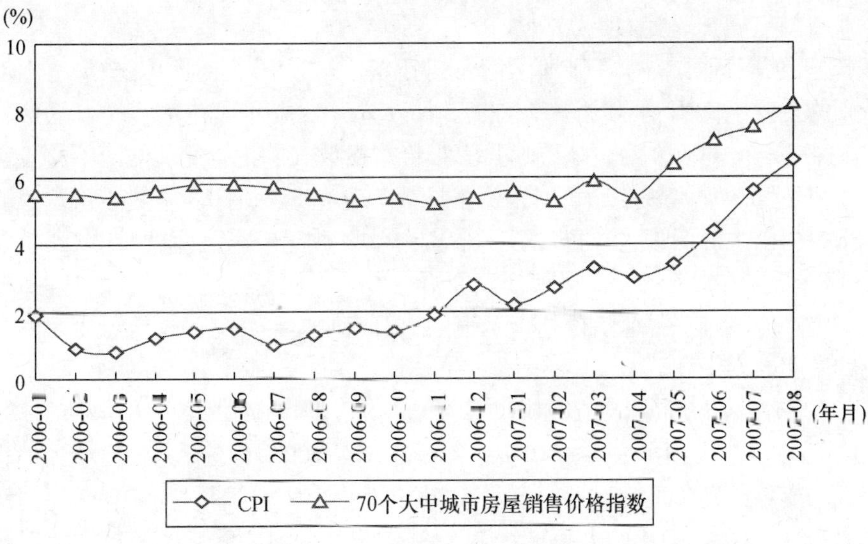

图 3　消费品价格指数

从图3可以看到CPI从2006年11月开始上涨，到2007年4月更是快速上涨。2007年8月CPI上涨6.5%，其中食品价格上涨18.2%，非食品价格上涨0.9%，大部分商品是供过于求，有的日用品、耐用消费品价格还是下跌的，比如汽车、化妆品，但食品价格有它的上升周期。

（5）资产价格高位持续攀升。进入2007年第三季度以来，股市指数达到5500多，市盈率也普遍较高（静态市盈率达到60倍以上，动态市盈率达到41倍以上）。

这就是我们对当前经济形势的基本判断：经济趋于过热更加明显，我们必须采取措施遏制经济由偏快转为过热。

下面简要介绍一下当前要关注的经济运行中存在的突出矛盾和问题：

（1）经济增长速度过快，投资反弹压力较大。这些年中国经济增长速度一直呈逐年上升趋势，2007年以来，增长速度进一步增强。GDP增长为2003年10.0%，2004年10.1%，2005年10.4%，2006年11.1%，2007年上半年经济增长速度11.5%，工业增加值增长更快，今年以来基本上都在18%之上。这就给经济结构调整，能源资源的合理开采利用和环境保护带来很多困难。其中增长主要是投资增长过快，今年以来每个月都是20%以上，降不下来，原因一是现在企业自有资金多了，受宏观调控影响弱了，并且企业利润多，新股发行得到股市热捧；二是地方政府追求政绩，主要就是上项目，推动经济投资高增长。但从另一方面看，目前，我国处于“四化”时期：工业化、城市化、市场化、国际化，因此，持续高速增长有其合理性。随着政府今明两年新的换届，投资预计仍旧会保持较高增长速度。

（2）通货膨胀加剧，资产价格上涨明显。通货膨胀加剧和资产价格上涨过快带来的主要不良影响是进一步扭曲了收入分配效应。现在中国的食品价格在CPI中权重占到33%左右，核心通货膨胀价格指数（即把食品和能源价格上涨剔除掉）并不高，现在核心通货膨胀价格指数7月和8月是0.8%左右。这里要说明一下，由于中国低收入人群比较多，恩格尔系数比较高（据统计2006年农村居民43%开支在食品上），所以食品价格在CPI中权重要比美国等发达国家高。另外，资产价格特别是住房价格上升很快也会扭曲收入分配，也使财富重新分配效应非常明显。

（3）节能减排形势非常严峻。“十一五”规划中制定了单位生产总值能耗下降20%，主要污染物排放减少10%，但目前来看2006年没有完成目标，但也可看到大的趋势已经由上升转为下降了。2007年上半年全国单位GDP能耗同比降低了2.78%，单位GDP电耗同比上升了3.64%，全国二氧化硫总量排放同比下降0.88%，除此之外全国河流污染排入量都严重超标，今年太湖蓝藻是很明显的例子。所以在现在这种经济增长方式没有根本转变的情况下要想实现节能减排，

任务是很艰巨的。

我们目前应采取的对策：加大宏观调控力度和改革的力度，采取组合性的政策，实施适度从紧的货币政策和稳健的财政政策。主要有以下几个方面：

（1）实行适度从紧的货币政策，综合运用产业政策和必要的行政手段，防止固定资产投资反弹。我们现在的货币政策效应不是太显著，根据“三元悖论”（货币政策独立性、汇率稳定性和资本完全流动性，三者不能同时兼得，最多同时满足两个目标，必须放弃一个目标），中国现在处在半开放的资本管理体制，我们的汇率是有管理的浮动汇率。目前必须提高利率，并且遏制地方政府的投资冲动，配合严格有差别的行政手段防止固定资产投资过高。

（2）采取综合性的措施控制消费品价格和资产价格过快上涨。对消费品价格控制，提高利率，防止形成全面通胀预期；控制信贷规模和过多的银行流动性发行票据；增加人民币汇率升值弹性；多管齐下，同时加强对农业的投入，增加对低收入群体的补偿。对资产价格控制，增加住房供给；对股市，主要是阻止内幕交易和银行违规资金进入股市，减少金融风险，提高存款利率，并且加快股市扩容，增加股市供给量，从而也提高了企业竞争力。

（3）实施稳健的财政政策，加大财政政策对经济结构调整和民生问题的支持力度。财政政策重点解决民生问题，要抓住近几年财政状况比较好，增收比较多的有利形势，调整改善财政支出结构，突出公共财政职能，要严格控制和节约一般性开支，控制基本建设支出，加大对经济社会发展所需要的公共产品和准公共产品支持，特别是加大对新农村建设的支持，对教育公共卫生社会保障的支持，提高社会保障的水平。社会保障水平高了，老百姓就能安心消费，减少投机。

（4）要深化财税体制改革，调整中央与地方的事权与财权关系，减少地方政府的投资冲动。现在投资居高不下一个重要因素，就是体制机制造成的。中央财政收入不断上升，地方财政收入不断下降，这就迫使地方政府不得不千方百计上项目，以扭转财政困难局面，所以造成投资越来越高。所以今后，中央政府应适当提高在经济相对落后地区地方政府的事权，加大对地方的教育、环境基础设施建设、农村社会保障中的投入力度，以便适当减轻地方政府的压力。另外，研究出台物业税，稳定地方税源，同时有利于遏制炒房投机行为。

（5）深化资源要素的市场化改革，加快推进节能减排工作。主要运用经济手段，引导企业主动节能减排。加快资源税改革，寻找适当时机（目前处于通货膨胀时期，不是合适时机）尽快出台燃油税改革，提高资源价格。

今天的内容就讲到这里，谢谢大家！

（文章来源自《学术讲座荟萃》第42辑，2007年9月29日）

经济学中的方法论

余永定

余永定

男，1948 年生，广东台山人。牛津大学经济学博士。中国社会科学院学部委员，中国社会科学院世界经济与政治研究所原所长（1998~2009）、研究员、博士生导师，中国世界经济学会会长（2003 年至今），中国人民银行货币政策委员会原委员（2004 年 7 月~2006 年 7 月），摩洛哥哈桑二世科学技术院外籍院士。

主要研究领域：宏观经济、国际金融、世界经济。1981 年以来发表学术论文数百篇，专著（含主编、合著）10 余部。享受国务院政府特殊津贴专家、孙冶方经济科学奖获得者。

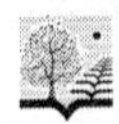

一、导论

方法论，英文是 methodology，跟方法不太一样，概念要广泛一些。哲学意义上的方法论是指人是有思维有意识的，都是在以某种方式认知他之外的客体，认识世界。认知活动事实上是一种在大脑中进行的主观思维活动。对于这种认知活动本身，可以把它作为一种客观过程来研究。哲学上的方法论就是对人的认知过程进行再认知，对思维进行再思维。这是人类特有的技能。恩格斯在《自然辩证法》中认为，人和动物最根本的区别不在于人有思维而动物没有思维，事实上动物也有思维，但是动物不能对思维再思维，这才是人与动物之间最重要的区别。诗中说“不识庐山真面目，只缘身在此山中”，我们研究方法论就要跳出这个“庐山”，来认识人的认知过程。

是不是了解了人是怎么认识世界的就完了呢？我觉得不是的，我们不但要把人的认知过程作为一个对象来进行研究，而且要考虑到这样一种认知过程本身是否能够实现认知的目的。也就是我们为什么要认识世界，它的目的是什么？我们要研究的是如何改进我们的研究方式、认识方法，提高认知效率，使我们能够真正地认知世界。所谓哲学意义上的方法论就是研究这几个问题。至于什么是方法论，没有明确的定义。

在经济学上，也有经济哲学，或者经济学的方法论。这与哲学意义上的方法论是有区别的。它一般有两个主要内容：一个是以经济研究过程作为实际范例来解释哲学方法论的问题，研究方法论可以找出具体的实例，当然也就可以以经济研究作为素材，来阐述方法论的一些原理，就像可以以物理学的研究方法作为对象，对其加以总结和归纳来丰富哲学方法论的内容。另一个就是经济学中有许多程式化的研究方法，有一种固定的模式。如果国外的经济学文献看得多了，就会发现里面也有很多八股。先是一个框架，然后给出动态最优、目标函数及约束条件和解决方法。经济学研究方法包括了对这种程式化的研究方法的总结和概括。为什么要研究方法论？“工欲善其事，必先利其器”。对方法进行研究，就是对认知客体准备工具。自己的目标函数是对世界的认知，其时间跨度是一生。为了实现效用最大化，该怎么配置资源？该花多少时间直接学习知识？花多少时间学习学习知识的方法？这里面有个资源配置的问题。所以，不要急功近利。要知道“工欲善其事，必先利其器”，要敢于花10年甚至更长时间的工夫去打好基础，而基础中一个很重要的部分就是方法论。

但中国的传统思维、传统文明和哲学不太重视方法论，不太具有思辨色彩。北京大学哲学教授张岱年就曾说，中国哲学最注重人生，然而思“知人”，便不可以不“知天”，所以亦及于宇宙。就是说它也在考虑知识问题，但它考虑的中心是人。它还讲道。最高层次的知识是终极真理，也就是所谓的“道”。孔子说“朝闻道，夕死可矣”中的道指的就是终极真理。老子也讲“道”：“有物混成，先天地生，寂兮寥兮，独立而不改，周行而不殆，可以为天下母，吾不知其名，字之曰道，强之名曰大。”既求“闻道”，便亦不能不研讨“闻道之法”、“致知之方”。中国哲学中有许多关于“致知”的讨论，但中国哲学中的方法论是什么？阴阳五行？我不是哲学家，不应该闯入别人的领域。但积四十多年之经验，可以说，除了一些非常一般化的箴言外，我的经济学研究没有从中国哲学中找到任何帮助。当然，大概也正是由于这个原因，我不是一个成功的经济学家。

让我们回到方法论。如何得到知识呢？孔子说“生而知之者上也，学而知之者次也；困而学之，又其次也”。孟子说“学问之道无他，求其放心而已矣”。老子也说“不出于户而知天下，不窥于牖而知天道”。王阳明则说“格物致知”，靠顿悟来发现真理。一个没有生活的人，没有丰富实践的人，不勤于思考的人，不懂得各种各样科学的人，能有什么思想？但这就是中国的认识论。利玛窦对中国的知识体系有这样一个批评：中国人是最勤劳的人民，在他们中间，大部分机械工艺都很发达，他们有天赋有经商的才能。但中国所熟习的唯一较高深的哲理科学就是道德哲学（但他又说，伦理学这门科学只是中国人在理性之光的指导下所达到的一系列混乱的格言和推论。可恶)。

为了掌握获取知识的方法，我们需要知道什么是知识以及知识的来源。可以这么说，在人类之前，这个世界到底是什么样子的是无法叙述的，因为它取决于我们如何观察、如何感知这个宇宙。知识的来源是客体，但知识本身是主观的，知识来源于人类对普遍性的追求。对普遍性的追求是人类的一个根本特性。科学的目的就是发现普遍规律，解释就是把所观察的现象归纳到一个已发现的普遍规律中去。普遍规律就是我们所追求的对象，一旦我们追求到了这个普遍规律，它就成了知识。为什么要追求普遍规律呢？就是它可以作为推理的根据来揭示新的事实。因为人所面对的是一个充满了变化的世界，充满了不确定性，人希望降低这种不确定性，对普遍规律的掌握意味着不确定性的减少或消失。

如何发现普遍规律呢？基本上就是概括、抽象和归纳。概括是非常重要的，

每个人都要学会概括的艺术。它的最关键点就是要保留相关的必需要素，并且剔除无关要素。事物的有关方面太多了，必须把它减到最少的程度，同时又要保留必要的要素。那么哪些要素是必要的，哪些要素是可以舍弃的呢？这取决于你的研究目的和角度。没有什么现成的规则告诉你如何进行概括。这需要灵感、顿悟。大经济学家和普通经济学家的区别就在于前者善于概括，在概括的基础上提出个可以在研究中提纲挈领、纲举目张的概念。如凯恩斯的有效需求概念。马克思主义经济学经常讲抽象法，在抽象中，舍弃非本质特征，保留其本质特征。现代经济学中的概括与抽象类似。马克思通过抽象法发现价值、剩余价值、资本等各种概念，并把这些概念通过“对立统一”的辩证逻辑体系把商品经济到资本主义经济的发展过程复制过来。归纳是西方哲学特别是逻辑学中非常非常重要的概念，是通过大量个别经验的重复得出一个一般的陈述句。比如天下乌鸦一般黑的判断。数学中有完全归纳法，但在现实中我们所有的归纳都是不完全的，我们所归纳的只是以有限的经验得出全称肯定判断。知识是对一般的追求，而没有归纳，我们是得不出一般的。但过度归纳会引起错误的判断。英国哲学家罗素有一个鸡的故事，说有只鸡根据主人每天早上喂食的经验，得出每天早上必喂食的结论，结果有一天早上主人把它捉住杀了。所以罗素说：如果这只鸡没有对归纳的盲信，随时准备逃跑，它的命可能要好一些。也就是说对归纳不要有盲信，这种盲信将对你非常不利。

康德的哲学著作涉及所谓综合陈述的问题，就是说，对于普遍规律，我们加以陈述时有综合陈述和分析陈述，比如金属加热后会膨胀是个综合陈述，在“金属”和“加热”这两个概念中并不包括“膨胀”，后者只有通过经验才能得知，陈述内容之后的重要部分并不自然包含在陈述句的概念之中。分析陈述和综合陈述的根本不同在于你不需要任何经验就可以做出陈述。比如有孩子的人必然是这孩子的父或母这一陈述。分析陈述是空洞的，它不能给我们提供新的知识。而综合陈述可以给我们新的知识，所以大家在写论文时的命题如果想提供新的知识，就应该是综合陈述。这跟演绎逻辑又不一样。演绎逻辑就是结论并未为前提增加新的内容，它是根据前提推论而来的。

回归到什么是知识的概念，就是知识是对普遍性的追求，知识必须具有普遍性。所观察的现象必须可以归结到一个普遍性的命题之中，这也是一个解释的过程。知识必须具有可检验性。有了那个命题，我们就可以做出预言，这种预言在经济学中就是预测，它能够做预言就在于普遍是超越时间限制的。大家都会通过计量法进行假设检验，但很少有人想为什么要进行这种检验。有人会说，通过检验，我们才能证明我们的命题是正确的。这种答案是错误的。通过了假设检验，并不能说你的命题是正确的，只能说你的命题是可以接受的，可接受并不等于正确。

解释和预测有什么关系呢？可以认为解释是对过去的预测。事情已经发生了，我们试着能不能用我们所掌握的规律来把过去的事实重新构造一遍，如果能够构造，也就说明我们对过去有了一个完善的解释，实际上是对过去已经发生的事情重新进行预测。预测也可以理解为对未来的解释。

演绎逻辑在经济学研究中占有核心的地位。关于演绎逻辑最明显、最完善的说明就是几何学，演绎逻辑的威力就在于所有几何公理都能根据那五条基本公理推导出来。好的经济理论必须是合乎逻辑的。当然，合乎逻辑的经济学并不一定是好的经济学。中国经济学的教学问题很大。其中一个重要问题是：经过多年的学习之后，我们的大部分学生依然缺乏逻辑训练。

二、经济学方法论：理论体系与结构

知识并不是个别命题的堆积，我们所追求的不只是单独的知识，我们要求的是一个知识体系。命题只有在体系中才能成为有效的知识。西方人心目中的知识体系是什么样的呢？爱因斯坦说，西方科学的发展是以两个伟大为基础的，那就是：希腊哲学家发明形式逻辑体系（在欧几里得几何学中）以及通过系统的实验发现有可能找出因果关系（在文艺复兴时期）。东方文明的最大缺憾是没有这样一个知识体系。

爱因斯坦在谈到物理学理论的发展时指出：理论物理学的完整体系是由概念、被认为对这些概念是有效的基本原理（亦称基本假设、基本公式、基本定律等），以及用逻辑推理得出的结论这三者所构成。这些结论必须同我们各个单独经验相符合，在任何理论著作中，得出这些结论的逻辑演绎几乎占了全部篇幅。

任何一个理论体系都是由概念、有效的基本定理以及运用逻辑推理得出的结论组成的。当我们把某一个领域的知识加以总结、加以综合形成那样一个体系之后，我们的知识就成为有效的知识，可以用来改造客观世界的知识。这里需要注意的是对于比较发达的比较注意形式美的部分。理论的最基本部分是那些数目上尽可能少，不能在逻辑上进一步简化的概念和基本假设。任何一个完整的经济理论体系也是这样的。因此在研究经济学或者在构造经济学体系时要遵循这样一系列的规则。

西方经济学理论体系是各种各样的，这里比较具体的如微观经济学，约束条件下效用函数的最大化这事实上是一种体系，从这一体系出发可以构造出许多经济学的命题来。中国很多经济学家对许多问题都有相当的认识，但是没有任何体系。西方经济学是非常注重体系的，比如克莱因写过一本《凯恩斯革命》，他用

十三个方程式把凯恩斯的理论体系构造出来了。政治经济学的体系，特别是马克思的《资本论》，同西方经济学体系是很不一样的。但两者都有完整的体系。个别命题只有存在于一个体系之中才有意义。例如，在一个方程式中，几个变量的关系是难以确定的。只有在一个联立方程组中，这些变量之间的关系才能确定。

以上我给大家讲了几个重要概念，什么是知识、知识的来源（对普遍性的追求），关键的概念就是什么是归纳法、归纳法的问题和特点，还有什么是演绎法及其特征。

我们把演绎和归纳两个方面综合来看，就是假设演绎法。这是经济学研究中最重要的方法。所谓假设演绎法，就是把演绎与归纳加以结合的一种发现普遍规律的研究方法。方法的基本内容是：①从观察或经验材料出发进行归纳，得出作为假设的某个或某些全称肯定判断。太阳每天都从东方升起就是个全称肯定判断。它必然也是个综合判断。②把提出的假说翻译成数学语言，从而建立起一个数理经济模型。③然后通过各种数学变换把包含在模型中的各种含义表达出来。④进行经验检验。

演绎不能给你的知识增加新的内容，也就是不能增加前提中所没有包含的东西。但是，前提中所包含的东西不一定是看得出来或充分理解的东西。通过演绎可以把包含在前提中的东西用一种简洁、明了的方式把它演绎出来。这样我们看得懂，也知道它的涵义，能够运用它。

在进行假设演绎法中的关键一步是要把假说翻译成数学语言，把语言模型转换成数学模型。因为只有这样，才能应用各种数学工具，通过数学的机械演算得出一系列结论。这些结论再经过检验，如果通过了检验，整个科学研究的过程就算完成了，也就是找到了普遍性。假设演绎法包括四个步骤：提出假说、翻译成数学语言、进行数学推导、对结论进行检验。翻译成数学语言非常重要，进行数学推导也非常重要，但经济学家不是数学家，他的数学能力不一定很强，那么他至少能把假说提出，并把假说翻译成数学语言。但数学推导过程可以分离出来由其他人来做。

第一步提出假设，这在假设演绎法中具有决定作用。但如何能提出有价值的假设则没有一定之规，提出正确的假说需要灵感。第二步需要一定的数学技巧。第三、四步应该是所有人都可以做到的。数学是一种高效可靠的演绎工具，数学的使用大大简化了推理过程，使笨人也可以进行有效思维。但真正的创造在于提出正确和有益的假设。

三、怎样做一个好的经济学家

普通人研究经济学就要特别注重把语言模型翻译成数学模型，比如马克思在

《资本论》第二卷中通过一系列数理阐明了资本主义社会中社会总产品价值随时间推演而变化的规律。

他回答了一定时期内社会总产品价值是由哪些因素决定的，以及这些因素与社会总产品价值的数量关系，并且回答了当决定社会总产品价值的诸因素随时期推演而发生变化之后，社会总产品价值在接续期将发生何种变化。这是马克思的再生产理论的数学模型的文字表述。而他不仅有文字说明，还给了一个表。马克思没有通过数学工具给出了从发端期到第五年的数例。当我们有了数学工具后，有没有试过怎么推演第六年、第七年？一个好的经济学家就应该有一种不可抑制的要解决这个问题的冲动。马克思给出了两大部类的平衡条件。第 t+1 期的第Ⅰ部类不变资本等于第 t 期的第Ⅰ部类不变资本加上在该期所新增加的第Ⅰ部类不变资本。多年以来，我们的教员们就在重复着马克思在一百多年前说过的话。但这个平衡条件能不能用另外一种方式来表达，或者用一种更直观更清晰的更可以演绎的方式来表达？没有人这么做。马克思已经给出两大部类平衡条件和三年的数例。出于对普遍性的追求，我们希望把它一般化，就要把数例转化为数学模型。可以发现马克思的数例隐含着一个差分方程：

$$C_{1,t+1}-C_{1,t}=s_1m_1/\ (d_1+1)\ \cdot C_{1,t}$$

式中：C_1、C_2 分别代表第Ⅰ、Ⅱ部类不变资本；V_1、V_2 分别代表第Ⅰ、Ⅱ部类可变资本；M_1、M_2 分别代表第Ⅰ、Ⅱ部类剩余价值；Q_1、Q_2 分别代表第Ⅰ、Ⅱ部类社会产品价值；Q 代表社会总产品价值；u_1、u_2 分别代表第Ⅰ、Ⅱ部类生产资料消耗系数；由定义可知 $u_1=C_1/Q_1$，$u_2=C_2/Q_2$；m_1、m_2 分别代表第Ⅰ、Ⅱ部类剩余价值率；由定义可知 $m_1=M_1/V_1$，$m_2=M_2/V_2$；s_1、s_2 分别代表第Ⅰ、Ⅱ部类积累率 $C_{1,t+1}-C_{1,t}=s_1m_1/(d_1+1)\cdot C_{1,t}$。

解此差分方程便得到第Ⅰ部类不变资本价值随时间推移而变化的规律。有了这样的公式，我们就可以轻易地算出任何年份两大部类社会总产品的价值。而两大部类的平衡条件，则可以简洁地表示成：

$$\begin{cases}\dfrac{s_1m_1}{d_1+1}=\dfrac{s_2m_2}{d_2+1}\\[2ex] C_{1,0}\left(\dfrac{1+m_1}{d_1}-\dfrac{s_1m_1}{d_1+1}\right)=C_{2,0}\left(1+\dfrac{s_2m_2}{d_2+1}\right)\end{cases}$$

式中：$C_{1,0}$为基期第Ⅰ部类不变资本价值；$C_{2,0}$为基期第Ⅱ部类不变资本价值。

我们得出非常简单的公式。这是一个比马克思原有的还要清楚的公式。两大部类的生产要是能均衡发展，不产生生产过剩或生产不足，就必须满足这个条件。不难看出，马克思事实上是最早建立经济增长的动态模型的人。他的模型比后来的哈罗德—多马经济增长模型要复杂得多。哈罗德—多马模型事实上包含了

那个时代人们对经济增长是否均衡的一种理解。马克思比他们理解的要复杂得多、深入得多。

在上述例子中，我主要讲了如何使用数学方法，就把包含在马克思再生产理论前提中的许多潜藏的内容给演绎出来。不难发现，不做这种演绎，马克思再生产理论中的一些重要思想是不容易看出来的。做一个好的经济学家，必须具有建立数学模型的训练。你可以不用数学，也不依靠数学，但你必须有这种本事。有这种本事不一定是好经济学家，没有这种本事一定是不够格的经济学家。你这样说是不是太过分了？马克思、列宁难道不是没有使用数学吗？错！他们恰恰是这方面的大家。马克思如此，列宁也如此。不信你查一下列宁的《论市场问题》。列宁当时仅仅二十几岁。他实际上运用了一个差分方程组去论证：即便贫困，俄罗斯也将不可避免地走上资本主义道路。

再谈一下检验问题。在给出一个假设之后，或在假设基础上推出一系列命题之后，西方经济学家要求进行经验检验。这种要求是跟西方的哲学观念密切相关的。知识的一个重要来源就是归纳，但归纳又往往是不完全的归纳。比如说天下乌鸦一般黑，但我们没见过所有的乌鸦，怎么知道它就是一般黑呢？只是因为我们见得多了，到目前为止还没发现过反例，所以我们敢于断言天下乌鸦一般黑。对于西方经验主义哲学来讲，没有正确或者错误之说。没有经历过所有的东西，怎么可以做全称肯定判断呢？前面所说的鸡对主人的信任是一种盲信。经过检验之后我才相信，而且，我的检验不是完全的，所以我的相信也不是彻底的。这样人才有一种谦虚的态度，随时准备修正错误。在经济学中也是这样，它不会说一种理论是对的还是错的。它会说某种理论是好的或坏的，是可接受的或不可接受的。检验的就是是否可以接受。但这种怀疑的态度又不应该导致怀疑主义，人总是有一点冒险，假设不会那样。怎样通过零假设来提供一种方法呢？概率分布有相关说明，3 西格码以外发生的概率是很小的。

比如看一个人是否是好人，我们考验了他 100 次，他做得都很好，这样几乎就可以断定他就是一个好人。尽管也存在他在 101 次时做坏事的可能，但根据目前的经验，我们接受他是好人的假设。零假设是一个肯定命题，根据现有的经验，可以接受。因为它是在 3 西格码之内。如果认为某人是好人，可在检验他时发现他在偷东西，再检验又再偷东西，他可能是坏人，但也可能是在检验他的那几次正好他神经有问题。但如果检验他 100 次，有 99 次都在偷东西，那一般来讲他就是小偷。检验到 50 次在偷东西，他是坏人的可能性很大。如果是一两次，坏人的可能性就还不大。一个人一辈子做好事，最后做了一件坏事，他就是坏人吗？我想他很可能是老糊涂了，是好人的可能性远远大于是坏人的可能性（当然也要看什么性质的坏事）。假设性检验就是起这样一个作用。它的哲学基础是经验主义，是一种理性主义、一种健康的怀疑态度，所以大家要把零检验的哲学背景弄清楚。

总之，假设检验对于西方经济理论来讲是一个必要的环节。写好了一个经济学的理论，整个叙述已经完成，结论也已经有了，还必须要有假设检验。做一个好的经济学家，你必须掌握数量统计方法、计量经济学方法，知道如何去做经验检验。现在对于大多数年轻人来说，这已经不是什么难事了。更多的问题是所谓没有理论的回归（measurement without theory）。好的论文应该大致有这样的程序：提出一些命题（直观上可以接受），通过某种方式把这些命题和已有概念、理论联系起来，形成一个语言模型，把语言模型翻译成数学模型，然后进行推导和演绎。然后利于统计资料进行回归，算出每个变量之前的参数。这样做的模型或研究结果比开篇就回归要好得多，那是没有理论的测量。西方经济学中，比如弗里德曼的永久收入假说，有个相当严格的理论推导，根据这个推导，收入是跟人们的永恒收入、持久收入相关，而不是跟人们当前的收入相关，这是他从理论中推导出来的。推导出来之后，再通过例子去检验，检验通过了就是好的理论。现代计量经济学已经证明，动态的过程往往产生伪回归。经验检验也不一定可靠。关于这方面的问题，这里就不详细讨论了。总而言之，必须要有理论模型，别简单地回归了事。

当然，一个好经济学家的最重要条件还是有问题意识。这种问题只能从实践中来。在中国目前的条件下，关在象牙之塔是成为不了好经济学家的。关于这点我不用多谈。

四、从形成问题到完成论文的一个实例

1997 年，中国经济已经进入了通货紧缩的阶段，1997 年底通货膨胀就已经非常低了，1998 年就成负的了，这是一个方面。当经济处于通缩的阶段，也就是有效需求不足的时候，我们应该采取扩张性的财政政策，来刺激有效需求。但另一方面，当年中国各银行的不良债权非常高，各种的统计显示不良债权占 GDP 的 40% 甚至更多。一个国家能不能采取扩张性的财政政策，要看这个国家的债务余额占 GDP 的比重是多少。如果很高，就意味着这个国家的财政状况非常糟，如果很糟就不应该继续借钱，否则债务余额占 GDP 的比重会越来越高，那样就会还不起钱。之所以能够有赤字财政，就在于老百姓认为把钱借给政府后肯定会还的。但当老百姓看见政府负债越来越高的时候，老百姓就会怀疑政府的还债能力，这个时候若还想向老百姓借钱就需要更高的利息，因为老百姓认为存在很大的风险。而利息率提高会导致经济进一步的衰退。所以如果一个国家的债务占

GDP 的比重非常高，一般而言，这个国家是不应该继续采取扩张性财政政策的。而中国当时官方列入财政预算之中的赤字并不多，如果凭借记入财政之中政府必须偿还的债务和 GDP 的比重是不高的，以此出发，中国可以采取扩张性的财政政策。但如果把银行的不良债权等问题考虑进去，隐性债务又非常高，因为银行的不良债权最后得由政府买单。这样，到底政府应不应该采取扩张性的政策，这就是问题。

说应该采取扩张性财政政策的理由非常明确，就是虽然占政府的债务余额占 GDP 的比例还不高，但如果把形形色色隐性债务，如银行不良债权等考虑进去，债务余额占 GDP 的比例就非常高，因此不能采取扩张性财政政策。应该不应该关键看国债余额占 GDP 的比例，而其中的关键又应该看国债余额占 GDP 的动态路径到底是什么。如果采取扩张性的财政政策，债务余额占 GDP 的比重会越来越高，有一天财政就会崩溃，这样就不可以采取扩张性的财政政策。如果这个比例虽然增长，但到了一定程度之后会稳定下来，而且稳定在一个可以接受的数值上面，这样就可以采取扩张性的财政政策。这样，在经济增长减速、隐性债务居高条件下中国是否应该采取扩张性财政政策的问题就变成了国债余额占 GDP 的比的动态路径究竟是怎样的。这有三种可能性。这比例趋于某一区间值，而且可以接受。或者这比例趋于无限大，这样就不能采取扩张性的财政政策。最后是债务占 GDP 的比例处于震荡状态，因为动态路径可以是稳态的也可以是震荡的。在这时，关键的一步是把“国债余额占 GDP 的比有何种动态路径”这一问题翻译成数学语言。做到这一点并不难，但必要的数学训练是不可缺少的。下面就是我所做的“翻译”工作：①

按定义，财政赤字与国债余额之间存在下述关系：

$$\frac{dZ}{dt}=G \tag{1}$$

即国债余额的变化率等于财政赤字，其中 Z 为国债余额，G 为财政赤字。国债余额与财政赤字的关系类似于资本存量与投资的关系（$\bar{K}=\frac{dK}{dt}=I$）。基于式(1)，国债余额与 GDP 之比的变化率可写成：

$$\frac{\frac{dz}{dt}}{z}=\frac{\frac{d\left(\frac{Z}{GDP}\right)}{dt}}{\frac{Z}{GDP}}=\frac{\frac{dZ}{dt}}{Z}-\frac{\frac{dGDP}{dt}}{GDP} \tag{2}$$

① 余永定：《财政稳定问题研究的一个理论框架》，《世界经济》2000 年第 12 期。此文收入余永定：《一个学者的思想轨迹》，中信出版社，2005 年版。

式中：z 是国债余额对 GDP 之比（偿债率）。式（2）的经济意义为：国债余额对 GDP 之比的变化率等于国债余额增长速度减去 GDP 增长速度。根据财政赤字与国债余额的关系，式（2）可改写为：

$$\frac{\frac{d\left(\frac{Z}{GDP}\right)}{dt}}{\frac{Z}{GDP}}=\frac{\frac{dZ}{dt}}{Z}-\frac{\frac{dGDP}{dt}}{GDP}=\frac{\frac{G}{GDP}}{\frac{Z}{GDP}}-\frac{\frac{dGDP}{dt}}{GDP}=\frac{g}{z}-n \tag{3}$$

即

$$\frac{\frac{dz}{dt}}{z}=\frac{g}{z}-n \tag{4}$$

式中：g 为财政赤字对 GDP 之比，n 为经济增长率。[①]

式（4）是一个线性微分方程，其解为：

$$z=\frac{g}{n}+C_{1.}e^{-nt} \tag{5}$$

设初始条件为 t（0） =0 时，z = 0. 12；g = 0. 02 和 n = 0. 071。则 C_1 为 -0. 16。上述微分方程的相应特解为：

$$z=0.28-0.16e^{-0.07t}$$

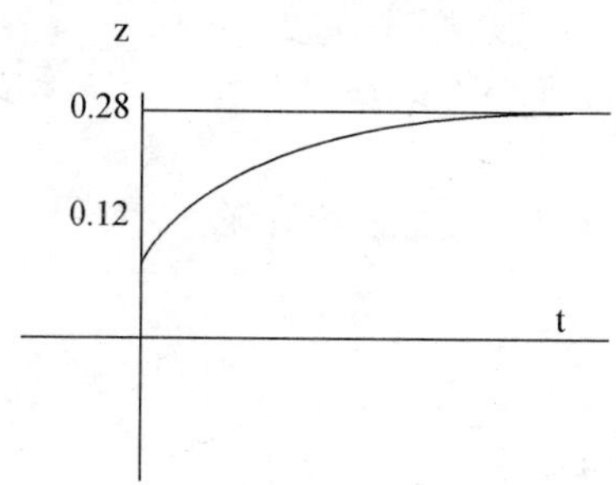

图 1 国债余额对 GDP 之比的增长路径

通过计算 z 的变化率可以看出，在其他因素不变的条件下，z 的增长速度是趋缓的。如果考虑到或然债务，例如，如果假设在考虑到或然债务的条件下，中国的国债余额对 GDP 之比为 0. 5，中国的国债余额对 GDP 之比的增长路径会发生什么变化呢？把新的初始条件代入式（4），可解出 C_1 =0. 22，因而有：

① 笔者在 1997 年给出了这一结果，见王洛林（1997）。

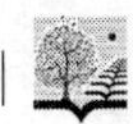

$z=0.28-0.22e^{-0.07t}$

从上式可以看出，在国债余额对GDP之比的初始值大于由渐进线所定义的极限值的情况下，随时间的推移，国债余额对GDP之比将会下降，并逐渐逼近0.28。从系统的稳定性的角度来看，初始值的大小并不具有决定意义。具有决定性意义的参数是财政赤字对GDP之比和经济增长速度。同时还应注意到，如果经济增长速度小于或等于零，则国债余额对GDP之比将趋于无穷大。

这样关于在隐形债务很高的情况下，中国是否应该采取扩张性财政政策的问题的争论就解决了。当年及现在或然债务占GDP的比到底有多少无所谓，这只是个初始条件，100%也好，200%也好，随着时间的推移，只要经济增长速度能保持在7%，只要财政赤字占GDP的比不超过2%，这个比重也就会越来越低，最后趋于28%。这样债务余额就可以保持在可接受的范围之内。事实上，还可以算出多少年之后达到28%。我们可以设计各种各样的动态路径来描述和模拟这个过程，通过计算，我们就可以知道究竟需要一种什么样的财政政策。因此，较高的或然（隐形）债务只是微分方程的初始条件，对财政的稳定并无根本影响。其政策含义是，在当时的情况下，中国应该采取扩张性财政政策，不必过于担心或然债务。这在1997年、1998年是一个非常重要的结论。

五、小　结

自觉运用一种正确的经济研究方法，对解决经济问题是至关重要的。总之，我们要会正确提出问题，并且把问题变化成为数学语言，然后进行纯粹的数学推导得出非常明确的结论。经济学一定意义上是逻辑学，要想搞好经济研究，必须有非常强的逻辑分析能力。凡逻辑不清的经济理论，都是不完善的经济理论。好的经济学家一定是逻辑思维严密的经济学家。遵守逻辑可以减少不必要的理论错误。经济理论在很大程度就是发现前人的逻辑错误的过程。常见的逻辑错误有假解释、同义反复，违背同一律的循环论证，等等。

同其他语言相比，汉语有很多优点。但作为一种经济学语言，它也有缺点。譬如，它没有明确的语法，很多句子没有主语、谓语。这种汉语的模糊性使我们容易犯下逻辑错误。英语的语法结构对思维过程做出了很多限制。但使用汉语却可以天马行空、信马由缰。堆积词汇，没有主谓宾，也不分定语与状语，一本糊涂账，是搞不好经济研究工作的。还有一个问题是如何组织你的思维。我们应该有一种安排思想的框架和体系。我们所学过的现有的经济理论就是这样一种框架。比如分析汇率问题，最现成的框架就是蒙代尔—弗莱明模型。在分析的过程中，可能会发现这个框架是不够的，是有缺陷的，这就需要我们去修补。如果修补不成，我们就得推翻这一框架，另设一个框架。那样，你就水到渠成地成了一个有重要贡献的经济学家。

（文章来源自《学术讲座荟萃》第42辑，作者对记录稿进行了修改，2007年10月8日）

当前中国的财税体制及其运行格局

高培勇

高培勇

男，1959年生，天津市人，经济学博士，教授。中国社会科学院财政与贸易经济研究所党委书记、副所长。中国社会科学院研究生院财贸经济系主任。兼任国务院学位委员会学科评议组成员、国务院关税税则委员会专家咨询委员会委员、劳动和社会保障部专家咨询委员会委员、中国国际税收研究会副会长、中国财政学会常务理事、中国审计学会常务理事、中国城市金融学会常务理事、北京市财政学会副会长。

主要研究领域：宏观财政税收理论、财政税收政策分析。出版学术著作20多部，主要有：《当代西方财政经济理论》、《国债运行机制研究》、《市场化进程中的中国财政运行机制》、《公共经济学》、《中国税费改革问题研究》、《政府债务管理》、《共和国财税60年》等，并主持编写中国社会科学院财政与贸易经济研究所《中国财政政策报告》（年度）、《中国财政经济理论前沿》（双年度）。

曾先后获得北京市哲学社会科学优秀成果奖、教育部人文社会科学优秀成果奖、国家社会科学基金优秀成果奖、国家优秀教学成果奖、中国社会科学院优秀成果奖等数项奖励。

1997年入选北京市“百人工程”。1998年入选教育部“跨世纪优秀人才培养计划”和人事部“百千万人才工程计划”（第一、二层次）。同年获国务院政府特殊津贴。

2007年夏天，我在商务部党组理论中心组的学习会上曾经也以这个题目做过一个报告。那一报告打破了我们平日看问题的思维惯性，而采用从面到点的讲课逻辑，以让非财税专业的人员更易于理解。今天的讲座，我也将采用这一逻辑。

在接下来的两个小时时间里，我会首先从财政税收的基本知识入手，步步深入，最终过渡到财税的前沿性领域，并尽可能地提供一个有关当前中国财税体制的全景式的说明。具体来说，我们今天的讲座主要是围绕六个主题展开。这六个主题分别为：基本财政税收概念，税收收入，税收制度，税收负担，政府的预决算和财政税收与GDP分配。

一、基本财政税收概念

（一）财政税收

非财政税收专业人员一般只能肤浅地感知到财政税收这一基本概念的定位。而财政税收专业人员由于研究的侧重点不同，对于财政和税收的理解也存在着一定的偏差。因此，当前理论界对于财政税收的基本概念也众说纷纭。目前，各类教科书多采用“财政是以国家为主体的分配关系”这一定义来对财政进行诠释。根据这一概念，财政专业学习和研究的主要内容也即为以国家为主体的分配关系。这一定义很难被非财税专业人员所接受。为了让非财税专业人员更好地理解财税，我以为可用“政府的收支”来概括财税的研究对象和研究领域。简单地说，财税就是政府的收入与支出。在市场经济条件下的今天，每一个人都离不开收入与支出的过程，企业的运营也离不开收入和支出的过程。政府部门也是如此，政府的存在必须有政府的收支作为前提。政府职能的发挥需要有资金作为后盾，政府为履行职能而组织收入、而拨付支出的过程，就是政府的财政税收。

众所周知，政府具有不同的层次。根据层次的不同，政府可以分为：中央政府和地方政府。相应地，财政也可以分为中央政府财政和地方政府财政，即中央政府的收支和地方政府的收支两类。具体来说，地方政府收支又可分为省级政府的收支、市级政府的收支、县级政府的收支和乡级政府的收支等多个层次。我个人认为，对不同层次的政府行为进行研究，应该将研究的重点放在政府的财政上。只有抓住了收入和支出两个线索，才能对政府的行为进行很好的把握。政府的一切财政税收问题都可以归纳为政府的收入和支出行为。其实，只要抓住了政府的收入和支出这两条线索，政府的一切行为都有了研究的根据。这一思路也为我们对于政府行为的研究工作提供了指导。比如说，上一周某个研究机构召开主题为“如何配合保障性住房税收政策”的研讨会。在会上，我对税收和保障性住房的连接点应该在哪儿的问题做了一定的解析。实际上，税收定位更多是在收入这一领域，并不涉及支出。因此，在促进保障性住房这一问题上，税收并不能直接通过补贴的方式予以解决，而只能坚持少收税或免税原则来处理这一问题。这也就是说，政府的所有政策最终都必须归结为少收税或免税这一连接点。以此类推，研究财政支出与保障性住房的关系，也即为对财政补贴方式的研究，也就是说政府采用何种方式来推动保障性住房的建设工作。综上所述，财政税收与其他任何经济社会活动的连接点，追根到底，都是取得财政收入和拨付财政支出的过程。

（二）财税

财税是中国所特有的概念之一。从本质上看，财税等同于财政。财政主要研究政府的收入与支出。而税收即为政府取得收入的一种形式，或者说主要来源。因此，税收包含于财政收入范畴。因此，从这一意义上看，财政所研究的领域已经覆盖了税收方面的内容。我国之所以有财税这一概念的提出，归根到底，还是由于我们国家的特殊国情和特殊经历所决定的。20 世纪 80 年代中期以前，我国的税务机构，即税务总局只是隶属于财政部的司级单位。80 年代中期，为了加强税务管理工作，国家在原税务总局的基础上，成立了国家税务局。此时的国家税务局是一个隶属于财政部的副部级单位。之后，在 1994 年的税制改革中，国家税务局更名为国家税务总局，并上升为与财政部平行的部级单位。为了凸显财政部和国家税务总局之间工作的同等重要性，从 20 世纪 90 年代中期开始，我国就有了财税这一概念的诞生。相应地，也有了财政政策和财税政策的并列、财政体制和财税体制的并列、财政改革和财税改革的并列、财政运行机制和财税运行机制的并列。但是，尽管两者在概念和形式上做了一定的变换，其实质并没有发生很大改变。

财税对我们的现实生活具有重要的作用。具体来说，财税至少拥有以下四个方面的重要性：

第一，财税是政府活动的一条主线。在座的许多同学的研究领域都和政府活动具有一定的关系。政府的活动具有极高的多样性，部门设置也较为灵活。各类部门之间的活动形式通常并不相似。然而，在所有的政府部门当中，财税部门的活动却相对较为综合，能将其他所有部门的活动括揽其中。因此，只有将财税部门和财税活动作为主线，才能将我国现阶段所有部门活动连接起来。任何政府及其活动都离不开收入和支出的过程。离开了收入和支出活动，政府的职能作用只能成为一纸空文。没有收入和支出活动的支撑作用的存在，政府部门也将形同虚设，政府职能也将无从谈起。所以，财税活动作为一条政府活动研究的主线，可以给我们提供一个描绘政府全局的地图。研究政府职能等各个方面最为便捷的方式即为将政府的收入和支出作为研究主线，展开研究。

第二，它也是一个极为重要的宏观变量。众所周知，财政政策、货币政策和国家计划是我国宏观经济研究的重要切入点。我们对宏观经济进行研究时，通常从这三者入手。这三大活动当中，又是以财政政策作为核心的。计划离不开财政政策的依托作用。计划的背后代表着资金的筹集和支出。离开了资金的筹集和支出，计划是无法实现的。在这一过程中，也离不开财政政策和货币政策之间的彼此协调问题。经过上面的推理，我们就可以清楚地看到财税的重要性。

第三，它是透视政府活动的一面镜子。这主要是通过财政的预决算表现出来的。一个美国经济学家曾经这样说过，要了解一个国家在过去的一年中的所作所为，看一下政府决算就足够了。因为，政府决算是过去政府财政收支的一个活动记录。当然，这个政府决算应该是透明、公开而细致的。这位经济学家还指出，要了解政府在未来一年中即将做的事情，看一下政府预算也足够了。因为，即将发生的政府行为需要政府进行有效地筹资，筹集到的资金如何支出以及支出多少都需要政府预先做一个有效的计划。政府的收支计划实际上就反映了政府未来一年的几乎所有的政府活动。这位经济学家的两句话，在一定程度上反映了政府预算和决算的重要性。实质上，政府预决算规范的是政府的一切职能活动，这才使其成为政府行为活动研究的重要线索。

第四，它是实现政府政策意图的重要依托。不管是什么类型的政府，要进行任何类型的职能活动，尤其是在宏观调控领域上的职能，没有财政税收的依托是很难实施的。比如在中国，中央政府对地方政府的调控活动，有些人认为，这一过程主要是靠行政力量的推动。我们认为，行政力量的推动固然很重要，但行政力量的推动如果不以财税力量作铺垫的话，往往难以达到调控活动的最初目标，往往会使调控目标落空。现实生活中的许多例子都可以证明这一点。在这里就不再赘述。

以上这四个方面大体上能够把财政税收活动在经济领域当中的地位和作用做

一个总结。

（三）公共财政

有些人把公共财政和财政这两个概念对立了起来，或者将两者分别判断。有些人认为在财政之外，还存在着一个公共财政学科，还有一个公共财政专业、公共财政方向。但是，仔细研究公共财政与财政之间的区别时，我们又难以界定两者之间的界限。其实，从学科的角度来看，两者的研究对象是一致的，都是政府的收入与支出；从研究方向的角度出发，大家可以发现两者研究的问题也是统一的；从专业设置的角度来看，这两者所培训的人才的最终去向往往也归于一致。在现实生活中，这两者之间经常出现混淆，以致出现一些不必要的摩擦。讲到财政的概念，我们必须把公共财政的概念以及这两者之间的关系说清楚。

我们认为，公共财政并不是一个有别于财政的新学科、新专业、新方向或者新领域。公共财政是一个原有的学科、原有的专业、原有的方向、原有的领域，只是财政的一种新的表述形式而已。这一新表述的意义就在于：它是指引我们国家财政税收改革方向的一面旗帜。在计划经济时代背景下，我们国家的财政是缺少公共性的。而公共性本来应该是财政收入和支出的本来属性。

我们国家特定时期的财政公共性的缺失是缘于那个特定时期二元的经济制度的安排。在二元的经济制度的安排下，我国财政的大致格局可以归结为以下三个特点：第一，生产建设财政。生产建设财政也就是政府的支出主要瞄准生产建设领域，大力增加政府生产建设领域的支出，很少顾及其他的公共领域。在我的印象中，过去的社会主义财政学教材经常强调，社会主义财政区别于资本主义财政的一个重要方面就是：社会主义国家把财政支出的重点集中于生产建设领域，而资本主义财政则把财政支出的重点集中于公共服务领域。公共服务领域实质上是不存在任何形态的。因此，注重公共服务领域的财政又称消费性财政。生产建设财政这一特点是由于计划经济所遗留的。第二，国有制财政。国有制财政也就是资金主要是从国有部门筹集得到的，同时也主要应用于国有部门的建设支出。我国历年的统计年鉴数据表明，我国的财政收入 90% 以上主要是来自于国有部门，同时，90% 以上的财政支出也主要是用于国有经济部门的建设。因此，我们国家的财政表面上看是一个国家的财政，实质上是国家中的一个部门的收入和支出活动，即国有部门的收入与支出活动。第三，城市财政特点。从收入的来源区域看，在我们国家，财政收入主要来源于城市，财政支出也主要应用于城市的建设。否则，现在也没有必要谈什么公共财政覆盖农村的问题。我们之所以提出公共财政覆盖农村这一个观点，是因为过去的财政没有或者基本没有覆盖农村。比如说，农村的教育、医疗、公路、社会保障等各个方面都不在财政的覆盖范围之

内。以上这三个特点是计划经济时代下的财政非公共性的种种表现的浓缩。

既然我国已经由计划经济走向市场经济，就必须让财政重新拥有公共性。我认为，让财政重新拥有公共性的工作主要应该围绕以下三个线索来展开：第一，由生产建设财政走向覆盖全方位的公共财政，也就是凡属于政府应当担负的具有公共性的职能活动，财政都必须足额拨款，保证其支出的需要，而不仅仅把资金投向于所谓的生产建设领域。这一转变拓展了政府财政支出范围。比如，我们在落实科学发展观的过程中所提出的“促进社会事业的发展”，这就意味着社会事业的领域，财政要保证其资金供给。比如最近这几年所强调的“要保障民生”，这都意味着财政也要把资金投向民生领域。不管是社会事业领域还是民生领域，都不属于投入一产出活动，都不是生产建设性活动，都是消费性财政活动。第二，由国有制财政走向覆盖多种所有制部门的财政。在计划经济时期，我国财政主要是国有制部门的收支。随着我国所有制改革的进程的推进，国有制部门在整个经济中的贡献率已经大幅度下降了，在就业构成和资产规模当中的比率也在大幅度下降。因此，财政的触角也开始由国有制部门向其他所有制部门慢慢延伸。这一延伸的过程也是一个由非公共性转向公共性的过程。第三，由城市财政开始向覆盖所有社会成员和所有区域的财政发展。这一变化过程，我们通常也称为全覆盖的过程，或者说公共财政从表现形态上看是一个全覆盖的财政，是一个全方位加所有人的改革进程。实质内容还有许多方面，我们在这里也不再叙述。

二、税收收入

以上我们已经将财政税收的基本概念进行了简单明了的介绍。接下来，我们沿着收入和支出两大主线将构成我国财政税收体制及其运行格局的主要因素进行剖析，以使大家对我国财政税收体制有一个更为深入的了解。税收收入对各国的财政体制都有至关重要的作用。

就资金的规模而论，我们说税收是政府收入的一个来源。我国的财政收入是由税收收入、收费收入、债务收入、国有企业利润上缴收入几种收入形式组合而成的。1994 年之后，国有企业利润上缴收入开始逐步减少。最近我们又开始感觉到国有企业上缴利润的必要性，而且我们相信明年在这一方面会有较大的变化。国有企业除了同其他所有制企业一样缴纳税收之外，它还必须履行根据国家的所有权份额向国家分红的义务。因此，国有企业上缴利润收入很可能要回归财政收入体系。然而，不管国有企业上缴利润的情况如何变化，在所有财政收入构成当中，税收收入是最主要的。它的重要性可以从以下两组数字看出：2006 年的税收收入为 34804 亿元，而财政收入为 38760 亿元，前者占后者的比重高达 89.8%。相信大家也可以从这一组数据中感受到税收收入对于财政收入的支撑作用。也正是因为税收收入对财政收入的支撑作用的存在，因此，政府部门在很多场合都会强调税收收入对财政收入的重要作用。这实际上就是在说明一个事情，即税收收入是财政收入的主要形式，或者说税收收入是财政收入的支柱，也就是说，在组成财政收入的多种来源当中，税收是最重要的。

但是，由于多种客观原因的存在，中国的税收收入的统计口径也并不是完全统一的，这也导致了在现实生活中，对于同一时间段的税收收入，还存在两个以上的统计数据。归根到底，存在多个统计数据的现象还是由于中国的税收收入统计口径并不统一的问题。在我国，税收收入统计口径至少存在包括财政部统计口径和税务局统计口径两种。这两个统计口径当中，统计项目并不完全一致。为了更好地辨别这两个统计口径的区别，我们首先必须了解税收收入、各项收入和财政收入三者的关系。这三个概念具有一定的相关性。

国家税务总局每年所汇报的税收收入并不包含关税、农业税。今年国家税务总局所汇报的税收收入与往年还存在着差别。今年国家税务总局所汇报的税收收入除了不包含关税和农业税之外，还没有扣除出口退税部分。从上面解释，我们也可以了解到，这里所说的税收收入实际上是国家税务总局系统组织征收的税收收入，而不是全国各机构单位所征收的税收收入。为了计算全国的税收收入，我们必须对这一统计数据进行修正。在修正的过程中，我们首先必须加上农业税和关税两大部分，同时扣除出口退税额。我国现行税法将出口退税作为收入的抵减项目来解决，而不作为财政支出项目对待。经过了修正之后，我们就得到了各项税收。而各项税收即为财政部的统计口径。从各项税收开始，加上专项收入和其他方面的税收收入，再抵减企业的亏损补贴，我们就可得到财政收入的概念。

从上面的分析当中，我们应该可以感知到，从税收收入到各项税收，再到财政收入需要经过一个漫长而又复杂的计算过程。在这一过程中，有许多因素都对最后的统计结果发生着作用。因此，大家在接触财政收入统计数据时，一定要首先解决统计口径的问题。大家也得注意，各类经济统计年鉴基本都采用各项税收统计口径。目前，我国的税收收入统计数据只出现于中国税收年鉴。经过上面的分析，我们也可以理解现实社会中会出现税收收入的多种统计数据的现象。这一现象的产生主要是源于修正的过程所用数据的不同。

目前，最受关注的是税收收入的总规模。我国税收收入正处于持续高速增长的状态。判断税收收入的增长状态是否正常，我们通常都会以经济的发展水平或者经济的发展速度作为参照系。尽管有时我们在判断的过程中，并没有意识到这一参照系的存在。所以，我们在判断税收增长状态的性质之前，必须首先解决一

个判定标准的问题。从一般规律来看，税收收入的增长速度应当略高于 GDP 的增长速度。这是因为，任何国家的现行税收制度总有一个或者多个税种采用累进税制，比如我国的个人所得税中工薪所得就采用九级超额累进制度。此外，税收的征管也是导致税收收入的增长速度应当略高于 GDP 的增长速度的原因之一。国家财政收入的 95% 以上都是来源于税收收入，因此，我们总是把税务部门比喻为 GDP 这一蛋糕的分割者。在税收制度不变的情况下，分割者技能和经验都在不断提高。这也使得即使在税收制度和国家 GDP 总额均不发生变化的情况下，税务部门也能征收略多于过去的税收收入。这也是使得税收收入的增长速度应当略高于 GDP 的增长速度的原因之一。通过前面的理论分析，我们对于税收收入的增长速度应当略高于 GDP 的增长速度也有了一定的理解。

我们现在开始回归现实，用实证的思想来看待我国的税收增长情况。从总体上讲，我国 1994 年底到 2006 年这 13 年间我国的税收收入都在增长，当中并不存在周折年份。而且 1999 年可以作为这 13 年间的临界点。1999 年之前，税收收入的增幅比较平缓，大体波动于 1000 亿 ~ 1500 亿元；2000 年后，我国的税收收入增长势头非同小可了。我们讨论 GDP 的增速是否正常，主要是考察 GDP 的增速与财政税收增速的对比关系作为研究工作的切入点。2000 年至今，除 1994 年、1995 年，税收增长速度低于 GDP 增长速度之外，其他年份 GDP 的增速与财政税收增速的差额都是正值，也就是说，在过去的 13 年间税收增长速度大体上是高于 GDP 的增长速度的。值得注意的是，2007 年的 1 ~ 4 月，税收收入总额达 17140 亿元，而 2002 年仅 16997 亿元，也就是说 2007 年 1 ~ 4 月就已经筹集了 2002 年全年的税收收入。2007 年正是本届政府任期的最后一年，而 2002 年为上届政府任期的最后一年；1 ~ 5 月税收收入总额达到 20905 亿元，而 2003 年全国税收收入总额仅 20466 亿元，也就是说 2007 年前 5 个月的时间就已经筹集到 2003 年一年的税收收入。而 2003 年是本届政府任期的第一年，2007 年则为本届政府任期的最后一年。2007 年 1 ~ 6 月，全国税收收入总额达到 24947 亿元，而 2004 年的税收收入总额为 25718 亿元，两者之间仅差 700 多亿元，也就是说 2007 年只用了半年就基本完成了 2004 年的全国税收收入总额。而 2004 年是本届政府任期的第二年，间隔只有三年。2007 年 1 ~ 7 月达到 29859 亿元，2005 年的全年税收收入为 30866 亿元，这两者仅差 1000 亿元左右。我们把 2007 年 1 ~ 8 月的税收收入增速加权平均，1 ~ 8 月增幅达到 7751 亿元，平均月增量将近 1000 亿元。即便我们不考虑税收增长速度的年末较快效应，即便只按照这一速度进行测算，2007 年税收收入增长 1 万亿元也是很保守的数字。2004 年之前，政府对于税收收入增长的解释可以概括为三因素论，即经济的增长、政策的调整和征管的加强。这三个因素对于税收收入增长都具有正向作用。

比如说，在政策的调整这一领域内，在20世纪90年代末期，大力打击走私，当然有利于税收收入的增长。2004年以后，随着税收收入的增幅超过5000亿元，社会各个阶层对于官方这一解释已经不再满足，认为可能还有其他原因的推动。为了解决这一问题，从2005年起，我国政府开始采用多因素论来解释税收增长。现在，官方对于税收增长的解释涉及了六大因素，即经济增长、物价上涨、税源结构、区域结构的不平衡、征管加强、进出口不平衡问题六个方面。其中，税源结构即为税收的产业结构。我国政府的税收收入主要来自于第二产业，其次是第三产业。第一产业所提供的税收本来就很少，随着2006年农业税的取消，第一产业所提供的税收得到了减少。因而，从总体上讲，经济内部具体产业的增长对于税收增长的贡献率是不同的。在区域结构的不平衡方面，2006年，中国税收的71%来自于东部，中西部仅仅提供了29%的税收收入。进出口不平衡问题方面，主要是指进出口的不平衡问题，带给税收增长和经济增长的影响是不同的。在进口环节，增长税收，减少GDP；在出口环节，减少税收，增加GDP。所以，进出口之间的不平衡对税收也有不同的影响。国家税务总局试图通过这六个因素将我国税收如此快速增长解释清楚。总体上讲，这一解释比过去的三因素论全面和细化得多了。但是，从研究的角度上看，这样的认识层面仍不够深刻。我们认为，如果这六个因素属于一般性因素，那么在其他的任何的国度应该普遍存在。对于这几个因素的研究已经提升到规律的层面。但是，并不是所有国家都会出现如此快速增长的现象。因此，对于我国的税收增长问题有待更进一步的研究。

三、税收制度

税收收入在某种程度上是由税收制度决定的。为了更好地理解税收制度，我们必须了解税制这一基本概念。现代税收制度，都是由多个税种所构成的一个体系。比如我国现行税制是由19个税种组成的。需要强调的是，单一税不同于单一税制，单一税可以分为单一税制和单一税率两个方面。实行赋税制是因为，任何一个税种的功能都可分为共同功能和特殊功能两类。税种的共同功能主要是收入的功能。任何税种都能给政府带来收入，这是任何税种的共同功能。此外，每一税种都应该有它的特殊功能。比如，所得税和财产税还有调节收入的功能。所以，我倾向于把税制比喻为一个交响乐队。通过多个税种的相互配合，才能使一个国家的税收制度成为一个既能为国家创造收入，又能发挥其他各类特殊功能的税收体系。

从税收的发展轨迹上看，最早的税制更倾向于采用直接税的形式，但是随着

社会的发展，间接税也出现了；之后，现代意义上的直接税也出现了。目前，我国的现行税制按照类别分，大致可以分为七大类，这七大类主要包括：流转税类、所得税类、资源税类、行为税类、财产税类、特定目的税类与农业税类。在这里就不进行赘述了。

在目前情况下，研究我国的税制问题，必须首先关注流转税类和所得税类两大类别。2006 年全国税收税类收入的结构中，流转税类占总收入的 66.1%，所得税类占 25.3%，其他类别合计只占总收入的 8.6%。因此，在对中国税制进行研究时，必须把这两大类税种作为重点。这一点和其他国家的税收制度有所不同。OECD 国家的税收结构比较分散。按照我国现行的税收制度，流转税类主要由增值税、消费税、营业税和关税四大类构成。所得税类主要包括内资企业所得税、外资企业和外国企业所得税、个人所得税三大类。按人的性质分，所得税可以分为针对法人的所得税和针对自然人的所得税两大类。从 2008 年 1 月 1 日起，针对法人的所得税也将两税合一。政府和市场间的关系在资金分配上，更多的是通过税收制度加以确定的。而整个市场是一个经济动态环境，所以，政府税收的规模与方式往往要随着经济社会环境的变化而不断调整，总体上讲，税收制度必须适应经济环境的变化。税收制度的频繁调整是一个国家永恒的主题。因此，税收制度可以被认为是所有经济制度中与时俱进性最强的制度之一。

我国现行的税收制度是从 1994 年开始实施的，至今已持续了 14 年之久。在这 14 年间，税收制度的基本格局并没有发生变化，但其所在的经济社会环境却发生了巨大的变化。这就意味着这两者之间可能会存在不相匹配之处。所以，我国必须进行必要的税收制度改革。我们必须追求一个与经济增长速度相匹配的税收制度，必须使税收收入增长速度与经济增长速度相互协调。为了推进税制改革，从 2003 年起，中国就有了税制改革的实施方案。从表面上看，我国这几年的税收制度改革工作正在有条不紊地进行着，实际上，迄今为止，真正意义上的税制改革至今并没有开始。我国现在进行的税制改革基本都发生在除增值税和所得税以外的其他项目上，而其他项目的改革对于税收总额的冲击作用极小，因而对 GDP 的改变格局影响作用很小。因此，我们认为真正意义上的税制并没有启动。我国税制改革的两个重头戏分别是：增值税转型和两法合并。其中，增值税的转型，也就是增值税由生产型转为消费型。两法合并，也即为外资企业所得税和内资企业所得税法的合并。这两个改革所引起的税收增减规模将是空前的，此外，其牵动的纳税人的范围也是最广的，对经济社会的影响也最为深远，而且其在税制改革方案中也处于核心的地位。这两项税制改革在整个税制改革中扮演着牵一发而动全身的角色。生产型增值税与消费型增值税之间的最大差异，就在于对企业购买固定资产所形成支出的处理不同。生产型增值税针对这一支出进行收税，不允许抵扣增值税的进项税额，而消费型增值税却相反。1993～1994年，我国的通胀形势比较严峻，而通货膨胀的起因正是企业投资膨胀，而不是政府投资膨胀。因此，要抑制通货膨胀，则要抑制企业投资，所以对企业固定资产投资进行征税。而目前我国的情况和1993年、1994年存在着很大的差别。首先，提升企业竞争力和推动技术创新成为了税制改革的重要目标。2004年7月1日，在东北地区的八个行业也已经开始增值税转型改革，即允许企业将固定资产投资支出从增值税计税基数中扣除。但是，至今仍处于试点改革的状态，并没有向全国范围推广。目前的增值税推广活动正处于等待两税合并改革的状态。这一等待的目的实际上就是为了减少两税合并的改革阻力。现在增值税向全国推广最大的阻力来自于物价上涨的压力。因为，减税所带来对物价的冲击力会带来逆向调节的效果。

如果增值税转型改革和两税合并改革能够顺利推出的话，那么，个人所得税也就能提上改革的日程。2006年1月1日，我国已启动了个人所得税的改革方案。但是，和改革目标相比，去年的举措仍远远不足。个人所得税征收的首要目标是调节个人收入分配差距。许多人认为，我国现行的个人所得税对于调节个人收入分配差距作用并不明显。许多非财政税收专业的人士认为这是由于征管力度匮乏所引起的。但我们认为，从根本上讲，这主要是由于税制制度设计本身就存在着一定的问题。个人所得税的计算方法主要有分类制、综合制和混合制三种。我国现行的计算方法为分类制。我国现行的个人所得税是一个统称，并没有单一的所得税，只有具体的所得税，这所得税包括工薪所得税、劳务所得税、稿酬所得税、利息所得税和偶然所得税等十一类。不同所得税的税制规定差异很大。综合所得税税制并不考虑个人的收入来源，而按照收入的总额进行征收。我国实行分类制的原因在于它便于征收。但是，人与人之间的收入差距是通过综合所得体现，而不通过分类收入体现，因此，我国现行的个人所得税制并不利于调节人与人之间的收入差距。为了更好地实现个人所得税对个人收入的调节作用，2003年，我国开始确立了改革的方向——实行综合制和分类制相结合的原则。因此，我们认为，我国最终将实行综合制所得税制度。

四、税收负担

法定税率和实际税率的关系问题是我国税收负担问题的一个争论核心。目前，我国的个人所得税税负法定税率最高达到了45%。这在全球范围内较为少见。然而，我国税收的实际税负占GDP的比重，即使是2006年，也仅有17.8%。对比一下OECD国家的实际税负，我们就得到我们国家实际税负偏低的

结论。因此，我们在对中国的税收负担进行判断时，首先必须把握判定的标准。但是，随着国家税务机构征管力度的加强，我国的税收征管效率不断得到提高，我国的实际税负水平也在不断上升。

五、政府的预决算

所谓政府的预算，是指政府收入与支出的基本计划，是监督、审计政府的窗口和纽带；也是控制政府稳定支出规模的一种手段。这是关于政府预算的三个基本定义，缺一不可。政府的结算即为政府活动的结果。关于政府的预决算，我们必须把握以下两点：

第一，政府预决算和企业、家庭预决算的差异。政府的预决算并不等同于企业、家庭的预决算。目前，我国存在着降低政府预决算意义的趋势。如果把政府预决算仅仅定义为基本计划和最终反映，那就相当于降低了政府预决算的层次了。实际上，这两者存在着很大的差异。这差异主要表现在利益牵动面不同。

第二，预决算的偏离度指标。这一指标对于中国的现实具有很大的意义。目前，我国的预决算偏离度很大，因为我国的预算还没有上升到法律的层面上来进行约束和执行。我们的努力方向是让预算成为约束政府收支的一种法律。预决算的偏离度实际上是反映预算和决算的差异多大的一个指标。2006 年，我国的税收收入全年预算为 35423 亿元，但决算环节的全国税收收入达到 39343 亿元，两者之间相差 3920 亿元，偏离度达到 11. 07%；2006 年，我国财政支出的预算为 38373 亿元，而结算达到 41326 亿元，两者之间的差额达到 2900 亿元，偏离度达到 7. 69%。近些年来超收现象频频发生。超收并不等同于增收。增长是今年的收入与上年收入做一个纵向比较的结果，而超收则为实际收入与预算收入之间做比较的结果。在我国财政预算制定环节上还存在着一个预留超收空间的问题。在预算的执行环节，超收又促进了超支现象的发生。这就使得我国的预决算偏离度过大。近年来，我国的超收现象已经开始常态化。并且在 1999 年之后，超收的规模越来越大。从财政意义上，我们也可以看出，超收对于政府财政收支的重要作用在日益凸显。经过分析表明，我们认为，我国近年来所发生的超收并不是一种过渡性现象，其发生有它的机制性原因。这些原因，我们可以从预算制定环节、预算执行和预算约束环节三个层面找到。

六、财政税收与 GDP 分配

关注财政收入与支出时，还应该关注财政收入占 GDP 的比重。关于财政收入占 GDP 的定位有两个指标，我们可以用财政收入占 GDP 的比重作为指标，也可以用财政支出占 GDP 的比重作为我们的衡量指标。两个指标含义各不相同。在研究我国的资源配置格局时，我们应该采用财政支出占 GDP 的比重作为指标。因为财政收入不一定全额支出。财政支出即为政府为履行职能所花费的所有费用的总和。财政支出占 GDP 的比重首先决定着政府活动的规模，此外，还影响着整个社会资源的配置格局。所以，财政支出占 GDP 的比重是一个很重要的经济指标。而财政支出等于财政收入加赤字，而我国税收收入构成了 95% 以上的财政收入。因此，财政支出在某种程度上就近似为税收收入加赤字。

1994 年，我国的财政支出规模为 5700 亿元左右，2006 年达到 41000 亿元，年增长速度为 19. 94% 。与此同时，GDP 的年增长速度为 10. 14% ，两者之间的巨大差额说明 GDP 的分配开始越来越向政府一方倾斜。这也可以从财政支出占 GDP 的比重这一指标中看出，1994 年财政支出占 GDP 比重为 12% ，而 2006 年则达到 19. 73% 。根据公共选择理论，我国财政支出占 GDP 比重的上升可以归结为政府追求支出规模扩大的结果。我个人认为，2000 年后，这一比例的上升还应该归因于财政收入的持续高速增长，即收入的增加推动了支出的扩大。而且，我国目前统计的财政支出数量低估了实际的财政支出规模。至少有以下几个部分必须包含在财政支出的范畴之内：偿还国债支出、社会保险费、预算外政府支出和制度外政府支出。经过这四个部分的修正之后，我们认为，2006 年的财政支出占 GDP 的比重应该高于 30% 。而且这一比重将不断得到提高。在增收的部分全部用于支出的前提下，我们估计 2007 年财政支出占 GDP 的比重至少应该达到 34% 。中国历史上，财政支出占 GDP 的比重的最高点为 1960 年的 39. 3% 。目前，我们必须解决的问题主要有：有没有必要继续提升这一比例以及如果这一比例应该得到提升，临界水平的选择问题。这两个问题又将带领我们走进一个重新审视社会资源配置格局的时代。

今天的讲座到此为止，谢谢大家。

（文章来源自《学术讲座荟萃》第 42 辑，2007 年 10 月 11 日）

中国的工业化与工业现代化

黄群慧

黄群慧

男，1966 年生，河北人，管理学博士，研究员，享受国务院政府特殊津贴专家，现任中国社会科学院研究生院教授、博士生导师，中国社会科学院科研局副局长，中国企业管理研究会常务副理事长，中国社会科学院管理科学研究中心副主任，中国社会科学院经济学部企业社会责任研究中心常务副理事长，多所大学兼职教授。

主要研究领域：产业经济和企业管理。曾先后主持和参与完成国家社会科学基金课题、国家自然科学基金课题、中国社会科学院重大课题多项。迄今为止，已在《中国社会科学》、《经济研究》等学术刊物公开发表论文百余篇，独立撰写、参与撰写著作十余部，代表作《中国工业化进程报告》、《中国工业化报告》、《中国工业现代化问题研究》、《快速工业化进程中的安全生产问题研究》、《企业家激励约束与国有企业改革》、《中国管理学发展研究报告》、《管理科学化与管理学方法论》、《国有企业管理现状分析》等等。其成果曾获第十二届孙冶方经济科学奖、第二届蒋一苇企业改革与发展学术基金优秀专著奖、第三届蒋一苇企业改革与发展学术基金优秀论文奖，十四届国家图书奖和中国社会科学院优秀科研成果三等奖等。

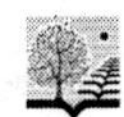

在这两个多小时里，我将向大家介绍我们近几年的一项研究：有关工业和工业现代化问题的研究。这个研究，我们一直在做，相关成果已经成文：《中国工业现代化问题研究》以及上个月刚刚出版的《中国工业化的蓝皮书》。《中国工业化的蓝皮书》对中国大陆31个省市自治区的工业化水平进行了详细的评价。工经所主要是研究工业发展，研究工业发展对整个国家经济造成的巨大影响，这种影响主要体现在两个方面：一方面是整个国家的工业化进程；另一方面即为工业本身现代化水平的提高。

今天，利用比较短的时间，对我们的整个成果进行一个概貌似的讲解，将研究的结论介绍给大家。在座的不仅有经济学部的学生，还有法学部、哲学部、社会政法学部等其他学部的学生，他们对专业的东西可能不怎么了解，但是，可以看看对我们国家的基本的判断，由于工业化的结果，会影响到我们对于整个国情的判断，这个结果，无论是在座哪个学部的学生，都是比较关心的。因此，主要向大家介绍我们研究的结果，一些结论性质的东西，而将具体的过程省略掉。

我主要向大家介绍六个方面的问题：①问题的提出：为什么会谈这个问题：如何认识中国工业的发展？②中国工业化的进程和特征，这是我们本讲的主要内容，所占比例也比较大。③中国工业现代化水平的评价。④将工业化和工业现代化放在一起，谈一谈从改革开放到现在所取得的重大成就，以及成功的经验。⑤有了成就和经验，我们将来还要面对的问题。⑥由于工业化进程，对我国国情的把握，有了重大的变化，根据我国国情的变化，提出了总体上我国工业现代化的战略。

下面，我们看第一个问题：如何认识中国工业的发展？我们这里谈的是，围绕着工业发展，所带来的一系列的问题和成就。我们主要是有两个所谓的概念的逻辑，一个是工业化，一个是工业现代化。在这里我主要谈三个基本的作为引介性的概念：一个是工业发展。什么是工业发展呢？从字面理解，没有太大问题，字面的理解和它本身的含义，并没有太大的差异，工业发展就是指一国或一个地区的工业发展，主要包括该国或该地区工业规模的扩大，产值占整个国民经济比重的提高，工业部门的改善，工业部门的高级化、合理化和协调化。工业部门的高级化、合理化、协调化里面是有很深的内涵的。工业部门本身的高级化的过程，是从轻工业为主转向重化工业为主，再后来转向以高科技为主，有一个高级化的趋势。工业竞争力和创新能力的提高包括工业制品质量的提高，在市场竞争中，获得更多的市场份额，新的工业产品和部门不断涌现。这一系列的内容，一方面是规模的提高，另一方面是结构和质量的提高，概括出来一个工业的发展，我们可以说是数量的增长和质量的提高这么两个方面。严格来讲，在经济学中，工业发展并不是一个严格的概念，它只是一个描述性的表述。

尽管我们经常会提到工业发展，但它并不是一个严格的概念，真正严格的概念，在经济学领域，是工业化。一般认为工业化，是一个国家或地区经济结构，从农业占统治地位向工业占统治地位转变的过程，也被认为是国家或地区的经济现代化进程。现代化的进程，包括政治现代化、经济现代化、社会现代化很多方面，但经济的现代化，就是工业化的进程。可以说，我们谈工业发展，或者谈工业化，不要误解为这个就是谈工业本身的事情，因为工业化本身，是由于工业发展推动而使三次产业结构发生巨大变化的过程。迄今为止的现代化进程表明，没有一个国家，除了非常小的小国以外，一般的国家，它的现代化进程都是一个工业化的进程，而由于工业化带动了整个社会、经济、政治甚至文化的变化，这些变化是一个整个的现代化过程，可以认为，工业化是整个现代化的推动力，经济的动力。

研究工业化，是经济学研究里一个很大的分支，这是一个严格意义的经济学范畴。还有一个概念，是工业现代化，工业现代化一般认为是指一个国家或地区经济现代化的进程中工业质量和效率的不断提高，逐步达到世界先进水平的发展过程，具体表现为科学技术推动下，新兴工业部门的不断产生和增长，原有工业部门的变革和发展，并由此导致工业结构的变化和整体工业生产力水平提高的一个过程。应该说无论是工业发展还是工业现代化相对于工业化来说，都不是一个严格的范畴。包括工业现代化，一般来说，也不认为它是一个严格的经济学概念，但它确实是一个存在的现象，它主要谈的是工业发展里，工业质量提高的部分，工业本身的现代化的进程，一般认为强调的是技术方面，但是，并不仅仅是如此，因为技术本身的现代化只是谈的一个行业，而工业整体包含一些结构的现代化。比如，以前的工业有黑白电视机，但是现在我们已经不再提这些，这是行业本身的一个产品结构、工业结构、整体的一个变化，所以它是工业本身，包括质量、效率、技术、部门的变革等整体工业生产水平的提高。所以说，工业化和工业现代化两者是相关的，但又不完全相同，就是说工业化还没办法把工业现代化完全包含进去。工业化因为谈的是一个国家或地区整个的经济发展，经济发展的一般规律是什么？一开始是以农业为主的一个经济社会，然后随着工业发展，

转变为工业社会，最后以第三产业为主这样一个经济结构演进的过程。工业现代化专门谈的是工业本身，不管工业本身对其他各业带来什么样的影响，谈的是工业本身的现代化水平。这三个概念是相关的，但又不完全相同。

我们看看我们国家工业化的发展到底有什么样的历程。我们把工业发展、工业化、工业现代化放到一起来说，工业现代化会有一个单独的说法，就是新中国工业发展的一个主线。一般，我们把工业化划分为两个大的历史阶段：一个是改革开放之前，一个是改革开放之后。

改革开放之前的工业化道路，我们称之为传统的工业化道路，当时学苏联的工业化道路，它主要有这么几个特点：第一，以封闭的计划经济体制，极低的人均国民收入为基本的国民经济背景；第二，以快速发展、赶超（即我们经常提的赶超战略）、建立独立的工业体系、满足国内市场需求为目标；第三，优先发展重工业，优先发展国有经济，并逐步实现对其他经济成分的改造，采用高关税、高估本币这些方式推进进口替代，采用外延式的增长方式，工业布局和区域发展不平衡，这四项为工业化的基本战略。这些是可以想象的，在 1978 年之前，我们的整个经济格局，比如说“三线”建设，这种经济格局，都是由于这种工业化道路所带来的。

改革开放之后，我们有了新的工业化道路，可以总结为中国特色的工业化道路，它主要有这么几点：第一点，以市场化改革和对外开放为背景，较低的人均国民收入为基本的国民经济背景（邓小平提出 1980 年人均国民收入能不能翻两番，达到 800 美元、1000 美元）；第二点，以改善国民经济结构、促进经济发展和人民富裕为目标，明确了人民富裕的目标；第三点，农、轻、重工业均衡发展，多种经济成分共同发展，积极利用外资和国内外两个市场，梯度发展的区域政策（刚开始不平衡，先开放沿海，逐渐是东北振兴、中部崛起）四项基本的工业化战略。

应该说到现在为止，我们工业化取得的巨大成功，证明了我们现在所走的这条工业化道路是正确的。但是，虽然很成功，到了 20 世纪 90 年代中期以后，我们的工业发展主要还是一种数量扩张，工业增长方式还是外延的。到 90 年代中后期，已经明确提出来要实现经济增长方式的转变：要从粗放转到集约。1996 年就提出，提了 10 多年，提出是提出了，真正实现是很难的。1997 年以后，我们开始提出新型工业化道路，2003 年正式确立，开始探索新型工业化道路。其实，从 1996 年到现在，整个工业发展的主题，是用一句话就可以概括的：从数量扩张到工业质量提高。当然，这本身也意味着我们的工业化到了中级阶段，开始工业现代化的进程。为什么我们到了中级阶段？为什么要提高工业现代化进程？想证明这一点，工经所每年出版《中国工业发展报告》。1996 年开始创立以来，一直到2007年出了11本，每年的主题虽然不一样：有总结经验的、有结合世界贸易组织的和对外开放的各种主题，但它的基本主题、基本主线都是围绕着怎样把中国工业从数量扩张转到工业质量提高，这没有任何变化，或者说，如何从工业大国转向工业强国。通俗一点说，是这么一个发展的主线，如果我们把中国工业发展归纳为两个阶段，那么，到现在仍然是一个提升工业质量的过程。

那么，经过近30年工业发展到今天，中国工业发展的状况，工业化和工业现代化的水平到底如何？就是说，虽然我们有一个回顾，但到底发展的情况怎么样呢？什么样的一个基本的水平？有没有一个定量的表述？长期以来，中国作为一个农业大国的基本国情到底发生了怎样的变化？以及面对新的国情，中国应该采取什么样的战略？这就是我们今天要谈的一个主题。就是说，我们知道，由于工业发展，带动了整个经济发展，到底发展到什么样的程度，由此而产生了怎样的变化？这是我们今天要谈的核心问题，我们要评价中国工业化到底到了什么水平，要评价中国工业现代化到底到了什么水平，我们的发展过程中产生了什么样的经验或有什么样的结果，最终给我们国家经济又带来了什么样的面貌？这是我们谈的第一个问题，问题的提出。

下面，我们要谈一谈中国工业化的进程与特征。我们这里构造了一个专门研究工业化的评价，工业化从最初经济学研究它到现在有很多经典的著作，专门研究工业化的水平、工业化的理论。包括我国张培刚的《中国的农业国工业化》等都是一些开拓性的经典著作。但是，有关工业化本身阶段的划分，是有很多不同的说法的，我们这里将前人的理论加以总结，给出了一个新的划分：前工业化阶段、工业化的实现阶段、后工业化阶段。前工业化阶段和后工业化阶段都是一个单独的阶段，而作为工业化国家、发展中国家，我们关注的是工业化的实现阶段，这个阶段我们又分为初期、中期和后期三个阶段。

一个国家的工业化进程，会有哪些表现？带来哪些方面的变化？至少应该有五个方面：人均GDP的提高；从产业过程来讲，有三次产业结构的变化；其中工业结构要发生一个典型的变化；空间结构的变化——城市化即伴随着工业化的推动，相应地，人口会向城市集中；就业结构的变化。这五方面的指标，并不能全部反映工业化给经济带来的变化，但是，基本反映了工业化给一个国家带来的变化。第一个方面人均GDP不用说了。第二个方面三次产业结构是一、二、三。第三个方面制造业增加值占总商品增加值的比重是工业结构中的重要指标，因为我们知道，工业包含的内容也比较大，一般工业里面也包括能源、一些制造业，甚至一些燃气，都算工业的范畴，但这里面真正代表国家工业发展能力的是制造业。所以说制造业增加值占总商品增加值的比重反映了一个国家工业发展的水平。第四个方面就是城市化率或者叫做空间结构，随着工业化的推进，城市规模

表 1

基本指标		前工业化阶段（1）	工业化实现阶段			后工业化阶段（5）
			工业化初期（2）	工业化中期（3）	工业化后期（4）	
1. 人均 GDP（经济发展水平）	1995 年美元	610 ~ 1220	1220 ~ 2430	2430 ~ 4870	4870 ~ 9120	9120 以上
	2000 年美元	660 ~ 1320	1320 ~ 2640	2640 ~ 5280	5280 ~ 9910	9910 以上
	2005 年美元	745 ~ 1490	1490 ~ 2980	2980 ~ 5960	5960 ~ 11170	11170 以上
2. 三次产业产值结构（产业结构）		A > I	A > 20%，且 A < I	A < 20%，I > S	A < 10%，I > S	A < 10%，I < S
3. 制造业增加值占总商品增加值比重（工业结构）		20% 以下	20% ~ 40%	40% ~ 50%	50% ~ 60%	60% 以上
4. 人口城市化率（空间结构）		30% 以下	30% ~ 50%	50% ~ 60%	60% ~ 75%	75% 以上
5. 第一产业就业人员占比（就业结构）		60% 以上	45% ~ 60%	30% ~ 45%	10% ~ 30%	10% 以下

越来越大，人口城市化率越来越高，我们通过城市化率来衡量工业化水平是因为它具有相关性。最后一个方面是就业结构，这个就业结构并不是选用的工业就业的指标，而是第一产业就业所占的比重，随着工业化的推进，非农产业的就业人口会逐渐提高。因为工业化的发展到了后期，不仅仅是工业的发展，而且第三产业的比例会越来越大，真正实现工业化的这种国家基本上第三产业是占比最大的，像美国，服务业一般都占 70% ~ 80%，所以说，我们谈的是非农产业的就业，或者说，是非第一产业的就业。根据国际上的一些经验，不同的阶段，有一些不同的标准值，然而我们衡量国际比较的时候，有两方面的问题：一是必须要有统一的货币，现在都用美元；二是有一个时间的限制，以前的美元和现在的美元是不一样的。当用美元进行不同的国家间的比较时，可以进行汇率折算或者按照购买力平价来折算，这两个的差别很大。因为我们一般的概念是按汇率折算会低估我们国家的经济发展水平，按购买力平价来折算，往往会高估我们国家的发展水平，所以我们取了折中值——两个的平均值。考虑到美元的时间价值，还要有美元的折算，1995 年美元折算，2000 年美元折算，2005 年美元折算。因为我们后面的测评，就评了三个时点，1995 年、2000 年和 2005 年，这三个时点恰恰是“九五”时期和“十五”时期的变化，最近十年的变化，有不同的阶段，有不同的标准值。三次产业结构：如果用 A 代表农业，I 代表工业，S 代表服务业的话，分别有不同的特征：在前工业化阶段，肯定是农业占比最大，大于工业的比例；到了工业化初期，农业仍然大于 20%，在整个三次产业结构里，它是小于工业的；到了工业化中期，农业已经小于 20%，而且，其中工业的比例要大

于农业的比例；到了后期，农业已经小于10%，工业大于第三产业；到了后工业化阶段，农业同样小于10%，但是工业所占的比例，已经小于服务业了。这是一般的规律，可以马上举出反例来反对，比如说印度，在印度的发展中，服务业所占的比例就非常大，服务业在三次产业里，所占比例是最大的，但是没有人认为印度已经到了后工业化阶段。这个国家是很特殊的，它的信息产业等相关的服务业，发展得比较快。或者说有统计上的问题，有统计口径的问题。国际比较很麻烦，有很多统计口径，包含的内容，很难统一，只能是大的方面的说法。还有一个是制造业增加值占总商品增加值的比例，随着工业化的进程，制造业占总商品增加值的比例会越来越高。还有一个是城市化率，城市化率到了后工业阶段，一般来说，要占70%以上。我们国家现在的城市化率，大概是43%左右，但就是这种比例，也有一个统计的问题，在2003年以前，我们的城市化率是比较低的，2003年之后有一个巨大的飞跃，它有一个统计口径的变化：如果农民工在某个城市居留六个月以上，就算城市人口。统计口径的变化，一下子就增加了一两亿城市化人口。还有一个是第一产业就业，到了后工业化阶段，农业就业人口就很低，刚开始，大部分都是农业就业。

根据上述衡量工业化水平的指标体系和相应的标志值，我们选用加权合成法来构造计算反映一国或者地区工业化水平和进程的综合指数，再用多元统计方法中的主成分分析法对结果进行检验。为了准确反映工业化各个阶段的特征，选择阶段阈值法进行指标的无量纲化。

如果是在前工业化阶段，它有一个表述，一般用“一”表示前工业化阶段，综合指数是0；“二”表示工业化初期，综合指数是0~33；“三”表示工业化中期，综合指数是33~66；工业化后期，是66~99；到了后工业化阶段，综合指数达到100。我们把实现工业化阶段，又分为前期、中期和后期，0~33中间有一个中分，0~16.5就是前半阶段，16.5~33就是后半阶段。我们用“（Ⅰ）”表示前半阶段，“（Ⅱ）”表示后半阶段，如果是“二（Ⅰ）”，就代表该地区处于工业化后期的前半阶段。

我们把工业化初期，又分为前半、后半，详细地说，有8个阶段。然后把整个中国的区域又进行了一个划分：东部、西部、中部和东北。东部10省（市）又分为环渤海、珠三角和长三角；中部6个省；西部12省（市、区）又分为大西南和大西北；东北3省。相应的所有省、市、区都包括在这个表里。我们谈的概念都明确了。有关区域的划分，意见并不统一，这里的区划，是多数人的共识。

我们要计算的是1995年、2000年、2005年三个时点的水平。经过一个过程计算，得到了如下结果：

表 2 中国经济区域划分

地区	经济区	所包括的省（市、区）
东部 10 省（市）	环渤海经济圈 （北部沿海综合经济区）	北京、天津、河北、山东
	珠三角经济区 （南部沿海经济区）	广东、海南、福建
	长三角经济区 （东部沿海综合经济区）	上海、江苏、浙江
中部 6 省	中部六省综合经济区 （以长江中游综合经济区为主）	山西、安徽、江西、河南、湖北、湖南
西部 12 省（市、区）	大西南综合经济区	重庆、广西、四川、贵州、云南、西藏
	大西北综合经济区	陕西、甘肃、青海、宁夏、新疆、内蒙古
东北 3 省	东北综合经济区	辽宁、吉林、黑龙江

表 3 中国各地区工业化阶段的比较（1995 年）

阶段		全国	四大经济板块	七大经济区域	31 省（市、区）
后工业化阶段（五）					
工业化后期（四）	后半阶段				上海（89）
	前半阶段				北京（81）、天津（73）
工业化中期（三）	后半阶段				
	前半阶段		东部（32）	长三角（41）	辽宁（38）、广东（35）、江苏（34）
工业化初期（二）	后半阶段	全国（18）	东北（27）	珠三角（30）、东北（27）、环渤海（26）	浙江（32）、黑龙江（22）、福建（21）、山东（20）
	前半阶段		中部（6）、西部（5）	中部六省（6）、大西北（4）、大西南（6）	山西（16）、吉林（16）、云南（15）、甘肃（15）、河北（14）、湖北（13）、宁夏（11）、陕西（10）、新疆（9）、青海（7）、河南（6）、海南（6）、内蒙古（5）、四川（4）、安徽（4）、贵州（4）、湖南（2）、江西（2）、广西（2）
前工业化阶段（一）					西藏（0）

从全国来看，1995 年中国的工业化水平得分是 18 分，括号里面的是得分，就是我们说的工业化水平指数。经济板块不一样，东部是 32 分，东北是 27 分，

中部是 6 分，西部是 5 分，差别还是很大的。七大经济区域，31 个省（市、区）。1995 年上海已经到了工业化的后半阶段，天津是工业化后期的前半阶段。接下来是各个省（市、区）的一个表。这是 1995 年的数据。

2000 年，有一些大的变化，全国从 18 分涨到了 26 分，四大经济板块也都有变化：上海已经到了 99.5 分，接近 100 分，已经到了后工业化阶段了。

表 4 中国各地区工业化阶段的比较（2000 年）

阶段		全国	四大经济板块	七大经济区域	31 省（市、区）
后工业化阶段（五）					
工业化后期（四）	后半阶段				上海（99.5）、北京（92）、天津（83）
	前半阶段				
工业化中期（三）	后半阶段			长三角（60）	广东（55）
	前半阶段		东部（44）、东北（35）	珠三角（46）、环渤海（36）、东北（35）	浙江（47）、江苏（45）、辽宁（43）、福建（35）
工业化初期（二）	后半阶段	全国（26）			山东（33）、黑龙江（33）、湖北（28）、山西（22）、吉林（24）、新疆（17）、河北（24）
	前半阶段		中部（13）、西部（9）	中部六省（13）、大西北（9）、大西南（10）	宁夏（15）、重庆（15）、青海（15）、陕西（14）、内蒙古（13）、云南（13）、湖南（11）、河南（11）、甘肃（11）、海南（10）、江西（8）、四川（8）、安徽（7）、贵州（6）、广西（4）
前工业化阶段（一）					西藏（0）

到了 2005 年，北京、上海都达到了 100 分，到了 100 分已经属于后工业化阶段，不属于我们测量的范畴。整个中国已经到了 50 分。

如果我们更形象一点，可以得到中国地区工业化 1995 年的一个版图：这里面我们分别来看，如果用不同的颜色来表示不同的阶段，可以看到，这时候大部分都是绿色，相当于在 1995 年我们国家大部分地区都在工业化前期，都是绿色，到了工业化后期的——变为黄色的，只有上海、北京和天津，有沿海的几个地方是蓝色，就是工业化的中期阶段——辽宁、广东、江苏三省进入工业化中期，剩下的浙江、山西等 23 个省（市、区），仍然处于工业化前期阶段，还有一个特例——西藏，仍然是白色的，表明它处于前工业化阶段，区域很大，前工业化阶

表 5　中国各地区工业化阶段的比较（2005 年）

<table>
<tr><th colspan="2">阶段</th><th>全国</th><th>四大经济板块</th><th>七大经济区域</th><th>31 省（市、区）</th></tr>
<tr><td colspan="2">后工业化阶段（五）</td><td></td><td></td><td></td><td>上海（100）、北京（100）</td></tr>
<tr><td rowspan="2">工业化后期（四）</td><td>后半阶段</td><td></td><td></td><td>长三角（85）、珠三角（80）</td><td>天津（96）、广东（83）</td></tr>
<tr><td>前半阶段</td><td></td><td>东部（78）</td><td>环渤海（70）</td><td>浙江（79）、江苏（78）、山东（66）</td></tr>
<tr><td rowspan="2">工业化中期（三）</td><td>后半阶段</td><td>全国（50）</td><td></td><td></td><td>辽宁（63）、福建（56）</td></tr>
<tr><td>前半阶段</td><td></td><td>东北（45）</td><td>东北（45）</td><td>山西（45）、吉林（39）、内蒙古（39）、湖北（38）、河北（38）、黑龙江（37）、宁夏（34）、重庆（34）</td></tr>
<tr><td rowspan="2">工业化初期（二）</td><td>后半阶段</td><td></td><td>中部（30）、西部（25）</td><td>中部六省（30）、大西北（26）、大西南（24）</td><td>陕西（30）、青海（30）、湖南（28）、河南（28）、新疆（26）、安徽（26）、江西（26）、四川（25）、甘肃（21）、云南（21）、广西（19）、海南（17）</td></tr>
<tr><td>前半阶段</td><td></td><td></td><td></td><td>贵州（13）</td></tr>
<tr><td colspan="2">前工业化阶段（一）</td><td></td><td></td><td></td><td>西藏（0）</td></tr>
</table>

段的概念就是它没有开展自己的工业化历程。我们谈经济学，肯定都在谈工业化是现代化的一个方向，是一个国家和地区必须向前走的一个方向，它这里面也涉及一个现代化的概念。一般认为，包括我们，国家是要走向现代化的，上百年来中国都希望成为一个现代化的强国，但是仍然有一个文化价值观的问题：很多人认为现代化未必是一个好事情。说西藏没有开展自己的工业化进程，当然，并不是说西藏没有启动，现在整个西藏也在往前走。到了 2000 年又有了一些变化，我们比较一下会看到：比较突出的变化就是蓝色的区域增多，进入工业化的区域增多，广东、浙江、江苏、辽宁和福建 5 个省进入了中期。上海、北京和天津仍然是工业化后期，这点没有什么变化，当然它们本身也在前进，因为后期又分为前、中、后三个阶段，但从图上的颜色里是看不出来的。剩下山东、湖北、黑龙江等 22 个省（市、区）还处于前期，绿色区域仍然占大部分。西藏依旧没有变化。到了 2005 年，变化更加巨大，从颜色来看，对比于 2000 年、1995 年，颜色已经从单一变得更加多元化了：红色、黄色、蓝色、绿色和白色全部都有了。说明到了 2005 年，我国的 31 个省（市、区）已经存在着工业化的各个阶段，这在一个国家里并不多见。在一个国家里，有些地区处于前工业化，有些地区处于后

工业化，说明我们的地区差距十分巨大。当然，这对富人来说是个好事情，因为在后工业化阶段，我们基本上享受到和国际上一样的生活。比如，从未到过北京、上海的外国人，会认为这里的环境和生活状况，甚至包括堵车，与国际化的大都市没有什么差别。同样，有钱人也可以享受到前工业化阶段的原始风貌。很明显，上海和北京两个城市到2005年已经进入了后工业化阶段；天津、浙江、江苏、广东、山东这5个省（市）也进入到工业化的后期阶段；辽宁、福建、山西、吉林、内蒙古、河北、湖北、黑龙江、宁夏、重庆这10个省（市、区）已经进入到工业化的中期阶段；陕西、青海、河南、湖南、安徽、江西、新疆、四川、甘肃、云南、广西、海南、贵州13个省（区）还处于工业化前期；蓝色区域从整个地理区域来看，面积是比较大的。比起1995年有了巨大的变化，因为西部几个省区，人口不多，但是面积非常大，所以从整个版图来看，占的面积比较大；西藏还是处于前工业化阶段。以上是我们的测量结果。

在我们现在的水平，工业化实际上就可以对照于经济现代化，当然，有人提出异议，比如，天津这些年发展得比较落后，为什么还能达到后工业化阶段？这涉及我们的五个指标的问题，其中一个是城市化率，对于北京、天津、上海这三个直辖市，本身的城市化率就很高，得分就可以得满分，所以这里面有些历史文化的遗留问题。虽然重庆也是直辖市，但在1995年的时候并没有单独设市，同时，重庆包含的农村面积很大，重庆是又有城市又有农村的典型。如果将重庆作为综合改革试验区，是一个城乡一体化试验区，很有代表性。这个测量有它自己的问题，并不能完全代表一个地区的发展水平，但总体上没有太大的出入。

刚才我们说的是全国，现在我们可以分不同的部：东部工业化1995年的结果，上海、北京、天津、江苏、广东、河北、山东、浙江、海南；中部到1995年，6个省都是工业化前期阶段；西部更加单纯，除了西藏是白色的，剩下省份都是绿色的；东北地区分为两部分：辽宁先进入了工业化中期阶段，吉林、黑龙江还是绿色的区域，工业化前期。2000年，东部变了三种颜色，有三种水平：北京、上海、天津是后期；江苏、浙江、广东、福建是中期；山东、河北、海南还是前期。中部没有变化。西部没有阶段性的质的飞跃，但是有前期、后期的变化。东北同样没有变化。2005年的东部，变化更多：北京、上海变为红色；天津、山东、浙江、广东进入工业化后期；河北、福建到了中期阶段。中部发生了变化：山西、湖北进入工业化中期阶段。西部内蒙古和重庆有了变化。东北3省到了2005年，都处在工业化中期。

这是一个整体的状况，那么，有了这些，我们可以对中国的工业化水平下什么样的结论呢？2005年，中国工业化指数达到了50，表明中国刚刚进入工业化中期的后半阶段，这与大部分学者的判断基本吻合，即2005年我国进入工业化

后期的高加工业阶段。2000 年，我国的工业化指数是 26，而 2005 年达到了 50，意味着“十五”期间，中国工业化水平进入了高速增长，年均增长接近 5。2002 年工业化指数达到了 33 分，意味着进入工业化中期阶段，这是一个转折点，这也与大部分学者认为世纪之交中国进入工业化中期的判断相一致，只是我们的判断更加具体。之所以比大多数学者认为的时间要晚，是因为很多人做推测的时候，并没有把城市化率考虑进来，在我国，城市化是落后于工业化的。从静态的推算来看，如果中国能够保持“十五”期间工业化指数年均增长 5% 的水平，那么到了 2015 年，我国的工业化指数，将达到 100。与 2020 年实现工业化的目标基本相吻合。按我们现有的工业化水平，在 2020 年左右基本实现工业化是可以达到的。当然这里面也有许多问题：是不是一定可以有这么高的增长速度？环境、能源能不能支撑？到了工业化进程中后期，就不再是规模推动，而是质量提升，质量提升的过程中，速度并不会那么快，按照这点来说，到了 2020 年未必能达到工业化水平。中国的经济有很多不确切的因素，我们只是从静态来看。

表 6　工业化不同阶段省（市、区）的社会经济主要指标（2005 年）

指标阶段		省（市、区）数量（个）	GDP		人口		土地面积	
			总量（亿元）	占比（%）	总量（万人）	占比（%）	总量（万平方公里）	占比（%）
前工业化阶段（一）		1	251.21	0.13	277	0.22	122.8	12.8
工业化初期（二）	整体	13	48326.15	25.04	56884	44.33	660.5	68.8
	前半阶段	1	1979.06	1.03	3730	2.91	17.6	1.8
	后半阶段	12	46347.09	24.01	53154	41.42	642.9	67.0
工业化中期（三）	整体	10	52077.62	26.98	35988	28.05	129.9	13.5
	前半阶段	8	37499.68	19.28	28232	22.00	103.2	10.7
	后半阶段	2	14577.94	7.70	7756	6.05	26.7	2.8
工业化后期（四）	整体	5	76324.54	39.54	31858	24.83	45.1	4.7
	前半阶段	3	50260.38	26.04	21621	16.85	26.0	2.7
	后半阶段	2	26064.16	13.50	10237	7.98	19.1	2.0
后工业化阶段（五）		2	16040.49	8.31	3316	2.58	2.3	0.2

再一个是从具体的板块来看，2005 年东部的工业化水平综合指数是 78，属于工业化后期的前半阶段；东北地区排在第二位是 45，进入工业化中期；中部、西部是 30 和 25。应该说差异是比较大的，对每个地区，我们还有一个具体的量化差异。从人口上来讲，到了 2005 年，我们有 200 多万人处于前工业化阶段；5

亿多人处于工业化初期阶段；3 亿多人处于工业化中期阶段；还有 3 亿多人处于工业化后期；3000 多万人处于后工业化阶段，上海和北京已经处于后工业化阶段。这也可以解释为什么很多人喜欢到大城市生活，因为他们可以享受到后工业化阶段的生活。按面积来说，100 多万平方公里仍然处于前工业化阶段，600 多万平方公里还处于工业化初期，还有 100 多万平方公里是工业化中期，45 万平方公里是工业化后期，2.3 万平方公里是后工业化阶段。中国的区域差异很大：工业化占的面积不大，大部分地区属于工业化初期，这与我国的国土分布有关。例如，2007 年 8 月份我们去内蒙古的呼伦贝尔市，这个市的面积有 20 万平方公里，仅这个地级市，它的面积比整个英国还要大，并且比浙江、江苏等省的面积还要大，然而它创造的 GDP 却无法和上述两省相比，这种土地面积和经济发展水平之间的差距是非常大的。到了 2005 年，北京、上海、天津、广东、浙江、江苏、山东这 7 个省（市）处于工业化后期，其中北京、上海率先实现了后工业化社会，上海是 2000 年实现的工业化，北京是 2004 年实现的工业化，天津是 2006 年，广东、浙江、江苏将在 2010 年到 2012 年实现工业化，山东也将在 2015 年前后实现工业化。对全国来讲，如果不考虑美元币值的变化，上海比日本晚了 16 年，比中国香港晚了 13 年，比新加坡晚了 11 年，比中国台湾晚了 8 年，比韩国晚了 4 年实现工业化。用我国的某个区域来和“四小龙”比较是合适的，因为我们的规模如此。北京比日本晚了 20 年，比中国香港晚了 17 年，比新加坡晚了 15 年，比中国台湾晚了 12 年，比韩国晚了 8 年。可以说上海在 2000 年、北京在 2004 年、天津在 2006 年都已经达到了日本在 20 世纪 80 年代、“四小龙”在 20 世纪 90 年代的发展水平。按照现在的币值来算，如果人均达到 10000 美元以上，就认为是现代化国家。亚洲金融危机后，“四小龙”的经济受到了些影响，到了 2005 年，中国香港、新加坡、中国台湾的人均 GDP 都是 20000 多美元。

下面，我们来看看工业化整体进程的特点，1995 ~ 2005 年的 10 年间，中国全国都处于快速工业化阶段，东部地区的工业化仍然远远大于其他地区的水平，中国各地区工业化进程差距在加大，广东是“九五”期间工业化进程最快的省份，山东和江苏并列成为“十五”期间工业化进程最快的省份，江苏是“十五”比“九五”加速更明显的工业化地区。这是从动态化来看我国工业化进程的特点。整个“九五”和“十五”期间虽然落后地区的工业化推进速度也在加快，但总体上低于先进地区的工业化速度。从这个意义上来说，缩小地区差距是任重道远的。从理论上来说，缩小地区差距分为三个阶段：第一阶段，缩小经济发展增长速度的差距，在该阶段，东西部经济发展水平的差距仍然会继续扩大，但是扩大的幅度在减缓；第二阶段，东西部地区同速增长，差距没有缩短，但增长速度相同；第三阶段，西部发展速度超过东部，二者差距逐渐缩短。虽然“十五”

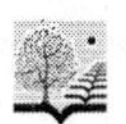

期间我们提出“西部大开发”等，但是在整个“十五”期间，中国还没有进入上述的第一阶段，东西部发展的速度差距还没有缩小，东部的工业化增长速度仍然远远高于西部。

表7　工业化进程中的地区差距（1995～2005年）

指标	1995年	2000年	2005年
排名前10位的省（市、区）的平均工业化综合指数	44.5	56.6	76.6
排名后10位的省（市、区）的平均工业化综合指数	2.9	6.8	19.4
差距	41.6	49.8	57.2

这里有些具体的指标：1995年排在前10名的省（市、区）的工业化指数和排在后10名省（市、区）的工业化指数，分别是44.5和2.9，差距是41.6；2000年，前10名变为56.6，后10名是6.8，差距变为49.8；2005年，前10名涨到了76.6，后10名涨到了19.4。虽然同时在前进，但是前10名和后10名的差距仍在增大。第一，在整个中国的快速工业化进程中，各个地区都在向着工业化进军，但由于各个地区工业化的起点不同，使处于各个阶段的工业化进程的地区也有所不同。第二，整个格局版图的演进：1995～2005年，处于工业化各个阶段的中国各地区的分布，从倒扣的碟形向金字塔形，进而向橄榄形不断演进。中间部分，即工业化中期的区域会越来越多，仍有些省（市、区）处于前期，而北京、上海就非常之先进。第三，1995～2005年中国工业化快速发展得益于工业结构的优化升级，我们可以这样理解：关于工业化有五方面的指标，人均GDP的提高，三种产业结构的变化，工业结构的变化，城市化率，就业。其中工业结构的变化贡献最大，制造业比重的大幅提高是推动工业化进程的主要动力。“九五”时期，三次产业结构的升级，推动了工业化的进程；“十五”时期，工业结构的升级代替产业结构的升级，成为主要的推动力。第一产业所占比率越来越低，第二产业占的比率越来越高，第三产业所占比率也开始提高，这是三次产业结构高级化的表现。在1995～2000年，这三次产业结构的变化贡献是最大的。在2000～2005年，又有了新的变化，制造业增加值所占的比例增大，这从一定程度上反映了中国经济在“十五”期间从数量扩张转向质量提高。三次产业结构的变化，只表明工业的数量在提高，并不能表明工业内部的变化，制造业的提升，表明工业结构内部的变化，工业结构本身的高级化过程是从轻工业到重化工业到技术含量越来越高的演进过程。第四，中国的工业化进程长期普遍表现出工业化与人均收入水平、城市化、就业结构相背离的特点，分指标的得分与综合指标的得分偏离，这是中国独特的工业化战略所造成的，当然这并不符合典型的工

业化模式，但不同的工业化国家所走的道路是不同的，虽然不符合，并不表示我国的工业化道路是错误的。

表8 中国工业化进程的地区结构特征（1995～2005年）

	1995年	2000年	2005年
后工业化阶段		1	2
工业化后期	3	2	5
工业化中期	3	5	10
工业化初期	23	22	12
前工业化阶段	1	1	1
结构特征	倒扣的碟形	金字塔形	橄榄形

我们的城市化并没有和我们的工业化同步。按照一般的理论，普遍规律认为，工业化的推进会慢慢带动城市化的发展，因为工业需要人口的集中，进行工业生产，而农业是分散的，需要土地。从理论上来说，工业化发展会慢慢推进城市化，但是我国从毛泽东时代的传统工业化道路开始，就决定了我国的工业化不会推进城市化。当时我们采取的是“赶超战略”，以牺牲农业为代价来促进工业的发展，采取“剪刀差”，牺牲农民的利益来推进工业的发展，进而推进国家的发展。人为划分出城市户口和农村户口，农村人口无法进入城市，却要为城市的发展服务。前段时间听说一件事情：有一个农民工在北京打工，出车祸死亡，涉及赔偿问题的补偿标准，由于他是农民工，一审法院判决的赔偿标准比北京市民可以得到的赔偿低了十几万元，二审否决了一审的判决。在改革开放前，是以牺牲农村的利益来推进工业化进程的；改革开放之后，虽然有很多农民工进城打工，农村对于工业化进程又是另一种贡献，但仍然是以牺牲农民的利益来推进工业化的发展。这是我国工业化快速发展的一个特点。我们的工业化进程是一个低成本的工业化进程。这个低成本一方面表现在劳动力成本低，农民工的工资很低；另一方面是环境成本低，污染和资源的成本很低。由于这些成本很低，所以我们快速地推进了工业化。但到了现在，很多问题暴露出来，到了一定阶段后，农民工的工资需要提高，环保费用需要支付，资源在涨价。这就是为什么我们的城市化落后于工业化，很多农民工从事了工业化生产，中国农民过多，就将很多人留在农村的乡镇企业工作，这两类人加起来有2.7亿人，这些人口并不算城市人口。“离乡不离土，离土不离乡”，离开自己的土地，但并没有离乡，因为你还是农民，离乡不离土，虽然做了工业，但还是个农民，这就是我们整个工业化的特点。很多研究人员做了同样的定性分析，但很少有人从指标上真正把它准确

定义出来。

工业化的发展是整个经济水平的发展，这里面存在一个问题：工业究竟发展到什么程度了？这进入我们的第三个问题，就是我们关注的第二个主题：工业现代化水平。存在一个工业现代化水平的评价指标体系，从这个体系中可以看出，工业化和工业现代化是不同的概念，虽然相关，是一个国家工业化水平的演进过程，但是它们的差异很大。有三大类的指标：工业效率指标、工业结构指标、工业环境指标。工业效率指标选取了制造业每个员工的增加值，如果现代化水平高，单位人员每年创造的产值肯定提高。为什么工业战胜农业成为主导，主要原因是它单位的贡献大。参照值是1990年，人均50000美元，也有辅助指标，人均GDP、制造业的增加值率、劳动报酬占制造业的增加比重、制造业企业平均的生产规模。结构往往是一个更重要的指标，主要的生产设备达到国际水平（大于80%）、制造业信息能力、工业增加值与原材料增加值的比例（如果原材料的增加值多，说明技术含量低）、工业品贸易竞争指数（出口减进口除以出口加进口，大于0.5意味着出口能力很强）、高技术出口品占制成品出口比例、研发经费占工业增加值的比例，这些参考值都是根据发达国家的指标折算过来的。除了效率、结构，另一个指标就是环境：一个现代化的工业不应该带来很多的环境污染。环境方面主要有两个指标：每千克能源产生的GDP，每千克CO_2的排放量对应的GDP。和经济指标折算起来，分别有大于4、大于2.5这么个说法，采用的是购买力平价进行折算的。由于要进行国际比较，所以选择的是联合国发展指标里所提供的指标，有些发展指标中不存在，就无法进行比较，可以采用的有参考值和辅助指标。

以上我们谈到了指标，根据这些指标，我们进行测算，测算中国的工业现代化进程如何。

我们构造了一个指数，算出如下结果：在20世纪与21世纪之交，“九五”末期，我国总体的工业现代化水平指数是28.72，“九五”初期1995年，和“十五”中期2004年中国工业现代化水平指数是18.63和36.44，经过10年，我国的现代化水平提高了17.81。进步很快，但是只相当于现代工业化国家1/3左右的水平。

我们对各个区域进行比较，由于这些指标相比于工业化进程指标收集起来很难，很多的指标无法找到相应的数据，又存在时间问题，最新的指标一般没有，所以我们选择了2004年。主要区域有珠三角、长三角、环渤海、东北三省、大西南、大西北，排名基本没有变化，除了东北3省和大西南在1995年和2000年有变化，大西南在1995年的时候，排名比东北3省还要高一些。这里面有一个指标的变化，有些地区工业化水平可能不高，但是工业现代化水平可能很高，比如

表 9　工业现代化的评价指标体系

分类标志	基本指标	辅助指标	参考值
工业效率标志	制造业中每个员工的增加值（全员劳动生产率）	大于 50000 美元/年·人（1990 年美元）	人均 GDP 制造业增加值率 劳动报酬占制造业增加值的比重 制造业企业平均生产规模
工业结构标志	主要生产设备达到国际水平的比例	大于 80%	专利申请文件数量 版税和许可费数量 每百万人中从事研究与开发的科学家和工程师数量 国家信息化能力指数 高技术工业产值占整个制造业产值比重
	制造业信息能力指数	大于 50	
	工业增加值与原材料工业增加值比例	大于 6.7	
	工业品贸易竞争指数	大于 0.5	
	高技术出口品占制成品出口比例	大于 30%	
	R&D 经费占工业增加值比重	大于 6%	
工业环境标志	每千克能源产生 GDP（PPP 美元）	大于 4	工业三废排放量 工业三废综合利用率
	每千克二氧化碳排放量对应的 GDP（PPP 美元）	大于 2.5	

说云南，云南没有太多的工业，工业化水平并不高，但它有几个典型的工业，比如卷烟，卷烟的现代化水平很高，那么它这个地区工业化水平未必高，但是工业现代化水平比较高。有如上的可能，但这是特殊情况。总体上来讲，作为一个国家和地区来考察，两省有一个大体的吻合。一般来讲，工业化到了初中期阶段，工业现代化开始启动，到了工业化中期阶段，现代化开始加速。

表 10　七大经济区工业现代化水平排名

地区	1995 年		2000 年		2004 年	
	工业现代化水平指数	排名	工业现代化水平指数	排名	工业现代化水平指数	排名
泛珠三角	26.99	1	42.99	1	54.30	1
长三角	26.09	2	40.14	2	50.65	2
环渤海	20.16	3	29.53	3	37.53	3
东北 3 省	16.43	5	24.19	5	32.07	4
大西南	17.37	4	24.69	4	31.34	5
中部 6 省	15.02	7	21.29	6	26.97	6
大西北	15.07	6	19.53	7	25.51	7

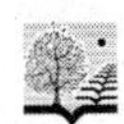

其实，就某个地区来评价工业现代化水平，意义并不大，存在着我刚才说的问题，整个地区的工业化水平不高，但是有的行业工业现代化水平很高。比较有意义的是：工业行业的现代化水平与国外的比较。工业行业现代化水平与国外相比，还有很大的差距。没有证据表明，我们的低技术行业的现代化水平会高于高技术行业的现代化水平。根据联合国的行业分类，我们主要研究了十五个行业，能源行业：煤炭开采、石油开采、铁矿采选；高技术行业：医药制造业、通信设备制造业、计算机制造业；中高技术行业：汽车工业、化学行业、机床工具行业；中低技术行业：钢铁工业、水泥工业、船舶工业；低技术行业：食品、纺织、造纸。根据行业所需要的研发投入占行业增加值的比例，来区分高技术行业、中高技术行业、中低技术行业和低技术行业。平均来讲，我国行业的研发投入低于国际水平。

将这十五个行业看做一个整体，测算的结果如下：能源行业、通信设备制造业、计算机制造业、钢铁行业和纺织行业这五个行业的现代化水平比较高，超过了世界先进水平的50%。比如钢铁行业，这和我们的工业化水平完全匹配，我国现在处于工业化中期阶段，又是大力推进城市化的阶段，无论是住房还是汽车都需要钢铁，住房和汽车是重要的消费，而且我国进行工程建设的时候，没有将原有建筑的钢铁回炉，发达国家为什么工业化到了一定水平钢铁产量会下降？它们很多情况下都是用原有的建筑钢铁回炉，不需要新的冶炼，有一个逐渐替换的过程，而我们现在回炉的比例很低。一些制造业我国的现代化水平也很高。一些行业里，如果存在着龙头企业，很多跨国公司都盯着这些行业中的龙头企业进行并购，这也从相反的方面说明，这些龙头企业的现代化水平已经很高了。水泥工业、煤炭开采行业的现代化水平相对较低，未达到世界先进水平的20%，其他行业的现代化水平，大约相当于世界先进水平的30%。这大致表明了工业行业的现代化水平。比如，煤炭行业水平比较低，是由于大量小煤窑的存在，而很多大型煤矿，完全达到了世界先进水平，像兖矿集团。这是我们测评的工业行业的现代化水平。

如果我们将工业行业现代化水平和工业化水平比较来看，我们的工业化水平已经发展到了一半的进程，而我们的现代化水平还比较落后。这说明我们的工业规模已经到了相当大的程度，但是我们工业的现代化水平却没有达到相应的水平，我们只占到30%的水平。隐含结论：我们已经是工业大国，却不是工业强国。

接下来看第四个问题，既然我们的工业化水平和工业现代化水平到了这样一个阶段，我国到底取得了什么成就和经验？工业化的成就可以理解为工业整体经济的成就，主要有以下几点：

第一点，经济高速增长，经济实力显著增强。进入工业化中期阶段的中国，已经具有了巨大的经济总量，在世界经济中占据了重要的地位，到2006年，全国国内生产总值达到了209407亿美元，按汇率折算，我国的经济总量已经列世界第四。工业化和市场化是我国经济发展两个巨大的推动力。市场化体现了我国改革开放的成就，工业化描述了经济现代化的进程。

第二点，经济结构持续优化，产业结构不断升级。一个国家的发展不仅表现为经济总量的增加，更重要的表现为经济结构的优化。改革开放以来，第一产业的产值和就业占比，从1978年的27.9%和70.5%，分别下降到2005年的12.6%和44.8%。第三产业产值和就业比，从1978年的24.2%和12.2%，分别上升到39.9%和31.4%。我们整个经济结构优化的表现就是一产在下降，二产在上升，二产上升到一定阶段，三产要上升，理想状态是三产占70%～80%，一产在4%～5%，这是现代化国家的结构。刚才谈到城市化率和现代化率不相匹配，农业人口占的比例大也是一个表现。农业的产值占12.6%，就业比占44.8%，从反面说明农业单位从业人员提供的增加值要远远低于工业和服务业提供的增加值。图1是1949～2005年代表年份的三产比例的显示。

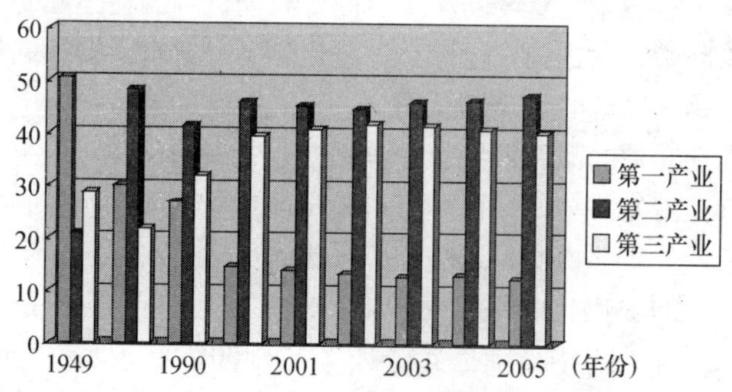

图1　1949～2005年代表年份的三产比例

1949年，农业占到了50%左右，到了1980年，由于毛泽东时代推行重化工业战略，工业产值增加很快，工业已经占了40%多，农业的比例还在30%左右。到了1990年，服务业的比例涨到了30%左右，2000年服务业的比例已经接近40%。2000～2005年，工业和服务业的比例变化不大，农业比例在一点一点地降低。有人预测，在2000～2005年，工业化中期阶段，工业涨到一定程度，会有一个封顶，有一个下降的趋势，但直到2005年，我们都没有看到工业有下降的趋势。相反，2003年以后，服务业有下降，工业有上涨。有人认为主要原因是三产统计不全，2004年全国经济普查，曾经做过一次调整，将三产统计出来，

全国的 GDP 又增加了 20000 多亿元。虽然三产的比例难以统计，但是随着我国经济的发展，产业结构是在逐渐优化的。现在，我们期待随着经济的发展，能够出现工业下降的拐点。拐点的出现比较有标志性意义，它说明工业上涨到了一定程度，工业化进程从中期到后期的一个转折。

第三点，工业发展迅速，具备了庞大的工业生产能力，到了 2000 年中国已经成了名副其实的工业生产大国，主要的工业产品都居世界前列。2004 年，粗钢、煤、水泥、化肥、棉布、电视机的产量都居世界第一位。发电、化学纤维居世界第二位。糖、原油产量分居世界第四、第五位。1978 年，钢排名第五，煤第三，原油第八，发电量第七，水泥第四，化肥第三，化学纤维第七，棉布第一，糖第八，电视机第八。到了 2003 年、2004 年，除了原油排名第五、第六外，其他基本都居世界首位。这些都是我们所说的主要的工业产品。

第四点，吸引大量外资，成为世界的贸易大国。伴随着改革开放和工业化进程，成本低廉的劳动力和很好的配套生产能力，使我国成为世界贸易的大国和吸引外资的大国。我国实际利用外资，2006 年达到了 630 亿美元，列世界第四位。2006 年全国进出口贸易达到了 17607 亿美元，列世界第三，90% 以上的是工业制造业，我国成为名副其实的工业贸易大国。表 11 是我国对外贸易 2001 ~ 2006 年增长的情况，2001 年总额是 5096.5 亿美元，2006 年 17607 亿美元，增长很快。顺差增长也很快。

表 11　我国对外贸易增长情况（2001 ~ 2006 年）

年份	进出口		出口		进口		差额（亿美元）
	总额（亿美元）	增长（%）	总额（亿美元）	增长（%）	总额（亿美元）	增长（%）	
2001	5096.5	7.5	2661	6.78	2435.2	8.2	225.5
2002	6207.7	21.8	3256	22.36	2951.7	21.19	304.3
2003	8509.9	37.1	4382.3	34.59	4127.6	39.84	254.7
2004	11545.5	35.7	5933.2	35.39	5612.3	35.97	320.9
2005	14219	23.2	7619.5	28.42	6599.5	17.59	1020.0
2006	17607	23.8	9691	27.2	7916	20.0	1775

在经济生活中，这也产生了很多新的问题。比如说，过剩的外汇储备，成了负担，成为外国挑衅的理由。这是经济发展到工业化中期阶段，所面临的新的问题。面对这么多外汇储备，国家鼓励企业走出去，去并购国外的企业。在并购的过程中，有成功的，例如联想和一些家电业的企业；但是在能源业——我国最想得到的资源这个行业，多数失败，涉及了国家安全因素。从贸易竞争指数的演进

看，1995~2005年，我国出口的基本上都是工业制成品，农业产品的贸易竞争指数是负的，这说明我们进口外国的农业产品很多，出口的很少，例如，进口了很多美国的转基因大豆。我国是一个工业贸易大国，不是农业贸易大国。

第五点，人们生活水平不断提高，城市化水平不断提升。1978~2005年，可支配收入从343.3元上升到了10000元，恩格尔系数从57.5下降到36.7，农村的经济收入也提高了，从人均133.6元上升到3000多元，非农业的就业人口也不断增加，城市化率从1978年的17.92上升到42.99，当然这其中有户籍制统计原因的变化。人们的整体生活水平得到了改善，但是还有一部分问题。

从这五方面的成就，以及国际上对于中国现代化的评价来说，中国的改革是成功的，那么，我们能从中得出什么样的经验呢？我们的成功是有特殊的背景的，虽然工业化进程有着共同的规律，但每个国家的工业化进程，都有着它特殊的国情。主要有以下三方面的国情背景：第一，经济背景。虽然开放之初，中国是一个人均收入很低的国家，但由于计划体制下重工业优先发展的战略，奠定了工业基础，决定了我国改革开放之初工业化进程有了很好的起点。人口众多既是一个问题，但它也意味着巨大的市场。第二，社会背景。我国是以大量的农业人口、典型的二元结构为背景的。虽然大量的农业人口加大了工业化的难度，但这种人口又为工业化进程提供了无限制的低成本劳动力。这些背景很多国家并没有，是缺点也是优点。第三，制度背景。针对长期封闭的计划体制，我们采取了渐进的改革战略，渐进的改革战略为我国提供了和平稳定的发展环境，对外开放的政策又提供了引进国外先进生产要素的机会，利用后发优势，市场体系不断完善，具有完善的经济激励机制。我们是在这种背景下取得成功的。

我国的工业化是在特殊的背景下取得成功的，但是也遵循了固有的规律。将工业化的经验归纳为以下四个方面：①建设和谐稳定的发展环境，保持工业化进程的连续性。这点是至关重要的，经济现代化的过程是不可逆的，但这种不可逆的进程不是自发的，这可以解释为什么自英国工业化以后，200多年来，只有少数的十几个国家实现了工业化。例如，阿根廷，它在20世纪初就在搞工业化，但是经历了一个世纪，由于各种各样的原因，包括政局不稳，导致它又退回了最初的时候。虽然我国的“文革”破坏了工业化进程，但在之后改革开放连续的30年里，是个稳定的环境，如果其中被打断了，我们也不会有这么高的成就。如果国家是和平稳定的环境，经济会自然演进，工业化的过程是连续性的。②遵循了产业结构的演进规律，促进了工业化和高级化。产业结构和工业的演进都是有着固有的规律的，我国恰恰遵循了这个规律。在改革开放之前，由于重工业化的战略，破坏了这种规律，改革开放后，我们补上了这一课，轻工业开始发展。③坚持内外双源发展，构建全面的工业化动力机制。我们主要的战略，一个是改

革，另一个是开放。改革是释放了内部的动力，开放是引进了外部的动力，所以我们是内外双动力。④尊重地方发展经济的创造性，探索了正确的区域工业化模式。我国很大，有的地区发展快，有的地区发展慢，原因很多，但不同的地区有不同的工业化发展模式。有人将工业化的模式分为两种，内源和外源型。比如，广东是以外源为主要发展动力的模式，浙江却是以内源为主要发展动力的模式。

下面，我们简单谈谈中国工业化和工业现代化进程中存在的问题。

第一，21 世纪初，进入工业化中期以后，我们提出了新型工业化道路，但是如何推进新型工业化道路，支撑的东西很少。其实，在 2003 年，报告里就提出了新型的工业化道路，但是执行得怎么样呢？现在是信息社会，新兴工业化道路要考虑到信息化的因素，我国人口众多，要充分发挥人力资源优势，资源少，环境承载能力受到约束，所以我们要走资源节省、环境友好的工业化道路。新型工业化道路是一个很好的理想，但是怎样推进它，并没有找到很好的道路。

第二，经济增长方式亟待转变，经济增长的集约化程度很低。1996 年就提出了经济增长方式转变问题，但是刚刚结束的党的十七大，仍然把这点作为最重要的一点来提，当然，现在不再叫经济增长方式，叫经济发展方式。根据经济学典型的理论，经济发展和经济增长是两个概念，经济发展考虑得更加全面，而经济增长主要是指 GDP 的增长，量的增长；经济发展的含义就很多，有的国家经济发展的含义还包括了分配（分配是否公平）。比如收入分配，原来的提法是初次分配重效率，再次发展重公平，现在改了提法，初次分配既要重效率又要重公平，这个想法很好，但是实行起来很难。

第三，工业技术来源过多地依赖国外，产业创新能力薄弱，大中型企业的技术创新能力亟待提高。这就是为什么党的十七大有关经济的第一条，就是建立创新型国家。有很多的数据表明，我国的技术依赖度很高。

第四，资源环境约束与工业化加速推进的矛盾突出，我国工业可持续发展还任重道远。很多人因为环境问题，因为资源问题就否定我们的工业化进程，认为应该停止。作为搞工业经济的人，认为工业化进程还是要推进，但要正视这个问题，在推进的过程中，逐渐解决。例如，山东省社科院的院长和吴敬琏，都提出不要再强调工业化，尤其是重化工业。很多省份都在大力发展重化工业，我们的环境资源都无法支撑，但是从工业化的进程来讲，这个过程是不可避免的，考虑到 GDP 等，建造一个钢铁厂和其他的行业，所产生的 GDP 是不可同日而语的。

第五，劳动就业形势严峻，不断增加的就业压力，严重制约了中国工业化的进程。推进工业现代化进程，人口要减少，单位人口创造的产值要增加，机械化水平、现代化水平提高，就业压力无法解决。

第六，经济发展不平衡，东西部地区差距不断扩大。

第七，产业结构协调性差，工业产业结构升级压力比较大。到了重化工业阶段，都要保护环境，这种升级压力很大。大企业和小企业之间分工协调关系较弱，低水平的重复建设，总体产能过剩，单个产业水平低等问题表明我们的产业组织合理化水平低。尤其是产能过剩问题，2006 年一年，发改委都在谈产能过剩问题，怎么解决这个问题，如何解决庞大的生产能力，市场不再扩大，发展就会遇到问题。

第八，在扩大开放条件下，提高国际产业分工地位，面临着巨大的外部压力。

既有成就又有问题，那么如何对整个国家做一个判断？无论站在什么理论的角度进行分析，中国经济从 2002 年以后，进入了一个新的阶段。第一，从转轨经济看，以前的改革开放所有的优势都得以发挥，新的问题需要有新的方法来解决。渐进式改革是先易后难。优势充分发挥，制约因素没有显示。教育体制、医疗体制、住房体制这些问题并没有解决。现在有很多经济特区，从最早的深圳，到浦东经济开发区、成渝改革综合试验区，但现在的问题是，给了地方政府改革的权力，却不是深圳特区那个时代，过去改革就能取得巨大的成功，现在不知道要改什么。问题是有，但不知道通过什么样的方式去改。第二，从工业化演进理论来看，我们进入了工业化中期，按照霍夫曼定理，从轻化工业占优到重化工业占优，由重化工业占优向技术密集型产业占优的一个演进规律，现在我们进入一个重化工业阶段。第三，从现代化理论来看，大国发展的阶段包括：传统社会阶段、准备起飞阶段、起飞阶段、向成熟经济推进阶段、高额消费阶段和追求生活质量阶段。按照这个来划分，中国经济已经实现了起飞，现在处于由起飞向成熟经济推进的阶段。

我们提出了新的国情分类的框架，按照一个国家的经济总量来说，可以分为大国和小国，大国即人口众多、市场大、区域广、经济规模大，具有相对齐全的现代工业部门。看一个国家的经济国情，首先看它是大国经济还是小国经济。衡量大国小国的因素有如下几点：①人口因素。联合国在 20 世纪 70 年代有一个标准，人口超过 2000 万人的即是大国。②国土面积和自然资源存量。③经济规模。按照三次产业结构分类，分为农业经济国、工业经济国、服务业经济国。农业经济国即在三次产业里农业是排第一位；工业经济国即工业在国民产值里排第一位；服务业经济国即服务业排第一位。这些只是衡量数量的大小，并没有衡量竞争力。我们又分为农业经济国和农业经济强国，工业经济国和工业经济强国，服务业经济国和服务业经济强国。一般的演进规律：农业经济国到工业经济国，工业经济国到工业经济强国，最后到服务业经济国。至于会不会存在农业经济强

国？也是可能的。但是其农业经济竞争力强主要依靠工业的发展。比如美国的转基因大豆主要依靠工业的支撑。如果考虑产业结构变动以及大国和小国的区分，一个大国的演进过程是：从农业经济大国到工业经济大国，工业经济大国到工业经济强国，最后到服务业经济大国，大致对应到工业化的初中期、工业化的中后期和后工业化时期。我国的基本国情已经从一个农业大国发展到了工业大国，但还没有发展成为工业强国，从我们国家的现代化进程来看，我国的工业化进入了一个新的阶段，进入了从工业经济大国向工业经济强国演变的新阶段，这个转变过程的实质是推动工业现代化进程。搞新型工业化，关注资源、环境问题，最重要的仍然是工业现代化水平，如果工业现代化水平低，这些问题都无法解决，如果工业现代化水平高，这些问题就容易解决。在我国这种人均资源占有量小的国家，推进工业现代化，也是符合新型工业化道路的。

基于我国的基本国情，经济现代化战略有：第一，立足国情，明确我国未来的经济现代化战略。第二，转变经济增长方式，发展重化工业也要坚持走新型工业化道路。第三，技术进步战略要围绕着提高我国国际竞争力进行自主创新，产业发展战略要重新定位三次产业使命。我们要依靠推进工业现代化的进程，一方面改善农业；另一方面要支撑第三产业发展以改善就业压力，第三产业也要服务于工业。第四，区域发展既要合理定位又要协调发展，探索自己的模式。第五，体制改革仍然要坚持市场化改革，对外开放要改变产业格局。

这里，我向大家介绍了六方面的内容，评价了我国工业化的水平，工业现代化的水平，当然这些水平的提高都是依靠工业的发展，改变了我们的国情，根据新的国情，我们提出了国家的现代化战略。

（文章来源自《学术讲座荟萃》第44辑，2007年11月1日）

药品定价扭曲与医疗改革困境[①]

朱恒鹏

① 该报告的缩写版发表在《中国社会科学》2007 年第 4 期。

朱恒鹏

男，1969 年生，山东莱芜人，研究员。中国社会科学院经济研究所微观经济研究室主任，中国社会科学院研究生院教授、硕士生导师。

主要研究领域：产业组织理论、卫生经济学。自 1999 年以来，主持或参与了多项社科院重大课题，主持了三项社科院重点课题和数项省部级资助课题。迄今已经在《经济研究》、《中国社会科学》、《世界经济》等学术期刊上发表论文近 20 篇。出版专著 1 部，编著 1 部，译著 1 部。

2003 年专著《前沿思索：中国经济非均衡分析》获第三届胡绳全国青年学者奖。2004 年论文《中国各地区市场化相对进程报告》获第十一届孙冶方经济科学奖。

“看病难”、“看病贵”已经成为目前社会生活中的突出问题。而药价过高问题是群众“看病贵”的一个重要原因。因此，控制药品价格、促使药品定价回归合理成为抑制医疗费用上涨、缓解群众“看病贵”问题的关键。为实现这一目标，首先需要弄清楚中国药品的定价机制，找到药价居高不下的根本原因。这正是本文的研究目的。

近年来有许多文献探讨了国内药价过高问题。王淑敏（2006）、刘华（2006）等着重探讨了药品生产领域和流通体制存在的问题，梁雪峰（2006）等则着重讨论了药价管制体制存在的弊端。陈文玲（2005）更为系统地探讨了药价过高问题，除上述几个方面，她还讨论了医疗体制存在的问题对药品价格的影响。然而，囿于传统计划经济思维，上述文献均把问题归咎于政府管制措施不健全、不到位，因此提出的政策建议是进一步强化政府干预和管制。我们下面的分析将表明，强化政府管制于事无补，甚至事与愿违。另一些文献在讨论一些更为宏观的问题时涉及了药品价格问题。如顾昕（2006）、汪丁丁（2005）等在探讨中国医疗体制存在的弊端时对药品定价机制存在的问题进行了简单的分析。孟庆跃等（2002，2004）在分析医疗服务价格体系存在的问题时讨论了药品定价对医疗费用及医疗资源配置的影响。由于这些文献的研究主题不是药价问题，因此并没有深入探讨中国的药价形成机制及药价居高不下的原因。此外，尽管上述文献多数都对药品方面的政府管制有所涉及，但均没有进行系统的分析。而余晖（1997）是个例外，他较为系统地分析了中国药业的政府管制制度存在的问题，但其分析的着重点不在药品价格方面，因此也没有深入探讨政府管制对药品定价的影响。

在参考已有研究文献的基础上，结合笔者的调研，本文意在通过对中国药品生产、流通环节以及政府的药价管制措施的梳理，厘清造成国内药价虚高的根本原因。本文的基本结构如下：第一节简单勾勒国内的药品流通体制，第二节简要介绍当前的药价管制模式，第三节说明国内药价的实际形成机制，第四节分析管制失当造成的公立医院售药行为扭曲，第五节提出相关的政策建议并指出改革存在的困难。

第一节　中国的药品流通体制

经济学的基本原理是，在一个竞争性市场上，能够长期维持的价格只能是等于供给成本的价格。供给成本包括生产、运输、储存成本以及税费等。换句话说，长期内自由竞争市场没有超额利润。如果一个市场长期存在超额利润，该市场肯定是缺乏竞争的垄断性市场。根据这一原理来分析药价高企问题，基本的结论是：药价过高，要么是因为药品的供给成本太高，要么是因为药品市场缺乏竞争，存在垄断。本文的分析表明，中国药价高企的根本原因在于后者。其中药品生产和批发环节也存在一些问题，导致这两个环节的成本偏高，因而也对药价高企起到了一些推动作用。在重点分析药品市场结构存在的问题之前，我们首先扼要描述一下中国的药品流通体制，同时简要说明国内药品供给成本偏高的原因所在。

一、传统的且至今仍然占主流的药品流通模式

在计划经济体制下，中国逐步建立了由国企垄断、以条为主、统购包销的三级医药批发体制：中国医药公司通过其下辖的大行政区一级医药批发站，向全国各省、自治区、直辖市医药公司即二级医药批发站调拨药品，二级批发站再向市、地、县级的医药公司即三级批发站分销药品，经过上述批发环节，医药进入销售终端，即医院、卫生院和药店等。

20 世纪 80 年代中期以来，随着经济体制改革的逐步深入，政府开始把医药商业推向市场，取消统购包销、按级调拨等项规定，改指令性计划为指导性计划，实行“多渠道、少环节”，一、二、三级批发站可同时从药厂进货，一、二级批发站也开始向医院销售，各级批发站的下属公司开始办企业进行药品销售，制药企业也开始进入商业领域从事销售活动，同时一些新开办的批发企业开始出现。其结果是，到 20 世纪 90 年代末，国内形成了 16000 多家散、小、乱的医药商业企业。由此形成的医药流通模式至今还占据主导地位。这种医药流通模式如图 1 所示。

图 1 中的实线箭头描述了传统的、并且至今占主体地位的药品流通渠道：从药厂进入一级批发企业然后顺序进入二、三级批发站，最后进入医院、卫生院、药店以及诊所。其实，对这种商品流通模式我们并不陌生，传统计划体制下大多数商品流通体制就是这种模式。当然，和传统计划体制下的流通模式相比，现在这种多层级流通模式已经不那么严格，二、三级批发站可以直接从药厂进货，医院和药店如果有足够的规模也可以直接从一、二级批发企业甚至药厂直接进货

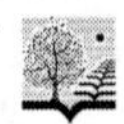

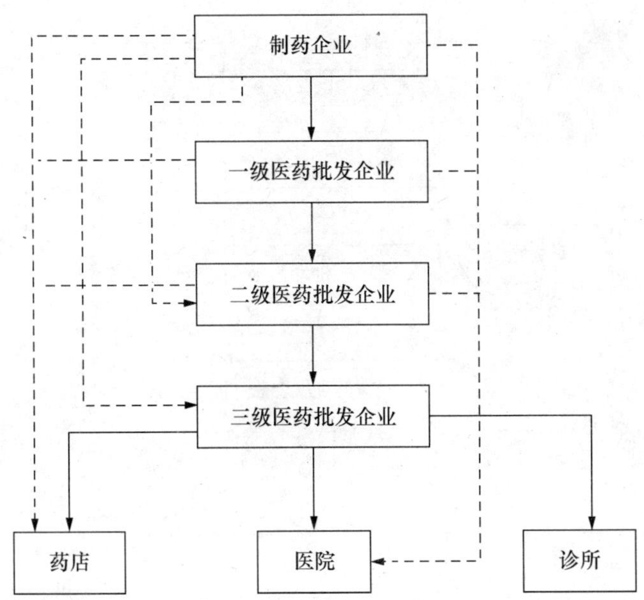

图1　传统医药流通模式一

（后者还比较少见），就像图1中虚线所示那样，许多大中城市的大型综合医院和一些规模较大的连锁药店现在就是这样。但是对于大多数中小城市的医院、乡镇卫生院以及零散的小药店和个体诊所来说，图1中的多层级流通渠道仍然是其主要的药品进货方式。不过，自20世纪90年代以来，这一渠道流通的主要是处方药[①]（业内所谓的“普药”，即低价仿制药）和药店销售的非处方药。这些药品不需要代理公司的推介活动。

图2的流通模式就其药品流通方式而言和图1没有大的区别。唯一的区别是这里流通的主要是进入大中型公立医院的药品，其中主要是后面我们将会重点分析的所谓“新药”以及进口药等单独定价的药品，这种药品大多是处方药，也有一些高价非处方药。这种药品流通的典型特征是尽管药品的配送流程和图1所示流程基本一样，也主要是由医药批发商来完成，但是这些药品要进入医院，必须要有医药代表的推介活动。医药代表由代理公司管理，代理公司有三种形式，第一种是由药厂自建的；第二种是独立的专业代理商，专门负责药品的市场推介和商务服务；第三种是由药品批发企业兼任。由于反商业贿赂法规的出台，其中药厂自建的代理公司近几年基本都转为具有独立法人资格的专业代理商。

① 即必须在有开具处方资格的医生的指导下出售的药品。

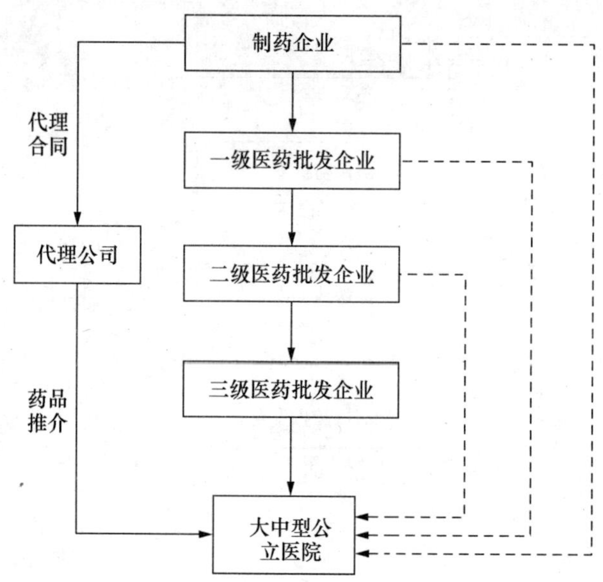

图 2　传统医药流通模式二

二、新型医药流通模式

由于普遍认为医药行业具有特殊性，因此一直是国家专控程度较高的行业。从而较之其他行业，计划经济模式在这个行业的退出要缓慢许多。截至 20 世纪末，国有医药商业流通企业仍然牢牢控制着医药流通领域。从 20 世纪末开始至今，国家连续出台相关政策①推进药品流通体制改革，医药流通领域开始发生明显变化，医药行业市场化步伐加快，民营企业迅速崛起，国有医药商业主渠道一统天下的格局被彻底打破，其市场空间逐步萎缩，经济效益也逐年下滑。从 1999 年对民营资本略有放开至今，已经基本形成国有资本和民营资本平分秋色的格局。外资也开始进入中国医药商业，医药流通领域竞争加剧。同时，随着医药流通体制改革步伐加快，医药经营模式也在发生变化。零售连锁、现代物流配送成为药品流通的重要内容，完善医药供应链、优化医药供应链管理成为主要趋势。由此逐步形成了一些新型的医药流通模式，图 3 和图 4 分别给出了两种新型流通

① 1999 年底原国家经贸委出台《医药流通体制改革指导意见》，确立医药流通体制改革目标是要实现产权多元化、经营方式现代化。加入世界贸易组织时，中国政府承诺 2003 年 1 月 1 日后放开药品分销服务体系，2000 年 7 月国务院召开的全国医疗保险制度改革和医药卫生体制改革大会提出，为了保证医疗保险改革目标的实现，必须配套进行医疗保险制度改革、医疗卫生体制改革、药品流通体制改革这 3 项改革。

模式，这些流通模式对传统模式造成了极大的冲击。

图3这种模式的特点是在某一地区形成一个药品集中交易市场，来自全国各地的药厂在此建立销售点销售药品，来自全国各地的医院、药店、药品经销商来此买药。这种模式的代表是由安徽华源医药股份有限公司经营的太和医药交易市场。这种医药交易市场采取现款现货的交易方式。导致这种模式出现的直接推动因素是20世纪90年代初医药商业领域普遍存在的“三角债”现象。这种模式我们也并不陌生，它其实就是一种集贸市场模式，一手交钱一手交货。

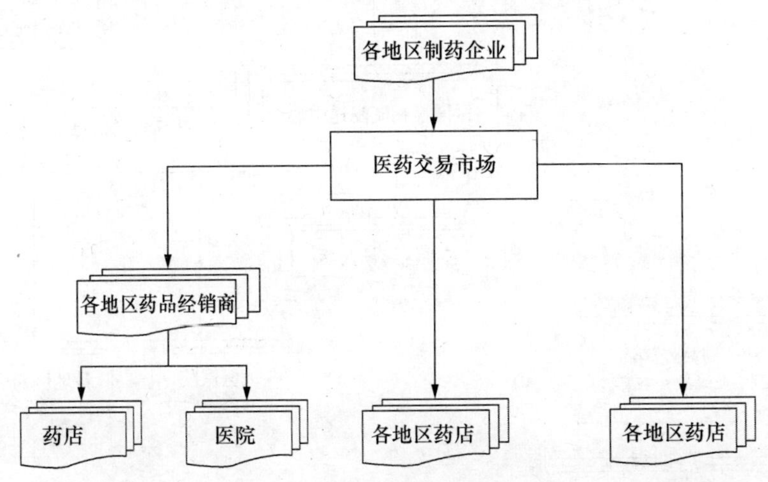

图3　医药集中交易市场模式

在图4这种模式中，医药批发企业同时从事批发、零售业务，该企业和众多制药企业直接建立稳定的供货关系，建立全国性分销网络，建立区域性物流配送中心，并在各地区建立连锁药店。同时和各地区药品经销商以及医院建立稳定的供货关系，通过各地区的分销网络将医药需求信息传递到医药批发企业，医药批发企业向药厂发出订单，药厂按订单要求把药品发送到各地区物流配送中心，然后由此向当地的连锁药店、药品经销商和医院供货。这一模式极大地加快了供求信息传递，大大减少了药品流通的中间环节，缩短了业务流程，明显加快了药品的配送速度，显著提高了资金周转率，极大地降低了销售成本。该模式的核心优势就是其高效的物流配送。概括地讲，其核心竞争力是效率高、成本费用控制得好。该模式一般具有“现款现货”、“量大价低”的特征，尽管采用现款现货交易方式，但是由于资金周转速度比传统模式快一两倍，因此资金占用量明显低于传统模式。在国内，这种模式非常适合于普药以及非处方药产品的分销，但它不适合于新特药销售，因为前者的销售不需要面对面的药品推介和针对个人的营销活动，而后者的销售不能没有这种营销活动。因此这种模式的终端客户基本都是药店、县医院、乡镇卫生院以及民营医院这样的中小客户，公立大中型医院一般不接受这种供货模式，这也是这种流通模式发源于我国中西部地区的原因所在。

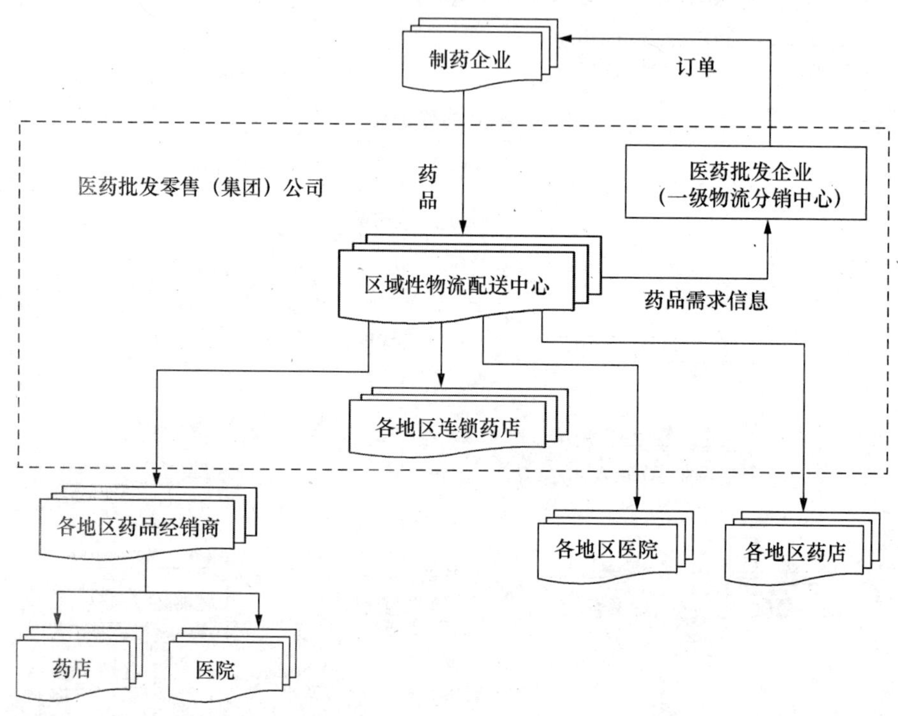

图 4　网络化跨区域医药批发、连锁零售集团模式

图 4 这种流通模式我们其实也并不陌生，家电销售领域的国美和苏宁两家全国性连锁零售公司就是这种模式。差别仅在于医药这种商品相对特殊一些，因此对仓储和销售有更高的经营资质要求。这种流通模式的代表是九州通集团。九州通集团以“快批”方式，由一家名不见经传的地方小型医药批发企业，2000 年后在短短的 3 年时间内销售额排名跃居全国第三。

需要指出的是，尽管在医药流通领域已经出现上述图 3、图 4 这两种新型流通模式，而且这两者具有流通环节少、效率高的明显优势，但是，图 1、图 2 所示两种模式却仍然是国内医药流通的主要模式，在整个医药销售总额中占到 70% 以上的份额，其中的根本原因在于我们后面将要重点介绍的政府管制失当导致的药品终端销售环节的公立医院垄断格局，这种格局极大地抑制了图 3 和图 4 这两种流通模式的发展。

三、药品生产、批发环节成本偏高的原因

尽管造成中国药价高企的根本原因不在生产和批发环节上，而在于医疗体制存在的弊端导致的医疗机构行为扭曲。但是，药品生产和批发环节也存在一些问题，导致这两个环节的成本偏高，因此对药价高企也起到了一些推动作用。所以在这一部分，我们对药品生产和批发环节成本偏高的原因做一简单说明。

（1）药品生产环节存在的主要问题是：制药企业数量众多，低水平重复建设严重，制药行业生产集中度低、生产能力严重闲置，抬高了生产成本。

全国有2/3的省份和80多个地区或城市将药品生产作为支柱产业，不少城市斥巨资建设大规模的“药都”和“药市”，地方政府推动型的药厂投资存在着较明显的低水平重复建设特征。这导致我国的制药企业数量多、规模小。按照最新的数字，目前全国有近5000家制药厂（章剑峰，2006），其中小企业占2/3以上，生产集中度低，生产成本高。排在前50位的制药企业，生产集中度2000年约为50%；而美国前30位的制药企业1992年集中度就达到97%。全国所有药品制造企业的销售收入加在一起，还不如美国一家最大的跨国制药公司。此外，全国药品生产结构雷同，生产能力严重过剩。一种药品一般有七八十家甚至数百家药厂生产。全行业设备利用率不足一半，设备闲置意味着固定资产折旧，抬高了药品的生产成本（陈文玲，2005）。

此外，老国有医药企业历史遗留包袱重也是其运营成本过高的重要原因。

当前，全国制药企业的平均利润率不到8%（陈文玲，2005；耀文，2006）。国家发改委提供的统计数字显示，医药工业实现利润不及全国工业利润平均水平的1/3，在全国12大工业行业中列倒数第二位，医药企业亏损面达到30%，企业亏损面和亏损额均呈扩大之势（胡文华，2006）。从这些信息可以看出，医药生产行业至少近几年来并不是一个利润很高的行业，该行业竞争激烈，也无法维持高利润。因此，从生产环节来看，药价“虚高”的原因不是来自于药厂的高利润。这个环节上对药价的推动主要来自于规模小、设备闲置导致的生产成本偏高。

需要指出的是，由于地方保护主义和国有企业改制的高成本，通过兼并重组方式减少现有医药企业数量的做法困难重重。在笔者访谈的5个药厂中，企业负责人均表示通过兼并收购现有药厂的方式扩大生产能力，其实际成本很可能会高于新建一座同等生产能力的新企业或新车间。这是该行业产业集中度不能尽快提高的原因之一。

（2）批发环节存在的主要问题是：批发环节过多，行业集中度低、规模化程度低、物流配送水平低；经营费用高，导致药品流通成本过高。

尽管20世纪90年代以后先后出现了上面图3、图4所示的新型流通模式。但是迄今为止占据主流的流通模式还是图1、图2所示的流通模式。这种流通模式环节过多，极大抬高了流通成本。

首先，我们先看流通环节过多的问题。药品从生产到销售终端，中间一般要经过4~6个流通环节，这种多环节的流通体制直接加大了药品的流通成本，每个环节平均加价10%左右，到药品零售环节累计加价率就会在40%左右。

其次，药品分销的集中度低、规模化程度低、物流配送水平低。我国药品分销领域企业数目多、规模小、效率低，药品现代物流配送体系尚未建立，流通费用高昂。目前，中国医药批发企业中最大的3家，中国医药集团、上海医药股份公司、九州通集团有限公司年销售总额2005年也仅占全行业的1/4左右。而美国的这一数字则达到90%，日本达到80%、欧盟达到65%（韦绍锋，2006）。美国药品销售额占世界药品市场的份额超过40%，但药品批发商总共只有70家。法国8家药品批发企业中，其中3家市场份额高达95%。德国现在也只有10个大的药品批发商，其中最大的3家市场份额超过60%。国外大型医药公司年销售额一般都在20亿美元以上。而国内批发企业年销售超过5000万元的不到5%。国内批发企业的平均费用率超过12%，而美国药品批发商平均费用率不足3%（陈文玲，2005）。

平价药房的出现凸显了药品流通领域的高成本。和普通药房相比，平价药房价格的平均降幅大多为30%~45%，依然有10%左右的利润空间。原因在于平价药房多数是从制药企业直接进药，大大减少了中间流通环节，明显降低了进货成本（刘华，2006），因此具有较强的成本优势。

此外，传统国有医药批发企业历史遗留包袱重也是其运营成本过高的重要原因。再就是药品购销环节还存在一定的地方保护问题。

总体来说，近年来药品批发领域的利润率一直走低，整个行业的平均纯利润率几乎没有超过0.7%。所以，药价“虚高”的原因不是来自于批发环节的高利润。这个环节对药价的推动主要来自于环节多、经营管理效率低导致的医药流通成本过高。

总体说来，造成药品生产和批发环节上述主要问题的原因并没有产业独特型，这些问题几乎是地方国有企业曾经占据主导地位的产业的共性问题。解决这些问题的根本措施也是基本一致的：首先是放松管制，放开竞争。从目前国内有近5000家制药厂和8000家左右药品批发企业这两个数据看（章剑峰，2006），我们的进入管制措施毫无效率可言，不如放松管制，通过促进竞争实现优胜劣汰和适度集中。其次是消除地方保护，打破地区市场分割，目的同样是促进竞争以实现优胜劣汰和适度集中。由矿泉水、牛奶、方便面这些普通消费品市场的高集中度可以看

出，只要放开行政管制、消除地方保护主义，消除所有制歧视，药品生产领域的适度集中和效率提高没有什么问题。而从“九州通”的快速崛起，以及在家电零售领域中“国美”、“苏宁”的迅速发展看，只要放开行政管制、消除地方保护主义，消除所有制歧视，药品批发领域的适度集中和效率提高同样指日可待。

从发达国家的经验看，药品生产和批发环节的市场集中度提高，有助于政府对药品市场监管的有序和有效，而且也有助于降低监管成本。不过有一点必须强调，即这种市场集中度的提高必须是市场自由竞争的结果，而决不能是什么政府主导的“强强联合”或者“整顿市场秩序”的结果。其中的道理非常简单，那就是只有自由竞争才能实现真正的优胜劣汰，我们付出了巨大的代价才认识到这个道理，绝不能不长记性。

第二节　政府对药品定价的管制模式

直到20世纪80年代后期，医药价格都是由政府直接制定，这是计划经济体制的典型特征。1992~1996年，国家曾尝试放开药品价格，结果药价飞涨。于是1997年国家又把药品价格重新纳入控制范围。

2000年是我国药品价格改革史上的一个分水岭，原国家计委2000年7月20日发布《关于改革药品价格管理的意见》，基本建立了目前的政府药品价格管理体制，此后几经调整，但基本管制框架没有大的改变。根据原国家计委的上述文件，以及《价格法》、《药品管理法》、《药品价格管理条例》等法律法规确定的原则，政府现在采用以下两种方式管理药品价格：

一、直接价格控制

对纳入《国家基本医疗保险药品目录》的药品和医保目录以外的少数生产经营具有垄断性和特殊性的药品，如麻醉药品、一类精神药品、计划生育药品、药具和计划免疫药品等，实行政府指导价或政府定价。对这些药品，政府规定最高零售价，定价方式一般是由国家发改委发统一调价函限定一个最高零售价。2004年医保目录改版后，政府实行价格管制的药品约为2400余种，占到全部药品种类的20%左右。其中，国家发改委负责医保目录中处方药的定价，省级价格主管部门负责非处方药的定价；各省还可以根据国家医保目录增减15%药品，由省里来定价。省里一般根据企业的成本（原料、辅料、包装、各种管理、财务费用等）和所认定的合理利润水平定价，一般一类新药的利润不超过40%，通常情况下药的利润为15%。基于发展和保护本地医药企业的考虑，地方政府一般会根据这一政策将本地产药品增加到医保目录中。

政府确定药品价格的办法大致如下：以企业生产销售成本或进口到岸价为依据，加规定的利润率来确定出厂价格或进口口岸价格，药品批发、零售环节则以出厂价为基础，加规定的加价率作价销售。这种药品定价办法，习惯上称作顺加作价办法。上述医保目录内药品的定价方式就是这种定价方法。作为定价基础的企业生产销售成本是所谓的社会平均成本，该数据根据制药企业上报的成本信息经相关物价管理部门确认形成。利润率、各批发、零售环节的加价率也由相关物价管理部门明确规定。

尽管医保目录药品仅占全部药品种类的20%，但其销售总额却占全部药品销售额的80%。

同时，原国家计委于2001年1月发布《关于单独定价药品价格制定有关问题的通知》，明确规定制药企业可以对政府定价的药品申请单独定价。其中规定，无论进口的、进口分装的还是国产的，如果国内市场上同种药品是由多家企业生产的，只要其中一家企业认为“其产品的质量和有效性、安全性明显优于或治疗周期、治疗费用明显低于其他企业同种药品且不适宜按《政府定价办法》［计价格（2000）2142号］第六条规定的一般性比价关系定价的”，就可以申请单独定价。此外，拥有自主知识产权但已超出知识产权保护期的原研药，也可申请单独定价。据称该政策的目的在于通过实行优质优价，来鼓励制药企业提高药品的质量、安全性、有效性或药品的性价比。单独定价是以厂家为名，价格后注明生产厂家，对于西药称为单独定价，中药称为优质价。必须指出的是，单独定价也是由政府价格主管部门确定最高零售价，而不是由企业自主定价，只是这一政府定价高于其他同类药品政府定价。①

医保目录以外的药品，由企业自主定价。企业自主定价要上报相应物价主管部门进行形式上的审查，公布在网上等。

二、药品集中招标采购

药品集中招标采购1999年试行，2000年全面推广。药品招标采购的一个突出特点是顺加作价。根据2004年9月国家发改委制定的《集中招标采购药品价

① 根据国家发改委20余次降价行动中发布的降价目录可以看出，一般性的政府定价药品，主要是由内资企业生产的仿制药，国有企业是这类药品的主要生产者。单独定价药品大致可分为两类：一类是主要由外资生产的原研药；另一类是主要由合资厂家和部分国内企业申报的单独定价的仿制药。单独定价的仿制药品价格比同样的仿制药往往高出1~2倍，但比外资原研药的价格要低1/3左右。

格及收费管理暂行规定》，中标药品零售价格的核定，实行以中标价为基础顺加规定流通差价率的作价方法。属于政府定价范围的药品，中标零售价格不得超过价格主管部门制定公布的最高零售价格。其中，中标药品零售价格核定公式为：

中标药品零售价格 = 中标价 ×（1 + 规定的流通差价率）

其中规定流通差价率实行差别差价率，价格高的品种顺加低差率，价格低的品种顺加高差率。具体差价率由省级价格主管部门确定。医疗机构实际的差价率可以低于但不可以高于政策规定差价率。

第三节　实际的药价形成机制

第二节简单介绍了政府的药价管制模式，这一价格管制模式体现了政府的管制意图以及政府所希望的药品价格形成机制。但是，实际的药品价格形成机制却未必合乎政策意图。下面我们来看一下实际的药价形成机制。在这里我们只介绍实际的药品价格形成机制是怎样的，至于为何形成这样的价格形成机制，将在下面第四节予以说明。

一、实际的药品价格构成

20 世纪 90 年代以来，医药企业开始使用医药代表和各种“回扣”来推销药品，所谓回扣即医药销售收入中返还医院和包括医生在内的相关人员的部分。此后，这种方法成为整个制药界一种通用的药品营销模式，而可用于“回扣”的数额也成为左右药品销售额的决定因素，各种或明或暗的“回扣”已成为医院、医生以及药品流通领域其他利益相关者（除了患者）的重要收入来源。

因此，和其他产品的一个明显差异是，国内药品价格的构成除了药品本身的研发、生产成本、销售费用、流通费用以及生产、批发及零售企业的利润之外，还有医生等相关人员的回扣和医疗机构的回扣。其中，医疗机构得到的回扣实质仍然是医疗机构的盈利，但是从政策法规的角度看，两者有明显的区别。首先，相关政策明确规定医疗机构可以按照规定的进销差价率获得售药盈利，最初规定的这一差价率是 15%，即医疗机构可以在药品批发价格的基础上加价 15% 销售，[①] 这一进销差价收益构成医疗机构的合法盈利。在实行药品集中招标采购以后，正如第二节介绍的，不同价位的药品差价率不同，高价品种差价率低一些，

① 这一加价率最早形成于计划经济时代。

低价品种差价率高一些，但基本的原则没有变。所谓医疗机构得到的回扣是指制药企业在中标价格即医疗机构购药批发价之内返还医疗机构的部分收入，这又包括两种，一种是所谓的“明折明扣”，即如果药品中标价格为100元，在这个价格下药企同意返还医疗机构20%，即20元，也就是说，医院实际的进货价格为80元，不过医院在零售时是在100元而不是80元上加价15%（或者政策规定的其他差价率）。这样医院的售药盈利实际上等于“明扣+规定的差价”，按照这里的例子就是20元加15元即35元了，这种回扣是合法的，但是规定要明示在医院的财务报表中。[①] 另外还有一种回扣为药企和医疗机构的私下交易，是不为外人所知的药企对医疗机构的售价返还，即所谓的“暗扣”。产生“暗扣”的原因对于医疗机构一方来说是不希望公开的中标价太低，否则会降低其合法的进销差价收益，但又希望获取尽可能多的药品盈利；而对于药企一方来说，为了能够使自己的药品进入医院，往往不得不答应医院的这一要求，另外也有掩盖自己真实生产成本的意图。显然，这种私下的回扣是药企和医院合谋的结果。

因此，药品价格的构成大致如下面这一公式所示：

药品零售价格＝研发成本＋生产成本＋销售费用＋药企利润
＋批发商按比率加价＋医生及其他相关人员回扣
＋医疗机构回扣＋医疗机构进销加价

其中的研发费用含有新药申报费用，[②] 而销售费用含广告费、推销推广费[③]以及营销人员的收入。批发商按比率加价部分由批发商的经营管理费用和利润组成，政策规定了各个批发环节的加价率，但由于竞争的原因，实际的加价率往往低于政策规定的加价率。除了我们上面提到的医疗机构拿的两种形式的回扣之外，拿取回扣的个人大致有以下人员：[④] 在2000年国家施行药品集中招标采购之前，医院药剂科主任、主管副院长、负责进药的药剂师、医院药品库管员、科室主任、医生、划价处相关人员、药房出纳、[⑤] 医院财务负责人（张映光、戴维，

① 据资料反映，近两年我国列入医疗机构账面的药品折扣收入就约达90亿元，相当于药品购进额的16%（郭莹等，2003），这里所讲的药品折扣即所谓的“明折明扣”，为政策所允许。

② 除了政策规定的正规费用以外，要将仿制药申报为新药，享受单独定价，需要有一笔不菲的“公关费用”打通新药审批部门和定价部门（张映光、戴维，2005；章剑峰，2006），笔者的调研结果也证实了这一说法。

③ 这里的推销推广费不含给医生等相关人员的回扣。调研中某一药厂告诉笔者，该厂每年仅药品推介会（含各种形式的学术研讨会）就需要举办600多场，国内一家大型药厂还为此专门建造了两座五星级宾馆。

④ 笔者调研的三家医院对此均表示认同。

⑤ 药房出纳负责给医药代表每月开出单据，统计哪些医生开了多少药——业内称为“统方”。每月月底，医药代表会根据这一单据为医生结算提成即回扣（张映光、戴维，2005），可以看出这是一个必不可少的环节。

2005)；国家推行药品招标采购制度后，由于大量政府管理机构的介入，导致环节陡增、人员庞杂，药企需要"公关"的对象反倒更多了，而且档次明显上升，招标办主任、卫生局局长、药事委员会的相关委员，全都进入需要公关的名单，公关成本明显增加（徐慧，2004）。发生在山西晋城市阳城县人民医院的系列药品回扣案为我们这里的说法提供了佐证（刘云伶，2006）。

此外，由于有少部分药品是通过药店零售的，这一部分药品的价格构成大致可以由以下公式反映：①

药品零售价格 = 研发成本 + 生产成本 + 销售费用 + 药企利润
+ 批发商按比率加价 + 药店经营成本 + 药店利润

从这个公式可以看出，药店零售价格的构成要简单许多，这也是同种药物大多数药店价格要低于医院的原因之一。不过，两者的价格很大程度上缺乏可比性，因为药店销售的大多数是非处方药，而处方药的零售绝大多数由医院负责。两种药品的政府管理模式有很大的差异。

下面我们来看一看药品零售价格各部分的大致构成。由于医院零售占了整个药品零售的 80% 以上的份额，我们这里仅说明这一部分药品的零售价格构成。由于不同的药物差异很大，而且也没有资料对此进行详细说明，从相关文献看，不同的医院、不同的药物，以上各价格构成部分的比重差别很大，没有一个统一的比例。我们以所谓的单独定价新药为例，② 其中的大头由医院和相关拿回扣的人员拿走。结合相关文献，③ 以及笔者的调研，大致的药价构成比例如下：

医院销售此类药物的利润率（含回扣）大致在 20% ~50%，医生等相关人员的回扣大致在 10% ~30%，仅这两部分就占了药品零售价格的 30% ~70%。

在药厂的销售收入中，研发成本的比重大约是3% ~5%，生产成本是10% ~30%，销售费用 30% ~70%，企业毛利 10% ~20%。不同药品的实际出厂价占零售药价的比率差别很大，大致的范围在 10% ~50%。

批发环节加价占零售价的比例，不同的批发模式差别也很大，大约在 3% ~10%。

图 5 是 2006 年 8 月 31 日的《南方周末》刊登的一篇文章中给出的一幅图（赵小剑，2006），该图形象地描述了通过医院零售的所谓新药的价格的构成。

---

① 不同的药店利润率差异很大，根据笔者的调研估算，这一数字大约在 10% ~50%。

② 这类药品价格是造成药价虚高的主体，而且其中的不合理性也最为触目惊心。

③ 比如杨方熙（2005）通过对河南省舞钢市的调研发现：公立医院在当地药品价格虚高问题上起了决定性作用，该市二级甲等医院药品销售的利润率高达 185%。镇江市物价局的调查表明，镇江市 5 家医院药品毛利率平均在 40% 左右。医院作为药品销售的主渠道，药品价格普遍高于药店价格（朱晓法，2005）。国家发改委的一个统计表明，2005 年国内医院的实际药品进销差价率为 42%（章剑峰，2006）。

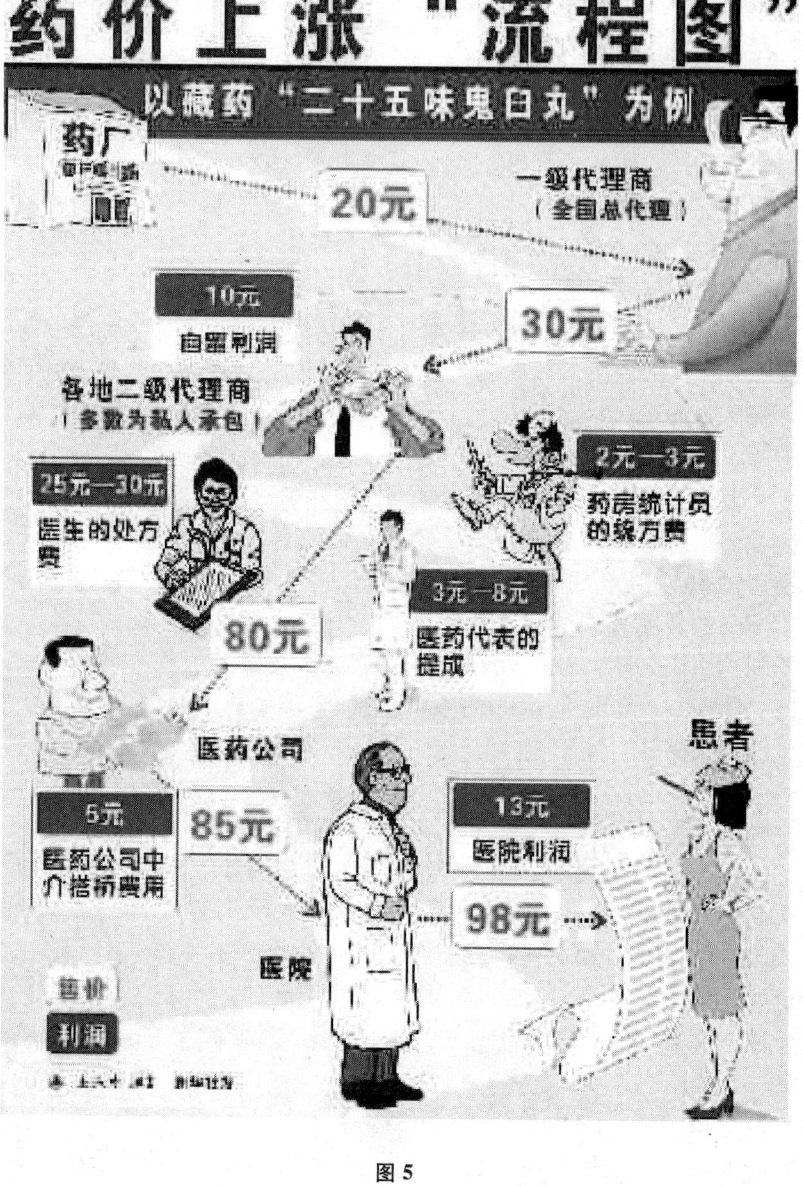

图 5

二、药价的地区分布差异

目前在国内，药品的地区分布以及在不同规模和层次的医院之间的分布具有明显的梯度性（张映光、戴维，2005）。

像北京和上海这样的大城市集中了中国最优秀的大型医疗机构和高校教学医院，这些大城市的患者由于收入水平高，而且享有公费医疗或医疗保险的比重也高，加之这些医院也吸引了国内相当一部分支付能力强①的患者，因此基于下面第四节将要讲到的原因，这些医院具有很强的抬高药价的能力。所以在这样的大城市、这样的大医院中，患者通常买到的多为进口药、外资药企的原研药以及一些合资企业和少部分内资企业生产的单独定价的仿制药，即医药行业所谓的“新特药”，这些药品均为高价药。而疗效类似的低价药在这些城市和医院较难买到。②

在像大部分省会城市这样的二、三级城市，鉴于其市民支付能力相对大城市弱，因此这些城市的医院常用的药品主要是由合资或国内企业生产的获得单独定价的仿制药。这种药品的价格低于上述大城市的药品价格，但高于下面讲到的流通于农村地区的药品价格。

上述两类药品是药企的推销重点，一般利用“医药代表”进行推销，医药代表在推销该类药品时，基本采取分成即回扣模式，价格越高的药品，医院、医生或其他相关人员的回扣就越大，因此，价格越高的药品在这类医院越好卖。本节前面所讲的药品零售价格定价流程主要是针对这两类药品而言。

孟庆跃等（2004）对医院的调研结果支持上述结论，他们发现，治疗同样的疾病，大型医疗机构的费用尤其是药品费用显著高于中小医院，而且这种差异不来自于患者病情严重程度的差别，而主要是因为大型医院利用了更多的贵重药品和不合理用药的程度更高。当然，能做到这一点的主要原因是在大型医院就诊的患者支付能力较强。

而在广大的农村地区，由于农民普遍收入低，不享受医保，看病自费，买不起高价药，加之乡镇卫生院和农村诊所规模小，因此流通于农村的绝大多数为低价药。这些药品多为国有企业生产的低价仿制药，在医药行业中被称为“普药”，即患者广泛使用、利润小的药品，这部分药品的零售价格接近于生产成本，药企的利润很微薄。当然也不可能拿出足够的推介费和回扣打入城市市场。这部分药品一般通过常规的批发零售环节销售。药企将这类药品批发给一级经销商即省一级的大型商业公司，然后由商业公司直接配送到医院或分销给二级分销商，其最终的购买对象是县级医院、乡镇卫生院和农村医疗站。这是国企的传统销售模式，无须依靠医药代表向医院推广。

① 收入高或者公费医疗支付能力强。

② 张映光、戴维（2005）称：“北京大多数医院的药房中，一般储备有少量的青霉素和低价抗生素这类便宜的药物，供医生、护士或其朋友家人自己使用。”在笔者调研的三个医院中有一家处于发达省份的省会城市，该医院的做法是高价与低价药品均储备一部分，即便不储备也想办法到医药公司批发自购。

此外流通于农村的药品也有一部分是部分中小药厂生产的低价低质药，还有一些是假冒伪劣或者过期药品。

可以看出，国内药品及药价的这种市场分布格局的形成不是源自患者的治疗需要，也不是源自药品使用的自然生命周期，而是完全根据患者的经济支付能力。这一点和市场经济中垄断企业实施的差别定价策略非常类似。从这个方面看，国内医药市场似乎是颇为市场化的。但问题是，和市场经济中垄断企业实施差别定价策略的成因和后果截然不同，国内医药市场的这种定价格局是行政管制失当造成的，且带来了严重的效率损失和公平缺失。

第四节　管制失当造成的公立医院售药行为扭曲

中国的医药市场供求关系具有一种和其他绝大多数市场截然不同的反常特征，那就是在中国的医药市场上，至少是由公立医疗机构作为销售终端的这部分医药市场上，呈现药品价格越高、医院的药品需求量越大，相应的药品销售也越大的特点。这一特征的形成根源于中国医疗体制存在的根本性弊端，而这一体制弊端及由此导致的医疗机构行为扭曲则根源于政府管制措施的失当。以下我们通过分析国内医疗体制存在的问题和成因说明药价高企的根本原因。

一、医疗行业的三个自然特征

国内医疗体制存在的问题和医疗行业的三个自然特征结合在一起导致了药品价格的高企。因此，我们首先需要说明医疗行业的这三个自然特征。

（1）医疗服务存在着严重的信息不对称。众所周知，疾病的诊断和治疗是个高度专业化的技能，患者得了什么病、应该用什么药或方法治疗，只能由医生判断，患者本人通常并不清楚。尽管其他一些市场也存在着供求双方的信息不对称问题，比如轿车市场，普通消费者对轿车信息和知识了解甚少，但是这些市场提供的一般是有着统一质量和品质标准的标准化产品，这足以使消费者可以自主决策做出正确选择。但医疗市场做不到这一点，诊疗服务是个高度个性化的服务，根本不存在整齐划一的质量标准。因此，这里的信息不对称尤为严重。这种信息不对称意味着，尽管医疗服务的实际消费者是患者，但是做出医疗服务需求决策的很大程度上是医生，而医生和患者的经济利益并不一致，甚至是冲突的。在卫生经济学中，往往用“委托—代理”理论来描述和分析这种医患关系。医疗服务的这一特点为医生的道德风险行为提供了实施的可能性和空间：医生可以

追求自身经济利益而不顾患者利益，主要手段就是利用信息优势诱使患者消费过多的医疗服务及药品。在卫生经济学中，这种道德风险行为通常被称为“供给诱导需求”（T. G. Mcguire，2000）。①当然，医疗机构是否真正有能力实施这种“供给诱导需求”行为还取决于医疗服务市场的市场结构，如果该市场竞争足够充分，且形成了完善有效的信誉机制，医生及医疗机构的这种道德风险行为将会受到显著的约束。反之，如果医疗机构具有垄断地位，这种“供给诱导需求”的潜在能力就变成了实际能力。

（2）医疗服务及医药需求严重缺乏价格弹性。由于事关身体健康和生命安危，与对其他大多数服务及商品的需求不同，医疗需求和医药需求的价格弹性很低，即价格上涨不会显著减少患者的需求量。影响医疗和医药需求的主要是患者的支付能力而不是价格水平。毫无疑问，公费医疗或者医疗保险会进一步强化这一特征。当然，需求缺乏价格弹性并不必然导致高价格，这同样取决于市场结构是怎样的，只要市场供给方存在充分竞争，可以长期维持的市场价格依然会基本等于供给成本。食品市场基本就是这种情况。但是，如果市场缺乏竞争，供给方具有垄断地位，需求缺乏价格弹性这一特征就给予了供给方以很强的抬价能力，从而市场价格将会维持在一个很高的水平上。

（3）医疗服务市场的自然垄断特征。由于诊疗技能即所谓的“医术”是一种高度专业化且具有很大差异性的人力资本，因此，医生及医疗机构往往会在某些专科领域具有一定程度上的技术垄断特征。此外，由于最小经济规模导致的医疗机构地域分布特征带来的交通、时间及信息成本，②医生及医疗机构往往会在一个确定的地域内具有一定程度的垄断地位。换句话说，医疗服务市场的竞争一般是难以达到“完全充分”的，医生及医疗机构一般都具有一定的自然垄断特征。③

具体到国内，由于国内医疗资源配置明显失衡，优质医疗资源集中在大中城市的综合性医院和教学医院，这使得这些医院的自然垄断地位得到极大强化。

但是，必须指出的是，药品零售业务不具有这种自然垄断特征。

简言之，在上述三个医疗行业自然特征下，医疗机构具有较大的能力将医疗

---

① 尽管这一概念发源自国外，但国外的相关研究文献对医生是否有足够的需求创造能力表示怀疑，各种实证研究给出的结论存在明显的分歧（T. G. Mcguire，2000）。不过，对这一现象的存在性，国内似乎还没有研究文献提出质疑。相当一部分国内文献通过实证分析表明国内存在明显的药品和仪器检查的过度利用（孟庆跃等，2004）。

② 对于急诊服务这一特征尤为明显。

③ 传统中国社会的郎中在提供医疗服务方面往往会采取看人收费的方式，即穷人低收费（甚至免费）、富人高收费的做法，具体的方式就是患者送给郎中的“红包”的多寡（周弘、张浚，2004），这是一种典型的差别定价策略，而这一定价策略的一个前提条件就是郎中具有一定的市场垄断地位。

服务价格抬高到边际成本之上，并扩大患者需求，以谋取尽可能多的经济收益。在这样一种行业特征下，医疗机构及医生获得的高收益事实上是一种自然垄断利润，这种垄断利润很大程度上是医疗知识和信息的租金。换句话说，医疗行业的自然特征本身就使得医疗服务价格高企成为医疗服务市场的自然现象。对于这种自然垄断导致的医疗服务价格高企及相应的垄断租金究竟会对社会福利产生何种影响，理论上学术界存在较大的分歧。而在实践中迄今为止没有一个国家找到最优的调控和管制方法。但是中国目前医疗体制存在的问题尚不是这个层次的问题。现阶段中国的问题不是医疗服务价格过高，而是药品价格过高。产生这一问题的根源不是医疗行业的自然垄断特征，而是政府管制措施失当导致的中国医疗体制弊端，使得国内的医疗机构成为药品零售市场上的垄断者，这才是国内药价高企的根本原因。下面，我们来看一看国内医疗体制存在的弊端及其成因。

二、国内医疗体制的制度性缺陷

（1）行政管制失当使得公立医院在医疗服务市场上获得了行政垄断地位。这种行政垄断地位主要是由下面两个方面的行政管制措施导致的。两种管制措施体现的是政府政策中根深蒂固的所有制歧视。

首先是行业进入管制。不管是理论分析还是现实经验均支持这样一个结论：即使是非营利性的、甚至完全以提供公益服务为经营目的，医疗机构也并不必须是公立的，更不需要公立医疗机构一统医疗供给市场。中国数千年的医疗市场格局显然支持这一判断，而发达国家医疗服务市场的现状显然也支持这一结论。譬如，即使实施全民公费医疗的英国，很大一部分医疗机构也是民营的，其中承担着医疗服务市场“守门人”角色的全科医生就是独立开业或者以合伙制形式执业的（Folland，Goodman 和 Stano，2001）。然而，尽管市场化改革已经 20 多年，但迄今为止国内 93% 以上的医院和卫生院仍然是公立的，这种公立医院一统天下的局面既不是因为医院不适宜采用民营形式所致，更不是民营资本不愿意进入国内医疗服务市场的结果，完全是各种各样或明或暗的行政管制导致的高进入壁垒所致。这些行政管制使得公立医院在自然垄断之外又获得了很强的行政垄断地位。

其次是公费医疗和医疗保险的定点制度。定点医院几乎全部是公立医院，定点医院的确定既有一定定终身的特征，又有市场分割的特征，即一定地域内的患者只能到所在区域内确定的几家医院就诊，这一制度显然再次为公立医院创造了行政垄断地位。

上述这两种政府管制措施使得中国的公立医院在行业特有的自然垄断地位之

外又拥有了政府赋予的行政垄断地位，显然，双重垄断使得公立医院在医疗服务市场上的垄断地位相当强大。

不幸的是，下面我们即将指出的行政管制失当将公立医院在医疗服务供给上的这种垄断地位延伸到了药品零售业务上，使得公立医院在垄断了医疗服务供给之外又垄断了药品零售业务。这正是国内药价高企的真正原因所在。

（2）公立医疗机构对药品零售环节的垄断。众所周知，新中国成立以来，国内的医疗机构既提供诊疗等医疗服务，也销售药品，并且一直控制着绝大部分的药品零售。

在市场经济体制下，由于分工的高度发展，医院在药品零售上不可能获得自然垄断地位，毕竟绝大多数药品都是由专业化的药厂生产的，而且绝大多数药品是标准化产品，医院在药品零售上并没有明显的优势，无从获得自然垄断地位。然而，由于管制措施失当，政府利用行政权力为国内医疗机构在药品零售业务上创造了垄断地位。具体地讲，按照政府确定的药品分类管理体制，医院事实上控制了处方药零售业务，这使得医院将其在诊疗服务方面的垄断地位延伸到了处方药零售业务上。由于处方药销售占国内整个药品零售额的80%以上（王锦霞，2004；陈文玲，2005），因此公立医院事实上控制了绝大多数药品零售业务，这使得国内的公立医疗机构成为药品市场上的双向垄断者：面对众多的药厂和医药经销商，医院处于买方垄断地位，因为它控制着80%以上的终端市场，面对这样一个垄断买方，数量众多的医药工商企业基本没有讨价还价能力，只能满足医院的种种要求。[①] 而面对患者，医院处于卖方垄断地位，因为它控制着绝大多数处方药的开方权、销售权以及公费医疗与医保的定点资格，面对这样一个垄断卖方，患者更没有什么讨价还价能力，到医院就诊的患者基本也没有选择权，只能从医院买药。

医院在药品零售方面的垄断，完全是一种行政垄断。

此外，既然医院可以合法卖药，为了保护乃至谋求更大的经济利益，医院也会尽可能利用一些可能的手段保护自己在药品零售上的垄断地位，以隔绝来自社会药店以及医院之间的价格竞争。显然，如果病人拿着医生开出的处方到外面买药，业内俗称“跑方”，[②] 医院就不可能得到售药收益，因此医院会采取措施防

① 国内的公立医院也充分利用了自己的买方垄断地位，以接近于药企成本的实际批发价格购进药品，国内药企平均利润率不足8%、位列12大行业倒数第2位的事实清楚地说明了这一点。不过药厂表面上得到的批发价格往往明显高于其实际拿到的价格。

② 显然这种现象主要发生在自费病人中间。由于定点制度的约束，公费和医保病人很少出现“跑方”现象。此外，2002年放开药店审批之前，“跑方”现象也较为少见，因为当时医院和药店的药品都是按照国家的统一定价销售，“跑方”到药店配药对患者没有好处。而且开方和购药均在医院，一旦出现问题，责任明确。

止“跑方”现象，传统的做法是用拉丁文或者特别潦草的笔迹书写药方以使外人无法辨认。目前这种方式已经较为少见，现在的主要手段是使用无纸化处方，将处方信息输入磁卡或者计算机通过局域网直接传送到药房，使得患者无法到外面配药。此外，由于同种药品国内一般有数十个甚至数百个厂家生产，尽管这些药品的化学名和通用名是一样的，但是不同药厂生产的具有不同的商品名称。① 各个医院购进的同种药品往往产自不同的药厂，因此，医生在开方时有意使用药品的商品名而不是通用名或化学名，这进一步强化了医患之间本来就存在的有关药品替代性知识的信息不对称性，大大增加了患者到外面配药的困难，加强了医院售药的垄断地位，同时也使得医疗机构更易于用昂贵药品替代廉价药品。②

国内公立医院在药品零售上的这种卖方垄断地位，使得医疗机构所特有的“供给诱导需求”能力以及患者药品需求缺乏价格弹性这一特征赋予医院的抬价能力得以充分发挥，最终导致了国内药价高企及过度用药问题的泛滥。③

社会上往往用“医药不分”这种说法来描述上述现象。“医药不分”是一个事实，但是如果认为“医药不分”是造成药价虚高的根本原因，并没有抓住问题的核心，核心问题不是医院卖药，而是医院垄断卖药。

（3）以药补医的体制。尽管拥有的垄断地位使得医疗机构具有了抬高价格并扩大需求的能力，但是这种能力能否变为现实还要看实际的制度安排是否对此有所约束。可能是新中国成立以来形成的传统体制惯性使然，④ 也有人相信是政府管制的结果，体现医生人力资本价值的医疗服务价格不但没有被医生抬高，

---

① 药品一般有三种名称，即化学名、通用名和商品名。化学名是根据药品的化学成分确定的化学学术名称，通用名称是国家药典采用的法定名称，不同药企生产的同种药品的通用名是一样的，而商品名是指药品生产厂商自己确定，经药品监督管理部门核准的产品名称。在一个通用名下，由于生产厂家的不同，可有多个商品名称。

② 医生在处方中使用商品名的主要目的是为了顺利地从医药代表或药品代理商那里拿到相应的回扣，因为只有这样医药代表才能准确了解哪些医生开出了多少自己代理的药品。因此，商品名处方是“回扣”式药品推销得以畅行的必要条件之一。使用商品名处方的直接后果是：医生可以更容易地将疗效类似、但价格更高、往往也是“回扣”更大的药品开给消费者（梁雪峰，2006）。

③ 药品从生产到零售整个过程中的利润分配格局从一个角度说明医疗机构的垄断地位：据原国家经贸委的统计数据，2001 年全国医药工业企业利润额为 176 亿元，全国医药商业企业利润额为 9.4 亿元。而同期全国医院药品差价收入额约为 504 亿元。即每 100 元药品利润中，医院占了 73.1%，工厂占了 25.5%，流通企业占了 1.4%（王锦霞，2004）。显然，绝大多数药品收益被医院拿走了。

④ 纪玉山等（2006）认为 20 世纪 80 年代政府采取维持医疗服务低价格而放开药品价格这一政策，是为了维护统一的工资水平，或者是为了支持民族制药业发展。笔者相信更为根本的原因是新中国成立后形成的整个政治经济体制使然。新中国成立后的收入分配体制存在一种压低知识分子劳动报酬的趋势，而且行政人员占据权力主导地位的这种格局也使得专业技术人员的劳动报酬难以体现其实际价值，市场化改革这么多年这种局面仍然没有根本改变。

反而大大低于其实际价值。国内的患者都知道，如果不买药、不使用仪器进行检查，仅仅由医生来实施诊断和治疗，到医院看病的费用并不高。但是药品的价格却与此截然相反，这种格局的形成与所谓的“以药补医”体制密切相关。

在中国，医院的经费来源即所谓的补偿机制主要有三种：政府财政拨款、医疗服务收入和药品收入。传统体制下，我国城镇实行公费医疗制度，医院作为社会公益性事业单位由国家全额拨款。改革开放之后，国家财政投入占医院总收入的比重逐年减少，一些大医院只占到几十分之一甚至百分之一，目前这个比例全国平均不足10%（陈文玲，2005；朱晓法，2005）。由于医疗服务定价普遍明显偏低，使得医院仅靠医疗服务收费根本不能弥补经营成本。因此政策上允许医院以15%的药品进销差价来弥补亏空，这就是通常所讲的“以药补医”的补偿机制。

这种“以药补医”体制，按照微观经济学中的说法，是一种“捆绑销售”（tie - in sales）策略。具体到这里，是将一种具有自然垄断特征的服务和一种本身不具有垄断特征的商品捆绑在一起。在没有价格管制的情况下，垄断是无法延伸的，即厂商不能将自己在A商品上的垄断能力延伸到自己没有垄断力的B商品上（张五常，2002），不过如果政府对垄断商品实施价格管制，厂商可以通过将该垄断商品A和另一种非垄断商品B捆绑在一起销售的办法，将A商品受到管制约束的垄断权力延伸到B商品上，从而尽可能多地攫取垄断租金。但是和没有价格管制从而也无须捆绑销售相比，这种做法存在很大的效率损失，买卖双方的福利均有明显的下降，从而整个社会的福利水平也有明显的下降，此种现象经济学中称为“租金耗散”（dissipation of rent）（Cheung，1974，1975，1979；Barzel，1997）。

“以药补医”机制使得医院获得了通过出售药品获得盈利的合法权利。使得药品销售与医疗机构、医务人员的经济利益直接相关。此口一开，医院自然会充分利用这一政策谋取收入。在这种情况下，我国的公立医院虽名为非营利性医院，但几乎所有医院都变成了从药品销售中获利的营利性机构。近几年在医院的总收入中，药费收入占60%左右，少数中小医院高达70%～80%（朱晓法，2005），药品销售成为医院收入的主要来源。在药品的使用上，基本上是哪种药品给医院带来的净收入多，医院购进和销售这种药品的积极性也就越大。尤为恶劣的是，为增加售药收入，医院、医生诱导患者过度使用药物，即所谓的开“大处方”，造成药物滥用。比如，抗生素在医院环节的差价率大都高于30%，近几年医院药费收入排在前5位的都是抗生素，抗生素销售收入占医院药费总收入的30%以上，抗生素滥用现象十分严重。据调查，我国每年有8万人死于抗生素滥用（陈文玲，2005）。[①]

三、政府管制的困境

本节上面的内容说明了正是因为政府管制措施的不当使得公立医院在药品零售环节上获得了垄断地位，同时我们也已经指出正是这一垄断地位使得医院具有了抬高药价谋求高额收益的能力。但是我们还没有说明本节开始所讲的“药品价格越高、医院的药品需求量越大”这一反常现象的原因所在。毕竟，面对患者的卖方垄断地位和患者药品需求缺乏价格弹性这一特征带来的抬高药品零售价格谋求高额利润的好处是赋予医院的，医院没有必要将这一好处延伸到药企身上，况且在药品批发环节的买方垄断地位以及药厂之间的激烈竞争，使得医院有能力将药品的批发价格压低到其供给成本水平，这样做医院可以得到最高的利润。换句话说，零售环节的双向垄断地位使得医院具有低批发价购药并高零售价卖药以赚取最大利润的能力。可是，为什么医院偏好于购进高批发价药呢？收益率管制政策是揭开这一谜团的钥匙。

（1）进销差价率管制的困境。可能也是担心医院利用垄断地位哄抬药价，因此政策明文规定在药品销售中医院的进销差价率不能超过15%。也就是说，医院以10元批发价购进的药品卖给患者的零售价格不能超过11.5元，即毛利率不能超过15%。这一本意是控制药品零售价格的管制措施，实际的实施效果是扭曲了医院的药品购销行为，最终显著抬高了零售药品的价格，同时还将那些疗效可靠但价格低廉的药品逐出了市场。

进销差价率管制所诱使的医院药品购销行为我们可以称为“逆向替代效应”。微观经济学告诉我们：对于消费品来说，当可相互替代的商品相对价格发生变化时，消费者的选择是减少相对价格提高的商品的消费数量而增加相对价格降低的商品的消费数量，这就是所谓的替代效应。企业对待相对价格发生变化的生产要素也是这样一种替代方向。但是，在上述药品购销收益率管制措施下，当两种可以相互替代的药品相对价格发生变化时，医院的替代方向与上面标准的替代效应方向恰好相反，医院会用相对价格上升的药品替代相对价格下降的药品，正因为如此我们把这种效应称为“逆向替代效应”。其中的原因并不难以理解：在药品进销差价比率即毛利率存在上限管制约束的情况下，批发价格越高的药品医院的收益越大，因此为了追求最大经济收益，医院倾向于进销高价

---

① 秦悦和任苒（2006）对辽宁省8个县13个乡镇卫生院和34个村卫生室进行的抽样调查表明，在辽宁省乡、村两级医疗机构中，抗生素、激素和输液剂滥用现象普遍存在。

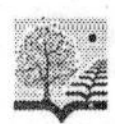

药。[①] 正是这一原因，导致目前施行的医院用药集中招标采购制度事与愿违。在目前的招标制度下，规定同一品种药物存在三个中标厂家，因此临床用药的选择性很大，替代品很多。由于这里所讲的“逆向替代效应”的存在，医院普遍采取在中标的同类药品中优先选购价格高或“暗扣”大的药品的做法，而低价中标药品由于价格低、回扣少或没有回扣，医院拒绝进货。这一现象在业内称为“死标”。这使得一些在降价后成本与零售价格接近的廉价药品，如青霉素，基本上从医生的处方中消失了。由于医院控制了药品零售的80%以上，因此，只要某种药不在医生处方中出现或出现的机会过小，这种药逐渐“退出”医院市场也就在所难免了。因此，医院的内部处方量决定着一个品种甚至一个厂家的生死，“死标”现象使得一些疗效可靠的常用药品因价低利薄被人为地逐出市场，不但医院不愿意进货，而且药店也不愿销售，往往使得厂家不得不停产这种药品。

医院的上述药品购销行为诱使制药企业抬高药品批发价格，一方面满足医疗机构购买高价药品的偏好，[②] 另一方面留出更大的利润空间用于以高额回扣、折扣的方式向医院返还收益。

实际上，上述对医院药品进销差价率的管制方式是现行药品定价方法即所谓的顺加作价法的一部分，这种“高进高出、低进低出”的定价政策，刺激了医院和各个流通环节销售高价药的热情，[③] 由于控制药品销售终端的医疗机构倾向于购销高价药，这使得由顺加作价法带来的各流通环节购销高价药品的激励有了实现的可能，因此，国内药品流通领域的一个相当普遍的现象是一些疗效稳定、安全性高的低价药品没有人愿意销售，从而迫使药企停止生产这些药品。

下面，我们需要说明在政府的直接价格控制下，特别是在政府连续二十余次的药品降价行动中，“前赴后继”的高价药是从哪里来的。

（2）新药审批加单独定价政策“孕育”了一批又一批高价药品。第二节中我们已经指出，现行药品管理办法规定对于新药、特药实施单独定价或者企业自主定价。其政策意图是鼓励药企研发新特药。但是在实际的执行过程中，由于新

---

① 为消除这一负面效果，国家发改委要求各省价格主管部门按差别差价率制定医疗机构药品进销差价，也就是价格越低，差价率越高；单价越高，差价率越低。但从各省公布的差别差价率看，低价药的收益不可能超过高价药（梁雪峰，2006）。如某省规定：单价10元以内的药品流通差价率为30%，10～30元的流通差价率为25%，30～60元的为20%，60元以上的为15%。这一规定符合差别差价率原则，但是，卖单价10元的药，医院能赚3元利润，而卖单价60元的药品可得到9元利润，相差3倍，这一定价机制依然鼓励医院卖高价药（王淑敏，2006）。

② 由于公立医院在药品零售环节具有双向垄断地位，药品采购几乎不占用医院的资金，因为绝大多数药企和销售商都给医院很长的回款期，甚至售后回款。因此，进销高价药并不增加医院的资金成本。

③ 这一结果并非中国独有，发达国家的管制经验早已表明，收益率管制会诱导被管制企业做大或夸大成本。

特药审批政策过于宽松，使得药企能够很容易地通过开发新药来规避政府的价格管制，因此目前这一政策成为药企普遍采用的一种规避政府价格管制、抬高药价的工具。

市场上很多所谓的“新药”，大部分是原有品种过了专利保护期的仿制药，国内药企通过改变剂型、改变规格、改变包装、改变给药用途，或者添加少数无关紧要的成分以申报新药名和新商标的办法来开发成所谓的“新药”，然后利用单独定价政策或者企业自主定价政策重新定价为高价药品。药企要做到这一点，新药审批这一关至关重要。而国家药监局对新药的审批非常宽松，据张映光和戴维（2005）报道，2004 年，国家药监局共受理了 10009 种新药申请，其中没有一种是真正的新化学实体。另外，国家药监局官员称 2005 年批准了 1113 种新药，而同年度美国 FDA 新药审批数量只有 81 种（章剑峰，2006）。这一显著的数字差异，体现了中美之间有关新药定义的差异，也形象地说明了国内新药标准的宽松。①

此外，中国的新药审批缺乏有效的外界监督。没有一个机构能对审核新药的药监局和专家组进行监督。这使得新药审批环节中存在着各种各样的寻租现象，其中的官员腐败问题触目惊心（章剑峰，2006；陈小莹、沈玮，2007）。

而单独定价政策存在先天缺陷，质量与疗效的优劣界线模糊，赋予了相关审批人员很大的自由裁量权，审批过程也不公开、不透明，缺乏监督。相关报道透露，一家企业欲申报新药并最终获得单独定价，往往要耗资数百万元公关费用（张映光、戴维，2005；章剑峰，2006）。

这一问题的实质是政府不当的药价管制（包括所谓的单独定价政策）引致的药企行为扭曲，宽松的新药审批政策只是药企这一行为得以实现的辅助条件罢了。

至此，我们基本弄清楚了目前药价虚高的根本原因：公立医疗机构在药品零售环节上的双向垄断地位是导致药价虚高的根本原因。医疗服务价格低估导致的“以药补医”机制赋予了公立医疗机构抬高药价的合法权利，进销差价率即收益率管制进一步诱导医院进销高价药，单独定价政策加之宽松的新药审批制度为药厂提高药价、医院购销高价药提供了便利。这些问题的出现根源于政府管制措施的失当。

第五节　结论与政策建议

解决药品价格居高不下问题，表面看是价格问题，实质上关系到医疗体制、

① 显然，这种现象削弱了国内药企的自主创新激励和自主开发能力。

医疗保险体制、政府管理体制等各个方面。因此，欲实现有效控制药价及药品费用过快增长的势头，需要配套改革，本文无力提出一套系统的整体改革方案，而是仅就我们所研究的药价问题对当前的一些改革建议作一点简单评论，并提出基于本文分析逻辑的改革建议。

一、对“医药分离”改革和“医院药品收支两条线”改革的评论

（1）医药分离。现行医疗体制存在的问题是药价过高的根本原因，所以改革也必须由此着手，对此国内应该说已经取得了基本共识。目前，国内的主流看法是，必须实行医药分离，解决以药补医问题，并配套进行综合性医疗体制改革，才能彻底解决当前的药价虚高问题。提出这一政策主张的理由是：在医药不分家的情况下，医院、医生以及其他相关者与药品销售在经济利益上的联系，是药价治理无法取得理想效果的根源。因此，只有进行医药分家，从源头切断医疗机构与药品收入的利益链条，才能彻底扭转医疗市场上药价越高；药品越好卖的特点，从而根本性地解决药价虚高问题。

这一政策建议中的“医药分离”是什么意思呢？大多数人所谓的“医药分离”是指将药房从医院中分离出去，禁止医院卖药，从源头上切断医疗机构和药品收入的关系。然而，在笔者看来，这一政策主张既缺乏理论依据也不具备现实可操作性。张五常有句名言：“要想医院不卖药，除非架上机关枪。”就是许多人所谓实行医药分离的美国，每年医院售药占全部药品零售额的比重也在20%左右。实际上，医院售药有其合理性，一则医生开处方和售药是两个互补性服务，两项业务放在一起经营，具有范围经济优势，节约了患者的成本，而且一旦出现问题，责任也相对更为明确；再则，对于医院的急诊业务和住院业务来说，医院自备药物显然有其必要性，从仓储、药房设置和药剂师配备上讲，医院药房既满足本院急诊和住院业务需要，同时也向门诊患者提供医药，具有规模经济。因此，既难以做到也没有必要禁止医院卖药。在第四节中我们已经指出，医药不分既不是药价高企的充分条件亦非其必要条件，导致药价高企的根本原因是医疗机构在药品零售中的垄断地位，即药价虚高并不是因为医院卖药而是因为医院垄断性卖药，因此逐步削弱并最终消除公立医院在药品零售中的垄断地位才是解决药价高企问题的根本性措施。

此外，即使医药分离可以实现消除公立医疗机构在药品销售中垄断地位的目的，这一做法也明显缺乏现实可操作性，因此不能作为目前的政策选择。其中的原因在于，这一做法对现有利益格局的冲击太大，改革阻力会很大，特别是改革

阻力来自于现有体制既得利益阶层，而这一阶层正是现行医疗体制的主导阶层。具体地讲，所谓医药分离就是把医院的药房从医院中剥离出来推向市场，这实质上就是对医院进行裁员，而且裁掉的还是医院的既得利益阶层。近 30 年的改革实践告诉我们，国有企事业单位以及政府部门，在没有落入破产境地的情况下，主动裁员鲜有成功者，这种改革措施的阻力非常大。在医院目前的经济状况和利益分配格局下，大面积地将药房从医院剥离出来会遭遇极大的反抗，这种局面是目前的医院管理层和政府主管部门所不能接受的，因此我们可以预期所谓“医药分离”改革的最终结局只能是半途而废。

此外，“以药补医”体制也并非药价高企的必要条件，它只是为医院抬高药价提供了合理性。即使没有以药补医政策，只要医疗机构在药品零售中处于垄断地位，它依然可以实施逆向替代。原因无他，医生、医疗机构和其他个人或组织并没有什么区别，都希望收入越高越好。即使在医疗服务价格充分反映其价值的情况下，如果能够通过高价售药获取更高的收益，他们何乐而不为呢？当然，不可否认的是，在财政补偿严重不足的条件下，医疗服务价格严重低估给“以药补医”提供了合理性。因此，要想解决以药补医进而解决药价高企问题，在无法通过财政实现足额补偿的条件下，提高医疗服务价格使其大致反映其价值就是必不可少的了。

（2）医院药品收支两条线。可能是意识到“医药分离”改革缺乏可操作性，因此有关部门提出了另一种改革措施，即所谓的“医院药品收支两条线”，这一建议不但允许公立医院继续卖药而且允许其继续垄断性卖药。尽管并没有明确表达后一种意思，但从其并不主张打破公立医院在药品零售上的垄断地位这一点我们可以推断出这一政策意图。这一改革的关键之处是，改变现行体制下医院售药收入自收自支的做法，要求医院将卖药收益上交卫生主管部门，然后由政府主管部门根据医院需要下拨资金弥补医院收支缺口。对这一改革建议的实际效果我们同样表示怀疑，我们认为它无法实现抑制药价上涨、控制药品费用并促进医院合理用药的目标。且不说公立医院会反对这一改革，在这一点上，医院内部各阶层，包括管理层、医务人员、行政人员及药房职工利益从来意见是一致的。至少有以下几点让我们对这一改革的实际效果表示怀疑。

首先，医院的卖药收益大致由以下四部分组成，政策规定的进销差价、药厂公开返还的折扣即所谓的“明折明扣”、医院和药企私下约定的折扣即“暗扣”和包括医生在内的相关人员个人拿到的回扣。其中前两项是公开的合法收益，卫生主管部门能够上收的只能是这部分收益，后两项本来就是脱离行政监管的幕后交易，在当前体制下政府已经无力监控，显然也没有能力收缴。而且可以预期在公开售药盈利必须上缴的政策下，原来药企返还医院的“明折明扣”很可能会

不再存在而全部转变为“暗扣”，以保证医院的可支配收益最大化，因此卫生主管部门能够收缴的只能是政策规定的那15%的进销差价收益。同时，我们可以预期以回扣形式返还医院和医生等相关人员的卖药收益不会减少更不会消失，因为只要医院仍然拥有药品零售环节的双向垄断地位，它就依然可以在这一边向患者高价卖药、在另一边向药厂索要回扣。只要垄断卖方地位不改，患者依然没有选择权更遑论讨价还价能力，只能接受高价。同样，只要垄断买方地位不变，医院的处方决定药企生死的局面就不会改变，药企就必须努力配合医院、满足医院的各种要求。

其次，考虑到目前一些大型医院和教学医院售药收益丰厚，医院实际拥有可观的结余利润①这种局面，我们相信，即使在卫生主管部门收缴了那15%的进销差价收益后，医院依然可以维持收支平衡。在这种情况下，进销差价收益可能会部分甚至全部截留在卫生行政部门手中而不再返还医院，这种局面意味着卫生行政部门以合法形式正式参与分享药品收益，显然这不可能有助于抑制药价。要知道政府部门支出具有刚性，一旦收入增加导致了支出增加，就很难再降下来，一旦政府主管部门正式参与分食卖药收益，再让它承担抑制药价、控制药品费用的职能恐怕是与虎谋皮了。同样的逻辑，在目前体制下公立医院已经达到的收入水平一旦因为行政部门参与分食而出现下降可能，医院很可能会进一步调整药品种类、抬高药价并扩大患者用药，以维持已有收入水平，因为其支出水平也是刚性的。孟庆跃等（2004）支持我们这一判断，他们的调研表明，为了应对政府的药品降价行动对售药收入的影响，医院采取了调整患者用药、扩大患者用药量的办法。

再次，药品销售对于包括医生在内的这些拿回扣的个人来说，本来就是“收支两条线”的。医生开高价药、开大处方的激励来自药厂的回扣和医院对医生的奖励，“收支两条线”管理并不能切断回扣渠道，从而也就不能消除开高价药及大处方的激励，但却很可能减少了医院能够给予医生的奖励，为了弥补因为奖金减少导致的收入下降，医生可能会倾向于开更多的药即更大的处方。

最后，目前医疗体制的一个根本性弊端就是医疗机构对行政部门的依赖太重，或者说行政部门对医疗行业的介入太多，“管办分开”这样一个正确的改革建议正是针对这一体制弊病的；而“收支两条线”改革却进一步加深了行政部门对医疗行业的介入，强化了医疗机构对行政主管部门的依赖，使得“管办分开”更加不可能。前面我们已经指出，药价虚高的根源在于政府管制失当，以强化管制来解决这一问题恐怕是南辕北辙。

① 许多医院大量购买昂贵设备、大兴土木，不断扩大规模的事实支持我们的这一判断。

基于以上分析，我们有理由相信，“收支两条线”管理这一改革措施无法起到抑制药价、控制药品费用的作用，甚至还可能进一步刺激药价上涨及药品费用不合理增长。

二、基于本文分析逻辑的改革建议

为逐步削弱公立医疗机构在医药零售中的垄断地位，促使药品定价回归合理，可以考虑采取以下改革措施：

（1）放开处方药零售权，允许社会药店销售处方药。现有的绝大部分连锁药店均应该获得处方药销售权。此外，消除进入管制，鼓励民营医院等新兴医疗机构的发展，降低全社会对公立医院的依赖程度，打破公立医院的垄断地位。[①]同时，公费医疗和医疗保险报销制度需作相应改革，凡是合法拥有处方药销售权的零售药店和民营医疗机构，均应该被确定为公费医疗和医保定点机构。[②] 显然，如果患者既可以从医院也可以从药店买到处方药，而且对于那些享受公费医疗或医保的患者，不管从哪里买都可以报销，公立医院怎么可能维持药品高价？同时，这一改革不仅有助于抑制药价虚高，亦有助于减少患者过度用药。道理很简单，如果患者不一定从医院买药，医生没有激励开大处方。当然，做到上述各点需要一个技术性要求，那就是医生处方的规范化和社会化，即处方书写规范，处方信息透明。

（2）医院可以继续从事药品零售业务，但要求医院药房必须与社会药店一样，明码标价。这既可以使患者通过价格比较决定是否在医院药房购买药品，从而抑制医院药价高企。同时也使得医院可以利用药品销售赚取合理利润而减轻药品价格下降后医疗服务提价的压力。此外，从改革宜平稳进行、不宜造成过大社会冲击和改革阻力的角度看，这一做法无疑保证了医疗机构的平稳运营和医疗体制的稳步转型。

（3）以上措施使社会零售药店和医院药房直接竞争，肯定会导致医院药品

---

① 世界银行在中国5个城市的调研数据表明，在民营医院少的城市，患者平均住院费用是9000元，而在民营医院多的地方，平均住院费用是6000多元（薛原、徐晓宁，2006）。由此看来，消除医疗服务垄断，鼓励各种所有制形式的医疗机构竞争，是控制包括药费在内的医疗费用的有效措施。

② 关于社会保障机制，目前的关键可能还不在于如何控制医疗机构的供给行为上。这些微观层次的问题完全可以也只能主要由保险机构自己来解决。当前更根本的问题是如何健全和完善国内社会保障机构的治理结构，使其真正有激励有效控制医疗机构的供给行为，并引导后者在控制费用和维持质量上保持平衡。事实上，在发达国家的医疗保障机构和医疗管理体制中，这一方面已经发展出许多相当有效的办法，这些办法完全可以被国内的社保机构学习并改进。同时，应该大力发展真正的商业保险公司，而且即使是社保业务也可以由商业保险公司来承担。

价格下降进而售药收益下降，为保证医疗机构的足额补偿和良性运转，更重要的是实现医疗服务合理定价，因此应该把体现医务人员医疗技术和服务价值的医疗服务价格调整到比较合理的水平，逐步降低药品收入在医院总收入中的比重。汪丁丁（2005）根据调研数据测算，将药价降到目前水平的30%，同时通过提高医疗服务收费使主治医师年薪维持在25万元的水平，患者的医疗费用平均节约至少20%。孟庆跃等（2002）根据四省市调研数据进行的计算也支持这一结论，他们发现如果通过提高医疗服务收费将医务人员收入增加到其期望水平（现有水平的2.5倍），而将药价降低，维持医院总收入不变的条件下，患者的医疗费用也会降低，其中医药支出大约减少50%。①

（4）如果能够做到上述各点，政府的药价管制政策包括处方药的政府定价和医疗机构的进销差价率管制完全可以取消，足够充分的市场竞争会把药价控制在其供给成本附近。自然，所谓的新特药单独定价政策也失去了存在的理由。在这种情况下，新药审批不再和药品定价挂钩，药企也就没有必要再进行那些名不副实的“新药”创新。

不过，上述改革亦有很大难度，因为这种改革触动了现有的利益格局。事实上，实现“以医养医”的过程，是一种利益格局的调整过程，改“以药养医”为“以医养医”这种改革绝不是一种帕累托改进式的改革，改革的受益者是医生和患者。但行政主导利益集团会受损，他们是现行“以药养医”体制的最大受益者。行政主导利益集团，既包括目前有权对医院行使管制权力的各类政府部门，也包括医院内部医生等专业人员之外的行政人员，这个集团是现有医疗体制的主导者，也是最大受益者，从而他们将会是改革的反对者，因为在消除医院在药品零售上的垄断地位、实现“以医养医”的这种改革下，他们的利益包括经济利益和行政地位都会受损。医疗体制改革的困境就在这里。如果不能打破这种利益格局，完成包括理顺药品定价机制在内的医疗体制改革很难进行。因此，上述改革措施恐怕仍然会面临很大的阻力和不确定性。

此外，上述改革建议还存在一个技术性问题：允许社会药店经销处方药后，为防范药品误用，必须要求每个零售药店都配备有受过专业训练的合格药剂师。而且，从长远看，像美国的情况一样，药店的药剂师还应该有能力帮助患者进行药品替代，在保证疗效和安全性的前提下，建议患者用低价药（主要是仿制药）替代高价药，以帮助患者节约医药开支。短期内国内难以做到这一点（梁雪峰，2006）。不过我们相信以中国高校的培养能力，十年左右的时间培养出足够的满足市场需要的药剂师没有多大问题。

---

① 当然，为了防止医疗服务价格高企及过度消费，尽可能充分的医疗服务市场竞争必不可少，同时，完善的医疗机构及医生声誉机制和成熟的第三方支付制度也必不可少。

参考文献：

[1] 陈文玲：《药品价格居高不下究竟原因何在》，《价格理论与实践》2005年第1期。

[2] 陈文玲：《解决我国药品价格问题的政策建议》，《价格理论与实践》2005年第2、3期。

[3] 陈小莹、沈玮：《公司老总结识郑筱萸倒卖新药批号，一个300万》，《21世纪经济报道》2007年2月2日。

[4] 顾昕、高梦滔、姚洋：《诊断与处方：直面中国医疗体制改革》，社会科学文献出版社，2006年版。

[5] 胡文华：《中国医药工业利润不及中国工业利润平均水平的1/3》，《中国医药报》2006年6月13日。

[6] 刘云伶：《这条"回扣链"有多长？——对一家县医院药品回扣案的剖析》，新华网2006年11月22日，http：//news. xinhuanet. com/fortune/2006－11/22/content_ 5363028. htm。

[7] 刘翔霄：《药价虚高70%以上"高"在中间环节》，新华网2006年7月14日，http：//news. xinhuanet. com/health/2006－07/14/content_ 4830677. htm。

[8] 刘华：《对药品价格虚高问题的分析与思考》，《中国卫生资源》2006年第9卷第4期。

[9] 梁雪峰：《药价虚高治理困境及其出路》，《价格理论与实践》2006年第2期。

[10] 孟庆跃、卞鹰、孙强、葛人炜、郑振玉、贾莉英：《理顺医疗服务价格体系：问题、成因和调整方案》，《中国卫生经济》2002年第5、6期。

[11] 孟庆跃、成刚、孙晓杰：《药品价格政策对药品费用控制的影响研究》，《中国卫生经济》2006年第4期。

[12] 王锦霞：《对药品招标、降价政策的思考与建议》，《经济参考报》2004年10月18日。

[13] 纪玉山、罗昌瀚、常忠诚：《论"以药养医"的内部机理及解决途径》，《卫生经济研究》2006年第4期。

[14] 王淑敏：《"打压"药品价位虚高应从源头抓起》，《中国卫生经济》2006年第2期。

[15] 汪丁丁：《医生、医院、医疗体制改革》，财经网每周特稿2005年10月25～31日，http：//caijing. hexun. com。

[16] 韦绍锋：《压缩流通空间的痛定思变》，《医药经济报》2006年第111期。

[17] 薛原、徐晓宁：《医改制度设计走向理性》，《健康报》2006年12月28日。

[18] 徐慧：《医院药品招标存在惊人黑幕》，《北京现代商报》2004年4月8日。

[19] 耀文：《谁撑起了虚高的药价》，《首都医药》2006年第13卷第12期。

[20] 余晖：《中国药业政府管制制度形成障碍的分析》，载茅于轼主编：《中国制度变迁的案例研究》（第二集），上海人民出版社，1998年版。

[21] 周弘、张浚：《医疗卫生行业中"红包"现象的社会史分析》，《中国人口科学》2004年第1期。

[22] 张五常：《经济解释》，中国香港花千树出版有限公司，2002年版。

[23] 章剑峰:《中国药价真相调查》,《财经文摘》2006 年第 11 期。

[24] 赵小剑:《国家药监局退休官员披露高药价内情》,《南方周末》2006 年 8 月 31 日。

[25] 张映光、戴维:《药价之谜》,《财经》2005 年第 26 期。

[26] 朱晓法:《探析药价虚高的根源及其治理对策》,《价格理论与实践》2005 年第 7 期。

[27] Barzel, Yoram, 1997. Economic Analysis of Property Rights (2nd Edition). Cambridge University Press.

[28] Bloor K., Freemantle N., 1996. Lessons from international experience in controlling pharmaceutical expenditure II: influencing doctors. British Medical Journal 312: 1525 - 1527.

[29] Cheung, 1974. A Theory of price control. Journal of Law and Economics, Vol. 17: 53 - 71.

[30] Cheung, 1975. Roofs or Stars: The Stated Intents and Actual Effects of a Rents Ordinance. Economic Inquiry 13: 1 - 21.

[31] Cheung, 1979. Rent Control and Housing Reconstruction: The Postwar Experience of Prewar Premises in Hong Kong. Journal of Law and Economics, Vol. 22: 27 - 53.

[32] Folland, Goodman and Stano, 2001. The Economics of Health and Health Care. Prentice - Hall, Inc.

[33] Maynard A., Bloor K., 2003. Dilemmas in regulation of the market for pharmaceuticals. Health Affairs 22: 31 - 41.

[34] McGuire, T. G., 2000. Physician agency. Handbook of Health Economics, Volume 1, A. J. Culyer and J. P. Newhouse (eds), Elsevier, Amsterdam.

(文章来源自《学术讲座荟萃》第 43 辑,2007 年 11 月 8 日)

中国货币政策操作及可能的改革方向

李　扬

李扬

男，1951年生。1981、1984、1989年分别于安徽大学、复旦大学、中国人民大学获经济学学士、硕士、博士学位。1998~1999年，美国哥伦比亚大学访问学者。现任中国社会科学院副院长、学部委员、研究员、教授、博士生导师，清华大学、北京大学、中国人民大学、复旦大学、南京大学、上海交通大学、中国科技大学、中央财经大学、上海财经大学、安徽大学等大学兼职教授，中国人民银行货币政策委员会第三任专家委员（2002~2004），中国金融学会副会长、学术委员会委员，中国国际金融学会副会长，中国财政学会常务理事，中国城市金融学会常务理事，中国科学院自然科学和社会科学交叉研究中心学术委员会委员。北京、上海、西藏、安徽等省、市（自治区）政府金融顾问。

主要研究领域：货币理论与政策、国际金融、宏观经济、资本市场、财政理论与政策等。

1992年获“国家级有突出贡献中青年专家”称号。1993年享受国务院政府特殊津贴。1997年被选为人事部等国家7部委首批“百千万工程第一、二层次人选”。2002年被国家科技部授予“全国杰出专业技术人才”称号。曾5次获得“孙冶方经济科学”著作奖和论文奖，4次获得中国社会科学院优秀成果奖。

今天有机会和大家讨论一个问题：中国货币政策操作及可能的改革方向。讲这个之前我先说一下，我们金融领域从研究课题来说前所未有的多。因为今后所有的问题都得重新研究，因为现在面临一些很新的情况，国内外都有很新的情况，所以希望大家能够关注。当然我们也尽可能把我们新的研究成果向大家通报。今天我讲的就是货币政策，如果有时间的话，再讲货币政策与财政政策的配合问题，资本市场的发展问题，在全球化背景下中国的发展问题，这些都是很新的东西。有机会跟大家交流一下，希望能够启发大家的思路，对做好论文有所帮助。

那么今天我们讲中国货币政策操作及可能的改革方向。

为什么说可能的改革方向呢？因为从社科院来说，我们只有向中央提政策建议的权利，这个建议是不是能被当局采纳，我们并没有把握，我们只是提供研究者对这些问题的看法。我们今天讲货币政策，我觉得有三个原因：第一个原因是，现在，就像刚才我们院长说的，货币政策受重视程度前所未有的高，几乎人人都在谈货币政策。第二个原因是，尽管我们的货币政策非常被人关注，而且中国货币政策的操作也是前所未有的频繁，我们货币当局也非常忙，可能是全世界最忙的货币当局了，可惜效果不太好。现在也是，就像人人都可以谈货币政策一样，人人都可以批评货币政策。第三个原因是，我们今天会讲到，中国货币政策面临着非常巨大的挑战，需要从根本上进行改造，从理念上，从操作工具上，从操作程序上都需要改造。我们今天就分析一下，希望对同学们了解货币政策以及找出研究的题目有帮助。

我们分四部分来讲。第一部分，我们主要围绕中央银行的一个基础货币的方程式，来分解货币政策操作。我们特别关注一下准备金率的操作，还有中央银行票据的操作。我们会分析一下，为什么如此？为什么做这件事？它怎么发挥作用？有什么局限性？第二部分，概括一下当前货币政策遇到的问题主要是哪些？就是我们所说的货币政策的困境。第三部分，我们既然讲了困境就需要突出重围，我们需要改革。那么在探讨改革的方略之前，我们要概括一下当前中国货币政策的实施及今后的改革面对哪些主要的背景，怎样一些条件制约着或者指引着中国货币政策改革的方向。第四部分，非常简单地说一下，可能的改革方向。

一、理解中央银行的货币政策操作

第一部分，我们要理解中央银行货币政策的操作。在这个部分里面，我们讲七个问题。首先，给大家一个分析的框架，我们叫做基础货币的方程式。中央银行有这种资产负债表，但它的资产负债表并不能全部说明基础货币运行的一些情况，我们给出一个基础货币运行方程式，希望大家记住这个方程式。后面我们所有的研究，都是围绕这个方程式展开的。其方程式就是一个资产负债表。从这个资产负债表才知道来龙去脉。所以，鉴于这样一个认识，为了分析很复杂的中国货币政策的操作，我们给出一个货币方程式，这个方程式，大家仔细琢磨就会知道，可以解读出很多东西来。后面我们就依据这个方程式，对几个重要的事态做分析，比如说，这里面我们看几个对冲吧。我们有四个对冲，属两个类型，一个是资产面对冲，另一个是负债面对冲，主要是应对最近的一些重要金融变量的巨大变化，需要在中央银行操作中去弱化这些巨大变化所带来的不利影响，于是我们叫做对冲。我们会从两个资产面对冲和两个负债面对冲做分析，都是基于这个表的。最后为引起下文，我们会说尽管做了这么大的努力，而且很多对冲应当可以说是很具倡导性的，但是依然不能够完全对冲掉我们现在的问题。我们在提供这个资产负债表之前，要回顾一下，我们的货币当局，法律赋予它的是什么职责。根据《中国人民银行法》，中国货币政策的目标被确定为：人民币币值的稳定，并以此促进经济增长。大家要记住，所有的事情要依法办事。也就是说，控制货币供应量，是中国货币政策操作的根本任务。这个表述是非常货币主义的，当然它比起我们过去的表述，双目标——保持货币稳定和促进经济增长，应当说更具有金融的味道。当时，从现在理论发展来说是货币主义的，因此已经有点陈旧了。比如说，利率的事里面就没讲。《中央银行法》讲到了维持金融稳定的问题，但是没有按照现在发达国家中央银行的状况，把它上升到最高的目的，还是说控制货币。我们会讲到，这样的表述，实际上是基于一个关系，就是我控制了货币就能够控制宏观经济运行。现在的问题是，第一，你控制不了；第二，即便你很好地控制了货币供应，你也控制不了经济的运行。所以对于中央银行，任务、目标，等等，其实都面临着挑战，需要进一步的研究。这就是我们今天后面会说的事情。我们先把目光集中在法律确定的框架内。既然是控制货币供应，那么货币供应，事实上是一个很复杂的过程。我们经常会听到，决策当局说今天有问题，要管住两个闸门。这个大家可能都耳熟能详了。一个要管住土地闸门，一

个要管住信贷闸门。问题是有一个前提存在，就是你能管得住，货币供应是你货币当局能管住的事情。但问题是，这个货币供应是个很复杂的过程，从基础货币，中间经过货币乘数，才能到货币供应，最简单地说，至少有这些要素在发挥作用，而其中货币乘数就是一个中央银行不能控制的因素。我们后面还会逐渐展开，因为货币乘数决定于货币当局、企业、居民、政府以及国外这样一些经济部门的所有部门的行为。这中间，中央银行只能控制自己的行为，所能控制的要素只有基础货币。我们还得沿着法律所确定的框架观察、分析问题，然后再说为什么需要改革？就是要控制货币供应，而货币供应这个过程、这个因素很复杂，有很多的主体参加，中央银行只是一分子，它所能控制的只是中间一个环节，这个大家要记住。那我们现在就分析它所控制的这个环节是什么，以及它怎么来操作。

（一）分析的框架：基础货币方程式

基础货币方程式的架构 = 资产负债表

表 1

资产（基础货币的供应）	负债（基础货币的需求）
A1 对存款的债权	L1 流通中的现金
A2 对政府的债权	L2 商业银行存款（法定准备金、超额准备金、特种存款）
A3 政府债券	L3 政府存款
A4 外汇占款	L4 央行票据
	L5 其他

这就是我们叫做基础货币方程式的分析架构。这个分析架构是根据基础货币的运行机制、构造原理归纳出来的。也就是说，基础货币的供应，不是说货币当局就简单地在那儿印钞票，不是，它的所有的行为都是通过资产负债的操作而展开的，可以在资产负债表的架构中得到分析。资产这面有四类：

第一类是存款机构的债权。就是给它们的贷款，以及一些安排，透支、借款，这是对存款机构的债权，曾经很多，现在非常少了。

第二类是对政府的债权，也就是给政府的借款，或者透支。这个曾经也很多，现在很少了。我们最后处理的一笔是在 20 世纪 90 年代，1997 年，我们处理过 2400 亿元的特别国债。大家知道，中央银行操作的最主要的原则之一就是中央银行不要成为政府的印钞机，不要让政府用钱用得这么方便，所谓方便就是透支和借款的便利，想用钱就用，用过再说，不管能不能筹到钱，筹不到就赤字，或者索性就擅用银行体系的资金。这是一种情况，这种情况过去很严重，现在也很少了。

第三类是持有的政府债券，其实它也是对政府的债权，但它是一种证券化的债权，它是用证券的形式体现出的债权，大家要看别的国家资产负债表，这两块应当是并在一起的。但在中国由于有特殊的情况以及有它的历史因素，我们把它分成两块。持有的政府债券这一部分，中央银行也比较少。

第四类是外汇占款。

第一部分是外汇储备。我们大家谈得很多，也很熟悉的就是外汇资产。大家注意外汇储备和中央银行外汇占款，有密切关联但不是一个概念，数量也不一样。我们国家的外汇储备，除了中央银行持有和在它的资产负债表上反映的这部分以外，别的地方还有。这当然就涉及一个问题，前一段时间在谈外汇的时候很多人都在质疑、在讨论这个问题，就是外汇到底是谁的资产？是全民资产？是政府资产？如果是全民资产或政府资产是归中央银行管？外管局管？财政部管？还是谁管？事实上中国的外汇储备有一部分是谁都不管的。这是中国很特殊的历史状况，现在在中央银行表上可以看到一些，当然是外汇的主体，但是还有一部分，不在上边反映，这是挺大的一个问题。当然这个问题有历史原因，曾经我们的外汇是很少的，不值得在这个表上很正确地反映，另外外汇是很短缺的，我们根本不想让外面人知道，所以它是一个秘密账户。再加上我们国家曾经管理得相当粗放，像这样一些必要的会计和统计制度，都没有。所以使得这部分变成一个争论问题。实际上在很多国家这是一个很简单的问题，国家财富嘛，这是很简单的事，但是在我们这里还要争论不休。很多人写文章引述外汇储备直接等同于外汇占款，这是不对的。这是从资产面说，从负债面说我们也有好多项目，首先是流通中现金 M0 部分，我们手头天天和我们有关系的货币，在上面是反映的。

第二部分是存款，我们叫金融机构存款。那么现在金融机构存款在中国有两种形态：一是法定准备金率，二是超额准备金，或有的人叫备付金，这是个不用的概念了。我们也没有正式用超额准备金这个概念，但是我们根据国际概念把它定义为超额准备金。

第三部分是特种存款。有好多概念都是放在我们的政策武器库里面，有好多年不用了，现在都拿出来用了。所以经常会遇到一些外国人质疑，你们这么手忙脚乱的，一般是在应付突发意外事故的时候才会做这种事情。他说你们挺好啊，我们就想像你们这样。你们到底着急什么？这是很大一部分，是中央银行的票据。当然这个方面有个争论，如果关心这个方面你们看一下货币政策分析报告，第三季度的货币政策执行报告，讲到了中央银行票据不计入起始货币这个事情。

这有个争论。我们的看法是应当计入。

第四个部分是政府存款。前面几个部分后面都会讲。政府存款这个部分我要说它，后面就不说它了。那么本来在左栏我们有针对政府的债权，有持有政府债券，现在还有一部分政府存款，这当然也很正常，但问题是中国的情况是，政府的存款现在越变越大，上个月的数字是2.1万亿元，政府存款2.1万亿元本身就是个应当质疑的事情，政府存款现在规模很大，这本身就值得质疑了。为什么呢？政府存款余额始终保持很大的情况下，就表明政府有一笔钱，它从税收、收费各种渠道筹来的钱没有用。不管什么原因，总之有钱。如果是这样的话我们就质疑，你还搞什么赤字？大家争来争去，要不要有赤字。因为我们衡量财政政策到底是扩张性政策还是紧缩性政策，看你的收入和支出的对比情况，收入大于支出，就是紧缩性财政，支出大于收入，就是扩张性财政。那有赤字的话就是扩张性财政。大家还争来争去，是不是减一点儿，到最后讨论到减了100亿元。但是你没看到那边它在中央银行的账上有几万亿元存款，这就是下一步我们需要认真研究的问题。政府应当不应当统一预算，作为政府活动很多，那么法律的要求、宪法的要求是政府的所有活动所产生的货币收支必须向全国人民公布。因为你是人民的政府啊，你是公共财政嘛。但是显然，你公布给我们看的，是一个部分，给我们看的是赤字，但事实上你是盈余，因为你另有本中央银行的账。中央银行的账是一个很有意思的分析出发点。因为中央银行代理国库，财政部不管从什么渠道筹来的钱，它的收入和支出必须在国库账上反映。现在讨论的积极的财政政策向适度从紧的财政政策转移，这是一个伪命题，因为从中央银行显示出来的政府收支来看，早就是一个很具紧缩性的财政政策了。这个大家要记住，以后不要谈什么财政政策的扩张，它早就是紧缩的。紧缩的规模有多大？有上万亿元，有中央银行的账为证。这个事情是个大事，如果你们要研究宏观经济运行、研究财政乃至研究金融，都要关注这个事。下一步会有一个改革，就是国库制度的改革。我们现在叫做中央银行经理国库，《中央银行法》上是这样规定的。在不违反这个法律的基础上，国库管理可以变化。所谓国库管理的核心是什么呢？改革我国国库管理制度的基本要点是，政府的钱并不全部存入中央银行，政府在中央银行只保持一个必要的清算余额。这是世界很多国家的做法。比如说美国，美国一年财政上万亿美元的收支，保留在它的中央银行，就是联邦储备银行的余额就只有10亿美元，其他钱到哪儿去了？存到商业银行去了。一般的财政占GDP的30%，这个规模可不小。GDP的30%在它手里，然后只是其中一个非常小的部分放在中央银行，其他部分由它摆布放在商业银行。在这样的操作中，财政事实上发挥了第二中央银行的职能。所以这个事是个大事，今后几年会有很多讨论。但是在做讨论之前首先要有一个概念，就是我们中国的财政政策，事实上从2000年开始一直是紧缩性的财政政策。根据就是它的收入大于支出。这块大家要注意，其他的是自由资本和其他，我们就不多言了。

这个资产负债表，适合我们用来分析货币政策的操作，从这个表我们可以读出无穷多的内容来。我们保持平衡表不变，总量不变，只看资产这一块，我可以减少对存款机构的债权，增加对政府的债权，那我的总量可以不变。为了保持总量不变，我在资产这一面可以做调整，此增彼减，我们后面的术语就叫做资产方对冲。比如说外汇占款多了，我减少持有的政府债券，这叫做资产面的对冲。我可以总量不变，在资产这面变，此长彼消。那么这样一看，排列组合可以得出很多种做法来。前一段时间，就是我们国家投资公司成立的时候，发特别国债，其实方案之一就在这里面做了个调换。现在又是一种情况了，减外汇储备，加持政府债券。原来替换的方案就是这样的。1万多亿元的特别国债就是这样的，减2000亿元外汇，加15000亿元的特别国债，原来就是在资产方做一个对冲。我们看负债这面也可以对冲。大家注意我们是在保持资产负债规模不变的情况下，仅仅变负债，资产面不变。那么变负债这面可以不可以呢？当然可以了。增加央行票据，就可以降低金融机构的存款，降低法定准备金率；提高法定准备金率，就可以减少央行票据发行。现在我们动不动提高法定准备金率，就是为了减少央行票据的发行。后面我们会讲到央行发行央票具有成本，而法定准备金率成本比它的低。当然可以看到，政府存款在这里面也起到一种平衡的作用，但是，它的平衡的力量，是操持在财政部手里的，因此就需要财政部和央行配合。你想财政部有2万亿元的财政存款，相当于3000亿美元的外汇储备，大家看到外汇储备在那搞得很热闹，没看到它背后有一个极强的力量。但央行操作可以感觉到，因为它虽然说2万亿元余额，但它有时要支出也是大规模支出。一下子支出可能就是8000亿元，余额一下就降到1万多亿元，这时候中央银行要有些操作来弥补这个需求。这些操作不为外人知，但事实上那是真的影响货币供应、影响财政政策、影响宏观经济运行的东西。大家透过这个表，以这个表为基础，为线索，可以展开一些更细的更基础性的分析。这样看起来，我还可以两边同时调，外汇占款增，央行票据增，两边一起增。所以这个表，大家排列组合算一下，就可以有好几十种操作范式。它的作用是无穷多的。归纳一下，这个表的作用是什么呢？它的作用就是分析货币政策操作的入手处。当你们看资产负债表的时候一定要注意，全社会的资产负债表如果有一个架构的话，中央银行的资产负债表一定和它完全相反。因此，从整个运作的机制来说，中央银行和所有其他机构也是相反的，在其他机构是负债创造存款，所谓负债创造存款、创造资产就是说，你得先有钱，你得筹钱啊，不管什么方式，是让人来存款，还是拆借，还是发股票，总

之要先筹钱，你才能用钱，先有负债才有资产。但是中央银行不一样，它是造钱的机器，所以它是先有资产，后有负债，这是不一样的，所以对于中央银行来说，是资产创造负债。我们回头再看这个表，对存款机构的债权，就是大家俗称的再贷款，中央银行要解决问题了，再贷款，以前是给四大国有商业银行再贷款，后来它们经过改造现在不需要钱了，现在要钱的是三个政策性银行，像开发银行根本不要钱，进出口银行要钱也不多，还有就是农发行，农发行一搞搞一大堆，那都是不良资产啊。最大的不良资产实际上在中央银行那里。但是中央银行的特殊性是，它的不良资产从来不会浮出水面，除非这个国家倒闭。国家不倒闭，它的不良资产是永远不会浮出水面的，永远不会成为问题。这个大家要注意，这是中央银行特殊的地方。那么我们再看一下，中央银行的资产、基础货币的增加，都是通过资产这面的变化引起的。我们给存款机构的债权，给它贷款，或者政府透支了，有紧急需要，或者说政府发的债，别的地方卖不掉，必须由中央银行吃进，或者是外汇储备进来了，这都是些不可控的因素，是中央银行不可控的因素。虽然说资产创造负债，但是资产的增加，通常都是中央银行不可控的因素。这样一些资产的增加，固然为增加基础货币所需，但有可能超过这个需求。现在就是这样，我们的外汇储备，2007 年大概得有 4000 多亿美元，现在是 7.41 的汇率，大概 3 万多亿元，那么我们的基础货币，特别是流通中的现金，一年就有 1 万多亿元的增长，显然就多了，于是我就用负债这面做安排。大家注意，刚刚说的所有从资产这面增加的项目，比如外汇，外汇出来之后首先变为这面的 L2，就是金融机构的存款变成金融机构的准备，这样就扩展了金融机构进一步扩张的能力。如果中央银行觉得有问题，好，现在我们做的是直接提高法定准备金率。这就是在我们负债面做的对冲，或者说我不冻结你的存款，我发央票卖给你把你收过来，这个就是用负债的手段来对冲资产的增加。回到这个表上，下面我们看一下货币政策的操作。讲这个操作之前，我们做一个非常简略的回顾，就是中国货币政策的演化，经过了一些什么样的阶段。

（二）中国货币政策的演化

过去我们是管信贷的，从信贷管制到货币政策，这是我们发展的历程。1994 年我们才首次公布货币供应，人家知道，没有货币供应就谈不上货币政策，所以一般来说，我们把这一年作为货币政策开始的元年，有了货币统计，才有了货币政策，在此之前我们有什么呢？中央银行有两个计划，一个叫现金发行计划，不叫货币叫现金，还有一个叫信贷分配计划。以前中央银行是两个计划，现在中央银行是什么？货币供应，M1，M2，M0 的控制，然后有个信贷的参考性的控制目标。过去都讲信贷多少，现金发行多少，所以 1994 年之前中国是没有货币政策，只有信贷政策的时期。那么1994年公布了货币供应，1997年人民银行又决定了对国有商业银行的信贷计划分配中止，应当说这两个事件综合起来，构成了中国整个金融部门调控的分界线。固然这个事情可以从货币供应统计开始，但是真正有了货币政策是从1997年。1997年底决定取消信贷管制，1998年开始没有了信贷分配的计划。可能同学们又在想了，现在怎么好像还有啊？从历史的顺序上来说，从完全管信贷，然后到管货币供应，管货币供应不是说不管信贷，而是说通过对货币供应的控制来控制信贷。这不就间接调控了吗？但是现在我发现，好像还不是这样，就是控制了货币供应，并不能有效地控制信贷，因此还要搞一个信贷指标。历史上我们是管信贷出身的，但是我们改了，我们不管信贷了，我们管货币供应了，这是一个革命，一个进步。我们的货币政策前身是信贷管理，计划执行司是管信贷、分信贷的，后来改成货币政策司，顺序上是这样。但是现在我们发现，这样一个变化，还真是不能高估。管货币供应未必就比管信贷好。我记得上次在这是不是向大家推荐过那本书，就是《转向货币经济学的新范式》，斯蒂格利茨写的，我们国家翻译过来的，是2004年他的论文集。他这里面讲的核心意思就是，各国中央银行都控制不了货币，有几个观点。第一个观点是，对于经济活动来说，如果比较信贷和货币供应，信贷与经济活动的关系更密切，与货币供应的关系比较疏远。第二个观点是，中央银行或许能控制货币供应，但是绝对控制不住信贷，而信贷是在商业银行内部伸缩的过程。也就是说你的眼光不能局限在中央银行的几个表、中央银行的操作上。光看格林斯潘、周小川的讲话不行，你还得注意看江建青怎么说。因为最后是信贷有用，而信贷呢，是通过他们的操作在发挥作用的。第三个观点是，货币经济学，当然是把货币作为核心了，所谓新范式就是说货币不能作为核心，至少研究货币的时候要花相当大的精力研究信贷问题，信贷配给问题那样一些微观层面上的讨论，就都拉进来了。这个是可以做出世界性贡献的研究课题，中国研究信贷肯定比世界哪个国家都有优越的条件。当然问题就是，你要研究信贷，必须用规范的语言去研究。其实我们国家很多人，特别是有经验的人描述那个过程的时候，描述得绝对没有问题。而那种形式化的语言：假设……然后是谁和谁存在什么关系，然后再……。你别用这个语言讲。我建议大家研究信贷这个事。其实研究货币政策中的信贷机制，可以把宏观金融和微观金融结合起来。这个是很有潜力的课题。我跟我们研究所说，我们初建的过程过了之后，现在要和国际接轨，首先要找到能跟国际接轨的课题。课题有啊，信贷的问题。美国人现在现成送给我们一些，次贷的问题。美国也出这种事，也会手足无措嘛，现在跟我们在一个起跑线了。无非它用英语（当然我说的是学术语言），它用那种学术语言来描述这个事。我们就说是次贷、不良资产，我们说在里面搞鬼，人家说那叫做道德风险。无非就这样的事，那我们就用

道德风险来讲这个搞鬼的事嘛。有好多问题现在是一样的，全球化的问题，你遇到了我们也遇到了，有可能我们的感受比你深。你一直在全球化的背景下活动，全球化在一定程度上是你推动的，现在我们进来了，而且当我们真正在全球化中发挥作用的时候你害怕了吧？美国不愿意让中国彻底的市场化，中国彻底市场化在很多领域中就打垮它了，它的经济没法运行了，这有很多新的共同的题目。这两个事件就标志着中国货币政策操作从直接的行政调控转向间接的市场化调控，所以1994年开始有这样一个说法。作为改革进程的一个部分，中国人民银行1998年成立了公开市场操作室，然后从1998年5月26日开始实施公开市场操作。1998年公开市场操作开始成为我们主要的政策工具，这个操作开始进入这样一个操作框架之后，我们发现资产负债表发生了一个趋势性的而且是单向的变化。回头看这个表，中央银行资产创造负债，我们看资产这面，其他A1，A2，A3都没有多大变化，A4有剧烈的变化，这个变化就是外汇储备迅速增长，而且增长到现在已经超过基础货币的100%，也就是说，除了在基础货币的方程式中对冲，还有其他一些手段来对冲追加的超额的不利影响。从1994年算起，中国外汇储备增长有两个高潮。1994年一次，那次是汇率并轨，我们有理由说改革对中国主要是正面的影响。1994年汇率并轨，我们从汇率的双轨制，事实上是三轨——官方双轨，还有一个黑市，并为一轨，并轨之后外汇储备就增加了。我们现在这一次汇率制度改革，改革之后外汇储备增加更多了，看起来，那些担心是不必要的。大家记住，1994年开始，中央银行的资产负债表中特别是资产面，产生了一个重大的变化，就是有一种资产单向的迅速的增长，所以从那之后，货币政策都围绕着这样一个事态展开：外汇储备增长太多了，就得对冲。所以对冲这个词，是我们货币政策操作这些年来用得最多的，原因就是有一个不受我们控制的因素在单方面地巨额地增加。我们根据那个表看看怎么对冲。

（三）资产面对冲：减少央行再贷款

最早的对冲就是资产面的对冲，所谓资产面的对冲就是在外汇储备增加的时候，减少对商业银行的再贷款。这个时候，恰好这样一个对冲活动，是在改革商业银行这样一个大背景下产生的，所以极为顺利。改革商业银行的前提之一，是减少商业银行对中央银行再贷款的依赖。大家注意，现在银行日子好过。我看前几天报道，中国的所有银行开始对存款业务收费了。所谓收费嘛，税收的原理就是寓禁于征，只要对你开了苛征，事实上就有一种禁止的态度，不希望你太多地增加了。过去可不是这样的，组织存款，千方百计拉存款是个常态。银行没钱，就只好向中央银行去求，所以中央银行的调控非常有效。现在商业银行在外面也组织存款，甚至存款多了它都不想要，所以现在就收费。到这种程度，中央银行调控人家都不理。中央银行动不动就开始这些调控手段，又是发央票又是调高准备金，人家不理。于是就实行窗口指导，窗口指导无非就是把他们找来开会：大家注意……啊。为什么有些人，特别是了解情况的人，觉得现在的法定准备金率高到13.5有点邪门了？因为那个时候有过13.5。那个时候钱都是中央银行的，那个13.5是中央银行创造出来的，现在钱是人家从市场吸收进来的，你把它封冻起来，这个是完全相反的。准备金率是一样的，但是它背后的机制完全不同。那时候13.5无伤大雅，其实那个时候真是无所谓，13.5或0效果都一样，因为所有的事情都在中央银行的掌控中，现在那个主体有很多自主的行为，人家创造存款，组织一下存款，却让你把13.5封冻了。后面会讲到，我们的准备金有点特殊性，要不是这点儿特殊性，任何商业银行在中国是不能成活的。当然这是中国很特殊的情况，在特殊的背景下，好像影响也不太大。最开始资产面对冲非常顺利，增加外汇储备，减少再贷款，而且减少再贷款就是我所需的，这么高度的吻合。但是外汇储备还在增加，再贷款减不下去了，这就是我们遇到的问题。我们后面再讲其他问题，先说一下这个事。

我们主要启用了公开市场操作，其实讲起来这个工具在20世纪80年代后期就有，但是一直没有用，后来1998年开始筹划，做得非常多。公开市场操作就需要有操作的对象，负债这面没法操作，当然我们后来创造出来央行的票据，我们自己来操作。资产这面本来操作对象应当是政府债券，比如说，我买进外汇多了，卖出政府债券就收回来了，但是这个以过去有巨额的政府债券积累为前提。我们没这个前提，当我们形成中央银行的时候，特别是中央银行真正按照市场机制来运作的时候，我们手头上已经没多少东西了。资产这面已经是外汇为主，我们是先天不足，所以对冲把再贷款压到一定程度压不下去、已经无可再压的时候，转过来再找别的资产，找不到了，我们有些先天性的缺陷，很快就卖完了，手头没东西可卖了。大家回想一下，如果我们的外汇投资公司、国家投资公司这样做的话，用一万多亿的政府债券，在资产这面替换外汇储备的话，不就增加了些政府债券，减少外汇储备同时又增加了可以对冲未来外汇储备的工具了。这不是好事吗？这个好事没干好，由于各种原因，大家应该很清楚。没有东西可卖，后来大家又想到回购，因为它是可以连续交易的东西。回购这个事，理论上说它是依托现券的，但事实上在操作上，特别是现在这种金融创新的背景下，其实是可以创造的。1999年、2001年美国就曾经因为当时债券预算出现盈余，出现巨额的回收债券后，做了一些操作。所以我们也就依据这样一些国外的经验，也搞创造、回购。但是到2002年，中国进入第二个增长高峰后，人民银行就发现，没有可供出售的政府债券，从而也就没有进行回购交易的基础了。在这种情况下，我们还是回顾这个表，还是在资产外汇占款这面，A4巨额的单方

向增长，我们先做的是什么呢？是减 A1，对存款机构的负债债券，然后尽可能压 A2、A3，压得没有油水了，但 A4 还在增长，那么在资产面调控的空间没有了，于是只好转到负债面来进行调控，这就增加了 L3，在没有办法的时候才做的。

（四）负债（需求）面对冲：发行央行票据

前面，我们讲了些历史的事件，中国人民银行 2002 年 9 月 24 日将一些未到期的正回购转化为央行票据，原来是些回购交易，把它标准化，一标准化就转化成票据，再用于回购的操作，央行票据从此诞生。2003 年初，鉴于外汇储备又在增加，人民银行已经意识到外汇储备的增加可能持续，因此便对冲，在负债面进行对冲可能是个长期的任务，所以对央票开始最初的试验。那时是有很多讨论的，我那时在货币政策委员会里，我建议索性不要发央票，央票是个债务性债券，我说不如模仿最近香港的做法，搞个资产债券。如果是资产性债券，第一，我的定价很清楚，很容易定；第二我发债券的意图很明显，就是对冲，直接对冲，进来一笔外汇，以它为依托，发一笔债券，我们不就直接对冲掉了吗？当时人民银行委托我到香港看了一下，我去问香港银管局，他们的外汇基金券怎么发行的，后来发现它不是严格的资产债券，它就是一个大篮子，比如说，有 50 亿美元外汇，大致卖出去多少，它实际上是超额的。卖出的债券价值远远低于自身债券价值。但是这个是比较好的了，比较能看得清楚。现在央行票据已经超过 3 万亿元，接近 4 万亿了，成为中国债券市场仅次于国债的第二大品种。大家看一下数字，2007 年央票的发行，2007 年是 3 万多亿元，非常大，当然现在国债发行的规模逐渐减少了。

发行和交易央票的意义是很大的。我觉得至少有四个意义。

第一，中央银行获得了一个可以主动灵活大规模调控的金融工具，以前没有办法，只好被动地跟着它走，在资产面调控还要跟人家商量：外汇储备进来了，是不是要减少再贷款？还要跟四大商业银行商量。现在这块不用商量，央行自己就定。判断外汇储备多还是少，然后可以决定用多少去对冲，这是完全自主的。其实从这点来说这是很好的事情，因为中央银行的操作就是需要不受约束，才能够非常有效地达到目的，而这个就可以不受约束。

第二，创造了市场。连续滚动的发行方式，竞争性招投标和活跃的二级市场，使央行票据利率在一定程度上发挥了中国基准利率的功能，推动了中国利率市场化进行。这点我们要讲一些金融市场的基本知识，一个国家需要金融市场中有核心市场。这个大家要注意，我们现在的金融市场是分割的，一块一块，好多市场，哪个市场都不成气候，而且市场之间的关联度不高。一个有效的市场，一个功能完善的市场是需要有中心和外围的，中心的叫核心市场，通常国家的核心市场是政府债券市场。现在我们的央票事实上取代了这个功能，央票市场要想成为核心市场，要有很多的条件。核心核心，首先是参与者多，所有搞金融交易的人，都是这个市场的交易成员，这是一个必要条件。所谓核心市场，就是货币政策影响这个市场之后，影响所及马上就是整个金融体系，这就需要在核心市场中的参与者应当是所有的人，尽可能多的人。这中间的工具是被人们最广泛持有的，针对这个工具进行的一个操作，马上就被人感觉到。这个工具的交易有好多规则，比如说，连续滚动发行。一般核心市场的工具，比方说政府债券，美国的国库券之类的，就是一个星期交易一次，所以能够形成无风险的收益的基础，连续的交易。不是说这次卖20亿，是要多少有多少，供求完全自由地表达自己的意见，然后形成一个利率。这个利率是无风险的基准利率。它有很多条件，我们的央票市场在很多方面其实是满足这个条件的，但是有些地方有先天性的限制。至少央票利率在一定时期内起到了基准利率的功能。

第三，由于它能成为基准利率，所以就会成为各种金融机构管理风险的基准，通过这个利率来评价、实施、风险评估，进行流动性管理、风险管理，所有的工具都是基于这个利率的。现在讲金融工程，金融工程也就是一个无风险利率的工具，简单地说，就是一个或多个无风险利率产品嵌入一个有风险利率中去，它是一个结构产品，结构中不可缺少无风险利率产品，创造这个产品非常重要。我们怎么评价这个风险敞口大小呢？现在我们经常讲风险管理，风险管理就是银行持有的资产负债有什么问题，我们怎么评价。评价要有标准，标准是一个无风险的东西，就在这里找到了。央票利率就是一个无风险利率，超过它就有风险，风险有多大都能刻画出来，这个极为重要。

第四，它还为存款金融机构提供了可观的而且稳定的收入。大家要注意，我们国家的银行金融体系现在已经发生了非常大的变化。我看了很多人写文章还在写那些事，我希望大家不要犯这样的错误。比如中国的银行，特别是商业银行，资产中信贷资产占的比例，有人还说80、90，那早是历史旧账了，全银行体系平均大概就60多。整个银行体系资产中信贷资产的比重大规模地下降，现在像工商银行这样的也就40多。几个上市的股份制银行，它们的总资产中，信贷资产占比已经很少了。这是一个很重要的情况。再有一个就是，我们的收入中其他部分是证券，这其中就包括我们现在说的央票，其实央票是替代贷款的，央票多少万亿元。第二个大家要注意的是，我们老说银行的收入90%，甚至95%是来自息差，就是贷款和存款的差，这也是一个需要不断修正的概念。息差现在在迅速地下降。在这样的一些指标上，中国的银行迅速地向国际标准看齐。当然还有一些问题，比如说，中国现在的银行资本充足率的问题。我们现在的资本充足率平

均来说，超过了很多发达国家，像现在的工行、建行，它们的资本充足率分别是13%、14%，远远超过巴塞尔万的资本充足率的要求。在这个基础上，以后要跟踪，银行在不断地变化，除了工商银行现在已经连续好几个月世界第一这种变化之外，其他很多结构变化也都在发生。存款机构的收入不只来自于贷款，贷款的控制是很成问题的，还可能来自于其他。现在一个越来越大的份额来自于理财。我想在座的估计有一半人受过理财的蛊惑，到银行去买理财产品。理财产品是不进资产、不进负债的表外业务。现在我们研究所统计的，2006 年银行理财产品就有 1000 多种。我的手机上平均每天都有好几条发给我的短信，以为我有钱，要理我的财，一会儿说外汇，一会儿说炒欧元，都是这种。这些产品你去买了，然后它给你理财，不进资产负债表，只进利润表。这些事物发展很快，所以我说央行票据的发行和交易意义非常重大，但是有缺陷。

第一个缺陷是成本。发行央票是有成本的，当然这个成本（大家今天听了以后可不要乱说）实际上是个财务假象。所谓财务假象，就是说我们对央票操作的财务评价，尤其是对整个中央银行的财务评价是有缺陷的。现在看起来最大的缺陷是什么呢？是对央行持有外汇的收入没算进来。大家知道我们国家外汇储备的统计是外统计，以前从来没有外汇收入的统计，现在我们有了，但是我们正式的统计里面没有。也就是说，我们现在持有的外汇储备收入是过去的，比如，2007 年获得了外汇收入，被统计为新增外汇储备。那么你看到的新增外汇储备 2007 年 4000 多亿美元中，可能接近 1000 亿美元是过去 13000 多亿美元外汇储备的收入。这里面有好多基础制度我们都没有，没有这个东西你就没法衡量外汇到底是多少，收入是多少。现在这方面又是绝密的，不能讲。那边发央票，然后付息还本，这里面的财务费用是谁都能看到的。央票现在发行第 1 月 25 期，利率多少都清清楚楚，谁都能算出来 2007 年中央银行为央票要付多少钱，因为是发行自己的债务嘛。如果把这两个算起来，央行为了持有这个东西而发行那个东西，当然持有这个东西的收入一定要冲掉为了对冲它的成本，那么肯定是持有它的收入高于对冲它的成本，可现在又不是这么算，大家心里要清楚，以后不要从成本角度争论央票，因为这是个财务假象，是制度安排有误，统计制度不完善，财政货币政策不协调造成的。但这里还是告诉大家一下有多少，央行票据的利息支付，大家按 10 亿美元的央票来算，那就是几百亿美元，真不是小数字。2006 年大概是 930 亿美元，2007 年肯定是 1000 多亿美元，1000 多亿美元干什么不好？所以大家说为什么搞央票？为了发行 1000 多亿美元所持有的外汇储备的收入恐怕是 2000 亿美元，这个账显示不出来。

第二个缺陷是真缺陷，就是它会对市场利率产生影响。大家注意，央票是中央银行以自己为债务人的债券，央行是筹资者，它的筹资规模很大，动辄上万亿，就会在资金的供求平衡上，在资金需求的这一方增加了举足轻重的砝码，于是就会对利率产生影响。首先这个利率的影响本身就有问题，大家注意，我们所有的金融变量，无论是量还是价格，它和实体经济越接近、越准确、越真实，越需要关注。它与实体经济越疏远，或者没有关系，比如，一会儿建设银行发一个次级债，一会儿开发银行发一个什么债，然后又买，一会儿中央银行发个央票，所有商业银行买，搞来搞去就是金融机构发，金融机构买，金融机构卖，金融机构买，你持有我的我持有你的，就是没有企业去买，居民去买，它就和企业居民无关。所以我们有理由怀疑，你这个利率是虚的，你这个交易是泡沫交易。金融不和实体经济相关就是泡沫，就是虚拟的。但是现在所有证券交易，都是 A 金融机构卖，B 金融机构买，央行卖，商业银行买，到底企业对这个利率是什么感觉，企业在这个利率情况下，是进一步增加和延续它的投资行为和生产行为呢？还是受约束了，也就是说利率形成了约束力？我们现在不知道，而且现在整个利率体系中，只有那么一点，所谓企业债券，和企业的直接投资活动有关。贷款，我们后面会讲到，关系很疏远。所以我们现在的金融活动中，金融活动的变量和实体经济关系都比较疏远，这是很大的问题。在这种情况下，央行纯粹为了金融操作，当然这个操作的最终目的是为了金融部门更好地和实体部门吻合。对冲的这个理由是冠冕堂皇的，但它毕竟是个金融操作。所以央票进入市场后，市场利率波动了，形成的这个利率到底在多大程度上真实地反映了资金的供求，真实地反映了企业的运行环境？我们并不清楚，至少我们有理由怀疑央票是不是有效的，这是第一步。第二步，由于大家老是在攻击中央银行，说什么中央银行是发钞的银行、垄断的银行、政府的银行、银行的银行。人民给你每年相当于 GDP 百分之十几的通货膨胀的发钞票权利，你凭什么亏损，凭什么有成本。所以中央银行对这个事情老是耿耿于怀，想方设法想降低成本，想降低成本怎么办呢？就是发央票的时候，如果是数量招标，价格，就是所谓的利率就归它控制。如果现在的利率有点问题了，它就进行价格招标，把利率定好，然后你们买多少的数量。所谓数量招标就是，数量定好，你们出什么价。现在就定好价格，你们出什么量，是这样的。央行凡是进行价格招标的时候，肯定是有人攻击央票利率太高了，成本太高了，预示要转过来。最近两次发行都是这种情况。这时候中央银行开始有了自己的利益，这就不是中央银行了。央票的最大问题实际就是这个。大家知道中央银行要有独立性，独立就是，不是完全为自己的利益而独立，而是为社会而独立，为了整个社会的整体利益而独立于政府，虽然政府的利益号称是代表人民的，但它肯定不是完全代表人民的。现在财政学理论、公共经济学理论对此都是很清楚的。国外用选民那套理论来解释。我们很清楚，为什么两个部门之间互相不协调？协调才是人民的利益。可不协调，为什么呢？有部门利益，所以

政府不像自己说的那样代表人民。那么央行现在有了自己的利益，有了成本的考虑，就可能操纵利率。大家注意，我们刚刚说这个利率已经和实体经济很疏远了，央行还在操纵，这就有问题了，这和央行市场中立（央行是市场中立的），和央行市场稳定功能是背道而驰的，所以央票的发行过程中出现很多流标的情况。央行定了一个价格，或者定了一个数量，交易者不理睬。我不买，你定的价格太低我不买，就是流标了。你说它流标了，人民银行那帮人还辩护，这个辩护就已经可以说他们不代表人民，代表自己了。中央银行出于自己的利益搞事情，太容易了，它利用权力，那还得了吗？这种中央银行我们不要。现在当央票出现之后，而且规模那么大的时候，就客观上把这些人引导到那样一个方向上。人本身不能说都坏，但是坏的架构会引导他做坏事。央行的架构引导它必须关注成本，关注成本它就不中立。

第三个缺陷是可持续性。我们在可持续性下面主要想阐述的是可能导致的一个内外矛盾，现在我们就遇到了这个矛盾。央票市场化发行，想要人买就得提高利率，提高利率的话，就与汇率的目标相悖了，这两个就不一致了。现在又加上那边美国佬天天没事儿干就吵中国，然后欧洲人又加入这个“合唱团”。这都是西方人的惯例，祸水东移。有了问题根本都不说本身有问题，都说中国有问题。别人有问题，他自己没有问题。但是我们现在给了人家口实，而且面对这种问题我们现在调整还不力，因为我们要想控制投机资本流入中国，就要让这个投机资本的投机成本足够大。投机成本粗略地说，可以用内外利率的差来衡量。那好，我们利率老不断上升，因为投资需求大，利率不断上升，而那边美国的利率开始下降了。如果它的利率也上升，上升得比我们快，那皆大欢喜。但是它的利率下降了，而且可能进一步地下降，四点几，我们现在三点几，搞不好就差不多了，当中美利差为零的时候，什么概念？投机无成本，拿着美元进入中国投机无成本，没有财务成本，没有汇率成本，这就对中国平衡国际收支造成了障碍。然后再看金融流动，金融流动如果真正在中国形成投资的，也应该没有问题。尽管这个需要解释，为什么资金那么多的时候，还引进外资。对此要解释，这两块都解释不了的话，很多人就说它是游资了。这游资可不小，上半年将近900亿美元，对此没法有效地解释。如果中美息差再缩小，那可能会更大，后来就对国务院报有把握的能判断出是热钱来的有多少，因为别的也是取决于其他不受央行控制的因素，比如，一定要顺差能怎么办呢？这不是人民银行能控制的，但是人家要说的是你管得严不严，热钱你判断得出判断不出？所以发央票，中国货币政策就面临着对内均衡和对外均衡难以兼顾的问题，这实际上是很根本的制度性障碍。那好了，央票有问题，我们再到负债面找，于是找到了法定准备金率。

（五）负债（需求）面对冲：提高法定存款准备金率

大家看那个表，都在这面，这个不能做了，我就只好提高法定准备金率了。所以大家看，法定准备金率这种作为货币当局政策武器控制中的巨斧工具，在中国退化成为一种调整货币政策操作成本的手段。所以中央银行的表述说小幅调整。2007 年以来调到 4.5，现在我们国家的法定准备金率一个点大概相当于 4000 亿元资金，4.5 接近 2 万亿元的钱。我们现在富裕了，动几万亿元不当事儿。几万亿啊，干多少事？我们看，现在法定准备金率达到 13.5，成为历史上最高，全球最高。历史最高，我们讲到，它的不合理就在于我们在历史上最高的时候，是全社会的金融机构用中央银行的钱。所谓中央银行的钱就是基本上依赖发钞票来为银行提供资金，然后银行为企业提供资金，所以经常通货膨胀。我们都知道，发钞票有个无通货膨胀的范围，但是它经常会超过这个范围，出现通货膨胀的发钞。那个时候是那种情况，我们把它提到那么高，是因为随时都可能有非常高的通货膨胀，但现在显然没有那么严重，所以值得质疑。世界最高，不只是世界最高，世界的趋势是 0，取消法定准备金制度，我们不是逆历史潮流而动吗？这是我们非常不放心的一个地方。但是这个操作显然有降低成本的好处，现在法定准备金率的利率只有 1.89，而一年期央票三点几了，所以用提高法定准备金率来替代发行央票，来对冲外汇储备的增长，有降低利率、降低成本的好处。而在我看来，只有降低成本的好处，调控的效果是比较弱的，而降低成本的效果是很明显的。从这个工具的本质上说，提高法定准备金率一定意味着经济已经过热，而且必须紧缩，必须用这个大斧头。我们知道货币政策的工具法定准备金率、公开市场操作，公开市场操作被认为是货币政策的小刀，凌刀割肉，想割多少割多少，巨斧砍下去是斧斧见肉，砍得是七零八落了，哪能说是小幅调控？中央银行的心情很复杂，很矛盾，也觉得是有问题的，但是现在没有办法，所有的选择都是次优选择，应当说是平衡各种关系之后没有别的办法了。从资产面调整说起，没有了，然后负债面调整，负债面调整又有这个问题那个问题，所以要提高准备金率，只好把准备金率这个巨斧，一刀一刀来用，慢慢地在那儿绣花，温柔地给你切了一刀，实际上还是牵扯那个问题。

中国的法定准备金制度又存在问题，主要问题是两个：

（1）央行对法定准备金支付利息。大家知道准备金起作用是因为中央银行无偿地封冻了商业银行一部分资金，所以世界各国的法定准备金都是不支付利息的。而中国付息，当然这有历史的原因。中国付息了，法定准备金相当于课税一样，我课了你的税，先征，然后给你一个补贴，后返。这样的话中国的准备金制度的调控意义就大大降低了，要想让它的调控力强，就要无偿地拿过来，哪个银

行都受不了13.5的资金拿到中央银行手里。要真是13.5的法定准备金的情况下不付息，银行都该倒闭，财务上都该倒闭。它们现在的收益率是多少，能受得了13.5的钱被扣走。这13.5回头再给你1.89。现在这笔收入构成我国商业银行一笔不算小的收入，工商银行一年利润里面有100多亿元是中央银行给它的，尽管它向中央银行上交了准备金，但中央银行回头给这个准备金100多亿元的收入，它一年真正能够落实的收入也就几百亿吧，其中有100多亿是从中央银行来的。所以这个制度就变成了一个很滑稽的事情，调控意义大规模地降低，只有一个分配意义，分谁的呢？分经济增长的，分货币发行收入的。无通货膨胀的货币发行收入，是基于经济增长的。经济增长一年11.4%，我们今年11.4%。11.4%什么概念？好几万亿元。我们现在的国民收入20万亿元，经济每年增长几万亿元的商品和劳务，这几万亿元的商品和劳务也需要货币来媒介交易。如果把货币发行控制在这样一个幅度内，就是我们所说的无通货膨胀的货币发行，是国民经济委托你发行的。现实是，中央银行、财政部、商业银行分了货币发行的这笔收入。

（2）可以提高法定准备金率。如果法定准备金能有效地吸收超额准备金的话，这就很好了，说明它还有调控效果。但是，法定准备金没有吸收超额准备金。从2001年看起，中国的超额准备金率，非常正规的有一个波动周期，而且基本不受调控，不受外界影响。那么低的是多少呢，2003年那次，2003年是上一个我们经济增长比较快的时期，也是上一次物价引起大家关注的时候。所以我们现在讨论2007年物价的时候，大家会问一个问题，这次是2003年、2004年那次呢，还是1993年、1994年那次？如果是2003年、2004年那次，那很快就过去了，2008年下半年就没事了，如果是1993年、1994年那次，那可不得了，要软着陆，着陆不好就像当时厉以宁说的，就起飞不了了。从这些情况看，超额准备金率有很正规的周期波动表明，超额准备金率不受任何调控影响。我们还要告诉大家一个准备金率的知识。所谓准备金，是商业银行和中央银行之间进行支付清算的时候，用它来支付清算的。中国的法定准备金是不允许做支付清算的，商业银行看起来有这么多法定准备金，好像支付清算头寸很高，但我们是不允许用这个钱的，所以商业银行为了支付清算，在此之上还要有一个超额准备金，而且这个超额准备金不得低于一定水平，低于这个水平马上清算就违期了，现在这个水平是多少呢？大概是3～4，它是完全不受调控影响，跟着经济周期走的，那准备金制度就太失败了，这是第二个大问题。这两个问题已经很致命了，大家有理由怀疑货币政策的效力。怎么老这么搞，好像老不见变化。不行的话我们又转过来，在资产面对冲不行调到负债，负债面不行我再调到资产面。现在又转向资产，怎么办呢？掉期，这是个新工具。

（六）资产面对冲：货币掉期

看一下世界各国的操作，用金融衍生品来作为货币政策操作工具是一个新趋势。BIS 的网站、美联储的网站、英格兰银行与欧洲银行的网站上都有好多文章，讨论中央银行怎么用衍生工具进行操作。我们也做过。2005 年 11 月 25 日做过一次，中国人民银行向 10 家商业银行招标，做了一次货币掉期。

（1）那里面有些问题，掉期是好，但是首先它不能用于长期操作。掉期和回购操作一样，是有来有往的。我现在可以回收，但是在约定时候，又要吐出，所以调控效果只是在约定期内。当然我也可以规模越做越大，但那是进一步的问题了。

（2）看属于在什么情况下。在中国现在这种情况下是问题，如果在市场化的汇率情况下可能不是问题。什么问题呢？就是如果中央银行和商业银行掉期，掉期价格就暗示着中央银行在那个时候想把汇率调到那个水平上。现在是掉的外汇，我现在用多少钱买你的外汇，或者你买我的，然后到时多少钱我再卖给你，掉期一年中间有个差价，这个差价，就是一年内汇率的变化。这是机密。人们为了搞清楚就想方设法买通这些交易员，到底掉期时什么价钱？然后完全能算清楚汇率是多少。这个事情本来也是好事，现在好多发达国家就用这个手段引导汇率，但是我们这个汇率不想让人知道，所以这又限制了在中国的使用。我们不能做。一是在这个交易中所展示的信息太重要，而这个信息我们不想让外面知道；二是这个交易是一个反复的交易，只适用于短期头寸的调整，不能做对冲。所以现在还是没办法。

（七）问题依然存在

以上的分析显示，我们是十八般武艺，还是冲不掉外汇储备的负面影响，于是大家就想从根子上解决问题，外汇储备管理改革，我上次跟大家说的，已经启动。在整个的外汇储备中，切上一刀，一部分给居民和企业，剩下的是官方外汇储备，然后再切一刀，只留一部分给中央银行。我们看资产负债表，我们把外汇占款那部分限制住，或者再复杂一点，财政部发特别国债，我先买进来，然后卖特别国债给你，调整你的资产负债表。如果能做到这一点那就很完美了，可问题是这两个部门根本就做不到一块，现在发债发了，对冲没做。再加上 2007 年一下子上来 4000 多亿元，发 10000 多亿元只对冲 2000 亿元，远远不能解决问题，看起来还得从根子上解决问题，因为上面中央银行的寸挪已经很辛苦了，还招来很多的物议。另外使得中央银行很多可以做的改革都没法做。压力太大，它必须无条件地以对冲外汇储备增长为主要任务，其他的都放在一边，所以这个时候需

要釜底抽薪，需要改革外汇储备管理体制，来寻找更为有效的货币政策机制。

二、货币政策的困境

第二部分，货币政策的困境，我们也讲七个问题。

第一个问题，货币政策发挥了重要的作用。第二、三、四、五讲到底出了什么事，什么原因使得这些人这么辛苦，而且说实话中央银行官员的素质提高得非常快，本来进来时就有很高的素质，然后又到国际货币基金组织去培训，应当说对世界最先进的理论、操作等都是很熟悉的。为什么这些高素质的人这么辛苦，做出来还不见效果？中间四个原因我们再分析，然后转向利率和货币供应，尽管法律规定控制货币供应，但货币供应的控制有很多问题，利率也不能不控制，今后可能越来越多的精力要放在控制货币供应上来。现在有很多转向利率控制的呼声，但好像也不行，我们要分析为什么也不行。最后总结一下，数量不行了，价格似乎也不行，关键在于基础不行，所以要改基础，然后我们才会引入后面的问题，为什么要改革，在现有的框架里面增加一点减少一点，已经不解决问题了。

（一）货币政策在宏观调控中发挥了重要作用

我们的货币政策在宏观调控中应当说发挥了很重要的作用，这个不多说了。但是现在有点过分，为什么呢？大家都盯着中央银行，中央银行的钱不是它的钱，它只是金融体系中的一部分，有钱人在后面你们怎么都不说他呢？财政有钱，一年超收就1万多亿元，2007年超收1.2万亿元。当然有一部分是计划内的，有一部分是计划外的。要知道收费有多少，就看国务院公布减少收费项目280多个，取得了重大的成绩，一减少就减少280多个，就知道原来有多少个。再往前，一减1800多个，然后每一次公布都是上百的量。预算是用税收以及法律上所规定的一些手段拿来的，有些是在法律法规和政府的规章里规定的，甚至有些是规章没有规定的。所以要衡量政府在宏观调控中是紧缩作用还是扩张作用，要把所有这些账都算在一起，好在国库的账实际上都能把它概括在一起，还有个总账，所以我们通过总账能够反算政府的账。地方政府实际上是土地政府，世界各国都这样，越接近地方，越是土地政府。土地政府就是收入都来自于土地，当然，是来自于土地流转过程中还是来自于土地保有过程中，那是一说。所谓物业税，那是保有过程。我们现在地方政府的收入基本都来自流转过程，这是比较落后的一种事情，但不管怎么样，不管从落后转向先进还是怎么样，总是这块收入。这块收入不在预算内，我们现在要求它进入预算，但是它并未全部进入。这又是一块，有那么大一块钱，影响极大，我们却在那天天盯着零点几的货币政策，有点勉为其难了。货币政策是有用的，但是它不是万能的。而且货币政策现在看起来，最重要的是能够保持一个稳定的环境，并不是说它多么的积极有为，而是它多么的无为。所以现在的要求有点过分了。那么好，我们现在来看问题。

（二）存在问题：货币供应量的可测性降低

第二个问题是货币供应量的可测性降低。我们不是控制货币供应吗？货币供应是什么？能不能很准确地测定？做不到。本来 M0、M1、M2 就是一个很难说清楚的事，什么是货币？M0、M1、M2。人家说金融不是科学，本来就说不清楚，现在更说不清楚。所以今年有一桩公案，就是我们在这讲的 M3 和 M2A，M3 是高盛的梁红提出的，M2A 是宋国卿提出的，他们先后对我国货币统计提出质疑。说现在的货币供应你说 M2 都十八点几，觉得很高了，是不是不止这么多？原因是有很多应该统计为货币的东西没统计进来。所以中国应该有个 M2A，应该加一些东西，然后索性说在 M2 之外加 M3，这都是对的，绝对是有理的。这个问题就很复杂了。我们顺便讲一个流动性问题。现在大家说流动性总和过剩联系在一起。把流动性当作数量来看了，才有过剩的问题。这是错误的。流动性是一个属性，强还是弱，紧还是松，只能是这样一种状况，所以流动性和过剩联系在一起，本身就不科学。流动性是一种特性、属性、状态，绝对不是数量。因此不能说过剩不过剩。我们讲货币统计的时候，大家知道流动性的变化，可能影响货币供应量，可能影响信贷量。这是第一。第二，它还可能影响信贷的周转速度。就是流动性的变化，会影响量，影响量的速度。因此流动性如果说提高了，流动性膨胀了，流动性扩张了，给大家的感觉是可贷资金多了。流动性紧缩了可能会减少这个量，更重要的是可能会使这个量的周转速度下降，所以使得人们感觉到钱少了，可贷资金减少了。这个问题如果只用中国的例子讲，大家老是说不清楚。有一个美国的例子——次贷，大家注意，次贷之前，几乎所有的人都说流动性过剩了，那个量——货币供应减少了吗？没有，反而增加了。银行的负债减少了吗？没有，但是不流动了。为什么不流动了？有风险了，大家都不交易了。可贷的时候他不贷了，东西并没有变，只是不交易了，只是丧失了流动性。流动性和大家得到的资金和货币供应观念是有关的，是通过这个方式相关，而不是说它本身多了少了。我们国家还有人在算，流动性是多少？那个就有问题了。流动性有影响，美国太明显了，钱都在，大家都抱在手里不往外借了，流动性丧失了。我们讲货币统计的时候再说一下流动性。货币 M0、M1、M2、M3、M4 是根据什么来确定的？根据流动性高低来确定的。现钞是流动性最高的，是 M0，M0 加上企业可以签发支票的活期存款，它也是流动性很高的，所谓流动性很高，是指人

们随便拿张支票到哪儿去，除非到小饭店人家不收，买大宗产品现钞人家还不收呢，去买原子弹都卖给你，这个流动性很高。M2 是 M1 加上企业的定期存款，定期存款是不能签支票的，要想用定期存款，定期存款就变成活期存款，你会有损失。我们国家现在活期存款有支票制，大家还都不用，用不用再说。但是我们国家是不能签支票的，你要想用这个储蓄存款，要到银行去排队取钱，定期存款没到期去取，那就按活期存款的利息，你就损失了。不方便，流动性不高。虽然也是钞票，是你的财富，但是流动性不高，所以在货币统计里它只在 M2 的层次上。所有的这些我们是根据流动性高低来统计的，哪有过剩不过剩的问题呢？要注意这个事。统计中国流动性是很成问题的。我们说 M3 和 M2A 的建议，也都是鉴于中国现有流动性提高，可进入货币统计的资产的增加，说明他们的看法都很敏锐。宋国卿不是金融专家，但是他很敏锐，知道货币统计不对。梁红是金融专家，她很正规地说有 M3。这是可测性降低。

（三）存在问题：货币供应量的可控性降低

第三个问题是可控性降低。我们先说，什么是货币你搞不清楚，即使搞清楚了，你又控制不住，可控性降低了。可控性可以用一个指标来衡量，就是货币供应增长的计划和实际一直存在巨大的偏差。年初说 M1 15，M2 16，2005 年、2006 年大概都是这样一个数字，最后搞下来，M2 19，M1 11。2007 年肯定情况相反，M1 二十几，M2 十八点几。信贷，比方说 2.9 万亿元，半年就完成了，全年下来 4 万多亿元。更有甚者，我们的 GDP 增长，年初说 8，最后搞到 11.4。有谱没谱？你的调控还有什么科学性吗？所以可控性在降低。可控性降低不是说无能，现在说实话从中央到地方都很能，素质都很高，而且都很努力。问题是出现了些变化，这些变化是，由于我们国家的金融体系是银行为主，银行为主就是货币供应量有很强的内生性。你看货币统计，统计来统计去都是银行存款，银行的微观行为对货币统计这个宏观的变量产生影响，怎么能忽略银行呢？不能忽略，它是影响货币供应的。银行的存款贷款等，是内生的，不受中央银行控制的。我们说货币主义最大的一个失败是，它整个的假定货币外生，所以货币主义彻底的实现，就是全部的货币都是钞票，然后用直升飞机，按照人口比例到全国去撒，完全外生，是天上掉馅饼。如果通过存款贷款的话就是内生了，存款贷款之所以能够产生，是因为有经济活动。企业不会贷款玩儿，它无非是要投资，有投资就有需求，等等就出来了。居民也不至于贷款玩儿，我要买房子，这就与实体经济相关了。所以它完全是内生的，经济本身创造货币，所以这时候想通过货币来控制经济，就勉为其难了。这是现在的货币政策的一个困境，也不一定是坏事，但是困境是必须适应的转变。货币乘数也是这样，除了法定准备金率外，还有超额准备金、现金等，这些因素中央银行都控制不了。基础货币控制不了，基础货币的乘数也控制不了，那还控制什么呢？所以管住闸门勉为其难了。后面我们会看到，2007年中央银行在控制基础货币方面有良好表现，但却难以控制货币供应增长（见图1），基础货币与M2的增长完全是逆风向而动的，但是，M2基本不受影响。

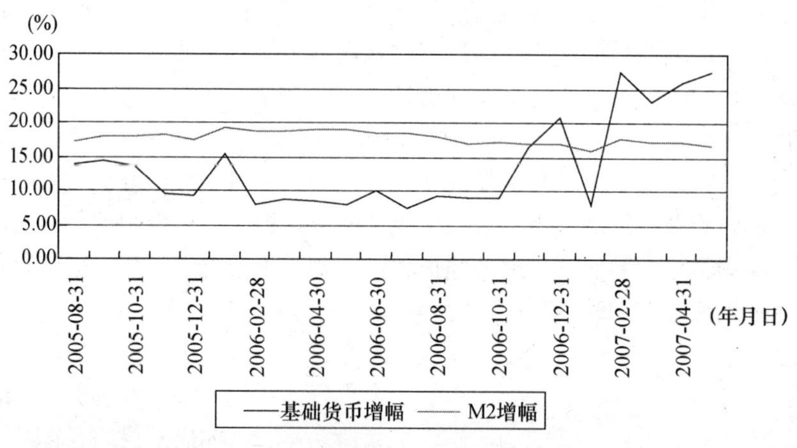

图1 基础货币与M2增速比较

（四）存在问题：货币供应与经济运行的相关性降低

第四个问题，我们一步步来，首先什么是货币搞清楚了吗？即便搞清楚了，能不能控制呢？我们看到了不能控制，即便控制了之后，能不能控制经济？这就是相关性，我们都是一步步来的，可测、可控、相关。相关不相关呢？又不相关了。1999年以来狭义货币M1及广义货币M2增长率以及变化只能在相当小的程度上解释我国CPI的变化，也就是说货币供应量的变化并不是导致我国物价总水平变化的主要原因。现在我们的物价变化是供应冲击的，供应冲击不是需求拉动，现在物价上涨是由于猪肉价格上涨，猪肉价格上涨是因为蓝耳病，去年百姓不养猪。货币政策能解决蓝耳病吗？能的话能拿两个诺贝尔奖，一个医学奖，一个经济学奖嘛。问题不在这里。石油冲击，货币政策能控制得住阿拉伯的那帮大亨吗？能控制得住布什的战争机器吗？所以这种来自供应方的冲击，就不是货币供应量的问题。所以你要识别物价变动到底是什么原因造成的，这个原因到底是来自需求方还是供应方的，基本上都是来自供应方的。所以M2、M1和这个无关，我们所做的计量分析是零点零三几，基本无关。同时，货币政策与GDP也没有多少关系，在亚洲金融危机的时候，人们那时不都觉得没钱吗，然后就攻击中央银行。不对呀，那年GDP增长7%，货币供应15，超过一倍，你说我控制得太紧？然后就造这个概念，叫做有效贷款需求不足。贷款都有需求，有钱人也

要钱，没钱人更要钱。我们要衡量什么是有效的，所谓有效就是你有可行性报告，有市场，你有订单，这是有效的，然后我再算满足率。那个时候货币供应超过一倍，你还说我供应紧张，看来是无关嘛。现在几年货币供应增长差不多也是这样，和 GDP 变化关系不密切。我们观察这个现象，几十年来，货币供应稳定地超过 GDP 增长，而且超过实际 GDP 加物价上涨，因为这个前面有个假定。货币不像过去，过去是黄金，大家愿意持有较长时期。现在的货币就是一张纸，就是一个账户，就是一个按键，就是一个数字，所以现在没有人再持有现钞。除了昏庸的老太太，搞点钱放在那，到时候拿出来看是不是被老鼠咬了。谁拿到钱都要花，不买东西吃就拿去投资，因为货币本身没价值，它只有在使用中才有价值。所以要假定所有货币都在流通中，这个假定是合理的，不买这个就买哪个，不形成 GDP 增长就形成物价上涨。我们有个俗语叫做，货币供应不被增长吸收就被物价上涨吸收。于是就有个合理的公式：GDP 增长 + 物价增长 = 货币供应的增长。结果我们发现，它们两个加起来之后，不够货币供应的增长，货币供应还有一块，我们叫做迷失的货币，missing money，国外也出现这种情况，美国人找 missing money 到哪儿去了呢？像边境交易、走私、导弹交易、毒品交易、地下移民……它用到那个上面了，这可以找一块，但也没有完全找到。我们不管钱到哪儿去了，只是说明一个问题，就是货币供应和 GDP 的关系不密切。你控制了货币供应，控制不了 GDP，那我要你控制货币供应干什么呢？货币政策干什么呢？就自己搞着玩儿？搞到 18，然后说你看我 18 了，GDP 没上来你 18 了也不行，这个问题就是这样。所以即便央行对货币供应量实施有效调控，也难以达成货币政策的最终目标。这些状况的发生还是归因于金融市场的发展和金融创新的深化，因为这些发展和创新增加了实际发挥货币功能的金融工具，而且使这些工具的流动性提高，综合的结果就是加剧了流动性扩大，可以充当钱的支付手段多了，而且这些东西交易的速度很快，所以人人都觉得很有钱，而且流通速度也不稳定，由于时间的问题这个就不多说了。这个问题也比较简单。大家知道，货币的问题，我控制了量，然后这个量有个速度，量乘以速度才是一个流量。我们现在讲的问题都是存量，存量乘以速度就是流量，对我们有意义的是流量。但是流量的变化不只是存量，而且是存量的速度，这个速度又是控制不住的。因为金融创新，提高了流动性，流动性提高是干什么的？流通速度变了，这里面我们特别想强调的第三点，是支付清算制度。人民银行的大额实时支付清算制度的取消，大大提高了流通速度。以前我们知道，支付清算就是准备金，是客观需要的，而且我们中央银行五级，除了县支行之外，四级的清算、同级的清算是通过当地人民银行清算的。比如说，工行的北京分行和建行的北京分行有笔交易的话，通过人民银行北京分行来进行。这样为了支付清算，它们都会留一个余额。但是现在支付清算制度大额、实时，按个键就能完成，清算不要了，所以一下子大大减少了底下分行支行的清算余额，这些钱都到市场上去了。原来是每家家里都有压箱底的钱，现在压箱底的钱不要了，每一家的钱都投到资产市场上去了。货币供应没变，但是货币供应里面结构发生变化了，速度也加快了，所以大家感到市场上的钱多了。在这种情况下，控制货币供应有用吗？该控制什么？我可以给大家讲一个流动性的故事有助于你们理解这个事情，这是金融的核心概念。外国人老是攻击中国，说中国人民没有理财概念，要教育。我们的当局也天天说，教育投资者。我就对他们说，不用教育，他们比你精多了。外国人有个报道，说你们要知道中国人的理财理念有多强，你看一下上海的主妇，早上挎着篮子到股市里转一圈，看今天没什么行情，就卖掉一股去买菜。这是很经典的一个例子。首先股票很具有流动性，说卖就卖。当然流动性有两个概念，一个是交易便利，一个是本金受不受损失。她说没有行情，所以本金没受什么损失。她有钱全放在金融资产上，那么原来她买菜的准备，不要了，钱全部填到金融资产上，然后卖金融资产去买菜吃。这与原来货币供应的含义是不是不一样了呢？现在大家都这样，小到家庭，大到企业，再到金融机构，都是这样。支付清算如果便利了，大家就不存钱在手里了，不为支付清算做准备了。顺便说一下，为什么国外叫做零准备金率，就是因为这个东西。上海主妇是全额实时，一分钱她都可以立刻清算，我们是大额，还得要多少规模之上。我们很快就会有全额实时，流动性会进一步泛滥了。货币供应不变，但大家会感到被解放的钱多了。为了更好地理解，我建议大家看一下以前黄达教授的书，他以前分层次，叫停滞的货币，流通中的货币，就是货币总量。比如，1 万亿元中，有 1000 亿元是各种各样的准备，到家庭手里家庭准备，企业手里企业准备，银行手里银行准备，这叫停滞的货币。1 万亿，实际上流通的是 9000 亿元。现在我们 1 万亿实实在在的，因为支付清算制度的改善，就是 1 万亿元在那里流通，这就是流动性变化改变可贷资金的例子。从这个例子大家可以体会到，流动性过剩的概念是很荒谬的，没有分清楚原因和结果。我们讲到了，清算制度的启动，大概相当于降低了法定准备金 2 ~ 3 个百分点，也就是说一下子等于供应了 8000 亿 ~ 1 万亿元资金。

（五）货币政策传导渠道不畅

第五个问题是货币政策传导渠道不畅，我们这里列举四个传导机制，信贷传导、利率传导、货币传导、汇率传导。这是中国最主要的传导机制，我们列举它们的一些问题，比如，信贷传导，这里面遇到了商业银行的问题。因为中央银行的行为，对信贷的调控必须由信贷发放者能够自觉执行才行，他不自觉，跟你博弈。利率传导的问题是市场分割。货币传导的问题是，货币供应量不确定，货币

流通速度易变。而汇率传导的问题是，汇率没有完全市场化。外汇市场的参与者不够广泛，它没法传导。我根本不参加外汇市场交易，你在外汇市场有什么举措，不影响我，传导不到我。有这样的问题。我们逼到这时候说控制货币供应看来不行了，咱们控制利率，更加上有人写文章说从控制货币供应到控制利率进一步市场化。

（六）转向利率调控是否可行

我们在讲有效没效之前先告诉大家一个概念，不要以为用了利率就是市场化，利率这个手段是可以被非常行政化地使用的。翻一翻历史可以知道，中国的利率在改革之前，有300多种，差别细小得很。你们都从少年过来的，有红领巾贷款利率。只要有一种主要产品，就有利率，像小学生课本贷款利率、食盐贷款利率，接近300种大宗产品，几乎都有利率。一个贷款一个利率，那个利率手段用得很充分了。可见，利率是可以被非常行政化地使用的。并不是说转向调控利率就是转向市场了，中国就是这样。我们现在搞调控利率、加息，加的是什么呢？加的是管制的利率，存款贷款。美联储加息怎么说？说联邦基金利率提高250个基点，完了。周小川要说就很麻烦，他说活期存款利率不动，一年期定存款加0.27，两年期加0.25，三年期加多少，四年期、五年期加多少说一遍，然后再反过去，贷款一年期、两年期、三年期、四年期各加多少，然后住房公积金贷款利率不变，农村信用社贷款利率在这个基础上加成多少，这不整个是个管制概念吗？管制的利率，比控制货币供应还坏。我们的利率在这个基础上。所以我为什么在这个事情上不太做评论，不是说利率政策不好，不是说利率手段不硬，相反我觉得今后可能会更多地用，但是首先要创造的是利率真正能发挥市场调控作用的条件，现在我们没有。你一讲就讲十几个利率，一下控制了十几个利率，这十几个利率，一下覆盖了将近30万亿元的金融资产。首先就是这个问题。利率不市场化搞什么利率调控？然后再说利率调控是市场化调控？这是不对的。而且还要一体化，中国存款贷款利率有部分管制，我们外币小额存款也是管制的。市场还是分割的，我们有银行间市场利率，同业拆借利率，交易所利率。利率利率，各个利率不一样，利率要起作用就是觉得它如水银泻地。因为货币供应有时候对一些部门没有影响，而利率就因为它如水银泻地，影响所有的人。但是现在被分割了后它不能泻地，有些地方它去不了，银行存贷款拥挤到那里，别的地方顾及不到，感受不到，因为市场分割了。然后银行为主的金融机构，就说存贷款发挥主要作用。那边还有个汇率，我们刚刚讲到了利率对汇率的决定作用，反过来汇率对利率也有决定作用，它们是互相影响的。而我们的汇率机制又是个管制汇率，所以在它能够发挥作用的条件不具备的时候，用它，它就是行政手段。这是第一。第二，利率发挥作用，要以数量发挥作用为前提。从机制上分析，利率的提高，以货币供应量的缩减为前提及必要条件，这是一个大家要注意的事情。就是利率发挥作用当然要影响成本，但是同时，而且更重要的是影响了可得性。金融不就是两个事吗？一个是得到得不到？二是用什么价钱得到？那么我这个利率是影响了你用什么价钱得到，数量的调控是以你能不能得到。这两个东西必须同时发挥作用，而且能不能得到是前提，那是很强化了，那利率就是有用的。我们国家，货币供应是决定机制，利率又是决定机制，所以我们出现了利率不断提高、货币供应不断增加的非常怪的现象。怎么可能？你跟谁也解释不了，为什么利率提高的时候，货币供应会增加？这里面有个很关键的机制。当年我们利率市场化的时候，恰好是朱镕基当总理，斯蒂格利茨来访问。朱镕基是很虚心的人，他就问，美国利率是不是市场化的？斯蒂格利茨告诉他说，美国利率70%是管制的。斯蒂格利茨老先生是大专家，但不是金融专家。他不知道是怎么回事。他说的是什么现象呢？美联储说，利率提高0.5%。你看，是不是管制利率。他说到哪儿就到哪儿，这个利率覆盖面太大了，所以他说是管制利率。但他没有注意到，他说变动0.5（我们假定是0.5），背后是通过市场化的手段实现的。0.5表示，当局认为，如果提高0.5的话，对经济是好的。然后怎么实现这个0.5的提高呢？我们查到人家操作的过程是这样的，决定了之后，华盛顿联储马上通知纽约联储，纽约联储就通知40多个执行商，告诉他们利率要提高了，你们就给我在市场上卖。大家看到这是一个市场化的过程，而且利率的提高是以收头寸为前提的。我们这里，利率的提高是中央银行宣布的，根本没有收头寸一说，而且头寸还在放。有用吗？所以这个事，媒体找我采访我都一概不说，我说没法说啊。他们都很努力，那些人或者是我的朋友，或者是我的学生，中央银行那帮人天天晚上加班，很辛苦，但是基础不行有啥办法？不能怪咱们没本事。

（七）关键在于：传统货币政策范式已经失灵

我们归纳一下，就是传统政策范式已经失灵。什么是传统政策范式？传统的货币政策范式就是，经由对一个变量的调控，来实现对最终变量的调控，无论是数量还是价格，都是这样。调控货币供应量，是想让GDP增长多少，物价水平多少，不行就调控利率，也是想这样。但是这样的一个最后目标，是通过一个中介，通过18%的货币供应量，4.5的利率水平，通过一个中介变量来表达，来实现，来推行。现在由于金融创新，金融市场的发展，由于全球化，中间这块越来越疏远了。所以就陷入了调控不力的政策效力。关键就在于中介变量与最终被调控变量之间的关系，以及因金融市场的飞速发展和金融创新的风起云涌而变得越来越不确定了。主要是这个，而不是我们不能干。所以，从中介量的变化，就是

从控制货币供应变为控制利率，也不行，也不灵，更何况我们现在利率机制本身还存在问题。这时我们需要找一个新的范式，不要中介行不行？后面会讲到，现在流行的通货膨胀目标制，就是这样一个范式。

三、进一步改革的背景

下面我们分析一下进一步改革的背景。

（一）宏观经济背景：储蓄大于投资

储蓄大于投资是中国一个长期现象。1994 年开始，中国是一个储蓄大于投资的国家，这是个大背景。这个大背景使得中国经济增长很快，使得经济增长必须依靠出口、投资，而且使得物价水平长期来说不会非常高。这个是宏观经济背景，我们不多说。

（二）长期持续的流动性膨胀

前面说了，这里就不多说。流动性过剩实际上是个不科学的概念。这里面我想列举一下，我们看所谓中国流动性膨胀由哪些原因导致的呢？它有四个原因：第一是储蓄大于投资，致使中国经济运行长期存在贸易顺差，进而形成长期巨额的外汇储备积累是内生原因。注意，我的说法和多数人不同，我说成是内生的，多数人说成外生的，外面来的，对外贸易，外汇储备，大家是这样看的。内生就内生在它是在储蓄投资的框架中生成的，储蓄大于投资。大家说从 GDP、储蓄的角度来说，有三大需求，消费、投资、出口。储蓄是国民收入中未消费部分。储蓄剩下来不投资就出口，所以目前这种很高的投资、很高的出口是由很高的储蓄造成的。很高的储蓄是什么原因呢？是由很低的消费导致的。消费不上去，就有很大储蓄，很大储蓄要想被吸收，不投资就出口。内生就内生在国内储蓄较大这样一个现象之中。那么外生是资本与金融项目的长期顺差，内生就内生在它是有根据的，所谓根据就是我生产出来了卖掉的，所以有商品和劳务交易的内生。这里面外生是什么呢？FDI 进来了，至少在它没有落下来的时候，是没有交易根据的，没有和实体经济的关系，更何况那些游资根本就没有目的，我们叫它是外生的。然后是支付清算制度，就是技术变化导致支付清算制度的变化。大家用卡代替现金，这也是很厉害的东西。中国卡的发展远远超出了人们的预料，原来都认为华人就有对钞票的迷恋，不信账户上的东西，不信数字，只信实实在在在口袋里的东西，所以大家对于中国卡的推广都不抱什么希望。谁知道现在中国的卡好像搞搞就成了世界第一，而且现在年轻人长长的钱包里面全是卡，插卡方便。卡出来之后，货币进一步抽象化了。控制货币供应真是没有办法啊，你根本不知道有多少货币供应。尤其，现在我们多是借计卡，如果是贷计卡呢？借计卡是和收入相关的，先有收入然后存钱。贷计卡和收入无关，和有收入的预期有关，特别是和银行对你有收入的估计有关，它给你一个适当的额度。这个根本没有现实的供应，货币供应根本没供应到市面上来，怎么去统计货币供应？怎么算货币供应和 GDP 的关系呢？还有金融市场的发展和金融创新的深入提高了金融资产，我们刚刚说不但创造了新东西，而且老的东西交易速度在提高，交易速度提高也提高了流动性，增加了可贷资金，这是个大问题。

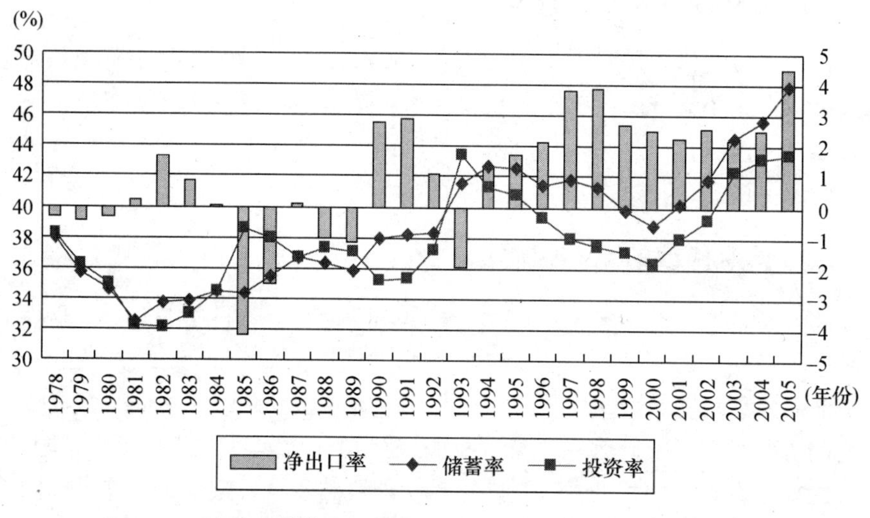

图 2　储蓄率、投资率、净出口率综合比较

（三）直接融资的发展将引发“脱媒”过程

第三个问题，大家可能不太注意，我们作为研究机构，一定要提出来。就是，党的十七大上胡总书记说了，要多渠道发展直接融资，而且从 2006 年开始直接融资确实有了恢复，比较活跃，股票可以了，然后债券。我们在欣喜地接受这样一个结果，就是金融机构在优化的过程中，同时要看到它引起了另外一些我们必须要高度重视的结果，就是“脱媒”。发展直接融资就是脱媒。就是把钱从银行赶出去，赶出去用我们的专业术语就是脱离银行的媒介了。如果在一定意义上不做严格的区分，发展直接融资，就是“脱媒”的另一种表述。“脱媒”就是个问题，那边我们看资本市场发展很好，这边“脱媒”可就是问题了。我们后面就要分析，这个是我们今后一个大问题。更重要的是美国历史上经过长达 30 年的“脱媒”，这 30 年是从 20 世纪 70 年代到 90 年代，一直到 1999 年出台《金融服务现代化法》，“脱媒”最终不存在了。1999 年《金融服务现代化法》，最

终打通了银行和资本市场。“脱媒”就是资本市场和银行此长彼消，从需要银行这个媒介，变成资本市场不需要媒介。最后干脆打通了之后，你就是我，我就是你，“脱媒”存在的基础不存在了。中国其实就有这样一个过程，我们启动这个过程的时候知道好多事，而且知道最终必须完全混业经营才能最终消除“脱媒”，消除“脱媒”所造成的问题。“脱媒”的原因有很多，像居民、企业还有各类集体理财机构。居民为什么要“脱媒”呢？他不满意于银行那点存款利息。企业为什么“脱媒”呢？企业不满意于信贷管制，可得性也差，利率也不好。现在比如说宝钢，怎么怎么优惠，它也是按照官方下浮10%，六点几，然后再贴一点，也就五点几。宝钢发的债，三点几，成本很低了，为什么要经过你这个“媒”呢？就是可得性和成本问题。再就是各类理财机构，它创造了很多产品，比如说，你们看到的，现在已经有一两千种的各类理财产品，全都是“脱媒”的。虽然是银行做的，但是不在银行资产负债表上，不在资产负债表上不就“脱媒”了嘛。顺便说一下，直接融资间接融资的概念，如果要做科学的研究最好别用了。这两个概念都是老概念了，都已经过时了。证据之一是文献的证据，你们看西方出的词典，没有直接融资间接融资的概念。实践的依据就是，现在很多的事情，说不清是直接融资还是间接融资。越来越多的事情又是又不是，比如，理财是还是不是？就你要找人为你理财而言，是，媒介嘛，他替你搞。就运作来说，你得到的不是银行存款的收入，所以是直接融资。最好别用这个概念了。下面我们给大家看一些我们做的研究，就是“脱媒”的表现，表现之一，居民存款增长率和绝对额下降。中国历史上从来没有过。

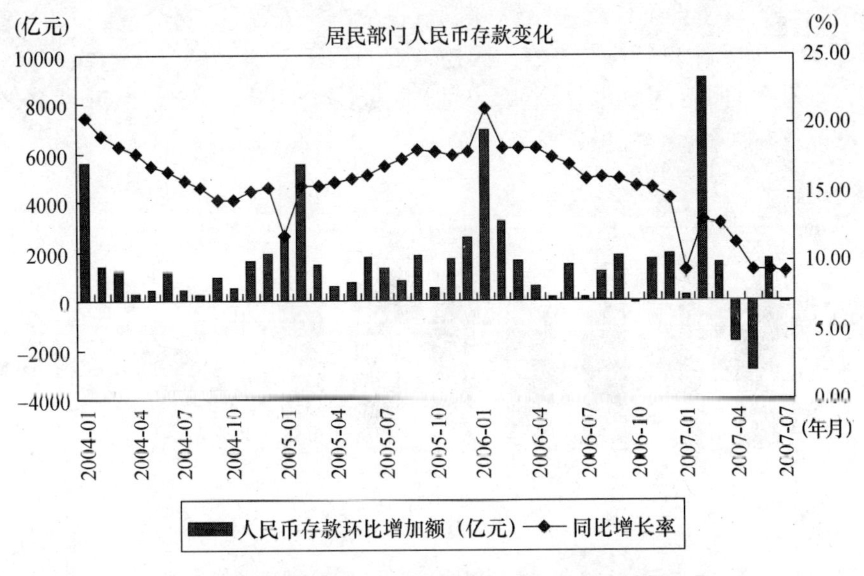

图3　“脱媒”表现1：居民存款增长率和绝对额下降

你们看这几个柱状的东西，从来没有出现过负向反弹，非常正规的周期波动。一个增长的经济，11.4%的增长，居然会出现存款绝对额的下降。刚刚公布的数据是，十月份又下降了4600多亿元。我这个是七月的数据，要到现在，这些全部都在负向下面了。增长的经济与存款的下降并行是因为出现了制度变化。

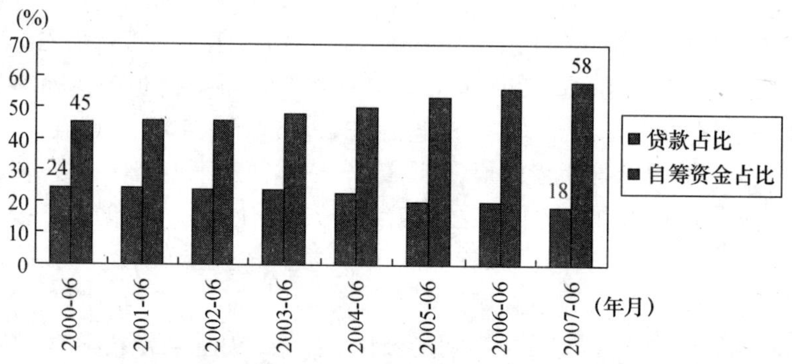

图4 “脱媒”表现2：企业对银行信贷资金的依赖趋弱

现在企业对银行的依赖也减弱了，我们用什么来衡量呢？就是企业投资中自有资金的比例有多少。现在自有资金比例大大提高，现在到了58%，到2007年6月份，一项投资中，企业自己的钱占58%，其他是借款，还有其他一些资金来源。在我们讨论的这样一个题目中，我们说是“脱媒”了。企业不再通过银行借款，大家想想宏观调控怎么办？温总理说，投资增长过快还是个问题，于是管住两个闸门。管住管不住不说了，你能管得住吗？人家不要你贷款了，这就是“脱媒”。控制投资是控制不住的，因为人们的钱不是通过融资来的钱，企业有利润，政府有增长，投资不就企业、政府在投资嘛。货币政策利率再长10个点都不把你放在眼里，该投资还投资。

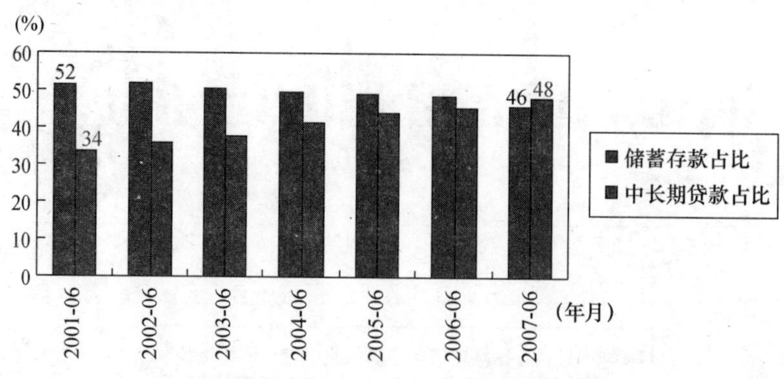

图5 “脱媒”的表现3：银行的流动性风险增大

大家都在说流动性过剩。你要问银行，它说我流动性早紧张了。紧张的一个很重要的表现，就是，我们知道银行有个期限配对的问题，有个种类配对的问题，那么银行的中长期贷款就需要有中长期来源。历史上，我们在算银行流动形态的时候，是用储蓄存款和中长期贷款之间的一个比例关系来衡量的。我们国家的储蓄存款就是指居民储蓄存款。居民储蓄存款就是基本上中长期不用的，企业是要用的。居民的钱放那儿不用，就可以用它来发放中长期贷款，长钱长用，就没有流动性风险问题。流动性风险就是人家来挤兑，来提钱银行拿不出钱来，因为银行的钱都被押在贷款项目上了，先不说有没有不良资产，就说现在拿不出钱来，就是流动性风险了。过去很好，这个钱比那个钱多得多，所以银行发什么贷款都没事。但是大家看 2007 年 6 月的统计告诉我们，中长期贷款第一次超过了储蓄存款，也就是说，储蓄存款覆盖不了这个风险了，就变成了风险暴露。这当然和前面存款增长率下降是密切相关的。这个我们是用三个数字——贷存比、存款增数、贷款增数来看。贷款增数、存款增数一般情况下，特别在增长的经济中，存款增长速度是超过贷款增长速度的。历史上就是这样，存款多。存款增长超过贷款，银行体系财务上有一万个问题，都不会成为问题。太简单了，今天的钱比昨天的多，明天的钱比今天的还多，你说我有什么问题，我就借新钱还旧钱嘛，今天的钱覆盖昨天的不良资产。但是如果说，存款增长速度低于贷款增长速度的时候，水落而石出。现在我们就水落了，大家看这上面，而且还落得很厉害。水落了之后银行就不敢贷款了，所以这也是“脱媒”的一个表现。因为人们新增的收入有一部分不进银行了，进入到金融资本市场去了。

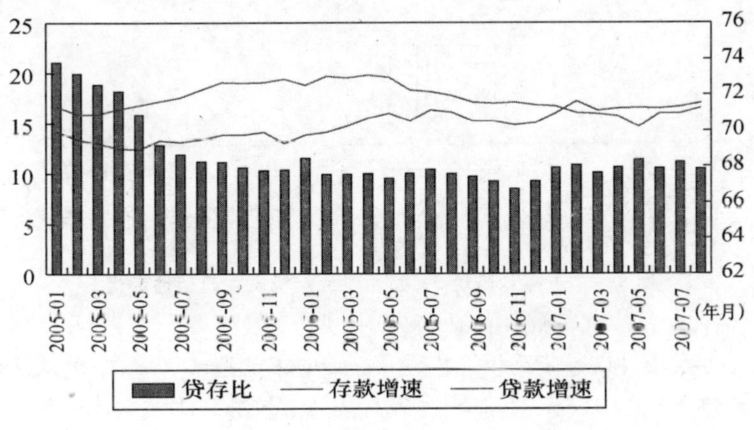

图 6 “脱媒”的表现 4：利率政策的效果不确定

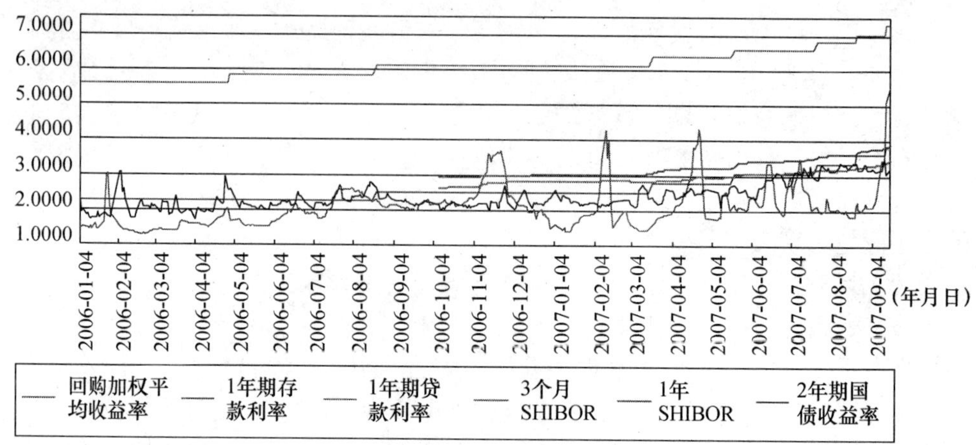

图 7　各类利率的走势

上面都是官方利率，是存款利率、贷款利率。但是底下我们刻画了几种利率，这几种利率大家看，波动跟它走，因为它覆盖的面太大，但是它的底部并不和它完全一致，就是受它影响但是并不完全跟它走，就表明市场对这个利率不认可，不认可利率政策的效果不确定。这个前面我们讲过，不确定的原因不细说了。

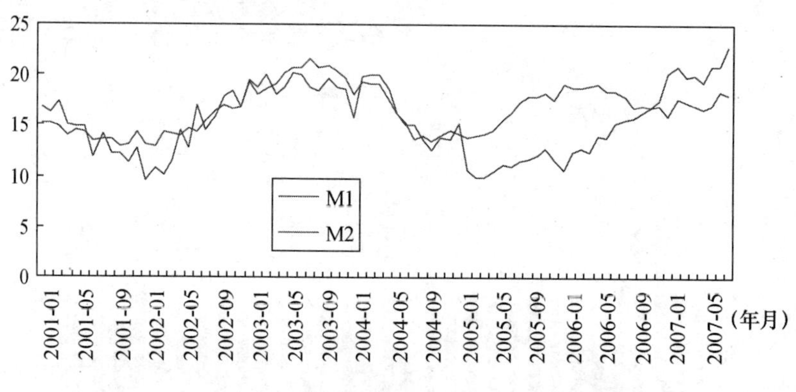

图 8　“脱媒”表现 5：货币供应结构发生趋势性变化

还有一个大事，就是货币供应出现了一个结构性的趋势性变化，就是 M1 的增长长期超过 M2 的增长。M1 是什么呢？是马上就准备去买东西的钱，M2 就是我放的定期存款，五年定期我准备五年都不用的，像我给我儿子结婚用的，那给你银行去用吧。现在流动性提高了，我不干了，把钱放到了活期存款上，随时准

备去买股票、买房子、买基金。所以就出现了 M1 增长超过 M2 增长，而且超过得越来越多。“脱媒”反映在货币供应上，就很讨厌了。怎么控制？控制什么？长期来说我们研究货币供应，如果说和 GDP 有关的话，那还是与 M2 有点关系，与 M1 根本就没关，现在是这样一个状况。所以这个也是我们“脱媒”的表现。那么归纳一下，“脱媒”有什么挑战？它有三个挑战：

（1）存款金融机构资产负债。负债这面，人们不存钱了，存钱少了，因此银行传统的资金来源没了，特别是那样一些稳定的、低成本的资金来源没了，减少了。资产，它靠贷款嘛。贷款无风险的都是好企业，好企业因为资本市场的发展到资本市场去了。上市一家离开一家，甚至不上市它也离开，找上市公司借钱去。我们现在也开了公司之间借款的这条路。企业如果不能到中国人民银行发短期融资券，又要发公司债。只要是好企业，它从市场融资的成本一定低于从银行贷款的成本，所以它离银行而去了，银行的利润又没了，所以银行的流动性风险逐步增加。“脱媒”对于整个金融体系是好的，对于居民是好的，对于企业是好的，就是对银行不好，因为脱离你了。

（2）那么对资本市场好不好呢？也难说，大量资金的涌入，资产价格过度膨胀。原来资金供求很平衡，现在额外的资金，像中石油，3 万多亿元的认购资金，这是什么概念？我们以前根本无法想象的，就是几万亿元的钱在那买来买去，过度了。我们需要钱进去，但是在这个转变过程中可能过度。本来这个市场就说不清楚。我们说它为什么叫资产市场呢？资产市场就是劳动价值论不起作用。房地产市场的劳动价值论不起作用，能说里边积累了多少死劳动？股票价格里劳动价值也是不起作用的。这两块本来我们就难以捉摸，像股票价格，20 世纪末我们几乎都觉得可以理性地把握它了，华尔街运行得多好啊。可是，一下子从纳斯达克 6000 多点跌到 1000 多点。原来那地方也不行，大家为什么要提高信心呢？他们也不行。你看他们搞得好，我们引来资本市场理论、定价理论，搞来搞去觉得真严密，不是也没用吗？说跌就跌了，跌得你根本没话讲，也不知道原因，讲不清楚。本来就讲不清楚，现在又有那么多钱进去，更讲不清楚了。所以资本市场也面对着很大的风险。

（3）货币当局对货币供应难以准确计量，货币需求不稳定，越来越多的金融活动脱离开货币当局的监控视野，货币政策效力递减。

四、改革建议

最后我们比较快地讲一下改革建议。我们说有近期改革建议和长期改革建议两类。

（一）近期改革：改革货币政策工具

近期的一共有四个：

（1）赶快重新公布一下货币口径。我们先缝缝补补，因为第一次货币供应口径是我参加研究的，现在已经研究了3年。我们看美国30年“脱媒”期间，几乎每年都调整货币供应口径，最长是到M7，然后再压，M1加M2变成新的M1。因为市场上流动性不断地变化，统计口径也在不断地变化，我们觉得加M3好一点。

（2）改革准备金制度，不能再付息了。付息就变成不知道是驴不走还是磨不转，不知道是准备金没有用还是怎么了。我们把它搞清楚，准备金不付息，看它有没有用。我觉得肯定还是有用的。你把1.89拿掉，拿掉之后就活生生地割了一块肉，我觉得还是有用的。

（3）还是支付清算。随着市场经济的发展，特别是金融市场的发展，中央银行所能够直接控制的东西是很少的，而且是越来越少。但是这时候，一个聪明能干的中央银行主要应该做什么事呢？更基础地掌握支付清算制度。你卖股票、倒黄金，都要经过我的支付清算系统，我掌握了支付清算系统，就知道来龙去脉，知道你所有资金的流动，我知情就能调控你。现在是不知情。中央银行实际上能控制的是商业银行，所以它会对商业银行发威：“别跟我博弈。”它能跟商业银行说这个话，跟证券公司不敢说这个话，那个事情不归它管嘛。跟保险公司也不敢说。但是我要掌握了你的支付清算，你看怎么样？很多国家取消了准备金制度，那是以已经启动了全额实时清算制度为前提的。有了替代手段才取消这个手段。我到加拿大、美国看过都是这样，包括欧洲。

（4）加快利率市场化改革。不然也是那样，利率老在动，又在动又在猜。利率不是没有用，而是能有用的基础不存在，对此也应当进行改革。

（二）长期改革：彻底改革外汇储备管理体制

因为中国现在所有的事情都是外汇储备惹的祸，为什么不釜底抽薪呢？现在搞得羞羞答答，搞了2000亿元，还没卖完。我觉得应当迅速地再大规模地切一刀，理论上这样很彻底，当然又遇到协调问题，我们希望政府能够协调这个事。我们改革外汇储备管理体制就两个目的，现在大家把后面一个目的太强调了。其实第一个目的是切断外汇储备和货币供应的关系，现在切得太少了。

长期改革，我们觉得要改到实行通货膨胀目标制。今天没有时间讲了，只是提一下，下次有时间再跟大家讨论。这也是个大题目，反正告诉大家，通货膨胀目标制绝决不是说用一个新的中介目标代替一个老的中介目标，大家一定要注

意。我在英国参加一个会，会上总结了5年实行通货膨胀目标制的经验，这个机制不是说用一个中介目标代替另一个中介目标，而是放弃了所有的中介目标，一下子把自己的调控放在内，特别重要的在于，这时候不是把自己束缚在18%的增长率，4.5%的利率上。为了实现政策目标，所有这些手段无所不用其极。大家看看美国，降息，从五点几，降了十几次降到1，降得差不多了，不降了，然后加息，又从1飞回来到5.5。这在原来比如说以利率为中介的情况下是绝对不允许这么做的，太波动了。这不造成经济波动吗？不是，这个洞多少它不管，只管通货膨胀到哪里了。为了实现那个目标，这边所有的手段，无所不用其极。有一次我写了文章介绍这个之后，刘树成见了我，说你不还是搞利率啦，货币供应啦，到底有什么区别啊？我说利率政策、货币供应政策已经没有规则了，工具没有规则了，只有目标规则，这是要强调的。还有一个需要强调的是需要条件。中国现在确实不适合实行通货膨胀目标制，需要创造一系列条件。

（文章来源自《学术讲座荟萃》第45辑，2007年11月15日）

中国经济发展新战略的影响

王振中

王振中

男，1949 年生，山西平定人。中国社会科学院经济研究所研究员、副所长、经济学博士、博士生导师。1993 年起享受国务院颁发的政府特殊津贴。现兼任《经济学动态》主编、中华外国经济学说研究会副会长、中国《资本论》研究会副会长、中国地方志指导小组成员等。

主要研究领域：经济学基础理论、国际贸易与国际投资、转型经济。主要著作有：《非过剩资本型国家海外直接投资的理论思索》、《经济特区与出口加工区的比较研究》、《资本难道真的没有旗帜吗》、《实施替代种植，争取国际援助，彻底肃清毒品对人类的危害》、《在澜沧江—湄公河次区域经济合作中，我国应尽力摆脱“大国小角色”的状况》、《关于成立“9+1区域经济合作组织”，促进区域经济一体化的建议》。从 1999 年起主编《政治经济学研究报告》(每年一本)。

引 言

党的第十七次全国代表大会的召开为我国经济学者研究中国经济发展新战略的影响提供了一个新的背景。因此，这次大会的召开得到了相关领域国内外学者的高度关注。2007 年下半年，我国领导人不断向外界发布信息。这些信息对于我们研究中国经济发展战略具有重要的作用。其中，包括党的十七大召开之前，胡锦涛同志和温家宝同志所发表的讲话。胡锦涛同志在澳大利亚参加 APEC 会议时，指出中国今后还能保持长期快速发展的有利条件；温家宝同志在中国大连发表了讲话，阐述了中国要做一个负责任的大国，特别谈到中国对于出口商品的质量保证。此外，党的第十七次全国代表大会之后，我国也承办了不少透露我国经济发展战略的国际会议，其中包括：中国社会科学院所承办的在钓鱼台举办的国际金融论坛。在会上，摩根斯坦利的总裁问参会的有关领导：中国希望通过十七大向外界传达什么信息。当时，参会领导认为，党的十七大会议向外界所传达的信息主要包括民主、民生、改革和开放四个方面的信息。同时他在会上发表了补充意见指出，党的十七大会议向外界所传达的信息应该不只包括民主、民生、改革和开放这四个方面的信息，至少还应该包括物权和人权这两个方面。实际上，民主、民生、物权、人权、改革和开放是党的十七大报告的六个重要方面。这一点在新党章的修改中就得以很好地体现（在新党章中，中国共产党首次将“保障人权”写入党章）。可以看出，党的十七大报告的发表在很多方面透露了中国经济发展的新战略信息。

党的十七大报告发表的主要目的之一就是向国外传达一定的国家发展信息，以引导国际对于中国的理解方向。值得注意的是，我们党对外公布的党的十七大报告的英文版本和中文版本在内容上并不完全一致。我们在研究党的十七大所透露的经济发展战略信息时，并不能忽略英文版本的党的十七大发展报告。在英文版本的党的十七大报告中，我们党指出：我国要朝着工业化、信息化、城市化、市场化和国际化社会发展。

“工业化、信息化、城镇化、市场化和国际化”是我国社会发展的总体经济战略。这一总体经济发展战略的提出与先前胡锦涛同志的"六·二五"讲话存在着以下两个方面的区别。首先,"六·二五"讲话并不包括信息化道路的相关内容;其次,党的十七大报告将"六·二五"讲话中的"城市化"改为"城镇化"。从我国经济发展的轨迹上看,我国从毛泽东同志时代就开始强调"四个现代化"的发展目标。然而,我国对于目标实现的手段和方式一直都不是很明确。从我国的经济发展战略来看,1978 年以前,我国经济发展的基本战略(即为目标实现的手段)是采用计划经济战略;1978 年以后,我国采用了改革开放战略和外向型经济发展战略作为我国实现发展目标的基本手段。但是这两个战略在当时并没有在全国内大范围推广,只局限于小范围展开。之后,我国又采用了沿海经济发展战略等作为发展手段。直到今天,党的十七大会议的召开,我们党提出了"工业化、信息化、城镇化、市场化和国际化"发展战略。我个人觉得,直到此时,我国对于实现目标的发展手段才有了较为清晰的轮廓。因此,"工业化、信息化、城镇化、市场化和国际化"这五个战略所产生的影响也是我们今天讲座的主要内容。

一、工业化发展战略的影响

2005 年,我国三大产业产值占总产值比重分别为 12.5%、47.3% 和 40.2%;三大产业就业人员占总就业人口比重分别为 44.8%、23.8% 和 31.4%。中国社会科学院工业经济研究所发布的《中国工业发展报告》显示,从产值比重角度上看,我国目前工业发展状况已经处于工业化发展中期后半阶段。在该报告中,研究者对工业化发展进程阶段的产业结构特征做了一个数量上的规定:工业化发展中期,国家第一产业产值占总产值比重小于 20%,第二产业比重大于第三产业比重;工业化后期的产业结构为第一产业占总产值比重小于 10%,第二产业比重大于第三产业比重。根据这一规定,一国从工业化发展进程中期过渡到工业化发展后期,其产业结构中,第二产业和第三产业并不需要发生过多的变化,其所需要努力发展的方向是努力降低第一产业占总产值的比重。根据这一规定,我国要想从中期的后半阶段过渡到后期,就必须将第一产业产值占总产值比重降低至 10% 以下。我个人认为,第一产业产值占总产值比重变化的目标并不是很难实现。

但是,我国的人员就业结构和我国的产业产值结构并不匹配。这是我国在工业化发展进程中,亟待解决的重点问题之一。根据《中国工业发展报告》的规定,处于工业化发展进程中期第一阶段的国家的就业结构应该是:第一阶段的产

业就业人口占总就业人口的43.6%以下，第二产业就业人口占总就业人口的23.4%以上，第三产业就业人口占总就业人口的33%以上；处于第二阶段的国家的就业结构规定为：第一产业就业人口应该占总就业人口的28.6%以下，第二产业就业人口占总就业人口的30.7%以上，第三产业就业人口占总就业人口的40.7%。在这一标准的基础上，结合我国目前的实际产业结构，我们可以得到：我国工业化发展的就业结果与产值结构并不匹配。尽管我国工业发展的产值结构已经处于工业化发展中期的后半阶段，但是，就业人员结构仍处于工业化发展中期的第一阶段。

“十一五”规划要求，我国在五年期间，必须实现“产业、产品和企业组织结构更趋合理，服务业增加值占国内增加值比重和服务业就业人员占总就业人员比重分别提高3%和4%”。按照这一要求，到2010年，我国必须实现第三产业的产值占总产值比重超过43%，就业人员占总就业人口45%以上的目标。然而这一目标的实现并不容易。2005年，我国的总就业人数是75825万人，第三产业的就业人数为23810万。为了说明任务的艰巨，我们现假设：2010年，我国的总就业人数保持不变。那么，如果我们能顺利完成“十一五”规划在这一指标的定量规定，则2010年，我国第三产业的就业人数将达到26539万人。这一数据将大于澳大利亚2005年全国的就业人数数据。这要求，2005～2010年，我国需要增加2729万人进入第三产业。然而，目前国家仍没有对新增的第三产业就业人员的工作岗位分布做出科学规划。这也是我们今后研究的重点。从近年来的发展情况来看，国际资本进入中国第三产业主要集中于增加值较高的行业，比如金融服务业和通讯服务业。这些行业所需要的人才类型是我们所必须深入思考和研究的，我们不能仅简单地提出要增加服务业的就业比重，我们还必须对就业岗位有一个较为全面的统筹。服务业中的高增加值环节所产生的利润不应该全由外商投资企业所拥有。如何使国民共享服务业高增值环节的利润是我们所必须深入思考的问题之一。

在中国工业化发展的过程中，另一个值得我们注意的是，工业化发展的资源问题。中国的工业化确实需要耗费大量的能源。从原油进口量上看，2005年，我国的石油产量为1.7亿吨，进口额为1.3亿吨。根据中国社会科学院工业经济研究所吕政所长的估算，到2010年，我国的石油产量将达到1.8亿左右，进口额约为2亿吨。按照这一数据，2010年，我国将进口2亿吨石油，占国内原油消费量的52.3%。但是，通常情况下，我们认为石油进口额占总消费额的50%为安全警戒线。这也就是说，2010年，我国的原油进口将突破这一警戒线。在缺乏强大的军事力量以保证我国海外石油供给的情况下，原油进口突破警戒线是值得我们密切关注的。从外汇支付额上看，2004年，我国进口原油花费了300亿美元。如果我们假设2010年，原油价格为50美元/桶,[①] 则我国需要花费750亿美元。目前国外非常关注中国对于油价上涨的承载能力。实际上，国际上石油价格的异常波动，已经引起了国内经济的一片混乱。中国石油大量依赖进口的一个重要问题取决于我国的石油进口地区分布。根据2003年的数据，我们可以看出，中东地区是我国石油进口最大来源地区，非洲是第二大来源地。但是，众所周知，中东地区是全球政治局势最不稳定的地区之一。中东地区和非洲这两大地区进口总额约占我国石油进口量的70%。这也是我国大量开展非洲和中东外交的原因之一。因此，我国在工业化发展过程中对于石油供给渠道的安全保障策略主要应该包括：制定国家能源战略；加强对油气资源的勘探支持；进一步实现进口石油多元化；建立国家能源储备制度；设立能源部和能源法这几个方面。国际上对于我国工业化进程中的能耗问题十分关注，特别是十分关注中国有关设立能源部和能源法的举动。[②]

在工业化的进程中，我国还必须十分注重环境保护问题。如何在工业进程中，实现人与自然的和谐是我国面临的现实问题之一。这个问题也已经开始得到社会各界的关注。到现在为止，我国的环境问题已经相当突出。2006年初，我国的“十一五”规划将万元GDP节能降耗与全国主要污染物排放总量的削减作为两项重要的约束性指标。但在实际工作中，这两个指标缺乏较高的执行力，比较难以切实执行。客观地说，我国提出这两个指标是由于严峻的自然资源约束状况和国际竞争的压力以及人们对生活质量的不断追求等众多因素。因此，保护环境已经成为我国工业化发展的重点问题。我国在工业化发展进程中，必须坚持节约发展、清洁发展、安全发展才能真正实现可持续发展。这是我们工业化进程的必经之路。目前，我国的能耗总量相当于美国的60%，但是经济总量只相当于美国的15%。根据我国相关部门的测算结果，我国的能耗水平也远高于日本等。此外，在环境保护问题上，气候变化也是今年的热点问题之一。在气候变化的问题上，我们必须明确应该如何对待《京都议定书》。我国许多学者和政府官员都认为，目前我国不应该承诺减排。《京都议定书》所提出的是一种清洁发展机制。如何看待这一清洁发展机制，是每一位经济学者所必须思考的问题之一。《京都议定书》对于我国的减排工作造成了很大的压力。在减排的过程中，我国必须首先解决技术的问题，这就要求我国企业必须保持创新的动力。

党的十七大报告也重点强调了创新。该报告指出我国必须坚持走创新型国家的发展道路。然而中国仍需要经过长期的发展，才能最终走上创新型国家的发展道路。实际上，一国的生产方式和技术水平是紧密相连的。我国工业目前所采用

① 这是最为保守的估计。目前的原油价格都接近100美元/桶。

② 原来，美国大使馆从来不设置能源相关官员。最近两年，设置了一个能源相关官员。

的生产方式主要有：SKD、CKD、DKD 和 OEM。其中，SKD 即为半套散件组装，也称准散件组装；CKD 即为全套散件组装；DKD 即为直接散件组装；OEM 即为贴牌生产。这四种生产方式的一个共同特点就是都不拥有知识产权。所以，中国目前只能被称为世界加工厂，并不能成为真正意义上的世界工厂。因此，2005 年 5 月 19 日，温家宝总理在听取中国社会科学院的汇报时，强调创新能力建设和自主知识产权，并指出"只有绝大多数产业成为自主知识产权的产业才能成为世界工厂"。从理论上讲，这四种生产方式具有以下三个方面的局限性：①它对我国自主创新的影响。目前，我国的纺织品贸易争端已经降低至最低程度。我国最大的争端更容易发生于知识产权方面。美国最新的国会报告也十分关注中国的知识产权问题。②它对我国民族智力的影响。由于这四种生产方式的存在，中国民族的创造力得到了一定抑制，尤其是 DKD 生产方式下，我国民族的创造能力不断被弱化。③它对我国竞争力的影响。这四种生产方式处于价值增长点的末端。改革开放至今已经 30 年了，我国仍不能自主生产电冰箱的压缩机，也没有拥有自主品牌的轿车发动机。和谐号列车实质上也不能称为完全自主技术产品。因此，为了成为真正意义上的世界工厂，我国必须努力改变这一被动局面。

二、信息化发展战略的影响

2003 年，我国信息通用技术支出约占我国 GDP 的 4.4%，人均支出为 66 美元，属于低收入国家的水平。有关数据表明，2003 年，中等收入国家信息通用技术支出约占 GDP 的 4.7%，人均支出为 111 美元；而高收入国家的信息通用技术支出约占 GDP 的 7.1%，人均支出 2329 美元。从这组数据，我们可以看出，我国和中高收入国家在信息通用技术支出方面的差距仍十分巨大。

在经济转型过程中，人们期待利用信息化来带动工业化，工业化来推动信息化。此外，人们对于信息化的期待并不仅仅局限于它对经济效益的提高作用。人们通常认为信息化还应该使传统工业模式的高耗能局面得以缓解。然而，实际上，信息化并没有使传统工业模式的高耗能局面得以缓解，反而出现了"信息产业的能源消耗加剧，以致对环境污染产生了负面影响"的局面。国内学者邓华和段宁对美国近年来信息产业快速发展对国内能源消耗部门结构变化的影响进行了研究，并提出了三个值得关注的结论：①信息产业的快速增长带来了替代效应，在相当程度上降低了传统工业的能源消耗比例。②信息产业的快速增长带来了社会效应，在很大程度上降低了非工业能源消耗的比重（这属于负面影响）。③由于社会效应大于替代效应，社会能源消耗总量水平将可能进一步上升，能源需求紧张状态将可能进一步加剧。这两位学者的研究对于我们如何看待信息化发展战略的影响具有积极的意义。十年前日本学者就开始研究电子工业、信息工业等信息产业对当地自然环境的污染。信息产业对当地环境的污染是信息化战略的负面影响之一。此外，信息化发展战略对我们的影响还包括：①信息技术部门劳动力短缺不仅会减少对本国非技术性劳动力的需求，而且会加剧国家之间技术移民的流动，从而加剧收入不平等现象。这是目前国际经济学界非常关注的热点问题之一。②电子信息技术行业出现了新的分工（即服务外包），这种形式的出现对于外语的要求极高，因此，对我国的人才培养模式提出了新的挑战。由于日本外包服务的转移，大连的日语人才需求巨大。服务外包对于我国人才培养模式的冲击是较为巨大的。③互联网等新技术的出现，电子商务等技术的应用对于发展中国家来讲主要集中于较为发达的大城市，因此会加剧地区之间发展的不平衡。这也就是五年前国际学界就开始流行的所谓的新的鸿沟——信息鸿沟。④互联网等新技术的出现要求改变政府行为和政策，如需要解除对国外信息的封锁，对信息来源的控制，对互联网记者的控制等。这些都将对我国政府行为和政策制定能力提出挑战。此外，通过互联网表达民意的方式对我国政府的行为也是一种挑战。除这四个方面以外，在信息化发展战略的执行过程中，我国还将可能出现一些新的问题，这也是我国学者所必须高度关注的。

三、城市化发展战略的影响

1990 年，我国城市人口 3.1 亿人，约占总人口的 27%，2004 年，我国城市人口达到 5.13 亿，约占总人口的 40%，年均增长 3.6%。2006 年，我国城市人口占总人口的 43.9%。《中国工业发展报告》认为处于工业化发展中期的国家的人口城市化率应该是 50%～60%。正如上文所述，从工业总产值上看，我国的工业化发展处于工业化发展中期的后半阶段；从就业人口结构上看，我国的工业化发展处于工业化发展中期的第一阶段；然而，从人口城市化率角度上看，我国的工业化发展进程仍没有达到中期的发展水平。这三组数据之间的比较以及和其他国家间的国际比较表明了我国工业化发展的许多问题。

《中国工业发展报告》还认为，工业化后期国家的人口城市化率应该为 60%～75%。国际上有许多关于城市化率的指标，其中有四个比较重要的指标。第一个指标即为人口在百万以上城市人口占总人口的比重。1990 年，我国这一指标为 14%，2005 年，我国这一指标为 15%，也就是说，我国这一指标在 15 年期间只提高了一个百分点。这个数据表明在这一阶段，尽管我国城市人口不断在增加，但是，新增城市人口主要集中于百万人口以下的城镇。但是，我国城市经济学理

论研究一直没有解决好一个重要问题——城市化发展进程是应该发展大城市还是应该发展小城镇。从节约资源的角度出发，我国更应该提倡发展大城市，因为大城市的建设成本远低于中小城市。但是，中国的实际情况是，人们更热衷于建设小城镇。第二个指标是最大城市人口占全国总人口的比重。1990 年，我国的这一指标是4%；2005 年，我国这一指标下降为2%。15 年间，我国这一指标下降了 50%。这一指标的下降和上一指标的增长是密切相关的。这两个指标都说明我国新增城市人口并没有集中于大城市，而是集中于百万人口以下的小城市。但是，百万人口以下的小城市的城市化程度相对要比大城市低得多。第三个指标是使用改善的卫生设施的城市人口占城市人口的比重，也就是私有或者共享但非共同使用的排泄物处理设施。1990 年为64%，2002 年为69%，目前仍未超过 80%。第四个指标是在我国的农村地区，使用改善的卫生设施的农村人口占农村人口的比重。1990 年这一指标为 7%，2002 年这一指标上升为 29%。目前仍未超过 40%。值得注意的是，第三个指标和第四个指标，澳大利亚、奥地利、保加利亚、芬兰、日本、荷兰、斯洛伐克、瑞典、瑞士、美国等国家都是 100%。

城市化发展战略所涉及的问题非常多，包括城市犯罪问题，拥挤问题等多个方面的问题。在这里，由于时间的问题，我们只讨论房地产、贫困问题和就业问题三大问题。

（1）房地产是我国经济发展的一个重要问题。值得注意的是，和主要发达国家及主要发展中国家相比，我国私人拥有住房占国家住房总量比重是很高的。2000 年，中国私人拥有住房占国家住房总量比重为 88%，法国、德国、日本、美国、巴西和加拿大的这一比重依次是 55%、43%、61%、66%、74%和 64%，均低于我国。这也就是说，我国在住房私有化道路上比发达国家走得都快。但是，值得深思的是，我国是否已经具备了高住房私有化率的条件。此外，现在房价高涨现象与全国居民平均收入水平相比显得极为畸形。然而房价高涨更多是因为开发商利润的巨大，而不是由于开发成本的推动导致的。根据我国最近对党政机关办公楼的综合造价最高额规定（不含土地有关费用以及市政有关建设费）：省部级最高造价为 4000 元每平方米，市地级最高造价为 3000 元每平方米，县处级以下造价不超过 2500 元每平方米。这一规定可以帮助我们推算出我国房地产开发的盈余利率。目前，北京四环以内房价均高于 1 万元每平方米。北京按照常住人口计算，2006 年，人均 GDP 为 49505 元。全年城市人口人均可支配收入才 19978 元。全年农村人口可支配收入才 8620 元。我个人认为，目前我国房地产市场混乱的原因主要有两个：一是政府的乱作为，特别是政府官员与房地产商的共谋行为；二是政府的不作为。20 世纪 90 年代初深圳实行了土地拍卖，这个经验曾被大力提倡。但是，却很少有城市真正实行。第二套住房贷款政策的混乱也说明了我国所谓的微观规制是如何的脆弱。所以，“三高现象”（高物价、高房价和高股市）引起了人们的极大不满是有原因的。然而某些地方政府却将房价高涨现象归因为外商投资推动作用。这都表现出我国政府的不作为。房产市场的混乱反映了我国离政府转型目标还差很远。

（2）贫困问题。城市人口不断增长，从而在一定程度上也给贫困问题的解决带来压力。中国社会科学院社会学所的研究人员曾经就人们对于贫困问题的看法进行过调查。该调查选取了国内的10个城市，每个城市选取30个家庭，其中15个家庭属于富裕家庭，15个家庭属于贫困家庭。值得注意的是，调查结果是，不管是富裕家庭还是贫困家庭，各个家庭对于目前我国收入差距的现状都不满意。其中，贫困家庭更多地要求机会均等，而富裕家庭则更多地认为，他们感到不安全，他们认为应该给予穷人起码的医疗和教育的机会。总体上讲，我国目前的城市贫困现象是值得高度关注的。

（3）城市的就业问题也是值得我们高度关注的问题之一。1995年至今，我国的登记失业率形势是相当严峻的。党的十七大报告重点强调“民生”问题，然而解决“民生”问题离不开对就业问题的解决。就业问题也是在城市化进程中亟待解决的问题之一。凯恩斯认为，一个社会的基本经济问题有两个：充分就业；财富和收入分配。我个人比较欣赏凯恩斯对于失业问题的观点。他认为：每个人在一定的社会中都有其确定的位置，失业是对一个民主政府的谴责，如果一个人不能养家糊口就不可能维护其个人尊严。这个观点对于问题的剖析是相当到位的，值得大家认真体会。

四、市场化发展战略的影响

我国目前的市场价格形成机制较以前发生了根本性的变化。除少数基础产品和生活必需品由政府管理决定价格，绝大多数产品价格都已经由市场决定。在商品流通环节，2005年，市场调节价比重达到了95.6%；农副产品收购环节，市场调节价比重达到了97.7%；生产资料销售环节，市场调节价比重达到了91.9%。从这组数据，我们可以看出，我国的市场化程度还是比较高的。市场化发展战略对经济生活的影响，值得我们关注的主要有以下几个方面：

（1）社会对于自由的需求增加。市场化战略要求政府尽量放松对经济的各种管制。这种管制也就是我们平时所说的微观规制。目前我国在微观规制方面仍是比较混乱的。要求政府放松对经济的管制的需求很明显是在逐年增加。根据国际金融公司2007年所发表的《全球商业环境报告》，在信贷方面，我国微观管制

状况位居全球第101位；在开放企业方面，我们位居全球第128位；办理许可证方面，我国位居全球第153位；纳税方面，我国位居全球第168位。特别值得注意的是，在行业经营许可方面，我国需要29道程序，花费367天时间，需要花费84%的交易成本。从这个报告，我们可以看出，在行业经营许可方面，我国的程序过多、时间过长、成本较高已经成为阻碍我国提高经济质量、遏止壮大的消极因素。因此，大家对于放松各种管制的要求越来越高。

（2）市场化对经济政策的影响。一般来说，一个国家的经济政策改变有以下三种原因：一是外压反射，即该国经济政策的改变是外界压力作用的结果。比如日本的经济政策经常会由于美国的施压而改变。二是内压反射，即该国经济政策的改变是内部压力作用的结果。比如美国的经济政策经常会受到本国民众的压力而发生改变。三是内外压综合反射，这也就是一个国家的政策调整是由内部压力和外部压力共同作用的结果。中国就是一个典型的例子。我国经济政策的完全独立性实际上并不存在。中国加入世界贸易组织后，贸易政策的改变等方面都体现了中国的经济政策实际上是受到内外部压力共同作用的结果。

尽管市场化对于经济的影响很大，但是经济运行中，也存在着阻碍市场化深入发展的因素。第一，市场信用体系的缺失，这是我国市场化的陷阱。我国一直忽视了这个问题。我们现在强调市场经济就是信用经济。然而信用需要法律的支持，否则就是一纸空文。到目前为止，我国没有一部信用方面的法律。美国的职业信用法和管理法有17部，除了一部停止使用外，其他16部一直在实行。这也就是我国没法很好解决信用问题的原因。信用体系是一个国家的基础性工作。我国各银行之间都缺乏相互共享信用信息的机制。值得庆幸的是，2007年中央发布了两个重要的文件：《加快社会主义信用体系建设》和《中纪委的通知：加强社会信用体系建设》。第二，城乡之间的政策性歧视。我国虽然提出了城乡协调发展战略，然而目前我国对于城乡的政策始终没有统一。在我国，农民的权利是极其薄弱的。前几年，我们还强调解决“三农问题”是我国工作任务的重中之重，但是近两年，似乎这种声音开始消失了。第三，政府的弱化。市场化的天敌是政府的弱化，特别是中央政府部门存在审计问题，严重败坏了政府形象；财政预算和财政支出缺乏科学性。“两会”代表并没有很好地执行其权力。

五、国际化发展战略的影响

从进出口总量、外资利用角度和外汇储备等多个方面，都可以看出我国目前的国际化程度是极高的。目前，中国对于世界的影响就在于中国经济高速发展对于世界经济的推动作用。根据世界银行的统计，2004年，我国GNP为19380亿美元，人均 GNP 为 1500 美元；美国同期为 121685 亿美元，人均 GNP 为 41440 美元。在 GNP 总量方面，2004 年，中国仅为美国的 16%；在人均 GNP 方面，美国约为中国的 27.6 倍。2004 年中国增长率为 9.5%，美国为 3.6%。如果用 2004 年两国的经济增长率为假设条件，并假定汇率水平保持不变，那么至 2020 年，我国的 GNP 则将相当于美国的 39%。其实，即使我国的增长率只保持每年 8% 的增长速度，美国仍保持 3.6% 的增长速度，那么 2020 年，我国的 GNP 相当于美国的 31%。这也就是说，只要能保持 8% 以上的增长速度（假定美国增长速度为 3.6%），2010 年，我国的经济实力将接近美国的 1/3。依此类推，到 2040 年中国将可以跟美国平起平坐。因此，中国的这种高速发展对人们心理等各方面的影响是巨大的。从人们生活的变化，我们就可以看出中国快速发展对国际的影响。有些人估计中国经济的崩溃，我个人认为这是错误的。然而对于中国的发展，不同的国家和个人都持有不同的意见。现在许多国家都意识到，中国的崛起对他们有利但也存在着威胁。中国崛起对他们的威胁主要是集中于对他们霸权的威胁。中国坚持永不称霸的立场。所以，外国对我们散布了许多言论，包括散布中国军事威胁、经济威胁。中国军事威胁言论实际上是用国防军费的开支来夸大中国的军力。这个言论根本是无法站稳脚跟的。中国目前的军事实力并不是很强，特别是海军和空军的实力。中国经济威胁论首先是用购买力平价夸大中国的实力。在该言论中，研究者采用 1: 1.9 的比例来规定美元兑换人民币的汇率，将市场价格换算的实际购买力，大大夸大了中国的实际购买能力。在我国改革开放初期，美元兑换人民币汇率为 1: 2.7。那就是说，该研究者认为，我国现在的人民币购买力比改革开放初期还要高。这显然是不成立的。此外，国外的研究在批评中国能源利用效率较低，又不采用购买力平价，而采用了现价。如果按照它所采用的购买力平价折算标准，我国的能源利用效率就不算低。根据这一换算，全球 240 多个国家和地区中，有 57 个国家的单位 GDP 能耗比我国还要高。其中，美国比我国高 2.8%，瑞典比我国高 3%，马来西亚比我国高 6.1%，荷兰比我国高 6.5%，芬兰比我国高 7.4%，新西兰比我国高 7.9%，挪威比我国高 34.7%，韩国比我国高 38.4%，加拿大比我国高 49%，新加坡比我国高 75%，冰岛比我国高 92.7%。关于国际化发展战略的影响还有很多问题。目前国际对中国的关注主要集中于以下三点：①中国是不是一个负责任的大国。这一点对于中国外交政策的执行具有重大的意义。②中国的国际形象如何，特别是对国际事务处理的方式和态度。中国的国际形象不仅包括中国人的国际形象，还包括国人出国的国际形象。③对民族文化的影响，特别是政党的宣传和宗教信仰之争。现在国际上提出了道德健康问题，特别是信仰问题。这在很大程度上，体现了一国文化的渗透力。我国是一个缺乏信仰的国度。我国现在提倡了许多文化，如茶文化、酒文化

等。但是，文化的培养力度明显不足。我国正面临着严重的文化安全问题。2005年，全国版权贸易引进18494项，输出1517项；引进美国版权3917项，输出16项；引进英国版权1647项，输出47项；引进日本版权705项，输出15项。

六、我国今后发展需要注意的问题

由于时间的关系，这一部分我就不再深入展开。今后，我国在经济发展战略的实行过程中，需要注意以下四个方面的问题：

（1）经济发展战略的实行过程中要使穷人获益。2002年的全球经济发展报告的主题就是使国际贸易有利于穷人。2004年世界发展报告的主题是让服务惠及穷人。因此，经济发展必须有利于穷人。

（2）必须正确评估自身的实力。目前，我国许多民众认为我国实力已经超过日本。其实，我国和日本仍存在着很大的差距。日本有许多东西值得我们学习。

（3）要重视软实力竞争。软实力竞争目前已经引起我国各界的高度关注。如韩剧的冲击。中国的文化竞争力也在不断加强。

（4）努力避免理论失灵。在这里就不多说了。

（文章来源自《学术讲座荟萃》第45辑，2007年11月22日）

数量经济学、技术经济学与中国宏观经济分析与预测

汪同三

汪同三

男，1948年生，湖北蕲春人。中国社会科学院学部委员，中国社会科学院数量经济与技术经济研究所所长、研究员、博士生导师，《数量经济技术经济研究》杂志主编，中国数量经济学会理事长，中国国际工程咨询公司专家委员会专家，国家社会科学基金评审委员，国家自然科学基金评审委员。

主要研究方向：数量经济学理论与方法、经济模型、经济预测。主要著作：《宏观经济模型论述》、《技术进步与产业结构——模型》等。1992年起为《经济形势分析与预测》蓝皮书每一年度课题总报告执笔人，1998年起为此项目执行负责人，又于1999年开始出版经济蓝皮书“春季报告”。主编《中国社会科学院数量经济与技术经济研究所经济模型集》、《数量经济学前沿》、《2008－发展报告》、《21世纪数量经济学》（自2001年起每年一卷）。

1989年获“中国社会科学院科技成果”一等奖、孙冶方经济科学奖；1992年获中国社会科学院研究生院优秀博士论文奖，并获中国社会科学院第二届优秀成果特别提名奖；1993年享受政府特殊津贴；1994年被评为有特殊贡献专家；1990年、1996年两获“国家科技进步”二等奖。

一、数量经济学与技术经济学简介

我们今天主要是讲宏观经济问题，从 1990 年开始到现在，大约十几年的时间了，我主要就是做这方面的工作。宏观经济的主要任务就是分析和预测工作，在开始的时候，我们搞计划经济，不需要预测，那时候的工作就是制订计划、执行计划，出了问题修改计划，再执行。改革开放以后，计划经济向市场经济过渡，经济预测和分析就变得越来越重要。我们研究所叫做“数量经济和技术经济研究所”，在中国社科院研究生院有数量经济技术经济系，数量经济与技术经济研究所与其他各研究所的区别主要在于名字的取法上，其他所主要根据研究对象命名，而我们所是根据研究方法命名，顾名思义，我们所分成两块，数量经济一块，技术经济一块。

数量经济学是从西方引进的，英文是 quantitive economics，对于西方人是很熟悉的学科，得诺贝尔经济学奖的经济学家除了科斯外，其他都可以算做数量经济学者，而又有数学家如纳什得了诺贝尔经济学奖。数量分析对于经济学的发展都是相当重要的，马克思讲过一句话，就是任何一门科学只有能用数学来表示才能成为真正的科学。数量经济学是从西方来的，马克思主义经济学也是诞生于西方、诞生在欧洲，应该说马克思主义政治经济学至少也是数量经济学的起源之一。为什么这样讲呢？马克思主义经济学最重要的著作就是三卷《资本论》，而马克思在讲到两大部类的生产关系时，在描述生产资料的第一部类和生产生活资料的第二部类的生产关系时，是用一个方程式表示的，分别描述了在简单再生产情况下，这两个部类是什么关系，而在扩大再生产过程中二者又是什么关系。可见，用方程组表示是十分清晰的。也就是说马克思主义经济学在创立的时候，不仅他的理论是最科学的、最先进的、最革命的，主要内容是讲社会主义为什么会取代资本主义，以及怎样取代资本主义，而且研究方法也是最科学的、最先进的。虽然现在看起来马克思在《资本论》中运用的数学比较简单，但在一百多年前的当时是最先进的。我们不仅要继承马克思主义理论的先进性、科学性和革命性，也要在方法上继承其先进性和科学性。以上就是讲数量经济，虽然经济计量学、数理经济学、投入产出法都是来自西方的，但是我们不可否认并且一定要坚信，马克思主义同样是我们中国数量经济学需要继承的来源之一。技术经济学，西方人就不太清楚了，前身是苏联，苏联也是要搞计划经济，搞项目评估，所以我们的技术经济学是从苏联引进的。技术经济学在西方更像是工程经济学（engineering economics），主要包括可行性研究（feasibility study）以及成本效益分析（cost benefit analysis）。

应该说我们研究所是邓小平改革开放路线的产物，没有改革开放路线就没有我们所，因为在改革开放前，数量经济学以及计量经济学都是要受批判的，是为资本主义服务的，是为修正主义服务的，不是为社会主义服务的。正是在改革开放以后，我们才能够堂堂正正地将数量经济学引入到中国来，而且成为主流学科。大家可以回忆一下，在改革开放之前，经济学一般是向文科学生开放的，之后才变成文理兼收，特别是现在的管理学，理科学生是十分有优势的。所以能够在中国搞数量经济学，没有改革开放是不可能的。利用数学、数学模型来进行经济预测，有多种方法，我们使用的是以计量经济学为基础建立的模型。最早是1979 年美国科学院派来的专家代表团，其目的是要看看美国科学界可以在哪些方面对中国进行帮助，团员之一克莱因教授（1980 年诺贝尔经济学奖得主），其主要研究方向是经济计量学和经济预测，对中国社会科学院时任院长马洪讲，中国要想改革开放，就必须要搞经济计量学，而由于我们当时国力有限，不可能派学生出国求学，于是只能采取将外国教授请进来讲学的方式。而最初我们开始对计量经济学的学习和研究，就是从克莱因教授在颐和园举办的讲习班开始的。

二、经济分析与预测

讨论经济分析和经济预测问题，现在是一个较为敏感的时期，中央政治局开会讨论中国宏观经济形势时，有一篇报道，其中最为关键的两句话就是“两个防止”，第一是“防止经济由偏快转向过热”，第二是“防止结构性的价格问题变成明显的通货膨胀”。这是当前的经济形势。这两句话还是有一定变化的，十几天前，温家宝总理在俄罗斯接受凤凰卫视访问时，提到的“两个防止”与此次提出的有所不同，当时提到的是“防止结构性的价格问题变成全面性的价格上涨”，很明显，第二次提到的口气比较重，可见我们当前的宏观形势是不容乐观的。2007 年和 2006 年的情况还是有所不同的，2006 年分析宏观形势，问题比较清晰，而 2007 年问题就比较多了。

宏观经济调控，主要的目标有四个，即维持经济增长、提高就业水平、稳定价格水平、维持国际收支平衡。

（一）经济增长：以 GDP 为主要指标

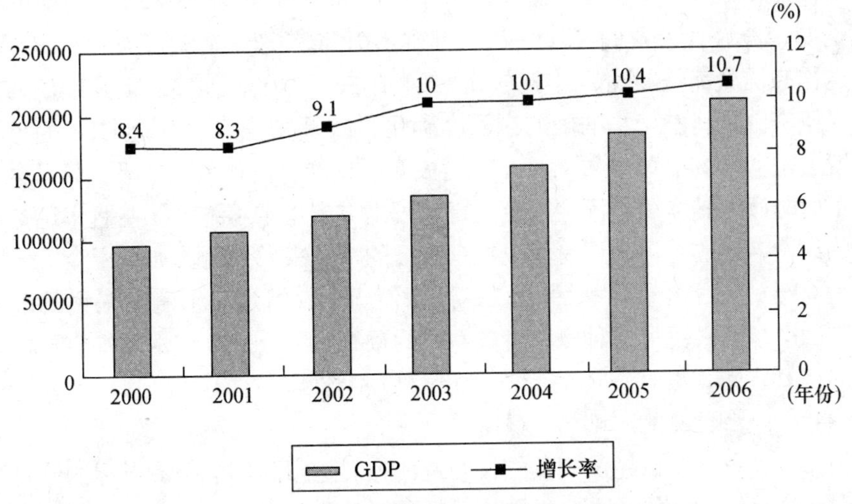

图 1　2000～2006 年中国 GDP 增长

我们若只选一个变量来分析经济增长，那必然会选择 GDP，由图 1 可见，2003～2006 年，GDP 的增长率均在 10% 以上。而我们连续四五年对这种形势预测发生错误。2003 年是一个特殊的年份，上半年我们经历了"非典"，下半年经济形势开始过热，钢铁、水泥、电解铝等部门投资增长过快。年底，中央经济工作会议提到要进入新一轮宏观经济调控。2004 年初，我们预测经济增长应该比 2003 年低，但是依旧预测错误。2005 年初，因为经济增长偏快的问题还没有解决，中央提出继续加强和完善宏观调控的精神，据此精神，我们预测 2005 年比 2004 年 GDP 的增速要低，但是依旧预测错误。2006 年也同样预测错误。到了 2007 年初，我们的预测课题组形成了两派观点，一派认为 2007 年的增速会比 2006 年低，另一派观点正相反，认为根据 2007 年的形势，GDP 的增长肯定还是要向上走的，结果是后者占了上风。我们预测 2007 年 GDP 的增速会是 10.9%，可是到了 2007 年上半年，中国经济增速已经达到 11.5%，根据这个数字，我们预测得不准。不过这次的错误不像前几次是方向上的错误，而只是程度上的错误，方向是对的。这就提出了一个问题，即我们在做经济预测时应该把握些什么？我认为，预测经济增长速度的数字与统计局最后发布的数字完全一致并不能说明什么问题，这个数字有可能是猜对的，使用经济计量模型进行经济预测工作，其基础是概率论。1989 年诺贝尔经济学奖得主、挪威的哈维尔莫，在 2007 年以前保持着一项吉尼斯世界纪录，即是年龄最大、等待时间最长的诺贝尔经济学奖获得者，他的理论结果出来40年之后才被承认。也就是说我们计量经济学的某些结果应该是建立在概率论的基础上。例如我们预测2007年的GDP增速是11.5%，其实际上是指在某一概率水平下，比如80%或者95%概率条件下GDP增速是11.5%，或者我们可以说2007年的GDP增长速度在11.3%～11.7%范围内，这样的说法都是准确、科学的。虽然听起来不准确，但实际上是准确的，也就是说概率论是将看似不准确的东西准确化。如果只是信口说2007年的经济增长速度会是11.5%，即使说对了，也是没有根据的。正如天气预报，只是会提到今天下雨的概率是多少，不会说今天肯定下雨或者肯定不下雨。在概率论基础上得出的结论，目的是让使用者可以根据自己的特性来做判断。如果说今天下雨的概率是60%，对于年轻人来说可以不做任何防范，但是对于病人来说的确是需要做防雨准备的。可见这种概率论条件下的预测实际上是给使用者提供更好的更充分的信息，使其根据自己的特点做出反应和判断。这是我们第一个要讲的问题，即我们经济预测的基础，是概率。

第二个，我们要讲经济预测的目的是什么。是预测各个经济指标的绝对数值吗？当然这个绝对数值是十分重要的，但是更重要的还是要预测经济运行过程中的拐点（turning point），即要预测出经济运行会不会出现拐点。举个例子来说，第一年经济增长达到10%，第二年经济增长的实际值是10.2%。但在第二年结果出来之前，我们要进行预测，一种预测到9.9%，另一种预测到10.6%。哪种预测更佳呢？如果从绝对数值来看，当然是第一个好，其与实际值之间只差0.3%，但是从“拐点”的角度来看，还是第二个预测比较好，因为它预测到了经济运行的趋势是继续向上升，而不是向下转，而第一种预测根本上就是将趋势预测错了。因此我们可以得出这样的结论，我们宁可要第二种误差大一点的预测，因为其预测的趋势是对的。正如我们前面提到的从2004～2007年的四次预测，前三次的错误是比较可悲的，是方向上的错误，而第四次稍好点，只是程度上的错误。

我们衡量经济运行时，使用GDP这个指标，我们需要对GDP进行分解，主要有三种分解方式：生产法、支出法（使用法）和收入法。生产法中的GDP等于第一、二、三产业增加值之和；支出法中，GDP = I + C + NX，其中I代表投资，C代表消费，NX代表净出口；收入法中，GDP等于居民收入、政府收入以及企业收入之和。从这三种核算方法来看，收入法最吸引人，因为从中能看出社会各阶层的收入分配状况，但相对而言也是最难统计的，目前还没有哪个国家能用收入法将GDP统计出来。一般都是用支出法统计GDP，其更强调GDP的用途，一般是在需求导向型的经济或者市场经济国家中使用，比如美国、日本等国。而生产法统计GDP更强调GDP是从哪生产出来的，一般适用于供给导向型

的经济。我国在计划经济体制下使用这种统计方法，现在我们统计 GDP 还是以生产法为主，一般都是从第一、二、三产业的增加值来看 GDP。我们这里也从生产法、支出法和收入法这几个方向来分解 GDP。

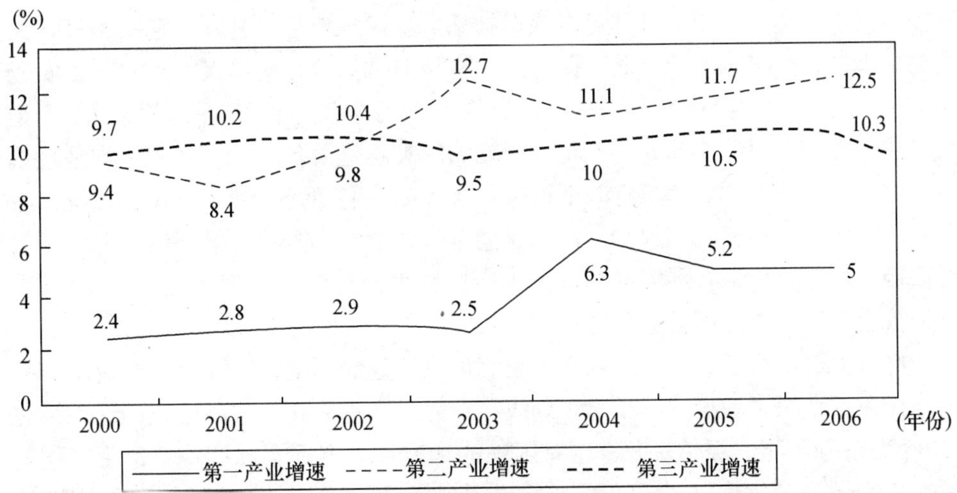

图 2 三次产业增加值的增长率

先看生产法，将 GDP 分解为一、二、三产业，如图 2 所示，总的来说，三个产业增加值的增长率都不低。先看第一产业（图 2 中的实线），其增长速度最低，在 2003 ~ 2004 年有跳跃，2003 年的数值只有 2.5%，而 2004 年达到 6.3%。我们上面已经提到过 2003 年是一个特殊的年份，下半年我们出现了经济过热。应该说最早发现经济过热问题是我们发现北京街头的烧饼涨价了，这是第一个信号。引起烧饼价格变化的原因是粮价上涨了，引起粮价上涨的原因是粮食供求关系的紧张，而这又是由于以前较多年份里农业增长速度过低，耕地面积、播种面积、产量都在不断下降，这种状态从 20 世纪 90 年代中期开始持续了七八年，这些矛盾的积累最终导致了北京街头烧饼的涨价。所以当时中央对农业生产特别是粮食生产都采取了积极措施，特别是对粮食生产。温家宝总理讲这一轮的宏观经济调控是从农业这个跳跃点开始的。当时针对农业问题我们采取了三项非常重要的政策：第一，取消农业税，结束了中国农民 600 多年的农业税纳税历史。第二，设立了粮食的最低收购保护价。应该说，朱镕基总理执政时对于粮食流通体制方面的政策与温家宝总理还是有很大差别的。前者认为粮食是关系到国民经济生死存亡的商品，所以对于粮食流通采取国家统一管理、不允许非国有经济成分参与进来，粮食价格由政府决定，这当然有违市场经济原则。而在温家宝总理继任之后，放开了粮食流通领域，各种经济成分都可以参与到粮食流通运作中，这样必然导致粮价的上下波动。当粮价过低时，谷贱伤农，会影响农民的种粮积极性。因此，我们建立了粮食收购的最低保护价，当市场价格低于该价格时，政府粮库可以按照该价格敞开收购。第三，对于农民种粮，给予直接补贴。这样农民种粮不仅不用交税了，而且还可以获得补贴。不仅种粮给予补贴，购买粮种、大型农用机具，国家也给予补贴。以上三项措施非常见效，使得仅一年时间，农业的增长率由 2.5% 上升到了 6.3%，而且在此后的两年中也保持着较高的农业增长率。当然对于农业改革，我们现在面临的困难还是很多的。上述措施均是政策性的，这样留给我们的政策空间就很少了。比如我们已经取消了农业税，我们还可以取消什么税呢？我们限制了最低保护价，这个价格能够无限地增高吗？而对于直接补贴，也只是有限的补贴而已。所以说如何进一步提高农民种粮积极性，增加粮食产量，难度还是很大的。

再看第二、第三产业，从图 2 中我们可以清楚地看出，表示第二产业增速的短划线在上，而表示第三产业的长划线在下面，这也是一个问题。我们现在讨论“十一五规划”时，经常提及其中有困难的地方，大家都会强调是单位生产能耗下降 20%、主要污染排放物下降 10% 这两个指标。但实际上，服务业占 GDP 的比重要上升 4 个百分点，这个指标也是十分难完成的。我们讲产业结构的优化有两个标准：一是农业占 GDP 的比重要下降，二是第二、第三产业占 GDP 的比重要上升。改革开放初期，农业占 GDP 的比重高达 34% ~35%，现在下降到不足 12%；产业结构升级的另一条标准是第二产业的比重下降，第三产业的比重上升，即工业的比重下降，服务业的比重上升。要实现这一转化就要求第三产业的增长速度要快于第二产业，而实际情况是第二产业的增长速度明显快于第三产业，二者的关系不但没有像我们预期的那样，反倒越变越差了。“十一五规划”已经执行了两年了，2006 年依旧是第二产业增速快于第三产业，2007 年上半年也是这种情况，估计全年也还是第二产业快于第三产业。这样一来，服务业占 GDP 比重上升 4 个百分点的目标便很难实现。但是总的来说，不看结构关系，三次产业的增长速度依旧都是很快的。

而我们用支出法来分析，投资、消费、净出口的增长速度都是不慢的。从收入法来看 GDP 的构成，城乡居民收入的增长、企业收入的增长、财政收入的增长也都是很快的。

（二）物价水平

我们再来看物价水平，如果不看 2007 年，只看 2006 年以前，我们的物价水平是很好的，除了 2004 年发生了 3.9% 的 CPI 上涨外，2005 年以及 2006 年我们

都极好地控制住了物价。但是在2007年前两个月的CPI月度指数为6.5%，怎样看待这个问题呢？特别是怎样看待CPI这个数据呢？CPI指数大概存在于这样的范围内：0～3%，正常价格波动；3%～5%，温和的价格上涨；5%～10%，需要密切关注的价格上涨；大于10%，严重的通货膨胀。2007年我们的预期指标是3%，而现在就已经达到了4%多，预计今年全年的CPI应该在4.5%～5%，基本上还是处于温和的价格上涨阶段。但是关键是要看它的运行趋势，看明年会不会超过5%。当然很多人都认为现阶段的通货膨胀完全是由猪肉价格上涨引起的，是由"蓝耳病"导致的，鼓励大力养生猪，过不久猪肉价格就会自动降下来，也就是说现期的通货膨胀是由特殊因素造成的。国家统计局一直是这个论调，从稳定居民消费预期来说，这样做是有必要的，否则就会造成居民的恐慌。但是我们实事求是地分析，造成通货膨胀的因素有五大方面，而我们又可以将其概括为成本推进型的通货膨胀和需求拉动型的通货膨胀。应该说现时期的通货膨胀这两方面的因素都有。

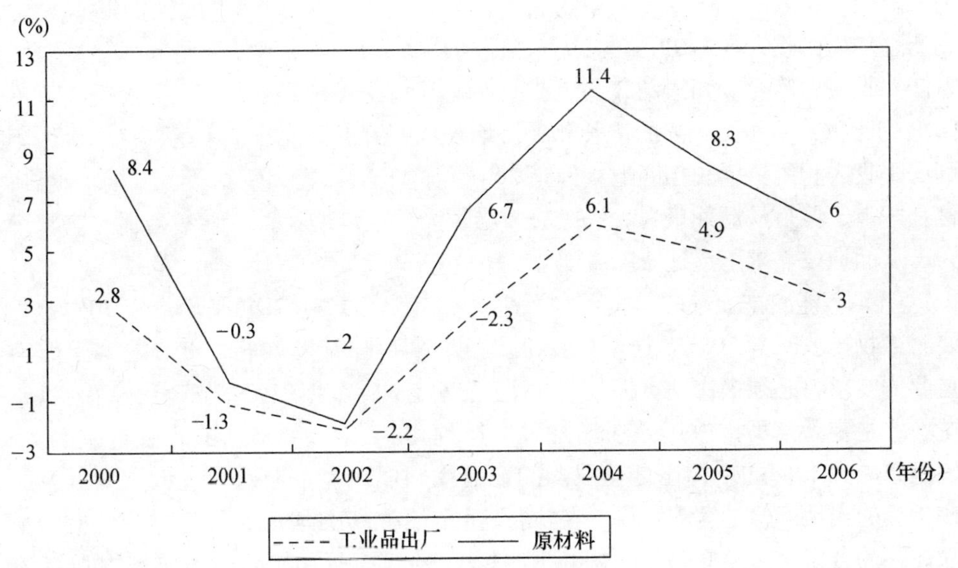

图3　工业品出厂价格和原材料价格增长率

（1）我们先来看看成本推进的因素，衡量指标诸如工业品出厂价格、原材料价格、CPI、PPI，如图3所示，分为工业品出厂价格、原材料价格两类。现阶段，CPI有国家统计局的数字可以直接利用，而PPI只有与其类似的指标数据可用，如我们上述提到的工业品出厂价格、原材料价格，虽然国家统计局有关于投资的价格指标，中国人民银行有一个企业商品价格指标，这些价格指标都类似于PPI，但问题是都没有被官方认可。无论我们用哪个价格指标来衡量或替代 PPI，其在 2006 年以前的上涨幅度都比 CPI 高。这里面的原因有两点：第一，上游产品价格增长幅度高，向下游产品传递的过程，由于其他方面的原因，可能存在着时间、程度、方式上的差别，但必定会影响下游产品价格。第二，成本除了原材料成本还有劳动力成本，中国最近的劳动力价格也处于上涨阶段。有人统计过，中国的劳动力价格上涨幅度是亚洲最高的。因此原材料、劳动力成本同时推动 CPI 上涨。

（2）需求拉动因素，流动性过剩问题、货币供给过多，这本身就是需求拉动因素。2007 年上半年居民收入增长显著加快，无论是农业还是城镇居民收入，其增长速度均超过了 GDP 的增长速度。以前，我们一直都是居民收入增长速度跟不上 GDP 增长的节奏。应该说收入分配问题是我国存在的各种各样问题的根源。所谓投资消费比例失调、出口顺差过多、外汇储备增长过快、货币流动性过剩这些问题，究其根源都是收入分配不均问题。居民收入增长赶不上经济增长，必然导致内需和外需的失衡，从而产生一系列的问题。党的十七大报告中也提到，要使全体人民共同享受改革的成果，这是一个带感情色彩的原则。同时还提到要增加居民收入在 GDP 中的比重、提高初次分配中的不公平现象、提高居民财产性收入，等等。归根结底，是要改变现行的收入分配格局，提高居民收入占 GDP 的比重，使居民收入的增长和经济增长相匹配。以前几十年里，我们都做不到居民收入和经济增长相匹配，但是 2007 年的上半年我们做到了，从根本上讲，这是好事，但是从短期来看，居民收入增长大于经济增长时，必然会引起需求增大，从而造成需求拉动通货膨胀的压力。

（3）节能减排要求的落实，会引起价格上涨，单位 GDP 能耗下降 20%、主要污染物排放减少 10%，这两个标准，从长期可持续发展的角度来看，是非常重要的要求，必须去实现。但是 2006 年任务完成得很不理想，能耗只降低了 1% 左右，主要污染物排放还是在增加。虽然到 2007 年上半年，排放量是减少了，但距离减少 10% 的目标还是差很多的，而我们现在也是加大了政策力度以督促该指标的实现。但是客观地讲，在执行这些政策的初期阶段必然会引起价格的上涨，因为各家企业从原来无限制的排放到现在有限制的排放，必然要增加除尘设备和其他设备，会加大成本，从而引起价格上涨。

（4）国际市场上的因素，原油价格接近 100 美元一桶，铁矿石、粮食、牛奶等价格都在上涨，这些国际市场上的因素都会对国内市场有影响。

（5）就现阶段而言，引起通货膨胀的最根本的因素就是我们经济增长速度太快了，特别是投资增长速度过快，这是十分关键的因素。在过去的五年中，经济增长速度都在 10% 以上，投资增长速度均在 20% ~25%。长期下来，必然会引起通货膨胀问题，所以中央政治局文件中提到的“两个防止”——“防止经

济增长过快，防止出现明显的通货膨胀”——是关键。

上述五个因素的存在，必然会导致通货膨胀的发生，也会引起2008年较高的通货膨胀压力。那2008年通货膨胀会是什么趋势呢？我国历史上的通货膨胀有两种类型：一种类型是20世纪80年代中后期和90年代中期发生的，如1988～1989年、1993～1994年，这两个阶段通货膨胀的特点是一旦抬头，就会连续上升；第二种类型是2003～2004年发生的通货膨胀，特点是价格上去了马上就会降下来。当然我们希望此次的通货膨胀出现这样的趋势，就是2007年价格升了上去，2008年很快就会降下来，但就我们分析的五个因素而言，这样的趋势不大可能。2008年有可能是这样一种趋势，即维持在4%～5%的平台上，不会向上冲也不会向下降。那么价格水平，如处于4%的水平上，仍属于温和范围内，但基于我国的特殊国情，即使是比较温和的价格上涨也会引起较大的问题。另外，由于现阶段我国的基尼系数已经超过0.4的国际警戒线，也就是说居民收入差距是在扩大过程中，那么价格上涨就会产生更加严重的影响。当居民收入差距不大时，多数人对价格水平变动的感觉是相似的，这样出台的宏观调控政策就会产生比较好的调控效果；但是当居民收入差距是在扩大过程中时，不同的收入阶层对于价格变动的感觉是不一样的，例如我们现阶段的CPI上升，主要问题是猪肉价格上涨，对于高收入阶层而言，要保持身体健康，不会消费很多猪肉，所以猪肉价格上涨相对而言无关痛痒；但是对于低收入的家庭来说，猪肉是维持营养水平的重要食物来源，猪肉价格上涨自然会影响很大。现阶段的价格上涨有其特殊性，我们来看GDP缩减因子这个指标，其数值处于CPI和PPI之间，GDP缩减因子这个指标并不是统计部门直接统计出来的，而是要经过相关计算得来的，即通过GDP的现价和不变价的数字和增长率计算出来，而我国GDP的统计数据质量不高，算出的GDP缩减因子的质量也不高，因此我们没有办法用GDP缩减指数统一地来描述价格的变动情况，这是一个问题。

2003年以及2004年以后我们已经发现了存在着流动性过剩的问题，即货币增长快于经济增长和价格上涨。有这样一个公式，货币供给的增长=经济增长+价格增长。举个例子，矿泉水每瓶一元，假设第一年中整个经济只生产了一瓶矿泉水，那么只需发行一元钱来支持生产和流通环节；第二年，生产率增长了一倍，生产出了两瓶矿泉水，需要发行两元钱即可；如果第三年矿泉水价格上涨了，变成每瓶一元五，依旧生产两瓶，那么我们发行三元钱即可。但是对于现阶段我国经济而言，仍处于上升阶段，又处于向市场经济转变的过程中，有一个货币升化过程。应该说，货币供给的增长量应该高于经济增长速度与价格增长之和，但是又不能高得太多。我国经济增长速度与价格增长速度在前几年加起来是12%～13%，但货币供给的增长却达到了18%～19%，差距比较大。在2003年、

2004 年，我们已经发现了货币供给过快的问题，但是我们却找不到货币都跑到哪里去了。CPI 增长 1%，PPI 增长 7% ~8%，经济增长却高达 10%，相减，还有很大一块货币供给增长是多余的，不知道这部分货币供给到哪里去了。最后我们才意识到多出的货币反映在资产价格上，房地产价格涨得很快，证券市场价格涨得很快。这使我们意识到了一个问题，资产价格与 CPI 以及 PPI 之间是什么关系？应该说资产价格与 CPI、PPI 最关键的区别是它们的性质不同。CPI 和 PPI 反映的是 GDP、投资、消费、净出口，这些都是流量，反映的是当年新出现的情况；而资产价格反映的是存量，是过去许多年的流量的累积，是财富。二者在性质上的差别就使得我们在做调控的时候，所要考虑的问题是不一样的。对于 CPI，除了那些投机的投资者外，大家都希望 CPI 下降，东西便宜一点才好。而资产价格就不是这样，股票持有者害怕股票价格跌了，而持币待购股票的，就盼着股票价格下降；已经买好了房子的人，害怕房价跌，但是想买房的人，盼着房价跌。因此在调控资产价格时和调控消费价格时我们所要考虑的因素是不一样的，也就是说我们的宏观调控可以调控流量的东西，但能否很好地调控资产性价格呢？如果能的话，应该怎样去调控呢？人民银行的某些官员以前就讲他们的货币政策只是为了维持人民币币值稳定、保持国内价格稳定，对于资产类价格不予调节。这仅仅是因为调节资产价格是证监会的事而不是人民银行的事，还是因为从基础经济理论上讲这个问题还没能解决？这是一个需要大家考虑的前沿性问题。但从这段时间来看，并不能说货币政策对于资产价格完全没有影响，比如我们最近出台的限制第二套购房贷款的政策使得房价有所松动。

对于价格，我们还是有很多要研究的问题的。比如利率问题，我们以前认为利率主要受两大因素的影响，第一，受美联储利率的影响，我们的利率会略高于它，以便吸引硬通货的流入；第二，国内价格水平的波动影响利率水平的波动。但是现在情况发生变化了，美国由于次贷危机的影响，要降息，而我们要达到“两个防止”的政策目标，是要升息。这是另外一个前沿问题。总结起来看，我们提出了两个前沿问题，一是调控 CPI、PPI 与调控资产价格的关系，另一个是我国利率与美联储利率的关系。

（三）就业问题

我们分析了经济增长和价格问题，还有两个问题就是就业和国际收支问题。

应该说研究就业问题对于我们来说是最困难的问题，原因在于我们没有数据，迄今为止，我们还是没有就业率或者失业率的确切数字。中国社会科学院人口研究所的蔡昉所长在做大城市的关于失业就业问题的调查，他们有一个数字，但就官方而言，我们还没有失业率到底是多少的数字。而官方仅有的一个数据，叫做城镇登记失业率。如图 4 所示。

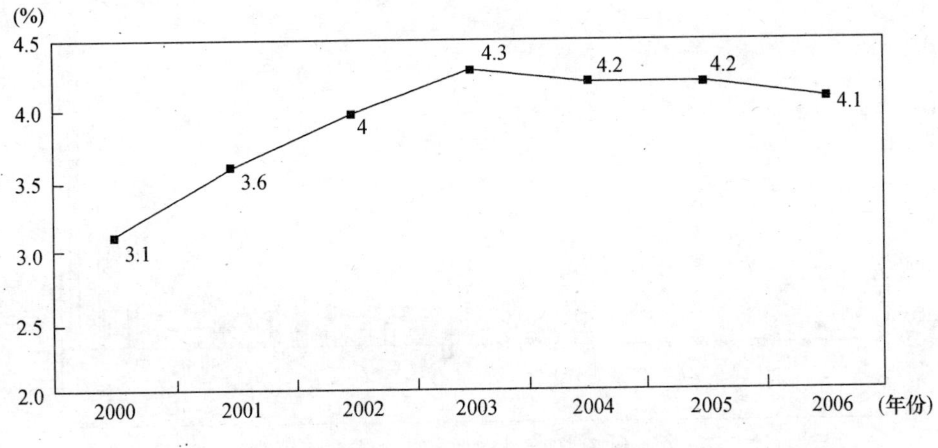

图4　城镇登记失业率（2000～2006年）

这个数据的局限性很大，第一，只讲城市人口，不关心农村人口；第二，失业人员必须主动到劳动部门进行登记才会被记录。因此，这个数据的说服力是有限的，比如根据这项数据反映出我国目前的失业率仅有4%，这个统计数字大家都不会相信。但是我们该如何利用这个数据呢？应该说这个数据的变动趋势和我国实际的就业率或者失业率的变动趋势是相一致的。从城镇登记失业率来看，我国的失业率是稳定的，多少有点下降，这是一个很好的趋势。所以根据城镇登记失业率我们可以得出一个结论：整个国家的就业状况至少不会出现严重恶化。另外，我们也可根据新增劳动人口这个指标来做一些分析。每年国家都有新增就业的计划指标，过去几年里，我们的指标都是900万人，但从实际完成情况来看，2004年完成了980万人，2005年完成了700万人，2006年完成了1100万人，从这个指标来看，我们的就业状况至少是稳定的。

（四）国际收支

第四个方面就是国际收支。对于此方面，大家比较关注的问题是进出口平衡问题，如图5所示，横轴向下的柱子表示逆差，横轴向上的柱子表示顺差，多数年份都是顺差，逆差较少，而且逆差数量不大。从1994年以后，我国再没出现过逆差，而且顺差数量越来越大。

有人将我国的对外贸易分成三个阶段：第一阶段就是20世纪90年代中期以前，基本上属于贸易平衡阶段；第二阶段是20世纪90年代末期到21世纪初，即1994～2004年，属于稳定的顺差阶段；第三阶段是2005年以后，出现了大量的顺差。应该说这是一个问题，顺差数量太大，对内、对外都有不利的影响。总的来说，我们认为，顺差总比逆差好。顺差大了，说明我们的国力在增强，中国

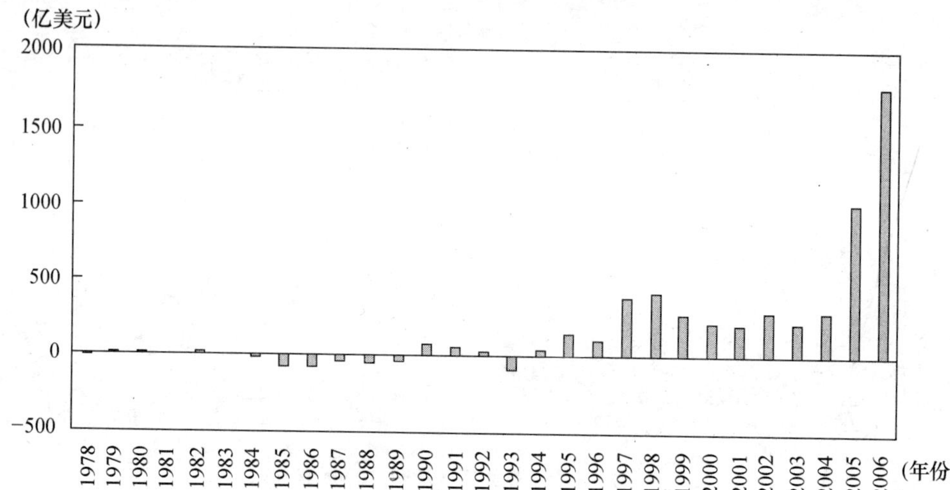

图 5　中国进出口差额（1978～2006 年）

地位在提高，而且有利于改善国内就业形势。但是，不可否认它也有不利的影响——对于国内来讲，①顺差过大说明国内有效需求不足。我们的顺差高达 1000 亿美元，折合成人民币上万亿元，能买许多东西，我们国内市场消费不掉，就借给外国去买东西了。②这样高的对外贸易依存度增加了我们经济运行的风险。当世界经济环境发生变动时，我们会受到很大的影响。而对外来讲，贸易摩擦不断升级，这其中包括与发达国家的摩擦也同样包括与发展中国家的摩擦。我自己就有一个亲身体会，2003～2004 年，中国社科院派我到秘鲁去，因为当时秘鲁存在一种“拉美病”，即人均 GDP 超过 1000 美元，就会出现经济社会停滞的状况，而中国改革开放后经济增长很快却没有出现这种状况，所以我去讲中国经济发展的奇迹。当时当地人很关心纺织品问题，原因是中国在入世之前要和每一个国家进行双边谈判，和秘鲁的谈判内容是，如果我国纺织品出口的商品伤害到了秘鲁的国内市场，秘鲁有权采取特殊措施。当时我们认为我国多出口纺织品至多只是挤占美国和欧洲市场份额，不会影响到秘鲁国内，同时为了急于结束谈判内容，尽快加入世界贸易组织，就在和秘鲁的谈判条约上签字了。但是没有想到的是，刚加入世界贸易组织一年的时间，就把秘鲁的纺织品在欧美市场上的份额挤了出去，而且秘鲁国内的纺织品份额也被中国占据。因此，我国和秘鲁也发生了在纺织品上的摩擦。所以我们在贸易摩擦方面已经不仅仅是和发达国家的问题，也有和发展中国家的问题，是和我们的兄弟姐妹的问题。③我们的顺差结构也存在着问题，我们的顺差过多集中在美国和欧洲。这里边还有与美国的统计口径存在差异的问题，我们认为中美总体的贸易顺差只有 1000 多亿美元，但是美国认为中美贸易顺差高达 2000 多亿美元，最后香港中文大学现任校长刘遵义教授按照一

定的方法计算，结果中美现阶段的贸易顺差是1500亿美元，双方达成了一致。我们对欧洲也有高达1000多亿美元的顺差。我们与日本贸易中存在逆差，与中国台湾存在较大额的逆差，与其他周边国家和地区也存在着一定的逆差。这样顺差逆差平衡下来，还是有大约1000多亿美元的顺差。问题是，与秘鲁这样的发展中国家的顺差，它只会让你稍加限制出口，但是和美国、欧洲出现如此大规模的顺差时，问题就没这么简单了，它们会要求人民币升值，要求在根本上解决问题。比如欧洲的“三大巨头”到中国来，要求人民币相对于欧元也要升值，给我们施加了巨大的压力，很快人民币就跌破了7.39的汇率关，但是还满足不了它们的升值要求。事实上我们相对于美元升值，相对于欧元是贬值的。应该说这样大的贸易顺差会引起很多问题，但是怎样解决这些问题，不知道中国社会科学院财贸研究所的裴长洪所长在这里做讲座是否讲过。他在2003年以前就讲过，中国的顺差问题会越来越大，当时我们还不理解，而且当时我们的政策是要保持基本的贸易平衡，适当地减少贸易顺差。但是裴长洪所长认为，根据他的分析，诸如阶段论等，得出的结论是中国的顺差就是这样了，而且会越来越大。我们这几年的实践验证了裴所长的预言。随之而变的是我们对外贸易政策的描述，在2005年开始出现1000多亿美元顺差时，我们的政策是要保持对外贸易的基本平衡；2006年出现大规模的顺差时，我们的政策不再是保持基本平衡了，而是适当地减少贸易顺差。但是结果并不尽如人意，2007年出现了1800亿美元左右的顺差。而且现在总的观点是认为贸易顺差利大于弊，应该维持现状，而且欧洲对于我们的焦点是放在人民币升值上，它们将升值视为第一位，将顺逆差问题视为第二位。正如我即将要去参加商务部的关于顺差问题的课题，其中提出的解决顺差的方法之一就是分散我们的出口，即不应该过多地集中在欧美市场，应该分散到世界其他地方去，这样既可以保持顺差也可以减少一些矛盾，当然这个想法是好的，不知道能不能实现。

还有另外一个比较大的问题就是外汇储备问题。大家看我国外汇储备的数字，是特别有意思的。1978年改革开放初期，那时只有1.67亿美元的外汇储备。这我就理解了为什么朝鲜在前一段时间朝核问题六方会谈中忽然反约，因为朝鲜还有2500万美元存在澳门银行取不出来，只因为这笔数目不大的外汇存款就把六方会谈给中止了。回头看1978年我们仅有1.67亿美元，就可以理解他们现在的情况了，那时候一美元对于我们是何等的重要。到了1982年，我们的外汇储备突破了50亿美元，1990年突破了100亿美元，1994年突破了500亿美元，1996年是1000亿美元，2004年是6000亿美元，2006年是10000多亿美元。短短20年的时间，我们的外汇储备增加了一万多倍。换句话说，从国际收支的角度来看，我们的形势是太好了。这主要是从经济增长的角度来看，但是从价格水平来讲，这就是一个问题了。如果我们2008年的工作做好了的话，我们能将CPI维持在4%，这还算是一个比较好的水平，而国家发展与改革委员会制定的目标水平是4.5%，更加留有余地。

总的来说，这四项目标，应该说价格是需要密切重视的，但是如果工作做得好，价格基本不会成为主要问题；对于就业问题，我们的情况至少没有恶化；国际收支情况是太好了，甚至有点好过头了。

三、宏观经济中存在的问题

若要讲我们现在宏观经济形势中出现的问题，主要有以下四个方面：一是投资增长过快；二是货币供给增长过快；三是双顺差问题；四是房地产价格问题。

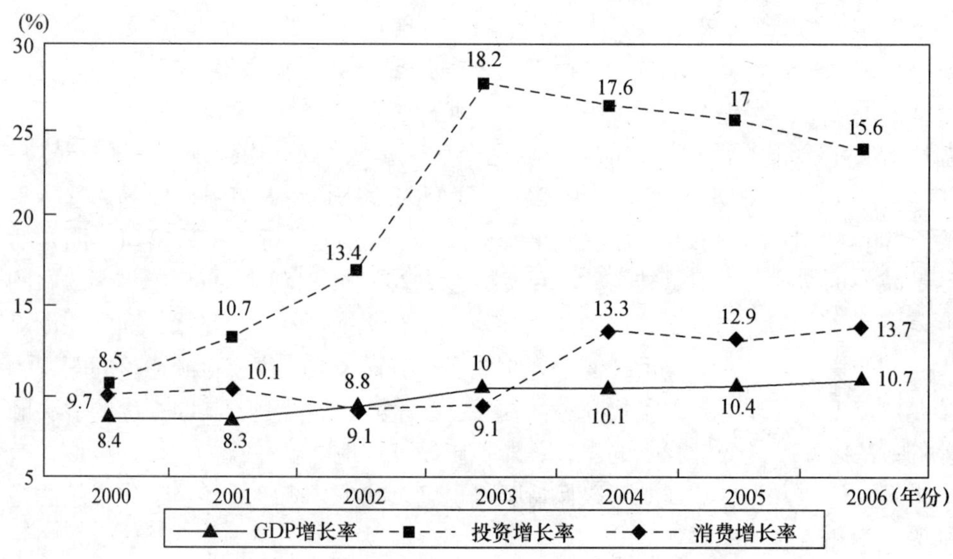

图6 GDP、投资、消费增长率（2000～2006年）

首先，讲投资增长过快的问题。从图6中可见，实线代表经济增长率，用GDP增速来表示，虚线代表投资增长率；点划线代表消费增长率，用社会商品零售额增速来表示。这三根曲线在2000年靠得很近，说明在2000年我们的经济增长、消费、投资还是比较平衡的，但是在2000年以后，投资就迅速增长。其次，因为20世纪末亚洲金融危机的发生，我们开始采取积极的财政政策，具体措施是国家增发国债，拿钱去投资，那次的财政政策实质上是由投资导向的扩张性财政政策，这样的政策从1998年开始，进入了21世纪依旧在延续，长期积累下来，必然引起投资增长过快这样一个经济结构不平衡的问题。应该说这个问题在2003年第一季度就发现了，当时GDP的增长速度一下跃升到百分之十点几，增

速很快，大家开始讨论是不是经济过热了，需要“踩踩刹车了”。但是不曾想到的是刹车自己就来了，就是2003年上半年发生了“非典”，给我们造成了比较大的影响，特别是在消费上。紧接着，2003年第二季度，我们的GDP增长速度跌到了百分之六点几，消费更是负增长，当时的局势很紧张。当然现在对于“非典”影响是否已经彻底消除还是众说纷纭，而当时我们对于出现的GDP下降、消费负增长的情况所能做的就是放松贷款条件，多搞一点投资来保持经济增长速度，原来金融危机期间采取的积极财政政策已经使我们的投资增长过快了，那么“非典”期间的政策更是火上浇油，使得投资势头猛涨，造成了2003年投资增长速度高达27.7%。因此在2003年底，中央经济会议决定进入新一轮的宏观经济调控，主要有三个目标：①保持经济持续、快速、稳定增长。②把过快的投资增长速度降下来。③扩大国内消费需求。现在回过头来看，这三个目标都实现了。①保持经济的快速增长，我们看到GDP的增长越来越快，而且是稳定的。现在我们总结来说，从2003年开始我们的经济稳定。经济稳定的一个指标是说，每一年的GDP增长速度差距不超过1%，而现实中我们的经济运行也确实是这样。②我们确实将过快的投资增长降了下来，投资增长的速率经历了27%、26%、25%、24%的逐年下降过程。③扩大国内需求，大家看到国内消费品零售额的增长是越来越快，2007年预计能达到15%。应该说当时我们定下的目标都在实现的过程中。但是我们分析2006年的经济形势可以发现，投资增长速度和经济增长速度相比，前者还是后者的两倍多，而且投资增长速度依旧远远高于消费增长速度，投资增速依旧过快，而且现在存在着反弹的压力。前几个月我们的投资增长速度又下来了，一方面说明我们的宏观调控政策产生了一定的效果；另一方面是还没有完全产生预期的效果，投资增速要长期维持在这个水平上，将会出现全面的通货膨胀现象。

最后我们再来看看房地产问题和产能过剩问题。当前我们的经济存在着一个不良循环。如图7所示。

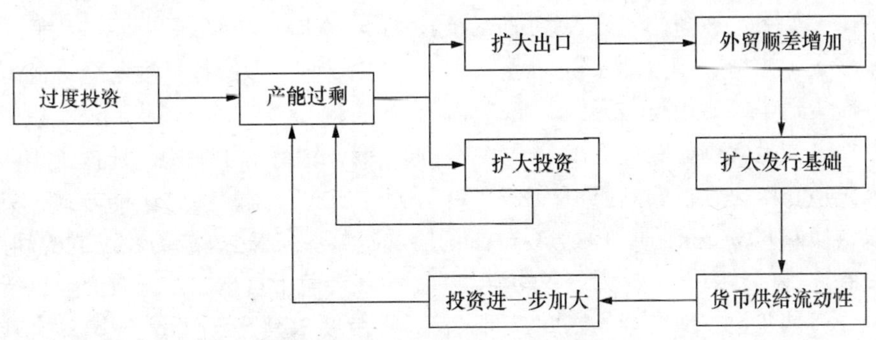

图7　当前问题与投资相关的不良循环

这个不良循环的起始点是亚洲金融危机后，我们投资导向的扩张性财政政策造成了投资增长过快，从而进一步引发了产能过剩的问题。产能过剩这个问题在2005年以及2006年上半年都是热门问题。当时国家发展与改革委员会有很详细的说明各个产业产能过剩情况的报告。到了2006年下半年、2007年以来，“产能过剩”的提法忽然听不到了，那是否意味着这个问题消失了呢？应该说不是，这个问题只是被其他的问题掩盖了。我们对产能过剩问题能找到两个出口，第一个是扩大投资。我们有一些宏观经济管理部门也有这样的想法，认为既然产能过剩了，浪费了也不好，应该想办法把过剩的产能利用起来，而产能过剩主要集中在钢铁、水泥产业上，怎样利用，就是要靠扩大投资。对于产能问题的第二个出口就是扩大出口，国内消费不了的东西就出口到国外，应该说我们外贸出口部门的工作做得很到位，使得我们的外贸顺差大幅增加。这个过程之后，球就被踢到了金融货币部门，按照我国的货币管理办法，任何个人、企业、单位获得外汇后都要换成人民币。世界各国的外汇储备的形成主要有两种方式：第一种是通过央行发行基础货币来换得外汇，这样取得的外汇属于银行，其代价是增加了基础货币的供给，加重了流动性过剩问题；第二种是财政部通过发行国债或者利用财政结余的钱去买外汇，这种方式的好处在于不会增加基础货币，不会增加货币供给，只是一种所持币种上的转变。以日本为例，日本的外汇储备不到1/4是通过央行发行基础货币得来的，而其他3/4是日本大藏省发行国债买来的，应该说日本也是一个外汇储备大国，但是我们并没有听说日本因为外汇储备多了而出问题，这主要是因为日本主要的外汇储备的来源渠道是通过第二种财政购买方式得来的，所以不会对国内经济造成过大的冲击。同时通过财政发债的形式换来的外汇储备是真正的国家外汇储备，而通过银行发行基础货币方式换来的外汇储备，严格意义上说并不是国家的钱，而是全社会的，是整个经济的。我们目前的问题是，我们的外汇储备完完全全是通过发行基础货币换来的。1.4万多亿美元的外汇储备，折合成10万亿元的人民币，这些基础货币发行出去会对经济造成很大的冲击。如果这么多的钱进入经济中流通，那早就出现严重的问题了，我们一直在采取多种措施限制流动性的问题，比如通过提高利率以及提高准备金率的方式来限制流通中的货币量，我们现在的准备金率高达13.5%，当然我们还有更强硬的办法，便是向商业银行直接发行商业票据。商业银行从中央银行那换走100万元人民币，中央银行向商业银行发行80万元的商业票据，通过这种方式，央行可以再换回80%的款项，但是这样央行就欠债了，必然造成流动性过剩的问题，而在商业银行这方面，有了过多的流动性，自然会急于贷出去。国有商业银行的改革，就是要建立现代企业制度，要上市，那就要求其账面好看一些，才值钱，就不能有闲置资金，也就是要求各大商业银行将其资金都贷出去，这就形成了货

币的供给方。那是否有货币需求方呢？答案是肯定的。各地方政府为了发展地方经济，大力投资项目，资金的缺口必然要增加贷款。这样，货币需求和供给两方面作用的结果造成了投资进一步加大。综上分析，产能过剩的两个解决出口，最后循环回来都是扩大投资，而扩大投资的结果是未来会出现更大的产能过剩，如果再采取这样的解决方式，就会造成下一轮的不良循环。而如何打破这个不良循环，还是亟待解决的问题。

（文章来源自《学术讲座荟萃》第45辑，2007年11月29日）

中国经济研究热点排名与分析

黄泰岩

黄泰岩

男，1957 年生。中国人民大学中国经济改革与发展研究院常务副院长，中国民营企业研究中心主任、教授、博士生导师，教育部长江学者特聘教授，国家社科基金学科评审组专家。兼任国家发改委中小企业竞争力大讲堂首席经济学家，中国中小企业国际合作协会常务理事，全国高校“社会主义经济理论与实践”年会秘书长，北京市社科联常委，北京市企业文化建设协会副会长，首都经济研究会副会长，中山大学、山东大学等 10 多所大学兼职教授。

1979 年 9 月 ~ 1983 年 7 月在中国人民大学经济系攻读学士学位，1983 年 9 月 ~ 1985 年 7 月在中国人民大学经济系攻读硕士学位，因品学兼优，被学校特批提前一年攻读博士学位，1988 年获经济学博士学位。1988 年留校任讲师，1990 年被特批为副教授，1992 年被特批为教授，1993 年被国务院学位委员会特批为博士生导师，同年享受国务院政府特殊津贴。1993 年 1 月 ~ 1994 年 11 月受福特基金会资助在美国南加州大学经济系做访问学者，1995 年 5 月 ~ 1995 年 12 月在美国洛杉矶作美国市场经济研究。

出版著作（独著、合著、主编）30 多本，在《中国社会科学》、《经济研究》、《人民日报》等报纸、杂志上发表论文 450 多篇。获得全国百篇优秀博士学位论文指导教师、教育部人文社会科学优秀成果、北京市哲学社会科学优秀成果等各种学术奖励 20 多次。

主持国家社科基金重点项目、教育部人文社科重点研究基地重大课题项目、教育部长江学者资助计划项目、教育部“优秀年轻教师基金”项目、教育部跨世纪人才基金项目等国家课题、教育部留学回国人员基金项目、霍英东青年教师基金，以及中国证监会、中国保监会、杭州市政府、希望集团、中国台湾国泰人寿、中国水利投资公司等委托课题 30 多项。

被国务院学位委员会授予“做出突出贡献的中国博士学位获得者”；北京市第一批跨世纪人才培养人选；国家教育部第一批跨世纪人才培养人选；国家人事部“百千万人才工程”第二层人选；北京市新世纪理论人才；教育部第一批人文社会科学长江学者特聘教授。

今天上午跟大家做一个交流。我从 1993 年开始当博士生导师，这个过程当中，我感觉博士阶段最重要的已经不是学习了，而是做研究。如果研究做不好，从读博士的效果和对自己未来的发展来讲，都不是很好。无论将来大家去哪里，企业或是事业单位、政府机关，如果你是博士，大家对你的印象就是你做研究的能力比较强，逻辑思维能力、分析能力、表达能力、写作能力都很强。在这种情况下，如何站到经济学或管理学的最前沿，去探索大家所关注的理论问题和实践问题，通过这种探索，把你逻辑思维的能力、分析问题的能力提炼出来，对将来你的发展是受益无穷的。在研究的过程当中，如何走到理论研究的最前沿？最重要的问题，就是对当前，至少是中国目前研究的现状即研究到什么程度，解决了什么问题等这样的问题做出一个很好的梳理。大家将来做博士论文的时候，都会有一个文献综述，目的就是对目前国内外的理论大家们，对某一问题的研究到了什么程度。研究过的，得出结论的，就不需要你再研究了；没有研究过的或者研究中的难点，你的博士论文、将来的研究方向就可以选择这个问题，这就是一种进步。

所谓“站在巨人的肩膀上”，一个很重要的问题就是将别人已经研究的结果做一个梳理，然后在他的基础上如何进行发展，或者对他的理论体系中的漏洞加以补充。研究的基本前提就是对已有成果的总结，否则有可能浪费很多时间。我主编中国人民大学的一本杂志《经济理论与经济管理》有 6 年的时间，在这个过程当中，对这一点也有着深深的体会。有的人很兴奋地拿着自己的研究成果，说自己最近发现了一个新的理论、或者自己构造了新的分析框架，如何的完善，想在杂志上发表。我看完之后，很抱歉地告诉他，同样观点的文章去年我们杂志就发过了。在我们的学术生涯当中，发生这种事情，是很悲哀的。今天，给大家提供的，就是关于中国经济学研究的现状，将整个 2006 年中国经济学所发表的文献进行梳理，看看中国经济学界在关心什么、研究什么。我们每年做一本，以《中国经济热点前沿》为书名在经济科学出版社出版，已经做了 4 年。同时，国外我们也做一本，以《国外经济热点前沿》为书名出版。这两本书，每年就当前中国和国外的经济学研究进行一个梳理。梳理的目的很简单，就是给大家提供一个平台，给大家提供一个起点。大家的时间很紧，不可能把所有的文章都读一遍，我们把这个工作做出来，大家就比较节省时间。

一、标准和统计样本的选取

在进行梳理的时候，首先有一个标准问题，用什么样的样本和什么样的标准，是至关重要的。在热点排名的标准中，存在着两个因素：质和量。第一个标准是质，所谓质就是影响因子，这是国际上通用的标准。如果你的文章好，代表着最前沿的观点，那么大家就会经常引用你的文章。影响因子就选用教育部确定的中国核心期刊 CSSCI 的排名。第二个标准是量，所谓量是指某个专题上一共发表的多少论文，论文的多少表明了理论界对该问题的普遍关注程度。在这里，专题的划分比较麻烦，国际和国内的差异很大，按照国际的分类，和中国的研究不一样，按照国内的分类又过粗，对我们经济学研究的意义不大。为了解决这个分类问题，我只好自创了一种分类——黄氏分类。这个分类如何被更多的人认同，使之标准化，是我这些年的努力方向，如果大家感兴趣的话，请大家给我更多的意见和建议，进行不断的完善。

我们根据 CSSCI 来源期刊 2000 ~ 2004 年影响因子高低排序，然后结合经济学科的特点和学科分布的需要，最终挑选出了如下 18 本期刊为中国经济热点排名统计样本。

	2000 年	2001 年	2002 年	2003 年	2004 年	平均
经济学类（14 本）						
1. 经济研究	3.421	3.004	2.863	3.33	3.668	3.257
2. 中国工业经济	0.299	0.499	0.663	1.265	1.529	0.851
3. 金融研究	0.504	0.656	0.94	0.944	0.917	0.792
5. 世界经济	0.29	0.634	0.611	0.845	1.167	0.709
6. 经济社会体制比较	0.673	0.757	0.664	0.693	0.647	0.687
7. 中国农村经济	0.354	0.431	0.506	0.57	0.852	0.543
9. 经济科学	0.374	0.311	0.349	0.592	0.650	0.455
10. 改革	0.403	0.604	0.415	0.409	0.398	0.446
13. 经济学动态	0.281	0.321	0.36	0.484	0.448	0.379
15. 财贸经济	0.377	0.252	0.265	0.395	0.397	0.337
16. 经济理论与经济管理	0.229	0.263	0.263	0.395	0.413	0.313
18. 财经研究	0.199	0.194	0.266	0.407	0.430	0.299

续表

	2000年	2001年	2002年	2003年	2004年	平均
经济学类（14本）						
19. 经济评论	0.147	0.19	0.334	0.432	0.374	0.295
20. 经济学家	0.26	0.307	0.315	0.268	0.298	0.290
马克思主义类（1本）						
3. 教学与研究	0.061	0.106	0.089	0.088	0.121	0.093
管理学类（1本）						
1. 管理世界	0.646	0.776	0.763	0.718	0.906	0.76
社会科学总论类（1本）						
1. 中国社会科学	0.8	1.0262	1.5581	1.516	1.814	1.343
高校综合性社科学报类（1本）						
1. 中国人民大学学报	0.0898	0.1605	0.3123	0.2263	0.396	0.237

在经济类里，大学的总共有5本杂志，剩下的都是中国社会科学院的，包括重庆社科院和编译局的。这里我们总共选了20本杂志，将管理类的和重复的剔除，剩下了14本。经济学的文章在其他类的杂志也有发表，如果不将其他类的杂志放进去，涵盖面不够。于是我们又选了四大类，第一是马克思主义类，因为中国经济学的研究是以马克思主义为指导，马克思主义经济学在中国的经济学研究中处于很重要的地位。但是马克思主义类要涵盖有经济学，我们选用了《教学与研究》，它在马克思主义类里排名第3。管理学类选择了《管理世界》，它在管理类排在第1位。社会科学总论类是《中国社会科学》，它在该类中排在第1位。高校的综合社会科学学报选择了《中国人民大学学报》，它在该类中排在第1位。这四类，除了马克思主义类，我们都选择了第1名。这些杂志加起来总共是18本。在2000～2004年这五年当中，是一个稳定的排序，表明了这些杂志在中国人文社会科学中具有非常重要的位置。以后大家发文章，要努力到这些杂志中发。

二、2006年中国经济研究热点排名

根据这18本杂志中发表的文章，我们对2006年中国经济的热点问题进行了一个排序。2006年在以上18本样本期刊中共发表有效论文总数为2684篇。所谓有效论文是把书评、会议评论等拿掉，剩下真正发表的学术论文。我们对这些论文按专题进行分类统计得出了2006年中国经济研究热点排名如下：

排名	热点	论文数（篇）	比重（%）
1	“三农”	249	9.28
2	资本市场	230	8.57
3	经济增长与发展	205	7.64
4	产业结构与产业政策	151	5.63
5	区域经济发展	97	3.61
6	商业银行	97	3.61
7	公共经济	88	3.28
8	自主创新	81	3.02
9	对外贸易与贸易政策	74	2.76
10	货币政策	69	2.57

排在第1位的是“三农”——农业、农村、农民问题。中国首要的问题是农村问题，这体现出中国的特点。后面我们会对这些问题进行具体分析，现在就不再细讲。下面我们看排在第11～30位的热点：

排名	热点	论文数（篇）	比重（%）
11	外商直接投资	56	2.09
12	民营经济与家族企业	53	1.97
13	金融体制	53	1.97
14	金融理论	50	1.86
15	收入分配和收入差距	48	1.79
16	人民币汇率	46	1.71
17	政府规制	46	1.71
18	公司治理	43	1.60
19	财政政策	33	1.23
20	财政体制	33	1.23
21	就业	31	1.15
22	信息经济	31	1.15
23	社会保障	31	1.15
24	企业理论	31	1.15
25	商业、物流	31	1.15
26	马克思主义经济学	31	1.15
27	经济全球化	30	1.12
28	国有经济	29	1.08
29	人力资本	29	1.08
30	转轨经济	27	1.01

第 11 位，外商直接投资。这是近来越来越引起大家关注的问题。

第 12 位，民营经济与家族企业。这是中国改革开放的特点。中国的国有企业改革，通过国有企业民营化，使得民营企业成为中国经济改革中重要的生力军。民营企业又主要是指私营企业，私营企业绝大多数都是采用家族企业的方式，这和我们倡导的现代企业制度、现代企业治理结构是有矛盾的。这种矛盾怎么去理解它？合理不合理，家族企业是不是落后的、封建的、做不大、做不好的一种企业制度？是否一定需要向现代企业制度转变？等等，这些问题，都是很尖端的前沿问题。从另外一个角度来讲，在中国的 GDP 中，民营经济已经占到了 45% 的份额，从广义的民营经济来讲，即将外资经济和集体经济也包括在内，民营经济的份额已经占到了 70% 以上，中国的经济结构中，70% 以上已经是非国有和国有控股经济，体现了中国经济结构巨大的改变。从管理学的角度来讲，家族企业的管理、在私营经济大规模发展以后，就越来越突出。民营经济的规模在扩大，在中国 500 强当中，总共有 89 家私营企业。民营企业不断做大的过程当中，管理制度如何进行设定？包括企业文化的问题。中国的民营企业已经进入了转型期，转型涉及的一系列问题，必须使用不同于国有企业的方式进行考虑。

第 13 位，金融体制。第 14 位，金融理论。在前 10 个热点当中，第 6 位的商业银行和第 10 位的货币政策，都是金融问题，这体现了学界对金融问题的关注。前两年，中国的博士论文许多都是探讨金融问题，这两年的比率有所下降，但绝对数量仍然很大，这体现了我国金融的重要性。中国的改革开放是一个渐进的过程，最初是在制造业进行改革，我们的金融业、保险业和服务业几乎是处于垄断地位的。当中国的企业在生产领域的改革已经基本完成以后，现代服务业的发展就严重滞后于中国经济发展的进程，已经拖了我国发展的后腿。这几年的改革开放，已经可以归结为中国金融业的改革开放。去年的商业银行上市，就是重要的标志。

第 15 位，收入分配和收入差距。这也是学术界近几年探讨的很重要的问题。到底公平和效率谁最重要？党的十七大报告也进行了新的阐述。是效率优先、兼顾公平，还是效率与公平并重，还是公平优先，种种说法，理论界还没有定论。体现在具体层面的问题，就是收入差距。收入差距是中国非常严重的问题，已经超过了英美等发达国家，也超过了东欧俄罗斯等转轨国家，也超过了很多发展中国家。这种很高的程度我们怎么看待，收入差距到底合理不合理？包括收入差距本身判断的标准，讲城乡差距时，我们说城市是农村的 10 倍；讲东西部差距时，我们说东部是西部的 10 倍，都采用这种倍数的方式。①国际的通用标准是基尼系数，超过 0.4 就是两极分化，中国已经接近 0.5，这是不是说明中国两极分化了？②0.4、0.5 只是数字，这些数字代表了什么？它并没有判断。国际对它的判断就是两极分化了，收入差距过大了，过大是好事还是坏事也没有判断，所以说基尼系数本身不包括价值判断。现在很多人一提到基尼系数很高，就觉得情况不好，这是不对的，基尼系数不包括价值判断，要从我国的实际出发做出价值判断。

第16位，人民币汇率。人民币汇率改革以后，这一直是个热点问题。人民币升值对出口的影响，对进口的影响甚至可以扩展到对整个资产价格的影响。中国股市今年为什么上升这么快？中国的地产价格为什么如此之高？有分析曾指出跟人民币升值有关。这涉及人民币升值对整个中国经济的影响。对比于当年的日元升值，如何去看现在的人民币升值？有人判断，日本十几年的经济衰退和日元大幅升值有关。日元升值的结果在中国会不会重演？这也是我们要把握的问题。伴随着人民币的升值，大量的外商开始抛售美元资产，持有人民币资产，主要是地产和股票，造成房地产价格快速上涨。

第17位，政府规制。关于这个问题，大家前几年开始进行研究，这几年逐渐热起来，关于政府规制有的大学里设立了专门的博士点。在市场经济下，政府如何进行管理？在中国，主要涉及垄断行业的问题。垄断从某种程度上来讲，没有对和错，要从具体的情境当中分析。政府规制就是如何去看待政府的反垄断，包括《反垄断法》。关于这个问题，大家有兴趣的话，可以去研究美国在我们这个阶段（人均收入2000美元的时候）是怎么做的，它的反垄断是怎么反的？哪些方面是反垄断的？哪些方面没有反垄断，甚至是鼓励垄断的。采用历史比较的方法。

第18位，公司治理。建立现代企业治理结构，建立现代企业制度，一直在提，研究的重要性却不断下降，为什么？后面再谈。

第19位，财政政策。第20位，财政体制。财政问题被提出来了。中国越来越有钱了，GDP以每年10%以上的速度在增长，财政收入却以每年20%～30%的速度在增长，2007年前三个季度的财政收入就多增了8000多亿元，这就涉及财政政策的问题，财政政策的设计是否合理，东中西部、城乡间的财政体制是否合理。还有前十位涉及的公共经济，公共经济包括公共财政政策，这又牵扯到财政体制改革的问题，中国的改革已经从微观——国有企业改革向宏观方向转变。

以上是前20位的情况，至于20～30位，要求大家有个概念就行了。第21位，就业。很重要的民生问题，现在大学生的就业问题也很受关注。

第22位，信息经济。我们进入知识经济社会以后，信息对经济社会的影响越来越大。像刘易斯提出的二元经济理论：农业经济和工业经济，现在是否可以把知识经济放进去？二元经济的发展理论可能就有了局限性。中国的工业化，为什么叫新型工业化，所谓的新就新在这个地方，加入了信息经济。工业化、信息

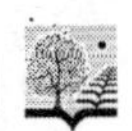

化，两化出来了。不仅仅是工业化，工业化和信息化在中国变成了一个同步的过程。由此导致很多经济学的规律都发生了改变，比如在信息经济情况下，关于后发优势问题。后发优势是在工业经济下提出来的，工业经济下的技术进步周期是七到八年，信息技术的发展周期可能是半年或者三个月，还存不存在后发优势？如果没有后发优势，发展中国家如何赶超发达国家？另外一个概念，规模经济，规模经济又是工业经济下的一个理论，在信息经济情况下是否存在规模经济？规模是不是越大越好？按照科斯的企业边界决定理论，信息经济出现后，会使外部市场的交易成本越来越低，这就凸显出内部管理成本高，尤其是大的企业，内部管理成本高，就会使企业走向小型化，这和规模经济就相矛盾了。信息经济是收益递增，工业经济是收益递减，这种情况下怎么去理解？包括生产和消费之间的关系，都因为信息经济而改变。

第 23 位，社会保障。这是重要的民生问题，也是政府管理的短板。

第 24 位，企业理论。一般的企业理论在中国碰到了一些问题。现代企业理论是在美国产生的，是在西洋文化背景下产生的，这种现代企业制度对中国的意义在哪里？中国有没有现代企业制度？能不能建立现代企业制度？这是很难解决又必须去解决的问题。我们所有的文件都在讲中国的国有企业改革，中国民营企业的发展方向，建立现代企业制度，建立现代公司治理结构，但这些东西在中国不见得有效。西方的委托—代理理论套在中国的国有企业里并没有用，百分之百的国有企业，并不存在委托代理关系。民营企业是清一色的家族企业，没有企业采用现代企业制度。国有企业不是现代企业制度，民营企业也不是现代企业制度，华人世界没有现代企业制度，这就是一个问题。中国的企业理论是需要中国人去建立的，在中国的实践当中去摸索。

第 25 位，商业、物流。中国的商业发展很落后，这也是为什么中国加入 WTO 时，坚决不开放零售业。现在 5 年保护期已过，中国要开放零售业。开放以后，物流作为第三利润源，让我们不仅看到我们的商业和国际之间的巨大差距，也看到物流之间的巨大差距。

第 26 位，马克思主义经济学。这是中国经济学的指导理论，要研究马克思主义经济学，并使之中国化。

第 27 位，经济全球化。这同信息经济一样，给世界带来巨大变化的一种条件。全球化前几年排名很靠前，现在很靠后，原因很简单，全球化本身的问题研究过了，现在的研究主要是以全球化为条件探讨其他问题。因为在全球化的条件下，所有的问题都有可能发生改变。比如说，反垄断，美国当年坚决反对麦道和波音合并，希望美国的国土上有两家航空公司进行竞争，但是当全球化出现后，欧洲的空客对美国的波音形成了强大的竞争压力以后，美国毫不犹豫地把麦道和波音合并，联合起来和空客进行竞争。在全球化的概念下，反垄断的理念都变了。在这种情况下，中国怎么去发展？比如，关于中国的潜在经济增长率，现在中国经济是否过热了？现在的经济增长率达到了11.5%，中央都只是说防止经济过热。在前两年，经济增长率接近10%的时候，有人就认为经济过热了。根据改革开放中国经济增长的历史经验，当中国经济增长率在10%的时候，就会产生通货膨胀，造成经济过热。现在都11.5%了，还没有过热？为什么？中国经济的潜在增长率究竟是多少？中国经济增长的条件改变了。过去是封闭的，经济增长率一旦上去了，国内的资源就不够了，资源不够拉动价格上涨，导致通货膨胀。现在呢？中国的经济增长并不完全依赖于国内的资源。全球化改变了中国经济增长的轨迹。

第28位，国有经济。中国的国有企业改革已经越来越接近尾声，以国有企业改革为中心推进改革已成为历史。

第29位，人力资本。在知识经济下，知识成为核心资源，人力资本居于重要地位。

第30位，转轨经济。转轨就是改革，表明中国的转轨已基本完成。不作为重要的问题来探讨。过去我们讲，中国的两大主题，改革与发展，现在发展地位上升，改革作为发展的动力，变成了发展的一个条件。

通过以上前30个热点的排名，我们大概能看到目前理论界研究的基本内容。从热点集中度看：①前10个热点的论文数在所有论文中所占的比重：2003年为32.74%，2004年为37.27%，2005年为51.48%，2006年为49.97%。这告诉我们在2006年发表的论文中，50%集中在前10个热点。②前20个热点的论文数在所有论文中所占的比重：2003年为46.20%，2004年为50.16%，2005年为70.11%，2006年为67.13%。2006年前10个热点占到了50%，到前20只增加了20个百分点，严重递减。这就给我们大家选择研究方向以相应的提示，让大家考虑到在哪个领域做文章，做什么文章。当然，这里面还有超前性的问题。如果你想要研究某个冷门的问题也是可以的，但是这有自觉被边缘化的危险，没有进入经济学研究的主流。如果选择了主流，许多人都在做，作为博士生出成果就比较难，这是个矛盾的问题。这就要求我们，大的题目一定要在主流里做，但是角度要选好，用特定的角度切入。

三、2006年中国经济研究热点排名变化

对比2003~2005年的研究热点（本研究从2003年起每年对经济研究热点做一次排名），2006年中国经济研究热点排名变化具有以下主要特点：

（1）“三农”问题首次超过资本市场排在第1位。在前三年中，资本市场均排在第1位，“三农”排在第2位，显示了这两个问题在我国现阶段的持续重要性。但是，随着2005年10月党的十六届五中全会提出建设社会主义新农村，以及随后《中共中央国务院关于推进社会主义新农村建设的若干意见》和十届全国人大四次会议批准的《“十一五”规划纲要》的发布，建设社会主义新农村成为“十一五”时期排在第一位的战略重点和主要任务。为了对建设社会主义新农村做出全面的理论阐释，并用于指导实践，经济界对“三农”的研究兴趣和成果必然大幅提升。

中国资本市场股权分置改革在2005年启动并在2006年获得成功，以及随之而来的2006年全年的牛市狂奔，我国终于成功完成了资本市场15年以来最困难的改革，中国资本市场进入了新的发展阶段。可以说2006年是中国资本市场发展最辉煌的一年，而且经济界对资本市场的研究热度也不减当年。从发表的论文数来看，2006年从2005年的209篇增加到230篇，多了21篇；在全部论文中所占的比重也由8.46%提升至8.57%。但这一增长仍然使其屈居亚军的位置，这是因为经济界对“三农”的研究成果增长速度更快，论文数从2005年的186篇增加到2006年的249篇，多了63篇，在全部论文中所占的比重由7.35%提高到9.28%。“三农”上升到第1位，一方面体现了我国构建和谐社会中“三农”的重要性，以及我国把“三农”工作放在重中之重的基本思想；另一方面也说明了我国解决“三农”问题的任务更加突出、更加迫切。

（2）自主创新作为一个全新的热点问题首次进入热点前10名。2006年1月9日胡锦涛在全国科学技术大会上发表的《坚持走中国特色自主创新道路，为建设创新型国家而努力奋斗》讲话中明确指出：“党中央、国务院做出的建设创新型国家的决策，是事关社会主义现代化建设全局的重大战略决策。”为了充分理解和落实这一重大战略决策，经济界就把对创新的研究推向了新的高潮。自主创新的提出和研究热，充分体现了我国经济发展阶段发生了新的历史性转折，即从以往的追求快速发展到又快又好，最终提升到了又好又快。好和快位置的转换，说明我国的经济发展从注重量的扩张转向了注重质的提升。经济发展质的提升，首先是技术的自主创新，因为没有科学技术的现代化，就不会有一个国家的现代化。因此，在2006年自主创新的研究成果中，绝大多数是关于技术创新和技术进步的。但是，创新又不仅仅是技术创新，还包括制度创新、金融创新等等。

（3）货币政策作为一个持续的热点问题排位大幅提升，首次进入前10名。在2003~2005年，货币政策都进入了热点前20名，分别排在第15、12、17位。显示了理论界对货币政策的持续关注。2006年货币政策排名的大幅提升，与我国正在进行的并不断完善的宏观调控密切相关。在2006年的宏观调控中，货币政策手段得到了充分的运用，曾先后三次上调存款准备金率、上调金融机构贷款基准利率、定向发行票据等。更多地运用货币政策手段进行宏观调控，标志着我国宏观管理体制向市场经济新体制迈出了一大步，这也为理论界探讨适合中国国情的货币政策体系以及在我国现阶段货币政策有效性提供了空间和时间对象。

（4）中国经济增长与发展、产业结构与产业政策和区域经济发展三个热点问题继续排在前10名的前列，而且分别都比2005年提升了1位。这意味着发展是这一阶段，也是未来一段时间内理论界研究的永恒主题。中国的现代化还远没有实现，据中科院的研究，我国的现代化水平离美国还有100年的差距，离日本也有50年的差距。迅速现代化仍是中华民族孜孜以求的首要目标。追求发展，效率自然也就成为首要的选择。所以胡锦涛同志《在中央人口资源环境工作座谈会上的讲话》中曾明确指出："树立和落实科学发展观，必须始终坚持以经济建设为中心，聚精会神搞建设，一心一意谋发展。科学发展观，是用来指导发展的，不能离开发展这个主题，离开了发展这个主题就没有意义了。发展首先要抓好经济发展。"这也正是中国经济增长与发展、产业结构与产业政策和区域经济发展三个热点问题几年来始终排在前列的基本原因。同时，由于我国当前经济发展的核心问题是经济结构的优化，这就是产业结构、区域结构等结构性问题持续排在热点前列的基本原因。

（5）公共经济问题的关注度得到进一步强化，比2005年又提升了2位。这意味着公共经济理论短板在我国经济理论的发展中依然严重存在，还不能满足我国公共经济部门改革与发展实践的需要，特别是构建适合我国国情的公共经济理论与政策还是一个亟待强化研究的重大课题。同时，这也意味着理论研究的先行，将为公共经济领域的改革与发展带来春风。

（6）商业银行和对外贸易与贸易政策继续排在2006年热点的前10名，但位次分别下降了3位和1位。2006年商业银行改革取得重大进展，特别是工商银行的成功上市，不仅为银行业的发展，而且对资本市场的牛市形成都产生了重要的促进作用。此外，2006年10月13日，2006年度诺贝尔和平奖授予了孟加拉国的穆罕默德·尤纳斯及其创建的孟加拉乡村银行（也称格莱珉银行），这也引起了中国学者对乡村银行的极大兴趣。2006年我国的对外贸易出乎意料地又取得了23.8%的增长速度，而且是在人民币升值趋势加快、贷款利率调高，国家采取了降低部分出口商品退税率、限制高能耗、高污染和资源性产品出口等调控措施的情况下取得的。外贸的快速增长为产能过剩下的中国经济增长注入了强劲的动力。

（7）2005年排在第7、10位的公司治理结构和收入分配与收入差距退出

2006 年的前 10 名，分别排在第 18 位和第 15 位。这意味着这两个问题经过几年的持续研究（2003～2005 年都进入了前 20 名），在主要的基本理论方面已经达成了共识，更多的主要是实践层面的问题，从而有待实践的检验使理论进一步的升华。

（8）从经济运行的层面来看，2006 年前 10 大热点问题主要是宏观经济问题。这意味着随着国有企业改革的不断深化，以及民营经济的快速发展并在国民经济中发挥着越来越重要的作用，微观层面的改革与发展已取得重大进展，而宏观层面改革与发展的相对滞后已经成为制约我国发展与改革的主要问题。因此，加快宏观层面的改革与发展，特别是加快行政体制的改革和政府职能的转换，解决政府的越位与缺位，已成为深化改革与发展的关键环节。

（9）2006 年前 10 大热点的替换率只有 20%，相对于 2005 年的 30% 有所下降。这一方面说明了我国经济理论研究的相对稳定性和成熟性；另一方面也体现了我国经济理论研究面向发展与改革主战场的实践性，是实践导向型的理论研究，从而能够随着实践的变化而发生相应的变化。当然，我国经济研究热点的变化还带有很强的政策性特点，如社会主义新农村建设和自主创新，都是在国家作为重大战略决策提出后才迅速热起来的。

（10）2006 年排名前 11～20 位热点的变化要远远大于前 10 大热点，与 2005 年相比，第 11～20 位热点的替换率达到了 70%，只有民营经济与家族企业、财政政策和外商直接投资仍保留在前 20 位。从这种大幅度的替换中，可以更进一步了解中国经济研究的变动，并从中透视出中国经济运行的变化。这些变化概括起来主要有：一是外商直接投资从 2005 年的第 20 位上升到第 11 位，是前 20 大热点中上升幅度最高的，这反映了经济界对外商 2006 年大规模收购我国行业龙头企业、构筑行业垄断、提供问题产品等行为及其对我国经济安全与运行影响的强烈关注，以及对外商超国民待遇的反思。二是人民币汇率从 2004 年的第 10 位，到 2005 年退出前 20 位，再到 2007 年排名第 16 位，是近几年波动最大的热点问题，这表明人民币汇率不仅仅是建立以市场供求为基础的、有管理的浮动汇率制度，更重要的是这一制度建立后所表现出的人民币持续升值对我国经济的一系列影响，这种影响在 2006 年得到了明显的反应。三是金融体制、金融理论双双第一次进入前 20 名，反映了金融改革的艰巨性和复杂性，以及经济界对金融问题的关注程度。四是政府规制第一次进入前 20 大热点问题，这反映了行政体制改革已经成为我国改革进程中的一个主要问题，同时政府规制改革也是构建适合我国国情的公共经济理论与政策的一个重要问题。五是财政体制第一次进入前 20 大热点问题，这体现了在全面建设小康社会进程中，特别是在发展公共经济，实现城乡统筹、区域统筹发展中，财政体制改革的重要性。

四、2006年经济研究热点的主要进展

相对于2003～2005年的经济研究热点，2006年的经济理论研究进展就总体而言主要体现为以下五大亮点：

（1）对建设社会主义新农村做出了全面的理论研究。2006年是建设社会主义新农村的开局之年，也是理论界以建设社会主义新农村为目标对“三农”问题展开深入研究的一年。这些研究包括：首先，建设社会主义新农村必须在统筹城乡经济发展进程中向前推进。世界各国经济社会发展的经验表明：“三农”问题不可能在“三农”的框架内得到根本解决。学者们对解决“三农”问题进行了有价值的研究：一是在工农业相互关系的历史发展框架内证明了中国经济发展新阶段要求工农业关系发生历史性的转折，即从过去的农业支持工业转向工业反哺农业，并进而探讨了工业反哺农业的机制和方式。二是在城乡劳动力市场一体化的框架内探讨了农村劳动力向城市转移的动因、机制和障碍，特别是如何从制度上解决农民工的身份和地位，为农民市民化扫清障碍，因为没有大批农民的市民化，就不可能有社会主义新农村。三是在城乡产业一体化的框架内探讨了发展现代农业、转变农业经营方式、实现农业工业化的新路径。其次，建设社会主义新农村离不开财政金融的支持。学者们提出：一是要运用金融手段包括推进农村信用社改革、建立农村合作银行和非正规金融组织、发放小额信贷、实施农业保险、构建新的农村金融体系等，支持社会主义新农村建设。二是运用公共财政手段扩大农村公共产品的供给，增加教育、健康等农村人力资本投资，为发展现代农业、增加农民收入、促进城乡劳动力流动创造人力资本条件。三是通过城乡税制改革，为县乡两级财政解困。最后，建设社会主义新农村还取决于农民自身的行为。学者们通过对农民储蓄行为影响因素，以及农户融资等行为的理论分析、计量分析、案例分析，进一步说明了农户的金融行为，从而为农村金融体制改革和政府金融手段的运用提供了理论和实证的解释。

在社会主义新农村建设的理论和实证研究中，关注最多的还是农民工问题。农民工作为我国工业化、城市化进程中出现的新群体，打破了刘易斯二元经济理论中农民与市民之间劳动力流动的二元主体分析框架，形成了农民、农民工、市民三主体的劳动力流动格局。因此，对农民工的深入系统分析，是解释我国工业化、城市化特殊道路的钥匙；从根本上解决农民工问题，是社会主义新农村建设能否实现的关键。对农民工问题的研究，一是通过对农民工的全方位调查，从各个角度、各个层面全面展示了农民工的现状和问题。二是从法律的角度对农民工的地位做出界定。三是从农民工工资和工资比较的角度解释农村劳动力流动的取

向，以及验证对农民工的工资歧视。四是从城市就业市场的角度探讨了城市对农村劳动力的就业效应和城市失业对农村劳动力就业的影响，验证了托达罗理论在中国的适用性。五是从农民工的角度揭示了农民工外出务工的工作满意度、外出务工对农村儿童的影响、外出务工对农业生产的影响等迁移效应。

（2）对自主创新进行了多角度、多层次的深入研究。一是从经济增长、企业竞争力、提高能源效率等多角度说明了自主创新的必要性。随着我国 GDP 总量跃居世界第四和 170 多种产品产量成为世界第一，我国缺乏自主技术、核心技术的弱点就充分显现出来，从而严重削弱了我国经济的国际竞争力，这就迫使我国的经济发展必须由做大向做强的新阶段转换。二是运用大量数据进行计量分析，对我国的技术进步贡献率，特别是工业的技术进步、技术选择、研发效率等做出实证描述，从而对我国的技术创新水平有一个准确的把握，为实施我国技术的自主创新找到现实的起点。三是从企业的制度变迁、学习能力、培训能力、融资能力、社会资本能力，以及企业所处的市场结构条件、政府政策等角度全面揭示了影响企业技术创新的内外部因素，这在一定程度上构建了企业技术创新的理论分析框架。四是探讨了我国技术创新的基本路径，这主要包括：通过对市场换技术的反思，检验外商直接投资对自主技术创新、技术进步的效应，比较技术引进的不同方式及其效应，为我国的技术引进、学习，以及外商直接投资政策调整提供了理论解释和支持；通过对企业技术创新案例的研究，揭示技术创新的成功路径；通过对企业集群技术外溢的分析，揭示企业的集体式创新；通过对研发行为的分析，揭示提高研发效率和商业化能力的路径。五是从知识型企业或科技型企业的制度变迁、知识资产价值、知识员工管理和薪酬激励等方面探讨了知识型企业技术创新的特殊道路。

（3）对源自结构优化的经济发展理论做出了全面的阐释。随着我国经济增长方式从注重量的扩张向注重质的提升的转换，经济结构的优化就必须提到重要的地位，从而使这一时期的经济发展就总体而言表现为结构优化推动的经济发展，这在《“十一五”规划纲要》中得到了充分的体现。实际上，2006 年前 10 大经济研究热点基本可以归结为结构问题，除产业结构和区域结构外，“三农”体现为城乡结构，资本市场与商业银行体现为金融结构或企业的直接融资和间接融资结构，公共经济体现为公共部门与私人部门的结构或政府与市场的结构，自主创新体现为引进与创新的技术结构，对外贸易体现为国内和国外经济结构，科学发展观则要求经济发展与自然资源、环境的友好和谐。这种依据中国经济发展的伟大实践而提升总结出来的全面结构优化的经济发展理论，突破了以刘易斯、库兹涅茨、钱纳里等为代表的单一结构优化的经济发展理论体系，形成了中国版的发展经济学。这可以说是中国经济学界为经济发展理论的丰富和深化做出的中国式贡献，这一贡献也将得到中国经济又好又快发展实践的进一步验证。

（4）对货币政策做了进一步的深化研究。2006 年对货币政策的研究，除了继续深化 2005 年关注的利率市场化、货币政策中介目标的选择、货币供应量过大、开放中的货币政策调整等问题外，还表现出如下新的特点：一是从宏观调控的角度，对利率政策的执行效果进行实证分析，从而进一步探索我国利率市场化道路，以及利率的调整和利率结构的优化。二是针对房地产调控，特别是房价上涨，探讨了房地产与货币政策的关系。三是结合宏观调控中货币政策的运用实践，探讨货币政策的有效性，寻求提升货币政策有效性的途径。四是运用实证分析的方法，证明了我国货币政策区域效应的存在，并揭示了其形成的原因，以及其存在的微观基础，从而为我国货币政策框架的调整和完善提供了理论说明。

（5）对公共经济理论与政策做了进一步的扩展研究。这突出表现在：一是在研究视角上，从单纯研究公共经济转向把公共经济放在经济增长的理论框架中进行研究，揭示了政府公共支出的规模与结构对经济增长的效应，并进一步分别深入分析了公共投资规模对经济增长的效应、公共投资结构对经济增长的效应和政府社会性支出对增长失衡的影响，从而全面阐述了公共支出在我国经济增长中的地位和作用，使公共经济成为经济增长理论体系中一个重要的组成部分，这也为政府公共支出规模与结构的调整找到了评价标准。二是在分析层面上，从对政府提供公共产品的职能定位的分析转向对政府提供公共产品有效性的研究，探讨了公共组织的决策、公共部门的激励、公用事业的运营与监管等，这就使政府在提供公共产品上不仅不能缺位，而且还要有效率。三是在公共产品的供给机制上，从强调政府的作用转向政府与市场相结合的新机制，提出了公用事业部门的市场化改革、公用事业的产权制度改革等政策建议，以借助市场的力量扩大公共产品的供给和提高供给的效率。

五、中国经济学的评判标准

中国经济学和西方经济学存在着很大的差异，这也是近几年西方经济学在中国的有效性受到越来越多质疑的原因。中国借鉴西方经济学的理论和框架，对中国经济学的发展，以及对中国经济的发展，毫无疑问发挥了重要的作用。但是走到今天，我们发现西方经济和中国经济的差异性，西方主流经济学主要是研究发达国家、成熟市场、成熟产业之间的相互关系，而中国恰恰是市场不成熟，制度不成熟，整个国家都处在变化中，再加上中国又是一个很大的发展中国家，发展中国家和发达国家存在着巨大的差异。

中国经济学界研究课题的选择主要是现实问题导向型的，10 大问题，甚至

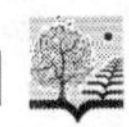

前30个问题基本都是现实问题，当然也涉及企业理论、金融理论，但是这些理论的问题都不排在前面，中国经济学研究是现实导向性的、问题导向性的，中国经济学研究是解决问题的。中国的改革发展过程中出现了什么问题，这个问题需要我们如何解决？相应的理论、解决方式、解决道理是什么？这是中国经济学非常重要的特点，这充分体现了经济学的“致用性”。所谓经济学，就是经邦济世，给国家、社会、民众和企业带来福利、增加福利的，中国经济学的“致用性”非常明显。日本作为一个后发达国家，它的经济学研究的主要问题都是日本问题。比如产业经济学，产业政策就是日本的特色，解决日本的现实问题。中国的经济学也会表现出这样一种特点。

中国经济研究的热点是与中国经济改革与发展提出的重大理论和实践问题息息相关的，当然中国的经济学还没有形成自己独特的理论体系，但在中国这样一个大国的工业化、信息化进程中通过积累是能够创造出来的。日本的产业经济学就是通过20世纪50年代到70年代迅速的工业化、现代化，产生了创造性的理论，日本的产业经济学就变成了在国际上很重要的理论学科。在这种情况下，它与西方发达国家主流经济学的研究范式存在较大的差别。中国经济本身就不是发达经济，我们没有经历发达阶段，我们的实践没有给予我们相应的概念，这就决定了中国经济学的研究就不能套用西方主流经济学的研究范式、研究方法，同样，中国经济学研究的成果，也不能用西方主流经济学的标准加以评判。

因此，中国经济研究热点的形成和变化，应该从中国经济改革与发展变化的实践中寻找答案。同样，中国经济研究对经济学的理论与实践贡献，也应该用中国经济改革与发展的“奇迹”来计量，而不应该用主流经济学的标准来计量。中国创造了世界经济“奇迹”，没有一个国家在长达30年的过程中，创造平均9.7%的增长率。在未来的30年当中，有人预计，如果我们仍然能够保持7%以上的增长率，中国经济会继续创造奇迹，中国经济学的贡献也是不得了的。有人说，在2020年之后，中国经济学者应该有资格去拿诺贝尔奖。这就是说，2020年以后，中国的经济发达了，中国经济学指导中国经济发展的贡献被验证了，应该拿诺贝尔奖。大家不要介意只有几个合格的经济学家这件事情，中国的经济学家恰恰是应该去研究现实问题的，中国经济学的发展方向是值得肯定的。

（文章来源自《学术讲座荟萃》第44辑，2007年12月6日）

从福利制度看欧美国家的调整与改革

郑秉文

郑秉文

男，1955 年生于辽宁。中国社会科学院拉丁美洲研究所党委书记、所长，中国社会科学院世界社保研究中心主任，教授，博士生导师，政府特殊津贴享受者，人力资源和社会保障部咨询专家委员会委员，全国社会保险标准化技术委员会（SAC/TC474）委员，中国人民大学劳动人事学院兼职教授，武汉大学社会保障研究中心兼职研究员，西南财经大学保险学院暨社会保障研究所兼职教授，南京财经大学客座教授，华南农业大学公共管理学院兼职教授，华东理工大学国家小城镇社会保障研究中心兼职教授，辽宁工程技术大学公共管理与法学院客座教授等。

非常高兴来跟大家讨论一些问题，这个是国际关系的系列讲座，王逸舟老师给我安排了这么一堂课，我的专业特长主要是研究福利制度问题，发达国家与发展中国家的福利制度问题。今天的题目，大的题是从欧美的福利制度看当今发达资本主义国家的自身调整与改革。我的专业特长主要是中外社会保障，在研究过程当中有一些不太成形的看法，我今天主要是谈一谈模式问题，国外改革的一些情况，一些现状。今天讲三个问题，一是社保模式的分类方法；二是社保模式的重要意义；三是国外的启示与中国的选择。

先讲第一个问题，社会保障模式的分类方法：理论与特征。

这门课是国际关系系列的，我尽量从国际关系的角度来讲，尽量把社会保障作为一个国际关系来讲，希望能够成功。涉及社会保障，有一组重要概念，不讲的话使用的过程中怕大家不知道，这里我就简单地说一说。

社会保障模式划分的方法非常多，各人有各人的一些划法，约定俗成的这么几种也都是大家所知道的，各人有各人的看法。大致上看，从融资，也就是钱从哪儿来的角度来看，一个是现收现付制的，一个是积累制，一个是混合型。现收现付就是说，这一代人工作交纳的钱养活上一代人，就是收了就支付了。积累制，就是这一代人养活自己这一代人，自己当前的缴费用于未来个人的退休消费和收入。还有混合制，混合制是介于这两者之间的，比如说把这两者平行贴在一起，就叫做统账结合，中国的制度就是这样，又比如积分制，等等。从现收现付的角度看，它涉及一个代际之间的一个团体，代际之间赡养的一个规则问题。那么，这一代人如果工作的人少，退休的人多或者寿命长，这个制度显然难以为继。这就是这个制度的特点。积累制的特点是什么呢？他个人的缴费放在这个地方交给国家，用于未来个人的退休收入，它涉及的是个人一生当中的收入烫平问题，在财务上，等于说和国家的关系不大，不涉及代际之间的这种关系。这两种的特点就是这样的。相比之下，它们各有利弊。现收现付制怕的是社会出现问题，比如说政变，比如说1929年的大危机，比如说第一次世界大战、第二次世界大战。那么一来的话，这个代际之间的秩序就乱套了。所以怕出现社会问题来干扰这种制度。积累制就不怕社会出现问题，不管出现什么问题，这个钱是自己的。它怕的是出现货币问题，比方说通胀，百分之五千的通胀或者百分之一万的通胀，比如说像阿根廷危机。那样，你账户里的这点钱，比如说五万元，到那时候可能只剩几百元了，就是价值几百元的购买力了。所以呢，积累制怕的是这种宏观经济政策的不稳定。这两种融资模式各有利弊，就看你的价值观是什么，就看你所处国家的环境是什么，这是非常关键的一条，同时也与你这个国家的路径依赖有很大的关系。比如说德国人，德国这100年来经历过几次大的事件，经历过大危机，两次世界大战都跟它有很大关系，又经历了1973年的石油危机。德国人就非常坚定地使用现收现付制，全民形成一个共识。你要是跟德国人讨论问题开会，十个人中恐怕有八九个人看法是完全一致的。很可能这十个人中不都是学者，好多人都是其他领域的知识分子，但是这个理念是深入人心的。那么与我们国家正在处于改革的初期就不一样了，我们国家出去十个八个人，看法可能有五六种或七八种，一个人一个样。德国人就不是这样的，他就非常坚定地采用现收现付制。因为他的这个历史给他的印象非常深刻，他非常害怕社会变动，对他的资产积累是一种摧毁。总之，这两种模式各有利弊。

从待遇这种给付的角度来分类，大致上也有两种。一种是待遇确定型（DB），你一上班就知道了你的待遇未来是怎样的，你现在20岁上班，60岁退休，大概就知道了。比方说美国人，他就是用这种待遇确定型的。因为他采取的是这种待遇确定型的，现收现付制的，你一来就知道了，比如我现在挣1万元吧，退休的时候退休金就是4200元，替代率大约在40%左右。这就是待遇确定型的，你一上班就会知道了。但是你要是在智利，就不知道了。智利采取的是第二种，就是缴费确定型（DC）。就是你一上班就开始缴费，缴到退休，多缴最后剩得就多，退休收入多，缴得少就少，那么就是缴费确定型的。于是，往往现收现付制就和待遇确定型连在一起，建立个人账户的积累制就和缴费确定型联系在一起。现在各国实行的社会保障制度大致上就这两大类，今天记住这个，基本上就没有问题了。在报纸上看到轰轰烈烈的社会保障制度改革，外国怎么着怎么着，中国怎么着怎么着，只要记住这两个概念，这两个模式，融资和待遇模式四个概念大致就可以知道是怎么回事儿了。

下面分别举几个例子。目前来看，现收现付的，搞得最好的是美国。它从1935年立法到现在，每年支付6500亿美元左右，收入7500亿美元左右，退休的人口大约能有4000多万人，每年都剩1000亿美元左右，现在它的余额，多年滚存的余额是1.93万亿美元，是目前世界上最大的一个公共养老金的一笔基金。这是现收现付最好的一个典型。英国也是这样的，英国是256亿英镑，它也是现收现付，剩得不是太多，跟美国是没法比的。这是现收现付搞得最好的两个国家。

积累制，大家总听说的是新加坡。其实正如我刚刚讲的，智利也是积累制

的。新加坡中央公积金制和智利完全积累制的区别是什么呢？都有个人账户，自己缴钱养活自己，这都是一样的。不一样之处在于投资决策主体是谁。新加坡的决策主体是中央政府，统一组织，统一公布利率。智利不一样，智利是分散的由账户持有人来投资，愿意怎么投自己说了算，就跟我们买股票差不多。这就是两者的区别。中国香港，咱们老听说强积金，是什么模式呢？香港跟智利几乎完全一样。目前，实行完全积累制的有10个国家左右，全都集中在拉丁美洲。执行中央公积金制的国家也在10个多一点，全都是前英国殖民地国家，主要集中在亚非。这是目前这两个积累制的状况，主要分两种，分布是这样的状况。欧洲大部分国家实行的是什么模式呢？欧洲由于是老牌资本主义国家，建立社会保障制度比较早，当时只有这种代际之间团结的现收现付制，第二次世界大战后沿用了这种制度。也就是说，在欧洲发达资本主义国家绝大部分使用的是现收现付制。

还有混合型的，例如瑞典，实行的名义账户制，还有统账结合、部分积累制（中国、美国方案）。

说到这儿，全世界一百几十个国家，主要国家一百五六十个，社会保障制度的基本情况、基本脉络、使用哪种模式，大家就有印象了。

此外，对社会保障模式还有一种分法，是根据两个人名来分的。一个是贝弗里奇模式，1942年英国战争期间丘吉尔让贝弗里奇搞的。在这之前英国这个老牌资本主义国家建立的保险都是行业统筹的保险，海员的、矿山的，等等，一个一个的。贝弗里奇就于1942年写了一个报告，把这些制度都给统一了，统一成一个，像美国一样（当时美国的社会保障制度已经建立了）。还有一个是俾斯麦式的，俾斯麦是1882年德国的宰相，他确立了这么一个保险制度，是与职业相关联的。英国的与职业没关系，它缴费是一样的，待遇也是一样的。德国的模式就是以行业为基础，以个人的职业为基础，职业之间是有一定差距的，强调的是跟职业收入有联系。这就是这两种划分模式，也是一种分法。

从这两种分法来看，我们现在可以用商品化和非商品化这样一个概念，作为一个分析工具，给它们做一个定义。劳动者独立于社会保障制度从社会和市场上获取福利因素的多少，就是非商品化程度的强和弱。如果劳动者独立于这个社会保障制度，退休以后获取的福利因素越多，非商品化程度就越低，商品化程度就越高。反之，就是反的。用这种模式来套，那么非商品化程度低的国家，最低的是美国，其次是英国，也就是说大部分是说英语的国家，叫做盎格鲁-撒克逊传统的国家。那么非商品化程度高的，如瑞典。瑞典人就是完全靠国家，市场上一无所获，活得也非常好。北欧还有其他一些类似的国家。欧洲模式，这时候就分开了（英国不包括在内，英国在分法上常常把它与美国和其他英语国家连在一起，一共六个，美国、英国、加拿大、新西兰、澳大利亚加上新加坡。英语国家往往是一个制度）。如果要把北欧和西欧分开，就产生出三种模式，西欧的制度是介于北欧和美国之间的这么一个制度。有人说日本算什么呢？有人说日本可以算到德国制度里面，也有人说日本可以单独划出来，就变成四分法了。这就太学术化了，就太细了，这里是国际关系的系列讲座，暂时就划成欧美两种模式，从国际关系的角度就足以了。

表1 三个模式的代表国家

第一组		第二组		第三组	
国家	非商品化分数	国家	非商品化分数	国家	非商品化分数
澳大利亚	13.0	意大利	24.1	奥地利	31.1
美国	13.8	日本	27.1	比利时	32.4
新西兰	17.1	法国	27.5	荷兰	32.4
加拿大	22.0	德国	27.7	丹麦	38.1
爱尔兰	23.3	芬兰	29.2	挪威	38.3
英国	23.4	瑞士	29.8	瑞典	39.1

这三种模式对比（见表1），可以跟大家讲一讲，三种模式的代表国家，就是把非商品化因素作为一个系数，把养老、医疗、失业混在一起作为一个系数，经过计算我们就会发现，说英语的国家非商品化因素得分最低。得分最高的基本上都是北欧国家，在第三组，比如说丹麦、瑞典、挪威三国。但是芬兰出来了，芬兰低于30分（冰岛不算，样本太小，由于语言的问题，没有人研究，这里也没有什么资料）。

第二组，非商品化程度居中。这组非常有意思，大家来看下。我们看到意大利和法国这两个主要国家，它们是地中海沿岸国家，是拉丁语系国家。再看看日本，日本近一两百年来跟德国的关系非常密切，它的好多法律和传统继受的都是德国的传统。我们国家在新中国成立前受日本的影响最大，所以在许多方面，我们国家受到影响最大的等于说是德国的模式德国的传统。德国和法国有一定区别，它们俩是邻居，历史上从来就不团结。它们属于不同语系，德国是斯拉夫语系，法国和西班牙、葡萄牙是拉丁语系。所以西班牙、葡萄牙和法国这三个国家的传统更靠近。1804年拿破仑在占领西班牙和葡萄牙的时候，随之把法国的许多文化和制度都带到了这两个国家。另外，这两个国家的语言也相近一些，与德语相比，也相近一些，文化传统也相近一些。所以，从法系上讲，德国是德国的，法国是法国的。尽管它们都是欧洲大陆法的分支，与英国（不成文法）相比，是完全属于两个family。但是在branch方面，法德是不一样的。德国、西班牙、葡萄牙包括意大利都非常相近。那么，第二组居多的，占统治地位的，就是

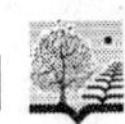

这个 branch。这三组国家，我们从文化上就可以看到，欧洲大陆主要是拉丁语系的国家，在民法当中属于拿破仑法典。第一组主要还是不成文法系国家，主要说英语。这是两个重要区别。

第三组国家的情况比较特殊，事实上第三组国家研究的主要是北欧模式。北欧模式先继承了英国，如前述的 1942 年的贝弗里奇报告。但是英国在 1945 年改革的时候很多东西没有完全改掉，由于历史包袱比较沉重（过一会儿讲法国大罢工）。反倒是瑞典、丹麦几乎全盘结束了英国模式。当年贝弗里奇和丘吉尔的设想在英国没有完全实现，却在北欧国家实现了，这是非常奇特的现象。现在的竞争力排行，芬兰好几年都非常靠前，瑞典稍微靠后些，西欧其他国家却不是那么太靠前，非常奇特。这就是三个社保模式的代表国家，大致特点讲了一下。

下面深入讲讲这三个模式的特点。

(1) 这三种不同的福利制度所依托的阶级基础不同。下面看一看这三个模式的阶级基础到底是什么。

美国模式的特点，它是以社会救助为主，普救式（大家人人都有份的）的转移支付比较少，经济调查式（比如说拿低保，得说收入是多少，达标才会给，亦称家计调查）的比较多。所以就把有限的社会保障资源用在了两头，贫困阶层和弱势阶层。美国没有覆盖全民的医疗保险计划，美国的就业人口看病，国家不出钱。它的医疗主要靠个人购买商业保险解决，个人商业保险占就业人口覆盖面的 65% 左右。就是说，美国就业人口医疗主要来自于市场，中产阶级的养老主要也是靠市场解决的。当然对于其他的贫困阶层，美国的养老保险覆盖面非常大，达到 96%。基于这种分析，与德国和北欧模式相比，它的阶级基础主要是靠市场化，让中产阶级利用市场来获取他的福利资源。

德国模式，正如大家所知的，在欧洲大陆工会力量比较强，讲究的是国家、雇主和工会的三方合作。它依靠的基础主要是中产阶级，德国社会保障制度主要是由中产阶级来支撑的，获得的是中产阶级对国家的忠诚。这是与美国不太一样的地方。美国主要是靠贫困阶级来支撑的，在美国，最感恩戴德的是穷人。在巴黎地铁里的穷人比例远远高于纽约。美国的钱花在两头上了，一个是最老的人，一个是最穷的人，就业人口不太管。用老百姓的话说，欧洲大陆带有撒芝麻盐的意思，水平较高，比较普遍，人人有份，尤其在英国。所以在德国要办事，中产阶级不支持干不成。

北欧模式的阶级基础跟西欧不太一样，跟美国也不太一样。它靠的是中产阶级，但是它的工人阶级与中产阶级的关系远远密切于法国、德国与欧洲大陆。欧洲大陆经常发生社会冲突，这种社会冲突常常表现在无产阶级和中产阶级之间。一般情况下这在北欧出现得较少。北欧模式中，工人常常带有一种希望，希望提高中产阶级待遇从而把自己带上去。所以在北欧模式中，无产阶级和中产阶级的关系远远好于它们的联盟程度，密切于欧洲大陆。所以，北欧国家只要国家一声号令，中产阶级同意的事一般来说工人阶级都会跟着走，能达成一种默契。在改革当中这两个阶级往往是支持国家的，经常达成联盟。所以在北欧国家，改革也容易进行，而在欧洲大陆国家较少容易达成协议。

（2）这三种不同福利制度中合作主义因素的多寡程度是不同的。合作主义是指雇员组织、雇主组织和国家三方伙伴协商合作的社会机制与结构。在这三个模式里面，美国的合作主义因素最少。美国由于历史的原因，建国时间比较短，工会的力量跟欧洲大陆相比本来就弱些。在20世纪60年代，它的劳联、产联也趋于没落状态。1981年里根上台，里根是保守主义者，是共和党，和英国同为保守主义者的撒切尔，在英美同时掀起打压工会的高潮。里根在这方面做了许多工作，坏处是工人利益受损，好处是劳动力市场弹性大了些，总的来说功大于过。里根2004年去世，美国人是记在心里的。在福利制度方面，里根也是立下过汗马功劳的。在工会方面，工会是反里根的，但是我个人觉得里根还是立了功的。美国的工会因素比较弱，密度比较小，力量也比较小，它的活动层面也都会有法律限制。比如工会必须业余活动，在工厂内不得有工会活动，等等。另外还有客观因素，本来美国工会的密度就小，力量就不强，雇主的力量比较强大。这种历史传统与美国的地缘有关系，美国地广人稀，工会活动起来很不容易，不开车很难聚在一起搞活动。欧洲就不一样，在街道上一喊，脸盆一敲，马上就上街。所以美国的工会跟欧洲相比就是这么个特点，在里根时代工会因素就更加弱了。工会力量的强大跟一个国家的社会保障制度模式选择有极大的关系。于是在美国，国家主导力量是占统治地位的，国家的改革只要议会（参议院、众议院）能够通过，就能够实行，非常有效率，跟我们国家很像。欧洲就不行，欧洲在这之前要反复达成协议，因为欧洲的工会力量非常强大。首先得跟雇主商量，有联合会（相当于我国的企联），然后得跟工人工会商量。欧洲的工会分得太细。像法国大罢工的时候，工会里左派右派还不一样，有时是右派占统治地位，有时是左派，在宣布撤销大罢工时一般右派分子比较多，左派分子比较坚定，工人内部就起冲突了。所以在欧洲必须要达成社会共识，很一致，这是欧洲大陆国家的一个重要特点，要看具体工会孰强孰弱。北欧的工会情况不一样，北欧国家较小，工会力量更加强大，垄断程度更高。所以与国家对话的层次也高，工会数量代表性广泛。只要工会同意了，几乎所有的工人也就同意了。欧洲在这方面就差些，所以工会在欧洲主要是企业层面，北欧主要是国家层面、行业层面，美国是企业内部层面。下面请看表2。

表 2　17 个 OECD 国家集体谈判的层次（1980 ~ 1994 年）

国家	集体谈判的层次	主要的谈判层次	国家	集体谈判的层次	主要的谈判层次
澳大利亚	1，2，3	2→3，1	挪威	1，2	2→1
奥地利	2，3	2	新西兰	1，2，3	2→3
比利时	1，2，3	2	葡萄牙	1，2，3	2→2/3
加拿大	1，2	1	西班牙	1，2，3	2/3→2
芬兰	1，2，3	3→2/1	瑞典	1，2，3	3→2
法国	1，2，3	2	瑞士	1，2	2
德国	1，2	2	英国	1，2	2→1
日本	1，2	1	美国	1，2	1
荷兰	1，2，3	2			

注：1 表示企业/工厂；2 表示部门；3 表示中央一级。→表示变化的方向。

大家可以看到北欧国家芬兰、瑞典、挪威谈判层次比较高，比利时这个拉丁语系的比较高。比较低的有日本、美国。近一二十年来，又出现了另外一种趋势，有高于国家层面的谈判——欧盟，是跨国的。比如棉农，全欧盟的棉花农会要跟欧盟的主席谈判。这是非常有意义的。

研究社会保障还有一件有意义的事，就是社会保障和劳动力市场模式是紧密相连的。大家知道，任何一种劳动保护都或多或少要扭曲市场劳动力资源，只不过程度大小不一而已，没有影响是不可能的。比如《劳动合同法》一出台，国内的争议非常大。企业主不干，外资不干，工人高兴。面对这个问题，学术界是两派观点，针锋相对。今天看看国外再联系中国或许能得出一些判断。这三种不同模式对劳动力市场的影响是不同的，于是其就业路径和结构也是不同的。北欧的劳动力市场是社会福利主导型的就业结构，欧洲大陆是传统就业模式，合作主义因素比较多，美国劳动力市场是二元化就业结构。下面看看社会保障制度的反作用力为什么形成三种不同的就业模式结构。

（1）不同福利制度的就业增长路径不同。在美国模式中，由于津贴都是调查式的，尤其是医疗保健等领域，公共部门不发达，它对劳动就业的吸纳作用比较小。而在瑞典，公共部门的吸纳作用特别大。举个例子，美国的医生，10 个有 8 个是市场雇用的，只有两个是公共部门雇用的。瑞典相反，10 个医生有 8 个是国家雇用的，两个是受雇于市场，也就是说有 8 个国家干部。医生是个重要标志。就是说只要国家社会保障体系强大，雇用的员工就多，社会保障体系和其他公共部门吸纳劳动力就比较多。比如法国，6800 万人口，3000 万劳动力，520 万公务员。这520万公务员占国家每年预算支出的44%，就是两欧元中一个是养公务员的。法国负担非常大。2006年9月法国总理讲话说法国财政进入危机状态，法国要破产，负担太大，萨科齐改革的决心非常大。在德国，就是欧洲大陆，对就业的影响也是非常大的。欧洲自20世纪70年代中期以后的二三十年，失业率平均很少低于两位数，低也是七八点，一般是十点上下，最高时十一二点。青年人失业率更高。2006年3月，还有2005年12月法国青年骚乱，闹得非常厉害。法国16~24岁青年人的失业率20%多，在敏感地区有30%多。美国、日本大约是5%以下，瑞典是3%~4%，失业率大致是这样的。另外还有一个特点，由于北欧的公共部门比较大，所以雇用的女性比较多，私人部门主要是男性。由于公共部门比较强大，均摊成本就低些，就是工资低些，但是比较稳定，不愁失业。在欧洲恰恰相反，它的私人部门和公共部门的对垒不像北欧那么明显。美欧主要是公共部门和私人部门的区别，公共部门的待遇比较好。由于公共部门和私人部门又是男女性别之间的差异比较大，所以在北欧性别差异主要体现在就业方面，公共部门女性占优势，私人部门相反。而在欧洲大陆是相反的。在瑞典，对于女性最好的就业单位是公共部门。欧洲大陆，由于失业率很高，所以它的对垒是失业和就业两个大问题。它也是一种均衡，是一个国家市场的均衡和制度的均衡。欧洲大陆由于失业大军强大，所以必须要求就业大军单位产出要高，又不能流动。失业人经常会失业，所以失业人心安理得地拿着较高的失业金。就业人口由于福利的刚性，经常减少工时。比如法国一个超市一年周日开工的日子不能超过6个周日，这种例子比比皆是。再比如，法国实行35小时工作制后，工作完成不了就得加班，加班没有工资，只有工时，可以兑换成现金，免缴税收和社保费。这种规定非常僵化。劳动力市场受到的限制非常大。所以欧洲市场必须提高产出，由于失业大军比较大，由于工时有强烈限制，劳动供给（16~64岁在劳动力市场上滞留的时间）美国多于欧洲，但单位产出欧洲效率又高于美国。这就是欧美的差距。欧洲的这种情况造就了欧洲的就业市场独特的情况，上班时间比较少，但期间比较辛苦，要其高效率，10个人要养活一个失业的。久而久之，长久失业就变成了一种文化。这种文化在欧洲影响是非常大的，依赖性非常强。自愿性的职业欧洲比例就高于美国。瑞典是性别，欧洲是失业和就业，美国主要是好的和坏的。

（2）不同福利制度的产业成长及其就业趋势不同。独立于市场获得福利休闲的比重在瑞典非常小，所有的福利都是由国家提供的。所以在瑞典模式里，这方面的比重非常小，美国是比较大的，欧洲大陆居中。于是第三产业美国最发达，瑞典最不发达，其次是欧洲大陆。于是第三产业吸纳的劳动力比例美国最大，北欧最小，居中的是欧洲大陆。于是在美国休闲服务业吸纳了大量的低端劳

动者，创造了大量的低端就业岗位。这些岗位成为吸纳劳动力、消化劳动力、降低失业率的一个重要方面。而这一方面在北欧国家就差很多。还有一个方面，传统产业，欧洲大陆的传统产业比较发达，而在美国传统产业和新兴产业都同时发达。这是两者不同的方面。德国传统产业的主导程度大约是另外两个国家的2倍；瑞典的国家福利偏向几乎同样是另两个国家的2倍；而美国则在生产服务和“休闲”服务方面也是2倍于另两个国家。这就是福利制度模式常常对就业路径造成这么大的影响。

（3）不同的福利模式中的职业结构的特征不同。福利模式的不同在对产业结构和就业路径产生重要影响的同时，必然也会对职业结构产生很大的影响。由于欧洲的失业率将近10%左右，它的劳动力成本非常高，于是垃圾产业的门槛就比较高。垃圾岗位的门槛比较高就变成了没有垃圾岗位。所以在北欧几乎没有垃圾岗位，在西欧垃圾岗位非常少，在美国垃圾岗位非常多。所以在美国买点小吃非常难，这种低端岗位数量非常少，门槛非常高。瑞典模式在这方面就相反。由于瑞典和欧洲公共部门十分发达，瑞典采取的是积极劳动力生产政策AMP。国家积极，每年拿出大量的钱，为支付职业培训等等。欧洲也非常厉害，提出充分就业。国家花钱但较少有直接机构，而是在私人部门买服务去这么做。

美国的情况呢？美国国家不管，那是私人部门的事，政府只管公共部门的事。政府只用财政政策和货币政策调节宏观政策而已，劳动力市场国家几乎是不干预的，那是企业的事。于是美国公共部门、促进就业的部门非常弱，措施也非常弱，支出非常低。美国的人力资源非常发达，素质也非常高，但不是国家培养的，是企业培养的。所以美国的企业培训费支出高于欧洲，美国的RND支出（研发支出）也高于欧洲。于是在美国的企业里面高级白领岗位多，管理人员多。干部领导就多，对工人就管得严，工会就不敢活动，于是美国就形成了这样一种循环，高级白领位置多于欧洲，它的管理是over manager，所以工人就比欧洲的工人辛苦，造就了美国的企业管理学问非常好。欧洲的“经理市场”远不如美国发达。例如，高管人员在全部就业人口的比例中，美国是11.5%，德国是5.7%，而瑞典只占2.4%。瑞典就更没有什么管理学，学者非常少著作也很少。于是，在美国一方面有大量垃圾职业，另一方面高端又有大量的白领职业。这两端都非常多，经常处于流动状态，于是美国人的希望多于欧洲人，好好干的话可能会有升迁的机会，社会流动性大于欧洲。每个人每天都很hopeful。

欧洲人恰恰相反，这两端职业都非常少，垃圾岗位非常少，高端的白领管理岗位也非常少，大量的是中间的一块，升迁的机会非常少。因为这部分职能国家承担得多，企业就无须来做。要雇人国家介绍，要辞退国家阻拦，国家经常指导。举个例子，法国的雷诺集团总部向所有的分公司发了封电子邮件，提醒大家在雇用青年人使用2006年3月的《劳动新雇用法》时千万注意，要按照中期合同法来雇用，不能按照新的合同法来雇用。雇用以后向国家申请钱不太容易。缘由在此，2006年3月份青年人骚乱，因为国家设立新法《首次雇用合同法》（CPE）。以前是只要雇了这个人，雇了就不能辞了。国家意识到不太好，就实行新法：青年人雇用3年以内，老板可以随意开除他而无须说明任何理由。本来是好意，青年人失业20%多，好好干就有希望，不然，表现再好岗位已经被占了，老板没法辞退。可是青年人不管就业的还是失业的一起合起来对付政府。然后政府又搞了相反的法律，刺激企业雇用16~20岁的青年人：雇用第一年补400欧元，第二年补300欧元，第三年补200欧元，第四年不补了。雷诺公司说，总部试过，结果国家说困难不给钱，雇了也白雇。所以总部发了电子邮件，对劳动力市场的影响是非常强大的。

在美国，经理人市场就变成了一个真的市场。可以经常跳槽，一个白领可以几年换一个岗位，找到更适合自己的职务，薪水更高，位置更重要，岗位级别更高。这个方面，由于在欧洲尤其北欧，数量比较少，很难形成职业经理人市场。于是全国范围内的劳动力流动，职业经理人的流动比较小。这就造成了一个重大的差别，职业的二元化倾向。美国就业结构是二元的就业结构（像我国的城乡差别），好的和坏的差别，管理岗位非常多，垃圾岗位也非常多。于是西班牙语裔（就是墨西哥），一句美国话也不会说，也能找到好工作，月薪也有八九百美元。所以美国这种社会保障制度，导致它的就业市场是二元化结构。二元化结构的好处是社会比较稳定。因为底层人有希望，有往上走的可能性。这一点像我们国家的现在，穷人很多，但再穷也有发财的可能性，比如收废品也能赚钱，然后进行投资，可能就会变成企业家，这种例子非常多。职业经理人本来就是白领，他有升迁的机会或者转行的机会，蓝领有进步的机会，社会流动性比较好。只要社会流动性比较好，社会就稳定。这一方面欧洲就比较差。只要父亲是做面包的面包师，世世代代都会做下去。父亲开出租车，儿子也开。父亲是公证员，儿子也会是。为什么呢？因为他如果离开这个岗位，在行业统筹式的情况下，他的这些职业方面的福利，就会失去，成本非常高，他不愿意离开丧失这么大的机会成本，机会成本最小化的最好办法就是不动。前几天看电视，一个法国人在中国的饭店里做面包，做了好几代。所以法国出的名牌大部分都是手工艺，有酒，几十代做酒的。凡是这些，社会流动性就比较差。举个例子，比如出租车司机。巴黎在100年以前，市政府通过的法律现在还生效：巴黎大区的出租车牌照12500个，就这么多。当时巴黎的人口是400多万人，现在1200多万人，可是出租车司机的牌照还是这么多。那么这个牌照就金贵了，要是自己不用，还有人租去用，产生租金，这个垄断产生租金。并且很难转让，因为牌照就意味着财富，不舍得转

让，要留给儿子用。所以牌照就成了这个家庭祖传的，形成职业隔离的一个重要根源。再比如说印刷厂工人，法国大革命的时候印刷厂就是国家垄断的，所有印刷厂的性质就像我们国家有特许权的，印一些票证的印刷厂，由皇家授权的意思。这个传统一直保留下来了。于是法国的印刷厂工人就比较牛，比开出租的又高一层。法国的报纸是一半一半，一半是公共部门的，一半是私人部门的。私人部门就是私人的，私人部门的报纸印刷必须也得找印刷厂，印刷厂都是工会垄断的，所以印刷厂要做什么也没办法，所以法国印刷厂就成了法国印刷厂工人的家，自己干完了留给儿子，儿子干完了留给孙子，好地方不能走，福利制度也非常好。所以说，职业隔离与社会保障制度模式选择有重要的因果关系，关联性非常高。凡是这种关联性比较高的国家，社会不稳定。因为没什么希望改变目前的职业，父亲做什么，儿子也得做什么，就像前两天电视里开餐馆的小伙子，餐馆都多少代了。所以他感到很 hopeless。其他例子就不讲了。

为什么要改革呢，就是福利水平太高了。从法国大罢工来讲，法国的社会保障制度由四个制度组成。一是普通制度，普通制度涵盖私人部门，所有的人，覆盖了 80% 左右的就业人口。二是农业制度，主要是农民包括农民工。三是自由职业者制度，律师等自由职业者。四是特殊制度。这四个制度是不平衡的，每个制度的待遇之间有差距。前三个缴费率是一样的，待遇水平基本上是一样的，每个制度里面都有点自己的特权。特殊制度有自己的特权。特殊制度分 11 个大制度 9 个小制度。有国铁，1937 年前法国有 6 个铁路公司，1937 年国铁成立以后就变成一个了，国家控股 51%。然后是电力公司、燃气公司，在法国这些大公司都有自己的制度。还有电讯公司、芭蕾舞歌剧院制度、神职人员制度、法兰西中央银行制度。加在一起这种特殊制度大概有五十六七万人。每个制度里面还有一个个小制度。比如说歌舞剧院里，芭蕾舞演员是芭蕾舞演员，剧院是剧院（剧院是当局，有点类似机场），合唱演员是合唱演员的制度。法国的芭蕾舞演员是 4～20 岁拿钱和奖学金，缴费才 15 年。这些就非常复杂。再比如说法国的国铁，驾驶员是驾驶员的制度、乘务员是乘务员的制度、白领是白领的制度。驾驶员的制度就非常好，以前是用铁锹加煤，现在是电动的，坐在里面就像开飞机一样，看着就行了。每 15 分钟有一个警笛提醒，必须回应，不回应超过 5 秒钟就会紧急刹车。这是驾驶员唯一的任务。有人说驾驶员制度应当改革，但是削减其福利驾驶员不干，因为现在比以前还辛苦，还得有特殊制度。再比如说航空业，驾驶员是驾驶员、乘务员是乘务员、机场调度员是调度员的制度，也是非常复杂的，待遇水平是不一样的。

都说自己是一个特殊工种。什么是特殊工种可以跟公司领导讨论，据统计，经过讨论后 55% 都是特殊工种，待遇都是特殊的待遇。由于法国的社会保障制度都是碎片化的，一个制度一个制度都得自己平衡，平衡不了的国家得补贴。于是法国 1971 年、1972 年分别两次立法。因为普通制度是 1946 年成立的，人口比较年轻，就让普通制度来转移支付给特殊制度，国家减少负担，制度之间自我平衡，跟国家没关系了。这就使制度之间转移合法化了。但是 20 年、30 年过去了，还是不行，普通制度成立半个世纪了，也有老化问题，国家还得拿钱。国家拿不出钱就要改革，要改革就得削山头。特殊制度比例高，削特殊制度，但是他们不干。于是发生了 1995 年 11 月 12 日的大罢工。从 1889 年到现在 120 多年来，法国大罢工 10 次，战前 4 次战后 6 次。战后 6 次中有 3 次跟削减福利制度有关，还有 3 次另有原因。一次是工会分裂，一次是希拉克当总理的时候反对高物价，还有一次是 1968 年的文化大革命，红色风暴。战后 6 次有一半是由福利制度引发的。1995 年是 100 年罢工历史上最大的一次大罢工，这次罢工参与率是 75%，最高的一次，惊动全世界。全国 100 年历史上的大罢工，第一次导致全法瘫痪的罢工。于是研究 1995 年罢工的书数量非常多，质量也非常好，“左翼”、右翼的研究学者角度都不一样。

1995 年到现在几乎每一两年发生一次很大的影响全法的罢工。这四五年几乎年年都有罢工，为什么？为什么法国的社会保障制度成为社会动乱动荡的火药桶呢？法国罢工的同时，意大利罢工，德国罢工，英国罢工。2006 年 3 月 18 号，英吉利海峡两岸同时罢工，一边是青年人闹一边是老年人闹。英国地方公共部门享有《85 条例》，获取全额养老的资格 = 退休时的年龄 + 参保年限 = 至少 85 年；英国政府拟议中的改革方案是将 60 岁退休年龄提高到 65 岁。如果以地方市议会普通职员退休金是年均 4000 英镑来计算的话，与以前相比，他们在 60 岁退休时将失去 1/4 的养老金。老年人就不干了。这是战前留下的旧制度，当时丘吉尔、贝弗里奇改革保留下来了，现在就闹起来了。法国 1945 年、1946 年的时候，戴高乐授权皮埃尔·拉罗克改革，当时他手软，也留下来了。半个多世纪过去了，现在看来，这个制度导致社会各个集团心理不平衡、相互攀比这样一个重要的社会问题。但是这个问题解决不了，现在一解决就闹。这一两年年年有，甚至一年之中出现过好几次罢工的情况，变成了一个常态。所以，欧洲社会保障制度改革一个重要的启示就是福利制度有刚性。面对改革，这个刚性改到每个群体身上的时候，心理都不平衡。在这个时候本来其他制度的人是有意见的，应该反对这个制度，支持改革的，因为心理都不平衡嘛。可是每当改革发生的时候，在抗议的时候其他群体支持他了，因为他们意识到这次改成了，下次就改到自己身上了，这是个连锁反应。这是个碎片化的制度，今年改这个碎片如果成功，下一年就要改另外一个碎片了。所以每当抗议走上街头的时候，所有不同的群体都团结在一起跟政府对着干。所以，100 年来，由铁路工人闹的罢工有 10 次。2007 年是唯

一的一次政府赢了，此前政府从来没赢过。1995 年这一次，当时的总理都被闹下台了。改革很难。在全世界有三类国家，一类是容易改革的，改革力度非常大；再有一类是绝对不改的，一改就闹；中间还有一类，可以小改小闹。2006 年 3 月份的改革，美国华尔街日报有篇文章《巴黎的春天》。春天是巴黎的一个高级连锁店，它一语双关。作者就不理解为什么会这样。

大凡欧洲的改革，一是财政问题，财政负担，这是改革的第一压力；二是老龄化的原因；三是便携性的问题，这个制度对于劳动力的全国范围流动是有阻碍作用的，不是促进作用。美国这方面就非常好。在美国，只要缴费，全国一个号码，走到哪儿都可以，老了都一样，就像我们的牡丹卡。不管到哪儿，美国社会保障总署的热线 1800 条，上网缴费也非常方便。美国的社会保障制度是它人权的一个重要保障。只要缴费，今天可能是纽约的一个高级白领，明天可能到非常偏僻的州做乡村教师，不管到哪儿，只要是美国公民，甚至到外国就业，以前的缴费都有，到老的时候该给你什么就给什么。它是人权的一个重要保障。而在欧洲很难，别说在欧盟 30 国之间，一个国家内部都很难。这是第三个原因，便携性的原因。大凡改革就是这么三大原因，还有其他一些比如由于领袖个人的原因，撒切尔问题、萨科齐问题等等，领袖也是起相当大的作用的。

欧洲的福利制度最大的问题是碎片化，给我们国家的最大的启示正是，我们不能建立一个碎片化的制度。现在我们的制度是不是碎片呢？事业单位一个，机关公务员一个，城镇企业一个，农村一个，农民工马上也要出来形成一个碎片。这是大碎片，还有小碎片。农民工还有中保的、低保的，还有参加城镇的，还有参加农村的。这一方面就是一个启示。这个制度应该是 universal，这是非常好的。

各种社会保障制度都有自己的问题。美国也改革，20 世纪 90 年代以来，最大的改革是 1996 年的改革。1996 年克林顿政府，主要改的是非缴费型的福利制度。社会保障项目还可以从缴费型和非缴费型来划分，缴费型是个人缴费，月月扣，非缴费型是来自于财政税收的。克林顿政府 1996 年主要改的是来自于财政税收的非缴费型的。至于缴费型的，小布什上台后 2001 年 5 月份成立了“拯救美国社会保障制度委员会”，共 16 个人，8 个共和党的、8 个民主党的。5 月 4 日开张，11 月份完成整整 250 多页的报告。这个报告的内容，就是我们国家现在走得统账经济的路，从 12.4% 里面一部分建立个人账户。美国改革就比较容易改。第一，合作主义因素比较弱；第二，工会也比较弱；第三，它的福利制度模式是补救型的，本来水平就比较低，任何一个改动都低不到哪儿去。欧洲就不一样了，欧洲任何一个改革都是降低待遇增强财务可持续的。所以美国的改革一下子就可以通过，通过了马上就可以执行。欧洲就很难。

现在进入第二个问题，社保模式的重要意义：对经济发展的反作用。

先来讲一下改革的问题。三个模式改革的动因，改革的压力，来自赡养率，就是现收现付制条件下，工作一代比退休一代的人口比例。工作一代的人口少的话负担就重，缴费率水平就得高。

改革以后的发展阶段，大致上可以这么分。1981 年之前，全世界的社会保障制度模式主要是现收现付制的。当时的改革任务不是很高。可以说第二次世界大战后资本主义的福利制度拯救了资本主义制度本身。没有资本主义福利制度，资本主义就要垮台。所以资本主义制度里面核心的一条，就是资本主义的福利制度，它的黄金时期，就是 20 世纪六七十年代。1973 年石油危机以后，就开始走下坡路。现收现付制的一个致命弱点是老龄化。退休以后活的时间越长，当代工作一代的劳动压力就越大。这个制度的弱点就说明它的外部社会因素的影响非常大。美国是典型的现收现付，从 20 世纪 90 年代中期开始，每个年度报告里都预测它的社会保障制度的财务状况。每次预测都说，到 21 世纪 30 年代，余额就会用光，政府就会开始掏钱。都预测这个制度要破产，于是美国有了改革动因，2001 年小布什的改革方案，也是来自于老龄化导致的财务将出现赤字。

第一阶段，1981 年以前的阶段，可以称之为现收现付制的黄金阶段。1981 年以后就是另一阶段了，因为 1981 年首次在世界上出现了完全积累制的智利模式。现在 12 个国家都引用了智利模式的因素，有多有少。有些国家是成功了。目前被认为比较成功的就是智利。我个人认为，在财务上智利的改革是成功的，国家的负担几乎没有了。还是有问题的，今天不讲了，但是总的来说，财务上还是成功的。智利之所以能建立这么一个私有化的因素，有很多客观因素。其中一个因素就是，它当时是军政的，强制力很强。有些国家就很难说了。厄瓜多尔是 2001 年 11 月进行私有化改革的，改革以后也建立了账户，可是社会保险法一出台就被法院作了判决，说好多地方是违宪的，不能生效。社保局就没法办，有的实施了，有的就不实施。这个时候社会主义思潮就有点抬头、回潮，私有化改革就更难了，于是 2005 年开始就想要取消。缴在个人账户的钱就要变现，出现了挤兑。厄瓜多尔人的改革很难推行下去。这样回头看，如果没有军政府的话，当年智利的私有化改革也很难进行下去，这跟拉美地区长期的民粹主义思潮，及其很深的社会基础有很大的关系。

第二阶段，1981 ~ 1996 年，就是引入个人账户的改革阶段，十几个拉美国家实行完全积累制。还有其他一些进行边际改革的国家，就是参数改革。社会保障制度参数，大的参数只有三个，一是缴费水平；二是待遇水平；三是资格条件。无论哪个国家改革，都离不开调整三个参数，三个参数调整好了，现收现付支架就平衡，调整不好，就会出现赤字。

第三阶段，1996年以后一直到现在，我个人认为是混合型的改革年代，标志是名誉账户制的出现。它既有1981年以前现收现付制的优点，又有1981年以后智利模式的优点（划分的根据：是否“创新”而不是是否“彻底”，后者是今天要讲的主要内容。注意：1995年以前和以后是两个阶段）。

改革的国家大致上可以分成三类：第一类是基本上没有改革的国家是指那些经常改革经常失败，失败了又改，改了又失败，屡改屡败，不改不行，改革必败这种国家，法国就是典型。这回萨科齐非常高兴地来中国是因为上飞机之前他赢了。除了法国以外，比利时、奥地利、西班牙改革都是属于这种情况，基本属于不改的国家。第二类是小改的国家，就是“参数改革”，也是指“边际改革”，对这些参数进行微调。有德国、丹麦、荷兰、匈牙利等。大改的国家是指制度、结构的改革。一部分是属于部分私有化的，也就是混合型的改革，包括我们国家的统账结合。第三类是完全私有化的改革，就是拉丁美洲国家的改革。全世界的改革就这么三类。改革以后效果是不同的（见表3）。

表3　不改革的国家与改革的国家的失业率的比较

不改革的国家（1994～1997年）	改革的国家（1994～1997年）
奥地利 5.3	丹 麦 5.4
比利时 9.0	荷 兰 5.5
法 国 12.3	瑞 士 4.1
西班牙 20.6	英 国 7.1
平 均 11.4	平 均 6.5

资料来源：World Bank，World Development Indicators，2000.

表4　不改革的国家与改革的国家的经济增长率的比较

不改革的国家	1980～1990年	1990～1998年	改革的国家	1980～1990年	1990～1998年
奥地利	2.2	1.9	丹 麦	2.3	2.9
比利时	1.9	1.6	荷 兰	2.3	2.6
法 国	2.3	1.5	瑞 士	2.0	0.4
西班牙	3.0	1.9	英 国	3.2	2.0
平 均	3.0	1.9	平 均	2.4	2.9

资料来源：World Bank，World Development Indicators，2003.

失业率，改革的国家低于不改革的国家；经济增长率，改革的国家高于不改革的国家。这里可以说，美国1996年改革的步骤是非常大的，主要改的是非缴费型的一块，国家拿税收的钱白给的一块，相当于低保。但是不限于低保，像单亲家庭补贴、冬天的燃油补贴，还有食品券。1996 年改革的最大步骤是严格的资格条件。比如说单亲家庭，以前规定只要是单亲家庭就可以，不管有几个孩子，有离婚证就可以。现在不行了，这个单亲家庭母亲必须履行一些义务：第一，不能吸毒；第二，不能帮他人带小孩；第三，街道要求的培训得去参加，不能天天在家吃低保。设这么多条条框框，在美国也是很不容易的一件事，但是克林顿成功了。克林顿的这个改革对美国的福利制度的贡献是比较大的。美国的这个改革对美国经济的发展确实起到了极大的促进作用。下面有几个欧盟的官方统计资料数据。

相比之下，欧盟的经济增长率低于美国，就业增长率也低于美国。

美国是 1.78 亿工作人口，欧盟是 2.48 亿。它们的潜在就业率和就业率也不一样，美国这两个数据都高。

美国妇女的就业率是 68%，欧盟是 50%，美国好于欧洲。欧美就业的部门状况比较，美国服务业就业率高于欧盟 10% 左右。

互联网的深入度美国是 51%，欧盟是 23%。电子商务收入情况，欧盟是美国的一半左右。

欧美金融部门情况比较，银行存款美国比较少，欧盟比较多；资本市场美国多，欧盟少；公债美国高，欧洲低。

美国养老金投资的收益率超过了 10%，欧洲刚刚跨过 6%。全世界的资本市场是 19 万亿美元，11 万亿美元在美国，这 11 万亿美元中养老金占了 7 万亿美元，7 万亿美元中有 6 万亿美元是第二支柱，就是企业年金，6 万亿美元中，3.5 万亿美元是积累制的，2.5 万亿美元是被积累制的。资本市场，美国一家是全世界的一半。欧美的投资回报、投资理念，我们做不到。

这是由一些数据讲起的，下面给大家讲个小故事。

比较一下社会保障制度中现收现付制和积累制的好处。在 1981 年之前这两个制度是没法比较的，因为全世界只有一个制度。1981 ~ 1991 年，一直到 20 世纪 90 年代末，智利越来越被看好，研究智利模式养老金的人就越来越多，于是世界上一大批经济学家转到养老金的研究上来。在这个时候就把现收现付和积累这四个概念联在一起进行对比的研究，就比比皆是。在这个时候，养老金研究领域人们口头禅的几个术语已经达到了狂热的程度。这些研究目前来看，最好的是美国人。美国社会保障总署在 1992 ~ 1994 年，花了不少钱对这一问题进行了深入的研究，出了一份详细的报告。这份报告目前还是研究社会保障制度最好的一份。于是研究现收现付和积累制两个谁好谁劣，就变成了经济学家和社会学家、政治学家都来从不同学科角度研究社会保障制度的共同战役。这个战役吸引了许多学者，也吸引了许多官员。在美国的国会上、听证会上，只要学者做这方面的

演讲、证词，大家都听得懂。美国华尔街日报（代表华尔街利益是偏右的）专栏文章里面大量的技术术语，一般知识分子都能看懂。

公说公有理，婆说婆有理。欧洲人说欧洲人的道理，美国人说美国人的道理，欧美人的差距是非常大的，观念也非常之大。对两种观点的评价是不一样的，这个时候谁也不能说谁的模式好。

有一个经济学家从一个非常不同的角度，来研究这两种社会保障制度模式的优劣问题，就是2004年诺贝尔奖的获得者普雷斯科特，他是美国一个州联邦银行的经济学家。他研究的是经济周期，经济景气背后的驱动力，什么力量使经济产生周期。研究时对欧洲和美国进行比较，在比较的过程当中发现一个比较奇怪的现象。第一个问题，欧美之间20世纪90年代和20世纪70年代相比有个差异非常大的现象，欧洲70年代的劳动供给高于美国70年代的，90年代则相反。后来发现原因所在，欧洲90年代的税率高于70年代的税率，于是欧洲90年代的劳动供给少于欧洲70年代的。然后经过核实认定这就是原因。

第二个问题，用税率高和低解决不了。美国的税率没有变化，劳动收入税率90年代、70年代都是40%左右，但是美国90年代的劳动供给要大于70年代10个点（劳动收入税不是一个税种，指的是凡是对劳动者课税的，在美国有7项）。这是为什么呢？税率只能解释欧洲现象不能解释美国现象，这就说明其有问题。最后发现了可能的答案，虽然70年代、90年代美国的税率都一样，但是有一个重要的其他变化，就是美国在1992年税制作了改革。正如大家所知，在欧洲结婚后妇女上班的占有一定比例，但也有相当一部分妻子是不上班的，韩国人可能10个有9个是不上班的，中国是都上班。美国也跟欧洲一样，相当百分比的妻子是不上班的。克林顿上台后，为了刺激劳动供给，让妻子走出家门加入劳动力市场。第一，可以创造企业税收；第二，可以增加家庭收入。方法是只对雇主收税，家庭成员的第二个走向劳动力市场的时候，劳动收入税的税率降低，干得越多税率越低。一句话，“边际税率”降低。第二个人干得越多降得越多，一下子使美国的劳动供给就增加了10个点。然后经过验证，普雷斯科特确认就是这个原因。于是他得出了第二个问题的结论：虽然90年代和70年代美国的税率是一样的，但是由于税制发生了重大变化，对劳动力市场也产生了重要影响，它刺激了劳动供给。普雷斯科特围绕这个问题写了好几篇文章，核心观点就两条：第一，税率是重要的；第二，税制是重要的。

普雷斯科特用这个方法研究社会保障制度中现收现付制和积累制两个制度的优劣比较，思想非常新颖，工具也非常新颖，结论是陈旧的。他认为欧美之间的这两个案例告诉我们社会保障制度的一个重要问题，就是社会保障税不能太高，太高会影响劳动供给，社会保障制度也一样，税率抬得太高影响这个门槛的进入和加入人员。加入的少，劳动供给少了，事实上这个制度收入就会减少。收入和支出为零最好，不要结余。这是第一个结论。第二个结论，完全积累制要比现收现付制有效率，财务上具有永久的可持续性。因为完全积累制有完全的边际因素，缴的每一元都是自己的，多缴一元就会多得一元以上的收入。那么这种完全积累的因素就是边际上的因素的引入。在现收现付制的情况下，没有边际因素的引入，多缴了也不一定多得。所以从这个意义上讲，完全积累制是有完全的激励的，完全的激励就使大家可以提供劳动供给，提供这种缴费。最终这种制度的收入来源就是大家的缴费，于是这种制度就是平衡的，就是有可持续性的。事实上，普雷斯科特写社会保障制度就是解决这两个问题的，就是用不同的方法来讲大家都知道的结论。

第三个问题，什么叫公平。现收现付制看起来好像是公平的。第一，体现在代际之间团结，这一代人工作养活上一代，等老了以后，下一代人工作养活这一代，世世代代交替的赡养是公平的。第二，现收现付制条件下，缴费和未来的收入没有必然的联系。这个是再分配的结果，表面上是公平的，抽肥补瘦，体现了再分配的因素的作用，但实际上不是公平的。普雷斯科特提出了他的公平的两个定义。公平首先是不要占便宜，懒人不要占勤快人的便宜，少缴费的人不要占多缴费的人的便宜，占了便宜就是不公平的。现收现付的抽肥补瘦就是占便宜，这是不公平的。公平是指个人的多劳多得、少劳少得，这叫公平。普雷斯科特的贡献，我个人觉得就是上面的三个问题，一是税率问题；二是税制问题；三是公平问题。这对社会保障的研究有着颠覆性的意义。所以现在搞社会保障模式的选择，对财务的可持续性问题和公平问题还是有很多争论的。作为一个故事我把它的观念的脉络和结论说给大家，非常有意思。

第三个问题是国外的启示与中国的选择的几个重大问题。

这是国际关系的课程，就不在这里讲了。

谢谢大家。

（文章来源自《学术讲座荟萃》第 44 辑，2007 年 12 月 24 日）

中国经济中的十大两难问题

周天勇

周天勇

男，1958 年生。1980 年从青海省民和县考入东北财经大学投资系，1984 年毕业留校，1989 年考取东北财经大学汪祥春教授博士研究生，1992 年获东北财经大学经济学博士学位。1994 年调入中央党校任研究室副主任、教授至今。社会兼职有：北京科技大学博士生导师，中国城市发展研究会副秘书长，中国小城市发展促进会副会长，国家行政学院、中国社会科学院研究生院、东北财经大学兼职教授，国家发展与改革委员会价格咨询专家。

主要研究领域：社会主义经济理论、宏观经济、经济发展和增长、劳动经济、金融风险、城市经济、农业经济等。

很高兴能到中国社会科学院讲一下中国经济方面的一些问题。2007 年经济增长速度比较快，物价指数也比较高，股市、房市等存在着一系列的问题。所以在这么一个经济形势下，主要讲一下我们面临的一些两难问题。就是说，一个问题这样解决，有这样的问题，而那样解决，则会有那样的问题，处于两难选择。在许多问题的解决方面，我们只能两害相权取其轻。

第一个是，资源约束的适度经济增长速度与就业压力需要的高增长速度之间的两难选择。经济增长速度存在着资源约束的问题，国家工程院的院士李京文等学者就认为，如果从我们国家的土地、淡水、能源、矿产这些资源来考虑，最好 GDP 每年的增长速度为 7%，在这个增长速度下，我国环境的承受能力、能源的压力、交通的压力都比较小。这种观点前几年影响比较大，特别是有一年总理政府报告还提出来，经济增长速度控制在 8%，事实上，2002 年以来我们实际的经济增长速度都在 10% 以上。

另外一些学者认为年均 7% 的增长速度是根本不可行的。从就业的压力看，2000 年，是我国新增就业量比较低的一年，那一年新增就业只有 260 万人，按照每年 2400 万人的劳动力供给压力来看的话，实际上只解决了 1/10 人的就业。所以，如果按照就业的需要来看的话，按照前几年资本有机构成来算，至少也要有 9 个百分点的 GDP 的增长速度才能使就业压力有一个宽松的环境。经济增长速度高，新开工的地方、新上马的项目多，就业机会就多一些。7% 的 GDP 增长速度是不够的，就业非常困难。

当然，这几年虽然经济增长有很高的速度，就业却越来越困难。其问题在于，资本有机构成在提高；各地方比较注重通过大项目、大企业的发展推动经济增长。大项目和大企业中资本与就业的比例变化非常大。一个大型油田或者一个大型水电站的开发，过去可以带来一个新兴城市。比如说三门峡、宜昌就是因为水电开发而产生的城市，还有大庆和东营等因石油开发而形成石油城市。现在黄河上游建的大型水电站，却仅仅几十个人，几百个人。还比如新疆沙漠里的一些油田项目，它不再需要依托于城市。也就是说，现在我们的水电站、火电站、开发油田、化工项目等工程的进行同过去不一样了，容纳的就业也不一样了。这种增长偏重于大项目带动的情况下，可能会产生高增长、高失业的现象。

一般来说，我们过去经济学现象中，很少出现高物价、高增长、高失业的情况。经济学上这是不可思议的，但是我们出现了这种情况。一般的东亚国家和地区，像日本、韩国，包括中国的台湾地区，在增长的过程中，劳动力是不够用的。中国台湾在经济高速增长的情况下，全社会的失业率只有1.8%，劳动力不够用时需要从菲律宾引进劳动力。日本也曾引进劳动力。这些国家和地区的人口密度实际上比中国大陆还要大。中国1990年的时候，每100人城镇人口的从业人数是56.44%，2006年是48.7%，我们十几年来城镇人口的从业率降低了7~8个百分点。也就是说，1990年每100个人中有56.44个人就业，现在却只有48.7个人。按照5.8亿城镇人口，从业率的下降，意味着与1990年的水平相比，相当于4292万人应该工作而没有工作。2007年大学毕业生498万人，有150万人没有就业。所以就业形势非常严峻。

综上所述，如果我们需要良好的生态环境，能源和其他资源的供需压力比较小，每年7%的增长速度是比较适合的。但是如果经济按照这个速度增长的话，城镇失业的人恐怕遍地都是。虽然刚才提到增长快并不一定提高就业率，但是增长速度慢对就业的影响是非常大的。特别是现在宏观调控，一般做法是保大项目、大企业，压小项目、小企业。比如说银行贷款，银行资金收紧，它们优先考虑的是大公司的大项目，比如说钢铁、石油等。首先压掉的是中小企业所需的贷款，而中小企业却又刚好是解决就业的这部分。因此速度一下来，对就业的影响是非常大的。

第二个是，我国经济发展处于重化工业阶段，是一个高消耗资源、能源和高排放的发展阶段，而从我国人均占有能源和其他资源水平，我国生态环境容量，包括国际上对中国在能源和环境方面的要求看，既要完成重化工业发展阶段，又要节能降耗减排，形成了一个两难局面。关于中国的发展阶段和经济增长方式，专家学者之间进行过争论。有些学者说，中国的经济发展可以越过重化工业的发展阶段，而另外一些学者说根本不可能越过这一阶段。工业是从农业经济发展出来，经过手工业，然后形成烟草、纺织、皮革、家具、食品加工等轻工业，发展到一定阶段，工业需要进入重化工业阶段，机器装备、化工原料、电力等工业要大发展。工业发展阶段还与人们的消费结构发展有关，过去是温饱性消费，衣服、食物等，以轻纺工业为主。一定阶段后就需要耐用消费品，比如说住房、冰箱、汽车等，而住房就需要钢铁、水泥、能源、铜、玻璃、铝等这些产品。所以有些学者简单比较中国GDP中含有多少水泥、钢材、木材、能源等，美国的GDP里面含有多少的水泥、钢材、木材等。其实这是不可比的。当然，中国比重大，其中有一部分无疑是技术落后，能源和其他资源消耗较大。这是可比和应该

改进的。而另外一部分不可比的原因是，美国的交通道路已经建设得比较完善，铁路处于衰落时期，高速公路四通八达，而其住房方面，只有移民在买一些新房，常住民的住房只不过是一种更新。美国的房产征税制度使得美国的中产阶级一般没有第二套房。他们的 GDP 中主要是文化、娱乐、休闲、旅游等消费的成分，对砖瓦、水泥、钢材的需求就少。所以写文章一定要注意，分析问题一定要科学。

我认为重化工业阶段是躲不过去了，因为中国居民对汽车、住房的需求量还都很大，而且收入增长对此类消费的需求弹性很大，除非用计划经济的办法来限制这些消费。这个重化工业发展高消耗的阶段，完成中央所规定的降低能耗的难度是非常大的。

总之，城市、铁路、房屋、高速公路的建造一定会消耗大量的能源。所以经济发展到重化工业阶段需要高消耗和高排放同实现我们节能降耗目标的完成是一个两难的艰难任务。

第三个是，土地资源到底是应该用来种粮食吃饭，还是用来转向工业化和城市化，特别是居住，面临着两难选择。2007 年房地产价格涨得非常厉害。房地产涨价是什么原因呢？农业社会用地转向工业化、城市化用地过程中，肯定要经历一个土地资源再分配过程。农业社会有农业社会的用地结构，工业社会有工业社会的用地结构，是不一样的，土地资源要重新分配。而且我国城市化进程很快，如果按现在每年大约一个百分点的速度进行城市化的话，2020 年将有 9 亿多人生活在城市。也就是说未来会增加 4 亿城市人口。这些人到城市来，他们肯定需要居住、出行、看病、求学、工作、休闲。总之肯定需要使用土地。同时城市化的过程会导致乡村衰落，乡村衰落后肯定会腾出土地来。但是，这是一个长期的过程。因为乡村转移到城市的人口，在城市拥有房屋后，不会立即将其在乡村的住房用地腾出来。但是一两代人之后，他们所遗留的土地有一些就会被转为耕地。我们国家人口很多，需要吃饭；同时他们也需要有住的地方。而两者必须同时兼顾。对住房的土地供应减少，房价就会上升。价格是一种反映供求的信号，不可能土地供应少，相对房子需求建设得少，而价格却又很低。

当然有一种解决方案，就是利用国际贸易解决资源的缺口。国际贸易理论强调比较优势，美国拥有资源、技术等优势，我国有劳动力等优势。我曾经提出过一个观点，就是进口一些粮食。进口粮食实际上是进口土地、淡水。减少了化肥、农药的使用。用一些廉价的劳动力去换取粮食，是合算的。可以让部分劳动力从事制造业从而换取粮食，比我们自己种肯定要相对便宜。当然有个担心的问题，就是美国可能不卖给我们粮食，但是国际市场是个竞争性的市场。美国不向中国卖粮食，法国、澳大利亚、加拿大可能就会非常高兴，它们可以卖给我们。

现在中美贸易，美国好像没有什么东西可以卖给我们，高技术他们不卖给我们，粮食我们又不买他们的，制造业产品我们买他们的又不合算。结果我们送别人一大堆产品，人家给了我们一大堆票子回来。未来人民币一升值，可能就换不回来那么多东西了。所以当时讲，一些粮食应当是倒算的。粮食安全，应该有一个更广阔的视角。

总之，我们现在面临着这种权衡，土地要么用于吃饭，要么用来居住。美国包括中产阶级，一部分是一家一套房，主要是由于房产税拿不起。中国由于房产税没有开征，很多家庭拥有两套以上的房子。我觉得由于人多地少，中国人不应该有这么奢侈的居住消费。如果每家有两三套房子，甚至四五套房子。那么中国的住宅用地又要多出50%到一倍，我们是没有那么多土地用来盖房子的。

第四个是，要推进技术进步和产业创新，但导致资本有机构成提高，资本的相对就业容纳能力下降，同时资本要素的分配能力却增强，而中国农村剩余劳动力转移压力，城镇劳动力就业规模巨大，迫切需要扩大就业，并增强劳动力要素的分配能力，提高人民的收入水平，这是冲突尖锐的两难问题。技术进步，第二产业产业结构升级，建设创新型国家，会使技术和资本替代劳动力。最近，我去一些地方访问，他们已经开始用机器替代劳动力。因为现在《劳动合同法》对企业不利。人力资本同物质资本是不同的，人力资本越来越贵，物质资本则相对越来越便宜。马克思在《资本论》中提到，如果资本的收益不变，劳动工资的持续上升，使得资本家越来越多地用机器来替代劳动力，叫做资本有机构成提高。分配上就导致了资本分配的越来越多，劳动力分配的越来越少。导致资本生产出来的东西不能被劳动力所得的工资购买掉，这一方面会导致经济危机，另一方面会产生新的一个阶级，即无产阶级，马克思称为“掘墓人”。经济危机加上“掘墓人”队伍的扩大，资本主义一定会灭亡，这是马克思《资本论》分析的结果。因此，他说生产资料需要公有制解决私人占有和生产社会化的矛盾；在此基础上，实行计划经济，有计划按比例进行发展。历史上资本主义的危机曾经在20世纪30年代发生过，但20世纪后半段资本主义世界并没有发生大的经济危机，没有看到一个资本主义国家灭亡。究其原因，我认为有四个，其中前两个最为重要。其一是中小企业的发展把大企业排挤出来的劳动力都吸收掉了，这是马克思所没有想到的。他在《资本论》第二卷中讨论的资本有机构成提高全是大企业的规律，但是许多中小企业的运行和发展并不遵从那些规律。其二是第三产业，即服务业的发展，它也不遵从工业大企业发展资本有机构成提高的规律。其三是股票、基金等资本的社会化形式，很大程度上解决了生产资料的私人占有，以及资本分配于少数资本所有者的矛盾。其四就是资本主义的社会保障，避免了整个阶层极端贫困的发生。这些都是对经济危机和阶级对抗做出的重要的自我调

整。有些学者说，资本主义社会科技进步是资本主义得以延续和有生命力的原因。我认为这是不对的。科技进步使其工业、产业有竞争力，并没有使其资本主义制度有竞争力。科技进步越快，资本有机构成越高，“掘墓人”越多，那么，资本主义社会灭亡得应该会越快。

那么，资本主义国家就业是怎么解决的呢？从资本主义发达国家来看，它主要是依靠发展中小企业和第三产业解决了其就业难的问题。但是，第三产业的发展有一些条件，从全国来看，城市化水平越高，其第三产业越发达。从一个地区来看，第一是居民的聚集程度高低，城市规模大小；第二是居民的收入水平，即其对服务业消费的支付能力。聚集水平和收入水平使许多第三产业的服务项目有足够的市场容量。缺这两个条件中任何一项，服务业都不可能大力发展。以前一些文件中讲在农村大力发展第三产业。这不符合经济规律。因为农村的人口聚集程度不高，并且收入水平要比城市居民低，缺乏发展第三产业的市场容量条件。

从一般的就业规律来看，一个国家劳动力就业的65% ~80%是靠中小企业解决的，而不是大企业。一般在100个企业中，99.6个是中小企业，只有0.4个是大企业。但是，中国从中央到地方各级政府都在强调发展大企业，所谓“做大做强”。这是不可能的。就好像一个大海洋里面只有大鱼，没有小鱼、小虾、海藻、微生物。这个生态环境就不稳定，大鱼也就活不成了。如果全国都是沃尔玛、壳牌这样的大企业，将会出现大量的人无法就业。没有消费，没有人购买商品，沃尔玛、壳牌也是无法生存的。我们刚刚出台的《劳动合同法》强调以人为本，人的权利，这是对的。但是，也是一个双刃剑，企业要么少雇人，要么社会的劳动效率就会很低。

收入水平同就业水平是密切关联的。我们现在说改善分配结构，提高居民收入，怎样改善和提高呢？中国现在收入分配中，资本比较占优势，利润比较多，工资比较少，居民收入在GDP中的比例在下降，国家的分配能力比较强。

实际上收入结构和水平，最终是由劳动力的需求决定的。如果大学生一毕业就被一抢而空，那工资肯定就高。但是有大量大学生供给，并且大大大于需求，企业就不会给他们增加工资。如果把个体按10个人折成一个企业，再加上注册登记的企业，我们国家是1000人有7个企业。像一些发达国家或地区，中国台湾、日本、法国、德国、美国、英国、韩国，一般都是1000人40 ~50个企业，发展中国家一般也是1000人20 ~30个企业。所以我国企业数目太少，没有企业，居民就没有地方可以就业。2007年新增就业1200万人，93%是个体私营企业解决的。

现在中国的经济学家见诸报端谈论的都是物价，国际收支不平衡以及经济增长速度问题，谈论就业的却不是太多。就业统计数字也有问题，2007年统计说是城镇登记失业率只有 4.3%，几年降低到 4.1%，就业形势看似好转了。我们这个数字显然是不准确的。美国的失业率也就在 4.78% 或 4.89%，多一点也就 5% 以上，不超过 5.5%。

第五个是，宏观调控资金对内利率应当提高的压力较大，而利率提高人民币升值的压力又会增大的两难。谈到货币政策，其主要手段有：第一，变动基准利率；第二，变动存款准备金率；第三，公开市场业务操作；第四，央行票据操作。2007 年宏观调控在提高存款准备金率方面力度较大，但是，利率变动方面力度较小。11 月通货膨胀已达 6.9%，却还不采取加大利率调节的力度。为什么呢，因为如果我们利率提高幅度大，美国利率在降低，利差的扩大会导致更大的人民币升值的压力。实际上货币政策主要依靠提高存款准备金率的变动是有问题的。提高了存款准备金率，这些钱将要放在央行，再加上乘数，每个百分点的提高央行可以回收几千亿元的资金。这样做会带来几个问题。第一，黑市资金利率立即提高，市面上资金少了，民间利率就会提高，在银行贷不到款的而在民间融资的中小企业，其融资成本大大提高。第二，银行会保大项目、大企业，中小企业的资金得不到供应，开工率下降，就业相对减少，将会导致投资消费的比例更加失调。大项目是拉动投资的，增加就业的项目是拉动消费的，所以提高存款准备金率可能不如直接提高贷款利率好一些。因为通货膨胀很厉害，如果利率提高得慢，而股市、房市涨得厉害，那资金就会投到这方面上去。提高存款准备金率对调节股市、房市作用就不是太大。当然有作用，银根收紧，往那方面去的资金就少了，但是从比较上来说作用就小。存款利率如果提高到 7%，有些人就会想别买股票了，放在银行得了。很多人不明白为什么总是运用存款准备金率工具而不大幅度提高利率，就是因为考虑到人民币升值的压力，在两难中进行的选择。2008 年估计会调高利率，因为物价指数已经达到 6.9%，不提高利率没有办法了。如果存款准备金率继续提高到 20%，市面上近乎没有资金了。

第六个是，发挥比较优势积累外汇资产与人民币升值导致外汇资产贬值的两难。发展中国家在劳动力便宜的时候大力发展制造业，出口创汇，这是合算的。我们因此积累了大量的外汇资产。人民币在升值，外汇资产在贬值，如果不及时花掉，或者不形成投资而增值，出口越多，送出去的东西越多，我们货币升值和外汇贬值造成的损失也就越大，还不如不出口。而且我们积累的外汇资产花不出去，正如我刚才说的，技术人家不卖给我们，粮食我们又不要，制造业欧美的产品又很贵。所以最后只能是我们用一大堆东西换回来欧美一大堆的纸币。中国不仅是劳动力便宜，而且土地价格低，环境污染标准低。实际上是用自己的环境、资源、便宜的劳动力去换取外汇。有的国家到中国一个地方投资，种植一种可以转化提炼产生能源的植物，收购回去加工用于汽车用油。中国本来耕地就少，我

们也比较缺少能源，他们还在我们的土地上使用化肥、农药等，所以是极不合算的。因此我觉得中国需要明白怎么去调整。比如说人民币汇价，国外说，人民币兑美元应当调整到4元人民币换一美元。如果这么调整，我们的外汇将会损失巨大。我估计2008年汇率可能要调整到7%以下。就是说我们这么多外汇，有很大的贬值风险。当然不出口也不行，不出口劳动力闲置，就业上不去。比如说四川一个家庭可能要5口人种一亩地，也不合算，出来以后进入制造业工作，产品出口还可以换一些美元，劳动力出来总比不出来好。但换回来的美元贬值也是一个烦心事。所以说这也是个两难。

许多欧美学者和官员总是说人民币应该马上升值。但事实上人民币马上升值，他们也受不了。当中国的商品普遍涨价20%，他们国家的通货膨胀马上就会上涨10%～15%。美国的消费品，60%～70%都是中国生产的，这些价格上升20%，算一下就可以知道他们也受不了。对于石油消费大于生产的国家，石油涨价，会形成输入性的通货膨胀。那么中国商品涨价，到了他们那儿也是一种制造业消费品进口大于生产而引起的输入性的通货膨胀。

第七个是，为了建设节约型社会，节能减排降耗，需要提高资源税收和价格，包括提高企业的排污成本，但宏观方面又要控制和稳定价格总水平，这是经济发展方面统筹与经济运行方面调控之间的两难。2007年的消费者物价指数11月份已经到了6.9%，这是宏观经济面临的格局。但是从2007年整个经济发展节能减排降耗的形势，以及要解决垄断行业的收入分配不公等问题的情况来看，我们存在着以下几大问题：

（1）资源税过低，国外石油资源税要占到产品销售额的30%～40%，我们现在资源税，比如新疆等地，一吨石油最多也只收取20多元资源税。很多资源没听说要收资源税。我国的资源税总体太低了，不开征资源税，公共利益最后都变成采矿企业的利润了。

（2）我们的排污成本非常低。2004年我到美国杰克森威尔，我问过他们的排污收费，他们是一吨水价收取相同价格的排污税，比如一吨水两美元，则收取两美元的排污费。我们排放烟尘、粉尘、二氧化硫、二氧化碳、污水等整个成本太低，几乎都是不收费，白排放！经济学上讲怎么将污染控制住，其中措施之一就是提高排污的价格，最后企业觉得不合适，改用新的技术来减少这种排放。经济学上讲对付负的外部性的一个办法就是将其排污成本提高到大于其污染对于社会形成的成本。另外一个办法就是明晰产权，政府核定某个企业的排放量权利，企业可以花钱购买这种权利。企业排污所影响的周围人群有权利界定企业同他们的边界。举个例子说，有一水泥厂，其排放的粉尘损害了周围居民的身体健康，居民就可以将其起诉至法院，法院可以判定其向居民支付一定费用，使得居民愿意让渡这种权利。水泥厂可以获得排放的权利，只不过要向周围居民进行补偿。如果其觉得补偿不合算，可以上一套除尘脱硫的设备，这就将成本内部化了。如果内部化成本大于利润，那就会破产关门。很多国家都是这么对付环境污染的企业的。我们现在成天写文件、讲话，办实事的不多，能有效果的不多。关键是经济杠杆，提高排污的成本，这种机制利用得不够。有人可能说现在有排污罚款，殊不知罚款与提高排污费是不一样的。举个例子说，对于一个造纸厂，要上个装置的话，一年300万元的运营成本，而环保局每年罚两次，一次就罚50万元，就算是100万元，那也比200万元合算得多啊。所以很多企业宁肯挨罚也不愿安装污水处理装置，或者上了装置也不运转。要避免这一问题，经济学上的机制就是一定要让排污费大于罚款，这样才能有效遏制污染。

（3）一些资源的价格偏低。比如说电力、水、煤炭等，水价太低，油价也太低。2007年每一吨成品油价格提高了500元，93号汽油5元多人民币一升。国外一升成品油价格在2美元多，合十六七元人民币。我前几天参加国家统计局课题组的一个评价和测算小康社会指标体系的论证。它里面有一项就是2020年每100人中要有7辆私人汽车。按一家3口算就是要有21%的人拥有私家车。如果到2020年有14.5亿人，相当于3.5亿~3.9亿人将有私家车可用。美国现在大概3亿人，用掉全世界1/4的石油。如果在中国3.9亿人驾驶私家车再加上非家用车的数量，肯定到时候比美国用油多。这样中美就用掉了60%~70%的石油。我告诉他们这样肯定不行，这个指标肯定得改。到时候怎么把用油压下来呢？我觉得只有一个办法，那就是价格，任何人肯定不肯把2/3的工资用来买油开车。所以价格是调节人们石油需求的最好的一个机制。所以油、电、水等资源的价格有待提高，资源税收要提高，排污的成本要提高。如果这些办法得不到实施，别的办法对于节能减排、建设节能型社会都是没用的。如果这些办法实施下去，有些学者说2008年可能有4%的物价上涨，我觉得控制在4%以内可能较难，除非你不搞节能减排。如果做这些事情，幅度较大，CPI可能还要再上升一到两个点。2008年，包括2009年，我们既要稳定物价，又有排污费用过低，资源税、资源价格过低等问题需要解决。当然，我们可以通过技术进步，发现新能源来解决这些问题，提高劳动生产率来消耗一部分涨价。但是难度还是非常大。

第八个是，缩小收入和发展差距以及扩大公共服务范围与生产力水平还比较低，财政实力薄弱的两难。就是说，一方面，我们要缩小收入差距，提高公共服务、社会保障水平及范围；另一方面，我们生产力水平还比较低，财政实力不强，没有财力大搞社会公平。我记得在2005年9月16日，财政部、财科所、财贸所在一起召开了一个财贸论坛，财政部部长讲的是，要把转移支付的阳光普照

到全体农民。我下午发了个言，就算了一下账，假设每月给老头100元，一年1200元。全国2亿个老头，需要多少钱，数量非常巨大。医疗、养老、教育等都要花钱，算了一下，就是比我们城市里的标准低一半，规模也是惊人的，把当年的财政收入全部花完还不够。所以我最后发言说，我们需要加强支援农民，这一点是毫无疑问的，2006年我们花在农民身上4000多亿元。按8亿农民来算，每个农民平均500元左右，这相当于他女儿一个月在城里打工所赚的钱。而且这4000亿元一部分还花在公路、水利等设施方面，不是全部给到农民手里，所以财政没有能力把转移支付的阳光普照到全体农民。因为我们可以做简单的计算，2007年5万亿元税收，全给农民朋友，一个农民也就5000多元。5000元可能连小康都达不到，我们国家有太多用钱的地方，现在的财政实力不能全部都满足。在美国，人均财政收入是10多万元人民币，中国有5万亿元财政收入，人均只有4000元不到，所以我们国家财政实力确实有限。但是我觉得中央加大支农力度是对的，比如说教育、卫生。财政行政花费太多就实属不应该了，应该把这方面的支出压缩一下，以支持科教文卫事业，支持农业，用于社保等。就是说政府少花一些，给老百姓多花一些，增加公共服务，像社会治安等。但是有些老百姓的很多花费也不可能全包。比如说住房问题，它不像肉类消费，涨价了政府可以去补贴，住房是一个花费巨大的耐用消费品，钢筋水泥、砖头土地，都是很花钱的。如果给每个人一套廉租房，我觉得这是给不起的，第一，你能给多少，财政实力有多少；第二，你给什么范围的人，给少了不起作用，给多了给不起。跑到北京的农民工给不给，有的时候服务均等化也会产生一系列的问题，从经济机制上讲，如果有一些特别大的城市，政府对所有的人都提供廉租房，那么所有的人都会跑进这个大城市，实际上政府是负担不起的。房价实际上也是调节城市规模不过度膨胀的一个机制。城市人太多，那么房价、地价就会走高，使得进入的人群数量减少。

另外住房困难户你怎么去甄别，也是一个问题，信息是不对称的。最近我看到一些案例：大学里面有很多贫困生，国家发助学金资助他们，结果信息不对称造成了头等国家助学金可能给了最富有的学生。我上学的时候就是这样，老生告诉我把家里的人口数多填，以降低人均收入，那么获得助学金的等级就高。结果还是不行，最后得了四等助学金。有的班里拿头等助学金的甚至是富家子弟。学校也不可能一个个去调查，因为成本高得可怕。当然我们还没有一个机制（如家庭信息网）保证家庭信息的透明，信息不对称就会导致很多政策失效。所以住房困难户的甄别是个问题。而且有些中西部的地区，他们连工资都发不下来，建廉租房是有困难的。所以缩小收入和发展差距以及扩大公共服务范围，老百姓对这个要求很强烈，但财力有限，能力不足，难以满足全部要求。

第九个是，中央宏观调控同地方发展冲动的两难。中央宏观调控就是调节物价、国际收支平衡。不能让物价恣意上涨，但是物价高不高，地方政府是无法控制的，因为我国的货币都是流动的，某个地方价格低，另外一个地方价格高，则商人低买高卖就又把价格提上来了。所以有的时候去看省里、市里提出加大宏观调控、控制物价的目标，我觉得很荒谬，这个目标中央说可以，地方是无能为力的。

地方主要关心的是经济发展。第一，GDP 总量能不能上去，因为各地政府要排政绩，邻居县或市增长了 10%，我才增长了 6%，颜面上就会很无光。第二，财政，财政是最重要的，2007 年如果财政没有增长，增加几个人工资都解决不了。所以第一位的是财政，第二位的是经济增长速度，这是地方政府追求的两大目标。财政收入怎么来呢，就是要上项目，特别是大项目，大工业企业。我们现在的企业项下的增值税制，在我这儿上规模的项目，企业越多，地方政府的财政收入越多。所以必须要有大项目，要不地方政府发不出工资来，搞建设也没有钱。

现在地方有两种情况，或者说是三种情况：第一种地方是大企业特别多，财政实力特别强，GDP 总量特别大，但是老百姓很穷。有这种地方，比如说建一个水电站，水电站发出来的电就要计算到 GDP 中去，按人口一平均，可能一人 20000 多元的人均 GDP，比全国水平还要高。另外当地财政分成，当地的财政也很富裕。但是，水电站跟老百姓没有什么关系，水不用老百姓的，发出来的电也不用当地老百姓运送和加工，所以与当地居民没有什么关系，老百姓也就沾不上水电站的光。摊到农民头上的 GDP 就了不得了，好像早就进入小康社会了，其实当地百姓很穷。第二种地方是人民富，财政不富。比如说广东有个地方叫德庆，每家都种柑橘，现在农民税收都免掉了。种柑橘只要不注册成个体户就不用缴税，不向工商局交各种费，钱都在老百姓手里，政府拿不着。第三种地方是老百姓富，政府相对穷一些。当然最好一个地区，老百姓富，政府也富。老百姓富政府也富的情况出现在既有大项目，又有很多个体户和中小企业的地方。地方上，作为一任书记，一任政府，他首先关心的是财政收入，其次才是老百姓的收入，因为地方的县委书记、县长不是老百姓直接选出来的，而机关的职员却要评价他。如果是老百姓直接投票投出来的，他得考虑失业率如何、人民收入如何，要不然他选不上。地方领导只要有财政收入，能把党政事业单位的工资发出去，他就高枕无忧了，是好书记、好县长了。所以在现有机制下，地方要发展，就是发展大项目，要增加财政收入。但是一上项目就需要资金，投资率就会过大，投资增长就会过快。结果，物价水平不容乐观，投资消费的比率不合理，中央就会实施宏观调控，实施控制。所以地方这种上大项目，投资冲动跟中央的宏观调控

是个两难。而且地方还有一个问题，比如说有些地方，听从发改委的话，听了央行或者银监会的话，或者听了其他机构的话，要和中央保持高度一致，资金不投了，项目也不上了，路也不修了，停了两年。而邻县没和中央保持一致，偷偷摸摸地发展，过了两年，邻县的财政实力比较强，人民生活也比较好。这个地方停了两年没发展，坏了，听中央话的还得去不听中央话的地方学习经验。人家还成榜样了。

中央进行控制，问题的关键是要统一到中央对形势的认识上。那么现在我们要看到 2007 年 10 月份我们的投资增长率是 30%，11 月物价又涨到了 6.9%，所以现在不控制不行了。但是控制要求落实到各地，各地你得控制上项目，或者是下项目。主要是下项目，很多地方肯定都舍不得，东部说要率先实现现代化，中部说我要中部崛起，西部说差距还很大，我们要西部大开发，我要迎头赶上。哪儿都不让。而正如我先前讲的，结果往往是听话的不如不听话的。所以中央宏观调控和地方发展冲动是个很大的两难。有时候宏观调控“一刀切”，什么项目都停下来，有时候不“一刀切”也不好，因为很难说哪些上哪些不上，这个上那个又攀比了。

第十个是，社会经济发展，特别是鼓励创业和就业，节约执政成本扩大公共服务，迫切需要政府改革，但是改革遇到政府部门利益的阻力很大，改革起来很难。迫切需要改革，改革起来很难，这也是个两难。就业关键来自于创业。过去我们关于就业的认识是模糊的，就业就是到西部去，到农村去，政府买工作岗位。但是西部毕业的大学生都没地方去，就业机会更少。你想青海、新疆、西藏降了 200 来分招的大学生，毕业以后放羊肯定不去，党政事业单位又没有那么多岗位，企业单位又不多。西部的大学生都往外跑，东部的大学生怎么能到西部去就业呢？说到农村就业，农村的人还往外跑呢，都跑出来 2 亿人了。当然北京一年搞一个村官，而且还给一个北京户口。另外财政每月还掏 2000 元。这有许多愿意去的。你说全国也就是 60 万个行政村，一年派一个，也就解决 60 万人就业。你还能每年都派吗？那坏了，村里村官都成堆了，养这些村官都养不起了。到农村去就业，我就很不理解。还有到基层就业，我觉得也不对。基层就业，哪个基层啊，是党政还是什么单位。如果去企业，那么政府就不用管他。如果行政事业的基层，那就是多了几个吃皇粮的人，本来那儿就应该减员，本来镇上乡里的人就太多了，跑那儿去干吗。有些人还说，青海、西藏、新疆那么大的地方，多少亿人都能装。但是要注意到物理容量和经济容量不是一回事，经济容量是指这个人在那儿要有发展机会，要有工作岗位，要有市场容量。西部有的省区地方挺大，全是沙子，去了做什么呢？那个沙滩里面一点市场都没有，一点就业机会都没有。

还买工作岗位给就业人群。政府能有多少钱，要想给所有人买岗位就业，我觉得这是不行的。有一次我去珠海，有一个单位的同志告诉我说，他们不愿意要政府公益岗位的人，政府给你400元、500元让你指定雇佣某个人，但是来的人往往不好好干。而且还得培训，因为原先不知道他是干什么的，可能是蒸馒头的却到这儿来当焊工，他当不了就得培训。而且他们往往年龄比较大，培训了半天，花了很高的成本，焊出来的东西也不行。所以政府买公共岗位也不是好的解决办法。当然某些性质的工作是可以采取这种方式，比如说扫大街，拿着扫帚都会扫。但是它容量有限。所以我们采取的就业措施是有问题的，是不对的。我觉得党的十七大才把这件事情弄清楚。创业增加企业，企业增加就业，这才是正道。但现在我们的创业遇到很多问题，政府的注册登记制度，办企业要有资金规模的限制，自己家里办公司也不让办。本来办个咨询公司并不影响邻居，但是工商局要求必须搬出去。自己租地方或者买办公用房。在国外有非登记企业，像英国、德国企业的1/3是非登记企业。英国也没什么工商局，就是到协会、商会去登记，牙医到牙医协会。协会或者商会发一资格证书之类的，最后就搞一下税务登记就可以了。我们国家擦皮鞋、卖冰棍都得去工商局登记。一登记就麻烦了，擦皮鞋挣的钱不够交工商管理费的。我觉得这是问题之一，就是说很多创业机会都被工商局给搞没有了。

还有就是收费，中国政府收入其实远远超过5万亿元税收，可能要有八九万亿元。土地约有1.5万亿元，没有进入预算。社保也没有进入预算，大概有7000多亿元。另外收费很大一块没有进入预算。2004年中国经济普查，那里面有一项就是政府行政部门收费，9367亿元，接近1万亿元。2007年我估计在1.6万亿元左右。还有国有企业的利润，也没有进入预算。中国的财政是一个不明不白的财政。关键是这些收费把很多创业企业收垮了。我曾经在某省的一市走访一些餐馆，得知政府22个部门收取71项费用。我问他这样企业不就给收垮了吗？餐馆老板说在这儿办餐馆必须得有人，要么公安局有人，要么就在质检、工商、政府等单位有人，有人之后22个单位的费就可以变通到只有7个部门收，这7个部门的收费还可以讨价还价。所以很多大学让我讲大学生创业，我说我不去，不能瞎讲。讲了大学生办了个企业，结果被工商、交通、质检等部门给收费收倒闭了。好不容易向老爹老妈借些钱办企业，最后全让政府各部门给收走了，企业也垮了。所以我不敢讲创业。我曾经写过一篇文章，就是潼关工商局把河南的一个个体运输户给收费收死了。工商局罚他5万元，后减到2.7万元，7000元没开发票。最后这个个体户想不开，自杀了。河南的报纸就把它披露出来，最后我看了也很生气。我就写了一篇文章，叫做《财政收支两条线改革，把一些政府部门变成了强盗》，最后《中国工商时报》全文登出。现在各级政府部门几乎没有不收

费的。我们现在存在很多的问题，当然可能我们的大部制能够改掉这些问题。好多政府部门的设立不是建立在财政拨款的基础上，它们只能自己收钱。原来叫做自收自支，后来叫做收支两条线。最后财政给了一个潜规则，叫做超收奖励，罚款分成。这把所有的政府部门变成强盗了。一个派出所，本来应该核定20万元经费或者多少万元的经费，最后财政给3万元，剩下钱自己找去吧。使得警察也就变得不像警察了。现在政府弄成这么一个政府，令人沮丧。问题是把就业和创业整死了。为什么中国人现在就业如此的困难，就是办企业受政府各收费罚款的阻力比较大。如果没有创业，哪儿来企业，没有企业哪儿来就业啊？

现在政府收费应该怎么办？2006年收了1.3万亿元，2007年估计要达到1.6万亿元。你说这些靠收费罚款吃饭的部门该怎么办？财政一下子拿1.6万亿元把这些人养起来，马上也没有那么些钱，不养让他们走入社会也不和谐。

到底这些部门应该怎么去改革呢？工商局是一个全收费的单位、质检也是全收费的单位、卫生防疫也是全收费的单位、环保也是全收费的单位、公路行政很大一部分是收费的单位。现在政府好多人都叫做事业编制，银监会、保监会、证监会都是收费的单位。中国既收费又收税，确实是很糟糕。这些机构不撤掉，这些收费不取消，创业就不行，创业不行，就业就不行。一定要扩大就业，扩大创业，扩大企业的数量，减少企业的负担。那就得让收费和罚款的部门少一点，但是现在这些收费和罚款养的人没有地方去啊。

我现在想，一年改几个部门，就是用财政拨款，不用自收自支，不要去收费罚款。一年改几个，五年消化掉，我觉得非常非常重要。要不然你们中国社会科学院研究生院博士毕业，不到政府去，不到事业单位去，不到大学去，你要自己去创业，那除非你有门路，有很硬的靠山。你要是遇到罚款可以赶紧找人，他给你摆平。要不然你弄一个企业，两天就给你收拾了。所以我们面临的是这个问题，收费、罚款制度、执法制度，现在你看一个城市往往有十几个、二十几个执法大队在街上转。一个饭馆十几个大队可以跑那儿去骚扰。9点钟出去，目的很明确，就是弄一笔钱，11点回来，高高兴兴的，收到钱了！老百姓为什么这么恨城管呢？它就是财政不拨款的单位，就是要靠收费罚款过日子。假设要是财政拨款把城管养起来。你要是公正的执法，我没有意见，老百姓也可以被说服。现在城管自收自支、收支两条线、超收奖励、罚款分成，去自己想办法找，这就是老百姓恨之入骨的深层次原因。创业和就业，需要企业，不需要收费罚款，但收费罚款又养了规模非常大的一批人，这些人没有地方去，这就是中国非常非常不易解开的两难。但是，我认为，如果这个问题不解决，提高人民收入、调整投资与消费的比例、扩大内需都不可能实现，甚至会引起大的社会动荡。

中国的事情太复杂。未来既有机遇也有挑战，既高速增长，又有很多问题。必须得正视这些两难，要解决这些两难。这些都考验着我们的宏观调控，政府的决策及改革的力度、决心。只有正视这些两难，解决这些两难，中国的经济才能良性运行，才能健康发展。谢谢。

（文章来源自《学术讲座荟萃》第45辑，2007年12月27日）

从紧货币政策与“双防”要求

景学成

景学成

男，1945 年 10 月出生于黑龙江省，中共党员。

1983～1993 年，历任中国人民银行金融研究所助理研究员、副研究员、研究员和外国金融研究室副主任、主任，1994～1998 年任中国人民银行政策研究室副主任，其中 1997～1998 年亚洲金融危机期间兼任中国人民银行国际金融风险监测小组负责人，1999～2002 年任中央财经领导小组办公室宏观经济组负责人、党支部书记，2003～2004 年任中国人民银行研究局副局长、巡视员（正局），2004～2007 年 9 月任中央汇金投资有限公司派驻中国建设银行股份有限公司专职董事，2007 年 7 月～2008 年 7 月任第一财经研究院院长，2008 年 8 月至今任北京大学中国经济金融研究中心顾问。现任幸福人寿保险公司独立董事，享受国务院特殊政府津贴专家，中国人民银行金融研究所博士后流动站学术委员会委员、博士生导师，中国国际经济关系学会常务理事。主持过中国人民银行工作项目、国家社会科学基金课题项目和国际金融组织技术援助项目。在中央财经领导小组办公室工作期间，曾参与 2000 年、2001 年、2002 年的中央经济工作会议和 1997 年、2002 年全国金融工作会议的文件起草工作。

主要研究领域：金融体制改革、货币政策调控和国际经济金融领域，发表论文百余篇。

这次讲座大致给同学们讲三个方面的内容：一、我国宏观调控取得了很大成绩，但是还面临挑战。这是一般宏观经济的讲法，这里我们只是稍微带一下，不再用具体数字说了，接下来我们直接切入主题——“双防”。二、防过热，怎么讨论？热不热？三、重点讨论一下物价。当前物价是个大热门，我现在很生气那些不正确的或者说我认为不正确的、糊弄老百姓的说法。

一

首先要肯定这些年来（差不多30年）的经济快速增长，要不我们今天就不能安安稳稳坐在教室里面听讲座了。我记得我在困难时期念书的时候，肚子吃不饱，坐都坐不稳，到了吃饭的时候肚子就哇哇叫，早上喝的是棒子面粥。今天你们想吃什么随便点。昨天我还给了为我做片子的学生一袋英国下午茶牌的饼干。大家不要身在福中不知福。就是因为我们国家经济的持续增长，我们才有了今天的幸福生活。近5年来我国经济增长率大概为10.6%，2007年是11.4%。所以说现在是爬上了一个很高的台阶了。而且其中可能有一些保守的统计，我记得2005年、2006年的时候，国内外都有一些经济学家认为我们的增长速度被低估了。他们有的按照电力用量来测算。有的认为GDP应包含雇佣服务的价值。另外我们的经济增长不仅快，而且非常稳定。我们没有大起大落。温家宝总理讲让我们中国的经济大船平稳地前进。2007年我们的各季度经济增长分别为11.1%、11.9%、11.5%、11.2%，所以可看出我们的经济增长率大致都在11%左右。事实上11%的增长速度是没什么问题的，经济的运行是很平稳的。我为什么可以这么说呢？那是因为我曾经和世界银行、IMF等进行过相关问题的磋商。大概在1999年的时候，我们的经济增长率不到11%。当时国际货币基金组织中央银行部的一位女士，给我们的经济增长率估计为7.2%。一般来说，世界银行倾向于低估发展中国家的经济增长速度。大概要低估一个百分点。当时我们希望他们能帮我们调到7.8%，甚至7.6%，最后这位女士说我们非常理解贵国的中国人民银行的要求，但是在我们看来，1%水平上的差别没什么。我说这件事情的意思是，我们的经济增长是非常稳定的。这是很难得的。跟我们经济增长相比，股市大起大落，2007 年高到 6000 多点，现在只有 4000 点左右。人民币贷款更是大起大落，1 月份比上月增加了 8000 亿元，而 2 月份又比 1 月份少了 5600 亿元，这么大的波动，我们的经济发展是很难承受的。所以所有这些数字中，我们的经济增长是非常好看的数字，非常平稳。另外我们的经济结构也有了可喜的变化。消费在 GDP 中的比重在上升。而且今天有好消息，我们国家的消费总额上升了 20%。还有我们的经济效益也在不断提高。国有企业利润增长 30% 以上，要看一些垄断行业的企业，电信、中石油、中海油，它们都是 40%、50% 的增长。我们的金融体系改革也取得了好成绩，工行 2007 年利润增长 60%，建行增长了 48%，其他中国银行等都不错。它们利润中，一方面由于信贷需求旺盛；另一方面中间业务得以拓展，还有股市的一些投资收益不菲。人民生活方面，2007 年我们的城市居民可支配收入增长了 12.2%，农民则增长了 9.5%，都是比较好的。最后一点，我们有效地处理了各种突发事件，像大雪灾、藏独、疆独、流感等。

当然我们还存在着很多问题，这儿我不细讲了，昨天温家宝总理已经罗列了。我另辟蹊径，讲点别的。我们的经济结构还存在问题，出口有放缓的迹象。2 月份比 1 月份减少了近 12%，这一点陈德铭部长讲得很客观，2008 年出口还是稳定增长的。国际收支不平衡也是一个很大的问题，人民币升值压力也比较高。民生问题突出，居民收入差距也还在拉大。宏观调控的科学性、预见性仍需加强。总之，我的意思是，我们已经做得很好了，但是不能骄傲，还得更好，因为现实中还存在许许多多的问题。你看我们国家的改革一直在往前推进，国民经济稳定快速增长，形势还是好的，只是还有一些比较小的问题和障碍，解决了这些问题我们将会做得更好。我们的银行业改革成效明显，四大国有银行只剩下农行未上市。资本市场改革也在稳步推进。但是我们还是有很多的弊病，投资增长还是过快，贸易顺差还是很大，尽管 2 月份数据显示顺差有所减少。物价高，房地产价格高，股价高。一共“几高”呢，后来我讲课的时候讲是“五价齐飞”，再加上黄金价格是“六价齐飞”了。当然今天重点不是讲这个问题。我们形势还是很好的。固定资产投资增长很快，增长了 24.8%，这些都证明我们的经济出现了过热的迹象。新中国成立以来的经验，或者说是近 30 年的经验，固定资产投资只要一搞到超过 20%，就要出现问题了。早年基础设施不足的时候，国民经济就难以承受。现在基础建设都比较好了，可能 23% 可以承受，但是增长到 24%、25% 那就是有过热的嫌疑了。2003 年的时候我们一个季度增长了 32%，我们有一个月增长 52%，所以那个时候就开始宏观调控了。固定资产投资一直是我们比较关注的一个经济指标。24.8% 是比较高的，而且这是在 27%、26%、

24%、25%等高的水平一直持续增长的。所以我们有理由说经济有由过快转向过热之嫌，也不是没有根据的。这是不是说，我们应该降低经济增长速度呢？不是这个概念，这些我们稍后再讲。计划经济时代的解决手段就是大报销。20世纪90年代海南也有类似的情况，大批大批地建海边别墅。当然房地产投资也是现在很热的一个话题。

刚才讲“三过”（贸易顺差过大，固定资产投资过快，信贷投放过快）。现在我们要讲一下信贷的投放问题，信贷投放对于银行来说它们觉得没问题，但是经济总体却受其所害，这也算个“悖论”吧。大家看2007年的前三个季度，8月份M1增长了22.7%，M2是18.47%，我们年度的指标是16%，12月份回到16.73%，1月份是18.87%，又上了一个台阶，马上就到19%了。M1是20%，按照我们的年度指标和经验，这都是增长得有些过快的。在这个方面我们还得加强宏观调控。总之还是增长比较快的，在18%、19%左右。通常我们的指标是16%左右。大家都知道超过这个指标较多的话，那就是对国民经济正常运行的压力比较大，对投资、物价等压力比较大。一些资金还通过非法途径流入到股市去了。我们2007年全年的贸易顺差大概是2622亿美元，1月份是158.8亿美元，2月份是80多亿美元，下来了一点。两个月大概是240多亿美元。一二月份可以算是一个大月，因为2月份是春季，种种原因，像宏观调控导致出口推迟、信贷投放等，以及出口退税税率的调整的影响都会反映在1月份。如果做一下预测的话，一二月份算是一个大月，剩下的10个月如果都有200多亿美元的贸易顺差，不算上资本流入，全年的贸易顺差仍然会超过2000多亿美元。如果中央银行要冲销掉这么多的贸易顺差，将所有顺差结汇，中国人民银行得提供这么多的基础货币。从外贸上看这么多的顺差是一很大的成绩，但是，中国人民银行却要发愁发行多少票据才能回收流动性。这些票据的利息也不能搞得很低，否则没人买了。所以贸易顺差仍然是一个必须考虑的问题。

二

前面算是大致讲了一下宏观经济形势，下面讲一下“双防”：防止经济过热与防止通货膨胀。严格地讲是这样的：防止经济增长由偏快转变为过热，防止物价由结构性上涨转变为明显的通货膨胀。现在这话谁都说，但是有时候就差一两个字，差一两个字，这意思就变了。失之毫厘，差之千里啊。大家一方面理解得不准确，给偷换了概念。比如说，有的人说“我对结构性通货膨胀有些看法”，有的人说“中央不都写了嘛，双防，防止结构性通货膨胀”。这些人认为这是他们观点的一个胜利，觉得中央对他们的观点做了肯定。但是他们确实在理解上有歧义。我说不是这个概念，咱们得讨论一下。首先，我说了风险依然存在；其次，我说了“五价齐飞”。我一直在讲物价，开始“三价齐飞”，后来“四价各飞”、“五价各飞”、“六价各飞”。这说明经济结构构成的过热压力已经显性化。中国的文字非常灵活，同一件事情可以有各种各样的表述方式，比如对于存在通货膨胀，不说存在通货膨胀，而说存在物价上涨的压力。我现在说，“六价齐飞”实际上就是说压力已经成为现实。另外就是老师的一个创造点，也是一个论文题目，哪个同学敢接招，咱们可以合写。我认为在现在的过渡阶段，至少在政府未来五年的过渡期内，经济趋向过热和平稳增长之间的矛盾将长期存在。完了我会分析的。正如毛主席分析阶级斗争在我国长期存在一样。跟那种表达方式一样，我会分析的。再跟大家梳理一下。先说第一句：防止经济增长由偏快转向过热。我认为经济增长由偏快转向过热的风险仍然存在，这是一个委婉的说法。因为并不是全面过热，部分行业、部分地区可能已经过热了。第一句话我的理解是有两层意思：第一，中央认为当前国民经济增长偏快是肯定的；第二，表明中央认为宏观经济运行走势由偏快转向全面过热的风险存在。这两条同时存在。下面我用的是统计局的数据，它们将宏观经济运行指数分为五个等级，但是在稳定的那个区间分得很大，使得经济运行很久才能到达过热的区间。我不知道其中有什么道理。我认为分成不等份比较好，它把稳定区间分得大一点，那么进入过热区间的风险就大一点，我想这是统计部门的技巧。这个表你看着不起眼，其实藏有一些猫腻。这儿我稍加评论，这个地方统计局超出了其责任，统计局是提供统计数据的，不是由你来认定经济是偏快、平稳，还是过热的。统计局就是要把数字搞得正确、真实、易懂，把统计内容做完整。数据出来以后由其他管理部门进行分析，央行、发改委、社科院、投行分析师。关于这一点对统计局我非常不理解。宏观经济管理部门应该各司其职，大家不要都来评论这些问题，你所处的部门，你的专业背景都决定了你对这个发表意见可能是不得当的。假设我读了两天卫生学院，我就对卫生系统的做法提出自己的评论。这好像不是非常合适吧。大家可能就觉得你胡说了。

大家来看 GDP 分季的增长，大家看在 11.4% 的那个区间里面，2007 年第四季度，已经计入偏热的区间了。事实上，热与不热并不是只看这些区间就能决定的。还要看一下实际情况。要感觉一下，just touch it！要跟实际情况对照一下。2007 年第四季度 11.4% 的增长率，应该说已经算是趋热了，如果不是过热的话。这个事情可能各有说法，但是我们要宁信其有趋热的风险，也不要认为经济处在平稳运行阶段，从而高枕无忧！不管是不是绝对正确，至少给了我们一个 alert，我们不是说要警钟长鸣嘛！这里有几个原因，讲一下比较粗一点的，不是像专门分析宏观经济那样，每个项目、行业、地区都做得非常细致。是核电项目热，还

是汽车行业热，抑或是东北地区热。做专门分析的可能要做全面的分析，我们就点一点。我们正在转型当中，有2.5亿名（有人说是2亿名）农民转入城市，城市基础设施建设一直是蓬勃向上啊。2002年我在中央财办的时候，现吉林省省长和财办的副主任带着我们去调研。一个县里面竟然修了一个音乐喷泉。同志们，那怎么说呢，我要说比天安门还漂亮可能有些夸张，大家可以自己去看一下。巨大的一个广场，音乐墙啊。地方搞形象建设确实是劳民伤财。国外也有类似的情况。昨天看了一则报道，说阿拉伯人疯狂地建造世界高层建筑。我曾经去了阿联酋，他们建的高层建筑非常多。不过他们有自己的国情，他们在沙漠里有一块地不容易，建造地基费用不菲。他们引进的树都有专门的灌溉系统。地方形象工程，基础设施建设是过热的一个原因吧。更深层次的原因是导致通货膨胀的体制基础尚未根本改变。主要还是中央往下面批项目，最早赵紫阳时代，有的经济学家提出国际国内大循环，实际上是搞全球化的初始，也是走出去、请进来那个状况。然后中央开了个口子，批了一个，其他地方就来了。来了以后，据说有的农民，当时还很土，不像现在西装革履的。问他们干什么，他们说是福建某县某镇的，想找发改委的领导谈一谈，搞国际大循环我们能够怎么循环一下。就是去发改委要项目去了。再比如东北振兴开发，北部湾地区开发项目就获批了，好多地区的发展项目现在就一个个的获批。像中部崛起项目、环渤海项目、长三角地带，很多名堂就都出来了。这儿是一些政府与地方的投资项目，这儿只有1～10月份的数据，目前只有这些数据，大家可以看，中央项目投资，8830亿元，同比增长13.8%，地方政府投资，80120亿元，增长28.6%，地方项目不仅多，而且增长比较快，中央倒是压了一点。据说是压了几万个项目。2007年据说大中小项目有1.5万个。后来这个数据一直找不到，你们可以自己去找一下。可能能找到。所以这个热还是客观存在的，潮水一样的申请项目。

另外，南方大雪灾对于我们的固定资产投资热会不会产生影响。我有一个看法，这个看法还未见诸报端，所以还可以写一个小杂记。这也不是预先就预料到的，还不是预测性的，这是事后诸葛亮。但是能够做事后诸葛亮也不错。我的看法是，这次的增长受到一次重挫，但是不会减缓趋热的动力。现在媒体上很多学者发表文章，南方大雪灾了，国民经济运行会不会因此就受到一定影响。外面是次贷危机。我的看法是，不错，雪灾是发生了，但是中央已经有了一套灾后重建的规划。这些规划不仅要把当地基础设施恢复，而且要提高标准重建。这样无形之中等于有一点像对经济重新增长的刺激性计划。也就是说雪灾应该一分为二，从经济建设角度看，它是一次重建的好机会。提高标准重建的好机会，可能对经济增长有一定的刺激作用。我也斗胆预测一次，预测准了名声大噪，不准咱就不吱声。大家看2007年是11.4%，今年就是2008年，归纳所有因素考虑：2009

年数据公布出来，我估计实际增长远远超过8%，闹不好还得11%，最好的情况可能会是10.8%，吉利的数字。要是反映实际情况，也就11%，比2007年稍微降一点。由于我们受到一些外部影响或其他因素。我是利用政治经济学的方法归纳的。还不会很低，央行的紧缩政策你不能搞过头，不能“一刀切”啊。其实根本不存在这些事情。我在央行工作这么多年，每年都在想，不管是从紧、适度从紧，还是稳健。其实咱们就没有真正的紧缩下来过。为什么，体制在这儿呢。甭说内部的利益集团活动，外部的媒体你就受不了。你看大小经济学家，这个说央行你千万要灵活啊，不要给经济增长后劲造成麻烦，你可要注意啊。所以央行受到很大的舆论压力。所以周小川同志作为行长，如履薄冰，讲话的时候时刻要想着这话该怎么说，不能给经济增长造成影响，到时候可吃不了兜着走。我说这些是希望大家能理解央行的难处。央行的政策往往受到一定的干扰，最后总是不能实现原来的意图。2003年，那是我亲自经历的，我1999~2002年在中央财办工作，后来我回到央行。正好2003年，第二个月的时候，我发现货币信贷又上去了，一下增长好几十个百分点。调查统计司说，这数据不能拿出来，咱货币政策得从紧了。2月份就开始研究这事情。SARS发生了，伊拉克战争要爆发，大家都预测经济增长可能会放缓。景老师在国内这条线上工作，我在另外一条线上也有工作。我当时给周小川同志直接写了一篇文章，关于伊拉克战争的什么什么看法。我记得是以《高悬的达摩克利斯核剑》发表在《金融时报》上，当时就说对我们的经济影响不大，对美国经济也不一定完全就是坏事。伊拉克战争，用我们的政治学分析，是为了转移国内视线。在其国内经济处于衰退与否的争论的时候，一打仗，就肯定不会衰退了。等于给经济打了一针强心剂。战争军火支出就上来了嘛。伊拉克战争一开打，支出上来了，GNP就上来了。所以这个事是这么分析的。至于国内这个事呢，就被“非典”打断了，大家人人自危，生命第一重要，大街上也没人了。人民银行本来要出一个紧缩性质的文件，结果文件被替换成坚决支持与抗击“非典”有关的生产企业，比如药品研制、生产的企业。结果半年后发现，已经发放了全年贷款的80%~90%，到5月份发现，2.3万亿元已经都发放出去了。然后在下半年就转向了，也就是说每当要紧缩的时候，始终不能把这个手抓得很紧。开始就没想抓得多紧，也就是说要给经济发展留有余地，不能搞得太死。我这儿打一比喻，国外有一种游戏，就是在方盒子里面有很多布娃娃，投一硬币，里面的抓手就开始运动，下去抓东西，但是它手非常松，所以不容易抓到东西。我试过好多次都抓不上来。央行调控就像那只手，所以你不要相信它。不要相信央行要出什么紧缩性的政策。经常有政府高层去游说央行。比如广东某高层说有一项目很有意义，信贷是不是支持一下。项目都是有意义的，况且过热仁者见仁，智者见智。你说过热人家说不过热啊。你说东北过

热，东北说离振兴东北重工工业基地还差得远着呢。所以这些事情很难为人的。列宁说过，任何经济现象都能找到不同的理由来解释。难处不在于学术争论，问题是到了决策层那儿，你很难抉择。这次在“双防”的过程中，央行的责任倒是明确的，中央银行宏控调控责任要加重。2007 年经济会议的文件，央行以为得到了尚方宝剑，其实是告诉你，你得好好干，你有这个责任，搞不好就拿你是问。但是实际上央行能做多少？所以很多央行领导出来说话，尤其吴晓灵说得比较多一点。说央行不是万能的。让央行来调控，事实上央行还承担不了这个重大责任。你要说调汇率，马上就能见效。但纺织工业的利润就 3%，现在你升了 10% 了，你还升，想把我们都饿死啊。这话不能这么说。总之很多事情央行很为难，鱼和熊掌不可兼得。2003 年就是出现了两派观点：一派说经济已经过热；另一派说没有过热。最后我也做了选择。我说至少局部过热，因为这是客观存在的。

现在我们回过头看如何理解中央文件，就是关于过热这个说法，怎么理解中央文件。因为我曾经在中央工作过，也曾经做过后座议员，就是温家宝总理在前面开会，我们局级干部只能在后面，记录会议内容。完了以后财办的领导找你来商量这事到底该怎么做，怎么修改文件。我知道中央在文件里面用词是字斟句酌的。希望大家认真理解。2005 年中央经济会议文件，里面用的不是过热这个词，说是经济中已经出现了经济增长过热的苗头。当时我下去宣讲的时候，下面有人说，中央没说过热啊，只是说有苗头，而且苗头也不在我们这儿。问题在哪儿呢。中央的用语和治理经济的思维逻辑你要搞清楚，就是中央是站在全局的角度的，总书记不能总指着哪个地方去骂人。不可能去说你贵州怎么样，东北怎么样，六盘水怎么样。中央不可能这么做，即使反映上来，中央看到某些趋势性的东西会描述一下。为了不伤害群众的积极性，用词是非常绵软的。所以党中央说出现了苗头的时候，发了这个文件的时候，你就不能说，中央没说过热啊，只是说有苗头，而且苗头也不在我们这儿。这是跟中央对着干。我每次下去讲的时候，我都宣传这个事，党中央说哪个地方出现了什么苗头的时候，那就说明问题已经很严重了。如果提到我们要倍加珍惜得之不易的团结，那就说明我们已经出现不团结的严重问题了。得这么理解，我们不像国外，我们倾向于正面。国外某政客被发现是嫖客，新闻马上出来了。在中国还得想想这个人影响是不是会很大，有的问题可能要压一下，像陈良宇的事情。我们一定要深刻理解中央文件，尤其是我们学习经济学的，更要注意这方面问题。过热这一块我们就说到这儿。至少是趋热。过热的压力仍然存在。我们把“六价齐飞”看作是过热的压力显性化。这就进一步诠释了不但存在压力，而且已经外化了。已经不是压力悬着，可我这儿什么都没有，该上的项目还得上这个概念了。

CPI 这个不用看数据了吧，近期报纸连篇累牍，现在 7.1%、8.7% 了，2 月份数字已经了不得了。这个不说了。CPI 大幅上涨，PPI 也不是小幅上涨。PPI 1 月份是 6.1%，2 月份是 6.6%，2007 年初的时候还是百分之三点几。PPI 还没上来，当时不认为通货膨胀严重的原因是 PPI 还没上来，PPI 还没传导或者不能传导到 CPI 中去。现在 PPI 已经上来，说明问题已经严重了。所以 CPI 上涨，PPI 也上涨。今天媒体报道说原料燃料及动力价格上涨了 4.4%，同比上涨了 3.1%，农业生产资料价格上涨了 7.1%。当然国际铁矿石的价格上涨是非常大的一个原因。宝钢则带头涨价，涨价潮我的看法已经起来了。现在不是讲物价本身，而是讲经济过热的压力已经显性化，外在化了。油价已经上至 108 美元、109 美元了。现在油价高到什么程度，想必大家在媒体上都看过吧。短期内可能高达 120 美元。据报道 2010 年油价可能高到 389 美元，IEA 近期的一个报告指出，一个高油价的时代已经到来了。

另外房地产价格上涨，这是同钢筋、水泥、电解铝等价格的上涨分不开的。它们价格上涨，房价肯定就会上涨。当然影响房价最主要的因素还是地价。地方政府在出售土地时串通等非常多因素导致土地价格上涨，使得老百姓面对房价苦不堪言。我有一个研究生是一个女孩子，跟我说，这辈子我没办法买房，只能指望以后找个有房子的男朋友，或者找个能够一块供房子的男朋友。男孩子就只能自己奋斗。不想房子，大家都是很幸福地生活，但是一想到房子，可能幸福指数立马下降。1.4 万元一平方米啊，天啊。一想根本就不幸福。反过来说，如果宏观调控变成这样，效果或者说有效程度肯定不能被大家接受。就大致来说，你说宏观调控做得好不好，一定程度上应该和老百姓的利益挂钩。现在这确实是个问题，所以讲座说得深刻点就避免不了有一些冒犯。再说股市，2007 年非常高，最近又震荡。最近报一好消息，中国人民大学一教授炒 ST 盐湖，赚了 3500 万元，当然也不是他算得很准，又有内幕交易的嫌疑。

中国人民银行的准备金率也一直在走高，人民币汇价也在一直上升中。汇改以来人民币对美元已经上升了 10%，2008 年以来又上涨了 2%，今天我听陈德铭部长说汇改以来人民币升值 16%，我不知道怎么计算的。各有各的计算办法，这里面包含一些小小的技术差异。所以，可能部门利益之间决定了有些计算方法的不一致。

黄金价格也已经接近 1000 美元了。金价这个东西可真是怪了，一通货膨胀金子立刻就涨价。黄金价格上涨一定程度上显示了我国“六价齐飞”的必然性。当然物价上涨显然有国际因素，但是它的影响是多少呢。这里有一个比较重要的课题是宏观调控里面国外因素为主还是国内因素为主。从概念理论上分析，物价上涨我认为主要是国内因素，不能认为国际因素为主引起国内价格上涨。所以这

有很大的研究空间。讲了这么多什么意思呢，就是说中国经济的过热已经表现得很明显了。集中表现为“六价齐飞”。落脚点还是在我的论文题目，就是说经济过热同经济平稳增长将是我国的一个长期现象。也就是说不要怀疑我们经济过热的可能性了，它是伴随我们经济平稳增长时刻都会出现的常态。我们要学会适应它，防止经济过热，正确地处理经济过热，与它作斗争。有些学者，我记得好像是王建等，经常说这话，一调控他们就说防止经济过冷，防止经济没有后劲。意思就是不希望控制得太紧，控制得紧他们就认为要通货紧缩了。我认为改革开放30年的经验表明，经济中的主要矛盾还是经济平稳增长和经济过热之间的矛盾。我这儿定义了一个宏观调控的定义，同凯恩斯他们不一样。我国的宏观调控主要还是抑制经济过热的势头使之趋向平稳发展的一套政策组合，这是这么多年在央行工作的经验总结出来的。我希望大家能够接受并引用这一观点。我有一个佐证。中国作为一个新兴加转轨的经济体，始终就有超常规、超越自身供给的能力，甚至不惜以环境为代价取得经济增长的强大动力。为什么这么说呢，我们这么大一个国家，每个人都有发展的冲动。这么多的经验表明，我们国家总是存在这种动力。现在这段时间才开始提创新发展、科学发展。股市也是超常规发展，最近批了好多基金，印象中几十只吧。证监会超常规发展。各级政府各级官员也是，鼓足了劲要超常规发展。当然也别说别人，我所在的研究院，我就跟同志们说要办成中国的 Bloomberg。每一个地区的领导，每一个部门的领导，每一个市政府的领导都是好像怀才不遇，一定要搞出大项目，才能表现出张某人、李某人的本事不可。另外我国的体制也决定了我国经济有过热发展的趋势。这里说的是地方跟中央的关系，企业和主管部门的关系。上面动力不足，下面倒是干劲十足。咱们国家很多项目都是先斩后奏，据说港珠澳大桥就是这么干的。你说它已经立在那儿了，没办法不批了。好多都是这样。我们之所以快还因为我们没有经历过一个完整的经济周期。没有大的经验教训，很多问题内部消化解决了。国企破产的问题后来被股市解决了。我们没有经历过一次完整的萧条、繁荣、衰退、复苏啊，我们不知道什么叫萧条和衰退。所以就不知道痛。没有那种经验，我们就是傻大胆。不管什么困难就往前冲。有一年到聊城去，听说那儿有一水幕电影，我就想去看一下，以前没见过。后来我在长春看到了，水幕电影是通过高压水泵和特制水幕发生器，将水自上而下高速喷出，雾化后形成扇形“银幕”，由专用放映机将特制的录影带投射在“银幕”上，形成水幕电影。所以中国的土地非常神奇，老百姓也非常神奇，什么事都想看一看，瞧一瞧。一个中小城市都要搞一个水幕电影院。你搞水幕我就搞木幕。你搞木幕我就花岗岩幕的，大家拼着干！这就是一个很好的论文题目。

三

下面谈一谈防止结构性物价上涨转变为明显的通货膨胀。头一条讲经济过热，表明了一种历史连续性，过去是“一防”，现在变成“两防”了。这也证明了中央不管几防，先防过热。但是话说回来，“两防”放在一块，防通胀是突出任务，防止经济过热是永恒的主题。最近报纸、杂志头条都是中央认为防止通货膨胀是当前的首要任务的标题。现在的经济形势令我国经济2003年以来的高增长、低通胀时代结束，高增长、高通胀阶段到来。1999～2002年我在中央财办的时候，大家都着急这物价怎么就不上去呢，领导天天着急这事。那个时候一看报表，物价怎么还这么低。听起来有些搞笑，但当时确实是这样。

“双防”是宏观调控的核心任务，是关乎宏观调控的关键所在。深入理解“双防”要把握几点：中央调控要把握重点和力度，就是既不能搞成经济增长快通货膨胀，也不能搞成通胀低高经济慢。既不能通胀，也不能滞涨。国内有些学者担心滞涨，其实中央已经把这些问题考虑到了。要求里面已经有了。我对这个文件的理解是，要求说到底是一防，防止通货膨胀。把经济增长速度降低到一个合理的水平上，并实施调整经济结构，调高经济效益，才能把物价降下来。要取得防通胀的成功，必须先把过热降下来，得把结构调整了，效益搞上去，这就是我们深入理解的“双防”方针。

下面可以深入分析通货膨胀。我这个PPT是2007年8、9月份做的，当时开讨论会，我就这个问题发了言。最近发改委的同志再次讲仍然是结构性上涨，但是报纸上早就不以为然了。大家都知道已经“六价齐飞”了，所以现在再说结构性上涨已经不太合理了。当时我是仔细研究了我们的统计指标，当时CPI八项指标，有五项大规模上涨，三项有小幅上涨。这个时候已经不能用结构性上涨来概括了。中央写了防止物价的结构性上涨转变为明显的通货膨胀。怎么理解呢，中央没有提出一个结构性上涨的概念，而是将重点放在遏制其转变为明显的通货膨胀上，这句话的实质是目前已经出现通货膨胀，发展势头必须加以遏制。换句话说，我可以再说得彻底一点，因为我也参与过文件表述。有可能表述的当时找不到其他说法，暂且称其为结构性上涨。但不管叫什么，都要防止明显的通货膨胀。

这是我发言的时候摘过来的一部分，通货膨胀不是距离我们很遥远，而是已经在遥望之中，已经出现苗头和趋势了，其实苗头已经在视野之内了。你说7.1%、8.7%不是趋势？还有更可气的，我待会儿说。中央说这话的时候，通货膨胀已经触手可及了，稍微不注意就会出现，我们就是努力防止这种趋势演变为

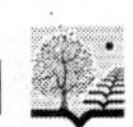

事实或者进一步恶化的风险。我们需要对通货膨胀非常重视并思考空前的治理办法。大家可以看一下数字，10月份已经是6.9%了，PPI已经创了11年新高，大家可以回头查一下。另外一个辅助性的指标是，中央银行制定的企业商品价格数据。那个公布的已经到7.4%，也是新高。这些数据说明，上游商品价格向下游产品传导的压力在加大。最新的PPI已经是6.6%，央行的企业商品价格指数也会创新高，现在还没公布。也就是说，价格在不断地向消费品领域传导。压力在加大。对于物价不能简单地局限于对粮食、猪肉等几种商品的简单分析上。也就是说，别老说猪肉怎么着。农业部说猪肉价格还得高位运行一段时间，等猪肉价格下来，别的物价就上去了。铁矿石的价格才开始传导，资源价格问题、税费问题等还有很多其他引起价格上涨的问题没有解决。物价形势非常严峻，要充分认识CPI可能弥漫上涨的危险性。说不清哪个影响哪个，搭车涨价的、互相串通的就都出来了。必须认识到这种危险性，不要掉以轻心。

通货膨胀什么坏处都有，最大的不好是扰乱了我们的改革发展秩序，本来我们可以一心搞改革，谋发展，现在不得不腾出一只手来处理通货膨胀问题，这是我们最大的损失。先不说别的问题，就拿低收入家庭来说，正像一位老师跟我说的，要念书还要照顾家里面，就2000元收入，确实很成问题。通货膨胀的危害我们能数出很多条。

最后来说我们国家和谐社会的必然选择。通货膨胀严重损害了我们国家的和谐，如果早采取措施，恐怕不至于如此。到目前为止，学术界难辞其咎。我国通货膨胀之所以达到目前的严峻程度，跟我们一些学者偏颇的观点有很大关系，主要有：①核心通胀论。即剔出石油、粮食后，我国核心通胀率低。当CPI超过了3%的时候，有人抛出核心通胀论比较低，核心通胀低，不必担心通胀。3%一般被认为是一个警戒线。所以突破的3%，大家就得寻找原因，要不然就向政府问责。我们不能跟发达国家做简单的类比，大家处于不同的经济增长阶段，中国还处于刚解决温饱状态，石油粮食是至关重要的，粮食的权重非常高，不能剔除。要调整也不能这么调整，应该做一些分类计算通胀。②温和通胀有益论。温和通货膨胀有益于经济增长，但有其特定的适用环境。③暂时供应不足论。对通货膨胀的形势估计过于乐观。持有关论点的学者说，大家不用着急，等夏粮丰收了，什么事情都没有了。这个论点在粮食、猪肉价格的持续上涨中逐渐就淹没了。经济学界、政府官员等都持有这种论点。粮食、猪肉价格的大幅上涨已经不能被简单解释为供给的暂时不足了。我认识一个路透社的记者，原来也在央行工作。问我这么多荒唐的报道在中国有点不好，咱们国家怎么搞的。这个论点显然不对。④结构性通胀论。CPI八项指标五项大幅上涨、三项小幅上涨，说只是结构性上涨，显然站不住脚，5大于3，应该用总体或全面的通货膨胀来概括。这个说法逻辑上也有问题，结构性通胀对应螺旋形通胀而不是全面通胀，最近有些领导还这么说。理论上行不通。中央并没有肯定这种概念，只是提出遏制通货膨胀的任务。随你怎么说，要认清任务。我的建议是让通货膨胀成为一个硬指标或者叫考核指标。⑤国际通胀影响论。通胀传导有一定道理，但关键在于国内因素影响。中国现在的物价上涨不是我国独有的现象，是的，确实是这样。其他国家通货膨胀不能完全说明我国的通货膨胀上涨的原因，也不能减轻和开脱国内物价上涨之责。我的问题是：国际通货膨胀，有关方面做过分析没有，分析了既然存在为什么没有采取措施，未雨绸缪呢。要知道国际通货膨胀不是今天开始的。这个争论的实质是国内因素为主的上涨还是国际输入的上涨。⑥物价高位运行论。意旨在说通货膨胀将会在国内相当长的时间内持续存在，并一直在高位运行。要广大老百姓做好跟通货膨胀打持久战的准备。有钱人能打，没钱人怎么打。我估计说这话的人他吃猪肉肯定不成问题。我的一个男研究生，在职读博的。2007 年的时候，低着头说现在物价涨得不得了。以前上饭店吃个饭 10 多元，现在得 20 多元啊。昨天那个女研究生说在金融街那边买了房子，现在那边涨了一倍多，我说你怎么不卖了套现，她说卖了再买就得一两万元了。物价高位运行只不过是明显通货膨胀的一种表述，忽悠老百姓。咱们中国只要重视某个问题，就能解决掉。说是民生问题要解决，政策马上就跟下去了。⑦通胀标准随机论。通货膨胀没有确定的指标。CPI 2% 的时候这些人说，这是可以忍受的，上了 5% 他们说也还可以，到了 6% ~7%，又说市场经济转轨国家涨多了点儿也可以忍受。春节团拜会的时候，有一位学者就这么说，我当场予以反驳。接着又进一步上涨，他们又认为没有全面的通货膨胀出现。标尺不断提高啊。记得 2004 年、2005 年的时候，大水、旱灾之类的，有国际司的同志问我形势怎么样，我就问他标准是什么，有标准才有警戒与危险之分。我看前天和今天的《参考消息》，一个外国人写的一篇文章，就说中国的物价上涨是暂时性的，我们需要做的就是咬牙挺住，啥事没有。但这是胡说八道，我们彼此都认识。公共管理不仅要强调科学性、预测性，还要有准确性。我们不要摸着石头过河了。我们要摸清通货膨胀的因素，比如通货膨胀中有价格的恢复性上涨，有输入性上涨，有体制的原因，有成本的推动、需求的拉动等。彻底地认识这些问题才能采取有针对性的解决方案，不能大忽悠，一说就完事。现在实施宏观调控更加困难了，因为我们的市场体系更加复杂了，难以琢磨了。增大的难度给我们调控的精度提供了更高的要求，总的来说，我觉得我们对这轮通货膨胀的到来以及到来的速度缺乏准备。没想到这些东西说来就来了。这轮通货膨胀同我们的货币供应和信贷投放过多还是有关系的。任何的物价上涨肯定同货币是有关系的。不仅仅是物价管理部门或者发改委产业政策的问题。20% 的速度还是我们超过 16% 的经验性的增长数据，如果连续五年都以

20%的速度增长，这其中肯定积累了很多的货币供应量。外汇贷款也是这个水平。我后来说了一句话，这轮物价上涨是大家一起做的，大家不要往后撤腿，大家都有责任，不要推卸责任。央行收回流动性当然做了很多的努力。10次调高准备金率，6次调高利息，开发特种存款，但是还是冲不尽。最近有消息说，央行对冲了过多流动性的90%，我没有得到具体数字，但央行还是做了很多工作的。所以市场还是比较理解的，知道央行在解决这个问题方面有局限性。所以CPI央行不一定能完全管得了。但是必须认识到，控制货币信贷上涨仍是控制CPI的必由之路。央行还是可以有很大作为的。⑧无为而治论。即不应采取过多的财政和货币政策，应让市场自动调节。⑨高增长低通胀论。这一错误观念主要是由于前几年一直高增长低通胀的惯性思维。⑩通货膨胀长久论。即我们要做好长期与通货膨胀作斗争的准备。

刚才谈到对农业基础地位的认识、农民生产积极性的调动、农业生产资金的供给及市场的培育问题。农民说养猪不划算。饲料价格上升，农民就不会养猪，或者少养猪。我认为市场的参与者比过去要精明很多了，你不能把农民简单地看作接受者，给财政补贴他就按你的方式去做。很多是市场性的问题。最后还要说一点，通货膨胀的一大危害就是形成通货膨胀预期。现在去老百姓中间做调查，很多百姓深信物价还会上涨。这是最大的问题。通货膨胀预期一旦形成，就是刚性的。大家忧心忡忡，没有信心了。

简要分析一下，大家该投资少投资一点，该消费少消费一点，以对付物价上涨，但和扩大内需的方针就是相矛盾的了。政府扩大内需的方针就贯彻不了，落实不了，是受到干扰和影响的。所以我们应该认识到，它对老百姓的预期还是有相当的危害性的。经济学应该严谨，注意全面分析。比如说通货膨胀，要注意区分农村和城市的不同国内外因素的影响比例。进行一些实际的调查研究，可能对政府比较非常有好处。一个受总理夸奖的人大代表刘永好说，2.5亿农民向城市转移是食品价格上涨的体制化原因之一。刘永好的发言总理当场表扬。可能总理一下子想通了。这种体制性的变化不是哪一个部门管的了得，它是自发的。但是这么明显的现象为什么那么多经济学家没有注意到呢。以前生产猪肉的人口现在到城市吃猪肉来了，那么肉类价格肯定要上涨。粮食价格也是这个道理。看来搞宏观经济问题还没能够宏观地思考问题。看来我们在制定政策的时候、在听取经济学家意见的时候有一个缺陷。经济学家就是干这个的嘛，他们可以在家里思考，看数据，看新闻，看文章，出去调研。为什么没注意到以前生产猪肉的人口现在到城市来吃猪肉这个现象呢？所以我把这个问题概括成经济体制变化带来的通货膨胀因素。

下面我说一下治理通货膨胀的九大措施，这方面总理报告里面都有。温家宝总理强调，防止价格总水平过快上涨，是2008年宏观调控的重大任务。必须从增加有效供给和抑制不合理需求两方面采取有力措施。一要大力发展生产，特别要加强粮食、食用植物油、肉类等基本生活必需品和其他紧缺商品生产，认真落实支持发展生产的政策措施，搞好产运销衔接。二要严格控制工业用粮和粮食出口。坚决制止玉米深加工能力盲目扩张，违规在建项目必须停建。三要加快健全储备体系，改进和完善储备调节和进出口调节方式，适当增加国内紧缺重要消费品进口。四要把握好政府调价的时机和力度，必须调整的资源性产品价格和公共服务收费也要从严控制，防止出现轮番涨价。五要健全大宗农产品、初级产品供求和价格变动的监测预警制度，做好市场供应和价格应急预案。六要加强市场和价格监管，抓好教育收费、医药价格、农资价格及涉农收费的监督检查。依法打击串通涨价、囤积居奇、哄抬物价等违法违规行为。七要及时完善和落实对低收入群众的补助办法，特别要增加对生活困难群众和家庭经济困难学生的补贴，确保他们基本生活水平不因物价上涨而下降。八要遏制生产资料尤其是农业生产资料价格过快上涨。九要坚持实行“米袋子”省长负责制和“菜篮子”市长负责制。物价问题与人民生活密切相关，各级政府一定要把稳定市场物价放在更加重要的位置。现在，国家粮食库存充裕，主要工业消费品供大于求，只要切实加强领导，认真落实各项政策措施，上下共同努力，就一定能够保证市场供应和价格基本稳定。发改委马凯主任将其概括为三项：一是抑制需求；二是增加供给；三是管理好市场。避免乱涨价，这些应该都是有效的，但是我不能认同的是，猪肉的问题解决了，食品的问题解决了，中国通货膨胀就会下来这样一个简单思维，以及所谓挺一挺就过去的理论。我相信中央也不会听他们的建议。我提的建议是：第一，必须修改中国人民银行法，增加中国人民银行的独立性，使人民银行有货币、信贷的调控权。有同学问，调控权不是有吗？大家注意，中国人民银行法讲到中国人民银行有货币发行权，没有讲到信贷的问题。这是一个细节问题。实际上谁都有调控权，中国人民银行有，中国银监会也有，地方政府也有，最好有法律的明确说法，指出信贷归中国人民银行管。第二，根据中央要求，中国人民银行要把握宏观调控的节奏和重点，掌握好科学性、前瞻性和灵活性。科学性、前瞻性是针对国内因素，灵活性则是针对国外因素而言。第三，要加强财政部、发改委和中国人民银行等宏观管理部门之间的协调。这种协调不是在出政策时候的协调，而是要在调查研究、政策搭配、力度重点、效果反馈、决策微调权限和责任等方面的协调。不是简单的协调。物价管理部门之间也要协调，避免多头评论，使市场和居民无所适从。实时调整CPI的构成，必须改变CPI软指标的现状，使其成为硬任务，成为考核政绩标准。不仅要将CPI看成宏观调控指标之一，还要把它看成经济发展的质量目标。

从紧货币政策内涵，我觉得是，货币经济总量平衡同经济增长相适应。应该是好字当先，稳中求进。根本目的是发展，不能搞急刹车，不能搞“一刀切”！历次紧缩都未到位。

（文章来源自《学术讲座荟萃》第46辑，2008年3月13日）

中国经济与产业发展展望

杨建龙

杨建龙

男，博士，国务院发展研究中心产业经济研究部研究室主任。

多年来从事产业经济研究工作，多次参与重点行业体制改革的研究工作，是几大重点行业产业政策的起草者与修改者。

近六年，一直从事汽车产业政策研究，多项研究成果受到全球数十个国家的肯定。

今天摆在我们面前的是一个比较宏观的题目，中国经济与产业发展展望，我们要知道中国未来的经济和产业发展，自然而然的得先回到过去中国经济和产业发展，我们先要从过去的中国经济入手，研究经济史是中国经济的重要组成部分，不同的研究方法会得出完全不同的研究结论。我们想先给大家提供一个基本的分析工具，都是大家熟悉的概念和方法。

一、基本理论和概念的介绍

收入增长、消费升级、结构升级、经济增长，都是大家非常熟悉的概念。从收入增长这个概念科研起来，在经济学中有个非常基本的定律，恩格尔定律。指的是随着收入的增长，人们用于食品等基本生活消费的支出在总支出中占的比重不断下降。为何把这种现象叫做定律呢？定律是有严格界定的概念。因为它跟我们在数学、物理中看到的定律一样具有可重复性、可监测性，超越国家、跨越文化差异、跨越时空的基本经济学现象或概念，所以它是基本经济规律或定律之一，是我们可以信赖的基础。从恩格尔定律入手，画一个图形，假定这是时间轴，假定在正常的社会发展背景下，收入将随着时间推进不断稳定增长。假定我们的收入水平从 0 点开始，随着时间的推移与经济的持续增长，我们的收入稳步增长。这是和现实经济生活比较贴近的曲线描述。恩格尔定律在曲线中告诉我们，假定基本生活消费水平在这个水平上，在时间 t1 点之前，即当我们的收入水平仅刚够满足我们基本生活消费的时候，我们将会把所有收入用来购买食品和基本生活消费。这时候，恩格尔定律所对应的恩格尔系数是百分之百。随着收入水平的增长，我们开始有过剩的收入，到了 t2 期，当有了过剩的收入后，我们发现，除了要改善我们的消费之外，增加了一部分基本的生活消费，还有一部分盈余。这些盈余开始让我们消费非基本生活消费品。这个阶段可以说是完全的基本消费品的第一个阶段，我们开始在基本消费品之外有些非基本消费品。如果我们的收入水平进一步增长，到了 t3 期，我们会看到，基本生活消费在这个水平上进一步下降。我们对第二个阶段新增的这部分新消费需要也在逐步减少，除了满足一两个阶段消费需要之外，开始产生第三个层次的消费需求。不管从实际生活体验中，还是从客观严谨的经济学研究中，都能看到和得出的基本现象和结论，这就叫恩格尔定律。我们往往把它理解成随着收入水平增长，用于食品消费支出的减少。但是，食品的支出减少了之后，剩余的收入做什么，这实际上是恩格尔定律要告诉我们的更重要信息，也是我们展开整个研究的基本线索。我们知道，恩格尔随着收入增长，消费现象变化，所导致的基本结果是什么？我们把这种新的消费现象不断出现、消费结构不断变化的过程叫消费升级。我们从恩格尔定律收入增长规律，完全可以推导出消费结构升级的完美过程。消费升级一般会表现为两个基本层次，我们从质和量两个角度对其表述。从质的角度来说，我们能看到，消费升级表现为消费结构的变化。比如，原来在我的消费中，百分之百都是食品，后来又增加了非基本生活消费品，最后又开始增加奢侈性的消费品。消费结构升级变化基本的趋势是，我们由初级消费品主导逐渐向更注重享受型的消费品迈进。在中国可以看到，在美国可以看到，在100年前可以看到，在100年后仍然可以看到。从量的方面来说，是小范围的消费水平的提高。比如我们在基本的饮食和生活消费方面，一般是温饱，现在觉得有了钱，就想穿得更好，吃得更好，同样是满足生活消费，但是消费对象水平变化。当然，把消费升级分成两个层次并不是严格绝对的，它们有时是融在一起的，很难区分。我们将其区分是因为我们在理解中国经济变化的时候会发现，区分更能帮助你看清问题。

二、消费升级的结果

接下来，当消费升级后，产生的进一步结果是什么？产业升级。试想一下，在这个阶段，我们的汽车工业可能成为主导工业吗？不可能，因为这个阶段大家还想着怎么去填饱肚子，汽车再便宜，我们也没这方面的需要。于是，在这个阶段，人们的所有收入都转化成购买基本生活消费品的支出，而这部分支出，必然又转化成为提供基本消费生活品的企业收入，于是，提供基本消费品的行业就成为当时社会必然的主导行业。这个主导产业，既然是由消费升级特定阶段的消费对象所决定的，那么必然有一定的历史性、阶段性和局限性。很显然，随着经济发展，人们收入增长，消费升级，开始有一些新的消费对象形成了，在第二阶段我们可以看到，收入的增长速度开始快于用于购买基本生活消费品的支出的增长速度。留下来的这部分钱就开始转化成新的消费对象的需求。满足这个新的消费需求的行业就成为新兴行业，增长速度很快的成长性行业。而原来行业的增长速度则逐步回落，到了一定程度后就成为夕阳行业的概念。当新行业增长到一定程

度的时候，收入的增长已经从家里补充的家庭消费的物品进入到住行消费时代。我们要住更大的房子，驾驶自己的汽车，于是住房和汽车就成为更大的消费需求。于是原来的消费需求，如家电工业一样，就必然进入成熟、衰落和平稳低速增长的状态。而汽车、房地产就成为过去几年整个中国经济增长的引擎。可以想象，随着中国经济进一步增长，汽车、住房也总有一天要进入成熟区，就像现在有些发达国家，它们的汽车保有量已经达到很高的水平了，很难想象更高下去，比如现在美国汽车每千人已经达到了 800 ~ 900 辆，但是按三口之家平均计算，平均每个家庭都有 1.8 ~ 2 辆汽车。当一个家庭主要的劳动力每人拥有一辆汽车之后，再有更多的汽车所带来的边际消费增长意义不大。所以，即便汽车工业在高速增长，必然有一个历史阶段还要退出来，在汽车工业之后会是哪些行业呢？我们可以想象，可能是服务行业。我们至少从这样一个推演过程中可以看出，消费结构升级导致的必然结果是产业结构升级。产业结构升级表现为主导产业的更迭和变化，即每一轮的产业结构都是因为有些行业开始成为主导性行业，而原来的主导行业退出历史舞台这种变化实现的。研究消费结构升级是研究产业结构升级的最重要切入点。有人说，现在全球产业转移有比较优势，但全球产业转移背后的比较优势的基础又在哪儿？还在消费结构升级。在判断和分析中国经济的时候，我们讲到了产能过剩、现在的整个结构不合理等一系列问题，在这些讨论背后可能都忽略了一个重要前提，就是对中国消费结构升级没有给予充分的证实。

三、产业升级的结果

产业升级必然还有更进一步的结果。这个结果是如何传导和形成的呢？产业升级的进一步结果是经济增长。产业升级和经济增长之间内在的逻辑和科学关系是什么？不管什么国家，从最初的英国的工业化社会到中国改革后的产业发展，还是美国的历史，你会发现，产业升级是有一些相对稳定的脉络可寻的，是有一些相对清晰的阶段可寻的。这些阶段归纳起来，如果观察世界各国的产业结构升级会发现，大都会表现出来一些从以农业为主导的产业逐步向轻工业再向重工业，重工业完成以后再向后工业化时代的消费主导、金融主导过渡的过程。大概脉络如此。这种主导产业的形成，是由人们的消费结构升级规律决定的。这些不同阶段的高增长行业或主导行业，它的技术属性或投入产出特征是不同的。在以农业行业为主导的阶段，包括今天，它所形成的产业链，一般都比较短。从农产品的生产加工最后到农产品制造成各种各样的消费品，这个生产链条是有的，随着工业化的推进，生产链条还在加长。但是当跟大工业机器为主导的工业区比较，它是短的。短的结果就是它的增长对整个社会经济的拉动是非常有限的。我们在投入产出表中，以直接消耗系数最后计算完全消耗系数，你会看到，这个阶段以农业为主导的产业，链条短决定它一个单位的增长带来的整个经济增长，假定是1。比如说一个单位的增长带来了其他一个单位的增长，加起来带来了两个单位的增长，或者说，完全消耗系数假定是2。那么，随着消费结构的升级，产业主导对象的变化，它的投入产出表上的链条不断延长，进入轻工业时代以后，我们可能就需要对轻工业的装备，就可能产生对原材料等一系列的需求。于是，要满足这个地方一个单位的需求，整个经济可能就得要3个单位的产出来实现它或保障它。当我们进入重化工业时代的时候，我们发现，实现最终消费需求一个单位的增长可能需要5个单位的整个社会的产出增长或投入来支撑它。原因就在于我们的机器大工业、分工的细化、规模经济、产业链条的不断延伸。当我们走过这个时代进入后工业化时代以后，又看到这时候消费主导的行业产业链条又变短了。比如说好莱坞、微软和目前在美国处在领头地位的行业。这种在投入产出表上所显现出来的关系，是直接成为经济增长的决定因素的。在这个时间，经济增长的龙头在这儿，但是最终实现的增长有的是2，还有的是3……，于是我们整个经济增长的路径，可能就成为这样的。这样的经济增长轨迹曲线，我们可以用严格的数学推导出来。大家都知道规范的CGE模型，我们是可能推导出这条曲线的。我们把这个阶段叫做农业化时期，这个叫做储备时期，这个叫起飞时期，这个叫成长期，等等。或者叫农业时期，工业化时期，后工业化时期。工业化时期又划分出重工业化时期。不管怎么划分，出于不同的研究目的，会有不同的划分，但是所有这些划分最后的这条曲线是差不多的。有人说，今天美国的增长速度3%～4%就已经很高了，中国10%～11%都显得里头有比较基数的原因。毫无疑问，有比较基数的原因，但实际上整个经济增长的机制所决定的潜在的增长能力就在这儿。到此为止，我们从4个概念的推演中给大家提出了一个系统的思路。这个思路对大家并不陌生，但当我们真正用这个思路分析中国经济的时候我们发现，在我们现在的研究中，政策制定中，往往有很多是值得深入讨论的，有一些是违背了基本的经济规律的。我们带着这样的观念去看一下是不是这样，为什么不对，对的应该是什么？

第一个要做的是把我们这样的理论框架用到过去20年中国经济增长的研究中。其实我们也可以用这个去研究世界经济的很多特征。在下面理论概念介绍的时候还提到了经济增长和经济波动，产业集群与地区产业发展。研究经济现象的时候，我们发现，同时存在着增长和波动双重属性，或说具备着波动是增长实现的方式，或增长总是通过波动的方式完成的现象。研究任何一个经济指标，都必然会看到波动，这种波动有各种表现方式，但它一定有波动。关于产业集群和地

区发展，更多地讲的是工业增长过程中用于规模经济和区域布局方面形成特定的区域布局现象。我们也不作为主题对其更多解释。

四、中国产业发展趋势

现在进入主题，中国经济的周期阶段、主导产业更迭与发展趋势展望。这是前面几个概念的综合应用。看一下中国 GDP 增长曲线，我认为以 2000 年为标志，2000 年之前，中国经济走过了一个完整的经济周期。2000 年之后中国进入新的经济周期，这种判断并不是大家都能认可和同意的，我可以说一下我的理由。首先，在勾画出完整顶部的区间，实际的经济轨迹有两次大的波动。第一次波动是 20 世纪 80 年代中后期的那轮。李鹏总理领导的宏观经济调控，后来被誉为“硬着陆”的那次调控。那次调控第一次尝试用市场经济的手段进行调控，但是我们需要学习，不得不采用很行政性的手段来调整，经济迅速在投资、出口等方面出现大幅波动。我认为这个波动是外在经济力量强加在经济生活身上的。当然，当时也是迫不得已。因为刚刚改革开放，我们的市场机制远远不健全，“双轨制”机制还在发挥作用的时候，我们出现了两位数的通货膨胀，出现了能源原材料的高度短缺，不得不采取这样的措施。我们看到，当时经济的这轮波动，是有些外在力量强加给它形成的波动。后来的波动是“89 动乱”。不管它在社会政治上有什么影响，但是从 GDP 的曲线上可以看到，它让 GDP 曲线挖了一个很深的坑，就是形成了很大的波动。这种也是外在于经济生活的。当然，我们可以牵强地把这种现象和经济生活联系起来，但我们现在还是用不均衡的办法把一些干扰性因素剔除掉，先抓主要因素。如果说这两次波动完全是外在于经济生活的干扰导致的，那么接下来的问题是，如果没有这两次干扰，中国经济会怎样？

先回顾一下上一轮中国经济的起动有四个非常基本的原因。①农村体制改革，这已经进入我们的历史博物馆了。它解放了农村生产力，带来了中国经济第一次生产力的释放和快速增长。②在农村改革的推动下，城市改革、国有企业改革也取得了明显成效，这是大家知道的。当时联产承包责任制的农村和城市的各种租赁制承包制、各种国有企业改革取得了成绩。尽管也有问题，但是确实在一定范围内为生产力的进步和释放，尤其是非国有企业的进步和增长产生了重要的推动。③我们也能看到，改革的同时我们在开放。开放了就使得在改革开放初期大量的劳动密集型产品开始走向国际市场，又带来了中国经济增长的一股力量。于是，当我们在分解当时中国经济增长的诸多力量，我们会很容易分解出来三股力量。中国的这轮改革仍然是农村包围城市，跟革命取得成功的道路一样，农村改革来驱动形成了这样的繁荣局面。为什么当时在农村，不在城市？为什么在非国有企业而不在大型国有企业？为什么当时是农业产业，而不是汽车和房地产？难道背后是偶然的吗？回想一下改革开放初期中国社会的现状，大家很快脑海中反映出来的是当时的短缺经济，短缺说明了中国经济结构的严重失衡，这个失衡最核心的是产业结构的失衡，又是过去几十年中国经济增长的直接恶果，我们跟着苏联的体制和发展战略走，重化工业优先发展。在当时的背景下，背离了结构升级的基本流程，我们试图用计划手段取代市场的规律，结果轻工业发展严重滞后而重化工业倾斜发展比重很大。我们知道这段历史的结果是，改革开放之初，我们面对的非常严峻的失衡问题就是轻重工业的比重失衡。直接结果就是，居民在当时收入水平上本应该解决的基本生活问题没有解决。当时的状况下我们的收入水平购买力虽然很低，但是低的收入水平和生活水平不至于买什么东西都得排队，因为当时对应着这样的收入水平我们应该解决一定温饱，但是解决不了，因为供给面出现了严重的失衡。改革开放后面对着这样的严重失衡局面，我们开始用市场的手段来引导我们经济增长的时候，市场的手段就无形中自然而然地选中了这个最严峻的失衡问题。改革开放时期，就自然而然地把解决居民消费的问题放在了第一位。这是应该解决而没有解决的，于是最基本的问题放在了第一位。市场焕发出来的消费力量，迅速转化成为引导产业发展的力量。当时中国的粮食丰收，然后迅速转化成农民的收入，转化成农村改革的成果，有一个最重要的前提，因为当时中国人吃不饱。我们试想把那种状况挪到今天的中国，当我们库存中还有几亿斤存粮，当我们的“谷贱伤农”的事情随处发生的时候，可能吗？农民的增收可能不可能转化成收入的增加，转化成改革的成果？不现实。我们今天已经出现了橘子烂在地里没人去采的情况，为什么？我们可以把牛奶倒在沟里，像原来只是在资本主义国家才能听到的事情，今天在中国都发生了。如果当初的改革在这样的需求和背景下，有没有可能把农村的这把火烧起来？我们可能要画一个大大的问号。所以，追溯到这点，我们知道当时不管是偶然还是必然，根本的一点是，我们当时处在这一阶段，这一阶段自然而然就把农村或提供这一产业的代表，放在了重要的增长位置。更重要的是，城市也是如此。当时城市经济中除了国有企业改革之外，最引人注目的是非国有企业的发展。那时的非国有企业发展是从什么时候开始的？是从大碗茶开始的，从下岗待业青年去寻找一点儿就业门路开始的。这些简单的服务业也是以此为基础的。那时中国的非国有企业远没有像今天的奇瑞一样可以进入汽车业，不具备这样的能力。而好在，当时中国特定的经济背景，提供了它们生存和发展的土壤。如果我们按此思路引导着前行，得出简单的结论就是，我们前面看到的三个原因，原来都只是表面的现象。根本的原因在于居民解决温饱问题对日用消费品需求带来的巨大的这种消费

拉动力量，转化成对农村改革的推动，转化成对城市改革的推动，才奠定了当时改革能够取得成功的基本的产业基础，或需求基础，或经济基础。这是偶然还是必然，我们回答不了，但这是事实。居民解决温饱的增长带动了那些行业的增长只是第一步，后面还有更多的推进。

我们把中国的投入产出表包括它的延长表，从历史到现在都归纳起来，之后我们做几个技术处理。首先进行滤波，把主导产业划分出来。然后根据主导产业之间的关联和投入产出关系，形成几个主导产业群。主导产业群形成后，我们看一下，各个主导产业群相互之间的投入产出和拉动关系。可以看一下，在20世纪80年代初期这一段，我们从这样的研究中得出来的基本途径。我们发现，当时中国的主导产业群有三个。第一个高增长的行业，我们誉之为支柱的行业，誉之为经济增长的驱动力的行业，是农业、食品、纺织服装和商业饮食业。这几个行业年均增长速度超过其他行业大概40%～50%。统计年鉴上有据可查。第二个高增长行业是机械、化学和钢铁等工业。它的增长速度比第一个产业群要差很多。第三个是建筑业和建材工业。为什么当时是这样的增长图景呢？我们看一下当时的消费背景。在消费背景中，我们找到了第一产业群高增长的直接原因，因为当时我们所处的阶段就需要它们增长。我们所增加的每一元收入又全部扔到了这个领域，于是这个领域成了主导，成了快速增长。它有供给有需求就形成了繁荣。这个产业的增长迅速带来一个问题，因为我们在这个领域的增长随着规模的扩大，随着生产能力的提升，它需要工业化，需要装备，需要基础设施。大概10年前，我们调查我国纺织机械行业，后来不约而同地发现，“十大纺机”都是在20世纪80年代初发展起来的。这说明当时这个产业的增长不是孤立的，而是能带来新的领域的增长，像当时的机械、化学、钢铁领域的增长等。虽然第二个产业群有高增长，但当时中国的工业和装备能力、技术水平是不足以满足第一个产业群需要的，在这种迫切的压力下，就形成了一个以成套装备进口为主要内容的第一次引进高潮。因为满足不了需要，于是大量进口，当时进口却是吃了很多亏，但是当时这种现象的发生确实有客观的背景。在投入产出表中这个引进是有表现的。除了这两个产业群外，我们看第三个产业群，建筑业和建材工业。建筑业和建材工业当时的高增长有两大拉动力量：第一大拉动力量是基础设施建设，因为当时中国基础设施建设停滞了将近20年。改革开放之后，经济的发展迅速暴露出这种基础设施的短缺，那是我们国家的第一次基础设施建设高潮。它拉动了需求。第二大拉动力量是居民消费的需求。居民消费需求当时表现得更为突出的是农村的居民建设。因为当那个领域成功了之后，富起来的农民率先进入了消费升级。因为他们的温饱和其他需求很快就满足了，手里头有了钱，那时候农村的生活比城市的生活更有诱惑力，多出来的钱盖房子。那是中国农村的第一次房地产热潮。大家如果去农村调查的话会发现，现在的老村子，多数是那时建起来的。我们把这几个关系描述了以后，会看到一点，就是整个的增长逻辑或主导的产业结构，原来都是最源头的地方，消费结构的升级，我们这个阶段特定的消费对象这样一个特征所决定的图景。而且所有这些主导产业都带有明显的补课性质。在工业领域我们自己补不了，不得不去请外教。在这个地方，我们补课的压力就更加突出了。这种补课式的需求爆发式的增长，很快就在20世纪80年代中后期带来严重的宏观经济问题，就是两位数的通货膨胀和短缺。当时谁要是能掌握铁路的车皮，或掌握稀缺物资，那将是非常受追捧的，有非常容易变现的权力。这就形成了我们后来的经济调控。那两轮调控，表面上看来中国经济大起大落，然而，当我们细看到经济背后基本的机制和结构规律时，发现根本上并没有为之所动，而是保持着稳定的规律和机制。图景和当时不一样了，但机制和规律没有发生变化。首先我们看一下，消费品产业群。原来非常基本的消费品产业群退出了主导圈子。随着随之而来的服装、家具、文教、体育用品的高增长，又成为典型现象。我们看到，中国在走出基本消费之后，开始进入拉动轻工业为对象的一个非基本消费品的需求阶段。消费品内部结构的升级，消费品小范围的升级或水平升级，我们已经不再为吃穿发愁了，温饱问题得到了比较好的解决，于是很多富起来的家庭就开始追求房子。这个阶段是我们国家纺织工业和家具工业、文教体育用品等非基本生活品的快速成长时期，并进行了升级。另外看一下，重化工业产业群的增长，在这时候已经成为第一高增长行业，增长速度已经高于消费品产业群了，结构地位在提升。另外，我们看到能源和基础设施，建筑行业退出来了，因为两位数的通货膨胀和国家宏观调控导致了首先卡的是投资、信贷，于是这个行业迅速回落以后，整个上游领域开始转向了弥补当时能源原材料缺口的这些行业，又到了我们电力、煤炭、石油、天然气行业。当时两位数的通货膨胀和短缺使得我们在电力、煤炭行业产生了巨大的压力。为了解决这种严重压力，也为了当时国有企业改革再次遇到的困境，我们采取了些后来贻害无穷的办法，就是放开了在这些领域的国家管制，比如说煤炭，每个小矿都成为独立的主体。那时国有企业改革中的很多问题集中到了这一块儿，试图通过结构的办法去解决它，所导致的结果是我们后来都不愿意看到的。确实，当时全民办矿，解决了当时一定的问题，尤其是小煤窑的遍地开花解决了不少问题，但是小煤窑又是今天对中国经济贻害最严重的历史遗留问题。这是当时的这个图景。但内在机制没有变化，消费结构升级仍然是一条主线。这个是以基本生活消费品为主导的主线。

等到这轮调控基本结束的时候，我们就进入了20世纪90年代那轮高增长时期。“89动乱”的影响开始弱化以后，中国从90年代进入爆发式的增长阶段。

我觉得经济运行会有一个均衡的轨迹，当我们实际的运行脱离这个轨迹越远的时候，它形成的这种反弹和恢复的力量越强。我觉得它有这种弹簧般的性质，这就和今天中国的股市一样。在这轮增长中，增长的图景有一些新的变化。①重化工业产业群成为绝对领先的高增长、主导行业，重化工业引领了我们那次经济增长的主流，构成了那次经济增长最核心的特征。②消费品产业群依然处在高增长的第二位，但是它里面的内容显得非常繁杂。感觉有点儿强弩之末了。③建筑业和建材工业。在每一轮中国经济的高增长过程中，建筑业和建材工业必然都是高增长的行业。波动幅度大于中国经济波动幅度。这就是我们说中国经济是一种投资驱动的经济的一种产业表现，而每当经济处于回落时，就找不着它了。在这轮增长过程中，消费品开始快速拉动，然后主导，现在弱化了，被重工业所取代，还有一股力量，就是出口，当时消费品的出口让我们无法忽视它的存在，已经成为中国出口增长带动。另外出口的还有重化工业产品。在20世纪90年代初期，重化工业产业群在过去的进口替代基础上出口能力明显加强。这时是中国机电产品出口快速增长的时期。在此图景中，我们不得不对出口的拉动力量有一个客观正确的评价。出口的力量在我们的消费增长之外形成新的力量。④金融、保险、交通运输等成了主导行业。重化工业产业群仍然很强，最后留下来的又是我们在经济回落中的能源原材料上游工业。这一阶段描述中国整个经济周期性回落阶段的特征。是从1995年、1996年的调控一直到2007年长达7年的回落过程特征。我们能看到重要的现象是消费品产业群找不到了。在这个时候，我们能看到，收入水平增长已经让我们完成了一个在基本生活消费品包括轻工业在内的消费品的需求的高增长阶段。拉动经济高增长的这个龙头，因为收入水平开始跨越这个阶段，开始明显回落了。当拉动经济增长的这个龙头回落以后，对整个经济都带来源头上的影响。满足基本生活消费的曲线，从上升到回落，它跟我们整个周期的节奏是一致的。在它变化过程中，它形成什么样的其他产业形态的传导呢？我们用消费结构升级引领产业结构的升级概念来看一下上一轮经济增长基本的增长趋势和结构。消费结构升级，在过去快速增长作为主导产业然后后期回落，这个阶段的消费结构升级可以界定为基本的温饱层次的消费结构升级。开始的增长带来了经济增长和产业升级。后来的回落，也形成了经济增长回落的重要原因。建筑业和重化工业，开始在它的拉动下上涨，只不过在后期得到出口增长的支持。但是，那时重化工业的增长，根本还在于我们需求的拉动。因为出口对它的贡献力量，尽管增长很快，仍然不是主流。中国的事实是内需主导的经济。不是外向型国家。能源原材料工业和建筑业两个是互相消长的。接下来，我们继续用这个观点分析90年代末期宏观经济的背景情况。那轮周期的回落，我做了归纳，首先一个通行的说法是改革开放的前期成果基本释放。新的改革，就是深层体制问题出现后，又使得我们在短期内难以挖掘它的增长潜力。其实这种压力状况下，不仅仅是我们改革本身的状况，还有一个大的背景，就是经济增长的情况。然后，温饱层次的补课式的需求基本满足。到20世纪90年代后期的时候，消费结构升级的进程受阻了。按理说，随着收入增长过去的消费对象开始退出以后，新的消费对象应该形成并接替它，新的主导产业应该形成，但是没有。所以当时见诸各种报道最常见的词就是缺乏增长热点，高增长行业转换中的断档，或消费结构升级中的断档。还有一个现象是电子信息产业的发展。当时电子信息产业正处在培养第一次泡沫的时期。尽管泡沫膨胀得很快，但是跟大的国民经济相比仍然是微不足道的。所以说并没逆转中国经济增长的大局。为什么当时会断档？深层次的体制问题会在这时出现？回想一下当时的历史，从1990年开始，中国经济增长速度回到了12%～14%，达到了历史新高。1996年末至1997年初时，一位著名经济学家撰文说经济1993年、1994年时似乎有过热的苗头，后来这个观点迅速被认可，开始形成宏观调控的一系列手段。朱镕基领导的一次后来被誉之为“成功软着陆”的调控。在那个背景下，尽管也用了些行政手段，但更多的是试图努力学习和使用规范的市场化的调控和手段。物价回落以后，经济增长速度回落以后，一种非常良好的增长状态得到肯定。时间继续往前推，到1996年、1997年那段时间以后，我们发现“软着陆”成功实现以后好像还在往下走。问题的性质在发生变化。所谓着陆，就是不管是软是硬，已经是到底了。到底后就应该平稳地上来。到这个时候我们发现它在持续地下降。这时候就有些不同的声音出来了，争议很多。樊纲教授明确地提出，中国经济可能有通缩的迹象。对通缩的顾虑往往不容易被接受。当有这样的说法不久后，越来越多的数据显现出来通缩真的发生了。如果仅仅是经济增长放慢，物价回落，似乎并没有什么，问题是中国正处在改革开放的攻坚时期，正处在各种社会矛盾尖锐对立的时期。这个时期，经济增长速度放慢会迅速转化成各种社会压力。1998年、1999年经济增长速度放慢，迅速转化成各种社会问题。我们发现，放慢后我们就没有钱解决国有企业改革的各种问题，下岗职工安置也需要花钱。国有企业的更新改造、社会保障体制的建立也需要花钱。这就影响到了改革历程的推进和整个社会的稳定。经济低速增长所转化形成的社会压力自然就会转化成为改变这种现状的愿望和动力。所以不久，宏观调控政策就由原来的紧缩开始向扩大内需、向促进经济持续稳定增长转变。为了扩大内需，提升经济增长动力，采取了一系列措施。首先在财政政策方面，用得最多的就是国债。国债从最初60亿元、160亿元，最后到了2000多亿元，快速地增加。我们期望扩张性的财政政策能发挥杠杆撬动作用，把1分钱的投入转化成若干的社会投入，带来经济的增长。然而真正的实施过程中，没有达到我们预期的结果，我们看到的是国债资金成了浪费。问题有很多，包括管

理体制或其他一些体制上的问题。体制的问题并不能解释全部，还有结构问题。财政政策的杠杆效应没有表现出来。再看货币政策。最典型的货币政策就是降息。连续6次降息。降到头之后发现效果不明显，最后又对留下来的利息加收20%的利息税。货币政策仍没发生作用。很奇怪，IS－LM模型为什么转不动了？问题在哪儿？看一下储蓄。降息政策的目的是让老百姓把他的钱从银行里拿出来，把未来的消费用来今天消费，扩大内需。但是这个政策并没有有效促进储户的消费。在中国特定的背景下，居民的储蓄机制和教科书中描述的是不一样的。教科书中描述的机制是，把今天的消费推后，是今天消费和未来消费的权衡和最大化的问题。我们储蓄的对象仅仅是储蓄和消费之间的变通关系。然而在中国今天，好像这样的变通关系不存在。教科书里的变通关系是在每一个储户基本的生活得到保障，有很好的生存安全背景下形成的储蓄和消费之间的变通。而在中国，如果基本生存保障没有得到很好的确信，这样的机制是不存在的。当生存的基本保障没有得到确信的时候，储蓄实际上就是通过今天的积累向未来寻找一种自我的保障，是与生存联系到一起的，比所谓的消费升级要根本得多。所以，中国的消费者和储蓄者完全不受这种储蓄机制的影响。更重要的是这种保障提供的不仅是心理的安慰，而是真真正正的。这样的机制不一定能代表所有的储蓄行为，但是我认为它是有一定的普遍性和代表性的。因为当时中国社会保障体制真的不健全。所以，我们的储蓄政策失效了。再看投资，我们的货币政策在储蓄这条线上，不能说一点没走通，但是没达到预期效果。再看投资。我们不断降息，希望大家去投资，结果投资并没有起来。国有企业来贷款，因为它的软约束就不敢贷给它。因为知道贷出去就回不来了。而且当时银行也在不断地提高风险机制，它们对国有企业的贷款已经怀有很高的疑虑。如果钱不往外贷，那么扩张性的政策对投资的机制在这里就已经被阻挡住了。投资需求再强有什么关系？银行不给贷也没用。1998年时我们调查了10个开发区的中小企业融资问题。当时有很多贷款需求，中小企业看到了市场运行中结构转化过程中的很多机会，加上当时产业、技术进步带来了很多机会，它们看到了需求，也有能力获得更多的回报，有能力偿还银行贷款，但是大银行不愿贷给它们。给中小企业贷款还有个问题，交易成本太高了。如果贷出去100笔贷款，有两笔出了错误，错误的性质是不一样的。给国有企业贷款出了问题，会说你是工作失误。国有企业，国家自己的企业，怎么说都会找到些合理的理由。但是给民营企业贷款，如果出了问题，可能会成为一种瓜田李下的错误。于是银行不愿意贷。看到中小企业贷款遇到这么多问题，中国人民银行发布政策，专门促进中小企业贷款，各地银行要成立中小企业贷款的办公室来解决这个问题。最后还是没有解决。很多中小企业得不到银行的支持，怎么办？不得不通过自己的联络、组织，形成一些民间的金融活动。中小企业自己的担保机制、民间融资形式出现了很多。这种民间组织形式很灵活，专利等都可以抵押。有点儿互助小组的形式。这种形式和银行规范的形式相比问题太多了，很容易带来不规范的东西。但是为什么大家会选择它呢？因为没有更好的选择。有些也得到了地方政府的支持。但它存在很多体制性、基因性的问题，不可能大范围推广。从当时的现象我们可以看到，这些因素都成为阻碍宏观调控正常推进过程中不能顺利进展的原因。银行手里拿了储户那么多的钱，不愿意给国有企业贷款，也不愿意给中小企业贷款，拿着这些钱怎么办？烫手的山芋。最后就形成非常有意思的投资现象，就是对仅有的一些投资领域超额融资。20 世纪 90 年代末期的时候正是电子信息产业快速发展的时期。当时在那种情况下，为了竞争市场，这些企业，第一，戴着高科技冠冕；第二，多少都有些国有企业背景；第三，作为国家鼓励产业，有政策支持，于是就成为银行贷款竞相追随的行业。那些企业拿着钱干什么去了，它们生产真的花得了那么多钱吗？不是的，它们都去做市场。听起来这是很合理的战略选择。开始也许是亏本的，但一旦占领市场后，后来的技术依赖、更新等就离不开我了，我再慢慢转移。但是，当竞争进入恶性的时候，互相破坏，浪费的钱都是银行储户的钱。这就是我们看到的这条线的回落。我们鼓了那么多的劲让它回来，但都没有回来。所有的理由背后，最根本的理由，在于消费结构升级的断档。我们过去的消费回落了，而新的消费没有上来，所以我们经济回落了。

在刚才的分析中，我们看到，上一轮经济的回落，宏观经济调控没有起到相应的成效，有各种原因，后来我们认为，根本原因在于消费结构的升级断档，就回到了原来给大家提出的基本的分析工具。20 世纪 90 年代末期，解决温饱消费的需求基本上得到满足了，这个阶段消费结构升级和相应产业结构升级的历史使命就阶段性地告一段落。按照经济平稳持续增长的正常机制，按说应该有新的消费对象出现，应该有新的行业增长来支撑经济的持续增长。大家都看到了住和行的需要。在 90 年代末期这种需要已经很现实地存在于社会中了。但是为什么它没有接过从基本的温饱产业手中交给它们的接力棒呢？回想起来，可能都是似乎不够科学严谨但又非常真实的原因。我们通过汽车和住房来看一下。在上一轮周期末期，我们已经开始探讨中国加入世贸组织的影响，如何去面对？这时，我们非常担心汽车工业。我们的几大汽车企业，包括当时的合资企业，仍然在国家的保护中享受着大蛋糕，似乎承受不了打开国门后的狂风暴雨。当时我们在想，入世后能不能运用什么办法把汽车的进口挡到门外去？比如说，要设置一种技术标准，把别人挡在门外，首先自己要达到。后来我们找不到这样的标准。为什么呢？就是垄断、保护。这个原因不仅让中国没有汽车工业，更重要的是限制了中国的汽车消费，限制了中国的消费结构升级。它带来的影响远远不止汽车工业本

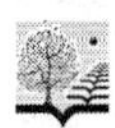

身。当时的保护价是国际水平的两倍以上，进口车的关税一般都在120%以上，而且还有进口配额限制。所以我们的消费需求，按说应该拉动增长了，但面对两倍的价格，我们的购买力平白被打了半折。保护高价格，使得我们应该释放的需求在这个高墙面前驻步了。还有一个方面，就是汽车消费环境。我们一直认为家用轿车是什么，是轿车，在中国的传统文化里，是轿子的发展，轿子是奢侈性消费品。于是当时在汽车进入中国之前，讨论的是中国要不要发展汽车，有人认为中国人不需要，中国人喜欢自行车，中国是自行车王国。这些观念导致了中国汽车消费非常恶劣的环境。在这样的消费文化、消费壁垒面前，中国的汽车消费必然释放不出来。如果假定当时中国是开放的汽车市场，能以合理的价格买到需要的行的替代物，那么那个时候我们可能就不会有长达7年的持续回落了。可能在回落四五年的时候就起来了。其实在末期，私人消费汽车在重重压力下已经快速抬头了。但真正的消费力量仍然被压制下去。汽车这股力量没有转化过去。

再看房地产。在周期顶部的时候，房地产行业曾经迎来改革开放后的黄金时期。但由于没有足够的需求来支撑它，我们当时仍然是以温饱消费为主导的消费升级，于是，那一轮就成了地产泡沫，那一轮高增长以后就形成遍布全国各地的烂尾楼。但实际上，房地产的需求是很现实的，只不过被阻碍了，被什么阻碍了？被当时的政策环境。地产市场的发展，一定要有一个充分发达的二手房市场，让购买力能迅速的转化、流通，这才有发展的可能。而当时，流通、循环被阻碍了以后，它带来的影响甚至是致命的。但是今天就挡不住了，因为今天内在的需求太强了，反倒是内在需求在这种不一定顺应市场规律的政策下，形成了损害产业持续发展的内在力量。过去那段时间，这种闸门和障碍就影响了需求释放。不管怎么样，我们在新的消费需求或消费结构升级过程中走不下去了，被硬生生地绊住了，那么新的上不去，旧的回不来，经济必然是回来的。当我们所有的下游行业不增长了，钢铁行业能增长吗？所以，当我们基本的源头需求放慢了以后，上游的怎么可能加快呢？最后转化成库存，库存最后又转化成直接制约生产增长的现实力量。如果按前面的逻辑来讲的话，我认为那个阶段根本原因在于消费结构升级断档带来的产业升级断档，最后形成经济增长持续的、长期的、跨越周期的回落。这是我们对上一轮整个经济周期的解释，其实这种解释不是让我们满足的结论。我们沿着这个解释再往下走，看看换一个角度是一个什么样的图景？

2000年时，中国经济可以说就已经到了谷底。但实际上当2000年中国经济进入谷底的时候，已经开始孕育一种新的增长力量。我们看中国的投资和资本市场，中国的股票市场经过长时间的低迷衰落后，在那时略有回升。最初是由谁发出了中国资本市场、股票市场的第一个亮丽的火花？回想一下当时的长安汽车、地产企业。其实就在我们的地产企业烟雨笼罩最严峻的时候，在2000年、2001年的时候率先在资本市场上看到了这两个领域亮丽的增长。在2001年时提出一个词，即“汽车元年”，忽然间发现，加入世界贸易组织后，中国的汽车工业并没有被打倒，反而比以前更健壮。我们忽然发现，原来有那么多的人买得起汽车，原来中国已经进入了新的汽车消费时代。我们就看到在2001年，中国的汽车消费能保持80%甚至100%的增长速度，这就是中国汽车工业的繁荣。为什么前后就几年时间中国汽车工业就繁荣了？原来就在这几年时间里发生了重要的变化，就是中国加入世界贸易组织。中国加入世界贸易组织带来的不仅是身份的变化，更重要的是，它使得中国的汽车工业开放了。开放后我们发现，除了桑塔纳、捷达外，原来汽车还有那么多的品牌，原来车价可以像电视机的价格那样往下降。更重要的是，2000年、2001年的时候，中国的人均购买力水平（按现价）大概是1000美元。1000美元是个神奇的数字，为什么不是1500美元，也不是3000美元，后来发现很多国家都把1000美元作为转化点。

另外，再看一下地产行业，2001年，当我们还笼罩在地产阴云的情况下，中国迎来了地产行业最黄金的时期。后来几年的发展我们发现，汽车和地产的增长不是孤立的现象。

首先，从本身来说，这轮的增长跟过去的增长不一样，过去那轮增长很快就成了泡沫，坍塌下来了，而这轮的地产增长我们总是认为有地产泡沫，它就是不破灭。像2004年调控的时候，把底下那把火一撤，再加上人民币升值，中国的地产泡沫不就跟日本那时一样要破灭了？结果没有。后来一想真的没泡沫，因为这轮中国地产业的增长跟上一轮不一样，跟日本也不一样。我们把目前地产的各种需求罗列起来，真实的情况告诉我们，中国这轮房地产需求增长是有真实需求的。如果完全不是真实需求，而是投机造成的，那么最近中国房价可能就不是增长放慢，而是要迅速下滑，像美国次贷危机一样。对2008年的房价我们预测，上涨至少会在8%以上。这是这轮中国消费结构升级所决定的基本现象。汽车和住房的高速增长不是一个孤立的现象，我们把这轮消费对象特征和上一轮相比较，最大的特征是，经济总量很大。汽车和住房只要有购买力，几乎每个家庭都产生这样的要求。

其次，单个产品的价值量很大，它已经进入几十万元、上百万元的消费层次了，而我们原来包括电脑的消费品都是万元级的。于是把这两个系数乘到一起会发现，汽车和住房带给我们的是一个巨大经济总量的消费需求。同时，这两个行业从对整个产业的拉动来说，需要有足够的配套产业支撑发展，拉动系数比其他产业高很多。两个因素决定，这股增长力量必然要传导出去。这就导致2002年整个中国经济总体回升的现象。这股增长力量对能源原材料的需求形成了拉动，

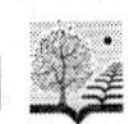

2002年夏季的时候，有些地方开始拉闸限电，2002年初煤炭价格已经快速上升，这都是我们此前10年没有看到的情况了。2002年第二季度和第三季度的时候，整个经济主体回升进入新一轮的增长，已经没有人争议这个问题了。这时在资本市场轮番上演一个个亮点。这股热潮到了2002年底就清晰地传导到了上游的能源原材料行业。我们对铁矿石的需求把全球的铁矿石价格迅速拉高，对燃油的需求拉动了全球油价的变化。今天中石油、中石化只需对全球投出20万吨的订单，价格马上发生变化，这就是今天中国的需求。这也是今天我们很头疼的事情，因为今后我们的需求增长更快，远远超过20万吨。中游行业的快速增长传导到上游，在2002年年初传导年末的过程中就清晰可见。导致的结果是整个中国经济宏观的曲线迅速回升。宏观经济的周期走势，往往滞后于一些先导行业的周期走势。在这个跟踪过程中，大家就会看到，为什么先导行业会对我们有很好的启示作用。经济的恢复表现出来，2003年中国经济正在快马加鞭的时候，遇到了"非典"，"非典"让经济略微停顿了一下，停顿又导致了"非典"过后爆发式的增长。到2003年我们就发现高速增长的"经济列车"就开始有些问题了。最突出的就是短缺和价格的快速上涨。2003年时过热的苗头已经清晰可见，中央提出各种调控措施。吴晓灵提出以窗口指导为方向的调控举措。但是那轮窗口指导没达到预期的结果，最后形成企业和决策者之间的博弈。当时调整政策起到了逆向上推的结果。这种上推结果后来在2004年的调控中就引致了更严厉的调控，后来我们发现这种窗口指导和市场化的办法就有点儿不奏效了，在博弈规则出了问题之后，我们就得改变规则。就采取了以铁本为代表的严厉的调控。伴随铁本，还有收紧流动性一系列举措。

这轮经济周期的启动，龙头在哪儿？龙头在汽车和住房。这个龙头实际上继续着20多年以前那个回来的龙头，进入新一轮的消费结构升级。这个新一轮的消费结构升级的增长力量，传导到中游、上游乃至整个宏观经济，决定了2000年之后整个中国经济图景中80%以上的基本规律和现象。或者说，可以从这个逻辑中推演出此后这些年，大多数的经济问题和现象。我认为，如果不能理解消费升级，是不可能理解中国经济的。这是我们现在看到这些现象的根源。我们讲到投资，在我们宏观决策过程中，最近要控制投资、紧缩投资，要从土地信贷等方面控制投资，因为投资带来经济过热，要控制它。要控制投资的另一个原因，是为企业考虑的，因为企业只看到自己的利益，我们能掌握全局的利益，全局的利益有过剩的可能，过剩可能导致过热增长以后的快速通缩。其实，有些事情没有简单的对错。如果说对市场真实的感受和认识，我认为没有人能超得过企业家。因为企业家是拿着自己的钱去投资的，投资的失败与成功直接决定了他的利润。他对投资会比我们任何人更负有责任，责权是严格对称的，尤其是民间资本。而我们很多决策者，似乎不完全承担这个责任。现在又存在个体理性与群体理性之间的矛盾。但从实际的观察和体验中，我们发现，群体理性最好的代表者是这些企业。为什么由这些企业所构成的群体理性有时会走向错误的方向呢？这种错误不是它们的群体理性发生了错误，而是引导它们这种群体理性走向的外部规则环境发生了问题。比如说今天的投资。是通过加强对银行、土地的限制直接不让它们投呢？还是提高节能环保标准以后随便它们投呢？现在 20% 的节能目标没有实现，所以就应该控制高耗能产业的投资增长。我们 20% 的目标没有实现是因为节能做得不好，节能做得不好是因为“结构刚性”。这个词指的是目前中国就处在重化工业的阶段，重化工业客观上就要求那么多的能源和消耗。这个说法是对的，但是在结构刚性的同时还有另外一个问题，就是把刚性软化的可能。产业结构的升级调整是个漫长的过程，在这个过程还不足以解决短期问题的时候，短期内怎么去软化它呢？靠技术、靠创新，而技术和创新靠投资来实现。换句话说，如果我们在高耗能的领域，没有积极投资和必要的投资，我们就不能把新技术、新设备引到生产领域，于是我们就只能在传统的老旧设备、老旧技术的基础上进行节能。老旧设备和老旧技术所留给我们的节能空间必然是有限的，于是我们就必然得面对“结构刚性”的现实，必然完成不了节能任务。问题出在我们对投资的限制上。这个领域所需要的投资远远不是百十亿元或几百亿元的产业基金能解决了的，它需要带动全社会的投资进入这个领域。因为很多的节能和新技术的投资是跟新增产能不可分割的。而新增产能的投资就撞到过南墙上，不准上新增产能，不管从短期宏观调控的要求来说，还是从节能减排的要求来说，于是，新增产能所伴随的新技术、新设备的节能也自然就无从谈起。那么，我们结构的升级、优化，节能减排就成为一个愿望，因为没有钱投入进来。我们很多投资因为传统的控制投资概念被挡住了，因为它和传统投资之间密不可分的关系被挡住了。于是我们真正需要的投资进不去。所以，我们在这个地方控制的投资是和我们的初衷刚好相反的。我们开始是要降低能耗，提高效率，结果却是破坏了我们努力的成效。我们的节能环保为什么不能加大力度呢？如果我们对整个外部性有非常严厉的措施制约，这部分产能就是不投入也会灭亡的。在国外，节能环保的处罚是要你倾家荡产的。我们现在的处罚不痛不痒。现在这次刚好大部制改革，可能会有所进步。我们不能把这块没做好的责任提到另一块上来，这叫做“错位”。我得出一个结论，就是要加大高耗能产业的投资。有新投资、新技术、新装备才有我们新的结构提升，才有新进步。

回到主题上来。归纳一下中国经济增长的力量。第一，消费结构升级，以汽车、住房为主，带动力量强。第二，要突出城市化和城市升级加快，也是消费结构升级的一个方面。就是我们整个社会对消费的选择。中国城市化进展的过程，

是我们不可回避的未来主线，这与消费结构升级是完全一体的。但是，城市化则给我们提供了新的研究视角。接下来就是全球产业转移和出口竞争力，这是外在于我们的一种需求拉动力量。可以把过去划分为三个阶段，第一阶段是1980～1990年，第二阶段是1990～2000年，第三阶段是2000年之后。这三个阶段的出口、进口都在发生系统变化。以装备工业比较，在第一阶段时，我们的装备工业基本上是以成套的大规模装备进口为主导的。装备是整个工业的基础，是决定一个国家工业水平和能力的关键。第二阶段是进口替代和国产化过程。我国那时机电产品出口的优势主要依赖于装备工业的发展。第三阶段是装备工业开始由进口替代向出口导向转型。这个转型和劳动密集型产品带给我们的意义不一样，中国在国际经济舞台上的地位，看的是装备工业有多大的竞争力。全球产业转移和出口竞争力的根本是技术进步。我们今天已经到了需要跨越这个障碍的时候，所以我们今天提出来创新和技术进步已经不是一个口号，而是中国经济到了必须进入这个状态、推动这个阶段的时候，如果错过这个时间，20年之后就不一定有中国了。现在周边国家，如印度的崛起对中国的威胁都不是危言耸听。我们站在现在的时点上看未来的30年、50年，我们只要确信这三个力量，可以对未来30年、50年做出最确信无疑的判断，我们相信只要这三股力量不会受损，那中国未来30年、50年的增长是不存在悬念的。我们可以想象，这三股力量，对中国未来20年、30年的周期是一个什么力量，这一轮扩张周期会一直延续到30年以后。只有一种可能性会打乱这个，比如说台海战争或整个世界的正常秩序受到彻底打乱，否则，这样的增长势头自身不仅很强劲，而且抵抗力很强。这样的中长期增长，让我们在“非典”时候，在油价高涨、人民币升值、伊拉克战争等不确定环境下依然保持健旺的增长力。为什么会这样？就是因为有这种中长期力量支撑的坚定力量增长发挥着作用。这个坚定的增长，使得中国经济在2004年以后的短期调控过程中保持着高位调控的坚实力量。短期因素影响是在我们确定了中长期基本力量趋势的背景下，来发挥边际性和短期的局部影响。如果我们这条线没划准，基本的力量没找准，去追求其他力量，那么对经济形势的判断是不可能准确的。因为忽略了最根本的主线。

再回到现在的宏观经济形势。我们知道2008年可能是中国经济周期性的一个拐点，而且第一季度数据已经显现出来各种迹象。现在我们对2009年、2010年整个经济的走势做何判断？我们有必要回顾一下2004年的周期。2004年的周期是高位调整的周期，因为有中长期增长的支撑力量在发挥作用。我们2009年、2010年的调整仍将是高位调整。如果打破中长期的轨道进入下行的轨道。那对中国经济来说可能就是灾难。那会不会有灾难？我们只需看一下2004年的状况，如果2004年的这种状态可以延续，我们就可以放心。显然当把问题提到这儿的时候我们就得到了答案，因为我们中长期的力量，消费结构的升级不可能在两三年之内停下来。我们城市化的进程也不可能改变，整个全球产业转移不可能停止。而且，技术进步在所有的方面发挥着推动力量。

最后回到股票市场。股票市场是各种短期因素最繁杂的领域。最近的下跌完全是短期因素，我们不能因这些短期因素对整个经济的走势做出错误判断。第一季度出现6%的出口增长速度，仅仅是我们出现了周期顶部的一个波动。我们要从短期和局部因素中跳出来，从中国经济增长的长期趋势和长期趋势决定的周期趋势来更客观深入地了解整个经济的趋势。

（文章来源自《学术讲座荟萃》第46辑，2008年3月13日）

全球气候变化与中国经济发展

潘家华

潘家华

男，1957 年生，湖北枝江人。1992 年获英国剑桥大学经济学博士学位。现任中国社会科学院城市与环境研究所所长、研究员、博士生导师。兼任中国生态经济学会副会长，中国保护母亲河顾问团成员，国家气候变化专家委员会委员，欧洲气候论坛理事。

主要研究领域：可持续发展经济学、世界经济、能源与气候政策等。主要论著有《可持续性的最优控制》（Int'l Journal of Ecological Economics，1993），《持续发展途径的经济学分析》获中国社科院第 2 届优秀成果二等奖，《人文发展的概念构架与经验数据》获中国社科院第 4 届优秀成果一等奖，《减缓气候变化的福利含义》（Global Environmental Change，2008）。参与撰写的《全球气候变化丛书》之《减缓气候变化的经济分析》获得国家科学技术进步二等奖。《减缓气候变化的福利含义》（Welfare Implications for Climate Change Mitigation，2008，Global Environmental Change），Greater Emissions Cuts by Developed Nations for Success at Copenhagen，Nature，20 Oct，2009。曾任职 UNDP 北京代表处（1996～1997 年）、IPCC（联合国政府间气候变化专门委员会，2007 年获诺贝尔和平奖）第三工作组（荷兰，1998～2001 年）。IPCC 气候变化社会经济分析评估第三次（1997～2001 年）报告主编、主要作者和第四次报告主要作者。发表中（英）文论著 300 余篇（章、部）。有专著、论文获中国社科院优秀成果一等奖、二等奖。

气候变化问题在国际上已经热了很多年，但在中国，受到重视时间并不长。2007 年，诺贝尔和平奖授予了开展气候变化宣传的美国前副总统戈尔和进行气候变化科学评估的联合国政府间气候变化专门委员会（IPCC）。由于中国有 28 位学者参与了 IPCC 的工作，于是，中国的诺奖得主就成批量了！既然气候变化受到如此重视，下面想跟大家谈几个问题：①全球气候变化的基本内涵。气候变化问题是不是空穴来风？我想在座的各位对于气候变化的关注是最近的事情，所以对于基本的问题、概念可能不是很清楚。②国际气候制度构建。气候变化是现在最重要的国际制度之一。有人说它的地位仅次于世界贸易组织，有人说它的地位已经超过了世界贸易组织，之所以这么说，是因为它对构建国际制度的影响已经超过了世界贸易组织，有着非常坚实的基础。③中国能源消费的增长问题。气候变化对于所有的国家，特别是中国都是一个重大的考验。④全球温室气体减排的经济分析。全球的温度在升高，温度上升多少在经济上是可行的？⑤中国未来温室气体排放态势与原因。在这个专题下，我们将对中国的温室气体排放做一个简单的回顾，看看气候变化到底有着什么样的含义。⑥中国“十一五”目标与可持续发展努力都涉及减排的问题。现在中国国内的节能减排和国际上的是两个概念。国际上的减排就是指温室气体的减排，国内的减排是指污染物的减排：除了温室气体外还包括二氧化硫和 COD（化学需氧量）。⑦中国温室气体减排的挑战。中国在经济发展中有没有温室气体减排的潜力？⑧应对气候变化，中国的政策选择。

一、全球气候变化

二氧化碳浓度升高所引发的温室效应问题，最早是由 19 世纪末一个诺贝尔物理学奖得主发现的，但是当时并没有引起重视，直至 20 世纪 80 年代，人们感觉到温度确实在升高，该问题才引起相应的重视。由于温室气体是超出国界的，边界可以划分，但是气体的扩散无法控制在一国边界内，没有任何一个国家可以说温室气体与它无关。最初美国科学院从以下几个方面考察了气候变化的科学问题：①全球温度是不是在升高？是否存在温室气体问题？②如果温度升高了，对我们的影响有多少？是否需要减少温室气体的排放？③减少温室气体排放，会对社会产生什么样的影响，有没有经济代价？1988 年，联合国组建了政府间气候变化专门委员会（IPCC），该机构借鉴了美国科学院的想法，组建了三个工作组，每个工作组有两名共同主席，一名来自发达国家，另一名必须来自发展中国家。这么做，是为了保持政治上或学术上的平衡。1990 年，IPCC 发表了第一次评估报告：确认存在着全球气候变化问题，并且气候变化很快。IPCC 第二次、第三次、第四次评估报告分别于 1995 年、2001 年和 2007 年完成。第四次评估报告在原有的数据基础上，对气候变化有了更为综合的评估：①大气二氧化碳浓度从 1750 年约 280ppm，增加到 2005 年的 379ppm（ppm 是百万分率，测度二氧化碳浓度的单位）。②1906 ~ 2005 年全球地表平均温度上升了 0.74℃。③与 1980 ~ 1999 年相比，到 21 世纪末地球可能增温 1.1 ~ 6.4℃，海平面可能上升 0.2 ~ 0.6 米。欧盟的学者提出，全球温度上升，必须有一个上限，温度不能超过 2℃。后来有人提出，2℃ 是不是过于机械了？于是有了些政治色彩，从 2℃ 提高到 2.4℃。④提议到了 2030 年，如果能把全球温室气体浓度控制在 550ppm，减排成本可能低于全球 GDP 总量的 3%。⑤如果到 2050 年，能控制全球平均升温 2.0 ~ 2.4℃ 低限水平，减排成本将占全球 GDP 总量的 5.5%。⑥报告指出到 2030 年全球温室气体排放增量的 2/3 ~ 3/4 将源自发展中国家。

下面，我们来看一下有关中国气候变化的情况，其中有关气候变化的科学性数据是来源于国家气象局和中国科学院，对于经济的影响状况是由中国社会科学院、国家发改委和清华大学提供的数据。中国的温度在上升，这可以从图 2 中看出。

从有气象记录以来，1998 ~ 2008 年是历史上温度最高的 10 年。2007 年南方遭受冰雪灾害，有些人就有疑问了，发生了百年不遇的冰雪灾害，全球变暖的问题从何谈起？事实是，当时冰雪灾害的最低温度比历史上的最低温度高了很多。现在海平面上升也很快，过去 30 年里，大概上升了 9cm，上升最快的地区是天津，大概有 20cm，天津是环渤海经济区，这同该地区的经济发展有关。现在有关温度的问题，各方观点不一，欧盟的观点是上限 2℃，但是这个观点并没有得到美国和中国的承认，中国认为至少 3℃。按照中国目前的状况来看，如果继续下去，温度升高应该会超过 3℃。中国作为世界的一部分，全球变暖、海平面升高，都将会对中国产生重大的影响。从中国目前国内的情况来看，温度升高的主要是东北、西北地区，南方不仅没有升温，有些地方反而降温。因此，从某些方面来讲，这可能是个好事情，东北温度升高，农作物的生长期变长，更有利于粮食生产，南方地区温度降低，可以让人觉得更为舒适，并且，现在的降雨在我国

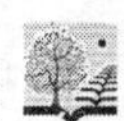

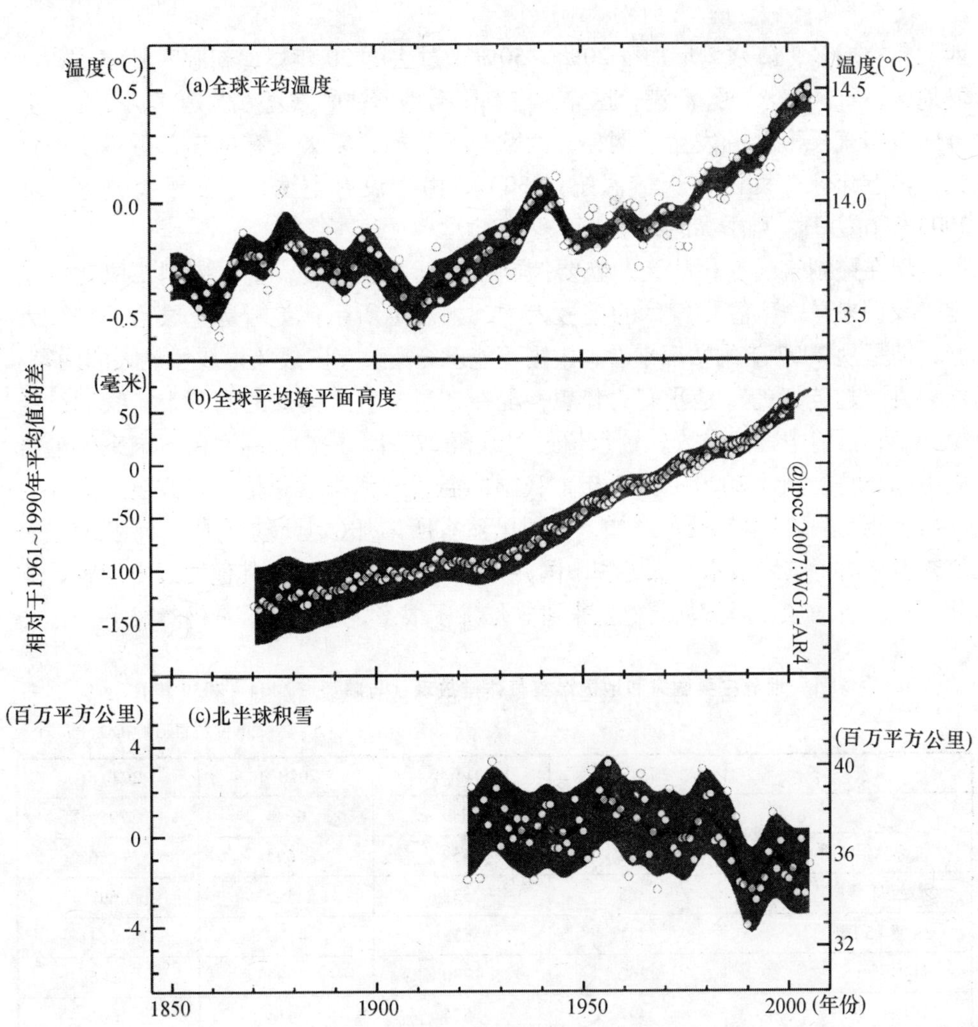

温度(°C)
(a)全球平均温度
0.5
0.0
-0.5
温度(°C)
14.5
14.0
13.5
相对于1961~1990年平均值的差
(毫米)
(b)全球平均海平面高度
50
0
-50
-100
-150
@ipcc 2007:WG1-AR4
(百万平方公里)
(c)北半球积雪
4
0
-4
(百万平方公里)
40
36
32
1850
1900
1950
2000 (年份)

图 1　全球平均温度变化及其影响

(温度℃)
11.0
10.0
9.0
8.0
1950
1960
1970
1980
1990
2000
(年份)

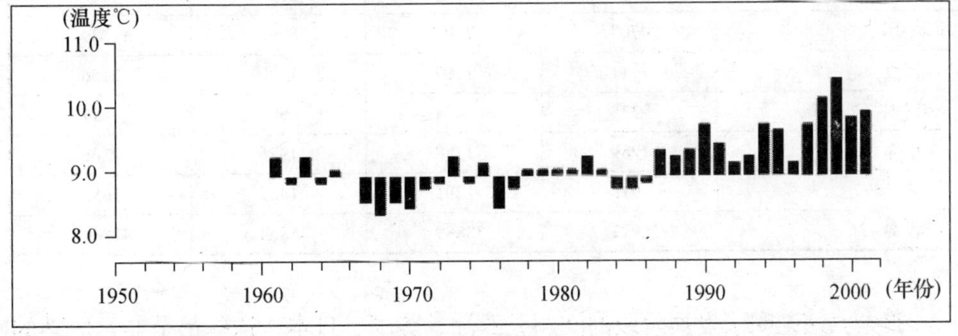

图 2　近 50 年中国年平均温度变化

西北也有增多，降水量增加了20%～50%。过去的30年里，新疆、甘肃这些沙漠地区，有的湖水已经灌满，这非常有利于当地植被的恢复。但是气候变化也会导致极端气候事件的发生，例如，西欧冬暖夏凉，夏天没有电扇，更不用说空调。但近年来，西欧夏天气温超过30℃，由于没有空调，以至于有地区，如2003年在法国，夏季高温致使1万多人死亡。

现在控制气候变化的话，就要控制温度，控制温度，就要控制二氧化碳浓度。我们来看一下温室气体的排放大国，如表1所示：美国是全球第一排放大国，但是从2007年的情况来看，中国可能已经超过美国成为排放量最大的国家。原来讲"超英赶美"是我们的梦想，现在在温室气体排放的问题上，我们已经做到了，目前中国的排放总量也超过了欧盟27国，是它们的两倍。未来的趋势则更为严峻，预计2020～2030年，我国的温室气体排放总量，应该超过全球的1/4，而欧盟、日本都没有增加，美国虽然有所增加，但增加有限，印度增加一倍，但是由于其发展水平低，和中国并不在一个数量级上，其他发展中国家，如非洲也有所增加，虽然从比例上来讲，增加了很多，但其绝对量仍然很小。

表1　世界主要国家和地区温室气体排放现状与趋势（2004～2030年）

单位：百万吨 CO_2 当量

国家/地区	2004年	2015年	2020年	2030年
美国	5923	6589	6944	7950
加拿大	584	659	694	750
墨西哥	385	532	592	699
欧盟15国	4381	4558	4579	4684
日本	1262	1290	1294	1306
韩国	497	574	614	691
澳大利亚/新西兰	424	490	516	573
俄罗斯	1685	1908	2018	2185
中国	4707	7607	8795	11239
印度	1111	1507	1720	2156
巴西	334	454	500	597
中东	1289	1788	1976	2306
非洲	919	1291	1423	1655
世界	26922	33889	36854	42880

首先，这说明了发展阶段的问题，欧洲、美国、日本，这些都是非常成熟的经济体，它们的基础设施已经非常完善，不会大量消耗能源，它们现在处于后工

业化的发展阶段，大量消耗能源的阶段已经过去，其基础设施大多是进行维护，没有扩张的必要。其次，技术进步提高了能效水平，尽管它们现在的水平已经比较高，进一步提高比较慢，但总体上仍旧是在提高的。再次，人口的问题，任何需求最终是人的需求。2007 年 3 月，欧洲就减排问题向美国发难，美国代表团的首席谈判代表表示："美国和欧洲不一样，到 2050 年，美国的人口将增加 60%，而欧洲的人口会减少 8%，增加的人口会增加消费，而减少的人口会减少消费，所以欧洲减排是应该的。"相对来讲，由欧洲和日本来做减排，难度是要低些。美国为什么不承诺减排呢？2000 年，布什刚当选总统时就曾表示，美国是不会批准《京都议定书》的。《京都议定书》要求美国在 2010 年的时候减排 7%。布什列举出了美国不应该减排的三条理由：①科学上有不确定性。现在说温度升高的上限，减排多少，这都是具有不确定性的。②减排的经济代价太大。现在，美国人均是 25 吨的二氧化碳排放量，其中交通占 1/3，建筑物照明、取暖各占1/3，工业占 1/3。以汽车为例，一辆车开 4000 公里就产生 1 吨二氧化碳，美国人 1 辆车一年至少开 10.5 万公里，大部分人是在 10.6 万公里以上，这就产生 4 吨的二氧化碳。而冬天，美国的各大写字楼的上班族，都要穿衬衣，西装革履的去上班，夏天，需要打领结，同样的装扮，这样的话，光是制冷、取暖这一项，美国就要耗费很多能源。③不公平。中国、印度、巴西，这些排放大国不减排，仅靠美国减排是没有用的。目前，中国人均二氧化碳排放量已经超过了世界平均水平 4.2 吨，达到了 4.3 吨。在温室气体每年的增量中，中国要占 40%。美国的减排努力，发展中大国稍微增加一些排放就都抵消了。其实，这涉及发展阶段的问题，胡锦涛主席参加"8+5"峰会时就指出："气候变化是一个环境问题，也是一个发展问题，归根到底，是个发展问题。"

气候变化与温室气体究竟是一种什么样的关系？科学家通过测算，把二氧化碳浓度水平、温室气体浓度水平和温度上升的程度联系了起来，具体内容见表 2。如果把温室气体浓度控制在 450ppm，那么温度至少会上升 2℃，并且现在温室气体的排放量不能有所增加，到 2050 年，温室气体浓度要比现在减少 50% ~ 85%。欧盟提出的目标是在 2020 年减排 20%、2030 年减排 30%、2050 年减排 50%，并要求其他的国家也这样做。这个要求并没有得到发展中国家的认可。即使是允许 2.5℃的升温，2050 年也要比现在减排 60%。在国际间有关减排的谈判中，形成了这样一种观点：按照人均水平来确定排放浓度，允许发展中国家达到世界人均水平，而发达国家要降低到世界人均水平。就该观点，美国斯坦福大学的一位经济学教授指出："这不是一种经济问题，而变成了共产主义问题，温室气体减排怎么可以成为共产主义问题？"而发展中国家也不接受，这涉及发展中国家的发展权利问题，给发展中国家强加了限制条件。由于它的不公平，中国也是不同意这种观点的。低于人均水平的国家，永远都只能低于或等于人均水平，高于人均水平的国家，永远都是高于或等于人均水平，这无形中使得高收入国家高人一等。从经济上进行分析，一是市场效应，收入多的人肯定购买力强。二是福利效应，低收入国家的边际效应是很大的，只要增加一点排放，生活质量就会有很大的提高。

表 2　温室气体排放、浓度水平与增温幅度的关系

二氧化碳浓度水平（ppmv）	温室气体浓度水平（ppmv）	自工业革命全球温度上升（℃）	二氧化碳排放高峰年（年）	2050～2100 年二氧化碳排放变化（%）
350～400	445～490	2.0～2.4	2000～2015	－85～－50
400～440	490～535	2.4～2.8	2000～2020	－60～－30
440～485	535～590	2.8～3.2	2010～2030	－30～＋5
485～570	590～710	3.2～4.0	2020～2060	＋10～＋60
570～660	710～855	4.0～4.9	2050～2080	＋25～＋85
660～790	855～1130	4.9～6.1	2060～2090	＋90～＋140

二、国际气候制度构建

1990 年，IPCC 第一次评估报告证实了存在气候变化问题，于是联合国决定就气候变化问题进行讨论，成立政府间谈判小组，专门讨论气候变化公约，最终形成了气候变化框架公约：

（1）原则：①共同但有区别责任。人类只有一个地球，需要减少温室气体排放，保护地球环境，这是所有国家共同的责任。但是责任是有区别的。一是发达国家人口只占全球人口的 20%，排放量却占全球排放量的 80%，因此发达国家负有的责任应该多一些。二是发达国家有技术能力，应该承担更多的责任。三是发达国家现在已经是成熟的经济体了，有义务就温室气体减排事项做出表率，帮助发展中国家在发展的过程中减少温室气体排放。②预防原则。尽管我们不能 100% 确定气候变化会对人类造成灾难，但是，为了防止可能出现的灾害，我们要采取相应的措施，谨慎从事。

（2）目标：尽管谈判中并没有形成明确的目标，但还是就某些问题达成了共识。大气中温室气体的浓度必须稳定，不可以无限增加下去。温室气体的浓度可以达到对于人类社会经济和自然生态系统不构成危害的程度。

（3）义务：发达国家和发展中国家都应该就减少温室气体排放做出努力，

发达国家需要给发展中国家提供技术支持以及经济援助。公约把全世界分为了两个阵营：附件一国家，包括主要的发达国家、OECD 国家，以及工业化已经完成的前苏联国家；非附件一国家，即除附件一以外的所有国家，中国也在其中。

（4）缔约方会议：经过 1990 ~ 1992 年的谈判，该公约在里约热内卢公布。到目前为止，已经有 189 个国家签字遵守公约。每年都会召开缔约方会议。

由于气候变化公约只是框架性的，没有规定减排义务和目标，因而，需要有一个议定书，明确减排义务。于是，在柏林举行的公约第一次缔约方会议上，各国的与会代表提出了《柏林授权》，开展减排目标的谈判。经过两年的谈判，1997 年，在日本形成了《京都议定书》：附件一国家都需要减排，到 2012 年时，同 1990 年的水平相比较，欧盟 15 国需要减排 8%，美国需要减排 7%，日本、加拿大减 6%，澳大利亚由于发展空间比较大，可以增加 8%，冰岛可以增加 10%，俄罗斯维持现状；发展中国家不参加任何减排。由于美国以及澳大利亚随后的退出，发达国家总体需要减排幅度并不大。澳大利亚的新总理上台后，履行竞选诺言，立即批准了《京都议定书》。总体而言，谈判看起来还是很有效率的，只谈了两年，而《京都议定书》的批准，却花了整整 8 年的时间，2005 年 2 月，《京都议定书》才正式生效。《京都议定书》有一个创新——京都三机制，分别为《京都议定书》的第六条、第十二条、第十七条。第六条：联合履行。在议定书中有减排义务的国家，可以联合起来，履行其减排义务。第十二条：清洁发展机制。最早是由巴西提出了清洁发展基金，有减排义务的发达国家，如果达不到减排标准，就要对其进行罚款，将所得款项存于发展基金之中，用于发展中国家提高能源效率，开发可再生能源，促进经济发展。美国反对该提案，对它加以改进，成为清洁发展机制。发达国家和发展中国家可以互通有无，有减排义务的发达国家，其责任大，发展中国家的义务相对要少一些，发达国家可以在发展中国家投资，购买减排的额度。中国现在的清洁发展机制搞得非常火暴，世界市场的一多半，都被中国占据了，每年大概有 20 亿 ~ 30 亿美元。现在很多发达国家对清洁发展机制持怀疑或否决态度，认为发展中国家的排放大国有逃避减排义务的嫌疑。第十七条：排放贸易。这个是美国的发明，在 20 世纪 80 年代，针对二氧化硫的排放，美国颁布了排污许可贸易政策，并且取得了很大成功。现在针对温室气体，美国把它的经验贡献出来，希望也能按照这个经验进行制定，要求它能够体现出成本收益问题。所以说，从很大程度上来看，《京都议定书》是按照美国人的意愿来写的。

《京都议定书》现在存在一个很大的问题：该议定书的目标年是 2012 年，至于 2012 年以后的事情怎么样，没人知道。于是各国决定启动 2012 年以后的谈判，但是，启动了几次都没有成功。直到 2007 年，巴厘岛会议谈判时，各国与会代表提出了需要制定路线图，用以明确各方义务。①对于发达国家，即附件一国家，路线图确定了其减排义务，以及承诺期的问题，是每10年一个承诺期还是每5年一个承诺期？到2020年还是2030年？现在一般认为是每10年为一个承诺期。②确定减排目标，到底需要减排多少？美国认为不需要减排目标，依靠技术进步就可以了；而欧洲认为减排目标是必须的，否则减排没有方向，无法坚持下来；发展中国家认为发达国家要起表率作用。③对于发展中国家来讲，不减排可以，但是要采取行动，要求其有可测量、可报告、可核实的行动。当时，中国对于该条提议是坚决反对，认为这是对发展中国家的限制。后来，中国也同意了该项内容，但是，中国认为“可核实”是一个国家内部的事情，没有必要让其他国家或国际上的其他机构来进行核实。巴厘岛会议约定，2009年，在哥本哈根召开第十五次缔约方会议时，达成全球减排协定。

现在政府间、民间有关减排的活动是非常活跃的，①最有影响力的是G8+5，从2005年开始，该论坛就把气候变化作为每年的第一项议程，其2005年的议题是气候变化和非洲的贫困问题。2008年，为了表示中日友好，中日之间会有气候宣言推出。②20国集团能源与环境部长会议。③美国主导的“主要经济体会议”。这几个主要经济体，其经济总量占全球的80%，人口占全球的75%左右，排放量占全球排放量的80%。除了这种全球性的温室气体排放动议，还有地区性的机制。亚太经合组织领导人会议，2007年第一次把气候变化问题作为会议议题。中欧首脑会议也将减排作为会议议题。英国前首相——布莱尔，其助手曾经向我们表示，现在布莱尔1/3的时间都用于同节能减排有关的事务上。在地区性的机制之外，地方政府和企业也非常活跃。比如美国加州地区，尽管美国联邦并不减排，但是联邦下面的州可以减排，加州就提出要把2020年的温室气体排放水平减到2000年的水平。此外，东西部各州都有减排的想法。很多城市参与了气候变化联盟。

三、中国能源消费的增长

能源问题是和消费相联系的，1980年中国能源消费了6.5亿吨标煤，2000年达到13.9亿吨，20年的时间，消费只增长了7亿吨标煤；到2007年能源消费达到26.5亿吨标煤，七年的时间增加了13亿吨，以每年两亿吨的速度在增长，这是其他国家不可想象的。中国2007年新增的发电量，相当于英国整个国家发电装机的总量。这也是为什么最近“中国威胁论”又开始死灰复燃。数据是很能说明问题的，2007年中国能源消费比2006年增长7.8%，低于当年经济增长11.4%的水平，其中煤炭：全年产量25.23亿吨，比上年增长8.2%；原油：国

内生产1.87亿吨，原油进口1.63亿吨，石油依存度为46.6%。1993年，中国还是石油出口国，这几年每年都增加2000万吨的石油进口量，2005年是1.2亿吨，2006年是1.41亿吨，2007年是1.63亿吨。如果说世界石油市场的波动没有中国因素的影响是不对的，中国的能源需求肯定对世界石油市场产生了影响。电力：发电量3.24万亿千瓦时，增长14.9%。发电装机总容量已达7.13亿千瓦，位居世界第二。对外贸易增长，看一下近几年的数据，2005年：1020亿美元；2006年：1775亿美元，这是贸易顺差；2007年：21738亿美元，这是我国的贸易总量，贸易顺差达2622亿美元。1990年的时候，我国的贸易总量只有87.4亿美元。有人说，顺差好啊，顺差意味着我们在赚外国人的钱。外贸进出口隐含的能源问题受到决策者和学术界的关注，但被传统国际贸易研究所忽略，顺差是产品换来的，产品是消耗能源生产出来的。中国现在就是一个世界工厂，我们生产的很多东西都是供出口的。我们做了一些匡算：中国有1/4的能源消费，是在为他人做嫁衣裳，是出口到美国、出口到欧盟。美国驻华大使馆科技环境处的参赞说，美国所有的平板玻璃，都是从中国进口的。中国的贸易顺差是越来越大，这就意味着中国的能源随着产品出口了，留下的污染要中国人自己来买单。从未来的情况来看，我们显然不能够按照国际社会的要求，来控制温室气体的排放，当前中国所处的发展阶段，还会以比较快的速度增长。

四、温室气体减排的经济分析

对温室气体进行减排并不容易，由于目前的温室气体排放增量，主要是来自于发展中国家，而按照发展中国家的发展趋势，温室气体的排放还会增加。IPCC的报告指出，2004年全球温室气体排放总量比1970年增加70%，比1990年增加24%，同期二氧化碳排放量分别增长80%和28%。2000~2030年由于能源利用所产生的二氧化碳排放量将增长45%~110%。到2030年，全球温室气体排放增量的2/3~3/4将源自发展中国家。现在，欧美包括中国专门搞模型分析的，运用CGE（可计算一般均衡）模型做过如下匡算：如果现在把全球温室气体浓度控制在500ppm时，GDP的增长要减少3%，每年GDP降低的速度是0.12%，这说明对经济的影响并不大。如果把温室气体的浓度维持在600ppm时，GDP还会有所增长。从模型的测算来看，对经济的影响并不大，为什么布什说对经济影响巨大呢？这里面涉及成本问题，如果没有成本问题，各国都会付诸行动，正是因为有成本问题，谈判才会如此艰难，各国也不敢做过多的承诺。现在无论是从技术层面分析，还是从宏观经济层面分析，温室气体减排都会造成巨大的成本支出。所以说，温室气体减排，主要是成本问题。发展中国家参与IPCC的工作有限，根据其得出的结论，减排是可行的：①在所有的行业部门，从能源部门到农业部门，都可以大量减少温室气体排放（见图3）。②将来的减排主要集中在发展中国家，发达国家可以减一些，但对总量的影响不大，所以发展中国家要更多的减排。③所有的行业都可以减排，但是成本并不高，只要20～50美元就能够减少相当数量的温室气体排放。

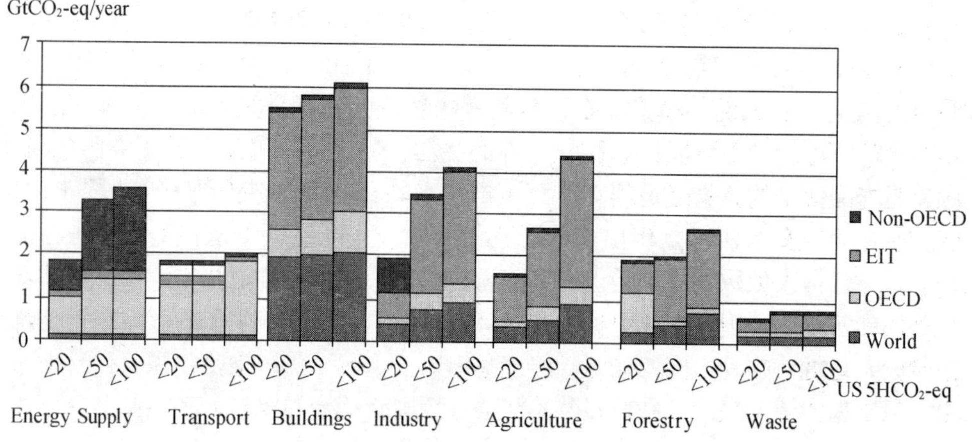

图3 各行业部门温室气体减排可行性分析

五、中国未来温室气体排放态势与原因

但是，现在很多国家说不可以减排，这又是为什么呢？图4为大家提供了总体的趋势概念，1971～2002年，欧盟的二氧化碳浓度基本都没有增加，没有温室气体减排的需要。相反，前苏联地区，由于经济衰退，温室气体的排放反而减少了，这显然是跟经济相联系的。如果要发展中国家牺牲经济利益，达到温室气体减排的效果，发展中国家是不会同意的。其他的发展中国家，如拉美、非洲，其浓度虽然有所增长，但并不大，这主要是由于它们目前还处于比较低的发展水平，不可能有比较高的能源消费。真正消费增长比较快的地区，就是亚洲，包括中国、印度、中东。北美，指美国和加拿大，是稳中有升，但没有像亚洲一样增长那么快。这说明了不同的发展阶段，不同的发展水平。

中国温室气体的排放量，占世界的比重在不断上升，在1971年，中国排放总量占世界总量的5.7%；2005年，中国的排放水平已经接近世界平均水平，占世界排放总量的18.7%；2007年，应该会超过世界平均水平，因为中国以每年10%的速度在增长。到2030年，中国的排放总量会超过所有的发达国家，包括美国。

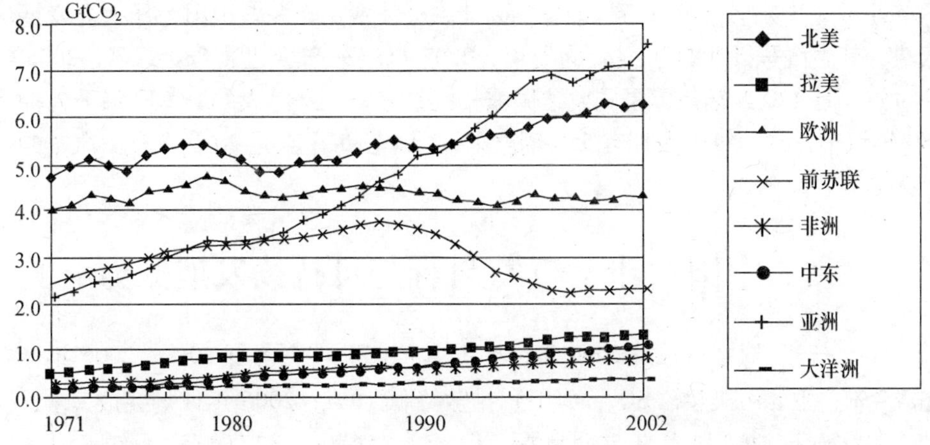

图 4　世界各地区温室气体排放态势

这些能源都用到哪里去了？钢铁是消耗能源的主要产业，表 3 是 2005 年世界主要国家钢铁产量，2007 年大概是 4.6 亿吨，中国一个国家的粗钢产量，就比美国、日本、韩国、俄罗斯这些国家的总和还要多。一吨钢，需要 0.75 吨标准煤，中国光粗钢生产这一项就有 3 亿吨标煤。现在澳大利亚、巴西的铁矿石都在涨价，因为中国的需求太旺盛了，2004 年涨价 71%，2005 年涨价 18%，2007 年涨价 9.5%，即便是在这样的情况下，中国还是需要大量进口，因为需求在这里摆着。美国 1.3 亿吨的粗钢产量，但是只需要 3600 万吨的铁，这说明美国的钢主要是通过废钢冶炼的，通过废钢炼钢，肯定比通过生铁炼钢要节省能源。

表 3　主要钢铁生产国及其产量（2005 年）　　单位：千吨

排名	国家	粗钢产量	排名	国家	铁产量
1	中国	349362	1	中国	330405
2	美国	126952	2	日本	83066
3	日本	112477	3	俄罗斯	48410
4	俄罗斯	66146	4	美国	36426
5	韩国	47670	5	巴西	34003
6	德国	44513	6	乌克兰	30782
7	乌克兰	38641	7	德国	28843
8	印度	38083	8	韩国	27308
9	巴西	31631	9	印度	26090
10	意大利	29112	10	法国	12709

通过这些数字，可以清楚地看到为什么会消费这么多？中国为什么会发展这么快？其中汽车行业起了很大的作用，2007 年汽车产量超过 880 万辆，2005 年的时候，是 470 万辆。但是同发达国家相比，差距还是巨大的，美国每千人拥有 780 辆汽车，欧洲每千人拥有 550 辆汽车，而中国每千人是 20 辆汽车。汽车的生产都是需要能源的。

六、中国“十一五”目标与可持续发展努力

“十一五”规划目标及 2006 年目标：单位 GDP 能耗降低 20%；2006 年计划完成 4%；主要污染物（SO_2，COD）排放降低 10%；2006 年计划完成 2%；控制二氧化碳排放（尽管是定性目标，但为首次提出，与节能目标密切相关）。2006 年的基本走势：国内生产总值比上年增长 10.7%、能源消费总量比上年增长 9.3%。2006 年全国环境质量状况总体保持稳定。全国地表水属中度污染。在国家环境监测网监测的 745 个地表水监测断面中，Ⅰ～Ⅲ类，Ⅳ、Ⅴ类，劣Ⅴ类水质的断面比例分别为 40%、32% 和 28%。2006 年上半年我国主要污染物排放情况：工业废水排放量 120.4 亿吨，同比增长 2.4%；化学需氧量排放 689.6 万吨，同比增长 3.7%；二氧化硫排放 1274.6 万吨，同比增长 4.2%。2006 年全年，据国家环保总局资料表明：化学需氧量比 2005 年增长 1.9%；二氧化硫比 2005 年增长 2.4%。

在节能减排方面，中国在世界上是做得最好的。当然，这并不是为中国进行辩解，也许有人认为中国是带有计划经济、管制色彩的高效率，但没有一个国家能够像中国如此高效，5 年内能够降低 20% 的能源消耗。谈到《京都议定书》时，布什曾指出要降低每单位 GDP 碳的排放强度，从 2000 年每百万美元 183 吨，降低到 2012 年每百万美元 153 吨，降低 18%。美国认为绝对量的减排无法保障，但是相对量的减排，每单位 GDP 的排放量减少，是可以做到的，12 年时间降低 18%。而中国是要做到能耗在 5 年降低 20%。能源包括风能、太阳能等清洁能源，而碳排放是不包括清洁能源的，因为它们没有碳的排放。大力发展新能源，仅此一点就可以看出，中国在节能减排这一项上，是做出了努力的。而现在更重要的是中国的计划生育政策，计划生育在国际上是无法实现的，但是中国已经这样做了，计划生育政策使中国大概减少了 4 亿人口的出生，整个欧盟只有 4.6 亿人口，而美国是 3 亿多人口。人一旦出生，就需要吃穿用住，这些都是要消耗能源的，需求最终是人的需求，因此，减少人口是最有效的节能减排措施。

从目前的情况来看，中国做了很多的努力，也是卓有成效，但是中国减排的难度还是比较大的。比如，全国有 200 个城市没有生活污水处理厂，占被考核城

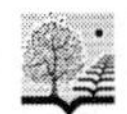

市总数的33.61%，全国城市生活污水集中处理率平均为42.55%，全国城市水域功能区水质达标率不升反降（比上年下降7.24%），城市水环境污染形势仍然十分严峻。城市生活垃圾无害化处理率平均为59.48%，187个城市为0，占“城考”城市总数的31.42%；155个城市医疗废物集中处置率为0，占“城考”城市总数的26.05%。这些是比气候变化问题更为迫切的问题。2007年，中国关闭了1400个小火电厂，但这也从侧面反映出中国的发电能力很落后，被关闭的小火电厂，单机的容量平均只有2.6万千瓦，现在30万千瓦机组每度电的耗煤是在320克左右，而2.6万千瓦每度电的耗煤至少450克。这说明，仅发电这一项，我们可以减少很多能耗。2007年单位GDP能耗下降3.27%，然而2008年至少可以下降4%。根据匡算，尽管2007年中国增加了2亿吨标煤的消费，但是由于节能，相当于减少了9000万吨标煤。二氧化硫和化学需氧量排放总量分别下降了4.66%和3.14%，首次实现了“双下降”。

2008年的目标：二氧化硫、化学需氧量排放量分别比2005年下降6%和5%。淘汰落后生产能力：小火电1300万千瓦，水泥5000万吨，钢600万吨，铁1400万吨。

七、中国温室气体减排的挑战

中国现在的经济结构要实现节能减排并不容易。而像美国、欧盟等成熟经济体，能源消耗主要是三个方面：交通、建筑物、工业，各自大约占1/3。欧盟的发电分摊到终端用户的话，只占1/3左右，而中国现在有3/4的电力是用在工业上的，相对于发达国家而言，我国居民消费并不高，只占电力消费的12%。因为中国现在还处于工业化的中期阶段，很多产品的生产都是为了出口。温室气体排放是和能源联系在一起的，跟能源结构的关系很紧密。一吨标煤有2.3吨的二氧化碳，一吨原油只有1.8吨二氧化碳，一吨等值热量的天然气，大概只有1.4吨二氧化碳。在中国现在的能源结构中，煤炭占2/3以上，而煤炭又是含碳量最高的能源。而清洁能源，如水能、核能是不产生二氧化碳的。但是从另外一个方面来讲，建造三峡大坝，利用水能生产清洁能源，也是要耗费水泥、钢筋，其生产需要含碳能源。中国现在以煤为主的能源结构无法改变，也制约了中国将来减排的空间。

此外，中国现在还要考虑人口问题。根据国家计生委的测算，在2033年前后，中国人口达到峰值15亿人左右，比现在增加2亿人。美国是50年增加60%，才1.8亿人，而中国30年就可以增加3亿人，中国的基数太大。30年中国少生了4亿多人，使世界60亿人口日推迟4年。总和生育率从20世纪70年代的5.8%下降到目前的1.8%，低于更替水平。另外，现在老龄化问题也比较突出。还要考虑城市化问题，城市人口增加，能源需求增加，城市化意味着生活方式的改变，原来是使用生物能源，生物质能是碳中性的，因为这些植物从大气中吸收二氧化碳，燃烧后释放二氧化碳，并不会对大气中的二氧化碳含量产生很大影响。但是，其他能源就不一样了。一旦农村人口转变为城市人口，他就要使用商品能源，要用电、煤、天然气，这就有温室气体排放。农村人口转变为城市人口，对住房的要求也提高了，相应的基础设施建设也会增多。城市基础设施，是对应于碳排放非常高的原材料。以每年0.8%的城市化速度进行，城市人口增加1000万人，相当于一个天津市。英国伦敦的市中心，其人口只有800万人，而其基础设施建设则经历了200年，所有这些基础设施的原材料都是碳排放非常高的材料。2005年，中国城镇人口5.62亿人，城市化率达43%。2010年，人口总量控制在13.6亿人；2020年，人口总量控制在14.5亿人，城镇化率53%以上；城镇人口7.69亿人。城镇化水平达到中等发达国家水平（75%），城镇人口11.25亿人。

工业化进程问题。《京都议定书》中约定的发达国家减排目标，究竟有没有减？几乎没怎么减。欧盟说要减8%，实际只减了2.5%；美国要减7%，而实际上增加了20%；澳大利亚超过了1990年的40%。这些国家没有减，就在其他方面做文章，例如多植树；日本也是一样的，在其他方面做文章，多植树，并没有在技术上下工夫。非洲、拉美，尽管绝对量增加得不多，但是相对量也增加了50%左右。

八、应对气候变化的政策选择

尽管减排很困难，但是中国还是做了很多工作。2007年出台了应对气候变化的国家方案，“十一五”规划中明确我们要控制温室气体排放，胡锦涛主席在党的十七大报告中也指出，我们要积极地应对气候变化，为保护全球气候做出贡献。中国可以做的事有很多，包括市场手段、贸易手段，突出节能减排。建立适应气候变化的市场机制和产业体系。通过技术创新、立法、转变消费模式、建立碳市场等方式，使中国经济低碳化。走低碳发展之路，其所需的低碳措施有：①城市规划：科学性、法律地位；严格执行。②房屋产权：目前50～70年的租用期，不利于可持续建筑的投资。③强制节能标准：2006年底，设计阶段执行节能设计标准的比例为95.7%，施工阶段执行节能设计标准的比例为53.8%，比2005年提高30多个百分点。2006年全国城镇新建节能建筑可形成年节约700万吨左右标准煤的能力。改造既有建筑，节能标准可以提高3倍。在汽车燃油标

准方面，北京、上海、广东提出了更为严格的要求。④利用可再生能源：至2006年底，全国城镇太阳能光热应用建筑面积为2.3亿平方米，浅层地能热泵技术应用建筑面积为2650万平方米。⑤科技创新：北京市冬季供热，每平方米建筑消耗22.4公斤的标准煤，德国已经降到每平方米消耗少于9公斤标准煤。

中国碳市场的潜力巨大，建筑节能投资：每平方米增加100～150元工程造价，既有建筑节能改造，至少需投1.5万亿元。在“十一五”期间，我国在建筑节能方面就可以节约1.1亿吨标准煤，在2020年前，可以节约3.5亿吨标准煤。市场手段：分户计量供暖、节能建筑小区，节能达到30%，每个采暖期仅天津可节能100万吨以上；汽车消费税；开征汽油税；造林绿化：增加碳汇。

调整贸易与产业政策。环境目标与贸易目标存在一定的矛盾，可以适当牺牲贸易利益以保护环境，限制高耗能产品出口的外贸政策就起到这一作用；为满足国内需求，中国扩大能源进口不可避免，不一定都进口直接能源，通过进口最终消费品更多进口隐含能源，在减少贸易顺差的同时有利于保护环境；中国与发达国家相比，加工制造业能耗强度的差距小于国家整体之间的差距，但差距仍客观存在，进口制成品替代本国生产有节能效益，还有助于产业整体的技术进步。

积极参与国际气候制度构建，争取发展权益。发展中国家需要优先发展，要求发达国家率先垂范。考虑到《京都议定书》的执行效果，发达国家需要证实大量而且迅速减排是低成本的，而且稳定在较低的温室气体浓度水平对国民经济的影响是有限的。关于国际制度构建，中国参与得也比较多，每次谈判，中国代表团人数比较多，这样可以每个人负责一个议题，所有的部分都在掌控之中，这是很有帮助的。在国际合作中，发展中国家需要强调通过发展来实施减排，而不可能简单承诺绝对量的减排。发达国家提出的减排方案，遵循“祖父原则”，即以前排放了多少，作为基数，考虑今后的排放；以前没有排放，现在就不可以排放。这肯定是不对的，对发展中国家不利，我们坚决予以反对，提出应该从发展中国家的自身需要，全球共同努力。为了化解国际社会要求中国尽快承诺温室气体减排或限排的压力，维护经济发展空间，首先我们需要科学解释中国温室气体排放的主要驱动力。关于2020年以后的制度，社科院也提了一个人文发展方案，保障基本需求谈排放，比较公平，也体现了发展中国家的需要。

（文章来源自《学术讲座荟萃》第46辑，2008年4月3日）

中国改革开放30年路线图与大智慧

邹东涛

邹东涛

男，1949年11月生，陕西省汉阴县人，中共党员，经济学教授，博士生导师，世界生产力科学院院士，中组部直接联系的知识分子。先后就读于西北大学物理系和经济管理学院，两次进中共中央党校学习。在京先后任国家体改委经济体制改革研究院副院长兼国企改革试点办公室副主任，中国社会科学院研究生院常务副院长兼政府政策系主任，社会科学文献出版社总编辑，中央财经大学中国发展和改革研究院特聘院长。

自1978年以来长期不懈跟踪中国经济体制改革研究，已出版《经济竞争论》、《十字路口上的中国》、《中国经济体制创新》等著作20余部，主编教材有《宏观经济学》、《社会主义市场经济学》、《世界贸易组织教程》等，发表学术论文近1000篇，主编《世界市场经济模式》、《哈佛模式全书》、《中国改革攻坚丛书》等150余卷。提出"解放思想，黄金万两；观念更新，万两黄金"、"制度更是第一生产力"、"经济学的国民性"、"做中国猫，抓中国鼠"等影响广泛的观点。

孔子有句名言："三十而立。"人生如此，社会国家也如此。在座者有很多同学差不多也是三十而立了吧！都是跟随着改革开放出生和成长起来的。我们的国家"三十而立"立了什么？怎么立起来的？我今天就讲这六个字："立何也？何立也？"

要讲30年的立何也？何立也？就要进行对比。对比有两种方式：一种是同体对比，自己与自己比，自己的现在与自己的过去比。另一种是异体对比，自己与他人对比。同体对比大家没有办法进行，因为都年轻。但可以异体对比，大家可以和父母对比，和前人对比。研究改革开放30年我就想到30年前。

40年前，我高中毕业响应毛主席"知识青年到农村去，接受贫下中农的再教育"的伟大号召上山下乡，插队劳动。下乡遇到的第一件事就是农民上门向我们讨饭，因为我们上山下乡第一年国家还供应口粮，常常把一些粮食送给没有饭吃的农民。但第二年国家不再供粮，而是与当地农民参加劳动分配。我们参加一天劳动，记工分10分，第一年年底劳动结算，平均每个劳动日值1毛3分钱(0.13元)，我们自己也没有饭吃了。上山下乡最大的感受就是农村太穷、农民太苦。上山下乡在农村劳动直观的感受，就是农民每天集体出工劳动好像是混日子，劳动磨洋工，出工不出力，都耗在一起，哪有不穷的。我从小就是一个爱思考的人，直观地看到：人民公社这种大规模集体经济、大呼隆集体劳动、大一统记工分分配的制度，每个人都不愿意多出力，结果是大家都受穷。隐隐约约地感觉到人民公社这样的农村集体经济制度是造成农民贫穷的最根本制度。在下乡的最后一年有感写了这样一首词：

二十而冠，当驾鸿鹄翔云天。噫吁兮！上山下乡，跌进谷渊。断墙漏屋破衣衫，挥汗为浴瓜菜餐。种粮人多文盲智残，心何安？

面黄土，背青天，腹中饥，身上寒。教育必修课，忆苦思甜。年年思苦年年苦，谁为农民结稻田。我呼吁！此人民公社，当革变。

我当时把这首词写到纸条上，私下给公社主任看了一下，他当即狠狠地把我训斥了一顿：小邹你太胆大了，不要命啦！立即销毁。我也吓了一跳，把纸条销毁了，但内容却牢牢记在了心里。后来什么事也没有，知道公社主任还是个好人。如果这个东西当时拿出来，或者公社主任向上报告了，是要判刑的。

改革开放以后我的第一篇论文，发表在1978年12月《安康日报》上，一个整版，算是长文章了。时间正好与党的十一届三中全会召开的时间同步。从那以后，我就一发不可收拾，30年来一直跟踪研究从来没有停止过。

那么，改革开放30年，我在思想上立了什么？立了“两个审视”：一个是对中国经济体制创新的审视；另一个是对中国经济长期持续高速增长的审视。30年来，中国GDP平均增长率在9%以上，是世界GDP平均增长率的3倍。中国的GDP总量已居世界第三位，中国的外汇储备居世界第一。这种高速增长产生了巨大的蝴蝶效应：中国进出口的变化影响着世界主要国家的经济指标；中国对世界石油的巨大需求，引爆了世界石油价格；中国股市的喷嚏会引发美国纽约股市的感冒。

当改革开放进入30年之际，我写了两首诗。

第一首是：

改革步入三十年，三中全会功盖天，坎坷跌宕建国路，开辟新程转大弯。
阶级斗争纲退位，经济建设走前沿。摸着石头探河道，慎履薄冰高扬帆。
土地承包农民笑，市场开放购销欢。国企改革产权变，非公经济半边天。
经济增长蒸蒸上，世界各国竞抢滩。

第二首是：

前腐后继斩难断，道德衰败信誉残。社会阶层大分化，收入分配距天渊。
劳工地位落千丈，权贵资本蠹蔓延。当年喝汤呼万岁，今日吃肉骂声喧。
“两仇”思想日演进，反思改革白浪翻。退则卅年前功弃，今则改革大攻坚。
改到深处是硬核，民主建政挺前沿。

在第一首中，我对改革开放取得的巨大成就喜形于色。

在第二首中，我对改革开放存在的种种问题忧心忡忡。

“当年喝汤呼万岁”，这是我当年在农村亲眼所见。当时农民们缺吃少穿，有时几天见不到粮食，搞瓜菜代。但是一谈毛主席共产党的恩情还热泪盈眶，饿着肚皮还喊毛主席万岁、共产党万岁！是真实感情的表现。到现在怎样呢？富起来了，“两仇”（仇官、仇富）的思想日益严峻。

这两首诗表明，看过去，改革开放成就巨大；而现在和未来，任重道远。

以下分别谈几个问题。

一、关于改革开放的“四柱八梁”

建立一个新的经济体制，犹如建设一座巨型的大厦，首先要打好大厦的“基座”，改革开放“基座”就是党的十一届三中全会，然后在“基座”上要“架

设”起“四柱八梁”。

（一）改革开放的“四柱”

改革开放之“四柱”，就是指导和支撑改革开放的四大理论支柱。

1. 理论“四柱”之一：中国特色社会主义理论

胡锦涛在党的十七大的报告中指出：“改革开放以来我们取得一切成绩和进步的根本原因，归结起来就是：开辟了中国特色社会主义道路，形成了中国特色社会主义理论体系。高举中国特色社会主义伟大旗帜，最根本的就是要坚持这条道路和这个理论体系。”同时明确指出：“中国特色社会主义理论体系，就是包括邓小平理论、‘三个代表’重要思想以及科学发展观等重大战略思想在内的科学理论体系。”中国特色社会主义理论，凝结了几代中国共产党人带领人民不懈探索实践的智慧和心血。它由以毛泽东同志为核心的党的第一代中央领导集体酝酿，以邓小平同志为核心的党的第二代中央领导集体提出，邓小平同志在1982年党的第十二次代表大会开幕词中庄严宣告：“走自己的路，建设有中国特色社会主义。”党的第三代、第四代领导集体对其进行了继承和发展，凝结了几代中国共产党人带领人民不懈探索实践的智慧和心血。

2. 理论“四柱”之二：社会主义市场经济理论

1979年11月26日，邓小平会见美国和加拿大客人时说：“社会主义也可以搞市场经济。”但这一理论在当时还不能为大多数人所理解。1984年10月20日，党的十二届三中全会作出的《关于经济体制改革的决定》确定的改革目标是“公有制基础上的有计划的商品经济”，这是向“社会主义市场经济体制”的重要迈进。邓小平在1992年春视察南方的谈话中指出：“计划多一点还是市场多一点，不是社会主义与资本主义的本质区别。计划经济不等于社会主义，资本主义也有计划；市场经济不等于资本主义，社会主义也有市场。计划和市场都是经济手段。”1992年10月党的十四大第一次明确提出了建立社会主义市场经济体制的目标模式。

3. 理论“四柱”之三：社会主义初级阶段理论

社会主义初级阶段的论断理论最早见于1981年6月中共十一届六中全会通过的《关于建国以来党的若干历史问题的决议》。党的十二大政治报告明确指出：我们的社会主义社会，现在还处在初级发展阶段。1987年党的十三大和1997年党的十五大都从理论上论证中国在长期还属于社会主义初级阶段。社会主义初级阶段的基本依据是我国现实的国情。中国的基本国情是人口多，底子薄，人均耕地少，农业人口占绝大多数，生产力水平远远落后于发达的资本主义国家，这就决定了我们必须经历一个很长的时间逐步摆脱贫穷和落后。

4. 理论“四柱”之四：社会主义和谐社会理论

中国的改革开放是一场空前的社会变革，这必然产生这样那样的矛盾和问题，出现新的社会失衡，影响社会和谐。党的十六大把“社会更加和谐”作为一个重要目标鲜明地提了出来，党的十六届四中全会把构建社会主义和谐社会的能力确定为加强党的执政能力建设的重要内容。2006 年 10 月 11 日党的十六届六中全会通过了《关于构建社会主义和谐社会若干重大问题的决定》。构建社会主义和谐社会，是中国的改革开放事业主要从经济体制改革和经济发展向社会全面发展和进步的重要标志。

（二）改革开放的“八梁”

改革开放之“八梁”，是指构成社会主义市场经济体制“骨架”的八个最主要方面，无此便不成其为社会主义市场经济。

“八梁”之一：农村经济体制改革和农村经济发展。

“八梁”之二：设立经济特区和对外开放。

“八梁”之三：所有制改革和社会主义基本经济制度建设。

“八梁”之四：财政金融体制改革和宏观调控体系的形成。

“八梁”之五：价格改革与市场体系建设。

“八梁”之六：就业、收入分配和社会保障制度改革。

“八梁”之七：教育、科技和文化体制改革。

“八梁”之八：医疗卫生体制改革。

二、关于改革开放阶段划分和“路线图”

从某种程度上说，改革开放 30 年是中国共产党领导中国人民走的“新的长征”，这次“长征”比第一次长征任务更加艰巨和复杂，时间更加漫长，迄今还在继续。要成功地走好这个“新的长征”，不仅要有“解放思想，实事求是”的思想路线，还必须有能够顺利达到预期目标的周密行动路线图。

（一）关于改革开放阶段划分

长征之路是一步一步走出来的，“改革之河”的石头是一脚一脚探出来的。

我把中国30年的改革开放划分为四个大的阶段：

第一阶段：1978年12月至1984年9月，即从中共十一届三中全会召开，到中共十二届三中全会前夕。这是改革的起步阶段。改革的重点在农村，实行了家庭联产承包责任制；国有企业进行了扩大自主权试点和第一、第二步利改税；实行了基本建设资金的“拨改贷”；建立了深圳、珠海、汕头、厦门4个经济特区，开放了14个沿海城市。[①] 在经济发展方面提出了“两步走”的战略方针，即从20世纪80年代初到20世纪末，前10年国民生产总值翻一番，基本解决人民温饱问题；后10年国民生产总值再翻一番，使人民生活达到小康水平。农村改革的巨大成功为中国改革开放的全面展开奠定了坚实的社会和国民基石，而国有企业进行扩大自主权试点，则为下一步改革的重点破题开启了新的战场。

第二阶段：1984年10月至1992年1月，即从中共十二届三中全会召开到邓小平视察南方谈话前夕。这是改革的全面展开阶段。1984年10月，中共十二届三中全会通过的《关于经济体制改革的决定》确立经济体制改革的目标是“建立有计划的商品经济”。1987年中共十三大提出了“国家调控市场，市场引导企业”。改革的重点从农村全面转向城市，提出增强全民所有制大中型企业的活力；发挥中心城市作用，开放长江三角洲、珠江三角洲和闽南三角洲地带，建立了海南经济特区和浦东开发区；乡镇企业突飞猛进地发展起来。“有计划的商品经济”理论的提出是对马克思主义理论的阶段性突破，也是这一阶段改革成功的理论支柱。

第三阶段：1992年2月至2003年10月，即从邓小平视察南方谈话到中共十六届三中全会召开。这是改革的制度创新阶段，基本内容是向“社会主义市场经济体制”的改革目标前进。1992年春，邓小平同志南方谈话指出“社会主义也可以搞市场经济”。1992年10月，中共十四大第一次明确提出改革的目标是“建立社会主义市场经济体制”。1993年11月，中共十四届三中全会作出了《关于建立社会主义市场经济体制若干问题的决定》。1997年中共十五大正式提出和阐述了邓小平理论，确立我国社会主义基本经济制度。2002年中共十六大提出和论述了小康社会建设的历史任务，提出了“毫不动摇地坚持以公有制经济为主体，毫不动摇地鼓励、支持和引导非公有制经济发展”。“社会主义市场经济体制”的提出是对马克思主义的重大突破，这也使我国的制度创新达到了一个新的理论高度和实践高度。

第四阶段：从2003年10月中共十六届三中全会召开至今，以及今后10～15

---

① 1984年5月15日，六届全国人大二次会议政府工作报告中宣布国务院的决定，开放大连、秦皇岛、天津、烟台、青岛、连云港、南通、上海、宁波、温州、福州、广州、湛江、北海14个沿海港口城市。

年。这是完善社会主义市场经济体制、改革攻坚、构建社会主义和谐社会阶段和贯彻科学发展观的宏伟历史阶段。中共十六届三中全会《关于完善社会主义市场经济体制的决定》，全面系统论述了完善社会主义市场经济体制的主要任务，进一步提出了“改革攻坚”的战略任务和“科学发展观”的基本思想。2006 年 10 月中共十六届六中全会通过了《关于构建社会主义和谐社会若干重大问题的决定》，把中国的经济体制改革进一步向整个社会生活的各个方面全面推进。2007 年 10 月召开的中共十七大，高度肯定了中国改革开放的伟大历史意义，进一步系统论述了中国特色社会主义道路、社会主义和谐社会的构建和科学发展观，对中国改革 30 年的思想理论、改革发展战略和中国特色社会主义道路，做了系统的总结。

（二）改革开放的路线图

改革的发展阶段与改革的操作方式则组成了中国改革开放 30 年整体的路线图。如果我们对过去 30 年的改革进行一个全面的回顾和深刻的透视，那么，改革的脉络、轮廓及其规律性，就会清晰地展示在我们的面前。从改革的进程来说，是从农村走向城市；从改革的程度来说，是从简单走向复杂；从改革的方式来看，则有三种情况：一是自下而上的改革，二是自上而下的改革，三是上下结合的改革。

1. 关于自下而上的农村改革

中国的改革首先是农民的饥饿逼出来的，因此，农村的改革自然成为我国经济体制改革的起点，而且是典型的自下而上的改革。家庭联产承包责任制首先是由农民在饥饿中被迫自发创造的，开始是在“地下”“秘密”进行，然后是曝光。地方组织对此开始是处于或担惊受怕，或限制，或睁只眼闭只眼，或等待之中，直到党中央、国务院肯定和支持，才形成星火燎原之势。

所有制改革特别是非公有制经济的发展也是典型的自下而上进行的。非公有制经济具有一种顽强的、自发成长的生命力，它在我国走了一条开始时被限制，后来逐步放开，然后大发展的“无心插柳柳成荫”的道路，现已成为社会主义市场经济的重要组成部分和促进生产力发展的生力军。

2. 自上而下的对外开放

如果把开放也作为改革的一项基本内容，那么，这种改革的基本方式则是“自上而下”进行的。尽管基层和地方都具有对外开放的内在冲动，但无论是经济特区和沿海开放城市的设立，还是中国加入世界贸易组织的谈判，都是先由中

央政府做出决定，然后再从上到下贯彻实施的。对外开放的窗口——深圳、珠海、厦门、汕头、海南5大经济特区的设立发展，沿海14个城市和几个沿海成片地区的开放，上海浦东新区的崛起，经济技术开发区和保税区的成就，都是经过中央批准实施，为中国内地的扩大开放和实行市场经济起到了极大的示范效应。

政府审批制度的改革也是典型的自上而下的改革。因为如果没有政府的决定，谁也没有权力取消某些阻碍经济发展的审批制度。审批制度一般来说并不是改革开放前的旧体制，而是改革开放过程中形成的一种“新的旧体制”，是改革原有的计划经济旧体制、建立市场经济新体制的“过渡型症状”或“过渡性新体制”。对这种“过渡性新体制”的不断产生和不断改革，是中国经济体制改革的重要特点。

3. 关于上下结合的城市国企改革

城市经济体制改革的中心任务是国有企业改革。城市国企改革，是典型的上下结合式的改革。职工希望通过国企改革提高工资和奖金水平，地方政府希望通过国企改革增加地方财政收入，中央政府则希望通过国企改革全面提高国企效率，从而提高综合国力，提高职工生活水平，充分体现工人阶级的领导地位，实现社会稳定。上上下下都具有改革的积极性，上上下下都在推进国企改革。国企改革的举措，既有党中央、国务院出台的，也有地方政府出台的，也有企业自己制定的。改革的成果，则三方分享。

三、改革开放的大智慧：“刚柔相济”和“非对称组合”

中国改革开放的推进和成功是一场前无古人、规模空前的探索和实践。中国五千年的文明史，从一定的意义上说，也是改革的历史。改革是推进历史发展的强大动力。然而，从商鞅变法到戊戌变法，都酿成了一场又一场历史悲剧，历史上的改革只是扭曲地推动了历史的发展，一个个大无畏的改革家，都成为悲剧性的历史人物，只是在身后历史学家的笔下才得到崇高的评价。唯有中国当代的改革开放在当代就获得了巨大成功。在错综复杂的国内国际环境中，为什么中国的改革开放事业能够稳操胜券，并取得巨大的成效？大成功必定有大智慧。回顾和总结30年来中国改革开放发展的独特的道路和基本经验，我认为这个大智慧可概括为“一刚多柔”、“刚柔相济”和经济改革与政治改革“非对称组合”的改革之道。

"刚"、"柔"是我国古代思想史中非常重要的一对概念，蕴涵着丰富的辩证哲学思想。《易经》中论述"刚柔相摩，八卦相荡"，"动静有常，刚柔断矣"，指出了宇宙运行的法则，并认为有了刚柔，就可以判断物质世界的一切变化；《易传》则指出"刚柔者，昼夜之象也"，认为刚柔可以像昼夜一样相互转换；《道德经》提倡"贵柔"之道，特别强调以柔克刚，认为"柔弱胜刚强"、"天下之至柔，驰骋天下之至坚"。刚柔思想是我国传统文化的重要组成部分，千百年来，其丰富的内涵被广泛地运用到政治、军事、文化、生活等各个领域，对中国人的思维方式、处世哲学乃至治国方略产生了深远的影响。

（一）中国改革开放的"刚性"原则和坚强政治基础

1979年3月30日，邓小平在党的理论工作务虚会上提出了"四项基本原则"，即坚持社会主义道路，坚持无产阶级专政即人民民主专政，坚持共产党的领导，坚持马克思列宁主义毛泽东思想，并将这四项基本原则写进了党章和宪法。这是中国所有事业的刚性原则，也是改革开放的刚性原则。

"四项基本原则"的核心是中国共产党的领导。自"四项基本原则"提出以来，社会上一直或明或暗、或强或弱地存在着不同声音，把它看做某种"紧箍咒"。笔者认为，"四项基本原则"这一刚性原则，正是中国改革开放取得成功的重要保证，也是中国改革开放成功的第一大智慧。

中国存在一个强有力的执政党——中国共产党以及在中国共产党领导下的强有力的政府，尤其有一个富有权威的中央政府，这是中国改革开放走向成功的重要政治前提和先决性条件。

中国是一个多民族的大国，无论中国历史还是世界历史都证明，大国要能够发挥大国效应和大国优势，实现长期经济增长和崛起，第一，必须高度统一，而不能分裂，也不能名义上统一而实际上是诸侯经济；第二，必须自立于世界民族之林，而不能成为其他强国的附庸，在这个基础上对外开放，融入世界经济舞台，而要做到这一点，必须要有一个强有力的政治力量。

社会心理学和发展经济学的研究也表明，经济发展水平较低的国家向市场经济转轨过程中，国民心理往往是离散的。这客观上需要一个强有力的政府在前面引导，这对国民的团结奋斗具有心理上的强化和凝聚作用。

中国半个多世纪以来，历史地形成了中国共产党在中国的领导地位，中国共产党已经成为中国统一和稳定的坚强政治力量。近30年来，国际局势风云变幻，国内情况错综复杂，如果不是中国共产党的坚强领导，中国改革开放的进行和成功是不可思议的。

在这个问题上，中国的大智慧和经验与“华盛顿共识”[①] 和“新自由主义”中的某些极端内容是严重冲突的，因为作为“华盛顿共识”重要理论基础“极端自由主义”的重要内容之一是，反对一党政治和权威政府，主张弱化政府甚至是“守夜人政府”。中国在几千年的历史中，凡是弱政府、弱权威时代，必定是国家四分五裂、民不聊生的时代；而国家统一、强盛和人民安居乐业的时代，必定是强政府、强权威时代。

（二）中国改革开放的“柔性”智慧

这主要表现在诱致性制度变迁和“渐进式”改革方面。在世界各国的改革中，主要存在着两种理论模式或改革路径：一是强制性制度变迁和“激进式”改革，也称“休克疗法”；二是诱致性制度变迁和“渐进式”改革。强制性制度变迁和“激进式”改革具有很强的刚性，就好似要把一座旧城一下子彻底摧毁夷为平地，在短期内再建一座新城，这极容易引发社会矛盾；诱致性制度变迁和“渐进式”改革则具有较大的柔韧性，它在改革过程中建立起了一个个缓冲带，这有利于缓冲和化解社会矛盾。其具体操作方式是：新体制增量推进。就好像修一条水渠，土一点一点挖，石头一块一块砌，最后水到渠成。中国改革开放则采取诱致性制度变迁和“渐进式”改革。

例如，对公有制经济特别是国有制经济，不搞“雪崩式”私有化，而是渐进式多元化。当国有企业改不动时，先不要硬碰硬急于改革。一方面，逐步在国有企业内注入新体制因素，让新体制因素逐步“蚕食”旧体制因素，促进新体制因素在“随风潜入夜，润物细无声”中成长；另一方面，在国有企业旁边发展起来一批非国有和非公有经济，形成强有力竞争，以内在压力和外部示范两重作用推进国有企业改革。如果在改革早期社会保障制度尚未健全和人们社会承受心理还比较脆弱的情况下，强行和硬性在国有企业搞资产重组并购和职工下岗分流，势必会使百千万职工利益受损，可能激化矛盾从而产生难以设想的灾难性后果。

中国改革开放的“柔性”智慧还表现在灵活的“妥协”。妥协是指在冲突各方互相理性让步的过程中达成一种“维和”局面，使改革在大家都能够接受的条件下进行。改革中的矛盾和冲突包括思想和政治理念、权力结构、面子、经济利益等方面，在这些矛盾和冲突中，利益是最主要最核心的，妥协主要是利益各

---

① “华盛顿共识”（Washington Consensus）：美国国际经济学研究所高级研究员约翰·威廉姆森（John Wlliamson）于1989年提出的一个术语，主要内容是以美国的政治经济制度、政策和价值观构成的理论和国家制度体系，其实质含义是指，美国所实行的一切经济制度及其价值观，为世界上其他国家特别是第三世界国家的经济发展提供了蓝图，因此具有普遍“共识”的世界意义。

方的相互让步。没有这种“妥协”，就会因为对抗和争斗使改革难以进行，发展必然落空。所谓渐进式改革，就是利益冲突各方在妥协中磨合着推进改革，促进发展。

（三）“刚柔相济”

“刚柔相济”是中国历史实践形成和积累起来的重要智慧，这在中国30年的改革中也得到充分体现。

（1）作为中国改革开放“刚性”原则的中国共产党领导本身，也在不断改革、不断调整、不断转型、不断完善，以不断适应中国和世界发展大趋势的客观需要，比如实现从“阶级斗争为纲”向“以经济建设为中心”的自我调整。从这个方面来说，中国共产党的领导这一“刚性”原则也是刚中有柔的。

（2）社会主义制度是“四项基本原则”的重要内容，这是“刚性”，但我们从来不把社会主义当作一个固定的模式，而是在改革开放的实践中根据中国的国情不断探索和创新，从而形成了“中国特色社会主义”的理论体系。“中国特色社会主义”包含着“中国特色的市场经济体制”。“社会主义市场经济体制”是我国经济体制改革的目标模式，也是“入宪”了的“刚性”目标。但在改革过程中怎么改、怎么搞，都在不断探索。所以，“中国特色社会主义”和“中国特色的市场经济体制”本身，就具有巨大的“柔性”。

（3）马克思主义作为“四项基本原则”重要内容之一，是中国改革开放以至整个工作的指导思想，这是一个“刚性”原则。但改革开放以来，我们一直坚决反对教条主义，在实践中不断地创新和发展马克思主义，提出了“马克思主义具有与时俱进的理论品格”。①“与时俱进”本身就表明了一种“柔性”。我们的所有改革开放的决策、政策，都坚持马克思主义，但不拘泥于马克思主义的某些词句和某些结论，在实践中不断发展和丰富马克思主义，促进马克思主义的中国化。

（四）经济改革“理性超前”和政治改革“理性滞后”的非对称组合

自从改革开放以来，中国在政治体制改革方面持非常谨慎的态度，不搞经济政治齐头并进的一揽子改革，改革首先在经济领域开辟战场。30年来，不断地有国内外人士批评和指责这是“保守主义”，呼吁政治改革和经济改革齐头并进，甚至政治还应该超前进行，为经济改革开辟道路。殊不知，这种“保守”

---

① 江泽民：《在庆祝中国共产党成立八十周年大会上的讲话》，载《江泽民文选》第三卷，人民出版社2006年版，第282页。

却是中国改革理性和成熟的表现，所以我把其称为“理性保守”。既定的政治体制比既定的经济体制具有更大的刚性和惯性。而且，经济体制可以实现“帕累托改进”，政治体制则很难实现“帕累托改进”，世界各国的改革和发展历史都表明，对政治改革不能“图痛快、图风光”。想当年，苏联戈尔巴乔夫的政治改革是多么的风光，东欧社会主义集团紧步跟随，西方资本主义国家普遍喝彩，瑞典皇家科学院授予戈尔巴乔夫“诺贝尔和平奖”，当时中国的不少人也被搞得眼花缭乱。但戈尔巴乔夫把“诺贝尔和平奖杯”还没捧热，苏联、东欧的执政党和国家就分崩离析，土崩瓦解了，戈尔巴乔夫自己也被人民和历史所永远抛弃。现在俄罗斯人民普遍把戈尔巴乔夫视为苏联解体的历史罪人。

社会不稳定是一个国家改革和发展的第一大天敌，因为社会不稳定必然导致改革的社会成本骤增，一旦社会不能承载这个成本，必然会使改革停滞甚至逆转。改革的风险特别是政治风险是不可逆的，一旦形成就是全局性的，就可能造成灾难性的后果，收拾残局都措手不及，还谈何改革。正是经济改革的“理性激进”和政治改革的“理性滞后”的非对称组合，确保了中国的长期稳定，从而促使了中国改革开放取得了巨大的成功。随着经济改革的巨大成功，中国的政治改革不可避免地要推向前台，这一方面是由世界民主化浪潮推动的，另一方面也是中国进一步改革攻坚的客观要求。但可以预见，今后中国的政治体制改革也必将走一条渐进式的道路。所以，经济改革“理性超前”和政治改革“理性滞后”的非对称组合，是“刚柔相济”最精彩、最成功的体现。

中国改革开放获得巨大成功的智慧无论怎样概括和归纳，归根到底归结为一条，那就是诊断和把握好中国自己的脉搏，并用中医的方法对自己进行辨证施治，也就是认认真真、切切实实按照中国的国情办事，埋头老老实实力求把中国自己的事情做好。

中国近30年的改革开放虽然取得了巨大成就，但改革的任务不仅远远没有完成，而且还存在着许多人民不满意的问题。我们还正在探索着怎样深化改革和推进改革攻坚，还将继续走中国特色社会主义道路。我们依靠大智慧取得了改革的成就，我们还将继续创造性地发挥大智慧，来解决存在的问题，把改革开放的大业继续推向前进。

中国改革开放的伟大成就和基本经验向世界昭示：中国已成功地走出了一条在具有深重的历史包袱、不发达的经济条件下和不宽松的国际环境中，推进经济体制改革和现代化建设的道路。中国改革开放的伟大成就和成功经验，是在落后国家如何建设社会主义、如何实现现代化道路的经验。它不仅是中国巨大的精神财富和宝贵的文化遗产，也是人类社会的共同精神财富和文化遗产，是对人类社会的重要贡献，必将对在探索中前进的世界其他国家产生积极影响。

四、构建科学改革观，进一步深化改革

（一）对改革开放最好的纪念，是探索“科学改革观”

1978～2008年，这30年在人类历史的长河中不过是白驹过隙的短暂一瞬，但改革开放的中国却发生了翻天覆地的巨大变化，走上了160多年来中华民族梦寐以求的复兴之路，经济持续高速增长，社会生活发生了深刻变化，中国经济实力居世界前列，进出口贸易和外汇储备雄居世界第一，谱写了中华民族自强不息、顽强奋进新的壮丽史诗，中国的“四大面貌”——中国人民的面貌、社会主义中国的面貌、中国共产党的面貌和中国在世界上的面貌，都发生了历史性巨大变化。世界资本抢滩中国，“中国崛起论”以至“中国威胁论”都在环球叫响。中国改革开放的30年，完全可以称之为“改革开放盛世”，这个盛世比中国历史上著名的“贞观之治”23年还多出了7年，而且中国的改革开放还继续在盛世之道上挺进。

在当今世界，若要谈改革开放的成功，言必称中国。无论是国内学界，还是国际社会，都在纷纷探索“中国改革开放成功之谜”和“中国经济持续高速增长之谜”。美国学者舒亚·库珀·雷默（Joshua Cooper Ramo）2004年5月向全世界提出了“北京共识”（Beijing Consensus）的话语。尽管中国自己并不自诩“北京共识”，更不输出“北京共识”，但出自美国学者的“北京共识”之说作为一种国家成长模式，在世界上已经发生了广泛而深远的影响。

（二）科学改革观的“五大飞跃”和“五大统筹”

以人为本，全面、协调、可持续的科学发展观的提出，特别是党的十七大将科学发展观写入《中国共产党章程》，使中国的发展理论和实践都跃上了一个新的高度。科学发展观是对“GDP拜物教”或者说“GDP崇拜”的反思，是对“发展是硬道理”的提升，是对20世纪后期提出并成为联合国重要话语和工作任务的“可持续发展”的进一步升华。

人类发展观有一个不断进步、不断拓展的过程。第二次世界大战之后，从殖民地半殖民地解放和独立出来的贫穷落后国家，面临的首要任务是发展经济、消除贫困、改善民生、增强国力。为此，大多数发展中国家都确立了以GDP增长为目标的发展战略。这种在“经济的”就是“合理的”观念支配下的发展政策，导致了资源浪费、生态恶化、环境污染等严重问题。而资源节约、环境保护等与人民世世代代利益息息相关的因素，都被经济快速增长的代价牺牲掉了。中国在改革开放

的前20多年，大体也经历了世界上许多发展中国家走过的共同历程。中国经济高速发展的资源和环境代价，不仅使自己面临着一系列严峻问题，也使中国面临着国际社会和环境组织的巨大压力。2003年以人为本，全面、协调、可持续的科学发展观的提出，特别是2007年党的十七大将科学发展观写入新的党章，使我国走出了GDP崇拜，实现了从“单纯GDP增长观”向“科学发展观”的战略转变。

科学发展观固然对改革有着重要的指导意义，但科学发展观的主要理论和政策服务面是“发展”领域。尽管“发展”与“改革”密不可分，但改革与发展的内涵和任务毕竟具有多方面的不同。我国经济在持续30年高速增长之后，出现了世界上许多国家出现的资源浪费、生态恶化、环境污染的严重问题，资源节约、环境保护、山川秀美的严峻任务摆在面前，这客观上催生了“科学发展观”。

科学发展观催生了科学改革观。2006年3月“两会”期间，胡锦涛总书记说：“要坚持改革的科学性与协调性。”中国进行了30年的改革，取得了巨大成就，同时又衍生和胶着许多矛盾，迫切需要实现“改革的科学性与协调性”；而要实现“改革的科学性与协调性”，客观上需要“科学改革观”。

科学发展观也决定着科学改革观的原则和方向，因为科学改革观与科学发展观同源于以人为本。人民既是改革的持久动力和主体，又是改革成果的最终享受者。坚持全面、协调、渐进、稳定地推进经济体制、政治体制、社会体制、文化体制的整体配套改革，建设社会主义物质文明、精神文明和政治文明，实现社会主义社会和谐和中华民族的伟大复兴。就必须做到：

（1）在改革的广度方面，要不失时机地从单项突破发展到整体推进，使改革从经济领域推进和扩展到政治、社会、文化等领域；

（2）在改革的力度和深度方面，要从过去机制转换式的改革，向全面的制度创新推进；

（3）在改革的操作方式上，要从过去的政策推进发展到全面的法制规范；

（4）在改革的指导思想方面，要从过去的“摸着石头过河”走上岸来，为改革“造船”、“造桥”，从而飞跃到“划着船过河”和“踩着桥过河”；

（5）在改革的理论认识水平上，要不断地从改革的“必然王国”向改革的“自由王国”跃进。

科学改革观的“五大飞跃”如图1所示。

党的十七大报告全面论述了科学发展观的全面统筹发展理论：第一，统筹城乡发展和区域发展；第二，统筹经济和社会发展；第三，统筹人与自然的和谐发展；第四，统筹国内发展和对外开放，兼顾国内国际两个大局；第五，统筹中央和地方关系、个人利益和集体利益、局部利益和整体利益、当前利益和长远利益，充分调动各方面积极性。

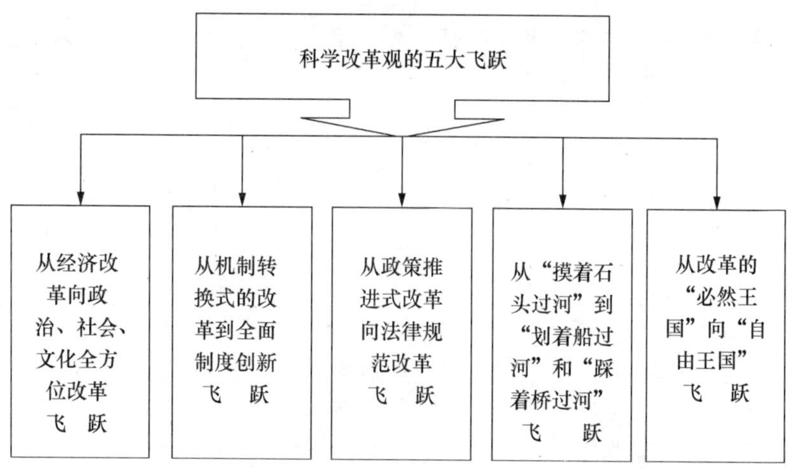

图 1

科学发展观的全面统筹理论，对改革开放无疑具有重要指导意义。实行科学改革观，需要在改革的各个方面全面统筹：第一，统筹国有企业改革和非国有、非公有经济的发展；第二，统筹城市经济体制改革和农村经济体制改革；第三，统筹国内改革和对外开放；第四，统筹经济体制、政治体制、社会体制、文化体制的全面改革；第五，统筹科学改革和科学发展。

科学改革观的“五大统筹”如图 2 所示。

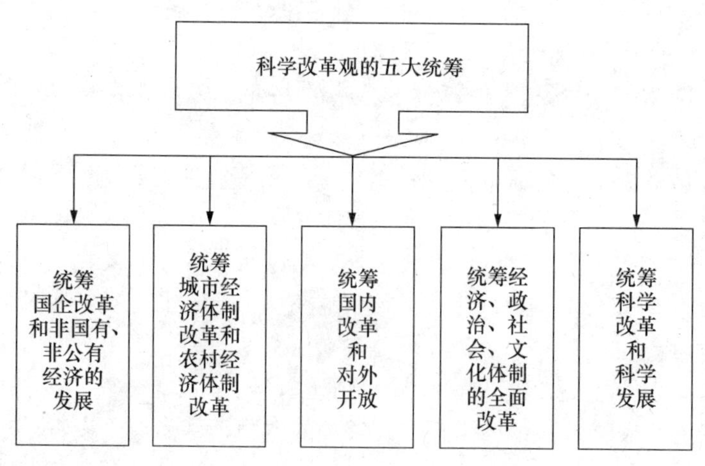

图 2

要做到这些统筹，必须科学总结中国经济体制改革的历程和基本经验，必须科学分析当前凸显的矛盾和改革攻坚的时空条件，必须科学分析和完善社会主义

市场体制，必须科学规划和实现改革攻坚的重大战略转变，必须科学认识和建设社会主义政治文明，必须有科学改革的思想方法和视野。

五、改革开放新视野：做中国“猫”，抓中国“鼠”

无论怎样概括和归纳，中国改革开放获得巨大成功的经验归根到底归结为一条，那就是认认真真、切切实实按照中国的国情办事。就像世界上没有两片完全相同的树叶一样，也没有两个完全同样的国家。比如，中国与美国的国情，就具有巨大差别，而且在历史、人文、人口、自然地理等各个方面，中国都比美国复杂得多。我觉得，“中国主席可能能当好美国总统，而美国总统很难当好中国一个省长”。这句话是我2005年10月在美国洛杉矶的一个会议讲演中提出的，在会场上赢得了热烈的掌声。

邓小平有句名言“不管黑猫白猫，能抓住老鼠就是好猫”。我想，邓小平讲的猫肯定是中国猫，而不是外国猫。由此，我推导出另外一句“猫论”——“做中国‘猫’，抓中国‘鼠’”。“猫”者，立志为中国作贡献之仁人志士也；“鼠”者，影响和阻碍中国生产力和经济社会发展之问题也。

（一）经济学的国民性

要论述“做中国‘猫’，抓中国‘鼠’”，首先不妨先谈谈“经济学的国民性”这个基本理论问题。下面这段文字是我发表于《人民日报》2005年11月7日“学者论学问”栏目上的专稿。

改革开放以来，适应经济市场化的需要，我国经济学界大量引介流行于成熟市场经济国家的西方经济学，并以其对发生在中国的事件进行本土解释，以求得对自身问题的认识。事实上，从占世界人口1/5的国度里所发生的事件中得出的认识，必然是人类文明的重要组成部分。这些认识如果能够扩充、修正或推翻现代经济学中的某一定律，那也是正常的。这就提出了经济学的国民性问题。

从经济思想史看，理论认识无不来源于解决现实问题的需要。西方的学术是在解决各个历史时期的西方“问题”中演进的。亚当·斯密的《国富论》、《道德情操论》，是对18世纪英国“问题”的有力回应。如果不是深入思考那个时代提出的问题，斯密不可能成为经济学巨人。我们现在有的文章，总是从西方学术的视角来分析中国的问题，似乎不如此就不够水平。这实际是忘记了一个朴素的道理：理论来源于特定的实践，理论的检验标准在于特定的实践，理论服务的对象也是特定的实践。

所谓西方经济学，不仅其理论的提出者是西方人，而且它是立足于对西方问题、对发端于西方国家且运行了几百年的市场经济进行描述和解释的学说。作为一种认识工具，任何民族都可以学习和使用它，但在使用过程中需要针对自身问题进行“适用性开发”。中国经济学者应该掌握西方经济学理论，同时也应该牢记自己是中国人，担负着振兴中华的历史责任。因此，在发现和研究问题的时候，我们必须面向本土。否则，我们的智力活动就既无益于自己生活于其中的这个社会，也不会有大的创新。这不是狭隘的民族主义观念，相反，只有如此，才能实现成熟的认识方法与本土问题的有效对接，避免因用了西方的方法而忽视了对本土问题的关注。

任何一个普遍原理的学习，都是应用和在应用中学习的过程。普遍原理的应用过程一定是本土的。只有在本土社会里具有较强解释力的理论才称得上是成熟的理论，掌握这种理论的学者才算是成熟的学者，才有可能发现本土问题的全球意义，做出全球性的贡献。中国的实践不同于西方，有关中国问题的认识不可能在西方问题意识上展开。反过来说，一个问题如果是重大的本土问题，也必然具有全球意义，即“本土性的全球问题”。

那么，本土问题意识从哪里来？从对中国现实的悉心观察而来。我们今天正处在经济社会转型时期。在这一时期，许多问题交织在一起，高度复杂，快速变动。而作为西方经济学发源地的欧美国家，其市场经济已有数百年历史，基本变成一个“稳态社会”了。西方人关注的经济学问题，大多数在中国人看来是很细小甚至微不足道的问题。既然如此，那么在西方学术体系训练下，用西方学术的视角看待中国甚至评价中国人的是与非，既是学术的幼稚，也是学者的悲哀。

在经济学发展的长河中，一些基本概念会随着时代的变迁而不断演进，其含义也在发生变化。概念在形式上表现为各种各样的符号，但如果概念的接受者只尊崇这些符号，而不了解其背后的思想以及这些思想所蕴涵的问题，就会只见树木不见森林。当代中国学者应该警惕，某些舶来的用语到底在多大程度上适合对我们自身问题的分析？我们提出的问题到底是何种意义上的问题？是按照别人的认识框架“憋”出来的问题，还是出于中国人切身利益需要“提”出来的问题？我们所说的中国经济学，是来源于中国实践、面向中国现实、服务于中国人利益的经济学。本土的问题意识，与学术的规范化是平行的。思想与学术，二者“一个都不能少”。唯有如此，我们的理论才能是人类知识的一个组成部分，而不仅仅是外部理论的重述；当代中国人才能像祖先那样，对人类文明做出应有的贡献。

（二）打破一切学说和思想的教条主义

要“做中国‘猫’，抓中国‘鼠’”，就要打破一切学说和思想的教条主义。

中国以马克思主义为指导，曾有过搞教条主义的深重历史教训。但一种倾向往往掩盖另一种倾向。由于历史上的教条主义给中国造成了巨大危害，因而人们对此高度警惕。但有的人却自觉不自觉地钻进了对美国、对当代西方学说特别是当代西方经济学的教条主义，满脑子装了一大堆西方的定理和模型，总习惯于以西方的模型观察和套用中国的一切，甚至习惯于用西方的话语体系分析、评判和阐述中国的现实。如果不坚决反对这种新的教条主义，它同样会对中国造成严重危害。

比如，世界上许多国家都羡慕、崇尚和希望学习美国和西方许多国家的直普选式民主，中国也在20世纪90年代中期试行乡村村长直选，联合国、美国和中外许多学者对此高度重视，观摩直选过程，并进行了大量赞美式宣传，认为中国的乡村直选迎来了“中国政治民主的新曙光”。几年过后，凡试行干部直选的乡村，产生了许多始料未及的问题，比如宗法势力、黑势力、恶霸等上台，下压农民，上抗政府。于是乎，原来赞颂中国普选村长的中外许多学者，都无可奈何地“集体失语”啦！怎么好端端的、先进的政治民主制度在中国就变味走形了呢？不管怎么疑问、彷徨、悲叹，这就是中国的现实。民主是当代世界的潮流，也是中国发展的大趋势，以人为本的科学改革观就深刻地蕴涵着民主的发展。但当代中国也只能够一步步探索适合自己国情的民主道路，别无他策。

历史是一面镜子。中国在160年前由于自身的衰落和世界列强的侵略，成了半殖民地半封建社会的贫弱国家。国民和学子矢志不渝地想要复兴图强。19世纪中后期，产生了西方和东方两种文化、或者说西学与国学二者孰优孰劣的碰撞和争论，有人提出“全盘西化”，但最后形成了“师夷长技以制夷”、“中体西用”的主流和主导思想。这实际上是中国历史上“做中国‘猫’，抓中国‘鼠’”的最早探索。

又如，中国在20世纪20年代第一次国内革命战争时期，为了革命的急需，选送了一批革命青年到苏联学习。归国者中那些号称“百分之百布尔什维克”走上了中国共产党的领导岗位，主张以“苏化”指导中国革命，差点葬送了中国共产党的革命事业。经过严重的挫折和教训，以毛泽东为代表的中国共产党人提出了“马克思列宁主义的基本原理与中国革命的具体实践相结合”的指导思想，从而引导中国革命走向了成功。实际上，这是中国革命史上“做中国‘猫’，抓中国‘鼠’”的成功探索。

（三）一切从中国国情、中国特色出发

要“做中国‘猫’，抓中国‘鼠’”，就必须真正立足于中国，一切从中国国

情、中国特色出发。中国的国情特色不仅指整体的中国与其他国家的差异，也包括中国国内各地区的差异。比如中国西部落后地区派干部到东部发达地区挂职，两三年后回到西部地区后，东部许多非常好的政策、做法在西部推行不开。

中国的某些现实情况可能很不理想，但我们只能是“立足现实，改造现实”。有的人不太喜欢“中国国情”、“中国特色”的提法，把这看做是阻碍中国步入世界大道的借口和理论盾牌；主张推倒这个借口和盾牌，按照西方“先进的”模型一揽子设计和改造中国的经济、政治、文化等体制。对中国目前某些不理想的现实，则主张“全盘否定，推倒重来”。在有的人看来，这是一种改革的理论和主张。我看，这只不过是一种“天真”和“浪漫”的激情。“天真”属于儿童的憧憬，“浪漫”属于恋人花前月下的陶醉。关系国家、社会和公众的大事，是来不得半点“天真”和“浪漫”的。“天真”和“浪漫”的激情是无助于解决中国现实问题的，是抓不住“中国鼠”的。

有的人很具爱国情结，很想抓“中国‘鼠’”，很想为社会做些贡献。这是非常可贵的。但在思想上却认为，只有“洋猫”才能抓住中国的“土鼠”。若真的是那样倒也好——不管“洋猫”、“土猫”，能抓住“中国‘鼠’”就是好猫。但这也必须经受实践的检验。

因此，立足于“做中国‘猫’，抓中国‘鼠’”，把精力主要放在中国化和本土化研究服务方面，既促进马克思主义的中国化，又促进当代西方学说的本土化。这就是科学改革观的视野。

（文章来源自《学术讲座荟萃》第47辑，刊登时有修改，2008年5月15日）

电子商务发展现状

荆林波

荆林波

男，1966年4月生，笔名凌波，经济学博士。现任中国社会科学院财政与贸易经济所副所长、《财贸经济》副总编，兼任信息服务与电子商务研究室主任、服务经济与餐饮产业研究中心主任、信用研究中心主任，博士生导师。社会兼职：中国市场学会副会长，中国商业经济学会副秘书长，中国电子商务协会专家委员，中国商业地产联盟专家委员，中国物流学会副秘书长，中国烹饪协会专家委员会副主任，全国高等院校贸易经济教学理事会副秘书长等。享受国务院特殊津贴专家，多个部委特聘专家。

主编《中国商业发展报告》、《现代流通业：资本与技术的融合》、《现代零售战略与管理》、《中国商品市场发展报告蓝皮书》、《中国流通理论前沿问题研究》、《阿里巴巴集团考察——阿里巴巴经营模式研究》、《阿里巴巴的网商帝国》、《MBA课程全新读本：市场营销》、《营销e术》（译著）、《解读电子商务》、《公司治理结构与经营者股票期权》、《中国烹饪年鉴》和《中国企业大并购》等，执行主编《中国餐饮运行报告白皮书》等，专著《信息服务与经营模式》、《中国商品期货交割》等。

曾经荣获孙冶方经济科学论文奖、万典武商业经济学奖、中国商业联合会科技进步一等奖、中国商业经济学会论文一等奖、全国首届信息化优秀成果奖、中国社会科学院优秀成果奖等。

非常荣幸，今天能来到研究生院。10 年前我在校园里读书的时候，生活条件比较简朴，学习环境很艰苦，但现在却特别怀念那时的校园，因为那时候我们只有一个心思，就是把书读好，把东西做得更漂亮。在今天两个半小时的时间里，我会尽量多讲一些，跟大家汇报一下我这个团队包括我个人在这个领域的一些研究。

首先介绍一下我们的组织。中国社会科学院实行学部制，我们隶属于经济学部，经济学部有 8 个所，我们财贸所是从经济所分出来的，2008 年时值我们建所 30 周年。现在财贸所在经济片算一个中等的所，主打的几个室有财税、国贸、流通、旅游，还有一些新室，比如我的信息服务。中国的经济改革是从农业化国家向工业化国家转型，此过程中又慢慢地向服务业领域推进，因此江小涓老师做所长的时候把我们所重新改造，定位在强化理论，即服务经济理论的研究。所以财贸所的研究概括起来就是侧重研究第三产业、服务经济的领域的理论研究。我们所还有五个中心、两个学会，都是国字头的，非常宝贵，我就不再赘述。

今天我将着重做电子商务的实务和实际发展状况的介绍，淡化理论色彩。大概分四个方面，一是概述；二是电子商务在全球的发展现状；三是电子商务在中国的发展状况，重点介绍一些案例；四是小结。

一、概述

电子商务，有没有理论呢，从国内外的学者来看，还众说纷纭，没有统一定论。我现在先介绍一下电子商务的概念，对比一下电子商务与传统商务的异同，然后介绍一下电子商务模式的一些变化。

电子商务距离我们多远呢？现在已经有很多同学在网上开店，很多人都在用“淘宝”，其实，比如我们出差，订票的途径有三种：一是比较传统，让办公室订；二是打电话；三是自己去订。实际上，这些方法未必能买到最便宜最便捷的票，我推荐的就是在网上订票，这就是电子商务。现在网上订票公司很多，以各大航空公司、旅游公司、携程、艺龙为代表的公司都在做。我举一个

"mymiles——里程网"的例子，由于其做得很好之后，就有资本来收购它，后来被国航收购了。其登录界面直观，易于操作，十分方便，然后选电子支付，网上银行，最后确认支付。这种做法不需要见票，即电子客票，你直接拿身份证去机场就可以出发。有人会怀疑其安全性，当然，网络世界必然有骗子存在，但只要在正规的网站，就有各种手段和环节来保障其真实性。比如，我订票后，信用卡公司和订票公司都会通知我详细的信息，而且服务很人性化。一旦到了出发那天，也不用一大早赶到机场，可以在家办好登机卡。比如，国航就可以在网上用身份证等直接办，也可以选择座位、了解天气等，打印出航程单后，就可以持单去登机了。

电子商务貌似很神秘，其实距离我们很近。对于我的团队，现在我都鼓励大家出行，一切都在网上办理。这有很多好处，最大的好处体现在机票改签的时候。当工作以后，第一次陪领导出差时非常重要，无法确知领导的出行变化的情况下，细节就能凸显你的办事效率。比如，我有一次陪领导出差，临时行程有变，所有机票都要改签。如果按照传统的方法，下午5点收到要改签五张票的通知，又碰上北京交通高峰期，是根本不可能按时完成改签任务的。但若在网上，使用电子客票，一个电话就能全部改签，效率就体现出来了。当然现在携程在国内做得很好，在纳斯达克的表现也很好。携程采用一种连续性的管理，将保存和整理好客户在携程上所做的所有订票记录。

实际上第一张电子客票出现是在20世纪90年代初期的美国，当时大家都在怀疑其可行性；但短短的十年时间之后，欧美国家90%以上都是电子客票，因为每出一张纸质客票，平均单价在10~12美元，而使用电子客票能使全球航空费用大幅下降。我国最早的电子客票是在2000年初，由南航推出，但短短8年，我国现在已经全是电子客票化管理，进入全球管理系统。其便捷不仅对顾客有利，对运营商也大为有利可图，其能很好地监控客户的流动线并进行调动以提供更好的服务。但目前很遗憾，各种学者、机构、公司及各种研究报告给大家的电子商务定义却千奇百怪，莫衷一是。

像美国全球电子商务纲要中提到的里根至克林顿推动的美国信息化高速公路建设，使美国在20世纪80年代之后经济一直高速增长。让我们反思世界上的大国崛起历程，从荷兰的"海上马车夫"，英国的"日不落帝国"和第一次工业革命到美国的工业化革命和科技革命。人们在思考新世纪谁来担当世界经济发展的火车头时，有人认为是日本，但在"广场协议"后，日元大幅升值，房地产泡沫破灭，并没有持续发展。在那之后，人们把目光转向中国，至今如此，希望中国能担当发展火车头的重任，但大家都知道，中国经济发展的不平衡及不可持续等一系列问题还有待我们去解决，我们要肩挑发展火车头的重任还尚早。

对于定义来说，在许多英文文献中，有两个词需要注意，一个是E-com-

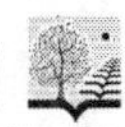

merce；一个是 E－business。前者是狭义的，后者是广义的。电子商务最早的翻译是前者，意为电子商务，后来 IBM 等公司大力推广后者，意为电子业务，包括了电子政务、电子商务等多方面，譬如连电话订票也算电子业务。

但不论狭义还是广义，电子商务都是以"6C"为切入口。学管理的都知道市场营销是以"P"字母为切入口，而电子商务玩的则是"C"的游戏：内容、关联、连续性、互动、社区、商务，等等。总之，电子商务就是交互融合，不断打破传统商务壁垒。

电子商务与传统商务有三个主要区别。

（1）双向沟通，在目前国内的订票购物活动中，卖方对买方的数据挖掘做得很差。即使有会员卡的使用，但卖方对买方的信息整理还是很不够，卖方不会区分客户的阶层与需求的资料，而只有沃尔玛及 7－11 等国际大型公司才会统计平均的客单价及客户流量等重要信息。我们所提倡的应该是这样一个状况：客户在前往卖场购物前，就可以在网上输入自己的需求清单，到了卖场后，通过刷会员卡，卖场会显示出详尽的客户信息，包括历史购买记录等，针对客户偏好提供详尽的促销信息，并根据客户提供的需求单提供导购图，而不像目前的卖场缺乏商品的导购。而在结账手段上，可以进行自助结账。目前所有商品的条形码只有 13 位，未来要用的是 RFID——无线射频识别技术，这是继 Internet 之后最有颠覆性的技术，这将大大改变商品的流通状况，而且无线射频识别技术在结账时也不用像目前的排长队结账，将带来很大便利。在补货方面，可实行自动补货系统。当顾客从货架上取走商品后，无线射频识别技术的系统将自动提醒后台进行补货。目前国内在大中型城市里最困难的就是日间补货，因为大中型城市中的交通管制使得大型车辆只能在凌晨完成送货工作，日间缺货也没法补，而自动补货能提前通知预报缺货问题，当然这也关系到中国的城市交通规划问题，缺货短货是中国零售业目前很严重的问题。电子商务时代的大卖场还将广泛地应用电子荧屏等媒体工具，详尽地展现商品的信息，并可同时进行广告活动，给消费者带来便利的同时也给商家带来巨大利益。沃尔玛在 2003 年对 RFID 投资 1750 亿美元用于开发该系统，比我国 2005 年 R&D 经费总额还要高。而我们的二代身份证中也有该种技术，使得机场的自助登机得以实现。该技术的争议在于对个人隐私的侵犯，美国的部分人权组织对此进行反对。同时，该技术的标准制定权也是一个争议，如果由美国的沃尔玛制定，势必将进一步压榨中国的制造商，即每贴一个条码我们的厂商都要付出高额的费用。所以沃尔玛的计划也遇到了很多障碍，但主要都归结于利益集团的市场瓜分问题，所以中国现在也积极跟进。

我在美国的时候买了 6 本电子书，非常快，一分钟便可结算完毕，而且便捷，可以放在电脑、手机和 PDA 等便携电子设备中进行阅读。亚马逊 2000 年圣诞节的高峰周转纪录为1000万件货品。在美国网上消费的一个很重要的支撑是其不同于现实中的消费，不用缴纳消费税，所以美国的民众都很乐意在网上购物，而我国目前在电子商务上尚存在一些问题，这个我们稍后再讨论。

（2）电子商务的流程的关键问题，也就是如何与传统的销售流程嫁接上。要建立一个包括了消费者、企业、商家、银行、物流提供商、设备提供商等一系列中介机构的网上流程系统，提供相关的信息和技术支持。电子商务中与客户关系的方面，现在的大多数企业是没有具体的针对某一群体消费者的，但在做网上电子商务时，是有条件对客户信息进行详细的统计。电子商务的价值链包括了设备生产商、投入运营商、托管、认证、平台、软件、内容提供商、社区和集成。也包括了很时新的群组，这是互联网上极为便利的一种社区。比如我们所在工作中，使用群组，使大家加强沟通和联络，增进了解，提升了工作效率。大量的事例都证明了电子商务对价值链的影响，非常深远，我就不再一一赘述。

总的来看，电子商务的发展使管理学和经济学面临一次新的挑战，这个挑战体现在以大部分顾客为导向的观念转变为电子商务中供求一对一的观念，这是个性化的问题。比如矿泉水，传统的方法是一个批次发货几万瓶，如果我要买一瓶个性化的水，企业以传统的方式是很难来满足这个需求的，因为没有市场量。

（3）商业模式，现在的模式划分有很多方法，但基本的就是企业对企业（B－to－B）、企业对消费者（B－to－C）、消费者对企业（C－to－B）、消费者对消费者（C－to－C）。当然，如果加入了政府这个要素的话，就可以有更多的划分，如企业对政府（B－to－G）的概念，等等。现在报税等事务都可以在网上进行。而我们研究生院的很多课程登记等类似事务也可以在网上进行，这属于机构对政府的概念，当然也可以是政府对政府，还有许多概念，我不一一列举，今天重点讲狭义的电子商务。

我做了一个有关中国的商业业态变迁的模型。随着投资技术管理从低到高的变化，业态依次是游商、日杂店、百货店和购物中心。现在巨型超市越来越多了，同时批发市场、交易所也很多。投资技术管理发展带来的另一发展方向就是专业化，出现了专卖店、仓储店和无店铺销售。还有就是电子商务，做门户、名录、拍卖、中介服务、供应链，等等。后面我介绍时再详述。这些就是第一部分，介绍了电子商务的概念与概况及其模式的基本状况。

二、电子商务在全球的发展现状

全球的电子商务发展状况应以2000年为界。2000年前出现了一些泡沫，2000年之后开始复苏。总体来看，亚太地区的电子商务，特别是企业对企业

(B－to－B)方面的，发展形势很好。当1999年泡沫达到顶峰的时候，思科公司和微软公司做到了1万亿美元的市值，这是很惊人的。当时我在硅谷访问，有个很著名的百货店，专门服务于硅谷的新贵们，门口的好车数不清，而满街的房产，都是天价。据统计，那时硅谷一天产300多个百万富翁，行情很好。但后来风险投资退潮，硅谷的繁荣受到挫折。随着对电子商务的冷静思考，边际收益递增的理论也被提出来了。如微软典型的大规模研发投入，模块化生产，定制化大规模复制并推广，接下来就基本没什么成本，而收入却会不断增长。再有西方经济学的供求曲线也受到挑战，传统的理论只是给定时间空间，而且有大量假设在先，而电子商务中突破了空间和时间点的限制，那些前提和限制是不存在的。包括对IT企业市值的评估标准也随之诞生，当时美国五大投行有两大催股手，将亚马逊的股票从几美元炒到几百美元，当然，也可以看到，近期美国五大投行纷纷倒闭，在当时也早已埋下伏笔，所以方法论的变更需要非常的慎重。尽管网络股泡沫严重，但总的来看，亚太和北美地区增长还是很迅速，尤其是美国市场是一枝独秀，占据了一半以上的市场份额。从过去五年来看，增长比较快的是计算机、食品、饮料等领域，相信大家最近也都注意到了在不久前我们关于外资进入中国的一个大讨论。2008年是改革开放30周年，我们开始总结过去的经验。当初我们的战略是用市场换技术，但30年过去了，令人深思的是，我们好像也没学到什么技术，这一点在学术上是有争议的。江小涓老师有报告认为核心技术是学到了，而北大有学者以汽车工业为例认为没有学到核心技术。

以上是美国的一些增长状况，而在欧洲方面，发展速度相当缓慢。我在意大利考察时发现，欧洲的发展远远落后于美国，甚至是一些亚太国家。欧洲在1984年时就提出了多项合作，20世纪80年代也有信息协调的计划，但执行状况都不好。所以到20世纪90年代，欧洲推出了“信息技术的政策与执行计划”，2000年推出了“数字欧洲计划”，2005年又推出了一个“欧洲信息社会的2010计划”。欧洲2005年的统计结果有两个特点：一是整体来看各行业差距很大，尤其在建筑业等行业应用很差，而旅游业及服务业应用较广。二是欧盟成员国间差距很大，德、英两国领头，法国其后，而前苏联的一些国家相对比较落后，意大利也是比较落后的。

英国的情况比较特殊，其住户在家上网比例很高，超过80%的人使用宽带。就一些指标来说，英国可以赶上美国的，所以有人预测未来英国会引领欧洲电子商务的发展。英国统计局的报告显示，英国老百姓普遍接受了企业对消费者(B－to－C)的直接交易方式，电子商务交易量成倍增长。据预测到2009年网上购物额能达到800亿英镑，这个数字很可观，如果按照人均来算很可能就超越美国了。还有芬兰，芬兰的移动商务较发达。手机现在渐渐已经成了一个生活的必需品。在手机的功能集合方面，做得好的国家有芬兰、日本等，如在手机上集合了手机报、炒股、电子银行、多媒体、住宅等一系列生活功能。实际上这个领域内可以利用的信息很多，芬兰的零售支付就非常发达。

日本的电子商务领域在2000年有个很大的增长。日本在20世纪80年代有过奇迹，但之后陷入困境。但日本在电子商务领域抓住契机，持续发展，主要原因就在于电信公司的改组。日本很好地打破了传统的几个运营商的垄断，并推出了一个“I-mode”。这个方式的运作给整个日本的移动电子商务带来很大的突破，并在日本的很多行业开始快速推广。以制造业为例，信息化最好的模式是丰田的“JIT-Just In Time”经营模式，此模式有很好的基础，运用到电子平台中很适应。另外，日本有大量的老年人，大量的老年人在家上网。日本很重视老年人市场，有很多商店是为老年人服务，配送的解决也有其独到之处，例如，其配送的解决是通过便利店“7-11”来实现的。在上海百联集团也曾有过类似创意。而新加坡的电子政务在国际上也享有盛誉。

看完发达国家，再来回顾拉美及非洲的一些落后国家，它们面临的问题更加严峻，这就是发展经济学中的一个重要问题——“信息鸿沟”。中国过去有三大差距，城乡差距、工农差距、脑体差距，现在又有一个新的差距，就是信息差距。社科院中的各位当然是信息技术的优先利用者，但还有一些弱势群体，比如农村、偏远地区，信息技术利用率就很低。而且在城市中，高龄群体的信息利用率相对于年轻人也很低，这就是中国的问题。

发达国家与中低收入国家相比，从人均使用电话、互联网的次数来看差距很大。中国的互联网使用状况，看绝对数是很大的，但算到人均上，和发达国家差距还是很大的。就国内来说，华东地区高于西北地区，而且从人均域名来看，也显示出了东、中、西部的差距。

三、电子商务在中国的发展现状

中国的电子商务发展状况，根据最新的数据，我国的网民在2.5亿人左右。虽然这个数字包含了一些重复计算，但总体上我国网民的增长速度还是很快的。在电子商务领域，我国第一步做的是信息沟通，然后从成长期过渡到发展期。电子商务在中国的状况可以从咨询、沟通、交易三个角度切入，再往后就是全面应用了。这几年，我国电子商务保持了一个相对高速的增长，尤其在企业对企业（B-to-B）的领域，比如，我们的阿里巴巴已经成为一个全球领先的服务商。说到企业对消费者（B-to-C），人们往往会想到亚马逊；说到消费者对消费者（C-to-C），人们会想到美国的电子港湾，但说到企业对企业（B-to-B），人

们就会想到阿里巴巴。阿里巴巴以及相应的网盛、生意宝等公司给人们带了新的概念，使人们更加关注中国电子商务的发展。我们也可以发现我国的消费者对消费者（C－to－C）的领域也开始活跃，我们现在的网店发展十分迅速。

有一句话叫“世界是平的”，但我们面临的许多问题使我们不得不质疑这句话。我举几个例子，比如，我们在香港地区和香港人做生意，我们要先了解香港的电子商务模式：贸易通“DTTN”——数码贸易与运输网络。这个网络能提供全部贸易的解决方案，从20年前开始发展，不断壮大，加进很多新的内容，政府渐渐撤资并鼓励民营化。当然也受到过挑战，比如，李泽楷利用网络股泡沫狂炒数码港概念，最后演变成了一个地产概念。现在数码港主营的是一个公益型酒店，里面有很先进的动漫试验基地，允许租用实验室进行动漫公司活动，服务齐全。而贸易通跟数码港不一样，有很多的股东，都是民间股，走的是市场化道路。《硅谷与128》一书中也很好地分析了在做一个IT工程项目时，一定要以市场化为主，现在贸易通的模板和概念也渐渐推广到中国甚至全球。

我2007年3月开始跟踪调研阿里巴巴，持续了一年多。我将汇报一下阿里巴巴成为成功商业模式的历程。马云其人，口才极好。最早，在杭州一所师范学校内很活跃，从事学生活动多，渐渐有了一些经营思想，毕业后留校任教。1998年的时候，美国的网络概念发烧，他也开始动脑子。他最早做的是数字黄页，他发现浙江大量的中小企业的联系方式需要通过缴费才能获得电信部门许可而出现在黄页上，而很多中小企业不愿意花这个钱。马云就做了个中国黄页，说服各家中小企业上网，使别人都能找到企业的信息，可以一劳永逸。过了几年，原对外经贸部成立了一个电子商务中心，马云任总经理，来到北京。后来他决心到南方发展时，带去了一批创业时就在一起的人才。他一开始做的时候，也没想到阿里巴巴的企业对企业（B－to－B）模式，眼界也是比较传统，但最后他还是回到为浙江的大量中小企业服务的基点上。一般做电子商务一开始都对准中石油、中石化等大公司，而马云则针对了大量的民营企业开展业务。

中国的中小企业资本不足，马云在网上做了一个诚信通，用很低的收费使大量中小企业得以将各种商业信息放到网上进行展示，方便了商务沟通，并迅速发展起来，所以说马云很精明地抓住了中小客户，而相对于美国的企业对企业（B－to－B）电子商务无法成功，是因为美国就一直着眼于大企业的联合。差别就在于中小企业对类似电子商务平台的依赖性要远大于大型企业，会纷纷依附在该网络中，使电子商务网络进一步壮大。马云还有一个精明之处，就是他没把诚信通当成一个纯粹的电子商务，他的销售团队很重视电话销售，拥有上千个电话销售员。我在续签部里考察时发现，他们拨出的任何一个电话都会有记录，有一个很庞大的业务管理系统。所以电子商务并不是直接上网就能赚钱了，电子商务除了网上系统，还需要有一个庞大的相关支撑系统，包括了代理、直销和电话销售等。

马云在企业间电子商务方面淘金成功后，又开始做“淘宝”。他从孙正义那里融资2000万美元，于2003年，成立了“淘宝”。2003~2004年，组建了支付宝，并于2005年11月开始并购Yahoo（中国），2007年推出了“阿里软件”，同年11月6日在香港IPO上市，成为IPO上第二大的资金募集公司；2008年开始了“阿里妈妈”，之后就开始了大量的合作，例如，研制专为网商提供的电脑与硬件，还有在各大高校进行研究和培训。现在马云开始了企业对企业（B-to-B）、消费者对消费者（C-to-C）、企业对消费者（B-to-C）的全面发展，而在国外，这种中小企业信息服务平台模式是几乎没有的。

让我们进一步分析一下阿里巴巴。2006年阿里巴巴的收益增长得很明显，但奇怪的是当2006年的财报发布时阿里巴巴的股票不涨反跌。进入2008年以来阿里巴巴又面临了很大的挑战，因为2008年全球性的通胀，人民币升值，成本上升，国内大量中小企业的业务量大大减少，续签率下降。阿里巴巴的客户有两种：一种是中小型企业；另一种是出口供应商。阿里巴巴通过在境外寻找买主来服务出口供应商，而2008年的大环境是出口下降。所以只有少数投资机构鼓励买入阿里巴巴的股票。其实阿里巴巴的模式也存在较大问题。现在有很多人在尝试超越阿里巴巴。因为阿里巴巴仅仅是一个海量信息的聚合体，并没有涉及整个商业链，而且隐含了诚信问题。所以现在很多人在尝试做垂直型的企业对企业（B-to-B）。比如，像网盛科技的孙德良做的生意宝、化工网、纺织网，甚至做社区红娘等，这对阿里巴巴就产生了很大的冲击，因为企业可以找到对口的专业网站，没必要去阿里巴巴了，而且中小企业的价值链问题、代理商与直销商的利益平衡问题也产生在阿里巴巴中。所以尽管目前阿里巴巴占有了全球资源很大的一块，但更多的人着眼于垂直式的分布。

阿里巴巴面临的另一个挑战是“沱沱网”。该企业一开始是做海关和质检保管的综合的信息化代理商，后来在纳斯达克上市。它做的是垂直搜索加质量保证，使顾客的风险和市场调研的搜索费用大大降低。更有甚者，做得更具体，针对客户的需求，搜索能满足需求的企业的所有资料，并陪同实地考察，虽然这样任务量大，服务客户数量相对少，但收益也很高。还有“Made in China”网，也强调相关的认证，包括供应链的解决等。当然阿里巴巴现在也在进行改进，提供类似的服务。

隶属商务部的中国国际电子商务中心，网站做得非常漂亮，但始终不是很成功。中国国际电子商务中心的优势之一在于政府资源。它现在利用政府的资源，在区域内推介自己的系统。比如，中国国际电子商务中心在福建就和福建的商务

厅合作，使得所有福建的外贸企业采用它的服务系统。它的另一个优势在于有个很强大的研发团队，这主要基于该网站的电子政务出身。但是中国国际电子商务中心的问题在于股权结构不完善，发展动力不足。

Yahoo，这是一个很大的话题，它也慢慢要退出门户网站了，而且其与阿里巴巴的合作也还是在迷雾之中。Yahoo 的问题在于，2005 年时，雅虎出资 10 亿美元获得阿里巴巴 40% 的经济利益和 35% 的投票权。阿里巴巴公司也将因此享有雅虎的搜索、通信和广告技术平台，内容资讯以及其渠道资源在中国的独家使用权。但当年这 10 亿美元换来的权利并不对等。当时雅虎最直接的收益来自汇率和利差的差异，因为当时人民币升值，美元投入中国既规避了汇率损失，而且 10 亿美元换成人民币存入银行的利率很高，又有利差收益。实际上现在阿里巴巴因为与 Yahoo 的股权没有弄清楚，而麻烦不断。从中国 Yahoo 的股权结构来看，大部分都在外资手里，所以阿里巴巴也是个外资企业，由此阿里巴巴可能将面临股权之争。因为若外商的 Yahoo 总部有变动，必然会影响到阿里巴巴，所以我曾建议一些机构可以增持阿里巴巴的股份，来增强控制权。

还有一点要提到的，就是阿里巴巴与淘宝的问题。淘宝是现在全国最大的消费者对消费者（C－to－C）的网站，其最精明之处在于，面对中国诚信体制不发达的问题，淘宝有一套机制。其机制为支付宝，要求在支付宝上设一个账户，然后支付宝给使用者 7 分钱，让使用者将这 7 分钱填入账户，就能验证出使用者的真伪，就可进行业务了。

现在阿里巴巴的淘宝网面临的问题和环境就是，政策、行业和社会的认可。时下年轻人大量使用网购，这是大势所趋。举几个例子，我有个朋友，原来是海军上校，退伍后在企业做，不太适应，但他对模型非常拿手，于是办了个航模厂，在网上销售，现在全国大部分使用的模型都出自他的集团。他重点做的就是把废铜废铁，整合成模型，再加上非常精美高档的包装，附加价值非常高。后来面对需求增加，他外包了丝、竹子、木头的模型，整合了全国的模型资源，统一下订单，规模非常大。他现在甚至还要代理一个泰国的香皂，还做会员会所等，所以通过网络，产销量做得非常大。所以说随着年轻群体在网上聚集，很多商家也在网上聚集，像蒙牛也在淘宝上采购纸箱子。但对淘宝的真正考验是在 2008 年的 7 月份。2007 年淘宝遇到了关于收税的一次风波，随后学界、商界、协会就电子商务的征税问题组织了专题研讨会。2008 年 7 月，北京市工商局发布《北京市信息化促进条例》，要求加强电子商务的监督管理，引起全国哗然，因为这意味着下一步要对电子商务进行收费和收税。实际上这个文件无法执行，因为监管成本太高，收益无法弥补。其实现在淘宝最大的问题在于逃税、假冒伪劣和洗钱。因为很多企业缺钱，所以很多人利用支付宝等工具筹钱，实际上阿里巴巴的支付宝已经具备了金融公司的功能。但是在我们国家，银行要拿资质是非常困难的，而支付宝有个联保贷款的功能，这就产生了通过熟人圈子放贷的问题，其实地方政府也支持阿里巴巴这么做。但不法商人则在思考怎样通过淘宝网的支付宝不通过交易，却把钱拿到，大家千万别去做就是了。实际上金融防火墙的问题还有待解决，国家也在不断地出台一系列法律监管和标准来规范它，在电子商务发展的道路上我们还遇到很多障碍，不仅体现在认识上也体现在安全上。比如利用原来的一些方法和旧思路来研究电子商务，还有很多认识上的误区。全国现在有几百家大学在研究电子商务，大家对电子商务的框架体系都没有一个统一的结论。还有最要解决的就是信用问题。电子商务的发展，反而促进了信用体制的建设，例如，你在网上交易，在淘宝网上交易，有诚信会获得奖励，使你的信誉值提高。有这样的一个评价机制，从而起到了规范作用。我听过一个故事，在北京有个做巧克力的店主，上海的一对情侣在情人节订了一份巧克力，但由于是节日，配送来不及，他让人坐飞机专程递送，可惜还是没有准时送到，没有获得奖励。从店主对奖励的渴望来说，这说明了大家都很珍惜自己的信誉。

什么是电子商务的核心？其实电子商务的核心并不是网络公司，真正的网络其实是各位广大的百姓，只有当所有的人在从事的千百万个行业中都应用电子商务的时候，电子商务的时代才会来临。

生存还是灭亡，这是必须回答的问题。所有的企业都将进入到电子商务，这将会是一个跨行业跨企业的范畴。在中国，“数字鸿沟”必须要跨越。在贵州有一个农民，在偏远的山村生产辣椒酱。贵州农经网做了一个平台，整合了整个贵州的农业产品企业的咨询，结果有很多新加坡、中国香港的商家来订货，每周都有五至六个车皮产品外销，成为了国际贸易，这就是跨越“数字鸿沟”为广大农民谋利的一个很好的案例。贵州上网的人群，有37%是高中以上学历为主，主要还是学生。在农业人群中，受教育的人也很少，真正从事商务服务的人只有8.6%。所以贵州农经网首先在各个地级市建立严密的分站，接着建立了五大服务系统，比如，疫虫害信息反馈等，提供充分的资源，并对信息发布者进行严格的考核，构建一个平衡的体系，培养了技术骨干。最关键的是它解决了“最后一公里”的问题。这是一个很麻烦的问题。接入成本高，这不仅涉及电信、有线、互联网的三网合并问题，还涉及几大垄断的电信服务商利益分配问题。而贵州农经网利用了网络、报纸、电子显示屏、声讯台甚至是寻呼机来定期发布信息，利用多种方法接入，可以用一些简便的设施将商情发布给广大农民，解决了网络接入成本高的问题。利用多媒体解决“最后一公里”，这是个很好的势头。这种模式开始推广，安徽、北京、福建都已经开始在做。我觉得推广重点，一是要做信息扶贫；二是通过对电信服务商收费等形式，建立通信普遍服务基金，定向服务

农民；三是要建立健全制度保障。

四、小结

20 世纪末，IBM 的老总曾说过，全世界的电脑只有五台。30 年前，Digital 的老总也说，没必要让每个人家里都拥有一台电脑。10 年前，我每周日下午都要学习 WPS 的输入法。当时我们用的还是 3.5 寸的软盘，我当时也没想到我会研究电子商务。而这 10 年间，发展变化得太快了。所以现在很多企业家都在反思，实际包括我在内，目前电子商务的这些理论也还是不成形的东西，世界上也没人研究得好，真正的理论在实践家的手里，最前沿的理论就产生在每天发生的活动中，但当然我们的研究还是能总结一些经验的，对成功的电子商务模式，也有一些建议。

如果要在电子商务领域有所作为，那么首先要有专业化管理，要有先入优势，要符合达维多定律。即要参与分销、透明、选择好战略伙伴，可以上市募集资金，并在大量的买家卖家、充分的流动性的情况下选择好自己的定位，而且交易的效益必须优于无电子化交易。

最后，希望大家在做什么事时都应该保持自信，处乱不惊，同时加强合作。

（文章来源自《学术讲座荟萃》第 48 辑，2008 年 9 月 25 日）

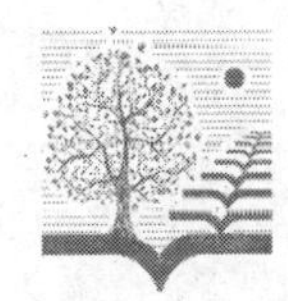

宏观经济与就业

蔡　昉

蔡昉

男，1956年9月出生于北京。先后毕业于中国人民大学、中国社会科学院研究生院，经济学博士。现任中国社会科学院人口与劳动经济研究所所长、人力资源研究中心主任、博士生导师。国家级“有突出贡献的中青年专家”。兼任中国人口学会副会长、国家“十一五”规划专家委员会委员等。第十一届全国人大常委会委员。

主要研究领域：劳动经济学、人口经济学以及“三农”问题、就业与劳动力流动、经济改革和发展、收入分配和贫困等。

著有《穷人的经济学》和《科学发展观与增长可持续性》，合著《中国的奇迹》、《中国经济》、《中国劳动力市场转型与发育》，主编《中国人口与劳动问题报告》系列等。

一、引言

过去在研究生院我讲过关于人口发展和劳动力市场的问题。这两个问题讲的都是长期的变化，因为众所周知，一个人从出生到成长为劳动力，需要很多年；作为劳动力的时间就更长了，至少要 40 年；然后接着进入后劳动力时代，通俗地说就是养老的时代，也要几十年。因此，无论由于人口政策，还是由于经济社会的变迁对人的生育行为的影响，从而进一步影响到一个国家的人口结构，都将是一个长期的过程，比我们看到的中长期经济增长还要长。过去我也尝试着把人口的变动和经济增长的趋势结合起来，也谈过很多次这方面的研究。但是宏观经济研究的是周期现象，周期现象是瞬息万变的，我们最近的宏观经济形势出现了很多问题，从美国的次贷危机，到蔓延全球的金融海啸。经济形势变化很快，有的人前几天刚得到了一笔欧元，过一段时间去兑换人民币，一下就少了几万元。但是，作为慢变量、长期变量的人口和劳动力与短期宏观经济有什么联系呢？这次我想谈一下当前宏观经济形势中的就业问题。

二、宏观经济与就业的关系

宏观经济和就业有什么样的关系？这首先是一个理论问题，大家学宏观经济学这门课的时候，会发现里面有大量的关于就业问题的讨论。如果关注国外的，比如说西方市场经济国家的宏观经济讨论和宏观政策决定，我们就会发现他们首先谈到的就是就业问题。美联储主席在宏观经济政策将要出台的时候，都会在国会听证并和议员们争论，其中最多的一个讨论就是就业问题。当提起一项宏观政策调整的时候，最常用的和首先要用的指标就是失业率和就业增长。但是大家可以注意到，在中国讨论宏观经济的时候，谈关于就业的问题谈得比较少，或者有的时候仅仅把就业这个词带上，而很少真正地讨论就业状况。这是由很多原因造成的，一方面，由于我们从计划经济转为市场经济的时间还短，不太习惯市场配置劳动力资源。另一方面的原因在于中国没有可用的、及时反映宏观经济形势的就业指标。研究宏观经济的可以看一下季度或月度的宏观经济变量，里面有GDP、货币发行量、消费者物价指数、生产者价格指数、社会消费品零售总额，而唯独没有就业。但是，归根结底，我们研究宏观经济的出发点还是就业。比如说最近中央提出的宏观调控的新目标是保增长、控通胀。其中“保增长”背后的含义就是保就业。如果我们没有正确认识就业和宏观调控的关系，我们“保增长”可能就和“保就业”目标完全相反。

谈到宏观经济和就业，我们平常听得最多的一个词就是奥肯法则，奥肯法则是描述有关实际增长率和失业率的变化之间的关系，是一个经验观察，并没有一个确定的理论论证。奥肯在肯尼迪时代担任过美国总统经济顾问委员会主席。在他任职期间，做过很多事情。其中一项研究的结果表明：在美国失业率每高于自然失业率1%，实际GDP便低于潜在GDP 3%。按照奥肯法则所估计的统计结果，实际增长率高于潜在增长率一个百分点，失业率会下降半个百分点（见图1）。由于奥肯法则是对美国实际经济增长率和失业率间长期内在关系的一种表述，所以奥肯法则仅仅在美国适用。如果用中国年度的失业率的变动率为横轴，以增长率为纵轴，进行回归研究，得到的散点分布是杂乱无章的（见图2），奥肯法则在中国的应用失效了。

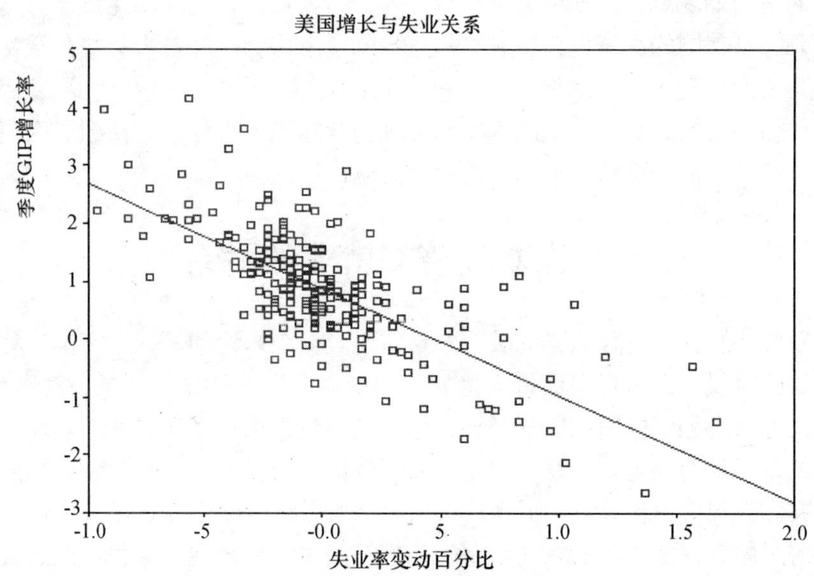

图1　根据美国经验得到的奥肯法则

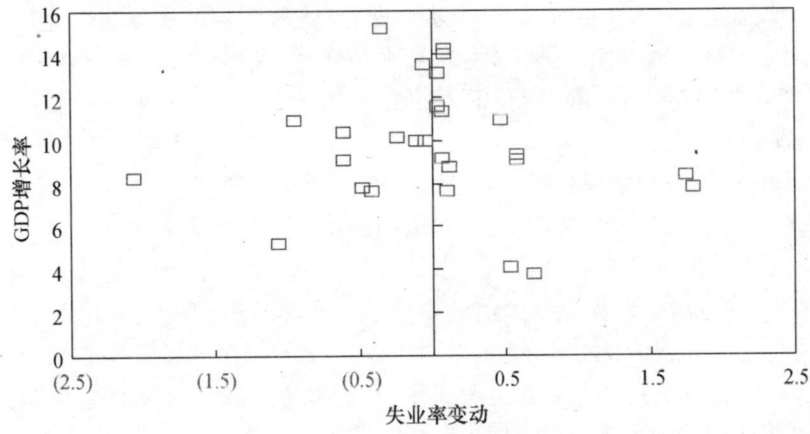

图 2　中国没有明显的奥肯关系

三、为什么中国例外于奥肯法则

为什么奥肯法则不能解释中国的经济现象？为什么可以在美国看到的经济现象在中国却没有发生？我们平常所说的失业率这个概念有三个组成部分，是由三个原因造成的。

第一种失业是和宏观经济周期相关的失业。当经济增长比较快，社会需求比较大，投资比较充足的时候，劳动力作为一种生产要素被雇用得也比较充分，因此失业率比较低；反过来说，当社会需求不足，投资不充分的时候，失业率也会相应地提高。这种失业随着宏观经济周期的变动而变动。大家可以注意到，我们讲的奥肯法则实际上讲的就是这种周期性的失业。

第二种失业就是所谓的结构性失业。现在大学生找工作比较困难，但现在中国的高等教育普及程度还不高，为什么大学生找工作困难但农民工找工作比较容易，甚至还出现了农民工短缺呢？原因在于，只要你接受了高等教育，找工作的时候，你会面对一个很尴尬的情况：专业不对口；而农民工从村里出来的时候，他们从来没抱着“专业对不对口”的观念。所以只要工作符合他的要求，他能够做，他就干了。但读了大学、读了研究生以后，无形中自己就给自己套了一个夹子：“专业对口。”虽然现在也在不断地打破这个夹子，但还是有影响的。这个所谓的专业对口不对口就是结构性的原因，也就是说劳动力所具有的技能和劳动力市场上雇主所需要的技能可能不一致。结构性失业的含义是工作的岗位是有的，劳动力供给也有，但两者之间无法匹配，比如，需要一大批物理学家，但有一批劳动力学的是经济学，如果想做物理学家，就必须再做一些系统的培训，那么这个阶段就是处于结构性失业。所以结构性失业和宏观经济周期没关系，和经济增长速度的快慢也没关系。结构性失业在任何地方都存在，随时都存在，除非有一天大学的高等教育能够完美地匹配劳动力市场对劳动力的需求，那一天结构性失业就趋于零了。

第三种失业是摩擦性失业。假设我们研究所和研究生院不是一个单位，我到这来讲课，发现研究生院老师的工资要高很多，我一赌气回去就辞职了。但是辞职以后，研究生院要不要我，或者可以给我什么样的条件，我还要来谈判，在这个“摩擦”的过程中，我处于摩擦性失业。很显然，这种失业也是不和宏观经济周期相关的，也是永远存在的。

因此，结构性失业和摩擦性失业统称为自然性失业。失业率是由周期性失业和自然性失业组成的，其中自然性失业是在任何时候都存在的。

我们做的研究表明，中国的失业率有一个特征，即失业率主要由自然性失业构成（见图3）。我们的失业主要是由劳动力市场上的摩擦、劳动力供给和需求的不匹配、劳动力市场功能的不健全造成的，而常规情况下不是由经济周期造成的。中国的失业率的另一个特征是，除了遭遇经济危机的时刻，自然失业率在失业率中占的比重还在提高，也就是自然失业率基本不变而失业率在降低。

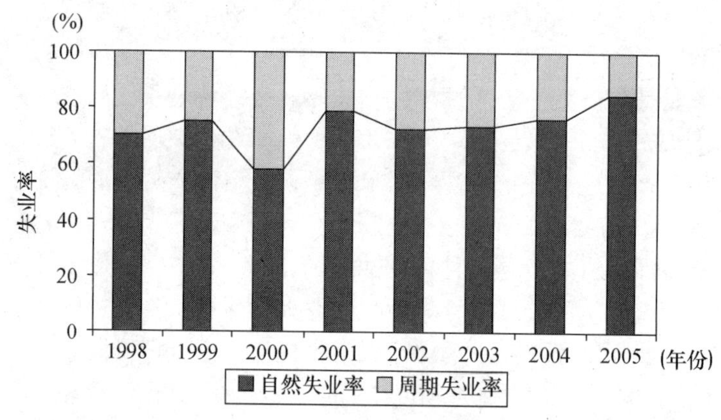

图3 中国以自然失业率为主

2007年中国的失业率大概是5%，其中约有4个百分点是自然失业导致的，1个百分点是周期性失业。如果用这1个百分点的周期性失业来衡量经济增长和失业率的关系，很显然，我们很难看到奥肯法则的显性结果。此外，在这1个百分点的周期性失业率中，我们的宏观经济政策也很可能会影响到经济增长和失业率的关系，使它们不相关。中央政府可以通过一系列货币政策、财政政策促进经济的增长，地方政府影响经济发展的手段更多，对经济的调控可能更直接、更有

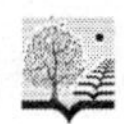

效。地方政府最关心经济增长中带来 GDP 的那一部分，而带来 GDP 的经济增长和带来就业的经济增长并不一定是一致的。过去我曾经要求学生分析过投入产出表，分析单位投入对 GDP 增长的贡献和单位投入所产生的就业拉动效应，发现即使不说两者之间是显著相反的关系，至少说明它们之间并不 ·致。所以地方的领导，只注重产出的提高，而忽略了单位投入对就业的拉动效果。在总结报告中，会写到以民生为本，大力提高就业率，但是在具体实施的时候，则更倾向于产出的提高水平。

接下来我说一个具体的例子，在 1998 年，我们遇到了最大的下岗高潮。当时，政府采取了积极的就业政策，其中的第一条就是积极的财政政策。这项政策就是要通过政府带动投资，因为在经济不景气的时候，企业家不会积极地投资，也不敢投资。此时政府出面先投资，通过发行国债，刺激经济的增长，以带动民间投资。在积极财政政策下，国债的投资方向代表了社会的投资方向，但在各行业的国债投资中，按其比重从上往下排依次是：农林牧渔、交通运输邮电、公用事业、制造业、商业贸易餐饮服务业等。“农林牧渔”虽然排在第一位，但与就业没有太大关系，因为农业部门是剩余劳动力的蓄水池，它的就业增加与减少不是由它自身决定的，而是由别的部门决定的，别的部门需要大量劳动力的时候，即使农业部门更需要，劳动力也要转出，别的部门不需要劳动力的时候，即使农业部门再不需要，劳动力也要转入，在统计上是一个余项或残差，是可以不考虑的。我们构造了一个就业密集指数，用来表示一个行业吸纳劳动力就业的多少。我们可以看出，就业密集指数和国家投资方向之间是完全相反的关系：“交通运输邮电”行业，吸纳劳动力最少，投入最多；“商业贸易餐饮服务业”这些行业仅仅获得了国债投资的0.04%，反而吸纳最多的劳动力。也就是说，政府倾向于有利于 GDP 增长而不是有利于就业扩大的行业。

因此，中国的失业率中本来有很小的一部分可以用经济增长的周期性来解释，但由于没有以就业为基本原则进行投资，导致了中国的周期性失业和 GDP 的关系也很不明确。这就是在美国通行的奥肯法则在中国失效的原因。

四、如何认识长期就业趋势

2008 年中国的宏观经济形势不是很乐观，压力越来越大，我们也把对宏观经济形势的判断向相对悲观的方向调整。这段时间大家也都注意到，在 7 月份国家领导到各地进行考察，并召开了一系列重要的会议。在这个过程中，经济学家们就开始讨论，并提出一些可行的对策。我个人也注意到 2008 年的经济形势对就业产生了过去几年所没有的压力。从 2003 年以后失业率年年都在下降，衡量失业率的两个指标：登记失业率和调查失业率，都在逐年降低，其中调查失业率是按照国际惯例计算的一种失业率评估方法，它具有国际间的比较性。由于失业率是一个敏感的数据，它就变成了一项内部掌握的数据，公布的数据不能真实全面地反映就业情况。从许多年前开始，通过查找一些年鉴上的数据和计算，我得出中国的调查失业率也是逐年下降的。2004 年以后甚至出现了劳动力短缺，中国的二元经济结构已经开始大大地弱化了，也许处在了刘易斯转折点上，但2008年我们又看到了宏观经济形势的严峻，造成了劳动力市场上的紧张。

归根结底，农业劳动力是劳动力市场上最重要的一个因素，刘易斯的二元经济理论提到了两个部门：现代部门和传统部门，比如说非农产业和农业。其中农业劳动力是剩余的，他们的边际劳动生产率是零，因此他们只好分享平均产量。所以农业劳动力富余程度如何，决定了二元经济结构是否鲜明。现在中国农村劳动力有很大一部分已经外出打工，中国已经没有那么多剩余劳动力了，2007 年我到河南省信阳市去调研，一个镇党委书记说在他们那地方，已经遇到了严重的劳动力短缺，不管是县里的非农产业，还是农业。

农村剩余劳动力具体还有多少呢？我做了三种推算并不断地修正（如表 1），农村 4.8 亿个劳动力中，已经转移出了 2.3 亿个，无论是就地还是外出。农业可能还要需要 2.3 亿个劳动力，折中的估计是需要 1.9 亿个劳动力，至少需要 1.8 亿个劳动力。按照这三种可能性推测的结果，农村剩余劳动力少则 2000 多万人，占农村劳动力的 5%，按照中间的估计，农村剩余劳动力还有 6000 多万人，占农村全部劳动力的 13%，但绝对不会超过 7000 万人，占农村全部劳动力的 15%。即使还有 7000 万的农村剩余劳动力，他们之中 40 岁以上的占到了 51%。而 40 岁以上的农村劳动力由于一些限制，外出打工面临很大的困难，他们需要照顾家里，同时也担心不适应外面的世界。当然，现在城市里也不乏 40 岁以上的流动劳动力，而这种现象本身更能说明农业劳动力的短缺。

表 1　农村劳动力配置的几种情形

	转移劳动力		农业劳动力		剩余劳动力	
	万人	%	万人	%	万人	%
情形一	23232	47.9	17802	36.7	7466	15.4
情形二	23232	47.9	18989	39.2	6279	12.9
情形三	23232	47.9	22787	47.0	2481	5.1

在改革开放的早期，城市中本地劳动力就业增长很快，但是大部分人认为，

在20世纪90年代以后，特别是经历了下岗失业这类事情以后，大家认识到过去几年就业形势的严峻，虽然不像对农村劳动力的认识那样根深蒂固，但同样地让我们记忆犹新。“中国的就业很艰难”、“存在着大量的下岗失业”、“下岗失业越来越严重”，也成了人们说的频率很高的话。对中国来说，这在一定的时期也有一定的道理，但并不准确。2001年我们到工人家里做调查的时候，就发现人们下岗很多，但没有闲在家里。当时人们的观念就是从国企等部门下岗就意味着没有工作。近几年我们发现，在国企等部门工作的人数越来越少，而从事一些非正规的工作的人数越来越多，按照国际定义，我们也把他们称为就业人员。把这部分人都算上后，就会发现，我们城镇的就业也是增长非常迅速的。城市的失业率也在下降，因此可以说，城乡的劳动力市场状况都在改善。

调查失业率从2002年就不断在下降，降到目前的5%，登记失业率从2003年也在不断下降，降到2007年的4%。这些都说明我们的劳动力市场得到了大幅度的改观。像“中国存在着大量的下岗失业”这些传统的观点都已经过时了。

我们在讲劳动力市场的时候，既要讲需求也要讲供给。以前我们总把“大量存在下岗失业现象”这种说法当作国情，这是没有道理的。在美国，宏观经济调控从来不敢说这是国情，他们说这是宏观经济周期的表现。我们把这个叫做国情，是因为中国有着庞大的人口结构、不断增加的劳动年龄人口（即庞大的劳动力规模）；如果把人口因素考虑进去，劳动力供给也在变化，压力也在减轻（如图4）。人口分为三个年龄段，0～14岁称为少儿依赖型人口，20世纪70年代中期达到最高点；15～64岁称为劳动年龄人口，从图5中可以看出这段在不断上涨，而且有些年上涨得非常快；65岁以上称为老年人口。

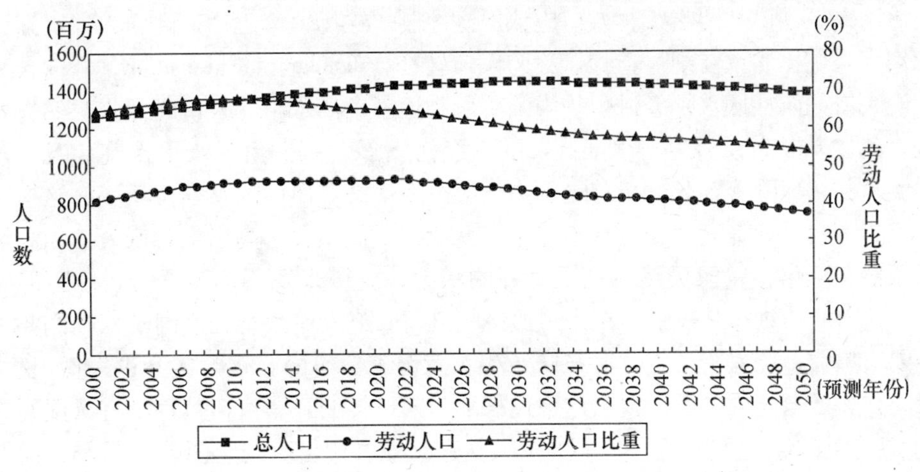

图4　人口转变与劳动力供给

最近几年，劳动年龄人口增长速度已经开始放缓，2015 年劳动年龄人口将达到最高点。过去我们认为劳动力不断增加，规模庞大，但是现在我们发现，增长越来越慢，最终会减少，绝对数量的减少。这和我们在劳动力市场看到的现象是一致的。劳动年龄人口虽然还在增长，但是农村的劳动年龄人口已经开始下降了。城乡人口结构开始发生扭曲。过去，城乡是分割的，城市人口的增加主要靠自然增长。而现在这种分割格局弱化了，农村劳动力的流动成为城市人口增加的一个来源，意味着城市新增的人不一定是零岁的婴儿，而可以是十几岁、二十几岁的劳动力。打个比喻，城市可以直接“生”出十几岁、二十几岁的劳动年龄人口，而农村生出的婴儿从零岁长到十几岁的劳动年龄又将迁移到城市，到了退休年龄，再回乡养老，这就形成了农村劳动年龄人口大幅下降的局面。这其中积极的一面是，劳动力市场紧张的局面在减弱；消极的一面是：城乡的人口结构扭曲。建设新农村，如果连劳动力都没有，那将是很难做到的一件事情。上述内容从中长期的角度分析了劳动力市场情况与人口的关系。

讲到人口，我们都会想到 20 世纪 50 年代初期的那场著名的争论，争论的话题牵涉到中国最重要的国情——人口问题，人们认为毛泽东用政治权力压制了马寅初的学术观点。到现在很多人还认为马寅初是对的，毛泽东是错的。当然，有各种各样的说法，其中一个理由是毛泽东是政治家，不是人口学家，人口问题应该听人口学家的话。但是，我们要注意到一点，马寅初也不是人口学家，在人口问题上他也是可以错的。在那个时期，马寅初和毛泽东在人口问题上的认识是一样的，就是人多和少的问题。认识方法是静态的，这个时期多，下个时期还多，要不要控制，等等。毛泽东认为人多力量大干劲高，人多意味着人手充足；马寅初认为人多是口，要吃饭，人口应该得到控制。这场争论之后，中国人才逐渐认识到人口变化的重要规律，我们称为人口转变，demographic transition，它的含义是说人口如何从低水平经过一些中间阶段到达一个高水平。人口的低水平的标志是，死亡率很高，出生率也很高。随着经济发展，人们生活水平提高，卫生条件、营养状况改善，死亡率首先下降。但出生率是有惯性的，维持不变，这样减去死亡率之后就是高增长。从高出生、高死亡、低增长到高出生、低死亡、高增长虽然有所改善，但仍然不是一个好的状态，生得太多了，孩子的素质不能保障。随着经济进一步发展，这个过渡继续进行，妇女受教育程度高了，她们要工作要有事业，照看不了那么多孩子，生育意愿就会下降，这时候会进入低出生、低死亡、低增长的阶段。整个这个过程称为人口转变。马寅初当时没有认识到这一点。中国在 1953 年搞了第一次人口普查，马寅初当时是全国政协常委，他看到普查数据之后很惊讶，意识到人口增长速度太快。他知道增速快的原因是新中国成立以后，生产恢复了，死亡率下降了，人口就多了。但是他不知道后面的故

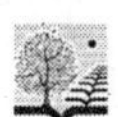

事，不知道到了一定阶段之后人口会自然下降，于是他就着急了，就提出了计划生育的政策建议。当然，提出计划生育这个政策也不见得错，但至少当时他没有想到人口是会自然下降的。

如图 5 的倒 U 形曲线，这样一个规律不仅仅在中国画得出来，是在任何国家都能画出来的，即使在那些并没有实行计划生育政策的国家。人口学家对 demographic transition 这种规律都能讲得头头是道，但是他们不一定知道第二条规律，如图 6 中的第二条曲线（倒 U 形），这是经济学家发现的规律。一个孩子出生时零岁，这在第一条曲线中已有描述，十几、二十年后，成为劳动力，于是在第一条曲线滞后 20 年的位置又形成一条曲线，即人口年龄结构发生变化了，劳动年龄人口占的比重也会出现类似人口转变的规律，从低到高再到低。两条倒 U 形曲线构成了人口和劳动力的关系，它影响着长期的经济增长。我们不去评判当年制定计划生育政策的对错，这里想指出的是马寅初不是人口学家，他是经济学家、财政专家，他也不是很清楚人口规律。

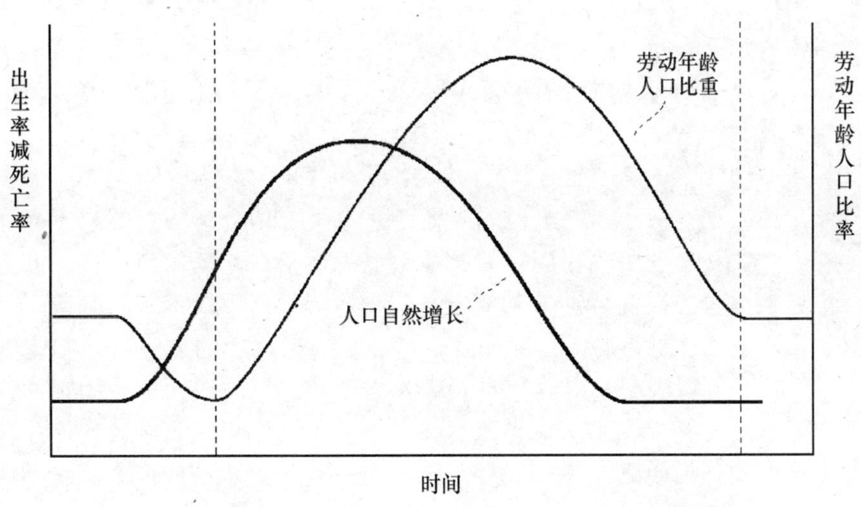

图 5　人口转变规律

中国的劳动年龄人口趋势线，如图 5 所示，是向上倾斜的，但总有到顶点的时候，也有下降的时候。从趋势来看，已经有向下的趋势了，最基本的经济变量已经开始发生变化了。这里我介绍一点以前的研究成果。在劳动年龄人口比重非常高、规模非常大而且不断向上走的情况下，意味着人口负担水平在下降。也就是说一个劳动力要养的老人和孩子数量比较少，而且这个负担一直处于下降的过程中，从 20 世纪 60 年代中期就处在下降过程中。我们只有通过改革才能把这种人口结构的优势变为人口红利。以人口抚养比作为一个变量，如果这个比值对经济增长有贡献的话，我们称为人口红利。当时我们做的模型的结果是人口抚养比每下降1个百分点，人均GDP的增长速度可以提高0.115个百分点。这样算下来呢，在改革开放期间，我们得到的人口红利，也就是人口因素推动的经济增长大概占27%。但是，如果将来人口抚养比不下降了，大概在2013年以后向上走了，人口抚养比每提高1个百分点。人均GDP的增长速度将会下降0.115个百分点。过去叫人口红利，那么这时候就要叫人口负债了。以上内容就是人口、劳动力、劳动力市场供给形势、中国的二元经济特征的一些基本变化，这是长期的。

五、《劳动合同法》不是问题

关于宏观经济与就业这个话题，南方沿海地区的舆论以及媒体关注最多的是《劳动合同法》。有人认为《劳动合同法》造成了企业的经营困难，2008年上半年出现了大量企业的停产甚至倒闭的现象。官方公布的数字是上半年就有6.7万家企业倒闭，对比1998年国有企业最困难的时候全年倒闭的企业数9万家，今年仅上半年就倒闭了近7万家，应该说是很严峻了。

比较表面的结论，就是把出现上述情况的原因归结为：

第一个原因是《劳动合同法》的实施，因为《劳动合同法》要求不允许随便解雇工人、要签长期劳动合同、要有社会保障、要有起码的工资、保证劳动条件等，归根结底会提高预期劳动成本。其实，劳动合同法不是问题所在，虽然这种争论和抱怨是正常的。在劳动经济学中，一个核心的部分就是争论要不要对劳动力市场进行规制。相当多的人认为劳动力市场应该有更多的规制，理由是劳动力涉及的是人。有一本劳动经济学在绪论中提到马歇尔的一个比喻，讲的是劳动力和其他商品是不一样的。比如，一块砖头被卖掉了，最终是用来盖宫殿还是修厕所，没有人关注。但是劳动力就不一样，劳动力在劳动力市场成交了，可劳动力的载体是人，怎么使用劳动力，人们一直是关注的。因此劳动力市场应该有更多的规范。另一派人认为，规制太多了对劳动力也是不利的。比如，男女同工同酬当然是对的，但是有人认为如果法律规定男女同工同酬，结果必然是老板想尽办法雇用男性而不雇用女性。原因是，虽然男女在能力上没有差别，但在生命周期中的劳动力供给上是有差别的。比如，女性有一个养育孩子的时间，按照相当多国家的传统和习俗，女性在赡养老人、做家务等方面也要承担得更多一些，这使她们的劳动力供给有不连续性，人力资本积累中断等特点。老板并不是有天然的性别歧视，而是当他认识到这一点以后，如果

法律规定雇用同样职位男女员工必须给同样的报酬，就会导致老板更倾向于雇用男性。

还有最低工资制度。我们也认为有争论是理所当然的。我们全国有很多最低工资的条例，各地都不断地提高最低工资，但是最低工资应该仅限于保护。保护就是要避免像黑砖窑这样的事件发生。但是如果随意定最低工资，结果就会造成本来可以找到工作的这一部分人找不到工作，因为你不知道市场均衡的工资是多少，如果超过了市场均衡工资，比如，雇主认为按照最低工资规定的额度雇佣这部分人不见得能够带来利润，这部分人可能就找不到工作了。诸如这样的争论很多，劳动经济学一定会有这样的争论，而就在此时，颁布了一部带有保护劳动力倾向的法，针对的是以往对劳动力保护不足，有一些自由派的学者，比如大家可以看看张五常的博客，天天都在攻击这个《劳动合同法》，这种反对与争论都是很正常的。

第二个原因是，虽然我们认为在社会主义建设过程中，雇主和工人都是社会主义建设者，根本利益是一致的，但是到了企业、到了雇用关系的层面，他们两个的关系能一致吗？工资多了利润必然少，利润比重大了工资就会减少，他们在这个微观层面归根结底利益是对立的。在这种对立的情况下，如果法律保护劳动力一方，不管有没有影响，企业家也是会反对的。

第三个原因是，我们从各个国家（特别是市场经济国家）的劳动关系发展中可以看到一个趋势，劳动力市场是一个最难把握平衡的市场。在我们常用的物品市场，比如电器，只要保证产品安全，不要爆炸了，越竞争，消费者得到的利益越多，效率越高。但劳动力市场不一样，它涉及了人的因素，既要保持灵活性，又要保证安全性。同时实现灵活性（flexibility）和安全性（security）是很难的。过去的教科书中美国的劳动力市场叫 penniless，就是说挣得少，美国劳动力市场很灵活，就是找工作一点都不难，但是工资也不高。一个人在美国经营一家麦当劳或者到麦当劳打工，一个月挣一两千美元，工资很低，劳动保护也不好。灵活性是美国劳动力市场的优点，但也是缺点，缺乏安全性。星巴克在全球范围内关了好几万家（只有在中国的不关，还在新开），但从员工的角度来看安全性就没有保障。但欧洲就不一样，安全性很有保障。我在北欧跟一个研究所的所长聊，我们俩遇到的问题是一样的，就是说如果不幸雇了一个不干活的研究人员，所长也不敢解雇他，就跟我们大锅饭是一样的。在那个研究所他们日子过得就很舒服、很清闲，早早地就下班了。这样虽然安全性得到保证了，但是缺乏灵活性，不能解雇人不能优选人，劳动生产率就会下降。当然后来他们也学美国，美国也学欧洲，但很难同时实现灵活性与安全性。对我们来说，尝试用法律的形式发育劳动力市场也是一种探索。了解了这些方面，我们就能看到，《劳动合同法》的争议并不是什么了不起的事。

刚才讲了很多，都是在围绕着劳动力供给没有那么多了，而劳动力需求依然旺盛的现实。任何产品都是一样，供给开始不足了，需求很旺盛的情况下，就会开始涨价。我们长期劳动力供大于求的趋势，导致了工资长期没有上涨。但是现在出现了劳动力短缺的新的趋势，必然伴随着工资的上涨。过去的国有企业等部门的工资不是在劳动力市场形成的，将其撇开。从农民工工资就可以看出劳动力短缺必然导致工资上涨的规律。在一项预测中，我们把劳动年龄人口每年的净增量作为劳动力供给，从2004年开始，供给的新增量开始逐年下降。劳动力需求要根据经济发展水平和经济增长速度来考虑，经济增长快，需求就大一些，经济增长慢，需求就会小一些。同时还要考虑到不同产业对劳动力需求的差异，比如，如果GDP都是由神五、神六、神七、神八构成的，雇不了几个劳动力，最多的这次才上天3个人，最少的才上天1个人；但是如果是大型的劳动密集型的产业，雇用人数就会很多；这就表明还有一个就业弹性的约束。所以我们用不同的增长速度和不同的就业弹性组合，组合成六种情况，应该说很保险了，肯定不会超出这个范围。供给和需求在比较快的经济增长、比较高的就业弹性情况下，2004年就出现了供不应求。最保守的估计，在最慢的经济增长、最差的就业弹性情况下，供给与需求交汇的点是在2009年。恰好2004年正是民工荒出现的年头，这样也印证了我们进入劳动力开始短缺的时期，虽然结构上的问题仍然很大。从预测看我们没有那么多的新增劳动力，但是由于结构上的原因，同样是劳动年龄人口，会在不同时期变着花样地往劳动力市场上走。比如高校在校生就算作劳动年龄人口，但是等到毕业了才算做真正进入劳动力市场，类似的还有转业军人等，这些都会造成劳动力市场的放大效应，归根结底基数还是劳动年龄人口，都涵盖在16~64岁这个区间了。

工资也在上涨，但主要原因不在《劳动合同法》，而是供求关系的变化。虽然工资上涨，但是并不会明显地影响中国的比较优势。有些人认为中国的工资上涨了，中国的竞争力在下降，有些企业都从中国搬走了，搬到越南、印度、孟加拉等国，似乎我们应该很紧张。其实，据我们测算，到2006年中国制造业的平均小时工资为0.69美元/小时，相当于美国的2.9%，相当于欧元区国家的2.4%，相当于韩国的4.7%，跟工资率最低的菲律宾相比，我们也才相当于他们的64%（如表2所示），我们也有很强的工资优势。再和主要发展中国家巴西、墨西哥相比，我们工资率也只是占他们的14%、25%这样的水平，比较优势还在。但实际上，这并不能称为比较优势，简单地看工资是不够的，因为各个国家的劳动生产率是不一样的。

表 2　制造业工资的国际比较

	小时工资（美元）	农民工占比（%）
中国	0.69	100
主要贸易伙伴		
美国	23.82	2.9
日本	20.20	3.4
澳大利亚	26.14	2.6
英国	27.1	2.5
加拿大	25.74	2.7
欧元区国家	29.21	2.4
周边国家和地区		
韩国	14.72	4.7
新加坡	8.55	8.0
菲律宾	1.07	64.3
中国香港	5.78	11.9
中国台湾	6.43	10.7
主要发展中国家		
巴西	4.91	14.0
墨西哥	2.75	25.0

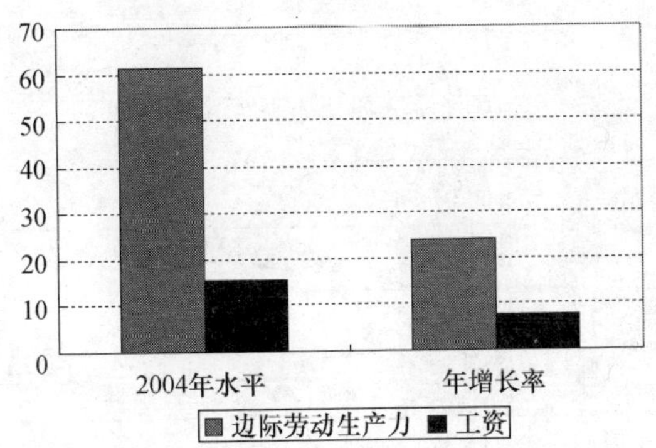

图 6　工资上涨慢于劳动生产率

图 6 显示了劳动生产率与工资的关系，这里的劳动生产率使用的是边际劳动生产率。大家学习微观经济学都会知道，工资应该等于边际劳动生产率。每增加一个工人，新创造出的产品价值等于给这个工人的工资，这个时候雇主就不再增

加或裁减工人，形成一个均衡点。从图 6 看到 2004 年的情况是工人得到的工资只是其劳动生产率的 1/4，也就是说工资还不够高。再看年增长速度，边际劳动生产率的增长速度也大大高于（大概三倍于）工资的增加速度。这样我们得到两个结论：一是工人还没有得到他应得的合理的报酬，边际劳动生产率大于工资。二是即使工资上涨，竞争力也不会下降，因为边际劳动生产率的提高速度要快于工资的上涨。

再看平均劳动生产率，即用创造的产值除以工人的人数（如图 7），2007 年中国平均劳动生产率增长速度是 10.6%，而印度，作为我们的竞争对手，只有 6.6%。发达国家，如日本、美国、德国，能有 1%、2% 的增长率就算很好的速度了。我们的工资增长速度是很快，但是我们的劳动生产率增长速度也很快，显著地比其他国家要快。因此，要衡量竞争力，可以使用这样一个指标，单位劳动成本优势（unit labor cost advantage）。比如，和美国相比，中国相对于美国的单位劳动成本优势 = 中国工资率相当于美国的比率/中国劳动生产率相当于美国的比率。一个实例，2006 年中国制造业工资相当于美国的 3%，而劳动生产率相当于美国的 14%，按照上述公式算出来的中国相对于美国的单位劳动成本优势是美国的 21%，虽然不像 3% 那么便宜，但是 21% 仍然是很便宜的。因此，我们可以说，虽然工资上涨，但只要劳动生产率也在上涨的话，我们的竞争优势就仍然可以得到维持。并不是说 6.7 万家企业倒闭是因为竞争优势消失了，而是因为一系列短期的宏观因素。

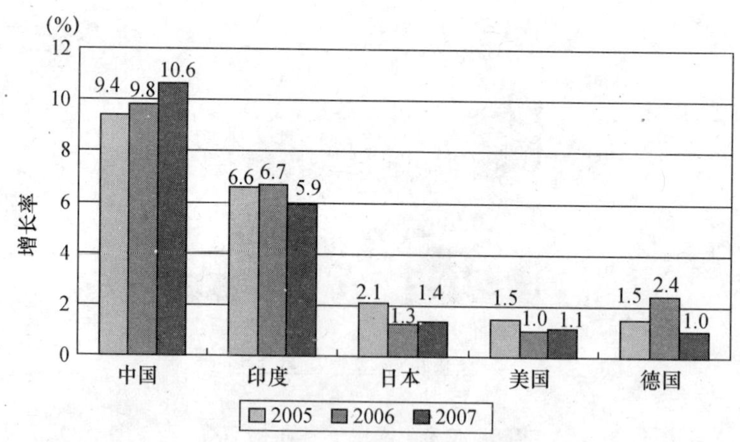

图 7　各国近年劳动生产率表现

我跟一些企业家聊天时，他们会提到因为《劳动合同法》的颁布而吃不消的感受，但是更进一步地详细聊，我们会发现《劳动合同法》是潜在的、预期

的吃不消的因素，其实还并没有得到执行；但宏观经济的冲击不是执行不执行的问题，而是实实在在地压在他们头上的。我们知道，对一个竞争性企业来说价格是给定的，只能接受，他不能决定价格。原材料涨价，比如石油、食品、粮食大幅度上涨，人民币升值，美国受到次贷危机的影响，影响了消费、影响了需求，影响了我们的出口；再加上由劳动力供求关系导致的劳动力成本增加，这些都是企业遇到的主要问题。而《劳动合同法》对中小企业还没有造成多大影响。

我们可以看一些具体影响企业的因素，看企业到底遇到了什么样的困难。首先，外向型和劳动密集型的中小企业（包括企业和外贸部门），在过去的竞争中已经把自己的利润压到了最低点，如制鞋业正常情况下是3%～5%的利润率，利润空间极其狭小，承受不起必要的调整。例如，一双鞋出厂价是15元人民币，如果他想以18元的出厂价卖给销售商，别的鞋厂就会以15元来挤掉他的销路，如果他想卖12元，他又赚不到钱，最后激烈竞争的均衡结果就是15元。而这样一双鞋到了欧洲就卖到12欧元，从15元人民币到12欧元，大概有着近10倍的差距。根据以往一个大概的经验，劳动密集型产品出口到发达国家往往都是要翻到七八倍的价格出售。在这七八倍的价差中，谁赚了钱呢？其实，搞外贸的也没赚到钱，因为外贸企业数量众多，竞争也十分剧烈，供货价稍高就会造成收货方转向其他供货商购买。大部分的价差是被那些拥有品牌的大企业、大财团赚到了。我们的企业为了在如此激烈的竞争中生存下去，把自己的利润率压到了3%～5%的低水平，而作为企业的成本，工资上涨的幅度远高于这个百分比，农民工工资上涨速度都是两位数的，而原材料价格上涨幅度也都至少是两位数，这些成本上涨因素足够把这些企业的利润吃掉。我们看到的是6.7万家企业倒闭了，其实很多没倒闭的企业也在赔钱。

2007年，中央经济工作会议定了一个宏观调控目标——防止结构性价格上涨转向全面的通货膨胀，防止经济增速偏快转向经济过热，简称“两防”。定“两防”的目标是对的，因为我们2007年的经济增长速度是13%，在全世界也很少见这么高的速度，但是我们没有预料到2008年很多特殊的因素。一是我们没有预料到次贷危机的影响范围和深度这么大，二是我们没有预知2008年有这么多的自然灾害——雪灾、地震、洪水、台风。在宏观经济政策如从紧的货币政策、自然灾害、次贷危机、人民币升值等众多因素的影响下，产生的结果是对产业的需求大幅减少，企业成本大幅提高。企业成本的提高意味着原材料价格都在上涨，我们看到的指标是PPI提高。原来说防止通货膨胀是防止CPI的攀升，虽然CPI也涨了一阵，但最终还是下来了，但这不是最主要的。PPI上涨意味着一个竞争非常激烈的企业很难将原材料价格上涨转嫁到消费者身上，就是说原材料价格上涨了，成本提高了，但是生产出来的产品价格不能上涨，PPI转换不到

CPI上。如果把产业看成一个链条，越是位于产业链上游的行业（如石油）越有垄断性，它们是提高PPI的元凶；越是下游的行业，对价格的影响能力越弱，一涨价消费者就不买了，于是只能挤企业自己的利润。企业利润的下降主要集中在产业链下游的中小企业。倒闭的这6.7万家也大多是民营企业、劳动密集型企业，它们的倒闭对就业的伤害是极大的。

我们从中央经济工作会议、总理的讲话、报纸的社论、经济学家的讨论中常听到"宏观调控实施的是从紧的货币政策，但是我们不搞'一刀切'，要有保有压，原则上压两高一资（高污染、高能耗、资源消耗型），保创造就业的、效益好的等"，但是大家想想，实际操作能做到吗？我们做两种假设，第一种，假设你是某市市长，让你有保有压，你压什么？我们都知道地方政府领导都有自己的项目，假如说我蔡昉是某某市的市委书记，那么人们一定会说这个市某某企业、某某项目叫蔡昉企业、蔡昉项目，因为这是我主抓的。为什么我要抓这些项目？因为它对我的GDP业绩影响最大。在现在生产型增值税的体制下，有投资就有GDP，有GDP就有税收，有税收财力就强，财力强就能解决老年人的社会保障问题，解决创造就业的问题，解决医疗保险、贫困人口的问题，等等。领导来检查了，会认为蔡昉干得很不错。即使我不为了升官，为官一任嘛，富民一方也是很好的。对地方政府来说，保GDP肯定是最理性的选择，然而保GDP与保就业不能完全一致。我肯定不会愿意把那些雇了200多人，在那里生产鞋子的企业叫做蔡昉项目，而是把更先进的企业，比如，炼油的企业作为我的项目。第二种，假设我现在又变成一个基层银行的行长，甚至是信贷员，这个时候，我的上级、最高领导周小川通过窗口指导说要实行从紧的货币政策，意味着你不能贷款那么多了、贷款的成本也上升了、对贷款资格的审查也要求更严格了。在这样的条件下，第一，我不能谁都给贷款，第二，我现有的资金必须要贷出去，而且贷得要好。贷给谁呢，当然去问市长，问哪个是他的项目，争取贷给他。在资金越紧张的时候，你会发现，基层银行的行长就越忙着请最好的企业领导吃饭，目的是让他贷款。面临着各种压力的中小企业，虽然雇了那么多人就业，但很难得到足够的贷款。我们实际执行中的有保有压常常不是创造就业的，而且可能是逆着就业的。

《劳动合同法》也不是完全没有问题的，尽管很多小企业没有执行，但是如果真执行起来，难度就太大了，将会大幅度提高它们的成本。在法律面前一视同仁这是对的，但是让劳动密集型的企业与资金密集型的企业在《劳动合同法》面前一视同仁，两者所承担的成本是完全不同的。我在调研中发现，很多企业家对《劳动合同法》的研究比我这个所谓的劳动经济学家细致得多，他们说，在以往的劳动法颁布实施都是采取逐步推广的办法，而且对适用对象规定了分层次

的规模，而现在的《劳动合同法》没有对不同类型的企业做出不同规定，就会对那些劳动密集型的小企业形成较大的压力。《劳动合同法》规定要求企业给职工上保险，而这些劳动密集型企业雇用的多数是农民工。我们的社会保险、养老保险体系并不健全，大部分还没有实行省级统筹。就按照市级统筹来举个例子，假如说我在东莞市上了保险，如果现在我在深圳找到一份工作，那么深圳的这家单位就不承认我在东莞上的保险，我就只好退保。这就没有意义了，因为一份保险要求我必须连续缴纳 15 年保费，才可能在退休之后享受到养老保险金。因此这种保险几乎完全是形式上的，实质上成了对企业和入保农民工的一种剥夺，这是社会保障制度中的缺陷，只有实现了制度的配套，才能更好地执行《劳动合同法》。

六、我们怎样做到把“保增长”变成“保就业”

前面我已经讲过，我们现在的就业有相当大的一部分是非正规就业，农民工的就业实际上没有纳入我们的就业统计当中，城市中也有一些非正规就业没得到准确的反映。过去世界银行有两个研究贫困的很著名的学者，他们有一篇文章的题目就叫“当经济改革快于统计改革的时候”，其实质意思在于说明我们现在统计改革的速度没能跟上经济改革步伐。有很多变化了的经济变量，在统计数据中是反映不出来的。那么我们现在所看到的宏观经济对就业的影响也是不全面的。我以前做过一个假设，假如社会上存在两类就业：一类是正规就业，在统计范围之内的；另一类是非正规就业，统计体系都没有反映的。那么过去的这些年，特别是 20 世纪 90 年代后期以来，中国就业的增长主要是来自非正规就业的增长。而非正规就业对经济增长的灵敏度很大，在非正规就业的劳动力市场上，自然失业率是比较低的。一方面由于他们没有专业不对口的包袱；另一方面，他们没有其他的经济来源，他们的保留工资就很低。在确定找到第二份工作之前不会轻易地放弃第一份工作，则他们的摩擦失业和结构性失业都比较低，所以非正规就业对经济增长的弹性是比较大的。而正规就业对经济增长的弹性比较小。那么也就是说，当经济增长速度加快的时候，非正规就业的增加就更快，而到经济增长放慢的时候，非正规就业的瞬间跌幅就更大。

相应地，居民的收入也可以分为两类：一类是统计内收入；另一类就是统计数据所没有涉及的收入。在座的也都是一样，假如某个同学是我的学生，他一方面得到的收入有奖学金，另一方面有勤工俭学等收入，我们完全不知道。当用一个问卷去调查的时候，他可能只把奖学金填上，而忽略掉他第二方面的收入。统计外收入对经济增长的弹性也是很大的，经济增长快，统计外收入也会加速增长。比如说社科院的项目、课题增多的时候，相应地，做课题的学生的第二类收入就会增加，反之，第二类收入则会减少，而学生获得的奖学金收入则不会因为课题增长的趋势产生大的变化。所以当我们看到宏观经济影响就业的同时，还存在着一个增加的隐含失业率，比如，没有统计数据反映农民工的失业率；同时相当多的居民收入的下滑也没有得到很好的反映。

这样的话，我们就有一个逻辑上的想法，2007 年我们希望大幅度压缩投资，防止经济过热，同时结构上我们大幅度减少出口以减少我们对外顺差。我们经济增长的三大需求因素中，出口因素越来越高；投资贡献太大，达到 50%；而内需的因素比较小。在压低出口和投资的同时，为了保持经济的增长，我们更加注重的就是内需。而内需主要依赖于居民收入的增加。但假如压就业的幅度大于压经济增长下降幅度，我们就可以看到居民收入，特别是隐性的居民收入就一定会下滑。造成的结果就是，外需没了，投资的拉力没了，且内需也被压住了。所以，有人担心我们会出现滞涨即通货膨胀与经济增长减慢同时并存的现象，在逻辑上也不是没有道理的。

我们“有保有压”这种宏观调控的做法，从某些方面来讲还是有问题的。“有保有压”最重要的就是要贯彻就业优先原则。如果用横轴表示万人增加值的就业，纵轴表示资产增加值，也就是投资增加多少。如图 8 所示，我们可以看出，投资多的企业并不一定就是就业多的企业，甚至还有一定的负相关性。如果纵轴代表万元增加值的耗能，我们可以很明显地看出，耗能最多的反而是吸纳就业最少的；就业吸纳最多的企业反而耗能比较少。所以说，按照我们现在的“有保有压”，保的恰恰是资金需求特别大而就业吸纳少的企业。

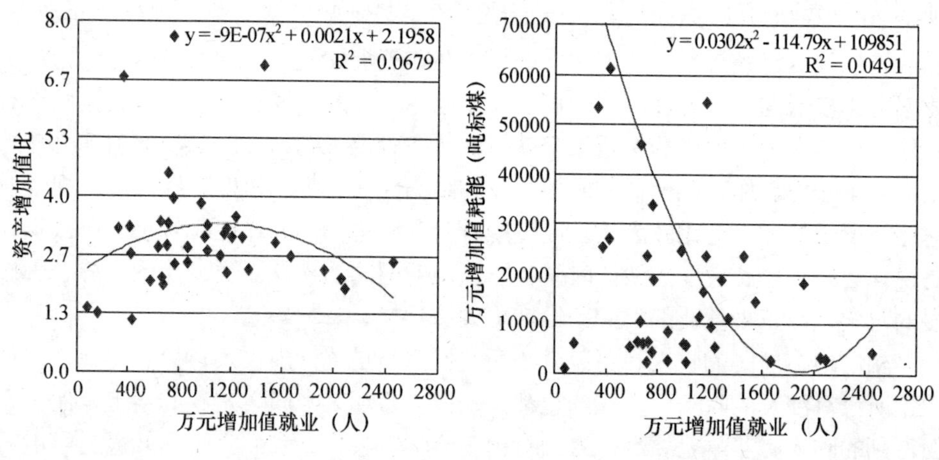

图 8

因此我们在解决宏观经济中一些问题的时候，我们要根据中国的国情。在博士生论坛上我曾经有个发言，说的是创建中国气派的经济学。其中的一条就是：

西方的宏观经济学，我们现在还在努力地学习，但是我们要知道，西方的宏观经济学中是缺乏结构分析的。也就是说，企业符合不符合环保的原则，“两高一资”是否应该存在，企业的投资是不是有效率等，这都是企业自身的事。对他们来说，那是对的；但对我们来说，就不对了，因为我们中国存在着多重的制度分割，从大的方面说是二元结构、三元结构，如果我们把抽象层次降低后，可以分成太多的层次，用一个表示总量的货币政策，是解决不了中国的宏观调控的。所以我们必须通过认识国情，才有可能去认识宏观经济学和宏观调控政策及其效果。而认识中国劳动力市场特征和中国人口的长期变化趋势，是认识中国国情最重要的一条。

在中国奥肯法则为什么不适用呢？这是因为自然失业率太高。近年来，在美国一个百分点的失业率和两个百分点的 GDP 变化是相关的。中国 2008 年的出口会从以往的 20% 以上降到只有 6% ~8%，这会造成 2% ~2.5% 的 GDP 损失，假设运用美国的奥肯法则，这将会造成一个百分点的失业率上升，这个上升是周期性失业，这也许可以利用一些政策避免。但假如说不能避免，我们也完全有机会从自然失业率的降低中来消减这一个上升的百分点。因为我们可以采用财政政策、货币政策来治理周期性失业；而自然失业率是和劳动力市场功能、劳动力市场的规制、劳动力培训，以及一系列劳动力市场的环境有关（见图 9）。2008 年实施了《劳动合同法》和《就业促进法》，其中《就业促进法》的核心是强调政府的积极就业政策，政府来促进就业的职责和职能。这些职能中最重要的就是改善劳动力市场职能，提供服务、提供信息、提供培训，降低自然失业。如果贯彻好这部法律，就能解决政府如何在劳动力市场上消除歧视等一些现存的问题，降低自然失业率，在自然失业率上赢得一个百分点就完全可以弥补在周期失业率上的损失。

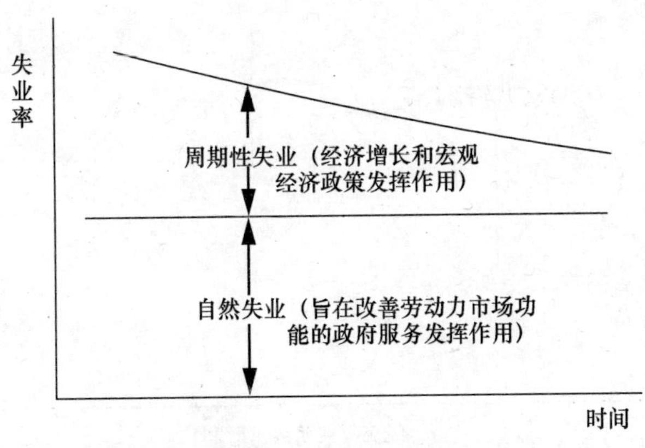

图 9　政府促进就业责任与定位

我们现在面对着的宏观经济形势，出现了劳动力成本上升的趋势，这其实也是一个好的机会。我们可以把经济增长看成是一个不断地进行生产方式转变的过程。我们现在讲的经济增长方式转变和以往的经济增长方式转变是有区别的（见图 10），我们人类早期通常是处在一个靠资源来推动经济的增长，比如说重农学派，哪个国家的土地肥沃，哪个国家就富裕，中国也曾经在这个方面领先过，但是如果不转入到资本积累的时代，就不会有现代经济增长，就完成不了资本的原始积累。因此就面临着第一次经济发展方式的转变，这个时候谁能实现 15% 以上的资本积累率，谁就能够实现经济的起飞。但实现经济起飞以后，按照新古典的经济增长理论，在劳动力稀缺的情况下，不断地积累资本，导致资本的投入越来越多，就会出现报酬递减。因此经济增长就不能可持续地发展，这就需要转变经济增长方式。大家知道，经济增长的要素包括劳动和资本，后来加上一个残差因素。残差就是全要素生产率，代表技术进步，这说明必须提高生产率，才能保证经济的持续增长。所以，对西方国家来说，他们就需要向第三个增长方式转变才能实现经济的增长。但是，对于中国来说，对于亚洲“四小龙”来说，劳动力不是有限的，因此我们增加了一个发展阶段，可以靠“人口红利”来推动经济的增长。在改革开放 30 年的过程中，虽然有一定的全要素生产率的提高，我们可以分辨出主要是靠劳动力，靠劳动力转移，来实现经济的增长。但现在劳动力成本上升了，对宏观经济形势是火上浇油，这对我们是不利的，如果把它看成

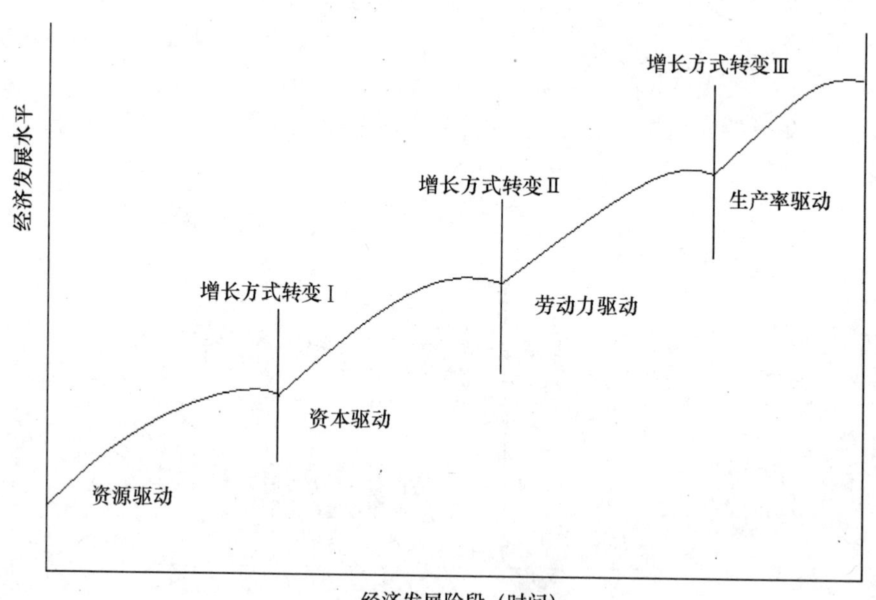

图 10　经济增长方式转变

一个信号，我们要像其他的国家一样，要实现向认识中的最后一次经济增长方式的转变。转向不依靠劳动力资本的投入而要依靠生产率的提高来推动经济增长的方式。这个阶段，正是我们经济增长方式转变的重要阶段。

人们接受什么样的方式、接受什么样的制度，不完全在于你提供了什么样的制度供给，而在于人们对这种制度有什么样的需求，因此在我们面临巨大压力的时候，可能有长期的因素也有短期的因素，我们真正知道了我们需要什么东西。过去我们就讲经济增长方式转变，但都没有真正实现这种转变，现在我们真正有需求了。因此，我预计在这次宏观调控的过程中，长期延续的经济增长方式有希望实现一次较大的转变。

（文章来源自《学术讲座荟萃》第 48 辑，2008 年 10 月 9 日）

后　记

经济学是社会科学的重要分支。中国社会科学院研究生院一贯重视经济学学科的课程教学工作，开设“经济学前沿”课程，邀请院内外知名学者主讲，讲座内容多是经济学研究领域的前沿性话题。为了让研究生院以外的读者分享当今中国经济学领域权威专家的最新研究成果，我们将 2004 年以来“经济学前沿”课程的部分精彩讲座的讲稿编辑成书，作为《社科大讲堂・经济学卷》由经济管理出版社付梓出版。

《经济学卷》收录的文章涵盖了微观经济学、宏观经济学、计量经济学、经济学史、马克思主义经济学等多个领域，既有理论研究又有实践指导，旨在联系社会发展的实际，研究有中国特色的社会主义经济问题。我们收录了众多国内知名经济学家的研究成果汇编成书，读者可以从中感受到经济学大师们思想火花的碰撞，既便于研读查考，又利于文化积累。

《经济学卷》的顺利问世，得到了各位主讲学者的大力支持。他们多是在学界享有极高声誉的知名学者，在百忙之中抽出宝贵时间帮助完善本书内容。他们严谨的治学精神、平易近人的态度让我们深受感动。汪同三教授、裴长洪教授、高培勇教授、金碚教授、吕政教授、朱玲教授、李晓西教授、王振中教授、郑海航教授以及世界银行副行长林毅夫教授等诸位学者能在百忙之中及时寄来讲稿；樊纲教授和余永定教授不厌其烦地修改稿件；台湾大学的管中闵教授不辞辛劳，从海峡对岸寄来了许多资料，为我们的编选工作提供了极大的帮助；周绍朋教授为了加快我们的出版进度亲自驱车来研究生院送讲稿，更是让我们甚为感激；在联络稿件修改和出版事宜的过程中，李扬教授、蔡昉教授、张宇燕教授和邹东涛教授平易近人的态度也让我们印象深刻；曹玉书教授、杨瑞龙教授、王延中教授、张车伟教授、李雪松教授、荆林波教授、魏众教授、王珏教授、宋则教授、赵英教授、郑秉文教授、卢中原教授、景学成教授在繁忙的公务中能够抽出时间修改和审定稿件。正是这些学者的严谨负责和倾力支持，才使得本书熠熠生辉。

我们还要特别感谢研究生院王晓光、钟宏武、盛逖、乔为国、王磊、范三国、原磊、张霞、朱昊炜、张蒽、梁峰、魏恒、陈志、朱孝忠、黄少丽、邱霞、蒋立亮、赵平、徐雪、董慧峰、王玮沁、张倩、陈伟伟、王婧怡、杨莹、赵国飞、许微微、张唐槟、周永瑞、程融融、王效云、张鑫、郭苏琪、李宁、陈颙曾、孙祥栋等同学，是他们将讲座原始录音初步整理成书面文字稿。他们耐心细致的工作为后期的编辑工作打下了坚实的基础。

《社科大讲堂》系列丛书自筹备出版伊始，就得到研究生院领导的高度重视。刘迎秋院长、文学国副院长多次召开出版工作会议，亲自审读稿件；教务处处长杨燕、副处长毛晓青、邓淑娜以及教务科李提等同志在整套书的策划、实施期间做了大量细致而具体的工作；研究生孙祥栋、陈颙曾、李晓创三位同学为《经济学卷》资料搜集和编辑工作做了大量辛勤的劳动；经济管理出版社的领导，特别是专题编辑部主任陈力同志为本书的出版付出了艰辛的努力。正是由于方方面面的共同努力，才使得本书得以如期面世。在此向所有支持、关心、帮助本书出版的领导和同志表示衷心的感谢，向所有为本书的编写付出心血和做出努力的同志表示诚挚的敬意。

由于《社科大讲堂·经济学卷》收录的内容时间跨度大，为保持文章原有风格而未对文字内容做太大变动，书中体例亦未做完全统一，加之编者水平有限，本书难免有不妥或不足之处，欢迎广大读者批评指正。

《社科大讲堂》编委会

2010 年 3 月